2025 PERFECT

한국세무사회 국가공인
필기&실기 완벽대비서

국가직무능력표준
National Competency Standards

전산세무 1급

저자_ 황향숙

배움
도서출판

기업의 작업환경이 수기장부에서 전산화되고, 현대사회가 복잡해짐에 따라 경제현상을 설명하는 회계학의 영역과 그 중요성은 더욱 커져가고 있으며, 이에 발맞추어 전산과 회계를 접목시킨 자격증 제도가 만들어 졌습니다. 현업에서의 회계업무는 회계프로그램을 실행할 수 있는 전산세무회계자격증 취득자를 필요로 하고 있습니다.

전산세무회계자격증은 조세의 최고전문가인 1만 여명 세무사로 구성된 한국세무사회가 엄격하고 공정하게 자격시험을 실시하여 그 능력을 등급으로 부여함으로써, 전산세무회계의 실무처리능력을 보유한 전문 인력을 양성할 수 있도록 자격증 제도를 시행하고 있습니다. 또한, 학교의 세무회계 교육방향을 제시하여 인재를 양성시키도록 하고, 기업체에는 실무능력을 갖춘 인재를 공급하여 취업의 기회를 부여하며, 평생교육을 통한 우수한 전문 인력 양성에 그 목적을 두고 있습니다.

2011년 이후 국제회계기준의 의무도입으로 인해 대한민국의 회계환경도 많은 변화를 가져왔습니다. 기존에 적용하던 기업회계기준서 대신 상장기업은 한국채택국제회계기준(K-IFRS)을 적용하도록 바뀌고, 비상장기업은 일반기업회계기준을 적용하도록 변경되었습니다.
2014년 회계연도부터 비상장기업 중 외부감사를 받지 않는 중소기업의 경우에는 현행 일반기업회계기준 대신 간편법에 의한 회계처리규정을 적용할 수 있는데, 2013년 2월 1일 제정된 이 기준을 중소기업회계기준이라 부릅니다. 다만, 중소기업이라도 중소기업회계기준을 적용하지 않고 일반기업회계기준을 적용하는 것은 인정됩니다.

한국세무사회 전산회계·전산세무 자격시험은 일반기업회계기준으로 시험 출제를 하고 있으며, 2013년부터 국가공인 전산세무회계자격시험의 프로그램은 한국세무사회가 직접 소유하고 있는 KcLep(케이렙)으로 진행되고 있습니다.

최근 출제의 경향을 분석한 결과 이론적 체계 없이는 합격할 수 없으므로, 과거의 방식대로 암기식, 요약식의 시험대비는 자격 취득 실패의 쓴맛을 보게 될 것입니다. 본 서 전산세무 1급은 회계이론을 기초로 최적화된 이론정리로 시간을 절약하여 이론을 체계적으로 정립할 수 있도록 집필하였습니다. 이론을 체계적으로 정리 후 실기연습에 할애하여 학습하는 것이 가장 바람직하다고 생각합니다.

전산세무 1급

본 서의 특징은 다음과 같습니다.

1. 체계적·효율적 이론정리 및 실전테스트
2. 완벽한 시험대비를 위한 단원별 평가문제 제공
3. 전산실무시험 대비 단원별 집중심화연습 제공
4. 최근 1년간의 기출문제 DB 및 상세 해설 제공

본 교재를 통하여 전산세무회계 자격증을 취득하고자 하는 많은 분들에게 빠른 합격과 실무능력 향상을 한꺼번에 이루시길 바라며, 교재의 부족한 부분은 계속 노력하여 채워나갈 것을 약속드립니다. 또한 교재에 대한 질문 및 오류 부분은 도서출판 배움 홈페이지(www.bobook.co.kr) [질문과 답변]에 남겨주시면 성실히 답변을 드리도록 하겠습니다.

본 교재를 출간할 수 있도록 도와주신 도서출판 배움 박성준 대표님과 기타 관계자분들께 감사드리며 교재 출간 계획 및 집필에 많은 조언과 신경을 쓰셨던 고인 조윤준교수님께 감사의 말씀을 드리며 삼가 고인의 명복을 빕니다.

2025. 04 황향숙

Contents

실무이론편

(재무회계/원가회계/부가가치세/소득세/재무비율분석/비영리회계/지방세신고)

PART 01 전표관리 및 결산관리 (NCS 0203020201_23v6 적격증빙관리/ 0203020102_20v4 자금관리/0203020202_20v5 결산관리)

CHAPTER 01 재무회계의 기초 및 개념	21
1. 재무회계의 기초	21
2. 재무제표	21
3. 재무회계의 개념체계	25
4. 법인세회계	29
CHAPTER 02 자산	31
1. 당좌자산	31
2. 재고자산	42
3. 투자자산	46
4. 유형자산	51
5. 무형자산	62
6. 기타비유동자산	64
CHAPTER 03 부채	65
1. 유동부채	65
2. 비유동부채	66
CHAPTER 04 자본	74
1. 주식의 발행(증자)	75
2. 주식의 소각(감자)	76
3. 자기주식	76
4. 이익잉여금	77
CHAPTER 05 수익과 비용	79
1. 수익의 인식기준	80
2. 건설형 공사계약	81
3. 비용의 인식기준	82
4. 환율변동효과	83
5. 외화채권·채무 평가	83
CHAPTER 06 회계변경과 오류수정	84
1. 회계변경	84
2. 오류수정	85
CHAPTER 07 실무분개 평가	86
CHAPTER 08 실무이론 평가	110

PART 02　원가회계 (NCS 0203020103_20v4 원가계산)

CHAPTER 01 원가회계의 개념 및 원가흐름　157
- 1. 원가회계의 목적 및 원가의 개념　157
- 2. 원가의 분류　157
- 3. 원가의 구성　160
- 4. 원가계산의 절차　160
- 5. 제조기업의 원가계산 흐름　160
- 6. 재공품　163
- 7. 제품　163
- 8. 제조원가명세서　164

CHAPTER 02 원가의 배분　165
- 1. 원가배분　165
- 2. 제조간접비 배부　165

CHAPTER 03 부문별 원가계산　170

CHAPTER 04 제품별 원가계산　176
- 1. 개별원가계산　176
- 2. 종합원가계산　177
- 3. 개별원가계산과 종합원가계산의 비교　181
- 4. 공손품, 작업폐물, 부산물의 구분　181
- 5. 결합원가계산　183

CHAPTER 05 표준원가계산　185
- 1. 표준원가계산의 의의　185
- 2. 원가차이 분석　187

CHAPTER 06 실무이론 평가　194

PART 03　부가가치세 (NCS 0203020205_23v6 부가가치세 신고)

CHAPTER 01 부가가치세의 기본개념　227
- 1. 부가가치세 의의 및 특징　227
- 2. 납세의무자(사업자)　227
- 3. 과세기간　228
- 4. 납세지(사업장)　229
- 5. 사업자등록　230

CHAPTER 02 과세거래　231
- 1. 재화의 공급　231
- 2. 용역의 공급　236
- 3. 부수재화 또는 용역　236
- 4. 재화의 수입　237
- 5. 공급시기(= 거래시기)　237

Contents

CHAPTER 03 영세율과 면세   240
   1. 영세율   240
   2. 면세   242
   3. 영세율과 면세의 비교   244

CHAPTER 04 거래징수와 세금계산서   245
   1. 거래징수   245
   2. 세금계산서   245
   3. 전자세금계산서   246
   4. 매입자발행세금계산서   246
   5. 수입세금계산서   246
   6. 세금계산서의 발급·발급시기   247
   7. 세금계산서의 수정   248
   8. 영수증   249

CHAPTER 05 과세표준과 납부세액   251
   1. 부가가치세의 계산구조   251
   2. 과세표준(= 공급가액)과 매출세액   251
   3. 세율   261
   4. 매입세액공제와 납부세액의 계산   261
   5. 차가감납부(환급)할 세액의 계산   276

CHAPTER 06 부가가치세 신고·납부절차   277

CHAPTER 07 간이과세   278

CHAPTER 08 실무이론 평가   281

PART 04 소득세 (NCS 0203020204_23v6 원천징수/0203020206_23v6 종합소득세 신고)

CHAPTER 01 소득세의 기본개념   310
   1. 소득세의 기초개념   310
   2. 금융소득(이자·배당소득)   313
   3. 사업소득   315
   4. 근로소득   321
   5. 연금소득   328
   6. 기타소득   330
   7. 퇴직소득   334
   8. 소득금액계산의 특례   339

CHAPTER 02 과세표준과 세액의 계산   341
   1. 종합소득 과세표준   341
   2. 종합소득 인적공제   341
   3. 종합소득 물적공제   344
   4. 종합소득 세액공제·감면   350

CHAPTER 03 납부절차	363
1. 원천징수제도	363
2. 연말정산제도	365
3. 소득세 신고 · 납부절차	365
CHAPTER 04 실무이론 평가	371

PART 05 보론

CHAPTER 01 재무비율분석(NCS 0203020106_20v4)	396
CHAPTER 02 비영리회계(NCS 0203020109_20v4)	401
CHAPTER 03 지방세신고(NCS 0203020208_23v6)	405

전산실무편

(전표관리/부가가치세/결산관리/원천징수)

PART 01 실무프로그램의 시작

CHAPTER 01 실무프로그램의 시작	410

PART 02 회계정보시스템운용 (NCS 0203020105_20v4 회계정보시스템 운용)

CHAPTER 01 기초정보등록	414
CHAPTER 02 전기이월작업	415

PART 03 전표관리 (NCS 0203020201_23v6 적격증빙관리)

CHAPTER 01 일반전표입력	418
CHAPTER 02 매입매출전표입력	426
집중 심화연습	443

PART 04 부가가치세 신고서 및 부속서류 작성 (NCS 0203020205_23v6 부가가치세 신고)

CHAPTER 01 부가가치세 부속서류	461
1. 세금계산서합계표 및 계산서합계표	461
2. 신용카드매출전표등 발행집계표	461
3. 부동산임대공급가액명세서	463
4. 영세율 첨부서류(근거서류)	466
- 수출실적명세서	467
- 영세율첨부서류제출명세서	469
- 내국신용장 · 구매확인서전자발급명세서	470
- 영세율매출명세서	472
5. 대손세액(변제대손세액)공제신고서	472
6. 건물 등 감가상각자산취득명세서	475

7. 신용카드매출전표등 수령명세서	476
8. 의제매입세액공제신고서	478
9. 재활용폐자원세액공제신고서	484
10. 공제받지못할매입세액명세서	486

CHAPTER 02 부가가치세신고 및 가산세 — 494

1. 부가가치세신고서	494
2. 가산세	499
3. 부가가치세 전자신고	515
집중 심화연습	521

PART 05 결산관리 (NCS 0203020202_20v5 결산관리)

CHAPTER 01 고정자산등록 및 감가상각	564
CHAPTER 02 결산프로세스	567
CHAPTER 03 재무제표 작성	577
집중 심화연습	579

PART 06 원천징수 (NCS 0203020204_23v6 원천징수)

CHAPTER 01 근로소득 원천징수 및 연말정산 — 596

1. 사원등록	596
2. 급여자료입력	604
3. 연말정산추가자료입력	611

CHAPTER 02 퇴직소득 원천징수	631
CHAPTER 03 사업·기타·금융소득 원천징수	638

1. 사업소득 원천징수	638
2. 기타소득 원천징수	639
3. 금융소득 원천징수	641

CHAPTER 04 원천징수이행상황신고서 — 644

1. 원천징수이행상황신고서 정기신고 및 부표작성	644
2. 원천징수이행상황신고서 수정신고	648
3. 원천징수 전자신고	649
집중 심화연습	654

법인세 이론 및 실무

PART 01 법인세 이론
(NCS 0203020213_23v6 세무조정 준비/0203020214_23v6 법인세 신고)

CHAPTER 01 법인세 총설 — 691

1. 법인세의 의의	691
2. 법인세의 납세의무	691

3. 사업연도		693
4. 납세지		695

CHAPTER 02 내국법인의 각 사업연도 소득금액 — 697

1. 각 사업연도소득에 대한 법인세의 계산구조 — 697
2. 세무조정 — 700
3. 소득처분 — 704
4. 익금의 계산 — 723
5. 손금의 계산 — 737
6. 손익의 귀속시기 — 749

CHAPTER 03 세액의 계산 — 755

1. 과세표준의 계산 — 755
2. 산출세액 및 차가감 납부할 세액 — 759
3. 신고와 납부 — 773

CHAPTER 04 실무이론 평가 — 777

PART 02 법인세무조정
(NCS 0203020213_23v6 세무조정 준비/0203020214_23v6 법인세 신고)

CHAPTER 01 법인세무조정의 기초 — 799

1. 법인조정의 흐름 — 799
2. 표준재무제표 — 802

CHAPTER 02 수입금액조정 — 805

1. 수입금액조정명세서 — 805
　집중 심화연습 — 814
2. 조정후수입금액명세서 — 816
　집중 심화연습 — 823
3. 수입배당금액명세서 — 825
　집중 심화연습 — 829
4. 부동산임대간주익금조정 — 830
　집중 심화연습 — 834
5. 중소기업등기준검토표 — 834

CHAPTER 03 감가상각 및 업무용승용차 관련비용 — 847

1. 감가상각조정 — 847
2. 업무용승용차 관련비용 — 871
　집중 심화연습 — 884

CHAPTER 04 과목별세무조정 — 901

1. 인건비 세무조정 — 901
2. 퇴직부담금에 대한 세무조정 — 905
　– 퇴직급여충당금조정명세서 — 905
　집중 심화연습 — 912
　– 퇴직연금부담금조정명세서 — 913
　집중 심화연습 — 919

3. 대손충당금 및 대손금조정명세서		922
집중 심화연습		934
4. 기업업무추진비조정명세서		937
집중 심화연습		951
5. 재고자산(유가증권)평가조정명세서		953
집중 심화연습		963
6. 세금과공과금명세서		965
집중 심화연습		971
7. 선급비용명세서		972
집중 심화연습		975
8. 가지급금등의 인정이자조정명세서		976
집중 심화연습		992
9. 건설자금이자조정명세서		994
집중 심화연습		1000
10. 업무무관부동산등에 관련한 차입금이자조정명세서		1000
집중 심화연습		1010
11. 외화자산등평가차손익조정명세서		1014
집중 심화연습		1021
12. 기부금조정명세서		1022
집중 심화연습		1036

CHAPTER 05 소득 및 과세표준계산 — 1069

1. 과세표준의 계산구조		1069
2. 소득금액조정합계표 및 명세서		1069
집중 심화연습		1072
3. 자본금과적립금조정명세서(갑)(을)(병)		1074
집중 심화연습		1080
4. 주식등변동상황명세서		1082
집중 심화연습		1087

CHAPTER 06 공제감면세액조정, 세액계산 및 신고서 — 1088

1. 감면세액 및 세액공제		1088
집중 심화연습		1099
2. 가산세액계산서		1100
집중 심화연습		1102
3. 원천납부세액명세서		1102
집중 심화연습		1104
4. 법인세과세표준 및 세액조정계산서		1105
집중 심화연습		1107

최신기출문제&해답

PART 01	최신기출문제(117회 ~ 112회)	1128
PART 02	기출문제 해답	1206

시험안내 및 출제기준

1. 2025년 국가공인 전산세무회계 자격시험 일정

종목 및 등급	회차	원서접수	장소공고	시험일자	발 표
전산세무 1, 2급 전산회계 1, 2급	제118회	01.02 ~ 01.08	02.03 ~ 02.09	02.09(일)	02.27(목)
	제119회	03.06 ~ 03.12	03.31 ~ 04.05	04.05(토)	04.24(목)
	제120회	05.02 ~ 05.08	06.02 ~ 06.07	06.07(토)	06.26(목)
	제121회	07.03 ~ 07.09	07.28 ~ 08.02	08.02(토)	08.21(목)
	제122회	08.28 ~ 09.03	09.22 ~ 09.28	09.28(일)	10.23(목)
	제123회	10.30 ~ 11.05	12.01 ~ 12.06	12.06(토)	12.24(수)

2. 시험시간

등급	전산세무 1급	전산세무 2급	전산회계 1급	전산회계 2급
시험시간	15:00 ~ 16:30	12:30 ~ 14:00	15:00 ~ 16:00	12:30 ~ 13:30
	90분	90분	60분	60분

3. 응시자격기준 및 응시원서 접수방법

응시자격은 제한이 없다. 다만, 부정행위자는 해당 시험을 중지 또는 무효로 하며 이후 2년간 시험에 응시할 수 없다. 각 회차별 접수기간 중 한국세무사회 홈페이지(http://license.kacpta.or.kr)로 접속하여 단체 및 개인별 접수(회원가입 및 사진등록)한다. 궁금한 사항은 홈페이지를 참고하거나 전화(02-521-8398~9)로 문의할 수 있다.

4. 합격자 결정기준

100점 만점에 이론과 실기를 합해서 70점 이상이 되면 합격한다.

5. 시험출제기준

등급	시험방법	시험과목	평가비율	제한시간	출제방법
전산세무 1급	이론시험	▪ 재무회계(10%), 원가회계(10%), 세무회계(10%)	30%	90분	**이론시험** 객관식 4지선다형 **실무시험** 전산회계프로그램을 이용한 실기시험
	실무시험	▪ 거래자료 및 매입매출자료 입력, 결산자료의 입력(20%) ▪ 부가가치세신고 전반 및 전자신고(10%) ▪ 원천징수 전반 및 전자신고(10%) ▪ 법인세무조정 전반(30%)	70%		

※ 각 구분별 ±10% 이내에서 범위를 조정할 수 있으며, 전산세무 1급은 전산세무 2급의 내용을 포함한다.

시험당일 수험요령

전산세무회계자격시험은 컴퓨터에 수험용 프로그램(KcLep)이 설치된 상태에서, 수험자가 직접 배부받은 답안매체(USB메모리) 내의 문제 데이터프로그램(Tax.exe)을 설치하고, **본인 스스로 프로그램 사용법 및 세무회계 지식을 기반으로 제한된 시간 내에 문제를 풀어서 입력**하고, 시험 종료시 본인의 입력 자료를 답안매체에 수록하여 제출하여야 합니다.

① USB 수령	▪ 감독관으로부터 시험에 필요한 응시종목별 기초백데이타 설치용 USB를 지급받는다. ▪ USB 꼬리표가 본인 응시종목인지 확인하고, 뒷면에 수험정보를 정확히 기재한다.
② USB 설치	(1) USB를 컴퓨터에 정확히 꽂은 후, 인식된 해당 USB드라이브로 이동한다. (2) USB드라이브에서 기초백데이타설치프로그램인 'Tax.exe(Tax)' 파일을 실행시킨다. [주의] USB는 처음 설치이후, **시험 중 수험자 임의로 절대 재설치(초기화)하지 말 것.**
③ 수험정보입력	▪ [수험번호(8자리)] – [성명]을 정확히 입력한 후 [설치]버튼을 클릭한다. ＊ **처음 입력한 수험정보는 이후 절대 수정이 불가하니 정확히 입력할 것.**
④ 시험지 수령	▪ 시험지가 본인의 응시종목(급수)인지 여부와 문제유형(A 또는 B)을 확인한다. ▪ 문제유형(A 또는 B)을 프로그램에 입력한다. ▪ 시험지의 총 페이지수를 확인한다. ▪ 급수와 페이지수를 확인하지 않은 것에 대한 책임은 수험자에게 있음.
⑤ 시험시작	▪ 감독관이 불러주는 '**감독관확인번호**'를 정확히 입력하고, 시험에 응시한다.
(시험을 마치면) ⑥ USB 저장	(1) **이론문제의 답**은 메인화면에서 이론문제 답안작성 을 클릭하여 입력한다. (2) **실무문제의 답**은 문항별 요구사항을 수험자가 파악하여 각 메뉴에 입력한다. (3) 이론과 실무문제의 **답을 모두입력한 후** 답안저장(USB로 저장) 을 클릭하여 저장한다. (4) **저장완료** 메시지를 확인한다.
⑦ USB제출	▪ 답안이 수록된 USB메모리를 빼서, 〈감독관〉에게 제출 후 조용히 퇴실한다.

▶ 본 자격시험은 전산프로그램을 이용한 자격시험입니다. 컴퓨터의 사양에 따라 전산진행속도가 느려질 수도 있으므로 전산프로그램의 진행속도를 고려하여 입력해주시기 바랍니다.
▶ 수험번호나 성명 등을 잘못 입력했거나, 답안을 USB에 저장하지 않음으로써 발생하는 일체의 불이익과 책임은 수험자 본인에게 있습니다.
▶ 타인의 답안을 자신의 답안으로 부정 복사한 경우 해당 관련자는 모두 불합격 처리됩니다.
▶ PC, 프로그램 등 조작미숙으로 시험이 불가능하다고 판단될 경우 불합격처리 될 수 있습니다.

KcLep(케이렙) 프로그램 설치 방법

1. 한국세무사회 자격시험 홈페이지 사이트(http://license.kacpta.or.kr/) 접속

KcLep(케이렙) 수험용 프로그램을 설치를 위해 먼저 인터넷을 통해 프로그램을 다운 받아야 한다.

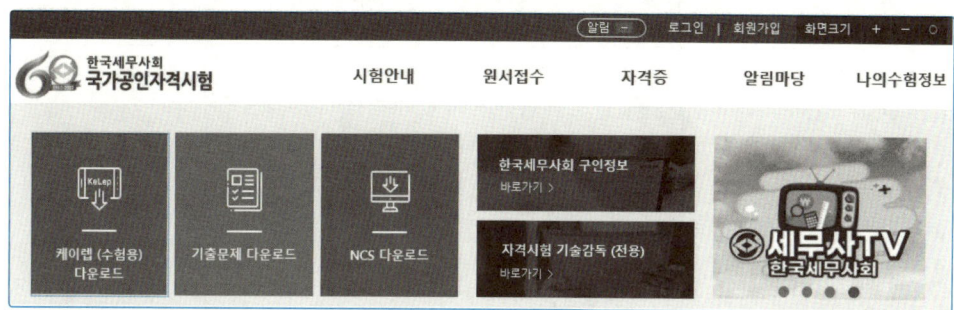

2. 수험용 프로그램 설치

KcLep(케이렙) 프로그램을 다운 받으면 아이콘(KcLepSetup)이 나타내며, 이를 더블클릭하여 프로그램을 설치한다. (버전에 따라 아이콘 모양은 바뀔 수 있다.)

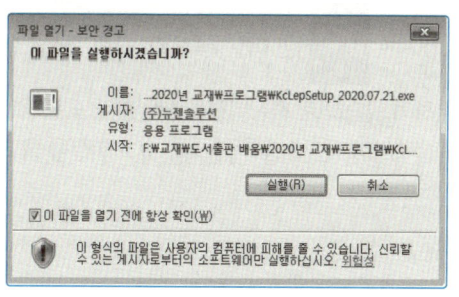 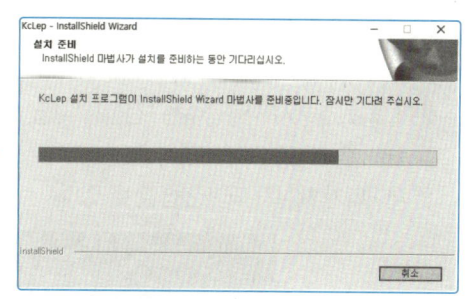

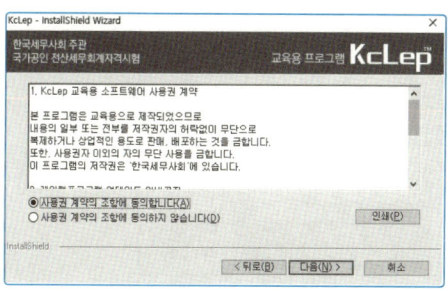

"사용권 계약의 조항에 동의합니다(A)"에 체크 후 "다음(N)"을 클릭한다. 사용권 계약에 동의하면 아래와 같이 파일을 설치할 폴더를 선택하는 화면이 나타나며, "다음(N)"을 클릭한다.

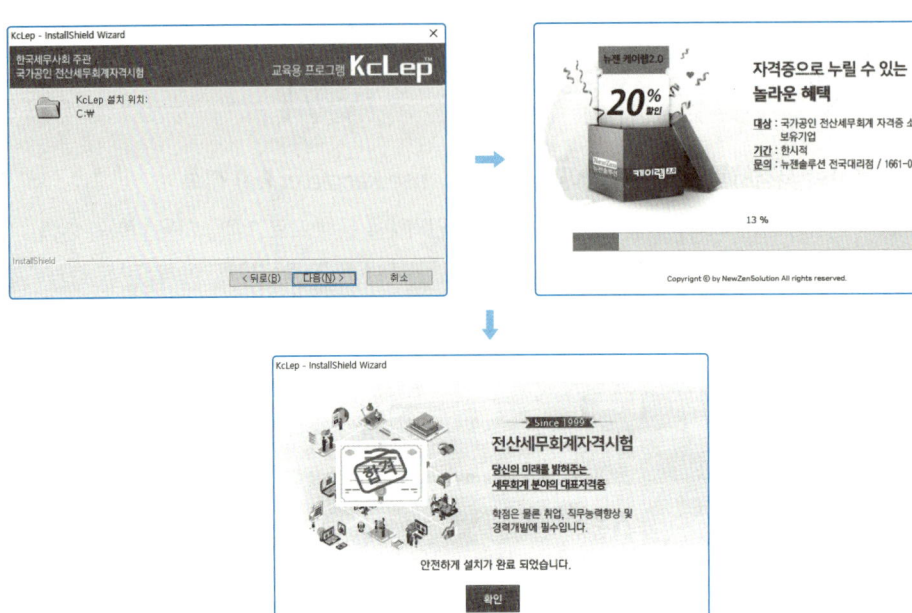

설치 완료 화면에서 "확인"을 클릭하며, 바탕화면에 바로가기 아이콘()이 생성된다.

3. KcLep(케이렙) 프로그램 실행하기

KcLep(케이렙) 프로그램 설치가 끝난 후 바탕화면의 아이콘()을 더블클릭하여 프로그램을 실행한다. 최초 실행시 사용급수는 "전산세무1급"으로 변경하여 학습하며, 최신버전을 확인한다. 백업데이터를 설치 후 회사코드가 보이지 않는 경우 회사등록 을 선택하여 상단의 F4 회사코드재생성 아이콘을 클릭하면 데이터가 재설치 되어 연습할 수 있다.

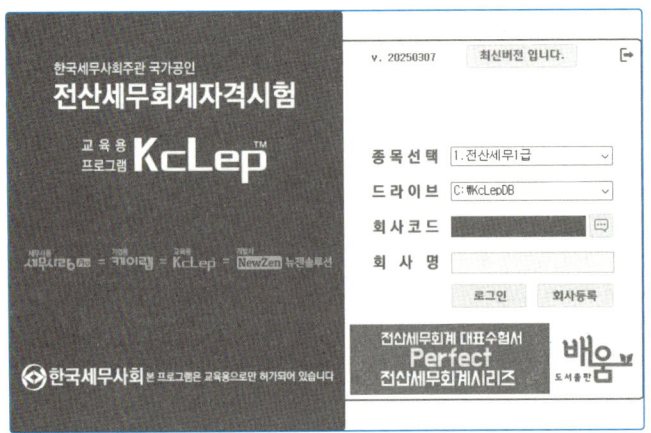

전산세무 **1**급

PART **01** 전표관리 및 결산관리
PART **02** 원가회계
PART **03** 부가가치세
PART **04** 소득세
PART **05** 보론

실무이론

**Perfect
전산세무 1급**
www.bobook.co.kr

PART 01
전표관리 및 결산관리

CHAPTER 01 재무회계의 기초 및 개념
CHAPTER 02 자산
CHAPTER 03 부채
CHAPTER 04 자본
CHAPTER 05 수익과 비용
CHAPTER 06 회계변경과 오류수정
CHAPTER 07 실무분개 평가
CHAPTER 08 실무이론 평가

실무이론

직무명	분류번호	능력단위명	수준	능력단위요소
세무	0203020201_23v6	적격증빙관리	2	1 적격증빙별 거래인식하기 2 전표 처리하기 3 적격증빙 서류관리하기

능력단위정의 전표처리란 적격증빙별 거래를 인식하고, 관련전표와 증빙서류를 처리 및 관리하는 능력이다.

NCS 능력단위	능력단위요소	수 행 준 거
0203020201_23v6 적격증빙관리	0203020201_23v6.1 적격증빙별 거래인식하기	1.1 거래별로 세금계산서발급대상 거래와 영수증대상 거래를 구별하고 관리할 수 있다. 1.2 적격증빙별 거래를 구분하여 인식하고 지출증명서류합계표를 작성하여 관리할 수 있다. 1.3 적격증빙별 거래를 구분하여 인식하고 적격증빙이 아닌 경우 영수증수취명세서를 작성하여 관리할 수 있다.
	0203020201_23v6.2 전표 처리하기	2.1 회계상 거래를 부가가치세신고 여부에 따라 일반전표와 매입매출전표로 구분할 수 있다. 2.2 부가가치세신고와 관련이 없는 회계상 거래를 일반전표에 처리할 수 있다. 2.3 부가가치세신고와 관련이 있는 회계상 거래를 매입매출전표에 처리할 수 있다.
	0203020201_23v6.3 적격증빙 서류관리하기	3.1 발생한 거래에 따라 관련 서류 등을 확인하여 증빙여부를 검토할 수 있다. 3.2 발생한 거래에 따라 관련 규정을 준수하여 증빙서류를 구분 대조할 수 있다. 3.3 증빙서류 관련 규정에 따라 제 증빙서류를 보관·관리할 수 있다. 3.4 업무용승용차관련 거래를 인식하고 차량별로 운행일지를 관리할 수 있다.

직무명	분류번호	능력단위명	수준	능력단위요소
회계 · 감사	0203020102_20v4	자금관리	2	1 현금시재 관리하기 2 예금 관리하기 3 법인카드 관리하기 4 어음 · 수표 관리하기

능력단위정의	자금관리란 기업 및 조직의 자금을 관리하기 위하여 회계관련규정에 따라 자금인 현금, 예금, 법인카드, 어음 · 수표를 관리하는 능력이다.

NCS 능력단위	능력단위요소	수 행 준 거
0203020102_20v4 자금관리	0203020102_20v4.1 현금시재 관리하기	1.1 회계관련규정에 따라 현금 입출금을 관리할 수 있다. 1.2 회계관련규정에 따라 소액현금 업무를 처리할 수 있다. 1.3 회계관련규정에 따라 입 · 출금전표 및 현금출납부를 작성할 수 있다. 1.4 회계관련규정에 따라 현금 시재를 일치시키는 작업을 할 수 있다.
	0203020102_20v4.2 예금 관리하기	2.1 회계관련규정에 따라 예 · 적금 업무를 처리할 수 있다. 2.2 자금운용을 위한 예 · 적금 계좌를 예치기관별 · 종류별로 구분 · 관리할 수 있다. 2.3 은행업무시간 종료 후 회계관련규정에 따라 은행잔고를 확인할 수 있다. 2.4 은행잔고의 차이 발생 시 그 원인을 규명할 수 있다.
	0203020102_20v4.3 법인카드 관리하기	3.1 회계관련규정에 따라 금융기관에 법인카드를 신청할 수 있다. 3.2 회계관련규정에 따라 법인카드 관리대장 작성 업무를 처리할 수 있다. 3.3 법인카드의 사용범위를 파악하고 결제일 이전에 대금이 정산될 수 있도록 회계처리할 수 있다.
	0203020102_20v4.4 어음 · 수표 관리하기	4.1 관련규정에 따라 수령한 어음 · 수표의 예치 업무를 할 수 있다. 4.2 관련규정에 따라 어음 · 수표를 발행 · 수령할 때 회계처리할 수 있다. 4.3 관련규정에 따라 어음관리대장에 기록하여 관리할 수 있다. 4.4 관련규정에 따라 어음 · 수표의 분실 처리 업무를 할 수 있다.

직무명	분류번호	능력단위명	수준	능력단위요소
세무	0203020202_20v5	결산관리	2	1 손익계정 마감하기 2 자산·부채계정 마감하기 3 재무제표 작성하기

능력단위정의	결산관리란 회계기간의 수익, 비용을 확정하여 경영성과를 파악하고, 결산일 현재의 자산, 부채, 자본을 측정·평가하고 재무상태를 파악하여 재무제표를 작성하는 능력이다.

NCS 능력단위	능력단위요소	수 행 준 거
0203020202_20v5 결산관리	0203020202_20v5.1 손익계정 마감하기	1.1 회계관련규정 및 세법에 따라 손익 관련 제반서류를 준비할 수 있다. 1.2 손익계정에 관한 결산정리사항을 분개할 수 있다. 1.3 손익 관련 계정과목의 오류를 수정할 수 있다. 1.4 법인세, 소득세 신고 관련 사항을 분개할 수 있다.
	0203020202_20v5.2 자산·부채계정 마감하기	2.1 회계관련규정 및 세법에 따라 자산·부채 관련 제반서류를 준비할 수 있다. 2.2 자산·부채계정에 관한 결산정리사항을 분개할 수 있다. 2.3 자산·부채 관련 계정과목의 오류를 수정할 수 있다. 2.4 부가가치세 신고 관련 사항을 분개할 수 있다.
	0203020202_20v5.3 재무제표 작성하기	3.1 회계관련규정에 따라 재무상태표를 작성할 수 있다. 3.2 회계관련규정에 따라 손익계산서를 작성할 수 있다. 3.3 회계관련규정에 따라 자본변동표를 작성할 수 있다. 3.4 회계관련규정에 따라 이익잉여금처분계산서를 작성할 수 있다.

CHAPTER 01 재무회계의 기초 및 개념

1. 재무회계의 기초

구 분	내 용
회계의 정의	기업의 경제적 활동을 시스템에 의하여 식별·측정하고, 그 결과를 정보화하여 이해관계자에게 전달해 주는 일련의 과정
회계의 목적	다양한 이해관계자의 의사결정에 유용한 회계정보를 제공하는 것
재무보고의 목적	① **투자 및 신용의사결정에 유용한 정보의 제공** 　㉠ 합리적인 투자의사결정과 신용의사결정에 유용한 정보 제공 　㉡ 이해할 수 있는 회계정보 및 의사결정에 유용한 정보 제공 　㉢ 다양한 유형의 투자자와 채권자를 포함 ② **미래 현금흐름 예측에 유용한 정보의 제공** 　㉠ 미래 현금흐름을 평가하는데 유용한 정보 제공 　㉡ 기업가치 평가(기대배당, 투자위험)에 유용한 정보 제공 　㉢ 기업실체의 채무이행능력, 신용위험평가에 유용한 정보 제공 ③ **재무상태, 경영성과, 현금흐름 및 자본변동에 관한 정보의 제공** 　㉠ 재무상태, 경영성과, 현금흐름 및 자본변동에 관한 정보를 제공 　㉡ 재무건전성과 유동성을 평가하는데 유용한 정보 제공 　㉢ 기업실체의 미래 순현금흐름의 예측에 유용한 정보 제공 　㉣ 자본거래 및 기업실체의 유동성에 관한 정보를 제공 　㉤ 소유주에게 귀속될 이익 등을 파악하는데 유용한 정보 제공 ④ **경영자의 수탁책임평가에 유용한 정보의 제공** 　㉠ 경영자의 수탁책임의 이행 등을 평가할 수 있는 정보 제공 　㉡ 회계이익 및 현금흐름 등을 이용한 경영자의 수탁책임평가 　㉢ 환경개선을 위한 기업실체의 활동과 성과를 평가, 보고

2. 재무제표

1 재무제표(기업실체가 외부의 정보이용자에게 재무정보를 전달하는 수단)

재무상태표	일정시점 기업의 재무상태(자산, 부채, 자본)를 보여주는 재무보고서로 정보이용자들이 기업의 유동성, 재무적 탄력성, 수익성과 위험 등을 평가하는 데 유용한 정보를 제공하는 정태적 보고서
손익계산서	일정기간 동안 기업의 경영성과에 대한 정보를 제공하는 재무보고서로 미래의 현금흐름과 수익창출능력의 예측에 유용한 정보를 제공하는 동태적 보고서
자본변동표	일정기간 자본의 크기와 그 변동에 관한 정보를 제공하며 자본금, 자본잉여금, 자본조정, 기타포괄손익누계액, 이익잉여금(또는 결손금)의 변동에 대한 포괄적인 정보를 보여주는 동태적 보고서

현금흐름표		기업의 현금흐름을 나타내는 표로서 현금의 변동내용을 명확하게 보고하기 위하여 당해 회계기간에 속하는 현금의 유입과 유출내용을 적정하게 표시(현금주의 작성). 현금흐름표는 영업활동으로 인한 현금흐름, 투자활동으로 인한 현금흐름, 재무활동으로 인한 현금흐름으로 구분하여 표시하고, 이에 기초의 현금을 가산하여 기말의 현금을 산출하는 형식으로 표시
	영업 활동	① 영업활동은 일반적으로 제품의 생산과 상품 및 용역의 구매·판매활동을 말하며, 투자활동과 재무활동에 속하지 아니하는 거래를 모두 포함한다. ■ 현금 유입 : 제품등 현금판매, 매출채권회수, 이자수익과 배당금수익, 기타 투자활동과 재무활동에 속하니 아니하는 거래 ■ 현금 유출 : 원재료등 현금구입, 매입채무결제, 기타 상품과 용역의 공급자와 종업원에 대한 현금지출, 법인세의 지급(토지등 양도소득 법인세 제외), 이자비용, 기타 투자활동과 재무활동에 속하지 아니하는 거래 ② 영업활동으로 인한 현금흐름은 직접법 또는 간접법으로 표시한다. ■ 직접법 : 현금유입액은 원천별로 현금유출액은 용도별로 분류하여 표시하는 방법으로 당기순손익과 당기순손익에 가감할 항목에 관한 사항을 주석공시 ■ 간접법 : 당기순이익에 현금의 유출이 없는 비용 등을 가산하고 현금의 유입이 없는 수익 등을 차감하며, 영업활동으로 인한 자산·부채의 변동을 가감하여 표시하는 방법
	투자 활동	투자활동은 현금의 대여와 회수활동, 유가증권·투자자산·유형자산 및 무형자산의 취득과 처분활동 등을 말한다.
	재무 활동	재무활동은 현금의 차입 및 상환활동, 신주발행이나 배당금의 지급활동 등과 같이 부채 및 자본계정에 영향을 미치는 거래를 말한다.
주석		재무제표의 보고상의 한계를 보완하기 위하여 별지에 추가(부연)적인 정보를 제공 ■ 주석 포함 사항 ① 재무제표 작성기준 및 유의적인 거래와 회계사건의 회계처리에 적용한 회계정책 ② 일반기업회계기준에서 주석공시를 요구하는 사항 ③ 재무상태표, 손익계산서, 현금흐름표 및 자본변동표의 본문에 표시되지 않는 사항으로서 재무제표를 이해하는데 필요한 추가 정보

2 재무상태표 작성기준

항목의 구분과 통합표시	① 자산, 부채, 자본 중 중요한 항목은 재무상태표 본문에 별도 항목으로 구분하여 표시한다. 중요하지 않은 항목은 성격 또는 기능이 유사한 항목에 통합하여 표시할 수 있으며, 통합할 적절한 항목이 없는 경우에는 기타항목으로 통합할 수 있다. ② 자산, 부채, 자본을 종류별, 성격별로 분류하여 일정한 체계하에 구분표시 한다. ■ 자산 : 유동자산(당좌·재고자산), 비유동자산(투자·유형·무형·기타비유동자산) ■ 부채 : 유동부채, 비유동부채 ■ 자본 : 자본금, 자본잉여금, 자본조정, 기타포괄손익누계액, 이익잉여금(또는 결손금)
1년기준	① 자산과 부채는 보고기간 종료일 현재 1년 또는 영업주기를 기준으로 유동과 비유동으로 분류한다. ② 정상적인 영업주기 내에 판매(소멸)되거나 사용되는 재고자산과 회수(지급)되는 매출채권(매입채무) 등은 보고기간 종료일로부터 1년 이내에 실현되지 않더라도 유동자산(유동부채)으로 분류한다.
유동성배열법	자산, 부채는 현금화 가능성이 높은 순서(유동성이 큰 항목)로 배열하는 것이 원칙이다.

총액표시	① 자산과 부채는 원칙적으로 상계하여 표시하지 않는다. 다만, 기업이 채권과 채무를 상계할 수 있는 법적 구속력 있는 권리를 가지고 있고, 채권과 채무를 순액기준으로 결제하거나 채권과 채무를 동시에 결제할 의도가 있다면 상계하여 표시한다. ② 매출채권에 대한 대손충당금 등은 해당 자산이나 부채에서 직접 가감하여 표시할 수 있으며, 이는 상계에 해당하지 아니한다.
잉여금구분	자본거래(자본잉여금)와 손익거래(이익잉여금)를 구분표시 한다.
미결산항목등 표시금지	가지급금, 가수금 등 미결산 계정은 그 내용을 나타내는 적절한 계정으로 표시한다.

3 재무상태표일 후 발생한 사건

재무상태표일 후 발생한 사건이란 재무상태표일과 "재무제표가 사실상 확정된 날(정기주주총회 제출용 재무제표가 이사회에서 최종 승인된 날)" 사이에 발생한 기업의 재무상태에 영향을 미치는 사건을 말하며 재무제표의 수정을 요하는 사건과 수정을 요하지 않는 사건으로 구분된다.

수정을 요하는 보고기간 후 사건
① 보고기간말 현재 이미 자산의 가치가 하락되었음을 나타내는 정보를 보고기간말 이후에 입수하는 경우 또는 이미 손상차손을 인식한 자산에 대하여 계상한 손상차손금액의 수정을 요하는 정보를 보고기간 후에 입수하는 경우 ② 보고기간말 이전에 존재하였던 소송사건의 결과가 보고기간 후에 확정되어 이미 인식한 손실금액을 수정하여야 하는 경우 ③ 보고기간말 이전에 구입한 자산의 취득원가 또는 매각한 자산의 금액을 보고기간 후에 결정하는 경우 ④ 보고기간말 현재 지급하여야 할 의무가 있는 종업원에 대한 이익분배 또는 상여금 지급금액을 보고기간 후에 확정하는 경우 ⑤ 전기 또는 그 이전 기간에 발생한 회계적 오류를 보고기간 후에 발견하는 경우

4 손익계산서 작성기준

발생기준	수익과 비용은 그것이 발생한 기간에 정당하게 배분되도록 처리한다.
실현주의	수익은 실현시기를 기준으로 계상한다.
수익·비용 대응원칙	수익은 실현시기에 따라 비용은 관련 수익이 인식된 기간에 인식한다.
총액주의	수익과 비용은 총액으로 기재한다.
구분계산의 원칙	매출총손익, 영업손익, 법인세비용차감전순손익, 당기순손익, 주당순손익으로 구분표시 한다. 단, 제조업, 판매업 및 건설업 외의 업종에 속하는 기업은 매출총손익의 구분표시를 생략할 수 있음
환급금액표시	대손충당금환입(매출채권)은 판매비와관리비의 부(-)의 금액으로 표시한다.

[발생주의 회계]
모든 수익과 비용은 그것이 발생한 기간에 정당하게 배분되도록 처리하며, 수익과 비용을 그 현금유출입이 있는 기간이 아니라 당해 거래 또는 사건이 발생한 기간에 인식하는 것을 말한다. 발생주의 회계는 발생과 이연의 개념을 포함하며 재무제표는 발생기준에 따라 작성된다. 단, 현금흐름표는 현금주의에 따라 작성된다.

5 재무제표 작성과 표시의 일반원칙

구 분	내 용
계속기업	경영진이 기업을 청산하거나 경영활동을 중단할 의도를 가지고 있지 아니하거나 청산 또는 경영활동의 중단 외에 다른 현실적 대안이 없는 경우가 아니면 계속기업을 전제로 재무제표를 작성한다.
재무제표의 작성 책임과 공정한 표시 및 주석	재무제표의 작성과 표시에 대한 책임은 경영진에 있으며 경제적 사실과 거래의 실질을 반영하여 기업의 재무상태, 경영성과, 현금흐름 및 자본변동을 공정하게 표시하여야 하며, 일반기업회계기준에 의하여 적정하게 작성된 재무제표는 공정하게 표시된 재무제표로 본다.
재무제표 항목의 구분과 통합표시	중요한 항목은 재무제표의 본문이나 주석에 그 내용을 가장 잘 나타낼 수 있도록 구분하여 표시하며, 중요하지 않은 항목은 성격이나 기능이 유사한 항목과 통합하여 표시할 수 있다.
비교재무제표의 작성	기간별 비교가능성을 제고하기 위하여 전기 재무제표의 모든 계량정보와 비계량정보(주석 기재)를 당기와 비교하는 형식으로 표시한다.
재무제표 항목의 표시와 분류의 계속성	재무제표의 기간별 비교가능성을 제고하기 위하여 재무제표 항목의 표시와 분류는 다음의 경우를 제외하고는 매기 동일하여야 한다. ① 일반기업회계기준에 의하여 재무제표 항목의 표시와 분류의 변경이 요구되는 경우 ② 사업결합 또는 사업중단 등에 의해 영업의 내용이 유의적으로 변경된 경우 ③ 재무제표 항목의 표시와 분류를 변경함으로써 기업의 재무정보를 더욱 적절하게 전달할 수 있는 경우 재무제표 항목의 표시나 분류 방법이 변경되는 경우에는 당기와 비교하기 위하여 전기의 항목을 재분류하고, 재분류항목의 내용·금액·이유를 주석으로 기재한다.
재무제표의 보고양식	재무제표는 이해하기 쉽도록 간단하고 명료하게 표시하여야 하며 일반기업회계기준에 예시된 재무제표의 양식을 참조하여 작성한다. [재무제표 기재사항] ① 재무제표 명칭, ② 기업명, ③ 보고기간 종료일 또는 회계기간, ④ 보고통화 및 금액단위

6 재무제표의 특성과 한계

① 재무제표는 화폐단위로 측정된 정보를 주로 제공한다.
② 재무제표는 대부분 과거에 발생한 거래나 사건에 대한 정보를 나타낸다.
③ 재무제표는 추정에 의한 측정치를 포함한다.
④ 재무제표는 특정 기업실체에 관한 정보를 제공하며, 산업 또는 경제전반에 관한 정보를 제공하지는 않는다.

3. 재무회계의 개념체계

재무회계 개념체계란 재무회계에 있어서 기본골격이 되는 것으로 재무제표의 작성과 공시에 기초가 되는 개념을 말한다.

1 재무제표의 기본가정(회계공준)

구 분	내 용
기업(경제적) 실체의 가정	기업은 주주와 경영자와는 별개로 존재하는 하나의 독립된 실체라는 것을 말한다. ⇨ 연결재무제표의 작성근거(지배기업과 모든 종속기업은 연결재무보고)
계속기업의 가정	설립된 기업은 기업이 설립목적과 의무를 이해하기에 충분할 정도로 기업실체가 장기간 존속한다고 가정하는 것을 말한다. 즉, 기업실체는 그 경영활동을 청산하거나 중대하게 축소시킬 의도가 없을 뿐 아니라 청산을 요구되는 상황도 없다고 가정한다. ⇨ 역사적원가주의 근거
기간별보고의 가정	기업실체의 존속기간을 일정한 기간 단위로 분할하여 회계보고서를 기간별로 작성하는 것을 말한다. ⇨ 발생주의 채택근거

2 회계(재무)정보의 질적특성(재무정보의 유용성 판단기준)

회계(재무)정보의 질적특성이란 회계(재무)정보를 측정·평가하는 기준이 되는 속성, 회계(재무)정보가 유용하기 위해 지녀야 할 속성, 회계(재무)정보가 갖추어야 할 질적 속성으로 주요 질적 특성으로 목적적합성(관련성)과 신뢰성을 두고 있다.

구 분		내 용
이해가능성		측정된 회계정보는 정보이용자들이 이해 가능하도록 적정한 방법으로 공시하여야 한다.
목적 적합성 (관련성)	예측가치	정보이용자가 미래의 재무상태, 경영성과, 순현금흐름 등을 예측하는 데에 그 정보가 활용될 수 있는 능력을 말한다.
	피드백가치	제공되는 회계정보가 정보이용자의 당초 기대치(예측치)를 확인 또는 수정되게 함으로써 의사결정에 영향을 미칠 수 있는 능력을 말한다.
	적시성	회계정보가 정보이용자의 의사결정에 유용하기 위해서는 필요한 시기에 제공되어야 한다. (분기별 및 반기별 재무제표 공시)
신뢰성	표현의 충실성	회계정보가 신뢰성을 갖기 위해서는 기업실체의 경제적 자원과 의무, 그리고 이들의 변동을 초래하는 거래나 사건을 충실하게 표현하여야 한다.
	검증 가능성	다수의 서로 다른 측정자들이 동일한 경제적 사건이나 거래를 동일한 측정방법으로 측정할 경우 유사한 결론에 도달할 수 있어야 한다는 정보의 특성을 말한다.
	중립성	미리 의도된 결과나 성과를 유도할 목적으로 재무제표상의 특정정보를 표시함으로써 정보이용자의 의사결정이나 판단에 영향을 미치지 않아야 하는 정보적 특성을 말한다.

구분		내용
비교가능성	기업간 비교가능성 (통일성)	상이한 기업들의 회계처리방법이 유사할 때 회계정보의 비교가능성이 제고된다는 질적특성을 말한다.
	기간별 비교가능성 (계속성)	동일 기업이 동일 종류의 회계사건에 대하여 계속 같은 회계처리방법을 사용하여야 한다는 질적특성을 말한다.

(1) 주요질적특성의 상충관계

구분	목적적합성	신뢰성
자산의 평가방법	시가법	원가법
수익인식방법	진행기준	완성기준
손익인식방법	발생주의	현금주의
정보의 보고시점	분기, 반기재무제표	결산재무제표

(2) 회계정보의 제약요인

구분	내용
비용과 효익 대비 (비용≤효익)	질적특성을 갖춘 정보라 하더라도 정보 제공 및 이용에 소요될 사회적 비용이 정보제공 및 이용에 따른 사회적 효익을 초과한다면 그 정보의 제공은 정당화 될 수 없다.
중요성	회계정보가 정보이용자의 의사결정에 영향을 미치는 정도로 목적적합성과 신뢰성을 갖춘 항목이라도 중요하지 않다면 반드시 재무제표에 표시되는 것은 아니다. 중요성은 일반적으로 당해 항목의 성격과 금액의 크기에 의해 결정되나 어떤 경우에는 **금액의 크기와는 관계없이 정보의 성격 자체만으로도 중요한 정보**가 될 수 있다.

3 보수주의

　보수주의란 어떤 거래나 경제적 사건에 대하여 **두 가지 이상의 대체적인 회계처리 방법이 있는 경우 재무적 기초를 견고히 하는 관점에서 이익을 낮게 보고하는 방법**을 선택하는 것을 말한다.

보수주의에 대한 회계처리의 사례
① 저가주의에 의한 재고자산의 평가 ② 자본적 지출 대신 수익적 지출로 처리 ③ 우발손실의 인식, 우발이익은 인식하지 않는다. ④ 물가상승시 재고자산 평가방법에 후입선출법 적용 ⑤ 초기 감가상각방법에 정액법 대신 가속상각법(정률법 등) 적용 ⑥ 사채할인발행차금상각을 유효이자율법 대신 정액법으로 상각 ⑦ 재고자산 평가손실의 측정시 총계기준 대신 종목별 기준 적용 ⑧ 진행기준 대신 완성기준에 의한 장기간 공사의 수익인식 ⑨ 판매기준 대신 회수기일 도래기준에 의한 장기할부판매의 처리

4 재무제표의 인식과 측정

(1) 재무제표의 인식

구 분	내 용
역사적 원가의 원칙	모든 자산·부채는 그것의 취득 또는 발생시점의 취득원가로 평가한다는 원칙을 말하는 것으로 이는 취득 후에 그 가치가 변동하더라도 취득당시의 교환가치를 그대로 유지한다는 것을 의미한다.
수익인식의 원칙	수익은 경제적효익이 유입됨으로써 자산이 증가하거나 부채가 감소하고 그 금액을 신뢰성 있게 측정할 수 있을 때 인식한다. ① **실현요건(측정요건)** : 수익의 발생과정에서 수취 또는 보유한 자산이 일정액의 현금 또는 현금청구권으로 즉시 전환 될 수 있음을 의미한다. ② **가득요건(발생요건)** : 기업실체의 수익 창출활동은 재화의 생산 또는 인도, 용역의 제공 등으로 나타나며 수익 창출에 따른 경제적 효익을 이용할 수 있다고 주장하기에 충분한 정도의 활동을 수행하였을 때 가득과정이 완료되었다고 본다.
수익·비용 대응의 원칙	일정기간 동안 인식된 수익과 수익을 획득하기 위하여 발생한 비용을 결정하여 이를 서로 대응시킴으로써 당기순이익을 산출하여 보고한다는 원칙으로서 이를 비용인식의 원칙이라고도 한다.
완전공시의 원칙	정보이용자의 의사결정에 영향을 미칠 수 있는 중요한 경제적정보는 모두 공시되어야 한다는 원칙이다.

(2) 재무제표의 측정속성의 종류

구 분	내 용
취득원가 (역사적원가)	자산의 취득원가는 자산을 취득하였을 때 그 대가로 지급한 현금, 현금성자산 또는 기타 지급수단의 공정가치를 말한다.
공정가치 (현행원가)	자산을 현재의 시점에서 취득 또는 매각되는 경우 유출, 유입되어지는 현금이나 현금성자산을 말한다.
기업특유가치 (사용가치)	자산의 특유가치는 기업실체가 자산을 사용함에 따라 당해 기업실체의 입장에서 인식되는 현재의 가치를 말하며 사용가치라고도 한다.
상각후가액	금융자산 취득 또는 금융부채 발생 시점의 그 유입가격과 당해 자산 또는 부채로부터 발생하는 미래 명목현금흐름의 현재가치가 일치되게 하는 할인율인 유효이자율을 측정하고, 이 유효이자율을 이용하여 당해 자산 또는 부채에 대한 현재의 가액으로 측정한 것을 상각후가액이라 한다. 상각후가액의 측정에 사용되는 이자율은 현재의 시장이자율이 아닌 역사적 이자율이다.
실현가능가치 (이행가액)	자산의 순실현가능가치는 정상적 기업활동과정에서 미래에 당해 자산이 현금 또는 현금성자산액으로 전환될 때 수취할 것으로 예상되는 금액에서 그러한 전환에 직접 소요될 비용을 차감한 가액으로 정의되며 유출가치의 개념이다.

5 중간재무제표의 특성

① 중간재무제표는 중간기간 또는 누적중간기간을 대상으로 작성하는 재무제표를 의미하고 있다.

> ㉠ 재무상태표는 중간보고기간말과 직전 연차보고기간말을 비교하는 형식으로 작성한다.
> ㉡ 손익계산서는 중간기간과 누적 중간기간을 직전 회계연도의 동일기간과 비교하는 형식으로 작성한다.
> ㉢ 현금흐름표 및 자본변동표는 누적중간기간을 직전 회계연도의 동일기간과 비교하는 형식으로 작성한다.

② 재무정보의 적시성을 증대시키기 위한 하나의 방안이라 할 수 있다.
③ 중간재무제표에는 재무상태표, 손익계산서, 현금흐름표, 자본변동표, 주석을 포함시키고 있다.
④ 중간재무제표는 연차재무제표와 동일한 양식으로 작성함을 원칙으로 한다.
⑤ 계절적, 주기적 또는 일시적으로 발생하는 수익이라 할지라도 다른 중간 기간 중에 미리 인식, 이연하지 않는다. (배당금수익, 로열티수익 또는 소매업의 계절적 수익 등은 전액 발생기간의 수익으로 인식)

6 중소기업회계처리 특례

주식회사의 외부감사에 관한 법률(이하 "외감법") 적용대상 기업 중 중소기업기본법에 의한 중소기업이 적용할 수 있으며, 외감법 적용대상 중소기업이 아닌 중소기업의 회계처리에 준용할 수 있다.

구 분	내 용
파생상품의 평가	정형화된 시장에서 거래되지 않아 시가가 없는 파생상품에 대하여는 계약시점 후 평가에 관한 회계처리 생략 가능하다.
지분증권의 평가	시장성이 없는 지분증권은 취득원가로 평가할 수 있으나, 손상차손에 대하여는 유가증권기준에 따라 처리한다.
지분법 평가	유의적인 영향력을 행사할 수 있는 지분증권에 대하여 지분법을 적용하지 아니할 수 있다. 다만, 연결재무제표 작성대상의 범위에 해당하는 중소기업에 대하여는 지분법을 적용한다.
현재가치 평가	장기연불조건의 매매거래 및 장기금전대차거래 등에서 발생하는 채권·채무는 현재가치평가를 하지 않을 수 있다.
단기 용역매출, 건설형 공사계약 등의 수익인식	1년 내의 기간에 완료되는 용역매출 및 건설형 공사계약에 대하여는 용역제공을 완료하였거나 공사 등을 완성한 날에 수익으로 인식할 수 있으며, 1년 이상의 기간에 걸쳐 이루어지는 할부매출은 할부금회수기일이 도래한 날에 실현되는 것으로 할 수 있다.
감가상각	유형자산과 무형자산의 내용연수 및 잔존가액의 결정은 법인세법의 규정에 따를 수 있다.
부동산의 장기할부매출	토지 또는 건물 등을 장기할부조건으로 처분하는 경우에는 당해 자산의 처분이익을 할부금 회수기일이 도래한 날에 실현되는 것으로 할 수 있다.
법인세비용	법인세비용은 법인세법 등의 법령에 의하여 납부하여야 할 금액으로 할 수 있다.

구 분	내 용
주석공시	① 중단된 사업부문의 정보는 주석으로 기재하지 아니할 수 있다. ② 중소기업회계처리 특례에 대한 회계처리와 주석공시에 대한 선택사항을 주석으로 기재한다. ③ 파생상품에 대한 회계처리에 대하여 특례를 적용한 경우 거래목적 등을 주석으로 기재한다. ④ 주식보상거래의 회계처리와 관련하여 특례를 적용한 경우 주식기준 보상약정의 각 유형에 대한 서술, 가득조건, 부여된 주식선택권의 만기, 결제방식 등을 주석으로 기재한다.
특례규정의 적용중단	중소기업회계처리특례규정을 적용하던 중소기업이 이를 적용하지 아니하고자 하거나, 중소기업에 해당하지 않게 되는 경우에는 일반기업회계기준 제5장 "회계처리, 회계추정의 변경 및 오류"에 따라 회계처리 한다.

4. 법인세회계

구 분	내 용
의의	기업회계상 수익과 비용, 법인세법상 익금과 손금의 인식방법에는 차이가 있어 부담세액과 법인세 비용간의 불일치가 발생하게 되며 이러한 차이를 조정하기 위해 사용하는 계정과목이 **이연법인세자산(부채)**이다.
자산·부채의 세무기준액	① 자산의 세무기준액은 해당 자산이 **세무상 자산**으로 인정되는 금액이다. ② 부채의 세무기준액은 해당 부채가 **세무상 부채**로 인정되는 금액이다.
당기법인세부채 당기법인세자산 인식	① 기업이 납부하여야 할 법인세부담액 중 아직 **납부하지 않은** 금액은 **부채(당기법인세부채)**로 인식하여야 한다. 그리고 납부하여야 할 금액을 **초과**해서 납부한 금액은 **자산(당기법인세자산)**으로 인식하여야 한다. ② 세무상결손금이 과거에 납부한 법인세액에 소급 적용되어 환급될 수 있다면 결손금이 발생한 기간에 자산(당기법인세자산)으로 인식하여야 한다.
이연법인세부채 이연법인세자산 인식	자산·부채의 장부금액과 세무기준액의 차이인 일시적차이에 대하여 원칙적으로 이연법인세를 인식하여야 한다. | 일시적차이	세무조정	계정과목	실현가능성
---	---	---	---
차감할 일시적차이	가산조정 (유보)	이연법인세자산 인식	차감할 일시적차이가 활용될 수 있는 **가능성이 매우 높은 경우에만** 인식 → 미래기간 과세소득 **감소**
가산할 일시적차이	차감조정 (△유보)	이연법인세부채 인식	**모든 가산할 일시적차이 항상 인식** → 미래기간 과세소득 **증가**	

구 분	내 용

측정	① 매기 기업이 납부할 법인세부담액은 **각 보고기간말 현재의 세율과 세법을 적용**하여 측정한다.
	② 이연법인세자산과 부채는 보고기간말 현재까지 확정된 세율에 기초하여 당해 자산이 **회수**되거나 부채가 **상환**될 기간에 적용될 것으로 **예상되는 세율**을 적용하여 측정하여야 한다.
	③ 이연법인세자산(이연법인세부채)은 일시적차이의 소멸 등으로 인하여 **미래에 경감될(추가적으로 부담할) 법인세로 측정**한다. 과세소득의 수준에 따라 적용되는 세율이 다른 경우에는 **일시적차이**가 소멸될 것으로 **예상되는 기간**의 과세소득(세무상결손금)에 적용될 것으로 **예상되는 평균세율**을 사용하여 이연법인세자산(이연법인세부채)을 측정한다.
	④ 이연법인세자산과 부채를 측정할 때에는 보고기간말 현재 기업이 예상하고 있는 자산의 회수 또는 부채의 상환 방식에 따라 나타날 법인세 효과를 반영하여야 한다.
	⑤ 기업이 자산(부채)의 장부금액을 회수(상환)하는 방식에 따라 다음 중 하나 또는 모두에 영향을 줄 수도 있다. 이러한 경우에는 예상되는 자산의 회수방법 또는 부채의 상환방법에 적용되는 세율과 세무기준액을 사용하여 이연법인세를 측정하여야 한다.
	   ㉠ 기업이 자산(부채)의 장부금액을 회수(상환)하는 시점에 적용되는 세율
	   ㉡ 자산(부채)의 **세무기준액**
	⑥ 이연법인세자산과 부채는 **현재가치로 할인하지 않는다**.
	⑦ 일시적차이는 자산과 부채의 **장부금액과 세무기준액의 차이**로 계산한다. 이것은 장부금액 자체가 현재가치로 평가되는 경우에도 동일하게 적용한다.
	⑧ 이연법인세자산의 실현가능성은 **보고기간말마다 재검토**되어야 한다. 재검토 결과 이연법인세자산의 법인세절감효과가 실현되기에 충분한 과세소득이 예상되지 않는 경우, '자산손상'에서 규정한 일반원칙에 따라 처리한다.

표시	① 법인세관련 자산과 부채는 재무상태표의 **다른 자산이나 부채와 구분하여 표시**되어야 한다. 이연법인세자산과 이연법인세부채는 당기법인세자산과 당기법인세부채로부터 구분되어야 한다. ② 이연법인세자산(이연법인세부채)은 관련된 자산항목 또는 부채항목의 재무상태표상 분류에 따라 재무상태표에 **유동자산(유동부채) 또는 기타비유동자산(기타비유동부채)**으로 분류한다. 세무상결손금에 따라 인식하게 되는 이연법인세자산의 경우처럼 재무상태표상 자산항목 또는 부채항목과 관련되지 않은 이연법인세자산과 이연법인세부채는 세무상결손금 등의 예상소멸시기에 따라서 유동항목과 기타비유동항목으로 분류한다. ③ 당기법인세부채와 당기법인세자산 그리고 동일한 유동 및 비유동 구분내의 이연법인세자산과 이연법인세부채가 **동일한 과세당국과 관련된 경우에는 각각 상계**하여 표시한다. ④ 손익계산서에서 **계속사업손익과 관련된 법인세비용**은 법인세비용차감전계속사업손익에서 **차감하는 형식**으로 기재하고, 중단사업손익과 관련된 법인세비용은 해당 손익에 직접 반영한 후 해당 손익항목을 법인세비용 **반영후 금액**으로 기재한다.

CHAPTER 02 자산

자산 : 과거의 거래나 사건의 결과로서 현재 기업실체에 의해 지배되고 미래에 경제적 효익을 창출할 것을 기대되는 자원

① 자산은 1년을 기준으로 또는 정상적인 영업주기로 **유동자산과 비유동자산으로 구분**한다. 유동자산은 **당좌자산과 재고자산**으로 구분하고, 비유동자산은 **투자자산, 유형자산, 무형자산, 기타비유동자산**으로 구분한다.
② 유동자산으로 분류되기 위해서는 ㉠ **사용의 제한이 없는** 현금및현금성자산, ㉡ **기업의 정상적인 영업주기 내에 실현될 것으로 예상되거나 판매목적 또는 소비목적으로 보유하고 있는 자산**, ㉢ 단기매매 목적으로 보유하는 자산, ㉣ ㉠내지 ㉢외에 보고기간 종료일로부터 1년 이내에 현금화 또는 실현될 것으로 예상되는 자산이어야 한다.
③ 비유동자산은 유동자산으로 분류되지 않는 자산을 의미한다.

1. 당좌자산

1 현금및현금성자산

구 분	내 용	
현금	① 통화 : 지폐 및 동전 ② 통화대용증권 : 타인발행당좌수표, 은행발행자기앞수표, 송금환, 우편환증서, 지급기일이 도래한 공·사채이자표, 배당금지급통지표 등 **단, 선일자수표(어음), 차용증서(차입금), 수입인지, 엽서, 우표 등은 제외**	
요구불 예금	① 보통예금(또는 제예금) : 예입과 인출을 수시로 자유로이 할 수 있는 통장식 은행예금으로 마이너스 대출 약정에 의한 마이너스 대출 잔액은 결산시점에 단기차입금 계정으로 대체처리 ② 당좌예금 : 기업이 은행과의 당좌거래약정을 통하여 현금을 예입하고 예금액의 범위 내에서 수표를 발행하여 언제든지 자유로이 현금을 인출할 수 있는 예금	
	당좌개설 보증금 (투자자산)	법인 또는 개인사업자가 은행에 당좌예금을 개설하려고 할 경우 당좌개설보증금 (**특정현금과예금** 계정대체)을 예치하여야 하며, 보증금은 당좌어음·수표가 부도 처리된 경우 부도수표(어음)처리수수료, 부도 제재금 등의 비용을 충당하기 위한 것
	당좌예금 회계처리	당좌수표를 발행하여 지급하면 "**당좌예금**"으로 처리하고 타인(동점)발행 당좌수표를 수취하면 "**현금**"으로 처리
	당좌차월 (유동부채)	▪ 은행과 당좌차월약정에 의하여 당좌예금 잔액을 초과하더라도 은행이 이를 대신 지급해 주는 계약에 의하여 당좌수표를 발행할 수 있으며, 당좌예금 초과액을 **당좌차월**이라 하며 결산 시 **단기차입금(유동부채)**으로 분류 ▪ 다만, **1계정제**를 사용하는 경우 기중 **당좌예금** 계정으로 처리하고 결산시 당좌차월액을 **단기차입금**으로 대체
현금성 자산	큰 거래비용 없이 현금으로 전환이 용이하고 이자율변동에 따른 가치변동의 위험이 중요하지 않은 것으로서 **취득당시 만기가 3개월 이내에 도래하는 금융상품** ① 취득당시의 만기가 3개월 이내에 도래하는 채권 및 환매체(3개월 이내의 환매조건) ② 취득당시의 상환일까지의 기간이 3개월 이내인 상환우선주	

구 분	내 용
현금과 부족	현금의 계산상 착오 등으로 장부잔액과 실제잔액이 불일치로 처리하는 일시적인 임시계정을 말한다. ① 현금부족(과잉)액을 현금과부족으로 처리한 후, 원인이 밝혀진 경우에는 현금과부족을 해당 계정으로 대체한다. 불일치 원인을 결산일에 가서도 알 수 없는 경우 현금과부족은 영업외손익(잡손익)으로 대체한다. ② 결산일 현재 실제와 장부상 현금차이를 발견했다면 바로 영업외손익(잡손익)으로 처리한다.

 예제

(주)두더지상사가 결산일 현재 보유하고 있는 유동자산의 일부이다. 현금및현금성자산으로 계상할 금액은 얼마인가?

자기앞수표	200,000원	수입인지	300,000원	당좌예금	250,000원
우편환	70,000원	보통예금	110,000원	선일자수표	80,000원
종로상회발행수표	200,000원	배당금지급통지표	70,000원	차용증서	500,000원

【해설】

현금및현금성자산 = 자기앞수표 + 당좌예금 + 우편환 + 보통예금 + 종로상회발행수표 + 배당금지급통지표
= 200,000원 + 250,000원 + 70,000원 + 110,000원 + 200,000원 + 70,000원
= 900,000원

2 단기투자자산

구 분	내 용
단기금융상품	금융상품이란 금융기관이 취급하는 정기예금·적금, 사용이 제한되어 있는 예금 및 기타 정형화된 상품 등으로 기업의 여유자금을 투자한 것 <table><tr><td>취득일로부터 3개월 이내 만기도래</td><td>현금성자산</td></tr><tr><td>보고기간 종료일로부터 1년 이내 만기도래</td><td>단기금융상품</td></tr><tr><td>보고기간 종료일로부터 1년 이후 만기도래</td><td>장기금융상품</td></tr></table>
단기대여금	금전소비대차계약에 따라 차용증서 등을 받고 여유자금을 빌려 준 경우로서 보고기간 종료일로부터 만기가 1년 이내에 도래하는 채권 <table><tr><td>주주, 임원, 종업원에게 금전을 대여한 경우</td><td>임직원등단기채권</td></tr><tr><td>관계회사에게 금전을 대여한 경우</td><td>단기대여금</td></tr></table>
단기매매증권	재산권을 나타내는 증서인 유가증권으로 단기적 시세차익을 목적으로 매도와 매수가 빈번한 시장성있는 유가증권

(1) 유가증권의 종류

기업에서 발행하는 일반적인 유가증권의 형태로는 지분증권과 채무증권이 있다. 유가증권은 실제 보유 의도와 보유능력에 따라 단기매매증권, 매도가능증권 및 만기보유증권 중 하나로 분류한다.

지분 증권	소유지분(주식) ⇨ 보유시 "**배당금수익**" 발생	단기적 매매차익(시장성보유)	단기매매증권(당좌자산)
		유의적 영향력 행사 (또는 지분율 20%이상)	지분법적용투자주식 (투자자산)
		장기적 매매차익	매도가능증권(투자자산)
채무 증권	국채, 공채, 사채 ⇨ 보유시 "**이자수익**" 발생	단기적 매매차익(시장성보유)	단기매매증권(당좌자산)
		만기보유 의도·능력	만기보유증권(투자자산)
		장기적 매매차익	매도가능증권(투자자산)

(2) 단기매매증권의 회계처리

회계상 거래	회계처리
단기매매증권 취득시점	단기매매증권의 취득원가는 매입가액(공정가치)을 의미하며, 종목별로 총평균법이나 이동평균법을 적용하여 단가를 산정하며, **취득 시 발생하는 부대비용(수수료 등)**은 별도의 **영업외비용**으로 회계처리 (차) 단기매매증권　　　×××　　(대) 현금 등　　　××× 　　수수료비용(영업외비용)　×××
단기매매증권 보유시 수익발생	[지분증권 보유 : 배당금 수령] ① 현금 배당금 수령 : 배당금수익(영업외수익) 계정과목으로 처리 ② 주식 배당금 수령 : 회계처리는 하지 않고, 주식의 수량과 단가를 새로이 계산하여 주석 공시 (차) 현금 등　　　×××　　(대) 배당금수익　　　××× [채무증권 보유 : 이자 수령] (차) 현금 등　　　×××　　(대) 이자수익　　　×××
단기매매증권 평가	| 평가기준 | 공정가치로 평가 | | 공정가치의 변동(평가손익) | 단기매매증권평가손익(영업외손익)계정으로 처리 | ※ 단기매매증권평가이익과 평가손실은 상계하지 않고 총액으로 표시하는 것이 원칙이지만, 그 금액이 중요하지 않는 경우에는 상계하여 표시할 수 있다. [장부가액 < 공정가치] (차) 단기매매증권　　　×××　　(대) 단기매매증권평가이익　××× [장부가액 > 공정가치] (차) 단기매매증권평가손실　×××　(대) 단기매매증권　×××

회계상 거래	회계처리
단기매매증권 양도(처분)	단기매매증권처분손익(영업외손익) = 처분가액 − 장부가액 − 처분 매각수수료 [장부가액 < 처분가액] (차) 현금 등　　　×××　　(대) 단기매매증권　　××× 　　　　　　　　　　　　　　　단기매매증권처분이익　××× [장부가액 > 처분가액] (차) 현금 등　　　×××　　(대) 단기매매증권　　××× 　　단기매매증권처분손실　×××

3 매출채권

(1) 수취채권과 지급채무

수취채권	지급채무	
매출채권	매입채무	➡ 일반적인 상거래에서 발생한 채권·채무
미 수 금	미지급금	➡ 일반적인 상거래 이외에서 발생한 채권·채무
대 여 금	차 입 금	➡ 금전소비대차계약 거래에서 발생한 채권·채무

(2) 매출채권

① 외상매출금(↔ 외상매입금)

　도·소매업의 경우 상품매출(매입)시, 제조업의 경우 제품매출(원재료매입)시에 발생한 미수채권(미지급채권)은 외상매출금(외상매입금) 계정으로 회계처리 한다.

② 받을어음(↔ 지급어음)

회계상 거래		회계처리
받을 어음	발생	(차) 받을어음　　×××　　(대) 제품매출 등　××× (차) 받을어음　　×××　　(대) 외상매출금　×××
	만기 회수	(차) 당좌예금 등　×××　　(대) 받을어음　　×××
	추심 위임 배서	어음은 만기일에 직접 수령하는 것이 아니라 은행에 추심의뢰하는 방식으로 수령하며, 추심과정에서 발생하는 추심수수료에 대해서는 **수수료비용(판매비와관리비)**계정으로 처리 (차) 보통예금 등　×××　　(대) 받을어음　　××× 　　수수료비용(판)　×××

회계상 거래		회계처리
받을 어음	배서 양도	어음소지인이 만기일전에 상품대금이나 외상매입금을 지급하기 위해 타인에게 어음의 뒷면에 배서하여 양도하는 것 (차) 외상매입금 등　×××　(대) 받을어음　×××
	어음 할인 (매각)	은행이 어음소지인의 의뢰에 의해 액면금액에서 만기일까지의 이자를 공제하고 매입하는 것으로 **매각거래 시 할인료는 "매출채권처분손실(영업외비용)"로 처리** $$할인료 = 어음의\ 액면금액 \times 할인율 \times \frac{할인기간}{365}$$ (차) 보통예금 등　×××　(대) 받을어음　××× 　　매출채권처분손실　×××
	어음 할인 (차입)	어음을 할인하는 경우 어음에 대한 권리와 의무를 실질적으로 양수인에게 이전하지 않는 경우에는 **차입거래로 보며** 할인료는 **"이자비용(영업외비용)"으로 처리** (차) 보통예금 등　×××　(대) 단기차입금　××× 　　이자비용　×××
	어음 부도	어음의 만기일에 지급제시 하였으나 지급을 거절당한 어음을 말하며 부도어음이 발생하면 이를 받을어음계정에서 차감하고 **"부도어음과수표(기타비유동자산)"** 계정에 가산함 (차) 부도어음과수표　×××　(대) 받을어음　×××
	어음 개서	어음의 만기일에 어음대금을 지급할 수 없는 경우 어음소지인에게 어음대금의 지급연기를 요청하고 만기가 연장된 신어음을 발행하여 만기가 된 구어음과 교환하는 것을 말하며 이자를 함께 수령할 수 있음 (차) 받을어음(신)　×××　(대) 받을어음(구)　××× 　　현　금 등　×××　　　이자수익　×××
지급 어음	발행	(차) 원재료 등　×××　(대) 지급어음　××× (차) 외상매입금　×××　(대) 지급어음　×××
	만기 지급	발행된 어음의 만기일에 어음을 결제하는 경우를 만기결제라 함 (차) 지급어음　×××　(대) 당좌예금 등　×××

4 장기채권·채무의 현재가치 평가

① 장기연불조건의 매매거래, 장기금전대차거래 또는 이와 유사한 거래에서 발생하는 채권·채무로서 **명목가액**과 **현재가치**의 **차이**가 **중요**한 경우에는 이를 현재가치로 평가한다.

현재가치 평가대상	현재가치 평가대상 제외
장기매출채권·채무, 장기기타채권·채무, 투자채권, 장기대여금, 장기차입금, 사채 등	장기선급금, 장기선수금, 장기선급비용, 장기선수수익, 이연법인세자산·부채 등

② ①의 현재가치는 당해 채권·채무로 인하여 미래에 수취하거나 지급할 총금액을 적정한 이자율로 할인한 가액으로 한다.
③ ②의 이자율은 당해 거래의 **유효이자율**을 **적용**한다. 유효이자율이란 금융상품의 예상되는 미래현금흐름의 현재가치를 금융자산 또는 금융부채의 순장부금액과 정확히 일치시키는 이자율이다.
④ ①에 의하여 발생하는 채권·채무의 명목가액과 현재가치의 차액은 **차감하는 형식(차감적 평가계정)**으로 기재하고 적용한 이자율, 기간 및 회계처리방법 등을 주석으로 기재한다.
⑤ ④에 의한 현재가치할인차금은 유효이자율법을 적용하여 상각 또는 환입하고, 이를 이자비용 또는 이자수익의 과목으로 계상한다.

회계상 거래	회계처리

재고자산을 판매하고 대금은 2년 뒤에 일시불로 10,000,000원을 수취하기로 하다. (유효이자율 12%에 의한 현재가치할인차금 2,028,000원)	(차) 장기매출채권 10,000,000원 (대) 매 출 7,972,000원
	                                              현재가치할인차금 2,028,000원
	                                              (채권의 차감계정)

장기매출채권에 대한 대금 전액을 보통예금으로 입금 받다.	(차) 보통예금 10,000,000원 (대) 장기매출채권 10,000,000원 현재가치할인차금 2,028,000원 이자수익 2,028,000원

5 금융자산과 금융부채

구 분	내 용
최초인식	금융자산이나 금융부채는 금융상품의 계약당사자가 되는 때에만 재무상태표에 인식한다.
제거	① 금융자산의 양도의 경우에, 다음 요건을 **모두 충족**하는 경우에는 양도자가 금융자산에 대한 통제권을 이전한 것으로 보아 **매각거래**로, 이외의 경우에는 금융자산을 담보로 한 차입거래로 본다. 　㉠ 양도인은 금융자산 양도 후 당해 양도자산에 대한 **권리를 행사할 수 없어야 한다**. 즉, 양도인이 파산 또는 법정관리 등에 들어갈 지라도 양도인 및 양도인의 채권자는 양도한 금융자산에 대한 권리를 행사할 수 없어야 한다. 　㉡ 양수인은 양수한 금융자산을 **처분**(양도 및 담보제공 등)할 **자유로운 권리**를 갖고 있어야 한다. 　㉢ 양도인은 금융자산 양도 후에 효율적인 **통제권**을 행사할 수 **없어야 한다**. ② 금융자산의 이전거래가 **매각거래**에 해당하면 **처분손익**을 **인식**하여야 하며, 매각거래와 관련하여 신규로 취득(부담)하는 자산(부채)이 있는 경우에는 공정가치로 평가하여 장부에 계상하고 처분손익계산에 반영하여야 한다. ③ 매각거래와 관련하여 취득하거나 부담하는 자산 및 부채의 예로는 금융자산 양도후 사후관리 업무를 양도인이 계속하여 보유하면서 이에 따른 위탁수수료를 받는 경우, 자산양도 후 양도자산에 대해 부실이 발생하면 이를 환매하기로 약정한 경우의 환매채무 등을 들 수 있다. ④ 금융자산의 이전이 담보거래에 해당하는 경우에는 해당 금융자산을 담보제공자산으로 별도 표시하여야 한다.

구 분	내 용

제거	⑤ 금융부채(또는 금융부채의 일부)는 다음 중 하나에 해당하는 경우에 **소멸**한다.
	   ㉠ 채무자가 일반적으로 현금, 그 밖의 금융자산, 재화 또는 용역을 채권자에게 제공하여 부채의 전부나 일부를 이행한 경우
	   ㉡ 채무자가 채권자에게서 또는 법적 절차에 따라, 부채의 전부 또는 일부에 대한 1차적 의무를 법적으로 유효하게 면제받은 경우(채무자가 보증을 제공하는 경우에도 이 조건은 여전히 충족 될 수 있다).
	⑥ 기존 차입자와 대여자가 실질적으로 다른 조건으로 채무상품을 교환한 경우, 최초의 금융부채를 제거하고 새로운 금융부채를 인식한다. 이와 마찬가지로, 기존 금융부채(또는 금융부채의 일부)의 조건이 실질적으로 변경된 경우(채무자의 부담이 경감되도록 변경된 경우는 제외)에도 최초의 금 융부채를 제거하고 새로운 금융부채를 인식한다.
	⑦ 소멸하거나 제3자에게 양도한 금융부채(또는 금융부채의 일부)의 장부금액과 지급한 대가(양도한 비현금자산이나 부담한 부채를 포함)의 차액은 **당기손익으로 인식**한다.
	⑧ 금융부채의 일부를 재매입하는 경우, 금융부채의 장부금액은 계속 인식되는 부분과 제거되는 부 분에 대해 재매입일 현재 각 부분의 상대적 공정가치를 기준으로 배분한다.

최초 측정	① 금융자산이나 금융부채는 최초인식시 **공정가치**로 측정한다. 다만, 최초인식 이후 공정가치로 측정 하고 공정가치의 변동을 당기손익으로 인식하는 금융자산이나 금융부채가 아닌 경우 당해 금융자 산(금융부채)의 취득(발행)과 직접 관련되는 거래원가는 최초인식하는 공정가치에 가산(차감)한다. ② 최초인식시 금융상품의 공정가치는 일반적으로 **거래가격**(자산의 경우에는 제공한 대가의 공정가 치, 부채의 경우에는 수취한 대가의 공정가치)이다. 장기연불조건의 매매거래, 장기금전대차거래 또는 이와 유사한 거래에서 발생하는 채권·채무로서 **명목금액과 공정가치의 차이가 유의적인 경 우에는 이를 공정가치로 평가**한다. 한편, 제공하거나 수취한 대가에 금융상품이 아닌 다른 것에 대 한 대가가 포함되었다면 그 금융상품의 공정가치는 시장가격으로 평가하되 시장가격이 없는 경우 에는 평가기법(현재가치평가기법 포함)을 사용하여 공정가치를 추정한다. ③ 둘 이상의 금융상품을 일괄하여 매입한 경우에는 공정가치를 보다 신뢰성 있게 측정할 수 있는 금 융상품의 공정가치를 우선 인식한 후 매입가액의 잔여액으로 나머지 금융상품을 인식한다. 둘 이 상의 금융상품 중 공정가치를 보다 신뢰성 있게 측정할 수 있는 금융상품을 식별할 수 없는 경우 에는 각각의 공정가치를 기준으로 거래가격을 안분하여 인식한다.
후속 측정	① 금융자산이나 금융부채는 **상각후원가**로 측정한다. ② 금융상품의 현금흐름에 대한 추정 변경 또는 재협상 등으로 현금흐름이 변경되는 경우에는 실제 현금흐름과 변경된 계약상 현금흐름을 반영하여 해당 **금융자산의 순장부금액이나 금융부채 상각 후원가를 조정**한다. ③ 공정가치의 **최선의 추정치**는 활성시장에서 **공시되는 가격**이다. ④ 공정가치의 정의는 청산하거나, 사업규모를 중요하게 축소하거나 또는 불리한 조건으로 거래할 의 도나 필요가 없는 상태인 **계속기업가정**을 전제로 한다.

- 금융자산·금융부채 : 매출채권, 대여금, 투자채권, 매입채무, 차입금, 사채, 선도거래 선물 등
- 선급비용, 선급금, 선수수익, 선수금은 현금이나 다른 금융자산의 수취·지급이 아닌 재화 또는 용역의 수취 ·제공을 가져오게 되므로 금융상품이 아니다.

만기가 6개월이고 액면이자율이 연 5%인 받을어음 40,000,000원을 발행일에 수취하여 3개월간 보유하다가 거래은행에 연 10%의 이자율로 할인한 경우 매출채권처분손실은 얼마인지 계산하시오. 단, 모든 계산시 월할계산 한다.

【해설】

구 분	무이자부 어음	이자부 어음
어음의 만기금액	액면가액	액면가액 + **액면이자**
어음의 할인액	어음의 만기금액 × 할인율 × 할인월수 / 12개월	
할인시 현금 수취액	어음의 만기금액 − 어음의 할인액	
할인시점의 어음 장부금액	액면가액	액면가액 + **할인일까지의 액면이자**
매출채권처분손실	할인시점 어음 장부금액 − 현금 수취액	

- 만기금액 = 40,000,000원 + (40,000,000원 × 5% × 6개월/12개월) = 41,000,000원
- 할인액 = 41,000,000원 × 10% × 3개월/12개월 = 1,025,000원
- 실수령액 = 41,000,000원 − 1,025,000원 = 39,975,000원
- 할인일까지의 수령이자(이자수익) = 40,000,000원 × 5% × 3개월/12개월 = 500,000원
- 매출채권처분손실 = (40,000,000원 + 500,000원) − 39,975,000원 = **525,000원**
- 회계처리 : (차) 현금 등   39,975,000원   (대) 받을어음   40,000,000원
           매출채권처분손실   525,000원   이자수익   500,000원

6 채권의 대손회계

구 분			내 용
채권의 대손처리	대손회계	직접 차감법	회수불가능한 채권 금액을 당기비용으로 인식하고 동시에 채권에서 직접 차감하는 방법을 말한다. 실무상 적용하기 쉬운 장점이 있으나 수익·비용대응 측면에서 비합리적인 방법이고 매출채권이 순실현가능액으로 평가되지 않는 단점이 있다.(일반기업회계기준은 인정하지 않는 방법임)
		충당금 설정법	관련 수취채권이 기록되는 사업연도에 매출액 또는 수취채권잔액으로부터 회수불능채권액을 추정하여 대손충당금을 설정하고, 동시에 이를 동 기간의 비용으로 회계 처리하는 방법 ① 대차대조표 접근법 : 채권잔액비율법, 연령분석법, 대손실적률법, 현금흐름할인법 ② 손익계산서 접근법 : (외상)매출액 기준법
	일반기업회계기준은 충당금설정법만 인정하고 있으므로 매출채권의 회수가 불가능하다고 판단될 때 대손충당금잔액이 있는 경우 우선적으로 대손충당금잔액에서 상계하고, 대손충당금잔액이 부족할 때에는 대손상각비로 처리		
	■ 매출채권 : 대손상각비(판매비와관리비) ■ 기타채권 : 기타의대손상각비(영업외비용)		

구 분	내 용

대손예상
(추정)의
회계처리
	① 대손예상(추정)액
	보유중인 채권 중에서 회수가능액에 대한 정보를 제공하기 위하여 기말시점마다 채권의 회수가능가액을 평가하며, 보유중인 채권 중에서 회수하지 못할 것으로 예상되는 금액을 대손예상(추정)액이라 함
	
	채권잔액비율법: 채권에 대하여 일률적으로 과거의 대손경험률로 설정하는 방법
	    대손예상액 = 결산일의 채권잔액 × 대손추정률
	
	연령분석법: 기말채권잔액을 경과일수에 따라 몇 개의 집단으로 분류하고, 각 집단마다 상이한 대손경험률을 적용하는 방법
	    대손예상액 = (연령별 채권잔액 × 연령별 대손추정률)
	               + (연령별 채권잔액 × 연령별 대손추정률) + …
	
	② 회계처리(보충법)
	    대손충당금 설정액 = (결산일의 채권잔액 × 대손추정률) − 대손충당금 잔액
	
	[채권잔액비율법으로 대손 예상]
	- 기말 매출채권잔액 2,000,000원, 대손추정률 1%
	- 대손예상액 = 2,000,000 × 1% = 20,000원
	- 대손충당금 설정액 = 20,000원 − 대손충당금 잔액
	
	③ 재무상태표 공시
	대손충당금은 **채권의 차감적 평가계정**으로 재무상태표에는 **채권에서 차감하는 형식으로 공시**
	  ㉠ 미수금 등의 **기타채권**과 관련된 대손충당금 설정 회계처리는 **기타의대손상각비(영업외비용)**로 또한 회수로 인한 처리는 **대손충당금환입(영업외수익)**으로 처리한다.
	  ㉡ **매출채권**의 대손충당금환입은 **판매관리비에서 부(−)의 금액으로 표시**한다.

대손의 발생(확정)	거래처의 부도, 파산 등으로 채권에 대한 대손이 확정된 경우에는 회수불능채권으로 **대손충당금과 우선적으로 상계**하고, 대손충당금이 부족한 경우에는 **당기비용(매출채권 : 대손상각비, 기타채권 : 기타의대손상각비)**으로 처리

회계상 거래	회계처리
[대손예상액 > 대손충당금 "0"] 대손충당금 잔액이 없는 경우	(차) 대손상각비 20,000원 (대) 대손충당금 20,000원 (자산의 차감평가계정)
[대손예상액 > 대손충당금 잔액] 대손충당금 잔액이 5,000원 있는 경우	(차) 대손상각비 15,000원 (대) 대손충당금 15,000원 (자산의 차감평가계정)
[대손예상액 < 대손충당금 잔액] 대손충당금 잔액이 23,000원 있는 경우	(차) 대손충당금 3,000원 (대) 대손충당금환입 3,000원 (판매비와관리비 차감계정)

구 분	내 용		
대손의 발생(확정)	[대손 발생(확정)] 외상매출금 20,000원 거래처 파산으로 회수불능 발생		
	회계상 거래	회계처리	
	[대손충당금 > 대손금] 대손충당금 잔액 30,000원인 경우	(차) 대손충당금 20,000원	(대) 외상매출금 20,000원
	[대손충당금 < 대손금] 대손충당금 잔액 10,000원인 경우	(차) 대손충당금 10,000원 대손상각비 10,000원	(대) 외상매출금 20,000원
	[대손충당금 "0" < 대손금] 대손충당금 잔액이 없는 경우	(차) 대손상각비 20,000원	(대) 외상매출금 20,000원
대손채권 회수	대손채권 회수 시 전·당기(대손충당금 및 대손상각비) 구분 없이 관련된 **대손충당금을 증가시킨다.**		
	회계상 거래	회계처리	
	파산으로 대손처리 하였던 외상매출금 20,000원 보통예금으로 입금되었다.	(차) 보통예금 20,000원 (대) 대손충당금 20,000원	

 예제1

기말 매출채권 35,000,000원에 대해 연령분석법과 채권잔액비율법에 의하여 대손충당금 설정액을 계산하시오. 결산전 대손충당금잔액은 500,000원이다. (채권잔액비율법을 적용시 대손율은 2%로 가정한다.)

경과일수	매출채권금액	추정대손율
30일 이하	20,000,000원	1%
60 ~ 31일	9,000,000원	3%
180 ~ 61일	4,000,000원	10%
180일 이상	2,000,000원	20%
계	35,000,000원	

【해설】

[연령분석법]
대손추정액 = (20,000,000원 × 1%) + (9,000,000원 × 3%) + (4,000,000원 × 10%) + (2,000,000원 × 20%)
= 1,270,000원(재무상태표 기말금액)
대손충당금 설정액 = 1,270,000원 − 500,000원 = 770,000원(손익계산서 계상금액)

[채권잔액비율법]
대손추정액 = 35,000,000원 × 2% = 700,000원(재무상태표 기말금액)
대손충당금 설정액 = 700,000원 − 500,000원 = 200,000원(손익계산서 계상금액)

예제 2

(주)두더지상사의 다음 자료를 이용하여 2025년 손익계산서에 계상될 대손상각비를 계산하시오.

2024년 12월 31일	매출채권 잔액	37,500,000원
2024년 12월 31일	대손충당금 잔액	720,000원
2025년 2월 10일	매출채권 회수불능 판명	402,000원
2025년 7월 25일	전기 대손액 현금회수	570,000원
2025년 12월 20일	매출채권 31,800,000원 중 900,000원 회수불능 판명	
2025년 12월 31일	매출채권잔액의 2% 대손 예상	

【해설】
- 대손충당금 잔액 부족액 : –12,000원(대손상각비 계상)
  = 720,000원(기초금액) – 402,000원(대손금) + 570,000원(대손 회수액) – 900,000원(대손금)
- 대손충당금 설정액 : (31,800,000원 – 900,000원) × 2% = 618,000원
- 손익계산서 대손상각비 계상액 = 12,000원 + 618,000원 = 630,000원

7 기타채권

기타의 당좌자산에는 선급금, 미수금, 선급비용, 미수수익, 선납세금, 부가세대급금, 이연법인세자산 등이 있다. 선급금은 상품을 주문하고 계약금 등으로 미리 지급한 금액을 말하며, 미수금은 재고자산이외의 자산을 처분하고 발생한 채권을 말한다. 이연법인세자산 또는 이연법인세차는 기업회계기준과 법인세와의 차이에서 발생되는 계정과목으로 사유에 따라 유동자산과 비유동자산으로 구분한다.

구 분	회계처리			
미수수익	당기에 용역을 제공하고 수익은 획득하였으나 그 대가를 받지 못해서 수익계정에 기입하지 않은 금액 [결산시점]			
	(차) 미수수익	×××	(대) 이자수익 등	×××
	[수익 수령시점]			
	(차) 현금 등	×××	(대) 미수수익 이자수익 등	××× ×××
선급비용	당기에 지출한 비용 중 다음(차기) 연도의 비용에 해당하는 금액 [지출시점에 비용처리한 경우 미경과분 자산처리]			
	(차) 선급비용	×××	(대) 보험료 등	×××
	[지출시점에 선급비용(자산)처리한 경우 경과분 비용처리]			
	(차) 보험료 등	×××	(대) 선급비용	×××

2. 재고자산

정상적인 영업활동과정에서 판매를 위하여 보유하는 자산 또는 판매를 목적으로 생산과정에 있거나 생산이 완료된 자산으로 상품, 원재료, 재공품, 제품 등을 말한다.

1 재고자산의 취득원가

(1) 재고자산의 취득원가

매입원가	매입가액 + 취득관련부대비용 − 매입에누리·환출액, 매입할인액 (취득부대비용 : 매입운임, 하역료 및 보험료, 통관수수료, 관세 등)
제조원가	직접재료비 + 직접노무비 + 제조간접비 배부액
일괄구입	성격이 상이한 재고자산을 일괄구입시는 공정가치비율로 안분계산

(2) 매입에누리·환출액, 매입할인액

구 분	매입자	매출자
판매한 재고자산이 **반품**되는 경우	매입환출	매출환입
재고자산에 하자나 결함으로 인하여 **깎아주는** 경우	매입에누리	매출에누리
외상대금을 할인 기간 내에 **조기결제** 시 2/10, n/30 10일 이내 결제 시 2% 할인, (two-ten, net thirty) 대금결제기한 30일 이내	매입할인	매출할인

2 기말재고자산에 포함할 항목

운송중인 재고자산 (미착품)	선적지인도기준 : 구매자(매입자)의 재고자산에 포함(선적 시 소유권이전)
	도착지인도기준 : 판매자의 재고자산에 포함(도착 시 소유권이전)
적송품(위탁물품)	수탁자가 보관하고 있는 미판매품은 위탁자의 재고자산에 포함
시송품(시용품)	소비자가 구입의사를 표시하기 전의 시송품은 판매자의 재고자산에 포함
할부판매	인도기준에 의해 매출을 인식하므로 판매자의 재고자산에 미포함
저당상품	담보를 제공한 자의 재고자산
반품가능 재고자산	반품률을 합리적으로 추정가능한 경우 : 상품 인도시점에 판매된 것으로 보아 판매자의 재고자산에서 제외
	반품률을 합리적으로 추정할 수 없는 경우 : 구매자가 상품의 인수를 수락하거나 반품기간이 종료된 시점까지 판매자의 재고자산에 포함

결산일현재 실지재고조사에 의한 기말상품재고액은 2,300,000원으로 평가되었으나 다음과 같은 내용이 고려되지 않았다. 정확한 기말상품재고액은 얼마인가?

- 시송품원가 700,000원 중 결산일까지 매입자가 매입의사표시를 한 원가는 500,000원이다.
- 적송품원가 400,000원 중 결산일까지 수탁자가 판매하지 못한 원가는 150,000원이다.
- 도착지인도조건으로 매입중인 재고자산 600,000원이 결산일 현재 운송중으로 도착하지 아니하였다.

【해설】

- 기말상품재고액 = 2,300,000원 + 200,000원 + 150,000원 = 2,650,000원
- 시송품 중 매입자가 매입의사표시를 하기 전 원가(700,000원 − 500,000원)는 재고자산에 가산한다.
- 적송품 중 수탁자가 판매하기 전 원가는 재고자산에 가산한다.
- 도착지인도조건으로 운송중인 재고자산은 매출자의 재고자산에 해당한다.

3 상품매매에 관한 등식

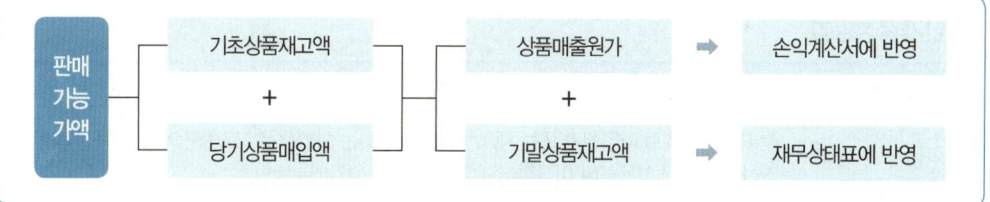

- 순매입액 = 총매입액 + 매입제비용 − 매입에누리와 환출 및 매입할인
- 순매출액 = 총매출액 − 매출에누리와 환입 및 매출할인
- 상품매출원가 = 기초상품재고액 + 순매입액 − 기말상품재고액 − 타계정대체액
- 매출총이익 = 순매출액 − 상품매출원가

구 분	회계처리
매출원가	전기에서 이월한 기초 재고액에 당기 매입액을 가산하여 관리하고 결산시점에 기말 재고액을 결정하여 매출원가를 계산하고 회계처리 (차) 상품매출원가 등　　×××　　(대) 상품 등　　×××
타계정대체	기업이 재고자산을 판매하여 매출원가에 대체되는 것이 아니라 영업활동 하는 과정에서 보유중인 원재료나 제품 등을 판매 이외에 다른 목적으로 사용하는 경우를 타계정대체라고 한다. 재고자산을 견본제공, 광고선전 목적, 기부 및 접대 등으로 사용하는 경우가 해당하며 **기말재고액과 매출원가에 포함되지 않으며, 프로그램 입력시 적요번호 "8.타계정으로 대체~" 선택한다.** (차) 광고선전비 등　　×××　　(대) 상품 등　　××× 　　　　　　　　　　　　　　　　　　　(타계정대체액)

4 원가흐름에 의한 재고자산 평가(기말재고액 = 기말재고수량 × 기말재고 취득단가)

(1) 수량결정방법

구 분	내 용
계속기록법	재고자산의 입·출고 수불내역을 계속적으로 기록하고, 기말에 판매수량을 통하여 기말재고수량을 확정하는 방법 기초수량 + 당기매입수량 − 실제출고(판매)수량 = 기말재고수량
실지재고조사법	재고자산의 입고내역만 기록하고 정기 재고조사를 통해 실제 재고수량을 파악하여 출고수량을 확정하는 방법 기초수량 + 당기매입수량 − 기말재고실사수량 = 출고(판매)수량
혼합법	계속기록법과 실지재고조사법을 병행하는 방법으로 혼합법을 사용하면 감모수량을 파악할 수 있는 방법 계속기록법상 장부수량 − 실지재고조사법상 실제수량 = 감모수량

(2) 단가결정방법

구 분	내 용
개별법	각 재고자산별로 매입원가 또는 제조원가를 결정하는 방법으로 고가품판매업, 부동산매매업, 조선업 등에서 사용하며 이상적이고 가장 정확한 원가배분방법 ■ 장점 : 개별재고자산의 식별이 가능한 경우에 사용할 수 있으며 가장 이상적이다. ■ 단점 : 상당한 노력이 필요하고, 당기순이익의 조작가능성이 있다.
선입선출법 (FIFO)	먼저 매입 또는 생산한 재고항목이 먼저 판매 또는 사용된다는 원가흐름을 가정하는 방법으로 기말재고로 남아있는 항목은 가장 최근에 매입 또는 생산한 항목이다. ■ 물량흐름과 원가흐름이 대체적으로 일치 ■ 기말재고자산을 현행원가(공정가치)에 가깝게 표시 ■ 수익과 비용 대응이 부적절 ■ 물가상승 시 이익이 과대계상
후입선출법 (LIFO)	① 가장 최근에 매입 또는 생산한 재고항목이 가장 먼저 판매 또는 사용된다는 원가흐름을 가정하는 방법으로 기말재고에 남아있는 항목은 가장 먼저 매입 또는 생산한 항목이다. ② 한국채택국제회계기준은 후입선출법을 인정하지 않는다. ■ 물량흐름과 원가흐름이 불일치 ■ 물가상승 시 기말재고자산이 과소 평가 ■ 현행수익과 현행(원가)비용의 적절한 대응 ■ 물가상승 시 이익을 적게 계상하므로 법인세이연효과

구 분	내 용
가중평균법	① **총평균법** ⇨ 수량결정방법 : 실지재고조사법에서 사용 당기에 판매된 재고자산은 모두 동일한 단가라는 가정하에 매출원가와 기말재고액을 결정하는 방법 $$\text{총평균단가} = \frac{\text{기초재고금액} + \text{일정기간 매입금액}}{\text{기초재고수량} + \text{일정기간 매입수량}}$$ ■ 장점 : 적용이 간편하고 객관적이며 이익조작의 가능성이 없고, 기말재고의 평가와 매출원가의 계산이 동일한 단위당 평균원가로 측정가능하다. ② **이동평균법** ⇨ 수량결정방법 : 계속기록법에서 사용 재고자산 매입시마다 평균단가를 계산하는 방법으로 재고자산이 출고되는 시점에서의 평균단가로 매출원가와 기말재고액을 결정하는 방법 $$\text{이동평균단가} = \frac{\text{매입직전의 재고금액} + \text{신규매입금액}}{\text{매입직전의 재고수량} + \text{신규매입수량}}$$ ■ 장점 : 출고시마다 재고단가가 즉시 파악되기 때문에 전산화하는 경우 가장 많이 이용한다. ■ 단점 : 계속기록법을 사용하는 경우에만 적용이 가능하나, 전산화로 실무상 적용이 쉬워졌다.
매출가격환원법 (소매재고법)	재고자산에 관한 자료를 매가로 기록, 보존하였다가 기말에 일정한 수정과정을 거쳐 이를 원가로 환산하는 방법으로 백화점 등의 유통업종에서만 사용 $$\text{원가율} = \frac{\text{판매가능재고자산(기초 + 매입)의 원가}}{\text{판매가능재고자산(기초 + 매입)의 매가}}$$ $$\text{기말재고액} = \text{매가로 표시된 재고자산} \times \text{원가율}$$
각 평가방법의 상호비교	기말재고자산이 증가하면 매출원가는 작아지고 매출총이익은 증가한다. | 구 분	이익보고 : 인플레이션(물가상승) 가정하에서
기말재고액 및 당기순이익	선입선출법 > 이동평균법 ≧ 총평균법 > 후입선출법
매출원가	선입선출법 < 이동평균법 ≦ 총평균법 < 후입선출법	

5 재고자산감모손실

재고자산의 도난, 파손, 분실 등으로 인하여 기말재고수량이 장부와 실제와의 차이를 말한다.

재고자산감모손실 = (장부상 재고수량 − 실제 재고수량) × 장부상 취득단가

원가성이 있는 정상적 감모손실 (매출원가 가산)	(차) 매 출 원 가　　×××　　(대) 재 고 자 산　　×××
원가성이 없는 비정상적 감모손실 (영업외비용 처리)	(차) 재고자산감모손실　　×××　　(대) 재 고 자 산　　××× 　　　(영업외비용)　　　　　　　　　　(타계정대체액)

6 재고자산평가손실(기말평가 시 저가법 적용)

재고자산의 진부화, 품질저하, 유행경과(장기체화) 등으로 취득원가와 공정가치(시가)을 비교하여 낮은 가액으로 평가하는 방법을 말한다.

$$재고자산평가손실 = 실제 기말수량 \times (취득단가 - 시가)$$

적용시가 : 공정가치		▪ 상품, 제품, 재공품 등 : 순실현가능가치(= 추정판매가액 − 추정판매비) ▪ 원재료 : 현행대체원가(현행원가 : 매입시 소요되는 금액) ▪ 종목별평가 원칙(총계기준 불가)이며 유사항목에 대해서는 조별 평가를 허용	
하락	매출원가 가산	(차) 재고자산평가손실 ××× (매출원가 가산)	(대) 재고자산평가충당금 ××× (재고자산 차감평가계정)
회복	매출원가 차감	(차) 재고자산평가충당금 ××× (재고자산 차감평가계정)	(대) 재고자산평가충당금환입 ××× (매출원가 차감)

7 재고자산의 분류와 공시

① 재고자산은 총액으로 보고하거나 상품, 제품, 재공품, 원재료 및 소모품 등으로 분류하여 재무상태표에 표시한다. 서비스업의 재고는 재공품으로 분류할 수 있다.
② 재고자산과 관련된 다음의 사항은 재무제표의 주석으로 기재한다.

㉠ 재고자산의 원가결정방법
㉡ 재고자산을 총액으로 보고한 경우 그 내용
㉢ 재고자산의 저가법 적용기준 및 평가 내용
㉣ 담보로 제공한 재고자산의 종류와 금액

③ 후입선출법을 사용하여 재고자산의 원가를 결정한 경우에는 재무상태표가액과, 선입선출법 또는 평균법에 저가법을 적용하여 계산한 재고자산평가액과의 차이를 주석으로 기재한다.
④ 후입선출법을 사용하여 재고자산의 원가를 결정할 때 기초재고의 전부 또는 일부가 판매된 경우(기초재고청산)에는 판매된 기초재고자산의 수량에 당 회계기간 중 평균취득단가를 곱한 금액과 판매된 기초재고자산의 장부상 원가와의 차액을 주석으로 기재한다.

3. 투자자산

기업이 정상적인 영업활동과는 무관하게 타회사를 지배하거나 통제할 목적 또는 장기적인 투자이윤을 얻을 목적으로 장기적으로 투자된 자산으로 장기금융상품, 투자부동산, 장기대여금 등이 있다.

▪ 부동산을 구입한 경우의 분류
① 부동산매매업의 판매목적으로 보유하는 토지, 건물 등 : **재고자산**
② 투자목적으로 보유하는 토지, 건물 등 : **투자자산**
③ 영업 및 업무에 사용할 목적으로 보유하는 토지, 건물 등 : **유형자산**

1 투자유가증권의 분류

구 분	증권분류		분류기준	재무상태표 표시 (기말평가방법)
	지분증권	채무증권		
매도가능증권	○	○	다른 증권에 해당하지 않는 경우로 **장기간보유**하며 언제든지 매도가 가능한 증권	투자자산 (공정가치법)
만기보유증권	×	○	**만기가 확정된 채무증권**으로서 상환금액이 확정되었거나 확정이 가능한 유가증권을 **만기까지 보유할 적극적인 의도·능력**이 있는 경우	투자자산 (상각후원가법)
지분법적용 투자주식	○	×	**유의적인 영향력을 행사할 목적**으로 보유하고 있는 주식(피투자회사의 의결주식 20% 이상 보유한 경우 유의적인 영향이 있다고 봄)	투자자산 (지분법)

2 유가증권의 평가 요약

계정과목		평가방법	평가손익
단기매매증권		공정가치법	단기매매증권평가손익(당기손익반영 - 손익계산서)
매도가능증권	원칙	공정가치법	매도가능증권평가손익(기타포괄손익누계액 - 재무상태표)
	예외	원가법 (시장성이 없는 경우)	기말 평가시 별도의 회계처리 없음
만기보유증권		원가법 (상각 후 원가법)	이자수령시 할인·할증 상각액 회계처리 기말 평가시 별도의 회계처리 없음
지분법적용투자주식		지분법	지분법손익(당기손익반영 - 손익계산서)

3 유가증권의 재분류

① 단기매매증권은 다른 범주로 재분류할 수 없으며, 다른 범주의 유가증권의 경우에도 단기매매증권으로 **재분류할 수 없다**. 다만, (일반적이지 않고 단기간 내에 재발할 가능성이 매우 낮은 단일한 사건에서 발생하는) 드문 상황에서 더 이상 단기간 내의 매매차익을 목적으로 보유하지 않는 단기매매증권은 매도가능증권이나 만기보유증권으로 분류할 수 있으며, 단기매매증권이 **시장성**을 **상실**한 경우에는 **매도가능증권으로 분류**하여야 한다.
② 매도가능증권은 만기보유증권(또는 지분법적용투자주식)으로 재분류할 수 있으며, 만기보유증권(또는 지분법적용투자주식)은 매도가능증권으로 재분류 할 수 있다.
③ 보고기간 종료일로부터 **만기가 1년 이내 도래**하는 투자자산(매도가능증권 또는 만기보유증권)은 **당좌자산(매도가능증권 또는 만기보유증권)으로 재분류**하여야 한다.
④ 유가증권과목의 분류를 변경할 때에는 **재분류일 현재의 공정가치로 평가**한 후 **변경**한다.

4 유가증권의 손상차손 인식

유가증권손상차손(단기매매증권은 제외)의 발생에 대한 객관적인 증거가 있는지는 보고기간 말마다 평가하고 그러한 증거가 있는 경우에는 손상이 불필요하다는 명백한 반증이 없는 한 회수가능가액을 추정하여 **손상차손(영업외비용)**을 **인식**하여야 한다.

> 당기손상차손액 = 상각후취득원가 − 회수가능가액 − 이미 인식한 손상차손액

손상차손 인식한 후 신용등급 향상 등으로 회복시 **손상차손환입(영업외수익)**으로 인식하며 장부가액을 한도로 손상차손환입을 인식하며 **장부가액을 초과하여 환입하지는 않는다.**

회계상 거래	회계처리			
손상차손 발생	(차) 유가증권손상차손 (영업외비용)	×××	(대) 유가증권	×××
손상차손 회복	(차) 유가증권	×××	(대) 유가증권손상차손환입 (영업외수익)	×××

TIP

[유가증권 손상차손 인식 사유]
① 은행법에 의해 설립된 금융기관으로부터 당좌거래 정지처분을 받은 경우, 청산 중에 있거나 1년 휴업 중인 경우, 또는 완전 자본잠식 상태에 있는 경우와 같이 유가증권발행자의 재무상태가 심각하게 악화된 경우
② 유가증권발행자의 파산가능성이 높은 경우
③ 유가증권발행자의 재무상태가 악화되어 그 유가증권이 시장성을 잃게 된 경우

5 매도가능증권의 회계처리

회계상 거래	회계처리		
매도가능증권 취득시점	매도가능증권의 취득원가는 취득시점에 제공한 대가에 **취득과 관련된 부대비용을 가산**한다. 취득원가 = 매입가액(공정가치) + 취득 시 부대비용(매입수수료, 중개수수료 등) (차) 매도가능증권　×××　(대) 현금 등　×××		
매도가능증권 보유시 수익발생	[지분증권 보유 : 배당금 수령] ① 현금 배당금 수령 : 배당금수익(영업외수익) 계정과목으로 처리 ② 주식 배당금 수령 : 회계처리는 하지 않고, 주식의 수량과 단가를 새로이 계산하여 주석 공시 [채무증권 보유 : 이자 수령 − 이자수익(영업외수익)]		

회계상 거래	회계처리
매도가능증권 평가	**평가기준**: 공정가치로 평가 **평가손익**: 매도가능증권평가손익(기타포괄손익누계액)계정으로 처리 매도가능증권평가손익은 기타포괄손익으로 분류함으로써 당기순손익에 변화를 주지 않고 재무상태표에 계상되어 있다가 **차기 재평가** 시 장부가액보다 공정가치 하락(상승)으로 **매도가능증권평가손실(이익) 계상 시 매도가능증권평가이익(손실)을 먼저 상계처리** 한다. [장부가액 < 공정가치] (차) 매도가능증권　　×××　　(대) 매도가능증권평가이익　　××× [장부가액 > 공정가치] (차) 매도가능증권평가손실　×××　(대) 매도가능증권　　×××
매도가능증권 양도(처분)	매도가능증권을 처분하면 그 장부금액과 처분금액과의 차액에 기타포괄손익누계액에 포함되어 있는 **매도가능증권평가손익을 반영(제거)하여** 영업외손익인 **매도가능증권처분손익**으로 인식한다. 　　　매도가능증권처분손익 = 처분가액 – 취득가액 – 처분 매각수수료 [취득원가(장부가액±매도가능증권평가손익) < 처분금액 : 매도가능증권처분이익] ■ 장부상(재무상태표) 매도가능증권평가손실이 있는 경우로 가정 (차) 현금 등(처분가액)　×××　(대) 매도가능증권(장부가액)　××× 　　　　　　　　　　　　　　　　매도가능증권평가손실　　××× 　　　　　　　　　　　　　　　　매도가능증권처분이익　　××× [취득원가(장부가액±매도가능증권평가손익) > 처분금액 : 매도가능증권처분손실] ■ 장부상(재무상태표) 매도가능증권평가손실이 있는 경우로 가정 (차) 현금 등(처분가액)　×××　(대) 매도가능증권(장부가액)　××× 　　매도가능증권처분손실　×××　　매도가능증권평가손실　×××

제5기 10월 15일에 장기보유목적으로 주식을 50,000원에 취득하고 중개수수료 2,000원과 함께 보통예금계좌에서 이체하다. 12월 31일 공정가치 48,000원에 평가하고 제6기 55,000원에 재평가하였다.

【해설】

구 분	회계처리			
5기 10/15	(차) 매도가능증권	52,000원	(대) 보통예금	52,000원
5기 12/31	(차) 매도가능증권평가손실	4,000원	(대) 매도가능증권	4,000원
6기 12/31	(차) 매도가능증권	7,000원	(대) 매도가능증권평가손실 매도가능증권평가이익	4,000원 3,000원

■ 매도가능증권의 취득원가 = 50,000원 + 2,000원 = 52,000원
■ 매도가능증권 재평가시 기존에 평가한 매도가능증권평가손익과 우선 상계 후 잔액만 회계처리한다. **재평가로 인하여 인식되는 평가손익은 취득원가와 평가시점의 공정가치와의 차이만 재무상태표에 계상된다.**

 **예제2**

(주)두더지상사가 보유하고 있는 매도가능증권의 내역은 다음과 같으며 기말 평가는 일반기업회계기준(결산일에 회계처리)에 따라 처리하였으며, 현금으로 처분하였다.

취득가액	시 가	처분가액	
2024년 4월 24일	2024년 12월 31일	2025년 8월 20일(A)	2025년 8월 20일(B)
50,000,000원	52,000,000원	47,000,000원	54,000,000원

【해설】

매도가능증권처분시 매도가능증권평가손익을 장부에서 제거하고 매도가능증권처분손익을 인식한다.

- 2024년 12월 31일 평가에 대한 회계처리
  (차) 매도가능증권   2,000,000원   (대) 매도가능증권평가이익   2,000,000원

- A형태로 처분한 경우의 회계처리
  매도가능증권처분손실 = 47,000,000원 − 50,000,000원 = △3,000,000원
  (차) 현   금   47,000,000원   (대) 매도가능증권   52,000,000원
      매도가능증권평가이익   2,000,000원
      매도가능증권처분손실   3,000,000원

- B형태로 처분한 경우의 회계처리
  매도가능증권처분이익 = 54,000,000원 − 50,000,000원 = 4,000,000원
  (차) 현   금   54,000,000원   (대) 매도가능증권   52,000,000원
      매도가능증권평가이익   2,000,000원   매도가능증권처분이익   4,000,000원

6 만기보유증권의 회계처리

회계상 거래	회계처리
만기보유증권 취득시점	취득 당시의 시장이자율로 할인한 현재가치로 결정된다. 만기보유증권인 사채의 취득원가는 매입가액(사채의 공정가치)에 취득부대비용을 가산하고 기간 경과분 발생이자가 있는 경우에는 동 금액을 차감하여 결정한다. 취득원가 = 사채 등의 공정(현재)가치 + 취득시 부대비용 − 기간경과 발생이자 (차) 만기보유증권 ××× (대) 현금 등 ×××
이자수익의 인식	만기보유증권은 보유목적이 장기이므로 **이자수익**은 **유효이자율법**을 **적용**하여 인식하며 채권(사채 등)의 이자수익은 기초장부가액에 유효이자율을 곱한 금액이다. [채권(사채 등)의 할인 취득 가정 회계처리] (차) 현금 등 ××× (대) 이자수익 ××× 만기보유증권 ×××
만기보유증권 평가	만기보유증권은 기말에 상각 후 취득원가로 평가한다.

4. 유형자산

유형자산은 재화의 생산, 용역의 제공, 타인에 대한 임대 또는 자체적으로 사용할 목적으로 보유하는 물리적 형체가 있는 자산으로서, 1년을 초과하여 사용할 것이 예상되는 자산을 말한다. 또한, 유형자산으로 인식되기 위해서는 다음의 인식조건을 모두 충족하여야 한다.

① 자산으로부터 발생하는 미래경제적효익이 기업에 유입될 가능성이 매우 높다.
② 자산의 원가를 신뢰성 있게 측정할 수 있다.

1 유형자산의 취득원가

구 분	내 용
외부구입	취득원가 = 매입가액 + 취득 시 부대비용 − 매입할인 ■ **취득 시 부대비용(취득원가 가산)** ① 설치장소 준비를 위한 지출 및 설치비 ② 외부 운송 및 취급비 ③ 설계와 관련하여 전문가에게 지급하는 수수료 ④ 자본화대상인 차입원가 ⑤ 취득세, 등록세 등 유형자산의 취득과 직접 관련된 제세공과금 ⑥ 유형자산의 취득과 관련하여 국·공채 등을 불가피하게 매입하는 경우 당해 채권의 매입금액과 현재가치와의 차액 ⑦ 유형자산이 정상적으로 작동되는지 여부를 시험하는 과정에서 발생하는 원가(단, 시험과정에서 생산된 재화(시제품)의 순매각금액은 차감) ⑧ 해당 유형자산의 경제적 사용이 종료된 후에 원상회복을 위한 복구원가 ■ **유형자산의 취득원가가 아닌 사례(당기 비용처리)** ① 새로운 시설을 개설하는 데 소요되는 원가(예: 취득 전 시설 설치여부 사전조사원가) ② 새로운 상품과 서비스를 소개하는 데 소요되는 원가(예: 광고 및 판촉활동과 관련된 원가) ③ 새로운 지역에서 또는 새로운 고객층을 대상으로 영업을 하는 데 소요되는 원가(예: 직원 교육훈련비) ④ 관리 및 기타 일반간접원가
자가건설	건설중인자산은 유형자산의 건설을 위한 재료비, 노무비 및 경비(건설을 위하여 지출한 도급금액 등 포함) 및 유형자산을 취득하기 위하여 지출한 계약금 및 중도금을 포함한다. 취득원가 = (건설에 사용된 직접재료원가 + 직접노무원가 + 제조간접원가) + 취득부대비용 [건설원가 발생시점] (차) 건설중인자산　　×××　　(대) 현　　금　　××× [건물 등 완공시점] (차) 건　물　등　　×××　　(대) 건설중인자산　　×××

2 유형자산 취득의 유형별 회계처리

구 분	내 용
국·공채 구입 (강제매입채권)	국·공채 등을 불가피하게 매입하는 경우 **매입가액과 현재가치(공정가치)와의 차액**은 유형자산의 **취득원가에 포함** ⇨ 토지, 건물, 차량운반구 등 (차) 단기매매증권 등(공정가치)　×××　　(대) 현　금 등(매입가액)　××× 　　 차량운반구 등　　　　　　×××
건물이 있는 토지를 매입한 경우(일괄취득)	기존건물을 **사용**하는 경우 ⇨ **시장가치(공정가치)로 안분** (차) 토　지　×××　　(대) 현　금 등　××× 　　 건　물　××× 새 건물을 신축하기 위해 기존건물을 **철거**하는 경우 ⇨ **토지의 취득원가** 　　　　취득원가 = 토지·건물 매입가액 + 건물철거비용 등 − 부산물 매각대금 (차) 토　지　×××　　(대) 현　금 등　×××
사용 중인 건물을 철거하는 경우	건물의 장부금액은 제거하고 철거비용은 전액 당기비용(유형자산처분손익 가감) 처리 (차) 감가상각누계액　×××　　(대) 건　물 등　××× 　　 유형자산처분손실　×××
토지 취득 후 지출	진입료 개설, 배수설비, 도로포장, 조경공사 등의 부대시설공사비 ⇨ 내용연수가 **영구**적이거나 유지·보수책임이 **회사측에 없는 경우** (차) 토　지　×××　　(대) 현　금 등　××× 진입료 개설, 배수설비, 도로포장, 조경공사 등의 부대시설공사비 ⇨ 내용연수가 **한정**되어 있거나 유지·보수책임이 **회사측에 있는 경우** (차) 건축물　×××　　(대) 현　금 등　×××
현물출자 (주식교부)	취득한 자산의 공정가치로 회계처리 (차) 토　지 등　×××　　(대) 자본금　××× 　　　　　　　　　　　　 　주식발행초과금　×××
증여·무상 취득한 경우	취득한 자산의 공정가치 회계처리 (차) 토　지 등　×××　　(대) 자산수증이익　×××
건설자금이자 (차입원가 자본화)	자산의 취득·건설 중에 차입한 **금융비용**에 대하여 **자본화**하는 경우 유형자산의 취득원가에 가산 ⇨ 원칙 : 당기비용(이자비용) 처리 (차) 건설중인자산　×××　　(대) 보통예금 등　××× 　■ **차입원가 자본화** 　① 유형자산, 무형자산 및 투자부동산과 제조, 매입, 건설 또는 개발이 개시된 날로부터 의도된 용도로 사용하거나 판매할 수 있는 상태가 될 때까지 1년 이상의 기간이 소요되는 재고자산(이하 '적격자산'이라 한다)의 취득을 위한 자금에 차입금이 포함된다면 이러한 차입금에 대한 차입원가는 적격자산의 취득에 소요되는 원가로 회계처리 할 수 있다. 　② 적격자산의 취득과 관련된 차입원가는 그 자산을 취득하지 아니하였다면 부담하지 않을 수 있었던 원가이기 때문에 적격자산의 취득원가를 구성하며, 그 금액을 객관적으로 측정할 수 있는 경우에는 해당 자산의 취득원가에 산입할 수 있다.

구 분	내 용
건설자금이자 (차입원가 자본화)	③ 차입원가의 회계처리방법은 모든 적격자산에 대하여 매기 계속하여 적용하고, 정당한 사유 없이 변경하지 아니한다. ④ 특정차입금에 대한 차입원가 중 자본화할 수 있는 금액은 자본화기간 동안 특정차입금으로부터 발생한 차입원가에서 동 기간 동안 자금의 일시적 운용에서 생긴 수익을 차감한 금액으로 한다. ⑤ 일반차입금 중 적격자산에 투입된 차입원가 계산 ㉠ 일반목적 차입금 중 적격자산의 취득을 위해 사용된 경우에 한하여 계산한다. ㉡ 전기 차입원가는 당기 가중평균장부가액 산정시 포함시켜 계산한다. ㉢ 자본화대상 차입원가 = (적격자산 가중평균장부가액 − 특정차입금) × 자본화이자율 ■ 자본화대상 차입원가 한도 = 적격자산에 투입된 일반차입금의 차입원가 ■ 적격자산 가중평균장부가액 = 당해기간동안 적격자산에 지출한 평균지출액 ■ 자본화이자율 = 차입원가 / 가중평균차입액
교환으로 인한 취득	**동종자산**과의 교환 ⇨ 유형자산처분손익 인식하지 않음 취득원가 = 제공한 자산의 **장부금액** + 현금지급액 − 현금수령액 ※ **현금수수액이 유의적(중요)**인 경우 동종자산의 교환이 아니라 **이종자산**의 **교환**으로 **회계처리**한다. (차) 비품(신) 등 ××× (대) 비품(구) 등 ××× 　　감가상각누계액 ××× **이종자산**과의 교환 ⇨ 유형자산처분손익 인식함 취득원가 = 제공한 자산의 **공정가치** + 현금지급액 − 현금수령액 (차) 기계장치 ××× (대) 비 품 ××× 　　감가상각누계액 ×××　　　 현 금 등 ××× 　　　　　　　　　　　　　 유형자산처분이익 ××× ■ 공정가치 ① 교환을 위하여 제공한 자산의 공정가치가 불확실한 경우에는 교환으로 취득한 자산의 공정가치를 취득원가로 할 수 있다. ② 유형자산의 공정가치는 시장가격으로 한다. 다만, 시장가격이 없는 경우에는 동일 또는 유사 자산의 현금거래로부터 추정할 수 있는 실현가능액이나 전문적 자격이 있는 평가인의 감정액을 사용할 수 있다.
정부보조금 (국고보조금)에 의한 취득	정부보조금 등으로 유형자산을 무상 또는 공정가액보다 낮은 대가로 취득한 경우 그 유형자산의 취득원가는 취득일의 공정가액으로 하며, **정부보조금** 등은 **취득원가에서 차감하는 형식으로 표시** [**상환의무가 있는 정부보조금 수령**] (차) 보통예금 등 ××× (대) 장기차입금 등 ×××

구 분	내 용
정부보조금 (국고보조금)에 의한 취득	[상환의무가 없는 정부보조금 수령] (차) 보통예금 등　　　　×××　　(대) 정부보조금　　　　××× 　　　　　　　　　　　　　　　　　　　(예금 차감계정) [상환의무가 없는 정부보조금에 의한 자산 취득] (차) 기계장치 등　　　　×××　　(대) 보통예금 등　　　　××× 　　정부보조금　　　　　×××　　　　정부보조금　　　　　××× 　　(예금 차감계정)　　　　　　　　　　(유형자산 차감계정) 정부보조금 등으로 취득한 자산에 대한 감가상각비를 계상할 때는 취득자산의 **내용연수**에 걸쳐 정부보조금과 감가상각비를 상계하여야 한다. $$\text{정부보조금 상각액} = \text{감가상각비} \times \frac{\text{정부보조금}}{(\text{취득원가} - \text{잔존가치})}$$ [당기 감가상각비 계상] (차) 감가상각비　　　　×××　　(대) 감가상각누계액　　××× [정부보조금 상각액 상계] (차) 정부보조금　　　　×××　　(대) 감가상각비　　　　××× 　　(유형자산 차감계정) 정부보조금 등으로 취득한 자산을 처분할 경우에는 감가상각비와 상계하고 남은 **정부보조금 잔액**을 당해자산의 **처분손익에 차감 또는 부가**하는 방식으로 회계처리 한다. [유형자산처분이익 발생 가정] (차) 현금 등　　　　　×××　　(대) 유형자산　　　　　××× 　　감가상각누계액　　×××　　　　유형자산처분이익　××× 　　정부보조금　　　　××× 　　(유형자산 차감계정)

예제1

건물 신축 목적으로 건물과 토지를 50,000,000원에 현금 구입하고, 철거비용 5,000,000원과 등기료 300,000원을 현금으로 지급하고 건물에서 발생한 부산물 매각대금 1,000,000원은 현금으로 수취하다.

【해설】

토지 취득원가 = 건물과 토지 취득가액 + 철거비용 + 등기료 − 건물 부산물 매각대금
　　　　　　= 50,000,000원 + 5,000,000원 + 300,000원 − 1,000,000원 = 54,300,000원
(차) 토　지　　　　　　54,300,000원　(대) 현　금　　　　　　54,300,000원

예제2

건물 신축목적으로 기존 건물(취득가액 60,000,000원, 감가상각누계액 40,000,000원)을 철거하면서 철거비용으로 10,000,000원을 현금으로 지급하다.

【해설】

건물 신축목적으로 기존건물을 철거하고 신축건물을 건설시 장부가액은 제거하여 처분손실로 반영하고, 철거비용은 전액 당기비용으로 처리한다.

유형자산처분손실 = 순매각금액 − 장부금액
= (0 − 10,000,000원) − (60,000,000원 − 40,000,000원) = △30,000,000원

(차) 감가상각누계액	40,000,000원	(대) 건　　물	60,000,000원
유형자산처분손실	30,000,000원	현　　금	10,000,000원

예제3

(주)두더지상사는 기계장치와 교환으로 영업용 건물 부지용 토지를 구입하였다. 교환시 기계장치의 장부가액은 63,000원(취득원가 106,000원, 감가상각누계액 43,000원)이었으며 공정가액은 84,000원이었다. (주)두더지상사는 기계장치와 더불어 현금 36,000원을 지급하고 교환하였다. 일반기업회계기준에 따른 회계처리하시오.

【해설】

- 토지의 취득원가 = 기계장치 공정가액 + 현금지급액
  = 84,000원 + 36,000원 = 120,000원
- 유형자산의 처분손익 = 기계장치 공정가액 − 기계장치 장부가액
  = 84,000원 − 63,000원 = 21,000원(이익)

(차) 토　　지	120,000원	(대) 기계장치	106,000원
감가상각누계액	43,000원	현　　금	36,000원
		유형자산처분이익	21,000원

예제4

(주)두더지상사는 (주)배움과 기계장치를 교환하였다. 교환시 기계장치의 장부가액은 63,000원(취득원가 106,000원, 감가상각누계액 43,000원)이었으며 공정가액은 85,000원이었다. (주)두더지상사는 기계장치와 더불어 현금 17,000원을 지급하고 교환하였다. 일반회계기준에 따른 회계처리 하시오. (동종교환의 요건을 충족했다고 가정한다.)

【해설】

- 기계장치의 취득원가 = 기계장치의 장부가액 + 현금지급액 = 63,000원 + 17,000원 = 80,000원

(차) 기계장치(신)	80,000원	(대) 기계장치(구)	106,000원
감가상각누계액	43,000원	현　　금	17,000원

 예제5

아래 날짜에 대한 거래를 회계처리 하시오.

- 2025. 01. 07 정부보조금 20,000,000원이 보통예입 되다.(상환의무 없음)
- 2025. 01. 11 정부보조금에 의해 기계장치를 구입하고 50,000,000원을 보통예금에서 지급하다.
- 2025. 12. 31 결산시 감가상각을 하다. (정액법 5년, 잔존가치 없음)
- 2026. 01. 05 위 기계장치를 35,000,000원에 현금 매각하다.(당기 감가상각비는 고려하지 않음)

【해설】

[2025. 01. 07 정부보조금 수령 회계처리]

(차) 보통예금　　　　　　　　　20,000,000원　　(대) 정부보조금　　　　　　　　　20,000,000원
　　　　　　　　　　　　　　　　　　　　　　　　　　(보통예금 차감계정)

[2025. 01. 11 유형자산 취득 회계처리]

(차) 기계장치　　　　　　　　　50,000,000원　　(대) 보통예금　　　　　　　　　　50,000,000원
　　정부보조금　　　　　　　　20,000,000원　　　　정부보조금　　　　　　　　　20,000,000원
　　(보통예금 차감계정)　　　　　　　　　　　　　　(기계장치 차감계정)

재무상태표(2025.01.07. 현재)

과목	제11(당)기	
	금액	
	－중 략－	
보통예금	70,000,000	
정부보조금	(20,000,000)	50,000,000
	－중 략－	

재무상태표(2025.01.11. 현재)

과목	제11(당)기	
	금액	
	－중 략－	
기계장치	50,000,000	
정부보조금	(20,000,000)	30,000,000
	－중 략－	

[2025. 12. 31 결산시 감가상각 회계처리]

- 감가상각비 = 50,000,000원 ÷ 5년 = 10,000,000원

(차) 감가상각비　　　　　　　　10,000,000원　　(대) 감가상각누계액　　　　　　10,000,000원

- 정부보조금 상각액 = 10,000,000원 × 20,000,000원 / 50,000,000원 = 4,000,000원

(차) 정부보조금　　　　　　　　4,000,000원　　(대) 감가상각비　　　　　　　　4,000,000원
　　(기계장치 차감계정)

재무상태표(2025.12.31. 현재)

과목	제11(당)기	
	금액	
	－중 략－	
기계장치	50,000,000	
감가상각누계액	(10,000,000)	
정부보조금	(16,000,000)	24,000,000
	－중 략－	

[2026. 01. 05 유형자산 처분 회계처리]
(차) 현　　금　　　　　　　　35,000,000원　　(대) 기계장치　　　　　　　50,000,000원
　　감가상각누계액　　　　　10,000,000원　　　　유형자산처분이익　　11,000,000원
　　정부보조금　　　　　　　16,000,000원
　　(기계장치 차감계정)

3 유형자산의 취득 후 지출

구 분	내 용
자본적지출 (자산처리)	새로운 생산공정의 채택이나 기계부품의 성능개선을 통하여 생산능력증대, 내용연수 연장, 상당한 원가절감이나 품질향상을 가져오는 경우의 지출 [사례] ① 엘리베이터 또는 냉난방 장치 설치 　　　　② 본래의 용도를 변경하기 위한 개조 　　　　③ 빌딩 피난시설 설치, 개량, 확장, 증설 등 자산의 가치를 증가시키는 것 (차) 기계장치 등　　×××　　(대) 보통예금 등　　×××
수익적지출 (비용처리)	유형자산의 수선, 유지를 위한 지출은 해당 자산으로부터 당초 예상되었던 성능수준을 회복하거나 유지를 위한 경우의 지출 [사례] ① 건물 또는 벽의 도장 　　　　② 파손된 유리나 기와의 대체 　　　　③ 기계의 소모된 부속품과 벨트 대체 　　　　④ 자동차의 타이어 교체 　　　　⑤ 재해로 인한 자산의 외장복구, 도장, 유리 교체 등 (차) 수선비 등　　×××　　(대) 보통예금 등　　×××

TIP

[유형자산 취득 후 지출에 대한 회계처리 오류에 대한 효과]
① 자본적지출(자산)을 비용으로 처리 시 ⇨ 자산의 과소계상, 비용의 과대계상, 이익 과소계상 (자본 과소계상)
② 수익적지출(비용)을 자산으로 처리 시 ⇨ 자산의 과대계상, 비용의 과소계상, 이익 과대계상 (자본 과대계상)

4 유형자산의 감가상각

구 분	내 용
감가상각비 결정요소	감가상각은 유형자산의 감가상각대상금액을 그 자산의 내용연수 동안 체계적이고 합리적인 방법에 의하여 각 회계기간에 비용으로 배분하는 것을 말하며 사용가능한 때부터 시작한다. **취득원가**: 자산을 취득하기 위하여 자산의 취득시점이나 건설시점에서 지급한 현금및현금성자산 또는 제공하거나 부담할 기타 대가의 공정가치 **내용연수**: 자산의 예상 사용기간 또는 자산으로부터 획득할 수 있는 생산량이나 이와 유사한 단위 **잔존가치**: 자산의 내용연수가 종료되는 시점에서 그 자산의 예상처분가액에서 예상처분비용을 차감한 금액 감가상각대상금액 = 유형자산의 취득원가 + 자본적지출 − 잔존가치
감가상각방법	① 감가상각방법은 해당 자산으로부터 예상되는 미래경제적효익의 소멸형태를 반영한 합리적인 방법을 선택하고, 소멸형태가 변하지 않는 한 매기 계속 적용한다. ② 새로 취득한 유형자산에 대한 감가상각방법도 동종의 기존 유형자산에 대한 감가상각방법과 일치시켜야 한다. ③ 다만, 자산에 내재된 미래경제적효익의 예상되는 소비형태에 유의적인 변동이 있는 경우, 변동된 소비형태를 반영하기 위하여 감가상각방법을 변경하여야 하며 회계추정의 변경으로 회계처리한다. ④ 신규사업의 착수나 다른 사업부문의 인수 등의 결과로 독립된 새로운 사업부문이 창설되어 기존의 감가상각방법으로는 그 자산에 내재된 미래경제적효익의 예상되는 소비형태를 반영할 수 없기 때문에 다른 방법을 사용하는 경우에는 회계변경으로 보지 아니한다.

상각방법		감가상각비
정액법		감가상각비 = (취득원가 − 잔존가치) × $\dfrac{1}{\text{내용연수}}$
체감상각법	정률법	감가상각비 = (취득원가 − 감가상각누계액) × 상각률
	이중체감법	감가상각비 = (취득원가 − 감가상각누계액) × $\dfrac{2}{\text{내용연수}}$
	연수합계법	감가상각비 = (취득원가 − 잔존가치) × $\dfrac{\text{내용연수의 역순}}{\text{내용연수합계}}$
생산량비례법		감가상각비 = (취득원가 − 잔존가치) × $\dfrac{\text{당기생산량}}{\text{추정총생산량}}$

※ 연 감가상각비 계산 시 **월할상각**이 **원칙**이며 1월 미만은 1월로 보아 계산한다.

- **감가상각방법에 따른 각각의 특징**
① 정액법(직선법) : 매년 정액으로 가치 감소
② 체감상각법 : 내용연수 초기에 감가상각비 과대계상
③ 생산량비례법 : 생산량에 비례하여 가치 감소
④ 초기 감가상각비 크기 비교 : 정률법(또는 이중체감법) > 연수합계법 > 정액법

구 분	내 용
감가상각비 회계처리	회계기간의 감가상각비는 제조와 관련된 경우에는 관련 자산의 **제조원가**로 보고되며, **판매 및 관리**와 관련된 감가상각비는 판매비와관리비로 처리한다. 다만, 내용연수 도중 사용을 중단하고 처분예정인 유형자산은 **사용을 중단**한 시점의 **장부금액**으로 **표시**한다. 이러한 자산에 대해서는 **투자자산**으로 **재분류**하고 감가상각을 하지 않으며, 손상차손 발생여부를 매 보고기간말에 검토한다. 내용연수 도중 사용을 중단하였으나, **장래 사용을 재개**할 예정인 유형자산에 대해서는 감가상각을 하되, 그 **감가상각액**은 **영업외비용**으로 처리한다. (차) 감가상각비　　　×××　　(대) 감가상각누계액　　　××× 　　　　　　　　　　　　　　　　(자산의 차감평가계정)
재무상태표 공시	감가상각누계액은 **유형자산의 차감적 평가계정**으로 재무상태표에는 **유형자산에서 차감하는 형식**으로 **공시**하며, 취득원가에서 감가상각누계액 계정을 차감한 후의 잔액을 장부가액이라고 한다.

5 유형자산의 손상차손 및 인식 이후의 측정

구 분	내 용		
유형자산 손상차손	매 보고기간 종료일에 진부화 또는 시장가치의 급격한 하락 등으로 인하여 **회수가능가액**[Max(① 순매각(공정)가치, ② 사용가치)]이 장부가액에 현저하게 미달할 가능성이 있는 경우에는 장부금액을 회수가능액으로 조정하고 그 차액을 손상차손으로 처리(단, 회복 시 손상차손을 인식하지 않았을 때의 장부가액을 한도로 환입)		
	발생	(차) 유형자산손상차손　　×××　　(대) 손상차손누계액　　　××× 　　　(영업외비용)　　　　　　　　　(자산의 차감평가계정)	
	회복	(차) 손상차손누계액　　×××　　(대) 유형자산손상차손환입　××× 　　(자산의 차감평가계정)　　　　　　(영업외수익)	
유형자산 인식 이후의 측정	유형자산을 취득한 이후 보고기간 말 재무상태표를 보고할 때 원가모형과 재평가모형 중 하나를 선택하여 작성하며, 유형자산의 평가모형을 변경하는 것은 회계정책의 변경에 해당한다.		
	원가 모형	유형자산의 취득원가에서 감가상각누계액과 손상차손누계액을 차감한 미상각잔액을 장부에 기록하는 방법 장부금액 = 취득원가 − 감가상각누계액 − 손상차손누계액	
	재평가 모형	장부금액을 재평가일의 공정가치로 수정한 후 그 이후의 감가상각누계액과 손상차손누계액을 차감한 금액으로 장부에 기록하는 방법 장부금액 = 재평가일의 공정가치 − 감가상각누계액 − 손상차손누계액	

구 분		내 용
유형자산 인식 이후의 측정	재평가 모형	① 재평가는 보고기간말 자산의 장부금액과 공정가치가 중요하게 차이가 나지 않도록 주기적(3년 ~ 5년마다)으로 수행 ② 유형자산 재평가 시에는 해당 자산이 속한 유형자산 분류 전체를 동시에 재평가함이 원칙(토지, 건물, 기계장치 분류별 재평가) ③ 재평가에 대한 회계처리방법 : 비례수정법과 감가상각누계액제거법 중 선택 　■ 비례수정법 : 장부금액이 재평가금액과 일치하도록 총장부금액과 누계액을 비례적으로 수정하는 방법 　■ 감가상각누계액제거법 : 기초의 감가상각누계액을 우선적으로 전액 제거하는 방법 ④ 재평가일의 공정가치 증감에 따른 처리 　|구 분||수익인식| 　|---|---|---| 　|장부금액 증가|최초평가|재평가잉여금으로 **기타포괄손익누계액**으로 처리 (차) 토지　　×××　　(대) 재평가잉여금　　×××| 　||후속평가|과거에 당기손실로 인식한 **재평가손실(영업외비용)과 우선상계**(재평가이익 계정 사용) 후 기타포괄손익누계액으로 인식 (차) 토지　　×××　　(대) 재평가이익　　××× 　　　　　　　　　　　　재평가잉여금　　×××| 　|장부금액 감소|최초평가|**당기손실(재평가손실)**로 처리 (차) 재평가손실　　×××　　(대) 토지　　×××| 　||후속평가|과거에 기타포괄손익누계액으로 인식한 **재평가잉여금과 우선상계** 후 당기손실로 인식 (차) 재평가잉여금　　×××　　(대) 토지　　××× 　　　재평가손실　　×××| 　|재평가잉여금||해당 자산 제거(또는 사용) 시 이익잉여금으로 대체(재분류) (차) 재평가잉여금　　×××　　(대) 이익잉여금　　×××|

 예제1

(주)두더지상사는 2024년 초에 취득원가 2,500,000원(잔존가치는 없고, 내용연수 5년, 정액법으로 상각함)의 기계장치를 취득하여 사용하던 중 2025년 말에 동 기계장치의 순매각가치는 840,000원, 사용가치는 1,200,000원으로 하락하였음을 알았다. 동 금액과 장부가액과는 차이가 중요하다고 판단되었다. 2026년 말 동 기계장치의 회수가능가액은 1,200,000원이었다.

【해설】

[2024년 12월 31일]
- 감가상각비 = 2,500,000원 ÷ 5년 = 500,000원

(차) 감가상각비　　　　　　500,000원　　　　(대) 감가상각누계액　　　　　　500,000원

[2025년 12월 31일]
- 손상차손 = 회수가능가액 − 장부가액 = 1,200,000원 − 1,500,000원 = △300,000원
  회수가능가액 = Max(순매각가치 840,000원, 사용가치 1,200,000원) = 1,200,000원
  장부가액 = 2,500,000원 − 1,000,000원(2024년 · 2025년 감가상각비 합계액) = 1,500,000원

(차) 감가상각비	500,000원	(대) 감가상각누계액	500,000원
유형자산손상차손	300,000원	손상차손누계액	300,000원
(영업외비용)		(기계장치의 차감계정)	

[2026년 12월 31일]
- 감가상각비 = 1,200,000원 ÷ 3년(잔존내용연수) = 400,000원
- 손상차손환입액 = Min(①손상차손을 인식하지 않았을 경우의 장부가액, ②회수가능가액) − 장부가액
  = Min(①1,000,000원, ②1,200,000원) − 800,000원 = 200,000원

(차) 감가상각비	400,000원	(대) 감가상각누계액	400,000원
손상차손누계액	200,000원	유형자산손상차손환입	200,000원
(기계장치의 차감계정)		(영업외수익)	

 예제2

(주)두더지상사는 2024년 초에 토지를 50,000,000원에 취득하였다. 이 토지는 2025년 말에 55,000,000원으로 재평가되었고, 2026년 말에는 48,000,000원으로 재평가되었다. 2025년 말과 2026년 말의 회계처리를 하시오.

[해설]

[2025년 12월 31일]
- 재평가잉여금 = 공정가액 − 장부가액 = 55,000,000원 − 50,000,000원 = 5,000,000원

| (차) 토 지 | 5,000,000원 | (대) 재평가잉여금 | 5,000,000원 |
| | | (기타포괄손익누계액) | |

[2026년 12월 31일]
- 재평가에 대한 후속평가 시 장부금액이 감소한 경우 과거에 기타포괄손익누계액으로 인식한 재평가잉여금과 우선상계 후 당기손실로 인식

| (차) 재평가잉여금 | 5,000,000원 | (대) 토 지 | 7,000,000원 |
| 재평가손실(영업외비용) | 2,000,000원 | | |

6 유형자산의 처분 : 매각(양도) 및 폐기

구 분	내 용
유형자산 제거	유형자산 처분시 해당자산과 관련된 감가상각누계액을 장부에서 제거하여야 하고 유형자산의 폐기 또는 처분으로부터 발생하는 손익은 순매각금액과 장부금액의 차액으로 결정하며, 손익계산서에 유형자산처분손익(영업외손익)으로 인식 ■ 유형자산처분손익 = (처분금액 − 처분 부대비용) − 장부금액 = 양수(이익), 음수(손실) ■ 처분시점까지 감가상각비를 먼저 계상한 후 처분에 대한 회계처리(**선상각후처분**) ■ 천재지변 등의 불가항력적인 이유에 의하여 폐기하는 경우는 "**재해손실**"로 처리하며, 보험사에서 보험금을 수령하면 수령시점에 전액 "**보험금수익**"으로 회계처리

아래의 자료를 기준으로 기계장치를 2025년 처분한 경우의 회계처리를 하시오.

- 취득일자 : 2024년 1월 5일
- 취득원가 : 20,000,000원
- 감가상각방법 : 정률법
- 내용연수 : 4년(상각률 0.528)
- 처분일자 : 2025년 6월 25일
- 처분가액 : 5,000,000원
- 처분가액은 1개월 후에 수령하기로 하였으며, 처분시점까지 감가상각을 정상적으로 처리하였다.

【해설】

감가상각비	2024년 : (20,000,000원 − 0원) × 0.528 = 10,560,000원
	2025년 : (20,000,000원 − 10,560,000원) × 0.528 × 6개월/12개월 = 2,492,160원
	2025년 처분시점 감가상각누계액 : 10,560,000원 + 2,492,160원 = 13,052,160원
회계처리	[처분시점까지의 감가상각비 회계처리] (차) 감가상각비　　　　2,492,160원　　(대) 감가상각누계액　　2,492,160원 [처분에 대한 회계처리] (차) 감가상각 누계액　　13,052,160원　　(대) 기계장치　　　　20,000,000원 　　 미　수　금　　　　5,000,000원 　　 유형자산처분손실　1,947,840원

5. 무형자산

구 분		내　용
의의		재화의 생산이나 용역의 제공, 타인에 대한 임대 또는 관리에 사용할 목적으로 기업이 보유하고 있으며, 물리적 형체가 없지만 식별가능하고, 기업이 통제하고 있으며 미래 경제적 효익이 있는 비화폐성자산 ① **식별가능성** : 자산의 분리가능성 여부에 의해 판단하며 무형자산이 분리가능하면 그 무형자산은 식별가능함 ② **통제가능성** : 기업이 제3자의 접근을 제한할 수 있을 것 ③ **미래 경제적 효익** : 재화의 매출이나 용역의 수익, 원가절감 또는 자산의 사용에 따른 기타 효익의 형태로 발생할 것이 기대될 것
종류	영업권	① 기업의 우수한 경영, 좋은 기업이미지, 특별한 기술이나 지식, 독점적 지위, 양질의 고객관계, 유리한 입지조건 등으로 인하여 동종의 다른 기업보다 더 많은 수익을 얻을 경우 그 초과수익을 자본의 가치로 환원한 것이 영업권이다. ② 일반기업회계기준은 **외부에서 구입한 영업권만 인정**하고 내부적으로 창출된 영업권은 인정하지 않고 있다. 영업권(또는 부의영업권) = 합병등의 대가로 지급한 금액 − 취득한 순자산공정가치 (차) 제자산　　　　×××　　(대) 제부채　　　　××× 　　 영업권　　　　×××　　　　 현금 등　　×××

구 분		내 용
종류	산업 재산권	법률의 보호하에서 일정기간 독점적·배타적으로 이용할 수 있는 권리를 말하는 것으로 특허권, 상표권, 디자인권, 실용신안권, 상호권 등을 말한다.
	개발비	새로운 제품이나 기술의 개발 또는 개량을 위하여 지출한 금액(소프트웨어 개발과 관련된 비용을 포함)으로 개별적으로 식별가능하고 미래 경제적 효익을 확실하게 기대할 수 있는 것을 말한다. ① **연구단계** 프로젝트 연구단계에서는 미래 경제적 효익을 창출할 무형자산이 존재한다는 것을 입증할 수 없기 때문에 연구단계에서 발생한 지출은 무형자산으로 인식할 수 없고 기간비용으로 인식한다. [사례] ⓐ 새로운 지식을 얻고자 하는 활동 　　　ⓑ 연구결과 또는 기타 지식을 탐색, 평가 등 활동 　　　ⓒ 재료, 장치, 제품, 공정, 시스템 등에 대한 여러 가지 대체 안을 탐색 시 활동 ② **개발단계** 개발활동이란 새로운 또는 현저히 개량된 재료, 장치, 제품, 공정, 시스템을 생산하기 위하여 연구결과나 기타 지식을 계획적으로 적용하는 활동으로서 상업적인 생산을 시작하기 이전의 활동을 의미한다. 개발단계는 연구단계보다 훨씬 더 진전되어 있는 상태이기 때문에 프로젝트의 개발단계에서 무형자산을 식별할 수 있으며, 그 무형자산이 미래 경제적 효익을 창출할 것임을 입증할 수 있기 때문에 개발단계에서의 지출은 무형자산으로 인식하는 것이다. 단, 요건을 충족하지 못한 개발단계 비용은 제조원가 또는 판매비와관리비로 처리한다. [사례] ⓐ 생산 전 또는 사용전의 시작품과 모형의 설계, 제작 및 시험하는 활동 　　　ⓑ 새로운 기술과 관련된 공구, 금형, 주형 등을 설계하는 활동 　　　ⓒ 새롭거나 개선된 재료, 장치, 제품, 공정 등에 대하여 최종적으로 선정된 안을 설계, 제작 및 시험하는 활동

구 분		회계처리
연구단계에서 발생한 비용(구분 불분명 포함)		연구비(판매비와관리비)
개발단계에서 발생한 비용	무형자산 인식조건 미충족	경상개발비 (제조원가 또는 판매비와관리비)
	무형자산으로 인식조건을 충족	개발비(무형자산)

	기타 무형 자산	① 소프트웨어 　▪ 소프트웨어 외부 구입(자산인식조건 충족) : 소프트웨어 계정과목으로 처리 　▪ 내부에서 개발된 소프트웨어에 소요된 원가(자산인식조건 충족) : 개발비 계정과목으로 처리 ② 이외의 자산 : 라이선스, 프랜차이즈, 저작권, 광업권, 임차권리금, 어업권 등
취득원가		① 외부로부터 취득한 무형자산의 취득원가 = 매입가액 + 부대비용 ② 내부적으로 창출된 무형자산의 취득원가는 그 자산의 창출, 제조, 사용, 준비에 직접 관련된 지출과 합리적이고 일관성 있게 배분된 간접 지출을 모두 포함 [사례] ⓐ 무형자산의 창출에 직접 종사한 인원에 대한 급여, 상여, 퇴직급여 등의 인건비 　　　ⓑ 무형자산의 창출에 사용된 재료비, 용역비 및 자본화 대상 금융비용 　　　ⓒ 무형자산의 창출에 직접 사용된 유형자산의 감가상각비와 무형자산(산업재산권, 라이선스) 상각비 　　　ⓓ 법적 권리를 등록하기 위한 수수료 등 무형자산을 창출하는 데 직접적으로 관련이 있는 지출 　　　ⓔ 무형자산의 창출에 필요하며 합리적이고 일관된 방법으로 배분할 수 있는 간접비

구 분	내 용
무형자산 취득 후 지출	무형자산을 취득하거나 완성한 후의 지출로서 자산인식요건을 모두 충족하는 경우에는 자본적 지출로 처리하고, 그렇지 않은 경우에는 발생한 기간의 비용(수익적 지출)으로 인식 ① 관련지출이 무형자산의 미래 경제적 효익을 실질적으로 증가시킬 가능성이 매우 높다. ② 관련지출이 신뢰성 있게 측정될 수 있으며, 무형자산과 직접 관련된다.
무형자산 상각	무형자산의 상각은 무형자산의 취득원가를 내용연수 동안 합리적인 방법으로 배분하여 이를 비용으로 처리하는 절차를 말한다. **상각대상금액**: 무형자산의 취득원가에서 잔존가치를 차감한 잔액을 말하며, 무형자산의 잔존가치는 없는 것을 원칙으로 한다. (단, 부의 영업권의 제외) **상각기간(내용연수)**: 법령이나 계약에 정해진 경우를 제외하고는 20년을 초과할 수 없으며, 상각은 자산이 사용가능한 때부터 시작한다. **상각방법**: 합리적인 상각방법으로 하되, 영업권과 합리적인 상각방법을 정할 수 없는 경우 정액법을 사용한다. **무형자산 상각비 처리**: 무형자산상각비는 다른 자산의 제조와 관련된 경우에는 관련 자산의 제조원가로 처리하고 이외의 상각비는 판매비와관리비로 회계처리 한다. **회계처리**: 무형자산상각비의 회계처리방법(공시)은 직접법과 간접법 모두 허용하며 직접법을 사용할 경우 취득원가와 무형자산상각누계액을 주석으로 공시한다. ■ 직접법 (차) 무형자산상각비 ××× (대) 무형자산 ××× ■ 간접법 (차) 무형자산상각비 ××× (대) 무형자산상각누계액 ×××
무형자산 손상차손	자산의 진부화 및 시장가치의 급격한 하락 등으로 인하여 무형자산의 회수가능성이 장부에 미달하고 그 차액이 중요한 경우 손상차손(영업외비용)을 설정한다. (단, 회복시 환입(영업외수익) 처리하며 장부가액을 초과할 수 없다.) (차) 무형자산손상차손 ××× (대) 무형자산 ×××
무형자산 처분	사용을 중지하고 처분을 위해 보유하는 무형자산은 사용을 중지한 시점에 장부금액으로 표시한다. 처분금액과 장부금액과의 차액은 무형자산처분손익(영업외손익)으로 회계처리 한다.

6. 기타비유동자산

　기타비유동자산은 투자자산, 유형자산, 무형자산에 속하지 않는 비유동자산으로 투자수익이 없는 자산을 말한다. 임차보증금, 전세권, 이연법인세자산, 장기매출채권, 장기선급금, 장기미수금, 부도어음과수표 등이 있다. 이중 부도어음과수표는 보유중인 어음 등이 지급이 거절된 어음(청구부대비용 포함)을 말하며 이연법인세자산은 기업회계와 법인세법상의 일시적인 차이로 세법에 의해 납부해야 할 금액이 법인세비용을 초과하는 경우 그 초과액을 말한다.

CHAPTER 03 부채

부채 : 과거의 거래나 사건의 결과로서 현재 기업실체가 부담하고 있고 미래의 자원의 유출 또는 사용이 예상되는 의무

① 부채는 1년을 기준으로 또는 정상적인 영업주기로 **유동부채**와 **비유동부채로 구분**한다.
② 유동부채로 분류되기 위해서는 ㉠ 기업의 **정상적인 영업주기** 내에 상환 등을 통하여 소멸할 것이 예상되는 매입채무와 미지급비용 등의 부채, ㉡ **보고기간 종료일로부터 1년 이내**에 상환되어야 하는 단기차입금 등의 부채, ㉢ 보고기간 후 1년 이상 결제를 연기할 수 있는 무조건의 권리를 가지고 있지 않은 부채로 계약상대방의 선택에 따라, 지분상품의 발행으로 결제할 수 있는 부채의 조건은 그 분류에 영향을 미치지 아니한다.
③ 정상적인 영업주기 내에 소멸할 것으로 예상되는 매입채무와 미지급비용 등은 보고기간종료일로부터 1년 이내에 결제되지 않더라도 유동부채로 분류하며, 유동부채로 분류한 금액 중 1년 이내에 결제되지 않을 금액을 주석으로 기재한다.
④ 보고기간종료일로부터 1년 이내에 상환되어야 하는 채무는, 보고기간종료일과 재무제표가 사실상 확정된 날 사이에 보고기간종료일로부터 1년을 초과하여 상환하기로 합의하더라도 유동부채로 분류한다.
⑤ 보고기간종료일로부터 1년 이내에 상환기일이 도래하더라도, 기존의 차입약정에 따라 보고기간종료일로부터 1년을 초과하여 상환할 수 있고 기업이 그러한 의도가 있는 경우에는 비유동부채로 분류한다.
⑥ 장기차입약정을 위반하여 채권자가 즉시 상환을 요구할 수 있는 채무는, 보고기간종료일과 재무제표가 사실상 확정된 날 사이에 상환을 요구하지 않기로 합의하더라도 유동부채로 분류한다.

1. 유동부채(자주 출제되는 회계처리만 서술)

구 분	내 용
유동성 장기부채	장기차입금 등의 비유동부채 항목 중에서 보고기간 종료일 현재 만기가 1년 이내에 도래하는 채무로 상환예정인 경우 대체하는 계정과목 [결산시점] (차) 장기차입금　×××　　(대) 유동성장기부채　×××
선수수익	당기에 수익으로 계상한 항목 중에서 차기 연도의 수익에 해당하는 금액 [수령시점에 수익처리한 경우 미경과분 부채처리] (차) 임대료 등　×××　　(대) 선수수익　××× [수령시점에 선수수익(부채)처리한 경우 경과분 수익처리] (차) 선수수익　×××　　(대) 임대료 등　×××
미지급비용	당기에 제공받은 부분에 대한 비용이 지급의 시기가 도래하지 않아 아직 장부에 계상하지 않은 미지급 금액 [결산시점] (차) 이자비용 등　×××　　(대) 미지급비용　××× [비용 지급시점] (차) 미지급비용　×××　　(대) 현　금 등　××× 　　이자비용 등　×××

2. 비유동부채

비유동부채는 유동부채로 분류되지 않는 부채로 이연법인세부채는 기업회계기준과 법인세와의 차이에서 발생되는 계정과목으로 사유에 따라 유동부채와 비유동부채로 구분한다.

1 사채

구 분	내 용
발행 금액	사채의 발행금액은 사채의 미래현금흐름을 사채발행일 현재의 시장이자율(유효이자율)로 할인한 현재가치로 계산된다. 사채발행금액 = 만기에 지급할 원금의 현재가치 + 미래 이자지급액의 현재가치 = (사채의 액면금액 × 원금 현가계수) + (사채의 액면이자 × 연금 현가계수) = 사채가 창출하는 미래현금흐름의 현재가치 = 사채 발행일의 시장가치
발행 방법	① 사채의 발행금액은 액면이자율과 시장이자율에 의해서 결정 ② 액면이자율 : 사채발행기업이 지급할 사채의 액면금액을 기준으로 지급하고자 하는 이자율을 의미 ③ 시장이자율 : 실제 시장에서 지급하는 이자를 말하며 이 시장이자율이 사채 발행기업이 실제 부담하는 이자율이 되며 이를 "유효이자율"이라 함 ④ 사채할인발행차금은 사채(액면가액)에서 차감하는 형태로 표시하고 사채할증발행차금은 사채에 가산하는 형태로 표시한다. **액면발행** (액면이자율 = 시장이자율) ⇩ (발행가액 = 액면가액) 10,000원 = 10,000원 → 사채가 발행될 때 사채의 발행가액이 사채의 액면가액과 같은 경우 (차) 현금 등　　　　10,000원 (대) 사채(액면가액)　　10,000원 **할증발행** (액면이자율 > 시장이자율) ⇩ (발행가액 > 액면가액) 11,000원 > 10,000원 → 사채의 발행가액이 사채의 액면가액보다 큰 경우 (차) 현금 등　　　　11,000원 (대) 사채(액면가액)　　10,000원 　　　　　　　　　　　　　　　　사채할증발행차금　1,000원 　　　　　　　　　　　　　　　　(사채의 가산계정) **할인발행** (액면이자율 < 시장이자율) ⇩ (발행가액 < 액면가액) 8,000원 < 10,000원 → 사채의 발행가액이 사채의 액면가액보다 작은 경우 (차) 현금 등　　　　　8,000원 (대) 사채(액면가액)　　10,000원 　　사채할인발행차금 2,000원 　　(사채의 차감계정)
사채 발행비	사채발행비는 사채를 발행할 때 발생되는 인쇄비・수수료 등의 비용을 말하며, 사채발행가액에서 차감한다. ■ 액면발행 시 할인발행되어 사채할인발행차금 발생 ■ 할인발행 시 사채할인발행차금에 가산 : 사채할인발행차금 증가 ■ 할증발행 시 사채할증발행차금에 차감 : 사채할증발행차금 감소
사채발행 차금의 처리	사채할인발행차금 및 사채할증발행차금은 사채발행시부터 최종상환시까지의 기간에 유효이자율법을 적용하여 상각 또는 환입하고 동 상각액 또는 환입액은 사채이자에서 가감(일반기업회계기준은 정액법 상각은 인정하지 않음) ① 사채의 이자비용 사채의 이자비용 = 사채의 장부금액 × 유효이자율

구 분	내 용
사채발행차금의 처리	② 사채의 액면이자(이자지급일에 지급한 현금 지급이자) 사채의 액면이자 = 사채의 액면금액 × 액면(표시)이자율 ③ 사채발행차금의 상각(환입)액 <table><tr><td>사채할인 발행차금 상각</td><td>사채의 이자비용 = 사채의 액면이자 + 사채할인발행차금 상각액 (차) 이자비용 ××× (대) 현 금 ××× 사채할인발행차금 ×××</td></tr><tr><td>사채할증 발행차금 환입</td><td>사채의 이자비용 = 사채의 액면이자 − 사채할증발행차금 환입액 (차) 이자비용 ××× (대) 현 금 ××× 사채할증발행차금 ×××</td></tr></table> <table><tr><th>발행방법</th><th>상각(환입)액</th><th>이자비용(유효이자)</th><th>사채장부가액</th></tr><tr><td>액면발행</td><td>0(없음)</td><td>액면이자</td><td>동일(불변)</td></tr><tr><td>할인발행</td><td>매년증가</td><td>매년증가</td><td>매년증가</td></tr><tr><td>할증발행</td><td>매년증가</td><td>매년감소</td><td>매년감소</td></tr></table> [유효이자율법에 의한 상각 요약]
조기상환	사채의 만기이전에 유통 중인 사채를 매입하여 상환하는 것을 조기상환이라 하며, 조기상환 시 사채의 상환가액에서 장부가액을 차감한 후 잔여금액을 **사채상환손익(영업외손익)**으로 회계처리 한다. 사채상환손익 = 사채의 장부가액(액면가액 ± 미상각 사채발행차금) − 사채상환가액 ① 사채발행차금은 사채 매입상환시 상환 액면가액 비율로 상계처리 한다. 사채발행차금 상각(환입)액 = 사채발행차금 미상각(환입)잔액 × $\dfrac{\text{상환액면가액}}{\text{총액면가액}}$ ② 사채 발행시의 시장이자율보다 상환시의 시장이자율이 상승하게 되면 사채의 현재가치(공정가액)는 작아져서 시가가 낮아지게 되므로 장부금액보다 낮은 금액으로 상환되어지며 상환이익이 발생한다. ③ 사채 발행시의 시장이자율보다 상환시의 시장이자율이 하락하게 되면 사채의 현재가치(공정가액)는 커져서 시가가 높아지게 되므로 장부금액보다 높은 금액으로 상환되어지며 상환손실이 발생한다.

[자기사채]
자기사채란 사채를 발행한 회사가 만기 전에 자기회사의 사채를 취득하여 소각하지 않고 보유하고 있는 사채를 말한다. 자기사채의 취득은 사실상의 상환으로 인식한다. 자기사채의 액면가액과 사채발행차금을 당해 계정과목에서 직접 차감하고 자기사채의 장부가액과 취득가액의 차이는 사채상환이익 또는 사채상환손실로 당기손익 처리한다.

[전환사채(발행금액 = 사채의 현재가치 + 전환권가치(전환권대가)]
주식으로 전환할 수 있는 권리(전환권)을 부여하여 발행한 사채를 말하며 전환사채는 전환권행사이전에는 사채(부채)로 표시하지만, 전환권을 행사하면 사채는 상계처리하고 주식이 발행(자본금)된다.

[신주인수권부사채(발행금액 = 사채의 현재가치 + 신주인수권가치(신주인수권대가)]
사전에 약정된 가액으로 신주를 인수할 수 있는 권리를 부여하여 발행한 사채를 말한다.

예제1

(주)두더지상사는 액면금액 1,000,000원(표시이자율 : 연 10%, 이자지급일 : 매년 12월 31일, 만기 3년)인 사채를 2025년 1월 1일에 발행하였다. 발행 당시 유효이자율은 연 12%이고 발행대금은 현금으로 수령하였다.

- 3년, 12% 원금 현가계수 : 0.71179
- 3년, 12% 연금 현가계수 : 2.4018

【해설】

[사채발행시점 회계처리 : 2025년 1월 1일 ➡ 할인발행]
- 사채 발행금액 = (사채의 액면금액 × 원금 현가계수) + (사채의 액면이자 × 연금 현가계수)
  = (1,000,000원 × 0.71179) + (100,000원 × 2.4018) = 711,790원 + 240,180원 = 951,970원

(차) 현   금   951,970원   (대) 사   채   1,000,000원
    사채할인발행차금   48,030원

[사채이자 지급시 회계처리 : 2025년 12월 31일]
- 사채의 이자비용 = 사채의 장부금액 × 유효이자율 = 951,970원 × 12% = 114,236원
- 사채의 액면이자 = 사채의 액면금액 × 표시이자율 = 1,000,000원 × 10% = 100,000원
- 사채할인발행차금 상각액 = 114,236원 − 100,000원 = 14,236원

(차) 이자비용   114,236원   (대) 현   금   100,000원
                                      사채할인발행차금   14,236원

재무상태표(2025.01.01. 현재)

과 목	제11(당)기	
	금액	
사 채 사채할인발행차금	−중 략− 1,000,000 (48,030) −중 략−	951,970

재무상태표(2025.12.31. 현재)

과 목	제11(당)기	
	금액	
사 채 사채할인발행차금	−중 략− 1,000,000 (33,794) −중 략−	966,206

[사채이자 지급시 회계처리 : 2026년 12월 31일]
- 사채의 이자비용 = 사채의 장부금액 × 유효이자율 = 966,206원 × 12% = 115,944원
- 사채의 액면이자 = 사채의 액면금액 × 표시이자율 = 1,000,000원 × 10% = 100,000원
- 사채할인발행차금 상각액 = 115,944원 − 100,000원 = 15,944원

(차) 이자비용   115,944원   (대) 현   금   100,000원
                                      사채할인발행차금   15,944원

[사채이자 지급시 회계처리 : 2027년 12월 31일]
- 사채의 이자비용 = 사채의 장부금액 × 유효이자율 = 982,150원 × 12% = 117,858원
- 사채의 액면이자 = 사채의 액면금액 × 표시이자율 = 1,000,000원 × 10% = 100,000원
- 사채할인발행차금 상각액 = 117,858원 − 100,000원 = 17,858원
  ➡ 현가계수 소수점 차이로 단수차이가 발생하여 장부상 사채발행차금을 정리

(차) 이자비용   117,850원   (대) 현   금   100,000원
                                      사채할인발행차금   17,850원

[사채 만기상환 회계처리 : 2027년 12월 31일]

| (차) 사 채 | 1,000,000원 | (대) 현 금 | 1,000,000원 |

재무상태표(2026.12.31. 현재)

과 목	제12(당)기	
	금액	
사 채 사채할인발행차금	-중략- 1,000,000 (17,850) -중략-	982,150

재무상태표(2027.12.31. 현재)

과 목	제13(당)기	
	금액	
사 채	-중략- 1,000,000 -중략-	1,000,000

❖ 유효이자율법에 의한 할인액 상각표 ❖

연도	기초부채 ①	총이자비용 ①×12% = ②	현금지급이자 ③	할인액상각 ②-③ = ④	부채증가액 ④	기말부채 ①+④
2025	951,970	114,236	100,000	14,236	14,236	966,206
2026	966,206	115,944	100,000	15,944	15,944	982,150
2027	982,150	117,850	100,000	17,850	17,850	1,000,000
계		348,030	300,000	48,030	48,030	

예제2

(주)두더지상사는 다음과 같이 사채를 발행하고 발행대금은 현금으로 수령하였다. 각 일자별 회계처리를 하시오. (유효이자율법 적용하고 원미만 반올림)

- 사채발행일 : 2025년 1월 1일
- 사채만기일 : 2027년 12월 31일
- 액면가액 : 100,000원
- 표시이자율 : 10%
- 이자지급조건 : 매년말 지급
- 유효(시장)이자율 : 9%
- 발행가액 : 102,531원

【해설】

[사채발행시점 회계처리 : 2025년 1월 1일 ⇨ 할증발행]

| (차) 현 금 | 102,531원 | (대) 사 채 | 100,000원 |
| | | 사채할증발행차금 | 2,531원 |

[사채이자 지급시 회계처리 : 2025년 12월 31일]
- 사채의 이자비용 = 사채의 장부금액 × 유효이자율 = 102,531원 × 9% = 9,228원
- 사채의 액면이자 = 사채의 액면금액 × 표시이자율 = 100,000원 × 10% = 10,000원
- 사채할증발행차금 환입액 = 10,000원 - 9,228원 = 772원

| (차) 이자비용 | 9,228원 | (대) 현 금 | 10,000원 |
| 사채할증발행차금 | 772원 | | |

재무상태표(2025.01.01. 현재)		
과 목	제11(당)기	
	금액	
사 채 사채할증발행차금	－중 략－ 100,000 2,531	102,531
－중 략－		

재무상태표(2025.12.31. 현재)		
과 목	제11(당)기	
	금액	
사 채 사채할증발행차금	－중 략－ 100,000 1,759	101,759
－중 략－		

[사채이자 지급시 회계처리 : 2026년 12월 31일]
- 사채의 이자비용 = 사채의 장부금액 × 유효이자율 = 101,759원 × 9% = 9,158원
- 사채의 액면이자 = 사채의 액면금액 × 표시이자율 = 100,000원 × 10% = 10,000원
- 사채할증발행차금 환입액 = 10,000원 － 9,158원 = 842원

(차) 이자비용　　　　　9,158원　　　(대) 현　　금　　　　　10,000원
　　 사채할증발행차금　　 842원

[사채이자 지급시 회계처리 : 2027년 12월 31일]
- 사채의 이자비용 = 사채의 장부금액 × 유효이자율 = 100,917원 × 9% = 9,083원
- 사채의 액면이자 = 사채의 액면금액 × 표시이자율 = 100,000원 × 10% = 10,000원
- 사채할증발행차금 환입액 = 10,000원 － 9,083원 = 917원

(차) 이자비용　　　　　9,083원　　　(대) 현　　금　　　　　10,000원
　　 사채할증발행차금　　 917원

[사채 만기상환 회계처리 : 2027년 12월 31일]
(차) 사　　　채　　　100,000원　　　(대) 현　　금　　　　　100,000원

재무상태표(2026.12.31. 현재)		
과 목	제12(당)기	
	금액	
사 채 사채할증발행차금	－중 략－ 100,000 917	100,917
－중 략－		

재무상태표(2027.12.31. 현재)		
과 목	제13(당)기	
	금액	
사 채	－중 략－ 100,000	100,000
－중 략－		

❖ 유효이자율법에 의한 할증액 환입표 ❖

연도	기초부채 ①	총이자비용 ①×9% = ②	현금지급이자 ③	할증액환입 ③ － ② = ④	부채감소액 ④	기말부채 ① + ④
2025	102,531	9,228	10,000	772	772	101,759
2026	101,759	9,158	10,000	842	842	100,917
2027	100,917	9,083	10,000	917	917	100,000
계		27,469	30,000	2,531	2,531	

 **예제3**

(주)두더지상사가 발행한 사채의 액면가액은 200,000,000원이고 만기는 2027년 10월 20일이지만 지금 사정의 회복으로 인하여 이중 액면가액 100,000,000원의 사채를 금일 중도상환하기로 하고 상환대금 110,000,000원을 전액 당좌수표를 발행하여 지급하다. 상환전 사채할증발행차금 잔액은 12,000,000원이다.

【해설】

- 사채할증발행차금 = 12,000,000원 × 100,000,000원 / 200,000,000원 = 6,000,000원
- 사채상환손익 = 사채의 장부가액 − 사채상환가액
  = 106,000,000원 − 110,000,000원 = △4,000,000원(손실)

(차) 사 채	100,000,000원	(대) 당좌예금	110,000,000원
사채할증발행차금	6,000,000원		
사채상환손실	4,000,000원		

2 충당부채

구 분	내 용
충당부채 인식요건	충당부채는 지출시기 또는 금액이 불확실한 부채를 말하며 충당부채의 인식요건 중 하나라도 충족시키지 못하는 경우에는 우발부채로 인식하여 주석공시 한다. ① 과거사건이나 거래의 결과로 인하여 현재의무(법적의무)가 존재한다. ② 당해의무를 이행하기 위하여 자원의 유출 가능성이 매우 높다. ③ 그 의무 이행에 소요되는 금액을 신뢰성 있게 추정할 수 있다. | 자원유출가능성	금액추정가능성	
	신뢰성 있게 추정가능	추정불가능
가능성이 매우 높음	충당부채(재무상태표)로 인식	우발부채로 주석공시
가능성이 어느 정도 있음	우발부채로 주석공시	
가능성이 거의 없음	공시하지 않음	공시하지 않음	
충당부채 측정	충당부채로 인식하는 금액은 현재의무의 이행에 소요되는 지출에 대한 보고기간 종료일 현재 최선의 추정치이어야 한다. 단, 충당부채의 명목가액과 현재가치의 차이가 중요한 경우 현재가치로 평가한다.
충당부채 변동	보고기간 종료일마다 잔액을 검토하고 보고기간 종료일 현재 최선의 추정치를 반영하여 증감 조정 한다.
충당부채 사용	최초의 인식시점에서 의도한 목적과 용도에만 사용하여야 한다.
충당부채 종류	① 퇴직급여충당부채 : 보고기간 종료일 현재 전 임직원이 일시에 퇴직할 경우 지급해야 할 퇴직금에 상당하는 충당금 ② 판매보증충당부채 : 제품에 결함이 있는 경우 이에 대한 수리 또는 보상을 하기 위해서 설정하는 충당금 ③ 하자보수충당부채 : 건설공사가 완성된 후 하자보수에 대한 보상을 하기 위하여 설정하는 충당금

[우발자산]
우발자산은 자산으로 인식하지 아니하고 자원의 유입가능성이 매우 높은 경우에만 주석에 기재한다. 상황변화로 인하여 자원이 유입될 것이 확정된 경우에는 그러한 상황변화가 발생한 기간에 관련 자산과 이익을 인식한다.

자원유입가능성	금액추정가능성	
	신뢰성 있게 추정가능	추정불가능
가능성이 매우 높음	우발자산으로 주석공시	우발자산으로 주석공시
가능성이 어느 정도 있음	공지하지 않음	공지하지 않음

3 퇴직급여충당부채

구 분	회계처리
퇴직급여 충당부채 설정	보고기간 종료일 현재 퇴직급여충당부채를 설정할 때 퇴직급여충당부채 설정 전 장부가액과 추계액과의 차액을 퇴직급여로 추가설정하거나 환입한다. 이 경우 퇴직급여는 자산의 원가에 포함되는 경우를 제외하고는 비용으로 처리하며 퇴직급여충당부채환입액은 판매비와관리비의 차감계정으로 계상한다. 퇴직급여충당부채 설정(환입)액 = 퇴직급여추계액 − 퇴직급여충당부채 설정 전 장부금액 [퇴직급여 설정액 회계처리] (차) 퇴직급여　　　　×××　　(대) 퇴직급여충당부채　　××× [퇴직급여 환입액 회계처리] (차) 퇴직급여충당부채　×××　　(대) 퇴직급여충당부채환입　×××
퇴직급여 지급	퇴직자의 퇴직금 지급 시 **퇴직급여충당부채**와 **상계처리**하고 퇴직급여충당부채 **부족액**이 발생하면 **당기 비용처리** 한다. (차) 퇴직급여충당부채　×××　　(대) 예수금　　××× 　　 퇴직급여　　　　×××　　　　 현금 등　×××

4 퇴직연금제도(퇴직보험제도 포함)

구 분		회계처리
확정기여형 퇴직연금 (DC)	불입 시점	확정기여형 퇴직연금은 종업원이 책임과 권한을 갖고 적립금을 운용하는 연봉제 퇴직금제도이다. 적립금은 당기 비용처리하며 결산 시 퇴직급여충당부채 또는 퇴직연금충당부채를 인식하지 않는다. 해당 퇴직급여를 자산의 원가에 포함되는 경우를 제외하고는 비용으로 인식한다. (차) 퇴직급여　×××　　(대) 보통예금 등　×××
	결산 시점	보고기간 종료일 이미 납부한 기여금을 차감한 미적립 금액은 부채로 인식한다. (차) 퇴직급여　×××　　(대) 미지급비용　××× 이미 납부한 기여금이 보고기간말 제공된 근무용역에 대해 납부하여야 하는 **기여금을 초과하는 경우**에는 **선급비용(자산)**으로 인식한다.

구 분		회계처리
확정급여형 퇴직연금 (DB)	불입 시점	확정급여형 퇴직연금은 기업(사용자)이 책임과 권한을 갖고 적립금을 운용하는 누적제 퇴직금제도이다. 적립금은 퇴직연금운용자산으로 처리(운용수수료는 비용처리)하고 퇴직급여충당부채에 차감하는 형태로 재무상태표에 공시된다. 퇴직연금운용자산이 퇴직급여충당부채를 초과하는 경우에는 그 초과액을 투자자산으로 표시한다. (차) 퇴직연금운용자산 ×××　　　(대) 보통예금 등 ×××
	운용 손익 발생	퇴직연금 불입분에 운용손익이 발생하면 원본에 전입되며 영업외손익으로 처리한다. (차) 퇴직연금운용자산 ×××　　　(대) 퇴직연금운용수익 ×××
	퇴직 급여 지급	퇴직자의 퇴직금 지급 시 퇴직급여충당부채와 상계처리하고 퇴직급여충당부채 부족액이 발생하면 당기 비용처리 하며 지급하는 금액은 퇴직연금운용자산을 감소시킨다. (차) 퇴직급여충당부채 ×××　　　(대) 퇴직연금운용자산 ××× 　　퇴직급여 ×××　　　　　　예수금 등 ×××
퇴직보험 제도*	단체 퇴직 보험	① 퇴직보험료로 납입한 금액에서 보험회사가 사업비로 충당하는 금액을 차감한 잔액을 **자산(단체퇴직보험예치금)**으로 처리하며 투자자산의 과목으로 표시한다. ② 이자수익과 특별배당금의 수령은 영업외수익으로 인식하며, 동 금액을 납입할 보험료로 대체할 경우 동 금액에 해당하는 금액을 단체퇴직보험예치금의 증가로 처리한다. ③ 기업이 이미 가입된 단체퇴직보험 등을 퇴직보험으로 전환한 경우에는 단체퇴직보험예치금을 퇴직보험예치금으로 대체한다. ④ 종업원퇴직보험에 가입한 경우에는 [단체퇴직보험]의 규정을 준용한다.
	퇴직 보험	① 기업이 종업원의 수급권을 보장하는 **퇴직보험에 가입한 경우 퇴직보험예치금**은 **퇴직급여충당부채에서 차감하는 형식**으로 표시한다. 다만, 퇴직보험예치금액이 퇴직급여충당부채를 초과하는 경우의 당해 초과액은 투자자산의 과목으로 표시한다. ② **퇴직보험료의 납입**, 이자수익과 특별배당금의 수령 및 동금액을 납입할 보험료로 대체할 경우의 회계처리는 '**퇴직보험예치금**'의 명칭을 사용하여 [단체퇴직보험]의 규정을 적용하여 처리한다.

*외국인근로자 출국만기보험 포함

5 퇴직금제도와 확정급여형퇴직연금제도(보험 포함)가 병존하는 경우의 회계처리

① 각 제도의 퇴직급여충당부채는 합산하여 재무상태표에 표시하나 퇴직금제도에서 경과적으로 존재하는 퇴직보험예치금은 확정급여형퇴직연금제도의 퇴직연금운용자산과 구분하여 퇴직급여충당부채에서 차감하는 형식으로 표시하고 퇴직보험에 대한 주요 계약 내용을 주석으로 공시한다.

② 어떤 제도에서 초과자산이 발생하는 경우 다음의 요건 중 하나 이상을 충족한다면 다른 제도의 부채와 상계한다.

> ㉠ 기업에는 어떤 제도의 초과자산을 다른 제도의 부채를 결제하는 데 사용할 수 있는 법적 권한이 있고 실제로 사용 할 의도도 있다.
> ㉡ 기업에는 어떤 제도의 초과자산을 다른 제도의 부채를 결제하는 데 사용하여야 하는 법적 의무가 있다.

CHAPTER 04 자본

> 자본 : 순자산으로 기업실체의 자산에 대한 소유주의 잔여청구권(소유주지분, 주주지분 등)
>
> 자본(자기자본 또는 소유주지분) = 자산 – 부채(타인자본 또는 채권자지분)

① 자본은 **자본금, 자본잉여금, 자본조정, 기타포괄손익누계액 및 이익잉여금(또는 결손금)으로 구분**한다.
② 자본금은 **법정자본금으로 보통주자본금과 우선주자본금으로 구분**하여 표시한다.
③ 자본잉여금은 증자나 감자 등 주주와의 거래에서 발생하여 자본을 증가시키는 잉여금으로 **주식발행초과금과 기타자본잉여금으로 구분**하여 표시한다.
④ 자본조정은 당해 항목의 성격으로 보아 자본거래에 해당하나 최종 납입된 자본으로 볼 수 없거나 자본의 가감 성격으로 자본금이나 자본잉여금으로 분류할 수 없는 항목이다. **자본조정 중 자기주식은 별도 항목으로 구분하여 표시**한다.
⑤ 기타포괄손익누계액은 보고기간 종료일 현재의 매도가능증권평가손익 등의 잔액이다.
⑥ 이익잉여금(또는 결손금)은 손익계산서에 보고된 손익과 다른 자본항목에서 이입된 금액의 합계액에서 주주에 대한 배당, 자본금으로의 전입 및 자본조정 항목의 상각 등으로 처분된 금액을 차감한 잔액이다. **이익잉여금은 법정적립금, 임의적립금 및 미처분이익잉여금(또는 미처리결손금)으로 구분**하여 표시한다.

구 분	내 용
자본금	■ 발행주식수 × 1주 액면금액 = 자본금 ■ 계정과목 : 보통주자본금, 우선주자본금
자본잉여금	■ 주식의 발행 및 소각 등 주주와의 거래에서 발생하는 잉여금 ■ 계정과목 : 주식발행초과금, 감자차익, 자기주식처분이익 등
자본조정	■ 주주와의 자본거래에 해당하나 자본금과 자본잉여금으로 분류할 수 없는 항목으로 임시적인 성격에 해당하는 계정 ■ 자본에서 **차감**할 계정과목 : 주식할인발행차금, 감자차손, 자기주식, 자기주식처분손실 등 ■ 자본에 **가산**할 계정과목 : 미교부주식배당금, 신주청약증거금, 출자전환채무, 주식매수청구권 등
기타포괄 손익누계액	■ 당기손익에 포함되지 않고 자본항목에 포함되는 미실현보유손익 ■ 포괄손익 = 당기순손익 ± 기타포괄손익누계액 ■ 계정과목 : 매도가능증권평가손익, 해외사업환산손익, 현금흐름위험회피파생상품평가손익, 재평가잉여금(또는 재평가차익) 등
이익잉여금	■ 손익거래에서 발생한 당기순손익을 원천으로 하는 잉여금 ■ 계정과목 : 법정적립금(이익준비금, 기타법정적립금), 임의적립금(사업확장적립금, 배당평균적립금 등), 미처분이익잉여금

1. 주식의 발행(증자)

구 분	회계처리
액면발행 (발행가액 = 액면가액) 5,000원 5,000원	주식의 발행가액과 액면가액이 동일한 경우를 말하며, 신주발생비가 발생하는 경우에는 주식할인발행차금이 발생 ⇨ 액면가액 전액 자본금 처리 (차) 보통예금 등 5,000원 (대) 자본금(액면가액) 5,000원

할증발행
(발행가액 > 액면가액)
7,000원 5,000원
	발행가액이 액면가액을 초과하여 주식이 발행된 경우를 말하며, 액면가액을 초과하는 금액은 주식발행초과금으로 처리
	⇨ 액면가액 : 자본금, 초과액 : 주식발행초과금 처리
	
	(차) 보통예금 등 7,000원 (대) 자본금(액면가액) 5,000원
	                                         주식발행초과금 2,000원
	                                         (자본잉여금)

할인발행
(발행가액 < 액면가액)
4,000원 5,000원
	발행가액이 액면가액에 미달하게 주식이 발행되는 경우를 말하며, 액면가액에 미달하는 금액은 주식할인발행차금으로 처리
	⇨ 액면가액 : 자본금, 미달액 : 주식할인발행차금 처리
	
	(차) 보통예금 등 4,000원 (대) 자본금(액면가액) 5,000원
	    주식할인발행차금 1,000원
	    (자본조정)
	
	※ 주식할인발행차금은 발행한 연도부터 3년 이내의 기간에 매기 균등액을 상각하고 동 상각액은 이익잉여금로 처리

신주발행비가 발생한 경우	신주발행비란 주식회사가 주식을 발행하는 과정에서 등록비 및 주식공모를 위한 광고비, 주권인쇄비, 인지세와 같은 여러 가지 비용을 말한다. 일반기업회계기준은 신주발행비가 존재하는 경우에는 **주식의 발행가액에서 차감**하도록 규정하고 있다. ■ 액면발행 : 주식할인발행차금으로 처리 ■ 할증발행 : 주식발행초과금에서 차감 ■ 할인발행 : 주식할인발행차금에 가산

**주식발행차금이
있는 경우의 증자**
 	
주식발행초과금 1,000원
액면가액   5,000원
발행가액   3,000원
	① **주식할인발행차금 잔액이 있는 경우** 주식발행초과금이 발생하면 주식할인발행차금 잔액을 먼저 상계하고 잔액을 주식발행초과금으로 처리한다.
	② **주식발행초과금 잔액이 있는 경우** 주식할인발행차금이 발생하면 주식발행초과금 잔액을 먼저 상계하고 잔액을 주식할인발행차금으로 처리한다.
	
	(차) 보통예금 등 3,000원 (대) 자본금 5,000원
	    주식발행초과금 1,000원
	    주식할인발행차금 1,000원

2. 주식의 소각(감자)

구 분	회계처리

감자차익 발생
[매입가액 < 액면가액]
450,000원   500,000원
	기업이 주주에게 감자대가를 지불하고 자본금을 감소시키는 경우 감소된 자본금이 감자대가보다 큰 경우 그 초과하는 금액
	
	(차) 자본금 500,000원 (대) 보통예금 등 450,000원
	                                              감자차익 50,000원
	                                              (자본잉여금)

감자차손 발생
[매입가액 > 액면가액]
520,000원   500,000원
	기업이 주주에게 감자대가를 지불하고 자본금을 감소시키는 경우 감소된 자본금이 감자대가에 미달하는 경우 그 미달금액
	
	(차) 자본금 500,000원 (대) 보통예금 등 520,000원
	    감자차손 20,000원
	    (자본조정)

감자차손익이
있는 경우의 감자
 	
감자차손 100,000원
액면가액 500,000원
매입가액 300,000원
	① 감자차손 잔액이 있는 경우 감자차익이 발생하면 감자차손 잔액을 먼저 상계하고 잔액을 감자차익으로 처리
	② 감자차익 잔액이 있는 경우 감자차손이 발생하면 감자차익 잔액을 먼저 상계하고 잔액을 감자차손으로 처리
	
	(차) 자본금 500,000원 (대) 보통예금 등 300,000원
	                                              감자차손 100,000원
	                                              감자차익 100,000원

3. 자기주식

구 분	회계처리
자기주식의 매입 액면가액 1,000,000원 매입가액 900,000원	자기주식을 단주처리 등의 사유로 매입할 때 지급한 금액을 자기주식의 취득원가로 인식하고 자본조정으로 분류 (차) 자기주식 900,000원 (대) 보통예금 등 900,000원 (자본조정)

자기주식의 처분
[매입가액 < 처분가액]
450,000원   500,000원
	자기주식을 처분할 때 처분가액이 취득원가(매입가액)를 초과하면 그 초과액은 자기주식처분이익으로 처리
	
	(차) 보통예금 등 500,000원 (대) 자기주식 450,000원
	                                              자기주식처분이익 50,000원
	                                              (자본잉여금)

구 분	회계처리

자기주식의 처분
[매입가액 > 처분가액]
450,000원 425,000원
	자기주식을 처분할 때 처분가액이 취득원가(매입가액)보다 작은 경우 그 미달액은 자기주식처분손실로 처리
	
	(차) 보통예금 등 425,000원 (대) 자기주식 450,000원
	   자기주식처분손실 25,000원
	   (자본조정)

자기주식처분손익이
있는 경우의 처분
 	
자기주식처분손실
   100,000원
처분가액 500,000원
매입가액 300,000원
	① **자기주식처분손실 잔액이 있는 경우** 자기주식처분이익이 발생하면 자기주식처분손실 잔액을 먼저 상계하고 잔액을 자기주식처분이익으로 처리
	② **자기주식처분이익 잔액이 있는 경우** 자기주식처분손실이 발생하면 자기주식처분이익 잔액을 먼저 상계하고 잔액을 자기주식처분손실로 처리
	
	(차) 보통예금 등 500,000원 (대) 자기주식 300,000원
	                              자기주식처분손실 100,000원
	                              자기주식처분이익 100,000원

자기주식의 소각	자기주식의 소각은 주식의 감자를 의미하므로 취득원가와 액면가액의 차액을 비교하여 **감자차손익으로 처리**

4. 이익잉여금

구 분	내 용
이익준비금 (법정적립금)	상법의 규정에 따라 적립하는 법정적립금으로 회사는 그 **자본금의 2분의 1에 달할 때까지** 매기 결산시의 금전(중간배당금+결산배당금)에 의한 이익배당액의 10분의 1 이상의 **금액을 적립**하여야 한다.
기타법정적립금 (법정적립금)	상법 이외의 법령의 규정에 의하여 적립된 금액을 말한다.
임의적립금	정관의 규정 또는 주주총회의 결의로 적립된 금액으로서 사업확장적립금, 감채적립금, 배당평균적립금, 결손보전적립금 및 세법상 적립하여 일정기간이 경과한 후 환입될 준비금 등을 말한다.
미처분이익잉여금 (또는 미처리결손금)	기업이 벌어들인 이익 중 배당금이나 다른 잉여금으로 처분되지 않고 남아있는 이익잉여금으로 당기 이익잉여금처분계산서의 전기이월미처분이익잉여금과 당기순이익을 합한 금액을 말한다. 차기이월결손금이란 기업이 결손을 보고한 경우에 보고된 결손금 중 다른 잉여금으로 보전되지 않고 이월된 부분으로서 당기 결손금처리계산서의 차기이월결손금을 말한다.

1 이익잉여금처분계산서(또는 결손금처리계산서)

　이익잉여금처분계산서는 이익잉여금의 변동내용을 보고하는 양식으로 정기주주총회에서 이익잉여금 처분에 대하여 주주들로부터 승인을 받으며 보고기간 종료일로부터 3개월 이내 재무제표가 확정한다. 그러므로 보고기간 종료일시점 재무상태표에는 처분하기전의 이익잉여금으로 표시된다.

2 배당금 지급 시 회계처리(이익잉여금처분)

구 분	내 용			
배당기준일 (결산일)	이익처분관련 회계처리는 없음			
배당결의일 (정기주주총회)	현금 배당 : (차) 이월이익잉여금	×××	(대) 미지급배당금 　　(유동부채)	×××
	주식 배당 : (차) 이월이익잉여금	×××	(대) 미교부주식배당금 　　(자본조정)	×××
	이익준비금 : (차) 이월이익잉여금	×××	(대) 이익준비금 　　(이익잉여금)	×××
배당지급일	현금 배당 : (차) 미지급배당금	×××	(대) 예 수 금 　　보통예금 등	××× ×××
	주식 발행 : (차) 미교부주식배당금	×××	(대) 자 본 금	×××
재무상태	현금배당(순자산의 유출) (차) 이월이익잉여금(자본감소)	×××	(대) 현금 등(자산감소)	×××
	주식배당(재무상태에 아무런 변화 없음) (차) 이월이익잉여금(자본감소)	×××	(대) 자본금(자본증가)	×××

[주식배당의 특징]
① 주식배당은 순자산의 유출 없이 배당효과를 얻을 수 있다.
② 자본의 총계에 변동을 가져오지 않는다. (이익잉여금 감소, 자본금 증가)
③ 투자자의 경우 자산 및 수익의 증가로 보지 않고 주석에 주식수와 장부가액(주당 장부가액)만을 수정한다.
④ 주식수의 증가로 미래의 배당압력이 가중 될 수 있다.

[무상증자, 주식배당, 주식분할 비교 (아래의 경우 모두 자본의 합계는 변동하지 않음)]

구 분	무상증자	주식배당	주식분할
자본금	증가	증가	불변
자본잉여금	감소	불변	불변
이익잉여금	감소가능*	감소	불변

* 이익잉여금 중 법정적립금만 감소가능

CHAPTER 05 수익과 비용

- 수익 : 재화의 판매나 용역의 제공결과에 따라 받게 될 화폐액
- 비용 : 수익을 획득하기 위한 과정에서 희생한 경제적 대가
- 포괄손익 : 소유주와의 자본거래를 제외한 모든 거래나 사건에서 인식한 자본의 변동

> 포괄손익 = 당기순손익(손익계산서) + 기타포괄손익누계액(재무상태표)

- 손익계산서 기본구조
① 손익계산서는 **매출총손익, 영업손익, 법인세비용차감전계속사업손익, 계속사업손익, 당기순손익을 구분하여 표시**한다. 다만, 제조업, 판매업 및 건설업 외의 업종에 속하는 기업은 매출총손익의 구분표시를 생략할 수 있다.
② 매출액은 기업의 주된 영업활동에서 발생한 제품, 상품, 용역 등의 총매출액에서 매출할인, 매출환입, 매출에누리 등을 차감한 금액이다. **차감** 대상 금액이 **중요한** 경우에는 총매출액에서 **차감하는 형식으로 표시**하거나 **주석으로 기재**한다.
③ 매출액은 업종별이나 부문별로 구분하여 표시할 수 있으며, 반제품매출액, 부산물매출액, 작업폐물매출액, 수출액, 장기할부매출액 등이 중요한 경우에는 이를 구분하여 표시하거나 주석으로 기재한다.
④ 매출원가는 제품, 상품 등의 매출액에 대응되는 원가로서 판매된 제품이나 상품 등에 대한 제조원가 또는 매입원가이다. **매출원가의 산출과정은 손익계산서 본문에 표시하거나 주석으로 기재**한다.
⑤ 판매비와관리비는 제품, 상품, 용역 등의 판매활동과 기업의 관리활동에서 발생하는 비용으로서 매출원가에 속하지 아니하는 모든 영업비용을 포함한다.
⑥ 판매비와관리비는 당해 비용을 표시하는 적절한 항목으로 구분하여 표시하거나 일괄표시할 수 있다. 일괄표시하는 경우에는 적절한 항목으로 구분하여 이를 주석으로 기재한다.
⑦ 영업외수익은 기업의 주된 영업활동이 아닌 활동으로부터 발생한 수익과 차익으로서 중단사업손익에 해당하지 않는 것으로 한다.
⑧ 영업외비용은 기업의 주된 영업활동이 아닌 활동으로부터 발생한 비용과 차손으로서 중단사업손익에 해당하지 않는 것으로 한다.
⑨ 계속사업손익은 기업의 계속적인 사업활동과 그와 관련된 부수적인 활동에서 발생하는 손익으로서 중단사업손익에 해당하지 않는 모든 손익을 말한다.
⑩ 계속사업손익법인세비용은 계속사업손익에 대응하여 발생한 법인세비용이다.
⑪ 중단사업손익은 중단사업으로부터 발생한 영업손익과 영업외손익으로서 사업중단직접비용과 중단사업자산손상차손을 포함하며, 법인세효과를 차감한 후의 순액으로 보고하고 중단사업손익의 산출내역을 주석으로 기재한다. 이 때 중단사업손익에 대한 법인세효과는 손익계산서의 중단사업손익 다음에 괄호를 이용하여 표시한다.
⑫ 당기순손익은 계속사업손익에 중단사업손익을 가감하여 산출하며, 당기순손익에 기타포괄손익을 가감하여 산출한 포괄손익의 내용을 주석으로 기재한다. 이 경우 기타포괄손익의 각 항목은 관련된 법인세효과가 있다면 그 금액을 차감한 후의 금액으로 표시하고 법인세효과에 대한 내용을 별도로 기재한다.

1. 수익의 인식기준

구 분	내 용
재화의 판매	① 재화의 소유에 따른 유의적인 위험과 보상이 구매자에게 이전된다. ② 판매자는 판매한 재화에 대하여 소유권이 있을 때 통상적으로 행사하는 정도의 관리나 효과적인 통제를 할 수 없다. ③ 수익금액을 신뢰성 있게 측정할 수 있다. ④ 경제적 효익의 유입 가능성이 매우 높다. ⑤ 거래와 관련하여 발생했거나 발생할 원가를 신뢰성 있게 측정할 수 있다.
용역의 제공	① 용역의 제공으로 인한 수익은 용역제공거래의 성과를 신뢰성 있게 추정할 수 있을 때 **진행기준**에 따라 인식한다. 다음 조건이 **모두 충족**되는 경우에는 용역제공거래의 성과를 신뢰성 있게 추정할 수 있다고 본다. ㉠ 거래 전체의 수익금액을 신뢰성 있게 측정할 수 있다. ㉡ 경제적 효익의 유입 가능성이 매우 높다. ㉢ 진행률을 신뢰성 있게 측정할 수 있다. ㉣ 이미 발생한 원가 및 거래의 완료를 위하여 투입하여야 할 원가를 신뢰성 있게 측정할 수 있다. ② 용역제공거래에서 이미 발생한 원가와 그 거래를 완료하기 위해 추가로 발생할 것으로 추정되는 원가의 합계액이 해당 용역거래의 총수익을 초과하는 경우에는 그 초과액과 이미 인식한 이익의 합계액을 전액 당기손실로 인식한다. ③ 용역제공거래의 성과를 신뢰성 있게 추정할 수 없는 경우에는 발생한 비용의 범위 내에서 회수가능한 금액을 수익으로 인식한다. ④ 용역제공거래의 성과를 신뢰성 있게 추정할 수 없고 발생한 원가의 회수가능성이 낮은 경우에는 수익을 인식하지 않고 발생한 원가를 비용으로 인식한다. 거래의 성과를 신뢰성 있게 추정하는 것을 어렵게 만들었던 불확실성이 해소된 경우에는 진행기준에 따라 수익을 인식한다.

거래유형별 수익의 인식	① 위탁판매 : 수탁자가 제3자에게 판매한 시점
	② 반품조건부판매(시용판매) : 구매자가 인수를 수락한 시점 또는 반품기간의 종료시점
	③ 할부판매(장·단기 모두) : 재화가 인도되는 시점(현재가치와 명목가액의 차이가 중요한 경우에는 현재가치평가)
	④ 방송사의 광고수익 : 광고를 대중에게 전달하는 시점
	⑤ 광고제작 용역수익 : 제작기간 동안 진행기준 적용
	⑥ 공연입장료 : 행사가 개최되는 시점
	⑦ 수강료 : 강의기간 동안 발생기준 적용
	⑧ 도급공사, 예약판매 : 진행기준에 따라 인식(제조기간에 상관없음)
	⑨ 재화나 용역의 교환
	   ㉠ 동종 : 수익으로 인식하지 않음
	   ㉡ 이종 : 판매기준에 따라 인식
	⑩ 배당금수익 : 배당금을 받을 권리와 금액이 확정되는 시점
	⑪ 이자수익 : 유효이자율을 적용하여 발생기준에 따라 인식
	⑫ 로열티수익 : 발생기준에 따라 인식
	⑬ 상품권매출수익
	   ㉠ 상품권을 회수할 때(물품 등을 제공하거나 판매한 때)
	   ㉡ 상품권 판매시는 선수금(상품권선수금 계정 등)으로 처리

2. 건설형 공사계약

구 분	내 용
의의	건설형 공사계약은 일반적으로 건물이나 교량, 댐, 파이프라인, 도로, 터널 등의 건설공사계약을 의미하며, 건설형 공사는 일반적으로 여러 회계기간에 걸쳐 진행되기 때문에 공사수익과 공사원가를 공사가 수행되는 회계기간에 적절하게 배분하여 인식하여야 한다.
공사수익 항목	① 최초에 합의된 계약금액 ② 건설공사내용의 변경이나 보상금 또는 장려금의 지급에 따라 추가될 수익 중 발생가능성이 매우 높고 신뢰성 있는 측정이 가능한 금액
공사원가 항목	① 특정공사에 관련된 공사직접원가 ② 특정공사에 개별적으로 관련되지는 않으나 여러 공사활동에 배분될 수 있는 공사공통원가 ③ 계약조건에 따라 발주자에게 청구할 수 있는 기타 특정공사원가
공사수익 인식	아래의 조건을 충족하여 공사결과를 신뢰성 있게 추정할 수 있을 때는 진행기준을 적용하여 공사수익을 인식한다. 진행기준하에서 공사수익은 그 공사가 수행된 회계기간별로 인식한다. ① 총공사수익 금액을 신뢰성 있게 측정할 수 있다. ② 계약과 관련된 경제적 효익이 건설사업자에게 유입될 가능성이 매우 높다. ③ 계약을 완료하는 데 필요한 공사원가와 공사진행률을 모두 신뢰성 있게 측정할 수 있다. ④ 공사원가를 명확히 식별할 수 있고 신뢰성 있게 측정할 수 있어서 실제 발생된 공사원가를 총공사예정원가의 예상치와 비교할 수 있다. 당기공사수익은 **공사계약금액에 보고기간종료일 현재의 공사진행률을 적용**하여 인식한 **누적공사수익에서 전기말까지 계상한 누적공사수익을 차감**하여 산출한다. 당기 공사수익 = 도급금액 × 공사진행률 − 전기까지 인식된 공사수익누적액 공사진행률은 **실제공사비 발생액을 토지의 취득원가와 자본화대상 금융비용 등을 제외한 총공사예정원가로 나눈 비율로 계산함을 원칙**으로 한다. 다만, 공사수익의 실현이 작업시간이나 작업일수 또는 기성공사의 면적이니 물량 등과 보다 밀접한 비례관계에 있고, 진체공사에서 이미 투입되었거나 완성된 부분이 차지하는 비율을 객관적으로 산정할 수 있는 경우에는 그 비율로 할 수 있다. 공사진행률 = 당기말 실제 발생 공사원가 누적액 / 당기말 현재 총공사예정원가
공사원가 인식	당기공사원가는 공사가 수행된 회계기간에 실제로 발생한 원가를 비용으로 인식한다. 다만, 잔여공사기간 중에 발생이 예상되는 공사원가의 합계액이 동 기간 중 인식될 공사수익의 합계액을 초과할 경우 당해 초과액(공사손실충당부채전입액 = 추정공사손실)을 당기의 비용으로 인식하고 공사원가에 포함하여 보고한다. 또한 공사손실충당부채환입액은 차감하며 다른 공사와 관련된 타계정대체액을 가감하여 산출한다.
추정공사 손실의 인식	공사와 관련하여 향후 공사손실의 발생이 예상되는 경우에는 예상손실을 즉시 공사손실충당부채로 인식하고 중요 세부내용을 주석으로 기재한다. ① 당기에 계상하는 공사손실충당부채전입액(추정공사손실)은 잔여공사기간 중에 발생이 예상되는 공사원가의 합계액이 동기간 중 인식될 공사수익의 합계액을 초과하는 금액이며, 공사 전 기간에 걸쳐 예상되는 총공사손실액에 과거 기간 중에 인식한 공사이익이 있을 경우 이를 합계한 금액과 같다. 공사손실충당부채전입액은 당기의 비용으로 처리하고 실제발생공사원가에 부가하여 공사원가로 보고한다. ② 차기 이후의 공사에서 실제로 손실이 발생한 경우에는 동 손실에 상당하는 금액을 공사손실충당부채 잔액의 범위내에서 환입하고 동 환입액은 해당 회계연도의 공사원가에서 차감하여 보고한다.

(주)두더지상사의 다음 자료에 의하여 2025년의 공사수익 및 공사손익을 계산하시오.

① 공사기간 : 2024.2.2 ~ 2027.12.20
② 도급금액 : 100억원
③ 각 사업연도별 발생이 예상되는 공사원가 및 실제 발생원가

구 분	2024년	2025년	2026년	2027년
예정공사원가	20억원	30억원	20억원	10억원
실제발생원가	20억원	40억원	?	?

④ 본 공사와 관련하여 일반기업회계기준을 준수한다.

【해설】

잔여 공사기간 중에 발생이 예상되는 공사원가의 합계액이 동 기간 중 인식될 공사수익의 합계액을 초과할 경우에는 당해 초과액을 당기의 비용으로 인식하고 공사원가에 포함하여 보고한다.
- 공사진행률 = 당기말 실제 발생 공사원가 누적액 / 당기말 현재 총공사예정원가
- 당기 공사수익 = 도급금액 × 공사진행률 − 전기까지 인식된 공사수익누적액

구 분	2024년	2025년
누적실제공사원가	20억원	60억원
누적예상공사원가	80억원(= 50억원 + 20억원 + 10억원)	90억원(= 60억원 + 20억원 + 10억원)
(누적)작업진행률	20억원 / 80억원 = 25%	60억원 / 90억원 = 66.66%
누적공사수익	100억원 × 25% = 25억원	100억원 × 66.66% = 66.66억원
당기공사수익	25억원	66.66억원 − 25억원 = 41.66억원
당기공사원가	20억원	40억원
당기공사이익	25억원 − 20억원 = 5억원	41.66억원 − 40억원 = 1.66억원

3. 비용의 인식기준

구 분	내 용
직접대응	보고된 수익과의 인과관계를 기초로 비용을 인식하는 방법으로 직접대응은 수익과 비용의 인과관계가 명확한 경우에 적용되는 방법(예 : 매출원가, 판매원의 수수료 등)
간접대응	특정 수익과 직접적인 인과관계를 명확히 알 수 없지만 발생한 원가가 일정기간 동안 수익 창출활동에 기여한 것으로 판단되면 해당되는 기간에 합리적이고 체계적으로 배분하는 것 (예 : 감가상각비 등)
당기비용 (기간비용)	직접대응과 간접대응 방법을 모두 적용할 수 없는 경우로 당기에 발행한 원가가 미래에 경제적 효익을 제공하지 못하거나 미래 효익의 가능성이 불확실한 경우에는 발생하는 회계기간에 비용으로 인식(예 : 광고선전비 등)

4. 환율변동효과

구 분	내 용
외화	기능통화 이외의 다른 통화를 말한다.
기능통화	기업은 기능통화를 식별해야 하며 '기능통화'라 함은 영업활동이 이루어지는 주된 경제 환경의 통화를 말한다.
표시통화	재무제표를 표시할 때 사용하는 통화로서 기업은 어떤 통화든지 표시통화로 사용할 수 있다.
최초 인식	기능통화로 외화거래를 최초로 인식하는 경우에 거래일의 외화와 기능통화 사이의 현물환율을 외화금액에 적용하여 기록한다.
후속 보고기간말 보고	① 화폐성 외화항목은 마감환율로 환산한다. ② 역사적원가로 측정하는 비화폐성 외화항목은 거래일의 환율로 환산한다. ③ 공정가치로 측정하는 비화폐성 외화항목은 공정가치가 결정된 날의 환율로 환산한다.
기능통화의 변경	기능통화가 변경되는 경우에는 새로운 기능통화에 적용되는 환산절차를 변경한 날부터 전진 적용한다.
표시통화의 환산	경영성과와 재무상태를 기능통화와 다른 표시통화로 환산하는 방법은 다음과 같다. ① 재무상태표(비교표시하는 재무상태표 포함)의 자산과 부채는 해당 보고기간말의 마감환율로 환산한다. ② 손익계산서(비교표시하는 손익계산서 포함)의 수익과 비용은 해당 거래일의 환율 또는 평균환율로 환산한다. ③ 위 ①과 ②의 환산에서 생기는 외환차이는 기타포괄손익으로 인식한다.

5. 외화채권·채무 평가

구 분	내 용		
화폐성항목 및 비화폐성 항목	외화자산의 회수 및 외화부채의 상환·보고기간 종료일 평가시에는 화폐성 자산과 부채에 대해서만 외화환산회계를 한다.		
	구 분	자 산	부 채
	화폐성	현금·예금·외상매출금·받을어음·대여금·미수금·유가증권	당좌차월·차입금·외상매입금·지급어음·미지급금·사채
	비화폐성	선급금·재고자산·고정자산·투자유가증권	선수금·예수금·선수수익·전환사채
발생시점	외화거래가 발생한 경우에는 거래발생일 현재의 환율을 적용하여 회계처리를 하며 환율 환산에 대한 부분은 고려하지 않는다.		
결산시점	외화거래로 인하여 발생한 채권·채무가 보고기간 종료일에 잔액이 있는 경우에는 보고기간 종료일의 매매기준율로 평가하고 장부가액과의 차액은 **외화환산손익(영업외손익)**으로 처리한다. 단, 외화표시 매도가능채무증권의 경우 동 금액을 기타포괄손익에 인식한다.		
	구 분	환율상승	환율하락
	외화채권	외화환산이익 발생	외화환산손실 발생
	외화채무	외화환산손실 발생	외화환산이익 발생
회수 (또는 상환)시점	외화채권을 회수하거나 외화채무를 상환하는 경우 외화금액의 원화 환산액과 장부가액과의 차액은 **외환차손익(영업외손익)**으로 처리한다.		

CHAPTER 06 회계변경과 오류수정

1. 회계변경

구 분	내 용
의의	경제적, 사회적 환경의 변화 또는 새로운 정보의 입수에 따라 과거에 적용해오던 회계처리방법이 목적적합하고 신뢰성 있는 유용한 정보를 제공하지 못한다고 보아 새로운 회계처리방법으로 변경하는 것을 말한다. [정당한 사유] ① 합병, 사업부 신설, 대규모 투자, 사업의 양수도 등 기업환경의 중대한 변화에 의하여 총자산이나 매출액, 제품의 구성 등이 현저히 변동됨으로써 종전의 회계정책을 적용할 경우 재무제표가 왜곡되는 경우 ② 동종산업에 속한 대부분의 기업이 채택한 회계정책 또는 추정방법으로 변경함에 있어서 새로운 회계정책 또는 추정방법이 종전보다 더 합리적이라고 판단되는 경우 ③ 일반기업회계기준의 제정, 개정 또는 기존의 일반기업회계기준에 대한 새로운 해석에 따라 회계변경을 하는 경우 ❖ ③을 제외하고는 회계변경의 정당성을 입증하여야 함
회계정책의 변경 (소급법 적용)	재무제표의 작성과 보고에 적용하던 회계정책을 다른 회계정책으로 바꾸는 것으로 변경된 새로운 회계정책은 **소급**하여 적용한다. ① 재고자산 평가방법의 변경(선입선출법에서 후입선출법으로 변경) ② 유가증권의 취득단가산정방법의 변경(이동평균법에서 총평균법으로 변경) ③ 표시통화의 변경 ④ 유형자산의 평가모형(원가모형에서 재평가모형으로 변경)
회계추정의 변경 (전진법 적용)	기업환경의 변화, 새로운 정보의 입수 등에 따라 과거의 회계적 추정치를 새롭게 변경하는 것으로 회계추정의 변경은 **전진**적으로 처리하여 그 효과를 당기와 당기 이후의 기간에 반영한다. ① 감가상각자산의 내용연수 또는 감가상각자산에 내재된 미래경제적효익의 기대소비 형태의 변경(감가상각방법의 변경) 및 잔존가액의 추정 ② 채권에 대한 대손의 추정 ③ 재고자산의 진부화 여부에 대한 판단과 평가 ④ 우발부채의 추정 ⑤ 제품보증충당부채의 추정치 변경
회계처리 방법	회계변경의 회계처리방법으로는 소급법, 당기일괄처리법, 전진법 3가지가 있다. 회계정책의 변경에 따른 누적효과를 합리적으로 **결정하기 어려운 경우**에는 회계변경을 **전진적으로 처리**한다. 또한, 회계정책의 변경과 회계추정의 변경이 **동시에 이루어지는 경우** 회계정책의 변경에 의한 누적효과를 먼저 계산한다.

구 분		내 용
회계처리 방법	소급법	회계변경으로 인한 **누적효과를 전기이월잉여금에서 수정하고 반영하여 재작성하는 방법**이다. 재무제표에 충분히 표시되므로 비교가능성은 유지된다는 장점은 있으나, 새로운 회계처리방법에 따라 수정하므로 신뢰성은 저하된다는 단점이 있다.
	당기 일괄처리법	회계변경으로 인한 누적효과를 회계변경 수정 손익으로 손익계산서에 계상, 과거를 수정하지 않는 방법이다. 과거를 수정하지 않음으로써 재무제표의 신뢰성이 제고된다는 장점은 있으나, 당기손익에 반영하므로 비교가능성은 저해된다는 단점이 있다. (포괄주의에 충실)
	전진법	과거의 재무제표에 대해서는 수정하지 않고 **변경된 새로운 처리방법을 당기와 미래에 안분하는 방법**이다. 이익조작가능성이 방지되며, 과거의 재무제표를 수정하지 않으므로 신뢰성은 제고되는 장점이 있으나 변경효과를 파악하기 어렵고 재무제표의 비교가능성이 저해된다는 단점이 있다.

[가정] 감가상각방법(정률법 → 정액법) 변경에 의한 감가상각비 10,000원 감소

소급법	(차) 감가상각누계액 (자본 : 회계변경 누적효과)	10,000원	(대) 미처분이익잉여금	10,000원
당기 일괄처리법	(차) 감가상각누계액	10,000원	(대) 회계변경이익 (영업외수익)	10,000원
전진법	회계처리 없음			

2. 오류수정

구 분	내 용
의의	오류수정은 전기 또는 그 이전의 재무제표에 포함된 회계적 오류를 당기에 발견하여 이를 수정하는 것을 말한다. 중대한 오류는 재무제표의 신뢰성을 심각하게 손상할 수 있는 매우 중대한 오류를 말한다.

오류의 유형	① **자동조정적 오류** : 오류의 효과가 두 회계기간을 통해 저절로 상쇄되는 오류
	  (예 : 선급비용, 선수수익, 미지급비용, 미수수익 등)
	② **비자동조정적 오류** : 두 회계기간에 걸쳐 자동조정되지 않는 오류
	  (예 : 투자자산오류, 유형자산오류, 사채오류 등)

회계처리 방법	오류는 중대한 오류와 중대하지 아니한 오류로 구분하여 회계처리한다. | 구 분	중대한 오류	중대하지 아니한 오류
---	---	---
회계처리	소급법 전기오류수정손익(이익잉여금)	당기일괄처리법 전기오류수정손익(영업외손익)
비교재무제표	재작성(주석공시)	해당없음(주석공시)	

CHAPTER 07 실무분개 평가

PART 01 전표관리 및 결산관리

[당좌자산]

01. 당좌거래개설보증금 2,000,000원을 현금으로 예치하여 우리은행 당좌거래를 개설하였다.

02. 현재 총계정원장의 당좌예금 잔액(4,250,000원)을 은행의 잔액증명서 잔액과 비교한 결과 발견된 차액의 원인은 당좌차월에 대한 이자비용 200,000원으로 밝혀졌다.

03. 단기보유목적으로 1,000주(액면가액 @18,000원)를 @20,000원에 현금 취득하고, 중개수수료 300,000원은 당좌수표 발행하여 지급하다.

04. 단기보유목적으로 5월 1일 20,000,000원(1,000주, @20,000원)에 취득하였던 상장주식 전부를 1주당 15,000원에 처분하고 대금은 매각수수료 500,000을 차감하고 보통예금으로 받았다.

05. 9월 1일 회사는 단기적인 자금운용을 위해 당해연도 1월 1일 14,750,000원에 취득한 국채를 경과이자를 포함하여 현금 14,930,000원을 받고 매각하였다. (발행일 전년도 5월 1일, 액면가액 15,000,000원, 표시이자율 3%, 이자지급일은 매년 12월 31일, 만기는 2040년 4월 30일, 이자는 월할 계산하기로 하고 채권 중도 매도 시 원천징수는 생략함)

06. 회사는 부족한 운영자금 문제를 해결하기 위해 보유중인 (주)삼일의 받을어음 10,000,000원을 4월 1일 미래은행에 현금으로 매각하였다. 동 매출채권의 만기일은 2025년 8월 31일이며 매출채권 처분시 지급해야 할 은행수수료는 연 12%를 지급한다. (월할계산하며, 매각거래로 회계처리 하시오.)

07. 운전자금 확보를 위해 주거래처인 (주)부자로부터 매출대금으로 받은 약속어음(2025.10.31) 30,000,000원을 곧바로 세종은행에서 할인하고 할인료 1,000,000원을 차감한 잔액을 현금으로 수령하다. 단, 어음할인은 차입거래로 간주한다.

08. (주)세무의 외상매출금 중 어음으로 수취한 금액 10,000,000원이 있다. 2025년 3월 15일에 (주)세무로부터 수취한 어음이 부도처리 되었다는 것을 국민은행으로부터 통보받았으며, 지급거절증서 등 작성비용 50,000원을 현금으로 지급하다. 이에 따른 적절한 회계처리를 하시오.

09. 매출처 (주)현대에 대한 외상매출금 1,100,000원이 회수불가능하게 되어 대손처리 하였으며, 부가가치세 신고시 대손세액공제 신청을 하였다. 대손충당금 잔액 400,000원이 계상되어 있다.

10. 거래처 (주)중앙에 대한 미수금 3,000,000원이 회수불가능하게 되어 전액 대손처리하였으며, 대손충당금 잔액은 없다.

11. 매출처인 (주)흥국의 부도로 2025년 1월 31일에 대손처리했던 외상매출금 2억원 중 77,000,000원이 회수되었다. 회수는 전액 자기앞수표로 되었으며, 외상매출금의 대손처리가 이루어진 기간의 부가가치세 신고에서는 대손세액공제를 받지 않았다.

12. 정기예금이 만기가 되어 23,000,000원(원금 20,000,000원과 이자 3,000,000원) 중 이자소득에 대한 원천징수세액을 제외한 잔액이 보통예금통장에 입금되었다. (이자소득에 대한 법인세원천징수세율은 15.4%로 가정한다.)

13. 보통예금에 대한 3개월분 이자 100,000원(전기에 미수수익으로 계상해두었던 금액 81,000원 포함) 중 원천징수세액 15,400원을 제외한 금액이 보통예금 계좌에 입금되었다. 단, 원천징수세액은 자산계정으로 처리한다.

14. 결산일 현재 현금과부족의 원인이 공장에서 사용하는 차량의 보험료(당기분 500,000원, 차기분 500,000원)납부액을 누락시켰기 때문인 것으로 확인되었다. 누락사항을 결산일에 수정분개 하시오.

15. 6월 1일에 1년분(2025.06.01 ~ 2026.05.31) 사무실 임차료 36,000,000원을 선불로 납부하고 선급비용으로 처리하였다. 기말 결산 시 필요한 회계처리를 행하시오. (월할계산할 것)

16. 결산일 현재 영업부 직원에 대한 12월분 귀속 급여는 15,600,000원인데 급여지급일은 2026년 1월 5일이다. 또한, 12월 1일 지급한 영업부 임차료에는 2026년 귀속분 5,500,000원이 있다.

17. 결산일 현재 정기예금과 장기차입금에 대한 내용이다. 일반기업회계기준에 따라 회계처리를 하시오. 단, 이자계산은 월할계산으로 하되 1월 미만은 1월로 한다.

과목	거래처	발생일자	만기일자	금액	이자율	이자지급일
정기예금	국민은행	2025.7.10	2026.7.10	10,000,000	6%	매년 7월 10일
장기차입금	신한캐피탈	2025.10.1	2027.9.30	50,000,000	7%	매년 4월 1일과 10월 1일에 6개월분씩 지급(후지급함)

18. 결산일 현재 매출처인 정현(주)의 파산으로 인하여 대손이 확정된 외상매출금 1,200,000원이 포함되어 있다. 당사는 외상매출금, 받을어음에 대하여 기말채권잔액의 2%를 대손충당금으로 설정한다.

부분합계잔액시산표

차변		계정과목	대변	
잔액	합계		합계	잔액
1,558,414,850	2,058,414,850	외상매출금	500,000,000	
	1,167,150	대손충당금	2,200,000	1,032,850
250,000,000	300,000,000	받을어음	50,000,000	
		대손충당금	4,400,000	4,400,000

19. 법인세등은 결산서상 법인세차감전순이익(598,793,763원)에 세율을 적용하여 다음과 같이 계상한다. 단, 장부상 선납세금계정에는 법인세 중간예납세액 및 원천납부세액이 계상되어 있으며 계산시 원단위 이하는 절사한다. (선납세금 50,500,000원)

> 법인세등 = ① + ②
> ① 법인세 산출세액 – 법인세 감면세액(2,300,000원)   ② 법인세분 지방소득세

[재고자산]

01. 당 회사는 기업어음제도 개선을 위한 세액공제를 적용받기 위해 기업구매자금제도를 이용하고 있다. (주)우영에서 4월 30일에 구입한 원재료 매입대금 중 외상분 1,000,000원을 장한은행의 기업구매자금대출로 결제하였다. (기업구매자금의 대출기한은 1년 내이다.)

02. 매입처 제일(주)로부터 외상으로 매입한 상품 중 품질불량으로 인해 에누리 받은 금액이 500,000원이다. 단, 부가가치세는 고려하지 아니한다.

03. 4월 25일 동진자재에 대한 외상매입금을 전액(2,750,000원) 당좌수표 발행하여 상환하다. 외상매입금은 모두 10일내 상환시 2% 할인조건으로 4월 20일에 매입한 원재료에 대한 것이며, 부가가치세는 고려하지 않는다.

04. 4월 25일 회사는 매출처인 일흥기획의 제품매출에 대한 외상매출금 잔액(5,000,000원)을 보통예금으로 송금받았다. 동 대금잔액은 4월 20일에 발생한 (2/10, n/15)의 매출할인 조건부 거래에 대한 것으로서 동 결제는 동 공급에 관한 최초의 결제이다. (단, 부가가치세는 고려하지 않는다.)

05. 제품을 수출하고 관세 환급을 신청한 바, 서울세관으로부터 금일 관세환급금 950,000원을 확정 통지를 받았다.

06. 당사에서 제작한 제품을 서울시에 기부하였다. 기부한 제품은 원가 2,000,000원, 시가 2,500,000원이다.

※ 다음 예시를 보고 프로그램 입력시 일반전표에 회계처리 할 사항과 결산자료입력(자동결산) 메뉴를 사용하여 매출원가 계상과 관련하여 입력할 기말재고액을 계산하시오. (문제 **7**번 ~ **8**번)

[예시] 기말재고자산의 내역은 다음과 같다.

재고자산 내역	실사한 금액	장부상 금액	금액 차이 원인
원 재 료	8,500,000원	9,300,000원	비정상감모
재 공 품	3,000,000원	3,000,000원	–
제 품	12,000,000원	12,500,000원	정상감모

일반전표입력	(차) 재고자산감모손실 800,000원 (영업외비용)	(대) 원재료 800,000원 (타계정으로 대체)

결산자료입력	자 산 명	기말재고액
	원 재 료	8,500,000원
	재 공 품	3,000,000원
	제 품	12,000,000원

07. 기말상품의 장부상 재고원가는 350,000원이고, 상품감모손실은 발생하지 아니하였다. 또한 순실현가능가액은 300,000원이다.

일반전표입력		

결산자료입력	자 산 명	기말재고액
	상 품	

08. 결산일을 기준으로 상품 재고자산에 대하여 실사를 한 결과 장부상의 수량(10,000개)과 실제수량(8,500개)과 차이가 발생하였다. 그 차이원인을 확인 한 결과 80%는 원가성이 있으나 나머지는 원가성이 전혀 없는 것으로 밝혀졌다. 동 상품의 장부상 단위당 가액은 3,000원이며 이는 기말현재 공정가액과 일치한다. 이러한 수량차이에 대하여 일반기업회계기준에 따라 회계처리하고자 한다.

일반전표입력		

결산자료입력	자 산 명	기말재고액
	상 품	

[투자자산]

01. (주)부동산으로부터 투자목적으로 토지를 300,000,000원에 구입하고, 현금으로 100,000,000원, 나머지는 약속어음을 발행하여 교부하였다. 또한 당일 취득세와 등록세 10,000,000원은 현금 납부하였다.

02. 장기보유투자목적으로 상장법인 (주)LG상사의 주식 300주(액면가액 1주당 10,000원)를 한국증권거래소에서 1주당 9,000원에 취득하고, 중개수수료 80,000원과 함께 보통예금계좌에서 이체하다.

03. 당사는 (주)배움상사가 발행한 다음의 사채를 2년 후 매각할 목적으로 현금 취득하였다.

- 만   기 : 2028년 9월 30일(발행일 : 2025년 10월 1일)
- 액면이자율 : 8%(시장이자율 : 10%)
- 액면가액 : 10,000,000원
- 3년, 이자율 10%의 현가계수 : 0.75131(3년, 이자율 10%의 연금현가계수 : 2.48685)

04. 당사가 보유중인 매도가능증권에 대하여 기말평가를 하다. 전기 기말 평가는 기업회계기준에 따라 처리하였다.

전 기		당 기
10월 20일 취득가액	12월 31일 공정가치	공정가치
10,000,000원	14,000,000원	13,000,000원

05. 당사가 보유중인 매도가능증권에 대하여 기말평가를 하다.

구분	주식수	장부가액	공정가치	비 고
(주)배움	200주	50,000원/주	55,000원/주	전기 매도가능증권평가손실 700,000원 있음

06. 전년도 장기소유 목적으로 취득한 강태공(주) 주식 600주(1주당 액면가액 10,000원)를 @98,000원으로 취득하였으나, 전년도 결산시 공정가액 @95,000원으로 평가하였다. 당해연도 12월 31일자 회계처리를 하시오. 단, 이 주식은 강태공(주)가 금융기관으로부터 당좌거래 정지처분을 당하여 주식의 회수가능액이 20,000,000원으로 평가되었다.

07. 회사가 보유하고 있는 매도가능증권을 다음과 같은 조건으로 처분하고 현금을 회수였으며 전년도 기말 평가는 기업회계기준에 따라 처리하였다.

취득가액	시 가	양도가액	비 고
	전년도 12월 31일 현재		
10,000,000원	12,000,000원	13,000,000원	시장성 있음

08. 장기투자목적으로 구입한 (주)K사의 주식(시장성 있음) 300주를 1주당 20,000원에 처분하고 대금은 보통예금에 입금되었다. 주식처분에 따른 증권거래세 30,000원과 거래수수료 12,000원은 현금으로 지급하였다.

> ※ (주)K사 주식의 취득 및 변동내역
>   2023년 10월 10일 500주 취득 (주당 18,000원 소요)
>   2024년 12월 31일 시가 : 1주당 22,000원

09. 당사는 (주)금성이 2025년 1월 1일 발행한 액면금액 2,000,000원인 채권(만기 3년, 표시이자율 연 7%, 유효이자율 연 10%, 만기 3년)을 1,850,787원에 만기보유목적으로 현금을 지급하고 취득하였다. 2025년 12월 31일 회계처리를 하시오(단, 표시이자는 매년 말 현금으로 수령하고, 기말 공정가치 측정은 고려하지 않으며, 소수점 미만은 절사한다).

[유형자산]

01. 업무용 승용차를 구입하면서 다음과 같은 금액을 구매대행회사에 전액 현금으로 지급하다. 회사는 차량 구입시 필수적으로 매입하는 지역개발채권을 만기까지 보유하기로 하였다.

> ■ 차 량 가 액 : 18,500,000원
> ■ 취득세 및 등록세 : 500,000원
> ■ 지역개발채권매입액 : 500,000원(만기 2030년 8월 25일, 공정가액 300,000원)

02. 창고건물과 토지를 총 220,000,000원에 보통예금으로 지급하고 매입하였다. 토지의 취득가격은 200,000,000원, 창고건물의 취득가격은 20,000,000원이며, 매입에 따른 추가부대비용은 다음과 같이 모두 현금으로 지급하였다.

> ■ 토지 중개수수료 및 등기이전비용 : 1,000,000원
> ■ 토지 조경공사비(영구성 있음) : 2,000,000원
> ■ 배수로 및 하수처리장 설치(유지보수책임은 지방자치단체에 있음) : 3,000,000원
> ■ 대대적인 창고건물의 리모델링을 위한 지출 : 6,000,000원

03. 대표이사 최민철로부터 시가 100,000,000원의 건물을 증여받았다. 당일 소유권이전비용으로 취득세 및 등록세 5,000,000원을 현금으로 지출하였다.

04. 새로운 공장을 짓기 위하여 건물이 있는 부지를 구입하고 동시에 건물을 철거하였다. 건물이 있는 부지의 구입비로 100,000,000원을 보통예금계좌에서 이체하고, 철거비용 5,000,000원은 당좌수표로 지불하였다.

05. 본사 건물을 신축하기 위하여 사용 중인 기존건물(취득가액 60,000,000원, 감가상각누계액 59,999,000원)을 철거하면서 철거비용으로 5,000,000원을 보통예금에서 지급하다.

06. 당사는 사옥으로 사용할 목적으로 (주)남방건설로부터 건물과 토지를 300,000,000원에 일괄 취득하였고, 대금은 약속어음(만기 : 2026.09.05)을 발행하였다. 단, 취득당시 건물의 공정가액은 160,000,000원, 토지의 공정가액은 80,000,000원이었으며, 건물과 토지의 취득원가는 상대적 시장가치에 따라 안분(소숫점 이하 첫째자리 반올림)하며, 부가가치세는 고려하지 않기로 한다.

07. 중소기업청으로부터 자산취득조건으로 정부보조금을 지원 받은 당사는 정부보조금 100,000,000원이 보통예금에 입금되었다. 다만, 30%는 해당 프로젝트를 성공하는 경우에 3년 거치 분할 상환해야 할 의무를 부담하며, 70%는 상환의무를 부담하지 아니한다.

08. 공장의 기계장치를 취득하고 보통예금에서 이체하다.

- 기계장치의 취득가액 : 100,000,000원
- 취득 시 정부보조금 : 30,000,000원(정부보조금 보통예금으로 입금)

09. 정부보조금에 의하여 취득한 다음의 기계장치가 노후화되어 제영산업(주)에 외상(매각대금 15,000,000원, 부가가치세는 고려하지 말 것)으로 처분하였다. (처분된 기계장치는 취득 후 감가상각을 전혀 하지 않았다.)

- 기계장치 : 60,000,000원
- 정부보조금(기계장치차감) : 22,000,000원

10. 화재로 인하여 공장(취득가액 100,000,000원, 감가상각누계액 45,000,000원)이 소실되었다. 화재보험 가입은 되어있으며 현재 (주)제일화재보험에 보험금을 청구하였으며, 당기 감가상각비는 고려하지 말고 회계처리 하시오. (손상차손(소실)에 대한 계정과목은 기설정된 것 중 가장 적절한 것을 선택)

11. 영업부에서 사용하는 차량(취득가액 30,000,000원, 감가상각누계액 18,000,000원)이 사고로 완파되었으며, 동일날짜에 보험회사에 보험금을 청구하여 보험금 20,000,000원을 보통예금 계좌로 송금받았다.
(단, 당해연도의 감가상각은 하지 않음)

12. 사용 중인 기계장치(취득원가 : 30,000,000원, 감가상각누계액 : 15,000,000원)를 동일업종인 거래처의 유사한 용도로 사용하던 기계장치(장부가액 : 18,000,000원, 공정가액 : 20,000,000원)와 교환하였다. 교환되는 기계장치 상호간의 공정가액은 동일하다.

13. (주)더지는 (주)현대로부터 영업용차량을 취득하면서 (주)더지가 사용 중이던 기계장치와 현금 8,000,000원을 추가로 지급하였다. 교환당시 기계장치의 취득원가는 50,000,000원이고, 감가상각누계액은 18,300,000원이며, 공정가치는 32,000,000원이었다.

14. (주)한국물산으로부터 토지(공정가치 200,000,000원)를 취득하면서 보유중인 토지 120,000,000원(장부가액)과 당좌수표 40,000,000원을 발행하여 지급하였다.

15. 사용 중인 기계장치(취득원가 : 30,000,000원, 감가상각누계액 : 15,000,000원, 공정가액 : 17,000,000원)를 동일업종인 거래처의 유사한 용도로 사용하던 기계장치(장부가액 : 18,000,000원, 공정가액 : 25,000,000원)와 교환하였다. 공정가액의 차이 만큼 현금으로 지급하였으며, 현금지급액은 취득자산에 중요한 금액이다.

16. 신주 1,000주를 발행하여 기계장치를 구입하였다. 주당 액면가액은 5,000원이며 발행시점의 공정가액은 주당 6,000원이다.

17. 정부보조금으로 7월 1일 구입한 시설장치(취득원가 150,000,000원)를 일반회계기준에 따라 정액법으로 감가상각비를 계상하였다. 내용연수는 4년이며 월할상각한다.

- 기계장치 취득가액 : 150,000,000원
- 정부보조금(자산차감) : 100,000,000원

18. 7월 1일 구입한 다음의 기계장치를 일반기업회계기준에 따라 정액법으로 감가상각비를 계상하시오.

구 분	금 액	비 고
취득가액	240,000,000원	• 내용연수 : 10년
운 반 비	2,000,000원	• 상각방법 : 정액법
기계장치 설치비용	1,000,000원	• 월할상각 적용함
기계장치 시운전비용	7,000,000원	
합 계	250,000,000원	

[무형자산]

01. 가람소프트사와 3월 1일 30,000,000원에 당사의 업무관리 S/W개발계약을 체결하고 개발을 의뢰한 바 있으며, 당일 완성되어 인수하였다. 대금은 지급한 계약금 3,000,000원을 차감하고 전액 현금으로 지급하였다. (부가가치세는 고려하지 말 것)

02. 우리정보기술로부터 소프트웨어를 35,000,000원에 취득하고, 회사는 주식(액면금액 25,000,000원, 공정가액 35,000,000원)을 발행하여 제공하였다.

03. 당사와 동일 업종을 영위하는 강진기업을 매수합병(포괄양도양수에 해당함)하고 합병 대금 12,000,000원은 당좌수표를 발행하여 지급하다. 합병일 현재 강진기업의 자산은 토지(장부가액 8,000,000원, 공정가액 9,300,000원)와 특허권(장부가액 580,000원, 공정가액 1,400,000원)뿐이며 부채는 없다.

04. 당사는 2024년 7월 1일에 영업권을 취득하였다. 영업권의 내용연수는 5년이고, 상각방법은 정액법, 표시방법은 직접법을 채택하고 있다. 2024년 회계연도 결산 시 무형자산상각비는 월할상각하여 적절히 반영하였으며, 영업권의 2024년 기말잔액은 45,000,000원이다. 영업권에 대한 결산분개를 하시오.

[부채]

01. 당사는 제품을 교환할 수 있는 상품권(1장당 10,000원) 300장을 시중에 판매하고 현금 3,000,000원을 획득하였다. 단, 본 거래에 대해서만 거래처 입력은 생략할 것.

02. 매출처인 (주)여유통상으로부터 일시적으로 차입하였던 30,000,000원과 이에 대한 이자 2,000,000원 중 이자소득에 대한 원천징수세액 550,000원을 차감한 전액을 보통예금 계좌에서 송금하여 상환하다.

03. 당 회사는 기업어음제도개선을 위해 세액공제를 적용받기위해 기업구매자금제도를 이용하고 있다. (주)우영에서 4월 30일에 구입한 원재료 매입대금 중 외상분(33,000,000원)을 장한은행의 기업구매자금대출로 결제하였다. (기업구매자금의 대출기한은 1년 내이다.)

04. 다음의 1기 확정 부가가치세 신고내용과 관련된 회계처리를 부가가치세 확정과세기간 종료일에 하시오. (대손금에 대한 회계처리는 생략하되 대손세액공제액은 반영한다.) 단, 납부할 부가가치세는 '미지급세금' 계정으로 처리하고, 단수차액에 대한 회계처리는 납부시에 하기로 한다.

구 분			금 액	세 액
과세표준 및 매출세액	과 세	세금계산서발급분	500,000,000	50,000,000
		기 타	0	0
	영 세 율	세금계산서발급분	100,000,000	0
		기 타	50,000,000	0
대 손 세 액 가 감				-5,000,000 주1)
매입세액	세금계산서수취분	일반매입	280,000,000	28,000,000
		고정자산매입	0	0
	그밖의 공제매입세액	의제매입세액	100,000,000	1,960,784 주2)
납 부 할 세 액				15,039,216

주1) 승천상사 외상매출금의 소멸시효완성으로 대손세액공제를 신청한 것이다.
주2) 의제매입세액공제적용요건은 충족되었으며 원재료구입과 관련된 것으로 구입 시 의제매입세액은 반영하지 않았다.

05. 기말(2025년말)의 장기차입금(신한은행) 내역은 다음과 같다.

항 목	금 액(원)	상환예정시기	비 고
장기차입금(합계)	100,000,000		2023년초에 차입
장기차입금A 상환	60,000,000	2026.06.30	전액 상환예정
장기차입금B 상환	40,000,000	2027.06.30	전액 상환예정

06. 만기 3년짜리 액면 6,000,000원의 사채를 5,800,000원으로 (주)영동에 발행하여 보통예금에 입금되었고 사채발행비는 25,000원 발생하여 현금으로 지급하였다.

07. 사채 10,000,000원을 발행하면서 발행금액 15,000,000원은 보통예금 통장으로 입금되다. 사채발행 관련 법무사수수료 300,000원은 현금으로 지급하였다.

08. 당사는 장기적인 자금이 필요하여 아래와 같이 회사채를 발행하고 대금은 보통예금계좌에 입금되었다.

- 사채발행일 : 2025년 1월 1일
- 만기일 : 2027년 12월 31일
- 액면가액 : 1,000,000원
- 표시이자율 : 연 10%
- 이자지급 : 매년 말 후급
- 사채발행 당시 시장이자율은 12%이고 12%의 3년 연금현가계수는 2.401830이고, 12%의 3년 현가계수는 0.71178이다.

09. 당사가 발행한 사채의 액면가액은 300,000,000원이고 만기는 2026년 6월 30일이지만 자금사정의 회복으로 인하여 이중 액면가액 100,000,000원의 사채를 금일 중도상환하기로 하고 상환대금 110,000,000원을 전액 당좌수표를 발행하여 지급하다. 상환전 사채할증발행차금 잔액은 12,000,000원이다.

10. 액면가액 200,000,000원인 사채 중 액면가액 150,000,000원을 132,000,000원에 중도 상환하기로 하고 상환대금은 당좌수표로 지급하다. 상환일현재 사채할인발행차금 잔액은 20,000,000원이며 (주)남한강에 다른 사채발행금액은 없는 것으로 가정한다.

11. 퇴직급여충당부채는 기말현재 전 임직원이 일시에 퇴직할 경우 지급해야 할 퇴직금 상당액을 전액 설정한다. 다음 자료에 의해 당기 퇴직급여충당부채전입액을 계상하시오.

구 분	전기말현재 퇴직금추계액	기중퇴직금지급액 (충당부채와상계)	당기말현재 퇴직금추계액
생산직	10,000,000원	1,500,000원	7,500,000원
사무직	6,860,000원	2,000,000원	12,600,000원

12. 퇴사한 생산부 직원(근속연수 5년)에 대한 퇴직금 8,000,000원 중 소득세와 지방소득세(소득분) 합계 55,000원을 차감한 잔액을 현금으로 지급하였다. (회사는 퇴직급여충당부채(장부조회 : 15,000,000원)를 설정하고 있음)

13. 확정기여형퇴직연금제도를 설정하고 있는 (주)대한상사는 퇴직연금의 부담금(기여금) 1,500,000원(제조 1,000,000원, 관리 500,000원)을 은행에 현금 납부하였다.

14. 확정급여형(Defined Benefit:DB)퇴직연금제도를 설정하고 있는 (주)더지는 영업부 직원의 퇴직연금 1,500,000원을 (주)미래설계증권에 현금납부하였다. 단, 납부한 금액의 1%는 연금사업자의 사업비에 충당한다.

15. 퇴직연금운용자산 운용손실이 300,000원 발생하여 원금과 대체하였다. 당사는 전임직원의 퇴직금 지급 보장을 위하여 (주)미래설계증권에 확정급여형(DB) 퇴직연금에 가입되어 있고 퇴직연금운용손실과 관련된 운용수수료는 없는 것으로 가정한다. (퇴직연금운용손실 계정과목 사용)

16. 당사가 (주)한빛은행에 가입한 확정급여형(DB)퇴직연금에서 퇴직연금운용수익(이자성격) 2,000,000원이 발생하였다. 회사는 퇴직연금운용수익이 발생할 경우 자산관리 수수료를 제외한 나머지 금액을 납입할 퇴직연금에 대체하기로 약정하였다. 퇴직연금에 대한 자산관리수수료율은 납입액의 5%이다. (이자소득에 대한 원천징수는 없는 것으로 한다.)

17. 5년간 근속한 영업부사원 노성호씨의 퇴직으로 인하여 퇴직금을 다음과 같이 정산후 보통예금계좌에서 지급하였다. 회사는 퇴직급여충당부채(장부가액 25,000,000원)를 설정하고 있다.

    - 퇴직금 총액 18,000,000원(퇴직소득세 및 지방소득세 500,000원 포함)
    - 퇴직연금운용자산 12,000,000원

18. 외국인 근로자를 위한 출국만기보험에 가입하였고 이번달 보험료 4,000,000원을 보통예금에서 이체하였다.

[자본]

01. 임시주주총회에서 증자를 결의하여 주식 10,000주를 발행(액면가액 5,000원, 발행가액 6,000원)하고 주식발행비용 500,000원을 제외한 금액을 가나은행 보통예금으로 입금하였다.

02. 회사는 신주 10,000주(액면가액 1주당 5,000원)를 1주당 6,000원에 발행하고 납입대금 전액을 보통예금에 입금하였으며, 신주발행비 4,500,000원은 당좌수표를 발행하여 지급하였다. (기장된 주식할인발행차금을 조회(합계잔액시산표 잔액 : 2,000,000원)하여 회계처리 하시오.)

03. 회사가 보유한 신한은행의 장기차입금 300,000,000원을 출자전환하기로 하고 주식 20,000주(액면가액 10,000원)를 발행하여 교부하였으며 자본증자 등기를 마쳤다.

04. 이월결손금 150,000,000원의 보전을 위하여 주식 5주를 1주로 병합하는 감자를 실시하였다. 감자 전 당사의 자본은 200,000,000원(액면가액 주당 10,000원, 주식수 20,000주)과 이월결손금 뿐이다.

05. 6월 10일에 취득한 자기주식 300주(주당 15,000원) 중 100주를 주당 18,000원에 현금을 받고 매각하였다. 단, 자본조정 중 자기주식처분손실 계정에는 100,000원의 잔액이 있다. 이를 반영하여 일반기업회계기준에 따라 회계처리를 하시오.

06. 다음은 (주)관악의 2024년 12월 31일 자본구성을 표시한 것이다. 2025년 4월 20일 자기주식 200주를 총 1,500,000원에 처분하고 당좌예금으로 입금받았다.

부분재무상태표		2024년 12월 31일
자본금(보통주 50,000주 @₩10,000)		500,000,000원
자본잉여금		61,800,000원
주식발행초과금	61,000,000원	
자기주식처분이익	800,000원	
자본조정		(6,500,000원)
자기주식(500주, @₩13,000)		
기타포괄손익누계액		50,000원
이익잉여금		406,683,178원
자본총계		962,033,178원

07. 회사는 3월 15일에 액면금액 5,000원인 자기주식을 1주당 6,000원에 1,000주를 취득했었는데, 4월 15일에 이 자기주식을 소각하였다. (단, 장부상 감자차익이나 감자차손의 존재여부를 확인하고 회계처리 하시오.) [장부조회 : 감자차익 400,000원]

08. 주주총회에서 전기분 이익잉여금처분계산서(안) 대로 처분이 확정되었다. 이익잉여금 처분에 관한 회계처리를 하시오.

이익잉여금처분계산서(안)	
■ 이익준비금 : 500,000원	■ 사업확장적립금 : 500,000원
■ 현금배당 : 5,000,000원	■ 주식배당 : 1,000,000원

09. 다음은 전기 이익잉여금처분계산서의 내역이다. 처분확정일의 회계처리를 행하시오. 단, 현금배당은 2025년 3월 9일에 지급되었으나 3월 9일의 회계처리는 생략한다.

이익잉여금처분계산서
2024년 1월 1일부터 2024년 12월 31일 까지
처분확정일 2025년 02월 15일
(단위 : 원)

과 목	금 액	
Ⅰ. 미처분 이익잉여금		45,520,000
1. 전기이월미처분이익잉여금	32,000,000	
2. 당기순이익	13,520,000	
Ⅱ. 임의적립금등의 이입액		7,500,000
1. 배당평균적립금	7,500,000	
합 계		53,020,000
Ⅲ. 이익잉여금 처분액		42,000,000
1. 이익준비금	2,000,000	
2. 배당금	20,000,000	
가. 현금배당	20,000,000	
나. 주식배당	0	
3. 감채적립금	20,000,000	
Ⅳ. 차기이월 미처분이익잉여금		11,020,000

10. 전기분 이익잉여금처분계산서대로 주주총회에서 확정(배당결의일 2월 20일)된 배당액을 지급하였다. 원천징수세액 1,540,000원을 제외한 8,460,000원을 현금으로 지급하였고, 주식배당 5,000,000원은 주식을 발행(액면발행)하여 교부하였다.

[수익과 비용]

01. 경리직원의 개정세법 교육을 위하여 외부강사를 초빙하여 수강 후 강의료를 국민은행 보통예금 계좌로 송금함과 동시에 다음의 기타소득에 관한 원천징수영수증을 교부하였다.

- 강의료지급총액 : 500,000원
- 필요경비 : 300,000원
- 소득금액 : 200,000원
- 소득세원천징수세액 : 40,000원(지방소득세 별도)

02. 상품 매입처인 경일산업이 당사에 외상매입금 16,000,000원에 대한 상환을 요구하면서 이 중 50%를 면제하여 주다. 당사는 외상매입금을 보통예금으로 지급하다.

03. 회사는 보유중인 다음의 유가증권(보통주 10,000주 / 액면가액 : 1주당 500원 / 장부가액 : 1주당 1,000원)에 대하여 현금배당액(1주당 80원)과 주식배당액을 당일 수령하였다.

구 분	수령액	공정가치(1주당)	발행가액(1주당)
현금배당	현금 800,000원		
주식배당	보통주 1,000주	900원	600원

04. 판매부서는 제일보험에 다음과 같이 보험료로 4,000,000원을 보통예금으로 납부하였다. (단, 자산으로 인식되는 부분은 장기성예금으로 회계처리 할 것)

	계약자	피보험자	수익자
계약현황	(주)우진기업	(판매부) 임직원	(주)우진기업
보험료 납부내역	4,000,000원	임직원 보장성(상해보험) 800,000원, 저축성(만기 환급) 3,200,000원	
계약기간	5년 납입, 10년 만기	가입 후 2년이 지난 상태임	

05. 거래은행에서 현금을 외화($)로 환전하여 일본 스즈끼사로부터 차입한 외화장기차입금 $14,000(장부가액 25,300,000원)를 상환하였다. (환전시의 적용환율 : 1$당 1,230원)

06. 전기에 수출한 미국 포드사의 외상매출금(USD $10,000)이 전액 회수되어 보통예금에 입금하였다. 동 외상매출금과 관련된 회계처리는 일반기업회계기준을 준수하였으며 관련 환율정보는 다음과 같다.

구 분	1달러당 환율정보
발생시	1,000원
2024.12.31	1,300원
회수 입금시	1,200원

07. 당사의 화폐성 외화자산 및 부채와 결산일 현재의 환율은 다음과 같다. 회사는 일반기업회계기준에 따라 회계처리하며 외화환산손실과 외화환산이익을 각각 인식하며 거래처 코드 입력은 생략하기로 한다.

계정과목	발생일	발생일 현재 환율	2024년 12월 31일 환율	2025년 12월 31일 환율
미수금($4,000)	2025년 10월 22일	1,430원	1,300원	1,200원
장기차입금($30,000)	2024년 06월 02일	1,450원		
선수금($5,000)	2025년 05월 10일	1,390원		

[회계변경과 오류수정]

01. 회사는 전기에 퇴직급여충당부채 10,000,000원이 미 계상된 점을 발견하고 일반(기업)회계기준에 따라 즉시 퇴직급여충당부채를 추가로 계상하였다. (발견된 오류는 중대하지 아니하다.)

◆정답◆

NO		회계처리			
당좌자산	01	(차) 특정현금과예금(우리은행)	2,000,000	(대) 현　금	2,000,000
	02	(차) 이자비용	200,000	(대) 당좌예금	200,000
	03	(차) 단기매매증권 　　수수료비용	20,000,000 300,000	(대) 현　금 　　당좌예금	20,000,000 300,000
		■ 단기매매증권 취득 시 부대비용(수수료, 증권거래세 등) : 영업외비용 처리			
	04	(차) 보통예금 　　단기매매증권처분손실	14,500,000 5,500,000	(대) 단기매매증권	20,000,000
		■ 유가증권 처분시 발생하는 매각수수료 등은 "유가증권처분손익"에 가감			
	05	(차) 현　금 　　단기매매증권처분손실	14,930,000 120,000	(대) 단기매매증권 　　이자수익	14,750,000 300,000
		■ 보유기간(1월 1일 ~ 8월 31일)에 대한 액면이자 　= 액면가액 × 표시이자율 × 보유일수/365 = 15,000,000원 × 3% × 8개월/12개월 = 300,000원 ■ 단기매매증권처분손실 　= 처분가액 − 장부가액 = (14,930,000원 − 300,000원) − 14,750,000원 = △120,000원			
	06	(차) 현　금 　　매출채권처분손실	9,500,000 500,000	(대) 받을어음((주)삼일)	10,000,000
		■ 할인료 = 10,000,000원 × 12% × 5개월/12개월 = 500,000원			
	07	(차) 현　금 　　이자비용	29,000,000 1,000,000	(대) 단기차입금(세종은행)	30,000,000
		■ 보유중인 어음 할인 시 차입거래인 경우 할인료는 "이자비용"으로 처리			
	08	(차) 부도어음((주)세무)	10,050,000	(대) 받을어음((주)세무) 　　현　금	10,000,000 50,000
		■ 부도발생 시 발생되는 부대비용은 부도어음(수표)에 가산하여 계상			
	09	(차) 부가세예수금 　　대손충당금(외상) 　　대손상각비(판)	100,000 400,000 600,000	(대) 외상매출금((주)현대)	1,100,000
		■ 대손세액공제액 = 1,100,000원 × 10/110 = 100,000원			
	10	(차) 기타의대손상각비	3,000,000	(대) 미수금((주)중앙)	3,000,000
		■ 기타 채권에 대한 대손금 : 영업외비용인 "기타의대손상각비"로 처리			
	11	(차) 현　금	77,000,000	(대) 대손충당금(외상)	77,000,000
		■ 전기·당기 대손금 회수 : 무조건 "대손충당금"으로 처리			

	NO	회계처리				
당좌자산	12	(차) 선납세금 　　　보통예금	462,000 22,538,000	(대) 정기예금 　　　이자수익	20,000,000 3,000,000	
	13	(차) 선납세금 　　　보통예금	15,400 84,600	(대) 미수수익 　　　이자수익	81,000 19,000	
	14	(차) 보험료(제) 　　　선급비용	500,000 500,000	(대) 현금과부족	1,000,000	
	15	(차) 임차료(판)	21,000,000	(대) 선급비용	21,000,000	
		■ 당기비용(임차료) = 36,000,000원 × 7개월/12개월 = 21,000,000원				
	16	(차) 급여(판) 　　　선급비용	15,600,000 5,500,000	(대) 미지급비용 　　　임차료(판)	15,600,000 5,500,000	
		■ 지급기일 미도래분에 대한 비용은 "미지급비용"으로 결산 시 계상				
	17	(차) 미수수익 　　　이자비용	300,000 875,000	(대) 이자수익 　　　미지급비용	300,000 875,000	
		■ 미수수익 = 10,000,000원 × 6% × 6개월/12개월 = 300,000원 ■ 미지급비용 = 50,000,000원 × 7% × 3개월/12개월 = 875,000원				
	18	(차) 대손충당금(외상) 　　　대손상각비(판)	1,032,850 167,150	(대) 외상매출금(정현(주))	1,200,000	
		■ 대손금 처리는 대손충당금과 우선 상계하고 잔액이 부족하면 대손상각비로 처리				
		(차) 대손상각비(판)	31,744,297	(대) 대손충당금(외상) 　　　대손충당금(받을)	31,144,297 600,000	
		■ 외상매출금 대손충당금 설정액 = (1,558,414,850원 − 1,200,000원) × 2% = 31,144,297원 ■ 받을어음 대손충당금 설정액 = 250,000,000원 × 2% − 4,400,000원 = 600,000원				
	19	(차) 법인세비용	100,847,895	(대) 선납세금 　　　미지급세금	50,500,000 50,347,895	
		■ 법인세산출세액 　　200,000,000원 × 9% + (598,793,763원 − 200,000,000원) × 19% = 93,770,814원 　　① 법인세 : 93,770,814원 − 2,300,000원 = 91,470,814원 　　② 법인세분 지방소득세 : 93,770,814원 × 10% = 9,377,081원 　　2014년 귀속분부터 지방소득세는 독립세 방식으로 전환되어 법인세법상 세액감면 및 세액공제를 받을 수 없다. ■ 법인세비용 : 100,847,895원(= 91,470,814원 + 9,377,081원) ■ 미지급세금(미지급법인세) = 100,847,895원 − 50,500,000원 = 50,347,895원				
재고자산	01	(차) 외상매입금((주)우영)	1,000,000	(대) 단기차입금(장한은행)	1,000,000	
	02	(차) 외상매입금(제일(주))	500,000	(대) 매입환출및에누리(상품)	500,000	
		■ 매입환출및에누리 계정으로 회계처리 시 "상품" 차감계정 선택				

	NO	회계처리
재고자산	03	(차) 외상매입금(동진자재) 2,750,000　(대) 당좌예금 2,695,000 　　　　　　　　　　　　　　　　　　　매입할인(원재료) 55,000 ■ 할인료 = 2,750,000원 × 2% = 55,000원 ■ 매입할인 계정으로 회계처리 시 "원재료" 차감계정 선택
	04	(차) 보통예금 4,900,000　(대) 외상매출금(일흥기획) 5,000,000 　　　매출할인(제품매출) 100,000 ■ 매출할인 계정으로 회계처리 시 "제품매출" 차감계정 선택
	05	(차) 미수금(서울세관) 950,000　(대) 관세환급금(제품) 950,000 ■ 관세환급금 계정으로 회계처리 시 수출품(상품, 제품) 관련 계정 확인하여 선택
	06	(차) 기 부 금 2,000,000　(대) 제품(타계정대체) 2,000,000 ■ 타용도로 사용한 재고자산을 장부에서 제거하는 경우 원가로 대체
	07	**일반전표입력**: (차) 재고자산평가손실 50,000　(대) 재고자산평가충당금 50,000 　　　　　　　　　　(매출원가가산)　　　　　　　　　　　(재고자산차감) **결산자료입력**: | 자 산 명 | 기말재고액 | | --- | --- | | 상　품 | 350,000원 | ■ 재고자산평가손실과 관련된 회계처리는 프로그램상에서 일반전표입력 및 결산자료입력 모두 가능함
	08	**일반전표입력**: (차) 재고자산감모손실 900,000　(대) 상 품 900,000 　　　　　　　　　　(영업외비용)　　　　　　　　　　　(타계정으로 대체) **결산자료입력**: | 자 산 명 | 기말재고액 | | --- | --- | | 상　품 | 25,500,000원 | ■ 재고자산의 장부상 수량과 실제 수량과의 차이에서 발생하는 감모손실의 경우 정상적으로 발생한 감모손실은 매출원가에 가산하고 비정상적으로 발생한 감모손실은 영업외비용으로 분류한다. → 기말상품재고액 = 8,500개(실제수량) × 3,000원(취득단가) = 25,500,000원
투자자산	01	(차) 투자부동산 310,000,000　(대) 현　금 110,000,000 　　　　　　　　　　　　　　　　　　미지급금((주)부동산) 200,000,000
	02	(차) 매도가능증권(투자) 2,780,000　(대) 보통예금 2,780,000
	03	(차) 매도가능증권(투자) 9,502,580　(대) 현　금 9,502,580 ■ 만기까지 보유할 목적이 아니므로 만기보유증권이 될 수 없다. 또한, 1년 이내에 매각할 목적이 아니므로 단기매매증권으로 분류할 수 없다. ■ 매도가능증권의 취득원가(발행가액) 　= 사채 액면가액의 현재가치 + 사채 액면이자의 현재가치 　= 사채 액면가액 × 현가계수 + 사채 액면이자 × 연금현가계수 　= 10,000,000원 × 0.75131 + 800,000원 × 2.48685 = 9,502,580원

	NO	회계처리			
투자자산	04	(차) 매도가능증권평가이익	1,000,000	(대) 매도가능증권(투자)	1,000,000
		▪ 매도가능증권 재평가 손실(이익)은 매도가능증권평가이익(손실)과 우선 상계한다.			
	05	(차) 매도가능증권(투자)	1,000,000	(대) 매도가능증권평가손실 매도가능증권평가이익	700,000 300,000
	06	(차) 매도가능증권손상차손	38,800,000	(대) 매도가능증권(투자) 매도가능증권평가손실	37,000,000 1,800,000
		▪ 손상차손인식전 장부가액이 57,000,000원이므로 관련 미실현보유손실 1,800,000원이 매도가능증권평가손실(기타포괄손익누계액)으로 계상되어 있으며 손상차손 발생시 장부에서 제거한다. ▪ 유가증권 손상차손 = 장부가액 – 회수가능가액 　　　　　　　　　= (57,000,000원 + 1,800,000원) – 20,000,000원 = 38,800,000원			
	07	(차) 현　　금 　　　매도가능증권평가이익	13,000,000 2,000,000	(대) 매도가능증권(투자) 　　　매도가능증권처분이익	12,000,000 3,000,000
		▪ 매도가능증권에 대한 자본항목의 누적금액은 그 유가증권을 처분하거나 손상차손을 인식하는 시점에 일괄하여 당기손익에 반영한다. ▪ 매도가능증권처분이익 = 처분가액 – 취득원가 = 13,000,000원 – 10,000,000원 = 3,000,000원			
	08	(차) 보통예금 　　　매도가능증권평가이익	6,000,000 1,200,000	(대) 매도가능증권(투자) 　　　현　　금 　　　매도가능증권처분이익	6,600,000 42,000 558,000
		▪ 매도가능증권처분이익 = 6,000,000원 – 5,400,000원 – 42,000원 = 558,000원 ▪ 매도가능증권평가이익 = 2,000,000원 × 300/500주 = 1,200,000원			
	09	(차) 현　　금 　　　만기보유증권(투자)	140,000 45,078	(대) 이자수익	185,078
		▪ 이자수익 = 만기보유증권 장부가액 1,850,787원 × 유효이자율 10% = 185,078원 ▪ 표시이자 = 만기보유증권 액면금액 2,000,000원 × 표시이자율 7% = 140,000원(현금수령)			
유형자산	01	(차) 차량운반구 　　　만기보유증권(투자)	19,200,000 300,000	(대) 현　　금	19,500,000
		▪ 차량운반구 취득원가 = 18,500,000원 + 500,000원 + 200,000원 = 19,200,000원 ▪ 유가증권의 취득원가는 공정가액으로 회계처리한다.			
	02	(차) 토　　지 　　　건　　물	206,000,000 26,000,000	(대) 보통예금 　　　현　　금	220,000,000 12,000,000
		▪ 토지 취득 후 배수로 등의 지출은 내용연수와 그 유지·보수책임이 국가 등에게 있는 경우는 토지의 취득원가에 가산하며, 기업(회사측)에 있는 경우는 구축물로 계상하고 감가상각 한다. ▪ 토지의 취득원가 = 200,000,000원 + 1,000,000원 + 2,000,000원 + 3,000,000원 　　　　　　　　= 206,000,000원 ▪ 건물의 취득원가 = 20,000,000원 + 6,000,000원 = 26,000,000원			

NO	회계처리			
03	(차) 건 물	105,000,000	(대) 자산수증이익 현 금	100,000,000 5,000,000
	■ 무상증여의 경우 취득원가는 증여일의 공정가액이며, 취득 시 부대비용을 가산한다.			
04	(차) 토 지	105,000,000	(대) 보통예금 당좌예금	100,000,000 5,000,000
	■ 일괄취득 후 구 건물을 철거하면 건물과 토지 취득가격 모두를 토지의 취득원가로 한다. 또한 건물을 철거하는 경우에 기존 건물의 철거관련 비용을 토지의 취득원가에 가산한다.			
05	(차) 감가상각누계액(건물) 유형자산처분손실	59,999,000 5,001,000	(대) 건 물 보통예금	60,000,000 5,000,000
	■ 사용중인 건물의 철거비용은 유형자산처분손실(당기비용)에 가산한다.			
06	(차) 건 물 토 지	200,000,000 100,000,000	(대) 미지급금((주)남방건설)	300,000,000
	■ 일괄 취득한 경우 총구입원가(매입가액과 공통부대 비용 등)를 토지와 건물의 공정가액비율로 취득원가를 산정한다. 건물 : 300,000,000원 × (160,000,000원/240,000,000원) = 200,000,000원 토지 : 300,000,000원 × (80,000,000원/240,000,000원) = 100,000,000원			
07	(차) 보통예금	100,000,000	(대) 장기차입금(중소기업청) 정부보조금 (보통예금 차감계정)	30,000,000 70,000,000
	■ 상환의무가 있는 정부보조금은 "차입금"으로 처리하고 상환의무가 없는 정부보조금은 자산의 차감계정으로 회계처리한다.			
08	(차) 기계장치 정부보조금 (보통예금 차감계정)	100,000,000 30,000,000	(대) 보통예금 정부보조금 (기계장치 차감계정)	100,000,000 30,000,000
	■ 정부보조금과 관련하여 유형자산의 취득 시 취득일의 공정가액으로 회계처리하며 정부보조금을 차감계정으로 정리한다.			
09	(차) 정부보조금 (기계장치 차감계정) 미수금(제영산업(주)) 유형자산처분손실	22,000,000 15,000,000 23,000,000	(대) 기계장치	60,000,000
	■ 유형자산 처분 시 정부보조금 및 감가상각누계액을 장부에서 제거한다.			
10	(차) 감가상각누계액(건물) 재해손실	45,000,000 55,000,000	(대) 건 물	100,000,000
	■ 일반기업회계기준은 유형자산의 손상이나 손실로 인한 보상금을 받는 경우 보상금은 수취할 권리의 발생시점에 인식하여 당기손익에 반영하여야 하므로 화재발생시에 전액 재해손실 또는 유형자산처분손익으로 처리하고, 수취할 권리의 발생시점에 보험금수익(영업외수익)으로 처리한다.			

(유형자산)

NO		회계처리			
유형자산	11	(차) 보통예금 　　감가상각누계액(차량)	20,000,000 18,000,000	(대) 차량운반구 　　보험금수익	30,000,000 8,000,000
	12	(차) 기계장치(신) 　　감가상각누계액(기계)	15,000,000 15,000,000	(대) 기계장치(구)	30,000,000
		■ 동종자산의 교환으로 취득한 유형자산의 취득원가는 교환을 위하여 제공한 자산의 장부가액으로 측정하고, 자산의 교환에 현금수수액이 있는 경우에는 현금수수액을 반영하여 취득원가를 결정한다.				
	13	(차) 감가상각누계액(기계) 　　차량운반구	18,300,000 40,000,000	(대) 기계장치 　　현　　금 　　유형자산처분이익	50,000,000 8,000,000 300,000
		■ 다른 종류의 자산과의 교환으로 취득한 유형자산의 취득원가는 교환을 위하여 제공한 자산의 공정가치로 측정하고, 자산의 교환에 현금수수액이 있는 경우에는 현금수수액을 반영하여 취득원가를 결정한다. ■ 차량운반구의 취득원가 = 32,000,000원 + 8,000,000원 = 40,000,000원				
	14	(차) 토지(신)	200,000,000	(대) 토지(구) 　　당좌예금 　　유형자산처분이익	120,000,000 40,000,000 40,000,000
		■ 이종자산의 교환은 자신이 제공한 자산의 공정가치로 취득원가를 측정한다. 다만, 시장가격인 공정가치가 없는 경우에는 동일 또는 유사 자산의 현금거래로부터 추정할 수 있는 실현가능액이나 전문적 자격이 있는 평가인 감정가액을 사용한다. 그러므로 토지의 취득원가는 제공받은 자산의 공정가치로 처리한다.				
	15	(차) 감가상각누계액(기계) 　　기계장치(신)	15,000,000 25,000,000	(대) 기계장치(구) 　　현　　금 　　유형자산처분이익	30,000,000 8,000,000 2,000,000
		■ 동종자산과의 교환으로 취득한 유형자산의 취득원가는 교환을 위하여 제공한 자산의 장부가액으로 인식하나, 교환 시 추가로 지급된 현금수수액이 중요하다면 이종자산의 교환으로 보아 제공한 자산의 공정가액으로 취득원가를 측정한다. ■ 기계장치의 취득원가 = 17,000,000원 + 8,000,000원 = 25,000,000원				
	16	(차) 기계장치	6,000,000	(대) 자 본 금 　　주식발행초과금	5,000,000 1,000,000
		■ 현물출자시 유형자산의 취득원가는 지분증권의 공정가액으로 한다.				
	17	(차) 감가상각비(제) 　　정부보조금 　　　(기계장치 차감계정)	18,750,000 12,500,000	(대) 감가상각누계액(기계) 　　감가상각비(제)	18,750,000 12,500,000
		■ 감가상각비 = 150,000,000원 × 1/4 × 6개월/12개월 = 18,750,000원 ■ 정부보조금상각액 = 100,000,000원 × 1/4 × 6개월/12개월 = 12,500,000원 　자산차감항목인 정부보조금은 당해자산의 감가상각 시 동일한 비율만큼 당기 감가상각비와 상계처리한다.				

	NO	회계처리			
유형자산	18	(차) 감가상각비(제)	12,500,000	(대) 감가상각누계액(기계)	12,500,000
		▪ 당기 감가상각비 = 250,000,000원 × 1/10 × 6개월/12개월 = 12,500,000원			
무형자산	01	(차) 소프트웨어	30,000,000	(대) 선급금(가람소프트사) 현　　　금	3,000,000 27,000,000
	02	(차) 소프트웨어	35,000,000	(대) 자 본 금 　주식발행초과금	25,000,000 10,000,000
	03	(차) 토　　　지 　特 허 권 　영 업 권	9,300,000 1,400,000 1,300,000	(대) 당좌예금	12,000,000
		▪ 영업권 = 합병 대가로 지급한 금액 − 취득한 순자산 공정가치 　　　　 = 12,000,000원 − (9,300,000원 + 1,400,000원) = 1,300,000원			
	04	(차) 무형자산상각비	10,000,000	(대) 영업권	10,000,000
		▪ 무형자산상각비 = 장부가액 ÷ 잔존내용연수 　　　　　　　　 = 45,000,000원 ÷ 4.5년(12개월/54개월) = 10,000,000원			
부채	01	(차) 현　　　금	3,000,000	(대) 선 수 금	3,000,000
		▪ 상품권 판매시 수익은 인식하지 아니하며 (상품권)선수금으로 대체 후 재고자산과 교환시 수익을 인식한다.			
	02	(차) 단기차입금((주)여유통상) 　이자비용	30,000,000 2,000,000	(대) 보통예금 　예 수 금	31,450,000 550,000
	03	(차) 외상매입금((주)우영)	33,000,000	(대) 단기차입금(장한은행)	33,000,000
	04	(차) 부가세예수금	50,000,000	(대) 부가세대급금 　원재료(타계정대체) 　외상매출금(승천상사) 　미지급세금	28,000,000 1,960,784 5,000,000 15,039,216
		▪ 의제매입세액은 원재료의 차감항목이며 대손세액공제액은 매출채권(외상매출금)에서 차감한다.			
	05	(차) 장기차입금(신한은행)	60,000,000	(대) 유동성장기부채(신한은행)	60,000,000
	06	(차) 보통예금 　사채할인발행차금	5,800,000 225,000	(대) 사채((주)영동) 　현　　　금	6,000,000 25,000
	07	(차) 보통예금	15,000,000	(대) 사　　　채 　현　　　금 　사채할증발행차금	10,000,000 300,000 4,700,000
	08	(차) 보통예금 　사채할인발행차금	951,963 48,037	(대) 사　　　채	1,000,000
		▪ 사채발행가액 = 1,000,000원 × 0.71178 + 100,000원 × 2.40183 = 951,963원			

	NO	회계처리			
부채	09	(차) 사 채 　　사채할증발행차금 　　사채상환손실	100,000,000 4,000,000 6,000,000	(대) 당좌예금	110,000,000
		■ 사채할증발행차금 = 12,000,000원 × 100,000,000원 / 300,000,000원 = 4,000,000원 ■ 사채상환손익 = 104,000,000원 − 110,000,000원 = △6,000,000원(손실)			
	10	(차) 사 채	150,000,000	(대) 당좌예금 　　사채할인발행차금 　　사채상환이익	132,000,000 15,000,000 3,000,000
		■ 사채할인발행차금 = 20,000,000원 × 150,000,000원 / 200,000,000원 = 15,000,000원 ■ 사채상환손익 = 135,000,000원 − 132,000,000원 = 3,000,000원(이익)			
	11	(차) 퇴직급여충당부채 　　퇴직급여(판)	1,000,000 7,740,000	(대) 퇴직급여충당부채환입 　　퇴직급여충당부채	1,000,000 7,740,000
		■ 생산직 = 7,500,000원 − (10,000,000원 − 1,500,000원) = △1,000,000원(환입) ■ 사무직 = 12,600,000원 − (6,860,000원 − 2,000,000원) = 7,740,000원(설정)			
	12	(차) 퇴직급여충당부채	8,000,000	(대) 예 수 금 　　현 금	55,000 7,945,000
	13	(차) 퇴직급여(제) 　　퇴직급여(판)	1,000,000 500,000	(대) 현 금	1,500,000
		■ 확정기여형(DC)퇴직연금제도 : 부담금 납부액 퇴직급여(비용)로 인식 ■ 확정급여형(DB)퇴직연금제도 : 부담금 납부액 퇴직연금운용자산으로 인식			
	14	(차) 퇴직연금운용자산 　((주)미래실계증권) 　수수료비용(판)	1,485,000 15,0000	(대) 현 금	1,500,000
	15	(차) 퇴직연금운용손실 　(영업외비용)	300,000	(대) 퇴직연금운용자산 　((주)미래설계증권)	300,000
	16	(차) 퇴직연금운용자산 　((주)한빛은행) 　수수료비용(영업외비용)	1,900,000 100,000	(대) 이자수익	2,000,000
	17	(차) 퇴직급여충당부채	18,000,000	(대) 퇴직연금운용자산 　예 수 금 　보통예금	12,000,000 500,000 5,500,000
	18	(차) 퇴직보험예치금	4,000,000원	(대) 보통예금	4,000,000원
자본	01	(차) 보통예금(가나은행)	59,500,000	(대) 자 본 금 　주식발행초과금	50,000,000 9,500,000
		■ 주식발행비는 주식의 발행가액에서 차감하여 회계처리 한다.			

NO	회계처리				
자본 02	(차) 보통예금	60,000,000	(대) 자 본 금 주식할인발행차금 주식발행초과금 당좌예금		50,000,000 2,000,000 3,500,000 4,500,000
	■ 증자시 주식할인발행차금과 주식발행초과금은 서로 상계한 후 잔액만 표시하여야 한다.				
03	(차) 장기차입금(신한은행)	300,000,000	(대) 자 본 금 주식발행초과금		200,000,000 100,000,000
04	(차) 자 본 금	160,000,000	(대) 미처리결손금 감자차익		150,000,000 10,000,000
	■ 감자액 = 200,000,000원 × 4/5 = 160,000,000원				
05	(차) 현 금	1,800,000	(대) 자기주식 자기주식처분손실 자기주식처분이익		1,500,000 100,000 200,000
	■ 자기주식 재발행시 자기주식처분손실과 자기주식처분이익은 서로 상계하여 표시하여야 한다.				
06	(차) 당좌예금 자기주식처분이익 자기주식처분손실	1,500,000 800,000 300,000	(대) 자기주식		2,600,000
07	(차) 자 본 금 감자차익 감자차손	5,000,000 400,000 600,000	(대) 자기주식		6,000,000
	■ 자기주식을 소각하는 경우 매입가액과 액면가액과의 차이는 감자차손익으로 처리하며 소각시 감자차익과 감자차손은 서로 상계하여 표시한다.				
08	(차) 이월이익잉여금	7,000,000	(대) 이익준비금 사업확장적립금 미지급배당금 미교부주식배당금		500,000 500,000 5,000,000 1,000,000
09	(차) 배당평균적립금 이월이익잉여금	7,500,000 34,500,000	(대) 미지급배당금 감채적립금 이익준비금		20,000,000 20,000,000 2,000,000
	■ 이익잉여금 처분 시 임의적립금등의 이입액이 있는 경우 우선 처분액으로 사용하고 처분 잔액을 이월이익잉여금으로 대체한다.				
10	(차) 미지급배당금 미교부주식배당금	10,000,000 5,000,000	(대) 현 금 예 수 금 자 본 금		8,460,000 1,540,000 5,000,000

NO		회계처리				
수익과 비용	01	(차) 교육훈련비(판)	500,000	(대) 예 수 금 보통예금(국민은행)		44,000 456,000
	02	(차) 외상매입금(경일산업)	16,000,000	(대) 보통예금 채무면제이익		8,000,000 8,000,000
	03	(차) 현　　금	800,000	(대) 배당금수익		800,000
		▪ 현금배당은 회계처리하나 주식배당은 주식수와 단가를 변경하여 주석으로 공시한다.				
	04	(차) 보험료(판) 장기성예금(제일보험)	800,000 3,200,000	(대) 보통예금		4,000,000
		▪ 소멸성 보험 : 비용처리		▪ 저축성 보험 : 자산처리		
	05	(차) 외화장기차입금(스즈끼)	25,300,000	(대) 현　　금 외환차익		17,220,000 8,080,000
	06	(차) 보통예금 외환차손	12,000,000 1,000,000	(대) 외상매출금(포드사)		13,000,000
		▪ 외환차손 = U$10,000 × (1,200원 − 1,300원) = △1,000,000원				
	07	(차) 외화환산손실 장기차입금	920,000 3,000,000	(대) 미 수 금 외화환산이익		920,000 3,000,000
		▪ 미수금에 대한 환산손실 = U$4,000 × (1,200원 − 1,430원) = △920,000원(환율하락) ▪ 장기차입금에 대한 환산이익 = U$30,000 × (1,200원 − 1,300원) = △3,000,000원(환율하락) ▪ 선수금은 비화폐성부채에 해당하므로 외화평가를 하지않는다.				
회계변경과 오류수정	01	(차) 전기오류수정손실 　　 (영업외비용)	10,000,000	(대) 퇴직급여충당부채		10,000,000
		▪ 중대한 오류가 아닌 경우 : 손익계산서에 영업외손익(전기오류수정손익)으로 보고 ▪ 중대한 오류인 경우 : 자본(전기오류수정손익)으로 보고				

CHAPTER 08 실무이론 평가

[재무회계의 기초 및 개념]

01. 일반기업회계기준상 재무제표에 대한 설명으로 잘못된 것은?

① 유동자산은 당좌자산과 재고자산으로 구분하고, 비유동자산은 투자자산, 유형자산, 무형자산, 기타비유동자산으로 구분한다.
② 전기 재무제표가 당기 재무제표를 이해하는데 꼭 필요한 경우를 제외하고는 전기 재무제표는 표시하지 아니하는 것을 원칙으로 한다.
③ 재무제표는 재무상태표, 손익계산서, 현금흐름표, 자본변동표로 구성되며, 주석을 포함한다.
④ 자본은 자본금, 자본잉여금, 자본조정, 기타포괄손익누계액 및 이익잉여금(또는 결손금)으로 구분한다.

02. 다음 중 일반기업회계기준상 재무제표에 대한 설명으로 틀린 것은?

① 정상적인 영업주기 내에 판매되는 재고자산은 보고기간종료일부터 1년 이내에 실현되지 않더라도 유동자산으로 분류한다.
② 손익계산서 작성 시 제조업, 판매업 및 건설업 외에 업종에 속하는 기업은 영업손익의 구분표시를 생략할 수 있다.
③ 현금흐름표 작성 시 사채발행으로 인한 현금유입 시에는 발행금액으로 표시한다.
④ 자본변동표 작성 시 자본금은 보통주자본금과 우선주자본금으로 구분하여 표시한다.

03. 다음은 한국(주)의 재무상태표의 일부를 보고 이에 대한 오류사항을 지적한 것이다. 이에 대한 설명으로 옳지 않은 것은?

재무상태표
2025. 12. 31 현재

한국(주)			(단위 : 원)
유동자산			956,000
현　금		150,000	
매출채권	300,000		
대손충당금	(30,000)	270,000	
재고자산		420,000	
선급비용		16,000	
매도가능증권		100,000	
유형자산			580,000
토　지		180,000	
기계장치(감가상각누계액 180,000 차감한 순액)		400,000	
무형자산			450,000
자 산 총 계			1,986,000

① 유동자산의 배열순서는 유동성배열법에 따라야 하므로 현금, 유가증권, 매출채권, 재고자산의 순서로 보고되어야 한다.
② 기계장치는 취득원가로 기록하고 감가상각누계액을 차감하는 형식으로 보고해야 한다.
③ 매출채권은 대손충당금을 차감 후 순액으로만 보고해야 한다.
④ 무형자산의 주요 항목을 구분하지 않고 총액으로 보고하는 것은 정보로서의 가치가 적다.

04. 다음 중 재무상태표일 후 발생한 사건에 대하여 기업회계기준에서 수정을 요하는 사항이 아닌 것은?
① 재무상태표일 현재 이미 자산의 가치가 하락되었음을 나타내는 재무상태표일 이후 입수한 경우
② 이미 손상차손 인식한 자산에 대해 계상한 손상차손금액의 수정을 요하는 정보를 재무상태표일 후에 입수한 경우
③ 전기 또는 그 이전 기간에 발생한 회계적 오류를 재무상태표일 후에 발견한 경우
④ 기업합병이나 사업부문의 처분을 한 경우

05. 기업회계기준에 의하면 재무상태표일과 재무제표가 사실상 확정된 날 사이에 발생한 사건은 당해 재무제표를 수정하는 사건과 수정을 요하지 않는 사건으로 구분할 수 있다. 이에 따라 다음과 같은 사건이 발생하였을 경우 당해 재무제표를 수정하여야 하는 것은 모두 몇 개인가?

> ㉠ 전기부터 진행 중이던 소송에 대한 확정판결로 손해배상금을 10억원을 지급하여야 한다.
> ㉡ 기중에 시송품으로 반출된 제품에 대한 재고가액 5억원이 누락된 것을 발견하였다.
> ㉢ 회사가 보유한 단기매매증권의 시장가격이 10% 하락하였다.

① 0개   ② 1개   ③ 2개   ④ 3개

06. 다음 중 자본변동표에 관한 설명으로 적합하지 않은 것은?
① 손익계산서를 거쳐 재무상태표의 자본에 직접 가감되는 항목에 대한 정보를 제공한다.
② 다른 재무제표 정보와 더불어 기업실체의 재무적 수익성, 위험, 탄력성 등을 평가하는 데 유용하다.
③ 자본의 변동내용은 손익계산서와 현금흐름표에 나타난 정보와 연결할 수 있다.
④ 자본 구성항목의 변동내용에 대한 포괄적인 정보를 제공한다.

07 기업회계기준상 재무상태표와 손익계산서의 작성원칙에 대해 올바르지 않은 것은?
① 자산과 부채는 1년을 기준으로 하여 유동자산 또는 비유동자산, 유동부채 또는 비유동부채로 구분하는 것을 원칙으로 한다.
② 재무상태표에는 가지급금과 같이 미결산항목으로 표시되는 것을 원칙적으로 금지한다.
③ 자본거래에서 발생한 자본잉여금과 손익거래에서 발생한 이익잉여금은 모두 자본거래로서 통합하여 하나로 보고한다.
④ 수익과 비용은 그 발생원천에 따라 명확하게 분류하고 각 수익항목과 이에 관련되는 비용항목을 대응 표시한다.

08 다음 중 발생주의에 따른 회계처리로 볼 수 없는 것은?
① 상품 매출시 수익의 인식을 인도기준으로 처리하는 경우
② 매출채권에 대한 대손의 인식을 충당금설정법에 따르는 경우
③ 결산시 장부상 현금잔액과 실제 현금잔액의 차이를 당기손익으로 처리하는 경우
④ 유형자산에 대하여 감가상각비를 계상하는 경우

09. 일반기업회계기준의 재무제표의 작성과 표시에 대한 설명으로 틀린 것은?
① 원칙적으로 당기 재무제표에 보고되는 모든 계량정보에 대해 전기 비교정보를 공시하지만 비계량정보의 경우에 비교정보는 재무제표에 이를 포함할 수 없다.
② 경영진이 기업을 청산하거나 경영활동을 중단할 의도를 가지고 있지 않거나, 청산 또는 경영활동의 중단 외에 다른 현실적 대안이 없는 경우가 아니면 계속기업을 전제로 재무제표를 작성한다.
③ 재무제표의 작성과 표시에 대한 책임은 경영진에게 있다.
④ 중요한 항목은 재무제표의 본문이나 주석에 그 내용을 가장 잘 나타낼 수 있도록 구분하여 표시하며, 중요하지 않은 항목은 성격이나 기능이 유사한 항목과 통합하여 표시할 수 있다.

10. 다음 중 일반기업회계기준상 재무제표의 작성과 표시에 대한 설명으로 틀린 것은?
① 재무제표는 재무상태표, 손익계산서, 현금흐름표, 자본변동표로 구성되며, 주석을 포함한다.
② 특수한 업종을 영위하는 기업의 재무제표 작성과 표시에 관한 사항은 다른 회계기준에서 정하고 있으므로 일반적인 상기업만을 그 적용대상으로 한다.
③ 전기 재무제표의 모든 계량정보를 당기와 비교하는 형식으로 표시하며 전기의 비계량정보가 당기 재무제표 이해에 필요한 경우 이를 당기와 비교하여 주석에 기재한다.
④ 재무제표 본문과 주석에 적용하는 중요성의 기준은 다를 수 있으므로 본문에 통합표시한 항목이라도 주석에는 이를 구분하여 표시할 수 있다.

11. 재무제표를 통해 제공되는 정보의 특성과 한계에 대한 설명으로 틀린 것은?
① 재무제표는 화폐단위로 측정된 정보를 주로 제공한다.
② 재무제표는 대부분 과거에 발생한 거래나 사건에 대한 정보를 나타낸다.
③ 재무제표는 사실에 근거한 자료만 나타내며, 추정에 의한 측정치는 포함하지 않는다.
④ 재무제표는 특정기업실체에 관한 정보를 제공하며, 산업 또는 경제 전반에 관한 정보를 제공하지는 않는다.

12. 다음 중 일반기업회계기준에서 회계정책의 결정시 회계정보가 가져야할 질적특성으로 제시하는 목적적합성에 대한 설명으로 틀린 것은?
① 회계정보가 기업실체의 재무상태, 경영성과, 순현금흐름, 자본변동 등에 대한 정보이용자의 당초기대치를 확인 또는 수정되게 함으로써 의사결정에 영향을 미칠 수 있는 능력을 말한다.
② 적시에 제공되지 않은 정보는 주어진 의사결정에 이용할 수 없으므로 그 정보가 의사결정에 반영될 수 있도록 적시에 제공되어야 목적적합성이 증가된다.
③ 동일한 경제적 사건이나 거래에 대하여 동일한 측정방법을 적용할 경우 다수의 독립적인 측정자가 유사한 결론에 도달할 수 있어야 한다는 특성을 그 하부특성으로 한다.
④ 정보이용자가 기업실체의 미래 재무상태, 경영성과, 순현금흐름 등을 예측하는 데에 그 정보가 활용될 수 있는 능력을 하부특성으로 한다.

13. 회계정보의 질적특성인 목적적합성과 신뢰성에 대한 설명으로 잘못된 것은?

① 회계정보의 질적특성은 서로 상충될 수 있다.
② 회계정보의 목적적합성이란 정보를 이용하는 경우와 이용하지 않는 경우를 비교하였을 때 의사결정에 차이가 발생하게 하는 정보의 능력을 의미한다.
③ 회계정보의 신뢰성에는 과거의 의사결정을 확인 또는 수정하도록 해 줌으로써 유사한 미래에 대한 의사결정에 도움을 주는 속성이 포함된다.
④ 일반적으로 반기재무제표는 연차재무제표에 비해 목적적합성은 높지만 신뢰성은 낮다.

14. 회계정보의 질적특성인 목적적합성과 신뢰성은 서로 상충될 수 있으며 이때 상충되는 질적특성간의 선택은 재무보고의 목적을 최대한 달성할 수 있는 방향으로 이루어져야 한다. 다음 중 질적특성간의 선택이 나머지와 성격이 다른 하나는 무엇인가?

① 자산의 평가기준을 역사적원가 대신 현행원가(시가)를 선택하는 경우
② 공사수익의 인식기준을 공사진행기준 대신 공사완성기준을 선택하는 경우
③ 순이익의 인식기준을 현금주의 대신 발생주의를 선택하는 경우
④ 투자주식의 평가기준을 원가법 대신 지분법을 선택하는 경우

15. 회계정보의 질적특성 중 목적적합성과 신뢰성의 사례로 옳은 것은?

구 분	목적적합성	신 뢰 성
① 자산평가방법	시가법	원가법
② 수익인식방법	완성기준	진행기준
③ 손익인식방법	현금주의	발생주의
④ 재무제표보고시기	결산재무제표	분기,반기재무제표

16. 회계정보의 중요성에 대한 설명으로 틀린 것은?

① 현행 기업회계기준의 일반원칙의 하나이다.
② 특정정보가 정보이용자의 의사결정에 영향을 끼친다면 그 정보는 중요한 정보이다.
③ 중요성은 그 금액의 크기로만 결정된다.
④ 중요성은 회계항목이 정보로 제공되기 위한 최소한의 판단요건이다.

17. 회계상 보수주의의 개념과 거리가 먼 것은?

① 발생가능성이 높은 우발이익을 주석으로 보고한다.
② 연구개발과정의 효익이 불확실 한 것은 개발비보다 연구비로 인식한다.
③ 미래의 효익이 불확실한 지출은 자산으로 인식하지 않고 비용으로 처리한다.
④ 전기오류수정사항을 손익으로 인식하지 않고 이익잉여금에서 반영한다.

18. 다음 중간재무제표의 작성에 대한 회계처리로 틀린 것을 모두 나열한 것은?

> 1. 자본변동표도 중간재무제표에 포함된다.
> 2. 중간재무제표는 주당경상이익과 주당순이익을 손익계산서상의 당기순이익에 주기할 수 있고, 기말 재무제표에는 주석으로 표시한다.
> 3. 기타포괄손익누계액은 중간재무제표에 요약 또는 일괄 표시할 수 있다.
> 4. 중간재무제표에는 회계정책의 변경을 적용할 수 없고 기말에만 적용한다.
> 5. 중간재무제표는 정보산출을 위한 시간과 비용이 많이 소요되는 평가방법이라도 적시성 차원에서 생략할 수 없다.

① 1, 2, 4   ② 1, 4, 5   ③ 2, 4, 5   ④ 2, 3, 5

19. 다음 중 일반기업회계준상 중소기업회계처리 특례와 거리가 먼 것은?

① 모든 지분증권은 취득원가로 평가할 수 있다.
② 장기연불조건의 매매거래 및 장기금전대차거래 등에서 발생하는 채권 및 채무는 명목가액을 재무상태표가액으로 할 수 있다.
③ 법인세비용은 법인세법 등의 법령에 의하여 납부하여야 할 금액으로 할 수 있다.
④ 유형자산과 무형자산의 내용연수 및 잔존가액의 결정은 법인세법의 규정에 따를 수 있다.

20. 다음 중 일반기업회계준상 중소기업 특례에 대한 설명으로 틀린 것은?

구분	회계처리대상	일반원칙	중소기업특례
①	법인세비용 계상	이연법인세 회계적용	납부세액을 비용계상
②	장기할부판매	인도기준 수익인식	할부금회수기일도래기준
③	장기용역공급	진행기준 강제적용	완성기준 적용가능
④	지분법적용투자주식	지분법평가	시가평가 가능

21. 다음 중 재무활동으로 인한 현금흐름의 예로 틀린 것은?

① 유형자산의 처분에 따른 현금유입
② 차입금의 상환에 따른 현금유출
③ 주식이나 기타 지분상품의 발행에 따른 현금유입
④ 자기주식의 취득에 따른 현금유출

22. 현금흐름표에 대한 설명으로 틀린 것은?

① 현금흐름표는 기업의 현금흐름을 나타내는 표로 당해 회계기간에 속하는 현금의 유입과 유출내용을 적정하게 표시하며, 영업활동으로 인한 현금흐름, 투자활동으로 인한 현금흐름, 재무활동으로 인한 현금흐름으로 구분하여 표시한다.
② 영업활동으로 인한 현금흐름은 현금의 대여와 회수활동, 유가증권·투자자산·유형자산 등의 취득과 처분활동 등을 말한다.
③ 재무활동으로 인한 현금흐름은 현금의 차입 및 상환활동, 신주발행이나 배당금의 지급활동 등과 같이 부채 및 자본계정에 영향을 미치는 거래를 말한다.
④ 영업활동으로 인한 현금흐름은 직접법 또는 간접법으로 표시하며 투자활동·재무활동은 작성방법에 차이 없이 동일하게 작성한다.

23. 다음 중 법인세 회계처리에 대한 설명으로 틀린 것은?
① 차감할 일시적차이가 활용될 수 있는 가능성이 매우 높은 경우에만 이연법인세자산을 인식하여야 한다.
② 가산할 일시적차이란 자산·부채가 회수·상환되는 미래기간의 과세소득을 감소시키는 효과를 가지는 일시적차이를 말한다.
③ 원칙적으로 모든 가산할 일시적차이에 대하여 이연법인세부채를 인식하여야 한다.
④ 이연법인세자산과 부채는 보고기간말 현재까지 확정된 세율에 기초하여 당해 자산이 회수되거나 부채가 상환될 기간에 적용될 것으로 예상되는 세율을 적용하여 측정하여야 한다.

24. 다음은 법인세회계의 측정에 대한 설명이다. 틀린 것은?
① 이연법인세자산은 보고기간말 현재까지 확정된 세율에 기초하여 당해 자산이 회수될 기간에 적용될 것으로 예상되는 세율을 적용하여 측정하여야 한다.
② 이연법인세자산과 부채는 현재가치로 할인하여 측정한다.
③ 회사가 납부할 법인세부담액은 각 보고기간말 현재의 세율과 세법을 적용하여 측정한다.
④ 이연법인세부채는 일시적차이의 소멸 등으로 인하여 미래에 추가적으로 부담할 법인세로 측정한다.

25. 기업회계기준상 이연법인세에 대한 설명으로 틀린 것은?
① 이연법인세자산과 부채는 현재가치로 할인하지 않는다.
② 이연법인세자산과 이연법인세부채는 동일한 과세당국과 관련된 경우에는 각각 상계하여 표시한다.
③ 자산, 부채의 장부가액과 세무가액의 차이인 일시적차이에 대하여 원칙적으로 이연법인세를 인식하여야 한다.
④ 당해연도의 법인세율과 차기 이후부터 입법화된 세율이 서로 상이한 경우 이연법인세 자산, 부채의 인식은 당해연도의 법인세율과 차기 이후부터 입법화된 세율의 평균세율을 적용하여 측정한다.

26. 다음 자료에 의하여 2025년도의 법인세비용을 구하면 얼마인가?

(1) 당기에 발생한 차이와 실현되는 시기는 다음과 같다. (단위: 원)

구 분	2025년	2026년
재고자산평가감	40,000	(40,000)
기업업무추진비한도초과액	160,000	-
법인세율(단일세율임)	10%	20%

(2) 2025년도 초 이연법인세 잔액은 없으며, 법인세비용 차감전 순이익은 2,000,000원이다.
(3) 미래의 과세소득은 충분하다고 가정하며 법인세율은 상기 세율을 적용한다.

① 196,000원 ② 208,000원 ③ 212,000원 ④ 228,000원

[당좌자산]

01. (주)연개소문이 결산일 현재 보유하고 있는 단기매매증권의 장부가액과 공정가액(시가)이 다음과 같을 경우 2025년 결산수정분개가 재무상태표와 손익계산서에 미치는 영향은?

	장부가액	공정가액
2025년 3월 1일 취득	750,000원	750,000원
2025년 12월 31일	750,000원	800,000원

	손익계산서	재무상태표
①	순이익 증가	자산 증가, 이익잉여금 증가
②	순이익 감소	자산 감소, 이익잉여금 감소
③	순이익 증가	부채 감소, 이익잉여금 증가
④	순이익 감소	부채 증가, 이익잉여금 감소

02. 다음 중 기업회계기준상 매출채권에 대한 설명으로 가장 틀린 것은?
① 장기 할부판매시 발생하는 장기매출채권의 명목가액과 현재가치의 차이가 중요한 경우에는 매출채권을 현재가치로 평가하여야 한다.
② 매출채권을 양도한 경우 매출채권의 부도발생시 매출채권의 양수인이 양도인에 대하여 상환청구권을 행사할 수 있는 경우에는 이를 차입거래로 회계처리하여야 한다.
③ 채권 조정 후에 현금이 회수되는 경우에는 기간이 경화한 명목이자가 우선적으로 회수된 것으로 회계처리한다.
④ 매출채권에 대하여 발생하는 대손상각비는 판매비와관리비로 구분하여 처리한다.

03. 매출처인 갑사로부터 상품대금으로 받아 보관 중이던 어음 200,000원을 매입처인 을사로부터 상품을 매입 시 대금으로 배서양도(상환청구가능조건)하였으나, 금일 부도가 발생되었다는 통지를 받고 을사에 어음대금 및 관련비용 30,000원을 당좌수표를 발행하여 지급하고, 당사의 부도관련비용 5,000원은 현금지급한 후 갑사에 그 지급을 청구한 경우 부도어음으로 회계처리 할 금액은 얼마인가?
① 200,000원 ② 230,000원 ③ 235,000원 ④ 205,000원

04. 매출채권의 양도란 매출채권을 회수기일 전에 금융기관 등에 매각하고 자금을 조달하는 것을 말한다. 이러한 외상매출금의 양도는 그 경제적 실익에 따라 매각거래와 차입거래로 구분할 수 있는데 다음 중 매출채권의 양도를 매각거래로 회계처리해야 하는 조건으로 볼 수 없는 것은?
① 양도인은 금융자산 양도 후 당해 양도자산에 대한 권리를 행사할 수 없어야 한다.
② 양수인은 양수한 금융자산을 처분(양도 및 담보제공 등)할 자유로운 권리를 갖고 있어야 한다.
③ 매출채권의 양도 후 양수자에게 상환청구권이 있어야 한다.
④ 양도인은 금융자산 양도 후에 효율적인 통제권을 행사할 수 없어야 한다.

05. 2025년 말 대손충당금의 변동내역은 아래와 같다. 이에 대한 설명으로 옳지 않은 것은? (단, 매출채권 잔액의 1%를 대손충당금으로 설정한다고 가정한다.)

대손충당금			
대손확정액	250,000원	기초잔액	350,000원
기말잔액	300,000원	대손상각비	200,000원

① 2025년 말 매출채권잔액은 30,000,000원이다.
② 2024년 말 매출채권잔액은 35,000,000원이다.
③ 2025년 손익계산서에 표시되는 대손상각비는 200,000원이다.
④ 2025년 중 실제대손발생액은 200,000원이다.

06. (주)고도에 대한 다음 자료를 참고하여 2025년 손익계산서에 반영될 대손상각비를 구하면 얼마인가?

구 분	2024년	2025년
기초 대손충당금 잔액	?	?
기중 대손발생액	2,000,000원	7,000,000원
전기 대손금 중 회수액	1,000,000원	3,000,000원
기말 대손충당금 잔액	5,000,000원	5,000,000원

① 2,000,000원   ② 4,000,000원   ③ 3,000,000원   ④ 5,000,000원

07. 다음은 (주)죽전의 2025년 중 매출채권과 관련된 자료이다. 2025년말 재무상태표에 표시할 대손충당금과 2025년 손익계산서에 표시될 대손상각비는 각각 얼마인가?

- 1월 1일 기초 대손충당금 : 20,000원
- 2월 27일 매출채권의 대손처리 : 15,000원
- 8월 3일 전년도 대손처리된 매출채권의 회수 : 5,000원
- 12월 31일 기말 매출채권잔액에 대한 대손예상액 : 27,000원

	대손충당금	대손상각비		대손충당금	대손상각비
①	17,000원	17,000원	②	17,000원	27,000원
③	27,000원	27,000원	④	27,000원	17,000원

08. 만기가 6개월이고 액면이자율이 연 6%인 받을어음 50,000,000원을 발행일에 수취하여 4개월간 보유하다가 거래은행에 연 12%의 이자율로 할인한 경우 매출채권처분손실은 얼마인가? 단, 모든 계산시 월할계산 한다.

① 1,060,000원   ② 1,000,000원   ③ 530,000원   ④ 500,000원

09. 다음 중 금융자산과 금융부채에 대한 설명으로 옳지 않은 것은?

① 금융자산이나 금융부채는 금융상품의 계약당사자가 되는 때에만 재무상태표에 인식한다.
② 금융자산이나 금융부채는 최초인식 시 공정가치로 측정한다.
③ 둘 이상의 금융상품을 일괄하여 매입한 경우에는 공정가치를 보다 신뢰성 있게 측정할 수 있는 금융상품의 공정가치를 우선 인식한 후 매입가액의 잔여액으로 나머지 금융상품을 인식한다.
④ 금융상품의 현금흐름에 대한 추정 변경 또는 재협상 등으로 현금흐름이 변경되는 경우에도 금융자산의 순장부금액이나 금융부채 상각후원가를 조정하면 안 된다.

10. 다음 중 일반기업회계기준상 금융상품에 대한 설명으로 틀린 것은?

① 최초인식시 금융상품의 공정가치는 일반적으로 거래가격이다.
② 장기연불조건의 매매거래, 장기금전대차거래 또는 이와 유사한 거래에서 발생하는 채권·채무로서 명목금액과 공정가치의 차이가 유의적인 경우에는 이를 공정가치로 평가한다.
③ 소멸하거나 제3자에게 양도한 금융부채의 장부금액과 지급한 대가의 차액은 당기손익으로 인식한다.
④ 금융자산을 양도한 후에도 양도인이 해당 양도자산에 대한 권리를 행사할 수 있는 경우, 해당 금융자산을 제거하고 양도인의 권리를 주석으로 공시한다.

[재고자산]

01. 다음 사항 중 재고자산의 회계처리와 관련된 설명으로 옳지 않은 것은?

① 선적지인도기준의 미착상품에 대한 운송비, 보험료 등을 매입자가 부담한 경우 이를 매입자의 재고자산에 가산한다.
② 재고자산에 저가법을 적용함으로써 발생한 재고자산평가손실은 매출원가에 가산하며, 재고자산에서 차감하는 형식으로 표시한다.
③ 도착지인도기준의 미착상품에 대한 운송비, 보험료 등을 판매자가 부담한 경우, 판매자의 손익계산서에 판매비와 관리비로 보고한다.
④ 재고자산의 장부상 수량과 실제수량의 차이에서 발생하는 모든 재고자산감모손실은 영업외비용으로 처리한다.

02. 12월 31일 결산일 현재 창고에 있는 기말재고자산을 실사한 결과 1,000,000원으로 조사되었다. 다음의 추가사항을 고려하여 정확한 기말재고자산을 계산하면 얼마인가?

- 결산일 현재 시송품 500,000원 중 80%는 매입자의 매입의사표시가 있었다.
- 결산일 현재 적송품 700,000원 중 30%는 수탁자가 판매하지 아니하고 보관 중이다.
- 결산일 현재 장기할부판매액 600,000원 중 20%는 할부대금이 미회수 중이다.
- 선적지인도조건으로 매입중인 재고자산 800,000원이 결산일 현재 운송중으로 도착하지 아니하였다.

① 2,000,000원 ② 2,110,000원 ③ 1,800,000원 ④ 1,430,000원

03. 2025년 12월 31일 현재 다음 자료를 통하여 기말 재무상태표상 재고자산으로 기록될 금액은 얼마인가?

> 가. 회사에 보관 중인 재고자산실사에 의한 가액(라 항의 상품가액 포함) : 55,000,000원
> 나. 매입한 상품 중 FOB 선적지인도기준에 의한 운송 중인 상품 : 5,000,000원
> 다. 위탁판매를 위한 수탁자가 보관 중인 미판매 상품 : 7,000,000원
> 라. 수탁판매를 위하여 보관하고 있는 미판매 상품 : 8,000,000원
> 마. 시용매출을 위하여 고객에게 인도한 상품(구입의사표명일 : 2026.1.3) : 4,000,000원

① 55,000,000원   ② 63,000,000원   ③ 64,000,000원   ④ 71,000,000원

04. 다음은 재고자산의 원가배분 방법에 대한 설명이다. 옳지 않은 것은?
① 후입선출법에서 원가흐름의 가정은 일반적인 재고자산의 물적 흐름을 반영하지 못한다.
② 기초재고수량과 기말재고수량이 같고 물가가 상승하는 경우 선입선출법은 현재수익에 현재원가가 대응되므로 후입선출법보다 낮은 이익을 계상하게 된다.
③ 이동평균법은 계속단가기록법(계속기록법)으로 평균법을 적용한 방법이며, 총평균법은 기말단가기록법(실지재고조사법)에 의해 평균법을 적용한 방법이다.
④ 총평균법은 기말시점에서 회계기간의 가중평균단가(총평균단가)를 계산하기 때문에 기말시점 이전에는 매출원가를 알 수 없다.

05. 다음은 기업회계기준상 재고자산에 대한 설명이다. 적합하지 않은 것은?
① 재고자산의 시가가 취득원가보다 하락한 경우에는 저가법을 적용한다.
② 재고자산을 저가법으로 평가하는 경우 제품, 재공품의 시가는 순실현가능가액을, 생산과정에 투입될 원재료의 시가는 현행대체원가를 말한다.
③ 저가기준을 매출가격환원법에 적용하는 경우 원가율 계산시 가격인하는 매출가격에 의한 판매가격에서 차감한다.
④ 재고자산 평가를 위한 저가법은 종목별로 적용하며 총액기준으로 적용할 수 없다.

06. 다음 중 재고자산에 대한 설명 중 잘못된 것은?
① 재고자산의 가격이 계속 상승하고 재고자산 매입수량이 판매수량보다 큰 경우에 재고자산을 가장 낮게 보수적으로 평가하는 방법은 후입선출법이다.
② 후입선출법에 의해 원가배분을 할 경우 기말재고는 최근에 구입한 상품의 원가로 구성된다.
③ 실지재고조사 중 정상적인 재고감모손실이 발생하는 경우에는 손익계산서상 매출원가에 가산한다.
④ 재고자산의 시가가 취득원가보다 하락한 경우에는 저가법을 사용하여 재고자산의 재무상태표 가액을 결정한다.

07. 다음의 대화내용을 완성할 경우 가장 타당한 것은?

> 김부장 : 올해 총매출액은 이미 결정되었는데... 요즘 계속되는 물가상승으로 인하여 이번 결산시 재고자산 평가방법 및 재고수량결정방법이 고민인데... 당기순이익을 작게 계상하는 방법은?
> 최대리 : 물가상승시에는 (Ⓐ)을 적용하면 (Ⓑ)보다 당기순이익이 작게 계상됩니다. 부장님!
> 박과장 : 물론 최대리의 의견도 맞습니다만 (Ⓐ) 적용시 기말재고자산의 수량이 기초재고수량보다 (Ⓒ)면 오히려 실제 당기순이익 보다 높게 계상되는 재고청산의 문제도 고려되어야 할 겁니다.
> 김부장 : 그럼 두 사람의 의견을 조합하여 결정합시다.

	Ⓐ	Ⓑ	Ⓒ
①	후입선출법	선입선출법	많아진다
②	선입선출법	후입선출법	많아진다
③	선입선출법	후입선출법	적어진다
④	후입선출법	선입선출법	적어진다

08. 다음 내용을 반영하기 전 (주)나성의 기말 재고자산은 600,000원(1,000개×600원)이었다. 다음 자료를 통하여 계산한다면 (주)나성의 매출원가는 어떻게 변화하겠는가?

- 장부상 재고수량 : 1,000개
- 재고의 취득원가 : 600원
- 재고의 시가 : 540원
- 실제 재고수량 : 950개(이 중 20개는 비정상적 감모이다.)

① 매출원가는 87,000원 증가한다.
② 매출원가는 75,000원 증가한다.
③ 매출원가는 57,000원 증가한다.
④ 매출원가는 18,000원 증가한다.

09. 다음은 (주)인천의 상품 관련된 자료이다. 기말 결산분개로 올바르게 회계처리 한 것은?

- 장부상 수량 : 2,000개
- 실제수량 : 1,700개
- 장부상 단가 : 5,000원
- 단위당 판매가능금액 : 5,200원
- 단위당 판매비용 : 500원
- 단, 재고자산의 감모는 전액 비정상적으로 발생하였다.

① (차) 재고자산감모손실 1,500,000원   (대) 상 품   1,500,000원
    매출원가   510,000원   재고자산평가충당금   510,000원
② (차) 재고자산감모손실 2,010,000원   (대) 상 품   2,010,000원
③ (차) 재고자산감모손실   510,000원   (대) 상 품   510,000원
    매출원가   1,500,000원   재고자산평가충당금   1,500,000원
④ (차) 재고자산감모손실 1,500,000원   (대) 재고자산평가충당금 1,500,000원
    매출원가   510,000원   상 품   510,000원

10. 다음은 성격과 용도가 다른 3가지 품목의 기말제품과 기말원재료 관련 자료이다. 다음 자료를 이용하여 저가법에 의한 재고자산평가손실을 계산하면 얼마인가? 단, 저가법을 적용할 수 있는 객관적 사유가 발생했다고 가정한다.

(1) 기말제품

품목	취득원가	예상판매가격	예상판매비용
제품 갑	500,000원	550,000원	60,000원
제품 을	800,000원	850,000원	30,000원
제품 병	1,000,000원	900,000원	100,000원

(2) 기말원재료 금액은 600,000원이고 기말 현재 원재료는 500,000원에 구입할 수 있으며 완성될 제품은 원가 이상으로 판매될 것으로 예상되지 않는다.

① 200,000원 ② 300,000원 ③ 310,000원 ④ 330,000원

11. 수입육 도매업을 영위하는 (주)신선유통은 8월 3일에 갑작스런 정전으로 인하여 보관 중이던 재고자산 중 7,400,000원을 제외한 금액이 부패하여 큰 피해를 입었다. 다음 자료에 의하여 (주)신선유통의 정전으로 인한 재고자산 피해액을 계산하면 얼마인가?

- 기초 재고자산 : 42,000,000원
- 당기 매입액 : 819,000,000원
- 당기 매출액 : 832,000,000원
- 당기 매출총이익률 : 5%

① 39,200,000원 ② 44,600,000원 ③ 57,800,000원 ④ 63,200,000원

12. 실지재고조사법을 적용하는 기업에서 연말에 상품을 외상으로 구입하고, 이에 대한 기록은 다음 연도 초에 하였다. 또한 기말 재고실사에서도 이 상품이 누락되었다. 이러한 오류가 당기의 계정에 미치는 영향으로 옳은 것은?

	자 산	부 채	자 본	당기순이익
①	영향없음	과소계상	과대계상	과대계상
②	영향없음	과대계상	과소계상	과소계상
③	과소계상	과소계상	영향없음	영향없음
④	과소계상	과소계상	영향없음	과대계상

13. 다음 중 결산시 기말 재고자산을 실제보다 과대평가한 경우에 이로 인한 유동비율과 부채비율에 대한 영향으로 맞는 것은?

① 유동비율 증가, 부채비율 감소
② 유동비율 감소, 부채비율 변동없음
③ 유동비율 감소, 부채비율 증가
④ 유동비율 증가, 부채비율 변동없음

14. 다음 중 재고자산의 분류와 공시에 대한 설명으로 가장 옳지 않은 것은?

① 재고자산은 총액으로 보고하거나 상품, 제품, 재공품, 원재료 및 소모품 등으로 분류하여 재무상태표에 표시한다.
② 재고자산을 총액으로 보고한 경우 그 내용을 재무제표의 주석으로 기재한다.
③ 선입선출법을 사용하여 재고자산의 원가를 결정한 경우에는 재무상태표가액과, 후입선출법 또는 평균법에 저가법을 적용하여 계산한 재고자산평가액과의 차이를 주석으로 기재한다.
④ 재고자산의 원가결정방법은 재무제표의 주석으로 기재한다.

[투자자산]

01. 다음 중 일반기업회계기준상 유가증권에 대한 설명으로 틀린 것은?

① 단기매매증권의 취득원가는 매입가액(최초인식시 공정가치)으로 한다. 단, 취득과 관련되는 매입수수료, 이전비용 등의 지출금액은 당기비용으로 처리한다.
② 단기매매증권이나 만기보유증권으로 분류되지 아니하는 유가증권은 매도가능증권으로 분류한다.
③ 유가증권 중 매도가능증권과 만기보유증권의 취득원가는 유가증권 취득을 위하여 제공한 대가의 시장가격에 취득부대비용을 포함한 가액으로 한다.
④ 단기매매증권의 평가손익은 미실현보유손익이므로 자본항목으로 처리하여야 한다.

02. 다음 자료를 보고 해당 국채의 취득원가를 구하시오.

- 국채 액면가액 및 액면이자율 : 1,000,000원, 연 12%(월할계산)
- 국채 발행일 및 발행가액 : 2025년 1월 1일, 950,000원
- 취득일 및 취득가액 : 2025년 7월 1일, 1,020,000원

① 1,000,000원 ② 950,000원 ③ 1,020,000원 ④ 960,000원

03. 다음 중 일반기업회계기준상 유가증권에 대한 설명으로 틀린 것은?

① 단기매매증권은 유동자산으로 분류되며 단기투자자산 등의 과목으로 통합하여 재무상태표에 표시할 수 있다.
② 유가증권은 만기보유증권, 단기매매증권, 매도가능증권 중의 하나로 분류하며 분류의 적정성은 취득일을 기준으로 하여 변경은 불가능하다.
③ 단기매매증권이나 만기보유증권으로 분류되지 아니하는 유가증권은 매도가능증권으로 분류하여 원칙적으로 투자자산으로 분류한다.
④ 만기가 확정된 채무증권으로서 상환금액이 확정 또는 확정 가능한 경우로서 만기까지 보유할 의도와 능력이 있는 경우 만기보유유가증권으로 분류한다.

04. 유가증권 보유 및 발행 시 회계처리로 옳지 않은 것은?
① 현금배당 수령 시 대변에 배당금 수익으로 처리한다.
② 주식발행회사의 경우 주식배당은 자본에 변화가 발생하지 아니한다.
③ 주식배당 수령 시 배당금수익은 인식하지 않고, 주당취득가액은 변화가 없다.
④ 주식발행회사의 경우 현금배당은 자본을 감소시킨다.

05. 일반기업회계기준상 회사가 취득한 유가증권의 평가방법에 대한 설명으로 틀린 것은?
① 만약 유가증권이 사채로서 만기까지 보유할 목적이라면 만기보유증권으로 분류하고 상각후취득원가로 평가하여 재무상태표에 표시한다.
② 만약 유가증권이 단기매매증권으로 분류되었다면 공정가액으로 평가한다.
③ 만약 유가증권이 시장성이 없는 지분증권으로서 공정가액을 신뢰성있게 측정할 수 없는 경우에는 취득원가로 평가한다.
④ 상각후취득원가로 평가하는 경우 상각방법은 유효이자율법과 정액법 중 선택하여 적용한다.

06. 기업회계기준상 유가증권의 공정가액에 대한 설명 중 옳지 않은 것은?
① 시장성 있는 유가증권은 원칙적으로 시장가격을 공정가액으로 본다.
② 시장성이 없는 수익증권의 경우에는 펀드운용회사가 제시하는 수익증권의 매매기준가액을 공정가액으로 할 수 있다.
③ 채무증권의 경우 신용평가기관이 평가한 신용평가등급을 적절히 감안한 할인율을 사용하여 평가한 금액을 공정가액으로 할 수 있다.
④ 단기매매증권 중 공정가액을 신뢰성 있게 측정할 수 없는 경우에는 취득원가로 평가한다.

07. 회사가 보유한 시장성 있는 매도가능증권에 대한 기말평가를 일반기업회계기준에 따라 회계처리한 경우에 대한 설명으로 틀린 것은?
① 매도가능증권의 기말평가여부와 상관없이 당기순이익은 항상 일정하다.
② 매도가능증권의 기말평가여부에 따라 자본금은 달라진다.
③ 매도가능증권의 기말평가여부에 따라 매도가능증권의 장부가액은 달라진다.
④ 매도가능증권평가이익을 손익계산서에 반영한 경우에도 재무상태표상의 자본은 변동 없다.

08. 일반기업회계기준상 유가증권의 재분류에 대한 설명으로 빈칸에 알맞은 것은?

> 단기매매증권을 매도가능증권이나 만기보유증권으로 재분류하는 경우에는 재분류일 현재의 [가]를(을) 새로운 취득원가로 본다. 이 경우 재분류일까지의 미실현보유손익은 [나]으로 인식한다. 공정가치를 측정할 수 없게 된 매도가능증권의 미실현보유손익은 [다]으로 계속 처리하고 처분 등에 따라 실현될 때에 [라]으로 인식한다.

	가	나	다	라
①	공정가치	당기손익	기타포괄손익누계액	당기손익
②	공정가치	기타포괄손익누계액	당기손익	기타포괄손익누계액
③	장부가액	당기손익	기타포괄손익누계액	당기손익
④	장부가액	기타포괄손익누계액	당기손익	기타포괄손익누계액

09. 다음 중 기업회계기준상 유가증권에 대한 설명으로 틀린 것은?
① 매도가능증권으로 분류된 경우에도 재무상태표일로부터 1년 이내에 만기가 도래하거나 처분할 것이 거의 확실한 경우에는 유동자산으로 분류한다.
② 단기매매증권의 평가손익은 그 영향이 중요한 경우에는 당기손익으로 처리하고 중요하지 아니한 경우에는 자본항목으로 처리하여야 한다.
③ 채무증권이 만기보유증권으로 분류되는 경우에는 상각후원가로 평가하여야 한다.
④ 매도가능증권이 채무증권을 만기보유증권으로 분류변경하는 경우 분류변경시까지 발생한 매도가능증권의 미실현손익 잔액은 계속 자본항목으로 처리한다.

10. 일반기업회계기준상 유가증권의 후속 측정에 대한 설명이다. 이 중 잘못된 것은?
① 만기보유증권은 취득원가로 평가하여 재무상태표에 표시한다.
② 단기매매증권과 매도가능증권은 공정가치로 평가한다.
③ 단기매매증권에 대한 미실현보유손익은 당기손익항목으로 처리한다.
④ 매도가능증권에 대한 미실현보유손익은 기타포괄손익누계액으로 처리한다.

11. 회사가 2025년 취득한 갑주식(현재 유가증권시장에 상장되어 거래되고 있음)은 매도가능증권이나 회계담당자의 실수로 단기매매증권으로 분류하여 기업회계기준에 따라 기말평가를 하였다. 갑주식의 시가가 하락하는 경우 재무제표에 미치는 영향은?

	자산	자본	당기순이익		자산	자본	당기순이익
①	불변	불변	감소	②	불변	감소	불변
③	감소	불변	감소	④	감소	감소	불변

[유형자산]

01. 다음 중 유형자산의 인식요건에 해당하는 것을 모두 고른 것은?

> 가. 자산으로부터 발생하는 미래경제적효익이 기업에 유입될 가능성이 매우 높다.
> 나. 자산의 원가를 신뢰성 있게 측정할 수 있다.
> 다. 자산이 분리 가능하여야 한다.
> 라. 자산이 통제 가능하여야 한다.

① 가 　　② 가, 나 　　③ 가, 나, 다 　　④ 가, 나, 다, 라

02. 다음 중 유형자산의 취득원가에 대한 설명으로 틀린 것은?
① 자산의 취득, 건설, 개발에 따른 복구원가에 대한 충당부채는 유형자산을 취득하는 시점에 해당 유형자산의 취득원가에 반영한다.
② 유형자산의 설계와 관련하여 전문가에게 지급하는 수수료는 유형자산의 취득원가에 해당된다.
③ 유형자산이 경영진이 의도하는 방식으로 가동될 수 있으나 아직 실제 사용되지 않는 경우에 발생하는 원가는 유형자산의 원가로 인식하지 아니한다.
④ 건물을 신축하기 위하여 사용중인 기존 건물을 철거하는 경우 철거비용은 토지의 취득원가에 포함한다.

03. 기업회계기준상 유형자산의 취득원가에 대한 설명이다. 바르지 못한 것은?

① 취득원가는 구입원가 또는 제작원가와 자산을 사용할 수 있도록 준비하는데 직접 관련이 있는 설치비, 외부 운송비 취득과 관련된 제세공과금 등을 포함한다.
② 증여로 취득한 경우에는 공정가액을 취득원가로 한다.
③ 유형자산의 취득과 관련하여 국·공채 등을 불가피하게 매입하는 경우 당해 채권의 매입가액과 기업회계기준에 의해 평가한 현재가치와의 차액은 유형자산의 취득원가에 포함한다.
④ 건물과 토지를 일괄취득 후 건물을 신축하기 위하여 기존 건물을 철거하는 경우 그 건물의 철거비용은 당기비용으로 처리한다.

04. 다음 자료에 의한 토지 취득원가는 얼마인가?

- 토지 취득대금 : 50,000,000원
- 토지 취득세 : 2,300,000원
- 토지상의 구건물 철거비용 : 3,500,000원
- 구건물 철거에 따른 철골 등 매각대금 : 1,000,000원
- 토지분 재산세 : 400,000원

① 50,000,000원 ② 52,300,000원 ③ 54,800,000원 ④ 55,800,000원

05. (주)백두의 다음 이종자산 교환에 의하여 새로이 취득한 차량의 취득원가는 얼마인가?

(주)백두는 (주)한라로부터 영업용 차량을 취득하면서 (주)백두가 사용 중이던 기계장치와 현금 4,200,000원을 추가로 지급하였다. 교환당시 기계장치의 취득원가는 30,000,000원이고, 감가상각누계액은 8,300,000원이며, 공정가치는 22,000,000원이었다.

① 26,200,000원 ② 25,900,000원 ③ 22,000,000원 ④ 21,700,000원

06. 유형자산과 관련된 기업회계기준의 설명 중 틀린 것은?

① 새로 취득한 유형자산에 대한 감가상각방법은 동종의 기존 유형자산에 대한 감가상각방법과 상관없이 선택적용 한다.
② 다른 종류의 자산과의 교환으로 유형자산을 취득하는 경우 유형자산의 취득원가는 교환을 위하여 제공한 자산의 공정가액으로 측정한다.
③ 건물을 신축하기 위하여 사용 중인 기존 건물을 철거하는 경우 그 건물의 장부가액은 제거하여 처분손실로 반영하고, 철거비용은 전액 당기비용으로 처리한다.
④ 유형자산의 진부화 또는 시장가치의 급격한 하락 등으로 인하여 유형자산의 미래 경제적 효익이 장부가액에 현저하게 미달할 가능성이 있는 경우에는 손상차손의 인식여부를 검토하여야 한다.

07. 정부보조금으로 자산을 취득하는 경우의 회계처리 내용으로 틀린 것은?

① 정부보조금으로 자산의 취득에 충당한 금액은 취득자산에서 차감하는 형식으로 표시한다.
② 결산일 현재 자산 취득에 충당하지 못한 금액은 임시적으로 자본잉여금으로 기재한다.
③ 정부보조금은 정부보조금으로 취득한 자산의 내용연수에 걸쳐 상각금액과 상계하여야 한다.
④ 정부보조금으로 취득한 자산을 처분하는 경우 정부보조금 잔액을 당해 자산의 처분손익에 가감한다.

08. 다음 중 기업회계기준상 유형자산의 취득 또는 완성 후의 지출의 처리에 대한 설명으로 틀린 것은?
① 자산으로부터 당초 예상되었던 성능수준을 회복하거나 유지하기 위한 수선 또는 유지를 위한 지출은 발생한 기간의 비용으로 인식한다.
② 항공기의 좌석 등 유형자산을 구성하는 구성요소의 내용연수가 유형자산의 내용연수와 상이한 경우에는 별도의 자산으로 처리한다.
③ 주요 부품을 교환해 주어야 운행이 가능한 중고차량을 취득한 후에 부품교환에 지출하게 된 금액은 회수가능가액 범위 내에서 발생한 기간의 비용으로 인식한다.
④ 새로운 생산공정의 채택을 통하여 생산능력 증대를 가져오는 경우에는 관련된 지출이 미래 경제적 효익을 증가시키므로 자본적 지출로 처리한다.

09. 다음은 유형자산의 감가상각에 대한 설명이다. 가장 적합하지 않은 것은?
① 감가상각은 유형자산의 감가상각대상금액을 그 자산의 내용연수 동안 체계적인 방법에 의하여 각 회계기간에 배분하는 것을 말한다.
② 일반기업회계에서 내용연수는 자산의 예상 사용기간 또는 자산으로부터 획득할 수 있는 생산량이나 이와 유사한 단위를 말한다.
③ 법인세법에서는 내용연수가 자산의 예상 사용기간을 결정하는 기능으로 적용되지 않고 상각률 결정기준으로서 역할을 한다.
④ 세법에 의한 감가상각비의 손금산입 특례에 의한 내용연수를 적용하면, 일반기업회계기준에서도 그것을 인정한다.

10. 유형자산의 감가상각과 관련한 다음 설명 중 가장 옳지 않는 것은?
① 연수합계법은 내용연수 동안 감가상각비가 매 기간 일정한 방법이다.
② 감가상각의 주목적은 자산의 내용연수 동안 원가의 합리적인 배분에 있다.
③ 제조공정에서 사용된 유형자산의 감가상각액은 재고자산의 원가를 구성한다.
④ 유형자산의 잔존가치가 유의적이고, 새로운 추정치가 종전의 추정치와 다르다면 그 차이는 회계추정의 변경으로 회계처리한다.

11. 신규로 취득한 건물에 대하여 회사는 정액법을 사용하여 감가상각비를 계상하고자 한다. 그러나 담당자의 실수로 정률법을 사용하여 회계처리하였다면 기말 재무제표에 미치는 영향을 올바르게 표한한 것은?

	건물의 장부가액	당기순이익	감가상각비
①	과대계상	과대계상	과대계상
②	과대계상	과소계상	과소계상
③	과소계상	과대계상	과소계상
④	과소계상	과소계상	과대계상

12. 다음은 건설기계와 관련된 12월 31일 현재의 계정내용이다. 이에 대한 설명으로 틀린 것은?

> - 건설기계는 2025.1.1. 취득하였으며, 내용연수는 10년, 상각방법은 정액법을 적용한다.
> - 정부보조금은 건설기계 취득 시 즉시 수령하였다.
> - 건설기계 취득원가 : 10,000,000원
> - 2025년 12월 31일 현재 감가상각누계액 계정 잔액 : 1,000,000원
> - 2025년 12월 31일 현재 정부보조금 계정 잔액 : 4,500,000원
> - 2026년 1월 1일에 건설기계를 5,500,000원에 처분하였다.

① 2026년 건설기계의 처분이익은 500,000원이다.
② 2025년 수령한 정부보조금 총액은 5,000,000원이다.
③ 2025년 당기순이익에 미치는 영향은 500,000원이다.
④ 2025년말 건설기계의 장부가액은 4,500,000원이다.

13. 다음 중 일반기업회계기준상 유형자산에 대한 설명으로 틀린 것은?
① 유형자산의 순매각액과 사용가치 중 작은 금액인 회수가능가액이 장부가액에 미달하는 경우 장부가액을 회수가능가액으로 조정하여야 한다.
② 유형자산의 폐기 또는 처분으로부터 발생하는 손익은 처분가액과 장부가액의 차액으로 결정하며 영업외손익으로 인식한다.
③ 신규사업의 착수로 인하여 독립된 새로운 사업부문에 대하여 기존과 다른 감가상각방법을 사용하는 경우에는 이를 회계변경으로 보지 아니한다.
④ 감가상각 시 잔존가액은 자산의 취득시점에 추정하고 물가변동에 따라 이를 수정하지 아니한다.

14. 다음 중 유형자산의 재평가에 대한 설명으로 틀린 것은?
① 유형자산에 대하여 재평가일 현재의 공정가치로 재평가한 이후에는 더 이상 감가상각은 수행하지 아니한다.
② 특정 유형자산을 평가할 때에는 해당 자산이 포함되는 유형자산 분류 전체를 재평가하여야 한다.
③ 재평가된 자산의 공정가치가 장부금액과 중요하게 차이가 나는 경우에는 추가적인 재평가가 필요하다.
④ 유형자산의 장부금액이 재평가로 인하여 감소되는 경우 재평가로 인한 기타포괄손익을 먼저 차감한 후 당기손익으로 인식하여야 한다.

15. 다음 중 차입원가의 자본화에 대한 설명으로 옳지 않은 것은?
① 차입원가 자본화는 유형자산, 무형자산 및 투자부동산과 특정요건을 충족하는 재고자산("적격자산")에 대하여 적용이 가능하다.
② 차입원가의 회계처리방법은 매 회계기간마다 각 적격자산별로 새로운 방법으로 반드시 변경하여 적용하여야 한다.
③ 차입원가의 자본화는 적격자산에 대한 지출이 있었고, 차입원가가 발생하였으며, 적격자산을 의도한 용도로 사용하거나 판매하기 위한 취득활동이 진행 중이라는 조건이 모두 충족되는 시기에 인식한다.
④ 차입원가의 자본화는 적격자산을 의도된 용도로 사용하거나 판매 가능한 상태에 이르게 하는 데 필요한 대부분의 활동이 완료된 시점에서 종료한다.

16. 다음은 공장건설과 관련한 내역이다. 당사의 결산일은 12월 31일이다. 2025년 4월 1일에 공사를 시작하여 2027년 5월 31일 준공예정으로 특정차입금은 540,000원(차입기간 : 2025.4.1. ~ 2026.12.31.)이고 연이자율은 10%이다. 특정차입금 중 120,000원은 2025년에 6개월간 연 8%의 투자수익률로 일시투자하였다. 특정차입금과 관련하여 2025년도에 자본화대상 차입원가는 얼마인가? (이자비용은 월할상각한다.)

① 35,700원 ② 40,500원 ③ 49,200원 ④ 54,000원

17. 다음은 (주)충현의 신축건물 건설과 관련한 내역이다. 당사의 결산일은 12월 31일이다. 2025년도 공사대금평균지출액(공사기간 : 2025.4.1. ~ 2026.5.31.)은 350,000원이며, 특정차입금은 720,000원(차입기간 2025.4.1. ~ 2026.5.31., 연이자율 10%)이다. 2025년도에 일반차입금의 자본화대상 차입원가는 얼마인가? (이자비용은 월할상각한다.)

일반차입금종류	차입금액	차입기간	연이자율
대한은행	300,000원	2024.7.1. ~ 2025.12.31.	8%
신라은행	200,000원	2025.1.1. ~ 2025.12.31.	10%

① 0원 ② 46,500원 ③ 45,756원 ④ 48,258원

18. 유형자산의 감가상각방법 중 정액법, 정률법 및 연수합계법 각각에 의한 2차연도 감가상각비가 큰 금액부터 나열한 것은?

- 기계장치 취득원가 : 15,000,000원(1월 1일 취득)
- 잔존가치 : 취득원가의 5%
- 내용연수 : 5년
- 정률법 상각률 : 0.3

① 정률법 > 정액법 = 연수합계법
② 정률법 > 연수합계법 > 정액법
③ 연수합계법 > 정률법 > 정액법
④ 연수합계법 = 정액법 > 정률법

[무형자산]

01. 일반기업회계기준의 무형자산과 관련된 내용 중 틀린 것은?
① 무형자산을 창출하기 위한 내부 프로젝트를 연구단계와 개발단계로 구분할 수 없는 경우에는 그 프로젝트에서 발생한 지출은 모두 개발단계에서 발생한 것으로 본다.
② 프로젝트의 연구단계에서는 미래경제적 효익을 창출한 무형자산이 존재한다는 것을 입증할 수 없기 때문에 연구단계에서 발생한 지출은 무형자산으로 인식할 수 없고, 발생한 기간의 비용으로 인식한다.
③ 새로운 지식을 얻거나 연구결과 또는 기타 지식을 탐색, 평가, 최종 선택 및 응용하는 활동은 연구단계에 속하는 활동의 예이다.
④ 무형자산의 상각기간은 독점적, 배타적인 권리를 부여하고 있는 관계 법령이나 계약에 정해진 경우를 제외하고는 20년을 초과할 수 없으며, 상각은 자산이 사용한 가능한 때부터 시작한다.

02. 일반기업회계기준상 무형자산에 관한 설명이다. 바르지 못한 것은?
① 기업내부에서 개발된 소프트웨어의 경우 자산인식조건을 충족하는 경우에는 개발비의 과목으로 하여 무형자산으로 처리한다.
② 법인의 설립시 발생하는 등기비용등의 창업비용은 당기비용으로 처리한다.
③ 무형고정자산 중 영업권에 대한 상각은 5년의 기간내에 정액법으로 상각한다.
④ 무형고정자산의 상각방법은 정액법, 정률법, 연수합계법, 생산량비례법 등 합리적인 방법에 의하여 상각한다.

03. (주)발산의 영업부장인 박영철은 신제품의 개발과 관련 비용을 다음과 같이 지출하였다. 재무상태표상의 무형자산인 개발비로 계상되는 것은?

> 가. 새로운 지식을 얻고자 하는 활동비용
> 나. 생산 전 시작품과 모형 제작비용
> 다. 개선된 장치, 제품 등에 대한 대체안을 제안 설계 평가와 관련된 비용
> 라. 상업적 생산목적이 아닌 소규모의 시험공장을 설계 건설 및 가동하는 비용
> 마. 새로운 기술과 관련된 공구 금형 주형 등을 설계하는 활동비용

① 1개   ② 2개   ③ 3개   ④ 4개

04. 다음은 무형자산에 대한 회계처리와 보고방법을 설명한 것이다. 옳지 않은 것은?
① 무형자산은 당해 자산의 법률적 취득시점부터 합리적인 기간 동안에 정액법, 연수합계법, 체감잔액법, 생산량비례법 등 기타 합리적인 방법을 적용하여 상각한다. 다만, 합리적인 방법을 정하기 어려운 경우에는 정액법으로 상각한다.
② 업무지원용으로 자체개발에 소요된 비용이 자산인식 요건에 충족한 소프트웨어는 무형자산으로 처리한다.
③ 내용연수가 비한정인 무형자산은 상각하지 아니한다.
④ 무형자산은 최초 인식 후에 무형자산의 장부금액을 취득원가에서 상각누계액과 손상차손누계액을 차감한 금액으로 기록한다.

05. 무형자산에 대한 다음 설명 중 틀린 것은?
① 무형자산을 다른 비화폐성자산과 교환하여 취득하는 경우 제공한 자산의 공정가치를 취득원가로 한다.
② 무형자산의 인식은 취득시점에 검토되어야 하며, 취득 또는 완성 후에 증가·대체·수선을 위해 발생한 원가는 고려하지 않는다.
③ 국고보조금에 의해 무형자산을 공정가액보다 낮은 대가로 취득하는 경우에는 취득일의 공정가액을 취득원가로 한다.
④ 사용을 중지하고 처분을 위해 보유하는 무형자산은 상각중단하고 손상차손여부를 검토한다.

[부채]

01. 회사채 발행시장에서 사용되는 시장이자율이 사채의 액면이자율보다 낮은 경우에 사채는 어떻게 발행되는가?

① 할인 발행된다. ② 할증 발행된다.
③ 액면 발행된다. ④ 정답이 없다.

02. (주)현상은 액면금액 1,000,000원(표시이자율 연 8%, 사채권면상 발행일 2025년 1월 1일, 만기 3년, 매년말 이자지급)인 사채를 2025년 1월 1일에 발행하였다. 사채권면상 발행일인 2025년 1월 1일의 시장이자율은 연 10%이다. 현가계수는 아래 표를 이용한다.

현가계수표

기간 \ 할인율	단일금액 1원의 현재가치		정상연금 1원의 현재가치	
	8%	10%	8%	10%
3년	0.7938	0.7513	2.5771	2.4868

(주)현상의 2025년 1월 1일의 사채의 현재가치(발행가액)는 얼마인가?

① 1,000,000원 ② 950,244원 ③ 831,300원 ④ 751,300원

03. (주)세무는 아래와 같은 사채를 발행하였다. 2025년 12월 31일에 사채의 장부가액은 얼마인가? (단, 사채할인발행차금은 유효이자율법에 따라 상각하고 소수점 이하는 절사한다.)

- 발행일 : 2023년 1월 1일
- 만기일 : 2027년 12월 31일
- 액면가액 : 1,000,000원
- 액면이자율 : 10%
- 발행가액 : 927,880원
- 유효이자율 : 12%
- 이자지급일 : 매년 12월 31일

① 961,915원 ② 966,163원 ③ 1,000,000원 ④ 1,038,283원

04. 다음은 (주)터보의 사채발행에 대한 자료이다. 2025년 12월 31일에 상각되는 사채할인발행차금은 얼마인가? (단, 소수점 이하는 절사한다.)

- 사채발행일 : 2024년 1월 1일
- 사채만기일 : 2028년 12월 31일
- 이자지급일 : 매년 12월 31일
- 액면가액 : 1,000,000원(발행시 현재가치 : 894,483원)
- 발행가액 : 894,483원
- 사채의 표시이자율 : 10%
- 사채의 유효이자율 : 13%

① 15,116원 ② 18,399원 ③ 115,116원 ④ 118,399원

05. 사채가 할인발행되고 유효이자율법이 적용되는 경우 다음의 설명 중 옳지 않은 것은?
① 사채발행시점에 발생한 사채발행비는 비용으로 처리하지 않고, 사채의 만기 동안의 기간에 걸쳐 상각하여 비용화한다.
② 사채의 장부가액은 초기에는 적고 기간이 지날수록 금액이 커진다.
③ 매기간 계상되는 총사채이자비용은 초기에는 적고 기간이 지날수록 금액이 커진다.
④ 사채할인발행차금 상각액은 매기 감소한다.

06. 사채의 시장이자율보다 액면이자율이 낮은 사채를 발행하고, 매년 유효이자율법에 의해 사채발행차금을 상각하는 경우 다음 설명 중 가장 옳지 않은 것은?
① 사채는 할인발행 되고, 사채의 장부가액은 액면가액 보다 작다.
② 사채의 장부가액은 매년 증가한다.
③ 사채발행차금의 상각액은 매년 증가한다.
④ 기초 장부가액에 대한 이자비용의 비율은 매년 감소한다.

07. 2025년도에 사채 발행시 액면이자율보다 시장이자율이 낮았다면 2026년도의 사채 장부가액, 사채 이자비용, 사채발행차금상각액은 각각 2025년도와 비교하여 어떻게 달라지는가?

	사채 장부가액	사채 이자비용	사채발행차금 상각액
①	감소한다	감소한다	증가한다
②	증가한다	증가한다	감소한다
③	감소한다	증가한다	증가한다
④	증가한다	증가한다	증가한다

08. (주)대동은 사채를 할인발행하고, 사채할인발행차금에 대하여 유효이자율법으로 상각한 경우와 정액법으로 상각한 경우를 비교할 경우 사채발행 초기의 장부가액과 당기순이익 크기를 정확히 표현한 것은?

	유효이자율법		정액법			유효이자율법		정액법
①	장부가액	<	장부가액		③	당기순이익	=	당기순이익
②	장부가액	>	장부가액		④	당기순이익	<	당기순이익

09. (주)한결은 2025년 1월 1일에 아래와 같이 사채를 발행하였으며, 동 사채를 2025년 12월 31일 980,000원에 조기 상환하였다. 2025년 인식할 사채상환손실은 얼마인가? (사채할인발행 차금은 유효이자율법에 따라 상각하고 소수점 이하는 절사한다.)

- 액면가액 : 1,000,000원
- 액면이자율 : 8%
- 이자는 매년 말 후급
- 만기 : 3년
- 사채 발행 시 유효이자율 : 10%
- 사채 발행가액 : 950,263원

① 14,711원 ② 15,026원 ③ 95,026원 ④ 109,737원

10. 근로자퇴직급여보장법에 의한 퇴직연금에는 확정급여형과 확정기여형이 있다. 각 제도에 따른 회계처리로 알맞은 것은?

①	퇴직연금 납부시	확정기여형	(차) 퇴직연금운용자산	500,000	(대) 보통예금	500,000
②	퇴직연금 납부시	확정급여형	(차) 퇴직급여	500,000	(대) 보통예금	500,000
③	결산기말	확정기여형	(차) 퇴직급여	100,000	(대) 퇴직급여충당부채	500,000
④	퇴직연금 운용수익 수령시	확정급여형	(차) 퇴직연금운용자산	100,000	(대) 이자수익	100,000

11. 어떤 의무에 대하여 자원유출 가능성이 매우 높으나 그 금액을 신뢰성 있게 추정할 수 없다면 재무제표에 어떻게 공시하는가?
① 우발부채로 주석공시한다.
② 공시하지 않는다.
③ 충당부채로 인식한다.
④ 우발부채로 인식하나 주석으로 공시하지는 않는다.

12. 기업회계기준의 충당부채와 우발자산·부채에 대한 설명이다. 틀린 것은?
① 충당부채는 현재의무이고 이를 이행하기 위하여 자원이 유출될 가능성이 매우 높고 그 금액을 신뢰성 있게 추정할 수 있으므로 부채로 인식한다.
② 자원의 유출을 초래할 현재의무가 불확실하거나, 현재의무가 존재하지만, 그 금액을 신뢰성 있게 추정할 수 없는 우발부채는 부채로 인식되지 않는다.
③ 우발자산은 원칙적으로 자산으로 인식하지 아니하고 자원의 유입가능성이 매우 높은 경우에만 자산으로 인식한다.
④ 충당부채는 재무상태표일마다 그 잔액을 검토하고, 재무상태표일 현재 최선의 추정치를 반영하여 증감 조정한다.

13. 다음 중 충당부채 및 우발부채에 관한 설명 중 가장 옳지 않은 것은?
① 충당부채의 명목금액과 현재가치의 차이가 중요하더라도 명목가치로 평가한다.
② 우발부채는 부채로 인식하지 아니하고, 주석으로 기재한다.
③ 판매를 촉진하기 위해 포인트 또는 마일리지제도를 시행하는 경우 충당부채를 인식할 수 있다.
④ 충당부채는 최초의 인식시점에서 의도한 목적과 용도에만 사용하여야 한다.

14. 다음 중 자산과 부채의 유동성과 비유동성 구분에 대한 설명으로 옳지 않은 것은?

① 정상적인 영업주기 내에 판매되거나 사용되는 재고자산과 회수되는 매출채권 등은 보고기간종료일로부터 1년 이내에 실현되지 않을 경우 비유동자산으로 분류하고, 1년 이내에 실현되지 않을 금액을 주석으로 기재한다.
② 장기미수금이나 투자자산에 속하는 매도가능증권 또는 만기보유증권 등의 비유동자산 중 1년 이내에 실현되는 부분은 유동자산으로 분류한다.
③ 비유동부채 중 보고기간종료일로부터 1년 이내에 자원의 유출이 예상되는 부분은 유동부채로 분류한다.
④ 보고기간종료일로부터 1년 이내에 상환기일이 도래하더라도 기존의 차입약정에 따라 보고기간종료일로부터 1년을 초과하여 상환할 수 있고 기업이 그러한 의도가 있는 경우에는 비유동부채로 분류한다.

[자본]

01. 다음 중 기업회계기준에 의하여 이익잉여금처분사항으로 분류되는 항목이 아닌 것은?

① 이익준비금의 적립
② 사채할인발행차금의 상각
③ 주식배당의 결의
④ 주식할인발행차금의 상각

02. 재무상태표상의 자본에 대한 설명으로 맞는 것은?

① 자본금은 법정자본금으로서 발행주식수에 발행가액을 곱하여 계산한다.
② 자본잉여금은 증자나 감자 등 주주와의 거래에서 발생하여 자본을 증가시키는 잉여금이다.
③ 자본조정은 당해 항목의 성격으로 보아 자본거래에 해당하나 최종 납입된 자본으로 볼 수 없거나 자본을 증가시키는 성격으로 자본금이나 자본잉여금으로 분류할 수 없는 항목이다.
④ 이익잉여금은 손익계산서에 보고된 손익과 다른 자본항목에서 이입된 금액과 배당 등으로 처분된 금액의 합계액이다.

03. 다음 중 기업회계기준상 자본에 대한 설명으로 틀린 것은?

① 주식할인발행차금이 발생하는 경우 그 당시에 장부상 존재하는 주식발행초과금과 우선적으로 상계하여 처리한다.
② 무상증자는 법정적립금과 자본잉여금을 재원으로 하지만 주식배당은 미처분이익잉여금을 재원으로 한다.
③ 전기에 배당하지 못한 연체배당금 중 누적적우선주에 대한 금액은 부채로 계상하여야 한다.
④ 결산일 현재 매도가능증권의 공정가액이 장부가액보다 증가한 경우 자본총액은 증가한다.

04. 다음은 기업회계기준상 자본에 대한 설명이다. 틀린 것은?

① 액면가액을 초과하여 주식을 발행하는 경우 그 액면을 초과하는 금액은 주식발행초과금으로 하여 자본잉여금으로 계상한다.
② 회사가 자기주식을 취득하는 경우에는 자본의 가산항목으로 하여 자본조정에 표시한다.
③ 이익잉여금처분계산서에 포함된 배당은 재무상태표에 부채로 인식하지 아니하며, 재무상태표에는 이익잉여금처분 전의 재무상태를 표시한다.
④ 자기주식처분손실은 자기주식처분이익이 있는 경우 우선 상계처리하고, 잔액은 자본조정으로 계상한 후, 결손금의 처리순서에 준하여 처리한다.

05. 다음 자료에 의하여 재무상태표의 자본총계를 구하면?

■ 자본금	50,000,000원	■ 주식발행초과금	5,200,000원
■ 매도가능증권평가이익	700,000원	■ 미처분이익잉여금	7,800,000원
■ 감자차익	800,000원	■ 자기주식처분손실	600,000원
■ 매도가능증권처분손실	500,000원	■ 자기주식	3,000,000원

① 67,500,000원　　② 63,900,000원　　③ 60,900,000원　　④ 60,400,000원

06. (주)세무가 다음과 같은 거래를 한 경우 각각의 회계처리가 자본에 미치는 영향으로 틀린 것은?

주식발행 (액면발행)	■ 증자일　　: 제12기 6월 4일 ■ 발행주식수 : 1,000주　■ 액면가액 : 5,000원　■ 주식발행비용 : 100,000원 ■ 제12기 1월 1일 현재 재무상태표상 주식발행초과금 : 5,000,000원
자기주식 (취득과 매각)	■ 자기주식 취득(제12기 7월 4일) : 100주, 취득가액 : 주당 6,000원(액면가액 5,000원) 　　자기주식을 최초 취득하였다. ■ 자기주식 처분(제12기 7월 20일) : 100주, 처분가액 : 주당 6,500원

① 주식발행으로 인하여 자본금은 증가하였다.
② 주식발행으로 인하여 자본잉여금은 변동이 없다.
③ 자기주식 취득으로 자본금은 변동이 없다.
④ 자기주식 처분으로 인하여 자본잉여금은 증가하였다.

07. 자기주식 100주(주당 액면가액 5,000원, 주당 발행가액 5,200원)를 주당 5,100원에 취득하여 즉시 주당 5,300원에 모두 매각한 경우 자기주식 거래가 자본에 미치는 영향으로 맞는 것은? 단, 당사의 자기주식 거래는 이 건 이외에는 없다고 가정한다.

① 자본금이 30,000원 증가한다.　　② 자본잉여금이 30,000원 증가한다.
③ 자본금이 20,000원 증가한다.　　④ 자본잉여금이 20,000원 증가한다.

08. 자기주식(1,000주, 액면가액 : 5,000원, 발행가액 : 5,000원, 취득가액 : 6,000,000원)을 소각한 경우 재무상태표상의 자본과 자본금의 변동내역을 정확하게 정리한 것은?

	자본	자본금		자본	자본금
①	감소	감소	②	불변	불변
③	불변	감소	④	감소	불변

09. 기업회계기준에 의한 배당에 관한 설명으로 틀린 것은?

① 배당금을 수령하는 법인의 입장에서 현금배당은 당기순이익을 증가시키지만 주식배당은 당기순이익에 전혀 영향이 없다.
② 배당금을 지급하는 법인의 입장에서 현금배당이나 주식배당 모두 이익잉여금을 감소시킨다.
③ 배당금을 지급하는 법인의 입장에서 주식배당은 자본을 감소시키나 현금배당의 경우 자본총계 변화는 전혀 없다.
④ 배당금을 지급하는 법인의 입장에서 중간배당은 이사회의 결의에 의해서 현금배당만 할 수 있고 주식배당은 불가능하다.

10. 기업의 누적결손금을 보전하였을 경우에 대한 설명으로 틀린 것은?

① 재무상태표상의 자본은 결손금 보전 전과 항상 동일하다.
② 재무상태표상의 자본금은 결손금 보전 전과 항상 동일하다.
③ 재무상태표상의 자본조정은 결손금 보전 전과 항상 동일하다.
④ 재무상태표상의 자본잉여금은 결손금 보전 전과 항상 동일하다.

11. 회사의 이익잉여금을 현금배당 또는 주식배당으로 배당함에 있어, 배당의 종류별로 주식발행회사 입장에서의 자본변동사항과 주주인 투자법인의 배당수익 인식여부에 대한 설명으로 올바른 것은?

	주식발행회사 자본변동사항		주주인 투자법인 배당수익 인식여부	
	현금배당	주식배당	현금배당	주식배당
①	감소	변동없음	수익인식	수익인식
②	감소	변동없음	수익인식	수익불인식
③	변동없음	감소	수익불인식	수익불인식
④	변동없음	감소	수익불인식	수익인식

12. 현행 기업회계기준의 이익잉여금처분계산서의 이익잉여금 처분항목에 대한 다음 설명 중 올바르지 아니한 것은?

① 법정적립금 및 임의적립금으로의 적립은 차기이월이익잉여금을 감소시키고 이익잉여금의 총계도 감소시키나 자본총계에는 영향이 없다.
② 현금배당은 차기이월이익잉여금, 이익잉여금총계 및 자본총계 모두를 감소시킨다.
③ 주식배당은 차기이월이익잉여금 및 이익잉여금 총계를 감소시키나 자본총계에는 영향이 없다.
④ 주식할인발행차금의 상각은 차기이월이익잉여금을 감소시키고 이익잉여금 총계도 감소시키나 자본총계에는 영향이 없다.

13. 재무상태표에 대한 설명으로 틀린 것은?

① 기발행된 신주인수권부사채의 권리행사로 주식이 발행된 경우 부채는 변동이 없으나 자본은 증가한다.
② 기발행된 전환사채의 권리행사로 주식이 발행된 경우 부채는 감소하고 자본은 증가한다.
③ 자본잉여금인 주식발행액면초과액이 자본으로 전입되는 경우 자본은 증가한다.
④ 주식배당을 할 경우 자본은 변동이 없으나 현금배당을 하는 경우에는 자본이 감소한다.

14. 다음 자료 중 옳은 것을 모두 고르시오.

> 가. 무상증자는 발행주식수가 증가하고 주식병합은 그 수가 감소하나, 모두 총 자본에 영향은 없다.
> 나. 유상증자하는 경우 자본금이 증가하고 이익잉여금이 감소한다.
> 다. 주식분할은 총 자본에 영향을 주지 않지만, 주식배당은 총 자본을 증가시킨다.
> 라. 감자차손이 발생한 경우 감자차익이 먼저 계상되어 있으면 감자차익과 우선 상계하고, 미상계된 감자차손을 인식한다.

① 가, 라 ② 가, 나 ③ 나, 라 ④ 나, 다

15. 다음 중 자본금의 변동이 없는 거래를 모두 고른 것은?

> 가. 회사는 주식 1주를 2주로 분할하였다.
> 나. 회사는 주주총회 결의를 통하여 이익잉여금을 적립하였다.
> 다. 회사는 주주총회 결의를 통하여 주주에게 현금배당을 하였다.
> 라. 회사는 주주총회 결의를 통하여 주식배당을 실시하였다.

① 가, 라 ② 나, 다 ③ 나, 다, 라 ④ 가, 나, 다

16. 다음 중 자본에 대한 설명으로 틀린 것은?

① 이익잉여금처분계산서(안)의 현금배당액은 기말재무상태표에 미지급배당금으로 하여 유동부채로 분류한다.
② 매도가능증권평가이익(손실) 및 재평가잉여금은 자본항목 중 기타포괄손익누계액으로 분류한다.
③ 자본잉여금은 증자나 감자 등 주주와의 거래에서 발생하여 자본을 증가시키는 잉여금이다.
④ 일반기업회계기준의 자본은 자본금, 자본잉여금, 자본조정, 기타포괄손익누계액, 이익잉여금으로 구성된다.

17. 제10기(2025.1.1. ~ 2025.12.31.)재무상태표상 자본금은 1억원, 이익준비금은 없으며 처분예정(확정)일이 2026년 3월 20일인 이익잉여금처분계산서는 다음과 같다. 다음의 설명 중 가장 틀린 것은?

Ⅰ. 미처분이익잉여금		105,000,000원
1. 전기이월이익잉여금	70,000,000원	
2. 전기오류수정손실	(-)5,000,000원	
3. 당기순이익	40,000,000원	
Ⅱ. 임의적립금 이입액		20,000,000원
1. 연구인력개발준비금	20,000,000원	
Ⅲ. 이익잉여금 처분액		22,000,000원
1. 이익준비금	2,000,000원	
2. 현금배당	20,000,000원	
Ⅵ. 차기이월미처분이익잉여금		103,000,000원

① 2025년도 손익계산서상 당기순이익은 40,000,000원이다.
② 이익준비금 2,000,000원은 임의적립금에 해당한다.
③ 2026년 3월 20일, 현금배당과 관련된 회계처리를 하여야 한다.
④ 2025년에 전기 오류수정사항을 발견하였으며, 이는 중대한 오류에 해당한다.

[수익과 비용]

01. 다음 중 기업회계기준상 수익의 인식에 대한 설명으로 가장 틀린 것은?
① 재화 판매시 거래이후에도 판매자가 관련 재화의 소유에 따른 위험의 대부분을 부담하는 경우에는 아직 수익을 인식하여서는 안된다.
② 수강료 수익의 인식은 용역제공 완료시점, 즉, 강의용역의 제공이 완료되는 시점인 강의종료일에 인식하여야 한다.
③ 제품공급자로부터 받은 제품을 인터넷 상에서 경매하고 수수료만을 수취하는 인터넷쇼핑몰 운영회사의 수익은 제품 판매대가가 아닌 수취수수료뿐이다.
④ 상품권 발행과 관련된 수익은 재화를 인도하거나 판매한 시점에 인식하여야 하므로 상품권을 판매한 시점에는 수익을 인식하지 아니하고 선수금으로 처리한다.

02. 일반기업회계기준에 의한 수익인식기준으로 틀린 것은?
① 위탁판매의 경우에는 수탁자가 제3자에게 해당 재화를 판매한 시점에서 수익을 인식한다.
② 반품가능판매인 경우에는 판매시점에 반품이 예상되는 매출액과 매출원가를 각각 차감하고 매출총이익에 해당하는 금액은 충당부채로 설정하며 반품관련비용도 충당부채에 반영한다.
③ 공사진행율은 실제공사비 발생액을 총공사예정원가(토지의 취득원가와 자본화대상 차입원가 등을 포함함)로 나눈 비율로 계산함을 원칙으로 한다.
④ 입장료수익은 행사가 개최되는 시점에 수익을 인식한다.

03. 일반기업회계기준에 따른 수익의 인식기준에 관한 다음 설명 중 가장 옳지 않은 것은?
① 로열티 수익은 관련된 계약의 경제적 실질을 반영하여 발생기준에 따라 인식한다.
② 이자수익은 원칙적으로 유효이자율을 적용하여 발생기준에 따라 인식한다.
③ 용역의 제공으로 인한 수익은 용역제공거래의 성과를 신뢰성 있게 측정할 수 있을 경우에도 완성기준에 따라 인식한다.
④ 건설형 공사계약의 공사수익은 최초에 합의된 계약금액과 건설공사내용의 변경이나 보상금 등의 지급에 따라 추가될 수익 중 발생가능성이 매우 높고 신뢰성 있는 측정이 가능한 금액으로 구성된다.

04. 공사수익을 인식할 때 공사진행기준에 대한 다음 설명 중 틀린 것은?
① 공사진행기준이란 공사진행 정도에 따라 총계약금액을 공사기간별로 배분하여 수익으로 인식하는 방법을 말한다.
② 장기공사 뿐 아니라 단기공사계약에 대하여도 진행기준에 의해 수익을 인식할 수 있다.
③ 일반기업회계기준은 공사진행률 계산방법으로 오직 원가비율에 의한 방법만을 인정하므로 작업일수나 면적비율을 사용하여 공사진행률을 계산하여서는 안된다.
④ 용역제공가 관련한 수익, 원가, 진행률 등을 합리적으로 추정할 수 없는 경우에는 공사원가 중 회수가능한 범위 내에서 공사수익을 인식하고, 발생한 공사원가를 당기비용으로 인식한다.

05. 다음의 용역제공거래에 대하여 진행기준을 적용하지 않는 경우에 대한 서술 중 잘못된 것은?
① 추정원가의 합계액이 총수익을 초과하는 경우에는 그 초과액과 이미 인식한 이익의 합계액을 전액 당기손실로 인식한다.
② 용역제공거래의 성과를 신뢰성 있게 추정할 수 없는 경우에는 발생한 비용의 범위 내에서 회수가능한 금액을 수익으로 인식한다.
③ 용역제공거래의 성과를 신뢰성 있게 추정할 수 없고 발생한 원가의 회수가능성이 낮은 경우에는 수익을 인식하지 않고 발생한 원가를 비용으로 인식한다.
④ 거래의 성과를 신뢰성 있게 추정하는 것을 어렵게 만들었던 불확실성이 해소된 경우라 하더라도 해당 거래에 대해서는 진행기준을 재적용할 수 없다.

06. (주)세무는 컴퓨터 소프트웨어 제조회사로 소프트웨어를 판매한 후 1년간 프로그램을 업데이트 해주고 있다. 2025년 10월 1일 소프트웨어를 200,000원에 판매하였다. 판매대금 중 50,000원은 업데이트와 관련된 대가이다. (주)세무가 소프트웨어 판매와 관련하여 2025년에 인식할 수익은 얼마인가?
① 50,000원 ② 150,000원 ③ 162,500원 ④ 200,000원

07. (주)한강은 고객사인 (주)철강에게 본사제품인 기계장비를 다음과 같이 판매하였다. 이 경우 2025년 손익계산서에 반영될 매출액은 얼마인가? (동 기계장비 매출 회계처리는 기업회계기준 준용)

> 1. 11월 20일 기계장비 10대를 대당 10,000,000원에 판매계약과 동시에 납품하다.
> 2. 대금은 계약일로부터 30일내에 지급하면 2%를 할인하기로 약정하였다.
> 3. 대금은 12월 10일 전액 회수하였다.
> 4. 2026년 1월 5일에 2025년 11월 20일 납품한 기계장비 중 1대가 불량으로 반품되었다.

① 88,200,000원 ② 88,000,000원 ③ 98,000,000원 ④ 100,000,000원

08. 다음의 사례를 일반기업회계기준에서 정한 수익인식기준에 따라 회계처리 할 경우에 대한 설명으로 틀린 것은?

> 1) 2025년 5월 2일 회사는 (주)서울에 태양광발전설비를 10,000,000원(원가 : 7,000,000원)에 판매하고 현금으로 받았다.
> 2) 회사는 태양광발전설비를 판매 후 2년간 무상보증수리를 제공할 것을 약정하였다.
> 3) 회사는 무상보증수리비용의 발생액을 합리적으로 측정할 수 없다.
> 4) 2027년 2월 3일 무상보증수리비용이 3,000,000원 발생하여 현금으로 지급하였다.

① 2025년 손익계산서에는 영향이 전혀 없다.
② 2025년 재무상태표상 부채가 증가한다.
③ 2025년 재무상태표상 자본은 전혀 변동이 없다.
④ 2025년 재무상태표상 판매보증충당금 3,000,000원이 증가한다.

09. (주)세무는 2025년 7월 1일부터 2년간 교량을 건설하는 계약을 체결하고 공사를 진행하고 있다. 총계약수익은 300,000원, 총계약원가는 240,000원이다. 다음의 진행기준에 따른 수익인식표를 참조하여 빈칸에 들어갈 정답을 구하시오.

회계연도	누적계약 건설원가	누적건설 계약진행률	수익	비용	이익
2025년	72,000원	(1)	(3)	72,000원	18,000원
2026년	192,000원	(2)	(4)	120,000원	30,000원
2027년	240,000원	100%	60,000원	48,000원	12,000원

	(1)	(2)	(3)	(4)
①	30%	80%	90,000원	150,000원
②	24%	64%	72,000원	192,000원
③	30%	80%	90,000원	240,000원
④	24%	64%	72,000원	120,000원

10. (주)고양은 2025년 1월 3일 (주)민진의 사옥을 신축하기로 계약하였으며 관련 자료는 다음과 같다. (주)고양의 수익 인식에 진행 기준을 적용할 경우 2027년에 인식하여야 할 공사이익은 얼마인가?

> 1. 계약금액 : 150,000,000원
> 2. 사옥 신축 관련 원가 자료는 다음과 같다.
>
> | 구 분 | 2025년 | 2026년 | 2027년 |
> |---|---|---|---|
> | 당기발생공사원가 | 20,000,000원 | 52,000,000원 | 47,000,000원 |
> | 추가소요추정원가 | 80,000,000원 | 48,000,000원 | |
> | 공사대금청구액 | 40,000,000원 | 60,000,000원 | 50,000,000원 |

① 3,000,000원   ② 8,000,000원   ③ 13,000,000원   ④ 39,000,000원

11. 일반기업회계기준상 외화자산과 외화부채에 대한 환율변동효과의 내용으로 잘못된 것은?
① 외화란 기능통화 이외의 다른 통화를 뜻한다.
② 기능통화로 외화거래를 최초로 인식하는 경우에 거래일의 외화와 기능통화 사이의 현물환율을 외화금액에 적용하여 기록한다.
③ 화폐성 외화항목은 마감환율로 환산한다.
④ 비화폐성항목에서 발생한 손익을 기타포괄손익으로 인식하는 경우 그 손익에 포함된 환율변동효과는 당기손익으로 인식한다.

12. 회계기간 중 환율변동의 유의적인 등락이 있는 경우로 가정할 때 일반기업회계기준상 화폐성 외화항목의 매 보고기간말 외화환산 방법으로 옳은 것은?
① 당해 화폐성 외화항목의 마감환율
② 당해 화폐성 외화항목의 거래일 환율
③ 당해 화폐성 외화항목의 공정가치가 결정된 날의 환율
④ 당해 화폐성 외화항목의 평균환율

13. 기업회계기준상 외화자산 및 부채의 환산 및 상환에 관한 설명 중 틀리는 것은?
① 화폐성외화자산은 재무상태표일 현재의 적절한 환율로 환산한 가액을 재무상태표가액으로 한다.
② 비화폐성외화부채는 원칙적으로 당해 부채를 부담한 당시의 적절한 환율로 환산한 가액을 재무상태표가액으로 한다.
③ 외환차익 또는 외환차손은 외화자산의 회수 또는 외화부채의 상환시에 발생하는 차손익으로 한다.
④ 외화환산손실은 결산일에 화폐성외화자산 또는 화폐성외화부채를 환산하는 경우 환율변동으로 인해 발생하는 환산손익으로 판매비와 관리비에 해당한다.

14. 다음 중 외화자산 및 외화부채의 환율변동에 대한 내용으로 가장 옳지 않은 것은?
① 화폐성 외화자산 및 외화부채는 보고기간 말의 마감환율로 환산한다.
② 외환차손익은 외화자산의 회수, 외화부채의 상환 등에 발생하는 손익을 말한다.
③ 외화환산손익은 결산일에 모든 외화자산 또는 외화부채를 환산하는 경우에 발생하는 환산손익을 말한다.
④ 역사적원가로 측정하는 비화폐성 외화자산 및 외화부채는 거래일의 환율로 환산한다.

[회계변경과 오류수정]

01. 다음 중 회계변경으로 인정되는 구체적인 사례로 가장 적절하지 않은 것은?

① 과거에는 발생한 경우가 없는 새로운 사건이나 거래에 대한 회계정책을 선택하거나 회계추정을 하는 경우
② 기업환경의 중대한 변화에 의하여 종전의 회계정책을 적용하면 재무제표가 왜곡되는 경우
③ 동종산업에 속한 대부분의 기업이 채택한 회계정책 또는 추정방법으로 변경함에 있어서 새로운 회계정책 또는 추정방법이 종전보다 더 합리적이라고 판단되는 경우
④ 일반기업회계기준의 제·개정으로 인하여 새로운 해석에 따라 회계변경을 하는 경우

02. 다음 중 회계변경에 관한 설명으로 틀린 것은?

① 일반기업회계기준에서 회계정책의 변경을 요구하는 경우 회계정책을 변경할 수 있다.
② 회계추정을 변경한 경우에는 변경내용, 그 정당성 및 그 변경이 당기 재무제표에 미치는 영향을 주석으로 기재한다.
③ 매기 동일한 회계정책 또는 회계추정을 사용하면 비교가능성이 증대되어 재무제표의 유용성이 향상된다.
④ 회계추정의 변경은 소급하여 적용하며, 전기 또는 그 이전의 재무제표를 비교목적으로 공시할 경우에는 소급적용에 따른 수정사항을 반영하여 재작성한다.

03. 다음 중 기업회계기준상 회계변경에 대한 설명으로 틀린 것은?

① 재고자산에 대한 평가방법을 최종매입원가법에서 기업회계기준상 평가방법인 선입선출법으로 변경하는 경우 이를 회계변경으로 본다.
② 판매제품에 대한 품질보증비용을 지출연도의 비용으로 처리하다가 그 중요성이 증대됨에 따라 이를 충당금설정법을 적용하여 회계처리하는 경우는 회계변경으로 보지 아니한다.
③ 유형자산 중 상각대상자산의 내용연수에 대한 추정을 새로운 정보의 획득으로 인하여 변경하는 회계추정의 변경도 회계변경에 해당한다.
④ 유형자산에 대한 감가상각방법을 정당한 사유에 의하여 정액법에서 정률법으로 변경하는 경우 이를 회계변경으로 본다.

04. 다음은 회계변경의 사례들이다. 성격이 다른 하나는?

① 재고자산 단가결정방법을 선입선출법에서 평균법으로 변경
② 매출채권에 대한 대손설정비율을 2%에서 1%로 변경
③ 건물의 내용연수를 20년에서 15년으로 변경
④ 산업재산권의 효익제공기간을 10년에서 5년으로 단축적용

05. 다음 중 회계변경의 회계처리에 대한 설명으로 틀린 것은?

① 회계추정의 변경은 전진적으로 처리하여 그 효과를 당기와 당기이후의 기간에 반영한다.
② 회계정책변경에 대한 회계처리는 소급법을 적용하는 것이 원칙이다.
③ 소급법과 달리 당기일괄처리법에서는 회계변경의 누적효과를 계상하지 아니한다.
④ 전진법과 당기일괄처리법은 모두 전기 재무제표를 수정하지 아니하는 방법이다.

06. 일반기업회계기준상 회계정책, 회계추정의 변경, 오류수정에 대한 설명으로 잘못된 것은?
① 변경된 새로운 회계정책은 소급하여 적용한다. 전기 또는 그 이전의 재무제표를 비교목적으로 공시할 경우에는 소급적용에 따른 수정사항을 반영하여 재작성한다.
② 회계정책의 변경에 따른 누적효과를 합리적으로 결정하기 어려운 경우에는 회계변경을 전진적으로 처리한다.
③ 전기 이전기간에 발생한 중대한 오류의 수정은 자산,부채 및 자본의 기초금액에 반영한다.
④ 회계정책 변경을 전진적으로 처리하는 경우에는 그 변경의 효과를 다음 회계연도 개시일부터 적용한다.

07. 2024년 1월 1일에 30,000,000원에 취득한 기계장치를 정률법으로 감가상각하였으나 2025년 1월 1일에 감가상각방법을 정액법으로 변경한 경우에 누적효과회계처리와 감가상각회계처리가 2025년도 손익에 미치는 영향으로 맞는 것은? 단, 회계기간은 매년 1월 1일부터 12월 31일까지이며 잔존가액은 0원, 내용연수는 10년이고 정률법에 의한 상각률은 0.259로 가정한다.
① 4,770,000원 증가   ② 3,000,000원 감소   ③ 1,770,000원 증가   ④ 2,470,000원 감소

08. 일반기업회계기준에 따라 (주)백두산은 기계장치에 대한 감가상각방법을 정률법에서 정액법으로 변경하고자 한다. 다음의 자료를 이용하여 당기 감가상각비를 계산하면 얼마인가? (단, 상각방법의 변경은 일반기업회계기준에 따른 정당한 사유에 의한 것이며, 정액법 적용 시 잔존가액은 없는 것으로 가정한다.)

- 취득가액 : 500,000,000원
- 기초 감가상각누계액 : 250,000,000원
- 기초 감가상각누계액은 기업회계기준에 따라 정확히 계상한 것으로 가정한다.
- 내용연수 : 10년
- 경과연수 : 2년

① 25,000,000원   ② 50,000,000원   ③ 31,250,000원   ④ 62,500,000원

09. (주)해원이 제3기 1월 1일에 기계장치를 2,500,000원에 취득하여 내용연수 5년, 잔존가치 없이 정액법으로 감가상각하다가 제5기 1월 1일에 기계장치에 대한 자본적 지출 300,000원을 지출하여 기계장치에 대한 내용연수가 잔존가치 없이 제8기 12월 31일까지로 연장되었다. 제5기 기계장치에 대한 감가상각비는 얼마인가? (회계기간은 매년 1월 1일부터 12월 31일까지로 한다.)
① 380,000원   ② 400,000원   ③ 430,000원   ④ 450,000원

10. 기업회계기준상 오류수정에 관한 내용이다. 올바르지 못한 것은?
① 당기에 발견한 전기 또는 그 이전기간의 중요하지 않은 오류는 영업외손익으로 처리한다.
② '오류수정'이란 기업회계기준의 잘못된 적용 등 전기 또는 그 이전의 재무제표에 포함된 회계적 오류를 당기에 발견하여 이를 수정하는 것을 말한다.
③ 비교재무제표를 작성하는 경우 중대한 오류의 영향을 받는 회계기간의 재무제표항목은 수정하여 재작성한다.
④ 오류수정의 내용은 주기로 표시한다.

11. (주)태양은 연말 결산시에 다음과 같은 회계오류를 발견하였다. 이 중에서 회계연도말 비유동자산과 자본을 모두 과대계상하게 되는 것은?

① 장기매출채권을 유동자산으로 잘못 분류함
② 선수수익의 과대계상
③ 매출채권에 대한 대손충당금의 과소계상
④ 영업용 건물에 대한 감가상각비의 과소계상

12. 실지재고조사법을 적용하는 기업에서 연말에 상품을 외상으로 구입하고, 이에 대한 기록은 다음 연도 초에 하였다. 또한 기말 재고실사에서도 이 상품이 누락되었다. 이러한 오류가 당기의 계정에 미치는 영향으로 옳은 것은?

	자 산	부 채	자 본	당기순이익
①	영향없음	과소계상	과대계상	과대계상
②	영향없음	과대계상	과소계상	과소계상
③	과소계상	과소계상	영향없음	영향없음
④	과소계상	과소계상	영향없음	과대계상

13. (주)월드니스는 회계감사를 받으면서 다음과 같은 오류사항을 발견하였다. 오류수정 전 2025년 회계연도 당기순이익은 500,000원이고 법인세 효과는 고려하지 않는다고 가정할 경우, 오류수정 후 당기순이익은 얼마인가?

> (가) 기말재고자산 : 2024년 50,000원 과대계상, 2025년 30,000원 과소계상
> (나) 감가상각비 : 2025년 10,000원 과소계상

① 550,000원   ② 570,000원   ③ 600,000원   ④ 620,000원

14. (주)한강의 2025년 당기순이익은 15,000,000원이며 이월이익잉여금은 50,000,000원이나, 다음의 사항이 추가로 발견되었다. 이를 반영한 후의 정확한 당기순이익 및 이월이익잉여금은 얼마인가?

> - 기말 위탁재고자산 5,000,000원이 누락 되었다.
> - 기초재고자산이 3,000,000원만큼 과소계상 되었다.
> - 2024년 1월 1일 취득한 기계장치의 취득원가가 10,000,000원 만큼 과소계상 되었다.
> - 동 기계장치의 내용연수는 5년, 잔존가치는 없으며, 정액법으로 감가상각 하였다.
> - 위의 오류사항은 최초로 발견되어 오류를 수정하고자 한다.

	당기순이익	이월이익잉여금		당기순이익	이월이익잉여금
①	15,000,000원	51,000,000원	②	13,000,000원	51,000,000원
③	15,000,000원	48,000,000원	④	13,000,000원	48,000,000원

15. 장부의 오류 중 재무상태표와 손익계산서 오류는 자동조정오류와 비자동조정오류로 구분된다. 다음 중 자동조정오류가 아닌 것은?

① 미지급비용 오류   ② 투자부동산 오류
③ 선수수익 오류   ④ 재고자산 오류

NO	정답	해설
01	②	재무제표의 기간별 비교가능성을 제고하기 위하여 전기 재무제표의 모든 계량정보를 당기와 비교하는 형식으로 표시한다.
02	②	구분표시를 생략할 수 있는 것은 "매출총손익"이고 "영업손익"은 구분표시 하여야만 한다.
03	③	① 매도가능증권과 만기보유증권이 채무증권에 해당하는 경우 재무상태표일로부터 1년 이내 만기가 도래한 경우 당좌자산으로 분류변경하므로 당좌자산을 구성할 수 있다. ③ 매출채권은 총액으로 기재한 후 대손충당금을 차감하는 형식(총액표시) 또는 매출채권에 대한 대손충당금을 해당 자산에서 직접 차감하는 형식(순액표시)으로 표시할 수 있다.
04	④	기업합병이나 사업부를 처분하는 경우에는 보고기간말 현재 존재하지 않은 사건이므로 수정할 필요가 없다.
05	③	㉠·㉡은 재무제표를 수정하여야 하며 ㉢은 시장가격의 하락은 재무상태표일 현재의 상황과 관련된 것이 아니라 그 이후에 발생한 상황이 반영된 것으로서 재무제표를 수정할 수 없다.
06	①	손익계산서를 거치지 않고 재무상태표의 자본에 직접 가감되는 항목에 대한 정보를 제공한다.
07	③	자본거래에서 발생한 자본잉여금과 손익거래에서 발생한 이익잉여금은 혼동하여 표시하지 않고 명확하게 구분하여야 한다.
08	③	현금의 유입 또는 유출과 관계없이 수익 또는 비용의 발생에 따라 수익 또는 비용을 계상하는 것을 발생주의라고 부르며 ③은 현금과부족이라는 임시계정을 재무상태표에 계상할 수 없어 잡이익이나 잡손실로 처리하는 것으로서 발생주의와는 관계가 없다.
09	①	전기 재무제표의 비계량정보가 당기 재무제표를 이해하는 데 필요한 경우에는 이를 당기의 정보와 비교하여 주석에 기재한다.
10	②	일반기업회계기준상 재무제표의 작성과 표시에 대한 내용은 모든 업종의 기업에 적용한다. 다만, 특수한 업종을 영위하는 기업의 재무제표 작성과 표시에 관한 특별한 사항은 특수분야 회계기준에서 정할 수 있다.
11	③	재무제표는 추정에 의한 측정치를 포함하고 있다.
12	③	목적적합성은 의사결정에 유용한 예측가치(④)나 피드백가치(①)를 가진 정보가 적시(②)에 제공될 때 효과적으로 달성될 수 있다. ③은 검증가능성에 대한 설명으로 신뢰성에 대한 설명이다.
13	③	③은 목적적합성의 하부속성 중 피드백가치에 대한 내용이다.
14	②	나머지는 모두 목적적합성을 선택한 경우이며, 공사수익의 인식기준은 공사 진행기준이 목적적합성에 충실한 방법이다.
15	①	구 분　　　　　목적적합성　　　　　신 뢰 성 ① 자산평가방법　　　　시가법　　　　　　　원가법 ② 수익인식방법　　　　진행기준　　　　　　완성기준 ③ 손익인식방법　　　　발생주의　　　　　　현금주의 ④ 재무제표보고시기　　분기,반기재무제표　　결산재무제표
16	③	중요성은 일반적으로 해당항목의 성격과 금액의 크기에 의해 결정된다.
17	④	보수주의란 수익을 적게, 비용을 크게 인식하는 방법으로 전기오류를 이익잉여금에 반영하는 것은 보수주의와는 무관하다.
18	③	■ 중간재무제표도 주당경상이익과 주당순이익은 손익계산서상에 주석으로 표시한다. ■ 중간재무제표에도 회계정책의 변경을 적용할 수 있다. ■ 중간제무제표라도 적시성 확보를 위하여 정보 산출을 위한 시간과 비용이 많이 소요되는 평가방법을 생략할 수 있다.

재무회계의 기초 및 개념

	NO	정답	해설
재무회계의 기초 및 개념	19	①	시장성이 없는 지분증권만 취득원가로 평가 가능하다.
	20	③	단기용역공급의 경우에 한하여 완성기준을 적용할 수 있을 뿐 장기용역공급 시에는 중소기업의 경우에도 진행기준을 적용하여야 한다.
	21	①	유형자산의 처분에 따른 현금유입은 투자활동으로 인한 현금흐름에 해당한다.
	22	②	②는 투자활동으로 인한 현금흐름이며 영업활동으로 인한 현금흐름은 일반적으로 제품의 생산과 상품 및 용역의 구매·판매활동을 말한다.
	23	②	가산할 일시적차이란 자산·부채가 회수·상환되는 미래기간의 과세소득을 증가시키는 효과를 가지는 일시적차이를 말하며 이연법인세부채로 인식한다.
	24	②	이연법인세자산과 부채는 현재가치로 할인하지 않는다.
	25	④	이연법인세자산과 부채는 재무상태표일 현재까지 확정된 세율에 기초하여 당해 자산이 회수되거나 부채가 상환될 기간에 적용될 것으로 예상되는 세율을 적용하여 측정하여야 한다.

	26	③	■ 세무조정 : 재고자산평가감 → 익금산입(유보), 기업업무추진비한도초과액 → 손금불산입(기타사외유출)
			■ 법인세 부담액
			  = 각 보고기간말 현재의 세율을 적용하여 측정
			  = (법인세비용 차감전 순이익 + 재고자산평가감 + 기업업무추진비한도초과액) × 10%
			  = (2,000,000원 + 40,000원 + 160,000원) × 10% = 220,000원
			■ 재고자산평가감(가산조정)은 차감할 일시적차이로 이연법인세자산으로 인식한다.
			  이연법인세자산 = 차감할 일시적차이 × 예상되는 세율 = 40,000원 × 20% = 8,000원
			∴ 법인세비용 = 법인세 부담액 220,000원 - 이연법인세자산 8,000원 = 212,000원
			  회계처리 : (차) 법인세비용 212,000원 (대) 현금 등 220,000원
			           이연법인세자산 8,000원

당좌자산	01	①	공정가액이 증가하였으므로 순이익증가, 자산증가, 자본(이익잉여금)증가가 나타난다.
	02	②	상환청구권 행사가능 여부는 매각거래와 차입거래를 구분하는 것과는 관계가 없다.
	03	③	부도어음과 관련하여 지출된 모든 비용은 부도어음으로 계상하여야 한다. (차) 부도어음과수표 235,000원 (대) 당좌예금 230,000원 현 금 5,000원
	04	③	매출채권의 양도 후 양도인이 부담해야 할 위험은 양도거래에 수반된 일종의 하자담보책임에 불과하므로 매출채권의 양도 후 양수자에게 상환청구권이 있는지의 여부는 매각거래와 차입거래의 구분에 영향을 미치지 않는다.
	05	④	실제대손발생액은 대손충당금과 상계한 250,000원이다.

	06	②	■ 2025년 대손발생액 : (차) 대손충당금 5,000,000원 (대) 매출채권등 7,000,000원
			                    대손상각비 2,000,000원
			■ 2025년 대손금 회수 : (차) 현금 등 3,000,000원 (대) 대손충당금 3,000,000원
			■ 2025년 기말 대손충당금 잔액 = 5,000,000원 - 5,000,000원 + 3,000,000원 = 3,000,000원
			■ 2025년 기말 대손충당금 설정액 = 5,000,000원 - 3,000,000원 = 2,000,000원
			  (차) 대손상각비 2,000,000원 (대) 대손충당금 2,000,000원
			∴ 손익계산서상 대손상각비 = 2,000,000원 + 2,000,000원 = 4,000,000원

	07	④	27,000원 - (20,000원 - 15,000원 + 5,000원) = 17,000원(대손충당금 설정액)

	NO	정답	해설
당좌자산	08	③	■ 만기가액 = 50,000,000원 + (50,000,000원 × 6% × 6개월/12개월) = 51,500,000원 ■ 할인료 = 51,500,000원 × 12% × 2개월/12개월 = 1,030,000원 ■ 실수령액 = 51,500,000원 - 1,030,000원 = 50,470,000원 ■ 이자수익 = 50,000,000원 × 6% × 4개월/12개월 = 1,000,000원 ■ 매출채권처분손실 = (50,000,000원 + 1,000,000원) - 50,470,000원 = 530,000원 　(차) 현　　　금　　　　50,470,000원　　(대) 받을어음　　　50,000,000원 　　　　매출채권처분손실　　530,000원　　　　　이자수익　　　1,000,000원
	09	④	현금흐름이 변경되는 경우에는 금융자산의 순장부금액이나 금융부채 상각후 원가를 조정한다.
	10	④	금융자산을 양도한 후 양도인이 양도자산에 대한 권리를 행사할 수 있는 경우 해당 금융자산을 담보로 한 차입거래로 본다.
재고자산	01	④	재고자산감모손실 중 원가성이 있다고 판단되는 부분은 매출원가에 가산하고, 원가성이 없는 부분은 영업외비용으로 처리한다.
	02	②	■ 시송품 중 매입자가 매입의사를 표시하기 전 금액은 재고자산에 포함한다. ■ 적송품 중 수탁자가 제3자에게 판매하기 전 금액은 재고자산에 포함한다. ■ 할부판매액은 대금회수에 관계없이 판매시점에 재고자산에서 제외한다. ■ 선적지인도조건으로 운송중인 재고자산은 매입자의 재고자산에 포함한다. ■ 기말재고자산 = 1,000,000원 + 500,000원 × (1 - 80%) + 700,000원 × 30% + 800,000원 　　　　　　　= 2,110,000원
	03	②	나 : 선적지인도기준의 상품은 선적시점에서 소유권이 이전되므로 기말재고자산에 포함된다. 다 : 위탁판매의 경우 소유권의 이전없이 판매의뢰한 상태이므로 수탁자가 판매하기전까지의 재고자산은 위탁자의 소유이므로 기말재고자산에 포함된다. 라 : 수탁판매를 위하여 보관 중인 상품은 위탁자의 재고자산이므로 재고실사시 포함되어 있으므로 재고자산가액에서 제외하여야 한다. 마 : 시용매출을 위하여 고객에게 인도한 상품은 고객의 구입의사표명시점에서 소유권이 이전되므로 기말재고자산가액에는 포함한다. ■ 기말재고자산가액(63,000,000원) 　= 55,000,000원 + 5,000,000원 + 7,000,000원 - 8,000,000원 + 4,000,000원
	04	②	선입선출법에서는 오래 전에 구입한 상품의 원가가 매출원가를 구성하며, 기말재고는 최근에 구입한 상품의 원가로 구성된다. 따라서 재고가 감소하지 않고 물가가 상승하는 경우 현재수익에 과거원가가 대응되므로 후입선출법보다 높은 이익을 계상하게 된다.
	05	③	저가기준을 매출가격환원법에 적용하는 경우 원가율 계산시 가격인하는 매출가격에 의한 판매가격에서 차감하지 않는다.
	06	②	후입선출법은 현행수익에 대하여 현행원가가 대응되므로, 기말재고는 과거의 상품원가로 구성된다.
	07	④	물가상승시에는 일반적으로 나중에 구입한 재고가 매출원가로 대체되는 후입선출법이 선입선출법보다 당기순이익이 작게 계상되나 후입선출법하에서 기말재고수량이 기초재고수량보다 작다면 오히려 실제 당기순이익이 높게 계상되는 재고청산의 문제도 발생한다. 이러한 재고청산의 문제로 경영자는 기말에 의도적으로 재고매입을 조절함으로서 당기순이익을 결정하려는 비경제적인 의사결정을 할 가능성이 크다.
	08	②	정상감모에 의한 재고자산감모손실과 재고자산평가손실은 매출원가에 포함한다. ■ 정상적인 재고자산감모손실 : 30개 × 600원 = 18,000원 ■ 재고자산평가손실 : 950개 × (600원 - 540원) = 57,000원 ■ 매출원가증가액 : 18,000원 + 57,000원 = 75,000원

	NO	정답	해설
재고자산	09	①	재고자산의 수량부족을 단가하락 보다 먼저 인식한다. 재고자산의 비정상적인 감모손실은 영업외비용으로 처리하며, 단가하락분은 매출원가에 반영하여야 한다. ■ 재고자산 감모손실 = (2,000개 - 1,700개) × 5,000원 = 1,500,000원 ■ 매출원가 = [5,000원 - (5,200원 - 500원)] × 1,700개 = 510,000원
	10	③	제품의 시가는 순실현가능가액(= 정상적인 영업과정의 예상판매가격 - 예상추가원가와 판매비용)이고 원재료의 시가는 현행대체원가이다. 다만, 원재료의 경우 완성될 제품의 원가 이상으로 판매될 것으로 예상되는 경우에는 그 생산에 투입하기 위해 보유하는 원재료에 대해서는 저가법을 적용하지 않는다. | 품 목	취득원가	순실현가능가치	평가손익
제품 갑	500,000원	490,000원	(10,000)원
제품 을	800,000원	820,000원	-
제품 병	1,000,000원	800,000원	(200,000)원
원재료	600,000원	500,000원	(100,000)원
합 계			(310,000)원	
	11	④	■ 매출원가 = 매출액 × (1 - 매출총이익률) = 832,000,000원 × 95% = 790,400,000원 ■ 8월 3일 추정기말재고액 = 42,000,000원 + 819,000,000원 - 790,400,000원 = 70,600,000원 ■ 재고자산 피해액 = 70,600,000원 - 7,400,000원 = 63,200,000원
	12	③	자산과 부채가 동시에 누락되었으므로 자산과 부채는 과소계상되나 자본과 당기순이익은 영향이 없다.
	13	①	■ 기말재고 과대계상(자산 과대계상) ⇨ 매출원가 과소계상 ⇨ 당기순이익 과대계상(자본 과대계상) ■ 유동비율 = 유동자산/유동부채 ⇨ 유동자산(재고자산) 과대계상으로 유동비율 증가 ■ 부채비율 = 부채/자본 ⇨ 자본(당기순이익) 과대계상으로 부채비율 감소
	14	③	후입선출법을 사용하여 재고자산의 원가를 결정한 경우에는 재무상태표가액과, 선입선출법 또는 평균법에 저가법을 적용하여 계산한 재고자산평가액과의 차이를 주석으로 기재한다.
투자자산	01	④	단기매매증권평가손익은 미실현보유손익이기는 하지만 그 실현이 단기에 이뤄질 것으로 예상되는 손익이므로 당기손익항목으로 처리한다. 반면 매도가능증권평가손익은 실현이 장기에 걸쳐 이뤄질 것으로 예상되므로 자본항목(기타포괄손익누계액)으로 처리한다.

	02	④	국·공채를 발행일 이후에 취득한 경우 기일 경과분 이자에 해당하는 금액은 지급한 대가에서 차감하여 미수수익으로 계상하고, 그 나머지 금액을 그 유가증권의 취득원가로 한다.
			취득원가 = 취득가액 - 기간경과 발생이자
			        = 1,020,000원 - (1,000,000원 × 12% × 6개월/12개월) = 960,000원
			회계처리 : (차) 단기매매증권 등 960,000 (대) 보통예금 등 1,020,000
			              미수수익 60,000

	03	②	유가증권 분류의 적정성은 재무보고일마다 재검토하여 분류의 변경이 가능하다.
	04	③	주주인 법인(투자회사)의 입장에서 현금배당은 배당수익으로 인식하지만 주식배당은 배당수익으로 인식하지 아니하며 주식수량을 증가시켜 주당취득가액을 낮춘다.
	05	④	만기보유증권을 상각후취득원가로 측정할때에는 취득원가와 만기액면가액의 차이를 상환기간에 걸쳐 유효이자율법에 의하여 상각하여 취득원가와 이자수익에 가감한다.
	06	④	단기매매증권을 시가로 평가할 수 없으면 단기매매증권으로 분류 자체가 불가능하다.

	NO	정답	해설
투자자산	07	②	매도가능증권의 평가손익은 기타포괄손익누계액의 항목으로서 평가손익은 당기순이익에 영향이 전혀 없으며 평가손익만큼 당기 매도가능증권의 장부가액은 변동한다. 또한 평가여부와 상관없이 자본금은 일정하다. 재무상태표상의 자본금은 발행주식수 × 액면가액이다. 그리고 실수로 평가이익이 손익계산서에 반영되어도 결국 당기순이익이 재무상태표상 자본에 반영되므로 자본의 최종적인 가액은 변동이 없다.
	08	①	단기매매증권은 다른 범주로 재분류할 수 없다. 다만, 일반적이지 않고 단기간 내에 재발할 가능성이 매우 낮은 단일한 사건에서 발생하는 드문 상황에서 더 이상 단기간 내의 매매차익을 목적으로 보유하지 않는 단기매매증권은 매도가능증권이나 만기보유증권으로 분류할 수 있으므로 보기에 지문에는 오류가 없다.
	09	②	단기매매증권의 평가손익은 중요성에 관계없이 당기손익으로 처리한다.
	10	①	만기보유증권은 상각후원가로 평가하여 재무상태표에 표시한다.
	11	①	단기매매증권이나 시장성 있는 매도가능증권에 대한 기말평가기준은 시가법이다. 단기매매증권의 평가차손익은 당기순익으로, 매도가능증권의 평가손익은 자본항목인 기타포괄손익누계액에 반영한다. 따라서 갑주식의 장부가액은 계정분류와 상관없이 일정하며 취득시보다 시가가 하락한 경우 당기순이익은 매도가능증권으로 분류한 경우보다 감소한다. 그러나 자본은 계정분류여부와 상관없이 일정하다.
유형자산	01	②	■ 유형자산의 인식요건 : 가, 나 ■ 무형자산의 인식요건 : 가, 다, 라
	02	④	건물을 신축하기 위하여 사용 중인 기존 건물을 철거하는 경우 그 건물의 장부금액은 처분손실로 반영하고, 철거비용은 당기비용으로 처리한다.
	03	④	토지와 건물을 일괄취득 후 토지를 사용하고자 기존 건물을 철거하는 경우 철거비용은 토지의 취득원가에 포함한다.
	04	③	50,000,000원 + 2,300,000원 + (3,500,000원 − 1,000,000원) = 54,800,000원
	05	①	■ 취득원가 = 22,000,000 + 4,200,000 = 26,200,000원 다른 종류의 자산과의 교환으로 취득한 유형자산의 취득원가는 교환을 위하여 제공한 자산의 공정가치로 측정하고, 자산의 교환에 현금수수액이 있는 경우에는 현금수수액을 반영하여 취득원가를 결정한다.
	06	①	감가상각방법은 매기 계속하여 적용하고, 정당한 사유 없이 변경하지 않는다. 새로 취득한 유형자산에 대한 감가상각방법도 동종의 기존 유형자산에 대한 감가상각방법과 일치시켜야 한다.
	07	②	정부보조금은 자산의 차감계정으로 기재한다.
	08	③	주요 부품을 교환해 주어야 운행이 가능한 중고차량을 취득한 후에 부품교환에 지출하게 된 금액은 회수가능가액 범위 내에서 자본화한다.
	09	④	일반기업회계기준은 세법에 따른 것이 아니라 합리적인 내용연수를 적용해야 한다.
	10	①	①은 정액법에 대한 설명이고 연수합계법은 감가상각비가 매 기간 감소하는 방법이다.
	11	④	첫해연도의 감가상각비는 정액법 상각비보다 정률법 상각비가 크다. 따라서 건물의 장부가액이 과소계상되며 감가상각비의 과대계상으로 당기순이익이 과소계상된다.
	12	①	2026년초 건설기계의 처분이익 = 5,500,000원 − 4,500,000원 = 1,000,000원
	13	①	유형자산의 순매각액과 사용가치 중 큰 금액인 회수가능가액이 장부가액에 미달하는 경우 장부가액을 회수가능가액으로 조정하여야 한다.
	14	①	재평가모형의 경우 유형자산은 재평가일의 공정가치에서 이후의 감가상각누계액과 손상차손누계액을 차감한 재평가금액을 장부금액으로 하며 매기 감가상각을 진행한다.

	NO	정답	해설
유형자산	15	②	차입원가의 회계처리방법은 모든 적격자산에 대하여 매기 계속하여 적용하고, 정당한 사유 없이 변경하지 않는다.
	16	①	자본화대상 차입원가 = 특정차입금 이자비용 − 일시운용수익 = (540,000원 × 10% × 9개월/12개월) − (120,000원 × 8% × 6개월/12개월) = 35,700원
	17	①	■ 적격자산 가중평균장부가액 = 당해기간동안 적격자산에 지출한 평균지출액 350,000원 ■ 자본화대상 일반차입금 = 적격자산 가중평균장부가액 − 특정차입금 　　　　　　　　　　= [350,000원 − (720,000원 × 9개월/12개월)] 　　　　　　　　　　= 350,000원 − 540,000원 = △190,000원 ∴ 특정차입금이 공사대금보다 크므로 일반차입금 자본화대상 차입원가를 계상할 필요가 없다.
	18	③	가. 정액법 : (취득원가 − 잔존가치) ÷ 내용연수 　■ 1차연도 감가상각비 = (15,000,000원 − 750,000원) ÷ 5년 = 2,850,000원 　■ 2차연도 감가상각비 = (15,000,000원 − 750,000원) ÷ 5년 = 2,850,000원 나. 정률법 : (취득원가 − 감가상각누계액) × 상각률 　■ 1차연도 감가상각비 = 15,000,000원 × 0.3 = 4,500,000원 　■ 2차연도 감가상각비 = (15,000,000원 − 4,500,000원) × 0.3 = 3,150,000원 다. 연수합계법 : (취득원가 − 잔존가치) × 잔존 내용연수/내용연수합계 　■ 1차연도 감가상각비 = (15,000,000원 − 750,000원) × 5/15 = 4,750,000원 　■ 2차연도 감가상각비 = (15,000,000원 − 750,000원) × 4/15 = 3,800,000원 ∴ 연수합계법 3,800,000원 > 정률법 3,150,000원 > 정액법 2,850,000원
무형자산	01	①	무형자산을 창출하기 위한 내부 프로젝트를 연구단계와 개발단계로 구분할 수 없는 경우에는 그 프로젝트에서 발생한 지출은 모두 연구단계에서 발생한 것으로 본다.
	02	③	무형고정자산의 상각은 그 자산의 추정내용연수동안 20년내의 기간내에서 합리적인 기간내에 상각한다.
	03	③	■ 가, 다 : 연구단계에 속하는 활동의 사례로 당기 비용처리 ■ 나, 라, 마 : 개발단계에 속하는 활동의 사례로 개발비로 처리
	04	①	무형자산의 상각은 자산이 사용가능한 때부터 시작한다.
	05	②	무형자산 인식은 취득 또는 완성 후에 증가·대체·수선을 위해 발생한 원가에도 적용한다.
부채	01	②	시장이자율이 액면이자율보다 낮은 경우 할증 발행되고, 반대의 경우는 할인 발행된다.
	02	②	사채의 현재가치 = 사채의 액면가액 × 시장이자율 현가계수 + 액면이자 × 시장이자율 연금현가계수 = 1,000,000원 × 0.7513 + 80,000원 × 2.4868 = 950,244원
	03	②	■ 2023년 말 장부가액 = 927,880원 + (927,880원 × 12% − 100,000원) = 939,225원 ■ 2024년 말 장부가액 = 939,225원 + (939,225원 × 12% − 100,000원) = 951,932원 ■ 2025년 말 장부가액 = 951,932원 + (951,932원 × 12% − 100,000원) = 966,163원
	04	②	사채할인발행차금 상각액 = (사채의 장부가액 × 유효이자율) − 액면이자 2024년 사채할인발행차금 상각액 = (894,483원 × 13%) − 100,000원 = 16,282원 2025년 사채할인발행차금 상각액 = (910,765원 × 13%) − 100,000원 = 18,399원
	05	④	유효이자율법에 의해 계산된 사채할인발행차금 상각액은 매기 증가한다.
	06	④	유효이자율법에 의해 사채발행차금을 상각하는 경우 기초 장부가액에 대한 이자비용의 비율(유효이자율)은 매년 동일하다.

NO	정답	해설
07	①	▪ 액면이자율 > 시장이자율이므로 사채가 할증발행 된다. ▪ 사채 장부가액은 사채할증발행차금이 상각되므로 장부가액이 점차 감소한다. ▪ 사채 이자비용 = 장부가액 × 시장이자율에서 장부가액이 감소하므로 점차 감소한다. ▪ 사채발행차금상각액 = 현금이자 – 이자비용에서 이자비용이 감소하므로 상각액은 점차 증가한다.
08	①	▪ 유효이자율법의 경우 할증발행이나 할인발행 모두 초기에는 적은 금액이 상각되었다가 점차 많은 금액을 상각하게 된다. 그러나 정액법의 경우 전 기간 동안 평균적인 금액으로 균등 상각된다. ▪ 할인발행의 경우 유효이자율법은 이자비용이 갈수록 더 증가하게 되므로 초기 이자비용은 후기 이자비용보다 적어지는 반면 정액법은 이자비용이 일정하게 된다. ▪ 유효이자율법은 초기에는 당기순이익이 크게 나타나고 갈수록 당기순이익이 작아지는 반면 정액법은 당기순이익이 일정하다. ▪ 사채할인발행 이자비용 = 액면이자 + 사채할인발행차금상각 ▪ 사채할인발행 장부가액 = 사채할인발행차금상각전장부가액 + 사채할인발행차금상각액
09	①	▪ 2025.12.31 사채 장부가액 = 950,263원 + (950,263원 × 10% – 80,000원) = 965,289원 ▪ 사채상환손실 = 사채장부가액 – 사채상환가액 = 965,289원 – 980,000원 = △14,711원
10	④	확정급여형의 경우 운용되는 자산은 기업이 직접 보유하고 있는 것으로 보아 회계처리 하며 퇴직연금운용자산으로 표시하고 퇴직급여충당부채를 차감하는 형식으로 표시한다. 또한 확정기여형의 경우 회사가 납부하여야 할 부담금을 퇴직급여(비용)로 인식하고 퇴직연금운용자산, 퇴직급여충당부채 및 퇴직연금미지급금은 인식하지 아니한다. ① 퇴직연금 납부시 / 확정급여형 / (차) 퇴직연금운용자산 500,000 (대) 보통예금 500,000 / 수수료비용(운용수수료) ××× ② 퇴직연금 납부시 / 확정기여형 / (차) 퇴직급여 500,000 (대) 보통예금 500,000 ③ 결산기말 / 확정급여형 / (차) 퇴직급여 100,000 (대) 퇴직급여충당부채 100,000
11	①	자원의 유출가능성이 높고 그 금액을 신뢰성 있게 측정가능할때만 충당부채로 인식 가능하므로 지문에 해당하는 경우에는 우발부채로 주석공시한다.
12	③	우발자산은 자산으로 인식하지 아니하고 자원의 유입가능성이 매우 높은(유의적인) 경우에만 주석에 기재한다. 상황변화로 인하여 자원이 유입될 것이 확정된 경우에는 그러한 상황변화가 발생한 기간에 관련 자산과 이익을 인식한다.

13	①	▪ 충당부채는 다음의 요건을 모두 충족하는 경우에 인식한다.
		  1) 과거사건이나 거래의 결과로 현재의무가 존재한다.
		  2) 당해 의무를 이행하기 위하여 자원이 유출될 가능성이 매우 높다.
		  3) 그 의무의 이행에 소요되는 금액을 신뢰성 있게 추정할 수 있다.
		▪ 우발부채는 부채로 인식하지 아니한다. 의무를 이행하기 위하여 자원이 유출될 가능성이 아주 낮지 않는 한, 우발부채를 주석에 기재한다.
		▪ 충당부채의 명목금액과 현재가치의 차이가 중요한 경우에는 의무를 이행하기 위하여 예상되는 지출액의 현재가치로 평가한다.

14	①	정상적인 영업주기 내에 판매되거나 사용되는 재고자산과 회수되는 매출채권 등은 보고기간종료일로부터 1년 이내에 실현되지 않더라도 유동자산으로 분류한다. 이 경우 유동자산으로 분류한 금액 중 1년 이내에 실현되지 않을 금액을 주석으로 기재한다.

(부채)

NO	정답	해설
01	②	사채할인발행차금 상각은 사채이자지급시 상계하며 부채관련 항목이다.
02	②	① 자본금은 법정자본금으로서 발행주식수에 액면가액을 곱하여 계산한다. ③ 자본조정은 당해 항목의 성격으로 보아 자본거래에 해당하나 최종 납입된 자본으로 볼 수 없거나 자본의 가감 성격으로 자본금이나 자본잉여금으로 분류할 수 없는 항목이다. ④ 이익잉여금은 손익계산서에 보고된 손익과 다른 자본항목에서 이입된 금액의 합계액에서 배당 등으로 처분된 금액을 차감한 잔액이다.
03	③	배당결의가 있기 전까지는 법률적인 지급의무가 없으므로 누적적우선주에 대한 연체배당금의 경우에도 부채로 계상하지 아니한다.
04	②	자기주식은 자본의 차감항목이다.
05	③	■ 매도가능증권처분손실은 손익계산서의 영업외비용에 해당한다. ■ 자본금 50,000,000원 + 주식발행초과금 5,200,000원 + 감자차익 800,000원 + 매도가능증권평가이익 700,000원 − 자기주식처분손실 600,000원 − 자기주식 3,000,000원 + 미처분이익잉여금 7,800,000원 = 60,900,000원
06	②	■ 주식발행으로 인하여 자본잉여금이 100,000원 감소하였다. 　회계처리 : 6월 4일　(차) 현금 등　　　　5,000,000원　(대) 자본금　　　　5,000,000원 　　　　　　　　　　　　주식발행초과금　100,000원　　현금 등　　　　100,000원 ■ 자기주식 처분으로 인하여 자본잉여금은 50,000원 증가하였다. 　회계처리 : 7월 4일　(차) 자기주식　　　600,000원　(대) 현금 등　　　　600,000원 　　　　　　7월 20일 (차) 현금 등　　　　650,000원　(대) 자기주식　　　600,000원 　　　　　　　　　　　　　　　　　　　　　　　　자기주식처분이익　 50,000원
07	④	■ 취득 : (차) 자기주식(자본조정차감) 510,000원　(대) 현　금　　　　　　　510,000원 ■ 매각 : (차) 현　금　　　　　　　530,000원　(대) 자기주식(자본조정)　510,000원 　　　　　　　　　　　　　　　　　　　　　　　　자기주식처분이익(자본잉여금) 20,000원 ∴ 자본금 : 변동없음. 자본잉여금 : 자기주식처분이익 20,000원 증가로 20,000원 증가
08	③	자기주식은 자본조정항목으로서 자본의 (−)항목이므로 소각하는 경우 자본항목간의 이동은 있으나 전체금액은 변동이 없으며 자본금은 '액면가액 × 발행주식수'이므로 소각하는 경우 발행주식수가 감소하므로 감소한다. 회계처리 : (차) 자 본 금　　　5,000,000원　(대) 자기주식　　　　6,000,000원 　　　　　　감자차손　　　1,000,000원
09	③	배당금을 지급하는 법인의 입장에서 현금배당은 자본을 감소시키나 주식배당은 자본총계에 영향을 미치지 않는다.
10	④	기업의 누적결손금을 보전하는 경우 자본금이나 자본조정계정은 변동사항이 없으며 자본총계는 결손금 보전항목이 모두 자본항목이므로 자본항목간의 변동만 있을 뿐 그 총계는 변동이 없다.
11	②	주식발행회사의 입장에서 현금배당은 이익잉여금이 감소하여 자본은 감소하지만 주식배당은 이익잉여금이 자본금으로 위치만 이동하므로 자본은 변동이 없다. 또한 주주인 법인(투자회사)의 입장에서 현금배당은 배당수익으로 인식하지만 주식배당은 배당수익으로 인식하지 아니하며 주식수량을 증가시켜 주당취득가액을 낮추기만 한다.
12	①	법정적립금 및 임의적립금으로의 적립은 차기이월이익잉여금은 감소시키나, 이익잉여금총계와 자본총계에 영향을 미치지 아니한다.
13	③	자본잉여금인 주식발행액면초과액이 자본으로 전입되는 경우 자본금은 증가하지만 자본은 불변이다.

NO		정답	해설
자본	14	①	나. 유상증자는 자본금이 증가하지만 이익잉여금은 불변이다. 다. 주식분할과 주식배당은 총자본에 변화를 주지 않는다.
	15	④	주식배당은 자본총계는 변동없으나 자본금이 증가한다. 주식분할과 이익잉여금 적립은 자본과 자본금의 변동이 없으며, 현금배당은 자본금은 변동 없으며 자본총계는 감소한다.
	16	①	이익잉여금처분계산서의 이익잉여금처분항목인 배당은 기말재무상태표에 나타내지 아니하며 재무상태표는 이익잉여금처분 전의 재무상태를 표시한다.
	17	②	이익준비금 2,000,000원은 상법상 법정적립금이다.
수익과 비용	01	②	수강료는 강의기간 동안 발생기준에 따라 수익으로 인식한다.
	02	③	총공사예정원가에는 토지의 취득원가와 자본화대상 금융비용 등이 제외된다.
	03	③	용역의 제공으로 인한 수익은 용역제공거래의 성과를 신뢰성 있게 측정할 수 있을 때 진행기준에 따라 인식한다.
	04	③	진행률 계산은 원가기준이 원칙이나, 기타 합리적인 방법이 있으면 사용 가능하다.
	05	④	거래의 성과를 신뢰성 있게 추정하는 것을 어렵게 만들었던 불확실성이 해소된 경우에는 진행기준 적용에 따라 수익을 인식한다.
	06	③	■ 제품판매가격에 판매 후 제공할 용역에 대한 식별가능한 금액이 포함되어 있는 경우에는 그 금액을 이연하여 용역수행기간에 걸쳐 수익으로 인식한다. ■ 수익 = 소프트웨어 판매수익 + 업데이트 용역수익 　　　 = 150,000원 + (50,000원 × 3개월/12개월) = 162,500원
	07	③	■ 총매출액에서 매출할인·에누리·환입을 차감하여 손익계산서에 매출액이 반영된다. 이때 매출환입은 2026년에 발생된 부분으로서 이는 2026년 매출액에서 차감하여 2025년 매출액에는 영향이 없다. ■ 2025년 순매출액 = 총매출액 – 매출할인·매출에누리·매출환입 　　　 = (10대 × 10,000,000원) – (100,000,000원 × 2%) = 98,000,000원
	08	④	특정 거래와 관련하여 발생한 수익과 비용은 동일한 회계기간에 인식하며 일반적으로 재화의 인도 이후 예상되는 품질보증비 등은 수익인식시점에서 신뢰성 있게 측정할 수 있다. 단, 관련된 비용을 신뢰성 있게 측정할 수 없다면 수익을 인식할 수 없고 재화 판매의 대가로 이미 받은 금액은 부채로 인식한다. 2025.5.2. 회계처리 : (차) 현　　　금　　10,000,000원　　(대) 선수금　　10,000,000원 2026.2.3. 회계처리 : (차) 판매보증비　　3,000,000원　　(대) 현　　금　　3,000,000원 2026.5.2. 회계처리 : (차) 선 수 금　　10,000,000원　　(대) 매　　출　　10,000,000원 　　　　　　　　　　 (차) 매출원가　　7,000,000원　　(대) 제　품　　7,000,000원
	09	①	(1) 2025년 누적진행률 = 72,000원 / 240,000원 × 100 = 30% (2) 2026년 누적진행률 = 192,000원 / 240,000원 × 100 = 80% (3) 2025년 수익 = 300,000원 × 30% = 90,000원 (4) 2026년 수익 = 300,000원 × 80% – 90,000원 = 150,000원
	10	③	■ 2026년 누적발생원가 : 72,000,000원 ■ 2026년 총공사예정원가 : 120,000,000원(= 2,000만원 + 5,200만원 + 4,800만원) ■ 2026년까지 누적 공사진행률 : 72,000,000원 / 120,000,000원 × 100 = 60% ■ 2027년 공사수익 : 60,000,000원[= 150,000,000원 × (1 – 0.6)] ■ 2027년 공사원가 : 47,000,000원 ∴ 2027년 공사이익 : 60,000,000원 – 47,000,000원 = 13,000,000원

	NO	정답	해설
수익과 비용	11	④	비화폐성항목에서 발생한 손익을 기타포괄손익으로 인식하는 경우 그 손익에 포함된 환율변동효과도 기타포괄손익으로 인식한다.
	12	①	
	13	④	외화환산손실은 결산일에 화폐성외화자산 또는 화폐성외화부채를 환산하는 경우 환율변동으로 인해 발생하는 환산손익으로 영업외손익에 해당한다.
	14	③	공정가치로 측정하는 비화폐성 외화자산 및 외화부채는 공정가치가 결정된 날의 환율로 환산한다.
회계변경과 오류수정	01	①	①의 경우는 회계변경으로 인정되는 사유에 해당하지 않는다.
	02	④	회계추정 변경은 전진적으로 처리하며, 변경된 새로운 회계정책은 소급하여 적용하며, 전기 또는 그 이전의 재무제표를 비교목적으로 공시할 경우에는 소급적용에 따른 수정사항을 반영하여 재작성한다.
	03	①	기업회계기준상 인정되지 아니하는 최종매입원가법을 기업회계기준에서 인정되는 선입선출법으로 변경하는 것은 회계변경이 아니라 오류수정에 해당한다.
	04	①	②번, ③번, ④번는 회계추정의 변경이고, ①번은 회계정책의 변경이다.
	05	③	회계변경의 누적효과를 계산하여 이익잉여금을 수정하는 것이 소급법이고 당기손익으로 처리하는 것이 당기일괄처리법이다.
	06	④	회계정책 변경을 전진적으로 처리하는 경우에는 그 변경의 효과를 당해 회계연도 개시일부터 적용한다.
	07	④	■ 감가상각방법의 변경은 회계추정의 변경이다. ■ 전진법의 적용시 누적효과는 인식하지 않는다. (회계추정의 변경) ① 정률법적용시 2024년 감가상각비 = 30,000,000원 × 0.259 = 7,770,000원 ② 정액법적용시 2025년 감가상각비 = (30,000,000원 − 7,770,000원) × 1/9년 = 2,470,000원 누적효과 : 인식하지 않음 감가상각 : (차) 감가상각비 2,470,000원 (대) 감가상각누계액 2,470,000원 ■ 소급법의 적용시 누적효과는 이익잉여금처분계산서에 반영한다.(회계정책의 변경) ① 정률법적용시 2024년 감가상각비 = 30,000,000원 × 0.259 = 7,770,000원 ② 정액법적용시 2024년 감가상각비 = 30,000,000원 × 1/10년 = 3,000,000원 ∴ 누적효과 = ① − ② = 4,770,000원 ③ 정액법적용시 2025년 감가상각비 = 30,000,000원 × 1/10년 = 3,000,000원 누적효과 : (차) 감가상각누계액 4,770,000원 (대) 이익잉여금 4,770,000원 감가상각 : (차) 감가상각비 3,000,000원 (대) 감가상각누계액 3,000,000원 |	회계변경효과 (이익잉여금)	감가상각비	당기순이익	이익잉여금
---	---	---	---	---
전진법	−	2,470,000 증가	2,470,000 감소	2,470,000 감소
소급법	4,770,000 증가	3,000,000 증가	3,000,000 감소	1,770,000 증가	
	08	③	감가상각방법의 변경은 회계추정의 변경으로서 회계처리는 전진법을 적용한다. ■ 감가상각비 = (500,000,000원 − 250,000,000원) / (10년 − 2년) = 31,250,000원
	09	④	회계추정의 변경(내용연수의 변경)은 전진적으로 처리하여 그 효과를 당기와 당기이후의 기간에 반영한다. ■ 제3기 ~ 제4기 감가상각비 = 2,500,000원 / 5년 × 2년 = 1,000,000원 ■ 제5기 감가상각비 = (2,500,000원 − 1,000,000원 + 300,000원) / 4년 = 450,000원

NO		정답	해설
회계변경과 오류수정	10	④	오류수정의 내용은 주석으로 공시한다.
	11	④	
	12	③	자산과 부채가 동시에 누락되었으므로 자산과 부채는 과소계상되나, 자본과 당기순이익은 영향이 없다.
	13	②	■ 수정후 당기순이익 : 500,000원 + 70,000원 = 570,000원 | 오류유형	계정과목	손익계산서 2024년	손익계산서 2025년
재고자산오류	매출원가	(50,000원)	50,000원
			30,000원
감가상각비오류	감가상각비		(10,000원)
오류효과		(50,000원)	70,000원	
	14	①	| 내 용 | 당기순이익 | 이월이익잉여금 | |---|---|---| | | 15,000,000원 | 50,000,000원 | | ① 기말재고자산 과소 | 5,000,000원 | 5,000,000원 | | ② 기초재고자산 과소 | (3,000,000원) | 0원 | | ③ 감가상각비 과소 | (2,000,000원) | (4,000,000원) | | 수정후 잔액 | 15,000,000원 | 51,000,000원 | ① 기말재고자산의 과소계상은 매출원가의 과대계상되어 있으므로 이를 수정하면 당기순이익 및 이월이익잉여금을 증가시킨다. ② 기초재고자산의 과소계상은 전기매출원가의 과대계상으로 전기이월이익잉여금이 과대계상되어 있으며 당기의 매출원가는 과소계상되어 있어 이를 수정하면 당기순이익은 감소하나 이월이익잉여금은 전기의 과대계상분과 당기의 과소계상분이 상계되어 변동이 없다. ③ 감가상각비의 기초인 기계장치의 취득원가 과소계상액은 당기 및 전기의 감가상각비가 과소계상되어 전기이월이익잉여금이 감가상각비만큼 과소계상되어 있고 당기의 감가상각비 과소계상으로 당기순이익과 이월이익잉여금이 과소계상되어 있다. 따라서 당기순이익은 당기 감가상각비만큼 과소계상되어 있으며 이월이익잉여금은 전기 및 당기 감가상각비만큼 과소계상되어 있다.
	15	②	자동조정오류는 회계오류가 발생한 다음 회계연도의 장부가 마감된 경우 회계오류가 자동적으로 상계되어 오류수정분개가 필요 없는 오류를 말하며 투자부동산 오류는 투자부동산이 판매될 때까지 오류가 상계되지 않는다.

PART 02

원가회계

CHAPTER 01 원가회계의 개념 및 원가흐름
CHAPTER 02 원가의 배분
CHAPTER 03 부문별 원가계산
CHAPTER 04 제품별 원가계산
CHAPTER 05 표준원가계산
CHAPTER 06 실무이론 평가

실무이론

직무명	분류번호	능력단위명	수준	능력단위요소
회계 · 감사	0203020103_20v4	원가계산	2	1 원가요소 분류하기 2 원가배부하기 3 원가계산하기

능력단위정의	원가계산이란 기업운영에 있어 원가분석 및 정보를 제공 · 활용하기 위해 원가요소 분류, 배부, 계산하는 능력이다.

NCS 능력단위	능력단위요소	수 행 준 거
0203020103_20v4 원가계산	0203020103_20v4.1 원가요소 분류하기	1.1 회계관련규정에 따라 원가와 비용을 구분할 수 있다. 1.2 회계관련규정에 따라 제조원가의 계정흐름에 대해 분개할 수 있다. 1.3 회계관련규정에 따라 원가를 다양한 관점으로 분류할 수 있다.
	0203020103_20v4.2 원가배부하기	2.1 원가계산 대상에 따라 직접원가와 간접원가를 구분할 수 있다. 2.2 원가계산 대상에 따라 합리적인 원가배부기준을 적용할 수 있다. 2.3 보조부문의 개별원가와 공통원가를 집계할 수 있다. 2.4 보조부문의 개별원가와 공통원가를 배부할 수 있다.
	0203020103_20v4.3 원가계산하기	3.1 원가계산시스템의 종류에 따라 원가계산방법을 선택할 수 있다. 3.2 업종특성에 따라 개별원가계산을 할 수 있다. 3.3 업종특성에 따라 종합원가계산을 할 수 있다.

CHAPTER 01 원가회계의 개념 및 원가흐름

1. 원가회계의 목적 및 원가의 개념

구 분	내 용
원가회계의 목적	① 재무제표작성에 필요한 원가자료의 제공 ② 가격계산에 필요한 원가자료의 제공 ③ 원가관리에 필요한 원가자료의 제공 ④ 예산편성 및 예산통제에 필요한 원가자료의 제공 ⑤ 경영의 기본계획설정에 필요한 원가정보의 제공
원가의 개념	원가란 재화나 용역을 얻기 위해서 희생된 자원 가치, 즉 경제적 효익의 희생을 화폐단위로 측정한 것을 의미하며, 원가는 제조기업이 재화나 용역을 생산하는데 사용한 모든 원재료, 생산설비 등의 소비액을 말한다.
원가대상	원가를 따로 측정하고자 하는 활동이나 항목으로 원가 집적대상이라고도 한다.
원가집합	원가대상에 직접적으로 추적할 수 없는 간접원가들을 모아둔 것으로 여기에 집계된 원가는 둘 이상의 원가대상에 배분되어야 할 공통비이다.
원가배분	원가집합에 집계된 간접원가를 일정한 배부기준에 따라 원가대상에 배분한 과정을 말한다.

2. 원가의 분류

분류 기준	원가의 종류
발생형태 (원가의 3요소)	① **재료비** : 제품 생산을 위하여 소비된 원재료의 가치 ② **노무비** : 제품 생산을 위하여 투입된 노동력의 대가 ③ **제조경비** : 제품 생산에 소비된 원가요소 중 재료비와 노무비를 제외한 원가

제품의 추적가능성	① **직접원가(직접비)** : 특정원가대상에 직접적으로 추적할 수 있는 원가요소
	   (예 : 직접재료비, 직접노무비)
	② **간접원가(간접비)** : 특정원가대상에 직접적으로 추적할 수 없는 원가
	   (예 : 간접재료비, 간접노무비, 간접경비)

원가 행태	원가행태란 조업도의 변화에 따른 원가발생의 변동상태를 지칭하는 말이다. 조업도란 기업의 생산설비의 이용정도를 나타내는 지표를 말하는 것으로 생산량, 작업시간, 기계시간 등을 사용한다.

분류 기준	원가의 종류
원가 행태	① **변동원가(변동비)** : 조업도의 증감에 따라 변하는 원가 즉, 조업도가 증가하면 총원가는 비례하여 증가하지만 단위당원가는 일정(예 : 직접재료비, 직접노무비 등) ② **고정원가(고정비)** : 조업도의 증감에 관계없이 관련범위 내에서 항상 일정하게 발생하는 원가 즉, 조업도가 증가하여도 총원가는 일정하지만 단위당원가는 체감(예 : 임차료, 보험료 등) 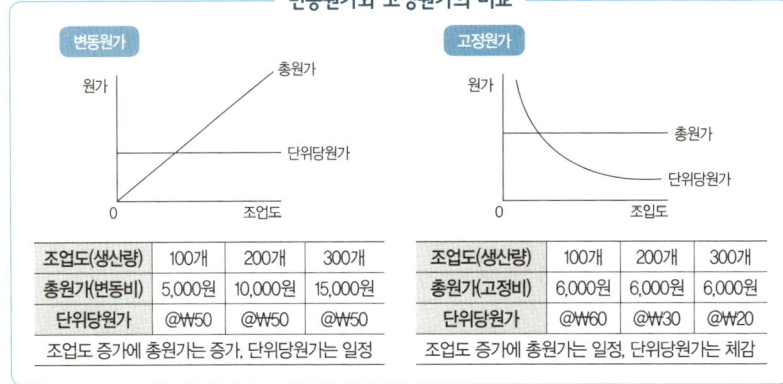 ③ **준변동원가(혼합원가)** : 조업도의 증감에 관계없이 발생하는 고정비와 조업도의 변화에 따라 일정비율로 변화하는 변동비의 두 가지 요소가 동시에 구성된 원가(예 : 전력비, 전화요금 등) ④ **준고정원가(준고정비)** : 일정한 조업도 범위내에서는 고정비와 같이 일정한 원가이나 조업도가 일정수준이상 증가하면 원가총액이 증가(예 : 생산관리자의 급여, 생산량에 따른 설비자산의 구입가격 등) 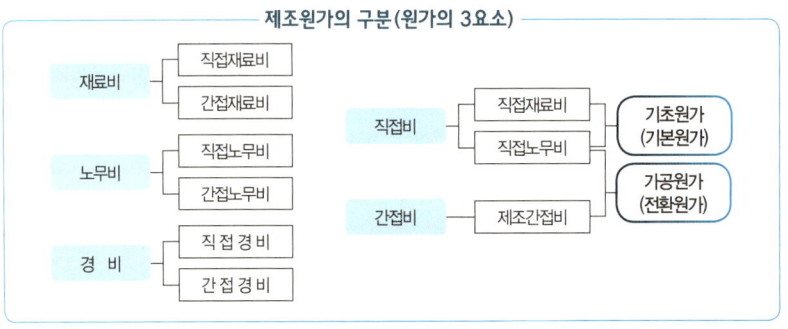
제조활동과의 관련성	① **제조원가** : 제품을 제조하기 위하여 소비된 경제적가치의 소비액을 일컫는 것으로 직접재료비, 직접노무비, 제조간접비로 구분 ② **비제조원가** : 판매비와 관리비 등에서 발생하는 원가로 기업의 제조활동과 직접적인 관련이 없는 원가

분류 기준	원가의 종류
제조형태	① **개별원가계산** : 여러 종류의 제품을 개별적으로 생산할 때 사용되는 원가계산 방법 ② **종합원가계산** : 같은 종류의 제품을 연속적으로 대량 생산할 때 사용되는 원가계산 방법
경제적 효익의 소멸 여부	① **미소멸원가** : 미래의 경제적 효익을 제공할 수 있는 원가(예 : 미사용된 원재료) ② **소멸원가** : 미래의 경제적 효익을 제공할 수 없는 원가(예 : 소비된 원재료)
통제가능성	① **통제가능원가** : 특정한 경영자가 원가 발생액에 대하여 영향을 미칠 수 있는 원가(직접비) ② **통제불능원가** : 특정한 경영자가 원가 발생액에 대하여 영향을 미칠 수 없는 원가(간접비)
원가계산 범위	① **전부원가계산** : 직접재료비, 직접노무비, 변동제조간접비(간접재료비, 간접노무비 등)와 고정제조간접비(공장설비에 대한 감가상각비, 재산세 등)를 포함한 원가계산 ② **직접(변동)원가계산** : 직접재료비, 직접노무비, 변동제조간접비는 제조원가에 포함시키고 고정제조간접비는 기간비용으로 처리하는 방법의 원가계산
원가측정방법	① **실제원가계산(사후원가, 역사적원가)** : 제품의 생산이 완료된 후에 실제로 발생한 원가 ② **표준원가계산(사전원가)** : 과학적인 방법을 기초로 하여 미래에 발생되리라고 예상한 원가
의사결정과의 관련성	① **관련원가와 비관련원가** : 관련원가란 여러 대안 사이에 차이가 나는 원가로서 의사결정에 직접적으로 관련되는 원가(미래원가이면서 차액원가)를 말하며, 비관련원가는 특정 의사결정과 관계없는 원가를 말함 ② **매몰원가(역사적원가, 기발생원가)** : 과거의 의사결정으로부터 이미 발생한 원가로서 현재 또는 미래에 어떤 의사결정을 하더라도 회수할 수 없는 원가. 매몰원가는 의사결정을 할 때 어떤 대안을 선택하든지 회복할 수 없으므로 미래의 의사결정에 고려하지 않는 비관련원가 ③ **기회원가(기회비용)** : 재화·용역 또는 생산설비를 현재의 용도 이외의 다른 용도로 사용했을 경우 여러 대안 중에 하나의 안을 선택함으로써 포기하게 된 다른 안으로부터 기대되는 포기된 가장 큰 금액(이익)을 말함 ④ **차액원가** : 대안 간에 차이가 발생하는 원가의 차이를 말하며 각 원가요소별로 계산할 수도 있고 총원가의 차이로 계산할 수도 있음 ⑤ **회피가능원가와 회피불능원가** : 회피가능원가는 특정 대안을 선택함으로써 절감되거나 회피할 수 있는 원가(관련원가)를 말하며, 회피불능원가는 특정 대안의 선택여부에 관계없이 계속해서 발생하는 원가(비관련원가)로 의사결정에서 배제 함 ⑥ **현금지출원가와 연기가능원가** : 현금지출원가는 특정 의사결정의 결과 현재 혹은 가까운 장래에 현금지출을 필요로 하는 원가를 말하며, 연기가능원가는 단기적 경영능률에 영향을 미치지 않고 미래로 그 발생을 연기할 수 있는 원가로 수선유지비가 대표예임

공장에 설치하여 사용하던 기계가 고장이 나서 처분하려고 한다. 취득원가는 1,000,000원이며 고장시점까지의 감가상각누계액은 200,000원이다. 동 기계를 바로 처분하는 경우 500,000원을 받을 수 있으며 100,000원의 수리비를 들여 수리하는 경우 700,000원을 받을 수 있다. 이때 수리하여 처분하는 경우 매몰원가와 기회비용은 얼마인가?

【해설】
- 매몰원가는 이미 과거에 발생한 회피불가능한 원가로서 미래의 의사결정과는 관계없는 원가를 말하므로 취득원가 1,000,000원에서 감가상각누계액 200,000원을 차감한 잔액 800,000원이다.
- 기회비용은 어느 한 대안을 선택하면 다른 대안은 포기할 수 밖에 없다면 이 때 포기해야 하는 대안에서 얻을 수 있는 효익 중 가장 큰 금액을 말하므로 바로 처분하여 받을 수 있는 500,000원이다.

3. 원가의 구성

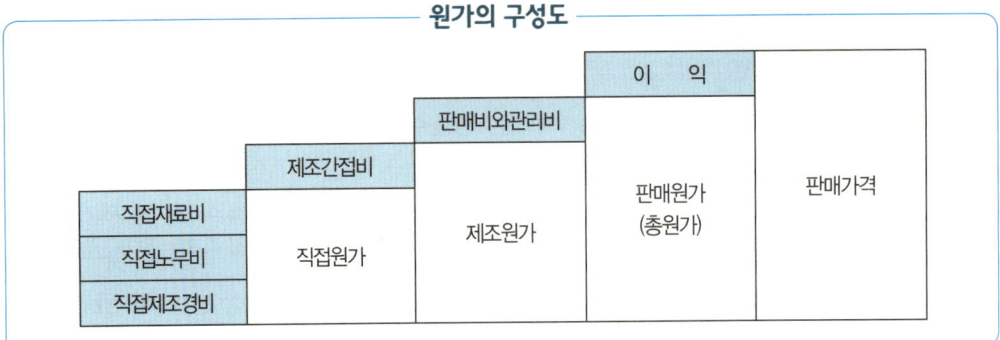

① 직접원가 = 직접재료비 + 직접노무비 + 직접제조경비
② 제조원가 = 직접원가 + 제조간접비
③ 판매원가(총원가) = 제조원가 + 판매비와관리비
④ 판매가격 = 판매원가 + 이익

4. 원가계산의 절차

원가계산은 **원가요소별 → 부문별 → 제품별** 계산의 3단계로 한다.

구 분	내 용
원가요소별 계산	원가를 발생형태에 따라 재료비, 노무비, 경비의 원가요소로 분류하여 계산
부문별 계산	요소별로 파악된 원가를 발생장소인 부문별로 집계하는 절차 ① 직접비 : 각각의 특정 제품에 직접 부과 ② 간접비 : 부문별로 집계
제품별 계산	직접비 부과액과 제조부문에서 제품에 배분한 금액을 제품별로 집계하여 최종단계의 원가를 계산

5. 제조기업의 원가계산 흐름

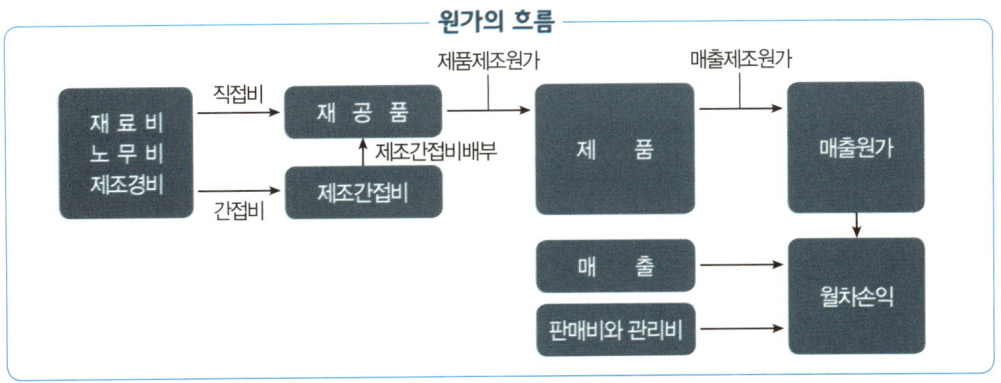

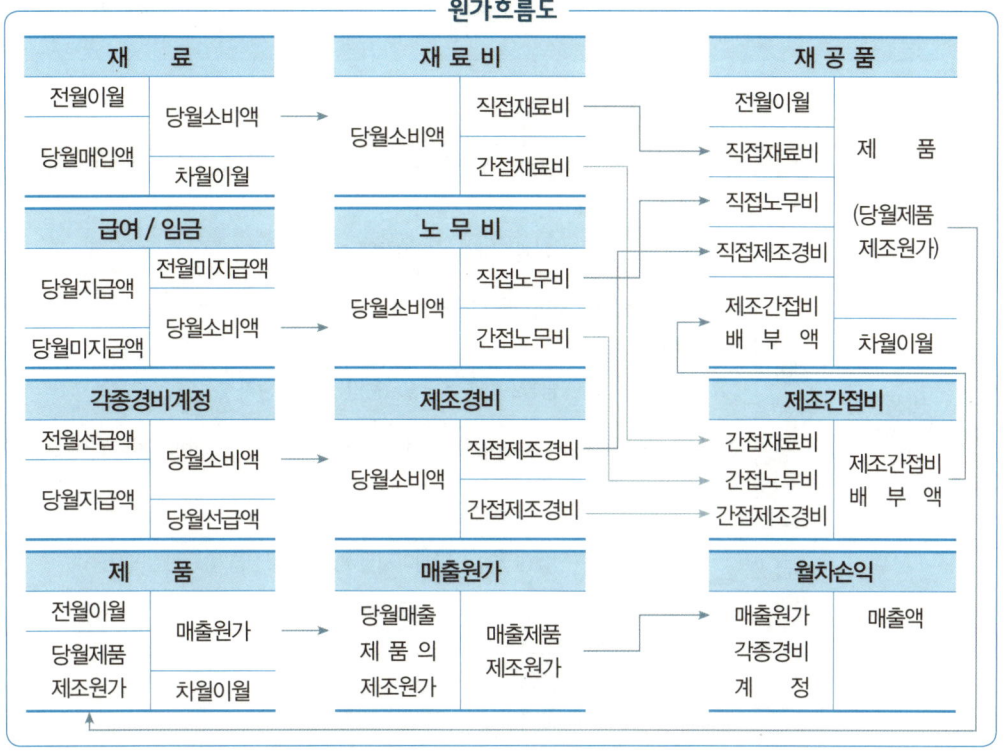

구분		내용
재료비	재료비 소비액	기초재료재고액 + 당월재료매입액 − 기말재료재고액 = 당월재료소비액
	재료의 감모 손실	재료의 기말재고수량을 조사한 결과 파손, 도난, 부패, 증발 등의 사유로 실제재고수량이 장부상의 재고수량보다 부족한 경우 그 차이를 재료감모손실이라 한다. 구분 / 차변 / 대변 재고감모손실 발생 시 / 재료감모손실 ××× / 재료 ××× 감모손실이 정상적일 때 / 제조간접비 ××× / 재료감모손실 ××× 감모손실이 비정상적일 때 / 손익(영업외비용) ××× / 제조간접비 ×××
노무비		제품의 제조를 위하여 노동력을 소비함으로써 발생한 원가요소 당월노무비소비액 = 당월지급액 + 전월선급액 + 당월미지급액 − 전월미지급액 − 당월선급액
제조 경비	제품과의 관련성에 따른 분류	① 직접제조경비 : 특정제품의 제조에만 직접 소비된 경비 (예 : 특허권사용료, 외주가공비, 특정제품의 설계비 등) ② 간접제조경비 : 여러 제품의 제조에 공통으로 소비된 경비로 대부분의 제조경비가 여기에 해당함

구 분			내 용
제조경비	발생형태에 따른 분류	월할경비	① 1년 또는 일정기간분을 총괄하여 일시에 지급되는 제조경비 　(예 : 임차료, 보험료, 감가상각비, 세금과공과, 특허권사용료 등) ② 월할제조경비는 일괄지급된 제조경비 중 월별할당액을 계산하여 이 금액을 소비액으로 계상한다. 　　　　당월소비액 = 발생금액 ÷ 해당개월 수
		측정경비	① 계량기에 의하여 소비액을 측정하는 제조경비 (예 : 전력비, 가스수도료 등) ② 측정경비 소비액 　　　　당월소비액 = 당월사용량 × 단위당가격
		지급경비	① 매월의 소비액을 그 달에 지급하는 제조경비 (예 : 수선비, 운부비, 외주가공비 등) ② 지급경비 소비액 당월소비액 = 당월지급액 + (전월선급액 + 당월미지급액) − (당월선급액 + 전월미지급액) 제조경비 전월　선급액　×××　｜　전월미지급액　××× 당월　지급액　×××　｜　당월　소비액　××× 당월미지급액　×××　｜　당월　선급액　×××
		발생경비	현금의 지출없이 발생하는 제조경비 (예 : 재료감모손실 등)

다음 자료를 이용하여 당월의 제조경비를 계산하시오.

① 감가상각비 : 1회계년도 상각액 720,000원
② 보험료 : 6개월분 60,000원
③ 수도료 : 전월검침 650㎥/당월검침 790㎥이고 단가는 50원
④ 전력비 : 당월지급액 60,000원 / 당월측정액 80,000원
⑤ 수선비 : 전월선급액 30,000원 / 당월지급액 100,000원 / 당월미지급액 50,000원
⑥ 재료감모손실 : 월말장부재고액 282,500원 / 실제재고액 280,000원(전액 원가성이 있다)

【해설】

① 감가상각비(월할경비) : 720,000원 ÷ 12월 = 60,000원
② 보험료(월할경비) : 60,000원 ÷ 6월 = 10,000원
③ 수도료(측정경비) : (790㎥ − 650㎥) × 50원 = 7,000원
④ 전력비(측정경비) : 80,000원
⑤ 수선비(지급경비) : 전월선급액 + 당월지급액 + 당월미지급액 = 180,000원
⑥ 재료감모손실(발생경비) : 장부재고액 − 실제재고액 = 2,500원
∴ 당월의 제조경비 = ① + ② + ③ + ④ + ⑤ + ⑥ = 339,500원

6. 재공품(생산과정 중에 있는 미완성품 재고자산)

재공품			
기초재공품	×××	당기제품제조원가	××× ⇨ 재무상태표 제품계정 차변에 대체
직접재료비	×××		
직접노무비	×××		
제조간접비	×××	기말재공품	××× ⇨ 재무상태표상의 재공품

구 분	내 용
당기 총제조원가	당기총제조원가 = 직접재료비 + 직접노무비 + 제조간접비
당기제품 제조원가	당기제품제조원가는 당기에 완성된 완성품의 원가로 기초재공품원가에 당기총제조원가를 합계한 후 기말재공품원가를 차감한 금액을 말함 당기제품제조원가 = 기초재공품재고액 + 당기총제조원가 − 기말재공품재고액

7. 제품(생산과정이 완료되고 판매를 위해 보유하고 있는 완성품)

제 품			
기초제품	×××	제품매출원가	××× ⇨ 손익계산서 매출원가계정 차변에 대체
당기제품제조원가	×××	기말제품	××× ⇨ 재무상태표상의 제품

제품매출원가 = 기초제품재고액 + 당기제품제조원가 − 기말제품재고액

예제

(주)배움의 당기총제조원가, 당기제품제조원가 및 제품매출원가를 계산하시오.

[당해 원가자료]
- 원재료매입액 400,000원
- 직접노무비 800,000원
- 제조간접비 700,000원

구 분	기초재고	기말재고
원재료	140,000원	150,000원
재공품	150,000원	200,000원
제 품	250,000원	350,000원

【해설】
① 당기총제조원가 = 직접원가 + 제조간접비 = 390,000원 + 800,000원 + 700,000원 = 1,890,000원
② 당기제품제조원가 = 기초재공품재고액 + 당기총제조원가 − 기말재공품재고액
　　　　　　　　　= 150,000원 + 1,890,000원 − 200,000원 = 1,840,000원

③ 제품매출원가 = 기초제품재고액 + 당기제품제조원가 − 기말제품재고액
　　　　　　　 = 250,000원 + 1,840,000원 − 350,000원 = 1,740,000원

원재료

기초	140,000	소비	390,000
매입	400,000	기말	150,000
	540,000		540,000

재공품

기초	150,000	제품제조원가	1,840,000
직접재료비	390,000	기말	200,000
직접노무비	800,000		
제조간접비	700,000		
	2,040,000		2,040,000

제 품

기초	250,000	제품매출원가	1,740,000
제품제조원가	1,840,000	기말	350,000
	2,090,000		2,090,000

8. 제조원가명세서(손익계산서의 부속명세서)

제조원가명세서

(주)배움　　2025년 1월 1일부터 2025년 12월 31일까지　　(단위 : 원)

과　　　　목	금　　액	
재　　료　　비		390,000
1.기 초 원 재 료 재 고 액	140,000	
2.당 기 원 재 료 매 입 액	400,000	
3.기 말 원 재 료 재 고 액	(150,000)	
노　　무　　비		800,000
제　조　간　접　비		700,000
1.감 가 상 각 비	400,000	
2.전　　력　　비	200,000	
3.수 선 유 지 비	100,000	
당 기 총 제 조 비 용		1,890,000
기 초 재 공 품 재 고 액		150,000
합　　　　　계		2,040,000
기 말 재 공 품 재 고 액		(200,000)
당 기 제 품 제 조 원 가		1,840,000

손 익 계 산 서

(주)배움　　2025년 1월 1일부터 2025년 12월 31일까지　　(단위 : 원)

과　　　　목	금　　액	
매　　　출　　　액		×××
매　　출　　원　　가		1,740,000
기 초 제 품 재 고 액	250,000	
당 기 제 품 제 조 원 가	1,840,000	
기 말 제 품 재 고 액	(350,000)	
매　출　총　이　익		×××
판　매　관　리　비		×××
영　업　이　익		×××

CHAPTER 02 원가의 배분

1. 원가배분

1 원가배분의 의의 및 목적

구 분	내 용
원가배분 의의	▪ 일정한 배부기준에 따라 공통비를 각 원가대상(원가집적대상)에 대응시키는 과정 ▪ 원가대상(원가집적대상) : 원가가 개별적으로 집적되는 활동이나 조직의 하부단위
원가배분 목적	① 최적의 자원배분을 위한 경제적 의사결정　② 경영자와 종업원의 동기부여 및 성과평가 ③ 외부보고를 위한 재고자산 및 이익의 측정　④ 제품가격결정 및 제품선택 의사결정

2 원가배분(원가배부)기준

구 분	내 용
인과관계기준	원가배분대상과 배분대상 원가간의 인과관계를 통하여 특정원가를 원가배분대상에 대응시키는 가장 이상적인 배분기준이며 공통원가의 발생원인에 근거하여 배분한다.
부담능력기준	원가배분대상인 제품이나 부문의 부담 능력을 기준으로 원가를 배분하는 방법이다. 즉, 보다 많은 수익을 올리는 원가배분대상이 공통비를 보다 더 부담할 능력을 지닌다는 가정하에 원가를 배분하는 방법이다.
수혜기준	원가배분대상이 공통비로부터 제공받는 경제적 효익의 정도에 비례하여 원가를 배분하는 기준으로 수익자부담원칙에 입각한 배분기준이다. 물량기준법에 의한 결합원가의 배분방법이 수혜기준에 의한 대표적인 예이다.
공정성과 공평성기준	배분기준의 포괄적인 원칙으로 공통원가를 원가배분대상에 배분하는 배분기준은 공정성과 공평성을 가져야 한다는 것이다.

2. 제조간접비 배부

1 제조간접비의 배부방법

구 분	내 용
제조간접비 의의	간접재료비, 간접노무비, 간접제조경비 등과 같이 두 종류 이상의 제품을 제조하기 위하여 공통적으로 발생하는 원가요소를 말하며 각 제품에 직접 부과할 수 없는 원가이다. 따라서 제조간접비는 월말에 전체발생액을 집계하고 적당한 배부기준에 의하여 각 제품에 배부함

구 분	내 용
실제배부법 ⇩ 실제개별원가계산	① 가액법 	배부방법	실제배부율	제조간접비 배부액
---	---	---
직접재료비법	제조간접비 총액 / 직접재료비 총액	실제배부율 × 제품별 직접재료비
직접노무비법	제조간접비 총액 / 직접노무비 총액	실제배부율 × 제품별 직접노무비
직접원가법	제조간접비 총액 / 직접원가 총액	실제배부율 × 제품별 직접원가 | ② 시간법 | 배부방법	실제배부율	제조간접비 배부액
---	---	---
직접노동시간법	제조간접비 총액 / 총직접노동시간	실제배부율 × 제품별 직접노동시간
기계작업시간법	제조간접비 총액 / 총기계운전시간	실제배부율 × 제품별 기계운전시간	
예정배부법 ⇩ 정상개별원가계산	① 제조간접비 예정배부 - 제조간접비 예정배부율 = 예정제조간접비 총액 / 예정배부기준의 총계 - 제조간접비 예정배부액 = 예정배부율 × 제품별 실제배부기준 ② 제조간접비의 배부차이 제조간접비 배부차이 = 실제발생액 − 예정배부액 ③ 제조간접비 예정배부 회계처리 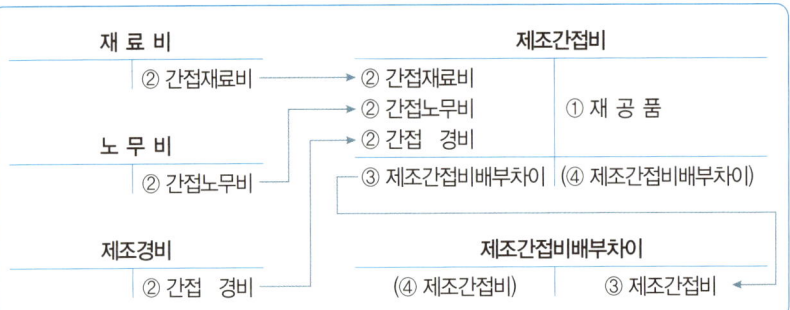 	구 분	차 변	대 변
---	---	---
① 제조간접비의 예정배부	재 공 품 ×××	제조간접비 ×××
② 제조간접비의 실제발생액	제조간접비 ×××	재 료 비 ××× 노 무 비 ××× 제조경비 ×××
③ 제조간접비차이(과대배부)	제조간접비 ×××	제조간접비배부차이 ×××
④ 제조간접비차이(과소배부)	제조간접비배부차이 ×××	제조간접비 ×××	

(주)두더지상사의 제품에 대한 원가 및 조업도(직접노동시간)는 다음과 같다.

구 분	#101	#102	#103	합 계
직접재료비	300,000원	200,000원	500,000원	1,000,000원
직접노무비	500,000원	1,000,000원	800,000원	2,300,000원
직접노동시간	250시간	450시간	300시간	1,000시간

1. 제조간접비 예산이 1,500,000원이고 예정조업도는 1,000시간이다. 예정배부율을 계산하여 제품별 원가를 계산하시오.
2. 제조간접비 실제 발생액은 1,800,000원이고 실제배부율을 구하고 제품별 원가를 계산하시오.
3. 제조간접비 배부차이를 계산하시오.

【해설】

1. 제조간접비 예정배부율 = 1,500,000원 ÷ 1,000시간 = 1,500원/시간

구 분	#101	#102	#103	합 계
직접재료비	300,000원	200,000원	500,000원	1,000,000원
직접노무비	500,000원	1,000,000원	800,000원	2,300,000원
제조간접비	375,000원[1]	675,000원[2]	450,000원[3]	1,500,000원
합 계	1,175,000원	1,875,000원	1,750,000원	4,800,000원

- 제조간접비 예정배부액
  1) 250시간 × 1,500원/시간 = 375,000원
  2) 450시간 × 1,500원/시간 = 675,000원
  3) 300시간 × 1,500원/시간 = 450,000원

2. 제조간접비 실제배부율 = 1,800,000원 ÷ 1,000시간 = 1,800원/시간

구 분	#101	#102	#103	합 계
직접재료비	300,000원	200,000원	500,000원	1,000,000원
직접노무비	500,000원	1,000,000원	800,000원	2,300,000원
제조간접비	450,000원[1]	810,000원[2]	540,000원[3]	1,800,000원
합 계	1,250,000원	2,010,000원	1,840,000원	5,100,000원

- 제조간접비 실제배부액
  1) 250시간 × 1,800원/시간 = 450,000원
  2) 450시간 × 1,800원/시간 = 810,000원
  3) 300시간 × 1,800원/시간 = 540,000원

3. 제조간접비 배부차이 = 실제 제조간접비 발생액 − 제조간접비 예정배부액
   = 1,800,000원 − 1,500,000원 = 300,000원(과소배부)

2 제조간접비 배부차이 조정법

구 분	내 용
매출원가 조정법	제조간접비 배부차이를 매출원가에 가감하는 방법으로서 과소배부액은 매출원가에 가산하고 과대배부액은 매출원가에서 차감한다. 이 방법은 배부차이가 적을 경우에 한하여 적용되어야 한다. 왜냐하면 배부차이가 발생된 제조간접비 계정의 영향력을 받은 계정은 매출원가 외에 재공품, 제품 계정이 추가로 발생하기 때문이다.

구 분	차 변	대 변
과대배부액 : 매출원가에서 차감 (실제발생액 < 예정배부액)	제조간접비 배부차이 ×××	매출원가 ×××
과소배부액 : 매출원가에 가산 (실제발생액 > 예정배부액)	매출원가 ×××	제조간접비 배부차이 ×××

구 분	내 용
영업외 손익법	제조간접비 배부차이를 영업외손익으로 처리하는 방법으로서 과소배부액은 영업외비용으로, 과대배부액은 영업외수익으로 처리하게 된다. 영업외손익으로 처리하는 것은 이론상으로 문제점이 있다. 제조과정에서 실제제조간접비가 예상보다 적게 발생하였다고 해서 이를 수익으로 인식하는 것은 타당하지 못하다.

구 분	차 변	대 변
과대배부액 : 영업외수익 처리 (실제발생액 < 예정배부액)	제조간접비 배부차이 ×××	배부차이이익 ××× (영업외수익)
과소배부액 : 영업외비용 처리 (실제발생액 > 예정배부액)	배부차이손실 ××× (영업외비용)	제조간접비 배부차이 ×××

구 분	내 용
비례 배분법	제조간접비 배부차이를 기말재고자산과 매출원가 계정의 상대적 비율에 따라 비례하여 배분하는 방법이다.

구 분	차 변	대 변
과대배부액 : 매출원가 및 재고자산에서 차감 (실제발생액 < 예정배부액)	제조간접비 배부차이 ×××	매출원가 ××× 제 품 ××× 재 공 품 ×××
과소배부액 : 매출원가 및 재고자산에 가산 (실제발생액 > 예정배부액)	매출원가 ××× 제 품 ××× 재 공 품 ×××	제조간접비 배부차이 ×××

① **총원가 비례배분법** : 제조간접비 배부차이를 기말재고자산과 매출원가 계정의 총원가(기말잔액)의 비율로 재공품, 제품, 매출원가 계정에 배분하는 방법이다. 배분시 기준이 되는 총원가에 직접재료비와 직접노무비가 포함되어 있어 제조간접비의 비율과 총원가의 비율이 차이가 날 경우에는 배부차이 배분에 왜곡이 발생하는 문제점이 있다.
② **요소별 비례배분법** : 제조간접비 배부차이를 기말재고자산과 매출원가 계정에 포함된 원가요소(제조간접비의 배부액)의 비율에 따라 배분하는 방법이다. 논리적으로 가장 뛰어나지만 시간과 절차 비용이 많이 발생한다.

 예제

다음의 자료를 이용하여 제조간접원가 과소배부액 1,000,000원을 매출원가조정법, 영업외손익법, 총원가 비례배분법, 요소별 비례배분법을 적용하여 배부시 회계처리를 하시오.

구 분	재공품	제 품	매출원가
직접재료비	1,000,000원	1,500,000원	500,000원
직접노무비	1,000,000원	1,500,000원	2,000,000원
제조간접비	1,000,000원	1,000,000원	500,000원
합 계	3,000,000원	4,000,000원	3,000,000원

【해설】

1. **매출원가조정법** : 제조간접비 배부차이 전액 매출원가에 가산
   (차) 매출원가   1,000,000원   (대) 제조간접비배부차이   1,000,000원
2. **영업외손익법** : 제조간접비 배부차이 전액 영업외비용 대체
   (차) 배부차이손실   1,000,000원   (대) 제조간접비배부차이   1,000,000원
      (영업외비용)
3. **총원가 비례배분법**

구 분	총원가	배분비율	배분액
재 공 품	3,000,000원	0.3(3,000,000원/10,000,000원)	300,000원(1,000,000원 × 0.3)
제 품	4,000,000원	0.4(4,000,000원/10,000,000원)	400,000원(1,000,000원 × 0.4)
매출원가	3,000,000원	0.3(3,000,000원/10,000,000원)	300,000원(1,000,000원 × 0.3)
합 계	10,000,000원	1	1,000,000원

   (차) 재 공 품   300,000원   (대) 제조간접비배부차이   1,000,000원
       제 품   400,000원
       매출원가   300,000원

4. **원가요소별 비례배분법**

구 분	제조간접비 배부액	배분비율	배분액
재 공 품	1,000,000원	0.4(1,000,000원/2,500,000원)	400,000원(1,000,000원 × 0.4)
제 품	1,000,000원	0.4(1,000,000원/2,500,000원)	400,000원(1,000,000원 × 0.4)
매출원가	500,000원	0.2(500,000원/2,500,000원)	200,000원(1,000,000원 × 0.2)
합 계	2,500,000원	1	1,000,000원

   (차) 재 공 품   400,000원   (대) 제조간접비배부차이   1,000,000원
       제 품   400,000원
       매출원가   200,000원

CHAPTER 03 부문별 원가계산

구 분		내 용
의의		제품의 원가를 산정함에 있어 제조간접비(부문비)를 각 제품에 보다 더 정확하게 배부하기 위해 우선적으로 그 발생 장소인 부문별로 분류, 집계하는 절차
원가 부문의 설정	제조부문	제품의 제조활동을 직접 담당하는 부분으로 절단부문, 조립부문 등이 있음
	보조부문	제품의 제조활동에 직접 참여하지 않고 제조부문의 제조활동을 보조하기 위하여 여러 가지 용역을 제공하는 부문으로 동력부문, 수선부문 등이 있음
부문별 원가계산의 절차		① 제1단계 : 부문개별비(부문직접비)를 각 부문에 부과 ② 제2단계 : 부문공통비(부문간접비)를 각 부문에 배부 ③ 제3단계 : 보조부문비를 제조부문에 배부 ④ 제4단계 : 제조부문비를 각 제품에 배부
보조 부문비	배부기준	<table><tr><td>동력부문</td><td>사용전력량, 전기용량(Kw/h)</td></tr><tr><td>수선유지부문</td><td>수선횟수, 수선유지시간</td></tr><tr><td>검사부문</td><td>검사수량, 검사시간</td></tr><tr><td>구매부문</td><td>주문횟수, 주문비용</td></tr><tr><td>노무관리부문</td><td>종업원 수</td></tr><tr><td>공장사무부문</td><td>종업원 수</td></tr></table>
	배부방법	① **직접배부법** **보조부문간의 용역의 수수관계를 완전히 무시**하고, 각 제조부문이 사용한 용역의 상대적 비율에 따라 보조부문비를 제조부문에 직접 배분하는 방법. 보조부문비를 보조부문에는 전혀 배분하지 않고 직접 제조부문에 모두 배분하는 방법이며 계산이 간단하고 배부순서를 결정할 필요가 없다는 장점은 있으나, 보조부문 상호간의 용역수수관계를 무시하기 때문에 보조부문 상호간에 많은 용역을 주고 받는 경우에는 정확성이 떨어진다는 단점이 있다. ② **단계배부법** 보조부문들간에 일정한 배분순위를 정한 다음, 그 배분순위에 따라 보조부문의 원가를 단계적으로 타보조부문과 제조부문에 배분하는 방법이며 **보조부문간 용역수수관계를 일부 인식하는 방법**이며, 일단 배분된 부문은 다시는 배분받지 못한다. 단계배부법은 보조부문 상호간의 용역수수관계를 일부 인식하여 배분한다는 장점은 있으나, 어느 보조부문원가부터 배분하는 가에 따라 제조부문에 집계되는 원가가 달라지므로 합리적인 배부순서 결정의 어려움이 있다. 또한, 배부순서 결정 오류 시 직접배부법 대비 정확성이 떨어지고 원가배분에 많은 시간이 필요하다는 단점이 있다. <table><tr><td>배부순서</td><td>① 다른 보조부문에 대한 용역 제공비율이 큰 것부터 ② 용역을 제공하는 다른 보조부문의 수가 많은 것부터 ③ 발생원가가 큰 것부터</td></tr></table>

구 분		내 용
보조 부문비	배부방법	③ 상호배부법 **보조부문 상호간의 용역수수를 전부 고려**하여 그에 따라 각 보조부문비를 제조부문과 다른 보조부문에 배분하는 방법으로, 이론적으로 가장 타당하다. 상호배부법은 정확한 보조부문원가 배분이 가능하고 배부순서를 결정할 필요가 없는 장점이 있으나 연립방정식에 의해 계산하여야 하므로 복잡하다는 단점이 있다. [1단계] 각 보조부문이 배분해야 할 원가를 아래와 같이 보조부문별로 연립방정식으로 계산 　보조부문이 배분해야 할 원가 　= 자기부문원가 + 다른 보조부문에서 배분받는 원가* 　* 다른 보조부문이 배분해야 할 원가 × 다른 보조부문이 당해 보조부문에 제공할 용역비율 [2단계] 각 보조부문이 배분해야 할 원가를 용역제공비율에 따라 다른 보조부분과 제조부분에 배분 　다른 부분에 배분액 　= 보조부문이 배분해야 할 원가 × 다른 부문에 용역제공비율 원가계산의 정확성 : 직접배부법 < 단계배부법 < 상호배부법
원가 행태에 따른 보조 부문비 배부	단일 배부율법	보조부문비를 **변동비와 고정비로 구분하지 않고** 모든 보조부문의 원가를 하나의 기준으로 배분하는 방법으로 보조부문비 중 고정비도 변동비처럼 배분된다. 이 방법은 시간과 비용이 상대적으로 적게 소요되고 간편하지만 원가행태에 따른 구분이 없으므로 정확한 원가배분이 이루어지지 않기 때문에 부문의 최적이라 하더라도 전체로 최적의 의사결정이 되지 않는 문제점을 가지고 있다. 보조부문비 = 보조부문원가(변동비 + 고정비) × 실제사용량
	이중 배부율법	보조부문비를 원가행태에 따라 **변동비와 고정비로 분류**하여 각각 다른 배부기준을 적용하는 방법이다. 이중배부율법은 원가발생액과 원가대상 사이의 인과관계를 고려하여 배부하며, 단일배부율법에 비해 보다 정교한 원가배부방법으로 원가부문의 계획이나 통제 또는 성과평가에 유용한 정보를 제공한다. 변동비 배부액 = 보조부문원가의 변동비 × 실제사용량 고정비 배부액 = 보조부문원가의 고정비 × 최대사용가능량 ■ 변동비 : **실제 용역사용량**을 기준으로 배분 ■ 고정비 : 제조부문에서 사용할 수 있는 **최대 사용가능량**을 기준으로 배분

예제1

(주)두더지상사의 다음 자료에 의하여 직접배부법으로 보조부문비배부표를 작성하시오. 다음 자료는 당월 중에 각 부문에서 발생한 제조간접비와 보조부문이 다른 부문에 제공한 용역의 양은 다음과 같다.

비 목	보조부문		제조부문		합 계
	동력부문	수선부문	절단부문	조립부문	
자기부문발생액	120,000원	80,000원	500,000원	400,000원	1,100,000원
제공한용역					
동력부문(Kw)	–	10,000	35,000	15,000	60,000
수선부문(시간)	300	–	450	550	1,300

【해설】

부문비배부표

비 목	배부기준	금 액	보조부문		제조부문	
			동력부문	수선부문	절단부문	조립부문
자기부문비		1,100,000원	120,000원	80,000원	500,000원	400,000원
보조부문비						
동력부문비	Kw/h	120,000원			84,000원	36,000원
수선부문비	수선시간	80,000원			36,000원	44,000원
보조부문합계		200,000원			120,000원	80,000원
제조부문비합계		1,100,000원			620,000원	480,000원

- 동력부문

  절단부문 = 120,000원 × $\dfrac{35,000}{50,000}$ = 84,000원

  조립부문 = 120,000원 × $\dfrac{15,000}{50,000}$ = 36,000원

- 수선부문

  절단부문 = 80,000원 × $\dfrac{450}{1,000}$ = 36,000원

  조립부문 = 80,000원 × $\dfrac{550}{1,000}$ = 44,000원

(주)두더지상사의 다음 자료에 의하여 단계배부법으로 보조부문비배부표를 작성하시오. 다음 자료는 당월 중에 각 부분에서 발생한 제조간접비와 보조부문이 다른 부문에 제공한 용역의 양이며 수선부문비를 먼저 배부하는 것으로 한다.

비 목	보조부문		제조부문		합 계
	동력부문	수선부문	절단부문	조립부문	
자기부문발생액	120,000원	80,000원	500,000원	400,000원	1,100,000원
제공한용역					
동력부문(Kw)	–	20,000	20,000	60,000	100,000
수선부문(시간)	600	–	600	800	2,000

【해설】

부문비배부표

비 목	배부기준	금 액	보조부문		제조부문	
			동력부문	수선부문	절단부문	조립부문
자기부문비		1,100,000원	120,000원	80,000원	500,000원	400,000원
보조부문비						
수선부문비	수선시간	80,000원	24,000원	(80,000원)	24,000원	32,000원
동력부문비	Kw/h	144,000원	(144,000원)		36,000원	108,000원
보조부문합계		224,000원			60,000원	140,000원
제조부문비합계		1,100,000원			560,000원	540,000원

- 수선부문

  절단부문 = 80,000원 × $\frac{600}{2,000}$ = 24,000원

  조립부문 = 80,000원 × $\frac{800}{2,000}$ = 32,000원

  동력부문 = 80,000원 × $\frac{600}{2,000}$ = 24,000원

- 동력부문

  절단부문 = 144,000원 × $\frac{20,000}{80,000}$ = 36,000원

  조립부문 = 144,000원 × $\frac{60,000}{80,000}$ = 108,000원

예 제3

(주)두더지상사의 다음 자료에 의하여 상호배부법으로 보조부문비배부표를 작성하시오. 공장에는 두개의 보조부문인 식당부문과 전력부문이 있으며, 제조부문에 제1공정(조립공정)과 제2공정(동력공정)으로 되어있다. 여기서 보조부문의 원가는 제조간접비이다.

비 목	보조부문		제조부문		합 계
	A(식당부문)	B(전력부문)	X(조립부문)	Y(동력부문)	
자기부문발생액	156,000원	200,000원	500,000원	600,000원	1,456,000원
A(식당부문)		10%	45%	45%	100%
B(전력부문)	20%		50%	30%	100%

【해설】

부문비배부표

비 목	보조부문		제조부문	
	A(식당부문)	B(전력부문)	X(조립부문)	Y(동력부문)
배분전원가	156,000원	200,000원	500,000원	600,000원
A(식 당)	(200,000원)	20,000원	90,000원	90,000원
B(전 력)	44,000원	(220,000원)	110,000원	66,000원
배분후원가	–	–	700,000원	756,000원

- 연립방정식
  ① A(식당부문) = 식당부문 발생원가 + 전력부문에서 배부받은 원가 = 156,000원 + 0.2B
  ② B(전력부문) = 전력부문 발생원가 + 식당부문에서 배부받은 원가 = 200,000원 + 0.1A
   A = 156,000원 + 0.2(200,000원 + 0.1A)
   A = 156,000원 + 40,000원 + 0.02A   ∴ A = 200,000원, B = 220,000원

- A(식당부문)의 원가배분(A → B, X, Y)

  A(식당부문) → B(전력부문) = 200,000원 × $\frac{10}{100}$ = 20,000원

  X(조립부문) = 200,000원 × $\frac{45}{100}$ = 90,000원

  Y(동력부문) = 200,000원 × $\frac{45}{100}$ = 90,000원

- B(전력부문)의 원가배분(B → A, X, Y)

  B(전력부문) → A(식당부문) = 220,000원 × $\frac{20}{100}$ = 44,000원

  X(조립부문) = 220,000원 × $\frac{50}{100}$ = 110,000원

  Y(동력부문) = 220,000원 × $\frac{30}{100}$ = 66,000원

예제4

(주)두더지상사는 1개의 보조부문과 2개의 제조부문을 통해 제품을 제조하고 있다. 각 부문에 대한 자료는 다음과 같을 때 이중배분율법에 의하여 도색부문에 배분될 변동원가 금액과 조립부문에 배분될 고정원가 금액의 합계금액은 얼마인가?

구 분	보조부문	제조부문		합 계
	전력부문	도색부문	조립부문	
변동원가	5,000,000원	3,000,000원	4,000,000원	12,000,000원
고정원가	8,000,000원	2,000,000원	3,000,000원	13,000,000원
최대사용가능비율		3,000kw	2,000kw	5,000kw
실제사용비율		400kw	600kw	1,000kw

【해설】

- 변동원가의 배분(실제사용비율)

  도색부문 = 5,000,000원 × $\dfrac{400kw}{1,000kw}$ = 2,000,000원

  조립부문 = 5,000,000원 × $\dfrac{600kw}{1,000kw}$ = 3,000,000원

- 고정원가의 배분(최대사용가능비율)

  도색부문 = 8,000,000원 × $\dfrac{3,000kw}{5,000kw}$ = 4,800,000원

  조립부문 = 8,000,000원 × $\dfrac{2,000kw}{5,000kw}$ = 3,200,000원

∴ 도색부문 변동원가 2,000,000원 + 조립부문 고정원가 3,200,000원 = 5,200,000원

CHAPTER 04 제품별 원가계산

1. 개별원가계산

구분	내용
개별원가계산 의의	성능, 품질, 규격 등이 다른 여러 종류의 제품을 주문에 의해 소량을 개별적으로 생산하는 건설업, 기계제조업, 항공기제조업, 가구제조업, 조선업 등에서 사용하는 원가계산제도
개별원가계산 절차	1단계: 개별작업에 대한 제조직접비(직접노무비, 직접재료비)를 직접부과 2단계: 개별작업에 직접부과 할 수 없는 제조간접비를 집계 3단계: 제조간접비 배부기준을 설정 4단계: 설정된 배부기준율에 따라 제조간접비의 배분
실제 개별원가계산	개별작업에 실제로 발생한 직접재료비와 직접노무비를 추적·부과하고 제조간접비는 일정기간동안 실제 발생한 제조간접비를 동일기간의 실제 배부기준 총수로 나눈 실제배부율에 의하여 개별제품에 배부하는 원가계산방법 ■ 제조간접비 실제배부율 = $\dfrac{\text{실제제조간접비 총액}}{\text{실제배부기준의 총계}}$ ■ 제조간접비 배부액 = 제조간접비 실제배부율 × 제품별 실제배부기준 ■ 실제 개별원가계산 = 실제발생(직접재료비 + 직접노무비 + 제조간접비)
정상 개별원가계산	정상개별원가계산은 **직접재료비와 직접노무비**는 실제개별원가계산과 같이 **실제발생액**을 개별작업에 직접 부과하며, 개별작업에 직접 부과할 수 없는 **제조간접비**는 회계연도 초에 연간 제조간접비 예산과 연간 예정조업도를 예측하여 **예정배부율을 이용하여 제조간접비를 먼저 배부**하여 제품원가 계산을 하고 추후 실제발생 제조간접비를 집계하는 원가계산방법 ⇨ [CHAPTER 02 원가의 배분] 참고 정상 개별원가계산 = 실제발생(직접재료비 + 직접노무비) + 예정 제조간접비 1단계: 회계연도 연초에 예정배부율 산출 제조간접비 예정배부율 = $\dfrac{\text{예정제조간접비 총액}}{\text{예정배부기준의 총계}}$ 2단계: 기중에 실제 조업도에 따라 제조간접비 배부 ① 제조간접비 예정배부액 = 예정배부율 × 제품별 실제배부기준 ② 제조간접비 실제발생액 집계 ③ 제조간접비 배부차이 집계 3단계: 회계연도 말에 제조간접비 배부차이를 조정

2. 종합원가계산

구 분	내 용
종합원가계산 의의	동종한 제품을 연속적으로 대량생산(방직업, 정유업, 식품가공업, 제지업, 제분업 등)하는 기업에서 사용하는 제품 원가계산방법
종합원가계산 종류	① **단순 종합원가계산** : 단일공정을 통하여 단일제품을 연속적으로 생산하는 형태의 원가계산방법(예 : 얼음 및 벽돌제조업 등) ② **공정별 종합원가계산** : 두 개 이상의 제조공정을 통하여 동일 종류의 제품을 연속적으로 대량생산하고 있는 형태에서 사용하고 있는 원가계산방법(예 : 제지업, 제당업 등) ③ **조별 종합원가계산** : 이종제품을 연속적으로 대량생산하는 경우에 제품의 종류마다 조를 설정하여 조별로 원가계산을 하는 방법(예 : 자동차제조업, 통조림제조업 등) ④ **등급별 종합원가계산** : 동일한 재료와 동일한 공정을 통하여 계속적으로 동일한 종류의 제품을 생산하나 규격, 모양, 무게, 품질 등이 서로 다른 제품을 생산하는 경우 사용하는 원가계산방법(예 : 정유업, 제화업 등) ⑤ **연산품 종합원가계산** : 동일한 재료를 사용하고 동일한 공정을 거쳐 계속적으로 생산되는 서로 다른 두 종류 이상의 제품을 생산하는 경우 사용하는 원가계산방법(예 : 정유업, 정육업 등)
종합원가계산 절차	1단계 : 물량의 흐름을 파악한다. 2단계 : 원가요소별로 완성품환산량을 계산한다. 3단계 : 원가요소별로 발생한 원가를 집계한다. 4단계 : 원가요소별로 완성품환산량 단위당원가를 산출한다. 5단계 : 완성품제조원가와 기말재공품원가를 계산한다.

완성품환산량	일정기간에 투입한 원가를 그 기간에 완성품만을 생산하는데 투입했더라면 완성되었을 완성품수량으로 나타낸 수치를 말함
	
	완성품 : 당해 생산공정에서 생산이 완료된 것을 말하는 것으로 가공비 완성도는 100%이다.
	기말재공품 : 당해 생산공정에서 생산이 완료되지 않고 가공 중에 있는 것으로 가공비 완성도가 100% 미만에 해당한다.
	완성품환산량 : 완성품(100% 가공)과 기말재공품(100%미만 가공)을 동등한 자격으로 일치시켜주는 척도가 필요한데 이것이 완성품환산량이다.
	- 완성품에 대한 완성품환산량 = 완성품수량 × 완성도(진척도)
	- 기말재공품에 대한 완성품환산량 = 기말재공품수량 × 완성도(진척도)
	- 완성도는 원가요소별로 파악되어야 함
	
	- **재료비 및 가공비의 완성품환산량 계산방법** : 월말수량 100개(완성도 60%)
	① 재료비가 공정의 착수시점에 전부 투입되는 경우
	  재료비의 완성도 100%로 계산 ⇨ 월말재공품완성품환산량 100개 × 100% = 100개
	② 재료비가 제조진행에 따라 투입되는 경우
	  완성도를 적용하여 계산 ⇨ 월말재공품완성품환산량 100개 × 60% = 60개
	③ 가공비는 항상 제조진행에 따라 투입하는 것으로 본다.

구 분		내 용
종합원가계산방법	평균법	당월에 완성된 제품은 그것이 월초재공품에서 완성된 것이든, 당월착수분에서 완성된 것이든 구분없이 당월에 완성된 것으로 보는 방법 기초재공품원가 ─┐ 　　　　　　　　(혼합) ─┬─ 당기완성품 → 당기완성품원가 당기발생원가 ──┘　　　└─ 기말재공품 → 기말재공품원가 ① 완성품환산량 = 당기완성수량 + 기말재공품환산량 ② 완성품환산량단위당원가 = $\dfrac{(기초재공품원가 + 당기투입원가)}{완성품환산량}$ ③ 기말재공품원가 = 완성품환산량단위당원가 × 기말재공품환산량 　⇨ 기말재공품 평가는 직접재료비와 가공비를 구분하여 계산한 후 합산한다.
	선입선출법	월초재공품을 우선적으로 가공하여 완성시키고, 당월 착수분을 완성시키는 방법으로 기말재공품을 당월 착수분으로만 이루어지는 방법 기초재공품원가 ─(기초재공품 전부 대체)─ 당기완성품 → 당기완성품원가 　　　　　　　　　　(당기착수) 당기발생원가 ────(당기착수)──── 기말재공품 → 기말재공품원가 ① 완성품환산량 = 당기완성수량 − 기초재공품환산량 + 기말재공품환산량 　　　　　　　 = 기초재공품수량 × (1 − 완성도) + 당기제조착수수량 중 완성수량 　　　　　　　 + 기말재공품수량 × 완성도 ② 완성품환산량단위당원가 = $\dfrac{당기투입원가}{완성품환산량}$ ③ 기말재공품원가 = 완성품환산량단위당원가 × 기말재공품환산량 　⇨ 기말재공품 평가는 직접재료비와 가공비를 구분하여 계산한 후 합산한다.
	비교	① 기초재공품원가가 없다면 평균법과 선입선출법은 동일 ② 평균법은 기초재공품도 당기 투입분으로 보아 완성품환산량을 계산하므로 간편한 방법 ③ 선입선출법은 기초재공품원가와 당기발생원가를 구분하여 작업하므로 계산과정이 복잡함

예제1

다음 자료를 보고 평균법에 의한 완성품원가 및 월말재공품 원가를 계산하시오.

- 기초재공품 10,000개 (가공비 진척도 50%) (재료비 48,000원, 가공비 6,000원)
- 당기투입량 70,000개 (재료비 392,000원, 가공비 150,000원)
- 기말재공품 20,000개 (가공비 진척도 25%)
- 재료비는 공정초에 전량 투입되고, 가공비는 공정전반에 걸쳐 균등하게 발생한다.

【해설】

- 제1단계 : 물량의 흐름(단위 : 개)

재 공 품			
기초	10,000개(50%)	완성	60,000개
착수	70,000개	기말	20,000개(25%)
	80,000개		80,000개

- 제2단계 : 완성품환산량의 계산

	물량흐름	완성품환산량	
		재료비	가공비
완 성 품	60,000개(100%)	60,000개	60,000개
기말재공품	20,000개(25%)	20,000개*	5,000개**
계		80,000개	65,000개

* 재료비 기말재공품(공정초 전량 투입 : 완성도 100%) = 20,000개 × 100% = 20,000개
** 가공비 기말재공품(공정전반 투입 : 완성도 25%) = 20,000개 × 25% = 5,000개

- 제3단계 : 총원가의 계산

	재료비	가공비
기초재공품	48,000원	6,000원
당기발생원가	392,000원	150,000원
계	440,000원	156,000원

- 제4단계 : 완성품환산량의 단위당 원가

① 재료비의 완성품환산량 단위당 원가 = $\dfrac{440,000원}{80,000개}$ = @5.5원

② 가공비의 완성품환산량 단위당 원가 = $\dfrac{156,000원}{65,000개}$ = @2.4원

- 제5단계 : 월말재공품 평가

① 완성품원가 : (60,000개 × @5.5원) + (60,000개 × @2.4원) = 474,000원
② 기말재공품원가 : 재료비(20,000개 × @5.5원) + 가공비(5,000개 × @2.4원) = 122,000원

다음 자료를 보고 선입선출법에 의한 월말재공품 원가를 계산하시오.

- 기초재공품 200개 (완성도 60%) (재료비 180,000원, 가공비 70,000원)
- 기말재공품 600개 (완성도 70%)
- 당기투입량 2,400개 (재료비 480,000원, 가공비 345,000원)
- 완성품수량 2,000개
- 재료비는 공정초에 전량 투입되고 가공비는 공정전반에 걸쳐 균등하게 발생한다.

【해설】

- 제1단계 : 물량의 흐름(단위 : 개)

재 공 품			
기초	200개(60%)	완성	2,000개
착수	2,400개	기말	600개(70%)
	2,600개		2,600개

⇒ 기초 200개, 착수 1,800개

- 제2단계 : 완성품환산량의 계산

	물량흐름	완성품환산량	
		재료비	가공비
완 성 품	2,000개		
	기초재공품 200개(40%)	0개	80개
	당기투입분 1,800개(100%)	1,800개	1,800개
기말재공품	600개(70%)	600개	420개
계		2,400개	2,300개

① 재료비 : 2,000개 - 200개 + 600개 = 2,400개
② 가공비 : 2,000개 - 120개 + 420개 = 2,300개

- 제3단계 : 총원가의 계산

	재료비	가공비
당기발생원가	480,000원	345,000원

- 제4단계 : 완성품환산량의 단위당 원가

① 재료비의 완성품환산량 단위당 원가 = $\dfrac{480,000원}{2,400개}$ = @200원

② 가공비의 완성품환산량 단위당 원가 = $\dfrac{345,000원}{2,300개}$ = @150원

- 제5단계 : 월말재공품 평가

① 완성품원가 : 기초재공품원가 250,000원 + (1,800개 × @200원) + (1,880개 × @150원) = 892,000원
② 기말재공품원가 : 재료비(600개 × @200원) + 가공비(420개 × @150원) = 183,000원

3. 개별원가계산과 종합원가계산의 비교

구 분	종합원가계산	개별원가계산
생산형태	동종 제품의 연속 대량 생산	고객의 주문에 따라 제품을 생산하는 주문 생산 형태
적용대상업종	정유업, 제분업, 제당업, 방직업, 철강업, 제지업, 화학품제조업	건설업, 조선업, 기계제작업, 항공기제조업
제조지시서	계속제조지시서	특정제조지시서
원가 계산방법	공정별, 기간별원가계산을 하므로 직접재료비와 가공비의 구분과 완성품환산량의 계산이 중요	제조지시서별 원가계산을 위하여 직접비, 간접비의 구분과 제조간접비의 배부가 중요
기말재공품의 평가	제조원가를 완성품원가와 기말재공품으로 분배하는 절차가 필요하고 기말재공품 완성품 환산량에 단위당 원가를 곱하여 계산한다.	미완성된 제조지시서의 원가를 집계 하면 된다.
완성품 단위당원가	완성품제조원가(=기초재공품원가 + 당기 제조원가투입액 - 기말재공품원가)를 완성 수량으로 나눈다.	완성된 제품의 원가계산자료의 합계액을 완성수량으로 나누어 구한다.
원가계산의 정확성	상대적으로 정확성이 떨어진다.	제품별 정확한 원가계산이 가능
원가계산의 비용	상대적으로 덜 복잡하여 비용이 많이 들지 않는다.	상세한 기록이 필요하여 원가계산 비용이 많이 소요된다.
보고서식	제조원가보고서	작업원가표

4. 공손품, 작업폐물, 부산물의 구분

구 분	내 용
공손품	① **공손품의 의의** : 재료의 불량, 작업기술의 미숙, 기계 등의 정비불량 등으로 가공과정에 실패한 불합격품을 공손이라 함 | **정상적 공손**	제품의 원가로 처리	기말재공품 **검사시점 통과** : 완성품과 기말재공품에 배부
		기말재공품 **검사시점 미통과** : 완성품에만 배부
비정상 공손	기간비용인 영업외비용으로 처리		 ② **정상공손수량의 의의** : 정확한 제품원가계산과 원가통제를 위하여 정상공손으로 인정할 수 있는 허용한도를 정하는데 이를 정상공손허용률이라고 부르며, 이 범위 내에서 발생한 공손수량을 정상공손수량으로, 공손수량 중 정상공손허용량을 초과한 수량은 비정상공손으로 간주됨

구 분	내 용
공손품	③ 정상공손수량 파악 　㉠ 검사시점 통과기준(당기 중 검사를 통과한 합격품, 양품) 　　　정상공손허용량 = 당기 중 검사를 통과한 정상품 × 정상공손허용률 　㉡ 검사시점 도달기준(당기 중 검사시점에 도달한 수량) 　　　정상공손허용량 = 당기 중 검사를 받은 수량* × 정상공손허용률 　　* 당기 중 검사를 받은 수량 = 당기 중 검사를 통과한 정상품 + 공손수량 ④ **정상품(양품, 합격품)** : 정상적인 판매가치를 지니는 생산물을 말함 　▪ 기말재공품 완성도 > 검사시점 : 기말재공품이 검사를 **통과함** 　　　　⇨ **기말재공품도 정상품에 포함됨** 　▪ 기말재공품 완성도 < 검사시점 : 기말재공품이 검사를 **통과하지 않음** 　　　　⇨ **기말재공품은 정상품에 포함되지 않음**
작업폐물	제품의 제조과정에 투입된 원재료로부터 발생하는 찌꺼기나 조각을 말하며 판매가치가 상대적으로 작은 것을 말하며 기구제작업의 나무토막, 톱밥 등의 부스러기인 잔폐물 등이 대표적이다. ① 작업폐물이 발생한 제조지시서의 직접재료비에서 차감하여 제조원가에서 차감하고 작업폐물이 발생한 부문의 부문비에서 차감한다. ② 작업폐물의 금액이 적은 경우 처분하여 잡이익(영업외수익)으로 처리한다.
부산물	제품제조과정에서 발생한 이용가치나 매각가치가 작은 제2차적인 생산물인 비누공장에서의 글리세린 같은 제품을 부산물이라 함

(주)두더지상사는 단일제품을 대량으로 생산하고 있다. 원재료는 공정초기에 모두 투입되고 가공비는 공정전반에 걸쳐 균등하게 발생한다.

- 기초재공품 : 수량 200개 (완성도 40%)
- 공 손 품 : 수량 150개
- 기말재공품 : 수량 250개 (완성도 60%)
- 당기완성품 : 수량 1,000개
- 당기착수량 : 수량 1,200개
- 품질검사에 합격한 수량의 10%에 해당하는 공손수량은 정상공손으로 간주한다.

검사가 공정의 20%, 50%, 80% 완성시점에서 이루어진다고 가정할 경우 정상공손수량과 비정상공손수량을 계산하시오.

【해설】

▪ 재공품 T계정에 의해 공손수량을 파악하면 150개임을 알 수 있다.

재 공 품			
기초재공품	200(완성도 40%)	당기완성품	1,000
		공　　손	150
당기착수량	1,200	기말재공품	250(완성도 60%)

■ 정상공손과 비정상공손 수량 파악

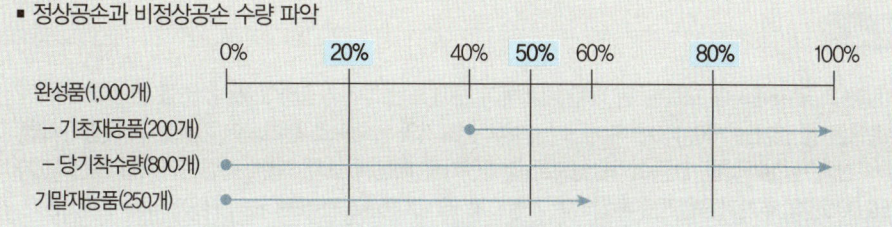

완성도	내용
20% 시점	기초재공품(40%)은 전기에 검사시점(20%)을 통과하였으며 당기착수완성품(100%)과 기말재공품(60%)은 당기에 검사시점을 통과하였다. ■ 정상공손수량 = (800개 + 250개) × 10% = 105개 ■ 비정상공손수량 = 150개 − 105개 = 45개
50% 시점	기초재공품(40%)은 전기에 검사시점(50%)을 통과하지 않았으며 당기착수완성품(100%) 및 기말재공품(60%)과 함께 당기에 검사시점을 통과하였다. ■ 정상공손수량 = (200개 + 800개 + 250개) × 10% = 125개 ■ 비정상공손수량 = 150개 − 125개 = 25개
80% 시점	기초재공품(40%)은 전기에 검사시점(80%)을 통과하지 않았으며 당기착수완성품(100%)과 함께 당기에 검사시점을 통과하였다. 또한, 기말재공품은 완성도가 60%이므로 검사시점에 도달하지 않았다. ■ 정상공손수량 = (200개 + 800개) × 10% = 100개 ■ 비정상공손수량 = 150개 − 100개 = 50개

5. 결합원가계산

구분	내용
의의	결합제품을 일정 공정까지 함께 생산하다가 분리되는 분리점에 도달하기까지 발생한 제조원가를 말함(예 : 정유업, 제분업, 정미업 등)
용어	① **결합원가** : 공통원가로서 분리점에 이르기까지 결합제품을 생산하는 과정에서 발생한 모든 제조원가 ② **연산품** : 동일한 재료로 2가지 이상의 제품이 만들어지는 경우 그 제품을 말함 ③ **분리점** : 공통원재료가 분리되어 각각 개별적으로 제품이 판매되거나 가공되기 시작하는 시점을 분리점이라 함 ④ **추가가공원가** : 분리점 이후의 원가로 공통원재료가 분리된 후 각 개별적으로 투입되는 원가를 추가가공원가(또는 개별원가, 분리원가)라 함
결합원가배분	① **물량기준법** : 분리점에서 개별제품의 수량, 중량, 부피, 면적 등과 같은 물리적 단위를 기준으로 결합원가를 배분하는 방법 ② **판매가치법** : 분리점에서 개별제품의 상대적 판매가치를 기준으로 하여 결합원가를 배분하는 방법 ③ **순실현가치법** : 분리점에서의 순실현가치를 기준으로 결합원가를 배부하는 방법으로 상대적 판매가치를 추정하기 어려운 경우 적용 순실현가치 = 개별제품의 최종판매가치 − 추가가공비와 판매비 등 ④ **균등이익율법** : 최종 제품의 매출총이익이 모두 같도록 결합원가를 배분하는 방법으로 최종 제품의 이익률이 같도록 원가를 배분하면 수혜기준에 맞게 원가가 배분되어 합리적이 될 수 있음 $$\text{매출총이익율} = \frac{\text{매출총이익}}{\text{총매출액}} = \frac{\text{총매출액} - (\text{결합원가} + \text{추가가공원가})}{\text{총매출액}}$$

예제

(주)우량은 소를 사육하여 도축한 뒤 이를 해체하여 판매 또는 추가가공하고 있다. 소를 한 마리 사육하는데 소요된 총 원가는 100,000원이며, 소는 이후 생고기와 가죽으로 분리되어 판매된다. 물량가치법, 판매가치법, 순실현가치법, 균등이익율법으로 결합원가를 배분해 보자. 단, 순실현가치법 계산 시 가죽은 50,000원의 추가가공원가를 투입하여 가방으로 150,000원에 판매된다는 가정에 의해서 계산한다.

소의 원가	연산품	물량	판매가격
100,000원	생고기	80kg	kg당 1,875원
	가죽	20kg	kg당 2,500원

【해설】

[물량기준법(수혜기준)]

연산품	①물량	②배부율	③결합원가 배부액 (결합원가×②)	④매출액 (①×판매가격)	매출총이익 (④-③)
생고기	80	80/100	80,000원	150,000원	70,000원
가 죽	20	20/100	20,000원	50,000원	30,000원

[판매가치법(부담능력기준)]

연산품	①판매가치 (매출액)	②배부율	③결합원가 배부액 (결합원가×②)	④매출액	매출총이익 (④-③)
생고기	150,000원	150/200	75,000원	150,000원	75,000원
가 죽	50,000원	50/200	25,000원	50,000원	25,000원

[순실현가치법]

연산품	①순실현가치	②배부율	③결합원가 배부액 (결합원가×②)	④개별원가	매출총이익 (①-③)
생고기	150,000원	150/250	60,000원		90,000원
가 방	100,000원 (150,000원 - 50,000원)	100/250	40,000원	50,000원	60,000원

[균등이익율법]

연산품	①최종판매가치	②배부율	③매출총이익 (①×②)	④개별원가	결합원가배부 (①-③-④)
생고기	150,000원	150/300	75,000원		75,000원
가 방	150,000원	150/300	75,000원	50,000원	25,000원

⇨ 생고기와 가방의 추가가공 후 생고기의 분리점에서 판매가치만 증가한다면 매출총이익은 생고기는 감소하고 가방은 증가한다.

CHAPTER 05 표준원가계산

1. 표준원가계산의 의의

구 분	내 용
표준원가 개념	표준원가계산이란 직접재료비, 직접노무비, 제조간접비에 대해서 미리 설정해 놓은 예산을 이용하여 제품원가를 계산하는 것을 말한다. 표준원가계산 → 기초 정상원가계산 → 생산개시 ~ 생산완료 실제원가계산 → 기말 **표준원가계산(책임소재)** • 예정(예산)원가로 관리적인 측면에서 이용 • 직접재료비(표준원가), 직접노무비(표준원가), 제조간접비(표준원가) **정상원가계산(예정배부율)** • 전년도 데이터를 통한 예상치를 배부 • 직접재료비(실제원가), 직접노무비(실제원가), 제조간접비(예정원가) **실제원가계산(외부보고)** • 기말에 실제 발생한 원가를 합리적인 기준으로 배부 • 직접재료비(실제원가), 직접노무비(실제원가), 제조간접비(실제원가)
표준원가 유용성	① 예산편성 : 표준원가 설정되면 현금조달계획, 원재료 구입계획 등의 계획과 예산반영을 쉽게 수립함으로서 특정생산량을 제조하기 위한 재료구입 및 자금조달을 빠르고 쉽게 편성할 수 있나. ② 관리 및 통제 : 표준원가가 설정되면 작업이 진행되는 동안 실제투입량, 실제원가가 표준원가와 상이함을 발견 할 수 있고, 실제원가가 표준원가의 허용범위를 벗어나면 경영자가 특별한 주의를 기울임으로서 원가통제를 원활히 함으로서 종업원의 성과평가의 기준으로도 용이하다. ③ 제품원가계산 : 표준원가를 사용하여 제품원가를 계산하는 경우 생산제품에 표준원가를 곱하여 즉시 제품원가를 계산하기 때문에 회계처리가 용이하다. 선입선출법이나 평균법과 같이 원가흐름을 가정할 필요도 없다.
표준원가계산 한계	① 적정원가 산정에 객관성이 결여되고 많은 비용이 소요된다. ② 기업내 외적인 환경에 따라 수시로 수정을 필요로 하므로 사후관리를 하지 않으면 미래원가 계산을 왜곡시킬 소지가 있다 ③ 표준원가 달성을 강조할 경우 제품품질의 저질성이나 지나친 원가절감을 요구시 관계를 악화시킬 수 있다. ④ 예외사항에 객관적인 기준이 없는 경우 질적인 예외사항을 무시하기 쉽고, 중요한 예외사항만을 관심 집중하면 표준원가의 허용범위내의 실제원가의 증감추세를 간과하기 쉽다. ⑤ 성과평가 등이 중요한 예외사항에서 결정된다면 근로자는 숨기려할 것이고, 원가가 절감되는 예외사항 등에 보상 등이 없다면 불만이 누적되는 동기 부여가 될 것이다.

구 분	내 용
표준원가 종류	① **이상적표준** : 기존의 설비와 제조공정에서 정상적인 기계고장, 정상감손 및 근로자의 휴식시간을 고려하지 않고 최적의 목표달성을 위한 표준원가 → 재고자산평가나 매출원가선정에 부적합하다. ② **정상적 표준** : 정상적인 조업이나 능률에 설정된 원가로서 우발적인 상황을 제거한 것으로서 장기간의 실적치를 통계적으로 평균화하고 여기에 미래예측가치를 감안하여 결정된다. → 재고자산평가나 매출원가산정에 적합하다. ③ **현실적 표준** : 현재 표준원가로서 가장 많이 사용되는 것으로 열심히 노력하면 달성되는 목표치를 말하며, 여기에는 기계고장, 근로자의 휴식식간 등을 고려하여 산정하므로 실제원가가 표준원가와 차이가 발생하면 정상에서 벗어나는 비효율로서 경영자의 주의를 상기시켜 주는 역할을 한다.
표준원가계산 설정	표준원가는 특정제품을 생산하기 전에 객관적이고 합리적인 방법에 의하여 결정된 원가로 표준수량에 표준가격을 곱하여 계산한다. 표준원가 = 표준수량 × 표준가격 ① **표준직접재료원가** 제품단위당 표준직접재료비는 제품단위당 직접재료 표준수량과 직접재료 단위당 표준가격을 결정한 후 설정한다. 제품단위당 표준직접재료원가 = 제품단위당 표준재료수량 × 재료단위당 표준가격 ② **표준직접노무원가** 제품단위당 표준직접노무비는 제품단위당 표준직접노무시간과 직접노무시간당 표준임률을 결정한 후 설정한다. 제품단위당 표준직접노무원가 = 제품단위당 표준직접노무시간 × 시간당 표준임률 ③ **표준변동제조간접원가** 변동제조간접비는 전력비 등 각 원가 항목별로 표준원가를 설정하는 것이 현실적으로 어려운 원가가 포함되어 있다. 합리적인 배부기준을 파악하여 배부기준단위당 변동제조간접비 표준배부율을 설정한 후 제품단위당 표준조업도(표준배부기준)를 곱하여 제품단위당 표준변동제조간접비를 설정한다. 제품단위당 표준변동제조간접비 = 단위당 표준조업도 × 표준배부율* * 표준배부율 = 변동제조간접원가예산 ÷ 기준조업도 ④ **표준고정제조간접원가** 고정제조간접비는 조업도수준에 관계없이 총원가가 일정하므로 조업도가 변화함에 따라 고정제조간접비 배부율이 달라지게 된다. 표준원가계산에서는 조업도의 변화에 관계없이 적용할 배부율을 결정하기 위하여 기준조업도를 선택하여야 한다. 고정제조간접비예산을 기준조업도로 나누어 고정제조간접비 표준배부율을 설정한 후 제품단위당 표준조업도(표준배부기준)를 곱하여 제품단위당 표준고정제조간접비를 설정한다. 제품단위당 표준고정제조간접비 = 단위당 표준조업도 × 예정배부율* * 예정배부율 = 고정제조간접원가예산 ÷ 기준조업도

2. 원가차이 분석

구 분	내 용
개념	원가차이 분석이란 표준원가와 실제원가를 비교하여 그 차이의 원인을 밝혀내는 것을 말하며 직접재료비, 직접노무비, 변동제조간접비, 고정제조간접비의 각각에 대하여 행하여진다. **구 분 | 원가차이** 실제원가 > 표준원가 | 불리한 차이 (unfavorable variance, U) 실제원가 < 표준원가 | 유리한 차이 (favorable variance, F) ① 불리한 차이 : 실제원가가 표준원가보다 많이 발생하여 실제 영업이익을 감소시키는 차이 ② 유리한 차이 : 실제원가가 표준원가보다 적게 발생하여 실제 영업이익을 증가시키는 차이
표준원가와 실제원가의 계산	① 표준원가 = 표준수량(SQ) × 표준가격(SP) ② 실제원가 = 실제수량(AQ) × 실제가격(AP) - AQ : 실제수량(투입량) (Actual Quantity) - AP : 실제가격(Actual Price) - SQ : 표준수량(실제산출량에 허용된 표준투입량, Standard Quantity) - SP : 표준가격(Standard Price)

(주)두더지상사는 표준원가계산제도를 채택하고 있으며, 직접노동시간을 기준으로 하여 제조간접비를 배부하고 있다. 회사는 단일제품을 생산하고 있는데, 제품단위당 표준원가는 다음과 같다.

표준원가

구 분	표준수량	표준가격	표준원가
직접재료비	2kg	20원/kg	40원
직접노무비	4시간	15원/시간	60원
변동제조간접비	5시간	8원/시간	40원
고정제조간접비	4시간	5원/시간	20원
단위당표준원가			160원

회사의 연간 고정제조간접비예산은 125,000원이고 연간 25,000 직접노동시간의 기준조업도에 근거하여 직접노동시간당 5원의 고정제조간접비 예정배부율을 적용하고 있다. 회사는 올해 5,000개의 제품을 생산하였으며, 1년간 발생된 제조원가는 다음과 같다. 원재료 구입량은 15,000kg이다.

실제원가

직접재료비	12,500kg × 18원	225,000원
직접노무비	18,000시간 × 16원	288,000원
변동제조간접비	24,000시간	216,000원
고정제조간접비		120,000원
합 계		849,000원

1 직접재료원가 차이

직접재료원가 차이는 실제 발생된 직접재료원가와 실제산출량에 허용된 표준직접재료원가와의 차이를 말하며, 가격차이와 수량(능률)차이로 구분한다.

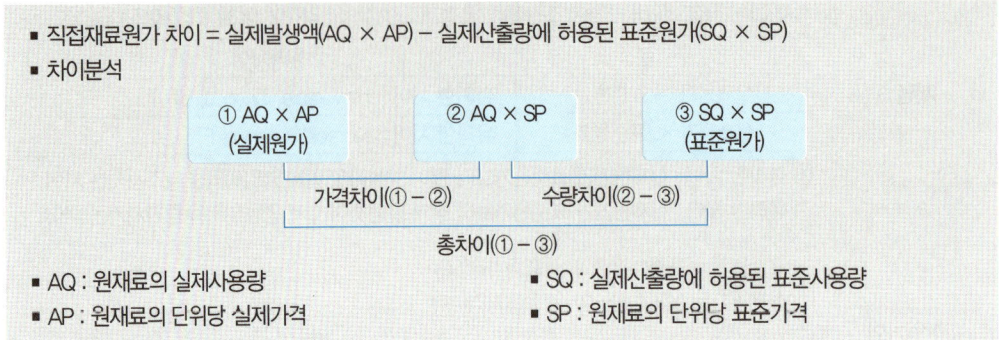

(1) 가격차이

직접재료원가의 가격차이는 원재료의 구입시점(실제구입량)에서 분리할 수도 있고 사용시점(실제사용량)에서 분리할 수도 있다. 직접재료비 가격차이를 직접재료의 사용시점에 분리하면 직접재료를 사용하기 전까지 가격차이를 알 수 없다. 그러므로 구입시점에 분리하여야 가격차이에 관한 정보를 가능한 한 빨리 획득하여 신속하게 수정조치를 취할 수 있다.

① 구입시점에서 분리하는 경우

AQ × AP	AQ × SP
15,000kg × 18원 = 270,000원	15,000kg × 20원 = 300,000원

가격차이
30,000원(유리 : F)

② 사용시점에서 분리하는 경우

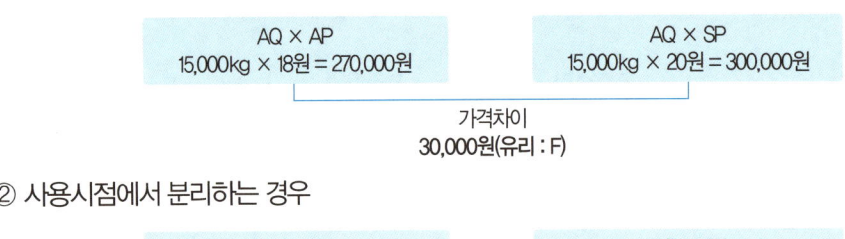

(2) 수량(능률)차이

수량차이는 실제사용량과 실제생산량에 허용된 표준사용량의 차이를 통해 분석하며 수량차이 분석시 실제구입량이 아닌 실제사용량으로 분석한다. 능률차이는 구입시점에서 인식하든 사용시점에서 인식하든 항상 동일하다.

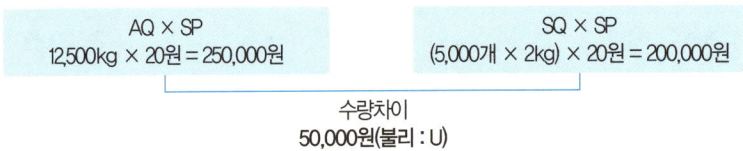

(3) 차이 발생원인

가격차이	① 원재료 시장의 수요와 공급의 원인 ② 구매담장자의 능력에 따라 유·불리 가격차이 ③ 표준설정시 원재료 품질과 상이한 원재료 구입으로 인한 가격차이 ④ 표준설정시 경기와 현재 경기 변동의 차이
수량차이	① 생산과정에서 비효율적인 원재료 사용 ② 표준설정시 원재료와 다른 원재료 사용 ③ 기술혁신에 의한 능률차이

2 직접노무원가 차이

직접노무원가 차이는 실제 발생된 직접노무원가와 실제산출량에 허용된 표준직접노무원가와의 차이를 말하며, 이는 임률차이와 능률차이로 구분한다.

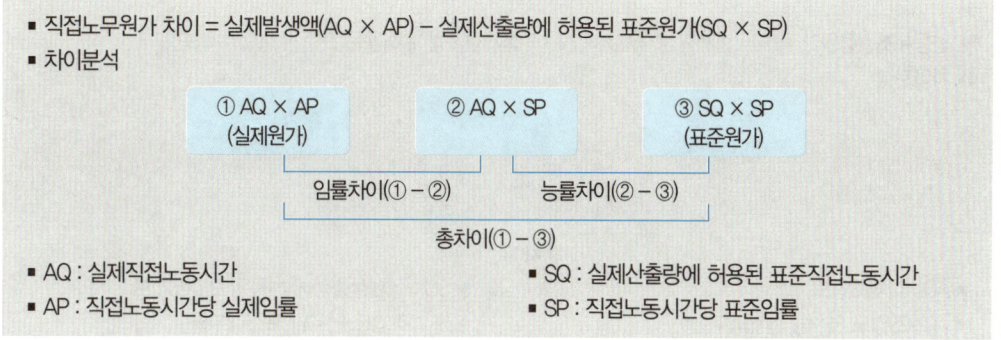

(1) 임률차이

임률차이는 직접노동시간을 실제시간으로 고정시킨 상태에서 실제임률과 표준임률과의 차이를 말한다.

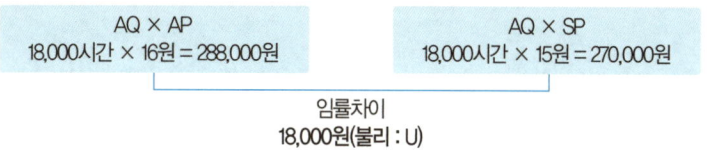

(2) 능률차이

능률차이는 임률을 표준임률로 고정시킨 상태에서 실제시간과 실제산출량에 허용된 표준직접노동시간과의 차이를 말한다.

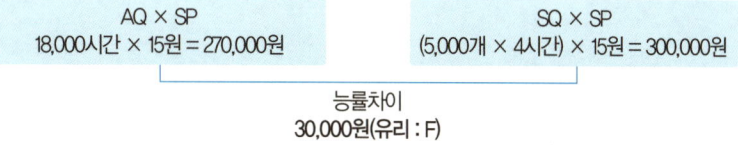

(3) 차이 발생원인

임률차이	① 노동력의 질에 따라 발생 → 저임률의 비숙련공과 고임률의 숙련공 등 ② 작업량의 증가에 따라 초과근무수당 지급 ③ 노사협상 등에 의해 임금 상승
능률차이	① 숙련공과 비숙련공의 작업수행 능력 ② 생산 투입된 원재료의 품질에 따라 노동시간의 영향 ③ 책임자 감독소홀, 일정계획의 차질 등

3 변동제조간접원가 차이(조업도차이는 존재하지 않음)

변동제조간접원가 차이는 실제 발생된 변동제조간접원가와 실제산출량에 허용된 표준변동제조간접원가와의 차이를 말하며, 이는 소비차이와 능률차이로 구분한다.

- 변동제조간접원가 차이 = 실제발생액(AQ × AP) − 실제산출량에 허용된 표준원가(SQ × SP)
- 차이분석

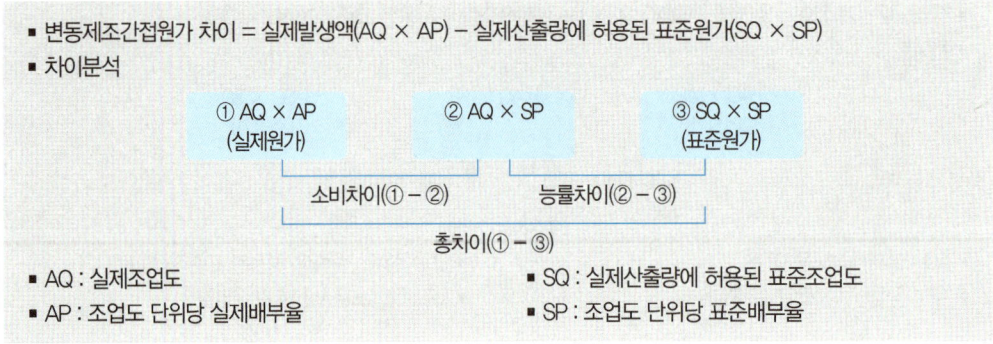

- AQ : 실제조업도
- AP : 조업도 단위당 실제배부율
- SQ : 실제산출량에 허용된 표준조업도
- SP : 조업도 단위당 표준배부율

(1) 소비차이

소비차이는 변동제조간접원가 실제발생액과 실제조업도에 허용된 표준변동원가와의 차이를 말한다.

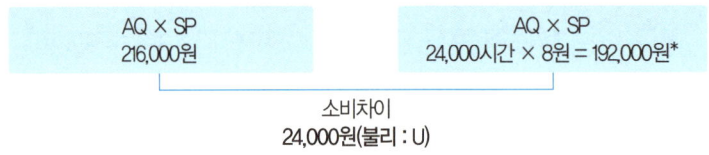

*실제투입량에 근거한 변동제조간접원가의 예산

(2) 능률차이

능률차이는 실제조업도에 허용된 표준변동제조간접원가와 실제생산량에 허용된 표준변동제조간접원가와의 차이를 말한다.

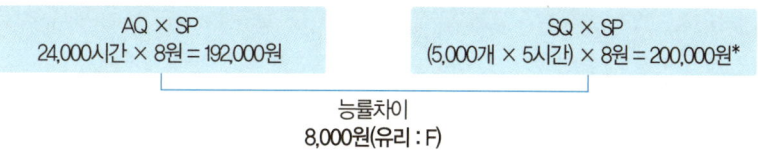

* 실제산출량(실제생산량)에 근거한 변동제조간접원가 예산

(3) 차이 발생원인

소비차이	① 변동제조간접원가의 배부와 관련되는 직접노동시간의 통제와 상관없이 각 항목의 통제수단에 영향을 받으며 변동제조간접원가의 능률적인 사용정도가 원인 ② 표준배부율을 잘못 설정하여 발생
능률차이	① 숙련공과 미숙련공의 작업수행 능력 ② 생산에 투입된 원재료의 품질에 따라 노동시간의 영향 ③ 책임자 감독소홀, 일정계획의 차질 등

4 고정제조간접원가 차이(능률차이는 존재하지 않음)

고정제고간접원가는 조업도와 관계없이 일정하게 발생하므로 투입-산출(생산)관계가 존재하지 않으므로 가격차이와 능률차이로 분리할 수 없다. 그래서 원가통제목적상 실제발생액과 예산을 총액으로 비교하여 그 차이 전액을 예산차이로 관리한다.

제품원가계산목적상 고정제조간접원가를 예정배부시 고정제조간접원가의 예산과 배부액 사이에 차이가 발생하는데 이러한 차이를 조업도차이라 한다. 이러한 조업도차이는 기준조업도와 실제산출량에 허용된 표준조업도와의 차이가 있을 때 발생하며 고정제조간접원가에서만 발생한다.

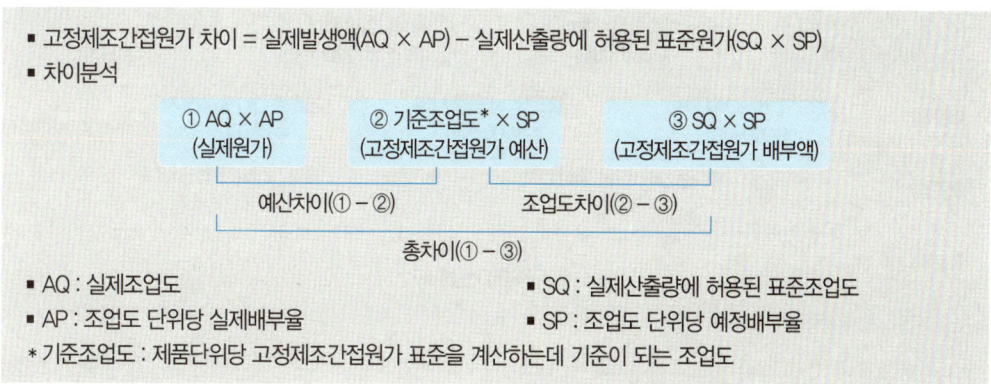

(1) 예산차이

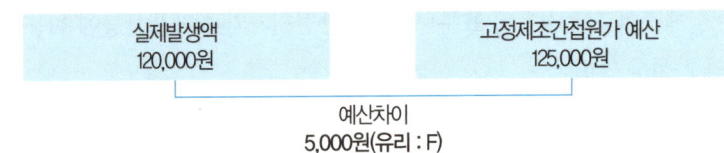

(2) 조업도차이

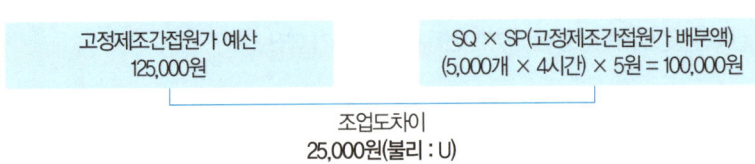

5 제조간접원가 차이의 다양한 분석방법

제조간접원가를 변동제조간접원가와 고정제조간접원가로 나누어서 차이를 계산하는 방법은 4분법에 의한 차이 분석방법이다. 그러나 전력비나 수선비와 같은 준변동비는 변동비와 고정비로 명확히 구분하기 어렵기 때문에 3분법, 2분법, 1분법 등의 다양한 분석을 하게 된다.

① 변동제조간접비 차이

| $AQ \times AP$ 실제발생액 = 216,000원 | 실제투입량 × 변동제조간접비 예정배부율 $AQ \times SP$ = 192,000원 | $SQ \times SP$ 실제산출량에 근거한 표준조업도 = 200,000원 |

② 고정제조간접비 차이

| 실제발생액 $AQ \times AP$ = 120,000원 | 고정제조간접원가 예산 기준조업도 × 고정제조간접비 예정배부율 = 125,000원 | 고정제조간접원가 표준배부액 $(SQ \times SP)$ = 100,000원 |

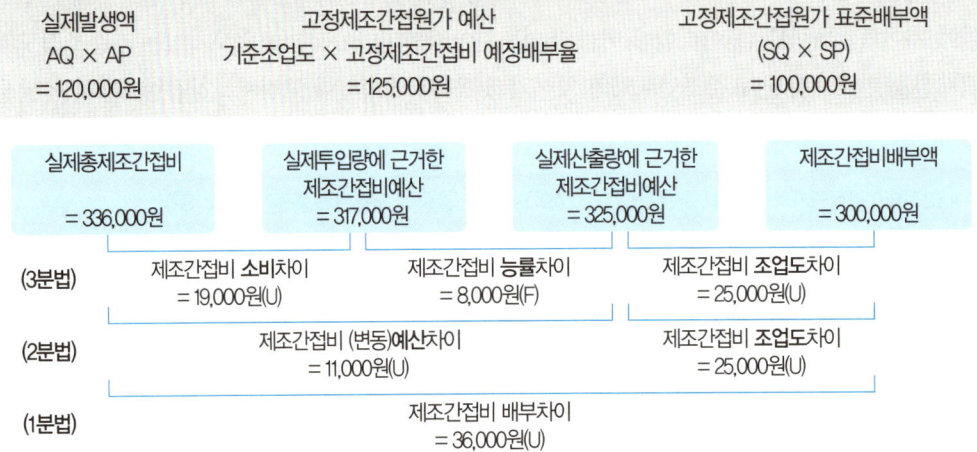

6 원가차이의 배분

개별정상원가계산의 제조간접비 배부차이 처리방법과 유사하며, 매출원가조정법, 영업외손익법, 총원가비례배분법, 원가요소별비례배분법이 있다.

구 분		내 용
배부차이 처리방법	매출원가조정법	모든 원가차이를 매출원가에 가감하는 방법
	영업외손익법	모든 원가차이를 영업외손익으로 처리하는 방법
	총원가비례배분법	매출원가와 재공품, 제품의 총액으로 원가차이를 배분하는 방법
	원가요소별비례배분법	각 계정의 총원가에 포함된 원가요소별 금액의 비율로 배분하는 방법

7 표준종합원가계산

표준원가계산은 개별원가계산이나 종합원가계산을 사용하는 기업 모두에게 적용할 수 있으며 종합원가계산방식을 사용하는 기업에서의 적용이 매우 유용하다. 이유는 종합원가계산은 동일 제품을 대량으로 연속 생산하므로 표준원가(표준수량 및 표준가격)를 상대적으로 쉽게 설정할 수 있으며 연초에 설정해 놓으면 계속적으로 이용할 수 있어서 효율성이 크다.

표준종합원가계산은 종합원가계산에 표준원가계산을 적용한 원가계산방법이므로 종합원가계산과 표준원가계산의 원가계산절차 및 원가차이 분석방법을 그대로 사용한다. 다만, 원가차이분석에서는 당기의 실제원가와 당기의 실제산출량에 허용된 표준원가를 비교하여야 정확한 원가차이를 계산할 수 있으므로, 기초재공품이 존재한다면 당기 작업과 전혀 관련이 없는 기초재공품은 총산출량에서 제외하여 당기의 실제산출량을 계산하여야 한다. 따라서 원가차이분석을 위해서는 **선입선출법에 의하여 완성품환산량을 계산**하여야 한다.

[표준종합원가계산의 절차]
① 물량흐름 파악
② 선입선출법을 적용하여 당기의 실제완성품환산량을 계산
③ 원가요소별 배부대상 원가 요약
④ 원가요소별 완성품환산량 단위당 원가 계산
  기초에 설정된 단위당 표준재료원가와 표준가공원가가 완성품환산량 단위당 재료원가와 가공원가가 되므로 표준종합원가계산에서는 **완성품환산량단위당원가를 별도로 계산할 필요가 없다.**
⑤ 완성품원가와 기말재공품원가 계산
  완성품원가는 완성품수량에 단위당 표준원가를 곱하여 계산한다.

CHAPTER 06 실무이론 평가

[원가회계의 개념 및 원가흐름]

01. 원가회계의 용어에 대한 설명으로 잘못된 것은?

① 원가배분(cost allocation)이란 공통적으로 발생한 원가를 집계하여 합리적인 배분기준으로 원가대상에 배부하는 과정을 말한다.
② 원가대상(cost object)이란 원가정보의 활용목적에 따라 원가를 집계하고 측정할 필요가 있는 객체(목적물)를 말한다.
③ 원가집합(cost pool)이란 원가대상에 직접적으로 추적할 수 있는 원가를 집계하는 단위를 말한다.
④ 원가동인(cost driver)이란 원가대상에 의해 총원가의 변화를 유발하는 요인을 의미한다.

02. 다음 중 원가관리회계의 기본개념에 대한 설명으로 틀린 것은?

① 직접원가로 분류되는 원가가 많아질수록 제품원가계산의 정확성은 높아진다.
② 간접원가의 경우 인과관계가 높은 배부기준을 사용할수록 제품원가계산의 정확성은 높아진다.
③ 직접재료원가에 직접노무원가를 합한 금액을 기초원가라 한다.
④ 당기제품제조원가는 직접재료비, 직접노무비, 제조간접비의 합으로 이루어진다.

03. 다음 중 원가에 대한 설명으로 틀린 것은?

① 간접원가란 특정한 원가대상에 직접 추적할 수 없는 원가이다.
② 경영자가 미래의 의사결정을 위해서는 과거 지출된 원가의 크기를 고려하여야 함으로 매몰원가 역시 관련원가에 해당한다.
③ 변동원가는 조업도가 증가할 때마다 원가총액이 비례하여 증가하는 원가이다.
④ 회피불능원가란 선택이나 의사결정을 할 때 그 발생을 회피할 수 없는 원가이다.

04. 원가의 분류와 관련된 내용 중 가장 잘못 설명한 것은?

① 관련범위 내에서 조업도에 비례해서 총원가가 비례하여 변동하는 원가를 변동원가라고 하고 이 경우 단위당 변동원가는 일정하다.
② 공장의 전력비는 준변동원가로서 관련범위 내에서 조업도와 관계없이 총원가가 일정한 부분과 조업도에 비례하여 총원가가 비례하여 변동하는 부분이 혼합되어 있다.
③ (주)민후는 노후화된 기계장치를 가지고 있다. 노후화된 기계장치는 현재 1,000,000원에 처분가능하나 수리비 3,000,000원을 지급하면 5,000,000원에 처분가능하다. (주)민후가 수리하여 기계장치를 처분하기로 한 경우 수선 후 처분에 따른 기회비용은 1,000,000원이다.
④ 2022년 1월 1일에 20,000,000원 현금지급하고 구입한 기계장치가 노후화 되어 2025년 3월 1일에 신기계를 구입할 것인지 아니면 노후 기계장치를 수리하여 계속사용할 것인지를 결정하려고 한다. 신기계의 구입가액은 25,000,000원이고 노후 기계장치의 수리비는 3,000,000원이라고 할 때 매몰원가는 없다.

05. 다음 중 원가를 조업도에 따른 행태로 분류하는 경우에 대한 설명으로 틀린 것은?

① 변동원가 중 비례원가의 경우 조업도에 따른 단위당변동원가는 일정하다.
② 고정원가의 경우 조업도가 증가하는 경우 관련범위 내에서 총고정원가는 일정하다.
③ 변동원가 중 체감원가의 경우 조업도가 증가하는 경우 총변동원가는 감소된다.
④ 고정원가의 경우 조업도가 증가하는 경우 단위당고정원가는 감소된다.

06. 관련범위 내에서 단위당 변동원가와 총고정원가는 어떤 형태로 설명될 수 있는가?

	단위당 변동원가	총고정원가
①	각 생산수준에서 일정하다.	각 생산수준에서 일정하다.
②	생산량이 증가함에 따라 감소한다.	각 생산수준에서 일정하다.
③	각 생산수준에서 일정하다.	생산량이 증가함에 따라 감소한다.
④	생산량이 증가함에 따라 증가한다.	생산량이 증가함에 따라 감소한다.

07. 회사는 생산능력이 500단위인 생산설비를 임차하여 사용하고 있다. 매년 수요량이 증가함에 따라 그때마다 생산설비를 추가 임차하고 있다. 생산설비 1대당 임차료는 500,000원이다. 이 설명에 맞는 그래프는 어느 것인가?

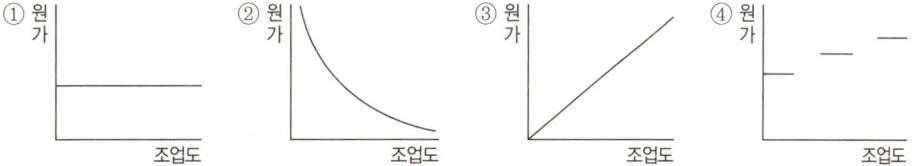

08. 1,000,000원에 구입하여 사용 중이던 비품을 500,000원에 매각하는 A방안과 100,000원을 추가로 투입하여 650,000원에 매각하는 B방안이 있다면 이때 매몰원가는 얼마인가?

① 500,000원   ② 1,000,000원   ③ 1,100,000원   ④ 1,500,000원

09. (주)한산상회는 집중호우로 보관중이던 상품 10,000,000원이 파손되었다. 이 제품을 파손된 상태에서 처분하면 800,000원에 처분가능하나, 회사는 300,000원을 들여 파손부분을 수선하여 2,000,000원에 처분하기로 하였다. 수선 후 처분에 따른 기회비용은 얼마인가?

① 300,000원   ② 800,000원   ③ 1,700,000원   ④ 2,000,000원

10. (주)한국은 개별원가계산제도를 채택하고 있다. 제품A의 제조와 관련한 다음의 자료에서 기말원재료 재고액은 얼마인가?

- 당기총제조원가 : 5,000,000원
- 당기제품제조원가 : 4,900,000원
- 기초원재료 : 1,000,000원
- 당기원재료 매입액 : 3,000,000원
- 제조간접원가는 직접노무원가의 80%가 배부되었는데 이는 당기총제조원가의 25%에 해당한다.

① 1,812,500원   ② 1,762,000원   ③ 2,187,500원   ④ 1,952,000원

11. (주)정일정밀은 개별원가계산을 사용한다. 제조간접비는 직접노무비의 150%이다. 작업#01에서 발생한 직접재료비는 500,000원, 제조간접비는 2,250,000원이다. 또한, 작업#07에서 발생한 직접재료비는 1,000,000원, 직접노무비는 1,800,000원이다. 작업#01의 직접노무비와 작업#07의 총제조원가는 얼마인가?

	작업#01 직접노무비	작업#07 당기총제조원가
①	1,500,000원	5,500,000원
②	1,500,000원	4,000,000원
③	1,687,500원	4,000,000원
④	1,687,500원	5,500,000원

12. 개별원가계산을 채택하고 있는 목성(주)의 생산과 관련한 원자자료는 다음과 같으며, 당기말 현재 제조지시서 #101·#102가 완성되었고, #103은 미완성상태인 경우 당기총제조원가는 얼마인가?

제조지시서	#101	#102	#103	계
전기이월	5,000			5,000
직접재료비	3,000	5,000	2,000	10,000
직접노무비	3,000	3,500	2,000	8,500
제조간접비	1,500	3,000	2,000	6,500
계	12,500	11,500	6,000	30,000

① 19,000원 ② 24,000원 ③ 25,000원 ④ 30,000원

13. 다음은 2025년 5월 (주)세무의 재공품 계정이다. 재공품 계정을 이용하여 추정할 수 있는 내용으로 틀린 것은?

재공품			
월초재공품	250,000	제품	4,180,000
재료비	2,300,000	월말재공품	640,000
노무비	1,800,000		
제조간접비	470,000		
	4,820,000		4,820,000

① 당월의 직접재료비는 2,300,000원이다.
② 당월말 현재 재공품은 640,000원이다.
③ 당월 제품 매출원가는 4,180,000원이다.
④ 당월 간접재료비, 간접노무비, 간접경비의 합계액은 470,000원이다.

14. (주)양산은 4월 중 53,000원의 직접재료를 구입하였다. 4월 중 제조간접비의 합은 37,000원이었고 총제조원가는 126,000원이었다. 직접재료의 4월초 재고가 8,000원이었고 4월말 재고가 6,000원이었다. 또한 기초재공품은 10,000원이고, 기말재공품은 13,000원이다. 4월중 직접노무비와 당월제품제조원가는 얼마인가?

	직접노무비	당기제품제조원가		직접노무비	당기제품제조원가
①	34,000원	123,000원	②	38,000원	125,000원
③	34,000원	125,000원	④	38,000원	123,000원

15. 당월 기말재공품재고액은 기초재공품재고액에 비하여 3,000원이 감소하였고, 당월 기말제품재고액은 기초제품재고액에 비하여 2,000원이 증가하였다. 당월총제조비용이 1,200,000원이고, 판매가능제품액이 1,560,000원이라면 당월 기말제품재고액은 얼마인가?

① 349,000원　　② 359,000원　　③ 369,000원　　④ 379,000원

16. (주)수성은 원재료를 가공하여 완제품A 100개와 반제품B 200개를 생산하며 이때 발생한 총원가는 100,000원이고, 반제품B는 추가가공비 300,000원을 투자하여 완제품C 200개를 생산하며 기초 및 기말재고는 없다. 이 경우 각 제품별 판매가격이 다음과 같을 때 회사의 매출총이익 최대가 되는 매출액은 얼마인가? (추가가공하지 아니할 경우 추가가공비는 전액 발생하지 아니하며 제시된 자료이외의 것은 무시하기로 한다.)

구 분	판매가격
제 품A	1,000원
반제품B	1,500원
제 품C	2,500원

① 400,000원　　② 500,000원　　③ 600,000원　　④ 900,000원

17. (주)원가의 매출원가율은 매출액의 70%이다. 다음 자료를 이용하여 (주)원가의 기초재공품가액을 구하면 얼마인가?

- 직접재료비 : 3,500,000원
- 기말재공품 : 3,000,000원
- 직접노무비 : 4,500,000원
- 기초제품 : 3,000,000원
- 제조간접비 : 1,800,000원
- 기말제품 : 4,000,000원
- 당기매출액 : 15,000,000원
- 기초재공품 : ?

① 3,000,000원　　② 3,700,000원　　③ 4,700,000원　　④ 5,000,000원

18. 다음은 원가의 회계처리와 흐름에 대한 설명이다. 틀린 것을 모두 나열한 것은?

1. 원가의 흐름은 요소별계산 → 생산부문별계산 → 제품별계산 순으로 이루어진다.
2. 다품종 소량생산시스템은 개별원가시스템에 적합하다.
3. 보험료의 포함 범위가 제조부문과 관리부문에 동시에 발생할 경우, 많은 비중을 차지하는 부문으로 처리한다.
4. 전기에 미지급된 노무비를 당기에 지급하면, 당기의 노무비로 계상한다.

① 1, 2, 3　　② 2, 3, 4　　③ 3, 4　　④ 1, 4

19. 다음은 제조원가명세서에 대한 설명이다. 가장 옳지 않은 것은?

① 제조원가명세서상의 원재료와 재공품 재고액은 재무상태표와 일치한다.
② 제조원가명세서의 당기제품제조원가는 손익계산서의 제품매출원가 계산에 반영된다.
③ 재무상태표의 제품재고액은 제조원가명세서 작성과 관련없다.
④ 당기총제조원가를 구하는 과정을 나타내는 보고서이다.

20. 다음은 제조원가명세서에 대한 설명이다. 가장 옳지 않은 것은?

① 당기총제조원가는 직접재료비, 직접노무비, 제조간접비의 총액을 의미한다.
② 당기제품제조원가는 손익계산서상 제품매출원가계산에 직접적인 영향을 미친다.
③ 제조원가명세서 항목 중 재무상태표에 직접적으로 영향을 미치는 항목은 없다.
④ 재무상태표의 제품재고액은 제조원가명세서 작성과 관련없다.

21. 다음 중 (주)백두산의 제조원가명세서 자료에 대한 설명으로 틀린 것은?

제조원가명세서		
Ⅰ 원재료비		20,000,000
( )	2,000,000	
당기매입	23,000,000	
( )	( )	
Ⅱ 노 무 비		15,000,000
Ⅲ 경 비		8,000,000
Ⅳ 당기 총 제조비용		( )
Ⅴ ( )		2,000,000
Ⅵ 합 계		( )
Ⅶ ( )		5,000,000
Ⅷ ( )		( )

① 손익계산서의 매출원가계산에 당기제품제조원가로 반영되는 금액은 40,000,000원이다.
② 기말원재료금액은 5,000,000원이다.
③ 재무상태표에 반영될 기말 재고자산가액 중 기말원재료 및 기말재공품의 합계액은 10,000,000원이다.
④ 기초재공품가액은 5,000,000원이다.

[원가의 배분]

01. 원가배분의 목적으로서 옳지 않은 것은?

① 회사의 미래계획수립 또는 자원배분과 관련된 의사결정을 하기 위해서이다.
② 책임원가계산제도의 형성에 따른 조직구성원에 대한 동기부여와는 관련이 없다.
③ 재고자산, 매출원가를 정확히 산출하여 주주, 채권자 등 이해관계자들에게 합리적인 정보를 제공하기 위해 원가를 배분한다.
④ 계약금액등을 결정함에 있어서 발생한 원가를 정당화 할 수 있다.

02. 당기 제조간접원가 180,000원을 직접재료원가에 비례하여 배부하는 경우 기말재공품원가를 계산하면 얼마인가? 단, 기초 재고자산은 없고, 다음 세가지 제품 중 NO.1과 NO.2는 완성되었고 NO.3는 미완성이다.

구 분	NO.1	NO.2	NO.3	합 계
직접재료원가	126,000원	126,000원	168,000원	420,000원
직접노무원가	118,000원	129,000원	123,000원	370,000원

① 363,000원　② 309,000원　③ 298,000원　④ 613,000원

03. (주)강건은 직접노무시간을 기준으로 제조간접원가를 배부하고 있다. 당기말 현재 제조간접원가 실제발생액은 1,500,000원이고, 실제직접노무시간은 6,000시간이다. 당해연도초의 예상제조간접원가는 1,650,000원이고, 예상직접노무시간은 5,500시간이다. 당기의 제조간접비 과소(과대)배부는 얼마인가?

① 300,000원 과대배부 ② 300,000원 과소배부
③ 150,000원 과대배부 ④ 150,000원 과소배부

04. (주)대포는 제조간접비를 직접노무시간으로 예정배부하고 있다. 당기말 현재 실제제조간접비 발생액이 6,150,000원이고 실제직접노무시간이 50,000시간인 경우 당기의 제조간접비는 150,000원 과소배부된다는 것을 알았다. 이 경우 제조간접비 예정배부율은 직접노무시간당 얼마인가?

① 110원 ② 120원 ③ 126원 ④ 130원

05. 당사는 제조간접원가를 직접노무원가에 비례하여 예정배부하고 있다. 당기 제조간접원가배부차이 계정의 대변잔액이 53,000원이라면 다음 자료에 의하여 당기 직접노무원가 실제발생액을 계산하면 얼마인가?

- 당기 제조간접원가 실제발생액 : 2,691,000원
- 당기 제조간접원가 예상액 : 2,800,000원
- 당기 직접노무원가 예상액 : 4,000,000원

① 3,914,000원 ② 3,920,000원 ③ 3,930,000원 ④ 3,944,000원

06. (주)강건은 직접노동시간을 기준으로 제조간접원가를 예정배부하고 있다. 연간제조간접원가를 400,000원, 직접노동시간을 20,000시간으로 예상하고 있다. 아래의 작업지시서가 3월 중 시작되어 완성되었다. 기말제품원가는 얼마인가? (월초재공품 및 제품원가는 없다.)

- 직접재료원가 : 30,000원
- 직접노무원가 : 20,000원
- 직접노동시간 : 500시간

① 60,000원 ② 80,000원 ③ 100,000원 ④ 120,000원

07. 개별원가계산시 제조간접원가 배부차이를 안분할 때 전혀 영향이 없는 항목은?

① 재무상태표상 재고자산가액 ② 손익계산서상 매출원가
③ 당기총제조원가 ④ 재무상태표상 자본총계

08. 다음의 자료를 이용하여 제조간접원가 과소배부액 1,000,000원을 매출원가조정법을 적용하여 배부할 경우 기말재공품의 가액은 얼마인가?

구 분	재공품	완성품	매출원가
직접재료비	1,000,000원	1,500,000원	500,000원
직접노무비	1,000,000원	1,500,000원	2,000,000원
제조경비	1,000,000원	1,000,000원	500,000원
계	3,000,000원	4,000,000원	3,000,000원

① 2,700,000원 ② 3,000,000원 ③ 3,300,000원 ④ 3,600,000원

09. 다음의 자료를 이용하여 제조간접원가 과대배부액 1,000,000원을 총원가비례법을 적용하여 배부할 경우 기말재공품의 가액은 얼마인가?

구 분	재공품	완성품	매출원가
직접재료비	1,000,000원	1,500,000원	500,000원
직접노무비	1,000,000원	1,500,000원	2,000,000원
제조경비	1,000,000원	1,000,000원	500,000원
계	3,000,000원	4,000,000원	3,000,000원

① 2,700,000원 ② 3,000,000원 ③ 3,300,000원 ④ 3,600,000원

10. 제조간접비 배부 시에 예정배부법을 사용하는 (주)ABC는 제조간접비 배부차이를 계산한 결과 제조간접비 배부차이 계정의 차변잔액이 500,000원 발생하였다. 배부차이를 총원가비례법을 이용하여 처리하는 경우 조정후 매출원가는 얼마인가?

구 분	재공품	완성품	매출원가
직접재료비	1,000,000원	1,500,000원	500,000원
직접노무비	1,000,000원	1,500,000원	2,000,000원
제조경비	1,000,000원	1,000,000원	500,000원
계	3,000,000원	4,000,000원	3,000,000원

① 2,850,000원 ② 3,150,000원 ③ 3,200,000원 ④ 3,500,000원

11. 제조간접비 예정배부율법에 의하여 원가계산을 하고 있으며 기말에 제조간접비 배부차액을 총원가비례법에 의하여 조정하고 있을 때 다음 자료에 대한 설명으로 틀린 것은?

매출원가	기말재공품	기말제품
50,000원	20,000원	30,000원
기말재공품을 감소시키는 제조간접비 배부차액조정액은 3,000원이다.		

① 예정배부된 제조간접비가 15,000원 과대배부되었다.
② 배부차액 조정으로 당기순이익이 7,500원 증가한다.
③ 재무상태표에 기록될 재고자산가액은 47,000원이다.
④ 매출원가가감법 보다 당기순이익이 7,500원 작다.

12. (주)한라는 정상원가계산(normal costing)을 적용하고 제조간접비 배부차이를 기말재고자산 및 매출원가에 포함된 제조간접비 예정배부액에 비례하여 조정할 경우 실제 발생한 제조간접비는 얼마인가?

구 분	매출원가	기말재공품	기말제품
배부차액조정 전 원가	5,000,000원	1,000,000원	2,000,000원
예정배부된 제조간접비	400,000원	300,000원	100,000원
제조간접비 배부차액 조정시 기말제품에 차감된 금액이 3,000원이다.			

① 776,000원 ② 788,000원 ③ 812,000원 ④ 824,000원

13. 제조간접비 배부 시에 예정배부법을 사용하는 (주)강건은 제조간접비 배부차이를 계산한 결과 제조간접비 배부차이 계정의 대변잔액이 30,000원 발생하였다. (주)강건이 배부차이를 보충률법(잔액비례배부법)을 이용하여 처리하는 경우 조정후 매출원가는 얼마인가? 단, 조정 전 기말재공품재고액, 기말제품재고액, 매출원가는 각각 300,000원, 725,000원, 475,000원이었다.

① 445,000원   ② 465,500원   ③ 484,500원   ④ 505,000원

14. 제조간접비를 예정배부율을 이용하여 제조간접비를 배부하는 경우 실제 발생한 총제조간접비와 차이가 발생하게 된다. 이러한 차이를 조정하는 방법으로서 비례배분법, 매출원가조정법, 기타손익법이 있다. 각 방법별로 조정하였을 경우 재무상태표상의 자산가액이 가장 크게 계상되는 방법은?

	과대배부된 경우	과소배부된 경우
①	매출원가조정법	원가비례배분법
②	원가비례배분법	기타손익법
③	매출원가조정법	기타손익법
④	원가비례배분법	매출원가조정법

15. 제조간접비 과소배부액을 매출원가법과 원가요소비례법으로 정리하는 경우에 대한 설명으로 틀린 것은?

① 원가요소비례법을 적용하는 경우가 재무상태표상의 자산이 더 크게 계상된다.
② 당기순이익은 원가요소비례법이 매출원가법에 비하여 더 크게 계상된다.
③ 재무상태표상의 자본은 원가요소비례법이 더 크게 계상된다.
④ 원가요소비례법이 매출원가법보다 매출원가가 더 크게 계상된다.

16. (주)정상의 제조간접비 예정배부 및 작업별 제조원가는 다음과 같다. 당기 중 작업번호가 #201, #202, #203인 세 가지 작업을 시작하여 #201, #202가 완성되었고, #201은 판매되었다. 당기 중 제조간접비 실제발생액은 1,200,000원이었다. 제조간접비 배부차이를 매출원가조정법, 비례배분법, 영업외손익법으로 회계처리 할 경우 매출총이익을 가장 크게 하는 방법은?

	#201	#202	#203	합 계
직접재료비	150,000원	150,000원	200,000원	500,000원
직접노무비	250,000원	150,000원	100,000원	500,000원
제조간접비	500,000원	300,000원	200,000원	1,000,000원
합 계	900,000원	600,000원	500,000원	2,000,000원

① 영업외손익법   ② 비례배분법   ③ 매출원가조정법   ④ 모두 동일하다.

17. (주)한남은 정상개별원가계산를 사용하고 있다. 20,000원의 제조간접원가 불리한 차이가 발생한 경우에 대한 설명으로 잘못된 것은?

① 불리한 제조간접원가차이를 배부할 경우 매출원가조정법보다 영업외손익조정법이 당기순이익을 보다 더 크게 나타낸다.
② 비례배분법을 사용한다 하더라도 기말원재료가액은 달라지지 않는다.
③ 비례배분법은 원가요소별 비례배분법과 총원가비례배분법으로 나누어진다.
④ 제조간접원가실제발생액이 예정배부액 보다 크다면, 과소배부가 이루어진 것이고 이는 곧 불리한 차이를 의미한다.

[부문별 원가계산]

01. 원가배부와 관련된 다음 설명 중 옳지 않은 것은?

① 제조간접원가가 전체 제조원가에서 차지하는 비중이 클수록 다양한 원가배부기준을 설정하여야 정확한 원가계산이 가능하다.
② 원가배부기준으로 선택된 원가동인이 원가발생의 인과관계를 잘 반영하지 못하는 경우 제품 원가계산이 왜곡될 가능성이 있다.
③ 경제적 의사결정과 동기부여 등을 위해서는 이중배부율법을 사용하는 것이 보다 바람직하다.
④ 공장전체 제조간접비배부율을 이용할 경우에도 보조부문원가를 먼저 제조부문에 배분하여야 한다.

02. 원가배부에 관한 설명 중 옳지 않은 것은?

① 결합원가의 배부는 원가통제의 목적이나 투자의사결정에 도움을 주지 못한다.
② 원가배부의 기준은 가능한 한 인과관계를 반영하는 것이어야 한다.
③ 제조간접비를 보다 더 정확하게 배부하기 위하여 부문별 원가계산을 한다.
④ 원가통제의 목적을 위해서는 반드시 실제발생원가를 기준으로 배부해야 한다.

03. 다음 중 매출액과 원가의 발생 간에 밀접한 인과관계가 있는 경우에만 사용되어야 하는 원가배분기준은?

① 수혜기준   ② 공정성기준   ③ 부담능력기준   ④ 경영자율기준

04. 다음 중 부문별원가계산에 대한 설명으로 가장 틀린 것은?

① 보조부문 상호간의 용역수수관계가 중요하지 않는 경우 직접배부법을 사용한다.
② 공장건물의 보험료와 같은 부문간접비를 각 부문의 종업원 수에 따라 배부한다.
③ 상호배부법은 보조부문의 원가배부 순서에 관계없이 배부원가가 일정하다.
④ 부문별원가계산은 제조간접비의 효율적 배부를 그 목적으로 한다.

05. 부문별원가계산시 보조부문원가를 제조부문에 배부하는 방법에 대한 설명으로 틀린 것은?
① 보조부문 상호간의 용역수수를 인식하는지 여부에 따라 직접배부법, 단계배부법, 상호배부법으로 구분된다.
② 단계배부법은 보조부문의 배부순서에 따라 각 부문별배부액이 달라지게 된다.
③ 상호배부법은 보조부문 상호간의 용역수수를 전부 고려하는 방법이다.
④ 직접배부법은 보조부문원가를 제조부문을 거치지 아니하고 직접 제품(재공품계정)에 배부하는 방법이다.

06. 다음의 자료는 보조부문비를 제조부문으로 배부하는 방법에 대한 설명이다. 설명의 내용과 가장 적합한 것은?

- 먼저 배부순서를 정하여야 그 순서에 따라 배분한다.
- 보조부문간의 용역수수관계를 일부만 인식한다.
- 배부순서가 적절하지 않은 경우 원가배분결과가 왜곡되어 나타난다.

① 단계배분법 ② 직접배분법 ③ 단일배부율법 ④ 상호배분법

07. 부문별원가계산에 대한 설명 중 잘못 설명한 것은?
① 보조부문간의 용역 수수관계가 중요한 경우 직접배분법을 적용하여 부분별 원가를 배분하게 되면 원가배분의 왜곡을 초래할 수 있다.
② 보조부문 원가를 제조부문에 배분하는 방법 중 상호배분법은 보조부문 상호간의 용역수수관계를 고려하여 배분하는 방법이다.
③ 보조부문의 원가를 제조원가부문에 배분하는 방법 중 단일배분율법과 이중배분율법은 원가행태에 따른 원가배분방법인데 이중배분율법과 직접배분율법은 서로 혼용하여 사용할 수 없다.
④ 부문별 제조간접비 배부율의 장점은 각 제조부문의 특성에 따라 제조간접원가를 배분하기 때문에 보다 정확한 제품원가를 계상할 수 있다는 것이다.

08. 다음은 보조부문원가에 관한 자료이다. 보조부문의 제조간접비를 다른 보조부문에는 배부하지 않고 제조부문에만 직접 배부할 경우 수선부문에서 조립부문으로 배부될 제조간접비는 얼마인가?

구 분		보조부문		제조부문	
		수선부문	관리부문	조립부문	절단부문
제조간접비		80,000원	100,000원		
부문별 배부율	수선부문		20%	40%	40%
	관리부문	50%		20%	30%

① 24,000원 ② 32,000원 ③ 40,000원 ④ 50,000원

09. (주)부천산업은 단계배분법을 통해 원가배분을 하고 있으며 관련 자료는 다음과 같다. 보조부문원가의 배분순서는 다른 보조부문에의 용역제공비율이 큰 순서로 한다고 할 때 절단부문에 배분될 보조부문의 원가는 얼마인가?

구 분	보조부문		제조부문	
	동력	공장사무	절단	조립
배분전 원가	800,000원	740,000원	2,000,000원	3,000,000원
동력부문배분율	–	0.2	0.5	0.3
공장사무부문배분율	0.1	–	0.4	0.5

① 740,000원　　② 800,000원　　③ 842,250원　　④ 760,000원

10. (주)한강은 두 개의 제조부문(P1, P2)과 두 개의 보조부문(S1, S2)으로 운영된다. 회사는 단계배부법을 이용하여 보조부문비를 제조부문에 배부하고 있으며, 각 보조부문의 용역제공비율은 다음과 같았다.

보조부문	제조부문		보조부문	
	P1	P2	S1	S2
발생원가	?	?	100,000원	?
S1	50%	30%	–	20%
S2	40%	40%	20%	–

회사는 S1 보조부문부터 원가배부하며 두 개의 보조부문(S1, S2)으로부터 P1에 배부된 금액은 110,000원인 경우 보조부문 S2에서 발생한 원가는 얼마인가?

① 100,000원　　② 120,000원　　③ 150,000원　　④ 60,000원

11. 상호배분법에 의하여 보조부문원가를 제조부문에 배분하는 경우, 배분 후 조립부문과 절단부문에 집계된 원가는 얼마인가?

용역제공부문/용역사용부문	보조부문		제조부문		합 계
	창고부	전력부	조립부	절단부	
발생원가	78,000원	200,000원	400,000원	300,000원	978,000원
창고부 용역의 타부문 제공(%)	–	20%	40%	40%	100%
전력부 용역의 타부문 제공(%)	10%	–	40%	50%	100%

　　조립부문 집계 원가　절단부문 집계 원가　　조립부문 집계 원가　절단부문 집계 원가
① 　500,000원　　　478,000원　　② 　480,000원　　　498,000원
③ 　498,000원　　　480,000원　　④ 　528,000원　　　450,000원

12. (주)세무의 전력부문은 조립부문 및 도색부문에 용역을 공급하고 있다. 전력부문에서 발생된 원가는 변동비가 200,000원이고 고정비가 300,000원이다. (주)세무가 전력부문에서 발생된 원가를 이중배부율법에 의하여 조립부문 및 도색부문에 배부할 경우에 다음 중 틀린 것은? (단, 실제제공시간 및 최대제공시간은 다음과 같다고 가정한다.)

구 분	조립부문	도색부문	합 계
실제제공시간	400시간	600시간	1,000시간
최대제공시간	900시간	600시간	1,500시간

① 조립부문에 배부된 변동원가는 80,000원이다.
② 도색부문에 배부된 고정원가는 120,000원이다.
③ 도색부문보다 조립부문에 배부된 원가가 20,000원 크다.
④ 도색부문에 배부된 총배부원가는 260,000원이다.

[제품별 원가계산]

01. 다음은 개별원가계산에 대한 설명이다. 옳지 않은 것은?
① 종합원가계산에 비해 원가의 계산과정이 단순하여 원가의 정확성은 떨어진다.
② 조선업, 건설업 등과 같이 수요자의 주문에 기초하여 제품을 생산하는 업종에서 주로 사용한다.
③ 종합원가계산에 비해 각 제품별로 원가를 집계하기 때문에 직접원가와 간접원가의 구분이 보다 중요한 의미를 갖는다.
④ 개별원가계산은 완성품환산량을 산정할 필요는 없다.

02. (주)대전산업은 개별원가계산제도를 채택하고 있으며, 제품 갑의 작업원가표는 아래와 같을 때 제품 갑의 제조원가는 얼마인가?

- 직접재료 투입액 : 100,000원
- 직접노무원가 임률 : 500원/시간
- 제조간접원가 예정배부율(직접노동시간당) : 750원
- 직접노동시간 : 200시간
- 전력사용시간 : 350시간

① 350,000원 ② 385,000원 ③ 412,500원 ④ 435,000원

03. 기초재공품은 1,000개(80%), 완성품은 3,000개이고, 기말재공품은 800개(완성도 50%)인 경우 선입선출법에 의한 종합원가계산에서 재료비 및 가공비 완성품 환산량은 몇 개인가? (재료는 공정 30% 시점에 전량 투입되며, 가공비는 전공정에 균일하게 투입된다.)

	재료비 완성품환산량	가공비 완성품환산량		재료비 완성품환산량	가공비 완성품환산량
①	2,800개	2,600개	②	2,600개	2,400개
③	2,600개	2,600개	④	2,800개	2,400개

04. 다음의 자료를 참고하여 평균법에 의한 완성품환산량과 선입선출법에 의한 완성품환산량의 차이를 설명한 것 중 올바른 것은? 단, 재료비는 공정 초반에 투입되고 가공비는 공정 전반에 걸쳐 균등하게 발생된다.

구 분	기초재공품	당월제조원가	당월완성품	기말재공품
재료원가	150,000원	1,230,000원		
가공원가	550,000원	3,550,000원		
수량	1,000개(완성도 40%)		10,000개	5,000개(완성도 60%)

	재료원가 완성품환산량 차이	가공원가 완성품환산량 차이
①	1,000개	600개
②	1,000개	400개
③	없음	600개
④	없음	400개

05. (주)아름은 종합원가계산에 따라 제품의 원가를 계산하고 있다. 재료는 공정초기에 80%가 투입되고, 완성시에 나머지가 투입되며 가공비는 공정전반에 걸쳐 균등하게 발생한다. 기초재공품과 당기착수액에 대한 자료가 다음과 같고, 완성품 수량이 25,000개이고, 기말 재공품의 완성도가 30%일 때 선입선출법에 따른 기말재공품의 완성품 환산량은 얼마인가?

구 분	수 량	완성도	재료비	가공비
기초재공품	3,000개	50%	1,500,000원	2,250,000원
당기착수액	27,000개	-	29,260,000원	50,000,000원

① 5,000개 ② 5,500개 ③ 6,000개 ④ 6,500개

06. 재료비 및 가공비가 공정전반에 걸쳐 균등하게 발생하는 경우 완성품 단위당 원가를 평균법으로 계산하면 얼마인가?

구 분	월초재공품	당월제조원가	당월완성품	월말재공품
재료비	27,000원	123,000원		
가공비	52,000원	158,000원		
수량	80개(완성도 50%)		250개	100개(완성도 50%)

① 1,000원 ② 1,100원 ③ 1,150원 ④ 1,200원

07. 다음 자료에 의하여 종합원가계산방법을 적용하는 우진기업의 기말재공품원가를 평균법에 의하여 계산하면 얼마인가? 다만, 재료비는 공정초기에 전액 투입되고 가공비는 공정 전반에 걸쳐 균등하게 투입된다.

> 기초재공품 : 수량 300단위, 재료비 819,000원, 가공비 627,000원, 가공도 30%
> 당기착수재공품 : 수량 1,300단위, 재료비 3,133,000원, 가공비 2,597,000원
> 기말재공품 : 수량 600단위, 가공도 40%

① 2,106,000원 ② 2,214,000원 ③ 2,318,000원 ④ 2,407,000원

08. (주)고려는 선입선출법에 의한 종합원가계산을 적용하고 있다. 다음은 당기의 원가자료이다. 재료는 공정초기에 전액 투입되며, 가공비는 공정전반에 걸쳐 균등하게 발생한다고 가정했을 때 기말재공품 금액은 얼마인가?

	수 량	완성도	재료비	가공비
기초재공품	2,000개	40%	2,500,000원	2,000,000원
당기 착수	13,000개		14,300,000원	15,240,000원
당기 완성	12,000개			
기말재공품	3,000개	50%		

① 4,800,000원　② 5,100,000원　③ 5,400,000원　④ 6,000,000원

09. 종합원가계산 하에서, 평균법에 의한 경우 당기제품 제조원가가 다음과 같다. 선입선출법을 적용하는 경우의 당기제품 제조원가는 얼마인가?

- 기초재공품 0개
- 완성품 7,000개
- 당기착수 재료비 : 500,000원, 가공비 : ? 원
- 원재료는 공정 초기에 투입되며, 가공비는 일정하게 투입된다.
- 당기착수량 10,000개
- 기말재공품 3,000개(완성도 50%)
- 당기제품제조원가 1,050,000원

① 1,050,000원　② 1,100,000원　③ 1,150,000원　④ 1,200,000원

10. 다음의 내용을 참조하여 (주)명성의 당기 가공원가 발생액을 계산하시오.

- (주)명성은 선입선출법에 의한 종합원가계산을 적용하고 있다.
- 당기 가공원가에 대한 완성품단위당 원가는 15원이다.
- 기초재공품은 300단위 완성도 20%이다.
- 기말재공품은 600단위 완성도 00%이다.
- 당기착수수량은 3,000단위이며, 당기완성수량은 2,700단위이다.

① 34,500원　② 46,800원　③ 28,500원　④ 51,300원

11. (주)해왕성은 종합원가계산에 의한 제품원가계산을 하고 있다. 당기 제조활동과 관련된 다음 자료를 이용하여 평균법과 선입선출법에 의하여 원가계산한 결과를 비교한 것으로 옳지 않은 것은?

- 당기완성량 : 1,500개
- 기말재공품 : 100개(재료비 완성도 100%, 가공비 완성도 20%)
- 당기투입원가 : 재료비 210,000원, 가공비 900,000원
- 기초재공품 수량은 없다.
- 당기 중 공손 및 감손은 전혀 발생하지 않았다.
- 재료는 공정초기에 전량 투입된다.

① 완성품 환산량은 평균법이 선입선출법보다 크다.
② 재료비의 완성품 환산량은 평균법이나 선입선출법 모두 1,600개이다.
③ 기말재공품의 원가는 평균법이나 선입선출법 모두 동일하다.
④ 당기제품제조원가는 평균법이나 선입선출법 모두 동일하다.

12. 선입선출법에 의한 종합원가계산제도를 적용하고 있는 회사의 다음 자료에 의하여 기초재공품의 완성도를 계산하면 얼마인가?

구 분	수 량	완성도
기초재공품	2,000단위	?
당기착수완성품	8,000단위	
기말재공품	1,000단위	70%

가공비는 균등하게 발생하며 당기발생 가공비는 190,000원이며, 가공비완성품단위당원가는 20원이다.

① 40%   ② 50%   ③ 60%   ④ 70%

13. 종합원가계산제도 하에서, 재료 Y는 70% 진행시점에서 투입되며 가공원가는 일정하게 투입된다. 80%가 완료된 재공품의 완성품 환산량에는 어떤 원가가 포함되는가?

	재료원가	가공원가		재료원가	가공원가
①	불포함	불포함	②	포 함	포 함
③	포 함	불포함	④	불포함	포 함

14. (주)환상은 평균법에 의한 종합원가계산을 이용한다. 기초에 비해 기말에 재공품잔액이 증가하였다. 그러나 기초와 기말의 재공품 물량이 동일하다면 다음 설명 중 잘못된 것은?

① 전년도에 비해 생산직 직원에 대한 임률이 증가하였다.
② 기초재공품 완성도에 비해 기말재공품 완성도가 더 높다.
③ 전년도에 비해 고정제조간접원가가 증가하였다.
④ 재공품 생산착수량이 전년도에 비해 증가하였다.

15. (주)전산은 공정별 원가계산을 채택하고 있는데 기말재공품에 대한 완성도가 실제보다 과대평가되고 있다면 이 오류가 아래 각 항목에 어떠한 영향을 주겠는가?

	완성품환산량	완성품원가	기말재공품원가
①	과대평가	과소평가	과대평가
②	과소평가	과소평가	과소평가
③	과소평가	과소평가	영향없음
④	과대평가	영향없음	과대평가

16. 종합원가계산에 대한 다음의 설명 중에서 틀린 것은?

① 평균법은 전기에 이미 착수된 기초재공품의 기완성도를 무시하고 기초재공품이 당기에 착수된 것처럼 가정하고 원가계산을 한다.
② 선입선출법에 비해 평균법은 당기의 성과를 이전의 기간과 독립적으로 평가할 수 있는 보다 적절한 기회를 제공한다.
③ 기초재공품이 없다면 평균법이든 선입선출법이든 기말재공품원가는 동일하다.
④ 선입선출법에서는 공손품은 모두 당기에 착수된 물량에서 발생한 것으로 보고 원가계산을 한다.

17. 다음의 대화 내용과 관련이 있는 원가계산 방법은?

> 과 장 : 김대리! 올해 우리 회사가 H회사에 자동차 타이어를 대량으로 납품하기로 되었는데 말이야. 타이어의 제조원가계산을 쉽고 편하게 했으면 하는데…
> 김대리 : 과장님! 제조원가계산방법에는 크게 두 가지가 있습니다. 하나는 우리 회사처럼 단일제품의 대량생산에 적합한 방법과 다른 하나는 여러제품의 소량 주문생산에 적합한 방법이 있습니다.
> 과 장 : 그래. 그럼 우리 회사는 단일제품을 대량생산하는 경우니까 대량생산에 적합한 원가계산방법의 특징과 장점을 말해보게!
> 김대리 : 이 방법은 원가의 집계가 개별작업별로 이루어지는 것이 아니라 공정별로 이루어지기 때문에 기장절차가 간단하여 시간과 비용이 절약됩니다. 또한 원가관리 및 통제가 공정이나 부문별로 이루어지므로 원가에 대한 책임중심점이 명확해집니다.
> 과 장 : 암튼 우리 회사에 가장 적합한 원가계산방법을 잘 선택하여 준비하게!

① 종합원가계산   ② 정상원가계산   ③ 개별원가계산   ④ 표준원가계산

18. 개별원가계산과 종합원가계산에 대한 설명이다. 틀린 것은?

① 개별원가계산은 공통부문원가를 합리적으로 배분하는 것이 필요하다.
② 기초재공품이 없는 경우 종합원가계산에 의한 원가배분시 평균법과 선입선출법은 결과가 동일하다.
③ 종합원가계산은 공정별원가계산(process costing)방식과 결합원가계산(joint costing)방식으로 나눌 수 있다.
④ 종합원가계산의 평균법과 선입선출법 중 실제 물량흐름에 보다 충실한 방법은 선입선출법이다.

19. 다음 중 개별원가계산과 종합원가계산에 대한 설명으로 틀린 것은?

	구분	개별원가계산	종합원가계산
①	단점	상대적으로 과다한 노력과 비용발생	상대적으로 제조원가의 계산이 부정확함
②	원가계산방법	대상기간 총원가를 총생산량으로 나누어 단위당제조원가를 계산	제품별, 작업지시서별로 집계된 원가에 의하여 제조원가를 계산
③	대상업종	다품종·소량생산 기업	소품종·대량생산 기업
④	계산과제	제조간접원가의 배부	기말재공품의 평가

20. 다음 공손에 대한 설명 중 틀린 것은?

① 공손이 정상적으로 발생하고 특정작업과 관련된 경우 공손원가는 특정작업의 원가에 가산한다.
② 비정상공손원가는 작업폐물로 처리되므로 제조원가에 가산되면 안된다.
③ 종합원가계산에서 정상공손원가를 제조원가에 재배분시 배부기준은 검사시점을 통과한 합격품의 물량이다.
④ 공손품은 품질이나 규격이 일정한 기준에 미달하는 불량품이다.

21. 다음 공손품과 작업폐물과 관련된 설명 중 틀린 설명은?

① 정상공손이란 제조공정상 필수불가결하게 발생된 것으로 추가적인 작업을 통하여 제품이나 재공품의 원가로 구성된다.
② 비정상공손은 정상적이고 효율적인 상황에서는 발생되지 않는 것으로 작업자의 부주의나 생산계획의 미비 등으로 인하여 발생되는 것이므로 영업외비용으로 회계처리를 한다.
③ 기초재공품 600개, 당기착수수량 1,400개, 당기완성수량 1,700개, 기말재공품수량 200개이고 정상공손품은 완성품의 5%로 할 때 비정상공손품의 수량은 10개이다.
④ 작업폐물은 제품의 제조과정에서 발생된 원재료의 부스러기를 말하는데 이러한 작업폐물의 평가액은 발생부문의 제조원가에서 차감하거나 필요에 따라 당해 제품의 제조원가에서 차감할 수 있다.

22. 당사는 정상공손수량을 완성품의 10%로 보고 있다. 다음에 의하여 비정상공손수량을 계산하면?

- 기초재공품 : 720단위
- 당기착수량 : 3,600단위
- 당기완성량 : 3,280단위
- 기말재공품 : 560단위

① 151단위　② 152단위　③ 153단위　④ 154단위

23. (주)한토의 제조활동과 관련된 물량흐름이 다음과 같을 때 잘못된 것은?

- 기초재공품 : 300개
- 당기완성수량 : 900개
- 당기착수량 : 1,000개
- 기말재공품 : 200개

① 공손품 물량은 200개이다.
② 비정상공손원가는 영업외비용으로 처리한다.
③ 정상공손원가는 완성품에만 배분한다.
④ 정상공손품의 기준을 완성품의 10%라고 할 경우 비정상공손수량은 110개이다.

24. (주)수원산업은 평균법에 의한 종합원가계산을 실시하고 있다. 재료는 공정의 초기에 전량 투입되고 가공비는 제조진행에 따라 균등하게 발생한다. 다음 자료를 이용하여 정상공손수량과 비정상공손수량을 계산하면 각각 얼마인가?

- 기초재공품　500개(완성도 60%)
- 당기착수량　6,500개
- 완성품수량　5,200개
- 공손품　800개

다만, 검사는 완성도 50%인 시점에서 실시하고, 당기 검사에서 합격한 수량의 10%는 정상공손으로 간주한다. 기말재공품의 완성도는 70%이다.

	정상공손수량	비정상공손수량		정상공손수량	비정상공손수량
①	570개	230개	②	520개	280개
③	600개	200개	④	620개	180개

25. 다음 중 결합원가의 배분에 대한 설명으로 틀린 것은?

① 분리점판매가치법에서 분리점의 판매가치를 계산할 때에는 생산량이 아닌 판매량을 사용한다.
② 물량기준법은 제품의 판매가치를 알 수 없을 때 유용하게 사용된다.
③ 이익극대화를 위한 추가가공 여부에 대한 의사결정시에는 이미 배분된 결합원가는 고려하지 않는다.
④ 분리점은 결합제품이 개별제품으로 식별가능한 제조과정 중의 한 점을 말한다.

26. 연산품원가계산(결합원가배분)에 대한 설명으로 잘못된 것은?

① 물량기준법의 장점은 적용이 간편하고 연산품 각각의 판매가격을 알 수 없는 경우에도 사용이 가능하다는 것이다.
② 상대적 판매가치법은 분리점에서 판매가치가 없는 결합제품이 존재할 경우에도 사용가능하다.
③ 순실현가치법은 각 연산품의 순실현가치를 기준으로 결합원가를 배부하는 방법이다.
④ 균등매출총이익율법은 모든 개별제품(연산품)의 매출총이익율이 같아지도록 결합원가를 배부하는 방법을 말한다.

27. 연산품 A와 B는 결합생산된 후 각각 추가가공을 거쳐 판매된다. 다른 모든 조건은 변동사항이 없고, 연산품 A의 분리점에서의 판매가치만 증가한다면 A와 B의 매출총이익은 어떻게 변하는가? (결합원가는 분리점에서의 판매가치에 의해 배분된다고 가정)

① A는 증가하고 B는 감소한다.
② A는 감소하고 B는 증가한다.
③ A와 B모두 감소한다.
④ A는 증가하고 B는 변동없다.

28. (주)세무는 화학재료를 가공하여 제품을 생산하는 업체이다. 다음의 생산원가자료를 참조하여 6월 제품A와 제품B에 대하여 물량기준으로 결합원가 배분한 후 각 제품의 매출총이익을 구하시오.

6월 생산 원가 자료	■ 당사는 화학재료를 가공하여 4:1 비율로 연산품A와 연산품B를 생산한다. ■ 6월 한달 동안 원재료 10,000L를 투입하여 A제품 8,000L와 B제품 2,000L로 가공하였다. ■ 6월에 발생한 원가는 재료비 500,000원, 노무비 150,000원, 제조간접비 100,000원이다. ■ 연산품 L당 판매가격은 A제품이 80원, B제품이 70원이다. ■ 6월 생산된 A제품과 B제품은 6월에 전량 판매되었다.

	제품A 매출총이익	제품B 매출총이익
①	40,000원	△10,000원
②	20,000원	10,000원
③	△10,000원	40,000원
④	30,000원	△20,000원

29. 당기에 사업을 개시한 (주)광주산업은 동일한 공정에서 30,000,000원을 투입하여 제품 X, Y, Z를 함께 생산하였다. 다음 자료를 이용하여 순실현가치법에 의하여 제품 Y의 단위당 원가를 계산하면 얼마인가?

제품	생산량(단위)	판매량(단위)	총 추가가공원가(원)	단위당 판매가격(원)
X	940	720	1,200,000	30,000
Y	445	182	1,250,000	50,000
Z	416	442	2,952,000	72,000

① 18,876원 ② 21,685원 ③ 46,153원 ④ 53,021원

30. 연산품 A, B, C에 대한 결합원가 800,000원을 순실현가치기준법에 의하여 배부하는 경우 C제품의 제품원가는 얼마인가?

제품	생산량(KG)	판매단가(원/KG)	추가가공원가(원)
A	200	2,000	30,000
B	280	1,500	10,000
C	260	1,800	48,000

① 280,000원 ② 328,000원 ③ 370,000원 ④ 420,000원

[표준원가계산]

01. 다음 중 표준원가계산과 관련된 설명으로 가장 거리가 먼 것은 어느 것인가?
① 표준원가계산은 표준원가를 이용하여 원가계산을 하기 때문에 원가계산을 신속하게 할 수 있다.
② 표준원가계산은 예산과 실제원가를 기초로 차이를 분석하여 예외에 의한 관리를 통해 효율적인 원가통제가 가능하다.
③ 과학적이고 객관적인 표준원가를 설정하는 것이 쉽지 않고, 표준원가를 설정하는데 시간과 비용이 많이 든다.
④ 표준원가계산제도를 채택하면 실제원가와는 관계없이 언제나 표준원가로 계산된 재고자산이 재무제표에 보고되게 된다.

02. 다음 중 표준원가계산제도와 관련된 설명 중 틀린 것을 모두 고르시오.

> ㉠ 원가발생의 예외에 의한 관리를 할 수 없다.
> ㉡ 직접재료원가차이를 원재료 구입시점에서 분리하든 사용시점에서 분리하든 직접재료원가 능률차이에는 영향을 미치지 않는다.
> ㉢ 기말에 원가차이를 매출원가에서 조정할 경우 불리한 차이는 매출원가에 가산하고 유리한 차이는 매출원가에 차감한다.
> ㉣ 제품의 완성량만 파악하면 표준원가를 산출할 수 있으므로 신속하게 원가정보를 제공할 수 있다.
> ㉤ 직접재료원가 능률차이 계산식은 (표준소비량 − 실제소비량) × 실제가격으로 표현할 수 있다.

① ㉠, ㉡ ② ㉡, ㉢ ③ ㉢, ㉣ ④ ㉠, ㉤

03. 다음 괄호 안에 들어갈 알맞은 용어로 연결된 것은?

- (가)은 사전에 객관적이고 합리적인 방법에 의하여 산정한 원가를 이용하여 제조원가를 계산하는 경우에 적용한다.
- (나)은 동일 종류 또는 다른 종류의 제품을 연속하여 반복적으로 생산하는 생산형태에 적용한다.
- (다)은 원가요소의 실제발생액을 비목별 계산을 거쳐 원가부문별로 계산한 후 제품별로 제조원가를 집계한다.

	가	나	다
①	표준원가계산	실제원가계산	종합원가계산
②	실제원가계산	종합원가계산	표준원가계산
③	표준원가계산	종합원가계산	실제원가계산
④	실제원가계산	표준원가계산	종합원가계산

04. 다음 표준원가계산제도와 관련된 설명 중 틀린 것은?

① 종합원가계산제도에서 적용할 수 있다.
② 기말에 원가차이를 매출원가에서 조정할 경우 불리한 차이는 매출원가에서 차감하고 유리한 차이는 매출원가에 가산한다.
③ 원가발생의 예외를 관리하여 원가통제에 적절한 원가계산방법이다.
④ 직접재료원가 가격차이를 원재료 구입시점에서 분리하든 사용시점에서 분리하든 직접재료원가 능률차이에는 영향을 주지 않는다.

05. 다음 표준원가계산제도와 관련된 설명 중 틀린 것은?

① 제품의 완성량만 파악하면 표준원가를 산출할 수 있으므로 신속하게 원가정보를 제공할 수 있다.
② 기말에 원가차이를 매출원가에서 조정할 경우 불리한 차이는 매출원가에 가산하고 유리한 차이는 매출원가에서 차감한다.
③ 원가발생의 예외를 관리하여 원가통제에 적절한 원가계산방법이다.
④ 표준원가계산방법을 선택한 경우에는 실제원가와 상관없이 표준원가로 계산된 재고자산의 금액을 반드시 재무상태표 금액으로 결정하여야 한다.

06. 다음 중 표준원가계산의 유용성에 대한 설명으로 가장 적절하지 않은 것은?

① 표준원가는 재무적 측정치 보다 비재무적 측정치(품질 또는 납기 등)를 더 중요시한다.
② 제품원가계산을 신속하고 간편하게 할 수 있다.
③ 표준원가와 실제원가의 차이를 분석하여 예외에 의한 관리가 가능하다.
④ 표준원가계산은 기업이 연초에 수립한 계획을 수치화 하여 예산편성을 하는데 기초가 된다.

07. 표준원가계산의 유용성과 한계점에 대한 내용이다. 가장 틀린 것은?

① 예산과 실제원가의 차이분석을 통하여 효율적인 원가통제의 정보를 제공한다.
② 표준원가를 이용하므로 제품원가계산과 회계처리가 신속 간편하다.
③ 과학적이고 객관적인 표준원가설정이 간단하여 시간과 비용이 절약된다.
④ 표준원가계산제도는 내부의사결정을 위한 제도로서 기업회계기준에서는 인정되지 않는다.

08. 다음 중 표준원가계산의 유용성과 차이분석에 대한 설명으로 가장 옳지 않은 것은?

① 고정제조간접원가의 능률차이가 발생하며, 예산차이 및 조업도차이도 발생한다.
② 표준원가와 실제원가의 차이를 분석하여 예외에 의한 관리를 가능하게 한다.
③ 직접노무원가의 가격차이(임률차이)는 실제직접노동시간 × (표준임률 − 실제임률)로 계산할 수 있다.
④ 표준원가는 재무적 측정치만을 강조하며, 기업이 연초에 수립한 계획을 수치화하여 예산편성을 하는데 기초가 된다.

09. 표준원가계산과 차이분석에 대한 설명으로 잘못된 것은?

① 직접재료원가의 능률차이는 재료의 구입시점에서 인식하는 방법과 재료의 사용시점에서 인식하는 방법에 따라 결과가 다르게 나타난다.
② 직접노무원가의 가격차이(임률차이)는 실제직접노동시간 × (표준임률 − 실제임률)로 구할 수 있다.
③ 3분법에 따른 제조간접원가 차이분석에서는 고정제조간접원가 실제발생액과 변동제조간접원가 실제발생액을 합산하여 계산하므로, 각각의 금액을 반드시 구해야 하는 것은 아니다.
④ 고정제조간접원가는 능률차이는 항상 발생하지 않으며 예산차이와 조업도차이만 발생한다.

10. 표준원가계산을 적용하는 (주)LK전자의 3월 중 재료비에 대한 원가자료는 다음과 같다. 재료비 가격차이와 수량(능률)차이는 얼마인가?

- 예상생산량 : 5,000단위
- 실제생산량 : 5,500단위
- 실제수량 : 160,000kg
- 실제단가 : 550원/kg
- 표준수량 : 30kg/단위
- 표준단가 : 520원/kg

	가격차이	수량차이
①	4,800,000원(불리)	2,600,000원(불리)
②	4,800,000원(유리)	2,600,000원(유리)
③	4,800,000원(불리)	2,600,000원(유리)
④	4,800,000원(유리)	2,600,000원(불리)

11. 표준원가계산을 적용하는 (주)정밀의 8월 중 재료비에 대한 원가자료는 다음과 같다.

- 예상생산량 : 7,000단위
- 실제생산량 : 8,500단위
- 표준단가 : 720원/kg
- 실제단가 : 750원/kg
- 표준수량 : 20kg/단위

(주)정밀의 재료비 가격차이가 4,800,000원 불리한 것으로 계산되었다면 재료비 수량(능률)차이는 얼마인가?

① 5,600,000원(유리) ② 7,500,000원(불리)
③ 7,200,000원(유리) ④ 6,200,000원(불리)

12. 당월 직접노무원가발생액은 1,922,000원이며 이에 대한 실제작업시간은 6,200시간이었다. 당월에 제품 1,000개를 생산하였고, 제품단위당 표준작업시간이 6시간, 제품단위당 표준노무원가가 1,740원이라면 직접노무원가 수량차이(또는 능률차이)는 얼마인가?

① 71,000원(불리한 차이) ② 63,000원(불리한 차이)
③ 68,000원(유리한 차이) ④ 58,000원(불리한 차이)

13. (주)세정은 표준원가계산 제도를 채택하고 있다. 제품 10,000개를 생산하였을 경우 총 직접노동시간은 50,000시간으로 추정하고 있으며 표준임률은 시간당 1,000원이다. 당기 실제 제품 생산량은 12,000개였고, 실제 작업시간은 55,000시간이었다. 당기에 2,750,000원 만큼 불리한 임률차이가 발생하였다면 실제임률은 얼마인가?

① 950원 ② 1,050원 ③ 1,100원 ④ 1,150원

14. 당기 중에 발생된 직접노무비 자료는 아래와 같다. 당기 중 실제직접노동시간을 계산하면?

- 표준직접노동시간 : 4,500시간
- 표준임률 : 100원/시간
- 실제직접노무비 : 700,000원
- 임률차이 : 50,000원(불리)

① 6,500시간 ② 6,800시간 ③ 7,000시간 ④ 7,500시간

15. 다음은 (주)로마의 당기 제조활동과 관련된 자료이다. (주)로마의 당기 변동제조간접원가 능률차이는?

- 단위당 표준 직접노무시간 : 3시간
- 생산된 제품단위 : 4,200개
- 실제변동제조간접원가 : 60,000원
- 실제 직접노무시간 : 15,000시간
- 변동제조간접원가 표준 : 표준 직접노무시간당 5원

① 12,000원(유리) ② 12,000원(불리) ③ 15,000원(유리) ④ 15,000원(불리)

16. 표준원가계산상의 다음 자료에서 고정제조간접원가의 예산차이는 얼마인가?

- 고정제조간접원가 표준배부율 : 20/단위
- 실제 조업도 : 22,000단위
- 예산 조업도 : 20,000단위
- 고정제조간접원가 실제발생액 : 500,000원

① 100,000원 불리 ② 100,000원 유리 ③ 60,000원 불리 ④ 60,000원 유리

17. 제품 12,200단위가 생산될 때, 변동제조간접원가 38,720원과 고정제조간접원가 124,700원이 발생하였다. 변동제조간접비 표준원가배부율이 1.5원이고 고정제조간접비 표준원가는 120,000원이다. 표준배부율은 25,000기계시간을 기준으로 계산되었다. 제품 단위당 표준기계시간은 2시간이다. 총 24,200기계시간이 실제 발생하였다. 고정제조간접원가 조업도차이는 얼마인가?

① 2,880원 불리 ② 2,880원 유리 ③ 3,840원 불리 ④ 3,840원 유리

18. 표준원가계산제도를 사용하여 제품원가를 계산할 경우 다음 자료를 이용하여 실제발생한 고정제조간접원가는 얼마인가?

- 정상조업도 : 300단위
- 실제생산량 : 250단위
- 예산생산량 : 220단위
- 조업도차이 : 1,500원 불리
- 예산차이 : 2,500원 유리
- 제품 단위당 고정제조간접비 배부율: 30원

① 6,500원 ② 7,500원 ③ 9,000원 ④ 10,500원

19. 다음 자료에 의하여 표준원가계산 방법을 적용하는 (주)표준의 제조간접비 소비차이를 계산하면 얼마인가? 단, (주)표준은 제조간접비 차이를 소비차이, 능률차이, 조업도차이의 세 가지로 분석하고 있다.

- 직접노동시간당 배부율 : 변동제조간접비 30원, 고정제조간접비 200원
- 실제직접노동시간 : 8,200시간
- 표준직접노동시간 : 8,100시간
- 실제제조간접비 : 3,350,000원
- 고정제조간접비예산 : 3,200,000원

① 83,000(유리) ② 98,000(불리) ③ 72,000(불리) ④ 96,000(유리)

20. 다음 자료에 의하여 표준원가계산에 의한 월말 재공품원가를 계산하면 얼마인가? (단, 재료는 공정초기에 전량 투입되며, 주어진 자료 이외의 상황은 고려하지 않는다.)

1. 제품단위당 표준원가
   - 직접재료원가 : 5kg × @200원 = 1,000원
   - 직접노무원가 : 3시간 × @600원 = 1,800원
   - 변동제조간접원가 : 3시간 × @400원 = 1,200원
   - 고정제조간접원가 : 3시간 × @100원 = 300원
2. 월초재공품은 없으며, 당월착수수량은 10,000단위이고, 당월완성수량은 8,000단위이며, 월말재공품의 완성도는 40%이다.

① 3,440,000원 ② 4,640,000원 ③ 4,940,000원 ④ 5,240,000원

21. (주)세무의 원재료 관련 및 원가차이 조정전 재공품, 제품 및 매출원가에 대한 자료는 다음과 같다. 원재료에 대한 원가차이를 총원가를 기준으로 배분한 후의 매출원가는 얼마인가? 단, 가격차이는 원재료 구입시점에 인식한다.

- 실 원재료 구입량 : 500kg
- 실 제품 생산량 : 100단위
- 단위당 제품 원재료 실제사용량 : 4.5kg
- 기말재공품 : 3,000,000원
- 실 원재료 구입가격 : 10,000원/kg
- 원재료 표준가격 : 9,000원/kg
- 단위당 제품 원재료 표준사용량 : 5kg
- 기말제품 : 2,000,000원
- 매출원가 : 5,000,000원

① 4,775,000원 ② 5,025,000원 ③ 5,050,000원 ④ 5,500,000원

NO	정답	해설
01	③	원가집합(cost pool)이란 원가대상에 직접적으로 추적할 수 없는 원가를 집계하는 단위를 말한다. 제조간접원가가 대표적인 원가집합에 해당한다.
02	④	④의 합은 당기총제조원가에 대한 설명이며, 당기제품제조원가는 기초재공품원가에 당기총제조원가를 더하고 기말재공품원가를 뺀 금액이다.
03	②	매몰원가는 이미 발생된 과거의 원가로 회수가 불가능하고 미래 의사결정에 도움이 되지 않는다.
04	④	매몰원가는 이미 발생한 원가로 의사결정에 영향을 미치지 않는 원가이다. ④의 경우 기계장치의 취득원가인 20,000,000원이 의사결정에 영향을 미치지 않는 매몰원가이다.
05	③	변동원가의 경우 조업도가 증가하는 경우 총변동원가는 증가되는데 이중 체감원가는 조업도증가율보다 총변동원가증가율이 작을 뿐이다.
06	①	단위당 변동원가와 총고정원가는 각 생산수준에서 일정하다.
07	④	준고정비에 대한 설명이다.
08	②	매몰원가란 이미 과거에 발생한 회피불가능한 원가로서 미래의 의사결정과는 관계없는 원가를 말하므로 취득원가 1,000,000원은 어떤 방안을 채택하든 관계없이 발생한 원가로서 매몰원가에 해당한다.
09	②	기회비용이란 어느 한 대안을 선택하면 다른 대안은 포기할 수밖에 없다면 이 때 포기해야 하는 대안에서 얻을 수 있는 효익을 말한다. 따라서 수선 후 처분하므로 파손상태에서 처분하는 방법을 포기하게 되므로 기회비용은 파손 상태에서 처분할 수 있는 가액인 800,000원이다.
10	①	■ 제조간접원가 = 5,000,000원 × 0.25 = 1,250,000원 ■ 제조간접원가 = 직접노무원가 × 0.8 → 직접노무원가 = 1,250,000원 / 0.8 = 1,562,500원 ■ 직접재료원가 = 5,000,000원 − 1,562,500원 − 1,250,000원 = 2,187,500원 ■ 기말원재료재고액 = 1,000,000원 + 3,000,000원 − 2,187,500원 = 1,812,500원
11	①	■ 작업#01 직접노무비 = 2,250,000 ÷ 150% = 1,500,000원 ■ 작업#07 당기총제조원가 = 1,000,000원 + 1,800,000원 + 1,800,000원 × 150% = 5,500,000원
12	③	당기총제조원가는 당기 발생한 직접재료비와 직접노무비, 제조간접비의 합계액이나. ■ 당기총제조원가 = 10,000원 + 8,500원 + 6,500원 = 25,000원
13	③	4,180,000원은 당기 중에 완성된 제품에 대한 원가인 당기제품제조원가로서 매출원가는 재공품계정이 아닌 제품계정을 통하여 알 수 있는 정보이다.
14	①	■ 직접재료비 사용액 = 8,000원 + 53,000원 − 6,000원 = 55,000원 ■ 총제조원가 = 55,000원 + 37,000원 + 직접노무비 = 126,000원 ∴ 직접노무비 = 34,000원 ■ 당월제품제조원가 = 10,000원 + 126,000원 − 13,000원 = 123,000원

15	②	■ 기초재공품재고액 + 당월총제조비용 = 당월제품제조원가 + 기말재공품재고액
		■ 기말재공품재고액 = 기초재공품재고액 − 3,000원이므로
		  당월제품제조원가 = 당월총제조비용 + 3,000원 = 1,200,000원 + 3,000원 = 1,203,000원
		■ 판매가능제품액 = 기초제품재고액 + 당월제품제조원가 = 1,560,000원이므로
		  기초제품재고액 = 1,560,000원 − 1,203,000원 = 357,000원
		■ 기말제품재고액 = 기초제품재고액 + 2,000원 = 357,000원 + 2,000원 = 359,000원

16	①	■ 완제품A와 반제품B를 생산하여 판매하는 경우 매출총이익
		  = 100개 × 1,000원 + 200개 × 1,500원 − 100,000원 = 300,000원
		■ 완제품A와 C를 생산하여 판매하는 경우 매출총이익
		  = 100개 × 1,000원 + 200개 × 2,500원 − 100,000원 − 300,000원 = 200,000원
		∴ 완제품A와 반제품B를 생산판매하는 경우가 매출총이익이 크며 이때의 매출액은 400,000원이다.

※ 원가회계의 개념 및 원가흐름

NO	정답	해설
17	③	매출원가 : 15,000,000원 × 70% = 10,500,000원 **재공품** 기초 4,700,000 | 당기제품제조원가 11,500,000 직접재료비 3,500,000 직접노무비 4,500,000 제조간접비 1,800,000 | 기말 3,000,000 **제 품** 기초 3,000,000 | 매출원가 10,500,000 당기제품제조원가 11,500,000 | 기말 4,000,000
18	③	■ 보험료의 포함 범위가 제조부문과 관리부문에 동시에 발생할 경우, 합리적 배부기준에 의하여 배부 ■ 전기에 미지급된 노무비를 당기에 지급하면, 전기의 노무비로 계상
19	④	당기제품제조원가를 구하는 과정을 나타내는 보고서이다.
20	③	제조원가명세서상의 원재료와 재공품 재고액은 재무상태표와 일치한다.
21	④	기초재공품가액은 2,000,000원이다. **제조원가명세서** Ⅰ 원재료비 .... 20,000,000 　기초원재료 2,000,000 　당기매입 23,000,000 　기말원재료 5,000,000 Ⅱ 노 무 비 .... 15,000,000 Ⅲ 경　비 .... 8,000,000 Ⅳ 당기총제조비용 .... 43,000,000 Ⅴ 기초재공품 .... 2,000,000 Ⅵ 합　계 .... 45,000,000 Ⅶ 기말재공품 .... 5,000,000 Ⅷ 당기제품제조원가 40,000,000
01	②	정확한 원가배분을 통해 경영자나 종업원들에게 바람직한 동기를 부여하고 그들의 성과를 평가한다.
02	①	NO.3만 미완성이므로 NO.3의 원가가 기말재공품원가이다. NO.3 제조간접원가 = 180,000원 × (168,000원/420,000원) = 72,000원 NO.3 원가 = 168,000원 + 123,000원 + 72,000원 = 363,000원
03	①	■ 제조간접비 예정배부율 = 1,650,000원 ÷ 5,500시간 = 300원 ■ 제조간접비 예정배부액 = 6,000시간 × 300원 = 1,800,000원 ■ 배부차이 = 예정배부액 − 실제발생액 = 1,800,000원 − 1,500,000원 = 300,000원(과대배부)
04	②	■ 실제발생액 − 예정배부액(A) = (+)과소배부액 　6,150,000원 − A = (+)150,000원 과소배부 ■ 예정배부액(6,000,000원) = 예정배부율(B) × 실제배부기준 = B × 50,000시간 　∴ 예정배부율(B) = 120원
05	②	제조간접원가배부차이 계정의 대변잔액이 53,000원이라면 과대배부액이 53,000원이므로, ■ 제조간접원가 배부액 = 2,691,000원 + 53,000원 = 2,744,000원 ■ 제조간접원가 배부율 = (2,800,000원/4,000,000원) = 0.7 ■ 직접노무원가 실제발생액 = 2,744,000원/0.7 = 3,920,000원
06	①	■ 제조간접원가 예정배부율 : 400,000원/20,000원 = 20원(시간당) ■ 제품원가 : 30,000원 + 20,000원 + (500시간 × 20원) = 60,000원
07	③	제조간접원가 배부차이는 매출원가, 기말제품, 기말재공품 비율로 안분계산하므로 재고자산가액 및 매출원가가 영향을 받으며 매출원가의 변동으로 당기순이익 및 자본총계가 변동된다.

NO	정답	해설
08	②	매출원가일괄조정의 경우 제조원가 과소배부액은 매출원가조정법에 따라 배부된 금액을 매출원가에 가산하므로, 재공품 금액은 변화가 없다. 회계처리 : (차) 매출원가 1,000,000원 (대) 제조간접비배부차이 1,000,000원
09	①	제조원가 과대배부액은 총원가비례법에 따라 배부된 금액을 재공품에서 감소시킨다. ■ 재공품에 배부될 금액 = 1,000,000원 × 3,000,000원 / 10,000,000원 = 300,0000원 ■ 기말재공품가액 = 3,000,000원 − 300,000원 = 2,700,000원

10	②	제조간접비 배부차이 계정의 잔액이 차변이므로 과소 배부됨을 알 수 있다.
		■ 기말재공품배부액 = 500,000원 × 3,000,000원 / 10,000,000원 = 150,000원
		■ 기말제품배부액 = 500,000원 × 4,000,000 / 10,000,000원 = 200,000원
		■ 매출원가배부액 = 500,000원 × 3,000,000원 / 10,000,000원 = 150,000원
		■ 회계처리 : (차) 재 공 품 150,000원 (대) 제조간접비배부차이 500,000원
		              제 품 200,000원
		              매출원가 150,000원
		■ 조정후 매출원가 = 3,000,000원 + 150,000원 = 3,150,000원

11	③	<table><tr><th>구 분</th><th>금 액</th><th>원가요소비율</th><th>제조간접비 배부차액</th></tr><tr><td>매출원가</td><td>50,000원</td><td>50%</td><td>7,500원</td></tr><tr><td>기말재공품</td><td>20,000원</td><td>20%</td><td>3,000원</td></tr><tr><td>기말 제품</td><td>30,000원</td><td>30%</td><td>4,500원</td></tr><tr><td>합 계</td><td>100,000원</td><td></td><td>15,000원(= 3,000원/20%)</td></tr></table> ① 제조간접비 배부차액조정액이 기말재공품을 감소시킨다는 점에서 제조간접비가 과대배부되었다는 점을 확인할 수 있다. ② 당기순이익은 매출원가에서 조정되는 배부차액만큼 증가한다. ③ 재무상태표에 기록될 재고자산가액은 기말재공품 17,000원과 기말제품 25,500원으로 총 42,500원이다. 이는 각자산별로 배부될 배부차액을 차감한 잔액의 합이다. ④ 매출원가가감법하에서는 배부차액 전액이 매출원가에서 조정되므로 매출원가 35,000원으로 계상되나 총원가비례법에서는 매출원가 42,500원으로 계상되어 당기순이익은 매출원가가감법보다 7,500원 작다.
12	①	<table><tr><th>구 분</th><th>매출원가</th><th>기말재공품</th><th>기말제품</th><th>합 계</th></tr><tr><td>예정배부된 제조간접비</td><td>400,000원</td><td>300,000원</td><td>100,000원</td><td>800,000원</td></tr><tr><td>배부차액배분비율</td><td>50%</td><td>37.5%</td><td>12.5%</td><td>100%</td></tr><tr><td>과대배부액</td><td>?</td><td>?</td><td>3,000원</td><td>A</td></tr></table> ■ A = 3,000원 / 12.5% = 24,000원(과대배부) ■ 실제발생 제조간접비 = 800,000원 − 24,000원 = 776,000원

13	②	제조간접비 배부차이 계정의 잔액이 대변이므로 과대 배부됨을 알 수 있다.
		■ 기말재공품배부액 = 30,000원 × 300,000원 / 1,500,000원 = 6,000원
		■ 기말 제품 배부액 = 30,000원 × 725,000원 / 1,500,000원 = 14,500원
		■ 매출원가 배부액 = 30,000원 × 475,000원 / 1,500,000원 = 9,500원
		■ 회계처리 : (차) 제조간접비배부차이 30,000원 (대) 재 공 품 6,000원
		                                                          제 품 14,500원
		                                                          매출원가 9,500원
		■ 조정후 매출원가 = 475,000원 − 9,500원 = 465,500원

	NO	정답	해설
원가의 배분	14	①	매출원가조정법이나 기타손익법의 경우 제조간접비의 배부차이로 인하여 재무상태표상의 자산가액은 변동이 없으나 비례배분법의 경우 과대배부시 재공품, 제품, 매출원가의 가액이 감소하며, 과소배부시 증가한다. 따라서 재무상태표상의 자산가액을 비교할 때 과대배부시 매출원가조정법 및 기타손익법이 가장 크며 과소배부시 원가비례배분법이 가장 작다.
	15	④	아래의 회계처리 내용을 분석하면 매출원가는 원가요소비례법이 매출원가법보다 작게 계상됨을 알 수 있다. | 구 분	회계처리			
---	---	---	---	---
매출원가법	(차) 매출원가	×××	(대) 제조간접비	×××
원가요소비례법	(차) 매출원가 재 공 품 제 품	××× ××× ×××	(대) 제조간접비	×××	
	16	①	제조간접비가 과소배부된 경우 매출원가조정법은 전액이 매출원가로, 비례배분법은 일부가 매출원가로 처리(일부는 제품 및 재공품에 배분)되는 반면, 영업외손익법은 전액이 영업외비용으로 처리된다. 따라서 영업외손익법의 경우 매출원가로 배분되는 금액이 전혀 없으므로 매출총이익이 가장 크게 계산된다.
	17	①	매출원가조정법과 영업외손익조정법은 기말재고자산에 차이금액을 배부하지 않기 때문에 당기순이익에 미치는 효과는 동일하다.
부문별 원가계산	01	④	공장전체 제조간접비배부율을 이용할 때에는 보조부문원가를 배분할 필요가 없다.
	02	④	원가통제의 목적으로 경영자는 기중에도 원가에 대한 정보를 필요로 한다. 따라서, 예정배부나 표준원가를 이용하여 배부한 원가로 의사결정에 필요한 정보를 수집한다.
	03	③	
	04	②	공장건물의 보험료는 각 부문의 점유면적에 따라 배부되어야 한다.
	05	④	직접배부법은 보조부문 상호간에는 배부를 하지 아니하지만 각 보조부문에서 제조부문에는 원가를 배부하여야 하는 방법이다.
	06	①	
	07	③	보조부문용역 수수관계에 따른 배분방법과 원가행태에 따른 배분방법은 두 가지 방법을 혼용하여 사용할 수 있다.
	08	③	80,000원 × 40% / (40% + 40%) = 40,000원
	09	②	문제에서 다른 보조부문에 용역제공비율이 큰 순서대로 배분한다고 하였으므로, 동력을 먼저 배분하고 그 다음에 공장사무부문을 배분한다. | 구 분	보조부문		제조부문	
---	---	---	---	---
	동력	공장사무	절단	조립
배분전 원가	800,000원	740,000원	2,000,000원	3,000,000원
동력부문	(800,000원)	160,000원	400,000원	240,000원
공장사무부문		(900,000원)	400,000원	500,000원	

NO	정답	해설
10	①	<table><tr><td rowspan="2">보조부문</td><td colspan="2">제조부문</td><td colspan="2">보조부문</td></tr><tr><td>P1</td><td>P2</td><td>S1</td><td>S2</td></tr><tr><td>발생원가</td><td>?</td><td>?</td><td>100,000원</td><td>Ⓐ</td></tr><tr><td>S1</td><td>50%</td><td>30%</td><td>–</td><td>20%</td></tr><tr><td>S2</td><td>40%</td><td>40%</td><td>20%</td><td>–</td></tr><tr><td>S1원가배부</td><td>50,000원</td><td>30,000원</td><td>(100,000원)</td><td>20,000원</td></tr><tr><td>S2원가배부</td><td>Ⓑ</td><td></td><td></td><td>Ⓒ</td></tr><tr><td>총원가배부액</td><td>110,000원</td><td></td><td></td><td></td></tr></table> ■ Ⓑ = 110,000원 − 50,000원 = 60,000원 ■ 60000원 = Ⓒ × 40% / (40% + 40%) → Ⓒ = 60,000원 × 80% / 40% = 120,000원 ■ Ⓐ = 120,000원 − 20,000원 = 100,000원
11	④	■ 창고부 발생원가 : X, 전력부 발생원가 : Y ■ X(창고부) = 78,000원 + 0.1Y, Y(전력부) = 200,000원 + 0.2X 　→ X(창고부) = 100,000원, Y(전력부) = 220,000원 ■ 조립부에 집계된 원가 = 400,000원 + 100,000원 × 0.4 + 220,000원 × 0.4 = 528,000원 ■ 절단부에 집계된 원가 = 300,000원 + 100,000원 × 0.4 + 220,000원 × 0.5 = 450,000원
12	④	<table><tr><td>구 분</td><td>① 변동원가 (실제시간기준)</td><td>② 고정원가 (최대시간기준)</td><td>③ 총배부원가 (= ① + ②)</td></tr><tr><td>조립부문</td><td>80,000원(40%)</td><td>180,000원(60%)</td><td>260,000원</td></tr><tr><td>도색부문</td><td>120,000원(60%)</td><td>120,000원(40%)</td><td>240,000원</td></tr><tr><td>합 계</td><td>200,000원</td><td>300,000원</td><td>500,000원</td></tr></table>
01	①	개별원가계산은 종합원가계산보다 원가계산과정이 복잡하나 원가의 정확성은 더 높다.
02	①	제조원가 = 100,000원 + 200시간 × 500원 + 200시간 × 750원 = 350,000원
03	①	■ 재료는 공정 30% 시점에 투입하므로 기초 · 기말재공품은 전량 투입상태이다. ■ 재료비 완성품 환산량 = 3,000개 + 800개 − 1,000개 = 2,800개 ■ 가공비 완성품 환산량 = 3,000개 + 400개 − 800개 = 2,600개
04	②	■ 평균법에 의한 완성품환산량 = 완성품수량 + 기말재공품완성품환산량 ■ 선입선출법에 의한 완성품환산량 　= 완성품수량 + 기말재공품완성품환산량 − 기초재공품완성품환산량 ∴ 평균법과 선입선출법의 완성품환산량의 차이는 **기초재공품완성품환산량**의 차이이다. 　㉠ 재료원가 = 1,000개 × 100% = 1,000개　㉡ 가공원가 = 1,000개 × 40% = 400개
05	②	기말재공품의 수량은 3,000개 + 27,000개 − 25,000개 = 5,000개이다. ■ 재료비 완성품환산량 = 5,000 × 80% = 4,000개 ■ 가공비 완성품환산량 = 5,000 × 30% = 1,500개 따라서, 기말재공품 완성품 환산량은 5,500개이다.
06	④	재료비와 가공비의 완성도가 동일하므로 완성품 단위당 원가는 함께 계산한다. ■ 완성품 단위당 원가 = (79,000원 + 281,000원) / (250개 + 50개) = 1,200원
07	①	■ 기말재공품재료비 = (819,000원 + 3,133,000원) / (1,000 + 600) × 600 = 1,482,000원 ■ 기말재공품가공비 = (627,000원 + 2,597,000원) / (1,000 + 240) × 240 = 624,000원 ■ 기말재공품원가 = 1,482,000원 + 624,000원 = 2,106,000원

NO	정답	해설
08	②	■ 기말재공품재료비 = 14,300,000원 ÷ (12,000개 + 3,000개 − 2,000개) × 3,000개 = 3,300,000원 ■ 기말재공품가공비 = 15,240,000원 ÷ (12,000개 + 1,500개 − 800개) × 1,500개 = 1,800,000원 ∴ 기말재공품원가 = 3,300,000원 + 1,800,000원 = 5,100,000원
09	①	기초 재공품 재고액이 없는 경우에는 평균법과 선입선출법에 의한 제품제조원가는 같으므로 1,050,000원이다.
10	②	당기가공원가발생액 = (당기완성수량 − 기초재공품환산량 + 기말재공품환산량) × 완성품환산량단위당원가 = (2,700 − 300 × 20% + 600 × 80%) × 15원 = 46,800원
11	①	종합원가계산시 기초재공품이 없는 경우 선입선출법이나 평균법의 경우 완성품환산량, 기말재공품의 원가, 당기제품제조원가 등 모든 것이 동일하다.
12	③	■ 가공비 완성품환산량 = 190,000원/20원 = 9,500단위 ■ 기초재공품 완성품환산량 = 9,500단위 − (1,000단위 × 70% + 8,000단위) = 800단위 ■ 기초재공품 완성도 = 1 − 800단위/2,000단위 = 60%
13	②	재공품의 완성도가 80%이므로, 재료 Y는 70% 시점에서 전량 투입되며, 가공원가는 완성품대비 80% 투입되었다.
14	④	기초재공품수량과 기말재공품수량은 같으나 원가가 상승한 이유는 ①, ②, ③ 모두 원인이 될 수 있다. 하지만, ④번은 기말재공품원가가 상승한 이유를 설명할 수 없다.
15	①	기말재공품 완성도 과대평가 → 기말재공품 완성품환산량 과대평가 → 완성품환산량 과대평가 → 완성품환산량 단위당원가 과소평가 → 완성품원가 과소평가 → 기말재공품원가 과대평가
16	②	당기의 성과를 전기 이전의 기간과 독립적으로 평가할 수 있는 적절한 기회를 제공하는 방법은 선입선출법이다.
17	①	단일제품의 대량생산에 적합한 원가계산방법은 종합원가계산방법이다.
18	③	종합원가계산을 공정별원가계산(process costing)이라고도 하므로, 같은 원가계산방법이다. 결합원가계산은 종합원가계산과는 다른 원가계산방식이다.
19	②	기간별원가계산이 종합원가계산이고 제품별원가계산이 개별원가계산이므로 서로 반대되는 설명이다.
20	②	작업폐물이란 원재료를 가공하는 과정에서 발생하는 매각 또는 이용가치가 있는 폐물로써 공손품과는 별개의 개념이다.
21	③	■ 공손품의 수량 = (600개 + 1,400개) − (1,700개 + 200개) = 100개 ■ 정상공손품의 수량 = 1,700개 × 5% = 85개 ■ 비정상공손품의 수량 = 100개 − 85개 = 15개
22	②	■ 총공손수량 = 720단위 + 3,600단위 − (3,280단위 + 560단위) = 480단위 ■ 정상공손수량 = 3,280단위 × 10% = 328단위 ■ 비정상공손수량 = 480단위 − 328단위 = 152단위
23	③	정상공손원가는 완성품과 기말재공품에 배분한다.
24	①	본 문제에서 기말재공품 수량은 1,000개(= 500개 + 6,500개 − 5,200개 − 800개)이다. 기말재공품의 완성도가 70%이므로 당기에 검사하여 합격한 수량에 포함시켜야 하고 기초재공품 500개는 전기에 이미 통과를 하였으므로 제외시켜야 한다. ■ 당기에 검사하여 합격한 수량 = 5,200개 + 1,000개(기말) − 500개(기초) = 5,700개 따라서, 공손품 800개 중에서 정상공손은 570개(= 5,700개 × 10%)이고, 비정상공손은 230개이다.

제품별 원가계산

	NO	정답	해설
제품별 원가계산	25	①	분리점판매가치법에서 분리점의 판매가치를 계산할 때에는 판매량이 아닌 생산량을 사용한다.
	26	②	상대적 판매가치법은 분리점에서 판매가치가 없는 결합제품에 대해서는 사용할 수 없는 단점이 있다. 이에 반해, 순실현가치법은 분리점에서 판매가치를 알 수 없는 경우에도 사용할 수 있다는 장점이 있다.
	27	②	연산품 A에 원가가 과대배부되므로 매출총이익은 감소한다.
	28	①	■ 결합원가 배분 : 제품A 600,000원(= 750,000원 × 4/5), 제품B 150,000원(= 750,000원 × 1/5) ■ 제품A 매출총이익 = 640,000원 − 600,000원 = 40,000원 ■ 제품B 매출총이익 = 140,000원 − 150,000원 = △10,000원
	29	②	<table><tr><th>제품</th><th>생산량</th><th>판매가격(원)</th><th>총판매가격(만원)</th><th>가공원가(만원)</th><th>순실현가치(만원)</th><th>배부액(만원)</th><th>총원가(만원)</th><th>단위당원가</th></tr><tr><td>X</td><td>940</td><td>30,000</td><td>2,820</td><td>120</td><td>2,700</td><td>1,080</td><td>1,200</td><td>12,766</td></tr><tr><td>Y</td><td>445</td><td>50,000</td><td>2,225</td><td>125</td><td>2,100</td><td>840</td><td>965</td><td>21,685</td></tr><tr><td>Z</td><td>416</td><td>72,000</td><td>2,995.2</td><td>295.2</td><td>2,700</td><td>1,080</td><td>1,375.2</td><td>33,057</td></tr><tr><td>계</td><td></td><td></td><td></td><td></td><td>7,500</td><td>3,000</td><td></td><td></td></tr></table>
	30	②	<table><tr><th>제품</th><th>생산량</th><th>판매단가</th><th>판매가액</th><th>추가가공원가</th><th>순실현가치</th><th>배부액</th><th>총제조원가</th></tr><tr><td>A</td><td>200</td><td>2,000</td><td>400,000</td><td>30,000</td><td>370,000</td><td></td><td></td></tr><tr><td>B</td><td>280</td><td>1,500</td><td>420,000</td><td>10,000</td><td>410,000</td><td></td><td></td></tr><tr><td>C</td><td>260</td><td>1,800</td><td>468,000</td><td>48,000</td><td>420,000</td><td>280,000</td><td>328,000</td></tr><tr><td>합계</td><td>740</td><td></td><td></td><td></td><td>1,200,000</td><td>800,000</td><td></td></tr></table>
표준원가계산	01	④	표준원가와 실제원가가 상당한 차이가 있는 경우에는 표준원가를 실제의 상황에 맞게 조정하여야 한다.
	02	④	㉠ 표준원가분석은 실제발생액을 집계하여 이를 표준과 비교하여 차이를 산출하고 구체적인 원인별로 차이를 분석할 수 있으므로 원가발생의 예외에 의한 관리를 할 수 있다. ㉤ 직접재료원가 능률차이 계산식은 (표준소비량 − 실제소비량) × 표준가격으로 표현할 수 있다.
	03	③	
	04	②	기말에 원가차이를 매출원가에서 조정할 경우 불리한 차이는 매출원가에 가산하고 유리한 차이는 매출원가에 차감한다.
	05	④	표준원가법 등의 원가측정방법은 그러한 방법으로 평가한 결과가 실제원가와 유사한 경우에 편의상 사용할 수 있다.
	06	①	표준원가는 재무적 측정치만을 강조하고 비재무적 측정치(품질 또는 납기 등)를 도외시하는 경향이 있어 표준원가에 의한 지나친 원가통제는 오히려 품질하락 등을 초래할 수 있다.
	07	③	표준원가계산제도에 있어 표준원가 선정이 과학적이고 객관적으로 설정하기가 쉽지 않으며 표준원가를 설정하는데 상당한 시간과 비용이 소요된다.
	08	①	고정제조간접원가는 능률차이가 항상 발생하지 않으며, 예산차이와 조업도차이만 발생한다.
	09	①	직접재료원가의 능률차이는 재료의 구입시점에서 인식하든 재료의 사용시점에서 인식하든 항상 동일하다.
	10	③	■ 가격차이 = 실제수량 × (실제가격 − 표준가격) 　　　　　= 160,000kg × (550원 − 520원) = 4,800,000원(불리) ■ 수량차이 = (실제수량 − 표준수량) × 표준가격 　　　　　= (160,000kg − 5,500단위 × 30kg) × 520원 = 2,600,000원(유리)

NO	정답	해설
11	③	■ 가격차이 = 실제수량 × (실제가격 − 표준가격) = 실제수량 × (750원 − 720원) = 4,800,000원 따라서, 실제수량 = 160,000kg ■ 수량차이 = (실제수량 − 표준수량) × 표준가격 = (160,000kg − 8,500단위 × 20kg) × 720원 = 7,200,000원(유리)
12	④	수량(능률)차이 = (실제작업시간 − 표준작업시간) × 표준임률 = (6,200시간 − 6,000시간) × (1,740원/6시간) = 200 × 290 = 58,000원(불리한차이)
13	②	실제임률 × 실제시간 표준임률 × 실제시간 표준임률 × 표준시간 1,050원 × 55,000 1,000원 × 55,000 1,000원 × 60,000 = 57,750,000원 = 55,000,000원 = 60,000,000원 임률차이 2,750,000원 불리 능률차이 5,000,000원 유리
14	①	700,000원 − (X시간 × 100원) = 50,000원 → X = 6,500시간
15	②	능률차이 = {(15,000시간 − (3시간 × 4,200개)} × 5원 = 12,000원(불리)
16	①	예산차이 = 실제발생액 − 고정예산 = 500,000원 − (20,000단위 × 20) = 100,000원(불리)
17	①	■ 고정제조간접비 배부율 = 120,000 / 25,000 = 4.8 ■ 고정제조간접비 = (12,200 × 2) × 4.8 = 117,120원 ■ 조업도차이 = 120,000원 − 117,120원 = 2,880원 불리
18	①	실제발생액 예산액 배부액 A 30 × 300단위 = 9,000원 30 × 250단위 = 7,500원 예산차이 2,500원 유리 조업도차이 1,500원 불리 실제발생액(A) = 예산액 − 유리한 예산차이 = 9,000원 − 2,500원 = 6,500원
19	④	■ 4분법 소비차이 = 실제변동제조간접비 − (실제직접노동시간 × 변동제조간접비배부율) ■ 4분법 예산차이 = 실제고정제조간접비 − 고정제조간접비예산 ■ 3분법 소비차이 = 4분법 소비차이 + 4분법 예산차이 = 실제제조간접비 − (실제직접노동시간 × 변동제조간접비배부율 + 고정제조간접비예산) = 3,350,000원 − (8,200시간 × 30원 + 3,200,000원) = 96,000(유리)
20	②	■ 월말재공품수량 = 10,000단위 − 8,000단위 = 2,000단위 ■ 월말재공품 재료원가 = 2,000단위 × 1,000원 = 2,000,000원 ■ 월말재공품 가공원가 = 2,000단위 × 40% × (1,800원 + 1,200원 + 300원) = 2,640,000원 ■ 월말재공품원가 = 2,000,000원 + 2,640,000원 = 4,640,000원
21	②	■ 원재료 원가차이 : △50,000원(불리) (실 구입량 × 실 구입가격) (실 구입량 × 표준가격) 500kg × 10,000원 = 5,000,000원 500kg × 9,000원 = 4,500,000원 가격차이 = △500,000(불리) (실 사용량 × 표준가격) (표준 사용량 × 표준가격) 450kg × 9,000원 = 4,050,000원 500kg × 9,000원 = 4,500,000원 능률차이 = 450,000(유리) ■ 조정후 매출원가 = 5,000,000원 + [△50,000원 × (5,000,000원/10,000,000원)] = 5,025,000원

표준원가계산

부가가치세

CHAPTER 01 부가가치세의 기본개념
CHAPTER 02 과세거래
CHAPTER 03 영세율과 면세
CHAPTER 04 거래징수와 세금계산서
CHAPTER 05 과세표준과 납부세액
CHAPTER 06 부가가치세 신고·납부절차
CHAPTER 07 간이과세
CHAPTER 08 실무이론 평가

실무이론

직무명	분류번호	능력단위명	수준	능력단위요소
세무	0203020205_23v6	부가가치세 신고	3	1 세금계산서 발급·수취하기 2 부가가치세 부속서류 작성하기 3 부가가치세 신고하기

능력단위정의: 부가가치세신고란 상품의 거래나 서비스의 제공에서 얻어지는 부가가치에 대해 과세되는 금액에 대하여 부가가치세법에 따라 신고 및 납부 업무를 수행하는 능력이다.

NCS 능력단위	능력단위요소	수 행 준 거
0203020205_23v6 부가가치세 신고	0203020205_23v6.1 세금계산서 발급·수취하기	1.1 세금계산서의 발급방법에 따라 세금계산서를 발급하고 세금계산서합계표를 국세청에 전송할 수 있다. 1.2 수정세금계산서 발급사유에 따라 세금계산서를 수정 발행할 수 있다. 1.3 부가가치세법에 따라 세금계산서합계표를 작성할 수 있다.
	0203020205_23v6.2 부가가치세 부속서류 작성하기	2.1 부가가치세법에 따라 수출실적명세서를 작성할 수 있다. 2.2 부가가치세법에 따라 대손세액공제신고서를 작성하여 세액공제를 받을 수 있다. 2.3 부가가치세법에 따라 공제받지 못할 매입세액명세서와 불공제분에 대한 계산근거를 작성할 수 있다. 2.4 부가가치세법에 따라 신용카드매출전표 등 수령명세서를 작성해 매입세액을 공제받을 수 있다. 2.5 부가가치세법에 따라 부동산임대공급가액명세서를 작성하고 간주임대료를 계산할 수 있다. 2.6 부가가치세법에 따라 건물 등 감가상각자산취득명세서를 작성할 수 있다. 2.7 부가가치세법에 따라 의제매입세액공제신고서를 작성하여 의제매입세액공제를 받을 수 있다.
	0203020205_23v6.3 부가가치세 신고하기	3.1 부가가치세법에 따른 과세기간을 이해하여 예정·확정 신고를 할 수 있다. 3.2 부가가치세법에 따라 납세지를 결정하여 상황에 맞는 신고를 할 수 있다. 3.3 부가가치세법에 따른 일반과세자와 간이과세자의 차이를 판단할 수 있다. 3.4 부가가치세법에 따른 재화의 공급과 용역의 공급의 범위를 판단할 수 있다. 3.5 부가가치세법에 따른 부가가치세신고서를 작성할 수 있다.

CHAPTER 01 부가가치세의 기본개념

1. 부가가치세 의의 및 특징

구 분		내 용
의의		재화나 용역이 생산·제공되거나 유통되는 모든 단계에서 창출된 부가가치를 과세표준으로 하여 과세하는 조세
특징	국세	국가를 과세의 주체로 함
	간접세	납세의무자와 담세자가 서로 다르며, 납세의무자는 부가가치세법상 사업자이고 담세자는 최종소비자임
	일반소비세	면세로 열거되지 않는 한 모든 재화·용역의 공급이 과세대상임
	물세	담세력을 고려하지 않고 수입이나 재산 그 자체에 대하여 부과하는 조세
	다단계거래세	재화·용역이 최종소비자에게 도달될 때까지의 모든 거래단계마다 부가가치세를 과세함
	소비형 부가가치세	각 거래 단계에서 발생하는 부가가치세에 과세하는 일반소비세
	전단계 세액공제법	매출세액에서 매입세액을 차감하여 납부세액을 계산함 납부세액 = (매출 공급가액 × 세율) − (매입 공급가액 × 세율) = 매출세액 − 매입세액
	면세제도	부가가치세의 역진성 완화를 목적으로 함
	소비지국 과세원칙	외국으로 수출하는 경우에는 영세율('0'의 세율)을 적용하여 수출국(생산지국)에서는 부가가치세를 과세하지 않고, 외국에서 수입하는 경우에는 국내산과 동일하게 세관장이 과세하도록 함

2. 납세의무자(사업자)

구 분		내 용
사업자 요건	영리성	부가가치세법상 사업자는 영리목적 유무와는 무관
	사업성	부가가치를 창출할 수 있을 정도의 사업형태를 갖추고 사회통념상 인정될 수 있는 정도의 계속적 또는 반복적으로 재화 또는 용역을 공급하게 되면 사업성이 있다고 할 수 있음
	독립성	독립성을 갖추어야 함
	과세대상 재화·용역의 공급	과세대상인 재화 또는 용역을 공급하는 자 또는 과세대상인 재화를 수입하는 자는 납세의무가 있다. 또한, 신탁재산과 관련된 재화 또는 용역을 공급하는 때에는 수탁자가 신탁재산별로 각각 별도의 납세의무가 있다.

유 형		구분기준	납부세액 계산구조	증빙발급
사업자의 분류	과세사업자 — 일반과세자	법인사업자	매출세액 − 매입세액	세금계산서
		개인사업자		
	과세사업자 — 간이과세자	개인사업자로서 직전연도의 공급대가 합계액 1억400만원에 미달하는 자	공급대가 × 부가가치율 × 10%	세금계산서 및 영수증
	겸영사업자	과세사업과 면세사업을 겸영(업)하는 사업자 ⇨ 부가가치세법상 사업자등록		세금계산서 및 계산서
	면세사업자	부가가치세법상 사업자가 아니고 법인세법(또는 소득세법)상 사업자		계산서

❖ 국가, 지방자치단체, 지방자치단체 조합도 납부의무자이다.

※ 간이과세자 중 직전연도 공급대가 합계액 4,800만원 미만인 경우 세금계산서 대신 영수증을 발급한다.

3. 과세기간(과세표준과 세액계산의 기초가 되는 기간)

구 분	과 세 기 간
계속사업자	① 일반과세자 : 제1기 : 1.1 ~ 6.30 제2기 : 7.1 ~ 12.31 ② 간이과세자 : 1.1 ~ 12.31 ③ 예정신고 과세기간 | 일반과세자	■ 제1기 : 1월 1일 ~ 3월 31일 ■ 제2기 : 7월 1일 ~ 9월 30일 | | 간이과세자 | 1월 1일 ~ 6월 30일 |
신규사업자	① 사업개시일 ~ 해당 과세기간 종료일 ② 사업개시전 등록의 경우 : 등록일(등록신청일) ~ 해당 과세기간의 종료일 ③ 예정신고 과세기간 : 사업개시일 ~ 그 예정신고기간의 종료일
폐업자	① 해당 과세기간 개시일 ~ 폐업일 ② 사업개시전에 등록한 후 사업을 시작하지 아니하게 되는 경우 등록일(등록신청일) ~ 사실상 그 사업을 시작하지 아니하게 되는 날 ⇨ 사업개시전 등록신청을 한 사업자가 6개월이 되는 날까지 정당한 사유 없이 재화와 용역의 공급실적이 없는 때에는 그 6개월이 되는 날에 사업을 시작하지 아니하게 되는 것으로 봄
과세유형 변경시	① 일반과세자가 간이과세자로 변경되는 경우 : 그 변경 이후 7월 1일 ~ 12월 31일 ② 간이과세자가 일반과세자로 변경되는 경우 : 그 변경 이전 1월 1일 ~ 6월 30일
간이과세 포기자	① 간이과세자로서의 과세기간 : 포기신고일이 속하는 과세기간의 개시일부터 그 신고일이 속하는 달의 말일까지의 기간 ② 일반과세자로서의 과세기간 : 포기신고일이 속하는 다음달 1일부터 해당 과세기간의 종료일까지의 기간

4. 납세지(사업장)

1 사업장의 범위

구 분	사업장별 납세지
광 업	광업사무소의 소재지
제조업	최종 제품을 완성하는 장소(제품 포장·용기 충전만 하는 장소 제외)
건설업·운수업·부동산매매업	① 법인사업자 : 법인의 등기부상의 소재지(등기부상 지점소재지 포함) ② 개인사업자 : 사업에 관한 업무를 총괄하는 장소 ③ 법인명의로 등록된 차량을 개인이 운용하는 경우 : 법인의 등기부상소재지(등기부상 지점소재지 포함) ④ 개인명의로 등록된 차량을 다른 개인이 운용하는 경우 : 그 등록된 개인이 업무를 총괄하는 장소
부동산 임대업	그 부동산의 등기부상의 소재지
다단계판매업	등록한 다단계판매업자의 주된 사업장의 소재지
이동통신역무를 제공하는 전기통신사업	① 법인사업자 : 법인의 본점소재지 ② 개인사업자 : 사업에 관한 업무를 총괄하는 장소
수자원 개발사업, 무인자동판매기를 통한 사업, 우정사업의 소포우편물 공급사업	그 사업에 관한 업무를 총괄하는 장소
한국철도공사가 경영하는 사업	그 사업에 관한 업무를 지역별로 총괄하는 장소
비거주자 또는 외국 법인	비거주자 또는 외국법인의 국내사업장
신탁재산의 수탁업	해당 신탁재산의 등기부상 소재지, 등록부상 등록지 또는 신탁사업에 관한 업무를 총괄하는 장소
기타	위 이외의 장소도 사업자의 신청에 의하여 사업장으로 등록할 수 있고 사업장을 설치하지 않은 경우에는 사업자의 주소지나 거소지를 사업장으로 한다.

2 직매장·하치장·임시사업장

구 분	내 용
직매장	사업자가 자기의 사업과 관련하여 생산 또는 취득한 재화를 직접 판매하기 위하여 특별히 판매시설을 갖춘 장소로 직매장에서는 판매행위(재화의 공급)가 이루어지므로 사업장에 해당함
하치장	사업자가 재화의 보관·관리시설만을 갖춘 장소로 하치장에서는 판매행위가 이루어지지 아니하므로 사업장에 해당하지 아니하며 하치장 설치일로부터 10일이내 하치장 관할세무서에 신고함
임시사업장	사업장이 있는 사업자가 기존사업장 외에 각종 경기대회·전람회·국제회의 그 밖에 이와 유사한 행사가 개최되는 장소에서 임시로 개설한 사업장으로 임시사업장은 기존사업장에 포함되는 것으로 하며 개설과 폐쇄신고는 개시(폐쇄)일로부터 10일이내 관할세무서에 신고함

3 주사업장 총괄납부와 사업자단위 과세제도 비교

구 분	주사업장 총괄납부	사업자단위 과세제도
의의	둘 이상의 사업장이 있는 사업자는 부가가치세를 주된 사업장에서 총괄하여 납부(환급)하는 제도	둘 이상의 사업장이 있는 사업자는 해당 사업자의 본점 또는 주사무소의 관할세무서장에게 사업자등록을 하고 신고·납부 등을 이행할 수 있는 제도
주사업장 (총괄사업장)	■ 법인사업자 : 본점(주사무소) 또는 지점 ■ 개인사업자 : 주사무소	■ 법인사업자 : 본점(주사무소) ■ 개인사업자 : 주사무소
신청	■ 기존사업자 : 총괄납부하고자 하는 과세기간 개시 20일전까지 신청 ■ 신규사업자 : 주사업장의 사업자등록증을 교부받은 날부터 20일 이내 신청	■ 기존사업자 : 적용받고자 하는 과세기간 개시 20일전까지 신청 ■ 신규사업자 : 사업개시일로부터 20일 이내 사업자단위로 사업자등록 신청
포기	각 사업장에서 납부하고자 하는 과세기간 개시 20일 전에 포기신고	각 사업장에서 납부하고자 하는 과세기간 개시 20일 전에 포기신고

5. 사업자등록

구 분	내 용
신청	사업자는 사업장마다 사업개시일로부터 **20일 이내**에 사업장 관할(또는 전국)세무서장에게 등록 (다만, 신규로 사업을 개시하고자 하는 자는 사업개시일 전이라도 등록 가능) **사업개시일** ① 제조업 : 제조장별로 재화의 제조를 시작하는 날 ② 광업 : 사업장별로 광물의 채취·채광을 시작하는 날 ③ 기타의 사업 : 재화 또는 용역의 공급을 시작하는 날
발급	사업자등록증을 신청일로부터 **2일 이내**에 신청자에게 발급(사업장시설이나 사업현황을 확인하기 위하여 국세청장이 필요하다고 인정하는 경우에는 발급기한을 5일 이내에서 연장가능)
사후관리	사업자가 다음에 해당하는 경우에는 **지체 없이** 사업자등록정정신고서를 관할세무서장에게 제출 **재발급기한** ・신고일 당일 : ① 상호를 변경하는 때 ② 통신판매업자가 사이버몰의 명칭 또는 인터넷 도메인이름을 변경하는 때 ・신고일부터 2일 이내 : ① 법인 또는 국세기본법에 의하여 법인으로 보는 단체 외의 단체 중 소득세법상 1거주자로 보는 단체의 대표자를 변경하는 때(**개인사업자의 대표자 변경 : 폐업사유**) ② 상속으로 인하여 사업자의 명의가 변경 되는 때 ③ 임대인, 임대차 목적물·그 면적, 보증금, 차임 또는 임대차기간의 변경이 있거나 새로이 상가건물을 임차한 때 ④ 사업자단위 과세사업자가 종된 사업장을 신설 또는 이전하는 때 ⑤ 사업자단위 과세사업자가 종된 사업장의 사업을 휴업하거나 폐업하는 때 ⑥ 사업의 종류에 변동이 있는 때 ⑦ 사업장(사업단위 과세사업자는 사업자단위 과세적용사업장)을 이전하는 때 ⑧ 공동사업자의 구성원 또는 출자지분의 변경이 있는 때 ⑨ 사업자단위 과세사업자가 사업자단위 과세 적용사업장을 변경하는 때

CHAPTER 02 과세거래

과세거래간 부가가치세의 과세대상이 되는 거래를 말한다. 부가가치세법상 과세대상이 되는 거래는 ① **재화의 공급**, ② **용역의 공급**, ③ **재화의 수입**이다.

1. 재화의 공급

구 분	내 용	
재화의 개념	재화란 재산가치가 있는 모든 유체물과 무체물을 말함	
	유체물	상품, 제품, 원재료, 건물, 구축물, 기계장치, 차량운반구, 비품 등 모든 유형적 물건
	무체물	가스, 전기, 열 등 관리할 수 있는 자연력 또는 특허권, 실용신안권, 디자인권, 상표권, 어업권, 댐사용권 등
	※ 화폐, 어음, 수표, 주식, 사채 등은 재화로 보지 아니한다.(소비의 대상이 아님)	
공급의 범위	공급은 실지공급과 간주공급으로 나누어짐	
	실질공급	대가를 받고 재화를 인도한 거래
	간주공급	대가를 받지 않고 재화를 인도했거나 재화의 인도 자체가 없는 거래
재화의 실질공급	재화의 실지공급은 계약상 원인에 따른 공급과 법률상 원인에 따른 공급으로 구분 ① 계약상의 원인에 의한 공급 : 매매계약, 가공계약, 교환계약, 현물출자 등 그 밖의 계약상 원인에 따라 재화를 양도하는 것 [가공계약의 구분] ㉠ 자기가 주요자재의 전부 또는 일부를 부담하고 상대방으로부터 인도받은 재화에 공작을 가하여 새로운 재화를 만드는 것은 재화의 공급으로 봄 ㉡ 상대방으로부터 인도받은 재화에 자기가 주요자재를 전혀 부담하지 않고 단순히 가공만 하여 주는 것은 용역의 공급으로 구분됨(단, 건설업의 경우 건설업자가 건설자재의 전부 또는 일부를 부담하는 경우에도 용역의 공급으로 봄) ② 법률상의 원인에 의한 공급 : 경매·수용 그 밖의 법률상 원인에 따라 재화를 인도하거나 양도하는 것 [법률상의 원인에 의한 공급으로 보지 않는 경우] ㉠ 국세징수법에 따른 공매, 지방세 징수를 위한 공매, 민사집행법에 따른 경매에 의하여 재화를 인도·양도하는 것 ㉡ 도시 및 주거환경정비법, 공익사업을 위한 토지 등의 취득 및 보상에 관한 법률 등에 따른 수용절차에 있어서 수용대상인 재화의 소유자가 해당 재화를 철거하는 조건으로 그 재화에 대한 대가를 받는 경우	

1 재화의 간주공급(재화 공급의 특례로 당초 매입세액 공제분에 한함)

구 분	내 용
자가 공급	사업자가 자기의 사업과 관련하여 생산하거나 취득한 재화를 자기의 사업을 위하여 직접 사용·소비하는 경우로 본래 재화의 공급에 해당하지 않지만 다음의 3가지 경우에는 이를 재화의 공급으로 의제 ① **면세사업에의 전용** : 자기의 사업과 관련하여 생산·취득한 재화를 자기의 면세사업을 위하여 직접 사용·소비하는 것 [사례] ㉠ 당초 매입시 매출세액에서 매입세액이 공제된 재화 ㉡ 포괄적 사업양도로 취득한 재화로서 사업양도자가 당초 매입시 매출세액에서 매입세액이 공제받은 재화 ㉢ 내국신용장 또는 구매확인서에 의한 공급에 따른 수출에 해당하여 영(零) 퍼센트의 세율을 적용받는 재화 ② **개별소비세 과세대상 자동차(비영업용소형승용차)와 그 유지를 위한 재화** : 자기의 사업과 관련하여 생산·취득한 재화를 비영업용 소형승용차로 사용하거나 그 유지에 사용·소비하는 것 [사례] ㉠ 자동차 제조회사가 자가생산한 소형승용자동차를 업무용으로 사용하는 경우 ㉡ 운수업을 영위하는 사업자가 운수사업용으로 소형승용자동차를 구입하여 매입세액을 공제받은 후 이를 임직원의 업무용으로 사용하는 경우 ㉢ 주유소나 자동차부품판매업을 영위하는 사업자가 휘발유나 부품을 자기의 업무용 소형승용차에 사용·소비하는 경우 ③ **판매목적 타사업장 반출** : 2 이상의 사업장이 있는 사업자가 자기 사업과 관련하여 생산·취득한 재화를 타인에게 직접 판매할 목적으로 자기의 다른 사업장에 반출하는 것 {{TABLE1}} [간주공급이 아닌 자가공급 사례] ㉠ 자기의 다른 사업장에서 원료·자재 등으로 사용·소비하기 위하여 반출하는 경우 ㉡ 자기 사업장의 기술개발을 위하여 시험용으로 사용·소비하는 경우 ㉢ 수선 및 사후 무료서비스 제공을 위하여 사용·소비하는 경우 ㉣ 불량품 교환·광고선전을 위한 상품 진열 등의 목적으로 자기의 타사업장에 반출하는 경우
개인적 공급	자기의 사업과 관련하여 생산·취득한 재화를 사업과 직접 관계없이 사업자나 그 사용인의 개인적 목적 또는 기타의 목적을 위하여 사업자가 재화를 사용·소비하는 것으로 이 경우 시가보다 낮은 대가를 받고 제공하는 것은 시가와 받은 대가의 차액에 한정함

구 분	판매목적 타사업장 반출
일반적인 경우	재화의 공급으로 봄(세금계산서 발급 ○)
주사업장 총괄납부 또는 사업자단위과세의 경우	원칙 : 재화의 공급으로 보지 않음
	세금계산서를 발급한 경우 : 재화의 공급으로 봄

구 분	내 용
개인적 공급	[간주공급이 아닌 개인적공급 사례] 실비변상적이거나 복리후생인 목적으로 사용인에게 재화를 무상으로 공급하는 것 ① 사업을 위해 착용하는 작업복·작업모·작업화를 제공하는 경우 ② 직장 연예 및 직장 문화와 관련된 재화를 제공하는 경우 ③ ㉠, ㉡, ㉢의 경우로 구분하여 각각 1인당 연간 10만원 이하 재화를 제공하는 경우(연간 10만원 초과하는 경우 초과금액에 대해서는 재화의 공급으로 봄) 　㉠ 경조사와 관련된 재화　　　　　㉡ 설날, 추석과 관련된 재화 　㉢ 창립기념일 및 생일 등과 관련된 재화
사업상 증여	자기의 사업과 관련하여 생산·취득한 재화를 자기의 고객이나 불특정 다수인에게 그 대가를 받지 않거나 현저히 낮은 대가를 받고 증여하는 것 [간주공급이 아닌 사업상 증여 사례] ① 증여하는 재화의 대가가 주된 거래인 재화공급의 대가에 포함되는 것 ② 무상으로 견본품을 인도·양도하거나 불특정다수인에게 광고선전물을 배포하는 것 ③ 재난 및 안전관리 기본법의 적용을 받아 특별재난지역에 공급하는 물품(기부목적사용) ④ 자기적립마일리지등으로만 전부를 결제받고 공급하는 재화
폐업시 잔존 재화	사업자가 사업을 폐업하는 경우 남아 있는 재화는 자기에게 공급하는 것으로 봄 [폐업시 잔존재화에 해당하지 않는 사례] ① 사업의 종류변경 시 변경 전 사업의 잔존재화 ② 겸영사업자가 그 중 일부를 폐지 시 폐지사업 관련 잔존재화 ③ 직매장을 폐지하고 다른 사업장으로 이전 시 직매장의 잔존재화
간주공급시 세금계산서 발급여부	재화의 간주공급에 대하여는 원칙적으로 세금계산서 발급의무가 면제되나, 직매장 반출(= 타사업장의 반출 포함)이 과세거래에 해당하는 경우에는 반드시 세금계산서를 발급하여야 한다.

[재화의 간주공급 요약]

구 분		매입세액 공제여부	간주공급 여부	과세표준	공급시기	세금계산서 발급여부
자 가 공 급	면세사업전용	○	○	시가	사용·소비되는 때	×
	개별소비세 과세대상 자동차와 그 유지를 위한 재화					
	직매장(타사업장) 반출	×	○	원가	반출하는 때	○
개인적공급		○	○	시가	사용·소비되는 때	×
사업상증여		○	○	시가	증여하는 때	×
폐업시잔존재화		○	○	시가	폐업하는 때	×

2 위탁매매에 의한 공급(재화 공급의 특례)

위탁매매 또는 대리인에 의한 매매를 할 때에는 위탁자 또는 본인이 직접 재화를 공급하거나 공급받은 것으로 본다. 다만, 위탁자 또는 본인을 알 수 없는 경우로서 위탁매매 또는 대리인에 의한 매매를 하는 해당 거래 또는 재화의 특성상 또는 보관·관리상 위탁자 또는 본인을 알 수 없는 경우에는 수탁자 또는 대리인에게 재화를 공급하거나 수탁자 또는 대리인으로부터 재화를 공급받은 것으로 본다.

3 신탁재산의 공급(재화 공급의 특례)

신탁법에 따라 위탁자의 지위가 이전되는 경우에는 기존 위탁자가 새로운 위탁자에게 신탁재산을 공급한 것으로 본다. 다만, 신탁재산에 대한 실질적인 소유권의 변동이 있다고 보기 어려운 경우에는 신탁재산의 공급으로 보지 아니한다.

> [간주공급이 아닌 신탁재산의 공급]
> ① 집합투자업자가 다른 집합투자업자에게 위탁자 지위를 이전한 경우
> ② 위에 준하는 경우로서 실질적 소유권 변동이 없는 경우

4 재화의 공급으로 보지 아니하는 경우

구 분	내 용
담보의 제공	담보제공은 채권담보의 목적에 불과하므로 재화의 공급으로 보지 않는다.
포괄적인 사업의 양도	사업장별로 그 사업에 관한 모든 권리와 의무를 포괄적으로 승계시키는 사업의 양도는 재화의 공급으로 보지 않는다.
조세의 물납	사업자가 사업용 자산을 상속세 및 증여세법, 종합부동산세법, 지방세법 규정에 의하여 물납을 하는 것은 재화의 공급으로 보지 않는다.
신탁재산의 소유권 이전	① 위탁자로부터 수탁자에게 신탁재산을 이전하는 경우 ② 신탁의 종료로 인하여 수탁자로부터 위탁자에게 신탁재산을 이전하는 경우 ③ 수탁자가 변경되어 새로운 수탁자에게 신탁재산을 이전하는 경우
공매·강제경매에 대한 재화의 양도	국세징수법에 의한 공매 및 민사집행법에 의한 강제경매에 의하여 재화를 인도 또는 양도하는 것은 재화의 공급으로 보지 않는다.
하치장 반출	하치장은 사업장에 해당하지 않으므로 하치장반출은 재화의 공급으로 보지 않는다.
화재·도난 등으로 인한 재화의 망실	

 **예제**

재고자산 타계정대체명세의 거래 사례 중 간주공급에 해당하는지의 여부를 "해당여부"란에 "○", "×"로 표시하시오. (당해 재화는 모두 매입세액공제분이라고 가정)

계정과목	거래내용	금 액(원) 원 가	금 액(원) 시 가	해당여부
수선비	불량품 교환으로 사용	3,000,000	4,000,000	
기업업무추진비	매출처에 사은품으로 제공	1,600,000	2,100,000	
비 품	회사의 업무용 비품으로 제공	6,000,000	7,000,000	
기부금	이재민구호품으로 한국방송공사에 기탁	6,200,000	7,100,000	
차량유지비	화물자동차의 수선사용	8,000,000	9,000,000	
광고선전비	상품진열 목적으로 다른 사업장에 반출	2,000,000	3,000,000	
기업업무추진비	특정거래처에 무상제공	2,300,000	2,800,000	
광고선전비	제품홍보용으로 불특정 다수인에게 무상배포	3,100,000	2,300,000	
개발비	기술개발을 위하여 사용	2,000,000	2,300,000	
복리후생비	회사창립 기념품으로 임직원에게 증정	1,100,000	1,700,000	
차량유지비	비영업용소형승용차 수선	1,700,000	2,100,000	

【해설】

계정과목	거래내용	해당여부
수선비	불량품 교환은 자가공급에 해당하지 않음	×
기업업무추진비	사업상 증여에 해당 : 과세표준 2,100,000원(시가)	○
비 품	자가공급에 해당하지 않음	×
기부금	기부목적으로 무상 제공하는 재화 또는 용역은 면세로 사업상 증여에 해당하지 않음	×
차량유지비	비영업용 소형승용차의 유지비용이 아니므로 자가공급에 해당하지 않음	×
광고선전비	광고선전을 위한 상품진열 목적으로 반출하는 것은 자가공급에 해당하지 않음	×
기업업무추진비	사업상 증여에 해당 : 과세표준 2,800,000원(시가)	○
광고선전비	홍보목적 불특정 다수인에게 무상배포하는 경우 자가공급에 해당하지 않음	×
개발비	자가공급에 해당하지 않음	×
복리후생비	개인적 공급에 해당 : 과세표준 1,600,000원(시가), 10만원 초과금액만 간주공급임	○
차량유지비	자가공급에 해당 : 과세표준 2,100,000원(시가)	○

2. 용역의 공급

구 분	내 용
용역의 범위	용역이란 재화 외의 재산가치가 있는 모든 역무 및 그 밖의 행위를 말함 ① 건설업 ② 숙박 및 음식점업 ③ 운수 및 창고업 ④ 정보통신업(출판업과 영상·오디오 기록물 제작 및 배급업은 제외) ⑤ 금융 및 보험업 ⑥ 부동산업(논·밭·과수원·목장용지·임야 또는 염전임대업, 공익사업 관련 지역권·지상권 설정 및 대여사업 제외) ⑦ 전문, 과학 및 기술 서비스업과 사업시설 관리, 사업 지원 및 임대서비스업 ⑧ 공공행정, 국방 및 사회보장행정 ⑨ 교육서비스업 ⑩ 보건업 및 사회복지 서비스업 ⑪ 예술, 스포츠 및 여과 관련 서비스업 ⑫ 협회 및 단체, 수리 및 기타 개인 서비스업과 제조업 중 산업용 기계 및 장비 수리업 ⑬ 가구내 고용활동 및 달리 분류되지 않은 자가소비 생산활동 ⑭ 국제 및 외국기관의 사업
공급의 범위	① 실지공급 : 계약상 또는 법률상의 모든 원인에 따라 역무를 제공하거나 재화·시설물 또는 권리를 사용하게 하는 것 [용역의 공급사례] ㉠ 건설업의 경우 건설사업자가 건설자재의 전부 또는 일부를 부담하는 것 ㉡ 자기가 주요자재를 전혀 부담하지 아니하고 상대방으로부터 인도받은 재화를 단순히 가공만 해 주는 것 ㉢ 산업상·상업상 또는 과학상의 지식·경험 또는 숙련에 관한 정보를 제공하는 것 ② 간주공급 : 자가공급, 무상공급, 근로제공 등은 **용역의 공급으로 보지 아니한다.** 다만, **사업자가 특수관계인에게 사업용 부동산의 임대용역을 무상으로 제공하는 것은 용역의 공급으로 본다.**

3. 부수재화 또는 용역

부수재화 또는 용역은 주된 재화 또는 용역의 공급에 부수되어 공급되는 것으로 **주된 거래**에 부수되는 재화 또는 용역과 **주된 사업**에 부수되는 재화 또는 용역으로 구분된다.

1 부수재화 또는 용역의 범위

구 분	부수재화 또는 용역의 범위	사 례
거래와 관련된 경우	① 해당 대가가 **주된 거래**인 재화 또는 용역의 공급대가에 통상적으로 포함되어 공급되는 재화 또는 용역	재화의 공급시 배달·운반용역
	② 거래의 관행으로 보아 통상적으로 **주된 거래**인 재화 또는 용역의 공급에 부수하여 공급되는 것으로 인정되는 재화 또는 용역	보증수리용역
사업과 관련된 경우	① **주된 사업**과 관련하여 우발적 또는 일시적으로 공급되는 재화 또는 용역	은행의 사업용 고정자산 매각
	② **주된 사업**과 관련하여 주된 재화의 생산에 필수적으로 부수하여 생산되는 재화	부산물 매각

2 부수재화 또는 용역의 과세대상여부 판정

주된 거래에 부수되는 재화 또는 용역은 주된 재화 또는 용역의 공급에 포함되어 주된 거래의 과세·면세 여부에 따라 결정하며, 주된 사업에 부수되는 재화 또는 용역은 별도의 공급으로 보되, 과세 및 면세 여부 등은 주된 사업의 과세 및 면세 여부에 따라 결정한다.

구 분	부수재화 또는 용역의 과세대상여부 판정
거래와 관련된 경우	① 주된 재화 또는 용역 : **과세** ⇨ 부수되는 재화 또는 용역 : **과세**
	② 주된 재화 또는 용역 : **면세** ⇨ 부수되는 재화 또는 용역 : **면세**
사업과 관련된 경우	① 우발적·일시적 공급 : 주된 사업이 **면세**이면 부수재화 또는 용역은 과세·면세를 불문하고 **무조건 면세**이나, 주된 사업이 **과세**이면 부수재화 또는 용역은 해당 부수재화 또는 용역이 **과세면 과세, 면세면 면세**된다. (예) 은행 또는 보험사가 업무용차량을 매각시 계산서 교부
	② 부산물 : 주산물이 **과세면 과세, 면세면 면세**된다.

4. 재화의 수입

구 분	내 용
재화의 수입으로 보는 경우	① 외국으로부터 우리나라에 도착된 물품 ② 외국의 선박에 의하여 공해에서 체포된 수산물을 인취 ③ 수출신고가 수리된 물품으로서 선적(기적포함)이 완료된 물품을 우리나라에 인취하는 것
재화의 수입으로 보지 않는 경우	① 수출신고가 수리된 물품으로서 선(기)적되지 아니한 것을 보세구역으로부터 인취하는 것 ② 외국에서 보세구역(수출자유지역 포함)으로 재화를 반입하는 것

5. 공급시기(=거래시기)

1 재화의 공급시기

구 분		재화의 공급시기
일반적인 공급시기	재화의 이동이 필요한 경우	재화가 인도되는 때
	재화의 이동이 필요하지 아니한 경우	재화가 이용가능하게 되는 때
	위 이외의 경우	재화의 공급이 확정되는 때
거래형태에 따른 공급시기	현금, 외상, 할부판매	재화가 인도·이용가능하게 되는 때
	상품권등 판매 후 그 상품권이 현물과 교환되는 경우	재화가 실제로 인도되는 때
	재화의 공급으로 보는 가공계약	가공된 재화를 인도하는 때

구 분		재화의 공급시기
거래형태에 따른 공급시기	반환조건부·동의조건부·기타 조건부판매	그 조건이 성취되어 판매가 확정되는 때
	기한부 판매	기한이 경과되어 판매가 확정되는 때
	장기할부, 완성도기준, 중간지급조건부 판매	대가의 각 부분을 받기로 한 때
	자가공급·개인적공급	재화가 사용 또는 소비되는 때
	자가공급 중 직매장반출	재화를 반출하는 때
	사업상증여	재화를 증여하는 때
	폐업시 잔존재화	폐업하는 때
	무인판매기에 의한 재화공급	무인판매기에서 현금을 인취하는 때
	수출재화 - 내국물품의 국외반출·중계무역방식의 수출	수출재화의 선적일(또는 기적일)
	수출재화 - 원양어업·위탁판매수출	수출재화의 공급가액이 확정되는 때
	수출재화 - 위탁가공무역방식의 수출·외국인도수출	외국에서 해당 재화가 인도되는 때

2 용역의 공급시기

구 분		용역의 공급시기
일반적인 공급시기	① 역무가 제공되거나 재화, 시설물 또는 권리가 사용되는 때 ② 통상적인 용역공급의 경우에는 역무의 제공이 완료되는 때	
거래형태에 따른 공급시기	완성도기준·중간지급조건, 장기할부, 부동산임대	대가의 각 부분을 받기로 한 때
	임대보증금 등에 대한 간주임대료, 부동산임대 공급에 대한 대가를 선불 또는 후불로 받는 경우	예정신고기간 또는 과세기간의 종료일
	위 기준을 모두 적용할 수 없는 때	역무의 제공이 완료되고 그 공급가액이 확정되는 때

① **위탁판매** : 수탁자 또는 대리인의 공급을 기준으로 거래형태에 따른 공급시기 적용
② **장기할부판매(회수기준)** : 2회 이상의 대가를 분할하여 수령하는 것으로서 재화의 인도일의 다음날로부터 최종 부불금의 지급기일까지의 기간이 1년 이상일 것
③ **중간지급조건부 공급** : 재화의 인도일 이용가능일 전에 계약금 이외의 대가를 분할하여 지급하는 경우로서 계약금을 지급하기로 한 날부터 잔금을 지급하기로 한 날까지의 기간이 6개월 이상인 경우
④ **완성도기준지급 공급** : 재화의 제작기간이 장기간을 요하는 경우에 그 진행도 또는 완성도를 확인하여 그 비율만큼 대가를 지급하는 것

3 공급시기의 특례

구 분	내 용
공급시기 전 세금계산서 발급	① 재화 또는 용역의 **공급시기 전에 재화 또는 용역에 대한 대가의 전부 또는 일부를 받고**, 그 받은 대가에 대하여 세금계산서(또는 영수증)을 발급하면 그 세금계산서 등을 발급하는 때를 각각 그 재화 또는 용역의 공급시기로 본다. ② 사업자가 재화 또는 용역의 공급시기가 되기 전에 세금계산서를 발급하고 **그 세금계산서 발급일부터 7일 이내에 대가를 받으면** 해당 세금계산서를 발급한 때를 재화 또는 용역의 공급시기로 본다. ③ 위 ②에도 불구하고 다음 어느 하나에 해당하는 경우에는 재화 또는 용역을 공급하는 사업자가 그 재화 또는 용역의 공급시기가 되기 전에 세금계산서를 발급하고 그 세금계산서 발급일로부터 7일이 지난 후 대가를 받더라도 해당 세금계산서를 발급한 때를 재화 또는 용역의 공급시기로 본다. 　㉠ 거래 당사자 간의 **계약서·약정서** 등에 대금 청구시기(세금계산서 발급일을 말함)와 지급시기를 따로 적고, **대금 청구시기와 지급시기 사이의 기간이 30일 이내인 경우** 　㉡ 재화 또는 용역의 공급시기가 세금계산서 **발급일이 속하는 과세기간 내**(공급받는 자가 조기환급을 받은 경우에는 세금계산서 발급일로부터 30일 이내)에 도래하는 경우 ④ 다음의 경우에는 **공급시기가 도래하기 전에 대가를 받지 않고** 세금계산서 또는 영수증을 발급하는 경우에는 그 발급하는 때를 재화 또는 용역의 공급시기로 본다. 　㉠ 장기할부판매로 재화를 공급하거나 장기할부조건부로 용역을 공급하는 경우의 공급시기 　㉡ 전력이나 그 밖에 공급단위를 구획할 수 없는 재화를 계속적으로 공급하는 경우의 공급시기 　㉢ 그 공급단위를 구획할 수 없는 용역을 계속적으로 공급하는 경우의 공급시기
폐업하는 경우	폐업 전에 공급한 재화 또는 용역의 공급시기가 폐업일 이후에 도래하는 경우에는 그 **폐업일**을 공급시기로 한다.

4 재화의 수입시기

재화의 수입시기는 "관세법"에 따른 수입신고가 수리된 때로 한다.

5 재화 및 용역의 공급장소(우리나라 과세권이 미치는 거래여부에 대한 판정기준)

구 분		공급장소
재화	재화의 이동이 필요한 경우	재화의 이동이 시작되는 장소
	재화의 이동이 필요하지 아니한 경우	재화가 공급되는 시기에 재화가 있는 장소
용역	원칙	역무가 제공되거나 시설물, 권리 등 재화가 사용되는 장소
	국내 및 국외에 걸쳐 용역이 제공되는 국제운송의 경우 사업자가 비거주자 또는 외국법인인 경우	여객이 탑승하거나 화물이 적재되는 장소
	국외사업자로부터 전자적 용역을 국내에서 공급받는 경우	용역을 공급받는 자의 사업장 소재지·주소지·거소지

CHAPTER 03 영세율과 면세

1. 영세율

1 영세율 개념 및 취지

구 분	내 용
영세율 개념	영세율이란 재화 또는 용역을 공급할 때 과세표준에 적용하는 세율을 영(0)으로 하는 것으로서 매출세액이 영(0)이 된다. 결국 영세율이 적용되면 해당 영세율이 적용된 거래 이전단계까지 창출된 모든 부가가치에 대해서 과세하지 않는 효과를 가져오게 된다. 이러한 이유로 영세율을 **완전면세제도**라고 한다.
영세율 취지	① 국제적 이중과세의 방지(소비지국과세원칙) 국가 간에 이동이 이루어지는 재화의 수출·입은 각 국가에서 소비세를 과세하는 경우에는 국제적인 이중과세가 발생되므로 관세 및 무역에 관한 일반협정(GATT)상의 소비지국과세원칙에 따라 재화의 소비지인 수입국에서 과세하도록 함으로써 국제적인 이중과세의 방지를 위한 제도이다. ② 수출촉진 영세율이 적용되는 재화·용역은 부가가치세 부담이 완전히 없어지게 되므로 수출하는 재화·용역의 가격조건이 그 만큼 유리하게 되어 국제경쟁력이 강화되며, 영세율이 적용되는 경우에는 조기 환급 대상이 되므로 수출업자의 자금부담을 그 만큼 해소할 수 있어 수출을 촉진시키기 위한 조세지원제도이다.
영세율 적용대상자	① 과세사업자 영세율은 부가가치세법상 **과세사업자(간이과세자 포함)**에 한하여 적용한다. 따라서 부가가치세법상 사업자가 아닌 면세사업자는 면세포기를 함으로써 영세율을 적용받을 수 있다. ② 상호면세주의 비거주자 또는 외국법인의 국가에서 대한민국의 거주자 또는 내국법인에게 동일한 면세를 하는 경우에 한하여 영의 세율을 적용하거나 우리나라에 주재하거나 파견된 외교관·외교사절 또한 주한외국공관에 근무하는 외국인으로서 당해 국가의 공무원신분을 가진 자에게 당해 국가에서 우리나라의 외교관 등에게 동일한 면세를 하는 경우에 한하여 영의 세율을 적용하는 것을 상호면세라 한다.

2 영세율 적용대상의 범위

구 분	영 세 율 대 상

수출하는 재화	① 내국물품을 외국으로 반출하는 것(우리나라 선박에 의하여 공해에서 채취한 수산물 포함)
	② 내국신용장 또는 구매확인서에 의하여 공급하는 재화
	③ 국내의 사업장에서 계약과 대가수령 등 거래가 이루어지는 것
	   ㉠ 외국인도수출
	      수출대금은 국내에서 영수하지만 국내에서 통관되지 아니한 수출품 등을 외국으로 인도하는 수출
	   ㉡ 중계무역수출
	      수출목적으로 물품 등을 수입하여 국내에 반입하지 않고 바로 해외에서 인도하는 수출
	   ㉢ 위탁판매수출
	      물품을 무환으로 수출하여 당해 물품이 판매된 범위안에서 대금을 결제하는 계약에 의한 수출
	   ㉣ 위탁가공무역수출
	      가공임지급조건으로 외국에서 가공(제조, 조립, 재생, 개조를 포함)할 원료의 전부 또는 일부를 거래상대방에서 수출하거나 외국에서 조달하여 가공한 후 가공물품을 외국으로 인도하는 수출
	④ 한국국제협력단 · 한국국제보건의료재단 · 대한적십자사에 공급하는 재화
	⑤ 비거주자 및 외국법인에게 공급하는 수탁가공무역 수출용으로 공급하는 재화

국외제공용역	우리나라 거주자 또는 내국법인이 제공하는 용역으로서 해외건설공사와 같이 용역제공의 장소가 국외인 경우를 말함
선박 · 항공기의 외국항행용역	▪ 선박 또는 항공기에 의하여 여객이나 화물을 국내에서 국외로, 국외에서 국내로 또는 국외에서 국외로 수송하는 것 ▪ 외국항행용역에 있어서 국내거래와 국제거래가 혼합된 경우 이를 구분하기가 곤란하므로 그 전체를 영세율로 적용

기타 외화획득 재화 · 용역	① 국내에서 비거주자 또는 외국법인에게 공급하는 특정 재화 또는 사업에 해당하는 용역
	② 수출재화임가공용역(직접도급계약에 의한 임가공용역만 영세율 적용)
	③ 기타 외화획득 재화 · 용역의 공급
	   ㉠ 국내사업장이 없는 경우 : 그 대금을 외국환은행에서 원화로 받는 것
	   ㉡ 국내사업장이 있는 경우 : 국외의 비거주자 또는 외국법인과 직접계약에 의해 공급하는 재화 · 용역으로서 그 대금을 당해 국외의 비거주자 또는 외국법인으로부터 외국환은행을 통하여 원화로 받는 것

조세특례제한법상 영세율 적용대상	① 방위산업물자, 석유류(국군 조직법에 의하여 설치된 기관 또는 부대) ② 도시철도 건설용역(민간투자법에 따른 사업시행자가 공급하는 경우 제외, 2026.12.31.까지) ③ 사회간접자본 시설 · 건설용역(2026.12.31.까지) ④ 농 · 축 · 임 · 어업용 기자재 ⑤ 장애인용 보장구 등

[영세율 증명서류 및 영세율 매출명세서 제출]
부가가치세 예정 또는 확정신고시 영세율 적용대상을 증명하는 서류와 영세율 매출명세서를 첨부하여 제출하여야 하며 영세율증명서류를 제출하지 아니하는 경우 **영세율과세표준신고불성실 가산세가 적용**된다.

구 분	내 용
① 직접수출	수출실적명세서(전산계산조직에 의하여 처리된 테이프 및 디스켓 포함). 다만, 소포우편에 의해 수출한 경우에는 당해 우체국장이 발행하는 소포수령증
② 내국신용장에 의한 수출	내국신용장이나 구매확인서 전자발급의무화로 내국신용장·구매확인서전자발급명세서 제출
③ 국외에서 제공하는 용역	외국환은행이 발급하는 외화입금증명서 또는 국외에서 제공하는 용역에 관한 계약서
④ 선박 외국항행용역	외국환은행이 발급하는 외화입금증명서
⑤ 항공기의 외국항행용역	공급가액확정명세서

2. 면세

1 면세의 의의 및 취지

구 분	내 용
면세의 의의	■ 면세란 국민들의 복리후생적 등을 위하여 일정한 재화·용역의 공급과 재화의 수입에 대하여 부가가치세를 면제하는 제도이다. ■ 면세제도는 면세대상거래의 매출세액만을 면제하고, 전단계에서 발생한 매입세액은 공제 또는 환급하지 않는 **부분면세방법**을 택하고 있다.
면세의 취지	면세는 소득에 대한 **부가가치세부담의 역진성**을 완화시킴과 동시에 최종소비자의 부가가치세부담을 경감시켜주기 위하여 도입된 것이다.

2 면세 적용대상의 범위

구 분	면 세 대 상
기초생활 필수품	① 미가공 식료품 등(식용에 공하는 농산물·축산물·수산물·임산물 포함) ⇨ 국적불문 ② 국내에서 생산된 식용에 공하지 아니하는 미가공 농·축·수·임산물 <table><tr><th>구 분</th><th>국내생산</th><th>해외수입</th></tr><tr><td>식용</td><td rowspan="2">면세</td><td>면세</td></tr><tr><td>비식용</td><td>과세</td></tr></table> ③ 수돗물 ⇨ 생수는 과세

구 분	면 세 대 상
기초생활 필수품	④ 연탄과 무연탄 ⇨ 유연탄 · 갈탄 · 착화탄(연탄용 불쏘시개)은 과세 ⑤ 여성용 생리처리 위생용품과 영유아용 기저귀와 분유(액상분유 포함) ⑥ 여객운송용역 ⇨ 시내버스, 지하철, 일반 고속버스(우등 제외) 등(항공기 · 고속철도 · 우등고속버스 · 전세버스운송사업, 택시, 항해시속 20노트 이상의 여객선 등은 과세) ⑦ 주택과 이에 부수되는 토지의 임대용역(도시계획안 5배, 외 10배) | 겸용주택	주택면적 > 사업용건물면적	주택면적 ≤ 사업용건물면적 | |---|---|---| | 건물 | 전체를 주택으로 봄 | 주택과 사업용건물을 안분 | | 부수토지 | 전체를 주택의 부수토지로 봄 | 안분하여 주택의 부수토지를 계산 |

국민후생
용역
	① 의료보건용역과 혈액(치료 · 예방 · 진단 목적으로 조제한 동물의 혈액 포함)
	   ㉠ 의사 · 치과의사 · 한의사 등이 제공하는 용역
	      ⇨ 미용목적 성형수술(쌍꺼풀수술, 코성형수술, 유방확대 · 축소술, 주름살제거술, 지방흡인술)은 과세. 단, 유방재건술은 면세
	   ㉡ 접골사 · 침사 등이 제공하는 용역
	   ㉢ 임상병리사 · 방사선사 · 물리치료사 등이 제공하는 용역
	   ㉣ 약사가 제공하는 의약품의 조제용역 ⇨ 의약품의 단순판매는 과세
	   ㉤ 수의사가 제공하는 용역
	      ⇨ 가축 · 수산동물 · 장애인보조견 · 수급자가 기르는 동물에 대한 진료용역과 질병 예방 및 치료 목적의 동물 진료용역이 면세이며, 수의사 및 동물병원이 제공하는 애완동물 진료용역은 과세
	   ㉥ 장의업자가 제공하는 장의용역
	   ㉦ 분뇨의 수집 · 운반 · 처리 및 정화조청소용역, 적축물처리용역
	   ㉧ 노인장기요양보험법에 따른 장기요양기관이 장기요양인정을 받은 자에게 제공하는 신체활동 · 가사활동의 지원 또는 간병 등의 용역 등 ⇨ 간병, 산후조리, 보육용역(사회적기업 · 협동조합)
	② 인가 · 허가 받은 교육용역, 사회적기업 및 사회적협동조합에서 학생들에게 제공하는 지식 · 기술 교육용역
	   ⇨ 무허가 · 무인가 교육용역, 성인대상 영리학원인 무도학원 및 자동차운전학원은 과세

문화관련 재화용역	① 도서(도서대여 및 실내 도서열람 용역 포함) · 신문 · 잡지 · 관보 · 뉴스통신 ⇨ 방송과 광고는 과세 ② 예술창작품 · 예술행사 · 문화행사 · 비직업운동경기 ③ 도서관 · 과학관 · 박물관 · 미술관 · 동물원 · 식물원의 입장 ⇨ 오락 및 유흥시설과 함께 있는 동 · 식물원 및 해양수족관은 과세
부가가치 구성요소	① 금융 · 보험용역 ② 토지의 및 주택과 이에 부수되는 토지의 임대용역 |	공 급	임 대 | |---|---|---| | 토지 | ▪ 토지의 공급 : 면세 | ▪ 일반적인 토지의 임대 : 과세 ▪ 주택부수토지의 임대 : 면세 | | 건물 | ▪ 건물의 공급 : 과세 ▪ 국민주택규모이하 주택의 공급 : 면세 | ▪ 건물의 임대 : 과세 ▪ 주택의 임대 : 면세 | ③ 저술가 등이 직업상 제공하는 인적용역 ⇨ 변호사업 · 공인회계사업 · 세무사업 · 관세사업 · 기술사업 · 건축사업 등의 인적용역은 과세

구 분	면 세 대 상
그 밖의 재화용역	① 우표 · 인지 · 증지 · 복권 · 공중전화 ⇨ 수집용 우표는 과세 ② 판매가격이 200원 이하인 담배 ⇨ 일반 담배는 과세 ③ 종교 · 학술 · 자선 · 구호 · 기타 공익을 목적으로 하는 단체가 공급하는 재화 · 용역 ④ 국가 · 지방자치단체 · 지방자치단체조합이 공급하는 재화 · 용역 ⑤ 국가 · 지방자치단체 · 지방자치단체조합 또는 공익단체에 **무상** 공급하는 재화 · 용역 ⇨ **유상공급은 과세** ⑥ 시내버스 · 마을버스 · 농어촌 버스로 공급되는 전기 · 수소전기 버스(2025.12.31.까지)

3 면세포기

구 분	내 용
면세포기 대상	① 영세율 적용대상이 되는 재화 · 용역 ② 학술연구단체 또는 기술연구단체가 공급하는 재화 · 용역
면세포기의 효과	① 효력발생시기 : 일반적인 경우 면세포기의 효력은 **사업자등록 이후의 공급분부터 적용**되며, 신규사업자가 사업자등록신청과 함께 면세포기신청을 한 경우에는 사업개시일부터 면세포기의 효력이 발생한다. ② 면세의 재적용 : 면세포기신고를 한 사업자는 **신고한 날로부터 3년간**은 부가가치세의 면세를 적용받지 못한다. 이와 같이 면세포기신고를 한 사업자가 3년이 경과한 후 다시 부가가치세의 면세를 적용받고자 하는 때에는 면세적용신고서와 함께 발급받은 사업자등록증을 제출하여야 한다.

3. 영세율과 면세의 비교

구 분	면 세	영 세 율
목적	소득대비 세부담의 역진성 완화	① 국가간 이중과세의 방지 ② 수출산업의 지원 · 육성
대상	기초생활필수품 등	수출 등 외화획득 재화 · 용역
면세정도	부분면세(불완전면세)	완전면세
거래중간단계에서의 적용시	환수효과와 누적효과 발생	환수효과 발생
과세대상여부	부가가치세 과세대상에서 제외	부가가치세 과세대상에 포함
사업자여부	부가가치세법상 사업자가 아님	부가가치세법상 사업자임
의무이행여부	부가가치세법상 각종 의무를 이행할 필요가 없으나 다음의 협력의무는 있다. ① 매입처별세금계산서합계표 제출의무 ② 대리납부의무	영세율 사업자는 부가가치세법상 사업자이므로 부가가치세법상 제반의무를 이행하여야 한다.

CHAPTER 04 거래징수와 세금계산서

1. 거래징수

구분	내용
의의	사업자에게 부가가치세의 징수의무와 권한을 부여하고 있는 것으로서 이로 인하여 부가가치세는 최종소비자에게 전가되므로 부가가치세는 최종소비자가 부담하는 것이다. [거래징수 시 유의사항] ① 사업자란 과세사업자를 의미하므로 면세사업자는 거래징수의무가 없다. ② 거래징수는 공급받는 자와는 관련이 없으므로 과세되는 재화·용역을 공급하는 사업자는 해당 공급받는 자가 과세사업자·면세사업자·최종소비자인지를 구분하지 아니하고 거래징수의무를 진다.
특례	① 재화의 수입 : 부가가치세법에서는 재화의 수입시 세관장이 관세법에 따라 부가가치세를 징수하도록 규정하고 있음 ② 대리납부 : 국내사업장이 없는 비거주자 또는 외국법인등 국외사업자로부터 국내에서 용역 또는 권리를 공급받는 자(공급받은 그 용역 등을 과세사업에 제공하는 경우는 제외하되, 매입세액이 공제되지 아니하는 용역 등을 공급받는 경우는 포함)는 그 대가를 지급하는 때에 그 대가를 받은 자로부터 부가가치세를 징수하여 대리 납부하는 것을 말함

2. 세금계산서

1 세금계산서의 기재사항

필요적 기재사항	① 공급하는 사업자의 등록번호와 성명 또는 명칭 ③ 공급가액과 부가가치세액	② 공급받는 자의 등록번호 ④ 작성년월일
임의적 기재사항	① 공급하는 자의 주소 ③ 공급품목과 공급연월일	② 공급받는자의 상호·성명·주소 ④ 단가와 수량 등

2 세금계산서의 종류

구 분			발급의무	비 고
사업자	과세사업자	일반과세자	세금계산서	최종소비자대상업종은 영수증 발급
		간이과세자	세금계산서	신규사업자 등 예외적으로 영수증 발급
	면세사업자		계산서	최종소비자대상업종은 영수증 발급
세관장(수입재화에 대해 발급)			수입세금계산서	과세대상은 세금계산서, 면세대상은 계산서 발급

※ 영수증 범위 : 신용카드매출전표·직불카드영수증·기명식선불카드영수증·현금영수증·금전등록기계산서

3. 전자세금계산서

구 분	내 용
발급	■ 법인사업자와 소득세법상 직전연도의 사업장별 재화 및 용역의 공급가액(면세공급가액 포함)의 합계액이 8천만원 이상(2024.6.30.이전은 1억원)인 개인사업자(그 이후 직전연도의 사업장별 재화 및 용역의 공급가액이 8천만원 미만이 된 개인사업자를 포함)는 재화 또는 용역의 공급시기가 속하는 달의 다음달 10일까지 다음의 방법 중 하나로 전자세금계산서를 발급(다만, 다음달 10일이 공휴일 또는 토요일일 때에는 바로 다음 영업일 다음날까지 전자세금계산서를 발급) ① 전사적기업자원관리설비(ERP)를 이용하는 방법 ② 전자세금계산서 발급업무를 대행하는 사업자(ASP)의 전자세금계산서 발급시스템을 이용하는 방법 ③ 국세청이 구축한 전자세금계산서 발급시스템을 이용하는 방법(국세청 홈택스) ④ 전자세금계산서 발급이 가능한 현금영수증 발급장치 및 그 밖에 국세청장이 지정하는 전자세금계산서 발급시스템을 이용하는 방법 ■ 전자세금계산서 **의무발급 개인사업자**는 사업장별 재화 및 용역의 공급가액의 합계액이 8천만원 이상인 해의 **다음 해 제2기 과세기간이 시작하는 날부터 전자세금계산서를 발급** 함(다만, 수정신고 또는 과세관청의 결정과 경정으로 8천만원 이상이 된 경우 수정신고 등을 한 날이 속하는 과세기간의 다음 과세기간이 시작하는 날부터 전자세금계산서를 발급 함) [개인사업자 전자세금계산서 발급 기간] ■ 직전연도 공급가액 합계액 8천만원 이상 : 당해연도 7월 1일부터 계속하여 발급
전송	사업자가 전자세금계산서를 발급하였을때에는 해당 전자세금계산서 **발급일의 다음날**까지 세금계산서 발급명세를 국세청장에게 전송(**전자세금계산서를 적법발급하고 기한 내 전송시 세금계산서합계표 제출의무 면제**)

4. 매입자발행세금계산서

구 분	내 용
정의	■ 납세의무자로 등록한 사업자(세금계산서 발급의무가 있는 간이과세자 포함)로서 재화 또는 용역을 공급하고 세금계산서 발급 시기에 세금계산서를 발급하지 아니한 경우(사업자의 부도·폐업, 공급 계약의 해제·변경 등의 사유가 발생한 경우로서 사업자가 수정세금계산서를 발급하지 않은 경우 포함) 그 재화 또는 용역을 공급받은 자는 해당 **재화 또는 용역의 공급시기가 속하는 과세기간의 종료일로부터 1년 이내**에 관할 세무서장의 확인을 받아 매입자 발행 세금계산서를 발행할 수 있음 ■ 거래사실의 확인신청 대상이 되는 거래는 **거래 건당 공급대가(부가가치세 포함 금액)가 5만원 이상**인 경우로 함
매입세액 공제대상	법령에 의해 공급받는자가 발행한 매입자발행세금계산서에 기재된 그 부가가치세액은 부가가치세 신고시 **매입자발행세금계산서합계표를 제출한 경우**에는 **매입세액으로 공제받을 수 있다**.

5. 수입세금계산서

세관장은 수입되는 재화에 대하여 부가가치세를 징수할 때(부가가치세의 납부가 유예되는 때를 포함)에는 수입된 재화에 대한 세금계산서를 수입하는 자에게 발급하여야 한다.

6. 세금계산서의 발급·발급시기

구 분		내 용
발급		사업자가 재화 또는 용역을 공급하는 경우에는 공급자가 공급받는 자에게 세금계산서를 발급
발급시기	원칙	세금계산서는 원칙적으로 재화 또는 용역의 **공급시기에 발급**
	특례	① 재화 또는 용역의 **공급시기 전에 재화 또는 용역에 대한 대가의 전부 또는 일부를 받고**, 그 받은 대가에 대하여 세금계산서(또는 영수증)을 발급하면 그 세금계산서 등을 발급하는 때를 각각 그 재화 또는 용역의 공급시기로 본다. ② 사업자가 재화 또는 용역의 공급시기가 되기 전에 세금계산서를 발급하고 **그 세금계산서 발급일부터 7일 이내에 대가를 받으면** 해당 세금계산서를 발급한 때를 재화 또는 용역의 공급시기로 본다. ③ 위 ②에도 불구하고 다음 어느 하나에 해당하는 경우에는 재화 또는 용역을 공급하는 사업자가 그 재화 또는 용역의 공급시기가 되기 전에 세금계산서를 발급하고 그 세금계산서 발급일로부터 7일이 지난 후 대가를 받더라도 해당 세금계산서를 발급한 때를 재화 또는 용역의 공급시기로 본다. 　㉠ 거래 당사자 간의 **계약서·약정서** 등에 대금 청구시기(세금계산서 발급일을 말함)와 지급시기를 따로 적고, **대금 청구시기와 지급시기 사이의 기간이 30일 이내인 경우** 　㉡ 재화 또는 용역의 **공급시기가** 세금계산서 **발급일이 속하는 과세기간 내**(공급받는 자가 조기환급을 받은 경우에는 세금계산서 발급일로부터 30일 이내)에 **도래하는 경우** ④ 다음의 경우에는 **공급시기가 도래하기 전에 대가를 받지 않고** 세금계산서 또는 영수증을 발급하는 경우에는 그 발급하는 때를 재화 또는 용역의 공급시기로 본다. 　㉠ 장기할부판매로 재화를 공급하거나 장기할부조건부로 용역을 공급하는 경우의 공급시기 　㉡ 전력이나 그 밖에 공급단위를 구획할 수 없는 재화를 계속적으로 공급하는 경우의 공급시기 　㉢ 그 공급단위를 구획할 수 없는 용역을 계속적으로 공급하는 경우의 공급시기 다음의 어느 하나에 해당하는 경우에는 재화 또는 용역의 **공급일이 속하는 달의 다음 달 10일**(그 날이 공휴일 또는 토요일인 경우에는 바로 다음 영업일을 말함)까지 세금계산서를 발급할 수 있다. ① 거래처별로 1역월(1曆月)의 공급가액을 합하여 해당 달의 말일을 작성연월일로 하여 세금계산서를 발급하는 경우 　　공급시기 : "1월 1일 ~ 1월 31일"의 경우 　　　　　　→ "1월 31일"을 작성연월일로 하여 2월 10일까지 발급 ② 거래처별로 1역월 이내에서 사업자가 임의로 정한 기간의 공급가액을 합하여 그 기간의 종료일을 작성연월일로 하여 세금계산서를 발급하는 경우 　　공급시기 : "1월 1일 ~ 1월 15일", "1월 16일 ~ 1월 31일"의 경우 　　　　　　→ "1월 15일", "1월 31일"을 작성연월일로 하여 2월 10일까지 발급 ③ 관계 증명서류 등에 따라 실제거래사실이 확인되는 경우로서 해당 거래일을 작성연월일로 하여 세금계산서를 발급하는 경우 　　공급시기 : "1월 7일" 매출분 세금계산서 발급 누락 　　　　　　→ "1월 7일"을 작성연월일로 하여 2월 10일까지 발급 여기서 "1역월"이란 달력에 의한 1개월을 의미한다. 따라서 2월 16일부터 3월 15일까지의 기간은 1역월이 아니므로 해당 거래분을 합계하여 세금계산서를 작성할 수 없다.

구 분	내 용
발급특례	■ 위탁판매 수탁자가 재화를 인도하는 때에 수탁자가 위탁자를 공급자로 하여 세금계산서를 발급하며, 위탁자가 재화를 직접 인도하는 경우에는 수탁자의 사업자등록번호를 부기하여 위탁자가 세금계산서를 발급할 수 있다.

7. 세금계산서의 수정

세금계산서를 발급한 후 그 기재사항에 관하여 착오 또는 정정사유가 발생한 경우에는 당초 발급한 세금계산서를 수정하여 재발급할 수 있다. 이를 "수정세금계산서"라 하며, 당초승인번호를 기재하여 발급한다. 필요적 기재사항 착오 및 착오 외, 세율을 잘못 적용하여 발급한 경우는 세무조사 통지를 받거나 과세표준 또는 세액을 경정·결정할 것을 미리 알고 있는 것으로 인정되는 경우 수정세금계산서를 발급할 수 없다.

수정세금계산서 사유	발급방법
처음 공급한 재화가 환입된 경우	재화가 환입된 날을 작성일로 적고 비고란에 처음 세금계산서 작성일을 덧붙여 적은 후 붉은색 글씨로 쓰거나 음(陰)의 표시를 하여 발급
계약의 해제로 인하여 재화 또는 용역이 공급되지 아니한 경우	계약이 해제된 때에 그 작성일은 계약해제일로 적고 비고란에 처음 세금계산서 작성일을 덧붙여 적은 후 붉은색 글씨로 쓰거나 음(陰)의 표시를 하여 발급
계약의 해지 등에 따라 공급가액에 추가되거나 차감되는 금액이 발생한 경우	증감 사유가 발생한 날을 작성일로 적고 추가되는 금액은 검은색 글씨로 쓰고, 차감되는 금액은 붉은색 글씨로 쓰거나 음(陰)의 표시를 하여 발급 ⇨ 비고란에 당초 세금계산서 작성일자 기재
재화 또는 용역의 공급 후 내국신용장이나 구매확인서가 과세기간 종료 후 25일이내 개설·발급된 경우	영세율 적용분은 검은색 글씨로 세금계산서를 작성하여 발급하고, 추가하여 처음에 발급한 세금계산서의 내용대로 세금계산서를 붉은색 글씨로 또는 음(陰)의 표시를 하여 작성하고 발급 ⇨ 비고란에 내국신용장 등의 개설·발급일자 기재
필요적 기재사항 등이 착오로 잘못 기재된 경우	처음에 발급한 세금계산서의 내용대로 세금계산서를 붉은색 글씨로 쓰거나 음(陰)의 표시를 하여 발급하고, 수정하여 발급하는 세금계산서는 검은색 글씨로 작성하여 발급 [사례] ① 작성연월일을 착오로 작성한 경우 ② 공급가액을 착오로 기재한 경우 ③ 과세표준에 포함되지 아니한 대가를 과세표준에 산입한 경우 ④ 포괄적인 사업양수도에 의해 세금계산서를 발급한 경우
세율을 잘못 적용하여 발급한 경우	처음에 발급한 세금계산서의 내용대로 세금계산서를 붉은색 글씨로 쓰거나 음(陰)의 표시를 하여 발급하고, 수정하여 발급하는 세금계산서는 검은색 글씨로 작성하여 발급

수정세금계산서 사유	발급방법
면세 등 발급대상이 아닌 거래 등에 대하여 발급한 경우	처음에 발급한 세금계산서의 내용대로 붉은색 글씨로 쓰거나 음(陰)의 표시를 하여 발급
필요적 기재사항 등이 착오 외의 사유로 잘못 적힌 경우	재화나 용역의 공급시기가 속하는 과세기간의 확정 신고기한 다음 날부터 1년까지 세금계산서를 작성하되, 처음에 발급한 세금계산서의 내용대로 세금계산서를 붉은색 글씨로 쓰거나 음(陰)의 표시를 하여 발급하고, 수정하여 발급하는 세금계산서는 검은색 글씨로 작성하여 발급
전자세금계산서를 이중으로 발급한 경우	처음에 발급한 세금계산서의 내용대로 음(陰)의 표시를 하여 발급
과세유형 전환에 따른 수정 (일반과세자 ↔ 간이과세자)	간이과세자(일반과세자)가 일반과세자(간이과세자)로 과세유형이 전환된 후 과세유형 전환 전에 공급한 재화 또는 용역에 대해 환입 또는 계약의 해지(해제) 사유가 발생한 경우에는 처음에 발급한 세금계산서 작성일을 수정(전자)세금계산서의 작성일로 하여 추가금액은 검은색 글씨, 차감금액은 붉은색 글씨(또는 음의 표시)로 기재하여 발급 ⇨ 비고란에 사유 발생일을 기재

8. 영수증

구 분	내 용
영수증 유형	① 신용카드매출전표 · 직불카드영수증 · 기명식 선불카드영수증 · 현금영수증 ② 금전등록기계산서 ③ 승차권 · 항공권 · 입장권 · 관람권 등 ④ 전기사업자가 발급하는 비산업용 전력사용료에 대한 영수증 ⑤ 그 밖에 ① ~ ④와 유사한 영수증

영수증 발급 사업자 범위	① 간이과세자(신규사업자 및 직전연도 공급대가 합계액이 4,800만원 미만인 사업자)
	② 최종소비자를 대상으로 하는 다음의 사업을 영위하는 일반과세사업자
	  ㉠ 소매업
	  ㉡ 음식점업(다과점업 포함)
	  ㉢ 숙박업
	  ㉣ 미용, 욕탕 및 유사서비스업
	  ㉤ 여객운송업(전세버스운송사업자는 제외)
	  ㉥ 입장권을 발행하여 영위하는 사업
	  ㉦ 변호사, 공인회계사, 세무사 등 인적용역의 과세사업과 행정사업
	    (사업자에게 공급하는 분 제외)
	  ㉧ 우정사업의 소포우편물 배달사업, 의료보건용역, 전자서명인증서를 발급하는 사업, 간편사업자등록을 한 사업자가 국내에 전자적 용역을 공급하는 사업
	  ㉨ 주로 사업자가 아닌 최종소비자에게 재화 · 용역을 공급하는 사업으로서 세법이 정하는 사업(운수업 및 주차장 운영법, 부동산중개업, 사회서비스업 및 개인서비스업 등)

구 분	내 용
영수증 발급 사업자 범위	③ 영수증교부의무자(①에 **해당하는 간이과세자는 제외**)라도 공급을 받는 사업자가 사업자등록증을 제시하고 세금계산서의 발급을 요구하는 때에는 세금계산서를 발급하여야 한다. 다만, **다음의 사업자는 세금계산서를 발급할 수 없다.** ㉠ 미용, 욕탕 및 유사서비스업 ㉡ 여객운송업(전세버스운송사업자는 제외) ㉢ 입장권을 발행하여 영위하는 사업 ㉣ 의료보건용역, 응급환자 이송용역 등
발급시기	영수증의 발급시기는 재화 또는 용역의 공급시기
세금계산서 및 영수증 발급의무 면제	① 택시운송사업자, 노점, 행상, 무인판매기를 이용하여 재화 또는 용역을 공급하는 자 ② 소매업을 영위하는 자가 제공하는 재화·용역 ⇨ **공급받는 자가 요구하는 경우 세금계산서 발급** ③ 미용, 욕탕 및 유사서비스업을 영위하는 자가 공급하는 용역 ④ 간주공급에 해당하는 재화의 공급 ⇨ **직매장 반출은 세금계산서 발급** ⑤ 부동산임대용역 중 간주임대료 ⑥ 영세율 적용대상 재화 또는 용역 ㉠ 수출하는 재화 ⇨ 내국신용장·구매확인서에 의한 공급, 한국국제협력단·한국국제보건의료재단·대한적십자사에 공급하는 재화의 경우에는 세금계산서 발급 ㉡ 국외에서 제공하는 용역 ㉢ 항공기의 외국항행용역 ㉣ 선박의 외국항행용역 ⇨ 공급받는 자가 국내사업장이 있는 경우에는 세금계산서 발급 ㉤ 그 밖의 외화획득 재화·용역 ⑦ 전자서명법에 따른 전자서명인증사업자가 인증서를 발급하는 용역 ⇨ 공급받는 자가 요구하는 경우에는 세금계산서 발급 ⑧ 간편사업자등록을 한 사업자가 국내에 공급하는 전자적 용역 ⑨ 도로 및 관련 시설 운영용역을 공급하는 자 ⇨ 공급받는 자가 요구하는 경우에는 세금계산서 발급 ⑩ 전력(또는 도시가스)을 실지로 소비하는 자(사업자가 아닌 자에 한함)을 위하여 전기사업자(또는 도시가스사업자)로부터 전력(또는 도시가스)을 공급받는 명의자가 공급하는 재화·용역 ⑪ 국내사업장이 없는 비거주자 또는 외국법인에게 공급하는 재화·용역

[현금매출명세서의 제출]
최종소비자와 거래하는 사업서비스업 중 변호사, 공인회계사, 세무사, 건축사 등의 사업을 영위하는 사업자는 현금매출명세서를 예정신고 또는 확정신고와 함께 제출하여야 한다. 미제출시 부가가치세법상 가산세(미제출 또는 누락금액의 1%)가 발생한다.

CHAPTER 05 과세표준과 납부세액

1. 부가가치세의 계산구조

과 세 표 준	재화·용역의 공급가액(VAT 제외 금액)
(×) 세 율	10% (영세율 : 0%)
매 출 세 액	(±) 대손세액가감
(−) 매 입 세 액	세금계산서상의 매입세액, 신용카드매출전표 등 수령명세서의 매입세액, 의제매입세액 등
납 부 세 액	
(−) 공 제 세 액	신용카드매출전표등 발행세액공제, 예정신고미환급세액, 예정고지세액, 조세특례제한법상 공제·경감세액
(+) 가 산 세	
차감납부세액	(△) 환급세액

2. 과세표준(=공급가액)과 매출세액

부가가치세 과세표준은 일정 과세기간에 공급한 재화·용역의 공급가액을 합산한 금액으로 하며, 부가가치세 매출세액은 과세표준에 세율을 곱하여 계산한 금액으로 본다. 또한, 대손세액이 발생한 경우에는 매출세액에서 공제하며, 대손세액을 회수한 경우에는 매출세액에 가산한다.

매출세액 = (공급가액 × 10% 또는 0%) ± 대손세액가감

> **TIP**
>
> [과세표준 합계(부가가치세신고서 (9)란)와 과세표준명세 합계(32란) 금액 일치]
> ① 과세표준명세의 (28)란 ~ (30)란의 금액은 손익계산서상의 매출을 업종별 매출이 큰 순서대로 기재한다.
> ② 과세표준명세의 (31) 수입금액제외 란은 소득세수입금액에서 제외되는 금액을 기재하는 란으로 법인도 반드시 기재하여야 한다.
>
> 수입금액제외 대상 : 고정자산매각(법인), 직매장공급, 자가공급, 폐업시잔존재화, 선수금 등

❺ 과 세 표 준 명 세					
업 태	종 목	생산요소	업종 코드		금 액
(28)					
(29)					
(30)					
(31) 수입금액 제외					
(32) 합 계					

1 공급유형별 과세표준

구 분	과 세 표 준
금전으로 대가를 받은 경우	그 금전가액
금전 이외의 물건으로 받은 경우	자신이 공급한 재화 또는 용역의 시가
특수관계인 거래에서 부당하게 낮은 대가를 받은 경우 (신탁재산 포함)	자신이 공급한 재화 또는 용역의 시가
폐업하는 경우	폐업 시 남아 있는 재화의 시가
간주공급(자가공급의 직매장반출은 제외)	자기가 공급한 재화 또는 용역의 시가
직매장반출에 따라 재화를 공급하는 것으로 보는 경우	해당 재화의 취득가액 등을 기준으로 매입세액을 공제받은 해당 재화의 가액. 다만, 취득가액에 일정액을 더하여 공급하여 자기의 다른 사업장에 반출하는 경우에는 그 취득가액에 일정액을 더한 금액을 공급가액으로 본다.
외상거래, 할부거래 등의 재화 또는 용역을 공급하는 경우	공급한 재화의 총 공급가액
장기할부판매, 완성도기준지급·중간지급조건부 또는 계속적인 재화·용역의 공급	계약에 따라 받기로 한 대가의 각 부분
위탁가공무역방식으로 수출하는 경우	완성된 제품의 인도가액

※ 시가란 사업자가 특수관계인이 아닌 자와 해당 거래와 유사한 상황에서 계속적으로 거래한 가격 또는 제3자간에 일반적으로 거래된 가격을 말한다.

- **공급가액** : 부가가치세가 포함되지 않은 금액 ⇨ 일반과세자 과세표준
- **공급대가** : 부가가치세가 포함된 금액 ⇨ 간이과세자 과세표준

2 일반적인 과세표준의 계산식

구 분	내 용
과세표준에 포함하는 항목	① 할부판매, 장기할부판매의 경우 이자 상당액 ② 대가의 일부로 받는 운송비, 포장비, 하역비, 운송보험료, 산재보험료 등 ③ 개별소비세, 주세, 교통세, 교육세 및 농어촌특별세 상당액
과세표준에 포함하지 않는 항목	① 매출에누리와 매출환입, 매출할인 ② 공급받는 자에게 도달하기 전에 파손·훼손 또는 멸실된 재화의 가액 ③ 재화·용역의 공급과 직접 관련되지 아니하는 국고보조금과 공공보조금 ④ 계약에 의하여 확정된 공급대가의 지급지연으로 인하여 받은 연체이자 등 ⑤ 반환조건의 물건의 용기대금과 포장비용 ⑥ 대가와 구분하여 기재한 경우로서 해당 종업원에 지급된 사실이 확인된 봉사료
과세표준에서 공제해서는 안 되는 항목	① 대손금 ② 금전으로 지급하는 판매장려금 (**현물지급** ⇨ **사업상증여로 보아 과세함**) ③ 하자보증금

3 대가를 외국통화나 그 밖의 외국환으로 받은 경우의 과세표준

구 분	외화환산액
공급시기 되기 전에 원화로 환가한 경우	그 환가한 금액
공급시기 이후에 외화통화나 그 밖의 외국환 상태로 보유하거나 지급받는 경우	공급시기의 외국환거래법에 따른 **기준환율 또는 재정환율**에 따라 계산한 금액

※ 기준(또는 재정)환율 조회 : 서울외국환중개(주) (http://www.smbs.biz)

금일 야마다교역에 제품을 수출(선적)하였다. 수출대금은 이미 4월 6일에 일본 엔화로 송금받았으며 다음 자료를 통하여 선수금 수령시 즉시 환가한 경우와 환가하지 않은 경우를 구분하여 부가가치세 과세표준을 계산하시오. 단, 수출과 관련된 내용은 다음과 같으며, 회계처리는 일반기업회계기준에 따른다.

- 수출신고일 : 04. 22
- 선 적 일 : 04. 24
- 수출가격 : ￥10,000,000
- 계약금(선수금)에 대한 회계처리 : 110,000,000원

일 자	4월 6일	4월 22일	4월 24일
재정환율	1,100원/100￥	1,120원/100￥	1,150원/100￥

【해설】

구 분	내 용			
과세표준 (공급가액)	■ 선수금을 원화로 환가한 경우 : 그 환가한 금액 ￥10,000,000 × 1,100원/100￥ = 110,000,000원 ■ 선수금을 외화로 보유한 경우 : 공급시기의 재정환율로 계산한 금액 ￥10,000,000 × 1,150원/100￥ = 115,000,000원			
매출액	■ 일반기업회계기준의 수익 인식 : 공급시기의 기준(또는 재정)환율로 계산한 금액 ￥10,000,000 × 1,150원/100￥ = 115,000,000원			
회계처리	(차) 선 수 금	110,000,000원	(대) 제품매출	115,000,000원
	외환차손	5,000,000원		

4 수입재화의 과세표준

- 과세표준 = 관세의 과세가격 + 관세 + 개별소비세 + 주세 + 교육세 + 농어촌특별세 + 교통·에너지·환경세
- 사업자가 보세구역 내에 보관된 재화를 다른 사업자에게 공급하고, 그 재화를 공급받은 자가 그 재화를 보세구역으로부터 반입하는 경우 : 그 재화의 **공급가액**에서 세관장이 부가가치세를 징수하고 발급한 **수입세금계산서에 적힌 공급가액을 뺀 금액**. (다만, 세관장이 부가가치세를 징수하기 전에 같은 재화에 대한 선하증권이 양도되는 경우에는 선하증권의 양수인으로부터 받은 대가를 공급가액으로 한다.)

5 과세표준의 계산특례

구 분		내 용
간주공급의 과세표준	비상각 자산	① 일반적인 경우는 해당 재화의 **시가**를 과세표준으로 한다. ② 직매장 반출의 경우 원칙은 해당 재화의 취득가액을 과세표준으로 하되, 당해 취득가액에 일정액을 가산하여 공급하는 경우에는 당해 공급가액으로 한다.
	상각 자산	① 일반적인 경우 $$\text{과세표준} = \text{해당 재화의 취득가액} \times (1 - \text{감가율}^* \times \text{경과된 과세기간 수}^{**})$$ * 감가율 : 건물·구축물 – 5%, 기타의 자산 – 25% ** 경과된 과세기간 수 : 취득일부터 공급일까지 경과된 과세기간 수 ② 면세사업에 일부 전용*한 경우 $$\text{과세표준} = \text{취득가액} \times (1 - \text{감가율} \times \text{경과된 과세기간 수})$$ $$\times \frac{\text{면세 전용한 과세기간의 면세공급가액}}{\text{면세 전용한 과세기간의 총공급가액}}$$ * 면세공급가액이 총공급가액 중 5% 미만인 경우에는 과세표준이 없는 것으로 본다.
부동산 임대용역의 과세표준		① 사업자가 부동산 임대용역을 공급하고 전세금 또는 임대보증금을 받는 경우 간주임대료를 계산하여 과세표준에 가산한다. $$\text{간주임대료} = \text{해당 과세기간의 전세금·임대보증금} \times \frac{\text{해당 과세기간일수}}{365(\text{윤년 }366)} \times \text{계약기간 1년의 정기예금이자율}$$ ② 과세되는 부동산 임대용역과 면세되는 주택 임대용역을 함께 공급하여 그 임대구분과 임대료 등의 구분이 불분명한 경우에는 다음의 계산식을 순차적으로 적용하여 공급가액을 계산한다. ㉠ 토지 또는 건물분에 대한 임대료 상당액 = 임대료 등의 대가 및 간주임대료 금액 × $\frac{\text{토지가액 또는 건물가액}}{\text{토지가액과 정착된 건물가액의 합계액}}$ ㉡ 토지 임대공급가액 = 토지 또는 건물분에 대한 임대료 상당액 × $\frac{\text{과세되는 토지임대면적}}{\text{총토지 임대면적}}$ ㉢ 건물 임대공급가액 = 토지 또는 건물분에 대한 임대료 상당액 × $\frac{\text{과세되는 건물임대면적}}{\text{총건물 임대면적}}$ ③ 사업자가 둘 이상의 과세기간에 걸쳐 부동산 임대용역을 공급하고 그 대가를 선불이나 후불로 받는 경우에는 해당 금액을 계약기간의 개월 수로 나눈 금액의 각 과세대상기간의 합계액을 공급가액으로 한다. 이 경우 개월 수의 계산은 해당 **계약기간의 개시일이 속하는 달이 1개월 미만이면 1개월로** 하고, 해당 계약기간의 **종료일이 속하는 달이 1개월 미만이면 산입하지 아니한다**.
공통사용재화의 공급		사업자가 과세사업과 면세사업에 공통적으로 사용한 재화를 공급하는 경우에는 다음과 같이 계산한 금액을 과세표준에 포함되는 공급가액으로 한다. $$\text{과세표준} = \text{당해재화의 공급가액} \times \frac{\text{직전 과세기간}^* \text{의 과세공급가액}}{\text{직전 과세기간의 총공급가액}}$$ * 공급시 세금계산서를 발급하기 위하여 직전 과세기간을 적용한다.

구 분	내 용
공통사용재화의 공급	단, 다음의 경우에는 **안분계산을 배제**한다. ① 재화를 공급한 날이 속하는 과세기간의 직전 과세기간의 총공급가액 중 면세공급가액이 5% 미만인 경우(단, 해당 재화의 공급가액이 5,000만원 이상인 경우 제외) ② 재화의 건별 공급가액이 50만원 미만인 경우 ③ 재화를 공급한 날이 속하는 과세기간에 신규로 사업을 시작하여 직전 과세기간이 없는 경우
토지와 건축물 일괄 공급시 공급가액	사업자가 토지와 그 토지에 정착된 건물 또는 구축물 등을 함께 공급하는 경우에는 건물 또는 구축물 등의 **실지거래가액을 공급가액**으로 한다. 다만, 다음의 어느 하나에 해당하는 경우에는 안분계산한 금액을 공급가액으로 한다. ① 실지거래가액 중 토지의 가액과 건물 또는 구축물 등의 가액의 구분이 불분명한 경우 ㉠ 토지와 건물 또는 구축물 등에 대한 기준시가가 모두 있는 경우 : 공급계약일 현재의 기준시가에 따라 계산한 가액에 비례하여 안분 계산한 금액. 다만, 감정평가가액이 있는 경우에는 그 가액에 비례하여 안분 계산한 금액으로 한다. ㉡ 토지와 건물등 중 어느 하나 또는 모두의 기준시가가 없는 경우로서 감정평가가액이 있는 경우 : 그 가액에 비례하여 안분 계산한 금액. 다만, 감정평가가액이 없는 경우에는 장부가액(장부가액이 없는 경우에는 취득가액)에 비례하여 안분 계산한 후 기준시가가 있는 자산에 대해서는 그 합계액을 다시 기준시가에 의하여 안분 계산한 금액으로 한다. ㉢ ㉠과 ㉡을 적용할 수 없거나 적용하기 곤란한 경우 : 국세청장이 정하는 바에 따라 안분하여 계산한 금액 ② 사업자가 실지거래가액으로 구분한 토지와 건물 또는 구축물 등의 가액이 안분계산한 금액과 100분의 30 이상 차이가 있는 경우. 다만, 다음의 어느 하나에 해당하는 경우에는 건물등의 실지거래가액을 공급가액으로 한다. ㉠ 다른 법령에서 정하는 바에 따라 토지와 건물등의 가액을 구분한 경우 ㉡ 토지와 건물등을 함께 공급받은 후 건물등을 철거하고 토지만 사용하는 경우

 예 제 1

2024년 8월, 5억원에 취득한 기계장치는 과세사업에 사용하여 왔으나, 2025년 10월부터 과세사업에의 사용을 중지하고 면세사업에 전용하였다. 이로 인해 증가하는 2025년 2기 부가가치세 과세표준을 계산하시오. (단, 해당 기계설비의 전용당시 장부가액은 4억원이고, 시가는 4억5천만원이다.)

【해설】
- 간주공급의 과세표준 = 취득가액 × (1 − 감가율 × 경과된 과세기간 수)
  = 500,000,000원 × (1 − 25% × 2) = 250,000,000원
- 경과된 과세기간 수 = 취득과세기간은 포함하며, 해당과세기간은 불포함(2024년 2기, 2025년 1기)

예제2

과세사업을 하는 (주)두더지상사는 2025년 12월 1일 폐업하였다. 폐업시 재고자산과 유형자산 내역은 다음과 같다. 폐업시 부가가치세 과세표준을 계산하시오. (단, 과세재화는 모두 매입세액공제를 받았다고 가정한다.)

	취득시기	취득가액	시 가
재고자산	2024년 9월	10,000,000원	10,000,000원
토 지	2025년 1월	30,000,000원	80,000,000원
비 품	2024년 4월	20,000,000원	3,200,000원

【해설】
- 재고자산 과세표준(시가) : 10,000,000원
- 토지 : 면세에 해당하므로 과세대상 제외
- 비품 과세표준 = 취득가액 × (1 − 감가율 × 경과된 과세기간 수)
  = 20,000,000원 × (1 − 25% × 3) = 5,000,000원

∴ 과세표준 = 10,000,000원 + 5,000,000원 = 15,000,000원

예제3

(주)두더지상사는 농산물과 통조림을 판매하는 일반과세사업자이다. 2025년 10월 5일에 배송용으로 사용하던 차량운반구를 20,000,000원(부가가치세 별도)에 매각하였다. 차량운반구 매각과 관련하여 세금계산서를 발급해야 하는 공급가액(과세표준)을 계산하시오.

과세기간	농수산물(면세)	통조림(과세)	합 계
2025년 1기	5억원	15억원	20억원
2025년 2기	8억원	17억원	25억원

【해설】
- 과세표준 = 당해재화의 공급가액 × $\dfrac{\text{직전 과세기간의 과세공급가액}}{\text{직전 과세기간의 총공급가액}}$ = 20,000,000원 × $\dfrac{15억원}{20억원}$

  = 15,000,000원(세금계산서 발급)

6 대손세액공제 ( 전산실무 : 대손세액 공제(변제)신고서 작성 제출)

구분	내 용
의의	사업자가 공급한 재화 또는 용역에 대한 외상매출금 등 채권의 대손이 발생하여 관련 부가가치세를 거래징수하지 못하는 경우 대손이 확정된 날이 속하는 과세기간의 확정신고 기간의 매출세액에서 해당 거래징수하지 못한 부가가치세 상당액을 차감할 수 있도록 하는 제도(다만, 대손금액의 전부 또는 일부를 회수한 경우에는 회수한 대손금액에 관련된 대손세액을 회수한 날이 속하는 과세기간의 매출세액에 가산함) 대손세액공제액 = 대손금액(공급대가) × $\dfrac{10}{110}$

구분	내 용
대손 사유	① 상법·어음법·수표법·민법에 따른 소멸시효가 완성된 채권(외상매출금·미수금·어음·대여금등) ② 채무자 회생 및 파산에 관한 법률에 따른 회생계획인가의 결정 또는 법원의 면책결정에 따라 회수 불능으로 확정된 채권 ③ 민사집행법에 따라 채무자의 재산에 대한 경매가 취소된 압류채권 ④ 채무자의 파산, 강제집행, 형의 집행, 사업의 폐지, 사망, 실종 또는 행방불명으로 회수할 수 없는 채권 ⑤ 부도발생일부터 6개월 이상 지난 수표 또는 어음상의 채권 및 외상매출금(중소기업의 외상매출금으로서 부도발생일 이전의 것에 한함). 다만, 해당 법인이 채무자의 재산에 대하여 저당권을 설정하고 있는 경우는 제외한다. ⑥ 중소기업의 외상매출금 및 미수금으로서 회수기일이 2년 이상 지난 외상매출금 등(다만, 특수관계인과의 거래는 제외) ⑦ 재판상 화해 등 확정판결과 같은 효력을 가지는 것으로서 법으로 정하는 것에 따라 회수불능으로 확정된 채권 ⑧ 회수기일이 6개월 이상 지난 채권 중 채권가액이 30만원 이하(채무자별 채권가액의 합계액 기준)인 채권
범위 및 시기	사업자가 부가가치세가 과세되는 재화 또는 용역을 공급한 후 그 **공급일로부터 10년이 지난 날이 속하는 과세기간에 대한 확정신고기한**까지 대손세액공제대상이 되는 사유로 인하여 확정되는 대손세액
신청	대손세액공제는 사업자가 확정신고시 대손세액공제신고서와 대손이 발생한 사실을 증명하는 서류를 제출하는 경우에 한하여 적용

 예제 1

다음은 부가가치세 과세사업을 영위하고 있는 (주)두더지상사의 제1기 확정 부가가치세 자료이다. 다음 자료를 부가가치세신고서에 반영하고 과세표준명세도 작성하시오. (가산세는 고려하지 말 것)

| 매출 자료 | ① 전자세금계산서 발행 과세 매출액 : 150매, 420,000,000원(부가가치세 별도)
② 신용카드 과세 매출액 : 44,000,000원(부가가치세 포함)
③ 현금영수증 과세 매출액 : 5,500,000원(부가가치세 포함)
④ 직수출액 : 100,000,000원
⑤ 제품을 타계정대체한 내역
　- 이재민구호품으로 지방자치정부에 제공 : 10,000,000원(시가 12,000,000원)
　- 거래처의 판매실적에 따라 제품으로 지급 : 3,000,000원(시가 4,000,000원)
⑥ 예정신고 누락분 세금계산서 매출액 5,500,000원(부가가치세 포함)이다.
⑦ 업태 : 제조업, 종목 : 컴퓨터, 업종코드 : 300100 |

구 분			금 액	세율	세 액
과세표준 및 매출세액	과세	세금계산서 발급분 (1)		10/100	
		매입자발행 세금계산서 (2)		10/100	
		신용카드·현금영수증발행분 (3)		10/100	
		기타(정규영수증 외 매출분) (4)		10/100	
	영세율	세금계산서 발급분 (5)		0/100	
		기 타 (6)		0/100	
	예 정 신 고 누 락 분 (7)				
	대 손 세 액 가 감 (8)				
	합 계 (9)			㉮	

❺ 과세표준명세

업 태	종 목	생산요소	업종 코드	금 액
(28)				
(29)				
(30)				
(31) 수입금액 제외				
(32) 합 계				

【해설】

1. 과세표준 및 매출세액
- 신용카드·현금영수증 매출 = (44,000,000원 + 5,500,000원) / 1.1 = 45,000,000원
- 이재민구호품으로 제공한 제품은 간주공급에 해당하지 않으나 거래처의 판매실적에 따라 제품으로 지급한 판매장려금은 사업상증여에 해당하며 시가가 과세표준이고 세금계산서 발급은 면제이다.

구 분			금 액	세율	세 액
과세표준 및 매출세액	과세	세금계산서 발급분 (1)	420,000,000	10/100	42,000,000
		매입자발행 세금계산서 (2)		10/100	
		신용카드·현금영수증발행분 (3)	45,000,000	10/100	4,500,000
		기타(정규영수증 외 매출분) (4)	4,000,000	10/100	400,000
	영세율	세금계산서 발급분 (5)		0/100	
		기 타 (6)	100,000,000	0/100	
	예 정 신 고 누 락 분 (7)		5,000,000		500,000
	대 손 세 액 가 감 (8)				
	합 계 (9)		574,000,000	㉮	47,400,000

2. 과세표준명세

[과세표준및매출세액]의 합계(9란)와 [과세표준명세]의 합계(32란)는 반드시 **일치**하여야 한다. 사업상증여에 해당하는 판매장려금은 법인세법상 수입금액에 해당하지 않으므로 수입금액 제외(31란)에 기재한다. 수입금액제외의 종목은 해당항목을 기재하고 업종코드는 "28란"에 기재하는 번호와 동일하게 기재한다.

❺ 과 세 표 준 명 세							
업 태	종 목	생산요소	업종 코드				금 액
(28) 제조업	컴퓨터		3	0	0	1 0 0	570,000,000
(29)							
(30)							
(31) 수입금액 제외	사업상증여		3	0	0	1 0 0	4,000,000
(32) 합 계							574,000,000

 예제2

다음 자료에 따라 (주)두더지상사의 제1기 확정 부가가치세 신고시 대손세액 공제(변제)신고서를 작성하고 [예제 1]의 자료가 반영된 신고서에 대손세액공제액을 반영하시오.

대손내역	① 2024년 10월 21일 대한물산(대표자 : 최대한, 사업자등록번호 : 201-06-12305)에 상품을 매출하고, 대금(부가가치세 포함) 15,400,000원은 대한물산 발행 약속어음으로 수령하였다. 동 어음은 거래일로부터 6개월이 지난 2025년 4월 21일에 주거래은행으로부터 부도확인을 받았다. ② 외상매출금 중 3,300,000원은 2022년 3월 5일 흥진상사(대표자 : 김흥진, 사업자등록번호 : 204-05-00761)에 대한 것이다. 이 외상매출금의 회수를 위해 당사는 법률상 회수노력을 다하였으나, 결국 회수를 못하였고, 2025년 3월 5일자로 동 외상매출금의 소멸시효가 완성되었다. ③ 2025년 4월 10일자로 다도물산(대표자 : 김다도, 사업자등록번호 : 601-05-01239)에 대한 채권잔액 187,000원(부가가치세 포함)을 대손처리하다. 동 채권은 회수기일로부터 7개월(공급일자 : 2024년 9월 10일)이 경과된 것이며, 이 외의 다도물산에 대한 채권은 없다. ④ 2023년 12월 5일에 파산으로 대손처리했던 영일만(주)(대표자 : 김영일, 사업자등록번호 : 214-82-36364)에 대한 채권액 1,650,000원 전액을 2025년 5월 7일 현금으로 회수하였다. 당사는 동 채권액에 대하여 2023년 제2기 부가가치세 확정신고시 대손세액공제를 적용받았다. (당초 공급연월일 : 2022년 5월 20일)

[대손세액 공제(변제)신고서]

⑤ 당초 공급 연월일	⑥ 대손 확정연월일	⑦ 대손 금액	⑧ 공제율 (10/110)	⑨ 대손 세액	공급받는 자			⑬ 대손 사유
					⑩ 상호	⑪ 성명	⑫ 사업자등록번호	
			10/110					
			10/110					
			10/110					
합 계								

	구 분		금 액	세율	세 액
과세 표준 및 매출 세액	과세	세금계산서 발급분 (1)	420,000,000	10/100	42,000,000
		매입자발행 세금계산서 (2)		10/100	
		신용카드·현금영수증발행분 (3)	45,000,000	10/100	4,500,000
		기타(정규영수증 외 매출분) (4)	4,000,000	10/100	400,000
	영세율	세금계산서 발급분 (5)		0/100	
		기 타 (6)	100,000,000	0/100	
	예 정 신 고 누 락 분 (7)		5,000,000		500,000
	대 손 세 액 가 감 (8)				
	합 계 (9)		574,000,000	㉑	

【해설】

1. 대손세액공제신고서 작성 : 대손세액공제분은 대손금액을 양수로, 대손금 회수액은 음수로 기재
① 부도발생일로부터 6개월이 경과 되지 않았으므로 대손세액공제대상이 아니다.
② 채권소멸시효완성은 대손요건을 충족하였다.
③ 소액채권(거래처별 30만원 이하)으로 회수기일이 6월 경과된 채권은 대손요건을 충족한다.
④ 대손처리한 대손세액공제분을 변제받은 경우에는 대손세액공제액에서 차감한다.

[대손세액 공제(변제)신고서]

⑤ 당초 공급 연월일	⑥ 대손 확정연월일	⑦ 대손 금액	⑧ 공제율 (10/110)	⑨ 대손 세액	공급받는 자			⑬ 대손 사유
					⑩ 상호	⑪ 성명	⑫ 사업자등록번호	
2022.03.05	2025.03.05	3,300,000	10/110	300,000	흥진상사	김흥진	204-05-00761	소멸시효완성
2024.09.10	2025.04.10	187,000	10/110	17,000	다도물산	김다도	601-05-01239	6월경과 소액채권
2022.05.20	2025.05.07	-1,650,000	10/110	-150,000	영일만(주)	김영일	214-82-36364	대손금회수
합 계		1,837,000		167,000				

2. 부가가치세신고서 작성 : 대손세액가감란에 기재시 대손세액 발생분은 음수로, 대손세액 회수분은 양수로 기재

	구 분		금 액	세율	세 액
과세 표준 및 매출 세액	과세	세금계산서 발급분 (1)	420,000,000	10/100	42,000,000
		매입자발행 세금계산서 (2)		10/100	
		신용카드·현금영수증발행분 (3)	45,000,000	10/100	4,500,000
		기타(정규영수증 외 매출분) (4)	4,000,000	10/100	400,000
	영세율	세금계산서 발급분 (5)		0/100	
		기 타 (6)	100,000,000	0/100	
	예 정 신 고 누 락 분 (7)		5,000,000		500,000
	대 손 세 액 가 감 (8)				-167,000
	합 계 (9)		574,000,000	㉑	47,233,000

3. 세율

우리나라 부가가치세의 세율 구조는 단일비례세율(10%)이며, 일정한 재화 또는 용역에 대하여 "0"의 세율을 적용한다.

4. 매입세액공제와 납부세액의 계산

부가가치세 납부세액은 전단계세액공제법에 의하므로 국가에 납부하여야 할 납부세액은 매출세액에서 매입세액을 공제하여 계산한다. 단, 당해 단계에서 공급한 재화 등에 대한 매출세액보다 당해 단계 이전에서 과세된 매입세액이 클 경우 환급세액이 발생하게 된다.

> 납부(환급)세액 = 매출세액 ± 대손세액가감 - 매입세액

1 공제하는 매입세액

(1) 공제받을 수 있는 매입세액

사업자가 재화 또는 용역을 공급받을 때 거래징수를 당한 매입세액 중 ㉠ **자기의 사업을 위하여 사용하였거나 사용할 목적으로 공급받은 재화 또는 용역의 공급에 대한 부가가치세액**과 ㉡ **자기의 사업을 위하여 사용하였거나 사용할 목적으로 수입하는 재화의 수입에 대한 부가가치세액**은 매출세액에서 공제된다. 매입세액의 공제시기는 재화 또는 용역을 공급받은 시기 및 재화의 수입시기가 속하는 과세기간의 매출세액에서 공제한다.

(2) 세금계산서 수취분에 대한 매입세액(⇨ 전산실무 : 매입처별 세금계산서합계표 제출)

사업자가 사업을 위하여 사용하였거나 사용할 목적으로 공급받은 재화 및 용역에 대한 증빙으로 세금계산서(또는 수입세금계산서)를 수취한 경우 부가가치세 신고 시 [매입처별 세금계산서합계표]를 제출하여 매입세액을 공제받는다. 다만, 세법상 공제받지 못할 매입세액에 해당하는 경우에는 "공제받지 못할 매입세액"에 추가로 기재하여 매입세액에서 차감한다. 매입자발행세금계산서가 있는 경우에는 [매입자발행세금계산서합계표]를 제출하여 매입세액 공제가 가능하다.

(3) 신용카드매출전표수령명세서 등 제출분 매입세액(⇨ 전산실무 : 신용카드매출전표수령명세서 제출)

사업자가 세법에 정하는 일반과세자 및 간이과세자로부터 재화 또는 용역을 공급받고 영수증에 해당하지만 부가가치세액이 별도로 기재된 신용카드매출전표(직불카드영수증·기명식 선불카드영수증·현금영수증 포함)를 발급받은 때에는 **다음의 요건을 충족하는 경우에는 공제할 수 있는 매입세액**으로 본다.

① 신용카드매출전표 등 수령명세서를 제출할 것
② 신용카드매출전표 등을 그 거래사실이 속하는 과세기간에 대한 확정신고를 한 날로부터 5년간 보관할 것
③ **다음의 경우에 해당하지 않는 경우**
  ㉠ 세금계산서를 수취한 경우
  ㉡ 간이과세자(신규사업자 및 직전연도 공급대가 합계액 4,800만원 미만자)와의 거래로 수취한 경우
  ㉢ 공제받지 못할 매입세액인 경우(기업업무추진비, 비영업용소형승용차 유지 등)
  ㉣ 다음에 해당하는 사업을 영위하는 사업자에게 공급받은 경우
    • 미용, 욕탕 및 유사서비스업 • 여객운송업(전세버스운송사업자 제외) • 입장권을 발행하여 영위하는 사업

 **예제**

다음은 (주)두더지상사의 10월부터 12월까지 공급가액과 부가가치세를 구분 기재한 신용카드매출전표를 교부받은 내역이다. [신용카드매출전표등 수령명세서]를 작성하기 위해 공제되는 매입세액을 선별하시오.

사용한 신용카드내역	거래일자	거래처명	발행금액 (VAT포함)	공급자의 업종 등	거래내용	비 고	공제 여부
현대카드 (법인카드)	10.10	(주)키토산	220,000원	도매업, 일반과세자	거래처 선물구입비용	세금계산서 미교부	
	11.03	스머프상사	440,000원	음식점업, 일반과세자	직원 회식대 (복리후생비)	세금계산서 미교부	
	11.21	세림유통	330,000원	소매업, 간이과세자	사무용품 구입	세금계산서 미교부	
신한카드 (종업원의 카드)	11.25	장수탕	110,000원	욕탕업, 일반과세자	직원의 야근목욕비용	세금계산서 미교부	
	11.30	(주)하드웨어	880,000원	소매업, 일반과세자	컴퓨터 구입	세금계산서 미교부	
	12.05	미네르바	770,000원	변호사, 일반과세자	법률 자문료	세금계산서 수취	
현금영수증 (지출증빙)	12.10	(주)중앙고속	88,000원	운송업, 일반과세자	우등고속버스 출장교통비	세금계산서 미교부	

* 간이과세자는 직전연도 공급대가 합계액 4,800만원 미만 사업자임

【해설】

사용한 신용카드내역	거래일자	거래처명	발행금액 (VAT포함)	거래내용	공제 여부
현대카드 (법인카드)	10.10	(주)키토산	220,000원	거래처 선물 구입비용은 기업업무추진비에 해당하므로 공제 불가	×
	11.03	스머프상사	440,000원	직원 회식비는 복리후생비로 공제 가능	○
	11.21	세림유통	330,000원	직전연도 공급대가 4,800만원 미만인 간이과세자는 세금계산서를 발급할 수 없는 사업자이므로 공제 불가	×
신한카드 (종업원의 카드)	11.25	장수탕	110,000원	욕탕업은 세금계산서를 발급할 수 없는 사업자이므로 공제 불가	×
	11.30	(주)하드웨어	880,000원	컴퓨터 구입은 사업관련 지출이므로 공제 가능	○
	12.05	미네르바	770,000원	세금계산서 수취분은 세금계산서로 매입세액 공제를 받으므로 공제 불가	×
현금영수증 (지출증빙)	12.10	(주)중앙고속	88,000원	여객운송업은 세금계산서를 발급할 수 없는 사업자이므로 공제 불가	×

(4) 의제매입세액공제(⇨ 전산실무 : 의제매입세액 공제신고서 제출)

사업자가 면세농산물(농·축·수·임산물) 등을 원재료로 하여 제조·가공하여 재화 또는 창출한 용역의 공급이 과세되는 경우에는 그 면세농산물 등의 가액의 2/102 등에 해당하는 금액을 매입세액으로서 공제할 수 있는데 이를 의제매입세액공제라고 한다.

구 분	내 용
공제요건	① 적용대상자 : 과세사업을 영위하는 사업자(2021. 7. 1. 이후 간이과세자 제외) ② 과세사업에 사용 : 사업자가 공급받은 면세농산물 등을 원재료로 하여 제조·가공한 재화 또는 용역의 공급이 과세되어야 한다. ③ 증명서류 제출 : 의제매입세액공제신고서, 매입처별계산서합계표, 신용카드매출전표등 수령명세서, 매입자발행계산서합계표 제출(단, 제조업을 영위하는 사업자가 농어민으로부터 직접 매입하는 경우 의제매입세액공제신고서만 제출)
공제시기	의제매입세액의 공제시기는 면세농산물 등의 구입시기가 속하는 예정신고 또는 확정신고 시 매출세액에서 공제한다.
의제매입세액의 계산	의제매입세액 = 면세농산물등의 매입가액 × 공제율 ① 매입가액은 운임 등의 부대비용을 제외하며, 수입농산물등의 경우 관세의 과세가격을 말한다. ② 공제율 	구 분		공제율
---	---	---
일반 기업		2/102
중소제조업		4/104
과자점업, 도정업, 제분업 및 떡류 제조업 중 떡방앗간을 경영하는 개인사업자		6/106
음식점업	유흥장소	2/102
	법인사업자	6/106

	개인사업자
	(과세표준 2억원 이하 : 9/109, 2026.12.31.까지)
		8/108	
			
			③ 예정신고 및 확정신고 시 의제매입세액공제액
			   ㉠ 예정신고 : 예정신고기간의 면세농산물 등의 매입가액 × 공제율
			   ㉡ 확정신고 : 해당 과세기간의 한도액 범위 내에서 공제 대상금액 × 공제율
			       - 예정신고 시 이미 공제받은 세액

한도	① 한도액 계산은 확정신고시에만 적용한다. 공제한도 = 해당 과세기간의 과세표준(면세농산물관련 매출) × 한도비율 ② 한도비율(2025.12.31.까지) | 구분		개인 일반사업자			간이 과세자	법인 사업자
---	---	---	---	---	---	---
		과세표준 1억 이하	과세표준 1억초과 2억이하	과세표준 2억초과		
한도 비율	음식점	75%	70%	60%	제외	과세표준×50%
	기타	65%		55%			

구 분	내 용
의제매입세액 추징	의제매입세액을 공제한 면세농산물 등을 그대로 양도·인도하거나 면세사업 또는 기타의 목적을 위하여 사용·소비하는 경우에는 이미 공제한 의제매입세액을 납부세액에 더하거나 환급세액에서 차감한다.

(주)두더지상사는 통조림 제조업을 운영하는 중소기업으로 다음은 면세재화 매입자료이다. 공제여부를 선별하여 예정신고시 의제매입세액과 확정신고 시 의제매입세액을 계산하시오.

1. 면세재화 매입자료

구분	구입일자	상호(성명)	품명	매입가액(원)	증빙	거래내역	공제여부
사업자 매입분	01.10	의성과수원	과일	5,000,000	계산서		
	02.25	한세축산	축산물	30,000,000	신용카드	미사용액 5,000,000원 보유	
	03.05	우일수산	수산물	20,500,000	계산서	운반비 500,000원 포함되어 있음	
	04.20	해찬과수원	과일	1,500,000	영수증		
	05.17	의성과수원	과일	10,000,000	현금영수증		
농어민 매입분	06.07	김농민	과일	70,000,000	계약서		

2. 의제매입과 관련한 매출내역

예정신고	확정신고	합 계
100,000,000원	120,000,000원	220,000,000원

【해설】

1. 면세재화 매입자료

구분	구입일자	상호(성명)	공제대상 매입가액	증빙	거래내역	공제여부
사업자 매입분	01.10	의성과수원	5,000,000	계산서		○
	02.25	한세축산	30,000,000	신용카드	의제매입과 관련된 공제는 구입시점에서 공제	○
	03.05	우일수산	20,000,000	계산서	순수매입가액만 공제대상이므로 운반비는 제외	○
	04.20	해찬과수원	–	영수증	사업자 매입분은 법정증빙을 수취하여야 공제대상임	×
	05.17	의성과수원	10,000,000	현금영수증		○

구분	구입일자	상호(성명)	공제대상 매입가액	증빙	거래내역	공제여부
농어민 매입분	06.07	김농민	70,000,000	계약서	제조업의 경우 농어민 매입분은 법정증빙 수취여부와 관계 없이 공제 가능	○

2. 예정신고시 의제매입세액
① 매입가액 = 5,000,000원 + 30,000,000원 + 20,000,000원 = 55,000,000원
② 의제매입세액 = 매입가액 × 공제율 = 55,000,000원 × 4/104(중소 제조업) = 2,115,384원

3. 확정신고시 의제매입세액
① 의제매입세액
 = [Min ㉠ 면세매입가액, ㉡ 공제한도] × 공제율 – 예정신고 시 이미 공제받은 세액
 = 110,000,000원 × 4/104 – 2,115,384원 = 2,115,385원
   4,230,769원
 ㉠ 면세매입가액 = 55,000,000원(예정) + 80,000,000원(확정) = 135,000,000원
 ㉡ 공제한도 = 해당 과세기간의 과세표준 × 한도율 = 220,000,000원 × 50%(법인) = 110,000,000원

(5) 재활용폐자원 등에 대한 매입세액공제 (⇨ 전산실무 : 재활용폐자원매입세액 공제신고서 제출)

재활용폐자원 및 중고품을 수집하는 사업자가 국가·지방자치단체, 면세사업자(면세사업과 과세사업을 겸업하는 경우를 포함)와 간이과세자로부터 **재활용폐자원**(고철, 폐지, 폐유리, 폐금속캔, 폐건전지, 폐타이어등, 2025.12.31.까지) 및 **중고품**(자동차에 한함, 2025.12.31까지)을 취득하여 제조 또는 가공하거나 이를 공급하는 경우 매입세액으로 공제할 수 있으며 예정신고시 공제 후 확정신고시 **정산(중고자동차 제외)**하여 한도내 금액까지 공제한다. 이는 매입세액을 공제하여 줌으로써 폐자원수입이 원활하게 이루어질 수 있도록 하는데 그 목적이 있다.

재활용폐자원 매입세액 = 공제대상 매입가액 × 3/103(단, 중고자동차 10/110)

- 확정신고시 매입세액 = 공제대상 매입가액 × 3/103 – 예정신고 시 공제받은 세액
- 공제대상 매입가액(취득가액) Min[㉠, ㉡]
  ㉠ 영수증과 계산서수취분 취득가액   ㉡ 공급가액 × 80% – 세금계산서수취분 매입액

재활용품을 판매하는 법인 (주)두더지상사의 제1기 확정신고에 반영할 재활용폐자원매입세액(중고자동차 아님)을 계산하시오.

구 분	1월~3월	4월~6월	합 계
공급가액	200,000,000원	400,000,000원	600,000,000원
재활용상품 세금계산서 수취분	10,000,000원	16,000,000원	26,000,000원
재활용상품 영수증 수취분	146,000,000원	320,000,000원	466,000,000원

【해설】
재활용폐자원매입세액은 확정신고 시에 과세기간의 공급가액의 80% 한도로 인정한다.
1. 예정신고시 재활용폐자원매입세액 = 146,000,000원 × 3/103 = 4,252,427원
2. 확정신고시 공제대상 매입가액(취득가액) : Min[① 466,000,000원, ② 454,000,000원]
    ① 영수증과 계산서수취분 취득가액 = 466,000,000원
    ② 공급가액 × 80% − 세금계산서수취분 매입가액
       = 600,000,000원 × 80% − 26,000,000원 = 454,000,000원
3. 재활용폐자원 매입세액 = 공제대상 매입가액 × 3/103 − 예정신고 시 이미 공제받은 세액
       = 454,000,000원 × 3/103 − 4,252,427원 = 8,970,873원

2 공제하지 아니하는 매입세액 (⇨ 실무 : 공제받지 못할 매입세액 명세서 제출)

(1) 공제받을 수 없는 매입세액

구 분	내 용
매입처별 세금계산서 합계표의 미제출 등	① 매입처별 세금계산서합계표를 제출하지 아니한 경우 ② 제출한 매입처별세금계산서합계표의 기재사항 중 거래처별 등록번호 또는 공급가액의 전부 또는 일부가 기재되어 있지 아니하였거나 사실과 다르게 기재된 경우 다만, 다음 중 하나에 해당하는 경우의 **매입세액은 공제가 허용**된다. ㉠ 매입처별 세금계산서합계표 또는 신용카드매출전표 등의 수령명세서를 과세표준수정신고와 함께 제출하는 경우 ㉡ 매입처별 세금계산서합계표 또는 신용카드매출전표 등의 수령명세서를 경정청구와 함께 제출하여 경정기관이 경정하는 경우 ㉢ 발급받은 세금계산서에 대한 매입처별 세금계산서합계표 또는 신용카드매출전표 등의 수령명세서를 기한 후 과세표준신고서와 함께 제출하여 관할세무서장이 결정하는 경우 ㉣ 발급받은 세금계산서에 대한 매입처별 세금계산서합계표의 거래처별 등록번호 또는 공급가액이 착오로 사실과 다르게 적힌 경우로서 발급받은 세금계산서에 의하여 거래사실이 확인되는 경우 ㉤ 발급받은 세금계산서 또는 신용카드매출전표를 경정에 있어서 경정기관의 확인을 거쳐 제출하는 경우
세금계산서 의 미제출 등	① 세금계산서 또는 수입세금계산서를 발급받지 아니한 경우 ② 발급받은 세금계산서 또는 수입세금계산서의 필요적 기재사항의 전부 또는 일부가 기재되지 않았거나 사실과 다르게 기재된 경우 다만, 다음 중 하나에 해당하는 경우의 **매입세액은 공제가 허용**된다. ㉠ 사업자등록을 신청한 사업자가 사업자등록증 발급일까지의 거래에 대하여 해당 사업자 또는 대표자의 주민등록번호를 적어 발급받은 경우 ㉡ 발급받은 세금계산서의 필요적 기재사항 중 일부가 착오로 사실과 다르게 적혔으나 그 세금계산서에 적힌 나머지 필요적 기재사항 또는 임의적 기재사항으로 보아 거래사실이 확인되는 경우 ㉢ 재화 또는 용역의 공급시기 이후에 발급받은 세금계산서로서 해당 공급시기가 속하는 과세기간에 대한 확정신고기한까지 발급받은 경우 ㉣ 발급받은 전자세금계산서로서 국세청장에게 전송되지 아니하였으나 발급한 사실이 확인되는 경우 ㉤ 전자세금계산서 외의 세금계산서로서 재화 또는 용역의 공급시기가 속하는 과세기간에 대한 확정신고기한까지 발급받았고, 그 거래사실도 확인되는 경우

구 분	내 용
세금계산서의 미제출 등	ⓗ 실제로 재화 또는 용역을 공급하거나 공급받은 사업장이 아닌 사업장을 적은 세금계산서를 발급받았더라도 그 사업장이 총괄하여 납부하거나 사업자 단위 과세 사업자에 해당하는 사업장인 경우로서 그 재화 또는 용역을 실제로 공급한 사업자가 납세지 관할 세무서장에게 해당 과세기간에 대한 납부세액을 신고하고 납부한 경우 ⓐ 재화 또는 용역의 공급시기가 속하는 과세기간에 대한 확정신고기한이 지난 후 세금계산서를 발급받았더라도 그 세금계산서의 발급일이 확정신고기한 다음 날부터 1년 이내이고 다음 각 목의 어느 하나에 해당하는 경우 　가. 과세표준수정신고서와 경정 청구서를 세금계산서와 함께 제출하는 경우 　나. 해당 거래사실이 확인되어 납세지 관할 세무서장 등이 결정 또는 경정하는 경우 ⓞ 재화 또는 용역의 공급시기 전에 세금계산서를 발급받았더라도 재화 또는 용역의 공급시기가 그 세금계산서의 발급일부터 6개월 이내에 도래하고 해당 거래사실이 확인되어 납세지 관할 세무서장등이 결정 또는 경정하는 경우 ⓩ 그 거래사실이 확인되고 거래 당사자가 거래형태에 따라 정상적으로 세금계산서를 발급하고 납세지 관할 세무서장에게 해당 납부세액을 신고하고 납부한 경우 　가. 거래의 실질이 위탁매매 또는 대리인에 의한 매매에 해당함에도 불구하고(또는 해당하지 않음에도 불구하고) 거래 당사자 간 계약에 따라 위탁매매 또는 대리인에 의한 매매가 아닌 거래로 하여(또는 매매로 하여) 세금계산서를 발급받은 경우 　나. 거래의 실질이 용역의 공급에 대한 주선·중개에 해당함에도 불구하고(또는 해당하지 않음에도 불구하고) 거래 당사자 간 계약에 따라 용역의 공급에 대한 주선·중개가 아닌 거래로 하여(또는 주선·중개로 하여) 세금계산서를 발급받은 경우 　다. 다른 사업자로부터 사업(용역을 공급하는 사업으로 한정)을 위탁받아 수행하는 사업자가 위탁받은 사업의 수행에 필요한 비용을 사업을 위탁한 사업자로부터 지급받아 지출한 경우로서 해당 비용을 공급가액에 포함해야 함에도 불구하고 거래 당사자 간 계약에 따라 이를 공급가액에서 제외하여 세금계산서를 발급받은 경우 　라. 다른 사업자로부터 사업을 위탁받아 수행하는 사업자가 위탁받은 사업의 수행에 필요한 비용을 사업을 위탁한 사업자로부터 지급받아 지출한 경우로서 해당 비용을 공급가액에서 제외해야 함에도 불구하고 거래 당사자 간 계약에 따라 이를 공급가액에 포함하여 세금계산서를 발급받은 경우 　마. 매출에누리와 판매장려금간 착오에 의한 세금계산서를 발행한 경우(수정세금계산서를 발행하지 않는 경우에 한함) ⓩ 부가가치세를 납부해야 하는 수탁자가 위탁자를 재화 또는 용역을 공급받는 자로 하여 발급된 세금계산서의 부가가치세액을 매출세액에서 공제받으려는 경우로서 그 거래사실이 확인되고 재화 또는 용역을 공급한 자가 납세지 관할 세무서장에게 해당 납부세액을 신고하고 납부한 경우 ⓣ 부가가치세를 납부해야 하는 위탁자가 수탁자를 재화 또는 용역을 공급받는 자로 하여 발급된 세금계산서의 부가가치세액을 매출세액에서 공제받으려는 경우로서 그 거래사실이 확인되고 재화 또는 용역을 공급한 자가 납세지 관할 세무서장에게 해당 납부세액을 신고하고 납부한 경우
사업과 관련 없는 지출에 대한 매입세액	① 사업자가 그 업무와 관련 없는 자산을 취득·관리함으로써 발생하는 취득비·유지비·수선비와 이와 관련되는 필요경비 ② 사업자가 그 사업에 직접 사용하지 아니하고 타인(종업원을 제외한다)이 주로 사용하는 토지·건물 등의 유지비·수선비·사용료와 이와 관련되는 지출금 ③ 사업자가 그 업무와 관련 없는 자산을 취득하기 위하여 차입한 금액에 대한 지급이자 ④ 사업자가 사업과 관련 없이 지출한 기업업무추진비 : 뇌물, 노동법상 위반하여 지급하는 급여

구 분	내 용
개별소비세법 과세대상 자동차의 구입과 임차 및 유지에 관한 매입세액	① 영업으로 직접 사용되지 아니하는 자동차(= 비영업용 자동차) 운수업, 자동차판매업, 자동차임대업, 운전학원업, 경비업(출동차량에 한함) 및 이와 유사한 업종에서와 같이 자동차를 직접 영업에 사용하는 것 이외의 목적으로 사용하는 자동차 ② 개별소비세법 과세대상 자동차의 범위 8인승 이하의 일반형 승용자동차 및 배기량 1,000cc 초과 자동차(배기량이 1,000cc 이하로서 길이 3.6미터 이하이고 폭이 1.6미터 이하인 경차 제외) 및 125cc 초과 2륜 자동차
기업업무추진비 지출과 관련된 매입세액	기업업무추진비 및 이와 유사한 비용인 교제비, 기밀비, 사례금 등의 매입세액은 공제받을 수 없다.
면세사업과 관련된 매입세액	면세사업(공통매입세액 안분계산분 포함) 및 부가가치세가 과세되지 아니하는 재화 또는 용역을 공급하는 사업과 관련된 매입세액은 불공제 된다.
토지 관련 매입세액 (토지의 자본적 지출)	① 토지의 취득 및 형질변경, 공장부지 및 택지의 조성 등에 관련된 매입세액 (예) 조경공사, 골프장 코스 공사 ② 건축물이 있는 토지를 취득하여 그 건축물을 철거하고 토지만을 사용하는 경우에는 철거한 건축물의 취득 및 철거비용과 관련된 매입세액 ③ 토지의 가치를 현실적으로 증가시켜 토지의 취득원가를 구성하는 비용에 관련된 매입세액 (예) 진입도로공사(포장·통신시설·상하수도 등)
사업자등록을 신청하기 전의 매입세액	사업자등록을 하기전의 매입세액은 매출세액에서 공제하지 아니한다. 다만, **공급시기가 속하는 과세기간이 끝난 후 20일 이내에 등록**을 신청한 경우 등록 신청일로부터 공급시기가 속하는 과세기간 기산일까지 역산한 기간 이내의 매입세액은 **공제 가능**하다. [사업개시 후 사업자등록 신청(제1기 과세기간에 사업개시 가정)] ▪ 2025년 7월 20일 등록신청 : 2025년 1기분(01. 01 ~ 06. 30)부터 공제가능 ▪ 2025년 7월 21일 등록신청 : 2025년 2기분(07. 01 ~ 12. 31)부터 공제가능

예제1

다음은 과세사업자인 (주)두더지상사의 제2기 부가가치세 예정신고기간(7.1 ~ 9.30)에 발생한 매입자료이다. 다음의 자료를 토대로 부가가치세신고서의 부속서류인 [공제받지 못할 매입세액 명세서]를 작성하시오.

가. 제품(공급가액 5,000,000원, 부가가치세 500,000원)을 구입하고 세금계산서를 수취하였으나, 세금계산서에 공급받는자의 상호 및 공급받는자의 대표자 성명이 누락되고 공급자의 성명에 날인도 되지 않은 오류가 있었다.
나. 대표이사가 사업과 상관없이 개인적으로 사용할 노트북을 1,000,000원(부가가치세 별도)에 구입하고 (주)두더지상사를 공급받는자로 하여 세금계산서를 교부 받았다.
다. 회사의 공장건물을 신축하기 위하여 회사보유 토지를 평탄하게 하는 공사(자본적 지출임)를 하기 위하여 (주)일성건설에 10,000,000원(부가가치세 별도)에 외주를 주어 공사를 완료하고 세금계산서를 교부받았다(건물의 자본적지출이 아님).
라. 회사의 업무용으로 사용하기 위하여 차량(배기량 800cc, 4인용, 승용)을 12,000,000원(부가가치세 별도)에 구입하고 세금계산서를 받았다.
마. 거래처에 선물용으로 공급하기 위해서 볼펜(단가 1,000원, 500개, 부가가치세 별도)을 구입하고 세금계산서를 교부받았다.

[공제받지 못할 매입세액 명세]

매입세액 불공제 사유	세금계산서		
	매수	공급가액	매입세액
① 필요적 기재사항 누락 등			
② 사업과 직접 관련 없는 지출			
③ 개별소비세법 제1조제2항제3호에 따른 자동차 구입·유지 및 임차			
④ 기업업무추진비 및 이와 유사한 비용 관련			
⑤ 면세사업등 관련			
⑥ 토지의 자본적 지출 관련			
⑦ 사업자등록 전 매입세액			
⑧ 금·구리 스크랩 거래계좌 미사용 관련 매입세액			
⑨ 합계			

【해설】

가. 성명날인 누락은 필요적 기재사항의 누락이 아니므로 매입세액 공제가 가능하다.
나. 대표이사의 개인적 사용목적 구입은 사업과 관련없는 지출로서 매입세액공제가 불가능하다.
다. 토지 평탄화 공사비는 토지의 자본적지출에 해당하므로 토지의 취득원가로 매입세액공제가 불가능하다.
라. 비영업용소형승용차 중 1,000cc 이하 경차에 대한 구입비는 매입세액공제가 가능하다.
마. 거래처 선물 구입비는 기업업무추진비로 매입세액공제가 불가능하다.

[공제받지 못할 매입세액 명세]

매입세액 불공제 사유	세금계산서		
	매수	공급가액	매입세액
① 필요적 기재사항 누락 등			
② 사업과 직접 관련 없는 지출	1	1,000,000	100,000
③ 개별소비세법 제1조제2항제3호에 따른 자동차 구입·유지 및 임차			
④ 기업업무추진비 및 이와 유사한 비용 관련	1	500,000	50,000
⑤ 면세사업등 관련			
⑥ 토지의 자본적 지출 관련	1	10,000,000	1,000,000
⑦ 사업자등록 전 매입세액			
⑧ 금·구리 스크랩 거래계좌 미사용 관련 매입세액			
⑨ 합계	3	11,500,000	1,150,000

다음은 부가가치세 과세사업을 영위하고 있는 (주)두더지상사의 제1기 확정 부가가치세 자료이다. 다음 자료를 부가가치세신고서에 반영하시오.

매입자료	① 세금계산서 수취한 매입액은 90,000,000원(부가가치세 별도)인데, 이 중 공장의 기계장치를 취득한 고정자산매입분이 15,000,000원(부가가치세 별도)있고, 접대목적으로 구입한 물품 매입액 5,000,000원(부가가치세 별도)이 있다. ② 원재료를 구입하고 법인신용카드로 결제하여 부가가치세 매입세액공제 받는 금액이 6,600,000원(부가가치세 포함) 있다. ③ 내국신용장에 의해 원재료를 구매하고, 영세율 전자세금계산서를 수취한 매입액 20,000,000원이 있다. ④ 제1기 예정신고시 본사사용 전기요금 900,000원(부가가치세 별도) 누락하였다.

구 분			금 액	세율	세 액
매입세액	세금계산서 수취분	일 반 매 입 (10)			
		수출기업수입분납부유예 (10-1)			
		고 정 자 산 매 입 (11)			
	예 정 신 고 누 락 분 (12)				
	매 입 자 발 행 세 금 계 산 서 (13)				
	그 밖 의 공 제 매 입 세 액 (14)				
	합계(10)-(10-1)+(11)+(12)+(13)+(14) (15)				
	공 제 받 지 못 할 매 입 세 액 (16)				
	차 감 계 (15) - (16) (17)				④

【해설】

- 세금계산서 수취분 중 일반매입(10란)
  = 75,000,000원(과세) + 20,000,000원(영세율) = 95,000,000원 / 세액 7,500,000원
- 세금계산서 수취분 중 고정자산매입(11란) = 15,000,000원 / 세액 1,500,000원
- 공제받지 못할 매입세액(16란) = 접대목적 구입 매입액 5,000,000원 / 세액 500,000원
- 그 밖의 공제매입세액(14란) = 신용카드 원재료 매입액 6,000,000원 / 세액 600,000원
- 예정신고누락분(12란) = 전기요금(전자세금계산서임) 900,000원 / 세액 90,000원

구 분			금 액	세율	세 액
매입세액	세금계산서 수취분	일 반 매 입 (10)	95,000,000		7,500,000
		수출기업수입분납부유예 (10-1)			
		고 정 자 산 매 입 (11)	15,000,000		1,500,000
	예 정 신 고 누 락 분 (12)		900,000		90,000
	매 입 자 발 행 세 금 계 산 서 (13)				
	그 밖 의 공 제 매 입 세 액 (14)		6,000,000		600,000
	합계(10)−(10−1)+(11)+(12)+(13)+(14) (15)		116,900,000		9,690,000
	공 제 받 지 못 할 매 입 세 액 (16)		5,000,000		500,000
	차 감 계 (15) − (16) (17)		111,900,000	㉯	9,190,000

(2) 겸영사업자의 공통매입세액 안분계산(예정신고)

납부세액을 계산할 때 과세사업과 관련된 매입세액은 공제되지만 면세사업(비과세사업에 대한 수입금액 포함)과 관련된 매입세액은 공제되지 않는다. 겸영사업자의 매입세액 중 과세사업과 면세사업 중 어느 사업에 대한 매입세액인지의 구분이 불분명한 경우 이를 공통매입세액이라 한다.

① 안분계산 방법

구 분	면세사업등에 관련된 매입세액
원칙	매입세액 불공제분 = 공통매입세액 × $\dfrac{해당과세기간의\ 면세공급가액}{해당과세기간의\ 총공급가액}$
동일과세기간에 매입·공급시	매입세액 불공제분 = 공통매입세액 × $\dfrac{직전과세기간의\ 면세공급가액}{직전과세기간의\ 총공급가액}$
공급가액이 없는 경우	① 원칙 : 매입가액비율 ⇨ 예정공급가액비율 ⇨ 예정사용면적비율 ② 건물신축시 : 예정사용면적비율 ⇨ 매입가액비율 ⇨ 예정공급가액비율

- **총공급가액** : 공통매입세액에 관련된 해당 과세기간의 **과세공급가액**과 **면세사업**에 대한 수입금액의 합계액(매출과 관련없는 **수입금액제외 불포함**)
- **면세공급가액** : 공통매입세액에 관련된 해당 과세기간의 **면세사업**에 대한 수입금액의 합계액

② 안분계산 생략(배제)

다음의 경우에는 **안분계산하지 않고 공통매입세액 전액을 공제받는 매입세액**으로 한다.

㉠ 해당 과세기간의 **공통매입세액**이 **5백만원 미만**로서 총공급가액 중 면세공급가액이 **5% 미만**인 경우의 공통매입세액
㉡ 해당 과세기간의 공통매입세액 합계액이 **5만원 미만**인 경우의 매입세액
㉢ 재화를 공급하는 날이 속하는 과세기간에 **신규**로 사업을 시작하여 직전 과세기간이 없는 경우

(3) 겸영사업자의 공통매입세액 정산계산(확정신고)

사업자가 공통매입세액을 예정신고기간에 안분 계산한 경우에는 해당 재화의 취득으로 과세사업과 면세사업의 공급가액이 확정되는 과세기간에 대한 납부세액을 확정신고 때 정산하여야 한다.

구 분	가산 또는 공제되는 세액
가액비율로 안분계산시	총공통매입세액 × $\dfrac{\text{확정되는 해당과세기간의 면세공급가액}}{\text{확정되는 해당과세기간의 총공급가액}}$ − 기불공제 매입세액
면적비율로 안분계산시	총공통매입세액 × $\dfrac{\text{확정되는 해당과세기간의 면세사용면적}}{\text{확정되는 해당과세기간의 총사용면적}}$ − 기불공제 매입세액

(4) 겸영사업자의 공통매입세액 납부·환급세액 재계산(확정신고)

공통매입세액 안분계산에 따라 매입세액을 공제한 후 나중에 면세사업의 비중이 증가 또는 감소하는 경우에는 당초 매입세액공제가 과대 또는 과소해지는 결과가 된다. 따라서 이에 대한 증감의 조정이 필요하여 공제된 매입세액을 납부세액에 가산(또는 공제)하거나 환급세액에 가산(또는 공제)하게 되는데 이를 납부세액 또는 환급세액의 재계산이라 한다.

구 분	내 용
재계산의 요건	① 공통사용재화이어야 한다. ② **감가상각자산**(건축물은 10년, 기타의 감가상각자산은 2년이내의 것을 말한다)에 대해서만 납부(환급)세액 재계산을 한다. (상품, 제품, 토지 등은 제외) ③ 취득일 또는 그 후 재계산한 과세기간의 면세비율이 해당과세기간의 **면세비율과 5% 이상 (증감)** 차이가 나는 경우에 한해서 납부세액 재계산을 한다.
재계산 방법	다음 산식에 계산된 금액을 납부세액에 가산(또는 공제)하거나 환급세액에 가산(또는 공제)한다. 가산(공제)되는 매입세액 = 해당 재화의 공통매입세액 × (1 − 감가율 × 경과된 과세기간 수) × 증감된 면세비율 ① 감가율(체감률) : 건물·구축물의 경우에는 5%, 기타의 감가상각자산의 경우에는 25% ② 경과된 과세기간 수 : 취득과세기간은 **포함**하며, 신고하는 해당과세기간은 **불포함**

예제1

(주)두더지상사는 과세사업과 면세사업을 겸영하고 있으며 제1기 예정 부가가치세 자료이다. 다음 자료를 토대로 공통매입세액 안분계산을 하시오.

1. 과세사업과 면세사업에 공통으로 사용되는 자산의 구입명세

구 분	취득일자	공급가액	부가가치세	매입처	결제
건 물	2025.03.31	500,000,000원	50,000,000원	(주)건우기업	외상
원재료	2025.03.31	20,000,000원	2,000,000원	주원무역(주)	외상

2. 매출내역

구 분		공급가액	세액	합계액
매출내역 (01.01 ~ 03.31)	과세매출분	80,000,000원	8,000,000원	88,000,000원
	면세매출분	40,000,000원	–	40,000,000원
	합 계	120,000,000원	8,000,000원	128,000,000원

[공통매입세액 안분 계산 명세]

일련 번호	과세·면세사업등 공통매입		⑫ 총공급가액 등	⑬ 면세공급가액 등	⑭ 불공제 매입세액 [⑪×(⑬÷⑫)]
	⑩ 공급가액	⑪ 세액			
1					
2					
합계					

【해설】

- 매입세액 불공제분 = 52,000,000원 × $\dfrac{40,000,000원}{120,000,000원}$ = 17,333,333원

[공통매입세액 안분 계산 명세]

일련 번호	과세·면세사업등 공통매입		⑫ 총공급가액 등	⑬ 면세공급가액 등	⑭ 불공제 매입세액 [⑪×(⑬÷⑫)]
	⑩ 공급가액	⑪ 세액			
1	520,000,000	52,000,000	120,000,000	40,000,000	17,333,333
2					
합계	520,000,000	52,000,000	120,000,000	40,000,000	17,333,333

예제2

(주)두더지상사는 과세사업과 면세사업을 겸영하고 있으며 제1기 확정 부가가치세 자료이다. 다음 자료를 토대로 공통매입세액 정산계산을 하시오. 예정신고시 기불공제세액은 [예제 1]에서 계산된 금액이다.

1. 과세사업과 면세사업에 공통으로 사용되는 자산의 구입명세

구 분	취득일자	공급가액	부가가치세	매입처	결제
건물	2025.03.31	500,000,000원	50,000,000원	(주)건우기업	외상
원재료	2025.03.31	20,000,000원	2,000,000원	주원무역(주)	외상
	2025.06.30	50,000,000원	5,000,000원	주원무역(주)	외상

2. 매출내역

구 분		공급가액	세액	합계액
매출내역 (01.01 ~ 03.31)	과세매출분	80,000,000원	8,000,000원	88,000,000원
	면세매출분	40,000,000원	–	40,000,000원
매출내역 (04.01 ~ 06.30)	과세매출분	70,000,000원	7,000,000원	77,000,000원
	면세매출분	60,000,000원	–	60,000,000원
합 계		250,000,000원	15,000,000원	265,000,000원

[공통매입세액의 정산 명세]

일련번호	⑮ 총공통 매입세액	⑯ 면세사업등 확정비율	⑰ 불공제 매입세액 총액(⑮×⑯)	⑱ 기 불공제 매입세액	⑲ 가산 또는 공제되는 매입세액(⑰-⑱)
1					
2					
합계					

【해설】

- 총공통매입세액 = 52,000,000원(예정신고) + 5,000,000원(확정신고) = 57,000,000원
- 면세사업등 확정비율 = $\dfrac{100,000,000원(1월 \sim 6월의 합계)}{250,000,000원(1월 \sim 6월의 합계)} \times 100 = 40\%$
- 불공제 매입세액 총액 = 57,000,000원 × 40% = 22,800,000원
- 기 불공제 매입세액 = 1기 예정신고시 불공제 매입세액 17,333,333원

[공통매입세액의 정산 명세]

일련번호	⑮ 총공통 매입세액	⑯ 면세사업등 확정비율	⑰ 불공제 매입세액 총액(⑮×⑯)	⑱ 기 불공제 매입세액	⑲ 가산 또는 공제되는 매입세액(⑰-⑱)
1	57,000,000	40%	22,800,000	17,333,333	5,466,667
2					
합계	57,000,000		22,800,000	17,333,333	5,466,667

예제3

(주)두더지상사는 과세사업과 면세사업을 겸영하고 있으며 다음 자료를 보고 제2기 부가가치세 확정신고시 납부세액재계산을 위한 공제받지못할매입세액명세서를 작성하시오. (2025년 제1기까지 납부세액재계산은 올바르게 신고 되었으며 앞의 예제와는 무관한 예제로 가정한다.)

1. 과세사업과 면세사업에 공통으로 사용되는 자산의 구입내역

계정과목	취득일자	공급가액	부가가치세	비고
토 지	2024.11.25	100,000,000원	–	
건 물	2024.10.05	150,000,000원	15,000,000원	
기계장치	2025.01.12	50,000,000원	5,000,000원	

2. 2024년 및 2025년의 공급가액 내역

구 분	2024년 제2기	2025년 제1기	2025년 제2기
과세사업	200,000,000원	210,000,000원	150,000,000원
면세사업	300,000,000원	290,000,000원	450,000,000원

[납부세액 또는 환급세액 재계산 명세]

일련번호	⑳ 해당 재화의 매입세액	㉑ 경감률[1−(5/100 또는 25/100 × 경과된 과세기간의 수)]	㉒ 증가 또는 감소된 면세공급가액(사용 면적) 비율	㉓ 가산 또는 공제되는 매입세액 (⑳×㉑×㉒)
1				
2				
합계				

【해설】

1. 면세비율(면세비율이 증가하면 양수로, 감소하면 음수로 기재)

① 2024년 제2기 면세비율 = $\dfrac{300,000,000원}{500,000,000원} \times 100 = 60\%$

② 2025년 제1기 면세비율 = $\dfrac{290,000,000원}{500,000,000원} \times 100 = 58\%$

③ 2025년 제2기 면세비율 = $\dfrac{450,000,000원}{600,000,000원} \times 100 = 75\%$

구 분	2024년 제2기	2025년 제1기	2025년 제2기
면세비율	60%	58%	75%
면세비율 증감		감소 2%	증가 17%

2. 경과된 과세기간수(취득과세기간 포함, 신고하는 해당과세기간은 불포함)
   ① 건물 : 2024년 2기, 2025년 1기 ⇨ 2과세기간 경과
   ② 기계장치 : 2025년 1기 ⇨ 1과세기간 경과

3. 경감률 : 1 − 감가율 × 경과된 과세기간 수
　① 건물 : [1 − (5% × 2)] = 90%　　　② 기계장치 : [1 − (25% × 1)] = 75%

[납부세액 또는 환급세액 재계산 명세]

일련번호	⑳ 해당 재화의 매입세액	㉑ 경감률[1−(5/100 또는 25/100 × 경과된 과세기간의 수)]	㉒ 증가 또는 감소된 면세공급가액 (사용 면적) 비율	㉓ 가산 또는 공제되는 매입세액 (⑳×㉑×㉒)
1	15,000,000	90%	15%*	2,025,000
2	5,000,000	75%	17%**	637,500
합계	20,000,000			2,662,500

 * 건물은 2025년 제1기 재계산을 하지 않았으므로 2024년 제2기와 비교하여 재계산한다.
   (면세비율 증감 = 75% − 60% = 15% 증가)
 ** 기계장치는 2025년 제1기에 취득하였으므로 2025년 제1기와 2025년 제2기를 비교하여 재계산한다.

5. 차가감납부(환급)할 세액의 계산

차감·가감하여 납부(환급)할 세액 = 납부(환급)세액 − 경감·공제세액 − 예정신고미환급세액 + 가산세액

1 경감·공제세액

전자신고 세액공제	사업자가 직접 전자신고방법에 의하여 부가가치세 확정신고를 하는 경우에는 해당 납부세액에서 1만원을 공제하거나 환급세액을 가산한다.
전자세금계산서 발급 세액공제 (2027.12.31.까지)	직전연도 재화 및 용역의 공급가액 합계액이 3억원 미만인 개인사업자(간이과세자 포함)가 전자세금계산서를 발급하고 발급일의 다음 날까지 국세청장에게 전송하면 해당 납부세액에서 연간 100만원 한도 내 금액(발급건수 당 200원)까지 전자세금계산서 발급에 대한 세액공제를 적용받을 수 있다.
신용카드 매출전표 등 발행세액공제 (2026.12.31.까지)	일반과세자 중 영수증 교부의무자(법인 제외)가 신용카드매출전표(직불카드영수증·기명식선불카드영수증·현금영수증 포함)을 발행하거나 전자화폐로 대금결제를 받는 경우에는 신용카드매출전표 발행세액공제를 적용받을 수 있다. (직전연도 공급가액 10억 초과자는 제외) 세액공제액 = MIN[① 발행금액 또는 결제금액 × 1.3%, ② 연간 1,000만원]

2 예정신고미환급세액 및 예정고지세액

예정신고 미환급세액	조기환급을 제외하고는 부가가치세법상 환급세액 확정신고기한 경과 후 30일 내에 환급한다. 따라서 예정신고기간 중에 발생한 환급세액은 예정신고시 환급되지 아니하고, 확정신고시의 납부세액에서 공제세액으로 차감한다.
예정고지세액	개인사업자 및 영세 법인사업자에 대하여는 관할세무서장이 각 예정신고기간마다 직전과세기간에 대한 납부세액의 50%에 상당하는 금액을 결정하여 예정신고기간내에 징수하도록 규정하고 있다. 따라서 예정신고기간에 납부한 세액은 확정신고시 공제세액의 "예정고지세액"으로 하여 납부할 세액에서 공제한다.

※ 부가가치세신고와 관련한 가산세는 [전산실무 PART 04 부가가치세신고서 및 부속서류작성]에서 서술하기로 한다.

CHAPTER 06 부가가치세 신고·납부절차

PART 03 부가가치세

구 분		내 용
예정신고와 납부	일반적인 경우	사업자는 각 예정신고기간에 대한 과세표준과 납부세액 또는 환급세액을 **그 예정신고기간이 끝난 후 25일 이내**에 각 사업장 관할 세무서장에게 신고·납부(다만, **직전 과세기간의 과세표준이 1억 5천만원 미만인 법인사업자**에 대해서는 개인사업자와 같이 **예정고지** 대상에 추가하여 **영세 법인사업자**의 신고부담을 완화함)
	개인 사업자의 경우	개인사업자는 예정신고기간마다 직전과세기간에 대한 납부세액의 50%에 상당하는 금액을 결정하여 해당 예정신고기간이 끝난 후 25일까지 **예정고지에 의한 징수**가 원칙
		예정고지 예외 [예정신고기간에 예정고지하지 아니하는 경우] ① 징수하여야 할 금액이 **50만원 미만**인 경우 ② 간이과세자에서 해당 과세기간 개시일 현재 일반과세자로 변경된 경우 ③ 납세자가 재난등 사유로 관할 세무서장이 징수하여야 할 금액을 사업자가 납부할 수 없다고 인정되는 경우
		예정신고 예외 [개인사업자 예정신고·납부하는 경우] ① 휴업 또는 사업 부진으로 인하여 각 예정신고기간의 공급가액 또는 납부세액이 직전 과세기간의 공급가액 또는 납부세액의 3분의 1에 미달하는 자 ② 각 예정신고기간분에 대해 **조기환급**을 받고자 하는 자 ③ 예정부과 기간에 세금계산서를 발급한 간이과세자(**강제규정**)
확정신고와 납부		사업자는 각 과세기간에 대한 과세표준과 납부세액 또는 환급세액을 그 **과세기간이 끝난 후 25일(폐업하는 경우 폐업일이 속한 달의 다음 달 25일) 이내**에 대통령령으로 정하는 바에 따라 납세지 관할 세무서장에게 신고·납부(다만, 예정신고 및 조기환급을 받고자 신고한 납부·환급세액은 제외)
환급	일반환급	① 각 과세기간별로 해당 과세기간에 대한 환급세액을 그 **확정신고기한 경과 후 30일 이내**에 사업자에게 환급 ② 예정신고기간에 대한 일반환급세액은 환급하지 않고 확정신고시 납부세액에서 공제
	조기환급	각 과세기간별·예정신고기간별(3개월) 또는 조기환급기간별(매월 또는 매 2월)로 환급세액을 확정신고기한·예정신고기한 또는 조기환급신고기한 경과 후 15일 이내에 환급하는 것
		조기환급 대상 ① 영세율이 적용되는 경우 ② 사업설비(감가상각자산)를 신설·취득·확장 또는 증축하는 경우 ③ 재무구조개선계획을 이행 중인 경우
		조기환급 방법 ① 예정 또는 확정신고기간별 신고와 환급은 그 예정 또는 확정신고기한 경과 후 15일 이내 환급 ② 매 1월 또는 매 2월 단위로 조기환급기간 종료일로부터 25일 내에 신고하여 조기환급신고 기간경과 후 15일 이내에 환급

CHAPTER 07 간이과세

구 분	내 용
간이과세자 개요	① 직전 연도 공급에 대한 대가(부가가치세가 포함된 대가)의 합계액이 1억400만원에 미달하는 **개인사업자(법인제외)**에 대해서는 세부담을 경감시키고 납세편의를 도모할 수 있는 제도로 영수증 발급대상을 제외하고 **세금계산서**(매입자발행세금계산서 포함) **발급 의무**가 있다. ② 세금계산서 발급의무가 부과됨에 따라 간이과세자 중 영수증 발급 사업자에게 발급 적용기간 **개시 20일 전까지** 영수증 발급대상자인지 여부를 해당 사업자에게 관할 세무서장은 통지하며, 발급 적용기간 개시 당일까지 사업자등록증에 세금계산서 발급대상 여부를 정정하여 교부한다. [영수증 발급대상(2021.07.01.이후)] ① 신규사업자 ② 직전연도 공급대가 합계액이 **4,800만원 미만**인 사업자 ③ **주로 사업자가 아닌 자에게** 재화·용역을 공급하는 사업자(소매업, 음식점업, 숙박업, 미용, 욕탕 및 유사 서비스업, 여객운송업 등) → 다만, 소매업, 음식점업, 숙박업 등은 **공급받는 자가 요구**하는 경우 **세금계산서 발급 의무**가 있음

간이과세자 배제업종	간이과세 기준금액에 해당하는 경우에도 다음의 경우에는 **간이과세를 적용**받을 수 **없다**.
	① 간이과세가 적용되지 아니하는 다른 사업장을 보유하고 있는 사업자
	② 업종, 규모, 지역 등을 고려하여 대통령령으로 정하는 사업자
	
	  ㉠ 광업
	  ㉡ 제조업(다만, 주로 최종소비자에게 직접 재화를 공급하는 사업에 해당하는 것은 제외)
	  ㉢ 도매업(소매업을 겸영하는 경우는 포함, 재생용 재료수입 및 판매업은 제외) 및 상품중개업
	  ㉣ 부동산매매업 및 부동산임대업으로서 시행규칙(제71조제3항 별표2)으로 정하는 것
	  ㉤ 과세유흥장소
	  ㉥ 전문자격사 등 사업서비스업(변호사업, 세무사업, 건축사업, 의사업, 감정평가사업 등)
	  ㉦ 일반과세자(재화의 공급으로 보지 않는 사업의 양도)로부터의 규정에 따라 양수한 사업
	  ㉧ 사업장의 소재 지역과 사업의 종류·규모 등을 고려하여 국세청장이 정하는 기준에 해당하는 것
	  ㉨ 소득세법상 복식부기의무자가 영위하는 사업
	  ㉩ 전기·가스·증기 및 수도사업
	  ㉪ 건설업(다만, 주로 최종소비자에게 직접 재화 또는 용역을 공급하는 사업에 해당하는 것 (예: 도배업, 인테리어 공사업 등)은 제외)
	  ㉫ 전문·과학·기술서비스업, 사업시설 관리·사업지원 및 임대 서비스업(다만, 주로 최종소비자에게 직접 용역을 공급하는 사업에 해당하는 것은 제외)
	
	③ **부동산임대업** 또는 **과세유흥장소**를 경영하는 사업자로서 해당 업종의 직전연도의 공급대가의 합계액이 **4,800만원 이상**인 사업자
	④ **둘 이상의 사업장**이 있는 사업자로서 그 둘 이상의 사업장의 직전 연도의 공급대가의 합계액이 **1억400만원 이상**인 사업자

구 분	내 용
간이과세자 배제업종	직전 과세기간에 신규로 사업을 시작한 개인사업자에 대하여는 그 사업 개시일부터 그 과세기간 종료일까지의 공급대가를 합한 금액을 12개월로 환산한 금액을 기준으로 적용하며, 이 경우 1개월 미만의 끝수가 있으면 1개월로 한다.
신규사업자 간이과세 적용	신규로 사업을 시작하는 개인사업자는 사업을 시작한 날이 속하는 연도의 공급대가의 합계액이 1억400원에 미달될 것으로 예상되면 사업자등록 신청 시 간이과세 적용신고서를 납세지 관할 세무서장에게 신고하여야 한다.
간이과세자 과세표준과 세액	① 간이과세자의 **과세표준** : 해당 과세기간의 **공급대가** 합계액 ② 납부세액(매출세액) 납부세액 = 공급대가 × 업종별 부가가치율 × 세율(10%) | 구 분 | 부가가치율 | |---|---| | 1. 소매업, 재생용 재료수집 및 판매업, 음식점업 | 15% | | 2. 제조업, 농업 · 임업 및 어업, 소화물 전문 운송업 | 20% | | 3. 숙박업 | 25% | | 4. 건설업, 운수 및 창고업(소화물 전문 운송업 제외), 정보통신업, 그 밖의 서비스업 | 30% | | 5. 금융 및 보험 관련 서비스업, 전문 · 과학 및 기술 서비스업(인물사진 및 행사용 영상촬영업 제외), 사업시설관리 · 사업지원 및 임대 서비스업, 부동산 관련 서비스업, 부동산임대업 | 40% | ③ 공제세액 : 세금계산서 등을 수취한 경우 다음 금액을 납부세액에서 공제한다. 　㉠ 매입 세금계산서 등 수취 세액공제 : 세금계산서 등을 발급받은 **매입액(공급대가)** × 0.5% 　㉡ 과세사업과 면세사업등을 겸영하는 경우에는 안분계산한 금액 　㉢ 전자세금계산서 발급세액공제(2027.12.31.까지) : 연간 100만원 한도 내 금액(발급건수 당 200원) 　㉣ 신용카드매출전표 등 발행세액공제 : MIN[발행금액 × 1.3%, 연간 1,000만원] 　㉤ 공제세액의 한도 : 매입 세금계산서 등 수취세액공제 등의 합계액이 각 과세기간의 납부세액을 초과하는 때에는 그 초과액은 없는 것으로 보며 일반과세자와 달리 **환급세액은 발생하지 않는다.** ④ **차감 납부할 세액(환급받을 세액)** 차감 납부할 세액 = 납부(매출)세액 − 공제세액 − 예정고지(신고)세액 + 가산세
간이과세자로 변경되는 경우 재고품 등 매입세액 가산	일반과세자가 간이과세자로 변경되면 변경 당시의 재고품(상품, 제품, 원재료), 건설 중인 자산 및 감가상각자산에 대하여 다음의 계산된 금액을 납부세액에 가산한다. (본 서는 재고품 계산식만 기술) [재고품의 재고납부세액] $$재고납부세액 = 재고금액 \times \frac{10}{100} \times (1 - 0.5\% \times \frac{110}{10})$$
간이과세자 신고및납부 — 예정부과 및 납부	① **예정부과기간** : 1월 1일부터 6월 30일까지의 납부세액으로 결정하여 예정부과기간이 끝난 후 25일 이내까지 징수한다. ② **고지징수** : 간이과세자에 대하여 직전 과세기간에 대한 납부세액의 50%를 징수한다. 다만, 다음에 해당하는 경우에는 징수하지 아니한다.

구 분		내 용
간이 과세자 신고 및 납부	예정 부과 및 납부	㉠ 징수하여야 할 금액이 **50만원 미만**인 경우 ㉡ 간이과세자에서 해당 과세기간 개시일 현재 일반과세자로 변경된 경우 ㉢ 납세자가 재난등 사유로 관할 세무서장이 징수하여야 할 금액을 사업자가 납부할 수 없다고 인정되는 경우 ③ 예외 : 예정부과(고지)에 의한 징수가 원칙이지만 예정부과기간에 신고·납부를 할 수 있다. ㉠ 휴업·사업부진 등으로 인하여 예정부과기간의 공급대가의 합계액 또는 납부세액이 직전 과세기간의 공급대가의 합계액 또는 납부세액의 3분의 1에 미달하는 자(**선택규정**) ㉡ 예정부과기간에 세금계산서를 발급한 간이과세자(**강제규정**)
	확정 신고 및 납부	① 과세기간(01.01 ~ 12.31 : 1년)이 끝난 후 25일(폐업하는 경우 폐업일이 속한 달의 다음 달 25일) 이내에 납세지 관할 세무서장에게 확정신고·납부한다. ② 다만, 예정부과기간에 신고를 한 사업자는 이미 신고한 과세표준과 납부한 납부세액은 신고하지 아니하며 예정고지 납부세액은 예정고지세액으로 공제한다. **[예정부과기간 신고 및 확정신고 시 제출서류]** ① 부가가치세 신고서 및 매출처별 세금계산서합계표(세금계산서 발급 의무사업자) ② 매입처별 세금계산서합계표 등
간이과세자 가산세		① 세금계산서 발급의무 규정이 적용됨에 따라 세금계산서 발급과 관련된 가산세는 **일반과세자**에게 적용되는 세금계산서 관련 가산세 규정을 준용한다. ② 가산세 종류 : 사업자미등록 가산세, 영세율과세표준 신고불성실가산세 이외에도 세금계산서 발급관련 가산세, 매출처별 세금계산서합계표 가산세, 세금계산서 미수취 가산세 등 ③ 사업자미등록 가산세 적용시 공급대가에 **0.5%**(명의위장등록 1%)를 적용한다. ④ 세금계산서를 발급받고 매입세액을 공제받지 아니한 경우로서 결정 또는 경정 기관의 확인을 거쳐 납부세액을 계산할 때 매입세액으로 공제받는 경우 그 **공급가액에 0.5%**를 적용한다. ⑤ 매출처별 세금계산서합계표 가산세 **지연제출(0.3%)**은 예정부과기간에 대한 신고를 할 때 제출하지 못하여 예정부과기간이 속하는 과세기간에 확정신고를 할 때 적용되며, 세금계산서 미수취 가산세는 **공급대가에 0.5%**를 적용한다.
간이과세자 납부의무 면제		① 해당과세기간(1과세기간 = 1월 1일 ~ 12월 31일)에 대한 **공급대가가 4,800만원 미만**인 경우에는 해당과세기간에 대한 납부세액의 납부의무를 면제하며, **신고의무는 이행**하여야 한다. ② 납부의무 면제라 하더라도 재고품등 매입세액인 **재고납부세액은 면제되지 않으며** 부가가치세 가산세도 적용하지 아니하는 것이나 **고정사업장이 있는** 미등록사업자는 **미등록가산세**(0.5%와 5만원 중 큰 금액)는 **적용**한다. ③ 납부의무가 면제되는 사업자가 자진 납부한 사실이 확인되면 납세지 관할 세무서장은 납부한 금액을 환급하여야 한다.
간이과세자 포기		① 간이과세자에 관한 규정의 적용을 포기하고 일반과세자에 관한 규정을 적용받으려는 경우에는 **적용받으려는 달의 전달의 마지막 날까지** 납세지 관할 세무서장에게 신고하여야 한다. • 간이과세자 과세기간 : 과세기간 개시일 ~ 포기신고일이 속하는 달의 말일 • 일반과세자 과세기간 : 포기신고일이 속하는 달의 다음달 1일 ~ 과세기간 종료일 ② **일반과세자 적용일로부터 3년이 되는 날이 속하는 과세기간까지는** 간이과세자에 관한 규정을 적용받지 못한다. 다만, 직전연도 공급대가의 합계액이 **4,800만원 이상 1억400만원 미만**에 해당하면 3년 이내라도 간이과세자 재적용을 신청할 수 있다.

CHAPTER 08 실무이론 평가

PART 03 부가가치세

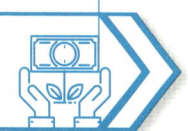

[부가가치세의 기본개념]

01. 현행 부가가치세법에 대한 설명으로 가장 틀린 것은?

① 신규로 사업을 개시하는 자는 원칙적으로 사업장마다 사업개시일로부터 20일내에 등록하여야 하며, 판매시설을 갖춘 장소인 직매장도 별도사업장으로서 사업자등록 대상이다.
② 주사업장에서 총괄납부하고자 하는 사업자는 과세기간 개시 20일 전에 신청하여야 한다.
③ 간이과세포기신고는 일반과세자로 적용을 받고자하는 달의 전달 20일까지 신고하여야 한다.
④ 하치장 설치신고는 하치장 설치일로부터 10일 이내에 하치장 관할 세무서장에게 신고한다.

02. 다음 중 부가가치세법상 주사업장총괄납부제도와 사업자단위과세제도에 대한 설명으로 잘못된 것은?

구분	주사업장총괄납부	사업자단위과세제도
① 개념	둘 이상의 사업장이 있는 경우 사업장의 납부세액 또는 환급세액을 통산하여 주된 사업장에서 납부하거나 환급받는 제도	둘 이상의 사업장이 있는 경우 사업장이 아닌 사업자 단위로 모든 납세의무를 이행하는 제도
② 효과	납부(환급)만 총괄	모든 의무(등록, 세금계산서 수수, 세액계산, 신고, 납부 등)를 총괄
③ 주사업장	법인 : 본점 또는 지점 중 선택 가능 개인 : 주사무소에서만 가능	법인 : 본점에서만 가능 개인 : 주사무소에서만 가능
④ 신청	신규사업자는 주된 사업장의 사업개시일로부터 20일 이내 총괄납부 신청	신규사업자는 사업개시일로부터 20일 이내 사업자 단위로 사업자등록 신청

03. 부가가치세법상 사업자단위과세제도에 대한 설명 중 옳지 않은 것은?

① 세금계산서 교부는 본점 또는 주사무소에서 일괄로 교부한다.
② 사업자단위과세사업자가 자기 사업과 관련하여 취득한 재화를 판매목적으로 타사업장에 반출하는 경우에도 원칙적으로 재화의 공급으로 보지 아니한다.
③ 법인의 경우 지점을 총괄사업장(=사업자단위과세사업장)으로 할 수는 없다.
④ 사업자단위과세사업자로 등록한날 로부터 3년이 경과하기까지는 사업자단위과세를 포기할 수 없다.

04. 다음 중 부가가치세법상 납세지에 대한 설명으로 틀린 것은?

① 원칙적으로 사업자는 각 사업장마다 부가가치세를 신고 및 납부하여야 한다.
② 사업자 단위 과세 사업자는 그 사업자의 본점 또는 주사무소에서 총괄하여 신고 및 납부할 수 있다.
③ 주사업장 총괄 납부제도는 주된 사업장에서 납부세액 또는 환급세액을 통산하여 납부 또는 환급받을 수 있는 제도를 말한다.
④ 하치장 또한 사업장으로써 납세지의 기능을 할 수 있다.

[과세거래]

01. 부가가치세가 과세되는 거래가 아닌 것은?
① 중고자동차 매매사업자가 사업에 사용하던 중고 컴퓨터를 사업자가 아닌 개인에게 판매하였다.
② 사업자가 아닌 개인이 소형승용차를 수입하였다.
③ 면세사업자가 중고자동차 매매사업자로부터 사무실로 사용하던 건물을 구입하였다.
④ 사업자가 아닌 개인이 사용하던 소형승용차를 중고자동차 매매사업자에게 판매하였다.

02. 다음 중 부가가치세법상 과세대상 재화의 공급으로 볼 수 없는 것은?
① 면세사업에 사용하기 위하여 취득한 재화를 과세사업에 사용하는 경우
② 과세사업에 사용하기 위하여 취득한 재화를 사업자의 개인적인 목적으로 사용하는 경우
③ 과세사업에 사용하기 위하여 취득한 재화를 자기의 고객에게 무상으로 제공하는 경우
④ 과세사업에 사용하기 위하여 취득한 재화를 면세사업에 사용하는 경우

03. 다음 중 부가가치세법상 재화의 공급에 대한 설명으로 틀린 것은?
① 과세사업을 위하여 취득하여 매입세액이 공제된 재화를 면세사업을 위하여 사용하는 경우에는 이를 재화의 공급으로 본다.
② 과세사업을 위하여 취득하여 매입세액이 공제된 재화를 자기의 고객에게 사업을 위한 견본품으로서 대가를 받지 아니하고 인도하는 경우 이를 재화의 공급으로 보지 아니한다.
③ 채무보증을 위한 담보로서 부동산을 제공하는 경우에는 이를 재화의 공급으로 보지 아니한다.
④ 포괄양수도의 경우에 사업양도인이 매입세액을 공제받은 재화를 사업양수인이 양도받아 사업을 영위하다 폐업하는 경우 이를 재화의 공급으로 보지 아니한다.

04. 다음 중 부가가치세법상 재화의 공급에 대한 설명으로 틀린 것은?
① 차입금을 현금대신 건물 등으로 변제하는 대물변제는 건물의 공급에 해당하므로 재화의 공급으로 본다.
② 사업자간에 재화를 차용하여 사용·소비하고 동종 또는 이종의 재화를 반환하는 소비대차의 경우에 해당 재화를 차용하거나 반환하는 것은 각각 재화의 공급에 해당한다.
③ 자기가 주요자재의 전부 또는 일부를 부담하고 상대방으로부터 인도받은 재화를 가공하여 새로운 재화를 만드는 가공계약은 재화의 공급으로 보지 아니한다.
④ 수용(법률에 따른 수용은 제외)에 따라 재화를 인도하거나 양도하는 것은 재화의 공급으로 본다.

05. 현행 부가가치세법상 재화의 간주공급에 대한 설명으로 틀린 것은?
① 사업자가 사업과 관련하여 취득한 재화를 자기의 다른 사업장에서 원료로 사용하기 위하여 반출하는 경우는 자가공급으로 보지 아니한다.
② 사업자가 사업과 관련하여 취득한 재화를 실비변상적 목적으로 자기의 사용인에게 무상으로 공급하는 것은 개인적공급으로 보지 아니한다.
③ 사업자가 사업과 관련하여 취득한 재화를 자기재화의 판매촉진을 위하여 거래상대자의 판매실적에 따라 장려금품으로 공급하는 것은 사업상증여로 보지 아니한다.
④ 사업자가 사업과 관련하여 취득한 재화로서 사업자가 사업의 종류를 변경하는 경우 변경전 사업에 대한 잔존재화는 폐업시 잔존재고로 보지 아니한다.

06. 다음은 부가가치세법상의 간주공급에 대한 설명이다. 가장 틀린 것은?

① 간주공급은 자가공급, 개인적공급, 사업상증여, 폐업시 잔존재화로 분류한다.
② 간주공급(판매목적 타사업장 반출은 제외)은 세금계산서를 발급하지 아니한다.
③ 개별소비세 과세대상이 되는 차량과 그 임차 및 유지와 관련하여 이미 매입세액을 공제받은 경우 간주공급에 해당하지 않는다.
④ 폐업 시 잔존재화의 공급시기는 폐업일이다.

07. 다음 중 당초에 매입세액이 불공제된 경우에도 부가가치세법상 재화공급의 특례(공급의제)가 적용되는 것은 무엇인가?

① 사업자가 폐업할 때 취득재화 중 남아있는 재화
② 판매목적으로 자기의 다른 사업장에 반출하는 재화(사업자단위과세사업자, 주사업장총괄납부 제외)
③ 취득재화를 사업과 직접적인 관계없이 자기의 개인적인 목적을 위하여 소비하는 것
④ 취득재화를 고객에게 증여하는 경우(견본품, 특별재난지역공급물품 제외)

08. 부가가치세에 대한 다음 설명 중 맞지 않는 것은?

① 선박건조업자가 어선을 건조하여 자신이 경영하는 수산업에 직접 사용하는 경우 해당 선박의 공급에 대한 부가가치세가 과세된다.
② 택시회사에서 영업용으로 사용하기 위한 택시를 구입한 경우 매입세액을 공제받을 수 있다.
③ 의류생산회사에서 자체 생산한 의류를 무상으로 종업원의 작업복으로 제공하는 경우 부가가치세가 과세된다.
④ 사업자가 판매의 장려를 위하여 거래상대방 실적에 따라 재화를 제공하는 경우 부가가치세가 과세된다.

09. 일반과세자인 (주)안동의 다음 거래 중 현행 부가가치세법상의 과세거래인 재화의 공급이 아닌 것으로 묶은 것은?

가. 회사 소유의 부동산을 불법 무단점유하여 사용한 대가를 소송을 통하여 100,000,000원을 수령하다.
나. 감가상각내용연수가 경과한 차량(장부가액'0'원)을 중고자동차 매매상에게 100,000원에 판매하다.
다. 회사가 구입한 비영업용소형승용차를 대표이사의 개인적인 용도로 사용하고 있다.
라. (주)서울이 보유한 기계장치와 당사가 보유한 기계장치를 서로 교환하였다.

① 가, 나   ② 가, 다   ③ 나, 다   ④ 나, 라

10. 다음 중 부가가치세법상 재화의 공급특례(공급의제)로, 거래징수 없이 납부한 부가가치세예수금인 매출세액의 회계처리에 대한 설명으로 가장 부적합한 것은?

① 개인적 공급의 경우 : 인출금 또는 급여 등에 산입한다.
② 사업상 증여의 경우 : 기업업무추진비 등에 산입한다.
③ 자가공급의 경우 : 상여에 산입한다.
④ 폐업시 잔존재화의 경우 : 해당 자산의 취득가액에 가산한다.

11. 부가가치세법은 공급시기가 되기 전에 대가를 받지 않고 세금계산서를 발급하는 경우 그 발급한 때를 재화 또는 용역의 공급시기로 보는 특례를 두고 있다. 다음의 공급시기 중 이에 해당하지 않는 것은?
① 중간지급조건부의 공급시기
② 장기할부판매의 공급시기
③ 전력 기타 공급단위를 구획할 수 없는 재화를 계속적으로 공급하는 경우의 공급시기
④ 장기할부 또는 통신 등 그 공급단위를 구획할 수 없는 용역을 계속적으로 공급하는 경우의 공급시기

12. 다음 중 부가가치세법상 공급시기에 대한 설명으로 틀린 것은?
① 무인판매기를 이용하여 재화를 공급하는 경우 공급시기는 해당 사업자가 무인판매기에서 현금을 꺼내는 때
② 외국인도수출에 의하여 재화를 공급하는 경우 공급시기는 수출재화의 공급가액이 확정되는 때
③ 둘 이상의 과세기간에 걸쳐 부동산임대용역을 공급하고 대가를 선불로 받는 경우에 월수로 안분계산한 임대료의 공급시기는 예정신고기간 또는 과세기간의 종료일
④ 장기할부판매에 의하여 재화를 공급하는 경우 공급시기는 대가의 각 부분을 받기로 한 때

13. 다음 중 부가가치세법상 과세대상에 해당하는 것은?
① 사업자가 사업용 자산을 상속세 및 증여세법, 지방세법의 규정에 의해 물납하는 경우
② 경매, 수용, 현물출자와 그 밖의 계약상 또는 법률상의 원인에 따라 재화를 인도하거나 양도하는 경우
③ 민사집행법에 따른 경매에 따라 재화를 인도하거나 양도하는 경우
④ 질권, 저당권 또는 양도담보의 목적으로 동산, 부동산 및 부동산상의 권리를 제공하는 경우

14. 다음 중 부가가치세법상 공급시기에 대한 설명으로 옳지 않은 것은?
① 계약금을 받기로 한 날의 다음 날부터 재화를 인도하는 날까지의 기간이 6개월 이상인 경우로서 계약금 외의 대가를 분할하여 받는 조건으로 재화를 공급하는 경우 대가의 각 부분을 받기로 한때를 공급시기로 한다.
② 본래 재화, 용역의 공급시기가 되기 전에 세금계산서를 발급하고 그 세금계산서 발급일로부터 7일 이내에 대가를 받으면 해당 세금계산서를 발급한 때를 공급시기로 한다.
③ 역무의 제공이 완료된 때 또는 대가를 받기로 한때를 공급시기로 볼 수 없는 경우 역무의 제공이 완료되고 공급가액이 확정되는 때를 공급시기로 한다.
④ 둘 이상의 과세기간에 걸쳐 계속적으로 일정한 용역을 제공하고 그 대가를 선불로 받는 경우 예정신고기간 또는 과세기간의 개시일을 공급시기로 한다.

15. 다음 중 부가가치세법상 재화의 공급시기에 대한 설명으로 옳지 않은 것은?

① 재화의 이동이 필요한 경우에는 재화가 인도되는 때이고, 재화의 이동이 필요하지 아니한 경우에는 재화가 이용 가능하게 되는 때이다.
② 재화의 인도 전 또는 이용이 가능하기 전에 선수금을 받는 경우에는 선수금을 받은 때를 공급시기로 한다.
③ 조건부 판매 및 기한부 판매의 경우에는 그 조건이 성취되거나 기한이 지나 판매가 확정되는 때를 공급시기로 본다.
④ 상품권등 판매 후 그 상품권이 현물과 교환되는 경우 재화가 실제로 인도되는 때를 공급시기로 한다.

[영세율과 면세]

01. 부가가치세 영세율과 관련하여 잘못된 설명은 어느 것인가?

① 사업자가 재화(견본품이 아님)를 국외로 무상으로 반출하는 경우에는 영의 세율을 적용한다.
② 사업자가 국가 및 지방자치단체에 직접공급하는 도시철도건설용역은 영의 세율을 적용한다.
③ 사업자가 국외에서 제공하는 용역은 영세율을 적용한다.
④ 사업자가 비거주자 또는 외국법인인 경우에도 거주자와 내국법인과 같이 모두 영세율을 적용한다.

02. 다음 중 부가가치세법상 면세에 대한 설명으로 잘못된 것은?

① 면세사업자는 부가가치세법상 사업자는 아니지만 매입세금계산서합계표의 제출과 같은 협력의무는 이행하여야 한다.
② 면세는 부가가치세의 상대적인 역진성을 완화하기 위하여 주로 기초생활필수품 및 용역에 대하여 적용하고 있다.
③ 면세는 기초생활필수품 및 용역을 공급하는 영세사업자를 위한 제도이므로 당해 사업자의 선택에 따라 제한 없이 면세를 포기할 수 있다.
④ 면세사업자는 세금계산서를 발급할 수 없고 당해 과세사업자로부터 발급받은 세금계산서상 매입세액은 납부세액에서 공제받을 수 없다.

03. 다음은 부가가치세법상 면세에 대한 설명이다. 틀린 것은?

① 면세포기신고를 한 사업자는 신고한 날부터 3년간은 면세를 적용받지 못한다.
② 주택과 부수토지의 임대는 면세를 적용하고 있다.
③ 면세대상이 되는 재화가 영세율적용의 대상이 되는 경우에는 면세포기신청서를 제출하고 승인을 얻은 경우에 한하여 면세포기가 가능하다.
④ 신규로 사업을 개시하는 경우에는 면세포기신고서를 제출할 수 있다.

04. 다음 내용 중 부가가치세법상 면세에 해당하는 것은 몇 개인가?

1) 의사의 주름살제거수술용역	2) 볼룸댄스(무도)과정을 가르치는 학원
3) 자동차운전학원	4) 비식용 미가공 식료품(국산)
5) 수의사의 애완동물진료용역	6) 뉴스통신
7) 장의업자가 제공하는 장의용역	8) 공동주택 내 복리시설인 어린이집 임대용역

① 2개　　　② 3개　　　③ 4개　　　④ 5개

05. 다음 중 부가가치세법상 면세대상에 해당하는 것은 무엇인가?
① 겸용주택 임대시 주택면적이 사업용건물면적보다 큰 경우 사업용건물의 임대용역
② 운행 형태가 우등고속인 시외버스운송사업에 제공되는 자동차에 의한 여객운송 용역
③ 의사가 제공하는 요양급여의 대상에서 제외되는 진료용역 중 탈모치료술
④ 지방자치단체에 취득원가 그대로 이익없이 공급하는 재화

06. 다음 중 부가가치세가 면세되는 것은 무엇인가?
① 프로야구경기의 입장료
② 주택건설촉진법상 국민주택규모를 초과하는 주택의 임대 용역
③ 수의사가 제공하는 애완동물 진료용역
④ 등록된 자동차운전학원에서 지식 및 기술 등을 가르치는 교육 용역

07. 부가가치세법상 영세율과 면세에 대한 설명이다. 옳지 않은 것은?
① 부가가치세법은 주로 소비지국과세원칙을 구현하기 위해 영세율제도를 두고 있고, 부가가치세의 역진성을 완화하기 위해 면세제도를 두고 있다.
② 영세율은 영세율사업자의 매입세액을 전액 환급받을 수 있으므로 완전면세제도이다.
③ 면세는 면세사업자의 매입세액을 일부만 환급받을 수 있으므로 부분면세제도이다.
④ 영세율 적용대상자는 부가가치세법상 사업자이지만, 면세사업자는 부가가치세법상 사업자가 아니다.

08. 부가가치세법상 영세율과 면세에 대한 설명이다. 옳지 않은 것은?
① 영세율 및 면세사업자는 부가가치세법상 사업자에 해당한다.
② 영세율은 완전면세제도이고 면세는 부분면세제도이다.
③ 영세율을 적용받은 사업자는 부가가치세에 대한 누적효과와 환수효과가 발생하지 않는다.
④ 부가가치세법에서 영세율제도는 주로 국제적 이중과세방지와 소비지국과세원칙을 구현하기 위한 제도이고, 면세제도는 부가가치세의 역진성을 완화하기 위한 제도이다.

[거래징수와 세금계산서]

01. 다음 중 부가가치세법상 세금계산서에 대한 설명으로 맞는 것은?

① 과세거래를 면세거래로 혼동하여 계산서를 교부한 경우에는 공급시기를 작성일자로 하여 수정세금계산서를 교부하여야 한다.
② 재화 수입시 수입신고필증상 기재된 사업장과 당해 재화를 사용소비할 사업장이 상이한 때에는 수입재화를 실지로 사용소비할 사업장명의로 수입세금계산서를 교부받을 수 있다.
③ 위탁판매의 경우에 수탁자가 재화를 인도하는 때에는 수탁자가 자신을 공급자로 하여 세금계산서를 교부하고 위탁자의 등록번호를 부기하여야 한다.
④ 간주임대료에 대한 부가가치세를 임차인이 부담하는 때에는 간주임대료에 대한 세금계산서를 임대인이 임차인에게 교부하여야 한다.

02. 현행 부가가치세법상 전자세금계산서에 대한 설명이다. 틀린 것은?

① 2011년부터 법인사업자가 부가가치세가 과세되는 재화나 용역을 공급한 경우에는 전자세금계산서를 발급하여야 한다.
② 전자세금계산서의 발급시기는 일반세금계산서의 발급시기와 동일하다.
③ 발급된 전자세금계산서는 발급일의 다음날까지 국세청으로 전송하여야 한다.
④ 전자세금계산서 수취의무자는 법인사업자이며 개인사업자는 제외된다.

03. 다음 중 부가가치세법상 세금계산서 발급에 관한 설명으로 가장 옳지 않은 것은?

① 전자세금계산서 의무발급 개인사업자가 전자세금계산서를 발급하여야 하는 기간은 사업장별 재화 및 용역의 공급가액의 합계액이 8천만원 이상(2024.6.30.이전은 1억원)인 해의 다음 해 제2기 과세기간부터 계속하여 적용한다.
② 공급단위를 구획할 수 없는 용역을 계속적으로 공급하는 경우 공급시기가 도래하기 전에 대가를 받지 않고 세금계산서를 발급하는 경우에는 그 발급하는 때를 재화 또는 용역의 공급시기로 본다.
③ 도매업을 영위하는 법인사업자가 재화를 판매하고 우선적으로 신용카드매출전표 등을 발급하는 경우 세금계산서를 발급하지 않아야 한다.
④ 개인사업자가 공급시기가 되기 전에 재화 또는 용역에 대한 대가의 전부 또는 일부를 받고, 그 받은 대가에 대하여 세금계산서를 발급하는 것은 올바른 세금계산서 발급이 아니다.

04. 다음 사람들 중 세금계산서에 관한 설명으로 잘못 말한 사람은?

> **김선생**: 2011년도부터 법인사업자는 재화 또는 용역의 공급시 전자세금계산서를 발급하여야 한다.
> **이선생**: 2025년 7월 1일에 재화를 공급하고 과세분 세금계산서(공급가액 100만원, 세액 10만원)를 발급한 경우로써 2025년 7월 20일에 동 거래에 대한 계약해제의 사유로 수정세금계산서를 발급하는 경우 작성일자는 당초세금계산서 작성일자를 적고 비고란은 계약해제일을 부기한 후 공급가액과 세액은 붉은색 글씨로 쓰거나 부(負)의 표시를 하여 발급한다.
> **윤선생**: 세금계산서는 재화 또는 용역의 공급시기에 원칙적으로 발급을 해야하지만 거래처별로 1역월의 공급가액을 합계하여 해당 월의 말일자를 작성연월일로 하여 세금계산서를 발급하는 경우 재화 또는 용역의 공급일이 속하는 달의 다음달 10일까지 세금계산서를 발급할 수 있다.
> **진선생**: 세금계산서는 재화를 공급하는 사업자가 발행하는 것이므로 어떠한 경우에도 재화 등을 공급받는 자는 세금계산서를 발행할 수 없다.

① 김선생, 진선생 ② 이선생, 윤선생 ③ 이선생, 진선생 ④ 윤선생, 진선생

05. 다음 중 부가가치세법상 세금계산서의 발급시기에 대한 설명으로 틀린 것은?

① 거래처별로 1역월의 공급가액을 합계하여 해당 월의 말일자를 작성연월일로 하여 세금계산서를 발급하는 경우 해당 월의 다음달 10일까지 발급할 수 있다.
② 월합계 세금계산서(해당 월의 말일자를 작성일자로 발급하는 세금계산서)를 발급하는 경우 재화의 공급일이 속하는 다음달 10일이 토요일, 공휴일인 경우 그 다음날까지 세금계산서를 발급할 수 있다.
③ 관계증명 서류 등에 의하여 실제 거래사실이 확인되는 경우에는 해당 거래일자를 발행일자로 하여 세금계산서를 발급할 수 있다.
④ 공급일이 5월 31일인 거래에 대해 7월 10일을 작성일자로 하여 발급하였다면, 공급받는 자는 해당 거래에 대한 매입세액을 공제 받을 수 있다.

06. 당사는 (주)해성에 제품을 5/10일 인도하였으며 4/20일 선수금을 수령한 거래에 대하여 세금계산서를 발급하고자 한다. 각 일자마다 현행 부가가치세법에서 인정하는 세금계산서를 발급할 수 없는 날짜는?

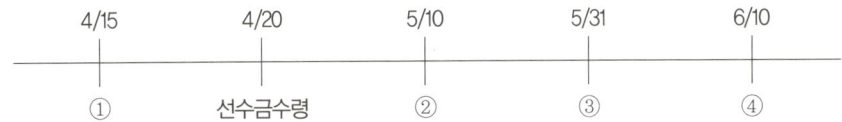

07. 다음과 같은 상황에 대한 세금계산서 발급행위로서 잘못 된 것은?

공급시기	공급가액	부가가치세
2025년 10월 10일	10,000,000원	1,000,000원
2025년 10월 20일	10,000,000원	1,000,000원
2025년 10월 31일	10,000,000원	1,000,000원

① 2025년 10월 31일 공급분에 대해 작성연월일을 10월 31일로 하여 세금계산서 작성하여 동일자로 발급한 경우
② 2025년 10월 31일 공급분에 대해 작성연월일을 10월 31일로 하여 세금계산서 작성하여 2025년 11월 7일에 발급한 경우
③ 2025년 10월 공급분을 합계하여 작성연월일을 2025년 10월 31일로 하여 세금계산서 작성하고 2024년 11월 10일에 발급한 경우
④ 10월10일/10월20일/10월31일 각각에 대해 10일, 20일, 31일을 작성연월일로 하여 세금계산서 3장을 작성하고, 11월 13일에 발급한 경우

08. 부가가치세법상 세금계산서의 발급시기의 특례규정으로서 재화 또는 용역의 공급일이 속하는 달의 다음달 10일까지 발급할 수 있는 경우로 가장 옳은 것은?

㉮ 거래처별로 1역월의 공급가액을 합계하여 당해 월 말일자를 발행일자로 하여 세금계산서를 발급하는 경우
㉯ 관계증빙서류 등에 의하여 실제거래사실이 확인되는 경우로서 당해 거래일자를 발행일자로 하여 세금계산서를 발급하는 경우
㉰ 거래처별로 1역월이내에서 사업자가 임의로 정한 기간의 공급가액을 합계하여 그 기간의 종료일자를 발행일자로 하여 세금계산서를 발급하는 경우

① 가, 나   ② 나, 다   ③ 가, 다   ④ 가, 나, 다

09. 다음 중 부가가치세법상 세금계산서의 수취 및 발급시기에 대한 설명으로 틀린 것은?

① ㉠의 시기에 세금계산서를 발급하는 경우, 발급일로부터 7일이내에 대가를 받으면 해당 세금계산서를 발급한 때를 재화의 공급시기로 본다.
② ㉡의 시기에 세금계산서를 발급하는 경우 공급자는 공급가액의 1%의 가산세가 적용된다.
③ ㉡의 시기에 발급된 세금계산서를 수취하는 경우 매입세액을 공제한 후 공급가액의 0.5%의 가산세를 부담하여야 한다.
④ ㉢의 시기에 발급된 세금계산서를 수취하는 경우 매입세액을 공제한 후 공급가액의 2%의 가산세를 부담하여야 한다.

10. 부가가치세법에 의하여 수정세금계산서의 발급사유와 작성일자를 잘못 연결한 것은?
① 당초 공급한 재화가 환입된 경우 – 재화가 환입된 날
② 계약의 해제로 인하여 재화가 공급되지 아니한 경우 – 당초 세금계산서의 작성일
③ 공급가액이 추가되는 경우 – 증가사유가 발생한 날
④ 필요적 기재사항 등이 착오로 잘못 기재된 경우 – 당초 세금계산서의 작성일

11. 다음 중 부가가치세법상 수정세금계산서 발급가능한 것을 모두 고른 것은?

> 가. 처음 공급한 재화가 환입된 경우
> 나. 필요적 기재사항을 착오 외로 잘못 기재한 경우
> 다. 착오에 의한 전자세금계산서가 이중 발행 된 경우
> 라. 일반과세자에서 간이과세자로 과세유형이 전환된 후 과세유형전환 전에 공급한 재화 또는 용역에서 가, 나, 다의 사유가 발생한 경우

① 가, 나   ② 가, 다   ③ 가, 나, 다   ④ 가, 나, 다, 라

12. 부가가치세법상 세금계산서의 발행과 관련된 사항이다. 아래의 거래와 관련하여 적법하게 발행되지 않은 경우는?

> 당초발행내역 : 2025년 4월 11일에 재화를 공급하고 과세분 세금계산서(공급가액 : 1,000만원)를 발행하였다.

① 일부 재화(공급가액 : 200만원)가 5월 15일에 반품처리되어 5월 15일자로 수정세금계산서(공급가액 : △200만원)를 발행하였다.
② 당초 계약이 6월 15일에 해제된 경우, 6월 15일자로 수정세금계산서(공급가액 : △1,000만원)를 발행하였다.
③ 당초 거래와 관련하여 장려금 명목으로 100만원을 지급하기로 하고, 5월 30일에 매매대금 수령 시 장려금을 차감하여 수령하고, 동일자로 수정세금계산서(공급가액 : △100만원)를 발행하였다.
④ 당초 거래와 관련하여 7월 10일에 내국신용장이 개설되어, 4월 11일자로 영세율수정세금계산서를 발행하고, 4월 11일자로 과세분 수정세금계산서(공급가액 : △1,000만원)를 발행하였다.

13. 다음 중 부가가치세법상 수정세금계산서에 대한 설명으로 가장 옳지 않은 것은?
① 수정세금계산서는 당초 세금계산서를 적법하게 발급한 이후에 기재사항 등에 변경사유가 발생하면 법령에 따라 발급할 수 있다.
② 필요적 기재사항 등이 착오 외의 사유로 잘못 적힌 경우에는 재화나 용역의 공급일이 속하는 과세기간에 대한 확정신고기한까지 수정세금계산서를 작성할 수 있다. 다만, 과세표준과 세액을 경정할 것을 미리 알고 있는 경우에는 제외한다.
③ 계약의 해제로 인하여 재화 또는 용역이 공급되지 아니한 경우에는 작성일은 계약해제일로 적어 수정세금계산서를 발급해야 한다.
④ 재화 또는 용역을 공급한 후 공급시기가 속하는 과세기간 종료 후 25일 이내에 내국신용장이 개설된 경우에는 작성일은 내국신용장 개설일로 적어 수정세금계산서를 발급해야 한다.

14. 다음 중 부가가치세법상 공급받는 자가 세금계산서 발급을 요구하는 경우 세금계산서를 발급해야 하는 것은?
① 미용실의 미용용역
② 택시운송 사업자의 택시운송 용역
③ 공급의제 중 개인적 공급
④ 소매업

15. 현행 부가가치세법상 세금계산서에 관한 설명으로 옳지 않은 것은?
① 법인사업자 및 직전 연도의 사업장별 재화 및 용역의 공급가액의 합계액이 8천만원 이상인 개인사업자는 반드시 전자적 방법으로 세금계산서를 발행하여야 한다.
② 택시운송 사업자, 노점 또는 행상을 하는 자가 공급하는 재화나 용역의 경우 세금계산서 발급의무가 면제된다.
③ 영세율이 적용되는 재화의 공급이 법령에서 정하는 내국신용장에 의한 수출인 경우에는 세금계산서 발급의무가 있다.
④ 소매업을 하는 사업자는 공급받는 자가 세금계산서 발급을 요구하지 아니하는 경우에도 반드시 세금계산서를 발행하여야 한다.

16. 부가가치세법상 재화 또는 용역의 공급이 다음과 같을 때, 세금계산서 발급의무 대상에 해당하는 공급가액의 합계액은 얼마인가?

(1) 외국으로 직수출액 : 10,000,000원
(2) 내국신용장에 의한 수출액 : 15,000,000원
(3) 거래처에 무상으로 증여한 제품의 가액 : 8,000,000원
(4) 특수관계자에게 현물출자한 기계장치 금액 : 30,000,000원
(5) 부동산 간주임대료 용역 : 350,000원
(6) 공급시기 전 선수금을 받은 그 대가 : 4,000,000원

① 18,350,000원
② 23,000,000원
③ 38,000,000원
④ 49,000,000원

[과세표준과 납부세액]

01. 부가가치세법상 과세표준에 대한 다음 설명 중 옳지 않은 것은?
① 재화를 공급한 후의 그 공급가액에 대한 할인액, 대손금 또는 장려금은 과세표준에서 공제하지 아니한다.
② 재화의 공급에 대하여 부당하게 낮은 대가를 받거나 대가를 받지 아니하는 경우에는 자기가 공급한 재화의 시가를 과세표준으로 한다.
③ 장기할부판매의 경우에는 계약에 따라 받기로 한 대가의 각 부분을 과세표준으로 한다.
④ 폐업시 잔존재화에 대하여는 시가를 과세표준으로 한다.

02. 다음 중 2025년 제1기 부가가치세 신고시 과세표준 및 매출세액에 반영되는 것은?
① 겸영사업자가 2022년 제2기에 과세사업에 사용하기 위해 취득하고 매입세액공제를 받은 기계장치를 2025년 제1기에 면세로 전용한 경우
② 회사가 생산한 제품의 일부를 거래처에 견본품으로 제공하는 경우
③ 겸영사업자가 부가가치세가 면세되는 재화나 용역을 공급하는 경우
④ 폐업을 하는 경우 잔존재화 중에 기존에 매입세액을 공제 받은 재화

03. 다음 중 부가가치세를 신고할 때 과세표준에 반영되는 것은?
① 의류생산회사에서 자체 생산한 의류를 무상으로 종업원의 작업복으로 제공하는 경우
② 회사가 생산한 과세대상 제품의 일부를 거래처에 접대용으로 무상제공하는 경우
③ 겸영사업자가 부가가치세가 면세대상인 재화를 외부에 공급하는 경우
④ 폐업을 하는 경우 잔존재화 중에 기존에 매입세액 불공제 받은 재화

04. 다음 상황에서 부가가치세법상 원칙적인 공급시기와 공급가액으로 짝지어진 것 중 가장 올바른 것은?

- 가람건설(주)는 태양건설(주)에게 1월 1일에 건물 8억원을 매각하기로 하였다.
- 잔금청산과 함께 소유권이 이전되며 동일자로 사용가능하다.
- 대금결제방법은 다음과 같다.

계약금	중도금	잔금
2억(1월 1일)	3억(3월 1일)	3억(5월 20일)

① 공급시기 : 5월 20일   공급가액 : 8억
② 공급시기 : 1월 1일   공급가액 : 2억
③ 공급시기 : 3월 1일   공급가액 : 3억
④ 공급시기 : 5월 20일   공급가액 : 3억

05. 다음 자료를 이용하여 부가가치세법상 일반과세자인 (주)A의 부가가치세 과세표준을 계산한 것으로 옳은 것은?

(1) (주)A는 제품을 (주)B에게 95,000,000원(부가가치세 별도)에 공급하였으나, 이 중 5,000,000원(부가가치세 별도)은 품질미달로 인하여 반품되었다.
(2) (주)A는 (주)B에게 제품을 30,000,000원(부가가치세 별도)에 판매하였으나, 운송 중에 제품이 파손되어 훼손된 가액이 3,000,000원(부가가치세 별도)이 있었다.

① 117,000,000원   ② 120,000,000원   ③ 125,000,000원   ④ 90,000,000원

06. 부가가치세 과세표준을 구하면 얼마인가? 단, 제시된 금액은 모두 공급가액이다.

- 외상매출액(매출에누리 3,000원이 차감되어 있음) : 100,000원
- 거래처에 무상증여한 견본품 : 4,000원
- 상가의 건물 해당분의 처분액 : 200,000원
- 거래처로부터 채무면제이익 : 10,000원
- 하치장 반출액 : 3,000원

① 100,000원   ② 300,000원   ③ 304,000원   ④ 317,000원

07. 다음 자료에 의한 부가가치세 과세표준은 얼마인가? 단, 모든 금액에는 부가가치세가 포함되어 있지 아니하다.

- 재화의 수출액 1,000,000원
- 국외에서 제공한 용역 800,000원
- 주택과 그 부수토지의 임대용역 400,000원

① 0원   ② 1,000,000원   ③ 1,800,000원   ④ 2,200,000원

08. 2024년 8월, 1억원에 취득한 차량운반구(운반용 트럭)는 과세사업에 사용하여 왔으나, 2025년 10월부터 과세사업에의 사용을 중지하고 면세사업에 전용하였다. 이로 인해 증가하는 2025년 제2기 부가가치세 과세표준은 얼마인가? (단, 해당 차량운반구의 전용당시 장부가액은 8천만원이고, 시가는 9천만원이다.)

① 25,000,000원   ② 40,000,000원   ③ 45,000,000원   ④ 50,000,000원

09. 다음은 2025. 9. 3. 폐업한 (주)광주의 제2기 과세기간에 대한 부가가치세 과세표준과 관련된 자료(부가가치세 별도)이다. (주)광주의 부가가치세 과세표준은 얼마인가? (단, (주)광주는 총괄납부 및 사업자단위 과세를 적용하지 않는다.)

(1) 총매출액 : 70,000,000원
(2) 직매장 반출액의 가액 : 3,000,000원
(3) 폐업시 잔존재화(상품)의 시가 : 4,000,000원(장부가액은 2,000,000원)
(4) 폐업시 잔존재화(비품)의 시가 : 10,000,000원
   (2024.12.31. 취득시 비품가액은 15,000,000원이었으며, 매입세액을 공제받았다.)

① 84,500,000원   ② 87,000,000원   ③ 88,250,000원   ④ 89,000,000원

10. 다음 자료를 근거로 하여 일반과세사업자인 (주)세무의 2025년 제2기 부가가치세 확정신고시 과세표준을 계산한 것으로 옳은 것은?

- 10월 3일 : 거래처에 6,000,000원(공급가액)의 상품을 판매하였다.
- 10월 15일 : 온라인 오픈마켓 사이트를 통해서 매출이 발생하였고 총매출액은 5,000,000원(공급가액)이며 오픈마켓 사이트에 지급한 수수료는 500,000원이다.
- 11월 20일 : $10,000에 수출하기로 계약한 물품을 선적하였다. 대금을 11월 15일에 수령하여 원화로 환가하였다. (11월 15일 환가환율 : ₩1,020/$, 11월 20일 기준환율 : ₩1,000/$)
- 12월 12일 : 10월 3일 거래분에 대한 대금수령이 지연되어 연체이자 200,000원을 수령하였다.

① 21,000,000원   ② 21,200,000원   ③ 21,400,000원   ④ 21,900,000원

11. 보세구역 내에서 제조업을 영위하고 있는 (주)아름무역은 외국에서 도착한 물품을 원재료로 하여 생산한 제품을 보세구역 밖에서 사업을 하고 있는 (주)다움상사에 15,000,000원(부가가치세 별도)에 공급하였다. 그 관세의 과세가격이 6,000,000원, 관세가 1,200,000원이라고 할 때 (주)아름무역이 거래징수해서 납부할 부가가치세는 얼마인가? (단, 세관장은 부가가치세를 적법하게 징수하였고, 예시된 것 이외의 세금은 부과되지 않은 것으로 간주함)

① 780,000원   ② 900,000원   ③ 1,500,000원   ④ 2,220,000원

12. 부가가치세법상 대손세액공제와 관련된 설명으로 틀린 것을 고르시오.
① 수표 또는 어음의 부도발생일부터 6월이 지난 경우에 대손세액공제를 받을 수 있다. 다만, 사업자가 채무자의 재산에 대하여 저당권을 설정하고 있는 어음 또는 수표를 제외한다.
② 대손세액의 계산은 대손금액에 10/110을 곱하여 계산한다.
③ 대손세액이 확정되어 확정일이 속하는 과세기간에 자기의 매출세액에서 대손세액을 차감하였으나 그 후 사업자가 대손금액의 전부 또는 일부를 회수한 경우에는 회수한 대손금액에 관련된 대손세액을 회수한 날이 속하는 과세기간의 매출세액에 더한다.
④ 대손세액으로 공제받을 수 있는 범위는 사업자가 부가가치세가 과세되는 재화 또는 용역을 공급한 후 그 공급일로부터 5년이 지난 날이 속하는 과세기간에 대한 확정신고기한까지 대손이 확정되는 대손세액으로 한다.

13. 부가가치세법상 일반과세자인 개인사업자 갑은 음식점(의제매입 공제율 : 8/108)을 영위하고 있으며, 2025년 5월 17일에 사업자등록 신청하여, 2025년 5월 19일에 사업자등록증을 교부받았다. 2025년 제1기 부가가치세 확정신고하면서 공제받을 수 있는 매입세액은 얼마인가? (아래 사항 이외에 세금계산서 또는 계산서 관련 사항은 모두 적법하다.)

매입일자	작성일자 및 발급일자	내역	거래금액 (부가가치세 제외한 공급가액)
2025.4.15	2025.4.15 (대표자 주민번호 기재분)	주방설비	30,000,000원
2025.4.29	2025.4.29 (대표자 주민번호 기재분)	인테리어 비용	50,000,000원
2025.5.25	2025.5.25	과 일	10,800,000원
2025.6.15 2025.6.30	2025.6.30 (발급일자는 7.05)	조미료	3,000,000원

① 9,100,000원   ② 8,800,000원   ③ 6,100,000원   ④ 5,300,000원

14. 다음 중 부가가치세법상 의제매입세액 공제에 대한 설명으로 가장 틀린 것은?

① 의제매입세액 공제 시 공제대상이 되는 원재료의 매입가액은 운임 등의 부대비용을 제외한 매입원가로 한다.
② 의제매입세액은 면세농산물 등을 사용 또는 소비하는 날이 속하는 과세기간의 예정신고 또는 확정신고 시에 공제한다.
③ 의제매입세액을 공제받은 후 면세농산물 등을 그대로 양도 또는 인도하는 경우에는 의제매입세액을 재계산하여야 한다.
④ 면세농산물 등을 원재료로 하여 제조 또는 가공한 재화 또는 창출한 용역의 공급이 과세되는 경우에 적용된다.

15. 재활용품을 판매하는 법인 (주)나고물상의 2025년 제1기 확정신고에 반영할 재활용폐자원매입세액(중고자동차 아님)은 얼마인가?

구 분	1월~3월	4월~6월	합 계
공급가액	100,000,000원	200,000,000원	300,000,000원
재활용상품 세금계산서 수취분	5,000,000원	8,000,000원	13,000,000원
재활용상품 영수증 수취분	73,000,000원	160,000,000원	233,000,000원

① 13,188,679원　② 9,509,433원　③ 9,056,603원　④ 4,485,436원

16. 매입처별세금계산서합계표를 제출시 매입세액공제를 적용받지만 가산세가 부과되는 경우는?

① 기한후 신고시 제출하는 경우
② 경정시 경정기관 확인을 거쳐 제출하는 경우
③ 수정신고시 제출하는 경우
④ 예정신고시 제출할 합계표를 확정신고시 제출하는 경우

17. 다음의 자료는 법인이 업무와 관련하여 재화나 용역을 공급받고 신용카드로 결제한 경우로서 부가가치세법상 매입세액공제를 위하여 신용카드등수령명세서를 제출하고자한다. 다음 중 매입세액공제가 가능한 경우는 모두 몇 개인가? (단, 공급자는 모두 일반과세자로 가정한다.)

㉠ 출장시 사용한 회사소유의 차량(2,500cc 승용차)에 대한 유류대
㉡ 제주출장 교통수단으로 사용한 항공권
㉢ 거래처에 접대할 목적으로 구입한 선물세트
㉣ 직원명의 신용카드로 구입한 사무용품비
㉤ 사무실에서 사용할 컴퓨터 구입
㉥ 직원들 사기진작을 위한 회식비

① 2개　② 3개　③ 4개　④ 5개

18. (주)세계는 제조업을 영위하고 있는 일반과세자이다. 아래의 매입내역을 바탕으로 2025년 제1기 확정 부가가치세를 신고하면서 공제받을 수 있는 매입세액은 얼마인가? (단, 간이과세자(영수증발급자)와의 거래를 제외한 거래는 모두 매입일자에 적법하게 세금계산서를 수취하였고, 이외의 매입은 없다고 가정한다.)

매입 일자	공급자 업종	금액(VAT 제외)	내 역
2025년 4월 06일	소매업(일반과세자)	500,000원	거래처 선물 구입
2025년 5월 10일	음식점업(일반과세자)	800,000원	직원 회식대
2025년 5월 25일	서비스업(일반과세자)	350,000원	대표이사 주택 등기비용
2025년 6월 15일	소매업(간이과세자)	80,000원	사무용품비
2025년 6월 30일	서비스업(일반과세자)	110,000원	업무용 소형승용차(900cc) 엔진오일 교환

① 88,000원 ② 91,000원 ③ 99,000원 ④ 123,000원

19. 다음 중 부가가치세 계산 시 매출세액에서 공제받을 수 없는 매입세액은 무엇인가?
① 발급받은 세금계산서에 대한 매입처별세금계산서합계표를 확정신고 시까지 제출하지 아니하였으나 기한 후 과세표준신고서와 함께 제출하여 관한 세무서장이 결정하는 경우
② 재화 또는 용역의 공급시기 이후에 교부받은 세금계산서로서 당해 공급시기가 속하는 과세기간 내에 발급받은 경우
③ 사업자등록을 신청한 사업자가 사업자등록증 교부일까지의 거래에 대하여 당해 사업자 또는 대표자의 주민등록번호를 기재하여 세금계산서를 발급받은 경우
④ 귀금속 도매업을 영위하는 회사에서 귀금속 운반용으로 소형승용차(1,500CC, 5인승)를 구입하고 세금계산서를 발급받은 경우

20. 다음 중 부가가치세법상 공통매입세액의 안분계산 내용으로 맞지 않는 표현은?
① 공통매입세액계산시 과세사업과 면세사업의 공급가액이 없는 경우에는 원칙적으로 면세사업의 매입가액비율, 예정공급가액비율, 예정사용면적비율의 순으로 적용한다. 다만, 예정사용면적비율을 우선 적용하는 예외가 있다.
② 해당 과세기간 중의 공통매입세액이 5만원 미만인 경우 안분계산 없이 공통매입세액 전부를 매출세액에서 공제한다.
③ 공통매입세액을 예정신고시 안분계산한 경우 과세사업과 면세사업의 공급가액 또는 사용면적이 확정되는 과세기간에 대한 납부세액을 확정신고시에 정산한다.
④ 총공급가액 중 면세공급가액이 10% 이하인 경우에는 안분계산없이 전액 매입세액으로 공제한다. 단, 공통매입세액이 500만원 이상인 경우에는 안분계산을 적용한다.

21. (주)청솔은 과세사업과 면세사업에 공통으로 사용될 기계장치 구입과 관련하여 부가가치세법상 고려하여야 하는 것에 대한 설명이다. 가장 확실하게 틀린 것은?

① 예정과세기간에 구입하였다면 예정과세기간의 공급가액비율로 매입세액을 안분계산한다.
② 구입과세기간 다음 과세기간부터는 면세비율이 5% 이상 변동이 있는 경우 납부(환급)세액 재계산을 한다.
③ 차기 과세기간에 기계장치를 처분하는 경우 직전 과세기간의 공급가액비율로 안분계산하여 과세표준을 계산한다.
④ 구입과세기간의 공통매입세액이 20만원 이하인 경우 안분계산을 생략한다.

22. 다음은 부가가치세법상 과세와 면세를 겸영(과세와 면세 비율은 각각 50%이다.)하는 (주)스피드에 대한 매입세액공제와 관련한 설명이다. 다음 설명 중 틀린 것은? (단, 재화의 공급가액은 천만원이다.)

① 과세로 공급받은 재화를 과세사업에 사용할 경우 안분계산 없이 전액 매입세액으로 공제한다.
② 과세로 공급받은 재화를 과세사업과 면세사업에 공통으로 사용할 경우 매입세액공제를 안분계산 한다.
③ 면세로 공급받은 재화를 과세사업과 면세사업에 공통으로 사용할 경우 매입세액공제를 안분계산 할 필요없다.
④ 과세로 공급받은 재화를 면세사업에 사용할 경우 매입세액에 대하여 안분계산 없이 전액 매입세액 불공제 했다면 재화의 공급으로 의제한다.

23. 부가가치세법상 납부세액 또는 환급세액의 재계산에 대한 설명으로 가장 틀린 것은?

① 당해 취득일이 속하는 과세기간의 총 사용면적에 대한 면세사용면적의 비율로 안분 계산한 경우에는 증가 또는 감소된 면세사용면적의 비율에 의하여 재계산한다.
② 과세기간 개시 후에 감가상각자산을 취득한 경우에는 그 과세기간 개시일에 취득한 것으로 보아 경과된 과세기간의 수를 계산한다.
③ 공통매입세액을 안분하여 공제한 후 면세비율이 증가하는 경우에 한하여 당초에 과다 공제한 매입세액을 추징하는 제도이다.
④ 공통사용재화의 공급의 경우에는 납부세액 또는 환급세액의 재계산이 배제된다.

24. 다음 사례에 대한 부가가치세와 관련한 설명으로 가장 틀린 것은?

> ■ 홍길동사장은 현재 신문사를 운영하고 있다.
> ■ 신문사의 주된 매출은 신문구독수입과 광고수입이다.
> ■ 신문사에서 신문배달 시 1톤 포터트럭을 사용하고 있다.
> ■ 1톤 포터트럭을 처분하고자 계획하고 있다.

① 신무사의 매출 중 신문구독 수입은 면세이며 광고수입은 과세가 원칙이다.
② 트럭을 처분하는 경우에는 원칙적으로 처분일이 속하는 과세기간의 직전과세기간의 공급가액비율에 따라 과세표준을 계산한다.
③ 신문사의 공통매입세액이 5백만원 이하로서 신문구독수입이 차지하는 비율이 4.5%인 경우 공통매입세액은 전부 공제받을 수 있다.
④ 신문사에서 트럭을 처분하는 경우에 매출세금계산서 대신 매출계산서만 발행하면 된다.

25. 다음의 거래내역에 대한 설명으로 잘못된 것은?

> - 6월 1일 거래처 갑에게 유리화병 100개(공급가액 10,000,000원)의 주문을 받아 발송하였다.
> - 6월 5일 거래처 갑은 주문한 유리화병을 검수하는 과정에서 10개(공급가액 1,000,000원)가 운송 중 파손된 것을 확인하고 반송하였다.
> - 6월 29일 거래처 갑은 외상대금의 50%를 약정일보다 미리 결재함으로서 결재금액의 2%를 할인하여 주었다.
> - 9월 20일 갑작스런 경영악화로 거래처 갑은 법원의 파산선고를 받았으며 이로 인하여 나머지 외상대금은 전혀 회수할 수 없는 상황이다.

① 2025년 6월 5일 운송 중 파손된 것으로 확인된 공급가액은 부가가치세 과세표준에서 제외된다.
② 2025년 6월 29일 선결재로 인한 2%의 할인액은 부가가치세 신고시 과세표준에서 제외된다.
③ 2025년 9월 20일 법원의 파산선고를 원인으로 한 대손세액공제신청은 예정신고시에도 적용 가능하다.
④ 법인세법상 부가가치세 대손세액공제를 받은 세액상당액은 대손처리가 불가능하다.

26. 다음은 부가가치세법상 가산세에 대한 내용으로 맞는 것은?
① 사업자가 법정신고기한까지 예정신고를 하지 않는 경우에는 일반적인 무신고는 무신고납부세액의 20%(영세율무신고시에는 영세율과세표준의 0.5%)를 적용한다.
② 사업자는 법정신고기한까지 확정신고를 한 경우로서 납부할 세액을 신고하여야할 세액보다 적게 신고한 경우에는 일반과소신고납부세액의 20%를 적용한다.
③ 간이과세자가 납부의무가 면제되는 경우에는 과소신고시 10%의 가산세를 적용한다.
④ 사업자가 법정납부기한까지 납부를 하지 않는 경우에는 미납세액에 미납기간을 적용한 금액에 2.5/10,000을 납부지연가산세로 적용한다.

27. 다음 중 부가가치세법상 세금계산서불성실가산세에 관한 규정으로 잘못된 것은?
① 발급한 세금계산서의 필요적 기재사항의 전부 또는 일부가 적혀있지 아니하거나 사실과 다른 경우 부실기재한 공급가액의 1%
② 세금계산서의 발급시기가 지난 경우로서 해당 과세기간의 확정신고기한 내 발급한 경우 지연발급한 공급가액의 1%
③ 전자세금계산서 전송기한이 지난 후 공급시기가 속하는 과세기간의 확정신고기한까지 국세청장에게 발급명세를 전송시 지연전송한 공급가액의 1%
④ 재화 등을 공급하지 아니하고 세금계산서를 발급한 경우 발급한 공급가액의 3%

28. 부가가치세법상 일반과세자인 법인의 가산세에 대한 내용 중 틀린 것은?
① 매출처별세금계산서합계표를 확정신고시 제출하지 아니한 경우 공급가액의 0.5%를 과세한다.
② 재화 또는 용역의 공급시기 이후에 발급받은 세금계산서로서 당해 공급시기가 속하는 과세기간 내에 발급받은 경우 공급가액의 0.5%를 과세한다.
③ 재화 또는 용역의 공급시기가 속하는 과세기간(세금계산서 발급특례에 해당하는 경우에는 그 과세기간 말의 다음 달 10일)의 확정신고기한내까지 세금계산서를 발급하지 아니한 경우 공급가액의 1%를 과세한다.
④ 전자세금계산서 전송관련 가산세가 적용되는 부분에 대하여는 매출처별세금계산서합계표 불성실가산세를 적용하지 아니한다.

29. 다음 자료를 보고 부가가치세법 규정상 잘못된 것을 고르시오.

> 〈자료 1〉 2025년 3월 31일에 (주)갑은 전자부품 제조업을 하고 있는 (주)을에게 제품 10,000,000원(부가가치세 별도)을 국내 공급하고 전자세금계산서를 발급하였고 동시에 국세청에 전송하였으나 부가가치세 1기 예정신고시 이에 대한 공급가액을 누락한 채 신고하였다. (주)갑은 이에 대한 신고를 부가가치세 1기 확정신고시 예정신고누락분으로 하여 신고할 예정이다.
>
> 〈자료 2〉 2025년 6월 30일에 (주)병은 전자부품 제조업을 하고 있는 (주)정에게 원재료 10,000,000원(부가가치세 별도)을 공급하였으나 이에 대한 세금계산서는 7월 11일에 전자적인 형태로 발급하였다. 7월 10일은 토요일 및 공휴일이 아니며, (주)병은 세금계산서 발급특례를 적용하여 발급일의 다음달 10일까지 세금계산서를 발급하는 사업자이고 동 거래는 당초 매입세액공제가 가능한 거래이다.

① (주)갑은 부가가치세 1기 확정신고시 예정신고누락분과 관련하여 매출처별세금계산서합계표불성실가산세, 신고불성실가산세 그리고 납부불성실가산세를 부담하여야 한다.
② (주)을이 만약 부가가치세 1기 예정신고시 매입세액공제를 공제받지 않았다면 확정신고시 가산세 부담없이 매입세액공제를 받을 수 있다.
③ (주)병은 세금계산서 지연발급에 대한 가산세로 공급가액의 1%에 해당하는 금액을 납부세액에 더하거나 환급세액에서 뺀다.
④ (주)정은 해당 거래에 대해서 매입세액공제를 받을 수 있다. 다만, 지연수취가산세가 0.5%가 적용된다.

30. 부가가치세법상 일반과세자인 (주)갑이 2025년 1기 부가가치세 확정신고를 이행하지 아니하고, 2025년 8월 9일에 기한후신고 및 세금계산서합계표제출과 동시에 세금을 납부하였다. 이에 대한 가산세에 대한 설명 중 올바르지 아니한 것은? (단, 부당한 방법의 무신고는 아니며, 법정신고기한이 공휴일이나 토요일이 아니다.)

> ■ 재화 공급가액 : 50,000,000원(매출 전자세금계산서를 정상적으로 발급하고 전송하였음)
> ■ 공급받은 재화의 공급가액 : 30,000,000원(전액 매입세액공제 가능한 적법한 전자세금계산서 수취하였음)

① 무신고 가산세는 400,000원이다.
② 매입처별세금계산서합계표 미제출가산세는 0원이다.
③ 매출처별세금계산서합계표 미제출가산세는 0원이다.
④ 납부지연 가산세는 6,600원이다.

31. 다음의 경우 현행 부가가치세법 규정에 대한 설명으로 틀린 것은?

> 갑이 을에게 재화(공급가액 : 10,000,000원, 부가가치세 : 1,000,000원)를 공급하였으나 병의 명의로 을에게 세금계산서를 교부하였다. (병은 을의 타사업장이 아님)

① 갑은 매출처별세금계산서합계표 불성실가산세 100,000원이 적용된다.
② 병은 세금계산서불성실가산세 200,000원이 적용된다.
③ 을은 매입세액불공제가 적용된다.
④ 갑은 세금계산서불성실가산세 200,000원이 적용된다.

[부가가치세 신고 · 납부절차]

01. 부가가치세법상 일반과세자의 신고 및 납부에 관한 다음의 설명 중 가장 올바르지 않은 것은?
① 사업자는 예정신고 및 조기환급신고한 경우에는 이미 신고한 내용을 제외하고 과세표준과 납부세액을 확정신고해야 한다.
② 각 예정신고기간에 신규로 사업을 개시한 사업자는 법인사업자는 예정신고를 해야 한다.
③ 조기환급대상은 영세율이 적용되는 때와 사업설비를 신설, 취득 등을 하는 때에 가능하다.
④ 총괄납부사업자는 주사업장 관할세무서장에게 종된 사업장분을 합산하여 신고, 납부해야 한다.

02. 부가가치세법상 일반과세자의 신고납부와 관련한 설명 중 잘못된 것은?
① 개인사업자는 주사무소만을 총괄납부사업장으로 할 수 있다.
② 시설투자 등으로 인한 부가가치세 환급신청은 반드시 확정신고기한에만 가능하다
③ 음식업을 영위하는 법인사업자도 의제매입세액공제가 가능하나 신용카드발행세액공제는 되지 않는다.
④ 자기의 사업과 관련하여 생산 취득한 재화를 사업과 관계없이 사용·소비하는 경우에는 세금계산서를 발행할 의무가 없다.

03. 다음 중 부가가치세법상 예정신고와 확정신고를 비교한 것으로 잘못된 것은?
① 매출처별세금계산서합계표 지연제출 가산세는 예정신고기간에는 발생하지 않고 확정신고기간에만 발생한다.
② 대손세액공제의 신청은 확정신고기간에는 가능하나 예정신고기간에는 신청하지 못한다.
③ 의제매입세액공제의 신청은 예정신고 및 확정신고에 하며, 재활용폐자원(중고자동차 제외) 매입세액공제의 신청은 예정신고 때에는 신고만 하고, 확정신고 때에는 예정분과 확정분에 대하여 정산을 하여 한도액을 검토한다.
④ 매입세액 불공제 분에 대하여 면세공급가액의 비율이 5% 이상 변화하여 재계산을 하는 것은 확정신고기간에만 한다.

04. 부가가치세의 신고 및 예정고지와 관련된 내용 중 옳지 않은 것은?
① 폐업하는 경우 폐업일로부터 25일내 신고하여야 한다.
② 사업부진으로 인해 예정신고기간의 공급가액이 직전과세기간의 공급가액의 1/3에 미달하는 개인사업자는 예정신고할 수 있다.
③ 영세율을 적용받는 경우에는 매월 또는 매2월별로 조기환급기간이 끝난 날부터 25일내 신고할 수 있다.
④ 직전 과세시간 부가가치세 100만원을 납부한 간이과세자가 해당 과세기간 개시일 현재 일반과세자로 변경된 경우 예정고지 하지 않는다.

05. 다음은 부가가치세법상 예정신고와 납부에 관한 설명이다. 빈칸에 들어갈 금액은 얼마인가?

> 납세지 관할 세무서장은 직전 과세기간 공급가액의 합계액이 (㉠) 미만인 법인사업자에 대해서는 각 예정신고기간마다 직전 과세기간에 대한 납부세액의 50%로 결정하여 해당 예정신고기간이 끝난 후 25일까지 징수한다. 다만, 징수하여야 할 금액이 (㉡) 미만인 경우에는 징수하지 아니한다.

① ㉠ : 48,000,000원 ㉡ : 300,000원   ② ㉠ : 100,000,000원 ㉡ : 300,000원
③ ㉠ : 50,000,000원 ㉡ : 500,000원   ④ ㉠ : 150,000,000원 ㉡ : 500,000원

06. 다음 부가가치세와 관련된 내용 중 틀린 것은?
① 각 예정신고기간에 신규로 사업을 개시한 개인사업자는 예정신고의무가 없다.
② 직전 과세기간에 대한 납부세액이 없는 개인사업자는 반드시 예정신고를 하여야 한다.
③ 각 예정신고기간분에 대해 조기환급을 받고자 하는 개인사업자는 예정신고를 할 수 있다.
④ 재화 또는 용역의 공급에 대해 영세율이 적용되는 경우와 사업설비를 신설, 취득, 확장 또는 증축하는 경우에는 조기환급 신고기한 경과 후 15일 내에 환급세액을 환급받을 수 있다.

07. 다음 중 부가가치세법상 환급과 관련된 설명으로 가장 옳지 않은 것은?
① 영세율 적용 사업자가 예정 또는 확정신고를 한 경우에는 조기환급 신고서를 제출한 것으로 본다.
② 특허권 등 무형고정자산을 취득하는 경우에도 조기환급을 받을 수 있다.
③ 초과 환급받은 세액이 있을 경우에는 환급불성실 가산세를 적용하지 아니한다.
④ 예정신고시 일반 환급세액이 있어도 환급되지 않고 확정신고시 납부할 세액에서 차감된다.

08. 다음 중 부가가치세 환급과 관련된 설명 중 틀린 것은?
① 영세율 적용으로 인한 부가가치세 조기환급신고에 오류가 있어 세액을 경정하는 경우 환급불성실가산세를 적용한다.
② 5월 10일에 사업설비 확장으로 환급세액이 발생한 법인사업자가 가장 빨리 환급받으려면 4월 1일부터 5월 31일까지를 조기환급기간으로 6월 25일까지 조기환급신고를 하여야 한다.
③ 일반적인 환급은 각 예정신고기간 또는 확정신고기간별로 당해 과세기간에 대한 환급세액을 신고기한 경과 후 30일 내에 환급하여야 한다.
④ 조기환급신고에 대한 환급은 조기환급신고기한 경과 후 15일 이내에 환급하여야 한다.

09. (주)갑동이상사는 2025년 7월 5일 중국 K상사에 상품을 수출하기 위해 선적하였다. 7월분 부가가치세매입세액 환급을 가장 빨리 받기 위하여 부가가치세를 언제까지 신고하면 되는가?
① 2025.7.25.   ② 2025.8.25.   ③ 2025.10.25.   ④ 2026.1.25.

[간이과세]
01. 다음은 부가가치세법상 간이과세자에 대한 내용이다. 틀린 것은?
① 간이과세자의 적용기준 공급대가는 직전연도 공급대가 합계액이 1억400만원 미만인 개인사업자이다.
② 해당 과세기간에 발급받은 세금계산서상 공급대가의 0.5%를 매입세액공제 한다.
③ 도·소매업 겸업자의 경우에는 소매업에 대하여 간이과세를 적용받을 수 있다.
④ 예정부과 기간은 1월 1일부터 6월 30일까지이며 고지납부가 원칙이다.

02. 다음 중 부가가치세법상 간이과세자에 대한 설명으로 가장 옳지 않은 것은?

① 간이과세자 중 공급대가 4,800만원 이상인 사업자는 반드시 세금계산서를 발급하여야 한다.
② 간이과세자는 간이과세 포기제도를 통해서 일반과세자로 전환될 수 있다.
③ 간이과세자가 음식업을 영위할 때 직전연도 공급대가 합계액이 4,800만원 이상인 경우 공급받는 자가 사업자등록증을 제시하고 세금계산서 발급을 요구하면 교부해야 한다.
④ 간이과세자는 예정고지의 대상이 되지 않는다.

03. 부가가치세법상 간이과세자에 대한 설명 중 틀린 것은?

① 간이과세자도 영세율 적용이 가능하며 음식 및 숙박업을 영위하는 간이과세자의 신용카드매출전표 등의 발행에 따른 세액공제율은 1.3%이다.
② 세금계산서를 발급한 간이과세자는 예정부과기간(1.1. ~ 6.30.)의 부가가치세 신고를 7.25.까지 해야 한다.
③ 부가가치세 과세기간에 대한 신고를 직접 전자신고하면 납부세액에서 만원을 공제 또는 환급해 준다.
④ 간이과세자는 면세농산물 등에 대한 의제매입세액공제를 적용받을 수 없다.

04. 다음의 부가가치세법상 간이과세자에 대한 설명으로 옳지 않은 것은?

① 계속 사업자인 간이과세자의 과세기간은 1월 1일부터 12월 31일까지이며 그 과세기간 종료 후 25일 이내에 신고 및 납부하여야 한다.
② 간이과세자의 해당 과세기간에 대한 공급대가가 4,800만원 미만인 경우에는 예정부과·납부 및 신고·납부 규정에도 불구하고 납부 의무를 면제한다.
③ 간이과세를 포기하고자 하는 자는 일반 과세를 적용받고자 하는 달의 전달 말일까지 간이과세 포기 신고서를 제출하여야 한다.
④ 간이과세를 포기한 후 간이과세를 재적용 받고자 하는 자는 간이과세 적용 요건에 해당하는 경우 간이과세 적용 신청서를 제출하면 언제든지 간이과세 재적용이 가능하다.

NO		정답	해설
부가가치세 기본개념	01	③	사업자가 간이과세를 포기함으로써 일반과세자가 되고자 하는 경우에는 그 적용을 받고자 하는 달의 전달 마지막 날까지 간이과세 포기신고를 하여야 한다.
	02	④	신규사업자는 주된 사업장의 사업자등록증을 받은 날로부터 20일 이내에 총괄납부신청이 가능하다.
	03	④	사업자단위과세사업자가 사업자단위과세를 포기하고자 하는 경우 과세기간 개시 20일 전 포기신고서를 제출하면 된다.
	04	④	재화를 보관하고 관리할 수 있는 시설만 갖춘 장소로서 하치장으로 신고된 장소는 사업장으로 보지 아니한다.
과세거래	01	④	부가가치세법상 공급하는 자가 사업자인지 여부가 중요하다.
	02	①	면세사업에 사용하기 위하여 취득한 재화는 당초에 부가가치세를 부담하지 않았으므로 과세사업에 전용한다 하더라도 공급의제에 해당하지 않으며 잔존재화에 대하여 부가가치세를 돌려받을 수 있다.

	NO	정답	해설
과세거래	03	④	포괄양수도의 경우에 사업양도인이 매입세액을 공제받은 재화를 사업양수인이 양도받아 사업을 영위하다 폐업하는 경우에 이를 폐업시 잔존재화로서 재화의 공급으로 본다.
	04	③	자기가 주요자재의 전부 또는 일부를 부담하고 상대방으로부터 인도받은 재화를 가공하여 새로운 재화를 만드는 가공계약은 재화의 공급으로 본다.
	05	③	사업자가 자기 재화의 판매촉진을 위하여 거래상대자의 판매실적에 따라 일정율의 장려금품을 지급 또는 공급하는 경우에 금전으로 지급하면 과세표준에서 공제하지 아니하며, 재화로 공급하면 사업상 증여에 해당되어 과세한다.
	06	③	개별소비세 과세대상 차량과 그 임차 및 유지 관련하여 이미 매입세액공제를 받는 경우 간주공급에 해당한다.
	07	②	판매목적 타사업장 반출의 경우에는 자기의 다른 사업장에서 매입세액공제를 받을 수 있으므로 반출하는 사업장에서 공급의제가 적용된다.
	08	③	사업자가 자기의 사업과 관련하여 복리후생적인 목적으로 자기의 사용인에게 무상으로 공급하는 작업복 등은 재화의 공급의제에 해당하지 아니한다.
	09	②	가. 불법 무단점유이므로 계약상 법률상 원인이 아니므로 과세거래가 아니다. 다. 간주공급 중 개인적 공급에 해당하는 당초 매입세액이 공제되지 아니한 재화의 경우에는 간주공급에서 배제하고 있어서 과세거래가 아니다.
	10	③	자가공급의 경우 해당 자산의 취득가액에 가산하거나 차량유지비등으로 처리한다.
	11	①	②, ③, ④는 그러한 공급시기로서 열거되어 있으나, ①은 열거되어 있지 않다.
	12	②	외국인도수출에 의하여 재화를 공급하는 경우 공급시기는 외국에서 해당 재화가 인도되는 때이다.
	13	②	
	14	④	둘 이상의 과세기간에 걸쳐 계속적으로 일정한 용역을 제공하고 그 대가를 선불로 받는 경우 예정신고기간 또는 과세기간의 종료일을 공급시기로 한다.
	15	②	현금판매·외상판매·할부판매의 경우에는 재화가 인도되거나 이용가능하게 되는 때를 공급시기로 한다. 따라서 재화 인도 전 또는 이용이 가능하기 전에 선수금을 받는 경우에는 재화의 공급시기에 해당되지 않으며 선세금계산서를 발급한 경우에는 그 발급한 때를 공급시기로 본다.
영세율과 면세	01	④	사업자가 비거주자 또는 외국법인인 경우에 상호(면세) 주의에 따른다.
	02	③	면세는 사업자를 위한 제도가 아니라 소비자를 위한 제도이므로 영세율적용대상이 되는 등 일정한 경우에 한하여 포기할 수 있다.
	03	③	면세대상이 되는 재화가 영세율적용의 대상이 되는 경우 면세포기는 신청이 아닌 신고에 해당하므로 과세당국의 승인을 요하지 않는다.
	04	③	1), 2), 3), 5)는 과세이며, 4), 6), 7), 8)은 면세에 해당한다.
	05	①	주택부분의 면적이 사업용건물 부분의 면적보다 큰 경우에는 그 전부를 주택의 임대로 보아 부가가치세가 면세된다.
	06	②	주택의 임대용역은 국민주택규모에 관계없이 부가가치세 면세된다.
	07	③	면세는 매입세액의 환급제도가 없다.
	08	①	영세율 적용대상자는 부가가치세법상 사업자이지만, 면세사업자는 부가가치세법상 사업자가 아니다.

NO	정답	해설
01	②	① 과세거래를 면세거래로 혼동하여 계산서를 교부한 경우에는 세금계산서를 미교부한 것이므로 수정세금계산서를 교부할 수 없다. ③ 위탁매매에 있어서는 위탁자가 직접 재화를 공급하거나 공급받은 것으로 보므로 위탁판매의 경우 공급자는 수탁자가 아닌 위탁자로 하여야 한다. ④ 간주임대료에 대한 부가가치세를 임대인과 임차인 중 누가 부담하였는지를 불문하고 세금계산서를 교부하거나 교부받을 수 없다.
02	④	전자세금계산서 수취의무자는 법인과 거래하는 모든 사업자이므로 개인사업자도 당연히 수취하여야 한다.
03	④	사업자가 공급시기가 되기 전에 재화 또는 용역에 대한 대가의 전부 또는 일부를 받고, 그 받은 대가에 대하여 세금계산서를 발급하면 그 세금계산서 등을 발급하는 때를 각각 그 재화 또는 용역의 공급시기로 본다.
04	③	이선생 : 계약의 해제로 재화 또는 용역이 공급되지 아니한 경우로서 수정세금계산서 작성방법은 계약이 해제된 때에 작성일은 계약해제일로 적고 비고란에 처음 세금계산서 작성일을 덧붙여 적은 후 공급가액과 세액을 붉은색 글씨로 쓰거나 부(負)의 표시를 하여 수정세금계산서를 발급한다. 진선생 : 세금계산서는 일정한 요건을 갖춘 경우 매입자가 세금계산서를 발행할 수 있다. → 매입자발행세금계산서
05	④	재화 또는 용역의 공급시기 이후에 발급받은 세금계산서로서 해당 공급시기가 속하는 과세기간에 대한 확정신고기한까지 발급받은 경우 매입세액공제가 가능하다. 그러나 ④의 경우는 작성일자를 7월 10일로 발급하였으므로 세금계산서불성실 가산세가 적용되며 세금계산서 필요적 기재사항이 잘못되어 매입세액 공제가 불가능하다.
06	④	세금계산서는 재화의 공급시기 즉 인도시점(5/10)에 발행하는 것이 원칙이다. 그러나 세금계산서의 발급특례에 의하여 월합계세금계산서를 월의 말일자를 작성일자로 하여 발급하여 다음달 10일까지 발급할 수 있다. 또한 공급시기 이전에 세금계산서를 발행(4/15)하여 발급하는 경우 발급일로부터 7일내에 대가를 수령한 경우에는 세금계산서로서의 효력을 인정하고 있다. 그러나 공급시기 이후인 6/10의 세금계산서 발급(작성)은 부가가치세법에서 인정하지 아니한다.
07	④	거래처별로 1역월 이내에서 사업자가 임의로 정한 기간의 공급가액을 합계하여 그 기간의 종료일자를 발행일자로 하여 세금계산서를 발급하는 경우에는 재화 또는 용역의 공급일이 속하는 달의 다음 달 10일까지 세금계산서를 발급할 수 있다. 따라서, 발급행위를 11월 10일까지 했다면 정당한 세금계산서 발급행위로 볼 수 있다.
08	④	
09	④	ⓒ의 시기에 발급된 세금계산서를 수취하는 경우 매입세액은 공제되지 아니하며 가산세는 적용하지 아니한다.
10	②	계약의 해제로 인하여 재화가 공급되지 아니한 경우에는 계약해제일을 기재하여 교부한다.
11	④	
12	③	장려금은 과세표준에서 공제하지 않으므로 수정세금계산서 발행대상이 아니다.

	NO	정답	해설
거래징수와 세금계산서	13	④	재화 또는 용역을 공급한 후 공급시기가 속하는 과세기간 종료 후 25일 이내에 내국신용장이 개설된 경우에는 작성일은 당초 세금계산서 발급일을 적어 수정세금계산서를 발급해야 한다.
	14	④	소매업은 공급받는 자가 세금계산서의 발급을 요구하는 경우에는 세금계산서를 발급해야 한다.
	15	④	소매업 또는 미용, 욕탕 및 유사 서비스업을 경영하는 자가 공급하는 재화 또는 용역은 세금계산서 발급을 면제한다. 다만, 소매업의 경우에는 공급받는 자가 세금계산서 발급을 요구하지 아니하는 경우로 한정한다.
	16	④	(1), (3), (5)는 세금계산서 발급의무가 없고 (2), (4), (6)은 발급하여야 한다.
과세표준과 납부세액	01	①	매출할인액은 과세표준에 포함하지 아니한다.
	02	④	① 기계장치는 과세기간이 1회 지날때마다 25% 감가율이 적용되는데, 4회 이상 경과하였으므로 과세되지 않는다. ② 견본품의 제공은 재화의 간주공급 대상에서 제외된다. ③ 면세 재화나 용역을 공급하는 경우 부가가치세 과세대상에 포함되지 않는다.
	03	②	접대용으로 무상제공하는 경우 간주공급(사업상증여)에 해당하므로 과세표준에 포함한다.
	04	①	재화의 인도 이전에 계약금 외의 대가를 분할하여 지급하나, 계약금을 지급하기로 한 날부터 잔금을 지급하기로 한 날이 6월 미만이므로 중간지급조건부에 해당하지 아니한다. 따라서 재화 인도시점인 5월 20일이 공급시기가 되며, 공급가액은 8억원이 된다.
	05	①	과세표준 = (95,000,000원 − 5,000,000원) + (30,000,000원 − 3,000,000원) = 117,000,000원 과세표준에 포함하지 않는 항목 : 매출에누리, 매출환입, 매출할인, 공급받는 자에게 도달하기 전에 파손, 훼손, 멸실된 재화의 가액
	06	②	과세표준 = 100,000원 + 200,000원 = 300,000원 견본품은 간주공급이 아니며 채무면제이익은 재화 및 용역을 공급한 것이 아니므로 과세대상이 아니다. 판매목적으로 타사업장에 반출할 때만 간주공급에 해당하므로 하치장반출액은 과세대상이 아니다.
	07	③	과세표준 = 1,000,000원 + 800,000원 = 1,800,000원 주택과 이에 부수되는 토지의 임대용역은 부가가치세가 면세된다.
	08	④	■ 간주공급의 과세표준 = 취득가액 × (1 − 감가율 × 경과된 과세기간 수) 　　　　　　　　　　 = 100,000,000원 × (1 − 25% × 2) = 50,000,000원 ■ 경과된 과세기간 수 : 취득과세기간은 포함하며, 해당과세기간은 불포함
	09	①	■ 과세표준 = 70,000,000원 + 3,000,000원 + 4,000,000원 + 7,500,000원 = 84,500,000원 ■ 폐업시잔존재화(상품)은 시가가 과세표준이며, 감가상각대상자산의 경우 간주(의제)시가를 적용하여 과세표준을 산정한다. ■ 간주(의제)시가 = 취득가액 × (1 − 감가율 × 경과된 과세기간 수) 　　　　　　　　 = 15,000,000원 × (1 − 25% × 2) = 7,500,000원
	10	②	■ 과세표준 = 6,000,000원(거래처) + 5,000,000원(오픈마켓) + $10,000 × 1,020원(직수출) 　　　　　 = 21,200,000원 ■ 수수료는 매출액에서 공제하지 아니하며 지급지연으로 인한 연체이자는 과세표준에서 제외되고 공급시기 도래 전에 원화로 환가한 경우에는 환가한 금액이 과세표준이다.
	11	①	사업자가 보세구역 내에서 보세구역 이외의 국내에 재화를 공급하는 경우에 해당 재화가 수입재화에 해당되어 하나의 거래가 '재화의 수입' 및 '재화의 공급'에 동시에 해당한다. 이 경우에는 공급가액 중 재화의 수입에 대해 세관장이 징수한 과세표준은 국내공급의 과세표준에 포함하지 않는다. ■ 세관장이 징수할 부가가치세 = (6,000,000원 + 1,200,000원) × 10% = 720,000원 ■ (주)아름무역이 (주)다음상사에게 징수할 부가가치세 　 = (15,000,000원 − 7,200,000원) × 10% = 780,000원

NO	정답	해설
12	④	대손세액으로 공제받을 수 있는 범위는 사업자가 부가가치세가 과세되는 재화 또는 용역을 공급한 후 그 공급일로부터 10년이 지난 날이 속하는 과세기간에 대한 확정신고기한까지 대손이 확정되는 대손세액으로 한다.
13	①	■ 공제가능 매입세액 = 8,000,000원 + 800,000원 + 300,000원 = 9,100,000원 ■ 공급시기가 속하는 과세기간이 끝난 후 20일 이내에 등록 신청한 경우 그 과세기간 내 매입세액은 공제가능하므로 4월 15일 및 4월 29일 모두 매입세액 공제가 가능하다. ■ 개인 음식점의 의제매입세액 공제율은 8/108이다. 　의제매입세액 = 10,800,000원 × 8/108 = 800,000원 ■ 월합계 세금계산서는 해당월의 말일자를 작성일자로 하여 다음달 10일(토요일 또는 공유일인 경우에는 다음날)까지 발급할 수 있다.
14	②	의제매입세액은 면세농산물 등을 공급받은 날이 속하는 과세기간의 예정신고 또는 확정신고 시에 공제한다.
15	④	■ 예정신고시 매입세액공제분 = 73,000,000원 × 3/103 = 2,126,213원 ■ 확정신고시 매입세액공제분 = 227,000,000원(Min ㉠, ㉡) × 3/103 − 2,126,213원 　　　　　　　　　　　　　= 4,485,437원(단수차이) 　㉠ 공제대상금액의 한도액 = (공급가액 × 80%) − 세금계산서수취금액 　　　　　　　　　　　　= (300,000,000원 × 80%) − 13,000,000원 = 227,000,000원 　㉡ 영수증수취금액 = 예정신고 73,000,000원 + 확정신고 160,000,000원 = 233,000,000원 또는 ■ 확정신고 공제가능 매입세액 　= [{(300,000,000원 × 80%) − 13,000,000원} − 73,000,000원] × 3/103 = 4,485,436원
16	②	경정시 사업자가 경정기관 확인을 거쳐 해당 경정기관에 제출하여 매입세액을 공제받는 경우 공급가액의 0.5% 가산세를 납부세액에 더하거나 환급세액에서 뺀다.
17	②	■ 매입세액공제 : ㉣ 사무용품구입, ㉤ 컴퓨터 구입, ㉥ 회식비 ■ 매입세액불공제 : ㉠ 비영업용소형승용차, ㉡ 여객운송용역, ㉢ 기업업무추진비
18	②	■ 공제가능 매입세액 = (800,000원 + 110,000원) × 10% = 91,000원 ■ 거래처 선물용은 기업업무추진비관련매입세액으로 불공제 대상에 해당하고, 대표이사의 주택 등 기비용은 사업과 관련 없는 매입세액으로 불공제 대상이며, 간이과세자(영수증발급자)는 세금계산서 발행이 불가한 사업자라 매입세액 공제대상이 될 수 없다.
19	④	영업용이라 함은 운수업(예를 들어 택시회사)에서와 같이 승용차를 직접 영업에 사용하는 것을 말하므로 도매업의 경우 상품운반용으로 사용하는 비영업용소형승용차에 해당하여 매입세액이 불공제 된다.
20	④	공통매입세액이 5백만원 이하로서 총공급가액 중 면세공급가액이 5% 미만인 경우에는 안분계산 없이 전액 매입세액으로 공제한다.
21	④	구입과세기간의 공통매입세액이 5만원 미만인 경우 생략한다.
22	④	과세로 공급받은 재화를 면세사업에 사용할 경우 매입세액에 대하여 안분계산 없이 전액 매입세액 불공제 했다면 재화의 공급으로 보지 않는다.
23	③	면세비율이 증가하면 과다공제한 매입세액을 추징하지만 면세비율이 감소하면 추가적으로 공제 및 환급하기 위함이다.
24	④	과세와 면세사업을 겸업하는 사업자로서 공통사용재화를 양도하는 경우에는 직전과세기간의 공급가액 비율로 안분하여 과세분에 대하여는 매출세금계산서를 면세분은 매출계산서를 발급하여야 한다.
25	③	부가가치세법상 대손세액공제신청은 확정신고시에만 가능하다.

	NO	정답	해설
과세표준과 납부세액	26	①	② 신고불설실가산세 : 일반과소신고 납부세액의 10% 적용 ③ 간이과세자가 납부의무가 면제되는 경우에는 신고불성실가산세가 적용되지 않는다. ④ 납부지연가산세 : 미납세액에 미납기간을 적용한 금액에 2.2/10,000을 적용
	27	③	전자세금계산서 전송기한이 지난 후 공급시기가 속하는 과세기간의 확정신고기한까지 국세청장에게 발급명세를 전송시 지연전송한 공급가액의 0.3% 가산세를 적용한다.
	28	③	재화 또는 용역의 공급시기가 속하는 과세기간(세금계산서 발급특례에 해당하는 경우에는 그 과세기간 말의 다음 달 10일)의 확정신고기한내까지 세금계산서를 발급하지 아니한 경우 공급가액의 2%를 과세한다.
	29	①	국세청장에게 전자세금계산서를 발급하고 세금계산서 발급명세를 전송한 경우에는 매출처별세금계산서합계표불성실가산세가 적용되지 않는다. 따라서 ①의 경우 신고불성실가산세와 납부불성실가산세만 적용된다.
	30	①	① 무신고가산세는 2,000,000원 × 20% × 50% = 200,000원이다. 법정신고기한 경과 후 1개월 이내에 기한 후 신고를 한 경우에는 무신고가산세의 50%를 경감한다. ② 세법에 따른 제출·신고·가입·등록·개설(이하 이 호에서 "제출등"이라 한다)의 기한이 지난 후 1개월 이내에 해당 세법에 따른 제출등의 의무를 이행하는 경우 : 제출 등의 의무위반에 대하여 세법에 따라 부과되는 가산세의 50%를 경감한다. 그러나, 정상적인 전자 발급 및 전송된 전자세금계산서는 세금계산서합계표 제출의무가 면제 되었으므로 매출처별세금계산서 합계표 미제출가산세는 적용되지 않는다. ③ 납부지연 가산세 = 2,000,000원 × (2.2/10,000) × 15일 = 6,600원
	31	①	갑과 병은 세금계산서 불성실가산세(위장세금계산서)가 공급가액의 2%가 적용되며 세금계산서 불성실가산세와 매출처별세금계산서합계표 불성실가산세가 동시에 적용되는 경우에는 세금계산서 불성실가산세가 적용된다.
부가가치세 신고·납부절차	01	④	주사업장 총괄납부의 경우에는 납부만을 주된 사업장에서 하고, 신고는 각 사업장별로 해야 한다.
	02	②	시설투자 등으로 인한 부가가치세 환급신청은 예정신고기간 중(영세율등 조기환급기간)에도 가능하다.
	03	③	의제매입세액공제 및 재활용폐자원공제 신청은 예정신고 때에는 신고만 하고, 확정신고 때에는 예정분과 확정분에 대하여 정산을 하여 한도액을 검토한다.
	04	①	폐업하는 경우에는 폐업일이 속하는 달의 다음달 25일내 신고하여야 한다.
	05	④	▪ 영세 법인사업자 기준 : 직전 과세기간 공급가액의 합계액 1억 5,000만원 미만 ▪ 예정고지면제 기준세액 : 50만원
	06	②	2012년 1기 예정신고분부터 해당 개인사업자의 예정신고의무제도가 폐지되었고 2021년 7월 1일 이후 공급분부터 세금계산서 발급하는 간이과세사업자 예정고지기간 신고제도가 도입된다.
	07	③	초과 환급받은 세액이 있을 경우에는 환급불성실 가산세를 적용한다.
	08	③	일반환급자는 예정신고기간에 대하여는 환급이 이루어지지 아니한다.
	09	②	조기환급 대상이면 조기환급기간을 7월로 하여 다음달 25일까지 신고하면 15일 이내에 환급된다.
간이과세	01	③	도매업은 간이과세가 배제되는 업종이므로 겸업자의 경우 소매업에 대하여 간이과세를 적용받을 수 없다.
	02	④	간이과세자도 예정고지 대상이 된다.
	03	③	간이과세자는 공제세액이 납부세액을 초과하는 경우 그 초과액은 없는 것으로 하므로 환급세액이 발생하지 않는다.
	04	④	간이과세를 포기한 후 일반과세를 적용받으려는 달의 1일부터 3년이 되는 날이 속하는 과세기간까지는 간이과세 재적용이 불가하다.

PART 04

소득세

CHAPTER 01 소득세의 기본개념
CHAPTER 02 과세표준과 세액의 계산
CHAPTER 03 납부절차
CHAPTER 04 실무이론 평가

실무이론

직무명	분류번호	능력단위명	수준	능력단위요소
세무	0203020204_23v6	원천징수	3	1 금융소득 원천징수하기 2 사업소득 원천징수하기 3 근로소득 원천징수하기 4 기타소득 원천징수하기 5 퇴직소득 원천징수하기 6 근로소득 연말정산하기
	0203020206_23v6	종합소득세 신고	4	3 종합소득세 신고하기

능력단위정의

원천징수란 금융소득, 사업소득, 근로소득, 기타소득, 퇴직소득을 소득자에게 지급할 때 소득자가 납부해야 할 세금을 원천징수의무자가 대신 징수하여 과세당국에 납부하기 위하여 수반되는 소득 및 세액 계산, 세무신고 및 납부, 연말정산 등을 수행하는 능력이다.

종합소득세신고란 사업소득을 포함한 종합소득금액을 계산하고 종합소득세 과세표준 확정신고서를 작성하고 신고하는 능력이다.

NCS 능력단위	능력단위요소	수 행 준 거
0203020204_23v6 원천징수	0203020204_23v6.1 금융소득 원천징수하기	1.1 세법에 의한 과세, 비과세 이자소득과 원천징수대상 배당소득을 구분하여 원천징수세액을 계산할 수 있다. 1.2 이자소득과 배당소득에 대한 원천징수 결과에 따라 세무정보시스템을 활용하여 원천징수이행상황신고서를 작성하고 신고 후 세액을 납부할 수 있다. 1.3 세법이 정한 서식에 따라 이자소득과 배당소득에 대한 원천징수영수증 발급·교부하고 지급명세서를 기한 내에 제출할 수 있다.
	0203020204_23v6.2 사업소득 원천징수하기	2.1 세법에 의한 원천징수 대상 사업소득을 구분하여 원천징수세액을 계산할 수 있다. 2.2 사업소득에 대한 원천징수 결과에 따라 세무정보시스템을 활용하여 원천징수이행상황신고서를 작성하고 신고 후 세액을 납부할 수 있다. 2.3 세법이 정한 서식에 따라 사업소득에 대한 원천징수영수증을 발급·교부하고 지급명세서를 기한 내에 제출할 수 있다. 2.4 사업소득에 대한 간이지급명세서 및 지급명세서를 기한 내에 제출할 수 있다.
	0203020204_23v6.3 근로소득 원천징수하기	3.1 소득세법에 따라 세무정보시스템 또는 급여대장을 통해 임직원의 인적공제사항을 작성·관리할 수 있다. 3.2 회사의 급여규정에 따라 임직원의 기본급, 수당, 상여금 등의 급여금액을 정확하게 계산할 수 있다. 3.3 세법에 의한 임직원의 급여액에 대한 근로소득금액을 과세 근로소득과 비과세 근로소득으로 구분하여 계산할 수 있다. 3.4 간이세액표에 따라 급여액에 대한 산출된 세액을 공제 후 지급할 수 있다. 3.5 중도퇴사자에 대한 근로소득 정산에 의한 세액을 환급 또는 추징할 수 있다. 3.6 일용근로자에 대한 근로소득은 비과세 기준을 고려하여 계산할 수 있다.

NCS 능력단위	능력단위요소	수 행 준 거
0203020204_23v6 원천징수	0203020204_23v6.3 근로소득 원천징수하기	3.7 근로소득에 대한 원천징수 결과에 따라 세무정보시스템을 활용하여 원천징수이행상황신고서를 작성하고 신고 후 세액을 납부할 수 있다. 3.8 환급받을 원천징수세액이 있는 경우 납부세액과 상계 및 환급신청할 수 있다. 3.9 기 신고한 원천징수 수정 또는 경정요건이 발생할 경우 수정신고 및 경정청구 할 수 있다. 3.10 근로소득에 대한 간이지급명세서를 기한 내에 제출할 수 있다. 3.11 일용근로자에 대한 지급명세서를 기한 내에 제출할 수 있다.
	0203020204_23v6.4 기타소득 원천징수하기	4.1 세법에 의한 원천징수 대상 기타소득을 구분하여 원천징수세액을 계산할 수 있다. 4.2 기타소득에 대한 원천징수 결과에 따라 세무정보시스템을 활용하여 원천징수이행상황신고서를 작성하고 신고 후 세액을 납부할 수 있다. 4.3 기타소득의 원천징수영수증을 발급·교부하고 지급명세서를 기한 내에 제출할 수 있다.
	0203020204_23v6.5 퇴직소득 원천징수하기	5.1 회사의 퇴직급여 규정에 따라 임직원의 평균급여를 산출하여 퇴직금을 정확하게 계산할 수 있다. 5.2 세법에 따른 퇴직소득과 근로소득을 구분하여 퇴직소득금액을 계산할 수 있다. 5.3 세법에 따라 퇴직금의 산출된 세액을 공제 후 지급할 수 있다. 5.4 퇴직소득에 대한 원천징수 결과에 따라 세무정보시스템을 활용하여 원천징수이행상황신고서를 작성하고 신고 후 세액을 납부할 수 있다. 5.5 세법이 정한 서식에 따라 퇴직소득에 대한 원천징수영수증 발급·교부하고 지급명세서를 기한 내에 제출할 수 있다. 5.6 기 신고한 원천징수 수정 또는 경정요건이 발생할 경우 수정신고 및 경정 청구할 수 있다.
	0203020204_23v6.6 근로소득 연말정산하기	6.1 연말정산대상소득과 연말정산시기에 대해서 파악할 수 있다. 6.2 근로자의 근로소득원천징수부를 확인하여 총 급여 및 원천징수세액을 파악할 수 있다. 6.3 세법에 따라 연말정산대상자의 소득공제신고서와 소득공제증명자료를 처리할 수 있다. 6.4 연말정산결과에 따라 세무정보시스템을 활용하여 근로소득원천징수영수증을 소득자에게 발급할 수 있다. 6.5 연말정산결과에 따라 세무정보시스템을 활용하여 근로소득지급명세서를 전자제출 할 수 있다. 6.6 연말정산결과에 따라 세무정보시스템을 활용하여 원천징수이행상황신고서 전자신고 할 수 있다.
0203020206_23v6 종합소득세 신고	0203020206_23v6.3 종합소득세 신고하기	3.1 세법 절차에 따라 종합소득세 과세표준 확정신고서 및 납부계산서를 작성할 수 있다. 3.2 세법에 따라 소득공제신고서를 작성할 수 있다. 3.3 전자신고 절차에 따라 변환 파일을 만들 수 있다. 3.4 전자신고 절차에 따라 국세청에 파일을 전송할 수 있다. 3.5 전자신고에 따른 오류발생을 검증하고 수정할 수 있다.

CHAPTER 01 소득세의 기본개념

1. 소득세의 기초개념

1 소득세의 정의 및 특징

구 분		내 용
정의		개인의 소득을 과세대상으로 하여 부과하는 국세이며, 소득금액을 과세표준으로 하는 조세로서 납세자와 담세자가 일치하므로 직접세에 해당한다.
특징	개인단위 과세제도	**개인별로 과세**하며, 세대별 혹은 부부별로 합산하지 않는다. 다만, 조세를 회피하기 위하여 공동사업을 경영하는 것으로 확인되는 경우 합산하여 과세한다.
	열거주의 과세방식	과세소득을 규정하는 방식으로 열거된 소득에 대해서만 과세하는 방식(**소득원천설**)을 채택하고 있으며, **이자소득 · 배당소득**은 **유형별포괄주의** 방식을 채택하고 있다.
	소득세 과세방법	■ **종합과세** : 소득의 종류에 관계없이 모든 소득을 하나의 계산구조에 종합하여 합산 계산하는 것으로 **이자소득, 배당소득, 사업소득, 근로소득, 연금소득, 기타소득**이 해당한다. ■ **분류과세** : 간헐적으로 발생하는 퇴직소득, 양도소득은 다른 소득과 합산하지 않고 그 종류별로 구분하여 각각 별도로 과세하는 방식을 말한다. ■ **분리과세** : 다른 소득들과 합산하지 않고 그 소득별로 소득이 지급될 때 소득세를 **원천징수**함으로써 **납세의무를 종결**하는 과세방식을 말한다.
	초과누진 세율적용 (8단계)	단계별 초과누진세율(6% ~ 45%)을 적용하여 소득이 많은 개인에게 상대적으로 많은 세금을 납부하게 하여 소득 재분배를 한다.
	인적 공제제도	소득세는 개인소득에 대하여 부과되는 세금이므로 부양가족에 따른 개인별 부담능력이 다르므로 이를 고려하여 소득에 대한 인적공제제도를 채택하고 있다.
	원천징수	소득을 지급하는 사람이 소득 또는 수입금액을 지급할 때 그 지급을 받는 사람이 내야 할 세금을 미리 징수하여 정부에 납부하는 제도 ■ **완납적 원천징수** : 원천징수만으로 납세의무가 종결되는 것으로 종합소득 중 분리과세 대상소득이 이에 해당한다. ■ **예납적 원천징수** : 원천징수로서 납세의무가 종결되지 않고 소득을 지급받는 자가 추후에 해당 소득을 다른 소득과 합산하여 소득세 신고 · 납부하여야 하며 이미 원천징수된 세액은 기납부세액으로 공제받는다.
	신고 납부제도	종합소득, 퇴직소득, 양도소득에 대한 소득세를 다음연도 5월 1일 ~ 5월 31일에 신고 · 납부한다.

2 소득의 구분

구 분		원천징수	분리과세	필요경비
종합소득	이자소득	○	○	×
	배당소득	○	○	×
	사업소득	○	○	○
	근로소득	○	○	×
	연금소득	○	○	×
	기타소득	○	○	○
퇴직소득		○		×
양도소득		×		○

※ 주택임대소득(사업소득) 2천만원 이하 분리과세 선택 가능

3 납세의무자

구 분	의 의	납세의무 범위
거주자	국내에 주소가 있거나 183일 이상 거소를 둔 경우	국내원천소득 + 국외원천소득 (무제한 납세의무자)
비거주자	거주자가 아닌 개인	국내원천소득 (제한적 납세의무자)

4 과세기간

구 분	과세기간	확정신고기한
일반적인 경우	매년 1월 1일 ~ 12월 31일까지	다음언도 5월 1일 ~ 5월 31일
거주자가 사망한 경우	1월 1일부터 사망한 날	상속개시일이 속하는 달의 말일로부터 6개월이 되는 날
출국으로 비거주자가 되는 경우	1월 1일부터 출국한 날	출국일 전일

법인은 임의로 사업년도(과세기간)를 정할 수 있으나 개인은 사업자라도 임의로 사업연도를 정할 수 없다. 사업소득 외 다른 소득이 있는 경우 이를 과세하기 위함이다.

5 납세지

구 분		납 세 지
일반	거주자	원칙 : 주소지(주소지가 없는 경우 : 거소지)
	비거주자	원칙 : 국내사업장의 소재지(국내사업장이 둘 이상 있는 경우에는 주된 국내사업장의 소재지) 국내사업장이 없는 경우 : 국내원천소득이 발생하는 장소
납세지의 지정		국세청장 또는 관할 지방국세청장은 사업소득이 있는 거주자가 사업장 소재지를 납세지로 신청한 경우에는 납세지를 따로 지정할 수 있음 → 다음연도 2월말일까지 여부 통지

구 분	납 세 지
납세지의 변경	납세지가 변경된 때에는 **그 변경된 날부터 15일 이내**에 납세지변경신고서를 변경 후의 납세지 관할세무서장에게 신고하여야 한다. **부가가치세법** 규정에 의하여 **사업자등록정정을 한 경우**에는 납세지의 변경신고를 한 것으로 보며 별도의 소득세법상의 변경신고를 할 필요가 **없다**.
원천징수 – 거주자	해당 거주자의 주된 사업장 소재지(사업장이 없는 경우에는 그 거주자의 주소지 또는 거소지)
원천징수 – 비거주자	해당 비거주자의 주된 국내사업장 소재지 (사업장이 없는 경우에는 그 비거주자의 거류지 또는 체류지)

6 종합소득세의 계산구조

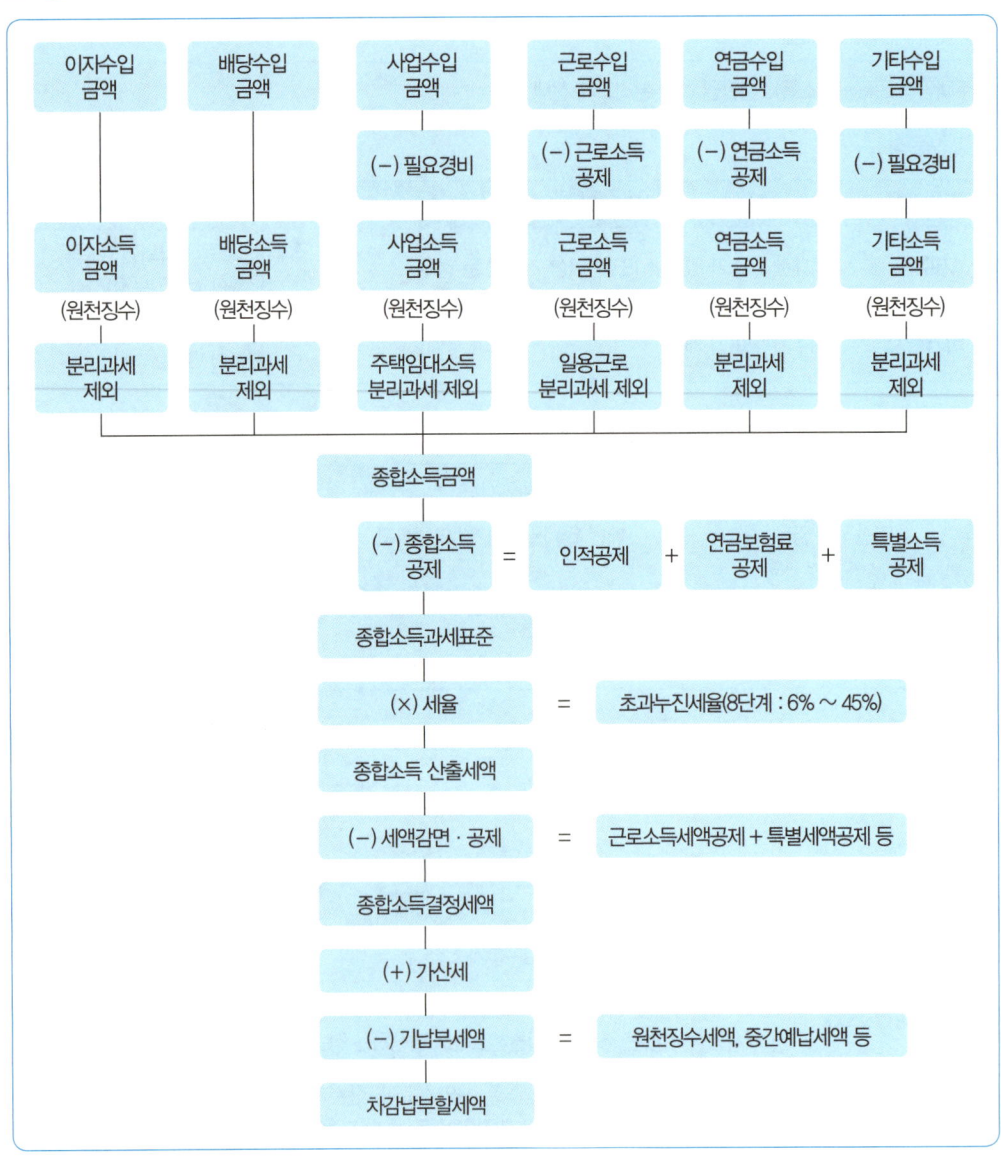

2. 금융소득(이자·배당소득)

1 이자소득의 범위 및 수입시기

범 위	수입시기
채권 등의 이자와 할인액	① 무기명의 경우 : 그 지급을 받은 날 ② 기명의 경우 : 약정에 의한 이자지급일
보통예금·정기예금·적금 또는 부금의 이자	① 원칙 : 실제로 이자를 지급받은 날 ② 원본전입 특약이 있는 이자 : 원본전입일 ③ 해약으로 인하여 지급되는 이자 : 해약일 ④ 계약기간을 연장하는 경우 : 그 연장하는 날
통지예금의 이자	인출일
저축성보험의 보험차익	보험금 또는 환급금의 지급일. 다만 기일전에 해지하는 경우에는 그 해지일
채권·증권의 환매조건부 매매차익	약정에 의한 해당 채권 또는 증권의 환매수일 또는 환매도일. 다만, 기일전에 환매수 또는 환매도하는 경우에는 그 환매수일 또는 환매도일
직장공제회 초과반환금	약정에 따른 납입금 초과이익 및 반환금 추가이익의 지급일
비영업대금의 이익	약정에 의한 이자지급일. 다만, 이자지급일의 약정이 없거나 약정에 의한 이자지급일 전에 이자를 지급 받는 경우 또는 총수입금액 계산에서 제외하였던 이자를 지급받는 경우에는 그 이자지급일 소득구분: 금융업의 자금 대여 / 사업적 : 영업대금 / 사업소득 금융업이외의 자금 대여 / 일시·우발적 : 비영업대금 / 이자소득
유사 이자소득 및 결합파생상품의 이익	약정에 따른 상환일. 다만 기일 전에 상환하는 때에는 그 상환일

2 배당소득의 범위 및 수입시기

범 위	수입시기
일반적인배당	① 무기명주식의 이익이나 배당 : 그 지급을 받은 날 ② 잉여금처분에 의한 배당 : 당해 법인의 잉여금 처분결의일
인정배당	당해 법인 사업연도의 결산확정일
의제배당	① 잉여금의 자본전입으로 인한 의제배당 : 자본전입 결정일 ② 해산으로 인한 의제배당 : 잔여재산가액 확정일 ③ 합병·분할로 인한 의제배당 : 합병·분할 등기일
집합투자기구 및 조각투자상품으로부터의 이익	집합투자기구로부터 이익을 지급받은 날
출자공동사업자가 받는 손익분배비율에 상당하는 금액	과세기간 종료일 소득구분: 공동사업자(경영참가) / 사업소득 출자공동사업자(경영미참가) / 배당소득

범 위	수입시기
기타 수익분배금의 성격이 있는 배당 또는 분배금, 파생금융상품의 배당	그 지급을 받은 날

3 금융소득 과세방식

구 분		원천징수세율
원천징수	원천징수의무자는 이자소득 또는 배당소득을 지급할 때에 그 지급금액에 원천징수세율을 적용하여 계산한 소득세를 원천징수 한다. 다만, 법인이 배당 또는 분배금 처분을 결정한 날부터 3개월이 되는 날까지 미지급시 3개월이 되는 날에 배당소득을 지급한 것으로 보아 원천징수 한다.	
무조건 분리과세	분리과세를 신청한 장기채권의 이자등	30%(2018년 이후 발행분부터 14% 원천징수 후 조건부종합과세)
	직장공제회 초과반환금	기본세율
	비실명금융소득	45%(금융실명제 90%)
	법원보증금 및 경락대금에서 발생하는 이자소득	14%
	법인이 아닌 단체의 금융소득	14%
무조건 종합과세	국내에서 원천징수되지 않는 국외금융소득	-
	출자공동사업자의 배당소득	25%
조건부 종합과세	금융소득* ≤ 종합과세기준금액(2,000만원)	무조건 종합과세금융소득만 종합과세
	금융소득* > 종합과세기준금액(2,000만원)	무조건 종합과세금융소득과 조건부 종합과세금융소득 모두를 종합과세

* 금융소득은 Gross-up 금액을 가산하기 전의 금액

- 금융소득 종합과세시 세율
  ① 2,000만원 이하 → 원천징수세율(14%, 비영업대금이익 25%) 적용
  ② 2,000만원 초과 → 기본세율적용

4 금융소득금액의 계산(필요경비 인정되지 않음)

구 분	내 용
이자소득금액	이자소득 총수입금액(비과세 소득과 분리과세소득은 제외)
배당소득금액	배당소득 총수입금액(비과세 소득과 분리과세소득은 제외) + Gross-up 금액(10%)

※ 소득세법상 비과세 금융소득 : 신탁법에 따른 공익신탁의 이익

5 배당소득에 대한 이중과세의 조정

구 분	내 용
이중과세	① 법인세와 소득세의 이중과세의 조정방법으로 Gross-up(Imputation 제도) 제도 채택 ② 주주의 배당소득 총수입금액에 귀속법인세액(10%의 Gross-up 금액)을 합산하여 종합소득세를 산출한 후, 동 합산한 귀속법인세액을 세액공제(배당소득세액공제)로 차감하는 방식
Gross-up하는 배당소득 (모두 충족)	① 내국법인으로부터 받은 배당소득이어야 한다. ② 법인단계에서 법인세가 과세된 소득을 재원으로 하는 배당소득이어야 한다. ③ 종합과세 되는 배당소득이어야 한다. ④ 기본세율이 적용되는 배당소득이어야 한다.
종합과세기준금액 구성순서	① 이자소득 ⇨ ② Gross-up을 하지 않는 배당소득 ⇨ ③ Gross-up을 하는 배당소득

※ Gross-up 적용 제외되는 배당 : 외국법인으로부터 받는 배당, 출자공동사업자가 받는 배당, 법인과세 신탁재산으로부터 받는 배당금 등

3. 사업소득

1 사업소득금액 계산

사업소득금액 = 총수입금액(비과세 소득 제외) − 필요경비

```
  결 산 서 상 당 기 · 순 손 익
+ 총수입금액산입 · 필요경비불산입
− 필요경비산입 · 총수입금액불산입
─────────────────────────────
= 차 가 감 소 득 금 액           ┐
+ 기 부 금 한 도 초 과 액          │
  ① 법 정 기 부 금 한 도 초 과 액    │ 세무조정
  ② 지 정 기 부 금 한 도 초 과 액    │
− 기부금한도초과이월액필요경비산입  ┘
─────────────────────────────
= 사 업 소 득 금 액     (개념 : 사업소득 총수입금액 − 필요경비)
```

기 업 회 계	세 무 조 정		소득세법
수 익	(+)총수입금액산입 (−)총수입금액불산입	=	총수입금액
(−)			(−)
비 용	(+)필요경비산입 (−)필요경비불산입	=	필요경비
‖			‖
결산서상 당기순손익	(+)총수입금액산입 · 필요경비불산입 (−)필요경비산입 · 총수입금액불산입	=	사업소득금액

2 사업소득의 범위

사업소득은 개인이 영리를 목적으로 자기의 계산과 책임하에 계속적·반복적으로 행하는 활동을 통하여 얻는 소득을 말하며 열거주의에 따라 다음의 사업만을 과세대상으로 한다.

① 농업·임업 및 어업, 고소득 작물재배업 (곡물 및 기타 식량작물재배업은 제외)
② 광업·제조업
③ 전기·가스·증기 및 공기조절공급업
④ 수도, 하수·폐기물처리, 원료재생업
⑤ 도매·소매업, 운수·창고업, 정보통신업
⑥ 건설업(주택신축판매업 포함)
⑦ 숙박 및 음식점업
⑧ 전문, 과학 및 기술서비스업
⑨ 금융 및 보험업
⑩ 부동산업 및 임대업
⑪ 사업시설관리 및 사업지원·임대서비스업
⑫ 교육서비스업
⑬ 보건업 및 사회복지서비스업
⑭ 예술, 스포츠 및 여가관련 서비스업
⑮ 협회 및 단체, 수리 및 기타 개인서비스업
⑯ 가구내 고용활동에서 발생하는 소득

[부동산임대소득의 범위]
① 부동산 또는 부동산상의 권리(전세권, 부동산임차권 및 지역권과 지상권의 설정·대여)의 대여로 인하여 발생하는 소득. 다만, 「공익사업을 위한 토지 등의 취득 및 보상에 관한 법률」에 따른 공익사업과 관련하여 지역권·지상권(지하 또는 공중에 설정된 권리를 포함)을 설정하거나 대여함으로써 발생하는 소득은 제외
② 공장재단 또는 광업재단의 대여로 인하여 발생하는 소득
③ 광업권자·조광권자·덕대가 채굴에 관한 권리를 대여함으로 인하여 발생하는 소득

[복식부기의무자의 고정자산매각에 대한 소득의 범위]
복식부기의무자의 사업용 유형고정자산(부동산 제외) 처분손익을 수입금액 및 필요경비에 산입한다.
(예 : 차량 및 운반구, 공구, 기구 및 비품, 선박 및 항공기, 기계 및 장치 등)

3 비과세 사업소득

구 분	비과세 범위
농지대여소득	농지(논·밭의 작물생산)대여소득(논·밭을 주차장으로 이용 시 과세)
주택 소유자 주택임대소득	1주택을 소유한 자의 주택임대소득(기준시가가 12억원을 초과하는 고가주택과 국외소재주택은 과세) ⇨ 배우자 소유주택은 생계와 무관하게 합산
농어가부업소득	농가부업규모의 축산(젖소 : 50마리, 돼지 : 700마리, 닭 : 15,000마리, 양봉 : 100군 등) 고공품제조·민박·음식물판매·특산물제조·전통차제조 등 기타 농어가부업소득으로 연간 3,000만원 이하의 금액(어로어업 및 양식어업 소득 제외)
전통주 제조소득	전통주를 수도권지역 밖의 읍·면지역에서 제조함으로써 발생하는 소득으로 소득금액 합계액이 연 1,200만원 이하의 금액
임목의 벌채·양도소득	조림기간 5년 이상인 임지의 임목의 벌채 또는 양도로 발생하는 소득으로 연 600만원 이하의 금액
작물재배업	작물재배업에서 발생하는 소득으로 연 10억원 이하의 금액
어로·양식어업	연근해 어업과 내수면 어업에서 발생하는 소득으로 연 5,000만원 이하의 금액

4 사업소득에 대한 과세방식

구 분	과세방법	비 고
원칙적인 경우	원천징수 없음 ⇨ 확정신고(종합과세)	주택임대소득 2,000만원 이하 분리과세(14%) 선택 가능
의료보건용역 및 인적용역	원천징수 ⇨ 확정신고(종합과세)	수입금액 × 3% 원천징수
봉사료수입금액 (공급가액의 20%를 초과하는 봉사료)	원천징수 ⇨ 확정신고(종합과세)	수입금액 × 5% 원천징수
보험모집인 · 방문판매원 · 음료품배달원 (직전연도수입금액 7,500만원 미만)	매월 원천징수 ⇨ 연말정산(종합과세) (연말정산 시기 : 다음연도 2월말일)	수입금액 × 3% 원천징수

5 총수입금액

총수입금액 산입 항목	총수입금액 불산입 항목
① 사업수입금액(매출에누리와 환입·매출할인금액 제외, 주택임대소득을 포함하며 2,000만원 이하의 주택임대소득은 분리과세 선택가능) ② 사업과 관련하여 거래상대방으로부터 받은 장려금 기타 이와 유사한 성질의 금액 ③ 필요경비로서 지출된 세액이 환입되었거나 환입될 금액(관세환급금 등) ④ 사업과 관련된 자산수증이익·채무면제이익(사업무관은 불산입되며 증여세 과세) ⑤ 사업과 관련하여 생긴 보험차익(확정급여형퇴직연금제도의 보험차익과 신탁계약의 이익 또는 분배금, 사업과 관련하여 해당 사업용 자산의 손실로 취득하는 보험차익) ⑥ 가사용으로 소비된 재고자산(시가를 총수입금액에 산입하고, 동 재고자산의 원가는 필요경비에 산입) ⑦ 복식부기의무자의 사업용 유형고정자산(부동산 제외) 양도가액 ⑧ 간주임대료(부동산 또는 그 부동산상의 권리 등을 대여하고 보증금 등을 받은 경우에 적용하되, 주택을 대여하고 보증금 등을 받은 경우에는 3주택 또는 고가주택 2주택 이상을 소유하고 보증금 등의 합계액이 3억원(고가주택은 12억원)을 초과하는 경우에 한함) ⑨ 기타 사업과 관련된 수입금액으로서 해당 사업자에게 귀속되었거나 귀속될 금액 ⑩ 부동산을 임대하거나 지역권·지상권을 설정 또는 대여하고 받은 선세금(先貰金)에 대한 총수입금액은 그 선세금을 계약기간의 월수로 나눈 금액의 각 과세기간의 합계액으로 함(월수계산은 초월산입, 말일불산입)	① 소득세 등의 환급액 ② 자산수증이익과 채무면제이익 중 이월결손금의 보전에 충당한 금액(강제규정이 아니라 사업자 임의의 선택사항) ③ 전년도로부터 이월된 소득금액 ④ 생산된 제품 등을 타제품 등의 원재료로 소비한 금액 ⑤ 부가가치세 매출세액(부가가치세 매입세액은 필요경비 불산입항목) ⑥ 개별소비세 등이 수입금액 ⑦ 국세·지방세 환급가산금, 과오납금의 환급금에 대한 이자 ⑧ 자산의평가차익(평가차익 규정 없음) ⑨ 재고자산 이외의 자산 처분이익(복식부기의무자는 제외)

6 필요경비

필요경비 산입 항목	필요경비 불산입 항목
① 판매한 상품 또는 제품에 대한 원료의 매입가격(매입에누리·환출 및 매입할인금액을 제외)과 그 부대비용 ② 판매한 상품 또는 제품의 보관료, 포장비, 운반비, 판매장려금 및 판매수당 등 판매와 관련한 부대비용(판매장려금 및 판매수당의 경우 사전약정 없이 지급하는 경우를 포함) ③ 부동산의 양도 당시의 장부가액(건물건설업과 부동산 개발 및 공급업의 경우만 해당) ④ 종업원의 급여(거주자의 배우자 및 부양가족이라 하더라도 사업에 직접 종사하고 있는 경우 종업원으로 보아 필요경비로 인정) 및 근로자에게 지급하는 출산·양육 지원금 ⑤ 사업용 자산에 대한 비용(현상유지를 위한 수선비, 관리비와 유지비, 임차료, 손해보험료 등) ⑥ 복식부기의무자가 사업용 유형자산의 양도가액을 총수입금액에 산입한 경우 해당 사업용 유형자산의 양도 당시 장부가액 ⑦ 사업과 관련이 있는 제세공과금(세액공제를 적용하지 않는 경우의 외국소득세액을 포함) ⑧ 사내근로복지기금, 공동근로복지기금에 출연한 금품 ⑨ 공제계약사업주가 건설근로자퇴직공제회에 납부한 공제부금 ⑩ 근로자퇴직급여 보장법에 따라 사용자가 부담하는 부담금 ⑪ 국민건강보험법, 고용보험법 및 노인장기요양보험법에 의하여 사용자로서 부담하는 보험료 또는 부담금(종업원은 동 금액 비과세 근로소득) ⑫ 국민건강보험법 및 노인장기요양보험법에 의한 직장가입자로서 부담하는 사용자 본인의 보험료(지역가입자로서 부담하는 보험료 포함) ⑬ 단체순수보장성보험 및 단체환급부보장성보험의 보험료(종업원의 경우 70만원까지는 근로소득 비과세소득, 초과분은 근로소득으로 과세) ⑭ 총수입금액을 얻기 위하여 직접 사용된 부채에 대한 지급이자 ⑮ 사업용 유형자산 및 무형자산의 감가상각비 ⑯ 자산의 평가차손(파손·부패 등으로 인한 재고자산평가차손 및 천재지변으로 인한 고정자산평가차손) ⑰ 대손금(부가가치세 매출세액의 미수금으로서 회수할 수 없는 것 중 부가가치세법 따른 대손세액공제를 받지 아니한 것을 포함) ⑱ 거래수량 또는 거래금액에 따라 상대편에게 지급하는 장려금 기타 이와 유사한 성질의 금액	① 소득세와 지방소득세(소득세분)·농어촌특별세 ② 벌금·과료와 과태료 ③ 국세징수법 기타 조세에 관한 법률에 따른 가산금과 강제징수비 ④ 조세에 관한 법률에 따른 징수의무 불이행으로 인하여 납부하였거나 납부할 세액(가산세 포함) ⑤ 가사의 경비와 이에 관련된 경비(재고자산을 가사용으로 사용 시 원가는 필요경비, 시가는 총수입금액에 산입) ⑥ 재고자산, 고정자산 등의 평가차손 ⑦ 반출필 미판매 제품에 대한 개별소비세, 주세의 미납액 ⑧ 부가가치세 매입세액(매입세액불공제 부분과 간이과세자가 납부한 부가가치세는 필요경비(세금과공과)로 인정). 다만, 자산의 취득원가 및 자본적지출, 매입세액 공제분은 제외 ⑨ 차입금 중 건설자금에 충당한 금액의 이자(취득원가에 가산) ⑩ 채권자 불분명한 차입금의 이자 ⑪ 업무와 관련이 없는 경비(업무무관자산 관련 차입금이자 포함) ⑫ 초과인출금에 대한 지급이자(사업용 자산의 합계액이 부채의 합계액에 미달하는 경우에 그 미달하는 금액에 상당하는 부채의 지급이자) ⑬ 선급비용 ⑭ 대표자의 급여와 퇴직급여(공동사업자의 경우 동일) ⑮ 재고자산 이외의 자산의 처분손실(재고자산 이외의 자산 처분이익은 총수입금액 불산입 항목(복식부기의무자 제외)) ⑯ 대손충당금 및 퇴직급여충당금, 감가상각비 한도초과액 ⑰ 복식부기의무자의 업무용승용차 관련비용(감가상각비, 임차료, 유류비, 보험료, 수선비, 자동차세, 통행료 및 금융리스부채에 대한 이자비용 등) 업무사용비율에 의한 한도초과액과 업무외사용액

필요경비 산입 항목	필요경비 불산입 항목
⑲ 매입한 상품·제품·부동산 및 산림 중 재해로 인하여 멸실된 것의 원가를 그 재해가 발생한 과세기간의 소득금액을 계산할 때 필요경비에 산입한 경우의 그 원가 ⑳ 종업원을 위하여 직장체육비·직장문화비·가족계획사업 지원비·직원회식비 등으로 지출한 금액 ㉑ 업무와 관련이 있는 해외시찰·훈련비 ㉒ 광고·선전을 목적으로 견본품·달력·수첩·컵·부채 기타 이와 유사한 물품을 불특정다수인에게 기증하기 위하여 지출한 비용(특정인에게 기증한 물품(개당 3만원 이하의 물품은 제외)의 경우에는 연간 5만원 이내의 금액으로 한정) ㉓ 영업자가 조직한 단체로서 법인이거나 주무관청에 등록된 조합 또는 협회에 지급하는 회비	⑱ 복식부기의무사업자의 업무용승용차 중 1대 초과분에 대하여 업무전용자동차보험 미가입시 필요경비 100% 불산입액(단, 성실신고 확인대상자 또는 전문직 업종사업자가 아닌 경우 '24년·'25년은 50% 불산입) ⑲ 비지정기부금(사업과 직접적인 관계없이 무상으로 지급하는 법령에서 정한 기부금은 필요경비 산입) ⑳ 기업업무추진비 한도초과액

7 사업소득의 수입시기

구 분	수입시기
상품·제품 또는 그 밖의 생산품의 판매	그 상품등을 인도한 날
상품등 이외의 자산 매매(건물건설업과 부동산 개발 및 공급업의 경우의 부동산포함)	대금을 청산한 날. 다만, 대금을 청산하기 전에 소유권 등의 이전에 관한 등기 또는 등록을 하거나 해당 자산을 사용수익하는 경우에는 그 등기·등록일 또는 사용수익일
상품등의 시용판매	상대방이 구입의 의사를 표시한 날
상품등의 위탁판매	수탁자가 그 위탁품을 판매하는 날
장기할부조건에 의한 상품등의 판매	그 상품등을 인도한 날
건설·제조 기타 용역(도급공사 및 예약매출을 포함)의 제공	용역의 제공을 완료한 날(목적물을 인도하는 경우에는 목적물을 인도한 날). 다만, 계약기간이 1년이상인 경우로서 작업진행률을 기준으로 인식
무인판매기에 의한 판매	무인판매기에서 현금을 인출하는 때
인적용역의 제공	용역대가를 지급받기로 한 날 또는 용역의 제공을 완료한 날 중 빠른 날. 다만, 연예인 및 직업운동선수 등이 계약기간 1년을 초과하는 일신전속계약에 대한 대가를 일시에 받는 경우에는 계약기간에 따라 해당 대가를 균등하게 안분한 금액을 각 과세기간 종료일에 수입한 것으로 함
금융보험업에서 발생하는 이자 및 할인액	실제로 수입된 날
자산을 임대하거나 지역권·지상권을 설정하여 발생하는 소득	계약 또는 관습에 따라 지급일이 정해진 것은 그 정해진 날, 이외는 그 지급을 받은 날

※ 월수의 계산은 해당 계약기간의 개시일이 속하는 달이 1개월 미만인 경우에는 1개월로 하고 해당 계약기간의 종료일이 속하는 달이 1개월 미만인 경우에는 이를 산입하지 아니한다.

[주택임대소득 과세대상]

주택임대소득 과세대상은 월세 임대수입이 있는 2주택 이상 소유자[1]와 보증금 등의 합계액이 3억원을 초과하는 3주택 이상 소유자[2]이다.

1) 기준시가 **12억원 초과** 주택과 **국외주택**을 소유한 경우로서 월세 임대수입이 발생하는 경우에는 1주택자도 과세
2) 주거전용면적이 40㎡ 이하이면서 기준시가가 2억원 이하인 **소형주택**은 2026년까지 제외

주택임대소득 과세대상 판단기준		
주택수*	과세대상(○)**	과세대상(×)
1주택 소유	▪ 국외주택의 월세 수입 ▪ 기준시가 12억원 초과 주택의 월세 수입	▪ 기준시가 12억원 이하 국내주택의 월세수입 ▪ 모든 보증금·전세금
2주택 소유	▪ 모든 월세 수입	▪ 모든 보증금·전세금
3주택 이상 소유	▪ 모든 월세 수입 ▪ 비소형 주택 3주택 이상 소유이며 해당 보증금·전세금 합계가 3억원 초과(간주임대료)	▪ 소형주택의 보증금·전세금 ▪ 비소형 주택 3주택 미만 소유한 경우 보증금·전세금 ▪ 비소형 주택 보증금·전세금 합계가 3억원 이하

* 주택수는 부부합산 소유주택수 기준이다.

구 분	주택수 계산방법
다가구주택	1개의 주택으로 보되, 구분 등기된 경우에는 각각을 1개의 주택으로 계산
공동소유	① 공동소유의 주택은 지분이 가장 큰 자의 소유로 계산 ② 지분이 가장 큰 자가 2인 이상인 경우에는 각각의 소유로 계산 ③ 지분이 가장 큰 자가 2인 이상인 경우로서 그들이 합의하여 그들 중 1인을 당해 주택의 임대수입의 귀속자로 정한 경우에는 그의 소유로 계산
전대·전전세	임차 또는 전세 받은 주택을 전대하거나 전전세하는 경우 당해 임차 또는 전세 받은 주택은 소유자의 주택 수에 포함될 뿐만 아니라 임차인 또는 전세 받은 자의 주택으로도 계산
부부소유	본인과 배우자가 각각 주택을 소유하는 경우에는 이를 합산

** 주택임대소득 총수입금액의 합계액이 2,000만원 이하인 경우 주택임대소득만 분리과세(14%)하는 방법과 종합과세하는 방법 중 선택 가능하며 초과하는 경우 다른 소득과 합산하여 신고한다.

주택임대소득 분리과세 계산구조		
구 분	등록임대 주택[1]	미등록 임대주택
주택임대수입금액	월세 + 간주임대료	
필요경비	60%	50%
기본공제[2]	400만원	200만원
분리과세 사업소득금액	수입금액 − 필요경비 − 기본공제	
산출세액	과세표준 × 14%	
세액감면[3]	단기(4년) 30%, 장기(8년) 75%	−
분리과세 결정세액	산출세액 − 세액감면	산출세액

1) 등록임대주택 : 세무서와 지방자치단체에 모두 등록하고 임대보증금·임대료의 연 증가율이 5%를 초과하지 않아야 함
2) 분리과세 주택임대소득을 제외한 종합소득금액이 2,000만원 이하인 경우 공제
3) 국민주택규모의 임대주택으로 소형주택(조세특례제한법 제96조)의 요건을 충족하여야 함

[소득세법상 간주임대료(주택은 3주택 이상 소유하고 보증금 등의 합계액이 3억원 초과시 계산)]

간주 임대료	상가 건물	= (보증금등 적수 − 임대용부동산의 건설비상당액적수) ÷ 365 × 정기예금이자율 − 임대사업에서 발생한 금융수익
	주택	= (보증금 합계액 − 3억원) × 60% × 정기예금이자율 − 임대사업에서 발생한 금융수익

[소형주택]
주택임대 시 보증금에 대한 간주임대료 과세대상의 주택 수 및 보증금 합계액에서 제외되는 소형주택은 ① 전용면적 : 40㎡ 이하, ② 기준시가 2억원 이하 모두 충족하는 주택을 말한다.

[초과인출금]
초과인출금이란 **부채의 합계액이 사업용자산의 합계액을 초과하는 금액**을 말한다. 개인사업자의 경우 자본금의 출자와 인출이 자유로와 **출자금을 초과한 인출금이 있는 경우 동 초과인출금에 상당하는 기업의 부채**는 사업자금으로 사용된 것으로 볼 수 없다는 취지에서 비롯된다. 따라서 동 부채에 상응하는 차입금지급이자를 가사관련비용으로 보아 **필요경비 불산입**하게 된다.

> ① 사업용자산의 합계 > 사업용부채의 합계 : 초과인출금 없음
> ② 사업용자산의 합계 < 사업용부채의 합계 : 초과인출금 발생

4. 근로소득

1 근로소득금액 계산

근로소득금액 = 총급여액(비과세 소득 제외) − 근로소득공제(2,000만원 한도)

근로소득공제	
총 급 여 액	공 제 율
500만원 이하	총 급여액의 70%
500만원 초과 ~ 1,500만원 이하	350만원 + 500만원 초과금액의 40%
1,500만원 초과 ~ 4,500만원 이하	750만원 + 1,500만원 초과금액의 15%
4,500만원 초과 ~ 1억원 이하	1,200만원 + 4,500만원 초과금액의 5%
1억원 초과	1,475만원 + 1억원 초과금액의 2%

※ 근속기간 1년 미만인 경우에도 월할 공제를 하지 아니하고, 2인 이상으로부터 근로소득이 있는 경우에는 그 근로소득의 합계액을 총급여액으로 계산하며, 연 2,000만원을 한도로 공제한다.

2 근로소득의 범위

① 근로의 제공으로 인하여 받은 봉급·급료·보수·임금·상여·수당과 이와 유사한 성질의 급여
② 법인의 주주총회·사원총회 또는 이에 준하는 의결기관의 결의에 따라 상여로 받은 소득
③ 법인세법에 의하여 상여로 처분된 금액(인정상여)
④ 퇴직함으로써 받은 소득으로서 퇴직소득에 속하지 아니하는 소득
⑤ 종업원 등 또는 대학의 교직원이 지급받는 직무발명보상금으로 고용관계 종료 전 지급되는 보상금(**퇴직 후 지급받으면 기타소득**)
⑥ 사업자나 법인이 생산·공급하는 재화 또는 용역을 그 사업자나 법인(「독점규제 및 공정거래에 관한 법률」에 따른 계열회사를 포함)의 사업장에 종사하는 임원등에게 시가보다 낮은 가격으로 제공하거나 구입할 수 있도록 지원함으로써 해당 임원등이 얻는 이익

근로소득에 포함되는 항목	근로소득으로 보지 아니하는 소득
① 기밀비·교제비(업무를 위하여 사용된 것이 분명하지 아니한 급여), 여비(정기적으로 받는 연액 또는 월액의 급여) ② 종업원이 받는 공로금, 위로금, 학자금, 장학금(직계비속의 학자금, 장학금 포함) 등 ③ 각종 수당: 근로수당·가족수당·출납수당·직무수당·기술수당·보건수당·연구수당·직급수당·모집수당 등 ④ 회사로부터 받는 경제적이익 　㉠ 주택을 제공받음으로써 얻는 이익 　㉡ 종업원이 주택(주택에 부수된 토지를 포함)의 구입·임차에 소요되는 자금을 저리 또는 무상으로 대여 받음으로써 얻는 이익 　㉢ 종업원이 계약자이거나 종업원 또는 그 배우자 및 그 밖의 가족을 수익자로 하는 보험·신탁 또는 공제와 관련하여 사용자가 부담하는 보험료·신탁부금 또는 공제부금 　㉣ 계약기간 만료전 또는 만기에 종업원에게 귀속되는 단체환급부보장성보험의 환급금 　㉤ 법인의 임원 또는 종업원이 회사로부터 부여받은 주식매수선택권을 해당 법인등에서 근무하는 기간 중 행사함으로써 얻은 이익(**퇴직 이후 행사이익은 기타소득**) ⑤ 법인세법에 따라 손금불산입된 퇴직급여	① 사용자가 종업원에게 지급한 경조금 중 사회통념상 타당하다고 인정되는 금액 ② 퇴직급여로 지급하기 위하여 적립되는 급여(종업원의 퇴직위로금·공로금은 당연 퇴직소득) ③ 사내 근로복지기금으로부터 받는 장학금 등

※ 소액주주 : 해당 법인의 「법인세법」상 지배주주등과 특수관계가 없는 주주로서 주식총액의 1% 미만 보유

3 비과세 근로소득 범위

(1) 실비변상적 성질의 급여

구 분	한도
① 일직료·숙직료 또는 여비로서 실비변상적정도의 금액, 선원법에 의하여 받는 식료	-
② **자가운전보조금** : 종업원의 소유차량(공동명의 중 배우자 허용) 및 본인 명의로 임차한 차량을 종업원이 직접 운전하여 사용자의 업무수행에 이용하고 시내출장 등에 소요된 여비를 받는 대신에 그 소요경비를 해당 사업체의 규칙 등에 의하여 정하여진 지급기준에 따라 받는 금액	월 20만원

구 분	한도
③ 선원이 받는 월 20만원 이내의 승선수당, 경찰공무원이 받는 함정근무수당·항공수당, 소방공무원이 받는 함정근무수당·항공수당·화재진화수당 등	-
④ **연구보조비 또는 연구활동비** ■ 유아교육법, 초·중등교육법(H06), 고등교육법(H07) 및 특별법에 따른 교육기관과 이에 준하는 학교(H08)의 교원 ■ 특정연구기관, 정부출연연구기관, 지방자치단체출연연구원에서 연구활동에 직접 종사하는 자 및 동 연구기관 등에서 직접적으로 연구활동을 지원하는 자(H09) ■ 중소기업·벤처기업의 기업부설연구소와 연구개발전담부서(중소기업·벤처기업내 전담부서에 한함)에서 연구활동에 직접 종사하는 자(H10)	월 20만원
⑤ 방송·뉴스통신·신문사 등의 기자가 받는 취재수당(인터넷 기자 포함)	월 20만원
⑥ 근로자가 벽지에 근무함으로 인하여 받는 벽지수당	월 20만원
⑦ 국가 또는 지방자치단체가 지급하는 보육교사의 처우개선을 위하여 지급하는 근무환경개선비(사립유치원 수석교사·교사의 인건비 포함), 전문과목별 전문의의 수급 균형을 유도하기 위하여 전공의에게 지급하는 수련보조수당	전액
⑧ 제복을 착용해야 하는 자가 받는 제복·제모 및 제화 (사내에서 현물로 제공하는 것만 비과세)	-
⑨ 병원·시험실·금융회사·공장·광산 등에서 근무하는 사람이 받는 작업복이나 그 직장에서만 착용하는 피복	-
⑩ 특수분야에 종사하는 군인이 받는 낙하산강하위험수당·수중파괴작업위험수당·잠수부위험수당·고전압위험수당·폭발물위험수당·항공수당(유지비행훈련수당 포함)·비무장지대근무수당·전방초소근무수당·함정근무수당(유지항해훈련수당 포함) 및 수륙양용궤도차량승무수당, 특수분야에 종사하는 경찰공무원이 받는 경찰특수전술업무수당과 경호공무원이 받는 경호수당	-
⑪ 광산근로자가 받는 입갱수당 및 발파수당, 특수분야에 종사하는 군인이 받는 낙하산강하위험수당 등	-
⑫ 수도권 외의 지역으로 이전하는 공공기관 소속 공무원 또는 직원에게 한시적으로 지급하는 이전지원금	월 20만원
⑬ 근로자가 천재·지변 기타 재해로 인하여 받는 급여	-
⑭ 종교 관련 종사자가 소속 종교단체의 규약 또는 소속 종교단체의 의결기구의 의결·승인 등을 통하여 결정된 지급 기준에 따라 종교 활동을 위하여 통상적으로 사용할 목적으로 지급받은 금액 및 물품	-

(2) 근로자가 제공받는 식사 또는 식사대

구 분	한도
① 사내급식 등을 통하여 근로자가 제공받는 식사 기타 음식물	전액
② 식사·음식물을 제공받지 아니하는 근로자가 받는 식사대 단, 식사 기타 음식물을 제공받으면서 식사대를 지급받으면, **전액 과세됨에 유의**	월 20만원

(3) 복리후생적 급여

① 비출자임원, 소액주주 임원, 임원이 아닌 종업원(비영리법인 또는 개인의 종업원을 포함) 및 국가·지방자치단체로부터 **근로소득을 지급받는 사람이 사택을 제공받음으로써 얻는 이익**

② **중소기업 종업원(개인사업자의 친족관계·법인의 지배주주등은 제외)**이 **주택**(주택에 부수된 토지 포함)의 **구입·임차**에 소요되는 **자금**을 **저리** 또는 **무상**으로 **대여** 받음으로써 얻는 **이익**

③ 영유아보육법에 따라 직장어린이집을 설치·운영하거나 위탁보육을 하는 사업주가 그 비용을 부담함으로써 해당 사업장의 종업원이 얻는 이익

④ 종업원이 계약자이거나 종업원 또는 그 배우자 및 그 밖의 가족을 수익자로 하는 보험·신탁 또는 공제와 관련하여 사용자가 부담하는 보험료·신탁부금 또는 공제부금 중 다음의 **보험료** 등

> ㉠ 종업원의 사망·상해 또는 질병을 보험금의 지급사유로 하고 종업원을 피보험자와 수익자로 하는 보험으로서 만기에 납입보험료를 환급하지 아니하는 보험(단체순수보장성보험)과 만기에 납입보험료를 초과하지 아니하는 범위 안에서 환급하는 보험(단체환급부보장성보험)의 보험료 중 **연 70만원 이하의 금액**
> ㉡ 임직원의 고의(중과실 포함) 외의 **업무상 행위로 인한 손해의 배상청구**를 보험금의 지급사유로 하고 임직원을 피보험자로 하는 보험의 보험료

⑤ 공무원이 국가 또는 지방자치단체로부터 공무 수행과 관련하여 받는 상금과 부상 중 연 240만원 이내의 금액

(4) 생산직등의 근로자가 받는 연장근로수당 등

구 분	내 용
비과세 요건	① 적용 대상(한국표준직업분류 기준) 　㉠ 공장 또는 광산에서 근로를 제공하는 자로서 생산 및 관련종사자 　㉡ 어업을 영위하는 자에게 고용되어 근로를 제공하는 자 　㉢ 운전 및 운송 관련직 종사자, 돌봄·미용·여가 및 관광·숙박시설·조리 및 음식 관련 서비스직 종사자, 매장 판매 종사자, 상품 대여 종사자, 통신 관련 판매직 종사자, 운송·청소·경비·가사·음식·판매·농림·어업·계기·자판기·주차관리 및 기타 서비스 관련 단순 노무직 종사자 ② **월정액급여가 210만원 이하**이면서 직전 과세기간의 **총급여액이 3,000만원 이하**인 근로자 　월정액급여 　= 급여총액 − 상여등 부정기적급여 − 비과세되는 실비변상적 급여 − 비과세되는 복리후생적 급여 − 시간외 근무수당 ③ 통상임금에 가산하여 받는 **연장근로·휴일근로·야간근로수당**일 것(선원은 선원법에 의하여 받는 생산수당일 것)
비과세 금액	① 광산근로자·일용근로자 : **전액** 비과세 ② ① 외의 생산직근로자(선원 포함) 등 : **연 240만원** 비과세

(5) 국외근로자의 비과세급여

구 분	내 용
일반근로자	국외 또는 「남북교류협력에 관한 법률」에 따른 북한지역에서 근로를 제공하는 경우 **월 100만원** [원양어업 선박, 국외 등을 항행하는 선박 또는 국외등의 건설현장 등에서 근로(감리 및 설계업무를 포함)를 제공하고 받는 보수의 경우에는 **월 500만원**] 이내의 금액
공무원 등	국외등에서 근무하고 받는 수당 중 해당 근로자가 국내에서 근무할 경우에 지급받을 금액 상당액을 초과하여 받는 금액 중 실비변상적 성격의 급여로서 협의하여 고시하는 금액

(6) 근로자 또는 그 배우자의 출산이나 자녀의 보육과 관련하여 지급받는 급여

구 분	내 용	한도
출산지원금	근로자(사용자와 **특수관계**에 있는 자는 **제외**) 또는 그 배우자의 출산과 관련하여 **자녀의 출생일 이후 2년 이내**에 사용자로부터 **최대 2차례**에 걸쳐 지급받는 급여 (이직 시 이직 전에 지급받은 횟수 미합산하며 기업의 공통 지급규정에 의해 지급)	전액
보육수당	근로자 또는 그 배우자의 해당 과세기간 개시일을 기준으로 **6세 이하**(6세가 되는 날과 그 이전 기간을 말함)인 **자녀의 보육**과 관련하여 사용자로부터 지급받는 급여	월 20만원

(7) 종업원 할인혜택 비과세 급여

기업이 생산하는 재화 또는 용역을 그 기업(계열사 포함)에 종사하는 임원등에게 **시가보다 낮은 가격**으로 제공함으로써 임원등이 얻는 일정 이익을 근로소득으로 보며, **연 240만원 이내** 금액까지 비과세한다.

구 분	내 용
비과세 요건	■ 임원 또는 종업원 본인이 소비하는 것을 목적으로 제공받거나 지원을 받아 구입한 재화 또는 용역으로서 일정기간 동안 재판매가 허용되지 아니할 것 ① 자동차, 대형가전, 고가재화(귀금속제품·고급시계·고급융단·고급가방): 2년 ② 그 외 재화: 1년 ■ 해당 재화 또는 용역의 제공과 관련하여 모든 임원등에게 공통으로 적용되는 기준이 있을 것
비과세 금액	■ Max [시가의 20%, 연 240만원] ■ 비과세 금액: 연간 구입한 모든 재화·용역의 시가를 합산한 금액기준

(8) 기타의 비과세 근로소득

구 분	내 용
① 각종 법률에 의하여 받는 금액	㉠ 복무 중인 병(兵)이 받는 급여 ㉡ 법률에 따라 동원된 사람이 그 동원 직장에서 받는 급여 ㉢ 산업재해보상보험법 등에 따라 지급받는 요양급여·휴업급여·장해급여·유족급여 등

구 분	내 용
① 각종 법률에 의하여 받는 금액	㉣ 고용보험법에 따라 받는 실업급여 등 ㉤ 육아휴직급여와 산전후 급여, 육아기 근로시간 단축급여, 배우자 출산휴가급여 등 ㉥ 국민연금법에 따라 받는 반환일시금(사망에 한함) 및 사망일시금
② 요건을 갖춘 본인 학자금	㉠ 사업체의 업무와 관련 있는 교육·훈련목적일 것 ㉡ 규칙 등에 정하여진 지급기준에 따라 지급받을 것 ㉢ 교육·훈련기간이 6개월 이상인 경우 해당 교육기관을 초과하여 근무하지 않는 경우에는 지급받은 금액을 반납할 것을 조건으로 할 것
③ 건강보험료 등의 사용자부담금	고용보험법 또는 노인장기요양법에 따라 국가·지방자치단체 또는 사용자가 부담하는 국민건강보험료, 고용보험료, 노인장기요양보험료 ⇨ 종업원이 부담하는 국민건강보험료, 고용보험료, 노인장기요양보험료는 특별소득공제 중 보험료공제로 공제한다.
④ 근로장학금	대학생(기초생활수급자)이 대학에 근로로 제공하고 지급받는 장학금
⑤ 직무발명보상금	종업원 등 또는 대학의 교직원이 받는 직무발명보상금으로서 **700만원 이하**의 보상금 (퇴직 이후 지급받는 경우 기타소득에 해당하며 **비과세 한도는 통산하여 적용**하며, 개인사업자의 친족관계·법인의 지배주주등은 제외)

4 일용근로자

구 분	내 용
범위	근로를 제공한 날 또는 시간에 따라 근로대가를 계산하여 받는 자로서 계약에 따라 **동일한 고용주에게 3월 이상 계속하여 고용되어 있지 않은 자**를 말한다. (건설용역은 1년이내, 하역노동자는 기간제한 없음)
과세방법 (완납적 원천징수)	일　급　여　액 (−) 근　로　소　득　공　제　　　일급여액의 15만원공제 　　　　과　세　표　준　　　　　종합소득공제는 적용하지 않음 (×) 세　　　　　　　　율　　　　무조건 6% 　　　　산　출　세　액 (−) 근　로　소　득　세　액　공　제　산출세액의 55%(한도없음) 　　　　원　천　징　수　할　세　액 일용직근로자 원천징수 세액(간편법) = (일급여액 − 150,000원) × 2.7%

5 근로소득의 수입시기

구 분	수입시기
급 여	근로를 제공한 날
잉여금처분에 의한 상여	당해 법인의 잉여금처분 결의일
인정상여	해당 사업연도 중의 근로를 제공한 날
주식매수선택권	주식매수선택권을 행사한 날
근로소득에 해당하는 임원의 퇴직금 한도초과액 등	지급받거나 지급받기로 한 날

> **TIP**
> ① 법인세법에 의하여 상여로 처분(근로제공 사업연도 2025년, 결산확정일 2026.03.25)된 금액은 근로를 제공한 날이 속하는 2025년도의 근로소득으로 본다.
> ② 주주총회에서의 잉여금처분에 의한 상여금(2025년 실적에 대한 상여금으로 처분결의일 2026.03.25)의 금액은 처분결의일이 속하는 2026년도의 근로소득으로 본다.

6 근로소득에 대한 과세방식

(1) 원천징수

구 분	내 용
원천징수 시기	원천징수의무자가 매월분의 근로소득을 지급하는 때 근로소득간이세액표에 따라 소득세를 원천징수한다. 다만, 일용근로자는 원천징수세율 6%를 적용하여 소득세를 징수한다. ① 원천징수한 소득세를 그 징수일이 속하는 달의 다음달 10일까지 신고·납부 ② 직전연도의 상시고용인원이 20인 이하(금융·보험업 제외)인 원천징수의무자는 관할세무서에 신청하여 반기별 신고·납부할 수 있다.
지급시기 의제	실제로 지급하지는 아니하였지만 지급한 것으로 보아 원천징수를 하는 경우를 지급시기 의제라 한다. ■ 1월부터 11월까지의 급여 ⇨ 12월 31일에 지급한 것으로 본다. ■ 12월분 급여 ⇨ 2월말일 지급한 것으로 본다.

(2) 연말정산

연말정산이란 근로소득을 지급하는 자(일용근로자 제외)가 다음해 2월분 급여를 지급하는 때에 1년간 지급한 급여액에서 비과세 소득을 차감하고 각종 소득공제액 및 세액공제액을 계산하여 근로자별로 부담하여야 할 연간 소득세액을 확정하는 것을 것으로 원천징수의무자는 근로자별로 연말정산에 의하여 확정된 연간 부담할 세액과 매월 급여 지급 시 간이세액표에 의하여 이미 원천징수 납부한 세액을 비교하여 그 차액을 추가로 원천징수하거나 환급하는 절차를 말한다.

구 분	연말정산시기	신고·납부기한 (원천징수이행상황신고서)	지급명세서 제출기한
계속근무자	다음 연도 2월분 근로소득 지급할 때	다음 연도 3월 10일까지 (반기별 신고자는 7월 10일까지)	다음연도 3월 10일까지
중도퇴사자	퇴직하는 달의 근로소득을 지급할 때	다음 달 10일까지	
2인 이상으로부터 근로소득을 받는 경우	2인 이상으로부터 근로소득을 받는 사람이 주된 근무지와 종된 근무지를 정하고 종된 근무지의 원천징수의무자로부터 근로소득 원천징수영수증을 발급받아 해당 과세기간의 다음 연도 2월분의 근로소득을 받기 전에 주된 근무지의 원천징수의무자에게 제출하는 경우 주된 근무지의 원천징수의무자는 주된 근무지의 근로소득과 종된 근무지의 근로소득을 더한 금액에 대하여 소득세를 원천징수한다.		
재취직자에 대한 근로소득의 연말정산	해당 과세기간 중도에 퇴직하고 새로운 근무지에 취직한 근로소득자가 종전 근무지에서 해당 과세기간의 1월부터 퇴직한 날이 속하는 달까지 받은 근로소득을 포함하여 근로소득자 소득·세액 공제신고서를 제출하는 경우 원천징수의무자는 그 근로소득자가 종전 근무지에서 받은 근로소득과 새로운 근무지에서 받은 근로소득을 더한 금액에 대하여 소득세를 원천징수한다.		

5. 연금소득

1 연금소득금액 계산

연금소득금액 = 총연금액(비과세 소득 제외) − 연금소득공제(900만원 한도)

[연금과세체계]

구 분		소득공제 또는 세액공제	수령연도의 소득구분	
			연금수령시	연금외수령시
공적연금		납입액 전액 연금보험료공제	연금소득	퇴직소득
사적연금 (연금계좌에서 수령하는 금액)	이연퇴직소득	−		퇴직소득
	세액공제를 받은 금액	min(납입액, 900만원) × 12% (또는 15%) 연금계좌세액공제		기타소득
	운용수익	−		기타소득

2 연금소득의 범위

(1) 공적연금소득

국민연금법, 공무원연금법, 군인연금법, 사립학교교직원연금법, 별정우체국법 또는 국민연금과 직역연금의 연계에 관한 법률에 의한 소득을 말하며 **2001.12.31 이전 불입분 연금수령 시 과세대상 소득이 아님**에 유의한다.

(2) 사적연금소득

연금계좌(연금저축계좌, 퇴직연금계좌 등)에서 연금 수령하는 다음의 소득을 말한다.
① 금융회사와의 계약에 따라 '연금저축'이라는 명칭으로 설정하는 계좌
② 근로자퇴직급여보장법에 따른 확정기여형퇴직연금제도(확정급여형 퇴직연금제도 제외)·개인형퇴직연금제도·중소기업퇴직연금기금제도에 가입하여 설정하는 계좌
③ 과학기술인공제회법에 따라 퇴직연금급여를 지급하기 위해 설정하는 계좌

3 비과세 연금소득

① 국민연금법에 의하여 지급받는 유족연금 또는 장애연금
② 공무원연금법·군인연금법·사립학교교직원연금법 또는 별정우체국법에 의하여 지급받는 유족연금·장애연금·상이연금
③ 산업재해보상보험법에 의하여 지급받는 각종 연금
④ 국군포로 대우 등에 관한 법률에 따른 국군포로가 지급받는 연금

4 연금소득에 대한 과세방식

(1) 원천징수

구 분	내 용
공적연금	원천징수의무자가 공적연금 소득을 지급하는 때에는 연금소득간이세액조견표에 의하여 소득세를 원천징수한다. 이후 다음 연도 1월분 연금소득 지급시 연말정산을 한다.
사적연금	① 퇴직연금 및 연금저축 : 요건이 동시에 충족하는 경우 낮은 세율 적용<table><tr><th>나이(연금수령일 현재)</th><th>세율</th><th>종신계약</th></tr><tr><td>70세 미만</td><td>5%</td><td rowspan="3">사망할 때까지 연금수령하는 종신계약에 따라 받는 연금소득 : 4%</td></tr><tr><td>70세 이상 80세 미만</td><td>4%</td></tr><tr><td>80세 이상</td><td>3%</td></tr></table>② 원천징수되지 아니한 퇴직소득을 연금수령하는 연금소득 : 연금소득을 연금외수령하였다고 가정할 때 계산한 원천징수세액을 연금외수령한 금액으로 나눈 비율의 70%(10년 초과 60%)

(2) 연금소득의 종합과세

연금소득은 원칙적으로 종합소득에 합산하여 과세한다. 단, 공적연금소득을 제외한 연금소득의 합계액이 **연 1,500만원 이하**인 거주자는 해당 거주자의 **선택에 의하여 분리과세하거나 종합과세**한다. 연금소득이 1,500만원을 초과하여 종합과세하는 경우 15%의 세율로 분리과세를 선택할 수 있다.

연금소득이 있는 거주자는 총연금액에서 다음 표에 규정된 금액을 공제하여 연금소득금액을 계산한다. 다만 공제액이 900만원을 초과하는 경우에는 **900만원을 공제**한다.

총연금액	연금소득공제
350만원 이하	총 연 금 액
350만원 초과 ~ 700만원 이하	350만원 + 350만원을 초과한 금액의 40%
700만원 초과 ~ 1,400만원 이하	490만원 + 700만원을 초과한 금액의 20%
1,400만원 초과	630만원 + 1,400만원을 초과한 금액의 10%

5 연금소득의 수입시기

구 분	수입시기
공적연금소득	연금을 지급받기로 한 날
연금계좌에서 연금형태로 인출하는 연금소득	연금수령한 날
그 밖의 연금소득	해당 연금을 지급받은 날

6. 기타소득

기타소득은 이자소득, 배당소득, 사업소득, 근로소득, 연금소득, 퇴직소득, 양도소득 외의 소득을 말하며 열거된 소득으로 한다. (열거주의)

1 기타소득금액의 계산

기타소득금액 = 총수입금액(비과세 소득 제외) − 필요경비

2 기타소득의 범위

(1) 80% 추정필요경비가 적용되는 기타소득

필요경비 : MAX[㉠, ㉡] ㉠ 실제발생 필요경비, ㉡ 총수입금액의 80%

기타소득의 범위	필요경비
① 공익법인이 주무관청의 승인을 얻어 시상하는 상금과 부상 및 다수가 순위 경쟁하는 대회에서 입상한 자가 받는 상금 및 부상	80% 추정필요경비
② 계약의 위약 또는 해약으로 인하여 받는 위약금과 배상금 중 주택입주 지체상금	
③ 점당 6,000만원 이상인 서화·골동품(제작 후 100년 초과분)의 양도로 발생하는 소득. 단, 양도일 현재 생존해 있는 국내원작자의 작품은 제외하며, 보유기간 10년 이상인 경우 필요경비 90% 인정한다.	90% 추정필요경비 (양도가액 1억 초과분 : 80% 추정필요경비)

(2) 60% 추정필요경비가 적용되는 기타소득

필요경비 : MAX[㉠, ㉡] ㉠ 실제발생 필요경비, ㉡ 총수입금액의 60%

기타소득의 범위	필요경비
① 다음에 해당하는 인적용역을 일시적으로 제공하고 지급받는 대가 　㉠ 고용관계가 없이 다수인에게 강연을 하고 받은 강연료 등의 대가를 받는 용역 　㉡ 라디오·텔레비전 방송 등을 통하여 해설·계몽 또는 연기의 심사 등을 하고 받는 보수 또는 이와 유사한 성질의 대가를 받는 용역 　㉢ 변호사·공인회계사·세무사 등 그 밖의 전문적 지식 또는 기능을 활용하여 보수 또는 그 밖의 대가를 받고 제공하는 용역 　㉣ 그 밖의 용역으로서 고용관계 없이 수당 또는 이와 유사한 성질의 대가를 받고 제공하는 용역 ② 문예창작소득(원고료, 저작권사용료인 인세, 미술·음악·사진 등 창작품) ③ 광업권, 어업권, 양식업권, 산업재산권, 산업정보, 산업상 비밀, 상표권, 영업권(일정한 점포임차권 포함), 토사석의 채취허가에 관한 권리, 지하수개발·이용권, 그 밖에 이와 유사한 자산이나 권리를 양도하거나 대여하고 그 대가로 받는 금품 ④ 공익사업과 관련된 지역권·지상권을 설정 또는 대여 하고 받는 금품 ⑤ 통신판매중개를 통한 물품 또는 장소 대여소득(연 500만원 초과시 전액 사업소득으로 과세)	60% 추정필요경비

(3) 실제발생경비만 필요경비로 인정되는 기타소득

기타소득의 범위	필요경비
① 상금·현상금·포상금·보로금 또는 이에 준하는 금품 ② 계약의 위약 또는 해약으로 인하여 받는 위약금과 배상금, 부당이득 반환시 지급받는 이자	실제발생경비

기타소득의 범위	필요경비
③ 저작자 또는 실연자·음반제작자·방송사업자 외의 자가 저작권 또는 저작인접권의 양도 또는 사용의 대가로 받는 금품(저작자에게 귀속되는 소득은 사업소득) ④ 물품(유가증권포함) 또는 장소를 일시적으로 대여하고 사용료로서 받는 금품 ⑤ 유실물의 습득 또는 매장물의 발견으로 보상금을 받거나 새로 소유권을 취득하는 경우 그 보상금 또는 자산 ⑥ 소유자가 없는 물건의 점유로 소유권을 취득하는 자산 ⑦ 재산권에 관한 알선수수료, 사례금 ⑧ 뇌물·알선수재 및 배임수재에 의하여 받는 금품 ⑨ 법인세법에 따라 처분된 기타소득 ⑩ 연금계좌 납입액을 연금외수령한 소득(연금계좌세액공제를 받은 금액, 운용실적에 따라 증가한 금액) ⑪ 퇴직 전에 부여받은 주식매수선택권을 퇴직 후에 행사하거나 고용관계 없이 주식매수선택권을 부여받아 이를 행사함으로써 얻는 이익 ⑫ 소기업·소상공인 공제부금의 해지일시금 ⑬ 복권·경품권, 그 밖의 추첨권에 당첨되어 받는 금품 ⑭ 종업원 등 또는 대학의 교직원이 퇴직 후에 받는 직무발명보상금 및 학생이 받는 **직무발명보상금 중 700만원 초과액** ⑮ 자산 또는 권리의 양도·대여 또는 사용의 대가로 받는 금품(영화필름, 라디오·텔레비전 방송용 테이프 또는 필름) ⑯ 거주자·비거주자 또는 법인의 특수관계인이 그 특수관계로 인하여 그 거주자·비거주자 또는 법인으로부터 받는 경제적 이익으로서 급여·배당 또는 증여로 보지 아니하는 금품 ⑰ 가상자산을 양도하거나 대여함으로써 발생하는 소득(2027.1.1. 이후)	실제발생경비
⑱ 한국마사회법에 따른 승마투표권 및 경륜·경정법에 따른 승자투표권, 전통소싸움경기에 관한 법률에 따른 소싸움경기투표권 및 국민체육진흥법에 따른 체육진흥투표권의 구매자가 받는 환급금	단위투표금액 합계액
⑲ 슬롯머신(비디오게임 포함) 및 투전 기타 이와 유사한 기구를 이용하는 행위에 참가하여 받는 당첨금품 등	당첨 당시 슬롯머신 등에 투입한 금액

(4) 근로소득으로 신고하지 않은 종교인의 기타소득

필요경비 : MAX[㉠, ㉡] ㉠ 실제발생 필요경비, ㉡ 의제필요경비

구 분	의제필요경비
2천만원 이하	총수입금액의 80%
2천만원 초과 4천만원 이하	1,600만원 + 2천만원 초과금액의 50%
4천만원 초과 6천만원 이하	2,600만원 + 4천만원 초과금액의 30%
6천만원 초과	3,200만원 + 6천만원 초과금액의 20%

3 비과세 기타소득

① 국가유공자등 예우 및 지원에 관한 법률 등에 의한 보훈급여금 및 정착금, 위로지원금 등
② 국가보안법, 상훈법 등에 의한 상금과 부상 등
③ 종업원 등 또는 대학의 교직원이 퇴직한 후에 지급받거나 대학의 학생이 소속 대학에 설치된 산학협력단으로부터 받는 직무발명보상금으로서 **700만원 이하의 금액**(근로소득에서 비과세 되는 직무발명보상금이 있는 경우에는 700만원에서 해당금액을 차감한다.)
④ 문화재보호법에 따라 국가지정문화재로 지정된 서화·골동품의 양도로 발생하는 소득
⑤ 서화·골동품을 박물관 또는 미술관에 양도함으로써 발생하는 소득 및 점당 양도가액 6,000만원 이하의 금액
⑥ 학자금, 식사대, 실비변상적급여, 보육수당, 사택제공 이익의 종교인 소득

4 기타소득의 과세방식

구 분	내 용
원천징수	원천징수세액 = **기타소득금액**(지급금액 − 필요경비 또는 의제필요경비) × 20%
무조건 분리과세	① 복권당첨소득, 승마투표권 및 승자투표권, 소싸움경기투표권, 체육진흥투표권이 환급금, 슬롯머신 등은 20%(3억원을 초과하는 경우 그 초과하는 분에 대하여는 30%) ② 서화·골동품의 양도소득 및 가상자산소득(2027.1.1.이후)은 20% ③ 연금계좌에서 연금외수령한 기타소득 지급금액은 15%
무조건종합과세	뇌물, 알선수재 및 배임수재에 의하여 받는 금품
조건부 분리과세	① 무조건 분리과세와 무조건 종합과세를 제외한 **기타소득금액의 합계액이 연 300만원 이하**(직무발명보상금 포함)이면 분리과세와 종합과세 중 선택 가능하다. 80%(또는 60%) 필요경비가 인정되는 기타소득의 경우 그 소득이 연 **1,500만원(또는 750만원) 이하이면 분리과세 선택이 가능**하다. ② 계약의 위약 또는 해약으로 받는 위약금·배상금 중 **매수자 귀책사유에 의해 계약금이 위약금·배상금으로 대체되는 금액은 원천징수 의무가 배제**되며 기타소득금액 300만원 이하인 경우 분리과세 선택이 가능
과세최저한	다음의 기타소득에 대해서는 **소득세를 과세하지 아니한다.** | 구 분	과세최저한
① 승마투표권·승자투표권, 소싸움경기투표권, 체육진흥투표권의 구매자가 받는 환급금	매건마다 승마투표권 또는 승자투표권의 권면에 표시된 금액의 합계액이 10만원 이하이고 단위투표금액당 환급금이 단위 투표금액의 100배 이하이면서 적중한 개별투표당 환급금이 200만원 이하인 때
② 복권당첨금 또는 슬롯머신 등을 이용하는 행위에 참가하여 받는 당첨금품 등	매건마다 200만원 이하인 때
③ 가상자산소득	연 250만원 이하인 때
위 ①, ②, ③ 외의 기타소득금액	매건마다 5만원 이하인 때	

5 기타소득의 수입시기

구 분	수입시기
원칙	그 지급을 받은 날(현금주의)
법인세법에 의하여 처분된 기타소득	당해 법인의 사업연도의 결산확정일
광업권 등의 자산·권리를 양도	그 대금 청산한 날, 자산을 인도한 날 또는 사용·수익일 중 빠른 날
계약의 위약 또는 해약으로 인하여 받는 소득	계약의 위약 또는 해약이 확정된 날

[강사료와 원고료, 서화·골동품양도소득의 구분]

강사료	① 고용관계로 받는 경우 : 근로소득(학교 등과 근로계약에 의하여 시간 등에 따라 3개월 이상 계속해서 강사료를 지급받는 경우) ② 학원 등에서 계속적·반복적으로 강의하고 일정비율을 받는 경우 : 사업소득 ③ 위 외의 경우(특강료 등) : 기타소득
원고료	① 신규채용시험·사내교육을 위한 출제·감독·채점·강의교재 등을 작성하고 근로자가 지급받는 수당 : 근로소득 ② 작가 등(독립된 자격으로 계속적이고 직업적인 창작활동)이 받는 인세 : 사업소득 ③ 위 외의 일시적인 원고료 : 기타소득
서화·골동품 양도소득	① 원칙 : 서화·골동품 양도로 발생하는 소득은 계속적·반복적 활동여부를 불문하고 기타소득으로 한다. ② 예외 : 서화·골동품의 양도 거래를 위하여 사업장 등 물적 시설(인터넷 등 정보통신망을 이용한 가상의 시설 포함)을 갖춘 경우 또는 사업자등록을 한 경우에는 사업소득으로 한다.

7. 퇴직소득

1 퇴직소득의 범위

(1) 공적연금 관련법에 따라 받는 일시금(Min ①, ②)

> ① 과세기준일(2002. 1. 1) 이후 납입한 연금보험료(사용자 부담분 포함)의 누계액과 이에 대한 이자 및 가산이자
> ② 실제 지급받은 일시금에서 과세기준일(2002.1.1) 이전에 납입한 연금보험료를 뺀 금액

(2) 사용자 부담금을 기초로 하여 현실적인 퇴직을 원인으로 지급받는 소득

(3) 그 밖에 위 (1) 및 (2)와 유사한 소득으로서 대통령이 정하는 소득

> ① 공적연금 관련법에 따른 소득을 지급하는 자가 퇴직소득의 일부 또는 전부를 지연하여 지급하면서 지연지급에 대한 이자를 함께 지급하는 경우 해당 이자
> ② 과학기술인공제회법에 따라 지급받는 과학기술발전장려금
> ③ 건설근로자의 고용개선 등에 관한 법률에 따라 지급받는 퇴직공제금
> ④ 종교관련종사자가 현실적인 퇴직을 원인으로 종교단체로부터 지급받는 소득

 **TIP**

[퇴직위로금·공로금·명예퇴직수당]
2013.1.1. 이후 현실적인 퇴직사유로 인하여 지급하는 퇴직위로금은 종업원과 임원으로 구분하여 원천징수

구 분	내 용
종업원	종업원에게 지급하는 퇴직위로금은 **퇴직금지급규정과 상관없이 퇴직금으로 보아 원천징수를 한다.**
임원*	정관 또는 정관에 위임된 퇴직금 및 퇴직위로금**지급규정에 따라 임원에게 지급**하는 퇴직위로금은 **퇴직소득에 해당**하는 것이며, 이에 의하지 아니하고 회사 내부 결정에 따라 지급하는 퇴직위로금 중 법인세법 또는 소득세법상 임원퇴직소득한도를 **초과하는 금액은 근로소득에 해당**한다.

* 임원 : 법인세법 시행령 제40조제1항의 직무에 종사하는 자

[해고예고수당 : 세법상 퇴직소득]
사용자는 근로자를 해고(경영상 해고 포함)하려면 적어도 **30일 전에 예고**를 하여야 하고, 30일 전에 예고를 하지 않는 경우 **30일분 이상의 통상임금을 지급**하여야 한다. 다만, 천재지변, 그 밖의 부득이한 사유로 사업을 계속하는 것이 불가능한 경우 또는 근로자가 고의로 사업에 막대한 지장을 초래하거나 재산상 손해를 끼친 경우 등 관련 법령에서 정하는 정당한 사유에 해당하는 경우에는 그러하지 아니하다.

2 세법상 퇴직판정

사용자 부담금을 기초로 하여 현실적인 퇴직을 원인으로 지급받는 소득은 퇴직소득에 해당한다. 다만, 현실적인 퇴직 사유가 발생하였으나 퇴직급여를 실제로 지급받지 않는 경우 퇴직으로 보지 않고, 현실적인 퇴직 사유에는 해당하지 않지만 퇴직금중간지급 사유에 해당하여 지급받는 퇴직금은 퇴직소득으로 본다.

구 분	현실적인 퇴직소득으로 보는 경우	현실적인 퇴직으로 보지 않는 경우
소득구분	퇴직소득	업무무관 가지급금으로 처리
원천징수 여부	원천징수 함	원천징수하지 않음

현실적인 퇴직사유	현실적인 퇴직으로 보지 않는 사유
① 종업원이 임원이 된 경우 ② 합병·분할 등 조직변경, 사업양도 또는 직·간접으로 출자관계에 있는 법인으로의 전출 ③ 동일한 사업자가 경영하는 다른 사업장으로의 전출 (2015.2.3. 이후 전출하는 경우부터 적용) ④ 법인의 상근임원이 비상근임원이 된 경우 ⑤ 비정규직 근로자(기간제 근로자 또는 단시간 근로자)가 정규직 근로자로 전환된 경우 ⑥ 근로자퇴직급여보장법에 따라 퇴직급여를 중간정산하여 지급한 때 ⑦ 근로자퇴직급여보장법에 따라 퇴직연금제도가 폐지되는 경우	① 임원이 연임된 경우 ② 법인의 대주주 변동으로 인하여 계산의 편의, 기타 사유로 전근로자에게 퇴직금을 지급한 경우 ③ 기업의 제도·기타 사정 등을 이유로 퇴직금을 1년 기준으로 매년 지급하는 경우(근로자퇴직급여 보장법 8조 2항에 따라 퇴직금을 미리 정산하여 받은 경우 제외) ④ 비거주자의 국내사업장 또는 외국법인의 국내지점 종업원이 본점(본국)으로 전출하는 경우

3 비과세 퇴직소득

비과세 퇴직소득은 소득세법에서는 별도로 규정하지 아니하고 근로소득과 함께 규정하고 있다.
① 국민연금법, 고용보험법 등 각종 법률에 따라 받는 노령연금, 장해연금, 유족연금 등
② 근로의 제공으로 인한 부상·질병 또는 사망과 관련하여 근로자나 그 유가족이 받는 연금과 위자료의 성질이 있는 급여

4 임원의 대한 퇴직소득 한도

임원에 대하여 과다한 퇴직금을 지급하는 사례가 등장하여 2012.1.1. 이후 근속기간에 대하여 임원에게 지급하는 퇴직소득금액이 다음의 금액을 초과하는 경우 **그 초과하는 금액은 근로소득**으로 본다.

$$\text{퇴직한 날부터 소급하여 3년 (근무기간이 3년미만인 경우 해당 근무기간)동안 지급받은 총급여의 연평균환산액} \times \frac{1}{10} \times \frac{2020\text{년 1월 1일 이후의 근무기간(월)}}{12} \times 2$$

- 근무기간 : 개월 수로 계산(1개월 미만의 기간이 있는 경우 1개월로 봄)
- 한도적용대상 임원퇴직금 = 퇴직소득금액 − 2011년말 퇴직가정시 지급받을 퇴직소득
- 지급배수 : 2012.1.1. 이후 지급분부터 3배(2020.1.1. 이후 2배)

5 퇴직소득의 계산구조

	퇴 직 소 득 금 액	(= 퇴직소득 − 비과세소득)
(−)	퇴 직 소 득 공 제	소득비례공제(또는 정률공제) + 근속연수공제
	퇴 직 소 득 과 세 표 준	
(×)	세 율	기본세율(6% ~ 45%) 적용
	퇴 직 소 득 산 출 세 액	
(−)	외 국 납 부 세 액 공 제	
	퇴 직 소 득 결 정 세 액	원천징수세액

6 퇴직소득 산출세액 계산(2020.1.1. 이후에 발생된 퇴직금 − 개정)

1단계	2단계	3단계
퇴 직 소 득 금 액 − 근 속 연 수 공 제 = 환 산 전 퇴 직 급 여 ÷ 근 속 연 수 × 12* = 환 산 급 여	환 산 급 여 − 환 산 급 여 공 제 = **퇴 직 소 득 과 세 표 준**	퇴 직 소 득 과 세 표 준 × 소 득 세 율 (기 본 세 율) = 환 산 산 출 세 액 ÷ 12* × 근 속 연 수 = 퇴 직 소 득 산 출 세 액

* 2016.1.1.부터 2019.12.31.까지 : 5

(1) 1단계 : 환산급여 계산

퇴직소득금액(비과세소득 제외)에서 근속연수공제를 차감하여 환산전퇴직급여를 구한 후 근속연수로 나누고 12를 곱하여 환산급여를 계산한다. 2015.12.31. 이전 계산방식에서 적용되었던 정률공제는 적용되지 않는다.

정률(기본)공제	근속연수공제	
폐지(40%)	[근속연수에 따른 공제액]	
	근속연수	공제금액
	5년 이하	근속연수 × 100만원
	10년 이하	500만원 + (근속연수 − 5) × 200만원
	20년 이하	1,500만원 + (근속연수 − 10) × 250만원
	20년 초과	4,000만원 + (근속연수 − 20) × 300만원
	■ 근속연수가 1년 미만인 경우에는 1년으로 한다.	

(2) 2단계 : 퇴직소득과세표준 계산

환산급여에서 환산급여공제를 차감하여 퇴직소득과세표준을 계산한다.

환산급여	공제금액
8백만원 이하	전액 공제(100%)
8백만원 초과 7천만원 이하	8백만원 + (환산급여 − 8백만원) × 60%
7천만원 초과 1억원 이하	4천520만원 + (환산급여 − 7천만원) × 55%
1억원 초과 3억원 이하	6천170만원 + (환산급여 − 1억원) × 45%
3억원 초과	1억5천170만원 + (환산급여 − 3억원) × 35%

(3) 3단계 : 퇴직소득산출세액 계산

퇴직소득과세표준에 기본세율을 적용한 후 나온 금액에서 근속연수를 곱하고 12로 나누어서 산출세액을 계산한다. 산출세액이 원천징수할 세액을 말하는 것이며 기본세율은 종전규정에 따른 계산방식을 따른다.

> 퇴직소득산출세액 = 퇴직소득결정세액 = 퇴직소득의 원천징수세액

2016.1.1. 이후 퇴직하는 경우의 퇴직소득 산출세액은 급격한 퇴직소득세액을 완화하기 위해서 2016.1.1.부터 2019.12.31.까지의 기간동안 퇴직한 경우에는 퇴직소득세액을 다음과 같이 계산한다.

> 퇴직소득산출세액 = (종전규정 산출세액 × 적용비율) + (개정규정 산출세액 × 적용비율)

[경과규정에 의한 연도별 산출세액 적용비율]

구 분	2016년	2017년	2018년	2019년	2020년 이후
종전규정* 산출세액	80%	60%	40%	20%	-
개정규정 산출세액	20%	40%	60%	80%	100%

* 종전 규정에 따른 퇴직소득 산출세액은 2015.12.31. 이전 퇴직하는 경우의 퇴직소득세액을 계산하는 방식에 의한 산출세액을 말하는 것이며, 개정규정에 따른 퇴직소득 산출세액은 2016.1.1. 이후 퇴직하는 경우의 퇴직소득세액을 계산하는 방식에 의한 산출세액을 말하는 것이다.

7 퇴직소득 과세방식

(1) 퇴직소득 원천징수

국내에서 퇴직소득을 지급하는 원천징수의무자는 퇴직소득세를 원천징수하여 그 징수일이 속하는 달의 다음 달 10일까지 납부하여야 한다. 퇴직소득을 지급하는 자는 그 지급일이 속하는 달의 다음 달 말일까지 그 퇴직소득의 금액과 그 밖에 필요한 사항을 적은 원천징수영수증을 퇴직소득을 지급받는 사람에게 발급하여야 한다. 다만, 원천징수시기 이연에 따라 퇴직소득에 대한 소득세를 원천징수하지 아니한 때에는 사유를 함께 적어 발급한다.

(2) 퇴직소득 원천징수시기에 대한 특례

퇴직소득을 미지급한 경우 원천징수시기에 대한 특례규정에 따라 일정한 시기가 도래하면 지급하지 않았더라도 지급한 것으로 간주하여 소득세를 원천징수한다.

구 분	원천징수 시기	지급명세서 제출시기
1월부터 11월까지 퇴직한 사람의 퇴직소득을 해당 과세기간의 12월 31일까지 지급하지 아니한 경우	12월 31일에 지급한 것으로 보아 소득세를 원천징수	다음연도 3월 10일
12월에 퇴직한 사람의 퇴직소득을 다음 연도 2월 말일까지 지급하지 아니한 경우	다음 연도 2월 말일에 지급한 것으로 보아 소득세를 원천징수	

(3) 퇴직소득 세액정산

원천징수의무자는 퇴직자에게 이미 지급된 다음의 퇴직소득에 대한 원천징수영수증을 받은 경우 이미 지급된 퇴직소득과 자기가 지급할 퇴직소득을 합한 금액에 대하여 정산한 소득세를 원천징수 한다.

① 해당 과세기간에 이미 지급받은 퇴직소득　　② 근로계약에서 이미 지급받은 퇴직소득

[사례] 입사일 : 2020.01.01.　　중간정산지급일 : 2024.12.31.　　퇴사일 : 2025.03.31.
- 중간정산 지급시 근속연수 : 60개월(2020.01.01. ~ 2024.12.31. → 5년)
- 최종 퇴직 시 근속연수 : 63개월(2020.01.01. ~ 2025.03.31. → 6년)
- 정산 근속연수 : 60개월 + 63개월 - 중복월수 60개월 = 63개월(6년)

(4) 퇴직소득세의 이연

거주자의 퇴직소득이 다음의 하나에 해당하는 경우에는 퇴직소득을 지급하더라도 해당 퇴직소득에 대한 소득세를 연금외수령하기 전까지는 원천징수하지 아니하며, 이 경우 이연퇴직소득에 대한 소득세가 이미 원천징수된 경우 해당 거주자가 원천징수세액에 대한 환급신청 가능하다.

① 퇴직일 현재 연금계좌에 있거나 연금계좌로 지급되는 경우
② 퇴직하여 지급받은 날부터 60일 이내에 연금계좌에 입금되는 경우

[퇴직소득지급명세서 제출기준]
① 고용관계 종료에 의한 실제퇴사자 : **귀속기준**으로 제출   ② 퇴직금 중간정산자 : **지급기준**으로 제출

7 퇴직소득의 수입시기

구 분	내 용
원칙	퇴직한 날
예외	다음에 해당하는 경우에는 지급받는 날로 한다. ① 국민연금법에 따른 일시금, 건설근로자의 고용개선 등에 관한 법률에 따라 지급받는 퇴직공제금. 다만, 위 금액을 분할하여 지급받는 경우에는 최초로 지급받는 날 ② 소기업·소상공인 공제에서 발생하는 소득 ③ 퇴직판정의 특례에 의하여 퇴직금을 중간지급 하는 경우 ④ 소득세법시행령에 따라 과세이연된 퇴직소득을 연금외수령하는 경우

8. 소득금액계산의 특례

1 부당행위계산의 부인

구 분	내 용
적용요건	① 배당소득(출자공동사업자)·사업소득·기타소득 또는 양도소득이 있는 거주자의 행위 ② 해당 거주자와 특수관계인과의 거래 ③ 해당 소득에 대한 조세의 부담이 부당하게 감소시킨 것으로 인정되는 경우
부당거래 유형	① 특수관계인으로부터 시가보다 높은 가격으로 자산을 매입하거나 특수관계인에게 시가보다 낮은 가액으로 양도한 경우 ② 특수관계자에게 금전이나 그 밖의 자산 또는 용역을 무상 또는 낮은 이율 등으로 대부하거나 제공한 경우. 다만, 직계존비속에게 주택을 무상으로 사용하게 하고 직계존비속이 그 주택에 실제 거주하는 경우에는 국민정서를 감안하여 부당행위계산부인대상에서 제외한다. ③ 특수관계인으로부터 금전이나 그 밖의 자산 또는 용역을 무상 또는 높은 이율 등으로 차용하거나 제공받는 경우 ④ 특수관계인으로부터 무수익자산을 매입하여 그 자산에 대한 비용을 부담하는 경우 ⑤ 그 밖의 특수관계인과 거래로 인하여 조세부담을 부당하게 감소시킨 것으로 인정되는 경우

2 공동사업 소득분배 및 공동사업 합산과세

구분	내 용
공동사업 소득분배	① 사업소득이 발생하는 사업을 공동으로 경영하고 그 손익을 분배하는 공동사업(출자공동사업자 포함)의 경우에는 해당 사업을 경영하는 장소를 **1거주자로 보아 공동사업장별로 그 소득금액을 계산**한다. ② 공동사업에서 발생한 소득금액은 해당 공동사업을 경영하는 각 거주자 간에 약정된 **손익분배비율**(약정된 손익분배비율이 **없는** 경우에는 **지분비율**을 말함)에 의하여 분배되었거나 분배될 소득금액에 따라 각 공동사업자별로 분배한다. (가산세액 및 원천징수된 세액 포함하여 분배) **공동사업 소득분배 순서 : 1거주자 공동사업장 소득금액 계산 ⇨ 손익분배비율에 의한 각 공동사업자별로 소득금액 분배 ⇨ 분배된 소득금액을 자신의 종합소득금액에 합산** ③ 구성원이 동일한 공동사업장이 2 이상인 경우에는 직전연도의 수입금액을 합산하여 기장의무를 판단하며 각 구성원의 다른 개별사업장 또는 다른 공동사업장과는 별개로 본다. ④ 공동사업장에서 발생한 결손금은 공동사업장 단위로 이월되거나 이월결손금 공제 후 소득금액을 배분하는 것이 아니라 각 공동사업자별로 분배되어 공동사업자 각각의 다른 소득금액과 통산한다.
공동사업 합산과세	거주자 1인과 그의 특수관계인과 공동사업자가 소득세법에 의하여 제출한 신고서와 첨부서류에 기재한 **사실과 현저하게 다르거나 조세를 회피하기 위하여 공동으로 사업을 경영하는 것이 확인되는 경우** 분배하지 않고 주된 공동사업자의 소득금액으로 본다. 주된 공동사업자 외의 특수관계인은 그의 손익분배비율에 해당하는 소득금액을 한도로 주된 공동사업자와 연대납세의무를 진다. [주된 공동사업자의 판정 순서] ① 공동사업에 대한 손익분배비율이 큰 공동사업자 ② 공동사업소득 외의 종합소득금액이 많은 자 ③ 공동사업소득 외의 종합소득금액이 같은 경우에는 직전연도의 종합소득금액이 많은 자 ④ 직전연도의 종합소득금액이 같은 경우에는 해당 사업에 대한 종합소득과세표준을 신고한 자

3 결손금(사업소득, 양도소득)과 이월결손금(사업소득) 공제

구 분	내 용
결손금 공제	공제 순서 : 근로소득 ⇨ 연금소득 ⇨ 기타소득 ⇨ 이자소득 ⇨ 배당소득 사업소득 중 **부동산임대업(주거용건물 임대업 제외)에서 발생한 결손금은 타소득에서 공제할 수 없고, 추후 발생하는 해당 부동산임대업의 소득금액에서만 공제가능**하다.
이월결손금* 공제 (2020년 발생분부터 15년 이내공제)	공제 순서 : 사업소득 ⇨ 근로소득 ⇨ 연금소득 ⇨ 기타소득 ⇨ 이자소득 ⇨ 배당소득 사업소득 중 부동산임대업소득에서 발생한 이월결손금은 해당 부동산임대업의 소득금액에서 공제한다. 또한, 결손금이 발생하고 이월결손금이 있는 경우에는 **그 과세기간의 결손금을 먼저** 소득금액에서 **공제**한다.
이월결손금 공제 배제	소득금액을 **추계신고, 결정, 경정**하는 경우에는 이월결손금공제를 배제한다. 다만, **천재지변 기타 불가항력**으로 인하여 장부·기타 증빙서류가 **멸실**되어 추계하는 경우에는 이월결손금공제를 적용한다.
결손금 소급공제	① **중소기업**의 사업소득(부동산임대업의 결손금은 제외)에서 발생한 결손금 ② 결손금 발생연도와 그 직전연도의 소득세를 신고기간 내에 신고한 경우 ③ 과세표준 확정신고 기한 내에 소급공제환급신청을 한 경우

* 2020.01.01. 이전 발생한 결손금은 10년(2009.01.01. 이전 발생분은 5년)

CHAPTER 02 과세표준과 세액의 계산

PART 04 소득세

1. 종합소득 과세표준

종합소득 과세표준 = 종합소득금액 – 종합소득공제

2. 종합소득 인적공제

인적공제 = 기본공제 + 추가공제

1 기본공제 (공제대상수 1인당 150만원공제)

구분	공제대상	생계요건		나이요건[주3]	소득금액요건
본인공제	당해 거주자	동거 여부 불문		해당없음	해당없음
배우자공제	거주자의 배우자			해당없음	
부양가족 공제	직계존속	생계를 같이하는 부양가족	주민등록상 동거원칙 (주거 형편상 별거 포함)	60세 이상	연간 소득금액 합계액 100만원 이하[주5]
	직계비속, 입양자[주1]		동거 여부 불문	20세 이하	
	형제자매		주민등록상 동거 원칙 (다만 취학, 질병의 요양 등의 사유에 의한 일시퇴거 허용)	20세 이하 또는 60세 이상	
	국민기초생활보장법에 의한 수급자			해당 없음	
	위탁아동[주2]			18세 미만[주4]	

주1) 직계비속(입양자 포함)과 그 배우자가 모두 장애인인 경우에는 그 배우자를 포함한다.
주2) 아동복지법에 따른 가정위탁을 받아 양육하는 아동으로서 **해당 과세기간에 6개월 이상** 직접 양육한 위탁아동. 다만, 직전 과세기간에 소득공제를 받지 못한 경우에는 해당 위탁아동에 대한 직전 과세기간의 위탁기간을 포함하여 계산한다.
주3) 나이산정방법 : 신고대상 귀속연도(2025년) – 태어난 연도 = 나이요건 충족 여부
주4) 보호기간이 연장된 위탁아동 포함(20세 이하인 경우)
주5) 연간 소득금액합계액 100만원 이하 금액 : 연말정산시 배우자를 포함한 부양가족을 기본공제대상자로 하기 위해서는 해당 부양가족의 **연간 소득금액의 합계액(무조건 분리과세 제외)이 100만원 이하** 요건을 충족하여야 한다.

소득종류		소득금액 계산	소득금액 100만원 이하 사례
① 종합소득	근로소득	총급여액 (연간근로소득 – 비과세소득) – 근로소득공제	■ 총급여액 333만원 – 근로소득공제 233만원 = 100만원 ■ 부양가족이 근로소득만 있는 경우 해당 과세기간의 **총급여액이 500만원 이하**인 경우도 포함 함 ■ 무조건분리과세 : 일용직근로소득
	연금소득	총연금액 – 연금소득공제	■ 공적연금(노령연금) : 총연금액은 516만원 – 416만원 = 100만원 ■ 사적연금의 총연금액 1,500만원 이하는 분리과세소득을 선택하여 종합소득금액에서 제외되어 기본공제 가능 ■ 2021.12.31.이전 불입된 공적연금 및 기초연금은 비과세소득
	사업소득	총수입금액 – 필요경비	■ 총수입금액에서 필요경비를 차감한 금액이 100만원이 되는 경우 ■ 결손금 발생시 기본공제대상 포함
	기타소득	총수입금액 – 필요경비	■ 총수입금액에서 필요경비를 차감한 금액이 100만원인 경우가 이에 해당하나, **기타소득금액 300만원 이하**는 분리과세소득으로 종합소득금액에서 제외되어 공제 가능 ■ 무조건분리과세 : 복권당첨소득 등 ■ 필요경비 60% 인정소득 : 강연료, 문예창작소득 등
	이자·배당소득	총수입금액	이자소득과 배당소득의 **합계 금액이 2천만원 이하**인 경우 분리과세소득으로 종합소득금액에서 제외되어 공제 가능
	소계	위의 소득금액의 합계액이 종합소득금액이 된다.	종합소득금액 100만원 (단, 비과세 및 분리과세소득은 제외)
② 퇴직소득		퇴직소득 = 퇴직소득금액	비과세소득을 제외한 금액이 100만원인 퇴직금
③ 양도소득		양도가액 – 필요경비 – 장기보유 특별공제	필요경비와 장기보유특별공제금액을 차감한 금액이 100만원인 양도소득금액(양도차손 발생시 기본공제대상 포함)
연간 소득금액의 합계액 (① + ② + ③)			종합소득 · 퇴직소득 · 양도소득이 있는 경우 각 소득금액을 합계한 금액으로 함

TIP

[인적공제 유의사항]
① 직계존속에는 **배우자의 직계존속**(장인, 장모, 시부, 시모), 계부·모를 모두 포함하며, 양자의 경우 양부모와 친생부모가 모두 직계존속의 범위에 해당한다.
② 공제대상 여부 판정 시기는 원칙적으로 **과세기간 종료일(12월 31일) 현재의 상황**에 의하나, **과세기간 중 사망자는 사망일 전일, 장애가 치유된 자는 치유일 전일 상황에 의해 판정**한다. 또한, 적용대상 연령이 있는 경우로서 과세기간 중에 해당 연령에 해당되는 날이 하루라도 있는 경우에는 공제대상자로 본다.
③ 장애인은 **나이요건의 제한(21세~59세)**을 받지 않으나 소득금액요건은 적용된다.
④ 직계비속이 기본공제대상자인 장애인인 경우 **자녀세액공제대상자에도 해당**한다.
⑤ 기본공제 대상자인 **직계비속이 장애인인 경우 배우자**(며느리 또는 사위) 또한 장애인(소득금액합계액 100만원 이하자)에 해당하면 그 배우자도 공제대상자에 포함한다.

2 추가공제(기본공제 대상자에 한하여 추가공제 가능)

구 분	사 유	공제금액	비 고
경로우대자 추가공제	만 70세 이상인 경우	1명당 연 100만원	소득금액 연 100만원 이하자
장애인 추가공제	장애인인 경우(나이제한 없음)	1명당 연 200만원	
부녀자 추가공제	종합소득금액 3천만원(총급여액 41,470,588원) 이하인 거주자 본인으로 ① 또는 ②에 해당하는 경우 ① 배우자가 없는 여성으로서 기본공제대상 부양가족이 있는 세대주인 경우 ② 배우자가 있는 여성인 경우	연 50만원	-
한부모 추가공제	배우자가 없는 근로자가 기본공제대상자인 직계비속을 부양하는 경우(부녀자공제와 중복시 한부모공제 적용)	연 100만원	-

TIP

[추가공제 유의사항]
① 추가공제는 기본공제대상자가 해당 사유에 해당하는 경우 해당 사유별로 공제하는 것이므로 기본공제대상자 1인이 장애인이면서 경로우대자에 해당되는 경우 기본공제와 더불어 장애인추가공제, 경로우대자추가공제가 모두 적용되는 것이다.
② 부녀자추가공제와 한부모추가공제에 모두 해당되면 **한부모추가공제를 받는다**.

예제

사무직 사원 이승주(여성근로자)씨의 부양가족내용이다. 기본공제 및 추가공제 여부를 ○, ×로 표시하고 인적공제 금액을 계산하시오.

| 관계 | 성명 | 나이 | 인적공제 참고사항 | 요건 | | 기본 공제 | 추가 공제 |
				나이	소득		
본인	이승주	48세	총급여 40,000,000원 있음				
배우자	박정남	50세	총급여액 490만원, 퇴직소득은 없음 (2025.2.10 퇴사)				
장남	박정호	19세	대학생(문예창작소득 10,000,000원 수령)				
차남	박정현	6세	미취학아동으로 2025.10.5 입양(소득없음)				
부친	박관수	76세	공적연금소득 1,500만원 (2001년 12월 31일 이전 불입분)				
모친	최용슬	75세	소득없음 (2025.10.20. 사망)				
처제	이연숙	22세	장애인(소득없음)				

[해설]

관계	성명	요건 나이	요건 소득	기본공제	추가공제	설명
본인	이승주	-	-	○	부녀자	총급여액 41,470,588원 이하이고 배우자가 있으므로 부녀자 추가공제 가능
배우자	박정남	-	○	○	-	근로소득만 있는 경우 총급여액이 500만원 이하인 경우 기본공제 가능
장남	박정호	○	×	×	-	기타소득금액이 400만원(1천만원 × 0.4)이므로 기본공제 제외
차남	박정현	○	○	○	-	■ 나이와 소득금액 모두 충족이므로 기본공제가 가능 ■ 자녀 세액공제의 기본 세액공제는 만 8세 이상 자녀부터 가능하나 출산·입양 세액공제(둘째)는 가능
부친	박관수	○	○	○	경로우대	부친의 공적연금소득은 2001년 12월 31일 이전 불입분은 비과세 소득이므로 기본공제와 경로우대자 추가공제 가능
모친	최용슬	○	○	○	경로우대	공제대상 여부 판정은 사망일 전일 상황에 의해 판정하므로 나이와 소득금액 모두 충족이므로 기본공제와 경로우대자 추가공제 가능
처제	이연숙	×	○	○	장애인	장애인은 나이요건 제한을 받지않으며 소득금액요건이 충족하였으므로 기본공제와 장애인 추가공제 가능

- 기본공제(본인, 배우자, 차남, 부친, 모친, 처제) = 150만원 × 6명 = 900만원
- 추가공제 = 부녀자 50만원 + 경로우대자(2명) 200만원 + 장애인 200만원 = 450만원
- ∴ 인적공제 = 기본공제 900만원 + 추가공제 450만원 = 1,350만원

3. 종합소득 물적공제

1 연금보험료공제(전액공제, 근로기간 제한 불문)

종합소득이 있는 거주자가 공적연금 관련법에 따른 기여금 또는 개인부담금(이하 "연금보험료"라 한다)을 납입한 경우에는 해당 과세기간의 종합소득금액에서 그 과세기간에 납입한 연금보험료를 **전액** 공제한다.

구 분	내 용
공제대상 연금보험료	① 『국민연금법』에 따라 본인이 부담하는 연금보험료(사용자부담금은 제외) ② 『공무원연금법』·『군인연금법』·『사립학교교직원연금법』 또는 『별정우체국법』에 따라 근로자 본인이 부담하는 기여금 또는 부담금
유의사항	① 국민연금보험료는 실제 납부한 과세기간에 공제한다. ② **거주자 본인 부담분만 공제 가능**한 것으로, 배우자나 부양가족 명의로 불입한 연금보험료는 공제대상에 해당하지 않는다.

2 주택담보노후연금이자비용공제

고령자의 주거안정과 노후소득 보장을 지원하기 위하여 연금소득이 있는 거주자 본인이 일정한 주택담보노후연금을 받은 연금에 대하여 해당 과세기간에 발생한 이자비용상당액을 연 200만원 한도로 연금소득금액에서 공제한다.

소득공제액 = MIN[① 해당 과세기간에 발생한 이자상당액, ② 200만원, ③ 연금소득금액]

3 특별소득공제

특별소득공제는 "**근로소득이 있는 거주자**"가 받을 수 있으며, 조세특례제한법에 따른 "그 밖의 소득공제"는 받을 수 있는 요건을 해당 조항에 각각 규정하고 있다.

특별소득공제 = 보험료 소득공제 + 주택자금 소득공제

(1) 보험료공제(전액공제, 근로기간에 지출한 비용만 공제)

근로소득자(일용근로자 제외)가 해당 과세기간에 **국민건강보험법, 고용보험법 또는 노인장기요양보험법**에 따라 근로자가 부담하는 보험료를 지급한 경우 그 금액을 해당 과세기간의 근로소득금액에서 **전액** 공제한다.

보험료 공제액 = 국민건강보험료 · 고용보험료 · 노인장기요양보험료 근로자 부담 보험료

(2) 주택자금공제(근로기간에 지출한 비용만 공제)

주택을 소유하지 아니한 세대의 세대주(장기주택저당차입금은 1주택을 보유한 세대주도 가능)로서 근로소득이 있는 거주자(일용근로자 제외, ⓓ와 ⓔ는 외국인 포함)가 주택구입 또는 주택임차를 위해 차입한 차입금의 이자 등을 상환하거나 지급한 경우 소득공제가 가능하다.

소득공제		공제항목	공제한도액
주택자금	㉮ 주택마련저축	청약저축, 주택청약종합저축 **납입액의 40%**	연 400만원 [㉮ + ㉯]
	㉯ 주택임차차입금 원리금 상환액	무주택 세대의 세대주(세대원 포함)가 국민주택 규모의 주택을 임차하기 위한 **차입금의 원리금 상환액의 40%**	
	㉰ 장기주택저당차입금 이자상환액	무주택 또는 1주택 보유세대의 세대주(세대원 포함)인 근로자가 **기준시가 6억원 이하**인 주택을 구입하기 위한 **차입금의 이자상환액 공제**	연 800만원 (600만원 ~ 2,000만원) [㉮ + ㉯ + ㉰]

※ 주택마련저축은 "특별소득공제"가 아닌 "그 밖의 소득공제"에 해당하나 한도 규정으로 인하여 함께 표기함.

[주택자금공제 관련 요약]

구 분	공제대상자
청약저축 납입액	해당 과세기간의 **총급여액이 7,000만원 이하**이며 해당 과세기간 중 주택을 소유하지 않은 세대의 세대주 또는 세대의 배우자가 해당 과세연도에 청약저축 또는 주택청약종합저축에 납입한 금액(2025.12.31.까지 납입하는 분) ① 연 납입액이 300만원을 초과하는 경우에는 그 초과금액은 없는 것으로 한다.

임차를 위한 차입금 원리금 상환액	① 대상요건 : **무주택 세대주** 및 세대원(요건충족)도 공제 적용(외국인 포함)
	② **국민주택규모**(오피스텔 포함)의 주택을 임차하기 위하여 차입하고 그 원리금을 상환하는 경우
	    ㉠ 대출기관 : 금융기관 차입금
	    ㉡ 거주자 : 총급여액 5천만원 이하인 근로자가 거주자로부터 법정이율 이상으로 차입한 원리금 상환액

장기주택 저당차입금 이자상환액	취득당시 기준시가 6억원 이하(2013.12.31. 이전 취득분은 3억원, 2018.12.31. 이전 취득분은 4억원, 2023.12.31. 이전 취득분은 5억원 이하)인 주택을 취득하기 위하여 그 **주택**(2013.12.31. 이전 취득분은 국민주택규모 충족)에 저당권을 설정하고 금융회사 등 또는 국민주택기금으로부터 장기차입금 요건을 갖추어 차입한 장기주택저당차입금의 이자상환액 ① 대상요건 : 세대주 및 세대원(요건충족)도 공제 적용(외국인 포함) ② 거주자가 2주택 이상 보유시 보유기간이 속한 과세연도는 공제를 배제 ③ 세대구성원이 보유한 주택을 포함하여 과세기간 종료일 현재 2주택이상을 보유한 경우에는 적용하지 아니한다.

※ 국민주택규모의 면적 : 주거전용 면적이 85m² 이하 주택(다만, 수도권을 제외한 도시지역이 아닌 읍·면지역은 100m² 이하 주택)

4 그 밖의 소득공제(조세특례제한법상 소득공제)

(1) 신용카드 등 사용금액 소득공제(소득금액요건 적용, 나이요건 불문, 형제자매 제외)

구 분	내 용
신용카드 등 사용금액	신용카드 등 사용금액은 해당 과세기간의 **근로제공기간에 사용**한 신용카드 사용금액, 현금영수증에 기재된 금액 및 직불카드 등 사용금액의 합계액으로 한다. (2025.12.31.까지) ① 『여신전문금융업법』 제2조에 따른 신용카드를 사용하여 그 대가로 지급하는 금액 ② 현금영수증(현금거래사실을 확인받은 것을 포함)에 기재된 금액 ③ 『여신전문금융업법』에 따른 직불카드 또는 기명식선불카드
카드사용자 범위	① 연간 **소득금액 합계액이 100만원 이하**인 배우자 또는 직계존비속 명의의 신용카드 등 사용금액은 당해 거주자의 신용카드 등 소득공제금액에 이를 포함할 수 있음 ⇨ 거주자와 생계를 같이하는 직계존비속으로서 배우자의 직계존속과 동거입양자를 포함하되, 다른 거주자의 기본공제를 적용받는 자는 제외 ② 다만, **형제자매, 기초생활수급자, 위탁아동**의 신용카드 등 사용금액은 기본공제대상자라 하더라도 공제대상 사용금액에 **포함되지 않음**

구 분	내 용

신용카드 등 소득공제 금액	신용카드 등 사용금액이 해당연도 **총급여액의 25%를 초과(최저사용액)**하는 경우 그 **초과사용금액**을 소득공제 대상으로 한다.
	(1) 사용구분에 따른 공제율
	
	  | 구 분 | 공제율 |
	  |---|---|
	  | ① 전통시장 사용분 | 40% |
	  | ② 대중교통 이용분 | 40% |
	  | ③ **총급여 7천만원 이하자**의 문화체육사용분(도서·신문·공연·박물관·미술관·영화상영관·수영장·체력단련장) | 30% |
	  | ④ 직불카드·선불카드·현금영수증 사용분(①·②·③ 사용분에 포함된 금액 제외) | 30% |
	  | ⑤ 신용카드 사용분(①·②·③ 사용분에 포함된 금액 제외) | 15% |
	
	(2) 공제한도(**최대 600만원**) : 기본공제 한도 + 추가공제 한도
	
	  | 공제한도 | 총급여액 | 7천만원 이하 | 7천만원 초과 |
	  |---|---|---|---|
	  | 기본공제 한도 | | 300만원 | 250만원 |
	  | 추가공제 한도 | 전통시장 | 300만원 | 200만원 |
	  | | 대중교통 | | |
	  | | 문화체육 | | – |

신용카드 등 사용금액 중 소득공제 대상에서 제외되는 경우	① **사업소득의 비용인 경우 또는 법인의 비용인 경우** ② 국민건강보험료, 고용보험료, 연금보험료 및 각종 보험계약에 의한 보험료 및 공제료 ③ 영유아보육시설의 보육비용, 유치원·초·중·고·대학·대학원의 수업료, 입학금 ⇨ 취학전 아동의 학원 또는 체육시설 등 수강료는 카드사용액에 포함됨 ⇨ 가족에 대한 대학원 교육비는 교육비공제는 물론 신용카드 등 사용금액에 대한 소득공제 대상이 아니다. ④ **외국**에서 사용한 신용카드사용액(시내·출국장·기내 면세점 사용금액 포함) ⑤ **국세·지방세 및 공과금**(전기료, 수도료, 가스료, 전화료, 아파트관리비, 텔레비전시청료 및 고속도로통행료) ⑥ 상품권 등 유가증권 구입비, 리스료(자동차대여료 포함) ⑦ 차입금 이자상환액, 증권거래수수료 등 금융·보험용역과 관련한 지급액, 수수료, 보증료 및 이와 비슷한 대가 ⑧ 지방세법에 의하여 취득세 또는 등록세가 부과되는 재산의 구입비용(**중고자동차의 경우 구입금액의 10% 공제**) ⑨ 신규로 출고되는 **자동차**를 구입하는 경우 ⑩ 정치자금법에 따라 정당에 신용카드 등으로 결제하여 기부하는 정치자금 및 고향사랑기부금 (세액공제를 **적용받은 경우에 한함**) ⑪ 국가·지방자치단체 또는 지방자치단체조합이 부동산임대업, 도·소매업, 음식숙박업, 골프장·스키장 운영업, 기타 운동시설운영업 외의 업무를 수행하면서 공급하는 재화 또는 용역을 공급받고 지급하는 사용료, 수수료 등의 대가

구 분	내 용
신용카드 등 사용금액 중 소득공제 대상에서 제외되는 경우	⑫ 현금서비스 금액 ⑬ 비정상적인 사용행위인 물품 또는 용역의 거래 없이 신용카드 등의 매출전표를 교부받거나 실제 매출액을 초과하여 신용카드 등의 매출전표를 교부받는 행위, 위장카드가맹점에서 교부받은 매출전표 ⑭ **월세** 세액공제를 **적용받은** 월세액
중복공제 검토	■ 신용카드 등 사용금액 소득공제와 특별세액공제 **중복 적용 여부** | 구 분 | | 특별세액공제 항목 | 신용카드공제 | |---|---|---|---| | 신용카드로 결제한 의료비 | | 의료비 세액공제 가능 | 신용카드공제 가능 | | 신용카드로 결제한 보장성보험료 | | 보험료 세액공제 가능 | 신용카드공제 불가 | | 신용카드로 결제한 학원비 | 취학전 아동 | 교육비 세액공제 가능 | 신용카드공제 가능 | | | 그 외 | 교육비 세액공제 불가 | | | 신용카드로 결제한 교복구입비 | | 교육비 세액공제 가능 | 신용카드공제 가능 | | 신용카드로 결제한 기부금 | | 기부금 세액공제 가능 | 신용카드공제 불가 |

 예제

근로자 두더지씨의 당해 과세기간의 신용카드 사용내역이다. 모두 근로기간 내에 사용하였으며 공제대상여부를 "해당여부"란에 "○", "×"로 표시하시오.

사용내역	해당여부
본인의 현금서비스 및 자동차 보험료	
배우자(나이 47세, 소득없음)의 생활용품 구입액	
자녀(나이 21세, 소득없음)의 대학 등록금과 본인 대학원 수업료	
본인의 물품구입비(회사의 경비로 별도 지급받음)	
본인과 배우자 해외여행 결제비 및 면세점 구입액	
자녀(나이 5세)의 미술 및 태권도장 학원비	
본인의 중고자동차 구입비	
처제의 생활용품 구입비	
배우자(나이 47세, 소득없음)의 성형수술비용	
부친(나이 65세, 근로소득금액 1,000만원)의 생활용품 구입액	

【해설】

사용내역	해당여부
본인의 현금서비스 및 보험료 ⇨ 공제대상 제외이며 보험료는 세액공제 적용	×
배우자(나이 47세, 소득없음)의 생활용품 구입액 ⇨ 공제요건 충족	○

사용내역	해당여부
자녀와 본인의 교육비 ⇨ 공제대상 제외(교육비 세액공제)	×
본인의 물품구입비(회사의 경비로 별도 지급받음) ⇨ 공제대상 제외	×
본인과 배우자 해외여행 결제비 및 면세점 구입액 ⇨ 외국 사용분(면세점 포함)은 공제대상 제외	×
자녀(나이 5세)의 미술 및 태권도장 학원비 ⇨ 공제대상으로 교육비 세액공제 중복공제 가능	○
본인의 중고자동차 구입비 ⇨ 공제대상으로 구입가액의 10% 공제 가능	○
처제의 생활용품 구입비 ⇨ 형제자매의 사용액은 공제대상 제외	×
배우자(나이 47세, 소득없음)의 성형수술비용 ⇨ 공제대상으로 의료비 세액공제 불가능	○
부친 생활용품 구입액 ⇨ 근로소득금액 100만원 초과자로 공제대상 제외	×

(2) 개인연금저축 소득공제(본인지출분만 해당)

거주자가 **본인 명의로 개인연금저축(2000.12.31. 이전 가입)** 에 가입한 경우 해당 과세기간의 저축납입액에 대해 해당 과세기간의 종합소득금액에서 공제한다.

소득공제액 = 연간 납입금액 × 40%(연 72만원 한도)

(3) 그 밖의 조세특례제한법상 소득공제

조세특례제한법상 소득공제는 상기에 제시한 공제외에도 중소기업창업투자조합출자 등에 대한 소득공제, 소기업·소상공인 공제부금에 대한 소득공제, 우리사주조합 출연금 소득공제, 고용유지중소기업 근로자 소득공제, 장기집합투자증권저축 소득공제 등이 있다.

5 소득공제 종합한도

거주자의 종합소득에 대한 소득세를 계산할 때 다음 중 어느 하나에 해당하는 공제금액의 합계액이 **2,500만원을 초과하는 경우에는 그 초과하는 금액은 없는 것**으로 한다.

구 분	내 용
소득공제 종합한도 합계액	① 소득세법에 따른 특별소득공제. 다만, **건강보험료, 고용보험료, 노인장기요양보험료는 포함하지 아니한다.** ② 중소기업창업투자조합 출자 등에 대한 소득공제(조특법 제16조 제1항) 　**2015년 이후 투자분 중 공제율 30% · 50% · 100% 적용분은 종합한도 제외** ③ 소기업·소상공인 공제부금에 대한 소득공제(조특법 제86조의3) ④ 청약저축·주택청약종합저축에 대한 소득공제(조특법 제87조 제2항) ⑤ 우리사주조합 출자에 대한 소득공제(조특법 제88조의4 제1항) ⑥ 장기집합투자증권저축에 대한 소득공제(조특법 제91조의16) ⑦ 신용카드 등 사용금액에 대한 소득공제(조특법 제126조의2)

4. 종합소득 세액공제·감면

1 종합소득세액계산의 구조

	종 합 소 득 금 액	
(−)	소 득 공 제	연금보험료공제 + 주택자금공제 + 신용카드등사용액공제 등
=	종 합 소 득 과 세 표 준	
(×)	기 본 세 율	6% ~ 45%(초과누진세율)
=	산 출 세 액	
(−)	세 액 감 면 · 세 액 공 제	근로소득세액공제 + 배당세액공제 + 특별세액공제 등
=	결 정 세 액	
(+)	가 산 세	
=	총 결 정 세 액	
(−)	기 납 부 세 액	중간예납세액, 원천징수세액, 수시부과세액 등
=	차 가 감 자 진 납 부 세 액	

2 종합소득 산출세액

종합소득금액에서 인적공제, 연금보험료공제, 특별소득공제, 그 밖의 소득공제 등 각종 소득공제를 차감한 과세표준 금액에 종합소득세 세율을 적용하여 산출세액을 계산한다.

> 종합소득 산출세액 = 종합소득 과세표준(= 종합소득금액 − 종합소득공제) × 세율(6% ~ 45%)

(1) 종합소득 과세표준

종합과세대상인 6가지 소득금액을 합산한 금액을 종합소득금액이라고 하며 그 금액에서 종합소득공제를 차감하여 종합소득 과세표준을 계산한다.

(2) 기본세율

과세표준	가산법	간편법	
		세율	누진공제액
1,400만원 이하	과세표준의 6%	6%	−
1,400만원 초과 ~ 5,000만원 이하	84만원 + 1,400만원 초과액의 15%	15%	126만원
5,000만원 초과 ~ 8,800만원 이하	624만원 + 5,000만원 초과액의 24%	24%	576만원
8,800만원 초과 ~ 1억 5천만원 이하	1,536만원 + 8,800만원 초과액의 35%	35%	1,544만원
1억 5천만원 초과 ~ 3억원 이하	3,706만원 + 1억5천만원 초과액의 38%	38%	1,994만원

과세표준	가산법	간편법	
		세율	누진공제액
3억원 초과 ~ 5억원 이하	9,406만원 + 3억원 초과액의 40%	40%	2,594만원
5억원 초과 ~ 10억원 이하	17,406만원 + 5억원 초과액의 42%	42%	3,594만원
10억원 초과	38,406만원 + 10억원 초과액의 45%	45%	6,594만원

3 종합소득 결정세액

종합소득 결정세액 = 종합소득 산출세액 − 종합소득 세액감면 − 종합소득 세액공제

(1) 종합소득 세액감면

감면세액 = 종합소득 산출세액 × 감면대상소득금액/종합소득금액 × 감면율

구 분	내 용
소득세법	정부간의 협약에 따른 파견된 외국인근로소득 세액감면 등
조세특례제한법	중소기업 취업자에 대한 소득세 감면, 외국인기술자에 대한 소득세 감면 등

(2) 종합소득 세액공제

구분	세액공제	내 용
소득세법	① 배당세액공제	Gross-up금액(종합소득 산출세액에서 비교산출세액을 차감한 금액이 공제한도)
	② 기장세액공제	간편장부대상자가 복식부기에 의해 장부를 기장한 경우 [산출세액 × (기장된 소득금액/종합소득금액)] × 20%, (연간 100만원 한도)
	③ 전자계산서 발급 세액공제	직전연도 수입금액 합계액이 **3억원 미만인 개인사업자**가 전자계산서를 발급하고 발급일의 다음 날까지 국세청장에게 전송하면 소득세에서 **연간 100만원 한도 내 금액(발급건수 당 200원)**까지 세액공제를 적용(2027.12.31.까지)
	④ 외국납부세액공제 (10년간 이월공제)	Min : ㉠ 외국납부세액, ㉡ 종합소득 산출세액 × 국외원천소득금액/종합소득금액
	⑤ 재해손실세액공제	산출세액 × 재해 상실비율(재해로 자산총액 20% 이상 상실된 경우)
	⑥ 근로소득세액공제	근로소득이 있는 근로자에 대하여 공제
	⑦ 자녀세액공제	거주자의 기본공제대상 자녀(입양자 · 위탁아동 · 손자녀 포함)에 대한 세액공제
	⑧ 연금계좌세액공제	종합소득자 본인이 납입한 연금저축
	⑨ 특별세액공제	보험료세액공제, 의료비세액공제, 교육비세액공제, 기부금세액공제

구분	세액공제	내용
조세특례제한법	① 고향사랑기부금 세액공제	거주자 본인이 지방자치단체에 기부한 고향사랑기부금에 대한 세액공제
	② 정치자금세액공제	거주자 본인이 정당에 기부한 정치자금에 대한 세액공제(10만원 × 10/110)
	③ 혼인에 대한 세액공제	거주자가 혼인신고를 한 경우 1회에 한정하여 세액공제
	④ 성실신고확인비용에 대한 세액공제	Min [① 성실신고확인에 직접 사용한 비용 × 60% ② 120만원(법인사업자는 150만원)]
	⑤ 전자신고세액공제	납부세액에서 2만원(양도소득세 포함) 공제
	⑥ 그 밖의 세액공제	연구 및 인력개발비세액공제, 각종 투자세액공제(10년간 이월공제)

TIP

[간편장부대상자 기준금액(이상자는 복식부기의무자, 미만자는 간편장부대상자)]

업종구분	기준금액
① 농업·임업 및 어업, 광업, 도소매업, 부동산매매업, 그 밖에 아래 ②, ③에 해당하지 아니하는 사업	직전연도 수입금액 3억원
② 제조업, 숙박 및 음식점업, 전기·가스·증기 및 수도사업, 하수·폐기물처리, 원료재생 및 환경복원업, 건설업(비주거용 건물 건설업 제외), 부동산 개발 및 공급업(주거용 건물 개발 및 공급업에 한함), 운수업, 출판·영상·방송통신 및 정보서비스업, 금융 및 보험업, 상품중개업, 욕탕업	직전연도 수입금액 1억5천만원
③ 부동산임대업, 부동산업(부동산매매업은 제외), 전문·과학 및 기술서비스업, 사업시설관리·사업지원 및 임대서비스업, 교육서비스업, 보건 및 사회복지서비스업, 예술·스포츠 및 여가관련 서비스업, 협회 및 단체, 수리 및 기타 개인서비스업, 가구내 고용활동	직전연도 수입금액 7천5백만원

■ 복식부기의무자는 **과세기간의 개시일로부터 6개월 이내** 사업장 또는 주소지 관할세무서장에게 **사업용계좌 신고**하여야 한다.

[성실신고대상 기준 매출액]

업종구분	기준금액
농업·어업, 광업, 도소매업, 부동산매매업 등	해당연도 수입금액 15억원 이상
제조업, 음식업, 운수업, 건설업, 출판영상방송통신 및 정보서비스업 등	해당연도 수입금액 7.5억원 이상
부동산임대업, 교육서비스업, 보건업, 기타개인서비스업 등	해당연도 수입금액 5억원 이상

① 성실신고기한 : 다음해 6월 30일(성실신고확인 세무사·회계사 선임 신고기한 폐지)
② 성실신고 혜택 : 의료비·교육비·월세액 세액공제, 성실신고비용 필요경비(지출연도) 인정 및 세액공제(귀속연도)
③ 수입금액기준(기준금액 판정) : 사업용 유형고정자산 처분에 따른 수입금액 제외

4 근로소득 세액공제(근로소득이 있는 거주자에 대해 당해 근로소득 산출세액에서 공제)

(1) 세액공제액

산출세액	세액공제액
130만원 이하	근로소득 산출세액 × 55%
130만원 초과	715,000원 + (근로소득 산출세액 − 130만원) × 30%

(2) 공제한도세액

총급여액	한 도
3,300만원 이하	74만원
3,300만원 초과 ~ 7,000만원 이하	Max[①, ②] ① 74만원 − (총급여액 − 3,300만원) × 0.8%, ② 66만원
7,000만원 초과 ~ 1억 2,000만원 이하	Max[①, ②] ① 66만원 − (총급여액 − 7,000만원) × 50%, ② 50만원
1억 2,000만원 초과	Max[①, ②] ① 50만원 − (총급여액 − 1.2억원) × 50%, ② 20만원

5 혼인에 대한 세액공제

구 분	내 용
공제대상	거주자가 혼인신고(혼인신고 후 그 혼인이 무효가 되어 무효신고를 한 경우는 제외)를 한 경우에는 **혼인신고를 한 날이 속하는 과세기간의 종합소득산출세액에서 공제**한다.
적용기간	2024년 ~ 2026년 혼인신고 분
세액공제액	생애 1회에 한정하여 **50만원** 공제

6 자녀 세액공제

종합소득이 있는 거주자의 기본공제대상자에 해당하는 자녀(입양자 및 위탁아동, 손자·손녀 포함)가 있는 경우에 종합소득산출세액에서 공제한다.

구 분	세액공제액
기본 세액공제 (만 8세 미만 아동수당 중복적용 제외)	만 8세 이상의 자녀가 있을 경우 ① 2명 이하 : 1인당 25만원 + 1명 30만원 ② 3명 이상 : 연 55만원 + 2명 초과하는 1명당 연 40만원
출산·입양 세액공제 (위탁아동 및 손자녀 제외)	해당 과세기간에 출산·입양 자녀가 있는 경우 ① 첫째인 경우 : 연 30만원 ② 둘째인 경우 : 연 50만원 ③ 셋째 이상인 경우 : 연 70만원

7 연금계좌 세액공제(2001.1.1 이후 가입분)

구 분	내 용
공제대상	종합소득이 있는 거주자(**본인**)이 연금계좌에 납입한 금액이 있는 경우
세액공제액	Min[①, ②] × 12% 다만, 종합소득금액 4,500만원 또는 총급여액 5,500만원 이하인 거주자는 15% 적용 ① 연금저축계좌 납입액 + 퇴직연금계좌 납입액 + ISA 연금 전환금액 ② 한도 : 900만원 　㉠ 연금저축계좌 납입액 : 600만원 　㉡ 퇴직연금계좌 납입액 : 300만원 　㉢ ISA 연금 전환금액 : 개인종합자산관리계좌(ISA) 만기시 연금계좌로 전환한 금액 10% 　　로 300만원 한도(㉠ 연금저축계좌에 포함)

8 특별세액공제

특별세액공제 = 보험료세액공제 + 의료비세액공제 + 교육비세액공제 + 기부금세액공제

(1) 특별세액공제와 표준세액공제와의 관계

구 분	내 용	
근로소득자	다음 중 선택하여 공제	① 특별소득공제 + 특별세액공제 + 월세액세액공제 ② 표준세액공제(연 13만원)
소득세법상 성실사업자	다음 중 선택하여 공제 (2026.12.31.까지)	① 의료비세액공제 + 교육비세액공제 + 월세액세액공제 ② 표준세액공제(연 12만원)
위 이외의 자의 경우	표준세액공제(연 7만원)	

(2) 소득공제·세액공제 적용 시 나이·소득(금액)요건과 근로기간에 대한 제한

구분	특별소득공제			특별세액공제			교육비		기부금	월세
	주택 자금	신용 카드	연금 저축	보험료		의료비	일반	장애인		
				일반	장애인					
나이	×	×	×	○	×	×	×	×	×	×
소득(금액)	△	○	×	○	○	×	○	×	○	○
근로기간	○	○	×	○		○	○		×	○

※ 충족(제한) : ○, 미충족(불문) : ×, 요건에 따라 상이 : △

(3) 보험료 세액공제

근로소득자가 기본공제대상자(**소득금액요건, 나이요건 제한 있음**)를 위해 해당 과세기간에 지출한 보장성보험료(**저축성보험료 및 태아보험료는 제외**)를 공제한다.

구 분	내 용
세액공제액	① 보장성 보험료 : 만기에 환급되는 금액이 납입보험료를 초과하지 아니하는 보험의 보험계약과 주택임차보증금(보증대상 3억원 이하) 반환 보증보험료 ② 장애인전용보장성 보험료 : 보험계약 또는 보험료 납입영수증 등에 '장애인전용 보험'으로 표시된 보험 ③ 일반보장성보험료와 장애인전용보장성보험료 규정이 동시에 적용되는 경우에는 그 중 하나만 선택하여 적용한다. 다만, 보험료공제 적용 시 보험종류별로 적용하는 것으로 동일 보험계약인 경우에 한한다. (동일인이 아닌 경우 제외)
	<table><tr><th>세액공제 대상 보험료</th><th>대상금액 한도</th><th>세액공제액</th></tr><tr><td>보장성 보험료</td><td>연 100만원</td><td>보험료 납입액 × 12%</td></tr><tr><td>장애인전용보장성 보험료</td><td>연 100만원</td><td>보험료 납입액 × 15%</td></tr></table>
공제시기	보험료 불입일이 속하는 과세기간에 세액공제

예제

근로자 두더지씨의 당해 과세기간의 보험료 납부내역이다. 모두 근로기간 내에 지출하였으며 공제대상 여부를 "해당여부"란에 "○", "×"로 표시하시오.

납부내역	해당여부
본인이 자동차부험류 및 아파트 화재보험료	
부친(나이 81세, 사업소득금액 2,000만원)의 생명보험료	
자녀(나이 21세, 소득없음)의 상해보험료	
본인 명의 저축성보험료	
배우자(나이 50세, 소득없음)의 생명보험료	
배우자의 장애인 전용 보장성보험료(생명보험료와 상이한 보험증권)	

【해설】

납부내역	해당여부
본인의 자동차보험료와 화재보험료 ⇨ 손해보험(보장성)으로 공제가능	○
부친의 생명보험료는 나이요건은 충족이나 소득요건이 불충족하여 공제제외	×
자녀의 상해보험료는 나이요건이 불충족하여 공제제외	×
본인 명의 저축성보험료 ⇨ 보장성보험료가 아니므로 공제제외	×
배우자 생명보험료 ⇨ 배우자는 나이에 제한이 없으므로 공제가능	○
배우자의 장애인 전용 보장성보험료 ⇨ 보험종류별로 공제를 적용하므로 공제가능	○

(4) 의료비 세액공제

구 분	내 용
공제대상	근로소득이 있는 거주자가 기본공제대상자(**소득금액요건, 나이요건 제한 없음**)를 위하여 지출한 의료비
세액공제액	[① + ②] 공제대상금액 × 15%(단, 미숙아·선천성이상아 의료비 20%, 난임시술비 30%) ① 전액공제대상금액 = [의료비지출액 − ②의 의료비 지출액이 총급여액의 3% 미달금액] 　㉠ 본인　　㉡ 65세 이상자　　㉢ 장애인　　㉣ 6세 이하자 　㉤ 중증질환자, 희귀난치성질환자 또는 결핵환자 　㉥ 미숙아·선천성이상아 의료비, 난임시술비(보조생식술에 소요된 비용) ② ①외의 배우자 및 부양가족(연 700만원 한도) = [의료비지출액 − 총급여액 × 3%]
세액공제 대상 의료비	① 진찰·진료·질병예방(**건강검진비**)을 위한 의료기관 지출액 ② **치료·요양**을 위한 의약품(한약은 포함하나 보약은 제외) 구입비 ③ 장애인보장구 구입·임차비용 ④ 의사·치과의사·한의사 등의 처방에 따른 의료기기 구입·임차비용 ⑤ **시력보정용** 안경·콘택트렌즈 구입비(1명당 50만원 이내 금액) ⑥ 보청기 구입비, 보철비, 임플란트와 스케일링비, 라식 수술비 및 근시교정시술비 ⑦ 장기요양급여에 대한 비용으로서 실제 지출한 본인일부부담금 ⑧ **산후조리원** 비용(출산 1회당 200만원 이내 금액)
세액공제 제외 의료비	① **미용·성형수술**을 위한 비용　　② **건강증진**을 위한 의약품 구입비용 ③ **국외의료기관** 지출한 의료비　　④ 간병인에 대한 간병비용 ⑤ **실손의료보험금**으로 보전받은 금액

 예 제

근로자 두더지씨의 당해 과세기간의 의료비 지출내역이다. 모두 근로기간 내에 두더지씨가 지출하였으며 공제대상여부를 "해당여부"란에 "○", "×"로 표시하시오.

지출내역	해당여부
본인(총급여액 6,500만원)의 질병치료 한약 구입비	
배우자(나이 47세, 소득없음)의 성형수술비	
자녀(나이 21세, 소득없음)의 시력보정용 콘택트 렌즈구입비 70만원	
장인(나이 67세, 사업소득 1,000만원)의 암치료비 500만원(실손의료보험금 400만원 수령)	
배우자의 산후조리원 비용 350만원	
모친(나이 80세, 일시강연소득 1,000만원)의 보청기 및 장애인보장구 구입비용	
부친(나이 81세, 사업소득금액 2,000만원)의 건강검진비	
장모(나이 68세, 소득없음) 외국병원 진료비	

【해설】

지출내역	해당여부
본인의 질병치료 한약 구입비 ⇨ 치료목적 한약구입비는 공제대상	○
배우자의 성형수술비 ⇨ 미용·성형목적 의료비는 공제제외	×
자녀의 콘택트 렌즈구입비 ⇨ 1인당 50만원까지 공제대상	○
장인의 암치료비 ⇨ 의료비는 나이와 소득금액 불문이므로 공제대상(단, 실손의료보험금을 제외한 금액만 가능)	○
배우자 산후조리원 비용 ⇨ 1회 200만원까지 공제대상	○
모친의 의료비 ⇨ 보청기 및 장애인보장구 구입비 공제대상	○
부친의 건강검진비 ⇨ 나이와 소득금액 불문이므로 공제대상	○
장모 외국병원 진료비 ⇨ 외국병원은 공제제외	×

(5) 교육비 세액공제

구 분	내 용
공제대상	근로소득이 있는 거주자가 그 거주자와 기본공제대상자(소득금액요건 제한, 나이요건 제한 없음, 직계존속은 제외)를 위하여 해당 과세기간에 지출한 교육비
세액공제액	교육비 공제대상금액(본인과 장애인특수교육비는 한도 없음) × 15%
세액공제 대상 교육비	① 취학 전 아동, 초·중·고등학생 ② 대학생

① 취학 전 아동, 초·중·고등학생

공제대상 교육비	공제한도	공제대상기관
▪ 보육료, 입학금, 보육비용, 그 밖의 공납금 및 학원·체육시설 수강료(1주 1회 이상 이용) ▪ 방과 후 수업료(특별활동비 포함) ※ 유치원 종일반 운영비 포함	1인당 300만원	유치원, 보육시설, 학원·체육시설, 국외교육기관 (유치원)
▪ 방과 후 학교 수업료(도서구입비 포함, 재료비 제외) ▪ 학교 급식법에 의한 급식비 ▪ 학교에서 구입한 교과서대 ▪ 교복구입비용(중·고생 1인당 50만원 이내) ▪ 초·중·고등학생 수련활동, 수학여행 등 현장체험 학습비(1인당 30만원 이내) ▪ 대학입학전형료, 수능응시료 등		초·중·고등학교, 인가된 외국인학교, 인가된 대안학교, 국외교육기관

② 대학생

공제대상 교육비	공제한도	공제대상기관
▪ 수업료, 입학금 등 ▪ 본인 든든 학자금 및 일반 상환학자금 대출의 원리금 상환액(대학 재학시 공제받지 않은 것에 한하며, 대출금 상환연체로 인하여 추가 지급하는 금액과 생활비대출금은 제외)	1인당 900만원	대학교, 특수학교, 특별법에 의한 학교 (원격대학, 학점제 등), 국외교육기관

구 분	내 용			
세액공제 대상 교육비	③ 본인			
	공제대상 교육비			공제한도
	■ 대학교, 대학원, 직업능력개발훈련비(수강료 – 수강지원금), 학자금 대출의 원리금상환액			전액
	④ 장애인특수교육비(직계존속 포함)			
	공제대상 교육비	공제한도	공제대상기관	
	■ 장애인교육비 수업료, 입학금, 재활교육비 등	전액	장애인특수학교, 사회복지시설 등	
세액공제 제외 교육비	① 직계존속의 교육비(장애인특수교육비는 제외) ③ 학원수강료(취학 전 아동의 경우는 제외) ⑤ 학교기숙사비, 학생회비, 학교버스이용료		② 본인 이외의 대학원 교육비 ④ 소득세 또는 증여세가 비과세되는 장학금 ⑥ 학자금 대출을 받아 지급하는 교육비(자녀 등)	

[한국장학재단 학자금 대출 교육비세액공제]

한국장학재단 학자금 대출은 대학교 재학 중 학생이 [취업 후 상환 학자금대출], [일반 상환 학자금대출], [농어촌출신 대학생 학자금융자] 중 하나로 대출을 받고 교육비 납부한 것을 말한다.

① 소득세법 교육비세액공제에 해당하는 학자금 대출의 원리금 상환에 지출한 교육비는 대출을 받은 자(학생)가 취업 등으로 소득이 발행하여 대출금을 상환하는 연도에 상환하는 원금과 이자에 대하여 근로소득에서 교육비 세액공제를 받을 수 있다.
② 학자금 대출로 대학교 등록금을 납입하는 연도는 교육비 세액공제를 받을 수 없다.
③ 학자금 대출을 부모가 대신 상환하더라도 부모가 교육비 세액공제를 받을 수 없다.

근로자 두더지씨의 당해 과세기간의 교육비 지출내역이다. 모두 근로기간 내에 지출하였으며 공제대상 여부를 "해당여부"란에 "○", "×"로 표시하시오.

지출내역	해당여부
본인의 대학원 수업료	
배우자(나이 47세, 소득없음)의 댄스학원비	
자녀(나이 21세, 소득없음)의 대학교 수업료	
자녀(나이 5세, 소득없음)의 미술학원비	
자녀(나이 17세, 고등학생)의 방과후 수업료 및 수학여행비	
모친(나이 80세, 소득없음)의 노인대학 수업료	
자녀(나이 21세, 소득없음)의 대학교 기숙사비, 학교버스이용료	
자녀(나이 27세, 근로소득금액 2,700만원)의 대학원 수업료	

【해설】

지출내역	해당여부
본인의 대학원 수업료 ⇨ 대학원은 본인만 공제가능	○
배우자의 댄스학원비 ⇨ 학원비는 취학 전 아동만 가능하므로 제외	×
자녀의 대학교 수업료 ⇨ 나이는 불문이므로 공제가능	○
자녀의 미술학원비 ⇨ 취학 전 아동의 학원비는 공제가능	○
자녀의 방과후 수업료 및 수학여행비 ⇨ 공제대상으로 체험학습비는 30만원 한도	○
모친의 노인대학 수업료 ⇨ 직계존속의 일반교육비는 공제제외	×
자녀의 대학교 기숙사비 ⇨ 기숙사비, 학교버스이용료는 공제제외	×
자녀의 대학원 수업료 ⇨ 소득금액 규제 및 대학원 수업료는 본인만 가능하므로 공제제외	×

(6) 기부금 세액공제

구 분	내 용
공제대상	거주자 및 기본공제대상자(**소득금액요건 제한, 나이요건 제한 없음**)가 지급한 기부금
세액공제액	기부금 공제대상금액 × 15%(공제대상금액 1,000만원 초과 30%)
세액공제 대상 기부금	■ 특례기부금(구 법정기부금) ① 국가나 지방자치단체에 무상으로 기증하는 금품 ② 국방헌금과 국군장병 위문금품의 가액 ③ 사립학교 및 병원 등에 시설비·교육비·장학금·연구비로 지출한 기부금 ④ 사회복지법인 사회복지공동모금회에 지출한 기부금 ⑤ 독립기념관, 대한적십자사에 지출한 기부금(2022.12.31.까지) ⑥ 천재지변으로 생기는 이재민을 위한 구호금품의 가액 ⑦ 특별재난지역을 복구하기 위하여 자원 봉사한 경우 그 용역 가액(8시간 기준 8만원) ⑧ **본인**의 **정치자금기부금** 및 **고향사랑기부금**(연 2,000만원 이하) 　　10만원까지는 각각 **정치자금세액공제** 및 **고향사랑기부금세액공제**를 적용받고, **10만원을 초과**하는 금액은 **특례기부금**으로 보며, 해당 금액이 3,000만원 초과분은 25% 세액공제 <table><tr><td>구 분</td><td>세액공제액</td></tr><tr><td>10만원 이하</td><td>기부금 × 100/110(90,909원)</td></tr><tr><td>10만원 초과</td><td>특례기부금으로 공제(15%)</td></tr></table> ■ 우리사주조합기부금 　우리사주조합에 지출하는 기부금 (우리사주조합원이 **아닌** 거주자 **본인**에 한함) ■ 일반기부금(구 지정기부금) ① 종교단체 기부금 ② 노동조합에 납부한 회비(노조 회계 **미공시**한 경우 기부금 공제 배제) ③ 사내근로복지기금에 지출한 기부금 ④ 무료 또는 실비 사회복지시설, 불우이웃돕기 결연기관 기부 ⑤ 노인여가복지시설(경로당, 노인복지관, 노인교실)에 지출하는 기부금 ⑥ 공공기관(독립기념관, 대한적십자사) 등에 지출하는 기부금

구 분	내 용
세액공제 제외 기부금	향우회, 친목회, 동창회, 종친회, 새마을금고 등에 기부한 비지정 기부금
기부금 이월공제	▪ 기부금이 한도액을 초과한 경우와 기부금세액공제를 받지 못한 경우(종합소득 산출세액을 초과)에 10년간 이월(정치자금·고향사랑·우리사주조합 기부금 제외)하여 기부금세액공제를 받을 수 있다.

구 분	이월공제기간		
	2014년 이전	2014년 이후	2019년 이후
특례기부금	3년	5년	10년 (2013년 이후 지출분부터 적용)
일반기부금	5년		

▪ 기부금 공제시 이월된 기부금 공제 후 당해연도 지출 기부금을 공제한다.

예제

근로자 두더지씨의 당해 과세기간의 기부 내역이다. 공제대상 기부금을 특례기부금 및 일반기부금으로 분류(○, ×)하시오.

지출내역	특례	일반
본인 명의 종교단체 기부		
배우자(나이 47세, 소득없음)의 대한적십자사 기부		
본인 명의 종친회 기부		
자녀(나이 17세, 소득없음)의 국방헌금 기부		
부친(나이 81세, 사업소득금액 2,000만원)의 이재민구호금품 기부		
모친(나이 80세, 소득없음)의 정당 후원금		
본인 명의 사회복지공동모금회 기부		
자녀(나이 27세, 근로소득금액 2,700만원)의 특별재난지역 자원봉사 기부		

【해설】

지출내역	특례	일반
본인 명의 종교단체 기부 ⇨ 일반기부금에 해당		○
배우자의 대한적십자사 기부 ⇨ 일반기부금에 해당		○
본인 명의 종친회 기부 ⇨ 비지정기부금으로 공제 제외		
자녀의 국방헌금 기부 ⇨ 특례기부금에 해당	○	
부친의 이재민구호금품 기부 ⇨ 특례기부금에 해당하나 소득금액 규제로 공제 제외		
모친의 정당 후원금 ⇨ 정당 후원금은 본인 명의만 공제 대상이므로 제외		
본인 명의 사회복지공동모금회 기부 ⇨ 특례기부금에 해당	○	
자녀의 특별재난지역 자원봉사 ⇨ 특례기부금에 해당하나 소득금액 규제로 공제 제외		

9 월세액 세액공제

구 분	내 용
공제대상	거주자가 **무주택 세대의 세대주**로서 **총급여액 8천만원 이하**인 근로소득자(외국인 포함)가 **국민주택규모**의 주택(오피스텔, 다중생활시설(고시원) 포함) 또는 **기준시가 4억원 이하** 주택을 임차하고 지급하는 월세액이 있는 경우(월세계약은 본인뿐만 아니라 **기본공제 대상자도 체결 가능**)
세액공제액	월세 지급액(연 1,000만원 한도) × 15% | 총급여액	공제율
5,500만원 이하(종합소득금액이 4,500만원 이하)	17%
5,500만원 초과 8,000만원 이하(종합소득금액이 4,500만원 초과 7,000만원 이하)	15%	

TIP

[기부금세액공제 유의사항]
기부금세액공제는 근로소득 이외의 자도 공제 가능하다. 다만, **사업소득만** 있는 자의 기부금은 세액공제를 받을 수 없고 **필요경비에 산입**해야 한다. **(연말정산대상 사업소득자는 기부금세액공제 허용)**

[특별세액공제의 적용시 유의사항]
보험료·의료비·교육비세액공제를 적용함에 있어 과세연도 종료일 이전에 혼인·이혼·취업 등의 사유로 인하여 기본공제대상자에 해당되지 아니하게 되는 경우 이들(배우자 및 부양가족)을 위하여 이미 지급한 금액이 있으면 해당 사유가 발생한 날까지의 금액을 세액공제로 인정한다.

[소득자별 소득공제 및 세액공제 대상]

구 분			근로소득	근로소득 이외의 자
소득공제	인적공제	기본공제	공제가능	공제가능
		추가공제	공제가능	공제가능
	연금보험료소득공제		공제가능	공제가능
	특별소득공제	보험료	공제가능	공제불가능 (단, 사업소득자는 필요경비 산입)
		주택자금	공제가능	공제불가능
	신용카드 소득공제		공제가능	공제불가능

구 분		근로소득	근로소득 이외의 자
세액공제	자녀세액공제	공제가능	공제가능
	연금계좌세액공제	공제가능	공제가능
	표준세액공제	13만원	7만원 (성실사업자는 12만원)
	특별세액공제 — 보험료	공제가능	공제불가능
	특별세액공제 — 의료비	공제가능	공제불가능 (성실사업자 공제가능)
	특별세액공제 — 교육비	공제가능	공제불가능 (성실사업자 공제가능)
	특별세액공제 — 기부금	공제가능	공제가능 (사업소득자는 필요경비 산입)
	월세액세액공제	공제가능	공제불가능 (성실사업자 공제가능)

CHAPTER 03 납부절차

1. 원천징수제도

1 원천징수 의의

소득의 원천이 되는 소득금액 또는 수입금액을 지급하는 자(원천징수의무자)가 이를 지급하는 때에 세법에 따라 납세의무자로부터 일정금액의 국세를 징수하여 국가에 납부하게 하는 제도를 말한다.

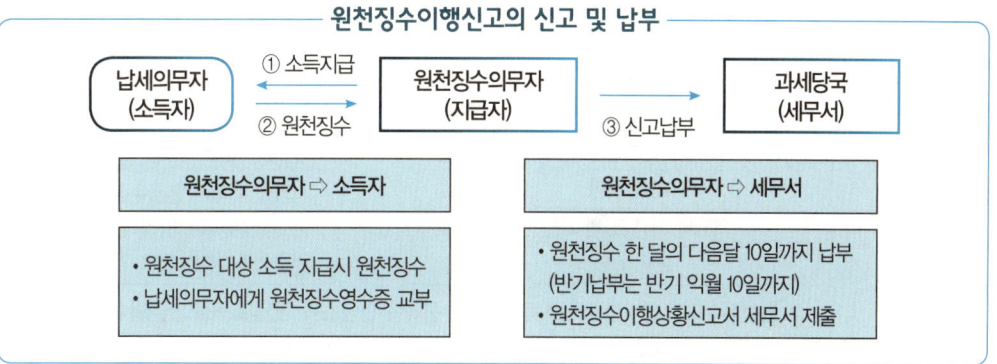

2 원천징수의무자

국내에서 거주자나 비거주자에게 원천징수대상 소득 또는 수입금액을 지급하는 자로서 소득을 지급받는 거주자 또는 비거주자(내·외국법인 포함)로부터 소득세·법인세·농어촌특별세를 원천징수하여 국가에 납부하여야 할 의무가 있는 자를 말한다.

① 거주자
② 비거주자
③ 내국법인
④ 외국법인의 국내지점 또는 국내영업소(출장소 기타 이에 준하는 것 포함)
⑤ 그 밖에 소득세법에서 정하는 원천징수의무자

3 원천징수의 종류

구 분	내 용
완납적 원천징수	원천징수만으로 납세의무가 종결되는 것으로 종합소득 중 분리과세대상소득이 이에 해당한다.
예납적 원천징수	원천징수로서 납세의무가 종결되지 않고 소득을 지급받는 자가 추후에 해당 소득을 다른 소득과 합산하여 소득세 신고·납부하여야 하며 이미 원천징수된 세액은 기납부세액으로 공제받는다.

4 원천징수세율

원천징수 대상소득	원천징수세율
이자소득	① 일반 : 14% ② 비실명 이자소득 : 45%(90%) ③ 비영업대금이익 : 25% ④ 장기채권의 이자소득 : 14%(2018년 이전 30%)
배당소득	① 일반 : 14% ② 비실명 배당소득 : 45%(90%) ③ 출자공동사업자에 대한 배당소득 : 25%
사업소득	① 부가가치세가 면세되는 인적용역 : 3%(외국인 직업운동가 20%) ② 봉사료수입금액 : 5%(봉사료가 공급가액의 20%를 초과하는 경우에 한함)
근로소득	① 상용근로자의 급여 : 기본세율(매월분 지급시에는 간이세액표 적용) ② 일용근로자의 급여 : 6%(1일 150,000원 근로소득공제)
연금소득	① 국민연금 및 공무원 등 연금 : 기본세율(연금소득 간이세액표) ② 퇴직연금 및 연금저축 : 요건이 동시에 충족하는 경우 낮은 세율 선택 | 나이(연금수령일 현재) | 세율 | 종신계약 | |---|---|---| | 70세 미만 | 5% | 사망할 때까지 연금수령하는 종신계약에 따라 받는 연금소득 : 4% | | 70세 이상 80세 미만 | 4% | | | 80세 이상 | 3% | | ③ 원천징수되지 아니한 퇴직소득을 연금수령하는 연금소득 : 연금소득을 연금외수령하였다고 가정할 때 계산한 원천징수세액을 연금외수령한 금액으로 나눈 비율의 70%(10년초과 60%)
기타소득	① 소기업·소상공인 공제부금의 해지일시금 및 기타소득에 해당하는 연금외수령액 : 15% ② 복권당첨금, 승마투표권·승자투표권·소싸움경기투표권·체육진흥투표권의 환급금, 슬롯머신 당첨금 : 소득금액 3억원까지는 20%, 3억원 초과분은 30% ③ 위 외의 기타소득 : 20%
퇴직소득	기본세율(연분연승법 특례적용)

5 원천징수 신고·납부

원천징수의무자는 원천징수한 소득세를 그 징수일이 속하는 달의 다음 달 10일까지 원천징수이행상황신고서를 제출 및 납부를 하여야 한다.

구 분	내 용
원칙	징수일이 속하는 달의 다음 달 10일까지 정부에 납부(매월 납부)
예외	직전 과세기간의 상시고용인원이 20명 이하인 원천징수의무자(금융·보험업자는 제외)로서 원천징수 관할세무서장의 승인을 받거나 국세청장이 정하는 바에 따라 지정을 받은 자는 원천징수한 소득세를 그 징수일이 속하는 반기의 마지막 달의 다음 달 10일까지 납부할 수 있다(반기별 납부).

2. 연말정산제도

연말정산이란 근로소득(일반적으로 월급·봉급생활자가 지급받는 급여 등을 말함)을 지급하는 자(원천징수의무자)가 다음 연도 2월분(연금소득은 1월분)의 급여(또는 퇴직하는 달의 급여)를 지급하는 때에 1년간의 총급여액에 대한 근로소득세액을 세법에 따라 정확하게 계산한 후, 매월 급여 지급시 간이세액조견표에 의하여 이미 원천징수한 세액과 비교하여 많이 징수한 경우에는 돌려주고 부족하게 징수한 경우에는 추가 징수하여 납부하는 절차를 말한다.

구 분		내 용
연말정산대상 소득		① 간편장부대상자(직전연도 수입금액 7,500만원 미만)인 보험모집인, 방문판매원, 음료품배달판매원의 사업소득 ② 근로소득(일용근로자 제외) ③ 공적연금소득
연말정산 시기	원칙	원천징수의무자가 해당 과세기간의 다음 연도 2월(공적연금소득은 1월) 연말정산대상소득을 지급하는 때에 연말정산 한다.
	예외	① 보험모집인 등과 거래계약을 해지하는 경우에는 해지하는 달의 사업소득을 지급할 때 ② 근로소득자가 퇴직하는 경우에는 퇴직하는 달의 근로소득을 지급하는 때 ③ 연금소득자가 사망하는 경우에는 사망일이 속하는 달의 다음 다음 달 말일까지 연말정산 한다.
연말정산 신고·납부기한		① 월별(매월)신고자 : 다음 연도 3월 10일까지 ② 반기별신고자 : 다음 연도 7월 10일까지(환급신청시는 3월 10일까지)
지급명세서 제출기한		다음 연도 3월 10일까지

3. 소득세 신고·납부절차

1 중간예납

구 분	내 용
의의	납세지 관할세무서장은 종합소득이 있는 거주자에 대하여 중간예납세액으로 납부하여야 할 세액을 결정하여 **11월 30일**(분납세액은 다음 연도 1월 말일)까지 징수하여야 한다. (고지납부원칙)
대상자	**사업소득**이 있는 거주자는 **중간예납 의무**가 있으나 다음에 해당하는 경우에는 중간예납대상자에서 **제외**한다. ① 사업소득 중 수시부과하는 소득만 있는 경우 ② 과세기간 개시일 현재 사업자가 아닌 자로서 과세기간 중 사업을 시작한 경우 ③ 사업소득 중 속기·타자 등 사무관련 서비스업 등에서 발생한 소득만 있는 경우 ④ 납세조합이 중간예납기간 중 그 조합원의 해당 소득에 대한 소득세를 매월 징수하여 납부한 경우 ⑤ 보험모집인·방문판매원·음료배달원 등 연말정산대상 사업소득으로서 원천징수의무자가 직전 연도에 사업소득세의 연말정산을 한 경우 ⑥ 분리과세 주택임대소득

구 분	내 용
절차	납세지 관할세무서장은 11월 1일부터 11월 15일까지의 기간 내에 중간예납세액의 납세고지서를 납부하여야 한다.
중간 예납세액	중간예납세액 = 중간예납기준액(직전 과세기간의 종합소득세액) × 1/2 다만, 중간예납세액이 **50만원 미만**인 경우에는 징수하지 않으며, 중간예납기간 중의 토지 등 매매차의 예정신고납부세액이 있는 경우 차감한다.
중간예납 추계액의 신고	① 중간예납추계액이 **중간예납기준액의 30%에 미달**하는 경우(임의규정) ② 중간예납기준액이 없는 거주자가 당해 연도의 중간예납기간 중 종합소득이 있는 경우(강제규정. 단, 복식부기의무자가 아닌 사업자는 제외) ⇨ 11월 1일부터 11월 30일까지의 기간 내에 납세지 관할세무서장에게 신고 · 납부

2 사업장 현황신고(개인 면세사업자)

개인 면세사업자(해당 과세기간 중 사업을 폐업 또는 휴업한 사업자 포함)가 5월의 종합소득 확정신고를 하기 전에 1년간 수입금액을 미리 신고하는 제도를 사업장 현황신고라 하며, 다음 연도 2월 10일까지 사업장소재지 관할 세무서장에게 신고하여야 한다.

[신고사항]
① 사업자 인적사항　　　　　　　　　　② 업종별 수입금액명세
③ 수입금액의 결제수단별 내역(매출처별 계산서합계표 등)
④ 계산서 · 세금계산서 · 신용카드매출전표 및 현금영수증 수취내역(매입처별 계산서합계표 등)

3 지급명세서 제출의무

구 분		제출기한
원칙		다음 연도 2월 말일 단, 간이지급명세서를 제출한 인적용역 기타소득은 제출의무 면제
근로소득, 퇴직소득, 사업소득, 종교인소득		다음 연도 3월 10일
일용근로소득(매월)		① 원칙 : 지급일이 속하는 달의 다음 달 말일 ② 예외 : 휴업 · 폐업 · 해산일이 속하는 달의 다음 달 말일
폐업(휴업)		폐업(휴업)일이 속하는 달의 다음 다음 달 말일
간이 지급명세서	상용직 근로소득	① 원칙 : 지급일이 속하는 반기의 마지막 달의 다음 달 말일 　■ 1월 ~ 6월 지급분 → 7월 31일까지 　■ 7월 ~ 12월 지급분 → 1월 31일까지 ② 예외 : 휴업 · 폐업 · 해산일이 속하는 반기의 마지막 달의 다음 달 말일
	원천징수대상 사업소득 및 인적용역 관련 기타소득	① 원칙 : 지급일이 속하는 달의 다음 달 말일 ② 예외 : 휴업 · 폐업 · 해산일이 속하는 달의 다음 달 말일

4 소득세법상 주요가산세

종 류	부과사유	가산세액
무신고	일반무신고	무신고납부세액 × 20%
	일반무신고 (복식부기의무자)	MAX[①, ②] ① 무신고납부세액 × 20% ② 수입금액 × 0.07%
	부정무신고	부정무신고납부세액 × 40%(국제거래 수반시 60%)
	부정무신고 (복식부기의무자)	MAX[①, ②] ① 부정무신고납부세액 × 40%(국제거래 수반시 60%) ② 부정수입금액 × 0.14%
과소신고 초과환급 신고	일반과소신고	일반과소신고납부세액 × 10%
	부정과소신고	부정과소신고납부세액 × 40%(국제거래 수반시 60%)
	부정과소신고 (복식부기의무자)	MAX[①, ②] ① 부정과소신고납부세액 × 40%(국제거래 수반시 60%) ② 부정과소신고수입금액 × 0.14%
장부의 기록· 보관 불성실	무기장·미달기장 (소규모사업자제외)	산출세액 × (무기장, 미달기장 소득금액/종합소득금액) × 20%
납부지연 환급불성실	미납·미달납부	미납·미달납부세액 × 경과일수 × 2.2/10,000
	초과환급	초과환급 받은 세액 × 경과일수 × 2.2/10,000
지급명세서 제출불성실	미제출(불분명)	미제출(불명)금액 × 1%(일용근로 0.25%)
	지연제출 (기한 후 3개월이내 제출시)	지연제출금액 × 0.5% (일용근로는 1개월 이내 제출시 0.125%)
	간이지급명세서 미제출·지연제출·불분명	지급금액·지연제출금액 × 0.25% (3개월(사업소득 1개월) 이내 제출시 0.125%)

계산서 등
제출불성실
(복식부기
의무자)
	① 계산서 허위·누락기재
	② 계산서합계표미제출, 허위·누락
	   기재(①, ② 동시 해당 시 ② 적용)
		① 허위·누락 공급가액 × 1%
		② 미제출분 공급가액 × 0.5%
		    (②의 경우 기한 후 1월 이내 제출 시 0.3%)

	계산서 가공(위장)수수가산세	① 위장·가공 계산서 발급·수취금액(공급가액) × 2% ② 위장·가공 영수증 발급·수취금액 × 2% (현금영수증, 신용카드매출전표등)

	계산서 미발급, 지연발급	① 과세기간 말의 다음달 25일까지 미발급
		    : 공급가액 × 2%
		② 과세기간 말의 다음달 25일까지 지연발급
		    : 공급가액 × 1%

	중도매인에 대한 계산서 제출불성실가산세	[(총매출액×연도별 교부비율) − 교부금액] × 1%

종 류	부과사유	가산세액
전자계산서 관련 가산세 (복식부기 의무자)	전자계산서외 발급	전자계산서 외의 계산서를 발급한 공급가액 × 1%
	전자계산서 미전송	과세기간 말의 다음달 25일까지 전송하지 아니한 경우 : 미전송 공급가액 × 0.5%
	전자계산서 지연전송	과세기간 말의 다음달 25일까지 전송한 경우 : 지연전송 공급가액 × 0.3%
매입처별 세금계산서 합계표	미제출, 불분명 (복식부기의무자만 해당)	미제출, 불분명분 공급가액 × 0.5%
	지연제출(복식부기의무자만 해당)	지연제출(기한 후 1월 이내 제출) 공급가액 × 0.3%
증명서류 수취 불성실	정규증명(거래건당 3만원 초과분) 미수취, 허위수취 (소규모사업자 및 추계자 제외)	미수취, 허위수취 금액 × 2%
영수증수취 명세서 미제출 등	영수증수취명세서 미제출, 불분명 (소규모사업자 및 추계자 제외)	미제출·불분명금액 × 1% (기한 후 1월 이내 제출 시 0.5%)
사업장현황 신고불성실	의료업, 수의업 등 사업자가 사업장현황 무신고, 수입금액 과소신고	무신고, 과소신고 × 0.5%
공동사업장 등록불성실	사업자미등록·허위등록	미등록·허위등록 과세기간 총수입금액 × 0.5%
	손익분배비율허위신고 등	허위신고한 과세기간 총수입금액 × 0.1%
사업용 계좌 미사용등	미신고가산세 (복식부기의무자만 해당)	MAX[①, ②] ① 해당과세기간수입금액 × 미신고기간/365 × 0.2% ② 미사용금액 × 0.2%
	미사용가산세 (복식부기의무자만 해당)	미사용금액 × 0.2%
신용카드 발급불성실	신용카드에 의한 거래를 거부 또는 사실과 다르게 발급	거부금액 또는 사실과 다르게 발급한 금액 × 5% (건별 5천원 미만시 5천원)
현금영수증 발급불성실	가맹점 미가입	수입금액×미가입기간/365 × 1%
	발급거부 또는 사실과 다르게 발급	발급거부 또는 차액 × 5%(건별 5천원 미만시 5천원)
기부금 영수증 불성실	기부금 영수증을 사실과 다르게 발급	불성실 기재금액 × 5%
	기부자별 발급내역 미작성, 미보관	미작성, 미보관금액×0.2%
성실신고 확인서 미제출	성실신고확인대상사업자가 기한 내 성실신고확인서를 미제출	산출세액×(사업소득금액/종합소득금액) × 5%

종 류	부과사유	가산세액
주택임대 사업자미등록	주택임대소득이 있는 사업자가 기한까지 사업자등록 신청하지 아니한 경우	미등록 주택임대수입금액 × 0.2% (복식부기의무자만 해당)
업무용승용차 관련비용 명세서 제출불성실	업무용승용차 관련비용 등에 관한 명세서 미제출·사실과 다르게 제출한 경우	① 명세서 미제출 : 필요경비산입한 금액 × 1% ② 명세서가 사실과 다르게 제출 : 필요경비에 산입한 금액 중 사실과 다르게 적은 금액 × 1%
유보소득 계산명세서 제출불성실	유보소득명세서 미제출·불분명	배당가능 유보소득금액 × 0.5%
원천징수등 납부지연 가산세	원천징수세액의 미납·미달납부	MIN[①, ②] ① 미납·미달납부세액 × 3% + 미납·미달납부세액 × 경과일수 × 2.2/10,000 ② 미납·미달납부세액 × 10%

※ 경과일수 : 납부기한 다음 날(또는 환급받은 날의 다음날) ~ 자진납부일(또는 납부고지일)
※ 신고불성실가산세와 무기장가산세(장부불성실가산세)가 동시에 적용되는 경우 큰 금액을 적용하고 같을 경우에는 신고불성실가산세만 적용한다.

[소득세법상 소규모 사업자]
① 해당 과세연도 신규로 사업을 개시한 자
② 직전연도 사업소득의 수입금액합계액이 4,800만원에 미달하는 자
③ 연말정산 사업소득만 있는 자(보험모집인, 방문판매원, 음료배달원)

[소규모사업자 가산세 배제항목]
① 증명서류 수취 불성실 가산세
② 영수증수취명세서 제출·작성 불성실 가산세
③ 장부의 기록·보관 불성실 가산세

5 소액부징수

다음의 어느 하나에 해당하는 경우에는 해당 **소득세를** 징수하지 **아니한다.**
① 원천징수세액이 **1천원 미만**인 경우(이자소득 및 인적용역 사업소득은 제외)
② 납세조합의 징수세액이 1천원 미만인 경우
③ 중간예납세액이 **50만원 미만**인 경우

6 확정신고와 납부

구 분	확정신고
의의	당해 연도의 소득금액(종합소득, 퇴직소득, 양도소득)이 있는 거주자는 당해 소득의 과세표준을 당해 연도의 **다음 연도 5월 1일부터 5월 31일**까지 납세지 관할세무서장에게 신고하여야 한다. 이러한 과세표준 확정신고는 해당 과세기간의 과세표준이 없거나 결손금액이 있는 경우에도 하여야 한다. 다만, 일정 규모 이상인 **성실신고확인대상사업자**는 **다음연도 5월 1일부터 6월 30일**까지 확정신고를 한다. ① 거주자 사망시 : 상속인이 상속개시일이 속하는 달의 말일부터 6개월이 되는 날까지 신고한다. 다만, 상속인이 승계한 연금계좌의 소득금액에 대해서는 그러하지 아니하다. ② 거주자 출국시 : 출국일이 속하는 과세기간의 과세표준을 출국일 전날까지 신고
확정신고 예외	다음 어느 하나에 해당하는 경우 거주자는 해당 소득에 대하여 과세표준확정신고를 하지 아니할 수 있다. ① 근로소득만 있는 자 ② 퇴직소득만 있는 자 ③ 공적연금법에 따른 연금소득만 있는 자 ④ 연말정산대상 사업소득만 있는 자 ⑤ 기타소득으로서 종교인소득만 있는 자 ⑥ 위 ①, ② 또는 ②, ③ 또는 ②, ④ 또는 ②, ⑤ 소득만 있는 자 ⑦ 분리과세(이자소득, 배당소득, 연금소득, 기타소득)만 있는 자 ⑧ 위 ①부터 ⑤에 해당하는 자로서 분리과세(이자소득, 배당소득, 연금소득, 기타소득)만 있는 자
자진납부 및 분납	거주자는 해당 연도의 과세표준에 대한 종합소득·퇴직소득·양도소득 산출세액에서 감면세액·공제세액·기납부세액을 공제한 금액을 과세표준확정신고기한까지 납세지 관할세무서에 납부한다. 또한, 납부할 세액(가산세는 제외)이 **1천만원을 초과**할 경우 납부기한 경과 후 **2월 이내에 분납**할 수 있다. ① 납부할 세액이 2천만원 이하인 때에는 1천만원을 초과하는 금액 ② 납부할 세액이 2천만원을 초과하는 때에는 그 세액의 50% 이하의 금액

CHAPTER 04 실무이론 평가

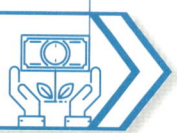

[소득세의 기본개념]

01. 소득지급자가 거주자에게 지급하는 소득의 분류에 대한 설명이다. 틀린 것은?
① 고용계약에 의하여 소득을 지급받는 경우 근로소득에 해당한다.
② 고용관계 없이 일시적 우발적으로 지급받는 경우 기타소득에 해당한다.
③ 고용관계 없이 계속적 반복적으로 지급받는 경우 사업소득에 해당한다.
④ 지상권을 대여하고 받은 대가는 기타소득에 해당한다.

02. 소득세법상 총수입금액에 대응하여 지출된 비용을 필요경비로 공제할 수 있는 소득은 어느 것인가?
① 이자소득　　② 근로소득　　③ 기타소득　　④ 배당소득

03. 2024년부터 계속하여 개인사업(일반과세자)을 하는 김미숙은 경기악화로 인하여 2025년 8월 20일 폐업하였다. 이 경우 부가가치세법 및 소득세법상의 과세기간은?

	소득세법	부가가치세법
①	1. 1 ~ 8. 20	7. 1 ~ 12. 31
②	1. 1 ~ 12. 31	7. 1 ~ 8. 20
③	1. 1 ~ 8. 20	1. 1 ~ 12. 31
④	1. 1 ~ 12. 31	1. 1 ~ 8. 20

04. 다음 중 현행 소득세법상 분리과세되는 종합소득에 해당하지 않는 것은?
① 무조건 분리과세되는 경우 외의 이자소득과 배당소득으로서 그 소득의 합계액이 4천만원 이하이면서 원천징수된 소득
② 공적연금소득을 제외한 연금소득의 합계액이 연 1,200만원 이하인 경우 그 연금소득
③ 일용근로자의 근로소득
④ 이자소득 중 직장공제회 초과반환금

05. 현행 소득세법상 소득별 소득금액의 계산에 대한 설명으로 틀린 것은?
① 이자소득과 배당소득은 필요경비가 인정되지 아니하므로 배당소득에 대한 귀속법인세액을 고려하지 않는 경우 해당 과세기간의 총수입금액이 소득금액이 된다.
② 사업소득 중 부동산임대소득은 임대료수입에 간주임대료를 가산한 금액에서 필요경비를 차감한 금액을 소득금액으로 한다.
③ 연금소득은 실제필요경비를 입증하기가 어려우므로 실제입증된 필요경비와 총수입금액의 60%(또는 80%) 중 큰 금액을 총수입금액에서 차감하여 소득금액을 산정한다.
④ 근로소득은 총급여액에서 근로소득공제를 차감한 금액을 근로소득금액으로 한다.

06. 다음 중 소득세법상 종합과세에 해당되는 소득만을 모은 것은?

ㄱ. 이자소득	ㄴ. 양도소득	ㄷ. 근로소득
ㄹ. 기타소득	ㅁ. 퇴직소득	ㅂ. 연금소득

① ㄱ, ㄴ, ㄷ, ㅂ ② ㄱ, ㄹ, ㅁ, ㅂ ③ ㄱ, ㄷ, ㄹ, ㅂ ④ ㄴ, ㄹ, ㅁ, ㅂ

07. 다음 중 소득세법상 납세의무에 대한 설명으로 가장 틀린 것은?
① 비거주자는 국내 및 국외 원천소득에 대한 소득세 납부의무를 진다.
② 법인으로 보는 단체가 아닌 단체로서 구성원 간 이익의 분배비율이 정해져 있지 않고 사실상 구성원별로 이익이 분배되지 않은 경우 1거주자로 보아 소득세 납세의무를 진다.
③ 공동사업장의 경우 원칙상 공동사업자별로 납세의무를 진다.
④ 피상속인의 소득금액에 대해 과세하는 경우에는 그 상속인이 납세의무를 진다.

08. 다음 중 종합소득에 대한 설명으로 틀린 것은?
① 기타소득금액이 2,500,000원인 경우는 반드시 종합과세 할 필요는 없다.
② 사업소득 중 총수입금액의 합계액이 2천만원 이하인 자의 주택임대소득은 종합소득과세표준을 계산할 때 합산하지 아니하고, 분리과세 할 수 있다.
③ 퇴직소득만 25,000,000원이 발생한 경우에는 종합소득세를 신고할 필요가 없다.
④ 종합소득금액에서 종합소득공제를 차감한 금액을 기준소득금액이라고 한다.

09. 다음 소득 중 소득세법상 이자소득에 해당하는 것은?
① 외상매입금을 약정기일 전에 지급함으로써 받는 할인액
② 물품매입시 대금결제방법에 따라 에누리되는 금액
③ 대외표방한 대금업의 이익
④ 보험계약기간이 10년 미만인 저축성보험의 보험차익

10. 다음 중 소득세법상 비과세되는 소득에 대한 설명으로 틀린 것은?
① 1주택 소유자의 주택임대소득(고가주택 임대소득 제외)
② 농가부업규모의 축산부업소득
③ 이자소득 중 공익신탁의 이익
④ 법원에 납부한 경락대금에서 발생한 이자소득

11. 소득세법상 사업소득금액을 계산할 때 총수입금액에 산입되는 것은?
① 소득세환급액 ② 매출할인
③ 사업과 무관한 채무면제이익 ④ 가사용으로 사용한 재고자산의 가액

12. 복식부기의무자인 개인사업자 김선미씨의 손익계산서상 비용항목에는 아래의 비용이 포함되어 있다. 이 중 소득세법상 사업소득의 필요경비 불산입에 해당하는 것은 몇 개인가?

| (가) 대표자 급여 | (나) 건강보험료(직장가입자인 대표자 해당분) |
| (다) 소득세와 개인지방소득세 | (라) 벌금·과료·과태료 |

① 1개   ② 2개   ③ 3개   ④ 4개

13. 다음 중 보험차익에 대한 소득세의 과세에 대한 설명으로 틀린 것은?
① 저축성보험의 보험차익으로서 보험기간이 10년 이상인 경우 소득세가 과세되지 아니한다.
② 사업용 고정자산의 손실로 취득하는 보험차익은 사업소득으로 보아 소득세가 과세된다.
③ 사업주가 가입한 근로자퇴직급여보장법에 따른 퇴직보험계약의 보험차익은 이자소득으로 보아 소득세가 과세된다.
④ 피보험자의 질병이나 부상 등 신체상의 상해로 인한 보험차익은 소득세가 과세되지 아니한다.

14. 다음 중 현행 소득세법상 그 소득이 전액 비과세되는 경우는 무엇인가?
① 논을 자동차 정류장으로 이용하게 하고 받는 연 300만원의 금액
② 본인과 배우자가 각각 1개의 주택(고가주택과 국외주택은 아님)을 소유하는 경우 본인주택을 임대하고 받는 연 300만원의 금액
③ 농가부업소득 중 농가부업규모의 축산소득을 제외한 연 300만원의 금액
④ 조림기간 6년인 임지를 양도하고 받는 연 300만원의 금액

15. 현행 소득세법상 사업소득 중 부동산임대업소득의 간주임대료에 대한 설명으로 틀린 것은?
① 부동산임대업소득이 있는 모든 거주자는 원칙적으로 총수입금액에 산입하여야 한다.
② 고가주택을 제외하고 주택의 보증금에 대하여는 간주임대료 계산을 하지 않는다.
③ 장부에 의하여 신고하는 경우 수입이자와 할인료 및 수입배당금을 차감한다.
④ 추계신고를 하는 경우에는 건설비 상당액 적수를 고려하지 않는다.

16. 다음은 소득세법의 내용이다. (a)와 (b)에 들어갈 말로 알맞은 것은?

초과인출금이란 (a)의 합계액이 (b)의 합계액을 초과하는 금액을 의미한다. 초과인출금에 대한 지급이자는 필요경비를 불산입한다.

	(a)	(b)
①	부채(충당금과 준비금은 제외)	사업용자산
②	부채(충당금과 준비금을 포함)	사업용자산
③	사업용자산	부채(충당금과 준비금은 제외)
④	사업용자산	부채(충당금과 준비금을 포함)

17. 소득세법상 거주자 나예뻐는 신인연예인으로서 (주)제멋대로 프로덕션과 2025년 1월에 20년 전속계약을 체결하고 1억원 전속계약금을 일시불로 받았다. 이에 대한 실제필요경비가 전혀 없다고 가정할 때 당 전속계약금에 대한 다음 설명 중 올바른 것은?

① 전속계약금은 사업소득으로서, 2025년 귀속되는 총수입금액은 1억원이다.
② (주)제멋대로 프로덕션이 4,400,000원을 원천징수하고 차액인 95,600,000원을 지급한다.
③ 나예뻐는 2025년 종합소득세 확정신고시 5,000,000원의 사업소득을 다른 종합소득과 합산 신고한다.
④ 전속계약금은 기타소득으로서, 2025년 귀속되는 총수입금액은 5,000,000원이므로 분리과세를 선택할 수 있다.

18. 다음 중 주택임대소득 과세에 대한 내용으로 틀린 것은?

① 기준시가 12억원을 초과하는 경우 1주택이어도 과세한다.
② 주택임대소득 총수입금액의 합계액이 2천만원 이하인 경우 주택임대소득만 분리과세를 선택할 수 있다.
③ 분리과세시 등록임대주택의 기본공제 4백만원은 다른 종합소득금액과 관계없이 적용한다.
④ 주택임대소득에서 발생한 결손금은 다른 사업소득에서 공제가능하다.

19. 소득세법상 주택임대소득에 대한 설명이다. 가장 옳지 않은 것은?

① 다가구주택을 소유한 경우에는 구분등기여부와 상관없이 1개의 주택으로 본다.
② 국내에 1개 주택을 소유하는 자의 주택임대소득은 비과세 한다.(단, 기준시가 12억원 초과 고가주택은 제외)
③ 해당 과세기간 주택임대소득 수입금액이 2천만원 이하인 분리과세 주택임대소득의 경우, 세무서와 시·군·구청에 주택임대업을 모두 등록하면 필요경비와 기본공제를 적용함에 있어 혜택이 있다.
④ 2주택자로서 월세 수입이 2천만원을 초과하는 경우에는 종합과세에 해당한다.

20. 다음은 소득세법상 복식부기의무자의 사업소득에 대한 자료이다. 총수입금액을 계산하면 얼마인가?

- 매출액 : 100,000,000원
- 판매장려금 수령액 : 5,000,000원
- 이자수익 : 1,000,000원
- 기계장치의 양도가액 : 50,000,000원
- 공장건물의 양도가액 : 70,000,000원
- 관세환급금 : 6,000,000원

① 111,000,000원 ② 161,000,000원 ③ 231,000,000원 ④ 232,000,000원

21. 다음 중 소득세법상 근로소득으로 과세되지 않는 것은 무엇인가?

① 임원이 아닌 종업원이 사택을 제공받음으로써 얻는 이익
② 퇴직소득에 해당하지 않는 임원의 퇴직금한도초과액
③ 임원을 수익자로 하는 보험과 관련하여 사용자가 부담하는 보험료로 70만원 초과금액
④ 사업주가 전종업원에게 지급하는 휴가비

22. 다음 중 소득세법상 근로소득에 포함되지 않는 것은?
① 기술수당·보건수당 및 연구수당, 그 밖에 이와 유사한 성질의 급여
② 법인세법에 따라 임원퇴직급여 한도초과액에 해당되어 손금불산입으로 세무조정된 금액
③ 벽지수당·해외근무수당 기타 이와 유사한 성질의 급여
④ 근로자에게 지급한 경조금 중 사회 통념상 타당하다고 인정되는 범위 안의 금액

23. 다음 중 근로소득에 해당하지 않는 것은?
① 해고예고수당으로 지급되는 급여
② 종업원이 주택자금을 저리 또는 무상으로 대여 받음으로서 얻는 이익
③ 종업원이 보험계약자이거나 종업원 또는 그 배우자, 가족을 보험수익자로 하는 보험과 관련하여 사용자가 부담하는 보험료
④ 임원 또는 사용인이 회사로부터 주식매수선택권을 부여받아 이를 근무기간 중 행사함으로써 얻은 이익

24. 소득세법상 근로소득의 내용으로 맞지 않는 것은?
① 직원이 주택을 제공받음으로써 얻는 이익은 근로소득에 포함하지 않는다.
② 건설공사종사자의 일용근로자는 동일한 고용주에게 계속하여 1년 미만 고용된 사람을 말한다.
③ 월정액급여 210만원 이하인 생산직근로자가 받는 초과근로수당은 연 240만원 범위내에서 비과세가 된다. 단, 직전 과세기간의 총급여액이 3,000만원을 초과하는 자는 제외한다.
④ 월정액급여란 매월직급별로 받는 급여총액에서 상여등 부정기급여, 실비변상적급여, 복리후생적 급여, 초과근로수당을 차감한 금액을 말한다.

25. 다음 중 소득세법상 비과세 근로소득에 해당하지 않는 것은?
① 종업원이 소유차량을 직접 운전하여 사용자의 업무수행에 이용하고 실제여비를 지급받는 대신 사업체 지급기준에 따라 받는 금액 중 월 20만원 이내의 금액
② 근로자 또는 그 배우자가 6세 이하의 자녀보육관련 급여로서 월 20만원 이내의 금액
③ 발명진흥법상 지급받는 직무발명보상금으로서 7백만원을 초과하는 보상금
④ 일반근로자가 국외 등에서 근로를 제공하고 받는 보수 중 월 100만원(외항선원, 원양선원 및 해외건설 근로자는 500만원) 이내의 금액

26. 다음 중 소득세법상 비과세 근로소득에 해당하지 않는 것은?
① 고용보험법에 따라 받는 육아기 근로시간 단축급여
② 업무와 관련하여 지출한 통신비를 정산받지 아니하는 근로자가 받는 월 10만원 이하의 정액 통신비
③ 근로자가 사내지급기준에 따라 업무관련 교육을 3개월간 대학원에서 받는 경우 지급받는 학자금
④ 근로자가 6세 이하 자녀의 보육과 관련하여 지급받는 월 15만원 이내의 금액

27. 다음의 비과세 근로소득에 대한 설명 중 옳은 것은 모두 몇 개인가?

> (가) 국외근로소득의 비과세 최대한도는 월 100만원이다.
> (나) 생산직근로자의 초과근로수당의 비과세 요건은 월정액급여 250만원 이하이고 직전 과세기간의 총급여액이 3,000만원 이하이다.
> (다) 국민건강보험법에 따라 사용자가 부담하는 국민건강보험은 전액 비과세이다.
> (라) 생산직근로자의 초과근로수당 비과세는 월 20만원 이내의 금액이다.
> (마) 식사와 식사대를 동시에 제공받는 경우는 둘 중에서 비과세를 선택할 수 있다.

① 1개   ② 2개   ③ 3개   ④ 4개

28. 다음은 홍길동씨의 7월분 급여내역이다. 이에 대한 설명으로 가장 타당한 것은?

> Ⅰ. 7월 급여내역
> ① 급   여 1,800,000원   ② 자가운전보조금 300,000원
> ③ 식   대   250,000원   ④ 야간근로수당   200,000원
> Ⅱ. 기타사항
> ① 부인소유 차량을 업무수행에 사용하고 있다.
> ② 회사는 구내식당을 구비하고 있으며 직원들에게 별도의 부담 없이 점심을 제공한다.
> ③ 소득세법상의 월정급여는 270만원이며 생산직근로자에 해당한다.

① 홍길동씨가 지급받는 식대는 월 20만원 이상이므로 50,000원은 과세대상이다.
② 홍길동씨가 지급받는 자가운전보조금은 20만원까지 비과세대상이다.
③ 홍길동씨가 지급받은 야간근로수당은 연간 240만원 한도내에서 비과세한다.
④ 홍길동씨의 과세대상급여는 2,550,000원이다.

29. 소득세법상 근로소득의 수입시기로서 옳지 않은 것은?

① 급여를 소급인상하고 이미 지급된 금액과의 차액을 추가로 지급하는 소급인상분 급여 : 지급한 날
② 퇴직소득에 속하지 아니하는 임원의 퇴직금한도초과액 : 지급받거나 지급받기로 한 날
③ 잉여금처분에 의한 상여 : 당해 법인의 잉여금처분 결의일
④ 근로계약 체결시 일시에 선지급하는 사이닝보너스 계약조건에 따른 급여 : 근로기간동안 안분

30. 소득세법상 근로소득의 수입시기에 대한 설명 중 틀린 것은?

① 잉여금처분에 의한 상여의 경우 해당 법인의 잉여금처분 결의일
② 근로소득으로 보는 임원퇴직소득금액 한도초과액은 지급받거나 지급받기로 한 날
③ 주식매수선택권의 경우 근로를 제공한 날
④ 인정상여의 경우 해당 법인의 사업연도 중 근로를 제공한 날

31. 소득세법상 일용근로자의 근로소득에 대한 설명으로 옳지 않은 것은?

① 일용근로자는 근로소득 세액공제가 적용되지 않는다.
② 일용근로자는 6%의 최저세율이 적용된다.
③ 일용근로자가 연 100만원 이상의 부동산임대소득금액이 발생하는 경우에도, 일용근로자 근로소득은 합산하여 과세되지 아니한다.
④ 일용근로소득은 완납적 원천징수로서 납세의무가 종결된다.

32. 다음 중 소득세법상 일용근로자의 근로소득에 대한 설명으로 옳지 않은 것은?

① 건설업에 종사하는 자로서 동일한 고용주에게 1년 이상 고용된 자는 일용근로자에 해당하지 않는다.
② 일용근로자에 대한 근로소득공제는 1일 10만원으로 한다.
③ 일용근로자의 근로소득지급명세서는 매월 제출하여야 한다.
④ 일용근로소득을 원천징수하는 경우 산출세액의 100분의 55를 근로소득세액공제 한다.

33. 다수인에게 강연을 하고 강연료 5,000,000원을 받는 사람의 경우 발생하는 소득세의 과세문제에 대한 설명으로 틀린 것은?

① 고용관계에 의하여 받은 강연료라면 근로소득으로 분류된다.
② 강의를 전문적으로 하고 있는 개인프리랜서라면 사업소득으로 분류된다.
③ 일시적이고 우발적으로 발생한 강연료라면 기타소득으로 분류된다.
④ 근로소득자의 경우, 강연료 소득 발생시 반드시 합산하여 종합소득세 신고해야 한다.

34. 다음의 소득세법상 기타소득 중 최소한 총수입금액의 60%를 필요경비로 인정하는 것만 고르면 몇 개인가?

> ㉠ 계약의 위약 또는 해약으로 인해 받는 위약금과 배상금 중 주택입주지체상금
> ㉡ 일시적인 문예창작소득
> ㉢ 뇌물
> ㉣ 전속계약금
> ㉤ 세무사 등 전문자격사가 해당 지식을 이용하여 일시적으로 용역제공하고 받은 대가
> ㉥ 재산권 알선수수료

① 5개　　② 4개　　③ 3개　　④ 2개

35. 거주자 이강세는 당해연도에 우연히 다음과 같은 소득이 발생하였다. 소득세법 적용에 대한 설명으로 틀린 것은?

> ㉮ 다수인에게 강연을 하고 받은 강연료 : 5,000,000원
> ㉯ 현대백화점에서 경품추첨에 당첨이 되어 시가 10,000,000원 상당의 자동차를 받았다.
> ㉰ 로또복권에 당첨되어 50,000,000원을 받았다.

① ㉮의 소득은 고용관계여부에 따라 소득구분이 달라질 수 있다.
② ㉰의 경우 원천징수세율이 30%가 적용된다.
③ 모두 기타소득이라면 종합과세 할 수 있는 기타소득금액은 12,000,000원이다.
④ 모두 기타소득이라면 원천징수세액은 12,400,000원이다. (지방소득세별도)

36. 이세무씨는 고용관계 없이 일시적으로 모교에서 특강을 하고 그 대가로 7,000,000원을 받았다. 이러한 상황에서 발생되는 과세문제에 대해 틀리게 설명한 것은? (단, 원천징수는 정상적으로 이루어졌으며, 종합소득합산신고시 15%의 세율이 적용된다고 가정한다.)

① 일시적인 용역에 해당하는 경우 기타소득으로 분류하고, 의제필요경비규정을 적용한다.
② 다음 해 5월에 종합소득세 신고를 하는 것이 세부담 측면에서 더 불리하다.
③ 다른 소득이 없다면 추가적인 신고를 하지 않을 수 있다.
④ 원천징수 세율은 총수입금액이 아닌 소득금액에 대해 적용한다.

37. 다음 각각의 상황에 따라 소득세법상 소득구분과 원천징수세액(지방소득세 포함)을 바르게 연결한 것은?

〈상황 1〉	(주)세무는 판매모집수당으로 김도진씨에게 지급할 사업수입금액 1,000,000원이 있다. 김도진씨는 계속적으로 동 업무를 수행하면서 대가를 수령하고 있다.
〈상황 2〉	대학교수인 서이수씨는 일시적으로 (주)세무에서 특강을 진행하고 강연료 1,000,000원을 지급받았다. 서이수씨는 당해 연도에 이 건 외의 강연료를 지급받은 적은 없다.

　　　　　〈상황 1〉　　　　　　　　〈상황 2〉
① 사업소득　33,000원　　　　기타소득　88,000원
② 사업소득　 6,600원　　　　기타소득　220,000원
③ 기타소득　44,000원　　　　사업소득　33,000원
④ 기타소득　220,000원　　　　사업소득　6,600원

38. 다음 중 소득세법상 서화·골동품의 양도로 발생하는 소득에 대한 설명으로 틀린 것은?

① 당해 과세기간에 양도한 서화·골동품의 양도가액의 합계가 6천만원 이상인 경우 과세한다.
② 골동품의 경우 제작 후 100년을 넘은 것에 한정한다.
③ 서화·골동품을 박물관 또는 미술관에 양도함으로써 발생하는 소득은 비과세한다.
④ 양도일 현재 생존해 있는 국내 원작자의 작품은 제외한다.

39. 소득세법상 기타소득에 대하여 실제 소요된 필요경비가 없어도 일정금액을 필요경비로 인정하는 경우가 있다. 다음 설명 중 옳지 않은 것은?

① 서화·골동품의 양도로 발생하는 소득으로서 서화·골동품의 보유기간이 10년 이상인 경우에는 100분의 90에 상당하는 금액을 필요경비로 한다.
② 계약의 위약 또는 해약으로 인하여 받는 소득으로서 주택입주 지체상금의 경우 거주자가 받은 금액의 100분의 60에 상당하는 금액을 필요경비로 한다.
③ 종교인소득으로서 종교관련종사자가 해당 과세기간에 받은 금액이 2천만원 이하인 경우에는 100분의 80에 상당하는 금액을 필요경비로 한다.
④ 일시적인 인적용역으로서 고용관계 없이 다수인에게 강연을 하고 강연료 등 대가를 받는 경우에는 100분의 60에 상당하는 금액을 필요경비로 한다.

40. 다음 중 소득세법상 기타소득의 과세방법이 다른 것은?

① 뇌물, 알선수재 및 배임수재에 의하여 받은 금품
② 연금계좌에서 연금외수령하는 기타소득
③ 복권, 승마투표권, 슬롯머신 등의 당첨금품
④ 서화, 골동품의 양도로 발생하는 소득

41. 다음 중 무조건 분리과세대상 소득에 해당하지 않는 것은?

① 연금소득 중 사적연금액 1,500만원 이하인 경우
② 기타소득 중 복권 당첨금액
③ 근로소득 중 일용근로자의 근로소득
④ 금융소득 중 직장공제회 초과 반환금

42. 다음 중 현행 소득세법상 소득의 수입시기에 대한 설명으로 틀린 것은?

① 이자소득 중 저축성보험의 보험차익 : 보험금의 지급일
② 배당소득 중 법인세법에 의하여 처분된 배당 : 당해 법인의 당해 사업연도의 결산확정일
③ 근로소득 중 잉여금처분에 의한 상여 : 당해 법인의 잉여금처분결의일
④ 기타소득 중 계약의 위약으로 위약금으로 대체되는 계약금 : 계약금을 지급받은 날

43. 다음은 김세무씨의 2025년도 소득자료이다. 김세무씨의 2025년도 종합소득금액은 얼마인가?

- 이자소득 : 은행예금이자 15,000,000원(비과세 이자소득 6,000,000원 포함)
- 배당소득 : 주권상장법인으로부터 받은 배당소득 10,000,000원
- 사업소득 : 건설업 사업소득금액 6,000,000원, 부동산임대업 사업소득금액 2,000,000원
- 기타소득 : 일시적인 문예창작으로 인한 원고료 18,000,000원
  (기타소득의 필요경비는 확인되지 아니함)

① 8,000,000원   ② 15,200,000원   ③ 17,000,000원   ④ 20,600,000원

44. 거주자 홍길동(50세의 미혼)의 다음 자료를 이용하여 세부담이 최소화 되는 방향으로 종합소득금액을 계산하면 얼마인가?

- 은행예금이자 : 10,000,000원
- 기타소득에 해당하는 원고료 : 7,500,000원
- 비상장법인의 현금배당금 : 5,000,000원
- 근로소득금액 : 15,000,000원

① 15,000,000원   ② 18,000,000원   ③ 30,000,000원   ④ 60,000,000원

45. 다음 자료를 이용하여 거주자 갑의 2025년 종합소득금액을 계산하면 얼마인가? (단, 모든 소득은 국내에서 발생한 것으로 세법에서 규정된 원천징수는 적법하게 이루어졌다.)

1. 국내 보통예금에서 발생한 예금이자 15,000,000원(이외 금융소득은 없는 것으로 가정한다).
2. 고용관계 없이 일시적 강연을 통해 수령한 강연료 20,000,000원
3. 상가 임대소득은 10,000,000원이고, 단순경비율 적용대상자이며, 단순경비율은 40%이다.

① 41,000,000원   ② 26,000,000원   ③ 16,000,000원   ④ 14,000,000원

46. 퇴직금 지급규정이 있는 임원의 퇴직소득금액이 다음의 금액을 초과하는 경우 그 초과하는 금액은 근로소득으로 보는데 (   ) 안의 알맞은 숫자는?

$$\text{임원 퇴직소득 한도액} = \text{퇴직한 날부터 소급하여 3년 동안 지급받은 총급여의 연평균환산액} \times \frac{\text{2020.1.1. 이후의 근무기간}}{\text{12개월}} \times (\quad)\text{배}$$

① 2배　　② 3배　　③ 4배　　④ 5배

47. 손익분배비율의 허위나 조세회피의도가 전혀 없이 아버지와 아들이 자동차 부품공장을 운영하고 있다. 이러한 공동사업과 관련된 현행 소득세법에 대한 설명으로 맞는 것은?

① 아버지와 아들이 과세기간 종료일 현재 동일한 세대를 구성하고 생계를 같이 해도 각각 소득세 납세의무를 진다.
② 공동사업장을 1거주자로 보아 그 공동사업장의 소득금액을 계산하여 그 공동사업장의 소득만으로 소득세납세의무를 이행한다.
③ 공동사업장의 대표자인 아버지에 대한 급여는 필요경비로 인정된다.
④ 소득세법상의 모든 가산세는 거주자별로 각각 계산한다.

48. 다음은 소득세법상 공동사업과 관련한 설명이다. 올바른 설명을 모두 고르시오.

가. 거주자 1인과 특수관계인이 공동사업자에 포함되어 있는 경우로서 조세회피 목적으로 공동사업을 영위하는 경우에는 해당 특수관계인의 소득금액은 주된 공동사업자의 소득금액으로 본다.
나. 공동사업을 경영하는 각 거주자간에 약정된 손익분배비율이 없는 경우 지분비율에 의해 분배한다.
다. 공동사업장에서 발생한 결손금은 공동사업장 단위로 이월되거나 이월결손금 공제 후 배분한다.
라. 구성원이 동일한 공동사업장이 3 이상인 경우에는 각각의 공동사업장은 직전연도의 수입금액을 기준으로 기장의무를 판단한다.

① 없음　　② 가, 나　　③ 가, 다　　④ 나, 라

49. 소득세법상 공동사업장에 대한 소득금액 계산과 관련한 다음의 설명 중 옳지 않은 것은?

① 사업소득이 있는 거주자의 공동사업장에 대한 소득금액 계산에 있어서는 그 공동사업장을 1거주자로 본다.
② 공동사업장에 관련되는 가산세는 각 공동사업자의 지분 또는 손익분배의 비율에 의해 배분한다.
③ 대표공동사업자는 당해 공동사업장에서 발생한 소득금액과 가산세액 및 원천징수된 세액의 각 공동사업자별 분배명세서를 제출하여야 한다.
④ 공동사업장의 소득금액을 계산하는 경우 기업업무추진비 및 기부금의 한도액은 각각의 공동사업자를 1거주자로 보아 적용한다.

50. 다음 중 소득세법상 공동사업장에 대한 설명으로 가장 옳은 것은?

① 중소기업이 아닌 경우 기업업무추진비한도액은 연간 12,000,000원에 공동사업자수를 곱하여 계산된 금액으로 한다.
② 공동사업장에 대한 소득금액 경정은 원칙적으로 공동사업장 관할세무서장이 행하고, 국세청장이 중요하다고 인정하는 경우 대표공동사업자의 주소지 관할세무서장이 행한다.
③ 복식부기의무자 또는 간편장부대상자의 기장의무 규정은 공동사업자의 단독사업장과 관계없이 공동사업장을 1거주자로 보아 별도로 적용한다.
④ 삼촌은 생계를 같이하고 손익분배 비율을 허위로 정하는 경우에도 공동사업소득금액의 합산대상에 해당하지 아니한다.

51. 다음 중 소득세법상 결손금과 이월결손금에 대한 설명으로 틀린 것은?

① 부동산임대업(주거용 건물 임대업 제외)을 제외한 일반적인 사업에서 발생한 결손금은 근로소득금액, 연금소득금액, 기타소득금액, 이자소득금액, 배당소득금액, 부동산임대사업소득금액에서 순서대로 공제한다.
② 부동산임대업(주거용 건물 임대업 제외)에서 발생한 결손금은 다른 소득금액에서 공제하지 않고 다음 과세기간으로 이월된다.
③ 해당 과세기간에 일반사업소득에서 결손금이 발생하고 전기에서 이월된 이월결손금도 있는 경우에는 당해 과세기간에 발생한 결손금을 먼저 다른 소득금액에서 공제한다.
④ 중소기업을 영위하는 거주자의 부동산임대업을 제외한 사업소득 결손금 중 다른 소득금액에서 공제한 후의 금액이 있는 경우에는 소급공제하여 환급신청이 가능하다.

52. 다음 소득세법상 결손금과 이월결손금의 공제에 대한 설명 중 적절하지 않은 것은?

① 주거용 건물의 임대사업에서 발생한 결손금은 다른 소득금액에서 공제하지 않고 다음 과세기간으로 이월시킨다.
② 2020년 1월 1일 이후 최초로 발생하는 결손금은 15년간 이월공제가 가능하다.
③ 결손금 및 이월결손금을 공제할 때 해당 과세기간에 결손금이 발생하고 이월결손금이 있는 경우에는 그 과세기간의 결손금을 먼저 소득금액에서 공제한다.
④ 추계신고나 추계조사결정의 경우 이월결손금 공제를 하지 않는다.

53. 다음 중 소득세법상 종합소득세 계산에 대한 설명으로 틀린 것은?

① 부동산임대소득(주거용 건물 임대업 제외)에서 발생한 결손금은 다른 종합소득에서 공제할 수 없고 이후에 발생하는 부동산임대소득에서 15년간 이월하여 공제한다.
② 부동산매매업을 영위하는 거주자가 특수관계있는 자에게 시가 10억원인 재고자산을 9억원에 양도하는 경우에는 10억원에 양도한 것으로 보아 소득금액을 계산할 수 있다.
③ 피상속인의 소득금액에 대한 소득세를 상속인에게 과세할 경우 이를 상속인의 소득금액에 대한 소득세와 합산하여 계산하여야 한다.
④ 당해 연도의 사업소득금액에 대하여 추계신고하는 경우에는 천재ㆍ지변 기타 불가항력의 사유가 아닌 경우 이월결손금을 공제받을 수 없다.

54. 박인순씨의 종합소득자료가 다음과 같을 때 소득세법상 잘못된 설명은?

- 사업소득금액(부동산임대) : 2,200만원
- 근로소득금액 : 1,000만원
- 사업소득금액 : 결손금 3,300만원
- 기타소득금액(종합과세대상 간주) : 1,300만원

① 사업소득의 결손금은 먼저 사업소득(부동산임대)과 통산한다.
② 이 소득자의 경우 근로소득세액공제를 받을 수 있다.
③ 이 소득자의 경우 종합소득금액은 1,200만원이다.
④ 당해연도에 부동산임대(주거용 건물 제외) 사업소득에서 결손이 발생했다면 타소득과 통산은 불가능하다.

[과세표준과 세액의 계산]

01. 다음은 2025년 말 현재 소득세법상 생계를 같이하는 부양가족에 대한 설명이다. 이 중 본인(근로소득자)의 소득공제 대상에 해당될 수 없는 사람은 누구인가?

① 갑(48세) : 본인의 배우자로서 당해연도 근로제공으로 총급여로 500만원을 수령하였다.
② 을(18세) : 본인의 자녀이고, 부동산임대소득금액 100만원이 있다.
③ 병(21세) : 본인의 자녀(장애인)이고, ○○일보에 원고가 당선되어 1,600만원을 받았다.
④ 정(76세) : 본인의 부친으로서, 농가부업소득 1,200만원이 있다.

02. 다음 중 소득세법상 종합소득공제에 관한 설명으로 가장 옳지 않은 것은?

① 기본공제 대상 판정에 있어서 배우자와 부양가족의 해당 과세기간의 소득금액은 종합소득금액, 퇴직소득금액, 양도소득금액을 포함한다.
② 거주자 및 배우자의 형제자매는 기본공제대상에 포함될 수 있으나, 형제자매의 배우자는 기본공제대상에 포함하지 않는다.
③ 배우자가 없는 거주자로써 종합소득금액이 3천만원을 초과하는 경우에는 한부모 추가공제를 적용받을 수 없다.
④ 인적공제금액 합계액이 종합소득금액을 초과하는 경우 그 초과하는 공제액은 없는 것으로 한다.

03. 다음 중 소득세법상 종합소득공제에 대한 설명으로 틀린 것은?

① 기본공제대상자가 아닌 자는 추가공제대상자가 될 수 없다.
② 총급여액 5,000,000원 이하의 근로소득만 있는 57세의 배우자는 기본공제대상자에 해당한다.
③ 배우자가 일용근로소득이 아닌 근로소득금액 500,000원과 사업소득금액 550,000원이 있는 경우 기본공제대상자에 해당한다.
④ 종합소득이 있는 거주자와 생계를 같이 하면서 양도소득금액이 4,000,000원이 있는 51세의 장애인인 형제는 기본공제대상자에 해당하지 아니한다.

04. 다음은 소득세법상 종합소득공제 및 세액공제에 대한 설명이다. 옳지 않은 것은?

① 의료비세액공제가 적용되는 기본공제대상자는 연령 및 소득금액의 제한을 받지 아니한다.
② 인적공제 중 추가공제는 모두 기본공제대상자를 기준으로 요건을 판단한다.
③ 기본공제대상자인 직계존속을 위하여 지급한 수업료로서 대학생인 경우에는 1인당 연 900만원을 한도로 세액공제대상금액이 된다.
④ 자녀세액공제는 일용근로자를 제외한 근로소득 또는 사업소득 등이 있는 거주자에게 적용된다.

05. 다음 중 소득세법에 의한 종합소득공제 항목 또는 세액공제 항목 중 근로소득이 있는 거주자만이 공제받을 수 있는 것은?

① 한부모소득공제 ② 보장성보험료세액공제
③ 자녀세액공제 ④ 경로우대자공제

06. 다음 중 근로소득자가 2025년 지출한 특별세액공제 내역에서 소득세법상 특별세액공제 적용률이 가장 높은 내용은?

① 2천 5백만원의 종교단체기부금 중 1천만원 초과분
② 근로자 본인의 보장성보험
③ 근로자의 자녀인 소득이 없는 중학생 딸의 안경구입비
④ 근로자의 자녀인 소득이 없는 대학생 아들의 대학교등록금

07. 다음 중 소득세법상 특별세액공제에 대한 설명으로 틀린 것은?

① 보험료세액공제는 장애인전용보장성보험료에 대해 연간 지출액 100만원 한도로 15%를 공제한다.
② 근로소득이 있는 거주자의 경우 항목별 특별세액공제 · 항목별 특별소득공제 · 월세세액공제의 신청을 하지 않은 경우 연 12만원의 표준세액공제를 적용한다.
③ 국내소재 의료기관에 지급한 의료비에 한해서만 의료비세액공제를 적용한다.
④ 초등학생 교복구입비는 교육비세액공제 대상이 아니다.

08. 다음 중 근로소득자만 적용받을 수 있는 소득세법상 특별세액공제는 무엇인가?

① 기부금세액공제 ② 의료비세액공제
③ 교육비세액공제 ④ 보험료세액공제

09. 다음 중 소득세법상 의료비세액공제의 대상이 되는 의료비지출액이 아닌 것은?

① 시력보정용 안경구입비
② 진찰 · 치료 · 질병예방을 위하여 의료기관에 지급한 비용
③ 건강증진을 위한 의약품 구입비
④ 보청기를 구입하기 위하여 지출한 비용

10. 현행 소득세법에 따른 기본공제대상자는 원칙적으로 다음의 요건을 모두 충족하는 자를 말한다. 이때 기본공제대상자 요건 3가지를 모두 충족한 경우에 적용되는 특별세액공제항목은?

기본공제 대상자 요건	• 소득금액이 100만원 이하(근로소득만 있는 경우 총급여 500만원 이하)여야 한다. • 생계를 같이해야 한다. • 나이가 20세 이하이거나 60세 이상이어야 한다.

① 일반보장성 보험료세액공제　　② 의료비 세액공제
③ 교육비 세액공제　　　　　　　④ 기부금 세액공제

11. 다음 중 근로소득 연말정산 시 「특별세액공제」와 「신용카드등 사용금액 소득공제」의 중복 적용 여부가 틀린 것은?

	구분	특별세액공제	신용카드등 사용금액소득공제
①	신용카드로 결제한 의료비	의료비 세액공제 가능	공제 가능
②	신용카드로 결제한 월세액	월세액 세액공제 가능	공제 불가
③	신용카드로 결제한 보장성보험료	보험료 세액공제 가능	공제 불가
④	신용카드로 결제한 교복구입비	교육비 세액공제 가능	공제 불가

12. 거주자 임꺽정이 정치자금법에 따라 정당에 기부한 정치자금 30만원의 처리방법에 대한 설명으로서 가장 타당한 것은?

① 정치자금 30만원 중 10만원은 100분의 100을 세액공제하고 나머지는 일반기부금으로 본다.
② 정치자금 30만원 중 10만원은 110분의 100을 세액공제하고 나머지는 일반기부금으로 본다.
③ 정치자금 30만원 중 10만원은 110분의 100을 세액공제하고 나머지는 특례기부금으로 본다.
④ 정치자금 30만원 중 10만원은 100분의 100을 세액공제하고 나머지는 특례기부금으로 본다.

13. 현행 소득세법에 대한 설명 중 잘못 된 것은?

① 현행 소득세율은 1,200만원 이하의 구간에서는 6% 세율을 적용한다.
② 종합소득이 있는 거주자의 표준세액공제액은 10만원이다.
③ 근로소득 또는 사업소득이 있는 거주자의 기본공제대상자에 해당하는 8세 이상 자녀가 2인인 경우 자녀세액공제는 연 55만원이다.
④ 특례기부금세액공제는 10년간 이월공제 가능하다.

14. 다음은 종합소득세액의 계산에 대한 설명이다. 옳지 않은 것은?
① 일용근로자 외의 근로자에 대한 근로소득세액공제액의 한도가 적용되지만, 일용근로자의 근로소득세액공제액은 한도없이 전액 공제한다.
② 사업소득이 있는 자가 천재지변 그 밖의 재해로 자산총액의 20% 이상에 상당하는 자산을 상실한 경우 재해손실세액공제를 적용받을 수 있지만, 근로자는 재해손실세액공제를 적용받을 수 없다.
③ 거주자의 종합소득금액에 국외원천소득이 합산되어 있는 경우 외국납부세액공제를 적용하며 세액공제를 적용하지 않은 경우에 한하여 외국소득세액을 필요경비에 산입한다.
④ 거주자의 종합소득금액에 Gross-up 대상 배당소득금액이 합산되어 있는 경우 배당세액공제와 배당세액의 필요경비산입 중 하나를 선택하여 적용받을 수 있다.

15. 다음 중 현행 소득세법상 사업자의 기부금에 대한 설명으로 틀린 것은?
① 일반기부금 중 필요경비 산입한도액을 초과하여 필요경비에 산입하지 아니한 기부금은 10년간 이월하여 필요경비에 산입할 수 있다.
② 특수관계 있는 자가 아닌 자에게 정당한 사유없이 자산을 정상가액보다 낮은 가액으로 양도하는 경우 그 차액 중 실질적으로 증여한 것으로 인정되는 금액은 기부금으로 본다.
③ 사립학교법에 따른 사립학교에 장학금으로 지출하는 기부금은 특례기부금으로 인정된다.
④ 일반기부금을 금전 외의 자산으로 제공한 경우에는 장부가액에 관계없이 자산을 제공한 때의 시가를 자산의 가액으로 본다.

16. 다음 중 현행 세법상 신용카드매출전표에 대한 취급으로 잘못된 것은?
① 영수증교부대상 사업자가 재화 또는 용역을 공급하고 신용카드매출전표를 발행하는 경우에는 원칙적으로 발행금액의 100분의 1.3을 납부세액에서 공제한다.
② 일반과세자로부터 재화 또는 용역을 공급받고 부가가치세액이 별도로 구분 가능한 신용카드매출전표를 교부받은 경우에는 일정한 요건을 갖춘 경우 납부세액에서 공제받을 수 있다.
③ 근로소득이 있는 거주자가 재화 또는 용역을 공급받고 신용카드매출전표를 교부 받은 때에는 일정금액을 근로소득금액에서 공제받을 수 있다.
④ 부가가치세액이 별도로 구분 표시되어 있는 경우 신용카드매출전표는 부가가치세법상 세금계산서에 해당한다.

17. 현행 소득세법에 의한 기장의무자는 간편장부대상자와 복식부기의무자로 구분한다. 다음의 설명 중 간편장부대상자에 적용되는 것은 모두 몇 개인가?

> ㉠ 사업장 이전 사유로 임대차계약에 따라 임차사업장의 원상회복을 위하여 시설물을 철거하는 경우 장부가액과 처분가액의 차액을 필요경비로 산입한다.
> ㉡ 토지 및 건물을 제외한 사업용 유형고정자산을 양도함으로써 발생한 소득은 사업소득이다.
> ㉢ 업무용승용차를 매각하는 경우 그 매각가액을 매각일이 속하는 과세기간의 사업소득금액을 계산할 때에 총수입금액에 산입한다.

① 0개　　② 1개　　③ 2개　　④ 3개

[납부절차]

01. 다음은 소득세법상 원천징수에 관한 설명이다. 잘못된 것은?
① 일용근로소득은 원천징수로서 과세가 종결되는 완납적 원천징수이다.
② 국내근로소득에 대하여는 다음해 1월 급여를 지급하는 때 연말정산을 통해 소득세를 정산하게 된다.
③ 원천징수대상 사업소득을 지급하는 개인이 사업자인 경우에만 원천징수의무를 진다.
④ 일정한 사업소득 또는 봉사료 수입금액에 대한 소득세의 원천징수세율은 3% 또는 5%이다.

02. 소득세법상 원천징수와 관련한 설명으로 틀린 것은?
① 도소매업을 영위하는 (주)하루는 제조업을 영위하는 (주)내일로부터 일시적으로 자금을 차입하고 이자를 지급하려 한다. 이자를 지급할 때 지급이자의 25%(지방소득세는 별도)를 원천징수해야 한다.
② 거주자인 이상해씨는 복권 및 복권기금법에 따른 복권 2억원 당첨되었다. 이 때 20%(지방소득세는 별도) 원천징수로 분리과세 된다.
③ (주)삼진은 주주총회에서 주주들에게 총 1억원을 배당하기로 했다. 그러나 코로나로 인한 자금조달의 문제로 배당금을 지급하지 못하였다. 이 경우 배당소득세를 원천징수하지 않아도 된다.
④ 헬스장을 운영하는 개인사업자인 나건강씨는 홍보를 위해 홍보 전단을 나누어 줄 일용직을 하루 동안 고용하고 일당 10만원을 지급하였다. 이 경우 일당을 지급할 때 원천징수할 원천세는 없다.

03. 다음은 원천징수되는 소득을 나열한 것이다. 원천징수세율이 높은 것부터 순서대로 나열한 것은?

(1) 100만원 상당 상장주식 배당소득	(2) 1억원 복권당첨소득
(3) 접대부 봉사료 수입금액	(4) 의료보건용역 사업소득

① (2)-(1)-(3)-(4)　② (2)-(3)-(1)-(4)　③ (3)-(1)-(2)-(4)　④ (1)-(2)-(4)-(3)

04. 소득세법상 원천징수세율과 관련된 다음 설명 중 가장 옳지 않은 것은?
① 기타소득금액에 대한 원천징수 세율은 4%이다.
② 비영업대금의 이익에 대한 원천징수 세율은 25%이다.
③ 공급대가와 구분 기재한 봉사료에 대한 원천징수세율은 5%이다.
④ 일용근로자의 급여에 대한 원천징수세율은 6%이다.

05. 다음 중 소득세법상 규정된 금액으로 틀린 것은?
① 일시적인 인적용역 제공에 따른 기타소득금액의 과세최저한 : 3만원 이하
② 원천징수 소액부징수 : 1천원 미만(이자소득 및 인적용역 사업소득은 제외)
③ 일용근로자의 근로소득공제액 : 일당 15만원
④ 중간예납세액의 소액부징수 : 50만원 미만

06. 다음 중에서 현행 소득세법상 소득세를 납부하여야 하는 경우는 무엇인가?
① 근로소득에 대한 원천징수세액 합계액 800원
② 비실명 배당소득 50,000원
③ 기타소득인 원고료 10만원
④ 공익신탁의 이익

07. 다음 중 소득세법 규정에 관한 설명으로 틀린 것은?
① 근로소득과 연말정산 사업소득만 있는 자는 과세표준 확정신고를 하지 않아도 된다.
② 일용근로소득만 있는 자는 원천징수로서 납세의무가 종결된다.
③ 채무면제이익이나 자산수증이익으로 충당된 이월결손금은 종합소득금액 공제대상에서 제외된다.
④ 공동사업장에 대한 소득금액을 계산함에 있어서는 그 공동사업장을 1거주자로 본다.

08. 다음 중 소득세법상 간편장부대상자(소규모사업자에는 해당하지 아니함)에게 적용되지 아니하는 가산세는 무엇인가?
① 증명서류미수취가산세
② 사업용계좌 미신고 및 미사용 가산세
③ 지급명세서신고불성실가산세
④ 장부의 기록·보관 불성실가산세(무기장가산세)

09. 다음 중 소득세법상 소규모사업자에게 적용되지 않는 가산세가 아닌 것은?
① 증명서류 수취 불성실 가산세(증빙불비 가산세)
② 영수증수취명세서 제출·작성 불성실 가산세
③ 장부의 기록·보관 불성실 가산세(무기장 가산세)
④ 원천징수 등 납부지연가산세

10. 다음 자료는 국내 제약회사에 근무하는 거주자 A씨의 2025년 소득내역이다. 소득세법상 거주자 A씨가 2026년 5월 말까지 신고해야 할 종합소득금액에 해당되지 않는 것은? (단, 거주자 A씨는 특정 소득에 대하여 종합과세와 분리과세 중 하나의 방법을 선택할 수 있는 경우에는 분리과세를 선택한다.)
① 1년간 급여 100,000,000원
② 신문 및 잡지에 글을 기고하고 일시적으로 받은 원고료 7,000,000원
③ 상가임대료 5,000,000원
④ 국내은행 예금이자 39,000,000원

11. 소득세법상 성실신고확인 제도에 대한 설명으로 틀린 것은?

① 성실신고확인대상사업자가 성실신고확인서를 제출하는 경우 종합소득과세표준 확정신고는 그 과세기간의 다음 연도 5월 1일부터 6월 30일까지 하여야 한다.
② 성실신고확인대상사업자는 성실신고를 확인하는 세무사 등을 선임하는 제도는 폐지되었으나 해당 과세기간의 다음 연도 6월 30일까지 성실신고확인서를 납세지 관할 세무서장에게 제출하여야 한다.
③ 성실신고확인대상사업자가 성실신고확인서를 제출하는 경우에는 성실신고 확인에 직접 사용한 비용의 60%를 120만원의 한도 내에서 세액공제한다.
④ 성실신고확인대상사업자가 소득세를 신고하지 않은 때에는 성실신고확인서 미제출가산세와 무신고가산세 중 큰 금액을 적용한다.

12. 다음 중 소득세법상 성실신고확인제도에 대한 내용으로 옳지 않은 것은?

① 성실신고확인 대상 사업자는 당기 수입금액(사업용 유형자산을 양도함으로써 발생한 수입금액은 제외)의 합계액이 업종별로 법에 정한 금액 이상인 개인사업자를 말한다.
② 의료비세액공제와 교육비세액공제 및 월세세액공제를 적용받을 수 있다.
③ 성실신고확인대상 사업자가 성실신고확인서를 제출하는 경우에는 성실신고 확인비용에 대한 세액공제를 적용받을 수 있다.
④ 성실신고확인대상 사업자가 성실신고확인서를 제출하는 경우 종합소득과세표준 확정신고를 그 과세기간의 다음연도 5월 1일부터 5월 31일까지 해야 한다.

NO		정답	해설
소득세의 기본개념	01	④	지상권을 대여하고 받은 대가는 사업소득에 해당한다.
	02	③	기타소득은 총수입금액에 대응하여 지출된 비용으로 입증된 비용은 필요경비로 공제한다.
	03	②	과세기간은 국세의 과세표준계산에 기준이 되는 기간으로서 소득세법상의 과세기간은 1.1 ~ 12.31까지이며 거주자의 사망이나 출국하는 경우에만 사망일 또는 출국일에 과세기간이 종료한다. 그리고 부가가치세법상의 과세기간은 1기(1.1 ~ 6.30), 2기(7.1 ~ 12.31)로 구분하고 있으며 폐업하는 경우에는 과세기간개시일부터 폐업일까지를 과세기간으로 정하고 있다.
	04	①	2013년 1월 1일부터 이자소득등의 종합과세기준금액이 4천만원에서 2천만원으로 낮아졌다.
	05	③	③은 기타소득 설명이며 연금소득은 총연금액에서 연금소득공제를 차감한 금액을 소득금액으로 한다.
	06	③	종합소득 과세대상으로는 이자소득, 배당소득, 사업소득, 근로소득, 연금소득, 기타소득이 있다.
	07	①	비거주자는 국내원천소득에 대한 소득세를 납부할 의무를 진다.
	08	④	종합소득에 대한 과세표준은 종합소득금액에서 종합소득공제를 적용한 금액으로 한다.
	09	④	①·②는 사업소득 총수입금액에서 차감하고 ③은 대외적으로 표방하여 얻은 대금업에 해당하므로 비영업대금이익이 아닌 사업소득(금융업)에 해당한다.
	10	④	법원에 납부한 경락대금에서 발생한 이자소득은 14%로 원천징수한 후 분리과세한다.
	11	④	
	12	③	건강보험료(직장가입자인 대표자 해당분)는 필요경비 산입에 해당한다.

	NO	정답	해설
소득세의 기본개념	13	③	사업주가 가입한 근로자퇴직급여보장법에 따른 퇴직보험계약의 보험차익은 사업소득에 해당한다.
	14	③	① 논을 작물생산에 이용하게 하는 경우에 비과세가 적용된다. ② 본인과 배우자의 주택을 합산하여 1주택인 경우 비과세가 적용된다. ③ 연 3,000만원 이하이므로 전액 비과세된다. ④ 임지가 아니라 조림기간 5년 이상인 임목의 벌채 또는 양도소득이 연 600만원 이하 금액까지 비과세가 적용된다.
	15	②	거주자가 3주택 이상을 소유하고 주택과 주택부수토지를 임대하고 받은 보증금의 합계액이 3억원을 초과하는 경우에는 간주임대료를 계산한다.
	16	①	초과인출금 = 부채의 합계액 – 사업용자산의 합계액
	17	③	■ 연예인 및 직업운동선수 등이 사업활동과 관련하여 받는 전속계약금은 사업소득으로 한다. ■ 인적용역제공의 사업소득 총수입시기는 용역대가를 지급받기로 한 날 또는 용역의 제공을 완료한 날 중 빠른 날. 다만, 연예인 및 직업운동선수 등이 계약기간 1년을 초과하는 일신전속계약에 대한 대가를 일시에 받는 경우에는 계약기간에 따라 해당 대가를 균등하게 안분한 금액을 각 과세기간 종료일에 수입한 것으로 한다. ■ 월수의 계산은 해당 계약기간의 개시일이 속하는 달이 1개월 미만인 경우에는 1개월로 하고 해당 계약기간의 종료일이 속하는 달이 1개월 미만인 경우에는 이를 산입하지 아니한다.
	18	③	분리과세 기본공제 400만원, 200만원은 주택임대소득외 다른 종합소득금액 2천만원 이하인 경우에만 적용한다.
	19	①	1개의 주택으로 보되, 구분 등기된 경우에는 각각을 1개의 주택으로 계산한다.
	20	②	총수입금액 = 매출액 + 기계장치의 양도가액 + 수령한 판매장려금 + 관세환급금 = 100,000,000원 + 50,000,000원 + 5,000,000원 + 6,000,000원 = 161,000,000원
	21	①	종업원의 사택제공이익은 비과세 근로소득이다.
	22	④	사회 통념상 타당하다고 인정되는 범위 내의 경조금은 근로소득에서 제외된다.
	23	①	해고예고수당은 근로소득이 아닌 퇴직소득에 해당한다.
	24	①	주택을 제공받음으로써 얻는 이익은 근로소득범위에 해당하며 직원의 사택제공이익은 비과세 근로소득에 해당한다.
	25	③	발명진흥법상 지급받는 직무발명보상금으로서 7백만원을 초과하는 보상금은 근로소득으로 과세되고 7백만원 이하의 금액에 대해서만 비과세 대상이 된다.
	26	②	근로자가 지급받는 정액 통신비(실비 정산과 관계없음)는 비과세 근로소득에 해당하지 아니한다.
	27	①	원양어선, 국외건설현장 근로자는 월 500만원까지 비과세이고, 생산직근로자의 초과근로수당은 월 정액급여 210만원 이하여야 비과세가 적용되며, 생산직근로자의 초과근로수당은 연 240만원 이내의 비과세가 적용된다. 식사와 식사대를 제공받는 경우 식사는 비과세, 식사대는 과세이다.
	28	④	① 식대 : 별도의 음식물이 제공되는 경우에는 전액 과세대상 근로소득이다. ② 자가운전보조금 : 본인소유차량에 한하여 회사업무수행시 월 20만원 이내에서 비과세된다. ③ 야간근로수당 : 월정급여가 210만원 이하인 생산직근로자에게 비과세가 적용된다.
	29	①	①은 근로제공일이 속하는 연 또는 월이 수입시기이다.
	30	③	주식매수선택권의 근로소득 수입시기는 행사한 날이 된다.
	31	①	일용근로자는 연말정산을 하지는 않으나 근로소득세액공제를 적용한다.
	32	②	일용근로자에 대한 근로소득공제는 1일 15만원으로 한다.

NO	정답	해설
33	④	기타소득으로 분류된 경우 필요경비로 60%가 인정되므로 기타소득금액은 200만원으로서 기타소득금액이 300만원 이하의 경우 납세의무자의 선택에 따라 분리과세 또는 종합과세 할 수 있다. 따라서 반드시 합산하여 종합소득세 신고하는 것은 아니다.
34	③	ⓒ·ⓜ은 필요경비 60%, ㉠은 80% 의제가 인정되며 전속계약금은 사업소득에 해당한다. 또한 뇌물 및 재산권 알선수수료는 실제발생 필요경비만 인정된다.
35	②	기타소득의 원천징수세율은 20%이다. 강연료는 필요경비가 60%인정되므로 기타소득금액은 2,000,000원이며 기타소득금액이 300만원 이하의 경우에는 거주자의 선택에 따라 종합과세여부를 선택할 수 있다. 따라서 원천징수세액은 (2,000,000원 + 10,000,000원 + 50,000,000원) × 20% = 12,400,000원이다.
36	②	종합소득세 신고시 적용되는 세율(15%)이 원천징수세율(20%)보다 낮으므로 종합소득세 신고를 하는 것이 세부담 측면에서 더 유리하다.
37	①	계속적, 반복적으로 인적용역을 제공하고 지급받는 소득금액은 사업소득으로 구분하고 고용관계 없이 다수인에게 강연을 하고 받는 강연료는 최소한 60% 필요경비의제를 받을 수 있는 기타소득이다. 사업소득은 총지급액의 3.3%(지방소득세 포함), 기타소득은 기타소득금액의 22%(지방소득세 포함)를 원천징수 한다. ■ 상황 1 : 사업소득 1,000,000원 × 3.3% = 33,000원 ■ 상황 2 : 기타소득 (1,000,000원 − 600,000원) × 22% = 88,000원
38	①	당해 과세기간에 양도한 서화·골동품은 개당·점당 또는 조당 양도가액이 6천만원 이상인 경우에 과세한다.
39	②	계약의 위약 또는 해약으로 인하여 받는 소득으로서 주택입주 지체상금의 경우 거주자가 받은 금액의 100분의 80에 상당하는 금액을 필요경비로 한다.
40	①	①은 무조건(당연) 종합과세로 원천징수 대상 아니며, ②·③·④는 무조건(당연) 분리과세 소득으로 원천징수 대상이다.
41	①	연금소득 중 사적연금액 1,500만원 이하인 경우 종합과세와 분리과세 중 선택할 수 있기 때문에 무조건 분리과세대상 소득에 해당하지 않는다.
42	④	계약으로 인하여 계약금이 위약금으로 대체되는 경우에 기타소득의 수입시기는 계약의 위약이 확정된 날이다.
43	②	■ 금융소득은 이자소득 9,000,000원과 배당소득 10,000,000원의 합계액 19,000,000원이므로 분리과세 된다. (2013년 귀속분부터 2,000만원 이하까지 분리과세임) ■ 사업소득금액 = 6,000,000원 + 2,000,000원 = 8,000,000원 ■ 기타소득금액 = 18,000,000 × (1 − 60%) = 7,200,000원 (기타소득금액이 300만원을 초과하므로 모두 종합과세 된다.) ∴ 종합소득금액 = 8,000,000원 + 7,200,000원 = 15,200,000원
44	②	■ 은행예금이자와 비상장법인의 현금배당금은 금융소득으로서 2천만원 이하이므로 전액 분리과세된다. ■ 기타소득인 원고료는 필요경비가 60% 인정되므로 기타소득금액은 3,000,000원이며 이는 선택적 종합과세대상소득이다. 즉 원천징수세율이 20%이므로 종합소득세 신고시 적용되는 세율이 20% 이하라면 종합과세를 선택하는 것이 세부담이 최소화된다. ∴ 종합소득금액은 근로소득금액과 기타소득인 원고료 18,000,000원으로서 종합소득세 신고시 적용되는 세율은 15% 이하가 적용될 것이므로 기타소득은 종합과세를 한다.
45	④	국내 금융소득이 2천만원 이하는 분리과세대상소득이며, 일시적 강의로 인한 강연료는 무조건 필요경비 60% 인정되는 기타소득이다. 부동산임대소득은 단순경비율을 적용하여 소득금액을 계산한다. 20,000,000원 × (1 − 60%) + {10,000,000원 − (10,000,000원 × 40%)} = 14,000,000원

NO	정답	해설
46	①	임원퇴직금 한도 계산시 2012.1.1 이후의 근무기간은 3배, 2020.1.1 이후의 근무기간은 2배를 적용한다.
47	①	소득금액 계산은 공동사업장별로 계산하여 손익분배비율에 따라 배분된 소득금액에 대하여 거주자별로 각각 소득세 납세의무를 진다. 공동사업장의 대표자에 대한 급여는 필요경비로 인정되지 아니하며 소득세법상 일부가산세는 사업장별로 계산하여 손익분배비율에 따라 배분되는 것도 있다.
48	②	다. 공동사업장에서 발생한 결손금은 공동사업장 단위로 이월되거나 이월결손금 공제 후 소득금액을 배분하는 것이 아니라 각 공동사업자별로 분배되어 공동사업자 각각의 다른 소득금액과 통산한다. 라. 구성원이 동일한 공동사업장이 2 이상인 경우에는 직전연도의 수입금액을 합산하여 기장의무를 판단한다.
49	④	공동사업장에 대한 소득금액 계산은 그 공동사업장을 1거주자로 보고 행하므로 기업업무추진비 및 기부금 한도액 계산은 공동사업장을 1거주자로 보고 계산한다.
50	③	① 공동사업장을 1거주자로 보아 연간 12,000,000원을 기초금액으로 한다. ② 공동사업에서 발생하는 소득금액의 경정은 대표공동사업자의 주소지 관할세무서장이 한다. ④ 공동사업소득금액의 합산대상이 되는 특수관계자는 국세기본법 시행령에 따른 관계있는 자로서 삼촌도 이에 해당한다.
51	①	부동산임대업을 제외한 일반적인 사업에서 발생한 결손금은 부동산임대업 소득금액에서 먼저 공제하고 남은 결손금(사업소득의 결손금)을 ①근로소득금액, ②연금소득금액, ③기타소득금액, ④이자소득금액, ⑤배당소득금액에서 순서대로 공제한다.
52	①	주거용 건물에서 발생한 결손금은 해당 사업소득금액(부동산임대업 소득금액 포함)을 계산할 때 먼저 공제하고, 남은 금액은 근로소득금액, 연금소득금액, 기타소득금액, 이자소득금액, 배당소득금액에서 순서대로 공제한다.
53	③	피상속인의 소득세를 상속인에게 과세하는 것은 납세의무의 승계로 인한 과세일뿐 상속인의 소득금액과 합산하여 누진세율로 과세하고자 하는 것은 아니므로 상속인의 소득금액에 대한 소득세와 합산하지 아니하고 구분하여 계산하여야 한다.
54	②	사업소득과 통산하면 근로소득금액이 '0'이 되므로, 근로소득세액공제를 받을 수 없다.
01	③	장애인은 연령요건에는 제약이 없으나, 소득금액에는 제한이 있다. 일시적인문예창작소득은 기타소득으로서 필요경비 60%를 제외하면 기타소득금액 6,400,000원으로서, 소득금액이 100만원 이하의 대상자에서 제외되어 기본공제대상자가 아니다.
02	③	한부모 추가공제는 소득금액의 제한이 없고 편부·편모의 형태로 20세 이하 자녀를 부양하는 경우 종합소득금액 3,000만원 이하인 경우에만 공제가 가능하다.
03	③	기본공제 대상자 판정 시 배우자는 나이요건의 제한을 받지 않으나 소득요건의 제한을 받으므로 소득금액의 합계액이 100만원(근로소득만 있는 경우 총급여 500만원) 이하인 경우에 기본공제를 적용받을 수 있다.
04	③	교육비세액공제대상자는 기본공제대상자 중 본인, 배우자, 직계비속, 형제자매, 입양자, 위탁아동만 적용되며 직계존속(장애인특수교육비 제외)은 제외한다.
05	②	보장성보험료세액공제는 근로소득자에 한하여 적용되는 항목이다.
06	①	1천만원 이상의 고액 기부금 중 1천만원 초과분에 대한 특별공제세액 적용률이 30%이다. 안경구입비, 대학교등록금 등은 15%, 보장성보험 등은 12%의 적용률을 적용한다.
07	②	근로소득이 있는 거주자의 경우 항목별 특별세액공제·항목별 특별소득공제·월세세액공제의 신청을 하지 않은 경우 연 13만원의 표준세액공제를 적용한다.
08	④	기부금은 일정한(연말정산) 사업소득자, 의료비 및 교육비는 성실사업자의 경우 세액공제가 가능하다.

	NO	정답	해설
과세표준과 세액의 계산	09	③	건강증진을 위한 의약품 구입비는 의료비세액공제대상이 아니다.
	10	①	① 일반보장성 보험료세액공제 : 3가지 조건 모두 충족해야 한다. ② 의료비 세액공제 : 소득금액과 나이조건 무시하며 근로자 본인이 지출한 경우 공제가능하다. ③ 교육비 세액공제 : 소득금액은 규제하며, 나이조건은 무시한다. ④ 기부금 세액공제 : 소득금액은 규제하며, 나이조건은 무시한다.
	11	④	신용카드로 결제한 교복구입비는 교육비 세액공제 및 신용카드등 사용금액 소득공제가 가능하다.
	12	③	개인의 정치자금 기부금은 10만원까지는 기부금액의 110분의 100을 세액공제하고 10만원을 초과하는 금액은 특례기부금으로 본다.
	13	②	특별소득공제 및 특별세액공제를 신청하지 않은 근로소득(일용근로소득 제외)이 있는 거주자는 13만원, 이외의 소득자는 7만원(성실사업자는 12만원)의 표준세액공제를 적용한다.
	14	④	거주자의 종합소득금액에 Gross-up 대상 배당소득금액이 합산되어 있는 경우 배당세액공제만 적용받을 수 있다.
	15	④	시가가 장부가액보다 낮은 경우에는 장부가액으로 평가한다. 결국, 시가와 장부가액 중 높은 가액으로 평가하게 된다.
	16	④	신용카드매출전표는 일정한 경우에 세금계산서에 상응하는 세제혜택을 부여하고 있을 뿐 부가가치세법상 영수증에 해당한다.
	17	②	ⓒ과 ⓔ은 복식부기의무자만 적용한다.
납부절차	01	②	국내근로소득에 대한 연말정산은 원천징수의무자가 당해연도의 다음 연도 2월분의 근로소득을 지급하는 때 하게 된다.
	02	③	법인이 이익 또는 잉여금의 처분에 따른 배당 또는 분배금을 그 처분을 결정한 날부터 3개월이 되는 날까지 지급하지 아니한 경우에는 그 3개월이 되는 날에 그 배당소득을 지급한 것으로 보아 소득세를 원천징수한다.
	03	①	(1) 배당소득 : 14% (2) 복권당첨소득 : 20% (3) 봉사료수입금액 : 5% (4) 의료보건용역 : 3%
	04	①	기타소득금액에 대한 원천징수세율은 20%(무조건분리과세대상인 복권당첨금으로서 3억 초과분은 30%, 부득이한 사유로 인한 연금외의 수령분은 15% 등)
	05	①	기타소득금액이 5만원 이하인 경우에 소득세를 과세하지 아니한다.
	06	②	비실명배당소득은 분리과세대상 배당소득으로 45% 또는 90%로 원천징수 된다. 원천징수세액(이자소득원천징수세액 제외) 1천원 미만은 소액부징수, 기타소득인 원고료는 10만원(10만원 × 40% = 4만원) 5만원 이하로서 과세최저한 기타소득, 공익신탁의 이익은 비과세 이자소득에 해당한다.
	07	①	소득세 과세표준의 계산시 근로소득과 연말정산의 사업소득이 동시에 있는 경우 합산되지 않는 소득의 범위에 해당하지 않는다.
	08	②	사업용계좌에 대한 가산세는 복식부기의무자에 한하여 적용된다.
	09	④	소규모사업자 가산세 배제항목 : 증명서류 수취 불성실 가산세, 영수증수취명세서 제출·작성 불성실 가산세, 장부의 기록·보관 불성실 가산세
	10	②	기타소득금액이 300만원 이하인 경우 종합과세와 분리과세를 선택할 수 있으므로 요구대로 분리과세를 선택한다.
	11	④	종전에는 ① 신고불성실가산세, ② 무기장가산세, ③ 성실신고 확인서 미제출가산세가 동시에 적용되면 그 중 가장 큰 가산세만을 적용하였으나, 개정법령에 따라 2018년 1월 1일 이후 개시하는 과세기간부터 성실신고제도의 실효성을 높이기 위하여 성실신고확인서 미제출가산세를 신고불성실가산세와 별도로 적용한다.
	12	④	성실신고확인대상 사업자가 성실신고확인서를 제출하는 경우 종합소득과세표준 확정신고를 그 과세기간의 다음연도 5월 1일부터 6월 30일까지 해야 한다.

PART 05

보론

CHAPTER 01 재무비율분석
CHAPTER 02 비영리회계
CHAPTER 03 지방세신고

실무이론

직무명	분류번호	능력단위명	수준	능력단위요소
회계 · 감사	0203020106_20v4	재무비율분석	3	2 재무비율 계산하기
	0203020109_20v4	비영리회계	4	1 비영리대상 판단하기 2 비영리회계 처리하기

능력단위정의	재무비율분석이란 재무제표상의 관련항목을 대응시켜 수익성, 활동성, 안정성, 유동성, 성장성, 기타 재무비율 등의 비율을 산출하고 분석하는 능력이다.
	비영리회계란 비영리조직의 회계보고를 위하여 비영리대상 파악, 비영리 회계처리, 비영리회계 보고서를 작성하는 능력이다.

NCS 능력단위	능력단위요소	수 행 준 거
0203020106_20v4 재무비율분석	0203020106_20v4.2 재무비율 계산하기	2.1 재무제표를 이용하여 수익성 비율을 계산할 수 있다. 2.2 재무제표를 이용하여 활동성 비율을 계산할 수 있다. 2.3 재무제표를 이용하여 안정성 비율을 계산할 수 있다. 2.4 재무제표를 이용하여 성장성 비율을 계산할 수 있다. 2.5 재무제표를 이용하여 기타 재무비율을 계산할 수 있다.
0203020109_20v4 비영리회계	0203020109_20v4.1 비영리대상 판단하기	1.1 비영리조직에 관한 일반적 정의에 의거하여 비영리조직 여부를 판단할 수 있다. 1.2 비영리조직 관련규정에 따라 비영리법인 여부를 판단할 수 있다. 1.3 비영리조직 관련규정에 따라 회계단위를 구분할 수 있다.
	0203020109_20v4.2 비영리회계 처리하기	2.1 비영리조직 관련규정에 따라 영리활동으로 인한 거래와 비영리활동으로 인한 거래를 구분할 수 있다. 2.2 비영리활동으로 인한 거래가 발생하면 해당 비영리조직의 개별적인 특성에 따라 회계처리할 수 있다. 2.3 비영리활동으로 인한 거래가 발생하면 복식부기 기반의 발생주의회계를 사용하여 회계처리할 수 있다.

직무명	분류번호	능력단위명	수준	능력단위요소
세무	0203020208_23v6	지방세 신고	3	1 지방소득세 신고하기 2 취득세 신고하기 3 주민세 신고하기

능력단위정의	지방세신고란 지방세를 납부하기 위하여 지방세관계법과 지방자치단체의 조례에 따라 과세권자인 지방자치단체에 지방세의 과세표준, 세율, 납부세액 등 필요한 사항을 기재한 각 지방세목별로 신고하는 능력이다.

NCS 능력단위	능력단위요소	수 행 준 거
0203020208_23v6 지방세 신고	0203020208_23v6.1 지방소득세 신고하기	1.1 개인지방소득 및 법인지방소득의 범위 및 소득을 계산할 수 있다. 1.2 개인지방소득 및 법인지방소득의 소득분지방소득세 과세표준과 세액을 계산할 수 있다.
	0203020208_23v6.2 취득세 신고하기	2.1 취득세의 과세대상과 납세의무자에 대하여 구분할 수 있다. 2.2 취득의 종류 및 취득시기에 따른 과세표준과 세율을 적용할 수 있다.
	0203020208_23v6.3 주민세 신고하기	3.1 사업소분주민세와 종업원분주민세의 과세대상과 납세의무자에 대해서 파악할 수 있다. 3.2 사업소분주민세와 종업원분주민세의 과세표준과 세율을 파악하여 계산할 수 있다.

CHAPTER 01 재무비율분석

구 분			내 용
재무비율분석 의의			재무비율분석은 재무제표상의 관련 항목들을 대응시켜 비율을 산출하고, 산출된 비율을 통해 기업의 수익성과 재무적 위험, 성장성 등을 평가하는 분석 방법이다. 재무비율분석은 간편하고 이용하기 쉽기 때문에, 전통적으로 기업 분석을 위한 예비적인 분석 방법으로 많이 사용되어 왔다.
수익성 분석 비율		의의	수익성이란 일정 기간 동안의 경영 성과를 의미하는 것으로, 수익성 분석 비율에는 자본 수익성 비율과 매출 수익성 비율 그리고 자산의 활용도를 측정하는 활동성(효율성)비율이 있다.
	자본 수익성 비율	자기자본 이익율	자기자본 이익률(ROE : return on equity)은 당기순이익을 자기 자본으로 나눈 비율로서 주주 입장에서의 투자 수익률을 나타내기도 하고, 기업의 입장에서는 사후적인 자기 자본 비용의 대용치이다. 따라서 자기 자본 이익률이 자기 자본비용보다 크다면 기업 가치는 증가하고, 반대의 경우에는 기업 가치가 감소한다. $$\text{자기자본 이익률} = \frac{\text{당기순이익}}{(\text{기초자기자본} + \text{기말자기자본}) \div 2} = \frac{\text{당기순이익}}{\text{평균자기자본}}$$
		총자산 이익률	총자산 이익률(ROA : return on assets)은 당기 순이익을 총자산으로 나눈 비율로서, 기업의 종합적인 경영 성과를 나타낸다. $$\text{총자산이익률} = \frac{\text{당기순이익}}{(\text{기초총자산} + \text{기말총자산}) \div 2} = \frac{\text{당기순이익}}{\text{매출액}} \times \frac{\text{매출액}}{\text{총자산(평균)}}$$ $$= \text{매출액순이익률} \times \text{총자산 회전율}$$
	매출 수익성 비율	매출액 총이익률	매출액 총이익률은 기업의 생산과 관련된 수익성을 측정하는 비율이다. ■ 매출액 총이익률 = $\frac{\text{매출총이익}}{\text{매출액}}$ ■ 매출원가율 = 1 − 매출액 총이익률
		매출액 영업 이익률	매출액 영업이익률은 기업의 영업 활동(생산 및 판매 관리 활동)의 수익성을 평가한다. $$\text{매출액 영업이익률} = \frac{\text{영업이익}}{\text{매출액}}$$
		매출액 순이익률	매출액 순이익률은 영업 활동과 재무 활동 및 투자 활동을 총망라한 경영 활동의 성과를 최종적으로 평가하는 비율이다. $$\text{매출액 순이익률} = \frac{\text{당기순이익}}{\text{매출액}}$$

구 분		내 용
수익성 분석 비율	활동성 비율 의의	활동성 비율은 기업의 영업 활동에 투입된 자산을 얼마나 효율적으로 사용하고 있는 가를 나타내는 비율로 효율성 비율이라고도 한다. 활동성 비율은 매출액을 투입된 자산으로 나눈 회전율로 측정되는데, 이때 분모에 해당하는 투입 자산은 자본수익성 비율을 계산할 때와 마찬가지로 기초와 기말의 평균값을 사용한다.
	총자산 회전율	총자산 회전율은 총자본 회전율이라고도 하며 총자산 회전율이 높다는 것은 한 단위의 자산에서 보다 높은 매출액이 실현되었다는 것을 의미하므로 자산이 효율적으로 사용되었다는 것을 뜻한다. 그러나 총자산 회전율이 낮으면, 기업의 자산 투자가 과다하였거나 또는 자산이 비효율적으로 이용되고 있다는 것을 의미한다. $$총자산\ 회전율 = \frac{매출액}{총자산(평균)}$$
	비유동 자산 회전율	비유동자산 회전율의 비율이 낮은 경우에는 비유동자산 투자가 과다하였거나 또는 비유동자산이 비효율적으로 이용되고 있음을 의미한다. 비유동자산의 대표 항목인 유형자산에 대한 투자 효율성을 측정하는 유형자산 회전율도 많이 이용된다. ■ $비유동자산\ 회전율 = \dfrac{매출액}{비유동자산(평균)}$ ■ $유형자산\ 회전율 = \dfrac{매출액}{유형자산(평균)}$
	재고자산 회전율	재고자산 회전율은 재고자산관리의 효율성을 나타내며 재고자산 비율이 높다는 것은 적은 재고 자산으로 일정액의 매출을 달성한 것이므로 재고 자산이 효율적으로 관리되고 있음을 의미한다. 재고자산 회전율을 계산할 때 매출액 대신 매출원가를 분자로 사용하는 것은 매출액은 시가로 표시되고 재고자산은 원가로 표시되기 때문에 분자 분모가 서로 다른 기준에 의해 평가되는 문제점을 해결하기 위한 것이다. 한편 재고자산 회전율을 기간 형태로 바꾼 것을 재고자산 보유기간(재고자산 회전기간)이라고 하는데 이는 재고자산이 판매되기까지 평균적으로 얼마의 시간이 소요되는가를 나타낸다. ■ $재고자산\ 회전율 = \dfrac{매출원가}{재고자산(평균)}$ ■ $재고자산\ 보유기간 = \dfrac{365}{재고자산\ 회전율} = \dfrac{재고자산(평균)}{매출원가 \div 365} = \dfrac{재고자산(평균)}{일평균\ 매출원가}$
	매출채권 회전율	매출채권 회전율은 매출 채권의 투자효율성 즉, 매출 채권이 현금화되는 속도를 나타낸다. 매출채권 회수기간은 매출채권 회전율을 기간 형태로 표현한 것으로 365일을 매출채권 회전율로 나누어 계산된다. 재고자산 보유기간과 매출채권 회수기간을 더한 것을 영업 순환주기라고도 부른다. ■ $매출채권\ 회전율 = \dfrac{매출액}{매출채권(평균)}$ ■ $매출채권\ 회수기간 = \dfrac{365}{매출채권\ 회전율} = \dfrac{매출채권(평균)}{매출액 \div 365} = \dfrac{매출채권(평균)}{일평균\ 매출액}$

구 분			내 용
재무적 위험 분석 비율		의의	재무적 위험 분석 비율은 기업의 지급 불능 위험을 나타내는 비율로서, 단기적 지급능력을 나타내는 유동성 비율과 장기적 지급 능력을 평가하는 레버리지 비율로 구성된다.
	유동성 비율	의의	유동성 비율은 기업의 단기적 지급 능력을 평가하는 비율로, 주로 유동자산과 유동부채를 비교하여 산정된다.
		유동비율	유동비율은 유동성을 평가하는데 가장 보편적으로 사용된다. 유동 자산이 유동 부채보다 충분히 많으면 단기지급능력이 양호한 것으로 평가하게 된다. $$유동비율 = \frac{유동자산}{유동부채}$$
		당좌비율	당좌비율은 유동자산에서 재고 자산을 차감한 자산인 당좌자산을 유동부채로 나눈 비율이다. 재고자산은 판매 과정을 거쳐야만 현금화될 수 있고, 재고자산 평가방법에 따라 그 가치가 다르게 나타날 수 있으며, 또 진부화 되어 판매가 어려운 재고 자산이 발생할 수도 있다. 따라서 재고 자산을 제외한 당좌자산을 유동부채와 비교함으로써 보다 엄격한 기업의 단기 지급 능력을 평가할 수 있다. $$당좌비율 = \frac{유동자산 - 재고자산}{유동부채}$$
		현금비율	현금비율은 당좌자산 중 대손 가능성이 있는 매출채권을 제외하고 측정된 것으로 가장 보수적인 유동성 비율이다. $$현금비율 = \frac{현금및현금성자산}{유동부채}$$
	레버리지 비율	의의	기업이 부채를 사용하게 되면 고정비 성격의 이자비용이 발생하는데, 이 이자비용은 영업성과에 따라 손익을 확대시키는 효과를 가져온다. 이러한 손익 확대 효과 때문에 부채가 많을수록 기업의 지급 불능 위험은 높아지게 되는데, 이를 측정하는 것이 레버리지 비율이다. 즉, 레버리지 비율은 부채 의존에 따른 장기적인 지급 능력을 평가하는 비율이다.
		부채비율	부채비율은 기업의 타인 자본 의존도를 평가하는 것으로, 이 비율이 높아질수록 재무 위험이 증가하고, 기업의 지급 불능 위험은 높아진다. $$부채비율 = \frac{부채}{자기자본}$$
		비유동 비율	기업이 조달한 자금은 유동자산과 비유동자산에 투자하게 되는데, 유동자산에 투자된 자금은 단기간에 회수할 수 있지만 비유동자산에 투자된 자금은 회수하는데 장기간이 소요된다. 따라서 유동자산에 투자되는 자금은 단기자금으로 조달하고, 비유동자산에 투자되는 자금은 장기 자금으로 조달하는 것이 자금 운용의 안정성을 확보하는 방법일 것이다. 이러한 자금 운용과 자금 조달 사이의 재무적 안정성과 지급 능력 정도를 평가하는 비율이 비유동비율과 비유동 장기 적합률이다.

구 분		내 용
재무적 위험 분석 비율	레버리지 비율	비유동비율
		■ 비유동비율 = $\dfrac{\text{비유동자산}}{\text{자기자본}}$ ■ 비유동 장기 적합률 = $\dfrac{\text{비유동자산}}{\text{비유동부채 + 자기자본}}$
	이자 보상 비율	부채비율이 일정 시점의 부채 의존도를 알려준다면, 이자보상비율은 부채 사용에 따른 일정 기간의 이자비용에 대한 안전도를 나타내준다. 이자보상비율 = $\dfrac{\text{이자 및 법인세비용 차감 전 순이익}}{\text{이자비용}}$ = $\dfrac{\text{당기순이익 + 법인세비용 + 이자비용}}{\text{이자비용}}$
성장성 분석 비율	의의	성장성 분석 비율은 일정 기간 동안 기업의 규모나 성과가 얼마나 증가하였는지를 나타내는 비율로 표시된다.
	매출액 증가율	매출액 증가율은 기업의 매출액이 전기에 비해 얼마나 증가하였는지를 측정하는 비율로 기업의 외형적 성장을 평가하는데 사용된다. 매출액 증가율 = $\dfrac{\text{당기말 매출액 − 전기말 매출액}}{\text{전기말 매출액}}$
	순이익 증가율	순이익 증가율은 당기 순이익이 전기에 비해 얼마나 증가하였는지를 측정하는 비율로서 실질적인 기업의 성장을 평가하는데 사용된다. 순이익 증가율 = $\dfrac{\text{당기순이익 − 전기순이익}}{\text{전기순이익}}$
	총자산 증가율	총자산 증가율은 전기 말에 비해 기업의 총자산 규모가 얼마나 증가하였는지를 나타내는 비율로 매출액 증가율과 함께 기업의 외형적 성장을 평가하는데 주로 사용된다. 총자산 증가율 = $\dfrac{\text{당기말 총자산 − 전기말 총자산}}{\text{전기말 총자산}}$
	자기자본 증가율	자기자본 증가율은 전기 말에 비해 기업의 자기 자본이 얼마나 증가하였는지를 나타내는 비율이다. 자기자본의 증가는 유상 증자와 이익의 사내 유보에 의해서 나타난다. 자기자본 증가율 = $\dfrac{\text{당기말 자기자본 − 전기말 자기자본}}{\text{전기말 자기자본}}$

구 분		내 용
기타 재무 비율	주가 이익 비율	주가 이익 비율(PER : price-earnings ratio)은 투자자가 기업의 미래에 대한 전망을 어떻게 하고 있는가를 보여주는 지표이다. $$\text{주가 이익 비율} = \frac{\text{주가}}{\text{주당 순이익}}$$
	주가 순자산 비율	주가 순자산 비율(PBR : price-to-book value ratio)은 기업의 미래 수익성(자기 자본 이익률)과 위험(자기 자본 비용)의 관계를 보여주는 것으로, 기업의 자기 자본 이익률이 자기 자본 비용보다 높을 것으로 예상 된다면 주식 가격은 주당 순자산보다 크게 되어 주가 순자산 비율은 1보다 커진다. $$\text{주가 순자산 비율} = \frac{\text{주가}}{\text{주당 순자산}}$$
	주가 매출액 비율	주가 매출액 비율(PSR : price-sales ratio)은 미래 수익성 전망과 위험에 따라 결정되는데, 적자 기업에도 적용이 가능하다는 장점이 있다. $$\text{주가 매출액 비율} = \frac{\text{주가}}{\text{주당 매출액}}$$
	주가 현금흐름 비율	주가 현금흐름 비율(PCR : price-to-cash flow ratio)은 보통 현금흐름은 현금흐름표상 영업활동 현금 흐름을 사용한다. 이 비율은 기업의 회계 처리 방법의 선택에 따라 달라지는 순이익과 달리, 기업의 회계 정책에 거의 영향을 받지 않는 영업 활동 현금 흐름을 사용하였다는 특징이 있다. $$\text{주가 현금흐름 비율} = \frac{\text{주가}}{\text{주당 영업활동 현금흐름}}$$

PART 05 보론

CHAPTER 02 비영리회계

1. 비영리 조직

비영리 조직은 영리를 추구하지 않는 조직체이다. 비영리 조직은 정부·공공 부문·비영리 법인(기관)·자선 단체 등을 포함한다.

구 분	내 용
미국회계학회의 정의	미국회계학회(AAA)는 다음에 열거하는 특성 중에 하나 이상을 충족하면 비영리 조직체로 규정하고 있다. ① 의도적·개인적 이윤 추구 동기가 없을 것 ② 개인 또는 개별적으로 지분을 소유하고 있지 않을 것 ③ 지분이 매각 또는 교환되지 않을 것 ④ 자본의 출자자 또는 기증자로부터 제공 자원에 대해 직접적이거나 비례적으로 재무적 편익을 요구받지 않을 것
한국회계기준원의 정의	'비영리 조직'은 일반 사회의 공익 등을 목적으로 설립되어 비영리 사업을 영위하는 모든 조직을 말하며, 특정인의 이익과 영리를 목적으로 설립되어 운영되고 있는 영리 조직과 대조되는 개념이다. 예를 들면, 비영리 조직에는 사회 복지 사업, 교육 사업, 연구와 학술 활동의 영위 또는 지원, 교화, 종교, 자선 등의 사업을 영위하는 조직이 있다.
비영리 조직체의 종류	미국회계학회의 정의에 따라 비영리 조직체를 규정하면 대학, 종교 단체, 종합 병원, 자발적인 보건 복지 기관, 자선 단체, 정부 기관 등이 대표적이다. 반면에 협동조합, 노동조합, 무역협회, 골프 클럽 등은 조직의 구성원, 회원 등에게 재무상의 효익을 제공할 수 있기 때문에 비영리 조직체가 아니다.

2. 비영리 법인

법인은 설립 목적에 따라 영리 법인과 비영리 법인으로 구분할 수 있다. 영리란 사업 목적이 이윤을 추구하고, 그 이익을 구성원에게 분배하여 경제적 이익을 도모하는 것을 의미한다.

구 분	내 용
영리 법인	영리 법인은 영리를 목적으로 「상법」에 의해 설립된 주식회사, 합자 회사, 합명 회사, 유한 회사 등이 대표적이다.
비영리 법인	비영리 법인은 학술, 종교, 자선, 기예, 사교, 기타 영리 아닌 사업을 목적으로 「민법」 등에 의해 설립된다. 「민법」에 의해 설립되는 비영리 법인은 사단 법인과 재단법인이 있고, 특별법에 근거하여 설립되는 재단 법인으로 학교 법인(사립학교법), 의료법인(의료법), 사회 복지 법인(「사회복지사업법」) 등이 있다.

구 분		내 용
비영리 법인	사단법인	사단 법인은 일정 목적을 위해 사람들이 결합한 단체로서 주무 관청의 허가를 받아 설립한 단체이다. 사단 법인은 사람이라는 구성원이 필수 요소이고, 사단 법인의 의사 결정은 사원 총회를 통해 이루어진다. 사단 법인은 임의 해산이 가능하고, 그 설립 목적이 영리를 추구하든, 비영리를 추구하든 설립할 수 있다.
	재단법인	재단 법인은 특정한 목적을 위해 주무 관청의 허가를 받아 설립된 재단을 말한다. 재단법인은 일정한 목적을 위해 출연한 재산이 필수 요소이고, 재단 법인의 운영은 설립자의 설립 목적에 따라 운영된다. 재단 법인은 임의 해산을 할 수 없고, 그 설립 목적이 비영리를 추구하는 경우에만 설립할 수 있다.
	특별법에 의해 설립된 비영리 법인	① 「사립학교법」: 학교 법인 ② 「의료법」: 의료 법인 ③ 「사회복지사업법」: 사회 복지 법인 ④ 「공익법인의 설립·운영에 관한 법률」의 규정
	세법상 비영리 법인	(1) 「법인세법」 ① 법인세의 납세 의무와 관련하여 「민법」에 의하여 설립된 법인 ② 「사립학교법」의 규정에 의하여 설립된 학교 법인 ③ 기타 특별법에 의하여 설립된 법인 등으로 「민법」 제32조의 규정에 명시된 설립 목적 및 기타 그와 유사한 설립 목적을 가진 법인 (2) 「상속세 및 증여세법」 ① 종교의 보급, 기타 교화에 현저히 기여하는 사업 ② 교육법의 규정에 의한 교육 기관을 운영하는 사업 ③ 「사회복지사업법」의 규정에 의하여 설립한 사회 복지 법인이 운영하는 사업 ④ 「의료법」 또는 「정신보건법」의 규정에 의한 의료 법인 또는 정신 의료 법인이 운영하는 사업 ⑤ 공익 법인의 설립·운영에 관한 법률의 적용을 받는 법인이 운영하는 사업 ⑥ 예술 및 문화에 현저히 기여하는 사업으로서 영리를 목적으로 하지 아니하는 사업 ⑦ 공중위생 및 환경 보호에 현저히 기여하는 사업으로서 영리를 목적으로 하지 아니하는 사업 ⑧ 공원, 기타 공중이 무료로 이용하는 시설을 운영하는 사업 ⑨ 「법인세법 시행령」 또는 「소득세법 시행령」이 정하는 지정 기부금 단체가 운영하는 고유 목적 사업 ⑩ 기타 기획재정부령이 정하는 사업을 영위하는 자를 비영리 조직(공익 법인 등)

3. 비영리 회계처리

1 영리 조직과 비영리 조직의 특성

영리는 재산상의 이익을 의미하고, 영리 조직은 재산상의 이익을 얻을 목적으로 활동하는 조직을 말한다. 반면에 비영리는 재산상의 이익을 추구하지 않는 것이고, 비영리 조직은 공공 목적에 봉사하는 정부와 기업 외의 자발적 비영리 단체를 의미한다.

[영리 조직과 비영리 조직의 비교]

구 분	영리 조직	비영리 조직
조직 목적	이익 추구	사회복지, 공익 서비스 제공
자원 조달 방법	자기자본, 타인자본 조달	조세, 기부금, 보조금, 회비
자원 활용	자유 활동	법규, 규칙, 정관 등 적용
정보 이용자	주주, 채권자 등	자원 제공자
재무정보	재무상태, 현금흐름 등	지속 가능한 서비스 등

2 영리 활동과 비영리 활동의 구분

구 분	내 용
수익 사업	수익 사업은 일반적으로 경제적 효익을 얻는 사업을 말하며, 「법인세법」에서는 다음에 해당하는 사업을 수익 사업으로 규정하고 있다. 비영리 조직의 수익 사업에 대해서도 과세하고 있다. ① 제조업, 건설업, 도·소매 및 소비자 용품 수리업, 부동산·임대 및 사업 서비스업 등 수익이 발생하는 사업 ② 「소득세법」에 의한 이자·할인액·배당금 ③ 주식·출자 지분 등의 양도로 인하여 생기는 수입 ④ 고정 자산의 처분으로 인하여 생기는 수입
고유 목적 사업	고유 목적 사업은 법인의 설립 목적이 되는 사업을 말한다. 영리 법인은 영리를 목적으로 설립된 법인이므로 영리 사업이 고유 목적 사업이고, 비영리 법인은 영리외의 것을 고유 목적으로 하여 설립된 법인이다.
비영리 법인의 고유 목적 사업	비영리 법인의 고유 목적 사업은 학술·종교·자선·사교 등이다. 비영리 법인이 당해 고정 자산 처분일 현재 3년 이상 계속하여 법령 또는 정관에 규정된 고유 목적 사업에 직접 사용한 경우 당해 고정 자산의 처분으로 인한 수입에 대하여 법인세를 과세하지 않는다.

3 비영리 조직의 수익 사업

비영리 조직이 목적 달성을 위해 필요한 범위 내에서 수익 사업을 영위할 수 있는데, 수익 사업을 영위하기 위해서는 법인의 정관에서 정하는 바에 따라 운영해야 한다.

구 분	내 용
대학 회계 규칙상 수익 사업	「사립학교법」에서 사립 대학은 교육 재원을 마련하기 위한 수단으로 수익 사업을 허용하고 있다. ① 수익 사업 유형 　사립 대학의 수익 사업 유형은 부동산 임대업, 의료업, 금융업, 출판사업, 건설업, 여행업, 전산 교육 사업, 어학 사업 등 다양하게 수행할 수 있다. ② 구분 회계 처리 　사립 대학의 수익 사업은 「법인세법 시행령」에 의해 구분하여 별도 회계 처리하고, 실무 차원에서 수익 사업별 예산과 결산서도 구분, 작성해야 한다.
의료 법인의 부대 사업	「의료법」은 의료 기관이 의료 업무 외에 다음의 부대 사업을 할 수 있으며, 이 경우 부대 사업으로 얻은 수익에 관한 회계는 의료 법인의 다른 회계와 구분하여 계산해야 한다. ① 의료인과 의료 관계자 양성이나 보수 교육 ② 의료나 의학에 관한 조사 연구 ③ 노인 의료 복지 시설의 설치·운영 ④ 장례식장의 설치·운영 ⑤ 부설 주차장의 설치·운영 ⑥ 의료업 수행에 수반되는 의료 정보 시스템 개발·운영 사업 ⑦ 기타 휴게 음식점, 일반 음식점, 이용업, 미용업 등 환자 또는 의료 법인이 개설한 의료 기관 종사자 등의 편의를 위한 사업
사회복지 사업법상의 수익 사업	사회복지사업법은 사회복지법인이 목적사업의 경비에 충당하기 위하여 필요할 때에는 법인의 설립 목적 수행에 지장이 없는 범위 내에서 수익사업을 영위할 수 있도록 규정하고 있다.

4 영리 회계와 비영리 회계의 차이점 분석

구 분	영리 회계	비영리 회계
이윤 추구	이윤 추구, 기간 성과 측정	이윤 동기 없음, 일방적 소비와 지출
원가 회수	이윤에 의한 원가 회수	원가 회수 없음(공공성, 사회성)
수익 창출	수익에 근거한 원가 지출	수익과 관련 없이 서비스 제공
순이익 계산	순자산, 잔여재산 등 계상	지분이 없어 순이익 계산하지 않음
회계 단위	기업 전체	사업 목적별 회계
예 산	임의적, 내부 통제 목적	예산에 의해 규제, 한정
성과 측정	화폐적 평가	화폐적 평가, 양적·질적 평가
세무회계	모든 수익에 과세	수익 사업에 한해 과세

CHAPTER 03 지방세신고

1. 지방소득세

구 분		내 용
의의	개인 지방소득	소득세법에 따른 거주자 또는 비거주자의 소득을 말한다. ① 거주자의 개인지방소득 : 거주자의 개인지방소득은 종합소득(이자소득, 배당소득, 근로소득, 사업소득, 연금소득, 기타소득), 퇴직소득, 양도소득으로 구분하며, 각 소득의 범위는 소득세법에서 정하는 바에 따른다. ② 비거주자의 개인지방소득 : 비거주자의 개인지방소득은 소득세법에 의한 국내원천소득으로 한다.
	법인 지방소득	법인세법상 내국법인 또는 외국법인의 소득을 말한다. 내국법인 및 외국법인의 법인지방소득은 각 사업연도의 소득, 청산소득, 양도소득, 미환류소득으로 구분되며, 법인의 종류에 따른 각 호의 소득의 범위는 법인세법에서 정하는 바에 따른다.

과세표준
및
세율
	개인
	지방소득세
		① 거주자의 종합소득 과세표준
		   거주자의 종합소득 과세표준은 이자소득, 배당소득, 사업소득, 근로소득, 연금소득, 기타소득 등의 각 소득에서 필요경비 등을 차감한 후 종합소득공제(인적공제 및 물적공제)를 차감한 금액을 말한다.
		② 거주자의 종합소득 과세표준에 대한 세율
		   거주자의 종합소득 과세표준에 대한 적용세율은 구간별 최소 0.6%에서 최대 4.2%의 초과누진세율을 적용하고 있다.

	법인
	지방소득세
		① 법인지방소득세 과세표준
		   내국법인의 각 사업연도의 소득에 대한 법인지방소득세의 과세표준은 법인세법에 따라 계산한 금액으로 한다.
		② 법인지방소득세 과세표준에 대한 세율
		   내국법인의 각 사업연도의 과세표준에 대한 적용세율은 구간별 최소 1%에서 최대 2.5%의 초과누진세율을 적용하고 있다.

2. 취득세

구 분	내 용
과세대상 자산	취득세의 과세대상 자산은 부동산, 차량, 기계장비, 항공기, 선박, 입목, 광업권, 어업권, 골프회원권, 승마회원권, 콘도미니엄 회원권, 종합체육시설 이용회원권 또는 요트회원권을 말한다.
납세의무자	취득세 납세의무자는 부동산등을 취득한 자이다.
과세표준	취득세의 과세표준은 취득 당시의 가액으로 한다. 다만, 연부(年賦)로 취득하는 경우에는 연부금액(매회 사실상 지급되는 금액을 말하며, 취득금액에 포함되는 계약보증금을 포함)으로 한다.
세율	지방자치단체의 장은 조례로 정하는 바에 따라 취득세의 세율의 100분의 50의 범위에서 가감할 수 있다. ■ 부동산 : 2.3% ~ 4.0%　　■ 부동산 외의 자산 : 2.0% ~ 7.0%
신고 및 납부	취득세 과세물건을 취득한 자는 그 취득한 날부터 60일 이내에 그 과세표준에 세율을 적용하여 산출한 세액을 신고하고 납부하여야 한다.

3. 주민세

구 분	균등분 주민세	재산분 주민세	종업원분 주민세
정의	■ 개인 또는 법인에 대하여 균등하게 부과하는 주민세	■ 사업소 연면적을 과세표준으로 하여 부과하는 주민세 ■ 사업소란 인적 및 물적 설비를 갖추고 계속하여 사업 또는 사무가 이루어지는 장소	■ 종업원의 급여총액을 과세표준으로 하여 부과하는 주민세 ■ 종업원의 급여총액이란 사업소의 종업원에게 지급하는 봉급, 임금, 상여금 및 이에 준하는 성질을 가지는 급여
납세 의무자	매년 8월 1일 현재 시·군내에 주소를 둔 개인, 사업소를 둔 개인 및 법인	매년 7월 1일 현재 과세대장에 등재된 사업주	종업원에게 급여를 지급하는 사업주
면세점 기준	-	해당 사업소의 연면적이 330제곱미터 이하인 경우	최근 1년간 해당 사업소 종업원 급여총액의 월평균금액이 135백만원 이하인 경우
납기	매년 8월 16일 ~ 8월 31일 (과세기준일 8월 1일)	매년 7월 1일 ~ 7월 31일 (과세기준일 7월 1일)	매월 말일을 기준으로 다음달 10일까지 신고납부
세율	■ 개인 : 1만원 범위 내에서 자체 단체별로 조례에 규정 ■ 개인사업자(직전년도 부가가치세 과세표준 4,800만원이상) : 50,000원 ■ 법인사업자 : 자본금과 종업원수에 따라 5만원 ~ 50만원	■ 연면적 1m²당 250원	■ 종업원 급여 총액의 0.5%

전산세무 **1**급

PART **01** 실무프로그램의 시작

PART **02** 회계정보시스템운용

PART **03** 전표관리

PART **04** 부가가치세신고서 및 부속서류 작성

PART **05** 결산관리

PART **06** 원천징수

전산실무

Perfect 전산세무 1급
www.bobook.co.kr

전산실무 출제유형

전산실무는 시험의 70%(70점) 비중을 차지하며 출제 메뉴는 다음과 같다.

구분	출제 메뉴	세부사항	배점
문제 [1]	전표입력	① 부가가치세신고와 관련 없는 거래자료 입력 ② 부가가치세신고와 관련 있는 거래자료 입력	12점 (4문제)
문제 [2]	부가가치세신고서 및 부속명세서 작성 (전자신고 포함)	① 부가가치세신고서 작성(가산세 포함) 및 전자신고 ② 부가가치세 부속명세서 작성	10점 (2~3문제)
문제 [3]	결산자료입력	① 수동결산 : 일반전표입력 메뉴 ② 자동결산 : 결산자료입력 메뉴 ③ 고정자산등록(출제비중 낮음)	8점 (4문제)
문제 [4]	소득별 원천징수 및 연말정산 (전자신고 포함)	① 각 소득별 원천징수 ② 원천징수이행상황신고의 작성 및 전자신고 ③ 연말정산자료입력	10점 (2~3문제)
문제 [5]	법인세무조정	① 수입금액조정 ② 과목별세무조정 ③ 세액감면 및 공제 ④ 법인세과세표준 및 세액조정계산서 ⑤ 기타부속서류	30점 (5문제)

※ 문제 [5] 법인세무조정은 [법인세 이론 및 실무 ⇨ PART 02 법인세무조정]에서 진행됩니다.

PART 01

실무프로그램의 시작

CHAPTER 01 실무프로그램의 시작

백데이터 다운로드 및 설치방법

1. 도서출판 배움 홈페이지(www.bobook.co.kr)에 접속한다.
2. 홈페이지 교재실습/백데이터 자료실을 클릭한다.
3. 교재실습/백데이터 자료실 ⇨ [2025_TAX_1grade] 백데이터를 선택하여 다운로드 한다.
4. 다운로드한 파일을 선택 후 실행하면 [내컴퓨터 ⇨ C:\KcLepDB ⇨ KcLep]에 자동으로 복구 저장된다.
5. 한국세무사회 자격시험 케이렙 프로그램 을 실행한다.

   실행화면에서 회사등록 ⇨ F4 회사코드재생성 을 실행하여야 선택하고자 하는 회사가 생성된다.

   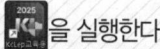

- 전표처리 · 부가가치세 · 결산 · 원천징수 따라하기 : 4000.(주)성남 ~ 4250.(주)합격
- 집중심화연습회사 : 4300.(주)영웅 ~ 4600.(주)천안

6. 웹하드(www.webhard.co.kr) 다운로드 방법
   ① 오른쪽 상단의 [로그인] 버튼을 클릭하여 아이디와 비밀번호를 입력한다. [아이디 : bobookcokr / 비밀번호 : book9750]
   ② [내리기전용] ⇨ [전산세무회계] ⇨ [전산세무 1급] 폴더에서 백데이터를 선택하여 다운로드 한다.
   ③ 이외의 사항은 위와 동일하다.

PART 01 실무프로그램의 시작

CHAPTER
01 실무프로그램의 시작

1. 프로그램의 시작

1 사용자 로그인

① 바탕화면에서  아이콘을 클릭한다.
② 사용자 설정화면에서 사용자가 작업할 "종목선택"을 선택한다.
③ 등록된 회사가 없으므로 화면하단의 회사등록 버튼을 클릭하여 작업할 회사를 먼저 등록한 다음
④ 회사코드와 회사명을 선택하고 로그인 버튼을 클릭하여 시작한다.
⑤ 백데이터를 실행 후 로그인하는 경우는 "회사코드"란에서 버튼을 클릭하여 작업할 회사를 선택하여 로그인 버튼을 클릭하여 시작한다.

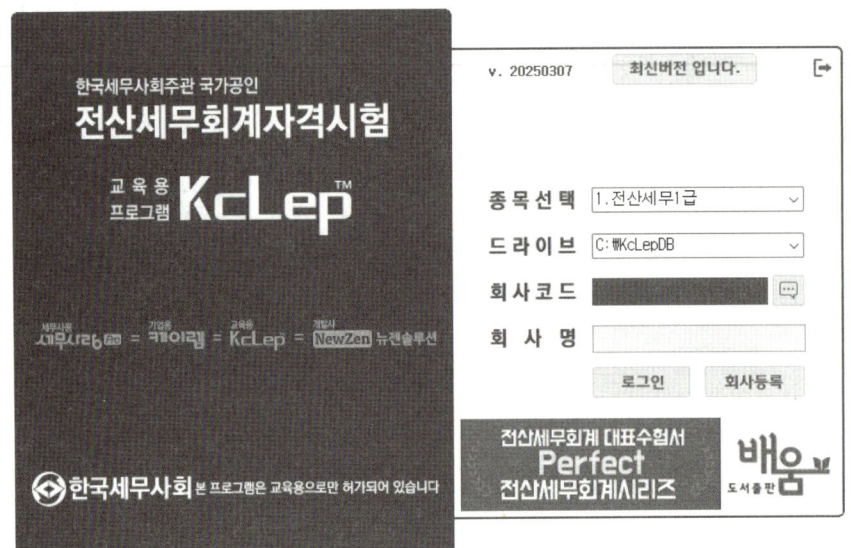

TIP

프로그램 설치 후 처음 시작할 때는 **회사등록**을 먼저하고, 한번 회사등록이 된 후에는 회사코드를 선택하여 로그인하여야 하나 **[전산세무 1급]**은 **백데이터를 활용**하여 연습하고자 한다.

2 급수별 프로그램 구성

구 분	전산회계 2급	전산회계 1급	전산세무 2급	전산세무 1급
기업기준	개인기업, 도·소매업	법인기업, 제조업	법인기업, 제조업	법인기업, 제조업
재무회계	회계원리	회계원리	중급회계	고급회계
원가회계	–	기초원가	원가계산	고급원가계산
부가가치세법	–	부가가치세 기초	부가가치세 실무	부가가치세 실무
소득세법	–	–	근로소득 원천징수 실무	근로·퇴직·사업·기타·이자·배당소득 원천징수 실무
법인세법	–	–	–	법인 세무조정실무

[전산세무 1급 기본메뉴 구성]

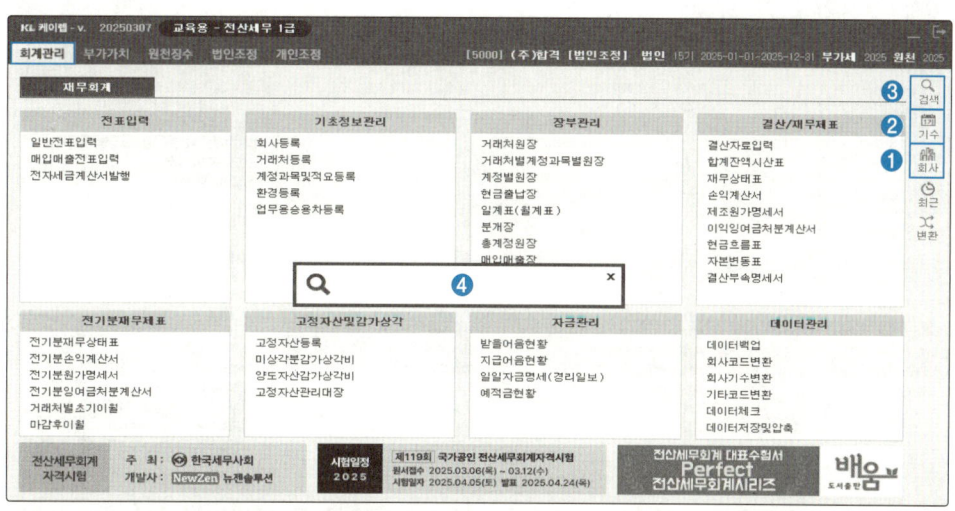

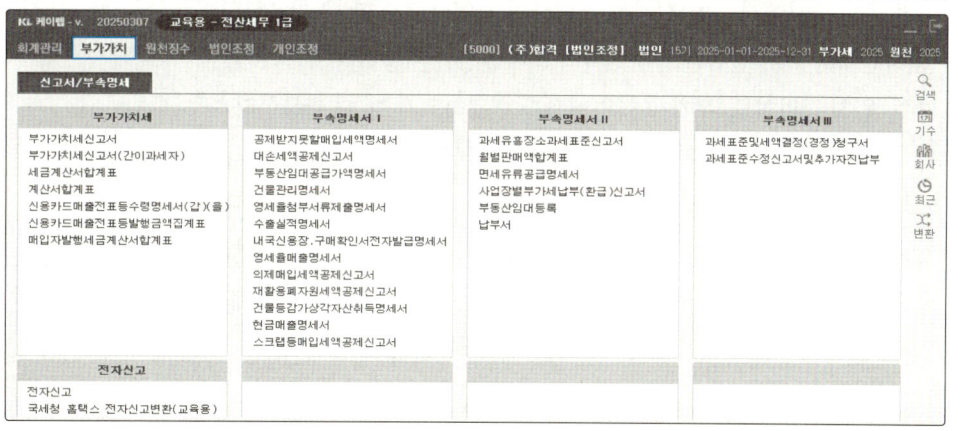

① 작업 중인 회사에서 다른 회사를 선택하여 작업하고자 할 때 활용한다.
(회사선택은 이미 선택된 급수에서의 회사변경만 가능하다.)
② 기수, 원천 작업연도, 부가세 작업연도를 변경하고자 할 때 활용한다.
③ 검색을 선택하면 검색 가능한 메뉴화면이 활성화 되며 메뉴이름 2글자를 입력하거나 초성 2글자를 입력하면 해당모듈 안에 있는 메뉴를 검색하여 실행가능하다.
④ 찾는 방법 : 검색 버튼을 클릭하거나 화면에서 마우스 중간의 휠(단축키 : Ctrl + Enter↵)을 누르면 화면 중간에 메뉴검색창이 뜬다. ③에서와 마찬가지로 메뉴이름 2글자 또는 초성 2글자를 입력하면 프로그램 안에 있는 모든 메뉴를 검색해 준다.

PART 02

회계정보시스템운용

CHAPTER 01 기초정보등록
CHAPTER 02 전기이월작업

전산실무

NCS 학습모듈	대분류	경영 · 회계 · 사무	
	중분류	재무 · 회계	
	소분류		회계
	세분류		회계 · 감사

NCS 능력단위	능력단위요소	수 행 준 거
0203020105_20v4 회계정보시스템 운용	0203020105_20v4.1 회계 관련 DB마스터 관리하기	1.1 DB마스터 매뉴얼에 따라 계정과목 및 거래처를 관리할 수 있다. 1.2 DB마스터 매뉴얼에 따라 비유동자산의 변경 내용을 관리할 수 있다. 1.3 DB마스터 매뉴얼에 따라 개정된 회계관련규정을 적용하여 관리할 수 있다.

01 기초정보등록

1. 회사등록

[회사등록]은 프로그램을 운용하여 작업할 기본회사를 등록하는 메뉴로서 프로그램 운영상 가장 먼저 등록되어야 한다. [회사등록]에 등록된 사항은 프로그램 운영 전반 및 각종 신고서에 반영되므로 정확이 입력해야 한다.

2. 환경등록

[환경등록] 메뉴는 프로그램을 운용하여 작업할 기본회사의 시스템환경을 설정하기 위한 메뉴로 회사등록 후 바로 설정한다. [환경등록]은 시스템전반에 걸쳐 영향을 미치기 때문에 초기 설정 값을 신중하게 고려하여 결정한다.

3. 거래처등록

[거래처등록]은 관리하고자 하는 거래처의 기본정보를 등록하는 메뉴이다. 상품매출 등의 거래 시 외상거래 등 채권·채무에 관한 거래가 발생했을 때, 보조장부로 거래처별 장부를 만들어 관리하게 되는데, 프로그램에서는 이를 거래처코드로 등록하고 거래처코드별로 집계된 [거래처원장]을 작성할 수 있다.

 **TIP**

[반드시 거래처코드를 입력해야 하는 계정과목]

채권계정	외상매출금	받을어음	미수금	선급금	장(단)기대여금	가지급금	임차보증금	보통예금 등
채무계정	외상매입금	지급어음	미지급금	선수금	장(단)기차입금, 유동성장기부채	가수금	임대보증금	

※ 예금 및 가수금은 시험 지문에 별도의 표시가 있는 경우 반드시 입력함에 유의

4. 계정과목 및 적요등록

계정과목은 시스템 전반에 영향을 미치므로 프로그램을 처음 사용하는 시점에서 정확하게 설정하여야 한다. 기업회계기준에 따라 가장 일반적인 계정과목은 이미 등록되어 있는 상태이므로 회사의 특성에 따라 계정과목을 계정과목코드체계에 따라 수정하거나 추가하여 사용할 수 있다. 또한, 전표입력 시 편의와 능률을 향상시키기 위해 자주 사용되는 적요를 입력하여 사용하는 메뉴이다.

CHAPTER 02 전기이월작업

당해연도 중에 개업한 경우가 아닌 전년도 이전에 개업한 회사에 대하여 시스템을 처음 사용하면서 전기분의 자료를 입력할 필요없이 전년도의 결산 재무제표를 입력하므로써 전기분과 당기분의 비교식 재무제표를 작성할 수 있게 된다.

1. 전기분 재무상태표

계속기업의 경우 전년도의 결산시 작성된 재무제표 중 재무상태표 항목은 이월을 받게 되는데 전기분 재무상태표는 각 계정별로 이월시킴과 동시에 당기분 보고용 비교식 재무상태표의 전기 자료를 제공한다.

2. 전기분 원가명세서

전기분 원가명세서는 계속기업의 비교식 원가명세서의 작성자료를 제공함과 동시에 손익계산서의 부속자료로 당기제품제조원가를 입력하는 메뉴이다. 전기분 재무상태표 및 전기분 손익계산서와 마찬가지로 [마감후 이월] 메뉴에서 전년도 장부를 마감하면 자동 이월된다.

3. 전기분 손익계산서

전기분 손익계산서는 계속기업의 비교식 손익계산서의 작성 자료를 제공함과 동시에 기업의 당기순이익을 계산하는 메뉴이기도 하다. 즉, 손익계산서에서 계산된 당기순손익은 재무상태표에 주기사항으로 표시되며 손익계산서가 작성되어야만 재무상태표의 당기순손익란에 반영되고 이익잉여금처분계산서의 당기순이익에 반영된다.

4. 전기분 이익잉여금처분계산서

법인기업은 당기순이익과 전년도에서 이월된 이익 등을 주주총회를 통해 배당하거나 적립 등의 용도로 처분하게 된다. 법인은 결산일로부터 3개월 이내에 주주총회를 하여 이익에 대한 처분을 하며, 이익처분이나 전입액 등을 보고하는 서식이다. 그러나 결산일은 결산기준일일 뿐

주주총회가 있기 이전으로 처분을 할 수 없으므로 전기이월 되어 넘겨받는 시점에서는 처분내역이 없음에 유의하여야 한다. 전기분 이익잉여금처분계산서는 당기순이익 및 처분내역을 입력하고 비교식 이익잉여금처분계산서를 작성하기 위하여 입력하는 메뉴이다.

> **TIP**
>
> [이익잉여금처분에 대한 회계처리 사례]
>
> 처분확정일자 2025년 2월 25일
>
> 제 10(전)기 2024년01월01일~2024년12월31일
>
> | 과목 | 계정과목명 | | 금액 | |
> |---|---|---|---|---|
> | | 코드 | 계정과목 | 입력금액 | 합계 |
> | I. 미처분이익잉여금 | | | | 134,225,000 |
> | 1. 전기이월미처분이익잉여금 | | | 43,100,000 | |
> | 2. 회계변경의 누적효과 | 0369 | 회계변경의누적효과 | | |
> | 3. 전기오류수정이익 | 0370 | 전기오류수정이익 | | |
> | 4. 전기오류수정손실 | 0371 | 전기오류수정손실 | | |
> | 5. 중간배당금 | 0372 | 중간배당금 | | |
> | 6. 당기순이익 | | | 91,125,000 | |
> | II. 임의적립금 등의 이입액 | | | | 5,000,000 |
> | 1. 배당평균적립금 | 0358 | 배당평균적립금 | 5,000,000 | |
> | 합계(I + II) | | | | 139,225,000 |
> | III. 이익잉여금처분액 | | | | 32,000,000 |
> | 1. 이익준비금 | 0351 | 이익준비금 | 2,000,000 | |
> | 2. 재무구조개선적립금 | 0354 | 재무구조개선적립금 | | |
> | 3. 주식할인발행차금상각액 | 0381 | 주식할인발행차금 | | |
> | 4. 배당금 | | | 30,000,000 | |
> | 가. 현금배당 | 0265 | 미지급배당금 | 20,000,000 | |
> | 주당배당금(률) | | 보통주(원/%) | | |
> | | | 우선주(원/%) | | |
> | 나. 주식배당 | 0387 | 미교부주식배당금 | 10,000,000 | |
> | 주당배당금(률) | | 보통주(원/%) | | |
> | | | 우선주(원/%) | | |
> | 5. 사업확장적립금 | 0356 | 사업확장적립금 | | |
> | 6. 감채적립금 | 0357 | 감채적립금 | | |
> | 7. 배당평균적립금 | 0358 | 배당평균적립금 | | |
> | 8. 기업합리화적립금 | 0352 | 기업합리화적립금 | | |
> | IV. 차기이월미처분이익잉여금 | | | | 107,225,000 |

① 처분확정일자 회계처리(2025년 2월 25일)

   [임의적립금 등의 이입액]
   (차) 배당평균적립금   5,000,000원   (대) 이월이익잉여금   5,000,000원

   [이익잉여금처분액]
   (차) 이월이익잉여금   32,000,000원   (대) 이익준비금   2,000,000원
                                                미지급배당금   20,000,000원
                                                미교부주식배당금   10,000,000원

② 배당금지급일자 회계처리

   [현금배당(개인주주 가정)]
   (차) 미지급배당금   20,000,000원   (대) 예수금   3,080,000원
                                                보통예금 등   16,920,000원

   [주식배당(액면배당)]
   (차) 미교부주식배당금   10,000,000원   (대) 자본금   10,000,000원

5. 거래처별초기이월

재고자산 등의 외상매입거래에 대하여 또는 특정한 계정과목에 대하여 거래처별 장부를 만들고자 할 때 사용하는 메뉴이며, 계정과목별로 관리대상 거래처와 전기말 잔액을 입력한다.

PART 03

전표관리

CHAPTER 01 일반전표입력
CHAPTER 02 매입매출전표입력

전산실무

NCS 학습모듈		
대분류	경영 · 회계 · 사무	
중분류	재무 · 회계	
소분류	회계	
세분류		세무

NCS 능력단위	능력단위요소	수 행 준 거
0203020201_23v6 적격증빙관리	0203020201_23v6.2 전표 처리하기	2.1 회계상 거래를 부가가치세신고 여부에 따라 일반전표와 매입매출전표로 구분할 수 있다. 2.2 부가가치세신고와 관련이 없는 회계상 거래를 일반전표에 처리할 수 있다. 2.3 부가가치세신고와 관련이 있는 회계상 거래를 매입매출전표에 처리할 수 있다.
	0203020201_23v6.3 적격증빙 서류관리하기	3.1 발생한 거래에 따라 관련 서류 등을 확인하여 증빙여부를 검토할 수 있다. 3.2 발생한 거래에 따라 관련 규정을 준수하여 증빙서류를 구분 대조할 수 있다. 3.3 증빙서류 관련 규정에 따라 제 증빙서류를 보관 · 관리할 수 있다. 3.4 업무용승용차 관련 거래를 인식하고 차량별로 운행일지를 관리할 수 있다.

CHAPTER 01 일반전표입력

1. 일반전표입력

[일반전표입력] 메뉴는 부가가치세신고와 관련된 매입매출거래(세금계산서, 계산서, 수입세금계산서, 신용카드 등 거래) 이외의 모든 거래를 입력하는 메뉴이다.

일반전표입력 필드 설명

항 목	입력내용 및 방법
	일반전표입력 메뉴가 활성화되면 우측 상단에 작업년도가 자동으로 표시되며 커서는 월에 위치한다.
월, 일	① 입력하고자 하는 전표의 해당 월 2자리 숫자를 직접 입력하거나 열람단추를 클릭, 1월~12월 중 해당 월을 선택한다. ② 일자를 직접 입력하여 일일거래를 입력하거나, 해당 월만 입력 후 일자별 거래를 연속적으로 입력한다. 일자가 동일한 경우는 일자를 입력하지 않고 Enter를 치면 된다.
현금잔액	현금 잔액란에 표시된 금액은 전기분재무상태표의 현금으로 입력한 금액이며, 현금 계정과목의 입·출금에 따라 금액이 변경되며 버튼을 클릭하면 [현금출납장]이 조회된다.
구 분	전표의 유형을 입력하는 란으로 해당란에 커서가 위치하면 화면의 좌측하단의 메세지란에 다음과 같은 도움말이 나타난다. 1. 출금 2. 입금 3. 차변 4. 대변 5. 결산차변 6. 결산대변 ① 현금전표 – 출금전표 : 1, 입금전표 : 2 ② 대체전표 – 차변 : 3, 대변 : 4 ③ 결산전표 – 결산차변 : 5, 결산대변 : 6 (결산대체분개시만 사용함)

계정과목	거래 자료의 계정과목을 입력하며 코드번호는 3자리 입력 또는 선택으로 이루어진다. 기존에 없는 새로운 계정과목이나 계정과목명 변경 시에는 [기초정보관리 ⇨ 계정과목및적요등록] 메뉴에서 해당코드와 해당계정과목을 등록하여 사용한다.
	• 방법 1 : 계정코드를 모르는 경우 입력방법
	  ① 코드란에 커서 위치 시 코드도움(F2)을 받아 원하는 계정을 부분 검색하여 Enter로 입력
	  ② 코드란에 커서 위치 시 계정과목명 앞 두 글자를 입력하여 Enter로 입력
	• 방법 2 : 계정코드를 알고 있는 경우 입력하는 방법
	  코드란에서 계정과목 코드를 입력한다.
	
	[비용계정과목 선택 시 유의사항]
	500번대 : 제조경비 600번대 : 도급경비
	700번대 : 분양경비 800번대 : 판매관리비

항 목	입력내용 및 방법
거래처	채권 및 채무 관련계정 등의 거래처별 잔액 또는 거래내역을 관리하기 위해서는 거래처 코드를 입력하는 란이다. ■ **방법 1 : 거래처코드를 알고 있는 경우 입력방법** 해당 거래처코드를 입력하며 코드를 입력하면 거래처명은 자동으로 반영된다. ■ **방법 2 : 거래처코드를 모르는 경우 입력방법** ① 코드란에 커서 위치 시 코드도움(F2)을 받아 원하는 거래처를 부분 검색하여 Enter 로 입력(사업자등록번호로도 검색이 가능함) ② 코드란에 커서 위치 시 "+"키 또는 "00000"을 치고 원하는 거래처명 또는 사업자등록번호를 입력하여 Enter ■ **직전거래처코드와 동일한 경우 입력방법** "거래처명"만이 아닌 "거래처코드"까지 직전 전표와 동일한 입력을 원할 경우에는 거래처 코드란에서 "+"키를 누른 후 Enter 키를 누르면 자동 반영된다. ■ **신규거래처일 경우 입력방법** 코드란에 커서 위치 시 "+"키를 입력하고 거래처명을 입력하여 Enter ➡ 수정(tab)을 클릭하여 기본사항을 입력
적 요	적요는 숫자 0, 1 ~ 8, F2 중 해당 번호를 선택, 입력한다. ① 0 또는 Enter : 임의의 적요를 직접 입력하고자 할 때 선택한다. ② 1 ~ 8 또는 F2 : 화면 하단에 보여지는 내장적요로, 해당번호를 선택 입력한다. 기 내장 적요 외에 빈번하게 사용하는 적요의 경우에는 적요 코드 도움 창에서 적요편집(F8)키를 눌러 기 등록된 적요를 수정 또는 추가할 수 있다.
금 액	금액 입력 시 키보드의 "+"키는 "000"을 의미한다. 그러므로 2,000,000원을 입력할 경우 [2"+""+"로 입력]하여 활용한다.

1 출금거래 입력하기

출금거래란 현금이 지출된 거래를 말하며, 대변에 "현금" 계정과목만 기재된다.

| [분 개] | (차변) 복리후생비 등 | ××× | (대변) 현　　금 | ××× |

2 입금거래 입력하기

입금거래란 현금이 입금된 거래를 말하며, 차변에 "현금" 계정과목만 기재된다.

| [분 개] | (차변) 현　　금 | ××× | (대변) 외상매출금 등 | ××× |

3 대체거래 입력하기

대체거래란 현금이 포함되지 않은 거래를 말하며, 현금이 일부 포함된 거래도 대체거래로 입력할 수 있다.

| [분 개] | (차변) 복리후생비 등 | ××× | (대변) 미지급금 등 | ××× |

2. 일반전표입력 유형별 연습하기(회사코드 : 4000. (주)성남)

[자산의 회계처리]

[1] 3월 1일 (주)울산에 10,000,000원의 제품을 매출하고 수령한 약속어음을 상업은행에서 할인하고 9,500,000원을 보통예금으로 수령하였다. (매각거래의 요건을 충족함)

[2] 3월 2일 2022년 3월 2일 발생한 (주)형설유통의 외상매출금 7,700,000원에 대한 상법상 소멸시효가 완성되었으며 2025년 1기 확정부가가치세 신고시 부가가치세법에 의한 대손세액공제신청도 정상적으로 이루어질 예정이다. 대손세액공제액을 포함하여 대손과 관련된 회계처리를 하시오. (단, 대손충당금은 장부를 조회할 것)

[3] 3월 3일 전기 10월 20일 Amazon.com사에 수출한 물품에 대한 외상매출금 $10,000가 당기 3월 3일에 보통예금 계좌에 입금되었다. 전기말 외화자산부채에 대한 평가는 기업회계기준에 따라 적정하게 이루어졌다. 관련 환율정보를 참조하여 외상매출금의 보통예금 입금에 대한 회계처리를 하시오.

구 분	전기 10월 20일	전기 12월 31일	당기 3월 3일
환율	1$ = 1,100원	1$ = 1,000원	1$ = 1,050원

[4] 1월 1일 다음은 전기 결산내용으로 기업회계기준에 따라 정상적으로 회계처리 하였으며 동 사항과 관련하여 당기에 미치는 영향이 있다면 1월 1일자로 정리하고자 한다.

- 공장건물 화재보험료 10,000,000원 중 3,000,000원은 보험기간 미경과분이다.
- 2025년에 모든 보험 기간이 도래한다.

[5] 3월 4일 삼성화재에 공장 화재보험료(보험기간 : 5년)로 10,000,000원을 보통예금에서 납부하였으며, 화재보험료 중 40%는 저축성으로서 만기에 일정금액의 이자와 함께 전액 환급되는 장기성예금이고, 60%는 소멸되는 보장성보험이다. (선급보험료는 인식하지 말 것)

[6] 3월 5일 회사가 10%의 지분을 보유한 (주)수성으로부터 현금배당금 10,000,000원과 주식배당금으로 (주)수성 주식 500주(액면가액 5,000원)를 보통예금 및 주식으로 수령하였다. 배당금에 대한 원천징수 여부는 세법규정에 따라 처리하였다. 배당금에 관한 회계처리는 기업회계기준을 준수하였다.

[7] 12월 31일 당사는 2025년 1월 1일에 액면금액 100,000원인 (주)서울이 발행한 채권(표시이자 10%, 유효이자 15%, 만기 3년)을 88,584원에 만기보유 목적으로 현금구매 하였다. 2025년 12월 31일의 회계처리를 하시오. (단, 소수점 미만은 반올림하고 표시이자는 매년말 현금수령하며 공정가치측정은 고려하지 않으며 회계처리는 1월 2일에 입력하였다.)

[8] 3월 6일 당사는 매도가능증권을 72,500,000원에 처분하고 그 대금은 보통예금에 입금되었다. 당사는 기업회계기준에 따른 회계처리를 하며, 매도가능증권의 원시 취득가액은 77,000,000원, 전기말 시가는 75,200,000원이다.

[9] 3월 7일   공장건설용 토지를 매입하면서 법령에 의하여 공채를 액면가액으로 함께 매입하고 공채대금 1,800,000원은 현금으로 지급하였다. 공채 매입당시 공정가치는 1,650,000원으로 평가되며, 이는 단기매매증권으로 분류한다.

[10] 3월 8일   공장신축을 위하여 장현희로부터 건물과 토지를 현물출자 받고 즉시 그 토지에 있던 구건물을 철거하였다. 토지와 구건물 구입대금내역은 다음과 같다.

- 보통주 6,000주(주당 액면가액 5,000원 , 시가 7,500원) 발행하였다.
- 구건물 일괄구입비용, 철거비용, 토지등기비 명목으로 5,000,000원은 보통예금으로 지급하였다.
- 토지 및 건물의 공정가치는 주식의 공정가치와 동일하다.

[11] 3월 9일   산업자원부로부터 자산취득조건으로 정부보조금을 지원 받은 당사는 정부보조금 150,000,000원이 보통예금에 입금되었음을 확인하였다. 다만, 30%는 해당 프로젝트를 성공하는 경우에 3년 거치 분할 상환해야 할 의무를 부담하며, 70%는 상환의무를 부담하지 아니한다.

[부채의 회계처리]

[12] 3월 10일   (주)상호캐피탈에 대한 미지급금으로 계상되어 있는 차량구입에 따른 할부금이 매월 예정상환일에 다음과 같이 자동으로 보통예금에서 이체되고 있다. (3월 상환예정분만 회계처리 할 것)

할부금 상환예정내역서				
예정상환일	할부금	원 금	이 자	잔 액
2025. 3. 10.	1,200,000원	1,090,000원	110,000원	25,000,000원
2025. 4. 10.	1,200,000원	1,070,000원	130,000원	23,930,000원
2025. 5. 10.	1,200,000원	1,050,000원	150,000원	22,880,000원

[13] 3월 11일   당사는 액면금액 50,000,000원인 사채 중 40%를 18,000,000원에 중도상환하였다. 상환일 현재 사채할인발행차금 잔액은 4,500,000원이며, 회사의 다른 사채발행금액은 없는 것으로 가정한다. 상환대금은 보통예금 계좌에서 출금하였다.

[14] 3월 12일   만기 5년, 액면가 10,000,000원인 사채를 9,500,000원으로 (주)현재자동차에 할인발행하여 대금이 보통예금에 입금되었고 사채발행비 100,000원이 발생하여 현금으로 지급하였다.

[15] 3월 13일   당사는 나라은행과 확정급여형(DB형) 퇴직연금으로 매년 말 기준 퇴직금 추계액의 90%를 적립하고 적립액의 1%를 적립수수료로 지급하기로 계약하였다. 계약에 따라 올해 본사 임원의 퇴직연금 부담금 50,000,000원과 적립수수료 500,000원을 보통예금 계좌에서 이체하였다.

[16] 3월 14일   당사는 퇴직연금 12,000,000원을 보통예금계좌에서 나라은행으로 이체 하였다. 당사는 확정기여형 퇴직연금에 가입하였으며 이체한 금액에는 생산부서 직원분 7,000,000원이 포함되어 있고 나머지는 판매관리 부문에 해당하는 금액이다.

[17] 3월 27일 외국인 근로자를 위한 출국만기보험에 가입하였다. 이번달 보험료 2,500,000원을 법인 보통예금 통장에서 이체하였다.

[18] 3월 15일 확정급여형(DB) 퇴직연금제도를 실시하는 당사는 임원 이현지의 퇴직금 15,000,000원 지급시 퇴직연금운용사(나라은행)에서 12,000,000원, 나머지는 회사에서 보통예금으로 이체하였다. 퇴직금 지급일 현재 관련 계정을 조회하여 회계처리 한다. (퇴직소득에 대한 원천징수는 생략한다.)

[자본의 회계처리]

[19] 3월 16일 이사회 결의로 신주 30,000주(액면가액 1주당 5,000원, 발행가액 1주당 4,500원)를 발행하고 주금은 기업은행 보통예금 계좌로 납입 받았으며, 주식발행비 1,750,000원이 현금으로 별도 지출되었다. (주식발행초과금은 장부를 조회하여 처리할 것)

[20] 3월 17일 당사는 코리아전자로부터 차입한 장기차입금 100,000,000원을 출자전환하기로 하고, 보통주 18,000주(주당 액면가액 5,000원) 발행하여 코리아전자에 교부하였다. (주식할인발행차금은 장부를 조회하여 처리할 것)

[21] 3월 18일 발행주식 중 보통주 1,000주를 주당 5,000원에 보통예금으로 유상매입하여 즉시 소각하였다. (단, 주당 액면가액는 10,000원이며 감자차손익은 조회할 것)

[22] 3월 19일 아래와 같이 취득한 자기주식 50주를 주당 6,000원에 처분하고, 대금은 전액 현금으로 수령하였다.

2025년 1월 5일	자기주식 100주, 최초 취득(일시소유목적)	1주당 7,000원
2025년 2월 26일	자기주식 20주 처분	1주당 8,000원

[23] 3월 25일 주주총회에서 주주들에게 10,000,000원의 현금배당과 5,000,000원의 주식배당을 하기로 결의하였다. (단, 이익준비금은 현금배당의 10%를 적립하기로 한다.)

일반전표입력 유형별 연습하기 해설

NO	월	일	구분	계정과목	거래처	차변	대변
[1]	3	1	차변	보통예금		9,500,000	
			차변	매출채권처분손실		500,000	
			대변	받을어음	(주)울산		10,000,000
■ 매각거래 할인료 : 매출채권처분손실 ■ 차입거래 할인료 : 이자비용							
[2]	3	2	차변	부가세예수금		700,000	
			차변	대손충당금(109)		1,600,000	
			차변	대손상각비(판)		5,400,000	
			대변	외상매출금	(주)형설유통		7,700,000
■ 대손세액공제액 = 7,700,000원 × 10/110 = 700,000원 ■ 대손금이 확정되면 관련 대손충당금과 우선상계하고 잔액 부족시 당기비용(대손상각비)으로 처리한다.							

NO	월	일	구분	계정과목	거래처	차변	대변
[3]	3	3	차변	보통예금		10,500,000	
			대변	외상매출금	Amazon.com		10,000,000
			대변	외환차익			500,000

- 기업회계기준에 따라 화폐성외화자산·부채에 대하여 회계연도말에 외화환산손익을 계상하였으며 현재의 외상매출금의 장부가액은 10,000,000원(= $10,000 × 1,000원)이며 장부가액과 대금회수시점의 환율차이를 외환차손익으로 인식한다.

NO	월	일	구분	계정과목	거래처	차변	대변
[4]	1	1	차변	보험료(제)		3,000,000	
			대변	선급비용			3,000,000

- 전기미경과 보험료 회계처리 : (차) 선급비용 3,000,000   (대) 보험료(제) 3,000,000
- 당기에 보험기간이 경과하면 재수정분개에 의하여 당기비용으로 대체한다.

NO	월	일	구분	계정과목	거래처	차변	대변
[5]	3	4	차변	장기성예금	삼성화재	4,000,000	
			차변	보험료(제)		6,000,000	
			대변	보통예금			10,000,000

- 만기환급금이 있는 저축성 보험료 : 자산처리
- 만기환급금이 없는 순수보장성 보험료 : 당기 비용처리

NO	월	일	구분	계정과목	거래처	차변	대변
[6]	3	5	차변	보통예금		10,000,000	
			대변	배당금수익			10,000,000

- 기업회계기준상 회사가 수령한 현금배당은 배당금수익으로 인식하지만 주식배당은 배당금수익으로 계상하지 아니하며 회사가 보유한 주식의 수량 및 단가를 수정하여 주석으로 공시한다. 또한 법인에게 귀속되는 배당금에 대하여는 원천징수대상 소득이 아니므로 원천징수세액은 고려할 필요가 없다.

NO	월	일	구분	계정과목	거래처	차변	대변
[7]	12	31	차변	현　　금		10,000	
			차변	만기보유증권(181)		3,288	
			대변	이자수익 (또는 만기보유증권이자)			13,288

- 수령한 액면이자 = 액면가액 100,000원 × 표시이자율 10% = 10,000원
- 만기보유증권 할인발행 상각액 = (장부가액 88,584원 × 유효이자율 15%) − 10,000원 = 3,288원

NO	월	일	구분	계정과목	거래처	차변	대변
[8]	3	6	차변	보통예금		72,500,000	
			차변	매도가능증권처분손실		4,500,000	
			대변	매도가능증권(178)			75,200,000
			대변	매도가능증권평가손실			1,800,000

- 매도가능증권에 대한 기타포괄손익누계액의 누적금액은 그 유가증권을 처분하거나 손상차손을 인식하는 때에 일괄하여 당기손익에 반영한다.

NO	월	일	구분	계정과목	거래처	차변	대변
[9]	3	7	차변	단기매매증권		1,650,000	
			차변	토　　지		150,000	
			대변	현　　금			1,800,000

- 강제매입채권의 구입시 공채 액면가액과 공정가치와의 차이는 유형자산의 취득원가에 가산한다.

NO	월	일	구분	계정과목	거래처	차변	대변
[10]	3	8	차변	토 지		50,000,000	
			대변	자 본 금			30,000,000
			대변	주식발행초과금			15,000,000
			대변	보통예금			5,000,000
	▪ 공장신축을 위해 건물이 있는 토지를 구입하고 기존건물을 철거시 일괄구입비용과 철거비용은 당해 토지의 취득원가로 처리하며 현물출자시 주식의 공정가치가 토지의 취득원가(6,000주 × 7,500원)이다. ▪ 토지 취득원가 = (6,000주 × 7,500원) + 5,000,000원 = 50,000,000원							
[11]	3	9	차변	보통예금		150,000,000	
			대변	장기차입금	산업자원부		45,000,000
			대변	정부보조금(104.보통차감)			105,000,000
	▪ 정부보조금 수령시 상환의무가 있는 경우 차입금으로 처리하고 상환의무가 없는 경우는 자산의 차감계정으로 처리한다.							
[12]	3	10	차변	미지급금	(주)상호캐피탈	1,090,000	
			차변	이자비용		110,000	
			대변	보통예금			1,200,000
	▪ 중소기업의 경우 자산의 구입 시 명목가액으로 회계처리하고 현재가치차금인 이자를 할부금 상환시 당기 비용처리할 수 있다.							
[13]	3	11	차변	사 채		20,000,000	
			대변	보통예금			18,000,000
			대변	사채할인발행차금			1,800,000
			대변	사채상환이익			200,000
	▪ 사채할인발행차금 상계액 = 4,500,000원 × 40% = 1,800,000원 ▪ 사채상환이익 = (20,000,000원 − 1,800,000원) − 18,000,000원 = 200,000원							
[14]	3	12	차변	보통예금		9,500,000	
			차변	사채할인발행차금		600,000	
			대변	사 채			10,000,000
			대변	현 금			100,000
	▪ 사채발행비는 사채발행가액에서 차감하므로 사채할인발행차금이 증가한다.							
[15]	3	13	차변	퇴직연금운용자산	나라은행	50,000,000	
			차변	수수료비용(판)		500,000	
			대변	보통예금			50,500,000
	▪ 확정급여형(DB형) 퇴직연금 : 퇴직연금운용자산 처리 ▪ 확정기여형(DC형) 퇴직연금 : 퇴직급여(비용) 처리							
[16]	3	14	차변	퇴직급여(제)		7,000,000	
			차변	퇴직급여(판)		5,000,000	
			대변	보통예금			12,000,000

NO	월	일	구분	계정과목	거래처	차변	대변
[17]	3	27	차변	퇴직보험예치금		2,500,000	
			대변	보통예금			2,500,000

■ 퇴직보험료의 납입은 DB와 회계처리가 동일하며 퇴직보험예치금(투자자산)으로 대체한다.

[18]	3	15	차변	퇴직급여충당부채		15,000,000	
			대변	퇴직연금운용자산	나라은행		12,000,000
			대변	보통예금			3,000,000

■ 퇴직금 지급시 퇴직급여충당부채와 우선 상계하고 잔액 부족시 당기비용(퇴직급여) 처리한다.

[19]	3	16	차변	보통예금	기업은행	135,000,000	
			차변	주식발행초과금		15,000,000	
			차변	주식할인발행차금		1,750,000	
			대변	자 본 금			150,000,000
			대변	현 금			1,750,000

■ 주식발행비는 주식발행가액에서 차감하고 주식할인발행차금(또는 주식발행초과금)은 주식발행초과금(또는 주식할인발행차금)과 우선 상계처리하고 잔액은 주식할인발행차금(또는 주식발행초과금)으로 처리한다.

[20]	3	17	차변	장기차입금	코리아전자	100,000,000	
			대변	자 본 금			90,000,000
			대변	주식할인발행차금			1,750,000
			대변	주식발행초과금			8,250,000

■ 장기차입금과 주식의 액면가액 차이는 주식발행초과금으로 처리한다.

[21]	3	18	차변	자 본 금		10,000,000	
			대변	보통예금			5,000,000
			대변	감자차익			5,000,000

[22]	3	19	차변	현 금		300,000	
			차변	자기주식처분이익		20,000	
			차변	자기주식처분손실		30,000	
			대변	자기주식			350,000

■ 자기주식처분손실은 자기주식처분이익과 우선 상계처리하고, 잔액은 자기주식처분손실로 처리한다.

[23]	3	25	차변	이월이익잉여금		16,000,000	
			대변	미지급배당금			10,000,000
			대변	미교부주식배당금			5,000,000
			대변	이익준비금			1,000,000

CHAPTER 02 매입매출전표입력

1. 매입매출전표입력

부가가치세와 관련된 거래 자료를 입력하는 메뉴로 과세유형에 따라 부가가치세 금액과 화면 하단의 계정과목이 자동으로 표시되고 부가가치세신고서에 반영되므로 부가가치세에 대한 정확한 구분을 이해하고 입력해야 한다.

상단부는 부가가치세 관련 각 신고자료(부가가치세신고서, 세금계산서합계표, 매입매출장 등)로 활용되고, 하단부의 분개는 각 재무회계자료(총계정원장, 재무제표 등)에 반영된다. 단, **매입거래 중 고정자산취득과 관련된 거래는 반드시 하단부의 분개를 입력하여야 부가가치세신고서의 고정자산매입분에 반영**됨에 유의한다.

🔹 매입매출전표입력 필드 설명

항 목	입력내용 및 방법
월, 일	① 입력하고자 하는 전표의 해당 월 2자리 숫자를 직접 입력하거나 열람단추를 클릭, 1월 ~ 12월 중 해당 월을 선택한다. ② 일자를 직접 입력하여 일일거래를 입력하거나, 해당 월만 입력 후 일자별 거래를 연속적으로 입력한다. 일자가 동일한 경우는 일자를 입력하지 않고 Enter를 치면 된다.
유형	입력되는 매입매출자료의 유형코드 2자리를 입력한다. 유형은 크게 매출과 매입으로 구분되어 있으며, 유형코드에 따라 부가가치세신고서 등의 각 부가가치세 관련 해당 자료에 자동 반영되므로 정확한 입력을 하여야 한다.
품목	세금계산서 등에 기재되는 품명을 직접 기재하며 다수의 품명을 기재하는 경우 복수거래(F7) 버튼을 클릭하여 입력이 가능하다.
수량 단가	물품 수량(해당사항이 없을 경우 Enter 키를 누르면 단가로 커서 이동)과 물품 단가(해당사항이 없을 경우 Enter 키를 누르면 공급가액으로 커서 이동)를 직접 기재하며, 수량, 단가의 소수점관리를 원하면 환경등록이 선행되어야 한다.
공급가액 부가세	수량, 단가를 입력한 경우 공급가액 및 부가가치세는 자동으로 입력되며, 공급가액을 직접 입력 시는 금액을 입력한 후 Enter 키를 치면 부가가치세(공급가액의 10%)가 자동으로 표시되며 환경등록에 따라 공급가액의 절사방법으로 "1.절사, 2.올림, 3.반올림"을 선택할 수 있다.

항 목	입력내용 및 방법
코드 공급처명 사업/주민번호	일반전표입력과 동일하다. ① 신규 거래처 등록 시 거래처 코드란에서 "+"키를 입력하여 "00000"을 나오게 하고 신규 공급자를 등록한다. ② 주민등록기재분 세금계산서의 입력 : 주민등록 기재분 해당 거래처일 경우는 세부항목 입력사항 "5.주민등록번호" 입력 우측에 "1.주민등록번호"를 선택하면 세금계산서합계표에 [주민기재분]으로 자동 반영된다.
전자	전자(세금)계산서 여부를 구분하여 (세금)계산서합계표의 "전자(세금)계산서"란에 집계하도록 한다. 전자인 경우 '1.여'를 선택한다.
분개	매입매출거래의 회계처리를 위한 입력 란으로서 분개의 번호를 선택하면 해당 거래 유형에 따라 최대 5개까지(환경등록 선행) 자동분개 되어 입력된다. (기본계정의 입력은 환경등록에서 등록) (1) 0.분개없음 : 하단부에 분개를 하지 않을 때 사용하며 예를 들어 부가가치세 신고기간이 임박하여 자료가 취합된 경우, 모든 거래를 분개까지 하려면 많은 시간이 소요되므로 분개를 생략하고자 할 때 선택한다. (부가가치세신고관련 제반사항은 분개와 상관없이 작성되며, **고정자산 매입분은 회계처리 반영하여야 [고정자산취득]으로 반영**됨에 유의 ➡ 부가가치세신고서, 세금계산서합계표 등) (2) 1.현금 : 전액 현금거래일 경우 선택한다. (3) 2.외상 : 전액 외상거래(외상매출금, 외상매입금)일 경우 선택한다. (환경등록에서 추가계정 설정 가능) 단, 외상거래일지라도 미수금, 미지급금의 경우는 "3.혼합"을 선택해야 한다. (4) 3.혼합 : 상기 이외의 거래로서 기타 다른 계정과목을 사용하고자 할 때 선택한다. 다만, '1.현금' 과 '2.외상' 대신 '3.혼합'을 사용하여도 무방하다. 거래처코드를 입력할 때 유의하여야 할 계정과목 : 보통예금, 받을(지급)어음 등 (5) 4.카드 : 카드매출, 카드매입의 경우 카드사를 선택하면 [환경등록]에서 설정된 기본계정과 거래처에 카드가 자동 반영된다. (6) 5.추가 : [환경등록]의 "3.추가계정 설정"에 입력한 계정과목으로 회계처리하는 경우 선택하며, 다수의 업종에 경우 매출(매입)계정과목을 추가로 등록하여 사용할 수 있다.
적요	매입매출전표의 하단부의 적요는 별도로 입력하지 않으면 상단 품명란의 적요가 자동으로 입력된다. 적요를 직접 입력할 때에는 '0'을 사용하며 이미 등록된 적요를 선택하기 위해서는 코드도움(F2) 을 클릭하면 된다. [적요번호를 반드시 선택해야 하는 사례] ① 재고자산의 '타계정으로 대체액'의 경우　② 의제매입세액공제신고서 자동반영의 경우 ③ 재활용폐자원매입세액공제신고서 자동반영의 경우
간편집계표 ⇩ 예정누락분	① 부가세신고 관련하여 예정신고(1기 예정:1월~3월, 2기 예정 : 7월 ~ 9월) 시 누락된 전표를 표시할 때 사용하는 메뉴이다. 부가세신고서 예정신고누락분에 데이터가 반영된다. ② 예정누락분 전표를 체크하고 "Shift + F5"나 간편집계의 "예정누락분"을 클릭 ➡ 확정신고 개시년월 ➡ 확인(Tab) 선택 입력된 자료는 세금계산서 합계표, 부가가치세 신고서에 자동 반영된다.
간편집계표 ⇩ 수정세금계산	발급된 세금계산서에 수정사유가 발생한 경우 반드시 **"전자수정세금계산서"**를 발급하여 부가가치세신고를 하여야 하며, 발급기한이 경과한 경우라도 법 요건을 충족하였다면 가산세는 적용되지 않는다.

2. 매출유형별 실무프로세스

[매출전표 유형별 설명]

매출코드	유형	내용
11	과세	부가가치세 10% 세금계산서 발급 시 선택한다.
12	영세	영세율(Local L/C, 구매확인서에 의한 매출) 세금계산서 발급 시 선택하며, 전표입력 시 '**영세율구분**'을 반드시 선택하여 [영세율 매출명세서] 부가가치세 부속서류에 반영한다. [환경등록] 메뉴에서 '영세율구분' 기본 설정값을 설정하여 반영할 수도 있다. 　　6　유형 : 불공(54)의 불공제 사유　　　2 　　　유형 : 영세율매출(12.16) 구분
13	면세	계산서 발급 시 선택한다.
14	건별	세금계산서가 발행되지 않은 과세매출 입력 시 선택한다. **[사례]** 　소매매출로 영수증 또는 금전등록기 영수증 발행과 간주공급, 간주임대료 입력 시
15	간이	세금계산서가 발행되지 않는 과세매출 입력 시 선택하며 간이과세자가 사용하므로 일반과세자는 사용하지 않는다.
16	수출	영세율세금계산서 발급 의무가 면제되는 경우에 선택하며, 전표입력 시 '**영세율구분**'을 반드시 선택하여 [영세율 매출명세서] 부가가치세 부속서류에 반영한다. **[사례]** 　직수출(수출신고필증 등), 중계무역, 외국인도 등
17	카과	신용카드에 의한 과세매출 입력 시 선택한다. 입력된 자료는 [신용카드매출전표발행집계표] '**과세분**'에 자동 반영되며, 거래처등록 시 매출카드사의 가맹점등록사항을 반드시 입력해야 한다.
18	카면	신용카드에 의한 면세매출 입력 시 선택한다. 입력된 자료는 [신용카드매출전표발행집계표] '**면세분**'에 자동 반영된다.
19	카영	신용카드에 의한 영세율매출 입력 시 선택한다. 입력된 자료는 [신용카드매출전표발행집계표] '**과세분**'에 자동 반영된다.
20	면건	계산서가 발행되지 않은 면세매출 입력 시 선택한다.
21	전자	전자적결제(전자화폐) 수단으로의 매출 입력 시 선택한다. [전자화폐결제명세서]에 가맹점별로 집계되며, 거래처등록 시 가맹점등록사항을 반드시 입력한다.
22	현과	현금영수증에 의한 과세매출 입력 시 선택한다. 입력된 자료는 [신용카드매출전표발행집계표] '**과세분**'에 자동 반영된다.
23	현면	현금영수증에 의한 면세매출 입력 시 선택한다. 입력된 자료는 [신용카드매출전표발행집계표] '**면세분**'에 자동 반영된다.
24	현영	현금영수증에 의한 영세율매출 입력 시 선택한다. 입력된 자료는 [신용카드매출전표발행집계표] '**과세분**'에 자동 반영된다.

3. 매출유형별 분개 연습하기(회사코드 : 4000. (주)성남)

[매출 유형 : 11.과세]

[1] 당사는 (주)마도에 제품을 판매하는 과정에서 다음과 같은 일부 파손품 등의 문제가 발생하였다. 아래의 ①, ②, ③을 고려하여, 매출세금계산서는 1장으로 전자발급하여 전송하였다. 관련 자료를 입력하시오.

> ① 08월 20일 : 당사는 (주)마도에 제품 900개(@900원, 부가가치세 별도)를 판매하기로 하였다.
> ② 08월 29일 : 제품을 직접 운송 중 부주의로 3개가 파손되었다. 파손된 제품은 추가로 납품하지 않았다.
> ③ 08월 29일 : 납품하는 제품을 검수하는 과정에서 15개의 제품에서 미미한 하자가 발생하여, 15개의 제품에 대하여 개당 100원씩 판매가격을 인하하기로 하고 검수를 완료하였다.
> ④ 대금은 납품된 제품에 대해서만 한달후에 받기로 하였다.

[2] 8월 1일   제품 5,000,000원(부가가치세 별도)을 (주)광주에 매출하고 전자세금계산서를 발급한 후 즉시 전액을 국민카드로 결제받다.

[3] 8월 2일   비수출업체인 (주)지성상사와 다음과 같은 임가공계약 내용에 의해 제품을 납품하고 세법에 적합한 전자세금계산서를 교부하였다. 대금은 7월 31일에 현금으로 입금된 착수금을 상계한 잔액을 보통예금으로 받았다. 다만, 착수금에 대해서는 선세금계산서를 교부한 바 있다.

계약내용(공급가액)		
총계약 금액(계약일자)	35,000,000원(7월 31일)	
착 수 금	7월 31일	5,000,000원
납품기일 및 금액	8월 2일	30,000,000원

[4] 8월 3일   정부보조금에 의해 취득한 기계장치를 (주)울산에 매각대금 7,000,000원(부가가치세 별도)으로 처분하고 전자세금계산서를 발급하였으며 대금 중 5,000,000원은 어음(만기 : 2025.10.1.)으로 받고, 나머지는 다음달에 받기로 하였다. 처분하기 전까지 감가상각비와 감가상각누계액은 적정하게 회계처리 되어있으며, 처분 전 기계장치의 내용은 다음과 같다.

> ▪ 기계장치 : 25,000,000원   ▪ 정부보조금(기계장치 차감) : 8,000,000원
> ▪ 감가상각누계액 : 7,000,000원

[5] 8월 4일   당사는 (주)동양산업에 제품 6억원(부가가치세 별도)을 잔금일에 인도하기로 계약하였다. 대금은 수령약정일에 보통예금으로 이체받았으며, 해당 제품의 공급과 관련하여 전자세금계산서는 부가가치세법에 따라 정상적으로 발급하였다.

구분	계약금	1차 중도금	2차중도금	잔금
수령약정일	2025.08.04.	2026.08.04	2027.08.04	2028.08.04
수령액(부가가치세 포함)	165,000,000원	110,000,000원	110,000,000원	275,000,000원

[6] 8월 5일 7월 31일 (주)세무상사의 매출 전자세금계산서(공급가액 50,000,000원, 부가가치세 별도)에 대한 외상매출금을 약속한 기일(8월 30일) 전에 결제할 경우 10%를 할인하기로 하였는데 (주)세무상사가 외상매출금 중 할인액을 제외한 잔액을 보통예금계좌로 입금하였다. 따라서 당사는 부가가치세법에 따라 수정전자세금계산서를 발급하였다. 대금회수 및 수정전자세금계산서 관련 회계처리를 하시오. (본 수정전자세금계산서는 모두 매입매출전표입력에서 처리하기로 하며 할인액은 부가세예수금과 매출계정으로 처리한다.)

[7] 8월 6일 회사가 (주)광주에 2025년 7월 30일 공급한 제품매출(공급가액 10,000,000원, 부가가치세 1,000,000원)에 대하여 2025년 8월 6일 관련 계약이 해제되어 현행 부가가치세법에 따라 수정전자세금계산서를 발급하였다. (반드시 관련 자료를 조회한 후 회계처리 할 것)

[8] 8월 10일 (주)민국기업과 다음의 할부조건의 제품 판매계약을 체결하고 제품을 인도하였다. 제1회차 할부금액 및 부가가치세는 제품인도와 동시에 보통예금 계좌로 입금되었고, 전자세금계산서는 부가가치세법에 따라 발행되었으며 매출수익은 판매대가 전액을 명목가액으로 인식하였다. (단, 2·3회차 할부금 계정과목은 외상매출금을 사용할 것)

구 분	계약서상 지급일	계약서상 지급액(부가가치세 별도)
제1회차 할부금	2025년 08월 10일	200,000,000원
제2회차 할부금	2025년 10월 10일	200,000,000원
제3회차 할부금	2026년 01월 10일	200,000,000원
총 계		600,000,000원

[매출 유형 : 12.영세]

[9] 8월 7일 (주)코어드에 제품 20,000,000원(공급가액)을 구매확인서에 의하여 매출하고 영세율전자세금계산서를 발급하였다. 대금 중 10,000,000원은 보통예금으로 받고 나머지는 외상으로 하였다.

[10] 8월 8일 당사는 수출업자인 (주)경남기업과 수출재화에 대한 임가공용역(공급가액 5,000,000원)을 제공하였다. 세금계산서는 부가가치세 부담이 최소화되는 방향으로 부가가치세법 규정에 맞게 전자발행하였으며, 대금은 다음달 10일에 받기로 하였다. (매출계정은 "용역매출"을 사용할 것)

[매출 유형 : 13.면세]

[11] 8월 9일 (주)성남은 사용중이던 건물을 (주)한국물류에 매각하였다. 토지와 건물을 합하여 매각대금은 300,000,000원(부가가치세 별도)이고 관련 자료는 다음과 같다. 계약조건에 따라 전자세금계산서와 전자계산서를 발행하였으며, 매각대금은 보통예금계좌에 입금되었다. 전자세금계산서와 전자계산서는 매입매출전표에서 입력하되 분개는 토지와 건물을 합하여 일반전표에서 입력하시오.

구 분	토지	건물
기준시가	150,000,000원	50,000,000원

- 토지와 건물의 공급가액을 기준시가 비율로 안분계산함.
- 장부가액 : 토 지   200,000,000원
            건 물   500,000,000원
            건물감가상각누계액 400,000,000원

[매출 유형 : 14.건별]

[12] 8월 11일 (주)경주의 매출실적이 당초 목표를 초과하여 본사와의 약정에 따라 판매장려금을 본사의 제품(원가 : 15,000,000원, 시가 : 20,000,000원)으로 제공하였다. (재화의 공급에 해당하는 부분은 매입매출전표 메뉴에서 입력하고, 판매장려금계정으로 처리하기로 한다.)

[매출 유형 : 16.수출]

[13] 8월 12일 당사는 브라질의 Amazon.com사에 제품 직수출(FOB조건수출)을 진행하였다. 총 수출대금은 $35,000이고, 7월 30일에 수령한 계약금 $3,500(수령 후 바로 3,500,000원으로 환가함)을 제외한 잔금을 선적일인 8월 12일에 보통예금으로 수령하여 8월 15일에 환가하였다. 단, 회계처리는 일반기업회계기준에 따른다. (수출신고번호 입력은 생략)

- 7월 30일 기준환율 : 1,000원/달러
- 8월 12일 기준환율 : 1,200원/달러
- 8월 15일 기준환율 : 1,100원/달러

[14] 8월 13일 일본 쿄토에 소재하는 파낙소니사에게 다음의 소프트웨어 개발용역(국외에서 제공하는 용역)을 제공하고 용역대가인 ¥300,000을 보통예금으로 입금받았다. 단, 매출액은 용역매출(코드번호 : 420)로 반영하고, 하단의 '영세율구분'도 입력하시오.

- 용역제공장소 : 일본국 쿄토시
- 용역제공기간 : 8월 11일 ~ 8월 13일
- 용역제공완료일 : 8월 13일

일 자	8월 11일	8월 12일	8월 13일
재정환율	1,050원/¥100	1,030원/¥100	1,060원/¥100

[매출 유형 : 17.카과]

[15] 8월 14일 개인 소비자 김사부에게 제품을 4,400,000원(부가가치세 포함)에 판매하였고, 김사부의 신용카드(우리카드)로 결제하였다. 외상매출금으로 회계처리 하시오.

[매출 유형 : 22.현과]

[16] 8월 15일 시용판매 중인 제품 15대(대당 공급가액 500,000원, 부가가치세 별도) 중 5대에 대한 구매의사표시를 받았다. 판매대금은 보통예금으로 입금받았으며 동 금액에 대하여 국세청 지정번호(010 - 0001 - 0000)로 현금영수증을 발행하였다. (단, 거래처 입력은 생략한다.)

매출유형별 분개 연습하기 해설

NO	일자	유형	품목	공급가액	부가세	공급처명	전자	분개
	8/29	11.과세	제품	805,800	80,580	(주)마도	여	외상

	구분	계정과목	거래처	차변	대변
[1]	차변	외상매출금	(주)마도	886,380	
	대변	부가세예수금	(주)마도		80,580
	대변	제품매출	(주)마도		805,800

- 재화의 공급시기 및 세금계산서 교부시기는 인도일이다. 따라서 공급시기는 8월 29일이다.
- 재화의 공급가액 계산시 운송도중 파손품 및 하자로 인한 가격할인액 즉, 매출에누리는 과세표준에 포함되지 아니한 것이므로 세금계산서발행시 공급가액에는 제외된다.
- 공급가액 = (900개 − 3개 − 15개) × 900원 + (15개 × 800원) = 805,800원

NO	일자	유형	품목	공급가액	부가세	공급처명	전자	분개
	8/1	11.과세	제품	5,000,000	500,000	(주)광주	여	카드

	구분	계정과목	거래처	차변	대변
[2]	차변	외상매출금	국민카드	5,500,000	
	대변	부가세예수금	(주)광주		500,000
	대변	제품매출	(주)광주		5,000,000

- 분개유형을 "4.카드"로 선택하여 신용카드매출전표등발행금액집계표에 반영하도록 한다.

NO	일자	유형	품목	공급가액	부가세	공급처명	전자	분개
	8/2	11.과세	제품	30,000,000	3,000,000	(주)지성상사	여	혼합

	구분	계정과목	거래처	차변	대변
[3]	대변	부가세예수금	(주)지성상사		3,000,000
	대변	제품매출	(주)지성상사		35,000,000
	차변	선 수 금	(주)지성상사	5,000,000	
	차변	보통예금	(주)지성상사	33,000,000	

NO	일자	유형	품목	공급가액	부가세	공급처명	전자	분개
	8/3	11.과세	제품	7,000,000	700,000	(주)울산	여	혼합

	구분	계정과목	거래처	차변	대변
[4]	대변	부가세예수금	(주)울산		700,000
	대변	기계장치	(주)울산		25,000,000
	차변	감가상각누계액(207)	(주)울산	7,000,000	
	차변	정부보조금(217)	(주)울산	8,000,000	
	차변	미 수 금	(주)울산	7,700,000	
	차변	유형자산처분손실	(주)울산	3,000,000	

- 유형자산 처분시 정부보조금과 감가상각누계액은 장부에서 제거하여야 하며 상거래 이외의 어음 수취는 "미수금"으로 회계처리 한다.

NO	일자	유형	품목	공급가액	부가세	공급처명	전자	분개
	8/4	11.과세	계약금	150,000,000	15,000,000	(주)동양산업	여	혼합
	구분	계정과목		거래처	차변		대변	
[5]	대변	부가세예수금		(주)동양산업			15,000,000	
	대변	선 수 금		(주)동양산업			150,000,000	
	차변	보통예금		(주)동양산업	165,000,000			

■ 중간지급조건부의 공급시기는 대가의 각 부분을 받기로 한 때이므로 계약금 지급약정일이 공급시기이며 세금계산서를 발급하고 선수금으로 회계처리 후 제품 인도시 상계처리 한다.

NO	일자	유형	품목	공급가액	부가세	공급처명	전자	분개
	8/5	11.과세	매출할인	-5,000,000	-500,000	(주)세무상사	여	혼합
	구분	계정과목		거래처	차변		대변	
	대변	부가세예수금		(주)세무상사			-500,000	
[6]	대변	제품매출		(주)세무상사			-5,000,000	
	대변	외상매출금		(주)세무상사			55,000,000	
	차변	보통예금		(주)세무상사	49,500,000			

■ 매출할인에 의한 공급가액의 감소는 수정세금계산서 발급사유에 해당하며 그 사유가 발생한 날 수정세금계산서를 발급한다.
■ 복수답안 : (차) 보통예금 49,500,000원   (대) 외상매출금   55,000,000원
　　　　　　　 제품매출   5,000,000원   부가세예수금 -500,000원

NO	일자	유형	품목	공급가액	부가세	공급처명	전자	분개
	8/6	11.과세	계약해제	-10,000,000	-1,000,000	(주)광주	여	외상
	구분	계정과목		거래처	차변		대변	
[7]	차변	외상매출금		(주)광주	-11,000,000			
	대변	부가세예수금		(주)광주			-1,000,000	
	대변	제품매출		(주)광주			-10,000,000	

■ 계약이 해제된 때, 그 작성일은 계약해제일로 적고 비고란에 당초 세금계산서 작성일을 덧붙여 적은 후 붉은색 글씨로 쓰거나 부(負)의 표시를 하여 발급하며 당초 회계처리를 확인하여 상계처리 한다.

NO	일자	유형	품목	공급가액	부가세	공급처명	전자	분개
	8/10	11.과세	할부판매	600,000,000	60,000,000	(주)민국기업	여	혼합
	구분	계정과목		거래처	차변		대변	
	대변	부가세예수금		(주)민국기업			60,000,000	
[8]	대변	제품매출		(주)민국기업			600,000,000	
	차변	보통예금		(주)민국기업	220,000,000			
	차변	외상매출금		(주)민국기업	440,000,000			

■ 장기할부조건 : 대가의 각 부분을 받기로 한 때 ⇨ 과세표준 : 200,000,000원(제품매출 600,000,000원)
■ 단기할부조건 : 재화를 인도하는 때 ⇨ 과세표준 : 600,000,000원(5개월이내 회수, 전액 제품매출)

	NO	일자	유형	품목	공급가액	부가세	공급처명	전자	분개
		8/7	12.영세	제품	20,000,000	0	(주)코어드	여	혼합
[9]		영세율 구분			③ 내국신용장 · 구매확인서에 의하여 공급하는 재화				
	구분	계정과목		거래처		차변		대변	
	대변	제품매출		(주)코어드				20,000,000	
	차변	보통예금		(주)코어드		10,000,000			
	차변	외상매출금		(주)코어드		10,000,000			
	NO	일자	유형	품목	공급가액	부가세	공급처명	전자	분개
		8/8	12.영세	임가공용역	5,000,000	0	(주)경남기업	여	외상
[10]		영세율 구분			⑩ 수출재화임가공용역				
	구분	계정과목		거래처		차변		대변	
	차변	외상매출금		(주)경남기업		5,000,000			
	대변	용역매출(420)		(주)경남기업				5,000,000	
	NO	일자	유형	품목	공급가액	부가세	공급처명	전자	분개
		8/9	13.면세	토지	225,000,000		(주)한국물류	여	분개없음
			11.과세	건물	75,000,000	7,500,000	(주)한국물류	여	분개없음
	전표	구분	계정과목		거래처		차변		대변
[11]	일반전표	차변	감가상각누계액(203)				400,000,000		
		차변	보통예금				307,500,000		
		대변	부가세예수금						7,500,000
		대변	토　　지						200,000,000
		대변	건　　물						500,000,000
	■ 토지와 건물의 안분계산(안분순서 : 감정가액 ⇨ 기준시가 ⇨ 장부가액 ⇨ 취득가액)								
	■ 토지 공급가액 = 매각가액 × [토지 / (토지 기준시가 + 건물 기준시가)]								
	= 300,000,000원 × [150,000,000원 / (150,000,000원 + 50,000,000원)] = 225,000,000원								
	■ 건물 공급가액 = 매각가액 × [건물 / (토지 기준시가 + 건물 기준시가)]								
	= 300,000,000원 × [50,000,000원 / (150,000,000원 + 50,000,000원)] = 75,000,000원								
	NO	일자	유형	품목	공급가액	부가세	공급처명	전자	분개
		8/11	14.건별	판매장려금	20,000,000	2,000,000	(주)경주		혼합
	구분	계정과목		거래처		차변		대변	
[12]	대변	부가세예수금		(주)경주				2,000,000	
	대변	제품(적요:8.타계정으로 대체)		(주)경주				15,000,000	
	차변	판매장려금(판)		(주)경주		17,000,000			
	■ 판매장려금을 현물로 지급하는 경우 사업상증여에 해당하는 간주공급이며 과세표준은 시가이다.								

NO	일자	유형	품목	공급가액	부가세	공급처명	전자	분개
[13]	8/12	16.수출	제품	41,300,000	0	Amazon.com		혼합

	영세율 구분		① 직접수출(대행수출 포함)	
구분	계정과목	거래처	차변	대변
대변	제품매출	Amazon.com		42,000,000
차변	선 수 금	Amazon.com	3,500,000	
차변	보통예금	Amazon.com	37,800,000	
차변	외환차손	Amazon.com	700,000	

- 부가가치세 과세표준은 선적일 전에 환가한 경우 환가한 금액이고, 선적일 이후 외화로 보유하거나 환가한 경우에는 선적일의 기준환율로 환가한 금액이다.
  과세표준 = ($31,500 × 1,200원) + 3,500,000원 = 41,300,000원
- 기업회계기준 및 법인세법상 매출액은 인도일에 기준환율로 환산한 금액이다.
  매출액 = $35,000 × 1,200원 = 42,000,000원

NO	일자	유형	품목	공급가액	부가세	공급처명	전자	분개
[14]	8/13	16.수출	개발용역	3,180,000	0	파낙소니사		혼합

	영세율 구분		⑥ 국외에서 제공하는 용역	
구분	계정과목	거래처	차변	대변
대변	용역매출	파낙소니사		3,180,000
차변	보통예금	파낙소니사	3,180,000	

- 용역의 공급시기는 용역제공완료일이며 제공완료일의 환율로 계산한 금액이 과세표준이다.

NO	일자	유형	품목	공급가액	부가세	공급처명	전자	분개
[15]	8/14	17.카과	제품	4,000,000	400,000	김사부		카드

	신용카드사		우리카드	
구분	계정과목	거래처	차변	대변
차변	외상매출금	우리카드	4,400,000	
대변	부가세예수금	김사부		400,000
대변	제품매출	김사부		4,000,000

NO	일자	유형	품목	공급가액	부가세	공급처명	전자	분개
[16]	8/15	22.현과	제품	2,500,000	250,000			혼합

구분	계정과목	거래처	차변	대변
대변	부가세예수금			250,000
대변	제품매출			2,500,000
차변	보통예금		2,750,000	

4. 매입유형별 실무프로세스

[매입전표 유형별 설명]

매출코드	유형	내 용
51	과세	교부받은 **매입세금계산서(공제가능)** 입력 시 선택한다.
52	영세	교부받은 **영세율** 매입세금계산서 입력 시 선택한다.
53	면세	교부받은 **매입계산서** 입력 시 선택한다.
54	불공	**매입세액공제를 받을 수 없는 세금계산서(수입세금계산서 중 불공제분 포함)** 입력 시 선택한다. ① 사유별로 우측 해당번호 선택 ② "공제받지못할매입세액명세서" 서식에 사유별로 자동반영 ③ [9.공통매입세액 안분계산서분], [11.납부세액재계산분]은 겸영사업자가 사용하며, "공제받지 못할매입세액명세서" 서식에 자동반영하여 계산하고자 할 경우 선택
55	수입	재화의 수입 시 세관장이 발행한 **수입세금계산서(매입세액공제)** 입력 시 선택한다. 수입세금계산서상의 과세표준(= 공급가액)은 단지 부가가치세 징수를 위한 과세표준일뿐 회계처리 대상은 아니다. 따라서 본 프로그램에서는 수입세금계산서의 경우 하단부 분개는 부가가치세만 표시 되도록 되어있다.
56	금전	매입세액공제가 가능한 금전등록기 이면확인영수증 입력 시 선택한다. (현재는 **폐지**)
57	카과	**매입세액공제**가 가능한 재화 등을 매입하고 **신용카드매입전표**를 수취한 경우 선택한다. 입력된 자료는 [신용카드매출전표수령명세서]에 자동 반영되며, 거래처등록 시 매입카드를 반드시 입력해야 한다.
58	카면	면세사업자에게 면세재화를 공급받고 신용카드매입전표를 수취한 경우 선택한다.
59	카영	영세율이 적용되는 재화 등을 매입하고 신용카드매입전표를 수취한 경우 선택한다.
60	면건	계산서가 교부되지 않은 면세 매입 입력 시 선택한다.
61	현과	**매입세액공제**가 가능한 재화 등을 매입하고 **현금영수증(지출증빙)**을 수취한 경우 선택한다. 입력된 자료는 [신용카드매출전표수령명세서]에 자동 반영된다.
62	현면	현금영수증에 의한 면세 매입을 입력 시 선택한다.

5. 매입유형별 분개 연습하기(회사코드 : 4000. (주)성남)

[매입 유형 : 51.과세]

[1] 7월 1일 당사는 공장에서 사용할 운반용 트럭을 (주)경기자동차로부터 33,000,000원(부가가치세 포함)에 구입하고 전자세금계산서를 발급받았으며 취득 시 부가가치세는 현금으로 지급하고 나머지 잔액은 전액 외상으로 하였다.

[2] 7월 2일 노후 공장건물의 기둥 철골보강공사(공급가액 48,000,000원, 부가가치세 4,800,000원)와 파손유리창 교체작업(공급가액 1,200,000원, 부가가치세 120,000원)을 신일중공업에 의뢰하여 시행하고 전자세금계산서를 교부받았다. 공사대금은 2개월 후에 지급하기로 하였다. 철골보강공사는 내용연수를 현저히 증가시키는 거래이고 유리창 교체는 단순교체작업에 해당한다. (하나의 분개로 입력하되, 자본적지출은 자산계정, 수익적지출은 수선비계정을 사용한다.)

[3] 7월 3일 제조부의 업무용 이륜차(배기량 125cc)에 대해 당산주유소에서 주유를 하였다. 주유비는 세금계산서(전자세금계산서가 아님)를 교부받고 현금으로 지급하였다. (공급가액 22,000원, 부가가치세별도)

[4] 7월 4일 회사는 부흥정밀에 완성도지급기준에 의하여 2023년 1월 25일에 발주한 금형제작이 완성되어 2025년 7월 4일 인도받았다. 잔금 20,000,000원(부가가치세 별도)은 당초 지급약정일에 보통예금으로 지급하였으며, 현행 부가가치세법에 의하여 부흥정밀으로부터 매입전자세금계산서를 수취하였다. (금형은 비품으로 회계처리 한다.)

완성도	완성도 달성일	대금지급 약정일	금액(부가가치세 별도)	비 고
30%	2023. 11. 30	2022. 12. 5	30,000,000원	선급금 처리함
80%	2024. 11. 30	2023. 12. 5	50,000,000원	
100%	2025. 7. 4	2024. 7. 4	20,000,000원	

[5] 7월 5일 (주)하이테크로부터 소프트웨어를 취득하고 전자세금계산서를 수취(공급가액 35,000,000원, 부가가치세 별도)하였다. 회사는 주식을 발행(액면금액 25,000,000원, 공정가액 35,000,000원)하여 제공하고, 부가가치세는 현금으로 지급하였다. (주식할인발행차금은 없다고 가정)

[6] 7월 6일 시오상사에 대한 외상매입금 2,750,000원을 전액 당좌수표 발행하여 상환하다. 외상매입금은 모두 10일내 상환시 2% 할인조건으로 6월 30일에 매입한 원재료에 대한 것이며, 이에 대해서는 (−)수정전자세금계산서를 교부받았다. (매입할인 계정과목을 사용하여 회계처리함)

[7] 7월 7일 세영식당에서 공장 생산라인 직원들의 야근식사를 제공받고 종이세금계산서(공급가액 3,500,000원, 부가가치세 별도)를 수취하였고, 대금은 7월 15일에 지급할 예정이다. 2기 예정 부가가치세 신고시 해당 세금계산서를 누락하여 2기 확정 부가가치세 신고서에 반영하려고 한다. 반드시 해당 세금계산서를 2기 확정 부가가치세 신고서에 반영시킬 수 있도록 입력/설정하시오.

[매입 유형 : 52.영세]

[8] 7월 8일   (주)영동상사에서 내국신용장에 의해 원재료를 18,000,000원에 매입하고 영세율전자세금계산서를 발급받았다. 대금은 현금 6,000,000원과 당좌예금 4,000,000원으로 지급하고 나머지는 다음 달 말에 지급하기로 하였다.

[매입 유형 : 53.면세]

[9] 7월 9일   화물운반용으로 사용하기 위하여 금융업을 영위하는 대한은행 도곡동 지점에서 사용하던 차량을 다음과 같이 구입하고 대금은 당좌수표를 발행지급 하였다.

> 〈차량매각회사인 대한은행의 자료〉
> ① 차명 : 1톤 포터   ② 취득가액 : 15,000,000원
> ③ 감가상각누계액 : 8,000,000원   ④ 판매가격 : 5,000,000원
> ⑤ 대한은행 도곡지점 담당자는 세법상의 전자세금계산서 또는 전자계산서를 발행하였다.

[매입 유형 : 54.불공]

[10] 7월 10일   대표이사 박두철의 자택에서 사용할 목적으로 (주)직진마트에서 에어컨을 현금으로 1,200,000원(부가가치세 별도)에 구입하고 회사명의로 전자세금계산서를 수령하였다.

[11] 7월 11일   영업부서에서 사용하기 위하여 (주)금오렌터카에서 렌트한 에쿠스승용차(3,778cc)와 관련한 전자세금계산서(공급가액 700,000원, 부가가치세 70,000원)를 발급받았다. 렌트비용은 수수료비용으로 회계처리하고, 청구금액은 전액을 보통예금에서 이체하였다.

[12] 7월 12일   영업부서는 가든주류(주)로부터 매출처에 증정할 선물을 3,000,000원(VAT 별도)에 외상으로 구입하고 전자세금계산서를 수취하였다. (전액 비용으로 회계처리 할 것)

[13] 7월 13일   당사는 면세사업에 사용하기 위하여 (주)하이테크로부터 기계장치(공급가액 : 50,000,000원, 부가가치세 별도)를 외상으로 구입하고, 설치비용으로 3,000,000원(부가가치세 별도)을 현금으로 지급하였다. 전자세금계산서는 관련 거래 전부에 대하여 일괄 발급받았다.

[14] 7월 14일   제조시설로 사용할 공장을 건설하기 위하여 취득한 토지의 소유권 이전을 정직법무사 사무소에 의뢰하고 수수료 500,000원(부가가치세 별도) 중 절반은 보통예금으로 이체하고 잔금은 다음 달에 지급하기로 하였다. 당사는 전자세금계산서를 적법하게 수취하였다.

[매입 유형 : 55.수입]

[15] 7월 15일   일본 산요사로부터 수입한 원재료(¥3,500,000)와 관련하여, 인천세관으로부터 금일자를 작성일자로 하는 수입전자세금계산서를 교부받아 동 부가가치세액 3,850,000원을 인천세관에 현금으로 완납하였다. 단, 부가가치세와 관련된 것만을 회계처리 하기로 한다.

[매입 유형 : 57.카과]

[16] 7월 16일 사무실 직원들에게 제공할 명절선물세트를 (주)형설유통에서 550,000원(공급대가)에 구입하고, 하나카드로 결제하였으며, 카드결제에 대하여 매입세액공제요건은 충족하였다.

[매입 유형 : 58.카면]

[17] 7월 17일 (주)직진마트에서 한우갈비셋트(부가가치세 면세대상임) 1,100,000원을 법인명의 신용카드(대한카드)로 구입하고, 신용카드 매출전표를 수취하였다. 이 중 400,000원은 복리후생차원에서 당사 공장직원에게 제공하였고, 나머지는 특정 매출거래처에 증정하였다.

[매입 유형 : 61.현과]

[18] 7월 18일 영업부에서는 사무실 사용목적으로 임차할 건물을 강남공인중개사로부터 소개를 받았다. 이와 관련하여 당사는 중개수수료 550,000원(부가가치세 포함)을 보통예금에서 이체함과 동시에 강남공인중개사로부터 현금영수증을 수취하였다.

[매입 유형 : 62.현면]

[19] 7월 19일 영업부 사무실 신문구독료 50,000원을 동아일보사에 현금결제하고 지출증빙용 현금영수증을 교부받았다.

매입유형별 분개 연습하기 해설

NO	일자	유형	품목	공급가액	부가세	공급처명	전자	분개
[1]	7/1	51.과세	트럭	30,000,000	3,000,000	(주)경기자동차	여	혼합
	구분	계정과목		거래처		차변	대변	
	차변	부가세대급금		(주)경기자동차		3,000,000		
	차변	차량운반구		(주)경기자동차		30,000,000		
	대변	현 금		(주)경기자동차			3,000,000	
	대변	미지급금		(주)경기자동차			30,000,000	

NO	일자	유형	품목	공급가액	부가세	공급처명	전자	분개
[2]	7/2	51.과세	공사	49,200,000	4,920,000	신일중공업	여	혼합
	구분	계정과목		거래처		차변	대변	
	차변	부가세대급금		신일중공업		4,920,000		
	차변	건 물		신일중공업		48,000,000		
	차변	수선비(제)		신일중공업		1,200,000		
	대변	미지급금		신일중공업			54,120,000	

■ 내용연수 증가는 자본적지출(건물), 유리창 교체는 수익적지출(수선비)로 처리한다.

NO	일자	유형	품목	공급가액	부가세	공급처명	전자	분개
[3]	7/3	51.과세	주유	22,000	2,200	당산주유소		현금
	구분	계정과목		거래처	차변		대변	
	출금	부가세대급금		당산주유소	2,200		(현금)	
	출금	차량유지비(제)		당산주유소	22,000		(현금)	

■ 125cc 이하 이륜자동차의 구입·유지·임차는 매입세액공제가 가능하다.

NO	일자	유형	품목	공급가액	부가세	공급처명	전자	분개
[4]	7/4	51.과세	금형	20,000,000	2,000,000	부흥정밀	여	혼합
	구분	계정과목		거래처	차변		대변	
	차변	부가세대급금		부흥정밀	2,000,000			
	차변	비 품		부흥정밀	100,000,000			
	대변	선 급 금		부흥정밀			80,000,000	
	대변	보통예금		부흥정밀			22,000,000	

■ 완성도기준의 공급시기는 대가의 각 부분을 받기로 한 때이므로 완성도 30%, 80% 시점의 선급금 지급시 세금계산서를 발급하였으므로 잔금에 대하여만 세금계산서를 발급한다.

NO	일자	유형	품목	공급가액	부가세	공급처명	전자	분개
[5]	7/5	51.과세	소프트웨어	35,000,000	3,500,000	(주)하이테크	여	혼합
	구분	계정과목		거래처	차변		대변	
	차변	부가세대급금		(주)하이테크	3,500,000			
	차변	소프트웨어		(주)하이테크	35,000,000			
	대변	현 금		(주)하이테크			3,500,000	
	대변	자 본 금		(주)하이테크			25,000,000	
	대변	주식발행초과금		(주)하이테크			10,000,000	

NO	일자	유형	품목	공급가액	부가세	공급처명	전자	분개
[6]	7/6	51.과세	매입할인	−50,000	−5,000	시오상사	여	혼합
	구분	계정과목		거래처	차변		대변	
	차변	부가세대급금		시오상사	−5,000			
	차변	외상매입금		시오상사	2,750,000			
	대변	매입할인(155)		시오상사			50,000	
	대변	당좌예금		시오상사			2,695,000	

■ 매입할인액 = 2,750,000원 × 2% = 55,000원(VAT 포함)

NO	일자	유형	품목	공급가액	부가세	공급처명	전자	분개
[7]	7/7	51.과세	야근식사	3,500,000	350,000	세영식당		혼합
	구분	계정과목		거래처	차변		대변	
	차변	부가세대급금		세영식당	350,000			
	차변	복리후생비(제)		세영식당	3,500,000			
	대변	미지급금		세영식당			3,850,000	

■ 예정신고누락분을 부가가치세신고서에 자동 반영하고자 하는 경우 [간편집계표 ⇨ 예정누락분]을 선택하고 "확정신고 개시년월 : 2025년 10월 1일"을 입력한다.

NO	일자	유형	품목	공급가액	부가세	공급처명	전자	분개
[8]	7/8	52.영세	원재료	18,000,000	0	(주)영동상사	여	혼합
	구분	계정과목		거래처	차변		대변	
	차변	원 재 료		(주)영동상사	18,000,000			
	대변	현 금		(주)영동상사			6,000,000	
	대변	당좌예금		(주)영동상사			4,000,000	
	대변	외상매입금		(주)영동상사			8,000,000	

NO	일자	유형	품목	공급가액	부가세	공급처명	전자	분개
[9]	7/9	53.면세	1톤포터	5,000,000		대한은행	여	혼합
	구분	계정과목		거래처	차변		대변	
	차변	차량운반구		대한은행	5,000,000			
	대변	당좌예금		대한은행			5,000,000	

■ 사업과 관련하여 일시·우발적으로 공급하는 재화 및 용역은 주된 사업이 면세이면 부수되는 공급도 면세이다. 그러므로 면세사업자가 일시적으로 판매하는 자동차는 면세이며 전자계산서를 발급해야 한다.

NO	일자	유형	품목	공급가액	부가세	공급처명	전자	분개
[10]	7/10	54.불공	에어컨	1,200,000	120,000	(주)직진마트	여	현금
	불공제 사유			② 사업과 직접 관련없는 지출				
	구분	계정과목		거래처	차변		대변	
	출금	가지급금		박두철	1,320,000		(현금)	

NO	일자	유형	품목	공급가액	부가세	공급처명	전자	분개
[11]	7/11	54.불공	렌트	700,000	70,000	(주)금오렌터카	여	혼합
	불공제 사유			③ 개별소비세법 제1조제2항제3호에 따른 자동차 구입·유지 및 임차				
	구분	계정과목		거래처	차변		대변	
	차변	수수료비용(판)		(주)금오렌터카	770,000			
	대변	보통예금		(주)금오렌터카			770,000	

NO	일자	유형	품목	공급가액	부가세	공급처명	전자	분개
[12]	7/12	54.불공	선물	3,000,000	300,000	가든주류(주)	여	혼합
	불공제 사유			④ 기업업무추진비 및 이와 유사한 비용 관련				
	구분	계정과목		거래처	차변		대변	
	차변	기업업무추진비(판)		가든주류(주)	3,300,000			
	대변	미지급금		가든주류(주)			3,300,000	

NO	일자	유형	품목	공급가액	부가세	공급처명	전자	분개
[13]	7/13	54.불공	기계장치	53,000,000	5,300,000	(주)하이테크	여	혼합
	불공제 사유			⑤ 면세사업 관련				
	구분	계정과목		거래처	차변		대변	
	차변	기계장치		(주)하이테크	58,300,000			
	대변	미지급금		(주)하이테크			55,000,000	
	대변	현 금		(주)하이테크			3,300,000	

NO	일자	유형	품목	공급가액	부가세	공급처명	전자	분개
[14]	7/14	54.불공	수수료	500,000	50,000	정직법무사	여	혼합
	불공제 사유			⑥ 토지의 자본적 지출 관련				
	구분	계정과목		거래처	차변		대변	
	차변	토 지		정직법무사	550,000			
	대변	보통예금		정직법무사			275,000	
	대변	미지급금		정직법무사			275,000	
	■ 토지의 취득과 관련된 비용은 토지의 취득원가에 해당하며 토지가 면세이므로 매입세액은 불공제된다.							

NO	일자	유형	품목	공급가액	부가세	공급처명	전자	분개
[15]	7/15	55.수입	원재료	38,500,000	3,850,000	인천세관	여	현금
	구분	계정과목		거래처	차변		대변	
	출금	부가세대급금		인천세관	3,850,000		(현금)	

NO	일자	유형	품목	공급가액	부가세	공급처명	전자	분개
[16]	7/16	57.카과	선물	500,000	50,000	(주)형설유통		카드
	신용카드사			하나카드				
	구분	계정과목		거래처	차변		대변	
	대변	미지급금		하나카드			550,000	
	차변	부가세대급금		(주)형설유통	50,000			
	차변	복리후생비(판)		(주)형설유통	500,000			

NO	일자	유형	품목	공급가액	부가세	공급처명	전자	분개
[17]	7/17	58.카면	한우갈비셋트	1,100,000		(주)직진마트		카드
	신용카드사			대한카드				
	구분	계정과목		거래처		차변		대변
	대변	미지급금		대한카드				1,100,000
	차변	복리후생비(제)		(주)직진마트		400,000		
	차변	기업업무추진비(판)		(주)직진마트		700,000		
NO	일자	유형	품목	공급가액	부가세	공급처명	전자	분개
[18]	7/18	61.현과	중개수수료	500,000	50,000	강남공인중개사		혼합
	구분	계정과목		거래처		차변		대변
	차변	부가세대급금		강남공인중개사		50,000		
	차변	수수료비용(판)		강남공인중개사		500,000		
	대변	보통예금		강남공인중개사				550,000
NO	일자	유형	품목	공급가액	부가세	공급처명	전자	분개
[19]	7/19	62.현면	신문구독료	50,000		동아일보사		현금
	구분	계정과목		거래처		차변		대변
	출금	도서인쇄비(판)		동아일보사		50,000		(현금)

입력 시 유의사항

- 일반적인 적요의 입력은 생략하지만, 타계정 대체거래는 적요 번호를 선택하여 입력한다.
- 세금계산서·계산서 수수거래와 채권·채무 관련 거래는 별도의 요구가 없는 한 등록되어 있는 거래처코드를 선택하는 방법으로 거래처명을 반드시 입력한다.
- 제조경비는 500번대 계정코드를, 판매비와관리비는 800번대 계정코드를 사용한다.
- 회계처리 시 계정과목은 등록된 계정과목 중 가장 적절한 과목으로 한다.
- 매입매출전표를 입력하는 경우 입력화면 하단의 분개까지 처리하고, 세금계산서 및 계산서는 전자 여부를 입력하여 반영한다.

전산세무 1급 자격시험의 [전표입력]은 일반전표입력과 매입매출전표입력이 혼재되어 출제되므로 이를 구분하여 입력해야 한다. 집중심화연습을 통해 전표의 구분과 입력을 해보도록 한다.

[1] 다음 거래에 대하여 적절한 회계처리를 하시오. [회사코드 : 4300.(주)영웅]
① 1월 5일   2024년 12월 3일 20,000,000원에 취득하였던 자기주식을 모두 소각하여 처리하였다. 자기주식의 2024년 12월 31일 공정가치는 21,000,000원이었고, 액면가액은 18,000,000원이었다.

② 1월 22일 영업소 경비실 건물을 신축하기 위해 해당 건물을 철거하였다. 철거당시 건물 관련 자료는 다음과 같다. (반드시 하나의 전표로 처리)

- 건물 장부가액 : 4,000,000원(취득원가 20,000,000원, 감가상각은 철거시점까지 이루어진 것으로 가정)
- 철거비용 : 1,000,000원(전자세금계산서 수취, 부가가치세 별도 금액이며 철거비용은 수수료비용으로 회계처리 하기로 한다.)
- 철거작업은 (주)창호상사가 시행하였고, 비용은 보통예금 계좌에서 이체되었다.

③ 3월 30일 판매부서는 보험료(보험사 : (주)태리화재)로 3,000,000원을 보통예금으로 납부하였다. 다음의 계약현황에 따라 회계처리를 하시오. (단, 자산으로 인식되는 부분은 장기성예금으로 회계처리 할 것)

	계약자	피보험자	수익자
계약현황	(주)영웅	판매부 임직원	(주)영웅
보험료납부내역	3,000,000원	보장성(상해보험) 100,000원, 저축성(만기환급) 2,900,000원	
계약기간	5년납입, 10년 만기	가입후 2년이 지난 상태임	

④ 3월 31일 당사의 영업부서는 업무 수행을 위해서 (주)바로캐피탈로부터 승용차(2,000cc, 5인승)를 임차하고 월 이용료 2,000,000원(부가가치세 별도)은 익월 5일에 통장에서 자동이체되며 전자세금계산서는 말일자로 수취하였다. (전액 비용으로 회계처리 할 것)

⑤ 4월 2일 당사는 본사(공장이 아님) 회계부 직원 대상으로 전문강사를 초빙하여 세법교육을 실시하였다. 강의료 2,000,000원은 사업소득으로 원천징수를 하여 원천징수영수증을 발급하고, 원천징수세액을 차감한 강의료를 보통예금에서 지급하였다.

⑥ 4월 10일 당사는 공장을 신축하기 위하여 토지의 형질변경비 5,500,000원(부가가치세 포함)과 공장신축을 위한 토지굴착비로 3,300,000원(부가가치세 포함)을 현금으로 지급하고 한길상사로부터 전자세금계산서를 각각 수취하였다. (상기 형질변경비와 토지굴착비의 계정은 토지 또는 건물의 계정과목으로 회계처리 할 것)

⑦ 9월 1일 회사는 단기적인 자금운용을 위해 2025년 1월 1일 14,750,000원에 취득한 국채를 경과이자를 포함하여 현금 14,930,000원을 받고 매각하였다. (발행일 2024년 5월 1일, 액면가액 15,000,000원, 표시이자율 3%, 이자지급일은 매년 12월 31일, 만기는 2044년 4월 30일, 이자는 월할계산 하기로 하고 채권중도 매도 시 원천징수는 생략함)

⑧ 9월 17일   당사는 미국의 GN Company와 FOB조건의 수출계약을 체결하고 주문받은 제품(미화 60,000달러)은 9월 17일 선적하였다. 대금은 8월 17일에 선수금 미화 50,000달러를 즉시 52,500,000원으로 환전했고, 10월 17일에 잔금을 수령하기로 하였다. 대금수수내역 및 기준환율은 다음과 같고, 동 거래에 대하여 부가가치세법상 과세표준으로 선적일의 회계처리를 하시오. (수출신고번호 입력은 생략)

일 자	금 액	기준환율
8월 17일	50,000달러	$1 = 1,050원
9월 17일	–	$1 = 1,100원
10월 17일	10,000달러	$1 = 1,070원

⑨ 9월 20일   토지에 대한 전기분 재산세 납부액 중 2,870,000원에 대하여 과오납을 원인으로 강남구청으로부터 환급 통보를 받았으며, 환급금은 한 달 뒤에 입금될 예정이다. (거래처명을 입력하고 당기의 영업외수익으로 처리할 것)

⑩ 10월 16일   당사가 개발 중인 신제품이 2026년 3월 말에 개발이 완료될 것으로 예상하였으나 경쟁력 미비로 신제품 개발을 중단하기로 하였다. 해당 제품 개발과 관련하여 개발비 계정에 20,000,000원이 계상되어 있다. 개발비 계정의 잔액을 일반기업회계기준과 법인세법의 규정을 충족하도록 회계처리 하시오.

[2] 다음 거래에 대하여 적절한 회계처리를 하시오. [회사코드 : 4400.(주)중부]

① 2월 15일   판매대리점에서 제품운반용으로 사용하는 트럭에 하늘주유소에서 70,000원(부가가치세 별도)어치 주유하고, 대금은 법인카드인 현대카드로 결제하였다. (단, 하늘주유소는 2023년 공급대가 합계액이 7,000만원인 간이과세사업자이다.)

② 8월 24일   치즈식당으로부터 공장 생산라인 직원들의 야근 식사를 제공받고 2,000,000원(부가가치세 별도)의 종이세금계산서를 수취하였고, 대금은 월말에 지급하기로 하였다. 2기 예정 부가가치세 신고 시 해당 세금계산서를 누락하여 2기 확정 부가가치세 신고서에 반영하려고 한다. 반드시 해당 세금계산서를 2기 확정 부가가치세 신고서에 반영시킬 수 있도록 입력/설정하시오.

③ 3월 21일   당사는 1월 2일에 주당 7,000원(액면금액 5,000원)에 취득하였던 자기주식 100주 중 50주를 주당 6,000원에 현금을 받고 매각하였다. 반드시 관련계정을 조회하여 회계처리 하시오.

④ 3월 31일 제조부서에 사용하던 노후 차량운반구를 친환경차로 교체할 목적으로 개인 김용남씨에게 처분하고 처분대가인 3,300,000원(부가가치세 포함)을 현금으로 수령과 동시에 현금영수증을 발급하였다. 차량운반구의 취득가액은 10,000,000원이며 전기 말 감가상각누계액은 4,000,000원이다. 처분일까지의 감가상각비를 계산하여 이를 분개에 반영한다. 내용연수는 5년이며, 잔존가치는 없다. 정액법을 사용하며, 월할계산하며 원단위 미만은 반올림한다. 반드시 하나의 전표로 처리한다.

⑤ 4월 6일 전기에 장기투자목적으로 구입한 (주)주은사의 주식(시장성 있음) 300주를 1주당 20,000원에 처분하고 대금은 보통예금에 입금되었다. 주식처분에 따른 증권거래세 40,000원과 거래수수료 15,000원은 현금으로 지급하였다. (주)주은사 주식의 취득 및 변동내역은 다음과 같으며, 주식의 취득 및 평가는 일반기업회계기준에 따라 적정하게 반영하였다.

- 2024. 9. 20. : 500주 취득(주당 15,000원 소요)   ■ 2024. 12. 31. 시가 : 1주당 24,000원

⑥ 5월 4일 당사가 (주)한빛은행에 가입한 확정급여형(DB)퇴직연금에서 퇴직연금운용수익(이자성격) 2,000,000원이 발생하였다. 회사는 퇴직연금운용수익이 발생할 경우 자산관리 수수료를 제외한 나머지 금액을 납입할 퇴직연금에 대체하기로 약정하였다. 퇴직연금에 대한 자산관리수수료율은 납입액의 5%이다. (이자소득에 대한 원천징수는 없는 것으로 한다.)

⑦ 5월 10일 당사는 (주)강남상사와 제품공급계약을 체결하였다. 제품은 잔금지급일인 2025년 5월 10일에 공급하기로 했다. 제품 공급가액은 500,000,000원이며 부가가치세는 50,000,000원이다. 대금은 지급 약정일에 보통예금으로 수령하였으며, 해당 제품의 공급과 관련하여 전자세금계산서는 부가가치세법에 따라 정상적으로 발급하였다. 2025년에 해당하는 전자세금계산서에 대한 회계처리를 하시오.

구분	계약금	1차 중도금	2차중도금	잔 금
지급약정일	2022.05.10	2023.05.10	2024.05.10	2025.05.10
지급액(부가가치세 포함)	165,000,000원	55,000,000원	165,000,000원	165,000,000원

⑧ 7월 1일 액면상 발행일이 2025년 1월 1일인 액면가액 10,000,000원의 사채를 회사사정상 2025년 7월 1일에 발행하고 대금은 현금 수령하였다. 액면상 발행일(1월 1일)의 발행가액은 9,278,800원이다. 7월 1일 현재 시장이자율은 12%이고 액면이자율은 10%이며 만기는 5년이다. (단, 이자는 월할계산하며, 단수는 절사한다.)

⑨ 7월 24일   수출업자인 (주)다희전자와 직접 도급계약을 체결하고 제공한 수출재화임가공용역 14,000,000원(공급가액)에 대한 전자세금계산서를 교부하였다. 대금은 7월 말에 받기로 하고 영세율첨부서류는 적정하게 제출하기로 한다. 단, 매출계정은 제품매출 계정을 사용하기로 한다.

⑩ 8월 1일   회사는 기업은행이 은행업무용으로 사용하던 중고 승용차를 9,900,000원에 보통예금으로 구입하였다. 기업은행은 해당 승용차 판매 당시 부가가치세법 규정을 준수하여 증빙을 전자발급하였다.

⑪ 12월 9일   매출처인 (주)강남상사의 부도로 전기에 대손처리했던 외상매출금 2억원 중 77,000,000원이 회수되었다. 회수는 전액 보통예금으로 입금되었으며, 외상매출금의 대손처리가 이루어진 기간의 부가가치세 신고에서는 대손세액공제를 받았다.

[3] 다음 거래에 대하여 적절한 회계처리를 하시오. [회사코드 : 4500.(주)서울]

① 3월 15일   2024년 12월 31일 결산 법인인 당사는 정기주주총회에서 결산을 확정하고 10,000,000원 현금 배당결의를 하였다. (당사는 이익준비금이 법정 자본금의 1/2에 미치지 않는다.)

② 3월 20일   당사는 자금사정의 회복으로 당사가 발행한 액면가액 50,000,000원의 사채 중 액면가액 30,000,000원의 사채를 중도상환하기로 하였다. 상환대금 33,000,000원을 전액 보통예금에서 지급하였으며, 상환 전 사채할증발행차금 잔액은 10,000,000원이다. (상환기간까지의 이자는 고려하지 아니한다.)

③ 6월 20일   원재료운반용 4톤 트럭(공급가액 25,000,000원, 부가가치세 별도)을 (주)이공자동차에서 구입하고 전자세금계산서를 교부받았다. 5월 31일 계약금으로 2,500,000원을 이미 지급하였고, 나머지 금액은 하나캐피탈(주)와 12개월 할부계약이 체결되었다. 차량 이전과 관련하여 취득세 1,250,000원을 별도 현금지급 하였다. (할부금은 미지급금 계정으로 처리하며, 고정자산 등록은 생략하며, 하나의 전표로 처리하시오.)

④ 7월 4일   (주)세무에 제품(총공급액 44,000,000원, 부가가치세 포함)을 판매하고 전자세금계산서를 발행하여 교부하였다. 대금 중 4,400,000원은 선수금과 상계하고, 20,000,000원은 동 회사가 발행한 어음으로 받았고, 잔액은 외상거래이다.

⑤ 7월 7일   원가 5,000,000원의 제품(시가는 부가가치세포함 6,600,000원임)을 접대목적으로 매출거래처 (주)나연상사에 제공하였다. 회계처리는 매입매출전표입력에서 하나의 분개로 처리하도록 한다.

⑥ 8월 12일   당사는 생산부 업무용으로 사용 중이던 승용차(5인승, 2,000cc)에 대한 수리를 개인사업자인 청산리카센타에서 정비하고 동일자에 정비대금 7,700,000원을 법인카드인 현대카드로 결제하였다. 승용차 정비내역은 자본적지출에 해당한다.

⑦ 8월 13일   환율이 하락하여 우리은행으로부터 2024년도에 차입한 외화장기차입금 계정의 미화 35,000달러 중 미화 17,500달러를 현금으로 상환하였다. (전기말 외화장기차입금 외화평가시 환율은 1,145원/1USD이고, 8월 13일 상환시 환율은 1,020원/1USD이다.)

⑧ 9월 12일   지난 주주총회에서 결의된 바에 따라 유상증자를 실시하여 신주 250,000주(액면가액 100원)를 주당 150원에 발행하고, 증자와 관련된 수수료 1,230,000원을 제외한 나머지 증자대금이 당사의 보통예금계좌에 입금되었다. (수수료비용계정을 사용하지 말고, 하나의 전표로 처리할 것)

⑨ 10월 3일   당사는 (주)굴비상사가 발행한 다음의 사채를 2년 후 매각할 목적으로 현금취득하였다.

- 만　　기 : 2028년 10월 2일(발행일 : 2025년 10월 3일)
- 액면이자율 : 8%(시장이자율 : 10%)
- 액면가액 : 10,000,000원
- 3년, 이자율 10%의 현가계수 : 0.75131
- 3년, 이자율 10%의 연금현가계수 : 2.48685

⑩ 9월 24일   미국 LA상사에서 원재료를 수입하면서 인천세관장으로부터 수입 전자세금계산서를 발급받고 부가가치세 5,000,000원과 통관 제비용(관세 900,000원, 통관수수료 150,000원)을 현금으로 지급하였다. (원재료는 현재 창고에 미입고 상태임)

[4] 다음 거래에 대하여 적절한 회계처리를 하시오. [회사코드 : 4600.(주)천안]

① 3월 28일   정기주주총회(2025년 2월 25일 개최)에서 확정한 10,000,000원 금전 배당액을 지분비율로 계산하여 보통예금에서 지급하였다. 다음의 당사 주주명부를 참조하여 전표입력 하시오. (배당금 지급 시 배당소득세를 원천징수하였으며, 거래처코드는 국세의 경우 "강남세무서", 지방세의 경우 "강남구청"으로 각각 반영한다.)

2024년말 기준　　　　　　　　　　주주명부　　　　　　　　　　(주)천안

성명	출자수	출자금액	비 고
나주인	5,000주	150,000,000원	개인주주
(주)다른나라	5,000주	150,000,000원	법인주주
계	10,000주	300,000,000원	

② 4월 14일 제품을 MORNING사에 직수출하고 대금은 2개월 후에 수령하기로 하였다. 선적일의 기준환율은 1$당 1,200원이고 총신고가격(FOB)은 $38,000, 결제금액(CIF)은 $40,000 이다.

③ 4월 20일 회사가 대표이사(한세영)로부터 차입한 장기차입금 500,000,000원을 출자전환하기로 하고 주식 40,000주(액면가액 10,000원)를 발행하여 교부하였으며, 자본증자 등기를 마쳤다. 관련 계정별원장을 참조하여 출자전환에 대한 전표입력을 하시오. (단, 증자관련 부대비용은 없는 것으로 하며, 차입금관련 계정은 "임직원등장기차입금"으로 하며 거래처등록도 관리한다.)

④ 8월 26일 2월 10일에 천안은행에서 차입한 장기차입금 800,000,000원을 천안은행과 협의하여 200,000,000원은 당좌예금으로 바로 상환하는 대신 500,000,000원은 출자전환하기로 하고 잔액 100,000,000원은 면제 받았다. 출자전환을 위해 보통주 5,000주(액면가액 주당 50,000원)를 발행하여 교부하였으며, 자본증자 등기를 마쳤다. 관련 계정별원장을 참조하여 하나의 전표로 입력하시오.

⑤ 당사는 5월 20일에 (주)국진전자에 제품 10,000,000원(부가가치세 별도)을 외상으로 판매한 바 있다. (주)국진전자는 이 거래에 대하여 외국환은행장으로부터 7월 8일자 외화획득용 '내국신용장'를 발급받아 이를 당사에 제출하였다. 이와 관련하여 추가로 발행된 수정세금계산서에 대한 회계처리(5월 20일)를 하시오.

⑥ 9월 20일 (주)유니상사의 파산으로 (주)유니상사에 대한 장기대여금 전액에 대하여 대손처리하였다. 단, 필요한 자료를 조회하여 대손과 관련된 회계처리를 행하시오.

⑦ 11월 17일 당사와 동일 업종을 영위하는 강진기업을 매수합병(포괄양도양수에 해당함)하고 합병대금 12,000,000원은 당좌수표를 발행하여 지급하다. 합병일 현재 강진기업의 자산은 토지(장부가액 8,000,000원, 공정가액 9,300,000원)와 특허권(장부가액 580,000원, 공정가액 1,400,000원)뿐이며 부채는 없다.

⑧ 12월 26일 생산자동화시스템을 (주)대영전기에서 150,000,000원(VAT 별도)에 구입하고 전자세금계산서를 발급받았다. 공장에서 사용할 생산자동화시스템을 도입하고 기술보증기금에서 지원받은 정부보조금을 포함하여 구입대금을 (주)대영전기에 보통예금 계좌에서 이체하였다. 정부보조금은 11월 10일 입금받았으며 기계는 2026년부터 사용예정이다.

⑨ 12월 27일 2022년 12월 26일 발생한 (주)도영산업의 외상매출금 7,260,000원에 대한 상법상 소멸시효가 완성되었으며 2025년 2기 확정부가가치세 신고시 부가가치세법에 의한 대손세액공제신청도 정상적으로 이루어질 예정이다. 대손세액공제액을 포함하여 대손과 관련된 회계처리를 하시오.

⑩ 12월 29일 영업부서 박인서과장의 생일선물로 당사가 생산한 제품(시가 : 500,000원, 원가 : 300,000원)을 사용하였다. (단, 시가와 원가는 부가가치세 제외금액이며, 모든 입력은 매입매출전표에서 할 것)

 해답 및 풀이

[1] 전표입력 [회사코드 : 4300.(주)영웅]

NO	전표	월일	구분	계정과목	거래처	차변	대변
❶	일반전표	1/5	차변	자 본 금		18,000,000	
			차변	감자차손		2,000,000	
			대변	자기주식			20,000,000

■ 자기주식은 자산이 아니므로 평가대상이 아니며, 전기말 공정가치는 고려되지 아니한다. 또한 주식의 소각으로 인한 액면가액과의 차이는 감자차손익으로 처리한다.

NO	전표	월일	유형	품목	공급가액	부가세	공급처명	전자	분개
❷	매입매출전표	1/22	51.과세	철거비용	1,000,000	100,000	(주)창호상사	여	혼합

구분	계정과목	거래처	차변	대변
차변	부가세대급금	(주)창호상사	100,000	
차변	감가상각누계액(203)	(주)창호상사	16,000,000	
차변	수수료비용(판)	(주)창호상사	1,000,000	
차변	유형자산처분손실	(주)창호상사	4,000,000	
대변	건 물	(주)창호상사		20,000,000
대변	보통예금	(주)창호상사		1,100,000

■ 철거시 발생되는 비용은 유형자산처분손실에 가산하나 별도 계정을 주었으므로 수수료비용으로 처리하고, 영업소 건물이므로 판매관리비를 사용한다.

NO	전표	월일	구분	계정과목	거래처	차변	대변
❸	일반전표	3/30	차변	장기성예금	(주)태리화재	2,900,000	
			차변	보험료(판)		100,000	
			대변	보통예금			3,000,000

■ 저축성 보험료 납입액은 자산으로 처리하며 보장만 받는 소멸성 보험료 납입액은 비용처리 한다.

NO	전표	월일	유형	품목	공급가액	부가세	공급처명	전자	분개
❹	매입매출전표	3/31	54.불공	임차	2,000,000	200,000	(주)바로캐피탈	여	혼합

	불공제사유	③ 개별소비세법 제1조제2항제3호에 따른 자동차 구입 · 유지 및 임차

구분	계정과목	거래처	차변	대변
차변	임차료(판)	(주)바로캐피탈	2,200,000	
대변	미지급금	(주)바로캐피탈		2,200,000

■ 유형자산 렌탈료(과세) : 세금계산서 수취   ■ 유형자산 운용리스료(면세) : 계산서 수취

NO	전표	월일	구분	계정과목	거래처	차변	대변
❺	일반전표	4/2	차변	교육훈련비(판)		2,000,000	
			대변	보통예금			1,934,000
			대변	예 수 금			66,000

NO	전표	월일	유형	품목	공급가액	부가세	공급처명	전자	분개
❻	매입매출전표	4/10	54.불공	형질변경	5,000,000	500,000	한길상사	여	현금

	불공제사유	⑥ 토지의 자본적 지출 관련

구분	계정과목	거래처	차변	대변
출금	토 지	한길상사	5,500,000	(현금)

전표	월일	유형	품목	공급가액	부가세	공급처명	전자	분개
매입매출전표	4/10	11.과세	토지굴착비	3,000,000	300,000	한길상사	여	현금

구분	계정과목	거래처	차변	대변
출금	부가세대급금	한길상사	300,000	(현금)
출금	건 물	한길상사	3,000,000	(현금)

NO	전표	월일	구분	계정과목	거래처	차변	대변
❼	일반전표	9/1	차변	현 금		14,930,000	
			차변	단기매매증권처분손실		120,000	
			대변	단기매매증권			14,750,000
			대변	이자수익			300,000

■ 이자수익 = 15,000,000원 × 3% × 8개월 ÷ 12개월 = 300,000원
■ 단기매매증권처분가액 = 14,930,000원 − 300,000원 = 14,630,000원
■ 단기매매증권처분손익 = 14,630,000원 − 14,750,000원 = △120,000원(손실)

NO	전표	월일	유형	품목	공급가액	부가세	공급처명	전자	분개
❽	매입매출전표	9/17	16.수출	제품	63,500,000	0	GN Company		혼합

	영세율 구분	① 직접수출(대행수출 포함)

구분	계정과목	거래처	차변	대변
대변	제품매출	GN Company		63,500,000
차변	선 수 금	GN Company	52,500,000	
차변	외상매출금	GN Company	11,000,000	

■ 부가가치세 과세표준 = 52,500,000원 + ($10,000 × 1,100원) = 63,500,000원

NO	전표	월일	구분	계정과목	거래처	차변	대변
⑨	일반전표	9/20	차변	미수금	강남구청	2,870,000	
			대변	전기오류수정이익(912)			2,870,000
	■ 중대하지 아니한 오류 : 영업외손익 ■ 중대한 오류 : 이익잉여금							

NO	전표	월일	구분	계정과목	거래처	차변	대변
⑩	일반전표	10/16	차변	무형자산손상차손		20,000,000	
			대변	개발비			20,000,000
	■ 장부상에 개발비로 인식하여 계상하였으며 미완료 상태이므로 무형자산상각은 시작하지 않았으므로 전액 손상차손 인식한다.							

[2] 전표입력 [회사코드 : 4400.(주)중부]

NO	전표	월일	유형	품목	공급가액	부가세	공급처명	전자	분개
❶	매입매출전표	2/15	57.카과	주유	70,000	7,000	하늘주유소		카드(혼합)
			신용카드사		현대카드				
		구분	계정과목		거래처		차변	대변	
		대변	미지급금(또는 미지급비용)		현대카드			77,000	
		차변	부가세대급금		하늘주유소		7,000		
		차변	차량유지비(판)		하늘주유소		70,000		
	■ 2023년 공급대가 합계액 4,800만원 이상인 간이과세자는 2024.7.1. ~ 2025.6.30.까지 세금계산서 발급의무 사업자이므로 그 사업자에게서 수취한 신용카드영수증은 매입세액 공제가 가능하다.								

NO	전표	월일	유형	품목	공급가액	부가세	공급처명	전자	분개
❷	매입매출전표	8/24	51.과세	야근식사	2,000,000	200,000	치즈식당		혼합
		구분	계정과목		거래처		차변	대변	
		차변	부가세대급금		치즈식당		200,000		
		차변	복리후생비(제)		치즈식당		2,000,000		
		대변	미지급금 또는 미지급비용		치즈식당			2,200,000	
	■ F11간편집계 → SF5 예정누락분 → 확정신고 개시년월 2025년 10월 입력 → 확인(Tab)								

NO	전표	월일	구분	계정과목	거래처	차변	대변
❸	일반전표	3/21	차변	현　　금		300,000	
			차변	자기주식처분이익		25,000	
			차변	자기주식처분손실		25,000	
			대변	자기주식			350,000
	■ 자기주식처분손실은 자기주식처분이익과 우선 상계후 잔액만 장부에 계상한다.							

NO	전표	월일	유형	품목	공급가액	부가세	공급처명	전자	분개
❹	매입매출전표	3/31	22.현과	차량운반구	3,000,000	300,000	김용남		혼합

구분	계정과목	거래처	차변	대변
대변	부가세예수금	김용남		300,000
대변	차량운반구	김용남		10,000,000
대변	감가상각누계액(209)	김용남		500,000
차변	감가상각비(제)	김용남	500,000	
차변	감가상각누계액(209)	김용남	4,500,000	
차변	현금	김용남	3,300,000	
차변	유형자산처분손실	김용남	2,500,000	

- 당기 감가상각비 = 10,000,000원 / 5년 × 3개월/12개월 = 500,000원
- 감가상각누계액 = 4,000,000원 + 500,000원 = 4,500,000원

NO	전표	월일	구분	계정과목	거래처	차변	대변
❺	일반전표	4/6	차변	보통예금		6,000,000	
			차변	매도가능증권평가이익		2,700,000	
			대변	매도가능증권(178)			7,200,000
			대변	현금			55,000
			대변	매도가능증권처분이익			1,445,000

- 매도가능증권 상계액 = 300주 × 24,000원(전년도 기말 평가액) = 7,200,000원
- 매도가능증권평가이익 상계액 = 4,500,000원 × 300주/500주 = 2,700,000원
- 매도가능증권처분이익 = 6,000,000원 − 4,500,000원 − 55,000원 = 1,445,000원

NO	전표	월일	구분	계정과목	거래처	차변	대변
❻	일반전표	5/4	차변	퇴직연금운용자산	(주)한빛은행	1,900,000	
			차변	수수료비용(965)		100,000	
			대변	이자수익			2,000,000

NO	전표	월일	유형	품목	공급가액	부가세	공급처명	전자	분개
❼	매입매출전표	5/10	11.과세	제품	150,000,000	15,000,000	(주)강남상사	여	혼합

구분	계정과목	거래처	차변	대변
대변	부가세예수금	(주)강남상사		15,000,000
대변	제품매출	(주)강남상사		500,000,000
차변	보통예금	(주)강남상사	165,000,000	
차변	선수금	(주)강남상사	350,000,000	

- 중간지급조건부의 공급시기는 대가의 각 부분을 받기로 한 때이므로 계약금 및 중도금 지급약정일이 공급시기이며 세금계산서를 발급하고 선수금으로 회계처리 후 제품 인도시 상계처리 한다.

NO	전표	월일	구분	계정과목	거래처	차변	대변
⑧	일반전표	7/1	차변	현 금		9,835,528	
			차변	사채할인발행차금		664,472	
			대변	사 채			10,000,000
			대변	미지급비용			500,000

- 사채발행대금 입금액 = 사채 발행가액(1/1) + 발행시점까지의 사채이자비용(1/1 ~ 6/30)
  = 9,278,800원 + (9,278,800원 × 12% × 6개월/12개월)
  = 9,278,800원 + 556,728원 = 9,835,528원
- 미지급비용(액면이자) = 10,000,000원 × 10% × 6개월/12개월 = 500,000원
- 사채할인발행차금 상각액 = 사채의 이자비용 − 사채의 액면이자
  = 556,728원 − 500,000원 = 56,728원
- 사채할인발행차금 = 액면가액 − 발행가액 − 사채할인발행차금상각액
  = 10,000,000원 − 9,278,800원 − 56,728원 = 664,472원

NO	전표	월일	유형	품목	공급가액	부가세	공급처명	전자	분개
⑨	매입매출전표	7/24	12.영세	제품	14,000,000	0	(주)다희전자	여	외상

	영세율 구분		⑩ 수출재화임가공용역		
구분	계정과목	거래처		차변	대변
차변	외상매출금	(주)다희전자		14,000,000	
대변	제품매출	(주)다희전자			14,000,000

- 수출재화임가공용역 계약을 수출업자와 직접 계약한 경우 영세율 적용이 가능하며 재임가공계약의 경우는 과세거래에 해당한다.

NO	전표	월일	유형	품목	공급가액	부가세	공급처명	전자	분개
⑩	매입매출전표	8/1	53.면세	승용차	9,900,000		기업은행	여	혼합

구분	계정과목	거래처	차변	대변
차변	차량운반구	기업은행	9,900,000	
대변	보통예금	기업은행		9,900,000

- 기업은행은 면세(금융업)사업자이므로 주된 사업과 관련된 일시·우발적인 공급은 면세이므로 계산서를 발급한다.

NO	전표	월일	구분	계정과목	거래처	차변	대변
⑪	일반전표	12/9	차변	보통예금		77,000,000	
			대변	부가세예수금			7,000,000
			대변	대손충당금(109)			70,000,000

- 대손처리한 채권을 회수하게 되면 관련 대손충당금으로 처리한다. 다만, 대손세액공제를 받은 해당 금액은 부가세예수금으로 처리하고 해당 과세기간 부가가치세 신고서 [대손세액가감]란에 가산한다.
  대손세액공제액 = 77,000,000원 × 10/110 = 7,000,000원

[3] 전표입력 [회사코드 : 4500.(주)서울]

NO	전표	월일	구분	계정과목	거래처	차변	대변
❶	일반전표	3/15	차변	이월이익잉여금		11,000,000	
			대변	미지급배당금			10,000,000
			대변	이익준비금			1,000,000

NO	전표	월일	구분	계정과목	거래처	차변	대변
❷	일반전표	3/20	차변	사 채		30,000,000	
			차변	사채할증발행차금		6,000,000	
			대변	보통예금			33,000,000
			대변	사채상환이익			3,000,000

- 사채할증발행차금 상각액 = 10,000,000원 × 30,000,000원/50,000,000원 = 6,000,000원
- 사채상환이익 = 36,000,000원 − 33,000,000원 = 3,000,000원

NO	전표	월일	유형	품목	공급가액	부가세	공급처명	전자	분개
❸	매입매출전표	6/20	51.과세	트럭	25,000,000	2,500,000	(주)이공자동차	여	혼합

구분	계정과목	거래처	차변	대변
차변	부가세대급금	(주)이공자동차	2,500,000	
차변	차량운반구	(주)이공자동차	26,250,000	
대변	선 급 금	(주)이공자동차		2,500,000
대변	현 금	(주)이공자동차		1,250,000
대변	미지급금	하나캐피탈(주)		25,000,000

NO	전표	월일	유형	품목	공급가액	부가세	공급처명	전자	분개
❹	매입매출전표	7/4	11.과세	제품	40,000,000	4,000,000	(주)세무	여	혼합

구분	계정과목	거래처	차변	대변
대변	부가세예수금	(주)세무		4,000,000
대변	제품매출	(주)세무		40,000,000
차변	선 수 금	(주)세무	4,400,000	
차변	받을어음	(주)세무	20,000,000	
차변	외상매출금	(주)세무	19,600,000	

NO	전표	월일	유형	품목	공급가액	부가세	공급처명	전자	분개
❺	매입매출전표	7/7	14.건별	접대	6,000,000	600,000	(주)나연상사		혼합

구분	계정과목	거래처	차변	대변
대변	부가세예수금	(주)나연상사		600,000
대변	제품 (적요:8.타계정대체)	(주)나연상사		5,000,000
차변	기업업무추진비(판)	(주)나연상사	5,600,000	

NO	전표	월일	구분	계정과목	거래처	차변	대변
❻	일반전표	8/12	차변	차량운반구		7,700,000	
			대변	미지급금	현대카드		7,700,000

■ 신용카드영수증 매입분 중 매입세액 불공제에 해당하는 경우 일반전표입력에 입력한다.

NO	전표	월일	구분	계정과목	거래처	차변	대변
❼	일반전표	8/13	차변	외화장기차입금	우리은행	20,037,500	
			대변	현 금			17,850,000
			대변	외환차익			2,187,500

■ 외환차익 = $17,500 × (1,145원 − 1,020원) = 2,187,500원

NO	전표	월일	구분	계정과목	거래처	차변	대변
❽	일반전표	9/12	차변	보통예금		36,270,000	
			대변	자 본 금			25,000,000
			대변	주식할인발행차금			750,000
			대변	주식발행초과금			10,520,000

■ 주식발행비는 발행가액에서 차감하고 주식발행초과금은 주식할인발행차금이 있는 경우 우선 상계한다.

NO	전표	월일	구분	계정과목	거래처	차변	대변
❾	일반전표	10/3	차변	매도가능증권(178)		9,502,580	
			대변	현 금			9,502,580

■ 사채 발행가액 = (10,000,000원 × 0.75131) + (800,000원 × 2.48685) = 9,502,580원

NO	전표	월일	유형	품목	공급가액	부가세	공급처명	전자	분개
❿	매입매출전표	9/24	55.수입	원재료	50,000,000	5,000,000	인천세관	여	혼합

	구분	계정과목	거래처	차변	대변
	차변	부가세대급금	인천세관	5,000,000	
	차변	미 착 품	인천세관	1,050,000	
	대변	현 금	인천세관		6,050,000

■ 수입 관련 통관제비용은 취득원가에 가산하며 수입재고자산이 창고 미입고 상태이므로 미착품으로 처리한다.

[4] 전표입력 [회사코드 : 4600.(주)천안]

NO	전표	월일	구분	계정과목	거래처	차변	대변
❶	일반전표	3/28	차변	미지급배당금		10,000,000	
			대변	예 수 금	강남세무서		700,000
			대변	예 수 금	강남구청		70,000
			대변	보통예금			9,230,000

■ 법인주주의 경우 배당소득세 원천징수대상이 아니므로 제외하고 개인주주 배당금 50%인 5,000,000원에 대해 배당소득세 14%, 지방소득세 1.4% 원천징수 한다.

NO	전표	월일	유형	품목	공급가액	부가세	공급처명	전자	분개
❷	매입매출전표	4/14	16.수출	제품	48,000,000	0	MORNING		외상

	영세율 구분	① 직접수출(대행수출 포함)

구분	계정과목	거래처	차변	대변
차변	외상매출금	MORNING	48,000,000	
대변	제품매출	MORNING		48,000,000

■ 수출시 과세표준은 결제금액(CIF)이다. → $40,000(CIF) × 1,200원 = 48,000,000원

NO	전표	월일	구분	계정과목	거래처	차변	대변
❸	일반전표	4/20	차변	임직원등장기차입금	한세영	500,000,000	
			대변	자 본 금			400,000,000
			대변	주식할인발행차금			100,000,000

■ 1주당 공정가치 = 장기차입금 500,000,000원 ÷ 40,000주 = 12,500원
■ 차입금(공정가치)과 자본금(액면가액)의 차이는 할증발행으로 보며 주식발행초과금은 주식할인발행차금과 우선 상계한다.

NO	전표	월일	구분	계정과목	거래처	차변	대변
❹	일반전표	8/26	차변	장기차입금	천안은행	800,000,000	
			대변	당좌예금			200,000,000
			대변	채무면제이익			100,000,000
			대변	자 본 금			250,000,000
			대변	주식할인발행차금			20,000,000
			대변	주식발행초과금			230,000,000

NO	전표	월일	유형	품목	공급가액	부가세	공급처명	전자	분개
	매입매출전표	5/20	11.과세	제품	−10,000,000	−1,000,000	(주)국진전자	여	외상

구분	계정과목	거래처	차변	대변
차변	외상매출금	(주)국진전자	−11,000,000	
대변	부가세예수금	(주)국진전자		−10,000,000
대변	제품매출	(주)국진전자		−1,000,000

NO	전표	월일	유형	품목	공급가액	부가세	공급처명	전자	분개
❺	매입매출전표	5/20	12.영세	제품	10,000,000	0	(주)국진전자	여	외상

	영세율 구분	③ 내국신용장·구매확인서에 의하여 공급하는 재화

구분	계정과목	거래처	차변	대변
차변	외상매출금	(주)국진전자	10,000,000	
대변	제품매출	(주)국진전자		10,000,000

NO	전표	월일	구분	계정과목	거래처	차변	대변
❻	일반전표	9/20	차변	대손충당금(180)		1,000,000	
			차변	기타의대손상각비		500,000	
			대변	장기대여금	(주)유니상사		1,500,000

- 거래처원장 조회시 (주)유니상사의 잔액은 1,500,000원이며, 대손이 발생하면 관련 대손충당금과 우선 상계 후 잔액이 부족하면 기타의대손상각비(당기비용)로 처리한다.

NO	전표	월일	구분	계정과목	거래처	차변	대변
❼	일반전표	11/17	차변	토 지		9,300,000	
			차변	특 허 권		1,400,000	
			차변	영 업 권		1,300,000	
			대변	당좌예금			12,000,000

NO	전표	월일	유형	품목	공급가액	부가세	공급처명	전자	분개
❽	매입매출전표	12/26	51.과세	자동화시스템	150,000,000	15,000,000	(주)대영전기	여	혼합

구분	계정과목	거래처	차변	대변
차변	부가세대급금	(주)대영전기	15,000,000	
차변	기계장치	(주)대영전기	150,000,000	
차변	정부보조금(127)	(주)대영전기	100,000,000	
대변	보통예금	(주)대영전기		165,000,000
대변	정부보조금(217)	(주)대영전기		100,000,000

- 정부보조금에 의한 자산 취득은 수령시 계정과목을 상계하고 취득자산의 차감계정으로 회계처리 한다.

NO	전표	월일	구분	계정과목	거래처	차변	대변
❾	일반전표	12/27	차변	부가세예수금		660,000	
			차변	대손충당금(109)		900,000	
			차변	대손상각비(판)		5,700,000	
			대변	외상매출금	(주)도영산업		7,260,000

- 대손세액공제액 = 7,260,000원 × 10/110 = 660,000원

NO	전표	월일	유형	품목	공급가액	부가세	공급처명	전자	분개
❿	매입매출전표	2/15	14.건별	생일선물	400,000	40,000			혼합

구분	계정과목	거래처	차변	대변
대변	부가세예수금			40,000
대변	제품(8.타계정대체)			300,000
차변	복리후생비(판)		340,000	

- 개인적공급에 해당하는 간주공급 중 경조사(생일)에 해당하는 경우 연 100,000원 초과하는 경우 초과금액에 대해서만 간주공급 400,000원(= 500,000원 − 100,000원)으로 본다.

PART 04

부가가치세 신고서 및 부속서류 작성

CHAPTER 01 부가가치세 부속서류
CHAPTER 02 부가가치세신고 및 가산세

전산실무

직무명	분류번호	능력단위명	수준	능력단위요소
세무	0203020205_23v6	부가가치세 신고	3	1 세금계산서 발급·수취하기 2 부가가치세 부속서류 작성하기 3 부가가치세 신고하기

능력단위정의: 부가가치세 신고란 상품의 거래나 서비스의 제공에서 얻어지는 부가가치에 대해 과세되는 금액에 대하여 부가가치세법에 따라 신고 및 납부 업무를 수행하는 능력이다.

NCS 능력단위	능력단위요소	수 행 준 거
0203020205_23v6 부가가치세 신고	0203020205_23v6.1 세금계산서 발급·수취하기	1.1 세금계산서의 발급방법에 따라 세금계산서를 발급하고 세금계산서합계표를 국세청에 전송할 수 있다. 1.2 수정세금계산서 발급사유에 따라 세금계산서를 수정 발행할 수 있다. 1.3 부가가치세법에 따라 세금계산서합계표를 작성할 수 있다.
	0203020205_23v6.2 부가가치세 부속서류 작성하기	2.1 부가가치세법에 따라 수출실적명세서를 작성할 수 있다. 2.2 부가가치세법에 따라 대손세액공제신고서를 작성하여 세액공제를 받을 수 있다. 2.3 부가가치세법에 따라 공제받지 못할 매입세액명세서와 불공제분에 대한 계산근거를 작성할 수 있다. 2.4 부가가치세법에 따라 신용카드매출전표 등 수령명세서를 작성해 매입세액을 공제받을 수 있다. 2.5 부가가치세법에 따라 부동산임대공급가액명세서를 작성하고 간주임대료를 계산할 수 있다. 2.6 부가가치세법에 따라 건물 등 감가상각자산취득명세서를 작성할 수 있다. 2.7 부가가치세법에 따라 의제매입세액공제신고서를 작성하여 의제매입세액공제를 받을 수 있다.
	0203020205_23v6.3 부가가치세 신고하기	3.1 부가가치세법에 따른 과세기간을 이해하여 예정·확정신고를 할 수 있다. 3.2 부가가치세법에 따라 납세지를 결정하여 상황에 맞는 신고를 할 수 있다 3.3 부가가치세법에 따른 일반과세자와 간이과세자의 차이를 판단할 수 있다. 3.4 부가가치세법에 따른 재화의 공급과 용역의 공급의 범위를 판단할 수 있다. 3.5 부가가치세법에 따른 부가가치세신고서를 작성할 수 있다.

CHAPTER 01 부가가치세 부속서류

1. 세금계산서합계표 및 계산서합계표

사업자가 세금계산서(또는 계산서)를 발급하였거나 세금계산서(또는 계산서)를 수취한 경우 [매출처별(세금)계산서합계표]와 [매입처별(세금)계산서합계표]를 예정신고 또는 확정신고시 관할세무서에 제출하여야 한다.

전자적으로 발급하고 기일내에 국세청에 전송된 전자세금계산서(또는 계산서)는 [전자분]탭에서 조회 되고, 종이로 발행된 세금계산서(또는 계산서)와 전자적으로 발급하였으나, 그 개별명세를 국세청에 전송하지 않거나, 과세기간 종료일 다음달 12일 이후에 국세청에 전송한 전자세금계산서(또는 계산서)는 [전자 이외분]탭에서 조회된다.

2. 신용카드매출전표등 발행집계표

신용카드매출전표 등을 발급한 사업자(법인포함)는 부가가치세 예정신고 또는 확정신고 시에 신용카드매출전표등발행집계표를 작성하여 부가가치세신고서와 함께 제출하여야 한다.

부가가치세가 과세되는 재화 또는 용역을 공급(**법인 및 매출 10억원 초과하는 개인사업자는 제외**)하고 신용카드매출전표 등을 발행하거나 전자화폐로 대금결제를 받는 경우에는 신용카드매출전표발행세액공제를 적용받을 수 있다.

> 세액공제액 = MIN[① 발행금액 또는 결제금액 × 1.3%, ② 연간 1,000만원]

2. 신용카드매출전표 등 발행금액 현황				
구 분	합 계	신용 · 직불 · 기명식 선불카드	현금영수증	직불전자지급 수단 및 기명식선불 전자지급수단
합 계				
과세 매출분		① 공급대가(부가가치세 포함)로 입력 ② 순수한 신용카드 매출금액 및 세금계산서 발급 후 신용카드 결제분도 포함하여 입력		
면세 매출분				
봉 사 료				

3. 신용카드매출전표 등 발행금액중 세금계산서 교부내역		
세금계산서발급금액	[2.신용카드매출전표 등 발행금액현황] 중 "세금계산서" 및 "계산서" 발급금액 입력	계산서발급금액

실무예제

다음 자료를 (주)동부(회사코드 : 4100)의 제1기 예정 부가가치세신고서에 추가로 반영하고, [신용카드매출전표등 발행금액집계표]를 작성하시오. (신용카드매출전표는 제시된 자료 외에는 없는 것으로 가정하며, 매입·매출전표에 입력은 생략)

① 1월 10일 : 거래처 (주)강한상사(사업자등록번호 105-81-91237)에 3,300,000원(공급대가)의 제품을 현금판매하고, 현금영수증을 교부하였다.
② 2월 25일 : 거래처 우주상사(사업자등록번호 105-81-00809)에 2,500,000원(공급가액)의 상품을 판매하고, 영세율세금계산서를 발행하고, 대금은 국민카드(가맹점번호 012345666)로 결제 받았다.
③ 3월 10일 : 비사업자 김유림에게 상품 1,430,000원(공급대가)을 소매로 매출하고, 국민카드(가맹점번호 012345666)로 결제받았다.

 예제 따라하기

(1) 신용카드매출전표발행집계표(조회기간 : 2025년 01월 ~ 2025년 03월)

해당 자료를 직접 **공급대가(발행금액)**로 입력한다.

구 분		1월 10일	2월 25일	3월 10일
신용카드 매출전표 발행집계표	신용카드등 발행금액	해당(현금영수증) 3,300,000원	해당(신용카드) 2,500,000원	해당(신용카드) 1,430,000원
	세금계산서 교부내역	비해당	해당 2,500,000원	비해당
부가가치세 신고서	(3)란 공급가액	직접입력 3,000,000원	–	직접입력 1,300,000원
	(5)란 공급가액	–	직접입력 2,500,000원	–
	(19)란 공급대가	직접입력 3,300,000원	–	직접입력 1,430,000원

2. 신용카드매출전표 등 발행금액 현황

구 분	합 계	신용·직불·기명식 선불카드	현금영수증	직불전자지급 수단 및 기명식선불 전자지급수단
합 계	7,230,000	3,930,000	3,300,000	
과세 매출분	7,230,000	3,930,000	3,300,000	
면세 매출분				
봉 사 료				

3. 신용카드매출전표 등 발행금액중 세금계산서 교부내역

세금계산서발급금액	2,500,000	계산서발급금액	

(2) 부가가치세신고서(조회기간 : 2025년 1월 1일 ~ 2025년 3월 31일)

매입매출전표입력 메뉴에 자료를 입력하지 않았으므로 해당란에 **직접 입력**하여야 한다. "신용카드·현금영수증발행분(3)"란에 금액은 공급가액과 부가가치세를 구분하여 입력하고 "신용카드매출전표등 발행공제등(19)"란 금액은 공급대가로 입력한다.

		구분		금액	세율	세액			구분		금액	세율	세액
과세표준및매출세액	과세	세금계산서발급분	1		10/100		7.매출(예정신고누락분)						
		매입자발행세금계산서	2		10/100			예정누락분	과세	세금계산서	33		10/100	
		신용카드·현금영수증발행분	3	4,300,000	10/100	430,000				기타	34		10/100	
		기타(정규영수증외매출분)	4		10/100				영세	세금계산서	35		0/100	
	영세	세금계산서발급분	5	2,500,000	0/100					기타	36		0/100	
		기타	6		0/100					합계	37			
	예정신고누락분		7				12.매입(예정신고누락분)							
	대손세액가감		8					예		세금계산서	38			
	합계		9	6,800,000	㉮	430,000				그 밖의 공제매입세액	39			
경감공제세액	그 밖의 경감·공제세액		18							합계	40			
	신용카드매출전표등 발행공제등		19	4,730,000										
	합계		20		㉯									

3. 부동산임대공급가액명세서

부동산임대업을 영위하는 사업자는 부가가치세신고서와 함께 부동산임대공급가액명세서를 반드시 작성 제출해야 한다. 부동산 임대용역의 공급내역(과세표준)을 상세히 기록하여 부가가치세 과세표준(간주임대료 포함)을 성실히 신고하고 있는지에 활용한다.

항 목	입력내용 및 방법
과세표준	부동산임대공급가액명세서는 간주임대료 뿐만 아니라 과세표준을 신고하는 서류이므로 보증금만 있거나 보증금 없이 임대료만 있는 경우에도 작성하여 제출하여야 한다. 임대료(월세 = 차임) + 관리비 + 간주임대료
관리비	사업자가 부동산임대와 관련하여 발생하는 관리비는 과세표준에 포함한다. 다만, 임차인이 부담해야하는 보험료, 수도료 및 전기요금 등 공공요금은 별도로 징수하여 납입대행을 하는 경우 과세표준에 포함하지 아니한다.

항 목	입력내용 및 방법
간주임대료	사업자가 부동산임대용역을 공급하고 전세금 또는 임대보증금을 받은 경우에는 실제로 받은 임대료에 간주임대료를 가산하여 과세하여야 한다. ① 간주임대료(보증금이자) 간주임대료 = 임대보증금 × 정기예금이자율 × 과세대상기간의 일수/365(윤년 366) ※ 2025년 정기예금이자율 : 3.1%(매년 공시되며 기중에 변경될 소지가 있음) ② 간주임대료에 대한 부가가치세 회계처리 : 부담자의 **세금과공과**로 처리 | 임대인이 부담하는 경우	(차) 세금과공과 ××× (대) 부가세예수금 ×××
임차인이 부담하는 경우	(차) 세금과공과 ××× (대) 보통예금 등 ××× | ③ 간주임대료는 **세금계산서 발급의무 면제**이므로 [매입매출전표]에 입력 시 "유형 : 14.건별"로 입력하며 [부가가치세신고서 : 기타(정규영수증외매출분) 4번란]에 자동반영된다.
작성방법	① 조회기간 : 해당 과세기간을 입력한다. ② 거래처명(임차인)·동·층·호 : 계약건별 임차인이 사용하는 동, 층, 호를 기재하며 동은 관리사항으로 생략가능하고 **지하층**은 반드시 "B"로 구분 표시한다. ③ 계약갱신일 : 과세기간 내에 계약기간의 연장, 보증금·월세의 변동이 있는 경우 입력하며 **임대기간의 시작일과 동일**하다. ④ 임대기간 : 계약서의 **전체 임대기간**을 기재한다. ⑤ 보증금 : 보증금 및 전세금을 입력하며 간주임대료가 자동계산된다. ⑥ 월세·관리비 : 월임대료와 월관리비를 입력한다. ⑦ 전체합계 : 월세, 관리비, 간주임대료의 총합계액을 표시하며 부가가치세신고서에 반영될 과세표준이다.

실무예제

(주)동부(회사코드 : 4100)은 영업매장의 일부를 상가로 임대하고 있다. 다음 임대현황을 토대로 2025년 제1기 확정 부가가치세 신고를 위한 [부동산임대공급가액명세서]를 작성하고 간주임대료를 매입매출전표에 입력하여 부가가치세신고서에 추가 반영하시오. 임대료에 대한 세금계산서 교부 및 입력은 이미 완료되어 있고 간주임대료에 대한 **이 자율은 3.1%**로 가정한다. 간주임대료에 대한 부가가치세는 임대인이 부담한다.

건물명	동	층	호수	상호	임대기간	보증금(원)	월세(원)	인적사항
동부 빌딩	1동	지상 1	101	정화건설	2025.4.1 ~ 2026.3.31	20,000,000	2,000,000	사업자등록번호 : 206-23-76392 면적/용도 : 40m²/사무실
		지하 1	101	퐁퐁 노래방	2025.5.1 ~ 2027.4.30	10,000,000	1,500,000	사업자등록번호 : 206-23-68849 면적/용도 : 80m²/노래방

※ 부동산임대 업종코드 : 701201(부동산업-비주거용건물임대업)

예제 따라하기

(1) 부동산임대공급가액명세서(조회기간 : 2025년 04월 ~ 2025년 06월)

적용이자율 또는 상단의  버튼을 클릭하여 이자율(3.1%)를 확인하고 해당 임대자료를 입력한다.

① 임차인 : 정화건설

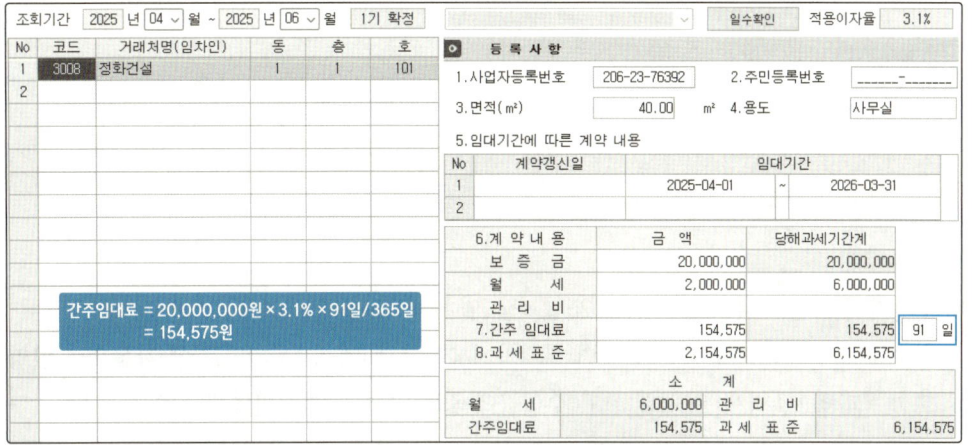

② 임차인 : 퐁퐁노래방

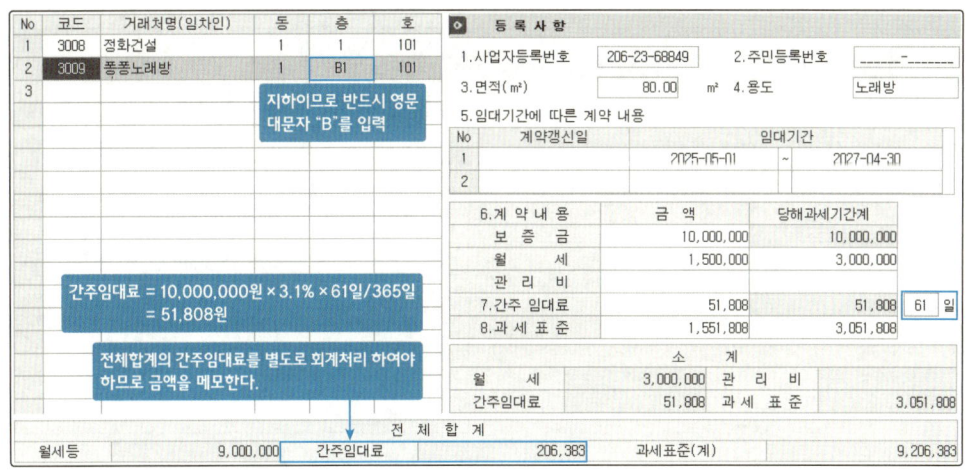

(2) 간주임대료 회계처리(과세기간 종료일)

과세기간 종료일이 공급시기이므로 매입매출전표에 "6월 30일", 세금계산서 발급의무 면제이므로 "**유형 : 14.건별**"로 입력한다. 공급가액란에 **공급대가(227,021원)**를 입력하면 공급가액과 부가세가 자동으로 계산된다.

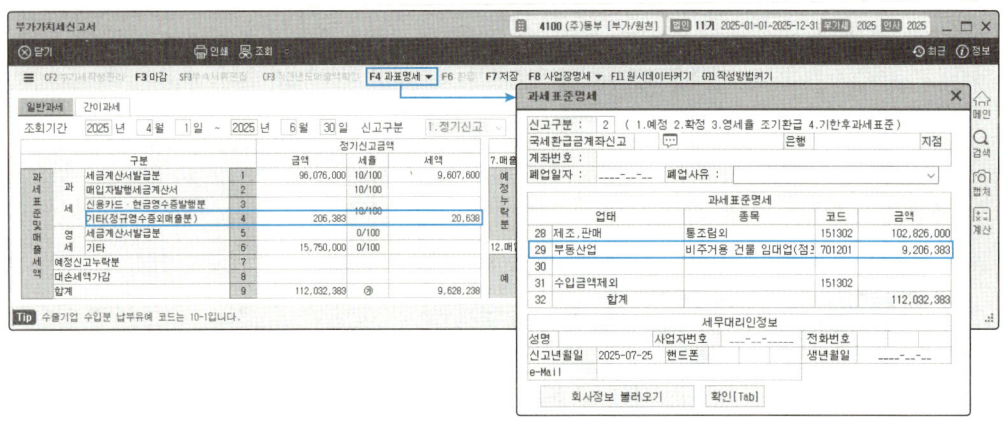

 **TIP**

간주임대료에 대한 회계처리는 [일반전표입력] 메뉴에서 회계처리 하여도 무방하다. 다만, 부가가치세신고서에 자동반영되지 않으므로 직접 해당란에 입력하여야 한다. 전산세무시험에서 지문에 기재된 내용을 확인하여 회계처리 하도록 한다.

(3) 부가가치세 신고서(조회기간 : 2025년 4월 1일 ~ 2025년 6월 30일)

매입매출전표입력 메뉴에 입력하면 부가가치세신고서 [과세 ⇨ 기타]란에 자동으로 반영된다. 또한, [과세표준명세]를 선택하면 "**수입금액제외(31)**"란에 자동반영되나 수입금액제외란에 간주임대료를 기재하여 **전자신고**하는 경우 실무에서는 **오류**가 발생하여 **부동산임대 과세표준에 합산하여 신고**한다. (국세청 전자신고 지침사항)

4. 영세율 첨부서류(근거서류)

내국물품 등을 국외로 반출하는 등의 수출거래에 영세율을 적용받기 위하여 부가가치세신고서와 함께 제출하는 근거서류를 영세율 첨부서류라 한다.

1 수출실적명세서

부가가치 ▶▶ 신고서/부속명세 ▶▶ 부속명세서 I ▶▶ 수출실적명세서

항 목	입력내용 및 방법
조회기간	당해 과세기간을 입력한다.
수출재화	직수출인 수출신고필증에 의해 수출한 총건수, 외화금액 합계, 원화금액의 합계로 하단에 입력한 내역의 ⑫합계가 자동 반영된다.
기타영세율적용	직수출하는 재화 이외의 영세율 적용분(국외제공용역 등)으로 세금계산서를 발급하지 않은 총건수, 외화금액 합계, 원화합계 금액을 입력하며 상세내역은 영세율첨부서류제출명세서에 명세를 작성할 수 있다.
수출신고번호	수출신고필증(신고서)의 신고번호를 입력한다.
선(기)적일자	부가가치세법상 공급시기를 입력하며 매입매출전표에 입력한 회계처리일자와 동일하다.
통화코드	코드도움(F2)을 클릭하여 해당 통화코드를 검색하여 선택한다.
환율	과세표준(원화금액) = 외화금액 × 환율 환율 입력 시 엔화의 경우는 반드시 1엔으로 변경하여 입력한다. ① 공급시기 도래 전에 원화로 환가한 경우 : 환가일의 환율 ② 공급시기 이후에 받거나 외화로 보유하고 있는 경우 : 공급시기의 기준(재정)환율
전표정보	거래처 입력은 필수항목이 아니며 자료 입력 후 상단의 F4 전표처리 버튼을 선택하여 전표추가 시에는 반드시 입력한다.
전표처리	수출실적명세서에 입력한 자료를 매입매출전표입력에 [유형 : 16.수출]로 전표를 전송하고자 하는 경우 사용한다.
전표불러오기	매입매출전표에 입력한 전표를 수출실적명세서에 반영하고자 하는 경우 사용하며 통화코드, 환율, 외화를 추가입력한다.

실무예제

(주)동부(회사코드 : 4100)은 미국의 ABC Co.,Ltd에 제품을 직수출하고 신고한 수출신고필증이다. 대금은 말일에 거래은행을 통하여 청구(NEGO)하기로 하였다. (선하증권(B/L)상 선적일 2월 14일)

2월 12일 기준환율	2월 14일 기준환율
₩1,050.12/$	₩1,054.40/$

① 거래자료를 매입매출전표입력 메뉴에 입력하시오.
② 수출실적명세서를 작성하시오.(영세율매출명세서 작성 생략)
③ 영세율에 대하여 제1기 부가가치세 예정신고서에 반영하시오.

수 출 신 고 필 증(갑지)

※ 처리기간 : 즉시

제출번호 : 12345-04-0001230	⑤ 신고번호 11863-19-120643X	⑥ 세관.과 030-15	⑦ 신고일자 2025/02/12	⑧ 신고구분 H	⑨ C/S구분
① 신고자 : 인천 관세법인 관세사 최고봉					
② 수출대행자 : (주)동부 (통관고유부호) 동부-1-74-1-12-4 수출자구분 A	⑩ 거래구분 11		⑪ 종류 A	⑫ 결제방법 LS	
	⑬ 목적국 US USA		⑭ 적재항 INC 인천항	⑮ 선박회사 (항공사) HJSC	
수출화주 : (주)동부 (통관고유부호) 동부-1-74-1-12-4 (주소) 대전광역시 중구 선화로81번길 85 (대표자) 최수지 (소재지) 214-1 (사업자등록번호) 108-83-65144	⑯ 선박명(항공편명) HANJIN SAVANNAH		⑰ 출항예정일자 20250214	⑱ 적재예정보세구역 03012202	
	⑲ 운송형태10 BU			⑳ 검사희망일 2025/02/10	
	㉑ 물품소재지한진보세장치장 인천 중구 연안동 245-1				
③ 제조자 : (주)동부 (통관고유부호) 동부-1-74-1-12-4 제조장소 214 산업단지부호	㉒ L/C번호 868EA-10-55554			㉓ 물품상태 N	
	㉔ 사전임시개청통보여부 A			㉕ 반송 사유	
④ 구매자 : ABC Co., Ltd (구매자부호) CNTOSHIN12347	㉖ 환급신청인 1(1:수출대행자/수출화주, 2:제조자) 간이환급 NO				

• 품명 • 규격(란번호/총란수: 999/999)

㉗ 품 명 : CAR WHEEL ONE PRECE ㉘ 거래품명 : ONE PRECE		㉙ 상표명 NO			
㉚ 모델·규격ONE PRECE 18"	㉛ 성분	㉜ 수량 302.5(EA)	㉝ 단가(US$) 400	㉞ 금액(US$) 121,000	
㉟ 세번부호 : 1234.12-1234	㊱ 순중량 : 500KG	㊲ 수량 302.5(EA)	㊳ 신고가격 (FOB)		$120,000 ₩126,254,400
㊴ 송품장번호 : AC-2013-00620	㊵ 수입신고번호		㊶ 원산지 Y	㊷ 포장갯수(종류)	300C/T
㊸ 수출요건확인(발급서류명)					
㊹ 총중량	550KG	㊺ 총포장갯수	300C/T	㊻ 총신고가격(FOB)	$120,000 ₩126,254,400
㊼ 운임(₩)	₩860,000	㊽ 보험료(₩)	₩280,000	㊾ 결제금액	CIF-$121,000
㊿ 수입화물관리번호			51 컨테이너번호	CKLU2005013	Y
※ 신고인기재란 수출자 : 제조/무역, 전자제품			52 세관기재란		
53 운송(신고)인 : 한라통운(주) 박운송 54 기간 : 2025/02/12부터 2025/03/11까지		55 적재의무기한 2025/03/11	56 담당자 990101(김태호)	57 신고수리일자 2025/02/12	

 예제 따라하기

(1) 매입매출전표입력

　직수출의 공급시기는 선적일이므로 **선적일(2025.02.14)**을 기준으로 회계처리하며 과세표준 환산에 적용되는 환율은 외상거래이므로 선적일의 기준환율을 적용한다. 수출신고필증의 신고번호를 수출신고번호란에 입력한다.

　　　과세표준(원화금액) = U$121,000(결제금액) × 1,054.40원(선적일 기준환율) = 127,582,400원

(2) 수출실적명세서(조회기간 : 2025년 01월 ~ 2025년 03월)

상단의 SF4 전표불러오기 버튼을 클릭하여 매입매출전표에 입력한 전표를 반영하며 통화코드, 환율, 외화를 추가 입력한다.

(3) 부가가치세신고서(조회기간 : 2025년 1월 1일 ~ 2025년 3월 31일)

신용카드매출전표등발행집계표 작성분은 조회 또는 "기존에 저장된 데이터를 불러오시겠습니까?" 메시지 안내시 "아니오"를 선택하면 전표 입력데이터가 아니므로 삭제됨에 유의한다.

2 영세율첨부서류제출명세서

영세율첨부서류제출명세서는 개별소비세 등의 수출영세율을 적용받기 위하여 개별소비세과세표준신고서와 함께 제출한 사업자가 부가가치세 신고시에 해당 서류를 별도로 제출하지 아니하고자 하는 경우 또는 영세율 첨부서류를 전산테이프·디스켓으로 제출하는 경우에 작성한다.

(주)동부(회사코드 : 4100)은 다음 자료를 입력하여 제1기 확정 부가가치세 [영세율첨부서류제출명세서]를 작성하고자 한다. 단, 서류는 국민은행에서 발급받았으며 매출과 관련된 회계처리는 적정하게 이루어졌고 중계무역방식(과세유형 : 16.수출)에 의한 수출이다. (영세율매출명세서 작성 생략)

| 입금일자 | 발급일자 | 수출금액 | | 제출서류 | 서류번호 | 선적일자 | 비고 |
		외화	원화				
2025.4.30	2025.7.20	U$15,000	15,750,000	외화입금증명서	KB 707-07-001	2025.4.20	환율 1,050

예제 따라하기

조회기간(2025년 04월 ~ 2025년 06월)를 입력한 후 해당자료를 입력한다.

| No | (10)서류명 | (11)발급자 | (12)발급일자 | (13)선적일자 | (14)통화코드 | (15)환율 | 당기제출금액 | | 당기신고해당분 | | 과세유형 | 영세율구분 | |
							(16)외화	(17)원화	(18)외화	(19)원화		코드	구분명
1	외화입금증명서	98001 국민은행	2025-07-20	2025-04-30	USD	1,050.0000	15,000.00	15,750,000	15,000.00	15,750,000	수출	2	중계무역
							15,000.00	15,750,000	15,000.00	15,750,000			

3 내국신용장·구매확인서전자발급명세서

부가가치 ▶▶ 신고서/부속명세 ▶▶ 부속명세서 I ▶▶ 내국신용장·구매확인서 전자발급명세서

항 목	입력내용 및 방법
조회기간	당해 과세기간을 입력한다.
구분	내국신용장, 구매확인서 중 선택한다.
서류번호	내국신용장 및 구매확인서 발급번호를 기재한다.
발급일	내국신용장 및 구매확인서 발급일을 기재한다.
거래처정보	내국신용장 등에 의한 영세율세금계산서 공급받는 자를 기재한다.
금액	영세율세금계산서 발급금액을 입력한다.
전표일자	매입매출전표에 입력한 공급시기를 입력한다.
불러오기	매입매출전표에 입력한 전표를 내국신용장·구매확인서 전자발급명세서에 반영하고자 하는 경우 사용하며 서류번호, 발급일을 추가 입력한다. 또한, 불러오고자 하는 경우 해당 계정과목을 입력하여 진행한다.

 **실무예제**

(주)동부(회사코드 : 4100)은 수출업체인 (주)한우리상사에 제품을 3월 9일에 납품하고 동 날짜로 받은 내국신용장에 의해 영세율 전자세금계산서를 발급하였다. 대금은 전액 외상으로 처리하고 추후 물품수령증 수령 후 청구(NEGO)를 진행하기로 하였다. 회계처리 및 [내국신용장·구매확인서 전자발급명세서]를 작성하시오.

공급시기	서류번호	발급일자(확인일자)	금액
2025.03.09	LCCAPP1234789	2025.03.09	10,000,000원

 예제 따라하기

(1) 매입매출전표입력

공급시기가 회계처리일자(2025.03.09)이므로 입력하고 NEGO를 통한 대금수령 예정이므로 외상으로 처리하며 영세율구분을 선택하고 서류번호를 입력한다.

(2) 내국신용장·구매확인서전자발급명세서(조회기간 : 2025년 01월 ~ 2025년 03월)

매입매출전표에 입력된 전표를 반영하고자 하는 경우는 상단의 F4 불러오기 버튼을 선택한다. 불러오고자 하는 구분에 해당 계정과목(예 : 404.제품매출)을 입력하여 반영한다.

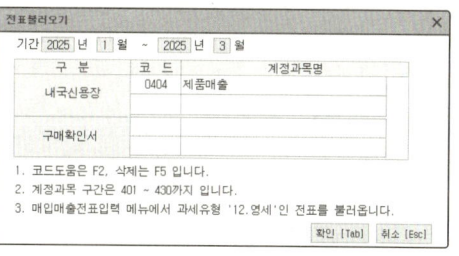

반영된 자료에 구분을 확인하고 발급일을 추가 입력한다.

4 영세율매출명세서

사업자는 영세율이 적용되는 매출이 있는 경우 영세율매출명세서를 작성하여 제출하여야 한다. 영세율매출명세서는 영세율첨부서류가 아닌 제출서류이므로 제출하지 아니할 경우 영세율 과세표준 신고를 무신고로 보지 않고 별도의 가산세도 없다.

(주)동부(회사코드 : 4100)은 제1기 예정신고기간의 [영세율매출명세서]를 작성하시오.

 예제 따라하기

조회기간(2025년 01월 ~ 2025년 03월)을 입력하여 매입매출전표입력자료를 반영하거나 해당란에 직접 입력한다.

부가가치세법	조세특례제한법			
(7)구분	(8)조문	(9)내용		(10)금액(원)
부가가치세법	제21조	직접수출(대행수출 포함)		127,582,400
		중계무역·위탁판매·외국인도 또는 위탁가공무역 방식의 수출		
		내국신용장·구매확인서에 의하여 공급하는 재화		10,000,000
		한국국제협력단 및 한국국제보건의료재단에 공급하는 해외반출용 재화		
		수탁가공무역 수출용으로 공급하는 재화		
	(11) 부가가치세법에 따른 영세율 적용 공급실적 합계			137,582,400
	(12) 조세특례제한법 및 그 밖의 법률에 따른 영세율 적용 공급실적 합계			
	(13) 영세율 적용 공급실적 총 합계(11)+(12)			137,582,400

 TIP

부가가치세신고서 [과세표준및매출세액 ⇨ 영세]의 합계 금액과 일치해야 한다.

영세	세금계산서발급분	5	10,000,000	0/100	
	기타	6	127,582,400	0/100	

5. 대손세액(변제대손세액)공제신고서

사업자가 부가가치세가 과세되는 재화 또는 용역을 공급한 후 공급받는 자의 부도 등의 사유로 대손이 발생하게 되면 공급자는 거래징수하지 못한 부가가치세(대손세액)를 매출세액에서 차감하여 공제받고자 하는 경우 관련 증명서류와 함께 제출시 작성한다.

항 목	입력내용 및 방법		
대손세액	대손세액공제는 사업자가 **확정신고시** 대손세액공제와 대손이 발생한 사실을 증명하는 서류를 제출하는 경우에 한하여 적용한다. 대손세액공제액 = 대손금액(공급대가) × $\frac{10}{110}$		
대손사유	① 상법 · 어음법 · 수표법 · 민법에 따른 **소멸시효가 완성**된 채권(외상매출금 · 미수금 · 어음 · 대여금 등) ② 채무자 **회생 및 파산**에 관한 법률에 따른 **회생계획인가의 결정** 또는 **법원의 면책결정**에 따라 회수불능으로 확정된 채권 ③ 민사집행법에 따라 채무자의 재산에 대한 **경매가 취소**된 압류채권 ④ 채무자의 **파산, 강제집행, 형의 집행, 사업의 폐지, 사망, 실종** 또는 **행방불명**으로 회수할 수 없는 채권 ⑤ **부도발생일부터 6개월 이상 지난 수표** 또는 어음상의 채권 및 외상매출금(중소기업의 **외상매출금으로서 부도발생일 이전의 것에 한함**). 다만, 채무자의 재산에 대하여 **저당권**을 설정한 경우 **제외** ⑥ 중소기업의 외상매출금 및 미수금으로서 **회수기일이 2년 이상** 지난 외상매출금 등(다만, **특수관계인과의 거래는 제외**) ⑦ 재판상 화해 등 확정판결과 같은 효력을 가지는 것으로서 법에 의해 회수불능으로 확정된 채권 ⑧ **회수기일이 6개월 이상 지난** 채권 중 채권가액이 **30만원 이하**(채무자별 채권가액의 합계액 기준)인 채권		
대손세액 공제범위	재화 또는 용역의 공급일로부터 10년이 지난 날이 속하는 과세기간에 대한 확정신고기한까지 대손세액 공제대상이 되는 사유로 인하여 확정되는 대손세액이어야 한다.		
대손세액 처리방법	구분	대손금 확정 · 대손처분받은 경우	대손금 회수 · 변제한 경우
	공급자 ↓ 대손발생 TAB	대손이 확정된 날이 속하는 과세기간의 매출세액에서 대손세액을 차감 ⇨ **대손세액차감** (부가가치세신고서 8번란 음수기재)	회수한 날이 속하는 과세기간의 매출세액에 회수한 대손세액을 가산 ⇨ **대손세액가산** (부가가치세신고서 8번란 양수기재)
	공급 받는자 ↓ 대손변제 TAB	매입세액공제를 받고 동 대손이 폐업전에 확정되는 경우에는 그 확정된 날이 속하는 과세기간의 매입세액에서 대손세액을 차감 ⇨ **대손처분받은 세액** (부가가치세신고서 52번란 양수기재)	대손세액을 매입세액에서 차감(관할세무서장이 경정한 경우 포함)한 후 대손금을 변제한 경우에는 변제일이 속하는 과세기간의 매입세액에 변제한 대손세액을 가산 ⇨ **변제대손세액** (부가가치세신고서 47번란 양수기재)

 실무예제

다음은 **(주)동부(회사코드 : 4100)**의 2025년 제2기 부가가치세 확정신고와 관련된 자료이다. 다음 자료를 보고 [대손세액공제신고서]를 작성하고 부가가치세신고서에 반영하시오.

- (주)강서상사(341-83-51795)에 2024년 7월 1일 제품을 매출하고 수취한 받을어음 1,100,000원(부가가치세 포함)이 2025년 3월 1일 은행에서 부도처리 되어 6개월이 지난 시점인 2025년 9월 2일 대손이 확정되었다.
- (주)안국상사(123-81-13262)에 2024년 1월 20일 제품을 매출하고 파산으로 인해 2024년 제2기 확정 신고기간 (2024년 10월 1일 대손확정)에 대손처리하여 대손세액공제를 받았던 외상매출금 550,000원(부가가치세 포함)이 2025년 11월 3일 (주)안국상사로부터 전액 현금으로 회수되었다. (대손사유는 "7.대손채권회수"로 직접 입력)

 예제 따라하기

(1) 대손세액공제신고서(대손발생 TAB, 조회기간 : 2025년 10월 ~ 2025년 12월)

대손금액(공급대가) 입력 시 대손세액공제분은 "**양수**"로 입력하며 대손금을 회수한 경우는 "**음수**"로 입력하여야 한다. 또한, 대손사유는 등록된 사유를 선택할 수 있고 직접입력을 선택하여 직접 사유를 기재해도 무방하다.

당초공급일	대손확정일	대손금액	공제율	대손세액	거래처		대손사유
2024-07-01	2025-09-02	1,100,000	10/110	100,000	(주)강서상사	5	부도(6개월경과)
2024-01-20	2025-11-03	-550,000	10/110	-50,000	(주)안국상사	7	대손채권회수
합계		550,000		50,000			

성명: 김강서 사업자등록번호: 341-83-51795
소재지: 서울특별시 성동구 마조로15가길 2 (마장동)

(2) 부가가치세신고서(조회기간 : 2025년 10월 1일 ~ 2025년 12월 31일)

대손세액공제신고서의 "대손세액"이 반영되며 **대손세액공제**를 받는 경우는 "**음수**"로 반영되고 **대손금**을 **회수**하여 대손세액공제분을 납부하여야 하는 경우는 "**양수**"로 반영된다. 본 건은 두 금액이 가감되어 잔액이 반영된다.

	구분		금액	세율	세액
과세표준및매출세액	과세	세금계산서발급분 ①	314,454,545	10/100	31,445,454
		매입자발행세금계산서 ②		10/100	
		신용카드·현금영수증발행분 ③		10/100	
		기타(정규영수증외매출분) ④		10/100	
	영세	세금계산서발급분 ⑤	20,000,000	0/100	
		기타 ⑥		0/100	
	예정신고누락분 ⑦				
	대손세액가감 ⑧				-50,000
	합계 ⑨		334,454,545	㉮	31,395,454

	구분		금액	세율	세액
7.매출(예정신고누락분)					
예정누락분	과	세금계산서 ㉝		10/100	
	세	기타 ㉞		10/100	
	영세	세금계산서 ㉟		0/100	
		기타 ㊱		0/100	
	합계 ㊲				
12.매입(예정신고누락분)					
예정누락분	세금계산서 ㊳				
	그 밖의 공제매입세액 ㊴				
	합계 ㊵				

TIP

[대손금 회계처리 : 일반전표입력 메뉴에 대손확정(회수)일 또는 대손처분(변제)일로 처리]

공급자	대손금 확정	(차) 부가세예수금 대손충당금 대손상각비	××× ××× ×××	(대) 외상매출금 등	×××
	대손금 회수	(차) 보통예금 등	×××	(대) 부가세예수금 대손충당금	××× ×××
공급받는자	대손처분 받은 세액	(차) 외상매입금	×××	(대) 부가세대급금	×××
	변제 대손세액	(차) 부가세대급금 외상매입금	××× ×××	(대) 현금 등	×××

6. 건물 등 감가상각자산취득명세서

부가가치 ▶▶ 신고서/부속명세 ▶▶ 부속명세서 I ▶▶ 건물등감가상각자산취득명세서

사업자가 감가상각자산에 해당하는 사업설비를 신설·취득·확장(자본적 지출 포함) 또는 증축하는 경우 건축물은 10년, 기타고정자산은 2년으로 이를 사후관리(공통매입세액 안분계산)하기 위한 목적과 조기환급 시 첨부서류로 제출하는 서류이다.

실무예제

다음은 (주)동부(회사코드 : 4100)의 감가상각자산 취득 자료를 이용하여 2025년 제1기 예정신고기간에 대한 [건물등감가상각자산취득명세서]를 작성하고 부가가치세신고서에 그 내용을 반영하시오. (매입매출전표입력은 생략)

일자	내 역	상호	공급가액	부가가치세
2/15	생산부서에서 사용할 비품 구입 (신용카드매출전표 수취)	(주)동산실업	3,000,000원	300,000원
2/28	공장에서 사용할 제품 제작용 기계구입 (전자세금계산서 수취)	(주)부천	40,000,000원	4,000,000원
3/30	영업부서의 업무용 승용차(990cc)인 경차 구입(전자세금계산서 수취)	(주)희망자동차	15,000,000원	1,500,000원

예제 따라하기

(1) 건물등감가상각자산취득명세서(조회기간 : 2025년 01월 ~ 2025년 03월)

세금계산서 및 신용카드 등 증빙을 수취하여 취득한 감가상각자산은 취득명세를 작성한다.

취득내역

감가상각자산종류	건수	공급가액	세액	비고
합 계	3	58,000,000	5,800,000	
건물·구축물				
기 계 장 치	1	40,000,000	4,000,000	
차 량 운 반 구	1	15,000,000	1,500,000	
기타감가상각자산	1	3,000,000	300,000	

거래처별 감가상각자산 취득명세

No	월/일	상호	사업자등록번호	자산구분	공급가액	세액	건수
1	02-15	(주)동산실업	140-81-72704	기타	3,000,000	300,000	1
2	02-28	(주)부천	122-86-13401	기계장치	40,000,000	4,000,000	1
3	03-30	(주)희망자동차	109-81-20092	차량운반구	15,000,000	1,500,000	1
		합 계			58,000,000	5,800,000	3

(2) 부가가치세신고서(조회기간 : 2025년 1월 1일 ~ 2025년 3월 31일)

매입매출전표입력 메뉴에 자료를 입력하지 않았으므로 해당란에 직접 입력한다. 세금계산서 수취분에 의한 취득은 [세금계산서 수취분 ⇨ 고정자산매입], 신용카드 수취분에 의한 취득은 [그 밖의 공제매입세액 ⇨ 신용카드매출수령금액합계표 : 고정매입]에 직접 입력한다.

7. 신용카드매출전표등 수령명세서

부가가치 ▶▶ 신고서/부속명세 ▶▶ 부가가치세 ▶▶ 신용카드매출전표등 수령명세서

사업자가 일반과세자로부터 재화 또는 용역을 공급받고 부가가치세액이 별도로 구분 가능한 신용카드매출전표 등을 발급 받고 본 서류를 제출하는 경우 부가가치세를 공제받을 수 있는데 이때 작성하는 서식을 말한다.

[공제받지 못할 매입세액에 해당하는 사유]
- 공제대상 제외 사업자
  ① 간이과세자(영수증발급사업자)
  ② 미용·욕탕 및 이와 유사한 사업
  ③ 여객운송업(전세버스운송사업을 제외)
  ④ 입장권을 발행하여 영위하는 사업
- 세금계산서 수취분 제외
- 매입세액 불공제사유
  ① 업무와 관련 없는 지출에 대한 매입세액
  ② 비영업용 소형승용차의 구입과 유지에 대한 매입세액
  ③ 기업업무추진비 관련 매입세액
  ④ 면세사업 관련 매입세액
  ⑤ 토지관련 매입세액

항 목	입력내용 및 방법
조회기간	당해 과세기간을 입력한다.
구 분	[1.현금, 2.복지, 3.사업, 4.신용] 중 선택한다. ■ 1.현금 : 현금영수증 ■ 2.복지 : 화물운전자 복지카드 ■ 3.사업 : 법인/개인사업자(등록) 사업용카드 ■ 4.신용 : 그 밖의 신용카드로 임직원의 개인카드
공급자	공급자의 상호명을 입력한다.
공급자(가맹점) 사업자등록번호	공급자의 사업자등록 번호를 입력한다.
카드회원번호	공급받는자의 카드회원 번호를 입력한다.
거래내역 합계	건수와 공급가액 및 세액을 입력한다.
새로불러오기	매입매출전표입력에 입력한 [57.카과], [61.현과]로 입력된 모든 거래내용이 반영된다.

실무예제

다음은 (주)동부(회사코드 : 4100)의 1월부터 3월까지 공급가액과 부가가치세를 구분 기재한 신용카드매출전표를 교부받았다. [신용카드매출전표 등 수령명세서]를 작성하고 작성된 내용을 제1기 예정 부가가치세신고서에 반영하시오.

사용한 신용카드내역	거래처명 (등록번호)	성명 (대표자)	거래 일자	발행금액 (VAT포함)	공급자의 업종 등	거래 내용	비고
현대카드 (법인카드, 사업용카드) (번호 : 9843-8765- 3021-1234)	(주)키토산 (220-81-14510)	김사랑	01.10	220,000원	도매업, 일반과세자	거래처 선물구입비용	세금계산서 미교부
	스머프상사 (134-81-28732)	김성환	02.03	440,000원	음식점업, 일반과세자	직원 회식대 (복리후생비)	세금계산서 미교부
	세림유통 (104-03-11251)	김말자	02.21	330,000원	소매업, 간이과세자	사무용품 구입	세금계산서 미교부
신한카드 (종업원 홍길동명의, 일반카드) (번호 : 1234-7896- 4510-5461)	장수탕 (610-81-16502)	김정원	02.25	110,000원	욕탕업, 일반과세자	직원의 야근 목욕비용	세금계산서 미교부
	(주)하드웨어 (110-81-21223)	송승헌	02.28	1,210,000원	소매업, 일반과세자	컴퓨터 구입 (비품처리)	세금계산서 미교부
	미네르바 (104-81-00335)	허욱영	03.05	770,000원	변호사, 일반과세자	법률 자문료	세금계산서 수취

※ 간이과세자는 직전연도 공급대가 4,800만원 미만인 영수증발급 사업자이다.

예제 따라하기

(1) 신용카드매출전표등 수령명세서(조회기간 : 2025년 01월 ~ 2025년 03월)

① (주)키토산 : 기업업무추진비, 세림유통 : 간이과세자(영수증발급자), 장수탕 : 욕탕업으로 매입세액 공제가 불가능하다.

② 미네르바 : 세금계산서수취분은 세금계산서로 매입세액을 공제 받으므로 신용카드매출전 표로는 공제받지 않는다.

2. 신용카드 등 매입내역 합계			
구분	거래건수	공급가액	세액
합 계	2	1,500,000	150,000
현금영수증			
화물운전자복지카드			
사업용신용카드	1	400,000	40,000
그 밖의 신용카드	1	1,100,000	110,000

3. 거래내역입력						그 밖의 신용카드 등 거래내역 합계		
No	월/일	구분	공급자	공급자(가맹점) 사업자등록번호	카드회원번호	거래건수	공급가액	세액
1	02-03	사업	스머프상사	134-81-28732	9843-8765-3021-1234	1	400,000	40,000
2	02-28	신용	(주)하드웨어	110-81-21223	1234-7896-4510-5461	1	1,100,000	110,000
			합계			2	1,500,000	150,000

(2) 부가가치세신고서(조회기간 : 2025년 1월 1일 ~ 2025년 3월 31일)

구분			정기신고금액			구분		금액	세율	세액
			금액	세율	세액	14.그 밖의 공제매입세액				
매입세액	세금계산서 수취분	일반매입	10				신용카드매출 수령금액합계표	일반매입	41	400,000		40,000
		수출기업수입분납부유예	10-1					고정매입	42	1,100,000		110,000
		고정자산매입	11				의제매입세액				
	예정신고누락분		12				재활용폐자원등매입세액			매입매출전표에 입력하지 않았으므로 직접입력	
	매입자발행세금계산서		13				과세사업전환매입세액				
	그 밖의 공제매입세액		14	1,500,000		150,000	재고매입세액				
	합계(10)-(10-1)+(11)+(12)+(13)+(14)		15	1,500,000		150,000	변제대손세액		47		
	공제받지못할매입세액		16				외국인관광객에대한환급세액		48		
	차감계 (15-16)		17	1,500,000	⑭	150,000	합계		49	1,500,000		150,000

8. 의제매입세액공제신고서

부가가치 ▶▶ 신고서/부속명세 ▶▶ 부속명세서Ⅰ ▶▶ 의제매입세액공제신고서

사업자가 면세농산물 등을 원재료로 하여 제조·가공하여 재화 또는 창출한 용역의 공급이 과세되는 경우에는 그 면세농산물 등의 가액의 2/102 등에 해당하는 금액을 매입세액으로서 공제할 수 있는데 이를 의제매입세액공제라고 한다.

항 목	입력내용 및 방법
의제매입세액의 계산	의제매입세액 = 면세농산물 등의 매입가액 × 공제율 ① 매입가액은 운임 등의 부대비용을 제외하며, 수입농산물 등의 경우 관세의 과세가격임 ② 공제율 | 구 분 | 공제율 | |---|---| | 일반 기업 | 2/102 | | 중소제조업 (과자점업, 도정업, 제분업 및 떡류제조업 중 떡방앗간을 경영하는 개인사업자 : 6/106) | 4/104 | | 음식점업 — 유흥장소 | 2/102 | | 음식점업 — 법인사업자 | 6/106 | | 음식점업 — 개인사업자 (개인사업자 중 과세표준 2억원 이하 : 9/109, 2026.12.31.까지) | 8/108 | ③ 예정신고 및 확정신고 시 의제매입세액공제액 ㉠ 예정신고 : 예정신고기간의 면세농산물 등의 매입가액 × 공제율 ㉡ 확정신고 : 해당 과세기간의 한도액 범위 내에서 공제 대상금액 × 공제율 - 예정신고시 이미 공제받은 세액
한도	① 한도액 계산은 확정신고시에만 적용한다. 공제한도 = 해당 과세기간의 과세표준(면세농산물관련 매출) × 한도비율 ② 한도비율(2025.12.31.까지) | 구분 | | 개인 일반사업자 | | | 간이과세자 | 법인사업자 | |---|---|---|---|---|---|---| | | | 과세표준 1억 이하 | 과세표준 1억 초과 2억 이하 | 과세표준 2억 초과 | | | | 한도비율 | 음식점 | 75% | 70% | 60% | 제외 | 과세표준 × 50% | | | 기타 | | 65% | 55% | | |

항 목	입력내용 및 방법
	[매입매출전표 유형] • 53.면세 : 사업자거래로 계산서 수취 • 58.카면 또는 62.현면 : 사업자거래로 신용카드매출전표(또는 현금영수증) 수취 • 60.면건 : 농어민매입분으로 별도의 증빙 필요하지 않음(제조업만 가능)
회계처리	① 매입매출전표입력 [**의제류매입 TAB**]에 입력하는 경우 　당초 구입 시 의제매입세액공제액을 "부가세대급금"으로 처리한다. 의제구분과 세율(공제세율 분자를 입력)을 직접수정하여 공제세액을 자동 계산한다. 　(차) 원재료 등　　　　×××　　　(대) 외상매입금 등　××× 　　　부가세대급금　　　×××　← 의제매입세액공제액 의제 구분 　• 0.해당없음 : 의제매입 공제를 하지 않는 경우 　• 1.의제매입 : 의제매입세액공제신고서에 반영하는 경우 　• 2.재활용 : 재활용폐자원세액공제신고서에 반영하는 경우 　• 3.구리스크랩등 : 스크랩등매입세액공제신고서에 반영하는 경우 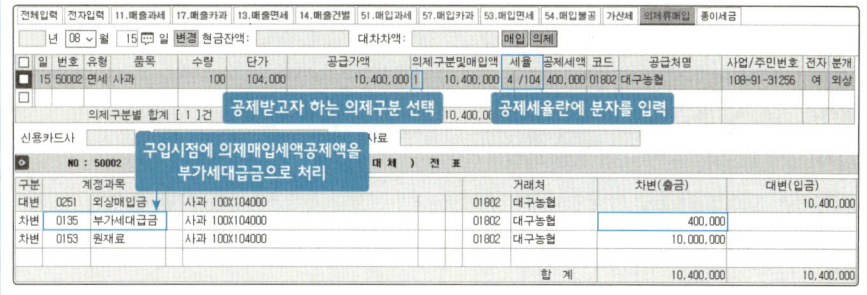 ② 매입매출전표입력 [**전체입력 TAB**]에 입력하는 경우 　㉠ 면세농산물 구입(매입)시점 : 구입액 전체 금액을 원재료 등으로 처리하고, 적요 "6.의제매입세액공제신고서 자동반영분" 선택 　(차) 원재료 등　　　　×××　　　(대) 외상매입금 등　××× 　　　(6.의제매입세액공제신고서) ← 서식 자동반영 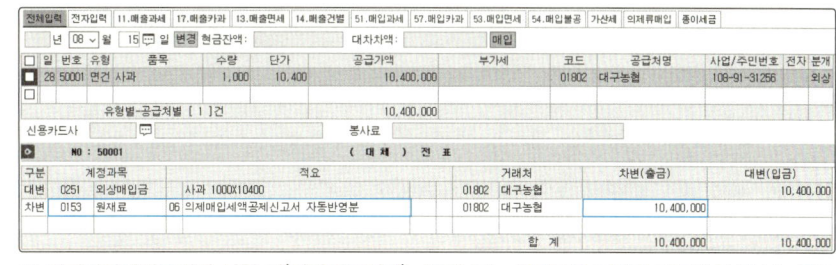 　㉡ 의제매입세액공제액 신청 시(**일반전표입력**) : 판매 또는 생산목적 이외의 재고자산 감소는 적요 　　(8.타계정으로 대체액~)를 반드시 입력 　(차) 부가세대급금　　×××　　　(대) 원재료 등　　××× 　　　　　　　　　　　　　　　　　　(8.타계정으로 대체액)

실무예제 1

(주)동부(회사코드 : 4100)은 식료품가공업을 영위하는 중소기업으로 당사의 의제매입세액공제 대상이 되는 계산서 및 신용카드매출전표에 의한 원재료 매입자료 내역이다. 다음의 자료에 의하여 거래내용을 매입매출전표에 입력(**의제류매입 TAB사용**)을 하고, 2025년 제2기 예정분 [의제매입세액공제신고서]를 작성하여 부가가치세신고서에 반영하시오. (의제매입세액공제 대상이 되는 거래는 다음 거래뿐이라고 가정하고, 모두 외상거래이다.)

공급일자	매입처	품명	공급가액	비 고
8월 15일	대구농협	사과 (수량 : 100kg)	10,400,000원	전자계산서를 교부받았으며, 별도로 지급한 운반비 100,000원은 취득원가로 회계처리 하였다.
9월 1일	이마트	양배추(100kg)	6,000,000원	신용카드(비씨카드)로 대금을 결제하고, 이중 양배추는 500,000원이 9월 30일 현재 미사용분 상태로 남았다.
		토마토(200kg)	4,500,000원	

위의 매입한 품목들은 전부 "원재료" 계정으로 처리하며 대구농협 구입분은 대금을 월말에 지급할 예정이다.

예제 따라하기

(1) 매입매출전표입력 : 의제류매입 TAB

① 계산서 매입(2025년 8월 15일)

의제구분(1.의제매입)을 선택하고 세율은 중소기업이므로 "4/104"를 적용하여야 하므로 분자란에 "4"를 입력하면 세율이 "4/104"로 적용되며 공제세액이 계산된다. 운반비는 재고자산의 취득원가로 가산하나 의제매입가액에는 포함하지 않으므로 별도로 회계처리한 금액을 가산하지 않는다.

$$의제매입세액 = 10,400,000원 \times 4/104 = 400,000원$$

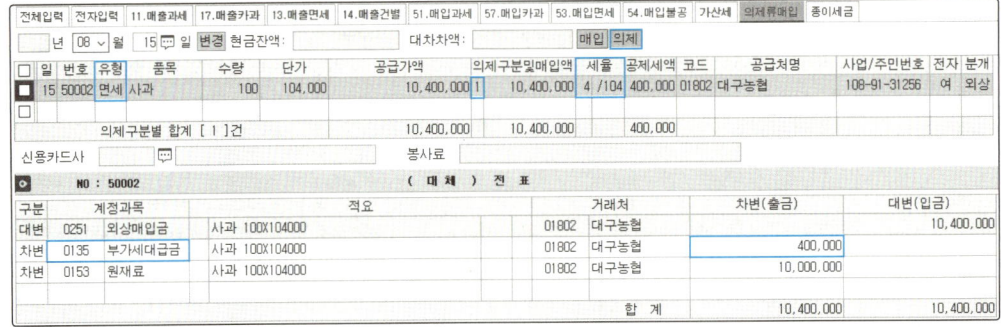

② 신용카드 매입(2025년 9월 1일)

의제구분(1.의제매입)을 선택하고 세율은 중소기업이므로 "4/104"를 적용하여야 하므로 분자란에 "4"를 입력하면 세율이 "4/104"로 적용되며 공제세액이 계산된다. 원재료 매입이므로 별도의 표기가 없는 한 외상매입금으로 처리하고 신용카드사(비씨카드)를 선택하며 구입시점에 공제받으므로 미사용분이 있어도 구입액 전부를 입력한다.

$$의제매입세액 = 10,500,000원 \times 4/104 = 403,846원$$

(2) 의제매입세액공제신고서(조회기간 : 2025년 07월 ~ 2025년 09월)

매입매출전표에 입력한 자료가 자동반영되며 [전체입력 TAB]에 입력하여 반영한 경우는 공제율이 "2/102" 반영되므로 수정이 필요하며 [의제류매입 TAB]에 입력하여 반영한 경우는 수정이 필요하지 않다.

매입매출전표	공제율	의제매입세액 회계처리
전체입력 TAB	2/102 ⇨ 4/104로 수정	의제매입세액공제신고서의 공제액을 확인하여 일반전표에 별도로 회계처리 함
의제류매입 TAB	4/104로 자동반영	매입시점에 회계처리 하며 신고시점에 별도의 회계처리 필요하지 않음

공급자별로 작성된 의제매입세액공제가 집계되며 부가가치세신고서에 자동으로 반영될 의제매입세액공제액임

매입매출전표의 [전체입력 TAB]에 입력하여 반영한 경우 공제율 수정 필요

(3) 부가가치세신고서(조회기간 : 2025년 7월 1일 ~ 2025년 9월 30일)

부가가치세신고서의 [그 밖의 공제매입세액 → 의제매입세액]에 자동 반영된다.

(주)동부(회사코드 : 4100)의 제2기 확정신고기간동안 매입한 원재료 면세자료이다. 다음의 자료에 의하여 거래내용을 매입매출전표에 입력(**전체입력 TAB사용**)을 하고, 2025년 제2기 확정분 [의제매입세액공제신고서]를 작성하여 부가가치세신고서에 반영하시오. 중소기업에 해당하며 의제매입세액(부가세대급금으로 처리)에 대한 회계처리는 과세기간 종료일에 하시오.

[자료 1] 확정신고기간의 원재료 매입내역

구 분	일자	상호	매입가액	품명	수량	결제
농어민매입	10월 28일	정하나	20,000,000원	야채	100	현금

[자료2] 예정신고 자료 및 공급가액

예정신고 자료	① 예정신고 의제매입대상 원재료 매입금액 : 20,900,000원 ② 예정신고 의제매입세액공제액 : 803,846원
공급가액 (입력자료 무시)	① 제2기 예정 공급가액 : 40,000,000원 ② 제2기 확정 공급가액 : 65,000,000원(고정자산 매각액 5,000,000원 포함)

예제 따라하기

(1) 매입매출전표입력 : 전체입력 TAB(2025년 10월 28일)

농어민 매입분이므로 [유형 : 60.면건]을 선택하고 [전체입력 TAB]에서 입력하므로 적요번호 "6.의제매입세액공제신고서 자동반영분"을 반드시 선택한다.

(2) 의제매입세액공제신고서(조회기간 : 2025년 10월 ~ 2025년 12월)

① 매입매출전표에 입력한 자료가 자동반영되며 [전체입력 TAB]에 입력하여 반영한 경우는 공제율이 "2/102" 반영되므로 "4/104"로 수정이 필요하며 상단의 F6 공제율일괄변경 버튼을 선택하여 공제율을 입력하여 일괄변경도 가능하다.

② 확정과세기간이므로 의제매입세액의 정산이 필요하다. 예정신고와 확정신고의 자료를 자동으로 반영하고자 하는 경우는 불러오기 버튼을 선택하여 과세표준과 관련된 계정과목을 입력

후 확인을 누르면 과세표준과 의제매입세액 매입자료 및 예정신고시 공제받은 세액이 자동으로 반영된다. 다만, **본 예제는 주어진 자료를 기준으로 작업해야 하므로 직접 입력한다.**

불러오기

※ 의제매입세액 관련 매출계정을 설정합니다.
조회기간 2025 년 10 월 ~ 2025 년 12 월

계정코드	계정명
0404	제품매출

※ 조기환급신고월을 설정합니다.

| 1월 | 2월 | 4월 | 5월 |
| 7월 | 8월 | 10월 | 11월 |

1. 의제매입세액 관련 매출계정의 금액은 [매입매출전표입력]에서 불러오기합니다.
2. 월별조기분이 있는 경우 조기환급신고월을 설정합니다.
3. [이미공제받은금액]란은 [의제매입세액신고서]에 작성된 자료를 자동 반영합니다.

확인(Tab)　취소(Esc)

[확정신고시 공제가능 의제매입세액]

① 공제대상금액 [Min ㉠, ㉡]　㉠ **40,900,000원**
　㉠ 과세표준 × 한도율 = 100,000,000원(의제관련 매출이 아닌 고정자산매각액은 제외) × 50% = 50,000,000원
　㉡ 당기매입액 = 40,900,000원
② 의제매입세액 공제대상세액
　공제대상금액 × 공제율 = 40,900,000원 × 4/104 = 1,573,076원
③ 의제매입세액 공제(납부)할 세액
　공제대상세액 - 이미 공제받은 세액 = 1,573,076원 - 803,846원 = **769,230원**

조회기간 2025 년 10 ∨ 월 ~ 2025 년 12 ∨ 월 2기 확정　관리용 - 신고용

공급자	사업자/주민등록번호	취득일자	구분	물품명	수량	매입가액	공제율	의제매입세액	건수
정하나	700121-2122011	2025-10-28	농어민매입	야채	100	20,000,000	4/104	769,230	1
			합계		100	20,000,000		769,230	1

	매입가액 계	의제매입세액 계	건수 계
계산서 합계			
신용카드등 합계			
농·어민등 합계	20,000,000	769,230	1
총계	20,000,000	769,230	1

면세농산물등 | 제조업 면세농산물등

가. 과세기간 과세표준 및 공제가능한 금액등　　　　　　　　　　　　　　　　　　　**불러오기**

과세표준			대상액 한도계산			공제대상금액
합계	예정분	확정분	한도율	A. 한도액	B. 당기매입액	[MIN (A,B)]
100,000,000	40,000,000	60,000,000	50/100	50,000,000	40,900,000	40,900,000

나. 과세기간 공제할 세액

공제대상세액			이미 공제받은 금액		공제(납부)할세액
공제율	C.공제대상금액	D.합계	예정신고분	월별조기분	(C-D)
4/104	1,573,076	803,846	803,846		769,230

(3) 부가가치세신고서(조회기간 : 2025년 10월 1일 ~ 2025년 12월 31일)

부가가치세신고서의 [그 밖의 공제매입세액]에 "공제(납부)할세액"이 자동 반영된다.

		정기신고금액							
	구분			금액	세율	세액	구분		금액	세율	세액
매입세액	세금계산서수취분	일반매입	10	156,620,000		15,662,000	14.그 밖의 공제매입세액				
		수출기업수입분납부유예	10-1				신용카드매출 수령금액합계표	일반매입	41		
		고정자산매입	11	1,400,000		140,000		고정매입	42		
	예정신고누락분		12				의제매입세액		43	20,000,000	뒤쪽	769,230
	매입자발행세금계산서		13				재활용폐자원등매입세액		44		뒤쪽	
	그 밖의 공제매입세액		14	20,000,000		769,230	과세사업전환매입세액		45			
	합계(10)-(10-1)+(11)+(12)+(13)+(14)		15	178,020,000		16,571,230	재고매입세액		46			
	공제받지못할매입세액		16	3,100,000		310,000	변제대손세액		47			
	차감계 (15-16)		17	174,920,000	ⓐ	16,261,230	외국인관광객에대한환급세액		48			
							합계		49	20,000,000		769,230

(4) 일반전표입력(과세기간종료일 : 2025년 12월 31일)

의제매입세액 공제분에 대하여 매입시점에 회계처리한 부분이 없으므로 의제매입세액 신고시점에 회계처리 하여야 한다.

□	일	번호	구분	계정과목	거 래 처	적 요	차 변	대 변
□	31	00002	차변	0135 부가세대급금		원재료 의제매입세액 공제대체	769,230	
□	31	00002	대변	0153 원재료		8 타계정으로 대체액 원가명세서 반영분		769,230
□								
				합 계			769,230	769,230

NO : 2   (대 체) 전 표

계정과목	적요	차변(출금)	대변(입금)
0135 부가세대급금	원재료 의제매입세액 공제대체	769,230	
0153 원재료	8 타계정으로 대체액 원가명세서 반영분		769,230

TIP

1역년 이상 제조업을 영위하고 제1기 과세기간 면세농산물 등이 1역년의 공급가액의 75% 이상이거나 25% 미만인 경우에 다음의 식에 의한 금액을 의제매입세액으로 공제가능하며 **[매입시기 집중제조업 면세농산물등 의제매입세액관련 신고내용 TAB]**에 작성한다.

제2기 과세기간에 대한 납부세액을 확정신고할 때 의제매입세액공제액
= 1역년 공제대상금액 × 공제율 – 제1기 의제매입세액공제액

9. 재활용폐자원세액공제신고서

재활용폐자원 매입세액공제란 재활용폐자원 등을 수집하는 사업자가 부가가치세 과세사업을 하지 않는 자와 간이과세자로부터 재활용폐자원(2025.12.31.까지) 및 중고품(중고자동차, 2025.12.31.까지) 등을 취득하여 제조, 가공하거나 이를 공급하는 경우에는 일정 금액을 매입세액으로서 공제할 수 있는 제도이다. 의제매입세액공제처럼 매입매출전표입력 시 **[의제류매입 TAB]** 또는 **[적요 : 7.재활용폐자원매입세액공제신고서 자동반영]**을 선택하여 서식에 자동반영할 수 있다.

항 목	입력내용 및 방법
재활용폐자원 매입세액 계산	재활용폐자원 등 매입세액은 다음의 금액으로 하며 예정신고 시 이미 재활용폐자원 매입세액공제를 받은 금액은 확정신고시 정산(중고자동차는 제외)한다. 재활용폐자원 매입세액 = 공제대상 매입가액 × 3/103(단, 중고자동차 10/110) ■ 확정신고시 매입세액 = 공제대상 매입가액 × 3/103 – 예정신고시 공제받은 세액 ■ 공제대상 매입가액(취득가액) Min[㉠, ㉡] ㉠ 영수증과 계산서수취분 취득가액 ㉡ 공급가액 × 80% – 세금계산서수취분 매입가액

항 목	입력내용 및 방법
조회기간	당해 과세기간을 입력한다.
매출액	확정신고시 정산에 필요한 매출 계정과목을 설정하여 자동으로 반영하고자 하는 경우 사용한다.
불러오기	상단의 매출액 계정과목을 설정한 후 불러오기를 누르면 매출액 및 예정신고 자료가 반영된다.

실무예제

다음은 (주)동부(회사코드 : 4100)의 재활용폐자원 매입자료로 매입매출전표에 추가입력(**의제류매입 TAB 사용**)한 후 [재활용폐자원공제신고서](구분코드 : 2.기타재활용폐자원)를 작성하고, 제1기 예정 부가가치세신고서에 추가 반영하시오. 당사를 재활용폐자원 수집 사업자로 가정(상품 계정과목 사용)하며 대금결제는 현금이다.

[재활용폐자원공제대상 매입현황]

매입처	사업자등록번호	매입일자	품명	수량	매입가액	증빙
(주)정밀소재	122-85-07805	1월 30일	고철	200kg	3,760,000원	전자계산서
김부자	651104-1245381	3월 30일	고철	300kg	7,400,000원	영수증

 예제 따라하기

(1) 매입매출전표입력 : 의제류매입 TAB

의제구분(2.재활용)을 선택하고 세율은 중고자동차가 아니므로 "3/103"를 적용하여야 하므로 분자란에 "3"을 입력하면 세율이 "3/103"이 반영되어 공제세액이 계산된다.

① 계산서 매입(2025년 1월 30일)

□	일	번호	유형	품목	수량	단가	공급가액	의제구분및매입액	세율	공제세액	코드	공급처명	사업/주민번호	전자	분개
□	30	50003	면세	고철	200	18,800	3,760,000	2 3,760,000	3 /103	109,514	03001	(주)정밀소재	122-85-07805	여	현금
			의제구분별 합계 [1]건				3,760,000	3,760,000		109,514					

NO : 50003   (출금) 전 표

구분		계정과목	적요	거래처		차변(출금)	대변(입금)
출금	0135	부가세대급금	고철 200X18800	03001	(주)정밀소재	109,514	(현금)
출금	0146	상품	고철 200X18800	03001	(주)정밀소재	3,650,486	(현금)
					합 계	3,760,000	3,760,000

② 비사업자 매입(2025년 3월 30일)

(2) 재활용폐자원세액공제신고서(조회기간 : 2025년 01월 ~ 2025년 03월)

(3) 부가가치세신고서(조회기간 : 2025년 1월 1일 ~ 2025년 3월 31일)

상단의 [조회] 버튼을 누르면 부가가치세신고서의 [그 밖의 공제매입세액]에 자동반영된다. 다만, 기존 신용카드매출수령금액합계표란의 금액은 전표입력자료가 아니므로 삭제된다.

10. 공제받지못할매입세액명세서

부가가치 ▶▶ 신고서/부속명세 ▶▶ 부속명세서Ⅰ ▶▶ 공제받지못할 매입세액명세서

1 공제받지못할매입세액내역

사업자가 수취한 세금계산서 중 자기의 사업을 위하여 사용되었거나 사용될 재화 또는 용역의 공급 및 재화의 수입에 대한 매입세액은 매출세액에서 공제되지만, 일정한 사유에 대해서는 매입세액을 공제해주지 않는다.

매입매출전표입력 메뉴에서 [유형 : 54.불공]을 선택하고 불공제사유(공통매입세액안분계산분등)를 입력하면 서식에 자동반영되며 직접입력도 가능하다.

[불공제사유]
① 필요적기재사항 누락 등
② 사업과 직접 관련없는 지출 매입세액
③ 개별소비세가 과세되는 비영업용 소형승용차 구입·유지 및 임차(렌트비용 포함) 매입세액
- 배기량 : 1,000cc(이륜자동차 125cc) 초과
- 8인승 이하의 승용자동차
④ 기업업무추진비 및 이와 유사한 비용 관련 매입세액
⑤ 면세사업 관련 매입세액
⑥ 토지의 자본적지출 관련 매입세액
- 토지의 평탄화작업 및 정지비
- 토지와 건축물 일괄 취득 후 그 건축물을 철거하는 경우 건축물의 취득 및 철거비용 매입세액
⑦ 사업자등록 전 매입세액
- 공급시기가 속하는 과세기간이 끝난 후 20일 이내에 신청한 경우 그 과세기간내의 것은 공제 가능
⑧ 금거래·구리 스크랩 거래계좌 미사용 관련 매입세액

실무예제

다음 자료는 과세사업과 면세사업을 겸영하는 (주)동부(회사코드 : 4100)의 2025년 제1기 예정신고기간의 거래내용이다. 아래의 거래내역을 보고 제1기 예정신고기간의 [공제받지 못할 매입세액명세서(공제받지못할매입세액내역 TAB)]를 작성하시오. (전표입력은 생략하며, 모든 거래는 세금계산서 수취거래로서 부가가치세 별도의 금액임)

① 한성전자에 휴대폰을 10대(단가 : 400,000원) 구입하여 전량 거래처에 무상으로 제공하다.
② 대표자의 업무용승용차(1,600cc)의 고장으로 인해 이의 수리비 700,000원을 오토자동차에 지출하다.
③ 면세사업에만 사용할 목적으로 난방기를 온방산업에서 1,300,000원에 구입하고 당기 비품으로 처리하다.
④ 기린상사로부터의 상품매입액 4,000,000원 세금계산서합계표상의 공급받는자의 등록번호가 착오로 일부 오류 기재되었다. (세금계산서는 정확히 기재됨)
⑤ 건물신축과 관련하여 토지의 정지비 10,000,000원을 지출하다.

  예제 따라하기

[공제받지 못할 매입세액명세서 TAB(조회기간 : 2025년 01월 ~ 2025년 03월)]

　　세금계산서 수취분 중 공제받지 못할 매입세액에 해당하는 경우 매입매출전표입력 메뉴에 **[유형 : 54.불공]**을 선택하여 **불공제사유**를 선택하면 [공제받지 못할 매입세액명세서]에 자동반영된다. 그러나 시험은 전표입력은 생략하고 해당 자료를 직접 입력하는 문제를 출제하고 있어 실무예제는 서식에 직접 입력하고자 한다.

① 접대목적 구입 : 불공제 사유
② 개별소비세가 과세되는 비영업용소형승용차 유지 : 불공제 사유
③ 면세사업 전용 : 불공제 사유
④ 세금계산서는 정상이나 착오로 세금계산서합계표 작성을 잘못한 경우 매입세액 공제 가능
⑤ 토지의 정지비는 토지 자본적지출에 해당 : 불공제 사유

| 공제받지못할매입세액내역 | 공통매입세액안분계산내역 | 공통매입세액의정산내역 | 납부세액또는환급세액재계산 |

매입세액 불공제 사유	세금계산서		
	매수	공급가액	매입세액
①필요적 기재사항 누락 등			
②사업과 직접 관련 없는 지출			
③개별소비세법 제1조제2항제3호에 따른 자동차 구입·유지 및 임차	1	700,000	70,000
④기업업무추진비 및 이와 유사한 비용 관련	1	4,000,000	400,000
⑤면세사업등 관련	1	1,300,000	130,000
⑥토지의 자본적 지출 관련	1	10,000,000	1,000,000
⑦사업자등록 전 매입세액			
⑧금·구리 스크랩 거래계좌 미사용 관련 매입세액			
합계	4	16,000,000	1,600,000

2 공통매입세액의 안분(예정신고)

겸영사업자의 매입세액 중 과세사업과 면세사업(비과세사업에 대한 수입금액 포함) 중 어느 사업에 대한 매입세액인지의 구분이 불분명한 경우 이를 공통매입세액이라 하며 예정신고시 안분계산하여 불공제매입세액을 신고한다.

항 목	입력내용 및 방법
안분계산 방법	① 원칙 $$불공제매입세액 = 공통매입세액 \times \frac{당해과세기간의\ 면세공급가액}{당해과세기간의\ 총공급가액}$$ ② 동일과세기간에 매입·공급시 $$불공제매입세액 = 공통매입세액 \times \frac{직전과세기간의\ 면세공급가액}{직전과세기간의\ 총공급가액}$$ ③ 공급가액이 없는 경우 　㉠ 원칙 : 매입가액비율 ⇨ 예정공급가액비율 ⇨ 예정사용면적비율 　㉡ 건물신축시 : 예정사용면적비율 ⇨ 매입가액비율 ⇨ 예정공급가액비율
안분계산 생략	다음의 경우에는 안분계산하지 않고 공통매입세액 전액을 공제받는 매입세액으로 한다. ① 해당 과세기간의 공통매입세액이 5백만원 미만으로서 총공급가액 중 면세공급가액이 5% 미만인 경우의 공통매입세액 ② 해당 과세기간의 공통매입세액이 5만원 미만인 경우의 매입세액 ③ 재화를 공급하는 날이 속하는 과세기간에 신규로 사업을 개시하여 직전 과세기간이 없는 경우
작성방법	① 산식 　㉠ 당해 과세기간 중 과세사업과 면세사업의 공급가액이 있는 경우 : 1번 선택 　㉡ 당해 과세기간 중 과세사업과 면세사업의 공급가액이 없거나 그 어느 한 사업의 공급가액이 없는 경우 : 2번 ⇨ 3번 ⇨ 4번 순으로 선택 ② 구분 : 필수 입력사항은 아니며 인쇄시 산식명에 반영된다. ③ 과세·면세사업 공통매입 　예정신고기간에 공통으로 매입한 재화 및 용역의 공통매입세액을 입력한다. 매입매출전표입력에서 [유형 : 54.불공 ⇨ ⑨ 공통매입세액안분계산분]을 입력한 경우에 공급가액과 세액이 자동으로 반영된다. ④ 면세비율(⑬면세공급가액등 ÷ ⑫총공급가액등) 　㉠ 총공급가액등(⑫) : 예정신고기간의 총공급가액 등을 입력 　㉡ 면세공급가액등(⑬) : 예정신고기간의 면세공급가액 등을 입력

항 목	입력내용 및 방법

공통
매입세액
회계처리
	[매입매출전표입력 : 유형 - 51.과세]
	① 원재료 매입 시 : **전액 매입세액 공제로 처리**
	   (차) 원재료 240,000,000원 (대) 외상매입금 264,000,000원
	       부가세대급금 24,000,000원
	② 원재료 안분 시 : **불공제분을 일반전표에 입력**
	   (차) 원재료 9,600,000원 (대) 부가세대급금 9,600,000원
	    (적요번호:9.타계정에서 대체액)
	[매입매출전표입력 : 유형 - 54.불공(⑨ 공통매입세액안분계산분)]
	① 원재료 매입 시 : **전액 매입세액 불공제로 처리**
	   (차) 원재료 264,000,000원 (대) 외상매입금 264,000,000원
	② 원재료 안분 시 : **공제분을 일반전표에 입력**
	   (차) 부가세대급금 14,400,000원 (대) 원재료 14,400,000원
	                                    (적요번호:8.타계정으로 대체액)

실무예제

(주)동부(회사코드 : 4100)은 과세사업과 면세사업을 겸영하고 있는 사업자로서 2025년 제1기 예정 부가가치세 신고 시 공통매입세액을 안분계산하고자 한다. 기존의 입력된 자료는 무시하고 2025년 제1기 예정분 자료가 다음과 같다고 가정하여 부가가치세 신고 부속서류 중 [공제받지 못할 매입세액명세서(공통매입세액안분계산내역 TAB)]를 작성하시오. 2025년 제1기 예정 신고 시 주어진 자료 이외에 매입세액 불공제내역은 없다고 가정하며, 안분계산만 고려한다.

- 과세매입가액 : 1,440,000,000원(세금계산서 수취), 면세매입가액 : 160,000,000원(계산서 수취)
- 과세공급가액 : 300,000,000원, 면세공급가액 : 200,000,000원
- 과세사업예정사용면적 : 600m², 면세사업예정사용면적 : 200m²
- 공통매입가액 : 240,000,000원, 공통매입세액 : 24,000,000원

 예제 따라하기

① 조회기간(2025년 01월 ~ 2025년 03월)을 입력, 예정신고이므로 [공통매입세액안분계산내역 TAB]을 선택하고 다수의 안분기준 중 원칙인 **공급가액이 있는 경우 원칙을 적용**한다.
② [1.당해과세기간의 공급가액기준]을 선택하면 "전표데이타를 불러오시겠습니까?" 메시지가 나오며 직접 입력할 것이므로 "아니오(N)"을 선택한다.

③ 구분은 필수 사항이 아니므로 생략하고 과세·면세사업 공통매입 및 공급가액을 입력하여 불공제매입세액을 계산한다.

[공통매입세액 안분 계산 내역 TAB(조회기간 : 2025년 01월 ~ 2025년 03월)]

산식	구분	과세·면세사업 공통매입		⑫총공급가액등	⑬면세공급가액등	면세비율 (⑬÷⑫)	⑭불공제매입세액 [⑪×(⑬÷⑫)]
		⑩공급가액	⑪세액				
1.당해과세기간의 공급가액기준		240,000,000	24,000,000	500,000,000.00	200,000,000.00	40.000000	9,600,000
합계		240,000,000	24,000,000	500,000,000	200,000,000		9,600,000

불공제매입세액 (9,600,000) = 세액(24,000,000) * 면세공급가액 (200,000,000) / 총공급가액 (500,000,000)

3 공통매입세액의 정산(확정신고)

사업자가 공통매입세액을 예정신고기간에 안분 계산한 경우에는 해당 재화의 취득으로 과세사업과 면세사업의 공급가액이 확정되는 과세기간에 대한 납부세액을 확정신고 때 정산하여야 한다.

항 목	입력내용 및 방법
가산 또는 공제되는 세액	① 가액비율로 안분계산시 불공제매입세액 = 총공통매입세액 × (당해과세기간의 면세공급가액 / 당해과세기간의 총공급가액) − 기불공제매입세액 ② 면적비율로 안분계산시 불공제매입세액 = 총공통매입세액 × (당해과세기간의 면세사용면적 / 당해과세기간의 총사용면적) − 기불공제매입세액

작성방법	① 산식
	예정신고시 안분계산한 방식으로 확정신고 시 정산한다.
	② 구분 : 필수 입력사항은 아니며 인쇄시 산식명에 반영된다.
	③ 총공통매입세액
	과세기간(1월 ~ 6월, 7월 ~ 12월)에 공통으로 매입한 재화 및 용역의 공통매입세액을 입력한다. 매입매출전표입력에서 [유형 : 54.불공 ⇨ ⑨ 공통매입세액안분계산분]을 입력한 경우에 공급가액과 세액이 자동으로 반영된다.
	④ 면세사업확정비율
	  ㉠ 총공급가액 : 과세기간(1월 ~ 6월, 7월 ~ 12월)의 총공급가액을 입력
	  ㉡ 면세공급가액 : 과세기간(1월 ~ 6월, 7월 ~ 12월)의 면세공급가액을 입력
	⑤ 불공제매입세액총액 : 총공통매입세액 × 면세사업확정비율
	⑥ 기불공제매입세액
	예정신고기간의 기 불공제된 매입세액을 입력하며 기 입력된 자료가 있으면 자동으로 반영할 수 있다.

 **실무예제**

(주)동부(회사코드 : 4100)은 과세 및 면세사업을 영위하는 겸영사업자이다. 다음의 자료를 이용하여 2025년 제1기 확정신고기간에 대한 [공제받지못할매입세액명세서] 중 공통매입세액의 정산내역 탭을 입력하시오. 단, 2025년 제1기 부가가치세 예정신고서에 반영된 **공통매입세액 불공제분은 9,600,000원**이며, 공급가액 기준으로 안분계산하고 있다. (입력된 전표는 무시할 것)

구 분		1기예정(1월 ~ 3월)		1기확정(4월 ~ 6월)		전체(1월 ~ 6월)	
		공급가액	세액	공급가액	세액	공급가액 합계	세액 합계
매출	과세	300,000,000원	30,000,000원	700,000,000원	70,000,000원	1,000,000,000원	100,000,000원
	면세	200,000,000원		300,000,000원		500,000,000원	
공통매입세액		240,000,000원	24,000,000원	100,000,000원	10,000,000원	340,000,000원	34,000,000원

 예제 따라하기

① 조회기간(2025년 04월 ~ 2025년 06월)을 입력, 확정신고이므로 [공통매입세액의정산내역 TAB]을 선택한다.
② 예정신고 시 **공급가액**으로 안분하였으므로 확정신고 시에도 **동일한 방법으로 계산**한다.
③ [1.당해과세기간의 공급가액기준]을 선택하면 "전표데이타를 불러오시겠습니까?" 메시지가 나오며 직접 입력할 것이므로 "아니오(N)"을 선택한다.
④ 구분은 필수 사항이 아니므로 생략하고 1월 ~ 6월의 전체 총공통매입세액 및 면세사업확정 비율을 입력하여 불공제매입세액총액을 계산하고 예정신고시 불공제처리한 금액을 기불공제매입세액을 입력하여 "가산 또는 공제되는 매입세액"을 계산한다.

[공통매입세액의 정산 내역 TAB(조회기간 : 2025년 04월 ~ 2025년 06월)]

산식	구분	(15)총공통매입세액	(16)면세 사업확정 비율			(17)불공제매입세액총액 ((15)*(16))	(18)기불공제매입세액	(19)가산또는공제되는매입세액((17)-(18))
			총공급가액	면세공급가액	면세비율			
1.당해과세기간의 공급가액기준		34,000,000	1,500,000,000.00	500,000,000.00	33.333333	11,333,333	9,600,000	1,733,333
합계		34,000,000	1,500,000,000	500,000,000		11,333,333	9,600,000	1,733,333

가산또는공제되는매입세액 (1,733,333) = 총공통매입세액(34,000,000) * 면세비율(%)(33.333333) - 기불공제매입세액(9,600,000)

4 납부세액(또는 환급세액)의 재계산

공통매입세액 안분계산에 따라 매입세액을 공제한 후 나중에 면세사업의 비중이 증가 또는 감소하는 경우에는 당초 매입세액공제가 과대 또는 과소해지는 결과가 된다. 따라서 이에 대한 증감의 조정이 필요하여 공제된 매입세액을 납부세액에 가산(또는 공제)하거나 환급세액에 가산(또는 공제)하게 되는데 이를 납부세액 또는 환급세액의 재계산이라 한다.

항 목	입력내용 및 방법
재계산의 요건	① 공통사용재화 이어야 한다. ② 감가상각자산(건축물은 10년, 기타의 감가상각자산은 2년 이내의 것을 말한다)에 대해서만 납부(환급)세액 재계산을 한다. (상품, 제품, 토지 등은 제외) ③ 취득일 또는 그 후 재계산한 과세기간의 면세비율이 해당과세기간의 **면세비율과 5% 이상(증감)** 차이가 나는 경우에 한해서 납부(환급)세액 재계산을 한다.
재계산 방법	다음 산식에 계산된 금액을 납부세액에 가산(또는 공제)하거나 환급세액에 가산(또는 공제)한다. 가산(공제)되는 매입세액 = 해당 재화의 공통매입세액 × (1 − 감가율 × 경과된 과세기간 수) × 증감된 면세비율 ① 체감률 : 건물·구축물의 경우에는 5%, 기타의 감가상각자산의 경우에는 25% ② 경과된 과세기간 수 : 취득과세기간은 **포함**하며, 신고하는 해당과세기간은 **불포함**

작성방법	① 자산 : [1.건물,구축물]과 [2.기타자산] 중 선택하며, 선택에 따라 체감률이 자동 반영된다.
	② 해당재화의 매입세액 : 재계산대상의 공통매입세액을 입력한다.
	③ 경감률 : 취득년월을 입력하면 경과과세기간이 자동반영되어 경감률이 계산된다.
	④ 증가 또는 감소된 면세공급가액(사용면적)비율
	    면세비율 증가에 대한 금액 입력시 **재계산을 신고한 시점과 비교**하는 것이며, 면세비율 증감이 5% 미만인 경우에는 재계산을 배제한다.
	    ▪ 면세비율 증가 : 양수 ▪ 면세비율 감소 : 음수

(주)동부(회사코드 : 4100)은 과세 및 면세사업을 영위하는 겸영사업자이다. 다음의 내용을 토대로 2025년 제1기 확정 부가가치세신고시 납부세액재계산을 하여 [공제받지못할매입세액명세서(납부세액또는환급세액재계산 TAB)]를 작성하시오.

(1) 과세사업과 면세사업에 공통으로 사용되는 자산의 구입내역

계정과목	취득일자	공급가액	부가가치세	비고
기계장치	2023. 07. 01.	10,000,000원	1,000,000원	
공장건물	2022. 08. 10.	100,000,000원	10,000,000원	
상 품	2024. 10. 20.	1,000,000원	100,000원	

※ 2024년 제2기 부가가치세 확정신고시 공통매입세액에 대한 안분계산 및 정산은 정확히 신고서에 반영되었다.

(2) 2024년 및 2025년의 공급가액 내역

구 분	2024년 제1기	2024년 제2기	2025년 제1기
과세사업	1,000,000,000원	1,300,000,000원	1,000,000,000원
면세사업	300,000,000원	200,000,000원	500,000,000원

예제 따라하기

① 조회기간(2025년 04월 ~ 2025년 06월)을 입력, 재계산이므로 [납부세액또는환급세액재계산 TAB]을 선택한다.

② 감가상각자산이 아닌 재고자산 상품은 제외하고 입력한다.

③ 자산을 선택하면 "전표데이타를 불러오시겠습니까?" 메시지가 나오며 직접 입력할 것이므로 "아니오(N)"을 선택한다.

④ 면세비율 증감과 관련된 공급가액을 입력하면 "가산 또는 공제되는 매입세액"이 계산된다.

구 분	2024년 제1기	2024년 제2기	2025년 제1기
면세비율	23.076923% (3억/13억 × 100)	13.333333%(9.743590% 감소) (2억/15억 × 100)	33.333333%(20% 증가) (5억/15억 × 100)

[납부세액 또는 환급세액 재계산 TAB(조회기간 : 2025년 04월 ~ 2025년 06월)]

자산	(20)해당재화의 매입세액	(21)경감률[1-(체감률*경과된과세기간의수)]				(22)증가 또는 감소된 면세공급가액(사용면적)비율					(23)가산또는 공제되는 매입세액 (20)*(21)*(22)
		취득년월	체감률	경과 과세기간	경감률	당기		직전		증가율	
						총공급	면세공급	총공급	면세공급		
2.기타자산	1,000,000	2023-07	25	3	25	1,500,000,000.00	500,000,000.00	1,500,000,000.00	200,000,000.00	20.000000	50,000
1.건물,구축물	10,000,000	2022-08	5	5	75	1,500,000,000.00	500,000,000.00	1,500,000,000.00	200,000,000.00	20.000000	1,500,000
					합계						1,550,000

가산또는공제되는매입세액 (50,000) = 해당재화의매입세액(1,000,000) * 경감률(%)(25) * 증가율(%)(20.000000)

TIP

[공통매입세액 불공제분 부가가치세신고서 반영]

공통매입세액의 불공제 처리분은 [공제받지못할매입세액명세서]를 작성하면 부가가치세신고서 공제받지못할매입세액(16)란에 자동반영된다.

	구분		정기신고금액		
			금액	세율	세액
매 입 세 액	세금계산서	일반매입	10		
	수취분	수출기업수입분납부유예	10-1		
		고정자산매입	11		
	예정신고누락분		12		
	매입자발행세금계산서		13		
	그 밖의 공제매입세액		14	11,160,000		325,047
	합계(10)-(10-1)+(11)+(12)+(13)+(14)		15	11,160,000		325,047
	공제받지못할매입세액		16	112,000,000		11,200,000
	차감계 (15-16)		17	-100,840,000		-10,874,953

구분		금액	세율	세액
16.공제받지못할매입세액				
공제받지못할 매입세액	50	16,000,000		1,600,000
공통매입세액면세등사업분	51	96,000,000		9,600,000
대손처분받은세액	52			
합계	53	112,000,000		11,200,000

02 부가가치세신고 및 가산세

부가가치 ▶▶ 신고서/부속명세 ▶▶ 부가가치세 ▶▶ 부가가치세신고서

1. 부가가치세신고서

　부가가치세신고서는 각 신고기간에 대한 부가가치세 과세표준과 납부세액 또는 환급세액 등을 기재하여 관할세무서에 신고하는 서류로 부가가치세법에 규정된 서식이다.

　부가가치세신고는 예정신고, 확정신고, 영세율등 조기환급신고, 수정신고가 있으며, 신고시 부가가치세신고서의 상단에 해당신고를 표시하고 신고내용을 증명하는 부속서류를 같이 제출해야 한다. 또한 부가가치세는 자진신고납부제도로 신고기한과 납부기한이 동일하므로 기한 내에 신고와 함께 납부를 하여야 하고 이렇게 함으로써 부가가치세 납세의무가 종결된다.

항 목	입력내용 및 방법
조회기간	당해 과세기간을 입력한다.
신고구분	[1.정기신고], [2.수정신고] 중 선택하며, [2.수정신고]를 선택한 경우는 [신고차수]를 반드시 입력하여 수정신고서를 작성한다.
원시데이타 켜기	해당란에 커서를 두고 [원시데이타 켜기] 버튼을 누르면 매입매출전표입력 자료 및 부속서류 조회가 가능하여 신고서 작성시 비교 대조할 수 있다.
작성방법 켜기	[작성방법 켜기] 버튼을 누르고 해당란에 커서를 두면 작성요령에 대한 보조화면이 나타난다.

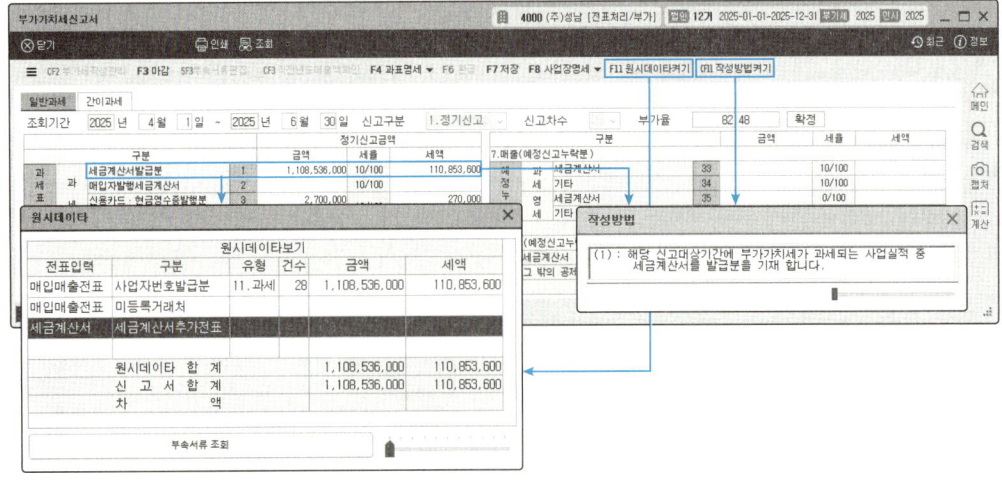

1 과세표준 및 매출세액

		구분		정기신고금액		
				금액	세율	세액
과세표준및매출세액	과세	세금계산서발급분	1		10/100	
		매입자발행세금계산서	2		10/100	
		신용카드·현금영수증발행분	3		10/100	
		기타(정규영수증외매출분)	4			
	영세	세금계산서발급분	5		0/100	
		기타	6		0/100	
	예정신고누락분		7			
	대손세액가감		8			
	합계		9		㉮	

	구분		금액	세율	세액
7.매출(예정신고누락분)					
예정누락분	과세	세금계산서	33		10/100	
		기타	34		10/100	
	영세	세금계산서	35		0/100	
		기타	36		0/100	
	합계		37			

항 목			입력내용 및 방법
과세표준 및 매출세액	과세	세금계산서 발급분	① 과세(10%) 세금계산서 발급 ⇨ **유형 : 11.과세** 입력분 자동반영 ② 매출처별세금계산서합계표 제출
		매입자발행 세금계산서	① 매입자발행세금계산서 수취(세무서 직권에 의한 발급) ⇨ **유형 : 11.과세**로 입력하며 **[간편집계표 : 매입자 발행]** 선택시 자동반영 ② 매출처별세금계산서합계표 제출
		신용카드·현금영수증발행분	① 과세(10%) 신용카드매출전표 및 현금영수증 발급 ⇨ **유형 : 17.카과, 22.현과** 입력분 자동반영 ② 신용카드매출전표등발행집계표 제출 ③ [경감·공제세액] ⇨ 신용카드매출전표등 발행공제등(19란)]에 공급대가(발행금액) 반영
		기타	과세(10%) 매출로 법정증빙 발급이 없는 매출 ⇨ **유형 : 14.건별** 입력분 자동반영 ① 영수증에 의한 현금매출 ② **간주공급**(타사업장 반출 제외) ③ **간주임대료**
	영세	세금계산서 발급분	① 영세(0%) 세금계산서 발급 ⇨ **유형 : 12.영세** 입력분 자동반영 ② 매출처별세금계산서합계표 및 내국신용장·구매확인서 전자발급명세서 등 제출
		기타	① 영세(0%) 재화·용역을 공급하는 경우로 세금계산서를 발급하지 않는 거래 ⇨ **유형 : 16.수출, 19.카영, 24.현영** 입력분 자동반영 ② 수출실적명세서, 영세율첨부서류제출명세서 등 제출
	예정신고누락분		예정신고(1월 ~ 3월, 7월 ~ 9월)에 누락한 매출이 있는 경우 확정신고서에 반영하여 신고하며 매입매출전표입력 메뉴에서 **[간편집계표 ⇨ 예정누락분]**을 선택하여 자동반영할 수 있다.
	대손세액가감		대손금이 확정되어 대손세액을 **공제(음수 기재)** 받거나 대손금을 회수하여 대손세액을 **납부(양수 기재)**하는 경우에 기재하며 [대손세액공제신고서]를 작성하여 자동반영한다.
	합 계		**과세표준명세의 합계(32)란의 금액과 반드시 일치**하여야 한다. 프로그램에서는 `F4 과표명세` 버튼을 클릭하여 확인할 수 있다.

2 과세표준명세

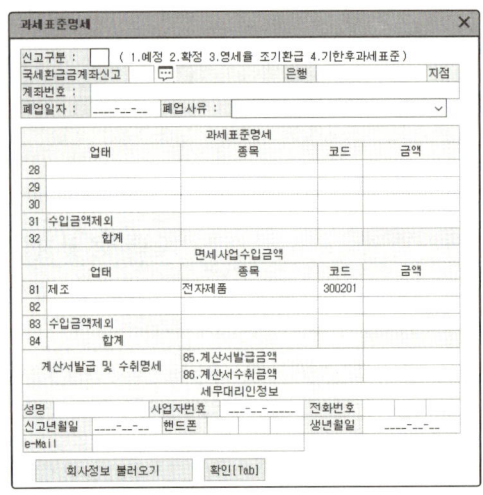

항 목		입력내용 및 방법
신고구분		[1.예정, 2.확정, 3.영세율 조기환급, 4.기한후과세표준] 중 유형을 선택한다. 다만, 조회기간(=과세기간)을 입력하면 예정과 확정은 자동으로 설정되며 "3"과 "4"는 직접 선택하여야 한다.
국세환급금계좌신고		"환급받을 세액"이 발생한 사업자가 기재하며 [회사등록] 메뉴의 "국세환급금계좌"에 입력하여 반영할 수 있다.
폐업일자 · 폐업사유		사업을 폐업하고 확정신고하는 사업자만 기재한다.
과세표준명세	(28) ~ (30)	손익계산서에 기재되는 업태와 종목별 과세표준을 기재하며 회사등록에 등록된 정보가 자동 반영된다. 매입매출전표입력 시 계정과목을 매출계정 "401 ~ 430"으로 회계처리한 정보가 반영된다. | 구 분 | 내 용 | |---|---| | 상품매출(401) | 업태: 도소매로 입력되어야 자동집계 | | 제품매출(404) | 업태: 제조로 입력되어야 자동집계 | | 기타매출(401 · 404 이외코드) | 기타매출로 집계 |
	(31)수입금액제외	고정자산매각, 간주공급 등 소득세법상 수입금액에서 제외되는 금액을 입력한다. 다만, 법인사업자의 경우는 법인세법상 수입금액제외를 기재한다.
	(32)합계	**과세표준의 합계(9)란과 일치하여야** 한다.
면세사업수입금액		부가가치세가 면세되는 사업의 수입금액을 업태, 종목별로 구분하여 입력하며 [유형 : 13.면세, 18.카면, 20.면건, 23.현면] 입력분이 자동반영 된다.
계산서 발급 및 수취명세	계산서 발급금액	부가가치세가 과세되지 아니한 재화 또는 용역을 공급하고 발급한 계산서 합계액을 입력하며 [유형 : 13.면세] 입력분이 자동반영 된다.
	계산서 수취금액	부가가치세가 면세되는 재화 등을 공급받고 수취한 계산서 합계액을 입력하며 [유형 : 53.면세] 입력분이 자동반영 된다.
신고년월일		부가가치세 신고일자를 입력하며 조회기간을 입력하면 신고기한이 자동반영 된다.

3 매입세액

구분		정기신고금액			구분		금액	세율	세액
		금액	세율	세액	12.매입(예정신고누락분)				
매입세액	세금계산서수취분 일반매입	10			예정누락분	세금계산서	38		
	수출기업수입분납부유예	10-1				그 밖의 공제매입세액	39		
	고정자산매입	11				합계	40		
	예정신고누락분	12				신용카드매출 일반매입			
	매입자발행세금계산서	13				수령금액합계 고정매입			
	그 밖의 공제매입세액	14				의제매입세액			
	합계(10)-(10-1)+(11)+(12)+(13)+(14)	15				재활용폐자원등매입세액			
	공제받지못할매입세액	16				과세사업전환매입세액			
	차감계 (15-16)	17		⑭		재고매입세액			
납부(환급)세액(매출세액⑨-매입세액⑭)				⑭		변제대손세액			
						외국인관광객에대한환급세액			
						합계			
구분		금액	세율	세액	14.그 밖의 공제매입세액				
16.공제받지못할매입세액						신용카드매출 일반매입	41		
공제받지못할 매입세액		50				수령금액합계표 고정매입	42		
공통매입세액면세등사업분		51				의제매입세액	43	뒤쪽	
대손처분받은세액		52				재활용폐자원등매입세액	44	뒤쪽	
합계		53				과세사업전환매입세액	45		
						재고매입세액	46		
						변제대손세액	47		
						외국인관광객에대한환급세액	48		
						합계	49		

항 목			입력내용 및 방법
매입세액	세금계산서 수취분	일반매입	① 과세(10%), 영세(0%) 매입세금계산서 수취 ⇨ 유형 : 51.과세, 52.영세, 54.불공, 55.수입 입력분 반영 ② 고정자산매입은 유형·무형자산 매입분이 반영되며 토지의 취득원가로 인한 정지비 등은 일반매입에 기재 ③ 수입분 중 부가가치세 납부유예신청분은 별도로 기재하여 불공제처리 　⇨ 회사등록의 추가사항 TAB에서 [수입부가가치세 납부유예 : 여] 설정, 매입매출전표입력 메뉴의 [간편집계표 : 수입분납부유예]를 선택하여 자동 반영할 수 있다. ④ 매입처별세금계산서합계표 및 건물등감가상각자산취득명세서 제출
		수출기업 수입분 납부유예	
		고정자산 매입	
	예정신고누락분		예정신고(1월 ~ 3월, 7월 ~ 9월)에 누락한 매입이 있는 경우 확정신고서에 반영하여 신고하며 매입매출전표입력 메뉴에서 [간편집계표 ⇨ 예정누락분]을 선택하여 자동반영할 수 있다.
	매입자발행세금계산서		① 매입자발행세금계산서 발급(세무서 직권에 의한 발급) ⇨ [간편집계표 : 매입자 발행] 선택시 자동반영 ② 매입자발행세금계산서합계표 작성 제출
	그 밖의 공제 매입 세액	신용카드 매출 수령합계표 / 일반매입	① 과세(10%) 신용카드 및 현금영수증 수취한 경우로 매입세액공제가 가능한 부분만 기재 ⇨ 유형 : 57.카과, 61.현과 입력분 반영 ② 일반매입과 고정자산(유형·무형자산) 매입 구분 기재 ③ 신용카드매출전표등수령명세서 및 건물등감가상각자산취득명세서 작성 제출
		신용카드 매출 수령합계표 / 고정 매입	
		의제매입세액	농산물 등 면세 원재료를 사용하여 과세 재화 또는 용역을 제공하여 의제매입세액을 공제받는 경우 기재하며 [의제매입세액공제신고서] 작성분 반영
		재활용폐자원등 매입세액	재활용폐자원 등에 대한 매입세액을 공제받고자 하는 경우 기재하며 [재활용폐자원세액공제신고서] 작성분 반영
		과세사업전환 매입세액	면세사업자가 과세사업 전환 시 잔존재화에 대하여 매입세액공제를 신고하는 경우 기재하며 [과세사업전환 감가상각자산신고서] 작성분 반영
		재고매입세액	간이과세자가 일반과세자 전환 시 잔존재화에 대하여 매입세액공제를 신고하는 경우 기재하며 [일반(간이)과세전환시의 재고품등신고서] 작성분 반영

항목			입력내용 및 방법
매입세액	그 밖의 공제매입세액	변제대손대세액	대손처분받은 세액에 대하여 대손금 변제를 한 경우로 [대손세액공제신고서] 작성하여 자동 반영
		외국인관광객에 대한 환급세액	외국인관광객 특례적용관광호텔 사업자가 숙박용역의 공급시기에 정상적으로 부가가치세를 과세(10%)로 신고한 후 해당 부가가치세를 공제받는 경우 기재
	공제받지못할 매입세액	공제받지못할 매입세액	① [세금계산서 수취분] 중 매입세액 불공제 사유에 해당하는 경우 기재 ⇨ 유형 : 54.불공 입력분 반영 ② 공제받지못할매입세액명세서 작성 제출
		공통매입세액면세등 사업분	겸영사업자의 공통매입세액 중 안분·정산·재계산하여 면세사업에 해당하는 부분을 계산하여 기재하며 [공제받지못할매입세액명세서]를 작성하여 자동 반영
		대손처분받은세액	과세당국으로부터 매입 부가가치세에 대하여 대손처분 통지를 받은 경우 기재

4 차감·가감하여 납부할세액

항목		입력내용 및 방법
경감공제세액	그 밖의 경감·공제세액	전자신고 세액공제	사업자가 직접 전자신고(국세청홈택스)하는 경우 확정신고시 "10,000원" 공제하거나 환급세액에 더한다.
		전자세금계산서 발급세액공제	직전연도 사업장별 공급가액이 3억원 미만인 개인사업자가 전자세금계산서를 발급일의 다음 날까지 국세청장에게 전송한 경우 발급 건수에 따라 200원 공제(연 100만원 한도, 2027.12.31.까지)
		택시운송사업자 경감세액	일반택시운송사업자에 대해서는 부가가치세 납부세액의 100분의 99를 2026년 12월 31일까지 경감하는 제도로 택시운송사업자만 기재
		대리납부 세액공제	대리납부제도 도입에 따른 신용카드사가 대리납부한 세액에 대해서 1%의 세액공제를 해주는 제도
		현금영수증 사업자세액공제	현금영수증 발급기를 각 사업장에 설치하여 주는 사업자에게 일정부분 세액을 공제해 주는 경우 기재
	신용카드매출전표등 발행공제등		개인사업자(법인 및 직전연도 공급가액 10억 초과 개인사업자 제외) 중 신용카드등 매출전표를 발행한 경우 연 1,000만원 한도(2026.12.31.까지) 내 금액을 세액공제 ⇨ 유형 : 17.카과, 22.현과 입력분 반영(법인도 공급대가 기재)
	소규모 개인사업자 부가가치세 감면세액		개인 일반과세자(과세유흥장소, 부동산매매·임대업 배제) 중 과세기간(6개월) 공급가액(부가가치세 미포함)의 합계액이 4천만원 이하인 경우 확정신고시 [소규모 개인사업자 부가가치세 감면신청서]를 제출하여 감면세액 적용 (2020.12.31.까지 한시적용)

항 목	입력내용 및 방법
예정신고미환급세액	예정신고시 일반환급세액이 있을 경우 확정신고서에 반영하여 정산한다. 일반환급자의 미환급세액을 직접 **양수**로 입력한다.
예정고지세액	개인사업자 및 소규모 법인사업자(직전 과세기간 공급가액 1억 5천만원 미만인 법인)의 해당 과세기간의 예정신고기간에 고지된 세액을 기재한다.
사업양수자의 대리납부 기납부세액	사업을 양수받는 자가 대가를 지급하는 때에 그 대가를 받은 자로부터 부가가치세를 징수하여 납부한 경우에는 매입자가 납부한 세액을 공제하므로 그 금액을 기재한다.
매입자 납부특례 기납부세액	금지금·금제품 및 구리 스크랩 등 거래에 따른 부가가치세를 신한은행에 직접 입금한 부가가치세액을 기재한다.
신용카드업자의 대리납부 기납부세액	대리납부대상자가 유흥, 단란주점에서 부가가치세가 과세되는 재화 또는 용역을 공급하고 소비자가 신용카드(직불·선불카드 포함)로 결제하는 경우 신용카드사가 신용카드 등 결제금액의 4/110에 해당하는 금액을 부가가치세로 징수하여 대리납부대상자를 대신하여 납부하는 제도로 기납부세액을 기재한다.
가산세액계	별도로 설명
총괄납부사업자가 납부할 세액(환급받을 세액)	총괄납부제도를 적용하는 사업자 중 주된사업장에서 총괄한 납부·환급세액을 기재하며 [사업장별 부가가치세과세표준 및 납부세액(환급세액) 신고명세서] 작성분 반영

2. 가산세

1 가산세명세

25.가산세명세			
사업자미등록등		61	1/100
세 금 계산서	지연발급 등	62	1/100
	지연수취	63	5/1,000
	미발급 등	64	뒤쪽참조
전자세금 발급명세	지연전송	65	3/1,000
	미전송	66	5/1,000
세금계산서 합계표	제출불성실	67	5/1,000
	지연제출	68	3/1,000
신고 불성실	무신고(일반)	69	뒤쪽
	무신고(부당)	70	뒤쪽
	과소·초과환급(일반)	71	뒤쪽
	과소·초과환급(부당)	72	뒤쪽
납부지연		73	뒤쪽
영세율과세표준신고불성실		74	5/1,000
현금매출명세서불성실		75	1/100
부동산임대공급가액명세서		76	1/100
매입자 납부특례	거래계좌 미사용	77	뒤쪽
	거래계좌 지연입금	78	뒤쪽
신용카드매출전표등수령명세서미제출·과다기재		79	5/1,000
합계		80	

(1) 사업자 미등록등 가산세

구 분	내 용	가산세
미등록가산세	사업개시일로부터 **20일** 이내에 사업자등록을 신청하지 **않은** 경우	공급가액 × 1%
허위등록 가산세	사업자가 **타인명의**(배우자는 타인으로 보지 아니한다)로 사업자등록을 하고 사업을 영위하는 경우	공급가액 × 2%

(2) 세금계산서 불성실가산세

구 분		내 용
부실기재	대상	발급한 세금계산서의 **필요적 기재사항의 전부 또는 일부**가 기재되지 않았거나 사실과 다르게 기재된 경우
	가산세	부실기재한 공급가액 × 1%
미발급등의 경우	대상	① 세금계산서를 **확정신고기한**(7월 25일, 1월 25일)까지 발급하지 **않은** 경우(미발급) ② 가공 세금계산서 등 : 재화 등을 **공급하지 아니하고** 세금계산서(신용카드매출전표등 포함)등을 발급한 경우와 공급받지 아니하고 세금계산서 등을 발급받은 경우 ③ **타인명의**로 세금계산서 등(**위장** 세금계산서)을 발급하거나 발급받은 경우 ④ 재화 등을 공급하고 세금계산서 등의 **공급가액을 과다**하게 기재하여 공급하거나 공급받은 경우 ⑤ 둘 이상의 사업장을 보유한 사업자가 재화 또는 용역을 공급한 사업장이 아닌 **자신의 다른 사업장 명의**로 발급시기에 세금계산서를 발급한 경우 ⑥ 전자세금계산서 발급의무자가 발급시기에 **종이세금계산서 발급**한 경우
	가산세	미발급 · 타인명의 세금계산서 공급가액 × 2% 가공 세금계산서 공급가액 × 3% ④의 경우 실제보다 과다하게 기재한 부분에 대한 공급가액 × 2% ⑤와 ⑥의 경우 발급한 공급가액 × 1%
지연발급 (지연수취)	대상	① **공급시기 이후** 해당 공급시기가 속하는 과세기간의 **확정신고기한**(7월 25일, 1월 25일)까지 세금계산서 **발급**하는 경우 ② 공급시기 이후 세금계산서를 발급받았으나, 실제 공급시기가 속하는 과세기간의 확정신고기한 다음날부터 1년 이내에 발급받은 것으로서 수정신고 · 경정청구하거나, 거래사실을 확인하여 결정 · 경정하는 경우 ③ 공급시기 이전 세금계산서를 발급받았으나, 실제 공급시기가 6개월 이내에 도래하고 거래사실을 확인하여 결정 · 경정하는 경우 ④ 공급받는 자가 **지연발급**한 세금계산서를 **수취**한 경우 매입세액 **공제**는 **가능**하나 **지연수취 가산세**가 적용된다.
	가산세	지연발급한 세금계산서 공급가액 × 1%(지연수취 가산세 0.5%) | 공급시기(가정)	발급기한	지연발급(1%)	미발급(2%) | |---|---|---|---| | 03.20 | 4월 10일까지 | 04.11 ~ 07.25 | 07.25까지 미발급 |
세금계산서 발급명세 미전송등	대상	전자세금계산서를 발급한 사업자가 국세청장에 세금계산서 **발급명세를 전송하지 아니한** 경우 ① 지연전송 : 공급시기가 속하는 과세기간의 확정신고기간(25일)까지 전송 ② 미전송 : 공급시기가 속하는 과세기간의 확정신고기간(25일)까지 전송하지 않은 경우 | 발급시기(가정)	전송기한	지연전송(0.3%)	미전송(0.5%) | |---|---|---|---| | 04.07 | 4월 8일까지 | 04.09 ~ 07.25 | 07.25까지 미전송시 |
	가산세	지연전송한 공급가액 × 0.3% 미전송한 공급가액 × 0.5%

(3) 매출처별세금계산서합계표 불성실가산세

구 분		내 용
부실기재	대상	거래처별 등록번호 또는 공급가액의 전부 또는 일부가 기재되지 아니하였거나 사실과 다르게 기재된 경우
	가산세	부실기재한 공급가액 × 0.5%
미제출	대상	확정신고시 매출처별세금계산서합계표를 제출하지 아니한 경우 제출기한이 지난 후 1개월 이내에 제출하는 경우 해당가산세의 50%를 감면한다.
	가산세	미제출한 공급가액 × 0.5%
지연제출	대상	예정신고시 제출하여야 할 매출처별세금계산서합계표를 확정신고와 함께 제출한 경우 예정신고시 미제출분을 확정신고시 제출하는 경우만 지연제출에 해당한다.
	가산세	지연제출한 공급가액 × 0.3%

(4) 매입처별세금계산서합계표 불성실가산세

구 분		내 용
재화등 공급시기 이후에 발급받은 경우	대상	재화 또는 용역의 공급시기 이후에 발급받은 세금계산서로서 해당 공급시기가 속하는 과세기간의 확정신고 기한내에 발급받은 경우
	가산세	공급가액 × 0.5%
미제출	대상	매입처별세금계산서합계표를 제출하지 않고 경정시 세금계산서를 경정기관의 확인을 거쳐 매입세액을 공제받는 경우
	가산세	공급가액 × 0.5%
공급가액 과다기재	대상	제출한 매입처별세금계산서합계표의 기재사항 중 공급가액을 사실과 다르게 과다하게 기재하여 신고한 경우
	가산세	과다기재한 공급가액 × 0.5%

(5) 영세율과세표준 신고불성실가산세

구 분	내 용
대상	영세율이 적용되는 과세표준을 신고하지 않거나 신고하여야 할 금액에 미달하게 신고한 경우 또는 영세율 첨부서류를 제출하지 않은 경우 법정신고기한 경과 후 2년 이내 수정신고(예정신고 누락분 확정신고 포함)시 과소신고 가산세 90% ~ 10% 감면한다.
가산세	무신고 또는 미달신고한 과세표준 × 0.5%

(6) 현금매출명세서 미제출가산세

구 분	내 용
대상	사업자가 예정신고 또는 확정신고를 할 때 현금매출명세서를 제출하지 않거나 누락된 수입금액이 있는 경우 　제출업종 : 변호사, 공인회계사, 세무사, 건축사, 변리사, 부동산중개업 등
가산세	미제출 또는 누락금액 × 1%

(7) 부동산임대공급가액명세서 미제출가산세

구 분	내 용
대상	부동산임대업자가 부동산임대공급가액명세서를 제출하지 않거나 제출한 수입금액이 사실과 다르게 적혀 있는 경우
가산세	미제출 또는 누락금액 × 1%

(8) 경정기관 확인 신용카드매출전표등 수취 및 명세서 가산세

구 분	내 용
대상	① 예정·확정신고시 미제출하고 경정기관의 확인을 거쳐 해당 경정기관에 제출하여 매입세액공제를 받는 경우 ② 매입세액을 공제받기 위하여 제출한 신용카드매출전표등 수령명세서에 공급가액을 과다하게 적은 경우(착오로 기재된 경우로서 신용카드매출전표등에 따라 거래사실이 확인되는 부분은 제외)
가산세	미제출 공급가액 또는 실제보다 과다하게 적은 공급가액 × 0.5%

(9) 신고불성실가산세

구 분		내 용
무신고	대상	사업자가 법정신고기간까지 예정신고 또는 확정신고를 하지 않은 경우
	가산세	① 일반무신고 : 납부세액 × 20% ② 부정무신고 : 납부세액 × 40%
과소신고 (초과환급)	대상	사업자가 법정신고기한까지 예정신고 또는 확정신고를 한 경우로서 납부세액(환급세액)을 신고하여야 할 금액보다 적게(많이) 신고한 경우
	가산세	① 일반과소(초과환급)신고 : 납부세액 × 10% ② 부정과소(초과환급)신고 : 납부세액 × 40%

(10) 납부지연가산세

구 분	내 용
대상	사업자가 납부기한까지 부가가치세의 납부를 하지 않거나 납부하여야 할 세액보다 적게 납부한 경우

구 분	내 용
가산세	납부지연가산세 = ① + ② ① 미납세액 또는 미달납부세액(초과환급세액) × 경과일수 × 2.2/10,000 ② 법정납부기한까지 납부하여야 할 세액 × 3% 　(납세고지서에 따른 납부기한까지 완납하지 아니한 경우에 한정함) ㉠ 경과일수 : 당초 납부기한의 다음날부터 자진납부일 또는 납세고지일까지의 일수 ㉡ **예정신고 누락분 확정신고 및 수정신고시**에는 과세관청으로부터 납세고지서가 발급되기 전이므로 부가가치세 가산세는 **①의 가산세만 적용됨** ㉢ 체납된 국세의 납부고지서별·세목별세액이 150만원 미만인 경우에는 ①의 가산세가 제외되나 부가가치세 예정신고 누락(법인) 및 수정신고는 자진신고·납부에 해당하므로 가산세가 적용됨

(11) 가산세 중복적용 배제

우선 적용되는 가산세	적용배제 가산세
미등록 등 가산세	세금계산서 지연발급, 부실기재 가산세 경정기관 확인 신용카드매출전표등 가산세 매출처별세금계산서합계표 불성실가산세 전자세금계산서 지연전송, 미전송가산세
세금계산서 지연발급, 부실기재 가산세 경정기관 확인 신용카드매출전표등 가산세 전자세금계산서 지연전송, 미전송가산세	매출처별세금계산서합계표 불성실가산세
세금계산서 미발급 가산세 가공세금계산서 발급(수취) 가산세 세금계산서등의 공급가액 과다기재 발급(수취) 가산세	미등록 가산세 매출처별세금계산서합계표 불성실가산세 매입처별세금계산서합계표 불성실가산세
세금계산서 지연발급 가산세 세금계산서 미발급 가산세	세금계산서 부실기재 가산세 전자세금계산서 지연전송, 미전송가산세
세금계산서 부실기재 가산세	전자세금계산서 지연전송, 미전송가산세
위장세금계산서 발급(수취) 가산세	세금계산서 미발급가산세

2 가산세 감면

(1) 수정신고에 따른 감면

　법정신고기한 경과 후 2년 이내에 수정신고(예정신고 누락분 확정신고 포함)를 한 경우(**과소신고가산세와 초과환급신고가산세, 영세율과세표준신고불성실가산세만 해당됨**)에는 다음의 구분에 따른 금액을 감면한다.

　다만, 과세관청의 경정할 것을 미리 알고 과세표준수정신고서를 제출하는 경우는 제외한다.

법정신고기한 경과 후	감면률(납부율)	법정신고기한 경과 후	감면률(납부율)
1개월 이내	90%(납부 10%)	1개월 초과 3개월 이내	75%(납부 25%)
3개월 초과 6개월 이내	50%(납부 50%)	6개월 초과 1년 이내	30%(납부 70%)
1년 초과 1년 6개월 이내	20%(납부 80%)	1년 6개월 초과 2년 이내	10%(납부 90%)

(2) 기한후 신고에 따른 감면

법정신고기한 지난 후 기한후 신고를 한 경우(**무신고가산세만 해당함**) 다음의 구분에 따른 금액을 감면한다. 또한, 기한 후 신고자도 경정청구 및 수정신고가 가능하다.

법정신고기한 경과 후	감면률(납부율)	법정신고기한 경과 후	감면률(납부율)
1개월 이내	50%(납부 50%)	1개월 초과 3개월 이내	30%(납부 70%)
3개월 초과 6개월 이내	20%(납부 80%)		

(3) 세법에 따른 제출·신고·가입·등록·개설의 기한이 지난 후 1개월 이내에 해당 세법에 따른 제출 등의 의무를 이행하는 경우 해당 가산세액의 50%를 감면한다.

실무예제 1

기존에 입력된 자료는 무시하고 다음의 자료를 토대로 2025년도 제1기 예정신고기간(1.1 ~ 3.31)의 부가가치세 예정신고서를 작성하시오. 단, 관련전표입력 및 부속서류작성은 생략한다. [회사코드 : 4000.(주)성남]

매출자료	■ 제품 매출 후 전자세금계산서 발행매출 : 240,000,000원(부가가치세 별도) ■ 제품 카드매출판매액 : 3,300,000원(부가가치세 포함) ■ 수출신고하고 선적한 수출매출 : 50,000,000원 ■ 당사의 제품(원가 : 7,000,000원, 시가 : 10,000,000원)을 매출처에 무상 제공 ■ 고정자산매각 전자세금계산서 발행 : 10,000,000원(부가가치세 별도)
매입자료	■ 세금계산서 수취한 매입액은 90,000,000원(부가가치세 별도)인데, 이 중 공장의 기계장치를 취득한 고정자산매입분이 15,000,000원(부가가치세 별도)있고, 접대목적으로 구입한 물품 매입액 5,000,000원(부가가치세 별도)이 있다. ■ 원재료를 구입하고 법인신용카드로 결제하여 부가가치세 매입세액공제 받는 금액이 6,600,000원(부가가치세 포함) 있다. ■ 내국신용장에 의해 원재료를 구매하고, 영세율전자세금계산서를 수취한 매입액 20,000,000원이 있다.
기타자료	■ 위에서 주어진 자료 이외에는 거래내역이 없다고 가정하며 위에 매출자료를 기준으로 과세표준명세를 작성한다. ■ 업태 및 종목, 업종코드는 다음과 같다. | 업태	종목	업종코드
---	---	---
제조	전자제품	300201	

예제 따라하기

① 조회기간(2025년 1월 1일 ~ 2025년 3월 31일)을 입력하고 신고구분(1.정기신고)을 선택하면 매입매출전표입력에 입력된 데이터가 조회된다. 지문에 "**기존에 입력된 자료는 무시**"라는 문구가 있으므로 조회된 데이터를 삭제 후 입력하여야 한다. **시험과 동일한 형태로 연습하고자 매입매출전표에 입력된 데이터는 삭제하지 않는다.**

② 제품 카드매출판매액(현금영수증 포함)은 신용카드·현금영수증발행분(3)란과 신용카드매출전표등 발행공제등(19)란에 입력한다. 신용카드 및 현금영수증의 과세매출은 법인도 (19)란에 기재하여 신고하는 것이 맞으나 **시험에서는 별도의 지문이 주어지지 않는 경우는 현재 채점대상에서 제외**하고 있다. 답안공지는 기재와 미기재 두 가지가 병행되고 있어 수험자는 무조건 기재로 연습한다.

③ 매출처에 무상제공한 제품은 **간주공급**에 해당하여 **시가**가 과세표준이며 세금계산서 발급의무가 없으므로 (4)란에 입력한다.

④ 세금계산서수취분은 고정자산매입(11)란에 금액 15,000,000원, 세액 1,500,000원을 입력하고 일반매입은 금액 95,000,000원(= 90,000,000원 − 15,000,000원 + 20,000,000원), 세액 7,500,000원을 입력한다.

⑤ 세금계산서수취분 중 접대목적 구입은 불공제 사유에 해당하므로 공제받지못할매입세액(16)란의 (50)란에 금액 5,000,000원, 세액 500,000원 입력하여 반영한다.

⑥ 신용카드 원재료 매입은 그 밖의 공제매입세액(14)란의 일반매입(41)란에 입력하여 반영한다.

	구분		정기신고금액				구분		금액	세율	세액
				금액	세율	세액	14.그 밖의 공제매입세액				
과세표준및매출세액	과세	세금계산서발급분	1	250,000,000	10/100	25,000,000	신용카드매출	일반매입	41	6,000,000		600,000
		매입자발행세금계산서	2		10/100		수령금액합계표	고정매입	42			
		신용카드·현금영수증발행분	3	3,000,000		300,000	의제매입세액		43		뒤쪽	
		기타(정규영수증외매출분)	4	10,000,000	10/100	1,000,000	재활용폐자원등매입세액		44		뒤쪽	
	영세	세금계산서발급분	5		0/100		과세사업전환매입세액		45			
		기타	6	50,000,000	0/100		재고매입세액		46			
	예정신고누락분		7				변제대손세액		47			
	대손세액가감		8				외국인관광객에대한환급세액		48			
	합계		9	313,000,000	㉮	26,300,000	합계		49	6,000,000		600,000
매입세액	세금계산서수취분	일반매입	10	95,000,000		7,500,000	16.공제받지못할매입세액					
		수출기업수입분납부유예	10-1				공제받지못할 매입세액		50	5,000,000		500,000
		고정자산매입	11	15,000,000		1,500,000	공통매입세액면세등사업분		51			
	예정신고누락분		12				대손처분받은세액		52			
	매입자발행세금계산서		13				합계		53	5,000,000		500,000
	그 밖의 공제매입세액		14	6,000,000		600,000						
	합계(10)-(10-1)+(11)+(12)+(13)+(14)		15	116,000,000		9,600,000						
	공제받지못할매입세액		16	5,000,000		500,000						
	차감계 (15-16)		17	111,000,000	㉯	9,100,000						
납부(환급)세액(매출세액㉮-매입세액㉯)					㉰	17,200,000						
경감공제세액	그 밖의 경감·공제세액		18									
	신용카드매출전표등 발행공제등		19	3,300,000								
	합계		20		㉱							
소규모 개인사업자 부가가치세 감면세액			20-1		㉲							
예정신고미환급세액			21		㉳							
예정고지세액			22		㉴							
사업양수자의 대리납부 기납부세액			23		㉵							
매입자 납부특례 기납부세액			24		㉶							
신용카드업자의 대리납부 기납부세액			25		㉷							
가산세액계			26		㉸							
차가감하여 납부할세액(환급받을세액)㉰-㉱-㉲-㉳-㉴-㉵-㉶-㉷+㉸			27			17,200,000						
총괄납부사업자가 납부할 세액(환급받을 세액)												

⑦ 상단의 [과표명세] 버튼을 클릭하여 [과세표준 및 매출세액]의 **합계(9)**란의 금액과 [과세표준명세] **합계(32)**란의 금액과 **동일**하도록 입력하고 **간주공급**과 **고정자산매각**은 과세표준에는 포함되나 수입금액은 아니므로 과세표준명세의 **수입금액제외(31)**란에 기재한다.

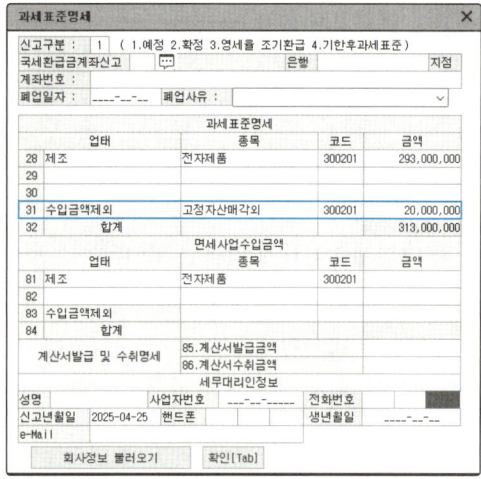

실무예제2

2025년 제1기 예정 부가가치세 신고 시에 누락된 다음 자료를 포함(**전표입력 요망**)하여 2025년 제1기 확정 부가가치세 신고서를 작성하시오. 확정 과세기간의 전표입력은 완료되었고 가산세 적용 시 미납일수는 91일(제1기 예정신고기한 : 2025년 4월 25일, 제1기 확정신고·납부일자 : 2025년 7월 25일)로 하며 일반과소신고가산세율을 적용하기로 한다. [회사코드 : 4000, (주)성남]

- 2/23 : 공공상사로부터 받은 공장임차료 1,000,000원(부가가치세 별도)을 현금지급하고 교부받은 종이세금계산서
- 3/30 : 제품 2,000,000원(부가가치세 별도)을 (주)웅이상사에 현금매출하고 교부한 전자세금계산서(4월 30일에 지연 발급함)
- 4/30 : 구라전자에서 수취한 원재료 매입 20,000,000원(부가가치세 별도)의 전자세금계산서는 그 공급시기(4.30.) 이후인 확정신고기한(7.25.)까지 수취한 매입 내역이다.

예제 따라하기

(1) 매입매출전표입력

① 2025년 2월 23일 공공상사 누락분

매입매출전표입력 메뉴 상단의 [**간편집계표** ⇨ **예정 누락분**]을 선택하여 누락분을 반영하고자하는 확정신고 월(4월 ~ 6월)을 입력한다.

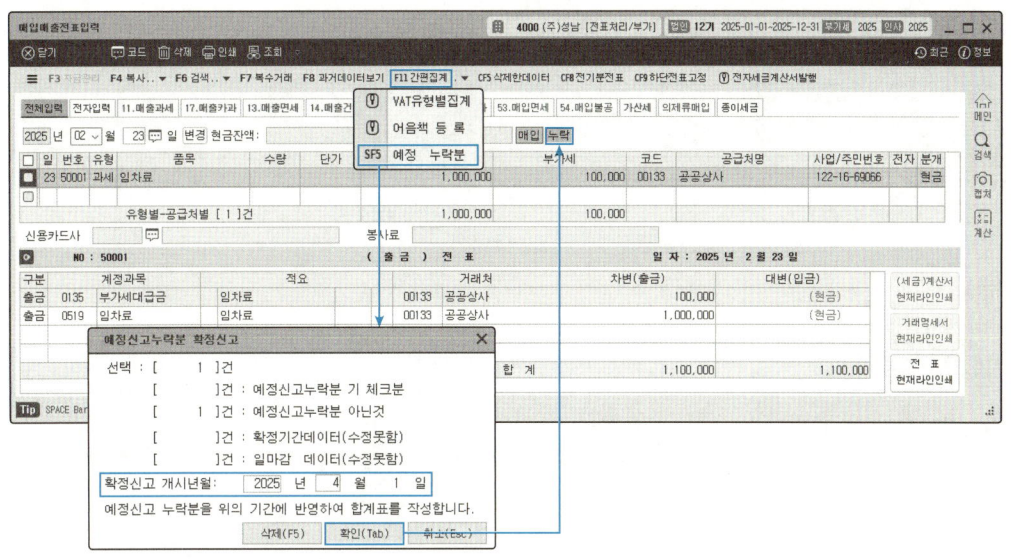

② 2025년 3월 30일 (주)웅이상사 누락분 : 공공상사 입력 방식과 동일한 방식으로 입력한다.

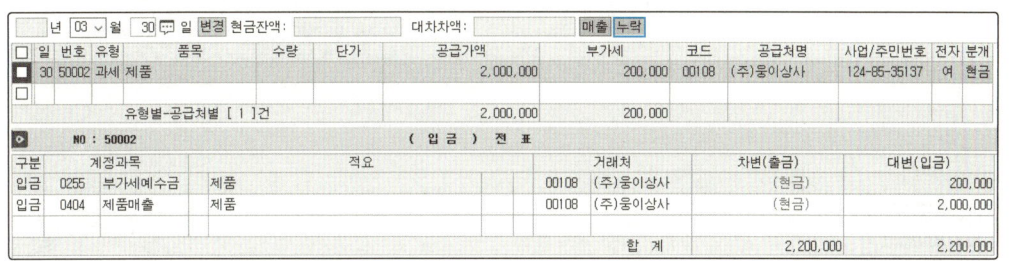

③ 확정 과세기간에 대한 전표입력은 이미 완료한 상태이므로 4월 30일 공급받은 원재료 매입은 추가 입력하지 않는다.

(2) 부가가치세신고서(조회기간 : 2025년 4월 1일 ~ 2025년 6월 30일) 작성 및 가산세

① 지연발급 가산세 = 2,000,000원 × 1%(1기 확정신고기한내 발급) = 20,000원

② 지연수취 가산세 = 20,000,000원 × 0.5% = 100,000원

공급시기(04.30.)이후에 공급시기가 속하는 과세기간에 대한 확정신고기한(07.25.)까지 발급받은 세금계산서의 경우 **매입세액공제**는 **가능**하나, 해당 공급가액의 0.5%만큼 **지연수취가산세**가 발생한다.

③ 신고불성실 가산세 = (200,000원 − 100,000원) × 10%(일반과소) × (1 − 75%) = 2,500원
   ⇨ 1개월초과 3개월이내 수정신고 : 75% 감면

④ 납부지연 가산세 = (200,000원 − 100,000원) × 91일 × 2.2/10,000 = 2,002원
   [납부지연일수 계산] 보조화면에 당초납부기한(2025년 04월 25일), 납부일 또는 고지일(2025년 07월 25일)을 입력하면 미납일수(91일)이 계산되며 자동으로 납부지연가산세가 계산 반영된다.

실무예제3

기존에 입력된 자료는 무시하고 다음의 자료를 토대로 2025년 제2기 확정신고기간(10.1~12.31)의 부가가치세신고서를 작성하며 부가가치세 관련 부속서류는 작성하지 않는다. [회사코드 : 4000.(주)성남]

매출 자료	■ 전자세금계산서 발행매출 : 200,000,000원(부가가치세 별도) ■ 수출신고하고 선적한 수출매출 : 50,000,000원 ■ 현금 과세 매출액 : 16,500,000원(부가가치세 포함), 현금영수증 의무발행업종이 아님 ■ 거래처의 파산을 사유로 확정된 대손금액 : 4,400,000원(부가가치세 포함된 금액이며 법요건 충족함) ■ 2025년 제2기 예정신고기간(7.1~9.30)에 발행된 카드매출을 예정신고시 신고누락하고 제2기 확정신고시 신고하였는데 그 금액은 3,000,000원(부가가치세 별도)이었다. (가산세 계산시 미납일수는 92일로 가정한다.)
매입 자료	■ 세금계산서 수취한 매입액은 150,000,000원(부가가치세 별도)인데, 이 중 비영업용소형승용차(1,500cc)를 취득한 고정자산매입분 20,000,000원이 있다. ■ 비품을 구입하고 법인신용카드로 결제하여 부가가치세 매입세액공제 받는 금액이 4,400,000원(부가가치세 포함) 있다.
기타 자료	■ 위에서 주어진 자료 이외에는 거래내역이 없으며, (주)성남이 홈택스에서 직접 전자신고 하였다. ■ 제2기 예정신고기한 : 2025년 10월 25일, 제2기 확정신고·납부일자 : 2026년 1월 25일

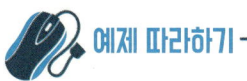

예제 따라하기

① 조회기간(2025년 10월 1일 ~ 2025년 12월 31일)을 입력하고 신고구분(1.정기신고)를 선택하며 **"기존에 입력된 자료는 무시"**라는 문구가 있으므로 조회된 데이터를 삭제 후 입력한다.

② 대손요건 충족에 대한 대손세액 공제분 400,000원은 **음수**로 대손세액가감(8)란에 입력한다.

- 대손세액 공제액 = 4,400,000원 × 10/110 = 400,000원

③ 홈택스에서 직접 전자신고를 하는 경우 확정신고시 전자신고세액공제 "10,000원"을 [그 밖의 경감 · 공제세액(18)]란의 (54)란에 입력한다.

④ 예정신고 시 매출이 누락된 부분이 있으므로 가산세가 발생한다. 다만, 세금계산서 이외의 거래이므로 세금계산서 관련 가산세는 없으나 신고 · 납부에 대한 가산세가 적용된다.

㉠ 신고불성실 가산세 = 300,000원 × 10%(일반과소) × (1 − 75%) = 7,500원

⇨ 1개월초과 3개월이내 수정신고 : 75% 감면

㉡ 납부지연 가산세 = 300,000원 × 92일 × 2.2/10,000 = 6,072원

구분				정기신고금액 금액	세율	세액
과세표준및매출세액	과세	세금계산서발급분	1	200,000,000	10/100	20,000,000
		매입자발행세금계산서	2		10/100	
		신용카드 · 현금영수증발행분	3		10/100	
		기타(정규영수증외매출분)	4	15,000,000		1,500,000
	영세	세금계산서발급분	5		0/100	
		기타	6	50,000,000	0/100	
	예정신고누락분		7	3,000,000		300,000
	대손세액가감		8			-400,000
	합계		9	268,000,000	㉮	21,400,000
매입세액	세금계산서수취분	일반매입	10	130,000,000		13,000,000
		수출기업수입분납부유예	10-1			
		고정자산매입	11	20,000,000		2,000,000
	예정신고누락분		12			
	매입자발행세금계산서		13			
	그 밖의 공제매입세액		14	4,000,000		400,000
	합계(10)-(10-1)+(11)+(12)+(13)+(14)		15	154,000,000		15,400,000
	공제받지못할매입세액		16	20,000,000		2,000,000
	차감계 (15-16)		17	134,000,000	㉯	13,400,000
납부(환급)세액(매출세액㉮-매입세액㉯)					㉰	8,000,000
경감공제세액	그 밖의 경감 · 공제세액		18			10,000
	신용카드매출전표등 발행공제등		19			
	합계		20		㉱	10,000
소규모 개인사업자 부가가치세 감면세액			20-1		㉲	
예정신고미환급세액			21		㉳	
예정고지세액			22		㉴	
사업양수자의 대리납부 기납부세액			23		㉵	
매입자 납부특례 기납부세액			24		㉶	
신용카드업자의 대리납부 기납부세액			25		㉷	
가산세액계			26		㉸	13,572
차가감하여 납부할세액(환급받을세액)㉰-㉱-㉲-㉳-㉴-㉵-㉶-㉷+㉸					27	8,003,572
총괄납부사업자가 납부할 세액(환급받을 세액)						

구분				금액	세율	세액
7.매출(예정신고누락분)						
예정누락분	과세	세금계산서	33		10/100	
		기타	34	3,000,000	10/100	300,000
	영세	세금계산서	35		0/100	
		기타	36		0/100	
		합계	37	3,000,000		300,000
14.그 밖의 공제매입세액						
신용카드매출수령금액합계표		일반매입	41			
		고정매입	42	4,000,000		400,000
의제매입세액			43		뒤쪽	
재활용폐자원등매입세액			44		뒤쪽	
과세사업전환매입세액			45			
재고매입세액			46			
변제대손세액			47			
외국인관광객에대한환급세액			48			
		합계	49	4,000,000		400,000
16.공제받지못할매입세액						
공제받지못할 매입세액			50	20,000,000		2,000,000
공통매입세액면세등사업분			51			
대손처분받은세액			52			
		합계	53	20,000,000		2,000,000
18.그 밖의 경감·공제세액						
전자신고 및 전자고지 세액공제			54			10,000
전자세금계산서발급세액공제			55			
택시운송사업자경감세액			56			
대리납부세액공제			57			
현금영수증사업자세액공제			58			
기타			59			
		합계	60			10,000

25.가산세명세					
사업자미등록등		61		1/100	
세금계산서	지연발급 등	62		1/100	
	지연수취	63		5/1,000	
	미발급 등	64		뒤쪽참조	
전자세금발급명세	지연전송	65		3/1,000	
	미전송	66		5/1,000	
세금계산서합계표	제출불성실	67		5/1,000	
	지연제출	68		3/1,000	
신고불성실	무신고(일반)	69		뒤쪽	
	무신고(부당)	70		뒤쪽	
	과소·초과환급(일반)	71	300,000	뒤쪽	7,500
	과소·초과환급(부당)	72		뒤쪽	
납부지연		73	300,000	뒤쪽	6,072
영세율과세표준신고불성실		74		5/1,000	
현금매출명세서불성실		75		1/100	
부동산임대공급가액명세서		76		1/100	
매입자납부특례	거래계좌 미사용	77		뒤쪽	
	거래계좌 지연입금	78		뒤쪽	
신용카드매출전표등수령명세서미제출		79		5/1,000	
합계		80			13,572

납부지연일수 계산

당초납부기한	2025	년	10	월	25	일
납부일 또는 고지일	2026	년	1	월	25	일
미납일수	92					

확인[Tab] 취소[Esc]

2025년 제2기 부가가치세 확정신고(신고기한 2026년 1월 25일)에 대한 **수정신고(1차)**를 2026년 2월 23일에 하고자 한다. 수정신고와 관련하여 누락된 자료는 아래와 같고, 일반과소신고(가산세는 원미만 절사)이며, 미납일수는 29일이다. 아래의 자료를 이용하여 매입매출전표입력에서 누락사항을 입력하고 제2기 확정신고기간의 [부가가치세신고서(과세표준명세 작성 포함)]와 [과세표준수정신고서및추가자진납부(수정신고사유:매입매출누락)]를 작성하시오.

[회사코드 : 4200.(주)세원]

[누락내역]
① 10월 13일 : (주)수림 제품 외상매출(공급가액 3,500,000원, 세액 350,000원, 전자세금계산서 발행)
② 11월 9일 : 영업부 직원 주나래(임원 아님)에게 경조사와 관련하여 연간 시가 2,000,000원(원가 1,500,000원) 상당의 당사가 제조한 제품을 무상으로 제공(급여로 회계처리)
③ 11월 23일 : (주)영주에 롯데카드로 결제받고 제품매출(공급대가 1,650,000원)
④ 12월 4일 : 6인승 업무용 승용차를 (주)로제자동차에서 3개월 할부구입
    (전자세금계산서 수취, 공급가액 23,000,000원, 세액 2,300,000원)

 예제 따라하기

(1) 매입매출전표입력

NO	일자	유형	품목	공급가액	부가세	공급처명	전자	분개
①	10/13	11.과세	제품	3,500,000	350,000	(주)수림	여	외상

	구분	계정과목	거래처	차변	대변
①	차변	외상매출금	(주)수림	3,850,000	
	대변	부가세예수금	(주)수림		350,000
	대변	제품매출	(주)수림		3,500,000

NO	일자	유형	품목	공급가액	부가세	공급처명	전자	분개
②	11/9	14.건별	제품제공	1,900,000	190,000	주나래		혼합

	구분	계정과목	거래처	차변	대변
②	대변	부가세예수금	주나래		190,000
	대변	제품(8.타계정으로 대체)	주나래		1,500,000
	차변	급여(판)	주나래	1,690,000	

- 경조사와 관련하여 직원에게 재화를 제공하는 경우 사용인 1명당 연간 10만원 초과하는 금액에 대해서는 재화의 간주공급(개인적 공급)에 해당한다.
  간주공급의 과세표준(시가) : 2,000,000원 − 100,000원 = 1,900,000원

NO	일자	유형	품목	공급가액	부가세	공급처명	전자	분개
③	11/23	17.카과	제품	1,500,000	150,000	(주)영주		카드 (외상)
	신용카드			롯데카드				
	구분	계정과목		거래처		차변	대변	
	차변	외상매출금		롯데카드		1,650,000		
	대변	부가세예수금		(주)영주			150,000	
	대변	제품매출		(주)영주			1,500,000	

NO	일자	유형	품목	공급가액	부가세	공급처명	전자	분개
④	12/4	54.불공	승용차	23,000,000	2,300,000	(주)로제자동차	여	혼합
	불공제사유			③ 개별소비세법 제1조제2항제3호에 따른 자동차 구입·유지 및 임차				
	구분	계정과목		거래처		차변	대변	
	차변	차량운반구		(주)로제자동차		25,300,000		
	대변	미지급금		(주)로제자동차			25,300,000	

(2) 부가가치세신고서

① 조회기간(2025년 10월 1일 ~ 2025년 12월 31일), **신고구분(2.수정신고)**, **신고차수(1차)**를 선택한다. 가산세 및 과세표준명세 작성 후 반드시 **저장**을 누른다.

② 가산세명세를 수정하는 경우는 [TAB] 키를 누른 후 입력한다.

  ㉠ 매출세액 : (3,500,000원 + 1,900,000원 + 1,500,000원) × 10% = 690,000원

  ㉡ 매입세액 : 승용차구입은 불공제사유에 해당하므로 매입세액 공제분은 없음

  ㉢ 신고불성실 가산세 = 690,000원 × 10%(일반과소) × (1 − 90%) = 6,900원

    ⇨ 1개월이내 수정신고 : 90% 감면

  ㉣ 납부지연 가산세 = 690,000원 × 29일 × 2.2/10,000 = 4,402원(원미만 절사)

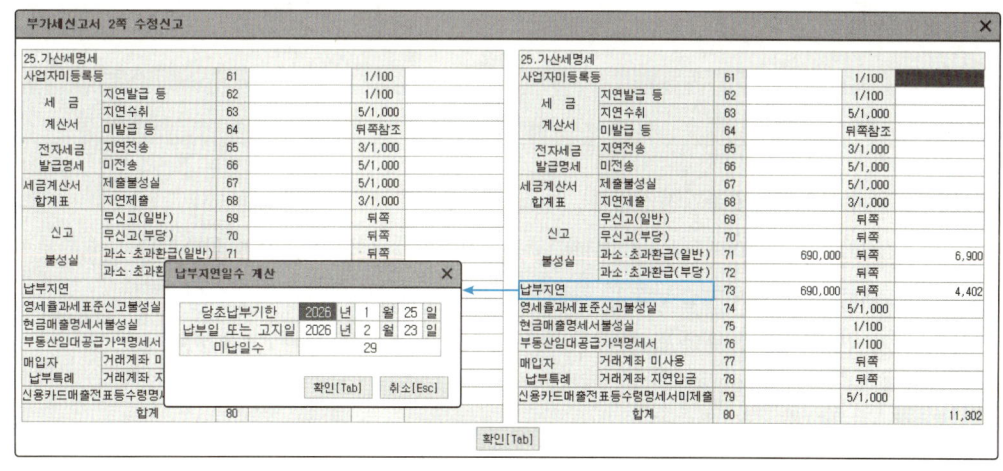

③ 수정 부가가치세신고서 입력화면

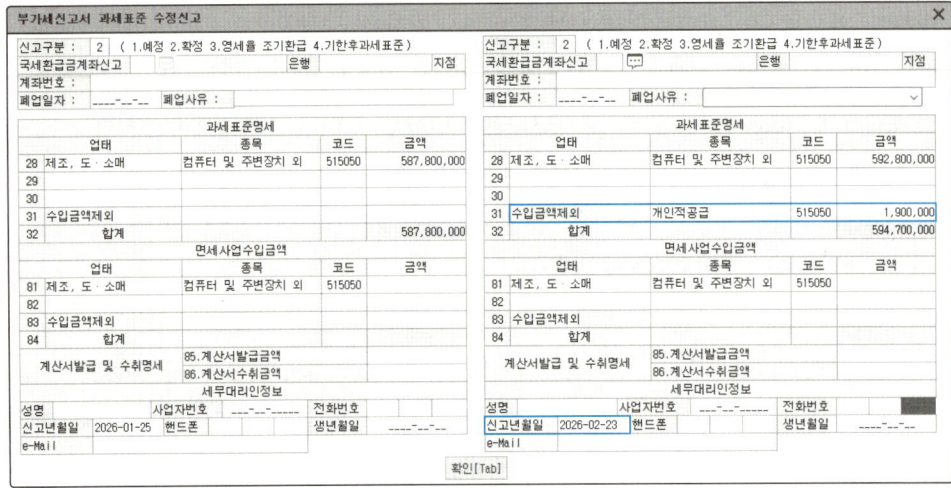

④ 상단의 [과표명세]를 누른 후 과세표준명세를 작성한다. 개인적공급인 간주공급은 수입금액 제외에 해당하므로 (31)란에 입력하고 신고년월일(2026-02-23)을 입력한다.

(3) 과세표준수정신고서및추가자진납부

① 조회기간(2025년 10월 ~ 2025년 12월), 구분(2기 확정), **신고차수(1)**를 선택한다.
② 수정신고사유란에 **'매입매출누락'**을 입력하고 추가자진납부세액을 확인한다.
- 추가자진납부세액 = 매출세액 690,000원 + 가산세 11,302원 = **701,302원**

조회기간	2025년 10월 ~ 2025년 12월	구분 2기 확정	수정차수 1			
◉ 신고인						
성 명	한세원	주민등록번호	780401 - 2075335	사업자등록번호	205 - 81 - 37101	
주소(거소) 또는 영업소	서울 강동구 성안로3길 9 (성내동)					
상 호	(주)세원 [부가/결산/원천]			전화번호		
◉ 신고내용						
법정신고일	2026 년 1 월 25 일		최초신고일	2026 년 1 월 25 일		
수정신고사유	매입매출누락					
구 분	최 초 신 고			수 정 신 고		
과세표준	587,800,000			594,700,000		
산출세액	58,780,000			59,470,000		
가산세액				11,302		
공제및감면세액	32,000,000			32,000,000		
납부할세액	26,780,000			27,481,302		
기납부세액						
자진납부세액	26,780,000			27,481,302		
추가자진납부세액				701,302		

실무예제5

당사는 2025년 제1기 확정신고기간(4.1 ~ 6.30)의 부가가치세 신고를 하지 않아 2025년 8월 1일에 기한후신고납부를 하고자 한다. 다음 자료를 매입매출전표에 입력(분개는 현금)하여 부가가치세 기한후 신고서를 작성하시오. 전자세금계산서는 적정하게 작성 및 전송하였고, 가산세는 미납일수를 7일로 하고, 일반무신고가산세를 적용한다. 단, 과세표준명세를 입력하고, 가산세는 원미만 절사한다. [회사코드 : 4200.(주)세원]

- 5월 22일 : 원재료 5,400,000원(부가가치세 별도)를 놀부상사로부터 매입하고 전자세금계산서를 발급받았다.
- 6월 4일 : 제품 9,100,000원(부가가치세 별도)를 (주)창조에 매출하고 전자세금계산서를 작성하고 전송하였다.
- 제1기 확정신고·납부기한 : 2025년 7월 25일, 기한후 신고·납부일자 : 2025년 8월 1일

예제 따라하기

(1) 매입매출전표입력

NO	일자	유형	품목	공급가액	부가세	공급처명	전자	분개
①	5/22	51.과세	원재료	5,400,000	540,000	놀부상사	여	현금
	구분	계정과목		거래처		차변	대변	
	출금	부가세대급금		놀부상사		540,000	(현금)	
	출금	원재료		놀부상사		5,400,000	(현금)	
NO	일자	유형	품목	공급가액	부가세	공급처명	전자	분개
②	6/4	11.과세	제품	9,100,000	910,000	(주)창조	여	현금
	구분	계정과목		거래처		차변	대변	
	입금	부가세예수금		(주)창조		(현금)	910,000	
	입금	제품매출		(주)창조		(현금)	9,100,000	

(2) 부가가치세신고서

① 조회기간(2025년 4월 1일 ~ 2025년 6월 30일), 신고구분(1.정기신고)를 선택하고 조회한다.

② 기한후 신고와 관련된 가산세를 입력한다.

㉠ 신고불성실 가산세 = (910,000원 - 540,000원) × 20%(일반무신고) × 50% = 37,000원
  ⇨ 신고기한 후 1개월이내 신고 : 50% 감면

㉡ 납부지연 가산세 = (910,000원 - 540,000원) × 7일 × 2.2/10,000 = 569원

가산세합계 = 37,569원

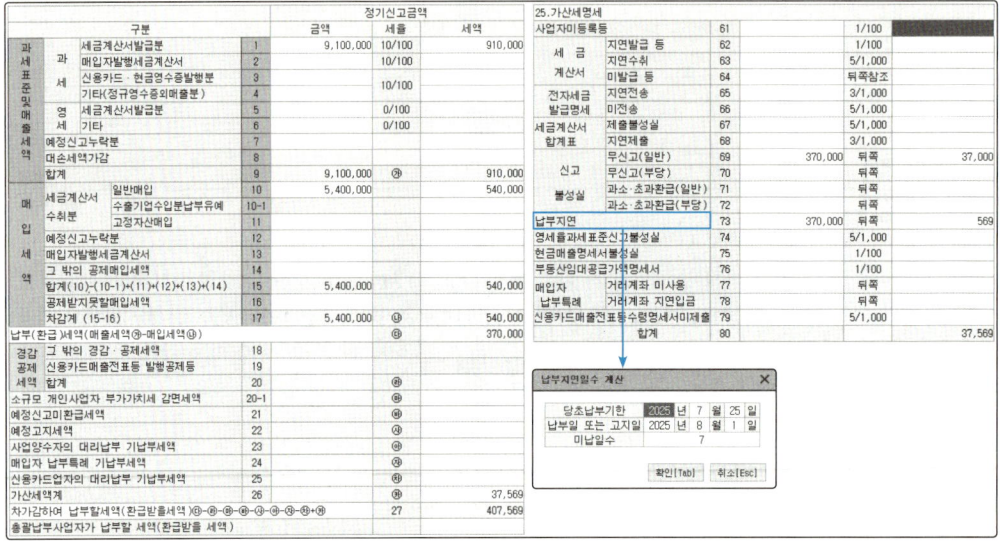

③ 과세표준명세

신고구분(4.기한후과세표준), 신고년월일(2025-08-01)을 입력한다.

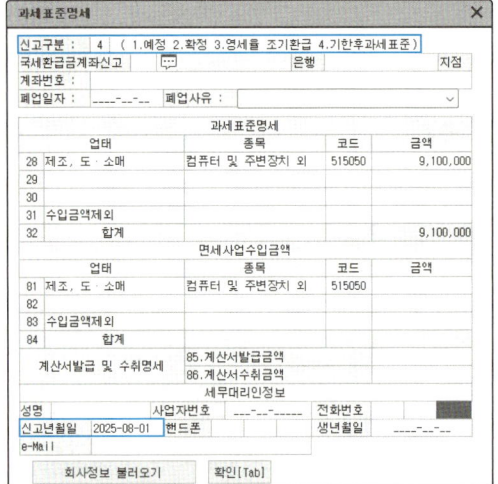

3. 부가가치세 전자신고(2022년 4월 자격시험부터 출제)

부가가치세 전자신고는 KcLep 프로그램에서 전자신고 파일 제작까지하고 파일 변환 및 신고는 국세청 홈택스에서 직접한다. 잠재적 실무 담당자를 양성하는 교육기관 등에서 홈택스 전자신고를 보다 쉽게 접근해 볼 수 있도록 교육용 프로그램에 홈택스 전자신고변환을 [국세청 홈택스 전자신고변환(교육용)] 메뉴로 개발하여 추가하였으며 **2022년 4월 자격시험부터 출제**될 예정이다.

[KcLep 프로그램 신고서 작성 및 전자신고 프로세스]

① 부가가치세 부속서류 작성 ⇨ ② 부가가치세 신고서 마감 ⇨ ③ 전자신고 파일제작 ⇨ ④ 국세청 홈택스 전자신고 [전자파일변환 → 변환결과조회 → 전자파일제출]

실무예제

2025년 제1기 예정 부가가치세 전자신고를 하고자 한다. 부가가치세신고서를 작성·마감하여 가상홈택스에서 부가가치세 전자신고를 수행하시오. [회사코드 : 4250.(주)합격]

① (주)합격은 세금계산서 매출과 매입만 있으며 직접 부가가치세 자진신고를 하고자 하며, 과세표준명세는 이미 작성되어 있다.
② 전자신고 제작과 관련한 비밀번호는 "12345678"로 설정하고자 한다.

예제 따라하기

1 부가가치세 부속서류 작성 및 신고서 마감

(1) 부가가치세 부속서류 작성(제1기 예정신고기간)

부가가치세신고서 마감 전 관련 부속서류 작성과 마감이 진행되어야 한다. 모든 부속서류가 [마감]이 필요한 것은 아니며 아래의 서식은 반드시 [마감]을 진행하고 부가가치세 신고서를 마감한다. **현재 시험에서는 마감하여 제공하기도 한다.**

① 매입·매출처별 세금계산서합계표
② 매입·매출처별 계산서합계표
③ 신용카드매출전표등 수령명세서
④ 영세율관련 첨부서류(수출실적명세서, 내국신용장·구매확인서전자발급명세서 등)

① 세금계산서합계표 메뉴에서 조회기간(2025년 01월 ~ 2025년 03월), 1기 예정(1.정기신고)을 입력하여 매입매출전표입력에 입력한 내역을 반영한다.

② 상단의 F7 마감 버튼을 클릭하여 해당 과세기간의 자료를 마감한다.

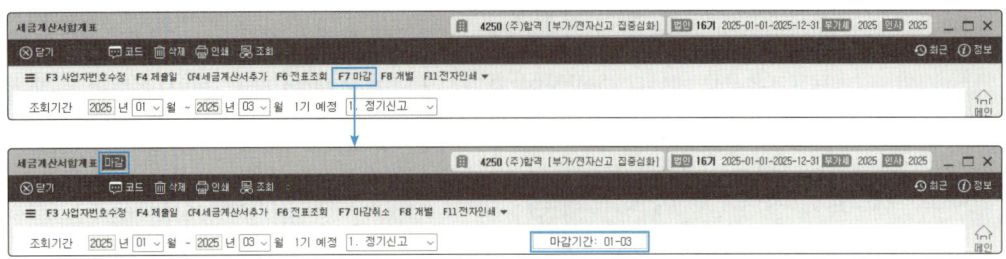

(2) 부가가치세신고서 마감

① 부가가치세신고서 메뉴에서 조회기간(2025년 1월 1일 ~ 2025년 3월 31일), 신고구분(1.정기신고)을 입력하여 해당 과세기간의 부가가치세 신고자료를 반영하고 상단의 F3 마감 버튼을 클릭한다.

② [부가세 마감] 화면에 부가가치세신고서 및 작성된 부속서류가 함께 조회되며 첨부서류를 확인하고 하단의 마감[F3] 을 클릭하여 마감한다.

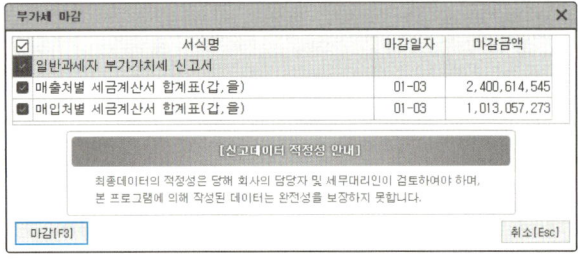

③ 부가가치세 관련 부속서류 작성 및 과세표준명세가 미비하면 "마감오류"가 발생하며 실제 신고시에는 오류가 발생하지 않도록 하여야 하며 오류가 적정한 경우에는 강제마감[F3] 버튼을 클릭한다. 본 예제는 정상적으로 마감이 진행된다.

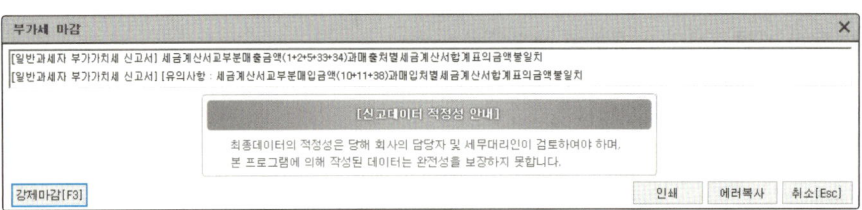

④ 부가가치세 신고 마감이 완료되면 상단에 "마감"이 표시되며 [마감] 버튼이 [마감취소]로 변경된다.

2 부가가치세 전자신고 파일제작

국세청 전자신고 변환파일을 생성하는 메뉴로 신고년월과 신고인구분을 선택하여 신고자료를 변환한다. 세무대리인이 신고하는 경우는 [세무대리인 등록 TAB]에 정보를 등록한 후 [전자신고제작 TAB]을 선택하며 기업이 직접 신고하는 경우는 [전자신고제작 TAB]을 바로 선택한다.

① [전자신고제작 TAB]을 선택하고 신고년월(2025년 01월 ~ 2025년 03월), 신고구분(1.정기신고), 신고인구분(2.납세자 자진신고), 회사코드(4250.(주)합격)를 입력한다.
② 선택한 회사코드의 마감자료가 조회되며 변환하고자 하는 회사를 선택하고 F4 제작 버튼을 클릭하여 국세청 변환파일로 변환하며 제작경로("C:₩")에 저장된다.

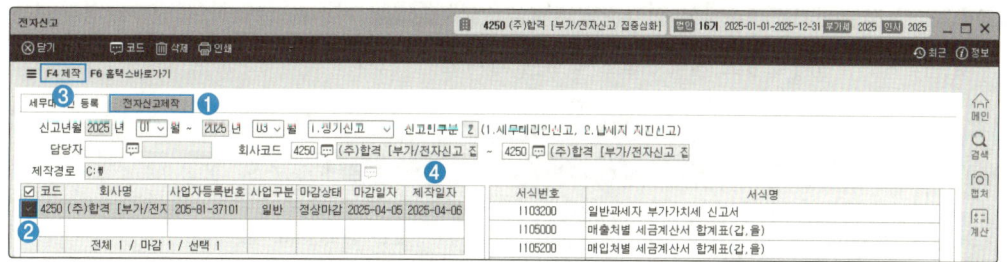

③ 제작 버튼을 클릭하면 파일 **비밀번호(8자리 이상 20자리 이하)** 입력 화면이 활성화되며 비밀번호는 제작 파일별로 각각 입력하며 국세청 제출시 필요하므로 반드시 기억하여야 한다. (주)합격은 숫자 "12345678"을 입력한다.

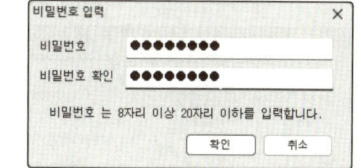

④ 전자신고 데이터 제작이 완료 메시지가 나오며 상단의 F6 홈택스바로가기 버튼을 클릭하여 직접 국세청 홈택스로 접속할 수 있다. 본서는 외부에 별도로 제공하고 있는 메뉴를 사용하고자 한다.

3 국세청 홈택스 전자신고

본 메뉴는 국세청 홈택스 전자신고 화면을 가상으로 제공하는 메뉴로 전자신고 변환에 필요한 기능 이외의 모든 기능을 막아서 사용할 수 없으며 파일만 첨부하여 테스트만 가능하다.

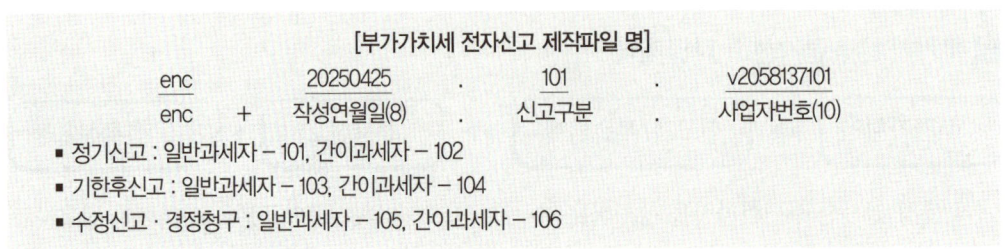

① 국세청 홈택스 [신고서 전자파일 제출] 절차 화면이 활성화되며 각 단계별 설명을 확인할 수 있다. 하단의 "닫기" 버튼을 클릭하여 국세청 홈택스 전자신고변환 화면으로 전환한다. 또한, 국세청 홈택스 전자신고 순서는 상단에 변환순서로 기재되어 있다.

> · 변환순서 : [찾아보기] → [형식검증하기] → 비밀번호 입력 → [형식검증결과확인] → [내용검증하기] → [내용검증결과확인] → [전자파일제출 이동] → 다음 화면에서 신고서요약내용 확인 후 [전자파일제출하기] → '일괄접수증' 확인 → [신고내역 조회(접수증·납부서)]

② [Step 1.세금신고] TAB에서 전자파일변환을 위해 찾아보기 버튼을 클릭하여 변환대상파일을 선택한다. **제작파일명은 제작연월일에 따라 달라질 수 있다.**

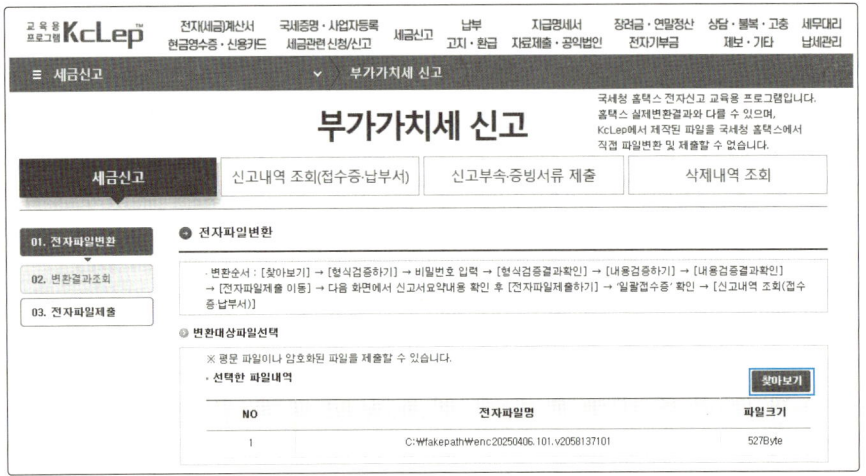

③ 전자 신고하고자 하는 파일 첨부가 끝나면 처리내역의 **[진행현황]** 검증순서별로 각각의 버튼을 클릭하여 파일의 형식 및 내용을 검증한다.

④ 형식검증하기 를 클릭하고 신고파일 생성시 입력한 비밀번호 "12345678"을 입력하여 첨부파일의 형식을 검증하고 형식검증결과확인 으로 진행상황을 확인한다.

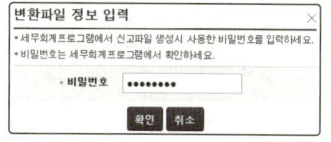

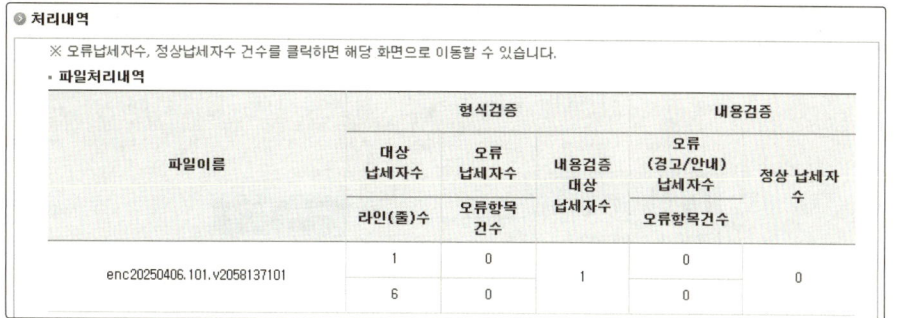

⑤ 하단 진행현황의 내용검증하기 를 클릭하여 신고내용을 검증하고 내용검증결과확인 으로 신고내용의 오류사항을 파일 처리내역에서 확인한다. 오류발생시 "오류" 항목을 클릭하여 [변환결과조회]에서 오류사항을 확인할 수 있으며 검증결과 오류가 발생하면 전자파일 제출이 불가능하므로 전자신고 파일을 다시 제작해야 한다.

⑥ 신고서에 오류가 발생하지 않으면 전자파일제출 을 클릭하여 전자파일 제출로 이동하여 전자파일을 제출한다.

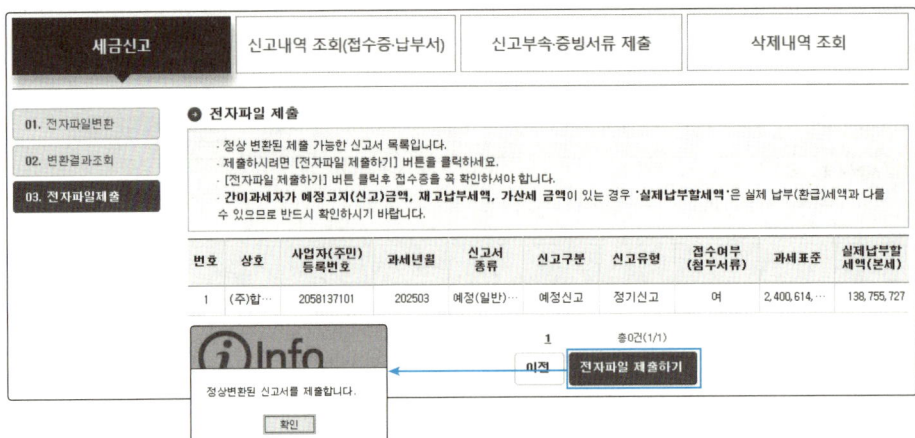

⑦ [**전자파일 제출하기**]를 클릭하면 가상서버(교육용)로 제출되며, "정상변환된 신고서를 제출합니다." 메시지가 나온다. [확인]을 선택하면 [부가가치세 신고서 접수증(변환파일)] 화면이 활성화 되며 신고된 내용을 확인할 수 있고 [인쇄하기]를 클릭하여 접수증을 출력하여 보관한다.

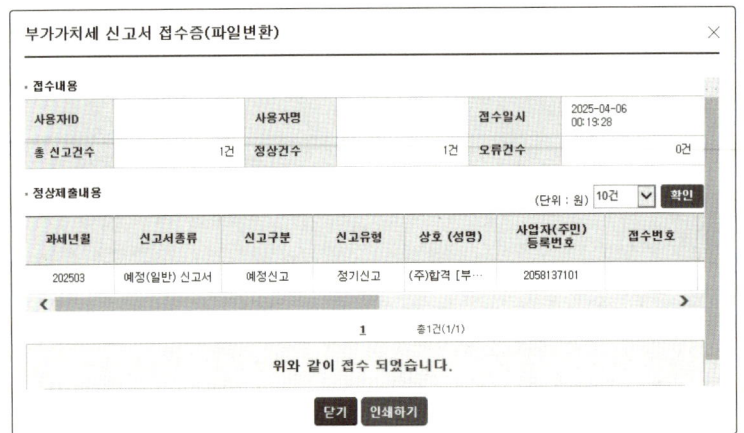

신용카드매출전표등 발행집계표

[1] 다음은 2025년 제1기 확정 부가가치세 신고기간(4.1 ~ 6.30)의 자료이다. [신용카드매출전표 등 발행금액 집계표]를 작성하시오. 다만 다음의 자료는 전표입력하지 아니한다.

[회사코드 : 4300.(주)영웅]

1. 04월 12일 제품(공급가액 : 10,000,000원 부가세 : 1,000,000원)을 홍길동에게 제공하고 현금영수증을 발급하였다.
2. 05월 05일 제품(공급가액 : 5,000,000원 부가세 : 500,000원)을 (주)한강에 납품하고 전자세금계산서를 발급하였으며 대금은 5월 25일 (주)한강의 법인카드로 결제받았다.
3. 06월 10일 면세제품(공급가액 : 8,000,000원)을 (주)낙동에 납품하고 전자계산서를 발급하였으며 대금 중 3,000,000원은 현금으로 받고 나머지는 (주)낙동의 법인카드로 결제받았다.

부동산임대공급가액명세서

[1] 다음 자료를 입력하여 2025년 제1기 확정분 부동산임대공급가액명세서를 작성하고 부가가치 세 신고서(과세표준 명세 제외)에 추가 반영하시오. (단, 간주임대료 계산시 적용되는 이자율은 연 3.1%로 하며, 동코드는 생략한다.) [회사코드 : 4300.(주)영웅]

호수 (층)	상호 (사업자번호)	면적 (m²)	용도	임대계약기간	보증금	월세	관리비
201 (지상2)	대흥상사 120-29-66758	300	점포	2024. 10. 1 ~ 2026. 9. 30	50,000,000원	400,000원	150,000원
101 (지상1)	(주)코리아 120-81-23873	200	공장 (재계약)	2023. 5. 1 ~ 2025. 4. 30	60,000,000원	500,000원	100,000원
				2025. 5. 1 ~ 2027. 4. 30	80,000,000원	500,000원	100,000원
102 (지상1)	김세무 530106-2233417	60	사무실	2025. 1. 1 ~ 2026. 12. 31	없 음	2,700,000원	50,000원

※ 월세와 관리비에 대해서는 전자세금계산서를 발급하고 있고 이미 전표입력 하였다.

영세율 첨부서류

[1] 다음의 자료를 토대로 2025년 제1기 부가가치세 예정신고와 관련하여 1월 15일과 3월 15일의 매출회계처리를 매입매출전표입력에서 입력한 후, [수출실적명세서] 및 [부가가치세신고서]를 작성하시오. [회사코드 : 4400.(주)중부]

① 거래상대방은 JENER. CORP이며, 수출대금 회수시 기준환율을 적용한다.
② 1월 15일에 선적된 제품의 수출대금은 결제일에 현금으로 회수하였다.
③ 3월 15일에 선적된 제품의 수출대금은 외화예금으로 보유하고 있다.

수출신고번호	선적일자	수출신고일	대금결제일	기 준 환 율			외화금액
				선적일	수출신고일	대금결제일	
13042-10-044689X	1.15	1.13	2.20	1,200원/$	1,150원/$	1,250원/$	$20,000
13045-10-011470X	3.15	2.20	3.10	1,053원/$	1,120원/$	1,055.50원/$	$13,000

[2] 다음 자료를 보고 2025년 제2기 예정신고기간의 [수출실적명세서]를 작성하시오.
[회사코드 : 4500.(주)서울]

거래처	수출신고번호	선적일	환가일	통화	수출액	적용환율	
						선적일	환가일
히로상사	13041-20-044589X	2025.8.20.	2025.8.15.	USD	$200,000	₩1,100/$	₩1,150/$
LA상사	13055-10-011460X	2025.8.22.	2025.8.25.	USD	$100,000	₩1,170/$	₩1,200/$
킹덤상사	13064-25-147041X	2025.9.17.	-	JPY	¥1,000,000	950/100¥	-

[3] 다음 자료를 매입매출전표에 입력(대금은 모두 외상)하고 2025년 제1기 확정신고기간(4.1 ~ 6.30) 부가가치세 신고 시 [내국신용장·구매확인서전자발급명세서]와 [영세율매출명세서]를 작성하시오. [회사코드 : 4500.(주)서울]

① 2025년 4월 8일(공급일)
알퐁스사에 제품 24,000,000원(부가가치세 별도)를 매출하고 구매확인서(발급일 : 2025.4.20, 서류번호 : PKT12345678456789)를 발급받아 제품공급일을 작성일자로 하여 2025.4.30일에 영세율전자세금계산서를 작성하여 전송하였다.
② 2025년 5월 7일(공급일)
(주)대양유통으로부터 발급받은 내국신용장(발급일 : 2025.5.1, 서류번호 : LCCAPP070829003)에 의하여 제품 40,000,000원(부가가치세 별도)를 매출하고 제품공급일을 작성일자로 하여 2025.5.10일에 영세율전자세금계산서를 작성하여 전송하였다.

[4] 다음 자료를 통하여 제2기 확정신고기간(10.1 ~ 12.31)의 [영세율첨부서류제출명세서]와 [수출실적명세서]를 작성하라. 또한, [영세율매출명세서]를 작성하고 부가가치세신고서의 과세표준 및 매출세액을 작성하시오. (매입매출전표입력은 생략한다.) [회사코드 : 4600.(주)천안]

① 기타영세율 내용(외화입금증명서에 의한 영세율은 모두 당기신고 해당분이며 중계무역방식에 의한 수출이다.)

서류명	발급자	발급일자	선적일자	통화코드	외화
외화입금증명서	신한은행	2025.10.14.	2025.10.04.	USD	$15,000
외화입금증명서	신한은행	2025.11.25.	2025.10.25.	USD	$21,000

② 수출실적 내용(거래처입력은 생략하며 직수출에 해당한다.)

수출신고번호	선적일자	수출신고일	대금결제일	통화코드	외화
13064-25-247041X	2025.11.06.	2025.11.05.	2025.11.16.	USD	$9,600

③ 매매기준환율

2025.10.04.	2025.10.14.	2025.10.25.	2025.11.05.	2025.11.06.	2025.11.16.	2025.11.25.
1,050원/$	1,000원/$	1,100원/$	1,110원/$	1,200원/$	1,220원/$	1,000원/$

대손세액(변제대손세액) 공제신고서

[1] 거래처 화진상사의 부도발생으로 인하여 동 거래처의 2024년 4월 19일자 전자세금계산서를 교부하여 받은 어음(1,100,000원 부가가치세포함)에 대하여 2024년 12월 2일에 부도확인을 받았다. 2025년 6월 3일에 적절한 회계처리를 하고(대손충당금 잔액 조회요망), [대손세액공제신고서]를 작성하여, 제1기 확정 부가가치세신고서에 반영하시오. [회사코드 : 4300.(주)영웅]

[2] 다음 자료를 토대로 2025년 제1기 부가가치세 확정신고시 [대손세액공제신고서] 및 [부가가치세신고서]를 작성하시오. 2025년 제1기 확정신고시 대손세액공제 대상인지의 여부를 판단하여 신고서에 반영하시오. [회사코드 : 4600.(주)천안]

〈자료〉
① 2024년 10월 10일 한경상사에 제품 10,000,000원(부가가치세 별도)을 외상매출하고 동사발행 어음을 수령하였다. 동 어음이 2025년 1월 30일 부도발생하였다.
② 2024년 6월 10일 경일상사(대표성명:이경일, 사업자번호:123-12-12345)에 공장에서 사용하던 기계장치를 5,000,000원(부가가치세 별도)에 외상으로 매각하였다. 경일상사는 2025년 3월 20일 현재 대표자가 실종되어 기계장치 판매대금을 회수할 수 없음이 객관적으로 입증되었다. 기계장치에는 저당권 등이 설정되어 있지 아니하다.
③ 2022년 2월 10일 용인상사(대표성명 : 김동일, 사업자등록번호 : 121-13-15168)에 제품 1,100,000원(부가가치세 포함)을 외상으로 판매하였다. 외상매출금의 소멸시효는 2025년 2월 10일 완성되었다.
④ 소멸시효 완성(2024년 3월 31일)으로 인해 2024년 제1기 부가가치세 확정신고시 공제받지 못할 매입세액(대손처분받은 세액)으로 신고하였던 청수상사(대표자:김청수, 204-06-67885)에 대한 외상매입금 3,300,000원(부가가치세 포함)을 2025년 3월 1일 전액 현금으로 상환하였다.

[3] 당사는 중소기업이며 다음의 〈자료〉를 이용하여 2025년 제2기 부가가치세 확정신고시 적용할 [대손세액공제신고서]를 작성하시오. [회사코드 : 4500,(주)서울]

〈자료1〉

구 분	매출채권발생일	대손금액(원)	거래처	비 고
받을어음	2023. 9. 20	11,000,000	(주)대성	(주)대성은 2025년 3월 20일 부도처리되었으며, 만성상사는 2025년 9월 30일 회수기일이 2년 1개월이 지난 외상매출금으로 특수관계인과의 거래가 아니다.
외상매출금	2023. 2. 10	22,000,000	만성상사	
	2025. 5. 21	7,700,000	(주)대성	

구 분	매출채권발생일	소멸시효완성일	금액(원)	거래처
외상매출금	2022. 7. 20	2025. 7. 20	33,000,000	하마상회

〈자료2〉

2025. 12. 23. 전기에 소멸시효완성으로 대손처리 되었던 (주)보람에 대한 매출채권(공급일 : 2021.10.20) 13,200,000원을 회수하였다. (대손사유 : 대손금회수)

[4] 다음의 자료에 근거하여 중소기업에 해당하는 (주)중부의 2025년 제1기 부가가치세 확정신고시 제출하여야 할 [대손세액공제신고서]를 작성하시오. [회사코드 : 4400,(주)중부]

■ 대손관련 자료

매출채권 유형	공급일	대손금액(VAT포함)	거래처	비 고
단기대여금	2024. 7. 31.	7,700,000원	(주)역삼	2025. 3. 10. 대표자가 사망하여 회수할 수 없음이 객관적으로 입증됨
외상매출금	2024. 5. 31.	5,500,000원	(주)세무	2025. 4. 1.에 법원으로부터 파산확정판결을 받음
	2019. 6. 30.	16,500,000원	(주)우진	2021년 1기 확정신고시 대손세액공제(파산) 적용분 2025년 4월 2일 70%(VAT 포함) 회수함
미수금 (기계장치판매대금)	2023. 6. 10.	8,800,000원	루리상사	2025. 5. 9. 대손 처리함(해당 법인이 채무자의 재산에 대하여 저당권을 설정하고 있음)

※ 대손금 회수와 관련된 대손사유는 "7.대손채권 일부회수"로 직접 입력한다.

건물등감가상각자산취득명세서

[1] 다음의 자료를 이용하여 2025년 제2기 예정신고기간에 대한 [건물등감가상각자산취득명세서]를 작성하시오. [회사코드 : 4300.(주)영웅]

일자	내역	상호	공급가액	부가가치세
7/15	영업부의 업무용 승용차(2,000cc) 구입 (전자세금계산서 수취)	대림자동차	30,000,000원	3,000,000원
7/18	공장에서 사용할 포장용 기계구입 (전자세금계산서 수취)	태연정밀	50,000,000원	5,000,000원
7/30	영업부 환경개선을 위해 에어컨 구입 (전자세금계산서 수취)	고려전자	4,000,000원	400,000원

신용카드매출전표등 수령명세서

[1] 다음은 2025년 제1기 예정 신고기간의 매입거래내역이다. 매입세액공제 대상만을 [매입매출전표]에 입력(분개 포함)하고, [신용카드매출전표등수령명세서(갑)(을)]를 작성하시오.

[회사코드 : 4500.(주)서울]

일자	공급자	공급대가	증빙	비고
3월 20일	(주)호이마트	78,100원	국민체크카드(사업용 카드) 9540-8105-3071-8344	대표이사 가사용품 구입
3월 22일	박진헤어샵	220,000원		회사 소속 광고모델의 미용비
3월 24일	대한의원	150,000원	현금영수증(지출증빙)	직원 독감 예방주사
3월 25일	지성자동차	93,500원		생산부 화물차 소모부품 교체 (현금지급)
3월 27일	하마상회	231,000원	현대카드(사업용카드) 1111-2222-3333-4444	영업부 직원 생일선물
3월 31일	북경반점	99,000원		관리부 직원 야근식대(간이과세자)

※ 북경반점을 제외하고 매입처는 모두 일반과세자이며, 간이과세자는 세금계산서 발급 사업자이다.

[2] 다음은 (주)천안의 2025년 1월부터 3월까지의 기간동안 재화나 용역을 공급받고 신용카드매출전표 및 현금영수증(부가가치세 별도 기입분)을 수취한 내용이다. 간이과세자는 영수증발급 사업자이며 사업용카드는 국민법인카드(1234-5689-5114-8512)를 사용하였다. [신용카드매출전표등 수령명세서]를 작성하고, 관련 금액을 제1기 예정분(1월 ~ 3월) 부가가치세신고서에 반영하라. 단, 아래 거래와 관련해서는 세금계산서를 수취하지 아니하였고, 이외의 거래사항은 없는 것으로 한다. [회사코드 : 4600.(주)천안]

구분	거래처명	성명(대표자)	거래일자	발행금액(VAT포함)	공급자 업종(과세유형)	거래내용
법인 신용카드	다사랑	정동환	01.11	220,000원	소매업(일반과세)	거래처 선물구입대
	우성사무	송승헌	02.13	440,000원	소매업(간이과세)	사무비품 구입
	추억모텔	정유진	02.20	550,000원	숙박업(일반과세)	지방출장 숙박비
직원 신용카드	이맛식당	정우성	01.20	330,000원	음식점업(일반과세)	직원회식대(복리후생)(9455-4102-9215-1813)
현금영수증(지출증빙)	수락만슈퍼	김잡다	03.10	110,000원	소매업(일반과세)	사무실 음료외구입(복리후생)

의제매입세액공제신고서

[1] 2025년 제1기 예정 부가가치세 신고시 다음 자료에 의하여 [의제매입세액공제신고서]를 작성하고, 2025년 3월 31일자로 의제매입세액공제액과 관련한 적절한 회계처리(관련 계정은 '부가세대급금'을 사용할 것)를 일반전표입력 메뉴에 입력하시오. 단, 본 문제와 관련한 업태는 제조업(일반기업), 종목은 볶음김치로 가정하며, 부가가치세신고서에 반영하시오.

[회사코드 : 4300.(주)영웅]

공급일자	매입처	품명	공급가액(원)	비 고
1/25	(주)삼성농장(201-81-13655)	배추(수량:1,000kg)	50,000,000	전자계산서를 교부받고, 이 중 5,000,000원은 3월 31일 현재 미사용분 상태로 남아있다.
2/10	(주)삼성농장(201-81-13655)	무(수량:500kg)	10,000,000	법인신용카드로 구입하였다.
3/20	최불식(600112-1462362)	소금(수량:1,000kg)	5,000,000	농어민으로부터 직접구입하였으며, 500kg은 (주)일산에 양도하고 나머지는 김치제조에 사용하였다.
위의 매입한 품목들은 전부 "원재료" 계정으로 처리되어 있다고 가정한다.				

[2] 다음은 의제매입세액공제 대상이 되는 매입자료 내역이며, 당사는 요식업을 영위하는 법인이다. 2025년 제2기 예정 부가가치세 신고시 다음 자료에 의하여 [의제매입세액공제신고서]를 작성하시오. (전표입력은 생략) [회사코드 : 4400.(주)중부]

공급일자	매입처	품명	공급가액	비 고
7월 25일	삼성수산(주) (201-81-13655)	광 어 (수량:100kg)	15,300,000원	전자계산서를 교부받았고, 이 중 1,000,000원은 09월 30일 현재 미사용분 상태로 남아있다.
8월 10일	(주)현진상회 (136-81-18337)	쌀 (수량:300kg)	3,570,000원	신용카드로 대금을 결제하고 구매하였고 별도로 회계처리한 취득원가에 가산한 운반비 150,000원이 있다.
위의 매입 품목들은 전부 "원재료"계정으로 처리되어 있다.					

[3] 복숭아 통조림을 제조하는 중소기업 법인으로 다음은 2025년 제1기 확정신고기간(2025.4.1 ~ 2025.6.30) 동안 매입한 면세자료이다. 의제매입공제와 관련한 거래만 매입매출전표에 입력(수량은 "1"로 기재)하고 [의제매입세액공제신고서]를 작성하고, 6월 30일자로 의제매입세액공제액을 전표입력하시오. [회사코드 : 4500.(주)서울]

[자료 1] 면세 매입내역

구 분	일자	상호(성명)	사업자번호(주민번호)	매입가격	품명
전자계산서 매입분 (현금거래)	4월 6일	(주)하나	127-81-49025	3,060,000원	복숭아
	6월 4일	(주)웅진	129-81-66753	204,000원	수도요금
신용카드 매입분 (현대카드)	5월 2일	(주)대어	204-81-37258	816,000원	방역비
	6월 3일	(주)보람	106-81-51688	1,428,000원	복숭아
농어민 매입분 (현금거래)	4월 1일	최농부	701201-2213216	3,978,000원	복숭아

[자료 2]
제1기 예정분 과세표준은 20,000,000원, 제1기 확정분 과세표준은 30,000,000원(공장차량 공급가액 4,000,000원은 제외한 것임)이다. 제1기 예정신고 의제매입세액 공제액은 530,000원이 있는 것으로 가정한다. (기장된 자료는 무시)

[4] 당사는 제조·도매업을 영위하는 중소기업이다. 입력된 자료는 무시하고 다음 의제매입세액 관련 자료를 이용하여 2025년 제2기 확정신고 시 [의제매입세액공제신고서(제조업 면세농산물등 탭을 이용)]를 작성하시오. (단, 자료를 매입매출전표에 입력(분개포함)하고 한도초과액이 발생하는 경우 12월 31일 일반전표에 입력하되 음수로 입력하지 말 것) [회사코드 : 4600.(주)천안]

1. 면세 원재료 매입 관련 자료

날짜	공급처명	공급가액	비 고
10월 20일	수락만슈퍼	70,500,000원	과일 7,000kg, 전액 국민법인카드로 결제, 1건
11월 10일	유재석	1,500,000원	과일 150kg, 농어민으로부터 직접 구입하고 현금 결제, 1건

2. 의제매입세액 관련 제품매출, 면세매입 및 의제매입세액 공제액

	제1기 과세기간(1.1. ~ 6.30.)	제2기 과세기간(7.1. ~ 12.31.)
제품매출	100,000,000원	120,000,000원
면세 원재료 매입	41,600,000원	72,000,000원
의제매입세액 공제액	1,600,000원	-

※ 모든 원재료는 부가가치세 과세대상 제품 생산에 사용되었고 제2기 예정신고기간 의제매입세액 공제액은 없다.

재활용폐자원세액공제신고서

[1] 본 문제에 한하여 당사는 재활용폐자원을 수집하는 사업자라고 가정한다. 다음 자료를 이용하여 2025년 제1기 확정신고기간(2025.4.1 ~ 2025.6.30)의 [재활용폐자원세액공제신고서(구분코드 : 2.기타재활용폐자원)]를 작성하시오. [회사코드 : 4500.(주)서울]

거래일	공급자 (주민등록번호 또는 사업자등록번호)	품명	수량(kg)	취득가액(원)	건수
4.25	고수지(820503 - 2111111)	고철	200	2,546,000	1
6.22	나폐상사(136-05-45687)	폐지	1,500	6,600,000	1

- 고수지(비사업자)와의 거래는 영수증수취 거래이며, 주민등록번호는 정확한 것으로 간주한다.
- 나폐상사는 개인, 일반과세사업자이다.
- 매입매출전표입력은 생략하며, 예정신고기간 중의 재활용폐자원 매입액(영수증수취) 3,000,000원이 있으며 재활용폐자원 공제액 87,378원이 있다.
- 제1기 과세기간 중 재활용관련 매출액과 세금계산서 매입액은 다음과 같다.

구분	매출액	매입공급가액(세금계산서)
예정분	65,000,000원	36,000,000원
확정분	50,000,000원	45,000,000원

공제받지못할매입세액명세서

[1] 당사는 과세사업과 면세사업을 겸영하는 사업자이다. 아래의 자료를 바탕으로 2025년 제1기 예정신고기간(2025. 1. 1 ~ 2025. 3. 31)에 대한 [공제받지 못할 매입세액명세서]를 작성하시오. (단, 매입매출전표입력은 생략한다.) [회사코드 : 4400.(주)중부]

- 공장으로 사용할 토지를 매입하는 과정에서 등기 업무를 법무사에게 1,200,000원(VAT 별도)에 의뢰하고 전자세금계산서를 수취하였다.
- 거래처인 (주)세무에게 제공할 선물세트를 600,000원(VAT 별도)에 구매하고 세금계산서를 수령하였다.
- 2025년 제1기 예정신고기간 동안의 공통매입분에 대한 부가가치세액은 3,050,000원이다.
- 2025년 제1기 예정신고기간 공급내역은 아래와 같다. (단, 불러온 자료는 무시하기로 한다.)

구분	2025년 제1기 예정
과세	260,000,000원
면세	140,000,000원

[2] 당사는 과세사업을 운영하다가 당해 연도부터 면세사업을 추가하여 겸영한 것으로 가정한다. 입력된 자료는 무시하고 다음 자료를 이용하여 제2기 부가가치세 확정 신고시 [공제받지 못할 매입세액명세서]를 작성하시오. [회사코드 : 4400.(주)중부]

1. 2025년 제2기 확정(10월 1일 ~ 12월 31일) 매입 자료에는 다음의 자료가 포함되어 있다. (모든 금액은 공급가액이다.)
   ① 토지 자본적 지출 관련 매입세금계산서 : 2,000,000원(1매)
   ② 비영업용소형승용차 임차료 관련 매입세금계산서 : 1,500,000원(3매)
   ③ 기타 세금계산서 수취분(①과 ②는 제외)

구분	과세사업			면세사업			공통 매입세액
	공급가액	매입세액	매수	공급가액	매입세액	매수	
제2기 예정	120,000,000원	12,000,000원	8매	1,000,000원	100,000원	1매	400,000원
제2기 확정	100,000,000원	10,000,000원	6매	5,000,000원	500,000원	3매	4,900,000원

2. 공급가액에 관한 자료

구분	과세사업	면세사업	합계
제2기 예정	195,000,000원	5,000,000원	200,000,000원
제2기 확정	158,000,000원	12,000,000원	170,000,000원

3. 제2기 예정신고시 공통매입세액 중 불공제한 매입세액은 없다.

[3] 7월 14일에 과세사업과 면세사업에 공통으로 사용하기 위해 (주)덕희에서 50,000,000원(부가가치세 별도)에 기계장치를 매입하였다. 이와 관련하여 기계장치 매입전자세금계산서 수취분에 대한 매입매출전표 입력(분개 생략) 및 [공제받지못할매입세액명세서]를 작성하시오.

[회사코드 : 4300.(주)영웅]

- 9월 28일 : 동 기계장치를 42,000,000원(부가가치세 별도)에 (주)원상에 매각하였다. 공통사용재화는 기계장치 하나만 존재한다고 가정한다.
- 매입매출전표 입력시 '공통매입세액안분계산분'으로 입력하고 별도의 고정자산 등록은 하지 아니한다.
- 공급가액은 아래와 같으며 입력된 자료는 무시한다.

거래기간		면세공급가액	과세공급가액	총공급가액
2025년 제1기	1. 1. ~ 3. 31.	120,000,000원	200,000,000원	320,000,000원
	4. 1. ~ 6. 30.	320,000,000원	140,000,000원	460,000,000원
	계	440,000,000원	340,000,000원	780,000,000원
2025년 제2기	7. 1. ~ 9. 30.	140,000,000원	210,000,000원	350,000,000원
	10. 1. ~ 12. 31.	350,000,000원	150,000,000원	500,000,000원
	계	490,000,000원	360,000,000원	850,000,000원

[4] 당사는 도서도매(면세사업)와 책장제조(과세사업)을 겸영하는 사업자이다. 다음의 2025년 제1기 과세기간의 부가가치세 신고와 관련한 자료를 참고하여 제1기 확정신고 시 제출할 "공제받지 못할 매입세액명세서"를 작성하시오. (단, 예정신고는 세법에 따라 적정하게 신고한 것으로 가정하며, 과세재화와 면세재화는 상호간 부수재화는 아니다.) [회사코드 : 4500.(주)서울]

1. 매입세액에 관한 내역

일자	내역	매입세액	비고
2025.01.05.	책장 제조용 목재 구입	500,000원	
2025.02.20.	회계팀 사무용품 구입	150,000원	과세·면세사업 사용 구분 불가
2025.03.11.	직원휴게실 음료 등 다과	50,000원	휴게실은 전직원이 이용함
2025.04.05.	책장을 위한 포장재 구입	100,000원	
2025.05.20.	세무사 사무소 수수료	100,000원	과세·면세사업 사용 구분 불가
2025.06.11.	생산직직원 안전장비	150,000원	생산직 직원은 책장을 조립함

2. 공급가액에 대한 내역

구 분	과세 공급가액	면세 공급가액
제1기 예정신고	150,000,000원	50,000,000원
제1기 확정신고	200,000,000원	100,000,000원
계	350,000,000원	150,000,000원

[5] 다음 자료를 보고 2025년 제1기 부가가치세 확정신고시 [공제받지못할 매입세액명세서(납부세액 재계산)]를 작성하시오. (2024년 제2기까지 납부세액 재계산은 올바르게 신고되었다.)

[회사코드 : 4400.(주)중부]

① 과세사업과 면세사업에 공통으로 사용되는 자산의 구입내역

구 분	취득일자	공급가액	부가가치세	비고
건 물	2024.02.22	100,000,000원	10,000,000원	
비 품	2024.05.10	20,000,000원	2,000,000원	
차량운반구	2024.05.15	50,000,000원	50,000,000원	업무용소형승용차 (3,000cc)

② 2024년 및 2025년의 공급가액 명세

구 분	2024년 제1기	2024년 제2기	2025년 제1기
과세사업	150,000,000원	200,000,000원	180,000,000원
면세사업	250,000,000원	300,000,000원	420,000,000원

[6] 다음 자료를 보고 2025년 제1기 부가가치세 확정신고시 납부세액재계산을 위한 [공제받지못할 매입세액명세서]를 작성하시오. [회사코드 : 4300.(주)영웅]

① 과세사업과 면세사업에 공통으로 사용되는 자산의 구입내역

계정과목	취득일자	공급가액	부가가치세	비고
토 지	2023.11.25.	100,000,000원	-	
건 물	2023.12.05.	150,000,000원	15,000,000원	
기계장치	2024.01.12.	50,000,000원	5,000,000원	
비 품	2023.01.05	2,000,000원	200,000원	

② 2024년 및 2025년의 공급가액 내역(2024년 제2기까지 납부세액 재계산은 올바르게 신고되었다.)

구 분	2024년 제1기	2024년 제2기	2025년 제1기
과세사업	200,000,000원	-	400,000,000원
면세사업	300,000,000원	350,000,000원	600,000,000원

부가가치세신고 및 가산세

[1] 기존의 입력된 자료는 무시하고 다음 자료를 토대로 2025년 제2기 확정 부가가치세신고서를 작성하시오(세부담 최소화 가정). 부가가치세신고서 이외의 과세표준명세 등 기타 부속서류의 작성은 생략한다. 단 제시된 자료 이외의 거래는 없으며, 홈택스에서 직접 전자신고하여 세액공제를 받기로 한다. [회사코드 : 4400. (주)중부]

매출 자료	■ 전자세금계산서 발행 과세매출액 : 400,000,000원(부가가치세 별도로 국내 직수출자 공급분 제외) ■ 신용카드 매출액 : 66,000,000원(부가가치세 포함) ■ 직수출액 : 200,000,000원 ■ 국내 직수출자에 대한 공급액 : 50,000,000원(내국신용장 발급일 : 2026년 1월 15일) ■ 자녀에게 공장 일부를 무상으로 임대 : 월 임대료 적정 시가 2,000,000원(무상 임대기간 : 5월 1일 ~ 12월 31일) ■ 2024년 1기 확정신고시 대손세액공제를 받았던 외상매출금 22,000,000원을 전액 회수하였다. ※ 국내 직수출자에 대한 공급은 부가가치세법상 적법하게 전자세금계산서 발급되었다.
매입 자료	■ 세금계산서 매입액 : 530,000,000원(부가가치세 별도) 세금계산서 매입액 중 500,000,000원(부가가치세 별도)은 과세상품구입과 관련한 매입액이며, 토지의 자본적 지출 관련 매입액 30,000,000원(부가가치세 별도)이 포함되어 있다. ■ 제2기 예정신고시 누락된 세금계산서 매입액 : 10,000,000원(부가가치세 별도) ■ 제2기 예정신고시 미환급된세액 : 1,000,000원

[2] 2025년 제1기 예정 부가가치세 신고 시에 다음 내용이 누락되었다. 누락된 자료를 추가하여 제1기 확정 부가가치세 신고서를 작성하시오. 3월분 임차료는 전자세금계산서를 지연발급 받았다. 예정신고누락분을 전표입력(분개는 생략한다)하여 부가가치세 확정신고서에 반영하시오.

[회사코드 : 4400. (주)중부]

1. 공장건물의 3월분 임차료 전자세금계산서를 누락하다.
   - 공급가액 : 1,500,000원(VAT 별도) ■ 공급자 : 김규천 ■ 작성일 : 3월 20일(발급일 : 4월 30일)

2. 수출한 재화(제품)의 신고를 누락하다.

거래처명	선적일	수출 신고일	대금 결제일	환율			외화금액
				선적일	수출신고일	대금결제일	
제이앤제이	03.26.	03.19.	04.14.	1,200/$	1,150/$	1,250/$	$15,000

[3] 기존의 입력된 자료는 무시하고 다음 자료를 반영하여 2025년 제2기 확정신고(10월~12월)에 대한 부가가치세 신고서를 작성하시오. 단, 제2기 확정 과세기간의 거래는 주어진 자료 뿐이라고 가정하고, 부가가치세 신고서 이외의 부속서류 작성 및 매입매출전표의 수정·입력은 생략한다. [회사코드 : 4600. (주)천안]

1. 매출 관련 자료
① 수출내역(공급가액)
- 직수출 : 300,000,000원
- 국내거래 : 100,000,000원(구매확인서 2026년 1월 31일 발급)

② 국내 매출 종이세금계산서 공급시 발급분 10,000,000원(공급가액)

③ 국내할부판매 : 제품인도일 2025년 11월 8일

구 분	1차할부	2차할부	3차할부(최종)
약정기일	2025. 11. 8	2026. 2. 8	2026. 4. 8
공급가액	30,000,000원	30,000,000원	30,000,000원
세 액	3,000,000원	3,000,000원	3,000,000원

④ 12월 10일 과세사업에 사용하던 기계장치를 면세재화의 생산에 전용하였다. 면세사업에 전용된 기계장치에 대한 내용은 다음과 같다. 당해 기계장치는 매입 시 세금계산서를 수령하였고 매입세액은 전액 공제되었다.
- 취득일 : 2024년 10월 25일
- 취득가액 : 50,000,000원(부가가치세 별도)

⑤ 제품의 직매장 반출액 : 원가 20,000,000원, 시가 25,000,000원이며 적법하게 전자세금계산서는 발급하였고, 당 사업장은 사업자단위과세 사업자나 총괄납부사업자가 아니다.

※ 국내할부판매분과 수출내역 중 국내거래분은 부가가치세법상 적법하게 전자세금계산서 발급되었다.

2. 매입 관련 자료
① 전자세금계산서 수취한 일반매입액 : 공급가액 210,000,000원, 세액 21,000,000원
② 신용카드 일반매입액 : 공급가액 15,000,000원, 세액 1,500,000원
(매입세액불공제분 공급가액 5,000,000원, 세액 500,000원 포함)

3. 예정신고시 누락분
① 매입세액공제 가능한 사업용신용카드 일반매입분 5,500,000원(공급대가) 누락

[4] (주)영웅은 2025년 제2기 확정신고(10월~12월)를 한 후 다음과 같은 오류를 발견하였다. 2026년 2월 28일에 수정신고하는 경우 부가가치세 수정신고서(1차) 및 과세표준수정신고서 및 추가자진납부(수정신고사유 : 매입매출누락)를 작성하시오. 본 문제에서 과소신고한 것은 부당과소신고가 아니다. [회사코드 : 4300. (주)영웅]

가정	▪ 발견된 오류는 아직 신고서에 반영되지 않았으며, 오류 내용에 대한 전표입력은 생략한다. ▪ 가산세 계산시 일수는 34일로 가정하며 당초 제2기 확정신고·납부기한은 2026년 1월 25일이다. ▪ 아래 오류사항 이외에 추가적으로 반영할 사항은 없으며, 각종 세액공제는 모두 생략한다.
오류 사항	▪ 10월 1일 (주)영동상사에 제품을 5,000,000원(부가가치세 별도)에 판매하고, 즉시 전자세금계산서를 발급한 1건에 대한 국세청 전송을 누락하여 2026년 2월 20일 국세청에 전송하였는데 부가가치세 신고서에 반영되지 않았다. ▪ 원재료를 소매로 3,000,000원(부가가치세 별도)에 매입하고 카드로 결제한 내역 1건을 누락하였다. (원재료 판매처는 일반과세자이다.) ▪ (주)대박상사로부터 원재료를 1,000,000원(부가가치세 별도)에 매입하고 전자세금계산서 수취 1건을 누락하였다.

[5] 2025년 제2기 부가가치세 확정신고를 기한 내에 정상적으로 마쳤으나, 신고기한이 지난 후 다음의 오류를 발견하여 정정하고자 한다. 아래의 자료를 이용하여 매입매출전표입력에서 오류사항을 수정 또는 입력하고 제2기 확정신고기간의 [부가가치세신고서(수정신고)]와 [과세표준및세액결정(경정)청구서]를 작성하시오. [회사코드 : 4250.(주)합격]

1. 오류사항
   ① 12월 11일 (주)알루에 전자세금계산서를 발급한 외상매출금 중 5,500,000원(부가가치세 포함)을 신용카드로 결제받았는데, 이를 매출로 이중신고하다.
   ② 12월 31일 영업부의 운반비 330,000원(부가가치세 포함)을 비앤비산업에 현금으로 지급하고 종이세금계산서를 발급받았으나 이를 누락하다.
2. 경정청구이유는 매출 : 신용카드 매출 과다 신고, 매입 : 매입세금계산서합계표 누락으로 한다.
3. 국세환급금 계좌신고는 거래은행 : 국민은행, 계좌번호 : 456-78-94568을 입력한다.

[6] 당사는 2025년 제2기 부가가치세 확정신고를 법정신고기한 내에 이행하지 못하여 2026년 1월 30일에 기한후신고를 수행하고 세액을 납부하고자 한다. 다음 자료를 매입매출전표에 입력하고 (단, 분개는 외상) 부가가치세 신고서를 작성하시오. 가산세는 일반무신고가산세를 적용하고, 미납일수는 5일로 하며, 과세표준명세도 작성한다. (원단위는 절사하며, 본 문제에 한하여 부가가치세신고서에 반영된 대손세액공제분 금액은 삭제하고 작성한다.) [회사코드 : 4500. (주)서울]

일자	거래형태	금 액	거래처	적 요
10월 15일	수출	15,000,000원	SELLA.CO,LTD	제품 직수출거래이며 이에 대한 첨부서류는 제출할 예정(수출신고번호 생략)
10월 26일	매입	6,400,000원 (부가가치세 별도)	(주)광진	원재료 매입 전자세금계산서를 공급시기에 발급받음
11월 18일	매출	7,200,000원 (부가가치세 별도)	만성상사	제품매출 종이세금계산서를 공급시기에 발급함
12월 28일	매입	220,000원 (부가가치세 포함)	구민오피스 (일반과세자)	사무실 소모품 구입이며, 현대카드로 결제함(소모품비로 미지급비용처리)
12월 30일	증여	원가 : 7,000,000원 시가 : 10,000,000원	(주)서림	매출처에 제품을 무상증여 (당초 매입세액 공제 받음)

[7] 다음은 부가가치세 신고와 관련된 부속명세서 자료이다. 이를 참조하여 제1기 확정분 부가가치세신고서를 완성하시오. (단, 주어진 자료 외에는 없는 것으로 하며 매입매출전표에 입력된 자료는 무시하고, 매입매출전표에 추가로 입력하지 아니한다. 미납일수는 91일로 가정하고, 과세표준명세작성은 생략할 것) [회사코드 : 4500. (주)서울]

1. 매출처별 세금계산서합계표의 일부자료

구 분		매출처수	매수	공급가액	세액
합 계		5	10	706,000,000	70,600,000
과세기간종료일 다음 날 11일까지 전송된 세금계산서 발급분	사업자등록번호발급분	5	10	706,000,000	70,600,000
	주민등록번호발급분				
	소 계	5	10	706,000,000	70,600,000

2. 매입처별 세금계산서합계표의 일부자료

구 분		매입처수	매수	공급가액	세액
합 계		7	12	412,000,000	41,200,000
과세기간종료일 다음 달 11일까지 전송된 세금계산서 발급받은 분	사업자등록번호발급분	5	10	400,000,000	40,000,000
	주민등록번호발급분				
	소 계	5	10	400,000,000	40,000,000
위 전자세금계산서외의 발급받은 분	사업자등록번호발급분	2	2	12,000,000	1,200,000
	주민등록번호발급분				
	소 계	2	2	12,000,000	1,200,000

※ '과세기간 종료일 다음달 11일까지 전송된 전자세금계산서외 발급받은분 매입처별 명세"는 정확하게 작성되었다.

3. 공제받지 못할 매입세액 명세자료 일부

공제받지못할매입세액내역	공통매입세액안분계산내역	공통매입세액의정산내역	납부세액또는환급세액재계산

매입세액 불공제 사유	세금계산서		
	매수	공급가액	매입세액
①필요적 기재사항 누락 등			
②사업과 직접 관련 없는 지출			
③개별소비세법 제1조제2항제3호에 따른 자동차 구입·유지 및 임차	1	25,000,000	2,500,000
④기업업무추진비 및 이와 유사한 비용 관련	1	3,500,000	350,000
⑤면세사업등 관련	1	1,200,000	120,000
⑥토지의 자본적 지출 관련			
⑦사업자등록 전 매입세액			
⑧금·구리 스크랩 거래계좌 미사용 관련 매입세액			
합계	3	29,700,000	2,970,000

4. 건물등감가상각자산취득명세서 집계자료(모두 세금계산서 매입)

취득내역				
감가상각자산종류	건수	공급가액	세 액	비 고
합 계	2	35,000,000	3,500,000	
건물·구축물				
기 계 장 치	1	10,000,000	1,000,000	
차 량 운 반 구	1	25,000,000	2,500,000	
기타감가상각자산				

5. 신용카드매출전표 등 발행금액 집계표의 일부자료

2. 신용카드매출전표 등 발행금액 현황

구 분	합 계	신용·직불·기명식 선불카드	현금영수증	직불전자지급 수단 및 기명식선불 전자지급수단
합 계	33,000,000	33,000,000		
과세 매출분	33,000,000	33,000,000		
면세 매출분				
봉 사 료				

3. 신용카드매출전표 등 발행금액중 세금계산서 교부내역

세금계산서발급금액	5,500,000	계산서발급금액	

6. 예정신고 시 신고누락한 매출과 매입자료(위의 세금계산서합계표 내용에 포함되어 있지 아니하며 부당 과소가산세 대상은 아님)

구분	적요	공급가액	전자세금계산서
매 출	제품매출	10,000,000	과세분 세금계산서 발급, 전송함
매 입	원재료 매입	5,000,000	과세분 세금계산서 수취함

부가가치세 전자신고

[1] 다음의 전산에 입력된 자료를 이용하여 2025년 제1기 확정신고기간의 [부가가치세신고서]를 작성하여 마감하고 국세청 홈택스에 전자신고 하시오. [회사코드 : 4250.(주)합격]

1. 매출 및 매입자료(세액공제는 고려하지 않는다.)
   - (주)합격은 세금계산서 매출과 매입 및 신용카드매입세액 공제분이 있으며 직접 부가가치세 자진신고를 하고자 하며, 과세표준명세는 이미 작성되어 있다.
2. 유의사항
   - 부속서류 및 부가가치세신고서는 입력된 자료를 조회하여 사용한다.
   - 마감 및 전자신고 시 오류는 발생하지 않아야 한다.
   - 신고서 마감 → [전자신고] → [국세청 홈택스 전자신고변환(교육용)] 순으로 진행한다.
   - 전자신고용 전자파일 제작 시 신고인 구분은 2.납세자 자진신고로 선택하고, 비밀번호는 "45457878"로 입력한다.
   - 전자신고용 전자파일 저장경로는 로컬디스크(C:)이며, 파일명은 "enc작성연월일.101.v2058137101"이다.
   - 최종적으로 국세청 홈택스에서 [전자파일 제출하기]를 완료한다.

신용카드매출전표등 발행집계표

[1] 신용카드매출전표등 발행집계표 [회사코드 : 4300.(주)영융]

조회기간(2025년 04월 ~ 2025년 06월)을 입력하여 해당 자료를 직접 공급대가로 입력하며, 세금계산서(또는 계산서) 발급금액 중 일부만 신용카드 결제되는 경우 결제금액만 기재한다.

구 분		4월 12일	5월 5일	6월 10일
신용카드 매출전표 발행집계표	신용카드등 발행금액	해당(현금영수증) 11,000,000원	해당(신용카드) 5,500,000원	해당(신용카드) 5,000,000원
	세금계산서 교부내역	비해당	해당(세금계산서) 5,500,000원	해당(계산서) 5,000,000원

2. 신용카드매출전표 등 발행금액 현황

구 분	합 계	신용·직불·기명식 선불카드	현금영수증	직불전자지급 수단 및 기명식선불 전자지급수단
합 계	21,500,000	10,500,000	11,000,000	
과세 매출분	16,500,000	5,500,000	11,000,000	
면세 매출분	5,000,000	5,000,000		
봉 사 료				

3. 신용카드매출전표 등 발행금액중 세금계산서 교부내역

세금계산서발급금액	5,500,000	계산서발급금액	5,000,000

부동산임대공급가액명세서

[1] 부동산임대공급가액명세서 [회사코드 : 4300.(주)영웅]

(1) 부동산임대공급가액명세서(조회기간 : 2025년 04월 ~ 2025년 06월)

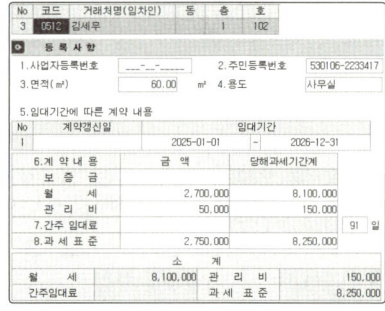

(2) 부가가치세신고서

조회기간(2025년 4월 1일 ~ 2025년 6월 30일)을 입력하며 간주임대료에 대한 회계처리 문구가 없으므로 부가가치세신고서 [과세 ⇨ 기타]란에 직접 입력한다.

구분				정기신고금액			구분		금액	세율	세액
				금액	세율	세액	7.매출(예정신고누락분)				
과세표준및매출세액	과세	세금계산서발급분	1	11,700,000	10/100	1,170,000	예정누락분	과세 세금계산서	33		10/100
		매입자발행세금계산서	2		10/100			기타	34		10/100
		신용카드·현금영수증발행분	3		10/100			영세 세금계산서	35		0/100
		기타(정규영수증외매출분)	4	953,779		95,377		기타	36		0/100
	영세	세금계산서발급분	5		0/100			합계	37			
		기타	6		0/100		12.매입(예정신고누락분)				
	예정신고누락분		7				예	세금계산서	38		
	대손세액가감		8					그 밖의 공제매입세액	39		
	합계		9	12,653,779	㉨	1,265,377		합계	40		

영세율 첨부서류

[1] 수출실적명세서 작성 [회사코드 : 4400.(주)중부]

(1) 매입매출전표입력

[공급시기 : 2025년 1월 15일 ⇨ 선적일 기준 외상거래이므로 선적일의 기준환율(1,200원/$) 적용]

일	번호	유형	품목	수량	단가	공급가액	부가세	코드	공급처명	사업/주민번호	전자	분개
15	50001	수출	제품			24,000,000		00116	JENER.CORP			외상
			공급처별 매출(입)전체 [1]건			24,000,000						

영세율구분 1 직접수출(대행수출 포함) 수출신고번호 13042-10-044689X

NO : 50001 (대 체) 전 표

구분		계정과목	적요		거래처		차변(출금)	대변(입금)
차변	0108	외상매출금	제품		00116	JENER.CORP	24,000,000	
대변	0404	제품매출	제품		00116	JENER.CORP		24,000,000
						합 계	24,000,000	24,000,000

[공급시기 : 2025년 3월 15일 ⇨ 선수금을 외화로 보유한 경우 선적일의 기준환율(1,053원/$) 적용]

일	번호	유형	품목	수량	단가	공급가액	부가세	코드	공급처명	사업/주민번호	전자	분개
15	50003	수출	제품			13,689,000		00116	JENER.CORP			혼합
			공급처별 매출(입)전체 [1]건			13,689,000						

영세율구분 1 직접수출(대행수출 포함) 수출신고번호 13045-10-011470X

NO : 50003 (대 체) 전 표

구분		계정과목	적요		거래처		차변(출금)	대변(입금)
대변	0404	제품매출	제품		00116	JENER.CORP		13,689,000
대변	0907	외환차익	제품		00116	JENER.CORP		32,500
차변	0259	선수금	제품		00116	JENER.CORP	13,721,500	
						합 계	13,721,500	13,721,500

(2) 수출실적명세서(조회기간 : 2025년 01월 ~ 2025년 03월)

상단의 [전표불러오기] 버튼을 선택하여 매입매출전표에 입력한 해당 자료를 반영한다. 반영 후 통화코드, 환율, 외화 금액을 입력한다.

구분	건수	외화금액	원화금액	비고
⑨합계	2	33,000.00	37,689,000	
⑩수출재화[=⑫합계]	2	33,000.00	37,689,000	
⑪기타영세율적용				

No		(13)수출신고번호	(14)선(기)적일자	(15)통화코드	(16)환율	금액 (17)외화	금액 (18)원화	전표정보 거래처코드	전표정보 거래처명
1		13042-10-044689X	2025-01-15	USD	1,200.0000	20,000.00	24,000,000	00116	JENER.CORP
2		13045-10-011470X	2025-03-15	USD	1,053.0000	13,000.00	13,689,000	00116	JENER.CORP
		합계				33,000	37,689,000		

(3) 부가가치세신고서(조회기간 : 2025년 1월 1일 ~ 2025년 3월 31일)

	구분		정기신고금액 금액	세율	세액
과세표준및매출세액	세금계산서발급분	1	914,760,000	10/100	91,476,000
	매입자발행세금계산서	2		10/100	
	신용카드·현금영수증발행분	3		10/100	
	기타(정규영수증외매출분)	4			
영세	세금계산서발급분	5	72,000,000	0/100	
	기타	6	37,689,000	0/100	
	예정신고누락분	7			
	대손세액가감	8			
	합계	9	1,024,449,000	㉮	91,476,000

	구분		금액	세율	세액
7.매출(예정신고누락분)					
예정누락분	과세 세금계산서	33		10/100	
	과세 기타	34		10/100	
	영세 세금계산서	35		0/100	
	영세 기타	36		0/100	
	합계	37			
12.매입(예정신고누락분)					
예	세금계산서	38			
	그 밖의 공제매입세액	39			
	합계	40			

[2] 수출실적명세서 작성 [회사코드 : 4500.(주)서울]

① 수출실적명세서(조회기간 : 2025년 07월 ~ 2025년 09월)에 해당자료를 직접 입력한다.
② 선적일 이전 선수금을 환가한 경우 과세표준 적용 환율은 환가일의 환율이고, 선적일 이후 환가하거나 외상거래인 경우 과세표준 적용 환율은 선적일의 기준환율이다. 엔화 입력 시 "1¥"으로 환산하여 환율을 입력한다.

구분	건수	외화금액	원화금액	비고
⑨합계	3	1,300,000.00	356,500,000	
⑩수출재화[=⑫합계]	3	1,300,000.00	356,500,000	
⑪기타영세율적용				

No		(13)수출신고번호	(14)선(기)적일자	(15)통화코드	(16)환율	금액 (17)외화	금액 (18)원화	전표정보 거래처코드	전표정보 거래처명
1	□	13041-20-044589X	2025-08-20	USD	1,150.0000	200,000.00	230,000,000	00101	히로상사
2	□	13055-10-011460X	2025-08-22	USD	1,170.0000	100,000.00	117,000,000	00106	LA상사
3	□	13064-25-147041X	2025-09-17	JPY	9.5000	1,000,000.00	9,500,000	00105	킹덤상사
		합계				1,300,000	356,500,000		

[3] 내국신용장·구매확인서전자발급명세서 [회사코드 : 4500.(주)서울]

(1) 매입매출전표입력(영세율구분 선택과 서류번호를 입력)

[알퐁스사(2025년 4월 8일)]

□	일	번호	유형	품목	수량	단가	공급가액	부가세	코드	공급처명	사업/주민번호	전자	분개
■	8	50002	영세	제품			24,000,000		00111	알퐁스사	666-84-89203	여	외상

유형별-공급처별 [1]건   24,000,000

영세율구분 3 내국신용장·구매확인서에 의하 서류번호 PKT12345678456789

NO : 50002 (대 체) 전 표

구분	계정과목		적요	거래처		차변(출금)	대변(입금)
차변	0108	외상매출금	제품	00111	알퐁스사	24,000,000	
대변	0404	제품매출	제품	00111	알퐁스사		24,000,000
					합 계	24,000,000	24,000,000

[(주)대양유통(2025년 5월 7일)]

□	일	번호	유형	품목	수량	단가	공급가액	부가세	코드	공급처명	사업/주민번호	전자	분개
■	7	50001	영세	제품			40,000,000		00404	(주)대양유통	101-86-54365	여	외상

유형별-공급처별 [1]건   40,000,000

영세율구분 3 내국신용장·구매확인서에 의하 서류번호 LCCAPP070829003

NO : 50001 (대 체) 전 표

구분	계정과목		적요	거래처		차변(출금)	대변(입금)
차변	0108	외상매출금	제품	00404	(주)대양유통	40,000,000	
대변	0404	제품매출	제품	00404	(주)대양유통		40,000,000
					합 계	40,000,000	40,000,000

(2) 내국신용장·구매확인서전자발급명세서(조회기간 : 2025년 04월 ~ 2025년 06월)

2. 내국신용장·구매확인서에 의한 공급실적 합계

구분	건수	금액(원)	비고
(9)합계(10+11)	2	64,000,000	
(10)내국신용장	1	40,000,000	
(11)구매확인서	1	24,000,000	

[참고] 내국신용장 또는 구매확인서에 의한 영세율 첨부서류 방법 변경(영 제64조 제3항 제1의3호)
▶ 전자무역기반시설을 통하여 개설되거나 발급된 경우 내국신용장·구매확인서 전자발급명세서를 제출하고 이 외의 경우 내국신용장 사본을 제출함
⇒ 2011.7.1 이후 최초로 개설되거나 발급되는 내국신용장 또는 구매확인서부터 적용

3. 내국신용장·구매확인서에 의한 공급실적 명세서

	(12)번호	(13)구분	(14)서류번호	(15)발급일	품목	거래처정보 거래처명	거래처정보 (16)공급받는자의 사업자등록번호	(17)금액	전표일자	(18)비고
□	1	구매확인서	PKT12345678456789	2025-04-20	제품	알퐁스사	666-84-89203	24,000,000	2025-04-08	
□	2	내국신용장	LCCAPP070829003	2025-05-01	제품	(주)대양유통	101-86-54365	40,000,000	2025-05-07	

(3) 영세율매출명세서(조회기간 : 2025년 04월 ~ 2025년 06월)

부가가치세법	조세특례제한법		
(7)구분	(8)조문	(9)내용	(10)금액(원)
부가가치세법	제21조	직접수출(대행수출 포함)	
		중계무역・위탁판매・외국인도 또는 위탁가공무역 방식의 수출	
		내국신용장・구매확인서에 의하여 공급하는 재화	64,000,000
		한국국제협력단 및 한국국제보건의료재단에 공급하는 해외반출용 재화	
		수탁가공무역 수출용으로 공급하는 재화	
	(11) 부가가치세법에 따른 영세율 적용 공급실적 합계		64,000,000
	(12) 조세특례제한법 및 그 밖의 법률에 따른 영세율 적용 공급실적 합계		
	(13) 영세율 적용 공급실적 총 합계(11)+(12)		64,000,000

[4] 영세율첨부서류제출명세서 및 수출실적명세서 작성 [회사코드 : 4600.(주)천안]

(1) 영세율첨부서류제출명세서(조회기간 : 2025년 10월 ~ 2025년 12월)

No		(10)서류명	(11)발급자	(12)발급일자	(13)선적일자	(14)통화코드	(15)환율	당기제출금액		당기신고해당분		과세유형	영세율구분	
								(16)외화	(17)원화	(18)외화	(19)원화		코드	구분명
1	□	외화입금증명서	98000	신한은행	2025-10-14	2025-10-04	USD	1,050.0000	15,000.00	15,750,000	15,000.00	15,750,000	수출	2	중계무역
2	□	외화입금증명서	98000	신한은행	2025-11-25	2025-11-06	USD	1,100.0000	21,000.00	23,100,000	21,000.00	23,100,000	수출	2	중계무역
	□							36,000.00	38,850,000	36,000.00	38,850,000			

(2) 수출실적명세서(조회기간 : 2025년 10월 ~ 2025년 12월)

수출실적명세서의 [기타영세율적용]에 기재되는 내용은 반드시 별도에 목록 또는 명세서를 작성하여 부가가치세 신고시 함께 제출하여야 한다. 그러므로 본 문제는 영세율첨부서류제출명세서를 먼저 작성하여 [기타영세율적용] 에 대한 명세로 이해하고 작성하면 된다. 직수출은 하단에 직접입력하여 수출재화란에 반영한다.

구분	건수	외화금액	원화금액	비고
⑨합계	3	45,600.00	50,370,000	
⑩수출재화[=⑫합계]	1	9,600.00	11,520,000	
⑪기타영세율적용	2	36,000.00	38,850,000	

No		(13)수출신고번호	(14)선(기)적일자	(15)통화코드	(16)환율	금액		전표정보	
						(17)외화	(18)원화	거래처코드	거래처명
1	□	13064-25-247041X	2025-11-06	USD	1,200.0000	9,600.00	11,520,000		
		합계				9,600	11,520,000		

(3) 영세율매출명세서(조회기간 : 2025년 10월 ~ 2025년 12월)

직접수출과 중계무역방식의 수출란에 해당 금액을 직접 입력한다.

부가가치세법	조세특례제한법		
(7)구분	(8)조문	(9)내용	(10)금액(원)
부가가치세법	제21조	직접수출(대행수출 포함)	11,520,000
		중계무역・위탁판매・외국인도 또는 위탁가공무역 방식의 수출	38,850,000
		내국신용장・구매확인서에 의하여 공급하는 재화	
		한국국제협력단 및 한국국제보건의료재단에 공급하는 해외반출용 재화	
		수탁가공무역 수출용으로 공급하는 재화	
	(11) 부가가치세법에 따른 영세율 적용 공급실적 합계		50,370,000
	(12) 조세특례제한법 및 그 밖의 법률에 따른 영세율 적용 공급실적 합계		
	(13) 영세율 적용 공급실적 총 합계(11)+(12)		50,370,000

(4) 부가가치세신고서(조회기간 : 2025년 10월 1일 ~ 2025년 12월 31일)

직접수출과 중계무역방식의 수출은 세금계산서를 발급하지 않으므로 [영세 → 기타]란에 입력한다.

	구분		정기신고금액				구분		금액	세율	세액
				금액	세율	세액	7.매출(예정신고누락분)				
과세표준및매출세액	과세	세금계산서발급분	1		10/100		예정누락분	과세	세금계산서	33	10/100	
		매입자발행세금계산서	2		10/100				기타	34	10/100	
		신용카드・현금영수증발행분	3		10/100			영세	세금계산서	35	0/100	
		기타(정규영수증외매출분)	4						기타	36	0/100	
	영세	세금계산서발급분	5		0/100				합계	37		
		기타	6	50,370,000	0/100		12.매입(예정신고누락분)				
	예정신고누락분		7					예	세금계산서	38		
	대손세액가감		8						그 밖의 공제매입세액	39		
	합계		9	50,370,000	㉮				합계	40		

대손세액(변제대손세액) 공제신고서

[1] 대손세액공제신고서 [회사코드 : 4300.(주)영웅]

(1) 대손세액공제신고서(대손발생 TAB, 조회기간 : 2025년 04월 ~ 2025년 06월)

부도발생일로부터 6월 경과로 대손세액공제요건 충족

당초공급일	대손확정일	대손금액	공제율	대손세액	거래처		대손사유
2024-04-19	2025-06-03	1,100,000	10/110	100,000	화진상사	5	부도(6개월경과)
합 계		1,100,000		100,000			

조회기간 2025년 04월 ~ 2025년 06월 1기 확정

(2) 부가가치세신고서(조회기간 : 2025년 4월 1일 ~ 2025년 6월 30일)

대손세액가감(8)란 △100,000원 자동반영 되며 간주임대료 입력분은 조회하면 삭제된다.

구분		금액	세율	세액
과세표준및매출세액	세금계산서발급분 1	11,700,000	10/100	1,170,000
	매입자발행세금계산서 2		10/100	
	신용카드·현금영수증발행분 3		10/100	
	기타(정규영수증외매출분) 4			
	세금계산서발급분 5		0/100	
영세	기타 6		0/100	
	예정신고누락분 7			
	대손세액가감 8			-100,000
	합계 9	11,700,000 ㉮		1,070,000

구분		금액	세율	세액
7.매출(예정신고누락분)				
예정누락분	과세 세금계산서 33		10/100	
	기타 34		10/100	
	영세 세금계산서 35		0/100	
	기타 36		0/100	
	합계 37			
12.매입(예정신고누락분)				
예	세금계산서 38			
	그 밖의 공제매입세액 39			
	합계 40			

(3) 일반전표입력(대손금확정일 : 2025년 6월 3일)

받을어음은 부도 발생시 "부도어음과수표"로 대체 회계처리하므로 반드시 "화진상사"의 어음계정과목을 확인한다. 또한 대손금확정일의 합계잔액시산표를 조회하여 부도어음과수표의 대손충당금 잔액(600,000원)을 확인하여 회계처리 한다.

월	일	구분	계정과목	거래처	차변	대변
6	3	차변	부가세예수금		100,000	
		차변	대손충당금(247)		600,000	
		차변	대손상각비(판)		400,000	
		대변	부도어음과수표	화진상사		1,100,000

[2] 대손세액공제신고서 [회사코드 : 4600.(주)천안]

(1) 대손세액공제신고서(조회기간 : 2025년 04월 ~ 2025년 06월)

[대손발생 TAB]

한경상사는 부도발생일로부터 6월 미경과로 대손세액공제가 불가능하다.

조회기간 2025년 04월 ~ 2025년 06월 1기 확정

당초공급일	대손확정일	대손금액	공제율	대손세액	거래처		대손사유
2024-06-10	2025-03-20	5,500,000	10/110	500,000	경일상사	3	사망,실종
2022-02-10	2025-02-10	1,100,000	10/110	100,000	용인상사	6	소멸시효완성
합 계		6,600,000		600,000			

[대손변제 TAB]

대손처분받은 세액(불공제매입세액)에 대하여 외상매입금(부가가치세 포함)을 지급하면 매입세액공제가 가능하며 [대손변제 TAB]에 입력하여 신고한다.

대손발생	대손변제							
조회기간	2025 년 04 월 ~ 2025 년 06 월 1기 확정							
당초대손확정일	변제확정일	변제금액	공제율	변제세액		거래처		변제사유
2024-03-31	2025-03-01	3,300,000	10/110	300,000		청수상사	6	소멸시효완성
합 계		3,300,000		300,000				

(2) 부가가치세신고서(조회기간 : 2025년 4월 1일 ~ 2025년 6월 30일)

① 대손세액가감(8)란 △600,000원 자동반영

② 그 밖의 공제매입세액(14)란의 변제대손세액(47)란 300,000원 자동반영

	구분			정기신고금액			구분		금액	세율	세액
				금액	세율	세액	14.그 밖의 공제매입세액				
과세표준및매출세액	과세	세금계산서발급분	1	474,200,000	10/100	47,420,000	신용카드매출	일반매입	41		
		매입자발행세금계산서	2		10/100		수령금액합계표	고정매입	42		
		신용카드·현금영수증발행분	3		10/100		의제매입세액		43		뒤쪽
		기타(정규영수증외매출분)	4				재활용폐자원등매입세액		44		뒤쪽
	영세	세금계산서발급분	5	35,800,000	0/100		과세사업전환매입세액		45		
		기타	6	48,000,000	0/100		재고매입세액		46		
	예정신고누락분		7				변제대손세액		47		300,000
	대손세액가감		8			-600,000	외국인관광객에대한환급세액		48		
	합계		9	558,000,000	㉮	46,820,000	합계		49		300,000
매입세액	세금계산서수취분	일반매입	10	351,050,000		35,105,000					
		수출기업수입분납부유예	10-1								
		고정자산매입	11								
	예정신고누락분		12								
	매입자발행세금계산서		13								
	그 밖의 공제매입세액		14			300,000					
	합계(10)-(10-1)+(11)+(12)+(13)+(14)		15	351,050,000		35,405,000					
	공제받지못할매입세액		16								
	차감계 (15-16)		17	351,050,000	㉯	35,405,000					

[3] 대손세액공제신고서 [회사코드 : 4500.(주)서울]

받을어음	① (주)대성 : 부도발생일 2025년 3월 20일 ⇒ 대손확정일 2025년 9월 21일(6월경과로 대손요건 충족)
외상매출금	① 만성상사 : 중소기업의 외상매출금으로서 회수기일이 2년 이상인 경우 대손세액 공제대상 ② (주)대성 : 중소기업이더라도 부도발생 이전 공급분이 아니므로 공제대상 배제 ③ 하마상회 : 2025년 7월 20일 상법상 소멸시효완성(대손요건 충족)
대손금회수	① (주)보람 : 당초 대손세액공제분 회수시 매출세액에 가산하여 납부 : 음수 입력

대손발생	대손변제						
조회기간	2025 년 10 월 ~ 2025 년 12 월 2기 확정						
당초공급일	대손확정일	대손금액	공제율	대손세액	거래처		대손사유
2023-09-20	2025-09-21	11,000,000	10/110	1,000,000	(주)대성	5	부도(6개월경과)
2023-02-10	2025-09-30	22,000,000	10/110	2,000,000	만성상사	7	회수기일경과
2022-07-20	2025-07-20	33,000,000	10/110	3,000,000	하마상회	6	소멸시효완성
2021-10-20	2025-12-23	-13,200,000	10/110	-1,200,000	(주)보람	7	대손금회수
합 계		52,800,000		4,800,000			

[4] 대손세액공제신고서 [회사코드 : 4400.(주)중부]

① 단기대여금은 대손세액공제대상이 아니므로 입력하지 않는다.

② (주)세무의 외상매출금은 대손세액공제 요건에 해당하며 (주)우진의 외상매출금은 파산의 사유로 대손세액공제 받았으므로 회수한 날이 속하는 과세기간에 대한 확정신고시에 반대로 음수로 입력한다.

③ 미수금은 저당권 설정 채권으로 대손세액공제대상에서 제외한다.

대손발생	대손변제						
조회기간	2025 년 04 월 ~ 2025 년 06 월 1기 확정						
당초공급일	대손확정일	대손금액	공제율	대손세액	거래처		대손사유
2024-05-31	2025-04-01	5,500,000	10/110	500,000	(주)세무	1	파산
2019-06-30	2025-04-02	-11,550,000	10/110	-1,050,000	(주)우진	7	대손채권 일부회수
합 계		-6,050,000		-550,000			

건물등감가상각자산취득명세서

[1] 건물등감가상각자산취득명세서 [회사코드 : 4300.(주)영웅]

조회기간(2025년 07월 ~ 2025년 09월)을 입력한 후 매입세액 불공제 사유에 해당하는 '비영업용소형승용차 구입'을 포함하여 감가상각자산종류별로 입력한다.

취득내역

감가상각자산종류	건수	공급가액	세액	비고
합 계	3	84,000,000	8,400,000	
건물 · 구축물				
기 계 장 치	1	50,000,000	5,000,000	
차 량 운 반 구	1	30,000,000	3,000,000	
기타감가상각자산	1	4,000,000	400,000	

거래처별 감가상각자산 취득명세

No	월/일	상호	사업자등록번호	자산구분	공급가액	세액	건수
1	07-15	대림자동차	214-09-22396	차량운반구	30,000,000	3,000,000	1
2	07-18	태연정밀	114-03-79146	기계장치	50,000,000	5,000,000	1
3	07-30	고려전자	220-06-11286	기타	4,000,000	400,000	1
		합 계			84,000,000	8,400,000	3

신용카드매출전표등 수령명세서

[1] 신용카드매출전표등 수령명세서 [회사코드 : 4500.(주)서울]

(1) 신용카드 매출전표 등 수령분에 대한 매입세액공제 여부

월/일	공급자	매입세액공제 여부
3월 20일	(주)호이마트	사업과 무관한 지출 관련 매입이므로 공제 제외 → 입력 안함
3월 22일	박진헤어샵	미용업은 세금계산서 발급면제 업종으로 공제 제외 → 입력 안함
3월 24일	대한의원	병원은 면세사업자로 공제 제외 → 입력 안함
3월 25일	지성자동차	화물차 소모부품 매입은 사업 관련 매입이므로 공제 가능 → **입력**
3월 27일	하마상회	직원 생일선물은 사업 관련 매입이므로 공제 가능 → **입력**
3월 31일	북경반점	야근식대는 사업 관련 매입이며 세금계산서 발급 사업자인 간이과세자 발급 신용카드매출전표는 공제 가능 → **입력**

(2) 매입매출전표입력

[지성자동차(2025년 3월 25일)]

□	일	번호	유형	품목	수량	단가	공급가액	부가세	코드	공급처명	사업/주민번호	전자	분개
□	25	50003	현과	소모부품 교체			85,000	8,500	00624	지성자동차	111-81-74586		현금
□													
				유형별-공급처별 [1]건			85,000	8,500					

NO : 50003 (출금) 전 표

구분	계정과목		적요	거래처		차변(출금)	대변(입금)
출금	0135	부가세대급금	소모부품 교체	00624	지성자동차	8,500	(현금)
출금	0522	차량유지비	소모부품 교체	00624	지성자동차	85,000	(현금)
					합 계	93,500	93,500

[하마상회(2025년 3월 27일)]

□	일	번호	유형	품목	수량	단가	공급가액	부가세	코드	공급처명	사업/주민번호	전자	분개
■	27	50003	카과	생일선물			210,000	21,000	00514	하마상회	130-38-25417		카드
□													
				유형별-공급처별 [1]건			210,000	21,000					

신용카드사 99601 현대카드   봉사료

NO : 50003   (대 체) 전 표

구분	계정과목		적요				거래처		차변(출금)	대변(입금)
대변	0253	미지급금	생일선물				99601	현대카드		231,000
차변	0135	부가세대급금	생일선물				00514	하마상회	21,000	
차변	0811	복리후생비	생일선물				00514	하마상회	210,000	
								합 계	231,000	231,000

[북경반점(2025년 3월 31일)]

□	일	번호	유형	품목	수량	단가	공급가액	부가세	코드	공급처명	사업/주민번호	전자	분개
■	31	50003	카과	야근식대			90,000	9,000	00625	북경반점	105-05-91233		카드
□													
				유형별-공급처별 [1]건			90,000	9,000					

신용카드사 99601 현대카드   봉사료

NO : 50003   (대 체) 전 표

구분	계정과목		적요				거래처		차변(출금)	대변(입금)
대변	0253	미지급금	야근식대				99601	현대카드		99,000
차변	0135	부가세대급금	야근식대				00625	북경반점	9,000	
차변	0811	복리후생비	야근식대				00625	북경반점	90,000	
								합 계	99,000	99,000

(3) 신용카드매출전표등 수령명세서(조회기간 : 2025년 01월 ~ 2025년 03월)

2. 신용카드 등 매입내역 합계

구분	거래건수	공급가액	세액
합 계	3	385,000	38,500
현금영수증	1	85,000	8,500
화물운전자복지카드			
사업용신용카드	2	300,000	30,000
그 밖의 신용카드			

3. 거래내역입력

No	□	월/일	구분	공급자	공급자(가맹점) 사업자등록번호	카드회원번호	그 밖의 신용카드 등 거래내역 합계		
							거래건수	공급가액	세액
1	□	03-25	현금	지성자동차	111-81-74586		1	85,000	8,500
2	□	03-27	사업	하마상회	130-38-25417	1111-2222-3333-4444	1	210,000	21,000
3	□	03-31	사업	북경반점	105-05-91233	1111-2222-3333-4444	1	90,000	9,000
				합계			3	385,000	38,500

[2] 신용카드매출전표등 수령명세서 [회사코드 : 4600.(주)천안]

(1) 신용카드매출전표등 수령명세서(조회기간 : 2025년 01월 ~ 2025년 03월)

다사랑 : 기업업무추진비, 우성사무 : 간이과세자(영수증발급자)이므로 매입세액공제가 불가능하다.

2. 신용카드 등 매입내역 합계

구분	거래건수	공급가액	세액
합 계	3	900,000	90,000
현금영수증	1	100,000	10,000
화물운전자복지카드			
사업용신용카드	1	500,000	50,000
그 밖의 신용카드	1	300,000	30,000

3. 거래내역입력

No	□	월/일	구분	공급자	공급자(가맹점) 사업자등록번호	카드회원번호	그 밖의 신용카드 등 거래내역 합계		
							거래건수	공급가액	세액
1	□	02-20	사업	추억모텔	607-82-12545	1234-5689-5114-8512	1	500,000	50,000
2	□	01-20	신용	이맛식당	220-36-54128	9455-4102-9215-1813	1	300,000	30,000
3	□	03-10	현금	수락만슈퍼	123-52-66527		1	100,000	10,000
				합계			3	900,000	90,000

(2) 부가가치세신고서(조회기간 : 2025년 1월 1일 ~ 2025년 3월 31일)

매입매출전표에 입력하지 않았으므로 [신용카드매출수령금액합계표(41)]란에 입력하여 [그 밖의 공제매입세액(14)]란에 반영한다.

	구분		정기신고금액				구분		금액	세율	세액
			금액	세율	세액	14.그 밖의 공제매입세액					
매입세액	세금계산서수취분	일반매입	10	555,000,007		55,500,000	신용카드매출수령금액합계표	일반매입	41	900,000		90,000
		수출기업수입분납부유예	10-1					고정매입	42			
		고정자산매입	11	15,000,000		1,500,000	의제매입세액		43		뒤쪽	
	예정신고누락분		12				재활용폐자원등매입세액		44		뒤쪽	
	매입자발행세금계산서		13				과세사업전환매입세액		45			
	그 밖의 공제매입세액		14	900,000		90,000	재고매입세액		46			
	합계(10)-(10-1)+(11)+(12)+(13)+(14)		15	570,900,007		57,090,000	변제대손세액		47			
	공제받지못할매입세액		16				외국인관광객에대한환급세액		48			
	차감계 (15-16)		17	570,900,007	ⓒ	57,090,000	합계		49	900,000		90,000

의제매입세액공제신고서

[1] 의제매입세액공제신고서 [회사코드 : 4300.(주)영웅]

(1) 의제매입세액공제신고서(조회기간 : 2025년 01월 ~ 2025년 03월)

[(주)삼성농장 입력화면]

제조업(일반기업)이므로 공제율은 "2/102"이며 의제매입세액공제는 구입시점에 공제받으므로 미사용분이 있어도 구입액 전부를 입력한다.

공급자	사업자/주민등록번호	취득일자	구분	물품명	수량	매입가액	공제율	의제매입세액	건수
(주)삼성농장	201-81-13655	2025-01-25	계산서	배추	1,000	50,000,000	2/102	980,392	1
		2025-02-10	신용카드등	무	500	10,000,000	2/102	196,078	1
		합계			1,500	60,000,000		1,176,470	2

[최불식 입력화면]

구입액 중 면세품 그대로 양도한 부분은 의제매입대상이 아니므로 제외한다.

공급자	사업자/주민등록번호	취득일자	구분	물품명	수량	매입가액	공제율	의제매입세액	건수
최불식	600112-1462362	2025-03-20	농어민매입	소금	500	2,500,000	2/102	49,019	1
		합계			500	2,500,000		49,019	1

[의제매입세액]

구분		매입처수	건수	매입가액	공제율	의제매입세액
합계		3	3	62,500,000	2/102	1,225,489
사업자로부터의 매입분	계산서	1	1	50,000,000	2/102	980,392
	신용카드	1	1	10,000,000	2/102	196,078
농·어민등으로부터의 매입분		1	1	2,500,000	2/102	49,019

(2) 의제매입세액공제액 회계처리 : 일반전표입력(2025년 3월 31일)

월	일	구분	계정과목	거래처	차변	대변
3	31	차변	부가세대급금		1,225,489	
		대변	원재료(8.타계정으로 대체)			1,225,489

(3) 부가가치세신고서(조회기간 : 2025년 1월 1일 ~ 2025년 3월 31일)

그 밖의 공제매입세액(14란) ⇨ 의제매입세액(43란) 자동반영

	구분		정기신고금액				구분		금액	세율	세액
			금액	세율	세액	14.그 밖의 공제매입세액					
매입세액	세금계산서수취분	일반매입	10	1,574,950,000		157,495,000	신용카드매출수령금액합계표	일반매입	41			
		수출기업수입분납부유예	10-1					고정매입	42			
		고정자산매입	11	22,727,273		2,272,727	의제매입세액		43	62,500,000	뒤쪽	1,225,489
	예정신고누락분		12				재활용폐자원등매입세액		44		뒤쪽	
	매입자발행세금계산서		13				과세사업전환매입세액		45			
	그 밖의 공제매입세액		14	62,500,000		1,225,489	재고매입세액		46			
	합계(10)-(10-1)+(11)+(12)+(13)+(14)		15	1,660,177,273		160,993,216	변제대손세액		47			
	공제받지못할매입세액		16	20,000,000		2,000,000	외국인관광객에대한환급세액		48			
	차감계 (15-16)		17	1,640,177,273	ⓒ	158,993,216	합계		49	62,500,000		1,225,489

[2] 의제매입세액공제신고서 [회사코드 : 4400.(주)중부]

(1) 의제매입세액공제신고서(조회기간 : 2025년 07월 ~ 2025년 09월)

[삼성수산(주) 입력화면]

요식업(법인)에 해당하므로 공제율은 "6/106"으로 입력하며 의제매입세액공제는 구입시점에 공제받으므로 미사용분이 있어도 구입액 전부를 입력한다.

공급자	사업자/주민등록번호	취득일자	구분	물품명	수량	매입가액	공제율	의제매입세액	건수
삼성수산(주)	201-81-13655	2025-07-25	계산서	광어	100	15,300,000	6/106	866,037	1
		합계			100	15,300,000		866,037	1

[(주)현진상회 입력화면]

취득과 관련하여 발생한 부대비용은 취득원가로 회계처리하나 의제매입 공제대상에는 포함하지 않으며 별도로 회계처리 하였으므로 공급가액은 미포함 금액이다.

공급자	사업자/주민등록번호	취득일자	구분	물품명	수량	매입가액	공제율	의제매입세액	건수
(주)현진상회	136-81-18337	2025-08-10	신용카드등	쌀	300	3,570,000	6/106	202,075	1
		합계			300	3,570,000		202,075	1

[의제매입세액]

구분		매입처수	건수	매입가액	공제율	의제매입세액
합계		2	2	18,870,000	6/106	1,068,112
사업자로부터의 매입분	계산서	1	1	15,300,000	6/106	866,037
	신용카드	1	1	3,570,000	6/106	202,075
농·어민등으로부터의 매입분						

[3] 의제매입세액공제신고서 [회사코드 : 4500.(주)서울]

(1) 매입매출전표입력 : 전체입력 TAB

의제매입세액공제신고서에 자동으로 반영하여야 하므로 적요 "6.의제매입세액공제신고서 자동반영분"을 반드시 입력한다.

[계산서 매입(2025년 4월 6일)]

수도요금은 면세에 해당하나 의제매입과는 무관한 거래이므로 입력하지 않는다.

일	번호	유형	품목	수량	단가	공급가액	부가세	코드	공급처명	사업/주민번호	전자	분개
6	50002	면세	복숭아	1	3,060,000	3,060,000		00518	(주)하나	127-81-49025	여	현금
		유형별-공급처별 [1]건				3,060,000						

NO : 50002 (출금) 전표

구분	계정과목	적요	거래처	차변(출금)	대변(입금)
출금	0153 원재료	06 의제매입세액공제신고서 자동반영분	00518 (주)하나	3,060,000	(현금)
			합계	3,060,000	3,060,000

[신용카드 매입(2025년 6월 3일)]

방역비는 면세에 해당하나 의제매입과는 무관한 거래이므로 입력하지 않는다.

일	번호	유형	품목	수량	단가	공급가액	부가세	코드	공급처명	사업/주민번호	전자	분개
3	50002	카면	복숭아	1	1,428,000	1,428,000		00626	(주)보람	106-81-51688		외상
		유형별-공급처별 [1]건				1,428,000						
신용카드사	99601	현대카드			봉사료							

NO : 50002 (대체) 전표

구분	계정과목	적요	거래처	차변(출금)	대변(입금)
대변	0251 외상매입금	복숭아 1X1428000	99601 현대카드		1,428,000
차변	0153 원재료	06 의제매입세액공제신고서 자동반영분	00626 (주)보람	1,428,000	
			합계	1,428,000	1,428,000

[농어민 매입(2025년 4월 1일)]

□	일	번호	유형	품목	수량	단가	공급가액	부가세	코드	공급처명	사업/주민번호	전자	분개
□	1	50004	면건	복숭아	1	3,978,000	3,978,000		00620	최농부	701201-2213216		현금
		유형별-공급처별 [1]건					3,978,000						

NO : 50004   (출금) 전표

구분	계정과목	적요	거래처	차변(출금)	대변(입금)
출금	0153 원재료	06 의제매입세액공제신고서 자동반영분	00620 최농부	3,978,000	(현금)
			합 계	3,978,000	3,978,000

(2) 의제매입세액공제신고서(조회기간 : 2025년 04월 ~ 2025년 06월)

① 매입매출전표의 [전체입력 TAB]에서 입력하였으므로 공제율이 모두 "2/102"이므로 상단의 F6 공제율일괄변경 버튼을 누른 후 "4/104"를 입력하여 일괄 변경한다.

② 예정신고(20,000,000원)와 확정신고(30,000,000원)의 과세표준을 직접 입력한다.

③ 당기매입액 = 예정신고 매입액 + 확정신고 매입액 = 13,780,000원 + 8,466,000원 = 22,246,000원

[B.당기매입액] 및 [이미 공제받은 금액 − 예정신고분] 금액을 입력하여 [공제(납부)할세액]을 확인한다.

- 예정신고 매입액 = 530,000원 ÷ 4/104 = 13,780,000원

당기 매입액이 [과세표준 × 50%] 한도 내 금액이므로 22,246,000원이 공제대상 금액이다.

공급자	사업자/주민등록번호	취득일자	구분	물품명	수량	매입가액	공제율	의제매입세액	건수
(주)보람	106-81-51688	2025-06-03	신용카드등	복숭아	1	1,428,000	4/104	54,923	1
(주)하나	127-81-49025								
최농부	701201-2213216		합계		1	1,428,000		54,923	1

	매입가액 계	의제매입세액 계	건수 계
계산서 합계	3,060,000	117,692	1
신용카드등 합계	1,428,000	54,923	1
농·어민등 합계	3,978,000	153,000	1
총계	8,466,000	325,615	3

가. 과세기간 과세표준 및 공제가능한 금액등

과세표준			대상액 한도계산		B.당기매입액	공제대상금액 [MIN (A,B)]
합계	예정분	확정분	한도율	A.한도액		
50,000,000	20,000,000	30,000,000	50/100	25,000,000	22,246,000	22,246,000

나. 과세기간 공제할 세액

공제대상세액		이미 공제받은 금액		공제(납부)할세액 (C-D)
공제율	C.공제대상금액	D.합계	예정신고분	월별조기분	
4/104	855,615	530,000	530,000		325,615

(3) 의제매입세액공제액 회계처리 : 일반전표입력(2025년 6월 30일)

월	일	구분	계정과목	거래처	차변	대변
6	30	차변	부가세대급금		325,615	
		대변	원재료(8.타계정으로 대체)			325,615

[4] 의제매입세액공제신고서 [회사코드 : 4600.(주)천안]

(1) 매입매출전표입력 : 의제류매입 TAB

[신용카드 매입(2025년 10월 20일) : 수락만슈퍼]

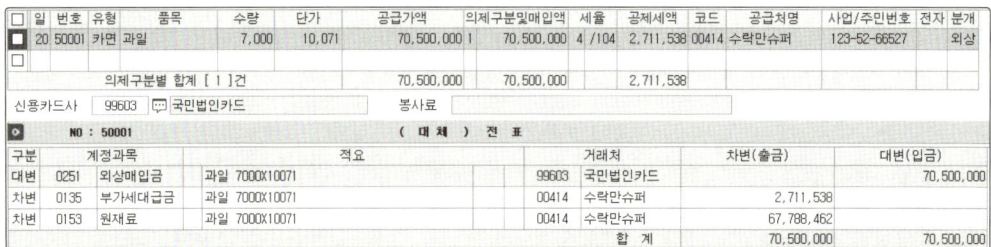

[농어민 매입(2025년 11월 10일) : 유재석]

□	일	번호	유형	품목	수량	단가	공급가액	의제구분및매입액	세율	공제세액	코드	공급처명	사업/주민번호	전자	분개
■	10	50003	면건	과일	150	10,000	1,500,000	1 1,500,000	4/104	57,692	00511	유재석	700222-1698799		현금
				의제구분별 합계 [1]건			1,500,000	1,500,000		57,692					

NO : 50003   (출금) 전 표

구분	계정과목	적요	거래처	차변(출금)	대변(입금)
출금	0135 부가세대급금	과일 150X10000	00511 유재석	57,692	(현금)
출금	0153 원재료	과일 150X10000	00511 유재석	1,442,308	(현금)
			합 계	1,500,000	1,500,000

(2) 의제매입세액공제신고서(조회기간 : 2025년 10월 ~ 2025년 12월)

[제조업 면세농산물등 TAB]을 선택하고 해당 자료를 입력하며 상단의 의제매입세액(2,769,230원)과 하단의 공제(납부)할세액(2,630,769원)을 확인한다. 구입시점에 의제매입세액에 대한 공제액을 부가세대급금으로 회계처리하였으므로 한도초과액이 발행하면 일반전표입력 메뉴에 입력한다.

- 한도초과액 = 2,769,230원 − 2,630,769원 = 138,461원

구 분		매입처 수	건 수	매 입 가 액	공 제 율	의제 매입 세 액
합 계		2	2	72,000,000	4/104	2,769,230
사업자로부터의 매입분	계산서				4/104	
	신용카드	1	1	70,500,000	4/104	2,711,538
농·어민등으로부터의 매입분		1	1	1,500,000	4/104	57,692

농·어민 등으로부터의 매입분에 대한 명세

No	면세농산물 등을 공급한 농·어민등		건 수	품 명	수 량	매입가액
	성명	주민 등록번호				
1	유재석	700222-1698799	1	과일	150	1,500,000
	합 계		1		150	1,500,000

면세농산물등 / 제조업 면세농산물등

가. 해당 해의 1월 1일부터 12월 31일까지 과세표준 및 제2기 과세기간 공제 가능한 금액 등   불러오기

과세표준			대상액 한도계산		해당해의 1월1일부터 12월31일까지 매입액			공제대상금액 [MIN (A,B)]
합계	제1기	제2기	한도율	A.한도액	B.합계	제1기	제2기	
220,000,000	100,000,000	120,000,000	50/100	110,000,000	113,600,000	41,600,000	72,000,000	110,000,000

나. 과세기간 공제할 세액

공제대상세액				이미 공제받은 금액				공제(납부)할 세액 (C-D)
공제율	C.공제대상 금액	D.총 합계		제1기	제2기			
					합계	예정신고분	월별조기분	
4/104	4,230,769	1,600,000		1,600,000				2,630,769

(3) 일반전표입력(2025년 12월 31일)

월	일	구분	계정과목	거래처	차변	대변
12	31	차변	원재료(9.타계정에서 대체)		138,461	
		대변	부가세대급금			138,461

재활용폐자원매입세액공제신고서

[1] 재활용폐자원매입세액공제신고서 [회사코드 : 4500.(주)서울]

① 조회기간(2025년 04월 ~ 2025년 06월)을 입력하고 관리용 TAB에 직접 입력한다.
② 고수지는 비사업자이므로 영수증 매입분으로 공제가 가능하므로 "1.영수증"을 선택하고 재활용폐자원에 해당하므로 공제율은 "3/103"을 선택하고 나폐상사는 일반과세사업자로 세금계산서 발급이 가능하므로 재활용폐자원매입세액공제를 적용받을 수 없다.
③ 재활용폐자원 공제(중고자동차는 제외)는 확정신고시 한도내 금액까지만 공제가 가능하므로 정산을 하여야 한다. 그러므로 과세기간의 매출액, 당기매입액, 예정신고시 공제받은 세액을 입력한다.

④ 당기매입액 입력 시 세금계산서 매입분 및 영수증 입력분까지 입력하여야 함에 유의한다. 영수증 매입분은 "예정 3,000,000원 + 확정 2,546,000원"을 합계하여 입력한다.

No	(24)공급자 성명 또는 거래처 상호(기관명)	주민등록번호 또는 사업자등록번호	거래구분	(25)구분코드	(26)건수	(27)품명	(28)수량	(29)차량번호	(30)차대번호	(31)취득금액	(32)공제율	(33)공제액 (31)×(32)	취득일자
1	고수지	820503-2111111	1.영수증	2.기타재활용폐자원	1	고철	200			2,546,000	3/103	74,155	2025-04-25
	영수증수취분		1		1					2,546,000		74,155	
	계산서수취분												
	합계		1		1					2,546,000		74,155	

재활용폐자원 매입세액공제 관련 신고내용(이 란은 확정신고시 작성하며, 중고자동차(10/110)의 경우에는 작성하지 않습니다.) 불러오기

매출액			대상액한도계산			당기매입액			(16)공제가능한금액(=(12)-(14))
(8)합계	(9)예정분	(10)확정분	(11)한도율	(12)한도액	(13)합계	(14)세금계산서	(15)영수증 등		
115,000,000	65,000,000	50,000,000	80%	92,000,000	86,546,000	81,000,000	5,546,000		11,000,000

(17)공제대상금액(=(15)과 (16)의 금액중 적은금액)	공제대상세액			이미 공제받은 세액			(23)공제(납부)할세액 (=(19)-(20))	{참고}10/110 공제액합계
	(18)공제율	(19)공제대상세액	(20)합계	(21)예정신고분	(22)월별조기분			
5,546,000	3/103	161,533	87,378	87,378			74,155	

공제받지못할매입세액명세서

[1] 공제받지못할매입세액명세서 [회사코드 : 4400.(주)중부]

(1) 공제받지못할매입세액내역 TAB(조회기간 : 2025년 01월 ~ 2025년 03월)

매입세액 불공제 사유	세금계산서		
	매수	공급가액	매입세액
①필요적 기재사항 누락 등			
②사업과 직접 관련 없는 지출			
③개별소비세법 제1조제2항제3호에 따른 자동차 구입·유지 및 임차			
④기업업무추진비 및 이와 유사한 비용 관련	1	600,000	60,000
⑤면세사업등 관련			
⑥토지의 자본적 지출 관련	1	1,200,000	120,000
⑦사업자등록 전 매입세액			
⑧금·구리 스크랩 거래계좌 미사용 관련 매입세액			
합계	2	1,800,000	180,000

(2) 공통매입세액안분계산내역 TAB

산식	구분	과세·면세사업 공통매입		⑫총공급가액등	⑬면세공급가액	면세비율 (⑬÷⑫)	⑭불공제매입세액 [⑪×(⑬÷⑫)]
		⑩공급가액	⑪세액				
1.당해과세기간의 공급가액기준		30,500,000	3,050,000	400,000,000.00	140,000,000.00	35.000000	1,067,500
합계		30,500,000	3,050,000	400,000,000	140,000,000		1,067,500

[2] 공제받지못할매입세액명세서 [회사코드 : 4400.(주)중부]

(1) 공제받지못할매입세액내역 TAB(조회기간 : 2025년 10월 ~ 2025년 12월)

매입세액 불공제 사유	세금계산서		
	매수	공급가액	매입세액
①필요적 기재사항 누락 등			
②사업과 직접 관련 없는 지출			
③개별소비세법 제1조제2항제3호에 따른 자동차 구입·유지 및 임차	3	1,500,000	150,000
④기업업무추진비 및 이와 유사한 비용 관련			
⑤면세사업등 관련	3	5,000,000	500,000
⑥토지의 자본적 지출 관련	1	2,000,000	200,000
⑦사업자등록 전 매입세액			
⑧금·구리 스크랩 거래계좌 미사용 관련 매입세액			
합계	7	8,500,000	850,000

(2) 공통매입세액의정산내역 TAB

① 면세비율이 5% 미만인 경우 공통매입세액은 전부 매입세액 공제된다. 다만, 공통매입세액이 5백만원 이상인 경우는 안분한다.

② 예정신고 시 면세비율은 **5% 미만**이고, 공통매입세액이 **5백만원 미만**이기에 불공제매입세액은 **없다.**
   → 면세비율 : 2.439024%, 공통매입세액 : 400,000원

③ 확정신고 시 면세비율은 5% 미만이지만, 공통매입세액이 **5백만원 이상**이므로 안분한다.
   → 면세비율 : 4.594594%, 공통매입세액 : 5,300,000원(= 400,000 + 4,900,000원)

산식	구분	(15)총공통매입세액	(16)면세 사업확정 비율			(17)불공제매입세액총액((15)*(16))	(18)기불공제매입세액	(19)가산또는공제되는매입세액((17)-(18))
			총공급가액	면세공급가액	면세비율			
1.당해과세기간의 공급가액기준		5,300,000	370,000,000.00	17,000,000.00	4.594594	243,513		243,513
합계		5,300,000	370,000,000	17,000,000		243,513		243,513

[3] 공제받지못할매입세액명세서 [회사코드 : 4300.(주)영웅]

(1) 매입매출전표입력(2025년 7월 14일, 자동반영 사유 선택 : ⑨공통매입세액안분계산)

□	일	번호	유형	품목	수량	단가	공급가액	부가세	코드	공급처명	사업/주민번호	전자	분개
□	14	50001	불공	기계장치			50,000,000	5,000,000	00214	(주)덕희	124-86-11826	여	
공급처별 매출(입)전체 [1]건							50,000,000	5,000,000					
불공제사유	9	⑨공통매입세액안분계산분											

(2) 공통매입세액안분계산내역 TAB(조회기간 : 2025년 07월 ~ 2025년 09월)

동일과세기간에 취득 후 동일과세기간에 매각하면 과세표준 계산과의 형평성을 고려하여 **직전과세기간의 공급가액을 기준으로 안분계산** 한다. 프로그램 입력시 산식은 [1.당해과세기간의 공급가액기준]을 선택하고 전표데이타를 반영 또는 직접 입력한다.

- 불공제매입세액 = 5,000,000원 × 440,000,000원 / 780,000,000원 (제1기 기준) = 2,820,512원

산식	구분	과세 · 면세사업 공통매입		⑫총공급가액등	⑬면세공급가액	면세비율(⑬÷⑫)	⑭불공제매입세액[⑪*(⑬÷⑫)]
		⑩공급가액	⑪세액				
1.당해과세기간의 공급가액기준		50,000,000	5,000,000	780,000,000.00	440,000,000.00	56.410256	2,820,512
합계		50,000,000	5,000,000	780,000,000	440,000,000		2,820,512

[4] 공통매입세액의 정산내역 [회사코드 : 4500.(주)서울]

(1) 매입세액의 구분

일 자	내 역	매입세액	매입세액구분
2025.01.05.	책장 제조용 목재 구입	500,000원	과세매입
2025.02.20.	회계팀 사무용품 구입	150,000원	**공통매입**
2025.03.11.	직원휴게실 음료 등 다과	50,000원	**공통매입**
2025.04.05.	책장를 위한 포장재 구입	100,000원	과세매입
2025.05.20.	세무사 사무소 수수료	100,000원	**공통매입**
2025.06.11.	생산직직원 안전장비	150,000원	과세매입

(2) 1기 예정 공제받지 못할 매입세액

$$\text{불공제매입세액} = \text{공통매입세액} \times \frac{\text{당해과세기간의 면세공급가액}}{\text{당해과세기간의 총공급가액}} = 200{,}000원 \times \frac{50{,}000{,}000원}{200{,}000{,}000원} = 50{,}000원$$

(3) 확정신고시 공제받지 못할 매입세액(조회기간 : 2025년 04월 ~ 2025년 06월)

- 총공통매입세액 = 200,000원 + 100,000원 = 300,000원

산식	구분	(15)총공통 매입세액	(16)면세 사업확정 비율			(17)불공제매입 세액총액 ((15)*(16))	(18)기불공제 매입세액	(19)가산또는 공제되는매입 세액((17)-(18))
			총공급가액	면세공급가액	면세비율			
1.당해과세기간의 공급가액기준		300,000	500,000,000.00	150,000,000.00	30.000000	90,000	50,000	40,000
합계		300,000	500,000,000	150,000,000		90,000	50,000	40,000

[5] 납부세액 또는 환급세액재계산 [회사코드 : 4400.(주)중부]

① 조회기간(2025년 04월 ~ 2025년 06월) 입력, [납부세액또는환급세액재계산 TAB] 선택

② 비영업용소형승용차는 전액 매입세액불공제 대상으로 안분계산에서 제외한다.

③ 면세비율의 변화

2024년 제1기와 제2기의 면세비율 증감변화가 **5% 미만**이므로 재계산을 하지 않았다. 그러므로 2025년 제1기 재계산 비율 증감변화는 2024년 제1기와의 차이로 재검토한다.

구분	2024년 제1기	2024년 제2기	2025년 제1기
면세비율	62.5%	60% (5% 미만으로 재계산 없음)	70% (70% − 62.5% = 7.5% 증가)

자산	(20)해당재화의 매입세액	(21)경감률[1-(체감률*경과된과세기간의수)]				(22)증가 또는 감소된 면세공급가액(사용면적)비율					(23)가산또는 공제되는 매입세액 (20)*(21)*(22)
		취득년월	체감률	경과 과세기간	경감률	당기		직전		증가율	
						총공급	면세공급	총공급	면세공급		
1.건물,구축물	10,000,000	2024-02	5	2	90	600,000,000.00	420,000,000.00	400,000,000.00	250,000,000.00	7.500000	675,000
2.기타자산	2,000,000	2024-05	25	2	50	600,000,000.00	420,000,000.00	400,000,000.00	250,000,000.00	7.500000	75,000
합계											750,000

[6] 납부세액 또는 환급세액재계산 [회사코드 : 4300.(주)영웅]

① 조회기간(2025년 04월 ~ 2025년 06월) 입력, [납부세액또는환급세액재계산 TAB] 선택

② 토지는 감가상각자산이 아니며 비품은 감가상각자산에 해당하나 사후관리 기간(4과세기간)이 경과되었으므로 입력하지 않는다. → 25% × 4기 = 100%

③ 면세비율의 변화

구분	2024년 제1기	2024년 제2기	2025년 제1기
면세비율	60%	100%(40% 증가)	60%(40% 감소)

자산	(20)해당재화의 매입세액	(21)경감률[1-(체감률*경과된과세기간의수)]				(22)증가 또는 감소된 면세공급가액(사용면적)비율					(23)가산또는 공제되는 매입세액 (20)*(21)*(22)
		취득년월	체감률	경과 과세기간	경감률	당기		직전		증가율	
						총공급	면세공급	총공급	면세공급		
1.건물,구축물	15,000,000	2023-12	5	3	85	1,000,000,000.00	600,000,000.00	350,000,000.00	350,000,000.00	-40.000000	-5,100,000
2.기타자산	5,000,000	2024-01	25	2	50	1,000,000,000.00	600,000,000.00	350,000,000.00	350,000,000.00	-40.000000	-1,000,000
합계											-6,100,000

부가가치세신고 및 가산세

[1] 부가가치세신고서 작성 [회사코드 : 4400.(주)중부]

① 조회기간(2025년 10월 1일 ~ 2025년 12월 31일), 신고구분(1.정기신고)를 선택하고 조회한다.
② 기존의 입력된 자료는 무시하라고 하였으므로 자료가 조회되는 경우는 반드시 삭제 후 입력하여야 한다.
③ 국내 공급분에 대해 과세기간 종료 후 25일 이내에 내국신용장이 발급되는 경우 영세율 적용대상이 된다.
④ 특수관계인에게 사업용 부동산의 임대용역을 무상으로 공급하는 것은 **용역의 공급**이므로 **시가금액**으로 기타 (4)란에 입력한다. → 월 임대료 시가 2,000,000원 × 3개월 = 6,000,000원
⑤ 대손세액공제를 받았던 대손금을 회수하는 경우 [대손세액가감(8)]란에 **양수**로 2,000,000원(22,000,000원 × 10/110)을 입력한다.
⑥ 토지의 자본적지출은 토지의 취득원가에 가산하므로 일반매입(10)란에 입력하며 매입세액 불공제사유에 해당하므로 공제받지못할매입세액(16란)의 (50)란에 입력한다.
⑦ 매입세금계산서 예정신고누락분은 가산세 적용대상은 아니며 예정신고 미환급세액은 양수로 입력한다.
⑧ 홈택스에서 직접 전자신고를 하는 경우 확정신고시 전자신고세액공제 "10,000원"을 [그 밖의 경감 · 공제세액(18)]란의 (54)란에 입력하여 환급세액에 가산한다.

구분			정기신고금액			구분		금액	세율	세액
				금액	세율	세액	12.매입(예정신고누락분)				
과세표준및매출세액	과세	세금계산서발급분	1	400,000,000	10/100	40,000,000	예정누락분	세금계산서	38	10,000,000		1,000,000
		매입자발행세금계산서	2		10/100			그 밖의 공제매입세액	39			
		신용카드·현금영수증발행분	3	60,000,000	10/100	6,000,000		합계	40	10,000,000		1,000,000
		기타(정규영수증외매출분)	4	6,000,000		600,000		신용카드매출 일반매입				
	영세	세금계산서발급분	5	50,000,000	0/100			수령금액합계 고정매입				
		기타	6	200,000,000	0/100			의제매입세액				
	예정신고누락분		7					재활용폐자원등매입세액				
	대손세액가감		8			2,000,000		과세사업전환매입세액				
	합계		9	716,000,000	㉮	48,600,000		재고매입세액				
매입세액	세금계산서수취분	일반매입	10	530,000,000		53,000,000		변제대손세액				
		수출기업수입분납부유예	10-1					외국인관광객에대한환급세액				
		고정자산매입	11					합계				
	예정신고누락분		12	10,000,000		1,000,000	16.공제받지못할매입세액				
	매입자발행세금계산서		13					공제받지못할 매입세액	50	30,000,000		3,000,000
	그 밖의 공제매입세액		14					공통매입세액면세사업분	51			
	합계(10)-(10-1)+(11)+(12)+(13)+(14)		15	540,000,000		54,000,000		대손처분받은세액	52			
	공제받지못할매입세액		16	30,000,000		3,000,000		합계	53	30,000,000		3,000,000
	차감계 (15-16)		17	510,000,000	㉯	51,000,000	18.그 밖의 경감·공제세액				
납부(환급)세액(매출세액㉮-매입세액㉯)						-2,400,000		전자신고 및 전자고지 세액공제	54			10,000
경감공제세액	그 밖의 경감·공제세액		18			10,000		전자세금계산서발급세액공제	55			
	신용카드매출전표등 발행공제등		19	66,000,000				택시운송사업자경감세액	56			
	합계		20		㉰	10,000		대리납부세액공제	57			
소규모 개인사업자 부가가치세 감면세액			20-1		㉱			현금영수증사업자세액공제	58			
예정신고미환급세액			21		㉲	1,000,000		기타	59			
예정고지세액			22		㉳			합계	60			10,000
사업양수자의 대리납부 기납부세액			23		㉴							
매입자 납부특례 기납부세액			24		㉵							
신용카드업자의 대리납부 기납부세액			25		㉶							
가산세액계			26		㉷							
차가감하여 납부할세액(환급받을세액)㉯-㉰-㉱-㉲-㉳-㉴-㉵-㉶+㉷			27			-3,410,000						
총괄납부사업자가 납부할 세액(환급받을 세액)												

[2] 부가가치세신고서 작성(예정신고누락분 입력) [회사코드 : 4400.(주)중부]

(1) 매입매출전표입력

① 2025년 3월 20일 김규천 누락분

매입매출전표입력 메뉴 상단의 [**간편집계표 ⇨ 예정 누락분**]을 선택하여 누락분을 반영하고자하는 확정신고 개시년월(2025년 4월 1일)을 입력한다. [분개 : 0.분개없음]을 선택하며 지연발급 세금계산서는 매입세액공제가 가능하나 지연수취 가산세가 적용된다.

	년	03	월	20	일	변경	현금잔액:		대차차액:		매입	누락					
	일	번호	유형	품목		수량	단가		공급가액		부가세	코드	공급처명	사업/주민번호	전자	분개
□	20	50004	과세	임차료					1,500,000		150,000	00513	김규천	125-20-44552	여	

② 2025년 3월 26일 제이앤제이 누락분

김규천 입력 방식과 동일한 방식으로 입력하며 선적일의 환율(1,200원/$)로 환산한 금액이 과세표준이다.

□	일	번호	유형	품목	수량	단가	공급가액	부가세	코드	공급처명	사업/주민번호	전자	분개
□	26	50002	수출	제품			18,000,000		00411	제이앤제이			

(2) 부가가치세신고서 작성(조회기간 : 2025년 4월 1일 ~ 2025년 6월 30일)

① 지연수취 가산세 = 1,500,000원 × 0.5% = 7,500원
② 영세율과세표준 신고불성실 가산세 = 18,000,000원 × 0.5% × (1 − 75%) = 22,500원

  ⇨ 1개월초과 3개월이내 수정신고 : 75% 감면

[예정신고누락분]

구분			금액	세율	세액
7.매출(예정신고누락분)					
예정누락분	과세	세금계산서	33	10/100	
		기타	34	10/100	
	영세	세금계산서	35	0/100	
		기타	36	18,000,000	0/100
		합계	37	18,000,000	
12.매입(예정신고누락분)					
예정누락분	세금계산서		38	1,500,000	150,000
	그 밖의 공제매입세액		39		
	합계		40	1,500,000	150,000
	신용카드매출	일반매입			
	수령금액합계	고정매입			
	의제매입세액				
	재활용폐자원등매입세액				
	과세사업전환매입세액				
	재고매입세액				
	변제대손세액				
	외국인관광객에대한환급세액				
	합계				

[가산세 명세]

25.가산세명세					
사업자미등록등		61		1/100	
세금계산서	지연발급 등	62		1/100	
	지연수취	63	1,500,000	5/1,000	7,500
	미발급 등	64		뒤쪽참조	
전자세금발급명세	지연전송	65		3/1,000	
	미전송	66		5/1,000	
세금계산서합계표	제출불성실	67		5/1,000	
	지연제출	68		3/1,000	
신고불성실	무신고(일반)	69		뒤쪽	
	무신고(부당)	70		뒤쪽	
	과소·초과환급(일반)	71		뒤쪽	
	과소·초과환급(부당)	72		뒤쪽	
납부지연		73		뒤쪽	
영세율과세표준신고불성실		74	18,000,000	5/1,000	22,500
현금매출명세서불성실		75		1/100	
부동산임대공급가액명세서		76		1/100	
매입자 납부특례	거래계좌 미사용	77		뒤쪽	
	거래계좌 지연입금	78		뒤쪽	
신용카드매출전표등수령명세서미제출		79		5/1,000	
합계		80			30,000

[3] 부가가치세신고서 작성(예정신고누락분 입력 및 간주공급) [회사코드 : 4600.(주)천안]

① 조회기간(2025년 10월 1일 ~ 2025년 12월 31일), 신고구분(1.정기신고)를 선택하고 조회한다.
② 기존의 입력된 자료는 무시하라고 하였으므로 자료가 조회되는 경우는 반드시 삭제 후 입력하여야 한다.
③ 세금계산서 발급분 과세표준
  = 국내거래 + 종이세금계산서 + 국내할부판매 + 직매장반출액
  = 100,000,000원 + 10,000,000원 + 90,000,000원 + 20,000,000원 = **220,000,000원**

  ▪ 공급시기가 속하는 과세기간 종료 후 25일 이내에 구매확인서가 발급되지 **않은** 경우 영세율 적용이 되지 않으므로 **과세 거래**이다.
  ▪ 단기할부판매의 공급시기는 **재화가 인도되는 때**이므로 인도시 전액 세금계산서를 발급하며 장기할부판매의 경우에는 대가의 각 부분을 받기로 한 때가 공급시기이다.
  ▪ 사업자단위과세제도 또는 총괄납부를 하지 않는 경우 직매장반출은 **간주공급에 해당**하며 **취득원가**를 과세표준(20,000,000원)으로 세금계산서를 발급한다.

④ 과세사업에 사용하던 재화를 면세사업에 전용하는 경우에는 **간주공급(자가공급)**에 해당하며 **세금계산서 발급이 면제**되며 (4)란에 입력한다.
  ▪ 면세전용 시 과세표준(간주시가) = 취득원가 × (1 − 감가율 × 경과된 과세기간 수)
              = 50,000,000원 × (1 − 25% × 2) = **25,000,000원**

⑤ 신용카드 매입액 중 매입세액불공제에 해당하는 경우 일반전표에 입력하며 부가가치세 신고 시 반영하지 않는다. → 15,000,000원 − 5,000,000원 = 10,000,000원 입력

⑥ 예정신고 누락분 중 신용카드매입에 대한 공제는 경정확인에 의한 것이 아니라면 가산세는 적용되지 않는다.

⑦ 가산세 내역

세금계산서 미발급 등 가산세

= 10,000,000원 × 1% = 100,000원

전자세금계산서 발급의무자가 전자세금계산서를 발급하지 않고 그 발급시기에 종이세금계산서를 발급한 경우 공급가액의 1%의 가산세를 적용하며, 지연발급이 아닌 **미발급**으로 2015년 세법개정에 의하여 미발급에 추가되었다. 그러므로 "**64**"란에 **기재**하여야 한다.

[4] 부가가치세신고서 작성(수정신고) [회사코드 : 1300.(주)영웅]

(1) 부가가치세신고서

① 조회기간(2025년 10월 1일 ~ 2025년 12월 31일), **신고구분(2.수정신고), 신고차수(1차)**를 선택한다. 수정신고자료는 [수정신고금액]란에서 직접 추가 입력한다.

② 세금계산서발급분(1란) : 300,000,000원 + 5,000,000원 = 305,000,000원으로 수정입력

③ 세금계산서수취분 일반매입(10란) : 280,000,000원 + 1,000,000원 = 281,000,000원으로 수정입력

④ 그 밖의 공제매입세액(14란)에서 [TAB] 키를 누른 후 일반매입(41란)에 금액 3,000,000원, 세액 300,000원 추가입력

⑤ 가산세명세를 수정하는 경우는 [TAB] 키를 누른 후 입력한다.

   ㉠ 전자세금계산서 미전송 가산세 = 5,000,000원 × 0.5% = 25,000원

     ⇨ 2017년 세법개정에 의하여 매출처별세금계산서합계표 제출관련가산세가 적용되는 부분은 전자세금계산서 전송관련 가산세가 배제되는 규정이 삭제되었으므로 전자세금계산서 발급 후 공급시기가 속하는 과세기간의 확정신고기간(2026년 1월 25일) 경과 후 전송한 경우 미전송 가산세가 적용된다.

   ㉡ 신고불성실 가산세 = (500,000원 − 400,000원) × 10%(일반과소) × (1 − 75%) = 2,500원

     ⇨ 1개월초과 3개월이내 수정신고 : 75% 감면

   ㉢ 납부지연 가산세 = 100,000원 × 34일 × 2.2/10,000 = 748원

⑥ 수정 부가가치세신고서(반드시 저장)

(2) 과세표준수정신고서 및 추가자진납부

① 조회기간(2025년 10월 ~ 2025년 12월), 구분(2기 확정), **신고차수(1)**를 선택한다.
② 수정신고사유란에 '**매입매출누락**'을 입력하고 추가자진납부세액을 확인한다.

- 추가자진납부세액 = 매출세액 100,000원 + 가산세 28,248원 = **128,248원**

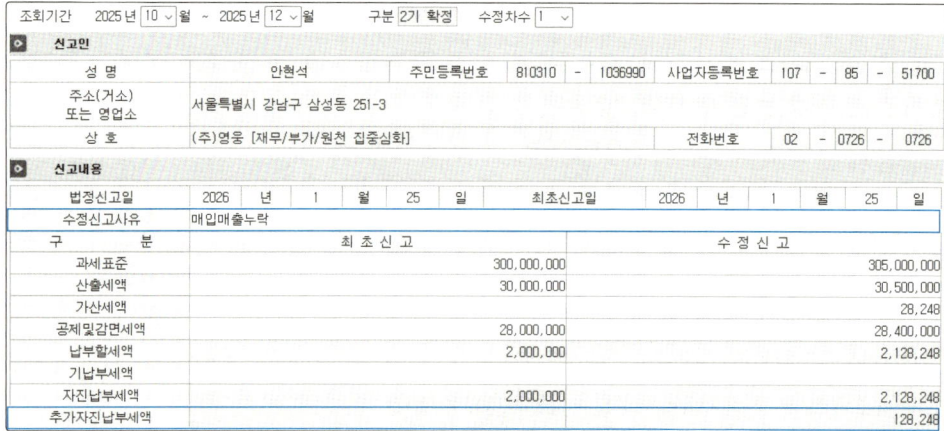

[5] 부가가치세신고서 작성(수정신고) [회사코드 : 4250.(주)합격]

(1) 매입매출전표입력

① 2025년 12월 11일 : (주)알루의 전표를 체크 후 상단의 [삭제] 버튼을 클릭하여 삭제

일	번호	유형	품목	수량	단가	공급가액	부가세	코드	공급처명	사업/주민번호	전자	분개
11	50003	카과	제품			5,000,000	500,000	00309	(주)알루	220-08-44175		카드
		유형별-공급처별 [1]건				5,000,000	500,000					

신용카드사 99203 롯데카드 봉사료

② 2025년 12월 31일 : 비앤비산업 종이세금계산서 추가 입력

일	번호	유형	품목	수량	단가	공급가액	부가세	코드	공급처명	사업/주민번호	전자	분개
31	50002	과세	운반비			300,000	30,000	00615	비앤비산업	214-06-81792		현금
		유형별-공급처별 [1]건				300,000	30,000					

NO : 50002 (출금) 전표

구분	계정과목		적요	거래처	차변(출금)	대변(입금)
출금	0135	부가세대급금	운반비	00615 비앤비산업	30,000	(현금)
출금	0824	운반비	운반비	00615 비앤비산업	300,000	(현금)
				합계	330,000	330,000

(2) 부가가치세신고서

조회기간(2025년 10월 1일 ~ 2025년 12월 31일), 신고구분(2.수정신고), 수정차수(1차)를 선택하여 전표입력 자료를 반영한다. 과다매출과 매입누락에 대한 부분으로 가산세는 발생하지 않으며 부가가치세를 경정청구 한다.

(3) 과세표준및세액결정(경정)청구서

① 조회기간(2025년 10월 ~ 2025년 12월), 구분(2기 확정), 신고차수(1)를 선택한다.
② 경정청구이유를 입력하고 국세환급금 계좌신고 및 환급받을세액을 확인한다.

- 환급받을세액 = 매출세액 500,000원 + 매입세액 30,000원 = 530,000원

조회기간	2025년 10월 ~ 2025년 12월	구분 2기 확정	수정차수 1				

청구인
성 명	한세원	주민등록번호	780401 - 2075335	사업자등록번호	205 - 81 - 37101
주소(거소) 또는 영업소	서울특별시 강동구 성안로3길 9 (성내동)				
상 호	(주)합격 [부가/전자신고 집중심화]			전화번호	02 - 456 - 7878

신고내용
법정신고일	2026 년 1 월 25 일	최초신고일	2026 년 1 월 25 일
경정청구이유1		4102013	신용카드, 현금영수증 매출 과다 신고
경정청구이유2		4103020	매입세금계산서합계표 단순 누락, 착오기재(세금계산서에 의해 확인되는 경…

구 분	최 초 신 고	경정(결정)청구 신 고
과세표준금액	592,800,000	587,800,000
산 출 세 액	59,280,000	58,780,000
가 산 세 액		
공제 및 감면세액	32,000,000	32,030,000
납 부 할 세 액	27,280,000	26,750,000
국세환급금 계좌신고	거래은행 국민은행	계좌번호 456-78-94568
환 급 받 을 세 액		530,000

[6] 부가가치세신고서 작성(기한후신고) [회사코드 : 4500.(주)서울]

(1) 매입매출전표입력

① 2025년 10월 15일 SELLA.CO.LTD 거래분

□	일	번호	유형	품목	수량	단가	공급가액	부가세	코드	공급처명	사업/주민번호	전자	분개
□	15	50002	수출	제품			15,000,000		00650	SELLA.CO.LTD			외상

유형별-공급처별 [1]건   15,000,000

영세율구분 1 ▼ 직접수출(대행수출 포함) 수출신고번호

NO : 50002   (대 체) 전 표

구분	계정과목		적요	거래처		차변(출금)	대변(입금)
차변	0108	외상매출금	제품	00650	SELLA.CO.LTD	15,000,000	
대변	0404	제품매출	제품	00650	SELLA.CO.LTD		15,000,000
				합 계		15,000,000	15,000,000

② 2025년 10월 26일 (주)광진 거래분

□	일	번호	유형	품목	수량	단가	공급가액	부가세	코드	공급처명	사업/주민번호	전자	분개
□	26	50004	과세	원재료			6,400,000	640,000	00206	(주)광진	120-81-65403	여	외상

유형별-공급처별 [1]건   6,400,000   640,000

NO : 50004   (대 체) 전 표

구분	계정과목		적요	거래처		차변(출금)	대변(입금)
대변	0251	외상매입금	원재료	00206	(주)광진		7,040,000
차변	0135	부가세대급금	원재료	00206	(주)광진	640,000	
차변	0153	원재료	원재료	00206	(주)광진	6,400,000	
				합 계		7,040,000	7,040,000

③ 2025년 11월 18일 만성상사 거래분

□	일	번호	유형	품목	수량	단가	공급가액	부가세	코드	공급처명	사업/주민번호	전자	분개
□	18	50002	과세	제품			7,200,000	720,000	00513	만성상사	134-12-24569		외상

유형별-공급처별 [1]건   7,200,000   720,000

NO : 50002   (대 체) 전 표

구분	계정과목		적요	거래처		차변(출금)	대변(입금)
차변	0108	외상매출금	제품	00513	만성상사	7,920,000	
대변	0255	부가세예수금	제품	00513	만성상사		720,000
대변	0404	제품매출	제품	00513	만성상사		7,200,000
				합 계		7,920,000	7,920,000

④ 2025년 12월 28일 구민오피스 거래분

□	일	번호	유형	품목	수량	단가	공급가액	부가세	코드	공급처명	사업/주민번호	전자	분개
■	28	50003	카과	소모품			200,000	20,000	00508	구민오피스	476-36-24076		카드
			유형별-공급처별 [1]건				200,000	20,000					

신용카드사 99601 현대카드   봉사료

NO : 50003   (대 체) 전 표

구분	계정과목		적요	거래처	차변(출금)	대변(입금)
대변	0262	미지급비용		99601 현대카드		220,000
차변	0135	부가세대급금	소모품	00508 구민오피스	20,000	
차변	0830	소모품비	소모품	00508 구민오피스	200,000	
				합 계	220,000	220,000

⑤ 2025년 12월 30일 (주)서림 거래분(적요 : 8.타계정으로 대체액)

□	일	번호	유형	품목	수량	단가	공급가액	부가세	코드	공급처명	사업/주민번호	전자	분개
■	30	50004	건별	제품무상증여			10,000,000	1,000,000	00603	(주)서림	416-54-87904		혼합
			유형별-공급처별 [1]건				10,000,000	1,000,000					

NO : 50004   (대 체) 전 표

구분	계정과목		적요	거래처	차변(출금)	대변(입금)
대변	0255	부가세예수금	제품무상증여	00603 (주)서림		1,000,000
대변	0150	제품	08 타계정으로 대체액 손익계산서 반영분	00603 (주)서림		7,000,000
차변	0813	기업업무추진비	제품무상증여	00603 (주)서림	8,000,000	
				합 계	8,000,000	8,000,000

(2) 부가가치세신고서

① 조회기간(2025년 10월 1일 ~ 2025년 12월 31일), 신고구분(1.정기신고)를 선택하여 조회한 후 기 작성분에서 반영된 대손세액공제액은 삭제한다.

② 기한후 신고와 관련된 가산세를 입력한다.

　㉠ 세금계산서 미발급가산세 = 7,200,000원 × 1%(종이세금계산서) = 72,000원

　㉡ 영세율과세표준 신고불성실 가산세 = 15,000,000원 × 0.5% × (1 - 50%) = 37,500원

　㉢ 신고불성실 가산세 = 1,060,000원 × 20%(일반무신고) × (1 - 50%) = 106,000원

　㉣ 납부지연 가산세 = 1,060,000원 × 5일 × 2.2/10,000 = 1,166원

　　가산세 계 : 216,666원 ⇨ ㉡, ㉢은 1개월 이내에 기한 후 신고하는 경우에는 가산세의 50%를 감면한다.

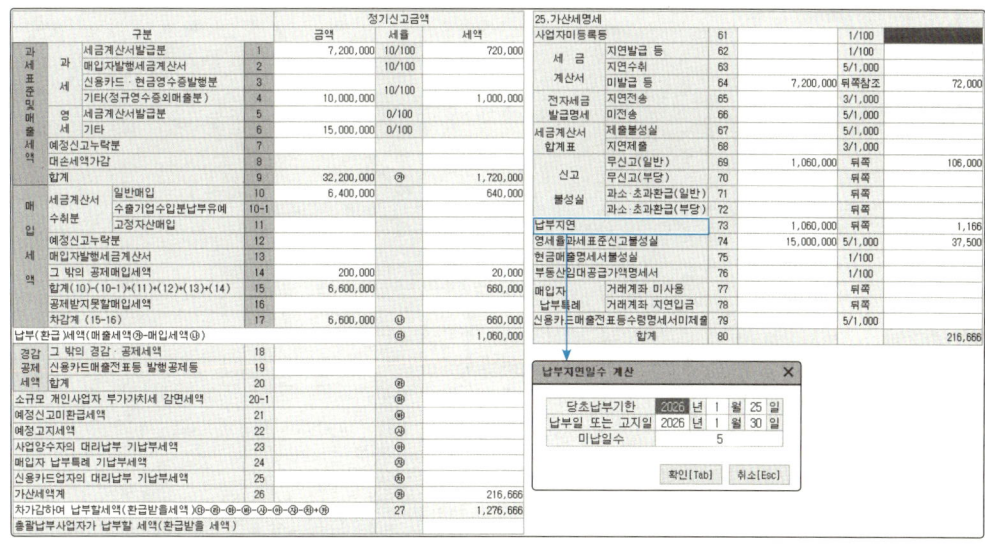

③ 과세표준명세

신고구분(4.기한후과세표준), 신고년월일(2026-01-30)를 입력하며, 간주공급인 사업상증여는 수입금액 제외란에 종목(사업상증여) 및 금액(10,000,000원)을 입력한다.

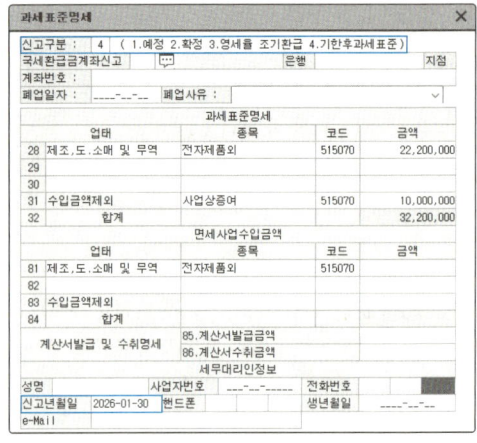

[7] 부가가치세신고서 작성 [회사코드 : 4500.(주)서울]

① 조회기간(2025년 4월 1일 ~ 2025년 6월 30일), 신고구분(1.정기신고)를 선택하고 조회한다.
② 기존의 입력된 자료는 무시하라고 하였으므로 자료가 조회되는 경우 반드시 삭제 후 입력하여야 한다.
③ 세금계산서 수취분 입력 시 일반매입(412,000,000원 - 35,000,000원)과 고정자산매입을 구분하여 입력하며 세금계산서 수취분 중 매입세액 불공제분은 [공제받지못할매입세액(16란)]란에 추가 입력한다.
④ 신용카드매출전표등에 의한 매출은 세금계산서발급분은 매출처별 세금계산서합계표에 집계되었으며 [신용카드 · 현금영수증발행분(3란)]은 제외한 금액(33,000,000원 - 5,500,000원)을 입력하고 (19란)도 입력한다.
⑤ 가산세 명세
    ㉠ 신고불성실 가산세 = (1,000,000원 - 500,000원) × 10%(일반과소) × (1 - 75%) = 12,500원
        ⇨ 1개월초과 3개월이내 신고 : 75% 감면
    ㉡ 납부지연 가산세 = 500,000원 × 91일 × 2.2/10,000 = 10,010원

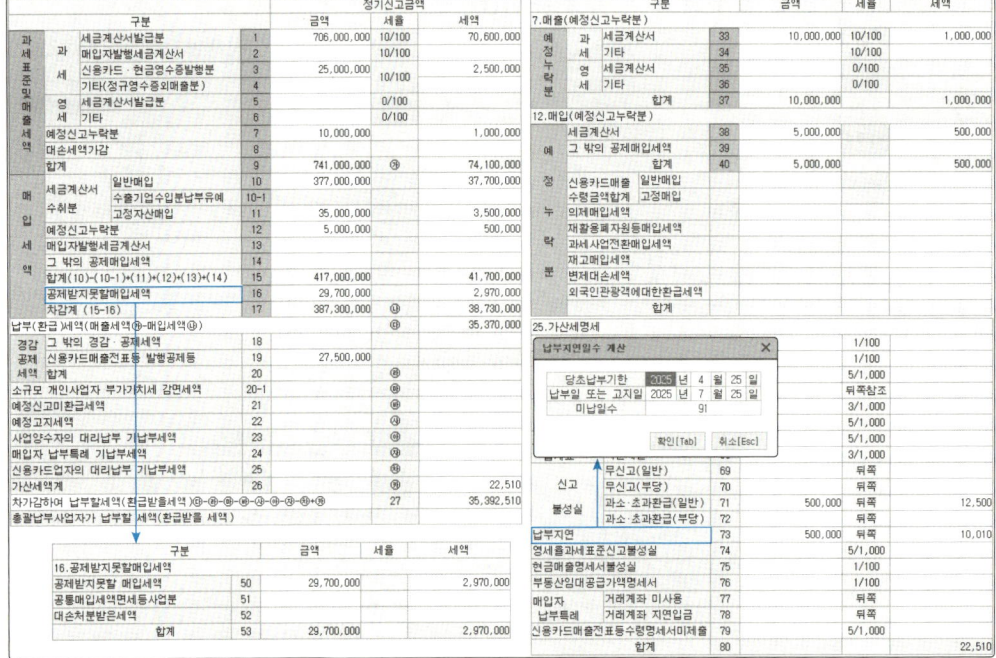

부가가치세 전자신고

[1] 부가가치세 전자신고 [회사코드 : 4250.(주)합격]

(1) 부가가치세 부속서류 작성 및 신고서 마감

① 세금계산서합계표 및 신용카드등수령명세서 메뉴에서 조회기간(2025년 4월 ~ 2025년 6월), 1기 확정(1.정기신고)을 입력하여 매입매출전표입력에 입력한 내역을 반영한다.

② 상단의 [마감] 버튼을 클릭하여 과세기간의 자료를 마감한다.

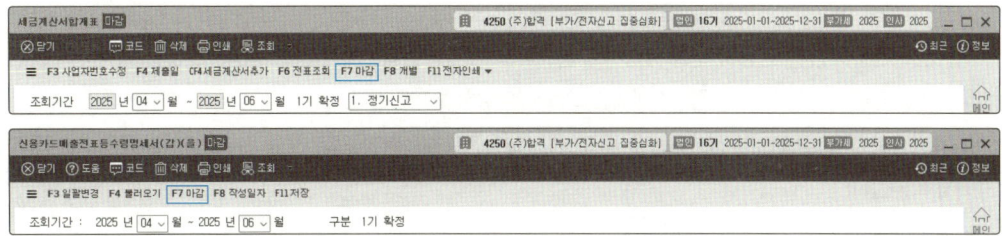

③ 부가가치세신고서 메뉴에서 조회기간(2025년 4월 1일 ~ 2025년 6월 30일), 신고구분(1.정기신고)을 입력하여 해당 과세기간의 부가가치세 신고자료를 반영하고 상단의 [마감] 버튼을 클릭한다.

④ [부가세 마감] 화면에 부가가치세신고서 및 작성된 부속서류가 함께 조회되며 첨부서류를 확인하고 하단의 [마감(F3)]을 클릭하여 마감한다.

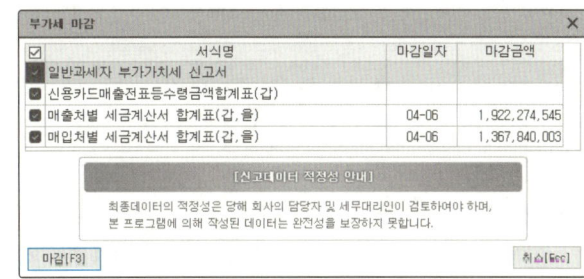

⑤ 부가가치세 신고 마감이 완료되면 상단에 "마감"이 표시되며 [마감] 버튼이 [마감취소]로 변경된다.

(2) 부가가치세 전자신고 파일제작

① [전자신고제작 TAB]을 선택하고 신고년월(2025년 04월 ~ 2025년 06월), 신고구분(1.정기신고), 신고인구분(2.납세자 자진신고), 회사코드(4250.(주)합격)를 입력한다.

② 선택한 회사코드의 마감자료가 조회되며 변환하고자 하는 회사를 선택하고 [제작] 버튼을 클릭하여 **비밀번호(45457878)**을 입력하여 파일을 제작을 완료한다.

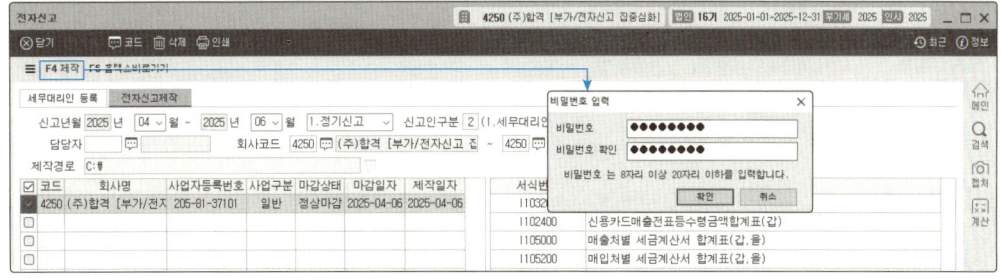

(3) 국세청 홈택스 전자신고

① [Step1.세금신고] TAB에서 전자파일변환을 위해 [찾아보기] 버튼을 클릭하여 변환대상파일을 선택한다.

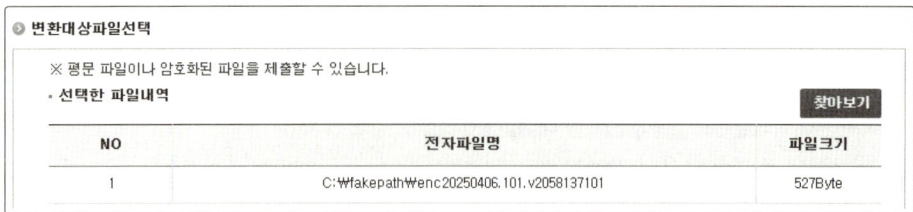

② 하단 진행현황의 [형식검증하기]를 클릭하고 신고파일 생성시 입력한 비밀번호 "45457878"을 입력하여 첨부파일의 오류를 진행하고 [형식검증결과확인]으로 진행상황을 확인한다.

③ [내용검증하기]를 클릭하여 신고내용을 검증하고 [내용검증결과확인]으로 신고내용의 오류사항을 처리내역에서 확인한다.

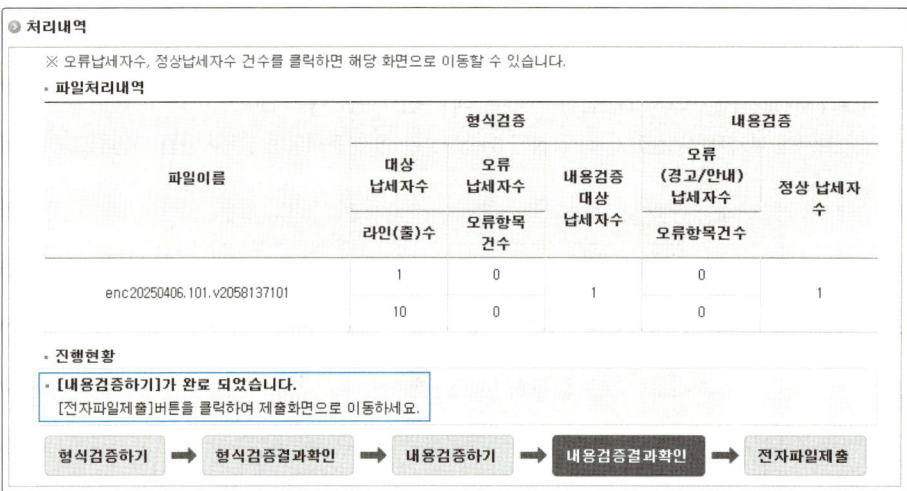

④ [전자파일제출]을 클릭하여 전자파일 제출로 이동하여 [전자파일 제출하기]를 클릭하여 부가가치세 신고서를 제출하며 "부가가치세 신고서 접수증(파일변환)" 화면이 나오면 정상적인 제출이 완료된 것이다.

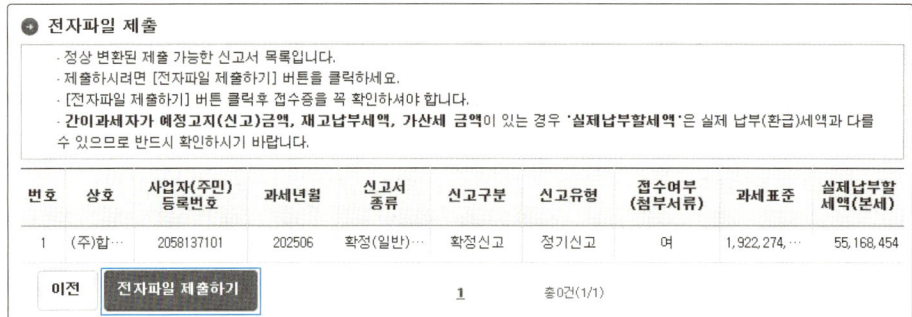

PART 05

결산관리

CHAPTER 01 고정자산등록 및 감가상각
CHAPTER 02 결산프로세스
CHAPTER 03 재무제표 작성

전산실무

NCS 학습모듈	대분류	경영 · 회계 · 사무		
	중분류		재무 · 회계	
	소분류			회계
	세분류			세무

NCS 능력단위	능력단위요소	수 행 준 거
0203020202_20v5 결산관리	0203020202_20v5.1 손익계정 마감하기	1.1 회계관련규정 및 세법에 따라 손익 관련 제반서류를 준비할 수 있다. 1.2 손익계정에 관한 결산정리사항을 분개할 수 있다. 1.3 손익 관련 계정과목의 오류를 수정할 수 있다. 1.4 법인세, 소득세 신고 관련 사항을 분개할 수 있다.
	0203020202_20v5.2 자산 · 부채계정 마감하기	2.1 회계관련규정 및 세법에 따라 자산 · 부채 관련 제반서류를 준비할 수 있다. 2.2 자산 · 부채계정에 관한 결산정리사항을 분개할 수 있다. 2.3 자산 · 부채 관련 계정과목의 오류를 수정할 수 있다. 2.4 부가가치세 신고 관련 사항을 분개할 수 있다.
	0203020202_20v5.3 재무제표 작성하기	3.1 회계관련규정에 따라 재무상태표를 작성할 수 있다. 3.2 회계관련규정에 따라 손익계산서를 작성할 수 있다. 3.3 회계관련규정에 따라 자본변동표를 작성할 수 있다. 3.4 회계관련규정에 따라 이익잉여금처분계산서를 작성할 수 있다.

01 고정자산등록 및 감가상각

1. 감가상각

고정자산에 대한 감가상각은 고정자산의 원가를 사용가능한 기간에 걸쳐 비용으로 배분하는 절차라 할 수 있다. 즉, 고정자산의 가치감소(소멸)액을 자산원가에서 차감하는 절차로서 해당 고정자산의 취득원가를 경제적 효익을 받는 기간에 걸쳐 합리적·체계적으로 배분하는 과정이다. 전산세무 프로그램으로 감가상각을 하는 경우 감가상각비 계산에 필요한 요소만 입력하거나 선택하면 감가상각비가 자동으로 산출되므로 쉽게 계산할 수 있다.

> **TIP**
>
> [감가상각 작업순서]
> ① 고정자산등록　　　② 결산자료입력 메뉴에 반영　　　③ 결산분개완성

2. 고정자산등록

상각대상인 유형, 무형의 자산을 등록하여 감가상각비를 계산하고 각종명세서를 작성하는 메뉴이다. 본 메뉴는 [기본등록사항]과 [추가등록사항]으로 구분되어 있다.

고정자산등록 필드 설명

항 목	입력내용 및 방법
자산계정과목	계정과목코드 3자리를 입력하거나 코드도움(F2) 또는 🔍를 눌러 해당계정 과목을 입력한다.
자산코드/명	계정과목을 입력하면 화면하단이 활성화되면서 자산코드와 자산명을 입력할 수 있게 된다. 자산의 구체적인 품목과 취득일자를 입력한다.
취득년월일	해당자산을 취득한 년, 월, 일 또는 사용 년, 월, 일을 입력한다.
상각방법	건물, 무형자산은 정액법으로 자동 표시되고, 이외의 유형자산은 정률법으로 자동 표시되는데 정액법으로 수정 가능하다.
기초가액	전기말 현재의 취득가액 또는 당기에 취득한 고정자산의 취득원가를 입력한다. 다만, **무형자산**의 경우 **전기의 상각액이 차감된 장부상 금액을 입력**한다.
전기말 상각누계액	전기말까지 상각한 감가상각누계액을 입력한다. ■ 신규취득자산 : 전기말상각누계액은 없음 ■ 무형자산 : 전기말상각누계액의 계정금액은 없으나 전기까지 상각한 누계금액을 입력함

항 목	입력내용 및 방법
전기말장부가액	기초가액에서 전기말상각누계액을 차감한 금액이 자동반영 된다.
당기중 취득 및 당기증가	신규취득자산의 취득원가 또는 고정자산의 자본적 지출액을 입력한다.
당기감소	고정자산의 일부를 매각하거나 폐기하는 경우 해당금액을 입력한다.
내용연수	해당자산의 상각내용연수를 입력하며 상각률은 내용연수에 따라 자동표시 된다.
상각범위액	기초가액, 상각방법, 내용연수 등 입력된 사항에 의해서 자동계산 된다. ■ 유형자산 : (기초가액 − 전기말감가상각누계액) × 상각률 = 감가상각비 ■ 무형자산 : (기초가액 + 전기말감가상각누계액) × 상각률 = 무형자산상각비
회사계상액	상각범위액이 자동 반영되며 [사용자수정] 버튼을 클릭하여 회사계상액을 직접 수정할 수 있다.
경비구분	용도에 따라 경비구분하여 결산에 반영하기 위한 선택이다. 1. 500번대(제조) 2. 600번대(도급) 3. 650번대(보관) 4. 700번대(분양) 5. 750번대(운송) 6. 800번대(판관비)
전체양도일자	연도 중에 양도한 자산의 양도일자를 입력한다. 양도일자가 입력된 자산은 양도자산감가상각비 메뉴와 고정자산관리대장 메뉴에서 조회된다.
전체폐기일자	연도 중에 폐기한 자산의 폐기일자를 입력한다. 폐기일자가 입력된 자산은 고정자산관리대장 메뉴에서만 조회된다.
업종	법인조정 시 감가상각조정계산서를 같은 내용연수와 업종별자산으로 그룹화하여 제출하기 위한 방법으로 선택한다.
보조금적용여부 당기말보조금잔액	국고(정부)보조금에 의해 취득한 자산인 경우 "1.여"를 선택하고 당기말보조금잔액란에 해당 국고(정부)보조금 수령액을 입력하여 결산시 반영한다.

(주)세원(회사코드 : 4200)에 다음 자료를 등록하여 결산에 반영할 감가상각비를 계산하시오.
(이외의 감가상각자산은 이미 등록되어 있다.)

계정과목 (업종)	코드	자산명	취득년월일	취득가액	감가상각 누계액	상각 방법	내용 연수	경비 구분	관리 부서
건물 (03)	101	공장건물	2023.10.13	295,000,000	12,500,000	정액법	40년	500번대	생산부
기계장치* (13)	3	산업로봇	2025.07.01	150,000,000	−	정률법	5년	500번대	생산부
특허권 (63)	501	특허권	2024.01.10	70,000,000	10,000,000	정액법	5년	800번대	관리부

* 기계장치 정부(국고)보조금은 당기에 50,000,000원 수령하였으며 2025년부터 감가상각을 적용한다.

예제 따라하기

고정자산등록 시 [14.경비구분]을 정확하게 입력하여야 [결산자료입력] 메뉴에서 감가상각비를 자동으로 해당 원가에 반영할 수 있다. 무형자산 [1.기초가액] 등록 시 과거에 취득한 자산은 미상각금액(장부금액)을 입력하여야 한다.

[공장건물 감가상각비 : 7,375,000원]

자산계정과목	0202 건물		
	자산코드/명	취득년월일	상각방법
	000101 공장건물	2023-10-13	정액법

기본등록사항	추가등록사항	
1.기초가액		295,000,000
2.전기말상각누계액(-)		12,500,000
3.전기말장부가액		282,500,000
4.당기중 취득 및 당기증가(+)		
5.당기감소(일부양도·매각·폐기)(-)		
전기말상각누계액(당기감소분)(+)		
6.전기말자본적지출액누계(+)(정액법만)		
7.당기자본적지출액(즉시상각분)(+)		
8.전기말부인누계액(+) (정률만 상각대상에 가산)		
9.전기말의제상각누계액(-)		
10.상각대상금액		295,000,000
11.내용연수/상각률(월수)		40 0.025 (12
12.상각범위액(한도액)(10X상각율)		7,375,000
13.회사계상액(12)-(7)		7,375,000
14.경비구분		1.500번대/제조
15.당기말감가상각누계액		19,875,000
16.당기말장부가액		275,125,000
20.업종		03 철골,철

[특허권 감가상각비 : 14,000,000원]

자산계정과목	0219 특허권		
	자산코드/명	취득년월일	상각방법
	000501 특허권	2024-01-10	정액법

기본등록사항	추가등록사항	
1.기초가액		60,000,000
2.전기말상각누계액(-)		10,000,000
3.전기말장부가액		60,000,000
4.당기중 취득 및 당기증가(+)		
5.당기감소(일부양도·매각·폐기)(-)		
전기말상각누계액(당기감소분)(+)		
6.전기말자본적지출액누계(+)(정액법만)		
7.당기자본적지출액(즉시상각분)(+)		
8.전기말부인누계액(+) (정률만 상각대상에 가산)		
9.전기말의제상각누계액(-)		
10.상각대상금액		70,000,000
11.내용연수/상각률(월수)		5 0.2 (12
12.상각범위액(한도액)(10X상각율)		14,000,000
13.회사계상액(12)-(7)		14,000,000
14.경비구분		6.800번대/판관비
15.당기말감가상각누계액		14,000,000
16.당기말장부가액		46,000,000
20.업종		63 무형고정

[산업로봇 감가상각비 : 33,825,000원]

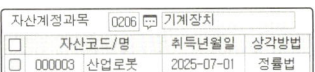

자산계정과목	0206 기계장치		
	자산코드/명	취득년월일	상각방법
	000003 산업로봇	2025-07-01	정률법

기본등록사항	추가등록사항	
1.기초가액		
2.전기말상각누계액(-)		
3.전기말장부가액		
4.당기중 취득 및 당기증가(+)		150,000,000
5.당기감소(일부양도·매각·폐기)(-)		
전기말상각누계액(당기감소분)(+)		
6.전기말자본적지출액누계(+)(정액법만)		
7.당기자본적지출액(즉시상각분)(+)		
8.전기말부인누계액(+) (정률만 상각대상에 가산)		
전기말의제상각누계액(-)		
10.상각대상금액		150,000,000
11.내용연수/상각률(월수)		5 0.451 (6
12.상각범위액(한도액)(10X상각율)		33,825,000
13.회사계상액(12)-(7)		33,825,000
14.경비구분		1.500번대/제조
15.당기말감가상각누계액		33,825,000
16.당기말장부가액		116,175,000
17.당기의제상각비		
18.전체양도일자		-----------
19.전체폐기일자		-----------
20.업종		13 제조업
21.보조금적용여부		여 (0:부 / 1:여)
22.당기말보조금잔액		38,725,000

정부(국고)보조금을 수령하여 취득한 자산인 경우 [기본등록사항] TAB에 취득내용을 등록한 후 "**21.보조금적용여부 - 1:여**"를 선택한다.

상단의 [SF7 보조금상계] 버튼을 클릭하여 수령한 보조금금액 50,000,000원을 입력하면 당기 감가상각비와 상계될 보조금상계액이 자동계산되고 당기보조금잔액이 "22란"에 반영된다.

보조금상각액(상계액)
= 감가상각비 × 보조금수령액/취득가액
= 33,825,000원 × 50,000,000원/150,000,000원
= 11,275,000원

보조금상계									
계정코드	계정명	자산코드	자산명	자산취득가액	보조금액	전기상계누계액	보조금잔액	보조금상계액	당기보조금잔액
0206		000003	산업로봇	150,000,000	50,000,000		50,000,000	11,275,000	38,725,000

CHAPTER 02 결산프로세스

1. KcLep 결산 프로세스 (법인기업)

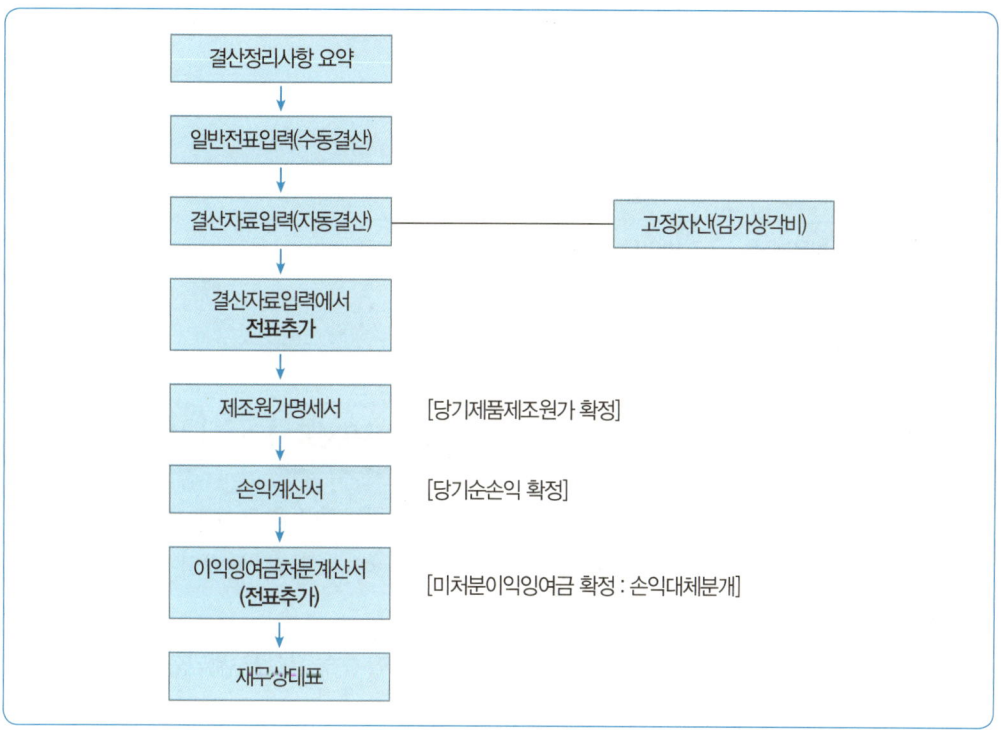

2. 수동결산 실무

결산자료 중 수동결산정리사항은 [일반전표입력] 메뉴에 재무제표보고일(=결산일)로 직접 회계처리 한다.

수동 결산 정리 사항	자산계정	① 재고자산의 감모·평가손실 ③ 외화자산 평가 ⑤ 현금과부족, 가지급금 등 가계정 정리	② 유가증권 평가 ④ 보통예금 마이너스 대출 정리 ⑥ 부가세대급금 정리
	부채계정	① 외화부채 평가	② 비유동부채 유동성대체
	수익·비용계정	① 수익이연(선수수익) ③ 수익예상(미수수익) ⑤ 소모품(저장품) 정리	② 비용이연(선급비용) ④ 비용예상(미지급비용)

3. 자동결산 실무

1 자동결산정리사항

결산기준일의 정리사항 중 [일반전표입력] 메뉴에 입력한 수동결산을 제외한 "자동결산정리사항"을 [결산자료입력] 메뉴에 해당사항의 금액을 입력하고 난 다음 F3 전표추가 키를 이용하여 결산대체분개를 자동으로 생성한다.

자동결산정리사항	자산계정	① 재고자산 계정의 정리(매출원가 대체 등) ② 대손충당금 설정 ③ 유형자산의 감가상각 ④ 무형자산 상각
	부채계정	① 퇴직급여충당부채 설정
	수익·비용계정	① 법인세(소득세) 등 설정

2 결산자료입력

결산자료입력 메뉴는 결산작업의 마지막 단계로 결산정리사항을 수동대체 분개를 하지 않고 본 화면 해당란에 해당금액을 입력하여 자동분개 하는 메뉴이다. 월별, 분기별, 반기별, 년간으로 해당월의 선택에 따라 중간결산과 기말결산을 진행한다.

결산기준일의 정리사항 중 [일반전표입력] 메뉴에 입력한 수동결산을 제외한 "자동결산정리사항"을 [결산자료입력] 메뉴에 해당사항의 금액을 입력하고 난 다음 F3 전표추가 키를 이용하여 결산대체분개를 자동으로 생성한다.

결산분개를 자동으로 발생시킨 후 각 회사의 특성에 따라 손익계산서 등의 표시가 적정하지 않을 경우, 결산분개가 이루어진 기간을 선택하여 [결산자료입력] 메뉴의 "결산분개삭제" 버튼을 선택하여 해당 결산분개를 삭제할 수 있다.

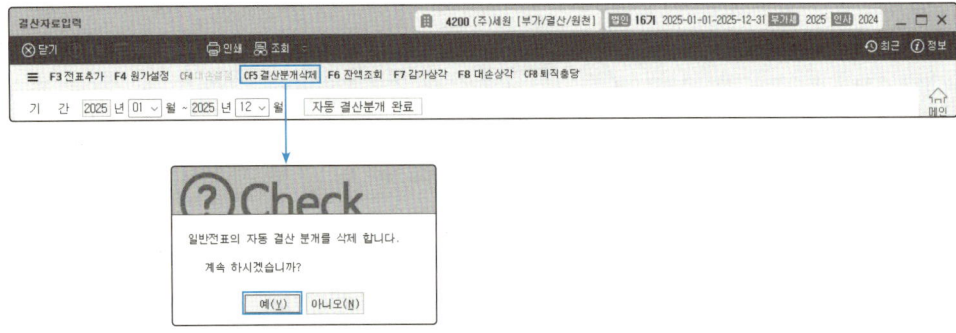

또는 재결산 등의 이유로 "결산대체분개"를 삭제하고자 할 때 결산기간 입력 종료월의 해당 [일반전표입력]에서 SF5 일괄삭제 를 누르면 "일반전표 – 일괄삭제" 팝업창이 열린다.

"결산분개"에 체크표시가 되어 있는 상태에서 "확인(Tab)" 버튼을 클릭하면 다시 삭제여부를 묻는 메시지가 나타나므로 삭제를 원할시에는 "예(Y)" 버튼을 삭제를 원치 않을 때는 "아니오(N)" 버튼을 클릭한다.

실무예제

다음 [결산자료]를 참고로 (주)세원(회사코드 : 4200)의 결산을 수행하고 재무제표를 완성하시오.
(단, 제시된 자료 이외의 자료는 없다고 가정함)

[1] 당사는 10월 1일 공장 화재보험료(보험기간 : 2025년 10월 1일 ~ 2026년 9월 30일) 6,000,000원을 지급하고 선급비용으로 회계처리 하였다. 기말 수정분개를 하시오. (월할계산 할 것)

[2] 당기말에 운영자금으로 사용된 대출금이 있는데, 이에 대한 대출약정 내용은 다음과 같다. 아래의 내용에 따라 이자 미지급액에 대한 결산분개 사항을 입력하라. (계정과목은 미지급비용 계정을 사용하며, 월할계산을 사용함)

- 대출기관 : 산업은행
- 대출금액 : 100,000,000원
- 이자지급방식 : 만기에 일시불로 지급함
- 대출금 사용 기간 : 2025년 9월 1일 ~ 2026년 8월 31일
- 대출이자율 : 연 12%

[3] 9월 1일 공장건물 중 일부를 24개월간 임대(임대기간 : 2025.9.1 ~ 2027.8.31)하고, 임대료 12,000,000원(부가가치세 별도) 전액을 수령하여 임대료(영업외수익)로 회계처리 하였다. (월할계산 할 것)

[4] 거래은행인 한솔은행에 예입된 정기예금에 대한 자료는 다음과 같다. 당기분 경과이자를 인식하여 반영하시오. (단, 이자수익은 월할계산 할 것)

- 예금 금액 : 60,000,000원
- 가입연월일 : 2025년 4월 1일
- 만기일 : 2028년 3월 31일
- 만기 : 3년
- 연이자율 : 10%
- 이자지급조건 : 만기시 전액 후불

[5] 당사는 회사홍보용 우산(구입가액 6,000,000원)을 광고선전비(판관비)로 계상하였으나 결산시 미사용된 잔액 2,500,000원을 소모품(자산)으로 대체한다. 단, 회계처리 시 금액은 음수로 입력하지 아니한다.

[6] 기중 현금시재가 부족하여 현금과부족으로 계상하였던 차변금액 10,000원에 대하여 결산일 현재에도 그 원인을 알 수 없어 당기 비용(영업외비용)으로 처리하다.

[7] 한솔은행으로부터 차입한 장기차입금 100,000,000원은 결산일 현재 1년 이내에 상환기일이 도래하므로 유동성대체를 한다.

[8] 기말 현재 장기 투자목적으로 보유중인 매도가능증권의 평가액은 다음과 같다.

구 분	취득원가	공정가액(2024.12.31)	공정가액(2025.12.31)
(주)한양산업	34,000,000원	32,000,000원	35,000,000원

[9] 외화장기차입금(스탠다드은행)이 기말현재 130,000,000원(미화 $100,000) 계상되어 있으며, 결산일 현재 환율은 1,200원/$이다.

[10] 제2기 확정신고기간의 부가가치세와 관련된 내용이 다음과 같다고 가정한다. 기장된 데이터는 무시하고 12월 31일 부가세예수금과 부가세대급금을 정리하는 회계처리를 하시오. (납부세액은 미지급세금, 환급세액은 미수금으로 회계처리 하며 수정신고는 고려하지 않는다.)

- 부가세예수금 : 32,000,000원
- 부가세대급금 : 58,780,000원
- 전자신고세액공제 : 10,000원

[11] 당사는 일반기업회계기준에 의하여 퇴직급여충당부채를 설정하고 있으며, 관련 자료는 다음과 같다.

구 분	기초금액	기중감소(사용)금액	기말금액(퇴직금추계액)
생산직 사원	6,000,000원	4,000,000원	15,000,000원
사무직 사원	4,000,000원	–	10,000,000원

[12] 유형자산 및 무형자산에 대한 감가상각비는 고정자산등록 메뉴에 등록된 자료를 결산에 반영하시오.

[13] 대손상각비는 매출채권(외상매출금과 받을어음) 잔액에 대하여 1%를 설정하기로 한다.

[14] 재고자산의 실제조사 된 기말재고액은 다음과 같고 위수탁계약에 의한 수탁자 미판매 금액이 있다.

자 산 명	기말재고액
원 재 료	150,000,000원
재 공 품	25,000,000원
제 품	190,000,000원(수탁자 창고 보관 40,000,000원 미포함)

[15] 법인세등은 결산서상 법인세차감전순이익에 해당 법인세율을 적용하여 계산된 산출세액을 다음과 같이 계상한다. (장부상 선납세금계정이 계상되어 있다.)

법인세 등 = ① + ②
① 법인세 산출세액 – 법인세 감면세액(20,000,000원)   ② 법인세분 지방소득세 = 법인세산출세액 × 10%

 **예제 따라하기**

[수동결산 : 일반전표입력]

일반전표입력 메뉴 12월 31일에 결산수정분개를 직접 입력한다.

[1] 비용의 이연(선급비용)

월	일	구분	계정과목	거래처	차변	대변
12	31	차변	보험료(제)		1,500,000	
		대변	선급비용			1,500,000

- 지출시점 **비용처리** ⇨ 결산시점 **미경과분 선급비용** 계상
- 지출시점 **자산처리** ⇨ 결산시점 **경과분 당기비용** 계상
  당기 보험료 = 6,000,000원 × 3개월/12개월 = 1,500,000원

[2] 비용의 예상(미지급비용)

월	일	구분	계정과목	거래처	차변	대변
12	31	차변	이자비용		4,000,000	
		대변	미지급비용			4,000,000

- 이자비용 = 100,000,000원 × 12% × 4개월/12개월 = 4,000,000원

[3] 수익의 이연(선수수익)

월	일	구분	계정과목	거래처	차변	대변
12	31	차변	임대료(904)		10,000,000	
		대변	선수수익			10,000,000

- 선수수익(미경과분) = 12,000,000원 × 20개월/24개월 = 10,000,000원

[4] 수익의 예상(미수수익)

월	일	구분	계정과목	거래처	차변	대변
12	31	차변	미수수익		4,500,000	
		대변	이자수익			4,500,000

- 미수이자 = 60,000,000원 × 10% × 9개월/12개월 = 4,500,000원

[5] 소모품미사용액 계상

월	일	구분	계정과목	거래처	차변	대변
12	31	차변	소 모 품		2,500,000	
		대변	광고선전비(판)			2,500,000

- 구입시 비용처리 : 결산시 미사용액 자산처리
- 구입시 자산처리 : 결산시 사용액 비용처리

[6] 현금과부족 정리

월	일	구분	계정과목	거래처	차변	대변
12	31	차변	잡 손 실		10,000	
		대변	현금과부족			10,000

[7] 비유동부채 유동성대체

월	일	구분	계정과목	거래처	차변	대변
12	31	차변	장기차입금	한솔은행	100,000,000	
		대변	유동성장기부채	한솔은행		100,000,000

[8] 매도가능증권의 평가

월	일	구분	계정과목	거래처	차변	대변
12	31	차변	매도가능증권(178)		3,000,000	
		대변	매도가능증권평가손실			2,000,000
		대변	매도가능증권평가이익			1,000,000

■ 매도가능증권은 보고기간 종료일의 공정가치로 평가하며, 재평가시 반드시 장부의 매도가능증권평가손익을 확인하여 상계여부를 결정한다.

[9] 화폐성 외화부채 평가

월	일	구분	계정과목	거래처	차변	대변
12	31	차변	외화장기차입금	스탠다드은행	10,000,000	
		대변	외화환산이익			10,000,000

■ 외화환산이익 = U$100,000 × (1,200원 − 1,300원) = △10,000,000원(부채 감소)

[10] 부가가치세 상계처리

월	일	구분	계정과목	거래처	차변	대변
12	31	차변	부가세예수금		32,000,000	
		차변	미수금		26,790,000	
		대변	부가세대급금			58,780,000
		대변	잡이익			10,000

■ 부가가치세 상계처리 시 경감공제세액은 잡이익으로, 가산세는 세금과공과로 회계처리 한다.

[자동결산 : 결산자료입력]

결산자료입력 메뉴를 선택하고 기간(01월 ~ 12월)을 설정한다. 기본적으로 원가설정은 [제품매출원가]로 되어 있으므로 "확인(Enter)"을 누른다.

[11] 퇴직급여충당부채 설정

퇴직급여충당부채의 설정액은 [결산자료입력]의 해당란에 직접입력하거나 상단의 CF8 퇴직출당 키를 클릭하고 "퇴직급여추계액"란에 금액을 입력한 후 "추가설정액"이 계산되면 결산반영 을 눌러 결산자료에 자동반영 시킨다.

퇴직급여충당부채 설정액 = 퇴직급여추계액 - 퇴직급여충당부채잔액
- 생산직 : 15,000,000원 - 2,000,000원 = 13,000,000원
- 사무직 : 10,000,000원 - 4,000,000원 = 6,000,000원

퇴직충당부채

코드	계정과목명	퇴직급여추계액	설정전 잔액				추가설정액(결산반영) (퇴직급여추계액-설정전잔액)	유형
			기초금액	당기증가	당기감소	잔액		
0508	퇴직급여	15,000,000	6,000,000		4,000,000	2,000,000	13,000,000	제조
0806	퇴직급여	10,000,000	4,000,000			4,000,000	6,000,000	판관

±	코드	과 목	결산분개금액	결산전금액	결산반영금액	결산후금액
		3) 노 무 비		560,000,000	13,000,000	573,000,000
		1). 임금 외		560,000,000		560,000,000
	0504	임금		360,000,000		360,000,000
	0505	상여금		200,000,000		200,000,000
	0508	2). 퇴직급여(전입액)			13,000,000	13,000,000
	0550	3). 퇴직연금충당금전입액				

±	코드	과 목	결산분개금액	결산전금액	결산반영금액	결산후금액
		4. 판매비와 일반관리비		551,257,427	6,000,000	557,257,427
		1). 급여 외		241,690,000		241,690,000
	0801	급여		181,690,000		181,690,000
	0803	상여금		60,000,000		60,000,000
	0806	2). 퇴직급여(전입액)			6,000,000	6,000,000
	0850	3). 퇴직연금충당금전입액				

[12] 고정자산 감가상각비 계상

감가상각비(무형자산상각비)는 [결산자료입력]의 제조경비와 판매비와일반관리비 "(일반)감가상각비"란에 각각 구분하여 직접 입력하거나 상단의 F7 감가상각 키를 클릭하여 [고정자산등록]에 등록한 감가상각비를 결산반영 을 눌러 결산자료에 자동반영 시킨다.

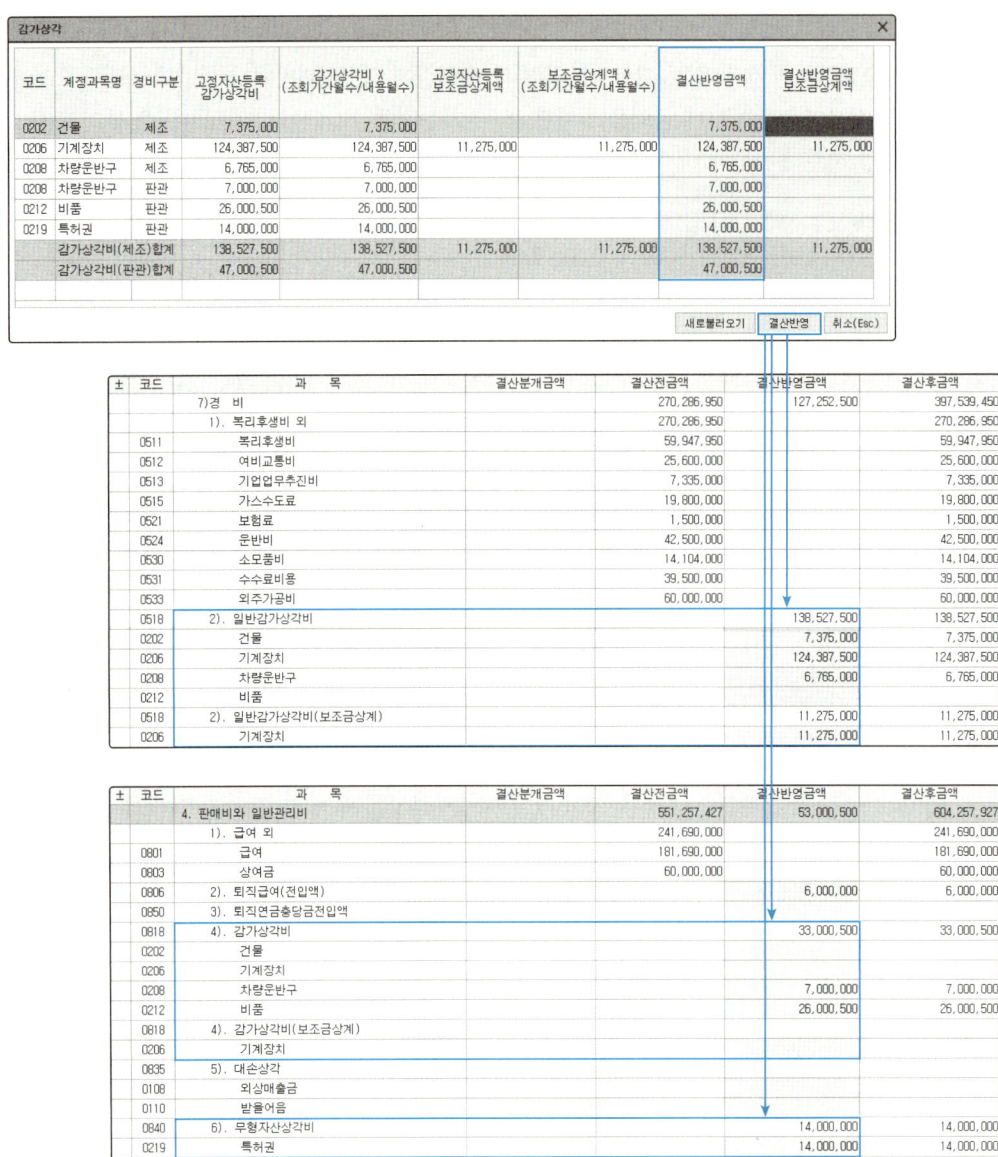

[13] 대손상각비 계상

대손상각비 설정액은 [결산자료입력]의 해당란에 직접입력하거나 상단의 F8 대손상각 키를 클릭하고 "대손율(%) : 1%"을 입력하면 "추가설정액"이 계산되며 결산반영 을 눌러 결산자료에 자동반영 시킨다. 다만, **기타채권이 설정대상 채권이 아닌 경우** 반드시 **"추가설정액"란의 금액을 삭제**한 후 반영하여야 한다.

대손충당금 설정액 = (채권잔액 × 대손율) - 대손충당금 잔액
- 외상매출금 : (646,916,902원 × 1%) - 2,000,000원 = 4,469,169원
- 받을어음 : (46,500,000원 × 1%) - 100,000원 = 365,000원

대손상각

대손율(%) 1.00

코드	계정과목명	금액	코드	계정과목명	금액	추가설정액(결산반영) [(금액×대손율)-설정전충당금잔액]	유형
0108	외상매출금	646,916,902	0109	대손충당금	2,000,000	4,469,169	판관
0110	받을어음	46,500,000	0111	대손충당금	100,000	365,000	판관
0114	단기대여금	171,000,000	0115	대손충당금			영업외
0116	미수수익	4,500,000	0117	대손충당금			영업외
0120	미수금	26,790,000	0121	대손충당금			영업외
0131	선급금	51,000,000	0132	대손충당금			영업외
	대손상각비 합계					4,834,169	판관

새로불러오기 결산반영 취소(Esc)

±	코드	과 목	결산분개금액	결산전금액	결산반영금액	결산후금액
		4. 판매비와 일반관리비		551,257,427	57,834,669	609,092,096
		1). 급여 외		241,690,000		241,690,000
	0801	급여		181,690,000		181,690,000
	0803	상여금		60,000,000		60,000,000
	0806	2). 퇴직급여(전입액)			6,000,000	6,000,000
	0850	3). 퇴직연금충당금전입액				
	0818	4). 감가상각비			33,000,500	33,000,500
	0202	건물				
	0206	기계장치				
	0208	차량운반구			7,000,000	7,000,000
	0212	비품			26,000,500	26,000,500
	0818	4). 감가상각비(보조금상계)				
	0206	기계장치				
	0835	5). 대손상각			4,834,169	4,834,169
	0108	외상매출금			4,469,169	4,469,169
	0110	받을어음			365,000	365,000

[14] 재고자산 매출원가 계상

수탁자 창고에 보관하고 있는 제품은 기말재고액에 포함하여야 하며, 기말재고자산의 기말재고액을 해당 결산반영금액란에 각각 직접 입력한다.

±	코드	과 목	결산분개금액	결산전금액	결산반영금액	결산후금액
	0455	제품매출원가				1,981,052,723
		1)원재료비		1,128,513,273		978,513,273
	0501	원재료비		1,128,513,273		978,513,273
	0153	① 기초 원재료 재고액		12,500,000		12,500,000
	0153	② 당기 원재료 매입액		1,116,013,273		1,116,013,273
	0153	⑩ 기말 원재료 재고액			150,000,000	150,000,000
	0455	8)당기 총제조비용		1,958,800,223		1,949,052,723
	0169	① 기초 재공품 재고액		15,000,000		15,000,000
	0169	⑩ 기말 재공품 재고액			25,000,000	25,000,000
	0150	9)당기완성품제조원가		1,973,800,223		1,939,052,723
	0150	① 기초 제품 재고액		18,500,000		18,500,000
	0150	⑧ 타계정으로 대체액		1,500,000		1,500,000
	0150	⑩ 기말 제품 재고액			230,000,000	230,000,000

[15] 법인세비용 계상

법인세등에 해당하는 금액을 해당란에 각각 직접 입력하며 선납세금과 추가계상액을 입력하면 "9.법인세등"의 금액은 법인세등 계상액과 일치하여야 한다.

① 결산자료입력에서 "법인세차감전이익 1,172,135,200원"을 확인한다.
② 법인세산출세액 = 200,000,000원 × 9% + (1,172,135,200원 − 200,000,000원) × 19% = 202,705,688원
③ 법인세납부세액 = 202,705,688원 − 20,000,000원 = 182,705,688원
④ 법인세분 지방소득세 = 202,705,688원 × 10% = 20,270,568원
  ▷ 지방소득세는 독립세로 전환되어 법인세법상 세액감면 및 세액공제를 받을 수 없다.
⑤ 법인세비용 = 법인세 182,705,688원 + 지방소득세 20,270,568원 = 202,976,256원
  ▷ 선납세금 : 7,423,000원, 추가계상액(미지급세금) : 195,553,256원

±	코드	과 목	결산분개금액	결산전금액	결산반영금액	결산후금액
		8. 법인세차감전이익		965,222,369	206,912,831	1,172,135,200
	0998	9. 법인세등			202,976,256	202,976,256
	0136	1). 선납세금		7,423,000	7,423,000	7,423,000
	0998	2). 추가계상액			195,553,256	195,553,256

[자동결산 : 결산자료입력 전표추가]

[결산자료입력]의 자동결산은 반드시 F3 전표추가 를 해야 결산분개가 [일반전표입력]에 자동으로 반영된다. 결산분개가 추가되면 [자동 결산분개 완료]라는 문구가 상단에 표기된다.

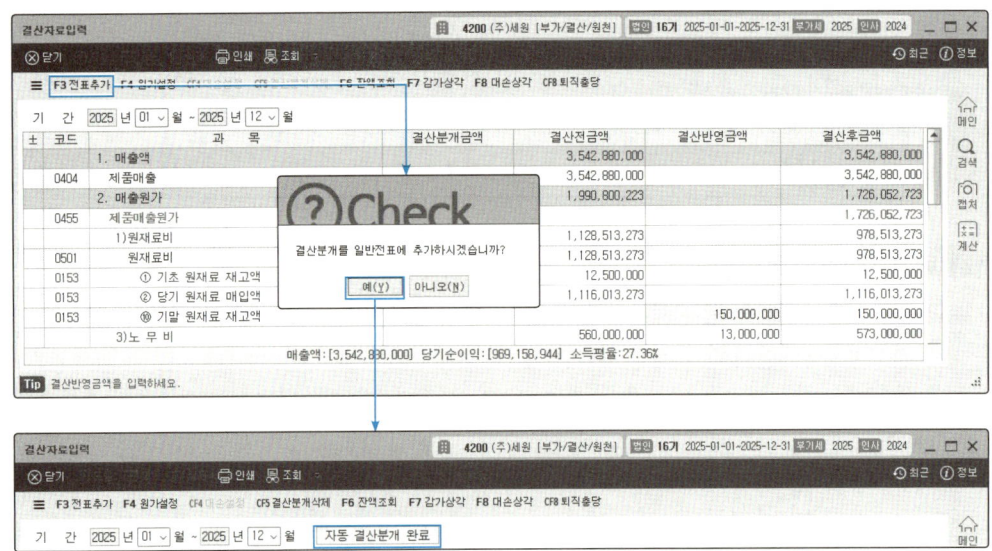

CHAPTER 03 재무제표 작성

1. 제조원가명세서

원가명세서는 손익계산서의 매출원가 중 제조업의 제품매출원가에 대하여 당기제품제조원가가 어떻게 산출된 것인지 그 내역을 기록한 재무제표 부속명세서로 제조업인 경우 제조원가명세서를, 건설업인 경우에는 건설형태에 따라 도급공사원가명세서, 분양공사원가명세서 등으로 구분할 수 있다. 프로그램에서는 제조업을 대상으로 하므로 제조원가명세서를 작성하게 되며, 본 메뉴는 관리용, 제출용, 표준용으로 구분되어 작성된다.

2. 손익계산서

손익계산서란 일정기간 동안의 경영성과를 나타내는 보고서를 말한다. 일정기간 중 실현된 수익에서 발생된 비용을 차감하여 당기순이익을 산출하는 과정을 표시한다. 프로그램에서는 관리용, 제출용, 포괄손익, 표준용으로 구분하여 조회할 수 있다.

3. 이익잉여금처분계산서(또는 미처리결손금계산서)

이익잉여금처분계산서는 이익잉여금의 총변동사항을 명확히 보고하기 위해 작성하는 서식이며 재무제표에는 해당하지 않으나 상법에 의하여 주석으로 공시한다.

일반기업회계기준(재무상태표일 후 발생한 사건)에 따라 이익잉여금처분내역을 재무상태표에 표시하지 않는다. 손익계산서를 작성하고 이익잉여금처분계산서에 들어가면 손익계산서의 당기순손익이 자동반영 된다.

[이익잉여금처분계산서] 메뉴에서 "당기처분예정일"을 입력하고 "Ⅱ.임의적립금 등의 이입액" 및 "Ⅲ.이익잉여금처분액"을 입력한다. 또한 상단의 F6 전표추가 버튼을 클릭하여 손익대체분개를 [일반전표입력]에 추가하여야 결산이 완료되며 전표추가를 하지 않는 경우 재무상태표의 "미처분이익잉여금" 금액이 반영이 되지 않아 차액이 발생하는 오류가 발생한다.

실무예제

다음 당기 이익잉여금 처분내역을 참고로 (주)세원(회사코드 : 4200)의 이익잉여금처분계산서를 완성하시오.
(전산세무 시험은 결산자료와 함께 출제되나 프로세스상 결산 및 필요한 재무제표는 작성하고 작업한다.)

[당기 이익잉여금 처분내역]

처분일자	▪ 당기 : 2026.03.25.	▪ 전기 : 2025.02.25
처분내역	이익준비금	5,000,000원
	현금배당	50,000,000원
	주식배당	20,000,000원

 예제 따라하기

[이익잉여금처분계산서] 메뉴에서 "당기처분예정일(2026년 3월 25일)"을 입력하고 "Ⅲ.이익잉여금처분액"을 입력한다. 또한 상단의 F6 전표추가 버튼을 클릭하여 손익대체분개를 [일반전표입력]에 추가하여야 결산이 완료되며 전표추가를 하지 않는 경우 재무상태표의 "미처분이익잉여금" 금액이 반영이 되지 않아 차액이 발생하는 오류가 발생한다.

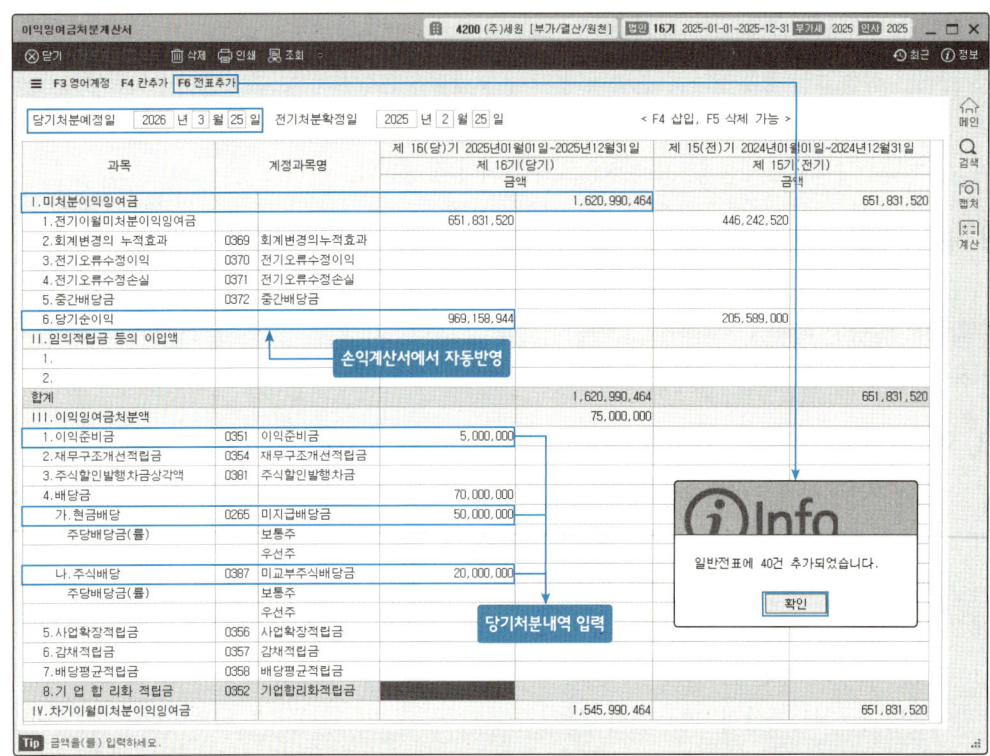

4. 재무상태표

재무상태표는 일정한 시점(회계기간 종료일 현재)의 기업의 재무상태를 나타내는 보고서이다. 입력된 자료에 의하여 매월말 또는 결산월의 재무상태표를 조회할 수 있으며, 관리용, 제출용, 표준용으로 구분하여 조회할 수 있다.

5. 합계잔액시산표

합계잔액시산표는 입력된 자료가 대차차액 없이 정확히 처리되었는지를 검증하는 기능이 있다. 따라서 "결산 전" 또는 "결산 후"에 시산표를 작성함으로써 전표처리의 정확성을 확인할 수 있다.

[1] 다음 결산자료를 입력하여 결산을 완료하시오. [회사코드 : 4300.(주)영웅]

① 결산시 원장을 검토하는 과정에서 보통예금(국민은행)이 -17,354,200원임을 발견하였다. 당해 계좌는 마이너스통장(회전대출)으로 밝혀졌다.

② 당사는 12월 31일 생산부서 직원에 대한 퇴직연금을 확정급여형(DB)으로 35,000,000원을 보통예금으로 납입하였고, 퇴직연금운용자산(DB)의 운용결과 이자 400,000원이 발생하였다. 이에 대해 회계처리하며, 이자는 영업외수익으로 입력한다.

③ 결산일 현재 당사의 장기차입금 내역은 다음과 같다. 결산시 회계처리를 하시오.

계정과목	차입금	차입기간	상환방법
신한은행	12,000,000원	2년(2025.1.1. ~ 2026.12.31.)	만기 일시상환
국민은행	30,000,000원	3년(2025.1.1. ~ 2027.12.31.)	만기 일시상환

④ 당사는 매기 말 외상매출금에 대한 대손충당금을 연령분석법으로 설정하고 있다. 보충법에 따라 대손충당금을 설정하고 장부에 반영하시오.

구 분	당기말 외상매출금 잔액	대손설정율
30일 이내	600,000,000원	2%
31 ~ 60일	50,000,000원	3%
61 ~ 90일	25,000,000원	5%
91일 이상	16,000,000원	10%
	691,000,000원	

⑤ 2025년 7월 1일 (주)목성에게 50,000,000원을 차입하고 연이율 10%로 이자를 지급하기로 하였다. 이자는 1년이 되는 날에 지급하기로 하여 2025년 12월 31일 현재 미지급하였다. (단, 이자비용은 월할계산하며 미지급비용계정을 사용하기로 한다.)

⑥ 결산일 현재 손상징후가 있다고 판단되는 건물의 장부금액은 30,000,000원이다. 해당 건물의 손상여부를 검토한 결과 건물의 사용가치는 25,000,000원이고 처분가치는 26,000,000원으로 판단되어 손상차손을 인식하였다.

⑦ 재고자산 실지조사결과 기말내역은 다음과 같으며, (주)성치와 위수탁계약을 맺어 당기 발송한 제품 중 수탁자가 아직 판매하지 않은 제품 2,000,000원은 실지재고조사결과에 포함되어 있지 않다.

- 원재료 : 5,000,000원　　■ 재공품 : 7,500,000원　　■ 제품 : 11,500,000원

[2] 다음 결산자료를 입력하여 결산을 완료하시오. [회사코드 : 4400.(주)중부]

① 당사의 외화자산 및 부채와 결산일 현재의 환율은 다음과 같다. 회사는 기업회계기준에 따라 회계 처리 하며 외화환산손실과 외화환산이익을 각각 인식한다. (다만, 자산·부채에 대한 거래처 코드 입력은 생략하기로 한다.)

계정과목	거래처	발생일	발생일 현재 환율	2025년 12월 31일 환율
외화외상매출금 ($20,000)	파나소닉사	2025년 10월 22일	1,100원	1,200원
외화장기차입금 ($30,000)	노미노스즈끼	2025년 06월 02일	1,150원	
선수금 ($10,000)	(주)해피무역	2025년 12월 15일	1,250원	

② 2025년 제2기 확정신고기간의 부가가치세와 관련된 내용은 다음과 같다. 입력된 데이터는 무시하고, 다음에 주어진 내용에 따라 12월 31일 부가세예수금과 부가세대급금을 정리하는 회계처리를 하시오. (예정신고미환급세액은 미수금으로 회계처리 되어있으며, 납부세액은 미지급세금, 가산세는 판매비와관리비의 세금과공과로 처리한다.)

- 부가세대급금 : 51,000,000원
- 부가세예수금 : 71,000,000원
- 예정신고미환급세액 : 5,000,000원
- 예정신고누락분 세금계산서 관련 가산세 : 300,000원

③ 아래와 같이 발행된 사채에 대하여 결산일에 필요한 회계처리를 하시오.

발행일	사채 액면가액	사채 발행가액	액면이자율	유효이자율
2025.01.01.	30,000,000원	28,000,000원	연 5%	연 7%

- 사채의 발행가액은 적정하고, 사채발행비와 중도에 상환된 내역은 없는 것으로 가정한다.
- 이자는 매년 말에 보통예금으로 이체한다.

④ 전기 및 당기의 퇴직급여추계액은 다음과 같다. 전기 말 현재 퇴직급여충당부채는 100,000,000원이며 당기 중 퇴직급여충당부채의 감소는 없었다. 회사는 퇴직급여충당부채를 기업회계기준에 따라 정확하게 계상하고자 한다. 전기 말 현재 기업회계기준에 따라 미설정된 부분을 추가로 설정하며 미설정분은 중요한 오류로 가정하고 회계연도 종료일(12/31)에 회계처리 하기로 한다.

구 분		퇴직금추계액	퇴직급여충당부채 잔액
2024년	생산부	100,000,000원	100,000,000원
	관리부	50,000,000원	0원
2025년	생산부	120,000,000원	?
	관리부	60,000,000원	?

⑤ 당사는 제품 물류창고(영업부)를 배움창고로부터 임차하고 있다. 창고 임차료는 계약시 전액을 선급하였다. 다음의 임대차계약내역 및 기장데이터를 참조하여 회계처리 하시오.

- 계약일 : 2025.04.01.
- 보증금 : 10,000,000원
- 임차료는 월할 계산한다.
- 계약기간 : 2025.05.01. ~ 2027.04.30.
- 총임차료(공급가액) : 60,000,000원
- 세금계산서는 임차료 선급시 발급받았다.

⑥ 다음 자산을 [고정자산 및 감가상각]에 등록한 후 여기서 산출된 상각범위액을 감가상각비로 결산자료입력 또는 일반전표로 회계처리 하시오. (제시된 자산만 있는 것으로 가정한다.)

- 코드 : 100
- 감가상각누계액 : –
- 취득일자 : 2025.06.04.
- 자산명 : 기계장치(인쇄기)
- 상각방법 : 정률법
- 업종코드 : 13
- 취득가액 : 16,000,000원
- 내용연수 : 5년
- 경비구분 : 제조

※ 기계장치(인쇄기)에 대한 취득가액에는 운반비 700,000원과 설치비용 850,000원이 포함되어 있다.

⑦ 기말 현재의 재고자산은 다음과 같다.

구 분	재고자산 장부상 금액	재고자산 시가(순실현가능가액)
제 품	55,000,000원	
상 품	25,000,000원	20,000,000원
재공품	30,000,000원	
원재료	40,000,000원	

※ 재고자산의 시가(순실현가능가액)는 일반기업회계기준상 저가법의 사유로 인하여 발생된 것이다.

[3] 다음 결산자료를 입력하여 결산을 완료하시오. [회사코드 : 4500.(주)서울]

① 판매비와 관리비 중 광고선전비에는 제품홍보용으로 구입한 볼펜구입대금 7,200,000원이 포함되어 있다. 이 중 결산시 남아있는 볼펜금액 2,400,000원을 소모품으로 대체하기로 한다.

② (주)경주의 기말현재 장기투자목적으로 보유하고 있는 매도가능증권(시장성 있는 주식임)의 관련 자료는 다음과 같다. 매도가능증권의 기말평가에 대한 회계처리를 하시오.

(1) 2025년 자료

회사명	취득가액	2025년초 현재 기타포괄손익누계액
A사 보통주	1,000,000원	매도가능증권평가손실 500,000원

(2) 7월 1일에 50%를 700,000원에 처분하였다.
(3) 기말 자료 : 기말시점의 공정가액은 550,000원이다.

③ 제2기 부가가치세 확정신고기간의 부가가치세와 관련된 내용이 아래와 같다. 입력된 다른 데이터는 무시하고 12월 31일 현재 부가세예수금과 부가세대급금의 정리분개를 수행하시오(단, 납부세액일 경우 미지급세금, 환급세액일 경우에는 미수금으로 회계처리 할 것).

- 부가세예수금 : 48,000,000원
- 부가세대급금 : 63,500,000원
- 전자신고세액공제 : 10,000원

④ 당사는 (주)세무가 2025년 1월 1일 발행한 액면금액 20,000,000원인 채권(만기 3년, 표시이자율 연 7%, 유효이자율 연 10%, 만기 3년)을 18,507,870원에 만기보유목적으로 현금을 지급하고 취득하였다. 2025년 12월 31일 회계처리를 하시오(단, 표시이자는 매년 말 현금으로 수령하고, 기말 공정가치 측정은 고려하지 않으며, 소수점 미만은 절사한다).

⑤ 다음의 유형자산만 있다고 가정하고, 아래 유형자산명세서에 의한 감가상각비를 결산에 반영하시오.

유형자산명세서

			담당	대리	과장	부장

2025년 12월 31일 현재

계정과목	자산명	취득일	내용연수	감가상각누계액 전기이월	감가상각누계액 차기이월	원가구분
건물	본사사옥	2016.10.22	40년	140,800,000원	158,400,000원	판관비
차량운반구	포터Ⅲ	2021. 9.14	10년	18,040,000원	27,943,960원	제조원가

⑥ 당기말 대손충당금 설정대상 채권의 설정률은 1%이다. 보충법을 적용하여 외상매출금 및 받을어음에 대한 대손충당금을 설정하시오.

⑦ 당사가 당해연도에 납입한 보험료에 대한 자료를 참조하여 적절한 회계처리를 하시오. (단, 기간 계산은 월할계산 한다.)

일자 및 보험기간	종류	납입액	비고
10월 1일(25.10.1. ~ 26.9.30.)	화재보험료(공장)	5,000,000원	자산처리함
4월 1일(25. 4.1. ~ 26.3.31.)	자동차보험료(영업부문)	1,000,000원	비용처리함

⑧ 다음의 재고자산 자료를 결산시점에 필요에 따라 일반전표입력메뉴와 결산자료입력메뉴에 반영하시오.

구분	장부상 수량	장부상 단가	장부상 합계	단위당 시가	실사후 수량
제품	5,000개	10,000원	50,000,000원	11,000원	4,800개

※ 장부상 수량과 실사 후 수량의 차이는 50%만 정상적인 것이다.

⑨ 다음 자료는 회사의 실제 당기 법인세과세표준 및 세액조정계산서 작성서식의 일부 내용이다. 주어진 세율정보를 참고로 법인세비용에 대한 회계처리를 하시오.

법인세과세표준 및 세액조정계산서 일부내용	② 과세표준계산	⑱ 각사업연도소득금액(⑱ = ⑦)		288,200,000원
		⑨ 이월결손금	07	22,000,000원
		⑩ 비과세소득	08	0원
		⑪ 소득공제	09	0원
		⑫ 과세표준(⑱ - ⑨ - ⑩ - ⑪)	10	266,200,000원
세율 정보	▪ 법인세율 : 법인세과세표준 2억이하 : 9% 　　　　　　법인세과세표준 2억원 초과 200억원 이하 : 19% ▪ 지방소득세율 : 법인세과세표준 2억이하 : 0.9% 　　　　　　　법인세과세표준 2억원 초과 200억원 이하 : 1.9%			
기타	위의 모든 자료는 법인세법상 적절하게 산출된 금액이고, 법인세중간예납은 기한 내에 납부하여 선납세금으로 회계처리 하였다.			

[4] 다음 결산자료를 입력하여 결산을 완료하시오. [회사코드 : 4600.(주)천안]

① 2025년 7월 1일 (주)부성에게 50,000,000원을 대여하고 연이율 10%을 받기로 하였다. 이자는 1년이 되는 날에 받기로 하였는데 2025년 12월 31일 현재 미수되었다. (이자수익은 월할계산 하기로 한다.)

② 수해로 인한 특별재난지역에 기부한 제품 10,000,000원이 누락되어 있는 것을 기말제품재고 실사결과 확인하였다. (적요에 타계정으로 대체액을 사용할 것)

③ 다음 주어진 자료를 보고 결산시 기계장치에 대한 감가상각비를 계상하시오.

- 기계장치 취득원가 : 200,000,000원(기계장치 취득과 관련하여 정부보조금 100,000,000원 수령)
- 기계장치 사용용도 : 공장 제조설비　　▪ 기계장치 취득일 : 당해연도 7월 1일
- 기계장치 감가상각방법 : 정액법　　　▪ 내용연수 : 4년
- 잔존가치 : 0원　　　　　　　　　　　▪ 감가상각비 계산은 월할상각 하기로 한다.

④ 기말 현재 당사가 보유하고 있는 주식은 단기매매차익을 목적으로 보유하고 있으며 주식현황 및 기말 현재 공정가치는 다음과 같으며 종목별로 평가한다.

보유종목	취득원가	취득한 주식수	결산일의 공정가액
(주)세무	주당 10,000원	200주	주당 8,000원
(주)회계	주당 20,000원	100주	주당 22,000원

⑤ 2023년 7월 1일 재무제표에 계상한 개발비 20,000,000원에 대한 사업성이 2025년말 완전히 소멸한 것으로 확인되었다. 당사는 개발비에 대하여 내용연수 20년에 정액법으로 상각하고 있다. 당해 감가상각분은 판매관리비로 처리하고, 소멸분은 영업외비용으로 회계처리 하기로 한다. (단, 비망가액(1,000원)은 남겨두도록 한다.)

⑥ 퇴직급여충당부채 설정내용은 다음과 같다. 다만, 생산직과 일반사무직에는 확정급여형 퇴직연금 가입자의 추계액이 10,000,000원과 5,500,000원이 포함되어 있다.

구 분	퇴직급여 추계액	충당부채 설정전 잔액
생산직	150,000,000원	120,000,000원
일반 사무직	71,500,000원	50,000,000원

⑦ 당사는 제품판매 후 6개월간 발생하는 하자에 대하여 무상으로 보증수리용역을 제공하고 있으며 이에 대하여 제품판매액의 1%를 제품보증비(판)으로 계상하고 장기제품보증부채로 설정하고 있다. 결산일 현재 무상보증수리기간이 남아있는 제품판매액이 90,000,000원인 경우 필요한 자료를 조회하여 회계처리 하시오.

⑧ 아래의 내용을 확인하여 당기 이익잉여금처분계산서를 작성하시오.

- 이익준비금 : 28,000,000원
- 주식배당(보통주) : 16,000,000원
- 주식할인발행차금상각액 : 8,000,000원
- 전기이월미처분이익잉여금 : 365,000,000원
- 전기처분확정일 : 2025년 2월 25일
- 당기처분예정일 : 2026년 3월 10일

심화연습 해답 및 풀이

[1] 결산정리사항 [회사코드 : 4300.(주)영웅]

① 수동결산 – 일반전표입력

월	일	구분	계정과목	거래처	차변	대변
12	31	차변	보통예금	국민은행	17,354,200	
		대변	단기차입금	국민은행		17,354,200

② 수동결산 – 일반전표입력

월	일	구분	계정과목	거래처	차변	대변
12	31	차변	퇴직연금운용자산		35,400,000	
		대변	보통예금			35,000,000
		대변	퇴직연금운용수익 또는 이자수익			400,000

③ 수동결산 - 일반전표입력

월	일	구분	계정과목	거래처	차변	대변
12	31	차변	장기차입금	신한은행	12,000,000	
		대변	유동성장기부채	신한은행		12,000,000

④ 자동결산 - 결산자료입력

- 대손충당금 추정액 16,350,000원
  = 600,000,000원 × 2% + 50,000,000원 × 3% + 25,000,000원 × 5% + 16,000,000원 × 10%
- 대손충당금 설정액 = 16,350,000원 - 12,330,000원 = 4,020,000원

방법 1 : 결산자료입력 메뉴의 판매비와일반관리비의 5)대손상각에 [외상매출금 : 4,020,000원]을 입력한 후 전표추가 한다.

방법 2 : 결산일(12월 31일)에 일반전표입력에 직접 입력

월	일	구분	계정과목	거래처	차변	대변
12	31	차변	대손상각비(판)		4,020,000	
		대변	대손충당금(109)			4,020,000

⑤ 수동결산 - 일반전표입력

월	일	구분	계정과목	거래처	차변	대변
12	31	차변	이자비용		2,500,000	
		대변	미지급비용	(주)목성		2,500,000

- 미지급비용 = 50,000,000원 × 10% × 6개월/12개월 = 2,500,000원

⑥ 수동결산 - 일반전표입력

월	일	구분	계정과목	거래처	차변	대변
12	31	차변	유형자산손상차손		4,000,000	
		대변	손상차손누계액(217)			4,000,000

- 유형자산손상차손 = 30,000,000원 - Max(사용가치 25,000,000원, 처분가치 26,000,000원) = 4,000,000원

⑦ 자동결산 - 결산자료입력

- 수탁자가 보관하고 있는 제품(적송품)은 기말재고액에 포함한다.

결산자료입력 메뉴의 제품매출원가의 1)원재료비에 [기말원재료 재고액 : 5,000,000원], 8)당기총제조비용에 [기말재공품재고액 : 7,500,000원], 9)당기완성품제조원가에 [기말제품재고액 : 13,500,000원]을 입력한 후 "전표추가"를 선택하여 일반전표에 결산전표를 추가한다.

[2] 결산정리사항 [회사코드 : 4400.(주)중부]

① 수동결산 – 일반전표입력

월	일	구분	계정과목	거래처	차변	대변
12	31	차변	외화외상매출금		2,000,000	
		차변	외화환산손실		1,500,000	
		대변	외화환산이익			2,000,000
		대변	외화장기차입금			1,500,000

- 기업회계기준에서는 화폐성 자산 및 부채에 대하여 보고기간 종료일의 매매기준환율로 평가하도록 규정하고 있다. 외상매출금과 장기차입금은 화폐성외화자산 및 부채에 해당하나 선수금은 비화폐성 부채에 해당되어 평가대상에서 제외된다.
- 외화외상매출금 = $20,000 × (1,200원 – 1,100원) = 2,000,000원(자산증가 → 외화환산이익)
- 외화장기차입금 = $30,000 × (1,200원 – 1,150원) = 1,500,000원(부채증가 → 외화환산손실)

② 수동결산 – 일반전표입력

월	일	구분	계정과목	거래처	차변	대변
12	31	차변	부가세예수금		71,000,000	
		차변	세금과공과(판)		300,000	
		대변	부가세대급금			51,000,000
		대변	미 수 금			5,000,000
		대변	미지급세금			15,300,000

③ 수동결산 – 일반전표입력

월	일	구분	계정과목	거래처	차변	대변
12	31	차변	이자비용		1,960,000	
		대변	보통예금			1,500,000
		대변	사채할인발행차금			460,000

- 사채이자비용 = 사채 발행가액 28,000,000원 × 유효이자율 7% = 1,960,000원
- 액면(지급)이자 = 사채 액면가액 30,000,000원 × 액면이자율 5% = 1,500,000원
- 사채할인발행차금 상각액 = 사채이자비용 1,960,000원 – 액면이자 1,500,000원 = 460,000원

④ 자동결산 – 결산자료입력

방법 1 : 전기오류수정손실(이익잉여금)은 일반전표에 입력하고 결산자료입력에서 제품매출원가의 3)노무비에 [퇴직급여(전입액) : 20,000,000원], 판매비와일반관리비의 [2)퇴직급여(전입액) : 10,000,000원]을 각각 입력 후 전표추가 한다.

월	일	구분	계정과목	거래처	차변	대변
12	31	차변	전기오류수정손실(371)		50,000,000	
		대변	퇴직급여충당부채			50,000,000

방법 2 : 전기오류수정손실 및 퇴직급여충당부채 설정을 모두 일반전표입력에 직접 입력한다.

월	일	구분	계정과목	거래처	차변	대변
12	31	차변	전기오류수정손실(371)		50,000,000	
		대변	퇴직급여충당부채			50,000,000
12	31	차변	퇴직급여(제)		20,000,000	
		차변	퇴직급여(판)		10,000,000	
		대변	퇴직급여충당부채			30,000,000

⑤ 수동결산 – 일반전표입력

월	일	구분	계정과목	거래처	차변	대변
12	31	차변	임차료(판)		20,000,000	
		대변	선 급 금	배움창고		20,000,000

- 2025년 임차료 = 60,000,000원 × 8개월/24개월 = 20,000,000원

⑥ 자동결산 – 결산자료입력

㉠ 고정자산등록

운반비와 설치비용은 취득원가에 가산하여야 하는 것이므로 취득가액을 16,000,000원으로 입력한다.

㉡ 감가상각비 회계처리

방법 1 : 결산자료입력 메뉴의 제품매출원가의 7)경비 : 2)일반감가상각비에 [기계장치 : 4,209,333원]을 입력한 후 "전표추가"를 선택하여 일반전표에 결산전표를 추가한다.

방법 2 : 결산일(12월 31일)에 일반전표입력에 직접 입력

월	일	구분	계정과목	거래처	차변	대변
12	31	차변	감가상각비(제)		4,209,333	
		대변	감가상각누계액(207)			4,209,333

⑦ 자동결산 – 결산자료입력
- 재고자산평가손실(상품) = 25,000,000원 – 20,000,000원 = 5,000,000원
  재고자산평가충당금은 재고자산의 차감계정이므로 상품기말재고액 입력 시 장부가액으로 입력하여야 한다.
- 방법 1 : 결산자료입력 메뉴의 상품매출원가의 [상품평가손실 : 5,000,000원, 기말상품재고액 : 25,000,000원], 제품매출원가의 1)원재료비에 [기말원재료 재고액 : 40,000,000원), 8)당기총제조비용에 [기말재공품재고액 : 30,000,000원], 9)당기완성품제조원가에 [기말제품재고액 : 55,000,000원]을 입력한 후 "전표추가"를 선택하여 일반전표에 결산전표를 추가한다.
- 방법 2 : 재고자산평가손실을 일반전표입력에 입력하고 기말재고자산금액만 결산자료입력에 입력 후 전표추가 한다.

월	일	구분	계정과목	거래처	차변	대변
12	31	차변	재고자산평가손실(상품)		5,000,000	
		대변	재고자산평가충당금(상품)			5,000,000

[3] 결산정리사항 [회사코드 : 4500.(주)서울]

① 수동결산 – 일반전표입력

월	일	구분	계정과목	거래처	차변	대변
12	31	차변	소 모 품		2,400,000	
		대변	광고선전비(판)			2,400,000

② 수동결산 – 일반전표입력

월	일	구분	계정과목	거래처	차변	대변
12	31	차변	매도가능증권(178)		300,000	
		대변	매도가능증권평가손실			250,000
		대변	매도가능증권평가이익			50,000

- 매도가능증권평가손익은 처분시 장부에서 처분비율만큼 장부에서 제거한다.
  → 매도가능증권평가손실 상계액 = 500,000원 × 50% = 250,000원
- 매도가능증권 재평가시 매도가능증권평가이익은 매도가능증권평가손실과 우선 상계 후 잔액을 계상한다.

③ 수동결산 – 일반전표입력

월	일	구분	계정과목	거래처	차변	대변
12	31	차변	부가세예수금		48,000,000	
		차변	미수금		15,510,000	
		대변	부가세대급금			63,500,000
		대변	잡이익			10,000

④ 수동결산 – 일반전표입력

월	일	구분	계정과목	거래처	차변	대변
12	31	차변	현 금		1,400,000	
		차변	만기보유증권(181)		450,787	
		대변	이자수익			1,850,787

- 이자수익 = 만기보유증권 장부가액 18,507,870원 × 유효이자율 10% = 1,850,787원
- 표시(수령)이자 = 만기보유증권 액면금액 20,000,000원 × 표시이자율 7% = 1,400,000원
- 만기보유증권 가산(상각)액 = 이자수익 1,850,787원 – 표시이자 1,400,000원 = 450,787원

⑤ 자동결산 – 결산자료입력

- 당기 감가상각비 = 차기이월 감가상각누계액 – 전기이월 감가상각누계액
  차량운반구 감가상각비 = 27,943,960원 – 18,040,000원 = 9,903,960원
  건물 감가상각비 = 158,400,000원 – 140,800,000원 = 17,600,000원

방법 1 : 결산자료입력 메뉴 제품매출원가의 2).일반감가상각비에 [차량운반구 : 9,903,960원], 판매비와일반관리비의 4).감가상각비에 [건물 : 17,600,000원]을 입력한 후 전표추가 한다.

방법 2 : 결산일(12월 31일)에 일반전표입력에 직접 입력

월	일	구분	계정과목	거래처	차변	대변
12	31	차변	감가상각비(제)		9,903,960	
		차변	감가상각비(판)		17,600,000	
		대변	감가상각누계액(209)			9,903,960
		대변	감가상각누계액(203)			17,600,000

⑥ 자동결산 – 결산자료입력

- 외상매출금 대손충당금 설정액 = 345,762,900원 × 1% – 1,700,000원 = 1,757,629원
- 받을어음 대손충당금 설정액 = 242,000,000원 × 1% – 0원 = 2,420,000원

방법 1 : 결산자료입력 메뉴의 상단 [대손상각] 버튼을 클릭하여 "대손율(%) : 1%"을 입력하고 외상매출금과 받을어음을 제외한 외와의 계정과목에 대한 "추가설정액"란의 금액은 삭제한 후 [결산반영] 버튼을 눌러 "결산반영금액"란에 반영하여 전표추가를 한다.

방법 2 : 결산자료입력 메뉴의 판매비와일반관리비의 5)대손상각에 [외상매출금 : 1,757,629원, 받을어음 : 2,420,000원]을 입력한 후 전표추가 한다.

방법 3 : 결산일(12월 31일)에 일반전표입력에 직접 입력

월	일	구분	계정과목	거래처	차변	대변
12	31	차변	대손상각비(판)		4,177,629	
		대변	대손충당금(109)			1,757,629
		대변	대손충당금(111)			2,420,000

⑦ 수동결산 – 일반전표입력

월	일	구분	계정과목	거래처	차변	대변
12	31	차변	보험료(제)		1,250,000	
		차변	선급비용		250,000	
		대변	선급비용			1,250,000
		대변	보험료(판)			250,000

- 지출시점에 자산처리한 경우 경과분 비용처리 : 5,000,000원 × 3개월/12개월 = 1,250,000원
- 지출시점에 비용처리한 경우 미경과분 자산처리 : 1,000,000원 × 3개월/12개월 = 250,000원

⑧ 자동결산 – 결산자료입력

㉠ 기업회계기준에 의한 재고자산의 평가는 저가법을 적용하므로 제품의 시가가 장부상 단가보다 큰 경우 장부상 가액으로 평가하므로 별도의 회계처리는 필요하지 않다.

㉡ 재고자산감모손실이 정상적인 감모손실에 해당하는 경우에는 매출원가에 반영하므로 별도의 회계처리는 필요하지 않으며 비정상적인 감모손실에 해당하는 경우는 영업외비용으로 처리하여야 하므로 일반전표입력에 전표입력을 해야 한다.

- 재고자산감모손실 = (5,000개 – 4,800개) × 10,000원 = 2,000,000원
  ⇨ 정상적감모손실 : 1,000,000원, 비정상적감모손실 : 1,000,000원

월	일	구분	계정과목	거래처	차변	대변
12	31	차변	재고자산감모손실		1,000,000	
		대변	제품(8.타계정으로 대체액)			1,000,000

㉢ 결산자료입력 메뉴에서 해당 기말재고자산란에 제품 48,000,000원(= 4,800개 × 10,000원)을 입력 후 "전표추가"를 선택하여 일반전표에 결산전표를 추가한다.

⑨ 자동결산 – 결산자료입력

- 법인세등 = ㉠ + ㉡ = 30,578,000원 + 3,057,800원 = 33,635,800원
  ㉠ 법인세산출세액 = 200,000,000원 × 9% + 66,200,000원 × 19% = 30,578,000원
  ㉡ 지방소득세산출세액 = 200,000,000원 × 0.9% + 66,200,000원 × 1.9% = 3,057,800원

방법 1 : 결산자료입력 메뉴의 9.법인세등에 [1)선납세금 : 4,386,000원, 2)추가계상액 : 29,249,800원]을 각각 입력한 후 전표추가 한다.

방법 2 : 결산일(12월 31일)에 일반전표입력에 직접 입력

월	일	구분	계정과목	거래처	차변	대변
12	31	차변	법인세등		33,635,800	
		대변	선납세금			4,386,000
		대변	미지급세금			29,249,800

[4] 결산정리사항 [회사코드 : 4600.(주)천안]

① 수동결산 – 일반전표입력

월	일	구분	계정과목	거래처	차변	대변
12	31	차변	미수수익		2,500,000	
		대변	이자수익			2,500,000

- 미수수익 = 50,000,000원 × 10% × 6개월/12개월 = 2,500,000원

② 수동결산 – 일반전표입력

월	일	구분	계정과목	거래처	차변	대변
12	31	차변	기 부 금		10,000,000	
		대변	제품(적요:8.타계정으로 대체)			10,000,000

③ 수동결산 – 일반전표입력

월	일	구분	계정과목	거래처	차변	대변
12	31	차변	감가상각비(제)		25,000,000	
		차변	정부보조금(기계장치)		12,500,000	
		대변	감가상각누계액(기계장치)			25,000,000
		대변	감가상각비(제)			12,500,000

- 감가상각비 = 200,000,000원 × 1/4 × 6개월/12개월 = 25,000,000원
- 정부보조금 상각액 = 25,000,000원 × 100,000,000원/200,000,000원 = 12,500,000원

④ 수동결산 – 일반전표입력

월	일	구분	계정과목	거래처	차변	대변
12	31	차변	단기매매증권평가손실		400,000	
		차변	단기매매증권		200,000	
		대변	단기매매증권			400,000
		대변	단기매매증권평가이익			200,000

- (주)세무 : 200주 × (8,000원 − 10,000원) = ▲400,000원(평가손실)
- (주)회계 : 100주 × (22,000원 − 20,000원) = 200,000원(평가이익)

⑤ 수동결산 – 일반전표입력

월	일	구분	계정과목	거래처	차변	대변
12	31	차변	무형자산상각비(판)		1,000,000	
		차변	무형자산손상차손		17,499,000	
		대변	개 발 비			18,499,000

- 무형자산의 회수가능성이 장부가액에 미달하는 경우 인식하며 손상차손 인식 전 해당연도의 감가상각 후 장부가액과 비교하여 인식한다.
- 무형자산상각비 : 2023년 − 500,000원(6개월분), 2024년 − 1,000,000원, 2025년 − 1,000,000원
- 무형자산 사업성 소멸에 따른 무형자산손상차손 : (20,000,000원 − 2,500,000원 − 1,000원) = 17,499,000원

⑥ 자동결산 – 결산자료입력

확정급여형(DB) 퇴직연금에 가입하였다고 하여도 퇴직급여충당부채 또는 퇴직연금충당부채를 설정할 수 있다.
- 퇴직급여(제) : 150,000,000원 – 120,000,000원 = 30,000,000원
- 퇴직급여(판) : 71,500,000원 – 50,000,000원 = 21,500,000원

방법 1 : 결산자료입력 메뉴의 상단 [퇴직충당] 버튼을 클릭하여 퇴직급여추계액란의 [508.퇴직급여 : 150,000,000원, 806.퇴직급여 : 71,500,000원]을 입력하고 추가설정액이 확정되면 [결산반영] 버튼을 눌러 "결산반영금액"란에 반영하여 전표추가를 한다.

방법 2 : 결산자료입력 메뉴의 제품매출원가의 3)노무비에 [퇴직급여(전입액) : 30,000,000원], 판매비와일반관리의 [퇴직급여(전입액) : 21,500,000원]을 입력한 후 전표추가 한다.

방법 3 : 결산일(12월 31일)에 일반전표입력에 직접 입력

월	일	구분	계정과목	거래처	차변	대변
12	31	차변	퇴직급여(제)		30,000,000	
		차변	퇴직급여(판)		21,500,000	
		대변	퇴직급여충당부채			51,500,000

⑦ 수동결산 – 일반전표입력

월	일	구분	계정과목	거래처	차변	대변
12	31	차변	제품보증비(판)		280,000	
		대변	장기제품보증부채			280,000

- 장기제품보증부채 설정액 = 90,000,000원 × 1% – 620,000원 = 280,000원

⑧ 이익잉여금처분계산서(당기처분예정일 : 2026년 3월 10일 입력)

　Ⅲ. 이익잉여금처분액 : 이익준비금 28,000,000원, 주식할인발행차금 8,000,000원, 주식배당 16,000,000원 입력 후 상단의 [전표추가(F6)] 버튼 선택

III.이익잉여금처분액				52,000,000		11,000,000
1.이익준비금	0351	이익준비금	28,000,000		1,000,000	
2.재무구조개선적립금	0354	재무구조개선적립금				
3.주식할인발행차금상각액	0381	주식할인발행차금	8,000,000			
4.배당금			16,000,000		10,000,000	
가.현금배당	0265	미지급배당금			10,000,000	
주당배당금(률)		보통주				
		우선주				
나.주식배당	0387	미교부주식배당금	16,000,000			
주당배당금(률)		보통주				
		우선주				

PART 06

원천징수

CHAPTER 01 근로소득 원천징수 및 연말정산
CHAPTER 02 퇴직소득 원천징수
CHAPTER 03 사업 · 기타 · 금융소득 원천징수
CHAPTER 04 원천징수이행상황신고서

전산실무

직무명	분류번호	능력단위명	수준	능력단위요소
세무	0203020204_23v6	원천징수	3	1 금융소득 원천징수하기 2 사업소득 원천징수하기 3 근로소득 원천징수하기 4 기타소득 원천징수하기 5 퇴직소득 원천징수하기 6 근로소득 연말정산하기

능력단위정의: 원천징수란 금융소득, 사업소득, 근로소득, 기타소득, 퇴직소득을 소득자에게 지급할 때 소득자가 납부해야 할 세금을 원천징수의무자가 대신 징수하여 과세당국에 납부하기 위하여 수반되는 소득 및 세액 계산, 세무신고 및 납부, 연말정산 등을 수행하는 능력이다.

NCS 능력단위	능력단위요소	수 행 준 거
0203020204_23v6 원천징수	0203020204_23v6.1 금융소득 원천징수하기	1.1 세법에 의한 과세, 비과세 이자소득과 원천징수대상 배당소득을 구분하여 원천징수세액을 계산할 수 있다. 1.2 이자소득과 배당소득에 대한 원천징수 결과에 따라 세무정보시스템을 활용하여 원천징수이행상황신고서를 작성하고 신고 후 세액을 납부할 수 있다. 1.3 세법이 정한 서식에 따라 이자소득과 배당소득에 대한 원천징수영수증 발급·교부하고 지급명세서를 기한 내에 제출할 수 있다.
	0203020204_23v6.2 사업소득 원천징수하기	2.1 세법에 의한 원천징수 대상 사업소득을 구분하여 원천징수세액을 계산할 수 있다. 2.2 사업소득에 대한 원천징수 결과에 따라 세무정보시스템을 활용하여 원천징수이행상황신고서를 작성하고 신고 후 세액을 납부할 수 있다. 2.3 세법이 정한 서식에 따라 사업소득에 대한 원천징수영수증을 발급·교부하고 지급명세서를 기한 내에 제출할 수 있다. 2.4 사업소득에 대한 간이지급명세서 및 지급명세서를 기한 내에 제출할 수 있다.
	0203020204_23v6.3 근로소득 연말정산하기	3.1 소득세법에 따라 세무정보시스템 또는 급여대장을 통해 임직원의 인적공제사항을 작성·관리할 수 있다. 3.2 회사의 급여규정에 따라 임직원의 기본급, 수당, 상여금 등의 급여금액을 정확하게 계산할 수 있다. 3.3 세법에 의한 임직원의 급여액에 대한 근로소득금액을 과세 근로소득과 비과세 근로소득으로 구분하여 계산할 수 있다. 3.4 간이세액표에 따라 급여액에 대한 산출된 세액을 공제 후 지급할 수 있다. 3.5 중도퇴사자에 대한 근로소득 정산에 의한 세액을 환급 또는 추징할 수 있다. 3.6 일용근로자에 대한 근로소득은 비과세 기준을 고려하여 계산할 수 있다.

NCS 능력단위	능력단위요소	수 행 준 거
0203020204_23v6 원천징수	0203020204_23v6.3 근로소득 연말정산하기	3.7 근로소득에 대한 원천징수 결과에 따라 세무정보시스템을 활용하여 원천징수이행상황신고서를 작성하고 신고 후 세액을 납부할 수 있다. 3.8 환급받을 원천징수세액이 있는 경우 납부세액과 상계 및 환급신청할 수 있다. 3.9 기 신고한 원천징수 수정 또는 경정요건이 발생할 경우 수정신고 및 경정청구 할 수 있다. 3.10 근로소득에 대한 간이지급명세서를 기한 내에 제출할 수 있다. 3.11 일용근로자에 대한 지급명세서를 기한 내에 제출할 수 있다.
	0203020204_23v6.4 기타소득 원천징수하기	4.1 세법에 의한 원천징수 대상 기타소득을 구분하여 원천징수 세액을 계산할 수 있다. 4.2 기타소득에 대한 원천징수 결과에 따라 세무정보시스템을 활용하여 원천징수이행상황신고서를 작성하고 신고 후 세액을 납부할 수 있다. 4.3 기타소득의 원천징수영수증을 발급·교부하고 지급명세서를 기한 내에 제출할 수 있다.
	0203020204_23v6.5 퇴직소득 원천징수하기	5.1 회사의 퇴직급여 규정에 따라 임직원의 평균급여를 산출하여 퇴직금을 정확하게 계산할 수 있다. 5.2 세법에 따른 퇴직소득과 근로소득을 구분하여 퇴직소득금액을 계산할 수 있다. 5.3 세법에 따라 퇴직금의 산출된 세액을 공제 후 지급할 수 있다. 5.4 퇴직소득에 대한 원천징수 결과에 따라 세무정보시스템을 활용하여 원천징수이행상황신고서를 작성하고 신고 후 세액을 납부할 수 있다. 5.5 세법이 정한 서식에 따라 퇴직소득에 대한 원천징수영수증 발급·교부하고 지급명세서를 기한 내에 제출할 수 있다. 5.6 기 신고한 원천징수 수정 또는 경정요건이 발생할 경우 수정신고 및 경정 청구할 수 있다.
	0203020204_23v6.6 근로소득 연말정산하기	6.1 연말정산대상소득과 연말정산시기에 대해서 파악할 수 있다. 6.2 근로자의 근로소득원천징수부를 확인하여 총 급여 및 원천징수세액을 파악할 수 있다. 6.3 세법에 따라 연말정산대상자의 소득공제신고서와 소득공제증명자료를 처리할 수 있다. 6.4 연말정산결과에 따라 세무정보시스템을 활용하여 근로소득원천징수영수증을 소득자에게 발급할 수 있다. 6.5 연말정산결과에 따라 세무정보시스템을 활용하여 근로소득지급명세서를 전자제출할 수 있다. 6.6 연말정산결과에 따라 세무정보시스템을 활용하여 원천징수이행상황신고서 전자신고 할 수 있다.

CHAPTER 01 근로소득 원천징수 및 연말정산

1. 사원등록

원천징수 ▶▶ 근로/퇴직/사업 ▶▶ 근로소득관리 ▶▶ 사원등록

사원등록은 각 사원의 인적사항과 인적공제 및 관리사항을 입력한다. [기본사항], [부양가족명세], [추가사항]으로 TAB이 구성되어 있으며 상용직 근로소득자 급여지급시 간이세액조견표에 의한 원천징수세액과 연말정산에 영향을 주는 중요한 정보이다.

항 목		입력내용 및 방법
사번		숫자 또는 문자를 이용하여 10자 이내의 사원코드를 부여한다.
성명		사원명을 20자 이내로 입력한다. 외국인은 국세청 전자신고시 사원명을 한글로 풀어서 입력해야 한다.
주민(외국인)번호		내국인은 "1:주민등록번호"를 선택하여 주민등록번호를 입력하고, 외국인은 "2:외국인등록번호, 3:여권번호" 중 선택하여 번호를 입력한다.
나이		현재 시스템일자를 기준으로 표시되고 [부양가족명세] TAB의 나이는 과세기간종료일 현재 나이로 표기된다.
기본사항	입사년월일	해당 사원의 입사일자를 입력하며 사원관리의 기준이 되는 중요한 입력항목이므로 반드시 정확하게 입력한다.
	내/외국인	내국인이면 "1", 외국인이면 "2"를 선택한다.
	외국인국적	외국인인 경우 국적 및 체류자격을 입력하여 전자신고시 반영한다.
	주민구분	주민(외국인)번호에서 입력한 정보가 자동 반영된다.
	거주구분 거주지국코드	거주자인 경우 "1", 비거주자인 경우 "2"로 입력한다. 비거주자인 경우 거주지국코드를 선택하여 전자신고시 반영한다.
	국외근로제공	국외근로 비과세를 입력하며 해당사항이 없으면 "0.부"를 선택한다. <table><tr><td>1. 월 100만원 비과세</td><td>원양어업 선원, 건설현장근로자 이외의 월 100만원 비과세인 경우 선택한다.</td></tr><tr><td>2. 월 500만원 비과세</td><td>원양어업 등의 선원, 해외건설근로자(감리·설계업무 포함)에 해당하여 월 500만원 비과세인 경우 선택한다.</td></tr><tr><td>3. 전액 비과세</td><td>공무원 등 종사자로 전액 비과세인 경우 선택한다.</td></tr></table>
	단일세율적용	외국인근로자의 경우 단일세율적용(0.부, 1.여)를 선택하며 "1.여"를 선택하면 근로소득의 19%를 산출세액으로 계산한다.
	외국법인 파견근로자	외국법인에 파견하여 근무하는 근로자인 경우 선택한다.

항 목		입력내용 및 방법
기본사항	생산직여부	연장근로수당등이 비과세되는 **생산직**사원의 경우 "1.여", 생산직이외의 사원은 "0.부"를 입력한다. 전년도 총급여액이 3,000만원 이하인 생산직근로자인 경우 [연장근로비과세] "1.여"를 입력한다.
	주 소	해당 사원의 주소를 ▦키 또는 코드도움(F2)를 선택하여 입력한다.
	국민연금 보수월액	보수월액을 입력하면 [기초등록]에 등록된 요율에 따라 자동으로 계산하여 보여주며 [급여자료입력] 메뉴의 사회보험 공제항목에 자동 반영된다.
	건강보험 보수월액	보수월액을 입력하면 [기초등록]에 등록된 요율에 따라 자동으로 계산하여 보여주며 [장기요양보험적용] 여부를 선택한다. 또한 [급여자료입력] 메뉴의 사회보험 공제항목에 자동 반영된다.
	고용보험적용	고용보험 적용여부(0.부, 1.여)를 선택하고 대표자인 경우 "1" 입력, 이외의 경우는 "0"를 선택한다. 고용보험적용 "1.여"를 선택한 경우 고용보험보수월액을 입력하면 [기초등록]에 등록된 요율에 따라 자동으로 계산하여 보여준다. 또한 [급여자료입력] 메뉴의 사회보험 공제항목에 자동 반영된다.
	산재보험적용	산재보험 적용 대상자인 경우 "1.여"를 선택하면 사회보험보수총액에 반영되며 교육버전은 지원되지 않는다.
	퇴사년월일	해당 사원이 퇴사한 경우 해당 "년·월·일" 및 퇴직사유를 입력하며, 퇴사년월일을 입력하면 중도퇴사자 연말정산과 퇴직소득자료입력에 자동으로 반영된다.
부양가족명세		소득자 본인을 포함한 부양가족에 대한 내역을 입력하며 입력된 사항을 바탕으로 급여자료입력 시 원천징수세액 계산, 연말정산자료입력의 인적공제 내역에 반영된다. → **인적공제요건 341~344페이지 확인**
	연말관계	하단의 메시지를 참고하여 입력하며 인적공제 대상자 범위에 해당하는 코드를 선택하며 **직계비속 배우자 중 기본공제 대상자**에 해당하면 '5.직계비속(4 제외)'를 선택한다. ※ 연말관계 : 0.소득자 본인, 1.소득자의 직계존속, 2.배우자의 직계존속, 3.배우자, 4.직계비속(자녀 + 손자녀 + 입양자), 5.직계비속(4 제외), 6.형제자매, 7.수급자(1~6 제외), 8.위탁아동(만 18세 미만)
	성명	부양가족의 성명을 입력한다.
	내/외국인	부양가족이 내국인이면 "1"을 외국인이면 "2"를 선택한다.
	주민(외국인)번호	부양가족이 내국인이면 주민등록번호를 입력하고 외국인이면 외국인등록번호를 입력한다.
	기본공제	인적공제의 기본공제 대상여부를 선택하는 란이다. | 0. 부 | 부양가족에 해당하나 기본공제 대상자에 해당하지 않는 경우에 선택하며 의료비, 교육비 등 세액공제 대상자인 경우 반드시 선택 | | 1. 본인 | 소득자 본인일 때 선택하며 자동반영 된다. | | 2. 배우자 | 기본공제 대상이 배우자일 때 선택 | | 3. 20세 이하 | 기본공제 대상이 직계비속 및 형제자매일 때 선택 | | 4. 60세 이상 | 기본공제 대상이 직계존속 및 형제자매일 때 선택 | | 5. 장애인 | 부양가족이 **장애인(21세 ~ 59세)**인 경우 선택 | | 6. 기초생활대상등 | 기초생활보장법에 따른 생계급여 등의 수급자일 때 선택 | | 7. 자녀장려금대상 | 자녀장려금 대상인 경우 선택 |

항 목			입력내용 및 방법
부양가족명세	추가공제	부녀자	종합소득금액 3천만원(총급여액 41,470,588원) 이하자로 배우자가 없는 여성근로자로서 기본공제대상 부양가족이 있는 세대주 또는 배우자가 있는 여성근로자
		한부모	배우자가 없는 자로서 기본공제 대상자인 **직계비속(입양자 포함)이 있는 경우** 선택
		경로우대	기본공제 대상자 중 **만 70세 이상**에 해당하는 경우 선택
		장애인	기본공제 대상자 중 **장애인**에 해당하는 경우 선택하며 (1.장애인복지법에 따른 장애인, 2.국가유공자등 근로능력없는자, 3.항시치료를 요하는 중증환자) 중 택일
	자녀세액공제	자녀	기본공제 대상자 중 **만 8세 이상 ~ 20세 이하**의 자녀(입양자 및 위탁아동, 손자녀 포함)가 있는 경우 선택
		출산입양	당해 연도에 **출생**하거나 **입양**한 자녀가 있는 경우 선택
	위탁관계		부양가족에 대해 본인과의 관계를 코드도움(F2)을 이용하여 입력한다. (전산세무 시험은 현재 출제되고 있지 않으나 실무는 반드시 선택한다.)
	세대주구분		본인이 세대주이면 "1.세대주"를 세대원이면 "2.세대원"을 선택한다.
추가사항	학자금상환공제여부		연간소득금액이 상환기준소득을 초과한 경우 국세청 납부통지 · 납부고지 · 원천공제방식을 통해 일정금액을 의무적으로 상환하는 경우 입력한다. 원천공제방식에 해당하는 근로자인 경우 "1.여"로 선택하고 기간과 원천공제통지액을 입력하며 [급여자료입력] 메뉴 공제항목에 반영되며 원천징수의무자는 공제 · 납부한다. ① 연간소득금액 : 종합소득금액, 근로소득금액, 연금소득금액, 퇴직소득금액, 양도소득금액 ② 상환기준소득 : 교육부장관이 기준 중위소득 및 물가상승률 등을 감안하여 매년 고시 ③ 원천공제통지일 : 해당연도 6월 국세청 원천공제통지서 발송 ④ 원천공제적용 기간 : 해당연도 7월 ~ 다음연도 6월 ⑤ 신고 · 납부 : 원천징수의무자가 근로자 급여에서 매월 원천공제하여 다음달 10일까지 납부하고 대출자별 상환금명세서 신고
	중소기업취업감면		중소기업에 2026.12.31.이전까지 입사한 경우로 취업감면자에 해당하여 소득세를 감면받는 경우 입력한다. **감면대상**: ① 청년 : 근로계약 체결일 현재 연령이 15세 이상 34세 이하인 근로자 ② 근로계약 체결일 현재 연령이 60세 이상인 근로자 ③ 장애인 근로자 ④ 경력단절 여성 근로자 **감면기간**: ■ 청년은 최초입사일부터 5년, 이외의 자는 3년을 적용 ■ 시작일(초일불산입)로부터 5년(3년)이 되는 날이 속하는 달의 말일까지 입력 **감면율**: 청년은 90%, 이외의 자는 70%를 적용하며 연간 200만원 한도까지 세액 감면 **감면입력**: 급여 지급시 감면을 적용하는 경우 "1.급여입력", 연말정산시 감면을 적용하는 경우 "2.연말입력"을 선택한다.
	소득세적용률		매월 근로소득 지급시 근로소득 간이세액표에 따라 원천징수하여 납부하나 근로자가 [소득세 원천징수세액 조정신청서]를 제출하여 간이세액표에 따른 세액의 비율을 "80%, 100%, 120%" 중 선택하여 적용하고자 하는 경우 선택한다.
	두루누리사회보험여부		근로자 수가 10명 미만인 사업장에 고용된 월 평균보수 270만원 미만인 근로자 중 신규 가입자에 해당하는 경우 그 근로자와 사업주는 고용보험 및 국민연금 보험료의 80%를 최대 36개월까지 지원하는 경우 입력한다.

실무예제 1

영업부 부장 김철수(거주자, 입사일 : 2022년 7월 5일, 사원번호 : 100)를 사원등록하고 부양가족명세를 작성하시오. (제시된 소득 이외의 소득은 없으며, 세부담 최소화를 가정한다.) [회사코드 : 4100.(주)동부]

자료 1. 사원등록 참고자료

① 부양가족은 김철수와 생계를 같이 하며 사회보험과 관련한 보수월액은 4,500,000원이고, 근로소득 간이세액표에 따른 세액의 80%를 원천징수하고자 [소득세 원천징수세액 조정신청서]를 제출하였고 당해연도 1월부터 적용한다.
② 배우자 박혜선은 일시적인 문예창작소득 5,000,000원의 소득이 있으며 필요경비를 확인할 수 없다.
③ 자녀 김혁은 장애인복지법에 의한 청각장애인에 해당하며 총급여액 6,000,000원이 있다.
④ 부친 김철재는 원천징수 배당소득 16,000,000원과 기초연금 2,400,000원이 있다.
⑤ 고모 김경희는 별도의 소득이 없으며, 시각장애인이다.
⑥ 동거인 김소망은 2024.12.20.부터 양육한 아동복지법에 따른 가정위탁자에 해당한다.

자료 2. 김철수의 주민등록표

```
문서확인번호                                    1/1

           주 민 등 록 표        이 등본은 세대별 주민등록표의 원본내용과 틀림없음을
                               증명합니다.
             ( 등   본 )        담당자 :           전화 :
                               신청인 :           (        )
                               용도 및 목적 :
                                                 년 월 일
```

세대수 성명(한자)	김철수(金鐵수)	세대구성 사유 및 일자	전입 2010-12-10

현주소 : 서울특별시 구로구 도림로 10 (구로동)

번호	세대주 관 계	성 명 주민등록번호	전입일/변동일	변동사유
1	본인	김철수 760123 - 1200761		
2	처	박혜선 790710 - 2028069	2010-12-10	전입
3	자	김 혁 030606 - 3888019	2010-12-10	전입
4	부	김철재 520808 - 1756009	2010-12-10	전입
5	고모	김경희 550822 - 2031629	2012-10-10	전입
6	동거인	김소망 240405 - 3035229	2024-12-20	전입

 예제 따라하기

(1) 기본사항 TAB

김철수의 주민등록 등본의 기재사항을 확인하여 정확하게 입력한다.

- 직전연도 총급여액을 기준으로 보수총액이 산정되면 근무월수로 나누어 보수월액이 산정되며 시험은 지문에 주어진 요구사항에 맞추어 입력한다.
- 보수월액 = 근로소득 – 비과세소득

(2) 부양가족명세 TAB

① 김철수 : 본인이므로 기본공제 가능하고 세대주 선택
② 박혜선 : 문예창작소득은 기타소득으로 필요경비 60%를 차감한 소득금액 300만원 이하는 분리과세를 선택할 수 있어 기본공제 요건을 충족하므로 공제가능
   (5,000,000원 – 3,000,000원 = 2,000,000원)
③ 김 혁 : 청각장애인이지만 소득금액(총급여 5,000,000원) 제한을 초과하였으므로 기본공제 불가능
④ 김철재 : 금융소득 2,000만원 이하까지는 분리과세가 가능하고, 기초연금은 비과세소득이므로 기본공제와 경로우대 추가공제 가능
⑤ 김경희 : 고모는 공제대상 부양가족 범위에 없으므로 공제 불가능하며 입력하지 않음
⑥ 김소망 : 위탁아동으로 6개월 이상 직접 양육하였으므로 기본공제 가능

□	사번	성명	주민(외국인)번호	나이
□	100	김철수	1 760123-1200761	49

기본사항 **부양가족명세** 추가사항

연말관계	성명	내/외국인	주민(외국인, 여권)번호	나이	기본공제	부녀자	한부모	경로우대	장애인	자녀	출산입양	위탁관계
0	김철수	내	1 760123-1200761	49	본인							
3	박혜선	내	1 790710-2028069	46	배우자							배우자
4	김혁	내	1 030606-3888019	22	부							자녀
1	김철재	내	1 520808-1756009	73	60세이상			○				부
8	김소망	내	1 240405-3035229	1	20세이하							기타

※ 연말관계 : 0.소득자 본인, 1.소득자의 직계존속, 2.배우자의 직계존속, 3.배우자, 4.직계비속(자녀+입양자)
  5.직계비속(4 제외), 6. 형제자매, 7.수급자(1~6 제외),
  8.위탁아동(만 18세 미만, 보호기간 연장 시 20세 이하/직접선택)

◆ 부양가족 공제 현황
1. 기본공제 인원 (세대주 구분 1 세대주)

본인	○	배우자	유	20세 이하	1	60세 이상	1
2. 추가공제 인원		경로 우대	1	장애인		부녀자	부
		한 부 모	부	출산입양자			
3. 자녀세액공제 인원		자녀세액공제					

◆ 자녀세액공제는 8세 이상 20세 이하의 자녀인 경우 공제 받을 수 있습니다.

(3) 추가사항 TAB

① 매월 근로소득을 지급할 때 근로소득 간이세액표에 따라 소득세를 원천징수하여 납부하는데 근로자가 [소득세 원천징수세액 조정신청서]를 제출하여 간이세액표에 따른 세액의 비율을 "80%, 100%, 120%" 중 선택할 수 있다. 선택하지 않거나 제출하지 아니한 경우 100%이며 원천징수 비율을 변경한 경우 과세기간 종료일까지는 계속하여 적용한다.

② 소득세 적용률을 "2.80%"을 선택하며 [급여자료입력] 메뉴의 [공제항목 – 소득세]란에 표시되며 원천징수세액의 80% 금액이 자동 계산된다.

□	사번	성명	주민(외국인)번호	나이
□	100	김철수	1 760123-1200761	49

기본사항 부양가족명세 **추가사항**

1. 급여이체(은행)   (계좌)   퇴직연금   기입일
   (예금주) 김철수
2. 전화번호(일반) - -   (휴대폰) - -
3. 부서
4. 직종
5. 직위   임원여부 부
6. 현장
7. 호봉
8. 이메일
9. 회계처리(급여) 0802 사용자설정계정과목   (상여금) 0803 상여금
10. 학자금상환공제여부 0 부 기간 __-__ ~ __-__ 원천공제통지액
11. 감면여부 0 없음   나이(만) 49 세
    감면기간 __-__ ~ __-__ 감면율 % 감면입력
    병역근무기간 __-__ ~ __-__ 0 년 0 월
12. **소득세 적용률 2 80%**
13. 두루누리사회보험여부 0 부 기간 __-__ ~ __-__
    고용보험 적용률 0 부   국민연금 적용률 0 부
14. 종교관련종사자여부 0 부
15. 상시근로자구분 1 상시근로자(근로계약1년이상) 0 부 기간제(청년미적용)

실무예제 2

2025년 9월 1일 입사한 생산직 하경자(거주자이며 세대원, 사원번호 : 200)의 가족관계증명서이다. 세부담을 최소화하는 방법을 선택하며 가족관계증명서상 부양가족은 생계를 같이한다. [회사코드 : 4100.(주)동부]

자료 1. 사원등록 참고자료

① 하경자의 당해연도 종합소득금액은 30,000,000원 초과자에 해당하며, 직전연도 총급여액 2,450만원이다.
② 사회보험과 관련한 보수월액 2,500,000원이다.
③ 정진숙은 부동산임대소득금액 15,000,000원이 있다.
④ 배우자 이해상은 세대주에 해당하며 항시 치료를 요하는 중증환자로서 현재 타지역의 요양시설에서 생활하고 있으며 소득은 없다.
⑤ 자녀 이수빈은 혼인 전에 출생한 자녀로 지방 소재 중학교에 재학 중이고, 일용근로소득 5,000,000원의 소득이 있다.
⑥ 자녀 이성훈은 어린이집에 다니고 있다.
⑦ 당사는 통조림을 제조하는 중소기업으로 중소기업취업자 소득세 감면을 최대한 적용받고자 하경자는 신청하였다. 중소기업취업자 감면은 매월 급여수령시 적용하기로 하며, 최초취업일은 2025년 9월 1일이다. (전근무지에서 감면을 적용한적 없음)

자료 2. 하경자의 가족관계증명서

[별지 제1호서식] 〈개정 2010.6.3〉

가 족 관 계 증 명 서

등록기준지	서울시 송파구 도곡로 460 (잠실동)

구분	성명	출생연월일	주민등록번호	성별	본
본인	하경자	1992년 10월 01일	921001 - 2036531	여	晉陽

가족사항

구분	성명	출생연월일	주민등록번호	성별	본
모	정진숙	1964년 04월 05일	640405 - 2649846	여	延日
배우자	이해상	1988년 10월 10일	881010 - 1774910	남	星州
자녀	이수빈	2011년 03월 05일	110305 - 4457870	여	星州
자녀	이성훈	2025년 01월 23일	250123 - 3052775	남	星州

 예제 따라하기

(1) 기본사항 TAB

하경자의 가족관계증명서의 기재사항을 확인하여 정확하게 입력한다. 생산직에 해당하므로 [10.생산직등여부 : 1.여, 연장근로비과세 : 1.여, 전년도총급여 : 24,500,000원]을 입력한다.

(2) 부양가족명세 TAB

① 하경자 : 세대주가 아니므로 [세대주 구분 : 2.세대원]을 선택하고, 종합소득금액이 3,000만 원 초과자이면 배우자가 있어도 부녀자 공제 불가능
② 정진숙 : 부동산임대 사업소득금액이 100만원 초과로 기본공제 불가능
③ 이해상 : 기본공제 및 장애인(3.항시치료를 요하는 중증환자) 추가공제 가능
④ 이수빈 : 혼인 전에 출생한 자녀도 부양하는 경우 공제대상이며 동거 여부와 관계없이 공제 가능. 일용근로소득은 분리과세소득이므로 기본공제 및 자녀세액공제(기본) 가능
⑤ 이성훈 : 20세 이하이므로 기본공제 가능하고 아동수당 중복배제로 자녀세액공제(기본)는 제외 되나 당해연도 출생이므로 [출생·입양]란의 둘째를 선택하여 세액공제를 적용한다.

(3) 추가사항 TAB

청년에 해당하는 근로자 본인이 중소기업에 2026.12.31.까지 입사한 경우 중소기업 취업자에 해당하며 최초취업일로부터 5년간 소득세를 90% 적용 받는다.

① 최초취업일이 2025년 9월 1일 이므로 감면기간은 [2025-09-01 ~ 2030-09-30]을 입력한다.
② 청년에 해당하므로 감면율 "4.90%"을 선택한다.
③ 소득세 감면을 급여 지급시 적용하기로 하였으므로 감면입력을 "1.급여입력"을 선택한다.

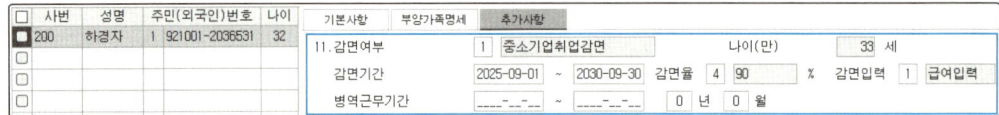

2. 급여자료입력

급여자료입력은 상용직근로자에게 지급한 급여내역과 각종 공제액(소득세 및 지방소득세 포함)을 입력하는 메뉴이다. 급여자료입력 메뉴에서 입력된 자료는 [원천징수이행상황신고서]에 자동 반영되며 추후 연말정산 시 [연말정산추가자료입력]의 [소득명세 TAB]에 반영된다.

매월 지급하는 급여자료를 입력하기 위해서는 수당등록과 공제등록을 선행하여야 한다.

1 수당 및 공제등록

상단의 F4 수당공제 버튼을 선택하여 수당 및 공제항목을 등록할 수 있고, 근로기준법상 통상임금 포함여부, 임금명세서에 반영하는 지급항목 계산방법, 사원별 계산방법등록도 함께 할 수 있다.

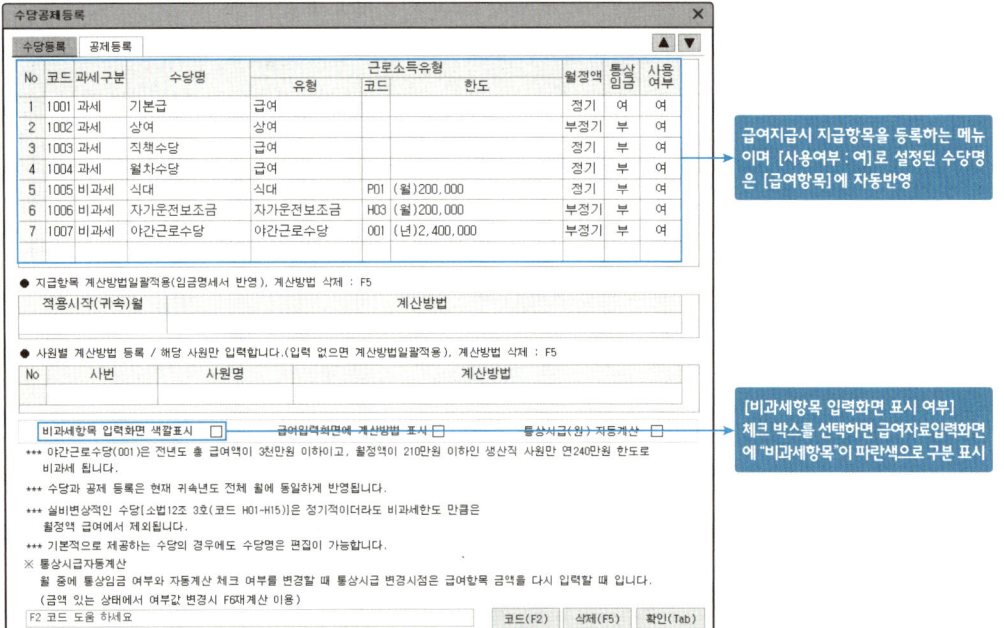

(1) 수당등록

급여 지급 시 지급하는 각종 수당을 추가하거나 수정·등록하며 기본적인 비과세수당은 등록되어 있다. 기본적으로 제공하는 항목은 **"과세구분"은 변경이 불가능**하고 삭제할 수 없으므로 미사용시 "사용여부 : 부"로 선택하여야 한다. 다만 **"수당명"은 변경이 가능**하다.

항 목	입력내용 및 방법
과세구분	과세수당이면 과세, 비과세수당이면 비과세를 입력한다.
수당명	추가하고자 하는 수당명을 입력하며 기 등록된 수당명은 변경이 가능하다.
근로소득 유형	[과세구분 : 과세] 근로소득지급명세서에 반영되는 과세유형명을 코드도움(F2) 키를 누른 후 보조창에서 해당유형을 선택한다. [과세구분 : 비과세] 지급항목 중 비과세에 해당하는 경우 코드도움(F2) 키를 클릭하여 해당 비과세유형을 선택하며 항목별 "월(또는 연)" 한도액이 자동 계산된다.
월정액여부	생산직근로자의 월정기적급여액(210만원 이하) 계산 포함여부를 선택하는 메뉴이다. 　월정액급여 　= 급여총액 - 상여 등 부정기적 급여　실비변상적 급여　복리후생적 급여　연장근로수당 급여총액에서 제외해야 하는 급여는 "0:부정기"를 선택하고 포함해야 하는 급여는 "1:정기"를 선택한다.
사용여부	기본적으로 제공하는 항목 또는 등록한 항목 중 사용하지 않는 경우 "0:부"로 설정하면 급여자료 입력에 조회되지 않는다.

(2) 공제등록

급여지급 시 공제하는 항목을 등록하는 메뉴이며 기본적으로 등록된 고정항목은 삭제가 불가능하므로 사용하지 않을 경우에는 "사용여부 : 부"로 변경한다.

No	코드	공제항목명	공제소득유형	사용여부
1	5001	국민연금	고정항목	여
2	5002	건강보험	고정항목	여
3	5003	장기요양보험	고정항목	여
4	5004	고용보험	고정항목	여
5	5005	학자금상환	고정항목	여

급여지급시 공제하는 항목을 등록하는 메뉴이며 [사용여부 : 여]로 설정된 공제항목명은 [공제항목]에 자동반영

항 목	입력내용 및 방법
공제항목명	추가하고자 하는 공제항목명을 입력한다.
공제소득 유형	코드도움(F2) 키를 누른 후 보조창에서 공제소득유형을 선택하며 기부금 및 사회보험정산 유형은 기부금명세서 및 사회보험정산 메뉴에 자동반영 되는 유형이다.

2 급여자료 입력

수당 및 공제등록을 설정한 후 각각의 사원에 대한 급여항목과 공제항목을 입력하면 급여대장 및 급여명세 등을 출력할 수 있고 원천징수한 소득세를 집계하는 [원천징수이행상황신고서]에 자동으로 반영된다.

항 목	입력내용 및 방법
귀속년월	지급하는 급여 및 상여의 귀속월을 입력한다.(실제 근로를 제공한 월을 입력)
지급년월일	지급하는 급여 및 상여의 지급일자를 입력한다.
급여항목	[수당공제]의 "수당등록"에 등록된 수당항목 중 "사용 : 여"로 설정한 항목이 자동으로 반영된다.
공제항목	[수당공제]의 "공제등록"에 등록된 공제항목 중 "사용 : 여"로 설정한 항목이 자동으로 반영된다.
지급일자	귀속월별 지급내역을 확인할 수 있으며, 정기적으로 발생하는 급여나 상여금이 동일할 때 복사를 이용하여 손쉽게 작업할 수 있다. 또한 입력실수 등으로 지급일자, 지급구분 등을 변경하고자할 때 [지급일자] 버튼을 이용하여 해당내역을 삭제 후 다시 설정하여 등록할 수 있다.
재계산	과세, 비과세금액이 변경되거나 사원의 부양가족이 변경되는 등 입력된 정보의 내용을 변경하고자 하는 경우 사용한다.
마감	당월 지급분에 대한 급여자료입력을 완료했다는 의미이며, 마감시 수정, 재계산, 삭제 등의 작업을 할 수 없다. 마감 후 다시 [마감취소] 버튼을 클릭하면 마감이 취소된다.
중도퇴사자 정산	중도퇴사시 사원등록에서 퇴사일을 입력한 다음 해당 퇴사월의 급여자료입력 후 [중도퇴사자정산] 버튼을 클릭하여 [급여반영] 버튼을 클릭하면 중도퇴사자에 대한 연말정산이 반영·완료된다.
연말정산	[중도퇴사자정산] 버튼 안의 [연말정산] 버튼을 클릭하여 **전년도 연말정산 소득세를 급여자료입력에 반영**할 수 있다.
분납적용	[중도퇴사자정산] 버튼 안의 [분납적용] 버튼을 클릭하여 전년도 연말정산 소득세 납부액이 **10만원 초과시 3개월에 걸쳐 균등액 분할 납부**시 선택한다.

실무예제

다음은 당사의 2025년 급여지급내역(지급일 : 매월 25일)이다. 수당등록 및 급여자료(1월 ~ 12월)를 입력하며 12월만 상여금(기본급의 100%)이 지급된다. [회사코드 : 4100.(주)동부]

[수당항목]

사원명	기본급	식대	자가운전 보조금	야간 근로수당	보육수당	직무수당
김철수(사무직)	4,400,000원	200,000원	200,000원	200,000원	–	200,000원
하경자(생산직)	2,500,000원	200,000원	200,000원	400,000원	200,000원	100,000원

※ 12월 상여금(기본급 100%)은 급여와 함께 지급

[공제항목]

사원명	국민연금	건강보험	장기 요양보험	고용보험	소득세	지방 소득세	사우회비
김철수			프로그램에서 자동계산되는 자료 사용				30,000원
하경자							10,000원

※ 세법 개정에 따른 프로그램 업데이트시 원천징수세액이 달라질 수 있음.

[급여관련 추가자료]

① 식대는 중식대로서 이외의 별도로 식사나 기타 음식물을 제공받지 않는다.
② 자가운전보조금은 본인 소유차량을 직접 운전하여 업무상 이용하고 매월 고정비로 지급받는 것이다.
③ 야간근로수당은 연장 및 야간근로로 인하여 지급하는 수당이다.
④ 보육수당은 6세 이하 자녀와 관련하여 매월 지급하며 하경자씨는 당해연도에 출생한 자녀가 있고, 회사 지급규정에 의해 출산지원금(1회) 10,000,000원을 12월에 지급한다. (특수관계인에 해당하지 않음)
⑤ 하경자씨는 2025년 9월 1일에 입사하였으며 12월 상여금 지급대상자에 해당한다.

예제 따라하기

① 귀속년월(2025년 1월), 지급년월일(2025년 1월 25일)을 입력하고 상단의 F4 수당공제 버튼을 선택하여 수당항목을 추가등록한다. 하경자는 당해연도 9월 1일에 입사하여 1월 ~ 8월 급여입력 시에는 조회되지 않는다.
② 직책수당과 월차수당은 사용하지 않을 것이니 "사용여부 : 부"로 선택한다. 메뉴의 하단으로 내리고자 하는 경우 오른쪽 상단의 방향버튼(▲▼)을 눌러서 아래로 내릴 수 있다.
③ 식대는 별도의 현물제공되는 중식이 없으므로 비과세 급여이다. (월정액 : 정기)
④ 자가운전보조금은 본인 소유차량을 업무에 사용하고 별도의 경비를 받은 적이 없으니 비과세 급여이다. (월정액 : 부정기)

⑤ 야간근로수당은 사무직 및 생산직 모두에게 지급한다고 하여 과세와 비과세를 등록하는 것이 아니라 **무조건 비과세 소득**으로 **등록**한다. 이유는 [사원등록] 메뉴의 [10.생산직등여부, 연장근로비과세] 설정에 의해서 과세여부가 적용된다. (월정액 : 부정기)

구분	사원등록		급여자료입력
	생산직등여부	연장근로비과세	수당등록
사무직	부	비활성화	비과세설정 ⇨ 프로그램에서 **과세급여**로 자동계산
생산직	여	부 (직전연도 총급여액 3,000만원 초과자)	비과세설정 ⇨ 프로그램에서 **과세급여**로 자동계산
	여	여	비과세설정 ⇨ 프로그램에서 **비과세급여**로 자동계산 (월정기적 급여 210만원 초과하면 과세급여로 프로그램이 자동계산)

⑥ 보육수당은 6세 이하 자녀를 양육하는 경우에는 비과세 급여이다. (월정액 : 정기)
⑦ 출산지원금은 자녀 출생일 이후 2년 이내 회사지급규정에 의해 지급받는 경우 최대 2회까지 전액 비과세 적용(특수관계인은 제외)한다. (월정액 : 부정기)
⑧ 직무수당은 과세급여이다. (월정액 : 정기)

[수당등록 화면]

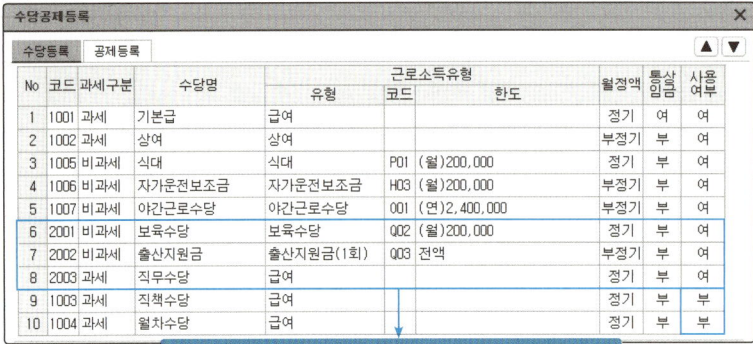

⑨ 공제항목명에 "사우회비"를 등록하고 공제소득유형란에서 코드도움(F2) 키를 누른 후 "4.기타"를 선택한다.

[공제등록 화면]

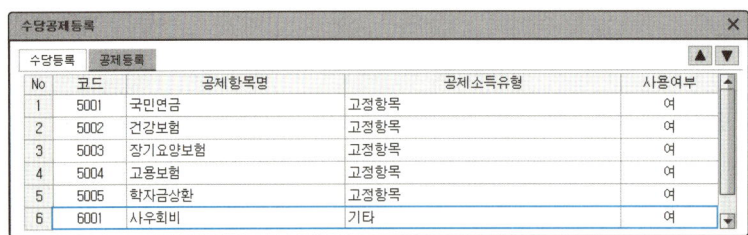

⑩ 김철수 부장은 당해연도 1월분 급여부터 소득세 원천징수 비율을 "80%" 적용 신청하였으므로 공제항목의 소득세란에 반영되어 계산된다.

[1월 급여입력 화면]

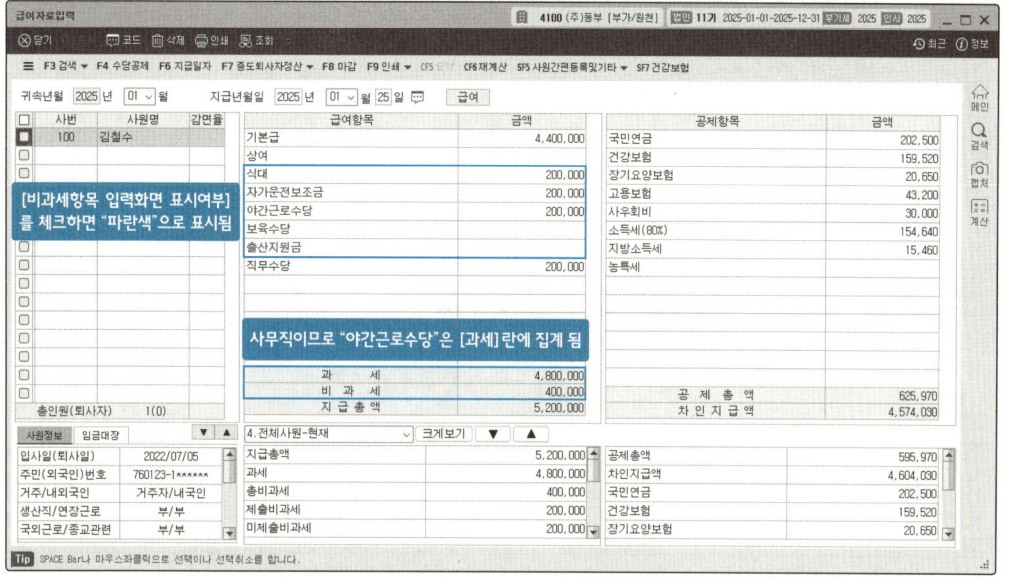

⑪ 2월 ~ 12월 : 1월 급여를 입력하고 다음 어느 하나의 방법을 선택하여 입력할 수 있다.

㉠ 차기월(귀속년월 : 2025년 2월, 지급년월일 : 2025년 2월 25일)을 선택하면 "전월 임금대장 포함(근기령 제27조에 따른 기재사항 포함)하여 복사하시겠습니까?" 메시지가 나오면 "예"를 선택하여 복사한다.

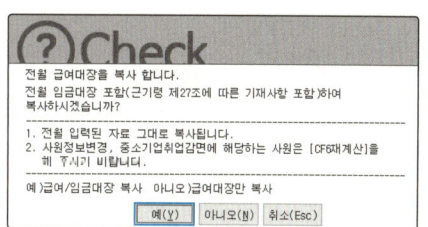

㉡ 상단의 [지급일자] 버튼 활용

F6 지급일자 버튼 클릭 ⇨ 다중복사(F7) 버튼 클릭 ⇨ [급여다중복사] 화면에서 귀속월(3월 ~ 9월)과 지급일자(당월지급)를 입력한 후 [복사]를 클릭 ⇨ 복사가 완료되면 "처리되었습니다." 메시지가 나오며 [확인]키를 누른다.

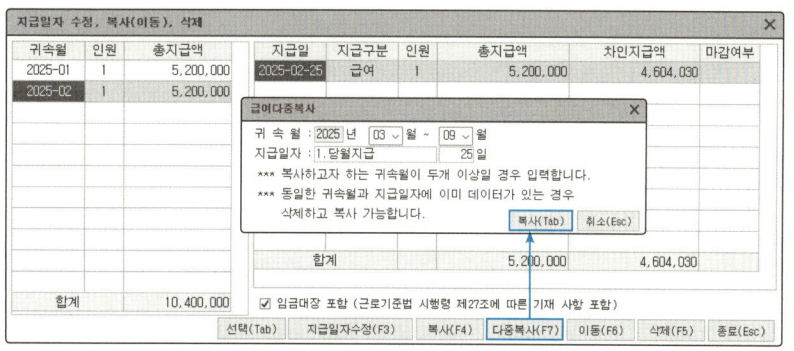

⑫ 지급월 모두 복사가 가능하나 9월 입사자 "하경자"사원의 급여를 추가 입력한 후 복사한다. 하경자사원은 중소기업취업감면자로 급여지급시 적용하였으므로 "감면율(90%)"란에 반영된다.

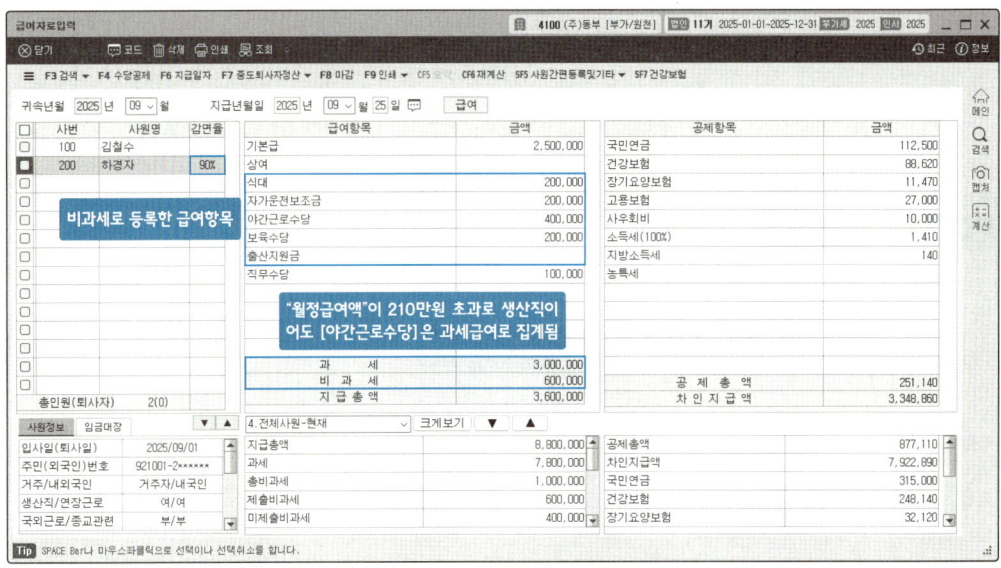

⑬ 9월 급여자료입력 후 12월급여까지 복사하고 상여 및 출산지원금(하경자)를 추가하여 급여입력을 완성한다.

[김철수 12월 급·상여입력화면]

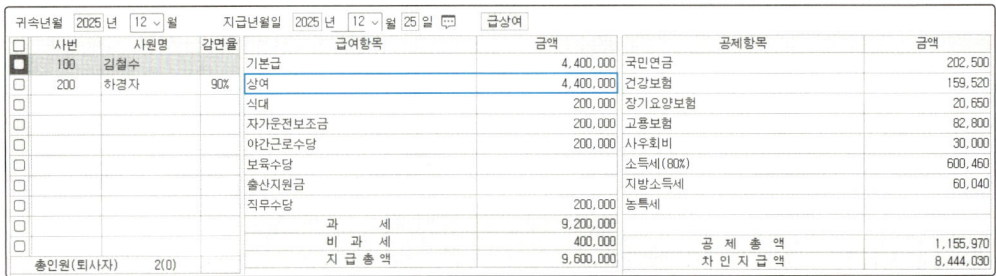

[하경자 12월 급·상여입력화면]

3. 연말정산추가자료입력

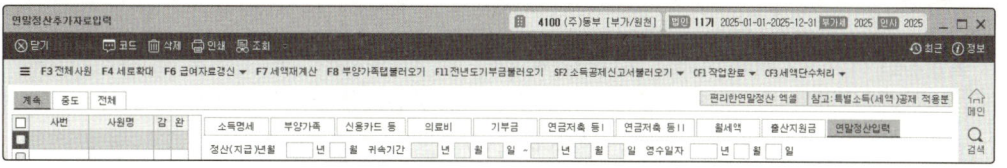

항 목	입력내용 및 방법
전체사원	사원등록에 등록되어 있는 모든 사원을 불러오고자 하는 경우 사용한다. 사번에서 코드도움 (F2) 키를 클릭하여 사원등록에 등록된 사원을 선택하여 입력할 수 있다.
세로확대·축소	[연말정산추가자료입력] 메뉴 화면상의 크기를 세로로 확대·축소시 사용한다.
자료갱신	① 급여자료갱신 : 현재사원에 대하여 변경된 사원, 급여정보를 반영하고자 하는 경우 사용한다. ② 추가공제갱신 : 사원 및 부양가족의 주민등록번호를 기준으로 추가공제를 자동표시하고자 하는 경우 사용한다. ③ 세액재계산 : 현재사원에 대하여 공제액만 재계산하고자 하는 경우 사용한다.
부양가족탭 불러오기	[부양가족 TAB]에 입력된 보험료, 의료비, 신용카드, 기부금 등 지출액을 [연말정산입력 TAB]의 각 항목 지출액을 반영하고자 하는 경우 사용한다.
전년도기부금 불러오기	이월기부금이 있는 경우 전년도 [기부금 TAB]에 입력된 전년도 이월금액을 반영하고자 하는 경우 사용한다.
소득공제신고서 불러오기	[신용카드소득공제신청서] 및 [근로소득공제신고서]의 지출액을 반영하고자 하는 경우 사용하며 공제금액을 재계산한다. 또한 불러오기를 적용할 경우 기존에 입력한 데이터가 삭제됨에 유의한다.
작업완료 (작업취소)	연말정산 자료입력을 완료했다는 의미로 완료된 사원에 대해 재계산, 금액변경, 삭제 등을 할 수 없으며, 완료취소는 완료된 작업을 취소할 때 사용한다.
세액단수처리	① 세액단수처리 : 입력된 사원에 절사방법(원미만절사 또는 십원미만 절사)을 선택하고 [자료갱신] 버튼을 선택하여 적용한다. ② 인정상여 : 법인조정의 [소득자료명세서]의 자료를 불러오기하여 적용하고자 하는 경우 사용한다. ③ 영수일자 변경 : 근로소득원천징수영수증의 영수일자를 일괄로 변경하고자 하는 경우 사용하며 [자료갱신] 버튼을 수행하면 초기화된다.
계속TAB 중도TAB 전체TAB	① 계속TAB : 계속근무자의 연말정산일 경우 "계속"을 선택 ② 중도TAB : 중도퇴사자의 정산데이터일 경우 "중도"를 선택 ③ 전체TAB : 계속근무자와 중도퇴사자 모두를 조회하고자 할 경우 신택
정산(지급)년월	① 계속근무자의 연말정산은 다음해 2월 급여지급월이다. ② 중도퇴사자의 연말정산은 퇴직한 달의 급여를 지급한 월을 기재한다.
귀속기간	① 계속근로자 : 매년 1월 1일부터 12월 31일 ② 해당연도에 입사하거나 퇴사한 경우 [사원등록] 메뉴에서 입력한 입사년월과 퇴사년월이 자동반영

항 목	입력내용 및 방법
영수일자	① 계속근로자 : 다음연도 2월말일이 자동 표시 ② 중도퇴사자 : 퇴사 시 원천징수세액의 영수 또는 지급일 기재(직접입력)
편리한 연말정산 엑셀	국세청의 편리한 연말정산 간편제출을 이용할 사원의 근로자 기초자료를 엑셀로 변환하고자 하는 경우 사용한다.
특별(소득) 세액 공제반영	특별소득(세액)공제와 월세세액공제 금액을 합산하여 표준세액공제(13만원)를 비교하여 근로자에게 유리한 쪽으로 반영하여야 하며 세부내역을 확인하고자 하는 경우 사용한다.
소득명세 TAB	[급여자료입력] 메뉴에 입력한 급여자료가 자동반영된다. 중도입사자(또는 2 이상 근무지가 있는 경우)의 경우에는 종(전)근무지의 소득자료를 입력하여야 하며 **노란색** 부분은 **코드도움**(F2)으로 세부사항을 선택 입력한다.
부양가족 TAB	① 사원등록의 [부양가족명세 TAB]에 입력한 자료가 자동반영되며 직접 추가, 수정, 삭제할 수 있다. 부양가족 중 소득기준초과로 기본공제 "부"에 해당하는 경우 "여"로 선택한다. ② 2024년부터 2026년에 혼인신고를 한 거주자가 혼인신고를 한 해(생애 1회)에 50만원 공제가 가능하다. 해당하는 경우 본인의 "**결혼세액**"란에서 "**1:여**"를 선택하여 [연말정산입력 TAB] "56.결혼세액공제"란에 반영한다. ③ 본인 및 부양가족의 **보험료, 의료비, 교육비, 신용카드 등, 기부금**의 공제 항목이 있는 경우 인명별로 직접 또는 **노란색** 화면을 **더블클릭**하여 보조화면 · 별도 탭에서 입력한다. ④ [부양가족 TAB]에 입력한 자료는 상단의 버튼을 선택하여 [연말정산입력 TAB]의 보험료, 의료비, 교육비, 신용카드 등, 기부금란으로 반영한다.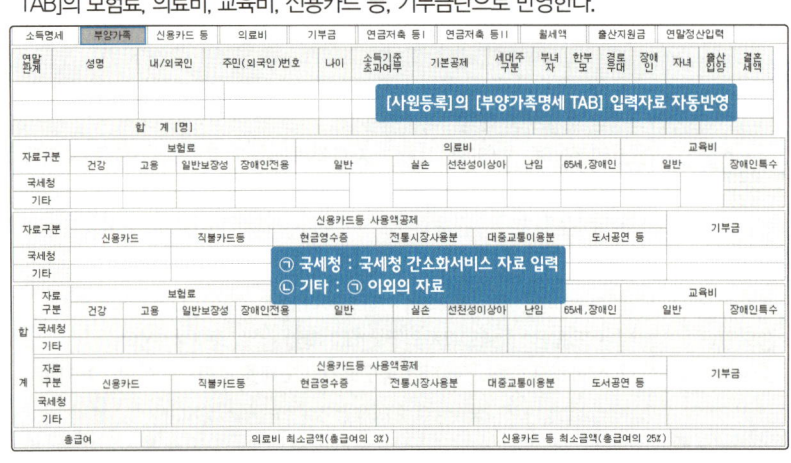 ⑤ 공제항목별 입력방법 　■ 보험료 : [부양가족 TAB] 공제대상자 선택 후 보험료란 더블클릭 - 보험료 등 공제대상금액 보조화면에 보장성보험료 입력

항 목	입력내용 및 방법
부양가족 TAB	▪ 의료비 : [부양가족 TAB] 공제대상자 선택 후 의료비란 더블클릭 → [의료비 TAB]으로 이동 – 의료비 공제대상자별 지급명세 입력 ▪ 교육비 : [부양가족 TAB] 공제대상자 선택 후 지출액 입력 후 교육비 구분 선택 ▪ 신용카드등 사용액 : [부양가족 TAB] 공제대상자 선택 후 기부금란 더블클릭 → [신용카드등 TAB]으로 이동 – 신용카드등 공제대상자별 지출액 입력 ▪ 기부금 : [부양가족 TAB] 공제대상자 선택 후 신용카드란 더블클릭 → [기부금 TAB]으로 이동 – 기부자별 기부금 입력 ⑥ [연말정산입력 TAB]에서 **[F8 부양가족탭불러오기]**를 실행하지 않는 경우 '**빨간색**'으로 표시되며, 지출액에 반영되지 않으므로 반드시 실행한다.
신용카드등 TAB	▪ **신용카드등 사용액 소득공제 반영방법** [신용카드 등 TAB] 입력 → [부양가족 TAB] 자동 반영 → [연말정산입력 TAB] : [F8 부양가족탭불러오기] 버튼을 클릭하여 반영 ① 신용카드 등 사용액(**나이 불문, 소득금액 규제**)이 있는 경우 부양가족별로 사용액을 입력한다. [부양가족 TAB]에서 더블클릭하면 [신용카드등 TAB]으로 이동하며, 직접 탭을 선택하여 입력하여도 된다. ② 도서등신용/도서등직불/도서등현금 : 총급여액 7,000만원 이하자로 문화체육사용분(도서·신문·공연·박물관·미술관·영화상영관·수영장·체력단련장) 지출액이 있는 경우 입력
의료비 TAB	▪ **의료비 세액공제 반영방법** [의료비 TAB] 입력 → [부양가족 TAB] 자동 반영 → [연말정산입력 TAB] : [F8 부양가족탭불러오기] 버튼을 클릭하여 반영 ① 기본공제대상자(**나이 및 소득금액 불문**)를 위하여 지출한 의료비가 있는 경우 입력하며 코드도움(F2)을 이용하여 의료비 공제대상자를 선택 후 입력 ② 본인등 해당여부 : 부양가족 등록 정보에 따라 전액공제대상(○) 및 일정한도대상(×) 자동 설정되며 수정이 필요한 경우 직접 수정입력 가능 ▪ 소득자 본인 : 1.본인(○) ▪ 6세 이하, 65세 이상, 장애인, 건강보험산정특례자 : 2.6세이하,65세이상,장애인,건강보험산정특례자(○) ▪ 이외의 자 : 3.그 밖의 기본공제대상자(×) ③ 지급처 : 증빙코드를 '1.국세청장'으로 선택한 경우 상호, 사업자등록번호, 건수는 입력하지 않으며 이외의 증빙코드는 상호, 사업자번호, 건수를 반드시 입력 ④ 지급명세 : 의료비 지출액을 금액란에 입력 ▪ 실손보험수령액이 있는 경우 지출액 전액을 금액란에 입력하고 실손보험수령액 함께 입력 ▪ 미숙아 및 선천성이상아 의료비, 난임시술비 지출액이 있는 경우 "1.해당(○)" 선택 ▪ 산후조리원 지출액이 있는 경우 출산 1회당 200만원 한도로 입력하고 "1.해당(○)" 선택

항 목	입력내용 및 방법
기부금 TAB	■ 기부금 세액공제 반영방법 [기부금 TAB] 입력 → [부양가족 TAB] 자동 반영 → [연말정산입력 TAB] : [F8 부양가족탭불러오기] 버튼을 클릭하여 반영 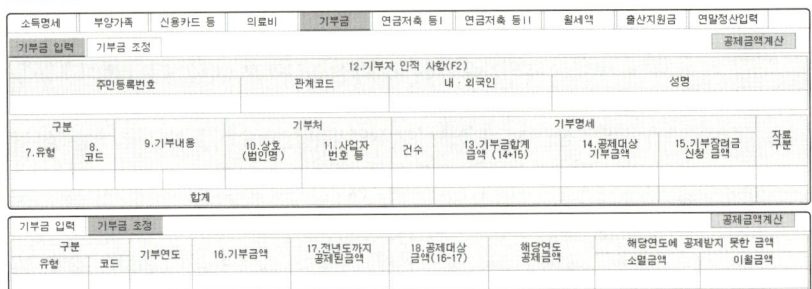 ① 기본공제대상자(나이 불문, 소득금액 규제)가 지출한 기부금이 있는 경우 코드도움(F2)을 이용하여 기부금 공제대상자를 선택 후 입력 ② 기부금 유형 : 코드도움(F2)을 이용하여 기부금코드 선택 ■ 10.특례기부금 : 국가나 지방자치단체, 학교 등에 기부한 기부금 ■ 20.정치자금기부금 : 본인의 정치자금기부금이 있는 경우 지출액 **전액**을 입력하며 10만원 이하는 "100/110"의 금액은 정치자금 세액공제하고 초과분은 특례기부금으로 세액공제 ■ 40.일반기부금(종교단체 외) : 종교단체 이외의 일반기부금 단체에 지출한 기부금 ■ 41.일반기부금(종교단체) : 종교단체 기부금 ■ 42.우리사주조합 기부금 : 본인(비조합원)이 우리사주조합에 기부한 기부금 ■ 43.고향사랑기부금 : 본인의 고향사랑기부금이 있는 경우 지출액(2,000만원 이하) **전액**을 입력하며 정치자금기부금과 동일하게 세액공제 ③ 기부금명세서 작성순서 [기부금 입력] TAB → [기부금 조정] : "공제금액계산" 버튼 : 불러오기 > 공제금액반영 > 저장 &종료
연금저축 등 I, II TAB	① 연금계좌 세액공제 : 근로자퇴직급여보장법에 따른 근로자 부담금이 있는 경우 입력하며 [연말정산입력 TAB]의 [연금계좌 : 59.근로자퇴직연금]란에 자동반영 ② 연금계좌 세액공제 : 개인연금저축과 연금저축 불입액이 있는 경우 입력하며 [연말정산입력 TAB]의 [연금계좌 : 37.개인연금저축, 60.연금저축]란에 자동반영 ③ 연금계좌 세액공제 : 개인종합자산관리계좌(ISA) 만기시 연금계좌로 전환한 금액이 있는 경우 입력하며 [연말정산입력 TAB]의 [연금계좌 : 60-1 ISA연금계좌전환]란에 자동반영

항 목	입력내용 및 방법
연금저축 등 I, II TAB	④ 주택마련저축 공제 : 청약저축, 주택청약종합저축이 있는 경우 입력하며 [연말정산입력 TAB]의 [39.주택마련저축소득공제]란에 자동반영 ⑤ 장기집합투자증권저축 소득공제 : 장기집합투자액이 있는 경우 입력하며 [연말정산입력 TAB]의 [45.장기집합투자증권저축]란에 자동반영 ⑥ 중소기업 창업투자조합 출자 등에 대한 소득공제 : 중소기업창업투자조합 등에 출자 또는 투자를 하는 경우 입력하며 [연말정산입력 TAB]의 [41.투자조합출자등 소득공제]란에 자동반영 ⑦ 청년형 장기집합투자증권저축 소득공제 : 청년 장기집합투자증권저축이 있는 경우 입력하며 [연말정산입력 TAB]의 [46.청년형 장기집합투자증권저축]란에 자동반영
월세액 TAB	① 월세액 세액공제 명세 : 총급여액 8,000만원 이하자의 월세액이 있는 경우 임차인의 정보를 입력하며 [연말정산입력 TAB]의 [70.월세액]란에 자동반영 ② 거주자간 주택임차입금 원리금 상환액 소득공제 명세 : 주택임차차입금 원리금 중 거주자 개인에게 차입한 금액이 있는 경우 입력하며 [연말정산입력 TAB]의 [34.주택차입금원리금 : 거주자]란에 자동반영
출산지원금 TAB	[소득명세 TAB]의 비과세소득 출산지원금이 자동반영되며, 코드도움(F2)을 이용하여 자녀를 선택하거나 직접 입력한다.
연말정산입력 TAB	**연금보험료공제** [급여자료입력] 메뉴에서 입력한 자료가 자동반영되며 추가 입력 및 수정은 [부양가족소득공제 TAB]의 "보험료"란에서 더블클릭하여 입력한다. **보험료공제** **주택자금공제** ① 주택차입금원리금상환액 : 대출기관란에서 더블클릭하여 보조화면에서 입력하며 거주자분은 [월세액 TAB]란에서 입력하여 반영받는다.

항 목		입력내용 및 방법
연말정산입력 T A B	주택자금공제	② 장기주택저당차입금이자상환액 : 더블클릭하여 보조화면에서 차입시기와 상환기간을 확인하여 입력한다. ③ 주택마련저축소득공제 : 청약저축 등의 불입액이 있는 경우 [연금저축 등 I TAB]란에서 입력하여 반영하며 직접 입력은 불가능하다.
	신용카드등소득공제	[신용카드등 TAB]에서 입력하며 [부양가족 TAB]에 자동반영된 자료를 반영하기 위해서는 반드시 [F8 부양가족탭불러오기]를 실행하여야 하며 직접 입력은 불가능하다.
	자녀세액공제	사원등록 메뉴의 [부양가족명세 TAB] 또는 연말정산추가자료 메뉴의 [부양가족 TAB]의 "자녀, 출산입양"란에 정보가 자동반영된다.
	연금계좌세액공제	본인이 지출한 연금저축이 있는 경우 입력하며 [연금저축 등 TAB]에서 입력한 자료가 자동반영되며 직접입력은 불가능하다. 개인연금저축으로 입력한 정보는 [37.개인연금저축]란에 반영된다. Min[①, ②] × 12%(총급여액 5,500만원 이하 15%) ① 연금저축계좌 납입액 + 퇴직연금계좌 납입액 + ISA 연금 전환금액 ② 한도 : 900만원
	보장성보험세액공제	기본공제대상자(나이 및 소득금액 제한)의 일반보장성 보험료(연 100만원 한도) 및 장애인보장성 보험료(연 100만원 한도)를 [부양가족 TAB]에서 입력하고 [F8 부양가족탭불러오기]를 실행하여 반영하고 직접 입력은 불가능하다. 보장성 보험료 × 12%(장애인전용보장성보험료 15%)

항 목		입력내용 및 방법
연말정산입력 TAB	의료비 세액 공제	기본공제대상자(나이 및 소득금액 불문)의 의료비를 지출한 경우 [의료비 TAB]에서 입력하며 [부양가족 TAB]에 자동반영된 자료를 반영하기 위해서는 반드시 [F8 부양가족탭불러오기]를 실행하여야 하며 직접 입력은 불가능하다. [㉠ + ㉡] 공제대상금액 × 15%(단, 미숙아·선천성이상아 의료비 20%, 난임시술비 30%) ㉠ 전액공제대상금액 = [의료비지출액 – ㉡의 의료비 지출액이 총급여액의 3% 미달금액] 전액공제대상 의료비 : 본인, 6세 이하자, 65세 이상자, 장애인, 중증질환자·희귀난치성질환자 또는 결핵환자, 미숙아·선천성이상아 의료비, 난임시술비(보조생식술에 소요된 비용) ㉡ ㉠외의 배우자 및 부양가족(연 700만원 한도) = [의료비지출액 – 총급여액 × 3%]
	교육비 세액 공제	기본공제대상자(나이 불문, 소득금액 규제)를 위하여 지출한 교육비가 있는 경우 [부양가족 TAB]에서 입력하고 [F8 부양가족탭불러오기]를 실행하여 반영하고 직접 입력은 불가능하다. 교육비 공제대상금액(본인과 장애인특수교육비는 한도 없음) × 15%
	기부금 세액 공제	기본공제대상자(나이 불문, 소득금액 규제)가 지출한 기부금은 [기부금 TAB]에서 입력하며 [부양가족 TAB]에 자동반영된 자료를 반영하기 위해서는 반드시 [F8 부양가족탭불러오기]를 실행하여야 하며 직접 입력은 불가능하다. 기부금 공제대상금액 × 15%(공제대상금액 1,000만원 초과분은 30%)

항 목		입력내용 및 방법
연말정산입력 T A B	월세액 세액 공제	본인(총급여액 8,000만원 이하자)이 해당 과세기간에 지출한 월세액이 있는 경우 입력하며 [월세액 TAB]에서 입력한 자료가 자동반영되며 직접입력은 불가능하다. 	구분	지출액	공제대상금액	공제금액	 |---|---|---|---| 	70. 월세액				 월세 지급액(연 1,000만원 한도) × 15% 	총급여액	공제율	 |---|---| 	5,500만원 이하(종합소득금액 4,500만원 이하)	17%	 	5,500만원 초과 8,000만원 이하(종합소득금액 4,500만원 초과 7,000만원 이하)	15%	

 TIP

[소득·세액공제 적용 시 나이·소득금액요건과 근로기간에 대한 제한]

구분	특별소득공제			특별세액공제						
	주택 자금	신용 카드	연금 저축	보험료		의료비	교육비		기부금	월세
				일반	장애인		일반	장애인		
나이	×	×	×	○	×	×	×	×	×	×
소득금액	△	○	×	○	○	×	○	×	○	○
근로기간	○	○	×	○		○	○		×	○

※ 충족(제한) : ○, 미충족(불문) : ×, 요건에 따라 상이 : △

 실무예제 1

다음 자료를 보고 계속근무자인 김철수씨의 연말정산을 완성하시오. 단, 김철수의 가족은 생계를 같이하고 있으며 국세청간소화서비스 제출자료로 모든 지출은 본인이 부담하였다. [회사코드 : 4100.(주)동부]

구 분	내 역	금 액
추가급여	■ 취업규칙에 의해 지급한 의료비(급여 미신고)	3,000,000원
주택자금	■ 장기주택저당차입금 이자상환액	5,000,000원
신용카드 (본인지출)	■ 차량구입비(중고자동차) ■ 현금서비스 ■ 기타 생활용품 구입(전통시장 사용 2,000,000원 포함) ■ 보험료 납부 ■ 국세 납부	15,000,000원 4,000,000원 18,000,000원 600,000원 2,600,000원
연금저축	■ 본인의 연간 불입액(2009.2.10 가입, (주)국민은행, 계좌번호 : 124578)	3,600,000원

구 분	내 역	금 액
보험료	■ 본인의 자동차 보험료 불입액 ■ 본인의 저축성 보험료 불입액 ■ 배우자(문예창작소득 500만원)를 피보험자로 한 생명보험료 불입액 ■ 장남(장애인, 총급여액 600만원)을 피보험자로 한 장애인전용보장성 보험료	900,000원 1,200,000원 500,000원 900,000원
의료비	■ 아버지(배당소득 1,600만원과 기초연금 240만원)의 건강기능식품 구입 ■ 본인의 치료목적 수술비(실손의료보험금 2,000,000원 수령)	4,000,000원 5,000,000원
교육비	■ 본인의 대학원 등록금 ■ 아버지의 원격대학 등록금 ■ 장남(장애인, 총급여액 600만원) 대학교 수업료 ■ 배우자 방송통신대학 등록금	8,000,000원 3,000,000원 4,800,000원 2,000,000원
기부금	■ 동창회 후원금(본인이 기부) ■ 본인의 이재민 구호금품(성남시청, 고유번호 : 456-83-12357) ■ 아버지의 교회 기부금(천국교회, 고유번호 : 123-83-12379)	120,000원 500,000원 1,000,000원

[주택자금 추가자료]

주택은 국민주택규모로 1주택을 소유하고 있으며, 세대주이다.
상환기간은 15년(고정금리, 비거치)이며, 주택명의는 배우자와 공동명의로 주택대출은 김철수의 명의이다. 주택 취득시점(2014년 5월 6일) 기준시가는 3억 5천만원이었으며, 취득시 잔금을 대출금으로 대체하였고, 근저당권이 설정되어있다. (그 외 장기주택저당차입금 이자상환액공제의 요건을 충족한 것으로 본다.)

예제 따라하기

사번에서 코드도움(F2)을 누른 후 "100.김철수"를 선택하여 반영하거나 [전체사원] 버튼을 클릭하여 반영하면, [급여자료입력]에 입력한 급여자료 및 사회보험 근로자 부담금이 자동반영된다.

(1) 소득명세 TAB

취업규칙에 의해 지급한 의료비는 소득세법상 과세되는 근로소득에 해당하므로 "13-3.과세대상추가(인정상여추가)"란에서 **더블클릭**하여 과세대상추가분에 3,000,000원을 입력한다.

(2) 부양가족 TAB

① **인적공제** : [사원등록] 메뉴의 [부양가족명세 TAB]에 입력한 자료가 반영되며 직접 부양가족을 등록·수정·삭제가 가능하다. 김혁(자녀)은 소득금액 초과자에 해당하므로 **소득기준 초과여부를 "1:여"** 로 변경하며 의료비, 교육비, 신용카드, 기부금, 보험료 소득/세액공제금액이 영향을 받는다.

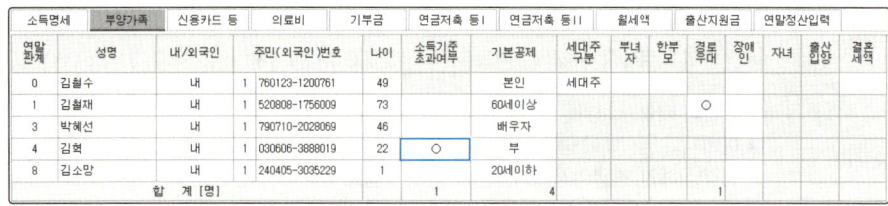

② 본인, 배우자, 부양가족의 인명(개인)별 **보험료, 의료비, 교육비, 신용카드등 사용액, 기부금** 지출액을 입력한다.

구분	내용
보험료	공제대상자 선택 후 보험료란에서 **더블클릭**하여 [보험료 등 공제대상금액] 보조화면에 입력 → [연말정산입력 TAB]에서 [F8 **부양가족탭불러오기**] 버튼을 실행하여 반영
의료비	의료비란에서 **더블클릭**하면 [의료비 TAB]으로 이동하며 코드도움(F2)을 이용하여 공제대상자를 선택하여 의료비 입력 → [연말정산입력 TAB]에서 [F8 **부양가족탭불러오기**] 버튼을 실행하여 반영
교육비	공제대상자 선택 후 일반교육비(교육 구분)와 장애인특수교육비를 구분하여 입력 → [연말정산입력 TAB]에서 [F8 **부양가족탭불러오기**] 버튼을 실행하여 반영
신용카드등 사용액	신용카드등 사용액공제란에서 **더블클릭**하면 [신용카드등 TAB]으로 이동하며 코드도움(F2)을 이용하여 공제대상자를 선택 후 사용액 입력 → [연말정산입력 TAB]에서 [F8 **부양가족탭불러오기**] 버튼을 실행하여 반영
기부금	기부금란에서 **더블클릭**하면 [기부금 TAB]으로 이동하며 코드도움(F2)을 이용하여 기부자를 선택하여 기부금 유형별 입력 → [연말정산입력 TAB]에서 [F8 **부양가족탭불러오기**] 버튼을 실행하여 반영

	[부양가족 TAB]		[연말정산입력 TAB]			
기부금	기부금 1,500,000	⇨	구분	지출액	공제대상금액	공제금액
			64.기부금 1,500,000	1,500,000	1,500,000	225,000
			1)정치자금기부금 10만원이하			
			10만원초과			
			2)고향사랑기부금 10만원이하			
			10만원초과			
			3)특례기부금(전액)	500,000	500,000	75,000
			4)우리사주조합기부금			
			5)일반기부금(종교단체외)			
			6)일반기부금(종교단체)	1,000,000	1,000,000	150,000

③ **보험료(나이 및 소득금액 규제)** : 김철수와 박혜선의 보험료란에서 **더블클릭** 후 입력
  ㉠ 김철수(본인)의 손해보험료(저축성보험료 공제 배제) 및 박혜선(배우자) 생명보험료 공제 가능하며 [기타]란의 보험료는 [급여자료입력] 메뉴의 근로자 부담금 건강보험료 등이 반영된 것이다.
  ㉡ 김혁(장남)의 장애인전용보장성보험료는 소득금액 요건 불충족으로 공제 배제된다.

[김철수(본인)]

자료구분	국세청간소화	급여/기타	정산	공제대상금액
국민연금_직장		2,430,000		2,430,000
국민연금_지역				
합 계		2,430,000		2,430,000
건강보험료-보수월액		1,914,240		1,914,240
장기요양보험료-보수월액		247,800		247,800
건강보험료-소득월액(납부)				
기요양보험료-소득월액(납부)				
합 계		2,162,040		2,162,040
고용보험료		558,000		558,000
보장성보험-일반	900,000			900,000
보장성보험-장애인				
합 계	900,000			900,000

[박혜선(배우자)]

자료구분	국세청간소화	급여/기타	정산	공제대상금액
국민연금_직장				
국민연금_지역				
합 계				
건강보험료-보수월액				
장기요양보험료-보수월액				
건강보험료-소득월액(납부)				
기요양보험료-소득월액(납부)				
합 계				
고용보험료				
보장성보험-일반	500,000			500,000
보장성보험-장애인				
합 계	500,000			500,000

④ **의료비(나이 및 소득금액 불문)** : 의료비 지출액란에서 **더블클릭**하면 [의료비 TAB]으로 이동되며 공제대상자 선택 후 입력
  ㉠ 김철재(아버지) 건강기능식품 구입비는 의료비가 아니므로 공제 배제되며, 김철수(본인)의 수술비는 의료비에 해당하므로 공제 가능
  ㉡ 의료비 공제대상자는 성명란에서 코드도움(F2)을 이용하여 반영하고 "6.본인등 해당여부"는 [부양가족 TAB]의 등록정보에 의해 반영되며 수정이 필요한 경우 하단의 메시지를 참고하여 직접 수정 입력한다.

[본인등 해당여부 코드]
1. 본인 → 전액공제 대상 : ○ 표시
2. 6세 이하 · 65세 이상 · 장애인 · 건강보험산정특례자 → 전액공제 대상 : ○ 표시
3. 그 밖의 기본공제대상자 → 일반의료비 대상 : × 표시

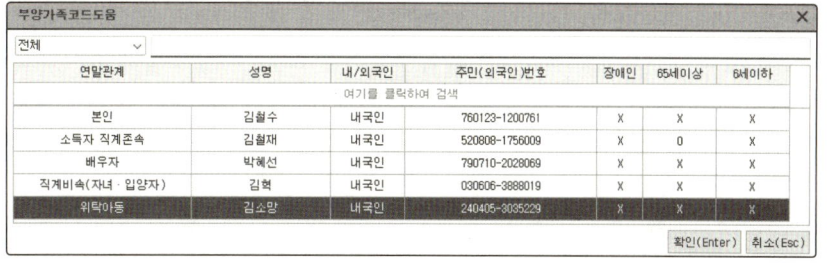

ⓒ 의료비증빙코드가 "1.국세청장"인 경우 지급처의 상호, 사업자번호, 건수를 입력하지 않으며, 이외의 "2.국민건강보험 ~ 5.기타영수증"의 지급처와 건수를 입력하여야 한다.

ⓓ 지급명세는 아래와 같이 입력하며 **지출 한도가 있는 안경구입비등은 한도내 금액까지만 입력**한다.

의료비 구분	금 액	11-1. 실손 보험수령액	12. 미숙아 선천성이상아	13. 난임 여부	14. 산후 조리원
실손보험수령액	지출액 전액 입력	수령액 입력			
미숙아선천성이상아	해당 금액 입력		해당(○)		
난임시술비	해당 금액 입력			해당(○)	
산후조리원	1회 지출한도 내 금액 입력				해당(○)

ⓔ 김철수(본인) : 국세청장자료이므로 상호·사업자등록번호, 건수 입력은 생략하고 금액 "5,000,000원", 실손의료보험금 "2,000,000원"을 입력하고 미숙아선천성이상아·난임여부·산후조리원 해당여부(×)를 확인한다.

⑤ **교육비(나이 불문, 소득금액 규제)** : 지출자를 선택하고 교육비 지출액 및 구분 직접 입력

[구분 코드]
1. 취학전 아동(연300만원/1인)   2. 초중고(연300만원/1인)
3. 대학생(연900만원/1인)   4. 본인
5. 공제대상아님

ⓐ 김철수(본인) 대학원 등록금은 공제가능 : 지출액 "8,000,000원", 구분 "4.본인" 입력

ⓑ 일반교육비는 직계비속(아버지)에 대한 교육비 공제 불가

ⓒ 김혁(장남)은 장애인에 해당하나 소득금액 초과로 일반교육비는 공제가 되지 않는다.

ⓓ 박혜선(배우자)의 대학등록금은 공제가능 : 지출액 "2,000,000원", 구분 "3.대학생" 입력

⑥ **신용카드등 사용액(나이 불문, 소득금액 규제)** : 신용카드란에서 **더블클릭**하면 [신용카드등 TAB]으로 이동하며 지출자를 선택 후 해당란에 입력한다.

㉠ 차량구입비(중고자동차의 10%는 공제가능), 현금서비스, 보험료·국세 납부와 관련된 지출액은 신용카드 공제 제외대상이며, 생활용품구입비는 공제가 가능하며 전통시장 사용액은 별도로 입력한다.

㉡ 신용카드사용액 = (중고자동차 15,000,000원 × 10%) + 생활용품구입 16,000,000원
= 17,500,000원

소득명세	부양가족	신용카드 등	의료비	기부금	연금저축 등Ⅰ	연금저축 등Ⅱ	월세액	출산지원금	연말정산입력

	성명 생년월일	자료 구분	신용카드	직불,선불	현금영수증	도서등 신용	도서등 직불	도서등 현금	전통시장	대중교통	합계
	김철수	국세청	17,500,000						2,000,000		19,500,000
	1976-01-23	기타									
	합계		17,500,000						2,000,000		19,500,000
	총급여				65,000,000	신용카드 등 최소금액(총급여의 25%)					16,250,000

⑦ **기부금(나이 불문, 소득금액 규제)** : 기부금란에서 **더블클릭**하면 [기부금 TAB]으로 이동하며 기부자 인적사항은 코드도움(F2)을 이용하여 기부자를 선택 후 기부유형별로 입력한다.

[기부금명세서 작성순서]

❶ 기부금 입력 TAB ⇨ ❷ 기부금 조정 TAB ⇨ ❸ 공제금액계산 버튼
[불러오기]
↓
[공제금액반영]
↓
[저장 & 종료]

[기부금 입력 TAB]

㉠ 본인의 동창회 후원금은 비지정기부금으로 공제 불가능하며 이재민 구호금품은 특례기부금에 입력, 아버지 교회 기부금은 종교단체기부금에 입력한다.

㉡ [기부금 입력 TAB]의 주민등록번호란에서 코드도움(F2) 키를 사용하여 기부자를 반영하고 하단의 기부명세에 유형, 기부내용, 기부처, 기부금, 자료구분(국세청)을 입력한다.

[기부금 유형]
- 10.특례기부금 - 국가·지방자치단체, 국방헌금, 사립학교 및 병원등에 시설비·교육비·장학금·연구비, 사회복지공동모금회, 이재민구호금품 등
- 20.정치자금기부금 - 본인의 정치자금
- 40.일반기부금(종교단체 외) - 노동조합비, 사내근로복지기금에 지출한 기부금 등
- 41.일반기부금(종교단체) - 종교단체 기부금
- 42.우리사주조합 기부금 - 우리사주조합원이 아닌 본인이 지출한 기부금
- 43.고향사랑기부금 - 본인의 고향사랑기부금

ⓒ 김철수(본인) 기부금내역

ⓔ 김철재(부친) 기부금내역

[기부금 조정 TAB]

㉠ 당해연도 기부금 공제금액계산을 위해 기부금 조정명세의 공제금액계산 버튼을 클릭하며 [기부금 공제금액 계산 참조] 화면이 활성화 된다. 불러오기 버튼을 클릭하여 기부금 내역을 반영하여 공제금액 및 이월액을 계산하고 공제금액반영 을 클릭하여 정산명세에 반영한다.

㉡ 세액공제가능액은 소득·세액공제 입력순서에 따라 달라질 수 있으며, [연말정산추가자료입력 : 부양가족 TAB → 기부금]에 자동반영 된다.

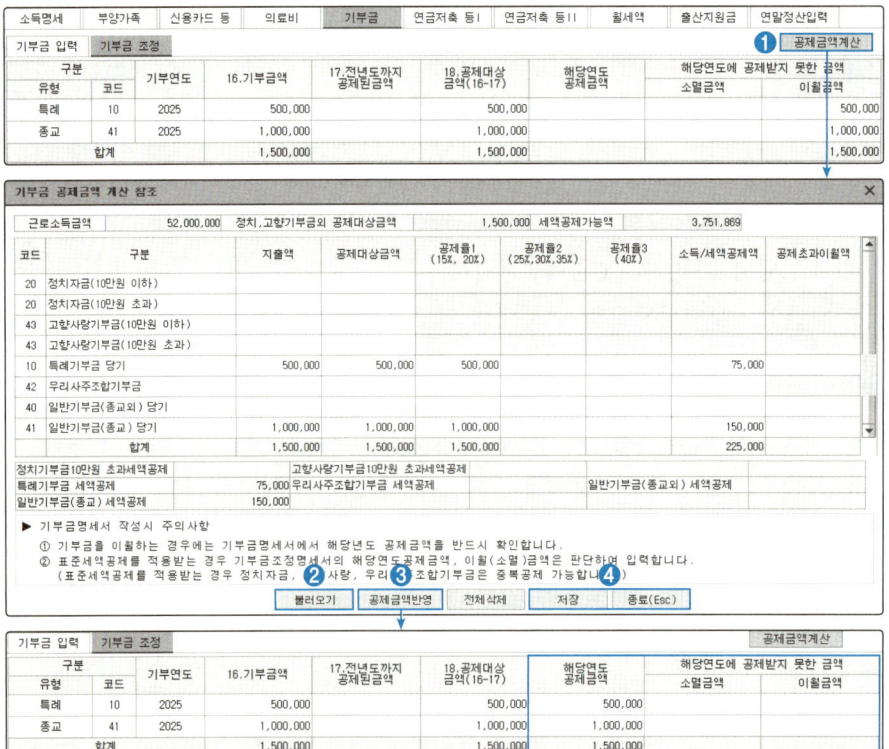

(3) 부양가족 TAB 전체합계 화면

자료구분		보험료		의료비					교육비	
		건강	고용	일반보장성	장애인전용	일반	실손	선천성이상아	난임	65세,장애인	일반	장애인특수
합	국세청			1,400,000		5,000,000	2,000,000				10,000,000	
	기타	2,162,040	558,000									

자료구분		신용카드등 사용액공제						기부금
		신용카드	직불카드등	현금영수증	전통시장사용분	대중교통이용분	도서공연 등	
계	국세청	17,500,000			2,000,000			1,500,000
	기타							

| 총급여 | 65,000,000 | 의료비 최소금액(총급여의 3%) | 1,950,000 | 신용카드 등 최소금액(총급여의 25%) | 16,250,000 |

(4) [연말정산입력 TAB]에 입력자료 반영하기

① [부양가족 TAB]에 입력된 보험료, 의료비, 교육비, 신용카드등 사용액, 기부금은 [연말정산입력 TAB]에 반영하기 전 **빨간색**으로 표시되며 지출액 및 공제대상금액이 공란으로 표시된다.

구분	지출액	공제금액		구분	지출액	공제대상금액	공제금액
40.투자조합출자 등 소득공제			특	61.보장 일반	1,400,000		
41.신용카드 등 사용액	19,500,000	987,500	별	성보험 장애인			
42.우리사주조합 일반 등			세	62.의료비	5,000,000		
출연금 벤처 등			액	63.교육비	10,000,000		
43.고용유지중소기업근로자			공	64.기부금	1,500,000		

② 상단의 [F8 부양가족탭불러오기] 버튼을 클릭하여 [부양가족 TAB]에 입력한 보험료, 의료비, 교육비, 신용카드등 사용액, 기부금을 반영한다. 공제금액은 이후에 입력하는 소득공제와 세액공제 자료에 따라 달라질 수 있다.

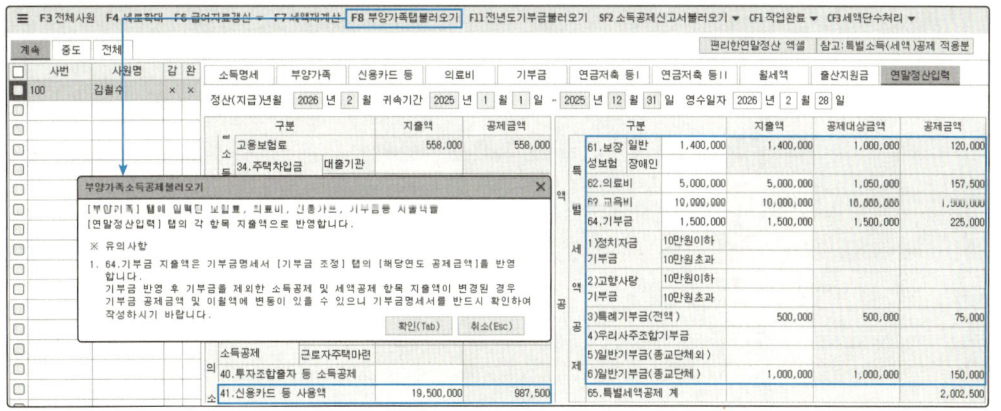

(5) 연금저축 등 I TAB

본인의 연금저축은 공제가 가능하므로 [2.연금계좌 세액공제]란에 입력하여 [연말정산입력 TAB]에 반영한다.

| 소득명세 | 부양가족 | 신용카드 등 | 의료비 | 기부금 | 연금저축 I | 연금저축 II | 월세액 | 출산지원금 | 연말정산입력 |

2 연금계좌 세액공제	- 연금저축계좌(연말정산입력 탭의 37.개인연금저축, 60.연금저축)					크게보기
연금저축구분	코드	금융회사 등	계좌번호(증권번호)	납입금액	공제대상금액	소득/세액공제액
2.연금저축	306	(주) 국민은행	124578	3,600,000	3,600,000	432,000
개인연금저축						
연금저축				3,600,000	3,600,000	432,000

(6) 연말정산입력 TAB

① 법정요건 충족한 주택자금을 [34.장기주택저당차입금 이자상환액]란에서 **더블클릭**하고 "2012년 이후 차입금"의 "ⓗ고정AND비거치"란에 "5,000,000원"을 입력한다.

② 보험료, 의료비, 교육비, 신용카드등 사용액, 기부금은 [부양가족 TAB]에서 반영되었고, 연금저축은 [연금저축 등 TAB]에 입력한 자료가 자동 반영된다. 주택자금공제는 직접 입력한다.

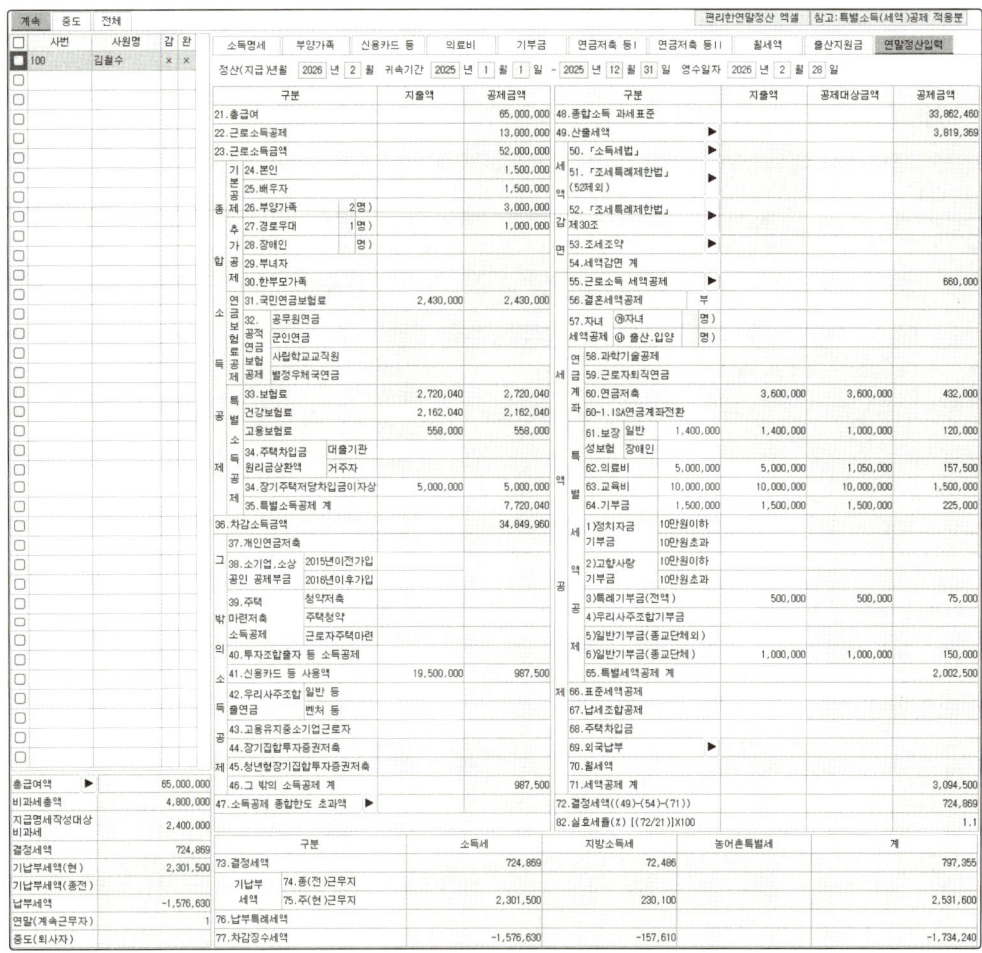

실무예제2

다음 자료를 보고 중도입사자 하경자씨의 연말정산을 완성하시오. 단, 하경자씨의 가족은 생계를 같이하고 있으며 중소기업취업감면은 고려하지 않고 모든 지출은 본인이 부담하였다. [회사코드 : 4100.(주)동부]

(1) 전근무지 근로소득원천징수영수증
① 근무처명 등

근무처명	사업자등록번호	근무기간
(주)해양	120-81-34671	2025.1.1 ~ 2025.08.25

② 소득명세 등

급여총액	상여총액	보육수당 비과세	건강보험료	장기요양 보험료	고용보험료	국민연금 보험료
30,000,000원	1,000,000원	1,600,000원	1,048,500원	128,650원	240,000원	1,395,000원

③ 세액명세 등

항 목	소득세	지방소득세
결정세액	560,000원	56,000원
기납부세액	1,200,000원	120,000원
차감징수세액	-640,000원	-64,000원

(2) 출산지원금 내역 및 혼인관계증명서
① 2025년 12월 20일 자녀 이성훈(250123-3052775)의 출산지원금(1회차) 1,000만원을 당사 (주)동부(108-83-65144)에서 지급 받았으며, 12월 임금대장에 반영되어 원천징수 신고하였다.
② 하경자는 2025년 4월 20일 생애 최초 혼인신고하였으며 연말정산 시 [혼인관계증명서]를 제출하였다.

(3) 근로자소득공제명세서에 첨부된 증명서류의 내용(국세청간소화서비스자료)

구 분	내 용	금 액
보험료	손해보험료(계약자 및 피보험자 : 본인, 보장성)	1,550,000원
	생명보험료(계약자 및 피보험자 : 배우자, 장애인보장성)	1,230,000원
의료비	모친(부동산임대소득금액 1,500만원, 정진숙)의 척추 수술비	3,500,000원
	본인 난임시술(인공수정)비	2,500,000원
	본인 산후조리원 비용(1회)	3,000,000원
교육비	이수빈 중학교 수업료(교복구입비 600,000원 포함)	1,100,000원
	이성훈 어린이집 수업료(방과후수업료 700,000원 포함)	1,700,000원

 예제 따라하기

사번에서 코드도움(F2) 키를 누른 후 "200.하경자"를 선택하여 반영한다. [급여자료입력]에 입력한 급여자료 및 사회보험 근로자 부담금이 자동반영된다.

(1) 소득명세 TAB

① 중도입사자의 경우 전근무지가 있다면 연말정산 시점에 [근로소득원천징수영수증]을 제출받아 당사에서 지급한 소득과 반드시 합산신고를 하여야 한다.
② 보육수당비과세는 제출비과세에 해당하므로 해당란에 정확하게 입력하고 월 200,000원 비과세이므로 연 240만원을 초과하는 금액이 발생하는 경우 과세 급여란에 입력하여야 한다.
③ 전근무지의 사회보험 징수액을 입력하고 세액명세란에 **"결정세액"**을 입력한다.

구분			합계	주(현)	납세조합	종(전) [1/2]
소득	9.근무처명			(주)동부 [부가/원천]		(주)해양
	9-1.종교관련 종사자			부		
	10.사업자등록번호			108-83-65144	--.--.--	120-81-34671
	11.근무기간			2025-09-01 ~ 2025-12-31	~	2025-01-01 ~ 2025-08-25
	12.감면기간			2025-09-01 ~ 2025-12-31	~	~
	13-1.급여(급여자료입력)		40,400,000	10,400,000		30,000,000
	13-2.비과세한도초과액		1,600,000	1,600,000		
	13-3.과세대상추가(인정상여추가)					
	14.상여		3,500,000	2,500,000		1,000,000
	16.계		45,500,000	14,500,000		31,000,000
	18-2.보육수당	Q02	2,400,000	800,000		1,600,000
	18-3.출산지원금(1회)	Q03	10,000,000	10,000,000		
	18-32.중소기업취업청년(90%)	T13	14,500,000	14,500,000		
	18-40.비과세식대	P01	800,000	800,000		
	20.비과세소득 계		13,200,000	11,600,000		1,600,000
	20-1.감면 소득 계		14,500,000	14,500,000		
공제보험	직장	건강보험료(직장)(33)	1,402,980	354,480		1,048,500
		장기요양보험료(33)	174,530	45,880		128,650
		고용보험료(33)	370,500	130,500		240,000
		국민연금보험료(31)	1,845,000	450,000		1,395,000
세액	기납부세액	소득세	581,020	21,020		560,000
		지방소득세	58,090	2,090		56,000
		농어촌특별세				

(2) 부양가족 TAB

① **인적공제** : 부양가족은 사원등록의 [부양가족명세 TAB]에 등록된 정보가 반영된다.
  ㉠ 본인(하경자)이 생애 최초로 혼인신고를 하였으므로 **"결혼세액"**란을 "1:여"로 선택하여 혼인세액공제 50만원을 공제받는다.
  ㉡ 정진숙(모친)은 소득금액 초과자에 해당하므로 **소득기준 초과여부**를 "1:여"로 변경한다.

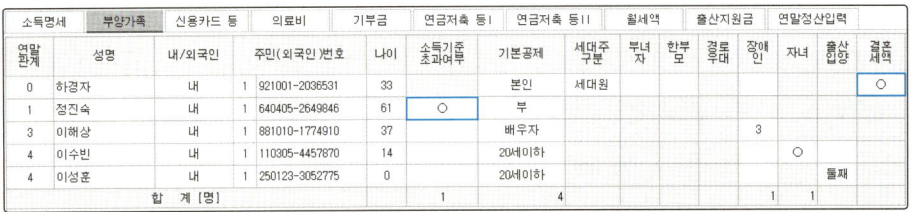

② **보험료(나이 및 소득금액 규제)** : 공제대상자 선택 후 보험료란에서 **더블클릭** 후 입력
　㉠ 하경자(본인) : 손해보험료 155만원 일반보장성란에 입력
　㉡ 이해상(배우자) : 동일인의 동일보험증권이 아니므로 일반보장성과 장애인보장성 보험료를 동시에 공제받을 수 있으므로 생명보험료 123만원 장애인전용란에 입력

[하경자(본인)]　　　　　　　　　　　　　　　　　　　　[이해상(배우자)]

③ **의료비(나이 및 소득금액 불문)** : 의료비란에서 **더블클릭**하여 [의료비 TAB]에서 입력
　㉠ 성명란에서 코드도움을 사용하여 의료비 공제대상자를 입력하며 의료증빙코드(국세청장)를 선택한다.
　㉡ 하경자(본인)의 난임시술비 250만원은 금액을 입력하고 "13.난임여부 : 1.해당(○)"을 선택한다. 출산 1회당 산후조리원 비용 200만원 이내까지 공제가 가능하므로 금액 200만원 입력하고 "14.산후조리원 : 1.해당(○)"을 선택한다.
　㉢ 정진숙(모친)의 척추수술비는 본인이 지출하였으므로 공제대상이며 350만원을 입력한다.

④ **교육비(나이 불문, 소득금액 규제)** : 공제대상자 선택 후 교육비 및 구분 입력
　㉠ 이수빈(2.초중고) : 교복구입비 1인당 50만원 한도이므로 일반교육비 100만원 입력

　㉡ 이성훈(1.취학전) : 방과후수업료도 교육비 공제대상이므로 170만원 입력

(3) 출산지원금 TAB

[소득명세] TAB에 입력된 출산지원금 비과세 금액이 반영되며 자녀 성명란에서 코드도움(F2)을 이용하여 이성훈을 선택하여 반영하고 지급받은 날(2025-12-20)을 입력한다.

소득명세 | 부양가족 | 신용카드 등 | 의료비 | 기부금 | 연금저축 등 I | 연금저축 등 II | 월세액 | 출산지원금 | 연말정산입력

1 출산지원금 비과세 대상 자녀 명세

□	자녀 성명	주민등록번호	출산지원금			지급처 (사업자등록번호)
			지급받은 날	지급받은 금액	지급회차	
■	이성훈	250123-3052775	2025-12-20	10,000,000	1회	108-83-65144

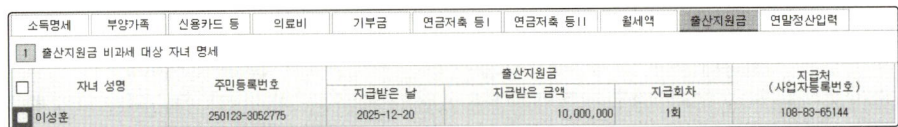

(4) 연말정산입력 TAB

상단의 [F8 부양가족탭불러오기] 버튼을 클릭하여 [부양가족 TAB]에 입력한 보험료, 의료비, 교육비를 반영한다.

□	사번	사원명	감	완
□	100	김철수	×	×
■	200	하경자	○	×

총급여액 ▶	110,500,000
비과세총액	18,800,000
지급명세작성대상 비과세	15,600,000
결정세액	724,869
기납부세액(현)	2,322,520
기납부세액(종전)	560,000
납부세액	-2,157,650
연말(계속근무자)	2
중도(퇴사자)	

소득명세 | 부양가족 | 신용카드 등 | 의료비 | 기부금 | 연금저축 등 I | 연금저축 등 II | 월세액 | 출산지원금 | 연말정산입력

정산(지급)년월 2026 년 2 월 귀속기간 2025 년 9 월 1 일 ~ 2025 년 12 월 31 일 영수일자 2026 년 2 월 28 일

구분			지출액	공제금액
21.총급여				45,500,000
22.근로소득공제				12,025,000
23.근로소득금액				33,475,000
종합소득공제 - 기본공제	24.본인			1,500,000
	25.배우자			1,500,000
	26.부양가족	2명)		3,000,000
추가공제	27.경로우대	명)		
	28.장애인	1명)		2,000,000
	29.부녀자			
	30.한부모가족			
연금보험료공제	31.국민연금보험료		1,845,000	1,845,000
	32.공적연금보험공제	공무원연금		
		군인연금		
		사립학교교직원		
		별정우체국연금		
특별소득공제	33.보험료		1,948,010	1,948,010
	건강보험료		1,577,510	1,577,510
	고용보험료		370,500	370,500
	34.주택차입금 원리금상환액	대출기관		
		거주자		
	34.장기주택저당차입금이자상			
	35.특별소득공제 계			1,948,010
36.차감소득금액				21,681,990
그 밖의 소득공제	37.개인연금저축			
	38.소기업,소상공인 공제부금	2015년이전가입		
		2016년이후가입		
	39.주택마련저축 소득공제	청약저축		
		주택청약		
		근로자주택마련		
	40.투자조합출자 등 소득공제			
	41.신용카드 등 사용액			
	42.우리사주조합 출연금	일반 등		
		벤처 등		
	43.고용유지중소기업근로자			
	44.장기집합투자증권저축			
	45.청년형장기집합투자증권저축			
	46.그 밖의 소득공제 계			
47.소득공제 종합한도 초과액 ▶				

구분			지출액	공제대상금액	공제금액
48.종합소득 과세표준					21,681,990
49.산출세액 ▶					1,992,298
세액감면	50.「소득세법」 ▶				
	51.「조세특례제한법」(52제외) ▶				
	52.「조세특례제한법」 제30조 ▶		14,500,000		571,417
	53.조세조약 ▶				
	54.세액감면 계				571,417
세액공제	55.근로소득 세액공제 ▶				470,703
	56.결혼세액공제	여			500,000
	57.자녀세액공제	㉮자녀 1명)			250,000
		㉯ 출산.입양 1명)			200,178
연금계좌	58.과학기술공제				
	59.근로자퇴직연금				
	60.연금저축				
	60-1.ISA연금계좌전환				
특별세액공제	61.보장성보험 일반	1,550,000	1,550,000	1,000,000	
	61.보장성보험 장애인	1,230,000	1,230,000	1,000,000	
	62.의료비	8,000,000	8,000,000	6,635,000	
	63.교육비	2,700,000	2,700,000	2,700,000	
	64.기부금				
	1)정치자금 기부금	10만원이하			
		10만원초과			
	2)고향사랑 기부금	10만원이하			
		10만원초과			
	3)특례기부금(전액)				
	4)우리사주조합기부금				
	5)일반기부금(종교단체외)				
	6)일반기부금(종교단체)				
	65.특별세액공제 계				
	66.표준세액공제				
	67.납세조합공제				
	68.주택차입금				
	69.외국납부 ▶				
	70.월세액				
	71.세액공제 계				1,420,881
72.결정세액((49)-(54)-(71))					
82.실효세율(%) [(72/21)]X100					

구분		소득세	지방소득세	농어촌특별세	계
73.결정세액					
기납부세액	74.종(전)근무지	560,000	56,000		616,000
	75.주(현)근무지	21,020	2,090		23,110
76.납부특례세액					
77.차감징수세액		-581,020	-58,090		-639,110

CHAPTER 02 퇴직소득 원천징수

[퇴직소득 프로세스]

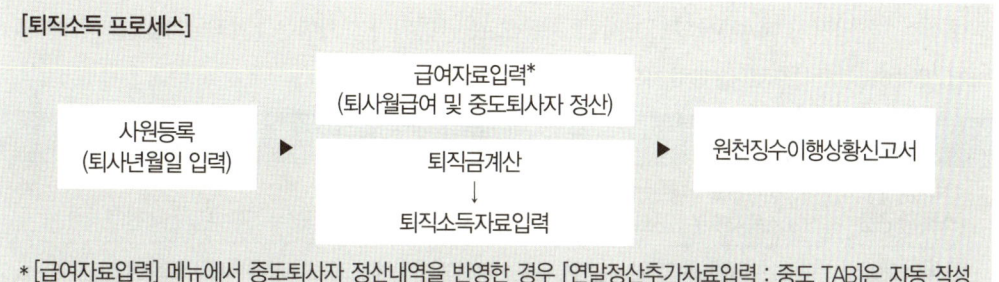

*[급여자료입력] 메뉴에서 중도퇴사자 정산내역을 반영한 경우 [연말정산추가자료입력 : 중도 TAB]은 자동 작성이 된다. 다만, 중도퇴사자 정산을 [급여자료입력] 메뉴에서 진행하지 않은 경우에는 반드시 별도로 작성하여 신고하여야 한다.

1. 퇴직금계산

[급여자료입력] 메뉴에 입력된 급여 및 상여 금액을 기준으로 취업규칙 등에 의하여 예상퇴직금을 산정하는 메뉴이다. 계산된 퇴직금은 [퇴직소득자료입력] 메뉴에 자동으로 반영되며 반드시 [퇴직소득자료입력] 메뉴를 실행하여야 퇴직소득원천징수영수증에 반영된다.

항 목	입력내용 및 방법
수당설정	퇴직금 계산에 포함할 급여항목을 선택하며, 평균임금 계산에 영향을 준다.
지급설정	퇴직금 지급시 기본적으로 제공하는 지급내역과 공제내역 이외에 추가할 항목이 있는 경우 등록하여 사용하며 [소득세계산 TAB]의 퇴직금지급내역과 공제내역에 반영된다.
계산설정	취업규칙 등의 평균임금 산정방법을 설정하며 [1.퇴직금계산방법]에 반영되며 직접 선택도 가능하다.
사번, 성명	코드도움(F2)을 클릭하여 퇴사자를 선택하여 반영하며 [사원등록]과 [급여자료입력]에 정보가 반영된다.
구분	실제퇴사자이면 "1:퇴직", 중간정산자이면 "2:중간"을 선택한다.
입사(정산시작)일 퇴사(정산종료)일	사원등록에 등록된 입사일과 퇴사일이 반영되며 입사일의 경우 중간정산 퇴직금 지급내역이 있으면 중간정산 다음일자로 입력한다.
소득세계산 TAB	퇴직금 계산 금액과 퇴직소득세 및 지방소득세를 확인할 수 있으며 "사원정보"에서 사원등록의 입/퇴사일, 중간정산지급내역 유/무를 확인할 수 있다.

2. 퇴직소득자료입력

　퇴직소득자료입력은 퇴사자, 퇴직금 중간정산자에게 지급할 퇴직금액을 입력하는 메뉴이며 [퇴직금계산]을 진행하면 사원선택 시 자동 반영된다. 본 메뉴에 입력된 자료는 퇴직소득원천징수영수증 및 원천징수이행상황신고서에 자동으로 반영된다. (시험은 [퇴직금계산]을 생략하고 직접 입력하는 방식으로 출제하기도 함)

항 목	입력내용 및 방법
지급년월 소득자구분	① 지급년월 : 퇴직금을 지급한 일자를 입력한다. ② 소득자구분 : 근로(상용직), 일용직, 종교인 중 퇴직소득자의 소득구분을 선택한다.
사번, 성명	코드도움(F2)을 클릭하여 퇴사자를 선택하여 반영하며 소득자구분에 따라 조회된다.
소득명세	① 귀속년월(신고서) : 귀속년월은 원천징수이행상황신고서에 반영될 귀속년월로서 현실적으로 퇴사한 월을 입력한다. ② 영수일자는 퇴직금 지급한 날을 입력한다. ③ 중간지급등란은 직접 입력하며 현 근무처의 퇴직 전 중간지급, 퇴직금의 분할지급 또는 퇴직으로 해당연도에 이미 발생한 퇴직금이 있는 경우 입력한다. ④ 등록번호 : 회사등록의 사업자등록번호가 반영된다. ⑤ 퇴직사유 : 중간정산자 이면 중간정산으로 자동반영되고, 퇴사자인 경우 자발발적퇴직으로 자동 반영되며 수정 가능하다. ⑥ 기산일 : 해당 근무처에서 근로를 제공하기 시작한 날을 입력한다. 다만, 중간정산지급을 받은 경우 중간지급 받은 다음 날을 입력한다. ⑦ 입사일 : 해당 근무처에서 근로를 제공하기 시작한 날을 입력한다. 사원등록 메뉴의 입사일이 반영된다. ⑧ 퇴사일 : 퇴사한 날을 입력한다. ⑨ 지급일 : 퇴직금 지급일을 입력하며 영수일자와 동일하게 반영된다. ⑩ 근속월수 : 입·퇴사일 기준으로 근속월수가 자동계산되어 반영된다. ⑪ 제외월수 : 퇴직금 계산시 제외되어야 하는 월수를 입력한다. ⑫ 가산월수 : 퇴직금 계산시 근속월수에 가산해야 하는 월수를 입력한다. ⑬ 과세퇴직급여 : 근로자퇴직급여보장법 등에 따라 지급하는 퇴직금을 입력한다. [퇴직금계산] 메뉴를 작성한 경우에는 자동으로 반영된다. ⑭ 비과세퇴직급여 : 퇴직소득 중 비과세 소득을 입력한다. ⑮ 과세이연계좌명세 : 퇴직소득을 연금계좌(IRP)로 이연(입금)하는 경우 퇴직소득세를 이연하여야 하므로 해당 계좌번호 등을 입력한다. ⑯ 확정급여형 퇴직연금제도 가입일 : 확정급여형(DB) 퇴직연금 가입일자를 입력한다. ⑰ 2011.12.31. 퇴직금 : 임원의 퇴직금 한도계산과 무관한 퇴직금을 계산하여 직접 입력한다.

실무예제

김재덕씨(남, 사원코드 : 200)는 2025년 3월 31일 퇴사하였으며, 다음과 같이 급여와 퇴직급여를 지급하였다. 이에 따른 3월분 급여자료(중도퇴사 연말정산 반영)와 퇴직소득자료를 입력하고 원천징수이행상황신고서를 작성하시오. (단, 김재덕 직원 외 다른 사원은 없는 것으로 가정하며 매월신고자로서 환급세액 발생시 전액 차월이월하기로 한다.)

[회사코드 : 4200.(주)세원]

(1) 자료 1. 3월 급여명세서(지급일자 : 2025년 3월 31일)

급여항목	금 액	공제항목	금 액
기본급	5,400,000원	국민연금	252,000원
직책수당	200,000원	건강보험	198,520원
식대(비과세)	100,000원	장기요양보험	25,700원
		고용보험	50,400원

(2) 자료 2. 퇴직급여자료(지급일자 : 2025년 4월 10일)

- [퇴직금계산] 메뉴를 통하여 지급될 퇴직금을 산정하며 취업규칙에 의한 퇴직금 계산방법은 "일할"을 적용한다.
- 김재덕 직원은 임원이 아니며, 퇴사사유는 개인사정에 의한 자발적퇴직으로 윤년은 적용하지 않는다.

예제 따라하기

(1) 사원등록

김재덕를 선택하고 [16.퇴사년월일] 및 사유(1)를 입력한다.

□	사번	성명	주민(외국인)번호	나이	기본사항	부양가족명세	추가사항
□	200	김재덕	1 810504-1234575	43			

1. 입사년월일 : 2023년 9월 1일 퇴사
16. 퇴사년월일 : 2025년 3월 31일 (이월 여부 0 부) 사유 1 개인사정으로 인한 자진퇴사

(2) 급여자료입력

귀속년월(2025년 03월), 지급년월일(2025년 03월 31일)을 입력하여 조회한다. **"전월 임금대장 포함(근기령 제27조에 따른 기재사항 포함)하여 복사 하시겠습니까?"** 메시지가 나오면 **"예"** 를 선택하여 전월 급여를 반영한다.

[중도퇴사 연말정산]

퇴사월의 급여를 입력한 후 상단의 F7 중도퇴사자정산 버튼을 누른 후 연말정산 추가자료 입력이 있는 경우는 입력하며 상단의 영수일자를 확인한 다음 급여반영(Tab) 를 클릭하여 [차감징수세액]을 반영한다.

[김재덕 급여자료입력]

(3) 연말정산추가자료입력

[급여자료입력] 메뉴에서 F7 중도퇴사자정산 버튼을 활용하여 급여대장에 정산명세를 반영하였다면 중도퇴사자 연말정산이 완료되었으므로 본 메뉴(중도 TAB)를 다시 작업할 필요는 **없다**.

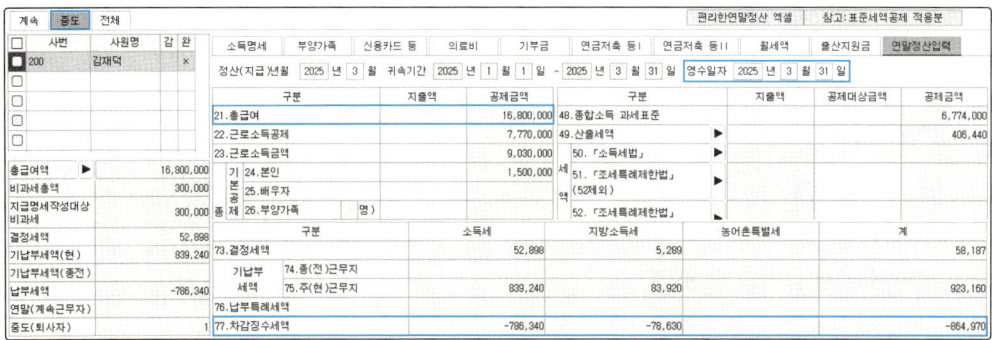

(4) 퇴직금계산

① 사번란에서 코드도움(F2)을 이용하여 퇴사자 "김재덕"을 선택하여 [사원등록]과 [급여자료입력]의 정보를 반영하고 구분(1:퇴직)을 선택한다.

② [퇴직금계산 TAB]에서 퇴직금계산방법(**일할**)을 선택하여 급여내역과 상여내역을 확정하고 평균임금(190,000원)과 예상퇴직금(9,026,301원)을 계산한다.

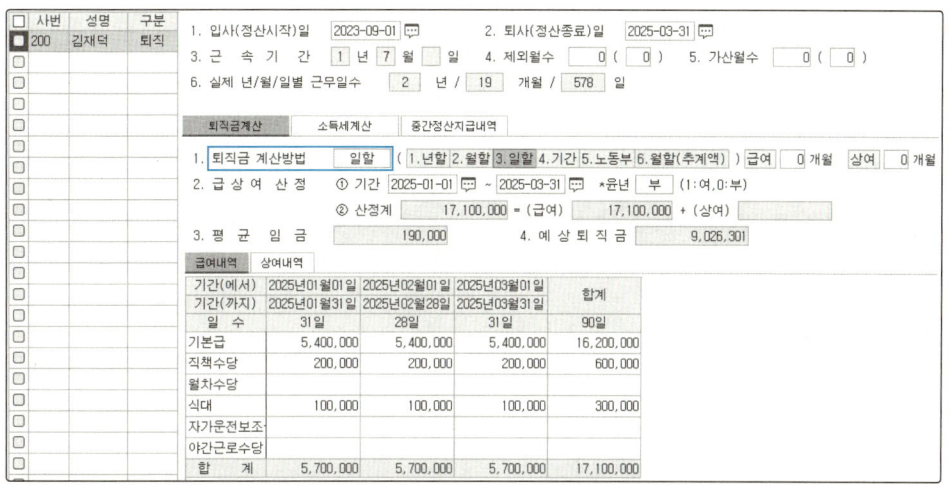

③ [소득세계산 TAB]에서 퇴직금과 소득세산출, 사원정보를 확인할 수 있다.

(5) 퇴직소득자료입력

① 지급년월(2025년 04월), 소득자구분(1.근로)을 입력하고 사번란에서 코드도움(F2)을 클릭하여 퇴사자 "김재덕"을 선택하여 [퇴직금계산] 내역을 반영한다.
② 귀속년월(신고서 : 2025년 3월)과 영수일자(2025/04/10), 지급일자, 퇴직사유(자발적 퇴직), 지급일(2025/04/10)을 입력한다.

[소득명세 TAB]

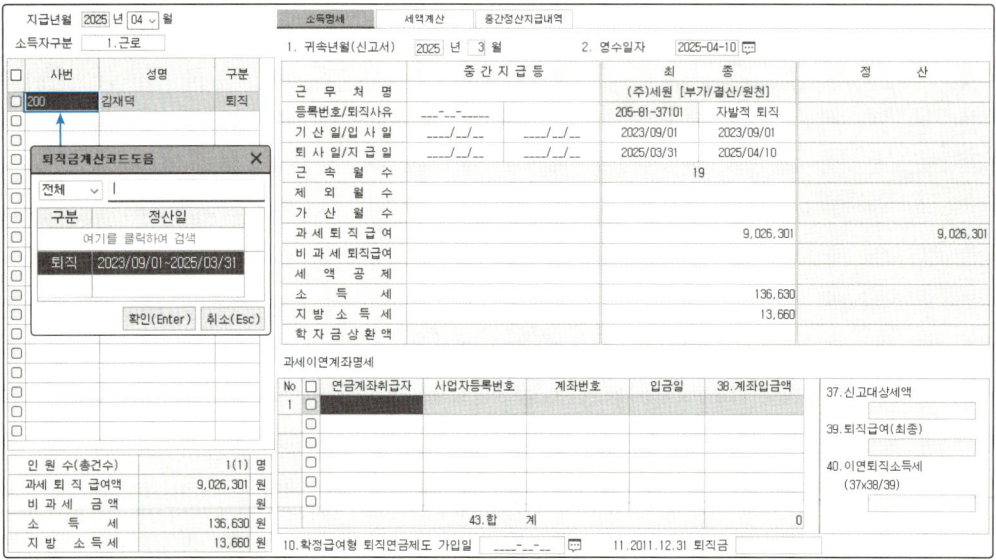

[세액계산 TAB]

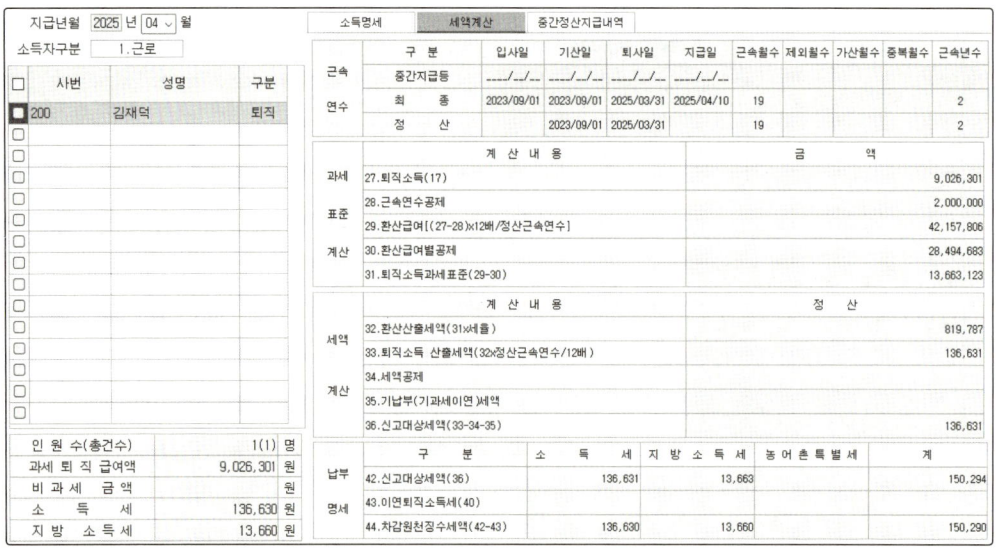

(6) 원천징수이행상황신고서

① 근로소득 원천징수이행상황신고서 작성

귀속기간(2025년 03월 ~ 2025년 03월), 지급기간(2025년 03월 ~ 2025년 03월), 신고구분(1.정기신고)를 선택한다. 퇴사자의 급여자료, 중도퇴사자 정산자료가 근로소득에 반영된다. 환급세액은 차월이월 하기로 하였으므로 "20.차월이월환급세액"에 기재된 상태로 신고하고 차월 납부세액과 상계한다.

소득자 소득구분		코드	소득지급		징수세액			당월조정 환급세액	납부세액	
			인원	총지급액	소득세 등	농어촌특별세	가산세		소득세 등	농어촌특별세
근로소득	간이세액	A01	1	5,700,000						
	중도퇴사	A02	1	17,100,000	-786,340					
	일용근로	A03								
	연말정산	A04								
	(분납신청)	A05								
	(납부금액)	A06								
	가 감 계	A10	2	22,800,000	-786,340					
총 합 계		A99	2	22,800,000						

전월 미환급 세액의 계산				당월 발생 환급세액				18.조정대상환급(14+15+16+17)	19.당월조정환급세액계	20.차월이월환급세액	21.환급신청액
12.전월미환급	13.기환급	14.차감(12-13)	15.일반환급	16.신탁재산	금융회사 등	합병 등					
			786,340					786,340		786,340	

② 퇴직소득 원천징수이행상황신고서 작성

귀속기간(2025년 03월 ~ 2025년 03월), 지급기간(2025년 04월 ~ 2025년 04월), 신고구분(1.정기신고)를 선택한다. 퇴직소득 자료가 반영되며 전월미환급세액(786,340원)을 "12.전월미환급"란에 입력하여 퇴직소득세와 상계하는 당월조정환급세액을 정리하고 차액은 차월로 이월한다. (급여에 대한 원천징수이행신고서를 **마감**하면 **전월미환급세액**은 **자동 반영**된다.)

㉠ 연금계좌(A21) : 연금사업자가 소득자(개인퇴직계좌)에게 지급시 기재
㉡ 그 외(A22) : 기업(사용자)이 퇴직소득자에게 지급시 기재(DB포함, DC제외)

소득자 소득구분		코드	소득지급		징수세액			당월조정 환급세액	납부세액	
			인원	총지급액	소득세 등	농어촌특별세	가산세		소득세 등	농어촌특별세
개인 퇴직	연금계좌	A21								
	그 외	A22		9,026,301	136,630					
	가 감 계	A20	1	9,026,301	136,630			136,630		
총 합 계		A99	1	9,026,301	136,630			136,630		

전월 미환급 세액의 계산				당월 발생 환급세액				18.조정대상환급(14+15+16+17)	19.당월조정환급세액계	20.차월이월환급세액	21.환급신청액
12.전월미환급	13.기환급	14.차감(12-13)	15.일반환급	16.신탁재산	금융회사 등	합병 등					
786,340		786,340						786,340	136,630	649,710	

CHAPTER 03 사업·기타·금융소득 원천징수

1. 사업소득 원천징수

원천징수 ▶▶ 근로/퇴직/사업 ▶▶ 사업소득관리 ▶▶ 사업소득자등록 사업소득자료입력

[사업소득 프로세스]

사업소득자등록 ▶ 사업소득자료입력 ▶ 원천징수이행상황신고서

항 목	입력내용 및 방법
사업소득자등록	① 코드 및 소득자명을 입력하고 소득구분란에서 코드도움(F2)을 누른후 해당 소득을 선택한다. 다만, 비거주자 사업소득은 [기타소득관리]에서 등록·신고한다. ② 연말정산적용 : 소득구분에 따라 연말정산적용여부를 확인하여 "여, 부"를 선택한다.
사업소득자료입력	① 지급년월을 입력하고 상단의 [소득자불러오기(F6)]를 클릭하여 사업소득자를 반영하거나 코드도움(F2)을 이용하여 반영할 수도 있다. ② 하단에 귀속년월과 지급영수년월일을 입력하고 지급액을 입력하면 자동적으로 소득세와 지방소득세가 계산된다.

실무예제

회사가 8월 30일에 지급한 원천징수와 관련된 지급내역은 아래와 같다.
적요를 참고하여 소득구분을 판단하고 그에 해당하는 소득자 등록과 소득자료를 입력하시오. (소득자는 소득세법상 거주자이며, 주소 입력은 생략하며, 귀속월은 8월이며, 지급일(영수일)은 8월 30일이다.) [회사코드 : 4200.(주)세원]

[지급내역]
- 코드 : 200
- 성명 : 장상호
- 주민등록번호 : 820502-1028962
- 지급액 : 2,000,000원
- 제공용역 : 기타모집수당
- 적요 : 장상호씨는 고용관계 없이 영리목적으로 계속, 반복적으로 위 용역을 제공하고 있다.

 예제 따라하기

(1) 사업소득자등록

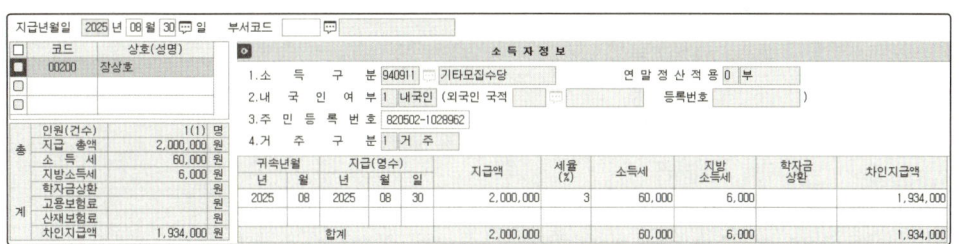

(2) 사업소득자료입력

지급년월일(2025년 08월 30일)을 입력하고 코드란에서 코드도움(F2)을 클릭하여 "장상호"를 선택하여 소득자를 반영하고 사업소득자료를 입력한다.

2. 기타소득 원천징수

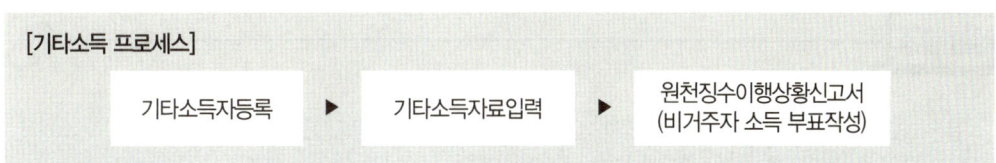

[기타소득 프로세스]

기타소득자등록 ▶ 기타소득자료입력 ▶ 원천징수이행상황신고서 (비거주자 소득 부표작성)

항 목	입력내용 및 방법
기타소득자 등록	① 사업소득자 입력과 동일한 방식으로 입력하며 근로소득자를 제외한 비거주자를 포함하여 입력한다. 다만, 소득구분을 클릭하고 해당 소득을 선택한다. 소득구분 코드 중 "71 ~ 79"는 의제필요경비가 인정되는 소득인 경우 선택한다.

코드	소득자업종	비 고
60	필요경비 없는 기타소득	장소일시대여소득, 알선수수료 등
61	주식매수선택권 행사이익	퇴직 후 행사 이익

항 목	입력내용 및 방법		
기타소득자 등록	코드	소득자업종	비 고
	62	그 밖에 필요경비 있는 기타소득	실제발생 필요경비 소득
	63	연금저축, 소기업소상공인공제부금해지 소득	
	64	서화, 골동품 양도소득	
	65	퇴직한 근로자가 받는 직무발명보상금	비과세 700만원 초과액
	68	비과세 기타소득	
	69	분리과세 기타소득	복권당첨소득 등
	71	상금 및 부상	
	72	광업권 등	무형자산의 양도, 대여
	73	지역권 등	
	74	주택입주지체상금	
	75	원고료 등	
	76	강연료 등	
	77	종교인소득	
	78	사례금	
	79	자문료 등	
	80	통신판매 대여소득	
	② 소득자구분과 실명구분을 선택하며, 필요경비율은 소득구분에 따라 자동 반영된다. ③ 소득자 업종 중 **76.강연료등, 79.자문료등, 42.인적용역**은 간이지급명세서 제출 소득으로 원천징수이행상황신고서의 [**기타소득 → 인적용역(A59)**]란에 기재하여 신고한다.		
기타소득 자료입력	① 지급년월을 입력하고 코드도움(F2)을 이용하여 기타소득자를 반영한다. ② [지급 및 계산내역]에 귀속년월과 지급액을 입력하면 자동적으로 소득세와 지방소득세가 계산된다. 필요에 따라 필요경비를 추가로 입력한다.		

다음은 2025년 8월 귀속 기타소득 지급내역이다. 자료를 참조하여 기타소득자 등록 및 자료입력을 하시오. (소득자의 세부담이 최소화되도록 처리할 것) [회사코드 : 4200.(주)세원]

성명	주민등록번호	금액	지급사유	지급일
장중동	850725 – 1234578	3,000,000원	일시적 강연료 (고용관계 없음)	2025년 8월 22일

- 장중동은 국내에 거주하는 내국인이고, 코드 (150)번으로 등록한다.
- 용역을 제공하는 과정에서 관련 필요경비로 2,000,000원이 사용되었다.

 예제 따라하기

(1) 기타소득자등록

(2) 기타소득자료입력

지급년월일(2025년 08월 22일)을 입력하고 코드란에서 코드도움(F2)을 클릭하여 "장중동"를 선택하여 소득자를 반영하고 기타소득자료를 입력한다.

소득구분 "76.강연료등"을 선택하여 필요경비율 60%가 적용되어 1,800,000원이 자동계산 되나 실제 발생경비가 더 큰 경우 수정 입력(2,000,000원)한다.

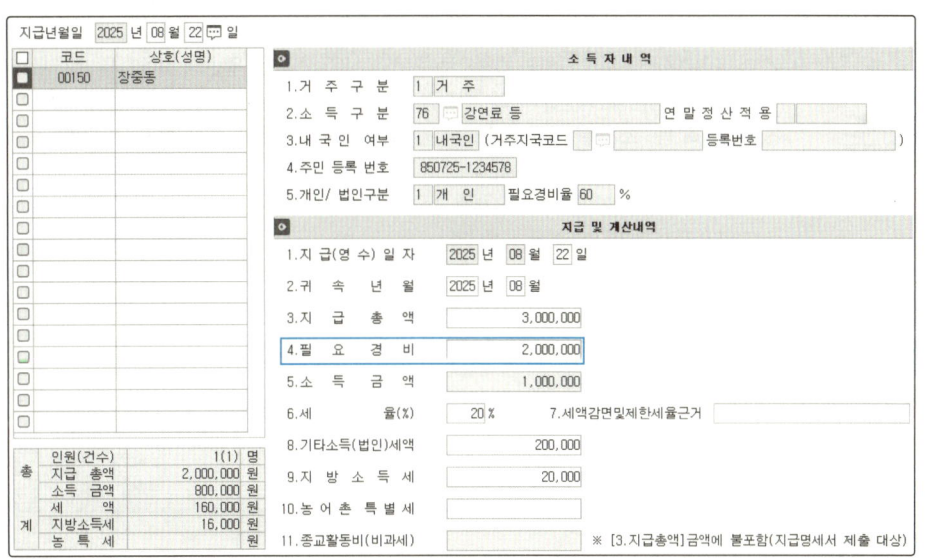

3. 금융소득 원천징수

항 목	입력내용 및 방법
기타소득자 등록	① 기타소득자 입력과 동일한 방식으로 입력한다. 다만, 소득구분을 클릭하고 해당 소득을 선택한다. 이자·배당소득에 소득구분 코드는 다양하며 자주 출제되는 부분만 나열하고자 한다. | 코드		소득자업종	비 고
---	---	---	---
이자소득	111	국공채의 이자와 할인액	
	112	내국법인 회사채의 이자와 할인액	
	113	국내에서 받는 예금의 이자	
	122	비영업대금의 이익	
배당소득	251	내국법인의 배당·분배금 등	현금배당
	253	의제배당	
	254	법인세법에 따라 배당으로 처분된 금액	인정배당	 ② 소득자구분과 실명구분을 선택한다.
이자배당 소득자료 입력	① 지급년월을 입력하고 코드도움(F2)을 이용하여 기타소득자를 반영한다. ② 지급(영수)일자와 귀속년월을 입력한다. ③ 금융상품명을 선택하고 배당소득의 경우 유가증권코드를 입력한다. 시험에서 별도의 명기가 없는 경우 생략하며 신고 시 필수입력 사항이다. ④ 과세구분은 소득자가 개인과 법인으로 구분되며 배당소득은 "일반과세T"와 "일반과세G", 이자소득은 "원천징수대상소득"과 "원천징수대상외의 소득"을 구분하여 입력한다. ⑤ 조세특례 등 : 조세특례제한법상 혜택을 받은 금융소득을 말하며 비영업대금의 이익은 적용을 받지 않으므로 "NN"을 선택한다. ⑥ 채권이자구분 : 일반적으로 "99.채권 등의 이자등을 지급받은 경우"에는 해당 채권등의 보유자의 이자기간 이자상당액을 선택한다. ⑦ 이자지급대상기간 : 금융소득의 지급대상이 되는 기간을 입력한다. ⑧ 이자율 : 이자소득의 약정된 이자율을 입력한다. ⑨ 세율 : 원천징수세율을 입력하며 소액부징수에 해당하여 세액이 "0"인 경우에도 실제 적용된 세율을 입력한다.

실무예제

다음 자료를 이용하여 기타소득자등록 및 이자배당소득자료입력 메뉴에 관련 자료를 입력하여 원천징수세액을 계산하시오. [회사코드 : 4200.(주)세원]

자료 1) 소득자별 이자소득 지급내역

소득자			이자소득	소득지급일/ 영수일	비 고
법인	200	(주)대한	5,000,000원	2025-08-10	■ 입금계좌 : 국민은행 801-21-9999-123 ■ 당사가 단기차입금에 대한 이자비용을 지급한 것이다. (기간 : 2025.04.01. ~ 2025.06.30.) ■ 약정이자율 : 10%
	120-81-21841				

자료 2) 소득자는 내국법인이며 이자소득에 대한 원천징수세율은 다음과 같다.

구 분	세 율
일반이자소득	14%
비영업대금이익	25%

 예제 따라하기

(1) 기타소득자등록

당사가 (주)대한(법인)의 차입금에 대한 이자비용으로 지급하는 이자소득은 비영업대금이익으로 등록한다.

(2) 이자배당소득자료입력

비영업대금이익에 해당하는 이자이므로 세율은 "25%"를 입력한다.

CHAPTER 04 원천징수이행상황신고서

원천징수 ▶▶ 근로/퇴직/사업 ▶▶ 근로소득관리 ▶▶ 원천징수이행상황신고서

1. 원천징수이행상황신고서 정기신고 및 부표작성

원천징수이행상황신고서는 원천징수의무자가 원천징수대상소득을 지급하면서 소득세를 원천징수한 날의 다음달 10일까지 관할세무서에 제출하여야 한다. 원천징수이행상황신고의 제출시기는 귀속기준이 아닌 지급기준임에 유의한다.

항 목	입력내용 및 방법
귀속기간	원천징수 대상소득의 소득 발생월을 기재한다.
지급기간	원천징수 대상소득의 소득 지급월을 기재한다.
신고구분	① 1.정기신고 : 정기신고 할 때 선택 ② 2.기한후신고 : 정기신고 때 신고하지 않은 경우 기한후 신고 시 선택 ③ 3.수정신고 : 당초 신고분을 수정 신고할 때 선택
근로소득 원천징수명세	[원천징수명세및납부세액 TAB]은 근로소득, 퇴직소득, 사업소득 등이 있으나 본서는 근로소득에 대한 내용만 설명하고자 한다. [표 이미지] ① 간이세액(A01) : [급여자료입력] 메뉴에 입력한 자료가 자동반영 ② 중도퇴사(A02) : 당월 중 퇴직한 상용직 사원이 있는 경우 퇴직시점에서 당해연도 중 지급한 총급여액에 대한 연말정산 자료를 입력하며 [연말정산추가자료입력]의 "중도퇴사 TAB" 자료가 자동반영 ③ 일용근로(A03) : 일용근로자에 대한 원천징수 내역을 입력하며 [일용직급여자료입력] 메뉴에 입력한 자료가 자동 반영(교육버젼은 지원하지 않음) ④ 연말정산(A04) : 계속근무자에 대한 연말정산자료를 입력하며 [연말정산추가자료입력]의 "연말 TAB" 자료가 자동반영 ⑤ 분납금액(A05) : 연말정산 시점에 납부세액이 100,000원 초과하는 경우 납부세액을 분납할 수 있으며 그러한 경우 입력(급여자료입력에서 작업해서 반영) ⑥ 소득지급의 총지급액 : 과세미달분과 비과세소득을 포함하여 총지급액을 입력한다. 다만, 비과세소득 중 근로소득 지급명세서 작성의무가 면제된 "미제출"에 해당되는 **비과세는 제외**한다. ■ **제출** 비과세 : 식대, 보육수당, 야간근로수당, 국외근로수당, 연구수당 등 ■ **미제출** 비과세 : 자가운전보조금, 당직수당 등

항 목	입력내용 및 방법
당월조정 환급세액	① 전월미환급세액 : 전월에 미환급세액이 있는 경우 입력하거나 직전월의 "⑳차월이월환급세액"란의 금액이 자동 반영된다. ② 기환급신청한 세액 : 원천징수 환급세액이 발생한 경우 다음 달 이후에 납부할 세액에서 조정환급하는 것이나, 다음달 이후에도 원천징수할 세액이 없거나 원천징수하여 납부할 소득세가 환급할 금액에 미달하여 세무서에 직접 환급 신청한 금액을 입력한다. ③ 일반환급 : 당월에 [원천징수명세및납부세액 TAB]의 징수세액 란의 금액이 (▲)인 경우에 자동 반영된다. ④ 당월조정환급세액계 : [원천징수명세및납부세액 TAB]의 "당월조정환급세액" 항목에 자동반영 된다. ⑤ 차월이월환급세액 : 환급세액과 납부세액을 상계하고 남은 환급세액으로 다음달 "⑫전월미환급세액"에 자동 반영한다. ⑥ 환급신청액 : 당월에 환급신청할 금액을 입력하며 환급신청과 관련한 부표를 함께 작성하여 제출하여야 한다. [전월미환급세액 300,000원이 발생한 경우 사례]
부표	① 원천징수이행상황신고서 제1쪽의 근로소득(A01, A02, A03, A04, A10) 중 파견근로에 대한 대가, 이자소득(A50), 배당소득(A60), 비거주자양도소득(A70), 법인원천(A80) 원천징수명세(④ ~ ⑧) 및 납부세액(⑩·⑪), 저축해지추징세액(A69), 사업소득(A25, A26, A30), 기타소득(A40) 중 비거주자분에 대한 원천징수명세 및 납부세액 대하여 원천징수의무자는 반드시 [원천징수이행상황신고서 부표]를 작성하여 제출해야 한다. ② 법인원천소득은 자동 반영되지 않아 [원천징수이행상황신고서 부표]를 작성하여 [원천징수명세및납부세액]에 반영한다. ③ 연말정산 환급세액이 있어 환급신청을 하고자 하는 경우 [원천징수세액환급신청서], [기납부세액명세서]를 작성하여 제출하고 필요에 의해 [전월미환급세액 조정명세서], [차월이월환급세액 승계명세]를 함께 제출하는 경우도 있다.

실무예제 1

(주)동부의 급여는 귀속월과 지급월이 동일하며 원천징수신고는 매월하고 있다. 9월 원천징수이행상황신고서를 작성하라. [회사코드 : 4100.(주)동부]

귀속기간(2025년 09월 ~ 2025년 09월), 지급기간(2025년 09월 ~ 2025년 09월), 신고구분(1.정기신고)를 선택 한다. 급여자료입력에 입력된 김철수 및 하경자의 총지급액 및 소득세가 반영된다. 비과세소득 중 식대와 보육수당은 제출비과세 소득으로 총지급액에 집계된다.

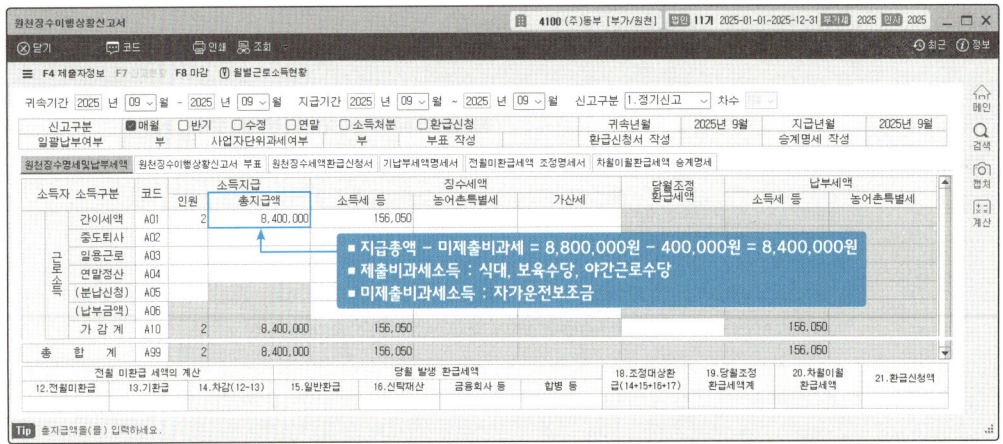

실무예제 2

당사는 8월 귀속, 8월 지급분에 대한 사업소득, 기타소득, 이자소득에 대한 원천징수이행상황신고서(부표 포함)를 작성하고자 한다. 당사는 반기별 사업장이 아니며, 8월 지급분에 대한 소득은 이미 입력되어 있다.

[회사코드 : 4200.(주)세원]

[8월 소득지급내역]

소득종류	소득자	거주구분	소득구분	인원	지급액	원천징수세액
사업소득	장상호(개인)	거주자	모집수당	1	2,000,000원	60,000원
기타소득	장중동(개인)	거주자	일시강연료	1	3,000,000원	200,000원
이자소득	(주)대한(법인)	거주자	비영업대금이익	1	5,000,000원	1,250,000원

 **예제 따라하기**

① 귀속기간(2025년 08월 ~ 2025년 08월), 지급기간(2025년 08월 ~ 2025년 08월), 신고구분(1.정기신고)를 선택한다. 입력된 사업소득과 기타소득은 [원천징수명세및납부세액 TAB]에 자동 반영되나 **법인에게 지급된 이자소득은 반영되지 않으므로 직접 입력**해야 한다.

② **금융소득(이자·배당소득)**과 **비거주자소득**은 원천징수세액 신고 시 **부표를 작성**하여 함께 신고하여야 하며 **법인원천징수세액**은 [원천징수명세및납부세액 TAB]에서 직접 입력할 수 없고 **[원천징수이행상황신고서 부표 TAB]에 입력하여 반영**한다. [법인원천 : 내국법인 → 비영업대금의 이익(25%)]에 인원(1), 총지급액(5,000,000), 소득세등(1,250,000)을 입력한다.

[원천징수이행상황신고서 부표]

			코드	소득지급		징수세액			조정환급세액	납부세액	
				인원	총지급액	소득세 등	농어촌특별세	가산세		소득세 등	농어촌특별세
내국법인	이자	14%	C71								
	투자신탁의 이익	14%	C72								
	신탁재산 분배	14%	C73								
	신탁업자 징수분		C74								
	비영업대금의 이익(25%)		C75	1	5,000,000	1,250,000				1,250,000	
	비과세 소득		C76								
외국법인(국내원천소득)	이자	제한, 20%	C81								
	배당	제한, 20%	C82								
	선박 등 임대, 사업	2%	C83								
	인적용역	20%, 3%	C84								
	사용료	제한, 20%	C85								
	유가증권 양도	10%, 20%	C86								
	부동산 양도	10%, 20%	C87								
	기타	가상자산	10%, 20%	C99								
		가상자산 외	20%	C88								
	법인세 계		C90	1	5,000,000	1,250,000				1,250,000	

③ [원천징수명세및납부세액 TAB]의 내/외국법인원천(A80)란에 입력한 자료가 반영된다.

[원천징수명세 및 납부세액]

소득자	소득구분		코드	소득지급		징수세액			당월조정환급세액	납부세액	
				인원	총지급액	소득세 등	농어촌특별세	가산세		소득세 등	농어촌특별세
거주자/비거주자	사업소득	매월징수	A25	1	2,000,000	60,000					
		연말정산	A26								
		가 감 계	A30	1	2,000,000	60,000				60,000	
	기타소득	연금계좌	A41								
		종교인매월	A43								
		종교인연말	A44								
		가상자산	A49								
		인적용역	A59	1	3,000,000	200,000					
		그 외	A42								
		가 감 계	A40	1	3,000,000	200,000				200,000	
	이 자 소 득		A50								
	배 당 소 득		A60								
	그 외 소 득		▶								
법인	내/외국법인원천		A80	1	5,000,000	1,250,000				1,250,000	
	수정신고(세액)		A90								
	총 합 계		A99	3	10,000,000	1,510,000				1,510,000	

2. 원천징수이행상황신고서 수정신고

원천징수이행상황신고서 수정신고는 이미 제출한 신고서에 기재한 사항 또는 금액 계산상의 오류나 누락이 있는 경우에는 부가가치세 수정신고처럼 바로잡고자 당해 사유가 발생한 달의 다음달 10일까지 수정신고서를 제출하고, 추가 납부할 세액이 있는 경우에는 이를 납부하여야 한다. 또한 원천징수납부지연과 관련하여 가산세도 함께 납부하여야 한다.

> **원천징수 납부지연가산세 : MIN[①, ②]**
> ① 미납·미달납부세액 × 3% + 미납·미달납부세액 × 경과일수* × 2.2/10,000
> ② 미납·미달납부세액 × 10%
> * 경과일수 : 법정납부기한의 다음날부터 납부일까지의 기간

실무예제

(주)중부는 2025년 3월 귀속 급여 관련 원천징수 신고는 2025년 4월 10일 정상적으로 신고 납부하였다. 회계담당자의 실수로 인하여 2025년 4월 15일 다음의 사업소득자료가 누락된 것을 확인하였다. 누락된 사업소득 원천징수영수증을 완성하고 원천징수관련 가산세를 반영하여 2025년 4월 귀속 원천징수이행상황신고서를 작성하시오. 수정신고서를 작성하며 **수정차수는 1차**이고 추가납부세액은 2025년 4월 30일 신고·납부하는 것으로 한다.
4월 급여는 4월에 지급되며 당월신고분에 수정신고(세액)를 기재하여 제출한다. [회사코드 : 4400.(주)중부]

코드	성명	지급일	주민등록번호	지급액	내용
100	안중길	2025.03.20	790101 – 1234567	1,000,000원	교육훈련 강사료

■ 소득 귀속일자와 영수일은 동일하며 안중길씨는 인적용역 사업소득자이다.

 예제 따라하기

(1) 사업소득자료입력

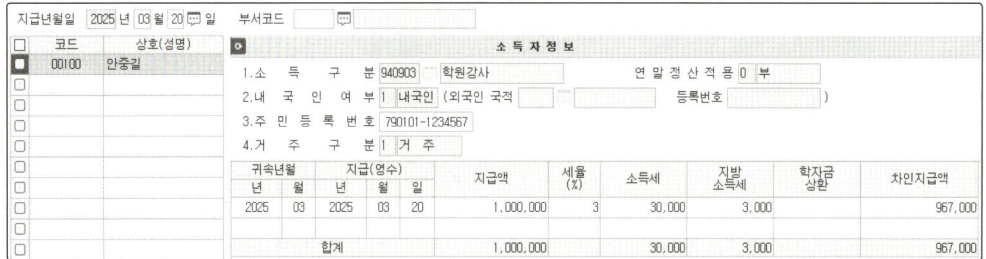

(2) 원천징수이행상황신고서

① 귀속기간(2025년 03월 ~ 2025년 03월), 지급기간(2025년 03월 ~ 2025년 03월), **신고구분(2.수정신고), 수정차수(1)**를 입력하여 조회한다. 당초신고분에 추가로 입력한 사업소득자료가 반영된다.

② 원천징수 납부지연가산세 : Min[㉠ + ㉡ = 1,032원, ㉢ 3,000원]
- ㉠ 30,000원 × 2.2/10,000 × 20일(4월 11일 ~ 4월 30일) = 132원
- ㉡ 30,000원 × 3% = 900원
- ㉢ 3,000원 × 10% = 3,000원

소득자 소득구분	코드	소득지급		징수세액			당월조정 환급세액	납부세액	
		인원	총지급액	소득세 등	농어촌특별세	가산세		소득세 등	농어촌특별세
매월징수	A25								
	A25	1	1,000,000	30,000		1,032			
연말정산	A26								
	A26								
가 감 계	A30								
	A30	1	1,000,000	30,000		1,032		31,032	

③ 추가로 납부 또는 환급받는 원천징수세액은 당월분 신고서(4월 지급분)의 "수정신고(세액) A90"란에 원천징수세액과 가산세를 옮겨 적는다. **(시험은 출제시에만 작성)**

소득자 소득구분	코드	소득지급		징수세액			당월조정 환급세액	납부세액	
		인원	총지급액	소득세 등	농어촌특별세	가산세		소득세 등	농어촌특별세
이 자 소 득	A50								
배 당 소 득	A60								
그 외 소 득	▶								
법인 내/외국법인원천	A80								
수정신고(세액)	A90			30,000		1,032		31,032	
총 합 계	A99			30,000		1,032		31,032	

3. 원천징수 전자신고(2022년 4월 자격시험부터 출제)

소득세 원천징수 전자신고는 KcLep 프로그램에서 전자신고 파일 제작까지하고 파일 변환 및 신고는 국세청 홈택스에서 직접한다. 잠재적 실무 담당자를 양성하는 교육기관등에서 홈택스 전자신고를 보다 쉽게 접근해 볼 수 있도록 교육용 프로그램에 홈택스 전자신고변환을 [국세청 홈택스 전자신고변환(교육용)] 메뉴로 개발하여 추가하였다.

[KcLep 프로그램 신고서 작성 및 전자신고 프로세스]

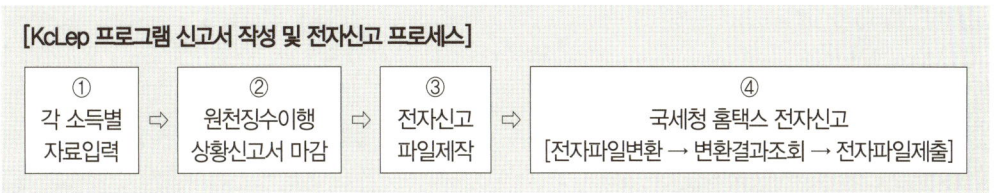

2025년 9월 귀속, 9월 지급의 원천징수이행상황신고서를 작성·마감하여 가상홈택스에서 원천징수이행상황신고서 전자신고를 수행하시오. [회사코드 : 4100.(주)동부]

① (주)동부는 소득세 원천징수세액을 매월신고하며 귀속시기와 지급시기가 동일하다.
② 전자신고 제작과 관련한 비밀번호는 "12345678"로 설정하고자 한다.

예제 따라하기

1 원천징수이행상황신고서 마감

① 원천징수이행상황신고서 메뉴에서 귀속기간(2025년 09월 ~ 2025년 09월), 지급기간(2025년 09월 ~ 2025년 09월), 신고구분(1.정기신고)을 입력하여 해당 지급기간의 원천징수세액을 반영하고 상단의  버튼을 클릭한다.

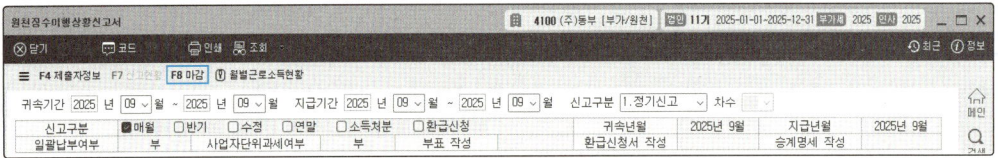

② [원천징수 마감] 화면에서 하단의 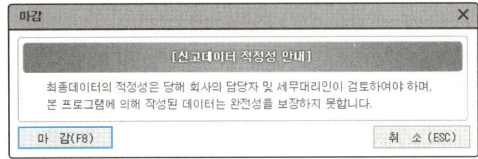 을 클릭하여 마감한다.

③ 원천징수이행상황신고서 마감이 완료되면 상단에 "마감"이 표시되며 [마감] 버튼이 [마감취소]로 변경된다.

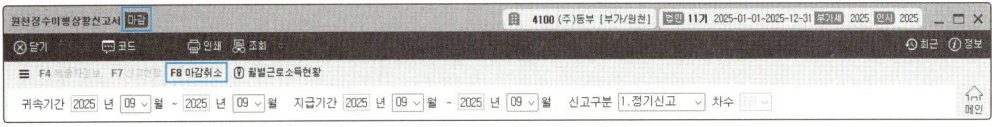

2 원천징수이행상황신고서 전자신고 파일제작

국세청 전자신고 변환파일을 생성하는 메뉴로 세무대리인이 신고하는 경우는 [세무대리인 등록 TAB]에 정보를 등록한 후 [원천징수이행상황제작 TAB]을 선택하며 기업이 직접 신고하는 경우는 [원천징수이행상황제작 TAB]을 바로 선택한다.

① [원천징수이행상황제작 TAB]을 선택하고 신고인구분(2.납세자자진신고), 지급기간(2025년 09월 ~ 2025년 09월), 신고(1.정기신고), 원천신고(1.매월), 제작경로(C:₩)를 입력한다.

② 선택한 회사코드의 마감자료가 조회되며 변환하고자 하는 회사를 선택하고 F4 제작 버튼을 클릭하여 국세청 변환파일로 변환한다.

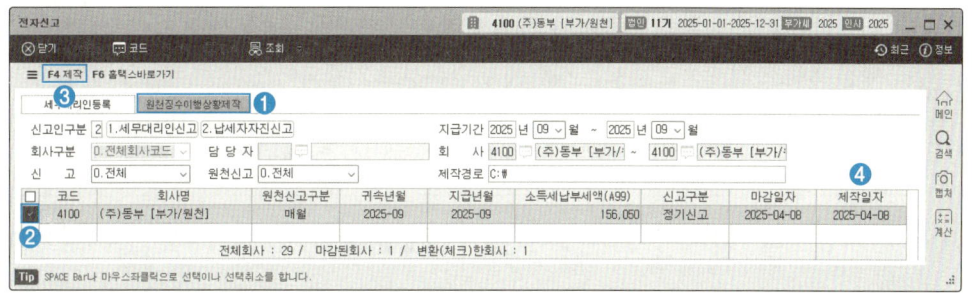

③ 제작이 완료되면 전자신고 파일이 생성되었다는 메시지가 나온다. [확인] 버튼을 클릭하면 파일 **비밀번호(8자리 이상 20자리 이하)** 입력 화면이 활성화되며 비밀번호는 제작 파일 별로 각각 입력하며 국세청 제출시 필요하므로 반드시 기억하여야 한다. (주)동부는 숫자 "12345678"을 입력한다.

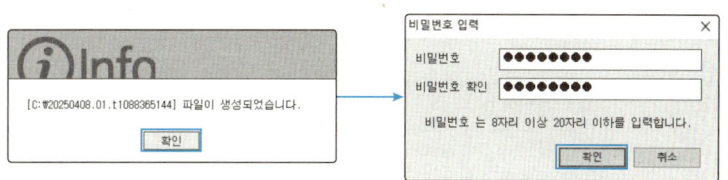

④ 전자신고 데이터 제작이 성공적으로 암호화 되었다는 메시지가 나오며 상단의 F6 홈택스바로가기 버튼을 클릭하여 직접 국세청 홈택스로 접속할 수 있다. 본서는 외부에 별도로 제공하고 있는 메뉴를 사용하고자 한다.

3 국세청 홈택스 전자신고

본 메뉴는 국세청 홈택스 전자신고 화면을 가상으로 제공하는 메뉴로 전자신고 변환에 필요한 기능 이외의 모든 기능을 막아서 사용할 수 없으며 파일만 첨부하여 테스트만 가능하다.

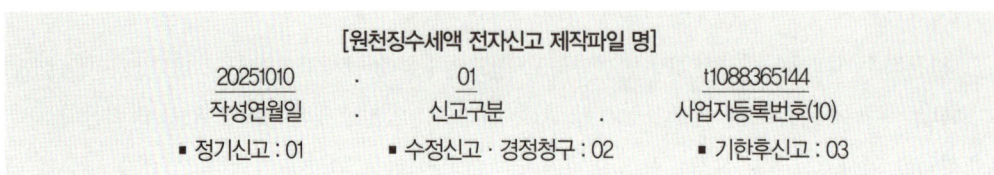

① 국세청 홈택스 [신고서 전자파일 제출] 절차 화면이 활성화되며 각 단계별 설명을 확인할 수 있다. 하단의 "닫기" 버튼을 클릭하여 국세청 홈택스 전자신고변환 화면으로 전환한다. 또한, 국세청 홈택스 전자신고 순서는 상단에 변환순서로 기재되어 있다.

> · 변환순서 : [찾아보기] → [형식검증하기] → 비밀번호 입력 → [형식검증결과확인] → [내용검증하기] → [내용검증결과확인]
> → [전자파일제출 이동] → 다음 화면에서 신고서요약내용 확인 후 [전자파일제출하기] → '일괄접수증' 확인 → [신고내역 조회(접수 증·납부서)]

② [Step 1.세금신고] TAB에서 전자파일변환을 위해 찾아보기 버튼을 클릭하여 변환대상파일을 선택한다.

③ 전자 신고하고자 하는 파일 첨부가 끝나면 처리내역의 [진행현황] 검증순서별로 각각의 버튼을 클릭하여 파일의 형식 및 내용을 검증한다.

④ [형식검증하기]를 클릭하고 신고파일 생성시 입력한 비밀번호 "12345678"을 입력하여 첨부파일의 형식을 검증하고 [형식검증결과확인]으로 진행사항을 확인한다.

⑤ 하단 진행현황의 [**내용검증하기**]를 클릭하여 신고내용을 검증하고 [**내용검증결과확인**]으로 신고내용의 오류사항을 파일처리내역에서 확인한다.

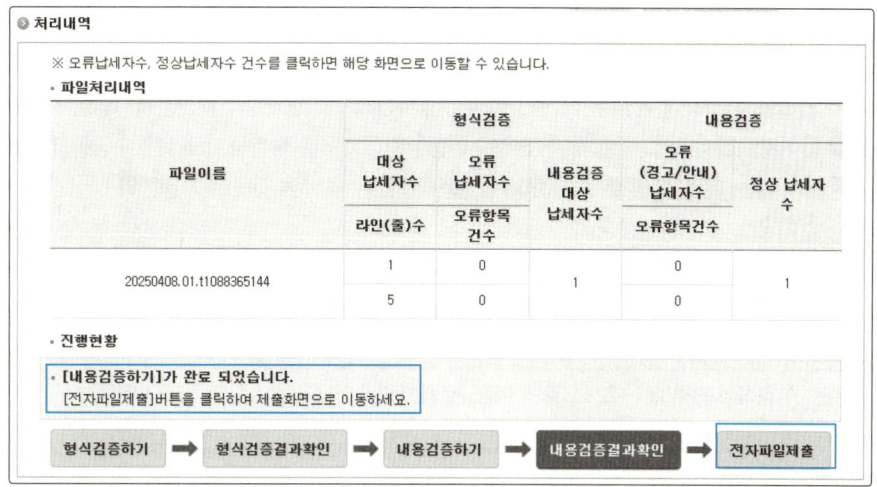

⑥ 신고서에 오류가 발생하지 않으면 [**전자파일제출**]을 클릭하여 전자파일 제출로 이동하여 전자파일을 제출한다.

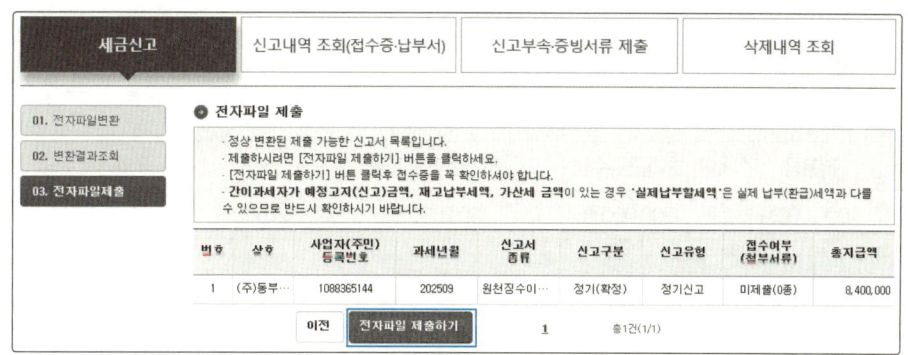

⑦ [**전자파일 제출하기**]를 클릭하면 가상서버(교육용)로 제출되며, "정상변환된 신고서를 제출합니다." 메시지가 나온다. [확인]을 선택하면 [원천세 신고서 접수증(변환파일)] 화면이 활성화 되며 신고된 내용을 확인할 수 있고 [인쇄하기]를 클릭하여 접수증을 출력하여 보관한다.

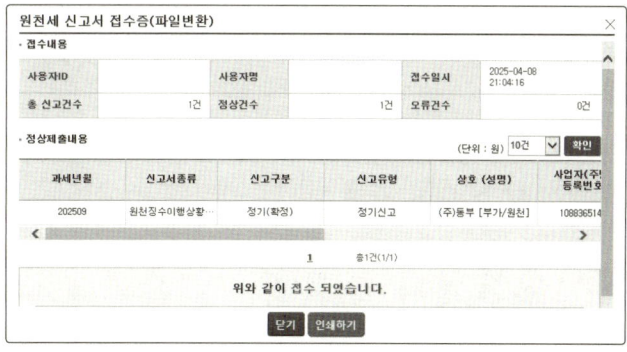

 심화연습

근로소득 원천징수

[1] 다음 자료를 이용하여 영업부 직원인 정석정씨(사원코드 : 180번)의 사원등록사항을 수정하고 11월 급여자료를 추가 입력한 후, 원천징수이행상황신고서를 작성하시오. (단, 수당공제 등록시 사용하지 않는 항목은 '부'로 표시하며 주민등록번호는 올바른 것으로 가정한다.)

[회사코드 : 4300.(주)영웅]

1. 부양가족정보

관계	이름	주민등록번호	참고사항
본인	정석정	840311-2223332	여성근로자, 세대주아님, 근로소득금액 5,000만원
배우자	송정수	901128-1234569	세대주, 로또당첨소득 500만원과 사업소득금액 3,000만원
시아버지	송경철	471009-1234568	소득없음, 장애인복지법에 따른 장애인, 2025년 1월 3일 사망
동생	정민기	901203-1234567	일용근로소득 500만원
아들	송문기	130712-3334445	소득없음

2. 11월분 급여자료(급여지급일 : 11월 30일)

급 여 항 목				
기본급	초과근무수당	자가운전보조금	식대	국외근로수당
5,000,000원	300,000원	300,000원	250,000원	1,000,000원

공 제 항 목			
국민연금	건강보험료	장기요양보험료	고용보험료
245,250원	193,200원	31,760원	49,050원

3. 추가자료

- 자가운전보조금은 부부공동소유의 차량을 업무목적으로 사용하는 것에 대한 지원금이며 별도의 실비정산하지 않는다.
- 회사는 매월 동일한 식대보조금을 지급하고 있으며 별도로 음식물을 제공받지 않는다.
- 국외근로수당은 미국 플로리다에 있는 지점으로 발령받아 근무함으로서 발생한 근로소득이다. (당사는 식품제조·무역업을 영위하는 회사이다.)
- 국민연금, 건강보험료, 고용보험료 등은 등급표를 적용하지 않고 상기의 자료를 적용한다.
- 소득세 및 지방소득세는 자동계산 된 자료를 사용하나 소득세원천징수세액조정신청서(원천공제율 120%)를 제출하였다.

[2] 다음 자료를 이용하여 윤미래(사번 : 600번, 연구원, 주민등록번호 : 820401-2012345)씨의 원천징수를 진행한다. [회사코드 : 4400.(주)중부]

1. 다음 자료를 이용하여 사원등록을 하시오.

(1) 입사일 : 2025년 5월 1일
   최초 취업일은 2023년 5월 1일이며 전 근무지에서 중소기업취업감면을 2024년 2월 20일까지 적용받았으며, 당해연도에 예상되는 총급여액은 4,000만원이다.
(2) 4대 보험 모두 적용대상자로써 사원등록에 등록하도록 하며 기준금액은 2,800,000원이다.
(3) 부양가족은 다음과 같다.

관 계	이 름	주민등록번호	비 고
배우자	주민호	841121-1812447	소득금액 없음
자 녀	주민세	121211-3012725	

(4) 윤미래는 장애인복지법에 따른 장애인으로 중소기업취업자 소득세 감면을 최대한 적용받고자 신청하였으며 중소기업취업자 감면은 연말정산 시 일괄 적용하기로 한다.

2. 다음 자료를 이용하여 5월 귀속 급여자료를 입력하시오.

(1) 급여지급일 : 2025년 6월 10일
(2) 수당 및 공제

지급항목	기본급	직책수당	식대	연구보조비
금액	2,400,000원	300,000원	300,000원	200,000원

공제항목	국민연금	건강보험	장기요양보험	고용보험	대출금
금액	자동계산 자료 반영				300,000원

(3) 기타
- 회사는 구내식당을 운영하지 않고 있으며 별도의 식사 제공은 하지 않는다.
- 기업부설연구소의 연구원으로 재직 중인 직원에게 연구보조비를 지급하고 있다.
- 대출금의 공제소득유형은 '대출'로 등록한다.
- 필요한 수당공제항목은 등록하며 사용하지 않는 항목은 '부'로 표시한다.

[3] 다음은 영업부의 부장 김경자(사원코드 : 3, 주민등록번호 : 850103-1234584, 입사일 : 2021. 05. 06.)의 2024년 말 연말정산결과와 2025년 2월 급여자료이다. 자료를 바탕으로 2월분 급여대장과 원천징수이행상황신고서를 작성하시오. 필요할 경우 수당 및 공제사항을 반드시 등록하시오. [회사코드 : 4500.(주)서울]

(1) 김경자의 2024년 총급여는 60,000,000원이며 연말정산결과는 다음과 같다.

구 분	소득세	지방소득세
결정세액	3,887,358원	388,735원
기납부세액	2,669,400원	266,920원
차감징수세액	1,217,950원	121,810원

(2) 2025년 2월 급여명세는 다음과 같다. (급여지급일은 매월 25일이다.)

구 분	금 액	비 고
기본급	3,500,000원	
가족수당	500,000원	
야간근로수당	400,000원	
월차수당	100,000원	
식 대	200,000원	별도의 중식 제공함
자가운전보조금	300,000원	본인 차량을 업무에 사용하고, 별도 여비를 정산 받음
국민연금	225,000원	국민연금, 건강보험료, 장기요양보험료, 고용보험료, 소득세, 지방소득세는 요율표를 무시하고 주어진 자료를 이용한다.
건강보험료	177,250원	
장기요양보험료	22,950원	
고용보험료	45,000원	
소득세	306,710원	
지방소득세	30,670원	

(3) 2024년 연말정산으로 인한 추가납부세액 중 1,217,950원은 분납하여 납부하는 것으로 신고하였다.

[4] 다음 자료를 이용하여 종업원 박연지(사번:102번)를 [사원등록]하고, 3월분 급여자료를 입력하시오. 다만, 사원등록 상의 부양가족명세를 박연지의 세부담이 최소화되도록 입력하고, 수당공제등록 시 사용하지 않는 항목은 '부'로 표시한다. [회사코드 : 4600.(주)천안]

1. 3월분 급여자료(급여지급일 : 3월 31일)

급여항목			
기본급	식대	자가운전보조금	보육수당
2,000,000원	100,000원	200,000원	200,000원

2. 추가 자료
- (주)천안은 근로자 5인 이상 10인 미만의 소규모 사업장이다.
- 박연지는 입사시점까지 실업 상태였다가 (주)천안에 생애 최초로 입사한 것으로 국민연금 등의 사회보험에 신규 가입하는 자이며, 본인 명의의 재산은 전혀 없다. 박연지의 2025년 월평균급여는 위에서 제시된 급여와 정확히 같고, 위의 근로소득 외 어떤 다른 소득도 없다고 가정한다.
- 두루누리사회보험여부 및 적용률(80%)을 표시하며 적용기간은 2025년 3월부터 2028년 2월까지이다.
- 건강보험료경감은 '부'로 표시한다.
- 회사는 구내식당에서 점심 식사(현물)를 지원한다.
- 자가운전보조금은 배우자 소유의 차량을 업무 목적으로 사용하는 것에 대한 지원금으로 시내 출장 등에 소요된 실제 경비는 정산하여 지급하지 않는다.
- 국민연금, 건강보험, 장기요양보험, 고용보험, 소득세, 지방소득세는 자동계산된 자료를 사용하고, 소득세 적용률은 100%를 적용한다.

3. 부양가족 명세(인적공제 대상에 해당하지 않는 경우, 부양가족명세에 입력 자체를 하지 말 것)

관계	성명(주민등록번호)	비 고
본인	박연지(960213-2234561)	• 입사일 2025.3.1. • 세대주
배우자	김철수(991214-1457674)	• 2025년 3월 부동산 양도소득금액 50,000,000원 발생 • 무직, 위 외의 어떠한 소득도 없음
자녀	김나철(240104-3511238)	

[5] 다음 자료에 의하여 2022년 4월 1일에 입사한 김수당(남성, 사무직, 세대주)(사원코드 : 101)씨의 사원등록사항을 수정한다. 연말정산추가자료입력 메뉴의 부양가족 탭, 신용카드등 탭, 의료비 탭, 기부금 탭을 입력하여 연말정산입력 탭을 완성하시오. (단, 사원등록의 부양가족명세에는 기본공제대상자가 아닌 부양가족을 기본공제 '부'로 입력한다.) [회사코드 : 4400.(주)중부]

1. 김수당씨의 과세기간종료일 현재 생계를 같이하는 가족관계는 다음과 같다.

가족사항	내 용
배우자 : 이정숙(730214-2223369)	근로소득자, 연간급여총액 3,500,000원
장 남 : 김일남(000821-3058756)	대학생, 소득 없음, 장애인복지법에 의한 장애인임
장 녀 : 김희진(090523-4114386)	고등학생, 소득 없음, 현재 배우자의 이전 혼인관계에서 출생
부 친 : 김부친(481123-1389663)	소득 없음(주거형편상 별거)
모 친 : 박모친(501201-2469725)	소득 없음(주거형편상 별거)
며느리 : 박숙향(000405-4426836)	장애인복지법에 따른 장애인으로서 김일남의 배우자로 소득없음

※ 부친과 모친은 주민등록상 거주지가 다르고, 다른 소득자에게 부양가족공제를 받지 아니한다.

2. 연말정산 추가 자료는 다음과 같고 국세청에서 조회한 금액이다. 전액 김수당씨 본인의 지출액이며 다른 가족의 공제대상에도 해당하는 경우에는 김수당씨가 공제 가능한 모든 공제를 적용받도록 한다.

대상자	항 목				
	보험료	의료비	교육비	기부금	신용카드 등
본 인	600,000원 (자동차보험료)	–	–	1,300,000원 (국방헌금)	19,280,300원 (신용카드)
배우자	–	–	–	–	–
장 남	1,200,000원 (장애인전용보험료)	–	7,000,000원 (대학교등록금)	–	2,500,000원 (현금영수증)
장 녀	–	1,000,000원 (운동 중 팔 골절치료)	1,200,000원 (고등학교등록금)	–	–
부 친	850,000원 (생명보험료)	7,000,000원 (골절수술비)	–	–	–
모 친	–	2,500,000원 (미용을 위한 성형수술)	–	2,000,000원 (종교단체 기부금)	1,670,000원 (직불카드)

■ 장녀, 부친, 모친의 의료비는 전액 김수당 본인의 신용카드로 결제한 것이다.
■ 부친 의료비 중 실손의료보험금 수령액 5,000,000원이 포함된 금액이다.
■ 본인의 신용카드 등에는 위의 본인의 신용카드 결제액과 자동차세 720,000원이 포함된 금액이다.
■ 장남의 현금영수증 사용액에는 대중교통이용액 240,000원, 모친의 직불카드사용액에는 전통시장사용액 110,000원 포함되어 있다.
■ 국방헌금 기부처 : 한국예비군(고유등록번호 204-82-07256)
■ 종교단체 기부처 : 천국교회(고유등록번호 123-83-12379)

[6] 다음 자료에 의하여 박기석(771201 – 1124585, 사원번호 1번, 세대주)씨의 연말정산추가자료입력 중 소득명세 탭, 부양가족 탭, 신용카드등 탭, 의료비 탭, 기부금 탭을 입력하시오. 다음의 주민등록번호는 모두 올바른 것으로 가정하며, 기본공제대상자가 아닌 경우에도 부양가족명세에 입력하고 "부"로 표시 한다. [회사코드 : 4500.(주)서울]

1. 박기석씨와 생계를 같이하는 동거가족은 다음과 같고 2025년 귀속분 박기석씨에 대한 소득처분(인정상여)금액 5,000,000원이 발생하였다. 배우자는 전업주부로서 소득이 없으며 장남은 고등학생인 일용근로자로써 일당 8만원씩 60일간의 소득이 있다. 부친과 모친의 경우 주거형편상 2025년 10월 5일 이사를 했으며 부친은 토지를 양도하면서 발생한 양도소득금액 2천만원이 있다.

가족관계증명서

등록기준지		서울특별시 영등포구 신길동		
구분	성명	출생연월일	주민등록번호	성별
본인	박기석	1977년 12월 1일	771201 – 1124585	남

가족사항

구분	성명	출생연월일	주민등록번호	성별
부	박일호	1947년 5월 16일	470516 – 1051340	남
모	신현진	1952년 8월 19일	520819 – 2015626	여
배우자	배연정	1989년 1월 1일	890101 – 2101101	여
자녀	박서진	2009년 11월 20일	091120 – 3051323	남
자녀	박서희	2025년 8월 1일	250801 – 4105148	여

2. 다음은 국세청간소화 자료로 박기석씨가 공제가능한 모든 공제를 적용한다. (단, 산후조리원 비용은 지출처에서 직접 수령하여 제출함)

과목	명 세	금 액	비 고
보험료	본인의 자동차 손해보험료	900,000원	
	장남의 생명보험료	1,200,000원	
의료비	부친의 디스크수술비	2,000,000원	박기석이 지출함
	장남의 맹장수술비	1,100,000원	
	배우자의 의료비	6,000,000원	치료목적 성형수술비 3,000,000원, 산후조리원 비용 3,000,000원(아가랑, 사업자등록번호 : 110-92-22892)
교육비	배우자 대학원 수업료	6,000,000원	
	장남 고등학교 수업료	2,200,000원	교복구입비 600,000원, 체험학습비 200,000원 포함
신용카드	본인사용분	19,200,000원	• 생활용품 구입비 10,000,000원 • 전통시장 사용분 5,000,000원 • 대중교통 사용분 1,200,000원 • 도서공연등 사용분 3,000,000원
기부금	본인	2,000,000원	한국세무사회(고유등록번호 107-82-12235) 공익재단(일반기부금 단체) 성금
	모친	1,500,000원	정당후원금(모두당, 123-83-12379)

[7] 4월 1일 입사한 사원 김영선(사원코드 : 2, 남성, 세대주)의 다음 자료를 참고하여 연말정산추가자료입력메뉴의 소득명세 탭, 부양가족 탭, 의료비 탭, 기부금 탭, 연금저축등Ⅰ 탭, 월세액 탭을 작성하시오. [회사코드 : 4500.(주)서울]

(1) 가족사항 : 모두 김영선과 생계를 같이하고, 소득이 없으며, 주민등록번호는 모두 올바른 것으로 가정한다. 모든 부양가족을 입력하고 기본공제 대상이 아닌 경우 '부'를 선택한다.

성명	관계	주민등록번호	비 고
조미숙	배우자	791010 - 2347787	
김민성	장남	040120 - 3535455	
김아연	장녀	220901 - 4747140	장애인복지법에 의한 장애인, 미취학아동
한진희	모친	521003 - 2015638	영국 거주

(2) 김영선의 이전 근무지 관련 근로소득원천징수영수증(근무기간 : 2025.1.1. ~ 2025.2.28.)

- 근무처 : (주)배움출판(615-85-11290)
- 급여 : 15,000,000원
- 상여 : 800,000원
- 건강보험료 : 158,000원
- 장기요양보험료 : 9,480원
- 고용보험료 : 52,000원
- 국민연금보험료 : 290,000원

세액명세	구분	소득세	지방소득세
	결정세액	42,000원	4,200원
	기납부세액	58,000원	5,800원
	차감징수세액	-16,000원	-1,600원

(3) 연말정산 추가자료(모두 국세청 자료라 가정하며 보험료를 제외하고는 근무기간에 지출하였다.)

구 분	내 역
보험료	■ 본인(김영선) 생명보험료 : 840,000원(월 70,000원 납부)
의료비	■ 배우자(조미숙) 시력보정용안경 구입비 : 800,000원 ■ 장녀(김아연) 재활치료비(휠체어 구입비 500,000원 포함) : 2,150,000원 ■ 모친(한진희) 수술비 : 3,600,000원(외국병원)
교육비	■ 본인(김영선) 대학원 등록금 : 3,000,000원 ■ 장남(김민성) 대학교 등록금 : 10,000,000원(4,000,000원은 한국장학재단 취업후상환 학자금 대출분) ■ 장녀(김아연) 미술학원비 : 450,000원(1주 1회 이상 이용)
기부금	■ 본인(김영선) 정당후원금 : 500,000원(기부처 : 행복당, 고유등록번호 : 107-82-12235)
연금저축	■ 본인(김영선) 연금저축불입액 : 3,000,000원((주)국민은행, 계좌번호 12345)
월세	■ 월세 : 500,000원(계약기간 2025.4.1 ~ 2027.3.31) ■ 주소 : 서울특별시 동작구 사당로 100 ■ 임대인 : 황주택(590202-2522149), 아파트 80㎡

퇴직소득 원천징수

[1] 영업부 과장 이신소(사원코드 : 100, 주민등록번호 : 830330-2356248, 입사일 : 2019.05.20.)의 다음 자료를 이용하여 퇴직소득자료입력을 작성하시오. [회사코드 : 4700.(주)한국]

1. 이신소 본인명의 주택을 구입하면서 부족한 자금 마련을 위하여 퇴직금 중간정산을 신청하였다.
2. 중간정산일은 2025년 5월 31일이다.
3. 중간정산일 현재 퇴직금은 50,000,000원이다.
4. 퇴직금 지급일은 2025년 6월 5일이며 현금으로 지급하였다.
5. 근로자퇴직급여보장법상의 중간정산사유에 해당하는 퇴직금으로 관련서류를 제출받았다.

[2] 다음은 관리부 부장으로 근무하다가 2025년 1월 31일 퇴직한 거주자 이동화(주민등록번호 : 810109-1075029, 입사일 : 2008년 8월 1일)에 대한 내용이다. 1월분 급여대장에 중도퇴사자의 연말정산내역을 포함하여 작성하고 퇴직소득원천징수영수증과 1월분 원천징수이행상황신고서를 작성하시오. (단, 급여대장 작성 시 사원등록사항, 수당 및 공제사항을 등록한다.)

[회사코드 : 4700.(주)한국]

(1) 부양가족은 배우자 문지애(800506-2102012, 전업주부)만 있고 다른 가족은 없다.
(2) 1월 급여명세(급여 지급일은 매월 말일이다)

구 분	금 액	비 고
기본급	4,000,000원	
직책수당	500,000원	
야간근로수당	400,000원	
월차수당	120,000원	
식 대	200,000원	별도 식사 제공 없다.
자가운전보조금	300,000원	본인 차량을 업무에 사용하고, 별도 여비를 지급하지 아니하였다.
국민연금	200,000원	국민연금, 건강보험료, 장기요양보험료, 고용보험료는 요율표를 무시하고 주어진 자료를 이용한다.
건강보험료	300,000원	
장기요양보험료	38,850원	
고용보험료	46,080원	

(3) 전 임직원 중 명예퇴직 신청자에게 퇴직위로금을 지급하기로 노사가 합의하였으며 이동화의 퇴직으로 퇴직급여지급규정에 의하여, 2025년 1월 31일 퇴직급여 60,000,000원과 퇴직위로금 40,000,000원을 개인형퇴직연금계좌로 전액 지급하였다. (DB제도 가입일 : 2018.1.2, 퇴직사유 : 자발적퇴직)

연금계좌취급자	사업자등록번호	계좌번호	입금일
삼성생명	111-81-12345	233-113-114	2025.01.31

[3] 다음 자료를 이용하여 사원 황지성씨(사원코드 : 200)의 퇴직금 계산(퇴직금 계산방법은 5. 노동부 선택) 및 퇴직소득자료입력의 소득명세 및 세액계산을 작성하시오. [회사코드 : 4700.(주)한국]

- 입사연월일 : 2019. 6. 1.
- 퇴사연월일 : 2025. 10. 31.(퇴사사유 : 자발적퇴직)
- 퇴직금 계산자료

구 분	2025.8.1. ~ 8.31	2025.9.1. ~ 9.30	2025.10.1. ~ 10.31
기본급	3,000,000원	3,000,000원	3,000,000원
직책수당	100,000원	100,000원	100,000원
식 대	150,000원	150,000원	150,000원

- 1일 평균임금 : 105,978.27원
- 퇴직과 동시에 퇴직금이 지급되었다고 가정한다.

사업·기타·금융소득 원천징수

[1] 다음 주어진 자료를 보고 사업소득자의 인적사항을 등록하고 소득관련 자료를 입력하시오. (단, 주어진 자료는 모두 정확한 것으로 가정할 것) [회사코드 : 4600.(주)천안]

코드	성명	지급일	주민등록번호	지급액	내용
101	이프로	2025.7.5	800101 - 1234596	5,000,000원	2025년 6월 귀속분 자문료

- 소득의 지급(영수)일은 동일함.
- 소득구분 : '자문/고문'으로 입력할 것 / 내국인여부 : 내국인
- 이프로씨는 인적용역사업소득자임

[2] 1월 25일 지급(귀속월 동일)한 기타소득 내역이다. 기타소득자 등록을 하고 기타소득 입력하시오. (단, 필요경비율 대상소득에 대해선 필요경비율을 적용하며, 그 외 기타소득과 관련하여 발생한 경비는 없다. 또한 주민등록번호는 모두 올바른 것으로 가정하고 실명으로 처리한다.)
[회사코드 : 4600.(주)천안]

코드	성명	거주구분	주민등록번호	지급명목	지급액
102	김나래	거주/내국인	880302 - 2025326	퇴직 후 받은 직무발명보상금	10,000,000원
103	이영자	거주/내국인	820330 - 2031263	원고료	5,000,000원

[3] (주)서울(내국법인)은 비상장주식회사로 대주주인 거주자 김솔지(주민등록번호 : 711112 – 2348315)에게 다음과 같이 배당소득을 지급하였다. 원천징수대상 소득자의 기타소득자 등록을 하고 배당소득 자료입력하여 원천징수이행상황신고서(부표 포함)에 추가로 반영하시오.

[회사코드 : 4500.(주)서울]

소득자 코드번호	배당소득 (유가증권코드)	소득지급일/영수일	비 고
100	10,000,000원 (1588667740)	2025년 3월 30일	2024년 귀속 이익잉여금처분계산서상 배당금을 지급결의 한 것이다. 주주총회결의일은 3월 15일이다.

※ 주어진 정보로만 등록 및 자료입력을 하기로 한다. 원천징수 세율은 14%이며, 일반과세(Gross-up)이다.

[4] 당사는 2025년 05월 20일 저명한 학자 Tomy Jason(주소 생략, 외국인등록증 보유)을 국내로 초빙하여 임직원을 위한 강의를 개최하였다. 강의 당일 강의료 $3,300을 바로 해외송금(기준환율 : $1,200)하였으며, 미국과의 조세조약에 의해 강연료 지급액이 $3,000이 넘으면 국내에서 지방세 포함하여 22%를 원천징수해야 한다. [기타소득자등록]과 [기타소득자자료입력]을 입력하고 원천징수이행상황신고서(부표 포함)를 작성하시오. [회사코드 : 4500.(주)서울]

코드	소득자	거주구분	소득구분	내국인 여부(거주지국)	등록번호
200	Tomy Jason	비거주자	인적용역	외국인(미국)	E00007813

원천징수 수정신고 및 전자신고

[1] 당회사는 2025년 6월 귀속, 7월 지급의 원천징수 신고를 8월 10일에 수행하였다. 다만, 회계담당자의 실수로 인하여 8월 20일에 다음의 사업소득자료가 누락된 것을 발견하였다. 누락된 사업소득자료를 입력하여 [원천징수이행상황신고서]에 반영하고, 원천징수 관련 가산세를 반영하여 2025년 6월 귀속, 7월 지급 [원천징수이행상황신고서]를 작성하시오(단, 수정신고서를 작성하며 수정차수는 1차이고 추가납부세액은 8월 30일에 신고·납부하는 것으로 한다).

[회사코드 : 4250.(주)합격]

1. 정기급여신고 자료

인원	총급여	징수세액
5	28,600,000원	1,709,620원

2. 중간퇴사자 자료

인원	총급여	징수세액
1	36,000,000원	△1,641,510원

3. 사업소득 자료(귀속연월일 6월 25일)

코드	성명	지급일	주민등록번호	지급액	내용	소득구분코드
100	황강사	2025.7.20	790101-1234567	5,000,000원	강사료	940903

[2] 전산에 입력된 다음의 자료를 이용하여 [원천징수이행상황신고서]를 작성 및 마감하고 국세청 홈택스에 전자신고를 하시오. [회사코드 : 4250.(주)합격]

1. 전산에 입력되어 있는 기본자료(매월신고, 정기신고)

귀속월	지급월	소득구분	신고코드	인원	총지급액	소득세
2월	3월	근로소득	A01	5명	26,300,000원	1,950,270원

2. 유의사항
- 전자신고용 전자파일 제작 시 신고인 구분은 [2.납세자 자진신고]를 선택하고, 비밀번호는 자유롭게 설정한다.

집중 심화연습 해답 및 풀이

근로소득 원천징수

[1] 사원등록 및 급여자료입력 · 원천징수이행상황신고서 [회사코드 : 4300.(주)영웅]

(1) 사원등록

① 기본사항 TAB

② 부양가족명세 TAB
- 본인(정석정) : 배우자는 있으나 소득금액 초과로 부녀자 공제는 제외
- 송정수(배우자) : 복권은 무조건 분리과세소득이나 사업소득금액이 100만원 초과로 공제 제외
- 송경철(시아버지) : 공제대상 여부 판단 시 사망일 전일 상황으로 결정하며 당해연도에 사망한 경우 공제대상에 포함하며 경로우대 및 장애인(1) 추가공제도 가능
- 동생(정민기) : 소득요건은 충족하나 나이초과로 공제 제외
- 아들(송문기) : 소득 및 나이 요건 충족으로 기본공제 및 자녀세액공제 가능

③ 추가사항 TAB : 원천공제율 120%를 적용해야 하므로 "3.120%"을 선택

사번	성명	주민(외국인)번호	나이	기본사항	부양가족명세	추가사항
180	정석정	1 840311-2223332	41	12.소득세 적용률		3 120%

(2) 급여자료입력

① 수당등록
- 부부공동명의 차량을 업무에 사용하고 별도 경비를 정산 받지 않는 경우 비과세 소득에 해당함
- 국외근무수당은 사원등록 설정이 반드시 되어야 비과세 적용이 되며 유형(M01)을 선택함

No	코드	과세구분	수당명	근로소득유형 유형	코드	한도	월정액	통상임금	사용여부
1	1001	과세	기본급	급여			정기	여	여
2	2001	과세	초과근무수당	급여			정기	부	여
3	1006	비과세	자가운전보조금	자가운전보조금	H03	(월)200,000	부정기	부	여
4	1005	비과세	식대	식대	P01	(월)200,000	정기	부	여
5	2002	비과세	국외근로수당	국외근로 월100만원(소득령 §16①)	M01	(월)1,000,000	정기	부	여

② 급여자료입력 : 귀속년월 – 2025년 11월, 지급년월일 – 2025년 11월 30일

사번	사원명	감면율	급여항목	금액	공제항목	금액
104	이신소		기본급	5,000,000	건강보험	245,250
180	정석정		초과근무수당	300,000	국민연금	193,200
			자가운전보조금	300,000	장기요양보험	31,760
			식대	250,000	고용보험	49,050
			국외근로수당	1,000,000	소득세(120%)	338,530
					지방소득세	33,850
					농특세	
			과 세	5,450,000		
			비 과 세	1,400,000	공 제 총 액	891,640
			지 급 총 액	6,850,000	차 인 지 급 액	5,958,360

총인원(퇴사자) 2(0)

(3) 원천징수이행상황신고서 : 귀속기간(2025년 11월), 지급기간(2025년 11월), 신고구분(정기신고)

소득자	소득구분	코드	소득지급 인원	소득지급 총지급액	징수세액 소득세 등	징수세액 농어촌특별세	징수세액 가산세	당월조정 환급세액	납부세액 소득세 등	납부세액 농어촌특별세
근로소득	간이세액	A01	2	9,650,000	423,380					
	중도퇴사	A02								
	일용근로	A03								
	연말정산	A04								
	(분납신청)	A05								
	(납부금액)	A06								
	가 감 계	A10	2	9,650,000	423,380				423,380	

[2] 사원등록 및 급여자료입력 [회사코드 : 4400.(주)중부]

(1) 사원등록
① 기본사항 TAB

② 부양가족명세 TAB

본인(윤미라) : 당해연도 총급여액이 41,470,588원 이하이고 배우자가 있으므로 부녀자 공제가 가능하며 장애인 추가공제도 적용한다.

	사번	성명	주민(외국인)번호	나이	기본사항	부양가족명세	추가사항									
	600	윤미라	1 820401-2012345	43	연말관계	성명	내/외국인	주민(외국인,여권)번호	나이	기본공제	부녀자	한부모	경로우대	장애인	자녀	출산입양	위탁관계
					0	윤미라	내	1 820401-2012345	43	본인	○			1			
					3	주민호	내	1 841121-1812447	41	배우자							
					4	주민세	내	1 121211-3012725	13	20세이하					○		

③ 추가사항 TAB

장애인이 중소기업에 취업하면 취업감면이 가능하며 최초취업일로부터 3년간 70%(감면율) 적용 받는다. 다만, 타 기업에서 적용받은 기간과 입사 시까지 무취직 기간을 제외하고 남은 기간을 감면기간으로 적용한다.

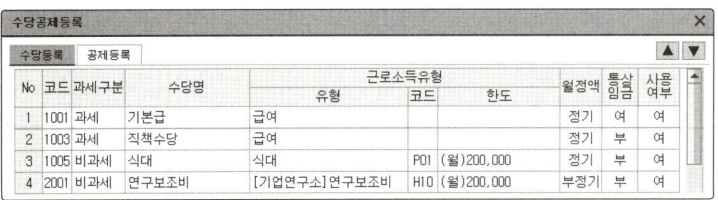

(2) 급여자료입력

① 수당공제항목등록

[수당등록]

No	코드	과세구분	수당명	근로소득유형			월정액	통상임금	사용여부
				유형	코드	한도			
1	1001	과세	기본급	급여			정기	여	여
2	1003	과세	직책수당	급여			정기	부	여
3	1005	비과세	식대	식대	P01	(월)200,000	정기	부	여
4	2001	비과세	연구보조비	[기업연구소]연구보조비	H10	(월)200,000	부정기	부	여

[공제등록]

No	코드	공제항목명	공제소득유형	사용여부
2	5002	건강보험	고정항목	여
3	5003	장기요양보험	고정항목	여
4	5004	고용보험	고정항목	여
5	5005	학자금상환	고정항목	여
6	6001	대출금	대출	여

② 급여자료입력(귀속년월 : 2025년 05월, 지급년월일 : 2025년 06월 10일)

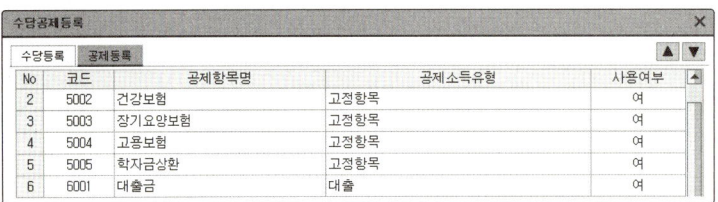

[3] 급여자료입력 및 원천징수이행상황신고서 [회사코드 : 4500.(주)서울]

(1) 급여자료입력

① 수당등록

회사에서 중식을 제공받고 있으므로 식대는 과세소득이고, 자기운전보조금도 별도의 경비를 정산 받으므로 과세소득이다. 야간근로수당은 등록된 비과세항목을 사용하여도 사원등록정보에 의해 과세로 계산된다.

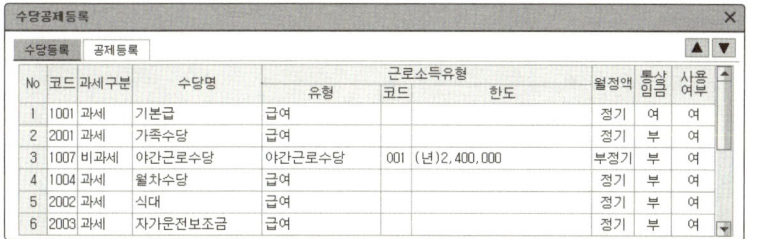

② 급여자료입력 후 [중도퇴사자정산(▽)]을 클릭하여 [분납적용(F11)]을 선택한다. 사원(김경자)을 선택한 후 "연말정산불러오기" 버튼을 클릭하고 반영된 연말정산 세액을 [분납(환급)계산]을 클릭하여 계산한 후 [분납적용(Tab)]을 한다.

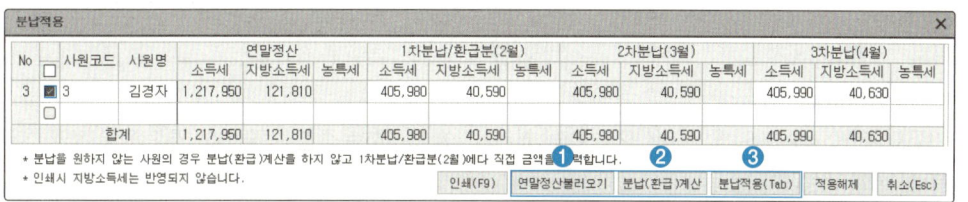

③ 급여자료입력 : 귀속년월 – 2025년 02월, 지급년월일 – 2025년 02월 25일

사번	사원명	감면율	급여항목	금액	공제항목	금액
1	박기석		기본급	3,500,000	국민연금	225,000
3	김경자		가족수당	500,000	건강보험	177,250
			야간근로수당	400,000	장기요양보험	22,950
			월차수당	100,000	고용보험	45,000
			식대	200,000	소득세(100%)	306,710
			자가운전보조금	300,000	지방소득세	30,670
					농특세	
					연말정산소득세	405,980
					연말정산지방소득세	40,590
					연말정산농특세	
			과 세	5,000,000		
			비 과 세		공 제 총 액	1,254,150
			지 급 총 액	5,000,000	차 인 지 급 액	3,745,850

(2) 원천징수이행상황신고서

귀속기간(2025년 2월 ~ 2025년 2월), 지급기간(2025년 2월 ~ 2025년 2월), 신고구분(정기신고)을 입력하여 조회한다. "연말정산(A4) 추가 납부세액 분납을 적용하시겠습니까?" 메시지가 나오면 "예"를 선택하여 적용한다.

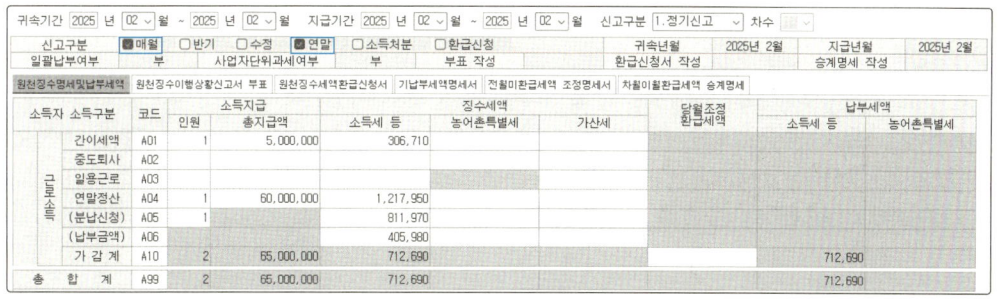

[4] 사원등록 및 급여자료입력 [회사코드 : 4600.(주)천안]

(1) 사원등록

① 기본사항 TAB

- 사회보험보수월액은 소득세법상 비과세소득을 포함하지 않으므로 육아수당은 제외된다.

  보수월액 = 기본급 2,000,000원 + 식대 100,000원 + 자가운전보조금 200,000원 = 2,300,000원

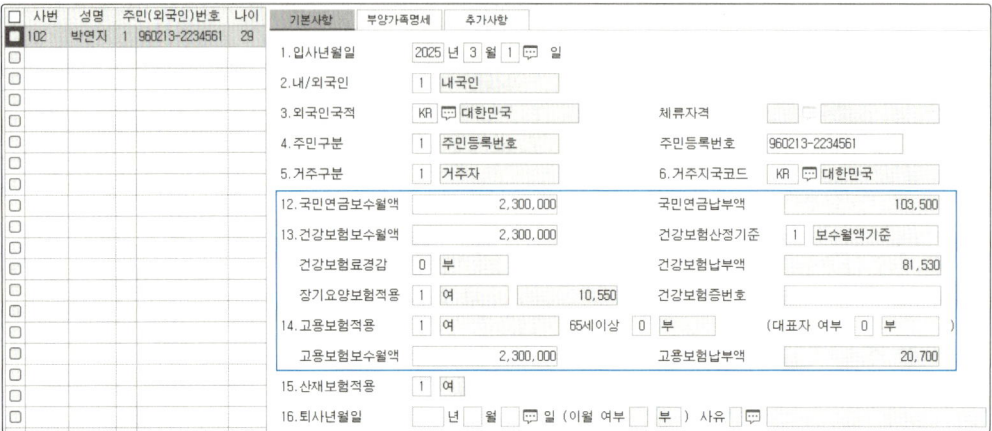

② 부양가족명세 TAB

- 거주자 본인이 배우자가 있는 여성으로, 해당 과세기간에 합산하는 종합소득금액이 3천만원 이하인 경우 부녀자공제 대상이다.
- 배우자(김철수)는 양도소득금액 100만원 초과로 공제대상 배제로 입력하지 않는다.

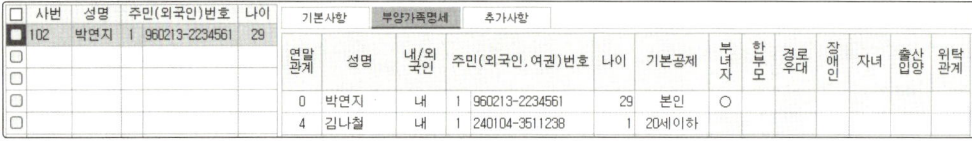

③ 추가사항 TAB

근로자 수가 10명 미만인 사업장에 고용된 월 평균보수 270만원 미만인 근로자 중 신규 가입자에 해당하는 경우 그 근로자와 사업주는 고용보험 및 국민연금 보험료의 80%를 최대 36개월까지 지원되므로 입력한다.

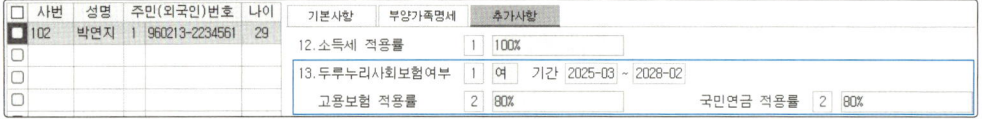

(2) 급여자료입력

① 수당등록

- 식대는 현물식사를 무상으로 제공받으므로 비과세 대상에 해당하지 않는다.
- 배우자 소유의 차량을 업무에 사용하면서 시내 출장 등에 소요된 경비를 정산하지 않고 지급하는 자가운전보조금은 과세대상 소득이다.
- 6세 미만 자녀에 대한 보육수당은 월 20만원까지 비과세한다.

수당공제등록

수당등록 | 공제등록

No	코드	과세구분	수당명	근로소득유형			월정액	통상임금	사용여부
				유형	코드	한도			
1	1001	과세	기본급	급여			정기	여	여
2	2001	과세	식대	급여			정기	부	여
3	2002	과세	자가운전보조금	급여			정기	부	여
4	2003	비과세	보육수당	보육수당	Q02	(월)200,000	정기	부	여

② 급여자료입력(귀속년월 : 2025년 3월, 지급년월일 : 2025년 3월 31일)

□	사번	사원명	감면율	급여항목	금액	공제항목	금액
□	102	박연지		기본급	2,000,000	국민연금(80%)	20,700
□				식대	100,000	건강보험	81,530
□				자가운전보조금	200,000	장기요양보험	10,550
□				보육수당	200,000	고용보험(80%)	4,140
□						소득세(100%)	22,160
□						지방소득세	2,210
□						농특세	
□				과 세	2,300,000		
□				비 과 세	200,000	공 제 총 액	141,290
인원(퇴사자)	1(0)			지 급 총 액	2,500,000	차 인 지 급 액	2,358,710

[5] 연말정산자료입력 [회사코드 : 4400.(주)중부]

1. 사원등록 : 부양가족명세 TAB

① 배우자는 총급여액이 5백만원 이하이므로 공제 가능

② 장남은 장애인(나이불문)이고 소득이 없으므로 공제가능(자녀세액공제 포함)하고 장녀는 혼인관계 이전에 출생하였어도 나이·소득금액 요건 충족으로 공제 가능

③ 부친 및 모친은 나이 및 소득금액 모두 충족이고 주거형편상 별거이므로 공제 가능

④ 며느리는 공제대상 제외자이나 직계비속(장애인, 기본공제대상)의 장애인 배우자는 공제대상에 포함되므로 기본공제(**연말관계 : 5.직계비속(4제외)**), 장애인추가공제 가능

□	사번	성명	주민(외국인)번호	나이	기본사항	부양가족명세	추가사항							
■	101	김수당	1 721024-1222361	52	연말관계	성명	내/외국인	주민(외국인,여권)번호	나이	기본공제	부녀자	한부모	경로우대	장애인	자녀	출산입양	위탁관계
□					0	김수당	내	1 721024-1222361	53	본인				*			
□					1	김부친	내	1 481123-1399663	77	60세이상			○				
□					1	박모친	내	1 501201-2469725	75	60세이상			○				
□					3	이정숙	내	1 730214-2223369	52	배우자							
□					4	김일남	내	1 000821-3058756	25	장애인				1	○		
□					4	김희진	내	1 090523-4114386	16	20세이하					○		
□					5	박수향	내	1 000405-4426836	25	장애인				1			

2. 연말정산추가자료입력

(1) 부양가족 TAB : 노란색란은 더블클릭하고 해당란에 직접 입력

① 보험료(나이 및 소득금액 규제) : 부양가족 선택 후 더블클릭하여 입력

본인과 부친의 보험료는 일반보장성란에 각각 입력하며 장남 보험료는 동일인의 동일보험증권이 아니므로 장애인전용보장성란에 입력하여 공제

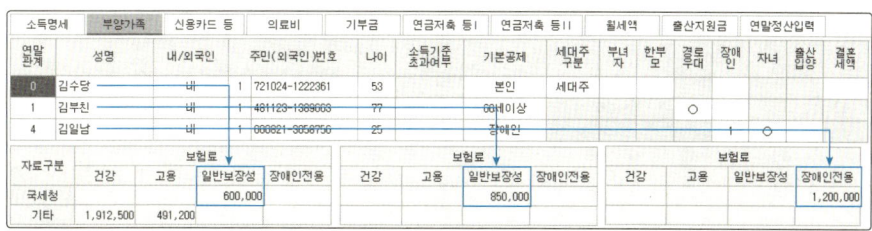

② 의료비(나이 및 소득금액 불문) : 더블클릭 또는 의료비 TAB에서 입력
- 모친(박모친)의 미용을 위한 성형수술비는 의료비공제 배제대상
- 부친(김부친)의 실손의료보험금을 수령하면 지출한 의료비 전액 입력하고 실손의료보험금 수령액을 입력한다.

	의료비 공제대상자					지급처				지급명세			14.산후조리원
	성명	내/외	5.주민등록번호	6.본인등해당여부	9.증빙코드	8.상호	7.사업자등록번호	10.건수	11.금액	11-1.실손보험수령액	12.미숙아선천성이상아	13.난임여부	
☐	김희진	내	090523-4114386	3	X			1	1,000,000		X	X	X
☐	김부친	내	481123-1389663	2	0			1	7,000,000	5,000,000	X	X	X
☐							합계		8,000,000	5,000,000			
	일반의료비(본인)		6세이하,65세이상인건강보험산정특례자장애인			7,000,000	일반의료비(그 외)		1,000,000	난임시술비			
										미숙아.선천성이상아			

③ 교육비(나이 불문, 소득금액 규제) : 부양가족 선택 후 직접 입력

연말관계	성명	내/외국인	주민(외국인)번호	나이	소득기준초과여부	기본공제	세대주구분	부녀자	한부모	경로우대	장애인	자녀	출산입양	결혼세액
4	김일남	내	000821-3058756	25		장애인					1	○		
4	김희진	내	090523-4114380	10		20세이하						○		

자료구분	교육비			교육비	
	일반	장애인특수		일반	장애인특수
국세청	7,000,000	3.대학생		1,200,000	2.초중고
기타					

④ 신용카드등 사용액(나이 불문, 소득금액 규제) : 더블클릭 또는 신용카드등 TAB에서 입력
- 신용카드등 사용액 소득공제와 의료비세액공제는 중복공제 가능
- 본인(김수당) : 자동차세는 공제대상 제외이므로 신용카드란에 18,560,300원 입력
- 모친(박모친)은 직불카드와 전통시장, 장남(김일남)은 현금영수증과 대중교통란에 각각 입력

	성명 생년월일	자료구분	신용카드	직불,선불	현금영수증	도서등신용	도서등직불	도서등현금	전통시장	대중교통	합계
☐	김수당 1972-10-24	국세청 기타	18,560,300								18,560,300
☐	박모친 1950-12-01	국세청 기타		1,560,000					110,000		1,670,000
☐	김일남 2000-08-21	국세청 기타			2,260,000					240,000	2,500,000
☐											
	합계		18,560,300	1,560,000	2,260,000				110,000	240,000	22,730,300
	총급여				61,400,000	신용카드 등 최소금액(총급여의 25%)					15,350,000

⑤ 기부금(나이 불문, 소득금액 규제) : 더블클릭 또는 기부금 TAB에서 입력
   ㉠ 기부금 입력 TAB

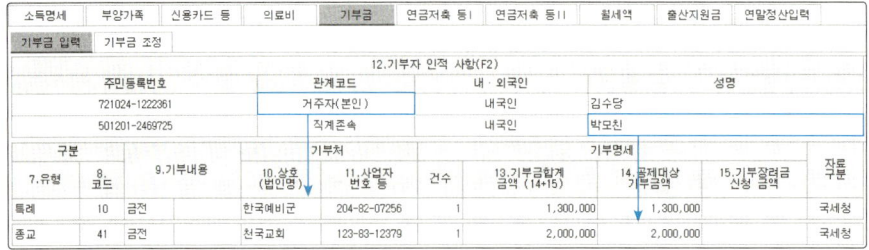

ⓒ 기부금 조정 TAB(추후 연말정산 후 공제액 달라질 수 있음)

구분		기부연도	16.기부금액	17.전년도까지 공제원금액	18.공제대상 금액(16-17)	해당연도 공제금액	해당연도에 공제받지 못한 금액	
유형	코드						소멸금액	이월금액
특례	10	2025	1,300,000		1,300,000			1,300,000
종교	41	2025	2,000,000		2,000,000			2,000,000
합계			3,300,000		3,300,000			3,300,000

기부금 공제금액 계산 참조

근로소득금액 48,580,000 정치,고향기부금외 공제대상금액 3,300,000 세액공제가능액 1,205,113

코드	구분	지출액	공제대상금액	공제율1 (15%, 20%)	공제율2 (25%,30%,35%)	공제율3 (40%)	소득/세액공제액	공제초과이월액
10	특례기부금 당기	1,300,000	1,300,000	1,300,000			195,000	
41	일반기부금(종교) 당기	2,000,000	2,000,000	2,000,000			300,000	
	합계	3,300,000	3,300,000	3,300,000			495,000	

정치기부금10만원 초과세액공제 고향사랑기부금10만원 초과세액공제
특례기부금 세액공제 195,000 우리사주조합기부금 세액공제 일반기부금(종교외) 세액공제
일반기부금(종교) 세액공제 300,000

▶ 기부금명세서 작성시 주의사항
① 기부금을 이월하는 경우에는 기부금명세서에서 해당년도 공제금액을 반드시 확인합니다.
② 표준세액공제를 적용받는 경우 기부금조정명세서의 해당연도공제금액, 이월(소멸)금액은 판단하여 입력합니다.
   (표준세액공제를 적용받는 경우 정치자금, ❷사랑, 우리❸조합기부금은 중복공제 가능합니❹)

[불러오기] [공제금액반영] [전체삭제] [저장] [종료(Esc)]

| 소득명세 | 부양가족 | 신용카드 등 | 의료비 | 기부금 | 연금저축 등I | 연금저축 등II | 월세액 | 출산지원금 | 연말정산입력 |

기부금 입력 | **기부금 조정** | 공제금액계산

구분		기부연도	16.기부금액	17.전년도까지 공제원금액	18.공제대상 금액(16-17)	해당연도 공제금액	해당연도에 공제받지 못한 금액	
유형	코드						소멸금액	이월금액
특례	10	2025	1,300,000		1,300,000	1,300,000		
종교	41	2025	2,000,000		2,000,000	2,000,000		
합계			3,300,000		3,300,000	3,300,000		

⑥ 보험료, 의료비, 교육비, 신용카드등사용액, 기부금 합계 입력화면

| 소득명세 | 부양가족 | 신용카드 등 | 의료비 | 기부금 | 연금저축 등I | 연금저축 등II | 월세액 | 출산지원금 | 연말정산입력 |

	자료구분	보험료			의료비				교육비	
		건강	고용	일반보장성	장애인전용	일반	실손	선천성이상아	난임	65세,장애인	일반	장애인특수
합	국세청			1,450,000	1,200,000	1,000,000	5,000,000			7,000,000	8,200,000	
	기타	1,912,500	491,200									
계	자료구분			신용카드등 사용액공제						기부금	
		신용카드		직불카드등		현금영수증		전통시장사용분	대중교통이용분	도서공연 등		
	국세청	18,560,300		1,560,000		2,260,000		110,000	240,000		3,300,000	
	기타											
	총급여	61,400,000		의료비 최소금액 (총급여의 3%)		1,842,000	신용카드 등 최소금액 (총급여의 25%)			15,350,000		

(2) 연말정산입력 TAB : [F8 부양가족탭불러오기] 버튼을 실행하여 [부양가족 TAB] 자료 반영

구분		지출액	공제금액		구분		지출액	공제대상금액	공제금액
소득공제	32. 공무원연금			세액공제	57.자녀	㉮자녀 2명			550,000
	군인연금					㉯출산.입양 명			
	사립학교교직원				58.과학기술공제				
	별정우체국연금				59.근로자퇴직연금				
	33.보험료	2,403,700	2,403,700		60.연금저축				
	건강보험료	1,912,500	1,912,500		60-1. ISA연금계좌전환				
	고용보험료	491,200	491,200		61.보장 일반	1,450,000	1,450,000	1,000,000	120,000
	34.주택차입금 대출기관				성보험 장애인	1,200,000	1,200,000	1,000,000	150,000
	원리금상환액 거주자				62.의료비	8,000,000	8,000,000	1,158,000	173,700
	34.장기주택저당차입금이자상				63.교육비	8,200,000	8,200,000	8,200,000	935,113
	35.특별소득공제 계		2,403,700		64.기부금		3,300,000	3,300,000	
36.차감소득금액			27,426,300		1)정치자금 10만원이하				
	37.개인연금저축				기부금 10만원초과				
그 밖의 소득공제	38.소기업,소상공인 공제부금	2015년이전가입			2)고향사랑 10만원이하				
		2016년이후가입			기부금 10만원초과				
	39.주택마련저축 소득공제	청약저축			3)특례기부금(전액)	1,300,000			
		주택청약			4)우리사주조합기부금				
		근로자주택마련			5)일반기부금(종교단체외)				
	40.투자조합출자 등 소득공제				6)일반기부금(종교단체)	2,000,000			
	41.신용카드 등 사용액		22,730,300	1,767,545	65.특별세액공제 계				1,378,813
	42.우리사주조합	일반 등			66.표준세액공제				

[6] 연말정산자료입력 [회사코드 : 4500.(주)서울]

(1) 소득명세 TAB

인정상여는 근로소득으로 수입시기는 해당 사업연도 중의 근로를 제공한 날이므로 "과세대상추가(인정상여추가)"란에서 더블클릭하여 인정상여추가분란에 500만원을 입력한다.

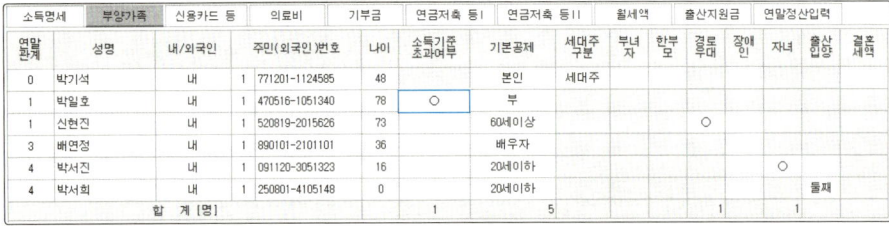

(2) 부양가족 TAB : 인적공제

① 장남의 일용근로소득은 무조건 분리과세소득에 해당하므로 공제대상자이다.
② 직계존속의 주거형편상 별거는 생계를 같이하는 것으로 보며 부친은 양도소득금액 100만원 초과(소득기준 초과여부-1:여)로 인하여 공제를 배제한다.
③ 당해연도 출생한 박서희 입력시 '출산입양'란은 둘째로 선택한다.

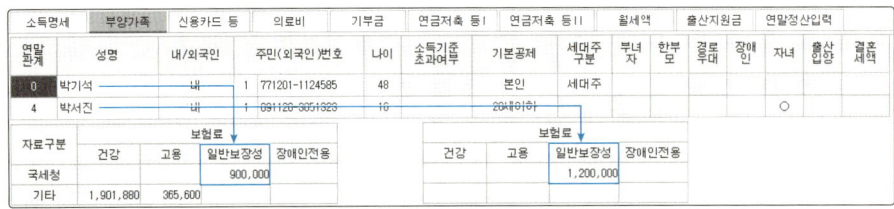

(3) 부양가족 TAB : 보험료, 의료비, 교육비, 신용카드등사용액, 기부금 지출액 입력

① 보험료(나이 및 소득금액 규제) : 부양가족 선택 후 직접 입력

② 의료비(나이 및 소득금액 불문) : 더블클릭 또는 의료비 TAB에서 입력
- 부친(박일호) : 박기석(본인)이 지출한 의료비로 공제가능
- 배우자(배연정) : 치료목적 성형수술비는 공제 가능하며 산후조리원 지출액 1회당 200만원 공제 가능하므로 배우자 의료비는 나누어 입력하며 산후조리원 해당여부(1.해당)을 선택

	소득명세	부양가족	신용카드 등	의료비	기부금	연금저축 등I	연금저축 등II	월세액	출산지원금	연말정산입력			
					2025년 의료비 지급명세서								
	의료비 공제대상자					지급처			지급명세				14.산후 조리원
	성명	내/외	5.주민등록번호	6.본인등 해당여부	9.증빙 코드	8.상호	7.사업자 등록번호	10. 건수	11.금액	11-1.실손 보험수령액	12.미숙아 선천성이상아	13.난임 여부	
□	박일호	내	470516-1051340	2	0	1			2,000,000		X	X	X
□	박서진	내	091120-3051323	3	X	1			1,000,000		X	X	X
□	배연정	내	890101-2101101	3	X	1			3,000,000		X	X	X
□	배연정	내	890101-2101101	3	X	5	아가랑	110-92-22892	1	2,000,000		X	X	0
□													
					합계			1	8,000,000				
	일반의료비 (본인)		6세이하,65세이상인 건강보험산정특례자 장애인			2,000,000	일반의료비 (그 외)		6,000,000	난임시술비			
										미숙아.선천성이상아			

③ 교육비(나이 불문, 소득금액 규제) : 직접 입력
- 배우자(배연정) : 대학원 교육비는 본인만 가능하므로 공제 제외
- 장남(박서진) : 교복구입비 1인당 50만원, 체험학습비 30만원 이내 금액이므로 초과금액은 입력하지 않는다.

소득명세	부양가족	신용카드 등	의료비	기부금	연금저축 등I	연금저축 등II	월세액	출산지원금	연말정산입력
연말 관계	성명	내/외국인	주민(외국인)번호	나이	소득기준 초과여부	기본공제	세대주 구분	부녀자	한부모	경로우대	장애인	자녀	출산입양	결혼세액
4	박서진	내	1 091120-3051323	16		20세이하						O		

자료구분	보험료				의료비				교육비	
	건강	고용	일반보장성	장애인전용	일반	실손	선천성이상아	난임	65세,장애인	일반	장애인특수
국세청			1,200,000		1,000,000 2.일반					2,100,000 2.초중고	
기타											

④ 신용카드등사용액(나이 불문, 소득금액 규제) : 더블클릭 또는 신용카드등 TAB에서 입력
- 총급여액 7천만원 이하인 경우 도서·공연등 사용분이 공제되므로 해당란에 입력한다.

	소득명세	부양가족	신용카드 등	의료비	기부금	연금저축 등I	연금저축 등II	월세액	출산지원금	연말정산입력
	성명 생년월일	자료 구분	신용카드	직불,선불	현금영수증	도서등 신용	도서등 직불	도서등 현금	전통시장	대중교통	합계
□	박기석	국세청	10,000,000		3,000,000				5,000,000	1,200,000	19,200,000
□	1977-12-01	기타									
□											
	합계		10,000,000		3,000,000				5,000,000	1,200,000	19,200,000
	총급여			61,250,000	신용카드 등 최소금액(총급여의 25%)						15,312,500

⑤ 기부금(나이 불문, 소득금액 규제) : 더블클릭 또는 기부금 TAB에서 입력
㉠ 기부금 입력 TAB
- 모친(신현진) : 정당후원금은 본인 지출분만 공제 가능하므로 제외

소득명세	부양가족	신용카드 등	의료비	기부금	연금저축 등I	연금저축 등II	월세액	출산지원금	연말정산입력

기부금 입력	기부금 조정

12.기부자 인적 사항(F2)			
주민등록번호	관계코드	내·외국인	성명
771201-1124585	거주자(본인)	내국인	박기석

구분			기부처			기부명세			자료 구분
7.유형	8.코드	9.기부내용	10.상호 (법인명)	11.사업자 번호 등	건수	13.기부금합계 금액 (14+15)	14.공제대상 기부금액	15.기부장려금 신청 금액	
일반	40	금전	한국세무사회	107-82-12235	1	2,000,000	2,000,000		국세청

ⓒ 기부금 조정 TAB(추후 연말정산 후 공제액 달라질 수 있음)

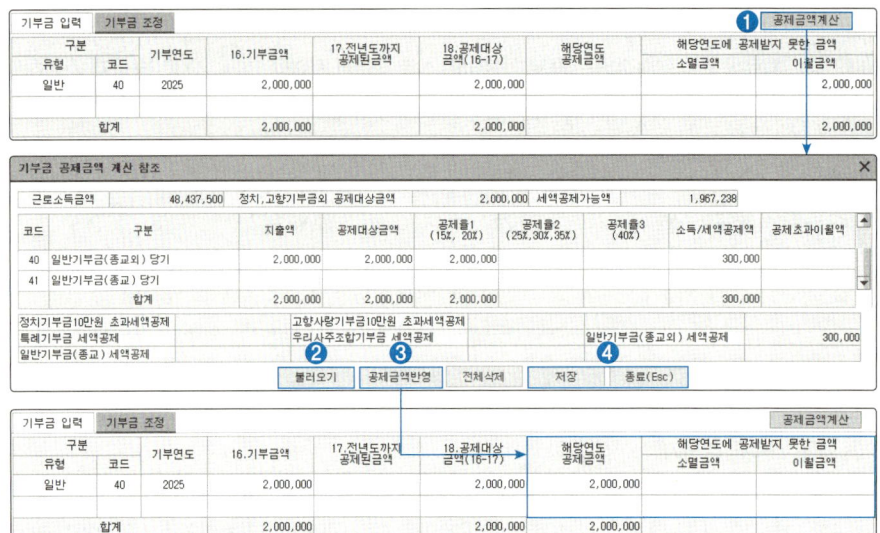

⑥ 보험료, 의료비, 교육비, 신용카드등사용액, 기부금 합계 입력화면

(4) 연말정산입력 TAB : [F8 부양가족탭불러오기] 버튼을 실행하여 [부양가족 TAB] 자료 반영

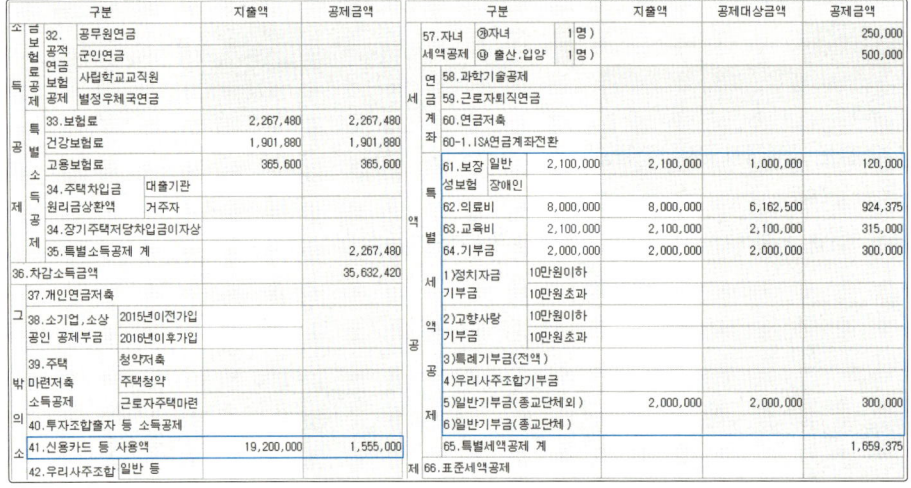

[7] 연말정산자료입력 [회사코드 : 4500.(주)서울]

(1) 소득명세 TAB : 전 근무지의 자료를 입력하며 기납부세액은 "**결정세액**"을 입력한다.

구분		합계	주(현)		납세조합		종(전) [1/2]	
소득명세	9.근무처명		(주)서울 [재무/부가/원천]				(주)배움출판	
	9-1.종교관련 종사자		부				부	
	10.사업자등록번호		158-86-67740				615-85-11290	
	11.근무기간		2025-04-01	2025-12-31	--__-__-__	--__-__-__	2025-01-01	2025-02-28
	12.감면기간		--__-__-__	--__-__-__	--__-__-__	--__-__-__	--__-__-__	--__-__-__
	13-1.급여(급여자료입력)	69,000,000	54,000,000				15,000,000	
	13-2.비과세한도초과액							
	13-3.과세대상추가(인정상여추가)							
	14.상여	800,000					800,000	
	15.인정상여							
	16.계	69,800,000	54,000,000				15,800,000	
공제보험료	직장	건강보험료(직장)(33)	1,842,800	1,684,800			158,000	
		장기요양보험료(33)	133,770	124,290			9,480	
		고용보험료(33)	403,000	351,000			52,000	
		국민연금보험료(31)	2,108,450	1,818,450			290,000	
세액	기납부세액	소득세	2,894,730	2,852,730			42,000	
		지방소득세	289,410	285,210			4,200	
		농어촌특별세						

(2) 부양가족 TAB : 인적공제

① 조미숙(배우자)은 소득이 없으므로 공제 가능
② 김민성(장남)은 나이 요건 불충족으로 공제 제외
③ 김아연(장녀)은 나이 및 소득금액 모두 충족하여 공제 가능하며 장애인란은 "1.장애인복지법"을 선택
④ 한진희(모친)는 해외에 거주하는 직계존속으로 주거형편상 별거에 해당하지 않으므로 공제 제외

연말관계	성명	내/외국인		주민(외국인)번호	나이	소득기준초과여부	기본공제	세대주구분	부녀자	한부모	경로우대	장애인	자녀	출산입양	결혼세액
0	김영선	내	1	770830-1234576	48		본인	세대주							
3	조미숙	내	1	791010-2347787	46		배우자								
4	김민성	내	1	040120-3535455	21		부								
4	김아연	내	1	220901-4747140	3		20세이하					1			
1	한진희	내	1	521003-2015638	73		부								
	합 계 [명]						3					1			

(3) 부양가족 TAB : 보험료, 의료비, 교육비, 기부금 지출액 입력

① 보험료(나이 및 소득금액 규제) : 부양가족 선택 후 직접 입력
  ■ 본인 보장성보험료 중 근로기간이 아닌 3월에 지출한 보험료는 제외하고 77만원 입력

연말관계	성명	내/외국인		주민(외국인)번호	나이	소득기준초과여부	기본공제	세대주구분	부녀자	한부모	경로우대	장애인	자녀	출산입양	결혼세액
0	김영선	내	1	770830-1234576	48		본인	세대주							

자료구분	보험료				의료비					교육비	
	건강	고용	일반보장성	장애인전용	일반	실손	선천성이상아	난임	65세,장애인	일반	장애인특수
국세청			770,000								
기타	1,976,570	403,000									

② 의료비(나이 및 소득금액 불문) : 더블클릭 또는 의료비 TAB에서 입력
  ■ 조미숙(배우자) : 시력보정용안경 구입비는 1인당 50만원이내 금액만 인정하므로 50만원 입력
  ■ 김아연(장녀) : 장애인에 해당하므로 휠체어 구입비 포함하여 장애인의료비로 215만원 입력
  ■ 한진희(모친) : 외국병원에서 지출한 의료비는 공제대상 제외

2025년 의료비 지급명세서													
의료비 공제대상자					지급처			지급명세					14.산후조리원
성명	내/외	5.주민등록번호	6.본인등해당여부	9.증빙코드	8.상호	7.사업자등록번호	10.건수	11.금액	11-1.실손보험수령액	12.미숙아선천성이상아	13.난임여부		
조미숙	내	791010-2347787	3	X	1				500,000		X	X	X
김아연	내	220901-4747140	2	0	1				2,150,000		X	X	X
합계									2,650,000				
일반의료비 (본인)		6세이하, 65세이상인 건강보험산정특례자 장애인			2,150,000	일반의료비 (그 외)			500,000	난임시술비		미숙아.선천성이상아	

③ 교육비(나이 불문, 소득금액 규제) : 직접 입력
- 본인 : 본인의 대학원 등록금은 공제가 가능하므로 본인에 300만원 입력
- 장남 : 대학생란에 600만원 입력(대출 받은자(학생)가 대출금 상환하는 연도에 상환하는 원금과 이자에 대하여 공제 받으므로 제외)
- 장녀 : 취학전아동의 학원비는 공제가 가능하므로 취학전아동란에 45만원 입력

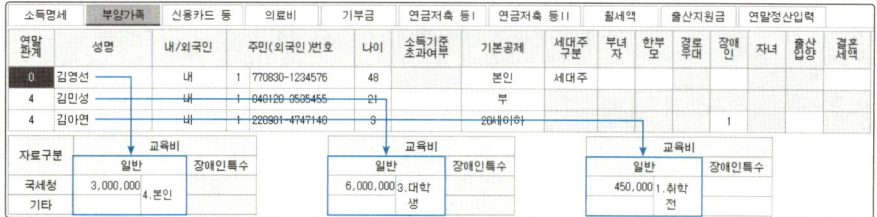

④ 기부금(나이 불문, 소득금액 규제) : 더블클릭 또는 기부금 TAB에서 입력
  ㉠ 기부금 입력 TAB : 본인 정당후원금 공제 가능

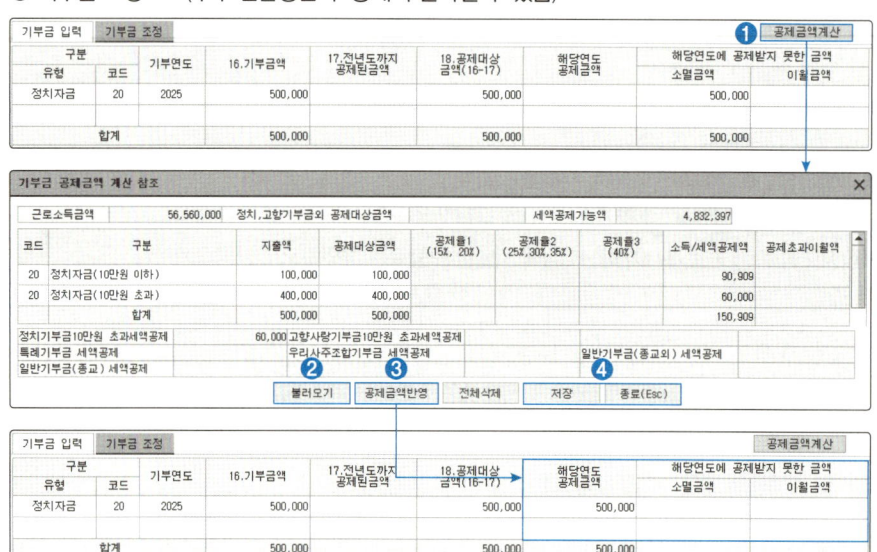

  ㉡ 기부금 조정 TAB(추후 연말정산 후 공제액 달라질 수 있음)

(4) 연금저축 등 I TAB : 추후 세액공제 입력에 따라 세액공제액 차이 발생

(5) 월세액 TAB : 추후 세액공제 입력에 따라 세액공제금액 차이 발생

총급여액이 8천만원 이하인 무주택 세대주로서 국민주택규모(84m²)의 주택을 임차하고 있으므로 월세액 세액공제가 가능하다. → 연간 월세액 = 50만원 × 9개월 = 4,500,000원

임대인명(상호)	주민등록번호(사업자번호)	유형	계약면적(m²)	임대차계약서 상 주소지	계약서상 임대차 계약기간 개시일 ~ 종료일	연간 월세액	공제대상금액	세액공제금액
황주택	590202-2522149	아파트	80.00	서울특별시 동작구 사당로 100	2025-04-01 ~ 2027-03-31	4,500,000	4,500,000	675,000

(6) 연말정산입력 TAB : [F8 부양가족탭불러오기] 버튼을 실행하여 [부양가족 TAB] 자료 반영

구분			지출액	공제금액	구분		지출액	공제대상금액	공제금액
특별소득공제	보험공제	사립학교교직원 별정우체국연금			연금계좌	58.과학기술공제			
	33.보험료		2,379,570	2,379,570		59.근로자퇴직연금			
		건강보험료	1,976,570	1,976,570		60.연금저축	3,000,000	3,000,000	360,000
		고용보험료	403,000	403,000		60-1.ISA연금계좌전환			
	34.주택차입금	대출기관			특별세액공제	61.보장 일반	770,000	770,000	92,400
		거주자				성보험 장애인			
	34.장기주택저당차입금이자상					62.의료비	2,650,000	2,650,000	556,500	83,400
	35.특별소득공제 계			2,379,570		63.교육비	9,450,000	9,450,000	1,417,500
36.차감소득금액				45,571,980		64.기부금	500,000	500,000	150,909
37.개인연금저축						1)정치자금 10만원이하	100,000	100,000	90,909
그 밖의 소득공제	38.소기업,소상공인 공제부금	2015년이전가입				기부금 10만원초과	400,000	400,000	60,000
		2016년이후가입				2)고향사랑 10만원이하			
	39.주택마련저축 소득공제	청약저축				기부금 10만원초과			
		주택청약				3)특례기부금(전액)			
		근로자주택마련				4)우리사주조합기부금			
	40.투자조합출자 등 소득공제					5)일반기부금(종교단체외)			
	41.신용카드 등 사용액					6)일반기부금(종교단체)			
	42.우리사주조합	일반 등				65.특별세액공제 계			1,744,209
	출연금	벤처 등			제 66.표준세액공제				
	43.고용유지중소기업근로자				67.납세조합공제				
	44.장기집합투자증권저축				68.주택차입금				
	45.청년형장기집합투자증권저축				69.외국납부 ▶				
					70.월세액		4,500,000	4,500,000	675,000

퇴직소득 원천징수

[1] 퇴직소득자료입력 [회사코드 : 4700.(주)한국]

① 지급년월(2025년 06월), 소득자구분(1.근로)을 입력하고 사번란에서 코드도움을 클릭하여 "이신소"를 반영하고 구분(2:중간)을 선택한다.

② 귀속년월(신고서)과 영수일자(2025-06-05), 퇴사일(2025-05-31), 지급일자(2025-06-05), 퇴직사유(중간정산)를 확인하고 과세퇴직급여란에 퇴직금(50,000,000원)을 입력한다.

③ 중간정산 퇴직금은 지급일이 귀속년월이므로 중간정산일(2025.5.31.)과의 차이를 **제외월수**(1)에 입력한다.

지급년월 2025년 06월			소득명세	세액계산	중간정산지급내역			
소득자구분 1.근로			1. 귀속년월(신고서) 2025년 6월		2. 영수일자 2025-06-30			
사번	성명	구분	근무처명	중간지급등		최종 (주)한국 [재무/부가/원천 집중심화]	정산	
100	이신소	중간	등록번호/퇴직사유			105-81-23608 중간정산		
			기산일/입사일	__/__/__	__/__/__	2019/05/20	2019/05/20	
			퇴사일/지급일	__/__/__	__/__/__	2025/05/31	2025/06/05	
			근속월수			73		
			제외월수			1		
			가산월수					
			과세퇴직급여			50,000,000	50,000,000	
			비과세퇴직급여					
			세액공제					
			소득세			1,770,000		
			지방소득세			177,000		
			학자금상환액					

[2] 퇴직소득자료입력 [회사코드 : 4700.(주)한국]

(1) 사원등록
이동화를 선택하고 [16.퇴사년월일]란에 "2025년 1월 31일" 및 퇴직사유(1)를 입력한다.

(2) 급여자료입력
① 수당등록 : 야간근로수당에 대하여 과세로 별도 등록하여 사용하거나 사원등록에서 생산직여부에 부를 선택하고 비과세로 등록된 야간근로수당을 사용하여도 무방하다.

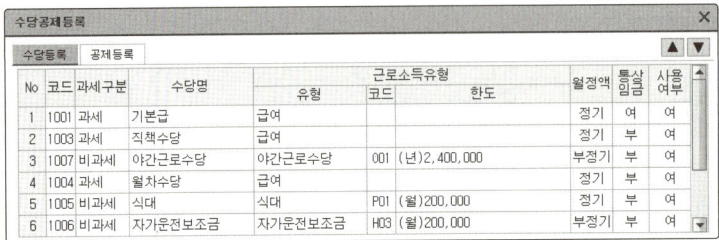

② 퇴사자의 급여 및 정산반영 : 퇴사월의 급여를 입력한 후 상단의 [**중도퇴사자정산(F7)**] 버튼을 누른 후 연말정산 추가자료 입력이 있는 경우는 입력하며 상단의 영수일자(2025년 1월 31일)를 확인한 다음 [**급여반영(Tab)**]을 클릭하여 [차감징수세액]을 반영한다. 본 문제는 차감징수세액은 없다.

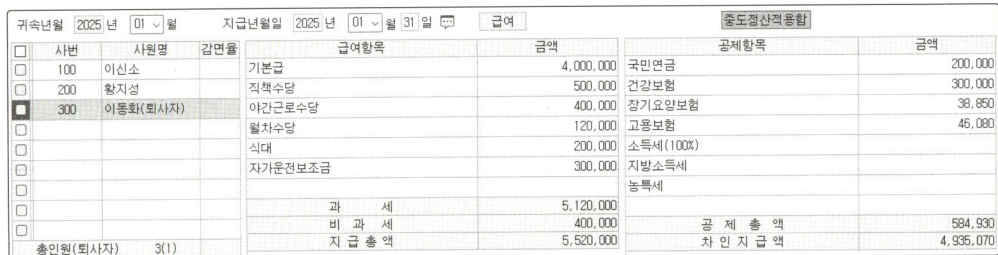

(3) 퇴직소득자료입력
① 퇴직소득자료입력 : 퇴직위로금은 퇴직소득에 포함되며 [과세이연계좌명세]에 개인형퇴직연금계좌로 입금한 내역을 입력하여 퇴직소득세를 이연하고 확정급여형 퇴직연금제도 가입일을 입력한다.

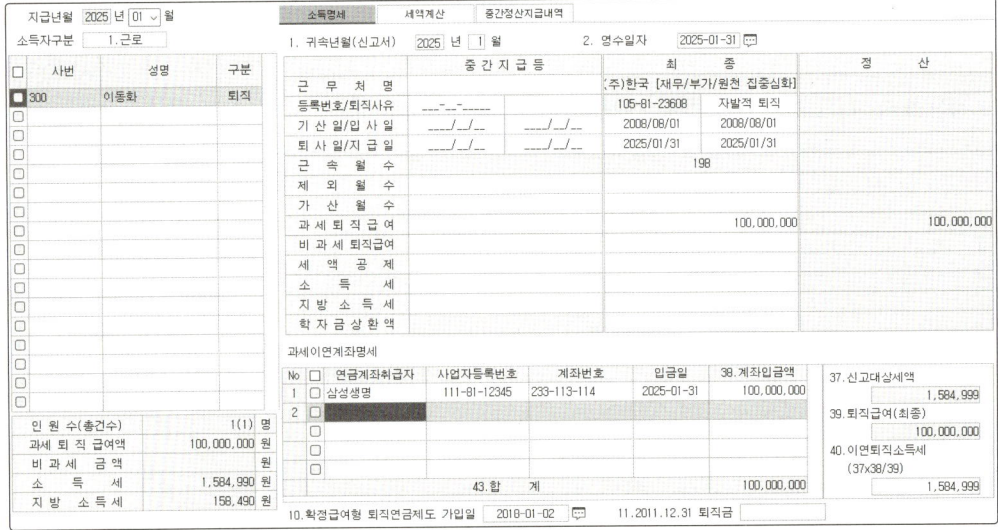

② 퇴직소득원천징수영수증(지급년월 : 2025년 01월 ~ 2025년 01월)

27.정산퇴직소득(17)	100,000,000
28.근속연수공제	32,500,000
29.환산급여[(27-28)×12배/정산근속연수]	47,647,058
30.환산급여별공제	31,788,234
31.퇴직소득과세표준(29-30)	15,858,824
32.환산산출세액(31×세율)	1,118,823
33.퇴직소득 산출세액(32×정산근속연수/12배)	1,584,999
36.신고대상세액(33-34-35)	1,584,999

- 과세퇴직급여액: 100,000,000원
- 신고대상세액: 1,584,999원
- 이연소득세: 1,584,999원

(4) 원천징수이행상황신고서

소득자 소득구분	코드	인원	총지급액	소득세 등	가감계 납부세액 소득세 등
근로소득 간이세액	A01	3	11,570,000	178,250	
중도퇴사	A02	1	5,320,000		
일용근로	A03				
연말정산	A04				
(분납신청)	A05				
(납부금액)	A06				
가 감 계	A10	4	16,890,000	178,250	178,250
퇴직소득 연금계좌	A21				
그 외	A22	1	100,000,000		
가 감 계	A20	1	100,000,000		
총 합 계	A99	5	116,890,000	178,250	178,250

[3] 퇴직소득자료입력 [회사코드 : 4700.(주)한국]

(1) 사원등록 : 황지성을 선택하고 [16.퇴사년월일]란에 "2025년 10월 31일" 및 퇴직사유(1)를 입력한다.

(2) 퇴직금계산

① 코드도움(F2)으로 퇴사자(황지성)를 반영하면 [사원등록]과 [급여자료입력]에 입력된 정보가 반영된다.

② 반영된 정보를 확인하고 [퇴직금계산 TAB]에서 퇴직금계산방법(5.노동부)을 선택하면 급상여산정의 기간과 산정계, 평균임금 및 예상퇴직금이 계산된다.

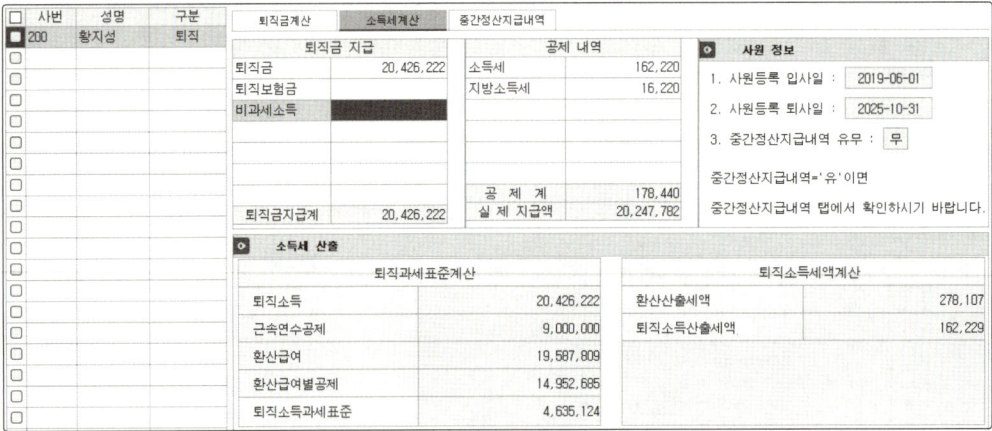

③ [퇴직금계산 TAB]의 급여내역과 상여내역에서 퇴직금계산과 관련하여 반영된 자료를 확인할 수 있고 [소득세계산 TAB]에서 퇴직금과 퇴직소득세 등을 확인할 수 있다.

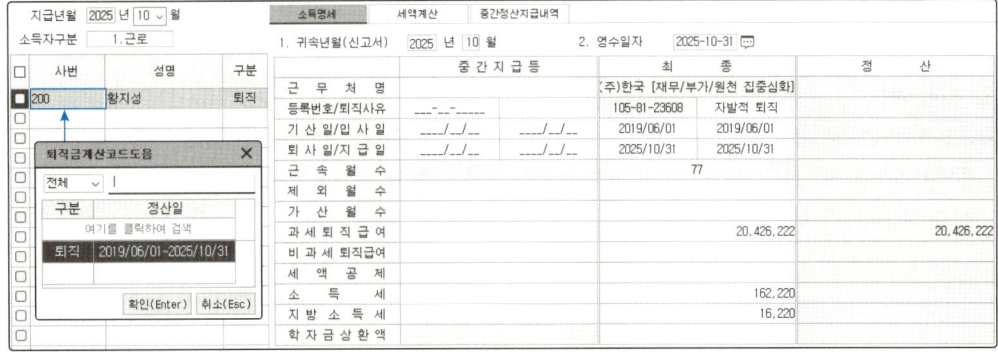

(3) 퇴직소득자료입력

지급년월(2025년 10월), 소득자구분(1.근로)을 입력하고 사번란에서 코드도움을 클릭하여 퇴사자 "황지성"을 선택하여 [퇴직금계산] 내역을 반영한다. 귀속년월, 영수일자, 퇴직사유를 확인한다.

사업·기타·금융소득 원천징수

[1] 사업소득 원천징수 [회사코드 : 4600.(주)천안]
(1) 사업소득자등록

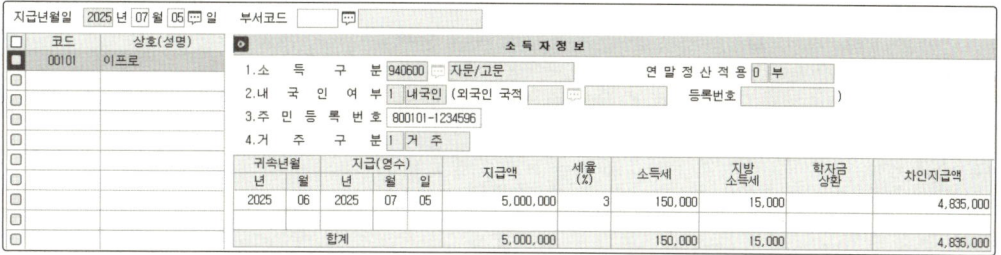

(2) 사업소득자료입력

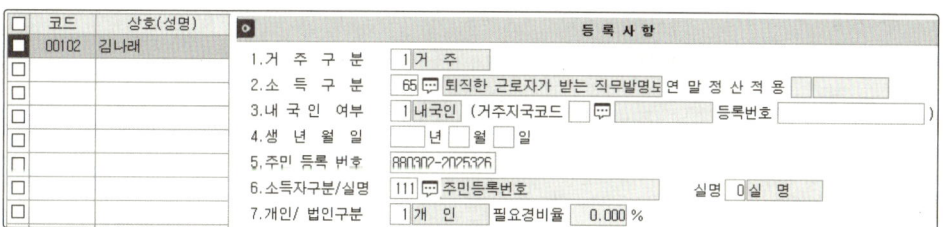

[2] 기타소득 원천징수 [회사코드 : 4600.(주)천안]
(1) 김나래 기타소득 원천징수

[기타소득자등록]

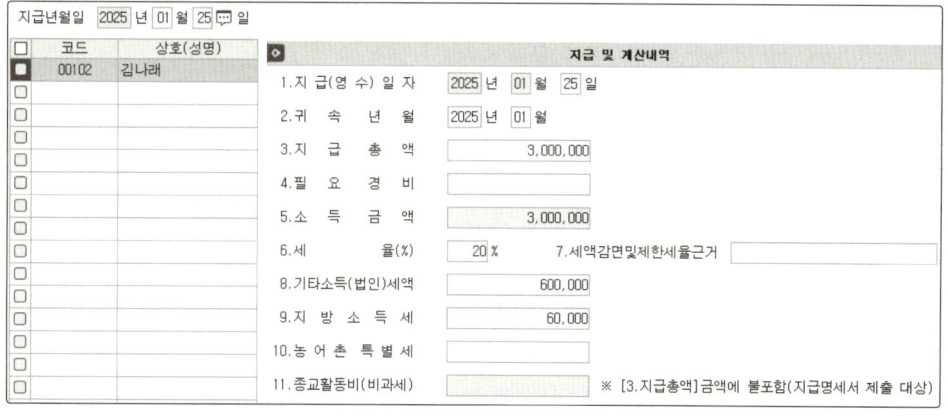

[기타소득자료입력]

퇴직한 근로자가 받는 직무발명보상금은 700만원까지는 비과세대상이므로 700만원 초과금액인 3,000,000원에 대해서만 기타소득으로 입력한다.

(2) 이영자 기타소득 원천징수

[기타소득자등록]

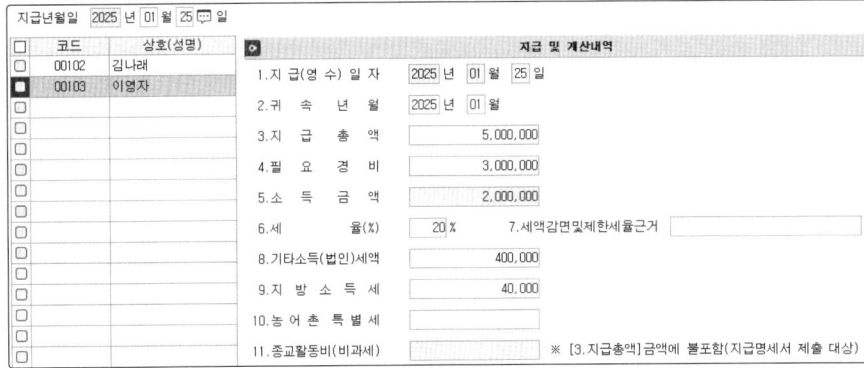

[기타소득자료입력]

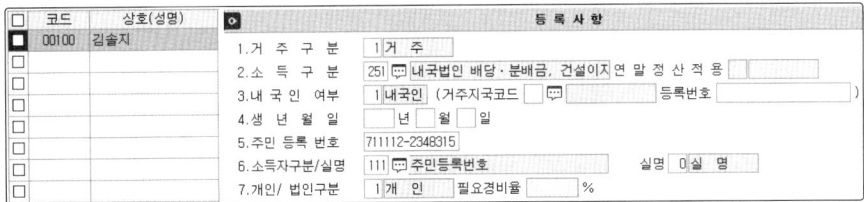

[3] 배당소득 원천징수 [회사코드 : 4500.(주)서울]

(1) 기타소득자등록

개인 주주인 김솔지는 원천징수대상에 해당한다.

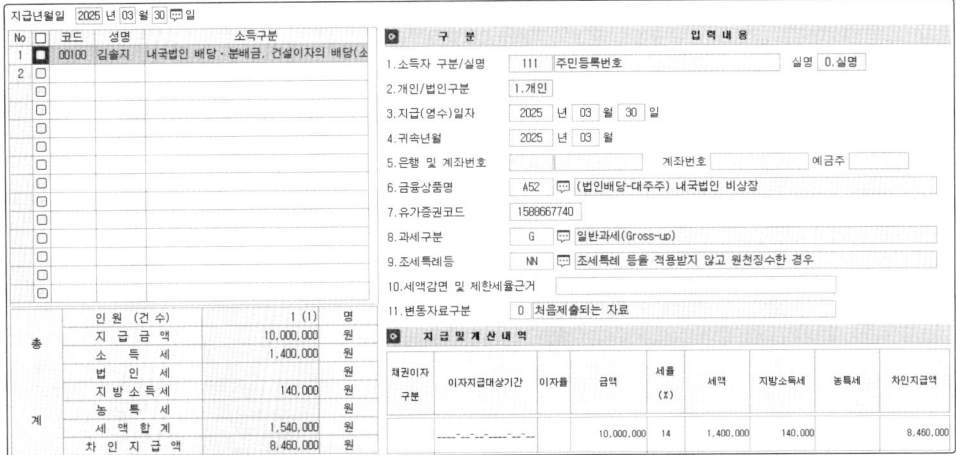

(2) 이자배당소득자료입력

(3) 원천징수이행상황신고서

① 귀속기간(2025년 03월 ~ 2025년 03월), 지급기간(2025년 03월 ~ 2025년 03월), 신고구분(1.정기신고)를 선택하여 [원천징수명세및납부세액 TAB]에 배당소득을 반영한다.

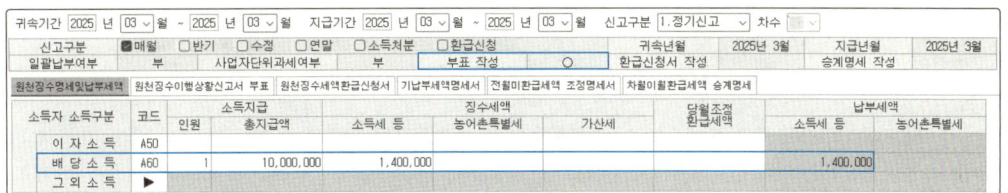

② 배당소득 원천징수세액 신고 시 부표를 작성하여 함께 신고하여야 하며 [원천징수이행상황신고서 부표 TAB]에 직접 입력한다. [거주자(개인) : 이자배당소득 → 일반과세 : 배당소득(C24)]에 인원(1), 총지급액(10,000,000), 소득세등(1,400,000)을 입력한다.

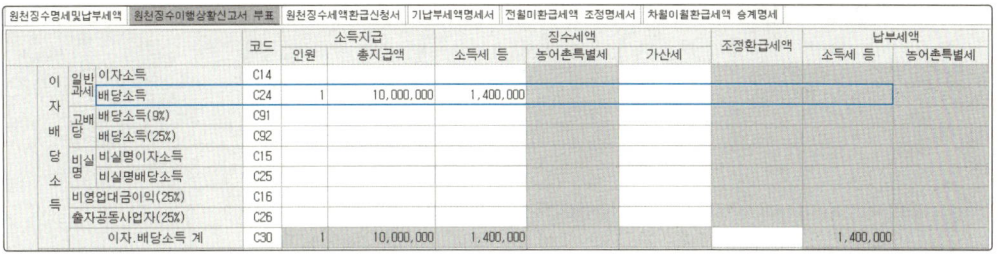

[4] 비거주자 원천징수 [회사코드 : 4500.㈜서울]

(1) 기타소득자등록

근로소득을 제외한 비거주자의 소득은 기타소득관리에서 입력·신고하며 소득자 및 주소는 영문으로 기재하여 신고한다. (본 문제에서는 주소는 생략)

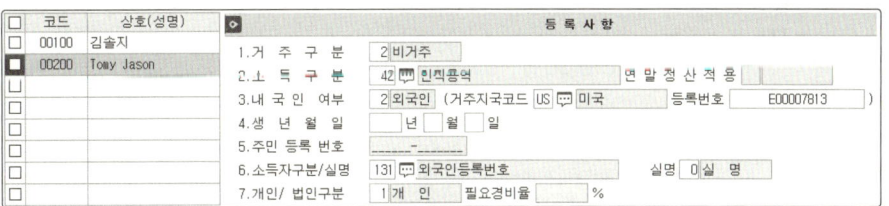

(2) 기타소득자자료입력

비거주자에게 소득을 지급하는 경우 미국은 조세조약에 의해 연 $3,000 이상인 경우 원천징수의무자는 반드시 원천징수 신고를 하여야 하며, 세율은 20%이다.

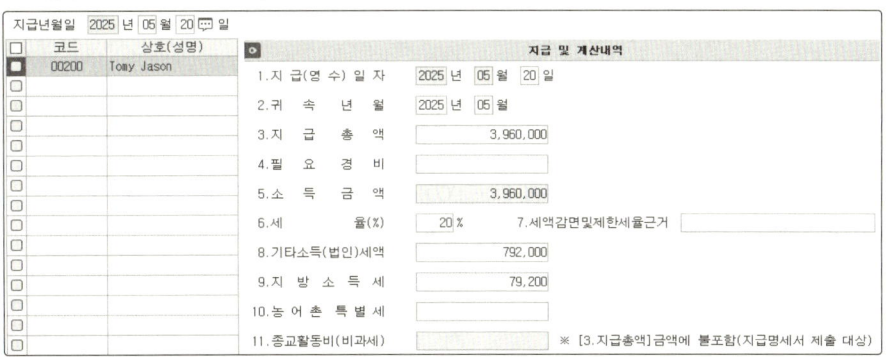

(3) 원천징수이행상황신고서

① 비거주자의 인적용역은 사업소득에 해당하며 귀속기간(2025년 05월 ~ 2025년 05월), 지급기간(2025년 05월 ~ 2025년 05월), 신고구분(1.정기신고)를 선택하여 [원천징수명세및납부세액 TAB]에 반영한다.

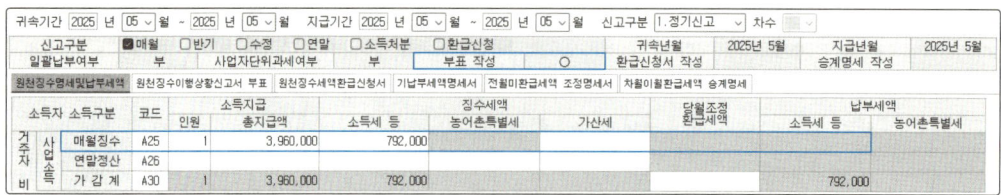

② 비거주자 사업소득 원천징수세액 신고 시 부표를 작성하여 함께 신고하여야 하며 [원천징수이행상황신고서 부표 TAB]에 직접 입력한다. [비거주자(개인) : 사업 → 인적용역(20%)]에 인원(1), 총지급액(3,960,000), 소득 세등(792,000)을 입력한다.

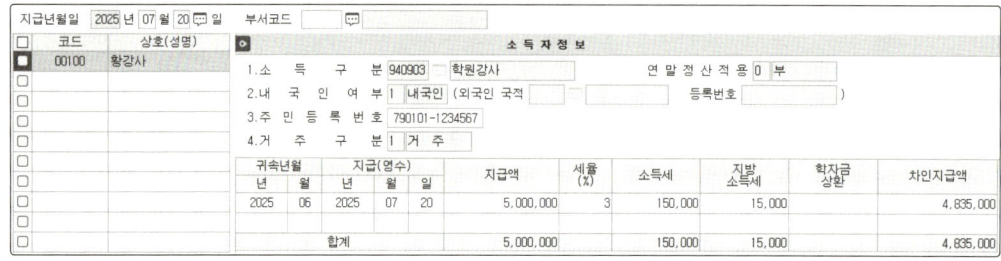

원천징수 수정신고 및 전자신고

[1] 원천징수이행상황신고서 수정신고 [회사코드 : 4250.(주)합격]

(1) 사업소득자료입력

(2) 원천징수이행상황신고서

① 귀속기간(2025년 06월 ~ 2025년 06월), 지급기간(2025년 07월 ~ 2025년 07월), 신고구분(2.수정신고), 수정 차수(1차)를 입력하여 조회한다. 당초신고분에 입력한 사업소득자료가 반영된다.

② 원천징수 납부지연가산세 : Min(㉠ + ㉡ = 5,160원, ㉢ 15,000원) = **5,160원**

㉠ 150,000원 × 2.2/10,000 × 20일 = 660원

㉡ 150,000원 × 3% = 4,500원

㉢ 150,000원 × 10% = 15,000원

소득자 소득구분		코드	소득지급		징수세액			당월조정 환급세액	납부세액	
			인원	총지급액	소득세 등	농어촌특별세	가산세		소득세 등	농어촌특별세
개인 거주자 비거주자	근로소득	간이세액	A01	5	28,600,000	1,709,620					
			A01	5	28,600,000	1,709,620					
		중도퇴사	A02	1	36,000,000	-1,641,510					
			A02	1	36,000,000	-1,641,510					
		일용근로	A03								
			A03								
		연말정산	A04								
			A04								
		(분납신청)	A05								
			A05								
		(납부금액)	A06								
			A06								
		가 감 계	A10	6	64,600,000	68,110				68,110	
			A10	6	64,600,000	68,110				68,110	
사업소득		매월징수	A25								
			A25	1	5,000,000	150,000		5,160			
		연말정산	A26								
			A26								
		가 감 계	A30								
			A30	1	5,000,000	150,000		5,160		155,160	
총 합 계			A99	6	64,600,000	68,110				68,110	
			A99	7	69,600,000	218,110		5,160		223,270	

[2] 원천징수이행상황신고서 전자신고 [회사코드 : 4250.(주)합격]

(1) 원천징수이행상환신고서 작성 및 마감

① 원천징수이행상황신고서 메뉴에서 귀속기간(2025년 02월 ~ 2025년 02월), 지급기간(2025년 03월 ~ 2025년 03월), 신고구분(1.정기신고)을 입력하여 해당 지급기간의 원천징수세액을 반영하고 상단의 [마감] 버튼을 클릭한다.

② [원천징수 마감] 화면에서 하단의 [마감(F8)] 버튼을 클릭하여 마감한다.

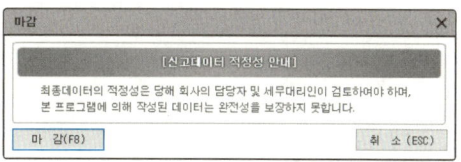

③ 원천징수이행상황신고서 마감이 완료되면 상담에 "마감"이 표시되며 [마감] 버튼이 [마감취소]로 변경된다.

(2) 원천징수이행상환신고서 전자신고 파일제작

① [원천징수이행상황제작 TAB]을 선택하고 신고인구분(2.납세자자진신고), 지급기간(2025년 03월 ~ 2025년 03월), 신고(1.정기신고), 원천신고(1.매월), 제작경로(C:₩)를 입력한다.

② 선택한 회사코드의 마감자료가 조회되며 변환하고자 하는 회사를 선택하고 [제작] 버튼을 클릭하여 국세청 변환파일로 변환한다.

③ 제작이 완료되면 전자신고 파일이 생성되었다는 메시지가 나오며 [확인]을 누른 후 파일 **비밀번호**을 입력하여 파일을 암호화 한다. 자유롭게 설정하므로 8자리 이상으로 입력하며 '45457878'로 입력하고자 한다.

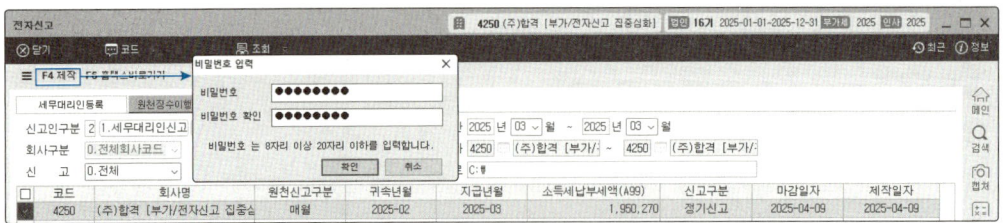

(3) 국세청 홈택스 전자신고

① [Step 1.세금신고] TAB에서 전자파일변환을 위해 [**찾아보기**] 버튼을 클릭하여 변환대상파일을 선택한다.

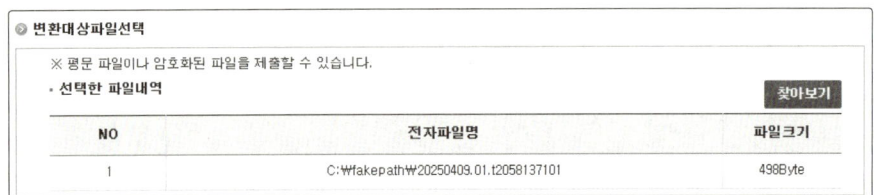

② 하단 진행현황의 [**형식검증하기**]를 클릭하고 신고파일 생성시 입력한 비밀번호 "**45457878**"을 입력하여 첨부파일의 오류를 진행하고 [**형식검증결과확인**]으로 진행상황을 확인한다.

③ [**내용검증하기**]를 클릭하여 신고내용을 검증하고 [**내용검증결과확인**]으로 신고내용의 오류사항을 처리내역에서 확인한다.

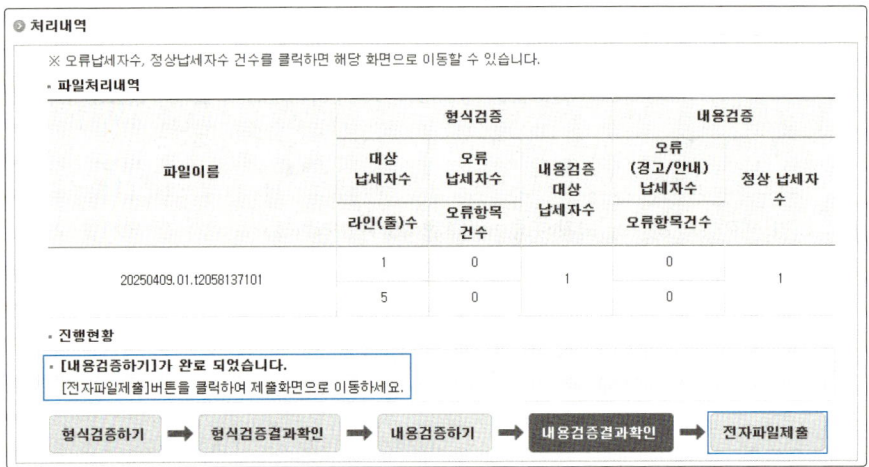

④ [**전자파일제출**]을 클릭하여 전자파일 제출로 이동하여 [**전자파일 제출하기**]를 클릭하여 원천징수이행상황신고서를 제출하며 "원천세 신고서 접수증(파일변환)" 화면이 나오면 정상적인 제출이 완료된 것이다.

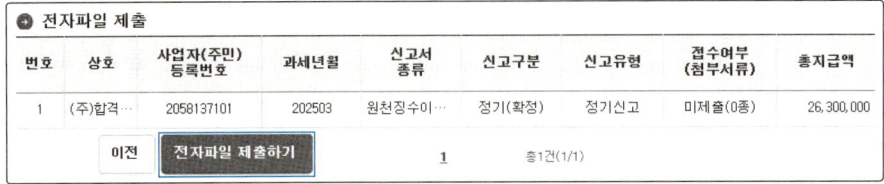

2025 전산세무 1급

PERFECT 전산세무1급은...
① 기출문제 완벽분석에 의한 체계적 이론정리
② 완벽한 시험대비를 위한 단원평가문제 제공
③ 기출문제 완벽분석에 의한 실전분개 제공
④ 최근 1년간의 기출문제 DB 및 상세 해설 제공

PERFECT 전산세무1급 실기문제 백데이터 안내
① 홈페이지 다운로드 방법
　도서출판 배움 홈페이지 www.bobook.co.kr 또는
　포털사이트에서 도서출판 배움으로 접속 후
　【교재실습/백데이터 자료실】에서 다운로드

② 웹하드 다운로드 방법
　웹하드에 접속하여 아이디 bobookcokr 와
　비밀번호 book9750 를 입력하여 로그인한 후
　【전산세무 1급】에서 다운로드

PERFECT 전산세무1급 교재관련 궁금하신 사항은
도서출판 배움 홈페이지 www.bobook.co.kr 또는
포털사이트에서 도서출판 배움으로 접속 후
【질문과 답변】에 문의하세요.

전산세무 **1**급

PART **01** 법인세 이론

PART **02** 법인세무조정

법인세 이론 및 실무

**Perfect
전산세무 1급**
www.bobook.co.kr

PART 01

법인세 이론

CHAPTER 01 법인세 총설
CHAPTER 02 내국법인의 각 사업연도 소득금액
CHAPTER 03 세액의 계산
CHAPTER 04 실무이론 평가

직무명	분류번호	능력단위명	수준	능력단위요소
세무	0203020213_23v6	세무조정 준비	3	1 표준재무제표 확정하기 2 과세대상소득 확정하기
	0203020214_23v6	법인세 신고	5	1 각사업년도소득 세무조정하기 3 법인세 신고하기

능력단위정의

세무조정 준비란 법인세 신고 납부를 위해 표준재무제표를 작성하여, 과세대상소득과 세법상 수입금액을 산출하는 능력이다.

법인세신고란 세무조정절차를 수행한 후 과세표준 및 세액을 산정하고 법인세과세표준 및 세액신고서를 작성하여 신고하는 능력이다.

NCS 능력단위	능력단위요소	수 행 준 거
0203020213_23v6 세무조정 준비	0203020213_23v6.1 표준재무제표 확정하기	1.1 법인의 종류를 구분하여 과세소득에 따른 납세의무를 확정할 수 있다.
	0203020213_23v6.2 과세대상소득 확정하기	2.1 세법에 열거한 익금산입과 익금불산입 항목을 구분할 수 있다. 2.2 세법에 열거한 손금산입과 손금불산입 항목을 구분할 수 있다. 2.3 세법에 따른 소득처분을 할 수 있다.
0203020214_23v6 법인세 신고	0203020214_23v6.1 각사업년도소득 세무조정하기	1.1 세법에 따른 익금산입과 익금불산입의 세무조정의 절차를 수행할 수 있다. 1.2 세법에 따른 손금산입과 손금불산입의 세무조정의 절차를 수행할 수 있다. 1.3 법인세법과 기업회계기준 차이에 따른 손금산입 한도초과액을 계상할 수 있다. 1.4 세법에 따른 소득처분 항목을 구분할 수 있다.
	0203020214_23v6.3 법인세 신고하기	3.1 세법에 따른 법인세과세표준 및 세액신고서를 작성할 수 있다. 3.2 세법에 따른 법인세과세표준 및 세액조정계산서를 작성할 수 있다. 3.3 세법 절차에 따라 법인세를 신고·납부할 수 있다. 3.4 서면신고 및 세무정보시스템을 활용하여 전자신고에 따른 오류를 검증하고 수정할 수 있다. 3.5 법인세법에 따른 중간예납 세액을 신고·납부할 수 있다.

CHAPTER 01 법인세 총설

1. 법인세의 의의

법인은 자연인 이외의 법률에 의하여 권리능력이 인정되는 법적인격자를 말하며, 법률상 권리·의무의 주체가 된다. 법인세는 법인이 얻은 소득(순자산증가설)에 대하여 그 법인에게 부과되는 조세이다.

> **TIP**
>
> [순자산증가설]
> 순자산증가설은 일정기간 내의 순자산을 증가시킨 거래로 발생하는 수익은 모두 과세대상으로 하는 것을 말한다. 여기서 순자산이란 "자산에서 부채를 뺀 금액"을 의미하며 소득을 발생원천에 따라 구분하지 않고 모든 경제적 이익은 모두 과세하므로 "포괄주의" 과세라고도 한다.

	법인세	소득세
과세소득의 개념	순자산증가설	소득원천설
과세소득	포괄주의	열거주의(금융소득은 유형별 포괄주의)

2. 법인세의 납세의무

1 법인세 과세소득의 범위

법인세는 다음과 같이 과세소득을 구분하고 있다.

각 사업연도소득에 대한 법인세	각 사업연도소득이라 함은 각 사업연도의 익금총액에서 손금총액을 공제한 금액을 말하며 일반적으로 법인세 과세소득은 이를 의미한다.(법인세법 제14조)
청산소득에 대한 법인세	법인이 해산(합병·분할에 의한 해산은 제외)하는 과정에서 발생한 소득을 청산소득이라 한다. 청산소득은 청산 등 과정에서 기존의 세무상 자산·부채보다 청산가치가 더 큰 경우에 발생하는 소득이다.(법인세법 제79조)
토지 등 양도소득에 대한 법인세	법령에서 정하는 지역에 소재하는 주택(부수토지 포함)·비사업용 토지를 양도하는 경우 발생하는 소득을 말한다.(법인세법 제55조의2)
미환류 소득에 대한 법인세	각 사업연도 종료일 현재 자기자본이 500억원(**중소기업 제외**)을 초과하는 법인 등이 해당 사업연도의 소득 중 투자, 임금 또는 배당 등으로 환류하지 아니한 소득이 있는 경우에는 그 미환류 소득에 대하여 100분의 20을 곱하여 산출한 세액을 추가하여 납부해야 한다. (조세특례제한법 제100조의32)

[법인세의 과세소득 계산구조]

구분	각 사업연도 소득	토지 등 양도소득	미환류소득	청산소득
과세표준	익금 총액 − 손금 총액 = 각 사업연도 소득금액 − 이월결손금 − 비과세소득 − 소득공제	토지등 양도금액 − 양도당시 장부가액 = 토지등 양도차익 − 비과세소득	미환류소득 − 차기환류적립금 − 이월된 초과환류액	잔여재산가액 − 자기자본총액 = 청산소득금액
세율	2억원 이하분 : 9% 2억원 초과분 : 19% 200억원 초과분 : 21% 3,000억원 초과분 : 24%	10% (미등기자산 40%)	20%	2억원 이하분 : 9% 2억원 초과분 : 19% 200억원 초과분 : 21% 3,000억원 초과분 : 24%
신고납부	각 사업연도 종료일이 속하는 달의 말일부터 3개월 이내에 신고납부			잔여재산가액 확정일이 속하는 달의 말일부터 3개월 이내에 신고납부

2 법인세의 납세의무자

국내에 본점이나 주사무소 또는 사업의 실질적 관리장소를 둔 법인(내국법인)은 국내·외에서 발생하는 모든 소득에 대하여 법인세 납세의무가 있으며, 외국에 본점 또는 주사무소를 둔 법인(외국법인)은 국내에서 발생하는 소득 중 법에서 정한 것(국내원천소득)에 한하여 법인세 납세의무가 있다.

(1) 내국법인과 외국법인

내국법인이란 국내에 본점이나 주사무소(또는 사업의 실질적 관리장소)를 둔 법인을 말하며, 외국법인이란 외국에 본점 또는 주사무소를 둔 법인(국내에 사업의 실질적 관리장소가 소재하지 않는 경우에만 해당한다)을 말한다.

내국법인은 국내원천소득뿐 아니라 국외원천소득에 대하여도 각 사업연도의 소득에 대한 법인세 납세의무를 지는 데 반하여(**무제한납세의무**), **외국법인**은 일정한 국내원천소득에 한정하여 각 사업연도의 소득에 대한 법인세 납세의무를 진다(**제한납세의무**).

(2) 영리법인과 비영리법인

영리법인이란 영리를 목적으로 하는 법인을 말하며, 비영리법인이란 학술·종교·자선 기타 영리 아닌 사업을 목적으로 하는 법인을 말한다. 여기서 **영리란 단순히 이윤추구를 목적으로 하는 사업을 영위하는 것에 그치지 않고, 그러한 사업에서 발생한 이윤을 구성원에게 분배하는 것**을 가리킨다. 비영리법인도 수익사업으로서 영리사업을 경영할 수는 있으나, 그 이윤을 구성원에게 귀속시킬 수 없으며 고유목적사업에 사용하여야 한다.

영리법인은 해당 법인에 귀속되는 모든 소득에 대하여 각 사업연도의 소득에 대한 법인세 납세의무를 지지만, 비영리법인은 법인세법에서 규정하는 수익사업에서 발생하는 소득에 대해서만 각 사업연도의 소득에 대한 법인세 납세의무를 진다.

(3) 법인구분별 납세의무의 차이

법인의 종류		각 사업연도 소득에 대한 법인세	토지등 양도소득에 대한 법인세	미환류 소득에 대한 법인세	청산 소득
내국 법인	영리법인	국내·외 모든소득	○	○	○
	비영리법인	국내·외 수익사업에서 발생하는 소득	○	×	×
외국 법인	영리법인	국내원천소득	○	×	×
	비영리법인	국내원천소득 중 열거된 수익사업에서 발생한 소득	○	×	×
국가·지방자치단체*		납세의무 없음			

* 내국법인 중 국가·지방자치단체에 대해서는 법인세를 부과하지 않지만, **외국정부나 지방자치단체**는 비과세법인이 아니며, 비영리외국법인으로서 우리나라의 **법인세 납세의무를 진다.**

3. 사업연도

계속기업인 법인의 소득은 끊임없이 계속하여 발생하지만, 과세를 위해서는 이를 일정한 기간을 단위로 구획하여 파악하지 않을 수 없다. 이처럼 법인의 소득을 계산하는 1 회계기간을 "사업연도"라고 한다.

구 분		내 용
법령·정관 규정이 있는 경우		사업연도는 법령 또는 법인의 정관 등에서 정하는 1 회계기간으로 한다. 다만, 그 기간은 **1년을 초과하지 못한다.**
법령·정관 규정이 없는 경우	신고	법령이나 법인의 정관 등에 사업연도에 관한 규정이 없는 내국법인은 사업연도를 정하여 법인설립신고(설립등기일·사업의 실질적 관리장소를 두게 된 날부터 2개월 이내) 또는 사업자등록(사업개시일부터 20일 이내)과 함께 납세지 관할세무서장에게 이를 신고하여야 한다.
	무신고	사업연도를 신고하여야 할 법인이 그 신고를 하지 않은 경우에는 매년 **1월 1일부터 12월 31일**까지를 그 법인의 사업연도로 한다.

1 최초 사업연도 개시일

구 분	내 용
내국법인	■ 원칙 : 설립등기일 ■ 예외 : 최초 사업연도의 개시일 전에 생긴 손익을 사실상 그 법인에 귀속시킨 것이 있는 경우 해당 법인이 귀속시킨 손익이 최초로 발생한 날
외국법인	국내사업장을 가지게 된 날(국내사업장이 없는 경우에는 부동산소득 또는 양도소득이 최초로 발생한 날)

2 사업연도의 변경

사업연도를 변경하려는 법인은 그 법인의 **직전 사업연도 종료일부터 3개월 이내**에 납세지 관할세무서장에게 신고하여야 하며, 기한 내에 신고를 하지 않은 경우에는 그 법인의 사업연도는 변경되지 않은 것으로 본다.

사업연도가 변경된 경우에는 종전 사업연도의 개시일부터 변경된 사업연도의 개시일 전일까지의 기간에 대하여 이를 1 사업연도로 한다. 다만, 그 기간이 1개월 미만이면 변경된 사업연도에 이를 포함한다. 따라서 이 경우에는 사업연도가 1년을 초과하는 결과가 초래될 수 있는데, 이것은 예외적으로 허용된다.

3 사업연도의 의제

구 분	내 용
해산	그 사업연도 개시일부터 해산등기일(파산으로 인하여 해산한 경우에는 파산등기일, 법인으로 보는 단체의 경우에는 해산일)까지의 기간과 해산등기일의 다음 날부터 그 사업연도 종료일까지의 기간을 각각 1 사업연도로 본다.
합병(분할) 등	내국법인이 사업연도 중에 합병 또는 분할(분할합병 포함)에 의해 해산한 경우에는 그 사업연도 개시일부터 합병등기일 또는 분할등기일까지의 기간을 그 해산한 법인의 1 사업연도로 본다.

사업연도가 매년 1월 1일부터 12월 31일까지인 법인이 사업연도를 매년 4월 1일부터 다음연도 3월 31일까지로 변경하기로 하고 사업연도 변경신고를 2024년 9월 1일에 한 경우 법인세법상 2025년도 사업연도를 계산하시오.

【해설】
사업연도 변경신고는 직전 사업연도 종료일부터 3개월 이내에 납세지 관할세무서장에게 신고하여야 하며 2024년 9월 1일에 변경신고를 하였으므로 2024년 사업연도는 변경이 되지 않고 2025년도는 변경된 것으로 본다. 사업연도가 변경된 2025년도는 종전의 사업연도 개시일부터 변경된 사업연도 개시일 전날까지의 기간을 1사업연도로 한다.

- 1사업연도 : 2025년 1월 1일 ~ 2025년 3월 31일
- 1사업연도 : 2025년 4월 1일 ~ 2026년 3월 31일

4. 납세지

납세지란 납세의무자가 납세의무를 이행하고 과세권자가 부과징수를 행하는 기준이 되는 장소이다. 따라서 법인세는 이러한 납세지를 관할하는 세무서장 또는 지방국세청장이 과세하게 된다.

1 원칙적인 납세지

구 분	납 세 지
내국법인	그 법인의 등기부에 따른 본점이나 주사무소의 소재지(국내에 본점 또는 주사무소가 소재하지 않는 경우에는 사업의 실질적관리장소의 소재지)
외국법인	국내사업장의 소재지(둘 이상의 국내사업장이 있는 경우에는 주된 사업장의 소재지)*

* '주된 사업장'이란 사업수입금액이 가장 많은 사업장을 말한다. 이러한 주된 사업장 소재지의 판정은 최초로 납세지를 정하는 경우에만 적용한다.

2 원천징수한 법인세의 납세지

원천징수한 법인세의 납세지는 해당 원천징수의무자의 소재지로 한다. 이는 구체적으로 다음의 장소를 말한다.

원천징수 의무자	납 세 지
개인	■ 원천징수의무자가 거주자인 경우 : 그 거주자가 원천징수하는 사업장의 소재지 ■ 원천징수의무자가 비거주자인 경우 : 그 비거주자가 원천징수하는 국내사업장의 소재지
법인	■ 원칙 : 해당 법인의 본점 등의 소재지(법인으로 보는 단체의 경우에는 그 단체의 법인세 납세지, 외국법인의 경우에는 해당 법인의 주된 국내사업장의 소재지) ■ 예외 : 법인의 지점·영업소 기타 사업장이 독립채산제에 따라 독자적으로 회계사무를 처리하는 경우에는 그 사업장의 소재지

3 납세지의 지정

관할지방국세청장(새로이 지정될 납세지가 그 관할을 달리하는 경우에는 국세청장)은 납세지가 그 법인의 납세지로서 부적당하다고 인정되는 경우에는 위의 규정에 불구하고 그 납세지를 지정할 수 있다. 이처럼 납세지를 지정했을 때에는 그 법인의 **해당 사업연도 종료일부터 45일 이내**에 해당 법인에게 이를 통지하여야 하며, 기한 내에 통지하지 않은 경우에는 종전의 납세지를 그 법인의 납세지로 한다.

[납세지 지정 사유]
① 내국법인의 본점등의 소재지가 등기된 주소와 동일하지 아니한 경우
② 내국법인의 본점등의 소재지가 자산 또는 사업장과 분리되어 있어 조세포탈의 우려가 있다고 인정되는 경우
③ 둘 이상의 국내사업장을 가지고 있는 외국법인의 경우로서 주된 사업장의 소재지를 판정할 수 없는 경우
④ 둘 이상의 자산이 있는 외국법인의 경우로서 2이상의 국내원천소득이 발생하게 된 날부터 1월 이내에 납세지 관할세무서장에게 신고를 하지 않은 경우

4 납세지의 변경

법인은 그 납세지가 **변경된 경우 그 변경된 날부터 15일 이내**에 변경 후의 납세지 관할세무서장에게 이를 신고하여야 하며(이 경우 변경된 법인이 **부가가치세법**의 규정에 따라 그 변경된 사실을 신고한 경우에는 **납세지 변경신고를 한 것으로 본다**), 신고를 받은 세무서장은 그 신고받은 내용을 변경 전의 납세지 관할세무서장에게 통보하여야 한다.

CHAPTER 02 **내국법인의 각 사업연도 소득금액**

PART 01 법인세 이론

1. 각 사업연도 소득에 대한 법인세의 계산구조

1 각 사업연도 소득에 대한 법인세의 계산구조

각 사업연도소득에 대한 법인세를 계산하기 위한 구조는 다음과 같다. 이러한 과세표준과 세액계산은 [법인세과세표준 및 세액조정계산서]의 작성에 의해 이루어지며, 이 서식의 각 항목들은 부속서류에 의해 뒷받침 된다.

	결 산 서 상 당 기 순 손 익	• 손익계산서(I/S)상 당기순손익
+	익 금 산 입 · 손 금 불 산 입	• 기부금 한도초과액의 손금불산입 및 이월손금산입을 제외한 일체의 세무조정 ⇨ [소득금액조정합계표]에서 반영
−	손 금 산 입 · 익 금 불 산 입	
=	차 가 감 소 득 금 액	[기부금조정명세서]에서 반영 • 10년이내 이월기부금 • 특례기부금(50% 기부금) : (구)법정기부금 • 일반기부금(10% 기부금) : (구)지정기부금
+	기 부 금 한 도 초 과 액	
	① 특 례 기 부 금 한 도 초 과 액	
	② 일 반 기 부 금 한 도 초 과 액	
−	기부금한도초과이월손금산입	
=	각 사 업 연 도 소 득 금 액	
−	이 월 결 손 금	• 15년 이내 결손금 ⇨ [자본금과적립금조정명세서(갑)]에서 반영
−	비 과 세 소 득	
−	소 득 공 제	
=	과 세 표 준	
×	세 율	• 9% ~ 24% 초과누진세율
=	산 출 세 액	• 토지 등 양도소득 · 미환류소득에 대한 법인세가 있으면 가산
−	세 액 감 면	[공제감면세액 및 추가납부세액합계표]에서 반영
−	세 액 공 제	
+	가 산 세	• [가산세액계산서]에서 반영
+	감 면 분 추 가 납 부 세 액	
=	총 부 담 세 액	
−	기 납 부 세 액	• 중간예납세액, 원천납부세액([원천납부세액명세서]에서 반영) 등
=	차 감 납 부 할 세 액	
−	사실과다른회계처리경정세액공제	
−	분 납 할 세 액	• 납부할 세액이 **1천만원 초과**하는 경우 **분납** 가능
=	차 감 납 부 세 액	

■ 법인세법 시행규칙[별지 제3호서식] 〈개정 2024. 3. 22.〉 (앞쪽)

법인세 과세표준 및 세액조정계산서

사업연도	. . . ~ . . .

법 인 명	
사업자등록번호	

① 각 사 업 연 도 소 득 계 산	⑩ 결 산 서 상 당 기 순 손 익	01				⑬ 감면분추가납부세액	29	
	소득조정 금액	⑩ 익 금 산 입	02			⑬ 차 감 납 부 할 세 액 (⑬ - ⑫ + ⑬)	30	
		⑩ 손 금 산 입	03					
	⑩ 차가감소득금액(⑩+⑩-⑩)	04		⑤ 토 지 등 양 도 소 득 에 대 한 법 인 세 계 산	양도 차익	⑬ 등 기 자 산	31	
	⑩ 기 부 금 한 도 초 과 액	05				⑱ 미 등 기 자 산	32	
	⑩ 기부금한도초과이월액손금산입	54			⑰ 비 과 세 소 득	33	
	⑩ 각 사 업 연 도 소 득 금 액 (⑩ + ⑩ - ⑩)	06			⑱ 과 세 표 준(⑬+⑱-⑰)	34	
② 과 세 표 준 계 산	⑱ 각사업연도소득금액(⑱=⑩)				⑲ 세 율	35	
	⑲ 이 월 결 손 금	07			⑳ 산 출 세 액	36	
	⑩ 비 과 세 소 득	08			㉑ 감 면 세 액	37	
	⑪ 소 득 공 제	09			㉒ 차 감 세 액(⑳-㉑)	38	
	⑫ 과 세 표 준(⑱-⑲-⑩-⑪)	10			㉓ 공 제 세 액	39	
	⑬ 선 박 표 준 이 익	55			㉔ 동업기업법인세배분액 (가산세 제외)	58	
③ 산 출 세 액 계 산	⑬ 과 세 표 준(⑫+⑬)	56			㉕ 가산세액(동업기업배분액포함)	40	
	⑭ 세 율	11			㉖ 가 계(㉒-㉓+㉔+㉕)	41	
	⑮ 산 출 세 액	12		기납부세액	㉗ 수 시 부 과 세 액	42	
	⑯ 지점유보소득(「법인세법」제96조)	13			㉘ (　　　　) 세 액	43	
	⑰ 세 율	14			㉙ 계(㉗+㉘)	44	
	⑱ 산 출 세 액	15			㉚ 차 감 납 부 할 세 액(㉖-㉙)	45	
	⑲ 합 계(⑮+⑱)	16		⑥ 미 환 류 소 득 법 인 세	㉛ 과세대상 미환류소득	59	
④ 납 부 할 세 액 계 산	⑳ 산 출 세 액(⑳=⑲)				㉜ 세 율	60	
	㉑ 최저한세적용대상 공제감면세액	17			㉝ 산 출 세 액	61	
	㉒ 차 감 세 액	18			㉞ 가 산 세 액	62	
	㉓ 최저한세적용제외 공제감면세액	19			㉟ 이 자 상 당 액	63	
	㉔ 가 산 세 액	20			㊱ 납부할세액(㉝+㉞+㉟)	64	
	㉕ 가 감 계(㉒-㉓+㉔)	21		⑦ 세 액 계	㊵ 차감납부할 세액계(㉚+㊱+㊱)	46	
	기한내납부세액	㉖ 중 간 예 납 세 액	22			㊶ 사실과 다른 회계처리 경정세액공제	57	
		㉗ 수 시 부 과 세 액	23			㊷ 분납세액계산 범위액 (㊵-㉑-㉝-㊶+㉟)	47	
		㉘ 원 천 납 부 세 액	24			㊸ 분 납 할 세 액	48	
		㉙ 간접투자회사등의 외국 납부 세액	25			㊹ 차 감 납 부 세 액(㊵+㊶+㊸)	49	
		㉚ 소 계 (㉖+㉗+㉘+㉙)	26					
		㉛ 신고납부전 가산세액	27					
		㉜ 합 계(㉚+㉛)	28					

2 각 사업연도 소득

내국법인의 각 사업연도의 소득에 대한 법인세의 과세표준은 각 사업연도의 소득의 범위에서 비과세소득과 소득공제액을 차례로 공제한 금액으로 한다.

(1) 각 사업연도 소득의 개념

각 사업연도 소득이란 각각의 사업연도별로 산출되는 법인세 과세대상소득을 말하는 것으로 그 사업연도에 속하는 익금총액에서 손금의 총액을 차감한 금액을 말하며, 법인세법상 각사업연도 소득은 순자산증가설과 권리의무확정주의에 의하여 결정된다.

순자산증가설	법인의 순자산을 증가시키면 익금으로 하고, 법인의 순자산을 감소시키면 손금으로 하도록 규정하고 있다.
권리의무 확정주의	기업회계기준에 따르면 수익은 상품의 인도와 같은 결정적 활동이 완료되면 수익을 인식하는 실현주의에 따르고 판매된 상품의 원가를 실현된 매출수익에 대응시키는 것과 같이 수익비용 대응의 원칙에 따라 비용을 인식한다. 그러나 법인세법에서는 수취할 권리가 확정된 금액을 익금으로 하고 지급할 의무가 확정된 금액을 손금으로 하도록 하고 있다.

(2) 각 사업연도 소득금액 산출방법

내국법인의 각 사업연도 소득은 그 사업연도에 속하는 익금(益金)의 총액에서 그 사업연도에 속하는 손금(損金)의 총액을 공제한 금액으로 한다. 세법상 과세대상소득인 각 사업연도 소득금액의 기본적인 계산구조〈직접법〉은 다음과 같다.

```
    익   금   총   액      → 법인의 순자산을 증가시키는 거래에서 발생하는 수익금액
(-) 손   금   총   액      → 법인의 순자산을 감소시키는 거래에서 발생하는 비용금액
    각 사 업 연 도 소 득 금 액
```

(3) 기업회계와 세무회계의 차이

구 분	기업회계	세무회계
목 적	주주·채권자 등 불특정다수 이해관계자의 회사에 관한 경제적 의사결정에 필요한 재무정보를 제공하기 위해 산출됨	세법의 규정에 따라 법인세 과세표준과 세액을 산정하기 위해 산출됨
정보전달수단	재무제표 ⇨ 기업회계기준	과세표준 및 세액신고서
산출방법	**당기순손익 = 수익 − 비용** (실현주의와 발생주의 및 수익비용 대응의 원칙에 의한 수익과 비용의 계산)	**각 사업연도 소득 = 익금 − 손금** (순자산증가설과 권리의무확정주의에 의한 익금과 손금의 계산)
법률강제성 여부	① 법적강제성 없으며 계속성과 안정성 및 중요성의 원칙을 강조 ② 자유로운 선택이 허용	① 법률적 강제성의 부여 ② 자유로운 선택의 제한
조세정책적 규제	규정이 존재할 수 없음	세제상 특전과 불이익을 함께 규정

[기업회계와 법인세법의 용어 비교]

기업회계	법인세법
회계연도	사업연도
수익	익금
비용	손금
매출액	사업수입금액
급여, 상여, 퇴직급여 등	인건비
배당금수익	수입배당금
이자수익	수입이자
이자비용	지급이자

2. 세무조정

1 세무조정의 의의 및 구조

각 사업연도의 소득은 익금총액에서 손금총액을 공제한 것이다. 손금총액이 익금총액을 초과하는 경우에는 그 초과하는 금액을 각 사업연도의 결손금(이것을 "기업회계상 결손금"과 구별하여 "세무회계상 결손금"이라고 부른다)이라고 한다.

이러한 계산구조는 기업회계상 당기순이익이 수익에서 비용을 차감하여 도출되는 것과 유사하다. 따라서 실제로는 익금총액과 손금총액을 별도로 도출하여 각 사업연도의 소득금액을 계산하지 않고, 결산서상의 당기순이익을 바탕으로 하여 장부상의 내용과 법인세법 사이의 차이만을 조정하여 각 사업연도의 소득금액을 계산한다.

이처럼 **결산서상 당기순이익과 법인세법에 따른 각 사업연도의 소득금액 사이의 차이를 조정하는 과정, 즉 당기순손익에서 출발하여 각 사업연도의 소득금액에 도달하는 과정(간접법)**을 "세무조정"이라고 한다.

결산서의 내용	세 무 조 정		법인세법의 내용
수 익	(+)익금산입(−)익금불산입	=	익 금 총 액
(−)			(−)
비 용	(+)손금산입(−)손금불산입	=	손 금 총 액
=			=
결산서상 당기순손익	(+)익금산입·손금불산입 (−)손금산입·익금불산입	=	각 사업연도의 소득금액

항 목	내 용	조 정
익금산입	결산서에 수익으로 계상되지 않았으나 세법상 익금에 해당하는 것	가산
익금불산입	결산서에 수익으로 계상되었으나 세법상 익금에 해당하지 않는 것	차감
손금산입	결산서에 비용으로 계상되지 않았으나 세법상 손금에 해당하는 것	차감
손금불산입	결산서에 비용으로 계상되었으나 세법상 손금에 해당하지 않는 것	가산

그런데 익금산입과 손금불산입은 모두 소득금액에 가산하는 세무조정이라는 점에서 일치하며, 양자의 구별은 중요하지 않다(그리하여 이들은 묶어서 **"가산조정"**이라고 부르기도 한다). 또한 손금산입과 익금불산입 역시 모두 소득금액에서 차감하는 조정이라는 점에서 일치하며, 양자의 구별도 별다른 의미가 없다(그리하여 이들을 묶어서 **"차감조정"**이라고 부르기도 한다).

이러한 세무조정사항은 [소득금액조정합계표]에 표시되며, 여기서 집계된 가산조정금액과 차감조정금액은 [법인세 과세표준 및 세액조정계산서]에 그대로 옮겨진다.

[당기순이익과 각 사업연도 소득의 관계]

손익계산서	
비용 80	수익 100
이익 20	

① **익금이 120원인 경우**: 당기순이익 20 + 익금산입 20 = 각사업연도 소득금액 40
② **손금이 90원인 경우**: 당기순이익 20 − 손금산입 10 = 각사업연도 소득금액 10
③ **익금이 90원인 경우**: 당기순이익 20 − 익금불산입 10 = 각사업연도 소득금액 10
④ **손금이 50원인 경우**: 당기순이익 20 + 손금불산입 30 = 각사업연도 소득금액 50

■ 법인세법 시행규칙[별지 제15호서식] 〈개정 2022. 3. 18.〉 (앞쪽)

사 업 연 도	. . . ~ . . .	소득금액조정합계표	법 인 명	
			사업자등록번호	

익금산입 및 손금불산입			손금산입 및 익금불산입			
①과목	②금액	③소득처분		④과목	⑤금액	⑥소득처분	
		처분	코드			처분	코드
합 계				합 계			

■ 법인세법 시행규칙[별지 제15호서식 부표 1] 〈개정 2014. 3. 14.〉 (앞쪽)

사 업 연 도	. . . ~ . . .	과목별 소득금액조정명세서(1)	법 인 명	
			사업자등록번호	

1. 익금산입 및 손금불산입

①과목	②금액	③영업손익 조정금액	④처분	⑤ 조 정 내 용
합 계				

※ [과목별 소득금액조정명세서]는 실무에서는 반드시 작성하나 시험은 현재 채점 대상에서 제외

2 세무조정의 시기와 주체

(1) 신고하는 경우

세무조정은 납세의무자인 법인이 각 사업연도의 소득에 대한 법인세를 신고(또는 수정신고)하는 경우에 이루어지는 것이 보통이다.

이 경우 법인 스스로 행하는 세무조정을 "**자기조정**"이라 하고 세무사(세무사법의 규정에 따라 등록한 세무사인 공인회계사 포함)가 행하는 세무조정을 "**외부조정**"이라 한다. 법인은 원칙적으로 자기조정과 외부조정을 임의로 선택할 수 있으나, 기획재정부장관이 [외부조정계산서를 첨부하여야 할 법인]으로 지정한 경우에는 반드시 외부조정을 하여야 한다.

(2) 결정·경정하는 경우

법인세의 신고가 없거나 신고내용이 부당하다고 인정하는 경우에는 정부가 과세표준과 세액을 결정 또는 경정한다. 이 경우에도 세무조정이 이루어지는데, 이를 "**정부조정**"이라고 한다.

3 결산조정과 신고조정

(1) 개념

결산조정이란 익금 또는 손금을 결산서에 수익 또는 비용으로 계상하여 과세소득에 반영하는 것을 말하며, **신고조정**이란 결산서에 수익 또는 비용으로 계상되지 않은 익금 또는 손금을 세무조정에 의해 과세소득에 반영하는 것을 말한다.

결산조정은 엄격히 말해서 결산절차에 관한 것이며 세무조정이라고 볼 수 없다. 따라서 좁은 의미의 세무조정은 신고조정만을 가리키는 것이다.

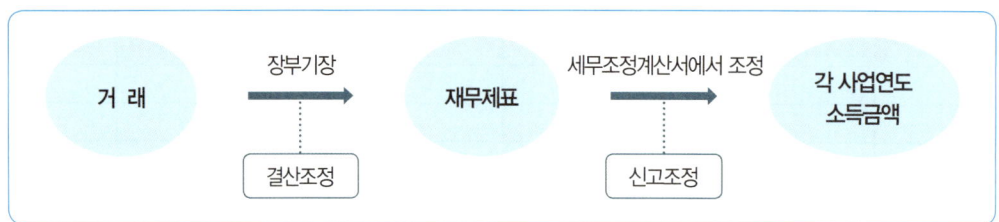

(2) 결산조정

결산조정사항이란 결산서에 과소 계상된 경우에 신고조정(손금산입)을 할 수 없는 손금항목을 말한다. 이것은 객관적인 외부거래 없이 그 손금산입 여부가 법인 자신의 의사에 맡겨져 있는 사항들(예컨대 감가상각비, 퇴직급여충당금 등), 즉 **그 손금산입이 강제되지 않는 사항들**이다. 이러한 비용이 과대계상된 경우에는 손금불산입의 세무조정을 하여야 하지만, 계상되지 않거나 과소 계상된 경우에는 손금산입의 세무조정을 할 수는 없다. 따라서 법인이 이러한 항목을 **손금으로 인정받으려면 결산조정(비용계상)**을 하여야 하는 것이다.

구 분	결산조정
자산의 상각	감가상각비(즉시상각액 포함). 단, **한국채택국제회계기준** 적용법인은 신고조정 가능
자산의 평가차손	① 천재지변·화재 등에 의한 유형자산평가차손 및 생산설비의 폐기손 ② 파손·부패 등의 사유로 인하여 정상가격으로 판매할 수 없는 재고자산의 평가차손 ③ 주권상장법인 또는 특수관계없는 비상장법인의 주식 등으로 그 발행법인 부도발생·회생계획인가의 결정·부실징후기업이 된 경우 해당 주식의 평가차손 ④ 주식등 발행법인이 파산한 경우 해당 주식의 평가차손
대손금	회수불가능한 매출채권(예 : 파산 등). 단, **소멸시효완성** 등 특정한 경우의 대손금은 **강제신고조정사항**
충당금	① 퇴직급여충당금. 단, 퇴직연금부담금은 신고조정 허용 ② 대손충당금 ③ 구상채권상각충당금. 단, 한국채택국제회계기준 적용법인의 이익처분은 신고조정 가능 ④ 일시상각충당금. 단, 일시상각충당금(압축기장충당금)은 결산서에 계상하지 않더라도 임의 신고 조정가능
준비금	법인세법상 고유목적사업준비금. 단, 외부감사를 받는 비영리법인의 경우 신고조정 가능

(3) 신고조정

신고조정사항이란 결산서에 과소 계상된 경우에 반드시 신고조정(익금산입·손금산입)을 하여야 하는 익금·손금항목을 말한다. 이것은 객관적인 외부거래로 인해 반드시 익금 또는 손금에 산입되어야 할 사항들(예컨대 매출액·매출원가·인건비 등 모든 익금항목과 대부분의 손금항목들이 그러하다), 즉 **그 익금·손금산입이 강제되는 사항**들이다. 따라서 법인이 이러한 항목을 결산서에 과대 또는 과소계상하면 익금산입·익금불산입, 손금산입·손금불산입이라는 신고조정을 통해 모두 올바르게 수정하여야 한다.

단순 신고조정	결산 시 장부상에 반영하지 않고 세무조정계산서에서 익금 또는 손금에 산입하면 이를 익금 또는 손금으로 인정하는 항목을 말한다. [단순신고조정사항 항목] ■ 간주임대료의 익금산입　　　　■ 의제배당액의 익금산입 ■ 국세 등 과오납금의 환급금이자의 익금불산입 ■ 법인세, 법인세할 지방소득세 등의 손금불산입 ■ 비지정기부금의 손금불산입　　■ 기부금 한도초과액의 손금불산입 ■ 기업업무추진비한도초과액의 손금불산입　■ 퇴직연금부담금 등의 손금산입
잉여금처분에 의한 신고조정	준비금은 기업회계상 비용으로 인정되지 않으므로 당해 사업연도의 잉여금처분시 당해 준비금의 과목으로 적립하고 세무조정계산서에 손금 산입한 경우에는 동 금액을 손금으로 인정하도록 규정하고 있다.

(4) 결산조정과 신고조정의 비교

구 분	결산조정항목	신고조정항목
의의	결산상 **비용으로 계상**하는 경우에만 **손금**으로 인정되는 항목	기업회계와 세무회계의 차이가 발생하는 경우 그 차이를 **세무조정**하여야 하는 항목
대상	외부와의 거래관계가 없는 비용(현금지출이 수반되지 않는 비용)으로서 법에서 정하는 일정한 항목	결산서상 수익이 익금과 차이가 있는 경우 및 결산서상 비용이 손금과 차이가 있는 경우(단, 결산조정항목은 제외)
특성	임의계상항목	강제계상항목
손금귀속시기	결산상 비용으로 회계처리하는 사업연도 (손금귀속시기의 선택가능)	법에서 정하는 귀속시기가 속하는 사업연도 (손금귀속시기의 선택불가)
결산서상 누락한 경우	세무조정(손금산입)할 수 **없음**	**반드시 세무조정을 하여야 함**
경정청구	경정청구(수정신고) **불가**	경정청구(수정신고) **가능**

3. 소득처분

1 소득처분의 개념과 유형

(1) 소득처분의 개념

결산서상의 당기순이익은 상법에 따른 이익처분에 의해 그 귀속이 결정되며, 그 유형은 사내유보(이익준비금이나 임의적립금의 적립 등)와 사외유출(이익처분에 의한 배당·상여 등)로 나누어진다.

이와 마찬가지로 각 사업연도의 소득에 대해서도 그 귀속이 확인되어야 한다. 그런데 결산서상의 당기순이익에 대해서는 상법의 이익처분에 의해 그 귀속이 결정되므로, 당기순이익과 각 사업연도의 소득 사이의 차이인 세무조정금액의 귀속만을 추가적으로 확인하면 된다. 이처럼 **세무조정사항에 대하여 그 소득의 귀속을 확인하는 것을 "소득처분"이라고 한다**(따라서 모든 세무조정에 대해서는 소득처분이 동반하며, 세무조정이 없는 한 소득처분도 있을 수 없다).

이것은 [소득금액조정합계표]의 "**처분**"란에 표시되는데, 이러한 법인세법에 따른 소득처분에 의해 비로소 각 사업연도의 소득에 대한 소득처분이 완성되는 것이다.

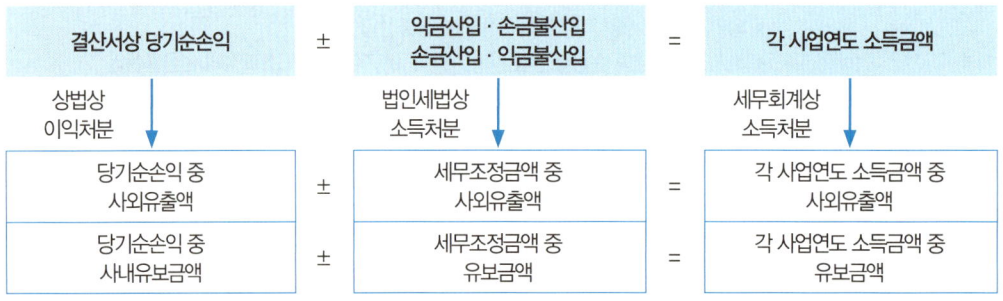

(2) 소득처분의 유형(국제국세조정에 의한 처분은 제외)

법인세법에 따른 소득처분도 상법의 이익처분과 유사하게 사외유출과 유보(또는 △유보)로 크게 나누어진다. 세무조정금액이 사외에 유출된 것이 분명한 경우에는 사외유출로 처분하고, 사외에 유출되지 않은 경우에는 유보(△유보) 또는 기타로 처분한다.

구 분	기업 외부의 자에게 귀속된 경우	기업 내부에 남아있는 경우	
		결산서상의 자본 ≠ 세무상 자본	결산서상의 자본 = 세무상 자본
익금산입·손금불산입	사외유출	유보	기타(잉여금)
손금산입·익금불산입	—	△유보	기타(△잉여금)

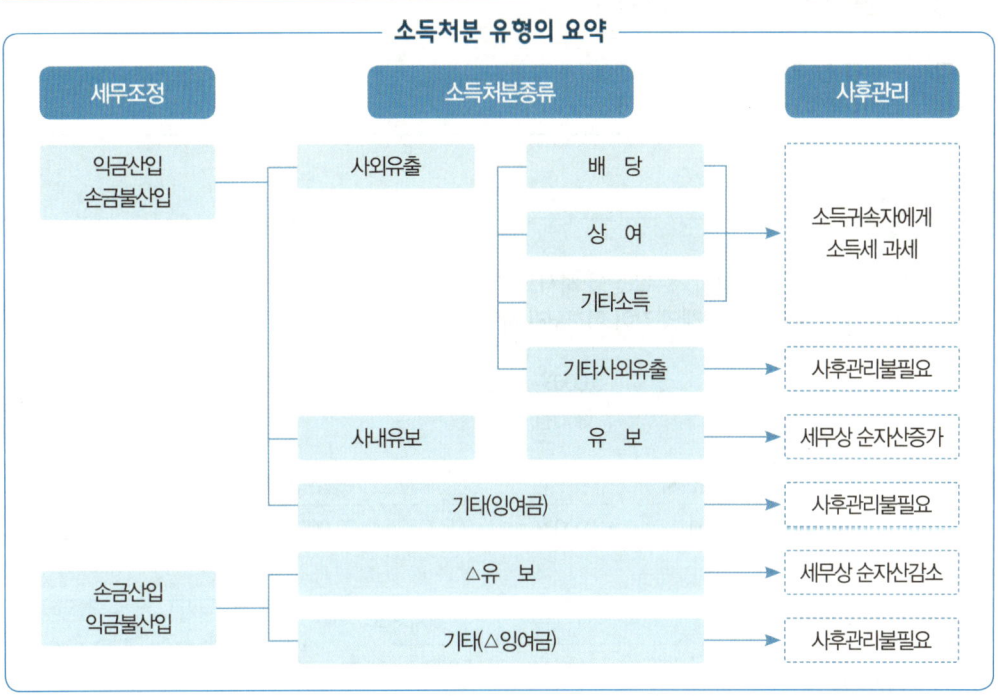

소득처분 유형의 요약

법인세법	소득세법	사후관리 서식 및 신고
모든 소득처분		▪ [소득금액조정합계표]에 가산조정과 차감조정 집계하여 [법인세과세표준 및 세액조정계산서]에 반영
배당	배당소득(인정배당)	▪ 원천징수시기 : 지급일(소득처분일)이 속하는 달의 다음달 10일까지 [원천징수이행상황신고서]에 [소득처분] 별도로 기재하여 신고 → 12월 31일 사업연도종료일인 경우 익년 4월 10일까지 신고 ▪ 법인세 신고시 원천징수 내역을 [소득자료(인정상여, 인정배당, 기타소득)명세서]에 기재하여 제출
상여	근로소득(인정상여)	
기타소득	기타소득	
유보(△유보)	—	▪ [자본금과적립금조정명세서(을)]에 유보사항을 발생과 추인에 대하여 기재하고 기말잔액이 '0'이 될 때까지 사후관리

2 유보(또는 △유보)

(1) 개념

유보(또는 △유보)란 익금산입·손금불산입(또는 손금산입·익금불산입)한 세무조정금액의 효과가 사외로 유출되지 않고 사내에 남아 있는 것으로 인정하는 처분이다. 즉 그 금액만큼 당기순이익에 비해 각 사업연도 소득이 증가(또는 감소)될 뿐 아니라, 결산서상 자본에 비해 세무회계상 자본이 증가(또는 감소)된 것으로 인정하는 처분인 것이다.

구 분		결산서상 자산·부채·자본의 상태		소 득 처 분	
가산 조정	익금산입 손금불산입	자산의 과소계상 부채의 과대계상	자본의 과소계상	자산↑ ⇨ 자본↑ 부채↓ ⇨ 자본↑	유보
차감 조정	손금산입 익금불산입	자산의 과대계상 부채의 과소계상	자본의 과대계상	자산↓ ⇨ 자본↓ 부채↑ ⇨ 자본↓	△유보

예제1

다음 자료로 (주)두더지상사의 세무조정을 하시오. 제9기에 토지를 5,000원에 매입하고 취득세 300원을 포함하여 현금지급하고 아래와 같이 회계처리 하였다.

(차) 토 지	5,000원	(대) 현 금	5,300원
세금과공과	300원		

장부상 손익계산서				장부상 재무상태표			
비용	2,000원	수익	3,000원	자산	20,000원	부채	15,000원
당기순이익	1,000원					자본	5,000원

구 분	회계처리
기업회계	(차) 토 지 5,000 (대) 현 금 5,300 세금과공과 300
세무회계	(차) (대)
조정차이	(차) (대)
세무조정	

[해설]

자산의 취득과 관련하여 발생한 부대비용은 취득원가에 가산하여야 하므로 당기 비용처리는 손금으로 인정되지 않는다.

장부상 손익계산서				세무상 손익계산서			
비용	2,000원	수익	3,000원	손금	1,700원	익금	3,000원
당기순이익	1,000원			각사업연도소득	1,300원		

장부상 재무상태표				세무상 재무상태표			
자산	20,000원	부채	15,000원	자산	20,300원	부채	15,000원
		자본	5,000원			자본	5,300원

기업회계와 세무회계의 회계처리에서 수익과 비용의 차이부분을 먼저 세무조정한다. 비용(세금과공과)을 소멸(감소)시키고 손금불산입으로 세무조정을 한다. 손금불산입은 가산조정에 해당하므로 자본을 증가시키고 자산의 증가가 동반되므로 소득처분은 "유보" 처분한다.

구 분	회계처리
기업회계	(차) 토 지 5,000 (대) 현 금 5,300 세금과공과 300
세무회계	(차) 토 지 5,300 (대) 현 금 5,300
조정차이	(차) 토 지 300 (대) 세금과공과 300 (자산증가) (비용감소)
세무조정	〈손금불산입〉 토지 300(유보발생*)

* 세무조정 중 자산·부채의 차이가 최초로 발생하면 "유보발생"으로 처리하고 자산·부채의 차이가 소멸하면 "유보감소"라고 한다.

 **TIP**

[세무조정 연습]

세무조정을 처음 접하는 경우 기업회계(장부)와 세무회계(법인세)의 조정차이에 대한 분개를 인식하여 연습하는 것이 좋다. 본 서는 기본적인 예제 설명을 동일한 양식으로 설명을 하고자 한다.

세무조정	〈손금불산입〉 세무조정	토 지 과목*	300 금액	(유보발생) 소득처분

* **과목**은 관리목적상 기입하는 것이므로 어떤 항목으로 기재하여도 상관이 없으며 계정과목을 입력하여도 무방하며 **시험채점대상에서도 제외**된다.

예제2

다음 자료로 (주)두더지상사의 세무조정을 하시오. 제10기 결산시 보유중인 단기매매증권(장부가액 10,000원)의 시가가 12,000원이어서 기업회계기준에 맞추어 처리하였다.

(차) 단기매매증권　　　2,000원　　　(대) 단기매매증권평가이익　　　2,000원

장부상 손익계산서
비용	6,000원	수익	10,000원
당기순이익	4,000원		

장부상 재무상태표
자산	50,000원	부채	40,000원
		자본	10,000원

구 분	회계처리
기업회계	(차) 단기매매증권　　2,000　　(대) 단기매매증권평가이익　　2,000
세무회계	(차)　　　　　　　　　　　(대)
조정차이	(차)　　　　　　　　　　　(대)
세무조정	

【해설】

법인세법은 자산의 임의평가증은 인정하지 않으므로 단기매매증권의 기말 공정가액(시가) 평가는 인정되지 않는다.

장부상 손익계산서
비용	6,000원	수익	10,000원
당기순이익	4,000원		

세무상 손익계산서
손금	6,000원	익금	8,000원
각사업연도소득	2,000원		

장부상 재무상태표
자산	50,000원	부채	40,000원
		자본	10,000원

세무상 재무상태표
자산	48,000원	부채	40,000원
		자본	8,000원

수익(단기매매증권평가이익)을 소멸(감소)시키고 익금불산입으로 세무조정을 한다. 익금불산입은 차감조정에 해당하므로 자본을 감소시키고 자산의 감소가 동반되므로 소득처분은 "유보발생(△유보)" 처분한다.

구 분	회계처리
기업회계	(차) 단기매매증권　　2,000　　(대) 단기매매증권평가이익　　2,000
세무회계	회계처리 없음
조정차이	(차) 단기매매증권평가이익　　2,000　　(대) 단기매매증권　　2,000 　　　(수익감소)　　　　　　　　　　　　　　　(자산감소)
세무조정	〈익금불산입〉 단기매매증권평가이익　2,000(유보발생)

(2) 유보의 추인

모든 자산·부채는 궁극적으로 손익계산서로 반영되므로 재무상태표에 과대 또는 과소 계상된 자산·부채의 가액이 손익계산서에 영향을 미치는 시점에서는 반대의 세무조정이 유발된다. **이처럼 유보(또는 △유보)처분은 차기 이후의 반대의 세무조정에 동반되는 △유보(유보)처분에 의해 상쇄되며 이를 유보의 추인이라 한다.**

자산·부채 증감에 대한 유보발생 시점		관련 자산·부채 소멸시점 유보추인
익금산입 및 손금불산입(유보발생)	→	손금산입 및 익금불산입(유보감소)
손금산입 및 익금불산입(유보발생)	→	익금산입 및 손금불산입(유보감소)

(주)두더지상사는 제10기에 보유하고 있던 토지를 8,000원에 매각하고 아래와 같이 회계처리 하였다. [예제 1]를 참고하여 세무조정을 하시오.

(차) 현 금	8,000원	(대) 토 지	5,000원
		유형자산처분이익	3,000원

- 전기(9기) 손금불산입하고 유보처분한 금액 300원 있음.

구 분	회계처리			
기업회계	(차) 현 금	8,000	(대) 토 지	5,000
			유형자산처분이익	3,000
세무회계	(차)		(대)	
조정차이	(차)		(대)	
세무조정				

【해설】

기업회계상 토지의 장부가액은 5,000원이지만 세무상 토지의 장부가액은 5,300원이므로 세무상 유형자산처분이익은 2,700원이여야 한다. 제9기에 토지의 취득원가 미 계상분 손금불산입하고 유보처분한 금액을 처분 시 추인하여 과대계상된 이익을 감소시킨다.

구 분	회계처리			
기업회계	(차) 현 금	8,000	(대) 토 지	5,000
			유형자산처분이익	3,000
세무회계	(차) 현 금	8,000	(대) 토 지	5,300
			유형자산처분이익	2,700
조정차이	(차) 유형자산처분이익 (수익감소)	300	(대) 토 지 (자산감소)	300
세무조정	〈익금불산입〉 토지 300(유보감소)			

(2) 유보금액의 관리

차기 이후의 반대의 세무조정을 적정하게 수행하기 위해서는 유보금액을 잘 관리하여야 한다. 이 **유보금액의 변동**은 [**자본금과 적립금 조정명세서(을)**] 서식에서 관리된다. 여기서는 기초유보누계액에 [소득금액조정합계표]에서 유보(△유보)로 처분된 금액을 가감하여 기말유보누계액을 계산한다.

한편 세무회계상의 **자본**은 [**자본금과 적립금 조정명세서(갑)**] 서식에서 관리된다. 여기서는 결산서상 자본금과 잉여금의 합계액에 [자본금과 적립금 조정명세서(을)] 서식에서 집계된 기말유보누계액을 가감하여 세무계산상 자본을 계산한다.

■ 법인세법 시행규칙[별지 제50호서식(을)] ⟨개정 2025. 3. 21⟩ (앞쪽)

사 업 연 도	. . ~ . .	자본금과 적립금조정명세서(을)		법인명	

※관리번호 □□-□□ 사업자등록번호 □□□-□□-□□□□□
※표시란은 기입하지 마십시오.

세무조정유보소득 계산

①과목 또는 사항	②기초 잔액	당기중증감		⑤기말잔액 (익기초현재)	비 고
		③감 소	④증 가		
합 계					

TIP

[시험에 자주 출제되는 유보 소득처분]

구 분	당기 유보(또는 △유보) 발생	차기이후 유보추인
감가상각비 한도초과	손금불산입 ×××(유보발생)	손금산입 ×××(유보감소)
대손충당금 한도초과	손금불산입 ×××(유보발생)	손금산입 ×××(유보감소)
대손금 부인액	손금불산입 ×××(유보발생)	손금산입 ×××(유보감소)
퇴직연금부담금 불입액	손금산입 ×××(유보발생)	손금불산입 ×××(유보감소)
선급비용 과소계상	손금불산입 ×××(유보발생)	손금산입 ×××(유보감소)
미수이자 과대계상	익금불산입 ×××(유보발생)	익금산입 ×××(유보감소)
재고자산 평가감	익금산입 ×××(유보발생)	익금불산입 ×××(유보감소)
재고자산 평가증	손금산입 ×××(유보발생)	손금불산입 ×××(유보감소)
단기매매증권평가이익	익금불산입 ×××(유보발생)	익금산입 ×××(유보감소)
단기매매증권평가손실	손금불산입 ×××(유보발생)	손금산입 ×××(유보감소)

3 사외유출

사외유출이란 익금산입·손금불산입한 금액이 기업 외부의 자에게 귀속된 것으로 인정하는 처분이다(손금산입·익금불산입한 금액에 대해서는 사외유출처분이 있을 수 없다). 이 경우에는 그 귀속자에게 해당 법인의 이익이 분여된 것이므로 **그 귀속자에게 소득세 또는 법인세의 납세의무**가 유발된다. 소득처분이 **배당·상여·기타소득 처분**된 경우는 [소득자료(인정상여, 인정배당, 기타소득)명세서]를 작성하여 제출한다.

(1) 귀속자가 분명한 경우

귀속자	소득처분	귀속자에 대한 과세 (귀속시기)	해당 법인의 원천징수의무
주주 등[1] (출자임원 등 제외)	배당 (인정배당)	소득세법에 따른 배당소득에 해당하므로 소득세 과세(당해 사업연도의 결산확정일)	○
임원 또는 사용인 (출자임원 등 포함)	상여 (인정상여)	소득세법에 따른 근로소득에 해당하므로 소득세 과세(당해 사업연도 중 근로를 제공한 날)	○
법인 또는 사업자[2]	기타사외유출	이미 각 사업연도 소득 또는 사업소득에 포함되어 있으므로 추가적인 과세는 없음	×
그 외의 자 (개인)	기타소득	소득세법에 따른 기타소득에 해당하므로 소득세 과세(당해 사업연도의 결산확정일)	○

1. 여기서 '주주 등'이란 주주·사원 또는 출자자를 말하며, 임원 또는 사용인인 주주 등은 제외한다.
2. 기타사외유출로 처분하는 것은 귀속자가 법인이거나 사업을 영위하는 개인인 경우로서, 그 분여된 이익이 내국법인(또는 외국법인의 국내사업장)의 각 사업연도 소득이나 거주자(또는 비거주자의 국내사업장)의 사업소득을 구성하는 경우에 한한다.

[귀속자가 출자임원, 법인 또는 국가 등인 경우]
귀속자가 출자임원인 경우에는 상여로 처분하며 귀속자가 법인출자자인 경우에는 기타사외유출로 처분한다. 그리고 여기서 **"법인"에는 국가 등이 포함**되는 것으로 해석되므로, 국가 등에게 귀속된 경우에도 **기타사외유출**로 처분한다.

(2) 사외유출된 것은 분명하나 그 귀속자가 불분명한 경우

대표자에 대한 상여로 처분한다. 그 취지는 대표자에게 징벌적으로 소득세를 부과함으로써 그 귀속자를 밝히도록 강제하기 위한 데 있다.

(3) 추계의 경우

추계에 의해 결정된 과세표준과 결산서상 법인세비용 차감전 순이익과의 차액도 **대표자에 대한 상여**로 처분한다. 다만, 천재·지변 기타 불가항력으로 장부 기타 증빙서류가 멸실되어 추계결정하는 경우에는 **기타사외유출**로 처분한다. 이 경우 법인이 결손신고를 했을 때에는 그 결손은 없는 것으로 본다.

(4) 반드시 기타사외유출로 처분하여야 하는 경우

다음의 세무조정사항은 귀속자를 묻지 않고 반드시 기타사외유출로 처분하여야 한다. 이것은 정책목적상 익금산입·손금불산입하는 사항들로서 귀속자에 대한 납세의무를 지우지 않는 것들이다.

① 임대보증금 등의 간주익금
② 기업업무추진비의 손금불산입액(적격증명서류 미수취 기업업무추진비 및 기업업무추진비 한도초과액의 손금불산입액은 여기에 포함되나, 증빙누락 기업업무추진비 및 개인적(사적)사용 기업업무추진비는 포함되지 않는다.)
③ 공익성 기부금 한도초과액
④ 손금불산입한 채권자 불분명 사채이자 및 비실명 채권·증권이자에 대한 원천징수세액 상당액
⑤ 업무무관자산 등에 대한 지급이자의 손금불산입액(채권자 불분명 사채이자, 비실명 채권·증권이자, 건설자금이자의 손금불산입액은 여기에 포함되지 않는다.)
⑥ 사외유출된 금액의 귀속이 불분명하거나 추계로 과세표준을 결정·경정할 때 대표자에 대한 상여로 처분한 경우 해당 법인이 그 처분에 따른 소득세 등을 대납하고 이를 손비로 계상하거나 그 대표자와의 특수관계가 소멸될 때까지 회수하지 않음에 따라 손금불산입한 금액
⑦ 불균등자본거래(이에 준하는 행위·계산)로 인한 부당행위계산의 부인규정에 따라 익금에 산입한 금액으로서 귀속자에게 상속세및증여세법에 따라 증여세가 과세되는 금액
⑧ 법인세 및 법인세할 지방소득세와 농어촌특별세
⑨ 업무관련 벌금 및 과태료 등

 **예제**

(주)두더지상사는 제10기 중에 재산세를 납부하고 다음과 같이 회계처리를 하였다.

| (차) 세금과공과 | 2,000원 | (대) 현 금 | 2,000원 |

세무조정 중 세금과공과에 계상되어 있는 재산세는 업무와 전혀 관련 없는 지출금액인 것으로 판명되어 세무조정을 하고자 한다.

구 분	회계처리			
기업회계	(차) 세금과공과	2,000	(대) 현 금	2,000
세무회계	(차)		(대)	
조정차이	(차)		(대)	
세무조정	주주인 경우(임직원 아님) : 임직원인 경우 : 출자임원인 경우 : 법인인 경우(주주 아님) : 임원의 배우자인 경우(주주 아님) : 귀속자가 불분명한 경우 :			

【해설】
업무와 관련 없이 지출된 비용이므로 손금으로 인정되지 않는다. 또한 법인의 지출액이 사외로 유출되었으므로 소득의 귀속자에게 추가적으로 소득세가 과세되어야 한다.

구 분	회계처리			
기업회계	(차) 세금과공과	2,000	(대) 현 금	2,000
세무회계	(차) 잉여금	2,000	(대) 현 금	2,000
조정차이	(차) 잉여금 (잉여금 감소 : 사외유출)	2,000	(대) 세금과공과 (비용감소)	2,000
세무조정	〈손금불산입〉 세금과공과 2,000(배당) ← 주주인 경우(임직원 아님) 〈손금불산입〉 세금과공과 2,000(상여) ← 임직원인 경우 〈손금불산입〉 세금과공과 2,000(상여) ← 출자임원인 경우 〈손금불산입〉 세금과공과 2,000(기타사외유출) ← 법인인 경우(주주 아님) 〈손금불산입〉 세금과공과 2,000(기타소득) ← 임원의 배우자인 경우(주주 아님) 〈손금불산입〉 세금과공과 2,000(대표자 상여) ← 귀속자가 불분명한 경우			

4 기타

이것은 익금산입·손금불산입(또는 손금산입·익금불산입)한 세무조정사항의 효과가 사내에 남아있으나, 그럼에도 불구하고 결산서상의 자산·부채가 적정하다고 인정하는 처분이다.

이 경우에는 사외유출이 일어나지 않았기 때문에 귀속자에 대한 납세의무도 유발되지 않고, 결산서상 자산·부채가 왜곡되지 않았기 때문에 차기 이후에 반대의 세무조정도 유발되지 않는다. 따라서 이 처분은 사실상 아무런 기능이 없는 예외적인 유형이다.

구 분	결산서상 자산·부채·자본	소득처분
익금산입·손금불산입	적 정	자본을 증가시키지 않음 → 기타
손금산입·익금불산입	적 정	자본을 감소시키지 않음 → 기타

예제

(주)두더지상사는 제10기에 보유하고 자기주식을 처분하고 기업회계기준에 의하여 다음과 같이 회계하였을 때 세무조정과 소득처분을 하시오.

(차) 현 금	30,000원	(대) 자기주식	20,000원
		자기주식처분이익(자본잉여금)	10,000원

구 분	회계처리			
기업회계	(차) 현 금	30,000	(대) 자기주식 자기주식처분이익(자본잉여금)	20,000 10,000
세무회계	(차)		(대)	
조정차이	(차)		(대)	
세무조정				

【해설】

기업회계에서는 자기주식처분이익을 자본잉여금으로 처리하여 과세되지 않는 자본으로 보나 법인세법은 자기주식처분이익을 과세되는 자본으로 보아 익금항목으로 분류하고 있다. 따라서 자기주식처분이익을 익금에 산입해야 하며 장부상 자본잉여금으로 계상하여 결산서상 자본을 증가시켰으므로 추가적으로 세법상 자본을 증가시켜서는 안되므로 기타로 처분한다.

구 분	회계처리			
기업회계	(차) 현　　　금	30,000	(대) 자기주식 　　자기주식처분이익 　　(자본잉여금)	20,000 10,000
세무회계	(차) 현　　　금	30,000	(대) 자기주식 　　자기주식처분이익 　　(익금)	20,000 10,000
조정차이	(차) 자기주식처분이익 　　(자본잉여금 감소)	10,000	(대) 자기주식처분이익 　　(수익증가)	10,000
세무조정	〈익금산입〉 자기주식처분이익　10,000(기타)			

5 세무조정계산서

세무조정의 내용은 세무조정계산서에 기재되어야 하며 예제를 통하여 프로세스를 살펴보고자 한다.

 예 제 1

(주)두더지상사는 제10기(2025.1.1.~2025.12.31.)의 세무조정사항이 아래와 같은 경우 관련 서식을 작성하고자 한다. 인정상여에 대한 신고는 적정하게 이루어졌으며 원천징수세액은 100원이다.

① 토지 취득시 발생된 취득세 당기 비용 계상
　　회계처리 : (차) 세금과공과　　　　　300원　　(대) 현　　　금　　　　300원
　　세무조정 : 〈손금불산입〉 토지　300(유보발생)
② 세금과공과로 처리된 금액 중 대표이사(두더지) 개인부동산 재산세 납부액 비용 계상
　　회계처리 : (차) 세금과공과　　　　2,000원　　(대) 현　　　금　　　2,000원
　　세무조정 : 〈손금불산입〉 세금과공과　2,000(상여)

(1) 소득금액조정합계표 작성

익금산입 및 손금불산입			손금산입 및 익금불산입		
①과　목	②금　액	③처　분	④과　목	⑤금　액	⑥처　분
합　계			합　계		

(2) 법인세과세표준 및 세액조정계산서 작성(소득조정금액)

① 각 사 업 연 도 소 득 계 산	⑩ 결산서상 당기순손익		01	20,000
	소득조정금액	⑩ 익금산입	02	
		⑩ 손금산입	03	
	⑭ 차가감소득금액(⑩ + ⑩ − ⑩)		04	
	⑮ 기부금한도초과액		05	
	⑯ 기부금한도초과이월액 손금산입		54	
	⑰ 각 사업연도소득금액(⑭ + ⑮ − ⑯)		06	

(3) 자본금과 적립금조정명세서(을) 작성

①과목 또는 사항	②기초잔액	당기중증감		⑤기말잔액 (익기초현재)	비고
		③감 소	④증 가		
합 계					

(4) 자본금과 적립금조정명세서(갑) 작성

①과목 또는 사항	코드	②기초잔액	당기중증감		⑤기말잔액	비고
			③감소	④증가		
자본금 및 잉여금 등의 계산		중 략				
7. 자본금과 적립금명세서(을)+(병) 계	21					
손익 미계상 법인세 등		중 략				
11. 차 가 감 계(6 + 7 − 10)	31					

(5) 소득자료(인정상여, 인정배당, 기타소득)명세서 작성(처분확정일 : 2026.3.25)

①소득 구분	②소득 귀속연도	③배당·상여 및 기타소득금액	④원천징수할 소득세액	⑤원천징수일	⑥신고 여부	소득자		⑨ 비고
						⑦성명	⑧주민등록번호	
계								

【해설】

(1) 소득금액조정합계표
소득금액조정합계표는 세무조정사항을 집계하는 서식이다. 단, 기부금 한도초과액 손금불산입 및 기부금한도 초과이월액 손금산입은 [법인세과세표준 및 세액조정계산서]에 직접 기재하므로 제외하고 작성한다.

익금산입 및 손금불산입			손금산입 및 익금불산입		
①과 목	②금 액	③처 분	④과 목	⑤금 액	⑥처 분
토 지	300	유보발생			
세금과공과	2,000	상여			
합 계	2,300		합 계		

(2) 법인세과세표준 및 세액조정계산서
결산서상 당기순손익을 기준으로 각 사업연도소득금액, 과세표준 및 세액의 계산내역을 기재하는 서식이다.

①각사업연도소득계산	⑩ 결산서상 당기순손익		01	20,000
	소득조정금액	⑫ 익금산입	02	2,300
		⑬ 손금산입	03	
	⑭ 차가감소득금액(⑩ + ⑫ - ⑬)		04	22,300
	⑮ 기부금한도초과액		05	
	⑯ 기부금한도초과이월액 손금산입		54	
	⑰ 각 사업연도소득금액(⑭ + ⑮ - ⑯)		06	22,300

(3) 자본금과 적립금조정명세서(을)
[소득금액조정합계표]의 소득처분 내역 중 "유보"로 처분된 내역을 관리하는 서식이다.

①과목 또는 사항	②기초잔액	당기중증감		⑤기말잔액 (익기초현재)	비고
		③감 소	④증 가		
토 지			300	300	
합 계			300	300	

(4) 자본금과 적립금조정명세서(갑)

①과목 또는 사항	코드	②기초잔액	당기중증감		⑤기말잔액	비고
			③감소	④증가		
자본금 및 잉여금 등의 계산		중 략				
7. 자본금과 적립금명세서(을)+(병) 계	21			300	300	
손익 미계상 법인세 등		중 략				
11. 차 가 감 계(6 + 7 - 10)	31					

(5) 소득자료(인정상여, 인정배당, 기타소득)명세서

[소득금액조정합계표]의 소득처분 중 배당·상여·기타소득 처분이 있는 경우 작성하는 서식으로 원천징수 신고여부를 확인하는 서식이다.

①소득구분	②소득귀속연도	③배당·상여 및 기타소득금액	④원천징수할 소득세액	⑤원천징수일	⑥신고여부	소득자		⑨비고
						⑦성명	⑧주민등록번호	
인정상여	2025	2,000	100	2026.03.25	여	두더지	×××××	
계		2,000	100					

예제2

(주)두더지상사는 제9기(사업연도 : 1.1 ~ 12.31)의 세무조정사항이 아래와 같은 경우 소득금액조정합계표, 자본금과 적립금조정명세서(을)를 작성하시오.

① 손익계산서에 계상된 당기 법인세비용 300,000원(미지급세금)
② 세금과공과 계정에는 교통위반 벌과금(업무관련) 500,000원이 포함되어 있으며 현금 납부
③ 회사계상 감가상각비 1,200,000원, 손금인정 상각범위액 감가상각비 900,000원
④ 보험료 회사계상액 중 미경과 보험료 400,000원을 선급보험료로 미계상 함

(1) 세무조정

구 분		회계처리	
①	기업회계	(차)	(대)
	세무회계	(차)	(대)
	조정차이	(차)	(대)
	세무조정		
②	기업회계	(차)	(대)
	세무회계	(차)	(대)
	조정차이	(차)	(대)
	세무조정		
③	기업회계	(차)	(대)
	세무회계	(차)	(대)
	조정차이	(차)	(대)
	세무조정		
④	기업회계	(차)	(대)
	세무회계	(차)	(대)
	조정차이	(차)	(대)
	세무조정		

(2) 소득금액조정합계표

익금산입 및 손금불산입			손금산입 및 익금불산입		
①과 목	②금 액	③처 분	④과 목	⑤금 액	⑥처 분
합 계			합 계		

(3) 자본금과 적립금조정명세서(을)

①과목 또는 사항	②기초잔액	당기중증감		⑤기말잔액 (익기초현재)	비고
		③감 소	④증 가		
합 계					

【해설】

(1) 세무조정

구 분		회계처리
①	기업회계	(차) 법인세비용 300,000 (대) 미지급세금 300,000
	세무회계	(차) 잉여금 300,000 (대) 미지급세금 300,000
	조정차이	(차) 잉여금 300,000 (대) 법인세비용 300,000 (사외유출) (비용감소)
	세무조정	〈손금불산입〉 법인세비용 300,000(기타사외유출) 법인세비용은 법인세를 계산하기 위해서는 법인세가 차감되기 전의 금액으로 환원하기 위해서는 무조건 손금불산입하여야 한다.
②	기업회계	(차) 세금과공과 500,000 (대) 현금 500,000
	세무회계	(차) 잉여금 500,000 (대) 현금 500,000
	조정차이	(차) 잉여금 500,000 (대) 세금과공과 500,000 (사외유출) (비용감소)
	세무조정	〈손금불산입〉 세금과공과 500,000(기타사외유출) 교통위반 벌과금은 법을 준수하지 않았으므로 업무과정 중에 발생하여도 손금으로 인정되지 않는다.

구 분		회계처리			
③	기업회계	(차) 감가상각비	1,200,000	(대) 감가상각누계액	1,200,000
	세무회계	(차) 감가상각비	900,000	(대) 감가상각누계액	900,000
	조정차이	(차) 감가상각누계액 (자산증가)	300,000	(대) 감가상각비 (비용감소)	300,000
	세무조정	〈손금불산입〉 감가상각비 300,000(유보발생) 감가상각비 한도초과액은 자산의 장부가액은 증가시키므로 유보발생으로 처분하고 차기년도에 한도미달액이 발생하면 추인하여 유보를 감소시킨다.			
④	기업회계	회계처리 없음			
	세무회계	(차) 선급비용	400,000	(대) 보험료	400,000
	조정차이	(차) 선급비용 (자산증가)	400,000	(대) 보험료 (비용감소)	400,000
	세무조정	〈손금불산입〉 선급비용 400,000(유보발생) 당기 지출분 보험료 중 미경과 보험료는 차기년도 손금에 해당하므로 선급비용(자산)으로 대체하고 손금불산입, 유보발생으로 처분한다. 또한 차기년도에 기간 경과분에 대하여 추인하여 유보를 감소시킨다.			

(2) 소득금액조정합계표

익금산입 및 손금불산입			손금산입 및 익금불산입		
①과 목	②금 액	③처 분	④과 목	⑤금 액	⑥처 분
법인세비용	300,000	기타사외유출			
세금과공과	500,000	기타사외유출			
감가상각비	300,000	유보발생			
선급비용	400,000	유보발생			
합 계	1,500,000		합 계		

(3) 자본금과 적립금조정명세서(을)

① 과목 또는 사항	② 기초잔액	당기중증감		⑤ 기말잔액 (익기초현재)	비고
		③ 감 소	④ 증 가		
감가상각비			300,000	300,000	
선급비용			400,000	400,000	
합 계			700,000	700,000	

예제3

(주)두더지상사는 제10기(처분확정일 : 2026.3.20)의 세무조정사항이 아래와 같은 경우 소득금액조정합계표, 자본금과 적립금조정명세서(을)를 작성하시오. (제9기 자료를 참조하며 세무조정과 관련된 소득세 원천징수세액(2,000원)을 2026년 4월 10일에 신고·납부(소득처분) 하였다.)

① 세금과공과 계정에는 대표이사(두더지, 690728-1455815) 개인적인 재산세 200,000원이 포함되어 있음(현금 납부)
② 회사계상 감가상각비 1,000,000원, 손금인정 상각범위액 감가상각비 700,000원
③ 선급보험료 전기분 기간 경과액 400,000원
④ 단기매매증권을 결산시 시가로 평가하여 단기매매증권평가이익 200,000원 계상

(1) 세무조정

구 분		회계처리	
①	기업회계	(차)	(대)
	세무회계	(차)	(대)
	조정차이	(차)	(대)
	세무조정		
②	기업회계	(차)	(대)
	세무회계	(차)	(대)
	조정차이	(차)	(대)
	세무조정		
③	기업회계	(차)	(대)
	세무회계	(차)	(대)
	조정차이	(차)	(대)
	세무조정		
④	기업회계	(차)	(대)
	세무회계	(차)	(대)
	조정차이	(차)	(대)
	세무조정		

(2) 소득금액조정합계표

익금산입 및 손금불산입			손금산입 및 익금불산입		
①과 목	②금 액	③처 분	④과 목	⑤금 액	⑥처 분
합 계			합 계		

(3) 자본금과 적립금조정명세서(을)

①과목 또는 사항	②기초잔액	당기중증감		⑤기말잔액 (익기초현재)	비고
		③감 소	④증 가		
합 계					

(4) 소득자료(인정상여, 인정배당, 기타소득)명세서 작성

①소득 구분	②소득 귀속연도	③배당·상여 및 기타소득금액	④원천징수할 소득세액	⑤원천징수일	⑥신고 여부	소득자		⑨ 비고
						⑦성명	⑧주민등록번호	
계								

【해설】

(1) 세무조정

구 분		회계처리			
①	기업회계	(차) 세금과공과	200,000	(대) 현금	200,000
	세무회계	(차) 잉여금	200,000	(대) 세금과공과	200,000
	조정차이	(차) 잉여금 (사외유출)	200,000	(대) 세금과공과 (비용감소)	200,000
	세무조정	〈손금불산입〉 세금과공과 200,000(상여) 대표이사 개인의 재산세는 업무와 무관한 지출이므로 손금으로 인정되지 않는다.			
②	기업회계	(차) 감가상각비	1,000,000	(대) 감가상각누계액	1,000,000
	세무회계	(차) 감가상각비	700,000	(대) 감가상각누계액	700,000
	조정차이	(차) 감가상각누계액 (자산증가)	300,000	(대) 감가상각비 (비용감소)	300,000
	세무조정	〈손금불산입〉 감가상각비 300,000(유보발생) 감가상각비 한도초과액은 자산의 장부가액을 증가시키므로 유보발생으로 처분하고 차기년도에 한도미달액이 발생하면 추인하여 유보를 감소시킨다.			
③	기업회계	회계처리 없음			
	세무회계	(차) 보험료	400,000	(대) 선급비용	400,000
	조정차이	(차) 보험료 (비용증가)	400,000	(대) 선급비용 (자산감소)	400,000
	세무조정	〈손금산입〉 전기선급비용 400,000(유보감소) 전기분 유보처분한 선급비용 중 기간 경과분은 당기 손금에 해당하므로 손금산입하고 유보 감소시킨다.			

구 분		회계처리			
④	기업회계	(차) 단기매매증권	200,000	(대) 단기매매증권평가이익	200,000
	세무회계	회계처리 없음			
	조정차이	(차) 단기매매증권평가이익 (수익감소)	200,000	(대) 단기매매증권 (자산감소)	200,000
	세무조정	〈익금불산입〉 단기매매증권 200,000(유보발생) 유가증권 임의평가를 법인세법은 인정하고 있지 않으므로 익금에 해당하지 않으므로 익금불산입 처리한다.			

(2) 소득금액조정합계표

익금산입 및 손금불산입			손금산입 및 익금불산입		
①과 목	②금 액	③처 분	④과 목	⑤금 액	⑥처 분
세금과공과	200,000	상여	선급비용	400,000	유보감소
감가상각비	300,000	유보발생	단기매매증권	200,000	유보발생
합 계	500,000		합 계	600,000	

(3) 자본금과 적립금조정명세서(을)
전기(9기)의 [자본금과 적립금조정명세서(을)]의 "⑤기말잔액"을 당기(10기)의 [자본금과 적립금조정명세서(을)]의 "②기초잔액"에 이기한다. "당기 중 증감란의 [증가]란 당기의 유보 또는 △유보의 **신규 발생분**을 기재하며 [감소]란은 유보 또는 △유보의 **추인(감소)**을 기입한다.

①과목 또는 사항	②기초잔액	당기중증감		⑤기말잔액 (익기초현재)	비고
		③감소	④증가		
감가상각비	300,000		300,000	600,000	
선급비용	400,000	400,000		0	
단기매매증권			△200,000	△200,000	
합 계	700,000	400,000	100,000	400,000	

(4) 소득자료(인정상여, 인정배당, 기타소득)명세서 작성
원천징수의무자인 법인은 법인세법에 따라 처분된 상여·배당 및 기타소득에 대한 원천징수세액은 소득처분된 달의 다음달 10일까지 신고납부 한다.

①소득 구분	②소득 귀속연도	③배당·상여 및 기타소득금액	④원천징수할 소득세액	⑤원천징수일	⑥신고 여부	소득자		⑨비고
						⑦성명	⑧주민등록번호	
인정상여	2025	200,000	2,000	2026.03.20	여	두더지	690728-1455815	
계		200,000	2,000					

4. 익금의 계산

익금(益金)이란 해당 법인의 순자산을 증가시키는 거래로 인하여 발생하는 수익의 금액을 말한다. 다만, 자본 또는 출자의 납입 및 익금불산입항목을 제외한다. 법인세법 시행령은 이러한 수익의 범위를 다음과 같이 규정하고 있는데, 이것은 어디까지나 대표적인 수익을 예시한 것에 불과하며 여기에 열거되지 않은 것이라도 모든 순자산증가액은 원칙적으로 익금에 해당한다.

1 일반적인 익금항목

(1) 통계청장이 작성·고시하는 한국표준산업분류에 따른 각 사업에서 생기는 사업수입금액

사업수입금액은 각종 사업에서 생기는 수입금액(도급금액·판매금액·보험료액을 포함하되, 기업회계기준에 따른 **매출에누리금액 및 매출할인금액은 제외**한다)을 말한다. 이것은 기업의 주된 영업활동에서 발생한 제품, 상품, 용역 등의 매출액(금융보험업의 경우에는 영업수익)에 해당한다.

(2) 자산의 양도금액

사업수입금액에 해당하지 않는 것으로서, 주로 재고자산 외의 자산의 양도금액을 말하는 것이다. 이처럼 자산의 양도금액이 익금에 해당하는 것과 대응하여 그 양도한 자산의 양도 당시의 장부가액은 손금으로 인정된다.

기업회계기준에서 재고자산 외의 자산을 양도한 경우에 그 양도가액에서 장부가액을 차감한 잔액을 처분손익으로 계상한다(**순액법**). 이에 반하여 법인세법은 자산의 양도금액과 양도당시의 장부가액을 각각 익금 및 손금으로 인정하는 입장을 취하고 있다(**총액법**). 그러나 **양자 사이에는 결과적으로 금액에 차이가 없기 때문에, 이에 대해서는 보통 세무조정을 하지 않는다.**

▪ 취득원가 : 200,000원	▪ 감가상각누계액 : 199,000원	▪ 처분가액 : 20,000원		
구 분	회계처리			

기업회계
(순액법)
	(차) 감가상각누계액
	    현 금
		199,000원
		20,000원
			(대) 기계장치
			    유형자산처분이익(수익)
				200,000원
				19,000원

세무회계 (총액법)	익금 : (차) 현 금 손금 : (차) 감가상각누계액 유형자산처분손실	20,000원 199,000원 1,000원	(대) 유형자산처분이익 (대) 기계장치	20,000원 200,000원
조정차이	▪ 기업회계 : 영업외수익 19,000원 증가 ▪ 세무회계 : 익금 20,000원 − 손금 1,000원 = 익금 19,000원 증가 ∴ 기업회계와 세무회계의 차이는 없음			

(3) 자기주식의 양도금액

자기주식(합병법인이 합병에 따라 피합병법인이 보유하던 합병법인의 주식을 취득하게 된 경우를 포함한다)의 양도금액은 익금에 해당하며, 그 장부가액은 손금에 해당한다. 결과적으로 **자기주식처분손익은 익금 또는 손금에 해당**하는 것이다. 기업회계기준에서는 자기주식처분이익으로서 자기주식처분손실을 차감한 금액은 이를 기타자본잉여금으로 처분하도록 하고 있는데, 이것과 대조적이다. 이에 반하여 자기주식소각손익은 감자차익 또는 감자차손에 해당하므로 익금 또는 손금으로 보지 않는다.

(4) 자산의 임대료

일시적으로 자산을 임대하여 얻는 수입을 말한다. 자산의 임대가 계속적·반복적이라면 그 임대료는 사업수입금액에 해당하기 때문이다.

(5) 자산의 평가차익

자산의 평가차익이란 자산의 장부가액을 시가에 부합하도록 증액하는 경우 그 증액되는 금액을 말한다. 이것은 수익으로 예시되어 있기는 하지만, 그 **대부분의 항목은** 다시 **익금불산입 항목으로 규정**되어 있다.

구 분	법인세
① 임의평가차익	익금불산입 항목
② 보험업법이나 그 밖의 법률에 따른 고정자산의 평가이익	익금 항목

(6) 자산수증이익과 채무면제이익(채무의 출자전환 시 채무면제이익 포함)

법인의 순자산을 증가시키는 거래로 발생하는 수익이므로 원칙적으로 익금에 해당한다.

(7) 손금에 산입한 금액 중 환입된 금액(이월손금)

이미 손금으로 인정받은 금액이 환입되는 경우에 그 금액은 익금에 해당한다. 이에 반하여 지출 당시에 손금으로 인정받지 못한 금액이 환입되는 경우에 그 금액은 익금에 해당하지 않는다.

구 분	환입액
① 지출 당시 손금에 산입된 금액(자동차세, 재산세 등)	익금산입 항목
② 지출 당시 손금에 산입되지 않은 금액(법인세비용, 가산세 등)	익금불산입 항목

(8) 불공정 자본거래로 인하여 특수관계인로부터 분여받은 이익

불공정 자본거래로 인하여 특수관계인로부터 분여받은 이익은 이를 익금으로 본다.

(9) 정당한 사유없이 회수하지 않은 가지급금 등의 금액

가지급금 및 그 이자로서 다음 중 어느 하나에 해당하는 금액은 익금에 해당한다.

① 특수관계가 소멸되는 날까지 회수하지 않은 가지급금 등(②에 따라 익금에 산입한 이자는 제외)
② 특수관계가 소멸되지 않은 경우로서 가지급금의 이자를 이자발생일이 속하는 사업연도 종료일부터 1년이 되는 날까지 회수하지 않은 경우 그 이자

(10) 그 밖의 수익으로서 그 법인에 귀속되었거나 귀속될 금액

위에서 규정된 것이 아니더라도 익금불산입항목을 제외한 일체의 순자산증가액이 원칙적으로 모두 익금에 해당하는 것으로 본다. 몇 가지 항목을 예시하면 다음과 같다.

① 이자수익(수입이자 또는 이자소득), 배당금수익(수입배당금액 또는 배당소득)
② 자산취득에 충당할 공사부담금·국고보조금 : 기업회계기준에서는 자산의 취득에 충당할 국고보조금·공사부담금 등으로 자산을 취득한 경우에는 이를 관련자산의 차감계정으로 표시하도록 하고 있으나, 법인세법에서는 순자산증가설의 관점에서 이들을 모두 그 원인 여하를 불문하고 익금으로 본다.
③ 보험차익 : 기업회계기준에서는 보험차익을 당기수익으로 계상하도록 하고 있는데, 이와 마찬가지로 법인세법에서도 이를 익금으로 본다.

다음 자료로 (주)두더지상사의 세무조정을 하시오.

① 장기차입금(채무액) 5,500,000원을 출자로 전환함에 따라 주식(액면가총액 4,500,000원, 시가총액 5,000,000원)을 발행하고 발행가액과 액면가액의 차액 1,000,000원을 주식발행초과금으로 계상하였다.

구 분	회계처리	
기업회계	(차)	(대)
세무회계	(차)	(대)
조정차이	(차)	(대)
세무조정		

② 자기주식을 2,000,000원에 취득한 후 2,500,000원에 현금 처분하고 기업회계기준에 따라 회계처리 하였다.

구 분	회계처리	
기업회계	(차)	(대)
세무회계	(차)	(대)
조정차이	(차)	(대)
세무조정		

③ 회사는 정부로부터 국고보조금 50,000,000원을 지원받아 보통예입 되었으며 이를 자본조정계정으로 회계처리 하였다. 동 국고보조금은 압축기장충당금이나 일시상각충당금 설정대상이 아니다. (상환의무 없음)

구 분	회계처리	
기업회계	(차)	(대)
세무회계	(차)	(대)
조정차이	(차)	(대)
세무조정		

【해설】

① 채무의 출자전환으로 주식 등을 발행하는 경우 출자전환채무의 금액(5,500,000원)과 주식의 시가(5,000,000원)와의 차액은 채무면제이익으로 보며 익금항목에 해당한다.

구 분	회계처리			
기업회계	(차) 장기차입금	5,500,000	(대) 자본금 주식발행초과금	4,500,000 1,000,000
세무회계	(차) 장기차입금	5,500,000	(대) 자본금 주식발행초과금 채무면제이익	4,500,000 500,000 500,000

조정차이	(차) 주식발행초과금
	    (자본감소)
		500,000	(대) 채무면제이익
			    (수익증가)
				500,000

세무조정	〈익금산입〉 채무면제이익 500,000(기타)			

② 자기주식처분이익은 기업회계기준에서는 자본잉여금에 해당하나 법인세법은 익금에 해당하는 항목이므로 익금산입하고 기업회계와 세법의 순자산의 차이는 없으므로 기타로 소득처분 한다.

구 분	회계처리			
기업회계	(차) 현 금	2,500,000	(대) 자기주식 자기주식처분이익 (자본잉여금)	2,000,000 500,000
세무회계	(차) 현 금	2,500,000	(대) 자기주식 자기주식처분이익 (익금)	2,000,000 500,000

조정차이	(차) 자기주식처분이익
	    (자본잉여금 감소)
		500,000	(대) 자기주식처분이익
			    (수익증가)
				500,000

세무조정	〈익금산입〉 자기주식처분이익 500,000(기타)			

③ 국고보조금은 법인세법상 익금 항목이며 영업외수익 회계처리는 별도의 세무조정은 없다.

구 분	회계처리			
기업회계	(차) 보통예금	50,000,000	(대) 국고보조금(자본조정)	50,000,000
세무회계	(차) 보통예금	50,000,000	(대) 국고보조금(익금)	50,000,000
조정차이	(차) 국고보조금 (자본조정 감소)	50,000,000	(대) 국고보조금 (수익증가)	50,000,000
세무조정	〈익금산입〉 국고보조금 50,000,000 (기타)			

2 특수한 익금항목

(1) 의제배당(배당금 또는 분배금의 의제)

기업회계에서는 무상주 취득등에 해당하는 부분은 별도의 회계처리를 하지 않으나 현행 세법은 형식상 배당이 아니더라도 사실상 회사의 이익이 주주에게 귀속되는 경우에는 이를 배당으로 의제하여 주주에게 소득세 또는 법인세를 과세하고 있다. 이 경우 법인주주가 얻은 이익은 이를 법인세법에 따른 익금으로 본다.

① 잉여금의 자본전입으로 인한 의제배당(무상주) : 이익잉여금(이익준비금), 자기주식처분이익
② 감자·해산·합병 및 분할 등으로 인한 의제배당

배당의제액 = 감자등으로 인해 받은 재산가액의 합계액 - 주식취득가액

(2) 간접납부 외국법인세액

내국법인이 외국자회사로부터 수입배당금을 받는 경우에 외국자회사의 외국법인세액 중 해당 수입배당금에 대응하는 금액(**세액공제된 경우에만 해당**한다)은 이를 익금으로 본다.

(3) 유가증권의 저가매입에 따른 이익

자산의 저가매입에 따른 이익은 일반적으로 매입시점에는 익금에 해당하지 않는다. 저가매입 당시에 과세하지 않는다 하더라도 궁극적으로 감가상각·처분과정에서 그 차액이 과세소득에 포함되지 때문이다. 다만, ① **법인이** ② **특수관계에 있는** ③ **개인으로부터** ④ **유가증권을 저가 매입하는 경우**에는 예외적으로 **매입시점에 시가와 그 매입가액의 차액을 익금으로 보며**, 이 경우에는 그 차액이 해당 유가증권의 취득가액에 포함된다.

구 분	저가매입시	비 고
특수관계에 있는 개인으로부터 유가증권을 저가매입하는 경우	시가(취득가액)와 매입가액의 차액 → 〈익금산입〉 ××× [유보]	처분 시 취득할 당시에 익금산입한 금액을 익금불산입으로 유보 추인한다.

※ 특수관계 있는 법인 또는 특수관계 없는 개인으로부터 유가증권을 시가미달액으로 매입한 경우와 특수관계 있는 개인으로부터 유가증권 외의 자산을 시가미달액으로 매입한 경우에는 본 규정을 적용하지 아니한다.

 **예제**

다음 자료로 (주)두더지상사의 제9기와 제10기의 세무조정을 하시오.

① 제9기에 특수관계에 있는 박두철씨로부터 시가 10,000,000원의 주식을 6,000,000원에 매입하고 다음과 같이 회계처리 하였다.

(차) 단기매매증권　　　6,000,000원　　(대) 현　금　　　6,000,000원

구 분	회계처리	
기업회계	(차)	(대)
세무회계	(차)	(대)
조정차이	(차)	(대)
세무조정		

② 제10기에 전기에 취득한 주식을 14,000,000원에 처분하고 다음과 같이 회계처리 하였다.

(차) 현　금　　　14,000,000원　　(대) 단기매매증권　　　6,000,000원
　　　　　　　　　　　　　　　　　　　단기매매증권처분이익　8,000,000원

구 분	회계처리	
기업회계	(차)	(대)
세무회계	(차)	(대)
조정차이	(차)	(대)
세무조정		

【해설】

	구 분	회계처리			
제9기	기업회계	(차) 단기매매증권	6,000,000	(대) 현　금	6,000,000
	세무회계	(차) 단기매매증권 (시가)	10,000,000	(대) 현　금 잡이익	6,000,000 4,000,000
	조정차이	(차) 단기매매증권 (자산증가)	4,000,000	(대) 잡이익 (수익증가)	4,000,000
	세무조정	〈익금산입〉 단기매매증권　4,000,000(유보발생) 특수관계에 있는 개인에게 유가증권을 저가매입하는 경우 증여세 면제에 대한 세금을 조기에 과세하여야 하므로 시가와 매입가액의 차이를 익금산입한다.			

구 분		회계처리				
제10기	기업회계	(차) 현　　금	14,000,000	(대) 단기매매증권 　　단기매매증권처분이익		6,000,000 8,000,000
	세무회계	(차) 현　　금	14,000,000	(대) 단기매매증권 　　단기매매증권처분이익		10,000,000 4,000,000
	조정차이	(차) 단기매매증권처분이익 　　(수익감소)	4,000,000	(대) 단기매매증권 　　(자산감소)		4,000,000
	세무조정	〈익금불산입〉 단기매매증권처분이익　4,000,000(유보감소) 취득당시 유보로 소득처분한 금액은 처분(양도)시점에 유보 추인한다.				

(4) 임대보증금 등에 대한 간주익금

부동산 등을 임대하고 받는 임대료는 익금에 해당하지만, 임대보증금이나 전세금을 받는 경우 그 금액은 부채에 해당할 뿐 익금이 될 수 없다. 그러나 이것을 방치한다면 임대보증금 등의 운용수입이 포착되어 과세되지 않는 한, 임대료를 받는 경우와 임대보증금 등을 받는 경우 사이에 과세형평이 맞지 않게 된다. 그리하여 법인세법은 임대보증금 등에 대해서는 그 정기예금이자 상당액을 임대료로 간주하여 **익금(기타사외유출 처분)**에 산입하도록 하고 있다.

① 장부 등에 의해 소득금액을 계산하는 경우

다음의 요건을 모두 충족하는 법인에게만 예외적으로 적용되며, 이러한 요건을 충족하지 않는 대부분의 법인에게는 적용되지 않는다.

  ㉠ **영리내국법인일 것** : 비영리내국법인은 제외한다.
  ㉡ **차입금 과다법인일 것** : 차입금적수가 자기자본적수의 2배(적수기준)를 초과하는 법인을 말한다.
  ㉢ **부동산임대업을 주업으로 하는 법인일 것** : 해당 법인의 사업연도 종료일 현재 자산총액 중 임대사업에 사용된 자산가액이 50% 이상인 법인을 말한다.

$$간주익금 = \left[해당\ 사업연도의\ 보증금\ 등의\ 적수 - 임대용\ 부동산의\ 건설비\ 상당액의\ 적수 \right] \times \frac{1}{365^*} \times 정기예금\ 이자율 - 금융수익$$

* 간주익금이 음수(−)인 경우에는 이를 없는 것으로 보며, 윤년에는 365일 대신에 366일으로 한다.

② 추계에 의해 소득금액을 계산하는 경우

장부 기타 증빙서류가 없거나 미비하여 소득금액을 계산할 수 없는 경우에는 소득금액을 추정하여 계산하게 되는데, 이것을 '추계'라고 한다. 이 경우 부동산임대로 인하여 받은 전세금 또는 임대보증금에 대한 수입금액은 다음과 같이 계산한다.

$$전세금\ 또는\ 임대보증금에\ 대한\ 수입금액 = 전세금\ 또는\ 임대보증금의\ 적수 \times \frac{1}{365} \times 정기예금이자율$$

3 익금불산입항목

다음의 항목들은 순자산증가액임에도 불구하고 익금으로 보지 않는다.

구 분	익금불산입 항목
자본충실화 목적	① 주식발행초과금(출자전환시 채무면제이익은 제외) ② 주식의 포괄적 교환차익　　③ 주식의 포괄적 이전차익 ④ 감자차익　　　　　　　　⑤ 합병차익, 분할차익 ⑥ 자산수증이익·채무면제이익 중 이월결손금 보전에 충당된 금액 ⑦ 출자전환시 채무면제이익 중 결손금 보전에 충당할 금액
조세정책적 목적	⑧ 국세·지방세 과오납금의 환급금에 대한 이자 ⑨ 조세특례제한법상 익금불산입 항목
이중과세 방지	⑩ 이월익금 ⑪ 법인세 또는 지방소득세 소득분의 환급액 ⑫ 수입배당금액의 익금불산입액
기타	⑬ 자산의 평가차익(일정한 평가차익은 제외) ⑭ 부가가치세 매출세액

(1) 주식발행초과금

이것은 액면주식을 발행한 경우 그 액면을 초과하는 금액을, 무액면주식을 발행한 경우에는 주식의 발행가액 중 자본금으로 계상한 금액을 초과하는 금액을 말한다.

> 주식발행초과금 = 발행가액 − 액면가액(또는 자본금으로 계상한 금액)

주식발행초과금은 비록 법정자본금은 아니지만 실질적으로 출자의 일부이므로 기업회계에서는 이것을 자본잉여금으로 계상하며, 법인세법에서도 이것을 익금으로 보지 않는다.

다만, 주식발행초과금 중 채무의 출자전환으로 주식을 발행하는 경우에는 해당 주식의 시가를 초과하여 발행된 금액은 익금항목인 채무면제이익으로 본다.

(2) 감자차익

자본금 감소의 경우에 그 감소액이 주식소각, 주금의 반환에 소요된 금액과 결손보전에 충당된 금액을 초과하는 경우 그 초과금액을 말한다.

> 감자차익 = 자본금 감소액 − 주식소각 등에 소요된 금액 − 결손금 보전에 충당된 금액

감자차익은 자본금 감소 후에도 주주에게 반환되지 않고 불입자본으로 남아 있는 부분이므로, 근본적으로 주주의 불입에 기인하는 것으로서 그 성격은 사실상 주식발행초과금과 같다. 따라서 기업회계에서는 이것을 자본잉여금으로 계상하고 있으며, 법인세법도 이것을 익금으로 보지 않고 있다.

[주주와의 자본거래 비교]
기업회계와 법인세 모두 자본거래에 해당하는 부분은 장부상 회계처리에 대한 오류가 없다면 특별한 세무조정은 발생하지 않는다.

구 분	기업회계	세무회계
주식발행초과금 (주식할인발행차금)	자본거래	자본거래 → 익금불산입(손금불산입)
감자차익 (감자차손)	자본거래	자본거래 → 익금불산입(손금불산입)
자기주식처분이익 (자기주식처분손실)	자본거래	손익거래 → 익금산입(손금산입)

(3) 자산수증이익과 채무면제이익 중 이월결손금 보전에 충당된 금액

자산수증이익과 채무면제이익(채무의 출자전환시 채무면제이익을 포함한다) 중 이월결손금의 보전에 충당된 금액은 익금으로 보지 않는다. 여기서 이월결손금이란 세무회계상 결손금(합병·분할시 승계받은 결손금은 제외)으로서 그 후의 각 사업연도의 과세표준을 계산할 때 공제되지 않은 금액을 말하며, **그 발생시점에는 제한없이 보전이 가능하다.**

자산수증이익·채무면제이익으로 충당된 이월결손금은 각 사업연도의 과세표준을 계산할 때 공제된 것으로 보기에 세무상 이월결손금은 과세표준 계산상 공제(15년, 2020.1.1. 이전 발생분은 10년)되거나 또는 자산수증이익·채무면제이익에 의해 보전됨으로써 소멸하는 것이다.

(주)두더지상사는 당기에 대주주가 결손보전 목적으로 기증(건물)한 자산수증이익 30,000,000원은 손익계산서상 영업외수익에 포함되어 있다. 세무조정 시 이월결손금 보전에 충당하였다. (세무상 이월결손금은 95,000,000원이다.)

구 분	회계처리	
기업회계	(차)	(대)
세무회계	(차)	(대)
조정차이	(차)	(대)
세무조정		

【해설】
자산수증이익(또는 채무면제이익)은 익금항목에 해당하나 이월결손금 보전에 충당된 금액은 익금불산입 처리한다.

구 분	회계처리			
기업회계	(차) 건 물	30,000,000	(대) 자산수증이익	30,000,000
세무회계	(차) 건 물	30,000,000	(대) 이월결손금	30,000,000

조정차이	(차) 자산수증이익
	    (수익감소)
		30,000,000	(대) 이월결손금
			    (자본증가)
				30,000,000

세무조정	〈익금불산입〉 자산수증이익 30,000,000(기타)			

 **TIP**

[결손금 보전에 충당된 자산수증이익 등을 익금불산입하는 이유]

공제기한이 경과된 이월결손금을 자산수증이익 등에 의해 보전하게 되면 자산수증이익 등의 익금불산입은 아래와 같이 유리한 결과가 된다. 그렇게 한 이유는 결손보전을 촉진함으로써 자본충실을 기하기 위한 데 있다.

[가정] ■ 2007년 발생 이월결손금 : 1,000원   ■ 2019년 발생 이월결손금 : 2,000원
       ■ 자산수증이익(영업외수익 처리) : 3,000원

	이월결손금 공제	익금불산입
당기순이익 (+) 가산조정 (-) 차감조정(결손금 보전 제한 없음)	5,000원 0원 0원	5,000원 0원 3,000원
각사업연도 소득금액 (-) 이월결손금(15년 또는 10년 이내 결손금) (-) 비과세소득 (-) 소득공제	5,000원 2,000원 0원 0원	2,000원 0원 0원 0원
과세표준	3,000원	2,000원

[이월결손금의 보전에 충당하는 방법]

"이월결손금의 보전에 충당한 경우"란 자산수증이익과 채무면제이익을 기업회계기준에 따라 당기수익으로 계상한 법인이 **[자본금과적립금조정명세서(갑)]** 서식에 그 금액을 **이월결손금의 보전(⑭란)**에 충당한다는 뜻을 표시하고 세무조정으로 **익금불산입**한 경우를 말한다.

Ⅱ. 이월결손금 계산서

1. 이월결손금 발생 및 증감내역

⑥ 사업 연도	이월결손금					감소내역				잔 액		
	발 생 액			⑩ 소급 공제	⑪ 차감계	⑫ 기공 제액	⑬ 당기 공제액	⑭ 보전	⑮ 계	⑯ 기한 내	⑰ 기한 경과	⑱ 계
	⑦계	⑧ 일반 결손금	⑨배분 한도초과 결손금 (⑨=㉕)									
계												

(4) 이월익금

이월익금이란 각 사업연도의 소득으로 이미 과세된 소득(법인세법 및 다른 법률에 따른 비과세소득 또는 면제소득 포함)을 다시 해당 사업연도의 익금에 산입한 금액(수익으로 계상한 금액 포함)을 말한다. 이것을 방치하면 **동일한 소득에 대해 중복하여 과세**하는 결과가 되기 때문에 이를 **익금불산입**항목으로 규정한 것이다.

 **예제**

(주)두더지상사는 전기에 대표이사 차입금 8,000,000원을 면제받았으나 이를 회계처리 하지 아니하여 세무조정시 익금산입하였고, 이에 대하여 당기 중에 다음과 같이 회계처리 하였다.

(차) 단기차입금　　　　8,000,000원　　(대) 전기오류수정이익(영업외수익)　　8,000,000원

구 분	회계처리
기업회계	(차)　　　　　　　　　　　(대)
세무회계	(차)　　　　　　　　　　　(대)
조정차이	(차)　　　　　　　　　　　(대)
세무조정	

【해설】

전기 세무조정 시 익금 산입하여 법인세를 납부한 부분에 대하여 당기에 수익으로 회계처리한 부분은 이월된 익금에 해당하며 이중과세를 해결하기 위해서 익금불산입 처리하여야 한다.

전기 세무조정 : 〈익금산입〉 채무면제이익　8,000,000(유보발생)

구 분	회계처리			
기업회계	(차) 단기차입금	8,000,000	(대) 전기오류수정이익	8,000,000
세무회계	회계처리 없음			
조정차이	(차) 전기오류수정이익 　　　(수익감소)	8,000,000	(대) 단기차입금 　　　(부채증가)	8,000,000
세무조정	〈익금불산입〉 전기오류수정이익　8,000,000(유보감소)			

(5) 법인세 또는 지방소득세 소득분의 환급액

법인세 또는 지방소득세 소득분은 지출 당시에 손금으로 인정받지 못하므로 이를 환급받은 금액(또는 환급받을 금액을 다른 세액에 충당한 금액)은 익금에 산입하지 않는다. 이것도 성격상 이월익금의 일종이라고 할 수 있다.

(주)두더지상사의 손익계산서상 전기오류수정이익 8,000,000원은 전기에 법인세를 과다납부분 환급받은 금액이다.

구 분	회계처리	
기업회계	(차)	(대)
세무회계	(차)	(대)
조정차이	(차)	(대)
세무조정		

【해설】

전기에 손금불산입(기타사외유출)된 법인세가 당기에 환입되었으므로 이월익금으로서 익금불산입으로 처리하여야 한다.

구 분	회계처리			
기업회계	(차) 현금 등	8,000,000	(대) 전기오류수정이익	8,000,000
세무회계	(차) 현금 등	8,000,000	(대) 세무상잉여금	8,000,000
조정차이	(차) 전기오류수정이익 (수익감소)	8,000,000	(대) 세무상잉여금 (자본증가)	8,000,000
세무조정	〈익금불산입〉 전기오류수정이익 8,000,000(기타)			

(6) 수입배당금

내국법인(비영리내국법인은 제외)이 해당 법인이 출자한 다른 내국법인으로부터 받은 수입배당금액은 **이중과세** 문제가 발생하기에 그 중 일정비율로 계산된 금액은 각 사업연도의 소득금액을 계산할 때 이를 익금에 산입하지 않는다. 다만 다음의 경우에는 익금불산입규정을 적용하지 않는다.

① 배당기준일 전 3개월 이내에 취득한 주식 등을 보유함으로써 발생한 수입배당금액(이 경우 동일 종목의 주식 등의 일부를 양도한 경우에는 먼저 취득한 주식 등을 먼저 양도한 것으로 본다)
② 지주회사의 수입배당금액으로서 특례적인 익금불산입률을 적용받는 것
③ 지급배당에 대해 소득공제 또는 그 밖에 법인세가 비과세·면세·감면받는 법인으로부터 받은 수입배당금
④ 법인세가 과세되지 않은 유상감자등의 의제배당금액
⑤ 3% 재평가적립금(합병·분할차익 중 승계된 금액 포함)을 감액하여 받은 배당

(7) 자산의 평가차익

자산의 평가차익은 원칙적으로 익금으로 보지 않는다. 따라서 기업회계기준에 의해 계상되는 자산평가이익·재평가잉여금 등은 법인세법에서는 인정되지 않는다. 다만, 예외적으로 다음의 평가이익은 익금으로 본다.

① 보험업법 기타 법률에 의한 유형자산 및 무형자산 등의 평가이익(장부가액을 증액한 경우만 해당한다.)
② 재고자산에 해당하는 주식 및 채권, 자본시장과 금융투자업에 관한 법률에 의한 투자회사 등이 보유한 유가증권 등의 평가이익
③ 기업회계기준에 따른 화폐성 외화자산·부채의 환율변동으로 인한 평가이익
④ 금융회사 등이 보유하는 통화 관련 파생상품 중 통화선도, 통화스왑 및 환변동보험에 대한 평가이익
⑤ 금융회사 등 외의 법인이 화폐성 외화자산·부채의 환위험을 회피하기 위하여 보유하는 통화선도등에 대한 평가이익

여기서 유형자산 및 무형자산의 임의평가이익을 원칙적으로 익금불산입항목으로 규정한 것은 미실현이익에 대해서 법인세가 과세되는 것을 방지하려는 데 있으며, 보험업법이나 그 밖의 법률에 따른 유형자산 및 무형자산의 평가이익을 익금항목으로 규정한 것은 업종별 회계처리를 수용하기 위한 것이다.

 **예제**

(주)두더지상사(금융업이 아닌 일반기업)는 다음과 같이 단기매매증권에 대하여 일반기업회계기준에 따라 회계처리를 하였다.

취득가액(2025. 2. 1)	기말 시가(2025. 12. 31)
10,800,000원	12,000,000원

구 분	회계처리	
기업회계	(차)	(대)
세무회계	(차)	(대)
조정차이	(차)	(대)
세무조정		

【해설】
법인세법상의 일반기업의 유가증권평가는 원가법만 적용되므로 평가손익은 인정되지 않는다. 그러므로 유가증권평가이익은 익금불산입, 유가증권평가손실은 손금불산입 유보처분 후 처분(매각)시 유보 추인한다.

구 분	회계처리			
기업회계	(차) 단기매매증권	1,200,000	(대) 단기매매증권평가이익	1,200,000
세무회계	회계처리 없음			
조정차이	(차) 단기매매증권평가이익 (수익감소)	1,200,000	(대) 단기매매증권 (자산감소)	1,200,000
세무조정	〈익금불산입〉 단기매매증권 1,200,000(유보발생)			

(8) 국세 또는 지방세의 과오납금의 환급금에 대한 이자

국세 또는 지방세를 과오납한 경우에는 그 과오납금을 환급받게 되는데, 이 경우 그 환급금에 가산하여 받게 되는 이자(국세환급가산금 또는 지방세환급가산금을 말한다)는 익금에 산입

하지 않는다. 만일 이것을 익금에 산입하면 그에 대한 법인세 부담액만큼 그 보상의 효과가 줄어들기 때문이다.

본래 국세나 지방세의 환급금 자체가 익금에 해당하는가의 여부는 당초 그 국세나 지방세가 손금으로 인정되었는가에 달려 있다. 그러나 그 환급금에 대한 이자는 국세나 지방세의 환급액 자체가 익금에 해당하는지의 여부에 관계없이 무조건 익금불산입항목이라는 점에 유의하여야 한다.

 **TIP**

[익금에 관한 세무조정의 방법]

법인세법	장부상 회계처리	세무조정
익금항목	수익으로 계상한 경우	–
	수익으로 계상하지 않은 경우	익금산입
익금불산입항목	수익으로 계상한 경우	익금불산입
	수익으로 계상하지 않은 경우	–

 **예 제**

(주)두더지상사의 손익계산서 잡이익 중에는 종합부동산세 과오납금에 대한 환급가산금 120,000원이 포함되어 있다.

구 분	회계처리	
기업회계	(차)	(대)
세무회계	(차)	(대)
조정차이	(차)	(대)
세무조정		

【해설】

국세환급가산금을 기업회계기준은 당기 수익으로 처리하나 법인세법은 과세되지 않는 자본의 증가로 본다. 그러므로 익금불산입하고 기타 처분한다.

구 분	회계처리				
기업회계	(차) 현금 등	120,000	(대) 잡이익		120,000
세무회계	(차) 현금 등	120,000	(대) 세무상잉여금		120,000
조정차이	(차) 잡이익 (수익감소)	120,000	(대) 세무상잉여금 (자본증가)		120,000
세무조정	〈익금불산입〉 잡이익 120,000(기타)				

(9) 부가가치세의 매출세액

사업자가 재화나 용역을 공급할 때 공급받는 자로부터 거래징수한 부가가치세(VAT, value added tax) 매출세액은 익금에 해당하지 않는다. 이것은 정부에 납부할 금액으로서 예수금에 지나지 않기 때문이다. 이와 마찬가지로 재화나 용역을 공급받을 때 거래징수당한 부가가치세 매입세액은 손금에 해당하지 않는다. 이것은 매출세액에서 공제되거나 환급되므로 일종의 대급금에 지나지 않기 때문이다.

이처럼 부가가치세는 원칙적으로 수익 또는 비용으로 계상되지 않는다. 그러나 만일 회사가 부가가치세 매출세액을 수익으로 계상한다면 익금불산입하고, 부가가치세 매입세액을 비용으로 계상한다면 손금불산입하여야 한다.

5. 손금의 계산

손금(損金)이란 해당 법인의 순자산을 감소시키는 거래로 인하여 발생하는 손실 또는 비용(손비)의 금액을 말한다. 다만, 자본 또는 지분의 환급, 잉여금의 처분 및 손금불산입 항목은 제외한다.

이러한 손금은 법인세법 및 다른 법률에 달리 정하고 있는 것을 제외하고는, 그 법인의 사업과 관련하여 발생하거나 지출된 손실 또는 비용으로서 ① **일반적으로 인정되는 통상적인 것이거나** ② **수익과 직접 관련된 것**으로 한다. 이것을 손금의 일반원칙이라고 한다. 이러한 원칙은 수익의 경우에 순자산증가액이면 아무런 추가적인 요건도 필요로 하지 않고 익금에 해당하는 것과 대조적이다.

법인세법 시행령은 이러한 손금의 범위를 구체적으로 규정하고 있는데, 이는 어디까지나 대표적인 손금을 예시한 것에 불과하며, 여기에 열거되지 않은 것이라도 업무와 관련하여 초래된 모든 순자산감소액은 원칙적으로 손금에 해당하며 광고선전비 등이 그것이다.

1 손금의 일반원칙

(1) 비용배분의 원칙

법인에게 귀속되는 모든 비용은 일반적으로 공정·타당하다고 인정되는 기업회계기준에 준거하여 판매비와관리비, 제조원가, 자산취득가액(자산의 매입부대비용을 포함한다) 등으로 명확히 구분하여 정리하여야 한다.

(2) 손금의 증명서류 요건

법인은 모든 거래에 관한 증명서류를 작성 또는 수취하여 **과세표준신고기한이 경과한 날부터 5년간 보관**하여야 한다. 다만, 각 사업연도 개시일 전 5년이 되는 날 이전에 개시한 사업연도에서 발생한 결손금을 각 사업연도의 소득에서 공제하려는 법인은 해당 결손금이 발생한 사업연도의 증명서류를 공제되는 소득의 귀속사업연도 신고기한부터 1년이 되는 날까지 보관하여야 한다.

이 경우 법인이 재화 또는 용역을 공급받고 그 대가를 지급하는 경우에는 신용카드매출전표(직불카드·외국에서 발행된 신용카드 및 기명식선불카드를 사용하여 거래하는 경우 그 증빙서류 포함)·현금영수증·세금계산서 또는 계산서(이른바 '적격증명서류 또는 지출증명서류')를 받아 보관하여야 한다. 그리고 세금계산서·계산서를 발급받지 못한 경우 매입자발행세금계산서·계산서를 발행하여 보관하면 이러한 수취·보관의무를 이행한 것으로 본다. 다만, 공급받은 재화 또는 용역의 **건당 거래금액(부가가치세 포함)이 3만원 이하**인 경우에는 적격증명서류(정규영수증)가 아닌 영수증을 수취하여도 무방하다.

영수증을 수취한 금액		법인세법에 따른 규제
기업업무추진비 지출	건당 지출금액 3만원 초과	전액 손금불산입 → 적격증명서류 관련 가산세는 부과하지 않음
	건당 경조금 20만원 초과	
기업업무추진비 외 지출(자산취득 포함)	건당 거래금액 3만원 초과	적격증명서류 관련 **가산세 부과*** → 객관적으로 지급사실이 확인되면 **손금으로 인정함**

* 지출증명서류 미수취가산세 = 적격증명서류 미수취금액(영수증 수취분 포함) × 2%

(3) 지출증명서류의 수취 특례

다음에 해당하는 경우에는 정규지출증빙 이외의 영수증, 입금표 등의 기타증빙의 수취가 허용되어 세무상 지출증명서류 미수취가산세를 적용하지 아니하는 거래증빙특례를 인정하고 있다.

구 분		내 용
영수증수취명세서*	건당 거래금액 3만원 이하	거래 건당 3만원 이하(부가가치세 포함)인 경우에는 지출증명서류를 수취하지 아니하여도 가산세를 적용하지 않고 전액 손금으로 인정해 준다.
	읍·면 지역에 소재	읍·면지역에 소재하는 부가가치세법에 따른 간이과세자로서 신용카드가맹점 또는 현금영수증가맹점이 아닌 사업자
	국가 등과의 거래	국가·지방자치단체 등은 정규지출증빙 수취대상에서 제외되는 사업자이므로 정규지출증빙 수취의무가 면제된다.
	농·어민과의 거래	농·어민으로부터 재화·용역을 직접 공급받은 경우에는 거래금액에 관계없이 정규지출증빙수취의무가 면제된다.
	원천징수대상 사업소득자로부터 용역을 공급받은 경우	원천징수대상 사업자로부터 용역을 공급받은 경우로서 원천징수된 것에 한하여 정규지출증빙의 수취의무가 면제된다.
	항만공사법에 의한 공급용역	대통령령으로 정하는 정부업무를 대행하는 단체가 공급하는 재화 또는 용역으로서 대통령령으로 정하는 것으로 항만공사법에 의한 항만공사가 공급하는 화물료 징수용역을 말한다.
	기획재정부령이 정하는 경우	① 사업의 포괄양도·양수의 경우 ② 방송용역을 제공받은 경우

구 분		내 용
영수증수취명세서*	기획재정부령이 정하는 경우	③ 전기통신사업자로부터 전기통신용역을 공급받은 경우 ④ 국외에서 재화 또는 용역을 공급받은 경우(세관장이 세금계산서 또는 계산서를 교부한 경우를 제외) ⑤ 공매·경매 또는 수용에 의하여 재화를 공급받은 경우 ⑥ 토지 또는 주택을 구입하거나 주택의 임대업을 영위하는 자(법인을 제외)로부터 주택임대용역을 공급받은 경우 ⑦ 택시운송용역을 제공받은 경우 ⑧ 건물(토지를 함께 공급받은 경우에는 당해 토지를 포함하며, 주택을 제외)을 구입하는 경우로서 거래내용이 확인되는 매매계약서사본을 법인세과세표준신고서에 첨부하여 납세지 관할세무서장에게 제출하는 경우 ⑨ 금융·보험용역을 제공받은 경우 ⑩ 항공기의 항행용역을 제공받은 경우 ⑪ 부동산임대용역을 제공받은 경우로서 간주임대료에 대한 부가가치세액을 임차인이 부담하는 경우 ⑫ 재화공급계약·용역제공계약 등에 의하여 확정된 대가의 지급지연으로 인하여 연체이자를 지급하는 경우 ⑬ 한국철도공사법에 의한 한국철도공사로부터 철도의 여객운송용역을 공급받는 경우 ⑭ 유료도로법에 따른 유료도로를 이용하고 통행료를 지급하는 경우 ⑮ 공급받은 재화 또는 용역의 거래금액을 금융실명거래 및 비밀보장에 관한 법률에 의한 금융기관을 통하여 지급한 경우로서 과세표준확정신고서에 송금사실을 기재한 **경비 등의 송금명세서**를 첨부하여 납세지 관할세무서장에게 제출하는 경우(**금융기관을 통하여 지급하지 않은 경우 및 미제출시에는 가산세 대상임**)
	경비등 송금명세서** 제출	① 간이과세자로부터 부동산임대용역을 제공받은 경우 ② 임가공용역을 제공받은 경우(법인과의 거래를 제외한다) ③ 운수업을 영위하는 간이과세자가 제공하는 운송용역을 공급받은 경우(택시운송용역 제외) ④ 재활용가능자원을 간이과세자로부터 공급받은 경우 ⑤ 항공법에 의한 상업서류 송달용역을 제공받는 경우 ⑥ 공인중개사의 업무 및 부동산 거래신고에 관한 법률에 따른 중개업자에게 수수료를 지급하는 경우 ⑦ 복권 및 복권기금법에 의한 복권사업자가 복권을 판매하는 자에게 수수료를 지급하는 경우 ⑧ 전자상거래 등에서의 소비자보호에 관한 법률에 따른 통신판매에 따라 재화 또는 용역을 공급받은 경우 ⑨ 소득세법상의 거주자가 광업권, 어업권, 산업재산권, 산업정보, 산업상비밀, 상표권, 영업권, 토사석의 채취허가에 따른 권리, 지하수의 개발·이용권 그밖에 이와 유사한 자산이나 권리를 공급받는 경우 ⑩ 농어민으로부터 재화 구입하는 경우(기업업무추진비)

* 대금지급방법에 관계없이 정규영수증 수취를 면제하는 거래로 법인은 과세표준확정신고시 제출의무 **없음**
** 법인세 과세표준확정신고시 반드시 **제출**(미제출시 지출증명서류 미수취 가산세 적용)

(4) 지출증명서류 합계표 작성보관의무

법인의 **직전 사업연도 수입금액**이 **30억원**(사업연도가 1년 미만인 법인의 경우 30억원에 해당하는 사업연도의 월수를 곱하고 12로 나누어 산출한 금액) **이상**으로서 지출증명서류를 수취하여 보관한 법인은 지출증명서류 합계표를 작성하여 보관한다.

(주)두더지상사의 당해사업연도 중 일반과세자로부터 재화·용역의 매입에 대한 증빙을 분석한 결과 건당 30,000만원 초과 매입액 중 일반영수증을 수취한 내역이다. 기업업무추진비 해당금액은 없으며 아래의 자료를 제외하고는 모두 정규영수증을 수취하였다. 가산세를 계산하시오.

구 분	금 액	비 고
지급수수료	1,000,000원	■ 간이과세자인 공인중개사 수수료이다. ■ 대금은 계좌로 송금하였고 이에 대한 [경비 등 송금명세서]를 과세표준신고시 제출하였다.
사무용품비 구입비용	50,000원	■ 건당 5만원(부가가치세 포함), 수량 10개에 대한 금액이다.

【해설】
- 지출증명서류 미수취가산세 = 500,000원 × 2% = 10,000원
- 간이과세자인 부동산 중개업자에게 수수료를 계좌로 송금하고 [경비등 송금명세서]를 과세표준신고시 제출한 경우 손금인정 및 가산세는 적용하지 않는다.
- 거래 건당 3만원 초과거래는 세금계산서 등 적격한 증빙을 수취하여야 하므로 손금은 인정하나 지출증명서류 미수취에 대한 가산세는 적용한다.

2 손금(= 손비)의 범위

손금은 자본 또는 출자의 환급, 잉여금의 처분 및 법인세법에서 규정하는 것은 제외하고 해당 법인의 순자산을 감소시키는 거래로 인하여 발생하는 손실 또는 비용(이하 "손비(損費)"라 한다)의 금액으로 한다.

손비는 법인세법 및 다른 법률에서 달리 정하고 있는 것을 제외하고는 그 법인의 사업과 관련하여 발생하거나 지출된 손실 또는 비용으로서 일반적으로 인정되는 통상적인 것이거나 수익과 직접 관련된 것으로 한다. 법인세에서 정한 손비의 범위는 다음과 같다.

① 판매한 상품 또는 제품에 대한 원료의 매입가액(기업회계기준에 따른 매입에누리금액 및 매입할인금액을 제외한다)과 그 부대비용. 판매 부대비용은 판매한 상품 또는 제품의 보관료, 포장비, 운반비, 판매장려금 및 판매수당 등 판매와 관련된 부대비용(판매장려금 및 판매수당의 경우 사전약정 없이 지급하는 경우를 포함한다.)
② 양도한 자산의 양도당시의 장부가액
③ 인건비
④ 유형자산의 수선비
⑤ 유형자산 및 무형자산에 대한 감가상각비
⑥ 자산의 임차료
⑦ 차입금이자(지급이자)

⑧ 회수할 수 없는 부가가치세 매출세액 미수금(부가가치세법에 따라 대손세액공제를 받지 아니한 것에 한정함)
⑨ 자산의 평가차손
⑩ 제세공과금(세액공제를 적용하지 않는 경우의 외국법인세액을 포함)
⑪ 영업자가 조직한 단체로서 법인이거나 주무관청에 등록된 조합 또는 협회에 지급한 회비
⑫ 광업의 탐광비(탐광을 위한 개발비를 포함한다)
⑬ 보건복지부장관이 정하는 무료진료권 또는 새마을진료권에 의하여 행한 무료진료 가액
⑭ 식품 및 생활용품의 제조업·도매업 또는 소매업을 영위하는 내국법인이 해당 사업에서 발생한 잉여 식품 등을 [기부 활성화에 관한 법률]에 따른 제공자 또는 제공자가 지정하는 자에게 무상으로 기증하는 경우 기증한 잉여 식품 등의 장부가액(**이 경우 기부금에 포함하지 아니하고 전액 손금으로 인정한다**)
⑮ 업무와 관련있는 해외시찰·훈련비
⑯ 초·중등 교육법에 의하여 설치된 근로청소년을 위한 특별학급 또는 산업체부설 중·고등학교의 운영비 및 직업교육훈련 촉진법 등의 규정에 따른 현장실습에 참여하는 학생들에게 지급하는 수당
⑰ 임원 또는 직원(파견근로자 포함)을 위하여 지출한 복리후생비
⑱ 근로복지기준법에 따른 우리사주조합에 출연하는 자사주의 장부가액 또는 금품
⑲ 장식·환경미화 등의 목적으로 사무실·복도 등 여러 사람이 볼 수 있는 공간에 항상 전시하는 미술품의 취득가액을 그 취득한 날이 속하는 사업연도의 손비로 계상한 경우에는 그 취득가액(취득가액이 **거래단위별로 1천만원 이하**인 것으로 한정한다)
⑳ 광고선전 목적으로 기증한 물품의 구입비용(특정인에게 기증한 물품(개당 3만원 이하의 물품은 **제외**한다)의 경우에는 **연간 5만원 이내의 금액**에 한정한다)
㉑ 임직원이 주식매수선택권 또는 주식이나 주식가치에 상당하는 금전으로 지급받는 상여금으로서 주식기준보상을 행사하거나 지급받는 경우 해당 주식매수선택권 또는 주식기준보상을 부여하거나 지급한 법인에 그 행사 또는 지급비용으로서 보전하는 금액
㉒ 임원 또는 직원(지배주주등인 자는 제외한다)의 사망 이후 유족에게 학자금 등으로 일시적으로 지급하는 금액
㉓ 중소기업 및 중견기업이 핵심인력 성과보상기금 납입액
㉔ 해당 내국법인이 설립한 근로복지기본법에 따른 사내근로복지기금(공동근로복지기금·협력중소기업 사내근로복지기금 포함)
㉕ 그 밖의 손비로서 그 법인에 귀속되었거나 귀속될 금액

3 손금불산입항목

일정한 손비는 순자산감소액임에도 불구하고 손금으로 인정되지 않는다. 구체적인 항목은 다음과 같으며 계정과목별 세무조정서가 있는 경우에는 추후에 세부내용을 설명하고자 한다.

구 분	내 용
대손금 손금불산입	법인세법 시행령에서 정하는 사유로 회수할 수 없는 채권의 금액(대손금)은 손금에 산입한다. 다만, 다음의 채권은 대손금으로 손금에 산입하지 않는다. ① 채무보증으로 인하여 발생한 구상채권 ② 특수관계인에게 해당 법인의 업무와 관련없이 지급한 가지급금
자본거래 등으로 인한 손비의 손금불산입	① 잉여금의 처분을 손비로 계상한 금액(잉여금 처분에 의한 성과급 손금산입 폐지) ② 주식할인발행차금(주식을 액면에 미달하는 가액으로 발행하는 경우 그 미달하는 금액과 신주발행비의 합계액을 말한다.) ③ 감자차손

구 분	내 용
세금과공과금 손금불산입	① 법인세 등 일정한 조세 ② 법령에 따라 의무적으로 납부하는 것이 아닌 공과금 ③ 벌금 · 과료 · 과태료 · 가산금 및 강제징수비
자산의 평가손실 손금불산입	자산의 평가손실은 미실현손실이므로 원칙적으로 손금에 산입하지 않는다. 다만, 예외적으로 다음의 평가손실은 손금으로 인정한다. ① 파손 · 부패 등의 사유로 인하여 정상가격으로 판매할 수 없는 재고자산의 평가차손 ② 천재지변 · 화재 · 수용 · 채굴예정량의 채진으로 인한 폐광에 따른 고정자산의 평가차손 ③ 화폐성외화자산 · 부채 등의 외화환산에 의한 평가손실 ④ 유가증권 등 특수한 경우에 인정되는 자산의 평가손실
감가상각비 손금불산입	감가상각비 상각범위액을 초과하는 금액
기부금 손금불산입	특례기부금 · 일반기부금의 한도초과액 및 비지정기부금
기업업무추진비 손금불산입	① 거래건당 3만원(경조금 20만원) 초과분 중 적격증명서류 미수취 기업업무추진비 ② 기업업무추진비 한도초과액
과다경비 등의 손금불산입	다음의 손비 중 과다하거나 부당하다고 인정되는 금액은 손금에 산입하지 않는다. ① 인건비 ② 복리후생비 ③ 여비 및 교육 · 훈련비 : 법인이 임원 또는 사용인이 아닌 **지배주주 등에게 지급한 여비 또는 교육훈련비**는 당해 사업연도의 소득금액에 있어서 이를 손금에 산입하지 않는다. ④ 공동경비 : 법인이 다른 법인 등과 공동사업을 운영하여 지출한 비용을 공동사업법인간에 배분할 때 적정한 금액 이상을 부담한 경우 적정금액 초과분은 손금으로 인정하지 않는다. ⑤ 위 ①~④ 외에 법인의 업무와 직접 관련이 적다고 인정되는 경비로서 대통령령이 정하는 것(현재는 대통령령에 규정이 없음)
업무와 관련 없는 비용의 손금불산입	법인의 불필요한 지출을 규제하기 위해 업무와 관련 없이 지출한 부분은 손금으로 인정하지 않는다. ① 업무무관자산을 취득 · 관리함으로써 생기는 비용 · 유지비 · 수선비 및 이와 관련되는 비용(취득시 발생되는 부대비용은 취득원가 포함) [업무무관자산] ㉠ 업무에 직접 사용하지 않는 부동산 및 자동차 등 ㉡ 서화 및 골동품(장식 · 환경미화 등의 목적으로 사무실 · 복도 등 여러 사람이 볼 수 있는 공간에 상시 비치되는 것으로 **1천만원 이하인 경우는 제외**) [소득처분] ㉠ 수선비 · 유지비, 보유 중 재산세 등의 세금, 지급이자 : 기타사외유출 등 ㉡ 감가상각비 : 유보 ② 해당 법인이 직접 사용하지 않고 다른 사람(주주 등이 아닌 임원과 소액주주* 등인 임원 및 사용인은 제외)이 주로 사용하고 있는 장소 · 건축물 · 물건 등의 유지비 · 관리비 · 사용료와 이와 관련되는 지출금

구 분	내 용
업무와 관련 없는 비용의 손금불산입	③ 해당 법인의 주주 등(소액주주 등은 제외) 또는 출연자인 임원 또는 그 친족이 사용하고 있는 사택의 유지비·관리비·사용료와 이와 관련되는 지출금 ④ 업무무관자산을 취득하기 위하여 지출한 자금의 차입과 관련되는 비용 ⑤ 형법상 뇌물에 해당하는 금전과 금전이외의 자산 및 경제적 이익의 합계액 ⑥ 노동조합의 전임자에게 지급하는 급여
업무용승용차 관련비용의 손금불산입	① 업무용승용차 관련 비용 중 업무에 사용하지 않는 금액 ② 업무사용 감가상각비상당액 중 연 800만원 초과액
지급이자 손금불산입	① 채권자 불분명 사채이자 ② 비실명 채권·증권이자 ③ 건설자금이자 ④ 업무무관자산 등에 대한 지급이자

* '소액주주 등'이란 발행주식총수(또는 출자총액)의 1%에 미달하는 주식(또는 출자지분)을 소유한 주주 등(해당 법인의 지배주주 등과 특수관계인은 제외)을 말한다.

다음 자료로 (주)두더지상사의 세무조정을 하시오.

① 당기 중 유상증자를 실시하였는데, 주식발행에 따른 등록세와 주권인쇄비 등 130,000원은 수수료비용에 계상하였다.

구 분	회계처리	
기업회계	(차)	(대)
세무회계	(차)	(대)
조정차이	(차)	(대)
세무조정		

② 당기 손익계산서상 세금과공과 계정에는 속도위반과태료(업무관련) 70,000원이 포함되어 있다.

구 분	회계처리	
기업회계	(차)	(대)
세무회계	(차)	(대)
조정차이	(차)	(대)
세무조정		

③ 업무용 토지를 구입하면서 지출한 취득세 등 3,500,000원을 세금과공과(판)로 처리하였다.

구 분	회계처리	
기업회계	(차)	(대)
세무회계	(차)	(대)
조정차이	(차)	(대)
세무조정		

④ 세금과공과(판) 중 대표이사의 개인소유 주택의 재산세 3,000,000원이 포함되어 있다.

구 분	회계처리	
기업회계	(차)	(대)
세무회계	(차)	(대)
조정차이	(차)	(대)
세무조정		

⑤ 3월 2일에 구입한 단기매매증권(취득가액 5,000,000원)의 기말 공정가액은 4,700,000원이고 이에 대한 회계처리를 결산일에 일반기업회계기준에 따라 처리하였다.

구 분	회계처리	
기업회계	(차)	(대)
세무회계	(차)	(대)
조정차이	(차)	(대)
세무조정		

⑥ 당기말에 대표이사에 대해 특별상여금 5,000,000원을 지급하고 손익계산서상 상여금 계정과목으로 하여 판매비와관리비에 반영되어 있다. 회사는 임원에 대한 상여금 규정이 없다.

구 분	회계처리	
기업회계	(차)	(대)
세무회계	(차)	(대)
조정차이	(차)	(대)
세무조정		

⑦ 손익계산서상 여비교통비 중에는 지배주주인 홍나리에게 지급한 당사의 업무와 무관한 해외시찰비 2,800,000원이 포함되어 있다. 홍나리는 (주)두더지상사의 임원 또는 사용인이 아니다.

구 분	회계처리	
기업회계	(차)	(대)
세무회계	(차)	(대)
조정차이	(차)	(대)
세무조정		

⑧ 당사가 판매한 제품의 예상되는 하자보수비를 다음과 같이 수선비에 반영한다.

(차) 수선비 5,000,000원 (대) 하자보수충당부채 5,000,000원

구 분	회계처리	
기업회계	(차)	(대)
세무회계	(차)	(대)
조정차이	(차)	(대)
세무조정		

⑨ 보험료 계정에는 공장건물과 관련하여 가입한 저축성보험에 대한 보험료가 3,000,000원 계상되어 있다.

구 분	회계처리	
기업회계	(차)	(대)
세무회계	(차)	(대)
조정차이	(차)	(대)
세무조정		

⑩ 기부금 중 회사가 노인정(미등록 노인복지시설) 행사시에 지출한 기부금 700,000원이 포함되어 있다.

구 분	회계처리	
기업회계	(차)	(대)
세무회계	(차)	(대)
조정차이	(차)	(대)
세무조정		

【해설】

① 신주발행비는 수수료비용 처리하지 않고 주식발행가액에서 차감하므로 손금불산입 처리한다.

구 분	회계처리			
기업회계	(차) 수수료비용	130,000	(대) 현금 등	130,000
세무회계	(차) 주식발행차금(잉여금)	130,000	(대) 현금 등	130,000
조정차이	(차) 주식발행차금(자본감소)	130,000	(대) 수수료 비용(비용감소)	130,000
세무조정	〈손금불산입〉 신주발행비 130,000(기타)			

② 속도위반과태료(업무관련)는 법위반에 해당되어 손금불산입 처리한다.

구 분	회계처리			
기업회계	(차) 세금과공과	70,000	(대) 현금 등	70,000
세무회계	(차) 잉여금	70,000	(대) 현금 등	70,000
조정차이	(차) 잉여금(사외유출)	70,000	(대) 세금과공과(비용감소)	70,000
세무조정	〈손금불산입〉 세금과공과 70,000(기타사외유출)			

③ 자산취득시의 취득세 등은 취득부대비용에 해당되어 자산의 취득원가로 처리되어야 하므로 손금불산입 처리하고 이후 자산 처분시 유보추인한다.

구 분	회계처리			
기업회계	(차) 세금과공과	3,500,000	(대) 현금 등	3,500,000
세무회계	(차) 토 지	3,500,000	(대) 현금 등	3,500,000
조정차이	(차) 토 지(자산증가)	3,500,000	(대) 세금과공과(비용감소)	3,500,000
세무조정	〈손금불산입〉 토 지 3,500,000(유보발생)			

④ 대표이사 개인 재산세의 지출은 업무와 관련 없는 부당행위에 해당하므로 손금불산입 처리한다.

구 분	회계처리			
기업회계	(차) 세금과공과	3,000,000	(대) 현금 등	3,000,000
세무회계	(차) 잉여금	3,000,000	(대) 현금 등	3,000,000
조정차이	(차) 잉여금(사외유출)	3,000,000	(대) 세금과공과(비용감소)	3,000,000
세무조정	〈손금불산입〉 세금과공과 3,000,000(상여)			

⑤ 법인세법상의 일반기업의 유가증권평가는 원가법만 적용되므로 평가손익은 인정되지 않는다. 그러므로 단기매매증권평가손실은 손금불산입 유보처분 후 처분(매각)시 유보추인한다.

구 분	회계처리			
기업회계	(차) 단기매매증권평가손실	300,000	(대) 단기매매증권	300,000
세무회계	회계처리 없음			
조정차이	(차) 단기매매증권 (자산증가)	300,000	(대) 단기매매증권평가손실 (비용감소)	300,000
세무조정	〈손금불산입〉 단기매매증권 300,000(유보발생)			

⑥ 임원상여금은 회사의 지급규정이 있는 경우에는 지급규정을 한도로 하여 손금인정되며, 회사의 지급규정이 없는 경우에는 전액 손금불산입 한다.

구 분	회계처리			
기업회계	(차) 상여금	5,000,000	(대) 현금 등	5,000,000
세무회계	(차) 잉여금	5,000,000	(대) 현금 등	5,000,000
조정차이	(차) 잉여금(사외유출)	5,000,000	(대) 상여금(비용감소)	5,000,000
세무조정	〈손금불산입〉 상여금 5,000,000(상여)			

⑦ 홍나리는 회사의 임직원이 아니므로 업무무관지출에 해당하여 손금불산입 처리한다.

구 분	회계처리			
기업회계	(차) 여비교통비	2,800,000	(대) 현금 등	2,800,000
세무회계	(차) 잉여금	2,800,000	(대) 현금 등	2,800,000
조정차이	(차) 잉여금 　　　(사외유출)	2,800,000	(대) 여비교통비 　　　(비용감소)	2,800,000
세무조정	〈손금불산입〉 여비교통비　2,800,000(배당)			

⑧ 법인세법상 인정되는 충당금은 대손충당금과 퇴직급여충당금(퇴직연금충당금) 뿐이며, 법인세법상 인정되지 아니하는 충당금은 손금불산입 하고 대금지급시 유보추인한다.

구 분	회계처리			
기업회계	(차) 수선비	5,000,000	(대) 하자보수충당부채	5,000,000
세무회계	(차) 하자보수충당부채	5,000,000	(대) 수선비	5,000,000
조정차이	(차) 하자보수충당부채 　　　(부채감소)	5,000,000	(대) 수선비 　　　(비용감소)	5,000,000
세무조정	〈손금불산입〉 하자보수충당부채　5,000,000(유보발생)			

⑨ 업무와 관련된 저축성보험료는 만기에 원금과 이자를 함께 다시 돌려받으므로 손금으로 인정되지 않으며 손금불산입 후 만기 입금시 유보추인한다.

구 분	회계처리			
기업회계	(차) 보험료	3,000,000	(대) 현금 등	3,000,000
세무회계	(차) 장(단)기예금	3,000,000	(대) 부험류	3,000,000
조정차이	(차) 장(단)기예금 　　　(자산증가)	3,000,000	(대) 보험료 　　　(비용감소)	3,000,000
세무조정	〈손금불산입〉 보험료　3,000,000(유보발생)			

⑩ 노인복지시설로 등록하지 않은 노인정 행사에 지출한 기부금은 비지정기부금에 해당하여 손금불산입 처리하며 회사가 직접 지출한 것이므로 기타사외유출 처분하며 귀속자가 분명한 경우 그 지출자의 상여등으로 처분함에 유의한다.

구 분	회계처리			
기업회계	(차) 기부금	700,000	(대) 현금 등	700,000
세무회계	(차) 잉여금	700,000	(대) 현금 등	700,000
조정차이	(차) 잉여금 　　　(사외유출)	700,000	(대) 기부금 　　　(비용감소)	700,000
세무조정	〈손금불산입〉 기부금　700,000(기타사외유출)			

[법인세와 소득세의 비교]

구 분		법인세법	소득세법
대표자인건비		손금	필요경비 불산입
퇴직급여충당금		대표자는 설정대상자임	대표자는 설정대상제외
가지급금인정이자		업무무관가지급금 인정이자 계산함	가지급금 인정이자 계산하지 않음
일시상각충당금		정부보조금 · 보험차익 · 공사부담금 : 손금산입(결산 · 신고조정 허용)	정부보조금 · 보험차익 : 필요경비 산입(결산조정만 허용)
재고자산 자가소비		명문규정 없음	재고자산 시가 : 총수입금액 산입 재고자산 원가 : 필요경비 산입
가사관련경비		명문규정 없음	필요경비 불산입
지급이자		㉠ 채권자불분명사채이자 ㉡ 수령자불분명채권 · 증권이자 ㉢ 건설자금이자 ㉣ 업무무관부동산 등 관련 지급이자	㉠ 채권자불분명사채이자 ㉡ 건설자금이자 ㉢ 초과인출금 관련 지급이자 ㉣ 업무무관자산 관련 지급이자
수입이자 · 수입배당금		익금산입	총수입금액 불산입 (이자 · 배당소득으로 과세)
유가증권처분손익		익금 또는 손금(평가손익은 불산입)	사업소득에서 제외
재고자산 이외의 자산의 처분손익		익금 또는 손금	총수입금액(필요경비) 불산입 (복식부기의무자는 과세대상)
양도자산 상각부인액		손금산입(△유보)	세무조정없이 소멸
신규취득자산 · 양도자산의 상각 범위액		신규취득자산 : 월할상각 양도자산 : 규정없음	신규취득 · 양도자산 : 월할상각
정치자금기부금		비지정기부금	정치자금세액공제 : 10만원 특례기부금 : 10만원 초과액
기업업무추진비 시부인계산		사업장 수와 관계없이 일괄해서 기업업무추진비 시부인계산(한도조정 3,600만원)	2 이상의 사업장이 있는 경우 각 사업장별로 기업업무추진비 시부인계산(한도조정 3,600만원)
대손충당금		㉠ 설정대상채권 : 대여금 및 고정자산 처분미수금 포함 ㉡ 설정률 : 1% 또는 대손실적률 중 큰 비율	㉠ 설정대상채권 : 대여금과 고정자산처분미수금은 제외 ㉡ 설정률 : 1% 또는 대손실적률 중 큰 비율
소득처분	사외유출	귀속자의 소득세 납세의무 유발	귀속자의 소득으로 처분하지 않고 사업주가 인출하여 증여한 것으로 본다.
	유보	세무조정금액이 사내에 남아있는 경우 유보로 처분하여 별도관리	

6. 손익의 귀속시기

1 권리의무확정주의(원칙)

　법인세법은 사업연도라는 시간적 단위를 기준으로 법인의 소득을 파악하므로 익금과 손금이 어느 사업연도에 귀속하는가 하는 문제가 제기된다. 이에 관하여 법인세법은 '권리의무확정주의'를 채택하고 있다.

　이는 각 사업연도의 익금과 손금의 귀속사업연도는 그 익금과 손금이 확정된 날이 속하는 사업연도로 한다는 것이다. 여기서 '확정'이란 익금의 경우에는 권리의 확정을 뜻하고 손금의 경우에는 의무의 확정을 뜻한다. 따라서 원칙적으로 익금은 권리가 확정된 시점에 귀속되고 손금은 의무가 확정된 시점에 귀속되는 것이다.

> **TIP**
>
> [법인세법과 기업회계의 비교]
>
> | 구 분 | 법인세법 | 기업회계 |
> | --- | --- | --- |
> | 익금(수익) | 권리확정주의 | 실현주의 |
> | 손금(비용) | 의무확정주의 | 발생주의(수익비용대응원칙) |

2 자산의 판매손익 등의 귀속사업연도

(1) 원칙적인 귀속시기

　자산의 양도 등으로 인한 익금 및 손금의 귀속사업연도는 다음의 날이 속하는 사업연도로 한다. 이 내용은 기업회계기준서의 내용과 크게 다르지 않다.

구 분	법인세법	기업회계
상품 등의 판매 (부동산 제외)	그 상품 등을 인도한 날	법인세법과 동일
상품 등의 시용판매 (부동산 제외)	상대방이 그 상품 등에 대한 구입의 의사를 표시한 날 다만, 일정기간 내에 반송하거나 거절의 의사를 표시하지 않으면 특약 등에 의하여 그 판매가 확정되는 경우에는 그 기간의 만료일로 한다.	법인세법과 동일
상품 등 외의 자산의 양도 (부동산 포함)	그 대금을 청산한 날 다만, 대금청산 전에 소유권 등의 이전등기·등록을 하거나 해당 자산을 인도하는 경우 또는 상대방이 해당 자산을 사용수익하는 경우에는 그 이전등기·등록일, 인도일, 사용수익일 중 빠른 날로 한다.	법인세법과 동일
자산의 위탁판매	수탁자가 그 위탁자산을 매매한 날	법인세법과 동일

(2) 장기할부조건의 귀속사업연도

① 장기할부조건의 요건

㉠ 판매금액·수입금액을 월부·연부 기타의 지불 방법에 따라 2회 이상으로 분할하여 수입하는 것
㉡ 해당 목적물의 **인도일**(상품 등 외의 자산은 대금청산일과 소유권이전 등기·등록일, 인도일, 사용수익일 중 빠른 날)의 다음 날부터 최종의 할부금의 지급기일까지의 기간이 1년 이상인 것

② 손익의 귀속시기

구 분	법인세법	기업회계
단기할부판매	인도기준	인도기준
장기할부판매	㉠ 원칙 : 인도기준(명목가치) ㉡ 특례 ■ 회수기일도래기준 회계처리 계상시 인정 ■ 현재가치 평가 시 인정 ■ 중소기업은 결산서에 인도기준으로 인식한 후 회수기일도래기준으로 신고조정 가능	㉠ 원칙 : 인도기준(현재가치) ㉡ 특례 비상장중소기업은 회수기일도래기준 적용가능

 **TIP**

[자산의 판매손익 등의 귀속사업연도 유의사항]
① 상품권 판매는 기업회계기준과 동일하게 상품권을 회수한 시점에 익금으로 인식한다.
② 매출할인을 하는 경우 그 매출할인금액은 상대방과의 약정에 의한 지급기일(그 지급기일이 정하여 있지 아니한 경우에는 지급한 날)이 속하는 사업연도의 매출액에서 차감한다.

 **예제**

다음 자료로 (주)두더지상사의 세무조정을 하시오.

① 회사는 상품 판매에 대하여 상품권을 발행하고 있으며 12월 31일에 상품권 25,000,000원을 발행하고, 상품 매출로 처리하였다. 12월 31일까지 회수된 상품권은 없다.

구 분	회계처리	
기업회계	(차)	(대)
세무회계	(차)	(대)
조정차이	(차)	(대)
세무조정		

② 결산서상 상품재고액에는 (주)부산상회에 위탁판매하기 위하여 적송한 상품 12,000,000원이 포함되어 있다. (주)부산상회는 적송품 전액을 2025년 12월 30일에 15,000,000원에 판매하였으나 당사에는 2026년 1월 4일에 통보되어 2025년 매출에는 계상되지 않았다.

구 분	회계처리
기업회계	(차)　　　　　　　　　　　　　　　　(대)
세무회계	(차)　　　　　　　　　　　　　　　　(대)
조정차이	(차)　　　　　　　　　　　　　　　　(대)
세무조정	

【해설】

① 상품권은 판매한 시점에는 선수금으로 처리하고 상품등과 교환이 이루어져 상품권을 회수한 시점에 익금으로 보아야 하므로 익금불산입 처리한다.

구 분	회계처리			
기업회계	(차) 현금 등	25,000,000	(대) 상품매출	25,000,000
세무회계	(차) 현금 등	25,000,000	(대) 선수금	25,000,000
조정차이	(차) 상품매출 (수익감소)	25,000,000	(대) 선수금 (부채증가)	25,000,000
세무조정	〈익금불산입〉 상품매출(상품권) 25,000,000(유보발생)			

② 위탁판매는 수탁자가 판매한 시점에 익금(매출)과 손금(원가)으로 인식하여야 하므로 장부에 계상하지 않은 부분에 대하여 당해 사업연도에 산입하고 차기연도에 유보추인한다.

구 분	회계처리			
기업회계	회계처리 없음			
세무회계	(차) 외상매출금 　　 상품매출원가	15,000,000 12,000,000	(대) 상품매출 　　 상　품	15,000,000 12,000,000
조정차이	(차) 외상매출금 　　 (자산증가) 　　 상품매출원가 　　 (비용증가)	15,000,000 12,000,000	(대) 상품매출 　　 (수익증가) 　　 상　품 　　 (자산감소)	15,000,000 12,000,000
세무조정	〈익금산입〉 상품매출　　15,000,000(유보발생) 〈손금산입〉 상품매출원가　12,000,000(유보발생)			

3 용역제공 등에 의한 손익의 귀속사업연도

건설 등(건설·제조 기타 용역으로서 도급공사 및 예약매출을 포함한다)의 제공으로 인한 익금과 손금은 그 목적물의 건설 등의 착수일이 속하는 사업연도부터 그 목적물의 인도일이 속하는 사업연도까지 그 목적물의 건설 등을 완료한 정도(작업진행률)를 기준으로 하여 계산한 수익과 비용을 각각 해당 사업연도의 익금과 손금에 산입한다.

① 익 금 : 계약금액 × 작업진행률 − 직전 사업연도말까지 익금에 산입한 금액
② 손 금 : 해당 사업연도에 발생된 총비용

- 작업진행률 = $\dfrac{\text{해당 사업연도말까지 발생한 총공사비누적액}}{\text{총공사예정비}}$
- 총공사예정비 : 기업회계기준을 적용하여 계약 당시 추정한 공사원가에 해당 사업연도 말까지의 변동상황을 반영하여 합리적으로 추정한 공사원가를 말한다.
- 작업진행률 산정 : 원가기준법으로 측정하는 것이 원칙이지만, 건설의 수익실현이 작업시간·작업일수 또는 기성공사의 면적이나 물량 등과 비례관계가 있고, 전체 작업시간 등에서 이미 투입되었거나 완성된 부분이 차지하는 비율을 객관적으로 산정할 수 있는 건설의 경우에는 그 비율로 할 수 있다.

다만, 다음 중 어느 하나에 해당하는 경우에는 그 목적물의 인도일이 속하는 사업연도의 익금과 손금에 산입(인도기준) 할 수 있다.

① 중소기업인 법인이 수행하는 계약기간이 1년 미만인 건설등의 경우
② 기업회계기준에 따라 그 목적물의 인도일이 속하는 사업연도의 수익과 비용으로 계상한 경우

구 분		법인세법	기업회계
일반적인 건설 등	단기건설 공사	㉠ 원칙 : 진행기준 ㉡ 특례 : 중소기업은 인도기준으로 신고조정 가능	㉠ 원칙 : 진행기준 ㉡ 특례 : 비상장중소기업은 인도기준·완성기준 적용가능
	장기건설 공사	진행기준(강제사항)	진행기준
분양공사 등 예약매출*		㉠ 원칙 : 진행기준 ㉡ 특례 : 인도기준	인도기준

* 예약매출 : 매매목적물의 견본이나 안내서와 함께 판매조건을 매수희망자에게 제시하고 매수희망자가 이를 구입하기로 약정한 경우에 그 대금의 일부 또는 전부를 수수하는 판매방식(예 : 아파트분양, 선박제조 등)

4 이자수익 등의 귀속사업연도

구 분		법인세법	기업회계
이자수익	일반법인	① 원칙 : 실제로 받은 날(또는 받기로 한 날) ② 특례 : 기간경과분을 수익으로 계상한 경우에 이를 인정 **(단, 법인세가 원천징수되는 이자수익은 제외)**	발생주의 (기간경과분 이자수익을 인식)
	금융보험업을 영위하는 법인	① 원칙 : 실제로 받은 날(현금주의, 선수수익은 제외) ② 특례 : 기간경과분을 수익으로 계상한 경우에 이를 인정 **(단, 법인세가 원천징수되는 이자수익은 제외)**	
이자비용		① 원칙 : 실제로 지급한 날(또는 지급하기로 한 날) ② 특례 : **기간경과분을 비용으로 계상한 경우 인정** (단, 차입일로부터 이자지급일이 1년을 초과하는 특수관계인과의 거래에 따른 이자·할인액은 제외)	발생주의 (기간경과분 이자비용을 인식)
배당금수익		소득세법에 따른 배당소득의 수입시기 (잉여금처분결의일, 실제로 받은 날 등을 말한다)	발생주의

[원천징수되는 이자수익에 대해 발생주의를 배제하는 이유]
법인세법에 따른 원천징수는 이자수익에 대해 법인이 납부하여야 할 법인세를 이자수익이 지급되는 시점에서 미리 징수하여 납부하는 것이다. 만약 원천징수 대상인 이자수익에 대해 발생주의의 수용특례를 인정한다면 각 사업연도 소득에 포함되어 이미 법인세가 과세된 미수이자는 이자수익을 지급할 때 원천징수대상에서 제외하여야 한다. 그러나 원천징수의무자가 이미 과세된 이자수익을 일일이 확인하는 것은 대단히 어렵다. 이런 이유로 원천징수 대상인 이자수익은 발생주의를 배제하고 **실제로 받은 날(원천징수시기)을 기준으로 귀속사업연도**를 정한 것이다. 즉 원천징수의 편의를 위해서 불가피하게 발생주의를 배제하고 원천징수시기와 이자수익의 귀속시기(현금주의)를 일치시킨 것이다.

5 임대료 등 기타 손익의 귀속사업연도

구 분		법인세법	기업회계
임대손익	원칙	받기로 한 날(또는 실제로 받은 날)	발생주의 (기간경과분 임대수익 인식)
	특례	① 기간경과분을 임대수익으로 계상한 경우에는 이를 인정 (발생주의 수용) ② 임대료 지급기간이 1년을 초과하는 경우 : 기간경과분을 임대수익으로 인식(발생주의 강제)	
금전등록기 설치법인		그 금액이 실제로 수입된 사업연도	현금주의
사채할인발행차금		기업회계기준 수용	–

(주)두더지상사의 재무상태표 및 손익계산서에는 다음과 같은 계정과목이 포함되어 있으며 기업회계기준에 따라 정확하게 회계처리 하였다.

이자수익	5,000,000원	정기예금에 대한 이자수익으로서 만기는 차기 5월 20일이며 기간경과분을 계상한 것이다.
이자비용	6,000,000원	이자비용 6,000,000원 중 1,000,000원은 12월 발생분으로서 실제 지급일은 차기 1월 15일에 지급되었다.

구 분	회계처리	
기업회계	(차)	(대)
세무회계	(차)	(대)
조정차이	(차)	(대)
세무조정		

【해설】

- 이자수익 : 법인세법은 이중과세 문제로 인하여 원천징수대상에 대한 미수이자는 발생주의를 허용하지 않으므로 익금불산입한 후 차기 이자 입금시점에 유보추인한다.
- 이자비용 : 법인세법은 이자비용 당기 발생분에 대하여 미지급비용 계상(발생주의)을 수용하므로 별도의 세무조정은 필요하지 않다.

구 분	회계처리			
기업회계	(차) 미수수익 　　 이자비용	5,000,000 1,000,000	(대) 이자수익 　　 미지급비용	5,000,000 1,000,000
세무회계	미수수익(이자)은 회계처리 없음			
	(차) 이자비용	1,000,000	(대) 미지급비용	1,000,000
조정차이	(차) 이자수익 　　 (수익감소)	5,000,000	(대) 미수수익 　　 (자산감소)	5,000,000
세무조정	〈익금불산입〉 이자수익　5,000,000(유보발생) 이자비용은 별도의 세무조정 없음			

CHAPTER 03 세액의 계산

1. 과세표준의 계산

내국법인의 각 사업연도의 소득에 대한 법인세의 과세표준은 각 사업연도의 소득의 범위안에서 이월결손금·비과세소득 및 소득공제액을 순차적으로 공제하여 계산한다.

```
    각 사업연도 소득금액
(-) 이  월  결  손  금    (15년 이내에 개시한 사업연도에서 발생한 이월결손금)
(-) 비  과  세  소  득    (공익신탁의 신탁재산에서 생긴 이익)
(-) 소    득    공    제    (유동화전문회사 등에 대한 소득공제 등)
    과    세    표    준
```

이 경우 이월결손금 중 각 사업연도의 소득금액을 초과하는 금액은 공제시한이 남아 있는 한 차기로 이월하여 공제받을 수 있다. 그러나 과세표준을 계산할 때에 공제되지 못한 비과세소득 및 소득공제액(최저한세의 적용으로 인하여 공제되지 못한 소득공제액 포함)은 다음 사업연도에 이월하여 공제할 수 없다.

1 이월결손금의 공제

각 사업연도의 손금총액이 익금총액을 초과하는 금액을 각 사업연도의 세무상 결손금이라 한다.

[결손금의 공제제도]
① 원칙 : 다음연도로 이월하여 이월공제한다.   ② 예외 : 중소기업의 경우 소급공제를 허용한다.

(1) 이월결손금의 공제

각 사업연도의 개시일 전 15년 이내(2020.1.1.이전 발생분은 10년, 2009.1.1.이전 발생분은 5년)에 개시한 사업연도에 발생한 결손금으로서 소급공제 또는 그 후의 과세표준계산상 공제되지 않은 금액은 각 사업연도소득금액의 범위 안에서 이를 공제한다.

구 분	내 용

공제한도	원칙 : 각 사업연도 소득의 80%
	예외 : 각 사업연도 소득의 100%
	  ① 법원결정에 의한 회생계획이나 경영정상화계획을 이행중인 기업
	  ② 금융회사 또는 금융업무·구조조정업무를 행하는 공공기관과 협력을 체결하여 경영정상화 계획을 이행중인 법인
	  ③ 기업활력법에 따른 사업재편계획 승인을 받은 법인
	  ④ 조세특례제한법상 중소기업

구 분	내 용
공제순서	이월결손금이 여러 사업연도에서 발생한 경우 **먼저 발생한 결손금부터 순차적으로 공제**
공제배제	① 결손금소급공제를 받은 결손금 ② 자산수증이익·채무면제이익에 충당된 이월결손금 ③ 과세표준 추계결정·경정하는 때(천재지변 등의 사유는 공제 가능)

(2) 결손금 소급공제에 따른 환급

중소기업이 각 사업연도 소득금액의 결과 결손금이 발생한 경우에는 결손금을 소급공제에 의한 환급을 받을 수 있다. 이 경우 당해 결손금에 대하여는 이월결손금공제를 받은 것으로 보며 소급공제의 적용요건은 다음과 같다.

① 조세특례제한법에 의한 **중소기업**만 적용할 수 있다.
② 결손금이 발생한 사업연도와 그 **직전 사업연도의 소득**에 대한 법인세의 과세표준 및 세액을 각각 신고한 경우에 한하여 적용한다.
③ 직전 사업년도에 납부한 **법인세액**이 있어야 한다.
④ 과세표준신고기한 내에 납세지 관할세무서장에게 신청하여야 한다.

2 비과세소득

비과세소득이란 정책적인 목적 등을 위해 국가가 과세권을 포기한 소득을 말한다. 법인세법상 비과세소득은 **공익신탁의 신탁재산에서 발생되는 소득**이 있다.

3 소득공제

소득공제란 조세정책적 목적에서 이중과세의 조정 및 조세정책상 법인세를 과세하지 않는 제도를 말한다. 법인세법상 소득공제에는 유동화전문회사 등에 대한 소득공제가 있다.

예제

다음 자료를 이용하여 (주)두더지상사(중소기업)의 자본금과적립금조정명세서(갑)표 중 이월결손금계산서와 법인세과세표준및세액조정계산서를 작성하시오. (사업연도 : 2025.1.1 ~ 2025.12.31)

① 법인의 과세표준계산시 각 사업연도소득금액에서 차감하고 남은 이월결손금의 잔액은 다음과 같다.

구 분	2007년	2016년	2019년	2023년
결손금 발생총액	2,500원	6,000원	7,000원	8,000원
결손금 공제액	2,000원	3,000원	0원	0원
결손금 소급공제	0원	1,000원	0원	0원
결손금공제 후 잔액	500원	2,000원	7,000원	8,000원

② 위의 이월결손금 잔액은 당기에 대주주가 결손보전 목적으로 기증한 자산수증이익 천원(1,000원)을 상계하기 전의 금액이며 동 자산수증이익은 손익계산서상 영업외수익으로 포함되어 있으며 소득금액조정합계표에는 익금불산입으로 반영되어 있다.
③ 결산서상 당기순이익은 8,000원이며 세무조정 내역은 아래와 같다.
  ㉠ 익금산입, 손금불산입 9,000원(가산조정)
  ㉡ 손금산입, 익금불산입 5,000원(차감조정)
④ 비과세소득과 소득공제는 없다.
⑤ 자본금과적립금조정명세서(갑) : 이월결손금 계산서

Ⅱ. 이월결손금 계산서												
1. 이월결손금 발생 및 증감내역												
⑥ 사업 연도	이월결손금					감소내역				잔 액		
	발 생 액			⑩ 소급 공제	⑪ 차감계	⑫ 기공 제액	⑬ 당기 공제액	⑭ 보전	⑮ 계	⑯ 기한 내	⑰ 기한 경과	⑱ 계
	⑦계	⑧ 일반 결손금	⑨배분 한도초과 결손금 (⑨=㉕)									
계												

⑥ 법인세과세표준및세액조정계산서

① 각 사업연도 소득계산	⑩결 산 서 상 당 기 순 손 익		01	
	소 득 조 정 금 액	⑩익 금 산 입	02	
		⑩손 금 산 입	03	
	⑩차 가 감 소 득 금 액(⑩+⑩-⑩)		04	
	⑩기 부 금 한 도 초 과 액		05	
	⑩기 부 금 한 도 초 과 이 월 액 손 금 산 입		54	
	⑩각 사 업 연 도 소 득 금 액(⑩+⑩-⑩)		06	
② 과세표준 계산	⑩각 사 업 연 도 소 득 금 액(⑩=⑩)			
	⑩이 월 결 손 금		07	
	⑩비 과 세 소 득		08	
	⑪소 득 공 제		09	
	⑫과 세 표 준(⑩-⑩-⑩-⑪)		10	

[해설]

① 자본금과 적립금조정명세서(갑) : 이월결손금명세
- 중소기업에 해당하므로 각 사업연도 소득금액의 100% 한도로 이월결손금 공제 가능하다.
- 이월결손금계산서 작성시 자산수증이익을 결손보전에 충당하는 경우 세법상의 결손금으로서 발생연도와 상관없이 보전이 가능하므로 2007년(5년 이내 결손금) 발생분부터 순차적으로 보전한다.
- 15년(2020.1.1 이후 발생분부터) 이내 결손금 중 먼저 발생한 결손금부터 순차적으로 공제가 가능하며 2023년(15년 이내 결손금) 발생분 중 4,500원은 당기에 공제를 받지 못하고 잔액을 "기한내"에 기재하여 이월한다.

Ⅱ. 이월결손금 계산서

1. 이월결손금 발생 및 증감내역

⑥ 사업 연도	이월결손금			⑩ 소급 공제	⑪ 차감계	감소내역				잔 액		
	발생액					⑫ 기공 제액	⑬ 당기 공제액	⑭ 보전	⑮ 계	⑯ 기한 내	⑰ 기한 경과	⑱ 계
	⑦계	⑧ 일반 결손금	⑨배분 한도초과 결손금 (⑨=㉕)									
2007	2,500	2,500			2,500	2,000		500	2,500			
2016	6,000	6,000		1,000	5,000	3,000	1,500	500	5,000			
2019	7,000	7,000			7,000		7,000		7,000			
2023	8,000	8,000			8,000		3,500		3,500	4,500		4,500
계	23,500	23,500		1,000	22,500	5,000	12,000	1,000	18,000	4,500		4,500

② 법인세과세표준및세액조정계산서

① 각 사업연도 소득계산	⑪ 결 산 서 상 당 기 순 손 익	01	8,000	
	소 득 조 정 금 액	⑫ 익 금 산 입	02	9,000
		⑬ 손 금 산 입	03	5,000
	⑭ 차 가 감 소 득 금 액(⑪+⑫-⑬)	04	12,000	
	⑮ 기 부 금 한 도 초 과 액	05	0	
	⑯ 기 부 금 한 도 초 과 이 월 액 손 금 산 입	54	0	
	⑰ 각 사 업 연 도 소 득 금 액(⑭+⑮-⑯)	06	12,000	
② 과세표준 계산	⑱ 각 사 업 연 도 소 득 금 액(⑱=⑰)		12,000	
	⑲ 이 월 결 손 금	07	12,000	
	⑳ 비 과 세 소 득	08	0	
	㉑ 소 득 공 제	09	0	
	㉒ 과 세 표 준(⑱-⑲-⑳-㉑)	10	0	

2. 산출세액 및 차가감 납부할 세액

	과 세 표 준	
(×)	세 율	2억원↓ 9%, 2억원↑ 19%, 200억원↑ 21%, 3,000억원↑ 24%
=	산 출 세 액	
(−)	세 액 감 면	
(−)	세 액 공 제	
(+)	가 산 세	
(−)	감 면 분 추 가 납 부 세 액	
=	총 부 담 세 액	
(−)	기 납 부 세 액	중간예납세액, 원천납부세액, 수시부과세액
	차 감 납 부 할 세 액	
(−)	사실과다른회계처리경정세액공제	
(−)	분 납 할 세 액	
=	차 감 납 부 세 액	각 사업연도 종료일로부터 3월 이내에 자진신고·납부

1 산출세액

(1) 법인세의 세율

내국법인의 각 사업연도의 소득에 대한 법인세 산출세액은 과세표준에 다음의 세율을 적용하여 계산한 금액(토지등 양도소득에 대한 법인세액과 미환류 소득에 대한 법인세액이 있는 경우 이를 합한 금액)으로 한다. 다만, 부동산임대업을 주업으로 하는 성실신고확인대상(제60조의2제1항제1호) 소규모 법인에 해당하는 경우 9% 적용 구간이 없어지고 과세표준 200억원 이하는 일괄 19%로 상향조정되어 적용한다.

과세표준	세 율	누진공제
2억원 이하	과세표준 × 9%	
2억원 초과 200억원 이하	1,800만원 + (과세표준 − 2억원) × 19%	2천만원
200억원 초과 3,000억원 이하	37억8천만원 + (과세표준 − 200억원) × 21%	4억2천만원
3,000억원 초과	625억8천만원 + (과세표준 − 3,000억원) × 24%	94억2천만원

(2) 사업연도가 1년 미만인 경우

$$\text{법인세 산출세액} = \left(\text{과세표준} \times \frac{12}{\text{사업연도의 월수}^*} \times \text{세율}\right) \times \frac{\text{사업연도의 월수}^*}{12}$$

* 여기서 월수는 역에 따라 계산하되, 1월 미만의 일수는 1월로 한다.

> (주)두더지상사는 당해연도에 사업을 개시하였다. 법인세 산출세액을 계산하시오.
>
> ■ 사업연도 : 2025.7.1. ~ 2025.12.31.   ■ 과세표준 : 2억원

【해설】
사업연도가 1년 미만인 내국법인의 각 사업연도의 소득에 대한 법인세는 사업연도 과세표준 금액을 12개월로 환산하여 적용하여야 한다.
① 환산과세표준 = 2억원 × 12월 / 6월 = 4억원
② 산출세액 = (2억원 × 9% + 2억원 × 19%) × 6월 / 12월 = 28,000,000원

2 세액감면

세액감면이란 특정한 소득에 대해 사후적으로 세금을 완전히 면제(세액면제)해 주거나 또는 일정한 비율만큼 경감해 주는 것(세액경감)을 말한다. 이 경우 그 감면세액(또는 면제세액)은 별도의 규정이 있는 경우를 제외하고는 다음과 같이 계산한다.

$$\text{감면세액(또는 면제세액)} = \text{법인세 산출세액} \times \frac{\text{감면(면제)소득}}{\text{과세표준}} (100\% \text{ 한도}) \times \text{감면율}$$

여기서 '감면(면제)소득'은 해당 소득금액에서 다음의 이월결손금·비과세소득 및 소득공제액을 공제한 금액으로 한다.

(1) 세액감면의 종류

현행 법인세법에는 세액감면이 없으나 조세특례제한법은 여러 가지 세액감면을 규정하고 있는데, 이것은 다음과 같이 분류된다.

구 분	내 용
일반감면	감면대상소득이 발생하면 기간(시기)의 제한이 없이 감면한다.
기간감면	감면대상사업에서 최초로 소득이 발생한 사업연도와 그 다음 사업연도의 개시일부터 일정기간 동안만 법인세를 감면한다.

(2) 조세특례제한법에 따른 세액감면(시험출제 주요내용)

구 분	감면대상자	감면율	감면대상소득
중소기업 특별세액감면	제조업 등을 영위하는 중소기업의 해당 사업장에서 발생하는 소득에 대한 법인세(2025.12.31.까지)	5% ~ 30% (일반감면)	해당 사업에서 발생한 소득
창업중소기업에 대한 세액감면	수도권 과밀억제권역 외의 지역에서 창업한 중소기업, 창업벤처중소기업 등(2027.12.31.까지)	최초 5년간 50% ~ 100%	

 **TIP**

[중소기업에 대한 특별세액감면]
① 법인의 **본점**을 기준으로 감면율을 적용한다. 예로 본점이 수도권에 있는 경우 모든 사업장이 수도권에 있는 것으로 보고 감면율을 적용한다.
② 감면한도는 **1억원**이나 해당 사업연도의 상시근로자 수가 직전 과세연도의 상시근로자 수보다 감소하는 경우 1억원에서 감소한 상시근로자 1명당 500만원씩을 뺀 금액을 한도로 한다.
③ **최저한세 적용대상**이며, 다른 세액감면 및 세액공제와 **중복**으로 적용할 수 **없다**. 다만, **사회보험료** 세액공제와 **고용증대** 세액공제와는 **중복** 공제를 적용할 수 **있다**.
④ 복식부기의무자(개인사업자)가 **사업용계좌**를 **미신고**한 경우 감면을 받을 수 **없다**.

3 세액공제(시험출제 주요내용)

세액공제란 산출세액에서 일정액을 공제하는 것을 말한다. 현행 법인세법 및 조세특례제한법에 따른 세액공제는 다음과 같이 분류된다.

구 분	종 류	최저한세	이월공제
법인세법	① 외국납부세액공제 ② 재해손실세액공제 ③ 사실과 다른 회계처리에 기인한 경정에 따른 세액공제	적용제외	10년간 이월공제 - 10년간 이월공제
조세특례제한법	① 연구·인력개발비에 대한 세액공제* ② 각종 투자세액공제 ③ 그 밖의 세액공제	적용대상	10년간 이월공제 10년간 이월공제 10년간 이월공제

* 연구·인력개발비에 대한 세액공제시 **중소기업**은 **최저한세 적용대상**에서 제외된다.

(1) 외국납부세액(법인세법 제57조)

내국법인은 국내외 원천소득을 불문하고 전 세계에서 발생한 소득에 대하여 우리나라 법인세의 납세의무를 진다. 따라서 내국법인이 국외에서 얻는 소득에 대해서는 우리나라의 법인세와 함께 그 원천지국의 법인세를 동시에 부담하게 되는데, 이것을 '**국제적 이중과세**'라고 한다.

국제적 이중과세를 조정하기 위하여 외국납부세액제도를 두고 있으며 적용할 때 외국정부에 납부하였거나 납부할 외국법인세액이 해당 사업연도의 공제한도금액을 초과하는 경우 그 초과하는 금액은 해당 사업연도의 다음 사업연도부터 **10년이내**에 종료하는 과세기간에 이월하여 그 이월된 사업연도의 공제한도금액 내에서 **공제**받을 수 있다. 다만, 외국법인세액을 이월공제기간 내에 공제받지 못한 경우 그 공제받지 못한 외국법인세액은 **이월공제기간의 종료 다음 사업연도**의 소득금액을 계산할 때 **손금**에 **산입**할 수 있다.

$$\text{공제한도금액} = \text{법인세 산출세액} \times \frac{\text{국외원천소득}}{\text{과세표준}}$$

(2) 재해손실세액공제(법인세법 제58조)

　법인이 각 사업연도 중 천재지변, 그 밖의 재해로 인하여 **자산총액의 20% 이상**을 상실하여 납세가 곤란하다고 인정되는 경우에는 다음의 금액을 산출세액에서 공제한다.

> 재해손실세액공제액 = Min(①, ②)
> ① 공제세액 = 공제대상 법인세액 × 재해상실비율　　② 한도액 = 상실된 자산가액

(3) 사실과 다른 회계처리를 원인으로 하는 경정에 따른 세액공제(법인세법 제58조의3)

　내국법인이 다음의 요건을 모두 충족하는 사실과 다른 회계처리(분식회계)를 하여 과세표준 및 세액을 과다하게 계상함으로써 경정을 청구하여 경정을 받은 경우에는 납세지 관할 세무서장 또는 지방국세청장은 과다 납부한 세액을 환급하지 아니하고 그 경정일이 속하는 사업연도부터 각 사업연도의 법인세액에서 과다 납부한 세액을 순차적으로 공제한다.

> ① 사업보고서 및 주식회사등의 외부감사에 따른 감사보고서를 제출할 때 수익 또는 자산을 과다 계상하거나 손비 또는 부채를 과소 계상할 것
> ② 내국법인, 감사인 또는 그에 소속된 공인회계사가 경고·주의 등의 조치를 받을 것

　이 경우 각 사업연도별로 공제하는 금액은 과다 납부한 세액의 100분의 20을 한도로 하고, 공제 후 남아 있는 과다 납부한 세액은 이후 사업연도에 이월하여 공제한다.

(4) 연구 및 인력개발비에 대한 세액공제(조세특례제한법 제10조)

　내국인이 각 과세사업연도에 연구개발 및 인력개발을 위해 지출한 비용이 있는 경우 법인세에서 세액공제를 받을 수 있다. 이 경우 ①과 ②는 2029년 12월 31일까지 발생한 해당 연구·인력개발비에 대해서만 적용하며 ①과 ②를 동시에 적용받을 수 있는 경우에는 납세의무자의 선택에 따라 그 중 **하나만을 적용**한다. 또한, **중소기업의 경우 최저한세 적용을 받지 않는다.**

> ① 신성장·원천기술연구개발비
> ② 국가전략기술연구개발비(반도체분야기술은 2031년 12월 31일까지 적용)
> ③ ①과 ②에 해당하지 아니하거나 ①과 ②를 선택하지 아니한 일반연구·인력개발비

구 분	내 용
연구 및 인력개발비 범위	① 연구소 및 전담부서 　㉠ 과학기술정보통신부장관의 인정을 받은 기업부설연구소 또는 연구개발전담부서 　㉡ 문화산업진흥기본법에 따른 기업부설창작연구소 또는 기업창작전담부서 　㉢ 산업디자인진흥법에 따른 산업디자인전문회사 ② 신성장·원천기술 　㉠ 신성장·원천기술의 연구개발업무만을 수행하는 국내 소재 전담부서등 및 연구개발서비스업을 영위하는 기업 　㉡ 신성장·원천기술연구개발업무에 관한 별도의 조직을 구분하여 운영하는 경우 : 그 내부조직 　㉢ ㉡ 외의 경우 : 신성장·원천기술연구개발업무 및 일반연구개발을 모두 수행하는 전담부서등 및 연구개발서비스업을 영위하는 기업

구 분	내 용
연구 및 인력개발비 범위	③ 전담부서등에서 연구업무에 종사하는 자 전담부서등에서 연구업무에 종사하는 연구전담요원(산업디자인전문회사의 경우 연구업무에 종사하는 전문인력) 및 연구개발업무를 직접적으로 지원하는 연구보조원과 연구개발서비스업에 종사하는 전담요원
공제대상 비용	**[연구개발]** ① 자체연구개발 　㉠ 연구개발 또는 문화산업 진흥 등을 위한 연구소 또는 전담부서에서 근무하는 직원(**연구개발과제를 직접 수행하거나 보조하지 않고 행정 사무를 담당하는 자는 제외**) 및 연구개발서비스업에 종사하는 전담요원으로서의 인건비(**퇴직소득, 퇴직급여충당금, 퇴직연금부담금은 제외**) 　㉡ 전담부서등 및 연구개발서비스업자가 연구용으로 사용하는 견본품·부품·원재료와 시약류구입비(시범제작에 소요되는 외주가공비를 포함) 및 소프트웨어(문화상품 제작을 목적으로 사용하는 경우에 한정)·서체·음원·이미지의 대여·구입비 　㉢ 전담부서등 및 연구개발서비스업자가 직접 사용하기 위한 연구·시험용 시설의 임차 또는 위탁연구개발에 따른 기관의 연구·시험용 시설의 이용에 필요한 비용 ② 위탁 및 공동연구개발 　㉠ 대학 등의 기관에 과학기술 및 산업디자인 분야의 연구개발용역을 위탁(재위탁을 포함)함에 따른 비용(**전사적 기업자원 관리설비, 판매시점 정보관리 시스템 설비 등 기업의 사업운영·관리·지원 활동과 관련된 시스템 개발을 위한 위탁비용은 제외**) 및 이들 기관과의 공동연구개발을 수행함에 따른 비용 　㉡ 대학 또는 전문대학에 소속된 개인(**조교수 이상으로 한정**)에게 과학기술분야의 연구개발용역을 위탁함에 따른 비용 ③ 해당 기업이 그 종업원 또는 종업원 외의 자에 대한 직무발명 보상금 지급으로 발생한 금액 ④ 기술정보비(기술자문비를 포함) 또는 도입기술의 소화개량비로서의 비용 ⑤ 중소기업이 한국생산기술연구원과 전문생산기술연구소의 기술지도 또는 중소기업진흥에 관한 법률에 따른 기술지도를 받음에 따라 발생한 비용 ⑥ 중소기업에 대한 공업 및 상품디자인 개발지도를 위하여 발생한 비용 ⑦ 중소기업이 발명진흥법에 따라 지정된 산업재산권 진단기관의 특허 조사·분석을 받음에 따라 발생한 비용 **[인력개발]** ① 위탁훈련비(전담부서등에서 연구업무에 종사하는 연구요원으로 한정) 　㉠ 국내외의 전문연구기관 또는 대학에의 위탁교육훈련비 　㉡ 직업훈련기관에 위탁훈련비 　㉢ 고용노동부장관의 승인을 받아 위탁훈련하는 경우의 위탁훈련비 　㉣ 중소기업이 기술연수를 받기 위하여 발생한 비용 　㉤ 그 밖에 자체기술능력향상을 목적으로 한 국내외 위탁훈련비 ② 사내직업능력개발훈련 실시 및 직업능력개발훈련 관련사업 실시에 소요되는 비용 ③ 중소기업에 대한 인력개발 및 기술지도를 위하여 발생하는 비용 ④ 생산성 향상을 위한 인력개발비 ⑤ 사내기술대학(대학원을 포함) 및 사내대학의 운영에 필요한 비용 ⑥ 학교 또는 산업수요 맞춤형 고등학교 등과의 계약을 통해 설치·운영되는 직업교육훈련과정 또는 학과 등의 운영비로 발생한 비용

구 분	내 용
공제대상 비용	⑦ 산업수요 맞춤형 고등학교 등과 사전 취업계약 등을 체결한 후, 직업교육훈련을 받는 해당 산업수요 맞춤형 고등학교의 재학생에게 해당 훈련기간 중 지급한 훈련수당, 식비, 교재비 또는 실습재료비(생산 또는 제조하는 물품의 제조원가 중 직접 재료비를 구성하지 않는 것만 해당함) ⑧ 사전 취업약정 등을 체결하고 해당 현장실습 종료 후 현장실습을 이수한 대학생을 채용한 경우 현장실습 기간 중 해당 대학생에게 지급한 현장실습 지원비(생산 또는 제조하는 물품의 제조원가 중 직접 재료비를 구성하지 않는 것만 해당함)

공제제외
비용
	① 연구개발출연금등을 지급받아 연구개발비로 지출하는 금액
	② 국가, 지방자치단체, 공공기관 및 지방공기업으로부터 연구개발 또는 인력개발 등을 목적으로 출연금 등의 자산을 지급받아 연구개발비 또는 인력개발비로 지출하는 금액
	③ 소득세법 및 법인세법에 해당하는 퇴직소득, 퇴직급여충당금, 퇴직연금 부담금 등
	④ 주주인 임원으로서의 인건비
	   ㉠ 부여받은 주식매수선택권을 모두 행사하는 경우 해당 법인의 총발행주식의 100분의 10을 초과하여 소유하게 되는 자
	   ㉡ 해당 법인의 주주로서 지배주주등 및 해당 법인의 총발행주식의 100분의 10을 초과하여 소유하는 주주
	   ㉢ 법인세법상 특수관계인(당해 법인의 임원인 경우 제외)
	⑤ 신성장·원천기술연구개발업무 및 일반연구개발을 모두 수행하는 전담부서등 및 연구개발서비스업을 영위하는 기업에 해당하는 경우로서 신성장·원천기술연구개발업무와 일반연구개발을 동시에 수행한 사람
	⑥ 기업부설연구소 인증기간 유효기간 만료 및 취소 이후 발생한 비용

(5) 통합투자세액공제(조세특례제한법 제24조)

투자세액공제란 **사업용자산(유형자산 및 무형자산)**을 과세기간에 새로 취득하여 **투자**한 경우에 해당 투자금액의 일정률에 상당하는 금액을 법인세에서 공제하는 제도를 말한다. 다만, **중고품 및 금융리스 외의 리스에 의한 투자는 투자세액공제가 적용되지 않는다.** 법인세를 공제받은 자가 투자완료일부터 **5년 이내**의 기간 내에 그 자산을 **다른 목적**으로 **전용**하는 경우에는 공제받은 세액공제액 상당액에 이자 상당 가산액을 가산하여 **법인세**로 **납부**하여야 한다.

① 건축물 및 구축물 : 5년
② 신성장사업화시설 또는 국가전략기술사업화시설 중 해당 기술을 사용하여 생산하는 제품 외에 다른 제품의 생산에도 사용되는 시설 : 투자완료일이 속하는 과세연도의 다음 3개 과세연도의 종료일까지의 기간
③ ① 및 ② 외의 사업용자산 : 2년

(6) 고용을 증대시킨 기업에 대한 세액공제(조세특례제한법 제29조의7)

내국인(소비성서비스업 등은 제외)의 2024년 12월 31일이 속하는 과세연도까지의 기간 중 해당 과세연도의 상시근로자의 수가 **직전 과세연도의 상시근로자의 수보다 증가**한 경우에는 다음에 따른 금액을 더한 금액을 해당 과세연도와 해당 과세연도의 종료일부터 1년(중소기업 및 중견기업의 경우에는 2년)이 되는 날이 속하는 과세연도까지의 법인세에서 공제한다. 또한 **중소기업특별세액감면과 중복공제가 가능하다.**

① 청년(15세 이상 ~ 29세 이하) 정규직 근로자, 장애인 근로자, 60세 이상인 근로자 등의 증가한 인원 수에 400만원(중견기업 800만원, 중소기업 1,100만원(수도권 밖 1,200만원))을 곱한 금액
② ①외 상시근로자의 증가한 인원 수 × 0원(중견기업 450만원, 중소기업 수도권내 700만원(수도권 밖 770만원))

(7) 통합고용세액공제(조세특례제한법 제29조의8)

- 고용증대 세액공제를 중심으로 5개의 고용지원제도를 통합하여 "통합고용세액공제"를 신설
  ㉠ 고용증대 세액공제
  ㉡ 사회보험료 세액공제(중소기업)
  ㉢ 경력단절여성 세액공제(중소기업 및 중견기업)
  ㉣ 정규직 전환 세액공제(중소기업 및 중견기업)
  ㉤ 육아휴직 복귀자 세액공제(중소기업 및 중견기업)
- ㉠과 ㉡의 청년 범위 : 15세 이상 ~ 29세 이하
- 적용시기 : 2023년 1월 1일이후 개시하는 과세연도 분부터 적용
- 다만, 2023년 및 2024년 과세연도 분에 대해서는 기업이 "통합고용세액공제"와 기존 "고용증대 및 사회보험료 세액공제" 중 선택하여 적용 가능(중복 적용 불가)

내국인(소비성서비스업 등은 제외)의 2025년 12월 31일이 속하는 과세연도까지의 기간 중 해당 과세연도의 청년 정규직 근로자 등 상시근로자의 수가 직전 과세연도의 상시근로자의 수보다 증가한 경우에는 해당 과세연도와 해당 과세연도의 종료일부터 1년(중소기업 및 중견기업의 경우에는 2년)이 되는 날이 속하는 과세연도까지의 소득세(사업소득에 대한 소득세만 해당) 또는 법인세에서 공제한다.

① 기본공제 : 고용증가인원 × 1인당 세액공제액

구 분	공제액(단위 : 만원)			
	중소기업(3년)		중견기업(3년)	대기업(2년)
	수도권	지방		
일반	850	950	450	−
청년정규직*, 장애인, 60세 이상, 경력단절여성	1,450	1,550	800	400

* 청년 : 15세 이상 ~ 34세 이하

② 추가공제 : 인원수 × 1인당 세액공제액(1년)

구 분	공제액(단위 : 만원)	
	중소기업	중견기업
정규직 전환자, 육아휴직복귀자	800	900

> [중복적용의 배제]
> 조세특례제한법상 동일한 과세기간에 세액감면(일정기간 감면과 중소기업특별세액감면과 통합투자세액공제)를 **동시에 적용받을 수 없으므로 그 중 하나만 선택하여 적용**받을 수 있다. 다만, 통합투자세액공제액이 최저한세의 적용 또는 결손금의 발생으로 인해 이월된 경우에는 동일과세연도에도 최저한세 범위내에서 중소기업특별세액감면과 해당 **이월공제액은 중복**하여 **적용이 가능**하다.
>
> [공제 · 감면의 적용순서]
> 법인세법 및 다른 법률의 적용에 있어서 법인세의 감면에 관한 규정과 세액공제에 관한 규정이 동시에 적용되는 경우 그 적용순위는 별도의 규정이 있는 경우 외에는 다음의 순서에 의한다. 이 경우 ① · ②의 금액을 합한 금액이 법인이 납부할 법인세액(토지등양도소득에 대한 법인세 및 가산세 제외)을 초과하는 경우에는 그 초과액은 이를 없는 것으로 한다.
> ① 각 사업연도의 소득에 대한 세액감면(면제 포함)
> ② 이월공제가 인정되지 않는 세액공제
> ③ 이월공제가 인정되는 세액공제(이 경우 해당 사업연도 중에 발생한 세액공제액과 이월된 미공제액이 함께 있는 때에는 이월된 미공제액을 먼저 공제한다.)
> ④ 사실과 다른 회계처리에 기인한 경정에 따른 세액공제(이 경우 해당 사업연도 중에 발생한 세액공제액과 이월된 미공제액이 함께 있는 경우에는 이월된 미공제액을 먼저 공제한다.)
>
> [추계결정 또는 추계경정의 경우 세액계산의 특례]
> 내국법인이 추계결정 또는 추계경정을 받는 경우에는 법인세법에서 규정하는 이월결손금 및 외국납부세액공제와 조세특례제한법에서 규정하고 있는 세액공제 등을 적용하지 아니한다.

4 최저한세

최저한세 제도란 기업이 조세감면을 적용받음으로 인하여 최저한세액에 미달하는 세부담이 초래되는 경우 그 미달하는 세액에 상당하는 부분에 대하여 조세감면을 배제하는 제도를 말한다. 그 취지는 세부담의 형평성 · 세제의 중립성 · 국민개납 · 재정확보측면에서 소득이 있으면 누구나 최소한의 세금을 내도록 하기 위한 것이다.

(1) 최저한세의 적용방법

각 사업연도의 소득에 대한 법인세(외국법인의 국내원천소득에 대한 법인세 포함)를 계산할 때에 최저한세 적용대상 조세감면 등을 적용받은 후의 세액(이하 '감면후세액'이라 한다)이 다음 산식에 따라 계산한 최저한세액에 미달하는 경우 그 미달하는 세액에 상당하는 부분에 대해서는 감면 등을 하지 않는다.

> 최저한세액 = 조세감면 전 과세표준* × 최저한세 적용세율**
>
> * 최저한세 적용대상인 조세특례제한법에 의한 준비금 · 특별감가상각비 · 소득공제 · 익금불산입 · 비과세금액을 적용하지 않은 경우의 과세표준
> ** 최저한세 적용세율
> ① 중소기업 및 사회적기업 : 7%(유예기간 4년 포함)
> ② 일반기업 : 10%(단, 유예기간 후 1년 ~ 3년차 8%, 유예기간 후 4년 ~ 5년차 9%, 100억원 초과분 12%, 1,000억원 초과 17%)

(2) 최저한세의 적용대상이 되는 조세감면 등의 범위

최저한세 적용은 모든 세액감면과 세액공제등에 해당하는 것이 아니므로 구분하여 적용대상만 [최저한세조정계산서]를 작성한다. 또한 [법인세과세표준 및 세액조정계산서]에도 '121.최저한세 적용대상 공제감면세액'과 '123.최저한세 적용 제외 공제감면세액'란 구분하여 기재한다. 본서에서는 시험 준비시 숙지해야 하는 일부분만 기재한다.

구 분	최저한세의 적용대상(일부)
익금불산입 손금산입	■ 연구·인력개발준비금 ■ 중소기업지원설비에 대한 손금산입의 특례 ■ 설비투자자산의 감가상각비 손금산입 특례 등
비과세	■ 중소기업창업투자회사 등의 주식양도차익 등에 대한 비과세 등
소득공제	■ 자기관리부동산투자회사 등에 대한 과세특례
세액감면	■ 창업중소기업에 대한 세액감면 ■ 중소기업특별세액감면
세액공제	■ 통합투자세액공제 ■ 기업의 어음제도 개선을 위한 세액공제 ■ 연구 및 인력개발비세액공제(단, 중소기업의 경우에는 최저한세 적용 배제) ■ 고용을 증대시킨 기업에 대한 세액공제 및 사회보험료 세액공제 ■ 통합고용세액공제

 **TIP**

[최저한세 적용대상 여부확인(프로그램)]
최저한세 적용 또는 배제되는 세액감면과 공제는 **[공제감면세액 및 추가납부세액합계표]** 메뉴에서 확인한다.

(3) 조세감면의 배제순위

감면후세액이 최저한세액에 미달하는 경우에는 감면후세액이 최저한세액 이상이 되도록 최저한세 적용대상 조세감면 중 일부를 배제하여야 한다. 이 경우 납세의무자가 신고 또는 수정신고하는 경우에는 납세의무자의 임의선택에 따라 배제하지만, 경정하는 경우에는 일정한 순서가 필요하다.

따라서 조세특례제한법은 납세의무자가 신고(수정신고 및 경정 등의 청구 포함)한 법인세액이 최저한세액에 미달하여 법인세를 경정하는 경우에는 다음의 순서(동일 호 내에서는 조문 순서에 따른다)에 따라 감면을 배제하여 추징세액을 계산하도록 규정하고 있다.

① 손금산입 및 익금불산입
② 세액공제(이 경우 동일 조문에 따른 감면세액 중 이월된 공제세액이 있는 경우에는 나중에 발생한 것부터 적용 배제한다.)
③ 세액감면
④ 비과세 및 소득공제

(4) 최저한세 계산구조

1단계 : 감면 후 세액계산	2단계 : 최저한세 계산	3단계 : 감면배제 금액 결정
과 세 표 준 (×) 세 율 ───────────── 산 출 세 액 (−) 세 액 감 면 ┐최저 (−) 세 액 공 제 ┘한세 ───────────── 대상 차 감 세 액(A) (감면후세액)	과 세 표 준 ┐ (+) 특별감가상각비 │최 (+) 익 금 불 산 입 │저 (+) 손 금 산 입 │한 (+) 비 과 세 │세 (+) 소 득 공 제 │대 ┘상 감면전과세표준 (×) 7% · 10% ───────────── 최 저 한 세 (B)	① [감면 후 세액(A)] ≧ [최저한세(B)] : 감면배제 금액 **없음** ② [감면 후 세액(A)] < [최저한세(B)] : B와 A의 **차액**만큼 감면을 **배제**
		4단계 : 차가감납부할세액계산
		차가감납부할세액 = 차감세액(감면후세액) − 최저한세적용 제외공제감면세액 + 가산세 − 기납부 세액

 예 제

다음은 (주)두더지상사의 제10기 법인세신고에 관한 자료이며 중소기업에 해당한다. 제시된 것 외에 다른 조정항목은 없으며 최저한세를 산출하고 필요한 경우 조세특례항목 적용을 배제하시오.

손익계산서상 당기순이익	250,000,000원
익금산입 및 손금불산입	90,000,000원
손금산입 및 익금불산입	20,000,000원
이월결손금(15년 이내 결손금)	20,000,000원
통합투자세액공제	35,000,000원
연구및인력개발비세액공제	10,000,000원

[최저한세조정계산서]

구 분		감면후세액	최저한세	조정감	조정후세액
결산서상 당기순이익					
소 득 조정금액	익금산입				
	손금산입				
조정후 소득금액					
이월결손금					
과세표준금액					
세율					
산출세액					
최저한세 적용대상 공제·감면세액					
차감세액(감면후세액)					

【해설】
① 1단계 : 감면 후 세액계산
- 각사업연도소득금액 = 250,000,000원 + 90,000,000원 − 20,000,000원 = 320,000,000원
- 과세표준 = 320,000,000원 − 20,000,000원 = 300,000,000원
- 산출세액 = 18,000,000원 + (1억원 × 19%) = 37,000,000원
- 차감세액(감면후세액) = 37,000,000원 − 35,000,000원 = 2,000,000원
  → 중소기업에 해당하므로 연구및인력개발비세액공제는 최저한세 적용을 받지 않는다.

② 2단계 : 최저한세 계산
300,000,000원 × 7%(중소기업) = 21,000,000원

③ 3단계 : 감면배제 금액 결정
감면 후 세액 2,000,000원 < 최저한세 21,000,000원 → **19,000,000원(조정감에 의한 배제금액)**
통합투자세액공제는 16,000,000원만 공제 가능하다.

④ 4단계 : 차가감납부할세액
21,000,000원 − 10,000,000원(연구및인력개발비세액공제) = 11,000,000원

구 분		감면후세액	최저한세	조정감	조정후세액
결산서상 당기순이익		250,000,000	250,000,000		250,000,000
소득조정금액	익금산입	90,000,000	90,000,000		90,000,000
	손금산입	20,000,000	20,000,000		20,000,000
조정후 소득금액		320,000,000	320,000,000		320,000,000
이월결손금		20,000,000	20,000,000		20,000,000
과세표준금액		300,000,000	300,000,000		300,000,000
세율		19%	7%		19%
산출세액		37,000,000	21,000,000	감면배제금액	37,000,000
최저한세 적용대상 공제·감면세액		35,000,000	일치	19,000,000	16,000,000
차감세액(감면후세액)		2,000,000			21,000,000

5 가산세

구 분	적용대상과 가산세
무신고 가산세	법정신고기한까지 과세표준 신고서를 제출하지 않는 경우 ■ 무신고 가산세 : Max[①, ②] 　① 무신고 납부세액 × 20%(부당 40%, 역외거래 60%) 　② 수입금액 × 7/10,000(부당 14/10,000) ■ 무신고 가산세 감면 　① 1개월 이내 신고 : 50% 감면 　② 1개월 초과 3개월 이내 신고 : 30% 감면 　③ 3개월 초과 6개월 이내 신고 : 20% 감면

구 분	적용대상과 가산세

과소신고 가산세	과세표준신고서를 제출한 경우로서 신고한 과세표준이 신고하여야 할 과세표준에 미달하는 경우
	
	■ 일반적인 과소신고 가산세 : 과소신고 납부세액 × 10%
	■ 부당행위로 인한 과소신고 가산세 : Max[①, ②] + ③
	  ① 과소신고납부세액 × 40%(역외거래 60%) ② 수입금액 × 14/10,000
	  ③ (과소신고납부세액 − 부정과소신고납부세액) × 10%
	■ 과소신고 가산세 감면
	  ① 1개월 이내 신고 : 90% 감면
	  ② 1개월 초과 3개월 이내 신고 : 75% 감면
	  ③ 3개월 초과 6개월 이내 신고 : 50% 감면
	  ④ 6개월 초과 1년 이내 신고 : 30% 감면
	  ⑤ 1년 초과 1년 6개월 이내 신고 : 20% 감면
	  ⑥ 1년 초과 2년 이내 신고 : 10% 감면

무기장 가산세	법인이 장부의 비치·기장의무를 이행하지 아니한 경우 Max[①, ②] ① 산출세액 × 20% ② 수입금액 × 0.07% ※ 신고불성실가산세(무신고가산세, 과소신고가산세)와 무기장가산세가 **동시**에 적용되는 경우에는 그 중 **큰** 가산세를 적용하고, **같을** 경우에는 **신고불성실가산세**를 적용한다.
납부(환급) 지연 가산세	납부기한까지 법인세를 납부하지 않았거나 미달한 경우 미달납부(초과환급)세액(가산할 이자상당액 포함) × 경과일수 × 2.2/10,000

원천징수 납부지연 가산세	원천징수한 세액을 납부기한이 경과하여 납부하거나 원천징수납부하지 아니한 경우
	
	  Max[①, ②] ① 미달납부세액 × 3% + 미달납부세액 × 2.2/10,000 × 경과일수
	            ② 미달납부세액 × 10%

지출증명서류 미수취가산세	사업자로부터 건당 3만원을 초과하는 재화 또는 용역을 공급받고 법정증빙 서류를 수취하지 아니하는 경우와 사실과 다른 증빙을 수취한 경우(손금불산입 되는 경우는 제외) 법정증빙서류 미수취금액(VAT 포함금액) × 2%
지급명세서 제출불성실 가산세	지급명세서를 법정기한 내에 제출하지 아니하거나 제출된 지급명세서의 내용이 불분명한 경우 미제출한 지급금액(또는 불분명한 지급금액) × 1%(일용직 0.25%)* * 기한 후 3개월 이내 제출 0.5%(단, 일용직은 1개월 이내 제출 0.125%)
간이지급명세서 제출불성실 가산세	간이지급명세서를 미제출하거나 불분명하게 제출하는 경우 미제출·불분명 지급금액 × 0.25%* * 기한 후 3개월 이내 제출시 0.125%(사업소득은 1개월 이내 제출 0.125%)

구 분	적용대상과 가산세
성실신고확인서 미제출 가산세	성실신고확인서 제출대상 법인이 성실신고 확인서를 제출하지 않은 경우 Max[①, ②] ① 산출세액 × 5% ② 수입금액 × 2/10,000
주주등명세서 제출불성실 가산세	법인 설립 후 최초 법인세 신고시 제출 등을 하지 않은 경우 미제출·누락제출·불분명 주식액면금액 또는 출자가액 × 0.5%* * 기한 후 1개월 이내 제출 0.25%
주식등 변동상황 명세서 미제출 가산세	주식 및 출자지분 변동상황명세서를 제출하지 아니하거나 변동 상황을 누락하여 제출한 경우와 필요적 기재사항이 불분명한 경우 미제출·누락제출·불분명하게 제출한 주식 등의 액면금액 × 1%* * 기한 후 1개월 이내 제출 0.5%
계산서 발급 불성실 가산세	① 계산서 미발급(사업연도 말의 다음달 25일까지 미발급한 경우, 가공 및 위장 발급·수취) 공급가액 × 2% ② 계산서 지연발급(사업연도 말의 다음달 25일까지 발급한 경우) 및 종이계산서 발급 지연발급(종이발급)한 공급가액 × 1% ③ 계산서 부실기재(불분명) 부실기재분 공급가액 × 1%
계산서합계표 불성실 가산세	매입·매출처별계산서합계표와 매입처별세금계산서합계표를 미제출하거나 부실기재한 경우 미제출·부실기재분 공급가액 × 0.5%(지연제출 0.3%) * 기한 후 1개월 이내 제출 50% 감면(미제출)
전자계산서 전송가산세	① 지연전송(전송기한 후 공급시기가 속하는 사업연도 말의 다음달 25일까지 전송한 경우) 지연전송한 공급가액 × 0.3% ② 미전송(전송기한 후 공급시기가 속하는 사업연도 말의 다음달 25일까지 전송하지 않은 경우) 미전송한 공급가액 × 0.5%
업무용승용차 관련비용명세서 제출불성실가산세	업무용승용차 관련비용 등에 관한 명세서를 제출하지 아니하거나 사실과 다르게 제출한 경우 미제출·사실과 다르게 제출한 금액 × 1%
기부금영수증 발급 및 보관 불성실가산세	① 기부금영수증을 사실과 다르게 적어 발급하거나 기부자의 인적사항 등을 다르게 적어 발급하는 경우 미제출·사실과 다르게 제출한 금액 × 1% ② 기부자별 발급명세를 작성·보관하지 아니한 경우 기부자별 발급내역 미작성 및 미보관 금액 × 0.2%

구 분	적용대상과 가산세
신용카드 및 현금영수증 발급 불성실 가산세	① 신용카드에 의한 거래 및 현금영수증 발급을 거부하거나 사실과 다르게 발급한 경우(건별로 계산한 금액이 5천원 미만이면 5천으로 한다.) 거부금액 또는 사실과 다르게 발급한 금액 × 5% ② 현금영수증가맹점으로 가입하지 아니하거나 그 가입기한이 지나서 가입한 경우 가입하지 아니한 사업연도의 수입금액 × 1% × 미가맹일수 비율 ③ 현금영수증을 발급하지 아니한 경우 미발급 금액 × 20% * 거래대금을 받은 날부터 10일 이내 자진 신고 또는 자진 발급한 경우 10%

※ 가산세 한도는 그 의무위반의 종류별로 각각 **5천만원**(중소기업이 아닌 기업은 **1억원**)을 한도로 한다. 또한, 다음의 가산세는 **산출세액이 없는 경우에도 적용**한다.

① 업무용승용차 관련비용 명세서 제출 불성실 가산세
② 성실신고확인서 제출 불성실 가산세
③ 주주등의 명세서 등 제출 불성실 가산세
④ 장부의 기록 · 보관 불성실 가산세
⑤ 기부금영수증 발급 · 작성 · 보관 불성실 가산세
⑥ 증명서류 수취 불성실 가산세
⑦ 신용카드 및 현금영수증 발급 불성실 가산세
⑧ 지급명세서 등 제출 불성실 가산세
⑨ 계산서 등 제출 불성실 가산세

예제

(주)두더지상사(사업연도 : 1월 1일 ~ 12월 31일)의 법인세 신고와 관련된 가산세액을 계산하시오.

① 당사가 지출한 경비 중 6,000,000원을 제외한 모든 경비는 법인세법에서 요구하는 세금계산서, 계산서, 신용카드매출전표 등의 증빙을 갖추고 있다. 지출경비 6,000,000원에 대한 구체적인 내용은 다음과 같다.

구 분	금 액	비 고
사무용품비	1,000,000원	전부 거래건당 3만원 이하 금액으로 간이영수증을 수취하였다.
판매장려금	2,000,000원	전부 현금으로 지급하였고 세금계산서 수취하지 않았다.
복리후생비	3,000,000원	전부 거래건당 3만원 초과 금액으로 간이영수증을 수취하였다.

② 당사의 회계담당자의 실수로 9월의 일용근로자에 대한 지급명세서(일용근로자 임금 총액 : 50,000,000원)를 법정제출기한까지 제출하지 못하였음을 확인하고 2025년 11월 20일 제출하였다.
③ 당사는 겸영 사업자로 당기의 면세품 매출 중 2025년 11월 20일 매출액 10,000,000원에 대한 전자계산서 발급이 누락되어 2026년 1월 10일에 발급하였다.

【해설】

① 지출증명서류 미수취 가산세 = 3,000,000원 × 2% = 60,000원

구 분	가산세	내 역
사무용품비	없음	거래건당 3만원 이하는 적격증빙 수취대상이 아니므로 가산세 적용 배제
판매장려금	없음	현금으로 지급한 판매장려금의 경우에는 재화의 공급에 해당하지 아니하므로 세금계산서 수취의무가 없으므로 가산세 적용 배제
복리후생비	60,000원	거래건당 3만원 초과시 적격증빙 수취대상이므로 지출증명서류 미수취 가산세 적용

② 일용직근로소득 지급명세서는 지급일의 다음 달 말일까지 제출하여야 한다. 9월 지급명세서이므로 2025년 10월 31일까지 제출하지 않았으므로 가산세 적용대상이다. 다만, 1개월 이내 지급명세서 제출시 50% 감면된다.
- 지급명세서 제출불성실 가산세 = 50,000,000원 × 0.25% × 50% = 62,500원

③ 면세와 관련한 전자계산서 발급은 공급시기에 하는 것이 원칙이다. 공급시기 이후 다음 해 1월 25일(사업연도 말의 다음달 25일)까지 발급하는 경우 지연발급 가산세를 적용한다.
- 계산서 발급 불성실가산세 = 10,000,000원 × 1%(지연발급) = 100,000원

∴ 가산세액 합계 = 60,000원 + 62,500원 + 100,000원 = 222,500원

3. 신고와 납부

1 사업연도 중의 신고·납부(기납부세액)

(1) 중간예납

각 사업연도의 기간이 6월을 초과하는 법인은 당해 사업연도 개시일부터 6월간을 중간예납기간으로 하여 그 기간에 대한 법인세를 정부에 납부하여야 한다. 중간예납은 조세수입의 확보, 조세수입의 평균화, 조세부담의 분산을 목적으로 한다.

구 분	내 용
중간예납 대상	각 사업연도의 기간이 6월을 초과하는 법인 [중간예납 의무가 없는 법인(신고·납부 면제대상)] ① 신설법인의 최초사업연도(다만, 합병 또는 분할에 의하여 신설된 법인은 최초 사업연도에도 중간예납을 하여야 한다.) ② 사립학교를 경영하는 법인, 국립대학법인 서울대학교·인천대학교, 산학협력단 ③ 중간예납세액이 **50만원**(직전연도 법인세액 1/2) **미만**인 중소기업(내국법인) ④ 중간예납기간 중 휴업 등의 사유로 사업수입금액이 없는 법인에 대하여 그 사실이 확인되는 경우 ⑤ 청산법인 ⑥ 국내사업장이 없는 외국법인

구 분	내 용
중간예납 세액계산	중간예납세액 계산은 두 가지 방법 중 선택하여 계산할 수 있다. ① 직전 사업연도 산출세액을 기준으로 하는 방법 $\quad$ (산출세액 − 감면공제세액 − 원천납부·수시부과세액) × 6/직전사업연도 월수 ② 해당 중간예납기간의 법인세액을 기준으로 하는 방법(가결산방법) $\quad$ (과세표준 × 12/6 × 세율 × 6/12) − 감면공제세액 − 원천납부·수시부과세액 [중간예납세액 계산방법을 선택할 수 없는 경우] ① 중간예납의 납부기한까지 중간예납세액을 납부하지 아니한 경우는 "직전 사업연도의 산출세액을 기준으로 하는 방법"으로 중간예납세액을 계산해야 한다. ② 해당 중간예납기간의 법인세액을 기준으로 하는 경우 $\quad$ ㉠ 직전 사업연도의 법인세로서 확정된 산출세액이 없는 경우 $\quad$ ㉡ 해당 중간예납기간 만료일까지 직전 사업연도의 법인세액이 확정되지 아니한 경우 $\quad$ ㉢ 분할신설법인 또는 분할합병의 상대방 법인의 분할 후 최초의 사업연도인 경우
신고·납부	중간예납기간이 지난 날부터 **2개월 이내**에 중간예납세액을 납세지 관할 세무서 등에 납부하여야 한다. 납부할 중간예납세액이 **1천만원을 초과하는 경우**에는 **분납**할 수 있다.

(2) 원천징수

원천징수의무자는 국내에서 지급하는 소득에 대하여는 법인세를 원천징수하여 다음달 10일까지 이를 납세지 관할세무서 등에 납부하여야 한다.

구 분		원천징수세율
이자소득금액	일 반	14%
	비영업대금의 이익	25%
집합투자기구로부터의 이익		14%

(3) 수시부과

법인세 포탈의 우려가 있어 조세채권을 조기에 확보하여야 될 것으로 인정되는 일정한 요건을 정하고 그 요건에 해당되는 경우에는 사업연도 중이라도 당해 사업연도 법인세액의 일부로서 수시로 부과할 수 있도록 규정하고 있다.

[수시부과의 경우]
① 신고를 하지 않고 본점 등이 이전한 경우
② 사업부진 기타 사유로 인하여 휴업 또는 폐업상태에 있는 경우
③ 기타 조세를 포탈할 우려가 있다고 인정되는 상당한 이유가 있는 경우

2 법인세의 신고 및 납부

(1) 법인세 과세표준의 신고

구 분	내 용
신고기한	각 사업연도 종료일이 속하는 달의 말일부터 3개월(성실신고확인서 제출법인은 4개월) 이내에 당해 사업연도 소득에 대한 법인세의 과세표준과 세액을 납세지 관할세무서장에게 신고하여야 한다. 또한 사업연도의 소득금액이 없거나 결손금이 있는 경우에도 마찬가지이다.
제출서류	▪ 필수적 첨부서류 **법인세과세표준 및 세액신고서**[별지 제1호] 서식에 다음의 서류를 첨부하여 신고하여야 한다. 필수적 첨부서류 **미첨부의 경우 무신고로 본다.** ① 기업회계기준을 준용하여 작성한 재무상태표와 포괄손익계산서 ② 기업회계기준을 준용하여 작성한 이익잉여금처분(결손금처리)계산서 ③ 법인세과세표준및세액조정계산서(세무조정계산서) ▪ 그 밖의 첨부서류 ① 세무조정계산서 부속서류 ② 기업회계기준에 따라 작성한 현금흐름표(외부감사 대상법인만 해당)

(2) 법인세의 자진납부

구 분	내 용
납부기한	내국법인은 각 사업연도의 소득에 대한 법인세 산출세액에서 다음의 법인세액(가산세는 제외한다)을 공제한 금액을 각 사업연도의 소득에 대한 법인세로서 과세표준신고기한까지 납세지 관할 세무서등에 납부하여야 한다. ① 해당 사업연도의 감면세액 · 세액공제액 ② 해당 사업연도의 중간예납세액 · 수시부과세액 · 원천징수된 세액
분납	자진 납부할 세액이 **1천만원(가산세 제외)을 초과하는 경우**에는 납부할 세액의 일부를 **납부기한이 지난 날부터 1개월(중소기업의 경우에는 2개월) 이내에 분납**할 수 있다. | 구 분	분납가능금액
납부할 세액이 2천만원 이하인 경우	1천만원을 초과하는 금액
납부할 세액이 2천만원을 초과하는 경우	그 세액의 50% 이하의 금액	

[성실신고확인서 제출대상 법인]

성실신고 확인대상인 소규모 법인 또는 법인전환사업자는 성실한 납세를 위하여 법인세 신고 시 비치·기록된 장부와 증명서류에 의하여 계산한 과세표준 금액의 적정성을 세무대리인이 확인하고 작성한 성실신고확인서를 **각 사업연도의 종료일이 속하는 달의 말일부터 4개월 이내**에 납세자 관할세무서장에 신고·납부한다.
(외부감사 받는 내국법인 제외, 성실신고확인자 선임신고제도 폐지)

① 부동산임대업을 주된 사업으로 하는 내국법인으로 다음의 요건 모두 충족 법인(소규모 법인)
　㉠ 해당 사업연도 종료일 현재 내국법인의 지배주주등이 보유한 주식등의 합계가 해당 내국법인의 발행주식총수 또는 출자총액의 **100분의 50을 초과**할 것
　㉡ 해당 사업연도에 부동산 임대업을 주된 사업으로 하거나 다음의 소득금액 합계액이 기업회계기준에 따라 계산한 매출액의 **100분의 50 이상**일 것
　　가. 부동산 또는 부동산상의 권리의 대여로 인하여 발생하는 수입금액(임대보증금등의 간주익금 포함)
　　나. 소득세법에 따른 이자소득의 금액
　　다. 소득세법에 따른 배당소득의 금액
　㉢ 해당 사업연도의 상시근로자 수가 **5명 미만**일 것
② 성실신고확인대상인 개인사업자가 **법인 전환** 후 사업연도 종료일 현재 **3년 이내**의 법인(법인전환)
③ ②에 따라 전환한 법인으로부터 현물출자 및 사업양도를 통해 해당 사업을 인수하여 영위중인 내국법인(법인 전환일부터 3년 이내인 경우로서 그 다른 내국법인의 사업연도 종료일 현재 인수한 사업을 계속 경영하고 있는 경우로 한정)

[중소기업에 대한 세제지원]

법인세항목	일반법인	중소기업
외상매출금 대손처리특례	소멸시효완성 및 회수불능 입증 시 대손처리	① 부도발생일 이전의 외상매출금은 부도발생일로부터 6월 경과 시 대손처리 가능 ② 중소기업 외상매출금으로서 회수기일로부터 2년이 경과한 외상매출금 및 미수금 대손처리 가능
기업업무추진비 기본한도	연 12,000,000원	연 36,000,000원
결손금 소급공제	해당 없음	직전 사업연도로 소급공제
이월결손금공제한도	당해연도 소득의 80%	당해연도 소득의 100%
법인세 분납기간	납부기한 경과일로부터 1월 이내	납부기한 경과일로부터 2월 이내
중간예납의무	-	중간예납세액 50만원 미만 배제
세액공제감면	일부만 가능	중소기업 및 중견기업에 대한 혜택의 폭이 더 큼

CHAPTER 04 실무이론 평가

PART 01 법인세 이론

[법인세 총설]

01. 다음 중 법인세법에 대한 내용 중 틀린 것은?
① 법인세는 법인을 납세의무자로 하고 법인의 소득을 과세대상으로 한다.
② 법인은 각 사업연도 종료 후 3개월 이내에 각 사업연도소득에 대한 법인세를 신고, 납부해야 한다.
③ 법인세과세표준 200억원 초과분에 적용되는 법인세율은 21%이다.
④ 비영리법인도 청산하는 경우 청산소득에 대한 법인세를 납부해야 한다.

02. 다음 중 법인세 납세의무에 대한 설명으로 틀린 것은?
① 영리내국법인은 소득의 성격에 관계없이 모든 소득에 대하여 각 사업연도 소득에 대한 법인세 납세의무를 진다.
② 법인세법상 외국법인이란 외국법에 근거하여 설립된 법인을 말한다.
③ 비영리법인은 청산소득에 대한 법인세의 납세의무를 지지 아니한다.
④ 주택과 비사업용토지를 양도한 경우 국가, 지방자치단체 또는 지방자치단체조합을 제외한 모든 법인이 토지 등 양도소득에 대한 법인세의 납세의무를 진다.

03. 다음 중 법인세법상 사업연도에 대하여 틀린 것은?
① 사업연도는 법령 또는 법인이 정관 등에서 정하는 1회계기간으로 한다.
② 회사가 합병에 의하여 해산한 경우 사업연도 개시일부터 합병등기일까지를 1사업연도로 본다.
③ 내국법인(법인으로 보는 단체 아님)의 경우 최초의 사업연도 개시일은 설립등기일이다.
④ 신설법인은 최초 사업연도가 경과하기 전에 사업연도를 변경할 수 있다.

04. 사업연도가 매년 1월 1일부터 12월 31일까지인 법인이 사업연도를 매년 7월 1일부터 다음연도 6월 30일까지로 변경하기로 하고 사업연도변경신고를 2024년 9월 1일에 한 경우 법인세법상 2025년도 사업연도로 맞는 것은?
① 2025년 1월 1일 ~ 2025년 12월 31일
② 2025년 1월 1일 ~ 2025년 8월 31일, 2025년 9월 1일 ~ 2026년 6월 30일
③ 2025년 1월 1일 ~ 2025년 6월 30일, 2025년 7월 1일 ~ 2026년 6월 30일
④ 2024년 1월 1일 ~ 2025년 6월 30일, 2025년 7월 1일 ~ 2026년 6월 30일

05. 다음 중 법인세법상 토지등양도소득에 대한 납세의무가 없는 법인은 무엇인가?
① 국가 및 지방자치단체
② 비영리외국법인
③ 비영리내국법인
④ 영리내국법인

06. 법인세법과 관련한 다음의 설명 중 틀린 것을 고르시오.

① 법인세는 법인의 납세지를 관할하는 세무서장 또는 지방국세청장이 과세한다.
② 내국법인의 법인세 납세지는 그 법인의 등기부에 따른 본점이나 주사무소의 소재지(국내에 본점 또는 주사무소가 있지 아니하는 경우에는 사업을 실질적으로 관리하는 장소의 소재지)로 한다.
③ 일반 법인의 경우 최초 사업연도의 개시일은 설립등기일로 한다.
④ 사업연도는 법인의 소득을 계산하는 1회계기간으로서 법인의 정관에서 정하면 12개월을 초과할 수 있다.

07. 다음 중 법인세 관한 다음 설명 중 옳은 것을 모두 묶은 것은?

> (ㄱ) 영리외국법인은 청산소득에 대한 법인세 납세의무가 없다.
> (ㄴ) 외국의 정부 · 지방자치단체는 각 사업연도의 소득 및 청산소득에 대하여 납세의무를 지지 않는다.
> (ㄷ) 외국법인이란 외국의 법률에 의하여 설립된 법인을 말한다.
> (ㄹ) 청산 중에 있는 내국법인이 「상법」에 의하여 사업을 계속하는 경우에는 그 상업연도 개시일부터 종료일까지의 기간을 1 사업연도로 본다.
> (ㅁ) 납세지가 변경된 법인이 「법인세법」에 따라 납세지 변경신고를 한 경우에는 그 법인이 「부가가치세법」에 의한 사업자등록 정정신고를 한 것으로 본다.

① (ㄱ)
② (ㄱ), (ㄷ)
③ (ㄱ), (ㄷ), (ㄹ)
④ (ㄱ), (ㄴ), (ㄷ), (ㄹ), (ㅁ)

08. 다음 중 법인세법상 납세의무자별 과세대상 소득의 범위에 대한 구분으로 틀린 것은?

번호	법인 구분		각사업연도 소득의 범위	토지 등 양도소득	청산소득
	내국/외국	영리/비영리			
①	내국	영리	국내외 원천의 모든 소득	과세 ○	과세 ○
②	내국	비영리	국내외 원천소득 중 일정한 수익사업에서 생기는 소득	과세 ○	과세 ○
③	외국	영리	국내 원천 소득	과세 ○	과세 ×
④	외국	비영리	국내 원천 소득 중 일정한 수익사업에서 생기는 소득	과세 ○	과세 ×

[내국법인의 각 사업연도 소득금액]

01. 기업회계기준에 의해 회계처리하였으나 법인세법상 세무조정을 수행하여야 하는 경우는?

① 매도가능증권을 취득한 후 공정가액법으로 평가한다.
② 예약매출인 경우 기업회계기준에 따라 그 목적물의 인도일이 속하는 사업연도의 수익과 비용으로 계상한다.
③ 보험료를 선급한 경우 결산일에 선급보험료를 인식하는 회계처리를 한다.
④ 업무용 차량운반구 수선비를 차량유지비로 회계처리를 한다.

02. 법인세법상 결산조정과 신고조정에 관련된 설명으로 잘못된 것은?
① 결산조정항목은 원칙적으로 결산서상 비용으로 계상하여야 손금으로 인정받을 수 있다.
② 신고조정항목은 결산서상 비용으로 계상하지 않은 경우 세무조정을 통하여 손금산입 할 것인지 여부를 법인이 결정할 수 있다.
③ 일시상각충당금(압축기장충당금)은 결산조정사항이지만 예외적으로 신고조정도 허용한다.
④ 소멸시효 완성된 대손금의 손금산입은 손금산입시기를 선택할 수 없다.

03. 법인세법상 장부상 비용으로 계상하지 아니한 경우에도 이를 각 사업연도의 소득금액계산상 손금으로 산입할 수 있는 항목은 무엇인가?
① 퇴직연금충당금   ② 고정자산의 평가손실
③ 퇴직급여충당금   ④ 감가상각비

04. 다음 중 법인세 세무조정시 세무조정과 소득처분이 바르게 연결된 것은?
① 주주임원에 대한 익금산입 : 배당처분
② 주주인 개인사업자의 사업소득을 구성하는 익금산입 : 기타사외유출처분
③ 임직원인 개인사업자의 사업소득을 구성하는 익금산입 : 상여처분
④ 소득이 사외유출 되었으나 귀속자가 불분명한 익금산입 : 기타사외유출처분

05. 다음 중 법인세법상 손금불산입된 경비의 귀속자가 당해 회사의 주주이면서 사원인 경우, 소득처분은?
① 상여   ② 배당   ③ 기타사외유출   ④ 유보

06. 다음 중 법인세법상의 소득처분에 대한 설명으로 틀린 것은?
① 추계결정 시의 소득처분에서 천재지변이나 그 밖에 불가항력으로 장부나 그 밖의 증빙서류가 멸실되어 추계결정된 과세표준은 기타사외유출로 소득처분한다.
② 사외유출된 것은 분명하나 소득처분에 따른 소득의 귀속자가 불분명한 경우 대표자에 대한 상여로 소득처분한다.
③ 추계로 과세표준을 결정·경정할 때 대표자 상여처분에 따라 발생한 소득세를 법인이 대납하고 이를 손비로 계상한 경우 대표자 상여로 소득처분한다.
④ 소득처분에 따른 소득의 귀속자가 법인으로서, 그 분여된 이익이 내국법인의 각 사업연도소득을 구성하는 경우 기타사외유출로 소득처분한다.

07. 다음은 법인세법상의 소득처분에 대한 설명이다. 옳지 않은 것은?
① 천재지변등의 예외를 제외하고, 법인세를 추계결정하는 경우 과세표준과 법인의 재무상태표상의 당기순이익과의 차액(법인세 상당액을 공제하지 아니한 금액)은 대표자에 대한 상여로 한다.
② 사외유출된 소득의 귀속이 불분명하여 대표자에 대한 상여로 처분함에 따라 법인이 그에 대한 소득세를 대납하고 이를 손비로 계상한 경우에는 이를 손금불산입하여 기타사외유출로 처분한다.
③ 유보(△유보 포함)의 소득처분은 조세부담의 영구적 차이이므로 차기 이후에 당초의 세무조정에 반대되는 세무조정이 발생하지 않는다.
④ 임·직원의 경우에는 상여로 처리하고, 귀속자의 근로소득으로 소득세를 부과하고 원천징수가 필요하다.

08. 다음 중 법인세법상 소득처분의 내용 중 틀린 것은?
① (주)세무가 유형자산인 토지를 2억원에 취득하면서 납부한 토지분 취득세 4,000,000원을 판매비와관리비의 세금과공과금(비용)으로 회계처리한 경우 세무조정과 소득처분은 〈손금불산입〉 토지 4,000,000원(유보)이다.
② 귀속자가 법인이거나 개인사업자로서 그 분여된 이익이 내국법인의 각 사업연도소득이나 거주자의 사업소득을 구성하는 경우 법인은 사업소득으로 소득처분하고 이에 대한 원천징수를 한다.
③ 소득이 주주인 임원에게 귀속된 경우 법인은 상여로 소득처분하고 원천징수를 한다.
④ 소득이 사외로 유출되었으나 귀속자가 불분명한 경우에는 대표자에게 귀속된 것으로 간주하여 대표자에 대한 상여로 소득처분한다.

09. 법인세법상 소득처분내용과 소득세법상 수입시기를 잘못 연결한 것은?

	법인세법상 소득처분	수입시기
①	기타소득	법인의 해당 사업연도의 결산확정일
②	상 여	법인의 사업연도 중 근로를 제공한 날
③	배 당	법인의 해당 사업연도의 결산확정일
④	기타사외유출	법인의 해당 사업연도의 결산확정일

10. 법인세법상 귀속자를 묻지 않고 반드시 기타사외유출로 처분하여야 하는 경우에 해당하지 않는 것은?
① 외국법인의 국내사업장이 각 사업연도의 소득에 대한 법인세의 과세표준을 신고함에 있어서 익금에 산입한 금액이 동 외국법인의 본점에 귀속되는 소득
② 건당 3만원을 초과한 기업업무추진비 중 증빙미수취 기업업무추진비의 손금불산입액
③ 손금불산입한 채권자 불분명 사채이자에 대한 원천징수세액 상당액과 비실명 채권이자에 대한 원천징수세액 상당액
④ 사외유출된 금액의 귀속이 불분명하여 대표자에 대한 상여로 처분한 경우 당해 법인이 그 처분에 따른 소득세 등을 대납하고 이를 손비로 계상함에 따라 익금에 산입한 금액

11. 다음 중 법인이 소득의 귀속자에게 소득세를 원천징수하여야 하는 대상이 아닌 것은?

① 출자임원이 사용하는 업무무관건물에 대한 수선비 손금불산입
② 대주주의 자녀(비사업자인 개인)에게 증여한 토지의 시가상당액 익금산입
③ 임원 또는 사용인에 해당하지 아니하는 지배주주에게 지급한 여비 손금불산입
④ 개인으로부터 구입한 유형자산인 토지에 대한 취득세 비용처리분 손금불산입

12. 다음의 법인세법상 세무조정사항 중 소득처분이 나머지와 가장 다른 것은 어느 것인가?

① 부가가치세 납부불성실가산세 납부액
② 영업부장이 개인용도로 사용한 법인카드 금액
③ 기업업무추진비의 한도초과액
④ 업무상 과실로 구청에 납부한 벌과금

13. 법인세법상 익금에 대한 설명이다. 옳은 것은?

① 자기주식처분이익은 익금에 해당한다.
② 업무상 손해배상금 수령액은 익금에 해당하지 아니한다.
③ 불공정자본거래를 통하여 특수관계자로부터 분여받은 이익은 익금에 해당하지 아니한다.
④ 국세 과오납으로 인한 환급가산금은 익금에 해당한다.

14. 다음 중 조세 이중과세방지나 조정을 위한 내용이 아닌 것은?

① 이월익금에 대한 익금불산입
② 수입배당금의 익금불산입
③ 국세환급가산금의 익금불산입
④ 외국납부세액공제

15. 법인세법상 익금에 해당하는 것은?

① 부가가치세 매출세액
② 지방소득세 소득분 과오납금의 환급금에 대한 이자
③ 지방소득세 소득분 과오납금의 환급금
④ 특수관계가 소멸되는 날까지 회수하지 않은 가지급금

16. 다음 중 법인세법상 의제배당에 해당하지 않는 것은?

① 법인 해산시에 주주가 당초 주식의 취득금액을 초과하여 잔여재산을 분배받는 경우에 그 초과금액
② 자본잉여금 중 주식발행초과금을 자본에 전입하는 경우에 교부받아 취득하는 무상주식의 가액
③ 이익잉여금 중 이익준비금을 자본에 전입하는 경우에 교부받아 취득하는 무상주식의 가액
④ 법인이 자기주식소각이익을 2년 이내에 자본에 전입하는 경우에 교부받아 취득하는 무상주식의 가액

17. 다음의 손익계산서상 수익으로 계상된 내용 중 법인세법상 익금불산입액의 합계는?

- 지방세 과오납금의 환부이자 500,000원
- 손금산입된 금액 중 환입된 금액 1,500,000원
- 단기매매증권평가이익 3,300,000원
- 보험업법에 의한 고정자산 평가차익 25,000,000원

① 3,800,000원   ② 4,800,000원   ③ 5,300,000원   ④ 30,300,000원

18. 다음 중 법인세법상 익금불산입 항목에 해당하지 않는 것은?
① 주식발행초과금
② 법인세 또는 지방소득세 환급액
③ 자산수증이익, 채무면제이익 중 이월결손금의 보전에 충당된 금액
④ 보험업법이나 기타 법률의 규정에 의한 고정자산의 평가차익

19. 다음 중 법인세법상 수입배당금 익금불산입 규정에 대한 설명으로 가장 옳지 않은 것은?
① 내국법인이 다른 내국법인으로부터 받은 수입배당금은 익금불산입 규정이 적용된다.
② 비상장법인에 출자비율이 50% 미만인 경우에는 익금불산입율 80%를 적용한다.
③ 외국법인으로부터 받은 수입배당금은 익금불산입규정을 적용하지 아니한다.
④ 배당기준일 전 4개월 이내에 취득한 주식 등을 보유함으로써 발생하는 수입배당금은 익금불산입규정을 적용하지 아니한다.

20. 법인세법상 손금의 범위에 대한 설명으로 잘못된 것은?
① 판매장려금의 경우 사전약정 없이 지급하는 경우 손금불산입한다.
② 우리사주조합에 출연하는 금품은 손금으로 인정한다.
③ 업무와 관련있는 훈련비는 손금인정하지만, 업무와 관련없는 훈련비는 손금불산입한다.
④ 회수할 수 없는 부가가치세 매출세액 미수금(대손세액공제를 받지 않은 것)은 손금으로 인정한다.

21. 법인세법상 부가가치세의 매입세액에 대한 세무상 처리에 대한 설명 중 틀린 것은?
① 토지관련 지출 중 자본적 지출에 해당하는 토지정지비용과 관련된 부가가치세의 매입세액이 당기의 비용으로 회계처리된 경우 손금불산입하고 유보로 소득처분한다.
② 기업업무추진비 및 이와 유사한 지출관련 매입세액은 기업업무추진비 등으로 보아 기업업무추진비시부인계산을 하며 만약 기업업무추진비 한도금액을 초과한다면 손금불산입하고 기타사외유출로 소득처분한다.
③ 비영업용소형승용차의 구입·유지와 관련된 매입세액은 모두 자본적 지출로 보아 손금불산입하고 유보로 소득처분한다.
④ 면세농산물과 관련하여 의제매입세액공제를 받은 세액을 원재료의 매입가액에서 차감한 경우 세무조정과 소득처분은 발생하지 않는다.

22. 다음 중 현행 법인세법상 한도에 관계없이 전액 손금불산입되는 항목이 아닌 것은?

① 벌금, 과료, 과태료, 가산금 및 체납처분비 ② 대표이사를 위하여 지출한 비지정기부금
③ 법인이 협회에 지급하는 일반회비 ④ 업무무관자산에 대한 재산세

23. 다음 중 법인세법상 손금불산입 항목에 해당하지 않는 것은?

① 법인이 임원 또는 직원이 아닌 지배주주 등에게 지급한 여비 또는 교육훈련비
② 업무무관 자산의 유지비 또는 관리비
③ 소액주주임원이 아닌 출자임원에게 제공한 사택의 유지관리비
④ 파손, 부패된 재고자산의 감액손실

24. 다음 자료에 의해 상여 또는 배당으로 소득처분할 금액은 각각 얼마인가?

> (가) 사용인 또는 임원이 아닌 주주(김)에 대한 가지급금 인정이자 2,000,000원
> (나) 발행주식총수의 20%를 소유하고 있는 대표이사가 개인적으로 부담하여야 할 기부금을 법인이 지출한 금액 1,000,000원
> (다) 퇴직한 주주임원(박)의 퇴직금 한도초과액 2,000,000원
> (라) 소액주주인 사용인(병)에 대한 채무면제액 2,000,000원
> (마) 손익계산서에 계상되지 아니한 매출누락액 5,000,000원
>   (매출대금으로 수령한 금액은 사외로 유출되었으나 그 귀속이 불분명함)

	상 여	배 당		상 여	배 당
①	11,000,000원	1,000,000원	②	10,000,000원	2,000,000원
③	11,000,000원	1,000,000원	④	10,000,000원	2,000,000원

25. 다음의 손비 중 법인이 손금에 산입되고, 또한 개인사업소득자(복식부기의무자)의 필요경비에도 산입되는 것은?

① 대표자 또는 사업자의 급료
② 재고자산 평가방법을 저가법으로 신고하고, 저가법에 따라 평가한 재고자산 평가차손
③ 유가증권평가손실
④ 공장건물 처분시 장부가액

26. 복식부기의무자인 개인사업자의 총수입금액·필요경비 및 법인사업자의 익금·손금의 범위와 관련된 차이를 설명한 것이다. 틀린 것은?

	구 분	범위비교	
		법인사업자	개인사업자
①	고정자산처분이익(부동산 제외)	익금항목	총수입금액산입항목
②	유가증권평가이익	익금항목	총수입금액불산입항목
③	대표 및 대표이사의 급여	손금항목	필요경비불산입항목
④	사업용자산의 감가상각비	손금항목	필요경비해당항목

27. 다음 자료의 내용이 법인일 경우 각사업연도소득금액과 복식부기의무자인 개인사업자인 경우 사업소득금액을 정확히 계산한 것은?

- 손익계산서상 당기순이익 : 10,000,000원
- 손익계산서상 반영된 인건비 중 대표자 본인 인건비 2,000,000원이 포함되어 있다.
- 당기 감가상각부인액은 2,000,000원이 발생하였다.
- 손익계산서상 영업이익에 이자수익이 1,000,000원 포함되어 있다.
- 손익계산서상 영업이익에 유형자산처분이익(토지 처분이익임)이 1,000,000원 포함되어 있다.

	법인의 각사업연도소득금액	개인의 사업소득금액
①	11,000,000원	10,000,000원
②	10,000,000원	9,000,000원
③	12,000,000원	12,000,000원
④	9,000,000원	12,000,000원

28. 법인세법상 세무조정계산서 작성시 소득금액조정합계표와 자본금과적립금조정명세서(을) 두 서식 모두의 작성과 관련되는 것은?

ㄱ. 감가상각비 한도초과액 ㄴ. 가지급금 인정이자
ㄷ. 적출된 현금매출누락 ㄹ. 재고자산평가감

① ㄱ, ㄴ   ② ㄱ, ㄹ   ③ ㄴ, ㄷ   ④ ㄷ, ㄹ

29. 2026년 3월에 법인의 2025년 각사업연도소득금액 계산 시 발생한 소득처분에 대한 자료이다. 이에 대한 설명으로 틀린 것은?

〈손금불산입〉 매출누락 5,000,000원(대표자 상여)

① 소득세법상 근로소득에 해당한다.
② 소득세법상 근로소득의 귀속시기는 법인의 결산사업연도 중 근로를 제공한 날로서 2025년 귀속이다.
③ 상여로 소득처분된 소득은 법인세과세표준 신고일에 지급된 것으로 본다.
④ 당해 법인이 원천징수세액 반기별 납부자인 경우 2026년 7월 10일까지 신고납부한다.

30. 법인세 세무조정결과(사업연도 2025. 1. 1. ~ 12. 31.)를 기준으로 소득금액조정합계표 및 자본금과적립금조정명세서(을)표와 관련된 세무조정사항은 각각 몇 개인가?

가. 비지정기부금   나. 기업업무추진비한도초과액   다. 감가상각비부인액
라. 일반기부금한도초과액   마. 2026년 1월 2일이 만기인 약속어음으로 지급한 특례기부금

	소득금액조정합계표	자본금과 적립금조정명세서(을)
①	4개	2개
②	4개	1개
③	5개	2개
④	5개	1개

31. 다음 중 법인세법상 자산판매손익의 귀속시기에 대한 설명으로 틀린 것은?

① 상품등의 판매는 원칙적으로 인도기준이나 장기할부판매의 경우에는 현재가치 인도기준이나 회수기일도래기준(중소기업의 경우)도 수용한다.
② 자산의 위탁판매는 위탁자가 수탁자에게 자산을 인도하는 때를 손익의 귀속시기로 한다.
③ 상품등의 시용판매는 구매자가 구입의사를 표시한 날을 손익의 귀속시기로 한다.
④ 상품등외의 자산양도손익은 원칙적으로 대금청산일을 손익의 귀속시기로 하나 대금청산전에 소유권을 이전등기 하거나 상대방에게 사용수익하게 된 경우에는 소유권이전등기일 또는 사용수익일을 손익의 귀속시기로 한다.

32. 다음은 법인세법의 손익귀속사업연도와 관련된 설명이다. 적합하지 않은 것은?

① 법인이 결산을 확정함에 있어 이미 경과한 기간에 대응하는 이자비용을 계상하는 경우 세법상 이를 인정한다.
② 법인의 각 사업연도의 익금과 손금의 귀속사업연도는 원칙적으로 그 익금과 손금이 확정된 날이 속하는 사업연도로 한다.
③ 법인의 장기건설의 경우에는 원칙적으로 작업진행률을 기준으로 하여 수익과 비용을 해당 사업연도의 익금과 손금에 산입한다.
④ 법인이 수입하는 이자 등은 기업회계기준에 의한 기간 경과분을 수익으로 계상한 경우 익금으로 한다.

33. 법인세법상 손익귀속시기에 관한 다음의 설명 중 가장 옳지 않은 것은?

① 중소기업의 경우 장기할부조건으로 자산을 판매한 경우에는 장기할부조건에 따라 회수하였거나 회수할 금액과 이에 대응하는 비용을 각각 해당 사업연도의 익금과 손금에 산입할 수 있다.
② 지급기간이 1년 이하인 단기임대료는 원칙적으로 계약상 지급일을 귀속사업연도로 하나, 기간경과분에 대하여 임대료를 수익으로 계상한 경우에는 이를 익금으로 인정한다.
③ 자산을 타인에게 위탁하여 판매하는 경우에는 수탁자가 그 자산을 판매한 날이 속하는 사업연도를 귀속사업연도로 한다.
④ 법인세법상 용역제공 등에 의한 손익의 귀속사업연도는 진행기준만 인정된다.

34. 법인세법상 손익의 귀속시기에 관한 설명이다. 틀린 것은?

① 임대료 지급기간이 1년을 초과하는 경우에는 이미 경과한 기간에 대응하는 임대료 상당액과 비용은 이를 각각 해당 사업연도의 익금과 손금으로 본다.
② 중소기업인 경우 계약기간 1년 미만의 건설의 경우 수익과 비용을 각각 그 목적물의 인도일이 속하는 사업연도의 익금과 손금에 산입할 수 없다.
③ 용역제공에 의한 손익 귀속사업연도에서 기업회계기준에 근거하여 인도기준으로 회계처리한 경우 이를 인정한다.
④ 자산을 위탁판매하는 경우에는 그 수탁자가 매매한 날이 속하는 사업연도의 익금으로 한다.

35. 다음 중 법인세법상 손익의 귀속시기에 대한 설명으로 틀린 것은?
① 내국법인의 각 사업연도 익금과 손금의 귀속사업연도는 그 익금과 손금이 확정된 날이 속하는 사업연도로 한다.
② 도소매업을 영위하는 법인이 원천징수대상 이자에 대하여 결산상 미수이자를 계상한 경우에는 그 계상한 사업연도의 익금에 산입하지 않는다.
③ 금융보험업을 영위하는 법인이 이미 경과한 기간에 대응하는 보험료상당액(원천징수대상 아님) 등을 해당 사업연도의 수익으로 계상한 경우에는 그 계상한 사업연도의 익금으로 한다.
④ 내국법인이 결산을 확정할 때 이미 경과한 기간에 대응하는 미지급이자를 해당 사업연도의 손비로 계상하여도 그 계상한 사업연도의 손금에 산입하지 않는다.

36. 다음 중 법인세법상 손익귀속사업연도에 대한 설명으로 가장 옳지 않은 것은?
① 매출할인을 하는 경우 해당금액은 상대방과의 약정에 의한 경우에는 지급기일이 속하는 사업연도의 매출액에서 차감한다.
② 장기할부조건으로는 월부, 연부에 따라 2회 이상 분할하여 수입하고 인도일부터 최종 할부금의 지급기일까지의 기간이 1년 이상인 것을 말한다.
③ 용역제공에 따른 손익귀속은 원칙적으로 진행기준을 적용하나, 예외적으로 중소기업의 계약기간 1년 미만의 건설 등의 경우에는 인도기준을 적용할 수 있는 특례규정이 있다.
④ 결산확정시 이미 경과한 기간에 대응하는 이자 등(법인세가 원천징수되는 이자 등은 제외)을 해당 사업연도의 수익으로 계상한 경우에는 계상한 연도의 익금으로 한다.

[세액의 계산]

01. 다음 자료에서 법인세법상 각 사업연도 소득금액을 계산하면 얼마인가?

- 결산서상 당기순이익 : 1,000,000원
- 대손충당금 한도초과액 : 200,000원
- 일반기부금 한도초과액 : 300,000원
- 기업업무추진비 한도초과액 : 400,000원
- 퇴직급여충당금 한도초과액 : 100,000원
- 이월결손금 : 100,000원(15년 이내 결손금)

① 1,700,000원　② 1,800,000원　③ 1,900,000원　④ 2,000,000원

02. 다음 중 법인세법상 내국법인의 각 사업연도의 소득금액에 대한 법인세 과세표준 계산에 대한 설명으로 틀린 것은?
① 법인세 과세표준은 각 사업연도 소득금액에서 이월결손금·비과세소득·소득공제액을 순차로 공제한 금액으로 한다.
② 이월결손금이란 각 사업연도 개시일 전 15년(2020년 1월 1일 이전 발생분은 10년) 이내에 개시한 사업연도에서 발생한 결손금으로서 그 후의 각 사업연도의 과세표준 계산을 할 때 공제되지 아니한 금액을 말한다.
③ 이월결손금은 공제기한 내에 임의로 선택하여 공제받을 수 없으며, 공제 가능한 사업연도의 소득금액 범위 안에서 각 사업연도 소득금액의 80%(중소기업은 100%)를 한도로 한다.
④ 과세표준 계산시 공제되지 아니한 비과세소득 및 소득공제는 다음 사업연도부터 5년간 이월하여 공제받을 수 있다.

03. 현행 법인세법상 이월결손금에 대한 설명으로 옳지 않은 것은?
① 결손금 소급공제는 중소기업만을 대상으로 한다.
② 자산수증이익과 채무면제이익으로 보전된 이월결손금은 과세표준계산상 공제되지 않는다.
③ 당해연도 소득금액을 추계결정하는 경우에는 원칙적으로 이월결손금공제를 하지 않는다.
④ 2020년 1월 1일 이후 발생한 결손금의 이월결손금의 이월공제기간은 10년이다.

04. 현행 법인세법상 결손금과 이월결손금의 감소원인에 대한 설명이다. 틀린 것은?
① 중소기업의 결손금을 소급공제 신청한 경우
② 자산수증이익을 20년 전에 발생한 이월결손금 보전에 충당한 경우
③ 법인의 과세표준 계산시 15년 또는 10년 전에 발생한 이월결손금을 차감한 경우
④ 기부금 한도액 계산시 15년 전에 발생한 이월결손금을 차감한 경우

05. 법인세법상 이월결손금과 결손금에 대한 다음의 설명 중 틀린 것은?
① 이월결손금은 먼저 발생한 사업연도의 결손금부터 차례대로 공제한다.
② 중소기업에 해당하는 내국법인은 각 사업연도에 세무상 결손금이 발생한 경우 그 결손금을 소급공제하여 감소되는 직전 사업연도 법인세액을 환급 신청할 수 있다.
③ 법인세 과세표준을 추계결정·경정하는 경우에는 특별한 사유가 있지 않는 이상 이월결손금 공제규정을 적용하지 않는다.
④ 중소기업 등이 아닌 일반기업의 이월결손금 공제한도는 공제대상 이월결손금과 각 사업연도 소득금액의 60% 금액 중 작은 금액으로 한다.

06. 법인세법상 결손금소급공제에 대한 설명으로 옳지 않은 것은?
① 중소기업에 해당하는 법인이 폐업한 경우에도 그 폐업일이 속하는 사업연도에 발생한 결손금에 대하여 결손금 소급공제에 의한 환급신청을 할 수 있다.
② 환급대상이 되는 법인세는 각 사업연도 소득에 대한 법인세에 한정하며, 가산세는 해당하지 아니한다.
③ 법인세 신고기한 내에 결손금소급공제신청서를 제출하지 못한 경우에는 경정청구할 수 없다.
④ 부동산임대업만 영위하는 법인도 결손금에 대하여 소급공제를 적용받을 수 있다.

07. (주)배움은 2025년 4월 15일에 사업을 개시하였다. 다음 자료를 근거로 하여 법인세 산출세액을 계산하면 얼마인가?

- 정관에 기재한 사업연도 : 1월 1일 ~ 12월 31일
- 당기순이익 : 200,000,000원
- 익금산입액 : 10,000,000원
- 익금불산입액 : 40,000,000원
- 손금불산입액 : 15,000,000원
- 비과세소득 : 5,000,000원

① 21,000,000원 ② 22,000,000원 ③ 30,800,000원 ④ 19,200,000원

08. 세법상 중소기업에 대한 조세지원제도로써 올바르지 못한 것은?
　① 중소기업은 각 사업연도에 세무상결손금이 발생한 경우 소급공제신청하여 직전 사업연도의 법인세를 환급받을 수 있다.
　② 중소기업에 대해서는 소득세 및 법인세의 과소신고가산세를 경감한다.
　③ 일정한 업종을 영위하는 중소기업은 해당업종에서 발생한 소득금액에 대해 소득세 또는 법인세를 감면한다.
　④ 중소기업은 최저한세를 적용함에 있어서 낮은 세율을 적용받는다.

09. 다음 중 법인세법상 세액공제가 아닌 것은?
　① 연구·인력개발비에 대한 세액공제
　② 외국납부세액공제
　③ 재해손실세액공제
　④ 사실과 다른 회계처리로 인한 경정에 따른 세액공제

10. 다음은 법인세법 또는 조세특례제한법상 세액공제이다. 다음 중 10년간 이월공제가 되지 아니하는 세액공제는?
　① 외국납부세액공제
　② 조세특례제한법상 투자세액공제
　③ 재해손실세액공제
　④ 연구·인력개발비에 대한 세액공제

11. 조세특례제한법상 연구·인력개발비에 대한 세액공제의 설명 중 가장 올바르지 않은 것은?
　① 중소기업의 경우 최저한세의 적용을 받지 않는다.
　② 통합투자세액공제와 중복적용이 되지 않는다.
　③ 소비성 서비스업을 영위하지 않는 내국인에게 적용한다.
　④ 연구 및 인력개발비 세액공제규정을 적용받고자 하는 내국인은 과세표준신고와 함께 「일반연구 및 인력개발비 명세서」를 납세지 관할세무서장에게 제출해야 한다.

12. 다음 중 연구 및 인력개발비 세액공제를 적용받는 비용에 해당하지 않는 것은?
　① 국공립연구기관에 연구개발용역을 위탁함에 따른 비용
　② 연구개발서비스업에 종사하는 지분비율이 10%를 초과하는 주주임원인 전담요원의 인건비
　③ 전담부서등에서 연구업무에 종사하는 연구요원의 대학 위탁교육훈련비
　④ 고등교육법에 따른 대학의 조교수 이상 개인에게 고유디자인의 개발을 위해 지출한 위탁비용

13. 다음은 조세특례제한법상의 최저한세에 대한 설명이다. 가장 옳지 않은 것은?

① 내국법인인 중소기업의 최저한세율은 7%이다.
② 중소기업특별세액감면은 최저한세 대상이다.
③ 최저한세는 거주자의 사업관련 소득세에도 적용된다.
④ 최저한세 적용으로 감면받지 못한 세액감면은 5년 이내 이월하여 감면한다.

14. 다음 중 조세특례제한법상 최저한세에 대한 설명으로 가장 옳지 않은 것은?

① 최저한세는 과다한 조세감면으로 인한 세부담의 형평성과 재정확보 측면을 고려하여 최소한의 세금을 납부하도록 하는 제도이다.
② 감면후 세액이 최저한세에 미달하지 않는 경우에는 조세특례가 배제되지 않는다.
③ 최저한세로 인하여 조세특례가 배제될 때 납세의무자가 신고하거나 경정하는 경우 납세의무자의 선택에 따라 적용한다.
④ 법인세법에 의한 외국납부세액공제는 최저한세 배제 대상에 포함하지 아니한다.

15. 다음 중 조세특례제한법상 중소기업특별세액감면의 설명으로 가장 옳지 않은 것은?

① 중소기업특별세액감면은 최저한세 대상이다.
② 전년대비 고용인원이 감소하지 않은 경우 감면한도는 1억원이다.
③ 복식부기의무자가 사업용계좌를 미신고한 경우 감면을 받을 수 없다.
④ 내국법인의 본점이 수도권에 있는 경우 사업장별로 수도권 소재유무를 판단하여 감면율을 적용한다.

16. 법인세법상 다음 설명과 관련하여 잘못된 것은?

① 최저한세는 과도한 조세면제를 차단하여 세부담의 공평을 실현하기 위한 제도의 일종이다.
② 법인세 물납은 모든 납부세액이 1천만원을 초과하는 경우 신청에 의하여 가능하다.
③ 결손금 소급공제 제도는 중소기업을 우대하기 위한 제도로서 일반법인은 이에 해당하지 아니한다.
④ 감가상각시 내용연수의 변경은 일반기업회계기준과 달리 관할지방국세청장의 승인을 필요로 한다.

17. (주)배움산업에서 업무관련 경비를 지출함에 있어 경리부장 개인이 5,000,000원을 지출하고 다음날 현금으로 정산받은 경우와 관련된 법인세법 규정에 대한 설명으로 가장 틀린 것은?

① 첨부된 증빙이 개인신용카드매출전표로서 '기업업무추진비'에 해당한다면 전액 손금불산입 대상이다.
② 첨부된 증빙이 개인신용카드매출전표로서 '직원 회식비'라면 증명서류 미수취 가산세 대상이다.
③ 첨부된 증빙이 간이영수증이고 '광고선전비'라면 손금산입되나 증명서류 미수취 가산세 대상이다.
④ 첨부된 증빙이 개인신용카드매출전표라면 연말정산시 신용카드등사용액소득공제시 차감하여야 한다.

18. 다음 중 영리내국법인의 법인세 신고시 법인세과세표준 및 세액신고서와 함께 제출하지 않으면 무신고로 보아 가산세부과대상이 되는 필수 첨부서류에 해당하지 않는 것은?

① 이익잉여금처분계산서(또는 결손금 처리계산서)
② 재무상태표
③ 법인세과세표준 및 세액조정계산서(세무조정계산서)
④ 현금흐름표

19. 다음은 법인세법상 법정서식에 대한 설명이다. 옳지 않은 것은?

① 법인세 과세표준 및 세액조정계산서 : 해당 사업연도의 소득금액 및 과세표준과 세액을 계산하는 서식
② 자본금과 적립금조정명세서(갑) : 법인의 세무상 자기자본총액(순자산)을 알 수 있는 법정서식
③ 자본금과 적립금조정명세서(을) : 유보소득의 기말잔액을 계산하기 위한 서식
④ 소득금액조정합계표 : 모든 세무조정항목의 세부내용을 나타내는 서식

20. 법인세법상 법인세과세표준 및 세액의 신고와 납부에 대한 설명으로 틀린 것은?

① 수익사업을 영위하는 비영리법인도 영리법인에 준하여 신고하여야 한다.
② 소득금액 없거나 결손시에도 신고하여야 한다.
③ 법인은 법인세액이 1천만원 이하인 경우에도 분납할 수 있다.
④ 각사업연도가 6개월을 초과하는 법인만 중간예납의무가 있다.

21. 법인세법상 (가) 및 (나)에 들어갈 날짜로 옳은 것은?

> (주)우리세무의 8기 사업연도가 2025.4.1. ~ 2026.3.31.인 경우 법인세중간예납신고납부기한은 **(가)**이고 법인세 확정신고납부기한은 **(나)**이다.

① (가) : 2025.12.31.   (나) : 2026.06.30.
② (가) : 2025.11.30.   (나) : 2026.06.30.
③ (가) : 2025.08.31.   (나) : 2026.03.31.
④ (가) : 2025.11.30.   (나) : 2026.05.31.

22. 현행 법인세법에서 중소기업에 대한 조세지원내용이 아닌 것은?

① 기업업무추진비 한도액 증액   ② 적격증빙서류 관련 가산세
③ 결손금 소급공제에 따른 환급   ④ 법인세 분납기간의 연장

23. 다음은 법인세법상 가산세에 대한 설명이다. 올바른 항목을 모두 고른 것은?

> 가. 주식등변동상황명세서 제출 불성실 가산세는 산출세액이 없으면 적용하지 않는다.
> 나. 과세소득이 있는 내국법인이 복식부기 방식으로 장부로 기장을 하지 않으면 산출세액의 20%와 수입금액의 0.07% 중 큰 금액을 가산세로 납부해야 한다.
> 다. 내국법인이 기업업무추진비를 지출하면서 적격증명서류를 받지 않아 손금불산입된 경우에도 증명서류 수취 불성실 가산세를 납부해야 한다.
> 라. 이자소득을 지급한 법인이 지급명세서를 제출기한이 지난 후 3개월 이내에 제출하는 경우 지급금액의 0.5%를 가산세로 납부해야 한다.

① 가, 라 ② 나, 다 ③ 가, 다 ④ 나, 라

24. 다음 중 빈칸에 들어갈 공통 금액은?

> 가. 일반과세자의 부가가치세 예정고지세액이 (　　)원 미만인 경우에는 부가가치세를 징수하지 않는다.
> 나. 직전 사업연도에 중소기업인 내국법인은 직전 사업연도의 산출세액을 기준으로 계산한 중간예납세액이 (　　)원 미만인 경우 중간예납세액을 납부할 의무가 없다.
> 다. 간이과세자의 부가가치세 예정부과금액이 (　　)원 미만인 경우에는 부가가치세를 징수하지 않는다.
> 라. 종합소득이 있는 거주자의 소득세 중간예납세액이 (　　)원 미만인 경우 중간예납세액을 징수하지 않는다.

① 1,000 ② 50,000 ③ 300,000 ④ 500,000

25. 법인세법에 대한 다음의 설명 중 옳지 않은 것은?
① 비영리내국법인과 외국법인에 대하여는 청산소득에 대한 법인세 납부의무가 없다.
② 내국법인이 법인세를 중간예납하는 경우에는 납부할 세액이 1천만원을 초과하여도 분납을 적용할 수 없다.
③ 사업연도는 법령이나 법인의 정관 등에서 정하는 1회계기간으로 한다. 다만, 그 기간은 1년을 초과하지 못한다.
④ 내국법인의 원칙적인 납세지는 해당 법인의 등기부등본에 따른 본점이나 주사무소 소재지가 된다.

26. 다음 중 법인세법상 신고 및 납부에 대한 설명으로 가장 옳지 않은 것은?
① 내국법인이 납부할 세액이 1천만원을 초과하는 경우에는 일정 기한내에 분납할 수 있다.
② 영리내국법인이 법인세 신고 시 「법인세 과세표준 및 세액신고서」를 첨부하지 않은 경우에는 무신고에 해당한다.
③ 성실신고확인서를 제출한 내국법인의 법인세 신고기한은 각 사업연도 종료일이 속하는 달의 말일부터 4개월 이내이다.
④ 내국법인이 토지수용으로 인해 발생하는 소득에 대한 법인세를 금전으로 납부하기 곤란한 경우에는 물납할 수 있다.

	NO	정답	해설
법인세 총설	01	④	청산소득은 영리내국법인만 과세소득이며 비영리 법인의 청산소득에 대해서는 법인세를 과세하지 않는다.
	02	②	법인세법은 주소지설에 따라 내국법인과 외국법인을 판단하므로 외국법에 근거하여 외국법인이라는 설명은 옳지 않다.
	03	④	신설법인은 최초 사업연도가 경과하기 전에는 사업연도를 변경할 수 없다.
	04	③	사업연도가 변경된 경우에는 종전의 사업연도 개시일부터 변경된 사업연도 개시일 전날까지의 기간을 1사업연도로 한다.
	05	①	
	06	④	사업연도는 법인의 소득을 계산하는 1회계기간으로서 법령이나 법인의 정관(定款) 등에서 정하는 1회계기간으로 한다. 다만, 그 기간은 1년을 초과하지 못한다.
	07	①	(ㄴ) 외국의 정부·지방지치단체는 비영리외국법인이므로 국내원천 수익사업소득에 대해서는 납세의무를 진다. (ㄷ) 외국법인이란 본점 또는 사업의 실질적 관리장소를 외국에 둔 법인을 말한다. (ㄹ) 청산 중에 있는 법인이 상법에 의하여 사업을 계속하는 경우에는 그 사업연도 개시일부터 계속등기일, 계속등기일 다음날부터 사업연도 종료일까지를 각각 1사업연도로 본다. (ㅁ) 납세지가 변경된 법인이 「부가가치세법」에 의한 사업자등록 정정신고를 한 경우에는 납세지 변경신고를 한 것으로 본다.
	08	②	내국 비영리법인은 청산소득에 대해서는 과세하지 않는다.
내국법인의 각 사업연도 소득금액	01	①	법인세법상 유가증권은 원가로 평가한다.
	02	②	신고조정은 강제조정항목으로 손금귀속시기를 선택할 수 없다.
	03	①	②, ③, ④는 결산조정사항이고 ①은 신고조정사항이다.
	04	②	① 상여처분, ③ 기타사외유출처분, ④ (대표자)상여처분으로 소득처분한다.
	05	①	귀속자가 주주이면서 사원이면 상여 처분한다.
	06	③	추계로 과세표준을 결정·경정할 때 대표자 상여처분에 따라 발생한 소득세를 법인이 대납하고 이를 손비로 계상한 경우 기타사외유출로 소득처분한다.
	07	③	유보(△유보 포함)의 소득처분은 일시적 차이이므로 차후 반대의 세무조정이 발생한다.
	08	②	세무조정시 법인이 귀속자에게 소득세액을 원천징수하여야 하는 소득처분은 배당, 상여 그리고 기타소득이다.
	09	④	법인세법상 기타사외유출로 소득처분된 소득은 소득세법상의 소득으로 분류되어 있지 아니하므로 수입시기가 존재하지 않는다.
	10	②	건당 3만원을 초과한 기업업무추진비 중 증빙미수취 기업업무추진비의 손금불산입액은 귀속자에 상여 등으로 처분한다.
	11	④	토지에 대한 취득세를 비용처리한 경우 토지의 취득원가에 가산하여야 하므로 이를 손금불산입하고 유보로 소득처분하여야 하므로 이에 대한 원천징수는 없다. ① 상여, ② 기타소득, ④ 배당으로 소득처분하고 소득세를 원천징수하여야 한다.
	12	②	①, ③, ④는 기타사외유출로 소득처분 하고 ②는 상여로 처분한다.
	13	①	업무상 손해배상금이나 불공정 거래를 통한 특수관계자 분여이익은 순자산 증가거래로서 익금에 해당하고 국세환급가산금(이자)은 익금불산입 항목에 해당한다.

NO	정답	해설
14	③	국세환급금의 익금불산입 규정은 세금 과다징수에 관한 보상적 성격이므로 이중과세방지와는 관련이 없다.
15	④	①, ②, ③는 모두 익금불산입 항목이다.
16	②	① 감자차익 예외규정에 해당하는 부분으로 [의제배당액 = 감자등으로 인해 받은 재산가액 – 주식취득가액]에 해당하므로 의제배당에 해당한다. ② 주식발행초금을 자본전입으로 무상주를 교부하는 경우로 의제배당에 해당하지 않는다. ③ 법인세가 과세되는 이익잉여금(이익준비금)을 자본전입하는 경우 의제배당에 해당한다. ④ 자기주식처분이익을 자본입하는 경우 의제배당에 해당한다.
17	①	500,000원(환부이자) + 3,300,000원(단기매매증권평가이익) = 3,800,000원
18	④	법인세법상 보험업법이나 기타 법률의 규정에 의한 고정자산의 평가차익은 익금 항목에 해당된다.
19	④	배당기준일 전 3개월 이내에 취득한 주식 등을 보유함으로써 발생하는 수입배당금에 대해서는 익금불산입규정을 적용하지 아니한다.
20	①	판매장려금의 경우 사전약정 없이 지급하는 경우에도 손금으로 인정한다.
21	③	비영업용소형승용차의 구입 · 유지 관련분 매입세액 중 수익적 지출 관련분은 손금으로 인정된다.
22	③	법인인 협회에 지급하는 일반회비는 세금과공과로 손금으로 인정된다.
23	④	파손, 부패된 재고자산의 감액손실 등의 결산조정사항은 손금으로 인정된다.
24	②	가지급금 인정이자 2,000,000원만 배당, 나머지는 상여로 처분한다.
25	②	재고자산의 저가법에 따라 평가한 평가차손은 모두 손금 인정된다.
26	②	유가증권평가이익은 법인사업자도 익금불산입대상이다.
27	③	■ 법인의 경우 대표자 인건비는 손금사항이며 이자수익, 유형자산처분이익은 전부 익금사항이다. 따라서 각사업연도소득금액은 당기순이익에 감가상각부인액을 더하여 12,000,000원이 된다. ■ 개인의 경우 대표자 인건비는 필요경비로 인정되지 아니하며 이자수익은 이자소득으로 구분한다. 복식부기의무자는 2018년 귀속분부터 사업용고정자산처분손익도 사업소득금액에 포함하나 부동산 처분손익은 제외한다. 따라서 사업소득금액은 당기순이익에 감가상각부인액과 대표자인건비를 더하고 이자수익과 유형자산처분이익은 차감하면 12,000,000원이 된다.
28	②	세무조정에 의하여 소득처분된 내용은 소득금액조정합계표에 기재되며, 그 중 유보처분된 사항만 자본금과적립금조정명세서(을)에 기재된다.
29	④	반기별 납부자인 원천징수의무자의 경우에도 「법인세법」 제67조에 따라 처분된 상여 · 배당 및 기타 소득에 대한 원천징수세액은 소득처분된 달의 다음달 10일(2026. 4. 10)까지 신고납부 하여야 한다.
30	①	소득금액조정합계표는 지정기부금한도초과액을 제외한 가, 나, 다, 마의 세무조정사항이 반영되며, 자본금과적립금조정명세서(을)은 유보소득처분과 관련된 서식으로서 다, 마의 세무조정사항이 반영된다.
31	②	위탁판매는 수탁자가 판매하는 때 손익을 인식한다.
32	④	법인이 수입하는 이자 등은 소득세법에 따른 이자소득의 수입시기가 속하는 사업연도의 익금으로 한다.
33	④	중소기업의 경우 또는 기업회계기준에 따라 인도기준으로 계상한 경우 등 인도기준 적용이 가능한 경우가 있다.

	NO	정답	해설
내국법인의 각 사업연도 소득금액	34	②	중소기업인 경우 단기건설(1년 미만)의 경우에는 인도기준에 따라 수익과 비용을 인도일이 속하는 사업연도의 익금과 손금에 산입할 수 있다.
	35	④	■ 법인이 수입하는 이자 및 할인액 : 결산을 확정할 때 이미 경과한 기간에 대응하는 이자 및 할인액(원천징수되는 이자 및 할인액은 제외)을 해당 사업연도의 수익으로 계상한 경우에는 그 계상한 사업연도의 익금으로 한다. ■ 법인이 지급하는 이자 및 할인액 : 결산을 확정할 때 이미 경과한 기간에 대응하는 이자 및 할인액을 해당 사업연도의 손비로 계상한 경우에는 그 계상한 사업연도의 손금으로 한다.
	36	②	장기할부조건으로는 월부, 연부에 따라 2회 이상 분할하여 수입하고 인도일의 다음날부터 최종 할부금의 지급기일까지의 기간이 1년 이상인 것을 말한다.
세액의 계산	01	④	■ 1,000,000원 + 400,000원 + 200,000원 + 100,000원 + 300,000원 = 2,000,000원 ■ 이월결손금은 각 사업연도 소득금액에서 차감하여 과세표준 계산시 적용된다.
	02	④	각 사업연도의 소득에 대한 법인세의 과세표준을 계산함에 있어서 공제되지 아니한 비과세소득 및 소득공제액과 최저한세의 적용으로 인하여 공제되지 아니한 소득공제액은 다음 사업연도에 이월하여 공제할 수 없다.
	03	④	각 사업연도의 개시일전 15년 이내(2020.1.1.이후)에 개시한 사업연도에서 발생한 결손금으로서 그 후의 각 사업연도의 과세표준계산에 있어서 공제되지 아니한 금액을 과세표준에서 공제한다.
	04	④	기부금 한도액 계산시 차감되는 이월결손금은 결손금 및 이월결손금이 감소하지 아니한다.
	05	④	중소기업 등이 아닌 일반기업의 이월결손금 공제한도는 공제대상 이월결손금과 각 사업연도 소득금액의 80% 금액 중 작은 금액으로 한다.
	06	④	결손금 소급공제는 중소기업만 받을 수 있다.
	07	④	■ 각사업연도소득금액 = 200,000,000원 + 25,000,000원 − 40,000,000원 = 185,000,000원 ■ 과세표준(9개월) = 185,000,000원 − 5,000,000원(비과세소득) = 180,000,000원 ■ 환산과세표준(1년) = 180,000,000원 × 12월/9월 = 240,000,000원 ■ 산출세액(1년) = 200,000,000원 × 9% + 40,000,000원 × 19% = 25,600,000원 ■ 산출세액(9개월) = 25,600,000원 × 9월/12월 = 19,200,000원
	08	②	중소기업에 대해 소득세 및 법인세의 과소신고가산세를 경감규정은 없다.
	09	①	연구·인력개발비에 대한 세액공제는 조세특례제한법상 세액공제이다.
	10	③	재해손실세액공제는 이월공제가 되지 않는다.
	11	②	투자세액공제와 중복 적용된다.
	12	②	주주임원으로서 10% 초과하는 지분을 가진 자의 인건비는 연구개발서비스업에 종사하는 전담요원이라도 연구개발비 세액공제를 적용받는 비용에서 제외한다.
	13	④	세액공제는 이월되나 세액감면과 최저한세 적용으로 인하여 세액감면은 이월되지 않는다.
	14	③	최저한세로 인하여 조세특례가 배제될 때 경정하는 경우 법정 순서에 따라 배제한다.
	15	④	법인의 본점이 수도권에 있는 경우는 모든 사업장이 수도권에 있는 것으로 보고 감면율을 적용한다.
	16	②	법인세의 납부는 현금 납부가 원칙이며 공공사업의 시행자에게 양도하거나 수용되어 발생한 양도차익에 한하여 보상채권에 의한 물납이 가능하다.

	NO	정답	해설
세액의 계산	17	②	법인의 업무관련 경비를 지출함에 있어 세금계산서, 계산서, 신용카드매출전표 등을 갖추지 아니한 경우에는 지출증명서류미수취가산세를 적용하며 이 경우 법인 및 개인신용카드여부를 구분하지 아니한다. 또한 기업업무추진비의 경우에는 반드시 법인신용카드만 규정하고 있어 개인신용카드로 지출된 기업업무추진비는 전액 손금불산입 대상이다.
	18	④	필수 첨부서류 : 재무상태표, 포괄손익계산서, 이익잉여금처분계산서(또는 결손금처리계산서), 세무조정계산서(법인세과세표준 및 세액조정계산서)
	19	④	소득금액조정합계표는 익금산입·손금불산입항목의 합계와 손금산입·익금불산입항목의 합계를 법인세과세표준 및 세액조정계산서로 보내 해당 사업연도 소득금액을 계산하도록 한다. 단, 세무조정항목 중 기부금한도초과액 및 한도초과이월액 손금산입은 소득금액조정합계표에 표시하지 아니하고 기부금조정명세서에서 계산한 후 직접 과세표준 및 세액조정계산서로 보내진다.
	20	③	법인세액이 1천만원을 초과하는 경우 분납할 수 있다.
	21	②	
	22	②	적격증빙 미수취 등과 관련된 가산세는 2%이며 일반기업과 중소기업간의 차이는 없다.
	23	④	가. 주식등변동상황명세서 제출 불성실 가산세는 산출세액이 없는 경우에도 적용한다. 다. 적격증명서류를 구비하지 않은 기업업무추진비로서 손금불산입된 경우 증명서류 수취 불성실 가산세를 적용하지 않는다.
	24	④	■ 법인세법 : 사업연도의 기간이 6개월을 초과하는 내국법인은 각 사업연도 중 중간예납기간에 대한 법인세액을 납부할 의무가 있다. 다만, 직전 사업연도의 중소기업으로서 중간예납세액이 50만원 미만인 내국법인은 중간예납세액을 납부할 의무가 없다. ■ 부가가치세법 : 관할 세무서장은 개인사업자(간이과세자 포함)에 대하여는 각 예정신고(부과)기간마다 직전 과세기간에 대한 납부세액의 50퍼센트를 예정신고(부과)기간의 납부세액으로 결정하여 해당 예정신고(부과)기간이 끝난 후 25일까지 징수한다. 다만, 징수하여야 할 금액이 50만원 미만인 경우에는 징수하지 아니한다. ■ 소득세법 : 중간예납세액이 50만원 미만인 경우 해당 소득세를 징수하지 아니한다.
	25	②	법인세 중간예납의 경우에도 납부할 세액이 1천만원을 초과할 경우 분납을 적용할 수 있다.
	26	④	법인세법은 물납규정이 없다.

**Perfect
전산세무 1급**
www.bobook.co.kr

PART 02

법인세무조정

CHAPTER 01 법인세무조정의 기초
CHAPTER 02 수입금액조정
CHAPTER 03 감가상각 및 업무용승용차 관련비용
CHAPTER 04 과목별세무조정
CHAPTER 05 소득 및 과세표준계산
CHAPTER 06 공제감면세액조정, 세액계산 및 신고서

백데이터 다운로드 및 설치방법

1. 도서출판 배움 홈페이지(www.bobook.co.kr)에 접속한다.
2. 홈페이지 교재실습/백데이터 자료실을 클릭한다.
3. 교재실습/백데이터 자료실 ⇨ [2025_TAX_1grade] 백데이터를 선택하여 다운로드 한다.
4. 다운로드한 파일을 선택 후 실행하면
   [내컴퓨터 ⇨ C: ₩KcLepDB ⇨ KcLep]에 자동으로 복구 저장된다.
5. 한국세무사회 자격시험 케이렙 프로그램 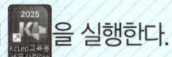 을 실행한다.

   실행화면에서 회사등록 ⇨ F4 회사코드재생성 을 실행하여야 선택하고자 하는 회사가 생성된다.

   - 법인세무조정 따라하기 : 5000.(주)합격
   - 집중심화연습회사 : 5100.(주)배움 ~ 5600.(주)강남
   - 본서의 [예제]는 서식을 이해하고자 주어진 부분으로 "5700.(주)두더지상사"에 입력하여 실습을 진행하여도 무방하며 별도의 재무제표 정보는 제공되지 않습니다.

6. 웹하드(www.webhard.co.kr) 다운로드 방법
   ① 오른쪽 상단의 [로그인] 버튼을 클릭하여 아이디와 비밀번호를 입력한다. [아이디 : bobookcokr / 비밀번호 : book9750]
   ② [내리기전용] ⇨ [전산세무회계] ⇨ [전산세무 1급] 폴더에서 백데이터를 선택하여 다운로드 한다.
   ③ 이외의 사항은 위와 동일하다.

전산실무

직무명	분류번호	능력단위명	수준	능력단위요소
세무	0203020213_23v6	세무조정 준비	3	1 표준재무제표 확정하기 3 세법상 수입금액 확정하기
	0203020214_23v6	법인세 신고	5	1 각사업년도소득 세무조정하기 2 법인세 부속서류 작성하기 3 법인세 신고하기

능력단위정의	세무조정 준비란 법인세 신고 납부를 위해 표준재무제표를 작성하여, 과세대상소득과 세법상 수입금액을 산출하는 능력이다. 법인세신고란 세무조정절차를 수행한 후 과세표준 및 세액을 산정하고 법인세과세표준 및 세액신고서를 작성하여 신고하는 능력이다.

NCS 능력단위	능력단위요소	수 행 준 거
0203020213_23v6 세무조정 준비	0203020213_23v6.1 표준재무제표 확정하기	1.1 법인의 종류를 구분하여 과세소득에 따른 납세의무를 확정할 수 있다. 1.2 조세특례제한법과 중소기업기본법에 따른 중소기업기준검토표를 작성할 수 있다. 1.3 세법에 따른 표준재무제표를 작성할 수 있다.
	0203020213_23v6.3 세법상 수입금액 확정하기	3.1 세법에 따른 수입금액조정명세서를 작성할 수 있다. 3.2 세법에 따른 조정후수입금액조정명세서를 작성할 수 있다.
0203020214_23v6 법인세 신고	0203020214_23v6.1 각사업년도소득 세무조정하기	1.1 세법에 따른 익금산입과 익금불산입의 세무조정의 절차를 수행할 수 있다. 1.2 세법에 따른 손금산입과 손금불산입의 세무조정의 절차를 수행할 수 있다. 1.3 법인세법과 기업회계기준 차이에 따른 손금산입 한도초과액을 계상할 수 있다. 1.4 세법에 따른 소득처분 항목을 구분할 수 있다.
	0203020214_23v6.2 법인세 부속서류 작성하기	2.1 세법에 따른 표준재무제표를 작성할 수 있다. 2.2 세법에 따른 자본금과적립금조정명세서를 작성할 수 있다. 2.3 세법에 따른 과목별 조정계산서를 작성할 수 있다. 2.4 세법에 따른 주식등 변동상황명세서를 작성할 수 있다. 2.5 세법에 따른 세액감면·세액공제신청서를 작성할 수 있다.
	0203020214_23v6.3 법인세 신고하기	3.1 세법에 따른 법인세과세표준 및 세액신고서를 작성할 수 있다. 3.2 세법에 따른 법인세과세표준 및 세액조정계산서를 작성할 수 있다. 3.3 세법 절차에 따라 법인세를 신고·납부할 수 있다. 3.4 서면신고 및 세무정보시스템을 활용하여 전자신고에 따른 오류를 검증하고 수정할 수 있다. 3.5 법인세법에 따른 중간예납 세액을 신고·납부할 수 있다.

CHAPTER 01 법인세무조정의 기초

PART 02 법인세무조정

1. 법인조정의 흐름

1 법인조정 프로그램 작업순서

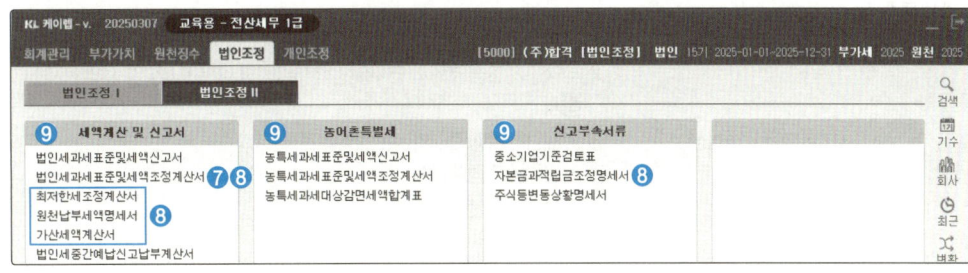

법인조정 프로세스는 중 일부서식은 세무조정 시 필요에 따라 여러 번 들어가서 작성을 하기 때문에 실제 업무에서는 PROCESS가 중요하며, 시험에서는 일부만 출제하므로 작성순서가 영향을 주지는 않는다.

작업순서		내 용
각 사업연도 소득금액 확정		기업회계기준상 결산자료에 세무조정사항을 반영 후 소득금액을 확정하는 단계
	❶ 기초사항검토	① 회사등록(중소기업여부) ② 표준재무제표 작성 ③ 전기분 자본금과적립금조정명세서(을),(갑) 작성 ④ 중소기업기준검토표(중소기업해당여부)
	❷ 수입금액 확정	① 수입금액조정명세서 ② 조정 후 수입금액명세서 ③ 임대보증금 간주익금조정 ④ 수입배당금명세서
	❸ 감가상각비조정	① 미상각자산감가상각조정명세서 ② 양도자산감가상각조정명세서 ③ 감가상각조정명세서합계표
	❹ 과목별 세무조정	과목별 세무조정 중 [기부금조정명세서]는 소득금액이 확정된 후 작성하여야 한다.
	❺ 소득금액의 확정	별도의 세무조정서가 없는 사항을 직접 [소득금액조정합계표]에 입력하여 차가감소득금액을 확정한다.
	❻ 기부금조정	차가감소득금액 확정 후 [기부금조정명세서]에서 기부금 한도계산 및 기부금 이월액을 계산한다.
	❼ 법인세과세표준 및 세액조정계산서	[법인세과세표준 및 세액조정계산서]에서 각 사업연도 소득금액을 확정한다.
❽ 과세표준 및 세액계산		과세표준에 법인세율 적용 후 각종 공제감면세액을 계산하는 단계
	과세표준 및 산출세액 계산	[법인세과세표준 및 세액조정계산서]에 아래 내용을 반영하여 과세표준 확정 후 산출세액을 계산한다. ① 자본금과적립금조정명세서(갑) : 이월결손금(15년 이내) ② 비과세소득명세서 ③ 소득공제조정명세서
	납부할세액계산	① 공제감면세액계산서 및 세액감면(면제)신청서 ② 세액공제조정명세서(연구및인력개발비명세서 포함) 및 세액공제신청서 ③ 공제감면세액및추가납부세액합계표 ④ 최저한세조정계산서 ⑤ 가산세액계산서 ⑥ 원천납부세액명세서
❾ 법인세등 신고서 확정		법인세, 지방소득세, 농어촌특별세 등 신고서를 작성하여 확정하는 단계 ① 법인세과세표준 및 세액조정계산서(분납결정) ② 지방세 과세표준 및 신고서 ③ 농어촌특별세 과세표준 및 세액조정계산서 ④ 기타부속 서류 : [자본금과적립금조정명세서] 등
❿ 신고 및 납부		확정된 신고서를 근거로 전자신고 및 납부하는 단계 ① 법인세 전자신고　　② 법인세 납부서　　③ 소급공제법인세액환급신청서

2 프로그램 화면의 구성과 작업방법

(1) 법인조정 프로그램의 작성 시 유의사항

법인조정 프로그램에 의해서 세무조정을 적절하게 수행하기 위해서는 다음의 절차를 준수하여야 한다.

① 법인세무조정 프로그램의 작업절차를 정확히 숙지하여 선행될 작업을 먼저하고 그 데이터를 연결받아 다음 메뉴를 진행할 수 있도록 한다.

② 각 메뉴의 화면 상단의 조정등록(F3), 전체삭제(CF5), 원장조회(F7), 잔액조회(F8), 저장(F11), 불러오기(F12) 등 재무회계의 자료를 조회하고 검토한 후 상단의 F12 불러오기 버튼을 클릭하여 관련 데이터를 반영한 후 조정을 시작한다.

③ 서식의 작성 순서는 화면내 키 1, 2, 3의 순으로 조정한다.

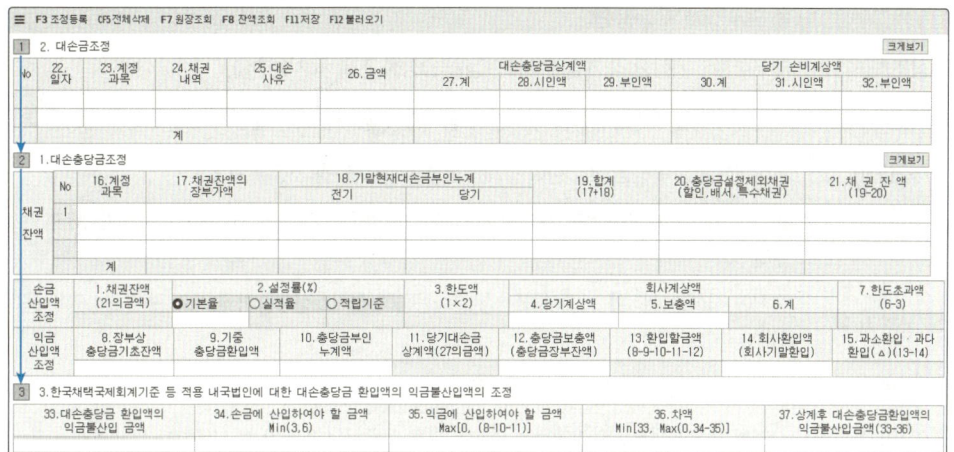

④ 재무회계에 기장된 데이터를 확인하여 작성하는 경우 F7 원장조회 버튼을 이용하여 기장데이터를 조회하여 조정한다.

⑤ 조정명세서 작성시 하단의 Tip을 참조하여 조정사항을 입력하며, [전자]표시는 전자신고가 가능하다는 것이고 [개정]표시는 서식의 개정이 있다는 의미이다.

⑥ 각 메뉴별로 세무조정 작업 완료후 조정사항 발생시 화면상단의 F3 조정등록 버튼을 눌러 해당 메뉴에서 작성된 세무조정사항을 [소득금액조정합계표]에 반영한다.

⑦ 작성이 완료되면 상단의 F11저장 버튼을 이용하여 작업내용을 저장한다.

(2) 기능키(key)의 공통적 사항

항 목	입력내용 및 방법
조정등록(F3)	각 세무조정 항목에서 발생된 익금산입 및 손금불산입(가산조정), 손금산입 및 익금불산입(차감조정) 사항을 해당 메뉴로 이동하지 않고 해당 세무조정항목에서 직접 [소득금액조정합계표]를 작성 시 사용한다. [환경등록 ⇨ 법인 TAB]에서 "1.조정과목사용"으로 설정하여 조정 코드도움(F2)을 받아서 선택하여 입력할 수도 있고, "2.직접입력"으로 설정하여 직접 입력도 가능하다.
삭제(F5)	입력 중이던 데이터나 기 입력된 데이터를 삭제하고자 할 때 사용한다.
전체삭제(CF5)	삭제와는 다르게 전체 삭제 키는 작업 중이던 서식의 데이터 또는 일정단위의 입력된 데이터를 모두 삭제 시 사용한다.
원장조회(F7)	재무회계에 기장한 각 계정과목의 계정별 원장을 조회 시 사용한다.
잔액조회(F8)	각 계정과목별 계정별원장을 기초잔액, 당기증가, 당기감소, 기말잔액으로 조회 시 사용한다.
저장(F11)	저장버튼을 클릭하면 작업 중이던 세무조정서식데이터를 저장해준다.
불러오기(F12)	불러오기를 실행(클릭)하면 재무회계의 원장 데이터 및 관련된 서식에서 데이터를 새로 불러온다.
전기서식(F4)	전기에 작성한 서식을 보고자하는 경우 사용하며 전기조정사항이 당기와 관련있는 경우 용이하다.
코드(F2)	계정과목코드를 알고자 할 때 사용한다.
인쇄(F9)	작업한 세무조정서식을 미리보기 및 프린터를 이용하여 출력할 때 사용한다.
종료(ESC)	서식 작성을 끝내고자 할 때 종료키를 이용하여 메뉴로 복귀한다.

2. 표준재무제표

　표준재무제표는 국세청에서 전자신고의 편의를 도모하고 동종업종간의 분석을 용이하게 하기 위하여 작성 요구하는 것이다. 표준재무제표는 표준재무상태표, 표준손익계산서, 표준원가명세서, 이익잉여금처분계산서 4가지로 구성되어 있으며 각 해당 재무제표를 선택하여 작업한다.

① 재무회계에서 기장 및 결산을 한 경우에는 먼저 **재무회계의 표준용 재무제표 메뉴 조회**를 해야 **법인조정 메뉴에 자동반영** 된다. 변경사항이 있는 경우는 [불러오기(F12)]키를 사용하여 반영하며 외부조정 등의 경우 본 메뉴에서 [편집(CF8)]을 선택하여 편집(직접입력)을 할 수 있다.

제조원가명세서	결산 확정 후 원가별 [표준용] TAB 클릭하여 조회
손익계산서	결산 확정 후 법인유형 설정하고 [표준용] TAB 클릭하여 조회
이익잉여금처분계산서	결산 확정 후 [당기처분예정일] 입력
재무상태표	결산 확정 후 법인유형 설정하고 [표준용] TAB 클릭하여 조회

② 편집 시 [편집(CF8)] 키를 누르고 커서를 방향키로 이동하거나 마우스 각 해당 란을 클릭하여 입력하며 집계항목은 입력되지 않고 계정과목에 입력하여야 한다.

③ 표준재무상태표 및 표준손익계산서는 [법인선택(CF7)] 버튼을 사용하여 법인세법 규정 서식을 작성하여야 한다. 단, 결산재무제표 작성시 이미 설정한 경우는 생략하여도 된다.

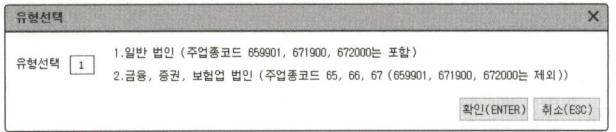

④ 표준손익계산서에서는 **조정등록(F3)**을 클릭하면 [소득금액조정합계표] 화면이 나타나며, 화면하단에 표시된 "**법인세비용**" 또는 "**법인세추납액**" 등을 참고하여 상단 소득금액조정합계표에 입력한다.

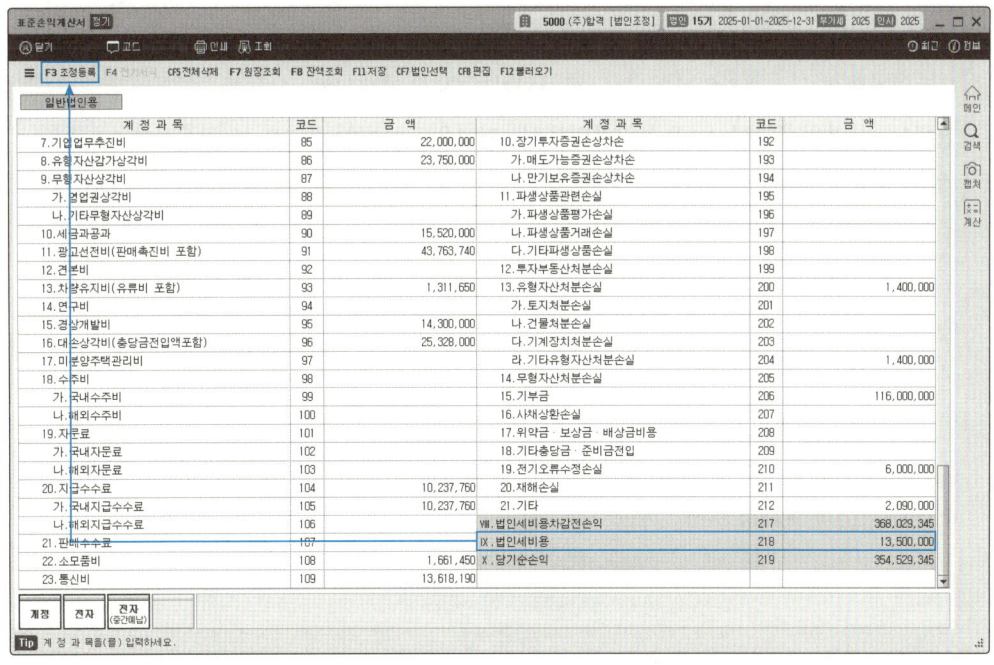

⑤ [소득금액조정합계표] 작성 시 과목란에서 글자 2자를 입력하여 검색 또는 조정코드도움(F4)을 클릭하여 검색란에 2글자를 입력하여 검색·입력한다. 또한 직접입력을 할 수도 있으며 [직접입력] 버튼을 클릭하면 도움창이 비활성화 된다.

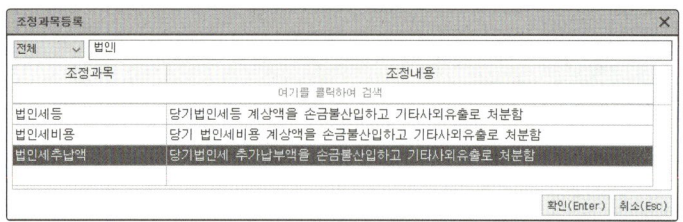

소득명세는 실무에서는 반드시 작성하여야 하는 사항이지만 **시험에서는 채점대상이 아니므로 입력을 생략하여도 무방**하다.

과목과 소득명세는 시험 채점대상이 아니다. 그러므로 과목입력시 계정과목을 입력하여도 되고 답안공지 문구와 같지 않아도 된다.

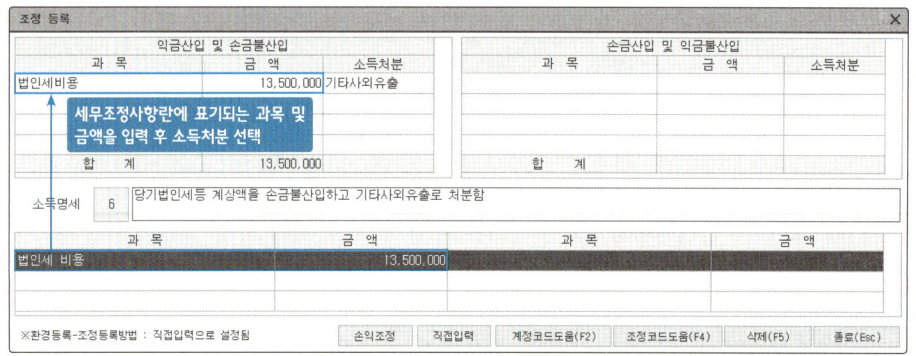

⑥ 표준원가명세서는 **제조원가명세서, 공사원가명세서, 임대원가명세서, 분양원가명세서, 운송원가명세서, 기타원가명세서**로 세분화된다. 원가명세서유형을 선택해서 확인하면 결산의 표준용 원가명세서가 자동으로 불러온다.

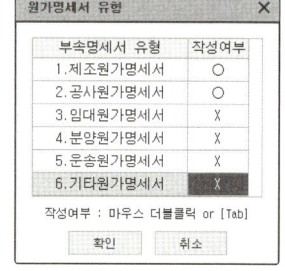

⑦ 이익잉여금처분(결손금)계산서는 재무회계를 이용하여 기장한 경우 결산/재무제표의 이익잉여금처분계산서에 입력된 금액을 [불러오기(F12)]하여야 한다. **처분 확정일은 필수항목**이므로 재무회계에서 처분예정일이 미입력 되었다면 [처분일(CF7)] 키를 이용하여 처분 확정일을 반드시 입력해 주어야 한다.

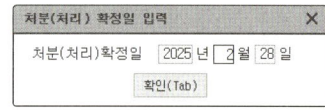

CHAPTER 02 수입금액조정

1. 수입금액조정명세서

법인조정 ▶▶ 법인조정 Ⅰ ▶▶ 수입금액조정 ▶▶ 수입금액조정명세서

수입금액조정명세서란 결산서상 수입금액(손익계산서의 매출액과 영업외수익)과 법인세법상 수입금액의 차이를 파악하기 위해서 작성하는 명세서이다.

법인세법상 수입금액은 한국표준산업분류에 의한 사업수입금액을 의미하며 아래의 사항을 검토하여 작성한다. 영업외수익에 수입금액에 포함하여야 하는 것이 처리되어 있다면 조정에 의하여 수입금액에 포함하여야 한다.

수입금액 인식은 [**PART 01 법인세이론** ⇨ **CHAPTER 02 6.손익의 귀속시기**]를 참고하며, 수입금액은 향후 기업업무추진비 한도 계산시 영향을 미친다.

수입금액에 포함하는 것	수입금액에 포함하지 않는 것
① 일반적인 상거래에서 발생한 수입금액 (상품매출, 제품매출, 공사수입금 등) ② 작업폐물과 부산물매각액	① 매출에누리, 매출할인, 매출환입 ② 영업외수익

1 수입금액조정명세서 작성순서

① 수입금액조정계산 (결산서상수입금액) ▶ ② 수입금액조정명세
- 작업진행률에 의한 수입금액
- 중소기업 등 수입금액 인식기준 적용 특례에 의한 수입금액
- 기타수입금액
▶ ③ 수입금액조정계산 (조정 후 수입금액확정)

수입금액조정계산	작업진행률에 의한 수입금액	중소기업 등 수입금액 인식기준 적용특례에 의한 수입금액	기타수입금액조정

1.수입금액 조정계산							
No	계정과목		③결산서상 수입금액	조 정		⑥조정후 수입금액 (③+④-⑤)	비고
	①항 목	②계정과목		④가 산	⑤차 감		
1		1.매 출 2.영업외수익					
		계					

2. 2.수입금액조정명세	
가.작업 진행률에 의한 수입금액	
나.중소기업 등 수입금액 인식기준 적용특례에 의한 수입금액	
다.기타 수입금액	
계	

2 수입금액 조정계산 필드 설명

항 목	입력내용 및 방법
계정과목	항목란에는 [1.매출 2.영업외수익] 중 해당항목을 선택, 과목란에는 계정과목코드를 입력해야 하며 코드를 모를 시에는 [코드도움]을 이용한다. 상단 [매출조회(F4)]를 클릭하면 기장된 자료의 수입금액이 매출조회 도움박스에 표시되므로 해당과목을 선택하여 적용한다. Tip) **부산물매각**이나 **작업폐물매각** 수익을 **잡이익으로 계상**하여 영업외수익에 있으면 수입금액 조정계산이 필요
결산서상 수입금액	재무회계를 기장한 경우 과목란에서 상단 [매출조회(F4)] 키를 클릭하면 매출항목과 영업외수익 항목이 매출조회 보조화면으로 나타나며 해당항목에 커서를 위치시키고 **클릭 또는 Tab**을 누르면 **자동 반영**된다.
조정	결산서상 수입금액과 법인세법상 수입금액과의 **차이**금액을 입력하며 가산란과 차감란은 하단 "**2.수입금액조정명세**"를 작성하여 해당란에 입력한다.
조정후 수입금액	결산서상 수입금액에서 가산 및 차감한 법인세법상 수입금액이 자동 계산된다.

3 수입금액조정명세 : 가. 작업진행률에 의한 수입금액 필드 설명

항 목	입력내용 및 방법
공사명, 도급자	공사명과 도급공사를 의뢰한 원청 사업자를 직접 입력한다.
도급금액	총도급금액을 입력한다.
작업진행률 계산	진행률은 해당 사업연도말까지 발생한 총공사비누적액과 총공사예정비를 입력하면 자동 계산된다.
누적익금산입액	도급금액에 진행률이 곱해져서 자동 계산된다.
전기말누적수입계상액	전기말까지 계상한 수입금액 누적액을 입력한다.
당기회사수입계상액	당기 손익계산서에 계상한 수입금액을 입력한다.
조정액	■ 조정액 계의 금액이 **양수(+)**인 경우 : **익금산입(유보발생)** ⇨ 수입금액조정계산의 ④**가산**란에 입력 ■ 조정액 계의 금액이 **음수(-)**인 경우 : **손금산입(유보발생)** ⇨ 수입금액조정계산의 ⑤**차감**란에 입력

4 수입금액조정명세 : 나. 중소기업 등 수입금액 특례 필드 설명

항 목	입력내용 및 방법
계정과목	항목란에는 [1.매출 2.영업외수익] 중 해당항목을 선택, 과목란에는 계정과목코드를 입력한다.
세법상 당기수입금액	중소기업 특례에 의하여 법인세법상 인식 수입금액을 입력한다.
당기회사 수입금액계상액	결산서에 계상한 수입금액을 입력한다.
조정액	법인세법과 결산서상 수입금액에 차이가 자동 계산되며 조정액의 금액이 **음수(-)**로 표시되며 **익금불산입(유보발생)** 처리하고 수입금액조정계산서의 ⑤차감란에 입력한다.

5 수입금액조정명세 : 다. 기타수입금액 필드 설명

위탁판매, 시용판매, 상품권 판매 등의 수익인식 차이 및 매출누락에 대한 부분을 직접 입력한다.

항 목	입력내용 및 방법
구분	총매출액, 위탁판매, 상품권 등을 입력한다.
수입금액	당기분 매출누락등은 익금산입되며 전기분에 대한 이월익금은 익금불산입 된다. ▪ 수입금액이 **양수(+)**인 경우 : **수입금액조정계산의 ④가산란에 입력** ▪ 수입금액이 **음수(-)**인 경우 : **수입금액조정계산의 ⑤차감란에 입력**
대응원가	결산서상 비용으로 반영하지 않은 대응원가를 입력하고 [소득금액조정합계표]의 해당란에 세무조정 및 소득처분을 입력한다.

6 조정등록(F3)

세무조정이 완료된 후 조정된 내용을 [소득금액조정합계표]에 직접 입력하는 작업으로 [조정등록(F3)]을 클릭하면 소득금액조정합계표 화면이 나타나며, 화면하단에 표시된 세무조정사항을 참고하여 상단 소득금액조정합계표에 입력한다.

 예제

(주)두더지상사의 제10기(2025.1.1. ~ 2025.12.31.)의 수입금액조정명세서를 작성하고 필요한 세무조정을 하시오.

(1) 장부상 매출액 내역
① 상품매출 : 932,000,000원
② 제품매출 : 3,292,400,000원
③ 공사수입금 : 514,600,000원

(2) 장부상 영업외손익 내역
① 영업외수익 중 잡이익에는 부산물매각액 17,000,000원이 포함되어 있다.
② 영업외비용 중 매출에누리에는 상품매출 에누리액 3,400,000원이 포함되어 있다.

(3) 제품매출 자료
장부상 기말제품재고액에 포함되어 있는 위탁품(적송품) 4,800,000원은 이미 2025년 12월 30일에 수탁자가 5,760,000원에 판매한 것으로 확인되었다.

(4) 공사수입금 자료
결산일 현재 진행 중인 공사는 다음의 공사 한 건 뿐이다.

공사명 (도급자)	공사계약 체결일	도급계약기간	도급금액	당해연도총공사비 (총공사예정비)	손익계산서상 수익계상액
공장신축 ((주)배움)	2025.07.25	2025.08.20. ~ 2026.10.31.	400,000,000원	150,000,000원 (300,000,000원)	195,000,000원

(5) 소득금액조정합계표

세무조정사항						
익금산입 및 손금불산입			손금산입 및 익금불산입		
과목	금액	처분	과목	금액	처분

(6) 수입금액조정명세서 작성

- 법인세법 시행규칙 [별지 제16호서식] 〈개정 2011. 2. 28〉 (앞쪽)

사 업 연 도	2025. 01. 01. ~ 2025. 12. 31.	수입금액조정명세서	법 인 명	(주)두더지상사
			사업자등록번호	218 - 81 - 21304

1. 수입금액 조정계산

계 정 과 목		③결산서상 수입금액	조 정		⑥조정 후 수입금액 (③+④-⑤)	비 고
①항 목	②과 목		④가 산	⑤차 감		
	계					

2. 수입금액 조정명세

가. 작업진행률에 의한 수입금액

⑦공사명	⑧도급자	⑨도급금액	작업진행률계산			⑬누적익금 산입액 (⑨×⑫)	⑭전기말 누적수입 계상액	⑮당기 회사수입 계상액	⑯조정액 (⑬-⑭-⑮)
			⑩해당사업 연도말 총공사비 누적액 (작업시간 등)	⑪총공사 예정비 (작업시간 등)	⑫진행률 (⑩/⑪)				
계									

나. 중소기업 등 수입금액 인식기준 적용특례에 의한 수입금액

계 정 과 목		⑲세법상 당기 수입금액	⑳당기 회사수입금액 계상액	㉑조정액 (⑲-⑳)	㉒근거법령
⑰항 목	⑱과 목				
	계				

다. 기타 수입금액

㉓구 분	㉔근거법령	㉕수 입 금 액	㉖대 응 원 가	비고
계				

【해설】

(1) 수입금액 조정계산 : 결산서상 수입금액 입력
① 항목란에 매출을 기입하고 장부상 매출액을 입력한다.
② 영업외수익 중 잡이익에 포함되어 있는 부산물 매출은 수입금액에 해당하므로 결산서상 수입금액에 입력한다.
③ 매출에누리는 영업외비용으로 처리하지 않고 수입금액에서 직접 차감해야 한다. 그러므로 수입금액조정명세서에서 상품매출에서 차감하는 금액으로 3,400,000원을 입력한다. 수입금액에서 차감은 하나 영업외비용으로 처리하여 소득금액에 미치는 영향은 없으므로 별도의 세무조정은 발생하지 않는다.

(2) 수입금액 조정명세 : 가. 작업진행률에 의한 수입금액
현재 진행 중인 장기공사 내역을 입력한다.
① 작업진행률 = 150,000,000원 / 300,000,000원 = 50%
② 공사수익 = 400,000,000원 × 50% = 200,000,000원
③ 조정액 = 200,000,000원 − 195,000,000원 = 5,000,000원
  ⇨ 결산서상 수입금액이 과소계상 되었으므로 익금산입(유보발생) 처리한다.

(3) 수입금액 조정명세 : 다. 기타 수입금액
위탁판매매출은 수탁자가 판매한 시점에 수익을 인식하여야 한다. 따라서 결산서에 누락된 제품매출과 제품매출원가를 조정하여야 한다.
① 수입금액(당기 매출누락) 5,760,000원 : 익금산입(유보발생) ⇨ 차기연도에 익금불산입 유보추인
② 대응원가(당기 매출원가누락) 4,800,000원 : 손금산입(유보발생) ⇨ 차기연도에 손금불산입 유보추인

(4) 조정금액 입력
[2.수입금액조정명세]에 입력된 금액을 [1.수입금액조정계산]의 [조정]란에 입력한다.
① 공사진행률에 의한 수입금액은 "공사수입금"의 "④가산"란에 5,000,000원을 입력한다.
② 위탁판매 누락분은 "제품매출"의 "④가산"란에 5,760,000원을 입력한다.

(5) 소득금액조정합계표

세무조정사항					
익금산입 및 손금불산입			손금산입 및 익금불산입		
과목	금액	처분	과목	금액	처분
공사기성고차액	5,000,000	유보발생	위탁판매대응원가	4,800,000	유보발생
위탁판매누락	5,760,000	유보발생			

(6) 수입금액조정명세서

- 법인세법 시행규칙[별지 제16호서식] 〈개정 2011. 2. 28〉 (앞쪽)

사업연도	2025. 01. 01. ~ 2025. 12. 31.	수입금액조정명세서	법인명	(주)두더지상사
			사업자등록번호	218-81-21304

1. 수입금액 조정계산

계정과목		③결산서상 수입금액	조정		⑥조정 후 수입금액 (③+④-⑤)	비고
①항목	②과목		④가산	⑤차감		
매출	제품매출	3,292,400,000	5,760,000		3,298,160,000	
매출	상품매출	932,000,000		3,400,000	928,600,000	
매출	공사수입금	514,600,000	5,000,000		519,600,000	
영업외수익	잡이익	17,000,000			17,000,000	
계		4,756,000,000	10,760,000	3,400,000	4,763,360,000	

→ 매출에누리
→ 진행률차이
→ 위탁매출누락

2. 수입금액 조정명세

가. 작업진행률에 의한 수입금액

⑦공사명	⑧도급자	⑨도급금액	작업진행률계산			⑬누적익금산입액 (⑨×⑫)	⑭전기말 누적 수입계상액	⑮당기 회사수입 계상액	⑯조정액 (⑬-⑭-⑮)
			⑩해당사업연도말 총공사비 누적액 (작업시간 등)	⑪총공사예정비 (작업시간 등)	⑫진행률 (⑩/⑪)				
공장신축	(주)배움	400,000,000	150,000,000	300,000,000	50%	200,000,000		195,000,000	5,000,000
계		400,000,000	150,000,000	300,000,000		200,000,000		195,000,000	5,000,000

→ 익금산입

나. 중소기업 등 수입금액 인식기준 적용특례에 의한 수입금액

계정과목		⑲세법상 당기 수입금액	⑳당기 회사수입금액 계상액	㉑조정액 (⑲-⑳)	㉒근거법령
⑰항목	⑱과목				
계					

다. 기타 수입금액

㉓구분	㉔근거법령	㉕수입금액	㉖대응원가	비고
위탁판매		5,760,000	4,800,000	
계		5,760,000	4,800,000	

→ 익금산입   → 손금산입

> 서식에 작성한 예제를 프로그램에 직접 입력하고자 하는 경우 [5700.(주)두더지상사]에서 해보시기 바라며, 별도의 재무제표 정보는 제공하지 않습니다.

다음 자료에 의하여 **(주)합격(회사코드 : 5000)**의 수입금액조정명세서를 작성하고 필요한 세무조정을 소득금액조정합계표에 반영하시오.

(1) 결산서상 수입금액 내역과 잡이익계정에 포함되어 있는 부산물매각대금은 조회하여 반영한다.

(2) 결산일 현재 진행 중인 공사는 도급금액이 290,000,000원인 다음의 공사 한 건 뿐이다.
- 공사명 / 건축주 : 대성빌딩현장 / (주)강진물산
- 계약일자 / 계약기간 : 2024년 1월 20일 / 2024년 2월 4일부터 2026년 4월 3일
- 총공사비누적액/총공사예정비 : 204,000,000원 / 240,000,000원
- 전기말수입계상액은 180,000,000원이며 당기에 장부상 수입계상액은 60,000,000원이다.

(3) 결산서상 상품재고액에는 (주)부산상회에 위탁판매하기 위하여 적송한 상품 12,000,000원이 포함되어 있다. (주)부산상회는 적송품 전액을 2025년 12월 30일에 15,000,000원에 판매하였으나 당사에는 2026년 1월 4일에 통보되어 2025년 매출에는 계상되지 않았다.

(1) 수입금액조정계산

① 결산서상 수입금액 입력

항목을 선택하고 계정과목란에서 상단의 **[매출조회(F4)]**를 클릭하면 매출이 조회된다. 조회된 매출금액 중 수입금액에 해당하는 금액을 클릭하면 자동으로 금액이 반영된다.

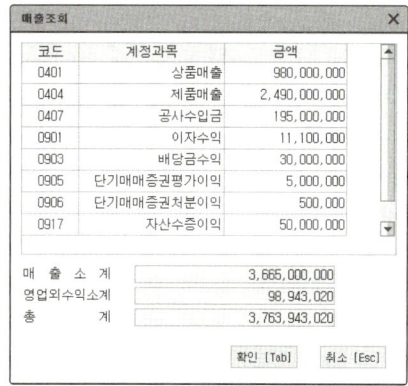

② 영업외수익에 포함된 부산물매출액은 수입금액에 해당하므로 결산서상 수입금액에 반영하여야 한다. 부산물매출액은 주어지지 않았으므로 **[원장조회(F7)]**를 클릭하여 잡이익 계정과목의 내역을 조회하여 부산물매각 금액(1,500,000원)을 확인하고 결산서상 수입금액을 수정하여야 한다.

일자	번호	적요	코드	거래처	차변	대변	잔액
03-31	00025	부가가치세 단수차액				3	3
		[월 계]				3	
		[누 계]				3	
09-30	00017	부가가치세 단수차액				9	12
09-30	50004	부산물매각	01002	(주)고비		1,500,000	1,500,012
		[월 계]				1,500,009	

(2) 수입금액 조정명세 : 가. 작업진행률에 의한 수입금액 입력

"(16)조정액"이 양수(+)인 경우에는 가산조정(익금산입)하고 음수(-)인 경우에는 차감조정(익금불산입)을 한다.

[세무조정] 〈익금산입〉 공사기성고차액   6,500,000(유보발생)

2. 수입금액 조정명세
가. 작업진행률에 의한 수입금액

No	⑦공사명	⑧도급자	⑨도급금액	⑩해당사업연도말 총공사비누적액 (작업시간등)	⑪총공사 예정비 (작업시간등)	⑫진행율 (⑩/⑪)	⑬누적익금 산입액 (⑨×⑫)	⑭전기말누적 수입계상액	⑮당기회사 수입계상액	(16)조정액 (⑬-⑭-⑮)
1	대성빌딩현장	(주)강진물산	290,000,000	204,000,000	240,000,000	85.00	246,500,000	180,000,000	60,000,000	6,500,000
	계		290,000,000	204,000,000	240,000,000		246,500,000	180,000,000	60,000,000	6,500,000

(3) 수입금액 조정명세 : 다. 기타수입금액

위탁판매 매출은 수탁자가 판매한 시점에 수익을 인식하므로 상품매출누락과 상품매출원가 누락분을 세무조정에 반영하여야 한다.

[세무조정] 〈익금산입〉 위탁매출   15,000,000(유보발생)
         〈손금산입〉 위탁매출대응원가 12,000,000(유보발생)

2. 수입금액 조정명세
다. 기타 수입금액

No	(23)구 분	(24)근 거 법 령	(25)수 입 금 액	(26)대 응 원 가	비 고
1	위탁매출		15,000,000	12,000,000	
	계		15,000,000	12,000,000	

(4) 조정금액 입력

결산서상 수입금액이 입력되면 [2.수입금액조정명세]에 입력된 금액이 해당란에 자동으로 반영된다. 다만, 결산서상 수입금액이 다수인 경우 반드시 해당란에 반영되었는지를 확인하여야 한다.

① 공사진행률에 의한 수입금액은 "공사수입금"의 "④가산"란에 6,500,000원이 반영된다.
② 위탁판매(상품매출) 수입금액 누락분은 "상품매출"의 "④가산"란에 15,000,000원을 입력한다.

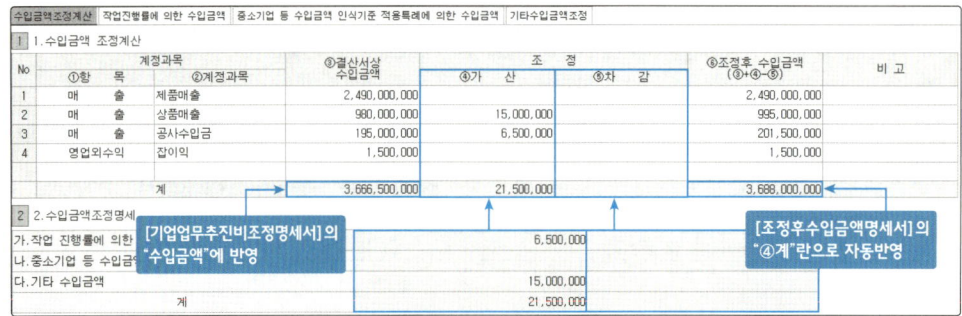

(5) 조정등록(F3)

① 상단의 조정등록(F3)을 클릭하면 하단에 세무조정 사항이 나오고 "직접입력"을 클릭하여 과목란에 적절한 계정과목(조정과목)과 금액을 입력한 후 소득처분을 선택한다.

② "조정코드도움(F4)"을 클릭하여 조정과목등록 화면이 나타나면 해당조정과목을 선택해도 되며 **과목과 소득명세는 시험에서 채점 대상이 아니다.**

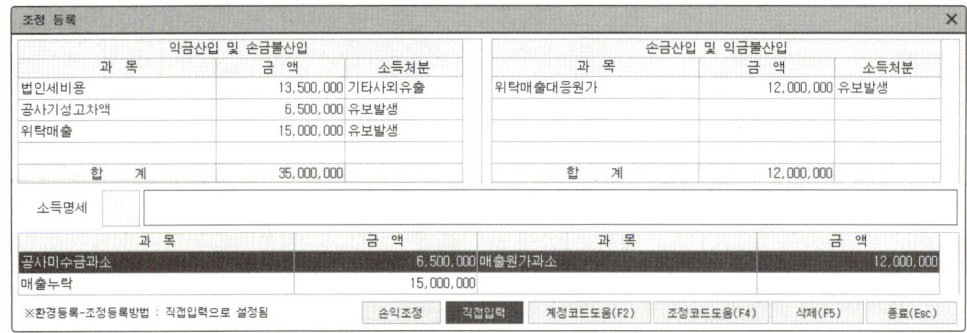

[1] 다음 자료와 기장된 자료를 이용하여 수입금액조정명세서를 작성하고 필요한 세무조정을 하시오. [회사코드 : 5200.(주)성공]

(1) 장부상 매출액 내역
　　① 상품매출 : 1,800,000,000원　　② 제품매출 : 2,000,000,000원
(2) 장부상 영업외손익 내역
　　① 영업외수익 중 잡이익에는 부산물매각액 4,000,000원이 포함되어 있다.
　　② 영업외비용 중 매출에누리에는 제품매출에누리액 3,400,000원이 포함되어 있다.
(3) 장부상 기말상품재고액에 포함되어 있는 위탁품(적송품) 20,000,000원은 이미 2025년 12월 30일에 수탁자가 25,000,000원에 판매한 것으로 확인되었다.

[2] 다음 자료와 기장된 자료를 이용하여 수입금액조정명세서를 작성하고 필요한 세무조정을 하시오. 단, 세무조정은 각 건별로 한다. [회사코드 : 5300.(주)기원]

① 결산서상 수입금액 내역 : 제품매출 8,000,000,000원, 상품매출 4,000,000,000원
② 제품 재고액 중 20대(1대당 원가 1,000,000원, 1대당 판매가 1,300,000원)는 시송품이며, 2025.12.31. 현재 15대는 구입의사표시를 받은 상태인데 시송매출과 관련 원가는 회계처리 하지 않음
③ 상품권 판매액 : 15,000,000원(상품권 판매액은 전액 결산서상 상품매출로 계상되어 있으며, 실제 상품권과의 교환으로 출고된 상품의 매출금액은 10,000,000원임)

[3] 다음 자료와 기장된 자료를 이용하여 수입금액조정명세서를 작성하고 필요한 세무조정을 하시오. [회사코드 : 5100.(주)배움]

① 손익계산서에 반영된 매출액은 다음과 같다.

손익계산서	
2025.1.1. ~ 2025.12.31.	(단위 : 원)
Ⅰ. 매출액	
1. 제품매출	2,590,000,000
2. 공사수익	2,000,000,000
Ⅱ. 영업외수익	
1. 이자수익	556,000
2. 잡이익	198,000

② 공사수익은 건설업 중 건축공사업과 관련된 수익으로 그 내역은 다음과 같다.

공시명/도급지	빌딩신축공사/(주)기린	도서관신축공사/별별학교
공사기간	2025.03.01. ~ 2028.10.05.	2024.12.10. ~ 2025.09.30.
도급금액	10,000,000,000원	200,000,000원
총공사예정비	8,000,000,000원	160,000,000원
해당사업연말총공사누적액	1,000,000,000원	160,000,000원
당기손익계산서에 반영된 공사수익	1,200,000,000원	200,000,000원

③ 당사는 공사기간이 1년 이상인 경우 작업진행율에 의하여 공사수익을 인식하였으며 1년 미만인 경우 완성기준에 의하여 공사수익을 인식하였다.
④ 회사는 일부 제품에 대하여 위탁판매를 하고 있다. 이 중에서 전기 12월 30일에 수탁회사에서 판매한 물품(매가 : 15,000,000원, 원가 : 10,000,000원) 이미 통보되어 전기에 장부에 계상하지 아니하였고, 당기에 계상하였다. 단, 매출과 매출원가에 대하여 전기의 세무조정은 올바르게 처리되었다.
⑤ 본 문제에 한하여 당사는 건설업 및 제조업을 운영하고 있는 것으로 가정한다.

※ 집중심화연습 해답은 [CHAPER 02 수입금액조정] 837페이지에서 확인 가능합니다.

2. 조정후수입금액명세서

1 수입금액 조정순서

조정후수입금액명세서는 조정서식은 아니나 업종별 수입금액을 파악하고 [수입금액조정명세서]의 조정후 수입금액과 부가가치세법상 신고한 과세표준과의 차액을 검토하는 서식이다.

수입금액조정명세서 작성이 선행되어야 하며 법인세법상 수입금액에서 출발하여 부가가치세법상 과세표준 기준으로 일치시킨다.

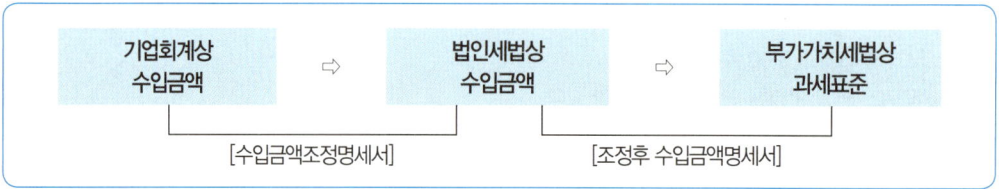

2 수입금액과의 차액내역

부가가치세 과세표준과의 차액내역은 다음과 같으며 부가가치세 과세표준에 포함되어 있으면 **가산(+)**, 포함되어 있지 않으면 **차감(-)**으로 입력한다.

수입금액 조정명세	부가가치세 과세표준	금액부호 (조정)	차액내역 사례
포함(+)	제외(-)	(-)	매출누락, 작업진행율차이(증가)
제외(-)	포함(+)	(+)	고정자산매각·간주공급·간주임대료의 수입금액 제외, 작업진행율차이(감소), 선수금
제외(-)	제외(-)	조정없음	상품권판매, 매출할인·에누리·환입
포함(+)	포함(+)	조정없음	매출 누락분 부가가치세 수정신고, 부산물매각

양쪽 다 포함되었거나 양쪽 다 제외된 항목은 차액조정 대상이 아니다.

3 업종별 수입금액 명세서 필드 설명

수입금액조정명세서의 자료가 자동반영 되며 수입금액을 업종별로 구분하여 수입금액을 표시한다.

항 목	입력내용 및 방법
업태, 종목, 기준(단순)경비율 번호	법인세 과세표준신고일 현재 최근에 제정된 기준(단순)경비율의 업태 · 종목 및 코드번호를 기입하되, 수입금액이 큰 종목부터 순차적으로 입력한다. **기준(단순)경비율 번호를 입력하면 업태와 종목이 자동반영** 된다.
수입금액 ④계	수입금액조정명세서상의 "⑥조정 후 수입금액"란의 금액과 일치되어야 하며 [법인세과세표준 및 세액신고서]에 반영 된다. 상단의 [**수입조회(F8)**]를 클릭하면 수입금액조정명세서상의 수입금액은 조회 자동반영할 수 있고 [불러오기]로 전체 수입금액을 반영할 수도 있다.
수입금액 내수판매	한국에서 생산하여 판매한 금액은 "⑤국내생산품"란에 입력하고 해외에서 직접 수입하거나 국내 및 국외무역업자 등 타인으로부터 수입상품을 매입하여 판매하는 금액은 "⑥수입상품"란에 입력한다.
수입금액 수출 (영세율대상)	수출, 국외제공용역 등의 수입금액을 입력한다. 수출란은 **직접 입력이 되지 않으므로 내수판매(수입상품)란의 금액을 입력하고 잔액이 반영되도록 작업**한다.

4 과세표준과 수입금액 차액검토 필드 설명

항 목	입력내용 및 방법
부가가치세 과세표준 수입금액 차액 검토	■ ⑧과세(일반), ⑨과세(영세율)란에는 해당 사업연도에 해당하는 과세기간분의 과세표준(수정신고 및 경정 포함)을 입력하되, 사업연도 기간과 부가가치세 과세기간이 일치하지 아니하는 경우에는 사업연도 기간이 속하는 부가가치세 과세기간의 과세표준합계액을 입력하고 그 차액은 "(2)수입금액과의 차액내역"란에 입력한다. ■ ⑩면세수입금액란에는 부가가치세가 면제되는 재화 또는 용역의 공급에서 발생한 수입금액을 입력한다.
수입금액과의 차액내역	해당란에 차액내역별로 구분하여 입력하고 상단의 "⑬**차액**"과 하단의 "**(17)차액계**"와 **일치**하면 된다. 차액 해당항목이 없는 경우 "⑭구분"란에 추가하여 입력하고 관련 금액을 입력한다.

(주)두더지상사의 제10기(2025.1.1.~2025.12.31.)의 조정후수입금액조정명세서를 작성하시오.

(1) 손익계산서상 수익계상 내역

구 분		업태	종목	기준경비율코드	금액
매출액	제품매출	제조	일반철물	289302	3,292,400,000원
	상품매출	도매	철근	514210	932,000,000원
	공사수입금	건설	철근공사	452102	514,600,000원
영업외수익	부산물매각	제조	일반철물	289302	17,000,000원

(2) 수입금액조정명세서
① 공사수입금 : 작업진행률에 의한 수입금액으로 5,000,000원이 가산되었다.
② 제품매출 : 위탁매출 누락분(5,760,000원)에 대해서는 부가가치세 수정신고는 적정하게 이루어졌고 장부에만 계상되지 아니하였다.

(3) 부가가치세법상 과세표준 내역(국내생산품 판매하며 전액 과세매출임)

제품매출	3,325,160,000원(직수출 200,000,000원 포함되어 있음)
상품매출	933,600,000원
공사수입금	514,600,000원
기계장치 매각	20,000,000원
합 계	4,793,360,000원

① 선수금 중 10,000,000원은 선수금 수령과 동시에 전자세금계산서를 발급한 것으로서 당기말 현재 제품공급은 이루어지지 아니하였다.
② 거래처에 선물로 제공한 상품(원가 4,000,000원, 시가 5,000,000원)이 포함되어 있으며, 매출에누리(3,400,000원)는 수정세금계산서를 발급하여 적정한 부가가치세신고가 이루어졌다.

(4) 조정후수입금액명세서

■ 법인세법 시행규칙[별지 제17호서식] 〈개정 2021. 10. 28〉 (앞쪽)

사업연도	2025. 01. 01 ~ 2025. 12. 31	조정후수입금액명세서	법인명	(주)두더지상사
			사업자등록번호	218 - 81 - 21304

1. 업종별 수입금액명세서

①업태	②종목	코드	③기준(단순)경비율번호	수입금액			
				④계(⑤+⑥+⑦)	내수		⑦수출
					⑤국내생산품	⑥수입상품	
		01					
		02					
		03					
〈112〉합계		99					

2. 부가가치세 과세표준과 수입금액 차액 검토

(1) 부가가치세 과세표준과 수입금액 차액

⑧과세(일반)	⑨과세(영세율)	⑩면세수입금액	⑪합계(⑧+⑨+⑩)	⑫수입금액	⑬차액(⑪-⑫)

(2) 수입금액과의 차액내역

⑭구분		⑮코드	⑯금액	비고	⑭구분	⑮코드	⑯금액	비고
자가공급		21			거래시기차이감액	30		
사업상증여		22			주세·특별소비세	31		
개인적공급		23			매출누락	32		
간주임대료		24				33		
자산매각	유형자산 및 무형자산 매각액	25				34		
	그 밖의 자산매각액	26				35		
잔존재고재화		27				36		
작업진행률차이		28				37		
거래시기차이가산		29			⑰차액계	50		

【해설】

(1) 수입금액조정명세서

구 분		결산서상 수입금액	조 정		조정 후 수입금액
			가 산	차 감	
매출	제품매출*	3,292,400,000원	5,760,000원		3,298,160,000원
	상품매출	932,000,000원		3,400,000원	928,600,000원
	공사수입금	514,600,000원	5,000,000원		519,600,000원
영업외수익	잡이익	17,000,000원			17,000,000원
합 계		4,756,000,000원	10,760,000원	3,400,000원	4,763,360,000원

* 업종별 수입금액 입력시 조정후 수입금액(3,298,160,000원) + 부산물매각(17,000,000원) 가산하여 3,315,160,000원을 입력하여야 한다. 또한, 수출이 있는 경우 내수와 구분하여 입력한다.

(2) 차액검토 및 수입금액과 차액내역

구 분	부가가치세법상 과세표준(A)	법인세법상 수입금액(B)	±차액조정 (A-B)
위탁매출*	5,760,000원	5,760,000원	0원
매출에누리**	-3,400,000원	-3,400,000원	0원
작업진행률 차이	0원	5,000,000원	-5,000,000원
부산물매각	17,000,000원	17,000,000원	0원
유형자산매각	20,000,000원	0원	20,000,000원
거래시기차이 가산***	10,000,000원	0원	10,000,000원
사업상증여	5,000,000원	0원	5,000,000원
합 계	54,360,000원	24,360,000원	30,000,000원

* 위탁매출은 부가가치세 수정신고를 하였고, 장부누락분을 수입금액에 가산하였으므로 차액조정은 발생하지 않는다.

** 매출에누리는 부가가치세법상 수정세금계산서를 발급하였으므로 부가가치세 신고시 차감하였고 수입금액에도 차감하였으므로 차액조정은 발생하지 않는다.

*** 선수금 수령에 대한 선발행 세금계산서이므로 부가가치세 신고에는 포함되어 있고 수입금액에는 제외되어 있으므로 양수로 입력한다.

(3) 조정후수입금액명세서

■ 법인세법 시행규칙[별지 제17호서식] 〈개정 2021. 10. 28〉 (앞쪽)

사 업 연 도	2025. 01. 01 ~ 2025. 12. 31	조정후수입금액명세서			법 인 명	(주)두더지상사
					사업자등록번호	218 – 81 – 21304

1. 업종별 수입금액명세서

①업태	②종목	코드	③기준(단순)경비율번호	수입금액			
				④계(⑤+⑥+⑦)	내수		⑦수출
					⑤국내생산품	⑥수입상품	
제조	일반철물	01	289302	3,315,160,000	3,115,160,000		200,000,000
도매	철근	02	514210	928,600,000	928,600,000		
건설	철근공사	03	452102	519,600,000	519,600,000		
〈112〉합계		99		4,763,360,000	4,563,360,000		200,000,000

2. 부가가치세 과세표준과 수입금액 차액 검토

(1) 부가가치세 과세표준과 수입금액 차액

⑧과세(일반)	⑨과세(영세율)	⑩면세수입금액	⑪합계(⑧+⑨+⑩)	⑫수입금액	⑬차액(⑪-⑫)
4,593,360,000	200,000,000		4,793,360,000	4,763,360,000	30,000,000

(2) 수입금액과의 차액내역

⑭구분		⑮코드	⑯금액	비고	⑭구분	⑮코드	⑯금액	비고
자가공급		21			거래시기차이감액	30		
사업상증여		22	5,000,000		주세·특별소비세	31		
개인적공급		23			매출누락	32		
간주임대료		24				33		
자산매각	유형자산 및 무형자산 매각액	25	20,000,000			34		
	그 밖의 자산매각액	26				35		
잔존재고재화		27				36		
작업진행률차이		28	-5,000,000			37		
거래시기차이가산		29	10,000,000		⑰차액계	50	30,000,000	

서식에 작성한 예제를 프로그램에 직접 입력하고자 하는 경우 [5700.(주)두더지상사]에서 해보시기 바라며, 별도의 재무제표 정보는 제공하지 않습니다.

다음 자료에 의하여 (주)합격(회사코드 : 5000)의 조정후수입금액명세서를 작성하시오.

(1) 수입금액조정명세서 관련사항
① 상품매출(위탁판매)은 당기 외상매출(판매가 15,000,000원(부가가치세 별도), 원가 12,000,000원) 관련 거래가 누락되어 부가가치세 수정신고서로 반영하였으나 결산서 내용에는 포함되지 아니하였다.
② 작업진행률차이에 의한 가산조정은 세금계산서를 발급하지 아니하였다.

(2) 손익계산서상의 수익 반영 내역

구 분		업종코드	금 액	비 고
매출액	제품매출	292203(제조/전자응용기계)	2,490,000,000원	직수출액 409,000,000원 포함
	상품매출	515031(도매/전자계산기)	980,000,000원	
	공사수입금	451104(건설/건축공사)	195,000,000원	
영업외수익	부산물 매각	292203(제조/전자응용기계)	1,500,000원	
합 계			3,666,500,000원	

(3) 부가가치세법상 과세표준 내역
부가가치세 신고내역은 관련규정에 따라 적법하게 신고하였으며, 수정신고내역도 정확히 반영되어 있다.

구 분	금 액	비 고
제품매출	2,496,500,000원	선세금계산서 5,000,000원 포함(결산서 선수금 처리)
상품매출	1,002,000,000원	창립기념일 선물 제공(원가 5,000,000원, 시가 7,000,000원)
공사수입금	205,000,000원	기계장치 매각 10,000,000원 포함
합 계	3,703,500,000원	

 예제 따라하기

(1) 업종별 수입금액명세서

① 서식을 조회하면 [수입금액조정명세서]의 "조정후 수입금액"이 자동으로 수입금액에 반영된다. "③기준(단순)경비율번호"에 기준경비율 코드를 입력하고 상단의 [수입조회(F8)] 버튼을 클릭하여 금액을 선택하여 반영하거나 직접 수정한다.

코드	계정과목	금액
0404	제품매출	2,490,000,000
0401	상품매출	995,000,000
0407	공사수입금	201,500,000
0930	잡이익	1,500,000
소 계		3,688,000,000

② 제조의 "④계"란은 제품매출(2,490,000,000원)에 제품제조과정에서 발생한 부산물매각대금(잡이익) 1,500,000원을 가산하여 2,491,500,000원을 입력하여야 한다.

③ "⑦수출"란은 직접 입력되지 않으므로 국내생산품의 금액 2,082,500,000원(= 2,491,500,000원 − 409,000,000원)을 입력한 후 수입상품란을 "0원"으로 입력하여 수출란에 금액 409,000,000원이 반영되도록 한다.

④ 업종이 다수인 경우 수입금액이 큰 순서로 입력하여야 하며 "④계"의 금액은 [수입금액조정명세서]의 "⑥조정후수입금액"과 **일치**하여야 한다.

①업태	②종목	순번	③기준(단순)경비율번호	수입금액계정조회 ④계(⑤+⑥+⑦)	내수판매 ⑤국내생산품	⑥수입상품	⑦수출(영세율대상)
제조	전자응용기계	01	292203	2,491,500,000	2,082,500,000		409,000,000
도매	전자계산기	02	515031	995,000,000	995,000,000		
건설	건축공사	03	451104	201,500,000	201,500,000		
(111)기 타		11					
(112)합 계		99		3,688,000,000	3,279,000,000		409,000,000

(2) 과세표준과 수입금액 차액검토

① 부가가치세 신고서상의 과세표준 금액과 조정후수입금액이 자동반영되며 새로 불러오고자 하는 경우 상단의 [**불러오기(F12)**]를 클릭한다.

② 부가가치세 과세표준과 수입금액 차액검토

차액 = 부가가치세법상 과세표준 − 조정후수입금액 = 3,703,500,000원 − 3,688,000,000원 = 15,500,000원

③ 수입금액과의 차액내역

구 분	부가가치세법상 과세표준(A)	법인세법상 수입금액(B)	±차액조정(A − B)
위탁매출	15,000,000원	15,000,000원	0원
작업진행률 차이	0원	6,500,000원	−6,500,000원
부산물매각	1,500,000원	1,500,000원	0원
거래시기차이 가산	5,000,000원	0원	5,000,000원
개인적공급	7,000,000원	0원	7,000,000원
유형자산매각	10,000,000원	0원	10,000,000원
합 계	38,500,000원	23,000,000원	15,500,000원

④ 차액에 대한 내역이 모두 입력이 완료되면 "(13)차액과 (17)차액계의 차이금액"란의 적색이 해지되고 금액이 "0"이 되어야 한다.

2. 부가가치세 과세표준과 수입금액 차액 검토

(1) 부가가치세 과세표준과 수입금액 차액

⑧과세(일반)	⑨과세(영세율)	⑩면세수입금액	⑪합계(⑧+⑨+⑩)	⑫조정후수입금액	⑬차액(⑪-⑫)
3,294,500,000	409,000,000		3,703,500,000	3,688,000,000	15,500,000

(2) 수입금액과의 차액내역(부가세과표에 포함되어 있으면 +금액, 포함되지 않았으면 -금액 처리)

⑭구 분	코드	(16)금 액	비 고	⑮구 분	코드	(16)금 액	비 고
자가공급(면세전용등)	21			거래(공급)시기차이감액	30		
사업상증여(접대제공)	22			주세 · 개별소비세	31		
개인적공급(개인적사용)	23	7,000,000		매출누락	32		
간주임대료	24				33		
자산매각 유형자산 및 무형자산 매각액	25	10,000,000			34		
그밖의자산매각액(부산물)	26				35		
폐업시 잔존재고재화	27				36		
작업진행률 차이	28	-6,500,000			37		
거래(공급)시기차이가산	29	5,000,000		(17)차 액 계	50	15,500,000	
				(13)차액과(17)차액계의차이금액			

심화연습

[1] 다음 자료를 이용하여 조정후수입금액명세서를 작성하시오. [회사코드 : 5100.(주)배움]

(1) 손익계산서에 반영된 매출액과 영업외수익 자료
제품매출과 공사수입금에는 영세율대상은 없으며 국내생산품의 국내 내수판매분이다.

구 분		업종코드	금 액
매출액	제품매출	292203(제조/전자응용공작기계)	2,590,000,000원
	공사수입금	451104(건설/건축공사)	2,000,000,000원
	합 계		4,590,000,000원

(2) 부가가치세법상 과세표준 내역

구 분	금 액
공사수입금(과세)	1,500,000,000원
공사수입금(면세)	500,000,000원
제품매출	2,600,000,000원
기계장치 매각	50,000,000원
합 계	4,650,000,000원

① 부가가치세 신고내역은 관련규정에 따라 적법하게 신고하였다.
② 선수금 중 10,000,000원은 선수금을 수령함과 동시에 전자세금계산서를 발급한 것으로서 당기말 현재 제품공급은 이루어지지 아니하였다.

(3) 수입금액조정명세서 작성시 발생한 세무조정사항
① 〈익금산입〉 공사기성고차액 50,000,000원(유보) – 작업진행률에 의한 공사수입금액 과소분임
② 〈익금불산입〉 전기위탁매출 15,000,000원(유보) – 전기제품매출누락분 수입금액 과대분임

[2] 다음 결산서 기본자료를 이용하여 조정후수입금액명세서를 작성하고 발생 가능한 사항에 대하여 필요한 세무조정을 하시오. [회사코드 : 5400.(주)대성]

(1) 수입금액조정명세서 관련사항
① 제품매출은 당기 외상매출(판매가 1,600,000원, 부가가치세 별도, 원가 1,400,000원) 관련 거래가 누락되어 부가가치세 수정신고서로 반영하였으나 결산서 내용에는 포함되지 아니하였다.
② 영업외비용 중 잡손실에는 상품매출 에누리액 2,000,000원이 포함되어 있으며 수정세금계산서를 발행하지 않았다.
③ 기 작성된 수입금액조정명세서를 참고하여 누락된 매출 관련 세무조정을 하시오.

(2) 손익계산서상의 수익 반영 내역

구 분		업종코드	금액(원)	비고
매출액	상품매출	515050(도매/컴퓨터)	1,500,000,000원	
	제품매출	300100(제조/컴퓨터)	1,184,049,000원	직수출액 10,000,000원 포함
	공사수입금	451104(건설/건축공사)	514,600,000원	
영업외수익	부산물매각대	300100(제조/컴퓨터)	1,500,000원	
합 계			3,200,149,000원	

(3) 부가가치세법상 과세표준 내역
부가가치세 신고내역은 관련규정에 따라 적법하게 신고하였으며, 수정신고내역도 정확히 반영되어 있다.

구 분	금 액	비 고
상품매출	1,510,000,000원	기계장치 매각 10,000,000원 포함
제품매출	1,187,149,000원	
공사수입금	534,600,000원	공급시기 도래 전 세금계산서 발행하고 결산서에 선수금으로 계상한 금액 20,000,000원 포함
합 계	3,231,749,000원	

[3] 다음 자료를 이용하여 수입금액조정명세서 및 조정후수입금액명세서를 작성하고 필요한 세무조정을 하시오. [회사코드 : 5500.(주)태백]

(1) 손익계산서상 수입금액은 다음과 같다.
① 제품매출(업종코드 361002) : 1,190,100,000원(수출매출액 300,000,000원 포함)
② 상품매출(업종코드 513211) : 794,680,000원
③ 영업외수익(잡이익)에 부산물매각(업종코드 361002) : 17,000,000원(세금계산서 미발급)
(2) 기말상품재고액에 포함되어 있는 적송품 8,300,000원 중 2,000,000원은 결산일 현재 이미 수탁자가 2,700,000원에 판매하였으나 전자세금계산서를 미발급하고, 당사에 통보가 되지 아니하였다.
(3) 당사는 매출거래처에 제품 5,000,000원(시가 6,000,000원)을 증여하고 다음과 같이 회계처리 하였으며 이에 대한 부가가치세 신고는 적정하게 이루어졌다.

| (차) 기업업무추진비 | 5,600,000원 | (대) 제   품 | 5,000,000원 |
| | | 부가세예수금 | 600,000원 |

[4] 다음 자료를 이용하여 수입금액조정명세서 및 조정후수입금액명세서를 작성하고 필요한 세무조정을 하시오. [회사코드 : 5600.(주)강남]

(1) 손익계산서상 수입금액내용
- 상품매출(업종코드(515060)도매/통신장비)은 932,000,000원이고, 제품매출(업종코드(322002)제조/유무선통신장비)은 4,561,833,600원이다.
- 회사는 일부 제품에 대하여 위탁판매를 하고 있다. 이 중에서 전기 12월 30일에 수탁회사에서 판매한 물품(매가 : 15,000,000원, 원가 : 10,000,000원)이 통보되지 않아 전기에 매출로 회계처리 하지 아니하였고, 당기에 회계처리 하였다. 단, 매출과 매출원가에 대하여 전기의 세무조정은 올바르게 처리되었다.

(2) 부가가치세신고서상 과세표준내용
- 손익계산서상 수입금액은 전액 부가가치세 과세대상 매출이다.
- 사업상 당사의 매출거래처에 시가 5,000,000원의 제품을 증여하였다. 생산시 해당제품의 원가는 4,000,000원이고 매입세액이 공제되었다.
- 제품 직수출액은 300,000,000원이 포함되어 있다.
- 위 제품위탁판매와 관련된 부가가치세 신고는 적정하게 이루어졌다.

※ 집중심화연습 해답은 [CHAPER 02 수입금액조정] 840페이지에서 확인 가능합니다.

3. 수입배당금액명세서

법인조정 ▶▶ 법인조정Ⅰ ▶▶ 수입금액조정 ▶▶ 수입배당금액명세서

일반적으로 **배당소득**은 **이중과세**의 문제가 제기된다. 배당소득에 대해서는 일단 지급하는 법인 단계에서 법인세가 과세되며, 지급받는 주주 단계에서 다시 소득세(주주가 개인인 경우) 또는 법인세(주주가 법인인 경우)가 과세되기 때문이다.

내국법인(비영리내국법인은 제외)이 해당 법인이 출자한 다른 내국법인으로부터 받은 수입배당금액(의제배당금액 포함) 중 일정비율로 계산된 금액은 각 사업연도의 소득금액을 계산할 때 이를 **익금에 산입하지 않으며 기타** 처분한다.

실무이론 CHECK POINT

1 수입배당금액의 익금불산입 기본구조

익 금 불 산 입 대 상 금 액	수입배당금액 × 익금불산입률
(−) 차입금이자에 대한 차감액	해당 법인이 지급한 차입금이자가 있는 경우
= 익 금 불 산 입 액*	배당을 지급한 법인별로 계산

* 위 산식에 따라 계산한 **익금불산입액**이 음수(−)인 경우에는 이를 없는 것으로 본다.

2 익금불산입의 배제

다음 중 어느 하나에 해당하는 수입배당금액은 익금불산입규정을 적용하지 않는다.

① 배당기준일 전 3개월 이내에 취득한 주식등을 보유함으로써 발생하는 수입배당금액(이 경우 동일 종목의 주식 등의 일부를 양도한 경우에는 먼저 취득한 주식 등을 먼저 양도한 것으로 본다)
② 유동화전문회사 및 프로젝트금융투자회사 등 소득공제를 적용받는 법인으로부터 받은 수입배당금액
③ 법인세를 비과세·면제·감면받는 법인으로부터 받은 수입배당금액
④ 지급한 배당에 대하여 소득공제를 적용받는 법인과세 신탁재산으로부터 받은 수입배당금액
⑤ 법인세가 과세되지 않은 다음의 의제배당액
   ㉠ 유상감자에 따른 의제배당금액*
      * 주식등 취득가액을 초과하여 수취하는 감자대가
   ㉡ 자기주식 보유 법인의 의제배당 비재원 잉여금 자본 전입시 발생하는 의제배당금액
⑥ 3% 재평가적립금(합병·분할차익 중 승계된 금액 포함)을 가액하여 받은 배당

3 익금불산입 대상금액

내국법인이 다른 내국법인으로부터 받은 수입배당금액에 익금불산입률을 곱하여 다음과 같이 계산하며 외국법인으로부터 받은 수입배당금액은 제외한다.

피출자법인에 대한 출자비율	익금불산입비율
50% 이상	100%
20% 이상 50% 미만	80%
20% 미만	30%

4 차입금이자에 대한 익금불산입 차감액

배당을 지급받은 내국법인이 각 사업연도에 지급한 차입금이자가 있는 경우에는 다음의 금액(익금불산입대상 주식의 취득관련 차입금이자)을 익금불산입 대상금액에서 차감한다.

$$익금불산입 \ 차감액 = 차입금이자 \times 익금불산입률 \times \frac{익금불산입대상 \ 회사 \ 주식의 \ 장부가액 \ 적수}{출자법인의 \ 자산총액 \ 적수}$$

5 수입배당금액명세서 필드 설명

항 목	입력내용 및 방법
출자법인 현황	출자법인을 기입하며 [회사등록] 메뉴에 입력한 정보가 자동 반영된다.
배당금지급법인 현황	지주회사가 직접 당해 내국법인의 발행주식총수 또는 출자총액의 100분의 50(주권상장법인 또는 협회등록법인의 경우에는 100분의 30) 이상을 당해 내국법인의 배당기준일 현재 3개월 이상 계속하여 보유하고 있는 자회사 또는 배당금 지급법인에 대한 현황을 입력한다. ■ 지분율 – 자회사 또는 배당금 지급법인의 발행주식총수 중 지주회사 또는 출자법인이 보유하고 있는 주식 등의 지분비율을 입력한다.
수입배당금액 및 익금불산입 금액 명세	① 배당금액 : 현금배당 및 의제배당금액을 입력한다. ② 익금불산입비율 : 구분에 의하여 선택한다. ③ 익금불산입대상금액 : 배당금액 × 익금불산입비율의 금액이 자동 계산된다. ④ 지급이자관련 익금불산입배제금액 : 배당을 지급받은 내국법인이 각 사업연도에 지급한 차입금이자가 있는 경우 익금불산입대상 주식의 취득관련 차입금이자를 익금불산입 대상금액에서 차감한다. ⑤ 익금불산입액 : 양수의 금액에 대해 세무조정하며 소득처분은 "**기타**" 처분한다.

실무예제

다음 자료에 의하여 (주)합격(회사코드 : 5000)의 수입배당금액명세서를 작성하시오.

(1) 출자법인 현황

법인명	구분	사업자등록번호	소재지	대표자	업태 · 종목
(주)합격	일반법인	131-86-12347	인천광역시 남동구 남동대로 745	백두산	제조, 전자응용기계외

(2) 배당금 지급법인 현황
배당기준일 현재 3월 이상 계속하여 보유하고 있는 주식이다.

법인명	구분	사업자등록번호	소재지	대표자	발행주식총수	지분율
(주)동부	주권상장	105-87-59980	서울시 성동구 마조로 15길	김동부	100,000	40%
(주)세원	기타(비상장)	116-81-66330	충남 천안시 서북구 천안천 6길	황세원	50,000	15%

(3) 수입배당금액 내역

법인명	배당금액	비 고
(주)동부	20,000,000원	본 건에 한하여 차입금은 전혀 보유하고 있지 않다고 가정한다.
(주)세원	10,000,000원	

 예제 따라하기

① 출자법인 현황 : [회사등록] 메뉴에 등록한 정보가 자동 반영된다.
② 배당금 지급법인 현황은 배당금 지급법인별로 각각 기재하며 '11.지분율(%)'을 정확히 입력한다.
③ 수입배당금 및 익금불산입 금액 명세도 배당금 지급법인별로 각각 입력하며 익금불산입비율은 '11.지분율(%)'에 의하여 하단 메세지를 참고하여 선택한다.

1. 출자법인 현황					
1.법인명	2.사업자등록번호	3.소재지		4.대표자성명	5.업태 + 종목
(주)합격[법인조정]	131-86-12347	인천광역시 남동구 남동대로 745 (구월동, 연수빌딩)		백두산	제조 전자응용기계외

2. 배당금 지급법인 현황					
No	6.법인명	7.사업자등록번호	8.소재지	9.대표자	10.발행주식총수	11.지분율(%)
1	(주)동부	105-87-59980	서울시 성동구 마조로 15길	김동부	100,000	40.00
2	(주)세원	116-81-66330	충남 천안시 서북구 천안천 6길	황세원	50,000	15.00

3. 수입배당금액 및 익금불산입 금액 명세					16.지급이자관련익금불산입배제금액				17.익금불산입액 (15-16)
No	12.배당금 지급 법인명	13.수입배당금액	14.익금불산입비율(%)	15.익금불산입대상금액(13*14)	지급이자	14.비율(%)	익금불산입 적용대상 피출자법인 주식의 장부가액	출자법인의 자산총액	16.배제금액	
1	(주)동부	20,000,000	80.00	16,000,000		80.00				16,000,000
2	(주)세원	10,000,000	30.00	3,000,000		30.00				3,000,000
	합계	30,000,000		19,000,000						19,000,000

피출자법인에 대한 출자법인이 50%이상일 때 익금불산입비율은 100%, 20%이상 50%미만일 때 80%, 20%미만일 때 30%로 적용합니다.

④ 수입배당금에 대한 이중과세를 해결하기 위한 부분이므로 **익금불산입**에 대한 소득처분은 **기타**이다.

[세무조정] 〈익금불산입〉 수입배당금 19,000,000(기타)

조정 등록						
익금산입 및 손금불산입			손금산입 및 익금불산입			
과 목	금 액	소득처분	과 목	금 액	소득처분	
			수입배당금	19,000,000	기타	

 **심화연습**

[1] 기장된 자료는 무시하고 다음 자료를 참조하여 「수입배당금액명세서」에 내용을 추가하여 작성을 완료하고 필요한 세무조정을 각각 하시오. [회사코드 : 5200.(주)성공]

(1) 배당금 수취 현황

일자	회사명	사업자등록번호	대표자	소재지	배당액
2025.04.10.	(주)부자	106-85-32321	김서울	서울시 영등포구 국제금융로 8	10,000,000원
2025.04.30.	(주)모자	108-86-00273	이인천	서울시 마포구 마포대로 3	800,000원

(2) (주)부자 주식내역

발행주식총수	당사보유내역	지분율	비 고
60,000주	60,000주	100%	- 일반법인 - 보고기간 종료일 : 2024.12.31 - 2023.10.15. 100% 지분 취득 - 취득일 이후 지분변동 없음

(3) (주)모자 주식내역

발행주식총수	당사보유내역	지분율	비 고
1,000,000주	5,000주	0.5%	- 주권상장법인 - 보고기간 종료일 : 2024.12.31 - 2024.12.15. 0.5% 지분 취득 - 취득일 이후 지분변동 없음

(4) 기타내역
- 당사는 유동화전문회사 및 지주회사가 아니다.
- 당사는 지급이자가 없는 것으로 가정하며, 이에 따라 익금불산입 배제금액은 없다.

※ 집중심화연습 해답은 [CHAPER 02 수입금액조정] 845페이지에서 확인 가능합니다.

4. 부동산임대간주익금조정

부동산 등을 임대하고 받는 임대료는 익금에 해당하지만, 임대보증금이나 전세금을 받는 경우 그 금액은 부채에 해당할 뿐 익금이 될 수 없으나 임대보증금 등의 운용수입이 포착되어 과세되지 않는 한, 임대료를 받는 경우와 임대보증금 등을 받는 경우 사이에 과세형평이 맞지 않게 된다. 이로 인하여 법인세법은 임대보증금 등에 대해서는 그 정기예금이자 상당액을 임대료로 간주하여 **익금(기타사외유출 처분)**에 산입하도록 하고 있다.

> **[임대보증금 등에 대한 간주익금 적용대상법인(조세특례제한법 제138조)]**
> 이 제도는 다음의 요건을 <u>모두 충족하는 법인</u>에게만 예외적으로 적용되며, 이러한 요건을 충족하지 않는 대부분의 법인에게는 적용되지 않는다.
> ① **영리내국법인일 것** : 비영리내국법인은 제외한다.
> ② **부동산임대업을 주업으로 하는 법인일 것** : 해당 법인의 사업연도 종료일 현재 자산총액 중 임대사업에 사용된 자산가액이 50% 이상인 법인을 말한다.
> ③ **차입금 과다법인일 것** : 차입금적수가 자기자본적수의 2배를 초과하는 법인을 말한다. 여기서 '차입금'은 업무무관자산 등 지급이자 손금불산입계산시 제외되는 차입금 및 이미 손금불산입된 지급이자에 대한 차입금과 국민주택기금으로부터 차입한 금액을 제외한다.

🔹 실무이론 CHECK POINT

1 장부등에 의해 간주익금액을 계산하는 경우

$$\text{간주익금} = \left[\text{해당 사업연도의 보증금 등의 적수} - \text{임대용 부동산의 건설비 상당액의 적수} \right] \times \frac{1}{365} \times \text{정기예금 이자율} - \text{금융수익}$$

* 간주익금이 음수(−)인 경우에는 이를 없는 것으로 보며 윤년에는 365일 대신에 366일로 한다.

(1) 보증금 등

부동산 또는 부동산에 관한 권리 등을 대여하고 받은 보증금·전세금 또는 이와 유사한 성질의 금액을 말한다. 다만, 주택 및 주택에 부수되는 토지로서 다음의 면적 이내의 토지를 임대한 경우에는 제외한다.

> ■ 주택부수토지의 한계면적 = Max(㉠, ㉡)
> ㉠ 건물이 정착된 면적 × 5배(도시지역 밖의 토지는 10배)
> ㉡ 주택의 연면적(지하층의 면적, 지상층의 주차용으로 사용되는 면적 및 주민공동시설의 면적 제외)

(2) 임대용부동산의 건설비 상당액

해당 건축물의 취득가액(**자본적지출액은 포함하고 재평가차액은 제외한다**)을 말하며, **토지의 취득가액은 여기에 포함되지 않는다.**

(3) 적수의 계산

적수는 매월말 현재의 잔액에 경과일수를 곱하여 계산할 수 있다. 그리고 각 사업연도 중에 임대사업을 개시한 경우에는 임대사업을 개시한 날부터 적수를 계산하며, 임대사업 개시 전에 임대용역의 제공이 없는 상태에서 부동산이 완공되면 임대하기로 하고 받은 계약금·선수보증금 등에 대해서는 임대를 개시한 날 이후부터 간주익금을 계산한다.

(4) 정기예금이자율

금융회사 등의 정기예금이자율을 고려하여 기획재정부령으로 정하는 이자율(**2025.1.1. 이후 개시하는 사업연도부터 연간 3.1%**)을 말한다.

(5) 금융수익

해당 사업연도에 임대사업 부분에서 발생한 수입이자와 할인료·배당금·신주인수권처분이익 및 유가증권처분이익(유가증권의 매각이익에서 매각손실을 차감한 금액)의 합계액을 말한다. 이 경우 유가증권처분이익의 합계액이 '**음수(-)**'**일 때에는 이를** '**0**'**으로 하여 간주익금을 계**산한다.

② 임대보증금등의 간주익금조정명세서 주요 필드 설명

항 목	입력내용 및 방법
임대보증금 등 적수계산	일자별로 임대보증금의 입금과 반환금액을 입력하면 임대보증금 누계와 일수 및 적수가 자동으로 계산된다. "294.임대보증금" 계정으로 결산서에 반영한 경우 상단의 [불러오기(F12)]를 클릭하여 반영할 수 있고 전기에서 이월된 임대보증금의 경우는 "0.입금: 전기이월"을 선택하여 입력한다.
건설비 상당액 적수계산	[건설비 상당액 적수계산] TAB에서 건설비총액적수, 건물임대면적 적수, 건물연면적적수를 입력하여 건설비 상당액 적수를 자동으로 계산한다. ① 건설비 총액적수 : 임대용 부동산(토지 제외) 취득에 소요된 금액을 입력하면 건설비 총액누계와 일수 및 적수가 자동 계산된다. ② 건물임대면적 적수 : 실제로 임대에 제공된 건물면적(공유면적 포함)을 입력한다. 변동이 있는 경우 퇴실면적과 입실면적을 각각 입력하면 임대면적 누계와 일수 및 적수는 자동 계산된다. ③ 건물연면적 적수 : 건축물관리대장상의 건물연면적(지하층 포함)을 입력하면 건물 연면적누계와 일수 및 적수는 자동으로 계산된다. ④ 일자 : 최초 임대개시일을 기산일로 하여 변동일까지의 일수를 순차적으로 입력한다.
임대보증금 등의 운용수입금액명세서	임대보증금 운용수입란에는 당해 임대사업 회계에서 발생한 할인료, 배당금, 신주인수권처분이익 및 유가증권처분익(매각익에서 매각손을 차감한 금액) 등의 금융수익을 구분하여 입력한다.
임대보증금 등의 간주익금조정	항목별로 입력하면 자동으로 반영이 되며 [익금산입액]이 있는 경우 소득처분(기타사외유출)을 하여야 한다.

다음 자료에 의하여 (주)합격(회사코드 : 5000)은 임대보증금등의 간주익금조정명세서를 작성하시오. (본 예제에 한하여 부동산임대업을 주업으로 하는 차입금과다영리내국법인으로 가정)

(1) 임대용 부동산 취득현황

구 분	취득일자	취득가액	연면적	임대면적
토 지	2023.02.10	20,000,000원		
건 물	2023.02.10	30,000,000원	250m²	200m²

(2) 부동산 임대현황

임대개시일	임대면적	임대보증금		
		입금	반환	잔액
2025.04.01	200m²	50,000,000		50,000,000

(3) 임대보증금 운용수익

구 분	계정금액	보증금운용수입금액	기타수입금액
이자수익	11,100,000원	200,000원	10,900,000원
배당금수익	50,000,000원		50,000,000원

예제 따라하기

(1) 보증금적수계산 일수

화면의 보증금적수계산 일수 수정 버튼을 클릭하여 해당일수를 선택한다.

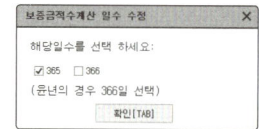

(2) 임대보증금등의 적수계산

상단의 [불러오기(F12)] 버튼을 클릭하여 장부에 기장되어 되어 "294.임대보증금" 계정의 금액을 반영하여 임대보증금 적수를 자동 계산한다.

No	⑧일 자	⑨적 요	⑩임대보증금누계			⑪일 수	⑫적 수 (⑩×⑪)
			입금액	반환액	잔액누계		
1	04 01	임차보증금 입금	50,000,000		50,000,000	275	13,750,000,000
2							
		계	50,000,000	0	50,000,000	275	13,750,000,000

(3) 건설비 상당액 적수계산

① [건설비 상당액 적수계산] TAB을 선택하여 "건설비 총액적수", "건물임대면적 적수", "건물 연면적 적수" 부분에 임대개시일(2025.04.01.)과 건설비 총액(30,000,000원) 및 건물연면적(250㎡), 건물임대면적(200㎡)을 입력하면 자동으로 일수와 적수가 계산된다.

② 계산된 내역은 [3.건설비 상당액 적수계산]에 자동으로 반영되며 건설비상당액 적수는 6,600,000,000원이다.

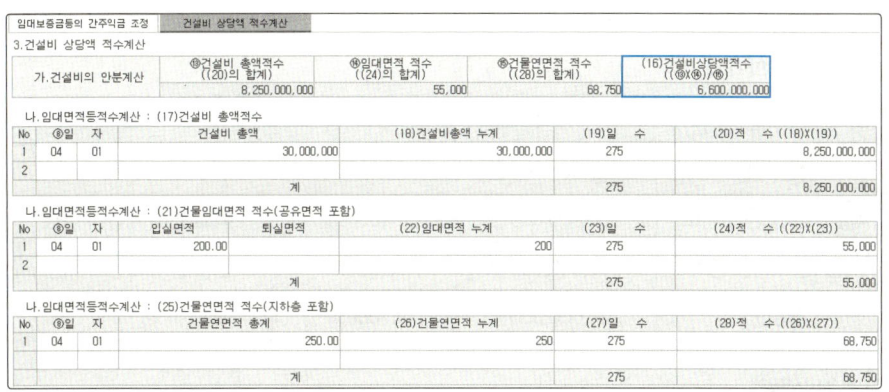

(4) 임대보증금 등의 운용수입금액 명세서

과목란에 이자수익과 배당금수익을 입력하고 계정금액과 보증금 운용수입금액을 입력하면 상단의 "⑥보증금운용수입"란에 자동반영 된다. 배당금수익은 운용수입금액이 없으므로 입력하지 않아도 무방하다.

(5) 임대보증금의 간주익금 조정

간주임대료 익금산입금액은 무조건 기타사외유출로 소득처분한다.

[세무조정] 〈익금산입〉 임대보증금간주익금 407,260(기타사외유출)

(6) 조정등록

익금산입 및 손금불산입			손금산입 및 익금불산입		
과목	금액	소득처분	과목	금액	소득처분
임대보증금간주익금	407,260	기타사외유출			

[1] 다음의 자료를 이용하여 [임대보증금등의 간주익금조정명세서]를 작성하고 세무조정을 하시오. (단, 기존에 입력된 데이터는 무시하고 제시된 자료로 계산하며, 이 문제에 한정해서 부동산임대업을 주업으로 하는 영리내국법인으로서 차입금이 자기 자본의 2배를 초과하는 법인으로 가정한다.) [회사코드 : 5300.(주)기원]

(1) 임대보증금의 내역

구 분	금액	임대면적	비고
전기이월	600,000,000원	20,000m²	
4월 30일 보증금 감소	200,000,000원	6,000m²	퇴실 면적 계산시 이용
6월 1일 보증금 증가	300,000,000원	6,000m²	입실 면적 계산시 이용
기말잔액	700,000,000원	20,000m²	

(2) 건설비상당액
 ① 전기 말 건물 취득가액은 400,000,000원으로 건물의 총 연면적은 20,000m²이다.
 ② 전기 말 토지 취득가액은 200,000,000원으로 건물의 부속토지이다.

(3) 임대보증금 운용수익
 손익계산서상 이자수익 13,500,000원 중 임대보증금 운용수입은 2,800,000원이다.
 (1년 만기 정기예금이자율은 3.1%로 가정함)

※ 집중심화연습 해답은 [CHAPER 02 수입금액조정] 846페이지에서 확인 가능합니다.

5. 중소기업등기준검토표

중소기업에 대해서는 법인세법 및 조세특례제한법에 따라 여러가지 세제혜택이 주어지며 중소기업은 다음의 요건을 **모두 갖춘 기업**을 말한다.

요건	내 용
사업 요건	① 「조세특례제한법시행령」 제29조제3항에 따른 소비성서비스업을 주된 사업으로 영위하지 아니할 것 [소비성서비스업] ㉠ 호텔업 및 여관업(「관광진흥법」에 따른 관광숙박업은 제외한다.) ㉡ 주점업(일반유흥주점업, 무도유흥주점업 및 「식품위생법 시행령」 제21조에 따른 단란주점 영업만 해당하되, 「관광진흥법」에 따른 외국인전용유흥음식점업 및 관광유흥음식점업은 제외한다.) ㉢ 그 밖에 오락·유흥 등을 목적으로 하는 사업으로서 기획재정부령으로 정하는 사업 ② 부동산임대업을 주된 사업으로 영위하지 아니할 것 ③ 「법인세법」 제60조의2제1항에 따른 성실신고확인대상 소규모 법인에 해당하지 아니할 것
규모 요건	① 당해 기업의 매출액과 자산총액(5천억원 미만)이 「중소기업기본법 시행령」 [별표1]의 중소기업기준 이내일 것 2 이상의 서로 다른 사업을 영위하는 경우 사업별 **수입금액**(기업회계기준에 따라 작성한 손익계산서상의 매출액)이 **큰 사업을 주된 사업**으로 본다. ② 졸업기준의 범위 이내에 있을 것
독립성 요건	소유 및 경영의 실질적인 독립성이 「중소기업기본법 시행령」 제3조제1항제2호의 규정에 적합한 것

 TIP

[중소기업등기준검토표]를 작성한 후 [회사등록] 메뉴에서 "법인종류별구분" 및 "중소기업여부"를 검토하여 기업업무추진비한도액, 세액감면 및 세액공제, 최저한세 조정계산서 등에 적용될 수 있도록 한다.

실무예제

다음 자료에 의하여 (주)합격(회사코드 : 5000)의 중소기업등기준검토표를 작성하시오.

(1) 당기의 업종별 기준경비율코드 및 매출액

업태	종목	기준경비율코드	매출액
제조	전자응용기계	292203	2,491,500,000원
도매	전자계산기	515031	995,000,000원
건설	건축공사	451104	201,500,000원

(2) 당기말 재무상태표상의 자산총액은 5,108,969,984원이며 (주)합격은 독립성 요건을 충족하였다.

(1) 사업요건 및 규모요건

① 상단의 [불러오기(F12)]를 클릭하면 [조정후수입금액명세서]의 업종별 수입금액이 "사업요건"에 자동 반영되며 기업회계기준의 매출액과 법인세법상의 수입금액에 차이가 없다면 수정하지 않아도 무방하다.

② "규모요건"은 [표준재무제표]의 매출액 및 자산총액이 반영되며 "가.매출액"은 기업회계기준에 의한 매출액으로 표준손익계산서에서 반영되며 당 회사의 규모기준을 확인하고자 하는 경우 「중소기업기본법 시행령」별표 1의 규모기준 버튼을 클릭하여 확인하며 적합여부(적합)를 입력한다.

(2) 독립성요건 및 졸업유예

소유 및 경영의 실질적인 독립성이 갖춘 경우 "적합"을 선택하고 중소기업 범위를 졸업하는 기업에 해당하는 경우 사유발생연도를 입력하여 유예(그 사유가 발생한 날이 속하는 사업연도와 그 다음 3개 사업연도)를 적용한다.

(3) 소기업 및 중견기업

소기업과 중견기업 해당여부를 확인하여 적합여부를 선택한다.

 해답 및 풀이

수입금액조정명세서

[1] 수입금액조정명세서 [회사코드 : 5200.(주)성공]

(1) 수입금액조정계산

① 결산서상 수입금액 입력 : 항목을 선택하고 계정과목란에서 상단의 **[매출조회(F4)]**를 클릭하면 매출이 조회된다. 조회된 매출금액 중 수입금액에 해당하는 금액을 클릭하면 자동으로 금액이 반영된다.
② 영업외수익으로 계상되어 있는 부산물매출은 수입금액에 포함하여야 하므로 결산서상 수입금액에 반영한다.
③ 매출에누리는 영업외비용으로 처리하지 않고 수입금액에서 직접 차감해야 한다. 그러므로 수입금액조정명세서에서 제품매출에서 차감하는 금액으로 3,400,000원을 입력한다. 수입금액에서 차감은 하나 영업외비용으로 처리하여 소득금액에 미치는 영향은 없으므로 **별도의 세무조정은 발생하지 않는다.**

(2) 수입금액조정명세 : 다.기타 수입금액

위탁판매 매출(상품)은 수탁자가 판매한 시점에 수익을 인식하므로 수입금액에 포함하여야 한다.

[세무조정] 〈익금산입〉 위탁매출   25,000,000(유보발생)
         〈손금산입〉 위탁매출대응원가 20,000,000(유보발생)

No	(23)구 분	(24)근 거 법 령	(25)수 입 금 액	(26)대 응 원 가	비 고
1	위탁매출		25,000,000	20,000,000	

(3) 조정금액 입력

결산서상 수입금액이 입력되면 [2.수입금액조정명세]에 입력된 금액을 해당란에 입력한다. 상품매출에 대한 위탁판매 누락분 25,000,000원을 "④가산"란에 입력한다.

No	①항 목	②계정과목	③결산서상 수입금액	④가 산	⑤차 감	⑥조정후 수입금액 (③+④-⑤)	비 고
1	매 출	제품매출	2,000,000,000		3,400,000	1,996,600,000	
2	매 출	상품매출	1,800,000,000	25,000,000		1,825,000,000	
3	영업외수익	잡이익	4,000,000			4,000,000	
		계	3,804,000,000	25,000,000	3,400,000	3,825,600,000	

2. 수입금액조정명세	
가. 작업 진행률에 의한 수입금액	
나. 중소기업 등 수입금액 인식기준 적용특례에 의한 수입금액	
다. 기타 수입금액	25,000,000
계	25,000,000

(4) 조정등록(F3)

상단의 조정등록(F3)을 클릭하면 하단에 세무조정 사항이 나오고 "직접입력"을 클릭하여 과목란에 적절한 계정과목(조정과목)과 금액을 입력한 후 소득처분을 선택한다.

익금산입 및 손금불산입			손금산입 및 익금불산입		
과 목	금 액	소득처분	과 목	금 액	소득처분
위탁매출	25,000,000	유보발생	위탁매출대응원가	20,000,000	유보발생

[2] 수입금액조정명세서 [회사코드 : 5300.(주)기원]

(1) 수입금액조정계산
항목을 선택하고 계정과목란에서 상단의 [매출조회(F4)]를 클릭하면 매출이 조회된다. 조회된 매출금액 중 수입금액에 해당하는 금액을 클릭하면 자동으로 금액이 반영된다.

(2) 수입금액조정명세 : 다.기타 수입금액
① 시송품매출은 고객이 구입의사표시를 하면 수익으로 인식하므로 수입금액에 포함하여야 한다.

> [세무조정] 〈익금산입〉 시송품매출   19,500,000(유보발생)
>   〈손금산입〉 시송품매출대응원가 15,000,000(유보발생)

② 상품권 판매는 상품과 교환이 이루어진 시점에 수익으로 인식하므로 교환이 이루어지지 않은 금액은 수입금액에 포함하지 않는다.

> [세무조정] 〈익금불산입〉 상품권판매   5,000,000(유보발생)

No	(23)구 분	(24)근 거 법 령	(25)수 입 금 액	(26)대 응 원 가	비 고
1	시송품매출		19,500,000	15,000,000	
2	상품권판매		-5,000,000		

(3) 조정금액 입력
결산서상 수입금액이 입력되면 [2.수입금액조정명세]에 입력된 금액을 해당란에 입력한다. 제품매출에 대한 위탁판매 누락분 19,500,000원을 "④가산"란에 입력하고 상품권판매 금액 중 미회수분 5,000,000원은 "⑤차감"란에 입력한다.

No	①항 목	계정과목 ②계정과목	③결산서상 수입금액	조 정 ④가 산	⑤차 감	⑥조정후 수입금액 (③+④-⑤)	비 고
1	매 출	제품매출	8,000,000,000	19,500,000		8,019,500,000	
2	매 출	상품매출	4,000,000,000		5,000,000	3,995,000,000	
		계	12,000,000,000	19,500,000	5,000,000	12,014,500,000	

2. 수입금액 조정명세				
가.작업 진행률에 의한 수입금액				
나.중소기업 등 수입금액 인식기준 적용특례에 의한 수입금액				
다.기 타 수입금액		14,500,000		
계		14,500,000		

(4) 조정등록(F3)
상단의 조정등록(F3)을 클릭하면 하단에 세무조정 사항이 나오고 "직접입력"을 클릭하여 과목란에 적절한 계정과목(조정과목)과 금액을 입력한 후 소득처분을 선택한다.

익금산입 및 손금불산입			손금산입 및 익금불산입		
과 목	금 액	소득처분	과 목	금 액	소득처분
시송품매출	19,500,000	유보발생	시송품매출대응원가	15,000,000	유보발생
			상품권판매	5,000,000	유보발생

[3] 수입금액조정명세서 [회사코드 : 5100.(주)배움]

(1) 수입금액조정계산
항목을 선택하고 계정과목란에서 상단의 [매출조회(F4)]를 클릭하면 매출이 조회된다. 조회된 매출금액 중 수입금액에 해당하는 금액을 클릭하면 자동으로 금액이 반영된다.

(2) 수입금액조정명세 : 가.작업진행률에 의한 수입금액

장기공사는 작업진행률에 의하여 수익을 인식하여야 하므로 "(16)조정액"을 수입금액에 산입하여야 한다.

[세무조정] 〈익금산입〉 공사기성고차액 50,000,000(유보발생)

No	⑦공사명	⑧도급자	⑨도급금액	⑩해당사업연도말 총공사비누적액(작업시간등)	⑪총공사예정비(작업시간등)	⑫진행률(⑩/⑪)	⑬누적익금산입액(⑨×⑫)	⑭전기말누적수입계상액	⑮당기회사수입계상액	(16)조정액(⑬-⑭-⑮)
1	빌딩신축공사	(주)기린	10,000,000,000	1,000,000,000	8,000,000,000	12.50	1,250,000,000		1,200,000,000	50,000,000

(3) 수입금액조정명세 : 다.기타 수입금액

전기 매출에 대한 부분을 당기 장부에 계상하였으므로 이는 이월익금과 손금에 해당한다. 당기 계상분에 대하여 유보 추인하여야 한다.

[세무조정] 〈익금불산입〉 전기위탁매출   15,000,000(유보감소)
           〈손금불산입〉 전기위탁매출대응원가 10,000,000(유보감소)

No	(23)구 분	(24)근 거 법 령	(25)수 입 금 액	(26)대 응 원 가	비 고
1	전기위탁매출		-15,000,000	-10,000,000	

(4) 조정금액 입력

결산서상 수입금액이 입력되면 [2.수입금액조정명세]에 입력된 금액을 해당란에 입력한다. 작업진행률 차이는 공사수입금의 "④가산"란에 50,000,000원을 입력하고 전기 제품매출에 대한 위탁판매 누락분 15,000,000원은 "⑤차감"란에 입력한다.

No	①항 목	②계정과목	③결산서상 수입금액	④가 산	⑤차 감	⑥조정후 수입금액(③+④-⑤)	비 고
1	매 출	제품매출	2,590,000,000		15,000,000	2,575,000,000	
2	매 출	공사수입금	2,000,000,000	50,000,000		2,050,000,000	
		계	4,590,000,000	50,000,000	15,000,000	4,625,000,000	

2. 수입금액 조정명세		
가. 작업 진행률에 의한 수입금액	50,000,000	
나. 중소기업 등 수입금액 인식기준 적용특례에 의한 수입금액		
다. 기타 수입금액		15,000,000
계	50,000,000	15,000,000

(5) 조정등록(F3)

상단의 조정등록(F3)을 클릭하면 하단에 세무조정 사항이 나오고 "직접입력"을 클릭하여 과목란에 적절한 계정과목(조정과목)과 금액을 입력한 후 소득처분을 선택한다.

익금산입 및 손금불산입			손금산입 및 익금불산입		
과 목	금 액	소득처분	과 목	금 액	소득처분
공사기성고차액	50,000,000	유보발생	전기위탁매출	15,000,000	유보감소
전기위탁매출대응원가	10,000,000	유보감소			

조정후수입금액명세서

[1] 조정후수입금액조정명세서 [회사코드 : 5100.(주)배움]

(1) 업종별 수입금액명세서

서식을 조회하면 [수입금액조정명세서]의 "조정후수입금액"이 자동으로 수입금액에 반영된다. "③기준(단순)경비율번호"에 기준경비율 코드를 입력하고 상단의 [수입조회(F8)] 버튼을 클릭하여 금액을 선택하여 반영하거나 직접 수정한다.

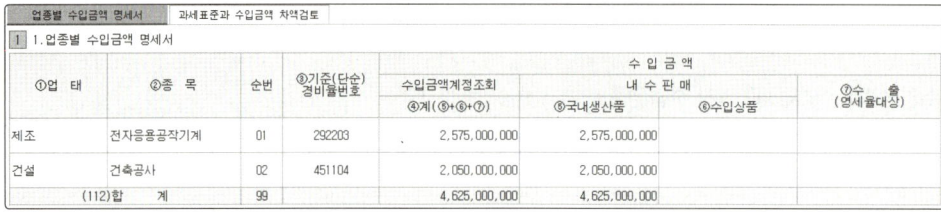

(2) 과세표준과 수입금액 차액검토

① 상단의 [불러오기(F12)]를 클릭하여 부가가치세 신고서상의 과세표준 금액을 반영한다.
② 수입금액과의 차액내역

구 분	부가가치세법상 과세표준(A)	법인세법상 수입금액(B)	±차액조정(A – B)
매출누락(전기)	0원	-15,000,000원	15,000,000원
작업진행률 차이	0원	50,000,000원	-50,000,000원
거래시기차이 가산	10,000,000원	0원	10,000,000원
유형자산매각	50,000,000원	0원	50,000,000원
합 계	60,000,000원	35,000,000원	25,000,000원

③ 차액에 대한 내역이 모두 입력이 완료되면 "(13)차액과 (17)차액계의 차이금액"란의 적색이 해지되고 금액이 "0"이 되어야 한다.

[2] 조정후수입금액조정명세서 [회사코드 : 5400.(주)대성]

(1) 수입금액조정명세서 조회

1. 수입금액 조정계산

No	계정과목 ①항 목	계정과목 ②계정과목	③결산서상 수입금액	조 정 ④가 산	조 정 ⑤차 감	⑥조정후 수입금액 (③+④-⑤)	비 고
1	매 출	상품매출	1,500,000,000		2,000,000	1,498,000,000	
2	매 출	제품매출	1,184,049,000	1,600,000		1,185,649,000	
3	매 출	공사수입금	514,600,000			514,600,000	
4	영업외수익	잡이익	1,500,000			1,500,000	
		계	3,200,149,000	1,600,000	2,000,000	3,199,749,000	

2. 수입금액 조정명세
다. 기타 수입금액

No	(23)구 분	(24)근 거 법 령	(25)수 입 금 액	(26)대 응 원 가	비 고
1	제품매출누락		1,600,000	1,400,000	

(2) 조정등록

영업외수익으로 처리한 부산물매각과 영업외비용으로 처리한 상품매출 에누리는 법인세법상 수입금액에 각각 가산과 차감하여야 하나 당기순이익의 변화는 없으므로 별도의 세무조정은 필요하지 않다. 다만, [기타수입금액조정] TAB에 입력된 매출누락분은 익금과 손금에 각각 산입하는 세무조정이 필요하다.

조정 등록

익금산입 및 손금불산입				손금산입 및 익금불산입			
과 목	금 액	소득처분		과 목	금 액	소득처분	
제품매출누락	1,600,000	유보발생		제품매출대응원가	1,400,000	유보발생	

(3) 업종별 수입금액명세서

① 제조의 "④계" = 1,185,649,000원 + 1,500,000원(부산물매각) = 1,187,149,000원
② "⑦수출"란은 직접 입력되지 않으므로 국내생산품의 금액 1,177,149,000원을 입력한 후 수입상품란을 "0원"으로 입력하여 수출란에 금액 10,000,000원이 반영되도록 한다.

1. 업종별 수입금액 명세서

①업 태	②종 목	순번	③기준(단순)경비율번호	수 입 금 액 ④계(⑤+⑥+⑦)	내 수 판 매 ⑤국내생산품	내 수 판 매 ⑥수입상품	⑦수 출 (영세율대상)
도매	컴퓨터	01	515050	1,498,000,000	1,498,000,000		
제조	컴퓨터	02	300100	1,187,149,000	1,177,149,000		10,000,000
건설	건축공사	03	451104	514,600,000	514,600,000		
(112)합 계		99		3,199,749,000	3,189,749,000		10,000,000

(4) 과세표준과 수입금액 차액검토

① 상단의 [불러오기(F12)]를 클릭하여 부가가치세 신고서상의 과세표준 금액을 반영한다.
② 수입금액과의 차액내역

구 분	부가가치세법상 과세표준(A)	법인세법상 수입금액(B)	±차액조정(A − B)
매출누락	1,600,000원	1,600,000원	0원
매출에누리	0원	−2,000,000원	2,000,000원
유형자산매각	10,000,000원	0원	10,000,000원
거래시기차이 가산	20,000,000원	0원	20,000,000원
합 계	31,600,000원	−400,000원	32,000,000원

③ 매출에누리 구분은 없으므로 공란에 추가등록하여 입력하고 차액에 대한 내역이 모두 입력이 완료되면 "(13)차액과 (17)차액계의 차이금액"란의 적색이 해지되고 금액이 "0"이 되어야 한다.

업종별 수입금액 명세서	과세표준과 수입금액 차액검토						
2. 부가가치세 과세표준과 수입금액 검토						부가가치세 신고 내역보기	
(1) 부가가치세 과세표준과 수입금액 차액							
⑧과세(일반)	⑨과세(영세율)	⑩면세수입금액	⑪합계(⑧+⑨+⑩)		⑫조정후수입금액	⑬차액(⑪-⑫)	
2,856,711,000	10,000,000	365,038,000	3,231,749,000		3,199,749,000	32,000,000	
(2) 수입금액과의 차액내역(부가세과표에 포함되어 있으면 +금액, 포함되지 않았으면 -금액 처리)							
⑭구 분		코드	(16)금 액	비 고	⑭구 분	코드	(16)금 액	비 고
자가공급(면세전용등)		21			거래(공급)시기차이감액	30		
사업상증여(접대제공)		22			주세·개별소비세	31		
개인적공급(개인적사용)		23			매출누락	32		
간주임대료		24			매출에누리	33	2,000,000	
자산매각	유형자산 및 무형자산 매각액	25	10,000,000			34		
	그밖의자산매각액(부산물)	26				35		
폐업시 잔존재고재화		27				36		
작업진행률 차이		28				37		
거래(공급)시기차이가산		29	20,000,000		(17)차 액 계	50	32,000,000	
					(13)차액과(17)차액계의차이금액			

[3] 수입금액조정명세서 및 조정후수입금액조정명세서 [회사코드 : 5500,(주)태백]

(1) 수입금액조정명세서

① 수입금액조정계산

수입금액조정계산	작업진행률에 의한 수입금액	중소기업 등 수입금액 인식기준 적용특례에 의한 수입금액	기타수입금액조정			
1. 수입금액 조정계산						
No	계정과목		③결산서상 수입금액	조 정		⑥조정후 수입금액 (③+④-⑤)	비고
	①항 목	②계정과목		④가 산	⑤차 감		
1	매 출	제품매출	1,190,100,000			1,190,100,000	
2	매 출	상품매출	794,680,000	2,700,000		797,380,000	
3	영업외수익	잡이익	17,000,000			17,000,000	

② 수입금액조정명세 : 다.기타 수입금액조정

위탁판매 매출은 수탁자가 판매한 시점에 수익을 인식하므로 상품매출누락과 상품매출원가누락분을 세무조정에 반영하여야 한다.

[세무조정] 〈익금산입〉 위탁매출 2,700,000(유보발생)
〈손금산입〉 위탁매출대응원가 2,000,000(유보발생)

수입금액조정계산	작업진행률에 의한 수입금액	중소기업 등 수입금액 인식기준 적용특례에 의한 수입금액	기타수입금액조정		
2. 수입금액 조정명세 다.기타 수입금액					
No	(23)구 분	(24)근 거 법 령	(25)수 입 금 액	(26)대 응 원 가	비 고
1	위탁매출		2,700,000	2,000,000	

③ 조정등록

조정 등록						✕
익금산입 및 손금불산입			손금산입 및 익금불산입			
과 목	금 액	소득처분	과 목	금 액	소득처분	
위탁매출	2,700,000	유보발생	위탁매출대응원가	2,000,000	유보발생	

(2) 조정후수입금액명세서

① 업종별 수입금액명세서

- 제조의 "④계" = 1,190,100,000원 + 17,000,000원(부산물매각) = 1,207,100,000원
- "⑦수출"란은 직접 입력되지 않으므로 국내생산품의 금액 907,100,000원을 입력한 후 수입상품란을 "0원"으로 입력하여 수출란에 금액 300,000,000원이 반영되도록 한다.

① 업종별 수입금액 명세서

①업 태	②종 목	순번	③기준(단순)경비율번호	④계(⑤+⑥+⑦)	⑤국내생산품	⑥수입상품	⑦수 출(영세율대상)
제조	가구	01	361002	1,207,100,000	907,100,000		300,000,000
도매 및 상품중개업	생활용 가구 도매업	02	513211	797,380,000	797,380,000		
(112)합 계		99		2,004,480,000	1,704,480,000		300,000,000

② 과세표준과 수입금액 차액검토

구 분	부가가치세법상 과세표준(A)	법인세법상 수입금액(B)	±차액조정(A − B)
매출누락	0원	2,700,000원	−2,700,000원
그밖의자산매각(부산물)	0원	17,000,000원	−17,000,000원
사업상증여	6,000,000원	0원	6,000,000원
합 계	6,000,000원	19,700,000원	−13,700,000원

2. 부가가치세 과세표준과 수입금액 차액 검토

(1) 부가가치세 과세표준과 수입금액 차액

⑧과세(일반)	⑨과세(영세율)	⑩면세수입금액	⑪합계(⑧+⑨+⑩)	⑫조정후수입금액	⑬차액(⑪-⑫)
1,690,780,000	300,000,000		1,990,780,000	2,004,480,000	−13,700,000

(2) 수입금액과의 차액내역(부가세과표에 포함되어 있으면 +금액, 포함되지 않았으면 −금액 처리)

⑭구 분	코드	(16)금 액	비 고	⑭구 분	코드	(16)금 액	비 고
자가공급(면세전용등)	21			거래(공급)시기차이감액	30		
사업상증여(접대제공)	22	6,000,000		주세·개별소비세	31		
개인적공급(개인적사용)	23			매출누락	32	−2,700,000	
간주임대료	24				33		
자산매각 유형자산 및 무형자산 매각액	25				34		
자산매각 그밖의자산매각액(부산물)	26	−17,000,000			35		
폐업시 잔존재고재화	27				36		
작업진행률 차이	28				37		
거래(공급)시기차이가산	29			(17)차 액 계	50	−13,700,000	
				(18)사액과(17)차액계의차이금액			

[4] 수입금액조정명세서 및 조정후수입금액조정명세서 [회사코드 : 5600.(주)강남]

(1) 수입금액조정명세서

① 수입금액조정계산

No	①항 목	계정과목 ②계정과목	③결산서상 수입금액	조 정 ④가 산	⑤차 감	⑥조정후 수입금액 (③+④-⑤)	비 고
1	매 출	제품매출	4,561,833,600		15,000,000	4,546,833,600	
2	매 출	상품매출	932,000,000			932,000,000	
		계	5,493,833,600		15,000,000	5,478,833,600	

② 수입금액조정명세 : 다.기타 수입금액조정

전기 매출에 대한 부분을 당기 장부에 계상하였으므로 이는 이월익금과 손금에 해당한다. 당기 계상분에 대하여 유보 추인하여야 한다.

[세무조정] 〈익금불산입〉 전기위탁매출   15,000,000(유보감소)
         〈손금불산입〉 전기위탁매출대응원가 10,000,000(유보감소)

2. 수입금액 조정명세
다.기타 수입금액

No	(23)구 분	(24)근 거 법 령	(25)수 입 금 액	(26)대 응 원 가	비 고
1	전기위탁매출		−15,000,000	−10,000,000	

③ 조정등록

익금산입 및 손금불산입			손금산입 및 익금불산입		
과 목	금 액	소득처분	과 목	금 액	소득처분
전기위탁매출대응원가	10,000,000	유보감소	전기위탁매출	15,000,000	유보감소

(2) 조정후수입금액명세서

① 업종별 수입금액명세서

"⑦수출"란은 직접 입력되지 않으므로 국내생산품의 금액 4,246,833,600원을 입력한 후 수입상품란을 "0원"으로 입력하여 수출란에 금액 300,000,000원이 반영되도록 한다.

①업 태	②종 목	순번	③기준(단순)경비율번호	수입금액			
				수입금액계정조회 ④계(⑤+⑥+⑦)	내 수 판 매		⑦수 출 (영세율대상)
					⑤국내생산품	⑥수입상품	
제조	유무선통신장비	01	322002	4,546,833,600	4,246,833,600		300,000,000
도매	통신장비	02	515060	932,000,000	932,000,000		
(112)합 계		99		5,478,833,600	5,178,833,600		300,000,000

② 과세표준과 수입금액 차액검토

전기 매출누락은 전기 부가가치세 신고에 반영되어 신고를 하였고 장부에 계상된 이월익금조정을 한 부분으로 당해연도 부가가치세 과세표준과 법인세법상 수입금액에 모두 포함되지 않으므로 차액조정은 없다.

구 분	부가가치세법상 과세표준(A)	법인세법상 수입금액(B)	±차액조정(A − B)
매출누락	15,000,000원	△15,000,000원	0원
사업상증여	5,000,000원	0원	5,000,000원
합 계	5,000,000원	0원	5,000,000원

수입배당금액명세서

[1] 수입배당금액명세서 [회사코드 : 5200.(주)성공]

(1) 출자법인 현황
[회사등록] 메뉴에 등록한 정보가 반영된다.

(2) 배당금 지급법인 현황
① (주)모자는 배당기준일(보고기간 종료일 = 결산일) 전 3개월 이내에 취득한 주식으로 익금불산입 대상 수입배당금에 해당하지 않으며 3개월 초과한 (주)부자의 배당금만 익금불산입 대상이다.
② 배당금 지급법인별로 각각 기재하며 '11.지분율(100%)'은 익금불산입 대상금액 계산에 적용되는 익금불산입비율에 활용되므로 정확히 입력한다.

(3) 수입배당금 및 익금불산입 금액 명세
① 익금불산입 금액은 배당금 지급법인별로 각각 기재하며 하단 메세지를 참고하여 [익금불산입율:100%(11.지분율)]을 입력하면 익금불산입 대상금액이 자동 계산된다.
② 지급이자가 없으므로 익금불산입 대상금액에 대한 배제 금액이 없어 전액 익금불산입하고 기타 처분한다.

1. 출자법인 현황					
1.법인명	2.사업자등록번호	3.소재지		4.대표자성명	5.업태 + 종목
(주)성공[법인조정 집중심화]	418-81-41841	경기도 수원시 팔달구 정조로 735 (중동)		서동연	제조 컴퓨터주변기기

2. 배당금 지급법인 현황					
No	6.법인명	7.사업자등록번호	8.소재지	9.대표자	10.발행주식총수	11.지분율(%)
1	(주)부자	106-85-32321	서울시 영등포구 국제금융로 8	김서율	60,000	100.00

3. 수입배당금액 및 익금불산입 금액 명세									
No	12.배당금 지급 법인명	13.수입배당금액	14.익금불산입율(%)	15.익금불산입대상금액(13×14)	16.지급이자관련익금불산입배제금액				17.익금불산입액(15-16)
					지급이자	익금불산입 적용대상 피출자법인 주식의 장부가액	14.비율(%)	출자법인의 자산총액	16.배제금액	
1	(주)부자	10,000,000	100.00	10,000,000			100.00			10,000,000
	합계	10,000,000		10,000,000						10,000,000
계정	전자	피출자법인에 대한 출자법인이 50%이상일 때 익금불산입율은 100%, 20%이상 50%미만일 때 80%, 20%미만일 때 30%로 적용합니다.								

(4) 조정등록(F3)

익금산입 및 손금불산입			손금산입 및 익금불산입		
과 목	금 액	소득처분	과 목	금 액	소득처분
			수입배당금	10,000,000	기타

임대보증금등의 간주익금조정명세서

[1] 임대보증금등의 간주익금조정명세서 [회사코드 : 5300.(주)기원]

(1) 임대보증금등의 적수계산

임대보증금 적수 계산에 필요한 일자, 적요(0:입금, 1:반환), 금액을 입력하여 적수를 계산한다.

No	⑧일자		적 요	⑨임대보증금누계			⑩일 수	⑪적 수 (⑨X⑩)
				입금액	반환액	잔액누계		
1	01	01	전기이월	600,000,000		600,000,000	119	71,400,000,000
2	04	30	반환		200,000,000	400,000,000	32	12,800,000,000
3	06	01	입금	300,000,000		700,000,000	214	149,800,000,000
			계	900,000,000	200,000,000	700,000,000	365	234,000,000,000

(2) 건설비 상당액 적수계산 TAB

① (17)건설비 총액적수 : 전기에서 이월하였으므로 일자(01/01)를 입력하고 건설비상당액(토지 취득가액은 제외, 건물의 자본적 지출은 포함) 400,000,000원을 입력하면 건설비 총액적수가 자동계산 된다.

② (21)건물임대면적 적수(공유면적 포함) : 건설비 총액과 관련한 임대면적을 입력하고 전기에서 이월된 임대면적은 1월 1일 입실면적에 기재하고 입실과 퇴실을 구분하여 입력하며 적수가 자동계산 된다.

③ (25)건물연면적 적수(지하층 포함) : 건물의 전체 연면적을 20,000㎡ 입력하며 적수가 자동계산 된다.

④ [가.건설비의 안분계산]에 반영되어 건설비상당액 적수가 계산된다.

3. 건설비 상당액 적수계산

가.건설비의 안분계산	⑫건설비 총액적수 ((20)의 합계)	⑬임대면적 적수 ((24)의 합계)	⑭건물연면적 적수 ((28)의 합계)	(16)건설비상당액적수 ((⑫X⑬)/⑭)
	146,000,000,000	7,108,000	7,300,000	142,160,000,000

나.임대면등적수계산 : (17)건설비 총액적수

No	⑰일 자		건설비 총액	(18)건설비총액 누계	(19)일 수	(20)적 수 ((18)X(19))
1	01	01	400,000,000	400,000,000	365	146,000,000,000
			계		365	146,000,000,000

나.임대면등적수계산 : (21)건물임대면적 적수(공유면적 포함)

No	⑰일 자		입실면적	퇴실면적	(22)임대면적 누계	(23)일 수	(24)적 수 ((22)X(23))
1	01	01	20,000.00		20,000	119	2,380,000
2	04	30		6,000.00	14,000	32	448,000
3	06	01	6,000.00		20,000	214	4,280,000
				계		365	7,108,000

나.임대면등적수계산 : (25)건물연면적 적수(지하층 포함)

No	⑰일 자		건물연면적 총계	(26)건물연면적 누계	(27)일 수	(28)적 수 ((26)X(27))
1	01	01	20,000.00	20,000	365	7,300,000
			계		365	7,300,000

(3) 임대보증금등의 운용수입금액 명세서건설비 상당액 적수계산

과목란에 이자수익을 입력하고 계정금액과 운용수입금액을 입력하여 상단의 "⑥보증금운용수입"란에 반영한다.

4. 임대보증금등의 운용수입금액 명세서

No	(29)과 목	(30)계 정 금 액	(31)보증금운용수입금액	(32)기타수입금액	(33)비 고
1	이자수익	13,500,000	2,800,000	10,700,000	
	계	13,500,000	2,800,000	10,700,000	

(4) 임대보증금등의 간주익금 조정

보증금잔액에 정기예금이자율(3.1%)을 곱하여 계산된 익금상당액에서 보증금운용수입을 차감한 익금산입액에 대하여 기타사외유출 처분한다.

1. 임대보증금등의 간주익금 조정

①임대보증금등 적 수	②건설비상당액 적 수	③보증금잔액 {(①-②)/365}	④이자율 (%)	⑤(③X④) 익금상당액	⑥보증금운용 수 입	⑦(⑤-⑥) 익금산입금액
234,000,000,000	142,160,000,000	251,616,438	3.1	7,800,109	2,800,000	5,000,109

(5) 조정등록(F3)

익금산입 및 손금불산입			손금산입 및 익금불산입		
과 목	금 액	소득처분	과 목	금 액	소득처분
임대보증금간주익금	5,000,109	기타사외유출			

CHAPTER 03 감가상각 및 업무용승용차 관련비용

1. 감가상각조정

감가상각이란 유형자산 및 무형자산 취득원가에서 잔존가액을 차감한 금액을 그 자산의 내용연수에 걸쳐 합리적이고 체계적인 방법에 따라 기간 비용으로 배분하는 것이다.

기업회계기준은 잔존가액과 내용연수를 추정의 의한 금액을 인정하며 상각방법도 다양한 방법 중 선택을 허용하고 있다. 그러나 법인세법은 잔존가액과 내용연수 등을 법정화하여 감가상각비 금액에 한도를 두고 있다.

실무이론 CHECK POINT

1 감가상각제도의 특징

구 분	내 용
결산조정사항	감가상각비는 법인이 손금으로 계상한 경우에 한하여(**결산조정**) 당해자산의 내용연수에 따른 상각률에 의하여 계산한 금액(**상각범위액**)을 **한도**로 하여 손금에 산입하는 것이므로 동 한도액을 **초과**하는 금액은 **손금불산입(유보)**하여야 한다.
임의상각제도	법인세법은 감가상각비를 상각범위액 안에서 자유롭게 결정할 수 있으며, 감가상각비의 계상시기도 자유롭게 선택할 수 있다. 따라서 상각범위액을 넘지 않는 범위 내에서 감가상각 여부, 금액 및 손금산입 시기를 법인이 임의적으로 선택힐 수 있어 이를 임의상각제도라고 한다. (단, 예외적으로 감가상각의 의제인 경우는 배제)

2 감가상각대상 자산

(1) 감가상각자산의 범위

감가상각자산은 토지를 제외한 다음의 유형자산 및 무형자산으로 한다.

구 분	구체적인 범위
유형자산	① 건축물 : 건물(부속설비 포함) 및 구축물을 말한다. ② 차량 및 운반구, 공구, 기구 및 비품 ③ 선박 및 항공기 ④ 기계 및 장치 ⑤ 동물 및 식물 ⑥ 기타 ①~⑤와 유사한 유형자산
무형자산	① 영업권, 의장권, 실용신안권, 상표권 ② 특허권, 어업권, 양식업권, 해저광물자원개발법에 의한 채취권, 유료도로관리권, 수리권, 전기가스공급시설이용권, 공업용수도시설이용권, 수도시설이용권, 열공급시설이용권 ③ 광업권, 전신전화전용시설이용권, 전용측선이용권, 하수종말처리장시설관리권, 수도시설관리권 ④ 댐사용권 ⑤ 개발비 ⑥ 사용수익기부자산가액 ⑦ 주파수이용권 등

(2) 감가상각자산에서 제외되는 자산
① 사업에 사용하지 않는 것(일시적 조업중단으로 인한 유휴설비 제외)
② 건설 중인 것
③ 시간의 경과에 따라 그 가치가 감소되지 않는 것(예 : 토지, 미술품 등)

3 상각범위액의 결정요소

(1) 상각범위액의 계산요소

| ① 취득가액 | ② 내용연수와 상각률 | ③ 잔존가액 | ④ 감가상각방법 |

(2) 취득가액

감가상각자산의 취득가액은 일반적인 자산의 취득가액에 관한 규정을 적용하여 계산한다. 또한 취득가액이라 하면 세무상 취득가액을 말한다.

구 분	취득가액
타인으로부터 매입한 자산(단기금융자산 등은 제외)	매입가액 + 취득부대비용
자기가 제조·생산 또는 건설하거나 그 밖에 이에 준하는 방법으로 취득한 자산	제작원가 + 취득부대비용
단기손익인식금융자산*	매입가액(부대비용은 당기비용)
기타 자산	취득당시의 시가

* 단기금융자산이란 기업회계기준에 따라 단기매매항목으로 분류된 금융자산 및 파생상품을 말한다.

 **TIP**

[감가상각대상 개발비]
상업적인 생산 또는 사용 전에 재료·장치·제품·공정·시스템 또는 용역을 창출하거나 현저히 개선하기 위한 계획 또는 설계를 위하여 연구결과 또는 관련지식을 적용하는데 발생하는 비용으로서 **기업회계기준에 따른 개발비 요건을 갖춘 것**(산업기술연구조합의 조합원이 해당 조합에 연구개발 및 연구시설 취득 등을 위하여 지출하는 금액을 포함)을 말한다.

[자산의 저가·고가매입의 취득가액]

구 분		취득가액
저가매입	원칙	인정
	예외	특수관계자(개인)으로부터 유가증권을 저가 매입시 차액(시가 − 매입가액)은 취득가액에 포함
고가매입	원칙	인정
	예외	① 특수관계인으로부터 고가매입한 경우의 시가초과액은 취득가액에서 제외된다. ② 특수관계인이 아닌 자로부터 고가매입한 경우 정상가액(시가의 130%)을 초과하는 금액은 기부금으로 의제(간주기부금)한다.

(3) 자본적지출과 수익적지출의 구분

자본적 지출 (취득원가에 가산)	수익적 지출 (당기 손금처리)
내용연수를 연장시키거나 해당 자산의 가치를 현실적으로 증가시키기 위하여 지출한 수선비	원상회복이나 능률유지를 위하여 지출한 수선비
① 본래의 용도를 변경하기 위한 개조 ② 엘리베이터 또는 냉난방장치의 설치 ③ 빌딩 등에 있어서 피난시설 등의 설치 ④ 재해 등으로 인하여 멸실 또는 훼손되어 본래의 용도에 이용할 가치가 없는 건축물·기계·설비 등의 복구 ⑤ 그 밖의 개량·확장·증설 등 위와 유사한 성질의 것	① 건물 또는 벽의 도장 ② 파손된 유리나 기와의 대체 ③ 기계의 소모 부속품 또는 벨트의 대체 ④ 자동차의 타이어 대체 ⑤ 재해를 입은 자산에 대한 외장의 복구·도장 및 유리의 삽입 ⑥ 그 밖의 조업가능한 상태의 유지 등 위와 유사한 것

(4) 즉시상각의제

① 원칙

법인이 감가상각자산을 취득하기 위하여 지출한 금액과 감가상각자산에 대한 **자본적 지출에 해당하는 금액을 수익적 지출로 회계처리하는 경우에는 이를 감가상각한 것으로 보아 상각범위액을 계산(시부인계산)** 한다. 이를 즉시상각의제라 한다.

구 분	회계처리	세무조정		
취득부대비용 자본적지출	자산처리	세무조정 없음		
	비용처리	비상각자산	손금불산입(유보) ⇨ 처분 시 유보추인	
		상각자산	원칙	감가상각시부인계산(즉시상각의제)
			예외	특례에 해당하는 경우 손금인정
수익적지출	자산처리	손금산입(△유보) ⇨ 처분 시 유보추인		
	비용처리	세무조정 없음		

② 특례

법인이 감가상각자산의 취득가액 또는 자본적 지출액을 **손금으로 계상**한 경우에 위의 규정에 불구하고 **감가상각 시부인계산 없이 손금으로 인정**하는 특례가 있는데, 그 구체적인 내용은 다음과 같다.

구 분	구체적인 내용	처리방법
소액자산 취득가액	취득가액이 **거래단위별로 100만원 이하**인 감가상각자산* * 제외항목 : 그 고유업무의 성질상 대량으로 보유하는 자산 　　　　　　 그 사업의 개시 또는 확장을 위하여 취득한 자산	그 자산을 사업에 사용한 사업연도의 손금으로 계상한 경우에만 손금산입
단기 사용자산 및 소모성자산	① 어업에 사용되는 어구(어선용구 포함) ② 영화필름, 공구(**금형 제외**), 가구, 전기기구, 가스기기, 가정용기구·비품, 시계, 시험기기, 측정기기 및 간판 ③ 대여사업용 비디오테이프 및 음악용 콤팩트디스크로서 개별자산의 취득가액이 30만원 미만인 것 ④ 전화기(휴대용 전화기 포함) 및 개인용 컴퓨터(그 주변기기 포함)	
소액수선비	각 사업연도에 지출한 수선비로서 다음 중 어느 하나에 해당하는 것 ① 개별자산별로 수선비로 지출한 금액이 **600만원 미만인 경우** ② 개별자산별로 수선비로 지출한 금액이 직전 사업연도 종료일 현재 재무상태표상의 **장부가액(취득가액 − 감가상각누계액)의 5%에 미달**하는 경우 ③ **3년 미만의 기간마다 주기적인 수선**을 위하여 지출하는 경우	지출한 사업연도의 손금으로 계상한 경우에만 이를 자본적 지출에 포함하지 않고 손금산입
생산설비 폐기손실	다음 어느 하나에 해당하는 경우에는 해당 자산의 **장부가액에서 1,000원 (비망가액)을 공제**한 금액 ① 시설의 개체 또는 기술의 낙후로 인하여 생산설비의 일부를 폐기한 경우 ② 사업의 폐지 또는 사업장의 이전으로 임대차계약에 따라 임차한 사업장의 원상회복을 위하여 시설물을 철거하는 경우	폐기일이 속하는 사업연도에 손금산입

* '거래단위'란 이를 취득한 법인이 그 취득한 자산을 독립적으로 사업에 직접 사용할 수 있는 것을 말한다.

③ 회사계상 감가상각비로 처리하는 경우

회계처리	세무조정
손상차손	감가상각자산이 진부화, 물리적 손상 등에 따라 시장가치가 급격히 하락하여 법인이 기업회계기준에 따라 손상차손(**천재지변·화재 등 사유로 파손·멸실된 유형자산은 제외**)을 계상한 경우에는 해당 금액을 감가상각비로서 손금으로 계상한 것으로 보아 **감가상각 시부인계산**을 한다.
전기오류 수정손실	법인이 전기 또는 그 이전 기간에 과소계상한 고정자산의 감가상각비를 기업회계기준에 따라 전기오류수정손실로 당기비용으로 계상한 경우에도 당기에 감가상각비로 계상한 것으로 본다. 따라서 **감가상각 시부인계산의 대상이 되는 회사계상 감가상각비에는 전기오류수정손실로 계상한 금액을 더한다.** 만약 감가상각비의 과소계상이 중대한 오류에 해당하여 기업회계기준에 따라 전기이월 이익잉여금에서 차감하였다면 다음과 같이 처리한다. ① 1차 세무조정 : 〈손금산입〉 전기오류수정손실　×××(기타) ② 2차 세무조정 : 위 금액도 회사계상 감가상각비에 합산하여 감가상각 시부인 계산

(주)두더지상사의 다음 자료를 세무조정 하시오.

① 당기에 취득한 차량운반구의 감가상각비 세법상 한도액은 5,000,000원인데, 회사는 손익계산서에 1,700,000원을 계상하였으며 즉시상각의제의 규정을 적용받는 금액 6,000,000원이 있다.

구 분	회계처리	
기업회계	(차)	(대)
세무회계	(차)	(대)
조정차이	(차)	(대)
세무조정		

② 기계장치에 대하여 전기분 시인부족액 5,000,000원에 대해 당기에 다음과 같이 회계처리 하였다.

(차) 전기오류수정손실(이익잉여금)   5,000,000원   (대) 감가상각누계액   5,000,000원

구 분	회계처리	
기업회계	(차)	(대)
세무회계	(차)	(대)
조정차이	(차)	(대)
세무조정		

【해설】

① 즉시상각의제는 당기에 취득원가로 계상 후 감가상각 시부인계산을 하여 상각범위내 금액을 손금으로 산입하여야 하는 것을 전액 당기비용으로 계상하여 즉시 상각한 것처럼 보는 것을 말한다. 즉시상각의제분에 대해서는 별도의 세무조정은 없으며 감가상각비 한도초과액에 대해서만 한다.

- 기계장치의 세무상 취득원가 증가액 = 6,000,000원
- 회사계상 상각비 = 1,700,000원(손익계산서) + 6,000,000원 = 7,700,000원
- 세법상 한도액(상각범위액) = 5,000,000원
- 감가상각비 한도초과액 = 7,700,000원 − 5,000,000원 = 2,700,000원

구 분	회계처리			
기업회계	(차) 감가상각비 　　 수선비등	1,700,000 6,000,000	(대) 감가상각누계액 　　 현금 등	1,700,000 6,000,000
세무회계	(차) 기계장치 　　 감가상각비	6,000,000 5,000,000	(대) 현금 등 　　 감가상각누계액	6,000,000 5,000,000
조정차이	(차) 감가상각누계액 　　 (자산증가)	2,700,000	(대) 수선비 　　 (비용감소)	2,700,000
세무조정	〈손금불산입〉 감가상각비한도초과 2,700,000(유보발생)			

② 전기에 과소계상한 감가상각비를 당기에 전기오류수정손실로 계상한 경우 당기 감가상각비 계상한 것으로 보아 회사계상감가상각비에 전기오류수정손실로 계상한 금액을 더하여 시부인계산을 한다. 다만, 당기 비용으로 처리한 경우에는 시부인계산하여 한도초과액에 대하여 소득처분하나 이익잉여금으로 처리한 경우에는 반드시 소득처분을 한 후 회사계상상각비에 가산한다.

구 분	회계처리			
기업회계	(차) 이익잉여금	5,000,000	(대) 감가상각누계액	5,000,000
세무회계	(차) 감가상각비	5,000,000	(대) 감가상각누계액	5,000,000
조정차이	(차) 감가상각비 (비용증가)	5,000,000	(대) 이익잉여금 (자본증가)	5,000,000
세무조정	〈손금산입〉 전기오류수정손실 5,000,000(기타)			

(5) 잔존가액

구 분	내 용
원칙	'잔존가액'이란 자산을 처분할 때 회수할 금액에서 그 자산의 제거 · 판매비용을 차감한 금액이다. 기업회계는 이러한 잔존가액에 대한 추정을 허용하고 있으나, 법인세법은 **잔존가액을 획일적으로 '0'으로 규정**하고 있다.
정률법	정률법 상각률은 잔존가액이 없으면 계산될 수 없다. 따라서 정률법에 따라 상각범위액을 계산하는 경우에는 취득가액의 5%에 상당하는 금액을 잔존가액으로 하되, 그 금액은 해당 감가상각자산에 대한 미상각잔액이 최초로 취득가액의 5% 이하가 되는 사업연도의 상각범위액에 가산한다.
비망가액	감가상각이 종료되는 감가상각자산에 대해서는 위의 규정에 불구하고 **취득가액의 5%와 1,000원 중 적은 금액**을 해당 감가상각자산의 장부가액으로 하고, 동 금액에 대해서는 이를 손금에 산입하지 않는다. 이것은 상각이 완료된 자산에 대한 비망가액으로서, 그 자산이 처분될 때 비로소 손금에 산입된다. 감가상각자산의 장부가액 = Min [① 취득가액 5% ② 1,000원] ⇨ 자산 처분시 손금산입[△유보]

(6) 내용연수

내용연수란 자산의 사용가능기간을 말한다. 기업회계는 이러한 내용연수에 대한 추정을 허용하고 있으나, 법인세법은 자산별 · 업종별로 규정하여 법인의 선택가능성을 제약하고 있다. 또한, 법인세법에서 규정한 내용연수는 그 내용연수내에 감가상각을 완료해야 한다는 의미가 아니라 **상각범위액을 계산할 때 사용할 상각률을 구하기 위한 수단**에 불과하다.

① 기준내용연수

법인세법 시행규칙에는 구조 또는 자산별 · 업종별로 내용연수를 정하고 있는데, 이를 기준내용연수라 한다.

② 신고내용연수

기준내용연수에 기준내용연수의 25%를 가감하여 범위를 정하고 있는데, 이것을 내용연수범위라고 한다. 내용연수범위 내에서 내용연수를 선택하여 납세지 관할세무서장에게 신고할 수 있는데 이를 신고내용연수라 한다.

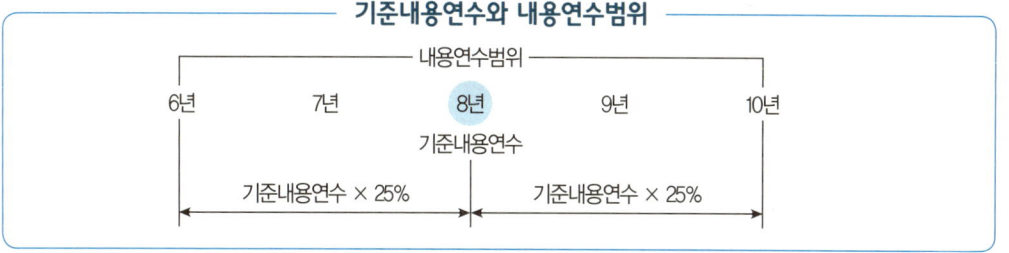

③ 내용연수의 신고

내용연수의 신고는 다음에 정해진 날이 속하는 사업연도의 법인세 과세표준의 신고기한까지 납세지 관할세무서장에게 하여야 한다. 다만, **기한 내에 신고를 하지 않은 경우에는 기준내용연수와 그에 따른 상각률을 적용**한다.

㉠ 신설법인과 새로 수익사업을 개시한 비영리내국법인의 경우 : 그 영업개시일
㉡ 위 ㉠ 외의 법인이 자산별·업종별 구분에 의한 기분내용연수가 다른 고정자산을 새로 취득하거나 새로운 업종의 사업을 개시한 경우 : 그 취득일 또는 개시일

(7) 감가상각방법

감가상각은 개별 자산별로 다음의 구분에 따른 상각방법 중 법인이 납세지 관할세무서장에게 신고한 방법에 따라 계산한다.

구 분		신고시 선택 가능한 상각방법	무신고의 경우
유형자산	일 반	정률법 또는 정액법	정률법
	건축물	정액법	정액법
	광업용 유형고정자산	생산량비례법, 정률법, 정액법	생산량비례법
	업무용승용차	정액법(5년간 강제상각)	
무형자산	일 반	정액법	정액법
	광업권	생산량비례법 또는 정액법	생산량비례법
	개발비	20년 이내 기간에 따른 정액법	5년간 정액법
	사용수익기부자산가액	사용수익기간에 따른 정액법	
	주파수이용권 등	사용기간에 따른 정액법	

① 감가상각방법의 신고

감가상각방법을 신고하고자 하는 법인은 위의 구분에 따른 자산별로 하나의 방법을 선택하여 [감가상각방법신고서]를 다음에 정하는 날이 속하는 사업연도의 법인세 과세표준의 신고기한까지 납세지 관할세무서장에게 제출하여야 한다.

> ㉠ 신설법인과 새로 수익사업을 개시한 비영리법인 : 그 영업개시일
> ㉡ ㉠외의 법인이 위의 구분을 달리하는 고정자산을 새로 취득한 경우 : 그 취득일

② 계속성의 원칙

감가상각은 그 신고한 상각방법(상각방법을 신고하지 않은 경우에는 위에 서술된 무신고시의 상각방법)을 그 후의 사업연도에도 이를 **계속하여 적용**하여야 한다.

③ 감가상각방법의 변경

다음 중 어느 하나에 해당하는 경우에는 계속성의 원칙에 불구하고 **납세지 관할세무서장의 승인을 얻어 그 상각방법을 변경**할 수 있으며 변경할 상각방법을 적용하고자 하는 **최초 사업연도의 종료일까지 신고**하며, 납세지 관한세무서장은 사업연도 종료일로부터 1개월 이내에 승인여부를 결정하여 통지하여야 한다.

> ㉠ 상각방법이 서로 다른 법인이 합병(분할합병을 포함한다)한 경우
> ㉡ 상각방법이 서로 다른 사업자의 사업을 인수 또는 승계한 경우
> ㉢ 외국인투자촉진법에 의하여 외국투자자가 내국법인의 주식 등을 20% 이상 인수 또는 보유하게 된 경우
> ㉣ 해외시장의 경기변동 또는 경제적 여건의 변동으로 인하여 종전의 상각방법을 변경할 필요가 있는 경우
> ㉤ 회계정책의 변경에 따라 결산상각방법이 변경된 경우(변경한 결산상각방법과 같은 방법으로 변경하는 경우만 해당한다.) 여기서 '결산상각방법'이란 국제회계기준을 최초로 적용한 사업연도의 직전 사업연도에 해당 자산의 동종자산에 대하여 감가상각비를 손금으로 계상할 때 적용한 상각방법을 말한다.

[재고자산 평가방법과 감가상각방법의 비교]

재고자산 평가방법	감가상각방법
㉠ 자산구분별·종류별·영업장별로 서로 다른 평가방법을 선택할 수 있다.	㉠ 자산구분별로 한 가지 방법만을 선택할 수 있다.
㉡ 평가방법을 제한 없이 변경할 수 있다. * 신고만으로 충분하며, 승인은 필요하지 않음	㉡ 원칙적으로 상각방법을 변경할 수 없다. * 예외적인 사정이 있는 경우에는 변경할 수 있으나, 승인을 얻어야 함

4 상각범위액(세무상 한도)의 계산

(1) 일반적인 경우의 상각범위액

구 분	상각범위액
정액법	상각범위액 = 기말세무상 취득가액* × 상각률 * 기말세무상 취득가액 = 당기말 장부상 취득가액 + 전기·당기 즉시상각의제
정률법	상각범위액 = 세무상 미상각잔액* × 상각률 * 세무상 미상각잔액 　= 장부상 미상각잔액 + 상각부인액 + 당기 즉시상각의제 − 전기말의제상각누계액
생산량 비례법	상각범위액 = 세무상 취득가액* × 당해 사업연도 채굴량 / 총채굴예정량 * 세무상 취득가액 = 당기말 장부상 취득가액 + 전기·당기 즉시상각의제

(2) 특수한 경우의 상각범위액

구 분	내 용
신규 취득자산	월할 상각하며 1월 미만은 1월로 보아 계산한다.
기중 양도자산	당기 상각비에 대한 시부인은 필요하지 않다. 이유는 감가상각비 계상 후 감가상각자산 처분손익으로 반영되어 당기순손익은 적정하게 표시되기 때문이다. 그러므로 **전기 상각부인누계액만 유보 추인**한다.
자본적 지출	월할 상각하지 않고 감가상각자산의 기초가액에 가산하여 기존 자산의 상각방법에 따라 상각한다. 따라서 자본적 지출에 대한 부분은 월할 상각하지 않고 **기초에 발생한 것으로 가정하여 1년 상각**한다.
감가상각과 평가증의 우선순위	법률에 따른 자산의 평가증을 한 경우 먼저 감가상각을 한 후 자산의 평가증을 한 것으로 본다.

5 감가상각 시부인계산의 구조

(1) 감가상각 시부인액의 계산

법인세법상 감가상각비는 감가상각비를 장부에 계상한 경우에 한해서 세법상 상각범위액을 한도로 손금산입 한다. 따라서 장부에 계상한 감가상각비와 세법상 상각범위액을 비교하여 시부인하는데, 이를 감가상각 시부인 계산이라고 한다.

```
　 　회 사 계 상 감 가 상 각 비
(−) 법 인 세 법 상 상 각 범 위 액
 +  상  각  부  인  액    손금불산입(유보발생)
 −  시  인  부  족  액    ■ 원칙 : 소멸시킴    ■ 예외 : 전기 상각부인누계액 손금추인
```

구 분	내 용
회사계상 감가상각비	회사계상 감가상각비는 판매비와 관리비, 제조원가로 계상한 금액뿐만 아니라 다음의 금액을 포함한다. ① 법인세법상 취득과 관련하여 지출된 금액을 비용처리 하거나 자본적 지출액을 수익적 지출로 처리한 경우 당해 금액 ② 전기 이전에 과소계상한 감가상각비를 기업회계기준에 따라 전기오류수정손실(영업외비용)로 계상하거나 이익잉여금을 감소시킨 경우 당해 금액 ③ 감가상각방법을 변경(ex : 정액법 → 정률법)하여 기업회계기준에 따라 이익잉여금을 감소시킨 경우 당해 금액 회사계상 상각비 = 손익계산서상 감가상각비 + 즉시상각의제 + 전기오류수정손실
법인세법상 상각범위액	상각범위액이란 법인세법상 각 사업연도에 손금에 산입할 수 있는 최고한도액을 의미한다.
상각부인액	법인이 비용으로 계상한 감가상각비가 세법상의 상각범위액을 초과하는 금액을 상각부인액이라 한다. ① 원칙 : 손금불산입(유보발생) ② 차기 이후 : 시인부족액의 범위 내에서 손금 추인 가능
시인부족액	법인이 비용으로 계상한 감가상각비가 상각범위액에 미달하는 금액을 시인부족액이라 한다. ① 원칙 : 세무조정을 하지 않음 ② 예외 : 시인부족액의 범위내에서 전기 상각부인누계액을 손금산입(유보감소) 가능

(2) 감가상각 시부인 계산의 단위

감가상각 **시부인 계산은 개별 자산별**로 행한다. 따라서 한 자산의 상각부인액과 다른 자산의 시인부족액은 이를 상계할 수 없으며, 각각 별도로 세무조정 하여야 한다.

 예제

(주)두더지상사의 다음 자료에 의하여 감가상각비 시부인 계산을 하시오.

구 분	취득가액	내용연수	잔존가액	상각방법
기업회계	210,000원	2년	0원	정액법
법인세법	210,000원	3년	0원	

【해설】

구 분	1년차	2년차	3년차
회사계상 상각비(A)	105,000원	105,000원	0원
상각범위액(B)	70,000원	70,000원	70,000원
시부인액(A − B)	상각부인액 35,000원	상각부인액 35,000원	시인부족액 △70,000원

구 분	1년차	2년차	3년차
세무조정	손금불산입 35,000원(유보발생)	손금불산입 35,000원(유보발생)	손금산입 70,000원(유보감소)
기말상각부인누계액	35,000원	70,000원	0원

6 감가상각 의제(강제상각제도)

각 사업연도의 소득에 대하여 **법인세가 면제되거나 감면되는 사업을 영위하는 법인**이 법인세를 면제받거나 감면받은 경우에는 손금에 산입하는 개별 자산에 대한 **감가상각비가 상각범위액 이상이 되도록 감가상각비를 손금으로 계상하거나 손금에 산입**하여야 한다.

이 경우 손금으로 계상하거나 손금에 산입한 감가상각비가 상각범위액에 미달한 법인은 그 후 사업연도의 상각범위액 계산의 기초가 될 자산의 가액에서 그 감가상각비에 상당하는 금액(이것을 '**의제상각액**'이라 부른다)을 **공제한 잔액을 기초가액으로 하여 상각범위액을 계산**한다. 따라서 그 의제상각액은 차기 이후에 감가상각비로 손금산입 할 수 없게 된다.

이러한 감가상각의제는 법인세를 면제 또는 감면받는 법인이 임의상각제도를 악용하여 **조세회피행위를 방지**하고자 하는 강제상각제도이다.

 예제

다음은 (주)두더지상사의 감가상각자료이다. 건물(본사사옥)과 기계장치에 대하여 각각의 시부인 계산을 하고 세무조정을 하시오. 단, 건물의 상각방법은 정액법으로 신고하였으나 기계장치에 대한 상각방법은 신고한 적이 없다

(1) 감가상각대상자산

구 분		취득년월일	내용연수 (상각율)	취득가액	전기말 감가 상각누계액	회사계상 상각비	전기감가상각 부인누계액
건물		2021.10.20.	40년(0.025)	200,000,000원	16,250,000원	5,000,000원	9,750,000원
기계 장치	절단기	2022.02.10	8년(0.313)	50,000,000원	23,172,338원	5,000,000원	0원
	압축기	2023.01.20		70,000,000원	46,962,170원	5,340,840원	10,000,000원

(2) 자본적 지출을 수선비로 처리한 즉시상각의제 내역

구 분	전기	당기
건물	10,000,000원	20,000,000원
절단기		7,000,000원

(3) 절단기(기계장치)는 전년도에 감가상각비 과소(시인부족액) 계상분이 있어 당해 사업연도에 10,000,000원을 다음과 같이 회계처리 하였다.

　　(차) 전기오류수정손실(이익잉여금)　10,000,000원　　(대) 감가상각누계액　10,000,000원

■ 법인세법 시행규칙[별지 제20호서식(2)] 〈개정 2019. 3. 20〉 (앞쪽)

사 업 연 도	2025. 01. 01. ~ 2025. 12. 31.	유형·무형자산감가상각비 조정명세서(정액법)	법 인 명	(주)두더지상사
			사업자등록번호	218 - 81 - 21304

자산 구분		①종류또는업종명	총계			
		②구조(용도)또는자산명				
		③취득일				
④내용연수(기준·신고)						
상각 계산의 기초 가액	재무상태표 자산가액	⑤기말현재액				
		⑥감가상각누계액				
		⑦미상각잔액(⑤ - ⑥)				
	회사계산 상각비	⑧전기말누계				
		⑨당기상각비				
		⑩당기말누계(⑧ + ⑨)				
	자본적 지출액	⑪전기말누계				
		⑫당기지출액				
		⑬합계(⑪ + ⑫)				
⑭취득가액(⑦ + ⑩ + ⑬)						
⑮일반상각률·특별상각률						
상각 범위액 계산	당기산출 상각액	⑯일반상각액				
		⑰특별상각액				
		⑱계(⑯ + ⑰)				
	⑲당기상각시인범위액 (⑱, 단 ⑱≤⑭ - ⑧ - ⑪ + ㉕ - 전기 ㉘)					
⑳회사계상상각액(⑨ + ⑫)						
㉑차감액(⑳ - ⑲)						
㉒최저한세적용에 따른 특별상각부인액						
조정액	㉓상각부인액(㉑ + ㉒)					
	㉔기왕부인액중 당기 손금 추인액 (㉕, 단 ㉕≤|△㉑|)					
부인액누계	㉕전기말부인액누계(전기 ㉖)					
	㉖당기말부인액누계(㉕ + ㉓ - |㉔|)					
당기말 의제상각액	㉗당기의제상각액(|△㉑| - |㉔|)					
	㉘의제상각의누계(전기 ㉘ + ㉗)					
신고조정 감가상각비 계산 (2013.12.31 이전 취득분)	㉙기준상각률					
	㉚종전상각비					
	㉛종전감가상각비 한도[㉚-{⑳-(㉖-㉕)}]			국제회계기준적용(신고조정) 작성		
	㉜추가손금산입대상액					
	㉝동종자산 한도계산 후 추가손금산입액					
신고조정 감가상각비 계산 (2014.1.1 이 후 취득분)	㉞기획재정부령으로 정하는 기준내용연수					
	㉟기준감가상각비 한도					
	㊱추가손금산입액					
㊲추가 손금산입 후 당기말부인액 누계(㉖ - ㉝ - ㊱)						

■ 법인세법 시행규칙 [별지 제20호서식(1)] 〈개정 2019. 3. 20〉 (앞쪽)

사 업 연 도	2025. 01. 01. ~ 2025. 12. 31.	유형자산감가상각비 조정명세서(정률법)		법 인 명	(주)두더지상사
				사업자등록번호	218-81-21304

자산 구분		①종류또는업종명	총계			
		②구조(용도)또는자산명				
		③취득일				
④내용연수(기준·신고)						
상각 계산의 기초 가액	재무상태표 자산가액	⑤기말현재액				
		⑥감가상각누계액				
		⑦미상각잔액(⑤-⑥)				
	⑧회사계산감가상각비					
	⑨자본적지출액					
	⑩전기말의제상각누계액					
	⑪전기말부인누계					
	⑫가감계(⑦+⑧+⑨-⑩+⑪)					
⑬일반상각률·특별상각률						
상각 범위액 계산	당기산출 상각액	⑭일반상각액				
		⑮특별상각액				
		⑯계(⑭+⑮)				
	취득가액	⑰전기말현재취득가액				
		⑱당기회사계산증가액				
		⑲당기자본적지출액				
		⑳계(⑰+⑱+⑲)				
	㉑잔존가액(⑳×5/100)					
	㉒당기상각시인범위액 {⑯, 단 (⑫-⑯)≤㉑인 경우 ⑫}					
㉓회사계상상각액(⑧+⑨)						
㉔차감액(㉓-㉒)						
㉕최저한세적용에 따른 특별상각부인액						
조정액	㉖상각부인액(㉔+㉕)					
	㉗기왕부인액중 당기 손금 추인액 (⑪, 단 ⑪≤|△㉔|)					
㉘당기말부인액누계(⑪+㉖-|㉗|)						
당기말 의제상각액	㉙당기의제상각액(|△㉔|-|㉗|)					
	㉚의제상각의누계(전기⑩+㉙)					
신고조정 감가상각비 계산 (2013.12.31 이전 취득 분)	㉛기준상각률			국제회계기준적용(신고조정) 작성		
	㉜종전상각비					
	㉝종전감가상각비 한도[㉜-{㉓-(㉘-⑪)}]					
	㉞추가손금산입대상액					
	㉟동종자산 한도계산 후 추가손금산입액					
신고조정 감가상각비 계산 (2014.1.1 이후 취득분)	㊱기획재정부령으로 정하는 기준내용연수					
	㊲기준감가상각비 한도					
	㊳추가손금산입액					
㊴추가 손금산입 후 당기말부인액 누계(㉘-㉟-㊳)						

【해설】

(1) 건물에 대한 감가상각 세무조정

① 정액법은 세무상 **취득가액을 확정**하는 것이 핵심이며 전기와 당기에 발생한 즉시상각의제에 해당하는 자본적 지출은 취득원가에 가산하여 세무상 상각범위액을 계산한다.

세무상 취득가액의 계산	
당기말 재무상태표상의 취득가액	200,000,000원
+ 비용계상한 자본적 지출액(당기분)	20,000,000원
+ 비용계상한 자본적 지출액(전기 이전분)	10,000,000원
= 세무상 취득가액	230,000,000원

상각범위액
230,000,000원 × 0.025 = 5,750,000원

② 회사계상상각액 = 5,000,000원(감가상각비) + 20,000,000원(즉시상각의제) = 25,000,000원
③ 시부인액 = 25,000,000원 − 5,750,000원 = 19,250,000원

세무조정 : 〈손금불산입〉 감가상각비한도초과 19,250,000(유보발생)

사업연도	2025. 01. 01. ~ 2025. 12. 31.	유형·무형자산감가상각비 조정명세서(정액법)		법인명	(주)두더지상사
				사업자등록번호	218-81-21304

자산구분	①종류또는업종명		총계		
	②구조(용도)또는자산명				본사사옥
	③취득일				2021.10.20
④내용연수(기준·신고)					40
상각계산의 기초가액	재무상태표 자산가액	⑤기말현재액	200,000,000		200,000,000
		⑥감가상각누계액	21,250,000		21,250,000
		⑦미상각잔액(⑤-⑥)	178,750,000		178,750,000
	회사계산 상각비	⑧전기말누계	16,250,000		16,250,000
		⑨당기상각비	5,000,000		5,000,000
		⑩당기말누계(⑧+⑨)	21,250,000		21,250,000
	자본적 지출액	⑪전기말누계	10,000,000		10,000,000
		⑫당기지출액	20,000,000		20,000,000
		⑬합계(⑪+⑫)	30,000,000		30,000,000
⑭취득가액(⑦+⑩+⑬)			230,000,000		230,000,000
⑮일반상각률·특별상각률					0.025
상각범위액 계산	당기산출 상각액	⑯일반상각액	5,750,000		5,750,000
		⑰특별상각액			
		⑱계(⑯+⑰)	5,750,000		5,750,000
	⑲당기상각시인범위액 (⑱, 단 ⑱≤⑭-⑧-⑪+⑳-전기㉘)		5,750,000		5,750,000
⑳회사계상상각액(⑨+⑫)			25,000,000		25,000,000
㉑차감액(⑳-⑲)			19,250,000		19,250,000
㉒최저한세적용에 따른 특별상각부인액					
조정액	㉓상각부인액(㉑+㉒)		19,250,000		19,250,000
	㉔기왕부인액중 당기 손금 추인액 (㉕, 단 ㉕≤|△㉑|)				↑ 손금불산입
부인액누계	㉕전기말부인액누계(전기 ㉖)		9,750,000		9,750,000
	㉖당기말부인액누계(㉕+㉓-|㉔|)		29,000,000		29,000,000
당기말의 제상각액	㉗당기의제상각액(|△㉑|-|㉔|)				
	㉘의제상각의누계(전기㉘+㉗)				

(2) 기계장치에 대한 감가상각 세무조정

① 절단기의 전기 시인부족액에 대해 이익잉여금으로 처리한 부분은 회사계상 감가상각비에 가산하여야 하므로 손금산입하고 기타처분 한다.

> 세무조정 : 〈손금산입〉 전기오류수정손실   10,000,000(기타)

② 감가상각방법을 신고하지 않았으므로 정률법을 적용하며 프로그램은 무신고 방법으로 설정되어 있고 정률법은 **세무상미상각잔액을 확정**하는 것이 핵심이다. 세무상미상각잔액은 당기에 발생한 즉시상각의제에 해당하는 자본적 지출과 전기의제상각액을 취득원가에 가산하여 세무상 상각범위액을 계산한다.

세무상 미상각잔액의 계산	절단기	압축기
당기말 재무상태표상의 취득가액	50,000,000원	70,000,000원
− 전기말 재무상태표상의 감가상각누계액	23,172,338원	46,962,170원
+ 비용 계상한 자본적 지출액(당기 지출분)	7,000,000원	
+ 전기이월 상각 부인액(유보)		10,000,000원
− 전기말 의제상각액		
= 세무상 미상각잔액	33,827,662원	33,037,830원

③ 상각범위액

절단기	33,827,662원 × 0.313 = 10,588,058원
압축기	33,037,830원 × 0.313 = 10,340,840원

④ 회사계상상각액

절단기	22,000,000원 = 5,000,000원(감가상각비) + 10,000,000원(전기오류수정손실) + 7,000,000원(즉시상각의제)
압축기	5,340,840원(감가상각비)

⑤ 시부인액 및 세무조정

절단기	22,000,000원 − 10,588,058원 = 11,411,942원(상각부인액) > 세무조정 : 〈손금불산입〉 감가상각비한도초과 11,411,942(유보발생)
압축기	5,340,840원 − 10,340,840원 = △5,000,000원(시인부족액) ⇨ 전기 부인누계액 10,000,000원 중 시인부족액 한도로 유보 추인 > 세무조정 : 〈손금산입〉 전기감가상각비추인 5,000,000(유보감소)

사업연도	2025. 01. 01. ~ 2025. 12. 31.	유형자산감가상각비 조정명세서(정률법)		법인명	(주)두더지상사
				사업자등록번호	218-81-21304

자산구분	①종류또는업종명		총계	절단기	압축기
	②구조(용도)또는자산명				
	③취득일			2022.02.10	2023.01.20
④내용연수(기준·신고)				8	8
상각계산의 기초가액	재무상태표 자산가액	⑤기말현재액	120,000,000	50,000,000	70,000,000
		⑥감가상각누계액	90,475,348	38,172,338	52,303,010
		⑦미상각잔액(⑤-⑥)	29,524,652	11,827,662	17,696,990
	⑧회사계산감가상각비		20,340,840	15,000,000	5,340,840
	⑨자본적지출액		7,000,000	7,000,000	
	⑩전기말의제상각누계액				
	⑪전기말부인누계		10,000,000		10,000,000
	⑫가감계(⑦+⑧+⑨-⑩+⑪)		66,865,492	33,827,662	33,037,830
⑬일반상각률·특별상각률				0.313	0.313
상각범위액 계산	당기산출 상각액	⑭일반상각액	20,928,898	10,588,058	10,340,840
		⑮특별상각액			
		⑯계(⑭+⑮)	20,928,898	10,588,058	10,340,840
	취득가액	⑰전기말현재취득가액	120,000,000	50,000,000	70,000,000
		⑱당기회사계산증가액			
		⑲당기자본적지출액	7,000,000	7,000,000	
		⑳계(⑰+⑱+⑲)	127,000,000	57,000,000	70,000,000
	㉑잔존가액(⑳×5/100)		6,350,000	2,850,000	3,500,000
	㉒당기상각시인범위액 {⑯, 단 (⑫-⑯)≤㉑인 경우 ⑫}		20,928,898	10,588,058	10,340,840
㉓회사계상상각액(⑧+⑨)			27,340,840	22,000,000	5,340,840
㉔차감액(㉓-㉒)			6,411,942	11,411,942	-5,000,000
㉕최저한세적용에 따른 특별상각부인액					
조정액	㉖상각부인액(㉔+㉕)		11,411,942	11,411,942	← 손금불산입
	㉗기왕부인액중 당기 손금 추인액 (⑪, 단 ⑪≤|△㉔|)		5,000,000	손금산입 →	5,000,000
㉘당기말부인액누계(⑪+㉖-|㉗|)			16,411,942	11,411,942	5,000,000
당기말 의제상각액	㉙당기의제상각액(|△㉔|-|㉗|)				
	㉚의제상각의누계(전기⑩+㉙)				

서식에 작성한 예제를 프로그램에 직접 입력하고자 하는 경우 **[5700.(주)두더지상사]**에서 해보시기 바라며, 별도의 재무제표 정보는 제공하지 않습니다.

전산실무 PROCESS

감가상각과 관련된 프로그램 조정순서는 다음과 같다. 고정자산등록 메뉴에서 입력한 자료가 이후 메뉴에 자동으로 반영되므로 정확한 입력이 요구된다.

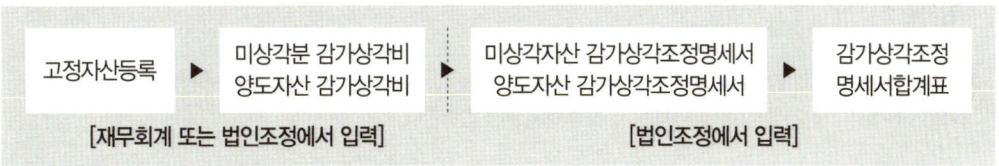

1 고정자산등록

항 목	입력내용 및 방법
자산계정과목	계정과목코드 3자리를 입력하거나 코드도움(F2) 또는 🔍를 눌러 해당계정 과목을 입력한다.
자산코드/명	계정과목을 입력하면 화면하단이 활성화되면서 자산코드와 자산명을 입력한다.
취득년월일	해당자산을 취득한 년, 월, 일 또는 사용 년, 월, 일을 입력한다.
상각방법	건물, 무형자산은 정액법으로 자동 표시되고, 이외의 유형자산은 정률법으로 자동 표시되는데 정액법으로 수정가능하다. (**무신고 방법으로 설정되어 있음**)
기초가액	전기말 현재의 취득가액 또는 당기에 취득한 **고정자산의 취득원가를 입력**한다. 다만, **무형자산의 경우 전기의 상각액이 차감된 장부상 금액을 입력**한다.
전기말 상각누계액	전기말까지 상각한 감가상각누계액을 입력한다. ■ 신규취득자산 : 전기말상각누계액은 없음 ■ 무형자산 : 전기말상각누계액은 계정금액은 없으나 전기까지 상각한 누계금액을 입력

항 목	입력내용 및 방법
당기중 취득 및 당기증가	신규취득자산의 취득원가 또는 고정자산의 자본적 지출액을 입력한다.
당기감소	고정자산의 일부를 매각하거나 폐기하는 경우 해당금액을 입력하며 [추가등록사항 TAB]에서 입력한다.
전기말자본적 지출액누계	**전기말까지의 즉시상각의제 누계액**을 입력한다. **정액법인 경우만 입력**하며 정률법은 [미상각자산감가상각조정명세서]에서 직접 해당란에 입력한다.
당기자본적 지출액	자본적 지출액을 당기비용으로 처리한 **즉시상각의제** 금액을 입력한다.(정액법 및 정률법 모두 입력)
전기말 부인누계액	전기말까지의 감가상각부인누계액을 입력한다. **정률법만 입력**하며 정액법은 [미상각자산감가상각조정명세서]에서 직접 해당란에 입력한다.
전기말의제 상각누계액	전기말까지의 감가상각의제 금액을 입력한다. (정액법 및 정률법 모두 입력)
내용연수	해당자산의 상각내용연수를 입력하며 상각률은 내용연수에 따라 자동표시 된다.
회사계상액	상각범위액이 자동 반영되며 [사용자수정] 버튼을 클릭하여 회사계상액을 직접 수정할 수 있다.
경비구분	용도에 따라 경비구분하며 결산에 반영하기 위한 선택이다.
당기의제 상각비	당기의 감가상각의제 금액을 입력한다.
전체양도일자 전체폐기일자	연도 중에 양도(폐기)한 자산의 양도(폐기)일자를 입력한다.
업 종	법인조정 시 감가상각조정계산서를 같은 내용연수와 업종별자산으로 그룹화하여 제출하기 위한 방법으로 선택한다.

2 미상각자산(또는 양도자산)감가상각조정명세서

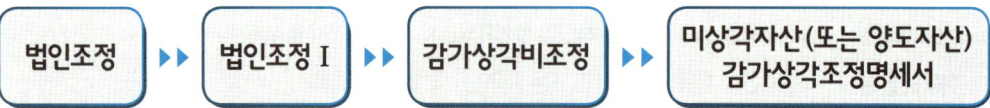

법인조정 ▶▶ 법인조정 I ▶▶ 감가상각비조정 ▶▶ 미상각자산(또는 양도자산) 감가상각조정명세서

상단의 "**불러오기(F12)**" 버튼을 클릭하면 [고정자산등록] 메뉴에 등록한 자산이 미상각자산(또는 양도자산)감가상각조정명세서에 자동으로 반영된다.

감가상각방법에 따라 감가상각조정명세서 서식이 다르며 [고정자산등록] 메뉴에서 정확한 입력을 하였다면 감가상각조정명세서에서는 별도의 세무조정이 필요하지 않다. 다만 실무에서는 [고정자산등록] 메뉴에서 전부 입력하여 반영하나 시험은 일부 감가상각조정명세서에서 입력을 하여야 하는 경우도 있다.

감가상각조정명세서에서 해당 고정자산의 감가상각 내용을 확인하고 **"조정액"**란을 확인하여 상단의 [조정등록(F3)] 버튼을 클릭하여 세무조정사항을 입력한다.

구 분	정액법	정률법
상각계산의 기초가액	(9)당기상각비, (11)(12) 전기·당기자본적지출액란 확인	(8)회사계산감가상각비, (9)자본적지출액, (10)전기말의제상각누계액, (11)전기말부인누계액 확인

조정액	■ (23)상각부인액 : 손금불산입(유보발생)
	■ (24)기왕부인액중당기손금추인액
	  : 손금산입(유보감소)
		■ (26)상각부인액 : 손금불산입(유보발생)
		■ (27)기왕부인액중당기손금추인액
		  : 손금산입(유보감소)

부인액누계	(25)전기말부인누계액 : 고정자산등록에서 입력하지 않고 **직접입력**	

[정액법]   [정률법]

3 감가상각조정명세서합계표

감가상각비조정명세서합계표는 감가상각자산들의 감가상각비를 항목별로 재무상태표상각액, 상각범위액, 회사손금계상액, 조정금액, 신고조정손금계상액을 집계하여 작성하는 서식이다. [미상각(또는 양도자산)자산감가상각조정명세서] 메뉴를 작성하면 그 내용을 반영할 수 있으며 **"불러오기(F12)"**를 클릭하여 반영한다.

실무예제

다음 자료를 이용하여 (주)합격(회사코드 : 5000)의 감가상각자산 세무조정을 하시오. 고정자산등록 메뉴에 등록하고, 미상각자산감가상각조정명세서 및 감가상각비조정명세서합계표를 작성하시오. (감가상각자산은 아래의 자료만 있다고 가정하며 세무조정을 소득금액조정합계표에 반영하시오.)

(1) 감가상각대상자산 내역
회사는 감가상각방법을 신고하지 않았으며 내용연수는 세법에서 정한 범위 내에서 세부담 최소화 원칙에 따라 세법에서 정한 시기에 신고하였다.

구 분	건물	기계장치	소프트웨어
자산코드	101	102	103
자산명	본사사옥	조립기	SCM
취득연월일	2021. 07. 20	2023. 10. 25	2023. 01. 05
상각방법		무신고	
취득가액	350,000,000원	80,000,000원	15,000,000원
전기말상각누계액	65,450,000원	37,855,120원	6,000,000원
기준내용연수 (내용연수범위)	40년 (30년 ~ 50년)	8년 (6년 ~ 10년)	5년 -
회사계상상각비	11,900,000원	6,000,000원	3,000,000원
경비	판관비	제조원가	판관비
업종코드	03	13	63
전기말부인누계액	23,800,000원	1,561,052원	-

(2) 자본적 지출을 비용(수선비)으로 처리한 금액과 감가상각의제 내역은 다음과 같다.

구 분	자본적지출		감가상각의제	
	전기	당기	전기	당기
건 물	10,000,000원	5,000,000원	11,900,000원	-
기계장치	-	12,000,000원	14,207,640원	-

 예제 따라하기

(1) 고정자산등록

① 회사는 감가상각방법을 신고하지 않았으므로 건물과 소프트웨어는 **정액법**, 기계장치는 **정률법**을 선택한다.

② 내용연수는 **세부담 최소화 원칙**에 따라 신고하였으므로 내용연수범위에서 **최단 기간**을 입력한다. 다만, 신고를 하지 **않은** 경우에는 **기준내용연수**를 입력하여야 한다.

③ "13.회사계상액"란의 금액이 다른 경우에는 사용자수정 을 클릭하여 금액을 수정 입력한다.

④ **정액법**으로 상각하는 자산의 경우 "**8.전기말부인누계액**"을 입력하면 [미상각자산감가상각조정명세서]의 "(25)전기말부인누계액"에 자동반영 된다. 다만, 현재 한국세무사회 주관시험은 상각계산의 기초가액인 취득원가 결정에 영향을 주지 않으므로 답안 공지시 [고정자산등록] 메뉴에 입력하지 않고 [미상각자산감가상각조정명세서] 서식에서 직접 입력하는 것으로 답안을 공지하고 있다. 그러므로 본서는 답안 공지대로 입력을 하도록 한다. (실무에서는 전부 입력)

⑤ 건물의 자본적지출(당기) 5,000,000원은 **소액수선비(600만원 미만)**로 즉시상각의제에 해당하지 아니하므로 "7.당기자본적지출액"란에 입력하지 않는다.

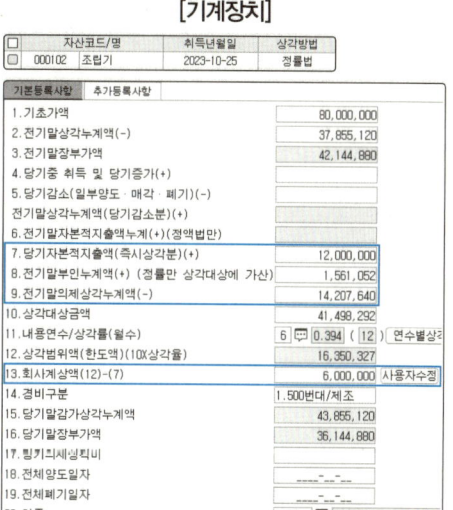

⑥ 전기에 취득한 무형자산을 입력하는 경우 "1.기초가액"은 **장부가액(미상각잔액)**을 입력하여야 "10.상각대상금액"이 취득원가로 반영된다.

(2) 미상각자산감가상각조정명세서

상단의 [불러오기(F12)]를 클릭하면 고정자산등록에 등록한 자료가 반영된다.

① 건물(본사사옥)

유형자산(정액법)	유형자산(정률법)	무형자산				
계정	자산코드/명	취득년월일		입력내용	금액	총계
0202	000101 본사사옥	2021-07-20	업종코드/명	03 철골,철골,석조		
			합계표 자산구분	1. 건축물		
			(4)내용연수(기준.신고)		30	
		상각 계산 의 기초 가액	재무상태표 자산가액	(5)기말현재액	350,000,000	350,000,000
				(6)감가상각누계액	77,350,000	77,350,000
				(7)미상각잔액(5)-(6)	272,650,000	272,650,000
			회사계산 상각비	(8)전기말누계	65,450,000	65,450,000
				(9)당기상각비	11,900,000	11,900,000
				(10)당기말누계(8)+(9)	77,350,000	77,350,000
			자본적 지출액	(11)전기말누계	10,000,000	10,000,000
				(12)당기지출액		
				(13)합계(11)+(12)	10,000,000	10,000,000
			(14)취득가액((7)+(10)+(13))		360,000,000	360,000,000
			(15)일반상각률.특별상각률		0.034	
		상각범위 액계산	당기산출 상각액	(16)일반상각액	12,240,000	12,240,000
				(17)특별상각액		
				(18)계((16)+(17))	12,240,000	12,240,000
			(19) 당기상각시인범위액		12,240,000	12,240,000
			(20)회사계상상각액((9)+(12))		11,900,000	11,900,000
			(21)차감액((20)-(19))		-340,000	-340,000
			(22)최저한세적용에따른특별상각부인액			
		조정액	(23) 상각부인액((21)+(22))			
			(24)기왕부인액중당기손금추인액		340,000	340,000
		부인액 누계	(25) 전기말부인누계액		23,800,000	23,800,000
			(26) 당기말부인누계액 (25)+(23)-|24|		23,460,000	23,460,000
		당기말 의제상각액	(27) 당기의제상각액 |△(21)|-|(24)|			
			(28) 의제상각누계액		11,900,000	11,900,000
		신고조정 감가상각 비계산	(29) 기준상각률			
			(30) 종전상각비			
			(31) 종전감가상각비 한도			
			(32) 추가손금산입대상액			
			(33) 동종자산 한도계산 후 추가손금산			
		신고조정 감가상각 비계산	(34) 기획재정부령으로 정하는 기준내용			
			(35) 기준감가상각비 한도			
			(36) 추가손금산입액			
			(37) 추가 손금산입 후 당기말부인액 누계		23,460,000	23,460,000

㉠ (9)당기상각비, (11)자본적지출액이 제대로 반영되었는지 확인한다.

세무상 취득가액의 계산		상각범위액
당기말 재무상태표상의 취득가액	350,000,000원	360,000,000원 × 0.034
+ 비용계상한 자본적 지출액(당기분)		= 12,240,000원
+ 비용계상한 자본적 지출액(전기 이전분)	10,000,000원	
= 세무상 취득가액	360,000,000원	

㉡ (25)전기말부인누계액란에 23,800,000원을 **직접 입력**한다.

㉢ (21)차감액란이 음수로 표시되면 당기 상각범위액 대비 회사계상상각액이 과소 계상되어 시인부족액이 발생했다는 의미이므로 전기부인누계액이 있는 경우 당기에 손금 추인할 수 있다.

㉣ 조정액의 "(24)기왕부인액중당기손금추인액"을 확인하고 상단의 [조정등록(F3)]을 클릭하여 소득금액조정합계표를 작성한다.

세무조정 : 〈손금산입〉 본사사옥 전기감가상각비   340,000(유보감소)

㉣ 조정등록(F3)

조정 등록						✕
익금산입 및 손금불산입			손금산입 및 익금불산입			
과 목	금 액	소득처분	과 목	금 액	소득처분	
			본사사옥 전기감가상각비	340,000	유보감소	

② 기계장치(조립기)

유형자산(정액법)	유형자산(정률법)	무형자산		
계정	자산코드/명	취득년월일		
0206	000102 조립기	2023-10-25		

	입력내용	금액	총계
	업종코드/명 13 제조업		
	합계표 자산구분 2. 기계장치		
	(4)내용연수	6	
상각계산의 기초가액	재무상태표 자산가액 (5)기말현재액	80,000,000	80,000,000
	(6)감가상각누계액	43,855,120	43,855,120
	(7)미상각잔액(5)-(6)	36,144,880	36,144,880
	(8)회사계산감가상각비	6,000,000	6,000,000
	(9)자본적지출액	12,000,000	12,000,000
	(10)전기말의제상각누계액	14,207,640	14,207,640
	(11)전기말부인누계액	1,561,052	1,561,052
	(12)가감계((7)+(8)+(9)-(10)+(11))	41,498,292	41,498,292
	(13)일반상각률.특별상각률	0.394	
상각범위액계산	당기산출상각액 (14)일반상각액	16,350,327	16,350,327
	(15)특별상각액		
	(16)계((14)+(15))	16,350,327	16,350,327
	취득가액 (17)전기말현재취득가액	80,000,000	80,000,000
	(18)당기회사계산증가액		
	(19)당기자본적지출액	12,000,000	12,000,000
	(20)계((17)+(18)+(19))	92,000,000	92,000,000
	(21) 잔존가액	4,600,000	4,600,000
	(22) 당기상각시인범위액	16,350,327	16,350,327
	(23)회사계상상각액((8)+(9))	18,000,000	18,000,000
	(24)차감액 ((23)-(22))	1,649,673	1,649,673
	(25)최저한세적용에따른특별상각부인액		
조정액	(26) 상각부인액 ((24)+(25))	1,649,673	1,649,673
	(27) 기왕부인액중당기손금추인액		
	(28) 당기말부인누계액 ((11)+(26)-|(27)|)	3,210,725	3,210,725
당기말 의제상각액	(29) 당기의제상각액 |△(24)|-|(27)|		
	(30) 의제상각누계액 ((10)+(29))	14,207,640	14,207,640
신고조정 감가상각 비계상	(31) 기준상각률		
	(32) 종전상각비		
	(33) 종전감가상각비 한도		
	(34) 추가손금산입대상액		
	(35) 동종자산 한도계산 후 추가손금산		
신고조정 감가상각 비계상	(36) 기획재정부령으로 정하는 기준내용		
	(37) 기준감가상각비 한도		
	(38) 추가손금산입액		
	(39) 추가 손금산입 후 당기말부인액 누계	3,210,725	3,210,725

㉠ (8)회사계산감가상각비, (9)자본적지출액, (10)전기말의제상각누계액, (11)전기말부인누계액이 제대로 반영되었는지 확인한다.

세무상 미상각잔액의 계산		상각범위액
당기말 재무상태표상의 취득가액	80,000,000원	
− 전기말 재무상태표상의 감가상각누계액	37,855,120원	
+ 비용 계상한 자본적 지출액(당기 지출분)	12,000,000원	41,498,292원 × 0.394
+ 전기이월 상각 부인액(유보)	1,561,052원	= 16,350,327원
− 전기말 의제상각액	14,207,640원	
= 세무상 미상각잔액	41,498,292원	

㉡ 조정액의 "(26)상각부인액"을 확인하고 상단의 [조정등록(F3)]을 클릭하여 소득금액조정합계표를 작성한다.

세무조정 : 〈손금불산입〉 조립기 감가상각비 한도초과 1,649,673(유보발생)

㉢ 조정등록(F3)

조정 등록							
익금산입 및 손금불산입			손금산입 및 익금불산입				
과 목	금 액	소득처분		과 목	금 액	소득처분	
조립기 감가상각비 한도초과	1,649,673	유보발생					

③ 무형자산(소프트웨어)

계정	자산코드/명	취득년월일	입력내용		금액	총계
0227	000103 SCM	2023-01-05	업종코드/명 63	무형고정자산		
			합계표 자산구분	4. 무형자산		
			(4)내용연수(기준,신고)		5	
			상각 계산 의 기초 가액	재무상태표 자산가액	(5)기말현재액	9,000,000	9,000,000
					(6)감가상각누계액	3,000,000	3,000,000
					(7)미상각잔액(5)-(6)	6,000,000	6,000,000
				회사계산 상각비	(8)전기말누계	6,000,000	6,000,000
					(9)당기상각비	3,000,000	3,000,000
					(10)당기말누계(8)+(9)	9,000,000	9,000,000
				자본적 지출액	(11)전기말누계		
					(12)당기지출액		
					(13)합계(11)+(12)		
			(14)취득가액((7)+(10)+(13))		15,000,000	15,000,000
			(15)일반상각률.특별상각률		0.2	
			상각범위 액계산	당기산출 상각액	(16)일반상각액	3,000,000	3,000,000
					(17)특별상각액		
					(18)계((16)+(17))	3,000,000	3,000,000
				(19) 당기상각시인범위액		3,000,000	3,000,000
			(20)회사계상상각액((9)+(12))		3,000,000	3,000,000
			(21)차감액((20)-(19))			
			(22)최저한세적용에따른특별상각부인액			
			조정액	(23) 상각부인액((21)+(22))			
				(24) 기왕부인액중당기손금추인액			
			부인액 누계	(25) 전기말부인누계액			
				(26) 당기말부인누계액(25)+(23)-|24|			
			당기말 의제상각액	(27) 당기의제상각액 |△(21)|-|(24)|			
				(28) 의제상각누계액			
			신고조정 감가상각 비계산	(29) 기준상각률			
				(30) 종전상각비			
				(31) 종전감가상각비 한도			
				(32) 추가손금산입대상액			
				(33) 동종자산 한도계산 후 추가손금산			
			신고조정 감가상각 비계산	(34) 기획재정부령으로 정하는 기준내용			
				(35) 기준감가상각비 한도			
				(36) 추가손금산입액			
				(37) 추가 손금산입 후 당기말부인액 누계			

(3) 감가상각비조정명세서합계표

상단의 [불러오기(F12)]를 클릭하여 [미상각(양도자산)감가상각조정명세서에 입력된 내용을 반영한다.

1.자산구분		코드	2.합계액	유형자산			6.무형자산
				3.건축물	4.기계장치	5.기타자산	
재무 상태표 상가액	101.기말현재액	01	439,000,000	350,000,000	80,000,000		9,000,000
	102.감가상각누계액	02	124,205,120	77,350,000	43,855,120		3,000,000
	103.미상각잔액	03	314,794,880	272,650,000	36,144,880		6,000,000
104.상각범위액		04	31,590,327	12,240,000	16,350,327		3,000,000
105.회사손금계상액		05	32,900,000	11,900,000	18,000,000		3,000,000
조정 금액	106.상각부인액 (105-104)	06	1,649,673		1,649,673		
	107.시인부족액 (104-105)	07	340,000	340,000			
	108.기왕부인액 중 당기손금추인액	08	340,000	340,000			
109.신고조정금계상액		09					

2. 업무용승용차 관련비용

2016년 이전에는 법인 및 개인사업자가 업무용승용차(개별소비세가 부과되는 자동차)를 구입하여 사용하는데 특별한 제한없이 비용으로 인정받았다. 그러나 2016년 1월 1일 이후부터는 무분별한 사용에 대한 규제를 하고자 기업의 업무용승용차 관련 비용에 대하여 일정한 기준을 마련하여 업무 관련성을 입증하지 못하는 경우 손금불산입하고 사적사용비용인 경우 대표이사 등에 대한 상여처분을 하도록 법령을 신설하였다.

구 분	내 용
적용대상자	법인 및 개인사업자 중 복식부기의무자인 성실신고확인대상사업자 대하여 2016년부터 적용하고 성실신고확인대상사업자 외 복식부기의무자는 2017년부터 확대 적용
업무용승용차 범위	"**개별소비세**"가 부과되는 **승용차**로서 영업용(운수업, 자동차판매업, 자동차임대업, 운전학원, 경비업의 출동차량, 장의업 운구차량, 연구개발을 목적으로 사용하는 승용자동차, 국토교통부장관의 허가를 득한 자율주행자동차 등)으로 사용하는 승용차를 제외하고, 사업에 직접 사용하는 승용차로 **매입세액불공제 대상 차량**을 말한다.
업무용승용차 관련비용	업무용승용차에 대한 **감가상각비, 임차료, 리스료, 유류비, 보험료, 수리비, 자동차세, 통행료, 승용차 금융리스에 대한 이자비용** 등 승용차의 취득 및 유지를 위한 비용 일체를 말한다. ■ 운전기사의 급여는 인건비로 처리하므로 업무용승용차 관련비용 아님
업무전용 자동차보험 가입	[법인사업자] 해당 법인의 임원 또는 사용인이 직접 운전한 경우 또는 계약에 따라 타인이 해당 법인의 업무를 위하여 운전하는 경우만 보상하는 자동차보험을 말한다. ① 해당법인이 업무전용자동차보험에 가입하지 아니한 경우 : **전액 손금불산입** ② 일부 기간만 가입한 경우 손금산입 방법 : 가입일수 비율에 의하여 손금인정 　해당 사업연도의 업무용승용차 관련비용 × 업무사용비율 × (해당 사업연도에 실제로 업무전용자동차보험에 가입한 일수 ÷ 해당 사업연도에 업무전용자동차보험에 의무적으로 가입하여야 할 일수) ③ 업무전용자동차보험 가입 간주 : 시설대여업자 외의 자동차대여사업자로부터 임차한 승용차로서 임차계약기간이 30일 이내인 경우(해당 사업연도에 임차계약기간의 합이 30일을 초과하는 승용차는 제외) 아래에 해당하는 사람을 운전자로 한정하는 임대차 특약을 체결한 경우에는 업무전용자동차보험에 가입한 것으로 본다. 　■ 해당 법인의 임원 또는 직원, 계약에 따라 해당 법인의 업무를 위하여 운전하는 사람 [개인사업자] 개인사업자는 2021.01.01. 이후 업무용승용차 관련비용이 발생하는 경우부터 다음과 같이 업무용 자동차 전용보험 가입의무 적용 → 2024.1.1. 이후 복식부기의무자로 확대 ① 대상자 : 성실신고확인대상자, 전문직 업종 사업자(변호사업, 회계사업, 변리사업, 세무사업, 의료업, 수의사업, 약국업 등) ② 대상차량 : 보유 업무용승용차 중 **1대를 제외**한 나머지 차량 ③ 전용특약 : 사업자, 직원, 계약에 따른 업무상 운전자 등이 운전한 경우만 보험보장 ④ 미가입시 : 업무용승용차 관련비용의 **50%만 필요경비 인정** 　단, 2024.1.1. 이후 발생분부터 **전액 필요경비 불산입**(성실신고확인대상자 또는 전문직 업종 사업자가 아닌 경우 2024년과 2025년은 50% 불산입)

구 분	내 용
전용번호판 부착	2024.1.1. 이후 신규·이전등록하거나 대여한 비사업용 승용자동차로 **취득가액 8,000만원 이상**의 법인 업무용 승용자동차는 **연녹색 번호판을 부착**하여야 한다. 법인업무용 자동차번호판 부착대상 차량이 해당 번호판을 부착하지 **않은** 경우 업무용승용차 관련비용 **전액**을 손금불산입한다. ① 취득가액 판단기준 : 자동차제작증상 출고가액이 8,000만원 이상 ② 이전등록 차량(중고차) : 취득세 과세표준액이 8,000만원 이상 ③ 운용리스·렌트차량은 1년 이상 장기 임차 차량인 경우 적용
운행기록부 작성·비치	업무용승용차 관련비용을 **업무사용 비율**만큼 인정받고자 하는 경우에는 업무용승용차별로 운행기록 등을 작성·비치하여야 하며, 신고시에는 제출의무가 없지만 납세지관할 세무서장이 요구할 경우 이를 즉시 제출하여야 한다.
업무용 사용거리 범위	제조·판매시설 등 해당 법인의 **사업장 방문, 거래처 및 대리점 방문, 회의참석, 판촉활동, 출·퇴근, 거래처 접대를 위한 운행, 직원들의 경조사 참석** 등 거래처 접대와 직원들의 복리후생을 위한 운행 등 직무와 관련된 업무수행을 위하여 주행한 거리를 말한다.
업무사용 금액 계산방법	① 운행기록부를 작성한 경우 : 업무전용자동차보험을 가입하고 운행기록을 작성한 경우 　■ 손금인정금액 = 업무용승용차 관련비용 × 업무사용비율 　■ 업무사용비율* = 승용차별 운행기록상 업무용 주행거리 ÷ 총 주행거리 　　* 사업연도(과세기간)의 업무용승용차 운행기록부 등에 따라 확인되는 총 주행거리 중 업무용 사용거리 ② 운행기록부를 작성하지 아니한 경우 업무전용자동차보험을 가입하고 운행기록을 작성하지 아니한 경우 업무용승용차 관련비용에 아래 비율을 곱한 금액 　■ 해당 사업연도(과세기간)의 업무용승용차 관련비용이 **1,500만원**(해당 사업연도가 1년 미만인 경우에는 1,500만원에 해당 사업연도의 월수를 곱하고 이를 12로 나누어 산출한 금액을 말하고, 사업연도 중 일부 기간 동안 보유하거나 임차한 경우에는 1,500만원에 해당 보유기간 또는 임차기간 월수를 곱하고 이를 사업연도 월수로 나누어 산출한 금액을 말함) 이하인 경우 : 100분의 100 　■ 해당 사업연도(과세기간)의 업무용승용차 관련비용이 1,500만원을 초과하는 경우 1,500만원을 업무용승용차 관련비용으로 나눈 비율 　■ 부동산 임대업을 주업으로 하는 법인 등의 경우에는 **500만원**을 적용
감가상각비 계산방법	① 감가상각 방법 2016.1.1. 이후 개시하는 사업연도(과세기간)에 취득하는 업무용승용차는 5년 **정액법으로 균등 강제 상각** ② 계산방법 : 감가상각비(상당액) × 업무사용비율 　■ 리스차량은 리스료 중 보험료·자동차세·수선유지비*를 차감한 잔액을 감가상각비 상당액으로 한다. 　　* 수선유지비를 구분하기 어려운 경우에는 리스료(보험료와 자동차세 제외한 금액)의 7%로 계산한다. 　■ 렌트차량은 렌트료의 70%를 감가상각비 상당액으로 한다. ③ 감가상각비 한도액 업무용승용차 감가상각비(상당액) 한도액은 해당 사업연도(과세기간)에 **800만원***(해당 사업연도가 1년 미만인 경우에는 800만원에 해당 사업연도의 월수를 곱하고 이를 12로 나누어 산출한 금액을 말하고, 사업연도 중 일부 기간 동안 보유하거나 임차한 경우에는 800만원에 해당

구 분	내 용
감가상각비 계산방법	보유기간 또는 임차기간 월수를 곱하고 이를 사업연도 월수로 나누어 산출한 금액을 말함)을 한도로 한다. * 부동산 임대업을 주업으로 하는 법인 등의 내국법인의 경우에는 **400만원**을 적용한다. ④ 이월공제 　■ 해당 사업연도(과세기간)의 다음 사업연도(과세기간)부터 **800만원***을 균등하게 손금에 산입하되, 해당 업무용승용차의 업무사용금액 중 감가상각비 800만원에 미달하는 경우 그 미달하는 금액을 한도로 하여 손금으로 추인한다. 　■ 임차한 경우 등은 해당 사업연도(과세기간)의 다음 사업연도(과세기간)부터 해당 업무용승용차의 업무사용금액 중 감가상각비 상당액이 800만원에 미달하는 경우 그 미달하는 금액을 한도로 손금에 산입한다. 　* 부동산 임대업을 주업으로 하는 법인 등의 내국법인의 경우에는 **400만원**을 적용 [제도 시행 전·후 업무용승용차 감가상각 비교] 	구 분	시행 전	시행 후
---	---	---
상각방법	정액법, 정률법	정액법
내용연수	기준내용연수, 신고내용연수, 특례내용연수	5년
상각방식	임의상각	강제상각
손금산입 한도	상각범위액	800만원(400만원)
상각부인액	시인부족액 발생시 추인	800만원(400만원)에 미달하게 되는 경우 그 미달하는 금액을 한도로 추인	
업무용 승용차 매각손실 처리방법	업무용승용차를 처분하여 발생하는 손실로서 업무용승용차별로 **800만원***(해당 사업연도가 1년 미만인 경우 800만원에 해당 사업연도의 월수를 곱하고 이를 12로 나누어 산출한 금액을 말함)을 초과하는 금액은 해당 사업연도(과세기간)의 다음 사업연도부터 연간 800만원을 한도로 손금에 산입한다. * 부동산 임대업을 주업으로 하는 법인 등의 내국법인의 경우에는 **400만원**을 적용 　　처분손실 = (취득가액 − 감가상각누계액 + 감가상각비 손금불산입액) − 양도가액
해산에 따른 매각손실 등 처리방법	법인이 해산(합병·분할 또는 분할합병에 따른 해산 포함)한 경우에는 감가상각비상당액, 매각손실에 따른 이월된 금액 중 남은 금액을 해산등기일(합병·분할 또는 분할합병에 따라 해산한 경우에는 합병등기일 또는 분할등기일을 말함)이 속하는 사업연도에 **모두 손금에 산입**
소득처분		구 분	자가차량 및 금융리스차량	운용리스차량 및 렌탈차량
---	---	---
감가상각비 한도초과액	손금불산입(유보발생) ⇨ ■ 한도미달액 발생시 손금산입 (유보감소) ■ 처분시 손금산입(유보감소)	손금불산입(기타사외유출) ⇨ ■ 한도미달액 발생시 손금산입 (기타) ■ 처분과 관련된 회계처리 없음
사적 사용경비	손금불산입(상여 등)	
유형자산처분손실 초과금액	손금불산입(기타사외유출) ⇨ 추후 이월하여 손금산입(기타)		

[부동산 임대업을 주업으로 하는 법인]
- 다음 요건에 **모두 해당**하는 내국법인
① 지배주주와 그 특수관계자 지분 **50% 초과**할 것
② 부동산 임대업을 주업으로 하거나 매출액 중 부동산 또는 부동산상의 권리대여·이자·배당소득 합계가 **50% 이상**일 것
③ 상시 근로자 수 **5인 미만**일 것
- 부동산 임대업에 대한 법인세 규정
① 차입금과다법인에 해당하는 경우 부동산임대 **간주임대료 익금 산입**
② 업무용승용차관련비용은 운행기록부 미작성시 **연 500만원(감가상각비 400만원 포함)** 한도내 금액 손금 인정
③ 기업업무추진비 한도 계산의 경우 **50%만** 손금 인정
④ 부동산 임대업 법인 및 성실신고 확인대상 소규모 법인은 조세특례제한법상 중소기업에서 제외
 (2026.1.1. 이후 적용)
⑤ 성실신고 확인대상 소규모 법인에 대한 법인세 최저 세율 구간(200억원 이하 : 19%) 상향 조정
 (2025.1.1. 이후 적용)
⑥ 법인세과세표준 신고시 세무사등의 성실신고확인서를 제출하며 **미제출시 가산세** 적용
⑦ 프로그램 사용시 ②와 ③의 경우 한도액 계산시 적용되므로 각 서식에서 "**부동산임대업**" 체크 박스를 선택하여야 한도 계산이 된다.

다음의 자료를 이용하여 (주)두더지상사의 업무용승용차 관련비용 명세서를 작성하고, 관련된 세무조정을 하시오.

1. 보유차량내 내역
(1) 차량 구입내역
2025년 1월 10일 50,000,000원 승용차를 구입한 후, 운행자인 대표이사(두더지)는 2025년 업무전용자동차 보험에 가입하고 차량 운행기록부를 미작성하였다.
① 차량번호 : 45마7890(법인업무용 전용번호판 부착했다고 가정)
② 차종 : 제네시스
③ 임차여부 : 자가차량
④ 보험가입기간 : 2025. 01. 10 ~ 2026. 01. 10
(2) 차량관련비용
① 감가상각비 : 10,000,000원 장부에 계상
② 유류비 : 3,000,000원
③ 자동차보험료 : 1,500,000원
④ 자동차세 : 1,300,000원
⑤ 통행료 : 500,000원

2. 매각차량 사후관리
① 차량번호 : 78다1234
② 차종 : 에쿠스
③ 처분일자 : 2024. 10. 20
④ 유형자산처분손실 한도초과액(이월액) : 12,000,000원

■ 법인세법 시행규칙[별지 제29호서식] 〈개정 2025.3.21〉

사 업 연 도	2025.01.01. ~ 2025.12.31.	**업무용승용차 관련비용 명세서**	법 인 명	(주)두더지상사
			사업자등록번호	218 – 81 – 21304

1. 업무사용비율 및 업무용승용차 관련비용 명세 [부동산임대업 주업법인 [ ]해당, [ ]미해당]

① 차량 번호	② 차종	③ 임차 여부	④ 보험 가입 여부	⑤ 전용 번호판 부착 여부	⑥ 운행 기록 작성 여부	⑦ 총주행 거 리 (km)	⑧ 업무용 사용 거리 (km)	⑨ 업무 사용비율 (⑧/⑦)	⑩보험 의무 가입 대상 일수	⑪ 실제 보험 가입 일수	⑫ 보험가입일수 비율 (⑪/⑩)	⑬ 취득가액 (취득일, 임차기간)	⑭ 해당연도 보유 또는 임차기간 월수	⑮업무용승용차 관련비용								
														⑯감가상각비	⑰임차료	⑱감가상각비상당액	⑲ 유류비	⑳ 보험료	㉑ 수선비	㉒ 자동차세	㉓ 기타	㉔ 합계
㉕ 합계																						

2. 업무용승용차 관련비용 손금불산입 계산

㉖ 차량번호	㉗ 업무사용금액			㉘ 업무외사용금액			㉟ 감가상각비(상당액) 한도초과금액	㊱ 손금불산입 합계(㉞+㉟)	㊲ 손금산입 합계(㉔−㊱)
	㉙ 감가상각비(상당액) [(⑯ 또는 ⑱)×⑨×⑫]	㉚ 관련비용[(㉔−⑯ 또는 ㉔−⑱)×⑨×⑫]	㉛ 합계 (㉙+㉚)	㉜ 감가상각비(상당액) (⑯−㉙ 또는 ⑱−㉙)	㉝ 관련비용[(㉔−⑯ 또는 ㉔−⑱)−㉚]	㉞ 합계 (㉜+㉝)			
㊳ 합계									

3. 감가상각비(상당액) 한도초과금액 이월명세

㊴ 차량번호	㊵ 차종	㊶ 취득일(임차기간)	㊷ 전기이월액	㊸ 당기 감가상각비(상당액) 한도초과금액	㊹ 감가상각비(상당액) 한도초과금액 누계	㊺ 손금추인(산입)액	㊻ 차기이월액(㊹−㊺)
㊼ 합계							

4. 업무용승용차 처분손실 및 한도초과금액 손금불산입액 계산

㊽ 차량번호	㊾ 양도가액	㊿ 세무상 장부가액				(55) 처분손실 (㊾−(54)<0)	(56) 당기손금 산입액	(57) 한도초과금액 손금불산입 ((55)−(56))
		(51) 취득가액	(52) 감가상각비 누계액	(53) 감가상각비한도초과금액 차기이월액(=㊻)	(54) 합계 ((51)−(52)+(53))			
(58) 합계								

5. 업무용승용차 처분손실 한도초과금액 이월명세

(59) 차량번호	(60) 차종	(61) 처분일	(62) 전기이월액	(63) 손금산입액	(64) 차기이월액((62)−(63))
(65) 합계					

【해설】

(1) 업무사용비율 및 업무용승용차 관련비용 명세
① 차량번호(45마7890), 차종(제네시스), 임차여부(자가), 보험가입여부(여), 전용번호판부착여부(여), 운행기록 작성여부(부)를 기재한다.
② 차량운행기록을 작성하지 않았으므로 총주행거리와 업무용 사용거리는 기재하지 않고 공란으로 비워둔다.
③ 운행기록부를 작성하지 않고 차량관련비용 합계(16,300,000원)가 1,500만원을 초과하는 경우는 다음과 같이 업무사용비율을 계산한다.

> 업무사용비율 = [1,500만원 × (보유월수 ÷ 12) ÷ 관련비용합계] × 보험가입기간율 × 100
> = [1,500만원 × (12 ÷ 12) ÷ 1,630만원] × 1(전체기간 가입) × 100% = 92.0245%

④ 자기승용차이므로 취득가액(50,000,000원), 취득일(2025-01-10), 해당연도 보유월수(12)를 기재한다.
⑤ 업무용승용차 관련비용을 각각 해당란에 기재하며, 통행료는 기타란에 기재한다.

(2) 업무용승용차 관련비용 손금불산입액 계산
① 업무사용금액은 업무용승용차 관련비용에 업무사용비율을 곱한 비율을 적용하여 계산한다.
  ■ 감가상각비(상당액) = 10,000,000원 × 92.0245% = 9,202,457원(단수차이 올림)
  ■ 관련비용 = 6,300,000원 × 92.0245% = 5,797,543원
  ■ 업무사용금액 = 감가상각비 9,202,457원 + 관련비용 5,797,543원 = 15,000,000원
② 업무외사용금액은 업무용승용차 관련비용에서 업무사용금액을 차감한 금액을 입력한다.
  ■ 감가상각비(상당액) = 10,000,000원 − 9,202,457원 = 797,543원
  ■ 관련비용 = 6,300,000원 − 5,797,543원 = 502,457원
  ■ 업무외사용금액 = 감가상각비 797,543원 + 관련비용 502,457원 = 1,300,000원

세무조정 : 〈손금불산입〉 업무용승용차 업무미사용분 1,300,000 (상여)

③ 감가상각비(상당액) 한도초과금액은 업무사용금액 중 연 800만원(부동산임대업이 주업인 경우 400만원) 한도를 초과한 금액을 입력하며 [감가상각비(상당액) 한도초과금액 명세]의 "당기 감가상각비(상당액) 한도초과금액"란에도 기재한다.
  ■ 감가상각비(상당액) 한도초과금액 = 9,202,457원 − 8,000,000원 = 1,202,457원

세무조정 : 〈손금불산입〉 업무용승용차 감가상각비한도초과 1,202,457 (유보발생)

④ 손금불산입 합계는 업무외사용금액과 감가상각비 한도초과금액의 합계액을 기재한다.
  ■ 손금불산입 합계 = 1,300,000원 + 1,202,457원 = 2,502,457원

(3) 감가상각비(상당액) 한도초과금액 명세
① 전기이월액 : 전기에 발생한 차기이월액을 기재하며, 당해연도 취득분으로 기재사항은 없다.
② 당기 감가상각비(상당액) 한도초과금액 : ㉟감가상각비(상당액) 한도초과금액을 기재한다.
③ 감가상각비(상당액) 한도초과금액 누계 : ㊷전기이월액과 ㊸당기 감가상각비(상당액) 한도초과액의 합계금액을 기재한다.
④ 손금추인(산입)액 : 감가상각비(상당액) 이월액을 손금으로 추인(산입)하는 경우 기재한다.

(4) 업무용승용차 처분손실 한도초과금액 이월명세
유형자산처분손실 이월액은 연간 800만원 한도로 손금산입이 가능하며 소득처분은 순자산의 변동은 없으므로 기타처분 한다.

세무조정 : 〈손금산입〉 업무용승용차 처분손실 손금추인 8,000,000 (기타)

■ 법인세법 시행규칙[별지 제29호서식] (개정 2025.3.21)

업무용승용차 관련비용 명세서

사 업 연 도	2025.01.01. ~ 2025.12.31.	법 인 명	(주)두리지상사
		사업자등록번호	218 - 81 - 21304

1. 업무사용비율 및 업무용승용차 관련비용 명세 [부동산임대업 주업법인[ ]해당, [✓]미해당]

①차량번호	②차종	③임차여부	④보험가입여부	⑤전용번호판부착여부	⑥운행기록작성여부	⑦총주행거리(km)	⑧업무용사용거리(km)	⑨업무사용비율(⑧/⑦)	⑩업무전용자동차보험 가입대상 일수	⑪실제 보험 가입일수	⑫보험가입일수 비율(⑪/⑩)	⑬취득가액(취득일, 임차기간)	⑭해당연도 보유 또는 임차기간 일수	⑮업무용승용차 관련비용						
														⑯감가상각비	⑰임차료	⑱감가상각비상당액	⑲유류비	⑳보험료	㉑수선비	㉒자동차세	㉓기타	㉔합계
45마7890	제네시스	자가	여	여	부			92.0245	356	356	100	50,000,000 (2025.01.10)	12	10,000,000			3,000,000	1,500,000		1,300,000	500,000	16,300,000
㉕합계														10,000,000			3,000,000	1,500,000		1,300,000	500,000	16,300,000

2. 업무용승용차 관련비용 손금불산입 계산

㉖차량번호	⑰업무사용금액			㉘업무외사용금액			㉞감가상각비(상당액) 한도초과금액 누계	㉟손금불산입 합계(㉛+㉝)	㊱손금산입 합계(㉚−㉜)
	㉙감가상각비(상당액)[{⑯ 또는 ⑱)×⑨×⑫]	㉚관련비용[(⑳−⑯ 또는 ⑱)×⑨×⑫]	㉛합계(㉙+㉚)	㉜감가상각비(상당액)(⑯−㉙)	㉝관련비용(⑳−⑯ 또는 ⑱−㉚)	㉞합계(㉜+㉝)			
45마7890	9,202,457	5,797,543	15,000,000	797,543	502,457	1,300,000	1,202,457	2,502,457	13,797,543
㊲합계	9,202,457	5,797,543	15,000,000	797,543	502,457	1,300,000	1,202,457	2,502,457	13,797,543

→ 손금불산입(상여) → 손금불산입(유보)

3. 감가상각비(상당액) 한도초과금액 이월명세

㊳차량번호	㊴차종	㊵취득일(임차기간)	㊶전기이월액	㊷당기 감가상각비(상당액) 한도초과금액	㊸감가상각비(상당액) 한도초과금액 누계	㊹손금추인(산입)액	㊺차기이월액(㊶−㊹)
45마7890	제네시스	2025-01-10		1,202,457	1,202,457		1,202,457
㊻합계				1,202,457	1,202,457		1,202,457

4. 업무용승용차 처분손실 및 한도초과금액 손금불산입액 계산

㊼차량번호	㊽차종	㊾양도가액	㊿세무상 장부가액			55 처분손실	56 당기손금산입액	57 한도초과금액 손금불산입
			51 취득가액	52 감가상각비 누계액	53 합계(51−52+53)	54(㊾−53<0)		(55−56)
58 합계								

5. 업무용승용차 처분손실 한도초과금액 이월명세

59 차량번호	60 차종	61 처분일	62 전기이월액	63 손금산입액	64 차기이월액(62−63)
78다1234	에쿠스	2024.10.20	12,000,000	8,000,000	4,000,000
65 합계			12,000,000	8,000,000	4,000,000

→ 손금산입(기타)

전산실무 PROCESS

업무용승용차관련비용과 관련된 프로그램 조정순서는 다음과 같다. 고정자산등록 메뉴는 추후에 진행하여도 무관하나 업무용승용차등록에 연계하여 감가상각비를 관리하여야 하므로 미리 등록하여 사용하는 것이 바람직하며 관련비용은 전표입력 시 별도로 관리항목을 추가하여 입력할 수 있다. 그러나 현재 수험용 프로그램에서는 계정과목 및 적요등록의 "업무용승용차 여부 : 부"로 설정되어 있어 사용이 불가능하다.

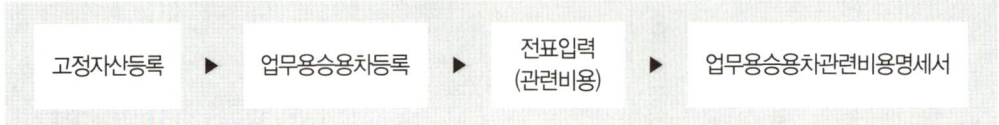

1 업무용승용차등록

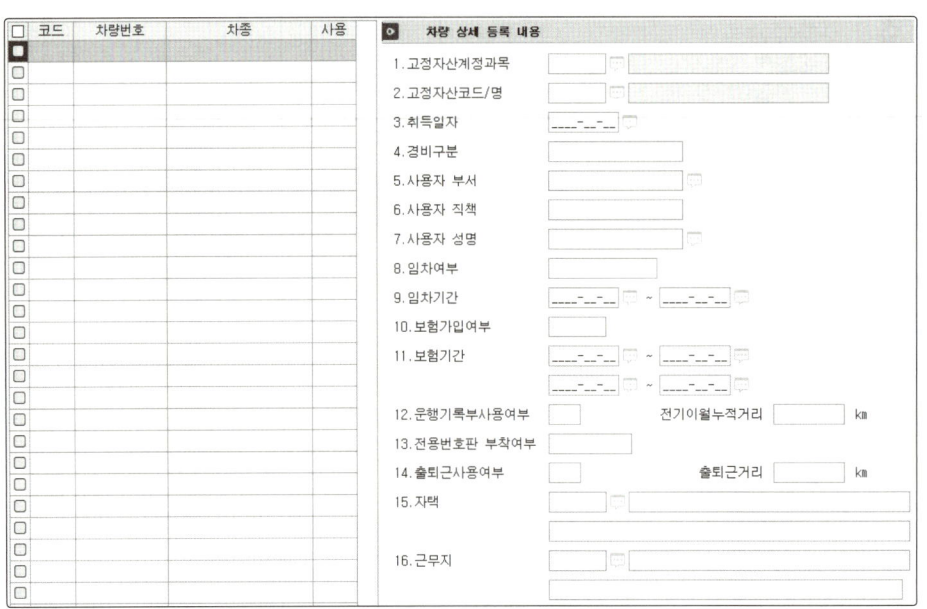

항 목	입력내용 및 방법
코 드	0001 ~ 9999의 범위 내에서 코드를 입력한다.
차량번호 차종	해당 업무차량의 번호 및 차종을 입력한다.
사 용	사용여부를 선택한다.

항 목	입력내용 및 방법
고정자산계정과목	고정자산등록에 사용된 차량운반구 계정코드를 입력한다.
고정자산코드/명	업무용차량의 고정자산등록에 입력된 고정자산의 코드를 입력한다. [업무용승용차관련비용명세서] 작성시 연결된 코드로 해당업무용승용차의 **감가상각비를 반영**하므로 정확히 선택한다.
취득일자	승용차의 취득한 일자를 입력한다.
경비구분	승용차의 용도에 따라 경비구분을 선택하여 관리할 수 있다.
사용자부서	[부서/사원등록] 메뉴에서 입력이 선행되어야 하며 코드도움(F2)을 클릭하여 사용부서 또는 사원을 선택하며 직접입력도 가능하다.
사용자직책/성명	승용차 사용자의 직책 및 성명을 입력한다.
임차여부 임차기간	승용차의 임차여부를 입력하고 자가여부 구분값에 따라 [업무용승용차관련비용명세서]에서 입력내용이 상이하므로 정확히 입력하여야 한다. 임차여부가 **렌트**나 **리스**인 경우 임차기간을 입력한다.
보험가입여부 보험기간	업무전용보험가입여부를 입력하며 가입한 보험의 보험기간을 입력한다.
운행기록부 사용여부	운행기록부 사용여부를 입력하며 운행기록부 사용여부에 따라 해당차량의 **업무사용비율 계산방식**이 달라지므로 정확히 입력한다.
전용번호판 부착여부	취득가액 8,000만원 이상인 법인 업무용승용차는 연녹색 번호판을 부착하며, 부착여부를 선택한다. [부착-1:여, 미부착-2:부, 해당없음-3.부(대상아님)]
출퇴근 사용여부	출퇴근 사용여부를 입력한다.
출퇴근 거리	출퇴근에 사용할 경우 출퇴근 거리를 입력한다.
자택	업무용승용차를 출퇴근에 사용할 경우 사용자의 자택 주소를 입력하며 우편번호란에 커서를 두고 코드도움(F2)을 이용하여 우편번호를 선택한다.
근무지	업무용승용차를 출퇴근에 사용할 경우 사용자의 근무지 주소를 입력한다.

2 업무용승용차관련비용명세서

상단의 **"새로 불러오기(F12)"** 버튼을 클릭하면 [업무용승용차등록] 메뉴에 등록한 자산이 업무용승용차관련비용명세서에 자동으로 반영되며 본 메뉴에서 업무용승용차를 직접 등록하고자 하는 경우 상단의 업무용승용차등록실행 버튼을 선택하여 등록도 가능하다. 또한 부동산임대가 주업인 경우에는 상단의 부동산임대업등 법령42조②항 을 체크한다.

항 목	입력내용 및 방법
업무사용비율 및 업무용승용차 관련비용 명세	① 차량번호, 차종, 임차여부, 보험가입여부(대상/가입일수), 운행기록, 월수는 [업무용승용차등록] 메뉴에 등록한 자료가 자동 반영된다. ② 운행기록여부가 "여"인 경우 총주행거리 및 업무용사용거리를 입력하면 업무사용비율이 자동계산되어 반영된다. ③ 업무사용비율은 운행기록부를 미작성한 경우 업무용승용차 관련비용이 1천5백만원 한도와 업무사용비율로 계산되며 운행일지를 작성한 경우 주행거리로 업무사용비율이 계산된다. ④ 취득가액 및 보유 또는 임차월수, 감가상각비는 [고정자산등록] 및 [업무용승용차등록] 메뉴에 등록한 정보가 자동반영 되며 직접 입력도 가능하다. ⑤ 업무용승용차 관련비용은 전표입력에 입력한 자료가 반영되며 직접입력도 가능하다.
업무용 승용차 관련 비용 손금불산입 계산	직접입력하지 않고 [업무사용비율 및 업무용승용차 관련비용 명세]에서 입력한 자료에 의해 자동 반영된다. ① 업무사용금액 : 업무용승용차 관련비용에 업무사용비율을 곱한 비율을 적용하여 자동 반영된다. ② 업무외사용금액 : 업무용승용차 관련비용에서 업무사용금액을 차감한 금액이 자동 반영된다. ③ 감가상각비(상당액) 한도초과금액 : 업무사용금액 중 감가상각비(상당액)이 800만원(부동산 임대가 주업인 경우 400만원)을 초과하는 금액이 자동반영 된다. 사업연도 중 취득 또는 처분(임차의 경우 임차개시 또는 종료)하는 경우 800만원 × 보유 또는 임차기간 월수/12를 초과하는 금액이 계산된다.
감가상각비 (상당액) 한도초과금액 이월 명세	① 전기이월 : 전기에 발생한 감가상각비 한도초과액 차기이월액을 입력한다. ② 당기 감가상각비(상당액) 한도초과액 : ㉟란의 금액이 자동 반영된다. ③ 감가상각비(상당액) 한도초과액 누계 : ㊷의 금액과 ㊸의 금액을 합한 금액이 자동 반영된다. ④ 손금추인(산입)액 : 당기 감가상각비 한도금액에 미달하는 경우 전기이월액 중 한도내 금액을 손금으로 추인할 수 있으며 추인액을 입력한다.

항 목	입력내용 및 방법
업무용 승용차 처분손실 및 한도초과금액 손금불산입액 계산	양도가액과 취득가액, 감가상각비누계액은 직접입력하며 이외의 자료는 자동계산 반영된다. ① 양도가액 : 업무용 승용차 양도가액을 입력한다. ② 세무상 장부가액 　■ 취득가액 : 업무용 승용차 취득가액을 입력한다. 　■ 감가상각비누계액 : 손금산입한 상각범위액 누계액을 입력한다. 　■ 감가상각비한도초과금액 차기이월액 : ㊻란의 금액이 자동 반영된다. ③ 처분손실 : 양도가액(㊾)과 세무상 장부가액(㊼)의 차이로 처분손실이 발생한 경우에만 반영된다. ④ 당기손금산입액 : 처분손실의 금액이 800만원(부동산임대가 주업에 해당하는 경우에는 400만원) 이하인 금액을 계산된다. 다만, 해당 사업연도가 1년 미만인 경우 800만원 × 해당 사업연도 월수/12를 초과하는 금액이 반영된다. ⑤ 처분손실 한도초과금액 손금불산입액 : ㊽처분손실의 금액이 ㊻당기손금산입액을 초과하는 금액이 자동 계산된다.
업무용 승용차 처분손실 한도초과금액 이월명세	① 처분일 : 과거의 처분일자를 입력한다. ② 전기이월액 : 전기에 발생한 차기이월액을 입력한다. ③ 손금산입액 : 전기이월액 중 800만원(부동산임대가 주업에 해당하는 경우에는 400만원)을 한도로 손금에 산입할 금액을 입력한다. 단, 해당 사업연도가 1년 미만인 경우 800만원 × 해당 사업연도 월수/12를 초과하는 금액을 입력한다.

실무예제

다음의 자료를 이용하여 (주)합격(회사코드 : 5000)의 업무용승용차 관련비용에 대한 세무조정을 하시오. 고정자산 및 업무용승용차를 등록하고 업무용승용차 관련비용 명세서를 작성하시오. (기장된 자료는 무시하고 주어진 자료만으로 세무조정을 한다.)

(1) 차량 구입내역
2025년 1월 20일 200,000,000원의 승용차를 구입한 후, 운행자인 대표이사(백두산)는 2025년 업무전용자동차 보험에 가입하고 차량 운행기록부를 작성하였다. (법인업무용 전용번호판 부착)

자산명(코드)	차량번호(코드)	차종	임차여부	보험가입기간	출퇴근 사용여부
에쿠스(200)	70나4545(100)	에쿠스	자가	2025.01.20. ~ 2026.01.20.	여

(2) 차량관련비용
해당연도 차량관련비용 중 감가상각비는 결산서에 계상하지 않음이 확인되었다.

주행거리(km)		업무용승용차 관련비용(원)				
총주행 거리	업무용사용 거리	감가상각비	유류비	보험료	수선비	자동차세
3,000	2,100	?	16,000,000	2,000,000	150,000	2,000,000

 예제 따라하기

(1) 고정자산등록 및 업무용승용차등록

① 업무용승용차는 **강제상각** 규정이 적용되므로 감가상각비 미계상에 대해 **정액법(내용연수 5년)** 으로 강제상각하며 [사용자수정] 버튼을 클릭하여 금액을 삭제한다.

② 업무용승용차를 등록하고 고정자산코드/명란에서 코드도움(F2)을 선택하여 [고정자산등록]에 등록한 자산을 반영한다.

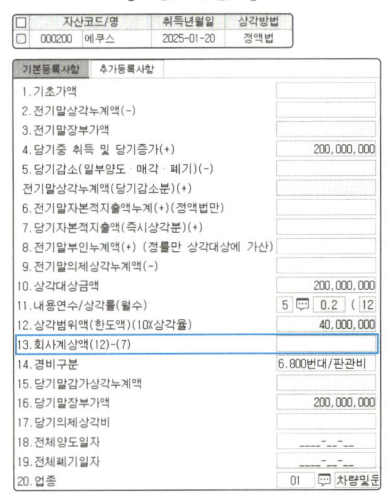

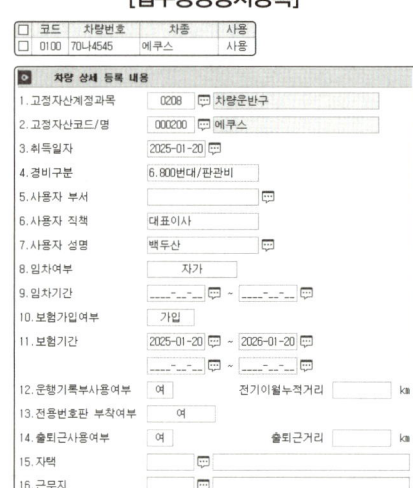

(2) 업무용승용차관련비용명세서

① 상단의 [새로 불러오기(F12)]를 클릭하면 업무용승용차등록에 등록한 자료가 반영된다.
② 운행기록부에 따라 확인되는 업무사용비율만큼 손금으로 인정되며, 총주행거리(3,000km) 및 업무용주행거리(2,100km)를 입력한다. 업무사용비율 70%가 자동 계산되어 반영된다.
③ 감가상각비가 결산서에 미계상되었으므로 세무조정에 의하여 손금산입(유보발생) 하여야 하며 관련비용에 입력하며 추후 장부에 계상한 감가상각비와 추인한다.
- 감가상각비 = 200,000,000원 ÷ 5년 × 12/12 = 40,000,000원

세무조정 : 〈손금산입〉 에쿠스 감가상각비 40,000,000 (유보발생)

④ 업무용승용차 관련 비용란에 해당 비용을 각각 직접 입력한다.
⑤ 업무사용금액은 업무용승용차 관련비용에 업무사용비율을 곱한 비율을 적용하여 계산한다.
- 감가상각비(상당액) = 40,000,000원 × 70% = 28,000,000원
- 관련비용 = (60,150,000원 − 40,000,000원) × 70% = 14,105,000원
- 업무사용금액 = 감가상각비 28,000,000원 + 관련비용 14,105,000원 = 42,105,000원

⑥ 업무외사용금액은 업무용승용차 관련비용에서 업무사용금액을 차감한 금액을 입력한다.
- 감가상각비(상당액) = 40,000,000원 − 28,000,000원 = 12,000,000원
- 관련비용 = 20,150,000원 − 14,105,000원 = 6,045,000원
- 업무외사용금액 = 감가상각비 12,000,000원 + 관련비용 6,045,000원 = 18,045,000원

세무조정 : 〈손금불산입〉 업무용승용차 업무미사용분 18,045,000 (상여)

⑦ 감가상각비(상당액) 한도초과금액 = 28,000,000원 − 8,000,000원 = 20,000,000원

세무조정 : 〈손금불산입〉 업무용승용차 감가상각비한도초과 20,000,000 (유보발생)

(3) 조정등록(F3)

익금산입 및 손금불산입			손금산입 및 익금불산입		
과 목	금 액	소득처분	과 목	금 액	소득처분
업무용승용차 업무미사용분	18,045,000	상여	에쿠스 감가상각비	40,000,000	유보발생
업무용승용차 감가상각비한도초과	20,000,000	유보발생			

[1] 다음 자료에 의하여 고정자산을 등록한 후 감가상각조정명세서와 감가상각비조정명세서합계 표를 작성하고 필요한 세무조정을 하시오. 자료 이외의 당기 감가상각 대상자산은 없는 것으로 가정한다. [회사코드 : 5100, (주)배움]

(1) 감가상각자료

구 분	건 물	차량운반구
자산명	본사사옥(코드 : 101)	영업부승합차(코드 : 201)
취득연월일	2023년 4월 7일	2024년 6월 2일
상각방법	정액법	정률법
내용연수	40년	5년
업종코드	03	01
당기말 재무상태표 취득가액	100,000,000원	32,000,000원
당기말 재무상태표 감가상각누계액	21,000,000원	15,000,000원
당기 손익계산서 감가상각비	10,500,000원	0원
전기이월상각부인액	26,325,000원	6,581,334원

(2) 건물에 대한 수선비로서 세법상 자본적지출에 해당하는 금액 중 수선비(판)로 비용 처리한 금액은 전기에 27,000,000원, 당기에 34,000,000원이다.

[2] 다음 자료를 이용하여 고정자산등록메뉴에 고정자산을 등록하고 미상각자산감가상각조정명세서를 작성하고 필요한 세무조정을 하시오. [회사코드 : 5500, (주)태백]

[자료 1]

자산코드	구분	자산명	취득일	취득가액 (부대비용 제외한 금액)	전기말 상각누계액	회사계상 상각비	구분
101	건물	공장건물	2025.7.20	320,000,000원	-	4,250,000원	제조

[자료 2]
① 상각방법은 정액법, 내용연수는 40년으로 세법에서 정한 시기에 신고하였고 업종코드는 "03.철골"이다.
② 건물 완공시 취득세 등 20,00,000원이 지출되어 취득원가로 처리하였다. 또한 당기에 완성된 건물에 대한 건설자금이자가 당기에 35,000,000원 발생하였고 손익계산서에 이자비용으로 처리하였다.

[3] 다음 자료를 이용하여 고정자산등록 메뉴에 등록하고, 감가상각에 대한 세무조정을 하여, 소득금액조정합계표에 반영하시오. [회사코드 : 5200,(주)성공]

[자료 1]

자산코드	구분	자산명	취득일	취득가액	전기말 상각누계액	회사계상 상각비	구분
101	건물 (업종코드:03)	공장 건물	2021.08.25.	200,000,000원	22,650,000원	7,500,000원	제조
102	기계장치 (업종코드:13)	조립기	2024.10.01.	60,000,000원	16,000,000원	6,000,000원	제조

[자료 2]
① 회사는 감가상각방법을 신고하지 않았다.
② 회사는 감가상각 대상자산의 내용연수를 세법에서 정한 범위 내에서 세부담 최소화 원칙에 따라 세법에서 정한 시기에 신고하였다.

구 분	기준내용연수	내용연수범위
건 물	40년	30년 ~ 50년
기계장치	8년	6년 ~ 10년

③ 수선비계정에는 건물에 대한 자본적 지출액 15,000,000원이 포함되어 있다.
④ 기계장치(조립기)의 전기말 상각부인액은 10,090,000원이다.

[4] 다음 자료를 이용하여 고정자산등록메뉴에 고정자산을 등록하고 미상각자산감가상각조정명세서를 작성하고 필요한 세무조정을 하시오. [회사코드 : 5300,(주)기원]

[자료 1]
(단위 : 천원)

자산코드	구분	자산명	취득일	취득가액	전기말 상각누계액	제조원가명세서에 반영된 상각비	경비구분
1	기계장치 (업종코드:13)	조립기	2023.6.1.	80,000	15,000	6,000	제조

[자료 2]
① 회사는 감가상각방법을 세법에서 정하는 시기에 정액법으로 신고하였다.
② 회사는 감가상각대상자산의 내용연수를 신고한 적이 없다.

구 분	기준내용연수	내용연수범위
기계장치	8년	6년 ~ 10년

③ 수선비계정에는 기계장치에 대한 자본적 지출액 5,000,000원이 포함되어 있다.
④ 당사는 1월 1일에 전기 과소상각비 해당액을 다음과 같이 회계처리 하였다.

(차) 전기오류수정손실(이익잉여금) 5,000,000원   (대) 감가상각누계액 5,000,000원

⑤ 기계장치(조립기)의 전기말 상각부인액은 4,166,667원이다.

[5] 다음 자료를 이용하여 기계장치를 고정자산등록 메뉴에 등록하고, 미상각자산감가상각조정명세서를 작성하여 세무조정하시오. [회사코드 : 5400.(주)대성]

1. 감가상각대상자산

자산코드	계정과목	자산명	취득연월일	취득가액	전기말 감가상각누계액	당기감가상각비계상액	경비구분
100	기계장치	부품검수기	2023.02.15.	8천만원	4천만원	1천만원	제조

(1) 회사는 감가상각방법을 신고하지 않았으며 기계장치의 내용연수는 5년으로 가정하고, 업종코드는 "13. 제조업"이다.
(2) 수선비계정에는 기계장치에 대한 자본적 지출액 10,000,000원이 포함되어 있다.
(3) 당사는 감면법인으로 2025년 귀속 감면세액은 12,700,000원이라고 가정한다.

2. 2024년 〈자본금과 적립금 조정명세서(을)〉

과목	기초	감소	증가	기말	비고
감가상각비 (기계장치)	-2,500,000원		-1,300,000원	-3,800,000원	세액감면법인으로 시인부족액에 대해 세무조정함.

[6] 다음 자료에 의하여 업무용승용차를 등록한 후 업무용승용차관련비용명세서를 작성하고 필요한 세무조정을 하시오. 기장된 자료는 무시하고 주어진 자료만 있다고 가정한다.

[회사코드 : 5400.(주)대성]

(1) 차량 렌트내역

2025년 4월 1일부터 업무용 승용차를 3년간 렌트계약을 하여 업무에 사용하고 운행자인 상무이사(황상무)는 업무전용자동차 보험에 가입하고 차량 운행기록부는 미작성하였다. (법인업무용 전용번호판 부착)

차량번호 (코드)	차종	임차여부	임차기간	보험가입기간	출퇴근 사용여부
30하6978(150)	BMW	렌트	2025.04.01 ~ 2028.03.31	2025.04.01 ~ 2026.04.01	여

(2) 차량관련비용

업무용승용차 관련비용		
월 임차료(VAT 별도)	유류비	통행료
1,500,000원	10,000,000원	700,000원

[7] 다음 자료에 의하여 고정자산 및 업무용승용차를 등록한 후 업무용승용차관련비용명세서를 작성하고 필요한 세무조정을 하시오. 기장된 자료는 무시하고 주어진 자료만 있다고 가정한다.

[회사코드 : 5600.(주)강남]

(1) 차량 구입내역
2024년 7월 5일 90,000,000원의 승용차(업종코드 : 01)를 금융리스로 구입하고 운행자인 전무이사는 업무전용자동차 보험에 가입하고 차량 운행기록부를 작성하였다. (법인업무용 전용번호판 부착)

자산명 (코드)	전기말 상각누계액	차량번호 (코드)	차종	임차 여부	보험가입기간	출퇴근 사용여부
랜드로버 (100)	9,000,000원	25다8989 (200)	랜드로버	자가	2024.07.05. ~ 2025.07.05 2025.07.05. ~ 2026.07.05	여

(2) 차량관련비용

주행거리(km)		업무용승용차 관련비용(원)				
총주행 거리	업무용사용 거리	감가상각비	유류비	보험료	자동차세	금융리스 이자비용
2,000	1,600	18,000,000	5,000,000	2,000,000	1,500,000	3,600,000

(3) 전기 자본금과적립금조정명세서(을)
전기 세무조정은 적정하게 이루어졌으며 감가상각비 한도초과액 5,000,000원이 기말잔액에 기재되어 있다.

[8] 다음 자료에 의하여 업무용승용차 등록과 업무용승용차관리비용명세서를 작성하고 관련 세무조정을 반영하시오. 2023년 2월 12일 대표이사(장길산) 전용 5인승 벤츠(22조8518)를 (주)삼성캐피탈과 장기운용리스계약을 체결하였다. [회사코드 : 5300.(주)기원]

구분	금액	비고
리스료	36,000,000원	▪ 매월 3,000,000원, 전자계산서 수령 ▪ 리스료에는 보험료 1,000,000원, 자동차세 800,000원, 수선유지비가 포함되어 있으나 수선유지비는 별도로 구분할 수 없음
유류비	3,600,000원	
리스계약기간		2023.02.12. ~ 2026.02.12
보험기간 (업무전용보험 가입)		2024.02.12. ~ 2025.02.12. 2025.02.12. ~ 2026.02.12
거리		① 전기이월누적거리 18,500km ② 출퇴근거리 5,100km ③ 출퇴근 외 비업무거리 900km ④ 당기 총주행거리 6,000km
운행기록부 작성여부		작성함
기타		▪ 코드 0001, 판매 관리부의 차량으로 등록하며, 법인업무용 전용번호판 부착함 ▪ 전기 감가상각비 한도초과 이월액 20,000,000원 있음

[9] 실무이론 다지기

01. 다음은 법인세법상 자산의 취득가액에 대한 설명이다. 다음 중 자산의 취득가액에 포함되는 것은?
① 자산을 취득하는 경우에 발생한 채무를 기업회계기준에 의해 현재가치로 평가하여 계상하는 현재가치할인차금
② 사업용고정자산의 취득원가에 산입된 특정차입금이자
③ 특수관계자로부터 고가매입한 경우의 시가초과액
④ 특수관계 없는 자로부터 고가매입한 경우 정상가액(시가의 130%)를 초과하는 금액

02. 법인세법상 자산·부채의 취득 및 평가에서 자산의 취득가액에 가감하는 내용이다. 틀린 것은?
① 고정자산에 대한 자본적지출액은 취득가액에 가산한다.
② 유형고정자산의 취득과 함께 국공채를 매입하는 경우 기업회계기준에 따라 매입가액과 현재가치의 차액을 취득가액으로 계상한 금액도 취득가액에 가산한다.
③ 자산의 장기할부취득시 발생한 채무는 현재가치로 평가하여 계상한 현재가치할인차금은 취득가액에 포함하지 아니한다.
④ 부가가치세법상 의제매입세액과 재활용폐자원 등에 대한 매입세액은 원재료에 가산한다.

03. (주)세무는 내국법인인 주주에게 주식을 발행하고 그 대가로 토지를 현물출자받았다. 발행주식의 액면금액은 1,000,000원, 시가는 1,300,000원이고 토지의 시가는 1,200,000원이다. (주)세무가 주식발행시 다음과 같이 회계처리한 경우 세무조정에 대한 설명으로 틀린 것은?

(차) 토 지	1,300,000원	(대) 자본금	1,000,000원
		주식발행초과금	300,000원

① 손금산입 토지 100,000원 (△유보)의 세무조정이 발생한다.
② 익금산입 주식발행초과금 100,000원 (기타)의 세무조정이 발생한다.
③ 세무조정으로 인하여 각사업연도소득금액은 변동이 없다.
④ 세무상 토지의 취득가액은 1,300,000원이다.

04. 다음 중 법인세법상 감가상각에 대한 설명으로 틀린 것은?
① 장기할부조건으로 매입한 고정자산의 경우 대금의 청산 또는 소유권의 이전여부에 관계없이 고정자산 가액 전액을 자산으로 계상하고 감가상각대상 자산에 포함한다.
② 상각범위액에 미달하여 상각하거나 감가상각비를 전혀 계상하지 아니하는 경우에도 법인세법상 인정된다.
③ 감가상각자산을 취득하기 위하여 지출한 금액과 감가상각대상자산에 대한 자본적 지출을 손금으로 계상한 경우에는 이를 감가상각한 것으로 보아 상각범위액을 계산한다.
④ 정률법으로 감가상각하는 경우 취득가액의 5%에 해당하는 잔존가액은 최초로 감가상각비를 계상하는 사업연도의 상각범위액에 가산한다.

05. 법인세법상 다음의 자료에 의한 2025년도 세무조정으로 알맞은 것은?

> Ⓐ 2025년 10월 6일 취득한 비품의 취득가액 : 16,000,000원
> Ⓑ 회사계상 감가상각비 : 2,500,000원
> Ⓒ 신고한 내용연수 : 10년
> Ⓓ 10년에 대한 정률법 상각률 : 20%
> Ⓔ 당 법인은 정률법 적용

① 시인부족액 700,000원 ② 시인부족액 1,333,333원
③ 상각부인액 1,700,000원 ④ 상각부인액 1,333,333원

06. (주)세무는 제3기(2025.1.1. ~ 12.31.) 회계기간에 대한 결산 시 유형자산인 기계장치에 대한 감가상각비를 800,000원으로 계상하였으나, 법인세법상 상각범위액은 1,000,000원임을 세무조정시 발견하였다. 결산내용을 수정하지 아니하는 경우 세무조정 내용으로 맞는 것은? 단, (주)세무는 국제회계기준을 적용하는 법인에 해당하지 아니하고 법인세를 면제·감면받지 아니하였으며, 전기이월된 상각부인액은 없다.

① 회사계상액 800,000원을 손금불산입(유보)으로 조정하고, 상각범위액 1,000,000원을 손금산입(유보)으로 조정한다.
② 감가상각비의 손금산입은 결산조정사항이므로 시인부족액 200,000원에 대한 추가적인 세무조정은 없다.
③ 상각범위액 1,000,000원과 회사계상액 800,000원과의 차액인 시인부족액 200,000원을 추가로 손금산입(유보)으로 조정한다.
④ 시인부족액 200,000원은 다른 감가상각 자산에서 발생하는 상각부인액과 상계하여 처리하고 잔액은 차기로 이월한다.

07. 특정 감가상각자산에 대하여 전기로부터 시인부족액이 30만원 이월되었다. 해당 사업연도에 상각부인액 100만원이 발생하였다면 세무조정과 차기로 이월될 시부인액은 얼마인가?

	세무조정	차기이월 시부인액		세무조정	차기이월 시부인액
①	30만원 손금불산입	상각부인액 70만원	②	100만원 손금불산입	상각부인액 100만원
③	30만원 손금산입	상각부인액 70만원	④	100만원 손금산입	상각부인액 100만원

08. (주)사이비리아는 PC방을 운영하고 있다. 다음 중 감가상각자산의 취득가액을 손금으로 계상한 경우 감가상각 시부인계산 없이 손금으로 인정하는 법인세법상 특례에 해당하지 않는 것은?

① 사업의 개시를 위하여 컴퓨터 20대(한대 당 10만원)를 취득하고, 이를 비용처리 하였다.
② 사업과 관련한 200만원짜리 휴대용 전화기를 취득하고, 이를 비용처리 하였다.
③ 매장 계산대에서 사용할 200만원짜리 개인용 컴퓨터를 사업개시 후에 구입하고, 이를 비용처리 하였다.
④ 매장입구에 200만원짜리 간판을 설치하고, 이를 비용처리 하였다.

09. 사업연도가 매년 1.1. ~ 12.31.인 (주)세무는 제5기에 1,000,000원에 취득한 유형자산을 제6기에 950,000원에 매각하였다. 당해 유형자산에 대한 제5기 감가상각범위액은 40,000원이었으나, (주)세무의 감가상각비계상액이 70,000원이었다면 제6기 유형자산양도에 대한 세무조정으로 옳은 것은?

① 익금산입 50,000원(유보)   ② 익금산입 70,000원(유보)
③ 손금산입 50,000원(유보)   ④ 손금산입 30,000원(유보)

10. 다음 중 법인세법상 감가상각방법을 신고하지 않은 경우 적용하는 상각방법으로 옳은 것은?

① 광업용 유형고정자산 : 생산량비례법   ② 제조업의 기계장치 : 정액법
③ 광업권 : 정률법   ④ 개발비 : 5년간 정률법

11. 법인세법상 부동산임대업을 주된 사업으로 하는 영리내국법인에 적용되는 규정이다. 올바르게 설명한 것은 모두 몇 개인가? (단, 주식회사의 외부감사에 관한 법률에 따라 감사인에 의한 감사를 받지 아니한 법인이며 해당사업연도의 상시근로자는 3명으로 가정한다.)

㉠ 차입금이 자기자본의 2배 초과인 경우 임대보증금에 대한 간주임대료 상당액을 익금산입한다.
㉡ 업무용승용차 관련 감가상각비 한도액이 400만원이다.
㉢ 일반법인의 기업업무추진비한도액의 50%를 기업업무추진비한도액으로 한다.
㉣ 법인세 과세표준과 세액을 신고할 때 세무사 등이 확인한 성실신고확인서를 제출하여야 한다.
㉤ 건물에 대한 감가상각범위액은 일반법인의 감가상각범위액의 50%이다.

① 1개   ② 2개   ③ 3개   ④ 4개

12. 다음 법인세법상 업무용승용차의 세무처리에 대한 설명 중 틀린 것은?

① 업무전용 자동차보험에 가입하지 않은 경우 및 전용번호판 미부착한 승용차 관련 비용을 원칙상 손금으로 불인정하고 그에 대해 항상 대표자상여로 소득처분한다.
② 업무용승용차의 감가상각비는 강제상각제도(정액법으로 5년상각)로서 상각범위액에 미달한 경우 그 미달한 금액을 신고조정으로 손금산입 가능하다.
③ 업무용승용차의 관련비용 중 감가상각비 800만원 초과액은 해당 사업연도의 다음 사업연도부터 해당 업무용승용차의 업무사용금액 중 감가상각비가 800만원에 미달하는 경우, 그 미달하는 금액을 한도로 하여 손금으로 추인한다.
④ 업무전용 자동차보험에 가입하고 업무용 승용차 관련비용(1년)이 1,500만원 이하인 경우 업무용 사용 비율(100분의 100)로 보아 전액 손금으로 인정한다.

13. 다음 중 법인세법상 업무용승용차에 대한 설명으로 틀린 것을 고르시오.

① 업무용승용차 관련비용이란 감가상각비, 임차료, 유류비, 보험료, 수선비, 자동차세, 통행료 및 금융리스부채에 대한 이자비용 등 업무용승용차의 취득·유지를 위하여 지출한 비용을 말한다.
② 해당 사업연도에 업무용승용차를 처분하여 1,000만원의 처분손실이 발생한 경우 200만원은 해당 사업연도에 손금산입하지 아니하고 이월하여 손금에 산입한다.
③ 원칙적으로 업무전용자동차보험에 가입하지 아니한 경우 전액 손금으로 인정되지 않는다.
④ 업무전용자동차보험에 가입하였으나 운행일지를 작성하지 않을 경우 전액 손금으로 인정되지 않는다.

14. (주)한결은 2025년 7월 1일에 차량운반구를 55,000,000원에 취득하면서 납부한 취득세 15,000,000원을 세금과공과(비용)으로 회계처리한 경우 업무용승용차 해당 여부에 따른 법인세법상 세무조정과 소득처분으로 옳은 것은? (감가상각비 회계처리는 하지 아니하였으며 업무전용자동차보험은 가입되었고 업무사용비율은 100%이다.)

	업무용승용차 미해당	업무용승용차 해당
①	[손금불산입] 세금과공과 15,000,000원(유보)	[손금불산입] 세금과공과 8,000,000원(유보)
②	[손금불산입] 세금과공과 8,000,000원(유보)	[손금불산입] 세금과공과 11,000,000원(유보)
③	[손금불산입] 세금과공과 10,500,000원(유보)	[손금불산입] 세금과공과 15,000,000원(유보)
④	[손금산입] 차량운반구 15,000,000원(△유보)	[손금산입] 차량운반구 8,000,000원(△유보)

※ 집중심화연습 해답은 [CHAPER 03 감가상각비조정] 892페이지에서 확인 가능합니다.

[1] 감가상각비조정 [회사코드 : 5100.(주)배움]

(1) 고정자산등록
① "13.회사계상액"란의 금액이 다른 경우에는 사용자수정 을 클릭하여 금액을 수정 입력한다.
② 건물(정액법)의 "8.전기말부인누계액"은 [고정자산등록] 메뉴에 입력하지 않고 [미상각자산감가상각조정명세서] 서식에서 "(25)전기말부인누계액"란에 26,325,000원을 직접 입력한다.

[건물]

자산코드/명		취득년월일	상각방법
000101	본사사옥	2023-04-07	정액법

기본등록사항 / 추가등록사항

1.기초가액	100,000,000
2.전기말상각누계액(-)	10,500,000
3.전기말장부가액	89,500,000
4.당기중 취득 및 당기증가(+)	
5.당기감소(일부양도 · 매각 · 폐기)(-)	
전기말상각누계액(당기감소분)(+)	
6.전기말자본적지출액누계(+)(정액법만)	27,000,000
7.당기자본적지출액(즉시상각분)(+)	34,000,000
8.전기말부인누계액(+) (정률만 상각대상에 가산)	
9.전기의제상각누계액(-)	
10.상각대상금액	161,000,000
11.내용연수/상각률(월수)	40 0.025 (12)
12.상각범위액(한도액)(10X상각율)	4,025,000
13.회사계상액(12)-(7)	10,500,000
14.경비구분	6.800번대/판관비
15.당기말감가상각누계액	21,000,000
16.당기말장부가액	79,000,000
17.당기의제상각비	
18.전체양도일자	
19.전체폐기일자	
20.업종	03 철골,철

[차량운반구]

자산코드/명		취득년월일	상각방법
000201	영업부승합차	2024-06-02	정률법

기본등록사항 / 추가등록사항

1.기초가액	32,000,000
2.전기말상각누계액(-)	15,000,000
3.전기말장부가액	17,000,000
4.당기중 취득 및 당기증가(+)	
5.당기감소(일부양도 · 매각 · 폐기)(-)	
전기말상각누계액(당기감소분)(+)	
6.전기말자본적지출액누계(+)(정액법만)	
7.당기자본적지출액(즉시상각분)(+)	
8.전기말부인누계액(+) (정률만 상각대상에 가산)	6,581,334
9.전기의제상각누계액(-)	
10.상각대상금액	23,581,334
11.내용연수/상각률(월수)	5 0.451 (12)
12.상각범위액(한도액)(10X상각율)	10,635,181
13.회사계상액(12)-(7)	
14.경비구분	6.800번대/판관비
15.당기말감가상각누계액	15,000,000
16.당기말장부가액	17,000,000
17.당기의제상각비	
18.전체양도일자	
19.전체폐기일자	
20.업종	01 차량및운

(2) 미상각자산감가상각조정명세서 및 조정등록
상단의 [불러오기(F12)]를 클릭하면 고정자산등록에 등록한 자료가 반영되며 건물은 "(25)전기말부인누계액"을 추가로 직접 입력한다. 반영된 내용을 확인하고 "조정액"란의 사항을 상단의 [조정등록(F3)]을 클릭하여 세무조정사항을 입력한다.

[건물]

입력내용		금액
업종코드/명	03 철골,철골,석조	
합계표 자산구분	1. 건축물	
(4)내용연수(기준.신고)		40
상각계산의 기초가액	재무상태표 자산가액	(5)기말현재액 100,000,000
		(6)감가상각누계액 21,000,000
		(7)미상각잔액(5)-(6) 79,000,000
	회사계산상각비	(8)전기말누계 10,500,000
		(9)당기상각비 10,500,000
		(10)전기말의제상각누계(8)+(9) 21,000,000
	자본적지출액	(11)전기말누계 27,000,000
		(12)당기지출액 34,000,000
		(13)합계(11)+(12) 61,000,000
(14)취득가액((7)+(10)+(13))		161,000,000
(15)일반상각률.특별상각률		0.025
상각범위액계산	당기산출 상각액	(16)일반상각액 4,025,000
		(17)특별상각액
		(18)계((16)+(17)) 4,025,000
	(19) 당기상각시인범위액	4,025,000
(20)회사계상상각액((9)+(12))		44,500,000
(21)차감액((20)-(19))		40,475,000
(22)최저한세적용에따른특별상각부인액		
조정액	(23) 상각부인액((21)+(22))	40,475,000
	(24) 기왕부인액중당기손금추인액	
부인액누계	(25) 전기말부인누계액	26,325,000
	(26) 당기말부인누계액 (25)+(23)-|24|	66,800,000

[차량운반구]

입력내용		금액
업종코드/명	01 차량및운반구	
합계표 자산구분	3. 기타자산	
(4)내용연수		5
상각계산의 기초가액	재무상태표 자산가액	(5)기말현재액 32,000,000
		(6)감가상각누계액 15,000,000
		(7)미상각잔액(5)-(6) 17,000,000
		(8)회사계산감가상각비
		(9)자본적지출액
		(10)전기말의제상각누계액
		(11)전기말부인누계액 6,581,334
		(12)가감계(7)+(8)+(9)-(10)+(11) 23,581,334
(13)일반상각률.특별상각률		0.451
상각범위액 액계산	당기산출 상각액	(14)일반상각액 10,635,181
		(15)특별상각액
		(16)계((14)+(15)) 10,635,181
	취득가액	(17)전기말현재취득가액 32,000,000
		(18)당기회사계산증가액
		(19)당기자본적지출액
		(20)계((17)+(18)+(19)) 32,000,000
	(21) 잔존가액	1,600,000
	(22) 당기상각시인범위액	10,635,181
(23)회사계상상각액((8)+(9))		
(24)차감액 ((23)-(22))		-10,635,181
(25)최저한세적용에따른특별상각부인액		
조정액	(26) 상각부인액 ((24)+(25))	
	(27) 기왕부인액중당기손금추인액	6,581,334
	(28) 당기말부인누계액 ((11)+(26)-|(27)|)	

[조정등록(F3)]

익금산입 및 손금불산입			손금산입 및 익금불산입		
과 목	금 액	소득처분	과 목	금 액	소득처분
건물 감가상각비 한도초과	40,475,000	유보발생	차량운반구 전기감가상각비	6,581,334	유보감소

(3) 감가상각비조정명세서합계표

상단의 [불러오기(F12)]를 클릭하여 미상각자산감가상각조정명세서 자료를 반영한다.

	1.자산구분	코드	2.합계액	유형자산			6.무형자산
				3.건축물	4.기계장치	5.기타자산	
재무상태표상가액	101.기말현재액	01	132,000,000	100,000,000		32,000,000	
	102.감가상각누계액	02	36,000,000	21,000,000		15,000,000	
	103.미상각잔액	03	96,000,000	79,000,000		17,000,000	
	104.상각범위액	04	14,660,181	4,025,000		10,635,181	
	105.회사손금계상액	05	44,500,000	44,500,000			
조정금액	106.상각부인액 (105-104)	06	40,475,000	40,475,000			
	107.시인부족액 (104-105)	07	10,635,181			10,635,181	
	108.기왕부인액 중 당기손금추인액	08	6,581,334			6,581,334	
	109.신고조정손금계상액	09					

[2] 감가상각비조정 [회사코드 : 5500.(주)태백]

(1) 고정자산등록

① 신규취득이므로 [4.당기중 취득 및 당기증가]란에 취득원가 340,000,000원(부대비용 포함)을 입력한다.
② 당기 건설자금이자는 건물의 취득원가에 가산하여야 하나 당기 이자비용으로 처리하였으므로 완공이 완료된 건물은 즉시상각의제에 해당한다. 그러므로 [7.당기자본적지출액(즉시상각분)]란에 35,000,000원을 입력한다.

건설자금이자	당기 미완성 상태	당기 완성 상태
세무조정	손금불산입(유보)	즉시상각의제로 보아 시부인계산

(2) 미상각자산감가상각조정명세서 및 조정등록

상난의 [불러오기(F12)]를 클릭하여 고정자산등록에 등록한 자료를 반영하고 "조정액"란의 사항을 상단의 [조정등록(F3)]을 클릭하여 세무조정사항을 입력한다.

세무조정 : 〈손금불산입〉 공장건물 감가상각비 한도초과 34,562,500 (유보발생)

[고정자산등록]

기본등록사항	추가등록사항	
1.기초가액		
2.전기말상각누계액(-)		
3.전기말장부가액		
4.당기중 취득 및 당기증가(+)		340,000,000
5.당기감소(일부양도·매각·폐기)(-)		
전기말상각누계액(당기감소분)(+)		
6.전기말자본적지출액누계(+)(정액법만)		
7.당기자본적지출액(즉시상각분)(+)		35,000,000
8.전기말부인누계액(+)(정률만 상각대상에 가산)		
9.전기말의제상각누계액(-)		
10.상각대상금액		375,000,000
11.내용연수/상각률(월수)	40 0.025 (6)	
12.상각범위액(한도액)(10X상각율)		4,687,500
13.회사계상액(12)-(7)		4,250,000
14.경비구분	1.500번대/제조	
15.당기말감가상각누계액		4,250,000
16.당기말장부가액		335,750,000
17.당기의제상각비		
18.전체양도일자		
19.전체폐기일자		
20.업종	03	철골,철∙

[미상각자산감가상각조정명세서]

	입력내용	금액
업종코드/명 03	철골,철골,석조	
합계표 자산구분	1. 건축물	
(4)내용연수(기준,신고)		40
상각계산의 기초가액	재무상태표 자산가액 (5)기말현재액	340,000,000
	(6)감가상각누계액	4,250,000
	(7)미상각잔액(5)-(6)	335,750,000
	회사계산 상각비 (8)전기말누계	
	(9)당기상각비	4,250,000
	(10)당기말누계(8)+(9)	4,250,000
	자본적지출액 (11)전기말누계	
	(12)당기지출액	35,000,000
	(13)합계(11)+(12)	35,000,000
(14)취득가액(7)+(10)+(13)		375,000,000
(15)일반상각률,특별상각률		0.025
상각범위액계산	당기산출 상각액 (16)일반상각액	4,687,500
	(17)특별상각액	
	(18)계(16)+(17)	4,687,500
(19) 당기상각시인범위액		4,687,500
(20)회사계상상각액((9)+(12))		39,250,000
(21)차감액((20)-(19))		34,562,500
(22)최저한세적용에따른특별상각부인액		
조정액	(23) 상각부인액((21)+(22))	34,562,500
	(24) 기왕부인액중당기손금추인액	
부인액누계	(25) 전기말부인누계액	
	(26) 당기말부인누계액 (25)+(23)-|24|	34,562,500
당기말의제상각액	(27) 당기의제상각액 |△(21)|-|(24)|	
	(28) 의제상각누계액	

[3] 감가상각비조정 [회사코드 : 5200.(주)성공]

(1) 고정자산등록
① 회사는 감가상각방법을 신고하지 않았으므로 건물은 정액법, 기계장치는 정률법을 선택한다.
② 내용연수는 세부담 최소화 원칙에 따라 신고하였으므로 내용연수범위에서 최단 기간을 입력한다.
③ "13.회사계상액"란의 금액이 다른 경우에는 사용자수정을 클릭하여 금액을 수정 입력한다.

[건물]

자산코드/명	취득년월일	상각방법
000101 공장건물	2021-08-25	정액법

기본등록사항 / 추가등록사항

1. 기초가액	200,000,000
2. 전기말상각누계액(-)	22,650,000
3. 전기말장부가액	177,350,000
4. 당기중 취득 및 당기증가(+)	
5. 당기감소(일부양도·매각·폐기)(-)	
전기말상각누계액(당기감소분)(+)	
6. 전기말자본적지출액누계(+)(정액법만)	
7. 당기자본적지출액(즉시상각분)(+)	15,000,000
8. 전기말부인누계액(+)(정률만 상각대상에 가산)	
9. 전기말의제상각누계액(-)	
10. 상각대상금액	215,000,000
11. 내용연수/상각률(월수)	30 0.034 (12)
12. 상각범위액(한도액)(10X상각율)	7,310,000
13. 회사계상액(12)-(7)	7,500,000
14. 경비구분	1.500번대/제조
15. 당기말감가상각누계액	30,150,000
16. 당기말장부가액	169,850,000
17. 당기의제상각비	
18. 전체양도일자	
19. 전체폐기일자	
20. 업종	03 철골,철..

[기계장치]

자산코드/명	취득년월일	상각방법
000102 조립기	2024-10-01	정률법

기본등록사항 / 추가등록사항

1. 기초가액	60,000,000
2. 전기말상각누계액(-)	16,000,000
3. 전기말장부가액	44,000,000
4. 당기중 취득 및 당기증가(+)	
5. 당기감소(일부양도·매각·폐기)(-)	
전기말상각누계액(당기감소분)(+)	
6. 전기말자본적지출액누계(+)(정액법만)	
7. 당기자본적지출액(즉시상각분)(+)	
8. 전기말부인누계액(+)(정률만 상각대상에 가산)	10,090,000
9. 전기말의제상각누계액(-)	
10. 상각대상금액	54,090,000
11. 내용연수/상각률(월수)	6 0.394 (12)
12. 상각범위액(한도액)(10X상각율)	21,311,460
13. 회사계상액(12)-(7)	6,000,000
14. 경비구분	1.500번대/제조
15. 당기말감가상각누계액	22,000,000
16. 당기말장부가액	38,000,000
17. 당기의제상각비	
18. 전체양도일자	
19. 전체폐기일자	
20. 업종	13 제조업

(2) 미상각자산감가상각조정명세서 및 조정등록
상단의 [불러오기(F12)]를 클릭하여 고정자산등록에 등록한 자료를 반영하고 "조정액"란의 사항을 상단의 [조정등록(F3)]을 클릭하여 세무조정사항을 입력한다.

[건물]

입력내용	금액
업종코드/명 03 철골,철골,석조	
합계표 자산구분 1. 건축물	
(4)내용연수(기준.신고)	30
상각계산의 기초가액 - 재무상태표 자산가액 - (5)기말현재액	200,000,000
(6)감가상각누계액	30,150,000
(7)미상각잔액(5)-(6)	169,850,000
회사계산 상각비 - (8)전기말누계	22,650,000
(9)당기상각비	7,500,000
(10)당기말누계(8)+(9)	30,150,000
자본적 지출액 - (11)전기말누계	
(12)당기지출액	15,000,000
(13)합계(11)+(12)	15,000,000
(14)취득가액((7)+(10)+(13))	215,000,000
(15)일반상각률.특별상각률	0.034
상각범위액계산 - 당기산출 상각액 - (16)일반상각액	7,310,000
(17)특별상각액	
(18)계((16)+(17))	7,310,000
(19) 당기상각시인범위액	7,310,000
(20)회사계상상각액((9)+(12))	22,500,000
(21)차감액((20)-(19))	15,190,000
(22)최저한세적용에따른특별상각부인액	
조정액 - (23) 상각부인액((21)+(22))	15,190,000
(24) 기왕부인액중당기손금추인액	
부인액누계 - (25) 전기말부인누계액	
(26) 당기말부인누계액 (25)+(23)-(24)	15,190,000

[기계장치]

입력내용	금액
업종코드/명 13 제조업	
합계표 자산구분 2. 기계장치	
(4)내용연수	6
상각계산의 기초가액 - 재무상태표 자산가액 - (5)기말현재액	60,000,000
(6)감가상각누계액	22,000,000
(7)미상각잔액(5)-(6)	38,000,000
(8)회사계산감가상각비	6,000,000
(9)자본적지출액	
(10)전기말의제상각누계액	
(11)전기말부인누계액	10,090,000
(12)가감계((7)+(8)+(9)-(10)+(11))	54,090,000
(13)일반상각률.특별상각률	0.394
상각범위액계산 - 당기산출 상각액 - (14)일반상각액	21,311,460
(15)특별상각액	
(16)계((14)+(15))	21,311,460
취득가액 - (17)전기말현재취득가액	60,000,000
(18)당기회사계산증가액	
(19)당기자본적지출액	
(20)계((17)+(18)+(19))	60,000,000
(21) 잔존가액	3,000,000
(22) 당기상각시인범위액	21,311,460
(23)회사계상상각액((8)+(9))	6,000,000
(24)차감액((23)-(22))	-15,311,460
(25)최저한세적용에따른특별상각부인액	
조정액 - (26) 상각부인액((24)+(25))	
(27) 기왕부인액중당기손금추인액	10,090,000
(28) 당기말부인누계액 ((11)+(26)-|(27)|)	

[조정등록(F3)]

조정 등록

익금산입 및 손금불산입			손금산입 및 익금불산입		
과 목	금 액	소득처분	과 목	금 액	소득처분
건물 감가상각비 한도초과	15,190,000	유보발생	기계장치 전기감가상각비	10,090,000	유보감소

[4] 감가상각비조정 [회사코드 : 5300.(주)기원]

(1) 고정자산등록
① 회사는 내용연수를 신고하지 않았으므로 기준내용연수(8년)로 상각율을 계산하여야 한다.
② 기계장치(정액법)의 "8.전기말부인누계액"은 [고정자산등록] 메뉴에 입력하지 않고 [미상각자산감가상각조정명세서] 서식에서 "(25)전기말부인누계액"란에 4,166,667원을 직접 입력한다.
③ 전기 감가상각비 과소 계상액을 전기오류수정손실로 처리한 경우 당기 상각비로 보아야 하므로 "13.회사계상액"에 가산하여 입력하고 소액수선비는 손금인정되므로 즉시상각란에 입력하지 않는다.

> 세무조정 : 〈손금산입〉 전기오류수정손실   5,000,000(기타)
> 회사계상액 : 6,000,000원(감가상각비) + 5,000,000원(전기오류수정손실) = 11,000,000원

(2) 미상각자산감가상각조정명세서 및 조정등록
상단의 [불러오기(F12)]를 클릭하여 고정자산등록에 등록한 자료를 반영하고 "조정액"란의 사항을 상단의 [조정등록(F3)]을 클릭하여 세무조정사항을 입력한다.

[5] 감가상각비조정 [회사코드 : 5400.(주)대성]

(1) 고정자산등록
감가상각방법을 신고하지 않았으므로 기계장치는 정률법을 선택하며 세액감면법인이 상각범위액에 미달하게 감가상각을 하는 경우 상각범위액까지 손금산입하여야 하며 이는 감가상각의제이므로 전기 자본금과적립금조정명세서의 기말잔액은 "9.전기말의제상각누계액"란에 입력하고 당기분은 "17란"에 입력한다.

(2) 미상각자산감가상각조정명세서 및 조정등록
상단의 [불러오기(F12)]를 클릭하여 고정자산등록에 등록한 자료를 반영한다. 당기 시인부족액이 발생하였으나 세액감면을 받으므로 "(29)당기의제상각액"란에 금액을 입력하고 손금산입 한다.

> 세무조정 : 〈손금산입〉 기계장치 감가상각비   836,200(유보발생)

[고정자산등록]

기본등록사항	추가등록사항	
1.기초가액		80,000,000
2.전기말상각누계액(-)		40,000,000
3.전기말장부가액		40,000,000
4.당기중 취득 및 당기증가(+)		
5.당기감소(일부양도·매각·폐기)(-)		
전기말상각누계액(당기감소분)(+)		
6.전기말자본적지출액누계(+)(정액법만)		
7.당기자본적지출액(즉시상각분)(+)		10,000,000
8.전기말부인누계액(+) (정률만 상각대상에 가산)		
9.전기말의제상각누계액(-)		3,800,000
10.상각대상금액		46,200,000
11.내용연수/상각률(월수)		5 ⊙ 0.451 (12
12.상각범위액(한도액)(10X상각율)		20,836,200
13.회사상각액(12)-(7)		10,000,000
14.경비구분		1.500번대/제조
15.당기말감가상각누계액		50,000,000
16.당기말장부가액		30,000,000
17.당기의제상각비		836,200
18.전체양도일자		__-__-__
19.전체폐기일자		__-__-__
20.업종		13 ⊙ 제조업

[미상각자산감가상각조정명세서]

입력내용			금액
업종코드/명	13	제조업	
합계표 자산구분		2. 기계장치	
(4)내용연수			5
상각계산의 기초가액	재무상태표 자산가액	(5)기말현재액	80,000,000
		(6)감가상각누계액	50,000,000
		(7)미상각잔액(5)-(6)	30,000,000
	(8)회사계산감가상각비		10,000,000
	(9)자본적지출액		10,000,000
	(10)전기말의제상각누계액		3,800,000
	(11)전기말부인누계액		
	(12)가감계((7)+(8)+(9)-(10)+(11))		46,200,000
(13)일반상각률,특별상각률		일반상각률	0.451
상각범위액계산	당기산출상각액	(14)일반상각액	20,836,200
		(15)특별상각액	
		(16)계((14)+(15))	20,836,200
	취득가액	(17)전기말현재취득가액	80,000,000
		(18)당기회사계산증가액	
		(19)당기자본적지출액	10,000,000
		(20)계((17)+(18)+(19))	90,000,000
	(21) 잔존가액		4,500,000
	(22) 당기상각시인범위액		20,836,200
(23)회사계상상각액((8)+(9))			20,000,000
(24)차감액((23)-(22))			-836,200
(25)최저한세적용에따른특별상각부인액			
조정액	(26) 상각부인액((24)+(25))		
	(27) 기왕부인액중당기손금추인액		
(28) 당기말부인누계액((11)+(26)-|(27)|)			
당기말 의제상각액	(29) 당기의제상각액 |△(24)|-|(27)|	836,200
	(30) 의제상각누계액((10)+(29))		4,636,200

[조정등록(F3)]

익금산입 및 손금불산입			손금산입 및 익금불산입		
과 목	금 액	소득처분	과 목	금 액	소득처분
			기계장치 감가상각비	836,200	유보발생

[6] 업무용승용차관련비용명세서 [회사코드 : 5400.(주)대성]

(1) 업무용승용차등록

렌트차량이므로 고정자산등록은 관계가 없으며 임차여부(렌트) 및 임차기간 등을 입력한다.

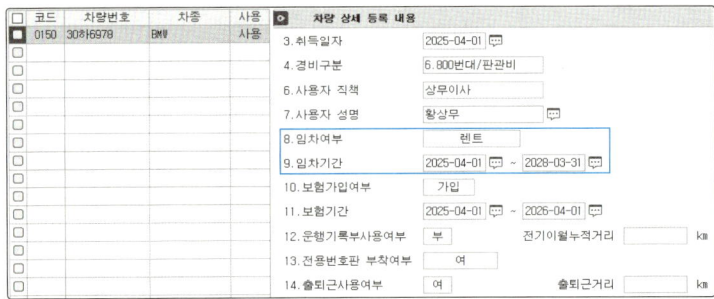

(2) 업무용승용차관련비용명세서

① 상단의 [새로 불러오기(F12)]를 클릭하면 업무용승용차등록에 등록한 자료가 반영된다.
② 업무용승용차 관련 부가가치세는 공제가 되지 않으므로 월 임차료는 165만원이다. 연 임차료(9개월분) 14,850,000원을 입력하면 감가상각비상당액 10,395,000원(임차료의 70%)이 자동 계산된다.
③ 업무용승용차 관련 비용란에 해당 비용을 각각 직접 입력하며 통행료는 기타란에 입력한다.
④ 업무사용비율 = 15,000,000원 × 9개월/12개월 ÷ 25,550,000원 × 100 = 44.0313%
⑤ 업무사용금액 11,250,000원 = 감가상각비 4,577,057원 + 관련비용 6,672,943원
  - 감가상각비(상당액) = 10,395,000원 × 44.0313% = 4,577,057원(단수차이 올림)
  - 관련비용 = (25,550,000원 − 10,395,000원) × 44.0313% = 6,672,943원
⑥ 업무외사용금액은 업무용승용차 관련비용에서 업무사용금액을 차감한 금액이 자동 계산된다.
  - 감가상각비(상당액) = 10,395,000원 − 4,577,057원 = 5,817,943원
  - 관련비용 = 15,155,000원 − 6,672,943원 = 8,482,057원

- 업무외사용금액 = 감가상각비 5,817,943원 + 관련비용 8,482,057원 = 14,300,000원

세무조정 : 〈손금불산입〉 업무용승용차 업무미사용분 14,300,000(상여)

⑦ 감가상각비(상당액) 한도초과금액 = 4,577,057원 - (8,000,000원 × 9개월/12개월) = △1,422,943원
시인부족액 발생으로 별도의 세무조정은 발생하지 않으며 초과액이 있는 경우에는 손금불산입 기타사외유출로 처분한다.

No	코드	차량번호	차종	임차	(12)보험(율)	운행기록	번호판	월수	대상일수	가입일수
1	0150	30허6978	BMW	렌트	여(100%)	부	여	9	275	275

1 업무용 사용 비율 및 업무용 승용차 관련 비용 명세 〈운행기록부: 미적용〉 임차기간: 2025-04-01 ~ 2028-03-31 □ 부동산임대업등 법령42조②항

(7) 총주행거리(km)	(8) 업무용 사용거리(km)	(9) 업무 사용비율	(13) 취득가액	(14) 보유또는 임차월수	(15)업무용 승용차 관련 비용						
					(16) 감가상각비	(17) 임차료 (감가상각비포함)	(18) 감가상각비상당액	(19) 유류비	(20) 보험료	(21) 수선비	(22) 자동차세	(23) 기타	(24) 합계
		44.0313		9		14,850,000	10,395,000	10,000,000				700,000	25,550,000
		합계				14,850,000	10,395,000	10,000,000				700,000	25,550,000

2 업무용 승용차 관련 비용 손금불산입 계산

(27) 업무 사용 금액			(28) 업무외 사용 금액			(35) 감가상각비 (상당액) 한도초과금액	(36) 손금불산입 합계 ((34)+(35))	(37) 손금산입 합계 ((24)-(36))
(29) 감가상각비 (상당액)((16)또는 (18))×(9)×(12))	(30) 관련 비용 [((24)-(16)또는 (24)-(18))×(9)×(12)]	(31) 합계 ((29)+(30))	(32) 감가상각비 (상당액)×(16)-(27) 또는 (18)-(29))	(33) 관련 비용 [((24)-(16)또는 (24)-(18))-(30)]	(34) 합계 ((32)+(33))			
4,577,057	6,672,943	11,250,000	5,817,943	8,482,057	14,300,000		14,300,000	11,250,000
4,577,057	6,672,943	11,250,000	5,817,943	8,482,057	14,300,000		14,300,000	11,250,000

(3) 조정등록(F3)

익금산입 및 손금불산입			손금산입 및 익금불산입		
과 목	금 액	소득처분	과 목	금 액	소득처분
업무용승용차 업무미사용분	14,300,000	상여			

[7] 업무용승용차관련비용명세서 [회사코드 : 5600.(주)강남]

(1) 고정자산등록 및 업무용승용차등록

① 업무용승용차는 강제상각 규정이 적용되므로 **정액법(내용연수 5년)**으로 **강제상각**하며 전기말부인누계액은 정률법만 입력하므로 입력하지 않는다.

② 업무용승용차를 등록하고 고정자산코드/명란에서 코드도움(F2)을 선택하여 [고정자산등록]에 등록한 자산을 반영한다.

[고정자산등록]

자산코드/명	취득년월일	상각방법
000100 랜드로버	2024-07-05	정액법

기본등록사항 / 추가등록사항

1.기초가액	90,000,000
2.전기말상각누계액(-)	9,000,000
3.전기말장부가액	81,000,000
4.당기중 취득 및 당기증가(+)	
5.당기감소(일부양도·매각·폐기)(-)	
전기말상각누계액(당기감소분)(+)	
6.전기말자본적지출액누계(+)(정액법만)	
7.당기자본적지출액(즉시상각분)(+)	
8.전기말부인누계액(+)(정률만 상각대상에 가산)	
9.전기말의제상각누계액(-)	
10.상각대상금액	90,000,000
11.내용연수/상각률(월수)	5 0.2 (12)
12.상각범위액(한도액)(10X상각률)	18,000,000
13.회사계상액(12)-(7)	18,000,000
14.경비구분	6.800번대/판관비
15.당기말감가상각누계액	27,000,000
16.당기말장부가액	63,000,000
17.당기의제상각비	
18.전체양도일자	__-__-__
19.전체폐기일자	__-__-__
20.업종	01 차량및운

[업무용승용차등록]

코드	차량번호	차종	사용
0200	25다8989	랜드로버	사용

차량 상세 등록 내용

1.고정자산계정과목	0208 차량운반구
2.고정자산코드/명	000100 랜드로버
3.취득일자	2024-07-05
4.경비구분	6.800번대/판관비
6.사용자 직책	전무이사
8.임차여부	자가
9.임차기간	__-__-__ ~ __-__-__
10.보험가입여부	가입
11.보험기간	2024-07-05 ~ 2025-07-05
	2025-07-05 ~ 2026-07-05
12.운행기록부사용여부	여 전기이월누적거리 km
13.전용번호판 부착여부	여
14.출퇴근사용여부	여 출퇴근거리 km
15.자택	
16.근무지	

(2) 업무용승용차관련비용명세서

① 상단의 [새로 불러오기(F12)]를 클릭하면 업무용승용차등록에 등록한 자료가 반영된다.
② 운행기록부에 따라 확인되는 업무사용비율만큼 손금으로 인정되며, 총주행거리(2,000km) 및 업무용주행거리(1,600km)를 입력한다. 업무사용비율 80%가 자동 계산되어 반영된다.
③ 업무용승용차 관련 비용란에 해당 비용을 각각 직접 입력하며, 금융리스 이자비용은 기타란에 입력한다. 또한, 전기 감가상각비 한도초과액도 "(37)전기이월액"란에 입력한다.
④ 업무사용금액 24,080,000원 = 감가상각비 14,400,000원 + 관련비용 9,680,000원
- 감가상각비(상당액) = 18,000,000원 × 80% = 14,400,000원
- 관련비용 = 12,100,000원 × 80% = 9,680,000원
⑤ 업무외사용금액 = 감가상각비 3,600,000원 + 관련비용 2,420,000원 = 6,020,000원
- 감가상각비(상당액) = 18,000,000원 − 14,400,000원 = 3,600,000원
- 관련비용 = 12,100,000원 − 9,680,000원 = 2,420,000원

세무조정 : 〈손금불산입〉 업무용승용차 업무미사용분 6,020,000(상여)

⑥ 감가상각비(상당액) 한도초과금액 = 14,400,000원 − 8,000,000원 = 6,400,000원

세무조정 : 〈손금불산입〉 업무용승용차 감가상각비 한도초과 6,400,000(유보발생)

(3) 조정등록(F3)

익금산입 및 손금불산입			손금산입 및 익금불산입		
과 목	금 액	소득처분	과 목	금 액	소득처분
업무용승용차 업무미사용분	6,020,000	상여			
업무용승용차 감가상각비 한도초과	6,400,000	유보발생			

[8] 업무용승용차관련비용명세서 [회사코드 : 5300.(주)기원]

(1) 업무용승용차등록
운용리스차량이므로 고정자산등록은 필요하지 않으며 임차기간과 보험기간 등을 입력한다.

□	코드	차량번호	차종	사용
☑	0001	22조8518	벤츠	사용

차량 상세 등록 내용

3. 취득일자	2023-02-12
4. 경비구분	6.800번대/판관비
6. 사용자 직책	대표이사
7. 사용자 성명	장길산
8. 임차여부	운용리스
9. 임차기간	2023-02-12 ~ 2026-02-12
10. 보험가입여부	가입
11. 보험기간	2024-02-12 ~ 2025-02-12
	2025-02-12 ~ 2026-02-12
12. 운행기록부사용여부	여 전기이월누적거리 18,500 km
13. 전용번호판 부착여부	여
14. 출퇴근사용여부	여 출퇴근거리 5,100 km

(2) 업무용승용차관련비용명세서

① 상단의 [불러오기(F12)]를 클릭하면 업무용승용차등록에 등록한 자료가 반영된다.

② 감가상각비상당액 = 리스료 − 보험료 · 자동차세 · 수선유지비
   = 36,000,000원 − 1,000,000원 − 800,000원 − 2,394,000원 = 31,806,000원
   ▪ 수선유지비 = (36,000,000원 − 1,000,000원 − 800,000원) × 7%(구분불분명) = 2,394,000원

③ 임차료, 감가상각비상당액, 유류비, 전기 감가상각비 한도초과액을 입력한다.

④ 업무사용비율 = 출퇴근거리 5,100km ÷ 총주행거리 6,000km × 100 = 85%

⑤ 업무용승용차 관련비용 손금불산입 금액
   = (리스료 36,000,000원 + 유류대 3,600,000원) × (1 − 85%) = 5,940,000원

> **세무조정** : 〈손금불산입〉 업무용승용차 업무미사용분 5,940,000(상여)

⑥ 업무사용 감가상각비 상당액 중 800만원 초과금액
   = 감가상각비 상당액 27,035,100원(= 31,806,000원 × 85%) − 8,000,000원 = 19,035,100원

> **세무조정** : 〈손금불산입〉 업무용승용차 감가상각비 한도초과   19,035,100원(기타사외유출)

No	코드	차량번호	차종	임차	(12)부임(율)	운행기록	법정일	월	대상일	기임일
1	0001	22조8518	벤츠	리스	여(100%)	여	여	12	365	365

1 업무용 사용 비율 및 업무용 승용차 관련 비용 명세 〈운행기록부: 적용〉 임차기간: 2023-02-12 ~ 2026-02-12 □ 부동산임대업등 법령42조②항

(7) 총주행 거리(km)	(8) 업무 사용 거리(km)	(9) 업무 사용비율	(13) 취득가액	(14) 보유또는 임차월수	(15)업무용 승용차 관련 비용							
					(16) 감가상각비	(17) 임차료 (감가상각비포함)	(18) 감가상 각비상당액	(19) 유류비	(20) 보험료	(21) 수선비	(22) 자동차세	(23) 기타	(24) 합계
6,000	5,100	85.0000		12		36,000,000	31,806,000	3,600,000					39,600,000
합 계						36,000,000	31,806,000	3,600,000					39,600,000

2 업무용 승용차 관련 비용 손금불산입 계산

(27) 업무 사용 금액				(28) 업무외 사용 금액			(35) 감가상각비 (상당액) 한도초과금액	(36) 손금불산입 합계 ((34)+(35))	(37) 손금산입 합계 ((24)−(36))
(29) 감가상각비 (상당액)[((16)또는 (18))×(9)×(12)]	(30) 관련 비용 [((24)−(16)또는 (24)−(18))×(9)×(12)]	(31) 합계 ((29)+(30))		(32) 감가상각비 (상당액)×(16)−(27) 또는(18)−(29))	(33) 관련 비용 ((24)−(16)또는 (24)−(18)−(30))	(34) 합계 ((32)+(33))			
27,035,100	6,624,900	33,660,000		4,770,900	1,169,100	5,940,000	19,035,100	24,975,100	14,624,900
27,035,100	6,624,900	33,660,000		4,770,900	1,169,100	5,940,000	19,035,100	24,975,100	14,624,900

3 감가상각비(상당액) 한도초과금액 이월 명세

(42) 전기이월액	(43) 당기 감가상각비(상당액) 한도초과금액	(44) 감가상각비(상당액) 한도초과금액 누계	(45) 손금추인(산입)액	(46) 차기이월액((44)−(45))
20,000,000	19,035,100	39,035,100		39,035,100
20,000,000	19,035,100	39,035,100		39,035,100

(3) 조정등록(F3)

익금산입 및 손금불산입			손금산입 및 익금불산입		
과 목	금 액	소득처분	과 목	금 액	소득처분
업무용승용차 업무미사용분	5,940,000	상여			
업무용승용차 감가상각비 한도초과	19,035,100	기타사외유출			

[9] 실무이론 정답 및 해설

NO	정답	해설
01	②	건설중인 고정자산의 특정차입금에 대한 이자는 건설자금이자로서 법인세법상 취득원가로 가산하여야 한다.
02	④	부가가치세법상 의제매입세액과 재활용폐자원 등에 대한 매입세액은 원재료에서 차감한다.
03	④	현물출자에 따라 취득한 자산의 취득가액은 해당 자산의 시가(1,200,000원)이다. 토지 취득원가 세무조정 : 〈손금산입〉 토지 100,000원(△유보) 주식의 할증발행차금 : 〈익금산입〉 주식발행초과금 100,000원(기타)
04	④	잔존가액은 미상각잔액이 최초로 취득가액의 5% 이하가 되는 사업연도의 상각범위액에 가산한다.
05	③	■ 감가상각범위액(1월 미만 : 1월 상각) = 16,000,000원 × 20% × 3/12 = 800,000원 ■ 상각부인액 = 2,500,000원 − 800,000원 = 1,700,000원
06	②	
07	②	해당 사업연도에 상각부인액이 발생하면, 해당 금액을 손금불산입하고 동 부인액을 이월한다.
08	①	사업의 개시를 위하여 취득한 자산은 감가상각 시부인 대상에 해당한다.
09	④	■ 제5기 세무조정 : 〈손금불산입〉 감가상각비한도초과액 30,000원(유보발생) ■ 제6기 세무조정 : 〈손금산입〉 양도자산상각부인액 30,000원(유보감소) ■ 감가상각자산을 양도한 경우 당해 자산의 상각부인액은 양도일이 속하는 사업연도의 손금에 이를 산입한다.
10	①	② 제조업의 기계장치 : 정률법, ③ 광업권 : 생산량비례법, ④ 개발비 : 5년간 균등상각법
11	④	㉠, ㉡, ㉢, ㉣은 올바른 설명이며 ㉤의 건물에 대한 감가상각범위액은 일반법인과 동일하다.
12	①	■ 업무용승용차 관련비용 중 손금불산입된 금액(감가상각비 포함)은 그 귀속자에 따라 법인세법에 따른 소득처분(상여, 배당, 기타처분 등)하며, 귀속자가 불분명한 때에는 대표자에게 처분한다. ■ 2024.1.1. 이후 신규·이전등록하거나 대여한 비사업용 승용자동차로 취득가액 8,000만원 이상의 법인업무용 승용자동차는 전용번호판을 부착하여야 하며 미부착시 업무용승용차 관련 비용 전액 손금불산입 처리한다.
13	④	운행기록 등을 작성·비치하지 아니한 경우 해당 업무용승용차의 업무사용비율은 다음의 구분에 따른 비율로 한다. 1. 해당 사업연도의 업무용승용차 관련비용이 1천5백만원 이하인 경우 : 100분의 100 2. 해당 사업연도의 업무용승용차 관련비용이 1천5백만원을 초과하는 경우 : 1천5백만원을 업무용승용차 관련비용으로 나눈 비율
14	②	즉시상각의제에 해당하므로 감가상각시부인계산한다. 1. 업무용승용차에 해당하지 않는 경우의 세무조정 　　회사계상액 : 15,000,000원 　(−) 상각범위액 : 7,000,000원[(70,000,000원 − 0원) ÷ 5년 × 6개월/12개월] 　(=) 상각부인액 : 8,000,000원 2. 업무용승용차에 해당하는 경우의 세무조정 　■ 감가상각비 업무사용금액 = 15,000,000원 × 100%(업무사용비율) = 15,000,000만원 　■ 감가상각비 한도초과액 = 15,000,000만원 − (8,000,000원 × 6개월/12개월) = 11,000,000만원

(감가상각비 조정)

CHAPTER 04 과목별세무조정

1. 인건비 세무조정

인건비는 법인세법에서 과다하거나 부당하다고 인정하는 금액은 손금불산입 하는 대표적인 손비에 해당한다. 퇴직급여충당금 등에 대한 조정서 이외에 별도의 조정서가 있지는 않다.

인건비란 근로제공의 대가로 지급되는 각종 비용으로서, 임원과 직원에게 지급되는 급여·임금·제수당·상여금·퇴직급여 및 복리후생비 등을 모두 포함한다. 이러한 인건비의 지출은 법인의 순자산을 감소시키는 거래이다.

1 일반적인 급여

급여·임금·급료·보수·수당 등 일반급여는 원칙적으로 **모두 손금**으로 **인정**된다. 다만, 여기에는 다음과 같은 예외가 있다.

> ① 법인이 지배주주 등(특수관계인 포함)인 임원 또는 직원에게 정당한 사유 없이 동일 직위에 있는 지배주주 등* 외의 임원 또는 직원에게 지급하는 금액을 초과하여 보수를 지급한 경우 그 초과금액은 손금에 산입하지 않는다.
> ② 비상근임원에게 지급하는 보수는 손금에 산입하는 것이 원칙이나, 부당행위계산에 해당하는 경우에는 손금에 산입하지 않는다.

* 지배주주 등이란 법인의 발행주식총수(또는 출자총액)의 1% 이상의 주식(또는 출자지분)을 소유한 주주 등으로서 그와 특수관계에 있는 자와의 소유 주식(또는 출자지분)의 합계가 해당 법인의 주주 등 중 가장 많은 경우의 해당 주주 등을 말한다.

2 상여금

(1) 일반적인 상여금

법인이 지급하는 상여금은 **원칙적으로 손금에 산입**된다. 다만, 임원에게 지급하는 상여금 중 정관·주주총회·사원총회 또는 이사회의 결의에 따라 결정된 급여지급기준에 의한 금액을 초과하여 지급하는 금액은 손금에 산입하지 않는다. **직원**에게 지급하는 **상여금**은 이러한 **제한**을 받지 **않는다**.

(2) 이익처분에 의해 지급하는 상여금

임원 또는 직원에게 이익처분에 의해 지급하는 상여금은 손금에 산입하지 않는다. 이 경우 합명회사 또는 합자회사의 노무출자사원에게 지급하는 보수는 이익처분에 의해 상여로 본다.

기업회계기준은 "이익분배제도와 상여금제도와 관련된 원가는 이익 분배가 아닌 **당기비용으로 인식**"하도록 규정하고 있다. **세법과 회계기준을 일치**시키기 위하여 2018년부터 성과배분상여금 등은 이익잉여금의 처분이 아니라 **당기비용**으로 처리하고 있는 점을 감안해 기업회계와 세무회계의 균형을 맞추는 것이다.

기업회계	법인세법
(차) 상여금　×××　(대) 미지급금 등　×××	기업회계 준용(별도의 세무조정 없음)

3 퇴직급여

(1) 현실적인 퇴직

법인이 임원 또는 직원에게 지급하는 퇴직급여([근로자퇴직급여 보장법]의 퇴직급여제도에 따라 지급하는 연금 또는 일시금)는 임원 또는 직원이 **현실적으로 퇴직**하는 경우에 지급하는 것에 대해서만 이를 **손금에 산입**한다.

현실적인 퇴직에 해당하는 경우	현실적인 퇴직에 해당하지 않는 경우
① 직원이 임원으로 취임한 경우 ② 상근임원이 비상근임원으로 된 경우 ③ 임원 또는 직원이 그 법인의 조직변경·합병·분할 또는 사업양도에 의하여 퇴직한 때 ④ [근로자퇴직급여 보장법]의 규정에 따라 퇴직급여를 중간정산하여 지급한 경우 ⑤ 임원에게 정관 또는 정관에서 위임된 퇴직급여지급규정에 따른 경우로서 장기 요양 등의 사유로 중간정산하여 퇴직급여를 지급한 때(다만, 중간정산시점부터 새로 근무연수를 기산하여 퇴직급여를 계산하는 경우에 한정한다.)	① 임원이 연임된 경우 ② 법인의 대주주 변동으로 인하여 계산의 편의, 기타 사유로 전직원에게 퇴직금액을 지급한 경우 ③ 외국법인의 국내지점 종업원이 본점(본국)으로 전출하는 경우 ④ 정부투자기관 등이 민영화됨에 따라 전 종업원의 사표를 일단 수리한 후 다시 채용한 경우 ⑤ [근로자퇴직급여 보장법]의 규정에 따라 퇴직급여를 중간정산하기로 하였으나 이를 실제로 지급하지 않은 경우

현실적으로 퇴직하지 않은 임원 또는 직원에게 지급한 퇴직급여는 현실적으로 퇴직할 때까지 이를 **업무와 관련이 없는 가지급금**으로 보며, 현실적인 퇴직이 있을 때 비로소 손금에 산입된다.

현실적인 퇴직에 해당하는 경우	현실적인 퇴직에 해당하지 않는 경우
〈손금산입〉 세무조정 없음	〈손금불산입〉 임원퇴직금　×××(유보발생) ⇨ 부당행위계산의부인에 의해 가지급금에 대한 인정이자 계산
[차기이후] 세무조정 없음	[차기이후] 현실적인 퇴직일 〈손금산입〉 임원퇴직금　×××(유보감소)

(2) 직원의 퇴직급여

직원에게 지급하는 퇴직급여는 **금액의 제한 없이 손금에 산입**한다. 직원의 퇴직급여지급규정이 있으면 규정상의 금액으로 하고 규정이 없으면 근로자퇴직급여보장법상의 금액으로 한다.

(3) 임원의 퇴직급여

임원에게 지급한 퇴직급여 중 다음의 한도액을 **초과하는 금액은 손금에 산입하지 않는다.**

구 분	임원퇴직급여 한도액
① 정관에 퇴직급여(퇴직위로금 등 포함)로 지급할 금액이 정해진 경우(정관에 임원 퇴직급여 계산기준 기재된 경우 포함)	그 정관에 정해진 금액 * 정관에서 위임된 퇴직급여 규정이 따로 있을 때에는 이에 규정된 금액
② 그 외의 경우	퇴직 전 1년간 총급여액* × 10% × 근속연수**

* 총급여액란 소득세법에 따라 근로의 제공으로 인하여 받는 봉급 · 급료 · 보수 · 임금 · 상여 · 수당 기타 이와 유사한 급여 및 이익처분에 따라 받은 상여금에 해당하는 금액(비과세 근로소득은 제외)으로 하되, 손금에 산입되지 않는 금액은 제외한다.
** 근속연수는 역년에 따라 계산하되, 1년 미만의 기간은 월수로 계산하고 1개월 미만의 기간은 이를 산입하지 않는다.

[퇴직급여 관련 제규정(법인세법 VS 소득세법)]

구 분		법인세법	소득세법
임원	규정 내 금액	손금인정	퇴직소득 또는 근로소득
	규정초과금액	손금불산입(상여)	근로소득
직원	규정 내 금액	손금인정	퇴직소득
	규정초과금액	손금인정	퇴직소득

4 복리후생비

법인이 그 임원 또는 직원을 위하여 지출한 복리후생비 중 다음 중 어느 하나에 해당하는 비용 외의 비용은 손금에 산입하지 않는다.

① 직장체육비 · 직장문화비 · 직장회식비
② 우리사주조합의 운영비
③ 국민건강보험법 및 노인장기요양보험법에 따라 사용자로서 부담하는 보험료 및 부담금
④ 영유아보육법에 의하여 설치된 직장어린이집의 운영비
⑤ 고용보험법에 의하여 사용자로서 부담하는 보험료
⑥ 그 밖에 임원 또는 직원에게 사회통념상 타당하다고 인정되는 범위에서 지급하는 경조사비 등 위 ①~⑤의 비용과 유사한 비용

다음은 (주)두더지상사의 제10기(사업연도 : 2025.1.1 ~ 2025.12.31) 인건비관련 자료이다. 이에 관한 세무조정을 하시오.

① 출자상근임원에 대한 상여금을 15,350,000원 지급하였으나, 지급규정상으로는 10,000,000원으로 되어 있음을 발견하였다. 지급규정보다 추가 지급된 이유는 회사에 기여한 공로가 많아 지급된 것이다.

② 2025년 7월 1일부로 지배주주가 변동됨에 따라 모든 임직원에 대하여 지배주주 변동일까지의 퇴직급여 84,000,000원을 지급하고 다음과 같이 회계처리 하였으나, 이는 "근로자퇴직급여보장법"상 퇴직급여의 중간정산에는 해당하지 아니한다.

| (차) 퇴직급여(판) | 84,000,000원 | (대) 보통예금 | 84,000,000원 |

③ 당기 실적에 의하여 잉여금처분에 의한 성과급의 회계처리는 다음과 같다. (사전에 서면으로 약정한 성과배분상여금으로 임직원 동일 규정으로 약정하였다.)

※ 당기 이익처분을 결의한 때(2026년 02월 20일) 회계처리
| (차) 퇴직급여(판) | 40,000,000원 | (대) 미지급상여금 | 40,000,000원 |

④ 손익계산서상 퇴직급여(판) 중에는 임원인 김철민씨에 대한 퇴직급여 13,500,000원이 포함되어 있다. 당사는 임원퇴직금에 대한 규정이 없으며, 김철민씨의 퇴직 직전 1년간 총급여액은 97,200,000원이고, 근속연수는 1년 4개월이라고 가정한다.

【해설】

① 임원상여금은 회사의 지급규정을 한도로 하여 손금인정되며, 한도를 초과한 상여금은 손금불산입되며 그 귀속자에 대한 상여로 소득처분 된다.

세무조정 : 〈손금불산입〉 임원상여금 5,350,000(상여)

② 현실적인 퇴직급여에 해당하지 않으므로 현실적 퇴직시까지 가지급금으로 보아 세무조정 한다.

세무조정 : 〈손금불산입〉 퇴직급여 84,000,000(유보발생)

③ 2018년 귀속분부터 성과배분상여금 회계처리를 기업회계와 일치시키면서 이익잉여금 처분에 의해 지급하는 일정한 상여금을 손금으로 산입하는 제도를 폐지하였다. 그러므로 별도의 세무조정은 필요하지 않다.

④ 임원퇴직급여는 회사의 지급규정이 있는 경우에는 지급규정을 한도로 하여 손금인정되며, 회사의 지급규정이 없는 경우에도 법정범위액을 한도로 손금인정 된다.

- 법정범위액 = 1년간 총급여 × 10% × 근속월수 / 12월
  = 97,200,000원 × 10% × 16개월/12월 = 12,960,000원
- 한도시부인 = 회계상 지출액 - 세법상 범위액
  = 13,500,000원 - 12,960,000원 = 540,000원(한도초과)

세무조정 : 〈손금불산입〉 임원퇴직급여초과액 540,000(상여)

2. 퇴직부담금에 대한 세무조정

1 퇴직급여충당금조정명세서

법인조정 ▶▶ 법인조정Ⅰ ▶▶ 과목별세무조정 ▶▶ 퇴직급여충당금조정명세서

임원 또는 직원의 퇴직급여에 충당하기 위하여 퇴직급여충당부채를 결산상 손금으로 계상(결산조정)한 경우에는 일정금액의 범위 안에서 손금으로 인정된다. 퇴직급여충당금조정명세서는 결산서에 계상된 퇴직급여 및 동 충당금의 손금한도액과 초과액 등을 계산하는 서식이다.

실무이론 CHECK POINT

(1) 퇴직급여충당금 손금산입 한도액

퇴직급여충당금의 손금산입 한도액 = MIN(①, ②)
① 총급여액 기준 : 총급여액 × 5%
② 추계액 기준 : (퇴직급여추계액 × 0%[*1] + 퇴직전환금[*2]) − 세무상 충당금잔액[*3] + 설정률 감소에 따른 환입 제외금액[*4]

[*1]. 2016년 이후 "0%"로서 퇴직급여추계액에 대해서 한도는 없지만 퇴직전환금이 남아 있을 경우 한도가 계산된다.
[*2]. **퇴직전환금 계상액** : 해당 사업연도 종료일 현재 재무상태표상 국민연금법에 따라 재무상태표에 퇴직전환금으로 계상된 기말잔액을 말한다. 퇴직전환금은 1999.4.1.부터 폐지되었으나, 종전에 국민연금관리공단에 퇴직금의 선급금 성격으로 납부되어 아직 소멸하지 않고 있는 부분에 대해서는 실무상 여전히 세무처리 문제가 남아 있다.
[*3]. **세무상 충당금잔액** : 전기이월 재무상태표상 퇴직급여충당금 − 충당금 부인액 − 당기 장부상 충당금 감소액
[*4]. **설정률 감소에 따른 환입 제외금액** : MAX[(세무상 충당금잔액 − 기말 퇴직급여추계액 × 0%), 0]

구 분	내 용
총급여액	① 근로의 제공으로 인하여 지급한 봉급·급료·보수·세비·임금·상여·수당과 이와 유사한 성질의 급여의 총액과 잉여금처분에 따른 상여를 말하나(**인정상여는 제외**), **비과세 근로소득과 손금불산입된 금액은 제외**한다. ② 근속년수 1년 이상자의 총여액을 말하나 근로기간이 1년 미만인 임원 또는 직원에 대해서도 퇴직급여를 지급하기로 정해진 경우에는 그 임원 또는 직원에 대한 급여액도 총급여액에 포함한다. ③ **확정기여형 퇴직연금(개인퇴직계좌 포함)**이 설정된 임원 또는 직원에 대해서는 퇴직급여충당금을 설정하지 않으므로 그 임원 또는 직원에 대한 급여액은 총급여액에 **포함하지 않는다.**
퇴직급여 추계액 Max(①, ②)	① **일시퇴직기준 추계액** : 해당 사업연도 종료일 현재 재직하는 임원이나 직원(**확정기여형 퇴직연금제도가 설정된 자는 제외**한다)의 전원이 퇴직할 경우에 퇴직급여로 지급되어야 할 추계액을 말하며, 손금불산입되는 퇴직급여는 포함하지 않는다. 이러한 추계액은 정관이나 그 밖의 퇴직급여지급규정에 따라 계산한 금액을 말하되, 퇴직급여지급규정이 없는 법인의 경우에는 [근로자퇴직급여 보장법]이 정하는 바에 따라 계산한 금액으로 한다. ② **보험수리적기준 추계액(퇴직급여보장법)** : 매 사업연도 말인 현재 급여에 소요되는 비용예상액의 현재가치와 부담금 수입예상액의 현재가치를 추정하여 산정된 금액을 말하며, 손금불산입되는 퇴직급여는 포함하지 않는다.

(2) 퇴직금 지급시 처리

퇴직급여충당금을 손금산입한 법인이 임원이나 직원에게 퇴직급여를 지급하는 경우에는 그 **퇴직급여충당금에서 먼저 지급**하여야 한다. 이 경우 퇴직급여충당금 설정액 중 손금불산입된 금액이 있는 법인이 퇴직급여를 지급하는 경우 손금산입한 퇴직급여충당금과 상계하고 남은 금액에 대해서는 이미 손금불산입된 금액을 손금으로 추인한다.

설정시점	회 사 계 상 퇴 직 급 여 (−) 법 인 세 법 상 한 도 액 + 한 도 초 과 액 → 손금불산입(유보발생) − 한 도 미 달 액 → 별도의 세무조정 없음 〈손금불산입〉 퇴직급여충당금 한도초과액 ×××(유보발생)
지급시점	차기 이후 퇴직급여를 지급함에 있어서 **세무상 퇴직급여충당금을 초과**할 경우 상계하여 유보 추인 〈손금산입〉 전기퇴직급여충당금 ×××(유보감소)

예제

다음의 자료를 이용하여 (주)두더지상사의 퇴직급여충당금조정명세서를 작성하고, 관련된 세무조정을 하시오.

(1) 퇴직급여충당부채 내역

전기이월	기말잔액	당기지급액	당기설정액
25,000,000원	28,000,000원	23,000,000원	26,000,000원

- 전기 자본금과적립금조정명세(을)서식에 퇴직급여충당금한도초과액 500,000원이 있다.
- 당기 지급 내역
  ① 1년 이상 근속한 직원의 퇴직 : 3,000,000원
  ② 직원이 임원으로 취임 : 20,000,000원

(2) 급여내역

구 분		총급여액		근속기간 1년 미만자의 급여
임금(제)	11	550,000,000원	2	16,000,000원
급여(판)	4	180,000,000원	1	10,000,000원
상여금(판)	4	13,000,000원		

① 총급여액에는 근속기간 1년 미만자의 급여가 포함되어 있다.
② 위의 상여금 중에는 정관상 급여지급기준을 초과한 임원상여금 3,000,000원이 포함되어 있다.

(3) 기타 사항
① 사업연도 종료일 현재 퇴직급여 지급대상 임원 및 직원에 대한 퇴직금 추계액은 280,000,000원이고, 보험수리적 퇴직급여추계액은 300,000,000원이다.
② 당사의 퇴직금지급규정상 1년 미만 근속자에게는 퇴직금을 지급하지 않는다.
③ 당사는 퇴직연금에 가입한 적이 없다.

(4) 퇴직급여충당금 조정명세서 작성

- 법인세법 시행규칙 [별지 제32호서식] 〈개정 2019.3.20〉 (앞쪽)

사업연도	2025. 01. 01. ~ 2025. 12. 31.	퇴직급여충당금 조정명세서	법인명	(주)두더지상사
			사업자등록번호	218 - 81 - 21304

1. 퇴직급여충당금 조정

「법인세법 시행령」 제60조 제1항에 따른 한도액	① 퇴직급여 지급대상이 되는 임원 또는 직원에게 지급한 총급여액(⑲의 계)		② 설정률	③ 한도액 (①×②)	비 고
			5/100		

「법인세법 시행령」 제60조 제2항 및 제3항에 따른 한도액	④ 장부상 충당금 기초잔액	⑤ 확정기여형 퇴직연금자의 퇴직연금 설정 전 기계상된 퇴직급여충당금	⑥ 기중 충당금 환입액	⑦ 기초충당금 부인누계액	⑧ 기중 퇴직금 지급액	⑨ 차감액 (④-⑤-⑥ -⑦-⑧)
						(△)
	⑩ 추계액 대비 설정액 (㉒×설정률)	⑪ 퇴직금전환금		⑫ 설정률 감소에 따른 환입을 제외하는 금액 MAX(⑨-⑩-⑪, 0)	⑬ 누적한도액 (⑩-⑨+⑪+⑫)	

한도초과액 계산	⑭ 한도액 MIN(③, ⑬)	⑮ 회사계상액	⑯ 한도초과액(⑮-⑭)

2. 총급여액 및 퇴직급여추계액 명세

구분 계정명	⑰ 총급여액		⑱ 퇴직급여 지급대상이 아닌 임원 또는 직원에 대한 급여액		⑲ 퇴직급여 지급대상이 되는 임원 또는 직원에 대한 급여액		⑳ 기말 현재 임원 또는 직원 전원의 퇴직 시 퇴직급여 추계액	
	인원	금액	인원	금액	인원	금액	인원	금액
							㉑「근로자퇴직급여 보장법」에 따른 추계액[퇴직연금미가입자의 경우 일시퇴직기준(⑳)을 적용하여 계산한 금액]	
							인원	금액
							㉒세법상 추계액 MAX(⑳, ㉑)	
계								

【해설】

(1) 퇴직급여충당부채의 지급내역 중 1년 이상 근속자에게 지급한 퇴직금과 직원이 임원으로 취임하여 지급한 퇴직금은 현실적인 퇴직에 해당하므로 모두 손금이 인정된다.

(2) 급여지급기준을 초과하여 지급한 임원상여금은 손금으로 인정되지 않으며 총급여액에서도 제외한다.

> 세무조정 : 〈손금불산입〉 임원상여금 지급기준초과액 3,000,000(상여)

(3) 퇴직급여충당금 한도계산 및 세무조정
① 퇴직급여충당금 한도액 : 0원 [MIN(㉠총급여액 기준, ㉡ 추계액 기준)]

㉠ 총급여액 기준 = 714,000,000원 × 5% = 35,700,000원
  ⇨ 손금불산입되는 임원상여금(총급여액 차감)과 근속기간 1년 미만자의 급여(⑱란 기재)는 제외한다.
㉡ 추계액 기준 = (300,000,000원 × 0%) − 1,500,000원 = △1,500,000원
  ⇨ 세무상 충당금잔액 = 25,000,000원 − 500,000원 − 23,000,000원 = 1,500,000원
② 한도초과액 = 회사계상액 26,000,000원 − 한도액 0원 = 26,000,000원

세무조정: 〈손금불산입〉 퇴직급여충당금 한도초과액 26,000,000(유보발생)

- 법인세법 시행규칙 [별지 제32호서식] 〈개정 2019.3.20〉 (앞쪽)

사 업 연 도	2025. 01. 01. ~ 2025. 12. 31.	퇴직급여충당금 조정명세서	법 인 명	(주)두더지상사
			사업자등록번호	218 − 81 − 21304

1. 퇴직급여충당금 조정

「법인세법 시행령」 제60조 제1항에 따른 한도액	① 퇴직급여 지급대상이 되는 임원 또는 직원에게 지급한 총급여액(⑲의 계)		② 설정률	③ 한도액 (①×②)	비 고
	714,000,000		5/100	35,700,000	세무상설정전 충당금잔액

「법인세법 시행령」 제60조 제2항 및 제3항에 따른 한도액	④ 장부상 충당금 기초잔액	⑤ 확정기여형 퇴직연금자의 퇴직 연금 설정 전 기계상된 퇴직급여충당금	⑥ 기중 충당금 환입액	⑦ 기초충당금 부인누계액	⑧ 기중 퇴직금 지급액	⑨ 차감액 (④−⑤−⑥ −⑦−⑧)
	25,000,000			500,000	23,000,000	(△) 1,500,000
	⑩ 추계액 대비 설정액 (㉒×설정률)		⑪ 퇴직금전환금	⑫ 설정률 감소에 따른 환입을 제외하는 금액 MAX(⑨−⑩−⑪, 0)		⑬ 누적한도액 (⑩−⑨+⑪+⑫)
	0			1,500,000		0

한도초과액 계 산	⑭ 한도액 MIN(③, ⑬)		⑮ 회사계상액		⑯ 한도초과액(⑮−⑭)	
	0		26,000,000		26,000,000	

2. 총급여액 및 퇴직급여추계액 명세

구 분 계정명	⑰ 총급여액		⑱ 퇴직급여 지급대상이 아닌 임원 또는 직원 에 대한 급여액		⑲ 퇴직급여 지급대상이 되는 임원 또는 직원 에 대한 급여액		⑳ 기말 현재 임원 또는 직원 전원의 퇴직 시 퇴직급여 추계액	
	인원	금액	인원	금액	인원	금액	인원	금액
임 금(제)	11	550,000,000	2	16,000,000	9	534,000,000	12	280,000,000
급 여(판)	4	180,000,000	1	10,000,000	3	170,000,000	㉑「근로자퇴직급여 보장 법」에 따른 추계액[퇴 직연금미가입자의 경 우 일시퇴직기준(⑳)을 적용하여 계산한 금액]	
상여금(판)		10,000,000				10,000,000		
							인원	금액
							12	300,000,000
							㉒세법상 추계액 MAX(⑳, ㉑)	
계	15	740,000,000	3	26,000,000	12	714,000,000		300,000,000

서식에 작성한 예제를 프로그램에 직접 입력하고자 하는 경우 [5700.(주)두더지상사]에서 해보시기 바라며, 별도의 재무제표 정보는 제공하지 않습니다.

전산실무 PROCESS

항 목	입력내용 및 방법
총급여액	상단의 [불러오기(F12)]를 클릭하여 장부상 잔액을 반영할 수 있다. ① 계정과목명 : 계정과목 코드로 입력하며 코드를 모를 경우에는 코드도움(F2)을 이용하여 입력한다. ② "17. 총급여액"란에 인원과 금액을 입력한다. 다만, **규정초과 상여금** 또는 **손금불산입**되는 **인건비**는 **직접 차감**하여 입력한다. ③ 퇴직급여 지급대상이 아닌 임원 또는 직원에 대한 급여액과 퇴직급여 지급대상이 되지 않는 임원 또는 직원에 대한 급여액을 구분하여 "18란"에 입력하면 퇴직급여 지급대상인 임원과 직원의 인원과 금액은 "19란"에 자동 계산된다.
퇴직급여 추계액 명세서	① [원천징수]의 [퇴직급여추계액명세서]의 데이터를 반영하고자 하는 경우 [퇴직금추계액명세서] 버튼을 클릭하여 반영할 수도 있고 직접 입력도 가능하다. [퇴직금추계액 명세서 화면] ② "20.일시퇴직기준추계액"과 "21.근로자퇴직급여보장법에 따른 추계액" 중 큰 금액이 "22.세법상 추계액"에 자동 반영된다.
퇴직급여 충당금 조정	① 상단의 [잔액조회(F8)]를 클릭하여 퇴직급여충당부채(295) 계정의 당해 사업연도 증감내역을 조회하여 입력한다. [잔액조회 화면: 0295 퇴직급여충당부채 기초잔액 15,000,000 당기증가 20,000,000 당기감소 5,000,000 잔액 30,000,000] | 기초잔액 | 당기증가 | 당기감소 | | 4.장부상 충당금 기초잔액란 입력 | 15.회사 계상액란 입력 | 8.기중 퇴직금 지급액란 입력 | ② 장부상 충당금 기초잔액에 부인누계액이 있는 경우 전기 [자본금과적립금조정명세서(을)]를 확인하여 "7.기초 충당금 부인누계액"에 입력하여야 한다. ③ 세무상 설정전충당금 잔액은 "9.차감액"이며 "8.기중 퇴직금 지급액"을 입력한 후 "**9.차감액**"란의 금액이 음수인 경우 세무상충당금 잔액을 모두 사용하여 당해 사업연도에 손금불산입한 금액을 **손금 추인**할 수 있음을 의미한다. 세무조정 : 〈손금산입〉 전기퇴직급여충당금　×××(유보감소) ④ 퇴직급여충당금 자료를 입력 후 "16.한도초과액"란의 금액은 손금불산입 유보 처분한다. 세무조정 : 〈손금불산입〉 퇴직급여충당금 한도초과　×××(유보발생)

다음 자료를 이용하여 (주)합격(회사코드 : 5000)의 퇴직급여충당금조정명세서를 작성하고 관련된 세무조정내역을 소득금액조정합계표에 반영하시오.

1. 퇴직급여충당부채 변동내역	전기이월	당기지급액	당기설정액	기말잔액
	15,000,000원	5,000,000원	20,000,000원	30,000,000원
	전기이월액 중에는 세무상 한도초과액 2,000,000원이 포함되어 있고 당기지급액은 전부 현실적 퇴직으로 인하여 지급한 것이다.			

2. 총급여액 및 퇴직금추계액

- 당기 중 급여지급에 대한 내용은 다음과 같다.

구 분	총급여액		1년 미만자		1년 이상자	
	인원	금 액	인원	금 액	인원	금 액
임금(제)	42	600,000,000원	12	70,000,000원	30	530,000,000원
상여금(제)		230,000,000원		40,000,000원		190,000,000원
급여(판)	21	462,000,000원	6	30,000,000원	15	432,000,000원
상여금(판)		148,000,000원		20,000,000원		128,000,000원
계	63	1,440,000,000원	18	160,000,000원	45	1,280,000,000원

- 당해 사업연도 종료일 현재 퇴직급여지급 대상이 되는 임원 및 직원에 대한 퇴직급여추계액은 200,000,000원, 보험수리적 퇴직급여추계액은 150,000,000원이다.
- 인건비 중 생산직 임원(1년 이상)에게 지급한 상여금 중 5,000,000원은 급여지급기준을 초과하여 지급한 것이다.

3. 기타
- 당사의 퇴직금지급규정에 의하면 1년 미만 근속자는 지급대상에서 제외되어 있다.
- 당사는 퇴직연금에 가입한 적이 없다.

 예제 따라하기

(1) 총급여액 및 퇴직급여추계액명세

① 상단의 [불러오기(F12)]를 클릭하여 장부상 금액을 반영하고 지급규정 초과 지급한 상여금(제) 5,000,000원(손금불산입)을 차감한 225,000,000원으로 수정 입력 후 인원을 추가로 입력한다.

세무조정 : 〈손금불산입〉 임원상여금 지급기준초과액 5,000,000(상여)

② 근속기간 1년 미만자는 퇴직금지급규정에서 제외되므로 "18란"에 "1년 미만자" 자료를 입력한다.

③ 당해 사업연도의 퇴직급여추계액과 인원(45)을 입력한다.

계정과목명	17.총급여액		18.퇴직급여 지급대상이 아닌 임원 또는 직원에 대한 급여액		19.퇴직급여 지급대상이 되는 임원 또는 직원에 대한 급여액		20.기말 현재 임원 또는 직원 전원의 퇴직시 퇴직급여추계액	
	인원	금액	인원	금액	인원	금액	인원	금액
0504.임금(제)	42	600,000,000	12	70,000,000	30	530,000,000	45	200,000,000
0505.상여금(제)		225,000,000		40,000,000		185,000,000		
0801.급여(판)	21	462,000,000	6	30,000,000	15	432,000,000	21.(근로퇴직급여보장법)에 따른 추계액	
0803.상여금(판)		148,000,000		20,000,000		128,000,000	45	150,000,000
							22.세법상 추계액 MAX(20, 21)	
합계	63	1,435,000,000	18	160,000,000	45	1,275,000,000		200,000,000

(2) 퇴직급여충당금 조정

① 장부상 퇴직급여충당부채가 주어지지 않은 경우에는 상단의 [잔액조회(F8)]를 클릭하여 증감 내역을 메모 후 조정을 한다.

전기이월(기초잔액)	당기지급액	당기설정액	전기세무상 한도초과액
4.장부상 충당금 기초잔액	8.기중 퇴직금 지급액	15.회사계상액	7.기초 충당금 부인누계액

② 퇴직금 지급액은 모두 현실적인 퇴직에 해당하므로 전액 손금 인정된다.

③ 퇴직급여충당금 손금산입 한도액 : 0원

㉠ 총급여액 기준 : 1,275,000,000원 × 5% = 63,750,000원

㉡ 추계액 기준 : (200,000,000원 × 0%) − (15,000,000원 − 5,000,000원 − 2,000,000원)
= 0원

④ 퇴직급여충당금 한도초과액

회사계상액 20,000,000원 − 세법상 한도액 0원 = 20,000,000원(한도초과액)

세무조정 : 〈손금불산입〉 퇴직급여충당금 한도초과 20,000,000(유보발생)

1.퇴직급여충당금 조정								
『법인세법 시행령』 제60조 제1항에 따른 한도액	1.퇴직급여 지급대상이 되는 임원 또는 직원에게 지급한 총급여액((19)의 계)		2.설정률		3.한도액 (①*②)		비 고	
	1,275,000,000		5 / 100		63,750,000			
『법인세법 시행령』 제60조 제2항 및 제3항에 따른 한도액	4.장부상 충당금 기초잔액	5.확정기여형퇴직연금자의 설정전기계상퇴직급여충당금		6.기중 충당금 환입액		7.기초 충당금 부인누계액		8.기중 퇴직금 지급액
	15,000,000					2,000,000		5,000,000
	9.차감액 (④-⑤-⑥-⑦-⑧)	10.추계액 대비 설정액 ((22) * 0 / 100)		11.퇴직금 전환금		12.설정률 감소에 따른 환입을 제외하는금액(MAX(⑨-⑩-⑪,0)		13.누적한도액 (⑩-⑨+⑪+⑫)
	8,000,000							8,000,000
한도초과액 계산	14.한도액 (③과 ⑬중 적은 금액)			15.회사 계상액			16.한도초과액 ((15) − (14))	
				20,000,000			20,000,000	

(3) 조정등록(F3)

익금산입 및 손금불산입			손금산입 및 익금불산입		
과 목	금 액	소득처분	과 목	금 액	소득처분
임원상여금 지급기준초과액	5,000,000	상여			
퇴직급여충당금 한도초과	20,000,000	유보발생			

[1] 다음의 인건비 및 퇴직급여충당부채와 관련된 자료를 이용하여 퇴직급여충당금조정명세서를 작성하고 관련된 세무조정을 하시오. [회사코드 : 5200.(주)성공]

(1) 퇴직급여충당부채의 변동내역은 다음과 같다.

차 변		대 변	
미지급금	40,000,000원	전기이월	100,000,000원
차기이월	90,000,000원	퇴직급여	30,000,000원
합 계	130,000,000원	합 계	130,000,000원

(2) 퇴직금 지급으로 퇴직급여충당부채 감소액 40,000,000원에는 다음의 내역이 포함되어 있다.
  ① 김부장이 임원으로 승진하면서 퇴직금으로 지급한 금액 20,000,000원
  ② 직원 2명의 퇴직으로 인하여 지급한 금액 20,000,000원
(3) 전기 자본금과 적립금조정명세서(을)서식에 퇴직급여충당금한도초과액 25,000,000원이 있다.
(4) 당기 급여지급에 대한 내용은 다음과 같다.
  ① 총급여에는 신규입사자급여 및 중도퇴사자 급여가 포함되어 있다.

구 분		총급여		신규입사자급여		중도퇴사자급여
임 금(제)	45	1,020,000,000	2	35,000,000	1	25,000,000
상여금(제)		310,000,000				
급 여(판)	22	500,000,000	1	15,000,000	1	10,000,000
상여금(판)		250,000,000				

(5) 당해 사업연도 종료일 현재 임원 또는 직원의 퇴직급여추계액 및 보험수리적 퇴직급여추계액은 290,000,000원이다.
(6) 당사는 퇴직연금에 가입되어 있지 아니하며 1년 미만 근속자는 퇴직금지급대상에 제외하는 것이 당사의 퇴직금지급규정이다.

[2] 다음 자료를 이용하여 퇴직급여충당금조정명세서를 작성하고 퇴직금 지급 및 퇴직급여충당금 설정과 관련된 세무조정사항을 소득금액조정합계표에 반영하시오. [회사코드 : 5300.(주)기원]

	계정과목	인원	금액
급여자료	임 금(제)	15	200,000,000원
	급 여(판)	7	108,000,000원
	상여금(판)	7	30,000,000원
	합 계	29	338,000,000원

- 인건비 중 세법상 한도를 초과하여 지급한 금액은 없다.
- 당기 중 신입 직원은 없으나, 제조부 과장 1명이 8월 31일 퇴직하여 당기에 퇴직금을 지급하였고 퇴직시까지 지급한 급여는 16,000,000원이었다.

퇴직급여충당금 계정내역	퇴직급여충당금			
	당기지급액	40,000,000원	기초잔액	94,000,000원
	기말잔액	84,000,000원	당기설정액	30,000,000원
	합계	124,000,000원	합계	124,000,000원
	▪ 기초잔액에는 전기이전에 손금불산입된 금액이 64,000,000원이 포함되어 있다. ▪ 당기설정액은 판매비와 관리비로 16,000,000원, 제조원가로 14,000,000원을 설정한 것이다.			
기타	▪ 당기 말 현재 재직 중인 모든 임직원이 일시에 퇴직할 경우 지급해야 할 퇴직급여추계액은 110,000,000원이고, 보험수리적 기준에 의한 퇴직급여추계액은 90,000,000원이다. ▪ 회사는 현재 퇴직연금에 가입하지 않고 있다고 가정한다.			

※ 집중심화연습 해답은 [CHAPTER 04 과목별세무조정] 1039페이지에서 확인 가능합니다.

2 퇴직연금부담금조정명세서

임원과 직원에 대한 퇴직급여의 안정적인 보장을 위하여 퇴직급여충당금의 내부적립은 2016년부터 폐지되고 퇴직연금 부담금 등의 외부적립을 한 경우에 한하여 손비로 인정하고 있다. 퇴직연금제도는 확정기여형 퇴직연금제도와 확정급여형 퇴직연금제도가 있다.

실무이론 CHECK POINT

(1) 확정기여형 퇴직연금제도(DC)

법인은 사전에 정해진 부담금(연간 임금총액의 1/12 이상)을 퇴직연금사업자가 관리·운용하는 근로자 개인별계좌에 매년 1회 이상 정기적으로 납부할 의무를 지며, 근로자가 퇴직할 경우 추가적인 퇴직급여의 지급의무는 없다.

그러므로 확정기여형 퇴직연금제도 하에서 법인이 납부하는 부담금은 전액 손금산입하며, 확정기여형 퇴직연금이 설정된 임원 또는 직원은 퇴직급여충당금 설정대상자에서 제외한다.

구 분	기업회계	세무조정
부담금 납입시점	(차) 퇴직급여 ××× (대) 현금 등 ××× 　　(비용)	전액 손금인정 ⇨ 세무조정 없음
퇴사시점	회계처리 없음	세무조정 없음

(2) 확정급여형 퇴직연금제도(DB)

확정급여형 퇴직연금 부담금의 손금산입은 신고조정사항이다. 따라서 퇴직부담금을 납부한 법인이 그 부담금을 **결산서에 비용으로 계상한 경우**에는 이를 세법에 따른 손금산입범위액을 한도로 하여 인정하게 되며, 법인이 이를 결산서에 **비용으로 계상하지 않은 경우**에도 세법에 따른 손금범위액은 신고조정으로 손금산입하는 것이다.

구 분	결산조정하는 경우	신고조정하는 경우
부담금 납부시점	(차) 퇴직연금운용자산 ××× 　　(대) 현금 등 ×××	(차) 퇴직연금운용자산 ××× 　　(대) 현　금 ×××
운용수익 발생시점	(차) 퇴직연금운용자산 ××× 　　(대) 운용수익 ×××	(차) 퇴직연금운용자산 ××× 　　(대) 운용수익 ×××
부담금 손금산입	(차) 퇴직부담금(비용) ××× 　　(대) 퇴직연금충당금(부채) ×××	(회계처리 없음) 〈손금산입〉 [유보발생]
퇴사시점	(차) 퇴직연금충당금 ××× 　　퇴직급여(부족시) ××× 　　(대) 퇴직연금운용자산 ××× 　　　 현금 등 ×××	(차) 퇴직급여(비용) ××× 　　(대) 퇴직연금운용자산 ××× 　　　 현금 등 ××× 〈손금불산입〉 [유보감소]

① 확정급여형 퇴직연금 손금산입범위액

> **퇴직부담금의 손금산입범위액 : MIN(㉠, ㉡) – 이미 손금산입한 부담금**
> ㉠ 추계액 기준 = 기말 퇴직급여추계액* – 기말 세무상 퇴직급여충당금 잔액**
> ㉡ 운용자산 기준 = 기초 퇴직연금운용자산 잔액 – 기중 감소액 + 기중 납입액

* 확정기여형 퇴직연금 등이 설정된 임원 또는 직원은 추계액계산에서 제외한다.
　MAX(㉮ 일시퇴직기준 ㉯ 보험수리기준)
** 기말 세무상 퇴직급여충당금 잔액
　= 장부상 퇴직급여충당금 기말잔액 – 확정기여형 연금가입자 퇴직급여충당금 – 당기말 부인누계액***
*** 당기말 부인누계액 : 당기 [자본금과 적립금조정명세서(을)]의 "⑤기말잔액"과 일치

② 세무조정 방법

> 회사계상한 퇴직부담금 – 손금산입범위액 = ┌ (+) → 손금불산입 (유보발생)
> 　　　　　　　　　　　　　　　　　　　 └ (–) → 손금산입 (유보발생)

③ 퇴직급여 지급시의 처리

> ㉠ 퇴직으로 인하여 퇴직연금사업자 등으로부터 지급되는 퇴직일시금 등에 상당하는 퇴직연금충당금 등과의 상계한다. 다만, **신고조정**에 의하여 퇴직부담금 등을 **손금산입**한 경우에는 해당 퇴직일시금 상당액 등을 퇴직급여로 계상한 후 그 금액을 **손금불산입** 한다.
> ㉡ **퇴직급여충당금** 잔액이 있는 경우 **우선 상계**하며 퇴직연금운용자산에서 지급한 금액은 **손금산입하고 유보추인**한다.
> ㉢ 퇴직연금충당금 부족 시 **퇴직급여**로 처리하고 **손금산입** 한다.

(주)두더지상사는 확정급여(DB)형 퇴직연금에 가입하고 있으며, 장부상 퇴직급여충당부채 및 퇴직연금충당부채를 별도로 설정하지 않고 있다. 다음 자료를 이용하여 퇴직연금부담금조정명세서를 작성하고, 관련된 세무조정을 하시오.

(1) 퇴직연금관련 내역
- 퇴직연금운용자산 기초잔액 : 120,000,000원
- 당기 퇴직연금불입액 : 30,000,000원
- 당기 퇴직금 지급액 : 15,000,000원
- 퇴직연금운용자산 기말잔액 : 135,000,000원

(2) 퇴사자 퇴직금 지급시 전액 퇴직급여(비용) 처리하였고 퇴직연금에서 지급하였다.

> 회계처리 : (차) 퇴직급여 15,000,000원 　　(대) 퇴직연금운용자산 15,000,000원

(3) 전기 자본금과적립금조정명세서(을) 기말잔액에는 퇴직연금운용자산 120,000,000원(△유보)이 있다.
(4) 당기말 현재 퇴직급여추계액은 140,000,000원이다.
(5) 퇴직연금부담금조정명세서 작성

- 법인세법 시행규칙 [별지 제33호서식] (개정 2014.3.14)　　　　　　　　　　　　　　　　　(앞쪽)

사 업 연 도	2025. 01. 01. ~ 2025. 12. 31.	퇴직연금부담금 조정명세서	법 인 명	(주)두더지상사
			사업자등록번호	218-81-21304

1. 퇴직연금 등의 부담금 조정

① 퇴직급여추계액	당기말 현재 퇴직급여충당금				⑥ 퇴직부담금 등 손금산입 누적 한도액 (①-⑤)
	② 장부상 기말잔액	③ 확정기여형 퇴직연금자의 퇴직연금 설정 전 기계상된 퇴직급여충당금	④ 당기말 부인 누계액	⑤ 차감액 (②-③-④)	

⑦ 이미 손금 산입한 부담금 등(⑰)	⑧ 손금산입한도액 (⑥-⑦)	⑨ 손금산입대상 부담금 등(⑱)	⑩ 손금산입범위액 (⑧과⑨중 작은 금액)	⑪ 회사손금 계상액	⑫ 조정금액 (⑩-⑪)

2. 이미 손금산입한 부담금 등의 계산

가. 손금산입대상 부담금 등 계산

⑬ 퇴직연금 예치금 등 계(㉒)	⑭ 기초퇴직연금충당금 등 및 전기말 신고조정에 의한 손금산입액	⑮ 퇴직연금충당금 등 손금부인 누계액	⑯ 기중 퇴직연금등 수령및 해약액	⑰ 이미손금산입한 부담금 등 (⑭-⑮-⑯)	⑱ 손금산입대상 부담금 등 (⑬-⑰)

나. 기말 퇴직연금 예치금 등의 계산

⑲ 기초퇴직연금예치금 등	⑳ 기중 퇴직연금예치금 등 수령 및 해약액	㉑ 당기 퇴직연금예치금 등의 납입액	㉒ 퇴직연금예치금 등 계 (⑲-⑳+㉑)

【해설】

(1) 당기 퇴직금지급액 세무조정
장부상 퇴직급여충당부채 및 퇴직연금충당부채를 설정하고 있지 않으므로 지급에 대한 회계처리는 전액 당기비용으로 처리하였으므로 이월손금에 해당하여 손금불산입 처리한다.

> 세무조정 : 〈손금불산입〉 퇴직연금지급액 15,000,000(유보감소)

(2) 퇴직연금부담금 한도계산 및 세무조정
① 퇴직부담금의 손금산입범위(한도)액 : **30,000,000원** [MIN(㉠추계액 기준, ㉡운용자산 기준)]
  ㉠ 추계액 기준 = 140,000,000원 − 0원 − 105,000,000원 = 35,000,000원
  ㉡ 운용자산 기준 = 120,000,000원 − 15,000,000원 + 30,000,000원 − 105,000,000원 = 30,000,000원
  ⇨ 이미 손금산입한 부담금 = 120,000,000원 − 15,000,000원 = 105,000,000원
② 결산서에 비용으로 계상한 금액이 없으므로 불입액 전액 손금산입 한다.

> 세무조정 : 〈손금산입〉 퇴직연금운용자산 30,000,000(유보발생)

(3) 퇴직연금부담금 조정명세서

■ 법인세법 시행규칙 [별지 제33호서식] 〈개정 2014.3.14〉 (앞쪽)

사 업 연 도	2025. 01. 01. ~ 2025. 12. 31.	퇴직연금부담금 조정명세서	법 인 명	(주)두더지상사
			사업자등록번호	218−81−21304

1. 퇴직연금 등의 부담금 조정

① 퇴직급여추계액	당기말 현재 퇴직급여충당금				⑥ 퇴직부담금 등 손금산입 누적 한도액 (①−⑤)
	② 장부상 기말잔액	③ 확정기여형 퇴직연금자의 퇴직연금 설정 전 기계상된 퇴직급여충당금	④ 당기말 부인 누계액	⑤ 차감액 (②−③−④)	
140,000,000					140,000,000

⑦ 이미 손금 산입한 부담금 등(⑰)	⑧ 손금산입한도액 (⑥−⑦)	⑨ 손금산입대상 부담금 등(⑱)	⑩ 손금산입범위액 (⑧과⑨중 작은 금액)	⑪ 회사손금 계상액	⑫ 조정금액 (⑩−⑪)
105,000,000	35,000,000	30,000,000	30,000,000	0	30,000,000 (손금산입)

2. 이미 손금산입한 부담금 등의 계산

가. 손금산입대상 부담금 등 계산

⑬ 퇴직연금 예치금 등 계(㉒)	⑭ 기초퇴직연금충당금 등 및 전기말 신고조정에 의한손금산입액	⑮ 퇴직연금충당금 등손금부인 누계액	⑯ 기중 퇴직연금등 수령및 해약액	⑰ 이미손금산입한 부담금 등 (⑭−⑮−⑯)	⑱ 손금산입대상 부담금 등 (⑬−⑰)
135,000,000	120,000,000		15,000,000	105,000,000	30,000,000 (손금불산입)

나. 기말 퇴직연금 예치금 등의 계산

⑲ 기초퇴직연금예치금 등	⑳ 기중 퇴직연금예치금 등 수령 및 해약액	㉑ 당기 퇴직연금예치금 등의 납입액	㉒ 퇴직연금예치금 등 계 (⑲−⑳+㉑)
120,000,000	15,000,000	30,000,000	135,000,000

서식에 작성한 예제를 프로그램에 직접 입력하고자 하는 경우 [5700.(주)두더지상사]에서 해보시기 바라며, 별도의 재무제표 정보는 제공하지 않습니다.

전산실무 PROCESS

항 목	입력내용 및 방법
기말퇴직연금 예치금등의 계산	상단의 [잔액조회(F8)]로 장부상 "186.퇴직연금운용자산"의 내역을 조회하여 입력한다. **신고조정**을 하는 경우 "20란"의 입력 금액은 **세무조정** 대상이 되며 "16란"에 자동 반영된다.
손금산입대상 부담금등의 계산	① 14.기초충당금 및 손금산입액 : 직전 사업연도 세무조정계산서상 퇴직연금부담금 등의 손금산입누계액을 입력한다. ⇨ 전기 [자본금과적립금조정명세서(을)]의 기말잔액 ② 15.퇴직연금충당금등 손금부인누계액 : **결산조정**으로 인하여 부인된 전기말 부인누계액을 입력한다. ⇨ 전기 [자본금과적립금조정명세서(을)]의 기말잔액 ③ 17.이미손금산입한 부담금 등 : "(14란) 금액 − (15란) 금액 − (16란) 금액"으로 자동 계산되며 "(7)란"에 자동 반영된다.
퇴직연금 등의 부담금 조정	① [퇴직급여충당금조정명세서]를 작성한 경우 상단의 [**불러오기(F12)**]를 클릭하여 반영할 수 있으며 직접입력도 가능하다. ② "당기말 현재 퇴직급여충당금"은 퇴직급여충당금이 있는 회사만 입력하며 "**4.당기말부인누계액**"은 당기말 [자본금과적립금조정명세서(을)]상의 **기말잔액**을 입력한다. ③ 11.회사손금계상액 : 결산조정에 의하여 **퇴직연금충당부채**를 설정한 경우 입력한다. ④ 12.조정금액 : 신고조정의 경우에는 **양수(+)**금액을 **손금산입**하고 결산조정의 경우에는 **음수(-)**금액을 **손금불산입** 처리한다.

실무예제

(주)합격(회사코드 : 5000)은 근로자의 퇴직금에 대하여 퇴직연금 중 확정급여형으로 가입하였으며, 그 자료는 다음과 같다. 퇴직연금부담금등조정명세서를 작성하고, 세무조정사항을 소득금액조정합계표에 반영하시오. 참고로 당사는 퇴직연금에 대하여 전액 퇴직연금운용자산으로 처리하고 있고, 신고조정에 의하여 전액 세무조정하고 있다.

(1) 퇴직급여충당부채 계정내역

퇴직급여충당부채			
당기지급	5,000,000	기초잔액	15,000,000
기말잔액	30,000,000	당기설정	20,000,000
	35,000,000		35,000,000

(2) 퇴직급여충당금 당기말 부인 누계액은 22,000,000원이다.
(3) 당기말 퇴직급여추계액은 200,000,000원이다.
(4) 퇴직연금운용자산 계정내역

퇴직연금운용자산			
기초잔액	10,000,000	당기감소액	6,000,000
당기납부액	18,000,000	기말잔액	22,000,000
	28,000,000		28,000,000

퇴직연금운용자산 당기감소액은 퇴직요건을 충족한 근로자가 퇴직(일시금 선택)시 발생된 것으로 이와 관련된 회사의 회계처리는 다음과 같다.

| (차) 퇴직급여 | 6,000,000 | (대) 퇴직연금운용자산 | 6,000,000 |

(5) 퇴직연금운용자산의 기초잔액은 전액 전기에 신고조정에 의하여 손금산입된 금액으로 전기 자본금과적립금조정명세서(을)에 10,000,000원(△유보)으로 기입되어 있다.

 **예제 따라하기**

① [퇴직급여충당금조정명세서]를 작성하였으므로 상단의 [불러오기(F3)]를 클릭하여 "퇴직급여 추계액"을 반영한다.

② 퇴직연금운용자산의 장부상 내역이 없는 경우 상단의 [잔액조회(F8)]를 클릭하여 "186.퇴직연금운용자산"의 변동내역을 메모한 후 조정하며 주어진 경우에는 직접 입력하며 입력 후 "22란"의 금액은 기말잔액과 반드시 일치하여야 한다.

1 나.기말 퇴직연금 예치금 등의 계산			
19.기초 퇴직연금예치금 등	20.기중 퇴직연금예치금 등 수령 및 해약액	21.당기 퇴직연금예치금 등의 납입액	22.퇴직연금예치금 등 계 (19 - 20 + 21)
10,000,000	6,000,000	18,000,000	22,000,000

③ "14란"에 전기 [자본금과적립금조정명세서(을)]의 손금산입액 10,000,000원을 입력하면 "17란"의 금액이 자동 계산된다. 또한 신고조정에 손금산입을 하였으므로 "16란"의 금액은 손금불산입하고 유보 추인하여야 한다.

세무조정 : 〈손금불산입〉 퇴직연금 지급   6,000,000(유보감소)

2 가.손금산입대상 부담금 등 계산					
13.퇴직연금예치금 등 계 (22)	14.기초퇴직연금충당금등 및 전기말 신고조정에 의한 손금산입액	15.퇴직연금충당금등 손금부인 누계액	16.기중퇴직연금등 수령 및 해약액	17.이미 손금산입한 부담금등 (14 - 15 - 16)	18.손금산입대상 부담금 등 (13 - 17)
22,000,000	10,000,000		6,000,000	4,000,000	18,000,000

④ 퇴직급여충당금의 당기말부인누계액은 당기 [자본금과적립금조정명세서(을)]의 기말잔액과 일치하여야 하며 이미 [퇴직급여충당금조정명세서]를 작성하여 금액은 확정되었다.

부인누계액 = 전기말 부인누계액(7란) + 당기 부인액(16란) - 당기 초과지급액(9란 음수)
       = 2,000,000원 + 20,000,000원 = 22,000,000원

⑤ 신고조정하므로 "11란"에 입력한 금액은 없으며 "12.조정금액"을 확인하고 손금산입 한다.

세무조정 : 〈손금산입〉 퇴직연금운용자산   18,000,000(유보발생)

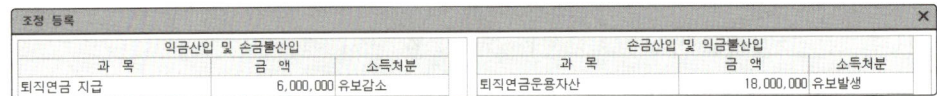

⑥ 조정등록(F3)

조정 등록						
익금산입 및 손금불산입			손금산입 및 익금불산입			
과 목	금 액	소득처분	과 목	금 액	소득처분	
퇴직연금 지급	6,000,000	유보감소	퇴직연금운용자산	18,000,000	유보발생	

[1] 다음 자료를 이용하여 퇴직연금부담금조정명세서를 작성하고, 관련된 세무조정을 소득금액조정합계표에 반영하시오. [회사코드 : 5400.(주)대성]

(1) 퇴직연금관련 내역
- 퇴직연금운용자산 기초잔액 : 140,000,000원
- 당기 퇴직연금불입액 : 32,000,000원
- 당기 퇴직금 지급액 : 30,000,000원(퇴직연금에서 지급 25,000,000원, 당사 지급 5,000,000원)
- 퇴직연금운용자산 기말잔액 : 147,000,000원

(2) 전기 자본금과적립금조정명세서(을) 기말잔액에는 퇴직연금운용자산 100,000,000원(△유보)가 있다.

(3) 당기말 현재 퇴직급여추계액은 170,000,000원이며 퇴직급여충당부채는 설정하지 않았다.

[2] 다음 자료를 이용하여 퇴직연금부담금조정명세서를 작성하고, 관련된 세무조정을 소득금액조정합계표에 반영하시오. [회사코드 : 5100.(주)배움]

(1) 퇴직금추계액
- 기말 현재 직원, 임원 전원 퇴직시 퇴직금추계액 : 320,000,000원

(2) 퇴직급여충당금내역(당기 결산서에 추가 설정액은 없음)
- 기초퇴직급여충당금 : 30,000,000원
- 전기말 현재 퇴직급여충당금부인액 : 6,000,000원

(3) 당기퇴직현황
- 2025년 퇴직금지급액은 총 20,000,000원이며 전액 퇴직급여충당금과 상계하였다.
- 퇴직연금 수령액은 4,000,000원이다.

(4) 퇴직연금현황
- 2025년 기초 퇴직연금운용자산 금액은 230,000,000원이다.
- 확정급여형 퇴직연금과 관련하여 신고조정으로 손금산입하고 있으며, 전기분까지 신고조정으로 손금산입된 금액은 230,000,000원이다.
- 당기 회사의 퇴직연금불입액은 50,000,000원이다.

[3] 실무이론 다지기

01. 현행 법인세법에서는 기업이 실제로 지출한 인건비라 하더라도 손금인정 여부를 달리 규정하고 있다. 다음 중 법인세법상 손금산입 요건에 가장 맞지 않는 경우는?

① 회사는 근로자(임원 제외)와 연봉제계약을 맺고 매년 '근로자퇴직급여보장법'에 따라 퇴직급여를 중간정산하여 퇴직금으로 손금처리하였다.

② 회사는 임원에게 퇴직금을 지급함에 있어 '퇴직전 1년간 총급여액 × 10% × 근속연수'를 기준으로 하여 지급하고 있으나, 회사는 임원에 대한 별도의 퇴직금규정을 두고 있지 않다.

③ 회사는 근로자(임원 제외)에게 상여금(이익처분에 의한 상여금은 아님)을 지급하고 있으나, 별도의 상여금지급기준을 두고 있지 않다.

④ 회사는 임원에 대한 상여금을 근로자 퇴직급여 보장법에 따라 지급하고 있으며 별도의 상여금 지급규정은 없다.

02. 다음은 법인세법상 인건비에 대한 설명이다. 옳지 않은 것은?
① 임원에게 성과산정지표 및 그 목표, 성과의 측정 및 배분방법 등에 대하여 사전에 근로자와 다른 약정을 하고 이에 따라 그 임원에게 지급하는 성과배분상여금은 손금산입 한다.
② 임원이 아닌 직원에게 지급되는 급여, 상여금, 퇴직금은 원칙적으로 전액 손금산입 한다.
③ 국민건강보험법에 의하여 사용자로서 부담하는 금액은 손금산입 한다.
④ 임원 또는 직원에게 사회통념상 타당하다고 인정되는 범위에서 지급하는 경조비는 손금산입 한다.

03. (주)고양이 임원 및 종업원에게 지급한 상여금·퇴직금과 세법상 상여금·퇴직금 지급기준은 다음과 같다. 이 경우 필요한 세무조정은? 단, 상여금은 이익처분에 의하여 지급하는 상여금이 아니다.

> 1. 임원의 상여금 지급 : 30,000,000원(임원상여금 지급기준 한도액 : 20,000,000원)
> 2. 종업원의 상여금 지급 : 20,000,000원(종업원상여금 지급기준 한도액 : 10,000,000원)
> 3. 임원의 퇴직금 지급 : 100,000,000원(임원퇴직금 지급기준 한도액 : 90,000,000원)
> 4. 종업원의 퇴직금 지급 : 50,000,000원(종업원퇴직금 지급기준 한도액 : 40,000,000원)

① 〈손금불산입〉 기준한도초과액 10,000,000원(상여)
② 〈손금불산입〉 기준한도초과액 20,000,000원(상여)
③ 〈손금불산입〉 기준한도초과액 30,000,000원(상여)
④ 〈손금불산입〉 기준한도초과액 40,000,000원(상여)

04. 다음 중 법인세법상 퇴직급여를 손금에 산입할 수 있는 현실적인 퇴직에 해당하지 않는 경우는?
① 근로자퇴직급여보장법에 따라 중간정산시점부터 새로 근무연수를 기산하여 퇴직급여를 계산하는 경우의 퇴직급여 중간정산
② 법인의 직원이 당해 법인의 임원으로 취임한 때
③ 외국법인의 국내지점 종업원이 본국의 본점으로 전출하는 때
④ 법인의 임원이 그 법인의 조직변경에 의하여 퇴직한 때

05. 다음은 법인세법상 퇴직금 및 퇴직급여충당금 제도에 대한 설명으로 옳지 않은 것은?
① 퇴직급여 지급규정에서 인정하는 경우, 기중에 입사한 임직원에 대하여 퇴직급여충당금을 설정할 수 있으나 세무상 한도액까지만 손금으로 인정한다.
② 확정기여형 퇴직연금이 설정된 부분에 대하여 퇴직급여충당금을 설정할 필요가 없다.
③ 확정급여형 퇴직연금이 설정된 부분에 대하여 퇴직급여충당금을 설정할 수 있다.
④ 임원에 대한 퇴직금은 회사의 지급규정이 없는 경우 손금으로 인정되지 아니한다.

06. 법인세법상 임원퇴직금은 정관에 퇴직금이 정해진 경우 그 금액으로 하되, 그 이외의 경우에는 다음 산식에 의하여 계산한다. 괄호 안에 알맞은 숫자는?

> 퇴직직전 1년간 총급여액 × ( ) × 근속연수

① 1/10   ② 1/12   ③ 1/15   ④ 1/20

07. 다음 중 법인세법상 퇴직금, 퇴직급여충당금 및 퇴직연금충당금에 관련된 설명으로 틀린 것은?
① 퇴직급여충당금을 손금에 산입한 내국법인이 임원이나 직원에게 퇴직금을 지급하는 경우에는 그 퇴직급여충당금에서 먼저 지급하여야 한다.
② 법인의 직원이 당해 법인의 임원으로 취임하면서 퇴직금을 지급받는 경우 현실적인 퇴직으로 보지 않는다.
③ 퇴직급여지급규정에서 1년 미만의 근속자에게도 퇴직금을 지급하는 규정이 있는 경우 기중에 입사한 임직원에 대하여 퇴직급여충당금을 설정할 수 있다.
④ 직원의 퇴직을 퇴직급여의 지급사유로 하는 퇴직연금부담금으로서 확정기여형으로 지출하는 금액은 해당 사업연도의 소득금액계산에 있어서 이를 전액 손금에 산입한다.

08. 법인세법상 임직원의 인건비에 대한 설명이다. 가장 올바른 것은?
① 임원의 상여금은 정관에 규정된 한도 내의 금액은 전액 손금으로 인정된다.
② 임원의 퇴직금은 정관의 위임규정에 따라 이사회 결정에 의하여 지급된 금액도 지급규정이 있는 것으로 본다.
③ 임원의 퇴직금에 대한 지급규정이 없는 경우에는 전액 손금불산입한다.
④ 임원의 상여금에 대한 지급규정이 없는 경우에는 법인세법상 한도액을 기준으로 손금불산입 여부를 결정한다.

09. 법인세법 규정에 의한 인건비에 대한 설명으로 틀린 것은?
① 합명회사의 노무출자사원의 인건비는 손금에 산입하지 않는다.
② 비상근임원에게 지급하는 보수는 부당행위계산 부인대상이 아닌 경우 손금에 산입한다.
③ 법인이 임원에게 지급하는 상여금 중 정관·주주총회 또는 이사회의 결의에 의하여 결정된 급여지급기준 금액을 초과한 금액은 손금에 산입하지 않는다.
④ 법인이 근로자와 성과산정지표등에 대하여 사전에 서면으로 약정하고 지급하는 이익처분에 의한 성과배분 상여금은 손금산입 한다.

※ 집중심화연습 해답은 [CHAPER 04 과목별세무조정] 1041페이지에서 확인 가능합니다.

3. 대손충당금 및 대손금조정명세서

    외상매출금·대여금·기타 이에 준하는 채권에 대한 대손예상액을 대손충당금으로 손금 계상한 경우에는 일정금액의 범위 내에서 손금에 산입한다.

    각 사업연도에 발생한 대손금은 기 설정된 대손충당금계정과 상계하며, 대손충당금잔액을 초과하는 대손금은 손금에 산입한다. 당해 사업연도에 발생하는 대손금과 상계하고 남은 대손충당금잔액은 익금에 산입하거나 당해 사업연도에 손금산입할 대손충당금계정에 보충하여야 한다.

실무이론 CHECK POINT

1 대손금

    대손금이란 회수가 불가능한 채권금액을 말하며 이는 순자산의 감소시키는 원인이 되므로 손금에 해당한다. 다만 기업회계기준은 회사의 판단에 의하여 회수 불가능한 채권이면 모두 대손처리할 수 있으나 법인세법은 대손금의 범위에 해당하는 사유를 엄격히 규정하고 있으며 이는 신고조정사항과 결산조정사항으로 구분된다.

(1) 대손금의 범위

① 신고조정사항(강제사항)에 해당하는 대손금

    다음 중 어느 하나에 해당하는 채권의 금액은 **해당사유가 발생한 날이 속하는 사업연도의 손금**으로 한다.

구 분	신고조정사항(강제사항)에 해당하는 대손금의 구체적인 범위
소멸시효가 완성된 채권	① 상법에 따른 소멸시효가 완성된 외상매출금 및 미수금 ② 어음법에 따른 소멸시효가 완성된 어음 ③ 수표법에 따른 소멸시효가 완성된 수표 ④ 민법에 따른 소멸시효가 완성된 대여금 및 선급금
그 밖의 채권	① 채무자 회생 및 파산에 관한 법률에 의한 회생계획인가의 결정 또는 법원의 면책결정에 따라 회수불능으로 확정된 채권 ② 채무자의 재산에 대한 경매가 취소된 압류채권

② 결산조정사항(임의사항)에 해당하는 대손금

    다음 중 어느 하나에 해당하는 채권의 금액은 **해당 사유가 발생하여 회사의 결산서상에 손금으로 계상한 날이 속하는 사업연도의 손금**으로 한다. 따라서 결산서에 비용으로 계상하지 않은 경우에는 신고조정(세무조정)에 의해 손금으로 산입할 수 없다.

결산조정사항(임의사항)에 해당하는 대손금의 구체적인 범위

① **부도발생일**부터 6개월 이상 지난 수표 또는 어음상의 채권 및 외상매출금(**중소기업의 외상매출금**으로서 부도발생일 이전의 것만 해당된다)**. 다만, 해당 법인이 채무자의 재산에 대하여 저당권을 설정하고 있는 경우는 제외한다.
  * '**부도발생일**'이란 소지하고 있는 부도수표나 부도어음의 지급기일(지급기일 전에 해당 수표나 어음을 제시하여 금융기관으로부터 부도확인을 받은 경우에는 그 부도확인일을 말한다)을 말한다.
  ** 대손금으로 손금 계상할 수 있는 금액 : 사업연도 종료일 현재 회수하지 않은 해당 채권의 금액에서 1,000원 (**비망가액**)을 뺀 금액으로 한다. 이 금액은 추후 소멸시효 완성시점에 손금처리 한다.
② 중소기업의 외상매출금 및 미수금으로서 회수기일이 2년 이상 지난 외상매출금 등. 다만, 특수관계인과의 거래로 인하여 발생한 외상매출금등은 제외한다.
③ 채무자의 파산, 강제집행, 형의집행, 사업의 폐지, 사망, 실종, 행방불명으로 인하여 회수할 수 없는 채권
④ 회수기일을 6개월 이상 지난 채권 중 **채권가액이 30만원 이하**(채무자별 채권가액의 합계액을 기준으로 함)의 채권
⑤ 물품의 수출 또는 외국에서의 용역제공으로 발생한 채권으로서 외국환 거래에 관한 법령에 의하여 한국은행총재 또는 외국환은행장으로부터 채권회수의무를 면제 받은 것
⑥ 금융회사 등의 채권으로서 요건을 충족한 채권
⑦ 중소기업창업투자회사의 창업자에 대한 채권으로서 중소벤처기업부장관이 기획재정부장관과 협의하여 정한 기준에 해당한다고 인정한 것

(2) 대손금으로 손금산입 할 수 있는 채권의 범위

일반적인 매출채권은 물론이고, 영업거래 외의 채권도 위의 요건에 해당하는 경우에는 대손처리할 수 있으며 **회수할 수 없는 부가가치세 매출세액 미수금**(부가가치세법상 대손세액공제를 받은 것은 제외)도 포함된다.

[대손금 손금불산입 및 대손충당금 설정대상 제외 채권]
① **채무보증**(법령에서 허용하는 채무보증 등 일정한 채무보증은 제외)으로 인하여 발생한 구상채권. 이러한 구상채권의 경우에는 그 처분손실도 이를 손금으로 산입하지 않는다.
② **특수관계인에게 해당 법인의 업무와 관련없이 지급한 가지급금** 등. 이러한 가지급금 등의 채권의 경우에는 그 처분손실도 손금에 산입하지 않는다.

(3) 대손금의 세무조정

대손요건 충족은 손금인정되나 대손사유를 충족하지 못한 채권을 대손처리한 경우에는 이를 손금불산입하여 유보처분하고 동 **대손금부인액**은 **대손충당금 설정대상 채권**에 포함시켜야 한다.

회계처리			세무처리
대손처리	① 대손충당금과 상계 ② 대손상각비로 계상	비용계상으로 봄	① 대손요건 충족 : 세무조정 없음 ② 대손요건 불충족 : 손금불산입 (유보발생)

(4) 대손금 회수액의 처리

손금산입한 대손금 중 회수한 금액은 그 회수한 날이 속하는 사업연도의 소득금액을 계산할 때 익금에 산입한다.

회계처리		세무처리	
대손처리한 금액의 회수	대손충당금으로 계상	수익계상으로 봄	① 손금인정 받은 금액 : (세무조정 없음) ② 손금불산입된 금액 : 익금불산입 (유보감소)

(주)두더지상사(사업연도 : 2025. 1. 1 ~ 2025. 12. 31)의 대손금에 대한 세무조정을 하시오.

① 보유중인 받을어음에 대해 은행으로부터 부도확인을 받고 다음과 같이 회계처리 하였다. (부도확인일자는 2025년 12월 27일)

(차) 대손충당금　　　5,000,000원　　　(대) 받을어음　　　5,000,000원

구 분	회계처리	
기업회계	(차)	(대)
세무회계	(차)	(대)
조정차이	(차)	(대)
세무조정		

② 부도발생일로부터 6월 경과한 중소기업의 외상매출금 7,000,000원에 대해서 다음과 같이 회계처리 하였다.

(차) 대손충당금　　　5,000,000원　　　(대) 외상매출금　　　7,000,000원
　　대손상각비(판)　　2,000,000원

구 분	회계처리	
기업회계	(차)	(대)
세무회계	(차)	(대)
조정차이	(차)	(대)
세무조정		

③ 당기에 대손처리한 외상매출금은 전기에 소멸시효가 완성되었다. 전기에 세무조정은 적정하게 처리되었다.

(차) 대손충당금　　　3,000,000원　　　(대) 외상매출금　　　3,000,000원

구 분	회계처리	
기업회계	(차)	(대)
세무회계	(차)	(대)
조정차이	(차)	(대)
세무조정		

【해설】

① 부도발생일로부터 6월 경과한 2026년 6월 28일에 대손처리가 가능하므로 손금불산입처리하고 동 금액은 대손충당금 설정대상 채권에 포함하여야 한다.

구 분	회계처리			
기업회계	(차) 대손충당금	5,000,000	(대) 받을어음	5,000,000
세무회계	회계처리 없음			
조정차이	(차) 받을어음(자산증가)	5,000,000	(대) 대손충당금(비용감소)	5,000,000
세무조정	〈손금불산입〉 받을어음 5,000,000 (유보발생)			

② 부도사유에 의한 대손금은 비망가액 1,000원을 제외하고 대손처리하여야 하므로 손금불산입하고 동 금액은 대손충당금 설정대상 채권에 포함하여야 한다. 추후 소멸시효완성 시점에 유보추인 한다.

구 분	회계처리			
기업회계	(차) 대손충당금 　　대손상각비(판)	5,000,000 2,000,000	(대) 외상매출금	7,000,000
세무회계	(차) 대손충당금 　　대손상각비(판)	5,000,000 1,999,000	(대) 외상매출금	6,999,000
조정차이	(차) 외상매출금(자산증가)	1,000	(대) 대손상각비(비용감소)	1,000
세무조정	〈손금불산입〉 외상매출금 1,000 (유보발생)			

③ 소멸시효완성의 대손사유는 신고조정에 해당하므로 요건 충족한 사업연도의 손금에 산입하여야 한다. 세무조정은 전기에 적정하게 이루어졌으므로 당기에는 전기의 유보를 추인하여야 한다.

구 분	회계처리			
기업회계	(차) 대손충당금	3,000,000	(대) 외상매출금	3,000,000
세무회계	회계처리 없음			
조정차이	(차) 외상매출금(자산증가)	3,000,000	(대) 대손충당금(비용감소)	3,000,000
세무조정	〈손금불산입〉 외상매출금 3,000,000 (유보감소) 전기 세무조정 : 〈손금산입〉 외상매출금 3,000,000 (유보발생)			

2 대손충당금의 손금산입

　대손충당금을 손금계상한 법인은 대손금이 발생한 경우 그 대손금을 이미 계상되어 있는 대손충당금과 먼저 상계하여야 하며, 손금산입한 사업연도의 다음 사업연도에 상계하고 남은 대손충당금 잔액을 익금에 산입한다.

　이처럼 **법인세법은 전기에 설정한 대손충당금 잔액을 환입하고 다시 설정하는 방법을 요구하고 있는데, 이것을 '총액법'이라고 한다.** 이에 반하여 기업회계에서는 상계하고 남은 대손충당금 잔액을 환입하지 않고 대손추산액에 미달하는 부분만을 추가적으로 설정(초과하는 경우에는 환입)하도록 하고 있는데, 이것을 '**보충법**'이라고 한다.

 예제

(주)두더지상사의 다음 대손충당금 내역을 확인하여 보충법과 총액법의 차이를 이해해 보자.

- 기초대손충당금 잔액 : 10,000,000원
- 대손충당금 추정액 : 12,000,000원
- 기중 대손금 발생 : 3,000,000원
- 기말 대손충당금 추가설정액 : 5,000,000원

【해설】

해당 사업연도 대손충당금 손금산입 범위액에서 익금에 산입하여야 할 대손충당금을 차감한 잔액만을 대손충당금으로 계상한 경우 그 차감한 금액은 이를 각각 익금 또는 손금에 산입한 것으로 본다. 따라서 **회사가 보충법에 의해 회계처리한 경우에는 이를 총액법으로 바꾸어 놓고 세무조정을 하여야 한다.**

- 기업회계 : 보충법에 의한 대손충당금 설정액 = 12,000,000원 - 7,000,000원 = **5,000,000원**
- 법인세법 : 총액법에 의한 대손충당금 설정액 = **12,000,000원**

구 분	회계처리			
기업회계	(차) 대손상각비	5,000,000	(대) 대손충당금	5,000,000
세무회계	(차) 대손충당금 대손상각비	7,000,000 12,000,000	(대) 대손충당금환입 대손충당금	7,000,000 12,000,000
조정차이	(차) 대손충당금 대손상각비	7,000,000 7,000,000	(대) 대손충당금환입 대손충당금	7,000,000 7,000,000
세무조정	위 조정분개는 재무상태표(F/P) 및 손익계산서(I/S)에 아무런 영향도 미치지 않으므로 세무조정을 생략한다. 그러나 생략하더라도 실제로는 7,000,000원의 대손충당금이 환입되고 7,000,000의 대손충당금이 추가적으로 설정된 것으로 보고 대손충당금에 대한 세무조정을 하여야 한다. ⇨ **당기설정충당금 보충액란에 입력**			

[기업회계]
대손충당금

당기상계	3,000,000	전기이월	10,000,000
차기이월	12,000,000	당기설정	5,000,000

[법인세법]
대손충당금

당기상계	3,000,000	전기이월	10,000,000
당기환입	7,000,000	당기설정	7,000,000
차기이월	12,000,000	당기설정	5,000,000

(1) 손금산입한도액

대손충당금의 손금산입은 결산조정사항에 해당하므로 회사가 비용으로 계상한 경우에 한하여 일정한 한도액 범위 내에서 손금으로 산입할 수 있다.

대손충당금 손금산입한도액 = 설정대상채권의 세무상 장부가액 합계액 × 설정률

(2) 설정대상채권의 범위

설정대상채권의 범위	설정대상에서 제외되는 것
① 상품·제품의 판매가액의 미수액과 가공료·용역 등의 제공에 의한 사업수입금액의 미수액(매출채권, 공사미수금 등) ② 금전소비대차계약 등에 따라 타인에게 대여한 금액 ③ 어음상의 채권, 미수금, 그 밖에 기업회계기준에 따른 대손충당금 설정대상채권 ④ 동일인에 채권과 채무는 상계하지 않는 것이 원칙이나 상계약정이 있는 경우에는 상계가 가능하다.	① 특수관계자에게 해당 법인의 업무와 관련없이 지급한 가지급금 등 ② 할인어음, 배서양도한 어음 ③ 채무보증으로 인하여 발생한 구상채권 ④ 부당행위계산에 해당하는 고가매입의 경우 시가초과액에 상당하는 양도법인의 채권

이러한 설정대상채권의 장부가액은 세무상의 금액으로 한다. 따라서 **세무조정에 의해 익금산입한 채권 누락분**도 대손충당금의 설정대상에 포함하며, **대손금 부인액**도 대손요건을 충족하지 못하였으므로 세무상 채권으로서 존속하는 것으로 간주하여 대손충당금 설정대상에 포함한다.

설정대상채권의 세무상 합계액 = 재무상태표상 장부가액 합계액 ± 채권관련 유보잔액* − 설정대상에서 제외되는 채권가액

* 채권관련 유보잔액 = 채권관련 기초유보잔액 ± 당기 중 채권관련 유보금액

(3) 대손충당금의 설정률

설정률 : Max(①, ②)
① 1% (금융회사도 1%)
② 대손실적률 = $\dfrac{\text{해당 사업연도의 세법상 대손금(요건을 충족한 것에 한정한다)}}{\text{직전 사업연도 종료일 현재의 세무상 채권잔액}} \times 100$

(4) 대손충당금의 세무조정

대 손 충 당 금 설 정 액 (−) 대 손 충 당 금 한 도 액	재무상태표상 **대손충당금 기말잔액**(총액법에 의하므로)
＋　한　도　초　과　액	손금불산입(유보발생) ⇨ 다음연도에 무조건 손금산입(유보감소)
−　한　도　미　달　액	세무조정 없음(결산조정사항이므로)

다음 자료를 보고 (주)두더지상사(중소기업)의 대손충당금 및 대손금조정명세서를 작성하고 세부담이 최소화 되도록 세무조정을 하시오.

(1) 대손충당금 및 대손금 자료

대손충당금 변동내역	■ 전기이월 : 15,000,000원(전기부인액 : 3,000,000원 포함) ■ 당기상계 : 8,500,000원(당기 4월 10일과 9월 20일 대손요건 충족되는 채권과 상계) ■ 당기설정 : 10,000,000원　　■ 차기이월 : 16,500,000원

대손발생 내역 (외상매출금)	■ 4/10 : 4,500,000원은 채무자 파산종결 결정에 따른 회수불가능액으로 확인된 채권 ■ 8/10 : 소멸시효 완성된 외상매출금이 8,000,000원이 있고 신고조정으로 손금산입할 예정이다. ■ 9/20 : 4,000,000원은 부도발생일로부터 6개월 경과한 중소기업의 외상매출금
대손충당금 설정대상 채권내역	■ 전기말 외상매출금 잔액 : 774,950,000원 ■ 당기말 외상매출금 장부가액 : 360,000,000원(채무보증 구상채권 10,000,000원 포함)
전기말 자본금과적립금 조정명세서(을)	■ 대손충당금한도초과액 : 3,000,000원 ■ 대손금 부인액 : 50,000,000원 (외상매출금 관련으로 당해 사업연도 대손요건 충족하지 못함)

(2) 대손충당금 및 대손금조정명세서 작성

■ 법인세법 시행규칙[별지 제34호서식] 〈개정 2025. 3. 21〉 (3쪽 중 제1쪽)

사 업 연 도	2025. 01. 01. ~ 2025. 12. 31.	대손충당금 및 대손금조정명세서	법 인 명	(주)두더지상사
			사업자등록번호	218-81-21304

1. 대손충당금조정

손금 산입액 조 정	①채권잔액 (②의 금액)	②설정률			③한도액 (①×②)	회사계상액			⑦한도초과액 (⑥-③)
						④당기계상액	⑤보충액	⑥계	
		(ㄱ) $\frac{1}{100}$ ( )	(ㄴ) 대손 실적률 ( )	(ㄷ)대손 충당금 적립기준 ( )					

익금 산입액 조 정	⑧장부상 충당금 기초잔액	⑨기중 충당금 환입액	⑩충당금 부 인 누계액	⑪당기 대손금 상계액 (㉗의 금액)	⑫당기 설정충당금 보충액	⑬환입할 금액 (⑧-⑨-⑩ -⑪-⑫)	⑭회사 환입액	⑮과소환입 ·과다환입(△) (⑬-⑭)

채 권 잔 액	⑯계정과목	⑰채권잔액의 장부가액	⑱기말 현재 대손금부인누계	⑲합계 (⑰+⑱)	⑳충당금 설정제외 채권	㉑채권잔액 (⑲-⑳)	비고
	계						

2. 대손금조정

㉒ 일자	㉓ 계정과목	㉔ 채권명세	㉕ 대손 사유	㉖금액	대손충당금상계액			당기 손비계상액			비고
					㉗계	㉘ 시인액	㉙ 부인액	㉚계	㉛ 시인액	㉜ 부인액	
		계									

3. 한국채택국제회계기준 등 적용 내국법인에 대한 대손충당금 환입액의 익금불산입액의 조정

㉝대손충당금 환입액의 익금 불산입 금액	익금에 산입할 금액			㊲상계 후 대손충당금 환입액의 익금불산입 금액(㉝-㊱)	비고
	㉞「법인세법」제34조 제1항에 따라 손금에 산입 해야 할 금액 Min(③,⑥)	㉟「법인세법」제34조 제3항에 따라 익금에 산입해야 할 금액 Max[0, (⑧-⑩-⑪)]	㊱차액 Min[㉟, Max(0,㉞-㉟)]		

【해설】

(1) 대손금조정

① 대손사유 중 신고조정에 해당하는 경우 결산서에 계상하지 않는 경우도 세무조정에 의하여 손금산입이 가능하며 신고조정에 의하여 손금산입하는 금액은 "2.대손금조정"에 기입하지 않는다. 다만, "⑱기말현재 대손금부인누계"에 음수(-)로 기재하여 채권잔액에서 차감한다.

② 대손금 부인액은 대손충당금조정의 채권잔액 "⑱기말현재 대손금부인누계"에 기입하여 세무상 설정대상 채권에 가산하여야 한다.

대손사유	세무조정	회계처리액	세법상 시부인액		비 고
			시인액	부인액	
파산	결산조정	4,500,000원	4,500,000원		
소멸시효완성	신고조정	0원	8,000,000원		결산서 미계상시도 인정
6월경과부도	결산조정	4,000,000원	3,999,000원	1,000원	비망가액 제외

세무조정 : 〈손금산입〉 외상매출금(소멸시효완성) 8,000,000(유보발생)
　　　　　〈손금불산입〉 대손금부인액(외상매출금) 1,000(유보발생)

(2) 대손충당금조정 : 채권잔액

① 전기 자본금과적립금조정명세서(을)의 대손금 부인액 50,000,000원 당해 사업연도에도 대손요건을 충족하지 못하였으므로 "⑱기말현재 대손금부인누계"에 기입한다.

② 채권잔액의 장부가액 중 **채무보증 구상채권**은 충당금 설정제외 채권에 해당하므로 "⑳충당금설정제외 채권"에 기입하여 제외시킨다.

- 기말현재 대손금부인누계액
  = 50,000,000원(전기부인액) + 1,000원(당기부인액) - 8,000,000원(소멸시효완성) = 42,001,000원
- 설정대상채권이 세무상 합계액
  = 360,000,000원(장부가액) + 42,001,000원(대손금부인누계액) - 10,000,000원(구상채권) = 392,001,000원

(3) 대손충당금조정 : 익금산입액 및 손금산입액 조정

① 전기 대손충당금한도초과액 3,000,000원은 당기에 무조건 익금산입조정에 의하여 환입처리(총액법)하며 "⑩충당금 부인누계액"에 기입한다.

세무조정 : 〈손금산입〉 전기대손충당금 3,000,000(유보감소)

② 설정률 : Max 2% (① 1%, ② 2%)
　㉠ 1%
　㉡ 대손실적률 = $\dfrac{(8,499,000원 + 8,000,000원)}{(774,950,000원 + 50,000,000원)} \times 100 = 2\%$

③ 세무상 한도액 = 392,001,000원 × 2% = 7,840,020원

④ 당기설정충당금 보충액(④란 및 ⑫란) = 대손충당금 기말잔액 - 회사계상액
　　　　　　　　　　　　　　　　　= 16,500,000원 - 10,000,000원 = 6,500,000원

⑤ 한도초과액 = 16,500,000원 - 7,840,020원 = 8,659,980원

세무조정 : 〈손금불산입〉 대손충당금 한도초과 8,659,980 (유보발생)

(4) 대손충당금 및 대손금조정명세서

■ 법인세법 시행규칙[별지 제34호서식] 〈개정 2025. 3. 21〉 (3쪽 중 제1쪽)

사 업 연 도	2025. 01. 01. ~ 2025. 12. 31.	대손충당금 및 대손금조정명세서	법 인 명	(주)두더지상사
			사업자등록번호	218-81-21304

1. 대손충당금조정

		①채권잔액 (㉑의 금액)	②설정률			③한도액 (①×②)	회사계상액			⑦한도초과액 (⑥-③)
							④당기계상액	⑤보충액	⑥계	
손금 산입액 조 정		392,001,000	(ㄱ) $\frac{1}{100}$	(ㄴ) 대손 실적률 (2)	(ㄷ)대손 충당금 적립기준	7,840,020	10,000,000 보충법 설정액	6,500,000 기말잔액 -당기계상	16,500,000 장부상 기말잔액	8,659,980 손금 불산입

	⑧장부상 충당금 기초잔액	⑨기중 충당금 환입액	⑩충당금 부인 누계액	⑪당기 대손금 상계액 (㉗의 금액)	⑫당기 설정충당금 보충액	⑬환입할 금액 (⑧-⑨-⑩ -⑪-⑫)	⑭회사 환입액	⑮과소환입 ·과다환입(△) (⑬-⑭)
익 금 산입액 조 정	15,000,000		3,000,000	8,500,000	6,500,000	-3,000,000		△3,000,000 손금산입

채 권 잔 액	⑯계정과목	⑰채권잔액의 장부가액	⑱기말 현재 대손금부인누계	⑲합계 (⑰+⑱)	⑳충당금 설정제외 채권	㉑채권잔액 (⑲-⑳)	비고
	외상매출금	360,000,000	42,001,000	402,001,000	10,000,000	392,001,000	
	계	360,000,000	42,001,000	402,001,000	10,000,000	392,001,000	

2. 대손금조정

㉒ 일자	㉓ 계정과목	㉔ 채권명세	㉕ 대손 사유	㉖금액	대손충당금상계액			당기 손비계상액			비고
					㉗계	㉘시인액	㉙부인액	㉚계	㉛시인액	㉜부인액	
4/10	외상매출금	매출채권	파산	4,500,000	4,500,000	4,500,000					
9/20	외상매출금	매출채권	부도	4,000,000	4,000,000	3,999,000	1,000				
계				8,500,000	8,500,000	8,499,000	1,000				

서식에 작성한 예제를 프로그램에 직접 입력하고자 하는 경우 [5700.(주)두더지상사]에서 해보시기 바라며, 별도의 재무제표 정보는 제공하지 않습니다.

전산실무 PROCESS

대손충당금 및 대손금 조정명세서는 아래와 같은 순서로 작성한다.

2. 대손금조정 ▶ 1. 대손충당금조정 (채권잔액) ▶ 1. 대손충당금조정 (손금산입액 및 익금산입액조정)

항 목	입력내용 및 방법

대손금 조정	당해 사업연도에 발생한 대손금의 장부상 내역을 입력하며 신고조정에 의한 손금산입액은 입력하지 않는다.
	① 일자 : 회계처리 일자를 입력한다.
	② 계정과목 : 계정과목란은 계정코드로 입력하며 계정과목을 모를 시에는 코드도움(F2)을 이용한다.
	③ 채권내용 및 대손사유 : 하단의 메시지를 참고하여 선택 입력하며 직접 입력도 가능하다.
	④ 금액 : 당기 대손발생 총액을 입력하고 시인과 부인액을 구분한다.
	
	㉠ 대손금 회계처리 확인하여 입력
	   (차변) 대손충당금 ××× ⇨ "**대손충당금상계액**"란에 입력(11란에 자동 반영)
	           대손상각비 ××× ⇨ "**당기손비계상액**"란에 입력
	㉡ "29.부인액" + "32.부인액" = 합계액은 "18.기말현재 대손금 부인 누계(당기)"란에 입력
	   ⇨ **세무조정** : 〈손금불산입〉 외상매출금 등 ×××(유보발생)

채권잔액	대손충당금 한도액 계산에 필요한 세무상 기말채권잔액을 입력하며 상단의 [**불러오기(F12)**]를 클릭하여 계정과목과 매출채권등의 장부가액을 자동으로 반영할 수 있다. ① 계정과목 : 계정과목란은 계정코드로 입력을 해야 한다. ② 매출채권 등의 장부가액 : 상단의 잔액조회(F8)를 이용하여 각 채권의 장부상 잔액을 입력한다. ③ 기말현재대손금부인누계 : 전기부인누계액과 당기부인액의 합계를 입력한다. ④ 충당금설정제외채권 : 할인어음, 배서어음, 특수관계자채권 등의 설정 제외 채권을 입력한다.

대손충당금 조정	① 채권잔액 : "21.채권잔액"이 자동 반영된다.
	② 설정률 : 대손실적률이 "1%"보다 큰 경우 실적율을 체크하고 입력한다.
	③ 익금산입액 조정
	   ㉠ 장부상 충당금 기초잔액 등을 순차적으로 입력하며, "12.충당금보충액"을 입력하면 손금산입액 조정 "5.보충액"란에 자동 반영된다. "12.충당금보충액(= 5.보충액)"은 보충법에 의해 설정된 대손충당금이 총액법에 의한 대손충당금 설정액이 되기 위해서 보충해야 할 충당금을 입력한다.
	
	          충당금보충액 = 대손충당금 기말잔액 − 회사계상액
	
	   ㉡ "10.충당금부인누계액" 및 "14.회사환입액"을 입력하면 "15.과소환입·과다환입"이 자동으로 계산되며, 대손충당금은 상단의 [잔액조회(F8)]를 클릭하여 장부상 내역 확인이 가능하다.
	
	| 코드
		계정과목명	기초잔액	당기증가	당기감소	잔액

---	---	---	---	---	---
0108	외상매출금	598,500,000	2,350,650,000	2,021,777,000	927,373,000
0109	대손충당금	32,000,000	25,328,000	22,000,000	35,328,000
0110	받을어음	180,000,000	17,000,000	25,000,000	172,000,000
0111	대손충당금	25,000,000		25,000,000		 ④ 장부상충당금 기초잔액 중 전기 부인액이 있는 경우 전기 자본금과적립금조정명세서(을)의 기말잔액을 "10.충당금부인누계액"에 입력하고 유보추인 한다. ⑤ 손금산입액 조정 : "4.당기계상액"은 장부상 보충법에 의해 설정한 당기증가액을 입력하고 "6.계"는 장부상 대손충당금 기말잔액과 일치해야 하며 "7.한도초과액"은 손금불산입 한다. ⑥ 세무조정 ■ 7.한도초과액 : 〈손금불산입〉 대손충당금 한도초과 ×××(유보발생) ■ 15.과다환입액 : 〈손금산입〉 전기대손충당금 ×××(유보감소)

다음 자료를 참조하여 (주)합격(회사코드 : 5000)의 대손충당금 및 대손금조정명세서를 작성하고 필요한 세무조정을 하시오.

(1) 대손발생내역

회계처리 일자	내 용
2025.01.10	거래처인 (주)성은에 대한 법원의 면책결정이 확정되어 외상매출금 22,000,000원이 대손확정되었다.
2025.04.08	예전 주주인 권승준씨가 사망하여 장기대여금 15,000,000원이 대손확정 되었고 당기비용 처리하였다. (단, 당사와 권승준씨는 특수관계자가 아니다.)
2025.10.04	거래처인 (주)장단으로부터 받은 받을어음 25,000,000원이 부도발생(2025.10.04.) 되었다.

(2) 대손충당금 내역

대손충당금			
외상매출금	22,000,000원	전기이월	57,000,000원
받을어음	25,000,000원	대손상각비	25,328,000원
차기이월	35,328,000원		
계	82,328,000원	계	82,328,000원

(3) 대손관련 기말채권잔액

- 외상매출금 : 927,373,000원
- 받을어음 : 172,000,000원(할인어음 10,000,000원 포함)

(4) 기타자료

- 전기 자본금과적립금조정명세서(을)에는 대손충당금 한도초과 잔액이 13,250,000원 존재한다.
- 대손설정률은 1%로 가정한다.

 예제 따라하기

(1) 대손금조정

대손금 부인액은 대손충당금조정의 채권잔액 "⑱기말현재 대손금부인누계(당기)"란에 자동 반영하여 세무상 설정대상채권에 가산하여야 한다.

대손사유	세무조정	회계처리액	세법상 시부인액		비 고
			시인액	부인액	
법원면책	결산조정	22,000,000원	22,000,000원		
사망	결산조정	15,000,000원	15,000,000원		당기 비용처리 하였으므로 "당기손비계상액"란에 입력
부도	결산조정	25,000,000원		25,000,000원	6월 미경과로 대손금부인

세무조정 : 〈손금불산입〉 대손금부인액(받을어음) 25,000,000 (유보발생)

No	22.일자	23.계정과목	24.채권내역	25.대손사유	26.금액	대손충당금상계액			당기 손비계상액		
						27.계	28.시인액	29.부인액	30.계	31.시인액	32.부인액
1	01.10	외상매출금	1.매출채권	법원면책	22,000,000	22,000,000	22,000,000				
2	04.08	장기대여금	3.기타채권	3.사망,실종	15,000,000				15,000,000	15,000,000	
3	10.04	받을어음	1.매출채권	5.부도(6개월경과)	25,000,000	25,000,000		25,000,000			
		계			62,000,000	47,000,000	22,000,000	25,000,000	15,000,000	15,000,000	

(2) 대손충당금조정 : 채권잔액

상단의 [불러오기(F2)] 버튼을 클릭하여 반영할 수 있으며, 당기 대손금 부인액은 "18(당기)란"에 입력하고 할인어음은 충당금 설정대상 채권에 제외시켜야 하므로 "20란"에 입력한다.

No	16.계정과목	17.채권잔액의 장부가액	18.기말현재대손금부인누계		19.합계 (17+18)	20.충당금설정제외채권 (할인,배서,특수채권)	21.채 권 잔 액 (19-20)
			전기	당기			
1	외상매출금	927,373,000			927,373,000		927,373,000
2	받을어음	172,000,000		25,000,000	197,000,000	10,000,000	187,000,000
	계	1,099,373,000		25,000,000	1,124,373,000	10,000,000	1,114,373,000

(3) 대손충당금조정 : 익금산입액 및 손금산입액 조정

① 채권잔액은 "21란"에서 자동반영되며 대손설정률은 기본율 "1%"를 적용한다.
② 익금·손금산입액 조정에 대손충당금 내역을 순차적으로 입력하며 전기의 대손충당금 부인액을 "10란"에 입력한다. 그리고 충당금보충액은 "5란"에 입력하면 "12란"에 자동반영된다.

충당금보충액 = 35,328,000원 − 25,328,000원 = 10,000,000원

③ 회사계상액의 "6.계"의 금액은 장부상 **기말대손충당금** 잔액(35,328,000원)과 **일치**하여야 한다.
④ 한도액과 회사계상액의 차이는 "7.한도초과액"에 반영되며 손금불산입 처리하고 전기 부인액은 총액법에 의한 처리로 "15.과다환입"란에 반영되어 손금산입 유보추인 한다.

세무조정 : 〈손금산입〉 전기 대손충당금   13,250,000 (유보감소)
**   〈손금불산입〉 대손충당금 한도초과 24,184,270 (유보발생)**

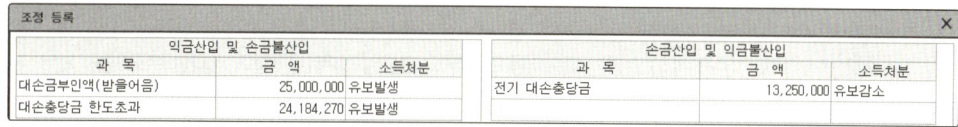

(4) 조정등록(F3)

익금산입 및 손금불산입			손금산입 및 익금불산입		
과 목	금 액	소득처분	과 목	금 액	소득처분
대손금부인액(받을어음)	25,000,000	유보발생	전기 대손충당금	13,250,000	유보감소
대손충당금 한도초과	24,184,270	유보발생			

[1] 다음 자료에 의하여 대손충당금 및 대손금조정명세서를 작성하고 필요한 세무조정을 하시오.
[회사코드 : 5400.(주)대성]

(1) 대손충당금 관련 전기말 자본금과적립금조정명세서(을)

①과목(사항)	②기초잔액	당기중증감		⑤ 기말잔액 (익기초현재)
		③ 감 소	④ 증 가	
대손충당금	5,000,000원	5,000,000원	600,000원	600,000원
외상매출금*	10,000,000원	6,700,000원	0원	3,300,000원

* 대손금 부인액으로 당기에도 대손금요건 불충족 상태임

(2) 당기대손처리 내역은 다음과 같고, 모두 대손충당금과 상계하여 처리하였다.

계정과목	대손처리일	금액	비 고
외상매출금	2025.07.15.	4,000,000원	채무자의 6개월이상 연락두절로 인한 대손처리액
받을어음	2025.10.06.	1,999,000원	부도일부터 6개월이 지난 부도어음 2,000,000원

(3) 기말 대손충당금 설정대상 채권잔액은 다음과 같다.

- 외상매출금 : 476,000,000원
- 받을어음 : 150,000,000원(배서어음 10,000,000원 포함)
- 미수금 : 21,500,000원(고정자산처분미수금 11,000,000원 포함)

(4) 당기 대손충당금 변동내역은 다음과 같고, 대손충당금설정률은 1%로 한다.

대손충당금

외상매출금	4,000,000원	전기이월	9,820,000원
받을어음	1,999,000원	대손상각비	2,654,000원
차기이월	6,475,000원		
	12,474,000원		12,474,000원

[2] 다음 자료에 의하여 대손충당금 및 대손금조정명세서를 작성하고 필요한 세무조정을 계정과목별로 각각 하시오. [회사코드 : 5500.(주)태백]

(1) 당기 대손충당금 및 대손상각비와 상계된 금액의 내용(필요시 원장 조회)
- 2025년 4월 1일 : 부도발생일로부터 7개월 경과한 중소기업의 외상매출금 20,000,000원
- 2025년 5월 1일 : (주)진흥이 발행한 약속어음으로 부도 발생일로부터 6개월이 경과한 부도어음 13,000,000원(당기 비용처리)
- 2025년 11월 22일 : 회수기일이 6개월 이상 지난 한일유통(주)의 외상매출금 500,000원

(2) 대손충당금 내역

대손충당금

외상매출금	20,500,000원	전기이월	31,550,000원
차기이월	18,915,000원	대손상각비	7,865,000원
계	39,415,000원	계	39,415,000원

(3) 기말대손충당금 설정 대상 채권잔액
- 외상매출금 : 1,461,500,000원(이 중 2025년 7월 2일 소멸시효완성 분 2,500,000원 포함되어 있음)
- 받을어음 : 430,000,000원(특수관계인에 대한 업무무관가지급금 3,000,000원 포함)

(4) 전기 자본금과적립금조정명세서(을) 기말잔액 내역은 다음과 같다.
- 대손충당금 한도초과 2,000,000원(유보)
- 외상매출금 대손금부인액 5,000,000원(유보) : 당기에 대손요건 충족함

(5) 대손설정률은 1%로 가정한다.

[3] 다음 자료를 이용하여 대손충당금 및 대손금조정명세서를 작성하고 세부담이 최소화 되도록 세무조정을 하시오. 단, 전기 이전의 세무조정은 모두 적정하게 이루어졌다고 가정하고 필요시 원장내역을 참고하여 조정한다. [회사코드 : 5600.(주)강남]

(1) 당기에 대손금 내역은 다음과 같다.

날짜	계정과목	금액	비 고
5월 16일	받을어음	9,000,000원	법원의 파산선고에 의한 회수불능확정 채권
8월 20일	외상매출금	5,000,000원	전전기에 소멸시효가 완성된 외상매출금

8월 20일에 대손처리한 전전기에 소멸시효가 완성된 외상매출금은 전전기에 다음과 같이 세무조정되어 대손금부인액 -5,000,000원이 이월되었다.

〈손금산입〉 소멸시효완성채권 5,000,000원(△유보)

(2) 대손충당금계정의 내역은 다음과 같다. 단, 전기이월액 중에는 손금부인액 50,000원이 포함되어 있다.

대손충당금

받을어음	2,000,000원	전기이월	7,550,000원
외상매출금	5,000,000원	당기계상액	6,010,000원
차기이월	6,560,000원		

(3) 장부상 대손충당금 설정대상 매출채권액은 다음과 같다. 당기말 외상매출금 중 48,000,000원은 외상매입금과 상계하기로 약정되어 있고 받을어음에는 할인어음 3,000,000원이 포함되어 있으며 제시된 채권 이외의 채권은 무시한다.
- 당기말 채권잔액 656,000,000원(외상매출금 626,000,000원, 받을어음 30,000,000원)
- 전기말 채권잔액 755,000,000원(외상매출금 713,000,000원, 받을어음 42,000,000원)

[4] 실무이론 다지기

01. 다음은 법인세법상 대손사유이다. 대손사유발생시 반드시 손금산입하여야 하며 이후 사업연도에 손금산입할 수 없는 대손사유가 아닌 것은?
① 중소기업의 외상매출 및 미수금으로서 회수기일이 2년 이상 지난 외상매출금(특수관계인과의 거래는 제외)
② 채무자의 파산, 강제집행, 사업의 폐지, 사망 등으로 회수할 수 없는 채권
③ 채무자 회생 및 파산에 관한 법에 따른 회생계획인가의 결정 또는 법원의 면책결정에 따라 회수불능으로 확정된 채권
④ 회수기일을 6개월 이상 지난 채권 중 회수비용이 해당 채권가액을 초과하여 회수실익이 없다고 인정되는 30만원(채무자별 채권가액 합계액 기준) 이하의 채권

02. 법인세법상 대손충당금의 설정대상이 되는 채권이 아닌 것은?
① 상품·제품의 판매가액의 미수액과 가공료·용역 등의 제공에 의한 사업수입금액의 미수액
② 금전소비대차계약 등에 의하여 타인에게 대여한 금액
③ 어음상의 채권·미수금
④ 할인어음, 배서양도한 어음

03. 다음은 법인세법상 대손금 및 대손충당금에 대한 설명이다. 올바르지 아니한 것은?
① 대손충당금의 손금산입은 결산조정사항이다.
② 소멸시효가 완성된 채권은 그 이후의 사업연도에도 언제든지 대손처리에 의한 손금산입이 가능하다.
③ 대손충당금 설정대상채권의 장부가액은 세무상 금액이므로, 세무조정으로 익금산입한 채권 누락분도 설정대상에 포함한다.
④ 법인이 동일인의 매출채권 및 채무에 대하여 당사자간 상계약정이 없는 경우 매입채무를 상계하지 않고 대손충당금을 설정할 수 있다.

04. 다음은 (주)세무(중소기업에 해당하지 아니한다)가 당기에 대손처리한 채권과 관련된 내용이다. 현행 법인세법상 당기 대손금으로 인정되는 금액은 얼마인가?

- 전기에 파산선고를 받아 회수불능 되었으나 전기에 대손처리하지 아니한 채권 : 1,800,000원
- 전기에 소멸시효가 완성된 채권 : 3,200,000원
- 부도발생일부터 6개월이 지난 채권(부도발생일 이전의 외상매출금) : 1,300,000원

① 1,800,000원　② 3,099,000원　③ 3,100,000원　④ 6,299,000원

※ 집중심화연습 해답은 [CHAPER 04 과목별세무조정] 1042페이지에서 확인 가능합니다.

4. 기업업무추진비조정명세서

기업업무추진비는 접대, 교제, 사례 또는 그 밖에 어떠한 명목이든 상관없이 이와 유사한 목적으로 지출한 비용으로서 내국법인이 직접 또는 간접적으로 업무와 관련이 있는 자와 업무를 원활하게 진행하기 위하여 지출한 금액을 말한다. 법인은 법인세법에 의거하여 기업업무추진비 사용에 대한 제한을 두게 되는데 이와 관련된 서식이 기업업무추진비조정명세서이다.

실무이론 CHECK POINT

1 기업업무추진비의 범위(거래명칭·계정과목 등과 관계없이 그 실질적 내용에 따라 판정)

구 분	내 용
종업원이 조직한 조합 등에 대하여 지출한 복리시설비	① 조합 또는 단체가 법인인 경우 : 기업업무추진비로 처리 ② 조합 또는 단체가 법인이 아닌 경우 : 법인경리의 일부로 봄
업무와 관련하여 거래처 등과의 약정에 따라 채권을 포기한 경우 당해금액	① 포기사유가 정당한 경우 : 대손금으로 손금인정 ② 포기사유가 정당하지 아니한 경우 : 기업업무추진비 처리 ③ 업무와 관련 없는 채권 포기액 : 기부금으로 처리
기업업무추진비 관련 부가가치세 매입세액	기업업무추진비 처리
접대목적으로 제공한 자산에 대한 부가가치세 매출세액 부담액	기업업무추진비 처리
회의비	① 통상회의비 : 전액 손금인정 ② 통상회의비를 초과하는 금액 : 기업업무추진비로 처리
광고선전 목적으로 견본품·달력·수첩 등을 기증하기 위하여 지출한 비용	① 업무와 관련하여 특정인에게만 지급한 것 : 기업업무추진비로 처리 ② 불특정다수인에게 지급한 것 : 광고선전비로 처리 (1인당 연간 **5만원** 이내의 금액에 한하며 **개당 3만원 이하**의 물품은 5만원 한도 **미적용**) ③ 업무와 무관하게 특정인에게만 지급한 것 : 기부금으로 처리
사원, 주주 또는 출자자나 직원, 임원이 부담하여야 할 성질의 기업업무추진비를 법인이 대신 지급한 금액	① 주　　주 : 손금불산입 (배당) ② 임　　원 : 손금불산입 (상여) ③ 직　　원 : 손금불산입 (상여)

2 기업업무추진비의 평가

기업업무추진비를 금전 외의 자산으로 제공한 경우 해당 자산의 가액은 이를 제공할 때의 시가(시가가 장부가액보다 낮은 경우에는 장부가액)에 따른다.

현물기업업무추진비 평가액 = MAX(시가, 장부가액)

 **예제**

(주)두더지상사는 매출처에 제품(원가 : 5,000,000원, 시가 : 6,000,000원)을 제공하고 다음과 같이 기업업무추진비로 회계처리 하였다. 현물기업업무추진비에 대한 세무조정을 하시오.

(차) 기업업무추진비(판)	5,600,000원	(대) 제 품	5,000,000원
		부가세예수금	600,000원

구 분	회계처리	
기업회계	(차)	(대)
세무회계	(차)	(대)
조정차이	(차)	(대)
세무조정		

【해설】

구 분	회계처리			
기업회계	(차) 기업업무추진비(판)	5,600,000	(대) 제 품	5,000,000
			부가세예수금	600,000
세무회계	(차) 기업업무추진비(판)	6,600,000	(대) 제 품	5,000,000
			잡이익(처분이익)	1,000,000
			부가세예수금	600,000
조정차이	(차) 기업업무추진비(판) (비용증가)	1,000,000	(대) 잡이익 (수익증가)	1,000,000
세무조정	세무조정 없음(순자산에 미치는 영향 없음) 단, 회사계상 기업업무추진비에 1,000,000원을 가산하여 기업업무추진비 한도 초과액을 계산한다.			

③ 법정 지출증명서류 미수취 기업업무추진비의 손금불산입

접대에 지출한 기업업무추진비 중 건당 **3만원(경조금은 20만원)**을 초과하는 기업업무추진비로서 법정증빙을 수취하지 않은 것은 손금에 산입하지 않는다.

[법정증빙] 신용카드(직불카드·외국에서 발행된 신용카드·기명식선불카드 포함), 현금영수증, 세금계산서, 계산서, 매입자발행세금계산서, 매입자발행계산서, 원천징수영수증 등

다만, 다음 중 어느 하나에 해당하는 기업업무추진비는 이러한 손금불산입 규정을 적용하지 않는다.

① 기업업무추진비가 지출된 장소(인근지역 안의 유사장소를 포함)에서 현금 외에 다른 지출수단이 없어 **적격증명서류를 구비하기 어려운 국외지역에서의 지출**
② **농·어민**으로부터 직접 재화를 공급받는 경우의 지출로서 그 대가를 금융회사 등을 통하여 지급한 지출(법인세 과세표준 신고시 경비등 송금명세서 제출)
③ 법인이 직접 생산한 **제품** 등으로 제공한 기업업무추진비(**현물기업업무추진비**)

[법인카드와 임직원카드 사용에 따른 증빙 손금인정여부]

구 분		기업업무추진비	기업업무추진비 이외의 경비	
법인카드		손금인정 ⇨ 기업업무추진비 한도계산	손금인정	
임직원카드	3만원 초과	손금불산입(기타사외유출)	3만원 초과	손금인정
	3만원 이하	손금인정 ⇨ 기업업무추진비 한도계산	3만원 이하	

4 기업업무추진비의 손금 귀속시기

기업업무추진비 한도액에 대한 세무조정은 접대행위가 일어난 사업연도(**발생주의**)에 행한다. 따라서 접대행위가 일어났으나 아직 미지급된 금액도 그 사업연도의 기업업무추진비로 인정하여 세무조정 한다. 반면 법인이 기업업무추진비를 지출한 사업연도의 손비로 처리하지 않고 이연 처리한 경우에도 이를 지출한 사업연도의 기업업무추진비로서 시부인계산 한다.

5 기업업무추진비 손금산입 한도액 및 세무조정

각 사업연도에 지출한 기업업무추진비(**직접 부인된 기업업무추진비는 제외**)로서 다음의 한도액을 초과하는 금액은 손금에 산입하지 않는다.

일반기업업무추진비 한도액 = ① + ② (적용률 적용 : 일반수입금액 → 특정수입금액)

① 1,200만원(중소기업의 경우 3,600만원) × $\dfrac{\text{해당 사업연도의 월수}^*}{12}$

② (일반수입금액 × 적용률) + (특정수입금액 × 적용률 × 10%)

* '월수'는 역에 따라 계산하되 1월 미만의 일수는 1월로 하며, 부동산임대업이 주업인 경우 일반기업업무추진비 한도액은 50% 적용한다.

[개인사업자의 기업업무추진비 및 기부금 한도액 계산]
소득세법상 공동사업장의 소득금액을 계산하는 경우 기업업무추진비 및 기부금의 한도액은 각각의 공동사업자를 1거주자로 보아 적용한다.

(1) 수입금액

수입금액은 **기업회계기준에 따라 계산한 매출액**을 말한다. 이는 총매출액에서 매출에누리와 환입 및 매출할인을 차감한 금액이다. 이러한 수입금액은 "기업회계기준에 따라 계산한 매출액"이므로 기업회계기준과 법인세법의 차이로 인한 세무조정금액은 가감하지 않으나, **회사의 장부와 기업회계기준의 차이로 인한 금액은 가감**하여야 한다.

수입금액에 포함되는 것	수입금액에 포함되지 않는 것	매출차감항목
① 상품·제품 매출액(공사수익, 영업수익) ② 반제품·부산물·작업폐물매출액 ③ 중단사업부문의 매출액	① 매출액 외의 기타수익 ② 부당행위계산부인에 따른 익금산입금액 ③ 임대보증금에 대한 간주익금	① 매출에누리 ② 매출환입 ③ 매출할인

또한 "특정수입금액"이란 특수관계자와의 거래에서 발생한 수입금액을 말하며, "일반수입금액"이란 특정수입금액을 제외한 나머지 수입금액을 말한다.

(2) 수입금액 적용률

일반수입금액과 특정수입금액이 함께 있는 경우에는 일반수입금액부터 수입금액 적용률을 적용한다.

구 분		수입금액 적용률
수입금액	100억원 이하분	30/10,000 (0.3%)
	100억원 초과 500억원 이하분	20/10,000 (0.2%)
	500억원 초과분	3/10,000 (0.03%)

(3) 문화기업업무추진비가 있는 경우 기업업무추진비 한도액 특례(2025.12.31.까지)

법인이 지출한 기업업무추진비 중 국내 문화관련 지출이 있는 경우 문화기업업무추진비 한도액을 추가로 인정한다. 다만, 미술품의 구입은 취득가액이 거래단위별로 100만원 이하인 것으로 한정한다.

기업업무추진비 한도액 = 일반기업업무추진비 한도액 + 문화기업업무추진비 한도액 : MIN(①, ②)
　　　　　　　　　　　　　　　　　　　　　　　　　① 문화기업업무추진비 지출액
　　　　　　　　　　　　　　　　　　　　　　　　　② 일반기업업무추진비 한도액 × 20%

(4) 전통시장에서 지출하는 기업업무추진비 한도액 특례(2025.12.31.까지)

법인이 전통시장에서 지출한 기업업무추진비가 있는 경우 한도액을 추가로 인정한다.

기업업무추진비 한도액 = 일반기업업무추진비 한도액 + 전통시장기업업무추진비 한도액 : MIN(①, ②)
　　　　　　　　　　　　　　　　　　　　　　　　　　① 전통시장기업업무추진비 지출액
　　　　　　　　　　　　　　　　　　　　　　　　　　② 일반기업업무추진비 한도액 × 10%

(5) 기업업무추진비 시부인계산

기업업무추진비지출액	직부인액(사적사용 경비)은 제외, 현물기업업무추진비 시가차액은 포함
(−) 기업업무추진비한도액	
+ 한 도 초 과 액	손금불산입(기타사외유출)
− 한 도 미 달 액	세무조정 없음

6 기업업무추진비의 세무조정순서

구분	내 용	
1단계	기업업무추진비 총액의 결정	발생주의 의한 기업업무추진비 계상과 현물기업업무추진비의 평가
2단계	직부인 기업업무추진비	개인사용(사적)경비 : **사용자**에 대한 사외유출로 **상여** 등 처분
		증빙이 없는 기업업무추진비 : **대표자 상여처분**
		건당 3만원(경조금 20만원) 초과 기업업무추진비 법정증빙 미수취 : **기타사외유출** 처분
3단계	기업업무추진비 한도초과 (직부인 기업업무추진비 제외)	기업업무추진비한도(일반한도 + 문화비한도 + 전통시장한도) 초과액 : **기타사외유출**

7 자산계상 기업업무추진비가 있는 경우의 세무조정

구 분	내 용
(1) 기업업무추진비 시부인계산	먼저 비용계상 기업업무추진비와 자산계상 기업업무추진비를 합한 금액을 대상으로 기업업무추진비 시부인계산을 하여, 기업업무추진비 한도초과액을 손금불산입(기타사외유출)한다.
(2) 자산에 대한 손금산입(△유보)	기업업무추진비한도초과액이 비용계상 기업업무추진비보다 크지 아니한 경우에는 위 "(1)"의 세무조정으로 종료되며, 기업업무추진비 한도초과액이 비용계상 기업업무추진비보다 큰 경우에는 그 차액만큼 자산(건설중인 자산, 고정자산의 순서로 함)을 손금산입(△유보)한다.
(3) 손금산입(△유보) 금액의 사후관리	자산의 손금산입(△유보)금액에 대하여 추후 회사가 상각비를 계상하면, 법정산식에 의하여 계산한 금액을 손금불산입(유보)한다. 손금불산입액 = 회사가 계상한 상각비 x △유보금액/장부상 자산가액

다음 자료를 이용하여 (주)두더지상사(중소기업)의 제10기(1/1 ~ 12/31) 기업업무추진비조정명세서(갑)(을)을 작성하고 필요한 세무조정을 하시오.

(1) 수입금액 조정명세서 내역은 다음과 같으며 상품 및 제품매출 관련 조정사항은 없다.
- 상품매출액 : 830,000,000원
- 제품매출액 : 1,390,000,000원(특수관계자에 대한 매출 200,000,000원 포함되어 있음)

(2) 장부상 신용카드 사용 기업업무추진비 내역은 다음과 같다.

계정	금 액	법인카드 사용액	개인카드사용액	합 계
기업업무 추진비 (판관비)	3만원 초과분	49,000,000원	4,500,000원	53,500,000원
	3만원 이하분	1,000,000원	500,000원	1,500,000원
	합 계	50,000,000원	5,000,000원	55,000,000원

① 기업업무추진비(판) 중 이사가 개인적인 용도로 사용하고, 법인카드로 결제한 3,000,000원(1건)이 포함되어 있다.
② 위 표와는 별도로 판매거래처에 경조사비 500,000원(1건, 청첩장 첨부)을 현금으로 지출하고, 기업업무추진비(판)으로 계정처리 하였고, 지출증명서류가 없는 기업업무추진비(판) 2,500,000원(1건)이 회계처리 되어있다.
③ 위 표와는 별도로 당사가 생산한 제품을 거래처 기업업무추진비로 사용한 내용은 다음과 같이 회계처리 하였다.

구분	원 가	시 가
K제품	3,000,000원	5,000,000원
회계처리	(차) 기업업무추진비(판) 3,500,000원	(대) 제 품 3,000,000원 부가세예수금 500,000원

(3) 기업업무추진비조정명세서 작성(을 ⇨ 갑)

- 법인세법 시행규칙[별지 제23호서식(을)] 〈개정 2023. 3. 20〉   (앞쪽)

사 업 연 도	2025. 01. 01. ~ 2025. 12. 31.	기업업무추진비조정명세서(을)	법 인 명	(주)두더지상사
			사업자등록번호	218 - 81 - 21304

1. 수입금액명세

구 분	①일반수입금액	②특수관계인간 거래금액	③합 계(① + ②)
금 액			

2. 기업업무추진비 해당 금액

				합 계
④ 계정과목				
⑤ 계정금액				
⑥ 기업업무추진비계상액 중 사적사용경비				
⑦ 기업업무추진비 해당 금액(⑤ - ⑥)				
⑧ 신 용 카 드 등 미 사 용 금 액	경조사비 중 기준금액 초과액	⑨신용카드 등 미사용금액		
		⑩ 총 초과금액		
	국외지역 지출액 (「법인세법 시행령」 제41조제2항제1호)	⑪ 신용카드 등 미사용금액		
		⑫ 총 지출액		
	농어민 지출액 (「법인세법 시행령」 제41조제2항제2호)	⑬ 송금명세서 미제출금액		
		⑭ 총 지출액		
	기업업무추진비 중 기준금액 초과액	⑮ 신용카드 등 미사용금액		
		⑯ 총 초과금액		
	⑰ 신용카드 등 미사용 부인액 (⑨ + ⑪ + ⑬ + ⑮)			
⑱ 기업업무추진비부인액(⑥ + ⑰)				

■ 법인세법 시행규칙[별지 제23호서식(갑)] 〈개정 2024. 3. 22.〉 (앞쪽)

사 업 연 도	2025. 01. 01. ~ 2025. 12. 31.	기업업무추진비조정명세서(갑)	법 인 명	(주)두더지상사
			사업자등록번호	218 - 81 - 21304

구 분			금 액
① 기업업무추진비 해당 금액			
② 기준금액 초과 기업업무추진비 중 신용카드 등 미사용으로 인한 손금불산입액			
③ 차감 기업업무추진비 해당 금액(① - ②)			
일반 기업업무추진비 한도	④ 1,200만원(중소기업 3,600만원) × 해당 사업연도 월수( ) / 12		
	총수입금액 기준	100억원 이하의 금액 × 30/10,000	
		100억원 초과 500억원 이하의 금액 × 20/10,000	
		500억원 초과 금액 × 3/10,000	
		⑤ 소계	
	일반수입금액 기준	100억원 이하의 금액 × 30/10,000	
		100억원 초과 500억원 이하의 금액 × 20/10,000	
		500억원 초과 금액 × 3/10,000	
		⑥ 소계	
	⑦ 수입금액 기준	(⑤ - ⑥) × 20(10)/100	
	⑧ 일반기업업무추진비 한도액(④ + ⑥ + ⑦)		
문화 기업업무추진비 한도 (「조세특례제한법」 제136조제3항)	⑨ 문화기업업무추진비 지출액		
	⑩ 문화기업업무추진비 한도액 (⑨와 (⑧ × 20/100)에 해당하는 금액 중 적은 금액)		
전통시장 기업업무추진비 한도 (「조세특례제한법」 제136조제6항)	⑪ 전통시장기업업무추진비 지출액		
	⑫ 전통시장기업업무추진비 한도액 (⑪과 (⑧ × 10/100)에 해당하는 금액 중 적은 금액)		
⑬ 기업업무추진비 한도액 합계(⑧ + ⑩ + ⑫)			
⑭ 한도초과액(③ - ⑬)			
⑮ 손금산입한도 내 기업업무추진비지출액(③과 ⑬에 해당하는 금액 중 적은 금액)			

【해설】

(1) 수입금액명세
상품매출과 제품매출액의 합계액을 "3란"에 기재하고 그 중 특수관계인간 거래금액을 "2란"에 나머지는 "1란" 일반수입금액에 기재한다.

(2) 기업업무추진비 총액
= 카드사용 기업업무추진비 + 경조금 + 증빙없는 기업업무추진비 + 현물기업업무추진비(시가 + VAT)
= 55,000,000원 + 500,000원 + 2,500,000원 + 5,500,000원
= 63,500,000원

(3) 기업업무추진비계상액 중 사적사용경비
개인사용경비(이사) + 증빙불비(누락) 기업업무추진비 = 3,000,000원 + 2,500,000원 = 5,500,000원

> 세무조정 : 〈손금불산입〉 개인사용경비(이사)   3,000,000(상여)
> 　　　　　〈손금불산입〉 증빙불비기업업무추진비(대표이사) 2,500,000(상여)

(4) 신용카드등 미사용금액
신용카드등 미사용금액은 **기업업무추진비 해당 금액 중 건당 3만원(경조금 20만원) 초과분**에 대하여 법정증빙 미수취에 대한 기업업무추진비 조정을 하는 것으로 **초과금액은 분모자리**에 기재하고 그 중 **미사용액을 분자자리**에 기재하여 손금불산입 기타사외유출 처분한다.

8.신용카드등 미사용금액	신용카드등 미사용금액	분자 : 분모금액 중 적격증빙 미수취금액
	총 초과(지출)금액 (⑥의 사적사용경비 제외)	분모 : 건당 3만원(20만원) 초과금액

① 경조사비 중 기준금액 초과액은 건당 20만원 초과금액이므로 분모자리에 기입하고 청첩장을 첨부하였으므로 법정증빙 미수취에 해당하므로 분자자리에도 기입하고 손금불산입 세무조정 한다.

신용카드등 미사용금액	500,000원
총 초과금액	500,000원

② 경조사비·국외지역(해외기업업무추진비) 지출액·농어민 지출액이 아닌 3만원 초과 기업업무추진비는 기준금액초과액에 기재한다. 그 중 개인카드사용 기업업무추진비는 3만원 이하는 법정증빙수취와는 무관하므로 손금산입 되나 3만원 초과는 손금불산입 세무조정을 한다.

신용카드등 미사용금액	4,500,000원(개인카드사용액)
총 초과금액	56,000,000원 = 58,000,000원 − 1,500,000원(3만원 이하) − 500,000원(경조금)

세무조정 : 〈손금불산입〉 기업업무추진비 중 신용카드미사용   5,000,000(기타사외유출)

■ 법인세법 시행규칙[별지 제23호서식(을)] 〈개정 2023. 3. 20〉 (앞쪽)

사 업 연 도	2025. 01. 01. ~ 2025. 12. 31.	기업업무추진비조정명세서(을)	법 인 명	(주)두더지상사
			사업자등록번호	218 - 81 - 21304

1. 수입금액명세

구 분	① 일반수입금액	② 특수관계인간 거래금액	③ 합 계(① + ②)
금 액	2,020,000,000	200,000,000	2,220,000,000

2. 기업업무추진비 해당 금액

④ 계정과목		기업업무추진비(판)			합 계
⑤ 계정금액		63,500,000			63,500,000
⑥ 기업업무추진비계상액 중 사적사용경비		5,500,000	손금불산입		5,500,000
⑦ 기업업무추진비 해당 금액(⑤ - ⑥)		58,000,000			58,000,000
⑧ 신용카드 등 미사용금액	경조사비 중 기준금액 초과액	⑨ 신용카드 등 미사용금액	500,000		500,000
		⑩ 총 초과금액	500,000		500,000
	국외지역 지출액 (「법인세법 시행령」 제41조제2항제1호)	⑪ 신용카드 등 미사용금액			
		⑫ 총 지출액			
	농어민 지출액 (「법인세법 시행령」 제41조제2항제2호)	⑬ 송금명세서 미제출금액			
		⑭ 총 지출액			
	기업업무추진비 중 기준금액 초과액	⑮ 신용카드 등 미사용금액	4,500,000		4,500,000
		⑯ 총 초과금액	56,000,000		56,000,000
	⑰ 신용카드 등 미사용 부인액 (⑨ + ⑪ + ⑬ + ⑮)		5,000,000	손금불산입	5,000,000
⑱ 기업업무추진비부인액(⑥ + ⑰)			10,500,000		10,500,000

(5) [기업업무추진비조정명세서(갑)]의 ①란과 ②란은 "(을)"표의 ⑦란과 ⑰란의 금액을 기재한다.

(6) 기업업무추진비 한도액(① + ②) : **42,120,000원**

① 기본금액 : 36,000,000원(중소기업)

② 수입금액 : 6,120,000원

㉠ 일반수입금액 = 2,020,000,000원 × 0.3% = 6,060,000원

㉡ 특정수입금액 = 200,000,000원 × 0.3% × 10% = 60,000원

(7) 기업업무추진비 한도초과액을 계산하여 손금불산입하고 기타사외유출 처분한다.

기업업무추진비 한도초과액 = ③ 차감기업업무추진비 해당금액 – ⑬ 기업업무추진비 한도액 합계
= 53,000,000원 – 42,120,000원 = **10,880,000원**

세무조정 : 〈손금불산입〉 기업업무추진비 한도초과   10,880,000(기타사외유출)

■ 법인세법 시행규칙[별지 제23호서식(갑)] 〈개정 2024. 3. 22〉 (앞쪽)

사 업 연 도	2025. 01. 01. ~ 2025. 12. 31.	기업업무추진비조정명세서(갑)	법 인 명	(주)두더지상사
			사업자등록번호	218 - 81 - 21304

구 분				금 액
① 기업업무추진비 해당 금액				58,000,000
② 기준금액 초과 기업업무추진비 중 신용카드 등 미사용으로 인한 손금불산입액				5,000,000
③ 차감 기업업무추진비 해당 금액(① - ②)				53,000,000
일반 기업업무추진비 한도	④ 1,200만원(중소기업 3,600만원) × $\dfrac{\text{해당 사업연도 월수(12)}}{12}$			36,000,000
	총수입금액 기준	100억원 이하의 금액 × 30/10,000		6,660,000
		100억원 초과 500억원 이하의 금액 × 20/10,000		
		500억원 초과 금액 × 3/10,000		
		⑤ 소계		6,660,000
	일반수입금액 기준	100억원 이하의 금액 × 30/10,000		6,060,000
		100억원 초과 500억원 이하의 금액 × 20/10,000		
		500억원 초과 금액 × 3/10,000		
		⑥ 소계		6,060,000
	⑦ 수입금액 기준	(⑤ - ⑥) × 20(10)/100		60,000
	⑧ 일반기업업무추진비 한도액(④ + ⑥ + ⑦)			42,120,000
문화 기업업무추진비 한도 (「조세특례제한법」 제136조제3항)	⑨ 문화기업업무추진비 지출액			
	⑩ 문화기업업무추진비 한도액 (⑨와 (⑧ × 20/100)에 해당하는 금액 중 적은 금액)			
전통시장 기업업무추진비 한도 (「조세특례제한법」 제136조제6항)	⑪ 전통시장기업업무추진비 지출액			
	⑫ 전통시장기업업무추진비 한도액 (⑪과 (⑧ × 10/100)에 해당하는 금액 중 적은 금액)			
⑬ 기업업무추진비 한도액 합계(⑧ + ⑩ + ⑫)				42,120,000
⑭ 한도초과액(③ - ⑬)			손금불산입	10,880,000
⑮ 손금산입한도 내 기업업무추진비지출액(③과 ⑬에 해당하는 금액 중 적은 금액)				42,120,000

서식에 작성한 예제를 프로그램에 직접 입력하고자 하는 경우 [5700.(주)두더지상사]에서 해보시기 바라며, 별도의 재무제표 정보는 제공하지 않습니다.

전산실무 PROCESS

기업업무추진비 조정명세서는 아래와 같은 순서로 작성한다.

기업업무추진비조정명세(을) 1.수입금액명세 ▶ 기업업무추진비조정명세(을) 2.기업업무추진비해당금액 ▶ 기업업무추진비등 조정명세(갑)

항 목	입력내용 및 방법
수입금액명세	① 상단의 [불러오기(F12)]를 클릭하여 [수입금액조정명세서]에 입력된 "③결산서상수입금액"의 합계액을 자동반영할 수 있으며, 특수관계인간 거래금액이 있는 경우 해당란에 커서를 이동하여 입력하면 일반수입금액에서 차감된다. ② 세무조정에 의한 수입금액이 기업회계상 매출액(수익인식기준)과 세법상 수입금액(귀속기준)의 차이가 없는 경우에는 [수입금액조정명세서]의 "⑥조정후수입금액"으로 수정 입력하여야 한다.
기업업무 추진비 해당금액	① **계정과목 및 계정금액** : 상단의 [불러오기(F12)]를 클릭하여 장부에 계상되어 있는 기업업무추진비(513·613·663·713·763·813·843 등)가 자동 반영된다. 결산서에 다른 계정과목에 기업업무추진비가 입력된 경우 해당 계정과목 및 기업업무추진비 해당금액을 직접 입력한다. ② "⑤란" 계정금액에 현물기업업무추진비가 원가로 회계처리되어 있는 경우에는 시가와 장부가액이 차액을 직접 수정하여 가산 입력한다. ③ **기업업무추진비계상액 중 사적사용경비** : 개인적사용 경비와 법정증빙 미수취에 해당하는 기업업무추진비 금액을 입력하며 전표입력시 [고정적요 : 개인적인 용도의 업무무관비용, 증빙불비접대]를 선택하여 자동반영도 가능하다. ④ **기업업무추진비해당금액** : 계정금액에서 기업업무추진비 사적사용 경비를 차감한 잔액이 자동 반영된다. ⑤ **신용카드미사용금액** : 상단의 [불러오기(F12)]를 클릭하면 [재무회계] 모듈의 전표 적요선택에 따라 금액이 분모와 분자란에 자동 반영된다. 기업업무추진비해당금액 중 **건당 3만원(경조금 20만원)** 초과금액에 대한 법정증빙 미수취에 대한 세무조정을 하며 "농어민 지출액"은 상단의 [계정과목설정(F6)]을 클릭하여 입력적요를 설정하여 반영한다.

구 분		입력금액 및 고정적요(자동반영)
경조사비 중 기준금액 초과액	⑨란	▪ "⑩란" 금액 중 법정증빙 미수취한 금액 ▪ 고정적요 : 일반경조사비
	⑩란	▪ 건당 20만원 초과 경조사비 총금액 ▪ 적요를 반드시 선택해야 반영되며 적요 미입력시 "⑯란"과 "⑮란"에 반영 ▪ 고정적요 : 신용카드등 사용 경조사비, 일반경조사비
국외지역 지출액	⑪란	▪ "⑫란" 금액 중 법정증빙 미수취한 금액 ▪ 고정적요 : 해외접대비
	⑫란	▪ 국외지역에서 지출한 총금액 ▪ "843.해외기업업무추진비"로 입력한 금액 분모에만 자동 반영 ▪ 고정적요 : 신용카드등 사용 해외접대비, 해외접대비
농어민 지출액	⑬란	▪ "⑭란" 금액 중 경비등 송금명세서 미제출액 ▪ 상단의 [계정과목 설정]을 이용하여 자동반영
	⑭란	▪ 접대목적 농어민 매입분 총지출액

항 목	입력내용 및 방법		
기업업무 추진비 해당금액	구 분		입력금액 및 고정적요(자동반영)
	기업업무 추진비 중 기준금액 초과액	⑮란	▪ "⑯란" 금액 중 법정증빙 미수취한 금액 ▪ 고정적요를 사용하지 않은 경우 반영
		⑯란	▪ 건당 3만원 초과 기업업무추진비 총액 ▪ ⑥기업업무추진비계상액 중 사적사용경비란에 입력한 금액 차감 후 입력 ▪ 고정적요 : 신용카드등 사용 일반접대비

	⑥ 신용카드 등 미사용 부인액
	   "⑧란"의 분자의 합계금액이 반영되며 손금불산입하고 기타사외유출로 세무조정한다.
	⑦ 기업업무추진비 부인액
	   "⑥란"의 금액과 "⑰란"의 합계 금액이 자동 반영된다.		

기업업무
추진비
한도초과액
조정
	① [기업업무추진비조정명세서(갑)]표는 "(을)"표가 작성되면 자동으로 작성된다.
	② 상단에 **"중소기업"**으로 표시되면 "④란"의 금액은 "36,000,000원(1년 기준)"이 자동 반영된다.
	③ 문화기업업무추진비 지출액이 있는 경우 직접 입력하며 [고정적요 : 신용카드등 사용 문화, 예술
	   접대비]를 선택하여 회계처리한 경우에는 자동으로 반영된다.
	   ⇨ 문화기업업무추진비 한도액 : 일반기업업무추진비 × 20%
	④ 전통시장기업업무추진비 지출액이 있는 경우 직접 입력하며 [고정적요 : 신용카드등 사용 전통
	   시장접대비]를 선택하여 회계처리한 경우에는 자동으로 반영된다.
	   ⇨ 전통시장기업업무추진비 한도액 : 일반기업업무추진비 × 10%
	⑤ 기업업무추진비 한도초과액이 있는 경우 "⑭란"에 반영되며 손금불산입하고 기타사외유출 처
	   분한다.
	⑥ 부동산임대가 주업인 경우에 해당하면 기업업무추진비한도는 50%만 인정하므로 상단의 [부
	   동산임대업등 (법.령제42조제2항)]을 체크한다.		

실무예제

다음 자료를 이용하여 (주)합격(회사코드 : 5000) 기업업무추진비조정명세서(갑)(을)을 작성하고 필요한 세무조정을 하시오.

(1) 수입금액 조정명세서 내역
① 상품매출의 가산란의 금액은 위탁판매분에 대한 회계처리 누락분에 대한 금액이다.
② 공사수입금의 가산란의 금액은 작업진행률 차이에 대한 과소계상분에 대한 금액이다.
③ 영업외수익의 잡이익은 부산물매각에 대한 금액이다.
④ 수입금액 중 특수관계자에 대한 매출은 300,000,000원이 포함되어 있다.

항 목	계정과목	결산서상 수입금액	가 산	차 감	조정후 입금액
매출	제품매출	2,490,000,000원			2,490,000,000원
	상품매출	980,000,000원	15,000,000원		995,000,000원
	공사수입금	195,000,000원	6,500,000원		201,500,000원
영업외수익	잡이익	1,500,000원			1,500,000원
계		3,666,500,000원	21,500,000원		3,688,000,000원

(2) 장부상 기업업무추진비 내역

① 기업업무추진비(판관비) 중에는 대표이사가 개인적인 용도로 법인카드로 결제한 금액 2,000,000원(1건)이 포함되어 있다.

계정	금액	법인카드 사용액	개인카드사용액	합 계
기업업무 추진비 (제조경비)	3만원 초과분	30,000,000원	4,000,000원	34,000,000원
	3만원 이하분	0원	0원	0원
	합 계	30,000,000원	4,000,000원	34,000,000원
기업업무 추진비 (도급경비)	3만원 초과분	21,000,000원	3,700,000원	24,700,000원
	3만원 이하분	0원	40,000원	40,000원
	합 계	21,000,000원	3,740,000원	24,740,000원
기업업무 추진비 (판관비)	3만원 초과분	20,000,000원	1,000,000원	21,000,000원
	3만원 이하분	0원	0원	0원
	합 계	20,000,000원	1,000,000원	21,000,000원

② 위 표와는 별도로 판매거래처에 경조사비 1,000,000원(1건, 부고장 첨부)을 현금으로 지출하고, 기업업무추진비(판관비)로 계정처리 하였다.

③ 장부상 법인신용카드로 결제한 복리후생비계정(판관비) 중 3,000,000원(각각의 결제금액이 3만원 초과함)은 거래처 직원과의 회식비이다. (복리후생비 중 기업업무추진비는 매입세액이 포함되어 있다.)

예제 따라하기

(1) 수입금액명세 : (을)

① 상단의 [불러오기(F12)]를 클릭하여 [수입금액조정명세서]의 "결산서상 수입금액"과 상부에 계상되어 있는 기업업무추진비 계정과목과 계정금액을 반영한다.

② 수입금액은 기업회계기준상의 매출액(부산물, 작업폐물 매출액은 포함, 매출에누리 등은 차감)에 누락된 매출액을 가산하여야 한다. 세무조정에 의해 가산란에 입력한 금액은 **수익 귀속시기의 차이가 아닌 매출누락분에 대한 부분**이므로 "③합계"란의 금액을 "조정후 수입금액(3,688,000,000원)"으로 입력하고 특수관계인간 거래금액(300,000,000원)을 입력하여 일반수입금액(3,388,000,000원)을 자동 계산한다.

(2) 기업업무추진비 해당금액 : (을)

① 장부에 기장되어 있는 자료가 반영되어 있으며 기업업무추진비(판관비)는 경조사비 지출액 1,000,000원이 추가되어 계정금액이 "22,000,000원"이다. 경조사비의 증빙인 부고장은 법정증빙에 해당하지 않으므로 "⑩란"과 "⑨란"에 입력하여야 한다.

② 기업업무추진비(판관비) 중 대표이사 개인사용경비는 "⑥란"에 추가 입력하고 3만원 초과 법인카드를 사용하였으므로 "(16)총 초과금액"에서는 차감한다.

19,000,000원 = 22,000,000원 − 2,000,000원(개인경비) − 1,000,000원(경조금)

③ 3만원 초과분 개인카드 사용액은 기업업무추진비 손금불산입 조정하여야 하므로 "⑮란"에 금액을 입력한다. 자동반영되는 경우 금액을 반드시 확인한다.

④ 복리후생비(판관비)에 계상되어 있는 기업업무추진비는 [계정과목 : 복리후생비], [계정금액 : 3,000,000원]을 입력하고 건당 3만원 초과금액이므로 "⑯란"에 입력하며 법인신용카드를 사용하였기에 "⑮란"에는 입력하지 않는다.

세무조정 : 〈손금불산입〉 기업업무추진비 중 사적경비(대표이사)   2,000,000(상여)
         〈손금불산입〉 기업업무추진비 중 신용카드 미사용   9,700,000(기타사외유출)

1.기업업무추진비 입력 (을)	2.기업업무추진비 조정 (갑)					
1	1. 수입금액명세					
	구 분		1. 일반수입금액	2. 특수관계인간 거래금액		3. 합 계(1+2)
	금 액		3,388,000,000	300,000,000		3,688,000,000
2	2. 기업업무추진비 해당금액					
	4. 계정과목		합계	기업업무추진비(제조)	기업업무추진비(도급)	기업업무추진비(판관)	복리후생비
	5. 계정금액		83,740,000	34,000,000	24,740,000	22,000,000	3,000,000
	6. 기업업무추진비계상액 중 사적사용경비		2,000,000			2,000,000	
	7. 기업업무추진비해당금액(5-6)		81,740,000	34,000,000	24,740,000	20,000,000	3,000,000
8. 신용카드 등 미사용 금액	경조사비 중 기준금액 초과액	9. 신용카드 등 미사용금액	1,000,000			1,000,000	
		10. 총 초과금액	1,000,000			1,000,000	
	국외지역 지출액 (법인세법 시행령 제41조제2항제1호)	11. 신용카드 등 미사용금액					
		12. 총 지출액					
	농어민 지출액 (법인세법 시행령 제41조제2항제2호)	13. 송금명세서 미제출금액					
		14. 총 지출액					
	기업업무추진비 중 기준금액 초과액	15. 신용카드 등 미사용금액	8,700,000	4,000,000	3,700,000	1,000,000	
		16. 총 초과금액	80,700,000	34,000,000	24,700,000	19,000,000	3,000,000
	17. 신용카드 등 미사용 부인액		9,700,000	4,000,000	3,700,000	2,000,000	
	18. 기업업무추진비 부인액(6+17)		11,700,000	4,000,000	3,700,000	4,000,000	

(3) 기업업무추진비조정명세서(갑)

세무조정 : 〈손금불산입〉 기업업무추진비 한도초과액   25,786,000(기타사외유출)

1.기업업무추진비 입력 (을)	2.기업업무추진비 조정 (갑)				
3	기업업무추진비 한도초과액 조정				
중소기업				☐ 정부출자법인	
				☐ 부동산임대업등(법.령제42조제2항)	
		구분			금액
	1. 기업업무추진비 해당 금액				81,740,000
	2. 기준금액 초과 기업업무추진비 중 신용카드 등 미사용으로 인한 손금불산입액				9,700,000
	3. 차감 기업업무추진비 해당금액(1-2)				72,040,000
기업업무추진비 한도	일반	4. 12,000,000 (중소기업 36,000,000) X 월수(12) / 12			36,000,000
		총수입금액 기준	100억원 이하의 금액 X 30/10,000	11,064,000	
			100억원 초과 500억원 이하의 금액 X 20/10,000		
			500억원 초과 금액 X 3/10,000		
			5. 소계		11,064,000
		일반수입금액 기준	100억원 이하의 금액 X 30/10,000	10,164,000	
			100억원 초과 500억원 이하의 금액 X 20/10,000		
			500억원 초과 금액 X 3/10,000		
			6. 소계		10,164,000
		7. 수입금액기준	(5-6) X 10/100		90,000
		8. 일반기업업무추진비 한도액 (4+6+7)			46,254,000
	문화기업업무추진비 한도(「조특법」 제136조제3항)	9. 문화기업업무추진비 지출액			
		10. 문화기업업무추진비 한도액(9와 (8 X 20/100) 중 작은 금액)			
	전통시장기업업무추진비 한도(「조특법」 제136조제6항)	11. 전통시장기업업무추진비 지출액			
		12. 전통시장기업업무추진비 한도액(11과 (8 X 10/100) 중 작은 금액)			
	13. 기업업무추진비 한도액 합계(8+10+12)				46,254,000
	14. 한도초과액(3-13)				25,786,000
	15. 손금산입한도 내 기업업무추진비 지출액(3과 13중 작은 금액)				46,254,000

(4) 조정등록(F3)

조정 등록						
익금산입 및 손금불산입			손금산입 및 익금불산입			
과 목	금 액	소득처분	과 목	금 액	소득처분	
기업업무추진비 중 사적경비(대표이사)	2,000,000	상여				
기업업무추진비 중 신용카드 미사용	9,700,000	기타사외유출				
기업업무추진비 한도초과액	25,786,000	기타사외유출				

[1] 다음 자료에 의하여 기업업무추진비조정명세서(갑)(을)을 작성하고 필요한 세무조정을 하시오.

[회사코드 : 5500.(주)태백]

(1) 수입금액조정명세서의 내용은 다음과 같으며 수입금액은 정확하다.
 - 제품 국내매출액 : 907,100,000원(특수관계인에 대한 매출액 200,000,000원과 부산물매각액(영업외수익) 17,000,000원 포함)
 - 제품 수출액 : 300,000,000원
 - 상품 국내매출액 : 797,380,000원(수입금액조정에 의한 상품매출 누락분 포함)

(2) 기업업무추진비 관련 지출액
 - 제조원가명세서상 기업업무추진비 : 12,000,000원(20만원 이하의 경조사비 800,000원 포함)
 - 손익계산서상의 판매비와관리비에서 기업업무추진비 : 31,200,000원(건당 3만원 초과분 간이영수증 수취분 650,000원과 법인신용카드사용액 중 3만원 이하 228,880원 포함됨)
 - 위의 단서내용 이외의 기업업무추진비는 건당 3만원 초과하였으며 법정 증빙을 갖추었다.

(3) 손익계산서상의 판매비와관리비에서 복리후생비 5,600,000원(1건)은 당사가 직접 생산한 제품을 매출 거래처에 사업상 증여한 것으로 다음과 같이 반영되어 있다. 단 해당 제품의 시가는 6,000,000원이고, 원가는 5,000,000원이며 해당 건에 대한 부가가치세 신고는 정상적으로 이루어졌다.

(차) 복리후생비	5,600,000원	(대) 제 품	5,000,000원
		부가세예수금	600,000원

(4) 당사는 세법상 중소기업에 해당된다.

[2] 다음 자료에 의하여 기업업무추진비조정명세서(갑)(을)을 작성하고 필요한 세무조정을 하시오.

[회사코드 : 5400.(주)대성]

	항목	계정과목	결산서상 수입금액	가 산	차 감	조정후수입금액
수입금액 조정명세서 내용 요약	매출	상품매출	1,500,000,000원		2,000,000원	1,498,000,000원
		제품매출	1,184,049,000원	1,600,000원		1,185,649,000원
		공사수입	514,600,000원			514,600,000원
	영업외수익	잡이익	1,500,000원			1,500,000원
	계		3,200,149,000원	1,600,000원	2,000,000원	3,199,749,000원

 - 상품매출에서 차감한 2,000,000원은 매출에누리 금액이다.
 - 제품매출에 가산한 1,600,000원은 매출누락분에 대한 금액이다.
 - 영업외수익의 잡이익은 부산물매각에 대한 금액이다.

재무제표상 기업업무 추진비 계정 내역	계정	금액	법인카드사용액	개인카드사용액	합계
	기업업무 추진비 (판관비)	3만원 초과분	25,007,900원	1,500,000원	26,507,900원
		3만원 이하분	1,494,180원	654,200원	2,148,380원
		합계	26,502,080원	2,154,200원	28,656,280원
	기업업무 추진비 (제조경비)	3만원 초과분	2,137,800원	0원	2,137,800원
		3만원 이하분	3,118,800원	1,000,000원	4,118,800원
		합계	5,256,600원	1,000,000원	6,256,600원

- 기업업무추진비(판관비) 중에는 대표이사가 개인적 용도의 지출(건당 3만원 초과금액)을 법인카드로 결제한 금액 270,000원이 포함되어 있다.

기타	■ 광고선전비(판관비)에는 거래처 기업업무추진비 21,000,000원이 포함되어 있으며 그 중 문화 기업업무추진비 지출액 5,000,000원이 계상되어 있고, 이는 지출건당 3만원 초과금액에 해당하며, 법인신용카드를 사용하였다. ■ 당사는 세법상 중소기업에 해당된다.

[3] 실무이론 다지기

01. 법인세법상 기업업무추진비에 관한 다음의 설명 중 옳지 않은 것은?

① 내국법인이 경조금이 아닌 일반적인 기업업무추진비로 지출한 금액이 3만원을 초과하는 경우 법인신용카드매출전표 등 적격증빙을 수취하지 아니한 때에는 당해 금액을 손금에 산입하지 아니한다.
② 주주·출자자나 임원 또는 사용인이 부담하여야 할 기업업무추진비를 법인이 지출한 것은 기업업무추진비로 보지 아니한다.
③ 법인이 광고선전 물품을 불특정다수인에게 기증하기 위하여 지출한 비용은 기업업무추진비로 보지 아니한다.
④ 기업업무추진비를 미지급금으로 계상한 경우에는 실제로 지출할 때까지 기업업무추진비로 보지 아니한다.

02. 법인세법상 기업업무추진비에 대한 설명으로 바르지 않은 것은?

① 기업업무추진비란 접대 및 교제, 사례금, 그 밖에 이와 유사한 성질의 비용으로 업무와 관련하여 지출한 금액을 말한다.
② 약정에 따라 채권의 일부 또는 전부를 포기하는 경우 해당금액을 대손금으로 처리한다.
③ 금전외의 자산으로 접대하는 경우 해당자산의 가액은 이를 제공한 때의 시가(시가가 장부가액보다 낮은 경우에는 장부가액)로 평가한다.
④ 기업업무추진비에 대한 매입세액불공제액과 사업상 증여에 대한 매출세액은 기업업무추진비로 본다.

03. 중소기업법인 甲의 제5기 사업연도(2025년 8월 1일 ~ 12월 31일) 기업업무추진비한도액 계산 시 수입금액이 없더라도 법인세법상 최소한 인정받을 수 있는 기업업무추진비 한도금액은?

① 36,000,000원 ② 24,000,000원 ③ 15,000,000원 ④ 7,500,000원

04. 다음은 소득세법상 기업업무추진비에 대한 설명이다. 이 중 가장 틀린 것은?
① 기업업무추진비한도액 계산에 있어서 수입금액이 90억원인 경우 적용되는 율은 1만분의 30 (0.3%)이다.
② 1회의 접대에 지출한 기업업무추진비(경조사비 제외) 중 3만원을 초과하는 기업업무추진비로서 간이영수증을 수령한 경우 필요경비에 산입하지 않는다.
③ 업무와 관련하여 특정인에게 지출한 경우 원칙적으로 기업업무추진비로 본다.
④ 복수 사업장을 가진 사업자의 소득금액 계산시 각 사업장별 한도 미달액과 초과액은 통산한다.

※ 집중심화연습 해답은 [CHAPER 04 과목별세무조정] 1046페이지에서 확인 가능합니다.

5. 재고자산(유가증권)평가조정명세서

실무이론 CHECK POINT

1 자산·부채의 평가기준

법인이 보유하는 자산과 부채를 평가(장부가액을 증액 또는 감액하는 것을 말하며, 감가상각을 제외한다)한 경우에는 그 자산과 부채의 장부가액은 그 평가하기 전의 가액으로 한다. 즉 **원칙적으로 평가이익과 평가손실을 모두 부인한다는 것이다.**

다만, 다음 중 어느 하나에 해당하는 경우에는 그렇지 않다.

① 「보험업법」이나 그 밖의 법률에 따른 유형자산 및 무형자산 등의 평가(장부가액을 증액한 경우만 해당한다.)
② 재고자산(在庫資産) 등의 자산과 부채의 평가
  ㉠ 재고자산(제품 및 상품, 반제품 및 재공품, 원재료, 저장품)
  ㉡ 유가증권 등(주식, 채권 투자회사 등이 보유한 집합투자자산, 보험업법의 특별계정에 속하는 자산)
  ㉢ 기업회계기준에 따른 화폐성 외화자산과 부채
  ㉣ 금융회사 등이 보유하는 통화 관련 파생상품 중 통화선도, 통화스왑 및 환변동보험
  ㉤ 금융회사 등 외의 법인이 화폐성외화자산·부채의 환위험을 회피하기 위하여 보유하는 통화선도등

2 법인세법상 자산·부채의 평가손실

다음과 같은 경우에는 그 자산의 장부가액을 사업연도 종료일 현재의 시가로 감액하고 그 감액한 금액을 손금으로 계상할 수 있다.

① 파손·부패 등의 사유로 인하여 정상가격으로 판매할 수 없는 재고자산은 사업연도 종료일 현재의 처분 가능한 시가로 평가함
② 천재지변·화재 등으로 파손 멸실된 유형자산은 사업연도 종료일 현재 시가로 평가함
③ 부도발생 등에 의한 상장주식 등은 사업연도 종료일 현재의 시가로 평가함(시가가 1천원 이하인 경우 1천원으로 함)
④ 주식발행법인이 파산한 경우 당해 법인 주식은 사업연도 종료일 현재의 시가로 평가함(시가가 1천원 이하인 경우 1천원으로 함)

3 재고자산의 평가

(1) 재고자산의 평가방법

기업회계는 재고자산의 수량을 확정하는 방법에는 계속기록법과 실지재고조사법이 있는데, 법인세법은 이에 관하여는 아무런 규정도 두고 있지 않다. 단가를 확정하는 방법으로서 법인세법은 다음과 같은 방법을 인정하고 있는데, 재고자산의 평가는 이 가운데 법인이 납세지 관할세무서장에게 신고한 방법에 따른다.

구 분	개 념
원가법	개별법·선입선출법·후입선출법·총평균법·이동평균법 및 매출가격환원법 중 한 가지 방법에 의하여 산출한 취득가액을 그 자산의 평가액으로 하는 방법
저가법	원가법으로 평가한 가액(취득가액)과 기업회계기준에 따라 시가로 평가한 가액(순실현가능가액, 원재료는 현행대체원가) 중 낮은 가액을 평가액으로 하는 방법

기말재고액 = 재고자산 수량(별도의 규정 없음) × 단가

(2) 평가대상 재고자산의 범위와 평가방법의 선택

〈제1호〉 제품 및 상품(부동산매매업자가 매매를 목적으로 소유하는 부동산 포함, 유가증권을 제외한다.)
〈제2호〉 반제품 및 재공품   〈제3호〉 원재료   〈제4호〉 저장품

법인은 재고자산을 위의 호별로 구분하여 **종류별·영업장별로 각각 다른 방법에 의하여 평가할 수 있다.** 이 경우 수익과 비용을 영업의 종목별 또는 영업장별로 각각 구분하여 기장하고, 종목별·영업장별로 제조원가보고서와 포괄손익계산서(포괄손익계산서가 없는 경우에는 손익계산서를 말한다)를 작성하여야 한다.

(3) 재고자산 평가의 세무조정 및 사후관리

재무상태표에 계상한 기말재고자산의 가액과 세무계산상 평가액이 차이가 있는 경우에는 다음과 같이 세무조정을 하여야 한다.

> ① 재무상태표상의 가액이 세무상 평가액보다 **적은 경우** 당해 사업연도에 **익금산입(유보)**하고 다음 사업연도에 무조건 추인한다.
> ② 재무상태표상의 가액이 세무상 평가액보다 **많은 경우** 당해 사업연도에 **손금산입(△유보)**하고 다음 사업연도에 무조건 추인한다.

장부상 기말잔액	세무상 기말잔액	세무조정
100원	150원	기말잔액 50원 증가, 매출원가 50원 감소 ■ 당기 : 〈익금산입〉 재고자산평가감(유보발생) ■ 차기 : 무조건 반대조정하여 추인함
100원	90원	기말잔액 10원 감소, 매출원가 10원 증가 ■ 당기 : 〈손금산입〉 재고자산평가증(△유보발생) ■ 차기 : 무조건 반대조정하여 추인함

4 유가증권의 평가

(1) 유가증권 평가방법

법인세법에서 유가증권이라 함은 주식·출자지분 및 채권을 말하며, 여기에는 단기매매증권, 매도가능증권, 만기보유증권 및 지분법적용투자주식이 모두 포함된다.

이러한 유가증권의 평가는 원가법 중 개별법(채권의 경우에 한정한다)·총평균법 또는 이동평균법 중 법인이 납세지 관할세무서장에게 신고한 방법에 따른다. 따라서 **유가증권의 평가이익과 평가손실은 법인세법에 따르면 모두 부인**한다.

구 분	세 법	기업회계
단기매매증권	원가법(개별법·총평균법·이동평균법) 중 선택 → 평가손익 손금 및 익금불산입(예외 : ○)	공정가치로 평가 ⇨ 평가손익(당기손익)
매도가능증권		① 원칙 : 공정가치로 평가 　⇨ 평가손익(기타포괄손익누계액, 자본항목) ■ 시장성 없는 지분증권의 공정가액이 없는 경우 취득원가로 평가 ■ 지분법적용투자주식의 지분변동액은 지분법손익(영업외손익) 등 인식 ② 예외 : 손상차손 인식(당기비용)
만기보유증권		① 원칙 : 상각후원가로 평가(취득원가와 액면가액의 차액은 유효이자율법에 의해 이자수익에 가감) ⇨ 평가손익 × ② 예외 : 손상차손 인식(당기비용)

(2) 유가증권 평가의 세무조정

구 분	단기매매증권	매도가능증권
	당기순손익(I/S)에 반영	기타포괄손익누계액(F/P)에 반영
평가이익	익금불산입(△유보발생) ⇨ 추후 처분시 유보 추인	익금산입(기타), 익금불산입(△유보발생) ⇨ 추후 처분시 유보 추인
평가손실	손금불산입(유보발생) ⇨ 추후 처분시 유보 추인	손금산입(기타), 손금불산입(유보발생) ⇨ 추후 처분시 유보 추인

위에 세무조정 중 매도가능증권에 대한 세무조정의 형태를 **이중세무조정(또는 양편조정)**이라고 하는데 유가증권의 평가손익을 인정하지 않는 법인세법에서는 익금불산입(또는 손금불산입)을 하고자 하는 경우 수익(또는 비용)으로 계상된 부분이 있어야 하는데 없으므로 일단 [**익금불산입(또는 손금불산입) 자산 ×××(유보)**] 처분을 한 뒤 [**익금산입(또는 손금산입) 자본 ×××(기타)**]으로 처분한다. 평가손익에 대한 부인 조정만 하는 경우 과세소득이 감소하거나 증가하기 때문에 반드시 **두 번의 조정**이 필요하다.

 예제

(주)두더지상사의 제10기와 제11기의 매도가능증권에 대한 세무조정을 하시오.

① 제10기 회사가 보유하고 있는 매도가능증권의 내역은 다음과 같으며 기말 평가는 기업회계기준에 따라 처리하였다.

취득가액	시 가 2025년 12월 31일 현재	비 고
10,000,000원	12,000,000원	시장성 있음

	구 분	회계처리	
10기	기업회계	(차)	(대)
	세무회계	(차)	(대)
	조정차이	(차)	(대)
	세무조정		

② 전기(제10기)에 취득한 매도가능증권(취득원가 : 10,000,000원, 시가 : 12,000,000원)을 처분하고 영업외수익에 매도가능증권처분이익 5,000,000원 포함되어 있다. 전기의 세무조정은 적정하게 이루어졌다.

	구 분	회계처리	
11기	기업회계	(차)	(대)
	세무회계	(차)	(대)
	조정차이	(차)	(대)
	세무조정		

③ 회사가 보유하고 있는 토지, 건물에 대해 재평가를 실시하여 재평가차익 토지 150,000,000원과 건물 100,000,000원을 인식하였다.

구 분	회계처리	
기업회계	(차)	(대)
세무회계	(차)	(대)
조정차이	(차)	(대)
세무조정		

【해설】

① 법인세법상의 유가증권 평가는 원가법만 적용되므로 평가손익은 계상될 수가 없다. 양편 모두 재무상태표 계정에 대한 조정이므로 이중세무조정을 하여 과세소득이 발생되지 않도록 한다.

구 분		회계처리			
10기	기업회계	(차) 매도가능증권	2,000,000	(대) 매도가능증권평가이익	2,000,000
	세무회계	회계처리 없음			
	조정차이	(차) 매도가능증권평가이익 (자본감소)	2,000,000	(대) 매도가능증권 (자산감소)	2,000,000
	세무조정	〈익금불산입〉 매도가능증권　　　　　2,000,000(유보발생) 〈익금산입〉　 매도가능증권평가이익　2,000,000(기타)			

② 유가증권 처분시 전기에 유보는 추인하여야 하며 양편 모두 재무상태표 계정에 대한 조정이므로 이중세무조정을 하여 과세소득이 발생되지 않도록 한다.

구 분		회계처리			
11기	기업회계	(차) 현금 등 　　 매도가능증권평가이익	15,000,000 2,000,000	(대) 매도가능증권 　　 매도가능증권처분이익	12,000,000 5,000,000
	세무회계	(차) 현금 등	15,000,000	(대) 매도가능증권 　　 매도가능증권처분이익	10,000,000 5,000,000
	조정차이	(차) 매도가능증권 (자산증가)	2,000,000	(대) 매도가능증권평가이익 (자본증가)	2,000,000
	세무조정	〈손금불산입〉 매도가능증권　　　　　2,000,000(유보감소) 〈손금산입〉　 매도가능증권평가이익　2,000,000(기타)			

③ 유형자산의 재평가차익은 세법상 인정되지 않는다. 따라서, 증액한 토지, 건물을 감액하는 세무조정을 하고, 반대의 세무조정을 통해 손익을 인식하지 않는다. (기업회계상 재평가차익은 당기손익이 아닌 포괄손익으로 처리하므로 소득처분은 기타로 한다.)

구 분	회계처리
기업회계	(차) 토 지 150,000,000 (대) 재평가잉여금 250,000,000 건 물 100,000,000
세무회계	회계처리 없음
조정차이	(차) 재평가잉여금 250,000,000 (대) 토 지 150,000,000 (자본감소) 건 물 100,000,000 (자산감소)
세무조정	〈익금불산입〉 토 지 150,000,000(유보발생) 건 물 100,000,000(유보발생) 〈익금산입〉 재평가잉여금 250,000,000(기타)

5 재고자산·유가증권평가방법의 신고 및 적용

(1) 최초신고 및 변경신고

재고자산 또는 유가증권의 평가방법을 신고(또는 변경신고)할 때에는 다음의 기한 내에 [재고자산 등 평가방법신고(변경신고)서]를 납세지 관할세무서장에게 제출하여야 한다. 이 경우 저가법을 신고하는 경우에는 시가와 비교되는 원가법을 함께 신고하여야 한다.

구 분	신고기한(변경신고기한)
신설법인과 새로 수익사업을 개시한 비영리법인	해당 법인의 **설립일(또는 수익사업 개시일)**이 속하는 사업연도의 법인세 과세표준의 신고기한
평가방법을 신고한 법인으로서 그 평가방법을 변경하고자 하는 법인	변경할 평가방법을 적용하고자 하는 **사업연도의 종료일 이전 3개월**이 되는 날

(2) 무신고·임의변경 시의 평가방법

법인이 기한 내에 평가방법을 신고하지 않는 경우(무신고) 또는 신고한 평가방법 외의 방법으로 평가하거나 기한 내에 평가방법 변경신고를 하지 않고 그 방법을 변경한 경우(임의변경)에는 납세지 관할세무서장이 다음의 방법에 따라 재고자산과 유가증권을 평가한다.

구 분	무신고시 평가방법	임의변경시 평가액
일반적인 재고자산	선입선출법	Max [무신고시의 평가방법에 의한 가액 당초 신고방법에 의한 가액
유가증권	총평균법	
매매목적으로 소유하는 부동산	개별법	

 **예제**

(주)두더지상사(10기 : 2025.1.1. ~ 2025.12.31.)는 2017.3.31 재고자산 평가방법을 최초 신고한 이후 당초 신고하지 않은 재고자산을 포함하여 2025년도부터 모든 재고자산(제품, 재공품, 원재료)의 평가방법을 총평균법으로 통일하기 위하여 2025년 11월 1일 평가방법(변경)신고서를 제출하고, 회사는 총평균법으로 평가하여 회계처리 하였다. 법인세법에 따라 재고자산평가명세서를 작성하고 세무조정을 하시오. (재고자산별로 각각 세무조정 할 것)

구 분	제 품	재공품	원재료
신고된 평가방법	후입선출법	무신고	총평균법
평가방법 최초 신고일	2017.3.31	–	2017.3.31
선입선출법 평가액	53,500,000원	2,200,000원	5,600,000원
후입선출법 평가액	52,200,000원	2,000,000원	5,850,000원
총평균법 평가액	54,400,000원	2,500,000원	5,250,000원

■ 법인세법 시행규칙[별지 제39호서식]

| 사업연도 | 2025. 01. 01. ~ 2025. 12. 31. | ☑ 재고자산 ☐ 유가증권 평가조정명세서 | 법 인 명 | (주)두더지상사 |

※관리번호 [ ][ ] – [ ][ ]   사업자등록번호 2 1 8 – 8 1 – 2 1 3 0 4

※표시란은 기입하지 마십시오.

1. 재고자산평가방법검토

①자산별	②평가방법 신고연월일	③신고방법	④평가방법	⑤적 부	⑥비 고
제품및상품					
반제품및재공품					
원재료					
저장품					
유가증권 채권					
기타					

2. 평가조정계산

⑦과목	⑧품명	⑨규격	⑩단위	⑪수량	회사계산		조정계산금액				⑱조정액 (⑮ 또는 ⑮와 ⑰ 중 큰 금액 – ⑬)
					⑫단가	⑬금액	신고방법		선입선출법		
							⑭단가	⑮금액	⑯단가	⑰금액	
계											

[해설]

재고자산 평가방법을 변경하고자 하는 경우 변경할 평가방법을 적용하고자 하는 사업연도 종료일 이전 3개월이 되는 날(2025.09.30.)까지 신고하여야 한다. 따라서 2025년에는 변경한 평가방법을 적용할 수 **없다**.

과 목	세무조정
제 품	변경신고 기한내 신고를 하지 않았으므로 당해 사업연도는 임의변경에 해당한다. 조정액 = 53,500,000원* − 54,400,000원 = △900,000원 * Max ┌ ① 무신고시 평가방법(선입선출법) 53,500,000원 　　　 └ ② 당초신고한 평가방법(후입선출법) 52,200,000원 세무조정 : 〈손금산입〉 제품평가증　900,000 (유보발생)
재공품	임의변경에 해당하며 평가방법을 신고한 적이 없으므로 신고방법란에는 금액을 입력하지 않는다. 조정액 = 2,200,000원 − 2,500,000원 = △300,000원 세무조정 : 〈손금산입〉 재공품평가증　300,000 (유보발생)
원재료	신고방법에 의하여 평가를 하였으므로 조정액은 없다.

- 법인세법 시행규칙[별지 제39호서식]

사 업 연 도	2025. 01. 01. ~ 2025. 12. 31.	☑ 재고자산 ☐ 유가증권 평가조정명세서		법 인 명	(주)두더지상사

※관리번호　☐☐ - ☐☐　사업자등록번호　2 1 8 - 8 1 - 2 1 3 0 4

※표시란은 기입하지 마십시오.

1. 재고자산평가방법검토

①자산별	②평가방법 신고연월일	③신고방법	④평가방법	⑤적 부	⑥비 고
제품및상품	2017.03.31	후입선출법	총평균법	×	
반제품및재공품		무신고	총평균법	×	
원재료	2017.03.31	총평균법	총평균법	○	
저장품					

2. 평가조정계산

⑦ 과목	⑧ 품명	⑨ 규격	⑩ 단위	⑪ 수량	회사계산		조정계산금액				⑱조정액 (⑮ 또는 ⑮와 ⑰ 중 큰 금액 − ⑬)
					⑫ 단가	⑬ 금액	신고방법		선입선출법		
							⑭단가	⑮ 금액	⑯단가	⑰ 금액	
제 품						54,400,000		52,200,000		53,500,000	−900,000
재공품						2,500,000				2,200,000	−300,000
원재료						5,250,000		5,250,000			
계						62,150,000		57,450,000		55,700,000	−1,200,000

서식에 작성한 예제를 프로그램에 직접 입력하고자 하는 경우 [5700.(주)두더지상사]에서 해보시기 바라며, 별도의 재무제표 정보는 제공하지 않습니다.

전산실무 PROCESS

재고자산(유가증권)평가 조정명세서는 아래와 같은 순서로 작성한다.

| 1. 재고자산 평가방법 검토 | ▶ | 2. 평가조정 계산 |

항 목	입력내용 및 방법
재고자산 평가방법 검토	① 신고일 : 세무서에 신고한 일자를 입력하며 무신고 시에는 신고일을 입력하지 않는다. ② 신고방법 : 회사가 세무서에 신고한 재고자산 평가방법을 입력하며 평가방법을 신고하지 않은 경우는 무신고를 선택한다. ③ 평가방법 : 회사가 실제로 평가한 방법을 입력하며 무신고시는 선입선출법을 입력한다. ④ 적부 : 신고방법과 평가방법이 동일한 경우에는 "1.여 : ○"를 선택하고 동일하지 않은 경우에는 "0.부 : ×"를 선택한다.
평가조정 계산	① 과목 : 코드도움(F2)을 이용하여 해당 계정과목을 입력한다. ② 품명, 규격, 단위, 수량, 단가를 입력하며 시험에서는 주어진 경우에만 입력한다. ③ 회사계산(장부가) : "4.평가방법"에 의하여 결산서에 계상한 금액을 입력하며 상단의 [잔액조회(F8)] 버튼을 클릭하여 기말재고액을 확인한다. ④ 세법상신고방법 : "3.신고방법"에 의하여 계산된 금액을 입력하며 평가방법이 무신고인 경우에는 입력하지 않는다. ⑤ FIFO(무신고, 임의변경시) : 무신고 이거나 임의평가에 해당하는 경우 선입선출법에 의하여 계산된 기말재고액을 입력한다. ⑥ 조정액 : 재고자산별 해당 금액을 입력하면 **재고자산 평가감은 (+)로 익금산입**하고, **재고자산 평가증은 (−)로 손금산입**하며 재고자산별로 조정액을 등록한다.

1	1. 재고자산 평가방법 검토					
	1.자산별	2.신고일	3.신고방법	4.평가방법	5.적부	6.비고
	제 품 및 상 품					
	반제품및재공품					

2	2. 평가조정 계산					회사계산(장부가)		조정계산금액			
No	7.과목		8.품명	9.규격	10.단위	11.수량	12.단가	13.금액	세법상신고방법		FIFO(무신고,임의변경시)		18.조정액
	코드	과목명							14.단가	15.금액	16.단가	17.금액	

실무예제

(주)합격(회사코드 : 5000)의 기말재고자산에 대하여 법인세법에 따라 「재고자산평가조정명세서」를 작성하고 세무조정사항을 소득금액조정합계표에 반영 하시오. (단, 재고자산별로 각각 세무조정 할 것)

(1) 제품의 평가방법을 선입선출법으로 신고하고 평가하였다.
(2) 재공품의 평가방법을 신고하지 아니하였으나, 2025년 10월 30일에 재공품의 평가방법을 총평균법으로 신고·평가하였다.
(3) 원재료의 평가방법을 총평균법으로 신고하고 평가하였으나, 계산착오로 인하여 3,000,000원을 과소평가 하였다.

(4) 제품과 원재료는 1기 법인세신고기한(2012. 3. 31.)에 재고자산평가방법신고서를 제출하였다.

구 분	회사평가액	선입선출법	후입선출법	총평균법
제 품	500,000,000원	500,000,000원	450,000,000원	470,000,000원
재공품	38,000,000원	40,000,000원	35,000,000원	38,000,000원
원재료	12,000,000원	17,000,000원	14,000,000원	15,000,000원

 예제 따라하기

(1) 재고자산 평가방법 검토 및 평가조정 계산

재고자산별로 신고방법과 회사평가방법을 입력하고 적부여부를 선택한다.

과 목	세무조정
제 품	신고방법에 의하여 평가를 하였으므로 조정액은 발생하지 않는다.
재공품	법인이 재고자산의 평가방법을 변경 신고 기한(2025. 9. 30)이 경과된 후에 신고한 경우에는 그 신고일이 속하는 사업연도까지는 당초 신고방법(무신고 = 선입선출법) 평가방법을 적용하고, 그 후의 사업연도에 있어서는 법인이 신고한 평가방법에 의한다. 재공품은 무신고이므로 세법상 신고방법의 조정계산금액은 입력하지 않는다. 조정액 = 40,000,000원 − 38,000,000원 = 2,000,000원 **세무조정 : 〈익금산입〉 재고자산평가감(재공품) 2,000,000 (유보발생)**
원재료	재고자산 평가방법을 신고하고 신고한 방법에 의하여 평가하였으나 기장 또는 계산상의 착오가 있는 경우에는 재고자산의 평가방법을 달리하여 평가한 것으로 보지 아니한다. 다만, 계산착오로 인한 평가차액에 대해서는 조정을 한다. 조정액 = 15,000,000원 − 12,000,000원 = 3,000,000원 **세무조정 : 〈익금산입〉 재고자산평가감(원재료) 3,000,000 (유보발생)**

(2) 조정등록(F3)

[1] 다음 자료를 이용하여 재고자산평가조정명세서를 작성하고 필요한 세무조정을 하시오. (당기 재고자산평가에 대한 세무조정은 각 재고자산별로 한다.) [회사코드 : 5200.㈜성공]

(1) 당사는 재고자산의 평가방법에 대하여 신고한 적이 없으며, 정관에 관련규정도 없다.
(2) 당사의 재고자산 평가방법은 후입선출법에 의하고 있다.
(3) 전기의 재고자산평가감(제품) 3,000,000원이 유보처분 되어 있다.
(4) 재고자산 평가액은 다음과 같다.

과 목	품 명	수 량	단 가(원)		
			후입선출법	선입선출법	총평균법
원재료	A	20,000개	10,000	12,000	11,000
제 품	B	42,500개	20,000	27,000	24,000

[2] 다음 자료를 이용하여 재고자산(유가증권)평가조정명세서를 작성하고 필요한 세무조정을 하시오. 주어진 자료 이외에 품명, 규격, 단위, 수량, 단가 등은 입력을 생략하도록 하고, 세무조정은 재고자산별로 조정하도록 한다. [회사코드 : 5400.㈜대성]

(1) 재고자산평가방법
 ▪ 당사는 제품과 원재료에 대하여 저가법(비교원가법은 총평균법)을 세법상 적정하게 신고(2008. 3. 31.) 하였으나, 재공품에 대하여는 평가방법을 신고한 바 없다.
 ▪ 당사는 제품과 재공품은 저가법(비교원가법은 총평균법)을 적용하여 평가하고, 원재료는 총평균법에 의하여 평가하였다.
(2) 평가방법별 재고자산평가금액은 다음과 같다.

구 분	장부금액	총평균법	선입선출법	시 가
제 품	30,500,000원	31,000,000원	32,000,000원	30,500,000원
재공품	7,100,000원	7,400,000원	7,600,000원	7,100,000원
원재료	8,100,000원	8,100,000원	8,300,000원	8,000,000원

[3] 실무이론 다지기

01. 법인세법상 자산의 평가손실에 대하여 해당 감액사유가 발생한 사업연도에 그 감액한 금액을 손금으로 계상할 수 있는 사유가 아닌 것은?

① 재고자산으로서 파손·부패 등의 사유로 정상가격으로 판매할 수 없는 것
② 유형자산으로서 천재지변·화재 등 사유로 파손되거나 멸실된 것
③ 유가증권으로서 특수관계인이 발행한 비상장법인 주식으로 발행법인이 부도가 발생한 경우
④ 주식 등을 발행한 법인이 파산한 경우의 해당 주식 등

02. 법인세법상 재고자산의 평가에 대한 설명으로 옳지 않은 것은?
① 법인은 재고자산을 평가할 때 해당 자산을 법인세법 자산별로 구분하여 '종류별·영업장별'로 각각 다른 방법에 의하여 평가할 수 있다.
② 신설하는 영리법인은 설립일이 속하는 사업연도의 법인세 과세표준신고기한까지 평가방법신고서를 납세지 관할세무서장에게 제출하여야 한다.
③ 재고자산의 평가방법을 임의변경한 경우에는 당초 신고한 평가방법에 의한 평가금액과 무신고 시의 평가방법에 의한 평가금액 중 작은 금액으로 평가한다.
④ 재고자산의 평가방법을 변경하고자 하는 법인은 변경할 평가방법을 적용하고자 하는 사업연도의 종료일 이전 3개월이 되는 날까지 신고하여야 한다.

03. 다음 중 법인세법상 재고자산의 평가에 대한 설명으로 틀린 것은?
① 동일한 사업장 내에서 제품과 상품에 대하여 각각 다른 평가방법을 적용할 수 없다.
② 재고자산은 원가법 중 후입선출법을 적용하여 평가할 수 있다.
③ 수익사업을 새로 개시한 비영리내국법인은 수익사업개시일이 속하는 사업연도의 종료일 이전 3월이 되는 날까지 재고자산의 평가방법을 신고하여야 한다.
④ 기한 내에 재고자산평가방법 변경신고 없이 방법을 변경(임의변경)한 경우 신고한 평가방법과 선입선출법(부동산은 개별법) 중 큰 금액으로 평가한다.

04. 법인세법상 재고자산 평가방법과 감가상각방법에 대한 설명으로 잘못된 것은?
① 재고자산은 자산구분별로 구분하여 종류별·영업장별로 서로 다른 평가방법을 선택할 수 있다.
② 재고자산평가방법 변경시 신고 후 승인을 필요로 한다.
③ 개발비에 대한 감가상각방법은 정액법만 가능하다.
④ 사용수익기부자산가액의 감가상각방법은 사용수익기간에 따른 정액법만 가능하다.

05. 다음 자료에 의하여 이동평균법으로 평가하여 오던 법인이 재고자산평가방법을 총평균법으로 변경하기로 하고 변경신고서를 제8기 10월 1일 제출하고 총평균법으로 평가하였을 경우 제8기와 제9기의 법인세법상 재고자산평가방법은?

> (1) 당초 평가방법 : 이동평균법
> (2) 제8기 재고자산평가액
>   ■ 선입선출법 : 70,000,000원   ■ 이동평균법 : 80,000,000원   ■ 총평균법 : 60,000,000원
> (3) 해당사업연도는 제8기 사업연도(1.1~12.31)이며 당기말 재고자산은 총평균법으로 평가하였다.

① 제8기:선입선출법, 제9기:이동평균법
② 제8기:선입선출법, 제9기:총평균법
③ 제8기:이동평균법, 제9기:선입선출법
④ 제8기:이동평균법, 제9기:총평균법

6. 세금과공과금명세서

법인조정 ▶▶ 법인조정Ⅰ ▶▶ 과목별세무조정 ▶▶ 세금과공과금명세서

세금과공과는 영업활동과 관련하여 발생한 비용으로 손금으로 인정하는 것이지만 법인세법에서는 조세제도상 이유 또는 정책적 이유 등으로 세금과공과금 중에서 일부는 **손금불산입**한다.

여기서 세금은 국가 또는 지방자치단체가 재정수요를 충족하기 위하여 세법에 따라 부과하는 것이며, 공과금은 공고단체가 사업을 수행하는데 소요되는 경비에 충당하기 위하여 부과하는 조세 이외의 것으로 국세징수법상 체납처분의 예에 의하여 징수할 수 있는 채권을 말한다.

실무이론 CHECK POINT

1 조세

구 분		종 류
손금으로 인정되는 조세	지출하는 사업연도에 **손금으로 인정되는 것**	인지세, 재산세, 종합부동산세, 자동차세, 주민세 등
	원가에 가산한 후 추후 손금으로 인정되는 것	취득세 · 등록면허세 등
손금으로 인정되지 않는 조세		㉠ 법인세(세액공제를 적용하는 경우의 외국법인세액을 포함) 및 그에 관한 지방소득세 · 농어촌특별세 ㉡ 부가가치세 매입세액 ㉢ 개별소비세, 주세, 교통 · 에너지 · 환경세 ㉣ 세법에 따른 의무불이행으로 인한 세액(가산세 포함)

(1) 손금인정 되지 않는 조세 세부규정

구 분	내 용
법인세비용	법인세비용은 손금으로 인정되지 않으므로 손익계산서에 계상된 법인세비용(지방소득세 및 농어촌특별세 포함)은 **무조건 손금불산입(기타사외유출)하여 법인세를 차감하기 전의 상태로 복귀**시켜야 하는 것이다. 과세소득 계산은 법인세를 도출하는 데 있으므로 과세소득은 근본적으로 **법인세가 차감되기 전의 금액**이기 때문이다.
부가가치세 매입세액	① 부가가치세법에 따른 공제되는 매입세액(자산처리) 　 일반적인 매입세액은 매입세액공제로 돌려받는 금액이므로 손금에 산입하지 않는다.

구 분	내 용	
부가가치세 매입세액	② 부가가치세법에 따른 공제되지 않는 매입세액	
	㉠ 본래부터 공제되지 않는 매입세액(사업자의 부담임) ■ 영수증을 교부받은 거래분의 매입세액 ■ 부가가치세 면세사업 관련 매입세액 ■ 토지 관련 매입세액 ■ 비영업용 소형승용자동차의 구입과 임차 및 유지에 관한 매입세액 ■ 기업업무추진비 및 유사비용의 지출에 관련된 매입세액 ■ 간주임대료에 대한 부가가치세	**손금산입** 자산의 취득원가나 자본적 지출 해당분은 일단 자산으로 계상한 후 추후 손금인정
	㉡ 의무불이행 또는 업무무관으로 인한 불공제 매입세액(사업자의 부담이나 규제목적이 있음) ■ 세금계산서 미수취·불명분 매입세액 ■ 매입처별 세금계산서합계표의 미제출·불명분 매입세액 ■ 사업자등록 20일 이전의 매입세액 ■ 사업과 관련 없는 매입세액	**손금불산입** **(기타사외유출)** 자산으로도 계상할 수 없으며 귀속자가 분명한 경우 상여등으로 소득처분
개별 소비세등	판매하지 아니한 제품에 대한 반출필의 개별소비세, 주세 또는 교통에너지·환경세의 미납액. 다만, 제품가격에 그 세액 상당액을 가산한 경우에는 예외로 한다.	
법에 따른 의무불이행 세액	각 세법에 규정하는 의무불이행으로 인하여 납부하였거나 납부할 세액(**가산세 포함**)은 **손금으로 인정하지 않는다.** ① 의무불이행에 대한 제재로서 부과되는 가산세 등 : 징벌의 효과를 감소시키지 않기 위해 **손금불산입(기타사외유출)**한다. ② 법인이 원천징수세액을 징수하지 않고 대신 납부한 경우와 같이 타인의 세액을 징수하지 않았기 때문에 그것을 대납하는 경우 : 이것은 본래 법인에게 귀속되는 손비가 아니므로 **손금불산입(상여 등)**한다.	

2 공과금

공과금이란 조세 이외의 강제적 부담금을 말한다.

손금산입	자본적지출	손금불산입
① 법령에 의하여 의무적으로 납부하는 것 ② 법령에 의한 의무불이행 또는 금지·제한등의 위반에 대한 제재로서 부과되는 것이 아닌 것 : **상공회의소 회비, 대한적십자 회비, 사용자부담국민연금, 교통유발부담금, 환경개선부담금의 환경오염방지사업비용부담금, 폐기물처리부담금 등** ③ 영업자가 조직한 단체로서 법인이거나 주무관청에 등록된 조합·협회에 지급한 **일반회비**	① 원인자부담금 ② 수익자부담금 ③ 개발부담금 ④ 과밀부담금	① 법령에 의하여 의무적으로 납부하는 것이 아닌 것 : 임의출연금 ② 법령에 의한 의무불이행 또는 금지·제한등의 위반에 대한 제재로서 부과되는 것 : **폐수배출부담금, 장애인고용부담금** ③ **특별회비** 및 임의로 조직된 조합등에 지급한 회비

3 벌금·과료·과태료·가산금 및 체납처분비

벌금, 과료(통고처분에 의한 벌금 또는 과료 상당액 포함), 과태료(과료와 과태금 포함), 가산금 및 강제징수비는 손금에 산입하지 않는다. 벌금 및 강제징수비 등이나 가산금을 손금으로 인정하지 않는 이유는 징벌의 효과를 감소시키지 않기 위한 데 있다.

벌금 등에 해당하는 것 〈손금불산입〉	벌금 등에 해당하지 않는 것 〈손금산입〉
① 법인의 임원 또는 직원이 관세법을 위반하고 지급한 벌과금 ② 업무와 관련하여 발생한 **교통사고 벌과금** ③ 고용보험 및 산업재해보상보험법에 따라 징수하는 **산업재해보상보험료의 가산금** ④ 한국은행법에 따라 금융기관이 한국은행에 납부하는 **과태금** ⑤ 국민건강보험법에 따라 징수하는 **가산금 및 연체금** ⑥ 외국의 법률에 따라 국외에서 납부한 벌금	① 사계약상의 의무불이행으로 인한 **지체상금**(정부와의 납품계약으로 인한 지체상금을 포함하며, 구상권행사가 가능한 지체상금은 제외) ② 보세구역에 보관되어 있는 수출용원자재가 **관세법**상에 따른 **보관기간 경과로 국고귀속**이 확정된 자산의 가액 ③ 철도화차사용료의 미납액에 대한 **연체이자** ④ 고용보험 및 산업재해보상보험법에 따라 징수하는 산업재해보상보험료의 **연체금** ⑤ 국유지 사용료의 납부지연에 따른 **연체료** ⑥ 전기요금의 납부지연으로 인한 **연체가산금** ⑦ 국민연금법에 의하여 납부한 **연체금**

 TIP

[손금불산입액을 비용 또는 자산 계상한 경우의 세무조정 방법]

구 분	당기의 세무처리	차기 이후의 세무처리
손금불산입항목이 비용계상된 경우	손금불산입(기타사외유출 등) * 소득처분은 유형별로 다르다.	-
손금불산입항목이 자산계상된 경우 (이중세무조정)	자산 감액처리 : 손금산입(△유보)	상각·처분 시 손금불산입(유보)
	손금산입액의 부인 : 손금불산입 * 소득처분은 유형별로 다르다.	-

[손금불산입 유형별 소득처분]
① 국가·지방자치단체 : 기타사외유출
② 임직원 개인적경비 : 상여
③ 주주의 개인적경비 : 배당
④ 자본적지출 (비상각자산) : 유보
⑤ 자본적지출 (상각자산) : 즉시상각의제로 소득처분하지 않고 미상각감가상각조정명세서에서 시부인계산에 의해 세무조정을 진행한다.

예제

(주)두더지상사의 세금과공과금의 계정별원장 내역을 참고하여 세무조정을 하시오.

월 일	적 요	금 액	세무조정
1월 28일	자동차세	900,000원	
1월 31일	장애인고용부담금	4,500,000원	
2월 10일	증권거래세	2,500,000원	
2월 22일	교통사고벌과금	400,000원	
3월 26일	공장용지 취득세	10,000,000원	
4월 30일	법인세분 지방소득세	5,300,000원	
5월 9일	전기요금납부지연 연체이자	25,000원	
6월 25일	국민연금 회사부담분	950,000원	
7월 1일	증자 관련 법무사비용	800,000원	
7월 24일	대한상공회의소 연회비	250,000원	
8월 27일	주차위반과태료	130,000원	
9월 30일	건강보험료 가산금(회사부담분)	300,000원	
10월 2일	교통유발부담금	1,000,000원	
11월 15일	폐수배출부담금	2,500,000원	
12월 15일	대표이사 개인 종합부동산세	880,000원	
12월 20일	본사사옥 취득세	5,000,000원	

【해설】

월 일	적 요	세무조정
1월 28일	자동차세	손금인정
1월 31일	장애인고용부담금	손금불산입 4,500,000(기타사외유출) 2018.2.21. 이후 신고·납부부터 의무불이행 등의 위반에 대한 제재로 부과되는 공과금에 해당함
2월 10일	증권거래세	손금인정
2월 22일	교통사고벌과금	손금불산입 400,000(기타사외유출) 벌금에 해당함
3월 26일	공장용지 취득세	손금불산입 10,000,000(유보발생) 토지의 취득원가에 해당함
4월 30일	법인세분 지방소득세	손금불산입 5,300,000(기타사외유출) 과세소득 산출에 가산해야 함
5월 9일	전기요금납부지연 연체이자	손금인정
6월 25일	국민연금 회사부담분	손금인정

월 일	적 요	세무조정
7월 1일	증자 관련 법무사비용	손금불산입 800,000(기타) 신주발행비용은 주식발행금액에서 차감하여야 하며 순자산의 차이는 없음
7월 24일	대한상공회의소 연회비	손금인정
8월 27일	주차위반과태료	손금불산입 130,000(기타사외유출) 벌금에 해당함
9월 30일	건강보험료 가산금(회사부담분)	손금불산입 300,000(기타사외유출) 벌금에 해당함
10월 2일	교통유발부담금	손금인정
11월 15일	폐수배출부담금	손금불산입 2,500,000(기타사외유출) 법령에 의한 제재로서 부과됨
12월 15일	대표이사 개인 종합부동산세	손금불산입 880,000(상여) 업무무관지출에 해당함
12월 20일	본사사옥 취득세	세무조정 없음 즉시상각의제에 해당하므로 [미상각감가상각조정명세서]에서 시부인 계산하여야 함

전산실무 PROCESS

세금과공과금명세서는 아래와 같은 순서로 작성한다.

계정별원장 데이터 불러오기(F12) ▶ 손금불산입 표시

항 목	입력내용 및 방법
과목추가(F4)	세금과공과금명세서에 추가하고자 하는 계정과목이 있는 경우 사용한다.
불러오기(F12)	장부에 입력된 원장 데이터를 반영하고자 하는 경우 사용하며 [과목추가(F4)]에 등록된 계정과목의 내역이 반영된다.
불산입만표기(F6)	[손금불사입표시]란 커서를 고정시키고자 하는 경우 사용한다.
손금불산입표시	손금으로 인정되지 않는 세금과공과금만 "1:손금불산입"을 선택한다.

실무예제

(주)합격(회사코드 : 5000)의 **세금과공과금** 및 **잡손실**의 계정별원장을 조회하여 세금과공과금명세서를 작성하고 관련된 세무조정을 소득금액조정합계표에 반영하시오. 세무조정은 각 건별로 행하는 것으로 한다. 세무조정 항목 중 다른 세무조정명세서에 영향을 미치는 것은 관련 조정명세서에서 정상처리 되었다고 가정한다.

 예제 따라하기

① 상단의 [과목추가(F4)]를 클릭하여 잡손실 계정과목을 추가한다.

② 상단의 [불러오기(F12)]를 클릭하여 기간(2025년 1월 1일 ~ 2025년 12월 31일)을 입력한 후 조회하여 계정별 원장 데이터를 반영한다.

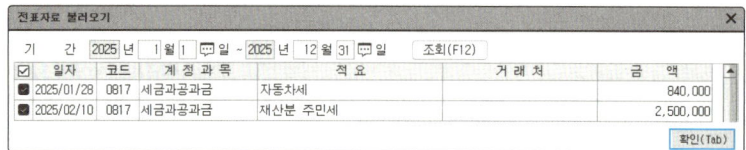

③ 상단의 [불산입만표기(F6)]를 클릭한 후 "손금불산입표시"란에서 손금불산입항목에 대해서 "1:손금불산입"을 선택한다.

④ 조정등록(F3)

대한적십자회비가 기부금(손금인정)에 해당하는 경우에도 [세금과공과금명세서]에서는 세무조정을 하지 않고 [기부금조정명세서]에서 한도초과액을 계산하여 조정하여야 한다.

```
세무조정 : 〈손금불산입〉 공장용지 취득세       700,000 (유보발생)
          〈손금불산입〉 차량범칙금            30,000 (기타사외유출)
          〈손금불산입〉 법인세분 지방소득세   5,300,000 (기타사외유출)
          〈손금불산입〉 산재보험료 가산금      60,000 (기타사외유출)
          〈손금불산입〉 주차위반 과태료       120,000 (기타사외유출)
```

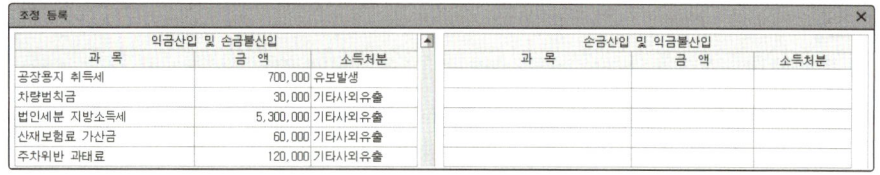

[1] 세금과공과금의 계정별원장을 조회하여 세금과공과금명세서를 작성하고 관련된 세무조정을 소득금액조정합계표에 반영하시오. 아래 항목 중 다른 세무조정명세서에 영향을 미치는 것은 관련 조정명세서에서 정상처리 되었다고 가정한다. (세무조정은 각 건별로 행하는 것으로 본다.) [회사코드 : 5300.(주)기원]

월 일	적 요	금 액
1월 28일	자동차세	840,000원
2월 26일	주민세(종업원분)	1,600,000원
4월 7일	사업과 관련없는 불공제매입세액	630,000원
4월 30일	법인세분 지방소득세	1,900,000원
5월 4일	주무관청에 등록된 협회에 납부하는 협회비	750,000원
6월 30일	간주임대료에 대한 부가가치세	950,000원
7월 20일	국민연금회사부담금납부	5,000,000원
7월 25일	화물차 취득세	1,600,000원
8월 20일	대표이사 비상장주식의 매각 증권거래세	3,000,000원
8월 27일	업무상 주차위반 과태료	120,000원
9월 30일	산재보험 연체료	200,000원
10월 10일	지급조서미제출가산세	2,000,000원
12월 1일	토지취득관련 취득세	5,000,000원

[2] 세금과공과금의 계정별원장을 조회하여 세금과공과금명세서를 작성하고 관련된 세무조정을 소득금액조정합계표에 반영하고 세무조정은 각 건별로 한다. [회사코드 : 5500.(주)태백]

월 일	적 요	금 액
1월 4일	토지개발부담금	2,100,000원
1월 20일	업무용승용차 자동차세 납부	870,000원
1월 30일	공장에 대한 재산세	840,000원
3월 31일	법인세에 대한 농특세납부	360,000원
4월 7일	회사명의 업무무관자산 취득관련 매입세액	630,000원
7월 20일	법인균등분 주민세	62,500원
10월 15일	업무용자산에 대한 재산세납부	920,000원
10월 17일	폐수배출부담금	810,000원
11월 20일	업무상 주정차위반 과태료	400,000원

[3] 실무이론 다지기

01. 다음 중 법인세법상 손금산입항목으로만 묶여진 것은 어느 것인가?

> ㉮ 업무와 관련해 발생한 교통사고벌과금   ㉯ 산업재해보상보험료의 연체금
> ㉰ 전기요금 연체가산금   ㉱ 법인세감면분에 대한 농어촌특별세

① ㉮, ㉯   ② ㉮, ㉰   ③ ㉯, ㉰   ④ ㉰, ㉱

02. 법인세법상 세금과공과 중 손금불산입 되는 항목이 아닌 것은?

① 반출하였으나 판매하지 아니한 제품에 대한 개별소비세 또는 주세의 미납액. 다만, 제품가격에 그 세액에 상당하는 금액을 가산한 경우에는 예외로 한다.
② 벌금, 과료, 과태료, 가산금 및 강제징수비
③ 법령에 따라 의무적으로 납부하는 공과금
④ 법령에 따른 의무의 불이행 또는 금지·제한 등의 위반에 대한 제재로서 부과되는 공과금

※ 집중심화연습 해답은 [CHAPER 04 과목별세무조정] 1050페이지에서 확인 가능합니다.

7. 선급비용명세서

법인조정 ▶▶ 법인조정 I ▶▶ 과목별세무조정 ▶▶ 선급비용명세서

법인에서 발생한 비용 중 보험료 등과 같은 일부 손금항목들은 일정기간 동안 비용의 발생효과가 지속되는 경우가 있다. 이렇게 법인이 일정한 기간을 정한 약정에 의하여 계속적으로 용역 등을 제공받을 경우 그 기간의 개시일 또는 기간 중에 지급한 용역 등의 대가 중 당해 사업연도 종료일 현재까지 용역 등의 제공기간이 미경과된 부분에 상당하는 대가는 다음 사업연도 이후의 손금에 해당하므로 이를 손금불산입한다.

💠 실무이론 CHECK POINT

1 선급비용의 계산

비용의 발생효과가 2사업연도 이상에 걸쳐 발생하는 비용으로는 보험료, 이자비용, 임차료 등이 있으며, 비용이 지출되었지만 당해 사업연도말 현재 해당기간이 모두 경과하지 않음으로 인해 소멸되지 않은 비용을 선급비용이라 말한다. 회사가 선급비용을 과소계상하면 당기의 비용이 과대하게 계상되는 결과가 나타나기 때문에 **손금불산입으로 세무조정하고 유보처분**하여야 한다.

$$\text{선급비용} = \text{지급금액} \times \frac{\text{선급일수(미경과일수)}}{\text{총일수}}$$

총일수 계산시에 적용되는 기간계산은 기간을 일, 주, 월 또는 연으로 정한 때에는 기간의 초일은 산입하지 아니한다. 그러나 그 기간이 오전 영시로부터 시작하는 때에는 그러하지 아니한다.

① 보험료, 임차료 : 초일산입 말일산입   ② 이자비용 : 초일불산입 말일산입

2 선급비용의 세무조정

구 분	당해 사업연도	차기 사업연도
기업회계	회계처리 없음	회계처리 없음
세무회계	(차) 선급비용 ××× (대) 보험료 등 ×××	(차) 보험료 등 ××× (대) 선급비용 ×××
조정차이	(차) 선급비용 ××× (대) 보험료 등 ××× (자산증가) (비용감소)	(차) 보험료 등 ××× (대) 선급비용 ××× (비용증가) (자산감소)
세무조정	〈손금불산입〉 선급비용 ×××(유보발생)	〈손금산입〉 전기선급비용 ×××(유보감소)

전산실무 PROCESS

선급비용명세서는 아래와 같은 순서로 작성한다.

계정구분등록(생략가능) ▶ 선급비용 내역입력

항 목	입력내용 및 방법
계정구분등록	이자, 보험료, 임차료 이외의 계정과목을 조정하고자 하는 경우 선택하여 구분을 추가할 수 있다.
계정구분	1.미경과 이자, 2.선급 보험료, 3.선급 임차료 중 하나를 선택한다.
거래내용 거래처	계정구분의 거래내용과 거래처를 입력한다.
대상기간	계정구분의 대상기간(시작일 ~ 종료일)을 정확하게 입력하여 선급비용 계산에 사용한다. 계정구분에 설정된 한편산입과 양편산입으로 일수계산에 반영된다.
지급액	해당 계정의 지급액을 입력한다.
선급비용	대상기간과 지급액을 입력하면 계정구분등록에 설정된 기준으로 자동계산 된다.
회사계상액	결산서상에 선급비용으로 계상된 금액을 입력한다.
조정대상금액	① 양수(+) 금액인 경우 : 선급비용 과소 계상 ⇨ 〈손금불산입〉 ××× (유보발생) ② 음수(−) 금액인 경우 : 선급비용 과대 계상 ⇨ 〈손금산입〉 ××× (△유보발생)

 **실무예제**

다음의 자료를 이용하여 (주)합격(회사코드 : 5000)의 선급비용명세서를 작성하고 세무조정을 하시오. (단, 세무조정은 각 건별로 한다.)

구 분	상호	납입액	대상기간	비 고
공장 자동차보험	동방화재보험	2,183,000원	2025년 3월 25일 ~ 2026년 3월 25일	–
본사 자동차보험	설악화재	5,000,000원	2025년 4월 1일 ~ 2026년 3월 31일	장부에 선급비용 1,000,000원 계상
본사 로열티	미래정보기술	10,000,000원	2025년 11월 1일 ~ 2027년 10월 31일	선급수수료 등록 (한편산입)

[전기(2024년) 자본금과 적립금 조정명세서(을)]

과목	기초잔액	감소	증가	기말
선급비용			850,000원	850,000원

※ 전기분 선급비용 850,000원이 당기에 기간이 모두 도래하였다.

 예제 따라하기

① 상단의 [계정구분등록(F4)]을 클릭하여 계정과목명에 "선급 수수료", 기간계산원칙에 "한편산입"를 추가로 입력한다.

② 지문에 주어진 자료를 입력하며 거래처 입력시 코드도움에 검색이 되지 않는 경우 직접입력하며 대상기간 입력에 오류가 없도록 입력하고 결산서에 계상한 선급비용이 있는 경우 회사계상액란에 입력한다.

계정구분	거래내용	거래처	대상기간 시작일	대상기간 종료일	지급액	선급비용	회사계상액	조정대상금액
선급 보험료	공장 자동차보험	동방화재보험	2025-03-25	2026-03-25	2,183,000	501,016		501,016
선급 보험료	본사 자동차보험	설악화재	2025-04-01	2026-03-31	5,000,000	1,232,876	1,000,000	232,876
선급 수수료	본사 로열티	미래정보기술	2025-11-01	2027-10-31	10,000,000	9,176,954		9,176,954
			합 계		17,183,000	10,910,846	1,000,000	9,910,846

③ 조정대상금액란에 금액이 계산되는 경우 세무조정을 하며 양수(+) 금액은 선급비용 과소계상을 의미하므로 손금불산입 유보처분 한다.

세무조정 : 〈손금불산입〉 선급비용(공장자동차보험료)   501,016(유보발생)
          〈손금불산입〉 선급비용(본사자동차보험료)   232,876(유보발생)
          〈손금불산입〉 선급비용(본사로열티)   9,176,954(유보발생)

④ 전기분 자본금과적립금조정명세서(을)상의 기말잔액 중 당기 기간 경과분에 대하여 반대조정이 필요하므로 조정등록에서 직접 유보추인 한다.

세무조정 : 〈손금산입〉 전기선급비용 850,000 (유보감소)

⑤ 조정등록(F3)

초정 등록						×
익금산입 및 손금불산입			손금산입 및 익금불산입			
과 목	금 액	소득처분	과 목	금 액	소득처분	
선급비용(공장자동차보험료)	501,016	유보발생	전기선급비용	850,000	유보감소	
선급비용(본사자동차보험료)	232,876	유보발생				
선급비용(본사로열티)	9,176,954	유보발생				

심화연습

[1] 다음은 제조경비 및 판매비와 관리비의 보험료계정원장의 일부이다. 선급비용명세서를 작성 (세무조정 없는 거래도 작성)하고 관련된 세무조정을 소득금액조정합계표에 반영하시오. (단, 세무조정은 각 건별로 하며, 장부상 선급비용은 미계상 상태이다.) [회사코드 : 5100.(주)배움]

보험료계정원장
2025. 01. 01. ~ 2025. 12. 31.

(주)배움   (단위 : 원)

월 일	적 요	금 액	계약기간
1월 31일	공장 화재보험료	1,200,000원	2025.01.31. ~ 2026.06.30.
6월 27일	손해보상보험료	3,000,000원	2025.07.01. ~ 2028.06.30.
8월 8일	이행보증보험료	250,000원	2025.08.08. ~ 2025.09.22.
10월 25일	생산부 자동차보험료	1,300,000원	2025.10.25. ~ 2026.10.25.

[2] 당해 사업연도는 2025.1.1. ~ 2025.12.31.이며, 당기말 현재의 화재보험료 기간미경과분(선급분)에 관한 자료는 다음과 같다. 선급비용명세서를 작성하고, 전기분 선급비용을 포함한 관련 세무조정사항을 소득금액조정합계표에 반영하시오. [회사코드 : 5400.(주)대성]

구분	지출액(원)	거래처	보험기간	비 고
보험료(판관비)	1,800,000	경복화재	2025.4.1. ~ 2026.3.31.	장부상 선급비용을 미계상
보험료(판관비)	2,800,000	무일화재	2025.7.1. ~ 2026.6.30.	장부상 선급비용 500,000원 계상

※ 직전 사업연도의 자본금과 적립금 조정명세서(을)표에는 선급비용 1,500,000원이 손금불산입 유보발생으로 세무조정 되어 있다. (선급기간 : 2025.1.1. ~ 2026.8.31. 선급기간계산은 월할계산 가정)
※ 위 두 보험료에 대하여 각각 세무조정 한다.
※ 집중심화연습 해답은 [CHAPER 04 과목별세무조정] 1051페이지에서 확인 가능합니다.

8. 가지급금등의 인정이자조정명세서

실무이론 CHECK POINT

1 부당행위계산의 부인

(1) 의의

납세지 관할세무서장(또는 관할지방국세청장)은 **법인의 행위 또는 소득금액의 계산이 특수관계인과의 거래로 인하여 그 법인의 소득에 대한 조세의 부담을 부당하게 감소시킨 것으로 인정되는 경우**에는 그 법인의 행위 또는 소득금액의 계산에 관계없이 그 법인의 각 사업연도의 소득금액을 계산할 수 있다. 이것을 '부당행위계산의 부인'이라고 한다.

(2) 부인의 요건

부당행위계산의 부인을 위하여는 ① **특수관계가 있는 자와의 거래로서** ② **해당 법인의 부당한 행위·계산으로 인해 조세부담이 감소되었다고 인정되어야 하며**, ③ **특정한 거래는 현저한 이익의 분여가 있어야 한다**. 이 경우 당사자의 조세회피의 의사는 필요하지 않다.

① 특수관계자의 범위

부당행위계산의 부인규정은 ㉠ **그 행위 당시를 기준으로 하여** ㉡ **해당 법인과 특수관계인 간의 거래(특수관계인 외의 자를 통하여 이루어진 거래를 포함한다)에 대하여 이를 적용**한다. 여기서 특수관계인이란 해당 법인(본인)과 다음 중 어느 하나의 관계에 있는 자를 말한다. 이 경우 해당 법인(본인)도 그 특수관계인의 특수관계인으로 본다(쌍방관계를 기준으로 판단).

㉠ 임원의 임면권의 행사, 사업방침의 결정 등 해당 법인의 경영에 대하여 사실상 영향력을 행사하고 있다고 인정되는 자(상법에 따른 이사로 보는 업무집행지시자 등을 포함한다)와 그 친족
㉡ 주주 등(주주·사원 또는 출자자를 말하며, 소액주주 등은 제외)과 그 친족. 여기서 '소액주주 등'이란 발행주식총수(또는 출자총액)의 1%에 미달하는 주식을 소유한 주주(또는 출자자)를 말한다.
㉢ 법인의 임원·사용인 또는 주주 등의 사용인(주주 등이 영리법인인 경우에는 그 임원을, 비영리법인인 경우에는 그 이사 및 설립자를 말한다)이나 사용인 외의 자로서 법인 또는 주주 등의 금전 기타 자산에 의하여 생계를 유지하는 자와 이들과 생계를 함께 하는 친족
㉣ 해당 법인이 직접 또는 그와 ㉠ ~ ㉢까지의 관계에 있는 자를 통하여 어느 법인의 경영에 대하여 지배적인 영향력을 행사하고 있는 경우 그 법인(1차 지배관계 법인)
㉤ 해당 법인이 직접 또는 그와 ㉠ ~ ㉣까지의 관계에 있는 자를 통하여 어느 법인의 경영에 대하여 지배적인 영향력을 행사하고 있는 경우 그 법인(2차 지배관계 법인)
㉥ 해당 법인에 30% 이상을 출자하고 있는 법인에 30% 이상을 출자하고 있는 법인이나 개인
㉦ 해당 법인이 [독점규제 및 공정거래에 관한 법률]에 따른 기업집단에 속하는 법인인 경우에는 그 기업집단에 소속된 다른 계열회사 및 그 계열회사의 임원

② 부당행위 계산의 유형

조세의 부담을 부당히 감소시킨 것으로 인정되는 경우란 다음 중 어느 하나에 해당하는 경우를 말한다.

구분	부당행위계산의 유형
손익거래	㉠ 자산을 시가보다 높은 가액으로 매입 또는 현물출자받았거나 그 자산을 과대상각한 경우 ㉡ 자산을 무상 또는 시가보다 낮은 가액으로 인도 또는 현물출자한 경우 ㉢ 금전 그 밖의 자산 또는 용역을 무상 또는 시가보다 낮은 이율·요율이나 임대료로 대부하거나 제공한 경우(**주주·출연자가 아닌 임원(소액주주 포함) 및 직원에게 사택을 제공하는 경우 제외**) ㉣ 금전, 그 밖의 자산 또는 용역을 시가보다 높은 이율·요율이나 임차료로 차용하거나 제공받은 경우 ㉤ 특수관계인인 법인 간 합병(분할합병 포함)·분할에 있어서 불공정한 비율로 합병·분할하여 합병·분할에 따른 양도손익을 감소시킨 경우 ㉥ 출연금을 대신 부담한 경우 ㉦ 무수익자산을 매입하였거나 현물출자받은 경우 또는 그 자산에 대한 비용을 부담한 경우 ㉧ 불량자산을 차환하거나 불량채권을 양수한 경우 ㉨ 파생상품에 근거한 권리를 행사하지 않거나 그 행사기간을 조정하는 등의 방법으로 이익을 분여하는 경우 ㉩ 그 밖에 ㉠ ~ ㉨에 준하는 행위 또는 계산 및 그 외에 법인의 이익을 분여하였다고 인정되는 경우 (포괄주의)
자본거래	㉪ 불균등자본거래로 인하여 주주 등인 법인이 특수관계인인 다른 주주 등에게 이익을 분여한 경우

③ 현저한 이익의 분여

부당행위계산의 손익거래 유형 중 ㉠ ~ ㉣에 해당하는 거래(이에 준하는 행위 포함)는 **시가와 거래가액의 차액이 시가의 5%에 상당하는 금액 이상이거나 3억원 이상인 경우에만** 부당행위계산의 부인규정을 적용한다.

5% 또는 3억원 이상 차이가 나는지 여부

$$\left(\frac{\text{시가와 거래가액의 차액}}{\text{시가}} \geq 5\%\right)^* \quad \text{OR} \quad (\text{시가와 거래가액의 차액} \geq 3억원)$$

* 시가와 거래가액의 차액 ≥ 시가 × 5%

(3) 부인의 기준

부당행위계산의 부인규정을 적용할 때에는 건전한 사회 통념 및 상거래 관행과 시가를 기준으로 한다. 여기서 '**시가**'란 특수관계인이 아닌 자 간의 정상적인 거래에서 적용되거나 적용될 것으로 판단되는 가격·요율·이자율·임대료 및 교환비율 그 밖에 이에 준하는 것(이하 '시가'라 한다)을 말한다.

① 일반적인 시가 산정방법

시가를 산정할 때 해당 거래와 유사한 상황에서 해당 법인이 특수관계인 외의 불특정다수인과 계속적으로 거래한 가격 또는 특수관계인이 아닌 제3자 간에 일반적으로 거래된 가격이 있는 경우에는 그 가격에 따른다. 다만, 시가가 불분명한 경우에는 다음의 규정을 순차로 적용하여 계산한 금액에 따른다.

> ㉠ 감정평가법인 등이 감정한 가액이 있는 경우 그 가액(감정한 가액이 2 이상인 경우에는 그 감정한 가액의 평균액). 다만, 주식 또는 출자지분은 제외한다.
> ㉡ 상속세및증여세법의 보충적 평가방법. 이 경우, 최대주주 보유주식의 할증평가 규정을 준용하되, 중소기업 최대주주의 보유주식은 할증평가를 배제한다.

② 금전의 대여 또는 차용의 경우 시가

금전의 대여 또는 차용(부당행위계산의 유형 중 손익거래 ㉢, ㉣)의 경우에는 위의 규정에 불구하고 **가중평균차입이자율**을 **시가**로 한다. 다만, 가중평균차입이자율의 적용이 **불가능**하거나 과세표준신고를 할 때 **당좌대출이자율을 시가로 선택**하는 경우에는 **당좌대출이자율을 시가**로 한다.

(4) 부인의 효과

① 부인금액의 익금산입과 소득처분

부당행위계산에 해당하는 경우에는 **시가와의 차액 등을 익금에 산입**한다. 이 경우 그 부인금액은 그 특수관계인에게 이익을 분여한 것으로 취급된다(이러한 점 때문에 부당행위계산을 이른바 '숨은 이익처분'이라고도 부른다). 따라서 그 금액은 **귀속자의 구분에 따라 배당 · 상여 · 기타사외유출 또는 기타소득으로 처분**되며, 그 귀속자는 이에 따라 소득세 등의 납세의무를 지게 된다.

② 사법의 효과

납세자의 행위계산은 비록 조세부담을 감소시키는 것이라 하더라도 적어도 사법에서는 적법 · 유효한 것으로서, 이는 세법의 부인에도 불구하고 여전히 그 효력을 유지한다. 따라서 부당행위계산의 부인은 어디까지나 세법 적용의 문제에 한정되는 것이다.

2 자산의 고가매입(양수) 및 저가양도

(1) 특수관계자로부터 자산을 고가매입

구 분	세무조정
구입시점	시가초과액을 손금산입하여 △유보로 처분함과 동시에, 같은 금액을 손금불산입하여 특수관계자에 대한 사외유출로 처분한다. 단, 대금 미지급시에는 사외유출되지 않았으므로 손금불산입하고 유보처분하였다가 대금 지급시 반대 조정한다. 세무조정: 〈손금산입〉 고가매입자산　×××(유보발생) 　　　　　〈손금불산입〉 고가매입(사외유출)　×××(상여 등)
감가상각 또는 양도	① 해당 자산을 감가상각 하였을때는 "시가초과액에 대한 감가상각비"를 손금불산입하고 유보추인 한다. ② 해당 자산을 양도한 때에는 시가초과부인액 잔액을 손금불산입하여 유보추인 한다.

(2) 특수관계자에게 자산을 저가양도

법인이 특수관계자에게 자산을 무상 또는 낮은 가액으로 양도하거나 현물출자한 경우에도 부당행위 계산으로 보아 이를 부인하고 정상거래가액과의 차이분만큼 익금산입하고 특수관계자에 대한 사외유출로 소득처분 한다.

 예제

다음은 (주)두더지상사의 특수관계자와의 거래내역이다. 적정한 세무조정을 하시오.

① 당기에 매입한 토지는 당사의 대주주로부터 300,000,000원에 매입한 것이다. 이 토지의 시가는 200,000,000원이다. 대금을 지급(현금)한 경우(A)와 미지급(30%)한 경우(B)에 대한 조정을 하시오.

구 분		회계처리	
A	기업회계	(차)	(대)
	세무회계	(차)	(대)
	조정차이	(차)	(대)
	세무조정		
B	기업회계	(차)	(대)
	세무회계	(차)	(대)
	조정차이	(차)	(대)
	세무조정		

② 당기 중에 회사의 대표이사로부터 시가 100,000,000원인 건물을 150,000,000원에 현금매입하였다. 회사는 결산시 동 건물에 대한 감가상각비 3,750,000원을 계상하였다. 구입시점과 결산시점에 대한 세무조정을 하시오.

구 분		회계처리	
구입시점	기업회계	(차)	(대)
	세무회계	(차)	(대)
	조정차이	(차)	(대)
	세무조정		
결산시점	기업회계	(차)	(대)
	세무회계	(차)	(대)
	조정차이	(차)	(대)
	세무조정		

③ 당해 법인은 소유 토지(시가 2억원)를 법인의 대표이사에게 130,000,000원(원가 100,000,000원)에 매각하였다.

구 분	회계처리	
기업회계	(차)	(대)
세무회계	(차)	(대)
조정차이	(차)	(대)
세무조정		

④ 영업외비용 중 투자자산처분손실 1,000,000원은 장부가액 30,100,000원인 상장주식을 임원인 김철민에게 29,100,000원에 양도함에 따른 것이다. 양도당시 상장주식의 시가는 31,000,000원으로 평가되었다.

구 분	회계처리	
기업회계	(차)	(대)
세무회계	(차)	(대)
조정차이	(차)	(대)
세무조정		

【해설】

① 특수관계자와의 거래로서 시가와 거래가액의 차액이 시가의 5%에 상당하므로 부당행위부인에 해당한다.
- 부당행위계산부인대상 판정 : 300,000,000원 − 200,000,000원 = 100,000,000원
- ∴ 100,000,000원 / 200,000,000 = 0.5(50%) > 5%

	구 분	회계처리			
A	기업회계	(차) 토 지	300,000,000	(대) 현 금	300,000,000
	세무회계	(차) 토 지 사외유출(잉여금)	200,000,000 100,000,000	(대) 현 금	300,000,000
	조정차이	(차) 사외유출(잉여금) (사외유출증가)	100,000,000	(대) 토 지 (자산감소)	100,000,000
	세무조정	〈손금산입〉 토 지 100,000,000(유보발생) 〈손금불산입〉 토지고가매입 100,000,000(배당)			
B	기업회계	(차) 토 지	300,000,000	(대) 현 금 미지급금	210,000,000 90,000,000
	세무회계	(차) 토 지 사외유출(잉여금)	200,000,000 10,000,000	(대) 현 금	210,000,000
	조정차이	(차) 미지급금 (부채감소) 사외유출(잉여금) (사외유출증가)	90,000,000 10,000,000	(대) 토 지 (자산감소)	100,000,000
	세무조정	〈손금산입〉 토 지 100,000,000(유보발생) 〈손금불산입〉 토지고가매입 10,000,000(배당) 〈손금불산입〉 미지급금(부당행위) 90,000,000(유보발생) ⇨ 대금지급시 추인			

② ▪ 부당행위계산부인대상 판정 : 150,000,000원 − 100,000,000원 = 50,000,000원
  ∴ 50,000,000원 / 100,000,000 = 0.5(50%) > 5%
▪ 시가초과액에 대한 감가상각비 유보추인액 = 3,750,000원 × 50,000,000원 / 150,000,000원 = 1,250,000원
  ∴ 건물에 대한 유보잔액 = 50,000,000원 − 1,250,000원 = 48,750,000원

구 분		회계처리				
구입시점	기업회계	(차) 건 물	150,000,000	(대) 현 금		150,000,000
	세무회계	(차) 건 물 사외유출(잉여금)	100,000,000 50,000,000	(대) 현 금		150,000,000
	조정차이	(차) 사외유출(잉여금) (사외유출증가)	50,000,000	(대) 건 물 (자산감소)		50,000,000
	세무조정	〈손금산입〉 건 물 50,000,000(유보발생) 〈손금불산입〉 건물고가매입 50,000,000(상여)				
결산시점	기업회계	(차) 감가상각비	3,750,000	(대) 감가상각누계액		3,750,000
	세무회계	(차) 감가상각비	2,500,000	(대) 감가상각누계액		2,500,000
	조정차이	(차) 감가상각누계액 (자산증가)	1,250,000	(대) 감가상각비 (비용감소)		1,250,000
	세무조정	〈손금불산입〉 건 물 1,250,000 (유보감소)				

③ 부당행위계산부인대상 판정 : 200,000,000원 − 130,000,000원 = 70,000,000원
  ∴ 70,000,000원 / 200,000,000원 = 0.35(35%) > 5%

구 분	회계처리				
기업회계	(차) 현금 등	130,000,000	(대) 토 지 유형자산처분이익		100,000,000 30,000,000
세무회계	(차) 현금 등 사외유출(잉여금)	130,000,000 70,000,000	(대) 토 지 유형자산처분이익		100,000,000 100,000,000
조정차이	(차) 사외유출(잉여금) (사외유출증가)	70,000,000	(대) 유형자산처분이익 (수익증가)		70,000,000
세무조정	〈익금산입〉 토지저가양도 70,000,000(상여)				

④ 부당행위계산부인대상 판정 : 31,000,000원 − 29,100,000원 = 1,900,000원
  ∴ 1,900,000원 / 31,000,000원 = 0.061(6.1%) > 5%

구 분	회계처리				
기업회계	(차) 현금 등 투자자산처분손실	29,100,000 1,000,000	(대) 투자자산(유가증권)		30,100,000
세무회계	(차) 현금 등 사외유출(잉여금)	29,100,000 1,900,000	(대) 투자자산(유가증권) 투자자산처분이익		30,100,000 900,000
조정차이	(차) 사외유출(잉여금) (사외유출증가)	1,900,000	(대) 투자자산처분손실 (비용감소) 투자자산처분이익 (수익증가)		1,000,000 900,000
세무조정	〈익금산입〉 주식저가양도 1,900,000(상여)				

3 가지급금 인정이자조정(갑,을)

부당행위계산의 유형의 하나인 **특수관계인에게 '금전을 무상 또는 시가보다 낮은 이율로 대부한 경우'** 에는 시가와 실제로 수령한 이자의 이자율과의 차이에 해당하는 금액을 익금에 산입한다. 이 경우 시가에 해당하는 이자수익을 실무에서는 **'가지급금 인정이자'** 라고 부르고 있으며, 다음의 금액을 익금에 산입하고 귀속자에 따라 배당·상여 등으로 소득처분 한다.

구 분	익금산입액	소득처분
무상	가지급금 인정이자	■ 출자자(출자임원 제외) : 배당 ■ 임직원(출자임원 포함) : 상여 ■ 법인 등 사업자 : 기타사외유출 ■ 이외의 개인 : 기타소득
낮은 이자율	가지급금 인정이자 - 받았거나 받을 이자수익	

(1) 가지급금의 개념과 범위

가지급금이란 명칭 여하에 불구하고 **해당 법인의 업무와 관련이 없는 자금의 대여액**을 말하며, 이러한 가지급금에 해당하는지의 여부는 회계처리 여하에 불구하고 그 실질적 내용에 따라서 판단되어야 한다. 예컨대 현실적으로 퇴직하지 않은 임원 또는 직원에게 지급한 퇴직급여는 현실적으로 퇴직할 때까지 업무와 관련없는 가지급금으로 본다. 이 경우에 동일인에 대한 가지급금 등과 가수금이 함께 있는 경우에는 이를 상계한 금액으로 한다. 그리고 일정한 자금대여액은 **가지급금의 범위에서 제외**한다.

[가지급금 범위 제외대상]
① 미지급소득(지급한 것으로 의제되는 배당금과 상여금을 말한다)에 대한 소득세를 법인이 대납한 금액
② 국외에 자본을 투자한 내국법인이 해당 국외투자법인에 종사하거나 종사할 자의 여비·급료·기타 비용을 대신하여 부담한 금액(그 금액을 실지로 환부받을 때까지의 기간에 상당하는 금액에 한한다)
③ 법인이 우리사주조합 또는 그 조합원에게 해당 우리사주조합이 설립된 회사의 주식취득에 소요되는 자금을 대여한 금액(상환할 때까지의 기간에 상당하는 금액에 한정한다)
④ 국민연금법에 따라 근로자가 지급받은 것으로 보는 퇴직금전환금(당해 근로자가 퇴직할 때까지의 기간에 상당하는 금액에 한한다)
⑤ 익금산입액의 귀속자가 불분명하거나 추계로 과세표준을 결정·경정할 때에 대표자상여로 처분한 금액에 대한 소득세를 법인이 대납한 금액(특수관계가 소멸될 때까지의 기간에 상당하는 금액에 한정한다)
⑥ 직원에 대한 월정급여액의 범위 안에서의 일시적인 급료의 가불금
⑦ 직원에 대한 경조사비의 대여액
⑧ 직원(직원의 자녀 포함)에 대한 학자금의 대여액
⑨ 중소기업에 근무하는 직원(지배주주 등인 직원은 제외)에 대한 주택구입 또는 전세자금의 대여액
⑩ 한국자산관리공사가 출자총액의 전액을 출자하여 설립한 법인에 대여한 금액

TIP

[업무무관 가지급금에 대한 규제]

구 분	지급대상자	이자수령 여부
가지급금 인정이자의 익금산입	특수관계인에 한함	무상 또는 저리의 경우에 한함
업무무관자산 등에 대한 지급이자의 손금불산입	특수관계인에 한함	불문
대손금 부인 및 대손충당금 설정 배제	특수관계인에 한함	불문

(2) 가지급금 인정이자의 계산

$$\text{가지급금 인정이자} = \text{가지급금 등의 적수} \times \text{인정이자율} \times \frac{1}{365(\text{윤년에는 } 366)}$$

① 가지급금 등의 적수

적수란 **매일의 잔액을 일정기간 단위로 합산한 금액**을 말한다. 가지급금 적수 계산시 가지급금을 지급한 날은 포함하고 가지급금을 회수한 날은 제외하는 것(**초일산입, 말일불산입**)으로 한다. 또한 계산시 **동일인에 대한 가지급금과 가수금이 함께 있는 경우에는 원칙적으로 상계**한다. 다만 약정이 있어 이를 상계할 수 없는 경우에는 상계하지 않는다.

[가지급금 적수 계산 사례(1년 365일 가정)]

01/01	전기이월	10,000,000원	01/01 ~ 02/09 : 10,000,000 × 40일 =	400,000,000원
02/10	가지급금 지급	10,000,000원	02/10 ~ 07/30 : 20,000,000 × 171일 =	3,420,000,000원
07/31	가지급금 회수	5,000,000원	07/31 ~ 12/31 : 15,000,000 × 154일 =	2,310,000,000원
12/31	차기이월	15,000,000원	가지급금 적수 :	6,150,000,000원

② 인정이자율(금전 대여의 경우 시가)

금전의 대여(또는 차용)의 경우에는 일반적인 시가 산정기준에 불구하고 다음의 **가중평균차입이자율을 시가로 한다.**

구 분	내 용
가중평균 차입이자율	자금을 대여한 법인의 대여시점 현재 각각의 차입금 잔액(**특수관계인으로부터의 차입금은 제외**)에 차입 당시의 각각의 이자율을 곱한 금액의 합계액을 해당 차입금 잔액의 총액으로 나눈 이자율을 말한다. $$\text{가중평균차입이자율} = \frac{\Sigma(\text{개별차입금잔액} \times \text{해당차입금이자율})}{\Sigma \text{자금대여시 차입금잔액 합계}}$$

구 분	내 용
예외	다음의 경우에는 아래 구분에 따라 **당좌대출이자율(4.6%)**을 시가로 한다. ① 차입금이 없거나 차입금전액을 특수관계자로부터 차입하여 가중평균차입을 적용할 수 없는 경우에는 국세청장이 정한 당좌대출이자율에 의한다. ② 법인세 신고와 함께 **당좌대출이자율을 시가로 선택**한 경우에는 **선택한 사업연도와 이후 2개 사업연도**는 당좌대출이자율을 시가로 한다. (선택 사업연도 기재) ③ 대여한 날부터 해당 사업연도 종료일까지의 기간이 5년을 초과하는 대여금이 있는 경우 해당 대여금만 당좌대출이자율을 적용한다.
가중평균차입 이자율 적용이 불가능한 경우	① 특수관계자가 아닌 자로부터 차입한 금액이 없는 경우 ② 차입금 전액이 채권자 불분명한 사채 또는 매입자가 불분명한 채권·증권의 발행으로 조달된 경우 ③ 대여법인의 가중평균차입이자율이 차입법인의 가중평균차입이자율보다 높거나, 대여법인의 대여금리가 차입법인의 가중평균차입이자율보다 높은 경우 ④ 대여한 날(계약을 갱신한 경우에는 갱신일)부터 해당 사업연도 종료일까지 기간이 5년을 초과하는 대여금이 있는 경우

(3) 가지급금 인정이자의 세무조정

가지급금에 대한 인정이자와 실제로 수령한 이자와의 차액을 익금에 산입하고 특수관계자에 대한 사외유출로 처분한다.

> 익금에 산입할 금액 = 가지급금 인정이자 − 실제 수입이자

다만, 가지급금에 대한 **사전약정**이 있는 경우 결산서상에 **미수이자 계상을 인정**하므로 가지급금 **인정이자에서 차감한 후 잔액만 익금산입** 한다. 동 미수이자는 정당한 사유 없이 발생일이 속하는 사업연도 종료일로부터 1년이 되는 날까지 회수하지 아니한 경우에는 1년이 되는 날에 익금불산입하여 유보로 소득처분하고 동액을 다시 익금산입하여 특수관계자에 대한 사외유출로 소득처분하여야 한다.

사전약정	가지급금 인정이자	세무조정
있음	장부에 미수이자 계상	회사계상액란 **입력** 별도의 세무조정 **없음**. 단, **차액이 발생한 경우는 조정** 〈익금산입〉 가지급금 인정이자 ××× (상여등)
없음	장부에 미수이자 계상	회사계상액란 **입력하지 않음** 〈익금불산입〉 미수수익 ××× (유보발생) 〈익금산입〉 가지급금 인정이자 ××× (상여등)

예제

다음 자료를 이용하여 (주)두더지상사의 가지급금 등 인정이자조정명세서(갑,을)를 작성하고 관련 세무조정을 하시오.

(1) 차입금의 내용 〈장기차입금으로서 전년도에서 이월된 자료이며 고정금리이다.〉

이자율	차입금	연간지급이자	비고
연 10%	50,000,000원	5,000,000원	연 10% 차입금은 전액 특수관계자, 나머지는 한결은행으로부터의 차입금이다.
연 8%	40,000,000원	3,200,000원	
연 7%	40,000,000원	2,800,000원	
계	130,000,000원	11,000,000원	

(2) 가지급금 및 관련 이자수령내역은 다음과 같다.

직책	성명	금전대여일	가지급금	약정이자율	이자수령액	비고
대표이사	두더지	2024.08.23.	30,000,000원	무상	0원	업무관련 없음
경리과장	박두철	2025.07.10	5,000,000원	무상	0원	학자금 대여

(3) 국세청장이 정한 당좌대출이자율은 연 4.6%이며 회사는 법인세 최소화와 관계없이 가중평균차입이율을 선택하는 것으로 가정한다. 또한 1년은 365일이라 가정한다.

(4) 가지급금 등의 인정이자 조정명세서(갑,을)

■ 법인세법 시행규칙[별지 제19호서식(을)] 〈개정 2009. 3. 30〉 (앞쪽)

사 업 연 도	2025. 01. 01. ~ 2025. 12. 31.	가지급금 등의 인정이자 조정명세서(을)	법 인 명	(주)두더지상사
			사업자등록번호	218 - 81 - 21304

직책(대표이사) 성명(두더지)

1. 가중평균차입이자율에 따른 가지급금 등의 적수, 인정이자 계산

대여기간		③연월일	④적요	⑤차변	⑥대변	⑦잔액 (⑤-⑥)	⑧일수	⑨가지급금 적수 (⑦×⑧)	⑩가수금 적수	⑪차감적수 (⑨-⑩)	⑫이자율	⑬인정이자 (⑪×⑫)
①발생 연월일	②회수 연월일											
계												

2. 당좌대출이자율에 따른 가지급금 등의 적수 계산

⑭연월일	⑮적요	⑯차변	⑰대변	⑱잔액	⑲일수	⑳가지급금 적수(⑱×⑲)	㉑가수금적수	㉒차감적수 (⑳-㉑)
계								

3. 가수금 등의 적수 계산

㉓연월일	㉔적요	㉕차변	㉖대변	㉗잔액	㉘일수	㉙가수금적수 (㉗×㉘)
계						

■ 법인세법 시행규칙[별지 제19호서식(갑)] <개정 2019. 3. 20.> (앞쪽)

사 업 연 도	2025. 01. 01. ~ 2025. 12. 31.	가지급금 등의 인정이자 조정명세서(갑)	법 인 명	(주)두더지상사
			사업자등록번호	218 - 81 - 21304

1. 적용 이자율 선택

[ ] 원칙 : 가중평균차입이자율
[ ] 「법인세법 시행령」 제89조제3항제1호에 따라 해당 대여금 또는 차입금만 당좌대출이자율을 적용
[ ] 「법인세법 시행령」 제89조제3항제1호의2에 따라 해당 대여금 또는 차입금만 당좌대출이자율을 적용
[ ] 「법인세법 시행령」 제89조제3항제2호에 따른 당좌대출이자율 (선택사업연도 . . .~. . .)

2. 가중평균차입이자율에 따른 가지급금 등의 인정이자 조정

① 성명	② 가지급금 적수(積數)	③ 가수금 적수	④ 차감적수 (②-③)	⑤ 인정이자	⑥ 회사 계상액	시가인정범위		⑨ 조정액(=⑦) ⑦≥3억이거나 ⑧≥5%인경우
						⑦ 차액 (⑤-⑥)	⑧ 비율(%) (⑦/⑤)×100	
계								

3. 당좌대출이자율에 따른 가지급금 등의 인정이자 조정

⑩ 성명	⑪ 적용이자율 선택방법	⑫ 가지급금 적수	⑬ 가수금 적수	⑭ 차감적수 (⑫-⑬)	⑮ 이자율	⑯ 인정이자 (⑭×⑮)	⑰ 회사 계상액	시가인정범위		⑳ 조정액(=⑱) ⑱≥3억이거나 ⑲≥5%인경우
								⑱ 차액 (⑯-⑰)	⑲ 비율(%) (⑱/⑯)×100	
계										

【해설】

(1) 가지급금 적수 계산

경리과장 박두철(직원)의 학자금 대여액은 업무무관 가지급금대상에 해당하지 않는다.

구분	대여일	가지급금	일수	적수
대표이사 두더지	2025.1.1.(전기이월)	30,000,000원	365일	10,950,000,000

(2) 인정이자율(가중평균차입이자율)

가중평균차입이자율 계산시 특수관계자 차입금은 대상에서 제외한다.

$$\text{가중평균차입이자율} = \frac{\Sigma(\text{개별차입금잔액} \times \text{해당차입금이자율})}{\Sigma \text{자금대여시 차입금잔액 합계}}$$

$$= \frac{(40,000,000원 \times 8\% + 40,000,000원 \times 7\%)}{(40,000,000원 + 40,000,000원)} = 7.5\%$$

(3) 인정이자 계산

$$\text{가지급금 인정이자} = \text{가지급금 등의 적수} \times \text{인정이자율} \times \frac{1}{365(\text{윤년에는 }366)}$$

$$= 10,950,000,000원 \times 7.5\% \times \frac{1}{365} = 2,250,000원$$

(4) 현저한 이익 분여 여부

$$\frac{(\text{인정이자} - \text{수령이자}(\text{회사계상액}))}{\text{인정이자}} = \frac{(2,250,000원 - 0원)}{2,250,000원} = 100\% \geq 5\%$$

(5) 세무조정

세무조정 : <익금산입> 가지급금 인정이자 2,250,000(상여)

(6) 가지급금 등의 인정이자조정명세서(갑,을)

지급금에 대한 인정이자 계산은 인명별로 작성하며 "(을)"표를 작성하고 "(갑)"표를 작성한다.

■ 법인세법 시행규칙[별지 제19호서식(을)] 〈개정 2009. 3. 30〉 (앞쪽)

사 업 연 도	2025. 01. 01. ~ 2025. 12. 31.	가지급금 등의 인정이자 조정명세서(을)		법 인 명	(주)두더지상사
				사업자등록번호	218-81-21304

직책(대표이사) 성명(두더지)

1. 가중평균차입이자율에 따른 가지급금 등의 적수, 인정이자 계산

대여기간		③적요	④연월일	⑤차변	⑥대변	⑦잔액 (⑤-⑥)	⑧일수	⑨가지급금 적수 (⑦×⑧)	⑩가수금 적수	⑪차감적수 (⑨-⑩)	⑫이자율	⑬인정이자 (⑪×⑫)
①발생 연월일	②회수 연월일											
2025.1.1	차기이월	2025.1.1	전기이월	30,000,000		30,000,000	365	10,950,000,000		10,950,000,000	7.5	2,250,000
계				30,000,000		30,000,000		10,950,000,000		10,950,000,000		2,250,000

2. 당좌대출이자율에 따른 가지급금 등의 적수 계산

⑭연월일	⑮적요	⑯차변	⑰대변	⑱잔액	⑲일수	⑳가지급금 적수(⑱×⑲)	㉑가수금적수	㉒차감적수 (⑳-㉑)
계								

3. 가수금 등의 적수 계산

㉓연월일	㉔적요	㉕차변	㉖대변	㉗잔액	㉘일수	㉙가수금적수 (㉗×㉘)
계						

■ 법인세법 시행규칙[별지 제19호서식(갑)] 〈개정 2019. 3. 20.〉 (앞쪽)

사 업 연 도	2025. 01. 01. ~ 2025. 12. 31.	가지급금 등의 인정이자 조정명세서(갑)		법 인 명	(주)두더지상사
				사업자등록번호	218-81-21304

1. 적용 이자율 선택

- [✓] 원칙 : 가중평균차입이자율
- [ ] 「법인세법 시행령」 제89조제3항제1호에 따라 해당 대여금 또는 차입금만 당좌대출이자율을 적용
- [ ] 「법인세법 시행령」 제89조제3항제1호의2에 따라 해당 대여금 또는 차입금만 당좌대출이자율을 적용
- [ ] 「법인세법 시행령」 제89조제3항제2호에 따른 당좌대출이자율 (선택사업연도 . . .~. . .)

2. 가중평균차입이자율에 따른 가지급금 등의 인정이자 조정

①성명	②가지급금 적수(積數)	③가수금 적수	④차감적수 (②-③)	⑤인정이자	⑥회사 계상액	시가인정범위		⑨조정액(=⑦) ⑦≥3억이거나 ⑧≥5%인경우
						⑦차액 (⑤-⑥)	⑧비율(%) (⑦/⑤)×100	
두더지	10,950,000,000		10,950,000,000	2,250,000	0	2,250,000	100	2,250,000 익금산입
계	10,950,000,000		10,950,000,000	2,250,000	0			2,250,000

서식에 작성한 예제를 프로그램에 직접 입력하고자 하는 경우 [5700.(주)두더지상사]에서 해보시기 바라며, 별도의 재무제표 정보는 제공하지 않습니다.

전산실무 PROCESS

가지급금등 인정이자조정명세서는 아래와 같은 순서로 작성한다.

1. 가지급금, 가수금 입력 ▶ 2. 차입금 입력 ▶ 3. 인정이자 계산(을지, 갑지)

항 목	입력내용 및 방법
연일수변경(F11)	인정이자 계산시 적용될 일수를 선택한다. 윤년인 경우에는 "366일"을 선택하여야 한다.
이자율선택	① [1] 당좌대출이자율로 계산 : 해당 법인이 과세표준신고를 할 때 당좌대출이자율을 시가로 선택하는 경우로 당좌대출이자율을 시가로 하여 **선택한 사업연도와 이후 2개 사업연도는 당좌대출이자율을 시가로 한다.** 또한, [선택 사업연도]를 클릭하여 사업연도를 기재한다. ② [2] 가중평균차입이자율로 계산 : 원칙적으로 가중평균차입이자율을 적용한다. ③ [3] 해당 사업연도만 당좌대출이자율로 계산 : 가중평균차입이자율의 적용이 불가능한 경우로서 "제89조제3항제1호"로 정하는 사유가 있는 경우에 해당 대여금 또는 차입금에 한정하여 당좌대출이자율을 시가로 한다. ④ [4] 해당 대여금만 당좌대출이자율로 계산(제89조제3항제1호의2) : 대여한 날부터 해당 사업연도 종료일까지의 기간이 5년을 초과하는 대여금이 있는 경우에 해당 대여금 또는 차입금에 한정하여 당좌대출이자율을 시가로 한다.
가지급금, 가수금 선택	가지급금과 가수금을 구분하여 선택한다.
가지급금 가수금입력 TAB	① 가지급금 및 가수금에 대한 내용을 직접 입력 가능하다. ② 회계데이타불러오기 : 장부상 자료를 반영하고자 하는 경우 [회계데이타불러오기] 버튼을 클릭한다. 　㉠ 직책·성명·계정과목(134.가지급금, 114.단기대여금)·거래처를 입력한다. 　㉡ 적요번호는 일반전표입력에서 가지급금과 가수금에 입력한 적요번호를 선택한다. 일반적으로 지급(또는 반제)은 "1번", 회수(또는 입금)은 "4번"을 사용한다. 　㉢ 데이터불러오기란에서 반영하고자 하는 경우 "1.불러오기"를 선택한다. ③ 적요 : 1.전기이월(전기에서 이월된 가지급금 및 가수금), 2.대여·가수(당기에 발생한 가지급금 및 가수금), 3.회수·반제(당기에 가지급금 회수 및 가수금을 지급) 중 선택하며 회계데이터를 반영한 경우에는 자동으로 입력된다. ④ 년월일 : 가지급금과 가수금의 발생일을 입력한다. ⑤ 차변, 대변, 잔액 : 가지급금과 가수금의 지급(또는 입금), 회수(또는 반제)한 금액을 입력하면 잔액이 자동으로 계산된다. ⑥ 일수 : 연월일을 기준으로 "초일산입, 말일불산입"으로 자동 계산된다. ⑦ 적수 : "잔액 × 일수"에 의하여 자동 계산된다.

항 목	입력내용 및 방법
차입금 입력 TAB	① 가중평균차입이자율을 계산하기 위한 메뉴이므로 당좌대출이자율을 선택한 경우에는 입력한 필요가 없다. ② 계정과목설정 : 차입금과 관련된 계정과목을 추가로 입력하고자 하는 경우 사용한다. ③ 거래처명에서 **코드도움(F2)**을 이용하여 거래처를 입력하면 [차입금과 관련된 계정과목 선택] 화면이 활성화되고 해당 계정과목을 체크하여 "확인(Tab)"을 누르면 장부상 차입금이 반영된다. ④ [새로불러오기(전체거래처)] : 계정과목설정에서 설정된 차입금 계정과목의 전체 거래처 내역을 자동으로 불러온다. ⑤ 이자율 : 차입금에 대한 이자율을 입력한다. ⑥ 이자 : "이자대상금액 × 이자율"에 의하여 자동 계산된다.
인정이자계산 : (을)지 TAB	① 인정이자를 계산하는 메뉴로 당좌대출이자율 또는 가중평균차입이자율 중에서 어떤 것을 선택하였느냐에 따라서 "이자율 선택"란에 자동으로 표기되며 화면도 달라진다. ② 인정이자는 [1.가지급금,가수금 입력 TAB] 및 [2.차입금 입력 TAB]에 입력된 내용을 근거로 자동 계산되어 반영된다. ③ 이자율을 가중평균차입이자율로 계산하는 경우 이자율란은 [2.차입금 입력 TAB]에 입력한 내용을 기준으로 자동 계산되며 계산근거를 확인하고자 하는 경우 코드도움(F2)을 클릭하여 확인할 수 있다.
인정이자계산 : (갑)지 TAB	① 이자율 선택에 따라 화면이 다르게 나오며 앞의 TAB에 입력한 자료를 근거로 각 인명별로 가지급금 인정이자가 반영된다. ② 인명별로 "**회사계상액**"란에 회사가 수령한 이자를 입력하면, 회사계상액을 뺀 금액이 "**조정액**"란에 자동 계산되고 동 금액을 익금산입 세무조정을 한다.

실무예제

다음의 자료를 이용하여 (주)합격(회사코드 : 5000)의 가지급금등의 인정이자조정명세서를 작성하고, 필요한 세무조정을 소득금액조정합계표에 반영하시오.

(1) 손익계산서상 지급이자의 내역(모두 특수관계 없는 자로부터 차입한 내역이다.)

금융기관	연이자율	지급이자	비 고
목성은행	3.5%	7,000,000원	차입금 발생일 : 2025. 3. 1.
수성은행	4.5%	22,500,000원	차입금 발생일 : 2024. 5. 3.
합 계		29,500,000원	

(2) 대주주인 대표이사(백두산)에 대한 업무와 직접 관련 없는 대여금을 2월 5일과 5월 1일에 각각 100,000,000원을 지급하였으며 이자지급에 대한 약정은 없다. (단기대여금으로 처리하고 적요번호는 1번과 4번으로 입력)
(3) 당사는 12월 31일 대주주인 대표이사의 대여금에 대한 이자수익을 다음과 같이 회계처리 하여 결산하였다.

(차) 미수수익   3,000,000원   (대) 이자수익   3,000,000원

(4) 당사는 인정이자 계산시 가중평균차입이자율을 적용하기로 한다.

(1) 가지급금, 가수금 입력

① 상단의 [연일수변경(F11)]을 클릭하여 연일수를 확인하며 윤년의 경우 반드시 변경하여야 한다.
② 상단의 [이자율선택]을 클릭하여 "[2] 가중평균차입이자율로 계산"을 선택한다.
③ [가지급금, 가수금 선택]란에서 "1.가지급금"을 선택하고 상단의 [회계데이타불러오기]를 클릭하여 직책(대표이사), 성명(백두산), 계정과목(114.단기대여금)을 입력하고 적요번호는 1번과 4번, 거래처(백두산)을 입력하여 회계전표를 반영한다.

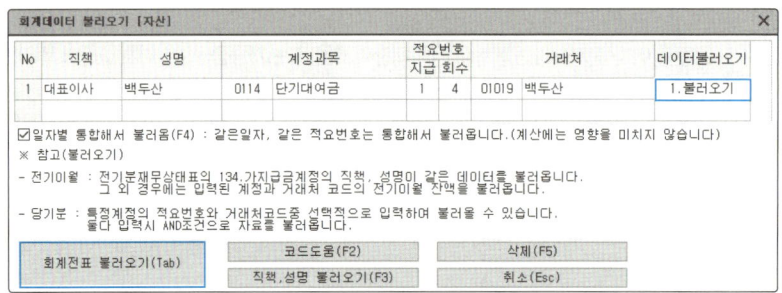

④ 대표이사 백두산의 가지급금 내역이 자동반영 되며 직접 입력도 가능하다.

No	직책	성명	No	적요	년월일	차변	대변	잔액	일수	적수
1	대표이사	백두산	1	2.대여	2025 2 5	100,000,000		100,000,000	85	8,500,000,000
2			2	2.대여	2025 5 1	100,000,000		200,000,000	245	49,000,000,000
					합 계	200,000,000		200,000,000	330	57,500,000,000

(2) 차입금입력

가중평균차입이자율 계산을 위한 메뉴로 특수관계자로부터 차입한 차입금은 제외하므로 포함하지 않는다. 본 문제는 특수관계자 차입금은 없다.

① 거래처명란에서 코드도움(F2)을 클릭하여 목성은행과 수성은행을 입력하여 "차입금과 관련된 계정과목 선택" 화면에서 해당 계정과목을 확인하고 [확인(tab)]을 누른다.
② 반영된 차입금을 선택하고 "이자율"을 입력하여 이자를 계산한다.

[목성은행 차입금내역]

No	거래처명	No	적요	연월일	차변	대변	이자대상금액	이자율 %	이자
1	목성은행	1	2.차입	2025 3 1		200,000,000	200,000,000	3.50000	7,000,000
			합 계			200,000,000	200,000,000		7,000,000

[수성은행 차입금내역]

No	거래처명	No	적요	연월일	차변	대변	이자대상금액	이자율 %	이자
1	목성은행	1	1.전기이월	2025 1 1		500,000,000	500,000,000	4.50000	22,500,000
2	수성은행	2							
			합 계			500,000,000	500,000,000		22,500,000

(3) 인정이자계산 : (을)지

인명별 가지급금 인정이자가 자동으로 계산되며 가중평균차입이자율 계산 근거를 확인하고자 하는 경우 "이자율"란에서 코드도움(F2)을 클릭하여 확인이 가능하다.

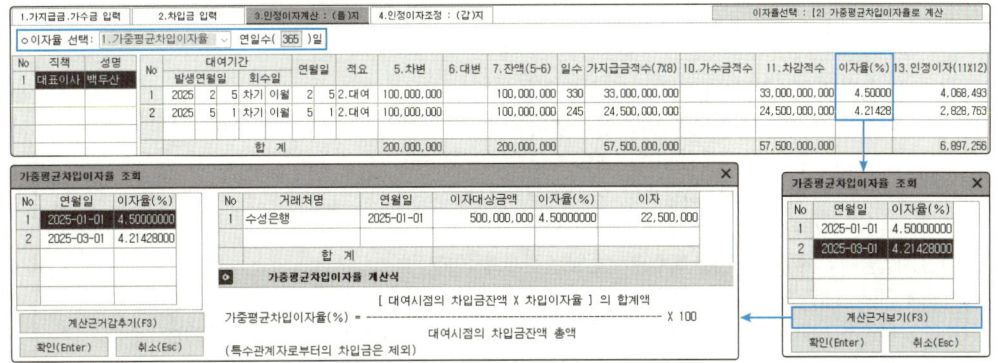

(4) 인정이자계산 : (갑)지

① 인명별로 인정이자가 자동반영 되며, 가지급금 또는 대여금에 대한 실제 이자수령액이 있거나 사전약정이 되어 결산서상에 미수수익으로 계상한 이자수익이 있는 경우 "회사계상액"에 입력한다.
② 다만, 약정이 없는 경우 회사가 계상한 이자수익은 전액 익금불산입되며 "회사계상액"란에도 입력하지 않는다. 법인세법에 따라 계산된 인정이자인 "조정액"란의 금액을 익금산입 세무조정한다.

세무조정 : 〈익금불산입〉 미수수익   3,000,000 (유보발생)
          〈익금산입〉   가지급금 인정이자 6,897,256 (상여)

(5) 조정등록(F3)

익금산입 및 손금불산입			손금산입 및 익금불산입		
과 목	금 액	소득처분	과 목	금 액	소득처분
가지급금 인정이자	6,897,256	상여	미수수익	3,000,000	유보발생

[1] 다음의 자료를 이용하여 가지급금등인정이자조정명세서를 작성하고 필요한 세무조정을 하시오. [회사코드 : 5100.(주)배움]

(1) 가지급금 및 가수금의 변동내역(대표이사 : 김장수)
- 가지급금 : 전기이월 : 47,000,000원(약정없음)
  대여(2025년 2월 11일) : 18,000,000원(약정없음)
  회수(2025년 11월 9일) : 22,000,000원
- 가수금 : 가수(2025년 7월 6일) : 13,000,000원

(2) 차입금내역((주)아현기업은 특수관계에 있는 관계회사이다.)
- 신한은행(연 8%)
  차입기간 : 2022.6.1 ~ 2027.5.31, 차입금액 : 155,500,000원, 이자비용 : 연 12,440,000원
- 하나은행(연 4%)
  차입기간 : 2023.10.1 ~ 2028.9.30, 차입금액 : 15,875,000원, 이자비용 : 연 635,000원
- (주)아현기업(연 5%)
  차입기간 : 2024.8.1. ~ 2027.7.31.(연장), 차입금액 : 60,000,000원, 이자비용 : 연 3,000,000원

(3) 이자율은 당해 사업연도부터 국세청장이 정하는 당좌대출이자율(4.6%)를 적용하며, 회사는 결산서상 인정이자에 대한 회계처리를 하지 않았다. (선택 사업연도 입력할 것)

[2] 다음 자료를 이용하여 가지급금등 인정이자조정명세서(갑,을)를 작성하고 관련 세무조정사항을 소득금액조정합계표에 반영하시오. [회사코드 : 5200.(주)성공]

(1) 차입금의 내용〈신한은행의 차입금으로서 전년도에서 이월된 자료이다.〉

이자율	차입금	연간지급이자	비 고
연 14%	10,000,000원	1,400,000원	전부 특수관계가 없는 자로부터의 차입금이다.
연 10%	20,000,000원	2,000,000원	
연 7.25%	50,000,000원	3,625,000원	
계	80,000,000원	7,025,000원	

(2) 업무무관 가지급금 및 관련 이자수령내역

직책	성명	금전대여일	가지급금	약정이자율	이자수령액 (이자수익계상)
대표이사	서동연	2024.10.23	100,000,000원	무상	0원
관계회사	(주)혜성	2025.07.01	50,000,000원	연 3%	750,000원

업무무관 가지급금은 금전대여일로부터 현재까지 변동이 없으며 (주)혜성은 당사의 최대주주이다.

(3) 국세청장이 정한 당좌대출이자율은 연 4.6%이다.

(4) 차입금, 지급이자(이자비용), 가지급금, 이자수익 등 관련 자료는 재무상태표나 손익계산서상에 반영된 데이터를 무시하고 문제에서 주어진 자료만 적용하며 법인세부담이 최소화되는 방향으로 세무조정을 한다.

[3] 다음 관련 자료를 이용하여 가지급금 등 인정이자 조정명세서를 작성하고, 관련된 세무조정사항을 소득금액조정합계표에 반영하시오. [회사코드 : 5300.(주)기원]

(1) 차입금과 지급이자 내역은 다음과 같다.
전년도에 모두 차입한 것이며 원천징수세액은 없는 것으로 가정한다.

이자율	지급이자	차입금	비 고
20%	5,000,000원	25,000,000원	하나은행 차입금
16%	6,000,000원	37,500,000원	우리은행 차입금
10%	10,000,000원	100,000,000원	자회사인 해동실업(주)로부터의 차입금
계	21,000,000원	162,500,000원	

(2) 가지급금내역

구 분	일자	가지급금	약정이자
대표이사 : 장길산	2025. 05. 27.	97,500,000원	5,850,000원
등기이사 : 김이사	2025. 06. 27.	16,250,000원	1,750,000원
영업부대리 : 박민	2025. 12. 20	2,000,000원	급여가불금(월정급여내 금액)

(3) 기획재정부령으로 정하는 당좌대출이자율은 연 4.6%이며, 당 회사는 금전 대차거래에 대해 시가 적용방법을 신고한 바 없다고 가정한다.

[4] 실무이론 다지기

01. 다음 중 법인세법상 부당행위계산 부인규정에 대한 설명으로 잘못된 것은?

① 법인과 특수관계에 있는 자와의 거래이어야 하며 조세회피의 의사는 필요하지 않다.
② 당해 거래행위를 통해 조세부담이 부당하게 감소되었다고 인정되는 경우이어야 한다.
③ 부당행위계산부인을 적용하더라도 사법상 효력은 적법 · 유효하다.
④ 사업연도 종료일 현재 특수관계가 소멸하였다면 부당행위계산부인을 적용하지 아니한다.

02. 다음 중 법인세법상 부당행위계산의 부인에 대한 설명으로 틀린 것은?

① 법인이 소액주주에 해당하는 임원이나 직원에게 사택을 제공하는 경우 부당행위계산의 유형으로 보지 아니하나 대주주인 출자임원에게 무상으로 사택을 제공하는 경우는 적용한다.
② 주권상장법인의 주식을 장내에서 거래한 경우 주식의 시가는 그 거래일의 최종시세가액을 적용하여 산정한다.
③ 부당행위계산의 부인규정은 내국영리법인에 한하여 적용하므로 내국비영리법인과 외국법인은 그 적용을 받지 아니한다.
④ 자본거래로 인한 부당행위계산 부인금액의 귀속자에게 증여세가 과세되는 경우 기타사외유출로 소득처분한다.

03. 법인세법상 부당행위계산 부인에 관한 설명이다. 옳지 않은 것은?
① 대표적인 유형으로는 특수관계인과의 거래로서 고가매입 또는 저가양도가 있다.
② 해당 법인에 30% 이상을 출자한 법인에 30% 이상을 출자하고 있는 법인이나 개인은 법인세법상 해당 법인의 특수관계자에 해당한다.
③ 시가가 불분명한 경우 주식의 시가는 상속세법 및 증여세법상의 평가금액으로 한다.
④ 특수관계자가 아닌 제3자와의 거래에도 요건만 충족한다면 부당행위계산부인 규정이 적용될 수 있다.

04. 법인세법상 가지급금 인정이자 손금불산입 규정에 대한 설명이다. 옳지 않은 것은?
① 가지급금이란 명칭여하에 불구하고 당해 법인의 업무와 관련이 없는 자금의 대여액을 말한다.
② 비중소기업의 임원에게 주택자금을 무상으로 대여한 경우에는 가지급금 인정이자 계상대상이 아니다.
③ 총차입금 및 자산가액의 합계액은 적수로 계산한다.
④ 동일인에 대한 가지급금 등과 가수금이 함께 있는 경우에는 특별한 약정이 없으면 이를 상계한 금액으로 한다.

05. 법인세법상의 가지급금에 대한 설명으로 가장 잘못된 것은?
① 특수관계자의 가지급금에 대하여는 인정이자상당액을 익금산입한다.
② 특수관계자의 가지급금은 향후 대손이 발생하였을 경우 대손금으로 인정된다.
③ 금전차입의 경우에는 시가는 가중평균차입이자율로 하되, 동 이자율의 적용이 불가능한 경우에는 당좌대출이자율로 한다.
④ 이자비용 중 가지급금적수에 상응하는 이자비용은 손금불산입한다.

※ 집중심화연습 해답은 [CHAPER 04 과목별세무조정] 1052페이지에서 확인 가능합니다.

9. 건설자금이자조정명세서

건설자금이자조정명세서는 특정차입금의 건설자금이자를 이자비용으로 처리하지 않고 자산의 취득원가로 적절하게 계상했는지를 검토하는 서식이다. **지급이자 손금불산입** 규정에 해당하며 **[업무무관 부동산등에 관련한 차입금이자 조정명세서]**에 손금불산입 금액을 기재한다.

실무이론 CHECK POINT

1 개요

건설자금이자란 일반적으로 유형자산 및 무형자산의 취득(매입·제작·건설)에 사용된 차입금에 대한 이자비용을 말한다(기업회계에서는 이것을 '차입원가'로 부른다).

현행 법인세법은 건설자금이자를 특정차입금이자와 일반차입금이자로 구분하고, 특정차입금이자는 취득원가에 산입하여야 하지만, 일반차입금이자는 취득원가 산입과 당기 손금산입 중 하나를 선택할 수 있다. 이것을 기업회계와 비교하면 다음과 같다.

구 분	법인세법	기업회계
특정차입금이자	취득원가 산입	■ 한국채택국제회계기준 : 취득원가 산입 ■ 일반기업회계기준 : 취득원가 산입과 기간비용 중 선택
일반차입금이자	취득원가 산입과 당기 손금산입 중 선택	
건설자금이자 대상자산	사업용 유형자산·무형자산 (유형자산과 무형자산)	■ 적격자산 : 의도된 용도로 사용하거나 판매가능한 상태에 이르게 하는 데 상당한 기간을 필요로 하는 유형자산, 무형자산, 투자부동산과 재고자산

2 건설자금이자의 계산

건설자금이자의 계산은 건설을 개시한 날부터 건설이 준공된 날까지로 한다.

구 분	건설이 준공된 날
토지를 매입하는 경우	그 대금을 청산한 날. 다만, 그 대금을 청산하기 전에 당해 토지를 사업에 사용하는 경우에는 그 사업에 사용하기 시작한 날
건축물의 경우	취득일 또는 사용개시일(해당 건설의 목적물이 그 목적에 실제로 사용되기 시작한 날을 말한다) 중 빠른 날
기타 사업용 유형·무형자산	사용개시일

3 건설자금이자의 세무상 처리

구 분	세무상 처리
건설자금의 일부를 운영자금으로 전용한 경우	당기 손금으로 처리한다.
건설자금의 일시예입에서 발생하는 수입이자	건설자금이자에서 차감한다.
차입한 건설자금의 연체로 인하여 생긴 이자를 원본에 가산한 경우	■ 그 가산한 금액은 건설자금이자로 한다. ■ 원본에 가산한 금액에 대한 지급이자는 당기 손금으로 처리한다.

4 건설자금이자를 비용 계상한 경우의 세무조정

특정차입금이자를 사업용 유형자산 및 무형자산의 취득원가에 가산한 경우에는 별도의 세무처리가 필요하지 않으나, 이를 비용으로 계상한 경우에는 다음과 같이 처리한다.

구 분			당기 세무조정	차기 이후 세무조정
과소계상	비상각자산(토지)		손금불산입 (유보발생)	처분시 손금추인 (유보감소)
	상각자산	건설중인 경우	손금불산입 (유보발생)	건설완료 후 건설자금이자 손금불산입액을 상각부인액으로 의제 ⇨ 상각·처분시 손금추인 (유보감소)
		건설완료된 경우	감가상각비로 보아 시부인계산 (즉시상각의제)	-
과대계상			손금산입 (유보발생)	상각·처분시 손금불산입 (유보감소)

 예 제

(주)두더지상사는 제10기(2025.1.1. ~ 2025.12.31.)에 공장신축을 위하여 아래와 같은 조건으로 대한은행에서 시설자금을 차입하였다. 건설자금이자조정명세서를 작성하고 세무조정을 하시오.

(1) 특정차입금 내역
- 공장신축 사용자금 : 50,000,000원
- 이자율 : 10%
- 차입기간 : 2024.07.10. ~ 2027.07.09.(당해연도 이자계산 대상일수 : 365일 가정)

(2) 공사기간 : 2024.07.10. ~ 2026.12.31.(완공 예정일)

(3) 회사는 동 차입금에 대한 이자 5,000,000원을 전액 당기 이자비용으로 회계처리 하였다.

(4) 건설자금이자조정명세서

- 법인세법 시행규칙 [별지 제25호서식] 〈개정 2011. 2. 28〉

사 업 연 도	2025. 01. 01. ~ 2025. 12. 31.	건설자금이자조정명세서	법 인 명	(주)두더지상사
			사업자등록번호	218 - 81 - 21304

1. 건설자금이자 조정

구 분	①건설자금이자	②회사계상액	③상각대상자산분	④차감조정액(①-②-③)
건설완료자산분				
건설중인자산분				
계				

2. 특정차입금 건설자금이자계산 명세

⑤건설자산명	⑥대출기관명	⑦차입일	⑧차입금액	⑨이자율	⑩당기지급이자	⑪준공일또는 준공예정일	⑫건설자금이자계산 대상일수	⑬건설자금이자계상대상금액
계								

【해설】

(1) 특정차입금 건설자금이자계산 명세
① 건설자금이자는 공사기간 중에 발생한 것에 한정하므로 전년도에 공사를 시작하였으므로 당기분에 이자지급기간에 대한 전액이 건설자금이자에 해당한다.
② 건설자금이자 = 당기 지급이자 × 건설자금이자 계산대상일수 / 이자지급기간
= 5,000,000원 × 365일 / 365일 = 5,000,000원

(2) 건설자금이자 조정
① 완공예정일이 2026년 12월 31일이므로 당해 사업년도에는 건설중인자산에 해당한다.
② "⑬건설자금이자계상대상금액"란의 합계금액을 "①건설자금이자"란에 기재한다.
③ "②회사계상액"은 결산서상에 "건설중인자산"으로 계상한 금액을 기재하는 것이므로 회사는 전액 당기비용처리 하였으므로 기재하지 않는다. "④차감조정액"의 금액을 세무조정한다.

(3) 세무조정
특정차입금에 대한 건설자금이자는 자산의 취득원가에 가산하여야 하는데 하지 않았으므로 손금불산입 하며 건설중인자산에 해당하므로 유보처분 후 건물이 완성되면 상각부인액으로 보아 감가상각비 한도미달액이 발생하면 추인한다.

> 세무조정 : 〈손금불산입〉 건설자금이자   5,000,000(유보발생)

(4) 건설자금이자조정명세서
- 법인세법 시행규칙 [별지 제25호서식] 〈개정 2011. 2. 28〉

사 업 연 도	2025. 01. 01. ~ 2025. 12. 31.	건설자금이자조정명세서		법 인 명	(주)두더지상사
				사업자등록번호	218-81-21304

1. 건설자금이자 조정

구 분	①건설자금이자	②회사계상액	③상각대상자산분	④차감조정액(①-②-③)
건설완료자산분				손금불산입
건설중인자산분	5,000,000	0		5,000,000
계	5,000,000	0		5,000,000

2. 특정차입금 건설자금이자계산 명세

⑤건설자산명	⑥대출기관명	⑦차입일	⑧차입금액	⑨이자율	⑩당기지급이자	⑪준공일또는 준공예정일	⑫건설자금이자계산 대상일수	⑬건설자금이자계상대상금액
공장건물	대한은행	2024.7.10	50,000,000	10%	5,000,000	2026.12.31	365	5,000,000
계			50,000,000		5,000,000			5,000,000

서식에 작성한 예제를 프로그램에 직접 입력하고자 하는 경우 [5700.(주)두더지상사]에서 해보시기 바라며, 별도의 재무제표 정보는 제공하지 않습니다.

전산실무 PROCESS

건설자금이자조정명세서는 아래와 같은 순서로 작성한다.

2. 특정차입금 건설자금이자계산명세 ▶ 1. 건설자금이자계산조정 ▶ 업무무관 부동산등의 차입금이자조정명세서(조정등록)

항 목	입력내용 및 방법
특정차입금 건설자금 이자계산 명세	① 건설자산명 : 토지, 건물, 기계장치 등의 순서로 건설 중인 유형자산 및 무형자산명을 입력한다. ② 대출기관명 · 차입일 : 차입금 대출기관과 차입일자를 입력한다. ③ 차입금액 : 건설자금에 충당하기 위하여 차입한 자금의 총액을 기입하되, 그 차입금의 일부를 **운영자금에 사용한 경우에는 동 금액을 차감한 금액 입력**한다. ④ 이자율 : 차입금에 대한 이자율을 입력한다. ⑤ 지급이자 : 당해 차입금의 지급이자 또는 이와 유사한 성질의 지출금의 합계액을 기입하되, 동 차입금의 **일시예금에서 생기는 수입이자를 차감하여 입력**한다. ⑥ 준공일(또는 준공예정일) 　㉠ 토지를 매입하는 경우 : 대금청산일과 사용일 중 빠른 날 　㉡ 건축물의 경우 : 취득일 또는 사용개시일 중 빠른 날 　㉢ 기타사업용 유형 · 무형자산의 경우 : 사용개시일 ⑦ 대상일수(공사일수) : **건설자금이자에 해당하는 일수**를 입력한다. ⑧ 대상금액(건설이자) : 당기 중에 건설완료된 자산은 그 준공일까지, 건설이 진행중인 자산은 당해 사업연도 종료일까지 발생한 지급이자를 각각 입력한다.
건설자금 이자계산 조정	① 건설자금이자 : "⑬대상금액" 중 계란의 금액을 건설완료자산과 건설중인자산으로 구분하여 입력한다. ② 회사계상액 : 회사가 장부상 "건설중인자산" 계정과목으로 계상한 지급이자 금액을 입력한다. ③ 상각대상자산분 : 건설완료자산분은 즉시상각의제로 간주하여 회사계상각비에 포함한다. 회사의 상각방법이 정률법인 경우에는 감가상각비조정명세서 "⑨자본적지출액"란에 입력하고 정액법인 경우에는 감가상각비조정명세서의 "⑫당기 자본적지출액"란에 입력한다. ④ 차감조정액 　㉠ 건설완료자산분은 당기에 매입완료한 비상각자산(토지 등)에 대한 건설자금이자의 세법상 금액과의 차이를 말한다. 　㉡ 건설중인자산분은 당기에 건설이 진행중인 자산에 대한 건설자금이자의 세법상 금액과의 차이를 말한다. 　㉢ 차감조정액란의 금액의 합계액이 **양수(+)**이면 손금불산입 유보발생으로 처리하고, **음수(-)**이면 손금산입 유보발생으로 처리한다.

실무예제

(주)합격(회사코드 : 5000)은 성남 공장신축을 위하여 아래와 같은 조건으로 하나은행에서 시설자금을 차입하였다. 기입력된 세무조정 자료는 무시하고 주어진 자료만을 활용하여, 건설자금이자조정명세서를 작성하고 관련한 세무조정을 하시오. (단, 당기 세무상 건설자금이자계산시 원단위 미만은 절사하며 **전액 이자비용으로 계상**하였다.)

- 시설자금 차입총액 : 1,200,000,000원(단, 이중 1,000,000,000원만이 성남 공장신축을 위해 사용됨)
- 차입기간 : 2025. 04. 01 ~ 2026. 03. 31
- 공사기간 : 2025. 06. 01 ~ 2026. 01. 31 (당기 공사기간일수 : 214일)
- 이 자 율 : 연 10%(당해연도 이자계산 대상일수 : 365일 가정)

예제 따라하기

(1) 특정차입금 건설자금이자계산 명세

① 차입금액은 운영자금에 사용한 금액을 차감한 금액(1,000,000,000원)을 입력한다.
② 지급이자 = 1,000,000,000원 × 10% × 275일 / 365일 = 75,342,465원
   - 275일(차입기간) : 2025.04.01. ~ 2025.12.31.
③ 대상금액(건설자금이자) = 75,342,465원 × 214일 / 275일 = 58,630,136원

No	⑤건설 자산명	⑥대출 기관명	⑦차입일	⑧차입금액	⑨이자율	⑩지급이자 (일시이자수익차감)	⑪준공일 (또는 예정일)	⑫대상일수 (공사일수)	⑬대상금액 (건설자금이자)
1	성남 공장신축	하나은행	2025-04-01	1,000,000,000	10.000	75,342,465	2026-01-31	214	58,630,136
	합 계			1,000,000,000		75,342,465			58,630,136

(2) 건설자금이자계산 조정

① 준공일이 2026년 1월 31일이므로 현재 건설중인 자산에 해당한다. "⑬대상금액"을 건설중인 자산분의 "①건설자금이자"란에 금액을 입력한다.
② 장부에 자산(건설가계정)으로 계상한 금액은 없으므로 "②회사계상액"은 입력할 금액이 없다.
③ "④차감조정액"란의 금액을 손금불산입 세무조정 한다. 다만, **건설자금이자의 조정은 [업무무관 부동산등의 차입금이자조정명세서]에서 건설자금이자를 부인하게 되므로 이중부인이 될 수 있다.** 시험에서 단독으로 출제하는 문제인 경우에만 상단의 [조정등록(F3)]을 클릭하여 세무조정사항을 입력하며 실제 업무에서는 입력하지 않고 [업무무관 부동산등의 차입금이자조정명세서]에서 입력한다. 본 서의 경우도 [집중 심화연습]을 제외하고 본 실습예제는 [업무무관 부동산등의 차입금이자조정명세서]에서 등록하기로 한다.

세무조정 : 〈손금불산입〉 건설자금이자 58,630,136(유보발생)

구 분	① 건설자금이자	② 회사계상액	③ 상각대상자산분	④ 차감조정액(①-②-③)
건설완료자산분				
건설중인자산분	58,630,136			58,630,136
계	58,630,136			58,630,136

[1] 당사는 당기에 천안 본사신축을 위하여 아래와 같은 조건으로 대한은행에서 시설자금을 차입하였다. 기입력된 자료를 활용하여, 건설자금이자조정명세서를 작성하고 관련한 세무조정을 하시오. (단, 당기 세무상 건설자금이자계산시 원단위 미만은 절사한다.) [회사코드 : 5400.(주)대흥]

- 시설자금 차입총액 : 1,500,000,000원(단, 이중 1,200,000,000원만이 본사신축을 위해 사용됨)
- 차입기간 : 2025. 04. 01 ~ 2026. 03. 31(당기 차입일수 : 275일)
- 공사기간 : 2025. 05. 01 ~ 2026. 12. 31(당기 공사기간일수 : 245일)
- 이 자 율 : 연 5%(당해연도 이자계산 대상일수 : 365일 가정)
- 결산시에 장부상 이자비용을 60,000,000원을 손익계산서에 계상하였다.
- 공사기간 중 이 자금의 일시예치로 인하여 이자 1,500,000원을 수령하였고 이를 손익계산서에 이자수익으로 계상하였다.

[2] 다음 자료는 당기에 도원2공장 신축을 위하여 신축자금을 교동은행에서 차입하였다. 기 입력된 세무조정 자료는 무시하고 주어진 자료만을 활용하여, [건설자금이자조정명세서]를 작성하고 관련 세무조정을 하시오. 세무조정사항이 다른 세무조정명세서에 영향을 미치는 것은 관련 조정명세서에서 정상처리 되었다고 가정한다(원단위미만은 절사함). [회사코드 : 5300.(주)기원]

1. 도원2공장 신축공사관련 차입내역

차입기관	차입기간	연이자율	차입금액	비 고
교동은행	24.7.1 ~ 25.10.31	3.5%	1,000,000,000원	공장신축을 위한 특정차입금임

- 당해 공사일수는 273일이며, 차입일수는 304일에 해당한다. (1년은 365일로 계산할 것)

2. 공사관련 내용
- 도원2공장 신축관련공사로 공사기간은 2024.8.1. ~ 2025.9.30.이며, 준공예정일인 2025.9.30.에 공사가 완료되었으며 당기 건물 취득등록을 완료하고 즉시 사용을 시작하였다.
- 신축공사관련 차입금에 대한 이자비용으로 29,150,684원을 손익계산서에 계상하다.

※ 집중심화연습 해답은 [CHAPTER 04 과목별세무조정] 1057페이지에서 확인 가능합니다.

10. 업무무관부동산등에 관련한 차입금이자조정명세서

업무무관부동산등에 관련한 차입금이자조정명세서는 업무와 무관한 부동산 등이 있는 경우에 해당 자산의 비율 상당액의 지급이자를 부인할 때 작성하는 명세서이다. 가지급금과 건설자금이자가 있는 경우에는 [가지급금등의 인정이자조정명세서] 및 [건설자금이자조정명세서] 작성이 선행되어야 한다.

실무이론 CHECK POINT

1 지급이자 손금불산입

차입금에 대한 지급이자는 순자산감소의 원인이 되는 손비의 금액이므로 손금으로 인정하는 것이 원칙이다. 다만, 법인세법은 몇 가지 이유로 일정한 지급이자를 손금불산입하도록 규정하고 있는데, 그 종류와 부인순서는 다음과 같다.

부인순서	종 류	손금불산입액	소득처분
①	채권자 불분명 사채이자	해당 이자	대표자상여 (원천징수세액 상당액은 기타사외유출 처분)
②	비실명 채권·증권이자	해당 이자	
③	건설자금이자 중 특정차입금이자	해당 이자	유보
④	업무무관자산 등에 대한 지급이자	업무무관자산가액 및 가지급금에 대한 지급이자 상당액	기타사외유출

1 채권자 불분명 사채이자와 비실명 채권·증권이자

(1) 채권자가 불분명한 사채이자

채권자 불분명 사채이자에는 알선수수료·사례금 등 명목 여하에 불구하고 사채를 차입하고 지급하는 금품이 모두 포함된다. 다만, 거래일 현재 주민등록표에 의하여 그 거주사실 등이 확인된 채권자가 차입금을 변제받은 후 소재불명이 된 경우의 차입금에 대한 이자를 제외한다.

① 채권자의 주소 및 성명을 확인할 수 없는 차입금
② 채권자의 능력 및 자산상태로 보아 금전을 대여한 것으로 인정할 수 없는 차입금
③ 채권자와의 금전거래사실 및 거래내용이 불분명한 차입금

(2) 지급받은 자가 불분명한 채권·증권의 이자·할인액 또는 차익

이자소득에 해당하는 채권·증권의 이자·할인액 또는 차익을 그 채권 또는 증권의 발행법인이 직접 지급하는 경우 그 지급사실이 객관적으로 인정되지 아니하는 이자·할인액 또는 차익을 말한다. 이것은 채권 등의 발행법인이 채권 등의 소지자에게 직접 이자 등을 지급하는 경우에도 실명확인을 하도록 강제함으로써 금융소득 종합과세의 토대를 확충하기 위한 방안의 하나로 도입된 것이다.

(3) 소득처분

그 손금불산입액은 **대표자에 대한 상여**로 소득처분하되, 그에 대한 **원천징수세액 상당액**은 국가 등에 귀속되므로 **기타사외유출**로 소득처분 한다. 여기서 '원천징수세액 상당액'이란 보통 42%의 소득세와 그 소득세에 대한 10%의 지방소득세의 합계액, 즉 지급이자의 46.2% 상당액을 말한다.

> 세무조정 : 〈손금불산입〉 채권자불분명사채이자 등   ×××(대표자의 상여)
> 　　　　　〈손금불산입〉 원천징수상당세액　　　　　×××(기타사외유출)

2 건설자금에 충당한 차입금의 이자

　　건설자금이자란 사업용 유형자산 및 무형자산의 매입·제작·건설에 소요되는 특정차입금에 대한 건설기간 중의 지급이자 또는 이와 유사한 성질의 금액을 말한다. 이는 자산의 취득원가에 가산하도록 규정되어 있으므로 발생기간의 비용으로 계상한 경우에는 손금불산입하여야 한다. 본서는 [9.건설자금이자조정명세서 ⇨ 교재 994페이지]에서 이미 다루었으므로 세부사항은 생략하도록 한다.

3 업무무관자산 및 가지급금 등의 취득·보유와 관련한 지급이자

　　법인이 업무와 직접 관련이 없다고 인정되는 자산과 특수관계에 있는 자에게 업무와 관련없이 지급한 가지급금 등을 보유하고 있는 경우 그 자산가액에 상당하는 차입금에 대한 지급이자와 동 업무무관 자산을 취득·관리함으로써 생기는 비용을 손금불산입 한다.

(1) 지급이자 손금불산입액의 계산

$$\text{손금불산입액} = \text{지급이자} \times \frac{(\text{업무무관자산가액적수} + \text{가지급금적수})^*}{\text{차입금적수}}$$

* 차입금적수를 한도로 한다.

> 세무조정 : 〈손금불산입〉 업무무관가지급금등지급이자   ×××(기타사외유출)

(2) 지급이자 및 차입금의 범위

　　지급이자는 타인에게 자금을 차용하고 이에 대한 이자를 지급하는 경우 발생되는 금융비용으로 선순위 손금불산액을 제외한 금액이다.

> 지급이자 = 총지급이자 − 채권자불분명사채이자 및 비실명채권·증권이자 − 건설자금이자

지급이자에 포함되는 것	지급이자에 포함되지 않는 것[*1]
① 금융어음의 할인료 ② 금융리스료 중 이자상당액 ③ 사채할인발행차금 상각액 ④ 미지급이자 ⑤ 전환사채의 만기보유자에게 지급하는 상환할증금 ⑥ 회사정리계획인가 결정에 의해 면제받은 미지급이자	① 상업어음의 할인액(기업회계기준의 매각거래) ② 자산취득으로 생긴 채무에 대한 현재가치할인차금 상각액[*2] ③ 연지급수입에 있어서 취득가액과 구분하여 지급이자로 계상된 금액 ④ 선급이자 ⑤ 지급보증료·신용보증료·지급수수료·운용리스료 ⑥ 한국은행총재가 정한 규정에 따른 기업구매자금대출에 의한 차입금이자

*1. 이들은 이자비용으로서 손금인정은 되지만, 지급이자 손금불산입의 대상이 되는 이자비용에는 포함되지 않는다.
*2. 현행 법인세법은 자산취득의 경우에 그 채무를 현재가치로 평가하는 회계처리를 인정하고 있으며, 그 현재가치할인차금 상각액을 지급이자 손금불산입 대상에서 특별히 제외하고 있다.

(3) 업무무관자산

해당 법인의 업무와 직접 관련이 없다고 인정되는 부동산과 동산은 다음과 같으며 관련 경비도 업무무관경비 [교재 740~741페이지 수록]에 해당한다.

구 분	업무무관자산의 범위
부동산	① 법인의 업무에 직접 사용하지 않는 부동산. 다만, 유예기간이 경과하기 전까지의 기간 중에 있는 부동산은 제외한다. ② 유예기간 중에 해당 법인의 업무에 직접 사용하지 않고 양도하는 부동산(부동산매매업을 주업으로 영위하는 법인의 경우는 제외) ▪ 유예기간은 일반적인 부동산은 취득일부터 2년으로 하며, 건축물 또는 시설물 신축용 토지와 부동산매매업의 매매용 부동산 및 건물 건설업은 취득일부터 5년으로 한다.
동 산	① 서화 및 골동품(장식 · 환경미화 등의 목적으로 사무실 · 복도 등 여러 사람이 볼 수 있는 공간에 상시 비치되는 것으로 1,000만원 이하는 제외) ② 업무에 직접 사용하지 않는 자동차 · 선박 및 항공기(저당권의 실행 기타 채권을 변제받기 위한 사유로 취득일로부터 3년이내 자산 제외) ③ 기타 ① · ②과 유사한 자산으로서 해당 법인의 업무에 직접 사용하지 않는 자산

 **TIP**

[업무무관자산의 세무처리]

취득시점	보유시점	처분시점
취득원가 = 매입가액 + 취득부대비용 ⇨ 부대비용은 손금불산입하는 것이 아니라 취득원가에 가산한다	감가상각비 : 손금불산입 (유보발생)	유보처분금액 추인 손금산입 (유보감소)
	유지비용 : 손금불산입 (상여등)	

(4) 업무무관가지급금

이는 명칭여하에 불구하고 해당 법인의 업무와 관련이 없는 자금의 대여액을 말한다. 물론 이러한 가지급금은 특수관계인에 대한 대여금에 한정하며, 동일인에 대한 가지급금과 가수금이 함께 있는 경우에는 이를 상계한 후 잔액을 가지급금으로 한다.(별도의 상환기간 및 이자율에 대한 약정이 있는 경우는 제외)

본 서는 [8.가지급금등의 인정이자조정명세서 ⇨ 교재 976페이지]에서 이미 다루었으므로 세부사항은 생략하도록 한다.

(5) 차입금적수

지급이자와 마찬가지로 선순위로 손금불산입된 금액을 제외하고 계산한다.

차입금적수 = 총차입금적수 - 채권자불분명사채적수 및 비실명채권 · 증권적수 - 건설차입금적수

(주)두더지상사의 업무무관부동산등에 관련한 차입금이자조정명세서(갑)(을)을 작성하고, 필요한 세무조정을 하시오. 단, 가지급금 인정이자 및 건설자금이자 세무조정은 고려하지 않는다. (연일수는 365일로 가정한다.)

(1) 손익계산서상 지급이자의 내역

금융기관	연이자율	지급이자	차입금적수	비 고
A	7%	14,000,000원	73,000,000,000원	채권자불분명사채이자 (원천징수세액 3,850,000원 포함)
B은행	10%	5,000,000원	18,250,000,000원	시설자금에 대한 차입금전액 당기말 현재 미완공상태인 건물 신축에 사용
C은행	12%	24,000,000원	73,000,000,000원	
합 계		43,000,000원	164,250,000,000원	

(2) 대표이사에 대한 업무와 직접 관련 없는 대여금을 제10기(2025.1.1.~2025.12.31.) 1월 1일에 10,000,000원을 지급하였으며 2025년 12월 31일 현재 대표이사는 회사에 이자를 지급하지 아니하였으며 대여금을 반납하지 아니하였다.

(3) 당기 7월 1일에 취득하여 비품으로 처리한 50,000,000원은 서화로서 이는 세법상 업무무관동산에 해당한다.

(4) 업무무관부동산등에 관련한 차입금이자조정명세서

■ 법인세법 시행규칙 [별지 제26호서식(을)] 〈개정 2021. 10. 28〉

사 업 연 도	2025. 01. 01. ~ 2025. 12. 31.	업무무관부동산등에관련한차입금 이자조정명세서(을)		법 인 명	(주)두더지상사
				사업자등록번호	218-81-21304

		①연월일	②적요	③차변	④대변	⑤잔액	⑥일수	⑦적수
1. 업무무관 부동산의 적수								
	계							
2. 업무무관 동산의 적수								
	계							
3. 가 지 급 금 등 의 적 수	⑧가지급금 등의 적수							
	계							
	⑨가수금 등의적수							
	계							
4. 그 밖의 적수								
	계							

5. 자기자본 적수계산

⑩재무상태표자산총계	⑪재무상태표부채총계	⑫자기자본(⑩-⑪)	⑬사업연도일수	⑭적수

■ 법인세법 시행규칙 [별지 제26호서식(갑)] 〈개정 2006. 3. 14〉

사 업 연 도	2025. 01. 01. ~ 2025. 12. 31.	업무무관부동산등에관련한 차입금이자조정명세서(갑)	법 인 명	(주)두더지상사
			사업자등록번호	218 - 81 - 21304

1. 업무무관부동산 등에 관련한 차입금지급이자

① 지급 이자	적수				⑥ 차입금 (= 〈19〉)	⑦ ⑤와 ⑥중 적은 금액	⑧ 손금불산입 지급이자 (①×⑦÷⑥)
	② 업무 무관부동산	③ 업무 무관동산	④ 가지급금 등	⑤ 계 (②+③+④)			

2. 지급이자 및 차입금 적수계산

⑨ 이자율	⑩ 지급 이자	⑪ 차입금적수	⑫ 채권자불분명 사채이자 등		⑮ 건설자금이자 등		차감	
			⑬ 지급이자	⑭ 차입금적수	⑯ 지급이자	⑰ 차입금적수	⑱ 지급이자 (⑩-⑬-⑯)	⑲ 차입금적수 (⑪-⑭-⑰)
합계								

【해설】

(1) 업무무관동산의 적수 : (을)표 작성 ⇨ (갑)표의 "③란"에 기재
  50,000,000원 × 184일(2025.7.1. ~ 2025.12.31.) = 9,200,000,000원

(2) 업무무관가지급금 적수 : (을)표 작성 ⇨ (갑)표의 "④란"에 기재
  10,000,000원 × 365일(2025.1.1. ~ 2025.12.31.) = 3,650,000,000원

(3) 지급이자 및 차입금 적수계산 : (갑)표 작성

① 채권자불분명사채이자(1순위) 14,000,000원을 "⑫란"에 입력하고 세무조정은 원천징수세액을 제외한 10,150,000원을 손금불산입 대표자 상여처분하고 원천징수세액은 기타사외유출 처분한다.

> 세무조정 : 〈손금불산입〉 채권자불분명사채이자   10,150,000(상여)
>   〈손금불산입〉 채권자불분명사채이자(원천징수세액)   3,850,000(기타사외유출)

② 당기 비용으로 처리한 특정차입금에 대한 건설자금이자(3순위) 5,000,000원을 "⑮란"에 입력하고 세무조정은 건설중이므로 손금불산입하고 유보 처분한다.

> 세무조정 : 〈손금불산입〉 건설자금이자   5,000,000(유보발생)

(4) 업무무관부동산 등에 관련한 차입금지급이자

① 지급이자(①란)는 선순위 부인된 이자를 제외하고 "⑱란"의 합계 지급이자를 기재한다.
  지급이자 = 43,000,000원 - 19,000,000원 = 24,000,000원
② 적수는 업무무관부동산등에 관련한 차입금이자조정명세서(을)표에서 작성한 적수를 기재한다.
③ 차입금적수는 선순위 부인된 차입금을 제외하고 "⑲란"의 합계 차입금적수를 기재한다.
  차입금적수 = 164,250,000,000원 - 73,000,000,000원 - 18,250,000,000원 = 73,000,000,000원

④ 업무무관자산등에 대한 손금불산입 지급이자

$$손금불산입액 = 24,000,000원 \times \frac{(9,200,000,000원 + 3,650,000,000원)}{73,000,000,000원} = 4,224,657원$$

세무조정 : 〈손금불산입〉 업무무관지급이자 4,224,657 (기타사외유출)

(5) 업무무관부동산등에 관련한 차입금이자조정명세서(갑)(을)

사업연도	2025. 01. 01. ~ 2025. 12. 31.	업무무관부동산등에관련한차입금 이자조정명세서(을)		법 인 명	(주)두더지상사
				사업자등록번호	218-81-21304

		①연월일	②적요	③차변	④대변	⑤잔액	⑥일수	⑦적수
1. 업무무관부동산의 적수								
		계						
2. 업무무관동산의 적수		2025.7.1	취득	50,000,000		50,000,000	184	9,200,000,000
		계		50,000,000		50,000,000		9,200,000,000
3. 가지급금등의 적수	⑧가지급금 등의 적수	2025.1.1	지급	10,000,000		10,000,000	365	3,650,000,000
		계		10,000,000		10,000,000		3,650,000,000
	⑨가수금 등의적수							
		계						

- 중 략 -

사업연도	2025. 01. 01. ~ 2025. 12. 31.	업무무관부동산등에관련한 차입금이자조정명세서(갑)	법 인 명	(주)두더지상사
			사업자등록번호	218-81-21304

1. 업무무관부동산 등에 관련한 차입금지급이자

①지급이자	적수				⑥차입금 (=〈19〉)	⑦⑤와 ⑥중 적은 금액	⑧손금불산입 지급이자 (①×⑦÷⑥)
	②업무 무관부동산	③업무 무관동산	④가지급금 등	⑤계 (②+③+④)			
24,000,000		9,200,000,000	3,650,000,000	12,850,000,000	73,000,000,000	12,850,000,000	4,224,657

2. 지급이자 및 차입금 적수계산

⑨이자율	⑩지급이자	⑪차입금적수	⑫채권자불분명 사채이자 등		⑮건설자금이자 등		차감	
			⑬지급이자	⑭차입금적수	⑯지급이자	⑰차입금적수	⑱지급이자 (⑩-⑬-⑯)	⑲차입금적수 (⑪-⑭-⑰)
7%	14,000,000	73,000,000,000	14,000,000	73,000,000,000				
10%	5,000,000	18,250,000,000			5,000,000	18,250,000,000		
12%	24,000,000	73,000,000,000					24,000,000	73,000,000,000
합계	43,000,000	164,250,000,000	14,000,000	73,000,000,000	5,000,000	18,250,000,000	24,000,000	73,000,000,000

서식에 작성한 예제를 프로그램에 직접 입력하고자 하는 경우 [5700.(주)두더지상사]에서 해보시기 바라며, 별도의 재무제표 정보는 제공하지 않습니다.

전산실무 PROCESS

업무무관부동산등에 관련한 차입금이자조정명세서는 아래와 같은 순서로 작성한다.

을지(해당사항만 작성함)
1. 업무무관 부동산의 적수 – 직접입력
2. 업무무관 동산의 적수 – 직접입력
3. 가지급금등의 적수 — 가지급금인정이자 데이터반영 또는 직접입력
4. 가수금등의 적수
5. 그밖의 적수 – 직접입력
6. 자기자본 적수계산 – 표준재무상태표 금액 반영

▶

갑 지
2. 지급이자 및 차입금 적수계산

건설자금이자조정명세서 차감조정액 입력

⇩

1. 업무무관 부동산 등에 관련한 차입금이자

항 목	입력내용 및 방법
적수입력(을)	① 업무무관부동산·동산의 적수 : 이월된 부동산의 경우 반드시 적요 구분을 [1.전기이월]로 선택해야 하며 취득과 매각, 금액을 입력하면 적수는 자동계산 된다. 오른쪽의 [불러오기]를 클릭하여 업무무관자산 계정과목을 설정하여 결산서상 장부금액을 반영할 수 있다. ② 가지급금·가수금 등의 적수 : 직접입력이 가능하며 오른쪽의 [불러오기]를 클릭하여 [가지급금등 인정이자조정명세서(을)]에서 자동반영할 수 있다. ③ 그밖의 적수 : 그밖의 업무무관부동산에 관련된 적수를 입력한다. ④ 자기자본 적수계산 : ⑩·⑪란에는 해당사업연도 종료일 현재 재무상태표상 자산총계와 부채(충당금을 포함하고 미지급법인세를 제외한다)총계를 기입하되, ⑫자기자본란의 금액이 사업연도 종료일 현재의 납입자본금(자본금에 주식발행액면초과액을 가산하고, 주식할인발행차금을 차감한 금액)보다 작은 경우에는 납입자본금을 입력한다. 오른쪽의 [불러오기]를 클릭하여 해당 금액을 자동으로 반영할 수 있다.
지급이자 손금불산입 (갑)	① 지급이자 및 차입금 적수계산은 해당 자료를 직접입력 하며 (을)표에서 입력된 적수는 자동반영 계산된다. ② 채권자불분명사채이자 : (12)란의 상단에는 채권자불분명사채이자로서 손금불산입한 지급이자 및 차입금적수를 각각 입력하고, 하단에는 수령자불분명사채이자로서 손금불산입한 지급이자 및 차입금적수를 입력한다. ③ 건설자금이자 : (15)란의 상단에는 건설자금이자로서 손금불산입한 지급이자 및 차입금적수를 각각 입력하고, 하단에는 [국제조세조정에 관한 법률]에 따라 손금불산입한 지급이자 및 차입금적수를 각각 입력한다. ④ 업무무관자산등의 손금불산입지급이자는 "⑧란"에 자동 계산된다.

TIP

[업무무관자산 및 업무무관비용에 관련한 소득처분]
① 업무무관자산 취득부대비용 : 취득원가로 가산, 비용처리시 손금불산입(유보) 처리
② 감가상각비 : 유보발생 → 처분시 추인(△유보감소)
③ 업무무관자산 보유 중 세금(재산세, 종합부동산세 등), 수선비·유지비 : 기타사외유출
④ 업무무관자산등과 관련한 지급이자 : 기타사외유출
⑤ 업무무관자산 유지와 관련된 인건비 : 상여
⑥ 업무무관자산 처분시 발생하는 비용 : 손금산입(보유가 아니므로 인정)
⑦ 업무무관비용 지출 : 귀속자에 소득처분(임직원 – 상여, 주주 – 배당, 이외의자 – 기타소득)

실무예제

다음 자료를 보고 (주)합격(회사코드 : 5000)의 업무무관부동산등에관련한차입금이자조정명세서를 작성한 후 세무조정을 하시오. 단, 가지급금 인정이자 및 건설자금이자 세무조정은 적정하게 이루어졌다고 가정한다.

(1) 자산취득 및 보유 현황
토지는 회사 여유자금으로 취득한 투자목적용 자산이라고 가정한다.

자산구분	금액	취득일
투자부동산	320,000,000원	2025. 07. 01.

(2) 가지급금 등 대여금 현황
대표이사 백두산에게 2025.02.05.과 2025.05.01.에 각각 100,000,000원을 무상으로 대여하였다.

(3) 차입금 현황

차입금액	이자율	이자비용	비 고
200,000,000원	연 3.5%	7,000,000원	채권자 수령 불분명 이자 2,000,000원 포함 (원천징수세액 550,000원 포함)
500,000,000원	연 4.5%	22,500,000원	
1,200,000,000원	연 10%	90,000,000원	건설자금이자 58,630,136원 포함(건설중임)

 예제 따라하기

(1) 적수입력(을)

① 업무무관부동산 입력

No	①월일	②적요	③차변	④대변	⑤잔액	⑥일수	⑦적수
1	7 1	취 득	320,000,000		320,000,000	184	58,880,000,000
		합 계	320,000,000			184	58,880,000,000

② 가지급금 입력

오른쪽의 [불러오기] 버튼을 클릭하여 [가지급금등의 인정이자조정명세서]에 입력된 내역을 반영한다. 그러나 시험에서는 데이터를 입력하지 않았을수도 있으므로 반영되지 않는 경우 직접 입력한다.

No	①월일	②적요	③차변	④대변	⑤잔액	⑥일수	⑦적수
1	2 5	지 급	100,000,000		100,000,000	85	8,500,000,000
2	5 1	지 급	100,000,000		200,000,000	245	49,000,000,000
		합 계	200,000,000			330	57,500,000,000

(2) 지급이자 손금불산입(갑)

① [연일수] 버튼을 클릭하여 해당연도의 일수를 확인하며 윤년의 경우에는 "366일"을 선택한다.
② [2.지급이자 및 차입금 적수 계산]에 해당 자료를 입력한다.
③ 채권자불분명이자는 "(12)란"에 이자(2,000,000원)를 입력하고 세무조정을 한다.

> 세무조정 : 〈손금불산입〉 채권자불분명사채이자   1,450,000(대표자의 상여)
>   〈손금불산입〉 채권자불분명사채이자(원천징수세액)   550,000(기타사외유출)

④ 건설중인자산에 해당하는 이자는 "(15)란"에 입력하고 세무조정 한다.

> 세무조정 : 〈손금불산입〉 건설자금이자   58,630,136(유보발생)

⑤ 지급이자 부인액 순서에 의하여 선순위 부인 지급이자 및 차입금을 제외한 잔액이 "차감"란에 계산되며 "①지급이자"와 "⑥차입금"란에 반영된다.
⑥ [1.적수입력(을)] TAB에서 입력한 자료가 "적수"란에 반영되고 업무무관 부동산 등에 관련한 차입금 지급이자 손금불산액이 "⑧란"에 계산되어 반영되고 세무조정 한다.

> 세무조정 : 〈손금불산입〉 업무무관자산 지급이자   19,623,127(기타사외유출)

①지급이자	②업무무관 부동산	③업무무관 동산	④가지급금 등	⑤계(②+③+④)	⑥차입금 (=19)	⑦ ⑤와 ⑥중 적은 금액	⑧손금불산입 지급이자 (①×⑦÷⑥)
58,869,864	58,880,000,000		57,500,000,000	116,380,000,000	349,142,860,743	116,380,000,000	19,623,127

2. 지급이자 및 차입금 적수 계산 [연이율 일수 현재: 365일]

No	(9)이자율(%)	(10)지급이자	(11)차입금적수	(12)채권자불분명 사채이자 수령자불분명 사채이자		(15)건설 자금 이자 국조법 14조에 따른 이자		차 감	
				(13)지급이자	(14)차입금적수	(16)지급이자	(17)차입금적수	(18)지급이자 (10-13-16)	(19)차입금적수 (11-14-17)
1	3.50000	7,000,000	73,000,000,000	2,000,000	20,857,142,857			5,000,000	52,142,857,143
2	4.50000	22,500,000	182,500,000,000					22,500,000	182,500,000,000
3	10.00000	90,000,000	328,500,000,000			58,630,136	213,999,996,400	31,369,864	114,500,003,600
합계		119,500,000	584,000,000,000	2,000,000	20,857,142,857	58,630,136	213,999,996,400	58,869,864	349,142,860,743

(3) 조정등록(F3)

익금산입 및 손금불산입			손금산입 및 익금불산입		
과 목	금 액	소득처분	과 목	금 액	소득처분
채권자불분명사채이자	1,450,000	상여			
채권자불분명사채이자(원천징수세액)	550,000	기타사외유출			
건설자금이자	58,630,136	유보발생			
업무무관자산 지급이자	19,623,127	기타사외유출			

[1] 다음 자료에 의하여 업무무관부동산 등에 관련한 차입금이자조정명세서를 작성하고 관련된 세무조정을 하시오. (단, 주어진 자료 이외의 자료는 무시한다.) [회사코드 : 5100.(주)배움]

(1) 차입에 대한 이자지급 내역(손익계산서에 모두 반영되어 있음)

이자율	지급이자	차입금	비 고
4%	635,000원	15,875,000원	금융어음 할인료
5%	3,000,000원	60,000,000원	채권자 불분명의 사채이자(원천징수세액 없음)
8%	12,440,000원	155,500,000원	
계	16,075,000원	231,375,000원	

(2) 업무무관 가지급금 증감내역(대표이사 : 김장수)

일 자	차변	대변	잔액
전기이월	47,000,000원		15,000,000원
2025.02.11	18,000,000원		65,000,000원
2025.11.09		22,000,000원	43,000,000원

(3) 가수금 증감내역(대표이사 : 김장수)

일 자	차변	대변	잔액
2025.07.06		13,000,000원	13,000,000원

(4) 당기 7월 1일에 취득하여 비품으로 처리한 200,000,000원은 서화로서 이는 세법상 업무무관동산에 해당한다.

(5) 기타
- 대표자 김장수의 가지급금과 가수금은 기간 및 이자율에 대한 별도의 약정은 없다.
- 자기자본 적수 계산은 무시하고 가지급금 인정이자조정명세서 작성은 생략한다.
- 연일수는 365일이다.

[2] 회사의 손익계산서상 이자비용과 차입금적수가 다음과 같을 때 관련 세무조정을 소득금액조정합계표에 반영하고, 업무무관부동산등에관련한차입금이자조정명세서를 작성하시오.

[회사코드 : 5200.(주)성공]

(1) 차입금의 내용

이자율	이자비용	차입금적수	비 고
14%	1,400,000원	3,649,999,999원	은행차입금에 대한 이자비용으로서 7.25% 차입금 이자비용에는 미지급이자 625,000원이 포함되어 있다.
10%	2,000,000원	7,300,000,000원	
7.25%	3,625,000원	18,250,000,000원	

(2) 회사는 2025년 9월 1일 업무와 관련없는 토지를 50,000,000원에 취득하고, 취득세 2,000,000원을 납부하면서 취득세를 세금과공과(판)로 회계처리 하였다.

(3) 업무무관 가지급금(가지급금인정이자에 관한 세무조정은 하지 말 것)

직책	성명	금전대여일	가지급금	약정이자율	이자수령액
대표이사	서동연	2024.10.23	100,000,000원	무상	0원
관계회사	(주)혜성	2025.07.01	50,000,000원	연3%	750,000원

(4) 원천징수에 관한 사항은 고려하지 않는 것으로 한다.

[3] 다음 자료를 보고 업무무관부동산등에관련한차입금이자조정명세서를 작성한 후 세무조정을 하시오. 단, 가지급금 인정이자 세무조정은 고려하지 않는다. [회사코드 : 5500.(주)태백]

	자산구분	금액	취득일	비고
자산취득 및 보유현황	선박	38,000,000원	2024. 3. 3.	
	건물	400,000,000원	2025. 6. 9.	2025. 11. 3.(매각)
	토지	320,000,000원	2025. 2. 4.	

- 회사는 해운업이나 선박업과 무관하며, 업무상 선박을 이용하는 일은 없다.
- 토지 및 건물은 회사 잉여금으로 취득한 투자목적 자산이다.
- 선박과 부동산에 대한 관리자 인건비 15,000,000원이 지출되어 장부에 계상되어 있다.

	차입금 구분	차입금액	이자율	이자비용
차입금 현황 및 이자지급 내역	장기차입금	150,000,000원	연 13%	13,000,000원
	단기차입금	180,000,000원	연 10%	13,500,000원

- 장기차입금 이자비용에는 선급이자 1,000,000원이 포함되어 있으며 세무조정은 적절하게 이루어졌다고 가정한다.
- 단기차입금에 대한 이자비용에는 채권자 수령 불분명 이자가 2,500,000원 포함되어 있으나, 원천징수세액은 없는 것으로 가정한다.

가지급금 등 대여금 현황	■ 6월 20일 전무이사 한상만에게 사업자금 30,000,000원을 연 9% 이율로 대여 ■ 10월 2일 총무과 사원 윤경민에게 월정급여 이내의 급여 500,000원 가불

[4] 다음 관련 자료를 이용하여 가지급금등의인정이자조정명세서와 업무무관부동산에 관한 차입금이자조정명세서를 작성하고, 관련된 세무조정사항을 소득금액조정합계표에 반영하시오. 단, 건설자금이자조정명세서 작성은 생략한다. [회사코드 : 5600.(주)강남]

(1) 당기에 회사가 지급한 이자비용은 다음과 같다.

이자율	지급이자(원)	차입금적수	비 고
연 14%	840,000원	2,190,000,000원	
연 6%	1,200,000원	7,300,000,000원	미완공 건물신축에 사용

(2) 대표이사 강일수에 대한 가지급금 및 가수금 내역은 다음과 같다.

일 자	가지급금	가수금
2025.1.1.(전기이월)	35,000,000원	10,000,000원
2025.6.30.(대여)	10,000,000원	-

(3) 가지급금 이외 자산 명세

구 분	금 액	비 고
선박	500,000,000원	채권 변제받기 위하여 취득(2024년 10월 5일 취득)
토지	100,000,000원	공장신축 목적으로 구입하고 미신축상태(2024년 7월 1일 취득)

(4) 가지급금 관련 이자수령 내역은 없으며, 데이터는 직접 입력하여 반영하기로 한다.
(5) 국세청장이 정하는 당좌대출이자율은 4.6%이며, 인정이자는 법정 당좌대출이자율로 계산한다고 가정한다.

[5] 실무이론 다지기

01. 다음의 법인세법상 지급이자에 대한 손금불산입 항목이 동시에 적용되는 경우 적용순서로 옳은 것은?

> ㉠ 비실명 채권·증권의 이자   ㉡ 채권자가 불분명한 사채이자
> ㉢ 업무무관자산 등에 대한 지급이자   ㉣ 건설자금에 충당한 차입금이자

① ㉡ - ㉠ - ㉣ - ㉢
② ㉣ - ㉠ - ㉢ - ㉡
③ ㉡ - ㉢ - ㉠ - ㉣
④ ㉢ - ㉠ - ㉡ - ㉣

02. 현행 법인세법상 지급이자의 손금불산입에 대한 설명으로 틀린 것은?
① 완공된 상각자산에 대한 건설자금이자를 과소계상한 경우 이자비용으로 처리한 건설자금이자 전액을 손금불산입하고 유보로 소득처분한다.
② 채권자불분명 사채이자는 전액을 손금에 산입하지 아니하며 사채이자에 대한 원천징수세액상당액은 기타사외유출로 처분하고 나머지는 대표자에 대한 상여로 소득처분한다.
③ 특수관계자에 대한 업무와 관련없는 가지급금에 대한 지급이자의 손금불산입 적수계산시 동일인에 대한 가지급금과 가수금은 이를 상계하여 계산한다.
④ 지급이자의 손금불산입 규정이 동시에 적용되는 경우 채권자가 불분명한 사채이자, 지급받은 자가 불분명한 채권등이자, 건설자금에 충당한 차입금이자, 업무무관자산등에 대한 지급이자의 순서로 적용한다.

03. 다음은 법인세법상 지급이자 손금불산입에 대한 소득처분이다. 옳지 않은 것은?
① 채권자불분명사채이자 : 대표자 상여
② 비실명 채권·증권이자 : 기타
③ 건설자금이자 중 특정차입금이자 : 유보
④ 업무무관자산 등에 대한 지급이자 : 기타사외유출

04. 다음은 법인세법상 업무무관자산의 과세상 취급에 대한 설명이다. 옳지 않은 것은?
① 업무무관자산이란 해당 법인의 업무와 직접 관련이 없다고 인정되는 동산과 부동산을 말한다.
② 업무무관자산을 관리하면서 발생하는 관리비, 재산세, 감가상각비 등은 손금에 산입하지 아니한다.
③ 업무무관자산에 대하여는 법인세법상 지급이자 손금불산입 규정을 적용한다.
④ 업무무관자산을 취득하기 위하여 지출한 자금의 차입과 관련된 비용은 손금에 산입한다.

05. 법인세법상 업무무관경비에 대한 설명으로 올바른 것은?

> 가. 법인이 직접 사용하지 아니하고 타인이 주로 사용하고 있는 장소·건물·물건 등의 유지·관리비 등은 업무무관경비에 해당한다.
> 나. 법인의 대주주가 사용하는 사택에 대한 경비는 업무무관경비에 해당한다.
> 다. 법인의 임원이나 대주주가 아닌 종업원에게 제공한 사택의 임차료는 업무무관경비에 해당한다.
> 라. 법인이 종업원의 사기진작 및 복리후생 측면에서 노사합의에 의하여 콘도미니엄회원권을 취득한 후 전종업원의 복리후생 목적으로 사용하는 경우에는 업무무관자산으로 보지 않는다.

① 가, 라   ② 가, 나   ③ 가, 나, 다   ④ 가, 나, 라

※ 집중심화연습 해답은 [CHAPER 04 과목별세무조정] 1058페이지에서 확인 가능합니다.

11. 외화자산등평가차손익조정명세서

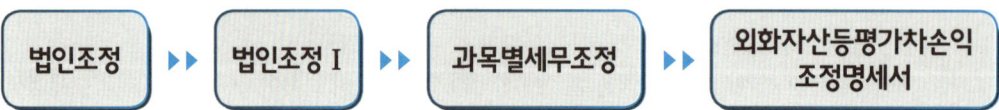

외화환산손익은 미실현손익이므로 원칙적으로는 세법상 손익으로 인정되지 않는다. 그러나 법인세법에서는 기업회계와 세법의 불일치로 인한 세무조정 부담을 완화하기 위하여 금융회사 및 비금융회사(일반기업)가 보유하고 있는 화폐성 외화자산·부채에 대하여 환산손익을 인정하고 있다.

실무이론 CHECK POINT

1 평가대상

구 분	평가대상	강제성 여부
금융기관	화폐성 외화자산·부채	강제규정(무조건 평가)
일반법인	화폐성 외화자산·부채	선택규정(신고한 방법에 따라 평가)

2 화폐성 항목과 비화폐성 항목

평가의 대상인 외화자산·부채는 기업회계기준에 따른 화폐성 외화자산·부채와 화폐성 외화자산·부채의 환위험을 회피하기 위하여 보유하는 통화선도 등(이하 '환위험회피용 통화선도 등'이라 한다)으로 한다. 여기서 "화폐성외화자산·부채"란 보유하는 화폐단위들과 확정된 화폐단위 수량으로 회수하거나 지급하는 자산·부채를 말한다.

평가대상이 되는 화폐성 항목	평가대상이 아닌 비화폐성 항목
① 외화채권·채무, 외화현금·예금, 외화보증금 등 ② 현금으로 상환하는 충당부채, 부채로 인식하는 현금배당 등	① 재화와 용역에 대한 선급금, 선수금 ② 외화표시 주식·출자지분, 영업권, 무형자산, 재고자산, 유형자산, 비화폐성 자산의 인도에 의해 상환하는 충당부채 등

3 외화자산·부채의 평가손익

외화평가손익은 해당 사업연도의 **익금 또는 손금에 산입하고 유보(△유보) 처분**한다. 또한 **차기연도에 재평가하거나 화폐성자산·부채를 회수 또는 상환시 반대 조정**한다.

외화평가손익 = (외화금액 × 사업연도 종료일 현재의 매매기준율 등) − 환산전 원화 장부가액

구 분	평가방법
일반법인	다음 중 어느 하나에 해당하는 방법 중 관할세무서장에게 신고한 방법에 따라 평가하여야 한다. 다만, 최초로 ② 마감환율 평가방법을 신고하여 적용하기 이전 사업연도의 경우에는 ① 거래일 환율 평가방법을 적용하여야 한다. ① **거래일 환율 평가방법** : 화폐성 외화자산 및 부채의 **취득일 또는 발생일 현재의 매매기준율 등으로 평가**하는 방법 ⇨ **평가손익 불인정** ② **마감환율 평가방법** : 화폐성 외화자산 및 부채를 사업연도 종료일 현재의 매매기준율 또는 재정된 매매기준율로 평가하는 방법* ⇨ **평가손익 인정(기업회계기준 수용)** 법인이 ① 또는 ②의 평가방법 중 신고한 평가방법은 그 후의 사업연도에도 계속 적용하여야 한다. 다만, ②에 따라 신고한 경우 **평가방법을 적용한 사업연도를 포함하여 5개 사업연도가 지난 후에 변경이 가능**하다.
금융기관	사업연도 종료일 현재의 기획재정부령으로 정하는 매매기준율 또는 재정된 매매기준율로 평가한다.

* 위 ②의 마감환율 평가방법을 적용하려는 법인은 이 평가방법을 적용하려는 사업연도의 과세표준신고와 함께 [화폐성 외화자산등평가방법신고서]를 관할세무서장에게 제출하여야 한다.
 ⇨ 서울외국환중개주식회사(www.smbs.biz / '환율통계조회')에 조회가능

4 외화채권·채무의 외환차손익

기업회계에서 외화자산의 회수 또는 외화부채의 상환시에 발생하는 외환차손익은 그 외환차이가 발생하는 회계기간의 손익으로 인식한다. 이러한 외환차손익은 법인의 순자산증감의 원인이 되며 법인세법은 법인이 회수하거나 상환하는 외화채권·채무의 원화금액과 원화 장부가액의 차익 또는 차손은 해당 사업연도의 **익금** 또는 **손금**에 **산입**한다.

다음 자료에 의하여 (주)두더지상사의 외화자산등평가차손익조정명세서(갑, 을)를 작성하고 세무조정을 하시오.

계정과목	발생일자	외화종류	외화금액	발생시 적용환율	기말 매매기준율
장기대여금	2025. 7. 1.	USD	$5,000	$1 = 1,200원	$1 = 1,300원
단기차입금	2025. 3. 1.	USD	$20,000	$1 = 1,250원	$1 = 1,300원

① 당기 화폐성 외화자산과 외화부채는 위의 자료뿐이다.
② 발생 시 적용환율은 일반기업회계기준과 법인세법상 환율이다.
③ 회사는 외화자산과 외화부채에 대한 평가손익을 기말환율로 인식하고 있으며, 화폐성 외화자산등 평가방법 신고서를 작성하여 2025년도 법인세 신고시 제출하였다.
④ 2025년 결산 회계처리 시 $1 = 1,350원을 적용하여 외화자산과 부채를 평가하였다.
⑤ 세무조정은 각 자산 부채별로 하기로 한다.

⑥ 외화자산 등 평가차손익조정명세서(갑,을)

- 법인세법 시행규칙 [별지 제40호서식(을)] 〈개정 2012. 2. 28〉

사 업 연 도	2025. 01. 01. ~ 2025. 12. 31.	외화자산 등 평가차손익조정명세서(을)			법 인 명	(주)두더지상사
					사업자등록번호	218 - 81 - 21304

①구분	②외화종류	③외화금액	④장부가액		⑦평가금액		⑩평가손익
			⑤적용환율	⑥원화금액	⑧적용환율	⑨원화금액	자산(⑨-⑥) 부채(⑥-⑨)
외화 자산	합 계						
외화 부채	합 계						
통화 선도	중략						
통화 스왑	중략						
환변동 보험	중략						
총 계							

- 법인세법 시행규칙 [별지 제40호서식(갑)] 〈개정 2012. 2. 28〉

사 업 연 도	2025. 01. 01. ~ 2025. 12. 31.	외화자산 등 평가차손익조정명세서(갑)			법 인 명	(주)두더지상사
					사업자등록번호	218 - 81 - 21304

1. 손익 조정금액

①구 분	②당기손익금 해당액	③회사손익금 계상액	조 정		⑥손익 조정금액 (②-③)
			④차익조정 (③-②)	⑤차손조정 (②-③)	
가. 화폐성 외화자산·부채 평가손익					
나. 통화선도·통화스왑·환변동 보험 평가손익					
다. 환율조정 계정손익	차익				
	차손				
계					

2. 환율조정계정 손익계산 명세

⑦구 분	⑧최종 상환(회수)기일	⑨전기 이월액	⑩ 당기경과일수 잔존일수	⑪손익금 해당액 (⑨×⑩)	⑫차기 이월액 (⑨-⑪)	비 고
계	차익					
	차손					

【해설】

(1) 외화자산등평가차손익조정명세서(을)

① 회사는 외화자산과 외화부채에 대한 평가손익을 기말환율로 인식하고 평가신고서를 제출하였으므로 평가손익을 세법상 익금과 손금으로 인정된다. 다만, 회사가 결산서에 반영한 환율이 임의환율이므로 세무조정액이 발생한다.
② 외화종류란에 화폐단위를 기재하고 외화금액을 기재한다.
③ 장부가액의 "⑤적용환율"란에는 당해 사업연도에 발생한 시점의 환율을 기재하며 "⑥원화금액"은 장부상에 계상된 금액을 기재한다.
④ 평가금액의 "⑧적용환율"란에는 세무서에 신고한 "매매기준율"을 기재하며 "⑨원화금액"은 "③외화금액 × ⑧적용환율"의 금액을 기재한다.
⑤ 평가손익은 장부가액과 평가금액의 차이를 기재하며 총합계액은 [외화자산등평가차손익조정명세서(갑)]의 "가. 화폐성 외화자산·부채 평가손익"의 "②당기손익금해당액"란에 옮겨 적는다.

장기대여금	단기차입금
500,000원(평가이익) = ⑨란 6,500,000원 − ⑥란 6,000,000원	▲1,000,000원(평가손실) = ⑥란 25,000,000원 − ⑨란 26,000,000원

사업연도	2025. 01. 01. ~ 2025. 12. 31.	외화자산 등 평가차손익조정명세서(을)			법인명	(주)두더지상사		
					사업자등록번호	218-81-21304		

①구분	②외화종류	③외화금액	④장부가액		⑦평가금액		⑩평가손익
			⑤적용환율	⑥원화금액	⑧적용환율	⑨원화금액	자산(⑨−⑥) 부채(⑥−⑨)
외화자산	USD	5,000	1,200	6,000,000	1,300	6,500,000	500,000
	합 계			6,000,000		6,500,000	500,000
외화부채	USD	20,000	1,250	25,000,000	1,300	26,000,000	−1,000,000
	합 계			25,000,000		26,000,000	−1,000,000
총 계							−500,000

(2) 외화자산등평가차손익조정명세서(갑)

① 당기손익금해당액란에 [외화자산등평가차손익조정명세서(을)]의 "⑩평가손익"의 총합계액을 기재한다.
② 회사손익금계상액란은 회사가 해당 사업연도 결산 시 외화환산손익으로 계상한 금액을 기재한다.

장기대여금	단기차입금
$5,000 × (1,350원 − 1,200원) = 750,000원(이익)	$20,000 × (1,350원 − 1,250원) = 2,000,000원(손실)

회사손익금계상액 = 이익 750,000원 − 손실 2,000,000원 = 손실 1,250,000원

③ 손익조정금액은 당기손익금해당액에서 회사손익금계상액을 차감한 잔액을 기재하며 각 자산·부채별 세무조정을 한다.

장기대여금	단기차입금
$5,000 × (1,350원 − 1,300원) = 250,000원 〈손금산입〉 외화환산이익 250,000(유보발생)	$20,000 × (1,350원 − 1,300원) = 1,000,000원 〈익금산입〉 외화환산손실 1,000,000(유보발생)

사 업 연 도	2025. 01. 01. ~ 2025. 12. 31.	외화자산 등 평가차손익조정명세서(갑)		법 인 명	(주)두더지상사
				사업자등록번호	218 - 81 - 21304

1. 손익 조정금액

①구 분		②당기손익금 해당액	③회사손익금 계상액	조 정		⑥손익 조정금액 (②－③)
				④차익조정 (③－②)	⑤차손조정 (②－③)	
가. 화폐성 외화자산ㆍ부채 평가손익		-500,000	-1,250,000			750,000
나. 통화선도ㆍ통화스왑ㆍ환변동 보험 평가손익						
다. 환율조정 계정손익	차익					
	차손					
계		-500,000	-1,250,000			750,000

서식에 작성한 예제를 프로그램에 직접 입력하고자 하는 경우 [5700.(주)두더지상사]에서 해보시기 바라며, 별도의 재무제표 정보는 제공하지 않습니다.

전산실무 PROCESS

외화자산등평가차손익조정명세서는 아래와 같은 순서로 작성한다.

외화자산등 평가차손익조정(을) ▶ 환율조정차,대등(갑)

항 목	입력내용 및 방법
외화자산, 부채의평가 (을지)	① 구분 : 화폐성외화자산(상단)과 화폐성외화부채(하단) 중 해당되는 부분에 입력한다. ② 외화종류 : 외화종류별로 평가손익을 계산하게 되어있으므로 국가명별 화폐단위를 입력하며 코드도움(F2)을 누른 후 국가를 검색하여 입력한다. ③ 외화금액 : 소수점 2자리까지 입력이 가능하며 외화종류별로 입력한다. ④ 장부가액의 "⑤적용환율" : **해당** 사업연도에 **발생**한 경우 발생시에 적용한 **환율**을 입력하고, **직전** 사업연도 이전에 **발생**하여 해당 사업연도로 이월된 경우 **직전 사업연도 종료일** 현재 **평가** 시에 적용한 **환율**을 입력한다. ⑤ 장부가액의 "⑥원화금액" : 해당 사업연도에 발생한 경우 장부상의 원화금액을 입력하고, 직전 사업연도 이전에 발생하여 해당 사업연도로 이월된 경우에는 직전 사업연도 종료일 현재 세법상의 방법에 의하여 평가한 금액(장부상 원화금액에서 세무상 유보금액을 더하거나 뺀 금액)을 입력한다. ⑥ 평가금액의 "⑧적용환율" : 일반법인의 화폐성외화자산ㆍ부채 등은 관할세무서장에게 신고한 방법에 따른 환율을 입력한다. ⑦ 평가금액의 "⑨원화금액" : 외화금액과 "⑧적용환율"을 입력하면 원화금액은 자동 계산된다. ⑧ 평가손익 : 법인세법상 인식해야 할 외화환산손익으로 자산(⑨평가원화금액 - ⑥장부원화금액), 부채(⑥장부원화금액 - ⑨평가원화금액)로 자동 계산되고 총합계는 (갑)지의 "②당기손익금해당액"란으로 자동 반영된다.

항 목	입력내용 및 방법
환율조정 차,대등 (갑지)	① 당기손익금해당액 : [외화자산,부채의 평가(을지)]의 평가손익 총합계가 자동 반영된다. ② 회사손익금계상액 : 회사가 해당 사업연도 결산 시 외화자산 및 부채와 관련하여 계상한 평가손익을 입력하며 **외화환산이익**은 **양수(+)**로 입력하고, **외화환산손실**은 **음수(−)**로 입력한다. ③ 손익조정금액 : **음수(−)**인 경우에는 **손금산입**하고, **양수(+)**인 경우에는 **익금산입**하며, 자산·부채별로 각각 세무조정하여 등록한다.

실무예제

다음의 외화관련 자료를 참고로 (주)합격(회사코드 : 5000)의 외화자산등평가차손익조정명세서를 작성하고, 세무조정사항이 있는 경우 소득금액조정합계표에 반영하시오.

(1) 외화관련 계정내용

계정구분	외화금액	발생시 환율	최초발생일
외상매출금	320,000달러	1,250원/달러	2025. 06. 30.
외상매입금	15,000달러	1,150원/달러	2024. 12. 20.

(2) 회사가 보유하고 있는 외화는 모두 미국달러(USD)이고, 결산일의 매매기준율은 1달러당 1,230원이다.
(3) 외화 자산 및 부채는 발생 이후 변동이 없었고, 전기 세무조정은 법인세법상 적절하게 실시하였으며, 전기말 매매기준율은 1,260원/달러이다.
(4) 회사는 외화 자산 및 부채에 대해 기말의 기준환율로 평가하는 방법으로 신고하였고, 세무조정은 자산 및 부채별로 각각 수행하기로 한다.
(5) 회사는 매년 외화자산 및 부채에 대해 기말평가에 관한 회계처리를 하지않고 있다.

 예제 따라하기

(1) 외화자산, 부채의 평가(을지)

① 장부가액의 "⑤적용환율"은 해당 사업연도에 발생한 **외상매출금은 발생시에 적용한 환율(1,250원)**을 입력하고, 직접 사업연도 이전에 발생하여 이월된 경우인 **외상매입금은 직전 사업연도 종료일의 평가 시에 적용한 환율발생시 환율(1,260원)**을 입력한다.
② 회사는 외화자산 및 부채에 대해 기말평가에 대한 회계처리를 하고 있지 않으므로 전기 세무조정 시 외상매입금에 대한 외화평가에 세무조정이 있었을 것이며 재평가시에 유보 추인을 한다. 또는 환율의 차이만큼만 조정을 진행해도 무방하다.

외화환산손실 : $15,000 × (1,150원 − 1,260원) = △1,650,000원
[전기 세무조정] 〈손금산입〉 외화환산손실(외상매입금) 1,650,000 (유보발생)
[당기 세무조정] 〈익금산입〉 전기외화환산손실(외상매입금) 1,650,000 (유보감소)

③ 세법상 평가손익 총합계는 (갑)지의 "②당기손익금해당액"란에 △5,950,000원이 반영된다.

No	②외화종류(자산)	③외화금액	④장부가액		⑦평가금액		⑩평가손익
			⑤적용환율	⑥원화금액	⑧적용환율	⑨원화금액	자 산(⑨-⑥)
1	USD	320,000.00	1,250.0000	400,000,000	1,230.0000	393,600,000	-6,400,000
	합 계			400,000,000		393,600,000	-6,400,000

No	②외화종류(부채)	③외화금액	④장부가액		⑦평가금액		⑩평가손익
			⑤적용환율	⑥원화금액	⑧적용환율	⑨원화금액	부 채(⑥-⑨)
1	USD	15,000.00	1,260.0000	18,900,000	1,230.0000	18,450,000	450,000
	합 계			18,900,000		18,450,000	450,000

(2) 환율조정 차,대등(갑지) : 손익조정금액

① 결산시 평가에 대한 장부계상액이 없으므로 "③회사손익금계상액"란은 입력할 금액은 없다.
② 손익조정금액이 세무조정금액이며 조정은 자산 및 부채별로 각각 한다.
- 외상매출금 : $320,000 × (1,230원 - 1,250원) = △6,400,000원(외화환산손실, 유보발생)
- 외상매입금 : $15,000 × (1,150원 - 1,230원) = △1,200,000원(외화환산손실, 유보발생)
  $15,000 × (1,260원 - 1,230원) = 450,000원(외화환산이익, 유보감소)

세무조정 : 〈손금산입〉 외화환산손실(외상매출금) 6,400,000 (유보발생)
  〈손금산입〉 외화환산손실(외상매입금) 1,200,000 (유보발생) ← 전기분 전액 유보추인한 조정시 입력
  〈익금산입〉 외화환산이익(외상매입금) 450,000 (유보감소) ← 기말 평가시 환율차이만 조정시 입력

No	차손익구분	②구분(외화자산.부채명)	③최종상환기일	④전기이월액	⑤당기경과일수/잔존일수		⑩손익금해당액(④X⑪)	⑫차기이월액(④-⑩)	비고
					발생일자 경과일수	잔존일수			
	합계	차익							
		차손							

①구분		②당기손익금해당액	③회사손익금계상액	조정		⑥손익조정금액(②-③)
				④차익조정(⑤-②)	⑤차손조정(②-③)	
가. 화폐성 외화자산.부채 평가손익		-5,950,000				-5,950,000
나. 통화선도.통화스왑.환변동보험 평가손익						
다. 환율조정 계정손익	차익					
	차손					
계		-5,950,000				-5,950,000

(3) 조정등록(F3)

외상매입금은 당기 이전 발생분이므로 세무조정대상금액의 결과는 발생시점의 환율(1,150원)과 당기 사업연도 환율(1,230원)의 차이이며 조정은 두 가지방법 중 택일하여 조정한다.

방법 1 : 전기 세무조정금액을 전액 유보감소(추인)하고 발생시점과 결산일의 환율차이에 대해 유보발생 처리
 (방법 1과 방법 2 자본금과적립금조정명세서(을) **기말잔액 일치**로 조정)
 기말잔액 = 기초금액 △1,650,000원 - 당기감소 △1,650,000원 + 당기증가 △1,200,000원 = △1,200,000원
 [전기 유보추인] 〈익금산입〉 전기외화환산손실(외상매입금) 1,650,000(유보감소)
 [당기 유보발생] 〈손금산입〉 외화환산손실(외상매입금) 1,200,000(유보발생)

방법 2 : 전기 결산일 환율(1,260원)과 당기 결산일 환율(1,230원)의 차이만 유보처리
 기말잔액 = 기초금액 △1,650,000원 + 당기증가 450,000원 = △1,200,000원
 [전기 유보추인] 〈익금산입〉 외화환산이익(외상매입금) 450,000(유보감소)

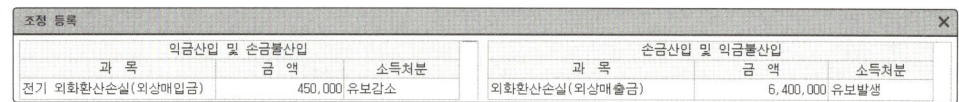

조정 등록						
익금산입 및 손금불산입			손금산입 및 익금불산입			
과 목	금 액	소득처분	과 목	금 액	소득처분	
전기 외화환산손실(외상매입금)	450,000	유보감소	외화환산손실(외상매출금)	6,400,000	유보발생	

 **심화연습**

[1] 다음 자료에 의하여 외화자산 등 평가차손익조정명세서(갑,을)을 작성하고 세무조정을 하여 소득금액조정합계표에 반영하시오. [회사코드 : 5300.(주)기원]

계정과목	발생일자	외화종류	외화금액	발생시 적용환율	기말 매매기준율
외화예금	04. 05.	USD	$10,000	$1 = 1,200원	$1 = 1,250원
선급금	05. 10.	USD	$5,000	$1 = 1,190원	$1 = 1,250원
외화장기차입금	09. 10.	USD	$50,000	$1 = 1,300원	$1 = 1,250원

- 당기 외화자산과 외화부채는 위의 자료뿐이며 모두 당기에 발생하였다.
- 선급금은 원재료 수입을 위하여 미리 지급한 금액이다.
- 발생 시 적용환율은 일반기업회계기준과 법인세법상 환율이다.
- 2025년부터 법인세 신고시 외화자산과 외화부채에 대한 평가손익을 기말환율로 인식하기로 하였으며, 이에 대한 신고를 위해 화폐성외화자산등 평가방법신고서를 작성하여 법인세 신고시 제출하고자 한다.
- 당사는 2025년 결산 회계처리시 대고객외국환매입율인 $1 = 1,230원을 적용하여 외화채권, 채무를 평가하였다.
- 세무조정은 각 자산·부채별로 하기로 한다.

[2] 다음은 외화자산, 부채에 대한 자료이다. 주어진 자료에 따라 외화자산, 부채등 평가차손익조정명세서(갑)(을)을 작성하시오. [회사코드 : 5600.(주)강남]

계정과목	발생일자	발생일 기준환율	직전년도 기준환율	상환(회수)기일	외화종류	외화금액
장기대여금	2024. 03. 01.	₩1,000/$	₩1,200/$	2027. 2. 28.	USD	$20,000
외상매입금	2025. 11. 10.	₩100/¥		2026. 2. 28.	JPY	¥100,000
	2024. 07. 01.	₩990/$	₩1,200/$	2027. 6. 30.	USD	$10,000

※ 결산일(2025.12.31.) 현재 기준환율 : 달러는 1$당 ₩1,000, 엔화는 1¥당 ₩1100이다.

[기본가정]
- 위의 화폐성 외화채권 또는 채무는 위의 거래뿐인 것으로 가정하며, 회사의 회계처리 내용은 전표입력 사항을 조회하여 확인한다.
- 회사는 직전년도인 2024년부터 외화자산과 외화부채에 대한 평가손익을 인식하기로 하고 화폐성외화자산평가방법신고서를 제출하였다. 직전년도에는 기준환율로 외화채권, 채무를 평가하여 세무조정이 발생하지 아니하였다.
- 회사는 결산일에 외화채권, 채무를 장부상 평가하지 않았다.
- 세무조정은 각 자산·부채별로 하기로 한다.

※ 집중심화연습 해답은 [CHAPER 04 과목별세무조정] 1062페이지에서 확인 가능합니다.

12. 기부금조정명세서

기부금이란 ① **특수관계가 없는 자에게** ② **사업과 직접 관계없이** ③ **무상으로 지출하는 재산적 증여의 가액**을 말한다. 기부금은 업무와 직접 관련 없는 지출이므로 본래 손금이 될 수 없다. 그러나 기부금 가운데 기업 활동의 원활한 수행을 위해서 사실상 불가피하게 요구되거나 공익성이 있는 것은 특별히 손금으로 인정할 필요가 있기 때문에, 현행 법인세법은 일정한 한도액 범위 안에서 공익성 기부금을 손금인정하고 있다.

실무이론 CHECK POINT

1 기부금의 범위

(1) 일반적인 기부금

기부금은 법령에 따라 그 지출이 강제되지 않는다는 점에서 공과금과 구별된다. 그리고 기업업무추진비 및 광고선전비와는 다음과 같이 구별하나, 금전으로 지급한 경우와 사회단체·기념사업회 등에 지급한 경우에는 원칙적으로 이를 기부금으로 한다.

종 류	구분기준	
기부금	업무와 관련 없는 지출(기업이윤의 사회적 환원 목적)	
기업업무추진비	업무와 관련 있는 지출	특정 고객을 위하여 지출(원만한 거래관계 유지 목적)
광고선전비		불특정 다수인을 상대로 지출(구매의욕을 높여 판매촉진 목적)

(2) 고가매입·저가양도에 따른 의제기부금(간주기부금)

법인이 **특수관계자 외의 자에게** 정당한 사유 없이 자산을 **정상가액보다 낮은 가액으로 양도**하거나 **정상가액보다 높은 가액으로 매입**함으로써 그 차액 중 실질적으로 증여한 것으로 인정되는 금액은 이를 기부금으로 간주한다. 여기서 '**정상가액**'이란 **시가에 시가의 30%를 가산하거나 30%를 차감한 범위 안의 가액**을 말한다.

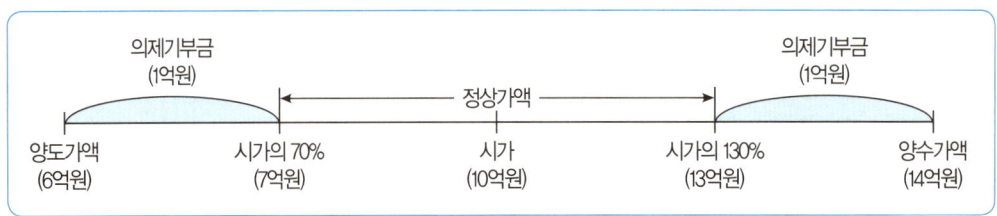

예제

(주)두더지상사의 다음 자료를 기준으로 의제기부금 세무조정을 하시오.

① 특수관계 없는 자에게 시가 10억원인 토지(장부가액 5억원)를 6억원에 현금을 받고 양도하였다.

구 분	회계처리	
기업회계	(차)	(대)
세무회계	(차)	(대)
조정차이	(차)	(대)
세무조정		

② 특수관계 없는 자에게 시가 5억원인 토지를 8억원 현금 매입하였다.

구 분	회계처리	
기업회계	(차)	(대)
세무회계	(차)	(대)
조정차이	(차)	(대)
세무조정		

【해설】

① 정상가액 = 시가 ± (시가 × 30%) ⇨ 7억원 ~ 13억원

구 분	회계처리			
기업회계	(차) 현 금	600,000,000	(대) 토 지 유형자산처분이익	500,000,000 100,000,000
세무회계	(차) 현 금 기부금	600,000,000 100,000,000	(대) 토 지 유형자산처분이익	500,000,000 200,000,000
조정차이	(차) 기부금 (비용증가)	100,000,000	(대) 유형자산처분이익 (수익증가)	100,000,000
세무조정	조정차이가 모두 손익계산서 계정이므로 세무조정은 없다. 단, 회사계상 기부금 지출액에 1억원 가산하여 한도 계산한다.			

② 정상가액 = 시가 ± (시가 × 30%) ⇨ 3억 5천만원 ~ 6억 5천만원

구 분	회계처리			
기업회계	(차) 토 지	800,000,000	(대) 현 금	800,000,000
세무회계	(차) 토 지 기부금	650,000,000 150,000,000	(대) 현 금	800,000,000
조정차이	(차) 기부금(비용증가)	150,000,000	(대) 토 지(자산감소)	150,000,000
세무조정	〈손금산입〉 토지 150,000,000 (유보발생) 세무조정 시 회사계상 지출액에 기부금 150,000,000원을 가산하여 한도 계산하고 처분시 유보추인 한다.			

[의제기부금과 부당행위계산부인과의 비교]

구 분	의제기부금	부당행위계산부인
거래상대방	특수관계가 없는 자	특수관계자
세무상 매입(취득)·양도가액	시가 ± (시가 × 30%)	무조건 시가

2 기부금의 평가

법인이 기부금을 금전 외의 자산으로 제공한 경우 해당 자산의 가액은 이를 제공한 때의 시가(시가가 장부가액보다 낮은 경우에는 장부가액)에 따른다. 다만, 특례기부금 및 일반기부금(특수관계인에게 기부한 기부금은 제외)의 경우에는 장부가액으로 한다.

구 분	현물기부금의 평가액
① 특례기부금, 특수관계인이 아닌 자에게 기부한 일반기부금	장부가액
② 특수관계인에게 기부한 일반기부금, 비지정기부금	MAX(시가, 장부가액)*

* (장부가액 > 시가)인 경우 장부가액과 시가와의 차액이 전액 손금으로 인정되는 것을 방지하기 위해 장부가액을 평가액으로 하는 것이다.

3 기부금의 분류

분 류	내 용
특례 기부금	① 국가나 지방자치단체에 무상으로 기증하는 금품의 가액 ② 국방헌금과 국군장병 위문금품의 가액 ③ 천재지변으로 생기는 이재민을 위한 구호금품(해외 포함)의 가액(천재지변에는 특별재난지역으로 선포된 경우 그 선포의 사유가 된 재난을 포함) ④ 학교(병원은 제외) 등에 시설비·교육비·장학금 또는 연구비로 지출하는 기부금 ⑤ 병원에 시설비·교육비 또는 연구비로 지출하는 기부금 ⑥ 사회복지사업, 그 밖의 사회복지활동의 지원에 필요한 재원을 모집·배분하는 것을 주된 목적으로 하는 비영리법인으로서 법 소정의 요건을 갖춘 법인에 지출하는 기부금(전문모금기관 – 사회복지공동모금회(사랑의 열매), 재단법인 바보의 나눔 등) ⑦ 공공기관(공기업 제외) 또는 법률에 따라 직접 설립된 기관으로서 일정요건을 갖춘 기관에 지출하는 기부금
우리사주조합 기부금	법인이 우리사주조합에 지출하는 기부금(우리사주제도를 실시하는 회사의 법인주주 등이 우리사주 취득을 위한 재원 마련을 위해서 우리사주조합에 지출하는 기부금)〈조세특례제한법〉

분 류	내 용

일반
기부금
	■ 비영리법인에 대하여 해당 공익법인 등의 **고유목적 사업비**로 지출하는 기부금
	① 사회복지사업법에 의한 사회복지법인, 의료법인, 국민건강보험공단
	② 영유아보육법에 따른 어린이집, 유아교육법에 의한 유치원, 초·중등교육법 및 고등교육법에 따른 학교, 기능대학법에 따른 기능대학, 평생교육법에 따른 원격교육대학, 서울대학교병원설치법에 따른 서울대학교병원 및 국립대학병원설치법에 따른 국립대학병원
	③ **종교**의 보급, 그 밖에 교화를 목적으로 문화체육관광부장관 또는 지방자치단체의 장의 허가를 받아 설립한 비영리법인(그 소속 단체를 포함한다)
	④ 주무관청의 허가를 받아 설립된 비영리법인, 비영리외국법인, 사회적협동조합, 공공기관 또는 법률에 따라 직접 설립된 기관 중 국세청장 추천을 받아 기획재정부장관이 지정하여 고시한 법인(예 : 학술연구단체, 장학단체, 기술진흥단체, 문화·예술·환경보호운동단체 등)
	■ 특정용도로 지출하는 기부금
	① 학교의 장, 기능대학의 장 또는 평생교육시설의 장이 추천하는 **개인**에게 **교육비·연구비** 또는 **장학금**으로 지출하는 기부금
	② 공익신탁으로 신탁하는 기부금
	③ 사회복지·문화·예술·교육·종교·자선·학술 등 **공익목적**으로 지출하는 기부금으로서 기획재정부령이 정하는 기부금 : 대표적인 것만을 살펴보면 다음과 같다.
	   ㉠ 지역새마을사업을 위하여 지출하는 기부금
	   ㉡ **불우이웃을 돕기** 위하여 지출하는 기부금
	   ㉢ 국민체육진흥기금 등의 출연금 등
	■ **공공기관** 등에 대한 기부금
	공공기관(**대한적십자사, 독립기념관, 한국장학재단** 등)에 기부한 경우로서 종전규정에 따른 지정기간(2017.1.1. ~ 2022.12.31.)까지는 **법정기부금**으로 본다.
	■ **사회복지시설** 등에 대한 기부금
	법 소정 사회복지시설 또는 기관 중 무료 또는 실비로 이용할 수 있는 사회복지시설 또는 기관에 기부하는 금품의 가액(아동복지시설, 노인복지시설, 장애인복지시설 등)

비지정 기부금	특례기부금, 일반기부금으로 열거되지 아니한 기부금은 모두 비지정**기부금**에 속한다. ① 신용협동조합·새마을금고에 지출하는 기부금 ② **주무관청 등록 협회의 특별회비 및 임의단체 회비**(2018.2.13. 개정) ③ **정당**에 지출하는 기부금 ④ **동창회·향우회·종친회·친목회** 등에 지출하는 기부금 ⑤ 아파트 등 미등록 경로당에 지출하는 기부금

4 기부금의 귀속시기(현금주의)

구 분	내 용
현금기부	기부금을 가지급금 등으로 이연계상한 경우에는 이를 그 지출한 사업연도의 기부금으로 하고 그 후의 사업연도에는 이를 기부금으로 보지 않는다.
어음기부	■ 어음 : 그 어음이 실제로 결제된 날에 지출한 것으로 봄 ■ 수표 : 그 수표를 교부한 날에 지출한 것으로 봄
미인가 단체기부	설립중인 법인이나 단체에 지출한 경우에는 정부로부터 인가·허가를 받은 날에 지출한 것으로 본다(귀속시기 특례).

5 기부금의 손금산입한도액

법인이 특례기부금과 일반기부금을 지출한 경우에는 다음 금액의 범위 안에서 해당 기부금을 차례로 손금에 산입한다. 다만, 비지정기부금은 한도가 없으므로 즉시 손금불산입하고 상여 등으로 소득처분 한다.

구 분	손금산입한도액
특례기부금	(기준소득금액 − 이월결손금) × 50%
우리사주조합 기부금	(기준소득금액 − 이월결손금 − 특례기부금 손금산입액) × 30%
일반기부금	(기준소득금액 − 이월결손금 − 특례기부금 손금산입액* − 우리사주조합 기부금 손금산입액) × 10%**

* 특례기부금 손금산입액
  = Min(특례기부금 한도초과이월액, 손금산입한도액) + 특례기부금 손금산입액
** 사회적기업 : 20%

(1) 기준소득금액

> 기준소득금액 = 차가감소득금액 + 특례기부금·우리사주조합·일반기부금 지출액

차가감소득금액이란 특례기부금·우리사주조합·일반기부금의 한도초과 및 이월액의 손금산입액에 대한 세무조정을 제외한 **모든 세무조정이 완료된 후의 소득금액**을 말한다.

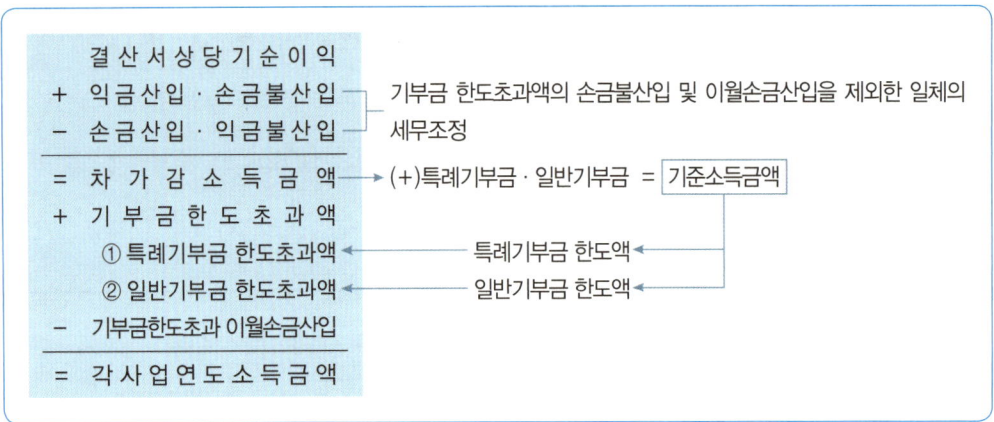

(2) 이월결손금

이는 과세표준을 계산할 때 공제대상이 되는 이월결손금을 말한다. 즉, **각 사업연도 개시일 전 15년 이내**(2020.1.1 이전 발생분은 10년, 2009.1.1 이전 발생분은 5년)에 개시한 사업연도에서 발생한 세무상 결손금(**일반기업은 기준소득금액의 80% 한도**)으로서 그 후의 각 사업연도의 과세표준 계산에 있어서 공제되지 않은 금액을 말하는 것이다.

6 기부금 세무조정

비지정기부금은 한도액 없이 **전액 손금불산입**하고 **상여등(귀속자의 소득)으로 처분**한다.

기부금 한도초과액이 발생하면 [소득금액조정합계표]에 반영하면 한도액 계산에 기준이 되는 "차가감소득금액"이 계속하여 변동할 수 있으므로 세무조정은 [법인세과세표준및세액조정계산서]의 기부금 한도초과액란에 바로 반영한다. 또한, 기부금의 한도초과액은 **해당 사업연도의 다음 사업연도 개시일부터 10년(2013.1.1. 이후 개시하는 사업연도 지출분부터) 이내**에 끝나는 각 사업연도로 이월하여 그 이월된 사업연도의 소득금액을 계산할 때 특례기부금 및 일반기부금 각각의 손금산입한도액의 범위에서 손금에 산입한다. 손금에 산입하는 경우에는 **이월된 금액을 해당 사업연도에 지출한 기부금보다 먼저 손금에 산입**한다. 이 경우 이월된 금액은 먼저 발생한 이월금액부터 손금에 산입한다.

구 분	손금산입한도액	세무처리
특례기부금	소득금액의 50%	한도초과액 ⇨ 〈손금불산입〉 기타사외유출 ■ [법인세과세표준및세액조정계산서]의 "**기부금한도초과액**"란에 직접 반영하므로 별도의 소득처분은 하지 않음
일반기부금	소득금액의 10%	■ 한도초과액은 10년간 이월공제가능하며 [법인세과세표준및세액조정계산서]의 "**기부금한도초과이월액손금산입**"란에 직접 반영하므로 별도의 소득처분은 하지 않음
비지정기부금	-	전액 ⇨ [소득금액조정합계표] 〈손금불산입〉 상여등

다음의 자료를 이용하여 (주)두더지상사의 기부금조정명세서를 작성하고 관련된 세무조정을 하시오.

(1) 결산서에 반영된 기부금은 다음과 같고 중소기업에 해당한다.

기부일	적 요	기부처	사업자번호	금 액
5월 10일	이재민구호를 위한 성금	경기도청	124-83-00269	5,000,000원
12월 30일	장학단체 고유목적사업비 기부^{주1)}	성남장학회	124-82-09394	80,000,000원
12월 31일	향우회 기부^{주2)}	지역 향우회	123-12-12345	7,000,000원

주1) 장학단체에 기부한 고유목적사업비 80,000,000원 중 70,000,000원은 현금으로, 나머지는 약속어음을 발행하여 지급하였다. 약속어음의 만기일은 2026년 1월 31일이다.
주2) 대표이사가 속한 지역 향우회 기부금이다.

(2) 2024년 기부금관련 세무조정사항은 다음과 같다.
　① 손금불산입 특례기부금 한도초과 7,000,000원

(3) 차가감소득금액의 계산은 다음의 자료를 이용한다.
　① 결산서상 당기순이익 400,000,000원
　② 위에서 제시한 기부금 관련 사항을 제외한 세무조정사항은 다음과 같다.
　　■ 익금산입 · 손금불산입　80,000,000원　　■ 손금산입 · 익금불산입　30,000,000원

(4) 2021년에 발생한 이월결손금 10,000,000원이 있다.

(5) 기부금 명세서

- 법인세법 시행규칙 [별지 제22호서식] 〈개정 2023. 3. 20〉

사 업 연 도	2025. 01. 01. ~ 2025. 12. 31.	기부금 명세서				법 인 명	(주)두더지상사
						사업자등록번호	218 - 81 - 21304

구 분					기 부 처		⑧금 액	비고
①유형	②코드	③과목	④일자	⑤적요	⑥법인명 등	⑦사업자등록 번호 등		
⑨소계	가. 「법인세법」 제24조제2항제1호의 특례기부금(코드 10)							
	나. 「법인세법」 제24조제3항제1호의 일반기부금(코드 40)							
	다. 「조세특례제한법」 제88조의4제13항의 우리사주조합 기부금(코드 42)							
	라. 그 밖의 기부금(코드 50)							
계								

(6) 기부금 조정명세서

- 법인세법 시행규칙 [별지 제21호서식] 〈개정 2023. 3. 20〉

사 업 연 도	2025. 01. 01. ~ 2025. 12. 31.	기부금 조정명세서	법 인 명	(주)두더지상사
			사업자등록번호	218 - 81 - 21304

1. 「법인세법」 제24조제2항제1호에 따른 특례기부금 손금산입액 한도액 계산

① 소득금액 계		⑤ 이월액 중 손금산입액 MIN(④, ㉓)	
② 「법인세법」 제13조제1항제1호에 따른 이월결손금 합계액(기준소득금액의 80% 한도)		⑥ 해당연도지출액 손금산입액 MIN[(④-⑤)>0, ③]	
③ 「법인세법」 제24조제2항제1호에 따른 특례기부금 해당 금액		⑦ 한도초과액[(③-⑥)>0]	
④ 한도액{[(①-②)>0]×50%}		⑧ 소득금액 차감잔액[(①-②-⑤-⑥)>0]	

2. 「조세특례제한법」 제88조의4에 따라 우리사주조합에 지출하는 기부금 손금산입액 한도액 계산

⑨ 「조세특례제한법」 제88조의4제13항에 따른 우리사주조합 기부금 해당 금액		⑪ 손금산입액 MIN(⑨, ⑩)	
⑩ 한도액(⑧×30%)		⑫ 한도초과액[(⑨-⑩)>0]	

3. 「법인세법」 제24조제3항제1호에 따른 일반기부금 손금산입 한도액 계산

⑬ 「법인세법」 제24조제3항제1호에 따른 일반기부금 해당 금액		⑯ 해당연도지출액 손금산입액 MIN[(⑭-⑮)>0, ⑬]	
⑭ 한도액((⑧-⑪)×10%, 20%)		⑰ 한도초과액[(⑬-⑯)>0]	
⑮ 이월잔액 중 손금산입액 MIN(⑭, ㉓)			

4. 기부금 한도초과액 총액

⑱ 기부금 합계액(③+⑨+⑬)	⑲ 손금산입 합계(⑥+⑪+⑯)	⑳ 한도초과액 합계(⑱-⑲)=(⑦+⑫+⑰)

5. 기부금 이월액 명세

사업연도	기부금 종류	㉑ 한도초과 손금불산입액	㉒ 기공제액	㉓ 공제가능 잔액 (㉑ - ㉒)	㉔ 해당 사업연도 손금추인액	㉕ 차기이월액 (㉓ - ㉔)
합계	「법인세법」 제24조제2항제1호에 따른 특례기부금					
	「법인세법」 제24조제3항제1호에 따른 일반기부금					
	「법인세법」 제24조제2항제1호에 따른 특례기부금					
	「법인세법」 제24조제3항제1호에 따른 일반기부금					

6. 해당 사업연도 기부금 지출액 명세

사업연도	기부금 종류	㉖ 지출액 합계금액	㉗ 해당 사업연도 손금산입액	㉘ 차기이월액 (㉖ - ㉗)
합계	「법인세법」 제24조제2항제1호에 따른 특례기부금			
	「법인세법」 제24조제3항제1호에 따른 일반기부금			

【해설】

(1) 기부금 명세서

① 기부금은 **현금주의**로 손금을 인정하므로 어음을 발행하여 지급한 기부금은 별도로 구분하여 기재하고 손금불산입하고 유보처분 한다. **미지급에 대한 기부금**은 기부금 명세서에 "**기타**"로 기재하고 "다.그 밖의 기부금"에 포함시키는 것이 원칙이나 현재 **한국세무사회 주관시험**은 "**손익귀속시기에 따라 당기 기부금이 아닌 경우 기부금명세서에 입력하지 않는 것으로 한다**"는 지문을 명기하여 관련 기부금 회계 처리분을 **삭제**하도록 하고 있다. 본 예제는 원칙으로 기재하고 전산실무는 시험의 주관으로 기재할 예정이다.

세무조정 : 〈손금불산입〉 어음기부금   10,000,000(유보발생)

② 향우회 기부금은 비지정기부금으로 유형을 기타로 기재한다. 비지정기부금의 경우 **귀속자가 분명**한 경우 그 귀속자의 사외유출로 처리하여야 하므로 **대표이사의 향우회 기부**에 해당하므로 손금불산입하고 **상여** 처분된다.

세무조정 : 〈손금불산입〉 향우회기부   7,000,000(상여)

③ 이재민구호 성금 5,000,000원은 특례기부금, 장학단체 고유목적사업 기부금 70,000,000원은 일반기부금에 해당한다.

(2) 기준소득금액 계산

= 당기순이익 + 익금산입·손금불산입 - 손금산입·익금불산입 + 특례기부금·일반기부금 합계
= 400,000,000원 + 97,000,000원 - 30,000,000원 + 75,000,000원 = 542,000,000원

(3) 기부금 한도 계산

① 특례기부금 한도
= (기준소득금액 - 이월결손금(중소기업 100%)) × 50%
= (542,000,000원 - 10,000,000원) × 50% = 266,000,000원

② 일반기부금 한도
= (기준소득금액 - 이월결손금 - ①기부금 손금산입액 - 우리사주조합기부금 손금산입액) × 10%
= (542,000,000원 - 10,000,000원 - 12,000,000원*) × 10% = 52,000,000원
* 당해연도 기부금 5,000,000원 + 이월 기부금 7,000,000원 = 12,000,000원

(4) 기부금 세무조정

① 특례기부금
- 한도초과액: 한도액 266,000,000원 ⇨ 이월 기부금 7,000,000원
  ⇨ 해당연도 지출액 5,000,000원 순으로 손금산입하며 한도초과액 없음

  세무조정: [법인세과세표준및세액조정계산서]에 직접 반영하므로 소득처분 없음

② 일반기부금
- 한도초과액: 한도액 52,000,000원 > 해당연도 지출액 70,000,000원 ⇨ 18,000,000원(이월공제)

  세무조정: [법인세과세표준및세액조정계산서]에 직접 반영하므로 소득처분 없음

(5) 기부금 명세서

■ 법인세법 시행규칙 [별지 제22호서식] 〈개정 2023. 3. 20〉

사 업 연 도	2025. 01. 01. ~ 2025. 12. 31.		기부금 명세서		법 인 명	(주)두더지상사	
					사업자등록번호	218-81-21304	

구 분		③과목	④일자	⑤적요	기 부 처		⑧금 액	비고
①유형	②코드				⑥법인명 등	⑦사업자등록번호 등		
특례	10	기부금	2025.5.10	이재민구호 성금	경기도청	124-83-00269	5,000,000	
일반	40	기부금	2025.12.30	고유목적사업기부	성남장학회	124-82-09394	70,000,000	
기타	50	기부금	2025.12.30	고유목적사업기부	성남장학회	124-82-09394	10,000,000	어음
기타	50	기부금	2025.12.31	향우회 기부	지역향우회	123-12-12345	7,000,000	
⑨소계		가. 「법인세법」 제24조제2항제1호의 특례기부금(코드 10)					5,000,000	
		나. 「법인세법」 제24조제3항제1호의 일반기부금(코드 40)					70,000,000	
		다. 「조세특례제한법」 제88조의4제13항의 우리사주조합 기부금(코드 42)						
		라. 그 밖의 기부금(코드 50)					손금불산입 17,000,000	
계							92,000,000	

(6) 기부금 조정명세서

■ 법인세법 시행규칙 [별지 제21호서식] 〈개정 2023. 3. 20〉

사 업 연 도	2025. 01. 01. ~ 2025. 12. 31.	기부금 조정명세서	법 인 명	(주)두더지상사
			사업자등록번호	218-81-21304

1. 「법인세법」 제24조제2항제1호에 따른 특례기부금 손금산입액 한도액 계산				
① 소득금액 계	542,000,000	⑤ 이월액 중 손금산입액 MIN(④, ㉓)		7,000,000
② 「법인세법」 제13조제1항제1호에 따른 이월결손금 합계액(기준소득금액의 80% 한도)	10,000,000	⑥ 해당연도지출액 손금산입액 MIN[(④ - ⑤) > 0, ③]		5,000,000
③ 「법인세법」 제24조제2항제1호에 따른 특례기부금 해당 금액	5,000,000	⑦ 한도초과액[(③ - ⑥) > 0]		
④ 한도액{[(① - ②) > 0] × 50%}	266,000,000	⑧ 소득금액 차감잔액[(①-②-⑤-⑥)>0]		520,000,000
2. 「조세특례제한법」 제88조의4에 따라 우리사주조합에 지출하는 기부금 손금산입액 한도액 계산				
⑨ 「조세특례제한법」 제88조의4제13항에 따른 우리사주조합 기부금 해당 금액		⑪ 손금산입액 MIN(⑨, ⑩)		
⑩ 한도액(⑧×30%)	156,000,000	⑫ 한도초과액[(⑨ - ⑩) > 0]		

3. 「법인세법」 제24조제3항제1호에 따른 일반기부금 손금산입 한도액 계산

⑬ 「법인세법」 제24조제3항제1호에 따른 일반기부금 해당 금액	70,000,000	⑯ 해당연도지출액 손금산입액 MIN[(⑭ − ⑮) > 0, ⑬]	52,000,000
⑭ 한도액((⑧ − ⑪) × 10%, 20%)	52,000,000	⑰ 한도초과액[(⑬ − ⑯) > 0]	18,000,000
⑮ 이월잔액 중 손금산입액 MIN(⑭, ㉓)			

4. 기부금 한도초과액 총액

⑱ 기부금 합계액(③ + ⑨ + ⑬)	⑲ 손금산입 합계(⑥ + ⑪ + ⑯)	⑳ 한도초과액 합계(⑱ − ⑲) = (⑦ + ⑫ + ⑰)
75,000,000	57,000,000	18,000,000

5. 기부금 이월액 명세

사업연도	기부금 종류	㉑ 한도초과 손금불산입액	㉒ 기공제액	㉓ 공제가능 잔액 (㉑ − ㉒)	㉔ 해당 사업연도 손금추인액	㉕ 차기이월액 (㉓ − ㉔)
합계	「법인세법」 제24조제2항제1호에 따른 특례기부금	7,000,000		7,000,000	7,000,000	
	「법인세법」 제24조제3항제1호에 따른 일반기부금					
2024	「법인세법」 제24조제2항제1호에 따른 특례기부금	7,000,000		7,000,000	7,000,000	
	「법인세법」 제24조제3항제1호에 따른 일반기부금					

6. 해당 사업연도 기부금 지출액 명세

사업연도	기부금 종류	㉖ 지출액 합계금액	㉗ 해당 사업연도 손금산입액	㉘ 차기이월액 (㉖ − ㉗)
합계	「법인세법」 제24조제2항제1호에 따른 특례기부금	5,000,000	5,000,000	
	「법인세법」 제24조제3항제1호에 따른 일반기부금	70,000,000	52,000,000	18,000,000

(7) 각사업연도소득금액 계산

[법인세과세표준및세액조정계산서]에 기부금한도초과액 손금불산입 세무조정과 기부금 이월액 손금산입 세무조정을 기재한다.

① 각사업연도 소득계산	⑩ 결산서상 당기순손익		01	400,000,000
	소득조정금액	⑩ 익금산입	02	97,000,000
		⑩ 손금산입	03	30,000,000
	⑩ 차가감소득금액(⑩+⑩−⑩)		04	467,000,000
	⑩ 기부금한도초과액		05	18,000,000
	⑩ 기부금한도초과이월액 손금산입		04	7,000,000
	⑩ 각 사업연도소득금액(⑩+⑩−⑩)		06	478,000,000

> 서식에 작성한 예제를 프로그램에 직접 입력하고자 하는 경우 [5700.(주)두더지상사]에서 해보시기 바라며, 별도의 재무제표 정보는 제공하지 않습니다.

전산실무 PROCESS

기부금 조정명세서는 아래와 같은 순서로 작성한다.

1. 기부금 명세서 ▶ 소득금액합계표(조정등록)에 소득처분 (비지정비기부금 및 어음기부금 등) ▶ 2. 기부금조정명세서

[기부금조정 유의사항]

기부금조정명세서 메뉴가 [과목별세무조정]에 포함되어 있으나 **모든 세무조정 항목의 작업이 완료된 후 마지막에 작업**한다. 그러므로 추후에 설명될 [소득금액조정합계표]를 반드시 먼저 작성하고 기부금 세무조정을 하여야 한다. 또한, 손금불산입 되는 기타기부금(비지정기부금)이 있는 경우 기타기부금을 먼저 [소득금액조정합계표]에 반영해야 한다. 기부금한도초과액은 [소득금액조정합계표]에 반영하는 것이 아니며, [법인세과세표준 및 세액조정계산서] 의 [105.기부금한도초과액]에 자동반영 되어 직접 부인이 되며, 이월공제를 적용한다.

항 목	입력내용 및 방법
기부금 입력	■ 기부금명세서 ① 상단의 [불러오기(F12)]를 클릭하여 장부에 계상된 데이터를 반영하며, 직접 입력도 가능하다. ② 유형란에서 "1.[법인세법] 제24조제2항제1호 특례기부금, 2.[법인세법] 제24조제3항제1호 일반기부금, 3.우리사주조합기부금, 4.그밖의기부금"을 구분하여 입력한다. "1"과 "2"는 [기부금조정]에 반영되어 한도액과 비교하여 손금산입액이 결정된다. ③ 과목 : 회계처리한 계정과목을 입력한다. ④ 기부처 : 기부처명과 사업자번호를 입력하여야 하며 시험은 지문에 주어지지 않은 경우 생략한다. ⑤ 금액 : 기부금액을 입력하며 기부처가 국가기관인 경우에는 최초 지급월을 적고 해당 사업연도의 합계액으로 입력할 수 있으며 비고란에 "합계"라고 기재한다. ⑥ 그 밖의 기부금에 집계된 금액은 상단의 [조정등록(F3)]을 클릭하여 소득금액조정합계표에 손금불산입 세무조정을 등록한다. ■ 소득금액확정 [법인세과세표준및세액조정계산서]의 "차가감소득금액"이 자동반영되며 직접입력하고자 하는 경우 [수정]을 누른 후 입력한다.
기부금 조정	① 제24조제2항제1호 특례기부금 손금산입액 한도 및 제24조제3항제1호 일반기부금 손금산입액 한도가 자동으로 계산되어 손금산입액(6란과 16란)과 기부금 한도초과액(7란과 17란)이 자동 반영된다. 한도초과액은 [법인세과세표준및세액조정계산서] "105.기부금한도초과액"에 반영한다. ② 세무상 15년이내 이월결손금이 있는 경우 직접 입력한다. ③ 제24조제2항제1호 특례기부금 및 제24조제3항제1호 일반기부금의 **이월액**이 있는 경우 당해연도 기부금보다 **우선**하여 **손금산입**하며 [5.기부금 이월액 명세]에 입력한다. 제24조제2항제1호 특례기부금은 "5.이월잔액 중 손금산입액", 제24조제3항제1호 일반기부금은 "15.이월잔액 중 손금산입액"란에 반영되며 해당 금액을 "해당연도 손금추인액"에 입력한다. ④ 기부금이월액명세는 사업연도별로 작성하며 "해당연도 손금추인액" 합계금액은 [법인세과세표준및세액조정계산서]의 "106.기부금한도초과이월액손금산입"란에 자동 반영된다.

다음 자료에 의하여 (주)합격(회사코드 : 5000)의 기부금명세서 및 기부금조정명세서를 작성하고 필요한 세무조정을 하시오. 당사는 세법상 중소기업에 해당한다.

(1) 기부금 계정의 내역은 다음과 같다.

일자	금액	기부처명	사업자등록번호	비 고
7월 11일	30,000,000원	광명대학교	212-56-32586	사립학교에 연구비로 지출한 기부금
8월 30일	70,000,000원	사회정의실천연합	421-58-65822	공익기부금단체에 고유목적사업비로 지출한 기부금
9월 6일	1,000,000원	제주향우회	321-25-21040	지역 향우회에 지출한 기부금(회사명의)
12월 30일	15,000,000원	광명대학교	212-56-32586	사립학교에 장학금으로 지출한 기부금으로 어음만기일은 2026년 1월 20일임

(2) 10월 6일에 당사와 특수관계 없는 종교를 목적으로 하는 공공기관인 (재)광명(고유번호 : 105-82-10361)의 고유목적사업을 위하여 시가가 1,000,000원이고 장부금액이 800,000원인 비품을 기부차원에서 100,000원에 저가로 양도하고 다음과 같이 회계처리 하였다.

(차) 보통예금　　　　　　　100,000원　　(대) 비　품　　　　　800,000원
　　유형자산처분손실　　　700,000원

(3) 어음기부금의 기부금 귀속시기가 당해연도에 귀속되는 기부금 지출금액이 아닐 경우에 프로그램의 기부금명세서의 기부금 입력은 하지 않는 것으로 한다.
(4) 기부금 세무조정을 반영하기전 법인세과세표준및세액조정계산서상 차가감소득금액 내역은 다음과 같으며 세무상 이월결손금 100,000,000원(2021년도 발생분)이 있다.(기부금과 관련한 세무조정은 반영되어 있지 않음)

- 당기순이익 : 1,490,203,525원　　■ 익금산입 : 283,677,008원　　■ 손금산입 : 124,935,829원

(5) 2023년도에는 일반기부금 한도초과액 95,000,000원이 발생하였으며 기공제액은 없다.

 예제 따라하기

(1) 기부금명세서

① 상단의 [불러오기(F12)]를 클릭하여 장부에 기장되어 있는 기부금을 "1.기부금명세서"에 반영한다.
② 지역 향우회 찬조 기부금은 비지정기부금에 해당하며 회사명의 기부금으로 손금불산입하고 기타사외유출로 처분한다.

세무조정 : 〈손금불산입〉 향우회기부　1,000,000(기타사외유출)

③ 기부금의 귀속시기는 **현금주의**이므로 만기가 미도래한 기부금은 2026년 귀속 기부금으로 처리한다. 또한, 귀속시기가 당해연도가 아닌 경우 기부금내역에 입력하지 않는 것으로 하였으므로 삭제하고 손금불산입 세무조정 한다. (최근 기출문제에서는 삭제하지않고 그 밖의 기부금으로 유형을 분류하고 세무조정을 답안으로 공지하였으므로 **시험 지문을 반드시 확인**한다.)

> 세무조정 : 〈손금불산입〉 어음기부금 15,000,000(유보발생)

④ 10월 6일에 (재)광명에 저가양도한 비품의 경우는 의제기부금에 해당하므로 기부금명세서에 추가 입력하여 한도액을 계산하며 별도의 세무조정은 필요하지 않다.

의제기부금 = 정상가격 700,000원 − 보통예금수취액 100,000원 = 600,000원

[어음기부금 삭제화면]

[어음기부금 입력화면]

(2) 조정등록(F3)

기부금 한도 시부인을 제외한 세무조정사항을 소득금액조정합계표에 등록하여 소득금액을 확정한다.

익금산입 및 손금불산입			손금산입 및 익금불산입		
과목	금액	소득처분	과목	금액	소득처분
향우회기부	1,000,000	기타사외유출			
어음기부금	15,000,000	유보발생			

(3) 소득금액확정

[새로불러오기] 버튼을 클릭하면 결산서상 당기순이익·익금산입·손금산입 금액이 자동 반영된다. 단, 문제 지문에 관련 자료를 제공하고 직접 입력을 요구하였으므로 [**수정**] 버튼을 클릭하여 직접 입력하며, 익금산입은 비지정기부금과 어음기부금 세무조정 금액을 가산하여 입력한다.

- 익금산입 = 283,677,008원 + 16,000,000원 = 299,677,008원

2.소득금액확정				
1.결산서상 당기순이익	2.익금산입	3.손금산입	4.기부금합계	5.소득금액계(1+2-3+4)
1,490,203,525	299,677,008	124,935,829	100,600,000	1,765,544,704

(4) 기부금조정

① [기부금 입력 TAB]에서 입력한 기부금과 소득금액이 자동 반영된다.
② 세무상 이월결손금은 **중소기업(100%)**이므로 100,000,000원을 "2란"에 입력한다.
③ 특례기부금과 일반기부금의 한도액이 자동 계산되어 기부금 한도초과액이 있는 경우 "7란"과 "17란"에 반영된다.
④ 기부금 이월액을 [5.기부금 이월액 명세]에 입력하여 해당 사업연도에 지출한 기부금보다 먼저 손금에 산입한다. 사업연도(2023)와 기부금 종류(제24조제3항제1호 일반기부금)를 입력하고 한도초과 손금불산입액(95,000,000원)을 입력한다. **이월액 중 손금산입액**란의 금액 (95,000,000원)을 해당연도 손금추인액에 입력하여 손금추인 한다. 손금산입되는 기부금이월액은 [법인세과세표준및세액조정계산서]에 직접 반영하므로 별도의 세무조정은 필요하지 않다.
⑤ **기부금 이월액 먼저 공제**하고 해당연도 지출액(70,600,000원) 중 남은 한도액만큼 손금산입되고 잔액(2,045,530원)은 한도초과액이 발생한다. **한도초과액** 또한 [법인세과세표준및세액조정계산서]에 직접 반영하므로 별도의 세무조정은 필요하지 않다.

(5) 기부금한도초과 및 이월액 손금산입 반영

[법인세과세표준및세액조정계산서] 메뉴에서 상단의 [불러오기(F12)]를 클릭하여 기부금조정명세서의 기부금한도초과액 및 이월액 손금산입액을 반영한다. 시험의 경우 지문에 요구가 있는 경우에만 진행한다.

[1] 문제의 다른 자료는 무시하고 다음 자료를 이용하여 기부금조정명세서 및 기부금명세서를 작성하고 관련된 세무조정을 소득금액조정합계표에 반영하시오. (기부처입력은 생략하고, 당사는 세법상 중소기업에 해당한다.) [회사코드 : 5600.(주)강남]

(1) 기부금계정의 내용

일자	금 액	지급내용
8월 20일	10,000,000원	필리핀 태풍으로 인한 이재민구호금품
9월 15일	22,000,000원	상공회의소 특별회비 20,000,000원과 일반회비 2,000,000원
10월 30일	8,000,000원	불우이웃돕기성금(사회복지법인)
11월 27일	5,000,000원	국방헌금으로 향토예비군에 수표를 발행해준 금액
12월 16일	1,000,000원	정당에 기부한 정치자금

(2) 기부금계산 관련자료

① 전기에서 한도초과로 이월된 기부금은 없으며 결산서상 당기순이익은 70,000,000원이다.
② 소득금액조정합계표상 익금산입 및 손금불산입 금액은 15,000,000원이고, 손금산입 및 익금불산입 금액은 21,000,000원이다. (기부금과 관련한 세무조정은 반영되어 있지 않음)
③ 당기로 이월된 이월결손금은 전기 발생분이 10,000,000원, 전전기 발생분이 6,000,000원이다.

[2] 다른 문제 및 기존자료 등의 내용은 무시하고 다음 자료만을 이용하여 기부금조정명세서 및 기부금명세서를 작성하고 필요한 세무조정을 하시오. [회사코드 : 5300.(주)기원]

(1) 당기 기부금 내용은 다음과 같으며 적요 및 기부처 입력은 생략한다.

일자	금 액	지급내용
7월 16일	5,000,000원	배움대학교(사립학교)에 연구비로 지출한 기부금
9월 7일	10,000,000원	정부로부터 허가를 받은 예술단체에 지급한 금액
11월 3일	1,000,000원	재경제주향우회 회비(대표이사 개인적 향우회)
12월 15일	5,000,000원	종교단체어음기부금(만기일 2026.1.15.)

(2) 기부금계산과 관련된 기타자료는 다음과 같다.
- 전기에서 한도초과로 이월된 기부금은 2024년 일반기부금한도초과액 5,000,000원이다.
- 결산서상 당기순이익은 150,000,000원이고, 기부금에 대한 세무조정 전 익금산입 및 손금불산입 금액은 30,000,000원이며, 손금산입 및 익금불산입 금액은 7,000,000원이다.
- 당기로 이월된 이월결손금은 2023년 발생분 20,000,000원이다. (당사는 일반기업임)

[3] 기입력된 자료는 무시하고 기부금조정명세서를 작성하고 관련된 세무조정 중 소득금액조정합계표에 반영할 사항은 소득금액조정합계표에 반영하시오. 단, 소득금액조정합계표는 직접입력을 선택하여 입력할 것. [회사코드 : 5400.(주)대성]

(1) 손익계산서의 기부금 계정 내역

일자	적요	법인명	금액
3. 10	사회복지법인 고유목적사업 기부금	재단법인 좋은사회	3,000,000원
7. 1	연구비	국립암센터	8,500,000원
12. 24	기획재정부장관 지정 학술연구단체 기부금	신섬유개발연구원	6,000,000원
12. 31	노인정 지원금	성동노인정	1,000,000원

- 12월 24일에 지급된 기부금은 어음으로 지급되었으며 만기일은 2026년 3월 24일이다.
- 노인정 지원금은 회사 인근 노인정 설립행사에 지원한 기부금으로 노인복지시설 미등록 시설이다.
- 법인명의 사업자등록번호 기입은 생략하고 어음기부금의 기부금 귀속시기가 당해연도에 귀속되는 기부금 지출금액이 아닐 경우에 프로그램의 기부금명세서의 기부금 입력은 하지 않는 것으로 한다.

(2) 기부금 세무조정을 반영하기 전 법인세과세표준및세액조정계산서상 차가감소득금액 내역은 다음과 같으며 세무상 이월결손금 10,000,000원(2017년도 발생분)이 있다.

구 분		금 액
결산서상 당기순손익		250,000,000원
소득조정금액	익금산입	30,000,000원
	손금산입	10,000,000원
차가감소득금액		270,000,000원

(3) 일반기부금 한도초과액은 2012년 10,000,000원, 2023년 35,000,000원 이월된 기부금이 있다.

[4] 실무이론 다지기

01. 다음 중 법인세법상 기부금에 대한 설명으로 틀린 것은?

① 법인이 특수관계 없는 자에게 시가 3억원인 토지를 2억원에 양도하는 경우 1천만원은 기부금으로 본다.
② 영업자가 조직한 단체로서 법인이거나 주무관청에 등록된 조합 외의 임의로 조직된 조합에 대한 일반회비는 협회비로 보아 전액손금인정하고 특별회비는 기부금으로 본다.
③ 일반기부금을 금전 외의 자산으로 기부한 경우에는 자산의 시가와 장부가액 중 큰 금액을 기부금으로 한다.
④ 기부금은 현금주의에 의하여 계상하므로 가지급금으로 이연계상하거나 미지급금으로 앞당겨 계상하는 경우 실제 지출된 사업연도의 기부금으로 본다.

02. 다음은 법인세법상 기부금에 관한 설명이다. 다음 중 옳지 않은 것은?
① 기부금이란 특수관계 없는 자에게 사업과 직접 관계없이 무상으로 지출하는 재산적 증여액을 말한다.
② 특수관계자에게 정당한 사유없이 자산을 정상가액보다 낮은 가액으로 양도하는 경우 기부금으로 간주한다.
③ 법인이 신용협동조합에 기부한 기부금은 비지정기부금으로 전액 손금불산입하고 기타사외유출 처분한다.
④ 기부금은 그 지출한 날이 속하는 사업연도에 귀속하는 현금주의를 채택하고 있다.

03. 다음 중 법인세법상 소득금액조정합계표에 나타나는 항목이 아닌 것은?
① 법인세법 특례기부금한도초과액
② 재고자산평가감
③ 대손충당금한도초과액
④ 퇴직급여충당금한도초과액

04. 다음 중 법인세법상 기부금과 기업업무추진비에 대한 설명으로 옳은 것은?
① 기부금한도초과액과 기업업무추진비한도초과액은 이월공제가 적용된다.
② 기부금과 기업업무추진비와 관련된 모든 세무조정사항은 소득금액조정합계표에 반영된다.
③ 이월결손금이 없는 경우 중소기업여부에 따라 기업업무추진비 및 기부금 한도초과액이 달라진다.
④ 기업업무추진비 및 기부금 한도초과액은 모두 각사업연도소득금액을 증가시킨다.

05. 다음 중 법인세법상 기업업무추진비 및 기부금에 대한 설명 중 틀린 것은?
① 특례기부금을 금전 외의 자산으로 제공한 경우 해당 자산의 가액은 이를 제공한때의 장부가액으로 한다.
② 현물접대의 가액은 장부가액으로 평가한다.
③ 기업업무추진비 한도 초과액은 손금불산입하고 기타사외유출로 소득처분한다.
④ 기부금 한도 초과액은 소득금액조정합계표에 반영하지 않는다.

06. 법인세법상 기부금과 기업업무추진비에 대한 설명 중 옳지 않은 것은?
① 정당에 기부한 정치자금은 10만원까지는 세액공제를, 10만원 초과분은 특례기부금으로 분류하여 시부인계산한다.
② 천재지변이 아닌 화재로 인하여 생긴 이재민을 위한 구호금품은 불우이웃을 돕기 위한 지출로 일반기부금에 해당한다.
③ 기업업무추진비는 발생주의, 기부금은 현금주의에 의하여 손비로 처리한다.
④ 1회의 접대에 지출한 금액이 3만원을 초과하는 기업업무추진비로써 신용카드매출전표 등 법정증빙서류를 받지 않는 경우에는 한도액 계산없이 바로 손금불산입한다.

※ 집중심화연습 해답은 [CHAPER 04 과목별세무조정] 1064페이지에서 확인 가능합니다.

퇴직급여충당금조정명세서

[1] 퇴직급여충당금조정명세서 [회사코드 : 5200.(주)성공]

(1) 총급여액 및 퇴직급여추계액명세

① 상단의 [불러오기(F12)]를 클릭하여 장부상 금액을 반영하고 인원을 추가로 입력한다.
② 근속기간 1년 미만자는 퇴직금지급규정에서 제외되므로 "18란"에 신규입사자급여와 중도퇴사자급여를 입력하고 당해 사업연도의 퇴직급여추계액과 인원(62)을 입력한다.

(2) 퇴직급여충당금 조정

① 퇴직금 지급액은 모두 현실적인 퇴직에 해당하므로 전액 손금 인정된다.
② 퇴직급여충당금 손금산입 한도액 : 0원
  ㉠ 총급여액 기준 : 1,995,000,000원 × 5% = 99,750,000원
  ㉡ 추계액 기준 : (290,000,000원 × 0%) - (100,000,000원 - 25,000,000원 - 40,000,000원) = 0원
③ 퇴직급여충당금 한도초과액
   회사계상액 30,000,000원 - 세법상 한도액 0원 = 30,000,000원(한도초과액)

세무조정 : 〈손금불산입〉 퇴직급여충당금 한도초과 30,000,000(유보발생)

1	2.총급여액 및 퇴직급여추계액 명세						2	퇴직급여추계액명세서	
계정과목명	17.총급여액		18.퇴직급여 지급대상이 아닌 임원 또는 직원에 대한 급여액		19.퇴직급여 지급대상이 되는 임원 또는 직원에 대한 급여액		20.기말 현재 임원 또는 직원 전원의 퇴직시 퇴직급여추계액		
	인원	금액	인원	금액	인원	금액	인원	금액	
0504.임금(계)	45	1,020,000,000	3	60,000,000	42	960,000,000	62	290,000,000	
0505.상여금(계)		310,000,000				310,000,000			
0801.급여(판)	22	500,000,000	2	25,000,000	20	475,000,000	21.(근로퇴직급여보장법) 에 따른 추계액		
0803.상여금(판)		250,000,000				250,000,000	62	290,000,000	
							22.세법상 추계액 MAX(20, 21)		
합계	67	2,080,000,000	5	85,000,000	62	1,995,000,000		290,000,000	

3	1.퇴직급여충당금 조정							
『법인세법 시행령』 제60조 제1항에 따른 한도액	1.퇴직급여 지급대상이 되는 임원 또는 직원에게 지급한 총급여액((19)의 계)		2.설정률		3.한도액 (① * ②)		비 고	
	1,995,000,000		5 / 100		99,750,000			
『법인세법 시행령』 제60조 제2항 및 제3항에 따른 한도액	4.장부상 충당금 기초잔액	5.확정기여형퇴직연금자의 설정전기계상퇴직급여충당금	6.기중 충당금 환입액		7.기초충당금 부인누계액		8.기중 퇴직금 지급액	
	100,000,000				25,000,000		40,000,000	
	9.차감액 (④-⑤-⑥-⑦-⑧)	10.추계액 대비 설정액 ((22) × 0 / 100)	11.퇴직금 전환금		12.설정률 감소에 따른 환입을 제외하는금액(MAX(③-⑨-⑪,0)		13.누적한도액 (③-⑨+⑪+⑫)	
	35,000,000				35,000,000			
한도초과액 계 산	14.한도액 (③과 ⑬중 적은 금액)		15.회사 계상액				16.한도초과액 ((15) - (14))	
			30,000,000				30,000,000	

(3) 조정등록(F3)

조정 등록						✕
익금산입 및 손금불산입			손금산입 및 익금불산입			
과 목	금 액	소득처분	과 목	금 액	소득처분	
퇴직급여충당금 한도초과	30,000,000	유보발생				

[2] 퇴직급여충당금조정명세서 [회사코드 : 5300.(주)기원]

(1) 총급여액 및 퇴직급여추계액명세
① 상단의 [불러오기(F12)]를 클릭하여 장부상 금액을 반영하고 인원을 추가로 입력한다.
② 퇴직금 지급대상자에 해당하지 않는 중도퇴사자 급여는 "18란"에 입력하여 총급여액에서 제외시키고 당해 사업연도의 퇴직급여추계액과 인원(21)을 입력한다.

(2) 퇴직급여충당금 조정
① 퇴직금 지급액은 모두 현실적인 퇴직에 해당하므로 전액 손금 인정된다.
② 퇴지금 지급시 세무상충당금잔액 초과지급액은 손금산입하고 유보 추인한다.
   초과지급액 = (94,000,000원 − 64,000,000원) − 40,000,000원 = △10,000,000원(**9.차감액 음수**)

> 세무조정 : 〈손금산입〉 전기 퇴직급여충당금 추인액   10,000,000(유보감소)

③ 퇴직급여충당금 손금산입 한도액 : 0원
   ㉠ 총급여액 기준 : 322,000,000원 × 5% = 16,100,000원
   ㉡ 추계액 기준 : (110,000,000원 × 0%) − (94,000,000원 − 64,000,000원 − 40,000,000원) = 0원
④ 퇴직급여충당금 한도초과액
   회사계상액 30,000,000원 − 세법상 한도액 0원 = 30,000,000원(한도초과액)

> 세무조정 : 〈손금불산입〉 퇴직급여충당금 한도초과   30,000,000(유보발생)

(3) 조정등록(F3)

익금산입 및 손금불산입			손금산입 및 익금불산입		
과목	금액	소득처분	과목	금액	소득처분
퇴직급여충당금 한도초과	30,000,000	유보발생	전기 퇴직급여충당금 추인액	10,000,000	유보감소

퇴직연금부담금등조정명세서

[1] 퇴직연금부담금조정명세서 [회사코드 : 5400.(주)대성]

① 기중 퇴직연금수령액(20란) 입력 시 연금에서 지급한 금액만 입력하고 손금불산입 처리한다.

세무조정 : 〈손금불산입〉 퇴직연금 지급   25,000,000(유보감소)

② 퇴직연금운용자산 기초잔액 중 손금산입한 금액은 14란에 100,000,000원 입력한다.

③ 전기에 과다 불입하여 손금산입되지 않은 금액은 당해 사업연도에 손금산입 한다.

세무조정 : 〈손금산입〉 퇴직연금운용자산   72,000,000(유보발생)

2.이미 손금산입한 부담금 등의 계산				
나.기말 퇴직연금 예치금 등의 계산				
19.기초 퇴직연금예치금 등	20.기중 퇴직연금예치금 등 수령 및 해약액	21.당기 퇴직연금예치금 등의 납입액		22.퇴직연금예치금 등 계 (19 - 20 + 21)
140,000,000	25,000,000	32,000,000		147,000,000
가. 손금산입대상 부담금 등 계산				
13.퇴직연금예치금 등 계 (22)	14.기초퇴직연금충당금등 및 전기말 신고조정에 의한 손금산입액	15.퇴직연금충당금등 손금부인 누계액	16.기중퇴직연금등 수령 및 해약액	17.이미 손금산입한 부담금등 (14 - 15 - 16)	18.손금산입대상 부담금 등 (13 - 17)
147,000,000	100,000,000		25,000,000	75,000,000	72,000,000

1.퇴직연금 등의 부담금 조정					
1.퇴직급여추계액	2.장부상 기말잔액	당기말 현재 퇴직급여충당금			6.퇴직부담금 등 손금산입 누적한도액 (①-⑤)
		3.확정기여형퇴직연금자의 설정전 기계상된 퇴직급여충당금	4.당기말 부인 누계액	5.차감액 (②-③-④)	
170,000,000					170,000,000
7.이미 손금산입한 부담금 등 (17)	8.손금산입액 한도액 (⑥-⑦)	9.손금산입 대상 부담금 등 (18)	10.손금산입범위액 (⑧과 ⑨중 적은 금액)	11.회사 손금 계상액	12.조정금액 (⑩-⑪)
75,000,000	95,000,000	72,000,000	72,000,000		72,000,000

④ 조정등록(F3)

익금산입 및 손금불산입			손금산입 및 익금불산입		
과 목	금 액	소득처분	과 목	금 액	소득처분
퇴직연금 지급	25,000,000	유보감소	퇴직연금운용자산	72,000,000	유보발생

[2] 퇴직연금부담금조정명세서 [회사코드 : 5100.(주)배움]

① 기중 퇴직연금수령액(20란) 입력 시 연금에서 지급한 금액만 입력하며 퇴직급여를 퇴직연금운용자산에서 지급한 금액은 세법상 "퇴직연금충당부채"와 상계하여야 한다. 결산서에 퇴직연금충당부채를 계상하지 않고 퇴직급여충당부채와 상계한 경우 손금불산입한 금액을 손금산입 조정하여 장부와 세무상 금액을 일치시킨다.

세무조정 : 〈손금불산입〉 퇴직연금 지급   4,000,000(유보감소)
**   〈손금산입〉   퇴직급여충당부채 4,000,000(유보감소)**

② 퇴직급여충당금 장부상 기말잔액은 10,000,000원(30,000,000원 – 20,000,000원)을 입력하며 상단의 잔액조회(F8)을 하여 기말잔액을 확인하여 입력해도 된다.

③ 퇴직급여충당금 당기말 부인누계액은 손금산입한 금액을 차감한 잔액 2,000,000원(6,000,000원 – 4,000,000원)을 입력하며, 신고조정하므로 "12.조정금액"을 확인하여 세무조정 한다.

세무조정 : 〈손금산입〉 퇴직연금운용자산   50,000,000(유보발생)

2. 이미 손금산입한 부담금 등의 계산

나. 기말 퇴직연금 예치금 등의 계산

19. 기초 퇴직연금예치금 등	20. 기중 퇴직연금예치금 등 수령 및 해약액	21. 당기 퇴직연금예치금 등의 납입액	22. 퇴직연금예치금 등 계 (19 - 20 + 21)
230,000,000	4,000,000	50,000,000	276,000,000

가. 손금산입대상 부담금 등 계산

13. 퇴직연금예치금 등 계 (22)	14. 기초퇴직연금충당금등 및 전기말 신고조정에 의한 손금산입액	15. 퇴직연금충당금등 손금부인 누계액	16. 기중퇴직연금등 수령 및 해약액	17. 이미 손금산입한 부담금등 (14 - 15 - 16)	18. 손금산입대상 부담금 등 (13 - 17)
276,000,000	230,000,000		4,000,000	226,000,000	50,000,000

1. 퇴직연금 등의 부담금 조정

		당기말 현재 퇴직급여충당금			6. 퇴직부담금 등 손금산입 누적한도액 (① - ⑤)
1. 퇴직급여추계액	2. 장부상 기말잔액	3. 확정기여형퇴직연금자의 설정전 기계상된 퇴직급여충당금	4. 당기말 부인 누계액	5. 차감액 (② - ③ - ④)	
320,000,000	10,000,000		2,000,000	8,000,000	312,000,000
7. 이미 손금산입한 부담금 등 (17)	8. 손금산입액 한도액 (⑥ - ⑦)	9. 손금산입 대상 부담금 등 (18)	10. 손금산입범위액 (⑧과 ⑨중 적은 금액)	11. 회사 손금 계상액	12. 조정금액 (⑩ - ⑪)
226,000,000	86,000,000	50,000,000	50,000,000		50,000,000

[3] 실무이론 정답 및 해설

NO	정답	해설
퇴직급여 01	④	임원의 상여금은 지급규정이 없는 경우 전액 손금불산입 한다.
02	①	임원의 경우 직원과 다르게 성과산정지표 및 그 목표, 성과의 측정 및 배분방법 등에 대하여 사전에 서면으로 약정하고 이에 따라 지급하는 성과배분상여금은 손금불산입 한다.
03	②	종업원상여금 및 퇴직금은 전액 손금인정 되며, 임원상여금 및 퇴직금은 한도초과액에 대해서는 손금불산입 한다.
04	③	외국법인의 국내지점 종업원이 본국의 본점으로 전출하는 경우는 현실적인 퇴직으로 보지 아니한다.
05	④	임원에 대한 퇴직금은 회사의 지급규정이 없는 경우 세법상의 한도액까지 손금으로 인정된다.
06	①	
07	②	법인의 직원이 당해 법인의 임원으로 취임하면서 퇴직금을 지급받는 경우 현실적인 퇴직이다.
08	①	② 임원의 퇴직금은 정관의 위임규정에 따라 주주총회나 사원총회 결정에 의하여 지급된 금액도 손금으로 인정되지만 이사회 결의에 따라 지급된 금액은 지급규정이 없는 것으로 본다. ③ 임원의 퇴직금에 대한 지급규정이 없는 경우에는 법인세법상 한도액을 기준으로 손금불산입여부를 결정한다. ④ 임원의 상여금에 대한 지급규정이 없는 경우에는 전액 손금불산입 한다.
09	④	이익처분에 의한 성과배분상여금 손금산입규정은 삭제되어 손금불산입 하며, 기업회계기준의 비용처리를 그대로 인정하여 별도의 조정은 필요하지 않다.

대손충당금 및 대손금조정명세서

[1] 대손충당금 및 대손금조정명세서 [회사코드 : 5400.(주)대성]

(1) 대손금조정

연락두절은 대손요건을 충족하지 못하므로 전액을 손금불산입 세무조정하고 부도발생일부터 6개월이 지난 부도어음은 1,000원을 공제한 금액을 대손처리할 수 있으므로 별도 세무조정은 없다.

세무조정 : 〈손금불산입〉 대손금부인액(외상매출금)   4,000,000(유보발생)

(2) 대손충당금조정 : 채권잔액

① 상단의 [불러오기(F12)]를 클릭하여 반영한 후 관련 없는 채권을 삭제(단기대여금 및 선급금)하거나 직접 입력한다.
② 외상매출금 중 당기 대손금부인액(4,000,000원) 반영을 확인하고 전기 대손금부인액(3,300,000원)을 추가 입력한다.
③ 받을어음 금액 중 충당금설정제외채권인 배서어음(10,000,000원)을 "20란"에 입력하고 고정자산처분미수금은 대손충당금 설정대상채권에 해당하므로 제외채권에 입력하지 않는다.

(3) 대손충당금조정 : 익금산입액 및 손금산입액 조정

① 채권잔액은 "21란"에서 자동반영되며 대손설정률은 기본율 "1%"를 적용한다.
② 익금·손금산입액 조정에 대손충당금 내역을 순차적으로 입력하며 전기의 대손충당금 부인액을 "10란"에 입력한다. 그리고 충당금보충액은 "5란"에 입력하여 "12란"에 자동 반영한다.

$$충당금보충액 = 6,475,000원 - 2,654,000원 = 3,821,000원$$

③ 회사계상액의 "6.계"의 금액은 장부상 기말대손충당금 잔액(6,475,000원)과 일치하여야 한다.
④ 한도액과 회사계상액의 차이는 "7.한도초과액"에 반영되며 손금불산입 처리하고 전기 부인액은 총액법에 의한 처리로 "15.과다환입"란에 반영되어 손금산입 유보 추인한다.

세무조정 : 〈손금산입〉 전기 대손충당금   600,000(유보감소)
　　　　　 〈손금불산입〉 대손충당금 한도초과   27,000(유보발생)

[대손금/대손충당금 / 해외건설자회사 탭]

2. 대손금조정

No	22.일자	23.계정과목	24.채권내역	25.대손사유	26.금액	대손충당금상계액 27.계	28.시인액	29.부인액	당기 손비계상액 30.계	31.시인액	32.부인액
1	07.15	외상매출금	1.매출채권	채무자연락두절	4,000,000	4,000,000		4,000,000			
2	10.06	받을어음	1.매출채권	5.부도(6개월경과)	1,999,000	1,999,000	1,999,000				
		계			5,999,000	5,999,000	1,999,000	4,000,000			

1. 대손충당금조정

채권잔액	No	16.계정과목	17.채권잔액의 장부가액	18.기말현재대손금부인누계 전기	당기	19.합계 (17+18)	20.충당금설정제외채권 (할인,배서,특수채권)	21.채권잔액 (19-20)
	1	외상매출금	476,000,000	3,300,000	4,000,000	483,300,000		483,300,000
	2	받을어음	150,000,000			150,000,000	10,000,000	140,000,000
	3	미수금	21,500,000			21,500,000		21,500,000
		계	647,500,000	3,300,000	4,000,000	654,800,000	10,000,000	644,800,000

손금산입액 조정	1.채권잔액 (21의금액)	2.설정률(%) ○기본율 ○실적율 ○적립기준	3.한도액 (1×2)	4.당기계상액	회사계상액 5.보충액	6.계	7.한도초과액 (6-3)
	644,800,000	1	6,448,000	2,654,000	3,821,000	6,475,000	27,000

익금산입액 조정	8.장부상 충당금기초잔액	9.기중 충당금환입액	10.충당금부인 누계액	11.당기대손금 상계액(27의금액)	12.충당금보충액 (충당금장부잔액)	13.환입할금액 (8-9-10-11-12)	14.회사환입액 (회사기말환입)	15.과소환입·과다환입(△)(13-14)
	9,820,000		600,000	5,999,000	3,821,000	-600,000		-600,000

(4) 조정등록(F3)

조정 등록

익금산입 및 손금불산입			손금산입 및 익금불산입		
과 목	금 액	소득처분	과 목	금 액	소득처분
대손금부인액(외상매출금)	4,000,000	유보발생	전기대손충당금	600,000	유보감소
대손충당금 한도초과	27,000	유보발생			

[2] 대손충당금 및 대손금조정명세서 [회사코드 : 5500.(주)태백]

(1) 대손금조정

회수기일이 6개월 이상 경과하여 대손금으로 인정하는 금액은 거래처별잔액 300,000원이므로 대손요건을 충족하지 못하므로 손금불산입 세무조정하고 부도발생일부터 6개월이 지난 부도어음과 중소기업의 외상매출금 부도금액은 1,000원을 남기고 대손처리하여야 하므로 비망가액은 손금불산입 세무조정 한다.

세무조정 : 〈손금불산입〉 대손금부인액(외상매출금)   501,000(유보발생)
         〈손금불산입〉 대손금부인액(받을어음)   1,000(유보발생)

(2) 대손충당금조정 : 채권잔액

① 상단의 [불러오기(F12)]를 클릭하여 반영한 후 기말 외상매출금 채권잔액 중 당해 사업연도에 소멸시효가 완성되는 채권은 대손금 신고조정사항으로 회계처리 누락분은 손금산입 세무조정하고 "18란"의 당기란에 음수로 입력한다. 또한, 당기 부인액을 가산하여 입력한다.

외상매출금 대손금부인누계액 = △2,500,000원(소멸시효완성) + 501,000원(당기부인) = △1,999,000원

세무조정 : 〈손금산입〉 외상매출금(소멸시효완성)   2,500,000(유보발생)

② 전기 외상매출금 대손금부인액은 당기에 대손요건이 충족되었으므로 손금산입 세무조정을 하며 "18란"에는 입력하지 않는다.

세무조정 : 〈손금산입〉 전기대손금(외상매출금)   5,000,000(유보감소)

③ 받을어음은 당기 대손금부인액(비망가액 1,000원) 반영을 확인하고 충당금설정제외채권인 특수관계인 가지급금(3,000,000원)을 "20란"에 입력한다.

(3) 대손충당금조정 : 익금산입액 및 손금산입액 조정

① 채권잔액은 "21란"에서 자동반영되며 대손설정률은 기본율 "1%"를 적용한다.
② 익금·손금산입액 조정에 대손충당금 내역을 순차적으로 입력하며 전기의 대손충당금 부인액을 "10란"에 입력한다. 그리고 충당금보충액은 "5란"에 입력하여 "12란"에 자동 반영한다.

충당금보충액 = 18,915,000원 − 7,865,000원 = 11,050,000원

③ 회사계상액의 "6.계"의 금액은 장부상 기말대손충당금 잔액(18,915,000원)과 일치하여야 한다.
④ 한도액과 회사계상액의 차이는 "7.한도초과액"에 반영되며 손금불산입 처리하고 전기 부인액은 총액법에 의한 처리로 "15.과다환입"란에 반영되어 손금산입 유보 추인한다.

세무조정 : 〈손금산입〉   전기 대손충당금   2,000,000(유보감소)
         〈손금불산입〉 대손충당금 한도초과   49,980(유보발생)

(4) 조정등록(F3)

익금산입 및 손금불산입			손금산입 및 익금불산입		
과 목	금 액	소득처분	과 목	금 액	소득처분
대손부인액(외상매출금)	501,000	유보발생	외상매출금(소멸시효완성)	2,500,000	유보발생
대손부인액(받을어음)	1,000	유보발생	전기대손금(외상매출금)	5,000,000	유보감소
대손충당금한도초과	49,980	유보발생	전기대손충당금	2,000,000	유보감소

[3] 대손충당금 및 대손금조정명세서 [회사코드 : 5600.(주)강남]

(1) 대손금조정

① 외상매출금과 받을어음에 대한 대손금 회계처리를 [**원장조회(F7)**] 버튼을 클릭하여 조회한 후 입력한다. 받을어음은 전기의 대손충당금 설정액이 충분하지 않아 일부는 당기 비용처리 하였다.

No	월	일	번호	구분	계정과목		거래처		차변	대변	적요	카드등
1	5	16	00001	차변	0111	대손충당금	00602	(주)지저상사	2,000,000		법원 파산선고에 의한 대손	
2	5	16	00001	차변	0835	대손상각비	00602	(주)지저상사	7,000,000		법원 파산선고에 의한 대손	부 1
3	5	16	00001	대변	0110	받을어음	00602	(주)지저상사		9,000,000	법원 파산선고에 의한 대손	

② 소멸시효완성은 신고조정에 해당하므로 요건 충족한 사업연도의 손금에 산입한다. 당기 회계처리 부분은 이월손금에 해당하므로 대손금부인하고 손금불산입 유보 추인한다.

> 세무조정 : 〈손금불산입〉 대손금부인액(외상매출금) 5,000,000(유보감소)

(2) 대손충당금조정 : 채권잔액

① 상단의 [**불러오기(F12)**]를 클릭하여 반영한 후 관련 없는 채권을 삭제(단기대여금 · 미수금 · 선급금)하거나 직접 입력한다.
② 외상매출금 대손금부인누계액에 당기 대손금 부인액(5,000,000원)이 자동반영되며 전기분에 대한 이월손금으로 부인된 부분이므로 **전기란에 음수(-)**로 동일 금액을 입력하여 "**0**"이 되도록 한다.
③ 기말 외상매출금 채권잔액 중 외상매출금과 상계하기로 약정된 금액이 있는 경우 "20란"에 48,000,000원을 입력하여 채권잔액에서 차감한다.
④ 기말 받을어음 채권잔액 중 할인어음은 충당금설정대상 제외채권이므로 "20란"에 3,000,000원을 입력한다.

(3) 대손충당금조정 : 익금산입액 및 손금산입액 조정

① 채권잔액은 "21란"에서 자동반영되며 대손설정률은 "실적률"을 계산 · 비교하여 큰 비율을 선택한다.
② 설정률 : Max 1.2% (㉠ 1%, ㉡ 1.2%)

㉠ 1%

㉡ 대손실적률 = $\dfrac{9{,}000{,}000원}{(755{,}000{,}000원 - 5{,}000{,}000원(소멸시효완성))} \times 100 = 1.2\%$

③ 익금 · 손금산입액 조정에 대손충당금 내역을 순차적으로 입력하며 전기의 대손충당금 부인액을 "10란"에 입력한다. 그리고 충당금보충액은 "5란"에 입력하여 "12란"에 자동반영한다.

> 충당금보충액 = 6,560,000원 - 6,010,000원 = 550,000원

④ 회사계상액의 "6.계"의 금액은 장부상 기말대손충당금 잔액(6,560,000원)과 일치하여야 한다.
⑤ 설정률 증가로 대손충당금 한도초과액은 발생하지 않으며 전기 부인액은 총액법에 의한 처리로 "15.과다환입"란에 반영되어 손금산입 유보추인한다.

> 세무조정 : 〈손금산입〉 전기 대손충당금 50,000(유보감소)

대손금/대손충당금	해외건설자회사										
1 2. 대손금조정											
No	22.일자	23.계정과목	24.채권내역	25.대손사유	26.금액	대손충당금상계액			당기 손비계상액		
						27.계	28.시인액	29.부인액	30.계	31.시인액	32.부인액
1	05.16	받을어음	1.매출채권	1.파산	9,000,000	2,000,000	2,000,000		7,000,000	7,000,000	
2	08.20	외상매출금	1.매출채권	6. 소멸시효완성	5,000,000	5,000,000		5,000,000			
		계			14,000,000	7,000,000	2,000,000	5,000,000	7,000,000	7,000,000	

2 1.대손충당금조정								
채권잔액	No	16.계정과목	17.채권잔액의 장부가액	18.기말현재대손금부인누계		19.합계 (17+18)	20.충당금설정제외채권 (할인,배서,특수채권)	21.채 권 잔 액 (19-20)
				전기	당기			
	1	외상매출금	626,000,000	-5,000,000	5,000,000	626,000,000	48,000,000	578,000,000
	2	받을어음	30,000,000			30,000,000	3,000,000	27,000,000
		계	656,000,000	-5,000,000	5,000,000	656,000,000	51,000,000	605,000,000

손금산입액조정	1.채권잔액 (21의금액)	2.설정률(%) ○기본율 ●실적율 ○적립기준 1.2	3.한도액 (1×2)	회사계상액			7.한도초과액 (6-3)
				4.당기계상액	5.보충액	6.계	
	605,000,000		7,260,000	6,010,000	550,000	6,560,000	

익금산입액조정	8.장부상충당금기초잔액	9.기중충당금환입액	10.충당금부인누계액	11.당기대손금상계액(27의금액)	12.충당금보충액(충당금장부잔액)	13.환입할금액 (8-9-10-11-12)	14.회사환입액(회사기말환입)	15.과소환입·과다환입(△)(13-14)
	7,550,000		50,000	7,000,000	550,000	-50,000		-50,000

(4) 조정등록(F3)

조정 등록					
익금산입 및 손금불산입			손금산입 및 익금불산입		
과 목	금 액	소득처분	과 목	금 액	소득처분
대손금부인액(외상매출금)	5,000,000	유보감소	전기대손충당금	50,000	유보감소

[4] 실무이론 정답 및 해설

	NO	정답	해설
대손금등조정	01	③	■ 신고조정항목 : ③ ■ 결산조정항목 : ①, ②, ④
	02	④	
	03	②	소멸시효 완성분은 소멸시효 완성시점의 대손금으로 신고조정사항이다. 따라서 소멸시효가 완성된 연도에 손금산입하지 아니한 경우에는 다른 사업연도에는 손금으로 산입할 수 없다.
	04	①	■ 파산선고로 회수할 수 없는 채권은 손금계상한 사업연도의 대손금이므로 당기 대손금에 해당한다. ■ 전기에 소멸시효가 완성된 채권은 전기의 대손금이므로 당기에는 대손금으로 인정되지 않는다. ■ 부도발생일부터 6개월이 지난 외상매출금(부도발생일 이전분)은 중소기업만 해당된다.

기업업무추진비조정명세서

[1] 기업업무추진비조정명세서 [회사코드 : 5500.(주)태백]

(1) 기업업무추진비조정명세서(을)

① 상단의 [불러오기(F12)]를 클릭하여 수입금액조정명세서(부산물매각액 포함)와 장부에 계상된 기업업무추진비를 반영하고 수정이 필요한 경우 직접 입력하며 특수관계인간 거래금액을 구분 입력한다.

② 건당 20만원 이하 경조금 기업업무추진비는 법정증빙을 수취하지 않아도 되므로 "⑩란"과 "⑨란"에 반영되지 않고 손금인정 된다.

③ 건당 3만원 초과 기업업무추진비 중 간이영수증을 수취한 금액 650,000원은 "⑯란"에 입력하여야 하므로 반영금액을 확인하고 손금불산입(기타사외유출) 세무조정을 한다.

④ 복리후생비에 계상되어 있는 기업업무추진비는 계정과목과 계정금액을 입력하며 시가와 장부가액의 차이 1,000,000원을 가산한 6,600,000원으로 입력하며 법정증빙을 수취하지 않아도 되므로 "(16)란"만 입력한다.

세무조정 : 〈손금불산입〉 기업업무추진비 중 신용카드미사용   650,000(기타사외유출)

1. 수입금액명세

구 분	1. 일반수입금액	2. 특수관계인간 거래금액	3. 합 계(1+2)
금 액	1,804,480,000	200,000,000	2,004,480,000

2. 기업업무추진비 해당금액

4. 계정과목	합계	기업업무추진비(제조)	기업업무추진비(판관)	복리후생비
5. 계정금액	49,800,000	12,000,000	31,200,000	6,600,000
7. 기업업무추진비해당금액(5-6)	49,800,000	12,000,000	31,200,000	6,600,000
16. 총 초과금액	48,771,120	11,200,000	30,971,120	6,600,000
17. 신용카드 등 미사용 부인액	650,000		650,000	
18. 기업업무추진비 부인액(6+17)	650,000		650,000	

(2) 기업업무추진비조정명세서(갑)

세무조정 : 〈손금불산입〉 기업업무추진비 한도초과액 7,676,560(기타사외유출)

[기업업무추진비 한도초과액 조정 표 - 한도액 41,473,440, 한도초과액 7,676,560]

(3) 조정등록(F3)

익금산입 및 손금불산입			손금산입 및 익금불산입		
과 목	금 액	소득처분	과 목	금 액	소득처분
기업업무추진비 중 신용카드 미사용	650,000	기타사외유출			
기업업무추진비 한도초과액	7,676,560	기타사외유출			

[2] 기업업무추진비조정명세서 [회사코드 : 5400.(주)대성]

(1) 기업업무추진비조정명세서(을)

① 상단의 [불러오기(F12)]를 클릭하여 수입금액조정명세서와 장부에 계상된 기업업무추진비를 반영한다.
② 수입금액은 기업회계기준상의 매출액(부산물, 작업폐물 매출액은 포함, 매출에누리 등은 차감)에 누락된 매출액을 가산하여야 한다. 세무조정에 의해 가산과 차감란에 입력한 금액이 반영된 조정후수입금액(3,199,749,000원)을 "③합계"에 입력한다.

③ 기업업무추진비(판관비) 중 대표이사 개인사용경비는 "⑥란"에 추가 입력(손금불산입)하고 3만원 초과 법인카드를 사용하였으므로 "(16)총 초과금액"에서는 차감한다.

> 26,237,900원 = 28,656,280원 − 270,000원(개인경비) − 2,148,380원(3만원 이하 기업업무추진비)

④ 건당 3만원 이하 기업업무추진비는 법정증빙 수취의무가 없으므로 손금인정되고 "⑧란"의 분모자리에도 입력하지 않는다.
⑤ 건당 3만원 초과 기업업무추진비 개인신용카드 사용액은 "⑮란"에 입력하여야 하므로 반영금액을 확인하고 손금불산입 세무조정을 한다.
⑥ 광고선전비에 계상되어 있는 문화기업업무추진비는 계정과목과 계정금액을 입력하며 3만원 초과 신용카드 사용금액이므로 "(16)란"에만 입력하고, [2.기업업무추진비 조정(갑)] TAB의 "⑨문화기업업무추진비 지출액"에 추가 입력한다.

> 세무조정 : 〈손금불산입〉 기업업무추진비 중 사적경비(대표이사) 270,000(상여)
> 　　　　　 〈손금불산입〉 기업업무추진비 중 신용카드미사용 1,500,000(기타사외유출)

(2) 기업업무추진비조정명세서(갑)

> 세무조정 : 〈손금불산입〉 기업업무추진비 한도초과액 3,543,633(기타사외유출)

(3) 조정등록(F3)

조정 등록						
익금산입 및 손금불산입			손금산입 및 익금불산입			
과 목	금 액	소득처분	과 목	금 액	소득처분	
기업업무추진비 중 사적경비(대표이사)	270,000	상여				
기업업무추진비 중 신용카드 미사용	1,500,000	기타사외유출				
기업업무추진비 한도초과액	3,543,633	기타사외유출				

[3] 실무이론 정답 및 해설

NO	정답	해설
접대비조정 01	④	기업업무추진비의 손금 귀속시기는 접대행위가 일어난 사업연도에 속한다. 따라서 접대행위가 일어났으나 아직 미지급된 금액도 그 사업연도의 기업업무추진비로 인정한다.
02	②	약정에 따라 채권의 일부 또는 전부를 포기하는 경우 해당 금액을 기업업무추진비 또는 기부금으로 본다.
03	③	36,000,000원 × 5개월/12개월 = 15,000,000원
04	④	복수 사업장을 가진 사업자의 소득금액 계산시 각 사업장별 한도 미달액과 초과액은 통산하지 않는다.

재고자산(유가증권)평가조정명세서

[1] 재고자산(유가증권)평가조정명세서 [회사코드 : 5200.(주)성공]

① 재고자산 평가방법 검토란에 자산별로 신고방법(무신고), 평가방법(후입선출법), 적부(0.부)를 입력한다.
② 재고자산의 평가방법을 무신고한 경우 세법상 선입선출법에 의해 평가 세무조정 하며 세법상신고방법란은 입력하지 않는다. 품명, 단위, 수량, 단가가 주어진 경우 입력하여 금액을 계산한다.

1. 재고자산 평가방법 검토					
1.자산별	2.신고일	3.신고방법	4.평가방법	5.적부	6.비고
제품 및 상품		00:무신고	03:후입선출법	×	
반제품및재공품					
원 재 료		00:무신고	03:후입선출법	×	
저 장 품					
유가증권(채권)					
유가증권(기타)					

2. 평가조정 계산											
No	7.과목		8.품명	10.단위	11.수량	회사계산(장부가)		조정계산금액			18.조정액
	코드	과목명				12.단가	13.금액	세법상신고방법		FIFO(무신고, 임의변경시)	
								14.단가	15.금액	16.단가	17.금액	
1	0153	원재료	A	개	20,000.0000	10,000.0000	200,000,000			12,000.0000	240,000,000	40,000,000
2	0150	제품	B	개	42,500.0000	20,000.0000	850,000,000			27,000.0000	1,147,500,000	297,500,000
				계			1,050,000,000				1,387,500,000	337,500,000

③ 조정등록(F3) : 당기의 조정액 및 전기 유보처분에 대하여 당기에 무조건 반대조정에 의해 추인한다.

세무조정 : 〈익금산입〉 재고자산평가감(원재료) 40,000,000(유보발생)
〈익금산입〉 재고자산평가감(제품) 297,500,000(유보발생)
〈손금산입〉 전기 재고자산평가감(제품) 3,000,000(유보감소)

[2] 재고자산(유가증권)평가조정명세서 [회사코드 : 5400.(주)대성]

① 제품은 신고방법(총평균법 비교에 의한 저가법)에 의하여 평가하였으므로 조정액은 발생하지 않는다.
② 재공품은 무신고 하였으므로 선입선출법에 의한 평가액과 장부상평가액의 차이를 조정한다.
③ 원재료는 신고방법(총평균법 비교에 의한 저가법)이 아닌 방법(총평균법)으로 평가하였으므로 Max(선입선출법, 총평균법 비교에 의한 저가법)과 장부상평가액의 차이를 조정한다.

1. 재고자산 평가방법 검토

1.자산별	2.신고일	3.신고방법	4.평가방법	5.적부	6.비고
제품 및 상품	2008-03-31	74:저가법,총평균법	74:저가법,총평균법	○	
반제품및재공품		00:무신고	74:저가법,총평균법	×	
원재료	2008-03-31	74:저가법,총평균법	04:총평균법	×	
저장품					
유가증권(채권)					
유가증권(기타)					

2. 평가조정 계산

| No | 7.과목 | | 8.품명 | 9.규격 | 10.단위 | 11.수량 | 회사계산(장부가) | | 조정계산금액 | | | | 18.조정액 |
| | 코드 | 과목명 | | | | | 12.단가 | 13.금액 | 세법상신고방법 | | FIFO(무신고,임의변경시) | | |
									14.단가	15.금액	16.단가	17.금액	
1	0150	제품						30,500,000		30,500,000			
2	0169	재공품						7,100,000				7,600,000	500,000
3	0153	원재료						8,100,000		8,000,000		8,300,000	200,000
						계		45,700,000		38,500,000		15,900,000	700,000

④ 조정등록(F3)

세무조정 : 〈익금산입〉 재고자산평가감(재공품) 500,000(유보발생)
　　　　　〈익금산입〉 재고자산평가감(원재료) 200,000(유보발생)

[3] 실무이론 정답 및 해설

NO		정답	해설
재고자산조정	01	③	①, ②, ④는 감액사유가 발생한 날이 속하는 사업연도에만 결산조정으로 평가손실을 손금으로 인정하는 경우이다.
	02	③	당초 신고한 평가방법에 의한 평가금액과 무신고시의 평가방법에 의한 평가금액 중 큰 금액으로 평가한다.
	03	③	수익사업을 새로 개시한 비영리내국법인은 수익사업개시일이 속하는 사업연도의 법인세과세표준의 신고기한까지 재고자산의 평가방법을 신고하여야 한다.
	04	②	감가상각방법의 변경은 승인이 필요하나 재고자산평가방법 변경은 필요로 하지 아니하다.
	05	④	재고자산평가방법을 기한후에 변경신고 하였으므로 9기부터 변경된다. 따라서 임의평가이므로 제8기는 MAX(선입선출법, 이동평균법), 제9기는 변경 신고한 방법인 총평균법을 적용한다.

세금과공과금명세서

[1] 세금과공과금명세서 [회사코드 : 5300.(주)기원]

① 상단의 [불러오기(F12)]를 클릭하여 계정별 원장 데이터를 반영한다. [불산입만표기(F6)]를 클릭하여 손금불산입표시란에서 불산입항목에만 "1:손금불산입"을 선택한다.

	코드	계정과목	월	일	거래내용	코드	지급처	금 액	손금불산입표시
□	0817	세금과공과금	1	28	자동차세			840,000	
□	0817	세금과공과금	2	26	주민세(종업원분)			1,600,000	
□	0817	세금과공과금	4	7	사업과 관련없는 불공제매입세액			630,000	손금불산입
□	0817	세금과공과금	4	30	법인세분 지방소득세			1,900,000	손금불산입
□	0817	세금과공과금	5	4	주무관청에 등록된 협회에 납부하는 협회비			750,000	
□	0817	세금과공과금	6	30	간주임대료에 대한 부가가치세			950,000	
□	0817	세금과공과금	7	20	국민연금회사부담금납부			5,000,000	
□	0817	세금과공과금	7	25	화물차 취득세			1,600,000	
□	0817	세금과공과금	8	20	대표이사 비상장주식의 매각 증권거래세			3,000,000	손금불산입
□	0817	세금과공과금	8	27	업무상 주차위반 과태료			120,000	손금불산입
□	0817	세금과공과금	9	30	산재보험 연체료			200,000	
□	0817	세금과공과금	10	10	지급조서미제출가산세			2,000,000	손금불산입
□	0817	세금과공과금	12	1	토지취득관련 취득세			5,000,000	손금불산입
					손 금 불 산 입 계			12,650,000	
					합 계			23,590,000	

② 조정등록(F3)

화물차 취득세는 그 금액을 자산의 취득원가에 가산하여야 하므로 비용으로 처리한 경우 즉시 감가상각한 것으로 보아(즉시상각의제) 감가상각 시부인 계산하므로 별도의 세무조정을 하지 않는다.

세무조정 : 〈손금불산입〉 사업과 관련없는 불공제매입세액   630,000(기타사외유출)
          〈손금불산입〉 법인세분 지방소득세   1,900,000(기타사외유출)
          〈손금불산입〉 대표이사 비상장주식의 매각 증권거래세 3,000,000(상여)
          〈손금불산입〉 업무상 주차위반 과태료   120,000(기타사외유출)
          〈손금불산입〉 지급조서미제출가산세   2,000,000(기타사외유출)
          〈손금불산입〉 토지취득관련 취득세   5,000,000(유보발생)

[2] 세금과공과금명세서 [회사코드 : 5500.(주)기원]

① 상단의 [불러오기(F12)]를 클릭하여 계정별 원장 데이터를 반영한다. [불산입만표기(F6)]를 클릭하여 손금불산입표시란에서 불산입항목에만 "1:손금불산입"을 선택한다.

코드	계정과목	월	일	거래내용	코드	지급처	금액	손금불산입표시
0817	세금과공과금	1	4	토지개발부담금			2,100,000	손금불산입
0817	세금과공과금	1	20	업무용승용차 자동차세 납부			870,000	
0517	세금과공과금	1	30	공장에 대한 재산세			840,000	
0817	세금과공과금	3	31	법인세에 대한 농특세납부			360,000	손금불산입
0817	세금과공과금	4	7	회사명의 업무무관자산 취득관련 매입세액			630,000	손금불산입
0817	세금과공과금	7	20	법인균등분 주민세			62,500	
0817	세금과공과금	10	15	업무자산에 대한 재산세납부			920,000	
0817	세금과공과금	10	17	폐수배출부담금			810,000	손금불산입
0817	세금과공과금	11	20	업무상 주정차위반 과태료			400,000	손금불산입
				손 금 불 산 입 계			4,300,000	
				합 계			6,992,500	

② 조정등록(F3)

토지개발부담금과 회사명의 업무무관자산 관련 매입세액은 취득원가에 가산하여야 한다.

세무조정 : 〈손금불산입〉 토지개발부담금   2,100,000(유보발생)
          〈손금불산입〉 법인세에 대한 농특세납부   360,000(기타사외유출)
          〈손금불산입〉 회사명의 업무무관자산 취득관련 매입세액 630,000(유보발생)
          〈손금불산입〉 폐수배출부담금   810,000(기타사외유출)
          〈손금불산입〉 업무상 주정차위반 과태료   400,000(기타사외유출)

[3] 실무이론 정답 및 해설

NO		정답	해설
세금과공과	01	③	㉠와 ㉣는 손금불산입 항목에 해당하며 국가등에 납부하므로 기타사외유출 처분한다.
	02	③	법령에 따라 의무적으로 납부하는 환경개선부담금, 교통유발부담금 등의 공과금은 손금으로 산입한다.

선급비용명세서

[1] 선급비용명세서 [회사코드 : 5100.(주)배움]

	계정구분	거래내용	거래처	대상기간		지급액	선급비용	회사계상액	조정대상금액
				시작일	종료일				
	선급 보험료	공장 화재보험료	대한화재보험(주)	2025-01-31	2026-06-30	1,200,000	420,930		420,930
	선급 보험료	손해보상보험료	대한화재보험(주)	2025-07-01	2028-06-30	3,000,000	2,496,350		2,496,350
	선급 보험료	이행보증보험료	서울신용보증기금	2025-08-08	2025-09-22	250,000			
	선급 보험료	생산부 자동차보험료	대한화재보험(주)	2025-10-25	2026-10-25	1,300,000	1,058,469		1,058,469
			합 계			5,750,000	3,975,749		3,975,749

세무조정 : 〈손금불산입〉 선급비용(공장화재보험료)   420,930(유보발생)
          〈손금불산입〉 선급비용(손해보상보험료)   2,496,350(유보발생)
          〈손금불산입〉 선급비용(생산부자동차보험료) 1,058,469(유보발생)

[2] 선급비용명세서 [회사코드 : 5400.(주)대성]

- 전기분 보험료 당기 경과분 유보추인액 = 1,500,000원 × 12개월 / 20개월 = 900,000원

계정구분	거래내용	거래처	대상기간 시작일	대상기간 종료일	지급액	선급비용	회사계상액	조정대상금액
선급 보험료	화재보험료	경복화재	2025-04-01	2026-03-31	1,800,000	443,835		443,835
선급 보험료	화재보험료	무일화재	2025-07-01	2026-06-30	2,800,000	1,388,493	500,000	888,493
		합 계			4,600,000	1,832,328	500,000	1,332,328

세무조정 : 〈손금불산입〉 선급비용(화재보험료)   443,835(유보발생)
　　　　　〈손금불산입〉 선급비용(화재보험료)   888,493(유보발생)
　　　　　〈손금산입〉   전기선급비용   900,000(유보감소)

가지급금등의 인정이자조정명세서

[1] 가지급금등의 인정이자조정명세서 [회사코드 : 5100.(주)배움]

(1) 가지급금, 가수금 입력

① 상단의 [연일수변경(F11)]을 클릭하여 연일수를 확인하며 윤년의 경우 반드시 변경하여야 한다.
② 상단의 [이자율선택]을 클릭하여 "[1] 당좌대출이자율로 계산"을 선택한다.
③ [가지급금, 가수금 선택]란에서 "1.가지급금"을 선택하고 상단의 [회계데이타불러오기]를 클릭하여 직책(대표이사), 성명(김장수), 계정과목(134.가지급금)을 입력하고 적요번호는 1번과 4번을 입력하여 회계전표를 반영한다. 가수금도 동일한 방법으로 반영하며 동일인에 대한 가지급금과 가수금이 함께 있는 경우에는 별도의 약정이 없는 경우 상계한다.
④ 상단의 [선택사업연도(CF8)]을 클릭하여 '2025-01-01 ~ 2025-12-31'을 입력한다.

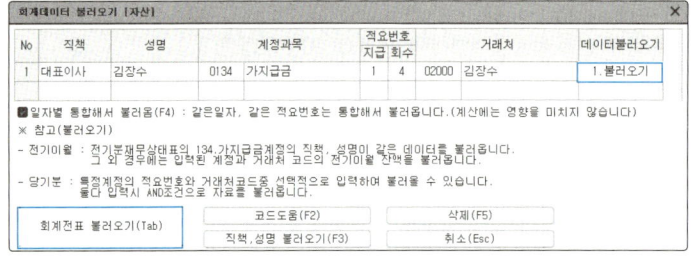
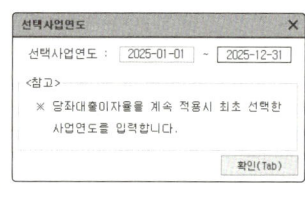

[가지급금 내역]

[가수금 내역]

(2) 차입금입력
　　당좌대출이자율을 적용하므로 입력하지 않는다.

(3) 인정이자계산 : (을)지

인명별 가지급금과 가수금 적수, 차감적수가 반영된다.

No	직책	성명	No	월일	적요	차변	대변	잔액	일수	가지급금적수	가수금적수	차감적수
1	대표이사	김장수	1	1 1	1.전기이월	47,000,000		47,000,000	41	1,927,000,000		
			2	2 11	2.대여	18,000,000		65,000,000	271	17,615,000,000		
			3	11 9	3.회수		22,000,000	43,000,000	53	2,279,000,000		
					합 계	65,000,000	22,000,000	43,000,000	365	21,821,000,000	2,327,000,000	19,494,000,000

(4) 인정이자계산 : (갑)지

① 당좌대출이자율 "4.6%"이 적용되어 인정이자가 계산되며 결산서에 계상된 인정이자는 없으므로 "회사계상액"에 입력할 금액은 없다.

② 법인세법에 따라 계산된 인정이자인 "조정액"란의 금액을 익금산입 세무조정한다.

세무조정 : 〈익금산입〉 가지급금 인정이자 2,456,778(상여)

No	10.성명	11.가지급금적수	12.가수금적수	13.차감적수(11-12)	14.이자율(%)	15.인정이자(13X14)	16.회사계상액	시가인정범위 17.차액(15-16)	18.비율(%)	19.조정액(=17) 17>=3억,18>=5%
1	김장수	21,821,000,000	2,327,000,000	19,494,000,000	4.60	2,456,778		2,456,778	100.00000	2,456,778
	합 계	21,821,000,000	2,327,000,000	19,494,000,000		2,456,778		2,456,778		2,456,778

(5) 조정등록(F3)

익금산입 및 손금불산입			손금산입 및 익금불산입		
과 목	금 액	소득처분	과 목	금 액	소득처분
가지급금 인정이자	2,456,778	상여			

[2] 가지급금등의 인정이자조정명세서 [회사코드 : 5200.(주)성공]

(1) 가지급금, 가수금 입력

① 상단의 [이자율선택]을 클릭하여 "[2] 가중평균차입이자율로 계산"을 선택한다.

② [가지급금, 가수금 선택]란에서 "1.가지급금"을 선택하고 상단의 [회계데이타불러오기]를 클릭하여 직책, 성명, 계정과목을 입력하고 적요번호는 대표이사는 1번과 4번, 관계회사는 2번과 5번을 입력하여 회계전표를 반영한다.

No	직책	성명	계정과목	적요번호 지급	적요번호 회수	거래처		데이터불러오기
1	대표이사	서동연	0134 가지급금	1	4	01000	서동연	1.불러오기
2	관계회사	(주)혜성	0134 가지급금	2	5	01100	(주)혜성	1.불러오기

③ 대표이사와 관계회사의 가지급금 내역이 자동반영 되며 직접 입력하여도 무방하다.

[대표이사 서동연의 가지급금 내역]

No	직책	성명	No	적요	년월일	차변	대변	잔액	일수	적수
1	대표이사	서동연	1	1.전기이월	2025 1 1	100,000,000		100,000,000	365	36,500,000,000
2	관계회사	(주)혜성								
3				합 계		100,000,000		100,000,000	365	36,500,000,000

[관계회사 (주)혜성의 가지급금 내역]

No	직책	성명	No	적요	년월일	차변	대변	잔액	일수	적수
1	대표이사	서동연	1	2.대여	2025 7 1	50,000,000		50,000,000	184	9,200,000,000
2	관계회사	(주)혜성								
3				합 계		50,000,000		50,000,000	184	9,200,000,000

(2) 차입금입력

거래처명란에서 코드도움(F2)을 클릭하여 신한은행을 입력하면 "차입금과 관련된 계정과목 선택" 화면에 해당 계정과목을 확인하고 회계데이터를 반영한다. 전기이월액 80,000,000원이 반영되며 주어진 내역으로 수정한다.

No	거래처명	No	적요	연월일	차변	대변	이자대상금액	이자율 %	이자
1	신한은행	1	1.전기이월	2025 1 1		10,000,000	10,000,000	14.00000	1,400,000
2		2	1.전기이월	2025 1 1		20,000,000	20,000,000	10.00000	2,000,000
		3	1.전기이월	2025 1 1		50,000,000	50,000,000	7.25000	3,625,000
			합 계			80,000,000	80,000,000		7,025,000

(3) 인정이자계산 : (을)지

세부담최소화를 가정하였으므로 가중평균차입이자율(8.78125%)과 당좌대출이자율(4.6%)을 비교한다. 가중평균차입이자율이 높으므로 **[이자율선택 : [1] 당좌대출이자율로 계산]로 변경하여 재계산**한다. 상단의 [선택사업연도] 버튼을 클릭하여 "2025-01-01 ~ 2025-12-31"을 입력한다.

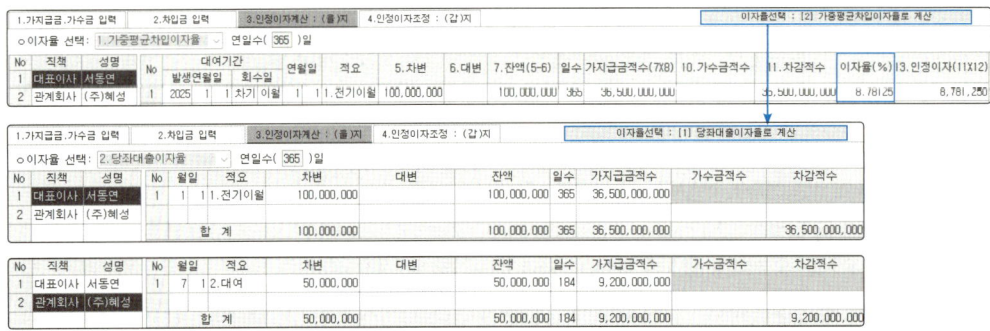

(4) 인정이자계산 : (갑)지

① 인명별로 인정이자가 자동반영 되며, 관계회사 (주)혜성의 약정이자를 "회사계상액"란에 750,000원을 입력한다.
② "조정액"란의 금액을 익금산입 세무조정하며 관계회사 (주)혜성은 최대주주이나 법인에 귀속되는 소득이므로 "기타사외유출"로 소득처분 한다.

세무조정 : 〈익금산입〉 가지급금 인정이자(서동연)   4,600,000(상여)
〈익금산입〉 가지급금 인정이자((주)혜성)   409,452(기타사외유출)

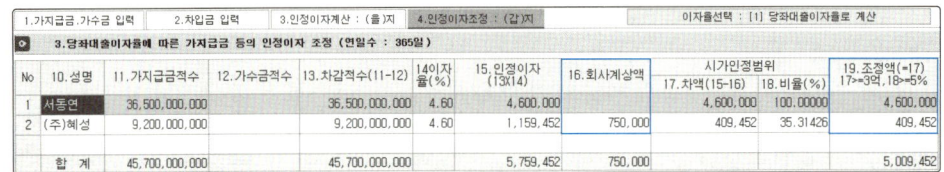

(5) 조정등록(F3)

조정 등록						
익금산입 및 손금불산입			손금산입 및 익금불산입			
과 목	금 액	소득처분	과 목	금 액	소득처분	
가지급금 인정이자(서동연)	4,600,000	상여				
가지급금 인정이자((주)혜성)	409,452	기타사외유출				

[3] 가지급금등의 인정이자조정명세서 [회사코드 : 5300.(주)기원]

(1) 가지급금, 가수금 입력

① 상단의 [이자율선택]을 클릭하여 "[2] 가중평균차입이자율로 계산"을 선택한다.
② [가지급금, 가수금 선택]란에서 "1.가지급금"을 선택하고 상단의 [회계데이타불러오기]를 클릭하여 직책, 성명, 계정과목을 입력하고 적요번호는 대표이사는 1번과 4번, 등기이사는 2번과 5번을 입력하여 회계전표를 반영한다.

③ 대표이사와 등기이사의 가지급금 내역이 자동반영 되며 직접 입력하여도 무방하다. 영업부대리 박민의 급여 가불금은 가지급금에 해당하지 않으므로 입력하지 않는다.

[대표이사 장길산의 가지급금 내역]

[등기이사 김이사의 가지급금 내역]

(2) 차입금입력

거래처명란에서 코드도움(F2)을 클릭하여 은행을 입력하면 "차입금과 관련된 계정과목 선택" 화면에 해당 계정과목을 확인하고 회계데이터를 반영하고 이자율을 입력한다. (특수관계자 차입금 제외)

[하나은행 차입금 내역]

[우리은행 차입금 내역]

(3) 인정이자계산 : (을)지

인명별 가지급금 인정이자가 자동으로 계산되며 가중평균차입이자율 계산 근거를 확인하고자 하는 경우 "이자율"란에서 코드도움(F2)을 클릭하여 확인이 가능하다.

[대표이사 장길산의 인정이자]

No	대여기간 발생연월일	회수일	연월일	적요	5.차변	6.대변	7.잔액(5-6)	일수	가지급금적수(7X8)	10.가수금적수	11.차감적수	이자율(%)	13.인정이자(11X12)
1	2025 5 27	차기 이월	5 27	2.대여	97,500,000		97,500,000	219	21,352,500,000		21,352,500,000	17.60000	10,296,000
	합 계				97,500,000		97,500,000		21,352,500,000		21,352,500,000		10,296,000

[등기이사 김이사의 인정이자]

No	대여기간 발생연월일	회수일	연월일	적요	5.차변	6.대변	7.잔액(5-6)	일수	가지급금적수(7X8)	10.가수금적수	11.차감적수	이자율(%)	13.인정이자(11X12)
1	2025 6 27	차기 이월	6 27	2.대여	16,250,000		16,250,000	188	3,055,000,000		3,055,000,000	17.60000	1,473,095
	합 계				16,250,000		16,250,000		3,055,000,000		3,055,000,000		1,473,095

(4) 인정이자계산 : (갑)지

인명별로 인정이자가 자동반영 되며, 약정이자를 "회사계상액"란에 각각 입력한다. 등기이사 김이사는 약정이자가 인정이자보다 크므로 조정액은 없다.

세무조정 : 〈익금산입〉 가지급금 인정이자(장길산) 4,446,000(상여)

No	1.성명	2.가지급금적수	3.가수금적수	4.차감적수(2-3)	5.인정이자	6.회사계상액	시가인정범위 7.차액(5-6)	8.비율(%)	9.조정액(=7) 7>=3억,8>=5%
1	장길산	21,352,500,000		21,352,500,000	10,296,000	5,850,000	4,446,000	43.18181	4,446,000
2	김이사	3,055,000,000		3,055,000,000	1,473,095	1,750,000	-276,905		
	합 계	24,407,500,000		24,407,500,000	11,769,095	7,600,000			4,446,000

(5) 조정등록(F3)

익금산입 및 손금불산입			손금산입 및 익금불산입		
과 목	금 액	소득처분	과 목	금 액	소득처분
가지급금 인정이자	4,446,000	상여			

[4] 실무이론 정답 및 해설

	NO	정답	해설
부당행위계산부인	01	④	부당행위 판단시기는 거래당시의 특수관계자와의 거래여부로 판단한다.
	02	③	법인세법상 부당행위계산의 부인규정은 내국법인과 외국법인, 영리법인과 비영리법인을 구분하지 아니하고 모든 법인이 그 적용을 받는다.
	03	④	부당행위계산부인의 규정은 특수관계자와의 거래에 한하여 적용한다.
	04	②	중소기업의 직원에게 주택자금을 무상으로 대여한 경우에는 가지급금 인정이자 계산대상이 아니며 비중소기업의 임원 등에게 제공한 경우는 가지급금 인정이자 계산대상이다.
	05	②	업무무관가지급금은 대손금 부인 및 대손충당금 설정 채권에서 제외한다.

건설자금이자조정명세서

[1] 건설자금이자조정명세서 [회사코드 : 5400.(주)대성]

(1) 건설자금이자계산 명세

① 차입금액은 운영자금에 사용한 금액을 차감한 금액(1,200,000,000원)을 입력한다.
② 차입금에 대한 지급이자 = 1,200,000,000원 × 5% × 275일/365일 = 45,205,479원
③ 지급이자 입력시 건설자금의 일시예입으로 인하여 발생한 이자수익이 있는 경우 차감하여 입력한다.
　　지급이자 = 이자비용 45,205,479원 - 1,500,000원 = 43,705,479원
④ 대상금액(건설자금이자) = 43,705,479원 × 245일 / 275일 = 38,937,608원

No	⑤건설 자산명	⑥대출 기관명	⑦차입일	⑧차입금액	⑨이자율	⑩지급이자 (일시이자수익차감)	⑪준공일 (또는 예정일)	⑫대상일수 (공사일수)	⑬대상금액 (건설이자)
1	천안 본사신축	대한은행	2025-04-01	1,200,000,000	5.000	43,705,479	2026-12-31	245	38,937,608
	합 계			1,200,000,000		43,705,479			38,937,608

(2) 건설자금이자계산 조정

① 준공일이 2025년 12월 31일이므로 현재 건설중인 자산에 해당한다. "⑬대상금액"을 건설중인자산분의 "①건설자금이자"란에 금액을 입력한다.
② 장부에 자산(건설가계정)으로 계상한 금액은 없으므로 "②회사계상액"은 입력할 금액이 없다.
③ "④차감조정액"란의 금액을 손금불산입 세무조정 한다.

> 세무조정 : 〈손금불산입〉 건설자금이자   38,937,608(유보발생)

구 분	① 건설자금이자	② 회사계상액	③ 상각대상자산분	④ 차감조정액(①-②-③)
건설완료자산분				
건설중인자산분	38,937,608			38,937,608
계	38,937,608			38,937,608

(3) 조정등록(F3)

익금산입 및 손금불산입			손금산입 및 익금불산입		
과 목	금 액	소득처분	과 목	금 액	소득처분
건설자금이자	38,937,608	유보발생			

[2] 건설자금이자조정명세서 [회사코드 : 5300.(주)기원]

(1) 건설자금이자계산 명세

① 건설에 사용한 차입금, 이자율, 지급이자, 준공일, 대상일수, 대상금액(건설이자)을 입력한다.
② 대상금액(건설자금이자) = 29,150,684원 × 273일 / 304일 = 26,178,081원

(2) 건설자금이자계산 조정

① 준공예정일(2025.09.30.)에 준공이 완료되었으므로 **현재 건설완료 자산에 해당**한다. "⑬대상금액"을 건설완료자산분의 "①건설자금이자"란에 금액을 입력한다.
② 장부에 자산으로 계상한 금액은 없으므로 "②회사계상액"은 입력할 금액이 없다.
③ 당기 완성 건물로 사용을 시작하였고 감가상각자산에 해당하므로 "③상각대상자산분"란에 입력하고 건물에 대한 **당기 감가상각비(즉시상각의제)로 보아 감가상각 시부인액을 계산하여 한도초과분에 대한 소득처분을 진행**한다. 그러므로 건설자금이자에 대한 소득처분은 없다.

> 세무조정 : 감가상각 시부인액에 대한 조정으로 소득처분 **없음**

2. 특정차입금 건설자금이자계산 명세

No	⑤건설 자산명	⑥대출 기관명	⑦차입일	⑧차입금액	⑨이자율	⑩지급이자 (일시이자수익차감)	⑪준공일 (또는 예정일)	⑫대상일수 (공사일수)	⑬대상금액 (건설이자)
1	도원2공장	교통은행	2024-07-01	1,000,000,000	3.500	29,150,684	2025-09-30	273	26,178,081
	합 계			1,000,000,000		29,150,684			26,178,081

3. 1. 건설자금이자계산 조정

구 분	① 건설자금이자	② 회사계상액	③ 상각대상자산분	④ 차감조정액(①-②-③)
건설완료자산분	26,178,081		26,178,081	
건설중인자산분				
계	26,178,081		26,178,081	

업무무관부동산등에 관련한 차입금이자조정명세서

[1] 업무무관부동산등에 관련한 차입금조정명세서 [회사코드 : 5100.(주)배움]

(1) 적수입력(을)

① 비품으로 처리한 서화는 환경미화목적으로 구입하였다고 하여도 기준 금액(10,000,000원)을 초과하므로 업무 자산으로 분류할 수 없으며 지문에 세법상 업무무관동산에 해당한다고 되어있다.

[1.적수입력(을)] [2.지급이자 손금불산입(갑)]

[1.업무무관부동산] [**2.업무무관동산**] [3.가지급금] [4.가수금] [5.그밖의] [불러오기] [적요수정]

No	①월일	②적요	③차변	④대변	⑤잔액	⑥일수	⑦적수
1	7 1	취 득	200,000,000		200,000,000	184	36,800,000,000
	합 계		200,000,000			184	36,800,000,000

② 업무무관 가지급금은 동일인에 대하여 가수금이 있는 경우 별도의 약정이 없는 경우 상계할 수 있다. 또한 [가지급금등인정이자조정명세서]에 입력한 자료를 반영하고자 하는 경우 오른쪽의 [불러오기] 버튼을 클릭하면 된다.

[1.업무무관부동산] [2.업무무관동산] [**3.가지급금**] [4.가수금] [5.그밖의] [불러오기] [적요수정]

No	①월일	②적요	③차변	④대변	⑤잔액	⑥일수	⑦적수
1	1 1	전기이월	47,000,000		47,000,000	41	1,927,000,000
2	2 11	지 급	18,000,000		65,000,000	271	17,615,000,000
3	11 9	회 수		22,000,000	43,000,000	53	2,279,000,000
	합 계		65,000,000	22,000,000		365	21,821,000,000

[1.업무무관부동산] [2.업무무관동산] [3.가지급금] [**4.가수금**] [5.그밖의]

No	①월일	②적요	③차변	④대변	⑤잔액	⑥일수	⑦적수
1	7 6	가 수		13,000,000	13,000,000	179	2,327,000,000
	합 계			13,000,000		179	2,327,000,000

(2) 지급이자 손금불산입(갑)

금융어음할인료는 지급이자에 포함하므로 입력하여 손금불산입 지급이자를 계산한다.

[1.적수입력(을)] [**2.지급이자 손금불산입(갑)**]

2 1.업무무관부동산 등에 관련한 차입금 지급이자

①지급 이자	적 수				⑥차입금 (=⑲)	⑦ ⑤와 ⑥중 적은 금액	⑧손금불산입 지급이자 (①×⑦÷⑥)
	②업무무관 부동산	③업무무관 동산	④가지급금 등	⑤계(②+③+④)			
13,075,000		36,800,000,000	19,494,000,000	56,294,000,000	62,551,875,000	56,294,000,000	11,766,938

1 2. 지급이자 및 차입금 적수 계산 [연이율 일수 현재: 365일]

이자율 계산 [단수차이조정] [연일수]

No	(9)이자율(%)	(10)지급이자	(11)차입금적수	(12)채권자불분명 사채이자		(15)건설 자금 이자 국조법 14조에 따른 이자		차 감	
				(13)지급이자	(14)차입금적수	(16)지급이자	(17)차입금적수	(18)지급이자 (10-13-16)	(19)차입금적수 (11-14-17)
1	4.00000	635,000	5,794,375,000					635,000	5,794,375,000
2	5.00000	3,000,000	21,900,000,000	3,000,000	21,900,000,000				
3	8.00000	12,440,000	56,757,500,000					12,440,000	56,757,500,000
	합계	16,075,000	84,451,875,000	3,000,000	21,900,000,000			13,075,000	62,551,875,000

세무조정 : 〈손금불산입〉 채권자불분명사채이자 3,000,000(상여)
　　　　　〈손금불산입〉 업무무관자산지급이자 11,766,938(기타사외유출)

(3) 조정등록(F3)

익금산입 및 손금불산입			손금산입 및 익금불산입		
과 목	금 액	소득처분	과 목	금 액	소득처분
채권자불분명사채이자	3,000,000	상여			
업무무관자산지급이자	11,766,938	기타사외유출			

[2] 업무무관부동산등에 관련한 차입금조정명세서 [회사코드 : 5200.(주)성공]

(1) 적수입력(을)

① 업무무관부동산의 적수 계산시 취득가액은 취득당시 납부한 취득세를 포함한 금액으로 계산한다. 다만, 취득원가에 가산해야 하는 금액을 당기 비용(세금과공과)으로 처리한 금액은 손금불산입하고 유보처분 한다.

세무조정 : 〈손금불산입〉 세금과공과(토지) 2,000,000(유보발생)

No	①월일	②적요	③차변	④대변	⑤잔액	⑥일수	⑦적수
1	9 1	취 득	52,000,000		52,000,000	122	6,344,000,000

② 가지급금 입력 시 인명별로 작성하는 것은 아니므로 일자별로 순차적으로 입력한다.

No	①월일	②적요	③차변	④대변	⑤잔액	⑥일수	⑦적수
1	1 1	전기이월	100,000,000		100,000,000	181	18,100,000,000
2	7 1	지 급	50,000,000		150,000,000	184	27,600,000,000
		합 계	150,000,000			365	45,700,000,000

(2) 지급이자 손금불산입(갑)

결산서에 계상된 미지급이자는 손금으로 인정되며 지급이자에도 포함되므로 입력하여 지급이자 손금불산입 지급이자를 계산한다.

세무조정 : 〈손금불산입〉 업무무관자산지급이자 7,025,000(기타사외유출)

2 1.업무무관부동산 등에 관련한 차입금 지급이자

①지급이자	적 수				⑥차입금 (=19)	⑦ ⑤와 ⑥중 적은 금액	⑧손금불산입 지급이자 (①×⑦÷⑤)
	②업무무관 부동산	③업무무관 동산	④가지급금 등	⑤계(②+③+④)			
7,025,000	6,344,000,000		45,700,000,000	52,044,000,000	29,199,999,999	29,199,999,999	7,025,000

1 2. 지급이자 및 차입금 적수 계산 [연이율 일수 현재: 365일]

No	(9)이자율(%)	(10)지급이자	(11)차입금적수	(12)채권자불분명 사채이자 수령자불분명 사채이자		(15)건설 자금 이자 국조법 14조에 따른 이자		차 감	
				(13)지급이자	(14)차입금적수	(16)지급이자	(17)차입금적수	(18)지급이자 (10-13-16)	(19)차입금적수 (11-14-17)
1	14.00000	1,400,000	3,649,999,999					1,400,000	3,649,999,999
2	10.00000	2,000,000	7,300,000,000					2,000,000	7,300,000,000
3	7.25000	3,625,000	18,250,000,000					3,625,000	18,250,000,000
	합계	7,025,000	29,199,999,999					7,025,000	29,199,999,999

(3) 조정등록(F3)

익금산입 및 손금불산입			손금산입 및 익금불산입		
과 목	금 액	소득처분	과 목	금 액	소득처분
세금과공과(토지)	2,000,000	유보발생			
업무무관자산 지급이자	7,025,000	기타사외유출			

[3] 업무무관부동산등에 관련한 차입금조정명세서 [회사코드 : 5500.(주)태백]

(1) 적수입력(을)

① 업무와 관련 없는 자산의 취득과 매각을 정확하게 입력한다. 업무와 관련 없는 자산의 취득부대비용은 원가에 산입하나 보유중에 발생하는 유지비등은 손금불산입하며 인건비이므로 상여처분한다.

세무조정 : 〈손금불산입〉 관리자인건비 15,000,000(상여)

1.업무무관부동산						
No	①월일	②적요	③차변	④대변	⑤잔액	⑥일수	⑦적수
1	2 4	취 득	320,000,000		320,000,000	125	40,000,000,000
2	6 9	취 득	400,000,000		720,000,000	147	105,840,000,000
3	11 3	매 각		400,000,000	320,000,000	59	18,880,000,000
		합 계	720,000,000	400,000,000		331	164,720,000,000

2.업무무관동산						
No	①월일	②적요	③차변	④대변	⑤잔액	⑥일수	⑦적수
1	1 1	전기이월	38,000,000		38,000,000	365	13,870,000,000
		합 계	38,000,000			365	13,870,000,000

② 윤경민 사원의 급여가불은 가지급금에 해당하지 않으므로 입력하지 않으며 약정된 이자가 있는 경우라 하더라고 전무이사 한상만 대여금은 지급이자 손금불산입 계산에 해당하는 업무무관자산이다.

3.가지급금						
No	①월일	②적요	③차변	④대변	⑤잔액	⑥일수	⑦적수
1	6 20	지 급	30,000,000		30,000,000	195	5,850,000,000
		합 계	30,000,000			195	5,850,000,000

(2) 지급이자 손금불산입(갑)

선급이자는 차기년도에 해당하는 손금이므로 지급이자에서 차감(13,000,000원 − 1,000,000원)한다.

세무조정 : 〈손금불산입〉 채권자불분명사채이자 2,500,000(상여)
　　　　　〈손금불산입〉 업무무관자산지급이자 23,000,000(기타사외유출)

	①지급이자	적수				⑤차입금(=⑨)	⑦ ⑤와 ⑥중 적은 금액	⑧손금불산입 지급이자 (①×⑦÷⑤)
		②업무무관부동산	③업무무관동산	④가지급금 등	⑤계(②+③+④)			
	23,000,000	164,720,000,000	13,870,000,000	5,850,000,000	184,440,000,000	73,842,307,692	73,842,307,692	23,000,000

2. 지급이자 및 차입금 적수 계산 [연이율 일수 현재: 365일]

No	(9)이자율(%)	(10)지급이자	(11)차입금적수	(12)채권자불분명 사채이자 수령자불분명 사채이자		(15)건설 자금 이자 국조법 14조에 따른 이자		차 감	
				(13)지급이자	(14)차입금적수	(16)지급이자	(17)차입금적수	(18)지급이자 (10-13-16)	(19)차입금적수 (11-14-17)
1	13.00000	12,000,000	33,692,307,692					12,000,000	33,692,307,692
2	10.00000	13,500,000	49,275,000,000	2,500,000	9,125,000,000			11,000,000	40,150,000,000
3									
합계		25,500,000	82,967,307,692	2,500,000	9,125,000,000			23,000,000	73,842,307,692

(3) 조정등록(F3)

익금산입 및 손금불산입			손금산입 및 익금불산입		
과 목	금 액	소득처분	과 목	금 액	소득처분
관리자인건비	15,000,000	상여			
채권자불문명사채이자	2,500,000	상여			
업무무관자산지급이자	23,000,000	기타사외유출			

[4] 가지급금 인정이자조정 및 업무무관자산등에 관련한 차입금조정 [회사코드 : 5600.(주)강남]

(1) 가지급금등의 인정이자조정명세서

① 가지급금, 가수금 입력

② 인정이자계산 : (을)지

③ 인정이자조정 : (갑)지

> 세무조정 : 〈익금산입〉 가지급금인정이자 1,383,150(상여)

(2) 업무무관부동산등에 관련한 차입금이자 조정명세서

① 적수입력(을)

  ㉠ 오른쪽의 「불러오기」를 클릭하여 가지급금과 가수금을 「가지급금등인정이자조정명세서」 자료를 자동 반영한다.
  ㉡ 채권을 변제받기 위하여 취득한 3년이내 선박, 신축관련 유예기간(취득일로부터 5년)이내 자산은 업무무관자산에서 제외되므로 입력하지 않는다.

② 지급이자 손금불산입(갑) ⇨ 조정등록(F3)

> 세무조정 : 〈손금불산입〉 건설자금이자   1,200,000(유보발생)
>   〈손금불산입〉 업무무관자산지급이자 840,000(기타사외유출)

1.적수입력(을) / 2.지급이자 손금불산입(갑)

2. 1. 업무무관부동산 등에 관련한 차입금 지급이자

①지급이자	적 수				⑥차입금(=⑤÷⑨)	⑦ ⑤와 ⑥ 중 적은 금액	⑧손금불산입지급이자(①×⑦÷⑤)
	②업무무관부동산	③업무무관동산	④가지급금 등	⑤계(②+③+④)			
840,000			10,975,000,000	10,975,000,000	2,190,000,000		840,000

1. 2. 지급이자 및 차입금 적수 계산 [연이율 일수 현재: 365일]   이자율 계산   단수차이조정   연일수

No	(9)이자율(%)	(10)지급이자	(11)차입금적수	(12)채권자불분명 사채이자		(15)건설 자금 이자 국조법 14조에 따른 이자		차 감	
				(13)지급이자	(14)차입금적수	(16)지급이자	(17)차입금적수	(18)지급이자(10-13-16)	(19)차입금적수(11-14-17)
1	14.00000	840,000	2,190,000,000					840,000	2,190,000,000
2	6.00000	1,200,000	7,300,000,000			1,200,000	7,300,000,000		
합계		2,040,000	9,490,000,000			1,200,000	7,300,000,000	840,000	2,190,000,000

[5] 실무이론 정답 및 해설

NO		정답	해설
지급이자	01	①	
	02	①	완공된 상각자산에 대한 건설자금이자를 과소계상한 경우 이자비용으로 처리한 건설자금이자는 감가상각비로 보아 시부인 계산(즉시상각의제)을 적용한다.
	03	②	비실명 채권·증권이자는 대표자상여 처분한다.
	04	④	업무무관자산을 취득하기 위하여 지출한 자금의 차입금과 관련된 비용은 업무무관비용으로 손금불산입 처리한다.
	05	④	다. 법인의 임원이나 대주주가 아닌 종업원에게 제공한 사택의 임차료는 업무관련 경비로 보아 손금산입 한다.

외화자산등평가차손익조정명세서

[1] 외화자산등평가차손익조정명세서 [회사코드 : 5300.(주)기원]

(1) 외화자산, 부채의 평가(을지)

선급금은 비화폐성 외화자산이므로 평가대상이 아니므로 입력하지 않는다.

외화자산,부채의평가(을지)		통화선도,스왑,환변동보험의평가(을지)		환율조정차,대등(갑지)			
No	②외화종류(자산)	③외화금액	④장부가액		⑦평가금액		⑩평가손익 자 산(⑨-⑥)
			⑤적용환율	⑥원화금액	⑧적용환율	⑨원화금액	
1	USD	10,000.00	1,200.0000	12,000,000	1,250.0000	12,500,000	500,000
	합 계			12,000,000		12,500,000	500,000

No	②외화종류(부채)	③외화금액	④장부가액		⑦평가금액		⑩평가손익 부 채(⑥-⑨)
			⑤적용환율	⑥원화금액	⑧적용환율	⑨원화금액	
1	USD	50,000.00	1,300.0000	65,000,000	1,250.0000	62,500,000	2,500,000
	합 계			65,000,000		62,500,000	2,500,000

(2) 환율조정차, 대등(갑지) : 손익조정금액

계정과목	발생일 기준환율	외화금액	장부상 평가환율	장부상 평가손익	세무상 평가환율	세무상 평가손익	차이
외화예금	1,200	$10,000	1,230	300,000원	1,250	500,000원	200,000원
외화장기차입금	1,300	$50,000	1,230	3,500,000원	1,250	2,500,000원	−1,000,000원
합 계				3,800,000원		3,000,000원	−800,000원

세무조정 : 〈익금산입〉 외화예금(외화환산이익) 200,000(유보발생)
　　　　　〈손금산입〉 외화장기차입금(외화환산이익) 1,000,000(유보발생)

외화자산,부채의평가(을지)	통화선도,스왑,환변동보험의평가(을지)		환율조정차,대등(갑지)				
①구분		②당기손익금 해당액	③회사손익금 계상액	조정			⑥손익조정금액 (②-③)
				④차익조정(⑤-②)	⑤차손조정(②-③)		
가.화폐성 외화자산,부채 평가손익		3,000,000	3,800,000				-800,000
나.통화선도,통화스왑,환변동보험 평가손익							
다.환율조정 계정손익	차익						
	차손						
계		3,000,000	3,800,000				-800,000

(3) 조정등록(F3)

익금산입 및 손금불산입			손금산입 및 익금불산입		
과 목	금 액	소득처분	과 목	금 액	소득처분
외화예금(외화환산이익)	200,000	유보발생	외화장기차입금(외화환산이익)	1,000,000	유보발생

[2] 외화자산등평가차손익조정명세서 [회사코드 : 5600.(주)강남]

(1) 외화자산, 부채의 평가(을지)

외화종류별로 평가손익을 계산하며, 외화종류·적용환율이 서로 다른 경우에도 각각 구분하여 계산한다.

외화자산,부채의평가(을지)	통화선도,스왑,환변동보험의평가(을지)	환율조정차,대등(갑지)					
No	②외화종류(자산)	③외화금액	④장부가액		⑦평가금액		⑩평가손익 자산(⑨-⑥)
			⑤적용환율	⑥원화금액	⑧적용환율	⑨원화금액	
1	USD	20,000.00	1,200.0000	24,000,000	1,000.0000	20,000,000	-4,000,000
	합 계			24,000,000		20,000,000	-4,000,000

No	②외화종류(부채)	③외화금액	④장부가액		⑦평가금액		⑩평가손익 부채(⑥-⑨)
			⑤적용환율	⑥원화금액	⑧적용환율	⑨원화금액	
1	JPY	100,000.00	100.0000	10,000,000	110.0000	11,000,000	-1,000,000
2	USD	10,000.00	1,200.0000	12,000,000	1,000.0000	10,000,000	2,000,000
	합 계			22,000,000		21,000,000	1,000,000

(2) 환율조정차, 대등(갑지) : 손익조정금액

계정과목	발생일 (직전연도) 기준환율	외화금액	장부상 평가환율	장부상 평가손익	세무상 평가환율	세무상 평가손익	차이
장기대여금	1,200	$20,000			1,000	-4,000,000원	-4,000,000원
외상매입금	100	¥100,000			110	-1,000,000원	-1,000,000원
	1,200	$10,000			1,000	2,000,000원	2,000,000원
합 계						-3,000,000원	-3,000,000원

세무조정 : 〈손금산입〉 장기대여금(외화환산손실) 4,000,000(유보발생)
〈익금산입〉 외상매입금(외화환산이익) 1,000,000(유보발생)

외화자산,부채의평가(을지)	통화선도,스왑,환변동보험의평가(을지)		환율조정차,대등(갑지)				
①구분		②당기손익금 해당액	③회사손익금 계상액	조정			⑥손익조정금액 (②-③)
				④차익조정(⑤-②)	⑤차손조정(②-③)		
가.화폐성 외화자산,부채 평가손익		-3,000,000					-3,000,000
나.통화선도,통화스왑,환변동보험 평가손익							
다.환율조정 계정손익	차익						
	차손						
계		-3,000,000					-3,000,000

(3) 조정등록(F3)

조정 등록							✕
익금산입 및 손금불산입			손금산입 및 익금불산입				
과 목	금 액	소득처분	과 목	금 액	소득처분		
외상매입금(외화환산이익)	1,000,000	유보발생	장기대여금(외화환산손실)	4,000,000	유보발생		

기부금조정명세서

[1] 기부금조정명세서 [회사코드 : 5600.(주)강남]

(1) 기부금명세서

① 상단의 [불러오기(F12)]를 클릭하여 장부에 기장되어 있는 기부금을 "1.기부금명세서"에 반영한다.
② 이재민구호금품(해외) 및 국방헌금은 특례기부금, 불우이웃돕기성금은 일반기부금에 해당한다.
③ 상공회의소 일반회비 2,000,000원은 세금과공과에 해당하므로 세무조정은 필요없으나 특별회비는 손금으로 인정되지 않는 비지정기부금에 해당한다. 유형을 기타로 선택하고 금액은 20,000,000원으로 수정하여 손금불산입 세무조정 한다.

세무조정 : 〈손금불산입〉 상공회의소 특별회비   20,000,000(기타사외유출)

④ 법인이 정당에 기부한 정치자금은 비지정기부금에 해당하므로 손금불산입 세무조정 한다.

세무조정 : 〈손금불산입〉 정치자금기부   1,000,000(기타사외유출)

(2) 조정등록(F3)

기부금 한도 시부인을 제외한 세무조정사항을 소득금액조정합계표에 등록하여 소득금액을 확정한다.

조정 등록						✕
익금산입 및 손금불산입			손금산입 및 익금불산입			
과 목	금 액	소득처분	과 목	금 액	소득처분	
상공회의소 특별회비	20,000,000	기타사외유출				
정치자금기부	1,000,000	기타사외유출				

(3) 소득금액확정

지문에 직접 입력을 요구하였으므로 [수정] 버튼을 클릭하여 직접 입력한다. 또한, 익금산입은 비지정기부금 세무조정을 포함한 금액으로 입력한다.

1.기부금 입력	2.기부금 조정							
1.기부금명세서					월별로 전환	구분만 별도 입력하기	유형별 정렬	
구분		3.과목	4.월일	5.적요	기부처		8.금액	비고
1.유형	2.코드				6.법인명등	7.사업자(주민)번호등		
「법인세법」 제24조제2항제1호에 따른 특례기부금	10	기부금	8 20	필리핀태풍이재민구호품			10,000,000	
기타	50	기부금	9 15	상공회의소특별회비			20,000,000	
「법인세법」 제24조제2항제1호에 따른 일반기부금	40	기부금	10 30	불우이웃돕기 성금			8,000,000	
「법인세법」 제24조제2항제1호에 따른 특례기부금	10	기부금	11 27	국방헌금			5,000,000	
기타	50	기부금	12 16	정당기부정치자금			1,000,000	
9.소계		가. 「법인세법」 제24조제2항제1호에 따른 특례기부금				코드 10	15,000,000	
		나. 「법인세법」 제24조제2항제1호에 따른 일반기부금				코드 40	8,000,000	
		다. [조세특례제한법] 제88조의4제13항의 우리사주조합 기부금				코드 42		
		라. 그 밖의 기부금				코드 50	21,000,000	
		계					44,000,000	
2.소득금액확정						새로 불러오기	수정	
1.결산서상 당기순이익		2.익금산입		3.손금산입		4.기부금합계	5.소득금액계(1+2-3+4)	
70,000,000		36,000,000		21,000,000		23,000,000	108,000,000	

(4) 기부금조정

① 세무상 이월결손금(15년 이내, 2020.1.1. 이전 발생분은 10년)은 중소기업이므로 16,000,000원을 "2란"에 입력한다.
② 일반기부금 한도초과액 300,000원은 이론상으로는 손금불산입하고 기타사외유출 처분하여야 하나 [법인세 과세표준및세액조정계산서]에 직접 반영하므로 별도의 세무조정은 필요하지 않다.

1.기부금 입력	2.기부금 조정				
1	1.「법인세법」제24조제2항제1호에 따른 특례기부금 손금산입액 한도액 계산				
1.소득금액 계		108,000,000	5.이월잔액 중 손금산입액 MIN[4.23]		
2. 법인세법 제13조제1항제1호에 따른 이월 결손금 합계액(기준소득금액의 80% 한도)		16,000,000	6.해당연도지출액 손금산입액 MIN[(④-⑤)>0, ③]		15,000,000
3.「법인세법」제24조제2항제1호에 따른 특례기부금 해당 금액		15,000,000	7.한도초과액 [(3-6)>0]		
4.한도액 {[(1-2)} 0]X50%}		46,000,000	8.소득금액 차감잔액 [(①-②-⑤-⑥)>0]		77,000,000
2	2.「조세특례제한법」제88조의4에 따라 우리사주조합에 지출하는 기부금 손금산입액 한도액 계산				
9.「조세특례제한법」제88조의4제13항에 따른 우리사주조합 기부금 해당 금액			11. 손금산입액 MIN(9, 10)		
10. 한도액 (8×30%)		23,100,000	12.한도초과액 [(9-10)>0]		
3	3.「법인세법」제24조제2항제1호에 따른 일반기부금 손금산입 한도액 계산				
13.「법인세법」제24조제2항제1호에 따른 일반기부금 해당금액		8,000,000	16. 해당연도지출액 손금산입액 MIN((14-15)>0, 13]		7,700,000
14. 한도액 ((8-11)x10%, 20%)		7,700,000	17. 한도초과액 [(13-16)>0]		300,000
15. 이월잔액 중 손금산입액 MIN(14, 23)					
4	4.기부금 한도초과액 총액				
18. 기부금 합계액 (3+9+13)		19. 손금산입 합계 (6+11+16)		20. 한도초과액 합계 (18-19)=(7+12+17)	
	23,000,000		22,700,000		300,000
5	5.기부금 이월액 명세				
사업연도	기부금 종류	21.한도초과 손금불산입액	22.기공제액	23.공제가능 잔액(21-22)	24.해당연도 손금추인액	25.차기이월액 (23-24)
합계	「법인세법」제24조제2항제1호에 따른 특례기부금					
	「법인세법」제24조제2항제1호에 따른 일반기부금					
6	6. 해당 사업연도 기부금 지출액 명세				
사업연도	기부금 종류	26.지출액 합계금액	27.해당 사업연도 손금산입액	28.차기 이월액(26-27)	
합계	「법인세법」제24조제2항제1호에 따른 특례기부금	15,000,000	15,000,000		
	「법인세법」제24조제2항제1호에 따른 일반기부금	8,000,000	7,700,000	300,000	

[2] 기부금조정명세서 [회사코드 : 5300.(주)기원]

(1) 기부금명세서

① 상단의 [불러오기(F12)]를 클릭하여 장부에 기장되어 있는 기부금을 "1.기부금명세서"에 반영한다.
② 배움대학교 연구비는 특례기부금, 인허가를 받은 예술단체에 지급한 금액은 일반기부금에 해당한다.
③ 재경제주향우회 회비는 비지정기부금에 해당하며 손금불산입하고 대표이사 지출분으로 상여 처분한다.

> 세무조정 : 〈손금불산입〉 재경제주향우회 회비 1,000,000(상여)

④ 기부금의 귀속시기는 현금주의이므로 만기가 미도래한 기부금은 2026년 귀속 기부금으로 처리한다. 어음기부금 삭제문구가 없으므로 기부금명세서에 그대로 두고 "그 밖의 기부금"으로 유형을 설정한다.

> 세무조정 : 〈손금불산입〉 어음기부금 5,000,000(유보발생)

(2) 조정등록(F3)

기부금 한도 시부인을 제외한 세무조정사항을 소득금액조정합계표에 등록하여 소득금액을 확정한다.

조정 등록						
익금산입 및 손금불산입			손금산입 및 익금불산입			
과 목	금 액	소득처분	과 목	금 액	소득처분	
재경제주향우회 회비	1,000,000	상여				
어음기부금	5,000,000	유보발생				

(3) 소득금액확정

지문에 직접 입력을 요구하였으므로 [수정] 버튼을 클릭하여 직접 입력한다. 또한, 익금산입은 비지정기부금과 어음기부금 세무조정을 포함한 금액으로 입력한다.

(4) 기부금조정

① 세무상 이월결손금(15년 이내, 2020.1.1. 이전 발생분은 10년)은 일반기업인 경우 소득금액의 80%(155,200,000원) 이내 한도로 공제가능하므로 20,000,000원을 "2란"에 입력한다.

② 기부금 이월액을 [5.기부금 이월액 명세]에 입력하여 해당 사업연도에 지출한 기부금보다 먼저 손금에 산입한다. 사업연도(2023)와 기부금 종류(제24조제3항제1호 일반기부금)를 입력하고 한도초과 손금불산입액란에 5,000,000원을 입력하고 "15.이월잔액 중 손금산입액"란에 기재된 금액(5,000,000원)을 [5.기부금 이월액 명세]의 "해당연도 손금추인액"에 입력하여 손금추인 한다. 손금산입되는 기부금이월액은 [법인세과세표준및세액조정계산서]에 직접 반영하므로 별도의 세무조정은 필요하지 않다.

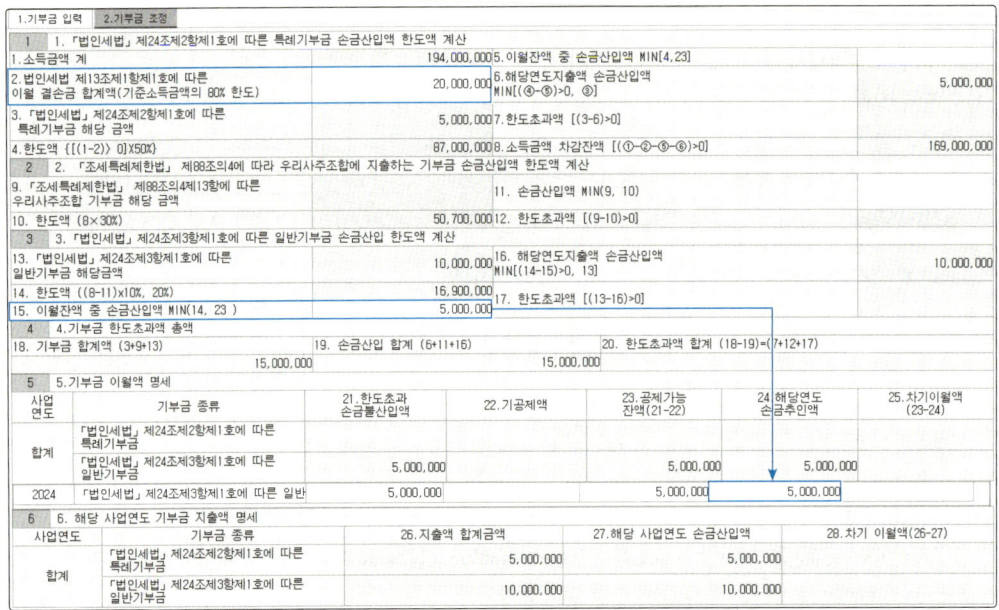

[3] 기부금조정명세서 [회사코드 : 5400.(주)대성]

(1) 기부금명세서
① 상단의 [불러오기(F12)]를 클릭하여 장부에 기장되어 있는 기부금을 "1.기부금명세서"에 반영한다.
② 재단법인 좋은사회 기부금은 일반기부금, 국립암센터 연구비는 특례기부금에 해당한다.
③ 신섬유개발연구원에 지급한 금액은 일반기부금에 해당하나 기부금의 귀속시기는 현금주의이므로 만기가 미도래한 기부금은 2026년 귀속 기부금으로 처리한다. 또한, 귀속시기가 당해연도가 아닌 경우 기부금내역에 입력하지 않는 것으로 하였으므로 삭제하고 손금불산입 세무조정 한다.

세무조정 : 〈손금불산입〉 어음기부금 6,000,000(유보발생)

④ 성동노인정 지원금은 비지정기부금에 해당하며 손금불산입하고 기타사외유출 처분한다.

세무조정 : 〈손금불산입〉 노인정기부금 1,000,000(기타사외유출)

(2) 조정등록(F3)
기부금 한도 시부인을 제외한 세무조정사항을 소득금액조정합계표에 등록하여 소득금액을 확정한다.

조정 등록							
익금산입 및 손금불산입			손금산입 및 익금불산입				
과 목	금 액	소득처분	과 목	금 액	소득처분		
어음기부금	6,000,000	유보발생					
노인정기부금	1,000,000	기타사외유출					

(3) 소득금액확정
지문에 직접 입력을 요구하였으므로 [수정] 버튼을 클릭하여 직접 입력한다. 또한, 익금산입은 비지정기부금과 어음기부금 세무조정을 포함한 금액으로 입력한다.

1.기부금 입력	2.기부금 조정							
1.기부금명세서						월별로 전환	구분만 별도 입력하기	유형별 정렬
구분		2.코드	3.과목	4.월일	5.적요	기부처		8.금액	비고
1.유형						6.법인명등	7.사업자(주민)번호등		
「법인세법」 제24조제2항제1호에 따른 일반기부금		40	기부금	3	사회복지법인 기부금	재단법인 좋은사회		3,000,000	
「법인세법」 제24조제2항제1호에 따른 특례기부금		10	기부금	7	1 연구비	국립암센터		8,500,000	
기타		50	기부금	12	31 노인정 지원금	성동노인정		1,000,000	
9.소계				가. 「법인세법」 제24조제2항제1호에 따른 특례기부금		코드 10		8,500,000	
				나. 「법인세법」 제24조제2항제1호에 따른 일반기부금		코드 40		3,000,000	
				다. [조세특례제한법] 제88조의4제13항의 우리사주조합 기부금		코드 42			
				라. 그 밖의 기부금		코드 50		1,000,000	
				계				12,500,000	
2.소득금액확정							새로 불러오기	수정	
1.결산서상 당기순이익		2.익금산입		3.손금산입		4.기부금합계	5.소득금액계(1+2-3+4)		
250,000,000		37,000,000		10,000,000		11,500,000	288,500,000		

(4) 기부금조정
① 세무상 이월결손금(15년 이내, 2020.1.1.이전 발생분 10년)은 중소기업이므로 10,000,000원을 "2란"에 입력한다.
② 기부금 이월액을 [5.기부금 이월액 명세]에 입력하여 해당 사업연도에 지출한 기부금보다 먼저 손금에 산입하며 2013년 이후 기부금부터 10년 이월공제이므로 2012년분(5년)은 제외한다. 제24조제3항제1호 일반기부금 이월액 35,00,0000원 중 "15.이월잔액 중 손금산입액"란에 기재된 금액 27,000,000원을 해당연도 손금추인액에 입력하고 잔액은 차기로 이월한다. 또한 해당연도 지출액도 한도초과로 이월하며 [법인세과세표준및세액조정계산서]에 직접 반영하므로 별도의 세무조정은 필요하지 않다.

1.기부금 입력	2.기부금 조정

1. 「법인세법」제24조제2항제1호에 따른 특례기부금 손금산입액 한도액 계산

1.소득금액 계	288,500,000	5.이월잔액 중 손금산입액 MIN[4,23]		
2.법인세법 제13조제1항제1호에 따른 이월 결손금 합계액(기준소득금액의 80% 한도)	10,000,000	6.해당연도지출액 손금산입액 MIN[(④-⑤)>0, ③]		8,500,000
3. 「법인세법」제24조제2항제1호에 따른 특례기부금 해당 금액	8,500,000	7.한도초과액 [(3-6)>0]		
4.한도액 {[(1-2)} 0]X50%}	139,250,000	8.소득금액 차감잔액 [(①-②-⑤-⑥)>0]		270,000,000

2. 「조세특례제한법」제88조의4에 따라 우리사주조합에 지출하는 기부금 손금산입액 한도액 계산

9.「조세특례제한법」제88조의4제13항에 따른 우리사주조합 기부금 해당 금액		11. 손금산입액 MIN(9, 10)	
10. 한도액 (8×30%)	81,000,000	12. 한도초과액 [(9-10)>0]	

3. 「법인세법」제24조제3항제1호에 따른 일반기부금 손금산입 한도액 계산

13.「법인세법」제24조제3항제1호에 따른 일반기부금 해당금액	3,000,000	16. 해당연도지출액 손금산입액 MIN[(14-15)>0, 13]	
14. 한도액 ((8-11)x10%, 20%)	27,000,000	17. 한도초과액 [(13-16)>0]	3,000,000
15. 이월잔액 중 손금산입액 MIN(14, 23)	27,000,000		

4. 기부금 한도초과액 총액

18. 기부금 합계액 (3+9+13)	19. 손금산입 합계 (6+11+16)	20. 한도초과액 합계 (18-19)=(7+12+17)
11,500,000	8,500,000	3,000,000

5. 기부금 이월액 명세

사업연도	기부금 종류	21.한도초과 손금불산입액	22.기공제액	23.공제가능 잔액(21-22)	24.해당연도 손금추인액	25.차기이월액 (23-24)
합계	「법인세법」제24조제2항제1호에 따른 특례기부금					
	「법인세법」제24조제3항제1호에 따른 일반기부금	35,000,000		35,000,000	27,000,000	8,000,000
2023	「법인세법」제24조제3항제1호에 따른 일반	35,000,000		35,000,000	27,000,000	8,000,000

6. 해당 사업연도 기부금 지출액 명세

사업연도	기부금 종류	26.지출액 합계금액	27.해당 사업연도 손금산입액	28.차기 이월액(26-27)
합계	「법인세법」제24조제2항제1호에 따른 특례기부금	8,500,000	8,500,000	
	「법인세법」제24조제3항제1호에 따른 일반기부금	3,000,000		3,000,000

[4] 실무이론 정답 및 해설

	NO	정답	해설
기부금	01	②	법인이거나 주무관청에 등록된 조합의 경우 일반회비는 전액손금인정하고 특별회비 및 그 이외의 임의로 조직된 조합의 회비는 손금불산입 한다.
	02	②	특수관계자와의 거래는 부당행위계산부인에 해당한다.
	03	①	법인세법 특례기부금 및 일반기부금 한도초과액은 법인세과세표준 및 세액조정계산서에 반영하는 항목이다.
	04	④	① 기부금한도초과액은 이월공제되지만 기업업무추진비한도초과액은 이월공제가 적용되지 아니한다. ② 기업업무추진비와 관련된 세무조정사항은 소득금액조정합계표에 반영되지만 기부금한도초과액은 법인세과세표준 및 세액조정계산서에 반영된다. ③ 이월결손금이 없는 경우 중소기업여부에 따라 기업업무추진비한도초과액은 달라지지만 기부금한도초과액에는 영향이 없다.
	05	②	현물접대의 가액은 시가로 평가한다.
	06	①	①은 소득세법 규정이며 법인이 정당에 기부한 정치자금은 비지정기부금에 해당하여 손금불산입되고 기타사외유출로 소득처분 된다.

CHAPTER 05 소득 및 과세표준계산

1. 과세표준의 계산구조

내국법인의 각 사업연도 소득에 대한 법인세의 과세표준은 각 사업연도 소득의 범위안에서 ① 이월결손금, ② 비과세소득, ③ 소득공제를 순차적으로 계산하여 공제한다. 본서는 앞서 **[PART 01 법인세이론 ⇨ CHAPTER 03 세액의 계산]**에서 세부적인 사항을 서술하였다.

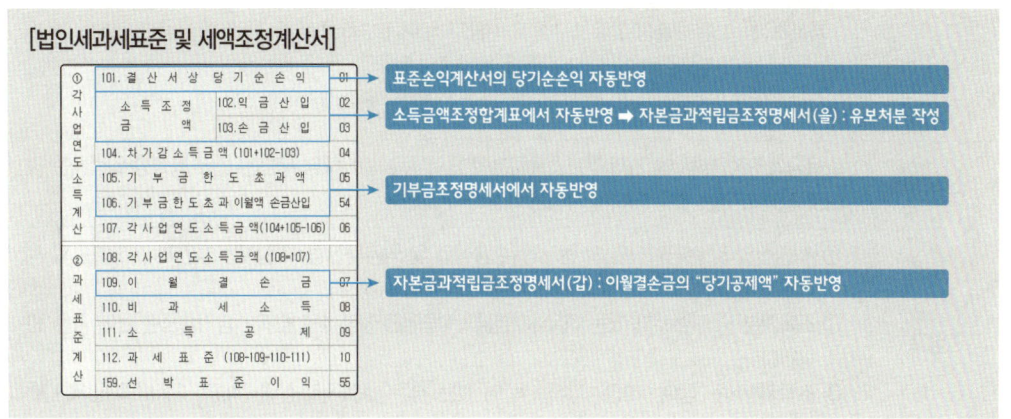

2. 소득금액조정합계표 및 명세서

소득금액조정합계표는 각 조정명세서에 의한 세무조정 결과 익금 및 손금의 조정사항과 기타 익금 및 손금 조정사항을 입력하여 집계하는 명세서이다. 다만, 기부금 한도초과 및 이월액 손금산입으로 인한 세무조정은 본 서식에는 집계하지 않는다.

🔘 전산실무 PROCESS

본 프로그램에서는 각 과목별 세무조정이 완료되면 각 세무조정 메뉴에서 **조정등록(F3)**을 통하여 본 서식에 집계하도록 구성되어 있다. 또한 조정등록을 이용하지 않고 직접 본 메뉴에서 입력 할 수 있다. 전기 자본금과 적립금조정명세서(을)서식의 유보금액 중 당기 세무조정사항이나, 세무조정명세서가 없는 항목(예, 법인세등·국세환급금이자·미수이자 등)의 세무조정사항은 본 메뉴에서 직접 입력한다.

항 목	입력내용 및 방법
과목	과목명에 두 자리 이상을 입력한 후 Enter를 치면 자동조회 되고, 일치하는 세무조정이 있으면 선택하여 입력한다. 일치하는 조정계정과목이 없는 경우에는 [조정과목등록(F4)]를 클릭하여 추가 입력하여 사용한다. 과목란은 정답이 있는 것이 아니므로 상단의 [직접입력(F6)]을 클릭한 후 적절한 과목명을 직접입력하여도 무방하다.
소득처분	과목에 해당하는 소득처분을 선택한다. 당기에 유보소득(익금산입 및 손금불산입, 손금산입 및 익금불산입 포함)으로 계상되는 경우에는 [1:유보발생]을 선택하고, 전기 이전의 유보소득을 상쇄시키기는 경우에는 [2:유보감소]를 선택하여야 한다. 유보처분을 유보발생과 유보감소로 나눈 것은 본 프로그램에서 유보사항을 [자본금과적립금조정명세서(을)]의 "당기중증감"란에 자동반영시키기 위해서이다. **가산조정** – 1:유보발생, 2:유보감소, 3:배당, 4:상여, 5:기타소득, 6:기타사외유출, 7:기타 　　　　　　 8:임시유보, 9:출자의 증가, 10:이전소득배당 **차감조정** – 1:유보발생, 2:유보감소, 3:기타, 4:출자의 증가
소득명세	소득금액조정명세서에 기재되는 소득처분의 요약내용이며, 해당 부분은 관리 목적상 입력하는 것으로 정답이 있는 것은 아니며 **시험은 채점하지 않는다.**
참고	① [익금산입 및 손금불산입]의 합계와 [손금산입 및 익금불산입]의 합계는 법인세 과세표준 및 세액조정계산서상의 (102), (103)란에 자동 반영된다. ② 소득처분 중 "유보"가 있는 경우 [자본금과적립금조정명세서(을)]의 "당기중증감"란에 자동 반영한다. ③ 소득처분 중 "상여·배당·기타소득"이 있는 경우 [소득자료(상여·배당·기타소득)명세서]를 작성한다.

(주)합격(회사코드 : 5000)의 다음 추가 자료에 대해 세무조정을 하고, 소득금액조정합계표에 반영하시오.

(1) 정기예금에 대한 이자수익 1,750,000원을 결산서에 미수수익으로 계상하였고 정기예금의 만기는 내년도 4월 10일이며 기간경과분에 대한 것이다.
(2) 시장성 있는 주식의 기말평가이익인 단기매매증권평가이익이 손익계산서에 5,000,000원 계상되어 있다.
(3) 당기에 대주주가 결손보전 목적으로 기증한 자산수증이익 50,000,000원은 손익계산서상 영업외수익에 포함되어 있다. (세무상 이월결손금 100,000,000원이다.)
(4) 회사가 보유하고 있는 매도가능증권의 내역은 다음과 같으며 기말 평가는 기업회계기준에 따라 처리하였다.

취득가액	시 가		비 고
	2024년 12월 31일	2025년 12월 31일	
11,000,000원	10,000,000원	9,500,000원	시장성 있음

 **예제 따라하기**

(1) 세무조정

① 원천징수대상 이자수익은 이중과세 방지목적으로 발생주의를 인정하지 않으므로 익금불산입 처분하고 입금시점에 유보 추인한다.

> 세무조정 : 〈익금불산입〉 이자수익 1,750,000(유보발생)

② 자산의 임의평가증은 인정하지 않으므로 익금불산입 처분후 매각시 유보 추인한다.

> 세무조정 : 〈익금불산입〉 단기매매증권평가이익 5,000,000(유보발생)

③ 자산수증이익은 익금항목에 해당하나 결손보전에 사용하는 경우에는 익금불산입 처분한다.

> 세무조정 : 〈익금불산입〉 자산수증이익 50,000,000(기타)

④ 자산의 임의평가는 인정하지 않으므로 손금불산입 처분하며 자본계정이므로 이중조정한다.

> 세무조정 : 〈손금불산입〉 매도가능증권 500,000(유보발생)
> 　　　　　 〈손금산입〉 매도가능증권평가손실 500,000(기타)

(2) 소득금액조정합계표

과목에 두 글자를 입력하여 검색하거나 상단의 [직접입력]을 클릭하여 직접 입력할 수도 있다.

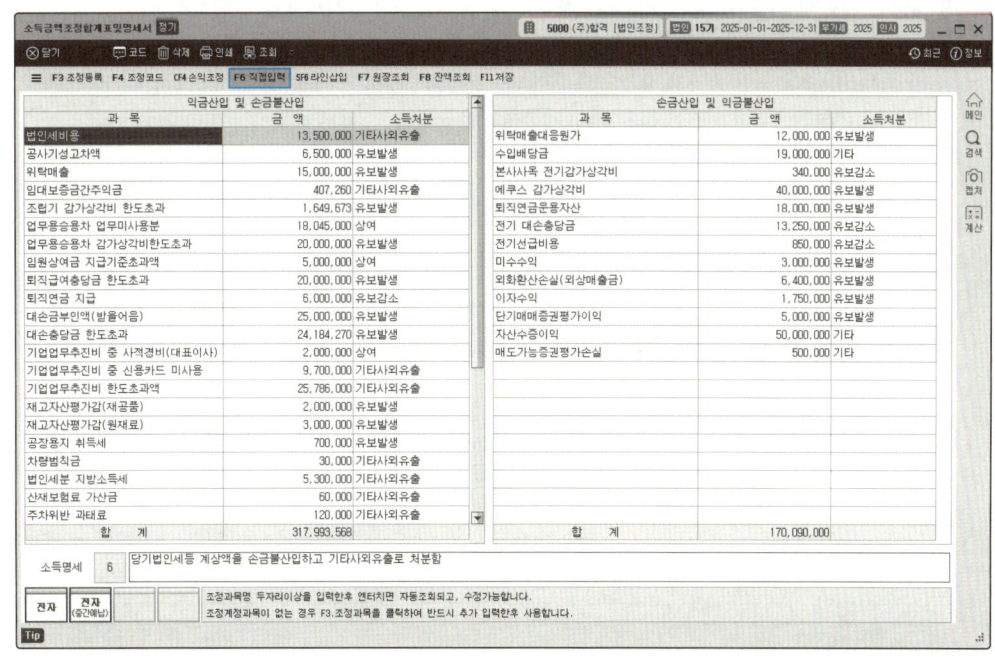

[1] 다음의 자료를 이용하여 소득금액조정합계표를 완성하시오. 재무상태표 및 손익계산서에는 다음과 같은 계정과목이 포함되어 있으며 기업회계기준에 따라 정확하게 회계처리 되었다.

[회사코드 : 5500.(주)태백]

계정과목	금액	비고
법인세등	17,270,000원	
퇴직급여	40,000,000원	임원에 대한 퇴직금으로서 규정없이 지급한 금액으로 법인세법상 임원 퇴직금 한도액은 35,000,000원이다.
감가상각비	5,000,000원	업무용승용차(2024.1.1. 취득분)으로서 상각범위액은 7,000,000원이다.
임차료	7,000,000원	전액 대표이사 사택에 대한 지출분이다.
전기오류 수정이익	3,000,000원	영업외수익에 포함된 것으로서 전기 법인세 과다납부분을 환급받은 것이다.
국고보조금	10,000,000원	회사는 정부로부터 국고보조금 10,000,000원을 지원받았으며 이를 자본조정계정으로 회계처리 하였다. 동 국고보조금은 압축기장충당금이나 일시상각충당금 설정대상이 아니다. (상환의무가 없음)
단기매매증권 평가손실	5,300,000원	시장성 있는 주식의 기말평가이익인 단기매매증권평가손실이 손익계산서에 5,300,000원 계상되어 있다.

[2] 기장된 자료와 다음 추가 자료를 세무조정한 후 소득금액조정합계표를 작성하시오.

[회사코드 : 5600.(주)강남]

(1) 이자수익 중에는 당기 초에 만기보유목적으로 취득한 만기보유증권(액면가액 1,000,000원, 액면이자율 연 8%, 유효이자율 연 10%)에 대하여 다음과 같이 계상한 금액이 포함되어 있다.

(차) 현 금	80,000원	(대) 이자수익	95,030원
만기보유증권(투자)	15,030원		

(2) 법인의 출자자(소액주주가 아님)인 임원이 사용하고 있는 사택의 유지비 3,500,000원을 건물관리비로 처리하였고, 소액주주인 임원이 사용하는 사택의 유지비 2,900,000원은 복리후생비로 계상하였다.

(3) 대주주인 개인으로부터 상장된 유가증권을 75,000,000원에 취득하고, 다음과 같이 회계처리 하였다. 그리고 취득당시 해당주식은 유가증권시장에서 85,000,000원에 거래되고 있었다.

(차) 단기매매증권	75,000,000원	(대) 현 금	75,000,000원

(4) 업무용 화물트럭에 대한 자동차세의 과오납금에 대한 환급금 400,000원과 환부이자 26,000원을 모두 이자수익으로 회계처리 하였다.

(5) 재무상태표에 계상되어 있는 자기주식처분이익 2,000,000원은 자기주식을 처분함에 따라 발생된 것이다.

(6) 당기 손익계산서상 세금과공과로 처리한 금액에는 토지 취득세 5,500,000원, 산재보험연체료 76,000원이 포함되어 있다.

(7) 대표이사의 퇴직급여 15,000,000원은 주주총회에서 대표이사를 연임하기로 결정하여 지난 임기에 대한 퇴직급여를 지급한 것으로 확인되었다.

(8) 전기에 토지를 20,000,000원에 취득하고 취득세등 920,000원을 세금과공과(판)로 처리하였고 이에 대한 세무조정은 적절하게 이루어졌다. 당기에 이 토지를 20,500,000원에 처분하고 다음과 같이 회계처리한 경우 세무조정을 행하시오.

(차) 보통예금	20,500,000원	(대) 토　　지	20,000,000원
		유형자산처분이익	500,000원

(9) 세무조정에 의하여 전기자본금과적립금조정명세서(을)에 재고자산평가감 3,000,000원이 계상된 바 있다.

(10) 국민은행으로부터의 장기차입금 13,000,000원을 출자전환하여 다음과 같이 회계처리 하였으며 **출자전환시 주식 시가 총액은 10,000,000원이다. (단, 세무상 이월결손금은 없는 것으로 가정한다.)**

(차) 장기차입금(대부은행)	13,000,000원	(대) 자 본 금	10,000,000원
		주식발행초과금	3,000,000원

(11) 손익계산서에는 기계장치 손상차손 3,000,000원이 계상되어 있고 기계장치의 회사계상 감가상각비는 10,000,000원이며, 세법상의 감가상각 범위액은 10,000,000원이다.

(12) 세금과공과(판)에는 토지에 대한 개발부담금 5,000,000원이 포함되어 있다.

※ 집중심화연습 해답은 [CHAPER 06 공제감면세액조정] 1110페이지에서 확인 가능합니다.

3. 자본금과적립금조정명세서(갑)(을)(병)

법인조정 ▶▶ 법인조정Ⅱ ▶▶ 신고부속서류 ▶▶ 자본금과적립금조정명세서

2022년 3월 13일에 신설된 [자본금과적립금조정명세서(병)] 서식은 해외현지법인에 대한 국제조세조정에 의해 세무조정출자의 증감내용을 계산하는 표로 작성은 생략한다.

1 자본금과적립금조정명세서(을) : 유보소득 사후관리

전산실무 PROCESS

상단의 [불러오기(F12)]를 클릭하면 소득금액조정합계표의 **유보** 소득처분이 자동반영 된다.

항 목		입력내용 및 방법
과목 또는 사항		세무조정사항의 과목을 직접입력하며 코드도움(F2)으로 조정과목을 선택할 수 있다.
기초잔액		직전사업연도의 자본금과적립금조정명세서(을)의 "⑤**기말잔액**"을 입력한다. 자동으로 반영되지 않으므로 전기서식을 참고하여 직접 입력한다.
당기중 증감	감소	① 전기말 현재의 유보금액(기초잔액) 중 당해 사업연도에 세무조정으로 감소된 금액을 입력하며 소득금액조정합계표의 소득처분에서 당기 중에 "**유보감소**"로 입력한 항목이 자동반영 된다. ② 기초잔액의 부호와 감소란의 부호는 반드시 **일치**하도록 작성한다.
	증가	① 당해 사업연도에 처음으로 발생된 유보사항을 입력하며 소득금액조정합계표의 소득처분에서 당기 중에 "**유보발생**"으로 입력한 항목이 자동반영 된다. ② 익금산입·손금불산입의 "유보"로 처분된 금액은 **양수**로 기입한다. ③ 손금산입·익금불산입 "△유보"로 처분된 금액은 **음수**로 기입한다.
기말잔액		기초잔액에서 당기 중 증감란에 차가감한 금액(② − ③ + ④)으로 차기로 이월될 세무계산상 유보소득으로 차기연도의 기초잔액이 된다.

실무예제

다음 자료를 이용하여 (주)합격(회사코드 : 5000)의 자본금과적립금조정명세서(을)를 완성하시오. (단, 주어진 자료이외에 입력된 자료는 모두 무시하며, 아래의 자료를 독립적으로 입력할 것)

[자료 1] 전기 자본금과적립금조정명세서(을)표상의 자료는 다음과 같다.

과 목	기초잔액(원)	당기중증감(원)		기말잔액(원)
		감소	증가	
대손충당금한도초과액			3,000,000	3,000,000
재고자산평가감			10,000,000	10,000,000
적송품매출액	50,000,000	50,000,000		
적송품매출원가	(45,000,000)	(45,000,000)		
외상매출금			10,000,000	10,000,000
선급비용			−10,000,000	−10,000,000
계	5,000,000	5,000,000	13,000,000	13,000,000

[자료 2] 당기의 소득금액조정합계는 다음과 같다.

익금산입 및 손금불산입		
과 목	금액(원)	조정이유
대손충당금한도초과액	5,000,000	당기 대손충당금 한도액을 초과한 금액임
증빙불비 기업업무추진비	4,000,000	증빙없는 기업업무추진비에 대한 세무조정사항임
기업업무추진비 한도초과액	25,650,000	당기 기업업무추진비한도액을 초과한 금액임
임원퇴직금한도초과액	30,000,000	임원퇴직금지급규정을 초과한 금액
재고자산평가감	7,500,000	재고자산의 과소계상액을 익금산입 함
전기선급비용	10,000,000	기간경과로 당기에 전액 비용처리 함
어음기부금	1,000,000	어음결제일은 차기년도 1월 10일임
합 계	83,150,000	

손금산입 및 익금불산입		
과 목	금액(원)	조정이유
대손충당금한도초과액	3,000,000	전기 대손충당금 과다환입액을 익금불산입함
전기재고자산평가감	10,000,000	
외상매출금	10,000,000	당기 대손요건 충족으로 손금산입함
합 계	23,000,000	

 예제 따라하기

본 예제(시험)는 기존에 입력된 자료는 무시하고 직접 입력하기로 하였으므로 반영된 자료는 [전체삭제(CF5)] 하고, 상단의 [직접입력(F6)]을 선택 후 입력한다.
① 기초잔액 : 전기 자본금과적립금조정명세서(을)표의 기말잔액을 입력한다.
② 당기 중 증감

익금산입 및 손금불산입			
과 목	금액(원)	소득처분	증가/감소(부호)
대손충당금한도초과액	5,000,000	유보발생	증가(+)
증빙불비 기업업무추진비	4,000,000	상여	입력 ×
기업업무추진비한도초과액	25,650,000	기타사외유출	입력 ×
임원퇴직금한도초과액	30,000,000	상여	입력 ×
재고자산평가감	7,500,000	유보발생	증가(+)
전기선급비용	10,000,000	유보감소	감소(-)
어음기부금	1,000,000	유보발생	증가(+)
합 계	83,150,000		

손금산입 및 익금불산입			
과 목	금액(원)	소득처분	증가/감소(부호)
대손충당금한도초과액	3,000,000	유보감소	감소(+)
전기재고자산평가감	10,000,000	유보감소	감소(+)
외상매출금	10,000,000	유보감소	감소(+)
합 계	23,000,000		

③ 자본금과적립금조정명세서(을)

①과목 또는 사항	②기초잔액	당 기 중 증 감		⑤기말잔액(=②-③+④)	비 고
		③감 소	④증 가		
대손충당금한도초과액	3,000,000	3,000,000	5,000,000	5,000,000	
재고자산평가감	10,000,000	10,000,000	7,500,000	7,500,000	
외상매출금	10,000,000	10,000,000			
선급비용	-10,000,000	-10,000,000			
어음기부금			1,000,000	1,000,000	
합 계	13,000,000	13,000,000	13,500,000	13,500,000	

④ 합계금액은 자본금과적립금조정명세서(갑)표에 반영되고 기말잔액은 차기의 기초잔액이 된다.

2 자본금과적립금조정명세서(갑) : 자본금과 적립금 계산서

전산실무 PROCESS

세무상 자기자본을 입력하는 서식으로 상단의 [불러오기(F12)]를 클릭하면 장부상 데이터가 자동반영 되며, 직접 입력도 가능하다.

항 목	입력내용 및 방법
자본금 및 잉여금의 계산	자본금, 자본잉여금, 이익잉여금 등 순서로 기재하되 기초잔액은 직전 사업연도의 자본금과 적립금조정명세서(갑)의 기말잔액란의 금액을 기입한다.
자본금과적립금 명세서(을)계	자본금과적립금조정명세서(을)표의 합계금액이 자동 반영된다.
손익미계상 법인세 등	법인세 공제 후 순손익계산에 계산되지 아니한 법인세를 기재한다. (조정계산에 의한 법인세 차액 등) ① 기초잔액 : 전기말의 기말잔액을 입력하는데, 이는 직전사업연도 부담분 법인세등과 직전 사업연도 손익계산서상에 계상되어 있는 법인세와 차액이다. ② 당기감소 : 당기 납부액을 입력하며 일반적으로 기초잔액을 그대로 입력한다. ③ 당기증가 : 당기의 손익계산서상에 계상되어 있는 법인세비용과 세무조정 후 당기 사업연도 법인세와의 차액을 비교하여 그 차액을 입력한다. 일반기업회계기준상 법인세비용보다 납부할 세액이 많은 경우 양수(+), 반대의 경우에는 음수(-)로 입력한다. | 구 분 | 증가 | |---|---| | 손익계산서 법인세 < 법인세신고서상 법인세 | 양수(+) 입력 | | 손익계산서 법인세 > 법인세신고서상 법인세 | 음수(-) 입력 |

3 자본금과적립금조정명세서(갑) : 이월결손금 계산서

전산실무 PROCESS

항 목	입력내용 및 방법
사업연도	이월결손금이 발생한 사업연도를 입력한다.
이월결손금	① (7)발생액계, (10)소급공제, (11)차감계 : 사업연도별 세무계산상 이월결손금 발생총액, 소급공제 받은 금액(중소기업), 차감액을 입력한다. 다만, 전기말 잔액이 없는 사업연도분은 입력하지 아니한다. ② (9)배분한도 초과결손금 : 지분가액을 초과하여 해당 동업자의 결손금(배분한도 초과 결손금)은 이월된 각 과세연도에 배분하는 동업기업의 각 과세연도의 결손이 지분가액에 미달할 때에만 그 미달하는 금액의 범위에서 추가로 배분한다.
감소내역	① (12)기공제액 : 직전 사업연도까지 소득금액계산상 공제된 이월결손금 누계액을 입력한다. ② (13)당기공제액 : 당기공제대상 이월결손금을 기재하되, 법인세과세표준 및 세액조정계산서의 각 사업연도소득금액을 한도로 하며 입력한 금액은 과세표준계산의 "109"란에 반영된다. ③ (14)보전 : 세무상 이월결손금 발생액 중 채무면제이익, 자산수증이익 등으로 익금불산입으로 보전한 금액을 입력한다.
잔액	(16)기한내, (17)기한경과 : 당해 사업연도에 공제하지 못한 이월결손금 중 공제기한(15년, 2020년 1월 1일 이전 발생분은 10년) 내 금액과 기한경과분을 입력한다.

다음 자료를 이용하여 (주)합격(회사코드 : 5000)의 자본금과적립금조정명세서(갑)를 완성하시오. (단, 이월결손금 계산서는 제외)

(1) 자본금 및 잉여금의 계산은 재무회계의 기장자료를 조회하여 작성한다.
(2) 손익계산서에 계상된 법인세비용이 법인세과세표준 및 세액신고서상의 법인세 보다 법인세는 5,015,113원, 지방소득세는 501,511원이 각각 적게 산출되었다. (전기분은 고려치 않음)
(3) 앞에서 작성한 자본금과적립금조정명세서(을)를 반영한다.

예제 따라하기

① 재무회계의 재무상태표를 조회하여 전기와 당기의 자본 금액을 확인한다.
② 당기 손익계산서에는 법인세비용이 과소계상되었으므로 이에 대한 금액만큼 당기 자본이 감소하여야 한다. 그러므로 과소계상액을 증가란에 양수로 입력한다.

[재무상태표]

과 목	제 15(당)기 2025년1월1일 ~ 2025년12월31일 금액	제 14(전)기 2024년1월1일 ~ 2024년12월31일 금액
자본		
Ⅰ.자본금	310,000,000	310,000,000
자본금	310,000,000	310,000,000
Ⅱ.자본잉여금	2,520,000	2,520,000
주식발행초과금	2,520,000	2,520,000
Ⅲ.자본조정		
Ⅳ.기타포괄손익누계액	△1,500,000	△1,000,000
매도가능증권평가손	△1,500,000	△1,000,000
Ⅴ.이익잉여금	654,546,353	300,017,008
미처분이익잉여금	654,546,353	300,017,008
(당기순이익)		
당기: 354,529,345		
전기: 121,748,687		
자본총계	965,566,353	611,537,008

[자본금과적립금조정명세서(갑)]

	①과목 또는 사항	코드	②기초잔액	당 기 중 증 감		⑤기 말 잔 액 (=②-③+④)	비 고
				③감 소	④증 가		
자본금및 잉여금의 계산	1.자 본 금	01	310,000,000			310,000,000	
	2.자 본 잉 여 금	02	2,520,000			2,520,000	
	3.자 본 조 정	15					
	4.기타포괄손익누계액	18	-1,000,000		-500,000	-1,500,000	
	5.이 익 잉 여 금	14	300,017,008		354,529,345	654,546,353	
	12.기타	17					
	6.계	20	611,537,008		354,029,345	965,566,353	
손익미계상 법인세 등	7.자본금과 적립금명세서(을)계 + (병)계	21	13,000,000	13,000,000	13,500,000	13,500,000	
	8.법 인 세	22			5,015,113	5,015,113	
	9.지 방 소 득 세	23			501,511	501,511	
	10. 계 (8+9)	30			5,516,624	5,516,624	
	11.차 가 감 계 (6+7-10)	31	624,537,008	13,000,000	362,012,721	973,549,729	

실무예제2

다음 자료를 이용하여 중소기업인 (주)합격(회사코드 : 5000)의 자본금과적립금조정명세서(갑)의 이월결손금 계산서를 작성하시오. (입력된 자료는 무시)

(1) 법인의 과세표준계산시 각 사업연도소득금액에서 차감하고 남은 세무상이월결손금의 잔액은 다음과 같다.

사업연도	2008년	2021년	2023년
결손금 발생총액	120,000,000원	90,000,000원	80,000,000원
결손금 소급공제액	40,000,000원	0원	0원
결손금공제액	20,000,000원	30,000,000원	0원
결손금 공제후잔액	60,000,000원	60,000,000원	80,000,000원

(2) 위의 이월결손금 잔액은 당기에 대주주가 결손보전 목적으로 기증한 자산수증이익 50,000,000원을 상계하기 전의 금액이며 동 자산수증이익은 손익계산서상 영업외수익에 포함되어 있으며 소득금액조정합계표에는 익금불산입으로 세무조정 하였다.

(3) 2025년 각 사업연도소득금액 : 100,000,000원

예제 따라하기

① 자산수증이익을 결손보전에 사용하는 경우 결손금 발생연도와 관계없이 보전되므로 2008년 발생분부터 순차적으로 보전하며 결손금 잔액은 기한 경과 금액이다.

② 당기공제액은 각 사업연도소득금액내에서 공제가능(**중소기업이므로 소득금액의 100% 한도내 공제**)하며 [법인세과세표준및세액조정계산서]의 "이월결손금"란에 자동반영 되며, 미공제 잔액은 기한 내 금액으로 입력하여 이월한다.

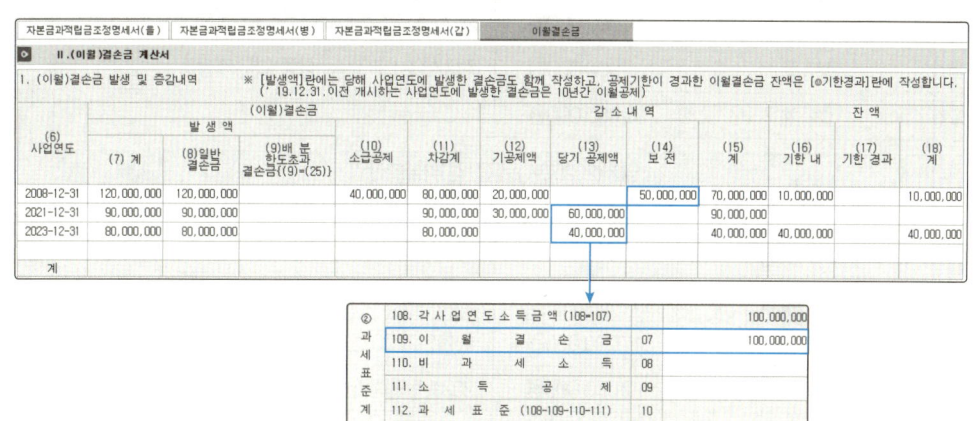

[1] 당사는 중소기업이며 다음 자료를 이용하여 자본금과적립금조정명세서 중 '자본금과적립금조정명세서(을)'탭을 완성하시오. (단, 주어진 자료이외에 입력된 자료는 모두 무시하며, 앞에 문제와는 독립적으로 입력할 것) [회사코드 : 5400.(주)대성]

(1) 2024년 자본금과적립금조정명세서(을)의 잔액은 본 문제에서 주어진 자료외에는 없는 것으로 가정한다.
(2) 전기 소득금액조정합계표의 내용은 다음과 같다.

전기(2024)분 익금산입 손금불산입		
과목	금액	비 고
법인세비용	10,000,000원	손익계산서에 계상된 법인세비용임
기업업무추진비한도초과	5,000,000원	당기 기업업무추진비한도초과액임
기부금	7,000,000원	어음기부금으로 만기가 2025.6.20임
건물감가상각비	10,000,000원	당기 감가상각부인액임
합 계	32,000,000원	

전기(2024)분 손금산입 익금불산입		
과목	금액	비 고
상 품	2,000,000원	2024년 귀속 상품 과대계상액임
합 계	2,000,000원	

(3) 당기(2025년) 소득금액조정합계표의 내용은 다음과 같다.

당기(2025)분 익금산입 손금불산입		
과목	금액	비 고
법인세비용	15,000,000원	손익계산서에 계산된 법인세비용임
기업업무추진비한도초과	15,000,000원	3만원초과 신용카드미사용 기업업무추진비임
상 품	6,000,000원	2025년 귀속(당기) 상품 과소계상액임
상 품	2,000,000원	전기(2024년 귀속) 상품 과대계상액
합 계	38,000,000원	

당기(2025)분 손금산입 익금불산입		
과목	금액	비 고
선급비용	6,000,000원	당기 선급비용 과대계상분
외상매출금	8,000,000원	소멸시효완성채권임
기부금	7,000,000원	어음만기 2025.6.20.
건물상각부인액손금추인액	3,000,000원	2024년 귀속 건물상각부인액을 손금추인함
합 계	24,000,000원	

[2] 다음 자료로 자본금과적립금조정명세서(을) 및 자본금과적립금조정명세서(갑)을 작성하고, 주어진 자료 이외의 자료는 무시한다. (소득금액조정합계표에는 반영하지 않으며, 전기 유보의 감소분과 당기 유보의 증가분은 구분하여 입력한다.) [회사코드 : 5500.(주)태백]

	과 목	기초잔액(원)	당기중 증감(원)		기말잔액(원)
			감소	증가	
전기 자본금과적립금 조정명세서(을)	대손충당금한도초과			5,000,000	5,000,000
	재고자산평가증			−2,200,000	−2,200,000
	선급비용	2,500,000	2,500,000	3,200,000	3,200,000
	비품감가상각비한도초과			4,500,000	4,500,000
	외상매입금(평가손실)			−450,000	−450,000
	계	2,500,000	2,500,000	10,050,000	10,050,000

당기 관련 자료	■ 당기 대손충당금 한도액을 초과한 금액은 없다. ■ 당기분 재고자산의 금액은 적정하다. ■ 전기 선급비용 내역은 아래와 같다. | 과목 또는 사항	금액(원)	참고사항
선급비용	3,200,000	선급기간 : 2025.1.1 ~ 2025.4.14 | ■ 당기에 감가상각비(비품) 시인부족액이 1,520,000원이 발생하였다. ■ 외상매입금은 당기에 상환하였다.
---	---

자본금과적립금 조정명세서(갑) 관련 자료	■ 자본금 및 잉여금 등의 계산은 재무회계의 기장자료를 조회하여 작성한다. ■ 법인세과세표준 및 세액신고서의 법인세가 손익계산서에 계상된 법인세비용보다 법인세는 231,800원, 지방소득세는 23,180원 각각 적게 산출되었다. (전기분은 고려하지 않음) ■ 이월결손금과 당기결손금은 발생하지 않았다. ■ 기 작성된 자본금과적립금조정명세서(을)을 반영한다.

[3] 다음의 자료를 이용하여 자본금과적립금조정명세서 중 이월결손금 계산서에 관한 사항만 작성하시오. [회사코드 : 5600.(주)강남]

(1) 세무상 결손금 내역(2009년 전 이월결손금은 없음)

사업연도	세무상 결손금	비 고
2009	271,522,460원	2019년 귀속 사업연도까지 공제된 이월결손금은 198,280,300원이다.
2019	287,855,400원	2024년 귀속 사업연도까지 공제된 이월결손금은 253,523,850원이다.
2020	9,065,800원	2024년 귀속 사업연도까지 공제된 이월결손금은 0원이다.

(2) 기타내역
■ 본 문제에 한하여 당사는 중소기업이 아니며, 회생계획이행중인 기업이 아닌 것으로 가정한다.
■ 이월결손금 소급공제는 없는 것으로 한다.
■ 당사는 장부 등 증빙을 15년 이상 보관하고 있고 동업기업으로부터 배분받은 결손금은 없다.
■ 2025년 각사업연도소득금액은 40,000,000원이며 당기에 공제한다.
■ 2025년에 채무면제이익 10,000,000원이 발생하여 기업회계기준에 따라 영업외수익으로 계상하고 자본금과 적립금조정명세서에 동 금액을 이월결손금의 보전에 충당한다는 뜻을 표시하고 세무조정으로 익금불산입 하였다.

※ 집중심화연습 해답은 [CHAPTER 06 공제감면세액조정] 1111페이지에서 확인 가능합니다.

4. 주식등변동상황명세서

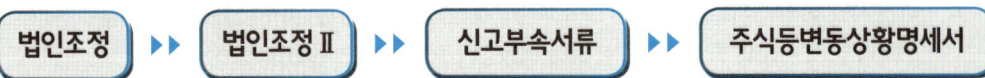

당해 법인의 과세소득계산과는 상관없이 과세관청에서 법인의 주식 등에 대한 이동정보를 파악하고자하는 차원에서 제출을 강제화하고 있다. 주식 등의 이동이 발생하면 증권거래세와 양도소득세의 과세문제가 발생하는데 과세당국에서 이에 대한 과세정보를 얻고자하는 차원에서 주식 등 발행법인에게 주식 등의 변동내역을 보고 하도록 하는 의무를 부여하고 있으며 **법인세신고기한 내에 미제출시 가산세가 부과**된다.

주식 등 변동(양도)상황명세서 제출의무자는 사업연도 중에 주식 등의 변동사항이 있는 법인으로서 법인세 과세표준 신고기한 내에 주식 등 변동상황명세서를 제출하여야 한다. 다만, 다음 각 호의 어느 하나에 해당하는 주식 등에 대하여는 주식등변동상황명세서를 제출하지 아니한다.

① 주권상장법인으로서 해당 사업연도 중 주식의 명의개서 또는 변경을 취급하는 자를 통하여 1회 이상 주주명부를 작성하는 법인의 경우에는 지배주주(그 특수관계자를 포함) 외의 주주 등이 소유하는 주식 등
② ①호 외의 법인의 경우에는 해당 법인의 소액주주가 소유하는 주식 등

전산실무 PROCESS

주식등변동상황명세서는 아래와 같은 순서로 작성한다.

1. 주식 등 변동상황명세서 ▶ 2. 주식(출자지분)양도명세서

구 분	내 용
주식 등의 변동사항 범위	주식등변동상황명세서의 기재되는 주식 등의 변동사항이라 함은 매매·증자·감자·상속·증여 및 출자 등에 의하여 당해 법인의 주주 등 지분비율·보유주식액면총액 및 보유출자총액 등의 변동사항이 당해 사업연도의 주주명부 등 관련 증빙에 의해 확인되는 사항을 말한다.
주식등 변동상황 명세서	① 당해 사업연도 중에 주권(코스닥)상장 되거나 합병, 분할한 경우에는 해당 날짜를 입력하고 해당일을 기준으로 이전, 이후의 서식을 입력한다. ② 신고방법 : 전자신고를 하는 경우 "0", 매체신고하는 경우 "1", 신고를 하지 않는 경우 "2"를 선택한다. ③ 주권상장여부 : 주권상장, 코스닥상장, 비상장 중 택일 한다. ④ 무액면주식발행여부 : 1주당 액면가가 정해지지 않은 상태로 발행주식이 있는 경우 "1.여", 그렇지 않으며 "2.부"를 선택한다.

구 분	내 용
주식등 변동상황 명세서	**(1) 자본에 대한 사항** ① [자본금(출자금)변동 상황]의 ? 버튼을 클릭하여 자본에 대한 세부사항 및 추가사항 등록을 선택하여 기초자본과 자본금의 증감 변동을 원인코드별로 입력한다. 또한, 원인코드가 "1.유상증자, 3.출자전환, 5.주식배당"인 경우 주당발행(인수)가액을 입력한다. 　　<주식종류> 1:보통주, 2:우선주 　　<원인코드> 　　1:유상증자(증), 2:무상증자(증), 3:출자전환(증), 4:주식배당(증), 　　5:주식수감소 유상감자(감), 15:액면가액감소 유상감자(감), 6:주식장주식 무상감자(감), 16:액면가액감소 무상감자(감), 　　7:액면분할, 8:주식병합, 9:기타(자사주 소각등 X감), 10:이익소각(자본금변동없음) ② 액면가액 감소 유상증자(코드 : 15)와 액면가액 감소 무상감자(코드 : 16)는 주식수의 변동은 없다. ③ 변동 주식수(출자좌수) ■ 유상증자는 사업연도 중 유상증자(출자)에 따라 증가한 주식수(출자좌수)를 입력한다. ■ 무상증자는 사업연도 중 자본준비금 및 재평가적립금에 자본전입·주식배당 등에 의한 증가된 주식수(출자좌수)를 입력한다. ■ 전환사채 등 출자전환란은 사업연도 중 전환사채, 신주인수권부사채 등 회사채의 주식전환에 따른 증가된 주식수(출자좌수)를 입력한다. ④ 기말의 ⑭증가(감소) 자본금은 ⑪주식수, ⑫주당 액면가액으로서 기초자본금에서 ⑭란의 당기 중 증가(감소)한 것을 더하거나 뺀 후의 금액과 일치하여야 한다. **(2) 주식 및 출자지분에 대한 사항** ① 성명(법인명), 구분 : 성명 또는 법인명을 입력 후 구분란에 "1:제출의무면제주주소계, 2:개인, 3:영리내국법인, 4:비영리내국법인, 5:개인단체, 6:외국투자자, 7:외국법인" 중 선택한다. ② 주민(사업자)등록번호 : 선택한 구분유형에 따른 해당 등록번호를 입력한다. ■ 개인 : 주민등록번호　　　　　■ 법인 : 사업자등록번호 ■ 외국투사자 : 투자승인(등록)번호, 외국인능록번호, 여권번호 ■ 외국법인 : 투자승인(등록)번호 ③ 주식수 및 출자좌수 변동상황 　㉠ 지배주주와의 관계 : 보조화면을 참고하여 선택한다. 　　0:본인, 1:배우자, 2:자, 3:부모, 4:형제자매, 5:손, 6:조부모, 7:2~6의 배우자, 8:1~7 　　이외의 친족, 9:기타, 10:특수관계법인 　㉡ 기초 : 기초 주식수를 입력하면 지분율이 자동 계산되며 기말란에 반영된다. 　㉢ 기중변동상황 : 증감주식수를 입력해야 하며 그 결과에 의해 기말사항의 지분율이 자동계산 된다. **(3) 주식발행법인의 자기주식** 발행법인이 자기주식을 보유하고 있는 경우 자기주식 보유여부, 자기주식수, 소각 목적 자기주식수, 소각 목적외 자기주식수를 입력한다.
주식(출자지분) 양도명세서	[주식등 변동상황명세서] 서식을 작성한 후에 비상장주식 출자지분 양도가 있는 경우 [주식(출자지분)양도명세서] 서식을 작성한다.

구 분	내 용
주식(출자지분) 양도명세서	① 주식·출자지분의 구분 : 해당되는 번호를 입력한다. 1:특정시설물 이용권 부여 2:부동산 등 50% 이상 보유·양도 3:골프장 등 영위, 부동산 등 80% 이상 4:주권상장·코스닥상장법인(중소) 5:주권상장·코스닥상장법인(일반) 6:비상장법인(중소) 7:비상장법인(일반) ② 주식(출자지분) 양도내용 : 양도자의 성명은 [주식 등 변동상황명세서]의 자료에 의해 자동 반영되며 양도일자와 취득일자 및 주식수에 해당되는 내용을 직접 입력한다.

실무예제

다음 자료를 기준으로 **(주)합격(회사코드 : 5000)**의 [주식등변동상황명세서]를 작성하고 법인세 과세표준 신고시 전자신고를 하고자 한다. (단, 주어진 자료이외의 입력된 자료는 모두 무시하며, 앞에 문제와는 독립적으로 입력할 것)

1. 자본금 현황

기초자본금	유상증자	기말자본금
100,000,000원	50,000,000원	150,000,000원

① 당사는 비상장회사로 사업년도는 2025.1.1. ~ 2025.12.31.이다.
② 기초자본금은 주당 5,000원에 20,000주를 발행하였다.
③ 10월 31일 액면가액으로 유상증자를 주당 5,000원에 10,000주를 실시하였으며 자본금 변경등기를 완료하였다.

2. 주주의 지분변동내역

주주	주민등록번호	기초지분율	기말지분율
백두산	670714 - 1597324	70%	70%
한라산	730805 - 2466829	30%	30%

① 유상증자 시 동일한 지분율로 참여하여 유상증자 이후 지분의 변동은 없으며 회사보유 자기주식은 없다.
② 주주 백두산은 지배주주로서 대표이사이고 주주 한라산은 지배주주의 배우자이다.

 예제 따라하기

(1) 주식등변동명세서 : 기본사항

사업년도(2025-01-01 ~ 2025-12-31), 신고방법(0.전자신고), 주권상장여부(3.비상장), 무액면주식발행여부(2:부)를 입력한다.

(2) 자본에 대한 사항

① [자본금(출자금)변동 상황] ? 버튼을 클릭하여 기초란에 주식수(20,000), 주당액면가액 (5,000)을 입력하면, 증가(감소)자본금에 100,000,000원이 반영된다.

② 유상증자사항은 일자(2025-10-31), 주식종류(1.보통주), 원인코드(1.유상증자(증)), 주식수 (10,000), 주당액면가액(5,000)을 입력하면 증가(감소)자본금란에 50,000,000원이 반영된다. 원인코드가 유상증자인 경우 주당발행(인수)가액(5,000)을 입력한다.

③ 기말란에 주당액면가액(5,000)을 입력하여 자본금(150,000,000)을 자동 계산한다.

④ 자본금(출자금)변동상황 입력 자료가 반영되면 "차액내용"란에 주식수가 총주식수와의 차이 란에 적색으로 기재된다.

(3) 주식 및 출자지분에 대한 사항

① 지배주주와의 관계, 성명(법인명), 구분(개인), 등록번호, 기초 주식수, 기중변동상황 : 유상 증자를 입력한다.

성명	구분	기초 주식수	기중변동사항			기말 주식수	지배주주와 의 관계	지분율
			유상증자	양도	양수			
백두산	개인	14,000	7,000	–	–	21,000	본인	70%
한라산	개인	6,000	3,000			9,000	배우자	30%

[백두산 입력사항]

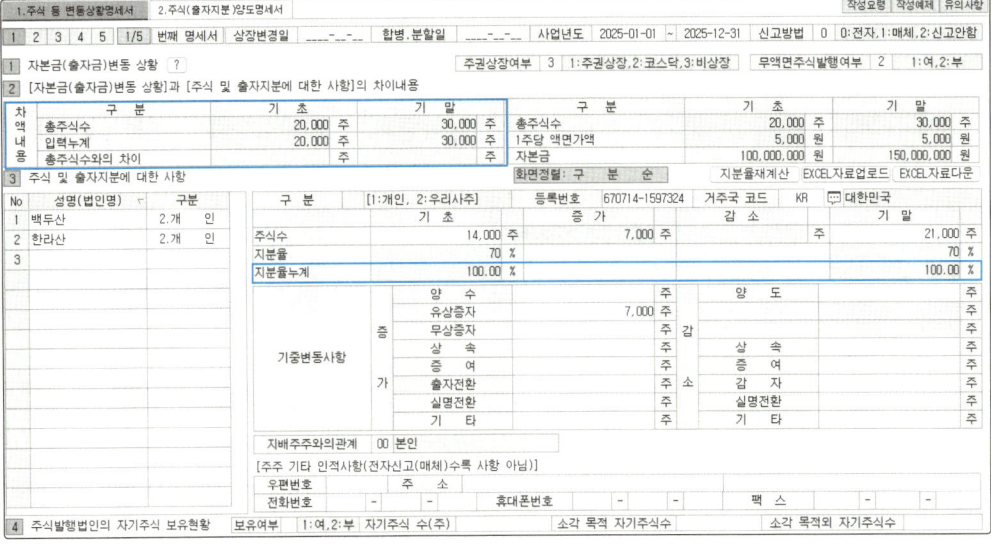

[한라산 입력사항]

② 주식에 대한 지분율은 기초와 기말이 동일하므로 "주식수 × 지분율"을 계산하여 주식수를 입력하며 기초주식수와 유상증자 주식수가 합산되며 입력이 모두 완료되면 "차액내용"란이 기초사항입력누계와 기말사항입력누계란에 주식수가 반영되며 적색이 없어진다.

 심화연습

[1] 당사는 비상장 중소기업으로 입력된 자료는 무시하고 다음의 자료를 참조하여 [주식등변동상황명세서]를 작성하여 법인세 과세표준신고시 전자신고 하고자 한다. [회사코드 : 5100.(주)배움]

1. 등기사항전부증명서 일부

1주의 금액	금 5,000원	. .
발행할 주식의 총수	1,000,000주	. .

발행주식의 총수와 그 종류 및 각각의 수	자본금의 액	변경 연 월 일 / 등 기 연 월 일
발행주식의 총수 ~~10,000주~~ ~~보통주식~~ ~~10,000주~~	~~금 50,000,000원~~	
발행주식의 총수 20,000주 보통주식 20,000주	금 100,000,000원	2025.04.18. 변경 2025.04.18. 등기

2. 주주내역

(1) 2024년 말 주주내역

성명	주민등록번호	지배주주관계	주식수
장세억	660813 – 1953116	본인	5,000주
인재율	690327 – 1082111	없음	5,000주

(2) 2025년 말 주주내역

성명	주민등록번호	지배주주관계	주식수
장세억	660813 – 1953116	본인	10,000주
인재율	690327 – 1082111	없음	8,000주
우민오	691115 – 1173526	없음	2,000주

- 장세억과 인재율은 2025.4.18. 유상증자에 참여하였다. 유상증자는 액면가액으로 진행되었다.
- 인재율은 2025.11.15. 본인의 주식 2,000주(취득일자 2025.4.18.)를 우민오에게 액면가액으로 양도하였다.

※ 집중심화연습 해답은 [CHAPER 06 공제감면세액조정] 1113페이지에서 확인 가능합니다.

CHAPTER 06 공제감면세액조정, 세액계산 및 신고서

1. 감면세액 및 세액공제

과세표준에 의해 계산된 산출세액에서 세액감면 및 세액공제를 받기 위해서는 아래의 서식을 작성해야 하며 최저한세 적용여부를 검토하여 프로세스를 확정하여야 한다.

최저한세 미적용 프로세스

[법인세과세표준및세액조정계산서]
산출세액 확정
⇩
[공제감면세액계산서(1, 2, 4, 5)]
감면대상세액계산 및 감면세액 확정
⇩
[일반연구및인력개발비명세서]
공제세액 계산
⇩
[세액공제조정명세서(3)]
일반연구및인력개발비명세서 공제세액 반영
공제대상세액 계산 및 당기공제액 확정
⇩
[세액감면(면제)신청서, 세액공제신청서]
감면세액 및 공제세액 반영
⇩
[공제감면세액및추가납부세액합계표]
당기 감면세액 및 공제세액 집계
⇩
[법인세과세표준및세액조정계산서]
확정된 감면세액 및 공제세액 반영

최저한세 적용 프로세스

[법인세과세표준및세액조정계산서]
산출세액 확정
⇩
[공제감면세액계산서(1, 2, 4, 5)]
감면대상세액계산
⇩
[일반연구및인력개발비명세서]
공제세액 계산
⇩
[세액공제조정명세서(3)]
일반연구및인력개발비명세서 공제세액 반영
공제대상세액 계산
⇩
[최저한세조정계산서]
최저한세 조정감 계산 : 조정감 발생시 금액 메모하고 감면·세액공제 서식 재작성
⇩
[공제감면세액계산서(2), 세액공제조정명세서(3)]
최저한세에 의한 조정감 배제금액 입력 당기 감면세액 및 공제세액 확정
⇩
[세액감면(면제)신청서, 세액공제신청서]
감면세액 및 공제세액 반영
⇩
[공제감면세액및추가납부세액합계표]
당기 감면세액 및 공제세액 집계
⇩
[법인세과세표준및세액조정계산서]
확정된 감면세액 및 공제세액 반영

서식	내용
공제감면세액계산서(1)	공공차관 도입에 따른 법인세감면과 재해손실세액공제(상실비율 20% 이상)를 받는 경우 작성한다.
공제감면세액계산서(2)	조세특례제한법상 각종 면제·감면세액의 계산을 위해 작성되는 서식으로 창업중소기업등 세액감면과 중소기업특별세액감면 등이 있다.
세액공제조정명세서(3)	중소기업투자세액공제, 연구·인력개발비세액공제 등 조세특례제한법상 각종 세액공제액을 계산하는 서식이다. 연구·인력개발비세액공제 등 일부 세액공제는 외부의 공제관련 명세서를 작성하여 반영하여야 한다.
공제감면세액계산서(4)	외국인투자기업의 법인세감면세액의 계산시 작성하는 서식이며, 법인세신고시 신고영업과 신고외영업에 대하여 소득구분계산서를 첨부하여야 한다.
공제감면세액계산서(5)	법인세법상 외국납부세액공제액을 계산시 작성하는 서식이며 국가별로 각각 작성한다.
추가납부세액계산서(6)	법인세법 및 조세특례제한법상 준비금 환입 및 공제·감면세액에 대한 법인세 추가납부세액(이자상당가산액 포함)의 계산시 작성한다.
세액감면(면제)신청서 세액공제신청서	법인세법 및 조세특례제한법상 세액감면과 공제를 받는 경우 해당 항목별로 감면·공제율을 기재하고 감면·공제세액을 함께 기재하여 제출한다.
공제감면세액 및 추가납부세액합계표	법인세법 및 조세특례제한법상 세액감면과 공제를 받는 경우 해당 항목별로 대상세액과 감면(공제)세액을 기재하여 제출한다. 감면(공제)세액에 입력된 금액은 [법인세과세표준및세액조정계산서]에 반영된다.
일반연구 및 인력개발비명세서	법인이 연구 및 인력개발비에 대한 세액공제를 받고자 하는 경우 그 계산내역을 기재하여 세액공제 신청을 하는 서식으로 [세액공제조정명세서(3)]에 반영한다.

※ 본 서는 시험에서 출제되고 있는 서식에 대해서만 다루고자 하며 세액감면과 공제의 세부이론은 [PART 01 법인세이론 ⇨ CHAPER 03 세액의 계산]에서 확인 가능합니다.

1 공제감면세액계산서(2)

전산실무 PROCESS

항 목	입력내용 및 방법
구분	코드도움(F2)을 클릭하여 해당하는 세액감면을 선택한다.

항 목	입력내용 및 방법
계산명세	① 상단의 [불러오기(F12)]를 클릭하여 [법인세과세표준및세액조정계산서]의 산출세액과 과세표준을 반영하며 직접입력도 가능하다. ② 해당 감면소득과 감면율을 직접 입력하며 구분경리가 필요한 경우 [소득구분계산서]에서 작성하여 감면소득을 계산하여야 하나 현재 시험은 출제하고 있지 않다.
감면대상세액	계산기준에 의해 산출된 감면세액을 입력한다.
최저한세적용 감면배제금액	[최저한세조정계산서]의 조정감란의 감면세액란 금액을 입력하고 이에 따라 각 구분별로 최저한세 적용 감면배제금액을 조정하여 입력한다.
감면세액	감면대상세액에서 최저한세적용감면배제금액을 제외한 금액이 자동반영 된다.
적용사유발생일	창업일·전환일 또는 이전일을 입력한다.

실무예제

다음 자료에 의하여 (주)합격(회사코드 : 5000)은 공제감면세액계산서(2)를 작성하시오.

(1) 당사는 중소기업에 대한 특별세액감면을 받고자 세액감면신청서를 제출하기로 한다.
(2) 법인세과세표준및세액조정계산서상의 과세표준 309,478,443원, 산출세액 38,800,904원으로 가정한다.
(3) 감면대상소득 제조업(10% 적용) : 250,000,000원(가정), 직전 과세연도 대비 상시근로자 감소 인원수 없음
(4) 사유발생일 : 2025년 12월 31일

예제 따라하기

(1) 법인세과세표준 및 세액조정계산서

법인세과세표준 및 세액조정계산서를 조회하여 과세표준 309,478,443원, 산출세액 38,800,904원을 확인한 후 상단의 [저장(F11)]을 누른다. 본 예제는 과세표준과 산출세액에 대하여 가정의 금액을 주었으므로 공제감면세액계산서(2) 서식에 바로 입력한다.

⑨ 산 출 세 액 계 산	113. 과 세 표 준 (113=112+159)	56	309,478,443
	114. 세 율	11	19%
	115. 산 출 세 액	12	38,800,904
	116. 지 점 유 보 소 득 (법 제96조)	13	
	117. 세 율	14	
	118. 산 출 세 액	15	
	119. 합 계 (115+118)	16	38,800,904

(2) 공제감면세액계산서(2)

① 구분란에서 코드도움(F2)을 클릭하여 "중소기업에 대한 특별세액감면"을 선택한다.
② [법인세과세표준및세액조정계산서]의 과세표준과 산출세액을 자동으로 반영하고자 하는 경우 상단의 [불러오기(F12)]를 클릭하여 반영하며 지문에 주어진 경우에는 해당란에 직접 입력한다.

③ 계산기준에 의하여 감면대상세액(3,134,378원)이 계산되어 자동 반영되며 적용사유발생일을 입력한다.
④ **중소기업에 대한 특별세액감면**은 **최저한세 적용대상**으로 최저한세를 검토하여야 하나 이후에 제시되는 세액공제를 모두 계산한 다음 최저한세를 적용하기로 한다.

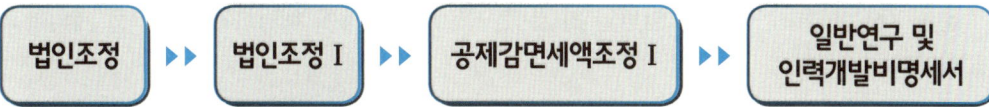

No	①구분 (F2-코드도움)	②계산명세					③감면대상 세액	④최저한세적용 감면배제금액	⑤감면세액 (③-④)	⑥적용사유 발생일
		산출세액	감면소득	과세표준	외국인투자 비율(%)	감면율 (%)				
1	중소기업에 대한 특별세액감면	38,800,904	250,000,000	309,478,443		10.00000	3,134,378		3,134,378	2025-12-31
	합 계						3,134,378		3,134,378	
	근거법 조항	제7조								
	계산기준	산출세액x(감면소득/과세표준)x(5,10,15,20,30/100)								
	계산내역	38,800,904 X (250,000,000/309,478,443) X (10.00000/100)								

2 일반연구 및 인력개발비명세서

법인조정 ▶▶ 법인조정Ⅰ ▶▶ 공제감면세액조정Ⅰ ▶▶ 일반연구 및 인력개발비명세서

전산실무 PROCESS

항 목	입력내용 및 방법
해당연도의 연구및인력개발비 발생명세	① 계정과목 : 연구 및 인력개발비가 계상되어 있는 해당 계정과목을 입력한다. ② 계정과목별로 자체연구개발비, 위탁 및 공동 연구개발비, 인력개발비, 맞춤형교육비용, 현장훈련수당등을 구분하여 입력한다.
연구및인력개발비의 증가발생액의 계산	직접 4년간 연구인력개발비가 발했어야 증가분 세액공제를 받을 수 있으며, 이를 검토하기 위한 자료를 입력하는 부분이다.
공제세액	① 최저한세 설정을 체크하며 **중소기업의 연구및인력개발비세액공제는 최저한세 적용을 받지 않는다.** ② 공제세액이 계산되면 [세액공제조정명세서(3)]에 반영하여 당기공제세액을 산출한다.

실무예제

다음 자료에 의하여 (주)합격(회사코드 : 5000)의 일반 연구 및 인력개발비 명세서를 작성하시오.

(1) 당해 사업연도 일반 연구 및 인력개발비 발생내역

계정과목/비목	인건비*1)	재료비*2)
경상연구개발비(제조)	25,000,000원(2명)	5,000,000원(10건)
개발비(무형자산)	30,000,000원(3명)	10,000,000원(15건)

*1) 당사의 연구전담부서의 연구요원의 인건비를 의미한다.
　　다만 경상연구개발비 중 주주(지분15%)인 임원의 인건비가 4,000,000원 포함되어 있다. 이 외에는 주주인 임원은 없다.
　　※ 연구전담부서는 과학기술부장관에게 신고한 연구개발전담부서이다.
*2) 연구전담부서에서 연구용으로 사용하는 재료비용 등이다.

(2) 직전 4년간 연구 및 인력개발비 발생합계(전부 일반비용)
- 직전 1년 : 42,000,000원
- 직전 2년 : 35,000,000원
- 직전 3년 : 24,000,000원
- 직전 4년 : 20,000,000원

(3) (주)합격은 당해 사업연도(2025.1.1. ~ 2025.12.31.)에 중소기업에 해당한다.

예제 따라하기

(1) 발생명세 및 증가발생액계산 TAB

① 해당 연도의 연구 및 인력개발비 발생 명세 입력시 경상연구개발비에 해당하는 인건비 중 **지분율 10% 초과**하는 주주인 임원의 인건비는 공제대상금액에 해당하지 않으므로 제외하고 입력한다.

② 연구 및 인력 개발비의 증가발생액의 계산부분에 직전 4년간의 금액을 각각 입력하면 4년간 연평균발생액과 증가발생금액을 자동으로 계산된다.

1.발생명세 및 증가발생액계산	2.공제세액	3.연구소/전담부서 현황	4.해당연도 연구·인력개발비 발생명세	5.연구과제총괄표

1	해당 연도의 연구 및 인력개발비 발생 명세							
No	계정과목	자체연구개발비						
		인건비 및 사회보험료		재료비 등		기타		
		인원	(6)금액	건수	(7)금액	건수	(8)금액	
1	경상연구개발비	2	21,000,000	10	5,000,000			
2	개발비	3	30,000,000	15	10,000,000			
	합계	5	51,000,000	25	15,000,000			

No	계정과목	위탁 및 공동 연구개발비		인력개발비		(11)총 계
		건수	(9)금액	건수	(10)금액	
1	경상연구개발비					26,000,000
2	개발비					40,000,000
	합계					66,000,000

2	연구 및 인력개발비의 증가발생액의 계산							
	(12)해당과세연도 발생액(=(11))	(13)직전4년 발생액 계 (14+15+16+17)	(14)직전 1년 2024-01-01 ~ 2024-12-31	(15)직전 2년 2023-01-01 ~ 2023-12-31	(16)직전 3년 2022-01-01 ~ 2022-12-31	(17)직전 4년 2021-01-01 ~ 2021-12-31		
	66,000,000	121,000,000	42,000,000	35,000,000	24,000,000	20,000,000		
	(18)직전4년간 연평균 발생액		(19)직전3년간 연평균 발생액		(20)직전2년간 연평균 발생액			
	30,250,000		33,666,666		38,500,000			
	(21)증가발생액 ((12)-(14))					24,000,000		

(2) 공제세액 TAB

① [회사등록] 메뉴의 "15.중소기업여부 : 1.여"로 설정되어 있어 하단의 메시지창에 "중소기업"에 해당한다는 문구가 자동으로 보여 진다. 중소기업은 **최저한세** 적용대상 **제외**이므로 오른쪽의 "※ 최저한세 설정 : 제외"로 되어 있어야 한다.

② 중소기업에 해당하므로 "해당연도 연구 및 인력개발비 총발생금액 × 25%" 금액과 "증가발생금액 × 50%" 금액 중 큰 금액(16,500,000원)을 공제받는다.
- 당기 발생액 기준 : 66,000,000원 × 25% = 16,500,000원
- 증가 발생액 기준 : (66,000,000원 − 42,000,000원) × 50% = 12,000,000원

③ 연구및인력개발비세액공제는 **세액공제조정명세서(3)를 작성**하여야 하나 세액공제 서식을 설명한 후 실무예제에서 진행하기로 한다.

1.발생명세 및 증가발생액계산		2.공제세액	3.연구소/전담부서 현황	4.해당연도 연구·인력개발비 발생명세		5.연구과제총괄표

3 공제세액							
해당 연도 총발생금액 공제	중소기업	(22)대상금액(=11)		(23)공제율			(24)공제세액
		66,000,000		25%			16,500,000
	중소기업 유예기간 종료이후 5년내기업	(25)대상금액(=11)	(26)유예기간 종료연도	(27)유예기간 종료이후년차	(28)공제율		(29)공제세액

	중견기업	(30)대상금액(=11)		(31)공제율			(32)공제세액
				8%			
	일반기업	(33)대상금액(=11)		공제율			(37)공제세액
			(34)기본율	(35)추가		(36)계	
증가발생금액 공제		(38)대상금액(=21)	(39)공제율		(40)공제세액		※공제율 중소기업 : 50% 중견기업 : 40% 대 기업 : 25%
		24,000,000	50%		12,000,000		
(41)해당연도에 공제받을 세액	중소기업(24과 40 중 선택)				16,500,000		※ 최저한세 설정 ⦿ 제외 ○ 대상
	중소기업 유예기간 종료이후 5년내 기업(29과 40 중 선택)						
	중견기업(32와 40 중 선택)						
	일반기업(37와 40 중 선택)						

3 세액공제조정명세서(3)

법인조정 ▶▶ 법인조정Ⅰ ▶▶ 공제감면세액조정Ⅱ ▶▶ 세액공제조정명세서(3)

전산실무 PROCESS

항 목	입력내용 및 방법
공제대상 세액	① 계산명세에 투자액과 공제율을 입력하면 자동적으로 공제대상세액이 산출된다. ② 연구·인력개발비세액공제는 상단의 [불러오기(F12)]를 클릭하여 일반연구및인력개발비명세서 내용을 자동으로 반영할 수 있으며 직접 입력하고자 하는 경우 "F4"를 누른 후 세부사항을 입력한다. 
당기공제 및 이월액계산	① 구분란에서 코드도움(F2)을 클릭하여 공제항목을 선택한다. ② 공제항목의 사업연도를 입력하고 당기분란에 공제대상 금액을 입력하면 공제세액란에 자동으로 반영된다. ③ 세액공제는 10년간 이월공제가 가능하므로 전기로부터 이월된 공제세액이 있는 경우에 "(108)이월분"란에 입력하고, 당기공제세액·이월공제세액을 "(109)당기분 ~ (114)10차연도"에 해당 연차에 금액을 입력한다. ④ 공제세액을 입력 후 상단의 [최저배제(F6)]를 클릭하여 최저한세 적용배제를 할 수 있다. 서식 적용을 누르면 [공제감면세액및추가납부세액합계표]에 최저한세 배제세액공제나 배제세액감면으로 바로 반영된다.

다음 자료에 의하여 (주)합격(회사코드 : 5000)의 세액공제조정명세서(3)를 작성하시오.

(1) 당사는 연구·인력개발비세액공제를 받을 수 있는 중소기업으로 법인세과세표준신고와 함께 세액공제신청서를 제출한다고 가정한다. 일반연구및인력개발비명세서는 이미 작성되어 있다.
(2) 당사는 통합고용세액공제를 당해 사업년도에 처음 적용받고자 하며 직전 과세연도 대비 상시근로자 증가인원은 다음과 같다. (본점 : 수도권 소재, 정규직 및 유아휴직 전환자 없음)

- 청년 등 : 2.5명
- 청년 등 외 : 4명

(1) 세액공제(1) TAB

상단의 [불러오기(F12)]를 클릭하여 연구·인력개발비세액공제를 반영하며 당사는 중소기업이고 수도권내(인천) 본사가 있다. 두 세액공제는 **중소기업특별세액감면과 중복 적용이 가능**하다.

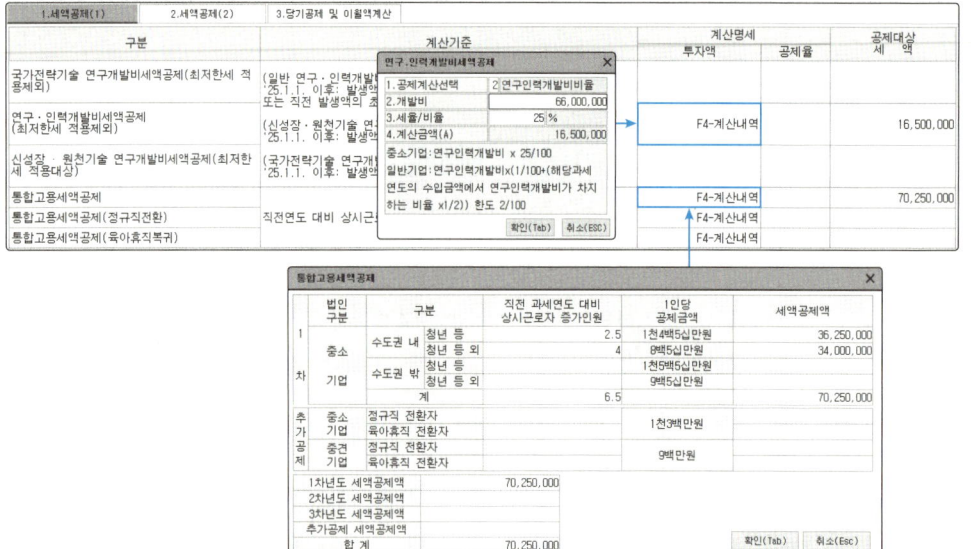

(2) 당기공제 및 이월액계산 TAB

구분란에서 코드도움(F2)으로 공제항목을 선택한 후 "(107)당기분"란에 공제대상 금액을 입력한다. 당사는 중소기업이므로 연구·인력개발비세액공제는 최저한세 배제에 해당하고 통합고용세액공제는 **최저한세 적용대상**이다. 최저한세 적용에 따른 미공제액은 추후 검토한다.

	(105)구분	(106)사업연도	요공제액		당기공제대상세액			(121)최저한세적용에따른미공제액	(122)기타사유로인한 미공제액	(123)공제세액 (120-121-122)	(124)소멸	(125)이월액 (107+108-123-124)
			(107)당기분	(108)이월분	(109)당기분	(110)1차연도	(120)계					
1	연구·인력개발비세액공제(최저한세외)	2025-12	16,500,000		16,500,000		16,500,000			16,500,000		
	소계		16,500,000		16,500,000		16,500,000			16,500,000		
2	통합고용세액공제	2025-12	70,250,000		70,250,000		70,250,000			70,250,000		
	소계		70,250,000		70,250,000		70,250,000			70,250,000		
	합계		86,750,000		86,750,000		86,750,000			86,750,000		

4 최저한세조정계산서

🔧 전산실무 PROCESS

최저한세 조정 대상 세액감면 및 세액공제인 경우에는 최정한세조정계산서를 작성해야 한다. [공제감면세액및추가납부세액합계표] 메뉴를 클릭하면 **최저한세배제세액감면·세액공제 및 최저한세적용세액감면·세액공제를 확인**할 수 있으니 구분이 명확하지 않는 경우 확인후 세액감면·공제 프로세스를 진행한다.

① 상단의 [불러오기(F12)]를 클릭하면 기 작성한 [법인세과세표준및세액조정계산서]의 금액을 반영할 수 있다.
② "(123)감면세액"과 "(124)세액공제"는 최저한세 적용대상의 금액을 입력하며 [공제감면세액계산서(2)] 서식과 [세액공제조정명세서서(3)] 서식을 작성 한 후 반드시 저장을 하여야 자동으로 반영된다.
③ "③최저한세"의 "(122)산출세액"이 계산되고, [②감면후세액 : (125)차감세액 < ③최저한세 : (122)산출세액]인 경우 "④조정감"에 최저한세 배제되는 금액이 자동계산 된다.
④ 최저한세 조정감이 있는 경우 최저한세의 "(122)산출세액"과 "⑤조정후세액"의 "(125)차감세액"이 일치해야 한다.

①구분	코드	②감면후세액	③최저한세	④조정감	⑤조정후세액
(120) 과 세 표 준 금 액 (118+119)	25	최저한세와 비교할 금액		② 감면후세액 : (125)차감세액<최저한세 세액감면공제 배제금액	
(121) 세 율	19				
(122) 산 출 세 액	20		최저한세		
(123) 감 면 세 액	21				
(124) 세 액 공 제	22				
(125) 차 감 세 액 (122-123-124)	23				

⑤ 감면배제(조정감)되는 세액감면과 세액공제를 [공제감면세액계산서(2) : ④최저한세적용감면배제금액]란과 [세액공제조정명세서(3) : (121)최저한세적용에따른미공제액]란에 입력하고 반드시 저장한다.

[공제감면세액계산서(2)]

No	①구분 (F2-코드도움)	②계산명세					③감면대상세액	④최저한세적용감면배제금액	⑤감면세액 (③-④)	⑥적용사유 발생일
		산출세액	감면소득	과세표준	외국인투자비율(%)	감면율(%)				

[세액공제조정명세서(3)]

1.세액공제(1)		2.세액공제(2)		3.당기공제 및 이월액계산						
(105)구분	(106)사업연도	요공제액		당기공제대상세액				(121)최저한세적용에따른미공제액	(122)기타사유로인한 미공제액	(123)공제세액 (120-121-122)
		(107)당기분	(108)이월분	(109)당기분	(110)1차연도	(111)2차연도				

[최저한세 적용으로 공제감면배제되는 세액의 처리]
① 최저한세의 적용으로 공제받지 못한 부분에 상당하는 **세액**은 당해 사업연도의 다음 사업연도개시일로부터 **10년** 이내에 종료하는 각 과세연도에 **이월**하여 **공제**한다.
② 각 사업연도의 법인세에서 공제할 세액공제액과 이월된 미공제세액이 중복되는 경우에는 **먼저 발생**한 것부터 **순차로 공제**한다.

실무예제

(주)합격(회사코드 : 5000)의 위 세액감면과 세액공제를 순차적으로 반영하여 최저한세조정명세서를 작성하시오.

(1) 중소기업특별세액감면 : 3,134,378원
(2) 연구·인력개발개발비세액공제(최저한세 적용 제외) : 16,500,000원
(3) 통합고용세액공제 : 70,250,000원
(4) 법인세과세표준및세액조정계산서(가정)

- 결산서상 당기순이익 : 354,529,345원
- 익금산입및손금불산입 : 317,993,568원
- 손금산입및익금불산입 : 170,090,000원
- 기부금한도초과액 : 2,045,530원
- 기부금한도초과이월액손금산입 : 95,000,000원
- 이월결손금 : 100,000,000원

예제 따라하기

(1) 법인세과세표준및세액조정계산서

최저한세 적용전 반드시 작성하여 **저장**한다.

	구분		금액		구분		금액
①각사업연도소득계산	101.결산서상 당기순손익 01		354,529,345	④납부할세액계산	120.산출세액(120=119)		38,800,904
	소득조정금액 102.익금산입 02		317,993,568		121.최저한세 적용 대상 공제감면세액 17		
	103.손금산입 03		170,090,000		122.차감세액 18		38,800,904
	104.차가감소득금액(101+102-103) 04		502,432,913		123.최저한세 적용제외 공제감면세액 19		
	105.기부금한도초과액 05		2,045,530		124.가산세액 20		
	106.기부금한도초과이월액 손금산입 54		95,000,000		125.가감계(122-123+124) 21		38,800,904
	107.각 사업연도 소득금액(104+105-106) 06		409,478,443		기한내납부세액 126.중간예납세액 22		
②과세표준계산	108.각 사업연도 소득금액(108=107)		409,478,443		127.수시부과세액 23		
	109.이월결손금 07		100,000,000		128.원천납부세액 24		
	110.비과세소득 08				129.간접 회사등 외국 납부세액 25		
	111.소득공제 09				130.소계(126+127+128+129) 26		
	112.과세표준(108-109-110-111) 10		309,478,443		131.신고납부전 가산세액 27		
	159.선박표준이익 55				132.합계(130+131) 28		
③산출세액계산	113.과세표준(113=112+159) 56		309,478,443		133.감면분 추가 납부세액 29		
	114.세율 11		19%		134.차가감 납부할 세액(125-132+133) 30		38,800,904
	115.산출세액 12		38,800,904	⑤토지등 양도소득, ⑥미환류소득 법인세 계산 (TAB로 이동)			
	116.지점유보소득(법 제96조) 13			⑦세액계	151.차감 납부할 세액계(134+150+166) 46		38,800,904
	117.세율 14				152.사실과 다른 회계 처리 경정 세액공제 57		
	118.산출세액 15				153.분납세액 계산 범위액 (151-124-133-145-152+131) 47		38,800,904
	119.합계(115+118) 16		38,800,904		154.분납할 세액 48		
					155.차감 납부세액 (151-152-154) 49		38,800,904

(2) 최저한세조정계산서

① 상단의 **[불러오기(F12)]**를 클릭하여 [법인세과세표준및세액조정계산서]의 금액과 [공제감면세액계산서(2)] 및 [세액공제조정명세서(3)]의 금액을 자동으로 반영한다.

② 연구·인력개발개발비세액공제는 최저한세 적용 제외이므로 반영되지 않으며 "②감면후세액"이 "③최저한세"보다 **작은** 경우 세액공제감면 배제에 의하여 **조정감**이 **발생**하며 금액(**56,246,965원**)을 메모한 후 저장한다. 이월되지 않는 세액감면을 먼저 공제받고 세액공제 순으로 적용되며 중소기업특별세액감면은 최저한세적용감면배제금액 없으므로 전액 공제받는다.

①구분	코드	②감면후세액	③최저한세	④조정감	⑤조정후세액
(101) 결산서상 당기순이익	01	354,529,345			
소득조정금액 (102) 익 금 산 입	02	317,993,568			
(103) 손 금 산 입	03	170,090,000			
(104) 조 정 후 소 득 금 액 (101+102-103)	04	502,432,913	502,432,913		502,432,913
최저한세적용대상 (105) 준 비 금	05				
특별비용 (106) 특별상각, 특례상각	06				
(107) 특별비용손금산입전소득금액 (104+105+106)	07	502,432,913	502,432,913		502,432,913
(108) 기 부 금 한 도 초 과 액	08	2,045,530	2,045,530		2,045,530
(109) 기부금 한도초과 이월액 손 금 산 입	09	95,000,000	95,000,000		95,000,000
(110) 각 사업 년 도 소 득 금 액 (107+108-109)	10	409,478,443	409,478,443		409,478,443
(111) 이 월 결 손 금	11	100,000,000	100,000,000		100,000,000
(112) 비 과 세 소 득	12				
(113) 최저한세적용대상 비과세소득	13				
(114) 최저한세적용대상 익금불산입·손금산입	14				
(115) 차가감소득금액 (110-111-112+113+114)	15	309,478,443	309,478,443		309,478,443
(116) 소 득 공 제	16				
(117) 최저한세적용대상 소 득 공 제	17				
(118) 과 세 표 준 금 액 (115-116+117)	18	309,478,443	309,478,443		309,478,443
(119) 선 박 표 준 이 익	24				
(120) 과 세 표 준 금 액 (118+119)	25	309,478,443	309,478,443		309,478,443
(121) 세 율	19	19 %	7 %		19 %
(122) 산 출 세 액	20	38,800,904	21,663,491		38,800,904
(123) 감 면 세 액	21	3,134,378			3,134,378
(124) 세 액 공 제	22	70,250,000		56,246,965	14,003,035
(125) 차 감 세 액 (122-123-124)	23				21,663,491

③ 고용증대에 따른 세액공제는 [3.당기공제 및 이월액계산] TAB의 "(121)최저한세적용에 따른 미공제액"을 입력하고 이월시킨다.

5 공제감면세액 및 추가납부세액합계표

법인조정 ▶▶ 법인조정 I ▶▶ 공제감면세액조정 II ▶▶ 공제감면세액 및 추가납부세액합계표

전산실무 PROCESS

공제대상인 세액감면 및 세액공제는 모두 공제감면세액 및 추가납부세액합계표에 집계된다. 본 서식에 입력된 금액은 [법인세과세표준및세액조정계산서]의 "121.최저한세적용대상공제감면세액"란과 "123.최저한세적용제외공제감면세액"란에 반영한다.

① 대상세액은 [공제감면세액계산서] 및 [세액공제조정명세서]에 입력한 금액이 반영되며 직접입력도 가능하다.
② 감면공제세액은 각 감면공제세액계산서에 의하여 계산된 공제세액 중 당기에 공제될 세액을 범위 안에서 공제순위에 따라 구분별로 입력한다.

실무예제

위에서 작성된 자료에 의해서 (주)합격(회사코드 : 5000)의 공제감면세액 및 추가납부세액합계표를 작성하고 법인세과세표준및세액조정계산서에 반영하시오.

 예제 따라하기

(1) 공제감면세액및추가납부세액합계표

상단의 [불러오기(F12)]를 클릭하여 [공제감면세액계산서(2)]의 "중소기업특별세액감면" 및 [세액공제조정명세서(3)]의 "연구·인력개발비세액공제·통합고용세액공제"를 반영한 후 저장한다. 자료가 반영되지 않는 경우가 있다면 각 서식을 작성 후 "저장" 여부를 확인한다.

[최저한세적용세액감면 : 중소기업특별세액감면]

①구 분	②근 거 법 조 항	코드	③대상세액	④감면세액
(161)에너지신기술 중소기업 세액감면	「조특법」 제6조제4항	13E		
(162)중소기업에 대한 특별세액감면	「조특법」 제7조	112	3,134,378	3,134,378

[최저한세배제세액공제 : 연구·인력개발비세액공제]

①구 분	②근 거 법 조 항	코드	③대상세액	④감면(공제)세액
세	(151)국가전략기술 연구개발비세액공제(최저한세 적용제외)	「조특법」 제10조제1항제2호	100		
액	(152)일반연구·인력개발비세액공제(최저한세 적용제외)	「조특법」 제10조제3호	16B	16,500,000	16,500,000

[최저한세적용세액공제 : 통합고용세액공제]

①구 분	②근 거 법 조 항	코드	⑤전기이월액	⑥당기발생액	⑦공제세액
	(224)통합고용세액공제	「조특법」 제29조의8	18S		70,250,000	14,003,035
세	(225)통합고용세액공제(정규직전환)	「조특법」 제29조의8	1B4			

(2) 법인세과세표준및세액조정계산서

[불러오기(F12)]를 클릭하여 [공제감면세액및추가납부세액합계표]의 금액을 반영한다.

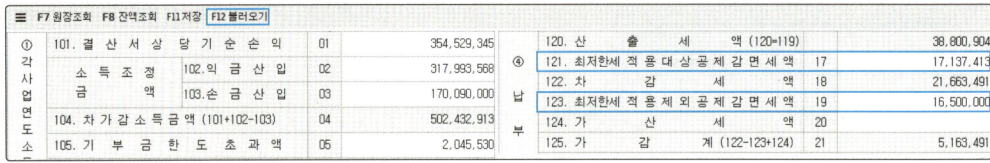

[1] 다음 자료를 통하여 당사(중소기업)의 일반 연구 및 인력개발비 명세서를 작성하고, 세액공제조정명세서(3) 및 공제감면세액합계표만 완성하라. [회사코드 : 5100.(주)배움]

(1) 직전 4년간 연구 및 인력개발비 발생내역은 다음과 같고, 이는 모두 일반 연구 및 인력개발비에 해당한다.

- 2021년(12개월) : 22,000,000원
- 2022년(12개월) : 24,000,000원
- 2023년(12개월) : 32,000,000원
- 2024년(12개월) : 40,000,000원

(2) 당해 사업연도 연구 및 인력개발비 발생내역은 다음과 같다.

구 분	인건비	원재료비
개발비(무형자산)	22,000,000원(2명)	10,000,000원(25건)
경상연구개발비(손익/제조)	24,000,000원(3명)	6,000,000원(10건)

- 인건비는 연구전담부서로 신고된 연구요원(주주인 임원이 아님)의 인건비이다.
- 원재료비는 연구전담부서에서 시험 및 연구용으로 사용하는 재료비용이다.

[2] 당 법인은 당기에 신규 투자한 기계장치에 대하여 통합투자세액공제(신성장사업화시설)를 적용받고자 한다. 2025년도에는 12% 공제율을 적용하며 다음 자료에 의하여 세액공제조정명세서(3)을 작성하시오. (최저한세 및 추가공제는 고려하지 않음) [회사코드 : 5200.(주)성공]

구 분	기계장치A	기계장치B
취득일	2025. 2. 10	2025. 4. 20
취득가액	40,000,000원	200,000,000원
비고	중고품	신제품 (취득가액에는 정부보조금으로 구입한 금액 50,000,000원이 포함되어 있다.)

[3] 입력된 자료는 무시하고 다음 자료만을 이용하여 최저한세조정명세서만 작성하시오.

[회사코드 : 5300.(주)기원]

(1) 당기에 공제가능한 이월결손금은 37,000,000원이다.
(2) 소득공제대상액 45,000,000원 중 최저한세 대상인 소득공제금액은 18,000,000원이다.
(3) 세액감면대상액 72,000,000원 중 최저한세 대상인 세액감면금액은 20,000,000원이다.
(4) 본 문제에 한하여 결산서상 당기순이익 및 각 사업연도 소득금액은 300,000,000원이다.

※ 집중심화연습 해답은 [CHAPER 06 공제감면세액조정] 1115페이지에서 확인 가능합니다.

2. 가산세액계산서

법인조정 ▶▶ 법인조정Ⅱ ▶▶ 세액계산및신고서 ▶▶ 가산세액계산서

법인세법 등의 규정을 위반한 경우 해당 항목에 대한 가산세를 납부하여야 하는 데 이때 해당 "③기준금액"에 각종 가산세대상 금액을 입력하면 "④가산세율"이 자동으로 적용되어 "⑥가산세액"을 계산할 수 있다.

※ 가산세에 대한 세부이론은 [PART 01 법인세이론 ⇨ CHAPER 03 세액의 계산]에서 확인 가능합니다.

실무예제

다음 자료를 이용하여 (주)합격(회사코드 : 5000)의 법인세법상 가산세액계산서를 작성하고 법인세과세표준 및 세액조정계산서에 반영하시오.

(1) 당사가 지출한 경비 중 10,000,000원을 제외한 모든 경비는 법인세법에서 요구하는 세금계산서, 계산서, 신용카드매출전표 등의 증빙을 갖추고 있다. 지출경비 10,000,000원에 대한 구체적인 내용은 다음과 같다.

구 분	금 액	비 고
사무용품비	1,000,000원	전부 거래건당 3만원 이하 금액이다.
판매장려금	5,000,000원	전부 현금으로 지급하였다.
복리후생비	4,000,000원	전부 거래건당 3만원 초과 금액이다.

(2) 당사의 회계담당자의 실수로 9월의 일용근로자에 대한 지급명세서(일용근로자 임금 총액 : 100,000,000원)를 법정제출기한까지 제출하지 못하였음을 확인하고 2025년 11월 20일 제출하였다.
(3) 제1기 확정부가가치세 신고 시 누락한 매출세금계산서(공급가액 : 50,000,000원, 부가가치세 별도)를 2025년 8월 31일 수정신고 하였다.
(4) 제2기 확정부가가치세 신고 시 제출누락한 매출계산서(공급가액 : 20,000,000원)를 아직 미 발급한 상태이다.

 예제 따라하기

(1) 가산세액계산서

① 거래건당 3만원을 초과하는 경우에는 법인세법에서 요구하는 세금계산서등의 증빙을 갖추어야 하며 그러하지 아니한 경우에는 미수취금액의 2%의 지출증명서류미수취가산세를 적용한다. 그러나 현금으로 지급한 판매장려금의 경우에는 재화에 해당하지 아니하므로 세금계산서등의 수취의무는 없다.

지출증명서류 미수취가산세 = 4,000,000원 × 2% = 80,000원

② 9월의 일용근로자에 대한 지급명세서는 10월 31일까지 제출하여야 하며 미제출한 경우에는 미제출한 금액의 0.25%를 지급명세서미제출가산세를 적용한다. 다만 제출기한 경과 후 1개월 이내에 제출하면 50%의 감면이 적용되어 0.125%를 적용한다.

지급명세서 미제출가산세 = 100,000,000원 × 0.25% × 50% = 125,000원

③ 부가가치세 수정신고와 관련한 가산세는 부가가치세 수정신고시 계산하여 납부하므로 법인세법 가산세액계산에는 포함하지 않는다.

④ 계산서는 공급시기에 발급하여야 하며 지연발급의 기한은 다음해 1월 25일까지이며 법인세 신고시점까지도 미발급상태이므로 미발급가산세 2%를 적용한다.

계산서 미제출가산세 = 20,000,000원 × 2% = 400,000원

구분		계산기준	기준금액	가산세율	코드	가산세액
지출증명서류		미(허위)수취금액	4,000,000	2/100	8	80,000
지급명세서		미(누락)제출금액		10/1,000	9	
	불분명	불분명금액		1/100	10	
	상증법 82조 1 6	미(누락)제출금액		2/1,000	61	
		불분명금액		2/1,000	62	
	상증법 82조 3 4	미(누락)제출금액		2/10,000	67	
		불분명금액		2/10,000	68	
	법인세법 제75의7①(일용근로)	미제출금액	100,000,000	12.5/10,000	96	125,000
		불분명등		25/10,000	97	
	법인세법 제75의7①(간이지급명세서)	미제출금액		25/10,000	102	
		불분명등		25/10,000	103	
	소 계				11	125,000
계산서	계산서미발급	공급가액	20,000,000	2/100	16	400,000
	계산서지연발급 등	공급가액		1/100	94	
	계산서가공(위장)수수	공급가액		2/100	70	
	계산서불분명	공급가액		1/100	17	
전자계산서	미전송	공급가액		5/1,000	93	
	지연전송	공급가액		3/1,000	92	
계산서합계표	미제출	공급가액		5/1,000	18	
	불분명	공급가액		5/1,000	19	
세금계산서합계표	미제출	공급가액		5/1,000	75	
	불분명	공급가액		5/1,000	76	
	소 계				20	400,000
	합 계				21	605,000

(2) 법인세과세표준 및 세액조정계산서

상단의 [불러오기(F12)]를 클릭하여 [가산세액계산서]의 금액을 반영한다.

① 각사업연도소득계산	101. 결산서상 당기순손익	01	354,529,345
	소득조정금액 102. 익금산입	02	317,993,568
	103. 손금산입	03	170,090,000
	104. 차가감소득금액 (101+102-103)	04	502,432,913
	105. 기부금한도초과액	05	2,045,530
	106. 기부금한도초과이월액 손금산입	54	95,000,000
	107. 각사업연도소득금액(104+105-106)	06	409,478,443
② 과세표준계산	108. 각사업연도소득금액 (108+107)		409,478,443
	109. 이월결손금	07	100,000,000
	110. 비과세소득	08	
	111. 소득공제	09	
	112. 과세표준 (108-109-110-111)	10	309,478,443
	159. 선박표준이익	55	

④ 납부할세액계산	120. 산출세액 (120+119)		38,800,904
	121. 최저한세 적용대상 공제감면세액	17	17,137,413
	122. 차감세액	18	21,663,491
	123. 최저한세 적용제외 공제감면세액	19	16,500,000
	124. 가산세액	20	605,000
	125. 가감계 (122-123+124)	21	5,768,491
기한내납부세액	126. 중간예납세액	22	
	127. 수시부과세액	23	
	128. 원천납부세액	24	
	129. 간접회사등 외국납부세액	25	
	130. 소 계(126+127+128+129)	26	
	131. 신고납부전가산세액	27	
	132. 합 계 (130+131)	28	
	133. 감면분추가납부세액	29	
	134. 차가감납부할세액(125-132+133)	30	5,768,491

[1] 다음 자료에 의하여 가산세액계산서를 작성하시오. [회사코드 : 5100.(주)배움]

(1) 당사가 지출한 경비 중 6,000,000원을 제외한 모든 경비는 법인세법에서 요구하는 세금계산서, 계산서, 신용카드매출전표 등의 적격증명서류를 갖추고 있다. 지출경비 6,000,000원에 대한 구체적인 내용은 다음과 같다.

구 분	금액(원)	비 고
사무용품비	1,760,000	전부 거래건당 3만원 이하 금액이다.
복리후생비	4,240,000	전부 거래건당 3만원 초과 금액이다.

(2) 회계담당자의 실수로 2025년 퇴직소득에 대한 지급명세서(퇴직급여 총액 : 150,000,000원)를 법정제출기한까지 제출하지 못하였음을 법인세신고시 확인하고 2026년 3월 25일 제출하였다.

[2] 본 문제에 한하여 제17기(2025.1.1. ~ 12.31.) 법인세 과세표준신고를 2026년 4월 3일에 기한후 신고로 이행한다고 가정하고, 입력된 자료는 무시하고 다음 자료만을 이용하여 가산세액계산서를 작성하시오. [회사코드 : 5200.(주)성공]

신고납부가산세 관련	■ 무기장가산세는 대상이 아니며 일반무(과소)신고가산세를 적용하고, 미납일수는 3일로 한다. ■ 산출세액 및 미납세액은 17,300,000원이고 수입금액은 6,100,000,000원이다.
미제출가산세 관련	■ 지출증명서류를 제대로 수취하지 아니한 금액은 32,400,000원이다. ■ 2025년 5월분 일용직근로소득에 대한 지급명세서를 2025년 8월 10일에 제출한 금액이 9,400,000원이다. ■ 2025년 중 주주가 변동된 액면금액 45,000,000원에 대한 주식등변동상황명세서 및 부속서류를 기한후 신고시 제출하기로 한다.

※ 집중심화연습 해답은 [CHAPER 06 공제감면세액조정] 1117페이지에서 확인 가능합니다.

3. 원천납부세액명세서

이 서식은 보유기간이자상당액에 대하여 원천징수되는 채권 등의 이자소득을 제외한 이자소득 및 증권투자신탁수익의 분배금에 대하여 작성하고, 기납부세액으로 공제되는 원천납부세액의 **법인세 원천징수 내역을 작성하는 서식이다.**

항 목	입력내용 및 방법
불러오기(F12)	재무회계를 이용하여 기장을 했을 때 [계정별 원장 데이터 불러오기]를 클릭하면 아래의 [이자금액 관련 계정과목]이 나타나며, 추가로 해당 계정과목을 등록할 수도 있다.
적요	적요란에는 비영업대금의 이자, 정기예금이자 등 이자소득이 발생하는 사유를 입력한다.
원천징수의무자 원천징수일	적요사유별·원천징수의무자별로 구분하여 각 사업연도의 합계액으로 입력할 수 있으며, 이 경우 원천징수일은 최초의 원천징수일을 입력한다.
이자·배당금액	금액란에 커서가 위치하면 계정별 원장에서 불러온 데이터의 과세표준계정 동일일자 거래처와 금액이 아래의 도움박스로 나타나므로 해당 과세표준을 선택한다.
세율	원천납부세액명세서(갑, 을)의 세율은 14%로 적용되며 직접 입력 가능하다.
법인세	법인세 금액이 1,000원 미만인 경우 소액부징수에 해당하므로 "0원"으로 계산한다. 다만, 1,000원 미만이라도 실제로 원천징수하는 경우는 직접 법인세를 입력한다.
지방세납세지	지방소득세특별징수세액명세서의 납세지란에 작성할 납세지명을 입력한다.

실무예제

다음 자료에 의하여 (주)합격(회사코드 : 5000)의 원천납부세액명세서를 작성하고 법인세과세표준및세액조정계산서에 반영하시오.

| 원천징수일 | 적요 | 원천징수의무자 | | 이자금액 | 세율 | 법인세 |
		사업자등록번호	상호			
9월 20일	보통예금이자	218-81-21304	수성은행	500,000원	14%	70,000원

※ 지방세납세지 : 인천광역시 남동구 구월동

 예제 따라하기

① 상단의 [불러오기(F12)]를 클릭하여 해당 계정과목을 확인하고 기장된 데이터를 반영한다. 반영 후 지방소득세가 함께 반영되므로 **지방소득세 관련 자료는 삭제**한다.

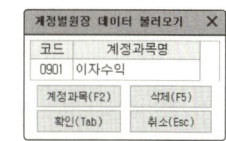

② 이자·배당금액란에 커서를 두고 코드도움(F2)을 누르면 원천징수일의 이자수익 등의 금액이 조회되고 확인하여 반영한다.

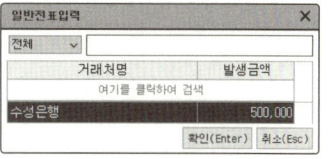

③ 원천납부세액명세서의 법인세는 [법인세과세표준및세액조정계산서]의 "기납부세액 : 128.원천납부세액"란에 반영한다.

집중 심화연습

[1] 다음의 자료는 2025년 1월 1일부터 12월 31일까지의 원천징수와 관련한 자료이다. 주어진 자료를 이용하여 원천납부세액명세서(갑) 표를 작성하시오. (단, 지방세 납세지는 기재하지 말 것)

[회사코드 : 5300.(주)기원]

원천징수내역
(단위 : 원)

적요	원천징수 대상금액	원천징수일	원천징수 세율	원천징수의무자	사업자등록번호
정기예금이자	1,000,000	6.30	14%	(주)한들은행	110-81-12345
보통예금이자	2,000,000	12.31	14%	(주)두리은행	210-81-12345
저축성보험차익[*1]	10,000,000	8.31	14%	(주)신흥해상보험	123-81-25808

*1) 저축성보험차익은 만기보험금이 납입보험료를 초과한 금액으로 2021년 9월 30일에 가입하였으며 만기는 2026년 9월 30일에 도래하나, 회사사정상 당해연도 8월 31일에 해지하였다. 보험계약기간 중 저축성보험관련 배당금 및 기타 유사한 금액은 지급되지 않았다.

※ 집중심화연습 해답은 [CHAPER 06 공제감면세액조정] 1118페이지에서 확인 가능합니다.

4. 법인세과세표준 및 세액조정계산서

표준재무제표 및 각 세무조정 항목에서 연관되는 데이터가 자동반영 된다. 그러나 [기한 내 납부세액]은 중간예납(중간예납을 고지한 경우 포함), 수시부과 및 원천납부 세액을 각각 추가 입력하여야 하며, 가산세는 제외한다.

분납할 세액(가산세는 제외)은 세액한도가 자동으로 표시되므로 동일금액이나 적은금액을 입력하면 된다.

실무예제

(주)합격(회사코드 : 5000)의 법인세과세표준 및 세액조정계산서를 작성하시오.

① 결산서상 당기순이익 : 354,529,345원
② 익금산입액 : 317,993,568원, 손금산입액 : 170,090,000원
③ 기부금한도초과액 : 2,045,530원, 기부금한도초과 이월액 손금산입액 : 95,000,000원
④ 세무상 미소멸 이월결손금은 2009년 50,000,000원, 2021년 60,000,000원, 2023년 40,000,000원이다.
   (기 작성된 이월결손금은 고려하지 않으며, 당사는 중소기업이다.)
⑤ 중소기업에 대한 특별세액감면은 3,134,378원이고, 연구및인력개발비 세액공제는 16,500,000원, 통합고용세액공제는 14,003,035원이다. (최저한세 계산은 적절하게 이루어졌다.)
⑥ 결산 시 법인세 등 계정으로 대체한 선납세금계정은 중간예납세액(7,000,000원)과 원천납부세액(70,000원) 뿐이다. (지방소득세 별도)
⑦ 가산세액계산서에 계산된 가산세 605,000원이 있다.
⑧ 위 이외의 세무조정 자료는 없으며, 분납 가능한 최대의 금액을 현금으로 분납하며 환급세액이 발생하면 회사 통장에 입금될 예정이다.

 예제 따라하기

① 법인세과세표준 및 세액조정계산서는 **기납부세액 및 분납을 제외**하고는 직접 입력하지 않고 관련 서식에서 작성한 내역을 상단의 **[불러오기(F12)]**를 클릭하여 반영하는 것이다. 다만, **시험에서는 기 입력된 자료는 무시하고 주어진 자료를 근거하여 직접 작성하는 것으로 출제**되고 있어 상기의 실습예제 형태를 주었다.

② 기 입력된 서식의 자료를 반영하고자 하는 경우 상단의 [불러오기(F12)]를 클릭하여 자료를 반영하며 주어진 예제의 금액과 비교한다.

③ 세무상 미소멸 이월결손금 중 2009년 발생분은 공제기한(10년) 경과분으로 이월결손금 공제를 적용할 수 없고, 중소기업이므로 소득금액 100% 한도 내에서 공제가 가능하다.

④ 중소기업에 대한 특별세액감면·통합고용세액공제는 최저한세 적용 대상이므로 "121란"에 입력하고, 연구및인력개발비 세액공제는 중소기업의 경우 최저한세 적용 제외이므로 "123란"에 입력한다.

⑤ 기납부세액이 주어지지 않는 경우에는 상단의 [원장조회(F7)]를 클릭하여 "선납세금"을 조회하여 중간예납세액과 원천납부세액을 구분하여 입력한다. 다만, 원천납부세액 입력시 지방소득세는 제외하고 입력한다.

⑥ 분납할세액은 하단의 메시지를 참고하여 입력하며 가산세는 분납대상에서 제외된다. 본 예제를 입력하면 법인세 환급세액이 발생하여 분납은 필요하지 않으며 관할세무서에서 기납부세액을 환급받는다.

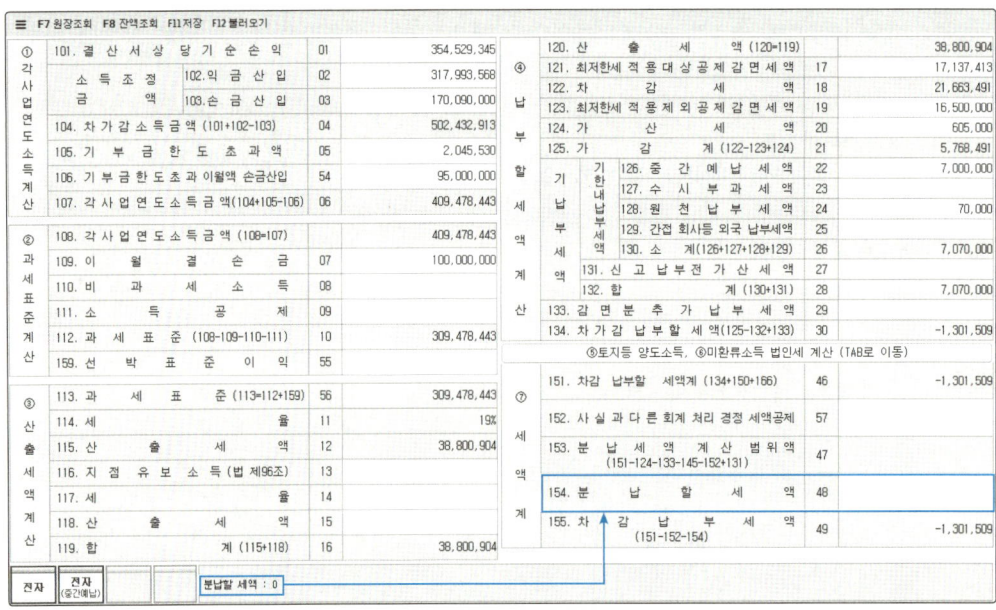

[1] 다음 자료를 통하여 법인세 과세표준 및 세액조정계산서를 완성하시오. (당사는 중소기업이며, 세율은 현행세율을 적용하고, 불러온 자료들은 무시하고 아래의 자료를 참고하여 작성한다.)

[회사코드 : 5100.(주)배움]

(1) 손익계산서의 일부분이다.

손익계산서	
2025.1.1 ~ 2025.12.31	(원)
- 중간생략 -	
Ⅷ 법인세차감전순이익	230,000,000
Ⅸ 법인세등	10,000,000
Ⅹ 당기순이익	220,000,000

(2) 위의 자료를 제외한 세무조정 자료는 다음과 같다.
- 기업업무추진비한도초과액 : 18,000,000원
- 재고자산평가증 : 2,700,000원
- 퇴직급여충당금한도초과액 : 1,500,000원
- 향우회 회비 : 5,000,000원

(3) 기부금 관련 내역은 다음과 같다.
- 기부금한도초과 이월액 손금산입액 : 800,000원

(4) 이월결손금의 내역은 다음과 같다.

발생연도	2022년	2023년	2024년
금 액	10,000,000원	5,000,000원	3,000,000원

(5) 세액공제 및 감면세액은 다음과 같다. (최저한세는 고려하지 않는다.)
- 중소기업특별세액감면 : 1,000,000원
- 연구인력개발세액공제 : 5,000,000원

(6) 기납부세액내역은 다음과 같다.
- 중간예납세액 : 1,500,000원
- 원천납부세액 : 550,000원(법인지방소득세 포함)

(7) 적격증빙을 수취하지 않고, 간이영수증을 수취한 1건(1,000,000원)이 있다.

(8) 세법에서 인정하는 범위내에서 최대한 분납을 하고자 한다.

(9) 위 이외의 세무조정 자료는 없으며 당사는 세법상 중소기업에 해당한다.

[2] 다음 자료에 의하여 공제감면에 필요한 서식을 작성하고 최저한세조정계산서, 법인세과세표준 및 세액조정계산서를 작성하시오. 법인세 납부액은 분납가능한 최대한도로 설정하도록 한다. 본 문항에서 당사는 비상장 중소기업인 것으로 가정하며 기장된 자료는 무시한다.

[회사코드 : 5600.(주)강남]

(1) 사업용자산(기계설비) 취득에 투자한 금액은 350,000,000원으로서(중고자산 27,300,000원 포함) 당기 중 전액 투자가 완료되었다. 당해 법인은 통합투자세액공제(일반) 요건을 갖추었고, 통합투자세액공제 (10%)를 적용받기로 하고 추가공제는 해당하지 않는다.
(2) 결산서상 당기순이익은 72,000,000원이라고 가정한다.
(3) 소득금액조정합계표상의 금액은 다음과 같다고 가정한다.
　① 익금산입 및 손금불산입액 : 312,590,700원
　② 손금산입 및 익금불산입액 : 39,874,260원
(4) 결산 시 법인세 등 계정으로 대체한 금액에는 다음 금액이 포함되어 있다.

- 중간예납세액 : 2,200,000원   - 원천납부세액 : 183,000원(법인지방소득세 제외한 금액임)

[3] 다음 자료는 (주)태백의 2025년 귀속 법인세 신고와 관련한 자료이다. 불러온 자료 및 기장된 자료는 무시하고, 당해 자료를 참조하여 최저한세와 세액공제 및 세액감면의 중복적용 배제를 고려한 후 「최저한세 조정계산서」와 「법인세과세표준및세액조정계산서」를 작성하시오. (단, 당사는 중소기업이며, 불러온 자료를 무시한다.) [회사코드 : 5500.(주)태백]

(1) 표준손익계산서 일부(가정)

Ⅷ. 법인세비용차감전손익	217	702,277,800원
Ⅸ. 법인세비용	218	90,550,000원
Ⅹ. 당기순손익	219	611,727,800원

(2) 세무조정 내역(가정)

소득금액조정합계표

익금산입 및 손금불산입			손금산입 및 익금불산입		
과목	금액	소득처분	과목	금액	소득처분
법인세등	90,550,000원	기타사외유출	전기보험료과대계상	1,870,400원	유보감소
접대비한도초과	12,350,000원	기타사외유출	전기대손충당금한도초과	2,850,000원	유보감소
세금과공과	3,522,000원	기타사외유출	업무용승용차감가상각비손금추인	4,846,800원	기타
업무용승용차감가상각비한도초과	10,535,000원	기타사외유출			
보험료과대계상	1,050,400원	유보발생			
계	118,007,400원		계	9,567,200원	

(3) 전기 이월결손금 발생 및 증감내역(가정)

(6)사업연도	잔 액		
	(16)기한내	(17)기한경과	(18)계
2017	15,920,000원	0원	15,920,000원
2018	30,500,000원	0원	30,500,000원

(4) 세액공제 및 세액감면(가정)
- 중소기업특별세액감면 : 60,525,000원
- 창업중소기업 등에 대한 세액감면 : 73,020,000원
- 연구인력개발비세액공제 : 12,440,000원

(5) 기타
- 당기 건당 3만원을 초과하는 경비 중 간이영수증을 수취한 금액의 합계액이 5,800,000원 있다.
- 법인세 중간예납으로 20,500,000원을 납부하였다.
- 당사는 법인세 분납을 하고자 한다.

(6) 위 내역 외 세무조정사항은 없으며, 당사는 세부담을 최소화 하고자 한다.

[4] 다음 자료를 참조하여 세액공제조정명세서(3) 중 3.당기공제 및 이월액계산 탭, 최저한세조정 계산서, 법인세 과세표준 및 세액조정계산서를 완성하시오. (당사는 중소기업이며, 불러온 자료 및 기장된 자료는 무시하고 아래의 자료만을 참조한다.) [회사코드 : 5400.(주)대성]

- 결산서상 당기순이익 : 203,500,000원
- 익금산입액 : 27,850,000원
- 손금산입액 : 10,415,000원
- 중소기업에 대한 특별세액감면 : 3,940,000원
- 당기 발생 연구인력개발비 세액공제 : 2,000,000원
- 2023년 발생분 이월된 통합투자세액공제(일반) : 5,000,000원
- 중간예납세액 : 0원
- 원천납부세액 : 880,000원
- 최저한세에 따른 공제감면 배제는 납세자에게 유리한 방법으로 한다.
- 위 이외의 세무조정 자료는 없다.
- 당사는 분납을 하고자 한다.

※ 집중심화연습 해답은 [CHAPTER 06 공제감면세액조정] 1119페이지에서 확인 가능합니다.

 해답 및 풀이

소득금액조정합계표 및 명세서

[1] 소득금액조정합계표 [회사코드 : 5500.(주)태백]

계정과목	세무조정
법인세등	법인세비용은 손금불산입항목에 해당한다. 〈손금불산입〉 법인세등 17,270,000원 (기타사외유출)
퇴직급여	임원퇴직금은 규정없이 지급하는 경우에 법인세법상 한도액은 손금으로 인정한다. 〈손금불산입〉 임원퇴직금한도초과액 5,000,000 (상여)
감가상각비	업무용승용차의 감가상각비는 강제상각(내용연수 5년, 정액법)하므로 상각범위액까지 손금산입한다. 〈손금산입〉 감가상각비(업무용승용차) 2,000,000 (유보발생)
임차료	업무무관비용으로서 대표자의 귀속이므로 상여로 소득처분 한다. 〈손금불산입〉 임차료(대표이사) 7,000,000 (상여)
전기오류 수정이익	법인세납부액이 손금불산입 항목이므로 환급액은 익금불산입 처리한다. 〈익금불산입〉 전기오류수정이익 3,000,000 (기타)
국고보조금	국고보조금은 익금항목에 해당하므로 자본조정 회계처리분을 세무조정 한다. 〈익금산입〉 국고보조금 10,000,000 (기타)
단기매매증권 평가손실	자산의 임의평가는 세법에서 인정하지 않으므로 손금불산입 항목이다. 〈손금불산입〉 단기매매증권평가손실 5,300,000 (유보발생)

[2] 소득금액조정합계표 [회사코드 : 5600.(주)강남]

번호	세무조정
(1)	유효이자율법에 의한 투자·채무증권할인액상각은 인정되지 아니하므로 이를 세무조정 한다. 〈익금불산입〉 이자수익 15,030 (유보발생)
(2)	직원(소액주주 임원 포함)의 사택유지비는 손금으로 인정되나 출자임원은 손금으로 인정하지 않는다. 〈손금불산입〉 건물관리비(사택유지비) 3,500,000 (상여)
(3)	특수관계인 개인으로부터 저가로 유가증권을 매입하는 경우에는 시가와 매입가액의 차이 금액을 익금에 산입한다. 〈익금산입〉 단기매매증권 10,000,000 (유보발생)
(4)	자동차세는 지출당시 손금으로 인정되었으므로 환급금은 익금에 산입한다. 그러나 환부이자는 조세정책상 익금불산입 항목이다. 〈익금불산입〉 자동차세 환부이자 26,000 (기타)
(5)	법인세법은 자기주식을 자산으로 간주하므로 자기주식처분이익은 익금 항목이다. 〈익금산입〉 자기주식처분이익 2,000,000원 (기타)
(6)	산재보험연체금은 손금으로 인정되고 토지 취득세는 취득원가에 가산하여야 하므로 손금불산입 항목이다. 〈손금불산입〉 세금과공과(토지취득세) 5,500,000 (유보발생)
(7)	비현실적퇴직으로 인한 퇴직금으로 현실적퇴직시까지 업무무관가지급금으로 본다. 〈손금불산입〉 업무무관가지급금 15,000,000 (유보발생)

번호	세무조정
(8)	취득세등을 비용으로 계상한 금액은 전기에 손금불산입(유보발생)으로 세무조정되고 당기처분시 손금산입(유보감소)로 세무조정 된다. 〈손금산입〉 토지취득세 920,000원(유보감소)
(9)	전기 재고자산평가감은 당기에 무조건 유보추인을 해야한다. 〈손금산입〉 전기 재고자산평가감 3,000,000(유보감소)
(10)	주식의 시가보다 출자전환되는 채무가 큰 경우 채무를 면제받은 것이므로 익금산입 한다. 〈익금산입〉 출자전환채무면제이익 3,000,000(기타)
(11)	유형자산손상차손액은 즉시상각의제이므로 감가상각시부인계산을 한다. 회사계상액 13,000,000원 – 상각범위액 10,000,000원 = 상각부인액 3,000,000원 〈손금불산입〉 기계장치 손상차손 3,000,000(유보발생)
(12)	토지 개발부담금은 토지의 취득원가에 가산하므로 손금불산입 유보 처분한다. 〈손금불산입〉 토지 개발부담금 5,000,000(유보발생)

자본금과적립금조정명세서(갑)(을)

[1] 자본금과적립금조정명세서(을) [회사코드 : 5400.(주)대성]

자본금과적립금조정명세서(을)과 관련된 세무조정사항은 유보로 소득처분된 사항이므로 2024년 및 2025년 소득금액조정합계표상 소득처분내용은 다음과 같다.

(1) 2024년 소득금액조정합계표상 소득처분

익금산입 손금불산입			손금산입 익금불산입		
과목	금액	처분	과목	금액	처분
법인세비용	10,000,000원	기타사외유출	상 품	2,000,000원	유보발생
기업업무추진비한도초과	5,000,000원	기타사외유출			
기부금	7,000,000원	유보발생			
건물감가상각비	10,000,000원	유보발생			
합 계	32,000,000원		합 계	2,000,000원	

(2) 2025년 소득금액조정합계표상 소득처분

익금산입 손금불산입			손금산입 익금불산입		
과목	금액	처분	과목	금액	처분
법인세비용	15,000,000원	기타사외유출	선급비용	6,000,000원	유보발생
기업업무추진비한도초과	15,000,000원	기타사외유출	외상매출금	8,000,000원	유보발생
상 품	6,000,000원	유보발생	기부금	7,000,000원	유보감소
상 품	2,000,000원	유보감소	건물감가상각비	3,000,000원	유보감소
합 계	38,000,000원		합 계	24,000,000원	

(3) 자본금과적립금조정명세서(을)

①과목 또는 사항	②기초잔액	당 기 중 증 감		⑤기말잔액 (=②-③+④)	비고
		③감 소	④증 가		
기부금	7,000,000	7,000,000			
건물감가상각비	10,000,000	3,000,000		7,000,000	
상품	-2,000,000	-2,000,000	6,000,000	6,000,000	
선급비용			-6,000,000	-6,000,000	
외상매출금			-8,000,000	-8,000,000	
합 계	15,000,000	8,000,000	-8,000,000	-1,000,000	

[2] 자본금과적립금조정명세서(갑)(을) [회사코드 : 5500.(주)태백]

(1) 자본금과적립금조정명세서(을)

전기 대손충당금한도초과 및 전기 재고자산평가증은 무조건 당기에 유보추인 한다.

①과목 또는 사항	②기초잔액	당 기 중 증 감		⑤기말잔액 (=②-③+④)	비고
		③감 소	④증 가		
대손충당금한도초과	5,000,000	5,000,000			
재고자산평가증	-2,200,000	-2,200,000			
선급비용	3,200,000	3,200,000			
비품감가상각비한도초과	4,500,000	1,520,000		2,980,000	
외상매입금(평가손실)	-450,000	-450,000			
합 계	10,050,000	7,070,000		2,980,000	

(2) 자본금과적립금조정명세서(갑)

① 회계관리의 재무상태표의 자본을 조회하여 해당 자료를 입력한다.

과 목	제 17(당)기 2025년1월1일 ~ 2025년12월31일 금액	제 16(전)기 2024년1월1일 ~ 2024년12월31일 금액
자본		
Ⅰ.자본금	2,987,750,000	2,887,750,000
자본금	2,987,750,000	2,887,750,000
Ⅱ.자본잉여금	8,900,000	6,900,000
주식발행초과금	6,500,000	6,500,000
자기주식처분이익	2,400,000	400,000
Ⅲ.자본조정	6,500,000	△6,500,000
자기주식	△3,500,000	△6,500,000
국고보조금	10,000,000	
Ⅳ.기타포괄손익누계액	△1,000,000	△1,000,000
매도가능증권평가손	△1,000,000	△1,000,000
Ⅴ.이익잉여금	281,898,432	153,806,206
이익준비금	2,500,000	
감채적립금	21,000,000	
기술개발준비금	12,500,000	12,500,000
미처분이익잉여금	245,898,432	141,306,206
(당기순이익)		
당기: 163,092,226		
전기: 109,306,206		
자본총계	3,284,048,432	3,040,956,206

② 법인세비용이 회계처리 금액보다 적으므로 음수(-)로 입력한다.

	①과목 또는 사항	코드	②기초잔액	당 기 중 증 감		⑤기 말 잔 액 (=②-③+④)	비고
				③감 소	④증 가		
자본금및 잉여금의 계산	1.자 본 금	01	2,887,750,000		100,000,000	2,987,750,000	
	2.자 본 잉 여 금	02	6,900,000		2,000,000	8,900,000	
	3.자 본 조 정	15	-6,500,000	-3,000,000	10,000,000	6,500,000	
	4.기타포괄손익누계액	18	-1,000,000			-1,000,000	
	5.이 익 잉 여 금	14	153,806,206		128,092,226	281,898,432	
	12.기타	17					
	6.계	20	3,040,956,206	-3,000,000	240,092,226	3,284,048,432	
7.자본금과 적립금명세서(을)계 + (병)계		21	10,050,000	7,070,000		2,980,000	
손익미계상 법인세 등	8.법 인 세	22			-231,800	-231,800	
	9.지 방 소 득 세	23			-23,180	-23,180	
	10. 계 (8+9)	30			-254,980	-254,980	
11.차 가 감 계 (6+7-10)		31	3,051,006,206	4,070,000	240,347,206	3,287,283,412	

[3] 자본금과적립금조정명세서(갑) [회사코드 : 5600.(주)강남]

① 채무면제이익에 충당되는 이월결손금은 발생연도와 상관없으므로 2009년도분도 보전한다.
② 2009년 결손금은 기한경과되어 당기공제액란에 반영시키지 않으며 잔액은 기한경과란에 입력한다.
③ 2025년도 각사업연도소득금액은 40,000,000원이나 중소기업이 아니므로 소득금액의 80%인 32,000,000원을 한도로 당기에 공제된다.

(6) 사업연도	발생액			이월결손금		감소내역				잔액		
	(7) 계	(8) 일반 결손금	(9) 배분 한도초과 결손금((9)=(25))	(10) 소급공제	(11) 차감계	(12) 기공제액	(13) 당기 공제액	(14) 보전	(15) 계	(16) 기한 내	(17) 기한 경과	(18) 계
2009-12-31	271,522,460	271,522,460			271,522,460	198,280,300		10,000,000	208,280,300		63,242,160	63,242,160
2019-12-31	287,855,400	287,855,400			287,855,400	253,523,850	32,000,000		285,523,850	2,331,550		2,331,550
2020-12-31	9,065,800	9,065,800			9,065,800					9,065,800		9,065,800
계	568,443,660	568,443,660			568,443,660	451,804,150	32,000,000	10,000,000	493,804,150	11,397,350	63,242,160	74,639,510

주식등변동상황명세서

[1] 주식등변동상황명세서 [회사코드 : 5100.(주)배움]

(1) 주식 등 변동상황명세서 TAB

① 2025년 4월 18일 유상증자가 진행되었으므로 [자본금(출자금) 변동 상황]의 물음표를 선택하여 증자 상황을 입력한다.

② 기초(보통주, 주식수 : 10,000, 주당액면가 5,000)에 입력하고 일자(2025-04-18), 주식종류(1:보통주), 원인코드(1:유상증자(증)), 주식수(10,000), 주당액면가(5,000)를 입력한다. 원인코드가 유상증자인 경우 주당발행(인수)가액(5,000)을 입력한다.

③ 기말의 주당액면가(5,000)를 입력하여 기말금액을 확정한다.

⑧일자	주식종류	⑨원인코드	증가(감소)한 주식의 내용			⑬증가(감소) 자본금(⑪×⑫)
			⑪주식수	⑫주당액면가	주당발행(인수)가액	
기초	보통주		10,000	5,000		50,000,000
	우선주					
2025-04-18	보통주	1 유상증자(증)	10,000	5,000	5,000	50,000,000
기말	보통주		20,000	5,000		100,000,000
	우선주					

<주식종류> 1:보통주, 2:우선주
<원인코드>
1:유상증자(증), 2:무상증자(증), 3:출자전환(증), 4:주식배당(증),
5:주식수감소 유상감자(감), 15:액면가감소 유상감자(감), 6:주식수감소 무상감자(감), 16:액면가감소 무상감자(감),
7:액면분할, 8:주식병합, 9:기타(자사주 소각등 X감), 10:이익소각(자본금변동없음)

(2) [자본금(출자금)변동 상황]과 [주식 및 출자지분에 대한 사항]의 차이내용
[자본금(출자금)변동 상황]에 입력된 정보가 반영되며 [주식 및 출자지분에 대한 사항]을 입력하기 전이므로 "총주식수와의 차이"가 적색으로 표시된다.

차이내용	구분	기초	기말	구분	기초	기말
	총주식수	10,000 주	20,000 주	총주식수	10,000 주	20,000 주
	입력누계	주	주	1주당 액면가액	5,000 원	5,000 원
	총주식수와의 차이	10,000 주	20,000 주	자본금	50,000,000 원	100,000,000 원

(3) 주식 및 출자지분에 대한 사항

① 성명, 구분을 입력하고 기초 주식수, 기중변동사항, 지배주주와의 관계를 입력한다.

성명	구분	기초 주식수	기중변동사항			기말 주식수	지배주주와 의 관계	지분율
			유상증자	양도	양수			
장세억	개인	5,000	5,000	–	–	10,000	본인	50%
인재율	개인	5,000	5,000	2,000	–	8,000	기타	40%
우민오	개인	–	–	–	2,000	2,000	기타	10%

② 장세억(유상증자)

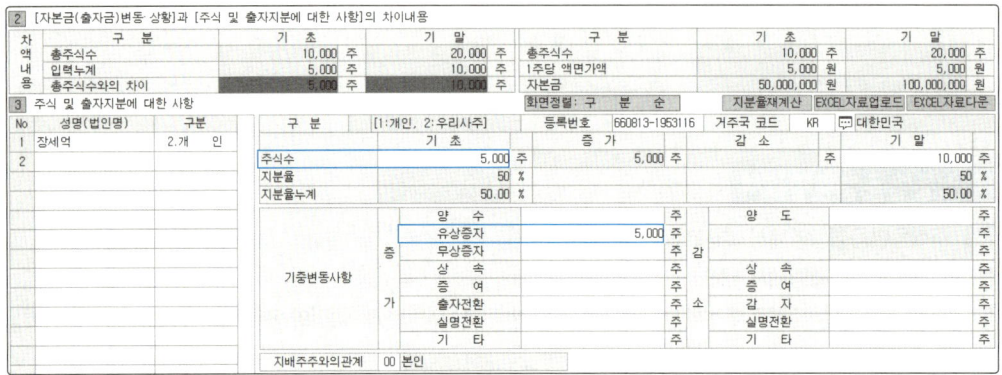

③ 인재율(유상증자 및 양도)

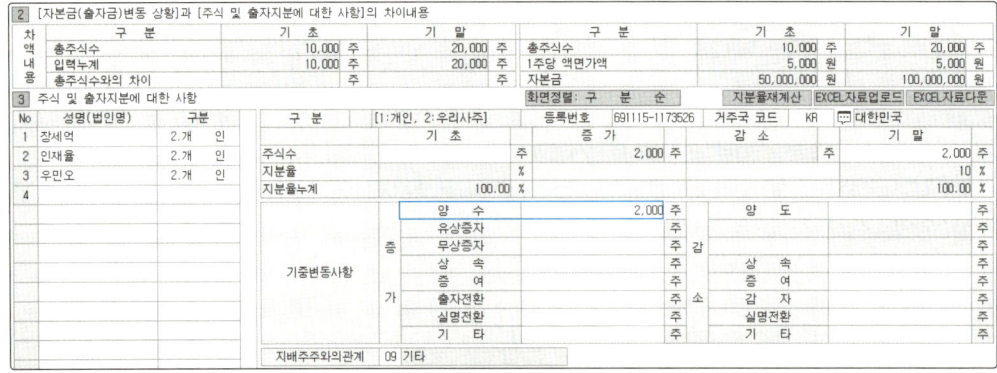

④ 우민오(양수)

(4) 주식(출자지분)양도명세서 TAB

주식·출자지분의 구분(6)을 확인하고 주식양도내용은 [주식 등 변동상황명세서] TAB에서 입력한 사항이 자동반영되며 주식양도내용에 양도일자, 취득일자, 주식수를 입력한다.

세액공제 및 감면세액

[1] 일반연구및인력개발비 세액공제 [회사코드 : 5100.(주)배움]

(1) 일반연구및인력개발비명세서

① 발생명세 및 증가발생액계산 TAB

② 공제세액 TAB

(2) 세액공제조정명세서(3)

상단의 [불러오기(F12)]를 클릭하여 일반연구및인력개발비명세서 공제대상세액을 반영하고 당기공제 및 이월액 계산 TAB을 작성한다.

1.세액공제(1)	2.세액공제(2)	3.당기공제 및 이월액계산			
구분		계산기준	계산명세		공제대상세액
			투자액	공제율	
연구·인력개발비세액공제(최저한세 적용제외)		또는 직전 발생액의 초과액×25(40,50)/100 (신성장·원천기술 연구개발비)	F4-계산내역		15,500,000

1.세액공제(1)	2.세액공제(2)	3.당기공제 및 이월액계산							
(105)구분	(106)사업연도	요공제액		당기공제대상세액		(121)최저한세적용에따른미공제액	(122)기타사유로인한미공제액	(123)공제세액(120-121-122)	(124)소멸	(125)이월액(107+108-123-124)
		(107)당기분	(108)이월분	(109)당기분	(120)계				
연구·인력개발비세액공제(최저한세제외)	2025-12	15,500,000		15,500,000	15,500,000			15,500,000	
소계		15,500,000		15,500,000	15,500,000			15,500,000	

(3) 공제감면세액및추가납부세액합계표

상단의 [불러오기(F12)]를 클릭하여 [세액공제조정명세서(3)]의 공제세액을 반영한다.

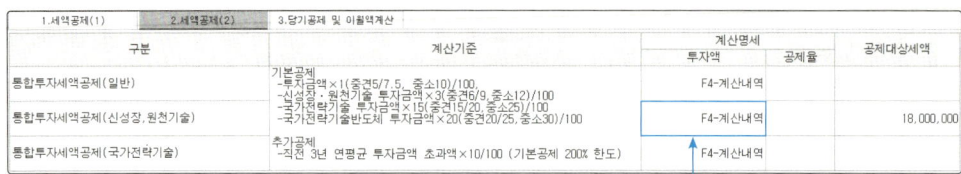

[2] 세액공제조정명세서(3) [회사코드 : 5200.(주)성공]

① 투자세액 공제는 신규투자자산에 대해서만 공제하므로 중고품은 공제대상이 아니므로 제외한다.
② 정부보조금 등으로 투자한 금액에 대해서는 세액공제가 배제된다.

[2. 세액공제(2) TAB]

1.세액공제(1)	2.세액공제(2)	3.당기공제 및 이월액계산			
구분		계산기준	계산명세		공제대상세액
			투자액	공제율	
통합투자세액공제(일반)		기본공제 -투자금액×1(중견5/7.5, 중소10)/100 -신성장·원천기술 투자금액×3(중견6/9, 중소12)/100 -국가전략기술 투자금액×15(중견15/20, 중소25)/100 -국가전략기술반도체 투자금액×20(중견20/25, 중소30)/100	F4-계산내역		
통합투자세액공제(신성장,원천기술)			F4-계산내역		18,000,000
통합투자세액공제(국가전략기술)		추가공제 -직전 3년 연평균 투자금액 초과액×10/100 (기본공제 200% 한도)	F4-계산내역		

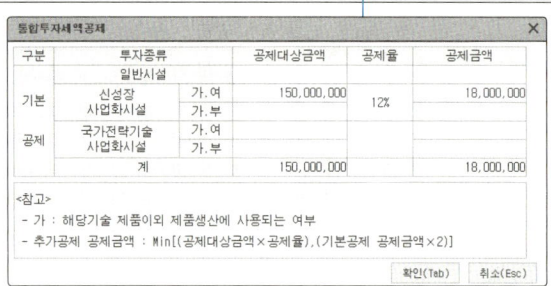

[3. 당기공제 및 이월액계산 TAB]

1.세액공제(1)	2.세액공제(2)	3.당기공제 및 이월액계산							
(105)구분	(106)사업연도	요공제액		당기공제대상세액		(121)최저한세적용에따른미공제액	(122)기타사유로인한미공제액	(123)공제세액(120-121-122)	(124)소멸	(125)이월액(107+108-123-124)
		(107)당기분	(108)이월분	(109)당기분	(120)계				
통합투자세액공제(신성장,원천기술)	2025-12	18,000,000		18,000,000	18,000,000			18,000,000	
소계		18,000,000		18,000,000	18,000,000			18,000,000	

[3] 최저한세조정명세서 [회사코드 : 5300.(주)기원]

①구분		코드	②감면후세액	③최저한세	④조정감	⑤조정후세액
(101) 결 산 서 상 당 기 순 이 익		01	300,000,000			
소득조정금액	(102)익 금 산 입	02				
	(103)손 금 산 입	03				
(104) 조 정 후 소 득 금 액 (101+102-103)		04	300,000,000	300,000,000		300,000,000
최저한세적용대상 특 별 비 용	(105)준 비 금	05				
	(106)특별상각, 특례상각	06				
(107) 특별비용손금산입전소득금액(104+105+106)		07	300,000,000	300,000,000		300,000,000
(108) 기 부 금 한 도 초 과 액		08				
(109) 기부금 한도초과 이월액 손 금 산 입		09				
(110) 각 사 업 년 도 소 득 금 액 (107+108-109)		10	300,000,000	300,000,000		300,000,000
(111) 이 월 결 손 금		11	37,000,000	37,000,000		37,000,000
(112) 비 과 세 소 득		12				
(113) 최저한세적용대상 비 과 세 소 득		13				
(114) 최저한세적용대상 익금불산입 손금산입		14				
(115) 차가감 소 득 금 액 (110-111-112+113+114)		15	263,000,000	263,000,000		263,000,000
(116) 소 득 공 제		16	45,000,000	45,000,000		45,000,000
(117) 최저한세적용대상 소 득 공 제		17		18,000,000		
(118) 과 세 표 준 금 액 (115-116+117)		18	218,000,000	236,000,000		218,000,000
(119) 선 박 표 준 이 익		24				
(120) 과 세 표 준 금 액 (118+119)		25	218,000,000	236,000,000		218,000,000
(121) 세 율		19	19 %	7 %		19 %
(122) 산 출 세 액		20	21,420,000	16,520,000		21,420,000
(123) 감 면 세 액		21	20,000,000		15,100,000	4,900,000
(124) 세 액 공 제		22				
(125) 차 감 세 액 (122-123-124)		23	1,420,000			16,520,000

가산세액계산서

[1] 가산세액계산서 [회사코드 : 5100.(주)배움]

① 거래건당 3만원을 초과하는 경우에는 법인세법에서 요구하는 세금계산서등의 증빙을 갖추어야하며 그러하지 아니한 경우에는 미수취금액의 2%의 지출증명서류미수취가산세를 적용한다.

$$\text{지출증명서류 미수취가산세} = 4{,}240{,}000원 \times 2\% = 84{,}800원$$

② 2025년 퇴직소득에 대한 지급명세서는 다음해 3월 10일까지 제출하여야 하며 미제출한 경우에는 미제출한 금액의 1%를 지급명세서 미제출가산세가 적용된다. 다만 제출기한 경과 후 3개월 이내에 제출하면 50%의 감면이 적용된다.

$$\text{지급명세서 미제출가산세} = 150{,}000{,}000원 \times 1\% \times 50\% = 750{,}000원$$

신고납부가산세	미제출가산세	토지등양도소득가산세	미환류소득				
	구분		계산기준	기준금액	가산세율	코드	가산세액
	지출증명서류		미(허위)수취금액	4,240,000	2/100	8	84,800
	미(누락)제출		미(누락)제출금액	150,000,000	5/1,000	9	750,000
	불분명		불분명금액		1/100	10	
지급	상증법 82조 1 6		미(누락)제출금액		2/1,000	61	
			불분명금액		2/1,000	62	
	상증법 82조 3 4		미(누락)제출금액		2/10,000	67	
명세서			불분명금액		2/10,000	68	
	법인세법 제75의7(일용근로)		미제출금액		25/10,000	96	
			불분명등		25/10,000	97	
	법인세법 제75의7(간이지급명세서)		미제출금액		25/10,000	102	
			불분명등		25/10,000	103	
	소 계					11	750,000
	합 계					21	834,800

[2] 가산세액계산서 [회사코드 : 5200.(주)성공]

(1) 신고납부가산세

① 무신고가산세 = Max[㉠ 산출세액의 20%, ㉡ 수입금액의 0.07%]

법정신고기한 경과후 1개월 이내에 기한후신고납부이므로 무신고가산세의 50%를 감면하여 적용한다.

$$\text{무신고가산세 } 2{,}135{,}000원 = \text{Max}[㉠\ 17{,}300{,}000원 \times 10\%, ㉡\ 6{,}100{,}000{,}000원 \times 0.035\%]$$

② 납부지연가산세

납부지연가산세 = 17,300,000원 × 3일 × 2.2/10,000 = 11,418원

신고납부가산세		미제출가산세	토지등양도소득가산세	미환류소득			
①구분			각 사업년도 소득에 대한 법인세분				
			②계산기준	③기준금액	④가산세율	⑤코드	⑥가산세액
무기장			산출세액		20/100	27	
			수입금액		7/10,000	28	
무신고	일반		무신고납부세액	17,300,000	10/100	29	1,730,000
			수입금액	6,100,000,000	3.5/10,000	30	2,135,000
	부정		무신고납부세액		40/100	31	
			수입금액				
과소신고	일반		과소신고납부세액				
	부정		과소신고납부세액				
			과소신고수입금액				
납부지연			(일수)	3	2.2/10,000	4	11,418
			미납세액	17,300,000			
합 계						21	2,146,418

미납일수
- 자진납부기한 2026년 3월 31일
- 납부일자 2026년 4월 3일
- 미납일수 3

(2) 미제출가산세

지급명세서는 3개월 이내(일용직은 1개월 이내), 주식등변동상황명세서는 1개월 이내 제출시 50% 감면을 적용한다.

① 지출증명서류 미수취가산세 = 32,400,000원 × 2% = 648,000원
② 지급명세서(일용근로) 미제출가산세 = 9,400,000원 × 0.25%(1개월 초과 제출) = 23,500원
③ 주식등변동상황명세서 미제출가산세 = 45,000,000원 × 0.5%(1개월 이내 제출 감면) = 225,000원

신고납부가산세		미제출가산세	토지등양도소득가산세	미환류소득			
구분			계산기준	기준금액	가산세율	코드	가산세액
지출증명서류			미(허위)수취금액	32,400,000	2/100	8	648,000
	미(누락)제출		미(누락)제출금액		10/1,000	9	
	불분명		불분명금액		1/100	10	
지급	상증법 82조 1 6		미(누락)제출금액		2/1,000	61	
명세서			불분명금액		2/1,000	62	
	상증법 82조 3 4		미(누락)제출금액		2/10,000	67	
			불분명금액		2/10,000	68	
	법인세법 제75의7①(일용근로)		미제출금액	9,400,000	25/10,000	96	23,500
			불분명등		25/10,000	97	
	법인세법 제75의7①(간이지급명세서)		미제출금액		25/10,000	102	
			불분명등		25/10,000	103	
		소 계				11	23,500
주식등변동 상황명세서	미제출		액면(출자)금액	45,000,000	5/1,000	12	225,000
	누락제출		액면(출자)금액		10/1,000	13	
	불분명		액면(출자)금액		1/100	14	
		소 계				15	225,000
합 계						21	3,042,918

원천납부세액명세서

[1] 원천납부세액명세서 [회사코드 : 5300.(주)기원]

저축성보험차익도 이자수익으로 원천징수대상이며 지방세납세지는 지문에 없으므로 입력하지 않는다.

원천납부세액(갑)	원천납부세액(을)								
No	1.적요 (이자발생사유)	2.원천징수의무자			3.원천징수일		4.이자·배당금액	5.세율(%)	6.법인세	지방세 납세지
		구분	사업자(주민)번호	상호(성명)					
1	정기예금이자	내국인	110-81-12345	(주)한들은행	6	30	1,000,000	14.00	140,000
2	보통예금이자	내국인	210-81-12345	(주)두리은행	12	31	2,000,000	14.00	280,000
3	저축성보험차익	내국인	123-81-25808	(주)신흥해상보험	8	31	10,000,000	14.00	1,400,000
	합 계						13,000,000		1,820,000

법인세과세표준 및 세액조정계산서

[1] 법인세과세표준 및 세액조정계산서 [회사코드 : 5100.(주)배움]

① 익금산입 : 법인세등 10,000,000원 + 기업업무추진비한도초과액 18,000,00원 + 퇴직급여충당금한도초과액 1,500,000원 + 향우회 회비 5,000,000원 = 34,500,000원
② 손금산입 : 재고자산평가증 2,700,000원 = 2,700,000원
③ 세무상 15년(2020.1.1. 이전 발생분은 10년) 이내 이월결손금은 공제가 가능하며 중소기업에 해당하므로 소득금액 내에서 전액 공제 가능하다.
④ 중소기업특별세액감면은 최저한세 적용대상이므로 "121란"에 입력하고 연구인력개발세액공제는 중소기업의 경우 최저한세 적용제외 이므로 "123란"에 입력한다.
⑤ 가산세 : 지출증명서류 미수취가산세 = 1,000,000원 × 2% = 20,000원
⑥ 기납부세액의 원천납부세액은 법인세만 입력하여야 하므로 지방소득세는 제외하고 입력한다.

① 각사업연도소득계산	101. 결산서상 당기순손익	01		220,000,000
	소득조정금액 102. 익금산입	02		34,500,000
	103. 손금산입	03		2,700,000
	104. 차가감소득금액 (101+102-103)	04		251,800,000
	105. 기부금한도초과액	05		
	106. 기부금한도초과 이월액 손금산입	54		800,000
	107. 각사업연도소득금액(104+105-106)	06		251,000,000
② 과세표준계산	108. 각사업연도소득금액(108=107)			251,000,000
	109. 이 월 결 손 금	07		18,000,000
	110. 비 과 세 소 득	08		
	111. 소 득 공 제	09		
	112. 과 세 표 준 (108-109-110-111)	10		233,000,000
	159. 선 박 표 준 이 익	55		
③ 산출세액계산	113. 과 세 표 준 (113=112+159)	56		233,000,000
	114. 세 율	11		19%
	115. 산 출 세 액	12		24,270,000
	116. 지점유보소득 (법 제96조)	13		
	117. 세 율	14		
	118. 산 출 세 액	15		
	119. 합 계 (115+118)	16		24,270,000
④ 납부할세액계산	120. 산 출 세 액 (120=119)			24,270,000
	121. 최저한세 적용대상 공제감면세액	17		1,000,000
	122. 차 감 세 액	18		23,270,000
	123. 최저한세 적용제외 공제감면세액	19		5,000,000
	124. 가 산 세 액	20		20,000
	125. 가 감 계 (122-123+124)	21		18,290,000
	기납부세액 126. 중간예납세액	22		1,500,000
	127. 수시부과세액	23		
	128. 원천납부세액	24		500,000
	129. 간접회사등 외국납부세액	25		
	130. 소 계(126+127+128+129)	26		2,000,000
	131. 신고납부전 가산세액	27		
	132. 합 계 (130+131)	28		2,000,000
	133. 감면분 추가납부세액	29		
	134. 차가감 납부할 세액(125-132+133)	30		16,290,000
⑦ 세액계	⑥토지등 양도소득, ⑥미환류소득 법인세 계산 (TAB로 이동)			
	151. 차감 납부할 세액계 (134+150+166)	46		16,290,000
	152. 사실과 다른 회계 처리 경정 세액공제	57		
	153. 분납세액 계산 범위액 (151-124-133-145-152+131)	47		16,270,000
	154. 분 납 할 세 액	48		6,270,000
	155. 차감 납부 세 액 (151-152-154)	49		10,020,000

분납할 세액 : 6,270,000

[2] 세액공제감면과 법인세과세표준 및 세액조정계산서 [회사코드 : 5600.(주)강남]

(1) 법인세과세표준 및 세액조정계산서

세액공제감면과 최저한세조정계산서를 작성하기 전 법인세과세표준및세액조정계산서의 산출세액까지 작성하여 저장한다.

① 각사업연도소득계산	101. 결산서상 당기순손익	01		72,000,000
	소득조정금액 102. 익금산입	02		312,590,700
	103. 손금산입	03		39,874,260
	104. 차가감소득금액 (101+102-103)	04		344,716,440
	105. 기부금한도초과액	05		
	106. 기부금한도초과 이월액 손금산입	54		
	107. 각사업연도소득금액(104+105-106)	06		344,716,440
④ 납부할세액계산	120. 산 출 세 액 (120=119)			45,496,123
	121. 최저한세 적용대상 공제감면세액	17		
	122. 차 감 세 액	18		45,496,123
	123. 최저한세 적용제외 공제감면세액	19		
	124. 가 산 세 액	20		
	125. 가 감 계 (122-123+124)	21		45,496,123
	기납부세액 126. 중간예납세액	22		
	127. 수시부과세액	23		
	128. 원천납부세액	24		

(2) 세액공제조정명세서(3)

① 세액공제 : 투자세액공제는 신규투자만 공제대상이므로 중고품의 금액은 제외하고 일반시설에 입력하며 공제율은 "10%"을 선택한다.

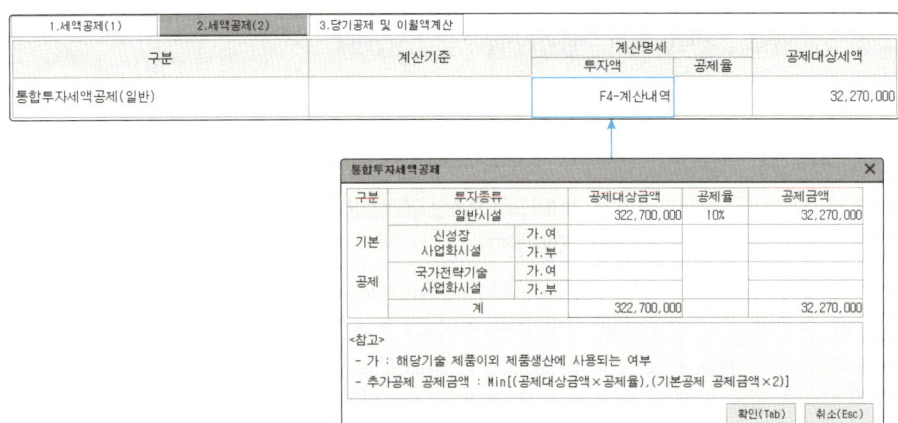

② 당기공제 및 이월액계산 : 코드도움으로 구분을 입력하고 사업연도(2025-12), 당기분(32,270,000)을 입력한 후 상단의 "저장"을 누른다.

(3) 최저한세조정계산서

① 상단의 [불러오기(F12)]를 클릭하여 [법인세과세표준및세액조정계산서]와 [세액공제조정명세서(3)]의 입력자료를 반영한다.

② 감면후 세액이 최저한세보다 작은 경우 세액공제감면 배제에 의하여 조정감이 발생하며 금액(10,904,027원)을 메모한 후 저장한다.

(4) 세액공제조정명세서(3)

최저한세 조정감(10,904,027원)을 "(121)최저한세적용에따른미공제액"란에 입력하고 저장한다.

(105)구분	(106) 사업연도	요공제액		당기공제대상세액		(121)최저한세적용 에따른 미공제액	(122)기타사유 로인한 미공제액	(123)공제세액 (120-121-122)	(124)소멸	(125)이월액 (107+108-123-124)
		(107)당기분	(108)이월분	(109)당기분	(120)계					
통합투자세액공제(일반)	2025-12	32,270,000		32,270,000	32,270,000	10,904,027		21,365,973		10,904,027

(5) 공제감면세액및추가납부세액합계표 : 최저한세적용세액공제,면제 TAB

상단의 [불러오기(F12)]를 클릭하여 [세액조정명세서(3)] 서식의 자료를 반영한다.

최저한세배제세액감면	최저한세배제세액공제	최저한세적용세액공제	최저한세적용세액공제,면제	비과세,이월과세추가납부액	익금불산입	손금산입

①구 분	②근 거 법 조 항	코드	⑤전기이월액	⑥당기발생액	⑦공제세액
(247)통합투자세액공제 (일반)	「조특법」 제24조	13W		32,270,000	21,365,973

(6) 법인세과세표준 및 세액조정계산서

① 직접 입력한 자료이므로 절대로 [불러오기]를 클릭하지 않아야 하며 이외의 자료는 직접 입력한다.
② 통합투자세액공제는 "121란"에 21,365,973원을 입력하고 기납부세액을 추가한다.
③ 분납가능한 최대금액은 하단의 메시지를 참조하여 분납할세액란에 입력한다.

① 각사업연도소득계산	101.결 산 서 상 당 기 순 손 익	01	72,000,000		④ 납부할세액계산	120.산 출 세 액 (120=119)			45,496,123
	소 득 조 정 금 액 102.익 금 산 입	02	312,590,700			121.최저한세 적용 대상 공제 감면세액	17		21,365,973
	103.손 금 산 입	03	39,874,260			122.차 감 세 액	18		24,130,150
	104.차 가 감 소 득 금 액 (101+102-103)	04	344,716,440			123.최저한세 적용 제외 공제 감면세액	19		
	105.기 부 금 한 도 초 과 액	05				124.가 산 세 액	20		
	106.기 부 금 한 도 초 과 이월액 손금산입	54				125.가 감 계 (122-123+124)	21		24,130,150
	107.각사업연도소득금액 (104+105-106)	06	344,716,440			기한내납부세액 126.중 간 예 납 세 액	22		2,200,000
② 과세표준계산	108.각사업연도소득금액 (108=107)		344,716,440			127.수 시 부 과 세 액	23		
	109.이 월 결 손 금	07				128.원 천 납 부 세 액	24		183,000
	110.비 과 세 소 득	08				129.간접 회사등 외국 납부세액	25		
	111.소 득 공 제	09				130.소 계 (126+127+128+129)	26		2,383,000
	112.과 세 표 준 (108-109-110-111)	10	344,716,440			131.신 고 납 부전 가 산 세 액	27		
	159.선 박 표 준 이 익	55				132.합 계 (130+131)	28		2,383,000
③ 산출세액계산	113.과 세 표 준 (113=112+159)	56	344,716,440			133.감 면 분 추 가 납 부 세 액	29		
	114.세 율	11	19%			134.차 가 감 납 부 할 세 액 (125-132+133)	30		21,747,150
	115.산 출 세 액	12	45,496,123			⑤토지등 양도소득, ⑥미환류소득 법인세 계산 (TAB로 이동)			
	116.지 점 유 보 소 득 (법 제96조)	13			⑦ 세액계	151.차 감 납부할 세액계 (134+150+166)	46		21,747,150
	117.세 율	14				152.사 실 과 다 른 회계 처리 경정 세액공제	57		
	118.산 출 세 액	15				153.분 납 세 액 계 산 범 위 액 (151-124-133-145-152+131)	47		21,747,150
	119.합 계 (115+118)	16	45,496,123			154.분 납 할 세 액	48		10,873,575
						155.차 감 납 부 세 액 (151-152-154)	49		10,873,575

전자 전자(중간예납) 분납할 세액 : 10,873,575

[3] 세액공제감면과 법인세과세표준 및 세액조정계산서 [회사코드 : 5500.(주)태백]

(1) 법인세과세표준 및 세액조정계산서

① 세액공제감면과 최저한세조정계산서를 작성하기 전 법인세과세표준및세액조정계산서의 산출세액(108,012,120원)까지 작성하여 저장한다.
② 세무상 이월결손금은 기한내 결손금으로 공제가능하며 중소기업이므로 소득금액 100% 내에서 공제 가능하다.

(2) 최저한세조정계산서

① 상단의 [불러오기(F12)]를 클릭하여 [법인세과세표준및세액조정계산서]의 입력자료를 반영된다.
② 중소기업특별세액감면과 창업중소기업등에 대한 세액감면은 중복적용 할 수 없으므로 세부담 최소화에 따라 창업중소기업 등에 대한 세액감면을 적용한다.
③ "(123)감면세액"란에 73,020,000원을 입력하면 최저한세가 47,162,360원이므로 조정감(12,170,240원) 발생하여 조정감을 제외한 60,849,760원만 세액감면이 가능하다.

④ 중소기업은 연구인력개발비세액공제는 최저한세 배제이며 감면세액과 중복 적용 가능하다.

①구분		코드	②감면후세액	③최저한세	④조정감	⑤조정후세액
(101) 결 산 서 상 당 기 순 이 익		01	611,727,800			
소득조정금액	(102) 익 금 산 입	02	118,007,400			
	(103) 손 금 산 입	03	9,567,200			
(104) 조 정 후 소 득 금 액 (101+102-103)		04	720,168,000	720,168,000		720,168,000
최저한세적용대상 특 별 비 용	(105) 준 비 금	05				
	(106) 특별상각, 특례상각	06				
(107) 특별비용손금산입전소득금액(104+105+106)		07	720,168,000	720,168,000		720,168,000
(108) 기 부 금 한 도 초 과 액		08				
(109) 기부금 한도과 이월액 손 금 산 입		09				
(110) 각 사 업 년 도 소 득 금 액 (107+108-109)		10	720,168,000	720,168,000		720,168,000
(111) 이 월 결 손 금		11	46,420,000	46,420,000		46,420,000
(112) 비 과 세 소 득		12				
(113) 최저한세적용대상 비 과 세 소 득		13				
(114) 최저한세적용대상 익금불산입 · 손금산입		14				
(115) 차가감 소 득 금 액 (110-111-112+113+114)		15	673,748,000	673,748,000		673,748,000
(116) 소 득 공 제		16				
(117) 최저한세적용대상 소 득 공 제		17				
(118) 과 세 표 준 금 액 (115-116+117)		18	673,748,000	673,748,000		673,748,000
(119) 선 박 표 준 이 익		24				
(120) 과 세 표 준 금 액 (118+119)		25	673,748,000	673,748,000		673,748,000
(121) 세 율		19	19 %	7 %		19 %
(122) 산 출 세 액		20	108,012,120	47,162,360		108,012,120
(123) 감 면 세 액		21	73,020,000		12,170,240	60,849,760
(124) 세 액 공 제		22				
(125) 차 감 세 액 (122-123-124)		23	34,992,120			47,162,360

(3) 법인세과세표준 및 세액조정계산서

① 창업중소기업 등에 대한 세액감면(60,849,760원)을 "121란"란에 입력하고 연구인력개발비세액공제(12,440,000원)은 "123란"에 입력한다.

② 가산세 : 지출증명서류 미수취가산세 = 5,800,000원 × 2% = 116,000원

③ 중간예납세액을 입력하고 하단의 메시지를 참고하여 분납 금액을 분납할세액란에 입력한다.

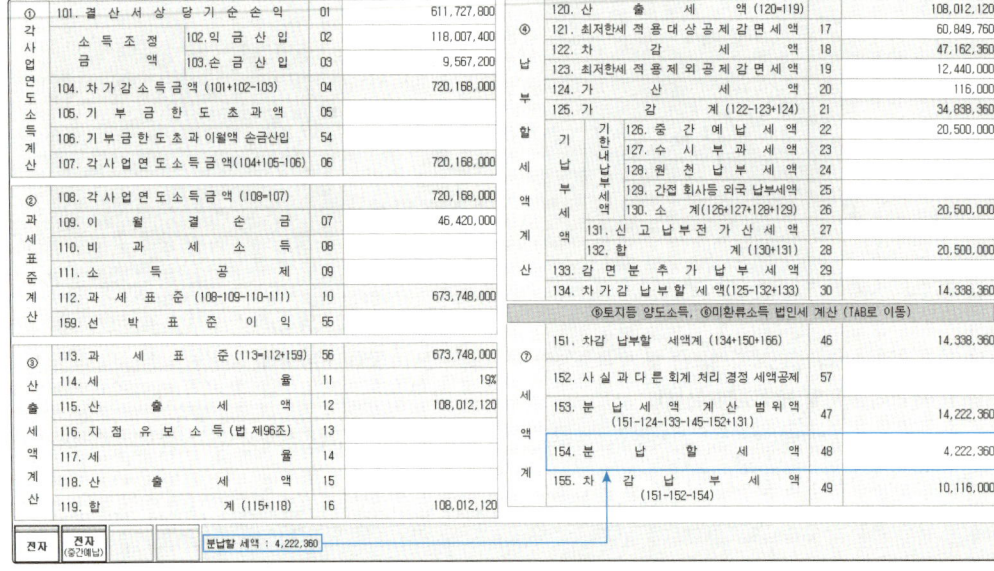

[4] 세액공제감면과 법인세과세표준 및 세액조정계산서 [회사코드 : 5400.(주)대성]

(1) 법인세과세표준 및 세액조정계산서
세액공제감면과 최저한세조정계산서를 작성하기 전 법인세과세표준및세액조정계산서의 과세표준과 산출세액 (21,977,650원)까지 작성하여 저장한다.

(2) 세액공제조정명세서(3) : 당기공제 및 이월액계산 TAB
① 동일한 과세연도에 세액감면과 통합투자세액공제가 동시에 있는 경우 하나만 선택하여 받도록 규정하고 있으나 **이월된 세액공제는 동 규정을 적용하지 않으므로 공제가 가능**하다.
② 통합투자세액공제는 코드도움으로 구분을 입력하고 사업연도(2023-12), 이월분(5,000,000), 당기공제대상세액 : 2차연도(5,000,000)을 입력한다.
③ 연구인력개발비세액공제은 코드도움으로 구분을 입력하고 사업연도(2025), 당기분(2,000,000)을 입력하고 상단의 "저장"을 누른다.

(3) 최저한세조정계산서
① 상단의 [불러오기(F12)]를 클릭하여 [법인세과세표준및세액조정계산서] 및 [세액공제조정명세서(3)]의 입력자료를 반영한다.
② 중소기업특별세액감면은 최저한세 적용 대상이므로 "(123)란"에 3,940,000원, 통합투자세액은 "(124)란"에 5,000,000원을 입력하고 연구인력개발비세액공제는 중소기업은 최저한세 적용 배제이므로 입력하지 않는다.
③ 감면후 세액이 최저한세보다 작은 경우 세액공제감면 배제에 의하여 조정감이 발생하며 금액(2,427,800원)을 메모한 후 저장한다.
④ **최저한세에 따른 공제감면 유리한 순서** : 세액감면 ⇨ 이월공제 인정되지 않는 세액공제 ⇨ 이월공제 인정되는 세액공제 순으로 공제감면을 적용하는 것이 좋다.

①구분		코드	②감면후세액	③최저한세	④조정감	⑤조정후세액
(101) 결산서상당기순이익		01	203,500,000			
소득조정금액	(102)익금산입	02	27,850,000			
	(103)손금산입	03	10,415,000			
(104) 조 정 후 소 득 금 액 (101+102-103)		04	220,935,000	220,935,000		220,935,000
최저한세적용대상특별비용	(105)준비금	05				
	(106)특별상각,특례상각	06				
(107) 특별비용손금산입전소득금액(104+105+106)		07	220,935,000	220,935,000		220,935,000
(108) 기 부 금 한 도 초 과 액		08				
(109) 기부금 한도초과 이월액 손금산입		09				
(110) 각 사 업 년 도 소 득 금 액 (107+108-109)		10	220,935,000	220,935,000		220,935,000
(111) 이 월 결 손 금		11				
(112) 비 과 세 소 득		12				
(113) 최저한세적용대상 비 과 세 소 득		13				
(114) 최저한세적용대상 익금불산입·손금산입		14				
(115) 차가감 소 득 금 액(110-111-112+113+114)		15	220,935,000	220,935,000		220,935,000
(116) 소 득 공 제		16				
(117) 최저한세적용대상 소 득 공 제		17				
(118) 과 세 표 준 금 액(115-116+117)		18	220,935,000	220,935,000		220,935,000
(119) 선 박 표 준 이 익		24				
(120) 과 세 표 준 금 액 (118+119)		25	220,935,000	220,935,000		220,935,000
(121) 세 율		19	19 %	7 %		19 %
(122) 산 출 세 액		20	21,977,650	15,465,450		21,977,650
(123) 감 면 세 액		21	3,940,000			3,940,000
(124) 세 액 공 제		22	5,000,000		2,427,800	2,572,200
(125) 차 감 세 액 (122-123-124)		23	13,037,650			15,465,450

(4) 세액공제조정명세서(3) : 당기공제 및 이월액계산 TAB

최저한세 조정감(2,427,800원)을 "(121)최저한세적용에따른미공제액"란에 입력하고 저장한다.

(105)구분	(106)사업연도	요공제액					(121)최저한세적용에따른 미공제액	(123)공제세액 (120-121-122)	(125)이월액 (107+108-123-124)
		(107)당기분	(108)이월분	(109)당기분	(111)2차연도	(120)계			
통합투자세액공제(일반)	2023-12		5,000,000		5,000,000	5,000,000	2,427,800	2,572,200	2,427,800
소계			5,000,000		5,000,000	5,000,000	2,427,800	2,572,200	2,427,800
연구·인력개발비세액공제(최저한세제외)	2025-12	2,000,000		2,000,000		2,000,000		2,000,000	
합 계		2,000,000	5,000,000	2,000,000	5,000,000	7,000,000	2,427,800	4,572,200	2,427,800

(5) 법인세과세표준 및 세액조정계산서

① 직접 입력한 자료이므로 절대로 [불러오기]를 클릭하지 않아야 하며 이외의 자료는 직접 입력한다.

② 중소기업특별세액감면과 중소기업투자세액공제의 합계액을 "121란"에 6,512,200원을 입력하고 인력개발비세액공제는 "123란"에 2,000,000원을 추가 입력한다.

③ 분납가능한 최대금액은 하단의 메시지를 참조하여 분납할세액란에 입력한다.

① 각사업연도소득계산	101. 결산서상 당기순이익	01	203,500,000	④ 납부할세액계산	120. 산 출 세 액 (120=119)		21,977,650
	소득조정금액 102. 익 금 산 입	02	27,850,000		121. 최저한세 적용 대상 공제감면 세액	17	6,512,200
	103. 손 금 산 입	03	10,415,000		122. 차 감 세 액	18	15,465,450
	104. 차 가 감 소 득 금 액 (101+102-103)	04	220,935,000		123. 최저한세 적용 제외 공제감면 세액	19	2,000,000
	105. 기 부 금 한 도 초 과 액	05			124. 가 산 세 액	20	
	106. 기 부 금 한 도 초 과 이월액 손금산입	54			125. 가 감 계 (122-123+124)	21	13,465,450
	107. 각 사 업 연 도 소 득 금 액 (104+105-106)	06	220,935,000		기한내납부세액 126. 중 간 예 납 세 액	22	
② 과세표준계산	108. 각 사 업 연 도 소 득 금 액 (108=107)		220,935,000		127. 수 시 부 과 세 액	23	
	109. 이 월 결 손 금	07			128. 원 천 납 부 세 액	24	880,000
	110. 비 과 세 소 득	08			129. 간접 회사등 외국 납부세액	25	
	111. 소 득 공 제	09			130. 소 계 (126+127+128+129)	26	880,000
	112. 과 세 표 준 (108-109-110-111)	10	220,935,000		131. 신 고 납 부전 가 산 세 액	27	
	159. 선 박 표 준 이 익	55			132. 합 계 (130+131)	28	880,000
③ 산출세액계산	113. 과 세 표 준 (113=112+159)	56	220,935,000		133. 감 면 분 추 가 납 부 세 액	29	
	114. 세 율	11	19%		134. 차 가 감 납 부 할 세 액 (125-132+133)	30	12,585,450
	115. 산 출 세 액	12	21,977,650	⑤토지등 양도소득, ⑥미환류소득 법인세 계산 (TAB로 이동)			
	116. 지 점 유 보 소 득 (법 제96조)	13		⑦세액계	151. 차감 납부할 세액계 (134+150+166)	46	12,585,450
	117. 세 율	14			152. 사실과 다른 회계 처리 경정 세액공제	57	
	118. 산 출 세 액	15			153. 분 납 세 액 계 산 범 위 액 (151-124-133-145-152+131)	47	12,585,450
	119. 합 계 (115+118)	16	21,977,650		154. 분 납 할 세 액	48	2,585,450
					155. 차 감 납 부 세 액 (151-152-154)	49	10,000,000

분납할 세액 : 2,585,450

전산세무 **1**급

PART 01 최신기출문제
PART 02 기출문제 해답

최신기출
문제&해답

Perfect
전산세무 1급
www.bobook.co.kr

PART
01

최신기출문제

백데이터 다운로드 및 설치방법

1. 도서출판 배움 홈페이지(www.bobook.co.kr)에 접속한다.
2. 홈페이지 교재실습/백데이터 자료실을 클릭한다.
3. 교재실습/백데이터 자료실 ⇨ [2025_TAX_1grade] 백데이터를 선택하여 다운로드 한다.
4. 다운로드한 파일을 선택 후 실행하면 [내컴퓨터 ⇨ C: ₩KcLepDB ⇨ KcLep]에 자동으로 복구 저장된다.
5. 한국세무사회 자격시험 케이렙 프로그램  을 실행한다.

   실행화면에서 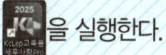 ⇨ F4 회사코드재생성 을 실행하여야 선택하고자 하는 회사가 생성된다.

회사등록
ⓧ 닫기   💬 코드   🗑 삭제   🖨 인쇄   👁 조회
≡ F3 검색   CF3 조건검색   F4 회사코드재생성   F6 회사명되돌리기   CF8 세무서코드자동변경

6. 웹하드(www.webhard.co.kr) 다운로드 방법
   ① 오른쪽 상단의 [로그인] 버튼을 클릭하여 아이디와 비밀번호를 입력한다. [아이디 : bobookcokr / 비밀번호 : book9750]
   ② [내리기전용] ⇨ [전산세무회계] ⇨ [전산세무 1급] 폴더에서 백데이터를 선택하여 다운로드 한다.
   ③ 이외의 사항은 위와 동일하다.

최신
기출문제

117회 이론시험 (합격률: 18.33%)   PART 01 기출문제

다음 문제를 보고 알맞은 것을 골라 [이론문제 답안작성] 메뉴에 입력하시오. (객관식 문항당 2점)

기본전제

문제에서 한국채택국제회계기준을 적용하도록 하는 전제조건이 없는 경우, 일반기업회계기준을 적용한다.

01. 다음 중 재무제표 작성과 표시의 일반원칙에 대한 설명으로 옳지 않은 것은?
   ① 경영진은 재무제표를 작성할 때 계속기업으로서의 존속가능성을 평가해야 한다.
   ② 재무제표가 일반기업회계기준에 따라 작성된 경우에 그 사실을 주석으로 기재하여야 한다.
   ③ 재무제표의 항목은 구분하여 표시하여야 하기 때문에 중요하지 않은 항목은 성격이나 기능이 유사한 항목으로 통합하여 표시할 수 없다.
   ④ 재무제표는 전기 재무제표의 모든 계량정보를 당기와 비교하는 형식으로 표시한다.

02. 다음 중 금융자산에 대한 설명으로 옳지 않은 것은?
   ① 금융자산은 금융상품의 계약당사자가 되는 때에만 재무상태표에 인식하는 것이 원칙이다.
   ② 양도자가 금융자산에 대한 모든 통제권을 상실하였다면 매각거래로 본다.
   ③ 단기매매증권은 최초 인식 시 공정가치로 측정하고, 후속 측정 시에는 상각후원가로 측정한다.
   ④ 금융자산의 이전이 담보거래에 해당하는 경우에는 해당 금융자산을 담보제공자산으로 별도 표시하여야 한다.

03. 창고에 보관 중이던 재고자산 중 화재로 인해 1,800,000원을 제외한 금액이 파손되었다. 다음 자료를 이용하여 화재로 인한 재고자산 피해액을 계산하면 얼마인가?

   • 기초 재고자산: 23,000,000원   • 당기 매출액: 78,000,000원
   • 당기 매입액: 56,000,000원   • 당기 매출총이익률: 10%

   ① 7,000,000원   ② 7,020,000원   ③ 8,000,000원   ④ 8,800,000원

04. 다음 중 일반기업회계기준상 외화자산 및 외화부채에 대한 설명으로 옳지 않은 것은?
   ① 역사적 원가로 측정하는 비화폐성 외화 항목은 거래일의 환율로 환산한다.
   ② 비화폐성 항목에서 발생한 손익을 기타포괄손익으로 인식하는 경우 그 손익에 포함된 환율변동 효과는 당기손익으로 인식한다.
   ③ 공정가치로 측정하는 비화폐성 외화 항목은 공정가치가 결정된 날의 환율로 환산한다.
   ④ 화폐성 항목의 외환차손익은 손익계산서의 영업외손익으로 처리한다.

117회 이론시험

05. 다음 중 퇴직급여에 대한 설명으로 가장 옳지 않은 것은?
① 확정급여형 퇴직급여 제도에서 퇴직연금 운용자산이 퇴직급여 충당부채를 초과하는 경우에는 그 초과액을 투자자산으로 표시한다.
② 확정급여형 퇴직급여 제도에서는 운용수익이 발생하는 경우에 이자수익으로 표시한다.
③ 확정기여형 퇴직급여 제도에서는 회사가 납부하여야 할 부담금을 퇴직급여(비용)로 인식한다.
④ 확정기여형 퇴직급여 제도에서는 운용에 관한 내용은 모두 회사가 결정하고 책임진다.

06. 다음 중 원가에 대한 설명으로 옳지 않은 것은?
① 매몰원가 : 자원을 다른 대체적인 용도로 사용할 경우 얻을 수 있는 최대금액
② 회피불가능원가 : 의사결정과 무관하게 발생하여 회피할 수 없는 원가
③ 제품원가 : 판매를 목적으로 제조하는 과정에서 발생한 원가
④ 관련원가 : 여러 대안 사이에 차이가 있는 미래원가로서 의사결정에 직접적으로 관련되는 원가

07. 매출원가율이 매출액의 75%일 때, 다음 자료를 이용하여 기초재공품 가액을 계산하면 얼마인가?

• 당기매출액 : 20,000,000원	• 기초재공품 : ?	• 기말재공품 : 2,200,000원
• 직접재료원가 : 3,200,000원	• 직접노무원가 : 4,500,000원	• 제조간접원가 : 4,000,000원
• 기초제품 : 3,000,000원	• 기말제품 : 2,800,000원	

① 5,300,000원 ② 11,700,000원 ③ 14,800,000원 ④ 17,000,000원

08. 다음 중 표준원가계산에 대한 설명으로 옳지 않은 것은?
① 표준원가를 기초로 한 예산과 실제원가를 기초로 한 실제 성과와의 차이를 비교하여 성과평가에 이용할 수 있다.
② 원가흐름의 가정이 필요 없어 제품원가계산 및 회계처리가 신속하다.
③ 조업도 차이는 변동제조간접원가 차이분석 시 확인할 수 있다.
④ 외부보고용 재무제표를 작성할 때에는 표준원가를 실제원가로 수정하여야 한다.

09. (주)세무는 직접노무시간을 기준으로 제조간접원가를 배부하고 있다. 해당 연도 초 제조간접원가 예상액은 3,000,000원이고 예상 직접노무시간은 10,000시간이다. 실제 직접노무시간이 11,500시간일 경우 당기의 제조간접원가는 250,000원 과대배부라고 한다. 당기 말 현재 실제 제조간접원가 발생액은 얼마인가?
① 3,000,000원 ② 3,200,000원 ③ 3,250,000원 ④ 3,700,000원

10. 다음 중 공손에 대한 설명으로 옳지 않은 것은?
① 정상공손은 제조원가(완성품원가 또는 기말재공품원가)에 포함된다.
② 비정상공손품은 발생 된 기간에 영업외비용으로 처리한다.
③ 공손품수량을 산정할 때는 원가 흐름의 가정과 상관없이 선입선출법에 의해 계산한다.
④ 정상공손은 능률적인 생산조건 하에서는 회피와 통제가 가능하다.

이론시험 117회

11. 다음 중 지급일이 속하는 달의 다음 달 말일까지 간이지급명세서를 제출하여야 하는 소득으로 옳지 않은 것은?
① 고용관계 없이 일시적으로 다수인에게 강연을 한 강연자에게 지급한 강연료
② 원천징수 대상 사업소득
③ 계약의 위약이나 해약으로 인하여 지급한 위약금과 배상금
④ 라디오를 통하여 일시적으로 해설ㆍ계몽을 하고 지급한 보수

12. 다음 중 법인세법상 소득처분 시 반드시 기타사외유출로 처분해야 하는 경우가 아닌 것은?
① 임대보증금 등의 간주익금
② 기업업무추진비 한도초과액의 손금불산입
③ 업무관련성 있는 벌금 및 과태료
④ 건설자금이자

13. 다음 중 소득세법상 주택임대소득에 대한 설명으로 옳지 않은 것은?
① 3주택 이상 소유자로서 보증금 합계액이 1억원 이상인 경우 간주임대료 수입금액이 발생한다.
② 총수입금액이 2천만원 이하인 주택임대소득은 분리과세와 종합과세를 선택할 수 있다.
③ 임대주택이 등록요건을 모두 충족하였다면 분리과세 적용 시 필요경비는 총수입금액의 60%를 적용한다.
④ 주택 수는 본인과 배우자의 주택을 합하여 계산한다.

14. 다음 중 부가가치세법상 세금계산서에 대한 설명으로 틀린 것은?
① 매입자가 거래사실을 관할세무서장의 확인을 받아 세금계산서를 발급하고 매입세액공제를 받으려면 재화 또는 용역의 공급시기가 속하는 과세기간의 종료일로부터 1년 이내에 신청해야 한다.
② 예정부과기간(1월 1일 ~ 6월 30일)에 세금계산서를 발급한 간이과세자는 7월 25일까지 예정부과기간의 과세표준과 납부세액을 사업장 관할세무서장에게 신고하여야 한다.
③ 대가 수령 전에 세금계산서를 발급하더라도 동일 과세기간 내에 공급시기가 도래한다면 적법한 세금계산서로 인정된다.
④ 모든 간이과세자는 부가가치세의 납세의무 중 일부만 부담하므로 세금계산서 발급도 허용되지 않는다.

15. 다음 중 부가가치세법상 매입세액공제가 가능한 거래는 무엇인가?
① 직원들의 교육을 위한 도서 구입대금
② 출퇴근 시 사용하는 법인명의 2,500cc 5인승 승용차에 대한 유류비
③ 기존 건물을 철거하고 토지만을 사용할 목적으로 건물이 있는 토지를 취득한 경우 철거한 건물의 취득 및 철거비용
④ 직원 명의의 신용카드로 구입한 경리부서의 사무용품비

117회 실무시험

PART 01 기출문제

(주)한둘상사(회사코드 : 1170)는 제조·도소매업을 영위하는 중소기업이며, 당기(제13기) 회계기간은 2025.1.1. ~ 2025.12.31.이다. 전산세무회계 수험용 프로그램을 이용하여 다음 물음에 답하시오.

기본전제

- 문제에서 한국채택국제회계기준을 적용하도록 하는 전제조건이 없는 경우, 일반기업회계기준을 적용하여 회계처리 한다.
- 문제의 풀이와 답안작성은 제시된 문제의 순서대로 진행한다.

문제 1 다음 거래에 대하여 적절한 회계처리를 하시오. (12점)

입력 시 유의사항

- 일반적인 적요의 입력은 생략하지만, 타계정 대체거래는 적요 번호를 선택하여 입력한다.
- 세금계산서·계산서 수수 거래 및 채권·채무 관련 거래는 별도의 요구가 없는 한 반드시 기등록된 거래처코드를 선택하는 방법으로 거래처명을 입력한다.
- 제조경비는 500번대 계정코드를, 판매비와관리비는 800번대 계정코드를 사용한다.
- 회계처리 시 계정과목은 등록된 계정과목 중 가장 적절한 과목으로 한다.
- 매입매출전표를 입력하는 경우 입력화면 하단의 분개까지 처리하고, 세금계산서 및 계산서는 전자 여부를 입력하여 반영한다.

[1] 3월 10일 (주)세명전기로부터 전기 원재료 매입 시 발생한 외상매입금 전액을 당좌수표를 발행하여 지급하였다(외상매입금을 조회하여 입력할 것). (3점)

[2] 4월 6일 당사는 면세사업에 사용하기 위하여 (주)상희로부터 에어컨(비품)을 외상으로 구입하고, 설치비용은 330,000원(부가가치세 포함)을 현금으로 지급하였다. 전자세금계산서는 관련 거래 전부에 대해 아래와 같이 일괄 발급받았다. (3점)

전자세금계산서					승인번호	20250406-25457932-64411851			
공급자	등록번호	123-81-56785	종사업장 번호		공급받는자	등록번호	308-81-27431	종사업장 번호	
	상호 (법인명)	(주)상희	성 명	강연희		상호 (법인명)	(주)한둘상사	성 명	정수란
	사업장주소	서울특별시 서초구 방배로 123				사업장주소	경상북도 경주시 내남면 포석로 112		
	업 태	도소매	종 목	에어컨 외		업 태	제조	종 목	전자부품 외
	이메일					이메일			
작성일자		공급가액		세 액	수정사유			비 고	
2025.04.06		2,300,000		230,000					
월	일	품 목	규 격	수 량	단 가	공급가액	세 액	비 고	
4	6	에어컨				2,000,000	200,000		
4	6	설치비용				300,000	30,000		
합계금액		현 금		수 표	어 음	외상미수금	위 금액을 **청구**함		
2,530,000		330,000				2,200,000			

[3] 5월 30일   리스자산(기계장치)의 운용리스계약이 만료되어 리스자산(기계장치)을 인수하고 아래의 전자계산서를 발급받았다. 인수대금은 17,000,000원이고 리스보증금(계정과목 : 기타보증금) 20,000,000원에서 충당하기로 하였으며 잔액은 보통예금 계좌로 입금되었다. (3점)

전자계산서					승인번호	20250530-15454645-58811886		
공급자	등록번호	111-85-98761	종사업장번호		공급받는자	등록번호	308-81-27431	종사업장번호	
	상호(법인명)	(주)라임파이낸셜	성명	김라임		상호(법인명)	(주)한돌상사	성명	정수란
	사업장주소	서울특별시 관악구 신림동				사업장주소	경상북도 경주시 내남면 포석로 112		
	업태	금융업	종목	리스		업태	제조	종목	전자부품 외
	이메일					이메일			
작성일자		공급가액		수정사유		비고			
2025.05.30.		17,000,000		해당 없음					

월	일	품목	규격	수량	단가	공급가액	비고
5	30	기계장치		1	17,000,000	17,000,000	

합계금액	현금	수표	어음	외상미수금	위 금액을 함

[4] 8월 20일   당사가 지분을 소유한 (주)세무사랑이 중간배당을 하기로 이사회 결의를 하고, 배당금 12,000,000원을 결의한 날에 보통예금 계좌로 입금받았다(원천세는 고려하지 않음). (3점)

문제 2 다음 주어진 요구사항에 따라 부가가치세신고서 및 부속서류를 작성하시오. (10점)

[1] 다음의 자료만을 이용하여 2025년 제2기 확정신고기간(2025.10.01. ~ 2025.12.31.)에 대한 [재활용폐자원세액공제신고서]를 작성하시오. (4점)

거래일자	공급자	거래 구분	품명	건수	매입가액
2025.10.10.	김정민(830715-1234563)	영수증	폐유	1	20,000,000원
2025.11.10.	이수진(840918-2034561)	영수증	폐유	1	30,000,000원
2025.10.15.	전진유통(156-61-00207)	세금계산서	트럭(고정자산)	1	80,000,000원(부가세 별도)
2025.12.15.	꼬꼬치킨(301-33-12348)	세금계산서	폐유	1	60,000,000원(부가세 별도)

• 위에서 제시된 자료 이외에는 무시하기로 한다.
• 재활용폐자원세액공제를 받기 위한 공급자 요건은 모두 충족한다.
• 2025년 제2기 확정신고기간에 대한 매출공급가액은 135,000,000원이다.
  (제2기 예정신고기간의 관련 매출액 및 매입액은 없다고 가정한다.)

[2] 다음 자료를 이용하여 2025년 제2기 부가가치세 예정신고기간(2025.07.01. ~ 2025.09.30.)의 [신용카드매출전표등수령명세서]를 작성하시오. (4점)

거래일자	거래처명 (사업자등록번호)	공급가액	거래목적	과세유형	비고
7월 20일	아트문구 (120-11-12349)	550,000원	사무용품 구입	일반과세자	현금영수증
8월 10일	(주)현대자동차 (621-81-96414)	300,000원	업무용승합차 엔진오일교환(주1)	일반과세자	대표이사 개인신용카드(주2)
8월 31일	(주)하나식당 (321-81-02753)	220,000원	영업부서 직원 회식비용	간이과세자 (세금계산서 발급가능)	법인카드(주3) 결제
9월 10일	(주)아남전자 (123-81-23571)	1,100,000원	영업부서 노트북구입	일반과세자	세금계산서 수취분 법인카드(주3) 결제

(주1) 업무용승합차는 11인승으로 개별소비세 과세대상이 아니다.
(주2) 대표이사 개인신용카드(국민카드 1230-4578-9852-1234)이다.
(주3) 법인카드(국민카드 5678-8989-7878-5654)이다.

[3] 2025년 제1기 부가가치세 예정(2025.01.01. ~ 2025.03.31.) 신고서를 작성, 마감하여 전자신고를 수행하시오 (단, 저장된 데이터를 불러와 사용할 것). (2점)

1. 부가가치세신고서와 관련 부속서류는 작성되어 있다.
2. [전자신고] → [국세청 홈택스 전자신고변환(교육용)] 순으로 진행한다.
3. [전자신고] 메뉴의 [전자신고제작] 탭에서 신고인구분은 2.납세자 자진신고를 선택하고 비밀번호는 "12345678" 로 입력한다.
4. [국세청 홈택스 전자신고변환(교육용)] → 전자파일변환(변환대상파일선택) → 찾아보기 에서 전자신고용 전자파일을 선택한다.
5. 전자신고용 전자파일 저장경로는 로컬디스크(C:)이며, 파일명은 "enc작성연월일.101.v3088127431"이다.
6. 형식검증하기 ➡ 형식검증결과확인 ➡ 내용검증하기 ➡ 내용검증결과확인 ➡ 전자파일제출 을 순서대로 클릭한다.
7. 최종적으로 전자파일 제출하기 를 완료한다.

문제 3 다음의 결산정리사항을 입력하여 결산을 완료하시오. (8점)

[1] 다음은 단기 투자 목적으로 보유하고 있는 단기매매증권 관련 자료이다. 결산일 현재 필요한 회계처리를 하시오. (2점)

- 2025년 7월 6일 : 주당 10,000원에 주식 100주를 취득함.
- 2025년 10월 31일 : 주당 공정가치 11,000원에 주식 55주를 처분함.
- 2025년 12월 31일 : 주당 공정가치는 12,000원임.

[2] 당사는 1월 1일 제조공장에서 사용할 기계장치를 20,000,000원에 취득하였는데 취득 시 국고보조금 10,000,000원을 수령하였다. 해당 기계장치는 정액법(내용연수 5년, 잔존가치 없음)으로 월할 상각한다. (2점)

[3] 기말 현재 재고자산내역은 다음과 같다. 아래 자료를 근거로 결산 회계처리를 하시오(단, 제품에는 판매를 위탁하기 위하여 수탁자에게 보낸 후 판매되지 않은 적송품 12,000,000원이 제외되어 있음). (2점)

> • 제품 : 13,000,000원　　　• 재공품 : 10,000,000원　　　• 원재료 : 7,000,000원

[4] 다음의 주어진 자료만을 참고하여 법인세비용에 대한 회계처리를 하시오. (2점)

> 1. 과세표준은 355,400,000원이고 세액감면과 세액공제는 없다.
> 2. 법인세율
>   • 과세표준 2억원 이하 : 9%
>   • 과세표준 2억원 초과 200억 이하 : 19%
>   • 법인지방소득세는 법인세 산출세액의 10%로 한다.
> 3. 8월 31일 법인세 중간예납 시 당사는 아래와 같이 회계처리하였다.
>   • (차) 선납세금 26,537,000원　　　(대) 보통예금 26,537,000원

문제 14 원천징수와 관련된 다음 물음에 답하시오. (10점)

[1] 다음의 자료를 이용하여 '인적용역' 사업소득에 해당하는 경우, [사업소득자등록] 및 [사업소득자료입력] 메뉴를 작성하시오. 단, 귀속월은 2025년 10월이며 지급연월일은 2025년 11월 5일이다. (4점)

코드	성명	거주 구분	주민등록번호 (외국인등록번호)	지급내역	차인지급액(주)
201	김태민	거주/내국인	840219-1879526	영어 강사 강의료(학원 소속 강사)	3,384,500원
202	소준섭	거주/외국인(일본)	900719-5879869	일본어 강사 강의료(학원 소속 강사)	4,061,400원
203	박지원	거주/외국인(중국)	910808-6789558	강연료(일시 · 우발적 소득임)	2,900,160원

(주) 차인지급액은 소득세 및 개인지방소득세 공제 후 금액이며 정상 입금 처리되었다.

[2] 다음은 영업부 상용직 근로자 김해리 과장(사번 : 101, 퇴사일 : 2025.08.31.)의 중도퇴사(개인사정에 따른 자발적 퇴직임)와 관련된 자료이다. 주어진 자료를 이용하여 김해리 과장의 8월 귀속 [급여자료입력], [퇴직소득자료입력]을 작성하시오. (4점)

1. 김해리 과장의 8월 급여 및 공제항목

  - 기본급 : 3,400,000원
  - 상여 : 800,000원
  - 자가운전보조금 [비과세] : 200,000원
  - 출산.보육수당(육아수당) [비과세] : 200,000원
  - 국민연금 : 153,000원
  - 건강보험 : 128,930원
  - 장기요양보험 : 16,690원
  - 고용보험 : 33,600원

2. 기타사항
  - 당사의 급여 지급일은 다음 달 15일이며 퇴직한 달의 소득세 등은 정산 후의 금액을 반영하기로 한다.
  - 김해리 과장은 4세의 자녀를 양육하고 있으나, 부양가족공제는 본인만 적용한다. 또한, 부녀자공제 대상이 아니며 주어진 자료만으로 퇴직정산을 한다.
  - 수당공제등록 입력 시, 미사용 수당에 대해서는 사용 여부를 '부'로 입력하고 미반영된 수당은 새로 입력한다.
  - 자가운전보조금과 출산.보육수당(육아수당)은 비과세 요건에 해당한다.

3. 퇴직금
  - 퇴직금 지급액은 13,000,000원이며 퇴직금 지급일은 2025년 9월 15일로, 10,000,000원은 퇴직연금계좌로 지급하였고 나머지는 현금 지급하였다(단, 퇴직소득의 귀속시기는 8월로 한다).

연금계좌 취급자	사업자등록번호	계좌번호	입금일
미래투자증권	208-81-06731	291-132-716377	2025.09.15.

[3] 다음 자료를 이용하여 [원천징수이행상황신고서]를 작성 및 마감하고, 국세청 홈택스에서 전자신고를 수행하시오(단, 제시된 자료 이외에는 없는 것으로 가정한다). (2점)

〈소득자료〉
(1) 6월 귀속 퇴직소득(6월 말 지급) : 퇴직자 2인에게 5,300,000원 지급(소득세 82,000원)
(2) 6월 귀속 사업소득(6월 말 지급) : 학원강사 1인에게 강사료 8,000,000원 지급(소득세 240,000원)
(3) 전월미환급세액 : 10,000원

〈유의사항〉
1. [전자신고] → [국세청 홈택스 전자신고변환(교육용)] 순으로 진행한다.
2. [전자신고] 메뉴의 [전자신고제작] 탭에서 신고인구분은 2.납세자 자진신고를 선택하고, 비밀번호는 자유롭게 입력한다.
3. [국세청 홈택스 전자신고변환(교육용)] → 전자파일변환(변환대상파일선택) → 찾아보기 에서 전자신고용 전자파일을 선택한다.
4. 전자신고용 전자파일 저장경로는 로컬디스크(C:)이며, 파일명은 "작성연월일.01.t사업자등록번호"이다.
5. 형식검증하기 ➡ 형식검증결과확인 ➡ 내용검증하기 ➡ 내용검증결과확인 ➡ 전자파일제출 을 순서대로 클릭한다.
6. 최종적으로 전자파일 제출하기 를 완료한다.

문제 5

(주)사랑상회(회사코드 : 1171)는 전자제품 등을 생산하고 제조·도매업 및 도급공사업을 영위하는 중소기업이며, 당해 사업연도(제15기)는 2025.1.1. ~ 2025.12.31.이다. [법인조정] 메뉴를 이용하여 기장되어 있는 재무회계 장부 자료와 제시된 보충자료에 의하여 해당 사업연도의 세무조정을 하시오. (30점)

※ 회사 선택 시 유의하시오.

작성대상서식

1. 재고자산(유가증권)평가조정명세서
2. 선급비용명세서
3. 미상각자산감가상각조정명세서, 감가상각비조정명세서합계표
4. 기부금조정명세서
5. 법인세과세표준및세액조정계산서, 최저한세조정계산서

[1] 다음 자료에 따라 [재고자산(유가증권)평가조정명세서]를 작성하고 재고자산별로 각각 세무조정을 하시오. (6점)

재고자산	수량	신고방법	평가방법	장부상 평가액 (단가)	총평균법 (단가)	후입선출법 (단가)	선입선출법 (단가)
제품 A	20,000개	선입선출법	총평균법	3,000원/개	3,000원/개	2,500원/개	2,200원/개
재공품 B	20,000개	총평균법	총평균법	1,500원/개	1,500원/개	1,800원/개	1,300원/개
원재료 C	25,000개	총평균법	후입선출법	2,300원/개	1,000원/개	2,300원/개	1,100원/개

① 회사는 사업 개시 후 2016년 1월 5일에 '재고자산 등 평가방법신고(변경신고)서'를 즉시 관할세무서장에게 제출하였다(제품, 재공품, 원재료 모두 총평균법으로 신고하였다).
② 2025년 9월 15일 제품 A의 평가방법을 선입선출법으로 변경 신고하였다.
③ 2025년 10월 25일 원재료 C의 평가방법을 후입선출법으로 변경 신고하였다.
※ 임의변경 시에는 재고자산평가조정명세서상에 당초 신고일을 입력하기로 한다.

[2] 다음 자료는 당기 보험료 내역이다. [선급비용명세서]를 작성하고, 보험료와 선급비용에 대하여 세무조정하시오 (단, 기존에 입력된 데이터는 무시하고 제시된 자료만을 이용하여 계산하며, 세무조정은 각 건별로 할 것). (6점)

1. 당기 보험료 지출 내역

거래내용	지급액	거래처	보험기간	비 고
공장화재보험	1,374,000원	KC화재	2025.02.16. ~ 2026.02.16.	장부상 선급비용 110,000원을 계상함
자동차보험	798,420원	DG손해보험	2025.05.27. ~ 2026.05.27.	운반 트럭에 대한 것으로 전액 보험료(제) 처리함
보증서보험	78,040원	서울보증보험	2025.10.11. ~ 2028.10.10.	제조업과 관련 있으며 장부상 선급비용 미계상함

2. 자본금과적립금조정명세서(을)의 기초잔액은 324,165원으로 당기 기초금액이다. 해당 금액은 자동차보험과 관련된 것으로, 보험기간은 2024.12.26. ~ 2025.05.26.이다.

[3] 불러온 데이터는 무시하고 다음의 자료만을 이용하여 기계장치를 [고정자산등록] 메뉴에 등록하여 [미상각자산감가상각조정명세서] 및 [감가상각비조정명세서합계표]를 작성하고 필요한 세무조정을 하시오. (6점)

1. 고정자산
   - 당사는 인건비 절감 및 시스템 자동화 구축을 위하여 기계장치(주)(자산코드 : 201, 자산명 : 과자 분류기)를 2024년 11월 11일에 취득하였으며 2024년 12월 1일부터 해당 기계장치를 사용개시 하였다.
   - ※ (주) 취득가액은 300,000,000원이다.

2. 전기(2024년) 말 현재 자본금과적립금조정명세서

① 과목	② 기초잔액	당기중증감		⑤ 기말잔액
		③ 감소	④ 증가	
기계장치 감가상각비 한도초과액			11,275,000원	11,275,000원

3. 감가상각대상자산

자산코드	계정과목	품목	취득일자	취득가액	전기(2024년) 말 감가상각누계액	당기(2025년) 감가상각비계상액	경비구분
201	기계장치	과자 분류기	2024.11.11.	300,000,000원	22,550,000원	135,300,000원	제조

- 기계장치에 대한 지출액(자본적 지출의 성격) 14,735,000원(부가가치세 별도)을 당기(2025년) 비용처리 하였다.
- 기계장치의 내용연수는 5년을 적용하고, 감가상각방법은 신고하지 않은 것으로 가정한다.
- 기말 재고자산은 없는 것으로 가정한다.

[4] 다음 자료를 이용하여 [기부금조정명세서]를 작성하고 필요한 세무조정을 하시오. (6점)

1. 당기 기부금 내역은 다음과 같다. 적요 및 기부처 입력은 무시하고, 당기 기부금이 아닌 경우 기부금 명세서에 입력하지 않는다.

일 자	금 액	지급 내역
1월 12일	8,000,000원	국립대학병원에 연구비로 지출한 기부금
5월 9일	500,000원	향우회 회비(대표이사가 속한 지역 향우회기부금)
9월 20일	1,000,000원	태풍으로 인한 이재민 구호금품
12월 5일	3,000,000원	S 종교단체 어음 기부금(만기일 : 2026.01.10.)

2. 기부금 한도 계산과 관련된 자료는 다음과 같다.
   - 2024년도에 발생한 세무상 이월결손금 잔액 20,000,000원이 있다.
   - 기부금 관련 세무조정을 반영하기 전의 [법인세과세표준및세액조정계산서]상 차가감소득금액 내역은 아래와 같다(단, 당사는 중소기업이며, 불러온 자료는 무시하고 아래의 자료만을 이용할 것).

구 분		금 액
결산서상 당기순이익		250,000,000원
소득조정금액	익금산입	30,000,000원
	손금산입	18,000,000원
차가감소득금액		262,000,000원

[5] 불러온 자료는 무시하고 다음의 주어진 자료만을 이용하여 [법인세과세표준및세액조정계산서] 및 [최저한세조정계산서]를 작성하시오(단, 당사는 세법상 중소기업에 해당한다). (6점)

1. 손익계산서의 일부분이다.
   (1) 법인세차감전순이익 : 770,000,000원
   (2) 법인세등 : 170,000,000원
   (3) 당기순이익 : 600,000,000원

2. 소득금액조정합계표는 다음과 같다.

익금산입 및 손금불산입			손금산입 및 익금불산입		
법인세등	170,000,000원	기타사외유출	업무용승용차 감가상각비	5,000,000원	△유보
대손충당금 한도초과액	63,000,000원	유보			
벌과금등	3,000,000원	기타사외유출			
업무용승용차 업무미사용분	7,000,000원	상여			
합 계	243,000,000원		합 계	5,000,000원	

3. 기부금과 관련된 내역은 다음과 같이 가정하기로 한다.
   (1) 기부금 한도초과액 : 20,000,000원
   (2) 기부금 한도초과 이월액 손금산입액 : 8,000,000원

4. 납부할 세액 및 차감납부세액 계산 시 고려사항
   (1) 통합고용증대세액공제 : 91,500,000원(최저한세 대상)
   (2) 법인세법상 가산세 : 850,000원
   (3) 법인세 중간예납세액 : 21,000,000원
   (4) 이자소득에 대한 원천납부세액 : 3,800,000원
   (5) 최대한 많은 금액을 분납으로 처리하도록 한다.

116회 이론시험 (합격률: 30.97%) PART 01 기출문제

다음 문제를 보고 알맞은 것을 골라 이론문제 답안작성 메뉴에 입력하시오. (객관식 문항당 2점)

기본전제
문제에서 한국채택국제회계기준을 적용하도록 하는 전제조건이 없는 경우, 일반기업회계기준을 적용한다.

01. 회계정보의 질적특성인 목적적합성과 신뢰성은 서로 상충될 수 있고, 상충되는 질적특성간의 선택은 재무보고의 목적을 최대한 달성할 수 있는 방향으로 이루어져야 한다. 다음 중 상충되는 질적특성간의 선택의 성격이 나머지와 다른 것은 무엇인가?
① 자산의 평가방법을 원가법이 아닌 시가법으로 선택하는 경우
② 수익인식방법을 진행기준이 아닌 완성기준으로 선택하는 경우
③ 순이익의 인식방법을 현금주의가 아닌 발생주의로 선택하는 경우
④ 정보의 보고시점을 결산기가 아닌 분기나 반기로 하여 재무제표를 작성하는 경우

02. 2025년 12월 31일 현재 회사 창고에는 재고가 없으며 다음의 금액이 포함되어 있지 않다. 재무제표상 기말상품 재고액을 구하면 얼마인가?

- 매입한 상품 중 선적지 인도기준에 의해 해상운송 중인 상품 7,000,000원
- 위탁 판매를 위해 수탁자가 보관 중인 상품 4,000,000원
- 시용판매를 위하여 소비자에게 인도한 상품 2,000,000원(매입의사 표시일 : 2026년 1월 15일)
- 할부판매계약에 따라 고객에게 인도된 상품 3,000,000원(이 중 대금 미회수 금액은 2,000,000원이다.)

① 11,000,000원 ② 13,000,000원 ③ 15,000,000원 ④ 16,000,000원

03. 다음 중 유형자산에 대한 설명으로 가장 옳지 않은 것은?
① 무상으로 취득한 자산은 당해 자산의 공정가치에 취득 부대비용을 가산하여 취득원가로 계상한다.
② 토지와 건물을 모두 사용할 목적으로 일괄 구입한 경우 토지와 건물 각각의 공정가치를 기준으로 안분하여 취득원가를 계상한다.
③ 서로 다른 용도의 자산과 교환하여 취득한 유형자산의 취득원가는 교환을 위하여 제공한 자산의 장부가액으로 계상한다.
④ 유형자산 취득과 관련하여 국·공채를 불가피하게 강제 매입할 때 당해 채권의 매입금액과 일반기업 회계기준에 따라 평가한 현재가치와의 차액은 유형자산의 취득원가에 포함한다.

04. 다음 중 자본에 대한 설명으로 가장 옳지 않은 것은?
① 자본은 기업활동으로부터의 손실 및 소유자에 대한 배당으로 인한 주주지분 감소액을 차감한 내용을 포함하고 있다.
② 이익잉여금(결손금) 처분(처리)으로 상각되지 않은 주식할인발행차금은 향후 발생하는 주식발행초과금과 우선적으로 상계한다.
③ 기업이 현물을 제공받고 주식을 발행한 경우에는 제공받은 현물의 공정가치를 주식의 발행금액으로 하는 것이 원칙이다.
④ 지분상품을 발행하거나 취득하는 과정에서 발생하는 자본거래 비용과 중도에 포기한 자본거래 비용은 주식발행초과금에서 차감하거나 주식할인발행차금에 가산한다.

05. 다음 중 회계변경과 오류수정에 대한 설명으로 가장 옳지 않은 것은?
① 회계정책의 변경은 원칙적으로 소급하여 적용하고, 변경에 따른 누적효과를 합리적으로 결정하기 어려운 경우에는 전진적으로 처리한다.
② 회계추정의 변경은 전진적으로 처리하여 그 효과를 당기 이후의 기간에만 반영한다.
③ 회계정책의 변경과 회계추정의 변경이 동시에 이루어지는 경우에는 회계정책의 변경에 의한 누적효과를 먼저 계산하여 소급적용한 후, 회계추정의 변경효과를 전진적으로 적용한다.
④ 당기에 발견한 전기의 오류는 당기 손익계산서에 전기오류수정손익으로 반영하는 것이 원칙이다.

06. 다음의 각 내용이 설명하는 원가계산의 용어로 모두 옳은 것은?

> ㉠ 제조원가를 제조공정별로 구분하여 집계하는 원가계산제도로서 정유업, 화학공업 등과 같이 동일한 종류의 제품을 계속적으로 대량생산하는 연속생산형태의 기업에 적용된다.
> ㉡ 제조원가를 개별작업별로 구분하여 집계하는 원가계산제도로서 조선업, 건설업, 항공기산업 등과 같이 고객의 주문에 따라 개별적으로 제품을 생산하는 주문형태의 기업에 적용된다.
> ㉢ 동일한 제조공정으로 가공하면서 발생한 원가를 제품에 어떤 방법으로 배분할 것인가를 결정하고, 그에 따라 결합제품 각각에 대하여 제품원가를 결정하는 원가계산제도로서 낙농업, 정육업, 석유산업 등의 기업에 적용된다.

	㉠	㉡	㉢
①	개별원가계산	종합원가계산	결합원가계산
②	종합원가계산	결합원가계산	개별원가계산
③	개별원가계산	결합원가계산	종합원가계산
④	종합원가계산	개별원가계산	결합원가계산

07. 창고에 보관 중이던 오래된 제품 3,000,000원을 현재 상태로 처분하면 800,000원에 처분할 수 있으나 900,000원을 추가로 투입하여 수리한 후 1,900,000원에 처분할 수 있다고 할 때, 수리 후 처분에 따른 기회비용은 얼마인가?
① 800,000원 ② 900,000원 ③ 1,000,000원 ④ 1,900,000원

116회 이론시험

08. 제조부문과 보조부문 간의 용역 비율은 다음과 같다. 제조부문 P2에 배분될 보조부문의 원가총액은 얼마인가? (단, 단계배분법을 사용하며 S1 부문부터 배분함)

구분	제조부문		보조부문		발생원가
	P1	P2	S1	S2	
S1	40%	30%	–	30%	1,000,000원
S2	30%	50%	20%	–	1,500,000원

① 1,125,000원 ② 1,200,000원 ③ 1,425,000원 ④ 2,000,000원

09. (주)세무는 평균법에 의한 종합원가계산을 채택하고 있다. 가공원가는 공정 전반에 걸쳐 균등하게 발생하고 있다. 다음의 자료를 바탕으로 기말재공품 가공원가를 계산하면 얼마인가?

- 기초재공품 : 4,000단위(가공원가 : 64,000원)
- 당기착수량 : 26,000단위(가공원가 : 260,000원)
- 기말재공품 : 5,000단위(완성도 : 40%)

① 20,000원 ② 24,000원 ③ 54,000원 ④ 60,000원

10. 다음 중 결합원가에 대한 설명으로 옳지 않은 것은?
① 결합원가계산에서 분리점이란 연산품을 개별적으로 식별할 수 있는 시점을 말한다.
② 결합원가를 순실현가치법에 따라 배분할 때 순실현가치란 개별 제품의 최종 판매가격에서 분리점 이후의 추가 가공원가와 판매비와 관리비를 차감한 후의 금액을 말한다.
③ 결합원가를 균등이익률법에 따라 배분할 때 조건이 같다면 추가 가공원가가 높은 제품에 더 많은 결합원가가 배분된다.
④ 부산물을 판매기준법에 따라 회계처리 하는 경우 부산물에는 결합원가를 배분하지 않고 부산물이 판매될 때 판매이익을 잡이익으로 계상한다.

11. 다음 중 소득세법상 아래의 소득 구분을 모두 옳게 고른 것은?

구분	판단	소득 구분
	일시, 우발적인 경우	㉠
원고료	프리랜서(자유직업, 작가)의 경우	㉡
	근로자가 업무와 관련하여 회사 사보를 게재한 경우	㉢

	㉠	㉡	㉢
①	사업소득	기타소득	근로소득
②	기타소득	근로소득	사업소득
③	근로소득	사업소득	기타소득
④	기타소득	사업소득	근로소득

이론시험 116회

12. 다음 중 부가가치세법상 사업자등록에 대한 설명으로 가장 옳지 않은 것은?
① 신규로 사업을 개시하고자 하는 자는 사업개시일 전이라도 사업자등록이 가능하다.
② 사업자등록을 신청받은 관할 세무서장은 신청일로부터 2일 이내에 사업자등록증을 발급해야 하며, 사업현황을 확인하기 위해 필요하다고 인정되면 발급 기한을 5일 이내에서 연장할 수 있다.
③ 단독 개인사업자의 대표자를 변경하는 경우에는 지체없이 사업자등록정정신고를 해야 한다.
④ 사업자의 상호를 변경하기 위해 정정하는 경우는 신고일 당일 재발급사유이다.

13. 다음 중 법인세법상 부당행위계산을 적용함에 있어 조세의 부담을 부당하게 감소시킨 경우가 아닌 것은? (단, 보기의 거래는 시가와 거래가액의 차이가 3억원 이상 또는 시가의 5% 이상 요건에 모두 해당한다고 가정함)
① 법인이 대표이사의 배우자로부터 자산을 시가보다 높은 가액으로 매입한 경우
② 법인이 주주나 출연자가 아닌 직원에게 사택을 무상으로 제공하는 경우
③ 법인이 대표이사의 자녀에게 무상으로 금전을 대여한 경우
④ 대주주인 임원의 출연금을 법인이 대신 부담하는 경우

14. 다음 중 부가가치세법상 과세대상인 재화 또는 용역으로 옳은 것은?
① 반려동물에 대한 질병 예방 목적의 예방접종
② 주차장용 토지의 임대
③ 상가 부수토지의 매매
④ 시내버스 여객운송용역

15. 다음 중 부가가치세법상 세금계산서에 대한 설명으로 옳지 않은 것은?
① 2024년의 공급가액(면세공급가액을 포함)이 5천만원 이상인 개인사업자는 2025년 7월 1일 이후부터 전자세금계산서 의무발급 대상자이다.
② 전체 사업장이 아니라 개별 사업장별 직전연도의 공급가액을 기준으로 전자세금계산서 의무발급사업자를 판단한다.
③ 전자세금계산서 의무발급대상이 된 경우에는 이후 과세기간에 계속하여 전자세금계산서를 발급하여야 한다.
④ 관할 세무서장은 개인사업자가 전자세금계산서 의무발급자에 해당하는 경우에는 전자세금계산서를 발급해야 하는 날이 시작되기 1개월 전까지 그 사실을 해당 개인사업자에게 통지하여야 한다.

116회 실무시험

PART 01 기출문제

(주)한솔산업(회사코드 : 1160)은 제조·도소매업을 영위하는 중소기업이며, 당기(제13기) 회계기간은 2025.1.1. ~ 2025.12.31.이다. 전산세무회계 수험용 프로그램을 이용하여 다음 물음에 답하시오.

기본전제

- 문제에서 한국채택국제회계기준을 적용하도록 하는 전제조건이 없는 경우, 일반기업회계기준을 적용하여 회계처리 한다.
- 문제의 풀이와 답안작성은 제시된 문제의 순서대로 진행한다.

문제 1 다음 거래에 대하여 적절한 회계처리를 하시오. (12점)

입력 시 유의사항

- 일반적인 적요의 입력은 생략하지만, 타계정 대체거래는 적요 번호를 선택하여 입력한다.
- 세금계산서·계산서 수수 거래 및 채권·채무 관련 거래는 별도의 요구가 없는 한 반드시 기등록된 거래처코드를 선택하는 방법으로 거래처명을 입력한다.
- 제조경비는 500번대 계정코드를, 판매비와관리비는 800번대 계정코드를 사용한다.
- 회계처리 시 계정과목은 등록된 계정과목 중 가장 적절한 과목으로 한다.
- 매입매출전표를 입력하는 경우 입력화면 하단의 분개까지 처리하고, 세금계산서 및 계산서는 전자 여부를 입력하여 반영한다.

[1] 5월 4일   미국TSL로부터 2024년 12월 5일에 외상으로 매입한 상품 $20,000에 대한 외상매입금 전액을 보통예금 계좌에서 지급하였다. 각각의 기준환율은 다음과 같으며 회사는 전기말 외화자산부채에 대한 평가를 일반기업회계기준에 따라 적절히 수행하였다. (3점)

구 분	2024년 12월 5일	2024년 12월 31일	2025년 5월 4일
기준환율	1,400원/$	1,300원/$	1,200원/$

[2] 7월 2일   제품 10,000,000원(부가가치세 별도)을 (주)유정에 매출하고 아래와 같이 전자세금계산서를 발급한 후 즉시 전액을 삼성카드로 결제받았다(단, 카드사에 대한 수수료는 고려하지 말 것). (3점)

전자세금계산서					승인번호		20250702-15454654-58811886		
공급자	등록번호	120-85-47000	종사업장 번호		공급받는자	등록번호	467-85-17021	종사업장 번호	
	상호(법인명)	(주)한솔산업	성 명	배정우		상호(법인명)	(주)유정	성 명	김유정
	사업장주소	서울 강남구 밤고개로 337				사업장주소	경기도 하남시 미사강변중앙로 123		
	업 태	제조	종 목	자동차부품		업 태	도소매	종 목	전자상거래
	이메일					이메일			
작성일자		공급가액		세 액		수정사유		비 고	
2025/07/02		10,000,000		1,000,000					
월	일	품 목	규 격	수 량	단 가		공급가액	세 액	비 고
7	2	제품					10,000,000	1,000,000	
합계금액		현 금		수 표		어 음	외상미수금	위 금액을 청구함	
11,000,000							11,000,000		

[3] 7월 14일 받을어음((주)교보상사) 3,000,000원을 진주은행에 할인 매각하여 2,760,000원을 보통예금 계좌로 즉시 입금받았다(단, 매각거래의 요건은 충족함). (3점)

[4] 8월 26일 영업부에서 사용하던 업무용 승용차(취득가액 : 12,000,000원)를 중고거래 사이트에서 처분하고 아래와 같이 현금영수증을 발급하였으며 현금을 수취하였다. 해당 차량운반구의 처분시점 감가상각누계액은 7,200,000원이고, 하나의 전표로 처리하기로 한다. 현금영수증 발급 정보를 알려주지 않아 자진발급 처리하였다(단, 거래처는 자진발급(거래처코드 : 00149)으로 선택할 것). (3점)

Hometax. 국세청홈텍스 현금영수증

■ 거래정보

거래일시	2025.08.26.
승인번호	G13897246
거래구분	승인거래
거래용도	소득공제
발급수단번호	010-****-1234

■ 거래금액

공급가액	부가세	봉사료	총 거래금액
5,000,000	500,000	0	5,500,000

■ 가맹점 정보

상 호	(주)한솔산업
사업자번호	125-85-47000
대표자명	배정우
주 소	서울시 강남구 밤고개로 337

• 익일 홈택스에서 현금영수증 발급 여부를 반드시 확인하시기 바랍니다.
• 홈페이지(http://www.hometax.go.kr)
  - 조회/발급 > 현금영수증 조회 > 사용내역(소득공제) 조회
                                    > 매입내역(지출증빙) 조회
• 관련문의는 국세상담센터(☎126-1-1)

116회 실무시험

문제 2 다음 주어진 요구사항에 따라 부가가치세신고서 및 부속서류를 작성하시오. (10점)

[1] (주)한솔산업은 2025년 제2기 부가가치세 확정신고를 기한 내에 마쳤으나, 신고기한이 지난 후에 아래의 오류를 발견하여 정정하고자 한다. 주어진 자료를 이용하여 [매입매출전표입력]에서 오류사항을 수정 또는 입력하고 제2기 확정신고기간의 [부가가치세신고서(1차 수정신고)], [과세표준및세액결정(경정)청구서]를 작성하시오. (6점)

- **매입매출전표입력 오류사항**
  (1) 11월 30일: 현금영수증을 (주)아림에 발급하였으나 이는 외상매출금(9월 30일 세금계산서 발급분)에 대한 회수로서 중복 매출신고로 확인되었다.
  (2) 9월 30일: 제조부서의 기계 수리비 500,000원(공급가액)을 하나상사에 보통예금으로 지급하였고, 종이세금계산서를 발급받았으나 이를 누락하였다. 해당 누락분은 확정신고 시에 반영하기로 한다.
  (3) 12월 5일: 영업부서의 운반비 300,000원(공급가액)의 종이세금계산서를 운송나라에서 발급받았으나 이를 누락하였다. 단, 운반비는 보통예금 계좌에서 지급하였다.
  ※ 단, 오류사항에 대해서 음수로 입력하지 말 것.

- **경정청구사유**
  (1) 사유1: 신용카드, 현금영수증 매출 과다신고(코드: 4102013)
  (2) 사유2: 예정신고 누락분(코드: 4103003)
  ※ 단, 국세환급금 계좌는 공란으로 비워두고, 전자신고세액공제는 적용하지 않는다.

[2] 다음의 자료는 2025년 제1기 부가가치세 확정신고기간(2025.4.1. ~ 2025.6.30.) 중 수취한 전자세금계산서 내역이다. 주어진 자료를 이용하여 [공제받지못할매입세액명세서]를 작성하시오. (4점)

작성일자	품목	공급가액	매입세액
04월 02일	• 사업과 관련 없이 구매한 경차 차량	30,000,000원	3,000,000원
04월 10일	• 인테리어 공사 (1) 공사는 2025년 6월 29일에 완료되었다. (2) 대금은 2025년 7월 20일에 지급하였다.	17,000,000원	1,700,000원
05월 05일	• 전자제품(거래처에 선물할 목적으로 구매)	3,500,000원	350,000원
06월 01일	• 기존에 사용 중인 공장용 건물에 대한 철거비용	8,800,000원	880,000원
06월 30일	• 본사 사옥 신축공사비	250,000,000원	25,000,000원

문제 3 다음의 결산정리사항을 입력하여 결산을 완료하시오. (8점)

[1] 당사는 4월 1일에 공장의 1년치 화재보험료(보험기간 : 2025.4.1. ~ 2026.3.31.) 6,000,000원을 일시불로 지급하고 선급비용으로 회계처리 하였다(단, 보험료는 월할계산 할 것). (2점)

[2] 다음의 자료를 이용하여 결산일의 매도가능증권과 관련된 회계처리를 하시오. (2점)

- 취득일 : 2024년 10월 17일
- 주식수 : 1,700주
- 1주당 취득가액 : 30,000원
- 매도가능증권의 1주당 공정가치
  (1) 2024년 12월 31일 : 25,000원
  (2) 2025년 12월 31일 : 34,000원
- 매도가능증권(178)과 관련된 회계처리는 일반기업회계기준에 따라 적정하게 처리되었다고 가정한다.

[3] 다음은 2025년 제2기 부가가치세 확정신고와 관련된 자료이다. 주어진 자료를 이용하여 12월 31일 부가가치세 확정신고와 관련된 계정을 정리하는 회계처리를 하시오(단, 입력된 데이터는 무시하고 아래에 주어진 자료만을 이용하여 회계처리 할 것). (2점)

(1) 2025년 12월 31일 계정별 잔액
 • 부가세예수금 : 40,500,000원
 • 부가세대급금 : 36,800,000원
(2) 제2기 부가가치세 예정신고 미환급세액 1,700,000원이 미수금 잔액으로 남아있다.
(3) 부가가치세 전자신고세액공제 10,000원과 가산세 15,000원이 발생하였다.
(4) 납부할 세금은 미지급세금, 가산세는 세금과공과, 전자신고세액공제는 잡이익으로 처리하기로 한다.

[4] 마케팅부 직원에 대한 확정급여형(DB) 퇴직연금을 당해 연도 4월 1일에 가입하였으며 60,000,000원을 운영한 결과 4%(연 이자율)의 이자수익이 발생하였다(단, 이자수익의 계산은 월단위로 계산할 것). (2점)

문제 4 원천징수와 관련된 다음의 물음에 답하시오. (10점)

[1] 다음 자료를 이용하여 [사원등록] 메뉴에서 영업팀 최이현(사원코드 : 100, 입사일 : 2025년 7월 1일)씨의 [부양가족명세] 탭을 수정하고, [연말정산추가자료입력] 메뉴를 이용하여 연말정산을 완료하시오. 전 근무지 자료는 [소득명세] 탭에 입력하고, 연말정산 관련 자료는 [부양가족], [신용카드 등], [의료비] 탭에 작성하여 [연말정산추가자료입력]을 완료하시오(단, 교육비와 보험료는 [부양가족] 탭에 반영할 것). (7점)

<자료 1> 부양가족 현황

관계	성명	주민등록번호	소득내역	비 고
본인	최이현	850331-2025889	총급여 3,900만원	세대주/여성/배우자 없음
모	김희숙	531021-2021342	일용근로소득 500만원	
자녀	임희연	151031-4123543	소득없음	초등학생
자녀	임유한	190531-3021474	소득없음	유치원생

- 근로자 본인의 세부담 최소화를 가정한다.
- 위의 가족들은 모두 내국인으로 근로자 본인과 동거하면서 생계를 같이 하고 있으며, 기본공제대상자가 아닌 경우에도 부양가족명세에 등록하고 기본공제는 '부'로 작성한다.
- 제시된 자료 외의 다른 소득은 없다고 가정한다.

<자료 2> 전(前) 근무지 자료는 아래와 같으며, 당사에서 합산하여 연말정산을 진행하기로 한다.

- 근무처명 : (주)선재기획(사업자등록번호 : 507-81-55567)
- 총급여액 : 2,400만원(비과세소득 및 감면소득 없음)
- 국민연금보험료 : 1,080,000원
- 장기요양보험료 : 110,160원
- 근무기간 : 2025.01.01. ~ 2025.06.30.
- 건강보험료 : 850,800원
- 고용보험료 : 216,000원

구 분		소득세	지방소득세
세액명세	결 정 세 액	182,390원	18,230원
	기 납 부 세 액	1,175,760원	117,540원
	차 감 징 수 세 액	△993,370원	△99,310원

<자료 3> 연말정산 추가자료(국세청 홈택스 연말정산간소화서비스 자료)

항목	내 용
보험료	• 최이현(본인) - 자동차손해보험 200,000원 • 김희숙(모) - 일반보장성보험 500,000원 • 임희연(자녀) - 일반보장성보험 150,000원 • 임유한(자녀) - 일반보장성보험 150,000원
의료비	• 최이현(본인) - 질병치료비 1,600,000원, 한약구입비용(건강증진목적) 1,000,000원 • 김희숙(모) - 질병치료비 7,500,000원(실손의료보험 수령액 : 2,300,000원) • 임희연(자녀) - 시력보정용 안경구입비용 800,000원 • 임유한(자녀) - 질병치료비 1,600,000원
교육비	• 김희숙(모) - 방송통신대학교 교육비 2,400,000원 • 임희연(자녀) - 방과후과정 수업료 900,000원, 학원수업료 3,600,000원 • 임유한(자녀) - 「유아교육법」에 의한 유치원 수업료 2,080,000원, 학원수업료 1,200,000원
신용카드 등 사용액	• 최이현(본인) - 신용카드 사용액 35,000,000원(자녀 학원수업료 4,800,000원 포함) 　　　　　　　　 - 현금영수증 사용액 5,000,000원(전통시장 사용분 2,000,000원 포함) • 최이현(본인)의 신용카드 사용액은 위의 의료비 지출액이 모두 포함된 금액이다. • 제시된 내용 외의 전통시장, 대중교통, 도서 등 사용분은 없다.

[2] 다음의 자료를 이용하여 [원천징수이행상황신고서]를 작성 및 마감하고 국세청 홈택스에서 전자신고를 수행하시오. (3점)

〈소득자료〉

귀속월	지급월	소득구분	신고코드	인원	총지급액	소득세	비고
9월	9월	사업소득	A25	1	3,000,000원	90,000원	매월(정기)신고

〈유의사항〉
1. [전자신고] → [국세청 홈택스 전자신고변환(교육용)] 순으로 진행한다.
2. [전자신고] 메뉴의 [원천징수이행상황제작] 탭에서 신고인구분은 2.납세자 자진신고를 선택하고, 비밀번호는 자유롭게 입력한다.
3. [국세청 홈택스 전자신고변환(교육용)] → 전자파일변환(변환대상파일선택) → 찾아보기 에서 전자신고용 전자파일을 선택한다.
4. 전자신고용 전자파일 저장경로는 로컬디스크(C:)이며, 파일명은 "작성연월일.01.t사업자등록번호"다.
5. 형식검증하기 ➡ 형식검증결과확인 ➡ 내용검증하기 ➡ 내용검증결과확인 ➡ 전자파일제출 을 순서대로 클릭한다.
6. 최종적으로 전자파일 제출하기 를 완료한다.

문제 5 상수기업(주)(회사코드 : 1161)은 전자부품 등을 생산하고 제조·도매업 및 도급공사업을 영위하는 중소기업이며, 당해 사업연도(제14기)는 2025.1.1. ~ 2025.12.31.이다. [법인조정] 메뉴를 이용하여 기장되어 있는 재무회계 장부 자료와 제시된 보충자료에 의하여 해당 사업연도의 세무조정을 하시오. (30점)

※ 회사 선택 시 유의하시오.

〈작성대상서식〉
1. 수입금액조정명세서, 조정후수입금액명세서
2. 세금과공과금명세서
3. 소득금액조정합계표및명세서
4. 원천납부세액명세서(갑)
5. 업무용승용차관련비용명세서

[1] 다음의 자료를 이용하여 [수입금액조정명세서], [조정후수입금액명세서]를 작성하고, 필요한 세무조정을 하시오. (6점)

1. 손익계산서상 수익금액

구분		업종코드	금액	비 고
매출액	제품매출	321012	1,357,000,000원	
	공사수입금	451104	787,000,000원	과세와 면세를 합친 금액임

116회 실무시험

2. 수입금액조정명세서 관련 사항

(1) 공사수입금 조정사항(작업진행률을 적용함)

- 공사명 : 아름건물공사
- 도급금액 : 300,000,000원
- 해당연도 말 총공사비 누적액 : 150,000,000원
- 도급자 : 주식회사 아름
- 총 공사예정비 : 200,000,000원
- 당기 회사 공사수입 계상액 : 70,000,000원(전기말 누적공사수입 계상액 : 150,000,000원)

(2) 기말 결산 시 제품매출 관련 거래(공급가액 5,500,000원, 원가 3,000,000원)가 누락된 것을 발견하고 부가가치세 수정신고는 적절하게 처리하였지만, 손익계산서에는 반영하지 못하였다.

3. 부가가치세법상 과세표준 내역(수정신고 반영되었음)

구분	금액
과세	1,799,500,000원(유형자산 매각금액 30,000,000원이 포함된 금액임)
면세	380,000,000원

[2] 세금과공과금 계정에 입력된 아래의 자료를 조회하여 [세금과공과금명세서]를 작성하고 관련된 세무조정을 하시오(단, 세무조정 유형과 소득처분이 같은 세무조정일지라도 건별로 각각 세무조정을 하고, 계정과목 코드는 모두 800번대로 할 것). (6점)

일자	적요	금액
01월 20일	업무용 승용차 자동차세(2025년도 발생분)	387,000원
01월 21일	본사 토지 취득세	8,910,000원
03월 16일	법인지방소득세	1,054,000원
09월 05일	주민세 사업소분	55,000원
09월 07일	본사 건물 재산세	3,420,000원
10월 09일	국민연금 회사부담액	789,000원
11월 15일	원천징수 등 납부지연가산세	87,000원
12월 22일	폐기물처리부담금	566,000원
12월 26일	업무용 승용차 자동차세(2025년도 발생분)	420,000원

[3] 다음의 자료를 보고 필요한 세무조정을 [소득금액조정합계표및명세서]에 반영하시오. (6점)

구 분	내 용
재무상태표 내역	• 7월 7일에 구입한 매도가능증권(취득가액 10,000,000원, 시장성 있음)의 기말 공정가액이 12,000,000원이고 이에 대한 회계처리를 기업회계기준에 따라 적절히 수행하였다. • 자기주식처분이익 5,000,000원은 자기주식을 처분함에 따라 발생한 것이다.
손익계산서 내역	• 특수관계법인에게 업무와 관련 없이 지급한 대여금 20,000,000원이 특수관계법인의 파산으로 회수불가능하게 됨에 따라, 대손상각비로 계상하였다. • 건물관리비로 계상한 금액에는 대표이사(대주주)의 사택관리비 5,600,000원이 포함되어 있다. • 법인세비용은 9,540,600원이다.

[4] 다음의 자료는 2025년 1월 1일부터 2025년 12월 31일까지의 원천징수와 관련된 자료이다. 주어진 자료를 이용하여 [원천납부세액명세서] 메뉴의 [원천납부세액(갑)] 탭을 작성하시오(단, 불러오는 자료는 무시하며, 지방세 납세지까지 입력할 것). (6점)

적요	원천징수 의무자	사업자등록번호	원천징수일	원천징수 대상금액	원천징수 세율	지방세 납세지
정기예금이자	국민은행	113-81-02128	6.30.	3,000,000원	14%	종로구 가회동
정기적금이자	신한은행	210-81-87525	9.30.	12,000,000원	14%	강남구 대치동
비영업대금이익	(주)신흥산업	603-81-02354	11.30.	2,500,000원	25%	해운대구 중동

[5] 다음의 법인차량 관련 자료와 저장된 [업무용승용차등록] 메뉴를 이용하여, [업무용승용차관련비용명세서] 메뉴를 작성하고 관련 세무조정을 하시오(단, 아래의 차량은 모두 영업관리부에서 업무용으로 사용 중이며 임직원 전용보험에 가입함. 당사는 부동산임대업을 영위하지 않음). (6점)

〈차량 1〉

코드	차량번호	차종	차량등록내용	
101	157고1111	산타페 (7인승)	경비구분	판관비
			임차여부	자가
			취득일	2025.07.01.
			취득가액	44,000,000원(부가가치세 포함)
			감가상각비	4,400,000원
			유류비	2,200,000원(부가가치세 포함)
			보험료	500,000원
			자동차세	420,000원
			보험기간	2025.07.01. ~ 2025.12.31.
			2025년 운행일지	총주행거리 : 12,000km
				업무용사용거리 : 12,000km
			출퇴근 사용	여
			전용번호판 부착여부	부

〈차량 2〉

코드	차량번호	차종	차량등록내용	
102	248거3333	K9 (5인승)	경비구분	판관비
			임차여부	운용리스
			리스개시일	2024.01.01.
			리스기간	2024.01.01. ~ 2027.12.31.
			연간 리스료	15,600,000원
			유류비	4,500,000원(부가가치세 포함)
			보험기간	2025.01.01. ~ 2025.12.31.
			감가상각비 상당액	12,741,000원
			2025년 운행일지	총주행거리 : 8,000km
				업무용사용거리 : 6,400km
			출퇴근 사용	부
			전용번호판 부착여부	여
			전기 감가상각비 한도초과액	2,000,000원

115회 이론시험 (합격률 : 10.08%) PART 01 기출문제

다음 문제를 보고 알맞은 것을 골라 [이론문제 답안작성] 메뉴에 입력하시오. (객관식 문항당 2점)

기본전제
문제에서 한국채택국제회계기준을 적용하도록 하는 전제조건이 없는 경우, 일반기업회계기준을 적용한다.

01. 주식을 발행한 회사의 입장에서 주식배당을 하는 경우, 다음 중 그 효과로 적절한 것은?
① 미지급배당금만큼 부채가 증가한다.
② 자본금은 증가하지만 이익잉여금은 감소한다.
③ 자본총액이 주식배당액만큼 감소하며, 회사의 자산도 동일한 금액만큼 감소한다.
④ 자본 항목간의 변동은 없으므로 주식배당은 회계처리를 할 필요가 없다.

02. 다음 중 수익과 비용의 인식기준에 대한 설명으로 옳지 않은 것은?
① 로열티수익은 관련된 계약의 경제적 실질을 반영하여 발생기준에 따라 인식한다.
② 수익은 재화의 판매, 용역의 제공이나 자산의 사용에 대하여 받았거나 또는 받을 대가의 공정가치로 측정한다.
③ 용역제공거래에서 이미 발생한 원가와 추가로 발생할 것으로 추정되는 원가의 합계액이 총수익을 초과하는 경우에는 그 초과액과 이미 인식한 이익의 합계액을 전액 당기손실로 인식한다.
④ 용역제공거래의 성과를 신뢰성 있게 추정할 수 없고 발생한 원가의 회수가능성이 낮은 경우에는 수익을 인식하지 않으며 발생한 원가도 비용으로 인식하지 않는다.

03. 다음은 기계장치와 관련된 자료이다. 이에 대한 설명 및 회계처리로 옳지 않은 것은?

- 01월 02일 정부보조금(상환의무 없음) 1,000,000원이 보통예금 계좌에 입금되었다.
- 01월 15일 기계장치를 2,000,000원에 취득하고 대금을 보통예금 계좌에서 이체하여 지급하였다.
- 12월 31일 잔존가치는 없으며 5년 동안 정액법으로 월할 상각하였다(1개월 미만은 1개월로 한다).
- 12월 31일 기계장치 취득을 위한 정부보조금은 자산차감법으로 인식하기로 한다.

① 01월 02일 정부보조금 1,000,000원은 보통예금의 차감 계정으로 회계처리 한다.
② 01월 15일 (차) 기계장치　　　　　　2,000,000원　　(대) 보통예금　　　　　　2,000,000원
　　　　　　　　　정부보조금　　　　　1,000,000원　　　　 정부보조금　　　　　1,000,000원
　　　　　　　　　(보통예금차감)　　　　　　　　　　　　　 (기계장치차감)
③ 12월 31일 (차) 감가상각비　　　　　 400,000원　　(대) 감가상각누계액　　　 400,000원
　　　　　　　　　감가상각누계액　　　 200,000원　　　　　정부보조금　　　　　 200,000원
　　　　　　　　　　　　　　　　　　　　　　　　　　　　 (기계장치차감)
④ 12월 31일 재무상태표상 기계장치의 장부가액은 800,000원이다.

115회 이론시험

04. 다음 중 사채의 발행에 대한 설명으로 옳지 않은 것은?
① 사채를 할인발행하여 정액법으로 상각하는 경우 매년 사채할인발행차금 상각액은 동일하다.
② 사채의 액면이자율이 시장이자율보다 큰 경우에는 할증발행된다.
③ 시장이자율이란 유효이자율로서 사채의 발행시점에서 발행가액을 계산할 때 할인율로 적용될 수 있다.
④ 사채를 할증발행하여 유효이자율법으로 상각하는 경우 매년 사채의 실질이자는 증가한다.

05. 다음 중 이연법인세에 대한 설명으로 옳지 않은 것은?
① 이연법인세는 회계상의 이익과 세무상의 이익의 차이인 일시적차이로 인해 발생한다.
② 이연법인세자산은 미래기간의 과세소득을 감소시킨다.
③ 납부해야 할 법인세가 회계상 법인세비용을 초과하는 경우 이연법인세부채를 인식한다.
④ 2025년에 취득한 유형자산의 감가상각방법이 회계상 정률법을 적용하고, 세무상 정액법을 적용할 경우 2025년에는 이연법인세자산으로 인식한다.

06. 다음 중 직접노무원가가 포함되는 원가를 올바르게 표시한 것은?

	기본원가	가공원가	제품원가	기간비용
①	○	○	○	×
②	○	○	×	×
③	○	×	×	×
④	×	○	×	×

07. 다음 중 옳은 것으로만 짝지어진 것은?

> 가. 표준원가계산에서 불리한 차이란 실제원가가 표준원가보다 큰 것을 의미한다.
> 나. 종합원가계산은 다품종소량생산에 적합한 원가계산방식이다.
> 다. 조업도가 증가할 경우 고정원가의 단위당 원가는 감소한다.
> 라. 기회원가는 이미 발생한 과거의 원가로서 의사결정과정에 영향을 주지 못한다.

① 가, 나   ② 가, 다   ③ 나, 다   ④ 다, 라

08. 다음 자료를 이용하여 당기 가공원가 발생액을 계산하면 얼마인가?

- 당사는 선입선출법에 의한 종합원가계산을 도입하여 원가계산을 하고 있다.
- 재료원가는 공정의 초기에 전량 투입되고, 가공원가는 공정의 진행에 따라서 균일하게 발생한다.
- 기초재공품 : 1,000개(가공원가 완성도 60%)
- 기말재공품 : 2,000개(가공원가 완성도 50%)
- 당기착수분 : 9,000개
- 가공원가에 대한 완성품환산량 단위당 원가 : 10원

① 80,000원   ② 84,000원   ③ 100,000원   ④ 110,000원

09. (주)전산은 원가관리를 위하여 표준원가계산 방식을 채택하고 있다. 고정제조간접원가 표준배부율은 월 10,000개의 예산생산량을 기준조업도로 하여 계산하며 기준조업도 수준에서 월 고정제조간접원가의 예산은 500,000원이다. 제품 단위당 표준원가는 50원이며(표준수량 1시간, 표준가격 50원), 실제 생산량 및 실제 발생한 고정제조간접원가는 각각 9,000개, 600,000원일 경우 고정제조간접원가의 총차이는 얼마인가?

① 150,000원 불리   ② 150,000원 유리
③ 100,000원 불리   ④ 100,000원 유리

10. 다음 중 개별원가계산과 종합원가계산에 대한 설명으로 옳지 않은 것은?

① 종합원가계산은 원가 집계가 공정별로 이루어진다.
② 개별원가계산은 대상기간의 총원가를 총생산량으로 나누어 단위당 제조원가를 계산한다.
③ 개별원가계산은 공통부문원가를 합리적으로 배분하는 것이 필요하다.
④ 개별원가계산의 단점은 상대적으로 과다한 노력과 비용이 발생한다는 것이다.

11. 다음 중 법인세법상 납세의무에 대한 설명으로 옳지 않은 것은?

① 영리 내국법인은 국내외 모든 소득에 대하여 각 사업연도 소득에 대한 법인세 납세의무가 있다.
② 영리·비영리 또는 내국·외국법인 여부를 불문하고 토지 등 양도소득에 대한 법인세 납세의무가 있다.
③ 비영리 내국법인이 청산하는 경우 청산소득에 대한 법인세 납세의무가 있다.
④ 우리나라의 정부와 지방자치단체는 법인세를 납부할 의무가 없다.

12. 다음 중 소득세법상 원천징수의무자가 간이지급명세서를 제출하지 않아도 되는 소득은?

① 원천징수대상 사업소득
② 인적용역 관련 기타소득
③ 일용직 근로소득
④ 상용직 근로소득

13. 다음 중 소득세법상 근로소득으로 볼 수 없는 것은?

① 학교 강사로 고용되어 지급 받는 강사료
② 근무기간 중에 부여받은 주식매수선택권을 퇴직 후에 행사함으로써 얻는 이익
③ 근무 중인 종업원 또는 대학의 교직원이 지급 받는 직무발명보상금
④ 퇴직함으로써 받는 소득으로서 퇴직소득에 속하지 아니하는 소득

14. 다음 중 부가가치세법상 납부세액의 재계산에 대한 설명으로 옳지 않은 것은?

① 재계산 대상 자산은 과세사업과 면세사업에 공통으로 사용하는 감가상각대상 자산이다.
② 재계산은 해당 과세기간의 면세비율과 해당 자산의 취득일이 속하는 과세기간(그 후의 과세기간에 재계산한 경우는 그 재계산한 과세기간)의 면세비율의 차이가 5% 이상인 경우에만 적용한다.
③ 면세비율이란 총공급가액에 대한 면세공급가액의 비율을 말한다.
④ 체감률은 건물의 경우에는 5%, 구축물 및 기타 감가상각자산의 경우에는 25%로 한다.

15. 다음 중 부가가치세법상 면세가 적용되는 재화 또는 용역으로 옳지 않은 것은?

① 자동차운전학원에서 가르치는 교육용역
② 국가·지방자치단체·지방자치단체조합 또는 공익단체에 무상으로 공급하는 재화·용역
③ 겸용주택 임대 시 주택면적이 상가면적보다 큰 경우 상가건물 임대용역
④ 「노인장기요양보험법」에 따른 장기요양기관이 장기요양인정을 받은 자에게 제공하는 신체활동·가사활동의 지원 또는 간병 등의 용역

115회 실무시험

(주)재송테크(회사코드 : 1150)는 제조·도소매업을 영위하는 중소기업이며, 당기(제13기) 회계기간은 2025.1.1. ~ 2025.12.31.이다. 전산세무회계 수험용 프로그램을 이용하여 다음 물음에 답하시오.

기본전제

- 문제에서 한국채택국제회계기준을 적용하도록 하는 전제조건이 없는 경우, 일반기업회계기준을 적용하여 회계처리 한다.
- 문제의 풀이와 답안작성은 제시된 문제의 순서대로 진행한다.

문제 1 다음 거래에 대하여 적절한 회계처리를 하시오. (12점)

입력 시 유의사항

- 일반적인 적요의 입력은 생략하지만, 타계정 대체거래는 적요 번호를 선택하여 입력한다.
- 세금계산서·계산서 수수 거래 및 채권·채무 관련 거래는 별도의 요구가 없는 한 반드시 기등록된 거래처코드를 선택하는 방법으로 거래처명을 입력한다.
- 제조경비는 500번대 계정코드를, 판매비와관리비는 800번대 계정코드를 사용한다.
- 회계처리 시 계정과목은 등록된 계정과목 중 가장 적절한 과목으로 한다.
- 매입매출전표를 입력하는 경우 입력화면 하단의 분개까지 처리하고, 세금계산서 및 계산서는 전자 여부를 입력하여 반영한다.

[1] 3월 20일 (주)가나로부터 당일 배당금 지급 결정된 배당으로서 현금배당금 5,000,000원을 보통예금 계좌로 입금받고, 주식배당금으로 (주)가나의 주식 500주(1주당 액면가액 10,000원)를 주식으로 취득하였다. 배당금에 관한 회계처리는 기업회계기준을 준수하였고 배당금에 대한 원천징수는 세법 규정에 따라 처리하였다(단, 해당 회사는 (주)가나의 주식을 5% 보유하고 있다). (3점)

[2] 7월 9일 (주)지수산업에 제품을 판매하고 다음의 전자세금계산서를 발급하였다. 대금은 4월 1일에 수령한 계약금을 제외하고 (주)지수산업이 발행한 약속어음(만기 12월 31일)으로 받았다. (3점)

전자세금계산서						승인번호		20250709-4512452-4524554		
공급자	등록번호	605-81-33533		종사업장 번호		공급받는자	등록번호	405-81-86293		종사업장 번호	
	상호 (법인명)	(주)재송테크	성 명	강남순			상호 (법인명)	(주)지수산업	성 명	김지수
	사업장주소	세종시 조치원읍 충현로 193					사업장주소	서울시 서초구 명달로 105		
	업 태	제조	종 목	전자부품			업 태	제조	종 목	전자제품
	이메일						이메일			
작성일자		공급가액		세 액		수정사유		비 고		
2025.07.09.		100,000,000		10,000,000						
월	일	품 목	규 격	수 량	단 가		공급가액		세 액	비 고
7	9	제품					100,000,000		10,000,000	
합계금액		현 금		수 표		어 음		외상미수금	위 금액을 **청구**함	
110,000,000		10,000,000				100,000,000				

115회 실무시험

[3] 7월 10일   2024년 중 미국의 AAA에 제품 $50,000를 수출한 외상매출금이 2025년 7월 10일에 전액 회수되어 보통예금 계좌로 입금받았다. 전기 외상매출금과 관련된 회계처리는 일반기업회계기준을 준수하였으며, 관련 환율 정보는 다음과 같다. (3점)

구 분	선적일	2024년 12월 31일	2025년 7월 10일
1달러당 환율 정보	1,400원/$	1,300원/$	1,250원/$

[4] 8월 24일   공장창고를 신축하기 위하여 토지를 취득하면서 국토정보공사에 의뢰하여 토지를 측량하였다. 토지측량비로 2,500,000원(부가가치세 별도)을 보통예금 계좌에서 지급하고 전자세금계산서를 수령하였다. (3점)

전자세금계산서					승인번호		20250824-365248-528489		
공급자	등록번호	307-85-14585	종사업장 번호		공급받는자	등록번호	605-81-33533	종사업장 번호	
	상호(법인명)	국토정보공사	성 명			상호(법인명)	(주)재송테크	성 명	강남순
	사업장 주소	세종시 보람동 114				사업장 주소	세종시 조치원읍 충현로 193		
	업 태	서비스	종 목	토지측량		업 태	제조등	종 목	전자부품
	이메일					이메일			
작성일자		공급가액		세 액	수정사유			비 고	
2025.08.24		2,500,000		250,000					
월	일	품 목	규 격	수 량	단 가	공급가액	세 액	비 고	
08	24	토지측량비				2,500,000	250,000		
합계금액		현 금		수 표	어 음		외상미수금	위 금액을 **영수**함	
2,750,000		2,750,000							

문제 2 다음 주어진 요구사항에 따라 부가가치세신고서 및 부속서류를 작성하시오. (10점)

[1] 2025년 제1기 부가가치세 확정신고(신고기한 : 2025년 7월 25일)에 대한 수정신고(1차)를 2025년 8월 15일에 하고자 한다. 수정신고와 관련된 자료는 아래와 같고, 일반과소신고이며, 미납일수는 21일이다. 아래의 자료를 이용하여 [매입매출전표입력]에 누락된 매출내역을 반영하고 과다공제내역을 수정하여 제1기 확정신고기간의 [부가가치세수정신고서]를 작성하시오. (6점)

> 1. 당초 신고자료(마감된 입력자료)
>   • 세금계산서 발급분 : 공급가액 600,000,000원, 세액 60,000,000원
>   • 세금계산서 수취분 : 공급가액 300,000,000원, 세액 30,000,000원
> 2. 수정신고 관련 자료
>   1) 누락된 매출내역
>   • 04월 05일 : (주)성림에 제품을 매출하고 현대카드로 결제받았다(공급대가 2,200,000원).
>   2) 과다공제내역
>   • 06월 09일 : 5인승 업무용 승용차(2,500cc)를 (주)한국자동차에서 보통예금으로 구입하여 전자세금계산서를 수취하고, 대금은 보통예금 계좌에서 이체하여 지급하였다. 당초 신고 시에 매입세액을 공제하였다(공급가액 25,000,000원, 세액 2,500,000원).

[2] (주)재송테크는 과세 및 면세사업을 영위하는 겸영사업자이다. 불러온 데이터는 무시하고 다음의 자료만을 이용하여 2025년 제2기 예정신고기간의 [공제받지못할매입세액명세서] 중 [공통매입세액안분계산내역] 탭과 2025년 제2기 확정신고기간의 [공제받지못할매입세액명세서] 중 [공통매입세액의정산내역] 탭을 입력하시오(단, 공급가액 기준으로 안분계산하고 있다). (4점)

구분		제2기 예정(7월 ~ 9월)		제2기 확정(10월 ~ 12월)		전체(7월 ~ 12월)	
		공급가액	세액	공급가액	세액	공급가액합계	세액합계
매출	과세	400,000,000원	40,000,000원	600,000,000원	60,000,000원	1,000,000,000원	100,000,000원
	면세	400,000,000원		100,000,000원		500,000,000원	
공통매입세액		100,000,000원	10,000,000원	200,000,000원	20,000,000원	300,000,000원	30,000,000원

문제 3 다음의 결산정리사항을 입력하여 결산을 완료하시오. (8점)

[1] 다음은 (주)한국에 대여한 자금에 대한 자료이다. 결산일에 필요한 회계처리를 하시오. (2점)

대여기간	대여금	이자율
2025.04.01. ~ 2026.03.31.	120,000,000원	5%

• 대여금의 이자계산은 월할계산한다.
• 이자는 대여기간 종료시점에 수령하기로 하였다.

[2] 당사는 생산부서의 부자재를 보관하기 위한 물류창고를 임차하고 임대차계약을 체결하였다. 10월 1일 임대인에게 1년분 임차료 12,000,000원(2025.10.01. ~ 2026.09.30.)을 보통예금 계좌에서 이체하여 지급하고 전액 비용으로 처리하였다(단, 임차료는 월할계산할 것). (2점)

[3] 다음의 유형자산만 있다고 가정하고, 유형자산명세서에 의한 감가상각비를 결산에 반영하시오(단, 개별자산별로 각각 회계처리할 것). (2점)

유형자산명세서

담당	대리	과장	부장

2025년 12월 31일

계정과목	자산명	취득일	내용연수	감가상각누계액		원가구분
				전기이월	차기이월	
건물	공장건물	2015.10.01	40년	250,000,000원	275,000,000원	제조원가
차량운반구	승용차	2022.07.01	5년	25,000,000원	35,000,000원	판관비

[4] 다음은 회사의 실제 당기 [법인세과세표준및세액조정계산서] 작성서식의 일부 내용이다. 아래에 주어진 자료만을 이용하여 법인세비용에 대한 회계처리를 하시오. (2점)

법인세과세표준 및 세액조정계산서 일부내용	② 과세표준계산	⑱각 사업연도소득금액(⑱=⑰)		350,000,000원
		⑲이 월 결 손 금	07	70,000,000원
		⑩비 과 세 소 득	08	
		⑪소 득 공 제	09	
		⑫과 세 표 준(⑱-⑲-⑩-⑪)	10	280,000,000원
세율정보	• 법인세율 : 법인세과세표준 2억원 이하 : 9% 　　　　　　법인세과세표준 2억원 초과 200억원 이하 : 19% • 지방소득세율 : 법인세과세표준 2억원 이하 : 0.9% 　　　　　　　법인세과세표준 2억원 초과 200억원 이하 : 1.9%			
기타	위의 모든 자료는 법인세법상 적절하게 산출된 금액이고, 법인세중간예납세액 10,000,000원은 기한 내에 납부하여 선납세금으로 회계처리 하였다.			

문제 4 원천징수와 관련된 다음 물음에 답하시오. (10점)

[1] 다음은 (주)재송테크의 퇴직소득에 대한 원천징수 관련 자료이다. 아래의 자료를 바탕으로 [사원등록] 및 [퇴직소득자료입력] 메뉴를 작성하여 퇴직소득세를 산출하고, [퇴직소득원천징수영수증]을 작성하시오(단, 일반전표입력은 생략할 것). (4점)

- 이름 : 김태자(사원코드 : 102)
- 주민등록번호 : 810503 – 1352687
- 입사년월일 : 2017.06.13.
- 퇴사년월일 : 2025.06.12.(퇴사사유 : 개인 사정으로 인한 자진퇴사)
- 퇴직금 : 24,000,000원(지급일 : 2025.06.30.)
- 퇴직공로금 : 1,000,000원(현실적인 퇴직을 원인으로 받는 소득, 지급일 : 2025.06.30.)
- 퇴직금 중 확정급여형 퇴직연금 가입자로서 불입한 1,000만원은 과세이연을 적용하기로 한다.

연금계좌취급자	사업자등록번호	계좌번호	입금일	계좌입금액
대한은행	130-81-58516	123-45-6789	2025.06.30.	10,000,000원

[2] 2025년 5월 1일 입사한 사무직 정선달(거주자이며 세대주, 사원번호 : 300)의 가족관계증명서이다. [사원등록] 메뉴의 [기본사항] 탭과 [부양가족명세] 탭, [연말정산추가자료입력] 메뉴의 [소득명세] 탭을 작성하시오(기본공제대상자 여부와 관계없이 부양가족은 모두 입력할 것). (4점)

〈자료 1〉 사원등록 참고자료
① 사회보험을 모두 적용하고 있으며, 사회보험과 관련한 보수월액은 2,800,000원이다.
② 모친 김여사는 부동산양도소득금액 20,000,000원이 있다.
③ 배우자 이부인은 장애인(항시 치료를 요하는 중증환자)으로서 현재 타지역의 요양시설에서 생활하고 있으며 소득은 없다.
④ 자녀 정장남은 지방 소재 고등학교에 재학 중이고, 일용근로소득 4,000,000원이 있다.
⑤ 자녀 정차남은 초등학교에 다니고 있다.

〈자료 2〉 정선달의 가족관계증명서

[별지 제1호서식] 〈개정 2010.6.3〉

가족관계증명서

등록기준지	서울시 송파구 도곡로 460(잠실동)			
구분	성 명	출생연월일	주민등록번호	성별	본
본인	정선달(鄭先達)	1970년 11월 05일	701105 – 1032879	남	東萊

115회 실무시험

가족사항

구분	성 명	출생연월일	주민등록번호	성별	본
모	김여사(金女史)	1943년 04월 02일	430402-2022341	여	慶州
배우자	이부인(李婦人)	1970년 09월 02일	700902-2045675	여	全州
자녀	정장남(鄭長男)	2007년 10월 01일	071001-3013468	남	東萊
자녀	정차남(鄭次男)	2014년 07월 01일	140701-3013466	남	東萊

〈자료 3〉 전근무지 근로소득원천징수영수증
① 근무처명(종교관련종사자 아님)

근무처명	사업자등록번호	근무기간
(주)스마트	120-81-34671	2025.01.01. ~ 2025.03.31.

② 소득명세 등

급여총액	상여총액	비과세식대	국민연금	건강보험	장기요양보험	고용보험
10,500,000원	10,000,000원	600,000원	796,500원	723,180원	92,610원	184,000원

③ 세액명세 등

항 목	소득세	지방소득세
결정세액	1,000,000원	100,000원
기납부세액	1,500,000원	150,000원
차감징수세액	△500,000원	△50,000원

[3] 다음의 자료를 이용하여 [원천징수이행상황신고서]를 작성 및 마감하고 국세청 홈택스에 전자신고를 하시오. (2점)

〈소득자료〉

귀속월	지급월	소득구분	신고코드	인원	총지급액	소득세	비고
6월	7월	사업소득	A25	2명	4,500,000원	135,000원	매월(정기)신고

• 전월로부터 이월된 미환급세액 55,000원을 충당하기로 한다.

〈유의사항〉
1. [전자신고] → [국세청 홈택스 전자신고변환(교육용)] 순으로 진행한다.
2. [전자신고] 메뉴의 [원천징수이행상황제작] 탭에서 신고인구분은 2.납세자 자진신고를 선택하고, 비밀번호는 자유롭게 입력한다.
3. [국세청 홈택스 전자신고변환(교육용)] → 전자파일변환(변환대상파일선택) → 찾아보기 에서 전자신고용 전자파일을 선택한다.
4. 전자신고용 전자파일 저장경로는 로컬디스크(C:)이며, 파일명은 "작성연월일.01.t사업자등록번호"이다.
5. 형식검증하기 ➡ 형식검증결과확인 ➡ 내용검증하기 ➡ 내용검증결과확인 ➡ 전자파일제출 을 순서대로 클릭한다.
6. 최종적으로 전자파일 제출하기 를 완료한다.

문제 5 (주)사선전자(회사코드 : 1151)는 금속제품을 생산하고 제조·도매업 및 도급공사업을 영위하는 중소기업이며, 당해 사업연도는 제15기(2025.1.1. ~ 2025.12.31.)이다. [법인조정] 메뉴를 이용하여 기장되어 있는 재무회계 장부 자료와 제시된 보충자료에 의하여 해당 사업연도의 세무조정을 하시오. (30점)

※ 회사 선택 시 유의하시오.

작성대상서식

1. 업무용승용차관련비용명세서
2. 기업업무추진비조정명세서
3. 법인세과세표준및세액조정계산서 및 최저한세조정계산서
4. 대손충당금및대손금조정명세서
5. 소득금액조정합계표및명세서

[1] 다음 자료는 영업부서에서 업무용으로 사용중인 법인차량(코드 : 101) 관련 자료이다. 5인승 승용차 제네시스(55하4033)를 (주)브라보캐피탈과 운용리스계약을 체결하여 사용 중이다. [업무용승용차등록] 메뉴 및 [업무용승용차관련비용명세서]를 작성하고, 관련 세무조정을 하시오(단, 당사는 부동산임대업을 영위하지 않으며, 사용자 부서 및 사용자 직책, 사용자 성명, 전용번호판 부착여부 입력은 생략할 것). (6점)

구분	금액	비고
운용리스료	14,400,000원	• 매월 1,200,000원, 전자계산서를 수령하였다. • 주어진 차량 관련 비용 외 다른 항목은 고려하지 않으며, 감가상각비상당액은 12,895,000원이다.
유류비	4,100,000원	
리스계약기간		2023.05.03. ~ 2026.05.03.
보험기간		리스계약기간과 동일하다.
거리		1. 전기이월누적거리 : 21,000km 2. 출퇴근거리 : 6,400km 3. 업무와 관련 없는 사용거리 : 1,600km 4. 당기 총 주행거리 : 8,000km
기타사항		• 취득일자는 2023.05.03.을 입력하기로 한다. • 임직원전용보험에 가입하고, 운행기록부는 작성하였다고 가정한다. • 전기 업무용승용차 감가상각비 한도초과 이월액 8,000,000원이 있다.

115회 실무시험

[2] 다음의 자료만을 이용하여 [기업업무추진비조정명세서(갑),(을)] 메뉴를 작성하고 필요한 세무조정을 하시오. (6점)

1. 매출내역(상품매출 및 제품매출)

구 분	특수관계인 매출액	그 외 매출액	합계
법인세법상 매출액	200,000,000원	1,810,000,000원	2,010,000,000원
기업회계기준상 매출액	200,000,000원	1,800,000,000원	2,000,000,000원

2. 기업업무추진비 계정 내역

구분	관련 내역	제조경비	판매비와관리비
건당 3만원 초과	법인카드 사용분	21,000,000원주1)	25,900,000원
	직원카드 사용분	2,000,000원	5,000,000원
	거래처 현금 경조사비주2)	3,000,000원	3,500,000원
건당 3만원 이하	간이영수증 수령	200,000원	100,000원
합 계		26,200,000원	34,500,000원

주1) 기업업무추진비(제조경비, 법인카드 사용분)에는 문화비로 지출한 금액 2,000,000원이 포함되어 있다.
주2) 거래처 현금 경조사비는 전액 건당 20만원 이하이다.

3. 기타 계정 내역

계정과목	금액	관련사항
소모품비(판)	1,500,000원	현금영수증을 발급받고 구입한 물품(1건, 면세 대상 물품)을 거래처에게 선물하였다.
광고선전비(판)	1,400,000원	법인카드로 구입한 달력을 불특정 다수인에게 제공하였다.

4. 기업업무추진비는 모두 회사 업무와 관련하여 사용하였다.

[3] 다음의 자료만을 이용하여 [법인세과세표준및세액조정계산서]와 [최저한세조정계산서]를 작성하시오. (6점)

1. 손익계산서상 당기순이익 : 535,000,000원
2. 익금산입 총액 : 34,500,000원
3. 손금산입 총액 : 2,900,000원
4. 기부금한도초과액 : 1,800,000원
5. 공제가능한 이월결손금 : 3,522,000원
6. 세액공제 및 세액감면
   ① 중소기업특별세액감면 : 13,000,000원
   ② 고용증대세액공제(2차연도) : 35,000,000원
   ③ 사회보험료세액공제(2차연도) : 1,200,000원
7. 지출증명서류 미수취 가산세 : 190,000원
8. 법인세 중간예납세액 : 5,000,000원
9. 원천납부세액 : 7,000,000원
10. 당사는 중소기업이며 분납 가능한 금액까지 분납 신청하고자 한다.

실무시험 115회

[4] 다음의 자료를 참조하여 [대손충당금및대손금조정명세서] 메뉴를 작성하고, [소득금액조정합계표및명세서]에 세무조정을 반영하시오(단, [소득금액조정합계표및명세서]의 소득명세는 생략함). (6점)

1. 당기 대손충당금 내역

차 변		대 변	
과목	금액	과목	금액
외상매출금	15,000,000원	전기이월	80,000,000원
받을어음	35,000,000원	당기설정	6,000,000원
미수금	15,000,000원		
차기이월	21,000,000원		

- 전기말 자본금과적립금조정명세서(을)에 전기대손충당금한도초과액 8,795,000원이 계상되어 있다.
- 당사는 중소기업에 해당하며, 대손설정율은 1%로 설정한다.

2. 당기에 대손충당금과 상계한 내용
(1) (주)김가의 외상매출금 10,000,000원을 소멸시효완성으로 인하여 3월 31일에 대손확정함.
(2) (주)유가의 파산으로 인하여 회수할 수 없는 외상매출금 5,000,000원을 6월 30일에 대손확정함.
(3) (주)최가의 받을어음 20,000,000원을 부도발생일 9월 1일에 대손확정함.
(4) (주)이가의 받을어음 15,000,000원을 11월 2일에 대손확정함(부도발생일은 당해연도 5월 1일임).
(5) (주)우가의 강제집행으로 인하여 회수할 수 없는 기계장치 미수금 15,000,000원을 6월 25일에 대손확정함.

3. 당기말 설정대상채권으로는 외상매출금 1,570,000,000원과 받을어음 100,000,000원이 계상되어 있다.

[5] 다음의 자료를 이용하여 [소득금액조정합계표]를 완성하시오. 재무상태표 및 손익계산서에는 다음과 같은 계정과목이 포함되어 있으며 기업회계기준에 따라 정확하게 회계처리 되었다. (6점)

계정과목	금액	비 고
법인세등	18,000,000원	법인지방소득세 2,000,000원이 포함되어 있다.
퇴직급여	35,000,000원	대표이사의 퇴직급여로, 주주총회에서 대표이사를 연임하기로 결정하여 과거 임기에 대한 퇴직급여를 지급하고 계상한 것으로 확인되었다. (대표이사 퇴직급여 초과지급액이 발생하면 퇴직 시까지 가지급금으로 간주한다.)
세금과공과	10,000,000원	토지에 대한 개발부담금 3,000,000원이 포함되어 있다.
감가상각비	4,000,000원	업무용승용차(3,000cc, 2023.01.01. 취득)의 감가상각비로서 상각범위액은 6,000,000원이다.
건물관리비	5,000,000원	법인의 출자자(소액주주가 아님)인 임원이 사용하고 있는 사택유지비를 전액 건물관리비로 계상하였다.
잡이익	700,000원	업무용 화물트럭에 대한 자동차세 과오납금에 대한 환급금 600,000원과 환급금이자 100,000원을 모두 잡이익으로 회계처리 하였다.

114회 이론시험 (합격률 : 21.62%) PART 01 기출문제

다음 문제를 보고 알맞은 것을 골라 **이론문제 답안작성** 메뉴에 입력하시오. (객관식 문항당 2점)

기본전제
문제에서 한국채택국제회계기준을 적용하도록 하는 전제조건이 없는 경우, 일반기업회계기준을 적용한다.

01. 다음 중 유가증권에 대한 설명으로 옳지 않은 것은?
① 유가증권은 증권의 종류에 따라 지분증권과 채무증권으로 분류할 수 있다.
② 지분증권은 단기매매증권과 매도가능증권으로 분류할 수 있으나 만기보유증권으로는 분류할 수 없다.
③ 단기매매증권, 매도가능증권, 만기보유증권은 원칙적으로 공정가치로 평가한다.
④ 만기보유증권으로 분류되지 않은 채무증권은 단기매매증권과 매도가능증권 중의 하나로 분류한다.

02. (주)한국은 2025년 중에 신규 취득한 차량운반구의 감가상각방법을 정액법으로 채택하였으나 경리부서 담당자가 실수로 감가상각비를 정률법에 따라 회계처리 하였다. 해당 오류가 2025년 기말 재무제표에 미치는 영향으로 옳은 것은?

	감가상각비	당기순이익	차량운반구의 장부가액
①	증가	감소	증가
②	증가	감소	감소
③	감소	증가	증가
④	감소	증가	감소

03. 다음 중 회계변경의 회계처리방법에 대한 설명으로 옳지 않은 것은?
① 당기일괄처리법은 재무제표의 신뢰성이 높아지는 장점을 가지고 있다.
② 전진법은 변경된 새로운 회계처리방법을 당기와 미래기간에 반영시키는 방법이다.
③ 소급법의 경우 변경효과를 파악하기 어렵고 재무제표의 비교가능성이 저하된다.
④ 당기일괄처리법은 회계변경의 누적효과를 당기손익에 반영하는 방법이다.

04. 다음 중 자본에 관한 설명으로 옳지 않은 것은?
① 재무상태표상의 자본조정에는 감자차손, 주식할인발행차금, 자기주식이 포함된다.
② 자기주식을 취득하는 경우 액면금액을 자기주식의 과목으로 하여 자본조정으로 회계처리 한다.
③ 자기주식처분이익이 발생한 경우 자본조정의 자기주식처분손실의 범위 내에서 상계처리 하고, 미상계된 잔액은 자본잉여금의 자기주식처분이익으로 회계처리 한다.
④ 자기주식 소각 시 취득원가가 액면금액보다 작은 경우에는 그 차액을 감자차익으로 하여 자본잉여금으로 회계처리 한다.

05. 다음 중 사채가 할증발행되고 유효이자율법이 적용되는 경우에 대한 설명으로 옳지 않은 것은?
① 사채할증발행차금 상각액은 매년 감소한다.
② 사채 이자비용은 매년 감소한다.
③ 사채의 장부가액은 초기에는 크고, 기간이 지날수록 작아진다.
④ 사채발행 시점에 발생한 사채발행비는 비용으로 처리하지 않고, 사채의 만기일까지 잔여기간에 걸쳐 상각하여 비용화한다.

06. 두 개의 보조부문과 두 개의 제조부문을 운영하고 있는 (주)서울의 부문간 용역 수수관계는 다음과 같다. 제조부문 X에 배분될 보조부문원가의 총액은 얼마인가? 단, (주)서울은 단계배분법에 의하여 보조부문원가를 배분하며, 보조부문 중 수선부문의 원가를 먼저 배분한다.

사용부문 제공부문	보조부문		제조부문		배분대상원가
	수선부문	전력부문	X 부문	Y 부문	
수선부문	–	40%	40%	20%	100,000원
전력부문	–	–	30%	70%	80,000원

① 36,000원 ② 40,000원 ③ 60,000원 ④ 76,000원

07. 다음 자료를 이용하여 직접재료원가의 완성품환산량을 계산하면 몇 단위인가?

• (주)중부는 선입선출법에 따른 종합원가제도를 채택하고 있다.
• 직접재료의 1/2은 공정 초기에 투입되고, 나머지 1/2은 공정이 80% 진행된 시점에 투입된다.
• 공손은 발생하지 않았다.
• 당기 물량흐름은 아래와 같다.

기초재공품(완성도 60%)	400단위	당기완성품	5,000단위
당기착수량	5,000단위	기말재공품(완성도 30%)	400단위

① 4,880단위 ② 4,920단위 ③ 4,960단위 ④ 5,000단위

최신기출문제 & 해답_www.bobook.co.kr

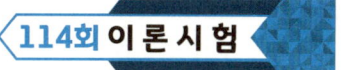

08. 다음 중 옳은 것으로만 짝지어진 것은?

> 가. 공손품은 생산에 사용된 원재료로부터 남아 있는 찌꺼기나 조각을 말한다.
> 나. 비정상공손은 발생한 기간에 영업외비용으로 처리한다.
> 다. 정상공손은 효율적인 생산과정에서도 발생하는 공손으로 원가성이 있다고 본다.
> 라. 정상공손은 작업자의 부주의, 생산계획의 미비 등의 이유로 발생한다.

① 가, 나　　② 나, 다　　③ 다, 라　　④ 가, 라

09. 다음 중 원가의 분류에 대한 설명으로 가장 옳지 않은 것은?

① 원가행태에 따른 분류로서 직접재료원가, 직접노무원가, 제조간접원가로 구성된다.
② 원가의 추적가능성에 따른 분류로서 직접원가와 간접원가로 구성된다.
③ 원가의 발생형태에 따른 분류로서 재료원가, 노무원가, 제조경비로 구성된다.
④ 의사결정의 관련성에 따른 분류로서 관련원가, 매몰원가, 기회원가 등으로 구성된다.

10. 다음 중 종합원가계산의 선입선출법 및 평균법에 대한 설명으로 옳지 않은 것은?

① 종합원가계산의 평균법과 선입선출법 중 실제 물량흐름에 보다 충실한 방법은 선입선출법이다.
② 기초재공품이 없는 경우 종합원가계산에 의한 원가 배분 시 평균법과 선입선출법의 결과는 동일하다.
③ 선입선출법과 평균법 모두 완성품환산량을 계산하는 과정이 있다.
④ 기말재공품의 완성도는 선입선출법에서만 고려 대상이고, 평균법에서는 영향을 미치지 않는다.

11. 다음 중 부가가치세법상 영세율과 면세에 관한 설명으로 옳지 않은 것은?

① 면세사업자라도 영세율 적용대상이 되면 면세를 포기하고 영세율을 적용받을 수 있다.
② 영세율은 완전면세제도이고 면세는 불완전면세제도이다.
③ 영세율과 면세 모두 부가가치세법상 신고의무는 면제되나 일정한 협력의무는 이행해야 한다.
④ 국내거래라 하더라도 영세율이 적용되는 경우가 있다.

이론시험 114회

12. 다음 중 법인세법상 소득처분이 나머지와 다른 것은?
① 귀속 불분명한 증빙불비 기업업무추진비
② 임원의 퇴직금한도초과액
③ 주주인 직원의 가지급금 인정이자
④ 채권자 불분명 사채이자의 원천징수세액

13. 다음 중 부가가치세법상 과세 대상에 해당하는 경우는 모두 몇 개인가?

> 가. 온라인 게임 서비스용역을 제공하는 사업자가 게임이용자에게 게임머니를 판매하는 경우
> 나. 사업자가 점포를 임차하여 과세사업을 영위하던 중 점포의 임차권리를 판매하는 경우
> 다. 사업자가 공급받는 자의 해약으로 인하여 재화 또는 용역의 공급 없이 손해배상금을 받은 경우
> 라. 사업자가 흙과 돌을 판매하는 경우

① 1개　　② 2개　　③ 3개　　④ 4개

14. 다음 중 소득세법상 근로소득 연말정산 시 「신용카드 등 사용금액 소득공제」의 대상에서 제외되는 것은? 단, 모두 국내에서 신용카드를 사용하여 지출한 것으로 가정한다.
① 의료비
② 아파트관리비
③ 취학 전 아동의 학원비
④ 교복구입비

15. 다음 중 소득세법상 결손금과 이월결손금에 대한 설명으로 가장 옳지 않은 것은?
① 2020년 1월 1일 이후 최초로 발생하는 결손금은 15년간 이월공제가 가능하다.
② 해당 과세기간의 소득금액에 대하여 추계신고를 하는 경우에는 이월결손금 공제 규정을 적용하지 아니한다(단, 천재지변·장부멸실 등에 의한 경우는 제외함).
③ 중소기업을 영위하는 거주자의 부동산임대업을 제외한 사업소득 결손금은 1년간 소급 공제하여 환급신청이 가능하다.
④ 주거용 건물의 임대업에서 발생한 결손금은 다른 소득금액에서 공제할 수 없고, 추후 발생하는 해당 부동산임대업의 소득금액에서만 공제 가능하다.

114회 실무시험

PART 01 기출문제

(주)희수전자(회사코드 : 1140)는 제조·도소매업을 영위하는 중소기업으로, 당기(제14기) 회계기간은 2025.1.1. ~ 2025.12.31.이다. 전산세무회계 수험용 프로그램을 이용하여 다음 물음에 답하시오.

기본전제

- 문제에서 한국채택국제회계기준을 적용하도록 하는 전제조건이 없는 경우, 일반기업회계기준을 적용하여 회계처리 한다.
- 문제의 풀이와 답안작성은 제시된 문제의 순서대로 진행한다.

문제 1 다음 거래에 대하여 적절한 회계처리를 하시오. (12점)

입력 시 유의사항

- 일반적인 적요의 입력은 생략하지만, 타계정 대체거래는 적요 번호를 선택하여 입력한다.
- 세금계산서·계산서 수수 거래 및 채권·채무 관련 거래는 별도의 요구가 없는 한 반드시 기등록된 거래처코드를 선택하는 방법으로 거래처명을 입력한다.
- 제조경비는 500번대 계정코드를, 판매비와관리비는 800번대 계정코드를 사용한다.
- 회계처리 시 계정과목은 등록된 계정과목 중 가장 적절한 과목으로 한다.
- 매입매출전표를 입력하는 경우 입력화면 하단의 분개까지 처리하고, 세금계산서 및 계산서는 전자 여부를 입력하여 반영한다.

[1] 7월 6일 매출거래처에 접대할 목적으로 선물을 구입하고 아래의 전자세금계산서를 발급받았으며, 대금은 보통예금 계좌에서 이체하여 지급하였다. (3점)

전자세금계산서					승인번호	20250706-31000013-44346111		
공급자	등록번호	340-19-09385	종사업장번호		공급받는자	등록번호	132-86-19421	종사업장번호	
	상호(법인명)	만물상사	성명	김만술		상호(법인명)	(주)희수전자	성명	최수완
	사업장주소	경기도 수원시 장안구 매화동 123				사업장주소	경기도 의정부시 가금로 53		
	업태	도소매	종목	잡화		업태	제조 외	종목	자동차부품
	이메일					이메일			
작성일자	공급가액	세액	수정사유	비고
2025/07/06	1,500,000	150,000	해당 없음	

월	일	품목	규격	수량	단가	공급가액	세액	비고
07	06	잡화세트				1,500,000	150,000	

합계금액	현금	수표	어음	외상미수금	이 금액을 **영수**함
1,650,000	1,650,000				

[2] 7월 20일 매입거래처인 (주)대성의 외상매입금 중 54,000,000원은 보통예금 계좌에서 이체하여 지급하고, 나머지 금액은 면제 받았다(단, (주)대성의 외상매입금 관련 데이터를 조회하여 회계처리할 것). (3점)

[3] 8월 20일 유상증자를 통해 신주(보통주, 1주당 액면금액 10,000원) 5,000주를 1주당 8,000원에 발행하고 대금은 보통예금 계좌로 전액 입금되었다(단, 유상증자일 현재 주식발행초과금 잔액은 5,000,000원으로 확인된다). (3점)

[4] 9월 1일 제품 생산에 사용하던 기계장치를 (주)미누전자에 처분하고 아래의 전자세금계산서를 발급하였으며, 대금 중 10,000,000원은 어음(만기일 2026.06.01)으로 받고, 나머지는 다음 달에 받기로 하였다. 당사는 취득 당시 정부의 지원 정책에 따라 상환의무가 없는 국고보조금을 수령하였으며, 처분 전 기계장치의 내용은 다음과 같다. (3점)

- 기계장치 취득가액 : 75,000,000원
- 감가상각누계액 : 21,000,000원
- 국고보조금(기계장치 차감) : 24,000,000원

전자세금계산서							승인번호		20250901-31000013-44346111	
공급자	등록번호	132-86-19421	종사업장 번호		공급받는자	등록번호	126-87-10121	종사업장 번호		
	상호(법인명)	(주)희수전자	성 명	최수완		상호(법인명)	(주)미누전자	성 명	하민우	
	사업장 주소	경기도 의정부시 가금로 53				사업장 주소	경기도 이천시 가좌로1번길 21-26			
	업 태	제조 외	종 목	자동차부품		업 태	제조	종 목	전자제품	
	이메일					이메일				
작성일자		공급가액		세 액			수정사유			
2025/09/01		40,000,000		4,000,000			해당 없음			
비 고										

월	일	품 목	규 격	수 량	단 가	공급가액	세 액	비 고
09	01	기계장치				40,000,000	4,000,000	

합계금액	현 금	수 표	어 음	외상미수금	이 금액을 **청구**함
44,000,000			10,000,000	34,000,000	

문제 2. 다음 주어진 요구사항에 따라 부가가치세신고서 및 부속서류를 작성하시오. (10점)

[1] 다음 자료를 바탕으로 2025년 제1기 부가가치세 확정신고기간(4월 ~ 6월)에 대한 [부동산임대공급가액명세서]를 작성하시오(단, 정기예금이자율은 연 3.1%이다). (3점)

층	호수	상호(사업자번호)	용도	면적(m²)	보증금	월세	매월 관리비
			임대기간				
1	101	디자인봄 (101-89-23562)	사무실	120	40,000,000원	2,000,000원	250,000원
			2023.05.01. ~ 2025.04.30.				
2	201	스마일커피 (109-07-89510)	점포	120	100,000,000원	5,000,000원	550,000원
			2025.01.01. ~ 2025.12.31.				
		합 계			140,000,000원	7,000,000원	800,000원

- 101호(임차인 : 디자인봄)는 2023.05.01. 최초로 임대를 개시하였으며, 2년 경과 후 계약기간 만료로 2025.05.01. 임대차계약을 갱신(임대기간 : 2025.05.01. ~ 2027.04.30.)하면서 보증금을 40,000,000원에서 60,000,000원으로 인상하였다(월세와 매월 관리비는 동일함).
- 월세와 매월 관리비에 대해서는 정상적으로 세금계산서를 모두 발급하였으며, 간주임대료에 대한 부가가치세는 임대인이 부담하고 있다.

[2] 본 문제에 한하여 (주)희수전자는 과세사업과 면세사업을 겸영하는 사업자로 가정하고, 다음의 자료만을 이용하여 2025년 제1기 부가가치세 확정신고기간의 [공제받지못할매입세액명세서] 중 [납부세액또는환급세액재계산] 탭을 작성하시오(단, 불러오는 전표데이터는 무시하고, 모든 부가가치세 신고는 부가가치세법에 근거하여 적법하게 신고·납부함). (3점)

1. 감가상각대상자산의 상세 내역

구분	취득일	대금 지급 상세	
		공급가액	부가가치세
창고건물	2024.2.1.	100,000,000원	10,000,000원
기계장치	2024.7.1.	50,000,000원	5,000,000원

2. 과세기간별 공급가액 내역

연도/기수	과세사업	면세사업	합 계
2024년/제2기	476,000,000원	224,000,000원	700,000,000원
2025년/제1기	442,500,000원	307,500,000원	750,000,000원

[3] 다음에 제시된 자료를 이용하여 2025년 제1기 확정신고기간의 [대손세액공제신고서]를 작성하시오(단, 당사는 중소기업에 해당함). (4점)

공급일	거래처	계정과목	대손금액	대손사유	
2022.05.01.	(주)일월산업	외상매출금	3,300,000원	소멸시효완성일	2025.05.02.
2023.10.08.	(주)이월테크	외상매출금	12,100,000원	부도발생일	2025.01.09.
2024.05.08.	세월무역	받을어음	11,000,000원	부도발생일	2024.11.20.
2024.06.20.	(주)오월상사	외상매출금	6,600,000원	파산종결결정공고일 (채권회수불가능)	2025.04.09.
2024.11.05.	(주)유월물산	외상매출금	5,500,000원	부도발생일	2024.12.10.
2025.01.09.	(주)구월바이오	받을어음	7,700,000원	부도발생일	2025.03.09.

문제 3 다음의 결산정리사항을 입력하여 결산을 완료하시오. (8점)

[1] 삼일은행으로부터 2023년 2월 1일에 차입한 장기차입금 30,000,000원의 만기가 2026년 1월 31일에 도래하여 당사는 만기일에 예정대로 상환할 예정이다. (2점)

[2] 2024년 8월 20일에 매출로 계상한 화폐성 외화자산인 미국 Z사의 외상매출금 $50,000를 기말 현재 보유하고 있다. 당사는 매년 결산일(12월 31일)에 화폐성 외화자산에 대하여 외화환산손익을 인식하고 있으며, 일자별 기준환율은 다음과 같다. (2점)

항 목	2024.08.20.	2024.12.31.	2025.12.31.
기준환율	1,100원/$	1,280원/$	1,160원/$

[3] 2025년 제2기 부가가치세 확정신고기간의 부가가치세와 관련된 내용이 다음과 같다. 전산데이터상의 입력된 다른 데이터는 무시하고, 아래의 자료만을 이용하여 12월 31일 현재 부가세예수금과 부가세대급금 관련 회계처리를 수행하시오(단, 납부세액일 경우 미지급세금, 환급세액일 경우에는 미수금으로 회계처리 할 것). (2점)

조회기간 2025년 10월 1일 ~ 2025년 12월 31일 신고구분 1.정기신고						
	구분			정기신고금액		
				금액	세율	세액
과세표준및매출세액	과세	세금계산서발급분	1	325,000,000	10/100	32,500,000
		매입자발행세금계산서	2		10/100	
		신용카드·현금영수증발행분	3		10/100	
		기타(정규영수증외매출분)	4	175,000,000	10/100	17,500,000
	영세	세금계산서발급분	5		0/100	
		기타	6		0/100	
	예정신고누락분		7			
	대손세액가감		8			
	합계		9	500,000,000	㉮	50,000,000
매입세액	세금계산서수취분	일반매입	10	425,000,000		42,500,000
		수출기업수입분납부유예	10-1			
		고정자산매입	11	195,000,000		19,500,000
	예정신고누락분		12			
	매입자발행세금계산서		13			
	그 밖의 공제매입세액		14			
	합계(10)-(10-1)+(11)+(12)+(13)+(14)		15	620,000,000		62,000,000
	공제받지못할매입세액		16			
	차감계 (15-16)		17	620,000,000	㉯	62,000,000
납부(환급)세액(매출세액㉮-매입세액㉯)					㉰	-12,000,000

[4] 당기 법인세 총부담세액은 24,000,000원이며 법인세분 지방소득세는 3,000,000원이다. 다음의 자료만을 이용하여 적절한 결산 회계처리를 하시오(단, 거래처 입력은 생략하고, 납부할 세액은 미지급세금 계정을 사용할 것). (2점)

계정과목명	거래처명	금액	비 고
선납세금	의정부세무서	10,000,000원	법인세 중간예납액
	동작세무서	2,500,000원	이자소득 원천징수분
	동작구청	250,000원	
예수금	의정부세무서	2,000,000원	12월 귀속 근로소득 원천징수분
	의정부시청	200,000원	

문제 14 원천징수와 관련된 다음 물음에 답하시오. (10점)

[1] 2025년 2월 1일 회계팀에 과장 김서울(사원코드 : 101) 씨가 신규 입사하였다. 다음 자료를 바탕으로 [사원등록] 메뉴를 이용하여 [기본사항] 탭과 [부양가족명세] 탭을 입력하고, 2월분 급여에 대한 [급여자료입력]과 [원천징수이행상황신고서]를 작성하시오. (4점)

> ※ **기타사항**
> - 사원등록 시 주소는 입력을 생략한다.
> - 아래의 자료에 따라 수당 및 공제 항목을 입력하고, 표시된 수당 외의 항목은 사용여부를 "부"로 한다 (단, 불러온 수당 및 공제 항목은 무시할 것).
> - 수당등록 시 월정액 및 통상임금 여부는 고려하지 않는다.
> - 원천징수이행상황신고서는 매월 작성하며, 김서울 씨의 급여내역만 반영하기로 한다.
>
> **1. 부양가족명세**
>
> | 가족관계 | 성명 | 주민등록번호 | 동거여부 | 비 고 |
> |---|---|---|---|---|
> | 본인 | 김서울 | 791003 - 1450753 | | 세대주, 내국인(거주자) |
> | 부친 | 김청주 | 510812 - 1450874 | 동거 | 사업소득금액 950,000원 |
> | 모친 | 최영주 | 560705 - 2450853 | 주거형편상 별거 | 소득 없음 |
> | 배우자 | 이진주 | 830725 - 2450717 | 동거 | 총급여 5,000,000원 |
> | 장남 | 김대전 | 020708 - 3450719 | 주거형편상 별거 | 대학생, 장애인[주1)] |
> | 차녀 | 김대구 | 070815 - 4450855 | 동거 | 고등학생 |
> | 형 | 김부산 | 750205 - 1450714 | 동거 | 사업소득금액 800,000원, 장애인[주1)] |
>
> [주1)] 「장애인복지법」상 장애인이다.
>
> **2. 김서울의 2월분 급여명세서**
>
> | 급여내역 | 금 액 | 공제내역 | 금 액 |
> |---|---|---|---|
> | 기본급 | 4,800,000원 | 소득세 | 623,380원 |
> | 상 여 | 2,400,000원 | 지방소득세 | 62,330원 |
> | 자가운전보조금 | 300,000원 | 국민연금 | 375,750원 |
> | 식 대 | 300,000원 | 건강보험 | 141,950원 |
> | 월차수당 | 150,000원 | 장기요양보험 | 18,380원 |
> | 직책수당 | 400,000원 | 고용보험 | 71,550원 |
> | 급여합계 | 8,350,000원 | 공제합계 | 1,293,340원 |
> | | | 실지급액 | 7,056,660원 |
>
> (1) 급여지급일은 매월 25일이다.
> (2) 자가운전보조금은 본인 명의의 차량을 업무 목적으로 사용한 직원에게 규정에 따라 정액 지급하고 있으며, 실제 발생한 교통비는 별도로 지급하지 않는다.
> (3) 복리후생 목적으로 식대를 지급하고 있으며, 이와 관련하여 별도의 현물식사는 제공하지 않는다.

114회 실무시험

[2] 다음 자료를 이용하여 [기타소득자등록] 및 [이자배당소득자료입력]을 하고, 이에 대한 [원천징수이행상황신고서]를 작성하시오. (4점)

1. 소득지급내역

구분	소득자			소득금액	소득구분	소득지급일/영수일
	코드	성명	주민등록번호			
개인	101	정지영	850505 - 2455744	6,000,000원	배당소득	2025.06.01.
개인	102	김봉산	890102 - 2415657	12,000,000원	이자소득	2025.07.01.

2. 상기 소득자는 모두 내국인이며, 거주자에 해당한다.
3. 배당소득은 당사의 주주총회에서 의결된 2024년도 이익잉여금 처분에 의한 배당금을 보통예금으로 지급한 것이다.
4. 이자소득은 당사가 발행한 사채에 대한 이자이다.
5. 위 소득 지급액에 대한 원천징수세율은 14%를 적용한다.
6. 위에 주어진 정보 외의 자료 입력은 생략한다.

[3] 다음의 자료를 이용하여 [원천징수이행상황신고서]를 직접 작성 및 마감하고, 전자신고를 완료하시오. (2점)

※ 소득자료(9월 귀속/9월 지급)

소득구분	신고코드	인원	총지급액	소득세	비고
사업소득	A25	1	2,000,000원	60,000원	매월(징기)신고

1. [전자신고] → [국세청 홈택스 전자신고변환(교육용)] 순으로 진행한다.
2. [전자신고] 메뉴의 [원천징수이행상황제작] 탭에서 신고인구분은 2.납세자 자진신고를 선택하고, 비밀번호는 자유롭게 입력한다.
3. [국세청 홈택스 전자신고변환(교육용)] → 전자파일변환(변환대상파일선택) → 찾아보기 에서 전자신고용 전자파일을 선택한다.
4. 전자신고용 전자파일 저장경로는 로컬디스크(C:)이며, 파일명은 "작성연월일.01.t사업자등록번호"이다.
5. 형식검증하기 ➡ 형식검증결과확인 ➡ 내용검증하기 ➡ 내용검증결과확인 ➡ 전자파일제출 을 순서대로 클릭한다.
6. 최종적으로 전자파일 제출하기 를 완료한다.

문제 5

서강기업(주)(회사코드 : 1141)은 전자부품의 제조 및 건설업을 영위하는 중소기업으로, 당해 사업연도(제14기)는 2025.1.1. ~ 2025.12.31.이다. [법인조정] 메뉴를 이용하여 기장되어 있는 재무회계 장부 자료와 제시된 보충자료에 의하여 해당 사업연도의 세무조정을 하시오. (30점) ※ 회사 선택 시 유의하시오.

작성대상서식

1. 수입금액조정명세서, 조정후수입금액명세서
2. 퇴직연금부담금등조정명세서
3. 미상각자산감가상각조정명세서
4. 기부금조정명세서
5. 원천납부세액명세서(갑)

[1] 다음 자료를 이용하여 [수입금액조정명세서] 및 [조정후수입금액명세서]를 작성하고, 필요한 세무조정을 하시오. (7점)

(1) 손익계산서상 수입금액은 다음과 같다.

구분	계정과목	기준경비율코드	결산서상 수입금액
1	제품매출	321012	1,535,000,000원
2	공사수입금	452127	298,150,000원
	계		1,833,150,000원

(2) 아래의 공사에 대하여 손익계산서상 공사수입금액으로 200,000,000원을 계상하였다. 당사는 작업진행률에 의하여 공사수입금액을 인식하여야 하며, 작업진행률 관련 자료는 다음과 같다.

- 공사명 : 우리중학교 증축공사
- 도급자 : 세종특별시 교육청

항 목	금액
도급금액	1,000,000,000원
총공사예정비용	700,000,000원
당기말 총공사비 누적액	455,000,000원
전기말 누적 공사수입 계상액	400,000,000원

(3) 당사가 수탁자에게 판매를 위탁한 제품을 수탁자가 12월 31일에 판매한 제품매출 15,000,000원(제품매출원가 10,000,000원)이 손익계산서 및 부가가치세 신고서에 반영되지 않았다.

(4) 부가가치세법상 과세표준 내역

구 분	금액	비 고
제품매출	1,535,000,000원	-
공사수입금	298,150,000원	-
고정자산매각대금(수입금액 제외)	15,000,000원	기계장치 매각으로 세금계산서를 발행함
계	1,848,150,000원	-

[2] 다음 자료를 이용하여 [퇴직연금부담금등조정명세서]를 작성하고, 관련된 세무조정을 [소득금액조정합계표및 명세서]에 반영하시오. (6점)

1. 퇴직금추계액
   • 기말 현재 임·직원 전원 퇴직 시 퇴직금추계액 : 280,000,000원
2. 퇴직급여충당금 내역
   • 기말 퇴직급여충당금 : 25,000,000원
   • 기말 현재 퇴직급여충당금부인 누계액 : 25,000,000원
3. 당기 퇴직 현황 및 퇴직연금 현황
   • 퇴직연금운용자산의 기초 금액 : 210,000,000원
   • 당기 퇴직연금불입액 : 40,000,000원
   • 당기 중 퇴직급여 회계처리는 다음과 같다.
     (차) 퇴직급여   16,000,000원   (대) 퇴직연금운용자산   3,000,000원
                                               보통예금   13,000,000원
   • 당사는 확정급여(DB)형 퇴직연금과 관련하여 신고조정으로 손금산입하고 있으며, 전기 말까지 신고조정으로 손금산입한 금액은 210,000,000원이다.

[3] 다음의 고정자산에 대하여 [고정자산등록]을 하고, [미상각자산감가상각조정명세서] 및 [감가상각비조정명세서합계표]를 작성한 뒤 자산별로 각각 필요한 세무조정을 하시오. (7점)

1. 감가상각대상자산

구분	코드	자산명	취득일	취득가액	전기말 감가상각누계액	당기 감가상각비 계상액	경비구분/업종
기계장치	100	A	2023.08.17.	300,000,000원	160,000,000원	60,000,000원	제조
기계장치	101	B	2024.07.21.	200,000,000원	40,000,000원	80,000,000원	제조

• 당사는 기계장치의 감가상각방법을 신고하지 않았지만, 기계장치의 내용연수는 5년으로 신고하였다.
• 기계장치 A의 전기말 상각부인액은 8,000,000원, 기계장치 B의 전기말 상각부인액은 4,000,000원이다.

2. 당기 수선 내역

자산명	수선비	회계처리	계정과목
A	20,000,000원	비용으로 처리	수선비(제)
B	15,000,000원	자산으로 처리	기계장치

• 위 수선비 지출 내역은 모두 자본적지출에 해당한다.

실무시험 114회

[4] 다음의 자료만을 이용하여 [기부금조정명세서]를 작성하고 필요한 세무조정을 하시오. (6점)

(1) 당기 기부금 내용은 다음과 같으며 적요 및 기부처 입력은 생략한다.

일자	금액	지급내용
08월 20일	7,000,000원	한라대학교(사립학교)에 연구비로 지출한 기부금
09월 05일	4,000,000원	A사회복지법인 고유목적사업기부금
11월 20일	2,000,000원	정부로부터 인·허가를 받지 않은 B예술단체에 지급한 금액
12월 10일	6,000,000원	C종교단체 어음 기부금(만기일 2026.01.05.)

(2) 기부금 한도 계산과 관련된 자료는 다음과 같다.
- 전기 말까지 발생한 기부금 중 손금산입 한도 초과로 이월된 금액은 2024년 일반기부금 한도초과액 7,000,000원이다.
- 기부금 관련 세무조정을 반영하기 전 [법인세과세표준및세액조정계산서]상 차가감소득금액 내역은 아래와 같고, 세무상 이월결손금 25,000,000원(2021년도 발생분)이 있다(단, 당사는 중소기업이며, 불러온 자료는 무시하고 아래의 자료만을 이용할 것).

구 분		금액
결산서상 당기순이익		200,000,000원
소득조정금액	익금산입	40,000,000원
	손금산입	12,000,000원
차가감소득금액		228,000,000원

[5] 다음의 자료는 2025년 1월 1일부터 12월 31일까지의 원천징수와 관련한 자료이다. 주어진 자료를 이용하여 [원천납부세액명세서(갑)]를 작성하시오(단, 지방세 납세지의 입력은 생략할 것). (4점)

적요	원천징수 대상금액	원천징수일	원천징수세율	원천징수의무자	사업자등록번호
정기예금 이자	8,000,000원	2025.06.30.	14%	(주)부전은행	103-81-05259
비영업대금 이자	10,000,000원	2025.10.31.	25%	(주)삼송테크	210-81-23588
정기적금 이자	5,000,000원	2025.12.31.	14%	(주)서울은행	105-81-85337

113회 이론시험 (합격률 : 14.50%) PART 01 기출문제

다음 문제를 보고 알맞은 것을 골라 **이론문제 답안작성** 메뉴에 입력하시오. (객관식 문항당 2점)

기 본 전 제
문제에서 한국채택국제회계기준을 적용하도록 하는 전제조건이 없는 경우, 일반기업회계기준을 적용한다.

01. 다음 중 일반기업회계기준에 해당하는 재무제표의 특성과 한계로 옳지 않은 것은?
① 재무제표는 추정에 의한 측정치를 허용하지 않는다.
② 재무제표는 화폐단위로 측정된 정보를 주로 제공한다.
③ 재무제표는 대부분 과거에 발생한 거래나 사건에 대한 정보를 나타낸다.
④ 재무제표는 특정 기업실체에 관한 정보를 제공하며, 산업 또는 경제 전반에 관한 정보를 제공하지는 않는다.

02. 다음 중 재고자산에 대한 설명으로 옳지 않은 것은?
① 목적지 인도조건인 미착상품은 판매자의 재고자산에 포함되지 않는다.
② 비정상적으로 발생한 재고자산의 감모손실은 영업외비용으로 분류한다.
③ 재고자산의 시가가 취득원가보다 낮은 경우 시가를 장부금액으로 한다.
④ 저가법 적용 이후 새로운 시가가 장부금액보다 상승한 경우에는 최초의 장부금액을 초과하지 않는 범위 내에서 평가손실을 환입한다.

03. 다음 중 이익잉여금에 대한 설명으로 옳지 않은 것은?
① 이익잉여금이란 기업의 영업활동 등에 의하여 창출된 이익으로써 사외에 유출되거나 자본에 전입하지 않고 사내에 유보된 금액을 말한다.
② 미처분이익잉여금이란 기업이 벌어들인 이익 중 배당금이나 다른 잉여금으로 처분되지 않고 남아 있는 이익잉여금을 말한다.
③ 이익준비금은 상법 규정에 따라 적립하는 법정적립금으로, 금전배당을 하는 경우 이익준비금이 자본총액의 1/2에 달할 때까지 금전배당액의 1/10 이상을 적립하여야 한다.
④ 이익잉여금처분계산서는 미처분이익잉여금, 임의적립금등의이입액, 이익잉여금처분액, 차기이월미처분이익잉여금으로 구분하여 표시한다.

04. 2025년 9월 1일 (주)한국은 (주)서울상사가 2025년 초에 발행한 사채(액면금액 1,000,000원, 표시이자율 연 12%, 이자지급일은 매년 6월 30일과 12월 31일)를 발생이자를 포함하여 950,000원에 현금으로 취득하고 단기매매증권으로 분류하였다. 다음 중 (주)한국이 사채 취득일(2025년 9월 1일)에 인식하여야 할 계정과목 및 금액으로 옳은 것은? 단, 이자는 월할 계산한다.
① 단기매매증권 950,000원
② 현금 930,000원
③ 미수이자 20,000원
④ 이자수익 60,000원

05. 다음 중 일반기업회계기준상 외화자산과 외화부채 관련 회계처리에 대한 설명으로 잘못된 것은?
  ① 화폐성 외화자산인 보통예금, 대여금, 선급금은 재무상태표일 현재의 적절한 환율로 환산한 가액을 재무상태표가액으로 한다.
  ② 비화폐성 외화부채는 원칙적으로 당해 부채를 부담한 당시의 적절한 환율로 환산한 가액을 재무상태표 가액으로 한다.
  ③ 외화표시 매도가능채무증권의 경우 외화환산손익은 기타포괄손익에 인식한다.
  ④ 외화채권을 회수하거나 외화채무를 상환하는 경우 외화금액의 원화 환산액과 장부가액과의 차액은 외환차손익(영업외손익)으로 처리한다.

06. 다음 중 제조원가명세서상 당기제품제조원가에 영향을 미치지 않는 거래는 무엇인가?
  ① 당기에 투입된 직접노무원가를 과대계상하였다.
  ② 기초 제품 원가를 과소계상하였다.
  ③ 당기에 투입된 원재료를 과소계상하였다.
  ④ 생산공장에서 사용된 소모품을 과대계상하였다.

07. 다음의 자료를 이용하여 정상공손과 비정상공손의 수량을 구하면 각각 몇 개인가?

  • 재공품
    – 기초 재공품 : 17,700개
    – 당기 착수량 : 85,000개
    – 기말 재공품 : 10,000개
  • 제품
    – 기초 제품 : 13,000개
    – 제품 판매량 : 86,000개
    – 기말 제품 : 17,000개
  ※ 정상공손은 당기 완성품 수량의 1%이다.

	정상공손	비정상공손		정상공손	비정상공손
①	800개	1,840개	②	900개	1,800개
③	1,800개	900개	④	1,500개	1,000개

08. 다음 중 결합원가계산 및 부산물 등에 대한 설명으로 옳지 않은 것은?
  ① 동일한 원재료를 투입하여 동일한 제조공정으로 가공한 후에 일정 시점에서 동시에 서로 다른 종류의 제품으로 생산되는 제품을 결합제품이라 한다.
  ② 주산물의 제조과정에서 부수적으로 생산되는 제품으로써 상대적으로 판매가치가 적은 제품을 부산물이라고 한다.
  ③ 상대적 판매가치법은 분리점에서의 개별 제품의 상대적 판매가치를 기준으로 결합원가를 배분하는 방법이다.
  ④ 순실현가치법은 개별 제품의 추가적인 가공원가를 고려하지 않고 최종 판매가격만을 기준으로 결합원가를 배분하는 방법이다.

113회 이론시험

09. 정상개별원가계산제도를 채택하고 있는 (주)인천은 기계시간을 배부기준으로 제조간접원가를 배부한다. 다음 자료를 이용하여 제품 A와 제품 B의 제조원가를 계산하면 얼마인가?

구 분	제품 A	제품 B	계
직접재료원가	500,000원	700,000원	1,200,000원
직접노무원가	1,000,000원	1,200,000원	2,200,000원
실제기계시간	60시간	50시간	110시간
예상기계시간	50시간	50시간	100시간

- 제조간접원가 예산 1,000,000원
- 제조간접원가 실제 발생액 1,100,000원

	제품 A	제품 B
①	2,000,000원	2,400,000원
②	2,160,000원	2,450,000원
③	2,100,000원	2,400,000원
④	2,000,000원	2,450,000원

10. 다음 중 표준원가계산과 관련된 설명으로 옳지 않은 것은?
① 표준원가를 이용하여 원가계산을 하기 때문에 원가계산을 신속하게 할 수 있다.
② 원가 요소별로 가격표준과 수량표준을 곱해서 제품의 단위당 표준원가를 설정한다.
③ 기말에 원가차이를 매출원가에서 조정할 경우 유리한 차이는 매출원가에서 차감한다.
④ 표준원가계산제도를 채택하면 실제원가와는 관계없이 항상 표준원가로 계산된 재고자산이 재무제표에 보고된다.

11. 다음 중 부가가치세법상 세금계산서 등에 대한 설명으로 옳지 않은 것은?
① 거래 건당 공급대가가 5천원 이상인 경우에 매입자발행세금계산서를 발행할 수 있다.
② 전자세금계산서를 발급·전송한 경우 매출·매입처별 세금계산서합계표 제출 의무를 면제한다.
③ 전자세금계산서 발급일의 다음 날까지 전자세금계산서 발급 명세를 국세청장에게 전송하여야 한다.
④ 법인사업자와 직전 연도 사업장별 재화 또는 용역의 공급가액의 합계액이 1억원(2024.7.1. 이후 공급분부터는 8천만원) 이상인 개인사업자는 전자세금계산서를 발급하여야 한다.

12. 다음 중 부가가치세법상 아래의 부가가치세신고서와 반드시 함께 제출하여야 하는 서류에 해당하지 않는 것은?

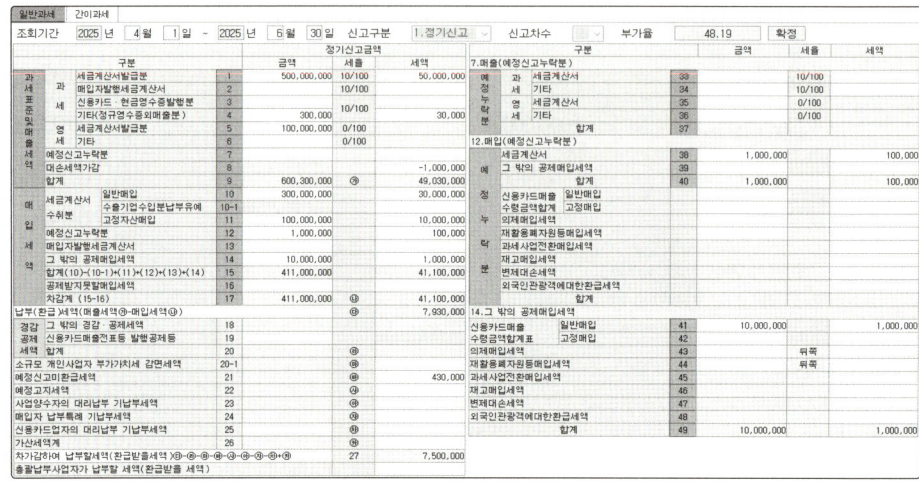

① 대손세액공제신고서 ② 건물등감가상각취득명세서
③ 수출실적명세서 ④ 신용카드매출전표등수령명세서

13. 소득세법에 따라 아래의 빈칸에 각각 들어갈 말로 알맞은 것은?

> 거주자가 고용관계나 이와 유사한 계약에 의하여 그 계약에 의한 직무를 수행하고 지급받는 보수는 (㉠)에 해당하는 것이며, 고용관계 없이 독립된 자격으로 계속적으로 경영자문 용역을 제공하고 지급받는 대가는 (㉡)에 해당한다.

	㉠	㉡		㉠	㉡
①	근로소득	기타소득	②	근로소득	사업소득
③	기타소득	사업소득	④	사업소득	기타소득

14. 중소기업인 (주)세종은 2025년도에 연구전담부서를 설립·등록하고, 2025년도에 세액공제요건을 충족한 일반연구인력개발비 1억원을 지출하였다. 조세특례제한법상 연구인력개발비에 대한 세액공제액은 얼마인가?

① 7,500,000원 ② 15,000,000원 ③ 20,000,000원 ④ 25,000,000원

15. 다음 중 소득세법상 사업소득에 해당하지 않는 것은?
① 기준시가가 12억원을 초과하는 고가주택의 임대소득
② 복식부기의무자의 사업용 유형고정자산(부동산 제외) 양도가액
③ 사업과 관련하여 해당 사업용자산의 손실로 취득하는 보험차익
④ 공동사업에서 발생한 소득금액 중 출자공동사업자(경영 미참가)가 받는 손익분배비율에 상당하는 금액

113회 실 무 시 험

(주)정우전자(회사코드 : 1130)는 제조업 및 도소매업을 영위하는 중소기업이며, 당기(제21기) 회계기간은 2025.1.1. ~ 2025.12.31.이다. 전산세무회계 수험용 프로그램을 이용하여 다음 물음에 답하시오.

기 본 전 제

- 문제에서 한국채택국제회계기준을 적용하도록 하는 전제조건이 없는 경우, 일반기업회계기준을 적용하여 회계처리 한다.
- 문제의 풀이와 답안작성은 제시된 문제의 순서대로 진행한다.

문제 1 다음 거래에 대하여 적절한 회계처리를 하시오. (12점)

입력 시 유의사항

- 일반적인 적요의 입력은 생략하지만, 타계정 대체거래는 적요 번호를 선택하여 입력한다.
- 세금계산서·계산서 수수 거래 및 채권·채무 관련 거래는 별도의 요구가 없는 한 반드시 기등록된 거래처코드를 선택하는 방법으로 거래처명을 입력한다.
- 제조경비는 500번대 계정코드를, 판매비와관리비는 800번대 계정코드를 사용한다.
- 회계처리 시 계정과목은 등록된 계정과목 중 가장 적절한 과목으로 한다.
- 매입매출전표를 입력하는 경우 입력화면 하단의 분개까지 처리하고, 세금계산서 및 계산서는 전자 여부를 입력하여 반영한다.

[1] 10월 4일   제품을 판매하고 아래의 세금계산서를 발급하였다. 대금 중 10,000,000원은 보통예금 계좌로 수령하고, 나머지는 외상으로 하였다. (3점)

전자세금계산서					승인번호	20251004-12345678-18748697		
공급자	등록번호	134-88-12355	종사업장 번호		공급받는자	등록번호	120-85-10129	종사업장 번호	
	상 호 (법인명)	(주)정우전자	성 명	박정우		상 호 (법인명)	(주)상곡전자	성 명	주상곡
	사업장 주소	경기도 안산시 단원구 번영1로 62				사업장 주소	서울특별시 강남구 삼성1로 120		
	업 태	제조 외	종 목	전자부품제조 외		업 태	도소매	종 목	전자제품
	이메일					이메일	skelectronic@skelectronic.co.kr		
작성일자		공급가액		세 액		수정사유			
2025/10/04		30,000,000		3,000,000		해당없음			
비 고									
월	일	품 목	규 격	수 량	단 가	공급가액	세 액	비 고
10	04	전자부품				30,000,000	3,000,000	
합계금액		현 금		수 표	어 음	외상미수금	이 금액을	영수 청구	함
33,000,000		10,000,000				23,000,000			

[2] 10월 11일 대박식당(세금계산서 발급 대상 간이과세자)에서 공장 생산부의 직원들이 회식을 하고 대금은 현금으로 지급하면서 아래의 현금영수증을 수취하였다. (3점)

```
KCTNET            가맹점명·가맹점주소가 모두 실제와
케이씨티넷         다른 경우 신고 안내(포상금 10만원)
                  - 매출전표사본을 첨부하여 우편으로 접수
                  - 자세한 안내 : www.hometax.go.kr
                    ☎ 126-1-1

현금승인                                    (고객용)

단말기 : 7A79636973      전표번호 : 2510113972
거래일시 : 2025/10/11 23:41:52
현금영수증식별번호 : 1348812355
거래유형 : 현금(지출증빙)

공급가액 :                              300,000원
부 가 세 :                               30,000원
봉 사 료 :
합 계 액 :                              330,000원

승인번호 : 4535482542K

가맹점명 : 대박식당
사업자등록번호 : 113-15-53127
주   소 : 서울 금천 독산 100
TEL : 02-100-2000
대표자 : 김순미

            * 감사합니다 *
```

[3] 11월 3일 제2공장 건설용 토지를 매입하면서 법령에 따라 액면금액으로 지방채를 매입하고 지방채 대금 2,800,000원을 보통예금 계좌에서 지급하였다. 매입한 지방채는 단기매매증권으로 분류하고, 매입 당시 공정가치는 2,650,000원으로 평가된다. (3점)

[4] 12월 3일 (주)가나에 대한 외상매출금 22,000,000원의 상법상 소멸시효가 완성되었으며, 2025년 제2기 부가가치세 확정신고 시 부가가치세법에 의한 대손세액공제 신청도 정상적으로 이루어질 예정이다. 대손세액공제액을 포함하여 대손과 관련된 회계처리를 하시오(단, 대손충당금 잔액은 9,000,000원으로 확인된다). (3점)

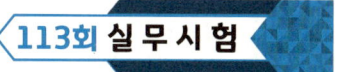

문제 2 다음 주어진 요구사항에 따라 부가가치세신고서 및 부속서류를 작성하시오. (10점)

[1] 제2기 부가가치세 예정신고기한(2025년 10월 25일)까지 신고하지 못하여 2025년 11월 4일에 기한후신고를 하고자 한다. 입력된 자료는 무시하고 아래 자료에 의하여 부가가치세 기한후신고서를 작성하시오. 단, 회계처리는 생략하고 과세표준명세는 신고 구분만 입력할 것. (5점)

〈매출자료〉
- 전자세금계산서 발급분 과세 매출액 : 공급가액 500,000,000원, 세액 50,000,000원
- 신용카드 발행분 과세 매출액 : 공급가액 10,000,000원, 세액 1,000,000원
- 해외 직수출분 매출액 : 공급가액 250,000,000원, 세액 0원

〈매입자료〉
- 전자세금계산서 매입분 내역

구 분	공급가액	세액	비 고
일반 매입	300,000,000원	30,000,000원	고정자산 아님
접대를 위한 매입	5,000,000원	500,000원	고정자산 아님
비품 매입	100,000,000원	10,000,000원	고정자산임
계	405,000,000원	40,500,000원	

- 현금영수증 매입분 내역

구 분	공급가액	세액	비 고
일반 매입	7,000,000원	700,000원	고정자산 아님
사업과 관련없는 매입	3,000,000원	300,000원	고정자산 아님
계	10,000,000원	1,000,000원	

※ 기타사항
- 전자세금계산서의 발급 및 전송은 정상적으로 이루어졌다.
- 가산세 적용 시 일반(부당 아님)무신고를 적용하되, 미납일수는 10일을 가정한다.
- 영세율첨부서류는 기한후신고 시 함께 제출할 예정이다.
- 그 밖의 경감·공제세액은 없는 것으로 한다.

[2] 다음 자료를 이용하여 2025년 제1기 부가가치세 확정신고기간의 [신용카드매출전표등수령명세서]를 작성하시오. (2점)

거래일자	거래처명 (사업자등록번호)	공급대가 (부가세 포함)	거래목적	증명서류	업종	공급자 과세유형
04월 02일	(주)신세계백화점 (201-81-32195)	550,000원	기업업무 추진비	신용카드 (사업용카드)	소매/일반	일반과세자
05월 03일	손 칼국수 (104-27-86122)	33,000원	직원 식대	현금영수증 (지출증빙)	음식점업	세금계산서 발급 대상 간이과세자
06월 18일	(주)삼송전자 (124-81-00998)	2,200,000원	업무용 컴퓨터	신용카드 (사업용카드)	도소매	일반과세자
06월 24일	해운대고속버스 (114-28-33556)	110,000원	출장교통비	신용카드 (사업용카드)	여객운송	일반과세자

• 신용카드(사업용카드) 결제분은 모두 우리법인카드(4625-5678-1122-7789)로 결제하였다.
• 6월 18일 결제한 2,200,000원에 대해 (주)삼송전자로부터 전자세금계산서를 발급받았다.
• 해운대고속버스는 일반 시외고속버스를 이용한 것이다.

[3] 다음 자료를 이용하여 부가가치세 제2기 확정신고기간(2025년 10월 1일 ~ 2025년 12월 31일)의 [수출실적명세서] 및 [내국신용장·구매확인서전자발급명세서]를 작성하시오(단, 매입매출전표 입력은 생략한다). (3점)

1. 홈택스에서 조회한 수출실적명세서 관련 거래내역

수출신고번호	선적일자	통화	환율	외화금액	원화환산금액
7123456789001X	2025년 10월 20일	USD	1,300원	$20,000	26,000,000원

• 위 자료는 직접수출에 해당하며, 거래처명 입력은 생략한다.

2. 홈택스에서 조회한 구매확인서 및 전자세금계산서 관련 거래내역
(1) 구매확인서 전자발급명세서 내역

서류구분	서류번호	발급일	공급일	금액
구매확인서	PKT20251211888	2025년 12월 10일	2025년 11월 30일	50,000,000원

113회 실무시험

(2) 전자세금계산서

전자세금계산서							승인번호		20251130-11000011-55000055	
공급자	등록번호	134-88-12355		종사업장 번호		공급받는자	등록번호	155-87-11813	종사업장 번호	
	상호(법인명)	(주)정우전자		성명	박정우		상호(법인명)	(주)인생테크	성명	인성미
	사업장	경기도 안산시 단원구 번영1로 62					사업장	서울특별시 금천구 가산로 10		
	업태	제조 외		종목	전자부품 외		업태	도매업	종목	기타 가전
	이메일						이메일	goods@nate.com		
작성일자		공급가액		세액		수정사유				
2025/11/30		50,000,000				해당없음				
비고										

월	일	품목	규격	수량	단가	공급가액	세액	비고
11	30	가전				50,000,000		

합계금액	현금	수표	어음	외상미수금	이 금액을 **청구**함
50,000,000				50,000,000	

3. 제시된 자료 이외의 영세율 매출은 없다.

문제 3 다음의 결산정리사항을 입력하여 결산을 완료하시오. (8점)

[1] 회사가 보유 중인 특허권의 가치가 5,000,000원(회수가능액)으로 하락하였다. 회사는 보유 중인 특허권을 처분할 예정이며, 무형자산의 손상차손 요건을 충족한다(단, 회사가 보유 중인 특허권은 1건이며, 무형자산상각 회계처리는 무시할 것). (2점)

[2] 회사는 2025년 4월 1일에 하나은행으로부터 연 이자율 6%로 40,000,000원을 차입하였으며, 이자는 매년 3월 말일에 지급하는 것으로 약정하였다(단, 이자 계산은 월할계산하며, 2025년 말 현재 발생 이자는 미지급 상태이다). (2점)

[3] 당사는 2023년 10월 2일에 만기보유 및 경영권확보 목적 없이 시장성이 없는 주식 10,000주를 1주당 5,000원에 취득하였고, 취득 관련 수수료 1,000,000원을 지급하였다. 2025년 12월 31일 결산일 현재 필요한 회계처리를 하시오(단, 전기까지 매년 평가손익을 계상하였다). (2점)

구 분	2023.12.31.	2024.12.31.	2025.12.31.
공정가치	1주당 6,000원	1주당 5,000원	1주당 5,500원

[4] 결산을 위하여 재고자산을 실지 조사한 결과, 재고자산의 기말재고 내역은 아래와 같다. 단, 시용판매하였으나 결산일 현재까지 구매의사를 표시하지 않은 시송품의 제품 원가 500,000원은 포함되어 있지 않다. (2점)

- 원재료 5,000,000원
- 재공품 6,100,000원
- 제품 7,300,000원

문제 4 원천징수와 관련된 다음 물음에 답하시오. (10점)

[1] 다음은 8월 9일 지급한 기타소득 내역이다. 아래의 자료를 이용하여 [기타소득자등록] 및 [기타소득자료입력]을 하고, [원천징수이행상황신고서]를 마감하여 전자신고를 수행하시오. (4점)

코드	성명	거주구분	주민등록번호	지급명목	지급액
201	진사우	거주/내국인	820521-1079810	퇴직한 근로자가 받는 직무발명보상금 (비과세 한도까지 비과세 적용할 것)	10,000,000원
301	김현정	거주/내국인	920812-2612409	고용관계 없는 일시적 강연료	5,000,000원

※ 필요경비율 대상 소득에 대해선 법정 필요경비율을 적용하며, 그 외 기타소득과 관련하여 실제 발생한 경비는 없다.

1. [전자신고] → [국세청 홈택스 전자신고변환(교육용)] 순으로 진행한다.
2. [전자신고] 메뉴의 [원천징수이행상황제작] 탭에서 신고인구분은 2.납세자 자진신고를 선택하고, 비밀번호는 자유롭게 입력한다.
3. [국세청 홈택스 전자신고변환(교육용)] → 전자파일변환(변환대상파일선택) → 찾아보기 에서 전자신고용 전자파일을 선택한다.
4. 전자신고용 전자파일 저장경로는 로컬디스크(C:)이며, 파일명은 "작성연월일.01.t사업자등록번호"이다.
5. 형식검증하기 ➡ 형식검증결과확인 ➡ 내용검증하기 ➡ 내용검증결과확인 ➡ 전자파일제출 을 순서대로 클릭한다.
6. 최종적으로 전자파일 제출하기 를 완료한다.

[2] 다음은 관리부 과장 오민수(사번 : 100)의 2025년 2월분 급여내역 및 2024년 귀속 연말정산 관련 자료이다. [급여자료입력] 메뉴의 "F11 분납적용" 기능을 이용하여 연말정산소득세 및 연말정산지방소득세가 포함된 2월분 급여자료를 [급여자료입력]에 반영하고, [원천징수이행상황신고서]를 작성하시오. (6점)

1. 2월분 급여내역

이름 : 오민수		지급일 : 2025년 2월 28일	
기본급	4,500,000원	국민연금	220,000원
직책수당	300,000원	건강보험	170,000원
야간근로수당	500,000원	장기요양보험	22,010원
식대(비과세)	200,000원	고용보험	42,400원
자가운전보조금(비과세)	200,000원	소득세	377,540원
		지방소득세	37,750원
급여 합계	5,700,000원	공제합계	869,700원
		차인지급액	4,830,300원

2. 추가자료
- 사회보험료와 소득세 및 지방소득세는 요율표를 적용하지 않고, 주어진 자료를 적용한다.
- 오민수 과장은 연말정산 소득세 및 지방소득세를 분납신청하였다.
- "연말정산소득세"와 "연말정산지방소득세"는 [F7 중도퇴사자정산▼]의 [F11 분납적용] 기능을 사용하여 작성한다.
- 당월 세부담이 최소화되도록 연말정산소득세 및 연말정산지방소득세를 반영한다.

문제 5 덕산기업(주)(회사코드 : 1131)은 자동차부품을 생산하고 제조 및 도매업을 영위하는 중소기업이며, 당해 사업연도(제17기)는 2025.1.1. ~ 2025.12.31.이다. [법인조정] 메뉴를 이용하여 기장되어 있는 재무회계 장부 자료와 제시된 보충자료에 의하여 해당 사업연도의 세무조정을 하시오. (30점)

※ 회사 선택 시 유의하시오.

작성대상서식

1. 가산세액계산서, 법인세과세표준및세액조정계산서
2. 외화자산등평가차손익조정명세서
3. 가지급금등의인정이자조정명세서
4. 선급비용명세서
5. 자본금과적립금조정명세서

[1] 다음 자료를 이용하여 [가산세액계산서]를 작성하고, [법인세과세표준및세액조정계산서]에 가산세액을 반영하시오. (6점)

> 1. 적격증명서류 미수취 관련 내역
> ※ 아래 항목을 제외하고 나머지 모든 금액은 적격증명서류를 갖추고 있다.
>
> | 구분 | 금액 | 내 역 |
> |---|---|---|
> | 소모품비 | 3,200,000원 | 모두 거래 건당 3만원 초과한 금액이다. |
> | 기업업무추진비 | 200,000원 | 한 차례 접대로 지출한 금액이다. |
> | 임차료 | 2,400,000원 | 간이과세자인 임대인으로부터 공급받는 부동산임대용역에 대한 임차료로서, 경비등송금명세서를 작성하여 제출하였다. |
>
> 2. 사업연도 중 주식 등 변동상황이 발생하였는데, 법인세 신고 시 담당자의 실수로 주식등변동상황명세서를 미제출하였다. 미제출된 주식의 액면금액은 1억원이며, 미제출기간은 1개월을 초과하였다.

[2] 다음의 외화거래자료를 이용하여 [외화자산등평가차손익조정명세서(을)]을 작성하고, 필요한 세무조정을 하시오. (5점)

> | 계정과목 | 발생일자 | 외화금액(USD) | 발생일 적용환율 | 2024년 말 매매기준율 | 2025년 말 매매기준율 |
> |---|---|---|---|---|---|
> | 외상매출금 | 2025.05.15. | $50,000 | $1=1,300원 | | $1=1,250원 |
> | 외상매입금 | 2024.11.25. | $30,000 | $1=1,300원 | $1=1,300원 | $1=1,250원 |
>
> - 화폐성외화자산 및 부채는 위에 제시된 자료뿐이다.
> - 회사는 2024년 귀속 법인세 신고 시 사업연도 종료(말)일의 매매기준율로 평가하는 방법으로 화폐성외화자산등평가방법신고서를 작성하여 제출하였다.
> - 2024년과 2025년 결산 회계처리 시 외화자산과 외화부채에 대한 평가를 하지 않았다.
> - 세무조정은 각 자산 및 부채별로 하기로 한다.

[3] 다음 자료를 이용하여 [가지급금등의인정이자조정명세서]를 작성하고, [소득금액조정합계표및명세서]에 필요한 세무조정을 반영하시오. (7점)

> 1. 손익계산서상 지급이자 내역
>
> | 금융기관 | 푸른은행 | 초록은행 | 합계 |
> |---|---|---|---|
> | 연이자율 | 4.5% | 4.0% | |
> | 지급이자 | 9,000,000원 | 16,000,000원 | 25,000,000원 |
> | 차입금 | 200,000,000원 | 400,000,000원 | |
> | 비 고 | 차입금 발생일 : 2023.05.01. | 차입금 발생일 : 2024.10.01. | |

2. 가지급금 및 가수금 변동내역			
가지급금/가수금		금 액	발생일
가지급금		① 전기이월 100,000,000원	전기이월
		② 대여 50,000,000원	2025.02.03
		③ 회수 70,000,000원	2025.12.28
가수금		① 가수 30,000,000원	2025.05.10

- 대표이사 김초월의 가지급금과 가수금 내역이다.
- 동일인에 대한 가지급금, 가수금은 서로 상계하여 인정이자를 계산한다.
- 가지급금에 대하여는 이자지급에 관한 약정에 따라 이자수익으로 2,000,000원을 계상하였다.

3. 회사는 인정이자 계산 시 가중평균차입이자율을 적용하기로 한다.

[4] 다음은 당기말 현재 공장의 창고건물과 관련된 자료이다. 아래의 자료를 이용하여 [선급비용명세서]를 작성하고, 전기분 선급비용을 포함한 관련 세무조정사항을 [소득금액조정합계표및명세서]에 반영하시오(단, 세무조정은 각 건별로 입력할 것). (6점)

구분	지출액	거래처	임차(보험)기간	비 고
임차료(제)	12,000,000원	(주)다대여	2025.6.1. ~ 2026.5.31.	장부상 선급비용으로 계상함
보험료(판)	2,400,000원	(주)다보호화재	2025.6.1. ~ 2026.5.31.	장부상 판매비와관리비로 계상함

※ 전기 [자본금과 적립금조정명세서(을)]표에는 보험료(판)에 대한 1,000,000원이 손금불산입(유보발생)으로 세무조정 되어 있으며, 당기에 보험기간의 만기가 도래하였다.

[5] 다음 자료를 이용하여 [자본금과적립금조정명세서]의 이월결손금계산서를 작성하시오(단, 입력된 자료는 무시할 것) (6점)

1. 법인의 과세표준 계산 시 각 사업연도 소득금액에서 차감하고 남은 세무상 이월결손금의 잔액은 다음과 같다.

사업연도	2009년	2020년	2022년
결손금 발생 총액	150,000,000원	70,000,000원	100,000,000원
결손금 소급공제액	50,000,000원	0원	0원
결손금 기공제액	40,000,000원	20,000,000원	0원
결손금 공제 후 잔액	60,000,000원	50,000,000원	100,000,000원

2. 위의 이월결손금 잔액은 당기에 대주주가 결손보전 목적으로 기증한 자산수증이익 40,000,000원을 상계하기 전의 금액이다. 동 자산수증이익은 손익계산서상 영업외수익에 포함되어 있으며, 소득금액조정합계표에는 익금불산입으로 세무조정하였다.

3. 2025년 각 사업연도 소득금액 : 250,000,000원

112회 이론시험 (합격률: 4.05%)

PART 01 기출문제

다음 문제를 보고 알맞은 것을 골라 │이론문제 답안작성│ 메뉴에 입력하시오. (객관식 문항당 2점)

기본전제
문제에서 한국채택국제회계기준을 적용하도록 하는 전제조건이 없는 경우, 일반기업회계기준을 적용한다.

01. 다음 중 일반기업회계기준에 따른 유동부채에 대한 설명으로 틀린 것은?
① 보고기간종료일로부터 1년 이내에 상환되어야 하는 단기차입금 등의 부채는 유동부채로 분류한다.
② 보고기간 후 1년 이상 결제를 연기할 수 있는 무조건의 권리를 가지고 있지 않은 부채는 유동부채로 분류한다.
③ 기업의 정상적인 영업주기 내에 상환 등을 통하여 소멸할 것이 예상되는 매입채무와 미지급비용 등의 부채는 유동부채로 분류한다.
④ 장기차입약정을 위반하여 채권자가 즉시 상환을 요구할 수 있는 채무는 보고기간종료일과 재무제표가 사실상 확정된 날 사이에 상환을 요구하지 않기로 합의하면 비유동부채로 분류한다.

02. 다음 중 일반기업회계기준에 따른 수익의 인식에 대한 설명으로 옳지 않은 것은?
① 수강료는 강의 기간에 걸쳐 수익을 인식한다.
② 상품권을 판매한 경우 상품권 발행 시 수익으로 인식한다.
③ 위탁판매의 경우 위탁자는 수탁자가 제3자에게 해당 재화를 판매한 시점에 수익을 인식한다.
④ 재화의 소유에 따른 위험과 효익을 가지지 않고 타인의 대리인 역할을 수행하여 재화를 판매하는 경우에는 판매대금 총액을 수익으로 계상하지 않고 판매수수료만 수익으로 인식한다.

03. 다음의 자료를 이용하여 기말자본금을 계산하면 얼마인가?

> 1. 10,000주를 1주당 12,000원에 증자했다.
>   (주식의 1주당 액면금액은 10,000원이며, 주식발행일 현재 주식할인발행차금 10,000,000원이 있다.)
> 2. 자본잉여금 10,000,000원을 재원으로 무상증자를 실시했다.
> 3. 이익잉여금 10,000,000원을 재원으로 30%는 현금배당, 70%는 주식배당을 실시했다.
>   (배당일 현재 이익준비금은 자본금의 2분의 1만큼의 금액이 적립되어 있다.)
> 4. 전기말 재무상태표상 자본금은 30,000,000원이다.

① 147,000,000원   ② 150,000,000원   ③ 160,000,000원   ④ 167,000,000원

04. 다음 중 금융자산·금융부채에 대한 설명으로 알맞은 것을 모두 고르시오.

> 가. 금융자산은 금융상품의 계약당사자가 되는 때에만 재무상태표에 인식한다.
> 나. 제3자에게 양도한 금융부채의 장부금액과 지급한 대가의 차액은 기타포괄손익으로 인식한다.
> 다. 금융자산이나 금융부채의 후속측정은 상각후원가로 측정하는 것이 일반적이다.
> 라. 채무증권의 발행자가 채무증권의 상각후취득원가보다 현저하게 낮은 금액으로 중도상환권을 행사할 수 있는 경우 만기보유증권으로 분류될 수 없다.

① 가, 다   ② 가, 다, 라   ③ 가, 나, 라   ④ 가, 나, 다, 라

05. 다음 중 회계추정의 변경 및 오류수정에 대한 설명으로 틀린 것을 고르시오.

① 중대한 오류는 손익계산서에 손익을 심각하게 왜곡시키는 오류를 말한다.
② 회계추정을 변경한 경우 당기 재무제표에 미치는 영향을 주석으로 기재한다.
③ 회계추정의 변경은 전진적으로 처리하며 그 변경의 효과는 당해 회계연도 개시일부터 적용한다.
④ 비교재무제표를 작성하는 경우 중대한 오류의 영향을 받는 회계기간의 재무제표 항목은 재작성한다.

06. 아래의 그래프가 표시하는 원가행태와 그 예를 가장 적절하게 표시한 것은?

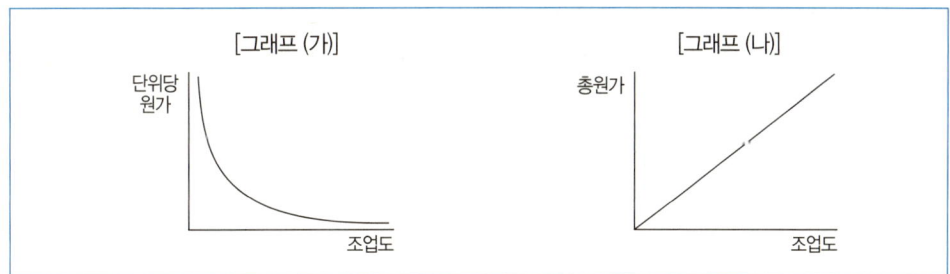

① [그래프 (가)] : 변동원가, 커피 제조의 원두   ② [그래프 (나)] : 고정원가, 생산직원의 급여
③ [그래프 (가)] : 고정원가, 기계장치 감가상각비   ④ [그래프 (나)] : 변동원가, 공장 임차료

07. (주)유레카는 동일한 원재료를 투입하여 동일한 제조공정으로 제품 A, B, C를 생산하고 있다. 세 가지 제품에 공통적으로 투입된 결합원가가 850,000원일 때, 순실현가치법으로 배부하는 경우 제품 A의 매출 총이익은 얼마인가?

제품	생산량	단위당 판매가격	추가가공원가(총액)
A	1,000개	@2,000원	200,000원
B	800개	@2,500원	500,000원
C	1,700개	@1,000원	없음

① 1,150,000원   ② 1,494,000원   ③ 1,711,000원   ④ 1,800,000원

08. 당사는 선입선출법에 의한 종합원가계산을 적용하고 있다. 당기 가공원가에 대한 완성품 환산량 단위당 원가가 10원인 경우 다음 자료에 의하여 당기 가공원가 발생액을 계산하면 얼마인가?

- 기초재공품 : 400단위, 완성도 40%
- 당기착수수량 : 2,200단위
- 기말재공품 : 700단위, 완성도 20%
- 당기완성수량 : 1,900단위

① 17,900원 ② 18,300원 ③ 18,500원 ④ 18,800원

09. 당사 판매부의 광고선전비를 제조원가로 잘못 회계처리한 경우 재무제표에 미치는 영향으로 옳은 것은? (단, 기말재고자산은 없다고 가정한다.)

① 제품매출원가가 감소된다.
② 매출총이익이 감소된다.
③ 영업이익이 감소된다.
④ 당기순이익이 증가된다.

10. 회사는 제조간접원가를 직접노무시간을 기준으로 배부하고 있다. 당기 말 현재 실제 제조간접원가 발생액은 100,000원이고, 실제 직접노무시간은 500시간이며, 예정배부율은 시간당 190원일 경우 제조간접원가 배부차이는 얼마인가?

① 10원 과대배부 ② 10원 과소배부
③ 5,000원 과대배부 ④ 5,000원 과소배부

11. 다음 사례에 대한 수정세금계산서 발급 방법으로 적절한 것은 무엇인가?

조그만 상가를 임대하고 매월 1,000,000원의 임대료를 받는 김씨는 임대료 세금계산서 발급내역을 검토하다가 7월분 임대료 세금계산서에 "0"이 하나 더 들어가 공급가액이 10,000,000원으로 표시된 것을 발견했다.

① 처음에 발급한 세금계산서의 내용대로 음의 표시를 하여 발급
② 발급 사유가 발생한 날을 작성일로 적고 비고란에 처음 세금계산서 작성일을 덧붙여 적은 후 붉은색 글씨로 쓰거나 음의 표시를 하여 발급
③ 발급 사유가 발생한 날을 작성일로 적고 추가되는 금액은 검은색 글씨로 쓰고, 차감되는 금액은 붉은색 글씨로 쓰거나 음의 표시를 하여 발급
④ 처음에 발급한 세금계산서의 내용대로 세금계산서를 붉은색 글씨로 쓰거나 음의 표시를 하여 발급하고, 수정하여 발급하는 세금계산서는 검은색 글씨로 작성하여 발급

12. 다음 중 부가가치세법상 음식점을 운영하는 개인사업자의 의제매입세액 공제율로 옳은 것은? 단, 해당 음식점업의 해당 과세기간의 과세표준은 2억원을 초과한다.

① 2/104　　　② 6/106　　　③ 8/108　　　④ 9/109

13. 다음 중 이월결손금 공제의 위치는 어디인가?

이자소득	배당소득	사업소득	근로소득	연금소득	기타소득
(가)					
이자소득금액	배당소득금액	사업소득금액	근로소득금액	연금소득금액	기타소득금액
(나)					
종합소득금액					
(다)					
종합소득 과세표준					
산출세액					
(라)					
결정세액					

① (가)　　　② (나)　　　③ (다)　　　④ (라)

14. 다음 중 소득세법상 주택임대소득에 대한 설명으로 옳지 않은 것은?

① 주택임대소득에서 발생한 결손금은 부동산 임대소득에서만 공제 가능하다.
② 임대주택의 기준시가가 12억원을 초과하는 경우 1주택자이어도 월 임대소득에 대해 과세한다.
③ 주택임대소득 계산 시 주택 수는 본인과 배우자의 소유 주택을 합산하여 계산한다.
④ 간주임대료는 3주택 이상 소유자에 대해서만 과세하지만 2026년 12월 31일까지 기준시가 2억 이하이면서 40m² 이하인 소형주택에 대해서는 주택 수 산정과 보증금 계산에서 모두 제외한다.

15. 다음 중 법인세법상 중간예납에 대한 설명으로 틀린 것은?

① 내국법인으로서 각 사업연도의 기간이 6개월 미만인 법인은 중간예납 의무가 없다.
② 각 사업연도의 기간이 6개월을 초과하는 법인은 해당 사업연도 개시일부터 6개월간을 중간예납기간으로 한다.
③ 중간예납은 중간예납기간이 지난 날부터 3개월 이내에 납부하여야 한다.
④ 중간예납세액의 계산 방법은 직전 사업연도의 산출세액을 기준으로 계산하거나 해당 중간예납기간의 법인세액을 기준으로 계산하는 방법이 있다.

112회 실무시험

(주)수아이엔지(회사코드 : 1120)는 제조·도소매업을 영위하는 중소기업이며, 당기(제21기) 회계기간은 2025.1.1. ~ 2025.12.31.이다. 전산세무회계 수험용 프로그램을 이용하여 다음 물음에 답하시오.

기본전제

- 문제에서 한국채택국제회계기준을 적용하도록 하는 전제조건이 없는 경우, 일반기업회계기준을 적용하여 회계처리 한다.
- 문제의 풀이와 답안작성은 제시된 문제의 순서대로 진행한다.

문제 1 다음 거래에 대하여 적절한 회계처리를 하시오. (12점)

입력 시 유의사항

- 일반적인 적요의 입력은 생략하지만, 타계정 대체거래는 적요 번호를 선택하여 입력한다.
- 세금계산서·계산서 수수 거래 및 채권·채무 관련 거래는 별도의 요구가 없는 한 반드시 기등록된 거래처코드를 선택하는 방법으로 거래처명을 입력한다.
- 제조경비는 500번대 계정코드를, 판매비와관리비는 800번대 계정코드를 사용한다.
- 회계처리 시 계정과목은 등록된 계정과목 중 가장 적절한 과목으로 한다.
- 매입매출전표를 입력하는 경우 입력화면 하단의 분개까지 처리하고, 세금계산서 및 계산서는 전자 여부를 입력하여 반영한다.

[1] 7월 31일 당사가 보유 중인 매도가능증권을 17,000,000원에 처분하고 대금은 보통예금 계좌로 입금되었다. 해당 매도가능증권의 취득가액은 20,000,000원이며, 2024년 말 공정가치는 15,000,000원이다. (3점)

[2] 8월 15일 면세사업에 사용하기 위하여 (주)정우로부터 비품(공급대가 8,800,000원)을 구입하면서 계약금을 제외한 대금 전액을 설치비용 700,000원(부가가치세 별도)과 함께 보통예금 계좌에서 모두 지급하였다. 당사는 해당 거래 건으로 7월 30일에 계약금으로 1,000,000원을 지급하고 선급금으로 처리하였다. 전자세금계산서는 모두 정상 처리되었다. (3점)

[3] 11월 10일 영업부 사무실을 이전하면서 미래공인중개사사무소(간이과세자, 세금계산서 발급사업자)로부터 부동산 중개용역을 제공받고 중개수수료 1,485,000원(공급대가)을 현대카드로 결제하였다. (3점)

[4] 11월 22일 당사가 (주)조은은행에 가입한 확정급여형(DB) 퇴직연금에서 퇴직연금운용수익(이자 성격) 5,000,000원이 발생하였다. 회사는 퇴직연금운용수익이 발생할 경우 자산관리수수료를 제외한 나머지 금액을 납입할 퇴직연금과 대체하기로 약정하였다. 퇴직연금에 대한 자산관리수수료율은 납입액의 3%이다(단, 이자소득에 대한 원천징수는 없으며, 해당 수수료는 판매비및일반관리비 항목으로 처리하기로 한다). (3점)

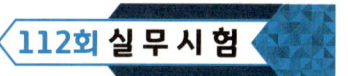

문제 2. 다음 주어진 요구사항에 따라 부가가치세신고서 및 부속서류를 작성하시오. (10점)

[1] 다음 자료를 보고 2025년 제2기 예정신고기간의 [수출실적명세서]를 작성하고, [매입매출전표입력]에 반영하시오(단, 영세율구분, 수출신고번호를 입력할 것). (3점)

1. 수출내역

거래처	수출신고번호	선적일자	환가일	통화코드	수출액
산비디아	13528-22-0003162	2025.08.22.	2025.08.25.	USD	$200,000

2. 일자별 기준환율

거래처	수출신고번호	선적일	환가일	수출신고일
산비디아	13528-22-0003162	₩1,360/$	₩1,350/$	₩1,330/$

3. 수출대금은 선적일 이후에 수령하였다.

[2] 다음의 자료를 이용하여 2025년 제2기 부가가치세 확정신고기간(2025.10.01. ~ 2025.12.31.)의 [대손세액공제신고서]를 작성하시오(단, 제시된 금액은 모두 부가가치세가 포함된 금액이며, 기존에 입력된 자료 또는 불러온 자료는 무시할 것). (5점)

	상호(사업자등록번호)	채권 종류	대손금액	당초 공급일	비 고
대손 발생	우주무역(123-12-45676)	받을어음	24,200,000원	2025.10.27.	부도발생일 2025.11.06.
	세정상사(345-76-09097)	외상매출금	6,600,000원	2022.11.03.	소멸시효 완성
	한뜻전자(455-09-39426)	외상매출금	4,950,000원	2022.12.31.	회수기일 2년 이상 경과
	용산전자(857-23-43082)	외상매출금	11,000,000원	2024.03.02.	파산
	• 세정상사의 외상매출금은 2025년 11월 3일에 법정 소멸시효가 완성되었다. • 한뜻전자의 외상매출금은 회수기일이 2년 이상 경과하여 2025년 12월 1일에 대손금을 비용계상하였다. (특수관계인과의 거래는 아님). • 용산전자는 법원으로부터 파산선고를 받아 2025년 10월 1일에 대손 확정되었다.					
대손 채권 회수	상호(사업자등록번호)	채권종류	대손회수액	당초 공급일	비 고
	하나무역(987-65-43215)	외상매출금	9,350,000원	2023.10.15.	대손채권 회수
	• 하나무역의 외상매출금은 대손처리하였던 채권의 회수에 해당하며, 대손회수일은 2025년 10월 5일이다.					
유의 사항	• 대손사유 입력 시 조회되지 않는 사유에 대해서는 7.직접입력으로 하고, 비고란의 내용을 그대로 입력한다.					

[3] 2025년 제1기 부가가치세 확정신고기간의 [부가가치세신고서]를 마감하여 전자신고를 수행하시오(단, 저장된 데이터를 불러와서 사용할 것). (2점)

> 1. 부가가치세 신고서와 관련 부속서류는 작성되어 있다.
> 2. [전자신고] → [국세청 홈택스 전자신고변환(교육용)] 순으로 진행한다.
> 3. [전자신고]에서 전자파일 제작 시 신고인 구분은 2.납세자 자진신고로 선택하고, 비밀번호는 "12345678"로 입력한다.
> 4. [국세청 홈택스 전자신고변환(교육용)]에서 전자파일변환(변환대상파일선택) > 찾아보기
> 5. 전자신고용 전자파일 저장경로는 로컬디스크(C:)이며, 파일명은 "enc작성연월일.101.v4028570977"이다.
> 6. 형식검증하기 ➡ 형식검증결과확인 ➡ 내용검증하기 ➡ 내용검증결과확인 ➡ 전자파일제출 을 순서대로 클릭한다.
> 7. 최종적으로 전자파일 제출하기 를 완료한다.

문제 3 다음의 결산정리사항에 대하여 결산정리분개를 입력하여 결산을 완료하시오. (8점)

[1] 결산일 현재 당사가 보유한 외화자산은 다음과 같다. 기말 결산일의 기준환율은 ￥100=930원이다. (2점)

> • 계정과목 : 외화예금   • 외화가액 : ￥2,300,000   • 장부가액 : 21,000,000원

[2] 다음 자료를 이용하여 재무제표의 장기성예금에 대하여 결산일의 적절한 회계처리를 하시오. (2점)

> • 은행명 : 큰산은행   • 개설일 : 2023.04.25.
> • 예금 종류 : 정기예금   • 만기일 : 2026.04.25.
> • 금액 : 100,000,000원

[3] 연말 재고실사 과정에서 다음의 내용이 누락된 사실을 발견하였다. (2점)

구분	사 유	금액
제품	광고 선전 목적으로 불특정다수인에게 전달	8,000,000원
상품	훼손으로 인해 가치를 상실하여 원가성이 없는 상품	2,000,000원

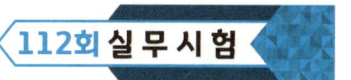

[4] 아래의 전기말 무형자산명세서를 참조하여 당해 결산일의 회계처리를 하시오. (2점)

- 전기말(2024년 12월 31일) 무형자산명세서

취득일자	무형자산내역	장부가액	내용연수	비고
2022.01.01.	개발비	20,000,000원	5년	

- 추가사항 : 2025년 결산일 현재 개발비에 대한 연구는 실패가 확실할 것으로 판단된다.

문제 14 원천징수와 관련된 다음 물음에 답하시오. (10점)

[1] 다음은 사원 정상수(사번 : 102)의 부양가족과 관련 자료이다. 본인의 세부담이 최소화되도록 [사원등록] 메뉴의 [부양가족명세] 탭에 부양가족을 입력(기본공제 대상이 아닌 경우 "부"로 입력)하시오. 단, 부양가족은 전부 생계를 같이 하고 있으며, 제시된 자료 외의 내용은 고려하지 않는다. (4점)

1. 부양가족

관계	성명(주민등록번호)	비 고
본인(세대주)	정상수 (841025-1234563)	총급여액은 100,000,000원이며, 장애인복지법상 장애인이었으나 당해연도 중 완치가 되었다.
배우자	황효림 (850424-2112349)	총급여액은 50,000,000원이며, 부양가족공제를 누구에게 공제하면 유리한지 고민 중이다.
부친	정학수 (570218-1233341)	당해 수령한 노령연금 총액은 5,100,000원이다.
모친	박순자 (610815-2123451)	다주택자로서 보유하였던 주택을 100,000,000원에 양도하였다. (해당 주택의 취득가액은 100,500,000원이다)
딸	정은란 (080410-4134566)	오디션 프로그램에 참가하여 상금 10,000,000원과 2,000,000원 상당의 피아노를 부상으로 받았다.
아들	정은수 (120301-3789507)	EBS 교육방송 어린이 MC로서 프리랜서 소득금액이 5,000,000원 발생하였다.
아들	정은우 (130420-3115987)	어린이 모델로 활동하여 프리랜서 총수입금액이 1,000,000원 발생하였다.

2. 연금소득공제표

총연금액	공제액
350만원 이하	총연금액
350만원 초과 700만원 이하	350만원+350만원 초과액의 40%

[2] 다음의 자료를 이용하여 ①소득자별로 각 소득에 따라 [소득자료입력]을 작성하고, ②[원천징수이행상황신고서]를 작성 및 마감하여 ③국세청 홈택스에 전자신고를 수행하시오(단, 당사는 반기별 신고 특례 대상자가 아니며 정기분 신고에 해당한다). (6점)

〈소득자료〉

성명	지급액(세전)	소득내용	비 고
박서준	5,000,000원	일시적 강연료 (고용관계 없음)	실제 발생한 필요경비는 없으며, 소득세법상 인정하는 최대 필요경비를 적용한다.
강태주	3,000,000원	학원강사가 지급받은 강의료	인적용역사업소득에 해당한다.

- 위 소득의 귀속연월은 모두 2025년 7월이고, 지급일은 2025년 8월 5일이다.
- 위의 소득자료에 대해서만 작성하고 다른 소득자는 없는 것으로 가정한다.
- 위의 소득자는 모두 내국인 및 거주자에 해당한다.

〈전자신고 관련 유의사항〉

1. [전자신고] → [국세청 홈택스 전자신고변환(교육용)] 순으로 진행한다.
2. [전자신고]에서 전자파일 제작 시 신고인 구분은 2.납세자 자진신고로 선택하고, 비밀번호는 "20250204"로 입력한다.
3. [국세청 홈택스 전자신고변환(교육용)]에서 전자파일변환(변환대상파일선택) > 찾아보기
4. 전자신고용 전자파일 저장경로는 로컬디스크(C:)이며, 파일명은 "작성연월일.01.t4028507977"이다.
5. 형식검증하기 ➡ 형식검증결과확인 ➡ 내용검증하기 ➡ 내용검증결과확인 ➡ 전자파일제출 을 순서대로 클릭한다.
6. 최종적으로 전자파일 제출하기 를 완료한다.

112회 실무시험

문제 5 (주)선호물산(회사코드 : 1121)은 제조·도소매업 및 건설업을 영위하는 중소기업이며, 당해 사업연도(제17기)는 2025.1.1. ~ 2025.12.31.이다. [법인조정] 메뉴를 이용하여 기장되어 있는 재무회계 장부 자료와 제시된 보충자료에 의하여 해당 사업연도의 세무조정을 하시오. (30점) ※ 회사 선택 시 유의하시오.

작성대상서식

1. 기업업무추진비조정명세서(갑)(을)
2. 미상각자산감가상각조정명세서
3. 가지급금등의인정이자조정명세서
4. 법인세과세표준및세액조정계산서
5. 자본금과적립금조정명세서(갑)(을)

[1] 다음은 기업업무추진비와 관련된 자료이다. [기업업무추진비조정명세서]를 작성하고 필요한 세무조정을 하시오. (6점)

1. 손익계산서상 기업업무추진비(판)계정의 금액은 20,000,000원이며, 다음의 금액이 포함되어 있다.
   - 전기 말 법인카드로 기업업무추진비 1,000,000원을 지출하였으나 회계처리를 하지 않아 이를 법인카드 대금 결제일인 2025년 1월 25일에 기업업무추진비로 계상하였다.
2. 건설중인자산(당기 말 현재 공사 진행 중)에 배부된 기업업무추진비(도급) 3,000,000원 중에는 대표이사가 개인적으로 사용한 금액으로써 대표이사가 부담해야 할 기업업무추진비 500,000원이 포함되어 있다.
3. 당기 수입금액 합계는 2,525,000,000원으로 제품매출 1,385,000,000원, 상품매출 1,140,000,000원이다.
4. 전기 이전의 세무조정은 모두 적법하게 이루어진 상황이며, 위 외의 기업업무추진비 지출액은 없다.
5. 위 기업업무추진비 중 신용카드 등 미사용금액은 없다.

[2] 다음 자료를 이용하여 [고정자산등록] 메뉴에 고정자산을 등록하고, [미상각자산감가상각조정명세서]를 작성하고 필요한 세무조정을 하시오. (6점)

[자료 1]

자산코드	구분	자산명	취득일	취득가액	전기말 상각누계액	제조원가명세서에 반영된 상각비	경비구분
1	기계장치 (업종코드:13)	기계장치	2022.06.01.	60,000,000원	12,000,000원	4,000,000원	제조

[자료 2]
- 회사는 감가상각방법을 세법에서 정하는 시기에 정액법으로 신고하였다.
- 회사는 감가상각대상자산의 내용연수를 무신고하였다.

구 분		기준내용연수
기계장치		6년
상각률	정액법	0.166
	정률법	0.394

- 수선비 계정에는 기계장치에 대한 자본적 지출액 10,000,000원이 포함되어 있다.
- 회사는 2025년 1월 1일 전기 과소상각비 해당액을 아래와 같이 회계처리 하였다.
  (차) 전기오류수정손실(이익잉여금) 3,000,000원   (대) 감가상각누계액(기계장치) 3,000,000원

[3] 다음 자료를 이용하여 [가지급금등의인정이자조정명세서]를 작성하고, 필요한 세무조정을 하시오. (6점)

1. 손익계산서상 지급이자 내역

구 분	국민은행	하나은행	합 계
연 이자율	4.9%	5.7%	
지급이자	6,370,000원	17,100,000원	23,470,000원
차입금	130,000,000원	300,000,000원	
비 고	차입금 발생일 : 2024.11.10.	차입금 발생일 : 2024.01.05.	

2. 대표이사 장경석의 가지급금 및 가수금 내역

일 자	금 액	비 고
2025.02.09.	100,000,000원	업무와 무관하게 대표이사에게 대여한 금액
2025.05.25.	20,000,000원	대표이사에게 미지급한 소득에 대한 소득세 대납액
2025.08.27.	60,000,000원	대표이사 대여금 중 일부를 대표이사로부터 회수한 금액

3. 기타 추가사항
- 회사는 대표이사 대여금에 대하여 별도의 이자 지급에 관한 약정을 하지 않았으며, 결산일에 대표이사 대여금에 대한 이자수익을 아래와 같이 회계처리 하였다.
  (차) 미수수익 2,000,000원   (대) 이자수익 2,000,000원
- 회사는 2024년부터 당좌대출이자율(4.6%)을 시가로 적용한다.
- 불러온 자료는 무시하고 직접 입력하여 작성한다.

[4] 당사는 소기업으로서 「중소기업에 대한 특별세액감면」을 적용받으려 한다. 불러온 자료는 무시하고, 다음의 자료만을 이용하여 [법인세과세표준및세액조정계산서]를 작성하시오. (6점)

1. 표준손익계산서 일부

Ⅷ. 법인세비용차감전손익	217	461,600,000원
Ⅸ. 법인세비용	218	61,600,000원
Ⅹ. 당기순손익	219	400,000,000원

2. 소득금액조정합계표

익금산입 및 손금불산입			손금산입 및 익금불산입		
과 목	금 액	소득처분	과 목	금 액	소득처분
법인세비용	61,600,000원	기타사외유출	재고자산평가증	3,000,000원	유보감소
기업업무추진비한도초과	20,000,000원	기타사외유출			
세금과공과	1,400,000원	기타사외유출			
합 계	83,000,000원		합 계	3,000,000원	

3. 기타자료
- 감면소득금액은 300,000,000원, 감면율은 20%이다.
- 전년 대비 상시근로자 수의 변동은 없으며, 최저한세 적용 감면배제금액도 없다.
- 지급명세서불성실가산세 500,000원이 있다.
- 법인세 중간예납세액은 20,000,000원이고, 분납을 최대한 적용받고자 한다.

실무시험 112회

[5] 다음 자료만을 이용하여 [자본금과적립금조정명세서(갑)(을)]를 작성하시오(단, 전산상에 입력된 기존 자료는 무시할 것). (6점)

1. 전기(2024년) 자본금과적립금조정명세서(을)표상의 자료는 다음과 같다.

과목	기초잔액	당기중증감		기말잔액
		감소	증가	
업무용승용차	13,200,000원	8,000,000원		5,200,000원
단기매매증권평가손실	15,000,000원	3,000,000원		12,000,000원

2. 당기(2025년)의 소득금액조정합계표내역은 다음과 같다.

손금산입및익금불산입		
과목	금액(원)	조정 이유
업무용승용차	5,200,000	전기 업무용승용차 감가상각 한도 초과액 추인
단기매매증권	5,000,000	단기매매증권평가이익(전기 유보 감소로 세무조정)

3. 당기말 재무상태표의 자본 내역은 다음과 같다.

과 목	제17기 당기 2025년 1월 1일 ~ 2025년 12월 31일 금 액(원)	제16기 전기 2024년 1월 1일 ~ 2024년 12월 31일 금 액(원)
Ⅰ. 자본금	250,000,000	200,000,000
Ⅱ. 자본잉여금	30,000,000	50,000,000
Ⅲ. 자본조정	20,000,000	20,000,000
Ⅳ. 기타포괄손익누계액	50,000,000	50,000,000
Ⅴ. 이익잉여금	107,000,000	52,000,000
(당기순이익)		
당기 :	55,000,000	25,000,000
전기 :	25,000,000	5,000,000
자본총계	457,000,000	372,000,000

- 법인세과세표준및세액신고서의 법인세 총부담세액이 손익계산서에 계상된 법인세비용보다 1,200,000원, 지방소득세는 150,000원 각각 더 많이 산출되었다(전기분은 고려하지 않음).
- 이월결손금과 당기결손금은 발생하지 않았다.

PART 02

기출문제 해답

최신
기출문제

117회 전산세무1급 기출 해설

A형	[01]	[02]	[03]	[04]	[05]	[06]	[07]	[08]	[09]	[10]	[11]	[12]	[13]	[14]	[15]
	3	3	1	2	4	1	1	3	2	4	3	4	1	4	4

해설

01. 재무제표의 중요한 항목은 본문이나 주석에 구분하여 표시하며, 중요하지 않은 항목은 성격이나 기능이 유사한 항목으로 통합하여 표시할 수 있다.

02. 단기매매증권은 최초 인식 시 공정가치로 측정하고, 후속 측정 시에도 공정가치로 평가한다.

03. - 매출원가 = 매출액 × (1 - 매출총이익률) = 78,000,000원 × (1 - 10%) = 70,200,000원
    - 파손 시점 기말재고 추산액 = 23,000,000원 + 56,000,000원 - 70,200,000원 = 8,800,000원
    - 재고자산 피해액 = 기말재고 추산액 8,800,000원 - 창고 재고액 1,800,000원 = 7,000,000원

04. 비화폐성 항목에서 발생한 손익을 기타포괄손익으로 인식하는 경우 그 손익에 포함된 환율변동 효과도 기타포괄손익으로 인식한다.

05. 확정기여형 퇴직급여 제도에서는 운용에 관한 내용은 모두 종업원이 결정하고 책임진다.

06. ①은 기회원가(기회비용)에 대한 설명이다.

07. - 매출원가 = 매출액 20,000,000원 × 75% = 15,000,000원
    - 당기제품제조원가 14,800,000원
      = (매출원가 15,000,000원 + 기말제품 2,800,000원) - 기초제품 3,000,000원
    - 당기총제조원가 11,700,000원
      = 직접재료원가 3,200,000원 + 직접노무원가 4,500,000원 + 제조간접원가 4,000,000원
    - ∴ 기초재공품 5,300,000원
      = (당기제품제조원가 14,800,000원 + 기말재공품 2,200,000원) - 당기총제조원가 11,700,000원

08. 조업도차이는 고정제조간접원가에서만 발생한다.

09. - 예정배부율 = 제조간접원가 예상액 3,000,000원 ÷ 예상 직접노무시간 10,000시간
      = 300원/시간
    - 예정배부액 = 실제 직접노무시간 11,500시간 × 300원/시간 = 3,450,000원
    - ∴ 실제 제조간접원가 = 예정배부액 3,450,000원 - 과대배부 250,000원 = 3,200,000원

10. 정상공손은 능률적인 생산조건 하에서는 회피와 통제가 불가능하다.

11. - 계약의 위약이나 해약으로 인하여 지급하는 위약금과 배상금은 기타소득으로 지급일이 속하는 연도의 다음 연도 2월 말일까지 지급명세서를 제출하는 소득이다.
    - 2024년 1월 이후 '인적용역' 기타소득을 지급하는 자는 소득 지급일이 속하는 달의 다음 달 말일까지 간이지급명세서(거주자의 기타소득)를 제출하여야 한다.

12. 건설자금이자는 유보로 처분한다.

13. 3주택 이상 소유자로서 보증금 합계액이 3억원을 초과하는 경우 간주임대료 수입금액이 발생한다.
14. 연간 공급대가가 4,800만원 이상인 간이과세자는 세금계산서 발급이 가능하다.
15. ① 도서는 면세재화이므로 부가가치세액이 없다.
    ② 개별소비세 과세대상 승용차의 매입세액이므로 매입세액 불공제한다.
    ③ 신규로 건물이 있는 토지를 취득하고 토지만을 사용하기 위하여 건물을 철거하는 경우 건물의 취득 및 철거 관련 비용의 매입세액은 불공제한다.

실무문제 해설

문제 1 전표입력

NO	전표	월일	구분	계정과목	거래처	차변	대변
[1]	일반전표	3/10	차변	외상매입금	(주)세명전기	50,000,000	
			대변	당좌예금			50,000,000

NO	전표	월일	유형	품목	공급가액	부가세	공급처명	전자	분개
[2]	매입매출전표	4/6	54.불공	에어컨외	2,300,000	230,000	(주)상희	여	혼합

	불공제사유		⑤ 면세사업 관련			
	구분	계정과목	거래처	차변	대변	
	차변	비 품	(주)상희	2,530,000		
	대변	현 금	(주)상희		330,000	
	대변	미지급금	(주)상희		2,200,000	

NO	전표	월일	유형	품목	공급가액	부가세	공급처명	전자	분개
[3]	매입매출전표	5/30	53.면세	기계장치	17,000,000		(주)라임파이낸셜	여	혼합

	구분	계정과목	거래처	차변	대변
	차변	기계장치	(주)라임파이낸셜	17,000,000	
	차변	보통예금	(주)라임파이낸셜	3,000,000	
	대변	기타보증금	(주)라임파이낸셜		20,000,000

NO	전표	월일	구분	계정과목	거래처	차변	대변
[4]	일반전표	8/20	차변	보통예금		12,000,000	
			대변	배당금수익			12,000,000

문제 12 부가가치세 신고서 및 부속서류

[1] 재활용폐자원세액공제신고서(조회기간 : 2025년 10월 ~ 2025년 12월)

재활용폐자원세액공제 한도액 계산 시 차감하는 세금계산서 매입액은 세금계산서를 발급받고 매입한 **재활용폐자원 매입가액만을 차감**한다.

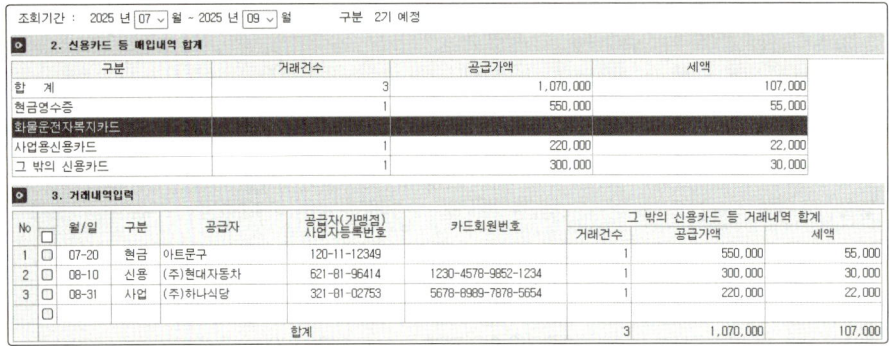

[2] 신용카드매출전표등수령명세서

① 7월 20일 : 사무용품 구입은 현금영수증매입세액공제 대상이다.

② 8월 10일 : 업무용승합차(11인승) 관련 경비는 매입세액공제 대상으로 임직원카드 결제도 신용카드매입세액 공제 대상이다.

③ 8월 31일 : 매입처가 간이과세자(세금계산서 발급 가능)이면 신용카드매입세액공제 대상이다.

④ 9월 10일 : 세금계산서 수취분 법인카드 결제 건은 매입세금계산서 공제를 받으므로 [신용카드매출전표등수령명세서]에는 작성하지 않는다.

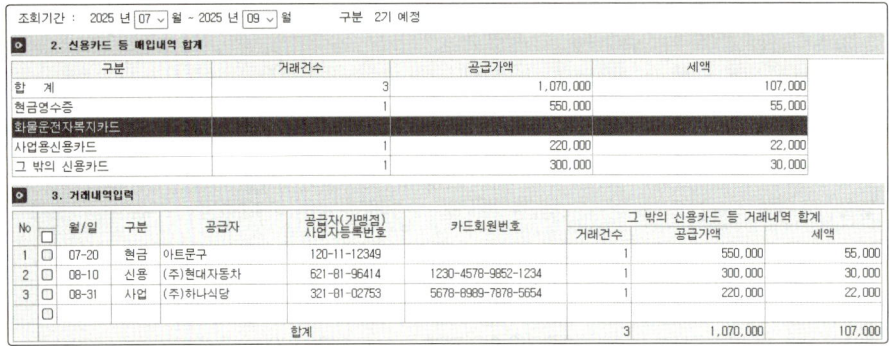

[3] 부가가치세 전자신고(조회기간 : 2025년 1월 1일 ~ 2025년 3월 31일)

(1) 부가가치세신고서 및 관련 부속서류 마감

① 세금계산서합계표는 이미 마감되어 있으므로 부가가치세 신고서만 마감한다.

② 부가가치세신고서 해당 과세기간 조회 후 상단 [마감] 버튼을 클릭하여 마감을 진행한다.

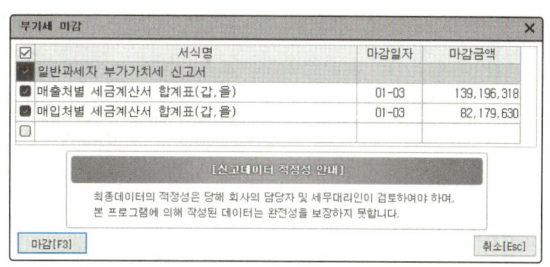

(2) 전자신고 데이터 제작

회사를 선택하고 상단의 [F4 제작] 버튼을 누른 후 **비밀번호(12345678)**를 입력하여 제작한다.

(3) 국세청 홈택스 전자신고

① 부가가치세 신고 : 세금신고 → [01.전자파일변환 – 변환대상파일선택]

[찾아보기] 클릭 → [로컬디스크(C:)] → 파일명 : enc작성연월일.101.v3088127431

② 부가가치세 신고 : 세금신고 → [01.전자파일변환 – 처리내역]
　　[형식검증하기] : 비밀번호(12345678) 입력 → [형식검증결과확인] : 오류 유무 확인 → [내용검증하기]
　　→ [내용검증결과확인] : 오류 유무 확인 → [전자파일제출]

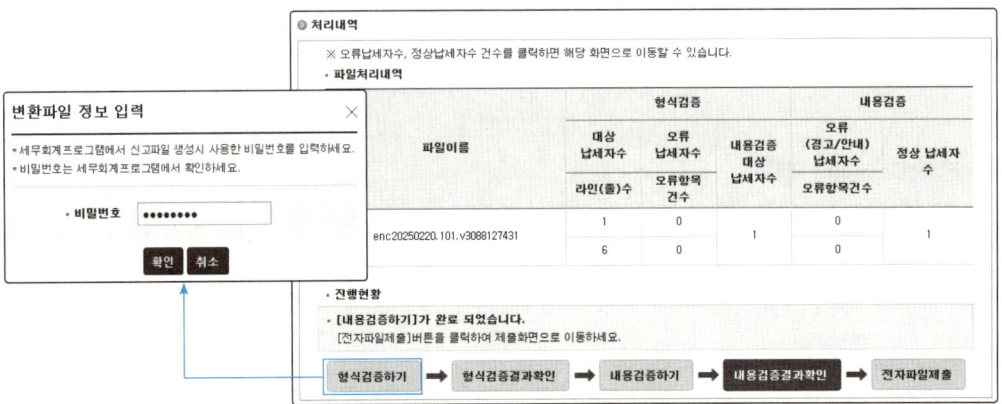

③ 부가가치세 신고 : 세금신고 → [03.전자파일제출]
　　[전자파일 제출하기] > 부가가치세 신고서 접수증 확인

117회 기출문제 해설

문제 3 결산정리사항

[1] 수동결산 – 일반전표입력

월	일	구분	계정과목	거래처	차변	대변
12	31	차변	단기매매증권		90,000	
		대변	단기매매증권평가이익			90,000

- 단기매매증권평가이익 = (100주 − 55주) × (12,000원 − 10,000원) = 90,000원

[2] 수동결산 – 일반전표입력

월	일	구분	계정과목	거래처	차변	대변
12	31	차변	감가상각비(제)		4,000,000	
		대변	감가상각누계액(207)			4,000,000
12	31	차변	국고보조금(217)		2,000,000	
		대변	감가상각비(제)			2,000,000

- 감가상각비 = 취득가액 20,000,000원 ÷ 5년 = 4,000,000원
- 국고보조금 상각액 = 국고보조금 1,000만원 ÷ 5년(또는 4,000,000원 × 1,000만원/2,000만원) = 2,000,000원

[3] 자동결산 – 결산자료입력

① 제품 : 실사 금액 13,000,000원 + 판매 전 적송품 12,000,000원 = 25,000,000원
   (수탁자가 보관하고 있는 적송품은 제품기말재고액에 포함)
② 결산자료입력 메뉴의 제품매출원가의 1)원재료비에 [기말원재료 재고액 : 7,000,000원], 8) 당기 총제조비용 [기말재공품 재고액 10,000,000원], 9)당기완성품제조원가에 [기말제품재고액 : 25,000,000원]을 입력한 후 [전표추가(F3)]를 선택하여 일반전표에 결산전표를 추가한다.

[4] 자동결산 – 결산자료입력

① 법인세 산출세액 = (355,400,000원 − 200,000,000원) × 19% + 200,000,000원 × 9% = 47,526,000원
② 법인지방소득세 = 47,526,000원 × 10% = 4,752,600원
∴ 법인세비용 = ① 47,526,000원 + ② 4,752,600원 = 52,278,600원

방법 1 : 결산자료입력 메뉴 9.법인세등의 1).선납세금란에 26,537,000원, 2).추가계상액란에 25,741,600원을 입력한 후 결산자료 입력의 [전표추가(F3)]를 한다.

방법 2 : 결산일(12월 31일)에 일반전표입력에 직접 입력

월	일	구분	계정과목	거래처	차변	대변
12	31	차변	법인세등		52,278,600	
		대변	선납세금			26,537,000
		대변	미지급세금			25,741,600

문제 4 원천징수

[1] 사업소득 원천징수

(1) 사업소득자등록

- 박지원 : 일시·우발적 강연료는 기타소득(인적용역소득)에 해당하므로 입력하지 않는다.

① 201.김태민 : 940903.학원강사

② 202.소준섭 : 940903.학원강사

(2) 사업소득자료입력

① 김태민(지급총액 : 세후 지급액 3,384,500원 ÷ (100% − 3.3%) = 3,500,000원)

② 소준섭 (지급총액 : 세후 지급액 4,061,400원 ÷ (100% − 3.3%) = 4,200,000원)

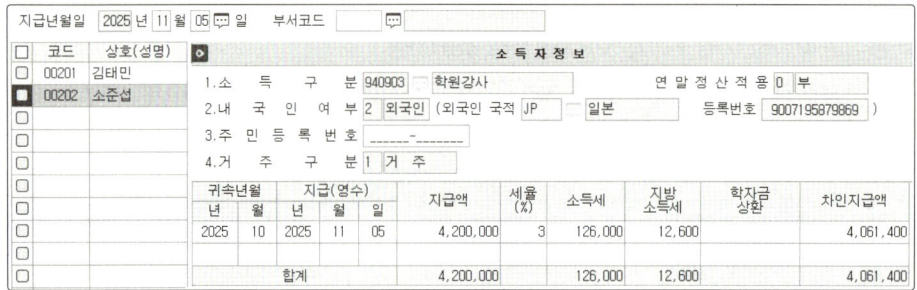

[2] 퇴사자의 중도퇴사자 정산 및 퇴직소득 원천징수

(1) 사원등록 기본사항 TAB
김해리 과장을 선택하고 [퇴사년월일]에 퇴사일자(2025년 8월 31일)를 확인한다.

(2) 급여자료입력
① 귀속년월, 지급년월일을 입력하여 조회한 후 출산.보육수당(육아수당)을 비과세 수당으로 등록하고 미사용 수당은 사용 여부를 "부"로 입력한다.

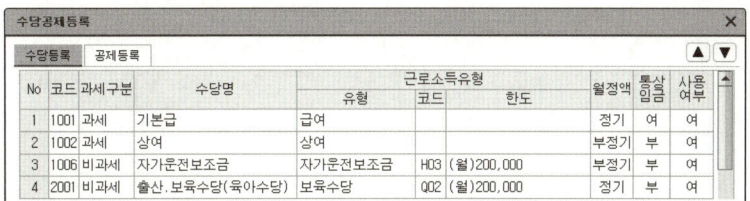

② 퇴사월의 급여자료를 입력한 후 중도퇴사자 연말정산 화면에서 영수일자(2025년 9월 15일)를 수정입력하고 중도정산소득세 및 중도정산지방소득세를 반영한다.

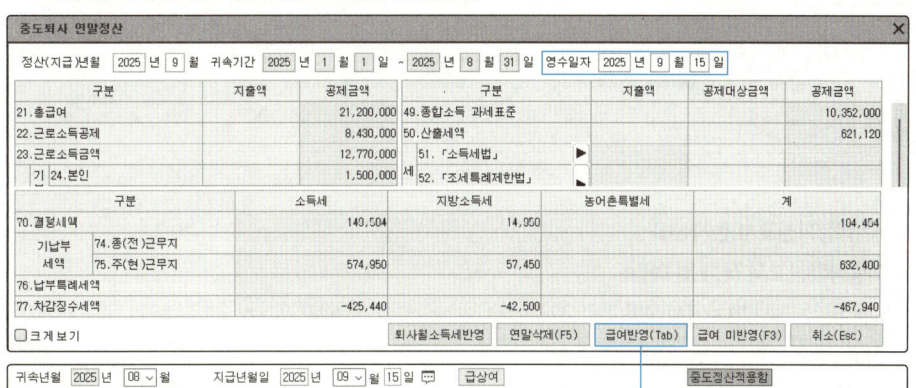

(3) 퇴직소득자료입력

① 지급년월(2025년 09월), 소득자구분(1.근로)을 입력하여 퇴사자 "김해리"를 선택하고, 귀속년월(2025년 8월), 영수일자(2025-09-15), 퇴직사유(자발적퇴직)를 입력한다. 기산일/입사일, 퇴사일/지급일(2025/09/15)을 확인(또는 추가 입력)한다.

② 전액 과세되는 퇴직금 13,000,000원을 과세퇴직급여란에 입력하면 소득세와 지방소득세가 계산되며, 퇴직금 중 일부를 이연하므로 "과세이연계좌명세"에 연금계좌등의 정보를 입력한다.

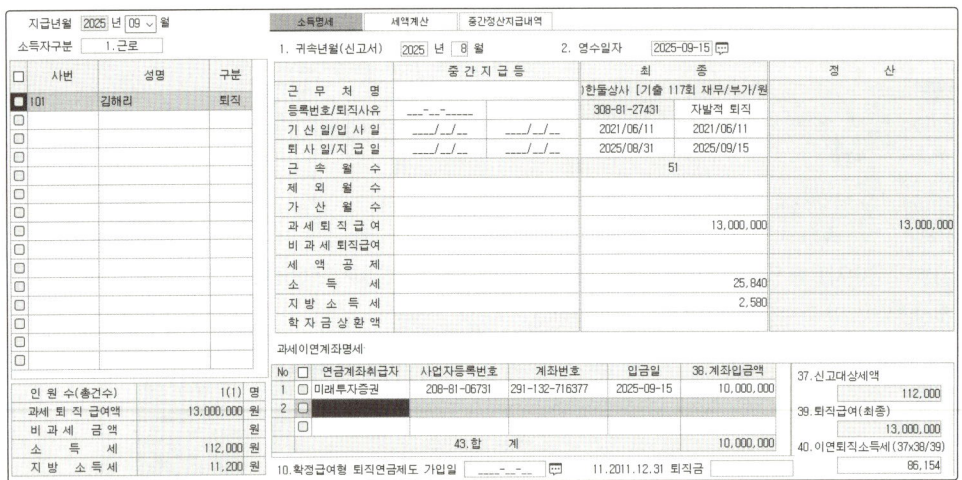

[3] 원천징수이행상황신고서 전자신고

(1) 원천징수이행상황신고서 작성 및 마감

① 원천징수이행상황신고서 메뉴에서 귀속기간(2025년 06월 ~ 2025년 06월), 지급기간(2025년 06월 ~ 2025년 06월), 신고구분(1.정기신고)을 입력하여 조회한다. 해당 지급기간의 퇴직소득·사업소득 및 원천징수세액, 전월미환급세액을 입력한 후 상단의 [마감(F8)] 버튼을 클릭하여 마감을 진행한다.

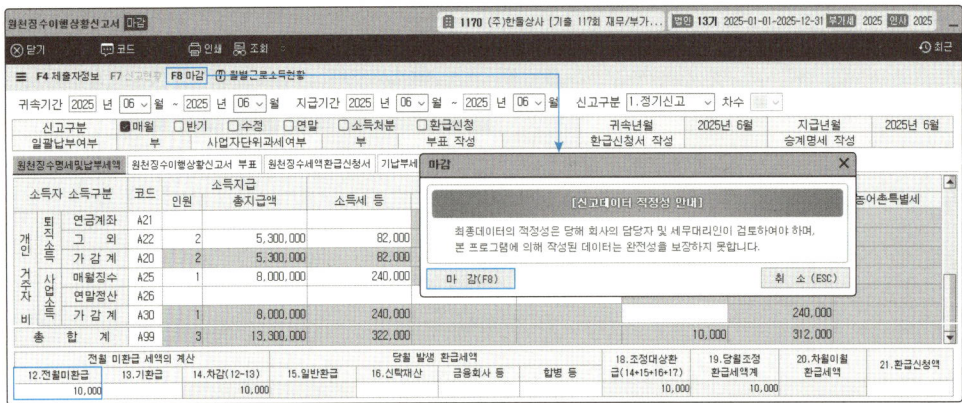

117회 기출문제 해설

(2) 원천징수이행상환신고서 전자신고 파일제작
① [원천징수이행상황제작 TAB]을 선택하고 **신고인구분(2.납세자자진신고)**, **지급기간(2025년 06월 ~ 2025년 06월)**, **신고(1.정기신고)**, **원천신고(1.매월)**, **제작경로(C:₩)**를 입력한다.
② 선택한 회사코드의 마감자료가 조회되며 변환하고자 하는 회사를 선택하고 **[제작(F4)]** 버튼을 클릭하여 국세청 변환파일로 변환한다. 제작이 완료되면 전자신고 파일이 생성되었다는 메시지가 나오며 [확인]을 누른 후 파일 **비밀번호(자유롭게)**를 입력하여 파일을 암호화 한다.

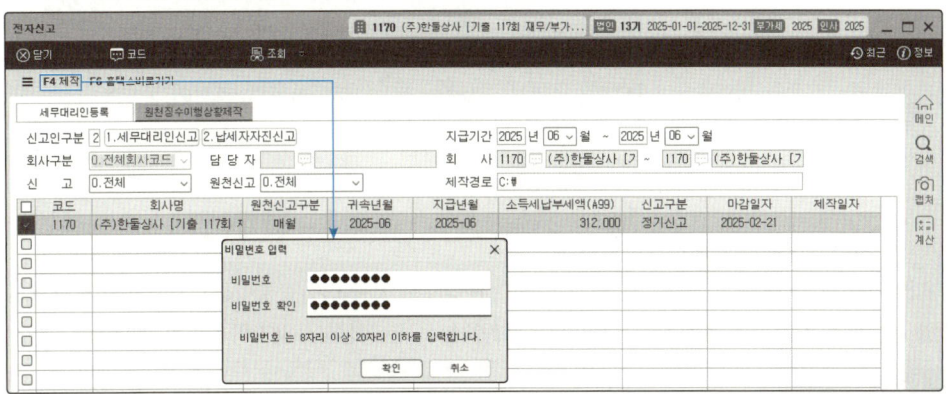

(3) 국세청 홈택스 전자신고
① [세금신고] TAB에서 전자파일변환을 위해 **[찾아보기]** 버튼을 클릭하여 변환대상파일을 선택한다.

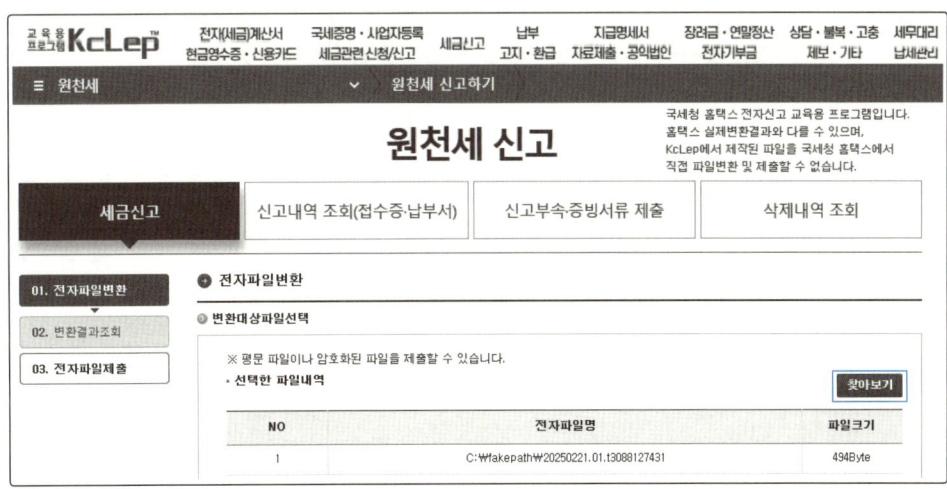

② 하단 진행현황의 [**형식검증하기**]를 클릭하고 신고파일 생성시 입력한 **비밀번호**를 입력하여 첨부파일의 오류를 진행하고 [**형식검증결과확인**]으로 진행상황을 확인한다.

③ [내용검증하기]를 클릭하여 신고내용을 검증하고 [내용검증결과확인]으로 신고내용의 오류사항을 처리내역에서 확인한다.

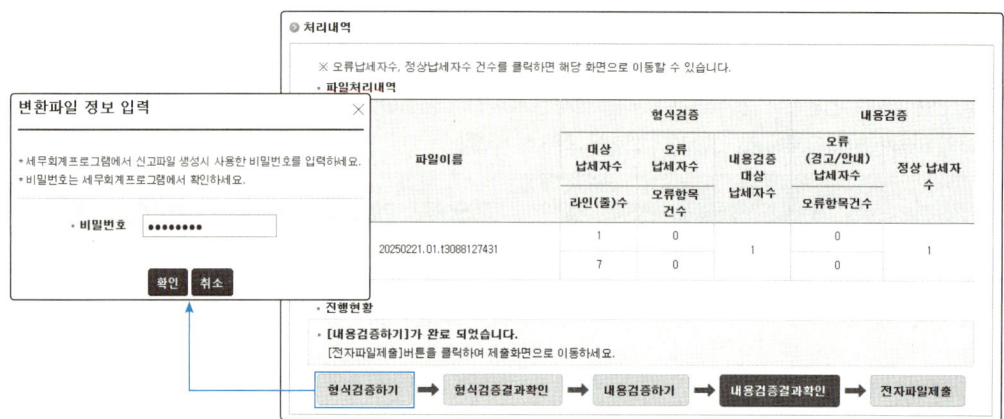

④ [전자파일제출]을 클릭하여 전자파일 제출로 이동하여 [전자파일 제출하기]를 클릭하여 원천징수이행상황신고서를 제출하며 "원천세 신고서 접수증(파일변환)" 화면이 나오면 정상적인 제출이 완료된 것이다.

문제 5 법인조정

[1] 재고자산(유가증권)평가조정명세서

(1) 재고자산평가조정명세서

① 제품 : 평가방법 변경기한은 적용하고자 하는 **사업연도 종료일 이전 3개월이 되는 날까지** 변경신고를 하여야 하며 2025년 9월 15일 선입선출법으로 **기한내 변경신고** 하였다. 신고일(2025-09-15), 신고방법(선입선출법), 평가방법(총평균법), 적부(0.부 : ×)를 입력한다.

> 조정액 △16,000,000원
> = MAX(신고방법 : 44,000,000원, 선입선출법 : 44,000,000원) − 장부금액 60,000,000원

② 재공품 : 신고방법과 평가방법이 동일하여 조정액이 발생하지 않으며 주어진 자료를 입력한다.

③ 원재료 : 2025년 10월 25일 후입선출법으로 변경신고 하였으나 기한내 변경신고를 하지 않았으므로 임의평가에 해당한다. 신고일(2016-01-05), 신고방법(총평균법), 평가방법(후입선출법), 적부(0.부 : ×)를 입력하며, 신고방법 이외의 방법으로 평가하였으므로 임의평가에 해당한다.

> 조정액 △30,000,000원
> = MAX(신고방법 : 25,000,000원, 선입선출법 : 27,500,000원) − 장부금액 57,500,000원

1. 재고자산 평가방법 검토

1.자산별	2.신고일	3.신고방법	4.평가방법	5.적부	6.비고
제품 및 상품	2025-09-15	02:선입선출법	04:총평균법	×	
반제품및재공품	2016-01-05	04:총평균법	04:총평균법	○	
원 재 료	2016-01-05	04:총평균법	03:후입선출법	×	
저 장 품					
유가증권(채권)					
유가증권(기타)					

2. 평가조정 계산

No	7.과목		11.수량	회사계산(장부가)		조정계산금액				18.조정액
	코드	과목명		12.단가	13.금액	세법상신고방법		FIFO(무신고,임의변경시)		
						14.단가	15.금액	16.단가	17.금액	
1	0150	제품	20,000.0000	3,000.0000	60,000,000	2,200.0000	44,000,000	2,200.0000	44,000,000	−16,000,000
2	0169	재공품	20,000.0000	1,500.0000	30,000,000	1,500.0000	30,000,000			
3	0153	원재료	25,000.0000	2,300.0000	57,500,000	1,000.0000	25,000,000	1,100.0000	27,500,000	−30,000,000
		계			147,500,000		99,000,000		71,500,000	−46,000,000

(2) 세무조정(상단의 조정등록(F3)을 선택하여 입력)

구 분	과 목	금 액	소득처분
손금산입	재고자산평가증(제품 A)	16,000,000원	유보발생
손금산입	재고자산평가증(원재료 C)	30,000,000원	유보발생

[2] 선급비용명세서

(1) 선급비용명세서

① 계정구분(2.선급 보험료)을 선택하고 지문에 주어진 자료를 입력한다.

계정구분	거래내용	거래처	대상기간 시작일	대상기간 종료일	지급액	선급비용	회사계상액	조정대상금액
선급 보험료	공장화재보험	KC화재	2025-02-16	2026-02-16	1,374,000	176,442	110,000	66,442
선급 보험료	자동차보험	DG손해보험	2025-05-27	2026-05-27	798,420	320,676		320,676
선급 보험료	보증서보험	서울보증보험	2025-10-11	2028-10-10	78,040	72,201		72,201
		합 계			2,250,460	569,319	110,000	459,319

(2) 세무조정(상단의 조정등록(F3)을 선택하여 입력)

① 전기 선급비용 중 당기에 기간이 경과한 보험료는 손금산입하고 조정대상금액이 양수이면 손금산입, 음수이면 손금불산입하고 유보 처분한다.

구 분	과 목	금 액	소득처분
손금불산입	선급비용(공장화재보험)	66,442원	유보발생
손금불산입	선급비용(자동차보험)	320,676원	유보발생
손금불산입	선급비용(보증서보험)	72,201원	유보발생
손금산입	전기 선급비용	324,165원	유보감소

[3] 미상각자산감가상각조정명세서, 감가상각비조정명세서합계표

(1) 고정자산등록

① 무신고시 상각방법 : 정률법
② 비용 처리한 자본적지출은 소액수선비에 해당하지 않으므로 즉시상각의제이다. 즉시상각의제액은 "당기자본적지출액(즉시상각분)"란에 입력하고 [사용자수정] 버튼을 클릭하여 회사계상액을 135,300,000원으로 수정 입력한다.

- 소액수선비 판단
  14,735,000원
  ≥ Max[600만원, (3억원 − 2,255만원) × 5%]
  ∴ 소액수선비 요건 미충족

자산계정과목	0206	기계장치	
자산코드/명	000201 과즙분류기	취득년월일 2024-11-11	상각방법 정률법

기본등록사항	추가등록사항
1.기초가액	300,000,000
2.전기말상각누계액(-)	22,550,000
3.전기말장부가액	277,450,000
4.당기중 취득 및 당기증가(+)	
5.당기감소(일부양도·매각·폐기)(-)	
전기말상각누계액(당기감소분)(+)	
6.전기말자본적지출액누계(+)(정액법만)	
7.당기자본적지출액(즉시상각분)(+)	14,735,000
8.전기말부인누계액(+)(정률만 상각대상에 가산)	11,275,000
9.전기의제상각누계액(-)	
10.상각대상금액	303,460,000
11.내용연수/상각률(월수)	5 0.451 (12
12.상각범위액(한도액)(10X상각율)	136,860,460
13.회사계상액(12)-(7)	135,300,000
14.경비구분	1.500번대/제조
15.당기말감가상각누계액	157,850,000
16.당기말장부가액	142,150,000
17.당기의제상각비	
18.전체양도일자	
19.전체폐기일자	
20.업종	
21.보조금적용여부	부 (0:부 / 1:여)
22.당기말보조금잔액	

(2) 미상각자산감가상각조정명세서

상단의 [불러오기] 버튼을 클릭하여 [고정자산등록]에
등록한 자료를 반영한다.

① 회사 계상 감가상각비 합계
   = 135,300,000원 + 14,735,000원
   = 150,035,000원
② 세법상 상각범위액
   = 303,460,000원 × 0.451
   = 136,860,460원
③ 상각부인액
   = 150,035,000원 − 136,860,460원
   = 13,174,540원

(3) 세무조정(상단의 조정등록(F3)을 선택하여 입력)

구 분	과 목	금 액	소득처분
손금불산입	기계장치 감가상각비 한도초과	13,174,540원	유보발생

(4) 감가상각비조정명세서합계표(상단의 불러오기(F12)로 반영)

[4] 기부금조정명세서

(1) 기부금조정명세서 : 1.기부금 입력 TAB

① 상단의 [불러오기(F12)] 버튼을 클릭하여 원장 데이터를 반영한다.
② 구분의 "1.유형"란에서 해당 기부금을 선택한다.

③ 기부금명세서 작성이 완료되면 상단의 "조정등록(F3)"을 선택하여 조정사항을 입력한다. 향우회 회비는 대표이사가 속한 지역 향우회기부금이므로 상여 처분하고, 당기 기부금이 아닌 경우 기부금명세서에 입력하지 않아야 하므로 어음기부금은 삭제한다.

구 분	과 목	금 액	소득처분
손금불산입	향우회 회비	500,000원	상여
손금불산입	S종교단체 어음기부금	3,000,000원	유보발생

④ [수정] 버튼을 클릭하여 소득금액을 입력하며, 기부금명세서의 조정사항이 반영되지 않은 금액이므로 반영하여야 한다.

- 익금산입 = 30,000,000원 + 500,000원(향우회회비) + 3,000,000원(어음기부금) = 33,500,000원

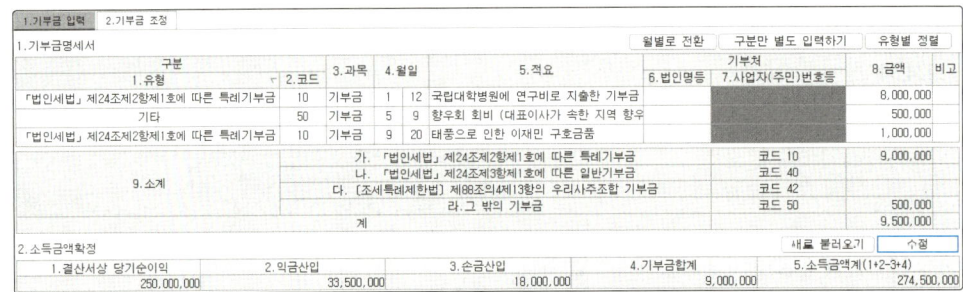

(2) 기부금조정명세서 : 2.기부금 조정 TAB

① 상단의 [불러오기(F12)]를 클릭하여 소득금액 및 해당 기부금을 반영한다.
② 세무상 결손금 중 공제가 가능한 이월결손금은 한도액 계산시 차감하여야 하며, 중소기업에 해당하므로 소득금액 내 100% 공제가 가능하다.

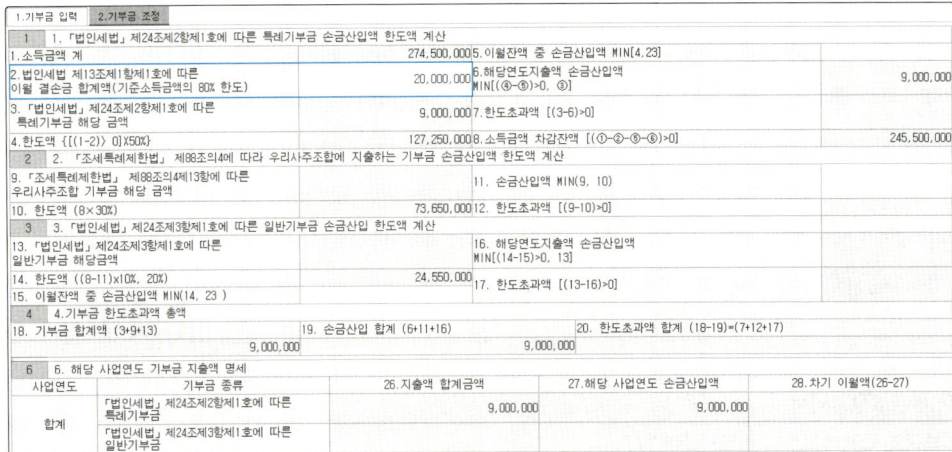

117회 기출문제 해설

[5] 법인세과세표준및세액조정계산서, 최저한세조정계산서

(1) 법인세과세표준 및 세액조정계산서
① 결산서상 당기순이익, 익금산입 및 손금산입, 기부금한도초과액, 기부금한도초과 이월액 손금산입을 입력한다.
② 과세표준 및 산출세액을 확정한 후 상단의 [저장] 버튼을 클릭한다.

	구분	코드	금액
① 각사업연도소득계산	101. 결 산 서 상 당 기 순 손 익	01	600,000,000
	소득조정금액 102. 익 금 산 입	02	243,000,000
	103. 손 금 산 입	03	5,000,000
	104. 차 가 감 소 득 금 액 (101+102-103)	04	838,000,000
	105. 기 부 금 한 도 초 과 액	05	20,000,000
	106. 기 부 금 한 도 초 과 이월액 손금산입	54	8,000,000
	107. 각 사 업 연 도 소 득 금 액 (104+105-106)	06	850,000,000
② 과세표준계산	108. 각 사 업 연 도 소 득 금 액 (108=107)		850,000,000
	109. 이 월 결 손 금	07	
	110. 비 과 세 소 득	08	
	111. 소 득 공 제	09	
	112. 과 세 표 준 (108-109-110-111)	10	850,000,000
	159. 선 박 표 준 이 익	55	
③ 산출세액계산	113. 과 세 표 준 (113=112+159)	56	850,000,000
	114. 세 율	11	19%
	115. 산 출 세 액	12	141,500,000
	116. 지 점 유 보 소 득 (법 제96조)	13	
	117. 세 율	14	
	118. 산 출 세 액	15	
	119. 합 계 (115+118)	16	141,500,000

(2) 최저한세조정계산서
① 상단의 [불러오기(F12)] 버튼을 클릭하여 [법인세과세표준및세액조정계산서]에 입력한 자료를 반영한다.
② 통합고용증대세액공제 91,500,000원을 "(124)세액공제" 감면후세액란에 입력한다.
③ 감면후세액의 125.차감세액(50,000,000원)과 최저한세의 122.산출세액(59,500,000원)을 비교하여 감면후 차감세액이 최저한세보다 작으므로 **조정감(9,500,000원)**이 발생한다. 통합고용증대세액은 조정감을 제외한 **82,000,000원**만 공제가 가능하다.

①구분	코드	②감면후세액	③최저한세	④조정감	⑤조정후세액
(101) 결 산 서 상 당 기 순 이 익	01	600,000,000			
소득조정금액 (102)익 금 산 입	02	243,000,000			
(103)손 금 산 입	03	5,000,000			
(104) 조 정 후 소 득 금 액 (101+102-103)	04	838,000,000	838,000,000		838,000,000
최저한세적용대상 (105)준 비 금	05				
특 별 비 용 (106)특별상각, 특례상각	06				
(107) 특별비용손금산입전소득금액(104+105+106)	07	838,000,000	838,000,000		838,000,000
(108) 기 부 금 한 도 초 과 액	08	20,000,000	20,000,000		20,000,000
(109) 기부금 한도초과 이월액 손 금 산 입	09	8,000,000	8,000,000		8,000,000
(110) 각 사 업 년 도 소 득 금 액 (107+108-109)	10	850,000,000	850,000,000		850,000,000
(111) 이 월 결 손 금	11				
(112) 비 과 세 소 득	12				
(113) 최저한세적용대상 비 과 세 소 득	13				
(114) 최저한세적용대상 익금불산입 · 손금산입	14				
(115) 차가감 소 득 금 액 (110-111-112+113+114)	15	850,000,000			850,000,000
(116) 소 득 공 제	16				
(117) 최저한세적용대상 소 득 공 제	17				
(118) 과 세 표 준 금 액(115-116+117)	18	850,000,000			850,000,000
(119) 선 박 표 준 이 익	24				
(120) 과 세 표 준 금 액 (118+119)	25	850,000,000	850,000,000		850,000,000
(121) 세 율	19	19 %	7 %		19 %
(122) 산 출 세 액	20	141,500,000	59,500,000		141,500,000
(123) 감 면 세 액	21				
(124) 세 액 공 제	22	91,500,000		9,500,000	82,000,000
(125) 차 감 세 액 (122-123-124)	23	50,000,000			59,500,000

기출문제 해설 117회

(3) 법인세과세표준 및 세액조정계산서

[121.최저한세 적용대상 공제감면세액]란에 82,000,000원, 가산세액란 850,000원, 기납부세액인 중간예납세액 21,000,000원, 원천납부세액 3,800,000원을 추가로 입력한다. 또한, 분납을 하기로 하였으니 1,000만원 초과 금액을 분납(가산세는 제외)한다.

① 각 사 업 연 도 소 득 계 산	101. 결산서상 당기순손익	01	600,000,000		④ 납 부 할 세 액 계 산	120. 산 출 세 액 (120=119)		141,500,000
	소득조정 102.익금산입	02	243,000,000			121. 최저한세 적용 대상 공제감면세액	17	82,000,000
	금액 103.손금산입	03	5,000,000			122. 차 감 세 액	18	59,500,000
	104. 차가감소득금액 (101+102-103)	04	838,000,000			123. 최저한세 적용 제외 공제감면세액	19	
	105. 기부금한도초과액	05	20,000,000			124. 가 산 세 액	20	850,000
	106. 기부금한도초과 이월액 손금산입	54	8,000,000			125. 가 감 계 (122-123+124)	21	60,350,000
	107. 각 사업연도 소득금액 (104+105-106)	06	850,000,000			기한내납부세액 126. 중 간 예 납 세 액	22	21,000,000
② 과 세 표 준 계 산	108. 각 사업연도 소득금액 (108=107)		850,000,000			127. 수 시 부 과 세 액	23	
	109. 이 월 결 손 금	07				128. 원 천 납 부 세 액	24	3,800,000
	110. 비 과 세 소 득	08				129. 간접 회사등 외국 납부세액	25	
	111. 소 득 공 제	09				130. 소 계 (126+127+128+129)	26	24,800,000
	112. 과 세 표 준 (108-109-110-111)	10	850,000,000			131. 신고 납부전 가산세액	27	
	159. 선 박 표 준 이 익	55				132. 합 계 (130+131)	28	24,800,000
③ 산 출 세 액 계 산	113. 과 세 표 준 (113=112+159)	56	850,000,000			133. 감면분추가납부세액	29	
	114. 세 율	11	19%			134. 차가감 납부할 세액 (125-132+133)	30	35,550,000
	115. 산 출 세 액	12	141,500,000		⑤토지등 양도소득, ⑥미환류소득 법인세 계산 (TAB로 이동)			
	116. 지점 유보소득 (법 제96조)	13			⑦ 세 액 계	151. 차감 납부할 세액계 (134+150+166)	46	35,550,000
	117. 세 율	14				152. 사실과 다른 회계 처리 경정 세액공제	57	
	118. 산 출 세 액	15				153. 분납세액 계산 범위액 (151-124-133-145-152+131)	47	34,700,000
	119. 합 계 (115+118)	16	141,500,000			154. 분 납 할 세 액	48	17,350,000
						155. 차감 납부 세 액 (151-152-154)	49	18,200,000

분납할 세액 : 17,350,000

116회 전산세무1급 기출 해설

A형	[01]	[02]	[03]	[04]	[05]	[06]	[07]	[08]	[09]	[10]	[11]	[12]	[13]	[14]	[15]
	2	2	3	4	2	4	1	3	2	3	4	3	2	2	1

해설

01. 나머지는 모두 목적적합성을 선택한 경우이며, 수익인식방법을 진행기준이 아닌 완성기준으로 선택하는 경우는 신뢰성을 선택한 경우이다.

02. - 선적지 인도기준에 의해 매입한 운송중인 상품, 수탁자가 보관 중인 위탁판매 상품, 시용판매를 위하여 고객에게 인도한 상품은 고객의 매입의사 표시 시점에 소유권이 이전되므로 기말재고에 포함한다.
    - 할부판매계약에 따라 인도한 상품은 인도 시점에 대금을 모두 회수하지 않더라도 재화가 인도되었으므로 기말재고에서 제외한다.
    ∴ 기말상품재고액 13,000,000원
    = 운송 중인 상품 7,000,000원 + 위탁판매 상품 4,000,000원 + 시용판매 상품 2,000,000원

03. 서로 다른 용도의 자산과 교환하여 취득한 유형자산의 취득원가는 교환을 위하여 제공한 자산의 공정가치로 측정한다.

04. 지분상품을 발행하거나 취득하는 과정에서 발생하는 자본거래 비용과 중도에 포기한 자본거래 비용은 당기손익으로 인식한다.

05. 회계추정의 변경은 전진적으로 처리하여 그 효과를 당기와 당기 이후의 기간에 반영한다.

07. 수리 후 처분하는 경우, 포기해야 하는 대안은 현재 상태에서 처분하는 것이다. 따라서 기회비용은 현재 상태에서 처분할 수 있는 가액인 800,000원이 된다.

08. - S1 → P2 = 1,000,000원 × 30% = 300,000원
    - S1 → S2 = 1,000,000원 × 30% = 300,000원
    - S2 → P2 = (300,000원 + 1,500,000원) × (50% ÷ 80%) = 1,125,000원
    ∴ P2에 배분될 보조부문의 원가총액 = 300,000원 + 1,125,000원 = 1,425,000원

09. - 완성품환산량 = 25,000단위 + (5,000단위 × 40%) = 27,000단위
    - 총원가 = 기초재공품원가 64,000원 + 당기발생원가 260,000원 = 324,000원
    - 단위당 가공원가 = 총원가 324,000원 ÷ 완성품환산량 27,000단위 = 12원/단위
    ∴ 기말재공품원가 = (5,000단위 × 40%) × 12원/단위 = 24,000원

10. 결합원가를 균등이익률법에 따라 배분할 때 조건이 같다면 추가 가공원가가 높은 제품에 결합원가가 적게 배분된다.

11. 일시, 우발적 원고료는 기타소득, 프리랜서(일정한 소속 없이 자유계약으로 일하는 사람)의 원고료는 사업소득, 업무와 관련하여 회사 사보를 게재한 원고료는 근로소득으로 구분된다.

12. 개인사업자의 대표자를 변경하는 경우는 사업자등록정정 사유가 아닌 폐업 사유이다.
13. 주주나 출연자가 아닌 임직원에게 사택을 무상으로 제공하는 것은 부당행위계산 적용대상이 아니다.
14. 주차장용 토지의 임대는 과세대상이다.
15. 전자세금계산서 의무발급대상 개인사업자의 공급가액은 8천만원 이상이다.

실무문제 해설

문제 1 전표입력

NO	전표	월일	구분	계정과목	거래처	차변	대변
[1]	일반전표	5/4	차변	외상매입금	미국TSL	26,000,000	
			대변	보통예금			24,000,000
			대변	외환차익			2,000,000

■ 외환차익 = $20,000 × (1,300원 - 1,200원) = 2,000,000원

NO	전표	월일	유형	품목	공급가액	부가세	공급처명	전자	분개
[2]	매입매출전표	7/2	11.과세	제품	10,000,000	1,000,000	(주)유정	여	카드(혼합)

구분	계정과목	거래처	차변	대변
대변	부가세예수금	(주)유정		1,000,000
대변	제품매출	(주)유정		10,000,000
차변	외상매출금	삼성카드	11,000,000	

NO	전표	월일	구분	계정과목	거래처	차변	대변
[3]	일반전표	7/14	차변	보통예금		2,760,000	
			차변	매출채권처분손실		240,000	
			대변	받을어음	(주)교보상사		3,000,000

■ 어음 매각거래 할인료 : 매출채권처분손실   ■ 어음 차입거래 할인료 : 이자비용

NO	전표	월일	유형	품목	공급가액	부가세	공급처명	전자	분개
[4]	매입매출전표	8/26	22.현과	승용차	5,000,000	500,000	자진발급		혼합

구분	계정과목	거래처	차변	대변
대변	부가세예수금	자진발급		500,000
대변	차량운반구	자진발급		12,000,000
대변	유형자산처분이익	자진발급		200,000
차변	현금	자진발급	5,500,000	
차변	감가상각누계액(209)	자진발급	7,200,000	

116회 기출문제 해설

문제 2 부가가치세 신고서 및 부속서류

[1] 부가가치세 수정신고

(1) 매입매출전표입력

① 2025년 11월 30일 : (주)아림의 전표를 체크 후 상단의 [삭제] 버튼을 클릭하여 삭제

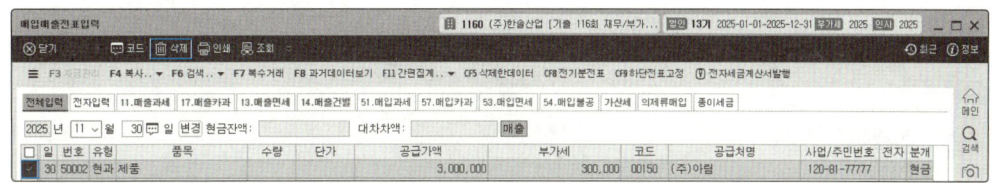

② 2025년 9월 30일 : 하나상사 종이세금계산서 추가 입력 후 예정신고누락 입력

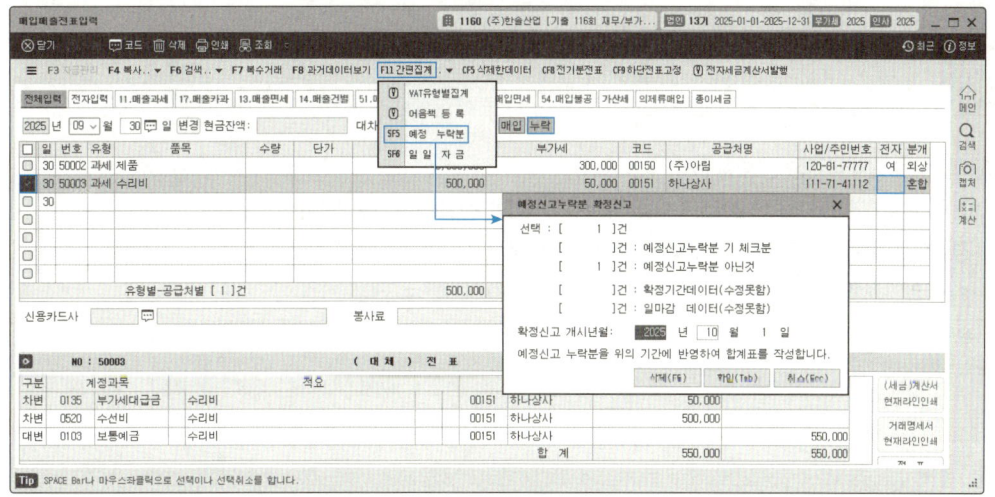

③ 2025년 12월 05일 : 운송나라 종이세금계산서 추가 입력

	일	번호	유형	품목	수량	단가	공급가액	부가세	코드	공급처명	사업/주민번호	전자	분개
	5	50001	과세	운반비			300,000	30,000	00152	운송나라	180-51-41124		혼합
			유형별-공급처별 [1]건				300,000	30,000					

	NO : 50001		(대 체) 전 표		일 자 : 2025 년 12 월 5 일	
구분	계정과목	적요	거래처	차변(출금)	대변(입금)	
차변	0135 부가세대급금	운반비	00152 운송나라	30,000		
차변	0824 운반비	운반비	00152 운송나라	300,000		
대변	0103 보통예금	운반비	00152 운송나라		330,000	
			합 계	330,000	330,000	

(2) 부가가치세신고서

조회기간(2025년 10월 1일 ~ 2025년 12월 31일), **신고구분(2.수정신고), 수정차수(1차)** 를 선택하여 전표입력 자료를 반영한다. 과다매출과 매입누락에 대한 부분으로 가산세는 발생하지 않으며 부가가치세를 경정청구 한다.

(3) 과세표준및세액결정(경정)청구서

① 조회기간(2025년 10월 ~ 2025년 12월), 구분(2기 확정), **신고차수(1)**를 선택한다.
② 경정청구이유를 입력하고 국세환급금 계좌신고는 공란, 환급받을세액을 확인한다.

- 환급받을세액 = 매출세액 300,000원 + 매입세액 80,000원 = 380,000원

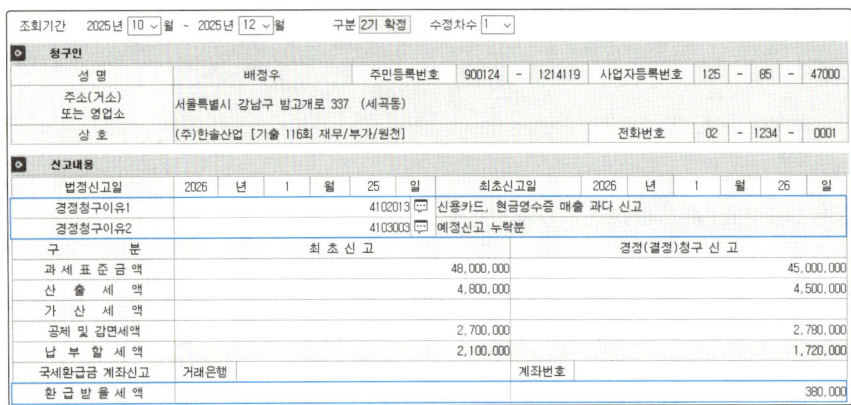

[2] 공제받지못할매입세액명세서 : 공제받지못할매입세액내역 TAB

① 사업과 관련 없이 구매한 경차, 거래처에 선물할 전자제품 구입은 매입세액 공제가 불가능하다.
② 4월 10일 선발급한 세금계산서는 동일 과세기간 내에 공급시기가 도래하므로 적법한 세금계산서에 해당하므로 매입세액 공제가 가능하다.
③ 기존에 사용 중인 건물 철거비용, 본사 사옥 신축공사비는 매입세액 공제가 가능하다.

116회 기출문제 해설

조회기간	2025년 04월 ~ 2025년 06월	구분	1기 확정		
공제받지못할매입세액내역	공통매입세액안분계산내역	공통매입세액의정산내역	납부세액또는환급세액재계산		

매입세액 불공제 사유	세금계산서		
	매수	공급가액	매입세액
①필요적 기재사항 누락 등			
②사업과 직접 관련 없는 지출	1	30,000,000	3,000,000
③개별소비세법 제1조제2항제3호에 따른 자동차 구입·유지 및 임차			
④기업업무추진비 및 이와 유사한 비용 관련	1	3,500,000	350,000
⑤면세사업등 관련			
⑥토지의 자본적 지출 관련			
⑦사업자등록 전 매입세액			
⑧금·구리 스크랩 거래계좌 미사용 관련 매입세액			
합계	2	33,500,000	3,350,000

문제 3 결산정리사항

[1] 수동결산 - 일반전표입력

월	일	구분	계정과목	거래처	차변	대변
12	31	차변	보험료(제)		4,500,000	
		대변	선급비용			4,500,000

- 당기 보험료(경과분) = 6,000,000원 × 9개월/12개월 = 4,500,000원

[2] 수동결산 - 일반전표입력

월	일	구분	계정과목	거래처	차변	대변
12	31	차변	매도가능증권(178)		15,300,000	
		대변	매도가능증권평가손실			8,500,000
		대변	매도가능증권평가이익			6,800,000

- 매도가능증권 재평가시 매도가능증권평가이익이 발생한 경우 매도가능증권평가손실과 우선 상계한다.
- 매도가능증권평가이익 = 1,700주 × (기말 공정가치 34,000원 - 취득가액 30,000원) = 6,800,000원

[3] 수동결산 - 일반전표입력

월	일	구분	계정과목	거래처	차변	대변
12	31	차변	부가세예수금		40,500,000	
		차변	세금과공과(판)		15,000	
		대변	부가세대급금			36,800,000
		대변	미수금			1,700,000
		대변	잡이익			10,000
		대변	미지급세금			2,005,000

[4] 수동결산 – 일반전표입력

월	일	구분	계정과목	거래처	차변	대변
12	31	차변	퇴직연금운용자산		1,800,000	
		대변	퇴직연금운용수익			1,800,000

- 퇴직연금운용수익 계정과목은 이자수익으로 회계처리 해도 된다.
- 퇴직연금운용수익 = 60,000,000원 × 4% × 9개월/12개월 = 1,800,000원

문제 4 원천징수

[1] 연말정산추가자료입력

(1) 사원등록 부양가족명세 TAB

① 최이현(본인) : 배우자가 없고 기본공제 대상 직계비속을 부양하므로 한부모 공제가 가능하며, 부녀자공제와는 중복 적용을 배제한다.

② 김희숙(모친) : 일용근로소득은 무조건 분리과세소득으로 기본공제, 경로우대 추가공제 가능하다.

연말관계	성명	내/외국인	주민(외국인,여권)번호	나이	기본공제	부녀자	한부모	경로우대	장애인	자녀	출산입양	위탁관계
0	최이현	내	1 850331-2025889	40	본인		○					
1	김희숙	내	1 531021-2021342	72	60세이상			○				
4	임희연	내	1 151031-4123543	10	20세이하					○		
4	임유한	내	1 190531-3021474	6	20세이하							

◆ 부양가족 공제 현황
1. 기본공제 인원 (세대주 구분 1 세대주)

(2) 소득명세 TAB : 전근무지 자료 입력 시 기납부세액은 '**결정세액**'을 입력한다.

	구분		합계	주(현)	납세조합	종(전) [1/2]
소득명세	9.근무처명			(주)한솔산업 [기출 116회 차]		(주)선재기획
	9-1.종교관련 종사자			부		부
	10.사업자등록번호			125-85-47000		507-81-55567
	11.근무기간			2025-07-01 ~ 2025-12-31	~	2025-01-01 ~ 2025-06-30
	12.감면기간			~	~	~
	13-1.급여(급여자료입력)		39,000,000	15,000,000		24,000,000
	13-2.비과세한도초과액					
	13-3.과세대상추가(인정상여추가)					
	14.상여					
	15.인정상여					
	15-1.주식매수선택권행사이익					
	15-2.우리사주조합 인출금					
	15-3.임원퇴직소득금액한도초과액					
	15-4.직무발명보상금					
	16.계		39,000,000	15,000,000		24,000,000
공제보험	직장	건강보험료(직장)(33)	1,382,550	531,750		850,800
		장기요양보험료(33)	179,010	68,850		110,160
		고용보험료(33)	351,000	135,000		216,000
		국민연금보험료(31)	1,755,000	675,000		1,080,000
세액	기납부세액	소득세	554,140	371,750		182,390
		지방소득세	55,380	37,150		18,230
		농어촌특별세				

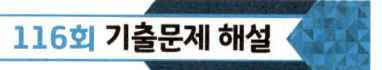

(3) [부양가족] TAB : 보험료 및 교육비 세액공제 추가입력

보험료	• 나이 및 소득금액 요건 모두 충족으로 보장성보험료 공제 가능
교육비	• 김희숙(모) : 직계존속 일반교육비는 공제 배제(다만, 장애인 특수교육비는 공제가능) • 임희연(자녀) : 학원비는 취학전 아동에 한하여 공제가 가능하므로 방과후 수업료 90만원(2.초중고) 입력 • 임유한(자녀) : 취학전 아동이므로 유치원 수업료 및 학원수업료 공제 가능하므로 328만원(1.취학전 아동) 입력

(표 생략 - 부양가족 입력 화면)

(4) 신용카드 등 TAB : 부양가족 TAB 더블클릭 또는 직접 선택

- 신용카드 등 사용액에 대한 소득공제와 의료비 세액공제는 중복공제가 허용되므로 공제 가능하며, 교육비 중 학원비도 중복공제 가능하다.

(표 생략 - 신용카드 등 입력 화면)

(5) [의료비] TAB : 부양가족 TAB 더블클릭 또는 직접 선택

① 최이현(본인) : 건강증진목적 한약구입비는 공제대상 제외한다.
② 김희숙(모) : 실손보험수령액은 지출액에서 공제하지 않고 전액 입력한다.
③ 임희연(자녀) : 시력보정용 안경 또는 콘택트렌즈를 구입하기 위하여 지출한 비용은 기본공제대상자 1명당 연 50만원까지 공제대상 의료비 지출액으로 한다.

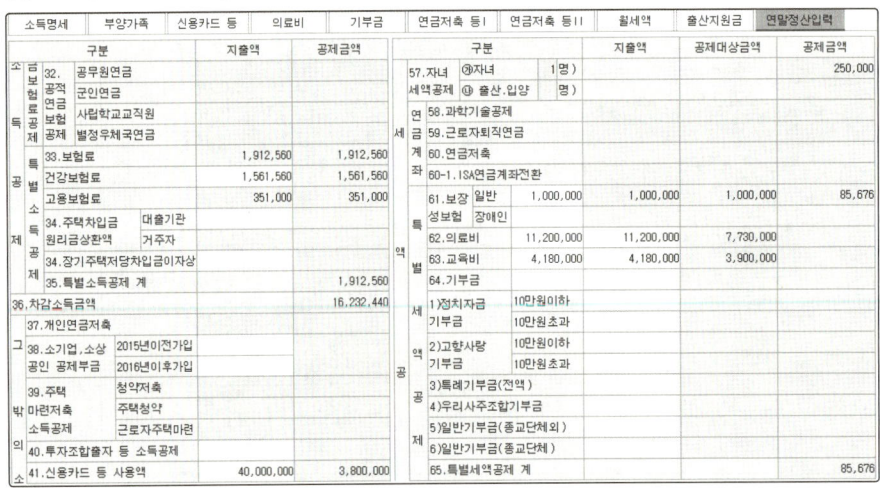

(6) 연말정산입력 TAB : [F8 부양가족탭불러오기] 버튼을 클릭하여 부양가족 TAB 자료 반영

[2] 원천징수이행상황신고서 전자신고

(1) 원천징수이행상황신고서 작성 및 마감
① 원천징수이행상황신고서 메뉴에서 귀속기간(2025년 09월 ~ 2025년 09월), 지급기간(2025년 09월 ~ 2025년 09월), 신고구분(1.정기신고)을 입력하여 조회한다.
② 해당 지급기간의 사업소득 및 원천징수세액을 입력한 후 상단의 [마감(F8)] 버튼을 클릭하여 마감을 진행한다.

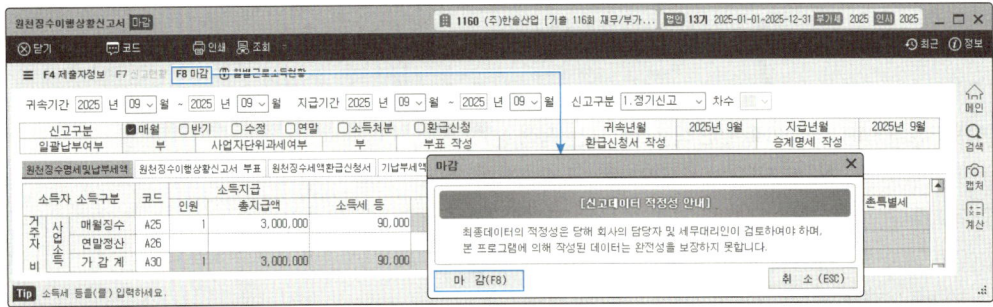

116회 기출문제 해설

(2) 원천징수이행상환신고서 전자신고 파일제작
① [원천징수이행상황제작 TAB]을 선택하고 **신고인구분(2.납세자자진신고)**, 지급기간(2025년 09월 ~ 2025년 09월), 신고(1.정기신고), 원천신고(1.매월), 제작경로(C:₩)를 입력한다.
② 선택한 회사코드의 마감자료가 조회되며 변환하고자 하는 회사를 선택하고 [**제작(F4)**] 버튼을 클릭하여 국세청 변환파일로 변환한다. 제작이 완료되면 전자신고 파일이 생성되었다는 메시지가 나오며 [확인]을 누른 후 파일 **비밀번호(자유롭게)**를 입력하여 파일을 암호화 한다.

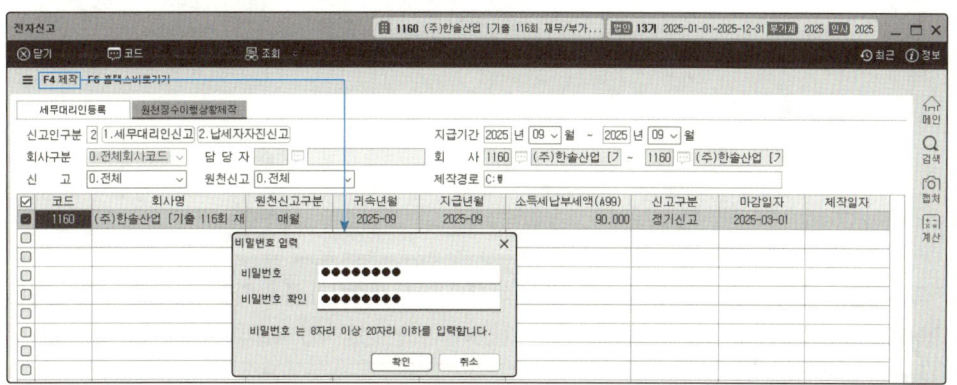

(3) 국세청 홈택스 전자신고
① [세금신고] TAB에서 전자파일변환을 위해 [**찾아보기**] 버튼을 클릭하여 변환대상파일을 선택한다.

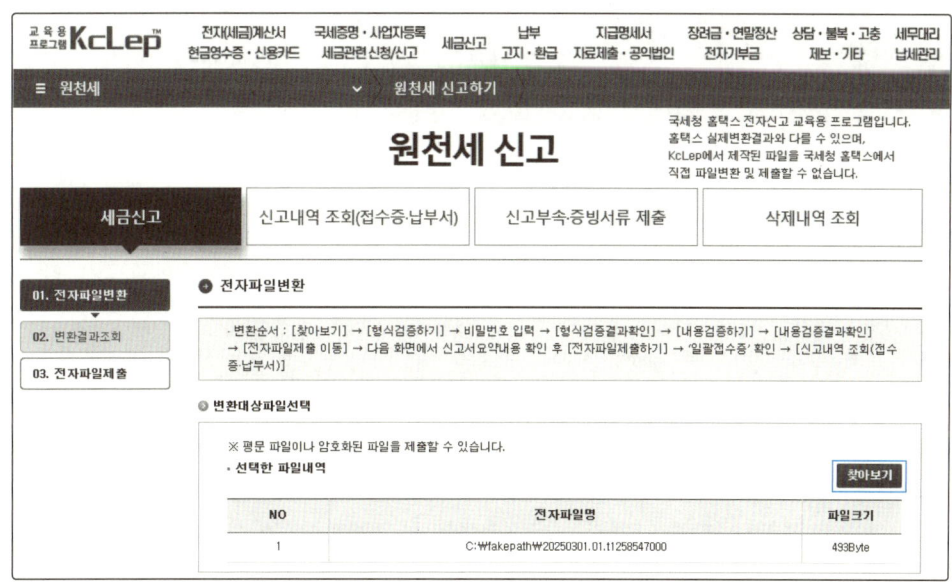

② 하단 진행현황의 [**형식검증하기**]를 클릭하고 신고파일 생성시 입력한 **비밀번호**를 입력하여 첨부파일의 오류를 진행하고 [**형식검증결과확인**]으로 진행상황을 확인한다.

③ [내용검증하기]를 클릭하여 신고내용을 검증하고 [내용검증결과확인]으로 신고내용의 오류사항을 처리내역에서 확인한다.

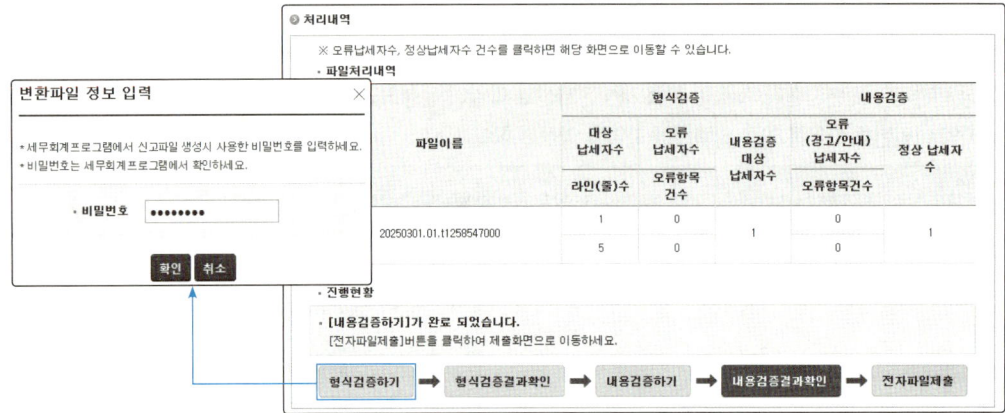

④ [전자파일제출]을 클릭하여 전자파일 제출로 이동하여 [전자파일 제출하기]를 클릭하여 원천징수이행상황신고서를 제출하며 "원천세 신고서 접수증(파일변환)" 화면이 나오면 정상적인 제출이 완료된 것이다.

116회 기출문제 해설

문제 5 법인조정

[1] 수입금액조정명세서 및 조정후수입금액명세서

1. 수입금액조정명세서

(1) 수입금액 조정명세

[가. 작업진행률에 의한 수입금액 TAB]

전기에 시작한 공사를 입력하는 경우 전기 및 당기의 총공사비누적액 및 공사수입계상액을 입력하며, 조정액에 대해서는 양수이므로 익금산입 유보처분 한다.

| No | ⑦공사명 | ⑧도급자 | ⑨도급금액 | 작업진행률계산 | | | ⑬누적익금 산입액 (⑨×⑫) | ⑭전기말누적 수입계상액 | ⑮당기회사 수입계상액 | (16)조정액 (⑬-⑭-⑮) |
				⑩해당사업연도말 총공사비누적액 (작업시간등)	⑪총공사 예정비 (작업시간등)	⑫진행률 (⑩/⑪)				
1	아름건물공사	주식회사 아름	300,000,000	150,000,000	200,000,000	75.00	225,000,000	150,000,000	70,000,000	5,000,000
	계		300,000,000	150,000,000	200,000,000		225,000,000	150,000,000	70,000,000	5,000,000

[다. 기타수입금액조정 TAB]

제품매출 누락분에 대한 수입금액 및 대응원가를 입력하고 손익계산서에 반영하지 않았으므로 익금 산입·손금 산입 유보처분한다.

No	(23)구 분	(24)근 거 법 령	(25)수 입 금 액	(26)대 응 원 가	비 고
1	제품매출 누락		5,500,000	3,000,000	
	계		5,500,000	3,000,000	

(2) 수입금액조정계산 TAB

① 항목(1.매출)을 선택하고 계정과목란에서 상단의 [매출조회(F4)]를 선택하여 제품매출 및 공사수입금을 각각 "결산서상수입금액"란에 반영한다.

② 제품매출 5,500,000원, 공사수입금 5,000,000원을 "조정 : ④가산"에 추가 입력한다.

1. 수입금액 조정계산

| No | 계정과목 | | ③결산서상 수입금액 | 조 정 | | ⑥조정후 수입금액 (③+④-⑤) | 비 고 |
	①항 목	②계정과목		④가 산	⑤차 감		
1	매 출	제품매출	1,357,000,000	5,500,000		1,362,500,000	
2	매 출	공사수입금	787,000,000	5,000,000		792,000,000	
		계	2,144,000,000	10,500,000		2,154,500,000	

2. 수입금액 조정명세

가. 작업 진행률에 의한 수입금액		5,000,000
나. 중소기업 등 수입금액 인식기준 적용특례에 의한 수입금액		
다. 기타 수입금액		5,500,000
	계	10,500,000

(3) 세무조정(상단의 조정등록(F3)을 선택하여 입력)

구 분	과 목	금 액	소득처분
익금산입	공사수입금 과소계상	5,000,000원	유보발생
익금산입	제품매출 누락	5,500,000원	유보발생
손금산입	제품매출원가 누락	3,000,000원	유보발생

2. 조정후수입금액조정명세서

(1) 업종별 수입금액 명세서 TAB

① 상단의 [불러오기(F12)] 버튼을 클릭하여 [수입금액조정명세서]의 "조정후수입금액"을 반영한다.
② 기준(단순)경비율번호란에 번호를 입력하면 업태와 종목이 자동 반영되며, 직접 입력도 가능하다. 별도의 세부 업태와 종목을 지문에 주어지지 않았으므로 반영된 내용을 그대로 저장한다.

①업태	②종목	순번	③기준(단순)경비율번호	수입금액계정조회 ④계(⑤+⑥+⑦)	내 수 판 매 ⑤국내생산품	⑥수입상품	⑦수 출 (영세율대상)
제조,도매업,건설업	전자부품	01	321012	1,362,500,000	1,362,500,000		
건설업	기타 비주거용 건물 건설업	02	451104	792,000,000	792,000,000		
(112)합 계		99		2,154,500,000	2,154,500,000		

(2) 과세표준과 수입금액 차액검토 TAB

① 상단의 [불러오기(F12)] 버튼을 클릭하여 부가가치세신고서 자료를 반영하며 합계란의 금액과 조정후수입금액의 차이가 "**차액**"란에 반영된다.
② 유형자산 매각금액 30,000,000원은 "유형자산 및 무형자산 매각액(25란)"에 **양수**로 입력한다.
③ 공사수입금액 가산조정 5,000,000원은 부가가치세 신고를 하지 않았으므로 "작업진행률 차이(28란)"에 **음수**로 입력한다. 제품매출 누락은 손익계산서에는 누락되었으나 부가가치세 수정신고를 하였으므로 수입금액과의 차액내역에는 기재하지 않는다.

⑧과세(일반)	⑨과세(영세율)	⑩면세수입금액	⑪합계(⑧+⑨+⑩)	⑫조정후수입금액	⑬차액(⑪-⑫)
1,799,500,000		380,000,000	2,179,500,000	2,154,500,000	25,000,000

(2) 수입금액과의 차액내역(부가세과표에 포함되어 있으면 +금액, 포함되지 않았으면 -금액 처리)

⑭구 분	코드	(16)금액	비 고	⑭구 분	코드	(16)금액	비 고
자가공급(면세전용등)	21			거래(공급)시기차이감액	30		
사업상증여(접대제공)	22			주세·개별소비세	31		
개인적공급(개인적사용)	23			매출누락	32		
간주임대료	24				33		
자산매각 유형자산 및 무형자산 매각액	25	30,000,000			34		
그밖의자산매각액(부산물)	26				35		
폐업시 잔존재고재화	27				36		
작업진행률 차이	28	-5,000,000			37		
거래(공급)시기차이가산	29			(17)차 액 계	50	25,000,000	
				(13)차액과(17)차액계의차이금액			

[2] 세금과공과금명세서

(1) 손금불산입표시

[불러오기(F12)] 버튼을 클릭하여 기간(2025년 1월 1일 ~ 2025년 12월 31일)을 입력하여 원장 데이터를 반영하고 [불산입만표기(F6)]를 클릭하여 손금불산입표시란에서 "1.손금불산입" 항목을 선택한다.

코드	계정과목	월	일	거래내용	코드	지급처	금 액	손금불산입표시
0817	세금과공과금	1	20	업무용 승용차 자동차세			387,000	
0817	세금과공과금	1	21	본사 토지 취득세			8,910,000	손금불산입
0817	세금과공과금	3	16	법인지방소득세			1,054,000	손금불산입
0817	세금과공과금	9	5	주민세 사업소분			55,000	
0817	세금과공과금	9	7	본사 건물 재산세			3,420,000	
0817	세금과공과금	10	9	국민연금 회사부담액			789,000	
0817	세금과공과금	11	15	원천징수 등 납부지연가산세			87,000	손금불산입
0817	세금과공과금	12	22	폐기물처리부담금			566,000	
0817	세금과공과금	12	26	업무용 승용차 자동차세			420,000	
				손 금 불 산 입 계			10,051,000	
				합 계			15,688,000	

(2) 세무조정(상단의 조정등록(F3)을 선택하여 입력)

구 분	과 목	금 액	소득처분
손금불산입	본사 토지 취득세	8,910,000원	유보발생
손금불산입	법인지방소득세	1,054,000원	기타사외유출
손금불산입	원천징수 등 납부지연가산세	87,000원	기타사외유출

[3] 소득금액조정합계표(상단의 직접입력(F6)을 선택하여 입력)

① 유가증권 평가는 원가법만 적용되므로 평가손익은 계상될 수 없으며, 수익(또는 비용)으로 계상된 부분이 없으므로 **이중세무조정**을 한다. 매도가능증권평가이익은 자산감소만큼 손금산입 유보처분 후 자본감소만큼 익금산입 기타처분한다.

구 분	과 목	금 액	소득처분
손금산입	매도가능증권	2,000,000원	유보발생
익금산입	매도가능증권평가이익	2,000,000원	기타

② 자기주식처분이익(자본잉여금)은 익금항목에 해당하므로 익금산입한다.

구 분	과 목	금 액	소득처분
익금산입	자기주식처분이익	5,000,000원	기타

③ 특수관계법인에게 업무와 관련 없이 지급한 대여금은 대손금처리할 수 없으므로 손금불산입한다.

구 분	과 목	금 액	소득처분
손금불산입	대손상각비	20,000,000원	기타사외유출

④ 건물관리비 중 대주주인 대표이사의 사택관리비는 업무무관 지출에 해당하므로 손금불산입한다. 단, 주주 등이 아닌 임원의 사택유지비 및 관리비는 업무와 관련 없는 지출에 해당하지 않은 것인데, **출제시 문제의 조건에서 대표이사의 주식보유상황에 대하여 명시하지 않아서(교재수록 기출문제는 수정)** 사택관리비를 손금으로 보고 세무조정하지 않은 답안도 정답으로 인정하였다[법인세법 시행령 제50조].

구 분	과 목	금 액	소득처분
손금불산입	건물관리비(사택관리비)	5,600,000원	상여

⑤ 법인세비용은 법인세비용차감전순이익으로 환원하여야 하므로 전액 손금불산입 한다.

구 분	과 목	금 액	소득처분
손금불산입	법인세비용	9,540,600원	기타사외유출

[4] 원천납부세액명세서

원장에 기장된 자료를 반영하고자 하는 경우 상단의 [불러오기(F12)]를 클릭하여 반영 후 입력하며 직접 입력도 가능하다.

No	1.적요 (이자발생사유)	2.원천징수의무자 구분	사업자(주민)번호	상호(성명)	3.원천징수일		4.이자·배당금액	5.세율(%)	6.법인세	지방세 납세지
1	정기예금이자	내국인	113-81-02128	국민은행	6	30	3,000,000	14.00	420,000	종로구
2	정기적금이자	내국인	210-81-87525	신한은행	9	30	12,000,000	14.00	1,680,000	강남구
3	비영업대금이익	내국인	603-81-02354	(주)신흥산업	11	30	2,500,000	25.00	625,000	해운대구
			합 계				17,500,000		2,725,000	

[5] 업무용승용차관련비용명세서

1. 업무용승용차등록

① [업무용승용차등록] 메뉴에 이미 업무용승용차가 등록되어 있다.
② 출제시 문제의 조건과 제공되는 DB의 요건이 불일치하여 복수답안을 인정하였으나 **도서출판 배움에서 제공하는 기출문제 DB는 문제 조건과 맞게 제공(리스개시일 2024.01.01.)**하였다.

[복수답안 공지사항]
K9 차량의 경우, 리스개시일이 2025.01.01.이므로 전기의 감가상각비 한도초과액은 존재하지 않는다. [업무용승용차관련비용명세서]의 (37)전기이월액에 전기 감가상각비 한도초과액 2,000,000원을 입력하지 않은 답안도 정답으로 인정하는 것으로 공지하였다.

2. 업무용승용차관련비용명세서

상단의 [새로불러오기 → 추가불러오기]를 클릭하여 [업무용승용차등록]에 등록한 정보를 반영한다.

(1) 산타페(157고1111)

① 운행일지를 작성하였으므로 총주행거리(12,000), 업무용 사용거리(12,000)를 입력하며, 주행거리에 의해 업무 사용비율(100%)이 자동 계산된다.

116회 기출문제 해설

② 자가차량은 당해연도 취득차량이므로 보유월수에 6개월이 반영되고, 취득가액(44,000,000원), 감가상각비(4,400,000원), 유류비(2,200,000원), 보험료(500,000원), 자동차세(420,000원)를 입력한다.

③ 업무사용금액

  ㉠ 감가상각비(상당액) = 감가상각비 4,400,000원 × 업무사용비율 100% = 4,400,000원

  ㉡ 관련비용 = 업무용 승용차 관련비용(감가상각비 제외) × 업무비율
      = (7,520,000원 − 4,400,000원) × 100% = 3,120,000원

④ 총주행거리가 업무용으로 모두 사용하여 업무사용비율이 100%이므로 [업무외 사용 금액]은 발생하지 않는다.

⑤ 감가상각비 한도초과액 = 4,400,000원 − (8,000,000원 × 6개월/12개월) = **400,000원**

  → 감가상각비 한도초과액은 손금불산입(유보발생) 소득처분하고 차기이월하여 시인부족액 발생 시 손금산입(유보감소) 처분한다.

No	코드	차량번호	차종	임차	(12)보험(율)	운행기록	번호판	월수	대상일수	가입일수
1	0101	157고1111	산타페	자가	여(100%)	여	부	6	184	184

1. 업무용 사용 비율 및 업무용 승용차 관련 비용 명세   (운행기록부: 적용)   취득일: 2025-07-01   □ 부동산임대업등 법령42조②항

(7) 총주행 거리(km)	(8) 업무용 사용 거리(km)	(9) 업무 사용비율	(13) 취득가액	(14) 보유또는 임차월수	(15)업무용 승용차 관련 비용						
					(16) 감가상각비	(17) 임차료 (감가상각비포함)	(18) 감가상각비상당액	(19) 유류비	(20) 보험료	(21) 수선비	(22) 자동차세	(23) 기타	(24) 합계
12,000	12,000	100.0000	44,000,000	6	4,400,000			2,200,000	500,000		420,000		7,520,000
합 계					4,400,000			2,200,000	500,000		420,000		7,520,000

2. 업무용 승용차 관련 비용 손금불산입 계산

(27) 업무 사용 금액			(28) 업무외 사용 금액			(35) 감가상각비 (상당액) 한도초과금액	(36) 손금불산입 합계	(37) 손금산입 합계
(29) 감가상각비 (상당액)[((16)또는 (18))X(9)X(12)]	(30) 관련 비용 [((24)−(16)또는 (24)−(18))X(9)X(12)]	(31) 합계 ((29)+(30))	(32) 감가상각비 (상당액)X(16)−(27) 또는 (18)−(29)]	(33) 관련 비용 [((24)−(16)또는 (24)−(18)−(30)]	(34) 합계 ((32)+(33))		((34)+(35))	((24)−(36))
4,400,000	3,120,000	7,520,000				400,000	400,000	7,120,000
4,400,000	3,120,000	7,520,000				400,000	400,000	7,120,000

3. 감가상각비(상당액) 한도초과금액 이월 명세

(42) 전기이월액	(43) 당기 감가상각비(상당액) 한도초과금액	(44) 감가상각비(상당액) 한도초과금액 누계	(45) 손금추인(산입)액	(46) 차기이월액((44)−(45))
	400,000	400,000		400,000
	400,000	400,000		400,000

(2) K9(248거3333)

① 운행일지를 작성하였으므로 총주행거리(8,000), 업무용 사용거리(6,400)를 입력하며, 주행거리에 의해 업무사용비율(80%)이 자동 계산된다.

② 임차월수(12)는 업무용승용차등록 정보가 반영되며, 임차료(15,600,000원), 감가상각비상당액(12,741,000원), 유류비(4,500,000원), 감가상각비(상당액) 한도초과금액에 전기이월액(2,000,000원)을 입력한다.

③ 업무사용금액

  ㉠ 감가상각비(상당액) = 감가상각비상당액 × 업무비율 = 12,741,000원 × 80% = 10,192,800원

  ㉡ 관련비용 = 업무용 승용차 관련비용(감가상각비 상당액 제외) × 업무비율
      = (20,100,000원 − 12,741,000원) × 80% = 5,887,200원

④ 업무외 사용금액 = 20,100,000원 × 20% = **4,020,000원**

  → 업무외 사용금액은 손금불산입 처리하며 차량 운행자의 상여로 소득처분한다.

기출문제 해설 116회

⑤ 감가상각비(상당액) 한도초과금액 = 10,192,800원 − (8,000,000원 × 12개월/12개월) = **2,192,800원**
　→ 감가상각비 한도초과액은 손금불산입(기타사외유출) 소득처분하고 차기이월하여 시인부족액 발생 시 손금산입(기타) 처분한다.

No	코드	차량번호	차종	임차	(12)보험(율)	운행기록	번호판	월수	대상일수	가입일수
2	0102	248거3333	K9	리스	여(100%)	여	여	12	365	365

1 업무용 사용 비율 및 업무용 승용차 관련 비용 명세 (운행기록부: 적용) 임차기간: 없음 □ 부동산임대업등 법령42조②항

(7) 총주행거리(km)	(8) 업무용 사용거리(km)	(9) 업무사용비율	(13) 취득가액	(14) 보유또는 임차월수	(15)업무용 승용차 관련 비용							
					(16) 감가상각비	(17) 임차료 (감가상각비포함)	(18) 감가상각비상당액	(19) 유류비	(20) 보험료	(21) 수선비	(22) 자동차세	(23) 기타	(24) 합계
8,000	6,400	80.0000		12		15,600,000	12,741,000	4,500,000					20,100,000
합계					4,400,000	15,600,000	12,741,000	6,700,000	500,000			420,000	27,620,000

2 업무용 승용차 관련 비용 손금불산입 계산

(27) 업무 사용 금액			(28) 업무외 사용 금액			(34) 합계 ((32)+(33))	(35) 감가상각비(상당액) 한도초과금액	(36) 손금불산입 합계 ((34)+(35))	(37) 손금산입 합계 ((24)−(36))
(29) 감가상각비(상당액)[((16)또는(18))X(9)X(12)]	(30) 관련 비용 [((24)−(16)또는(24)−(18))X(9)X(12)]	(31) 합계 ((29)+(30))	(32) 감가상각비(상당액)X(16)−(27)또는(18)−(29)	(33) 관련 비용 ((24)−(18)또는(24)−(18)−(30))					
10,192,800	5,887,200	16,080,000	2,548,200	1,471,800	4,020,000	2,192,800	6,212,800	13,887,200
14,592,800	9,007,200	23,600,000	2,548,200	1,471,800	4,020,000	2,592,800	6,612,800	21,007,200

3 감가상각비(상당액) 한도초과금액 이월 명세

(42) 전기이월액	(43) 당기 감가상각비(상당액) 한도초과금액	(44) 감가상각비(상당액) 한도초과금액 누계	(45) 손금추인(산입)액	(46) 차기이월액((44)−(45))
2,000,000	2,192,800	4,192,800		4,192,800
2,000,000	2,592,800	4,592,800		4,592,800

(3) 세무조정(상단의 조정등록(F3)을 선택하여 입력)

구 분	과 목	금 액	소득처분
손금불산입	감가상각비 한도초과액(산타페)	400,000원	유보발생
손금불산입	감가상각비상당액 한도초과액(K9)	2,192,800원	기타사외유출
손금불산입	업무용승용차 업무미사용분	4,020,000원	상여

115회 전산세무1급 기출 해설 PART 02 기출문제

A형	[01]	[02]	[03]	[04]	[05]	[06]	[07]	[08]	[09]	[10]	[11]	[12]	[13]	[14]	[15]
	2	4	3	4	3	1	2	2	1	2	3	3	2	4	1

◆해설◆

01. 주식배당 시 자본금은 증가하고 이익잉여금은 감소하며 자본총액은 동일하다.
회계처리 : (차) 미처분이익잉여금   ×××   (대) 자본금   ×××

02. 용역제공거래의 성과를 신뢰성 있게 추정할 수 없고 발생한 원가의 회수가능성이 낮은 경우에는 수익을 인식하지 않고 발생한 원가를 비용으로 인식한다.

03.
- 감가상각비 = 취득원가 2,000,000원 ÷ 내용연수 5년 = 400,000원
- 정부보조금 상각액 = 400,000원 × 1,000,000원/2,000,000원 = 200,000원
- 12월 31일 회계처리

    (차) 감가상각비　　　　　　400,000원　　(대) 감가상각누계액　　400,000원
    　　　정부보조금(기계장치차감)　200,000원　　　　감가상각비　　　　200,000원

- 재무상태표상 기계장치의 장부가액
    = 취득원가 2,000,000원 - 감가상각누계액 400,000원 - 정부보조금 800,000원 = 800,000원

04. 사채를 할증발행하여 유효이자율법으로 상각하는 경우 사채의 장부가액이 매년 감소하므로 사채의 실질이자도 매년 감소한다.

05. 납부해야 할 법인세가 회계상 법인세비용을 초과하는 경우 이연법인세자산을 인식한다.
회계처리 예시 : (차) 법인세비용　　　200원　　(대) 미지급세금　　300원
　　　　　　　　　이연법인세자산　　100원

06.
- 기본원가 : 직접재료원가 + 직접노무원가
- 가공원가 : 직접노무원가 + 제조간접원가

07.
나. 종합원가계산은 소품종대량생산에 적합하다.
라. 매몰원가에 대한 설명이다.

08.
- 선입선출법에 의한 완성품환산량
    = 완성품수량 + 기말재공품환성품환산량 - 기초재공품완성품환산량
    = 8,000개 + (2,000개 × 50%) - (1,000개 × 60%) = 8,400개
- 가공원가 발생액 = 완성품환산량 8,400개 × 완성품환산량 단위당 원가 10원/개 = 84,000원

09. ∴ 고정제조간접원가 총차이 : 150,000원 불리

실제 발생원가	기준조업도 × 표준배부율	표준조업도 × 표준배부율
600,000원	10,000개 × 1시간 × 50원 = 500,000원	9,000개 × 1시간 × 50원 = 450,000원
	예산차이 100,000원 불리	조업도차이 50,000원 불리

10. 개별원가계산방법은 제품별, 작업지시서별로 집계된 원가에 의하여 제조원가를 계산한다.

11. 비영리법인이 청산하는 경우에는 잔여재산을 구성원에게 분배할 수 없고 유사한 목적을 가진 비영리법인이나 국가에 인도하므로 청산소득이 발생하지 않는다. 따라서 청산소득에 대한 법인세 납세의무가 없다.
12. 일용근로자에게 지급하는 일용직 근로소득에 대해서는 간이지급명세서를 제출하지 않아도 된다.
13. 근무기간 중에 부여받은 주식매수선택권을 퇴직 후에 행사함으로써 얻는 이익은 기타소득에 해당한다.
14. 체감률은 건물과 구축물의 경우에는 5%, 기타 감가상각자산의 경우에는 25%로 한다.
15. 일반적인 교육용역은 면세에 해당하나 자동차운전학원에서 가르치는 교육용역은 과세이다.

실무문제 해설

문제 1 전표입력

NO	전표	월일	구분	계정과목	거래처	차변	대변
[1]	일반전표	3/20	차변	보통예금		5,000,000	
			대변	배당금수익			5,000,000

- 기업회계기준상 회사가 수령한 현금배당은 배당금수익으로 인식하지만, 주식배당은 배당금수익으로 계상하지 아니하며 회사가 보유한 주식의 수량 및 단가를 수정하여 주석으로 공시한다. 또한 법인에게 귀속되는 배당금은 원천징수대상 소득이 아니므로 원천징수세액은 고려할 필요가 없다.

NO	전표	월일	유형	품목	공급가액	부가세	공급처명	전자	분개
[2]	매입매출전표	7/9	11.과세	제품	100,000,000	10,000,000	(주)지수산업	여	혼합

	구분	계정과목	거래처	차변	대변
	대변	부가세예수금	(주)지수산업		10,000,000
	대변	제품매출	(주)지수산업		100,000,000
	차변	선수금	(주)지수산업	10,000,000	
	차변	받을어음	(주)지수산업	100,000,000	

NO	전표	월일	구분	계정과목	거래처	차변	대변
[3]	일반전표	7/10	차변	보통예금		62,500,000	
			차변	외환차손		2,500,000	
			대변	외상매출금	AAA		65,000,000

- 외환차손 = $50,000 × (1,300원 − 1,250원) = 2,500,000원

NO	전표	월일	유형	품목	공급가액	부가세	공급처명	전자	분개
[4]	매입매출전표	8/24	54.불공	토지측량비	2,500,000	250,000	국토정보공사	여	혼합

	불공제사유	⑥ 토지의 자본적 지출 관련			
	구분	계정과목	거래처	차변	대변
	차변	토 지	국토정보공사	2,750,000	
	대변	보통예금	국토정보공사		2,750,000

115회 기출문제 해설

문제 2 부가가치세 신고서 및 부속서류

[1] 부가가치세 수정신고

(1) 매입매출전표입력

① 2025년 4월 5일 누락분 추가 입력

구분	월일	유형	품목	공급가액	부가세	공급처명	전자	분개
카드매출 누락분 추가입력	4/5	17.카과	제품	2,000,000	200,000	(주)성림		카드 (혼합)
	신용카드		현대카드					
	구분	계정과목		거래처	차변		대변	
	차변	외상매출금		현대카드	2,200,000			
	대변	부가세예수금		(주)성림			200,000	
	대변	제품매출		(주)성림			2,000,000	

② 2025년 6월 9일 과다공제분 수정 입력

구분	월일	유형	품목	공급가액	부가세	공급처명	전자	분개
수정전	6/9	51.과세	자동차 구입	25,000,000	2,500,000	(주)한국자동차	여	혼합
	구분	계정과목		거래처	차변		대변	
	차변	부가세대급금		(주)한국자동차	2,500,000			
	차변	차량운반구		(주)한국자동차	25,000,000			
	대변	보통예금		(주)한국자동차			27,500,000	

구분	월일	유형	품목	공급가액	부가세	공급처명	전자	분개
수정후	6/9	54.불공	자동차 구입	25,000,000	2,500,000	(주)한국자동차	여	혼합
	불공제사유			③ 개별소비세법 제1조제2항제3호에 따른 자동차 구입·유지 및 임차				
	구분	계정과목		거래처	차변		대변	
	차변	차량운반구		(주)한국자동차	27,500,000			
	대변	보통예금		(주)한국자동차			27,500,000	

(2) 부가가치세 수정신고서

① 조회기간(2025년 4월 1일 ~ 2025년 6월 30일), **신고구분(2.수정신고), 수정차수(1차)**를 선택하여 전표입력 자료를 반영한다. 매출누락과 과다공제에 대한 추가 납부세액 및 가산세가 발생한다.

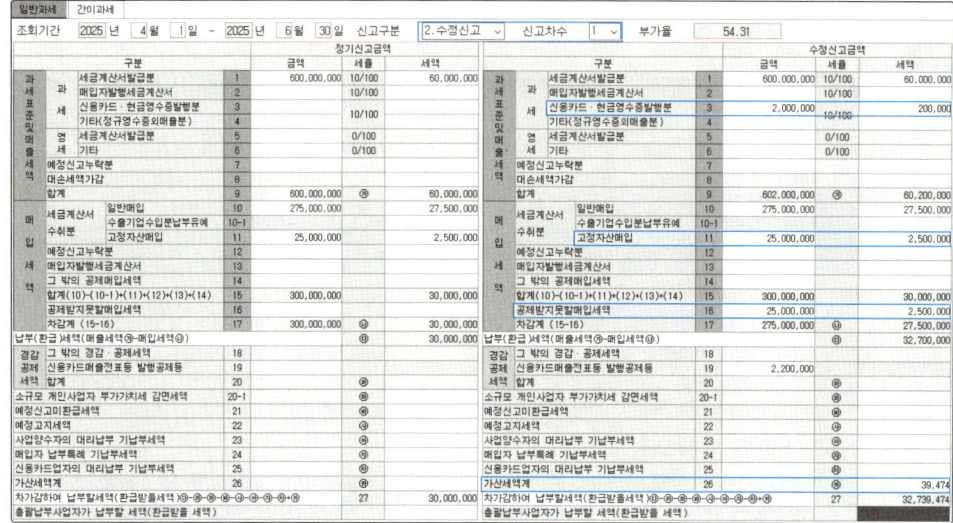

② 가산세명세

- 추가납부할 부가가치세액 = 매출세액 200,000원 + 과다공제액 2,500,000원 = 2,700,000원
- 신고불성실가산세(일반과소신고) = 2,700,000원 × 10% × (1 - 90%) = 27,000원
  → 신고기한 경과 후 1개월 이내에 수정신고시 90% 감면 적용
- 납부지연가산세 = 2,700,000원 × 2.2/10,000 × 21일 = 12,474원
  ∴ 가산세 합계 : 39,474원

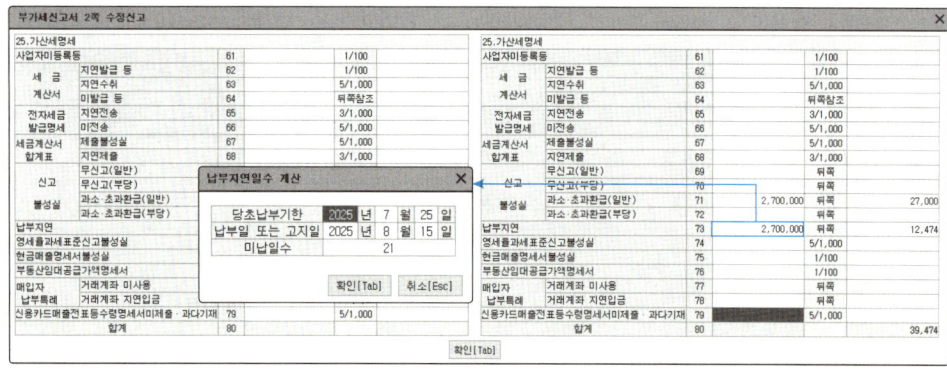

115회 기출문제 해설

[2] 공제받지못할매입세액명세서

(1) 공통매입세액 안분계산내역 TAB(조회기간 : 2025년 07월 ~ 2025년 09월)

조회기간	2025년 07월 ~ 2025년 09월	구분	2기 예정				
공제받지못할매입세액내역	공통매입세액안분계산내역	공통매입세액의정산내역	납부세액또는환급세액재계산				
산식	구분	과세·면세사업 공통매입		⑫총공급가액등	⑬면세공급가액	면세비율 (⑬÷⑫)	⑭불공제매입세액 [⑪×(⑬÷⑫)]
		⑩공급가액	⑪세액				
1.당해과세기간의 공급가액기준		100,000,000	10,000,000	800,000,000.00	400,000,000.00	50.000000	5,000,000
합계		100,000,000	10,000,000	800,000,000	400,000,000		5,000,000

불공제매입세액 (5,000,000) = 세액(10,000,000) × 면세공급가액 (400,000,000) / 총공급가액 (800,000,000)

(2) 공통매입세액의 정산내역 TAB(조회기간 : 2025년 10월 ~ 2025년 12월)

조회기간	2025년 10월 ~ 2025년 12월	구분	2기 확정					
공제받지못할매입세액내역	공통매입세액안분계산내역	공통매입세액의정산내역	납부세액또는환급세액재계산					
산식	구분	(15)총공통매입세액	(16)면세 사업확정 비율			(17)불공제매입세액총액 ((15)×(16))	(18)기불공제매입세액	(19)가산또는 공제되는매입세액 ((17)-(18))
			총공급가액	면세공급가액	면세비율			
1.당해과세기간의 공급가액기준		30,000,000	1,500,000,000.00	500,000,000.00	33.333333	9,999,999	5,000,000	4,999,999
합계		30,000,000	1,500,000,000	500,000,000		9,999,999	5,000,000	4,999,999

가산또는공제되는매입세액 (4,999,999) = 총공통매입세액(30,000,000) × 면세비율(%)(33.333333) - 기불공제매입세액(5,000,000)

문제 3 결산정리사항

[1] 수동결산 - 일반전표입력

월	일	구분	계정과목	거래처	차변	대변
12	31	차변	미수수익		4,500,000	
		대변	이자수익			4,500,000

- 이자수익 = 120,000,000원 × 5% × 9개월/12개월 = 4,500,000원

[2] 수동결산 - 일반전표입력

월	일	구분	계정과목	거래처	차변	대변
12	31	차변	선급비용		9,000,000	
		대변	임차료(제)			9,000,000

- 선급비용(미경과) = 12,000,000원 × 9개월/12개월 = 9,000,000원

[3] 자동결산 – 결산자료입력
- 건물 감가상각비 = 275,000,000원 − 250,000,000원 = 25,000,000원
- 차량운반구 감가상각비 = 35,000,000원 − 25,000,000원 = 10,000,000원

방법 1 : 결산자료입력 메뉴 제품매출원가의 2).일반감가상각비에 [건물 : 25,000,000원], 판매비와일반관리비의 4).감가상각비에 [차량운반구 : 10,000,000원]을 입력한 후 결산자료 입력의 [전표추가(F3)]를 한다.

방법 2 : 결산일(12월 31일)에 일반전표입력에 직접 입력

월	일	구분	계정과목	거래처	차변	대변
12	31	차변	감가상각비(제)		25,000,000	
		차변	감가상각비(판)		10,000,000	
		대변	감가상각누계액(203)			25,000,000
		대변	감가상각누계액(209)			10,000,000

[4] 자동결산 – 결산자료입력
① 법인세 산출세액 = (280,000,000원 − 200,000,000원) × 19% + 200,000,000원 × 9% = 33,200,000원
② 법인지방소득세 산출세액 = 33,200,000원 × 10% = 3,320,000원
∴ 법인세비용 = ① 33,200,000원 + ② 3,320,000원 = 36,520,000원

방법 1 : 결산자료입력 메뉴 9.법인세등의 1).선납세금란에 10,000,000원, 2).추가계상액란에 26,520,000원을 입력한 후 결산자료 입력의 [전표추가(F3)]를 한다.

방법 2 : 결산일(12월 31일)에 일반전표입력에 직접 입력

월	일	구분	계정과목	거래처	차변	대변
12	31	차변	법인세등		36,520,000	
		대변	선납세금			10,000,000
		대변	미지급세금			26,520,000

문제 4 원천징수

[1] 퇴직소득 원천징수
(1) 사원등록 기본사항 TAB
김태자 사원을 선택하고 [퇴사년월일]에 퇴사일자(2025년 6월 12일), 사유(1.개인 사정으로 인한 자진퇴사)를 입력한다.

(2) 퇴직소득자료입력

① 지급년월(2025년 06월), 소득자구분(1.근로)을 입력하여 퇴사자 "김태자"를 선택하고, 귀속년월(2025년 6월), 영수일자(2025-06-30), 퇴직사유(자발적퇴직)를 입력한다. 기산일/입사일, 퇴사일/지급일(2025/06/30)을 확인(또는 추가 입력)한다.

② 전액 과세되는 퇴직금 25,000,000원을 과세퇴직급여란에 입력하면 소득세와 지방소득세가 계산되며, 퇴직금 중 일부를 이연하므로 "과세이연계좌명세"에 연금계좌등의 정보를 입력한다.

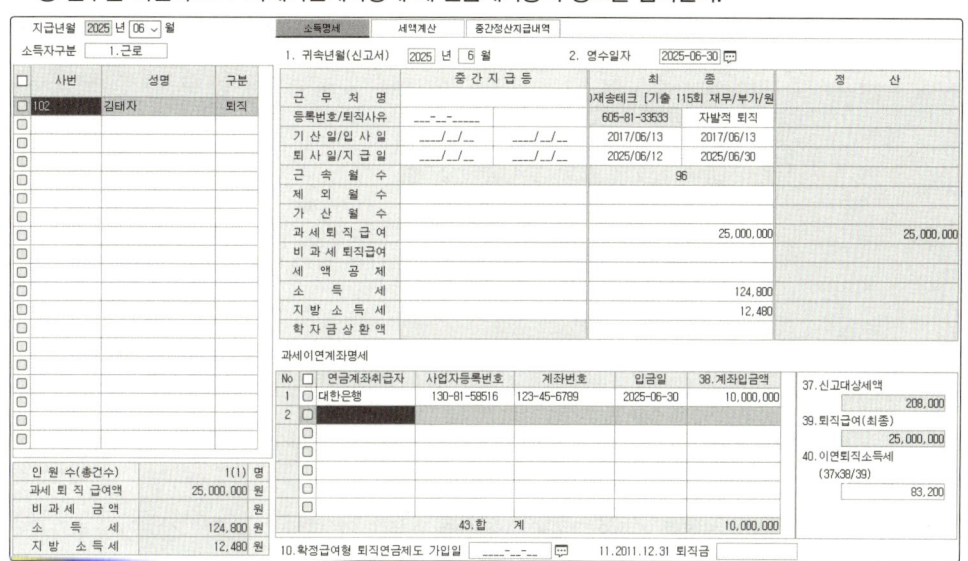

(3) 퇴직소득원천징수영수증

지급년월(2025년 06월 ~ 2025년 06월)을 입력하여 조회한다.

[2] 중도입사자 사원등록

(1) 사원등록 : 기본사항 TAB

정선달 사원을 선택한 후 사회보험 보수월액 2,800,000원을 입력한다.

(2) 사원등록 : 부양가족명세 TAB

① 김여사(모친) : 양도소득금액 100만원 초과로 기본공제 대상 제외

② 이부인(배우자) : 배우자는 동거불문, 장애인은 나이 불문이며 소득이 없으므로 기본공제, 장애인(3) 추가공제 가능

③ 정장남(자녀) : 일용근로소득은 무조건 분리과세이므로 기본공제, 자녀세액공제 가능

④ 정차남(자녀) : 초등학생으로 기본공제, 자녀세액공제 가능

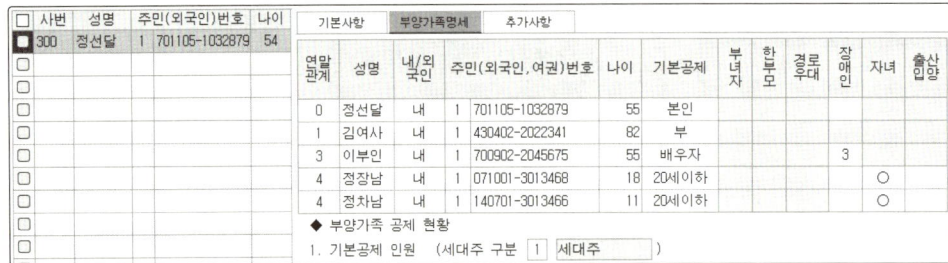

115회 기출문제 해설

(3) 연말정산추가자료입력 : 소득명세 TAB
전근무지 자료 입력 시 기납부세액은 '**결정세액**'을 입력한다.

구분		합계	주(현)	납세조합	종(전) [1/2]
9.근무처명			(주)재송테크 [기출 115회 재]		(주)스마트
9-1.종교관련 종사자			부		부
10.사업자등록번호			605-81-33533		120-81-34671
11.근무기간			2025-05-01 ~ 2025-12-31	~	2025-01-01 ~ 2025-03-31
12.감면기간			~	~	~
13-1.급여(급여자료입력)		40,500,000	30,000,000		10,500,000
13-2.비과세한도초과액					
13-3.과세대상추가(인정상여추가)					
14.상여		10,000,000			10,000,000
15.인정상여					
15-1.주식매수선택권행사이익					
15-2.우리사주조합 인출금					
15-3.임원퇴직소득금액한도초과액					
15-4.직무발명보상금					
16.계		50,500,000	30,000,000		20,500,000
18-39.중견핵심인력성과기금(청년50%)	T40				
18-40.비과세식대	P01	600,000			600,000
18-41.종업원등에대한할인금액	W01				
19.전공의수련보조수당	Y22				
20.비과세소득 계		600,000			600,000
20-1.감면소득 계					
직장 건강보험료(직장)(33)		1,786,680	1,063,500		723,180
장기요양보험료(33)		230,310	137,700		92,610
고용보험료(33)		424,000	240,000		184,000
국민연금보험료(31)		2,146,500	1,350,000		796,500
기납부세액 소득세		3,012,820	2,012,820		1,000,000
지방소득세		301,240	201,240		100,000
농어촌특별세					

[3] 원천징수이행상황신고서 전자신고

(1) 원천징수이행상황신고서 작성 및 마감
① 원천징수이행상황신고서 메뉴에서 귀속기간(2025년 06월 ~ 2025년 06월), 지급기간(2025년 07월 ~ 2025년 07월), 신고구분(1.정기신고)을 입력하여 조회한다. 해당 지급기간의 사업소득 및 원천징수세액, 전월미환급세액을 입력한 후 상단의 [마감(F8)] 버튼을 클릭하여 마감을 진행한다.

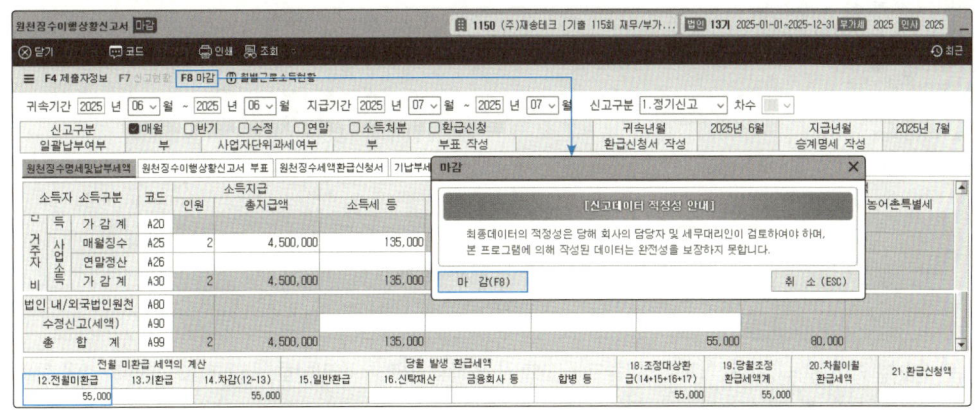

(2) 원천징수이행상환신고서 전자신고 파일제작

① [원천징수이행상황제작 TAB]을 선택하고 **신고인구분(2.납세자자진신고)**, 지급기간(2025년 07월 ~ 2025년 07월), 신고(1.정기신고), 원천신고(1.매월), 제작경로(C:₩)를 입력한다.

② 선택한 회사코드의 마감자료가 조회되며 변환하고자 하는 회사를 선택하고 **[제작(F4)]** 버튼을 클릭하여 국세청 변환파일로 변환한다. 제작이 완료되면 전자신고 파일이 생성되었다는 메시지가 나오며 [확인]을 누른 후 파일 **비밀번호(자유롭게)**를 입력하여 파일을 암호화 한다.

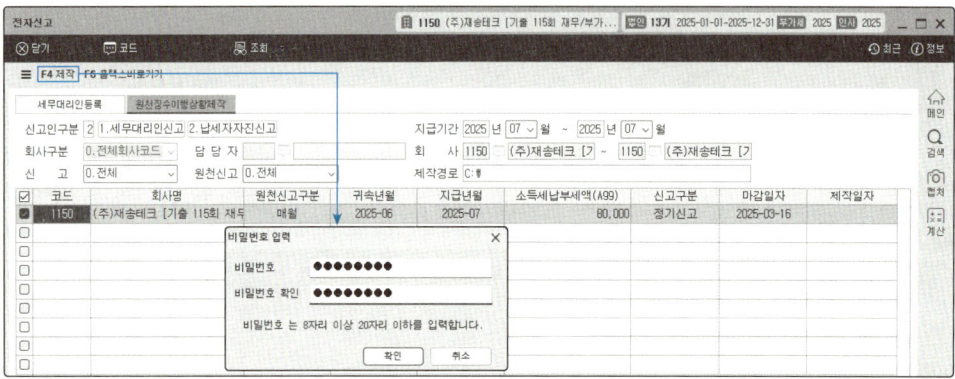

(3) 국세청 홈택스 전자신고

① [세금신고] TAB에서 전자파일변환을 위해 **[찾아보기]** 버튼을 클릭하여 변환대상파일을 선택한다.

② 하단 진행현황의 **[형식검증하기]**를 클릭하고 신고파일 생성시 입력한 **비밀번호**를 입력하여 첨부파일의 오류를 진행하고 [형식검증결과확인]으로 진행상황을 확인한다.

③ [내용검증하기]를 클릭하여 신고내용을 검증하고 [내용검증결과확인]으로 신고내용의 오류사항을 처리내역에서 확인한다.

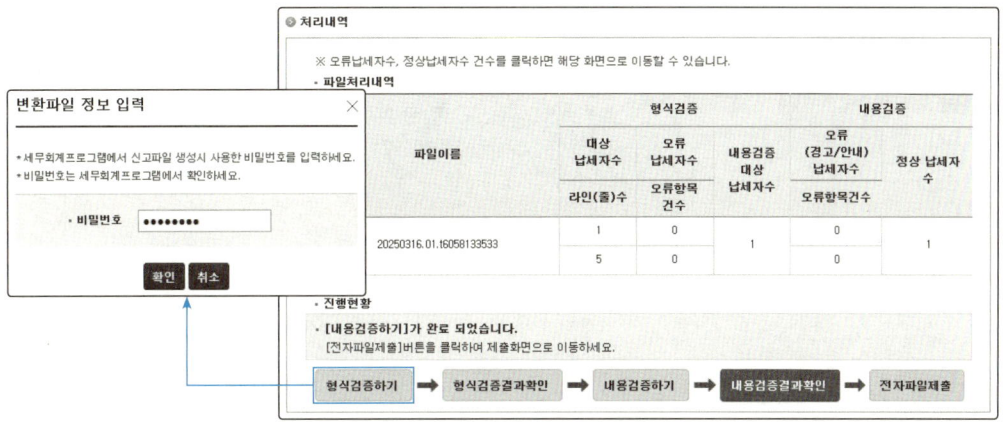

④ [전자파일제출]을 클릭하여 전자파일 제출로 이동하여 [전자파일 제출하기]를 클릭하여 원천징수이행상황신고서를 제출하며 "원천세 신고서 접수증(파일변환)" 화면이 나오면 정상적인 제출이 완료된 것이다.

문제 5 법인조정

[1] 업무용승용차관련비용명세서

(1) 업무용승용차등록

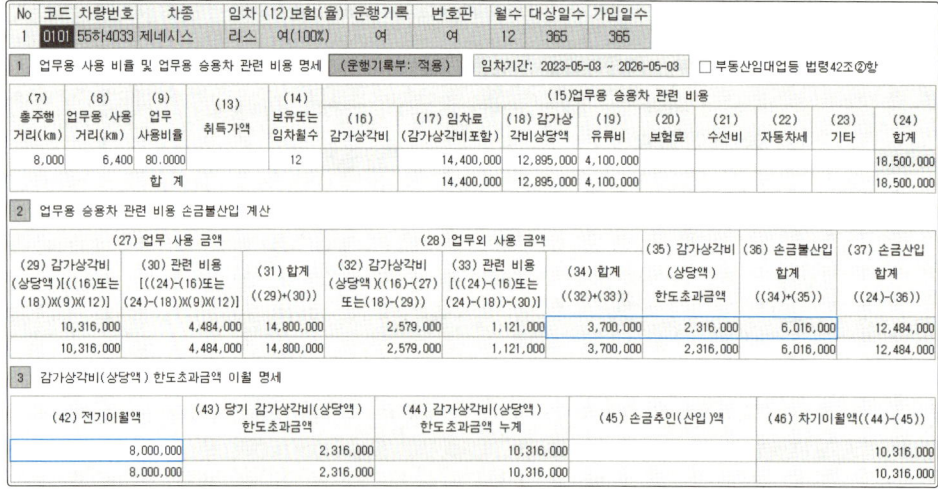

(2) 업무용승용차관련비용명세서

① 상단의 [새로불러오기 → 추가불러오기]를 클릭하여 [업무용승용차등록]에 등록한 정보를 반영한다.

② 운행일지를 작성하였으므로 총주행거리(8,000), 업무용 사용거리(6,400)를 입력하며, 주행거리에 의해 업무사용비율(80%)이 자동 계산된다.

③ 임차월수(12)는 업무용승용차등록 정보가 반영되며, 임차료(14,400,000원), 감가상각비상당액(12,895,000원), 유류비(4,100,000원), 감가상각비(상당액) 한도초과금액에 전기이월액(8,000,000원)을 입력한다.

④ 업무사용금액

  ㉠ 감가상각비(상당액) = 감가상각비상당액 × 업무비율 = 12,895,000원 × 80% = 10,316,000원

  ㉡ 관련비용 = 업무용 승용차 관련비용(감가상각비 상당액 제외) × 업무비율
    = (18,500,000원 − 12,895,000원) × 80% = 4,484,000원

⑤ 업무외 사용금액 = 18,500,000원 × 20% = **3,700,000원**
  → 업무외 사용금액은 손금불산입 처리하며 차량 운행자의 상여로 소득처분한다.
⑥ 감가상각비(상당액) 한도초과금액 = 10,316,000원 − (8,000,000원 × 12개월/12개월) = **2,316,000원**
  → 감가상각비 한도초과액은 손금불산입(기타사외유출) 소득처분하고 차기이월하여 시인부족액 발생 시 손금산입(기타) 처분한다.

(3) 세무조정(상단의 조정등록(F3)을 선택하여 입력)

구 분	과 목	금 액	소득처분
손금불산입	업무용승용차 업무미사용분	3,700,000원	상여
손금불산입	감가상각비상당액 한도초과액	2,316,000원	기타사외유출

[2] 기업업무추진비조정명세서
(1) 기업업무추진비 입력(을) TAB
① 상단의 [불러오기(F12)] 버튼을 클릭하여 수입금액과 기업업무추진비를 반영하고 수입금액명세의 "2.특수관계인간 거래금액"란에 200,000,000원을 직접 입력한다.
② 기업업무추진비 중 직원카드 사용분은 법정증빙에 해당하지 않으므로 "15.신용카드 등 미사용금액"란에 반영여부를 확인한다.
③ 경조사비는 건당 20만원 이하에 해당하므로 "8.신용카드등 미사용 금액"에 반영되지 않으며, 건당 3만원 이하 간이영수증 수령 금액은 법정증빙을 수취하지 않아도 기업업무추진비로 인정된다.
④ 거래처에 선물 목적 구입의 소모품비는 기업업무추진비에 해당하므로 "4.계정과목, 5.계정금액, 16.총 초과금액"란에 해당 자료를 입력한다. 불특정 다수인에게 제공하는 광고선전비는 기업업무추진비에 해당하지 않는다.

1.기업업무추진비 입력(을)	2.기업업무추진비 조정(갑)				
1. 수입금액명세					
구 분	1. 일반수입금액	2. 특수관계인간 거래금액	3. 합 계(1+2)		
금 액	1,800,000,000	200,000,000	2,000,000,000		

2. 기업업무추진비 해당금액					
4. 계정과목	합계	기업업무추진비(제조)	기업업무추진비(판관)	소모품비	
5. 계정금액	62,200,000	26,200,000	34,500,000	1,500,000	
6. 기업업무추진비계상액 중 사적사용경비					
7. 기업업무추진비해당금액(5-6)	62,200,000	26,200,000	34,500,000	1,500,000	
8.신용카드 미사용금액 — 경조사비 중 기준금액 초과액 — 9. 신용카드 등 미사용액					
10. 총 초과금액					
국외지역 지출액 (법인세법 시행령 제41조제2항제1호) — 11. 신용카드 등 미사용액					
12. 총 지출액					
농어민 지출액 (법인세법 시행령 제41조제2항제2호) — 13. 송금명세서 미제출금액					
14. 총 지출액					
기업업무추진비 중 기준금액 초과액 — 15. 신용카드 등 미사용액	7,000,000	2,000,000	5,000,000		
16. 총 초과금액	55,400,000	23,000,000	30,900,000	1,500,000	
17. 신용카드 등 미사용 부인액	7,000,000	2,000,000	5,000,000		
18. 기업업무추진비 부인액(6+17)	7,000,000	2,000,000	5,000,000		

(2) 기업업무추진비 조정(갑) TAB

문화비로 지출한 2,000,000원을 "9.문화기업업무추진비 지출액"란에 입력하여 한도초과액을 계산한다.

1.기업업무추진비 입력(을)	2.기업업무추진비 조정(갑)				
3 기업업무추진비 한도초과액 조정					
중소기업				☐ 정부출자법인 ☐ 부동산임대업등(법.령제42조제2항)	
구분					금액
1. 기업업무추진비 해당 금액					62,200,000
2. 기준금액 초과 기업업무추진비 중 신용카드 등 미사용으로 인한 손금불산입액					7,000,000
3. 차감 기업업무추진비 해당금액(1-2)					55,200,000
기업업무추진비 한도	일반	4. 12,000,000 (중소기업 36,000,000) X 월수(12) / 12			36,000,000
		총수입금액 기준	100억원 이하의 금액 X 30/10,000		6,000,000
			100억원 초과 500억원 이하의 금액 X 20/10,000		
			500억원 초과 금액 X 3/10,000		
			5. 소계		6,000,000
		일반수입금액 기준	100억원 이하의 금액 X 30/10,000		5,400,000
			100억원 초과 500억원 이하의 금액 X 20/10,000		
			500억원 초과 금액 X 3/10,000		
			6. 소계		5,400,000
		7. 수입금액기준	(5-6) X 10/100		60,000
		8. 일반기업업무추진비 한도액 (4+6+7)			41,460,000
문화기업업무추진비 한도(「조특법」제136조제3항)		9. 문화기업업무추진비 지출액			2,000,000
		10. 문화기업업무추진비 한도액(9와 (8 X 20/100) 중 작은 금액)			2,000,000
전통시장기업업무추진비 한도(「조특법」제136조제6항)		11. 전통시장기업업무추진비 지출액			
		12. 전통시장기업업무추진비 한도액(11과 (8 X 10/100) 중 작은 금액)			
13. 기업업무추진비 한도액 합계(8+10+12)					43,460,000
14. 한도초과액(3-13)					11,740,000
15. 손금산입한도 내 기업업무추진비 지출액(3과 13중 작은 금액)					43,460,000

(3) 세무조정(상단의 조정등록(F3)을 선택하여 입력)

구 분	과 목	금 액	소득처분
손금불산입	기업업무추진비 중 신용카드 미사용	7,000,000원	기타사외유출
손금불산입	기업업무추진비 한도 초과액	11,740,000원	기타사외유출

[3] 최저한세조정계산서와 법인세과세표준및세액조정계산서

(1) 법인세과세표준 및 세액조정계산서

① 결산서상 당기순이익, 익금산입 및 손금산입, 기부금한도초과액, 이월결손금을 입력한다.

② 공제가능 이월결손금은 중소기업의 경우 소득금액의 100% 내에서 공제가 가능하므로 전액 입력한다.

③ 과세표준 및 산출세액을 확정한 후 상단의 [저장(F11)] 버튼을 클릭한다.

① 각사업연도소득계산	101. 결산서상 당기순손익	01		535,000,000
	소득조정금액	102. 익금산입	02	34,500,000
		103. 손금산입	03	2,900,000
	104. 차가감소득금액 (101+102-103)	04		566,600,000
	105. 기부금한도초과액	05		1,800,000
	106. 기부금한도초과이월액 손금산입	54		
	107. 각사업연도소득금액(104+105-106)	06		568,400,000
② 과세표준계산	108. 각사업연도소득금액(108=107)			568,400,000
	109. 이월결손금	07		3,522,000
	110. 비과세소득	08		
	111. 소득공제	09		
	112. 과세표준 (108-109-110-111)	10		564,878,000
	159. 선박표준이익	55		
③ 산출	113. 과세표준 (113=112+159)	56		564,878,000
	114. 세율	11		19%
	115. 산출세액	12		87,326,820

115회 기출문제 해설

(2) 최저한세조정계산서

① 상단의 [불러오기(F12)] 버튼을 클릭하여 [법인세과세표준및세액조정계산서]에 입력한 자료를 반영한다.
② 중소기업특별세액감면 13,000,000원을 "(123)감면세액", 고용증대세액공제 및 사회보험료세액공제 36,200,000원을 "(124)세액공제" 감면후세액란에 입력한다. (중복공제 가능)
③ 감면후세액의 125.차감세액(38,126,820원)과 최저한세의 122.산출세액(39,541,460원)을 비교하며 감면후 차감세액이 최저한세보다 작으므로 **조정감(1,414,640원)**이 발생한다. 세액공제는 조정감을 제외한 **34,785,360원**만 공제가 가능하다.

①구분	코드	②감면후세액	③최저한세	④조정감	⑤조정후세액
(101) 결산서상 당기순이익	01	535,000,000			
소득조정금액 (102)익금산입	02	34,500,000			
(103)손금산입	03	2,900,000			
(104) 조정후소득금액 (101+102-103)	04	566,600,000	566,600,000		566,600,000
최저한세적용대상 (105)준비금	05				
특별비용 (106)특별상각,특례상각	06				
(107) 특별비용손금산입전소득금액(104+105+106)	07	566,600,000	566,600,000		566,600,000
(108) 기부금한도초과액	08	1,800,000	1,800,000		1,800,000
(109) 기부금한도초과이월액 손금산입	09				
(110) 각 사업연도 소득금액 (107+109-109)	10	568,400,000	568,400,000		568,400,000
(111) 이월결손금	11	3,522,000	3,522,000		3,522,000
(112) 비과세소득	12				
(113) 최저한세적용대상 비과세소득	13				
(114) 최저한세적용대상 익금불산입 손금산입	14				
(115) 차가감 소득금액(110-111-112+113+114)	15	564,878,000	564,878,000		564,878,000
(116) 소득공제	16				
(117) 최저한세적용대상 소득공제	17				
(118) 과세표준금액(115-116+117)	18	564,878,000	564,878,000		564,878,000
(119) 선박표준이익	24				
(120) 과세표준금액(118+119)	25	564,878,000	564,878,000		564,878,000
(121) 세율	19	19 %	7 %		19 %
(122) 산출세액	20	87,326,820	39,541,460		87,326,820
(123) 감면세액	21	13,000,000			13,000,000
(124) 세액공제	22	36,200,000		1,414,640	34,785,360
(125) 차감세액 (122-123-124)	23	38,126,820			39,541,460

(3) 법인세과세표준 및 세액조정계산서

[121.최저한세 적용대상 공제감면세액]란에 47,785,360원, 가산세액, 기납부세액인 중간예납세액 및 원천납부세액을 추가로 입력한다. 납부세액 1,000만원 초과로 분납(가산세는 제외)이 가능하다.

		코드					코드	
①각사업연도소득계산	101. 결산서상 당기순손익	01	535,000,000			120. 산출세액 (120+119)		87,326,820
	소득조정금액 102.익금산입	02	34,500,000		④납부할세액계산	121. 최저한세 적용 대상 공제감면세액	17	47,785,360
	103.손금산입	03	2,900,000			122. 차감세액	18	39,541,460
	104. 차가감 소득금액 (101+102-103)	04	566,600,000			123. 최저한세 적용제외 공제감면세액	19	
	105. 기부금 한도 초과액	05	1,800,000			124. 가산세액	20	190,000
	106. 기부금 한도 초과 이월액 손금산입	54				125. 가감계 (122-123+124)	21	39,731,460
	107. 각 사업 연도 소득금액 (104+105-106)	06	568,400,000		기납부세액	126. 중간예납세액	22	5,000,000
②과세표준계산	108. 각 사업 연도 소득금액 (108=107)		568,400,000			127. 수시부과세액	23	
	109. 이월결손금	07	3,522,000			128. 원천납부세액	24	7,000,000
	110. 비과세소득	08				129. 간접 회사등 외국 납부세액	25	
	111. 소득공제	09				130. 소계(126+127+128+129)	26	12,000,000
	112. 과세표준 (108-109-110-111)	10	564,878,000			131. 신고납부전 가산세액	27	
	159. 선박표준이익	55				132. 합계 (130+131)	28	12,000,000
③산출세액계산	113. 과세표준 (113=112+159)	56	564,878,000			133. 감면분추가납부세액	29	
	114. 세율	11	19%			134. 차가감 납부할 세액 (125-132+133)	30	27,731,460
	115. 산출세액	12	87,326,820			⑤토지등양도소득, ⑥미환류소득 법인세 계산 (TAB로 이동)		
	116. 지점 유보 소득 (법 제96조)	13				151. 차감납부할세액계 (134+150+166)	46	27,731,460
	117. 세율	14				152. 사실과 다른 회계처리 경정세액공제	57	
	118. 산출세액	15				153. 분납세액 계산 범위액 (151-124-133-145-152+131)	47	27,541,460
	119. 합계 (115+118)	16	87,326,820			154. 분납할세액	48	13,770,730
						155. 차감 납부할 세액 (151-152-154)	49	13,960,730

전자 / 전자(중간예납) / 분납할 세액 : 13,770,730

[4] 대손충당금 및 대손금조정명세서

(1) 대손금조정
소멸시효 완성 및 파산, 부도발생 6월 경과분은 대손금 사유에 해당하므로 시인액에 입력한다. 부도발생 6월 미경과분((주)최가)과 부도발생 충족분((주)이가) 중 비망가액 1,000원은 손금불산입 되므로 부인액에 입력한다.

No	22.일자	23.계정과목	24.채권내역	25.대손사유	26.금액	대손충당금상계액 27.계	28.시인액	29.부인액	당기 손비계상액 30.계	31.시인액	32.부인액
1	03.31	외상매출금	1.매출채권	6.소멸시효완성	10,000,000	10,000,000	10,000,000				
2	06.30	외상매출금	1.매출채권	1.파산	5,000,000	5,000,000	5,000,000				
3	09.01	받을어음	1.매출채권	5.부도(6개월경과)	20,000,000	20,000,000		20,000,000			
4	11.02	받을어음	1.매출채권	5.부도(6개월경과)	15,000,000	15,000,000	14,999,000	1,000			
5	06.25	미수금	2.미수금	2.강제집행	15,000,000	15,000,000	15,000,000				
		계			65,000,000	65,000,000	44,999,000	20,001,000			

(2) 채권잔액
채권의 장부가액을 직접 입력하거나 상단의 [불러오기(F12)] 버튼을 클릭하여 반영 후 관계없는 채권은 삭제한다. 받을어음 당기 대손금 부인액(요건 미충족 및 비망가액) 20,001,000원은 "18.기말현재대손금부인누계 : 당기"란 직접 입력한다.

채권잔액	No	16.계정과목	17.채권잔액의 장부가액	18.기말현재대손금부인누계 전기	당기	19.합계 (17+18)	20.충당금설정제외채권 (할인,배서,특수채권)	21.채권잔액 (19-20)
	1	외상매출금	1,570,000,000			1,570,000,000		1,570,000,000
	2	받을어음	100,000,000		20,001,000	120,001,000		120,001,000
	3							
		계	1,670,000,000		20,001,000	1,690,001,000		1,690,001,000

(3) 대손충당금조정
① 보충액 = 대손충당금 차기이월액 − 대손충당금 설정액 = 21,000,000원 − 6,000,000원 = 15,000,000원
② 전기 대손충당금한도초과액은 무조건 당기에 환입조정을 하여야 하므로 "10.충당금부인누계액"에 8,795,000원을 입력하고 손금산입(유보감소) 처분을 한다.

손금산입조정	1.채권잔액 (21의금액)	2.설정률(%) ●기본율 ○실적율 ○적립기준	3.한도액 (1×2)	회사계상액 4.당기계상액	5.보충액	6.계	7.한도초과액 (6-3)
	1,690,001,000		16,900,010	6,000,000	15,000,000	21,000,000	4,099,990
익금산입조정	8.장부상 충당금기초잔액	9.기중 충당금환입액	10.충당금부인 누계액	11.당기대손금 상계액(27의금액)	12.충당금보충액 (충당금장부잔액)	13.환입할금액 (8-9-10-11-12)	14.회사환입액 (회사기말환입)	15.과소환입·과다환입(△)(13-14)
	80,000,000		8,795,000	65,000,000	15,000,000	−8,795,000		−8,795,000

(4) 세무조정(상단의 조정등록(F3)을 선택하여 입력)

구 분	과 목	금 액	소득처분
손금불산입	대손금 부인액(받을어음)	20,001,000원	유보발생
손금불산입	대손충당금 한도초과	4,099,990원	유보발생
손금산입	전기 대손충당금 한도초과	8,795,000원	유보감소

115회 기출문제 해설

[5] 소득금액조정합계표

① 법인세비용(법인지방소득세 포함)은 법인세비용차감전순이익으로 환원하여야 하므로 전액 손금불산입 처분한다.

구 분	과 목	금 액	소득처분
손금불산입	법인세비용	18,000,000원	기타사외유출

② 퇴직급여 중 임원이 연임된 경우에는 현실적인 퇴직에 해당하지 않으므로 손금불산입 유보 처분 후 현실적인 퇴직시 손금 추인한다.

구 분	과 목	금 액	소득처분
손금불산입	업무무관가지급금	35,000,000원	유보발생

③ 토지에 대한 개발부담금은 취득원가에 가산하여야 하므로 손금불산입 처분한다.

구 분	과 목	금 액	소득처분
손금불산입	토지개발부담금	3,000,000원	유보발생

④ 업무용승용차 감가상각은 강제상각 규정으로 내용연수 5년으로 하여 정액법으로 상각한다. 따라서 상각범위액(6,000,000원)에 미달하게 감가상각비를 계상한 경우 상각범위액까지 손금산입 처분한다.

구 분	과 목	금 액	소득처분
손금산입	업무용승용차 감가상각비	2,000,000원	유보발생

⑤ 소액주주가 아닌 출자자인 임원의 사택유지비는 업무무관 지출에 해당하므로 손금불산입한다.

구 분	과 목	금 액	소득처분
손금불산입	출자임원 사택유지비	5,000,000원	상여

⑥ 자동차세 과오납금에 대한 환급금이자는 무조건 익금불산입 항목에 해당한다.

구 분	과 목	금 액	소득처분
익금불산입	자동차세 환급금이자	100,000원	기타

114회 전산세무1급 기출 해설

A형	[01]	[02]	[03]	[04]	[05]	[06]	[07]	[08]	[09]	[10]	[11]	[12]	[13]	[14]	[15]
	3	2	3	2	1	4	4	2	1	4	3	4	3	2	4

◆해설◆

01. 원칙적으로 단기매매증권, 매도가능증권은 공정가치로 평가하고, 만기보유증권은 상각후원가로 평가한다.

02. 유형자산을 신규 취득한 회계연도의 감가상각비는 정액법보다 정률법이 크다. 따라서 감가상각비는 증가하고, 당기순이익과 차량운반구의 장부가액은 감소한다.

03. ③은 전진법의 단점에 대한 설명이다. 소급법의 경우 재무제표의 비교가능성이 유지되고 회계변경의 영향이 재무제표에 충분히 반영되어 파악하기 쉽다.

04. 기업이 매입 등을 통하여 취득하는 자기주식은 취득원가를 자기주식의 과목으로 하여 자본조정으로 회계처리 한다.

05. 사채할증발행차금 상각액은 매년 증가한다.

06. (1) 수선부문 원가배분
- 전력부문 = 100,000원 × 40% = 40,000원
- 제조부문 X = 100,000원 × 40% = 40,000원
- 제조부문 Y = 100,000원 × 20% = 20,000원

(2) 전력부문 원가배분
- 전력부문 배분대상원가 = 40,000원 + 80,000원 = 120,000원
- 제조부문 X = 120,000원 × 30% = 36,000원
- 제조부문 Y = 120,000원 × 70% = 84,000원

∴ X에 배분될 보조부문원가 총액
= 수선부문 배분액 40,000원 + 전력부문 배분액 36,000원 = 76,000원

07.
- 직접재료의 1/2은 공정 초기에 투입되고, 나머지 1/2은 공정이 80% 진행된 시점에 투입하므로, 기초재공품의 완성도가 60%이므로 당기에 50% 추가 투입하여야 완성품이 되고 기말재공품의 완성도가 30%이므로 50%만 투입되었다.
- 직접재료원가의 완성품환산량(선입선출법)
= 완성품 5,000단위 + (기말재공품 400단위 × 50%) - (기초재공품 400단위 × 50%)
= 5,000단위

08. 가는 작업폐물, 라는 비정상공손에 대한 설명이다.

09. ①은 원가의 구성이며, 원가행태에 따른 분류로서 변동원가, 고정원가, 준변동원가, 준고정원가로 구성된다.

10. 기말재공품의 완성도는 선입선출법, 평균법에서 모두 고려해야 하는 대상이다.
11. 영세율의 경우 부가가치세법상 사업자로서 제반의무를 이행해야 한다. 면세는 부가가치세법상 의무사항은 없으나 일정한 협력의무는 이행해야 한다.
12. 채권자가 불분명한 사채의 이자는 상여로 처분하지만 해당 이자에 대한 원천징수세액은 기타사외유출로 처분한다.
13. 가. 재화의 공급으로 부가가치세 과세 대상이다.
    나. 권리금으로 재산적 가치가 있는 무체물은 부가가치세 과세 대상이다.
    라. 재산적 가치가 있는 유체물은 재화에 포함되는 것으로 사업자가 공급하는 경우 과세 대상이다.
14. 아파트관리비는 공제 대상 신용카드 등 사용금액에 포함하지 않는다.
15. 주거용 건물의 임대업에서 발생한 결손금은 근로소득 → 연금소득 → 기타소득 → 이자소득 → 배당소득 순으로 다른 종합소득금액에서 공제가 가능하다. 다만, 주거용 건물 임대업이 아닌 부동산임대업에서 발생한 결손금은 추후 발생하는 해당 부동산임대업의 소득금액에서만 공제 가능하다.

실무문제 해설

문제 1 전표입력

NO	전표	월일	유형	품목	공급가액	부가세	공급처명	전자	분개
[1]	매입매출전표	7/6	54.불공	잡화세트	1,500,000	150,000	만물상사	여	혼합

	불공제사유	④ 기업업무추진비 및 이와 유사한 비용 관련			
구분	계정과목	거래처	차변	대변
차변	기업업무추진비(판)	만물상사	1,650,000	
대변	보통예금	만물상사		1,650,000

NO	전표	월일	구분	계정과목	거래처	차변	대변
[2]	일반전표	7/20	차변	외상매입금	(주)대성	55,000,000	
			대변	보통예금			54,000,000
			대변	채무면제이익			1,000,000

NO	전표	월일	구분	계정과목	거래처	차변	대변
[3]	일반전표	8/20	차변	보통예금		40,000,000	
			차변	주식발행초과금		5,000,000	
			차변	주식할인발행차금		5,000,000	
			대변	자본금			50,000,000

■ 주식 할인발행 시 장부상 주식발행초과금이 있는 경우 우선 상계 후 잔액만 장부에 계상한다.

NO	전표	월일	유형	품목	공급가액	부가세	공급처명	전자	분개
[4]	매입매출전표	9/1	11.과세	기계장치	40,000,000	4,000,000	(주)미누전자	여	혼합
		구분	계정과목		거래처	차변		대변	
		대변	부가세예수금		(주)미누전자			4,000,000	
		대변	기계장치		(주)미누전자			75,000,000	
		대변	유형자산처분이익		(주)미누전자			10,000,000	
		차변	감가상각누계액(207)		(주)미누전자	21,000,000			
		차변	국고보조금(217)		(주)미누전자	24,000,000			
		차변	미수금		(주)미누전자	44,000,000			

- 상거래 이외의 거래에서 수취한 어음은 미수금으로 회계처리한다.
- 상환의무가 없는 국고보조금에 의해 취득한 자산을 처분하는 경우 관련 국고보조금도 장부에서 제거한다.

문제 2 부가가치세 신고서 및 부속서류

[1] 부동산임대공급가액명세서
(1) 디자인봄

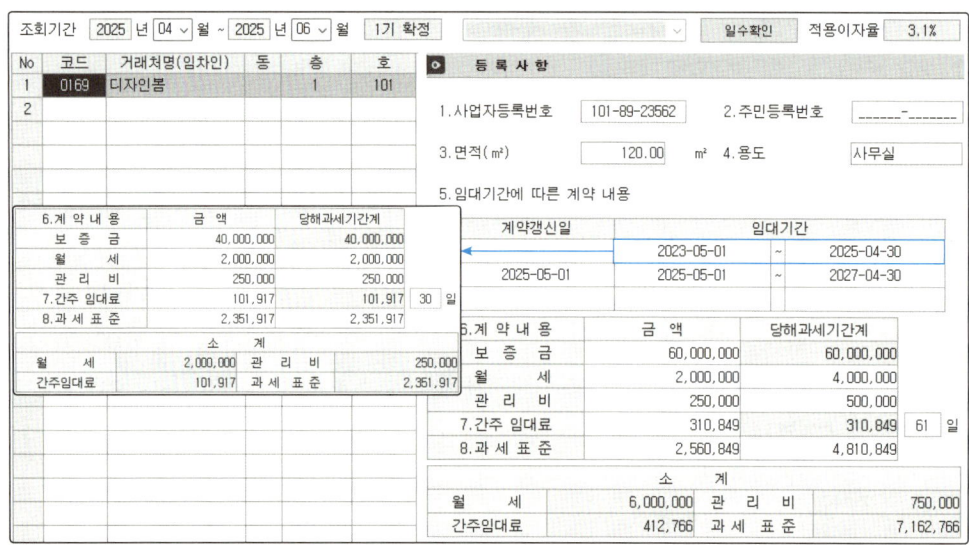

114회 기출문제 해설

(2) 스마일커피

No	코드	거래처명(임차인)	동	층	호
1	0169	디자인봄		1	101
2	0170	스마일커피		2	201
3					

등록사항
- 1. 사업자등록번호: 109-07-89510
- 2. 주민등록번호: -
- 3. 면적(㎡): 120.00 ㎡
- 4. 용도: 점포
- 5. 임대기간에 따른 계약 내용

No	계약갱신일	임대기간
1		2025-01-01 ~ 2025-12-31
2		

6. 계약내용

계약내용	금액	당해과세기간계
보증금	100,000,000	100,000,000
월세	5,000,000	15,000,000
관리비	550,000	1,650,000
7. 간주 임대료	772,876	772,876 (91일)
8. 과세표준	6,322,876	17,422,876

소계
- 월세: 15,000,000 / 관리비: 1,650,000
- 간주임대료: 772,876 / 과세표준: 17,422,876

전체합계
- 월세등: 23,400,000
- 간주임대료: 1,185,642
- 과세표준(계): 24,585,642

[2] 공제받지못할매입세액명세서 : 납부세액 또는 환급세액재계산 TAB

조회기간 2025년 04월 ~ 2025년 06월, 구분 1기 확정

자산	(20)해당재화의 매입세액	(21)경감률[1-(체감률*경과된과세기간의수)]				(22)증가 또는 감소된 면세공급가액(사용면적)비율					(23)가산또는 공제되는 매입세액 (20)*(21)*(22)
		취득년월	체감률	경과 과세기간	경감률	당기		직전		증가율	
						총공급	면세공급	총공급	면세공급		
1.건물,구축물	10,000,000	2024-02	5	2	90	750,000,000.00	307,500,000.00	700,000,000.00	304,000,000.00	0.000000	810,000
2.기타자산	5,000,000	2024-07	25	1	75	750,000,000.00	307,500,000.00	700,000,000.00	224,000,000.00	9.000000	337,500
합계											1,147,500

[3] 대손세액공제신고서 : 대손발생 TAB

① (주)이월테크 : 중소기업 외상매출금은 부도발생일로부터 6월 경과시 대손금 인정되며 경과시점은 2025.07.10. 이므로 2기 확정신고시 대손세액공제 적용 가능

② (주)구월바이오 : 받을어음은 중소기업 여부와 관계없이 부도발생일로부터 6월 경과시 대손금 인정되며 경과시점은 2025.09.10. 이므로 2기 확정신고시 대손세액공제 적용 가능

대손발생 / 대손변제
조회기간 2025년 04월 ~ 2025년 06월 1기 확정

당초공급일	대손확정일	대손금액	공제율	대손세액	거래처		대손사유
2022-05-01	2025-05-02	3,300,000	10/110	300,000	(주)일월산업	6	소멸시효완성
2024-05-08	2025-05-21	11,000,000	10/110	1,000,000	세월무역	5	부도(6개월경과)
2024-06-20	2025-04-09	6,600,000	10/110	600,000	(주)오월상사		파산
2024-11-05	2025-06-11	5,500,000	10/110	500,000	(주)유월물산	5	부도(6개월경과)
합계		26,400,000		2,400,000			

문제 3 결산정리사항

[1] 수동결산 – 일반전표입력

월	일	구분	계정과목	거래처	차변	대변
12	31	차변	장기차입금	삼일은행	30,000,000	
		대변	유동성장기부채	삼일은행		30,000,000

[2] 수동결산 – 일반전표입력

월	일	구분	계정과목	거래처	차변	대변
12	31	차변	외화환산손실		6,000,000	
		대변	외상매출금	미국 Z사		6,000,000

- 외화환산손실 = $50,000 × (1,280원 – 1,160원) = 6,000,000원(자산 감소)

[3] 수동결산 – 일반전표입력

월	일	구분	계정과목	거래처	차변	대변
12	31	차변	부가세예수금		50,000,000	
		차변	미수금		12,000,000	
		대변	부가세대급금			62,000,000

[4] 자동결산 – 결산자료입력

방법 1 : 결산자료입력 메뉴 9.법인세등의 1).선납세금란에 12,750,000원, 2).추가계상액란에 14,250,000원을 입력한 후 결산자료 입력의 전표추가를 한다.

방법 2 : 결산일(12월 31일)에 일반전표입력에 직접 입력

월	일	구분	계정과목	거래처	차변	대변
12	31	차변	법인세등		27,000,000	
		대변	선납세금			12,750,000
		대변	미지급세금			14,250,000

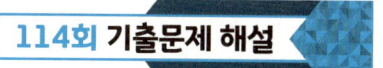

문제 4 원천징수

[1] 근로소득 원천징수

(1) 사원등록

① 기본사항 TAB

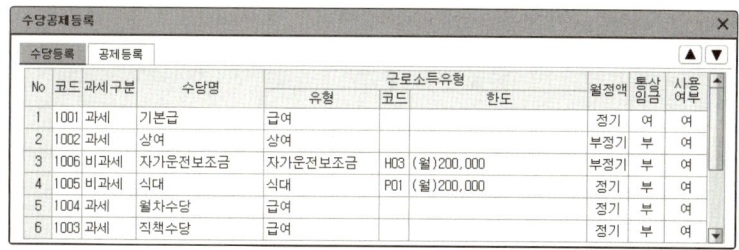

② 부양가족명세 TAB

- 김청주(부친) : 사업소득금액 100만원 이하로 기본공제, 경로우대 추가공제 가능
- 최영주(모친) : 주거형편상 별거는 생계를 같이 하는 것으로 기본공제 가능
- 이진주(배우자) : 총급여 500만원 이하로 기본공제 가능
- 김대전(장남) : 장애인은 나이 불문이므로 기본공제, 장애인(1) 추가공제, 자녀세액공제 가능
- 김부산(형) : 장애인은 나이 불문, 소득금액 100만원 이하로 기본공제, 장애인(1) 추가공제 가능

연말관계	성명	내/외국인	주민(외국인,여권)번호	나이	기본공제	부녀자	한부모	경로우대	장애인	자녀	출산입양
0	김서울	내	1 791003-1450753	46	본인						
1	김청주	내	1 510812-1450874	74	60세이상			○			
1	최영주	내	1 560705-2450853	69	60세이상						
3	이진주	내	1 830725-2450717	42	배우자						
4	김대전	내	1 020708-3450719	23	장애인				1	○	
4	김대구	내	1 070815-4450855	18	20세이하					○	
6	김부산	내	1 750205-1450714	50	장애인				1		

(2) 급여자료입력

① 수당공제등록

- 본인명의 차량을 업무에 사용하고 실비정산을 받지 않는 경우 비과세소득이다.
- 현물식사는 제공받지 않고 금전으로 지급받은 식대는 비과세소득이다.

No	코드	과세구분	수당명	근로소득유형 유형	근로소득유형 코드	근로소득유형 한도	월정액	통상임금	사용여부
1	1001	과세	기본급	급여			정기	여	여
2	1002	과세	상여	상여			부정기	부	여
3	1006	비과세	자가운전보조금	자가운전보조금	H03	(월)200,000	부정기	부	여
4	1005	비과세	식대	식대	P01	(월)200,000	정기	부	여
5	1004	과세	월차수당	급여			정기	부	여
6	1003	과세	직책수당	급여			정기	부	여

② 급여자료입력

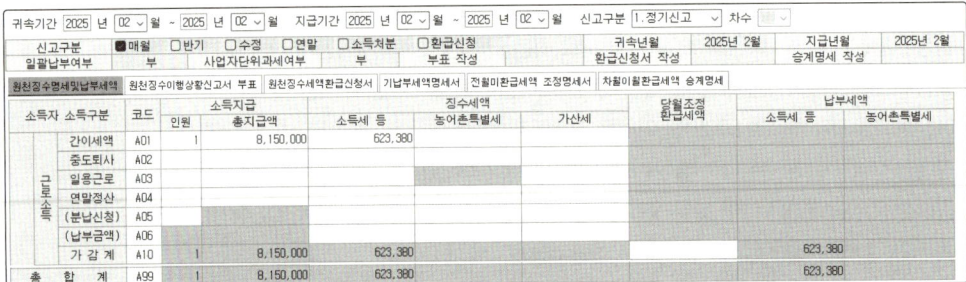

(3) 원천징수이행상환신고서

귀속기간, 지급기간, 신고구분을 입력하여 조회시 "연말정산(A04) 추가 납부세액 분납을 적용하시겠습니까?" 메시지가 나오면 [아니오(N)]를 클릭하여 급여자료를 반영한다.

[2] 이자·배당소득 원천징수

(1) 기타소득자등록

① 정지영

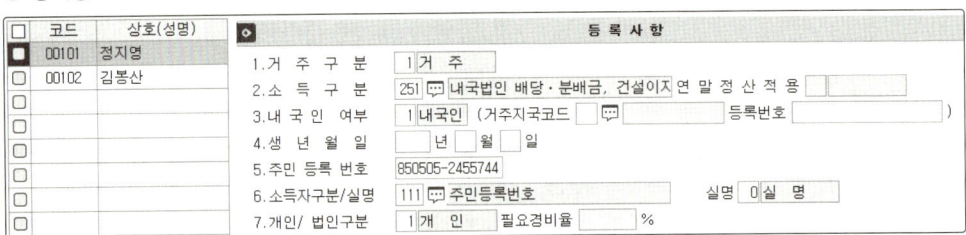

② 김봉산

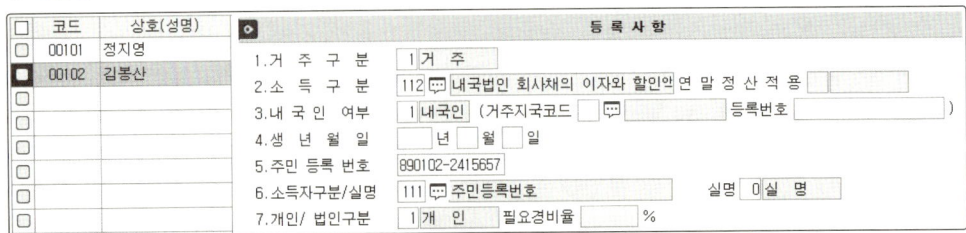

(2) 이자배당소득자료입력

① 정지영(배당소득) : 지급년월일 2025년 06월 01일

귀속월을 이익잉여금처분결의일인 2월, 지급월일 5월 28일로 입력한 경우에도 정답으로 인정(복수답안공지)

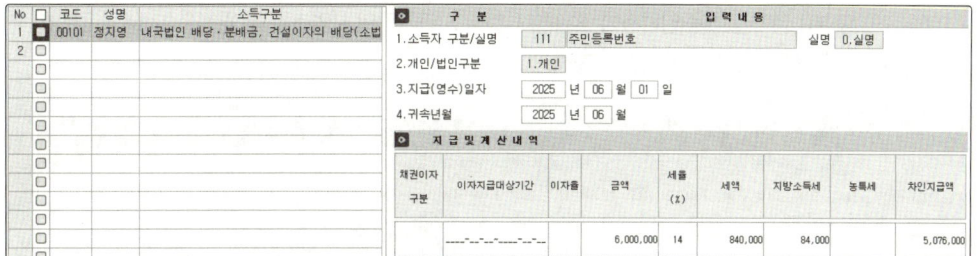

② 김봉산(이자소득) : 지급년월일 2025년 07월 01일

(3) 원천징수이행상황신고서

① 배당소득 : 6월 귀속, 6월 지급

배당소득의 귀속월을 이익잉여금처분결의일인 2월로 입력하고 원천징수시기에 대한 특례(지급시기의제)를 적용하여 지급월을 5월로 입력한 경우에도 정답으로 인정(복수답안공지)

② 이자소득 : 7월 귀속, 7월 지급

[3] 원천징수이행상황신고서 전자신고

(1) 원천징수이행상황신고서 작성 및 마감

① 원천징수이행상황신고서 메뉴에서 귀속기간(2025년 09월 ~ 2025년 09월), 지급기간(2025년 09월 ~ 2025년 09월), 신고구분(1.정기신고)을 입력하여 조회한다. 해당 지급기간의 사업소득 및 원천징수세액을 입력한 후 상단의 [마감(F8)] 버튼을 클릭하여 마감을 진행한다.

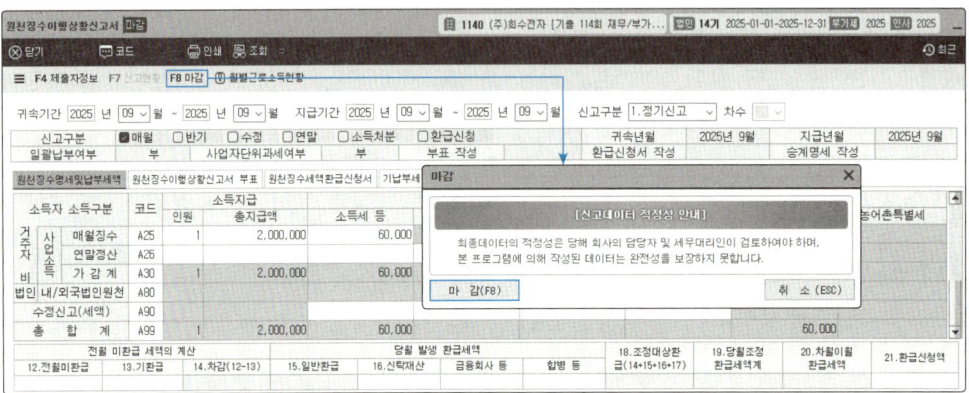

(2) 원천징수이행상환신고서 전자신고 파일제작

① [원천징수이행상황제작 TAB]을 선택하고 **신고인구분(2.납세자자진신고)**, 지급기간(2025년 09월 ~ 2025년 09월), 신고(1.정기신고), 원천신고(1.매월), 제작경로(C:\)를 입력한다.

② 선택한 회사코드의 마감자료가 조회되며 변환하고자 하는 회사를 선택하고 [제작(F4)] 버튼을 클릭하여 국세청 변환파일로 변환한다. 제작이 완료되면 전자신고 파일이 생성되었다는 메시지가 나오며 [확인]을 누른 후 파일 **비밀번호(자유롭게)**를 입력하여 파일을 암호화 한다.

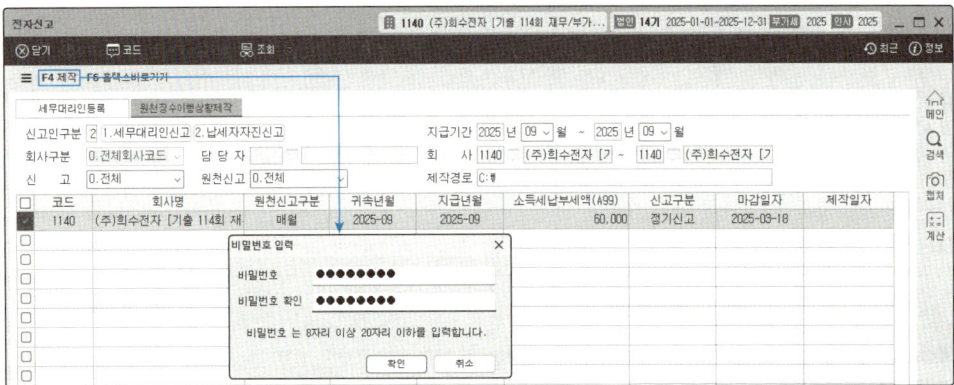

(3) 국세청 홈택스 전자신고

① [세금신고] TAB에서 전자파일변환을 위해 [찾아보기] 버튼을 클릭하여 변환대상파일을 선택한다.

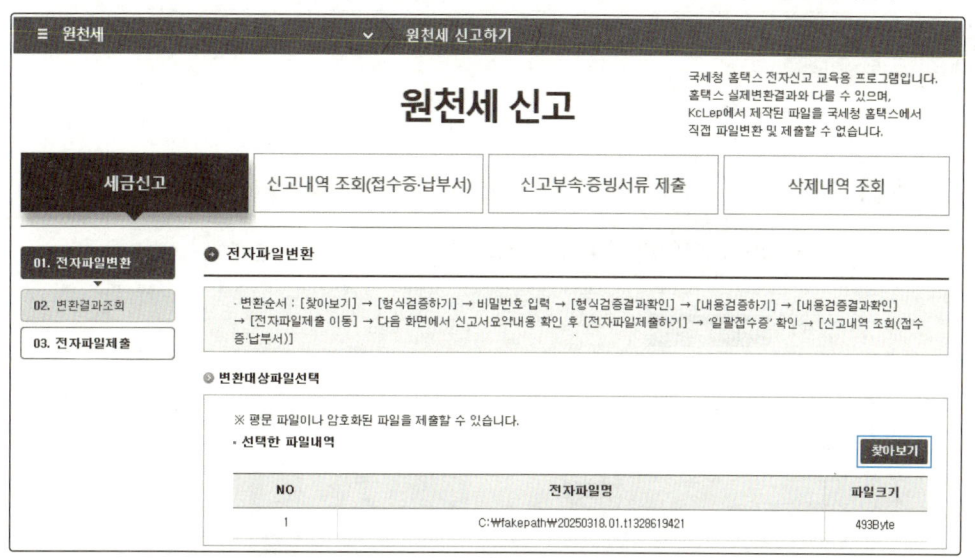

② 하단 진행현황의 [형식검증하기]를 클릭하고 신고파일 생성시 입력한 비밀번호를 입력하여 첨부파일의 오류를 진행하고 [형식검증결과확인]으로 진행상황을 확인한다.

③ [내용검증하기]를 클릭하여 신고내용을 검증하고 [내용검증결과확인]으로 신고내용의 오류사항을 처리내역에서 확인한다.

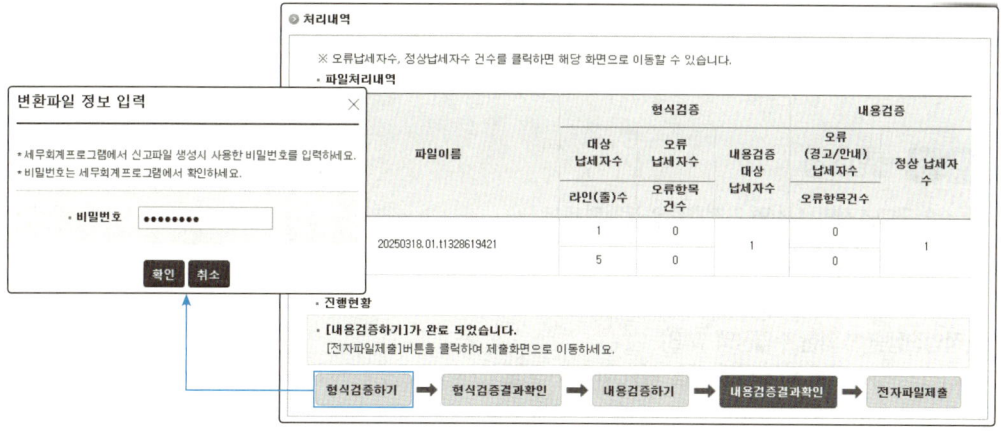

④ [**전자파일제출**]을 클릭하여 전자파일 제출로 이동하여 [**전자파일 제출하기**]를 클릭하여 원천징수이행상황신고서를 제출하며 "원천세 신고서 접수증(파일변환)" 화면이 나오면 정상적인 제출이 완료된 것이다.

문제 5 법인조정

[1] 수입금액조정명세서 및 조정후수입금액명세서

1. 수입금액조정명세서

(1) 수입금액 조정명세

[가.작업진행률에 의한 수입금액 TAB]

전기에 시작한 공사를 입력하는 경우 전기 및 당기의 총공사비누적액 및 공사수입계상액을 입력하며, 조정액에 대해서는 **양수**이므로 익금산입 유보처분 한다.

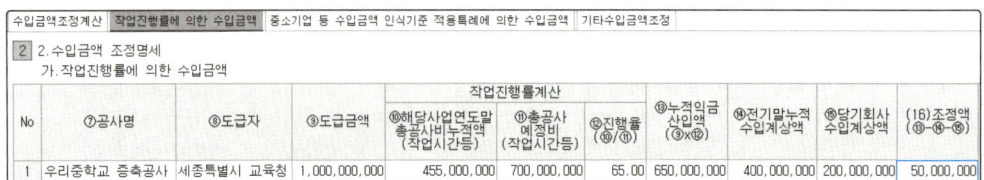

114회 기출문제 해설

[다. 기타수입금액조정 TAB]

위탁제품매출 누락분에 대한 수입금액 및 대응원가를 입력하고 손익계산서에 반영하지 않았으므로 익금 산입·손금산입 유보처분한다.

No	(23)구 분	(24)근 거 법 령	(25)수 입 액	(26)대 응 원 가	비 고
1	위탁제품매출		15,000,000	10,000,000	

(2) 수입금액조정계산 TAB

① **항목(1.매출)**을 선택하고 계정과목란에서 상단의 **[매출조회(F4)]**를 선택하여 제품매출 및 공사수입금을 각각 "결산서상수입금액"란에 반영한다.

② 제품매출 15,000,000원, 공사수입금 50,000,000원을 "**조정 : ④가산**"에 추가 입력한다.

No	①항 목	계정과목 ②계정과목	③결산서상 수입금액	조 정 ④가 산	⑤차 감	⑥조정후 수입금액 (③+④-⑤)	비 고
1	매 출	제품매출	1,535,000,000	15,000,000		1,550,000,000	
2	매 출	공사수입금	298,150,000	50,000,000		348,150,000	
		계	1,833,150,000	65,000,000		1,898,150,000	

2. 수입금액조정명세

가. 작업 진행률에 의한 수입금액	50,000,000
나. 중소기업 등 수입금액 인식기준 적용특례에 의한 수입금액	
다. 기타 수입금액	15,000,000
계	65,000,000

(3) 세무조정(상단의 조정등록(F3)을 선택하여 입력)

구 분	과 목	금 액	소득처분
익금산입	공사수입금 과소계상	50,000,000원	유보발생
익금산입	위탁제품매출 누락	15,000,000원	유보발생
손금산입	위탁제품매출원가 누락	10,000,000원	유보발생

2. 조정후수입금액조정명세서

(1) 업종별 수입금액 명세서 TAB

① 상단의 **[불러오기(F12)]** 버튼을 클릭하여 [수입금액조정명세서]의 "조정후수입금액"을 반영한다.

② 기준(단순)경비율번호란에 번호를 입력하면 업태와 종목이 자동 반영되며, 직접 입력도 가능하다.

①업 태	②종 목	순번	③기준(단순) 경비율번호	수 입 금 액			⑦수 출 (영세율대상)
				수입금액계정조회 ④계(⑤+⑥+⑦)	내 수 판 매 ⑤국내생산품	⑥수입상품	
제조업	전자부품	01	321012	1,550,000,000	1,550,000,000		
건설업	일반 통신 공사업	02	452127	348,150,000	348,150,000		
(112)합 계		99		1,898,150,000	1,898,150,000		

(2) 과세표준과 수입금액 차액검토 TAB

① 상단의 [불러오기(F12)] 버튼을 클릭하여 부가가치세신고서 자료를 반영하며 합계란의 금액과 조정후수입금액의 차이가 "**차액**"란에 반영된다.

② 기계장치 매각금액 15,000,000원은 "유형자산 및 무형자산 매각액(25란)"에 **양수**로 입력한다.

③ 가산조정액 공사수입금액 50,000,000원과 위탁제품매출 누락 15,000,000원은 부가가치세 신고를 하지 않았으므로 "작업진행률 차이(28란)"와 "매출누락(32란)"에 각각 **음수**로 입력한다.

[2] 퇴직연금부담금조정명세서

114회 기출문제 해설

- **세무조정(상단의 조정등록(F3)을 선택하여 입력)**

퇴직연금운용자산 불입액을 신고조정에 의해 손금산입하므로 당기에 퇴직금으로 인출한 퇴직급여 처리분은 손금불산입 처분한다.

구 분	과 목	금 액	소득처분
손금불산입	전기 퇴직연금운용자산	3,000,000원	유보감소
손금산입	퇴직연금운용자산	40,000,000원	유보발생

[3] 미상각자산감가상각조정명세서, 감가상각비조정명세서합계표

(1) 고정자산등록

① 무신고시 상각방법 : 정률법

② 기계장치 A

비용(수선비) 처리한 자본적지출은 소액수선비에 해당하지 않으므로 즉시상각의제에 해당하므로 "**당기자본적지출액(즉시상각분)**"란에 입력한다. 전기말부인누계액을 입력하고 [사용자수정] 버튼을 클릭하여 회사계상액을 60,000,000원으로 수정 입력한다.

- 소액수선비 판단 : 20,000,000원 ≥ Max[600만원, (3억원 – 1.6억원) × 5%] → 요건 미충족

③ 기계장치 B

자산(기계장치)으로 처리한 자본적지출은 소액수선비에 해당하지 않으므로 "**당기중 취득 및 당기증가**"란에 입력한다. 전기말부인누계액을 입력하고 [사용자수정] 버튼을 클릭하여 회사계상액을 80,000,000원으로 수정 입력한다.

- 소액수선비 판단 : 15,000,000원 ≥ Max[600만원, (2억원 – 4,000만원) × 5%] → 요건 미충족

[기계장치 : A]

자산코드/명	취득년월일	상각방법
000100 A	2023-08-17	정률법

기본등록사항 / 추가등록사항

1.기초가액	300,000,000
2.전기말상각누계액(-)	160,000,000
3.전기말장부가액	140,000,000
4.당기중 취득 및 당기증가(+)	
5.당기감소(일부양도·매각·폐기)(-)	
전기말상각누계액(당기감소분)(+)	
6.전기말자본적지출액누계(+)(정액법만)	
7.당기자본적지출액(즉시상각분)(+)	20,000,000
8.전기말부인누계액(+)(정률만 상각대상에 가산)	8,000,000
9.전기말의제상각누계액(-)	
10.상각대상금액	168,000,000
11.내용연수/상각률(월수)	5 0.451 12
12.상각범위액(한도액)(10X상각율)	75,768,000
13.회사계상액(12)-(7)	60,000,000
14.경비구분	1.500번대/제조
15.당기말감가상각누계액	220,000,000
16.당기말장부가액	80,000,000
17.당기의제상각비	
18.전체양도일자	
19.전체폐기일자	
20.업종	13 제조업
21.보조금적용여부	부 (0:부 / 1:여)
22.당기말보조금잔액	

[기계장치 : B]

자산코드/명	취득년월일	상각방법
000101 B	2024-07-21	정률법

기본등록사항 / 추가등록사항

1.기초가액	200,000,000
2.전기말상각누계액(-)	40,000,000
3.전기말장부가액	160,000,000
4.당기중 취득 및 당기증가(+)	15,000,000
5.당기감소(일부양도·매각·폐기)(-)	
전기말상각누계액(당기감소분)(+)	
6.전기말자본적지출액누계(+)(정액법만)	
7.당기자본적지출액(즉시상각분)(+)	
8.전기말부인누계액(+)(정률만 상각대상에 가산)	4,000,000
9.전기말의제상각누계액(-)	
10.상각대상금액	179,000,000
11.내용연수/상각률(월수)	5 0.451 12
12.상각범위액(한도액)(10X상각율)	80,729,000
13.회사계상액(12)-(7)	80,000,000
14.경비구분	1.500번대/제조
15.당기말감가상각누계액	120,000,000
16.당기말장부가액	95,000,000
17.당기의제상각비	
18.전체양도일자	
19.전체폐기일자	
20.업종	13 제조업
21.보조금적용여부	부 (0:부 / 1:여)
22.당기말보조금잔액	

(2) 미상각자산감가상각조정명세서

상단의 [불러오기(F12)] 버튼을 클릭하여 [고정자산등록]에 등록한 자료를 반영한다.

[기계장치 : A]

[기계장치 : B]

① 회사 계상 감가상각비 합계
   = 60,000,000원 + 20,000,000원
   = 80,000,000원

② 세법상 상각범위액
   = 168,000,000원 × 0.451
   = 75,768,000원

③ 상각부인액
   = 80,000,000원 − 75,768,000원
   = 4,232,000원

① 회사 계상 감가상각비 합계
   = 80,000,000원

② 세법상 상각범위액
   = 179,000,000원 × 0.451
   = 80,729,000원

③ 상각부인액
   = 80,000,000원 − 80,729,000원
   = ▲729,000원(시인부족액 발생)

④ 기부인액 4,000,000원 중 729,000원 당기 손금추인

(3) 세무조정(상단의 조정등록(F3)을 선택하여 입력)

구 분	과 목	금 액	소득처분
손금불산입	기계장치 A 감가상각비 한도초과액	4,232,000원	유보발생
손금산입	기계장치 B 감가상각비 시인부족액	729,000원	유보감소

114회 기출문제 해설

(4) 감가상각비조정명세서합계표(상단의 [불러오기(F12)]로 반영)

1.자산구분		코드	2.합계액	유형자산			6.무형자산
				3.건축물	4.기계장치	5.기타자산	
재무상태표 상각액	101.기말현재액	01	515,000,000		515,000,000		
	102.감가상각누계액	02	340,000,000		340,000,000		
	103.미상각잔액	03	175,000,000		175,000,000		
	104.상각범위액	04	156,497,000		156,497,000		
	105.회사손금계상액	05	160,000,000		160,000,000		
조정금액	106.상각부인액 (105-104)	06	4,232,000		4,232,000		
	107.시인부족액 (104-105)	07	729,000		729,000		
	108.기왕부인액 중 당기손금추인액	08	729,000		729,000		
	109.신고조정손금계상액	09					

[4] 기부금조정명세서

(1) 기부금조정명세서 : 1.기부금 입력 TAB

① 상단의 [불러오기(F12)] 버튼을 클릭하여 원장 데이터를 반영한다.
② 구분의 "1.유형"란에서 해당 기부금을 선택한다.
③ 기부금명세서 작성이 완료되면 상단의 "조정등록(F3)"을 선택하여 조정사항을 입력한다. 인·허가를 받지 않은 B예술단체 기부금은 비지정기부금으로 손금불산입 기타사외유출처분한다. 기부금은 현금주의에 의해 손금인정하므로 당기 기부금이 아닌 경우 기부금명세서에 입력하지 않아야 하므로 어음기부금은 삭제하고 손금불산입 유보 처분한다. 다만, 어음기부금 작성에 대한 내용을 지문에 표기하지 않아서 기부금에 해당하지 않는 "50.그 밖의 기부금"으로 입력한 경우도 정답으로 공시하였다. (복수답안 공지)

구분	과목	금액	소득처분
손금불산입	인·허가 받지 않은 B예술단체 기부금	2,000,000원	기타사외유출
손금불산입	C종교단체 어음기부금	6,000,000원	유보발생

④ [수정] 버튼을 클릭하여 소득금액을 입력하며, 기부금명세서의 조정사항이 반영되지 않은 금액이므로 반영하여야 한다.

- 익금산입 = 40,000,000원 + 2,000,000원(미인가단체) + 6,000,000원(어음기부금) = 48,000,000원

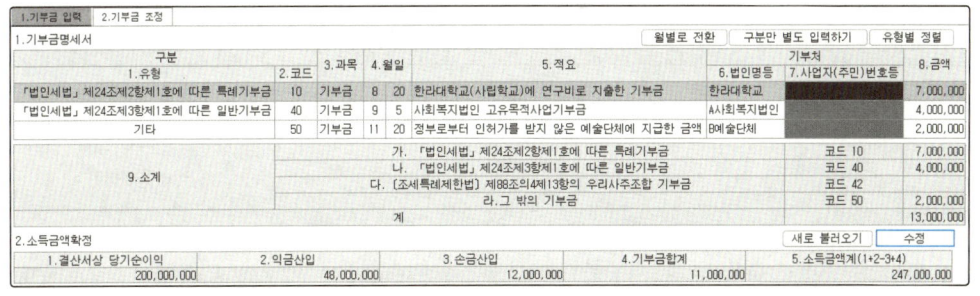

기출문제 해설 114회

(2) 기부금조정명세서 : 2.기부금 조정 TAB
① 상단의 [불러오기(F12)]를 클릭하여 소득금액 및 해당 기부금을 반영한다.
② 세무상 결손금 중 공제가 가능한 이월결손금은 한도액 계산시 차감하여야 하며, 중소기업에 해당하므로 소득금액 한도내 100% 공제가 가능하다.
③ [5.기부금 이월액 명세]에 전기 일반기부금 한도초과액을 입력하고 "15.이월잔액 중 손금산입액"란의 금액을 확인하고 "24.해당연도 손금추인액"란에 7,000,000원을 입력한다.

1. 「법인세법」 제24조제2항제1호에 따른 특례기부금 손금산입액 한도액 계산			
1.소득금액 계	247,000,000	5.이월잔액 중 손금산입액 MIN[4,23]	
2.법인세법 제13조제1항제1호에 따른 이월 결손금 합계액(기준소득금액의 80% 한도)	25,000,000	6.해당연도지출액 손금산입액 MIN[(④-⑤)>0, ③]	7,000,000
3. 「법인세법」 제24조제2항제1호에 따른 특례기부금 해당 금액	7,000,000	7.한도초과액 [(3-6)>0]	
4.한도액 {[(1-2)> 0]X50%}	111,000,000	8.소득금액 차감잔액 [(①-②-⑤-⑥)>0]	215,000,000

2. 「조세특례제한법」 제88조의4에 따라 우리사주조합에 지출하는 기부금 손금산입액 한도액 계산			
9. 「조세특례제한법」 제88조의4제13항에 따른 우리사주조합 기부금 해당 금액		11. 손금산입액 MIN(9, 10)	
10. 한도액 (8×30%)	64,500,000	12. 한도초과액 [(9-10)>0]	

3. 「법인세법」 제24조제3항제1호에 따른 일반기부금 손금산입 한도액 계산			
13. 「법인세법」 제24조제3항제1호에 따른 일반기부금 해당금액	4,000,000	16. 해당연도지출액 손금산입액 MIN[(14-15)>0, 13]	4,000,000
14. 한도액 ((8-11)x10%, 20%)	21,500,000	17. 한도초과액 [(13-16)>0]	
15. 이월잔액 중 손금산입액 MIN(14, 23)	7,000,000		

4. 4.기부금 한도초과액 총액			
18. 기부금 합계액 (3+9+13)	11,000,000	19. 손금산입 합계 (6+11+16) 11,000,000	20. 한도초과액 합계 (18-19)=(7+12+17)

5. 5.기부금 이월액 명세						
사업연도	기부금 종류	21.한도초과 손금불산입액	22.기공제액	23.공제가능 잔액(21-22)	24.해당연도 손금추인액	25.차기이월액 (23-24)
합계	「법인세법」 제24조제2항제1호에 따른 특례기부금					
합계	「법인세법」 제24조제3항제1호에 따른 일반기부금	7,000,000		7,000,000	7,000,000	
2024	「법인세법」 제24조제3항제1호에 따른 일반	7,000,000		7,000,000	7,000,000	

6. 6. 해당 사업연도 기부금 지출액 명세				
사업연도	기부금 종류	26.지출액 합계금액	27.해당 사업연도 손금산입액	28.차기 이월액(26-27)
합계	「법인세법」 제24조제2항제1호에 따른 특례기부금	7,000,000	7,000,000	
합계	「법인세법」 제24조제3항제1호에 따른 일반기부금	4,000,000	4,000,000	

[5] 원천납부세액명세서

원장에 기장된 자료를 반영하고자 하는 경우 상단의 [불러오기(F12)]를 클릭하여 반영 후 입력하며 직접 입력도 가능하다.

| No | 1.적요 (이자발생사유) | 2.원천징수의무자 | | | 3.원천 징수일 | 4.이자·배당금액 | 5.세율(%) | 6.법인세 | 지방세 납세지 |
		구분	사업자(주민)번호	상호(성명)					
1	정기예금 이자	내국인	103-81-05259	(주)부전은행	6 30	8,000,000	14.00	1,120,000	
2	비영업대금 이자	내국인	210-81-23588	(주)삼송테크	10 31	10,000,000	25.00	2,500,000	
3	정기적금 이자	내국인	105-81-85337	(주)서울은행	12 31	5,000,000	14.00	700,000	
	합 계					23,000,000		4,320,000	

113회 전산세무1급 기출 해설 PART 02 기출문제

A형	[01]	[02]	[03]	[04]	[05]	[06]	[07]	[08]	[09]	[10]	[11]	[12]	[13]	[14]	[15]
	1	1	3	3	1	2	2	4	3	4	1	3	2	4	4

◆해설

01. 재무제표는 추정에 의한 측정치를 포함하고 있다.
02. 목적지 인도조건인 미착상품은 판매자의 재고자산에 포함하고, 매입자의 재고자산에 포함되지 않는다.
03. 이익준비금은 상법 규정에 따라 적립하는 법정적립금으로, 금전배당을 하는 경우 이익준비금이 자본금의 1/2에 달할 때까지 금전배당액의 1/10 이상을 적립하여야 한다.
04. ■ 미수이자 = 1,000,000원 × 12% × 2개월/12개월 = 20,000원
    ■ 2025.09.01. 회계처리 : (차) 단기매매증권   930,000원   (대) 현금   950,000원
                                   미수이자   20,000원
05. ■ 화폐성 외화자산인 보통예금, 대여금은 재무상태표일 현재의 적절한 환율로 환산한 가액을 재무상태표가액으로 한다.
    ■ 화폐성 자산 : 현금, 예금, 외상매출금, 받을어음, 대여금, 미수금, 유가증권
    ■ 비화폐성 자산 : 선급금, 재고자산, 유형 및 무형자산, 투자유가증권
06. 기초 제품 원가의 계상 오류는 손익계산서상 제품 매출원가에 영향을 미치지만, 제조원가명세서상 당기제품제조원가에는 영향을 미치지 않는다.
07. ■ 당기 완성품 수량 90,000개
      = 당기 판매량 86,000개 + 기말 제품 17,000개 – 기초 제품 13,000개
    ■ 공손수량 2,700개 = 기초 재공품 17,700개 + 당기 착수량 85,000개 – 기말 재공품 10,000개
      – 당기 완성품 90,000개
    ■ 정상공손수량 = 당기 완성품 90,000개 × 1% = 900개
    ■ 비정상공손수량 = 당기 공손 2,700개 – 정상공손 900개 = 1,800개
08. 순실현가치법은 분리점에서의 순실현가치를 기준으로 결합원가를 배분하는 방법이다. 순실현가치는 최종 판매가격에서 추가가공원가와 추가판매비와관리비를 차감한 후의 금액이다.
09. ■ 제조간접원가 예정배부율
      = 제조간접원가 예산 1,000,000원 ÷ 예정조업도 100시간 = 10,000원/기계시간
    ■ 제품 A 제조간접원가 배부액 = 실제 60시간 × 10,000원 = 600,000원
    ■ 제품 B 제조간접원가 배부액 = 실제 50시간 × 10,000원 = 500,000원
    ■ 제품 A 제조원가 = 500,000원 + 1,000,000원 + 600,000원 = 2,100,000원
    ■ 제품 B 제조원가 = 700,000원 + 1,200,000원 + 500,000원 = 2,400,000원

10. 표준원가와 실제원가가 상당한 차이가 있는 경우에는 표준원가를 실제의 상황에 맞게 조정하여야 한다.
11. 거래 건당 공급대가가 5만원 이상인 경우에 매입자발행세금계산서를 발행할 수 있다.
12. 수출실적명세서는 세금계산서 발급 대상이 아닌 영세율 적용분(영세-기타란)이 있을 때 제출하는 서류이다.
14. ■ 당해 연도에 연구전담부서를 설립·등록한 중소기업이므로 해당 과세연도의 연구인력개발비에 공제율 25%를 적용한다.
    ■ 연구인력개발비 세액공제액(중소기업) = 100,000,000원 × 25% = 25,000,000원
15. ④는 배당소득에 해당한다.

실무문제 해설

문제 1 전표입력

NO	전표	월일	유형	품목	공급가액	부가세	공급처명	전자	분개
[1]	매입매출전표	10/4	11.과세	제품	30,000,000	3,000,000	(주)상곡전자	여	혼합

구분	계정과목	거래처	차변	대변
대변	부가세예수금	(주)상곡전자		3,000,000
대변	제품매출	(주)상곡전자		30,000,000
차변	보통예금	(주)상곡전자	10,000,000	
차변	외상매출금	(주)상곡전자	23,000,000	

NO	전표	월일	유형	품목	공급가액	부가세	공급처명	전자	분개
[2]	매입매출전표	10/11	61.현과	회식	300,000	30,000	대박식당		현금(혼합)

구분	계정과목	거래처	차변	대변
출금	부가세대급금	대박식당	30,000	(현금)
출금	복리후생비(제)	대박식당	300,000	(현금)

NO	전표	월일	구분	계정과목	거래처	차변	대변
[3]	일반전표	11/3	차변	단기매매증권		2,650,000	
			차변	토　지		150,000	
			대변	보통예금			2,800,000

■ 토지 취득과 관련한 강제매입채권의 매입가액과 공정가치와의 차액은 취득원가에 가산한다.

113회 기출문제 해설

NO	전표	월일	구분	계정과목	거래처	차변	대변
[4]	일반전표	12/3	차변	부가세예수금		2,000,000	
			차변	대손충당금(109)		9,000,000	
			차변	대손상각비(판)		11,000,000	
			대변	외상매출금	(주)가나		22,000,000

■ 대손세액 = 22,000,000원 × 10/110 = 2,000,000원

문제 2 부가가치세 신고서 및 부속서류

[1] 부가가치세 기한 후 신고서(조회기간 : 2025년 7월 1일 ~ 2025년 9월 30일)

① "신용카드 · 현금영수증발행분(3)"란에 입력한 공급대가 금액을 "신용카드매출전표등 발행공제등(19)"란도 입력하여야 하며, 시험은 별도의 문구가 없는 경우 채점에는 영향을 주지 않는다.

② 현금영수증 매입내역 중 사업과 관련없는 매입은 매입세액 불공제 사유로 [일반전표입력]에 입력하여 전액 "가지급금등"으로 처리한다.

③ 가산세명세

㉠ 신고불성실가산세(일반무신고) = 10,300,000원 × 20% × (1 − 50%) = 1,030,000원

㉡ 납부지연가산세 = 10,300,000원 × 2.2/10,000 × 10일 = 22,660원

㉢ 영세율과세표준신고불성실가산세 = 250,000,000원 × 0.5% × (1 − 50%) = 625,000원

→ ㉠과 ㉢은 신고기한 경과 후 1개월 이내에 기한 후 신고 시 50% 감면 적용

④ 상단의 [과세표준(F4)] 버튼을 클릭하여 신고구분(4.기한후과세표준)을 입력한다.

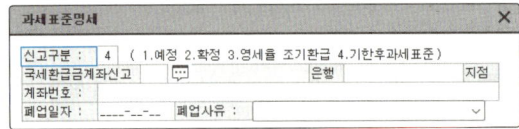

[2] 신용카드매출전표등수령명세서
① 4월 2일 기업업무추진비로 매입세액불공제 대상
② 5월 3일 세금계산서 발급 대상 간이과세자로부터 발급받은 현금영수증은 매입세액 공제 대상이다.
③ 6월 18일 전자세금계산서를 수취하였으므로 [신용카드매출전표등수령명세서]에는 작성하지 않는다.
④ 6월 24일 여객운송업자로부터 매입한 것은 매입세액공제 대상이 아니다.

[3] 수출실적명세서 및 내국신용장·구매확인서 전자발급명세서 작성
(1) 수출실적명세서

(2) 내국신용장·구매확인서전자발급명세서

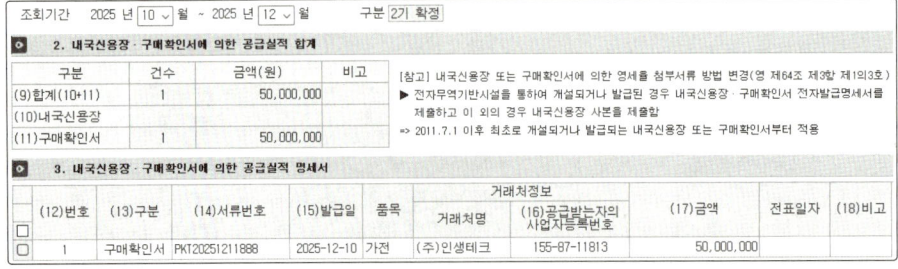

113회 기출문제 해설

문제 3 결산정리사항

[1] 수동결산 – 일반전표입력

월	일	구분	계정과목	거래처	차변	대변
12	31	차변	무형자산손상차손		25,000,000	
		대변	특허권			25,000,000

- 무형자산손상차손 = 특허권 잔액 30,000,000원(합계잔액시산표 조회) – 회수가능액 5,000,000원 = 25,000,000원

[2] 수동결산 – 일반전표입력

월	일	구분	계정과목	거래처	차변	대변
12	31	차변	이자비용		1,800,000	
		대변	미지급비용			1,800,000

- 이자비용 = 40,000,000원 × 9개월/12개월 = 1,800,000원

[3] 수동결산 – 일반전표입력

월	일	구분	계정과목	거래처	차변	대변
12	31	차변	매도가능증권(178)		5,000,000	
		대변	매도가능증권평가손실			1,000,000
		대변	매도가능증권평가이익			4,000,000

- 매도가능증권 재평가시 매도가능증권평가이익이 발생한 경우 매도가능증권평가손실과 우선 상계한다.
- 매도가능증권평가이익 = 기말 공정가치 55,000,000원 – 취득가액 51,000,000원 = 4,000,000원

[4] 자동결산 – 결산자료입력

- 기말 제품 재고액 = 실사금액 7,300,000원 + 구매의사표시 전 시송품 500,000원 = 7,800,000원
- 결산자료입력 메뉴의 해당 기말재고자산란에 원재료 5,000,000원, 재공품 6,100,000원, 제품 7,800,000원으로 입력 후 [전표추가(F3)]를 선택하여 일반전표에 결산전표를 추가한다.

문제 4 원천징수

[1] 기타소득 원천징수 및 전자신고

(1) 기타소득자등록

① 진사우 : 65.퇴직한 근로자가 받는 직무발명보상금

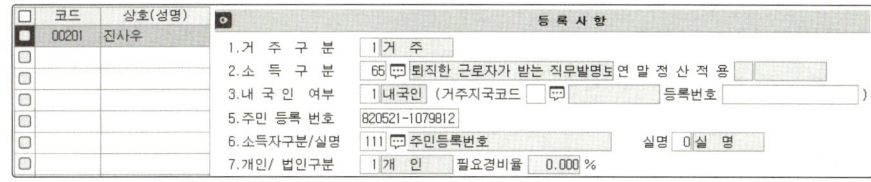

② 김현정 : 76.강연료등

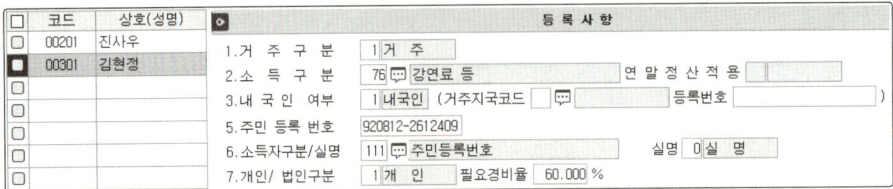

(2) 기타소득자료입력(지급년월일 : 2025년 08월 09일)

① 진사우

직무발명보상금의 경우 **7,000,000원까지는 비과세 대상**이므로 비과세 한도액을 초과하는 금액인 3,000,000 원에 대해서만 기타소득으로 입력한다.

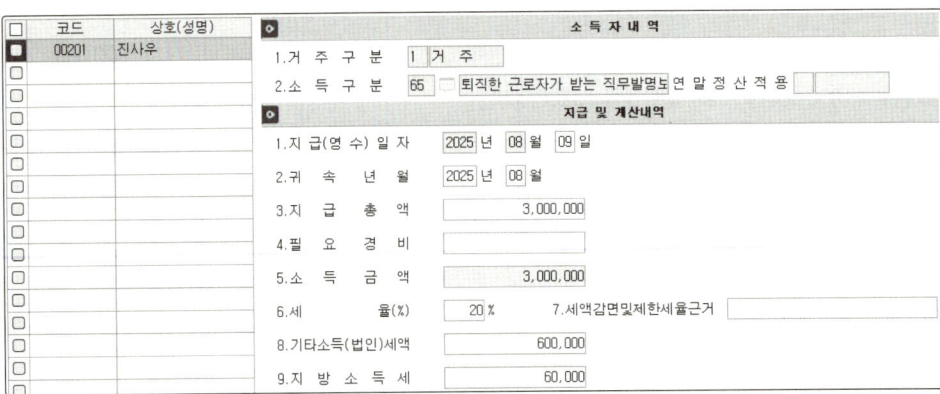

② 김현정

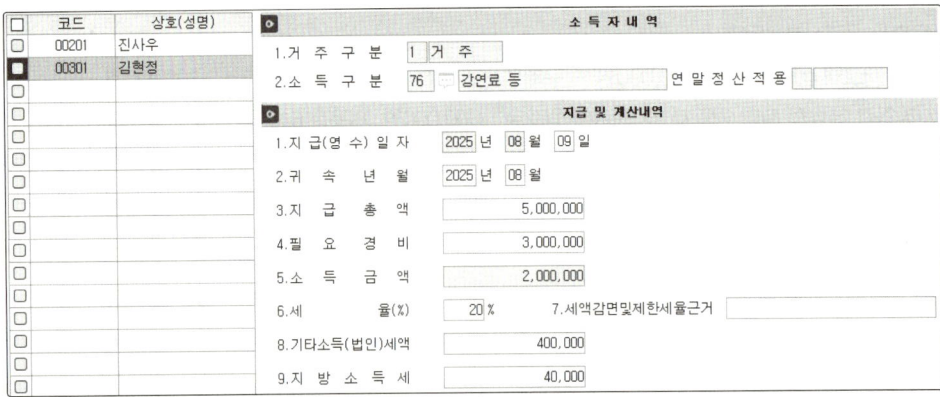

(3) 원천징수이행상황신고서 작성 및 마감

① 원천징수이행상황신고서 메뉴에서 귀속기간(2025년 08월 ~ 2025년 08월), 지급기간(2025년 08월 ~ 2025 년 08월), 신고구분(1.정기신고)을 입력하여 조회한다. 기타소득자료에 입력한 지급총액과 소득세가 반영되며 상단의 [마감(F8)] 버튼을 클릭하여 마감을 진행한다.

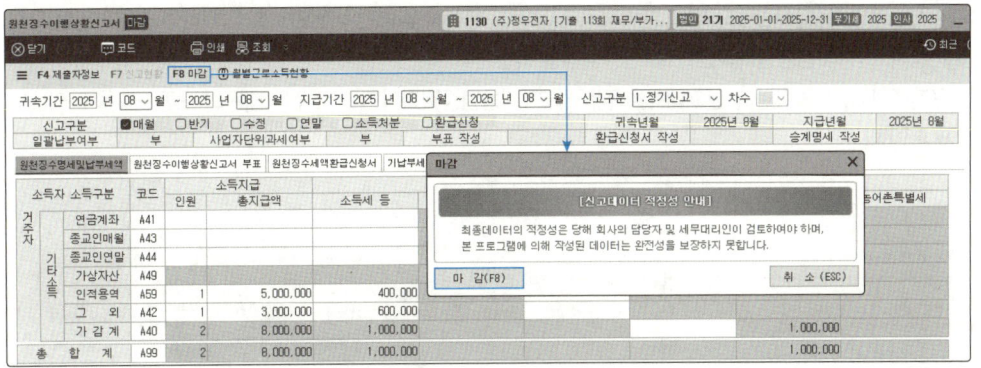

(4) 원천징수이행상황신고서 전자신고 파일제작

① [원천징수이행상황제작 TAB]을 선택하고 **신고인구분(2.납세자자진신고)**, **지급기간(2025년 08월 ~ 2025년 08월)**, 신고(1.정기신고), 원천신고(1.매월), 제작경로(C:₩)를 입력한다.

② 선택한 회사코드의 마감자료가 조회되며 변환하고자 하는 회사를 선택하고 **[제작(F4)]** 버튼을 클릭하여 국세청 변환파일로 변환한다. 제작이 완료되면 전자신고 파일이 생성되었다는 메시지가 나오며 [확인]을 누른 후 파일 **비밀번호(자유롭게)**를 입력하여 파일을 암호화 한다.

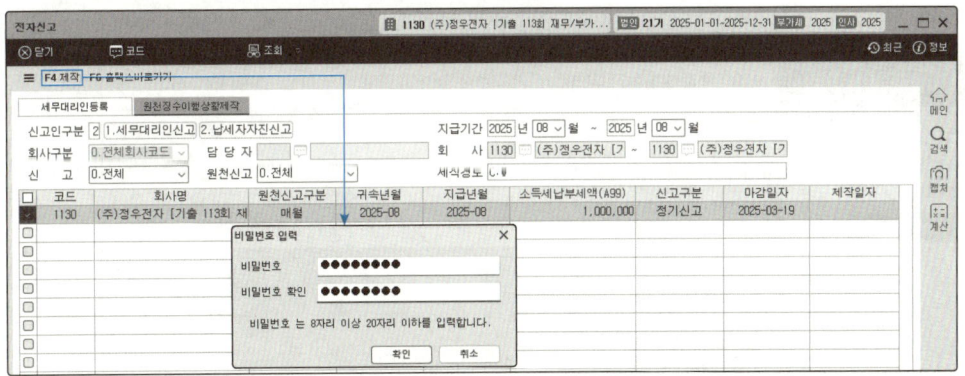

(5) 국세청 홈택스 전자신고

① [세금신고] TAB에서 전자파일변환을 위해 [찾아보기] 버튼을 클릭하여 변환대상파일을 선택한다.

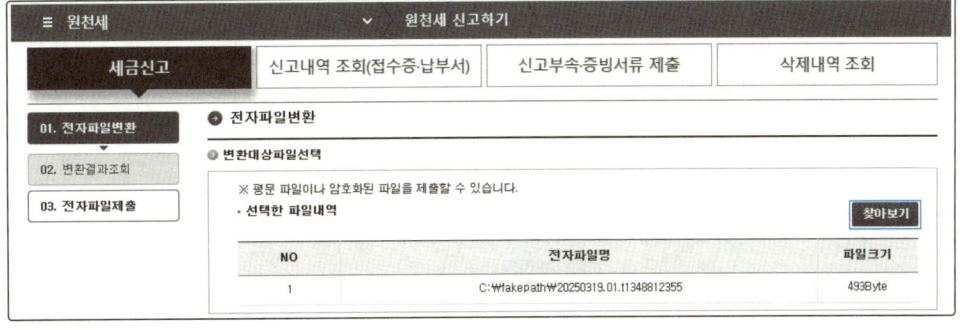

② 하단 진행현황의 [형식검증하기]를 클릭하고 신고파일 생성시 입력한 **비밀번호**를 입력하여 첨부파일의 오류를 진행하고 [형식검증결과확인]으로 진행상황을 확인한다.

③ [내용검증하기]를 클릭하여 신고내용을 검증하고 [내용검증결과확인]으로 신고내용의 오류사항을 처리내역에서 확인한다.

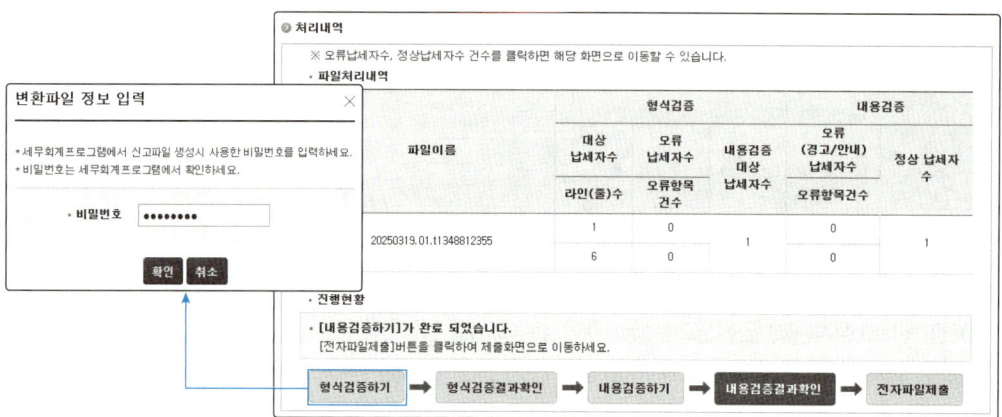

④ [전자파일제출]을 클릭하여 전자파일 제출로 이동하여 [전자파일 제출하기]를 클릭하여 원천징수이행상황신고서를 제출하며 "원천세 신고서 접수증(파일변환)" 화면이 나오면 정상적인 제출이 완료된 것이다.

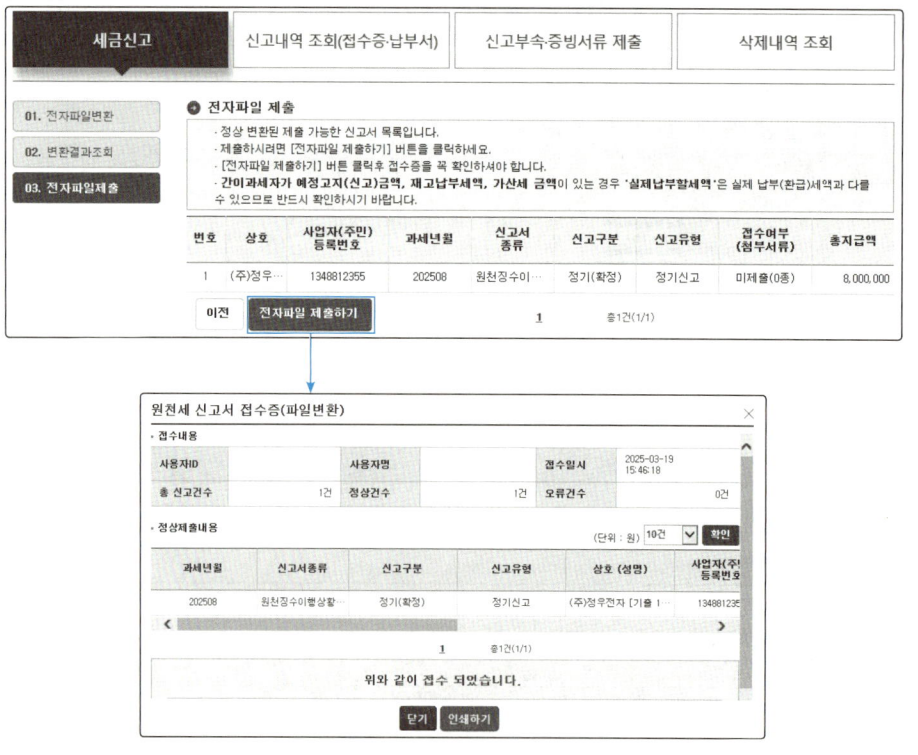

113회 기출문제 해설

[2] 근로소득 원천징수

(1) 급여자료입력(귀속년월 : 2025년 02월, 지급년월일 : 2025년 02월 28일)

① 별도의 수당공제등록 요청은 없으므로 등록된 수당과 공제항목을 사용하며 "야간근로수당"은 [사원등록]의 기본사항 TAB "10.생산직등여부-0.부"로 설정되어 있어서 과세소득으로 적용된다.
② 2월 급여자료를 입력한 후 상단의 [F7 중도퇴사자정산▼]의 아래 화살표를 클릭한 후 [F11 분납적용]을 선택한다.
③ 분납적용 창에서 사원코드(100.오민수)를 선택하고 [연말정산불러오기 → 분납(환급)계산 → 분납적용(Tab)] 순으로 급여대장에 반영한다.

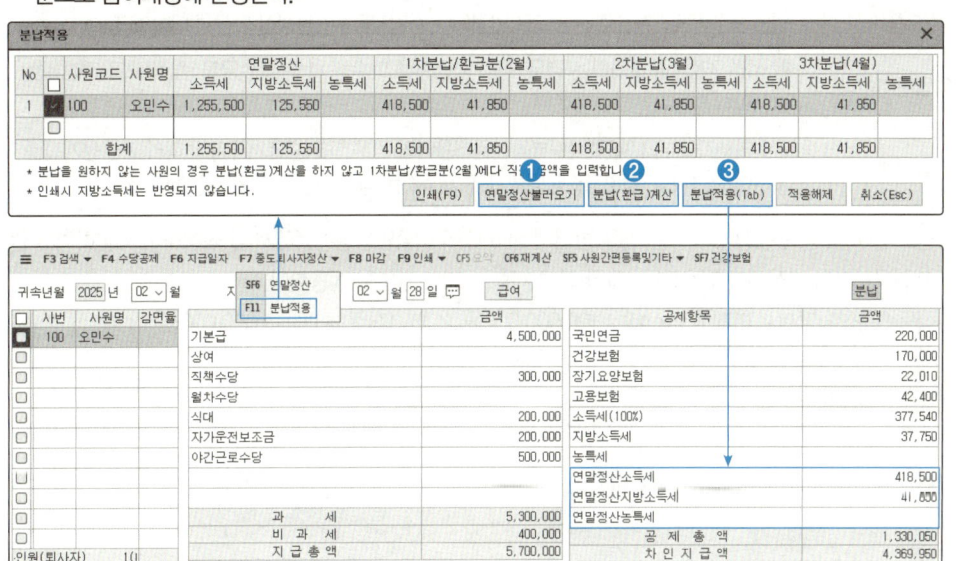

(2) 원천징수이행상황신고서

귀속기간 2025년 02월 ~ 2025년 02월, 지급기간 2025년 02월 ~ 2025년 02월, 신고구분(1.정기신고)을 입력하고 다음의 창에서 [예(Y)]를 선택하여 반영한다.

문제 5 법인조정

[1] 가산세액계산서 및 법인세과세표준및세액조정계산서

(1) 가산세액계산서 : 미제출가산세 TAB

① 거래건당 3만원을 초과하는 경우에는 법인세법에서 요구하는 세금계산서 등의 법정증명서류를 갖추어야 하며 그러하지 아니한 경우에는 미수취금액의 2%의 증명서류미수취 가산세를 적용한다.

- 지출증명서류 미수취 가산세 = 3,200,000원 × 2% = 64,000원

구 분	내 역
소모품비	건당 3만원 초과거래로 손금으로 인정되나 증명서류수취불성실 가산세 대상이다.
기업업무추진비	한 차례 3만원을 초과하는 경우, 적격 증명서류 미수령 시 전액 손금불산입되므로 가산세는 발생하지 않는다.
임차료	간이과세자로부터 제공받는 부동산임대용역의 경우, 적격증명서류가 없더라도 금융계좌를 통하여 지급하고 [경비등송금명세서]를 제출하는 경우 가산세 제외 대상이다.

② 사업연도 중 주식 등 변동상황이 있는 경우 법인세 신고시 [주식등변동상황명세서]를 작성하여 제출하여야 한다. 미제출시 1%의 가산세가 적용되나 1개월 이내 제출시 50% 감면을 적용한다.

- 주식등변동상황명세서 미제출 가산세 = 100,000,000원 × 1%(1개월 초과) = 1,000,000원

구분		계산기준	기준금액	가산세율	코드	가산세액
지급명세서	지출증명서류	미(허위)수취금액	3,200,000	2/100	8	64,000
	미(누락)제출	미(누락)제출금액		10/1,000	9	
	불분명	불분명금액		1/100	10	
	상증법 82조 1 6	미(누락)제출금액		2/1,000	61	
		불분명금액		2/1,000	62	
	상증법 82조 3 4	미(누락)제출금액		2/10,000	67	
		불분명금액		2/10,000	68	
	법인세법 제75의7①(일용근로)	미제출금액		25/10,000	96	
		불분명등		25/10,000	97	
	법인세법 제75의7①(간이지급명세서)	미제출금액		25/10,000	102	
		불분명등		25/10,000	103	
	소 계				11	
주식등변동 상황명세서	미제출	액면(출자)금액	100,000,000	10/1,000	12	1,000,000
	누락제출	액면(출자)금액		10/1,000	13	
	불분명	액면(출자)금액		1/100	14	
	소 계				15	1,000,000
합 계					21	1,064,000

(2) 법인세과세표준및세액조정계산서

① 각 사 업 연 도 소 득 계 산	101. 결산서상 당기 순손익	01		④ 납 부 할 세 액 계 산	120. 산 출 세 액 (120=119)					
	소득조정 금액	102. 익 금 산 입	02			121. 최저한세 적용 대상 공제감면세액	17			
		103. 손 금 산 입	03			122. 차 감 세 액	18			
	104. 차 가 감 소 득 금 액 (101+102-103)	04				123. 최저한세 적용제외 공제감면세액	19			
	105. 기 부 금 한 도 초 과 액	05				124. 가 산 세 액	20	1,064,000		
	106. 기 부 금 한 도 초 과 이월액 손금산입	54				125. 가 감 계 (122-123+124)	21	1,064,000		
	107. 각 사 업 연 도 소 득 금 액 (104+105-106)	06			기한내 납부 세액	126. 중 간 예 납 세 액	22			
② 과 세 표 준 계	108. 각 사 업 연 도 소 득 금 액 (108=107)					127. 수 시 부 과 세 액	23			
	109. 이 월 결 손 금	07				128. 원 천 납 부 세 액	24			
	110. 비 과 세 소 득	08				129. 간접 회사등 외국 납부세액	25			
	111. 소 득 공 제	09				130. 소 계 (126+127+129)	26			
	112. 과 세 표 준 (108-109-110-111)	10				131. 신고납부전 가 산 세 액	27			
						132. 합 계 (130+131)	28			
						133. 감면 분 추 가 납부세액	29			
						134. 차 가 감 납 부 할 세 액 (125-132+133)	30	1,064,000		

113회 기출문제 해설

[2] 외화자산등평가차손익조정명세서

(1) 외화자산, 부채의평가(을지)

① 전기(2024년)에도 사업연도 종료일의 매매기준율(신고방법)로 세무조정을 하였으며 장부상 기말 평가에 대한 회계처리를 반영하지 않고 있으므로 세무조정에 의해 소득처분을 하여야 한다. 다만, 본 문제는 발생일과 사업연도 종료일의 매매기준율이 동일하므로 조정사항은 발생하지 않는다.

- 장부가액 = $30,000 × 1,300원(발생시점 환율) = 39,000,000원
- 평가금액 = $30,000 × 1,300원(사업연도 종료일 매매기준율) = 39,000,000원
∴ 전기 조정사항이 없으므로 반대 조정도 발생하지 않음

② 장부가액의 적용환율 입력 시 해당 사업연도에 발생한 경우 발생 시 환율을 입력하고, 직전 사업연도 이전에 발생하여 해당 사업연도로 이월된 경우 직전 사업연도 종료일의 평가 시에 적용한 환율을 기재한다.

③ 코드도움(F2)으로 외화종류를 입력하고 외화금액, 장부가액의 적용환율(직전 사업연도 종료일 매매기준율), 평가금액의 적용환율(사업연도 종료일 매매기준율)을 외화자산에 입력한다.

No	②외화종류(자산)	③외화금액	장부가액 ⑤적용환율	장부가액 ⑥원화금액	⑧적용환율	평가금액 ⑨원화금액	⑩평가손익 자산(⑥-⑨)
1	USD	50,000.00	1,300.0000	65,000,000	1,250.0000	62,500,000	-2,500,000
	합 계			65,000,000		62,500,000	-2,500,000

No	②외화종류(부채)	③외화금액	장부가액 ⑤적용환율	장부가액 ⑥원화금액	⑧적용환율	평가금액 ⑨원화금액	⑩평가손익 부채(⑥-⑨)
1	USD	30,000.00	1,300.0000	39,000,000	1,250.0000	37,500,000	1,500,000
	합 계			39,000,000		37,500,000	1,500,000

(2) 환율조정차,대등(갑지)

(을지)의 '⑩평가손익' 합계금액이 '②당기손익금해당액'란에 반영되며 결산시 장부상 계상한 금액이 없으므로 '③회사손익금계상액'란에 입력 금액은 없다.

①구분		②당기손익금 해당액	③회사손익금 계상액	조정 ④차익조정(③-②)	조정 ⑤차손조정(②-③)	⑥손익조정금액 (②-③)
가.화폐성 외화자산·부채 평가손익		-1,000,000				-1,000,000
나.통화선도,통화스왑,환변동보험 평가손익						
다.환율조정 계정손익	차익					
	차손					
계		-1,000,000				-1,000,000

(3) 세무조정(상단의 조정등록(F3)을 선택하여 입력)

구 분	과 목	금 액	소득처분
손금산입	외상매출금(외화환산손실)	2,500,000원	유보발생
익금산입	외상매입금(외화환산이익)	1,500,000원	유보발생

[3] 가지급금등의 인정이자조정명세서

(1) 가지급금, 가수금 입력 TAB

① 가지급금과 가수금 발생 시에 이자율, 상환기간에 대한 약정이 각각 체결된 경우가 아니라면, 동일인에 대한 가지급금, 가수금은 서로 상계하여 인정이자를 계산한다.

② "1.가지급금"을 선택하여 직책(대표이사), 성명(김초월)을 입력한 후 가지급금 내역을 직접 입력하거나 [회계데이터불러오기]를 클릭하여 회계전표를 반영한다.

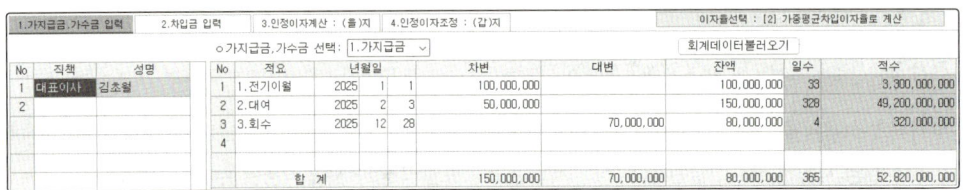

③ "2.가수금"을 선택하여 직책(대표이사), 성명(김초월)을 입력한 후 가지급금 내역을 직접 입력하거나 [회계데이터불러오기]를 클릭하여 회계전표를 반영한다.

(2) 차입금 입력 TAB

① 거래처명란에서 코드도움(F2)으로 은행을 선택하고 [차입금과 관련된 계정과목 선택] 보조화면이 활성화되면 [확인]을 클릭하여 차입금 전표 데이터를 반영한다. 이자율을 입력하여 이자를 계산한다.

② 푸른은행

③ 초록은행

(3) 인정이자계산 : (을)지 TAB

가중평균차입이자율로 계산된 이자율이 자동 반영되며 인정이자가 계산된다.

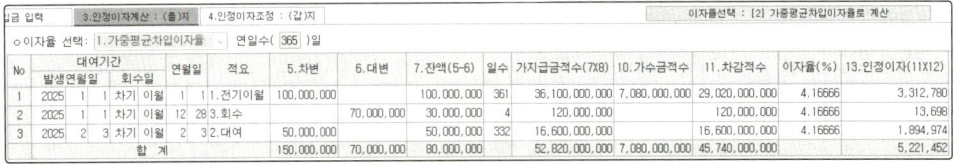

(4) 인정이자조정 : (갑)지 TAB

가지급금 관련 약정이자 수령액 2,000,000원을 "6.회사계상액"란에 입력하며 법인세법에 따라 계산된 인정이자 상당액 보다 과소계상한 조정액을 익금산입(상여) 처분한다.

No	1.성명	2.가지급금적수	3.가수금적수	4.차감적수(2-3)	5.인정이자	6.회사계상액	시가인정범위		9.조정액(=7) 7>=3억,8>=5%
							7.차액(5-6)	8.비율(%)	
1	김초월	52,820,000,000	7,080,000,000	45,740,000,000	5,221,452	2,000,000	3,221,452	61.69647	3,221,452
	합 계	52,820,000,000	7,080,000,000	45,740,000,000	5,221,452	2,000,000			3,221,452

(5) 세무조정(상단의 조정등록(F3)을 선택하여 입력)

구 분	과 목	금 액	소득처분
익금산입	가지급금 인정이자	3,221,452원	상여

[4] 선급비용명세서

① 계정구분을 선택하고 지문에 주어진 자료를 입력한다. 장부에 계상한 금액은 "회사계상액"란에 입력한다.
② 문제에서 선급임차료에 대하여 **한편산입 또는 양편산입** 여부를 명시하여 요구하고 있지 아니하므로 양편산입 한 경우의 금액도 정답으로 인정(복수답안 공지)

[임차료 한편산입]

계정구분	거래내용	거래처	대상기간 시작일	종료일	지급액	선급비용	회사계상액	조정대상금액
선급 임차료	임차료 지급	(주)다대여	2025-06-01	2026-05-31	12,000,000	4,978,021	12,000,000	-7,021,979
선급 보험료	보험료 지급	(주)다보호화재	2025-06-01	2026-05-31	2,400,000	992,876		992,876
			합 계		14,400,000	5,970,897	12,000,000	-6,029,103

[임차료 양편산입]

계정구분	거래내용	거래처	대상기간 시작일	종료일	지급액	선급비용	회사계상액	조정대상금액
선급 임차료	임차료 지급	(주)다대여	2025-06-01	2026-05-31	12,000,000	4,964,383	12,000,000	-7,035,617
선급 보험료	보험료 지급	(주)다보호화재	2025-06-01	2026-05-31	2,400,000	992,876		992,876
			합 계		14,400,000	5,957,259	12,000,000	-6,042,741

③ 전기 선급비용 중 당기에 기간이 경과한 보험료는 손금산입하고 조정대상금액이 양수이면 손금산입, 음수이면 손금불산입하고 유보 처분한다.
④ 세무조정(상단의 조정등록(F3)을 선택하여 입력)

구 분	과 목	금 액	소득처분
손금산입	선급임차료	7,021,979원 (또는 7,035,617원)	유보발생
손금불산입	선급보험료	992,876원	유보발생
손금산입	전기분 선급비용	1,000,000원	유보감소

기출문제 해설 113회

[5] 자본금과적립금조정명세서

① 자산수증이익과 채무면제이익은 결손금 보전에 사용 가능하다. 자산수증이익을 결손보전에 사용하는 경우 결손금 발생연도와 관계없이 보전되므로 2009년 발생분부터 순차적으로 보전한다. 2009년 발생한 결손금은 10년간 이월공제가 가능하므로 결손보전 후 잔액 20,000,000원은 기한 경과 금액란에 입력한다.

② 중소기업에 해당하므로 결손금 공제시 각 사업연도 소득금액 내 100% 공제가 가능하다.

(6) 사업연도	(이월)결손금 발생액			감 소 내 역						잔 액		
	(7) 계	(8) 일반 결손금	(9) 배분 한도초과 결손금{(9)=(25)}	(10) 소급공제	(11) 차감계	(12) 기공제액	(13) 당기 공제액	(14) 보전	(15) 계	(16) 기한 내	(17) 기한 경과	(18) 계
2009-12-31	150,000,000	150,000,000		50,000,000	100,000,000	40,000,000		40,000,000	80,000,000		20,000,000	20,000,000
2020-12-31	70,000,000	70,000,000			70,000,000	20,000,000	50,000,000		70,000,000			
2022-12-31	100,000,000	100,000,000			100,000,000		100,000,000		100,000,000			
계	320,000,000	320,000,000		50,000,000	270,000,000	60,000,000	150,000,000	40,000,000	250,000,000		20,000,000	20,000,000

112회 전산세무1급 기출 해설

A형	[01]	[02]	[03]	[04]	[05]	[06]	[07]	[08]	[09]	[10]	[11]	[12]	[13]	[14]	[15]
	4	2	1	2	1	3	2	4	2	4	4	3	2	1	3

◆해설

01. 장기차입약정을 위반하여 채권자가 즉시 상환을 요구할 수 있는 채무는 보고기간종료일과 재무제표가 사실상 확정된 날 사이에 상환을 요구하지 않기로 합의하더라도 유동부채로 분류한다.

02. 상품권을 회수하고 재화를 인도한 시점에 수익으로 인식하며 상품권 발행 시에는 선수금으로 처리한다.

03. ■ 유상증자 : (차) 현금등   120,000,000원   (대) 자본금   100,000,000원
                                                             주식할인발행차금   10,000,000원
                                                             주식발행초과금   10,000,000원
   ■ 무상증자 : (차) 자본잉여금   10,000,000원   (대) 자본금   10,000,000원
   ■ 배당실시 : (차) 이익잉여금   10,000,000원   (대) 자본금   7,000,000원
                                                             미지급배당금   3,000,000원
   ■ 기중 자본금 변동
      = 유상증자 100,000,000원 + 무상증자 10,000,000원 + 주식배당 7,000,000원
      = 117,000,000원
   ∴ 기말자본금 = 30,000,000원 + 기중 자본금 변동 117,000,000원 = 147,000,000원

04. 나. 제3자에게 양도한 금융부채의 장부금액과 지급한 대가의 차액은 당기손익으로 인식한다.

05. 중대한 오류는 재무제표의 신뢰성을 심각하게 손상할 수 있는 매우 중요한 오류를 말한다.

06. 그래프 (가)는 고정원가, 그래프 (나)는 변동원가를 표현하는 그래프이다. 변동원가의 예로는 커피 제조의 원두가 있으며, 고정원가의 예로 기계장치 감가상각비, 공장 임차료가 있다.

07. 제품 A의 매출총이익 1,494,000원
= 매출액 2,000,000원 − 추가가공원가 200,000원 − 결합원가 배부액 306,000원

구분	순실현가치	결합원가 배부액
A	1,000개 × @2,000원 − 추가가공원가 200,000원 = 1,800,000원	306,000원
B	800개 × @2,500원 − 추가가공원가 500,000원 = 1,500,000원	255,000원
C	1,700개 × @1,000원 = 1,700,000원	289,000원
합계	5,000,000원	850,000원

08. ■ 완성품환산량 1,880단위
      = 당기완성수량 1,900단위 − (기초재공품 400단위 × 40%) + (기말재공품 700단위 × 20%)
   ■ 가공원가 발생액 = 완성품환산량 1,880단위 × 완성품환산량 단위당 가공원가 10원 = 18,800원

09. ■ 판매비및관리비가 제조원가로 회계처리 되었으므로 제품매출원가는 증가하고, 매출총이익은 감소한다.
■ 당기순이익 및 영업이익은 변동이 없다.

10. ■ 예정배부액 = 실제직접노무시간 500시간 × 예정배부율 190원 = 95,000원
■ 제조간접비 배부차이 = 예정배부액 95,000원 – 실제발생액 100,000원 = 5,000원 과소배부

11. 필요적 기재사항 등이 착오로 잘못 적힌 경우에는 처음에 발급한 세금계산서의 내용대로 세금계산서를 붉은색 글씨로 쓰거나 음의 표시를 하여 발급하고, 수정하여 발급하는 세금계산서는 검은색 글씨로 작성하여 발급한다.

12. 음식점업을 경영하는 사업자 중 개인사업자의 경우 과세표준 2억원 이하인 경우 2026년 12월 31일까지 9/109 의제매입세액공제율을 적용한다.

14. 주택 임대소득에서 발생한 결손금은 다른 사업소득에서 공제 가능하다. 다만, 주택 임대소득을 제외한 부동산임대소득에서 발생한 결손금은 부동산 임대소득에서만 공제 가능하다.

15. 내국법인은 중간예납기간이 지난 날부터 2개월 이내에 중간예납세액을 대통령령으로 정하는 바에 따라 납세지 관할 세무서, 한국은행 또는 체신관서에 납부하여야 한다.

실무문제 해설

문제 1 전표입력

NO	전표	월일	구분	계정과목	거래처	차변	대변
[1]	일반전표	7/31	차변	보통예금		17,000,000	
			차변	매도가능증권처분손실		3,000,000	
			대변	매도가능증권(178)			15,000,000
			대변	매도가능증권평가손실			5,000,000

■ 매도가능증권처분손실 = 처분가액 17,000,000원 – 취득가액 20,000,000원 = ▲3,000,000원
■ 매도가능증권처분시 장부상 계상되어 있는 매도가능증권평가손실(= 20,000,000원 – 15,000,000원)을 제거한다.

NO	전표	월일	유형	품목	공급가액	부가세	공급처명	전자	분개
[2]	매입매출전표	8/15	54.불공	비품외	8,700,000	870,000	(주)정우	여	혼합

	불공제사유		⑤ 면세사업 관련		
구분	계정과목	거래처	차변	대변
차변	비 품	(주)정우	9,570,000	
대변	선급금	(주)정우		1,000,000
대변	보통예금	(주)정우		8,570,000

■ 문제의 지문에서 비품과 설치비용에 대한 금액의 자료를 구분하여 제시하고 있으나 전표 처리에 대하여 별도의 언급이 없으므로 비품과 설치비용을 각각 구분하여 입력한 답안도 정답으로 인정(복수답안공지)

112회 기출문제 해설

NO	전표	월일	유형	품목	공급가액	부가세	공급처명	전자	분개
[3]	매입매출전표	11/10	57.카과	중개수수료	1,350,000	135,000	미래공인중개사사무소		카드(혼합)

신용카드		현대카드		
구분	계정과목	거래처	차변	대변
차변	부가세대급금	미래공인중개사사무소	135,000	
차변	수수료비용(판)	미래공인중개사사무소	1,350,000	
대변	미지급금 또는 미지급비용	현대카드		1,485,000

NO	전표	월일	구분	계정과목	거래처	차변	대변
[4]	일반전표	11/22	차변	퇴직연금운용자산		4,850,000	
			차변	수수료비용(판)		150,000	
			대변	이자수익			5,000,000

문제 2 부가가치세 신고서 및 부속서류

[1] 수출실적명세서 작성 및 전표처리

(1) 수출실적명세서

① 수출대금을 선적일 이후 수령하므로 선적일의 기준환율로 과세표준 계산한다.

② 상단 [전표처리(F4)] 버튼을 클릭하여 수출실적명세서의 해당 자료를 선택한 후 [확인(Tab)]을 누른다.

③ 전표전송 화면에서 [일괄분개(F3)]를 클릭하여 분개유형(2.외상)을 선택하여 실행하면 하단 [매입매출전표] TAB에 분개가 생성되고 분개란이 "외상"으로 표시된다.

④ [전표처리(F4)] 버튼을 클릭하여 [매입매출전표입력] 메뉴에 전송하며 처리란은 "여"로 표시된다.

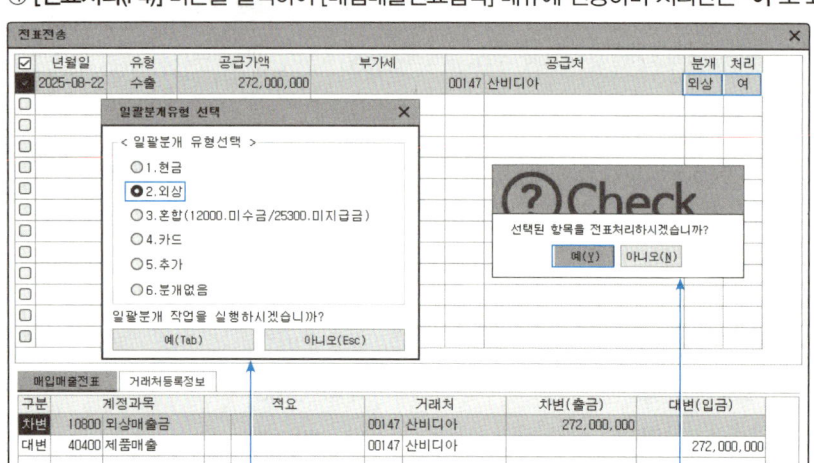

(2) 매입매출전표입력

① 2025년 8월 22일에 전송된 전표를 확인하고 누락된 정보는 추가 입력한다.
② 해당 회사는 제조업 및 도소매업을 영위하는 회사로서 문제의 자료에서 수출재화의 제품 또는 상품 여부를 명시하고 있지 아니하므로 "**상품매출**"로 회계처리한 경우도 정답으로 인정(복수답안 공지)

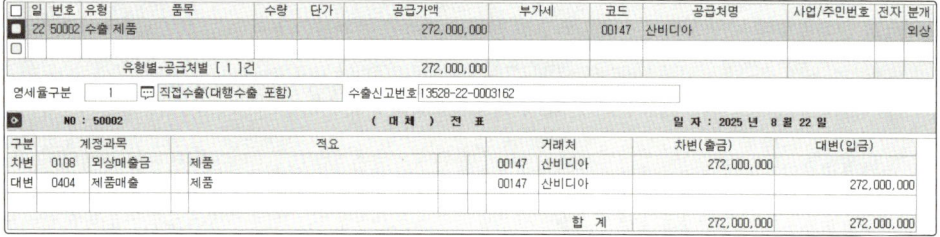

[2] 대손세액공제신고서 : 대손발생 TAB

① 우주무역 : 받을어음은 중소기업 여부와 관계없이 부도발생일로부터 6월 경과시 대손금 인정되며 경과시점은 2026.05.07. 이므로 2026년 1기 확정신고시 대손세액공제 적용 가능
② 한뜻전자 : 중소기업의 미수채권 중 회수기일이 2년 이상 경과한 경우 대손세액공제 가능
③ 채권과 관련된 대손금으로 대손발생 TAB에서 작업하며 대손발생 금액은 양수로, 대손금 회수는 음수로 입력한다.

112회 기출문제 해설

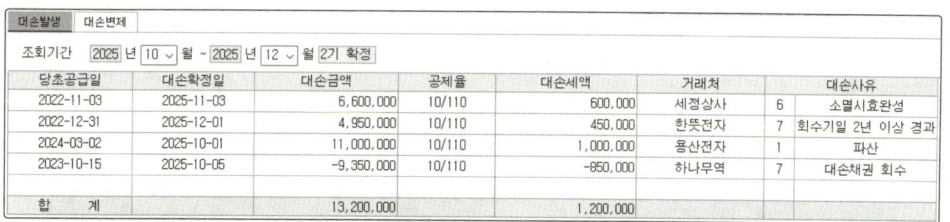

[3] 부가가치세 전자신고(조회기간 : 2025년 4월 1일 ~ 2025년 6월 30일)

(1) 부가가치세신고서 및 관련 부속서류 마감

① 세금계산서합계표는 이미 마감되어 있으므로 부가가치세 신고서만 마감한다.

② 부가가치세신고서 해당 과세기간 조회 후 상단 [마감] 버튼을 클릭하여 마감을 진행한다.

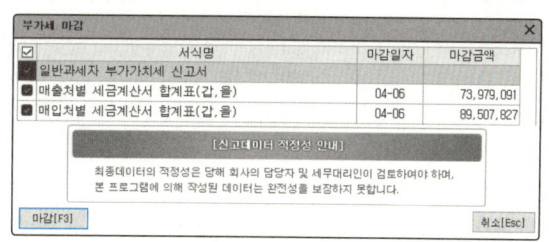

(2) 전자신고 데이터 제작

회사를 선택하고 상단의 [F4 제작] 버튼을 누른 후 **비밀번호(12345678)**를 입력하여 제작한다.

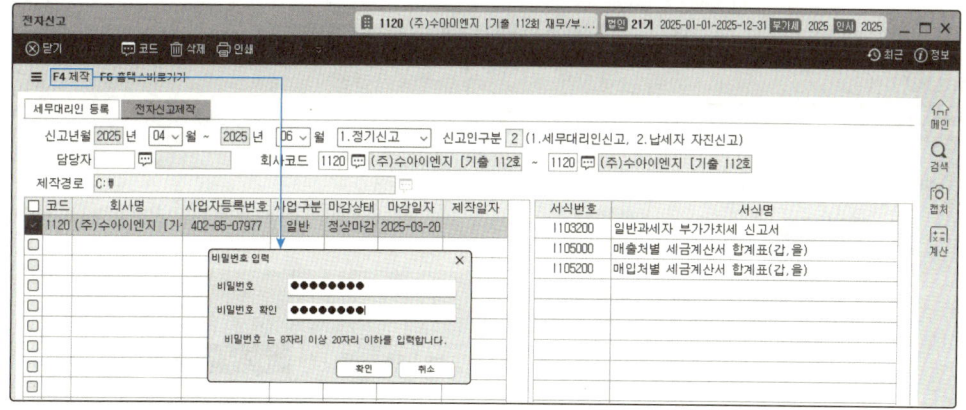

(3) 국세청 홈택스 전자신고

① 부가가치세 신고 : 세금신고 → [01.전자파일변환 – 변환대상파일선택]

[찾아보기] 클릭 → [로컬디스크(C:)] → 파일명 : enc작성연월일.101.v4028507977

② 부가가치세 신고 : 세금신고 → [01.전자파일변환 – 처리내역]

[형식검증하기] : 비밀번호(12345678) 입력 → [형식검증결과확인] : 오류 유무 확인 → [내용검증하기]
→ [내용검증결과확인] : 오류 유무 확인 → [전자파일제출]

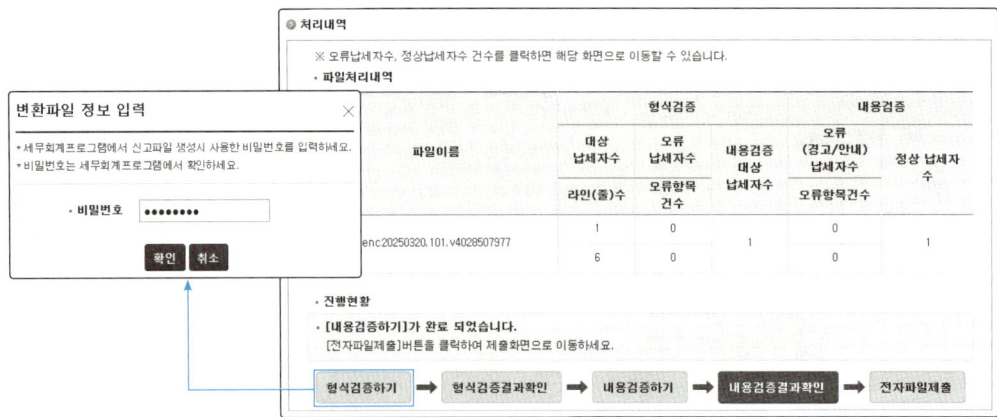

112회 기출문제 해설

③ 부가가치세 신고 : 세금신고 → [03.전자파일제출]
 [전자파일 제출하기] > 부가가치세 신고서 접수증 확인

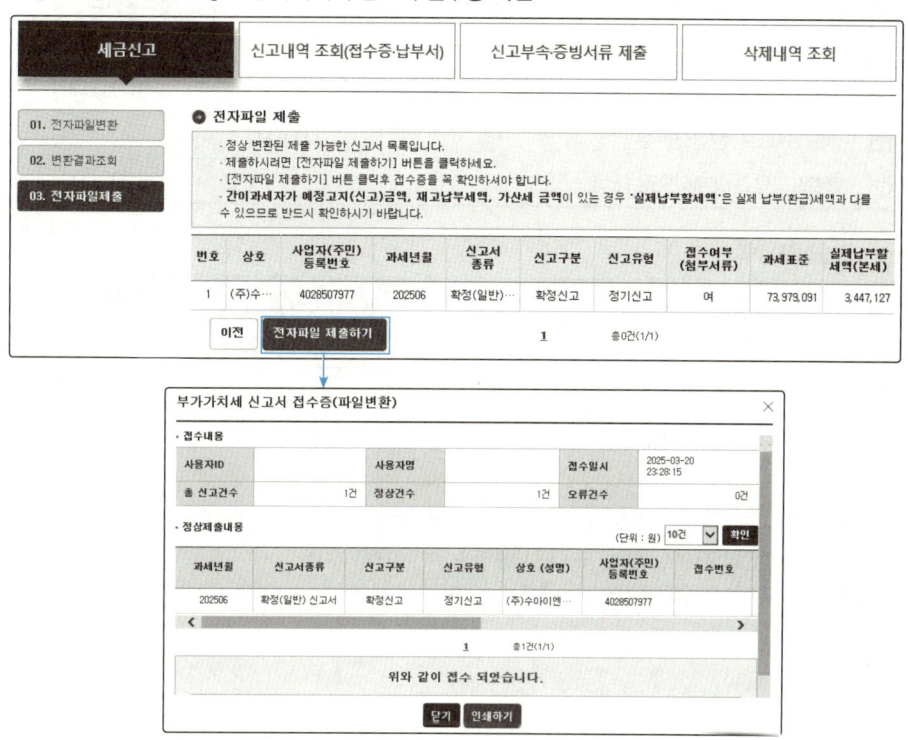

문제 3 결산정리사항

[1] 수동결산 – 일반전표입력

월	일	구분	계정과목	거래처	차변	대변
12	31	차변	외화예금		390,000	
		대변	외화환산이익			390,000

■ 외화환산이익 = (¥2,300,000 × 930원/¥100) − 21,000,000원 = 390,000원(자산 증가)

[2] 수동결산 – 일반전표입력

월	일	구분	계정과목	거래처	차변	대변
12	31	차변	정기예금	큰산은행	100,000,000	
		대변	장기성예금	큰산은행		100,000,000

■ 금융상품의 거래처 관리를 하여야 하나 답안공지에서는 제외되었으므로 채점에는 영향을 주지 않는다.

[3] 수동결산 – 일반전표입력

월	일	구분	계정과목	거래처	차변	대변
12	31	차변	광고선전비(판)		8,000,000	
		대변	제품(적요 8.타계정으로 대체)			8,000,000
12	31	차변	재고자산감모손실		2,000,000	
		대변	상품(적요 8.타계정으로 대체)			2,000,000

[4] 수동결산 – 일반전표입력

월	일	구분	계정과목	거래처	차변	대변
12	31	차변	무형자산상각비		10,000,000	
		대변	개발비			10,000,000
12	31	차변	무형자산손상차손		10,000,000	
		대변	개발비			10,000,000

- 무형자산손상차손 인식시 당기 감가상각 후 장부가액과 비교하며 실패로 인하여 전액 손상차손처리 한다.
- 무형자산상각비 = 미상각잔액 20,000,000원 ÷ 잔존내용연수 2 = 10,000,000원
- 무형자산손상차손 = 장부가액 20,000,000원 – 무형자산상각비 10,000,000원 = 10,000,000원

문제 4 원천징수

[1] 근로소득자 사원등록 : 부양가족명세 TAB

사번	성명	주민(외국인)번호	나이
102	정상수	1 841025-1234563	40

연말관계	성명	내/외국인	주민(외국인,여권)번호	나이	기본공제	부녀자	한부모	경로우대	장애인	자녀	출산입양	위탁관계
0	정상수	내	1 841025-1234563	41	본인				1			
3	황효림	내	1 850424-2112349	40	부							
1	정학수	내	1 570218-1233341	68	60세이상							
1	박순자	내	1 610815-2123451	64	60세이상							
4	정은란	내	1 080410-4134566	17	20세이하				○			
4	정은수	내	1 120301-3789507	13	부							
4	정은우	내	1 130420-3115987	12	20세이하				○			

① 정상수의 총급여가 배우자의 총급여보다 많기 때문에 부양가족공제는 정상수 쪽으로 공제하는 것이 세부담 측면에서 유리하다.

② 정상수 : 당해연도에 장애가 치유되었더라도 치유일 전일 기준으로 장애인공제 여부를 판단하므로 장애인 추가공제를 적용받을 수 있다.

③ 황효림(배우자) : 총급여액 500만원 초과로 공제 대상이 아니다.

④ 정학수(부친) : 연금소득금액이 960,000원이므로 기본공제 대상자이다.

연금소득금액 = 5,100,000원 – [3,500,000원 + (5,100,000원 – 3,500,000원) × 40%] = 960,000원

⑤ 박순자(모친) : 보유 주택을 양도하였으나 양도차손 500,000원(= 100,000,000원 − 100,500,000원)이 발생하였으므로 기본공제를 적용받을 수 있다.
⑥ 정은란(자녀) : 기타소득금액(12,000,000원 × (1 − 80%) = 2,400,000원)이 선택적 분리과세가 가능하므로 이를 분리과세하고 기본공제대상자로 하는 것이 세부담 최소화 측면에서 유리하다.
⑦ 정은수(자녀) : 소득금액이 1,000,000원을 초과하므로 공제 대상이 아니다.
⑧ 정은우(자녀) : 총수입금액 1,000,000원으로, 소득금액이 1,000,000원 이하이므로 기본공제 대상자이다.

[2] 사업소득 및 기타소득의 원천징수와 전자신고

(1) 기타소득자료입력 : 박서준(고용관계 없는 일시강연소득)

지급년월일	2025년 08월 05일		
□ 코드	상호(성명)	소득자 내역	
■ 00001	박서준	1.거 주 구 분	1 거 주
□		2.소 득 구 분	76 강연료 등 연말정산적용
□		5.개인/법인구분	1 개 인 필요경비율 60 %
□		지급 및 계산내역	
□		1.지급(영수)일자	2025년 08월 05일
□		2.귀 속 년 월	2025년 07월
□		3.지 급 총 액	5,000,000
□		4.필 요 경 비	3,000,000
□		5.소 득 금 액	2,000,000
□		6.세 율(%)	20 % 7.세액감면및제한세율근거
□		8.기타소득(법인)세액	400,000
□		9.지 방 소 득 세	40,000

(2) 사업소득자료입력

지급년월일 2025년 08월 05일 부서코드								
□ 코드	상호(성명)	소득자정보						
■ 00003	강태주	1.소 득 구 분 940903 학원강사 연말정산적용 0 부						
□		2.내 국 인 여 부 1 내국인 (외국인 국적) 등록번호 ( )						
□		3.주민등록번호 930811-1234562						
□		4.거 주 구 분 1 거 주						

귀속년월		지급(영수)		지급액	세율(%)	소득세	지방소득세	학자금상환	차인지급액
년	월	년	월 일						
2025	07	2025	08 05	3,000,000	3	90,000	9,000		2,901,000
		합계		3,000,000		90,000	9,000		2,901,000

(3) 원천징수이행상황신고서 작성 및 마감

① 원천징수이행상황신고서 메뉴에서 귀속기간(2025년 07월 ~ 2025년 07월), 지급기간(2025년 08월 ~ 2025년 08월), 신고구분(1.정기신고)을 입력하여 조회한다. 기타소득자료와 사업소득자료에 입력한 지급총액과 소득세가 반영되며 상단의 **[마감(F8)]** 버튼을 클릭하여 마감을 진행한다.

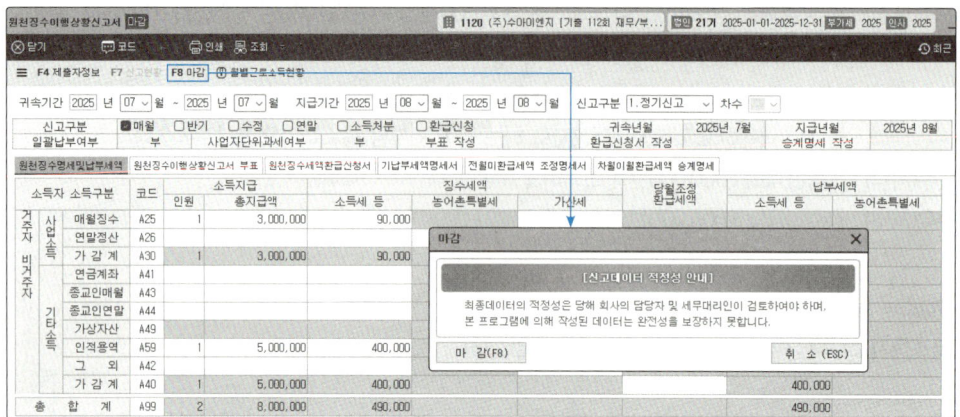

(4) 원천징수이행상환신고서 전자신고 파일제작

① [원천징수이행상황제작 TAB]을 선택하고 **신고인구분(2.납세자자진신고)**, 지급기간(2025년 08월 ~ 2025년 08월), 신고(1.정기신고), 원천신고(1.매월), 제작경로(C:₩)를 입력한다.

② 선택한 회사코드의 마감자료가 조회되며 변환하고자 하는 회사를 선택하고 **[제작(F4)]** 버튼을 클릭하여 국세청 변환파일로 변환한다. 제작이 완료되면 전자신고 파일이 생성되었다는 메시지가 나오며 [확인]을 누른 후 파일 **비밀번호(20250204)**를 입력하여 파일을 암호화 한다.

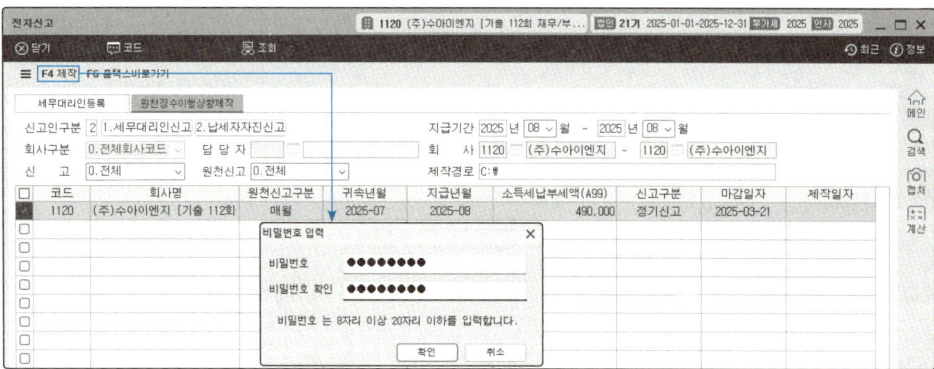

(5) 국세청 홈택스 전자신고

① [세금신고] TAB에서 전자파일변환을 위해 [찾아보기] 버튼을 클릭하여 변환대상파일을 선택한다.

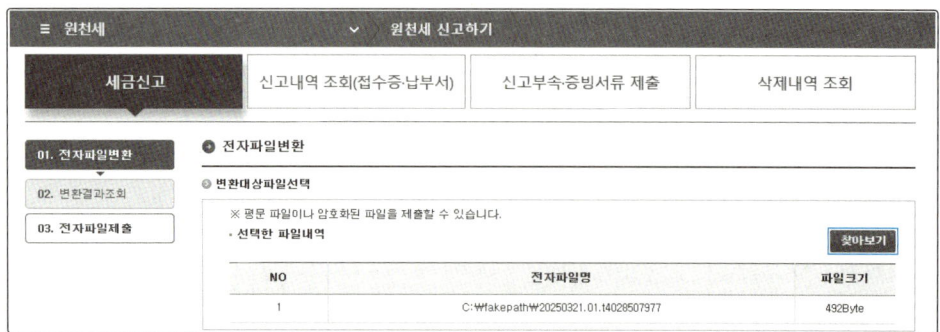

② 하단 진행현황의 [형식검증하기]를 클릭하고 신고파일 생성시 입력한 **비밀번호**를 입력하여 첨부파일의 오류를 진행하고 [형식검증결과확인]으로 진행상황을 확인한다.

③ [내용검증하기]를 클릭하여 신고내용을 검증하고 [내용검증결과확인]으로 신고내용의 오류사항을 처리내역에서 확인한다.

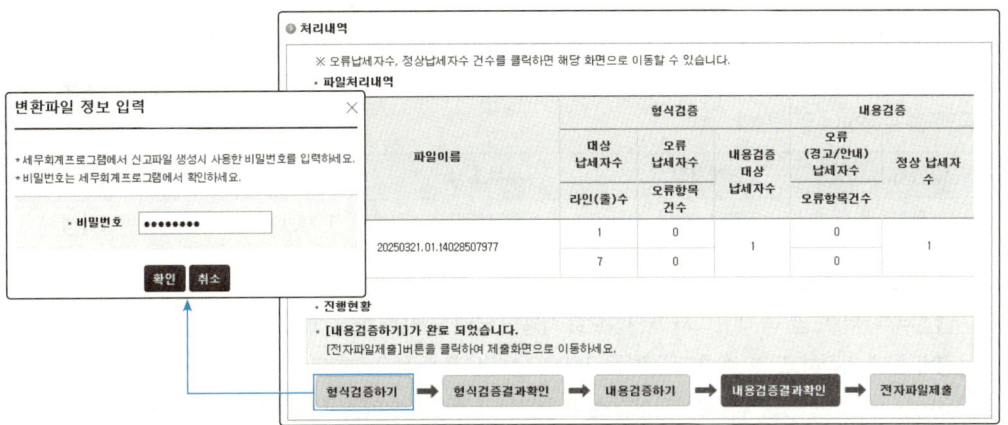

④ [전자파일제출]을 클릭하여 전자파일 제출로 이동하여 [전자파일 제출하기]를 클릭하여 원천징수이행상황신고서를 제출하며 "원천세 신고서 접수증(파일변환)" 화면이 나오면 정상적인 제출이 완료된 것이다.

문제 15 법인조정

[1] 기업업무추진비조정명세서

(1) 기업업무추진비 입력(을) TAB

① 상단의 [불러오기(F12)] 버튼을 클릭하여 수입금액과 기업업무추진비를 반영한다.

② 기업업무추진비는 **접대행위가 일어난 사업연도(발생주의)에 손금으로 인정**한다. 그러므로 기업업무추진비(판) 20,000,000원에서 전기 기업업무추진비 1,000,000원을 차감한 19,000,000원으로 "5.계정금액", "16.총 초과금액"을 수정하여 입력한다.

발생시기	회계처리	세무조정	금 액	소득처분
전기	장부 미계상	손금산입	1,000,000원	유보발생
당기	장부 계상	손금불산입	1,000,000원	유보감소

③ 기업업무추진비(도급) 중 대표이사 개인적으로 사용한 금액 500,000원은 "6.기업업무추진비계상액 중 사적사용경비"란에 입력하고, "16.총 초과금액"은 2,500,000원으로 수정 입력한다.

④ 대표이사 개인적 사용금액은 손금불산입 상여 처분한다. 또한, 건설중인자산에 배부되었으므로 해당 금액에 대하여 손금산입하고 추후 감가상각비 계상시 법정산식에 의하여 손금불산입 유보처분한다.

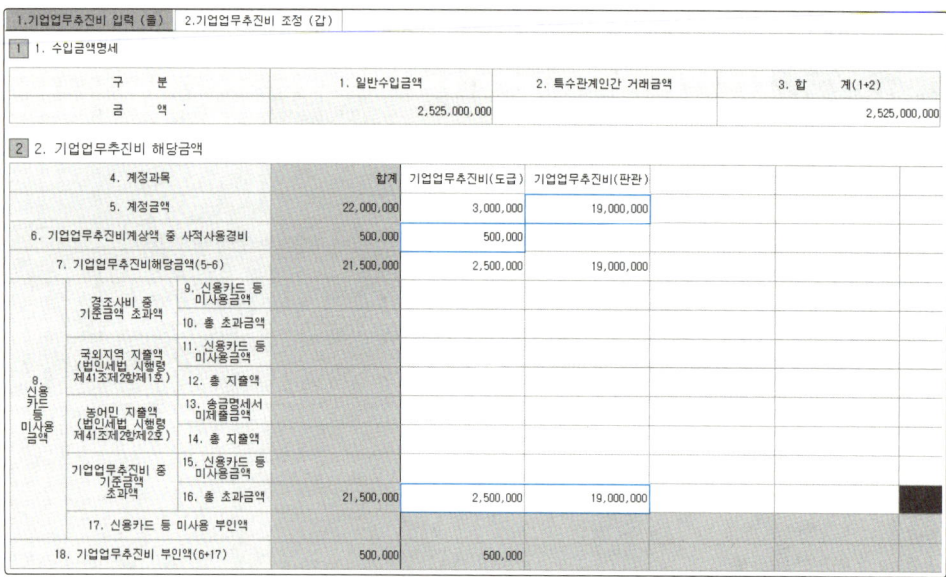

112회 기출문제 해설

(2) 기업업무추진비 조정(갑) TAB

3. 기업업무추진비 한도초과액 조정				
중소기업			□ 정부출자법인 □ 부동산임대업등(법.령제42조제2항)	
구분				금액
1. 기업업무추진비 해당 금액				21,500,000
2. 기준금액 초과 기업업무추진비 중 신용카드 등 미사용으로 인한 손금불산입액				
3. 차감 기업업무추진비 해당금액(1-2)				21,500,000
일반 기업업무추진비 한도		4. 12,000,000 (중소기업 36,000,000) X 월수(12) / 12		36,000,000
	총수입금액 기준	100억원 이하의 금액 X 30/10,000		7,575,000
		100억원 초과 500억원 이하의 금액 X 20/10,000		
		500억원 초과 금액 X 3/10,000		
		5. 소계		7,575,000
	일반수입금액 기준	100억원 이하의 금액 X 30/10,000		7,575,000
		100억원 초과 500억원 이하의 금액 X 20/10,000		
		500억원 초과 금액 X 3/10,000		
		6. 소계		7,575,000
	7. 수입금액기준	(5-6) X 10/100		
	8. 일반기업업무추진비 한도액 (4+6+7)			43,575,000
문화기업업무추진비 한도(「조특법」 제136조제3항)	9. 문화기업업무추진비 지출액			
	10. 문화기업업무추진비 한도액(9와 (8 X 20/100) 중 작은 금액)			
전통시장기업업무추진비 한도(「조특법」 제136조제6항)	11. 전통시장기업업무추진비 지출액			
	12. 전통시장기업업무추진비 한도액(11과 (8 X 10/100) 중 작은 금액)			
13. 기업업무추진비 한도액 합계(8+10+12)				43,575,000
14. 한도초과액(3-13)				
15. 손금산입한도 내 기업업무추진비 지출액(3과 13중 작은 금액)				21,500,000

(3) 세무조정(상단의 조정등록(F3)을 선택하여 입력)

구 분	과 목	금 액	소득처분
손금불산입	전기 기업업무추진비	1,000,000원	유보감소
손금산입	건설중인자산	500,000원	유보발생
손금불산입	대표이사 개인적 사용 기업업무추진비	500,000원	상여

[2] 미상각자산감가상각조정명세서

(1) 고정자산등록

① 감가상각방법은 정상적으로 신고하였고, 내용연수는 무신고하였으므로 상각방법은 **정액법**을 적용하며 내용연수는 **기준내용연수 6년**을 적용하여 세무조정한다.
② 비용 처리한 자본적지출은 소액수선비에 해당하지 않으므로 즉시상각의제이다. 즉시상각의제액은 "당기자본적지출액(즉시상각분)"란에 입력한다.
- 소액수선비 판단 : 10,000,000원 ≥ Max[600만원, (6,000만원 − 1,200만원) × 5%]
  ∴ 소액수선비 요건 미충족

③ 회사계상액은 전기오류수정손실로 계상한 전기 과소상각액을 포함하여야 하므로 [사용자수정] 버튼을 클릭하여 7,000,000원(제조원가명세서 상각비 4,000,000원 + 전기오류수정손실 3,000,000원)으로 수정 입력한다. 전기오류수정손실은 이익잉여금으로 처리하였으므로 손금산입 기타처분한다.

(2) 미상각자산감가상각조정명세서
상단의 [불러오기] 버튼을 클릭하여 [고정자산등록]에 등록한 자료를 반영한다.
① 회사 계상 감가상각비 합계
　= 제조원가명세서 반영 상각비 + 전기오류수정손실 + 즉시상각의제(수선비 처리한 자본적 지출액)
　= 4,000,000원 + 3,000,000원 + 10,000,000원 = 17,000,000원
② 세법상 상각범위액 = (취득가액 + 자본적지출액) × 0.166 = 70,000,000원 × 0.166 = 11,620,000원
③ 상각부인액 = 회사계상상각액 17,000,000원 − 상각범위액 11,620,000원 = 5,380,000원

[고정자산등록]　　　　　　　　　　　　　　[미상각자산감가상각조정명세서]

(3) 세무조정(상단의 조정등록(F3)을 선택하여 입력)

구 분	과 목	금 액	소득처분
손금산입	전기오류수정손실	3,000,000원	기타
손금불산입	기계장치 감가상각비 한도초과	5,380,000원	유보발생

112회 기출문제 해설

[3] 가지급금등의 인정이자조정명세서

(1) 가지급금, 가수금 입력 TAB

① 대표이사에게 미지급한 소득에 대한 소득세 대납액은 가지급금으로 보지 않는다.
② "1.가지급금"을 선택하여 직책, 성명을 입력한 후 가지급금 내역을 직접 입력하거나 [회계데이터불러오기]를 클릭하여 회계전표를 반영한다.

No	직책	성명	구분	No	적요	년월일	차변	대변	잔액	일수	적수
1	대표이사	장경석		1	2.대여	2025 2 9	100,000,000		100,000,000	199	19,900,000,000
2				2	3.회수	2025 8 27		60,000,000	40,000,000	127	5,080,000,000
					합계		100,000,000	60,000,000	40,000,000	326	24,980,000,000

(2) 차입금 입력 TAB

① 당좌대출이자율을 선택(2024년) 시 3년간 계속 적용해야 하므로 [2.차입금 입력] 탭은 작성하지 않아도 된다. 또한, 우측 상단의 [이자율선택] 버튼을 클릭하여 "[1] 당좌대출이자율로 계산"으로 변경한다.
② 상단 [선택사업연도(CF8)] 버튼을 클릭하여 당좌대출이자율을 최초 선택한 사업연도(2024-01-01 ~ 2024-12-31)를 입력한다.

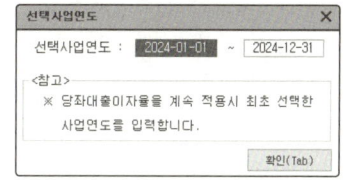

(3) 인정이자계산 : (을)지 TAB

No	직책	성명	No	월일	적요	차변	대변	잔액	일수	가지급금적수	가수금적수	차감적수
1	대표이사	장경석	1	2 9	2.대여	100,000,000		100,000,000	199	19,900,000,000		
			2	8 27	3.회수		60,000,000	40,000,000	127	5,080,000,000		
					합계	100,000,000	60,000,000	40,000,000	326	24,980,000,000		24,980,000,000

(4) 인정이자조정 : (갑)지 TAB

① 대표이사 가지급금에 대하여 별도의 이자 지급 약정을 하지 않았으므로 결산서에 계상한 미수이자는 인정되지 않으므로 "6.회사계상액"란에 입력하지 않으며 익금불산입 유보 처분한다.

No	10.성명	11.가지급금적수	12.가수금적수	13.차감적수(11-12)	14.이자율(%)	15.인정이자(13X14)	16.회사계상액	17.차액(15-16)	18.비율(%)	19.조정액(=17) 17>=3억, 18>=5%
1	장경석	24,980,000,000		24,980,000,000	4.60	3,148,164		3,148,164	100.00000	3,148,164
	합계	24,980,000,000		24,980,000,000		3,148,164				3,148,164

② 세무조정(상단의 조정등록(F3)을 선택하여 입력)

구 분	과 목	금 액	소득처분
익금불산입	미수이자	2,000,000원	유보발생
익금산입	가지급금 인정이자(대표이사)	3,148,164원	상여

[4] 법인세과세표준및세액조정계산서

① 당기순손익, 소득금액조정합계표 자료를 입력하며 중소기업에 대한 특별세액감면은 최저한세적용대상이므로 감면세액을 계산하여 [121.최저한세 적용대상 공제감면세액]란에 입력한다.

② 중소기업에 대한 특별세액감면 세액

$$산출세액\ 71{,}200{,}000원 \times \frac{감면소득금액\ 300{,}000{,}000원}{과세표준\ 480{,}000{,}000원} \times 0.2 = 8{,}900{,}000원$$

법인세 산출세액을 계산한 후 [공제감면세액계산서(2)] 메뉴에서 감면세액을 계산하여 [법인세과세표준및세액조정계산서]에 입력하여도 된다.

No	①구분 (F2-코드도움)	②계산명세					③감면대상 세액	④최저한세적용 감면배제금액	⑤감면세액 (③-④)	⑥적용사유 발생일
		산출세액	감면소득	과세표준	외국인투자 비율(%)	감면율 (%)				
1	중소기업에 대한 특별세액감면	71,200,000	300,000,000	480,000,000		20.00000	8,900,000		8,900,000	2025-12-31
	합 계						8,900,000		8,900,000	

근거 법 조항	제7조
계산기준	산출세액×(감면소득/과세표준)×(5,10,15,20,30/100)
계산내역	71,200,000 × (300,000,000/480,000,000) × (20.00000/100)

③ 가산세액란 500,000원, 기납부세액인 중간예납세액 20,000,000원을 추가로 입력한다. 또한, 분납을 하기로 하였으니 1,000만원 초과 금액을 분납(가산세는 제외)한다.

①각사업연도소득계산	101. 결산서상 당기순손익	01		400,000,000	④납부할세액계산	120. 산 출 세 액 (120=119)		71,200,000
	소득조정 금액	102. 익 금 산 입	02	83,000,000		121. 최저한세 적용 대상 공제 감면 세액	17	8,900,000
		103. 손 금 산 입	03	3,000,000		122. 차 감 세 액	18	62,300,000
	104. 차 가 감 소 득 금 액 (101+102-103)	04		480,000,000		123. 최저한세 적용제외 공제 감면 세액	19	
	105. 기 부 금 한 도 초 과 액	05				124. 가 산 세 액	20	500,000
	106. 기 부 금 한 도 초 과 이월액 손금산입	54				125. 가 감 계 (122-123+124)	21	62,800,000
	107. 각 사 업 연 도 소 득 금 액 (104+105-106)	06		480,000,000	기납부세액	126. 중 간 예 납 세 액	22	20,000,000
②과세표준계산	108. 각 사 업 연 도 소 득 금 액 (108=107)			480,000,000		127. 수 시 부 과 세 액	23	
	109. 이 월 결 손 금	07				128. 원 천 납 부 세 액	24	
	110. 비 과 세 소 득	08				129. 간접 회사등 외국 납부세액	25	
	111. 소 득 공 제	09				130. 소 계 (126+127+128+129)	26	20,000,000
	112. 과 세 표 준 (108-109-110-111)	10		480,000,000		131. 신 고 납 부전 가 산 세 액	27	
	159. 선 박 표 준 이 익	55				132. 합 계 (130+131)	28	20,000,000
③산출세액계산	113. 과 세 표 준 (113=112+159)	56		480,000,000		133. 감 면 분 추 가 납 부 세 액	29	
	114. 세 율	11		19%		134. 차 가 감 납 부 할 세 액 (125+132+133)	30	42,800,000
	115. 산 출 세 액	12		71,200,000	⑤토지등 양도소득, ⑥미환류소득 법인세 계산 (TAB로 이동)			
	116. 지 점 유 보 소 득 (법 제96조)	13			⑦세액계	151. 차 감 납부할 세액계 (134+150+166)	46	42,800,000
	117. 세 율	14				152. 사 실 과 다 른 회계 처리 경정 세액공제	57	
	118. 산 출 세 액	15				153. 분 납 세 액 계 산 범 위 액 (151-124-133-145-152+131)	47	42,300,000
	119. 합 계 (115+118)	16		71,200,000		154. 분 납 할 세 액	48	21,150,000
						155. 차 감 납 부 세 액 (151-152-154)	49	42,800,000

전자 / 전자(중간예납) / 분납할 세액 : 21,150,000

[5] 자본금과 적립금조정명세서(갑),(을)

(1) 자본금과 적립금조정명세서(을)

① 기존자료 및 다른 문제 내용은 무시하고 독립적으로 입력하라고 하였으므로 반영된 자료는 상단의 **"전체삭제"** 버튼을 클릭하여 삭제한다.
② 본 문제에 주어진 자료만 입력할 것이니 상단의 **"직접입력"** 버튼을 누른 후 전기와 당기의 유보 자료를 입력한다.
③ 전기말 유보잔액은 "②기초잔액"에 입력하고 당기 중 유보발생 금액은 "④증가", 유보감소 금액은 "③감소"란에 입력한다. 또한 "④증가"란 입력 시 가산항목은 양수로, 차감항목은 음수로 입력하며 "③감소"란 입력 시 "②기초잔액"의 부호와 동일하게 입력한다.

①과목 또는 사항	②기초잔액	③감소	④증가	⑤기말잔액 (=②-③+④)	비고
업무용승용차	5,200,000	5,200,000			
단기매매증권평가손실	12,000,000	5,000,000		7,000,000	
합 계	17,200,000	10,200,000		7,000,000	

(2) 자본금과 적립금조정명세서(갑)

① [자본금과적립금조정명세서(을)]에 입력한 "유보"의 합계금액이 [자본금과 적립금조정명세서(갑)]의 "7란"에 자동 반영된다.
② 전기 재무상태표의 자본 금액을 "②기초잔액"란에 입력하며 입력이 끝나면 당기 재무상태표의 자본 금액이 "⑤기말잔액"란의 금액과 일치하여야 한다.

자본금	당기 250,000,000원 - 전기 200,000,000원 = 증가 50,000,000원 입력
자본잉여금	당기 30,000,000원 - 전기 50,000,000원 = 감소 20,000,000원 입력
자본조정	당기 20,000,000원 - 전기 20,000,000원 = 증감 변화없음
기타포괄손익누계액	당기 50,000,000원 - 전기 50,000,000원 = 증감 변화없음
이익잉여금	당기 107,000,000원 - 전기 52,000,000원 = 증가 55,000,000원 입력

③ 법인세비용이 손익계산서상보다 크므로 증가란에 양수로 입력한다.

	①과목 또는 사항	코드	②기초잔액	③감소	④증가	⑤기말잔액 (=②-③+④)	비고
자본금및 잉여금의 계산	1.자 본 금	01	200,000,000		50,000,000	250,000,000	
	2.자 본 잉 여 금	02	50,000,000	20,000,000		30,000,000	
	3.자 본 조 정	15	20,000,000			20,000,000	
	4.기타포괄손익누계액	18	50,000,000			50,000,000	
	5.이 익 잉 여 금	14	52,000,000		55,000,000	107,000,000	
	12.기타	17					
	6.계	20	372,000,000	20,000,000	105,000,000	457,000,000	
7.자본금과 적립금명세서(을)계 + (병)계		21	17,200,000	10,200,000		7,000,000	
손익미계상 법인세 등	8.법 인 세	22			1,200,000	1,200,000	
	9.지 방 소 득 세	23			150,000	150,000	
	10. 계 (8+9)	30			1,350,000	1,350,000	
11.차 가 감 계 (6+7-10)		31	389,200,000	30,200,000	103,650,000	462,650,000	

MEMO

MEMO

MEMO

* 저자약력

황향숙

약력
- 호남대학교 산업경영대학원 석사(졸업)
- (주)더존비즈아카데미 강사
- (재)현대직업전문학교 강사
- (재)중앙전산직업전문학교 강사
- 한국직업전문학교 강사
- 경기도일자리재단 여성능력개발본부 강사
- 강서여성인력개발센터 강사
- 정명정보고 직무연수 강사
- 신정여상 취업연수 강사
- NYK Corption 관리부 팀장
- 제이더블유어패럴(주) 팀장
- (주)태평양물산 관리부
- (주)더존비즈온 지식서비스센터 강사
- (주)더존에듀캠 재경캠퍼스 강사
- (주)더존에듀캠 평생교육원 강사
- 한국생산성본부 ERP 연수 강사
- EBS 직업교육 ERP정보관리사 동영상 강의
- (주)이패스코리아 ERP정보관리사 동영상 강의
- (주)토마토패스 전산세무회계 동영상 강의
- 한구산업인력공단 주관 청년취업아카데미 산학협력 교수
- 대한상공회의소 직무 강사

저서
- PERFECT 전산세무 1급(도서출판 배움)
- PERFECT 전산세무 2급(도서출판 배움)
- PERFECT 전산회계 1급(도서출판 배움)
- PERFECT 전산회계 2급(도서출판 배움)
- PERFECT 전산회계 1급 FINAL(도서출판 배움)
- PERFECT 전산세무 2급 FINAL(도서출판 배움)
- ERP정보관리사 회계·인사 1급(지식과경영)
- ERP정보관리사 회계·인사 2급(지식과경영)
- ERP정보관리사 물류·생산 1급(지식과경영)
- ERP정보관리사 물류·생산 2급(지식과경영)
- TAT 세무실무 2급(지식과경영)
- FAT 회계실무 1급(지식과경영)
- FAT 회계실무 2급(지식과경영)
- 기업자원통합관리 고등학교인정도서(지식과경영)
- 회계정보처리시스템 고등학교인정도서(지식과경영)

성명 또는 카페닉네임	

2025 Perfect 전산세무 1급

7판 발행 : 2025년 4월 2일
저　　자 : 황향숙
발 행 인 : 박성준
발 행 처 : 도서출판배움
등　　록 : 제2017-000124호
주　　소 : 경기도 성남시 분당구 성남대로 2번길 6 LG트윈하우스 120호
전　　화 : (031)712-9750
팩　　스 : (031)712-9751
홈페이지 : WWW.BOBOOK.CO.KR
정　　가 : 38,000원
I S B N : 979-11-89986-61-2 13320

저자와의
협의하에
인지생략

도서출판 배움의 발행도서는 정확하고 권위있는 해설을 제공하고자 노력을 다하고 있습니다. 그럼에도 불구하고 본서가 모든 경우에 그 완전성을 항상 보장하는 것은 아니므로 실제 적용에 있어서는 최대한 주의를 기울이시고 필요한 경우 전문가와 사전논의를 거치시길 바랍니다. 또한 본서의 수록 내용은 특정사안에 대한 구체적인 의견제시가 될 수 없으므로 본서의 적용결과에 대하여 당사는 책임지지 아니합니다.

※ 파본은 구입하신 서점이나 출판사에서 교환해 드립니다.